ISBN 978-1-334-53327-3
PIBN 10468401

1 MONTH OF
FREE
READING

at

www.ForgottenBooks.com

By purchasing this book you are eligible for one month membership to ForgottenBooks.com, giving you unlimited access to our entire collection of over 700,000 titles via our web site and mobile apps.

To claim your free month visit: www.forgottenbooks.com/free468401

English
Français
Deutsche
Italiano
Español
Português

www.forgottenbooks.com

Mythology Photography **Fiction**
Fishing Christianity **Art** Cooking
Essays Buddhism Freemasonry
Medicine **Biology** Music **Ancient**
Egypt Evolution Carpentry Physics
Dance Geology **Mathematics** Fitness
Shakespeare **Folklore** Yoga Marketing
Confidence Immortality Biographies
Poetry **Psychology** Witchcraft
Electronics Chemistry History **Law**
Accounting **Philosophy** Anthropology
Alchemy Drama Quantum Mechanics
Atheism Sexual Health **Ancient History**
Entrepreneurship Languages Sport
Paleontology Needlework Islam
Metaphysics Investment Archaeology
Parenting Statistics Criminology
Motivational

LE GUIDE MUSICAL

REVUE INTERNATIONALE DE LA MUSIQUE ET DES THÉATRES

Directeur : Maurice KUFFERATH

SOMMAIRE

+ 4/043-220
57

1978

Administration : 3, rue du Persil, Bruxelles (Téléphone 6208)

PARIS   LE NUMÉRO

Revue internationale de la Musique et des Théâtres Lyriques

Fondé en 1855

Paraît le dimanche

DIRECTEUR : Maurice KUFFERATH

RÉDACTEUR EN CHEF A PARIS : H. de CURZON   SECRÉTAIRE DE LA RÉDACTION : Eugène BACHA
7, rue Saint-Dominique, 7   Avenue Montjoie, 83, Uccle-Bruxelles

Tout ce qui intéresse la rédaction du *Guide musical*, doit être envoyé à M. Eugène BACHA,
83, avenue Montjoie, Uccle-Bruxelles.

Tout ce qui intéresse l'administration du *Guide musical*, doit être envoyé à M. Th. LOMBAERTS,
3, rue du Persil, Bruxelles.

Principaux Collaborateurs

Ed. Schuré. — Maurice Kufferath. — Julien Tiersot. — J. Houston Chamberlain. — Ch. Malherbe. — Dr Istel. — H. de Curzon. — Georges Servières. — Albert Soubies. — H. Fierens-Gevaert. — Th. Lindenlaub. — Etienne Destranges. — Julien Torchet. — Raymond Bouyer. — Michel Brenet. — Henry Maubel. — Ed. Evenepoel. — Gustave Samazeuilh. — Ernest Closson. — M. Daubresse. — J. Brunet. — Calvocoressi. — F. Guérillot. — J. Guillemot. — A. Lamette. — Frank Choisy. — L. Lescrauwaet. — G. Campa. — Alton. — Montefiore. — E. Lopez-Chavarri. — Léopold Wallner. — E. Bourdon. — A. Goullet. — Ch. Martens. — J. Dupré de Courtray. — Oberdœrfer. — N. Liez. — M. Margaritesco. — Ch Cornet. — Henri Dupré. — A. Harentz. — H. Kling. — May de Rudder. — Gustave Robert. — Marcel De Groo. — J. Daene. — J. Robert. — Dr David. — G. Knosp. — Dr Dwelshauvers. — Knud Harder. — M. Brusselmans. — Carlo Matton. — E.-R. de Béhault. — Paul Gilson. — Paul Magnette. — Arthur Hubens. — Franz Hacks. — Maria Biermé.

ABONNEMENTS :

France et Belgique : 12.50 francs. — Union Postale : 14 francs. — Pays d'outre-mer : 18 francs

EN VENTE

BRUXELLES : DECHENNE, 14, Galerie du Roi. — JÉROME, Galerie de la Reine
Fernand LAUWERYNS, 38, rue Treurenberg.

PARIS : Librairie FISCHBACHER, 33, rue de Seine. — M. Max ESCHIG, 13, rue Laffitte
Maison GAVEAU, 45 et 47, rue La Boétie.

LE GUIDE MUSICAL

LVIIᵉ VOLUME

1911

Imprimerie TH. LOMBAERTS, rue du Persil, 3. — Téléphone 6208

ANNÉE 1911

LE GUIDE
MUSICAL

REVUE INTERNATIONALE DE
LA MUSIQUE ET DES THÉATRES

 # 404/3-220
5 7

Principaux Collaborateurs :

Ed. Schuré — H. de Curzon — Julien Tiersot — Th. de Wyzewa — Charles Widor
Michel Brenet — Jaques-Dalcroze — Etienne Destranges
Georges Servières — H. Fierens-Gevaert — Henri Kling — Albert Soubies
J. Houston Chamberlain — Maurice Kufferath · Félix Weingartner
Frank Choisy -- Ed. Evenepoel — May de Rudder — Henry Maubel — Paul Magnette
N. Liez — I. Will — Ernest Closson — Julien Torchet — Paul Gilson
Oberdœrfer — J. Brunet — Marcel De Groo — L. Lescrauwaet — C. Smulders — Dr David
G. Samazeuilh — F. de Ménil — Dr Dwelshauvers — A. Lamette — J. Guillemot
F. Guérillot — Carlo Matton — Ch. Martens — Jean Marnold
E. Bacha — A. Harentz — J. Dupré de Courtray — H. Dupré — Montefiore — Léop. Wallner
Calvocoressi — E. Lopez-Chavarri — M. Daubresse — Franz Hacks
M. Margaritesco — J. Scarlatesco — Dr E. Istel — G. Houdard — J. Robert — Edward Speyer
Knud Harder — J. Daene — M. Brusselmans — E.-R. de Béhault — Maria Biermé, etc.

Directeur : Maurice KUFFERATH

Rédacteur en chef (Paris) : Henri de CURZON

Secrétaire de la Rédaction (Bruxelles) : Eugène BACHA

BRUXELLES
IMPRIMERIE TH. LOMBAERTS
Rue du Persil, 3

PARIS
LIBRAIRIE FISCHBACHER
33, rue de Seine, 33

Dec. 30-1913.

TABLE DES MATIÈRES

Articles originaux

Bibliographie

ALTMANN. — Kammermusik-Literatur, 543.

BELLAIGUE (Camille). — Notes brèves, par H. de C., 562.

BELPAIRE (M.-E.). — Beethoven ; een Kunst- en levensbeeld, par E. C., 218.

BERGER (Achille). — Théorie scientifique du violon, par C., 99.

BÉON (A.). — J.-B. Loeillet, sonates pour divers instruments et piano, E. C., 524.

BOSCHOT (Adolphe). — Carnet d'art, par H. de C., 379.

BOUVET (Max). — Exercices élémentaires pour le développement et l'assouplissement de la voix, par H. de C., 217.

BRAÏLOÏ (Constantin). — Carillon des Abeilles, 583.

BRUNET (Michel). — Musique et musiciens de la vieille France, par H. de C., 522.

CAMPO (Gustavo-E.). — Criticas musicales, par H. de C., 359.

CATHERINE (G.). — Célèbre méthode de violon de F. Mazas, 379.

CHARRIER (Pierre). — Les droits du critique théâtral, littéraire, musical et artistique, par H. de C., 59.

CHERNIS (Maurice). — Le Solfège scolaire, 583.

COMBARIEU (J.). — Le Chant choral, 643.

DEBROUX (Joseph). — Six fugues pour piano seul, 139.

DECLERCQ (L.-V.), — Cours pratique de transposition, 199.

DEODAT DE SÉVERAC. — L'Edition Mutuelle, par G. S., 583.

DE LA LAURENCIE (L.). — Lully, les maîtres de la musique, par H. de C., 217.

DE REY-PAILHADE (E.). — Essai sur la musique et l'expression musicale et sur l'esthétique du son. Les instruments de musique anciens et modernes, par C., 338.

DE ZADORA (M.). — Réduction pour piano à deux mains du concerto d'orgue en *ré* mineur de W.-F. Bach, par le Dr Dwelshauvers, 338.

DORSAN VAN REYSSCHOOT. — Analyse thématique, rythmique et métrique des symphonies de Beethoven, par Franz Hacks, 642.

DUPRÉ (docteur E.) et NATHAN (Marcel). — Le langage musical, étude médico-psychologique, 379.

EBERHARDT (Goby). — Nouvelle méthode de violon basée sur le système des secondes, par E. C., 159.

ECORCHEVILLE (J.). — Catalogue du fonds de musique ancienne de la Bibliothèque nationale, par H. de C., 338.

EYMIEU (Henri). — L'œuvre de Meyerbeer, par Georges Servières, 18.

GASTOUÉ (A.). — Récitatifs ou chants simples pour les graduels, traits, alleluias, 39.

GREILSAMER (L.). — L'hygiène du violon, de l'alto et du violoncelle, par H. de C., 338.

GUY-ROPARTZ. — Le Pays, par Gustave Zamazeuilh, 582.

HARDER (Knud). — Musik zu Richard Dehmels : Venus Regina, par May de Rudder, 542.

HELLOUIN (Fr.) et PICARD (Joseph). — Un musicien oublié : Catel, par C., 218.

ISNARDON (Jacques). — Le Chant théâtral, par H. de C., 523.

ISTEL (Eug.). — Das Kunstwerk Richard Wagner, par H. de C., 38.

LAUWERYNS (Georges). — *Hopjes et Hopjes*, par J. Br., 604.

MALHERBE (Charles). — Auber (les Musiciens célèbres), par H. de C., 523.

MEYER (Fritz). — Führer durch die Violinliteratur, 543.

MITJANA (Rafaël). — Catalogue des imprimés de musique des XVIe et XVIIe siècles, par H. de C., 542.

MOULLÉ (Ed.). — Chants anciens recueillis en Normandie, par G. Servières, 819.

NEUPARTH (J.). — Os grandes periodos da Musica, par H. de C., 662.

ORBAN (Marcel). — Dix pièces enfantines pour les jeunes pianistes, par le Dr Dwelshauvers, 339.

Nécrologie

57ᵐᵉ ANNÉE. — Numéro 1.   1ᵉʳ Janvier 1911.

LE GUIDE MUSICAL

Un prétendu Trio de Mozart

pour piano, violon et violoncelle

(Suite et fin. — Voir le dernier numéro)

Reste maintenant à savoir de quel musicien contemporain était l'original du concerto ainsi adapté par le petit garçon. Sur ce point, nos certitudes précédentes doivent se tempérer d'un peu plus de réserve : car il nous a été impossible, jusqu'ici, de découvrir cet original parmi la masse des œuvres diverses que nous avons étudiées. Et pourtant, ici encore, des arguments très nombreux et solides tendraient à nous fournir une réponse précise. Sauf erreur, nous inclinons à penser que le concerto transcrit par l'enfant pour être exécuté par lui-même et sa sœur était l'œuvre de ce Chrétien Bach dont nous savons désormais la place énorme qu'il a tenue dans l'éducation musicale du petit Mozart, surtout au cours des années comprises entre 1765 et 1768.

Déjà la division du concerto en deux morceaux, — car il est bien sûr que Mozart, avec le tempérament que nous lui connaissons, n'aurait point négligé de transcrire un *adagio*, s'il s'en était trouvé un dans l'original, — déjà cette coupe anormale fait songer à Chrétien Bach : lui seul, à cette date, avant ses élèves les Schrœter et les Clementi, substituait volontiers aux trois morceaux traditionnels la simple juxtaposition d'un grand *allegro* et d'un *rondeau*. Mais beaucoup plus significative encore est la disposition intérieure du premier morceau, telle du moins que nous pouvons la conjecturer malgré l'absence fâcheuse de deux pages en son milieu. Cette lacune survient tout de suite après la cadence finale de la première partie du morceau; et lorsque, ensuite, celui-ci recommence, après les deux pages manquantes, nous voyons que l'auteur en est déjà arrivé à reprendre le second sujet de la première partie. Il faut donc que, dans ces deux petites pages, formant à peine un cinquième du morceau entier, l'auteur ait repris tout son premier sujet, et l'ait fait précéder de ce long passage intermédiaire qui, dans le concerto classique, tient lieu du *développement* de la sonate, — sauf le cas où, comme le faisait Chrétien Bach, l'auteur susdit se soit dispensé d'introduire un *développement* avant sa rentrée, et ait repris tout de suite, à la dominante, son premier sujet plus ou moins varié. Et c'est là, incontestablement, ce qui doit s'être passé ici, les deux petites pages absentes n'ayant pu contenir à la fois un *développement* et une *rentrée*. Nous pouvons être certains que, quel que soit l'auteur du concerto transcrit, cet auteur a employé la coupe *binaire* ita-

lienne, telle que nous l'avons définie bien
souvent, et telle que Mozart lui-même la
pratiquait dans ses sonates, entre 1765 et
1768, sous l'influence immédiate de Chrétien Bach. Et nous avons dit déjà que, à
notre connaissance, aucun autre musicien,
même parmi ceux de la génération précédente, ne transportait dans ses concertos
cette coupe *binaire* de la sonate, qui se rencontre seulement dans plusieurs des concertos de Chrétien Bach lui-même.

Telles sont les deux raisons principales
qui nous portent à considérer le *trio* comme
étant la transcription d'un concerto de clavecin inconnu du maître londonien. A quoi
il convient d'ajouter la vraisemblance psychologique suggérée par le lien tout particulier qui, dans le temps de cette transcription, unissait le petit Mozart à son professeur et modèle favori. Nous avons vu déjà
que l'enfant, ayant à arranger des sonates
en concertos, les a cherchées tout de suite
dans l'œuvre de Bach : pareillement, quoi
de plus naturel que de nous le figurer
empruntant à ce maître, très en vogue à
Londres, la musique des morceaux qu'il va
exécuter en compagnie de sa sœur ?

Encore une fois, notre conclusion sur ce
dernier point ne reste qu'une simple hypothèse, et dont l'exactitude est loin de nous
paraître certaine. Il est possible que Mozart, de même qu'il a mis en partition une
symphonie d'Abel durant les premiers mois
de son séjour en Angleterre, ait choisi
l'œuvre d'un autre musicien (ou peut-être
d'Abel encore) pour l'adapter à son intention.

L'œuvre, en tout cas, n'a rien qui l'élève
au-dessus de la moyenne des concertos
contemporains, et paraît avoir été composée, tout ensemble, d'une main très sûre et
un peu trop facile. La partie du premier
clavecin, il est vrai, celle qui remplace
l'accompagnement orchestral, contient çà
et là des réponses ou des traits modulés
qui, s'ils existaient vraiment dans l'orchestration du concerto, seraient pour dénoter
déjà un compositeur très préoccupé de
maintenir l'accompagnement presque au

même niveau que les *soli* du clavecin : mais
tout porte à croire que, pour ce qui est de
cette partie qu'il se réservait à soi-même,
l'enfant aura toujours très librement changé,
enrichi, et approprié au clavecin les simples
et banales parties de l'accompagnement
des concertos ainsi arrangés. En fait, le
travail personnel de Mozart ne s'en est
point tenu là, et nous pouvons affirmer de
la manière la plus formelle que, si le contenu mélodique du premier *allegro* a été
transporté dans l'arrangement sans autre
modification que la suppression des *tutti*
faisant double emploi avec les *soli*, le *rondo*
final, au contraire, sous sa forme présente,
a été considérablement allongé par le transcripteur.

Ce *rondo*, en effet, nous présente une
coupe tout à fait bizarre. et telle que nous
n'en avons jamais rencontré d'équivalente.
Après une première partie en *ré* majeur,
sur un rythme de chasse, survient une
seconde partie toute différente, en mineur,
qui correspond au *minore* habituel des
rondeaux de Bach. Mais ensuite, au lieu de
reprendre la première partie dans le ton
principal, en *da capo*, voici que Mozart la
reprend en *la* majeur, l'étend et la varie, et
puis, tout à fait inopinément, lui ajoute
encore une reprise en *fa* mineur, du *minore*
précédent, pour aboutir ensuite au ton de
fa majeur avec un bémol à la clé de même
que tout à l'heure il y en avait quatre ; après
quoi se produit enfin le *da capo* que nous
attendions plusieurs pages auparavant, ou
plutôt une reprise un peu variée, en *strette*
de la première partie dans le ton principal.
En un mot, avant la reprise du premier
rondeau, Mozart nous fait assister à une
sorte de répétition modulée de tout ce qui
a précédé, et il le fait si inutilement et si
gauchement, avec un tel mélange singulier
de hardiesse et de pauvreté, que nous avons
là, incontestablement, un essai personnel
de l'enfant pour allonger et rehausser le
petit *rondo* du concerto original, qui, sans
doute lui aura paru trop petit, trop peu
conforme à son idéal allemand d'un véritable finale de concerto. Aussi bien devons.

nous avouer que les délicieux concertos de Chrétien Bach se terminent, souvent, après un premier *allegro* de l'allure la plus brillante, par de rapides *rondeaux* en *tempo di menuetto* qui, même pour les admirateurs du maître anglais, ont quelque chose de fâcheusement écourté et banal. C'est ce que l'enfant aura senti, avec son merveilleux instinct de beauté ; et, trop jeune encore pour oser joindre à la musique de Bach d'autres idées tirées de son propre cœur, il aura cru rendre son finale plus digne du premier morceau en se bornant à répéter ainsi, sous des modulations les plus voyantes possibles, et le *rondeau* initial et son *minore*.

En tout cas, voici encore, au lieu d'une œuvre originale de Mozart, un simple document biographique, nous initiant à la longue et diverse série de ses études préparatoires ! A ce point de vue, la transcription du concerto inconnu est pour nous d'un intérêt extrême : car non seulement les deux morceaux abondent en modulations curieuses, — bornons-nous à signaler les accords de neuvième obstinément répétés dans l'accompagnement du premier sujet du *rondo*, — mais aucune autre composition ne nous révèle aussi parfaitement l'étendue et la richesse du talent d'exécutant que possédait déjà l'enfant aux environs de 1763. Les deux morceaux abondent en traits d'un éclat et d'une difficulté bien supérieurs à tout ce que nous font voir les premières sonates de Mozart ; et c'est seulement en étudiant cette transcription que nous arrivons à comprendre les éloges accordés par Léopold Mozart et tous les connaisseurs du temps à l'extraordinaire virtuosité des deux *enfants prodiges* salzbourgeois.

T. DE WYZEWA. — G. DE SAINT-FOIX.

LE MIRACLE, de Georges Hüe

à l'Opéra de Paris

UNE sorte de « miracle de Notre-Dame », enthousiaste et naïf, combiné d'une façon de fabliau, ironique et « libertin », traversé de soleil comme un conte de Boccace, et vibrant d'ailleurs de toute l'âme moderne et artiste..., tel se présente à nous ce drame lyrique, œuvre de MM. Gheusi et Mérane. Pittoresque et passionnel, extérieur et intime, tout ensemble, il est de ceux qui ne se situent dans le lieu et dans le temps que pour le décor, le costume, l'effet coloriste, et auxquels on ne doit demander ni recherche d'érudition, ni souci d'exactitude historique ou morale, mais vie dramatique, action et poésie. Il se passe en Bourgogne, au déclin du xvᵉ siècle... ; il pourrait aussi bien évoluer en Italie, comme *Monna Vanna*, et le vrai moyen âge semblerait plus naturel si le souffle de la Renaissance n'était nécessaire à la signification de l'anecdote. Les personnages, de leur côté, ont à peine un nom. A quoi bon, en effet? C'est le sculpteur, la courtisane, l'évêque,... et le peuple. Au second plan, le capitaine, le syndic, le crieur de ville.... Dans l'ombre, le condottière. Conception excellente en somme, très *théâtre*, très suggestive, et se prêtant on ne peut mieux à la musique : car ce drame est essentiellement musical, il est à peine besoin d'insister là-dessus, et ce n'est déjà pas un petit mérite par le temps qui court.

La ville (quelle? il n'importe) est assiégée par un aventurier, chef de « compagnies », et sur le point de succomber. Soudain, au petit matin, elle s'aperçoit qu'elle est libre et que le condottière a disparu. Nul doute, c'est à la protection de sainte Agnès, chaste patronne de la cité, qu'elle doit son salut. Honneur et los à sainte Agnès ! Les cloches sonnent, l'évêque paraît; c'est le moment de réaliser le vœu de la cité : une statue de la sainte sera érigée devant les portes de l'église. Au jeune imagier Loys l'honneur de cette tâche glorieuse !

Cependant la réalité du fait est beaucoup plus naturelle. Si le condottière a levé le siège, c'est que la courtisane Alix s'est donnée à lui cette nuit, en échange de sa promesse et de son anneau. Etrange fille, orgueilleuse de sa beauté, mais comme d'une souveraineté agissante et mystique. Elle haïssait le bandit dont elle a obtenu le salut de la ville; elle méprise le rude capitaine qui la courtise et la défend des insultes du peuple; elle cherche l'âme qui la comprendra et sur laquelle son emprise sera absolue... Elle l'a trouvée : c'est celle du jeune sculpteur. Celui-ci est un rêveur, un timide, assoiffé d'idéal impossible, qui n'a entrepris son œuvre qu'avec une secrète terreur et dont la solitude laborieuse n'est peuplée que d'images vagues et décevantes. Alix les fixera, les condensera en une seule : la sienne.

Son rêve à elle est simple, en effet : c'est elle qui a sauvé la ville, c'est à elle que la gloire de cette statue revient de droit, c'est elle qui, sous le vain nom de sainte Agnès, sera à jamais honorée par le peuple. Déjà elle est apparue, en un rai de soleil, devant les yeux fascinés de Loys, qui errait, soucieux, par les rues. Elle pénètre, par la ruse, jusqu'en son atelier interdit à tous, elle se présente à lui, dans toute sa beauté cette fois,... et l'amour fera ce que le génie ne pouvait concevoir.

Seulement la statue que Loys, pénétré soudain d'une secrète terreur à ce moment suprême, dévoile au porche de l'église, devant le peuple en liesse et sous la bénédiction de l'évêque,.. c'est Alix splendide et demi-nue, c'est la courtisane et non la sainte. A l'horreur du sacrilège, aux cris de haine de la foule, aux anathèmes de l'évêque, Alix répond par l'orgueil de son acte libérateur de la cité et de sa beauté plus bienfaisante que toutes les prières. Et quand le capitaine, exaspéré de jalousie, s'élance contre la statue pour la briser, elle lui barre le chemin et le tue.... Un double crime a souillé le saint parvis !

Une superstitieuse terreur règne sur la ville. Toucher à la statue damnée, personne ne l'ose. Seule, celle qui l'inspira doit la briser ; il faut qu'elle accomplisse elle-même cet acte libérateur. A ce prix, l'évêque pardonnera à Loys et épargnera Alix, déjà vouée au bûcher : elle vivra, paisible, en un couvent. Vivre ? Non, elle ne le pourra plus, si la statue est détruite : car c'est sa chair, sa jeunesse, son âme même, qui sont encloses dans le marbre et qui en font tout le sortilège. N'importe ! pour sauver Loys, pour racheter le crime sanglant dont elle frémit encore, pour délivrer une fois de plus la ville, elle se résigne, elle aura ce courage. Une fois de plus, devant le peuple et l'évêque, elle se retrouve en face de la statue voilée : elle la frappe... et tombe morte. Mais le voile retiré, c'est bien sainte Agnès qui apparaît, le marbre rêvé au chaste sourire, aux longues draperies. Le Miracle a racheté la courtisane.

Quelque objection qu'on puisse faire à l'étrangeté du sujet et à ses invraisemblances, et si menu qu'il

soit au fond, il est scénique, incontestablement, et propre à inspirer un musicien. M. Georges Hüe n'était pas à plaindre, et il a tiré bon parti du thème qui lui était offert. L'auteur de *Titania* surtout devait se retrouver, et même dépasser tout ce qu'il a donné jusqu'à présent : je parle du côté poétique et passionné de l'anecdote et spécialement de l'emprise d'Alix sur Loys, au second acte, qui est exprimée avec une rare beauté de langage musical. Déjà le rêve impossible de Loys et l'orgueilleuse sérénité d'Alix (à la fin du premier acte, quand le sculpteur demeuré seul, mêle sa voix tremblante aux chants de l'église prochaine pour implorer sainte Agnès, et que la courtisane se présente habilement à ses yeux fervents) avaient été caractérisés avec cette douceur et cette simplicité harmonieuses que déjà nous avons louées chez M. Georges Hüe. Plus largement sont évoqués à l'acte suivant, dans le cloître parfumé de frondaisons débordantes qui sert d'atelier à l'imagier, l'angoisse impuissante de Loys, puis l'ardeur amoureuse d'Alix, enfin l'épanouissement ravi de leur passion, comme en un rêve éperdu, parmi les senteurs voluptueuses de la nuit. Bien que le souvenir d'une autre scène, trop analogue, au second acte de *Tristan*, s'impose invinciblement ici, la belle tenue, la sûre évolution de toute cette page, l'harmonie pénétrante de l'orchestre et des voix, la grâce chaleureuse de la mélodie vocale ou instrumentale, offrent un charme auquel on ne résiste guère et font le plus grand honneur au musicien.

Ces qualités se retrouvent dans d'autres parties de l'œuvre, bien que toutes ne convinssent pas également à son talent et sont restées plus ternes, plus lourdes aussi, plus dénuées de caractère. Du moins les scènes d'Alix attendant la mort et résignée, aux prises avec la révolte de Loys et son désespoir, sont encore rendues avec une harmonieuse gravité. Mais c'est surtout dans l'expression de la vie populaire que M. Georges Hüe a fait un effort intéressant et vraiment couronné de succès. On savait par avance que les chœurs étaient difficiles à bien rendre, que l'étude en était laborieuse. C'est qu'ils sont très divisés et très agissants ; ils ne donnent pourtant pas l'impression d'une complexité exagérée. Ils ont de la liberté, de la clarté, du soleil ; ils vivent avec souplesse, sur un orchestre clair et coloré comme eux. Parfois un intermède les varie ; c'est le claudicant crieur de ville, qu'on bafoue de rythmes fantaisistes et qui nazarde lui-même les gens ; ou bien c'est le divertissement des filles de Bohême ou des Égyptiennes autour d'un ours savant ; — et ce petit ballet populaire, d'allure piquante et spontanée, relevé d'amusantes sonorités (comme certain jeu de cloches), a eu le plus vif succès. — En somme, c'est bien comme je le disais, un des personnages essentiels du drame que le peuple, tel qu'il est peint ici, et c'est à juste titre que le musicien a tenu à lui donner plus de caractère qu'on ne cherche généralement à le faire : c'est à coup sûr un des mérites les plus évidents de son œuvre.

L'Opéra a fait de son côté un grand effort pour mettre tous ces éléments en valeur, et il y a réussi. Dans des décors vraiment artistiques, la foule grouille et vit réellement, sonore, expressive, personnelle, et son action se fond bien avec celle des protagonistes. C'est Mlle Chenal, rayonnante, vibrante et dramatique, qui incarne Alix, aussi vraie dans l'émotion mortelle de la fin que dans l'orgueil somptueux du début; c'est M. Muratore qui prête à Loys toutes les ardeurs de sa voix chaude et la nervosité de son jeu vigoureux; c'est M. Gresse qui souligne, avec une grande justesse de caractère et une voix pleine d'ampleur, l'austérité et la fermeté de l'évêque. Excellents, dans des rôles secondaires, sont également M. Fabert, le crieur de ville, à la parole sèche et incisive, M. Dangès, le capitaine, Mlle Bailac, la compagne d'Alix, trop vite disparue, MM. Cerdan et Teissié, Mlle Courbières, enfin Mlle Aïda Boni, qui, dans les danses de l'Egyptienne, a remporté le plus juste et le plus flatteur des triomphes. — L'orchestre est conduit par M. Paul Vidal. HENRI DE CURZON.

LA SEMAINE

PARIS

A L'OPÉRA-COMIQUE pas plus qu'ailleurs on n'est à l'abri des grippes. Si nous avons attendu jusqu'à la fin de décembre les deux œuvres nouvelles que l'Opéra et le Théâtre Lyrique annonçaient pour ses premiers jours, ici la série des jeudis historiques, si soigneusement combinée dans son ordre chronologique, s'est vue bouleversée à deux reprises. *Zampa* devait succéder à *la Dame blanche*. A son défaut, on avait sauté jusqu'au *Domino noir*; et puis, une fois de plus, il fallut aller de l'avant pour ne pas rester le pied en l'air; et c'est *Mignon* qui a passé, *Mignon* le plus universel succès du genre demi-caractère, depuis son avènement en 1866, et que la majorité du public ne se lasse pas plus à porter aux nues, que la majorité des critiques de traîner dans la boue. La vérité est sans doute entre les deux, comme

toujours. Le plus sûr, c'est de monter l'œuvre très, très bien. Elle l'était, avec M. Francell, élégant et bien disant Wilhelm, M. Jean Périer, Laërte étourdissant de verve ironique, M. Payan, sonore Lotario, avec Mlle Mathieu-Lutz, souriante et émouvante Mignon, Mlle Nicot-Vauchelet, étincelante Philine. H. DE C.

Le Théâtre Lyrique de la Gaîté n'a pas, lui non plus, terminé l'année sans nous donner son œuvre nouvelle. Celle-ci, c'est le *Don Quichotte*, de M. Massenet. Mais il y a trop peu de temps que j'en ai parlé à nos lecteurs pour qu'il soit nécessaire d'y revenir longuement. C'est en effet au mois de février que la scène d'opéra de Monte-Carlo, par les soins actifs et artistiques de M. Raoul Gunsbourg, en a fait la première création, et j'ai dit alors (1) le caractère du livret, les qualités de la partition, inégale, qui se joue, avec son adresse habituelle, entres plusieurs styles, souvent avec bonheur, et non sans à-coups d'inspiration sincère qui font le meilleur effet.

Ces impressions sont bien celles que nous avons retrouvées sur la scène des frères Isola, entre les scènes à la Mozart de Don Quichotte et Sancho au second et au quatrième acte, et la conclusion, sobre, émue, du meilleur Massenet, où meurt le pauvre chevalier en une extase dernière; dans la verve facile des ensembles populaires ou galants et la somptuosité élégante de la mélodieuse Dulcinée... Celle-ci est toujours incarnée par Mlle Lucy Arbell, souple, légère, en beauté. Mais le Don Quichotte et Sancho, de MM. Marcoux et Lucien Fugère sont naturellement tout autres que ceux de MM. Chaliapine et Gresse. Les uns et les autres ont leur personnalité à eux. M. Fugère, tout rond, tout gai, avec une légèreté pleine de finesse et d'esprit, fait un Sancho délicieux; M. Marcoux, énorme et maigre, l'œil éperdu dans son rêve, dit en perfection le rôle si émouvant de Don Quichotte, avec des expressions d'artiste. En somme, excellente interprétation aussi, et qui ne fait rien regretter de l'autre. H. DE C.

Concerts Lamoureux. — Aucune première audition ce 25 décembre. Bonne exécution de la *Symphonie Pastorale*. M. Chevillard conduit par cœur. C'est à ce chef éminent que l'Institut général psychologique devrait demander une étude sur la mémoire musicale. il en parlerait en connaissance de cause; en effet, M. Chevillard dirige, de mémoire : les *neuf symphonies* beethovéniennes, de nombreux fragments de Wagner et pas mal de

_____

(1) N° du 27 février 1910.

musique russe; sans égaler la légendaire mémoire de Hans Richter, c'est déjà fort bien.

Le Concerto en *sol* majeur (op. 58), de Beethoven, aggravé d'une longue cadence, eut pour interprète l'impeccable M. Diémer qui peut ajouter à une gloire tout ennoblie d'années le titre de chef de l'école française du piano. Peu importe que nombre de ses disciples oublient quelque peu, actuellement, cette tradition d'élégance, exclusive de force, cette froideur distinguée, exclusive d'émotion, c'est lui qui les forma, et il mérite les bravos, les rappels qui, respectueux hommages, lui furent prodigués aujourd'hui.

Nous avouons avoir critiqué, jadis la manière un peu mièvre de M. Plamondon; tant de douceur semblait fade, une si continuelle bonne grâce, lassante; que ces temps sont loin : maître de ses moyens, musicien excellent, cet artiste a chanté exquisement le « Repos de la Sainte-Famille », page délicieuse de l'*Enfance du Christ* (Berlioz). Dans la *quatrième Béatitude* (C. Franck), il fut secondé par la voix solide et bien conduite de M. Gébelin. Le *trio* des *Jeunes Ismaélites* (*Enfance du Christ*) a trouvé son succès habituel. Les parfaits interprètes étaient : MM. Deschamps et Archenault, flûtistes, et M. Lundin pour la harpe. En fin de concert, la bien sonnante « Marche des Rois Mages », tirée de l'oratorio *Christus* (Liszt). M. DAUBRESSE.

La Maison du Lied. — La quatrième et dernière séance de Mme Olénine était exclusivement consacrée au *Lied* populaire (salle des Agriculteurs).

Avec l'autorité et le courage d'une grande artiste, elle s'est d'abord présentée seule, et, sans aucun accompagnement, de sa jolie voix, elle a fièrement attaqué la *Chanson de Roland*, du rapsode Riabinine, où elle a mis un accent et une passion extraordinaires. Puis est venu le *Chant des haleurs du Volga*, très original, mais déjà présenté sous une autre forme par M. Koechlin, et enfin *Kol Nidrei*, chant hébraïque, d'une belle allure.

Beaucoup de caractère aux chansons écossaises de Burns, les mêmes sur lesquelles s'essâya Beethoven et dont a parlé notre confrère de Curzon dans son étude. Ici, l'harmonisation au piano qu'exécutait Mme Olénine est due au comte Serge Tolstoï et à M. Paul Vidal. Parmi ces dernières, je citerai la ronde intitulée *Phémie*, sous laquelle l'excellent harmoniste a fait passer des trésors d'invention.

Après une courte diversion en faveur de chansons espagnole, russe, écossaise, flamande et italienne et française, qu'illustrèrent les trouvailles harmoniques de MM. Maurice Ravel, Alexandre

Georges et Olénine, la cantatrice est revenue au *Lied* russe, sous forme de vraies chansons de village, d'une forme tout à fait pittoresque, en dépit d'une tonalité mineure qui sévit à l'excès.

Et la séance se terminait avec les chants redemandés de Moussorgski où Mme Olénine était une dernière fois fêtée et acclamée par un public enthousiaste. A. GOULLET.

Concert Hasselmans (salle Gaveau). — Le troisième concert d'orchestre de M. Hasselmans comportait un hommage au nouveau membre de l'Institut, M. Widor, dont on exécutait la *Sinfonia Sacra*. — Écrite pour orgue et orchestre, cette œuvre magistrale par l'ampleur de ses développements se déroule sans aucune interruption, simplement coupée de points d'orgue qui précèdent les changements de mouvement. Elle est intéressante dans ses détails, confiés tantôt à l'orgue, sous l'habile exécution de M. Marcel Dupré, tantôt à l'élégant violon solo de M. G. Poulet et après maint épisode, aboutit à une maîtresse fugue où se déchaînent et s'embrasent toutes les voix de l'orchestre pour conclure en une superbe apothéose.

Mme Bréval prêtait l'appui de son beau talent à un poème lyrique de M. G. Carraud, *Soror dolorosa*, sur des vers de Catulle Mendès extraits des « Soirs moroses », et l'impression de poésie douce et alanguie qui s'en dégage fait le plus complet éloge du poète et du musicien:

Une page symphonique de M. Rimsky-Korsakow : *Coq d'or*, a plu par sa fantaisie drôlatique telle une véritable boutade inspirée du plus bizarre des contes de fée.

Par contre, M. Richard Strauss s'est supérieurement trompé en intitulant : *Burlesque* ce joli scherzo pour piano et orchestre : c'est brillant, varié et mouvementé à souhait, et si l'on sourit au dialogue final entre le piano et la timbale, on n'est nullement tenté de le traiter de « Burlesque ». M. Wurmser l'a interprété avec une virtuosité un peu exubérante, mais en pleine conscience, ainsi qu'il convient à une œuvre d'art. Son succès a été réel et de meilleur aloi que celui qu'on lui fit après les *Variations symphoniques* de Franck, qui m'ont paru un peu étriquées. A. GOULLET

Audition des envois de Rome (Conservatoire). — Le programme ne comportait, cette année, que des œuvres de M. Gallois, prix de Rome de 1905, et comme la séance a duré deux bonnes heures, on peut toujours certifier qu'à défaut de qualité, la quantité y était. En effet, nous avons successivement entendu un allegro symphonique, un chœur avec orchestre, *la Nuit*, une suite d'orchestre *Esquisses italiennes* en quatre parties, et une messe, pour soli, chœurs, orchestre et orgue. Et tout cela, très touffu, très développé, trop développé, car ce fut interminable. La messe représente un long travail, dont le *Kyrie* et le *Credo* méritent d'être retenus ; bien que l'esprit n'en soit nullement religieux. L'orchestre et les voix sonnent bien ; l'idée est toujours claire et d'une limpidité transparente, mais elle s'inspire de partitions connues et l'originalité y fait totalement défaut. — Attendons. A. G.

Société Hændel. — Le 20 décembre, cette Société a repris, en son local habituel, la série de ses auditions.

Les noms de Rameau et Tartini s'associaient à celui du maître. De l'un c'était l'ouverture des *Fêtes de Polymnie*. De l'autre c'était une sonate qu'interprétèrent MM. Borrel et Bonnal. Enfin une agréable note de circonstance était donnée par les *Noëls* pour orgue de Nicolas Lebègue (1630-1702) qu'exécuta M. Jacob.

De Hændel lui-même, on présenta des fragments de l'oratorio l'*Allégresse (allegro)* et *Ode* de Dryden à sainte Cécile.

Nous avions déjà entendu l'an passé l'*allegro*. L'air des cloches, notamment, compte parmi les pages aimables de l'œuvre de Hændel. Quant à l'*Ode cécilienne*, c'était une nouveauté, pour la plupart, du moins, des auditeurs.

Le sujet est le suivant. L'harmonie est la base et le soutien de l'univers. Et, partant de cette idée, on décrit le pouvoir des principaux instruments pour en arriver à une apothéose de l'orgue qui est comme leur expression synthétique. Comme on le voit, l'idée générale qui semble faire prévoir un large symbolisme pythagorien, tombe bien vite dans des préciosités XVIIIe siècle. Si vous ajoutez à cela que le tout est traité suivant les invariables formules de l'hyperfécond musicien, vous concevrez aisément que l'œuvre n'est pas pour nous gagner aux charmes de cette harmonie universelle. Il s'y trouve cependant une association de la flûte et de la harpe qui n'est pas sans charme. La fin du récitatif du soprano, dans le chœur final, possède aussi une note assez particulière. L'air de la trompette produit assez d'effet. Mais comme dans le célèbre *Alleluia*, c'est plutôt par l'éclat des timbres et l'accumulation des sonorités que cet effet est obtenu. Rien de semblable ici à la vivante et intrinsèque puissance de la cantate de Bach pour le Saint-Michel par exemple.

Mme Mellot-Joubert interpréta avec beaucoup de distinction les soli de soprano. M. Paulet se montra un ténor fort applaudi. Mentionnons aussi le violoncelle-solo M. Choinet, et la trompette M. Yvain. Quant à M. Félix Raugel, il parut n'avoir pas mis sans labeur, tout l'ensemble à un point satisfaisant. GUSTAVE ROBERT.

La Schola Cantorum, même lorsqu'elle donne d'intéressantes soirées artistiques, n'oublie pas qu'elle est un établissement d'enseignement. Dans ses concerts, on étudie une époque, un genre ou un style d'œuvres musicales. C'est ainsi que M. d'Indy vient de faire entendre ses chœurs dans une soirée consacrée au *Motet* et au *Madrigal*. A cela près, du genre religieux d'une part, et mondain d'une autre, ces écrits musicaux polyphoniques sont frères, comme ils sont contemporains. C'est une évocation du XVIe siècle ; car les modernes mêmes, qui sont venus se joindre aux maîtres consacrés, Bordes, MM. de Serres, Vincent d'Indy, Debussy, se sont étudiés à se mettre au ton de leurs devanciers. Les maîtres, ce sont, dans le *Motet*, le flamand Josquin des Prés, l'italien Palestrina, l'espagnol Vittoria. Notons, à côté de leurs œuvres, un dialogue latin de large expression, de Bordes, d'après l'*Evangile du Centurion*, et un beau chœur de M. d'Indy, *Deus Israël*, et, dans le Madrigal, la *Bataille de Marignan*, page célèbre de Jannequin ; de piquantes chansons de Roland de Lassus, un chant saisissant de l'anglais Gibbons, *Le Croisé captif*, et de fort jolies chansons, sur des paroles de Charles d'Orléans, de M. Debussy. Il faut louer la belle et bonne exécution des choristes de la Schola dans des compositions d'une exécution souvent difficile. G. GUILLEMOT.

— A la salle Noël (avenue de Messine), le 20 décembre, M. A. Delacroix a donné une audition très appréciée de quelques-unes de ses œuvres. Il y joua son « impromptu » et son « Cortège avec chant de Jeunes Grecques » sur lequel Mlle Napierkowska improvisa avec l'art qu'on lui connaît de toutes gracieuses danses Tanagréennes. Puis Mlle Géraizer nous révéla le charme de sa voix fraîche et spirituelle dans deux mélodies d'Alessandro Scarlatti et de Rinaldo da Capua. Quant à Mlle Rose Féart, on ne peut assez louer la science du chant, l'intelligence des nuances du texte dont elle fit preuve dans son interprétation parfaite des Proses de Debussy. Enfin M. Delacroix donnait la première audition du premier tableau des *Roses*. C'est un ballet, c'est une idylle, et c'est une petite merveille dont nous ne pouvons malheureusement analyser ici la richesse ni la variété, la force ni la grâce, et qui nous fait seulement souhaiter que, bien vite, le jeune compositeur nous convoque à la première représentation, complète, dont nous lui prédisons le triomphe. P. DE B.

— Le mardi 20 décembre, à la salle des Agriculteurs, MM. Marcel Ciampi, pianiste, Jean Michelin, clarinettiste, Louis Fournier, violoncelliste, unissaient leur talent dans l'interprétation du trio (op. 11) de Beethoven et du trio (op. 29) de M. Vincent d'Indy, dont les différentes parties ont été rendues avec un ensemble parfait. Les *Fantasiestücke* pour piano et clarinette de Schumann, où le pathétique s'allie à la grâce et à la fougue, furent très goûtés du public. Enfin la sonate pour piano et violoncelle de M. Chevillard a trouvé en M. Ciampi un interprète au jeu élégant et distingué et en M. Fournier un violoncelliste au son vibrant et chaud. La salle était comble.

— Au « Vendredi Musical » du Lyceum, le 16 décembre, on eut le quatuor Godebski entre un quatuor de Schubert et un trio de Haydn, joués avec goût, précision et bonne sonorité. Mme Delage Prat accompagna trois mélodies de sa composition, œuvres de petites dimensions mais d'une exquise finesse, d'une ciselure minutieuse, chantées par Mlle Pelletier. Mme Jeanne Delune joua sur le violoncelle avec son talent très sûr et très expressif, l'adagio d'un concerto de Tartini, transcrit par M. Louis Delune et des variations de Beethoven sur un thème de Mozart. N'est-ce pas là un charmant programme? F. G.

— À la jolie petite salle de l'Electrelle (rue des Petits-Champs), une matinée, le 23 décembre, a fait entendre et applaudir une attachante série d'œuvres lyriques de M. H. Maurice-Jacquet, chantées par Mme Jacquet, jouées par lui-même, parfois avec accompagnement de violon ou de violoncelle, et aussi deux pages instrumentales en duo ou en trio. Leur style mélodique et spontané a été très applaudi.

— On joue en ce moment à l'Odéon un « monstre » d'assez fort calibre, c'est le *Roméo et Juliette* de Berlioz déchiqueté au profit du *Roméo et Juliette* intégral de Shakespeare. Ici, trop de scruter les Anglais eux-mêmes ne supportent pas, et depuis des siècles, l'intégralité du chef-d'œuvre, où d'ailleurs les coupures sont si faciles); là, trop de sans-gêne (car Berlioz a écrit sa partition pour l'évocation de quelques impressions, faisant corps, non pour la scène. *Roméo et Juliette*, musique de scène, c'est un comble !

— M. Gabriel Parès, dont nous avons annoncé la retraite de chef de la musique de la Garde Républicaine, avait toujours déclaré qu'il entendait bien ne pas rester pour cela inactif. Voici, en quelques lignes, le projet qu'il avait formé et dont il a saisi le Conseil municipal : il s'agit de la formation d'un *Orchestre municipal* de la ville de Paris, sur le plan de la musique de la Garde, mais en partie seulement, en ce sens que les *cordes* seraient adjointes à l'*harmonie*. Autrement dit, M. G. Parès organiserait un orchestre d'harmonie modèle, de soixante-douze musiciens, mais y ajouterait un orchestre à cordes de vingt musiciens, et même quarante-quatre choristes ou solistes. Il serait ainsi en mesure de donner toutes les exécutions possibles. Ces auditions seraient d'ailleurs exclusivement *populaires* : trente-deux concerts dans les parcs, les jardins, les places, pendant les six mois de belle saison, et une douzaine dans les grandes salles ou les gymnases, pendant l'hiver. Les uns seraient gratuits, les autres taxés à cinquante centimes la place. M. G. Parès estime la dépense totale à 126,000 francs. S'il obtenait de la ville de Paris la subvention de 60,000 francs qu'il demande, l'orchestre deviendrait municipal et serait mis, d'autre part, chaque fois que la nécessité s'en présenterait, à la disposition du Conseil municipal.

— Le terrain d'entente entre les musiciens français du groupe protestataire et M. Albert Carré paraît être enfin trouvé. Le directeur de l'Opéra-Comique a reçu M. Xavier Leroux et s'est montré disposé à admettre que les pièces françaises, qui auraient pendant une série d'abonnements atteint un certain chiffre de recettes, aient droit à une deuxième série d'abonnements dans un délai de douze mois. Il a en même temps accepté d'amener à 250 le chiffre minimum annuel des représentations d'œuvres françaises, classiques ou modernes, sur les 300 représentations imposées par le cahier des charges — sans préjudice des représentations qui seront dévolues aux œuvres françaises sur les cinquante-huit matinées annuelles. M. Xavier Leroux a pris acte de ces promesses. Il ne restait plus, semble-t-il, qu'à inscrire les clauses nouvelles dans le cahier des charges.

OPÉRA. — Tannhäuser. Rigoletto Coppélia. Le Miracle (première représentation le 30 décembre). Guillaume Tell.

OPÉRA-COMIQUE. — Manon. Fortunio. Richard cœur de lion. Joseph. La Légende du Point d'Argentan. Louise. Carmen. Mignon. Madame Butterfly. Mæbeth.

THÉÂTRE LYRIQUE (Gaîté). — L'Africaine. La Favorite. Le Soir de Waterloo. Quo Vadis?. La Juive. L'Attaque du moulin. Don Quichotte (première représentation le 29 décembre).

TRIANON-LYRIQUE. — Le Petit Duc. Mam'selle
Nitouche. Le Pré-aux-clercs. Le Voyage de Suzette.
Fra Diavolo. M. Choufleurie. Si j'étais Roi !

APOLLO. — La Veuve Joyeuse. Malbrouk s'en
va-t-en guerre. Hans le joueur de flûte. Rêve de valse

THÉÂTRE DE MONSIEUR. — Le Tableau parlant.
La Clochette Annette et Lubin.

SALLE ERARD

Concerts du mois de Janvier 1911

  5 M. Risler, piano.
  9 M. Etlin, piano.
 10 M. Deszo Szigeti, violon.
 11 Mlle. Veluard, piano.
 12 M. Schelling, piano.
 13 Mlle Lantez, piano et violon.
 14 Société Nationale, œuvres modernes.
 15 Mlle Pauline Roux, matinée d'élèves.
 16 M. Philipp, audition d'élèves.
 17 Le Soutien, concert de charité.
 18 M. Schelling, piano.
 19 Mlle Hugon, piano et chant.
 20 M. Bedel, concert de charité.
 21 M. Wael-Munck, concert d'orchestre.
 22 Mme Alvin, matinée d'élèves.
 23 M. Schelling, piano.
 24 M. Expert, chant.
 25 Mlle Veluard, piano.
 26 Mlle Novaes, piano.
 27 Cercle Catholique de la Villette, concert de
    charité.
 28 MM. Mat et Krettly, piano et violon.
 29 Mme Marechal-Moellinger, matinée d'élèves.
 30 M. Lederer, violon.
 31 M. Philipp, piano.

SALLES PLEYEL

22, rue Rochechouart

Concerts de Janvier 1911 (à 9 heures soir)

  6 Le Quatuor Capet (première séance).
  9   »   »   (deuxième séance).
 10 Mme L. Vaillant.
 11 Le Quatuor Lejeune (deuxième séance).
 16 Société de musique nouvelle (salle des qua-
    tuors).
 18 M. J. Debroux (première séance).
 19 Mlle R. Lénars et M. J. Bizet.
 20 Mme Paul Aubert.
 23 Le Quatuor (troisième séance).
 25 Le Quatuor P. Viardot.
 25 La Société des Compositeurs de musique (pre-
    mière séance).
 27 M. Theodor Szanto.
 28 La Société Nationale de musique (première
    séance).
 30 Mme Roger Miclos-Bataille.
 31 Mme Waël-Munck.

SALLES GAVEAU

45 et 47, rue La Boëtie

Concerts du mois de Janvier 1911

Salle des Quatuors
  9 Union des Femmes Professeurs et Composi-
    teurs (2 heures).
 12 Ecole des Roches (9 heures).
 18 Quatuor Muller de Beaupré (1 ½ heure).
 19 Audition des élèves de M. Jean Canivet (3 h.).
 23 Union des Femmes Professeurs et Composi-
    teurs (2 heures).

Salle des Concerts
  1 Concert Lamoureux (3 heures).
  8 Concert Lamoureux (3 heures).
  9 Union des Femmes de France (9 heures).
 10 Société Philharmonique (Ysaye et Pugno), 9 h.
 11 Cercle Musical (9 heures).
 14 Concert Hasselmans (3 ½ heures).
 14 Société Philharmonique (Ysaye et Pugno). 9 h.
 15 Concert Lamoureux (3 heures).
 21 Concert Hasselmans (3 ½ heures).
 22 Concert Lamoureux (3 heures).
 27 Mlle Mimie Tracey (9 heures).
 29 Concert Lamoureux (3 heures).
 30 Cercle Musical (9 heures).
 31 Société Philharmonique (Quatuor Rosé), 9 h.

BRUXELLES

THÉÂTRE ROYAL DE LA MONNAIE. —

Il faut applaudir à l'idée qu'ont eue les directeurs
du théâtre de la Monnaie de nous faire réentendre
la partition de L'Attaque du Moulin, qui vit le jour
pour la première fois à Paris en 1893 et qui
n'avait plus été exécutée ici depuis onze ans.
M. Bruneau, qui fit un début sensationnel sur la
scène lyrique avec Le Rêve en 1891, tient une place
importante parmi les musiciens contemporains,
et il était intéressant de pouvoir apprécier à
nouveau l'une de ses œuvres les plus applaudies,
avec ce recul qui met toutes choses en leur vraie
place. On se rend mieux compte aujourd'hui de ce
que la muse du compositeur français a apporté
d'éléments personnels dans la production lyrique
actuelle, par les emprunts que lui ont faits,
inconsciemment sans doute, les jeunes musiciens
qui alimentent le répertoire moderne : ces éléments
trouvent leur origine dans un don d'invention très
caractéristique, comme dans une manière de traiter
les scènes dramatiques qui serre de près la vérité
scénique, qui se préoccupe avant tout de l'expression juste et parvient à concilier la puissance de
l'accent avec le charme et le développement de la
ligne mélodique.

Certes, ces qualités s'affirment plus particulièrement dans la partition du *Rêve*, qui était, pour l'époque où elle fut produite, la manifestation hardie d'un esprit indépendant et libre, d'une nature profondément sincère et convaincue; et nous souhaitons vivement de pouvoir réentendre cette œuvre qui marque incontestablement une date dans l'histoire du théâtre lyrique français. Mais dans *L'Attaque du Moulin*, œuvre de transaction où les concessions faites aux formules de l'ancien opéra-comique sont assez nombreuses, la personnalité de M. Bruneau se manifeste suffisamment encore, dans l'inspiration mélodique et les procédés de composition, pour qu'on puisse apercevoir l'influence qu'elle a exercée sur maintes œuvres produites au cours de ces quinze dernières années. Si le deuxième et le troisième actes — les moins bien conçus d'ailleurs comme libretto — paraissent quelque peu disparates, le premier a conservé un charme extrême, avec la scène si poétique des fiançailles, et le quatrième a, d'un bout à l'autre, une puissance dramatique intense, à laquelle l'œuvre du musicien contribue incontestablement pour une large part.

Ce quatrième acte a produit, comme à la création, un très grand effet, et le dénoûment nouveau adopté pour la reprise du Théâtre-Lyrique il y a trois ans, a permis aux âmes sensibles de se retirer sous une impression moins pénible qu'autrefois : tandis que dans la version primitive, le père Merlier était fusillé — version différente d'ailleurs de la nouvelle d'Emile Zola, où c'est Dominique qui subit pareil sort —, actuellement Dominique tue le capitaine ennemi au moment de l'arrivée des soldats français, et ainsi les quatre personnages essentiels du drame ont la vie sauve. On sait qu'à la dernière reprise à Paris, l'œuvre fut donnée avec les costumes de la guerre de 1870; c'est sous cet aspect également qu'elle vient de nous être présentée, et sa puissance émotive s'en est trouvée sensiblement renforcée, l'action paraissant ainsi d'une humanité plus actuelle et plus poignante.

Le théâtre de la Monnaie avait entouré cette reprise de tous ses soins. Malheureusement, la grippe, qui a atteint dans ces derniers temps plusieurs artistes, avait jeté un voile sur la voix de certains interprètes, et l'exécution s'en est ressentie dans son ensemble. On a néanmoins fort apprécié l'art de composition de M. Lestelly, d'une bonhomie bien observée dans le personnage du père Merlier, comme on a applaudi le talent dramatique, si délicatement nuancé, de Mme Demellier dans le rôle de Françoise, et la manière impressionnante dont Mlle Degeorgis a campé la silhouette tragique de la figure presque symbolique de Marcelline. M. Zocchi fut assez inégal dans le rôle de Dominique,

moins bon d'ailleurs de la partition. A citer encore M. Delaye, d'une allure martiale et énergique bien soutenue dans le rôle du capitaine allemand, et M. Dua, dont la jolie voix détaille à ravir la romance plaintive et très philosophiquement germanique de la sentinelle.

L'orchestre eut du rythme et de l'accent à souhait sous la direction très ferme de M. Rasse.   J. Br.

— Intéressant concert de musique russe donné jeudi dernier, à la salle Erard, par Mlles Desmaisons, pianiste, E. Buess, violoniste, et M. J. Kuhner, violoncelliste. Au programme, le trio en *ré* de Arensky, la sonate en *sol*, op. 13, de Rubinstein, et le trio en *la* de Tschaïkowsky.

On est généralement d'accord en France et en Belgique pour trouver que la musique de Tschaïkowsky est assez peu *russe*. Elle nous paraît trop imprégnée d'éléments germaniques et français, ce qui s'explique puisque Tschaïkowsky fit son éducation musicale à Weimar et à Paris.

Jeudi soir encore, grande était la différence entre le trio d'Arensky et le trio de Tschaïkowsky : le premier plein de vie et de couleur, avec son scherzo aux rythmes pleins de verve et son élégie doucement émue ; le second se perdant en des développements interminables et peu intéressants. Dans la deuxième partie d'ailleurs *(tema con variazioni)*, Tschaïkowsky ne se pique pas d'originalité : le thème possède un certain charme mais l'une des variations rappelle à s'y méprendre un *lied* de Schubert : *Die Stad*, une autre, la *Marche funèbre* de Chopin, et une troisième, une mazurka de Chopin !

Ces œuvres furent vaillamment défendues par Mlles Desmaisons et Buess et M. Kuhner. Ce qui plaît chez eux, c'est leur façon d'interpréter simple et naturelle. Ils n'ont garde de chercher dans la musique des intentions qui n'y sont pas. Leur technique est à la hauteur des tâches les plus ardues. Mlle Buess a un coup d'archet d'une belle ampleur, Mlle Desmaisons un jeu plein d'énergie, et M. Kuhner sait faire bien chanter le violoncelle. Un public nombreux et sympathique fit à ces trois excellents artistes un accueil des plus chaleureux.

                                        Franz Hacks.

— Comme les années précédentes, notre collaborateur M. E. Closson donnera aux « Cours d'Art et d'Archéologie » (15, rue des Ursulines), une série de conférences sur l'histoire de la musique. Celles de cet hiver se donneront tous les samedis, à 5 1/2 heures, et seront consacrées aux maîtres modernes : Brahms, Saint Saëns, Grieg, Borodine, Dvorak, Benoit, Liszt, Strauss, Wolf, Franck,

Chabrier, d'Indy, Lekeu, Moussorgski, Debussy. Pour les inscriptions, s'adresser au secrétariat des « Cours d'Art ».

THÉÂTRE DE LA MONNAIE. — Aujourd'hui, dimanche, Faust; lundi, L'Attaque du Moulin; mardi, Quo Vadis?; mercredi, La Tosca et Hopjes et Hopjes; jeudi, L'Attaque du Moulin; vendredi, Ivan le Terrible; samedi, Quo Vadis?; dimanche, en matinée, Werther et Hopjes et Hopjes; le soir, L'Attaque du Moulin.

— Concerts Populaires. — Dimanche 22 janvier, à 2 heures, au Théâtre royal de la Monnaie, deuxième concert d'abonnement, sous la direction de M. Sylvain Dupuis, avec le concours de Mlle Clara Sansoni, pianiste. Programme : première partie. 1. Faust-Symphonie, en trois tableaux caractéristiques : I. Faust; II. Marguerite; III. Méphistophélès (Franz Liszt); 2 Concerto en ut mineur pour piano avec accompagnement d'orchestre (Saint-Saëns), Mlle Clara Sansoni. Deuxième partie : 3. Symphonie pour deux flûtes et orchestre à cordes (W. Friedemann). adagio-allegro, première audition à Bruxelles; 4. Ibéria, fantaisie pour piano (Isaac Albeniz), A) Rondena; B) El Puerto; c) Lavepies, Mlle Clara Sansoni; 5. Catalonia, nᵒ 1 de la Suite populaire pour orchestre (Isaac Albeniz). — Piano Erard.

— Concerts Durant. — Quatre grands concerts, Salle de la Madeleine.

28-29 janvier 1911, musique russe, avec le concours de M. Ricardo Vinès, pianiste.

25-26 février, musique française, avec le concours de M. Edouard Deru, violoniste de LL. MM. le Roi et la Reine.

18-19 mars, musique allemande, avec le concours de M Florizel von Reuter, violoniste.

29-30 avril, œuvres de César Franck, avec le concours de M. Arthur de Greef, pianiste, professeur au Conservatoire royal.

Les concerts ont lieu les dimanches à 2 1/2 heures, et les répétitions générales, les samedis à 8 1/2 heures du soir.

— Mercredi 18 janvier, à la Grande Harmonie, à 8 1/2 heures du soir, récital par Mlle Henriette Engberts, pianiste, premier prix du Conservatoire de Bruxelles, et de M. Henri Jacobs, violoncelliste.

— Mlle Suzanne Godenne, pianiste, et M. M.-B. Hildebrandt, violoniste, donneront, le vendredi 20 janvier, à 8 1/2 heures du soir, à la Grande Harmonie, un concert avec orchestre sous la direction de M. Théo Ysaye. Au programme des œuvres de Mendelssohn, Bach, Franck, Bruch, Saint-Saëns.

CORRESPONDANCES

ANGERS. — Le grand intérêt artistique du quatrième concert de cette année, à la Société des Concerts populaires d'Angers, résidait dans la présence du célèbre violoniste Georges Enesco, qui a interprété supérieurement la Symphonie espagnole de Lalo et dirigé deux de ses propres rapsodies, l'une en ré majeur, d'un sentiment profond et l'autre en la majeur. Nous eûmes la première audition (en France) de la Symphonie roumaine de Stan Golestan. Cette œuvre, admirablement conduite par le jeune capellmeister Rhené-Bathon, a produit une impression intense par sa haute inspiration et la poésie pénétrante qui s'en dégage; suivant notre confrère Léon Passurf, qui a publié une analyse de cette symphonie, « la joie exubérante et la vie frénétique du finale sont comme la régénérescence d'un souffle nouveau épris de lumière et de bonheur ».

La symphonie en sol majeur, de Haydn, fut dirigée par M. Rhené-Baton d'une façon tout à fait remarquable. Le prélude de Fervaal, les Cortège et air de danse de Debussy furent tour à tour vigoureusement exprimés et délicatement soulignés par un orchestre admirable de discipline et d'enthousiasme.

ANVERS. — La Société de Zoologie a produit à son concert de la semaine dernière une jeune violoniste, d'une étonnante précocité, Mlle Alma Moodie, âgée de douze ans, qui a exécuté avec beaucoup d'assurance et de finesse, le concerto en ré de Wieniawski et rondo de Saint-Saëns.

Cette semaine, c'est l'excellent organiste français Joseph Bonnet, qui s'est fait vivement applaudir pour son exécution convaincue d'un concerto pour orgue et orchestre de Hændel et de pièces pour orgue seul de Bach, Clérambault et Buxtehude. Au même concert, Mlle E. Amsden, de Covent-Garden, a chanté avec style l'air de Dona Anna de Mozart et l'air d'Obéron de Weber et l'orchestre a interprété avec soin, sous la direction de M. Ed. Keurvels, le poème symphonique Don Juan de R. Strauss et l'ouverture de Tannhäuser.

A l'Opéra flamand on a repris La Vestale de Spontini avec la même distribution que la saison précédente.

Au Conservatoire, la remise des diplômes aux élèves des classes de solfège, a donné lieu à une intéressante séance de musique de chambre et de déclamation (classe de M. Sabbe); le programme se composait des quatuors en si bémol de Mozart et en mi de Mendelssohn interprétés par le Vlaamsch Kwartet.

La première du Clown de M. de Camondo aura lieu au Théâtre Royal vers la mi-janvier. C. M.

GRENOBLE. — La Société des Concerts Symphoniques a brillamment ouvert sa saison d'hiver.

Au programme, le *Prélude de Messidor* et l'ouverture de *Phèdre;* comme premières auditions, l'exquise et délicate *Sicilienne* écrite par Fauré pour le drame de *Pelléas et Mélisande,* et *Antar,* la belle symphonie de Rimsky-Korsakow. Cette œuvre fut particulièrement applaudie, et l'orchestre en fit ressortir à souhait la richesse de l'instrumentation, le caractère descriptif et le rythme qui lui donne une note si personnelle.

Il est juste de constater les progrès considérables que fait chaque jour l'orchestre, sous la ferme direction de M. Armand Ferté. Il a maintenant une sûreté, une homogénéité qui lui permet d'aborder toutes les œuvres symphoniques, et le mérite en revient aux exécutants comme au chef remarquable qui les dirige. M. Armand Ferté était depuis longtemps un pianiste renommé : il est aussi, maintenant, un chef d'orchestre éprouvé.

M. et Mme Georges de Lausnay prêtaient à ce concert le concours de leur grand talent. Mme de Lausnay fit admirer, dans l'exécution du cinquième concerto de Saint-Saëns, la souplesse et la délicatesse de toucher, la vigueur comme aussi le charme qui ont fait sa réputation : elle joua avec simplicité, une compréhension profonde de l'œuvre et dans un beau style. Puis, elle fit entendre avec son mari, les *Variations* de Fischoff et la *Toccata* de Widor, pour deux pianos. L'on ne peut rien dire sur M. de Lausnay qui n'ait été maintes fois écrit : il fut digne de lui-même. Le public se montra d'ailleurs enthousiaste, et ses rappels obligèrent les deux virtuoses à donner en *bis* le *Caprice héroïque,* de Saint-Saëns.

Il me reste à parler de la séance de musique de chambre donnée par M. Martin-Chazaren, violoniste, avec le concours de M. Arnaud, pianiste, Ducultit, hautboïste et Callemien, violoncelliste. M. Martin-Chazaren fut très applaudi dans une sonate de Bach, et M. Ducultit montra des qualités de style et de sonorité vraiment remarquables dans des pièces anciennes pour hautbois d'amour.

M. Albert Callemien jouait la belle sonate de Jean Huré, cette œuvre si profondément originale, où se révèle une rare émotion et une pensée très haute. Son exécution fut personnelle, très musicale et il donna l'impression d'un artiste vraiment maître de son instrument. Malheureusement, le piano fut trop hésitant dans le rythme, et M. Arnaud n'eut pas toujours la netteté désirable dans les traits.

DELPHINUS.

LIÉGE. — Le concert de la distribution des prix au Conservatoire a permis d'apprécier quatre médaillistes à la tête desquels se place sans conteste le violoniste René Bohet. Il a prouvé un rare talent, un talent d'avenir, les dons d'un musicien de race, et le vrai tempérament des grands violonistes liégeois, dans le concerto de Brahms (première partie). Elève de Rodolphé Massart et d'Oscar Dossin, il promet de perpétuer là race qui vaut une réputation à notre cité.

Au concert Debefve, l'intérêt a été au pianiste Arthur Schnabel dont l'animation toute viennoise a fait de l'*Invitation à la valse,* de Weber, une chose un peu fantaisiste, mais toute nouvelle et des plus attachantes. Au reste, il s'était fait applaudir d'abord dans le concerto en *mi* bémol, de Beethoven, dont la première partie s'animait de rhytmes d'airain, tandis que la deuxième était empreinte d'une rare grandeur. Parmi les jeunes, Schnabel est l'un des plus intéressants pianistes.

L'Œuvre des Artistes a consacré une heure de musique à Wilhelm Friedmann Bach, dont le bicentenaire aurait dû être célébré le 22 novembre et à Graun, l'auteur de *der Tod Jesu,* et une autre séance aux compositions de Arthur van Dooren. La sonate pour piano et violon (Emile Chaumont) a eu un vif succès, ainsi que des mélodies finement dites par Mlle Marguerite Rollet et des morceaux de piano : *Menuet, Réminiscence, Polonaise, Tarentelle,* qui on valu à l'auteur de chaleureux applaudissements.

Dr DWELHAUVERS.

LISBONNE. — C'est à la France qu'il était réservé en quelque sorte d'inaugurer notre San Carlos, sous son nouveau titre d'Opéra *National.* Je suis heureux de pouvoir vous écrire que le plus brillant succès a répondu à ce grand effort : amener chez nous, non seulement un groupe d'artistes de premier ordre, mais tous les chœurs et tout l'orchestre, sous la direction du maestro Philippe Flon.

Vous savez déjà par quelles péripéties a passé cependant une entreprise aussi bien engagée. Après une sensationnelle première représentation, le 15 novembre, c'était *Werther,* où le public avait fait de véritables ovations à Mlle Marié de l'Isle, une Charlotte absolument hors de pair, comme style, comme goût, comme émotion, avec une voix de la plus rare souplesse, à Léon David, que nous connaissions déjà, et qui a gardé son timbre sympathique et son jeu élégant, à Ghasne, dont l'autorité nous a beaucoup frappé, à la gracieuse Mlle Romaniza..., la direction abandonnait tout net la partie commencée, dénonçait les contrats signés, fermait les portes du théâtre! Il a fallu le beau geste du vicomte Juan Luiz Braga, qui a repris à son compte tous les engagements de cette malheureuse troupe, pour effacer l'impression d'un pareil affront. Après dix jours de fermeture, notre San Carlos, le 25 novembre, a recommencé l'inauguration de la saison française, et cette fois, les soirées se sont succédé sans interruption; plus brillantes et plus chaleureuses les unes que les autres. Après *Werther*, redonné comme début, nous avons eu *Faust* avec Mme Claessens, Marguerite aussi dramatique qu'enjouée, à la voix puissante et facile, avec le ténor Régis, voix sympathique et bien disante, un excellent Méphisto, Laskin, et un pathétique Valentin, Ghasne; nous avons eu ensuite *Carmen*, pour la première fois en français ici, avec la meilleure Carmen que nous ayons jamais vue, et la plus dans le ton juste du personnage, la plus vraie, Mlle Marié de l'Isle, entre MM. Léon David, Laskin et Mlle Romaniza; *Manon*, avec Mlle Suzanne Cesbron, exquise et émouvante, d'un brio achevé, à côté de Léon David, vibrant Des Grieux; *Les Contes d'Hoffmann*, avec Mlle Cesbron encore, étonnante de variété et charmante de grâce dans le triple rôle d'Antonia, Giulietta et Sophia, avec Mlle Romaniza dans Olympia, avec M. Régis dans Hoffmann et M. Laskin dans les trois incarnations de Coppélius. L'œuvre d'Offenbach était pour nous une première : elle a été des plus appréciées. Le maestro Flon avait d'ailleurs insufflé à toute l'exécution une fougue et une vivacité pleines de couleur. Dans un tout autre genre, nous avons retrouvé et applaudi les mêmes qualités avec la *Marie-Magdeleine*, de Massenet, si attendue ici, qui a valu un nouveau triomphe au style incomparable de Mlle Marié de l'Isle. Il est vivement à souhaiter que de pareilles saisons se renouvellent ici; pour mieux dire, nous y comptons absolument.

RAF. MENDES.

LOUVAIN. — Succès très vif et très spontané pour notre premier concert de l'Ecole dirigé avec son autorité coutumière, par M. Du Bois. Mlle G. Cornélis est une délicieuse harpiste, connaissant à fond les ressources de son instrument; elle a détaillé avec une grâce, une légèreté parfaites, des pièces pour clavecin de Bach et de Scarlatti, une page de M. Van Dooren, et une jolie arabesque de Debussy. La jeune artiste a achevé la conquête de l'auditoire en chantant elle-même la touchante *Jeune Mère* de Schubert et deux insignifiantes romances de salon.

Les chœurs de l'Ecole ont assez agréablement chanté *Les Bohémiens* de Schumann, l'admirable

Chant élégiaque de Beethoven et un *Veni sponsa* à quatre voix de femmes *a capella*, de Stehle, page délicate mais sans accent original. Quant au programme orchestral, très copieux, il comprenait l'ouverture *Zur Weihe des Hauses* de Beethoven, quatre charmants morceaux, candides et doux, de la *Rosamonde* de Schubert, la jolie *Danse écossaise* de Gilson, d'une si franche venue, d'une si fine couleur, et enfin, en première exécution, la troisième symphonie, en *mi* mineur, de Ryelandt.

Cette œuvre, parfaitement belle et impressionnante, s'élève bien au-dessus de celles qui séduisent surtout par le coloris et par le raffinement de l'écriture; elle est de celles qui viennent du cœur, jaillissent d'un sentiment profond et nous ouvrent un monde de sensations et de pensées. Aucune recherche d'originalité dans le plan : l'ordonnance générale reste conforme au type classique de la symphonie, cette forme accomplie qui se prête à l'expression musicale la plus diverse. Très différente de la deuxième symphonie en *ré*, dont la note dominante est la force virile, la joie de vivre, celle-ci a une allure beaucoup plus méditative, une portée plus haute. Dans l'*allegro*, un thème énergique et sombrement passionné s'oppose à un motif de tendre félicité, de joie naïve et contenue. L'*adagio*, en *ut* dièse mineur, me paraît la page la plus émouvante que M. Ryelandt ait écrite. A l'affirmation d'un thème de caractère religieux, par les instruments à vent, répond une intense imploration du quatuor, qui, après un développement très intéressant, s'achève, en *ut* dièse majeur, dans une atmosphère d'apaisement et de bonheur mystique. L'*allegretto cantabile*, en forme de *lied* régulier, suggère une impression mélancolique qui rappelle un peu celle du second mouvement de la symphonie de Franck. Dans le finale (*allegro con fuoco*), basé sur un thème éclatant, sont habilement ramenés le premier motif de l'*allegro* et le chant mystique qui forme la conclusion de l'œuvre.

Aussi remarquable par son architecture et son délicat coloris orchestral que par la beauté de son inspiration, cet ouvrage classe M. Ryelandt parmi nos meilleurs symphonistes; il valut à l'auteur présent, aux interprètes et à l'excellent chef, M. Du Bois, auquel il est dédié, de chaleureuses acclamations.

CH. M.

LYON. — La Société des Grands Concerts a consacré tout le programme de sa troisième séance aux œuvres de César Franck. On y a entendu *Les Eolides*, *Rédemption* et la huitième *Béatitude* (où les chœurs ne furent malheureusement pas parfaits) et des pièces d'orgue fort bien jouées par M. Mahaut.

Belle séance dans l'ensemble, mais vraiment un peu trop copieuse.

De nombreux concerts de musique de chambre ont été donnés à Lyon ces temps derniers. Signalons, parmi ceux qui attirèrent le plus d'amateurs, la séance de MM. Amédée et Maurice Reuchsel (avec une intéressante causerie sur la forme « sonate »), dans laquelle on entendit, en dehors des sonates en *fa* de Hændel et en *ut* mineur de Beethoven, la belle sonate de Gabriel Pierné, qui n'avait pas encore été jouée à Lyon et qui est vraiment d'allure grandiose.

Mlle Pinglé, pianiste, a donné avec M. Tett, violoncelliste, une séance de sonates bien réussie, avec Hændel, Beethoven et Saint-Saëns au programme.

Le pianiste Risler a obtenu un triomphe dans son récital du 7 décembre.

Au Grand-Théâtre, pas d'ouvrages nouveaux, mais seulement des reprises assez inégales de *Carmen* et de *Lohengrin*.

MALINES. — L'événement musical de la saison semble devoir être la brillante et instructive série de séances historiques consacrées au *Trio*. Les deux premières ont eu lieu le 22 novembre et le 13 décembre. Elles furent, l'une et l'autre, suivies par un auditoire nombreux, attentif et sympathique. Les artistes instrumentistes qui s'y produisirent, de très heureuse façon, furent : Mlle M. Lombaerts, pianiste, premier prix au Conservatoire de Bruxelles; M. H. Adriaens, violoniste, premier prix du Conservatoire de Bruxelles; M. J. Kühner, violoncelliste, soliste des Concerts Ysaye.

Chaque concert était précédé d'une causerie faite par M. Raymond Van Aerde. Le programme de la première séance fut consacré aux *Précurseurs et aux Classiques*. Dans une causerie-préface, M. R. Van Aerde donna la définition du trio, expliqua l'origine et le développement de cette forme dans la musique instrumentale du XVIIᵉ au XVIIIᵉ siècle. Cette causerie prépara très bien l'auditoire, car on a remarqué de la part du public une attention plus grande que de coutume.

Les *Précurseurs* furent représentés par : de Caix d'Hervelois et J.-B. Lœillet, deux maîtres du XVIIᵉ siècle, dont les sonates *a tre* sont des chefs-d'œuvre de fraîcheur, de grâce, de finesse. On a surtout goûté le petit *Adagio* de la sonate de Lœillet, qui est une perle (accompagnement harmonisé par M. Alexandre Béon).

De J. Haydn, nous entendîmes le trio n° 1 (*sol* majeur, de Mozart; le trio n° 3 (*si* bémol majeur); de Beethoven, le trio op. 1 n° 2 (*sol* majeur).

Les pièces de musique de chambre furent entrecoupées par l'*Ave verum*, de Mozart, et l'*Invocation au printemps* des *Saisons*, de J. Haydn, chantés avec beaucoup d'homogénéité et de nuances par le chœur mixte de la Société royale l'*Aurore*, sous la direction de M. C. Verhelst, directeur de l'Académie de musique.

Le 13 décembre, le programme fut consacré aux *Romantiques*.

M. R. Van Aerde expliqua clairement les origines et la nature du romantisme; il montra l'évolution du trio instrumental sous l'influence de Schubert, Schumann, Mendelssohn, au double point de vue instrumental et vocal. M. Van Aerde commenta le *Roi des Aulnes*, de Schubert et *Les deux Grenadiers*, de Schumann, trouvant ainsi l'occasion de nous parler du *lied*. M. Bouquet, professeur de chant, interpréta très correctement ces deux *lieder*.

En fait de trios, nous entendîmes le trio n° 1 (*si* bémol majeur) de Schubert, le trio n° 1 (*ré* mineur), de Schumann et le trio nᵣ 1 (*ré* mineur), de Mendelssohn.

Le public manifesta son contentement par de chaleureuses ovations. Les deux dernières séances, consacrées aux « Modernes », sont annoncées pour les 3 et 31 janvier 1911. R. V. A.

MONS. — Mlle Marguerite Rollet a donné à la Salle des Concerts, avec le concours de Mlle Germaine Schellinx, violoniste, un récital de chant qui obtint le succès le plus complet.

Cette séance, d'un intérêt soutenu et varié, comportait, en même temps que des airs anciens de Cesti, Falconieri, Lulli et Rameau, des mélodies de Schubert, Rimsky-Korsakow, Chabrier, Lalo, Duparc, Chausson, de Bréville et d'Indy. Copieux programme évidemment, mais qui, grâce à l'intelligence artistique de Mlle Rollet, à sa profonde musicalité, à sa voix prenante, colorée et souple et à ce don d'interprétation qui fait d'elle une des plus impeccables diseuses de *Lieder* du moment, a vivement impressionné l'auditoire.

De son côté, Mlle Schellinx s'est fait applaudir et rappeler après l'exécution de délicieuses pièces anciennes et de la ballade et polonaise de Vieuxtemps. L'on a beaucoup apprécié la pureté du son, la justesse, la virtuosité et le sentiment expressif que la jeune violoniste apporta dans l'interprétation de ces différents morceaux.

M. Minet, ce maître dans l'art d'accompagner, était au piano.

Au total, une exquise matinée musicale qui laissera le souvenir d'un délicat et rare régal artistique. L.

NOUVELLES

— Un avis a fait savoir la semaine dernière aux professeurs et élèves du Conservatoire de Paris, qu'ils eussent à se présenter après les vacances de Noël et du jour de l'an, c'est-à-dire le 3 janvier, rue de Madrid où seront installées désormais les classes et salles d'étude.

Ainsi a cessé d'exister, sans tambour ni trompette, le vieux Conservatoire du faubourg Poissonnière. Le *Figaro* consacre une jolie note à cette « dernière » de la vieille maison d'art dont les portes se sont définitivement closes le 24 décembre :.

« Quatre heures. Le vieux Conservatoire commence à s'envelopper de nuit, et l'unique bec de gaz allumé sous le porche ajoute un air de misère à cette tristesse. Les dernières classes viennent de finir :. solfège, piano, classe d'ensemble. Des groupes de fillettes, de tout jeunes gens se hâtent vers la sortie, dans un brouhaha de bavardages. La grande cour s'est vidée ; les escaliers sont devenus silencieux, on a entendu là-haut résonner un accord, plaqué sur un piano... et puis, plus rien. Plus rien que deux concierges pensifs dans les ténèbres, aux deux bouts de l'immeuble. On ferme. On a fermé. Vacances. Le vieux Conservatoire a fini d'exister.

» Et ces quatre coups de quatre heures, tombés de l'horloge dans le silence de la cour presque noire, et comme déjà morte, sonnent vraiment la fin de quelque chose ; la fin d'un petit morceau de Paris.

» Pourquoi s'est-on sauvé si vite ? Pourquoi, de tant d' « anciens » devenus illustres, pas un n'a-t-il eu la curiosité, la tendresse de vouloir être là, pour voir se fermer, sous la nuit tombante, son École ; l'École où, depuis cent ans, il y a eu le plus d'enthousiasmes déchaînés, le plus d'espoirs meurtris, le plus de larmes versées, — larmes de douleurs ou larmes de joie ; la seule École, sans doute, où pendant cent ans, chaque jour, le plus humble élève apporta son rêve de gloire ! Et ce sont les murs qui ont vu cela qui vont tomber : de pauvres murs nus, mal éclairés, devant lesquels s'alignaient, sur de tristes parquets, de plus tristes banquettes. Mais l'espérance et la jeunesse paraient de couleurs splendides cette indigence.

» Et voilà pourquoi les portes du vieux Conservatoire eussent dû, peut-être, se fermer tout à l'heure avec un peu plus de cérémonie que celles d'une usine en faillite, ou d'une caserne désaffectée. »

— Le comité organisateur des fêtes qui célébreront cette année, à Rome, le cinquantenaire de l'Unité italienne, s'est réuni cette semaine et il a approuvé les propositions que lui a soumises la section musicale. Il est donc décidé à présent, que de grandes représentations théâtrales auront lieu cette année, à Rome, du 2 mars au 30 juin, et, qu'au cours de cette première période de la saison, on jouera les œuvres suivantes : *Guillaume Tell* et *Le Barbier de Séville*, de Rossini, *Don Pasquale* et *Don Sebastiano*, de Donizetti ; *La Somnambule* de Bellini, *L'Enfant prodigue*, de Ponchielli ; *Macbeth* et *Aida*, de Verdi ; *Falce*, de Cataloni ; *Paolo e Francesca*, de Mancinelli et *La Fanciulla del West* de Puccini. Ces œuvres seront dirigées alternativement par les maestri Mancinelli, Toscanini et Zuccani. Le comité s'est assuré la collaboration de quelques artistes de marque afin de rendre aussi brillante que possible la mise en scène de ces opéras.

— M. Edouard Sonzogno, directeur de la grande maison italienne d'éditions musicales, a délégué tous ses pouvoirs à son neveu, Richard Sonzogno, qui aura dorénavant la haute main sur l'administration de cet important établissement. Le nouveau directeur signera : Riccardo Sonzogno.

— La Scala de Milan a rouvert ses portes à la veille de Noël avec le *Siegfried* de Richard Wagner qui n'y avait plus été donné depuis 1900. C'est le ténor Borgatti qui chantait le rôle de Siegfried, M. Spadoni celui de Mime, enfin Mme Poli Raudaccio, Brunnhilde. A la tête de l'orchestre, le maestro Serafin, à qui le public a fait une ovation.

— Siegfried Wagner a un courage à toute épreuve. Il vient de terminer un nouvel opéra auquel il a donné un titre mystérieux : « Le Règne des Cygnes noirs » *Scharzschwanenreich*. L'ouvrage ne fera pas ses débuts à la scène, comme les précédents. Il sera d'abord présenté au public sous la forme d'une réduction de l'œuvre au piano à laquelle travaille actuellement M. Reuss, de Dresde.

— Cette année, on organisera à Vienne, une semaine musicale en l'honneur de Franz Schubert, à l'imitation de ce que les villes de Munich et de Salzbourg font en l'honneur de Mozart. Ces fêtes auront lieu à l'époque où sera inauguré solennellement la maison de Schubert que la ville de Vienne a achetée.

— Cette année la célèbre phalange de Munich, le Tonkünstler-Orchester, organisera à Paris un festival de musique allemande, en souvenir du festival de musique française qui fut donné à Munich, avec tant de succès, il y a quelques mois.

— M. Félix von Weingartner a été réélu, à l'unanimité, pour trois ans, directeur des concerts de la Société Philharmonique de Vienne.

— M. Fernand Le Borne vient de remporter à Cologne un succès vraiment extraordinaire avec *Les Girondins*. Ah! s'il en avait seulement la moitié autant à Paris! s'écriait-il.

On sait que c'est cette partition que doit monter prochainement le Théâtre Lyrique de la Gaité.

— On a inauguré, cette semaine, dans la petite ville de Mürzzuschlag, en Autriche, un buste de Johannes Brahms, qui passa dans cette localité balnéaire plusieurs mois des années 1884 et 1885. L'œuvre a été offerte à la municipalité par l'artiste même qui l'a sculptée d'après nature, Mme Fellinger de Berlin.

BIBLIOGRAPHIE

L'ŒUVRE DE MEYERBEER par Henry EYMIEU. 1 vol in-18. Paris, Fischbacher.

A cette étude est jointe une très copieuse liste d'ouvrages sur Meyerbeer. Si l'auteur les a tous lus, il faut admettre qu'il ne s'y trouvait rien de bien intéressant, car son livre est d'un vide désespérant.

La partie biographique n'est pas exempte d'erreurs. Il appelle Jouin, l'ami intime et factotum de Meyerbeer, M. Gouin dont Blaze de Bury nous a tracé le portrait.

Il déplore que la musique de *Struensée* n'ait pas été jouée au théâtre avec le drame de Michaël Beer; or, elle l'a été non seulement en Allemagne, mais *en 1899, à l'Odéon*, avec une adaptation de Michel Carré et Jules Barbier. Il croit à tort que toute la musique de *Vielka* a passé dans l'*Etoile du Nord*.

Il ignore que, mécontent de l'opposition de Meyerbeer à la représentation de la *Jeunesse de Gœthe*, avec l'intermède musical que Blaze de Bury lui avait demandé, celui-ci fit, après la mort du maître, un procès à la famille Meyerbeer et le perdit. Il nous dit que Meyerbeer mourut « au n° 2 de la rue qui porte son nom ». J'avais toujours pensé que c'était rue Montaigne.

Passons à la forme. Je recommande aux lecteurs la première phrase de la page 35. J'ai vainement cherché à en pénétrer le sens. Plus loin, M. Eymieu reproche à Meyerbeer, et avec raison, de ne pas savoir le français, mais lui-même se sert de cette expression : « les clous de Scribe qui *empoignent* le public ». Un clou qui empoigne !?!

M. Eymieu étant compositeur, j'espérais au moins de lui une critique technique un peu approfondie. Page 51, je vois qu'il est question de l'altération de la dixième note du mode mineur. Le mineur aurait donc plus de sept notes ! Il nous apprend que Rossini avait écrit des chefs-d'œuvre dans l'opéra-comique (!). Pas dans l'opéra-comique français, je pense ! Il nous présente dans ce domaine Meyerbeer comme un devancier des Auber et des Adam. J'avais cru jusqu'ici que ces musiciens étaient des contemporains et qu'Auber avait déjà fait jouer une douzaine d'œuvres avant l'arrivée de Meyerbeer à Paris. Il termine par un rapprochement au moins inattendu entre Gluck et Meyerbeer. Il reproche à Schumann d'avoir médit du *Prophète* avant de l'avoir entendu; mais Schumann était capable, je suppose, de lire une partition ! Il considère le rappel de la ballade d'Alice, dans *Robert le Diable*, comme un premier essai de *Leitmotif*. Eh! bien, et Grétry? et Weber? et Hoffmann?

En ce qui concerne les rapports de Meyerbeer et de Wagner, M. Eymieu ne manque pas de proclamer l'ingratitude de ce dernier et de mettre tous les torts de son côté. En apparence, en effet, Wagner est condamnable pour avoir si durement traité dans des écrits publics celui qui était venu à son aide. Mais, avant de le juger, il faudrait avoir toutes les pièces du procès; il faudrait savoir comment Meyerbeer traitait lui-même Wagner. Il y a une réponse de lui citée par Blaze de Bury, qui est significative : « Etes-vous bien sûr qu'il sache son affaire? » Il y a le factum contre Wagner, publié par Fétis, en 1852, dans la *Gazette musicale*, qui ressemble fort à une réplique au *Judatsme dans la musique*, qui avait paru en articles dans une revue allemande en 1850.

Il faudrait déterminer quelles étaient la valeur et la sincérité des recommandations données à Wagner par Meyerbeer en 1839 auprès du directeur de l'Opéra. Si l'appui de Meyerbeer avait été aussi efficace qu'on l'a dit, Léon Pillet n'aurait pas osé faire le coup du *Vaisseau fantôme* sur lequel la vérité, non avouée par Wagner, a été dite par Henri Révoil, l'un des librettistes de Dietsch, à M. Ernst Pasqué.

Je me suis toujours demandé si cette intervention de Meyerbeer en faveur de son compatriote n'était pas semblable à la recommandation qu'il donna un jour au compositeur belge Limnander auprès de son éditeur à Berlin. Limnander désirait voir monter à Berlin un de ses opéras, *Yvonne*, je crois, qui venait d'être joué à Paris avec quelque succès. Il sollicite une lettre de recommandation de Meyerbeer. Celui-ci s'empresse de faire à son éditeur de Berlin l'éloge le plus vif de l'œuvre de Limnander. Seulement il y avait en *P.-S.* à peu près ceci, d'après ce qui m'a été raconté :

« Je profite de l'occasion pour vous faire connaître que je viens d'apporter des modifications à mon opéra de *Dinorah* (*Le Pardon de Ploërmel*), de manière qu'il puisse convenir à l'Opéra de Berlin. »

Charité bien ordonnée... Si le zèle de Meyerbeer en faveur de Wagner avait de ces sous-entendus, il ne faut pas trop s'étonner du peu de résultat des démarches de son protégé pendant son premier séjour à Paris, et l'absoudre d'avoir, par la suite, lapidé son prétendu bienfaiteur.

GEORGES SERVIÈRES.

NÉCROLOGIE

L'impresario Angelo Neumann dont nous avons annoncé la mort était né le 18 août 1838, à Vienne, où il joua dès son plus jeune âge de petits rôles de comédie et à dix ans chantait à l'église. Ayant obtenu en 1859 une audition à l'Opéra-Royal de Berlin, il y fut engagé comme baryton et se fit entendre ensuite à Cologne, Cracovie, Oldenbourg, Presbourg et Dantzig et eut enfin un engagement à l'Opéra de Vienne en 1862. C'est là qu'il connut Wagner et fut témoin, pendant les quarante-sept répétitions au piano de *Tristan et Isolde*, de son acharnement de faire apprendre au ténor Ander et à d'autres interprètes cette partition difficile. Il resta pensionnaire de l'Opéra de Vienne jusqu'en 1876. Sa voix s'étant alors trouvée compromise, il prit la direction du Théâtre Municipal de Leipzig avec Auguste Foerster comme adjoint et Joseph Sucher comme chef d'orchestre. Il consacra dès lors une partie de son activité à répandre et à propager les œuvres de Wagner. En 1881, il entreprit des tournées de représentations théâtrales qui durèrent jusqu'en 1883. L'année suivante il prit la direction du Théâtre-Municipal de Brême, et en 1885, celle du théâtre allemand de Prague. Depuis 1893 il organisait chaque année à Prague des Festivals du mois de mai. Angelo Neumann avait épousé en 1886 la tragédienne Johanna Buska. Il a publié un livre intéressant de souvenirs sur Richard Wagner.

— Le chanteur Jean Elmblad, de nationalité suédoise, vient de mourir à Stockholm, à l'âge de 57 ans. Il a eu des engagements à Dresde, Prague,

Breslau, Berlin, Leipzig et Bayreuth, où, à partir de 1896, il remplit pendant plusieurs années le rôle de Fafner des *Nibelungen*. Il accepta en 1897 les fonctions de directeur artistique du Théâtre de la Cour à Stockholm et les conserva tant que son état de santé le lui permit.

EXTRAITS DE PRESSE

Berliner Lokalanzeiger (4 décembre 1910).

Mlle Suzanne Godenne est une pianiste et musicienne d'un savoir tout à fait extraordinaire. Elle interpréta le concerto en *mi* bémol de Mozart et les *Variations* de Franck, ces deux œuvres d'un caractère tout à fait opposé, avec une compréhension musicale exceptionnelle. Une technique fantastique, un rythme à toute épreuve et le rare talent de captiver son auditoire, voilà les grandes qualités que possède cette jeune artiste d'un grand avenir.

Berliner Tageblatt (8 décembre 1910).

Mlle Suzanne Godenne ne manquera certainement pas d'être remarquée. Parmi la foule des pianistes, elle est une apparition toute spéciale. Un savoir considérable, un tempérament énergique, une véritable nature de musicienne, une vigoureuse plasticité rythmique dans l'ensemble comme dans le détail. Il était étonnant de remarquer combien, dans le concerto en *mi* bémol de Mozart, l'artiste s'entendait à maintenir l'unité stylistique et à nuancer les traits. Dans les *Variations symphoniques* de Franck également, d'un caractère si différent, elle a témoigné de ses éminentes qualités. Après de pareilles prouesses l'on peut fonder sur son avenir artistique les plus grands espoirs.

L'Étoile Belge (mars 1910).

CONCERT GODENNE. — Enormément de monde hier soir pour entendre Mlle Godenne, pianiste, qu'accompagnait un groupe orchestral réuni et dirigé par M. Rasse.

Beaucoup de succès, aussi, et non sans raison. Car l'orchestre était bien composé, bien mené, et l'ouverture d'*Euryanthe*, fortement colorée, préludait excellemment au style de Mlle Godenne.

Son concerto en *ut* mineur de Beethoven fut violent, dramatique, autant qu'on le pouvait souhaiter, sans sortir du classicisme. Son concerto de Grieg, sonore et majestueux ou simple et mélancolique tour à tour. Tout cela était excellent, sans défaillances techniques, avec une bonne dose de personnalité. D'où les interminables ovations qui soulignèrent ces deux œuvres majeures.

AGENT EXCLUSIF :

Concertdirection : NORBERT SALTER

Berlin

« Signale » für die musikalische Welt (Berlin).

Mlle Suzanne Godenne est une jeune pianiste réunissant les qualités musicales les plus rares. Elle joua le concerto en *mi* bémol de Mozart avec une extraordinaire finesse, avec une technique cristalline, avec grâce et chaleur ; les *Variations symphoniques* de Franck ne furent pas moins bien interprétées. Cette épreuve permet d'espérer pour l'artiste le plus brillant avenir.

Leipziger Neueste Nachrichten (7 déc. 1910).

Mlle Suzanne Godenne a débuté ici en exécutant tout d'abord le concerto bien connu de Saint-Saëns en *ut* mineur, puis les intéressantes *Variations symphoniques* de César Franck, avec orchestre. Elle s'y est montrée pianiste adroite, pleine de tempérament, douée d'une technique extraordinaire, égale dans le jeu du poignet comme dans les passages de vélocité. Dans le concerto de Saint-Saëns elle déploya toute la virilité que l'interprétation de cette œuvre exige, et dans celle de Franck, au contraire, elle eut des accents de douceur et de tendresse. L'ensemble parfait du piano avec l'orchestre Winderstein, contribua notablement à la réussite de cette séance pleine de jouissances artistiques.

Leipziger Zeitung (7 décembre 1910).

Mlle Godenne joua avec une énergie tout à fait virile, d'abord le classique concerto en *ut* mineur de Saint-Saëns, puis, de César Franck, les belles et artistiques *Variations symphoniques*, — œuvre partiellement plus nordique que française. Elle donna de ces deux ouvrages une interprétation d'une spontanéité parfaite, d'une grande ampleur de ligne, attestant, avec une égale perfection d'attaque et de technique, une véritable maturité pianistique et musicale. L'éloquence à la fois pleine de vigueur et d'une grande finesse de nuancement avec laquelle Mlle Godenne sut faire dialoguer le piano avec l'orchestre, dans les parties variées des deux ouvrages, la verve et le rythme ferme, la bravoure de ses *scherzi* et de ses *allegri* excitèrent l'admiration de l'auditoire et valurent à la sympathique débutante un succès qui se traduisit à la fin de la soirée par toute une série de *bis*. Des divers morceaux ainsi ajoutés au programme, j'ai entendu la romance en *fa* dièse majeur de Schumann, interprétée avec poésie et une excellente sonorité. Le jeu de Mlle Suzanne Godenne révèle à la fois un grand talent et une excellente éducation musicale.

AGENT EXCLUSIF :
Concertdirection : NORBERT SALTER
Berlin

. 57me ANNÉE. — Numéro 2.   8 Janvier 1911.

LE GUIDE
MUSICAL

FAUST

Symphonie en 3 tableaux caractéristiques d'après GŒTHE

I. Faust. — II. Marguerite. — III. Méphistophélès

par FRANZ LISZT

L A Symphonie *Faust*, de Liszt, tient une place complètement isolée dans la littérature musicale. Si, par sa forme libre, elle s'éloigne de nos symphonies classiques en quatre parties, chaque tableau en lui-même est de forme parfaite. Dans son œuvre, le poète traverse l'enfer, la terre et le ciel qu'il anime des créations de sa fantaisie, pour exprimer l'éternel contraste du bien et du mal, le combat sans trêve à la recherche de la vérité. Le musicien dont la fantaisie a été fécondée par l'œuvre poétique, devait se borner à décrire, avec les moyens de son art, les états d'âme des deux figures principales, Faust et Marguerite et à représenter en Méphistophélès (3me partie) l'incarnation du principe destructeur et mauvais, d'après son influence sur Faust et Marguerite.

Quoique classée dans la musique à programme, on est cependant forcé de considérer que la Symphonie de *Faust* est de beaucoup supérieure à une superficielle peinture de sons. Liszt, en effet, ne dépasse pas les bornes de la puissance expressive de la musique. Faust et Marguerite sont bien de ces figures typiques de l'humanité : pour l'un, l'éternelle et inassouvie recherche de la vérité, pour l'autre, l'amour avide de sacrifice, l'amour rédempteur ; le rapport dans lequel se trouvent ces deux expressions de la vie de l'âme, dans le cadre du poème, offre au musicien de nombreuses affinités.

Subtilité, doute, désir d'amour, jouissance matérielle de la vie, innocence, bonheur, douleur, cela sont des éléments favorables à la fantaisie du musicien. Si les thèmes et motifs de la symphonie de Liszt sont des transmetteurs de pensers poétiques, ils ne sont pas cependant des abstractions logiques, mais des expressions musicales traduisant des traits de vie intime, désignant dans leur ensemble l'état sentimental de Faust et Marguerite et correspondant à leur influence réciproquement mutuelle. Wagner a étonnamment employé dans son orchestre cette faculté de la musique et créé ainsi des liens indissolubles entre l'action, la situation momentanée sur la scène, et la représentation différente des idées du spectateur.

Qu'on se représente l'impression de la musique funèbre à la *mort* de Siegfried, et qu'on se demande si le langage pourrait créer une oraison funèbre plus émouvante que cette page dont les thèmes caractérisent les épisodes de la *vie* de Siegfried.

L'auditeur attentif observera combien Liszt se rattache profondément aux intentions du poète, et avec quelle perfection les trois figures types dont se compose la symphonie sont dessinées musicalement par lui. Saisi par l'idée d'emprunter au Faust de Gœthe l'essence d'une symphonie, il fallut au compositeur, après la première esquisse, une période de vingt et une années pour terminer l'œuvre comme elle est jouée actuellement.

Les premiers essais datent de 1840-45 (période de virtuosité de Liszt), en 1854, le premier travail achevé, on fit même en automne 1855 deux répétitions d'orchestre.

La première exécution de la symphonie dans sa forme première eut lieu en septembre 1857, pendant les fêtes inaugurales du monument Schiller-Gœthe à Weimar. Mais Liszt fit encore subir un remaniement à l'ouvrage, et en 1859 seulement parut la réduction pour piano, en 1861 la partition d'orchestre. Dans les années qui suivirent, la Symphonie de *Faust*, dans sa forme définitive, fût plusieurs fois jouée à Weimar sous la direction de l'auteur. Liszt la dédia à Hector Berlioz.

De nombreuses études sur l'œuvre de Liszt ont été publiées de son vivant et depuis sa mort. Je signalerai le *Franz Liszt, Etudes et Souvenirs* de Richard Pohl où la *Faust-Symphonie* est étudié en détail et l'analyse que M. Otto Lessmann a publiée naguère dans l'*Allgemeine Zeitung* de Berlin. Ses renseignements ici consignés leur sont empruntés aux travaux de ces deux critiques.

I. — FAUST.

La tâche du compositeur était d'exprimer musicalement, non seulement les rapports de Faust avec le monde extérieur, comme ils se présentent dans le poème de Gœthe, mais plutôt les impressions et les sentiments par lesquels Faust se révèle à nous, avant de rencontrer Méphisto. Le musicien devait trouver, pour indiquer les différents aspects du caractère de Faust, des thèmes adéquats, thèmes développés avec art dans le premier des trois tableaux caractéristiques. D'autre part l'universalité du caractère de Faust, une fois établie, il n'est pas difficile de reconnaître les éléments fondamentaux de la symphonie dans le riche matériel thématique de la première phrase.

Le fragment marqué d'un A, caractérise ce qu'il y a de subtil et d'incertain dans l'âme de Faust.

EXEMPLE I.

Les deux parties du thème principal B et C se rapportent à ses états d'âme : mécontentement et manque d'espérance — doute. Les altos en sourdines et les violoncelles se passent *fortissimo* la première note de ce thème comme en une recherche vaine, puis *piano*, par l'intervalle de quatre sons altérés et soutenus par les seconds violons, pour se diriger vers l'aigu, où le hautbois, à la place marquée B, se joint à la seconde partie du thème respirant le désespoir.

Les premiers violons accompagnés des clarinettes et des bassons font entendre, dans le membre du thème marqué C, le sanglot assourdi du manque d'espérance. Bassons et clarinettes répètent le deuxième membre du motif, puis les seconds violons et altos, en un dialogue descendant, redisent le thème C, et amènent un motif confié au basson et à la clarinette, dessin triste, lent et lourdement grave, impression du néant complet. Après un point d'orgue, ces mesures d'entrée se répètent plus bas à l'intervalle d'une quarte diminuée. Un cri orageux dans les cordes et les bois, partie soutenu par les cors, exprime la désolation. Un titanique vouloir de la nuit vient s'imposer à la lumière. Mais la puissance du doute n'est pas rompue.

Les trompettes et trombones sonnent le premier motif du thème dans le bruyant orage de tout l'orchestre, qui s'éteint peu à peu en un roulement de timbales. — Quoi, maintenant? — Cette détresse interrogative est exprimée dans le récitatif sombre par lequel le basson rompt le silence pesant qui a succédé à l'orage.

Avec un deuxième thème principal, passionnément agité, les violons répondent à la question posée au sort :

EXEMPLE II.

« *Lutte ailleurs, crée sans repos dans le monde qui t'environne, qui ne te satisfait point; atteins quelque chose de plus élevé* ». Ainsi parle Faust. Un troisième thème qui apparaît développé davantage dans le deuxième tableau caractéristique, se dessine après le large exposé du second thème.

EXEMPLE III.

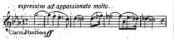

Il se peut qu'il représente un désir de délivrance de cet état constant de doute, l'exigence d'un bonheur jusqu'alors inconnu — qui dans la seconde partie s'identifie à Marguerite — et est accompagné d'un contre-motif énergique des basses, comme une sommation à un idéal plus élevé, à une espérance durable.

Faust est délivré du « néant maudit » qui est « son monde ». Mais ce n'est pas avec ses propres forces qu'il cherche à se dérober au chagrin constant de son âme. Méphistophélès le conduit dans le repaire des sorcières, et là, dans le miroir magique, il aperçoit *l'image céleste*, qui enflamme son cœur d'un violent désir :

« O Amour, prête-moi la plus rapide de tes ailes
« Et conduis-moi où elle respire ».

L'épisode marqué *meno mosso, misterioso e molto tranquillo* indique très probablement la transformation rajeunissante qui se produit en Faust quand il a pris le breuvage amalgamé par les sorcières. Les premiers et seconds violons, ainsi que les altos, tous munis de sourdines sont divisés. Les trois premières voix flottent de haut en bas, comme en un léger nuage, dans un dessin de doubles croches sur la gamme de *ré* majeur, soutenues par les sons mystérieux et longs des bois et cors bouchés. Pendant ce temps, les trois autres, soutenues par les clarinettes dans le grave, entonnent énergiquement et modulent la partie A du thème principal en manière

d'imitation mélodique et rythmique, jusqu'à ce que les violoncelles et les premiers violons en des mesures alternatives de 3/4 et de 4/4 et par un court dialogue, pressant et tout imprégné de désir, arrivent à une période nouvelle :

EXEMPLE IV.

Ce thème qui semble s'identifier au besoin d'amour de Faust, prend racine dans le motif B du premier thème principal — il est aussi largement employé dans la seconde partie. Il est encadré ici d'un dessin des altos, doux et tendre; à la reprise, quand le soupir du hautbois est éteint, les premiers violons se joignent aux seconds pour laisser suivre le deuxième membre du thème, entonné précédemment par les hautbois. A la douceur, le deuxième thème passionné oppose de plus en plus le thème de l'amour rédempteur. Faust s'attache à la puissance efféminisante, il ressaisit ses forces intellectuelles et le héros de l'esprit s'élève de toute sa grandeur orgueilleuse.

Un nouveau thème paraît, fier et grand, comme la volonté prédominante qui porte Faust à recourir aux forces surnaturelles :

Exemple V.

Malgré le nombre des thèmes travaillés, malgré la libre façon de traiter les principes fondamentaux, la forme de la sonate se fait tout de même reconnaître en ce morceau. La preuve en est dans la phrase conductrice régulière qui suit la première partie. Dans cette phrase le motif 2 entre en relation avec le motif 1 B, dans un *allegro agitato assai*; la phrase grandit toujours plus passionnée, jusqu'à ce que dans le *lento assai*, le premier motif réapparaisse dans sa forme primordiale. La phrase conductrice s'achève et la répétition propre à la forme de la sonate réapparaît en la phrase principale qu'il est inutile de suivre dans toutes ses phases.

Le but de ces lignes n'est pas, du reste, de conduire pas à pas l'auditeur à travers la partition de la symphonie; il nous suffit d'exposer devant l'auditeur le matériel thé-

matique dont s'est servi le compositeur et de faciliter ainsi la compréhension purement musicale de l'œuvre. Libre à chacun de se représenter les intentions poétiques des thèmes d'après les indications données.

Pour Liszt, le principe de l'existence de Faust c'est la recherche inassouvie des choses plus élevées et la lutte désespérée, jusqu'à l'anéantissement complet de soi, contre les puissances entravant les victoires surhumaines. C'est pourquoi le compositeur ne termine pas son premier tableau : *Faust*, par un hymne triomphal mais tristement et sombrement.

II. — MARGUERITE

Un prélude court et rêveur des flûtes et des clarinettes conduit au thème principal de ce tableau, thème caractérisant l'innocence et l'intimité du bonheur de Marguerite.

Exemple VI.

Présenté d'abord par le hautbois accompagné d'altos, il est repris peu à peu par les autres instruments, d'abord par la flûte, la clarinette et le second violon solo, puis par deux premiers violons solo et deux altos solo, auxquels se joignent graduellement des sons plus graves.

Un thème de douce sentimentalité :

Exemple VII.

émis par le hautbois et la flûte, accompagné des cors bouchés, des seconds violons et des altos, conduit à un petit épisode de six mesures, personnifiant certainement la jeune fille lorsqu'elle effeuille la marguerite : il m'aime, un peu, etc. Puis apparaît encore une fois le thème de Gretchen, largement instrumenté dans sa simplicité naïve.

On doit considérer comme thème autonome, se rapportant uniquement à Marguerite, le thème suivant, dans lequel est exprimé toute la béatitude qu'elle éprouve en sentant son cœur s'ouvrir à l'amour.

EXEMPLE VIII.

La première partie du tableau se termine ici. La rentrée du thème triste de Faust (motif B du premier tableau : Faust) avec le tremblant accompagnement des altos et violoncelles, rappelle à l'auditeur l'intervention de Faust dans les sentiments de Marguerite. Le motif du désir qui suit immédiatement, d'une instrumentation sensuelle, (trois violoncelles solo, alternant avec deux premiers violons solo, accompagnés de trois flûtes, harpes et seconds violons divisés, munis de sourdines) nous apparaît clairement comme le thème du désir violent d'amour partagé.

Le motif mélancolique de Faust disparaît tout à fait de ce duo, comme si le compositeur avait voulu nous montrer son héros complétement possédé par l'amour tant espéré; le motif même de la lutte acharnée (n° 2 du premier tableau) se fait entendre, mais métamorphosé, indiquant ainsi le nouvel état d'âme rasséréné de Faust.

EXEMPLE IX.

Il est intéressant de constater avec quelle exactitude le maître rend tangible le jeu psychologique : si le deuxième thème, en *do* mineur dans la première partie, caractérisait alors la recherche sans trêve, reproduit en *fa* dièse majeur, il semble illustrer ce joli fragment du poème de Gœthe :

« Ne sens-tu pas mes yeux à tes yeux attachés,
« Ton cœur et ton esprit touchés
« De tout ce qui t'entoure, et dont l'être indicible
« T'est invisiblement visible?
« Eh bien, de tout cela remplis ton cœur à fond. »

Faust a retrouvé le repos, le bonheur en son amour pour Marguerite. Non seulement la puissance de la mélodie, mais l'énivrante harmonisation, le coloris intense de l'instrumentation en témoignent. Suit alors une répétition de la première partie de cette phrase, dont l'explication poétique est aisée. Si la fin du premier tableau de Liszt, rappelle le Faust orgueilleux, doûtant et incrédule du poème, la fin du tableau « Gretchen » évoque la béatitude du cœur humain transporté dans les sphères célestes par le bonheur d'aimer : paix, bonheur, oubli des misères de l'humanité.

III. — MÉPHISTOPHÉLÈS.

La dernière partie ne présente aucun motif d'absolue nouveauté, les motifs principaux des deux premiers tableaux, par leurs changements et transformations servant de fondations thémathiques. Liszt était convaincu que Méphistophélès, « l'esprit qui toujours nie » ne pouvait être caractérisé par un motif musical personnel.

La négation absolue est un principe de l'Esprit du mal, principe sur lequel le sentiment ne peut avoir de prise. Méphisto introduisant dans l'être de Faust et Marguerite ses germes destructeurs, ne pouvait être réalisé musicalement qu'en ramenant en une métamorphose correspondante les thèmes qui caractérisaient l'être de Faust et de Marguerite.

L'art avec lequel Liszt a maîtrisé la tâche qui s'offrait à lui, excite l'étonnement de tous ceux qui, assez compétents dans la science musicale, saisissent du côté intellectuel, en général, une pensée musicale formée d'après un but poétique précis.

Il est reconnu que l'ironie et la moquerie ne peuvent être personnifiées en musique ; l'auditeur, qui, entendant une suite de sons mélodiquement rythmés, éprouve autre chose qu'un chatouillement des nerfs auditifs, doit cependant reconnaître que dans le troisième tableau, les transformations opérées sur les thèmes primitifs, semblent les avoir revêtus d'une ironie incisive.

Si l'on compare cette métamorphose du thème de Faust :

EXEMPLE X.

avec la forme primitive de l'exemple I de la première partie, comme il est exprimé dans les fragments de motif B et C, on devra convenir que celui-ci est rempli de bravade. Si l'on envisage la portée poétique du motif : désir d'amour de Faust — le quatrième thème principal, celui de l'amour, est tiré de ce fragment du motif — on doit avouer que le compositeur a parfaitement réussi à rendre ironique cet aspect de l'âme de Faust.

Partant du même point de vue, le motif A du même thème se dessinant d'abord comme le motif du Faust doutant et chercheur, a été changé de manière frappante.

EXEMPLE XI.

Ne croit-on pas, dans ce dessin, entendre résonner un rire diabolique ? La courte phrase *sempre allegro* (11 mesures) conduit à une première phrase principale, *allegro vivace* 6/8, dont le thème le plus important n'est qu'une métamorphose du deuxième thème principal du premier tableau (voir exemple II), thème indiquant la recherche de Faust vers un idéal plus élevé.

EXEMPLE XII.

Sans difficulté on peut découvrir dans celui-ci, le thème original, quoiqu'il paraisse tout différent dans son expression. Enfin une intéressante phrase fuguée commence, dont le thème joué d'abord par les altos, personnifie une nouvelle forme du thème de Faust.

EXEMPLE XIII.

A cette phrase s'en soude une, dont le thème principal est formé du motif de l'orgueil (exemple V), qui peut ici véritablement passer pour une plaisanterie.

EXEMPLE XIV.

En un vertige fou la phrase passe, tous les démons de l'enfer semblent déchaînés pour railler Faust, jusqu'à ce qu'enfin cette sauvagerie s'interrompe d'une vision. En *pianissimo*, les hautbois et les clarinettes entonnent le thème de Marguerite. Faust, enlacé par Méphisto, regarde Marguerite transfigurée. Encore, une fois l'enfer ne veut pas lâcher sa proie : le thème de Faust réapparaît, mais avec une nouvelle transformation.

EXEMPLE XV.

Les différentes parties du thème de Faust luttent l'une contre l'autre; l'enfer est vaincu, la meilleure partie de l'être de Faust se sent élevée par la rédemption. *Poco andante ma sempre a la breve* conduit au thème de Marguerite, presque mystérieux maintenant; l'âme de Faust est sauvée par la Transfiguration de Marguerite. Dès sons solennels de trombones, sertis dans un constant trémolo du quatuor et portés par de longs accords des bois et des cors, conduisent au chœur mystique :

> Ce qui s'évanouit n'est qu'une image,
> Ce qui reste établi n'est pas chimère
> L'indiscreptible se dresse ici.
> L'éternel féminin absorbe en lui.

entonné par l'orgue et un chœur d'hommes. Une voix de ténor, accompagnée par la harpe, s'unit au motif de Marguerite, mais différemment rythmé. Mais ce chœur et ce solo sont *ad libitum* et généralement l'œuvre se fait sans ce final choral d'après les indications même de Liszt. Un joyeux soulèvement de tout l'orchestre termine l'œuvre.

On reconnaîtra aisément que Liszt, dans l'invention et la manipulation des thèmes qu'il conduit en *leitmotive*, est tout à fait dans les idées de Richard Wagner. Les tendances poétiques que celui-ci imprime aux thèmes et à leurs métamorphoses au cours de ses drames, se retrouvent dans la symphonie *Faust* associées et rattachées avec compréhension et précision au drame de Gœthe.

Celui qui accepte de les reconnaître les trouvera facilement. Personne ne peut prétendre cependant qu'elles forment seules la grandeur et la beauté de cette œuvre d'art, mais celui qui s'est livré à une étude approfondie de la partition les aura comprises, et se procurera ainsi de grandes joies intellectuelles et la jouissance de beautés artistiques.

SYLVAIN DUPUIS.

Le texte des Lettres de Mozart

ENCORE et toujours, le scandale continue de l'obstruction systématique opposée par le conservateur du *Mozarteum* de Salzbourg à la divulgation des manuscrits autographes de Mozart. Nous avons déjà narré ce qui était arrivé à M. Théodor de Wyzewa, voici quelques années, muni pourtant d'un ordre formel du Directeur de ce Musée, M. Joh. Ev. Engl, a pris le parti invariable de montrer *une* pièce, et de déclarer fort aimablement, qu'il est absolument inutile de voir les autres et qu'on ne les verra pas. Et on ne les voit pas. Voici le nouveau témoignage d'un érudit allemand, M. Albert Leitzmann, consigné à la fin d'un recueil de lettres choisies de Mozart, qu'il vient de faire paraître à Leipzig (*Ausgewählte Mozart-Briefe*, Insel-Verlag, in-12): Avec beaucoup de jugement, M. Leitzmann, puisqu'on lui demandait un choix, alors que l'édition complète de Nohl est courante, désirait du moins publier enfin des textes authentiques. Il lui était facile de prouver, par la comparaison des quelques lettres originales conservées dans les collections privées, que la copie de Nissen, reproduite par Nohl, est (hélas l) pleine de changements, de coupures, de fautes de transcription. Il s'empressa donc de s'adresser au Mozarteum, il envoya un secrétaire, pour collationner les copies sur les autographes. Qu'advint-il de cette visite? — M. Engl, fidèle à sa ligne de conduite, lui montra *une* lettre, et lui déclara qu'il était absolument inutile d'en voir davantage... Et M. Leitzmann dut, une fois de plus, publier les copies — les à-peu-près — de Nissen !

On n'ignore pas que ces soi-disant copies, provenant de la correspondance de Mozart, ne sont pas les seules, et que Nohl, et que Jahn, ont aussi copié des lettres, en grand nombre. Ces copies-là, il n'y a pas de raison de les suspecter, heureusement. Mais que penser de la négligence avec laquelle ces deux érudits ont accepté, sans contrôle, à une époque où il ne tenait qu'à eux d'en faire la collation, les transcriptions publiées par Nissen? H. DE C.

Les grandes époques de la musique

Interrompues par l'inondation de janvier dernier, les conférences musicales, avec auditions, organisées par Mlles Mary et Fernande Pironnay, avec le concours de M. Paul Landormy, dans la salle de la Société d'horticulture, furent reprises, le soir, au printemps, ensuite à l'automne, tous les lundis de novembre et de décembre, à quatre heures et demie.

Notre analyse en était restée à la réaction salutaire (et non pas solitaire, comme une « coquille » nous l'avait fait dire à notre insu) contre le danger d'apercevoir trop de symboles musicaux dans l'architecture émouvante et vivante du plus grand des Bach (1). Vint ensuite Hændel (2). aussi lumineux et décoratif que Bach demeure intime et polyphonique, figure olympienne dont la majestueuse mélodie nous conduit au seuil de l'art classique; et voici le vieil Haydn, qui ne fut pas le père de la symphonie ; le jeune Mozart, novateur et pur, parfait et vibrant, théâtral et très

(1) Voir le *Guide musical* du 23 janvier 1910, pp. 68-69; et le livre de Gustave Robert, *Le descriptif de Bach.*

(2) Voir, dans la collection des *Maîtres de la musique,* le nouveau livre que M. Romain Rolland donne comme un prélude à de plus vaste travaux.

humainement divin, « le miracle de l'histoire de la musique »; enfin, Beethoven et la légende de ses trois styles, que contredit plus d'une fois la réalité de son libre génie, dans son crescendo sans pareil ; et, comme exemples capables d'évoquer cette grande âme, le onzième quatuor, le plus court et le plus tragique de tous, fut chanté par le quatuor Parent ; l'*Appassionata* fut passionnément rejouée par Mlle Dron. C'est ainsi que la plus belle des âmes douloureuses revint planer sur nos soirs d'un printemps pluvieux...

Avec l'automne, on quitta la rêveuse Allemagne pour la musique française au xixe siècle et tout au début du xxe : grand sujet encore, et palpitant, comme toute évocation contemporaine, où l'histoire est passionnée comme une chronique ; où la chronique revêt déjà, par éclairs, la majesté de l'histoire.

De 1809 à 1860, un déclin, d'abord, celui de la tragédie lyrique ; et, bientôt, une apogée, celle de l'opéra-comique, où triomphent les héritiers du xviiie siècle : Boïeldieu, qui n'ignore pas Mozart, Nicolo, Paer, qui parodie la musique italienne en son *Maître de Chapelle,* comme Méhul l'avait fait vingt ans auparavant, dans l'*Irato* de 1801. Le genre éminemment national se transforme avec les ans : au lendemain de 1830, Hérold l'italianise avec mélancolie, sous le règne d'Auber et de Meyerbeer ; et déifié par ses contemporains, mais détrôné par les nôtres, ce dernier pourrait fournir le thème d'une conférence contradictoire des plus édifiantes entre M. Paul Landormy, qui souligne volontiers ses défauts que l'avenir devait apercevoir avec une sévérité souvent injuste, et M. Henri de Curzon (1), qui replace courageusement ses qualités dans le passé qui les a vues naître avec une émotion réelle... Aussi bien, ne sommes-nous pas en présence de deux critiques : l'une « qui juge les œuvres anciennes avec les aspirations et les impressions actuelles »; l'autre qui reconnaît à l'expression d'une formule et d'une époque abolies un droit inaliénable « à être traitée historiquement »; et le défenseur de Meyerbeer ajouterait que, « dans le domaine musical surtout, où l'évolution est continue, il n'est presque pas une œuvre d'art, qui, jugée de la première sorte, ne présente quelque p int faible »... Il n'est pas sans intérêt de faire comparaître le novateur démodé devant le tribunal des musiciens; et si le tendre Schumann fut impitoyable pour « l'art grossier » des *Huguenots,* gardons-nous d'oublier que le volcanique

(1) Cf son *Meyerbeer* (1910), dans la collection des *Musiciens célèbres.*

Berlioz s'entendait une fois par hasard avec Wagner pour exalter la *Bénédiction des poignards* !

Pendant le règne de l'italianisme, auquel Richard Wagner lui-même né devait pas, d'abord, échapper (car on n'échappe jamais à son temps. et le génie *date* au moins par le costume de son rêve), notre Hector Berlioz apparaîtrait comme un phénomène absolument inexplicable, si l'historien du romantisme ne faisait appel à la tradition française, toujours éprise musicalement de couleur pittoresque et de grandeur décorative ; et celui qui jeta le drame dans la symphonie, avant l'heure où son rival d'outre-Rhin versa plus despotiquement la symphonie dans le drame, se trouve être l'héritier des musiciens oubliés d'une classique révolution. (1).

Bientôt nous achèverons cette analyse indépendante et trop brève, en remerciant les interprètes des nombreux exemples musicaux et le conférencier d'abord, non sans noter encore quelques-unes de no réflexions qui s'inscrivent en marge de sa parole claire et chaude comme sa voix, quand le professeur-musicien s'arrête de parler pour chanter.

RAYMOND BOUYER.

La notation musicale

M. ANGEL MENCHACA est venu il y a quelques semaines de Buenos-Aires en Europe et à Paris à la salle Pleyel et à la Sorbonne, pour nous exposer un système de notation musicale dont il est l'inventeur, et à la propagation duquel il ajoute tant de foi qu'il n'a pas hésité à abandonner pour elle ses fonctions de chef du service sténographique au Sénat argentin. Heureusement pour lui (le fait n'est pas commun), que son propre gouvernement n'hésita pas à en faire l'essai loyal. Ce système fonctionne depuis cinq ans dans divers établissements de Buenos-Aires, La Plata, Montevideo... Disons tout de suite que la révolution qu'il entraînerait dans la pratique courante de la musique est telle, qu'elle lui ôte à peu près toute chance de triompher. Mais enfin admirons la théorie, inclinons-nous devant la science, applaudissons au courage, signalons enfin, avec une sympathie sincère, la grande passion d'art de M. Menchaca, — qui d'ailleurs n'a pas hésité à apprendre exprès le français pour exposer lui-même sa doctrine, et l'a fait avec une rare correction.

(1) Héritage déjà mis en lumière par M. Julien Tiersot.

Résumons-en rapidement quelques points essentiels : Plus de gamme de sept notes, d'abord. L'échelle des sons est divisée en séries symétriques de douze degrés équivalant aux demi-tons usuels. Graphiquement, un seul signe désigne les douze sons de chaque série ; c'est une figure ovoïde dont la pointe se dirige de divers côtés au-dessus ou au-dessous d'une ligne unique. Des lignes verticales de deux longueurs différentes, adhérentes à la droite ou à la gauche du signe et dirigées en haut ou en bas, indiquent la place sur l'échelle totale des diverses séries (nos octaves). Des points, placés en diverses places à l'intérieur du signe ovoïde, servent à marquer les valeurs de durée. En sorte qu'une figure unique exprime les trois qualités d'un son : sa hauteur dans la gamme, sa hauteur dans l'échelle absolue des notes, sa durée dans le temps.

Il paraît qu'à l'exécution avec des écoliers qui sans doute n'ont pas eu l'embarras d'une comparaison avec notre système, les résultats sont merveilleux. Mais à la *lecture* ??

C.

LA SEMAINE

PARIS

A L'OPÉRA-COMIQUE, une matinée donnée le 28 décembre, au profit de l'Orphelinat des Arts, a fait applaudir la première représentation d'un conte lyrique en trois actes intitulé *Noël* (tiré par M. Paul Ferrier d'un conte de sa fille Jeanne), œuvre de M. Frédéric d'Erlanger. Le sujet, très moderne, très réaliste, mais discret et sincère en son émotion, fournissait une étoffe assez heureuse au compositeur, dont la partition (publiée chez Ricordi) se recommande d'un style clair et mélodique, d'une déclamation souvent expressive et de chœurs délicats. Les interprètes furent Mme Marguérite Carré, très touchante en pauvresse, mère désespérée et héroïque, MM. Sens et Vieuille et Mlle Brohly. Une autre primeur, que nous retrouverons sans doute quelque soir, paraissait au programme : *Les Lucioles*, divertissement chorégraphique de Mme Mariquita, mis en musique par Claude Terrasse ; évolutions exquises sur d'infinies variations d'*Au clair de la lune.* Mlle Chasles, la distinction et la grâce mêmes dans la danse, Mlle Napierkowska, MM. Quinault et Meesmaecker, en furent les interprètes triomphants.

Le sixième concert historique organisé par M. Expert a été de toute beauté : c'est l'ère des grands chefs-d'œuvre qui s'ouvre. Bach, Hændel et Rameau en faisaient seuls les frais... Choix difficile, entre tant de pages qu'on eût voulu faire entendre! (Encore était-ce trop long, par l'importance des morceaux). Je citerai surtout, de Hændel (entre 1711 et 1748) des airs de *Rinaldo*, d'*Acis et Galathée*, de *Serse*, de *Susanna*...; et de Rameau (entre 1733 et 1749), des pages du *Berger fidèle*, d'*Hippolyte et Aricie*, de *Castor et Pollux*, de *Dardanus*, de *Zoroastre*. Bach était représenté par quatre airs du *Défi de Phœbus et de l'an* (1731). Mlle Nicot-Vauchelet a provoqué de véritables ovations et un bis avec l'air délicieux d'*Hippolyte et Aricie* « Rossignols amoureux » (coupé lors de la reprise faite à l'Opéra, comme indigne de Rameau, dit-on, ou parce que personne ne pouvait le bien chanter). Mlles Raveau et Brohly ont été aussi très remarquables, ainsi que Mmes Mathieu-Lutz, Lafargue, MM. Laure, Vaurs, Gilles... Mais je tiens à louer spécialement M. Masson, qui a accompagné le Bach et une partie du Rameau avec un style et une délicatesse de tout premier ordre. **H. de C.**

LE TRIANON-LYRIQUE nous a rendu *Bonsoir Monsieur Pantalon!* cette semaine. Albert Grisar a sans doute écrit des partitions plus fortes et plus complètes que celle-ci (*Les Porcherons* ou *La Chatte merveilleuse*), par exemple, mais jamais de plus divertissante et spirituellement écrite. C'est du reste dans ce genre de pièce courte, comme encore *Gille ravisseur* et *Le chien du jardinier*, qu'il a gardé partout le plus de vogue. *Bonsoir Monsieur Pantalon!* est de 1851, et cette véritable « comédie italienne », aux figures classiques de Lelio et Isabelle, Colombine et le Docteur, Pantalon et Lucrèce, a gardé une fraîcheur tout à fait rare. Mmes St-Germier, Perroni, Ferny, MM. Jouvin, Aristide, Darthéz, les incarnèrent avec beaucoup de verve. En même temps, une reprise de *Phryné* faisait encore applaudir la voix brillante de Mlle J. Morlet, la verve de M. J. Théry et de Mlle Hilbert. Du reste, l'actif directeur de cette bonne petite troupe ne se refuse rien. Depuis un mois, il a repris ainsi *Fra Diavolo*, *Mam'selle Nitouche*, *Le Voyage de Suzette*, *Si j'étais Roi!* et l'impérissable *Chou-fleuri* qu'on n'avait pas vu depuis si longtemps. **H. de C.**

Concerts Lamoureux. — Rien n'arrête le zèle des musiciens de notre grande association : le 1er janvier ils ont donné un concert supplémentaire, sous la direction de M. Chevillard. Au programme des œuvres connues. L'ouverture de *Léonore* (Beethoven), la *Symphonie Héroïque* et des fragments du *Tannhäuser* contentèrent l'admiration d'un public, plutôt restreint. Le vénérable M. Guil.

mant rendit hommage à Hændel avec le concerto en *fa* majeur magistralement joué. Tout le bel *allegro* est une fête pour l'oreille, il est brillant, lumineux, c'est comme de la joie épandue. L'*andante*, en *si* bémol majeur, est une page délicate qui fut jouée avec toute la finesse désirable, le hautbois y fait *tacet* pour reprendre toute son importance dans l'*allegro* final, heureuse péroraison du discours musical.

Mlle Demougeot prêtait son concours à cette séance, nous espérons réentendre la belle cantatrice un jour plus favorable ; elle est maintenant en pleine possession de son talent, elle a acquis cette puissance d'émotion qui lui manquait encore, elle vit — ou nous donne l'illusion de vivre — ce qu'elle chante, c'est d'une voix chaude, sonore, vibrante qu'elle a lancé le « Salut noble demeure » d'Elisabeth triomphante, heureuse, aimée (*Tannhäuser*. deuxième acte ; puis, changeant d'attitude et d'expression, elle nous a donné l'Elisabeth du dernier acte, presque détaché des choses terrestres, exhalant son âme dans une pure prière. Mlle Demougeot a trouvé là des accents d'une noblesse, d'un pathétique émouvants.

        M. Daubresse.

— La Société du Vieux-Paris, à son tour, a réclamé pour la conservation de la salle des concerts, du Conservatoire, si facile à isoler. Son vœu sera-t-il entendu ?

— Les dernières nominations dans l'ordre de la Légion d'honneur contiennent les noms de M. Gabriel Fauré au grade de commandeur et de M. Melchissédech à celui de chevalier. Jamais le Conservatoire n'avait été à pareille fête.

OPÉRA. — Faust. Le Miracle. Guillaume Tell.

OPÉRA-COMIQUE. — Lakmé. La Navaraise. Manon. La Vie de Bohème. Richard cœur de lion. Louise. Mignon Madame Butterfly. Carmen. Fortunio. La Légende du Point d'Argentan. Werther.

THÉÂTRE LYRIQUE (Gaîté). — La Juive. L'Africaine. Quo Vadis?. Don Quichotte. La Favorite. Le Soir de Waterloo. Le Trouvère.

TRIANON-LYRIQUE. — Le Voyage de Suzette. Le Petit Duc. Miss Hélyett. Phryné. Bonsoir M. Pantalon. Mam'selle Nitouche. La Mascotte. Fra Diavolo. M. Choufleuri.

APOLLO. — La Veuve Joyeuse. Hans le joueur de flûte. Malbrouk s'en va-t-en guerre.

THÉÂTRE DE MONSIEUR. — Annette et Lubin, La Clochette Le Tableau parlant.

Conservatoire (Société des Concerts). — Dimanche 8 janvier, à 2 1/4 heures. Programme : Ouverture de Phèdre (Massenet); Symphonie en *ut* mineur (Beetho-

ven; Psaume (G. Ropartz); Concerto de piano en *sol*
mineur (Chopin), exécuté par M. Schelling); Danses
et chœurs du Prince Igor (Borodine). — Direction de
M. Messager.

SALLE ERARD

Concerts du mois de Janvier 1911

9 M. Etlin, piano.
10 M. Deszo Szigeti, violon.
11 Mlle. Veluard, piano.
12 M. Schelling, piano.
13 Mlle Lantez, piano et violon.
14 Société Nationale, œuvres modernes.
15 Mlle Pauline Roux, matinée d'élèves.
16 M. Philipp, audition d'élèves.
17 Le Soutien, concert de charité.
18 M. Schelling, piano.
19 Mlle Hugon, piano et chant.
20 M. Bedel, concert de charité.
21 M. Waël-Munck, concert d'orchestre.
22 Mme Alvin, matinée d'élèves.
23 M. Schelling, piano.
24 M. Expert, chant.
25 Mlle. Veluard, piano.
26 Mlle Novaes, piano.
27 Cercle Catholique de la Villette, concert de
   charité.
28 MM. Mat et Krettly, piano et violon.
29 Mme Marechal-Moellinger, matinée d'élèves.
30 M. Lederer, violon.
31 M. Philipp, piano.

SALLES PLEYEL

22, rue Rochechouart

Concerts de Janvier 1911 (à 9 heures soir)

9 Le Quatuor Capet (deuxième séance).
10 Mme L. Vaillant.
11 Le Quatuor Lejeune (deuxième séance).
16 Société de musique nouvelle (salle des quatuors).
18 M. J. Debroux (première séance).
19 Mlle R. Lénars et M. J. Bizet.
20 Mme Paul Aubert.
23 Le Quatuor Capet (troisième séance).
25 Le Quatuor P. Viardot.
25 La Société des Compositeurs de musique (première séance).
27 M. Theodor Szanto.
28 La Société Nationale de musique (première
   séance).
30 Mme Roger Miclos-Battaille.
31 Mme Waël-Munck.

Concerts Colonne (Châtelet). — Dimanche 8 janvier, à
2 ½ heures. Programme : Ouverture de Coriolan
(Beethoven); Concerto en *ré* mineur (Hændel); Rapsodie
norvégienne (Lalo); La Tragédie de Salomé (Fl.
Schmitt); Airs de Serse (Hændel) et d'Orphée (Gluck),

chantés par Mlle Raveau; Concerto en *mi* bémol (Beethoven), exécuté par Éd. Risler; Poème symphonique pour
piano et orchestre (Pierné), exécuté par le même. —
Direction de M. G. Pierné.

Concerts Lamoureux (Salle Gaveau). — Dimanche
8 janvier, à 3 heures. Programme : Symphonie en *fa*
(Beethoven); La Forêt (Mme Rita Strohl), poème sym-
ponique pour piano et orchestre (exécuté par M. Schidenhelm); Kikimora (Liadow); Airs de Jules César
(Hændel) et du Défi de Phœbus et de Pan (Bach),
chantés par Mme Melfot-Joubert.

SALLES GAVEAU

45 et 47, rue La Boëtie

Concerts du mois de Janvier 1911

Salle des Quatuors

9 Union des Femmes Professeurs et Compositeurs (2 heures).
12 Ecole des Roches (9 heures).
18 Quatuor Muller de Beaupré (1 ½ heure).
19 Audition des élèves de M. Jean Canivet (3 h.).
23 Union des Femmes Professeurs et Compositeurs (2 heures).

Salle des Concerts

8 Concert Lamoureux (3 heures).
9 Union des Femmes de France (9 heures).
10 Société Philharmonique (Ysaye et Pugno), 9 h.
11 Cercle Musical (9 heures).
14 Concert Hasselmans (3 ½ heures).
14 Société Philharmonique (Ysaye et Pugno) 9 h.
15 Concert Lamoureux (3 heures).
21 Concert Hasselmans (3 ½ heures).
22 Concert Lamoureux (3 heures).
27 Mlle Mimie Tracey (9 heures).
29 Concert Lamoureux (3 heures).
30 Cercle Musical (9 heures).
31 Société Philharmonique (Quatuor Rosé), 9 h.

BRUXELLES

THÉATRE ROYAL DE LA MONNAIE. —

Après nous être apparue dans la *Katharina* de
M. Tinel, Mme Croiza s'est montrée sous les traits
de la Charlotte de *Werther*, œuvre dans laquelle
elle avait déjà triomphé ici et dont elle donne une
exécution si complète, si fouillée, à la fois au point
de vue psychologique et musical. Elle a le très
grand mérite d'être, grâce à son interprétation
si personnelle, l'héroïne de Gœthe beaucoup plus
que ne le comporte, par elle-même, cette transposition lyrique de l'œuvre originale du poète allemand. Le charme naturel de sa personne, le
caractère distingué de sa physionomie, joints à sa
grande simplicité d'allure, enveloppent le personnage d'une atmosphère de séduction calme et

attendrie qui explique admirablement le trouble de Werther. Et ainsi, par cette vision précise, cette réalisation si sûre et si naturelle du rôle principal, tous les éléments du drame se trouvent mis en bonne place, l'œuvre elle-même, dans son ensemble, gagne en intensité d'expression, voit augmenter sa puissance émotive.

Les partenaires de Mme Croiza ont fait preuve d'ailleurs de qualités personnelles très précieuses. M. Girod donne au rôle de Werther le caractère romantique qui convient, sans exagération, et sa voix, qu'il conduit avec tant d'adresse, a des nuances exquises dans les pages de douceur. Quant à M. de Cléry, on sait tout le parti qu'il tire, grâce à son talent dramatique si fin et si complet, du rôle d'Albert, qui, interprété par d'autres, parait souvent déplaisant et ingrat.

Mme Eyreams a repris le rôle de Sophie, auquel elle donne une spirituelle jeunesse. Et MM. La Taste, Danlée et Dognies complètent une excellente interprétation d'ensemble.

Le public, extrêmement nombreux, a fait à cette brillante reprise de l'œuvre de Massenet un très chaleureux accueil, et il a prodigué à Mme Croiza les ovations les plus enthousiastes.   J. Br.

— Deux représentations, cette semaine, requièrent plus particulièrement l'attention des habitués de la Monnaie : la première de *La Glu*, la belle et émouvante partition de M. Gabriel Dupont, et la reprise de *Pelléas et Mélisande*. *La Glu* se donnera, mercredi le 11 janvier, *Pelleas*, samedi le 14.

— Un comité s'est constitué, il y a quelque temps à Gand, sous la présidence de M. Emile Mathieu, directeur du Conservatoire royal de musique de cette ville, en vue d'ériger un mémorial à Adolphe Samuel, l'ancien directeur du Conservatoire.

Le jeudi 12 janvier prochain, à 3 heures de l'après-midi, aura lieu à Gendbrugge, où Samuel est enterré, la cérémonie d'inauguration d'une pierre tombale à la mémoire de l'auteur de tant de pages musicales de grand mérite.

THÉATRE DE LA MONNAIE. — Aujourd'hui, dimanche, en matinée, Werther et Hopjes et Hopjes; le soir, L'Africaine; lundi, Madame Butterfly et Hopjes et Hopjes; mardi, La Bohème et Hopjes et Hopjes; mercredi, première représentation de : La Glu; jeudi, Werther et Hopjes et Hopjes; vendredi, La Glu; samedi, reprise de Pelléas et Mélisande; dimanche, en matinée, Quo Vadis?; le soir, Manon.

— Concerts Durant. - Quatre grands concerts, Salle de la Madeleine.

28-29 janvier 1911, musique russe, avec le concours de M. Ricard> Vinès, pianiste.

25-26 février, musique française, avec le concours de M. Edouard Deru, violoniste de LL. MM. le Roi et la Reine.

18-19 mars, musique allemande, avec le concours de M. Florizel von Reuter, violoniste.

29-30 avril, œuvres de César Franck, avec le concours de M. Arthur de Greef, pianiste, professeur au Conservatoire royal.

Les concerts ont lieu les dimanches à 2 1/2 heures, et les répétitions générales, les samedis à 8 1/2 heures du soir.

— M. Mathieu Crickboom annonce quatre concerts avec accompagnement d'orchestre qui se donneront en la salle de la Grande Harmonie. Au programme : les concertos de J.-S. Bach (*la* mineur et *mi* majeur), de Haydn (*sol* majeur , de Mozart (*la* majeur), Beethoven, Mendelssohn, Corelli, Tartini, Nardini; H. Vieuxtemps (*mi* majeur) et H. Wieniawski (*ré* mineur) et le poème de Chausson.

Le premier de ces concerts aura lieu jeudi 26 janvier, à 8 1/2 heures du soir.

Location chez Schott.

Mardi 10 janvier. — A 8 1/2 heures du soir, à la salle Studio, 2, rue des Petits Carmes, audition musicale organisée par Mlle Marguerite Laenen, pianiste.

Dimanche 15 janvier. — A 2 1/2 heures, au théâtre de l'Alhambra, troisième concert Ysaye. Il sera donné par le Tonkünstler Orchester de Munich, sous la direction de M. Joseph Lassalle et avec le concours de Mme Hermine Bosetti. Au programme : 1. Concerto grosso, en *ré* mineur (Haendel); 2 Air « Vorrei Spiegarvi », de « Il curioso indiscreto (Mozart); 3. Symphonie n° 4, en *sol* majeur (G. Mahler); 4. Don Juan, poème symphonique (R. Strauss); 5. Prélude et Mort d'Yseult, de Tristan et Yseult (R. Wagner); 6. Ouverture de Tannhäuser (R. Wagner).

Répétition générale, la veille, même salle, à 3 heures.

Mercredi 18 janvier. — A 8 1 2 heures du soir, à la Grande Harmonie, concert donné par Mlle Henriette Engberts, pianiste, avec le concours de M. Henri Jacobs, violoncelliste.

Places chez MM. Katto, rue de l'Ecuyer; Schott frères, Coudenberg, et le soir du concert, à l'entrée de la salle.

Mercredi 18 janvier. -- A 8 1/2 heures du soir, au Palais des Arts, rue des Palais, conférence-récital organise par la maison Breitkopf et Hartel, à l'occasion du centenaire de Franz Liszt, avec le concours de M. Arthur Van Dooren, pianiste; Mme Marie-Anne Weber, cantatrice, et de M. le Dr Dwelshauvers, conférencier.

Vendredi 20 janvier. — A 8 1/2 heures du soir, à la Grande Harmonie, concert avec orchestre par Mlle Suzanne Godenne, pianiste, et M. M.-B. Hildebrandt, violoniste sous la direction de M. Théo Ysaye. Au programme des œuvres de Mendelsshon, Bach, Franck, Bruch, Saint-Saëns.

Pour la location s'adresser chez Schott.

Samedi 21 janvier. — A 8 ½ heures du soir, à la Grande Harmonie, récital donné par le pianiste russe Marc Meytschick.

Pour les places s'adresser chez les éditeurs de musique et à la maison Riesenburger, 10, rue du Congrès.

Dimanche 22 janvier. — A 2 heures de l'après-midi, au Théâtre royal de la Monnaie, deuxième Concert populaire, sous la direction de M. Sylvain Dupuis, avec le concours de Mlle Clara Sansoni, pianiste. Au programme : première partie. 1. Faust-Symphonie, en trois tableaux caractéristiques : I. Faust; II. Marguerite; III. Méphistophélès (Franz Liszt); 2. Concerto en ut mineur pour piano avec accompagnement d'orchestre (Saint-Saëns), Mlle Clara Sansoni. Deuxième partie : 3. Symphonie pour deux flûtes et orchestre à cordes (W. Friedemann). adagio-allegro, première audition à Bruxelles; 4. Ibéria, fantaisie pour piano (Isaac Albéniz), A) Rondena; ÇB) El Puerto; c) Lavepies, Mlle Clara Sansoni; 5. Catalonia, nº 1 de la Suite populaire pour orchestre (Isaac Albéniz). — Piano Erard.

Mercredi 25 janvier. — A 8 ½ heures, à la salle de l'Ecole allemande, 21, rue des Minimes, deuxième séance du Quatuor Zimmer. Au programme : Quatuor en mi bémol majeur (Carl von Dittersdorf); quatuor en mi mineur (Smetana); quatuor en ut dièse mineur, op. 131 (L. van Beethoven).

Jeudi 26 janvier. — A 8 ½ heures du soir, à la Grande Harmonie, premier concert Mathieu Crickboom.

Lundi 30 janvier. — A 8 heures du soir, à l'Ecole de musique de Saint-Josse-ten-Noode (rue Gallait, 131), concert donné par les élèves sous la direction de M. François Rasse : 350 exécutants. Orchestre des Concerts Ysaye.

CORRESPONDANCES

BARCELONE. — Pour sa réouverture, le théâtre du Liceo a représenté une œuvre qui n'avait pas été donnée depuis bien des années : *La Vestale* de Spontini. La jeune génération actuelle ne connaît *La Vestale* que par les écrits de Wagner qui l'a tant louangée. L'œuvre a obtenu ici un très grand succès, sous la direction très habile de M. Luigi Mancinelli. Les principaux interprètes étaient Mmes Russ et Lacconi, MM. Vaccari, De Marco et Brondi. E.-L. Ch.

BRUGES. — **Jeudi 12 janvier,** à 7 heures du soir, au théâtre, deuxième concert du Conservatoire, sous la direction de Karel Mestdagh, avec le concours

de M. Van Roy, pianiste, professeur au Conservatoire. Programme : 1. Symphonie en *la* mineur (Mendelssohn); 2. *Carnaval*, op. 9, pour piano (Schumann); 3 Quatre chants pour voix de femmes, avec accompagnement de deux cors et de harpe (Brahms); 4. Concerto en *sol* mineur pour piano et orchestre (Saint-Saëns); 5. Variations pour orchestre (P. Gilson).

LA HAYE. — **Mercredi 1er février,** à la salle Diligentia, troisième séance de sonates, donnée par M. Ch. Van Isterdael, violoncelliste, avec le concours de M. Willem Andriessen, pianiste, professeur au Conservatoire royal de La Haye. Programme : Sonate nº 2, op. 58 (Mendelssohn); sonate en *sol* mineur (Bruno Mugellini); sonate op. 22 (Joseph Ryelandt).

NANCY. — **Dimanche 8 janvier,** à 3 heures, en la salle Victor Poirel, cinquième concert du Conservatoire, au bénéfice de la Caisse de secours de l'orchestre. Œuvres de Richard Wagner. Programme : 1. Tannhäuser : A. Ouverture; B. Romance à l'Etoile du soir (troisième acte) (M. Delmas) ; 2. Tristan et Iseult : Prélude du troisième acte (cor anglais : M. Jean Foucault); 3. Les Maîtres Chanteurs de Nuremberg : A. Ouverture; B. Fragments du troisième acte (Hans Sachs : M. Delmas); 4. Siegfried : Les Murmures de la forêt; 5. La Walkyrie : Adieux de Wotan et Incantation du feu (Wotan : M. Delmas); 6. L'Or du Rhin : Entrée des Dieux au Walhall. Le concert sera dirigé par M. J. Guy Ropartz.

ROUEN. — Poursuivant leur œuvre de vulgarisation, Mme et M. Robert ont initié à la vie et à l'œuvre de Liszt un public nombreux attiré par le souvenir des séances précédentes consacrées à Gluck, à Beethoven, à Chopin, à Moussorgsky, à Boïeldieu.

Quatorze lieders choisis par Mme Robert dans la série des soixante-sept que composa Liszt, lui ont permis de montrer la variété d'inspiration du maître : *O toi qui descends du Ciel*, *Le fils du pécheur*, *Joie ou douleur*, *Le chant de l'alouette*, *Repos*, cette dernière œuvre empreinte d'une noble sérénité, *Qui n'a mangé qu'un pain joyeux*, *Comment disaient-ils? La Vierge de Cologne* et *Laissez-moi rêver*, nocturne d'une douceur mélancolique. Nous citerons enfin *Flamme d'amour*, *Comme une fleur*, *Mes chants empoisonnés*, *Abandonnée*, *Quel rêve si divin transport*, dans lesquels le maître chante toutes les gammes de l'amour. En plus des grandes qualités musicales de Mme Robert, nous nous plaisons à signaler chez elle le souci de bien démontrer la pensée de Liszt.

M. Robert, conférencier, était à l'aise avec une figure originale comme celle de Liszt : aussi fut un vrai régal littéraire pour le public qui put contempler Liszt sous toutes ses faces de virtuose, de mystique imbu de religion, d'amoureux, de lettré et de musicien avant tout.

Le soin de faire connaître quelques œuvres de Liszt pour piano, était confié à M. Jean Ehrhard, lauréat du Conservatoire de Paris, qui se fit entendre dans le *Nocturne* (*Rêve d'amour*), les *Jeux d'eaux de la villa d'Este*, et enfin les dixième et onzième *Rapsodies Hongroises* où ses qualités de virtuose purent s'affirmer. PAUL DE BOURIGNY.

STRASBOURG. — Une interprétation absolument parfaite du concerto en *mi bémol*, et de la première partie de la sonate en *la bémol*, pour piano, de Beethoven, a valu, au premier concert d'abonnement de notre orchestre municipal, de chaudes ovations à Edouard Risler.

Pour le second concert, la direction avait engagé M. Paul Bender, de Munich, qui a chanté la partie solo de la *Symphonie* et *Te Deum*, pour voix de basse, chœur et orchestre de M. Paul Rhenau, jeune maître de l'école allemande. Œuvre fort intéressante que cette conception musicale de Paul Rhenau, et à l'interprétation de laquelle M. Hans Pfitzner, l'éminent directeur du Conservatoire, a donné tous ses soins artistiques.

Au troisième concert d'abonnement, le public a accueilli avec courtoisie M. Vogelstrom, fort ténor du théâtre de Mannheim, qui a chanté d'une voix joliment timbrée et bien conduite, mais sans grand éclat dramatique, des pages lyriques de Richard Wagner. Puis, nous avons eu une exécution du *Psaume 100*, de Max Reger, par le chœur du Conservatoire et l'orchestre municipal, sous la direction énergique de M. Ernest Münch, et avec le concours de M. Hamm, organiste de la cathédrale de Bâle. Dans son *Psaume 100*, Max Reger ne se montre pas particulièrement clair, mais, par contre, il s'y dépense bien bruyamment, trop bruyamment.

Eugène Gigout, l'illustre organiste français, a été acclamé à son concert au Saengerhaus, donné à son intention par M. l'abbé Joseph Victori, maître de chapelle de la cathédrale, avec le concours des chœurs mixtes des différentes paroisses catholiques de Strasbourg.

Eugène Gigout a été admirable de précision dans son interprétation d'œuvres de Bach pour orgue. Il s'est fait applaudir de même après chacune des sept *Pièces brèves* pour orgue.

Ovation fut faite aussi, à ce concert, a M. Marie-Joseph Erb, notre distingué compositeur strasbourgeois, après l'exécution, par MM. Gigout et Grevesmühl, professeur de violon au Conserva-

toire de Strasbourg, de sa pièce pour orgue et violon, écrite sur la strophe « Donnez nous aujourd'hui notre pain quotidien » d'après le *Pater Noster*. Bravo à M. l'abbé Victori et à sa masse chorale, pour la pureté et l'expression qui ont marqué l'exécution de la messe de Palestrina. Au programme du quatrième concert d'abonnement de l'Orchestre municipal figure, entre autres, la *Symphonie sur un thème montagnard*, de Vincent d'Indy. Au cinquième concert, première audition de *Flagellantenzug*, poème symphonique de Bleyle.

A. OBERDŒRFFER.

VERVIERS. — La seconde séance de l'Histoire du « lied-solo » ne le cédait en rien à la première.

Avec son tact habituel, M. Lejeune avait composé un programme très intéressant. Des fragments de Campra, Clérambault, Lesueur et Berlioz se succédaient aux vieilles chansons des XIIe, XIIIe et XVe siècles. C'était dit avec autant d'intelligence que de goût. Sous sa direction, la chorale « Excelsior » interpréta du Costeley, Josquin de Prés, *La Bataille de Marignan* de Jannequin et de jolies chansons du XVIIIe siècle, harmonisées par Gevaert.

M. Mawet, le pianiste et organiste bien connu, sut mettre en lumière tout le charme délicat que dégagent les petites pièces de Couperin, Daquin et Rameau. C'était réellement interprété avec infiniment d'art. H.

— Le 23 décembre, le Cercle « Ad Alta » — MM. Fauconnier, Onnou, Jodin, Lejeune et Sauvage — a donné sa première audition à la Société des Beaux-Arts.

Les exécutions des quatuor n° 3 de Mendelssohn, du thème et variations pour quatuor à cordes de Glazounow et du quintette de de Castillon, inscrits au programme, ont confirmé l'impression favorable, qu'avait laissée les auditions de l'an dernier. Beaucoup de cohésion, de la justesse et un réel souci des nuances. Dans la « Valse-Caprice » de Saint-Saëns, arrangée par Ysaye et dans la finale du Concerto de Mendelssohn, M. Fauconnier déploya en outre une virtuosité brillante. M. Sauvage se fit applaudir dans « Saint-Paul marchant sur les flots » de Liszt.

Au premier Concert Populaire, se sont fait entendre le ténor Van Dyck et M. Charles Herman, violon solo des Concerts Colonne. Un succès enthousiaste fut réservé aux deux artistes. M. Van Dyck chanta la « Chanson de Printemps » de la *Walkyrie* et trois mélodies de Schumann, Huberti et Fauré. Le concerto, de Mendelssohn, l'*Aria*, de Bach et l'introduction et humoresque d'Ambrosio permirent à M. Herman de mettre en lumière un ensemble de qualités remarquables.

Sous la direction de M. Albert Dupuis, l'orchestre de l'Association fournit des exécutions soignées du *Peer Gynt*, de la *Danse Macabre*, de l'*Invitation à la Valse* et de l'ouverture du *Vaisseau Fantôme*.

H.

NOUVELLES

— Tous les grands théâtres italiens ont, aujourd'hui, rouvert leurs portes. La saison a commencé partout un peu avant la Noël. Nous avons annoncé déjà que la Scala de Milan avait donné, pour sa réouverture, *Siegfried* de Richard Wagner. Le Regio de Turin a inauguré la saison avec *La Vestale* de Spontini; *Tannhäuser* et *Thaïs* suivront de près. Le San Carlo de Naples annonçait *la Walkyrie*. L'indisposition du ténor Giraud a fait renvoyer le spectacle à une date indéterminée. A la Fenice de Venise, *Rigoletto*, puis *Ernani* de Verdi. Au Carlo Felice de Gênes, *Siegfried*, puis *Werther*. Au Massimo de Palerme, *Don Carlos*, puis *Aïda* puis *le Crépuscule des Dieux*. A la Pergola de Florence, la *Linda* de Donizetti; on y annonce aussi le *Werther* de Massenet, *Mese Mariano* de Giordano, et *le Chevalier aux Roses* de Richard Strauss. Au Regio de Parme, les *Maîtres Chanteurs*, puis *Hérodiade* de Massenet. Au Verdi de Padoue, *La Damnation de Faust* de Berlioz. Même spectacle au Bellini de Catane.

— Pour préluder aux fêtes musicales que l'on donnera partout, cette année, en Allemagne, en l'honneur de Liszt, à l'occasion du centenaire de sa naissance, la Singakademie de Glogau a interprété l'oratorio *Sainte-Elisabeth*, sous la direction du cappelmeister C. Mennicke. Les solistes étaient Mmes Schabbel, de Dresde et Riemschneider, de Berlin; MM. Heilscher, de Breslau et Liepe, de Berlin. L'œuvre a obtenu un très grand succès.

— L'Union des chefs d'orchestre et directeurs de sociétés chorales allemandes, fondée sous la présidence d'honneur de Max Schillings, a tenu, cette semaine, à Francfort-sur-Mein, sa première réunion. L'assemblée, qui était très nombreuse, a élu président, à l'unanimité, M Siegfried Ochs Entre autres questions d'organisation, elle a décidé que la revue de Leipzig *Neue Zeitschrift für Musik* publierait le bulletin de ses séances. Elle a décidé aussi de tenir, à Leipzig, en 1912, sa prochaine réunion.

— La première représentation du *Chevalier aux Roses* de Richard Strauss, qui devait avoir lieu le 25 de ce mois au théâtre de Dresde, est retardée d'un jour. Elle aura lieu le 26. Pour cette première sensationnelle, le prix des places a été quintuplé.

— Le théâtre de la Cour, à Dresde, sera fermé cet été, à la fin du mois de mai, pour cause de réparations. Ainsi que nous l'avons annoncé déjà, la scène doit être agrandie et la machinerie modernisée. Pendant l'été, les représentations auront lieu au Schauspielhaus.

— Le théâtre de Monte-Carlo mettra en scène, l'automne prochain, un opéra nouveau en trois actes de M. J. Massenet, intitulé *Vesta*. Le libretto de cette œuvre est dû à la plume de M. Henry Cain.

— Entre autres œuvres intéressantes de vieux maîtres, la Société de musique ancienne de Charlottenbourg a interprété, à son dernier concert, un concerto pour flûte, quator à cordes et cembalo, de J.-A. Hasse, une cantate de A.-Ariosti et les *Noces Villageoises* (Die Bauernhochzeit), symphonie de Léopold Mozart.

— L'actif manager anglais, M. Beecham, a annoncé son intention de donner à Londres, pendant quinze jours, des représentations populaires de *Salomé* et d'*Elektra*, de Richard Strauss. Ces représentations auraient lieu le même jour, au même théâtre; l'une ferait suite à l'autre, après un entr'acte d'un quart d'heure A ce sujet, M. Beecham est entré en pourparlers avec M. Richard Strauss. Il fait valoir pour obtenir l'autorisation d'organiser ces représentations, que l'interpretation d'une de ces œuvres ne suffit pas à remplir une soirée.

BIBLIOGRAPHIE

La musique chez les peuples de l'Amérique du Nord (Etats-Unis et Canada), par JULIEN TIERSOT (Paris, Fischbacher; Leipzig, Breitkopf et Härtel).

Dans cette étude, qui a paru d'abord dans les recueils de la Société internationale de musique, onzième année, n° 2, l'auteur a condensé les notes d'ethnographies musicales rassemblées par lui au cours d'une tournée de conférences dans l'Amérique du Nord.

Ce n'est pas la première fois que le savant analyste de la chanson populaire française touche aux questions d'ethnographie musicales, antérieurement traitées par lui dans ses *Notes d'ethnographie musicale* (1905) et ses *Musiques pittoresques* (1889). Le présent travail est beaucoup plus important; c'est même probablement le plus important qui ait été consacré à la musique des Peaux-Rouges, — un sujet bien actuel à l'heure où la musique européenne va chercher au-delà des mers des expressions inédites. M. Tiersot cite environ quatre-vingt-dix exemples de musique dont le plus grand nombre sont inédits et les autres vraisemblablement inconnus dans nos contrées. Ces exemples, annotés de la manière la plus intelligente, avec une intuition parfaite des rythmes et de la métrique latents des mélodies, sont classés systématiquement. Ils sont empruntés aux principales races indigènes de l'Amérique du Nord (sans oublier les Nègres, dont les mélodies ne sont pas les moins intéressantes et rappellent parfois la belle symphonie *Le Nouveau monde* de Dvorak). C'est donc un tableau d'ensemble du folklore nord-américain que nous avons sous les yeux, et il est très facile d'en dégager les caractères synthétiques, dont le plus saillant est le pentatonisme : remarque d'autant plus intéressante que le mode pentaphone est généralement considéré comme le plus ancien et que les mœurs et usages des derniers Peaux-Rouges représentent les vestiges d'une très antique culture; la race elle-même, d'après certaines légendes, n'est-elle pas la plus ancienne des quatre races humaines?

Non moins attachantes que les exemples eux-mêmes sont les déductions et les observations qui les entourent. Avec un sens critique aigu, M. Tiersot dégage les principaux caractères de cet art extraordinairement rudimentaire, au point de vue modal, rythmique, etc., établit d'ingénieux rapprochements, traduit les textes des chansons (parfois d'une séduisante poésie), donne les indications nécessaires sur le milieu, les circonstances dans lesquelles sont exécutées les chansons et les danses.

Il serait difficile, en pareille matière, de vérifier les dires d'un auteur; nous préférons nous en remettre à la documentation consciencieuse d'un musicographe éprouvé. Au point de vue des instruments de musique toutefois, M. Tiersot se trompe quand il dit que les Indiens ne connaissent d'autres instruments que des tambours, les *rattle* et des flûtes. Ils ont également de petits violons primitifs, et particulièrement divers modèles d'instruments à anche extrêmement intéressants, tels qu'on n'en voit nulle part ailleurs. L'auteur aurait

pu les étudier au Musée Métropolitain de New-York, et aussi au Musée du Conservatoire de Bruxelles.

Le travail se termine par un index bibliographique établi par M. Sonneck, chef du département de la musique à la bibliothèque de Washington, qui ne constitue pas la partie la moins utile du livre. Nous craignons toutefois qu'il ne soit un peu limité aux publications américaines. Nous n'y voyons pas figurer, par exemple, un intéressant article, *Phonographierte Indianer-Melodien*, publié dans le *Vierteljahrsschrift für Musikwissenschaft*, t. VIII.

E. C.

Edg. Istel. — *Das Kunstwerk Richard Wagners*. Leipzig, Teubner (collection *Aus Natur und Geisteswelt*). — in-12, 1 mark.

Parler en 150 pages de la vie et de l'œuvre de Richard Wagner, n'est certes pas une petite entreprise. Nous connaissons ces difficultés-là. Notre époque se distingue par la multiplicité des manuels et des collections de volumes à cadre fixe. Les infortunés auteurs sont contraints au même travail que s'ils avaient deux volumes de 600 pages devant eux; mais il leur en faut sacrifier les trois quarts. Notre confrère de Munich, le Dr Istel, devant ce problème, a résolu de mettre surtout en valeur " l'œuvre d'art » chez Wagner. Son titre est excellent. Il l'a dégagée sans phrases, sans développements oratoires, d'après les poèmes, les partitions, les lettres et les témoignages mêmes de Wagner. Et cependant, il a donné comme base à son analyse tout l'essentiel d'informations, de dates, de noms, indispensable à toute étude sur l'homme et l'artiste. Ce mince volume ne nous apprend pas grand'chose, sans doute, mais il fixe notre souvenir sur les points qu'il ne faut jamais perdre de vue, soit dans l'évolution de l'œuvre, soit dans les idées, soit dans l'action de Richard Wagner; et c'est assez pour qu'on l'apprécie sincèrement.

H. de C.

Jenny Lind, par C. A. Wilkens (trad. par Julia Jequier), Genève, Scheber, 1 vol. in-12, avec deux portraits.

C'est la troisième édition de ce livre charmant, tout imprégné, semble-t-il, de la sérénité et de la poésie que dégageait si délicieusement cette femme admirable, cette artiste extraordinaire. Les critiques et les musicographes souhaiteraient sans doute, un peu plus de précision et de renseignements sur la carrière lyrique de Jenny Lind : ce n'est évidemment pas là qu'il faut les chercher. Mais par les témoignages dont le volume est rempli, sur la personne même et le caractère de son héroïne, il constitue ainsi un document précieux. S'il s'agissait d'y chercher des indications authentiques, je demanderais (du moins à la traductrice et pour une nouvelle édition) de corriger certaines confusions, comme celle des deux rôles de Pamina et de la Reine de la Nuit (p. 74) et de l'*Étoile du Nord* avec le *Camp de Silésie* (p. 83 et 145). Mais encore une fois, c'est l'âme exquise et la poésie délicieuse de Jenny Lind qu'il faut chercher ici, non sa carrière théâtrale, et comme étude psychologique ou même artistique, on ne saurait trouver pages plus délicates et plus vraies.   H. DE C.

— *Récitatifs ou chants simples pour les graduels, traits, alleluias*, par A. GASTOUÉ (Paris, édit. de la Schola Cantorum). L'auteur a imaginé une série de formules fixes, inspirées de formes liturgiques en faveur à certaine époque, particulièrement en France, afin de remplacer éventuellement les répons-graduels, les versets alluiatiques et les autres chants ornés, abandonnés dans certaines églises à causes des difficultés d'exécution. Nous ne savons jusqu'à quel point son initiative est d'accord avec les prescriptions liturgiques. Musicalement, ses formules offrent les caractères les plus authentiques du chant romain historique.

NÉCROLOGIE

— Dans une petite rue d'un faubourg de Vienne, à Hernals, un vieillard, hâve et dépenaillé, s'est subitement effondré ces jours-ci. Des passants ramassèrent le malheureux et le firent transporter à l'hospice des Frères de la Charité, ou l'on reconnut en lui un ancien artiste de l'Opéra de la Cour de Vienne, du nom d'Adolphe Peschier.

Peschier, doué autrefois d'une belle voix de ténor, avait été engagé, en 1881, par le directeur Jahn, à l'Opéra de la Cour, avec un traitement de 12,000 florins par an. Il y connut des triomphes, notamment dans *Le Barbier de Séville*, *Les Noces de Figaro*, *La Traviata*, jusqu'en 1885, où il se brouilla avec son directeur qui refusa de renouveler son engagement.

Peschier s'en alla à Milan, où il resta quelque temps, échoua ensuite sur des scènes italiennes de moindre importance, tenta la fortune à Londres et finit par tomber dans la misère. Au médecin de

l'hospice des Frères de la Charité, il a avoué qu'il n'avait plus rien mangé depuis plusieurs jours.

Prévenus de la détresse de leur ancien collègue, les artistes de l'Opéra de la Cour se cotisèrent et lui firent immédiatement parvenir une somme assez importante. Elle est arrivée trop tard. Peschier est mort de faim.

57ᵐᵉ ANNÉE. — Numéro 3.

15 Janvier 1911.

LE GUIDE
MUSICAL

Note sur la musique japonaise

A M. Lucien Greilsamer.

DE tous les arts, c'est la musique qui, chez les Japonais, est demeurée le plus stationnaire. alors que les Nippons perfectionnaient sans cesse leurs procédés industriels et artistiques, l'art musical végétait à peu près au même point qu'au temps où elle vint de Chine. Cependant, ils ont su devancer leurs anciens maîtres, car les Chinois, qui ne connaissent et n'usent que du genre majeur, ignorent le mineur que les Japonais cultivent avec beaucoup de goût. C'est une erreur de croire les Nippons adeptes uniquement de la *pentaphonie*, et de penser que les gammes à degrés conjoints soient inconnues de leurs musiciens.

Longtemps, en effet, on s'est plu à croire, sur la foi d'anciens voyageurs souvent peu érudits en matière musicale, que les Japonais ne cultivaient que les seules gammes chinoises dites *pentatoniques*. Nous verrons plus loin les différentes tonalités que les musiciens indigènes mettent à contribution pour exprimer leurs modestes élans lyriques, et nous constaterons que les tonalités mineures notamment sont très usitées dans leur musique, alors que les Chinois se contentent, ainsi que nous l'avons dit, de tonalités majeures à cinq degrés.

Si nous en croyons les récits du « Kojiki », le plus ancien des ouvrages historiques japonais, daté de 712 après J.-C., les Japonais de jadis constituaient une population gaie, guerrière, amie du chant et des plaisirs de l'existence. Les deux sexes se mêlaient volontiers sur les places publiques, formant des groupes qu'animaient des sortes de tournois de chant (*utagati*) et des chants alternés (*Kagai*). A partir du VIIIᵉ siècle, alors que les mœurs chinoises furent adoptées par la bonne société nippone, cette dernière se retira de ces inoffensifs, mais trop familiers délassements, les abandonnant à la masse populaire qui continue de les mettre à contribution, dans les campagnes surtout, pendant la fête bouddhique de *Bon*, d'où leur nom *Bon-odori*.

Du VIIIᵉ au IXᵉ siècle, l'influence chinoise prévaut au point de régler l'étiquette à la Cour. La musique disparaît comme étant de provenance trop populaire, pour faire place à une poésie froide, formelle, qu'on se contente de réciter, mais qu'on ne marie plus à l'art musical. C'est le peuple qui, dans sa sève intarissable, trouve l'élément créateur des nouvelles chansons qui naissent à cette époque et jouissent bientôt de la plus grande popularité. Cette renaissance de l'esprit national va jusqu'à l'an 1200. Parmi les manifestations les plus curieuses, il faut d'abord citer les danses de Kagura,

qu'interprètent les prêtresses de Shinto
dans certaines scènes de caractère mythologique; accompagnées de différentes flûtes
et du koto, elles essaient d'attirer par leurs
évolutions chorégraphiques la déesse du
soleil hors de sa grotte. Cette comédie
sacrée conserve encore des adeptes, et il
est rare de rencontrer un temple Shinto
qui n'ait pas une scène aménagée pour
l'exécution de ce jeu; à Tokio, c'est même
l'orchestre de la Cour qui accompagne
l'accomplissement de ce rite curieux. Mais
ce n'est pas là l'unique vestige que nous a
légué cette époque. Les *Saibara* et *Imayo*
datent également du Xᵉ au XIᵉ siècle ; les
premiers sont des chansons profanes exécutées pendant les festins qui clôturent la
fête rituelle dont il est question plus haut;
quant aux secondes, des chansons de
moines bouddhiques, elles retentissent dans
la bouche de danseuses travesties en
hommes.

Au XIVᵉ siècle furent institués les jeux
de *Nô*, sortes de mystères dont la partie
essentielle consistait en chœurs ; pour
l'expliquer en peu de mots, on peut dire
que l'ensemble de ce jeu est un genre
d'Opéra mêlé de danses et de dialogues, et
si la scène n'est qu'accessoire, les beaux
costumes y ont une importance énorme.
Ces jeux de No sont encore intéressants en
ce sens qu'ils firent naître le drame japonais
tel que nous le connaissons actuellement.
Quant à la date exacte à laquelle se place
la création du premier théâtre, les avis sont
partagés. Certains érudits pensent que la
scène originale fut créée à Kyoto en 1467
par une femme pieuse qui espérait en tirer
un gain suffisant pour procurer les fonds
nécessaires à la construction d'un temple.
On peut voir par là que l'art théâtral s'est
mis depuis des siècles à la disposition de
ceux qu'animait un souffle de bienfaisance,
et ce en réussissant à réaliser le désir ca-
ressé par les philanthropes.

Vers le XVIᵉ siècle, nous rencontrons le
poète Onono Otsu qui créa le genre Joruri,
par lequel actuellement on désigne d'une
façon générale les concerts vocaux. L'œuvre originale était l'histoire de la belle
Joruri. Par une nuit d'été, cette dernière
entendit des sons de flûte; saisissant son
koto, elle se mit à accompagner la mélodie
de cette flûte. Plus celle-ci se rapprochait
et plus la mélodie des deux instruments
s'unissait. Lorsque Ushi Waka, le flûtiste.
s'arrêta, Joruri commença une nouvelle
mélodie qu'à son tour le flûtiste accompagna. Ces deux artistes, qui naguère ne se
connaissaient pas, dialoguèrent dès lors
par l'intermédiaire de la musique; bientôt,
ils tombèrent amoureux l'un de l'autre;
leur roman cependant prit une fin malheureuse, affirme le poète. Ce nouveau genre
plut et devint très populaire.

Un autre, encore, en 1575, fut créé par
Takemoto Gidaiyu: les chansons héroïques,
pour voix d'hommes, que soutenait un accompagnement staccato très spécial du
Shamisen.

Cette époque demeure d'ailleurs fertile
en innovations artistiques. C'est le Tai-Kun
qui règne en 1624 auquel on doit la création
du premier théâtre populaire à Yedo.
Encouragés par le succès que rencontre
cette création auprès du public, des entrepreneurs plus ou moins fortunés créent
théâtre sur théâtre, si bien que Yedo connaît finalement une rue des Théâtres où
l'amateur trouve réunis les spectacles les
plus divers du genre offert à sa curiosité.
Cette façon de concentrer en une même
rue ces établissements est, après tout,
éminemment pratique. Le badaud a tôt fait
de connaître l'ensemble des pièces qui
doivent avoir lieu ; et si, lassé d'avoir
pendant une heure ou deux goûté un genre,
il désire changer, il n'a que la rue à traverser pour se divertir sur un autre mode.

La création des théâtres n'alla pas sans
donner naissance à toute une catégorie de
poètes et de musiciens. Vers 1670, on voit
surgir celui que d'aucuns ont surnommé
le Shakespeare japonais, Chikamatsu Mon-
zaimon ; on parle aussi, avec un peu d'emphase peut-être, du Beethoven nippon
Yatsuhasky, qui introduisit au Japon l'accord tempéré.

Une production artistique également ancienne, ce sont les *Naza-uta*, sortes de romances sans paroles, qui se virent cependant quelque peu abandonnées du public pour devenir à la mode vers le début du xixe siècle, alors que le poète Kineya Rokuzaimon leur adapta des paroles. Chantées avec la voix de tête, ces romances sont restées jusqu'à nos jours le guide de la virtuosité vocale, telle que l'entendent les jeunes dames de la bonne société; l'enseignement du chant dans les cercles choisis ne saurait aller sans ces œuvres du passé. Il y a là comme une analogie avec nos procédés occidentaux qui recommandent de choisir comme exercices les trésors de la musique vocale ancienne.

Vers le début du xixe siècle, on est envahi par un déluge de nouvelles romances et de chansons de style essentiellement érotique qui formèrent bientôt le répertoire spécial des geishas. Le maître de musique Brungo crée à ce moment un genre de ballades qu'on chante en voix de poitrine, tandis que Usurupa Schimai fait connaître à ses compatriotes les chansons galantes exécutées en voix de tête. Cette voix, chez le chanteur asiatique, atteint les dernières limites du laid; on ne saurait imaginer pire manière de dénaturer le précieux organe humain. Et cependant, les Japonais revendiquent comme une chose nationale la façon naturelle d'émettre la voix; mais voilà, celle-ci, passe pour plébéienne. Aussi le Japonais, en perpétuelle contradiction entre son goût et son atavisme, réclame comme plus artistique (ou plus artificielle), et plus distinguée, la voix de tête. Ce qui ne l'empêche nullement d'opposer de la sorte les deux modes lyriques, et de dire : *uta wo utan*, ce qui veut dire chanter une chanson japonaise, et *shi wo ginzuru*, hurler, (gémir, miauler) une chanson chinoise.

Une originalité se manifeste dans l'ordre hiérarchique qu'occupent les différentes classes de musiciens. En les passant en revue, nous aurons l'occasion de mentionner aussi le genre cultivé par chacune de ces catégories d'artistes.

Voici d'abord les Gakounine, qui fournissent principalement des musiciens à la Cour impériale. Cet orchestre select s'appelle aussi *Gagaku* ; lui seul exécute le répertoire classique d'origine chinoise, dont le morceau le plus récent se réclame du xvie siècle. Cette musique, d'un mouvement lent, affecte avec prédilection la gamme mineure *ré-ré*. En dépit de son origine reculée, on y peut constater des rudiments de polyphonie ; c'est ainsi que pendant que les autres instruments exécutent les dessins mélodiques, le koto conserve une sorte de pédale ou une basse continue. Une autre caractéristique, obligatoire à notre fugue, se retrouve dans cette musique où les voix ne débutent que successivement, et non simultanément; les intervalles de quartes et de quintes sont ceux qu'on entend là le plus souvent.

La seconde caste musicale, *Geniu*, a pour privilège d'exécuter la musique des personnes de la classe élevée ; elle date de l'époque à laquelle vivait le grand Yatsuhashi déjà mentionné et qui passe pour l'avoir instituée. Sa gamme particulière va de *mi* à *mi*.

Les paysans se réjouissent aux sons de la musique que fait entendre la troisième caste, *Jnakabushi;* elle use de la gamme *si-si* qui est celle de la musique dite populaire.

La quatrième caste, enfin, comprend les geishas (que tout le monde connaît pour en avoir lu les conditions de vie spéciales dans les romans exotiques), ainsi que les chanteurs de la rue et les comédiens. Dans cette musique populaire, les strophes principales sont exécutées à l'unisson alors que, pendant les passages secondaires, quelques instruments se permettent de petits ornements mélodiques, trilles, syncopes, etc.

Le protocole asiatique, d'une complexité extrême, voulait que le choix de l'instrument dépendît (jadis du moins) de la position sociale du propriétaire. Voici, par exemple, le koto à sept cordes, et qui tend à se raréfier ; il était réservé aux seuls membres de la haute aristocratie. Le koto à treize cordes, l'instrument-type, revient aux femmes de la classe moyenne, tandis que les hommes font vibrer la flûte à bec, shakuhachi. Le shamisen, cette guitare que nous retrouvons sur tant d'estampes japonaises, est abandonné aux gens du peuple comme aussi le luth *Biwa* qui tombe de plus en plus en désuétude. Croirait-on que le privilège de pouvoir accorder la première corde du koto une octave plus bas était une marque de distinction que seul l'Etat pouvait permettre. Convenons que le protocole, ainsi compris et appliqué, devait constituer une singulière entrave pour les artistes !

Encore un mot du théâtre, puisque l'art scénique japonais est lié à l'art musical. Derrière la scène, dans une loge qui vient empiéter sur le « plateau » même, se place l'orchestre, Hayashi, composé du tambour, de la flûte, de la petite flûte, du gong, avec un chantre. Celui-ci, utai-gata, interrompt par moments l'action scénique pour la commenter à l'instar du chœur antique. Les jeux de scène sont soulignés, non sans bonheur, par cet orchestre aux éléments rudimentaires. S'agit-il de faire comprendre qu'un malheur approche, aussitôt le gong fait entendre sa note sinistre ; au paroxysme du bruit, subitement, un arrêt, un silence mortel qui ne manque pas son effet : d'exciter au plus haut point la curiosité de l'auditoire. Dans une scène où interviennent des pirates, le tambour s'applique adroitement à dépeindre l'approche de l'ennemi. Tout cela nous prouve le parti que sait tirer des sentiments de la foule l'artiste japonais, combien il s'entend à se préparer de faciles et sûres victoires.

Au début du XVIIIᵉ siècle, il fut interdit aux femmes de se montrer sur scène ; il fallut Sadda Yacco pour oser enfreindre cette règle.

Ajoutons aussi que la scène tournante était connue des Japonais dès l'origine de leur art théâtral; ils en sont même vraisemblablement les inventeurs, car les Chinois ignorent cette disposition.

Que la musique japonaise ne plaise pas à beaucoup de mélomanes occidentaux, il ne faut pas s'en étonner si l'on songe combien lentement la grande masse suit l'évolution des artistes européens. Le Japonais se passionne pour des intervalles de quart de tons que d'aucuns d'entre nous prennent pour autant de fausses notes. Cependant les Japonais modernes acceptent assez facilement la musique orientale, ce qui est fâcheux, car cette évolution se fera au détriment de l'art autochtone. La « Société Beethoven » de Yokohama, fondée en 1900, organise des concerts qui attirent de plus en plus le monde japonais. On assure même que la Chapelle impériale s'est décidée à joindre à son répertoire rigoureusement indigène jusqu'alors, des œuvres européennes. La musique japonaise court un sérieux danger de se voir submergée et anéantie par les flots d'harmonies américaines et autres du même genre. Cependant l'ancien directeur du Conservatoire impérial de Tokio, Isawa, a eu une heureuse idée : celle de réunir une importante collection de vieille musique japonaise pour koto, qu'il publia en notation européenne. Il composa même un nombre considérable de chansons d'école. Aujourd'hui, le Conservatoire se trouve placé sous la direction de musiciens occidentaux, tout comme s'il s'agissait d'un arsenal ou d'une manufacture ignorée des Japonais. Quelle que soit la capacité de ces nouveaux directeurs, nous ne pouvons que déplorer la décision impériale qui priva le Conservatoire japonais de ses maîtres indigènes ; si ces derniers n'y fournissaient pas une très grande et volumineuse besogne, du moins n'y faisaient-ils point le mal que commettent inévitablement les « réformateurs » ou « déformateurs ». Car il n'y a aucune utilité à rechercher des performances telles que de faire jouer par des élèves indigènes des œuvres écloses en nos pays.

L'écriture musicale des Japonais est plutôt un genre de tablature indiquant telle corde du koto, tel trou de la flûte ; le caractère indigène équivaut à une désignation numérique. Mais au Japon, comme en tant d'autres contrées exotiques, l'écriture musicale est assez peu consultée par les exécutants qui en ignorent les subtilités et s'en rapportent plus volontiers à leur mémoire et à leur oreille qu'à la notation. Beaucoup de ces musiciens ont appris leur répertoire par l'audition que leur en donnaient des musiciens déjà formés. Ç'est d'ailleurs à ce procédé que l'on doit de ne plus posséder les versions originales d'anciennes mélodies. A force d'orner de broderies, notes de passage, triolets, l'ancienne ligne mélodique, on a, peu à peu, complètement effacé celle-ci ; le musicien actuel, ne la connaissant qu'enrichie des variations dont l'ont chargée ses prédécesseurs, ne saurait donc en donner une autre version que la sienne ou celle de son maître. On doit donc s'en rapporter aux anciennes tablatures, ce qui ne va pas sans difficultés dans ces pays, où climat, guerres, incendies, négligences individuelles, ont contribué à anéantir le livre en général et particulièrement les œuvres considérées, comme romans, chansons et autres livres de distraction. L'œuvre de M. Jsawa, que nous mentionnions plus haut, acquiert donc une importance capitale du fait des conditions spéciales faites actuellement au vieux trésor musical des Japonais.

(*A suivre.*) GASTON KNOSP.

LA GLU

Drame musical populaire en 4 actes et 5 tableaux, poème de MM. Jean Richepin et Henri Cain, musique de M. Gabriel Dupont. — Première représentation au théâtre royal de la Monnaie, le 11 janvier 1911.

M. Gabriel Dupont, l'auteur de l'œuvre que le théâtre de la Monnaie vient de représenter avant même qu'elle ait été jouée à Paris, débuta comme compositeur dramatique dans des circonstances sensationnelles qu'il est intéressant de rappeler ici ; elles ne furent peut-être pas sans influence, en effet, sur les tendances qui s'affirment dans le « drame lyrique populaire » exécuté cette semaine, tendances qui rattachent quelque peu l'œuvre nouvelle aux productions de l'école vériste italienne.

La grande maison d'édition Sonzogno, de Milan, a, on le sait, organisé à différentes reprises des concours pour la composition d'un opéra, concours dont le premier remonte à l'année 1883. C'est, constatons le en passant, au concours de 1888 que fut couronnée la *Cavalleria Rusticana* de M. Mascagni. Un concours international d'une importance exceptionnelle fut ouvert en 1904 : le prix était cette fois de cinquante mille francs. Sur les cent trente-sept partitions présentées, trois furent choisies pour l'exécution à la scène qui devait précéder la décision finale du jury. Les œuvres soumises ainsi, au préalable, au jugement du public et de la critique comprenaient, à côté de deux partitions dues à des musiciens italiens, un opéra de M. Gabriel Dupont, *La Cabrera* (la Chevrière), composé sur un poème écrit, également en vue de la circonstance, par M. Henri Cain, l'auteur même de l'adaptation de *La Glu* pour la scène lyrique. Le jury international décerna le prix au jeune compositeur français, ratifiant ainsi le succès très marqué qui avait accueilli son œuvre à l'audition publique.

Un an après — le 5 mai 1908 — *La Cabrera* était représentée à l'Opéra-Comique de Paris, avec Gemma Bellincionni, la créatrice du rôle principal à Milan, comme interprète (1). Composés en vue d'une destination spéciale, appelés à être jugés dans un pays dont les préférences s'affirmaient d'une manière très caractéristique, le livret de M. Cain comme la partition de M. Gabriel Dupont comportaient, peut-on dire, d'inévitables concessions aux tendances artistiques ayant cours de l'autre côté des Alpes. C'est ce qu'il importait de rappeler au moment d'apprécier l'œuvre que nous venons d'entendre, car le choix même du nouveau livret et la manière dont il a été conçu et musicalement traité ont pu se ressentir de ce début du jeune compositeur français, fait dans des conditions si particulières.

Cela dit, nous ne nous attarderons pas à épiloguer sur l'opportunité qu'il y avait à transporter sur la scène lyrique le roman de Jean Richepin, transformé en drame par le poète lui-même dès 1883, c'est-à-dire deux ans après l'apparition de l'œuvre originale, — ce qui tend à prouver que le sujet avait en lui le germe d'une réelle puissance scénique, en dehors de l'analyse physio-psychologique qui fait l'intérêt essentiel du livre primitif. Nous n'examinerons pas davantage s'il y a lieu ou non d'encourager la tendance qui pousse tant

(1) Voir le *Guide musical* du 14 mai 1905, pp. 396-397,

de compositeurs modernes à traduire en musique les événements les plus prosaïques de la vie réelle, à envelopper du prestige de l'art des sons des scènes qui puisent toute leur force expressive dans les situations elles-mêmes. Ce qu'il importe d'apprécier, c'est la manière dont le compositeur a illustré musicalement le livret qui lui était offert, livret dont l'analyse donnée ici, acte par acte, lors de la première exécution de l'œuvre à l'Opéra de Nice le 24 janvier 1910 (1), a déjà fait ressortir l'habile variété, la puissance en effets dramatiques.

M. Gabriel Dupont montre, dans la partition de La Glu, des qualités de métier qui surprennent véritablement chez un musicien aussi jeune encore — il a trente-deux ans seulement — et qui n'en est qu'à sa seconde œuvre dramatique. Il fait preuve surtout d'un sentiment de la déclamation lyrique qui lui permet d'atteindre, par les moyens les plus simples, une très grande intensité d'expression. C'est très souvent un simple renforcement, par la notation musicale, de l'accentuation de la phrase parlée, et cela suffit pour donner aux mots une saveur, une couleur poétique ou une intensité tragique qui dépassent peut-être les effets que d'autres chercheraient à atteindre par des moyens beaucoup plus compliqués. La partition de La Glu abonde à cet égard en exemples très caractéristiques, qui tendraient à prouver que si M. Dupont a pris contact avec les musiciens les plus modernes, il a fréquenté aussi, au cours de ses lectures, les classiques et même les primitifs.

Dans son inspiration purement mélodique, il affirme une parenté très directe avec les compositeurs qui, comme lui, se sont préoccupés, dans ce dernier quart de siècle, de la recherche de la vérité scénique. du réalisme musical : Bruneau et Charpentier, sans oublier Puccini, lui ont communiqué beaucoup de leurs convictions esthétiques, et en même temps un peu aussi de leur manière de les manifester, la plume à la main. Cela n'exclut pas d'ailleurs l'affirmation d'une véritable personnalité, d'une âme sentant par elle-même et ayant le don d'exprimer, dans un langage d'une souplesse et d'une sensibilité extrêmes, ses propres vibrations. Car la musique de M. Dupont n'est, peut-on dire, jamais inexpressive : elle n'assemble pas les sons pour le seul plaisir de composer une phrase mélodique à tournure aimable ou séduisante, elle vibre et soupire constamment, correspondant toujours à la manifestation d'un état d'âme, n'ayant d'autre préoccupation que de se confondre avec la

vie même. de traduire ses joies et ses souffrances, comme ses moments d'apaisement.

Et ce que nous venons de constater ne s'applique pas seulement, chez le jeune compositeur, à la ligne mélodique, mais aussi et peut-être plus encore à l'orchestration. Celle-ci également est douée d'un pouvoir de vibration, si l'on peut dire, qui est l'indice d'une nature à la fois réceptive et communicative. d'un puissant et généreux tempérament. Les rires et les sanglots y trouvent tour à tour un écho joyeux ou douloureux, dont l'expression, grâce à une connaissance approfondie des timbres, ne revêt jamais un aspect matériel, laisse seulement la trace de l'effet obtenu, sans faire penser aux moyens employés. C'est dans les profondeurs de l'orchestre surtout que M. Dupont a trouvé des modes d'expression très personnels, confiant souvent aux basses. auxquelles il attribue un rôle fort important, des dessins propres, associés à la ligne mélodique des cordes ou des bois avec une science extrême du contre-point. Son instrumentation a fréquemment une âpreté voulue, fort émouvante qui traduit excellemment ici les aspects tragiques de la mer, si dure parfois au monde des pêcheurs au milieu duquel se déroule l'action dramatique. La mer a d'ailleurs dans l'œuvre son thème propre, un motif montant et descendant en 12/8 que le musicien transforme et colore avec une habile et expressive variété : on remarquera notamment l'usage qu'il en fait au début du 2e acte, lorsque la Païsinne exhale l'ennui que lui cause son éloignement de la grande ville.

Un autre thème caractéristique, plus développé, sert de base au prélude et forme la conclusion de l'œuvre : c'est un motif en 4/4 indiquant la fatalité qui domine le drame, qui en fait entrevoir dès le début l'inévitable conclusion Ce thème, qui prête plusieurs fois à d'éloquents développements symphoniques est très apparenté à l'invention mélodique de Bruneau Et si nous citons ce nom une seconde fois au cours de cet article, c'est que l'œuvre nouvelle vient particulièrement appuyer ce que nous disions il y a quinze jours lors de la reprise de l'Attaque du Moulin, de la grande influence que ce compositeur a exercée sur les musiciens de notre époque Constatons encore que le système des leitmotive est largement appliqué dans la partition de la Glu, et que les thèmes choisis ont en général une réelle force expressive, une plasticité qui les rend aptes aux transformations et aux changements d'aspect de la plus subtile variété. La plasticité rythmique est d'ailleurs également une des qualités caractéristiques de cette très belle partition.

---

(1) Voir le *Guide musical* du 6 février 1910, pp. 104 à 106.

M. Gabriel Dupont ne s'est pas seulement préoccupé de traduire avec une expression juste les sentiments des personnages, il a cherché aussi à donner à chacun d'eux sa physionomie musicale propre, créant ainsi des oppositions de couleur très habilement établies. Et la remarquable interprétation qu'a fournie la troupe du théâtre de la Monnaie est venue augmenter encore l'effet de ces contrastes, tout en donnant à l'exécution la fusion et l'harmonie nécessaires.

Il y a une figure qui domine le drame de toute sa grandeur tragique : c'est celle de Marie-des-Anges, réalisée ici, comme à Nice, par la grande artiste qu'est Mme Claire Friché. Le musicien a donné à ce personnage des accents d'une puissance pathétique très émouvante. Au début du 2e tableau, les appels lointains de « l'Ancienne » réclamant Marie-Pierre, son gas, ont un caractère douloureux qui pénètre le cœur, et la voix si expressive de Mme Friché en souligne admirablement la sombre désespérance : c'est plus qu'un cri, c'est, traduit en deux notes, l'écho de tout un état d'âme. A la fin du même tableau, les imprécations de Marie-des-Anges à l'adresse de la Parisienne qui refuse de lui rendre son fils, ont une éloquence qui fait oublier le caractère pénible d'une des scènes les plus osées qu'on ait transportées sur la scène lyrique ; le compositeur a fait preuve ici d'une habileté qui est véritablement d'un maître. Citons aussi la scène du 2e acte où Marie-des-Anges exprime en effusions tendres, très poétiquement soulignées par l'orchestre tout le bonheur qu'elle éprouve à se retrouver auprès de son gas. Mme Friché a eu là des explosions de joie, des rires, d'une grandeur épique. Elle ne fut pas moins touchante et émouvante dans la chanson « Y avait un' fois un pauv' gas » qui termine le roman, où elle est chantée par Gillioury, et que M. Cain a habilement confiée ici à Marie-des-Anges. D'un bout à l'autre de ce rôle, Mme Friché fut superbe de pathétique, grandissant son personnage au point d'en faire une sorte de symbole de l'amour maternel, tout en lui conservant un caractère naturel et simple d'une grande vérité. Et la chanteuse fut à la hauteur de la tragédienne, faisant valoir admirablement, par une accentuation juste et variée, par une articulation impeccable, les précieuses qualités d'expression de la notation musicale.

A cette figure tragique s'opposent la gaieté si franche, la silhouette pittoresque et originale du brave Gillioury. Ici le musicien a donné libre cours à la verve très spontanée, à la fantaisie de bon goût qui semblent être une des faces de sa nature d'artiste. Constatons en passant que cet aspect de son tempérament musical s'affirme également, et avec un réel bonheur, dans la fête bretonne du troisième acte, d'une vie exhubérante, d'un mouvement endiablé, et où M. Dupont fait un emploi très habile des thèmes populaires. M. de Cléry, l'interprète de Gillioury, fut pour les auteurs de La Glu un véritable collaborateur, tant il a apporté, à la composition de ce rôle, de profonde science dramatique. Son geste, ses attitudes, si bien appropriés au personnage, ses intonations, marquées d'un léger patoisement, ses accents tour à tour joyeux ou attristés, mais toujours empreints d'une grande bonté, d'un vif désir de consolation ou d'un profond sentiment de pitié, son chant si parfaitement articulé et s'harmonisant absolument avec le rythme de sa mimique, tout cela aboutit à une création peut-être supérieure encore à toutes celles que nous devions déjà à cet admirable artiste. Librettiste, musicien et interprète se sont, pour ce rôle également, remarquablement entendus pour nous mettre en présence d'un personnage merveilleusement dessiné, ayant son caractère propre et nous donnant à un haut degré l'impression de la vie. Cette constatation n'est-elle pas essentielle et décisive lorsqu'il s'agit d'une œuvre du genre de celle que nous avions à apprécier ?

Les rôles de Marie-Pierre et de la Glu sont — et devaient être moins intéressants. Leurs faits et gestes relèvent, dans le roman, d'un ordre d'idées dont la scène pouvait difficilement nous donner la sensation exacte, et les personnages s'en trouvent forcément quelque peu faussés. Mais le librettiste s'est tiré avec habileté d'une tâche très délicate ; et le compositeur a su se garer de la tentation de nous servir l'habituel duo d'amour, pour nous présenter une expression musicale assez juste de sentiments d'une essence en somme purement matérielle.

La nature s'est montrée trop aimable et trop généreuse vis-à-vis de Mme Béral pour que sa réalisation du rôle de la Glu pût nous donner, physiquement et plastiquement, l'impression d'une Parisienne répondant au portrait peu attrayant que trace Jean Richepin ; mais l'intelligente artiste a su, par un jeu dégagé et d'allures très libres, évoquer avec un réel esprit d'observation cette figure si difficile à transporter à la scène. Sa jolie voix, si claire et si pure, a eu des accents fort caressants, et elle a mis à dire certaines choses, le ton sensuel et pervers qui convenait. Les auteurs ont introduit dans le rôle de la Glu, au début du 2e acte, une scène de comédie musicale bien traitée par le compositeur, au cours de laquelle paraît une évocation de Paris visiblement inspirée, comme idée poétique et comme réalisation orchestrale, de la *Louise* de Charpentier: hommage rendu sans doute intentionnellement à ce compositeur par M. Dupont, qui semble marquer à son égard une affection particulière.

M. Saldou a trouvé dans le personnage de Marie-Pierre l'un de ses meilleurs rôles. Il en donne excellemment l'impression de jeunesse, et ses attitudes sont parfaitement réglées. Il a su modérer avec à propos les élans de sa voix généreuse dans les moments d'abattement et de résignation, qui occupent une grande place dans le rôle et que le musicien a illustrés avec une discrétion et une justesse d'accent très remarquables. La scène du réveil au 2ᵉ acte constitue à cet égard une des meilleures pages de la partition, et M. Saldou l'a réalisée en excellent comédien, avec une grande variété d'expression et une gaucherie bien observée. Cette création lui fait véritablement honneur.

Mentionnons encore M. La Taste, qui dessine la silhouette du docteur Cézambre avec sa maîtrise habituelle, Mˡˡᵉ Callemien, qui traduit bien, par sa physionomie et par son chant, la douceur consolante de l'innocente Naïk, et Mˡˡᵉ Sonia, une soubrette intelligente et malicieuse.

Nous avons fait allusion aux complications de contrepoint, aux hardies combinaisons de timbres, aux effets de sonorité pleins de surprises que comporte cette œuvre très fouillée et très savante. Toutes les intentions du compositeur ont été admirablement mises en lumière par M. Sylvain Dupuis, qui s'entend à merveille à faire saillir avec leur valeur propre les thèmes conducteurs, à mettre en place exacte et en parfait équilibre tous les éléments d'une partition moderne. Cet art, que les musiciens dont il dirige les œuvres lui attribuent à un très haut degré, lui témoignant une confiance bien rare et bien précieuse, il l'a exercé cette fois encore d'une manière victorieuse. Et lorsque M. Gabriel Dupont a été réclamé sur la scène, à la fin de la représentation, le compositeur a tenu à associer l'orchestre et son chef, comme les principaux interprètes, aux ovations qui lui étaient faites. M. Cain dut se joindre à son collaborateur pour recevoir sa part des acclamations du public.

MM. Kufferath et Guidé ont entouré la mise à la scène de *La Glu* des soins si artistiques auxquels ils nous ont habitués, trouvant de précieux collaborateurs en M. Delescluze, qui a peint des décors d'une couleur et d'un pittoresque admirables, et en M. Merle-Forest, le distingué régisseur général, à qui l'on doit notamment, les évocatifs groupements de foule du premier et du troisième acte.   J. Br.

LA SEMAINE

PARIS

A L'OPÉRA, *Guillaume Tell* nous a été rendu pour quelques soirs à l'occasion d'un ténor nouveau pour nous. M. Gilion, qui a fait toute sa carrière en Italie, quoique Français, et dans la spécialité des rôles haut perchés. Ce n'est pas du tout le « fort ténor » — car il ne faut pas se lasser de rectifier les fausses acceptions de mots, et le fort ténor brille par une puissance exceptionnelle dans le médium, que justement n'ont pas ces voix-là; — c'est un grand premier ténor aux *si* et aux *ut* faciles, sonores et très brillants, mais dont tout le timbre vocal s'est porté de ce côté sans presque rien laisser au reste, et dont le jeu et l'expression sont de glace, si l'organe ne manque pas de chaleur. M. Noté fut naturellement Guillaume, et sa voix semblait d'airain à côté : aussi bien est-ce le rôle qui en fait le mieux valoir la sonorité inébranlable. M. Journet tonitrua dans Walther. M. Gresse chanta Gessler et le *joua* (il fut presque le seul à vraiment incarner son personnage). Un nouveau ténor, M. Varelly, tint à prouver, dans la barcarole du début, qu'il pouvait, lui aussi, donner des *ut* de poitrine. Ce contre-sens dénatura cette phrase charmante : mais qui donc oserait montrer aujourd'hui que la voix de tête a un charme incomparable ?   H. de C.

Au Conservatoire, beau programme, exécution parfaite, dimanche dernier, avec l'ouverture de *Phèdre*, une des belles pages symphoniques de M. Massenet et comme on regrette qu'il n'en écrive plus depuis si longtemps (celle-ci a 36 ans de date); avec la symphonie en *ut* mineur de Beethoven, jouée avec une sonorité robuste et moelleuse ; avec le psaume CXXXVI de M. Guy Ropartz (Super flumina Babylonis), aux nobles et expressives inspirations, où les voix humaines se mêlent très heureusement aux voix instrumentales .. Le Concerto en *mi* mineur de Chopin, enlevé avec une virtuosité charmante et un brio superbe par M. Ernest Schelling, que d'unanimes acclamations ont salué. (Mais pourquoi, diable, le programme porte-t-il que c'était à l'occasion du centenaire de Chopin? Un an de retard, on ne souligne pas cela !), et les fulgurantes danses Polovtsiennes avec orchestre du *Prince Igor* de Borodine (un peu excessives dans cette salle, qui en vibrait sur sa base) terminaient chaleureusement une séance où s'épanouirent quelques-unes des plus ensoleillées, des plus lumineuses combinaisons sonores de l'art.   H. de C.

Concerts Lamoureux. — Onzième concert : trois premières auditions. D'abord une *Suite symphonique* de Mme Rita Strohl. L'œuvre témoigne chez son auteur d'une connaissance approfondie des ressources de l'orchestre ; d'une vigueur et d'une décision peu commune chez les compositrices ; et d'une persévérance dans l'effort tout à fait méritoire. Peut-être y a-t-il là plutôt l'indice d'une volonté soutenue que d'un tempérament créateur ; la tentative n'en est pas moins intéressante. La *Suite symphonique* de Mme Strohl est la conclusion d'une composition pour orchestre intitulée *La Forêt*. Les trois fragments, exécutés à la file, sont : « Chasse à l'aurore », « Amour » et « Lever de soleil ». D'âpres dissonances n'ont pas laissé de surprendre, surtout par la manière dont elles sont traitées ; un violon langoureux en palliait quelquefois, en phrases méditatives, les pénibles effets.

La deuxième nouveauté était un *Poème symphonique*. Encore ! — dû à la plume de M. Marcel Noël et manifestement inspiré des *Variations symphoniques* de C. Franck. Une exécution incertaine n'a pas permis d'apprécier suffisamment cette œuvre. Elle ne nous a pas semblé exempte de vulgarité. Au piano, M. Schidenhelm, comme effrayé de sa responsabilité, tirait peu de son d'un Gaveau mêlant sa voix timide au brouhaha orchestral.

Troisième première : *Kikimora*. Ce titre énigmatique, et la légende qu'il recouvre, fourniraient au Dr Max Nordau une preuve de plus de l'état de dégénérescence qui est le nôtre, dit-il. L'œuvre nous vient de Russie ; elle a pour auteur Liadow. On y retrouve, fort habilement employés, tous les procédés chers à l'école slave : timbres piquants, alliances inattendues entre les instruments, rythmes bizarres et cahotés ; comme tendances : le souci du pittoresque, le goût de l'étrange et du fantastique. Tenez-vous à savoir que la Kikimora est un petit être dont le corps n'est pas plus gros qu'une mince paille et la tête plus grande qu'un dé à coudre ? Elle est privée de sommeil — ce qui est bien pénible — et paraît animée d'une haine sans seconde pour le genre humain. Le chat joue un rôle dans l'histoire, celui de narrateur !

L'exquise *Sauge fleurie*, du maître symphoniste Vincent d'Indy, nuança de poésie délicate la quantité de musique de cette copieuse séance. Si les dernières pages de cette œuvre charmante n'avaient pas été jouées avec une acidité de citron vert, nous aurions été pleinement satisfaits. *Il Tasso* de Liszt complétait pompeusement la partie symphonique augmentée de l'ouverture des *Noces* et de la *Huitième Symphonie* en *fa*.

La talentueuse Mme Bellot Joubert interpréta un air de *Jules César*, de Hændel. Le larghetto, pris un peu trop lent (quoique larghetto) permit d'apprécier, chez la cantatrice, une respiration merveilleusement réglée, une voix délicieuse et qui reste timbrée dans les pianissimi les plus tenus ; une articulation remarquable et un style aussi correct que l'exige l'allegro dans lequel s'exprime l'académique fureur de Cléopâtre. Nouveau succès pour l'excellente artiste avec l'air de Momus (*Défi de Phœbus et de Pan*, S. Bach) qu'elle a détaillé avec autant d'esprit que de charme et de talent.

M. DAUBRESSE.

Quatuor Parent — Consacrés à la musique de chambre du directeur de la Schola, M. Vincent d'Indy, les mardis 6, 13, 20 et 27 décembre ont replacé le portrait dans son cadre.

« Les natures peu expansives sont presque toujours celles qui sentent avec le plus de profondeur, » a dit un sage ; et M. d'Indy ne s'est jamais permis l'expansion d'un Richard Strauss ou d'un Chabrier, mais écoutons sa sensibilité, sous ses dehors de retenue, de pudeur et de haute raison. Quand on disserte de son œuvre, quelques mots s'imposent et reviennent toujours : architecture, effort de construction, rigueur de style, ordonnance, volonté, probité ; mais comme il n'y a pas plus de *musique absolue* que de monument sans destination la musique pure exprime, inconsciemment ou non, le *moi* de son auteur ; l'art le plus méthodique est le reflet d'une vie. Cet œuvre grave est d'accord avec cette figure martiale de capitaine d'une ancienne province française, avec son front morose et sa barbiche à la Poussin : caractère des plus français, malgré l'empreinte d'une éducation wagnérienne et franckiste qui n'a pas refréné son penchant tout méridional et latin pour l'art descriptif, coloré, pittoresque, à la Berlioz (1)...

Sous cette figure et dans cet œuvre, également sévères, une âme transforme en pensée ce qu'elle a senti : le temps et l'espace nous manquent pour parler de la nature et de l'amour chez M. Vincent d'Indy, du caractère éminemment *régional* de son art, qui fait de chacun de ses savants ouvrages un « poème des montagnes », parfumé par l'air des hauteurs ; dans ce cadre paisible, on perçoit des danses nudes et la hautaine mélancolie du souvenir ; on entend la voix du pays... Après un chant élégiaque, où l'écho prolonge le chalumeau d'un pâtre, une ardeur de jeunesse érudite entraîne le

_____

(1). Rendons à César... et à M. Romain Rolland cette remarque déjà faite en ses *Musiciens d'aujourd'hui*.

finale du trio pour piano, clarinette et violoncelle (op. 29); et l'envolée persiste, en se faisant plus grave, au finale de la monumentale sonate pour piano seul (op. 63), à travers la majestueuse tension des développements.

Loin de l'orchestre et du théâtre, nous avons donc parcouru la carrière entière du maître, depuis le quatuor (op. 7) et le *Poème des Montagnes* (op. 15) jusqu'aux deux pièces capitales : la sonate piano et violon op. 59), dédiée à Parent, et la sonate en *mi*; — sans oublier le *Lied* op. 19) pour violoncelle et piano, la *Suite* en *ré*, dans le style ancien (op. 24), le trio champêtre op. 29), les *Tableaux de voyage* (op. 33), pour piano seul, et des fragments de l'*Etranger* de 1903. Il faudrait pouvoir insister sur les deux quatuors à cordes : l'op. 35, en *ré* majeur, qu'on n'entend presque jamais, et l'op. 45, en *mi* mineur, d'une polyphonie plus audacieuse et plus riche, où la science atteint à l'émotion dans un adagio que Beethoven et Franck auraient applaudi; MM. Parent, Loiseau, Brun et Fournier nous ont joué cette page et ces deux œuvres avec une belle conviction communicative. Et leur vaillante partenaire, qui se prodigue toute l'année sans trêve, Mlle Marthe Dron, s'est surpassée dans ces musiques austères et principalement dans la grande sonate de 1907, où la sympathie de l'interprète a mis au service de son auteur favori ses qualités bien connues d'élégance nerveuse et de vivacité contenue : on devinerait cette sympathie, rien qu'à voir son profil de médaille romaine penché passionnément sur le clavier.   RAYMOND BOUYER.

Concerts Ed. Risler. — A la salle Erard, le 5 janvier, M. Edouard Risler, qui ne s'était guère fait entendre depuis quelque temps, a entrepris une série de quatre séances (une par mois; les autres auront lieu les 23 février, 9 mars et 6 avril) où il passera en revue un choix d'œuvres de tout temps et de toute école. - un peu disparates, il faut l'avouer, — passant de Couperin à Richard Strauss et de Schumann à Reynaldo Hahn, voire Enesco. Le premier programme fut le plus homogène et le plus beau de tous. Les trente-trois variations sur une valse de Diabelli et la sonate appassionata représentaient Beethoven, le Prélude Aria et final de César Franck se glissait entre deux : ce fut tout et ce fut admirable. Car l'excellent artiste joua admirablement ces trois pages magistrales, avec une finesse et un goût parfaits, avec une unité de style et une tenue supérieures... Mais il y a beau temps que nous savons comment il interprète Beethoven.
                                        C.

— Nous eûmes à la quatrième matinée de l'Union des femmes professeurs et compositeurs de musique, que préside avec une foi agissante Mme Maurice Gallet, une remarquable audition d'un trio de Mendelssohn. avec Mlle Hélène Collin au piano. Mmes Lachenaud-Gaudefroy et Marcucei-Magrini, comme violon et violoncelle. C'est une des pages les meilleures qu'il ait écrites; elle a gardé tout son intérêt. La partie de piano a ici une distinction très réelle que Mlle Collin a comprise et rendue avec un profond sens artistique. Cette excellente pianiste joua plusieurs romances sans paroles, Mlle Boutin chanta plusieurs romances .. avec paroles, un peu vieillottes, il faut l'avouer. On applaudit dans un air de *Freischütz*, Mlle Vaillant, une jeune élève de M. Engel, qui avait bien voulu, à la dernière minute, remplacer Mlle Daumas, de l'Opéra. La voix est encore inégale, le médium insuffisant. mais il y a là de vraies qualités dont nous aurons certainement à parler encore.   F. G.

— La société déjà célèbre, fondée par M. Henry Expert, « Les Chanteurs de la Renaissance », donnera son concert annuel le mardi 24 janvier, à 9 heures du soir. salle Erard.

Le réputé pianiste Victor Gille et Miguel Llobet, le prodigieux guitariste de la Cour royale d'Espagne, prêteront leur concours à cette solennité artistique, dont le programme comprend des pièces chorales de Costeley, Fevin, Claude le Jeune, Nanini, Palestrina, Passereau, Sermisy.

La version originale de la célèbre *Bataille de Marignan*, de Janequin, terminera la séance qui sera dirigée par M. Henry Expert.

— On annonce déjà que Mme Félia Litvinne, M M. Lucien Wurmser et Joseph Hollmann doivent partir au mois de juin prochain pour l'Amérique du Sud, où ils donneront ensemble, sus la direction de l'imprésario Faustino La Rosa, une importante série de concerts qui se prolongera jusqu'au mois d'octobre, dans la République Argentine, le Brésil, l'Uruguay et le Chili.

OPÉRA. — Le Miracle. Samson et Dalila. Coppélia. Tannhäuser

OPÉRA-COMIQUE. — La Dame Blanche. Richard cœur de lion. Louise Le Jongleur de Notre-Dame Le Chalet. Madame Butterfly. Carmen. Fortunio. La Légende du Point d'Argentan. La Tosca. Les Lucioles. Werther.

THÉÂTRE LYRIQUE (Gaîté). — Le Trouvère. Le Soir de Waterloo Quo Vadis?. Don Quichotte. Hernani. La Juive.

TRIANON-LYRIQUE. — Fra Diavolo. M. Choufleuri. Mam'selle Nitouche. Phryné, Bonsoir M. Pantalon. Le Voyage de Suzette, La Mascotte. Si j'étais roi Le Petit Duc. Miss Helyett.

APOLLO. — La Veuve Joyeuse. Hans le joueur de flûte.

SALLE ERARD

Concerts du mois de Janvier 1911

15 Mlle Pauline Roux, matinée d'élèves.
16 M. Philipp, audition d'élèves.
17 Le Soutien, concert de charité.
18 M. Schelling, piano.
19 Mlle Hugon, piano et chant.
20 M. Bedel, concert de charité.
21 M. Waël-Munck, concert d'orchestre.
22 Mme Alvin, matinée d'élèves.
23 M. Schelling, piano.
24 M. Expert, chant.
25 Mlle Vélurard, piano.
26 Mlle Novaes, piano.
27 Cercle Catholique de la Villette, concert de charité.
28 MM. Mat et Krettly, piano et violon.
29 Mme Marechal-Moellinger, matinée d'élèves.
30 M. Lederer, violon.
31 M. Philipp, piano.

SALLES PLEYEL

22, rue Rochechouart

Concerts de Janvier 1911 (à 9 heures soir)

16 Société de musique nouvelle. (salle des quatuors).
18 M. J. Debroux (première séance).
19 Mlle R. Lénars et M. J. Bizet.
20 Mme Paul Aubert.
23 Le Quatuor Capet (troisième séance).
25 Le Quatuor P. Viardot.
25 La Société des Compositeurs de musique (première séance).
27 M. Theodor Szanto.
28 La Société Nationale de musique (première séance).
30 Mme Roger Miclos-Bataille.
31 Mme Waël-Munck.

Conservatoire (Société des Concerts). — Dimanche 15 janvier, à 2 ½ heures. Programme : Ouverture de Phèdre (Massenet), Symphonie en ut mineur (Beethoven), Psaume 136 (Guy Ropartz), Concerto en mi (Chopin), exécuté par M. Schelling; Danses Polovtiennes du Prince Igor (Borodine). — Direction de M. Messager.

Concerts Colonne (Châtelet). — Dimanche 15 janvier, à 2 ½ heures. Programme : Symphonie fantastique (Berlioz), Concerto en mi, bémol (Liszt), exécuté par

M. Szanto, Méphisto-Valse (Liszt), Ce qu'on entend sur la montagne (Liszt), Lieder (Liszt) chantés par Mme Grippon, Prélude et Mort d'Iseult (Wagner) avec Mme Grippon. — Direction de M. G. Pierné.

Concerts Lamoureux (Salle Gaveau). — Dimanche 15 janvier, à 3 heures. Programme : Ouverture de Manfred (Schumann), Quatrième symphonie (Schumann), Concerto pour violoncelle (Schumann) exécuté par M. Ch. Pablo Casals, Kol Nidrei (Max Bruch), Antar (Rimsky-Korsakoff), La jeunesse d'Hercule (Saint-Saëns). — Direction de M. C. Chevillard.

SALLES GAVEAU

45 et 47, rue La Boëtie

Concerts du mois de Janvier 1911

Salle des Quatuors

18 Quatuor Muller de Beaupré (1 ½ heure).
19 Audition des élèves de M. Jean Canivet (3 h.).
23 Union des Femmes Professeurs et Compositeurs (2 heures).

Salle des Concerts

15 Concert Lamoureux (3 heures).
21 Concert Hasselmans (3 ½ heures).
22 Concert Lamoureux (3 heures).
27 Mlle Mimie Tracey (9 heures).
29 Concert Lamoureux (3 heures).
30 Cercle Musical (9 heures).
31 Société Philharmonique (Quatuor Rosé), 9 h.

BRUXELLES

THÉATRE ROYAL DE LA MONNAIE. —

On a fêté lundi dernier le retour à la scène de Mme Zorah Dorly, qui, après être restée pendant plusieurs mois éloignée du théâtre, réapparaissait dans le rôle de Madame Butterfly dont elle fit l'an dernier une création si remarquée.

Ce nous fut une joie bien grande de réentendre la jolie voix de la charmante artiste, qu'acclamèrent chaleureusement les nombreux habitués du théâtre attirés par cette rentrée si impatiemment attendue. J. Br.

On a trop rarement l'occasion d'entendre Mlle Marguerite Laenen, pianiste, qui nous conviait mardi dernier à son récital annuel. Aux ouvrages de Beethoven (sonate op. 22), Chopin (études, préludes, ballade) et Liszt (Saint François de Paule marchant sur les flots) qui composent le répertoire habituel des pianistes, Mlle Laenen a l'excellente habitude de joindre chaque fois des compositions nouvelles de l'école belge, représentée cette fois par MM. Gilson et R. Moulaert. Du premier, un *Prélude* nostalgique et rêveur, dans la note si personnelle du maître brabançon; du second. les *Variazioni quasi sonata* dont la publication a été annoncée ici.

L'importance de ce dernier ouvrage (sa durée est d'une demi-heure) veut qu'on s'y arrête. Malgré son titre, il tient plutôt des variations que de la sonate, à laquelle il ne s'apparente que par la succession des mouvements (I. *Andante — Allegro* II. *Larghetto — Improvisata — Adagio — Scherzando — Coda*). M. Moulaert, pianiste et compositeur aussi distingué que modeste, a choisi une vieille chanson flamande, *Mijn liethen ziet mij envel aan,* qu'il varie et développe suivant les principes de la « grande variation », avec autant de science que de fantaisie. Quoique d'une difficulté extrême, l'ouvrage est essentiellement pianistique, directement inspiré des ressources du clavier. Le style, de très bon goût, sévère et d'une couleur généralement sombre, est plutôt classique nonobstant l'intérêt constant de l'harmonie; malgré le caractère virtuose de l'écriture et l'emploi des formules lisztiennes, il rappelle sensiblement les ouvrages similaires de Brahms. Il faut être reconnaissant à Mlle Laenen de nous avoir fait connaître cette œuvre remarquable, interprétée par elle avec la virtuosité impeccable, le brio et la fantaisie, la vigueur presque virile et parfois exagérée qui caractérisent l'excellente et probe pianiste. Le succès de Mlle Laenen a été très vif et fait désirer l'entendre plus fréquemment.

E. C.

— La collaboration de la brillante pianiste niçoise, Mlle Clara Sansoni, a amené au programme du prochain Concert populaire deux œuvres de Albeniz, la suite *Iberia* pour piano et la suite symphonique *Catalonia* (n° 1).

Rappelons à ce propos que Isaac Albeniz, l'initiateur de l'école moderne en Espagne, né a Camprodon (Catalogne) le 29 mai 1860 et mort à Cambo (Basses-Pyrénées) le 19 mai 1909, commença ses études en Espagne, les continua à Leipzig et les termina au Conservatoire royal de Bruxelles. Dans son art si original et si sincère, l'œuvre pianistique tient la première place. La suite *Iberia* constitue en quelque sorte le testament artistique de l'auteur et marque une phase nouvelle dans l'histoire de la musique en Espagne.

— La distribution des prix aux élèves de l'école de musique de Saint-Josse-ten-Noode-Schaerbeek aura lieu le lundi, 30 janvier, à 8 heures du soir, dans la salle des fêtes de l'école communale, rue Gallait, 131, Schaerbeek.

Cette cérémonie sera suivie d'un concert donné — pour la première fois — sous la direction de M. François Rasse.

Le programme sera consacré. en grande partie, à des œuvres du feu directeur de l'institution, le regretté \l. Huberti ; les principaux lauréats des cours de chant individuel interpréteront les plus belles et les plus populaires mélodies du maître ; la classe de chant d'ensemble exécutera la Cantate. d'une allure si pittoresque et aux rythmes si variés, écrite pour l'inauguration des eaux du Bocq.

Outre un chœur pour voix mixtes, *Près du fleuve étranger*, de Gounod, le programme comporte aussi deux œuvres d'auteurs belges : *Derniers Rayons*, chœur pour voix de femmes, de Paul Gilson, et un chant pour voix d'enfants, *Het groetend kindje*. d'Auguste Deboeck.

Orchestre des concerts Ysaye.

THÉÂTRE DE LA MONNAIE. — Aujourd'hui. dimanche, en matinée, Quo Vadis?; le soir, Manon ; lundi, Madame Butterfly et Hopjes et Hopjes; mardi, La Glu ; mercredi, Faust; jeudi, Pelléas et Mélisande ; vendredi, Quo Vadis? samedi, Pelléas et Mélisande; dimanche, à 2 heures, deuxième concert populaire. sous la direction de M. Sylvain Dupuis; le soir, La Glu.

Concerts Durant. — La plupart des œuvres du concert russe fixé au 28-29 janvier, salle de la Madeleine, seront données en première exécution à Bruxelles. Au programme : Symphonie en *mi* bémol de Borodine; Troisième symphonie en *ut* majeur de Rimsky-Korsakow ; Le Lac enchanté de Liadow; Sérénade de Glazounow, et avec le concours de M. Ricardo Vinés, pianiste, le concerto de Rimsky-Korsakow et le premier concerto de Liapounow.

Quatuor Zimmer. — Pour cause de maladie d'un des membres du Quatuor, la séance du 25 janvier est remise à une date ultérieure.

Dimanche 15 janvier. — A 2 ½ heures, au théâtre de l'Alhambra, troisième concert Ysaye. Ainsi que nous l'avons annoncé, l'orchestre des Concerts Ysaye cédera la place à une des plus célèbres phalanges musicales d'outre-Rhin, le « Tonkünstler Orchester de Munich », composé de quatre-vingts exécutants et dirigé par M. Joseph Lassalle. Ce concert sera donné avec le concours de Mme Hermine Bosetti, cantatrice du théâtre royal de la Cour, de Munich.

Mercredi 18 janvier. — A 8 1 2 heures du soir, à la Grande Harmonie, concert donné par Mlle Henriette Engberts, pianiste, avec le concours de M. Henri Jacobs, violoncelliste.

Mercredi 18 janvier. — A 8 ½ heures du soir, au Palais des Arts, rue des Palais, conférence-récital organisé par la maison Breitkopf et Härtel, à l'occasion du centenaire de Franz Liszt, avec le concours de M. Arthur Van

Dooren, pianiste; Mme Marie-Anne Weber, cantatrice, et de M. le Dr Dwelshauvers, conférencier.

Jeudi 19 janvier. — A 8 ½ heures du soir, au théâtre de l'Alhambra, grand concert symphonique donné par le Tonkünstler Orchester de Munich, sous la direction de M. Joseph Lassalle. Au programme : 1. Sérénade pour deux petits orchestres (Mozart); 2. Symphonie fantastique (Berlioz); 3. Mort et transfiguration, poème symphonique (R. Strauss); 4. L'Enchantement du Vendredi-Saint, de Parsifal et 5. Prélude des Maîtres Chanteurs de Nuremburg (R. Wagner).

Billets chez les éditeurs Breitkopf et Härtel.

Vendredi 20 janvier. — A 8 1/2 heures du soir, à la Grande Harmonie, concert avec orchestre par Mlle Suzanne Godenne, pianiste, et M. M.-B. Hildebrandt, violoniste. sous la direction de M. Théo Ysaye. Au programme des œuvres de Mendelsshon, Bach, Franck, Bruch, Saint-Saëns.

Samedi 21 janvier. — A 8 ½ heures du soir, à la Grande Harmonie, récital donné par le pianiste russe Marc Meytschick.

Samedi 21 janvier. — A 8 ½ heures du soir, à la salle de la Scola Musicæ, 90-92, rue Gallait, séance musicale organisée avec le concours de la Société de musique de chambre de Bruxelles : Mme Florival, pianiste, MM. F. Beguin, ténor de la Scala, A. Strauwen et d'Archambeau, professeurs à la Scola, Marteau, Waucquir, Adam, Trinconi.

Dimanche 22 janvier. — A 2 heures de l'après-midi, au Théâtre royal de la Monnaie, deuxième Concert populaire, sous la direction de M. Sylvain Dupuis, avec le concours de Mlle Clara Sansoni, pianiste. Au programme : première partie. 1. Faust-Symphonie, en trois tableaux caractéristiques : I. Faust; II. Marguerite; III. Méphistophélès (Franz Liszt); 2. Concerto en ut mineur pour piano avec accompagnement d'orchestre (Saint-Saëns), Mlle Clara Sansoni. Deuxième partie : 3. Symphonie pour deux flûtes et orchestre à cordes (W. Friedemann). adagio-allegro, première audition à Bruxelles; 4. Ibéria, fantaisie pour piano (Isaac Albeniz), A) Rondena; B) El Puerto; c) Lavepies, Mlle Clara Sansoni; 5. Catalònia, n° 1 de la Suite populaire pour orchestre (Isaac Albeniz). — Piano Erard.

Dimanche 22 janvier. — A 3 ½ heures, à la Scola Musicæ, 90-92, rue Gallait, audition des élèves des cours élémentaires et moyens.

Jeudi 26 janvier. — A 8 ½ heures du soir, à la Grande Harmonie, premier concert Mathieu Crickboom. Au programme : œuvres de Bach, Lalo, Crickboom, H. Wieniawski et Tartini. L'orchestre sera dirigé par M Albert Zimmer.

Samedi 28 janvier. — A 8 ½ heures du soir, à la salle de la Grande Harmonie, piano-récital donné par Mlle Juliette Wihl; de Bruxelles, professeur au Conservatoire Klindworth Scharwenka, à Berlin.

CORRESPONDANCES

A NVERS. — M. Otto Lohse, l'éminent chef d'orchestre colonais, a dirigé le deuxième des Nouveaux Concerts. Le programme se composait de la symphonie en ut majeur de Schubert, de l'interlude de l'opéra Sedan, une page descriptive de M. H. Zöllner et du poème symphonique Tasso de Fr. Liszt. On avait déjà apprécié la maîtrise de M. Lohse lors d'une récente représentation de Tristan et Yseult qu'il vient de conduire à l'Opéra flamand. La parfaite autorité de ses exécutions, la clarté, le caractère profondément rythmique qu'il sut imprimer à ce programme pure. ment symphonique lui valurent le plus vif succès.

Le soliste était M. Harold Bauer. L'excellent pianiste joua avec une grande sobriété de moyens le concerto en mi bémol de Beethoven et recueillit un succès particulièrement enthousiaste après l'Impromptu de Schubert et l'Etude en forme de valse de Saint-Saëns, enlevée avec une virtuosité brillante et la plus parfaite élégance. En bis, un caprice de Mendelssohn.

Le réputé violoncelliste Hekking-Denaney a été vivement applaudi la semaine dernière à son concert à la Société de Zoologie. C'est en interprète compréhensif, en virtuose accompli qu'il exécuta l'admirable concerto de Lalo. Cette semaine, Mlle R. Heilbronner a détaillé d'une voix charmante, l'air de Lia de l'Enfant Prodigue de Cl. Debussy et l'air d'Agathe du Fretschuts, M. F. Charlier, un jeune violoncelliste a joué les intéressantes Variations symphoniques de L. Boëllmann. L'intention est bonne, mais l'interprète a paru froid et monotone. Le programme se complétait de l'ouverture du Roi d'Ys de Lalo, de la rapsodie España, cette fantaisie si caractéristique de Chabrier, et d'un attachant tableau symphonique « Effet de Nuit » où M. Sylvio Lazzari traduit musicalement le poème de Paul Verlaine. Orchestre dirigé avec soin par M. Ed. Keurvels.

On aura appris le douloureux accident d'automobile qui a causé la mort de Mlle Blockx, fille de M. Jan Blockx. Nous présentons au très estimé directeur du Conservatoire d'Anvers nos condoléances les plus émues. CARLO MATTON.

B RUGES. — Le deuxième concert du Conservatoire a eu lieu au théâtre, jeudi soir, devant une salle bondée.

Le programme débutait par la symphonie écossaise de Mendelssohn; le sentiment mélancolique et passionné qui émane de cette œuvre, surtout de la première partie, en fait une expression musicale caractéristique de ce qu'on appelait, il y a soixante ans, le mal du siècle. Elle a été bien jouée par l'orchestre, encore qu'on eût voulu y sentir palpiter un peu plus vivement l'âme fièvreuse de l'auteur des *Lieder ohne Worte.*

Venait ensuite le *Carnaval* (op. 9) pour piano seul, de Schumann : cette suite de tableautins évocatifs et pittoresque est d'une verve inépuisable, tour à tour sentimentale et spirituelle ; le sourire y est suivi d'un sanglot, comme la frivole coquette fait contraste avec la poétique Chiarina ; elle contient, par ailleurs, des pages d'une extraordinaire profondeur de sentiment.

Ce *Carnaval* exige de l'interprète d'exceptionnelles qualités d'expression, servies par un mécanisme complet. M. Joseph Van Roy ne manque ni de celui-ci ni de celle-là ; il s'est montré en pleine possession d'un talent mûri par la réflexion, nuançant à souhait et marquant parfaitement les oppositions dont l'œuvre est pleine.

Le jeune pianiste a trouvé une seconde occasion de déployer ses brillantes qualités dans le deuxième concerto de Saint-Saëns, cette œuvre aussi belle au point de vue de la structure que par la substance musicale. Le jeune professeur a joué l'*Andante sostenuto* initial avec une grande simplicité de style ; dans le *Scherzando*, son jeu fut d'une légèreté aérienne, et il a mené le finale dans une allure endiablée.

M. Van Roy, qui peut rivaliser avec maint virtuose de réputation établie, a remporté un succès extrêmement chaleureux, qui s'est traduit par de nombreux rappels.

Entre ces deux numéros de piano étaient intercalés les quatre chants à trois voix de femmes avec accompagnement de deux cors et de harpe. Ces pages n'ont pas porté ; elles sont cependant d'une rare beauté dans leur expression volontairement contenue ; ce lied tiré de la *Veillée des Rois de* Shakespeare est d'une tristesse à la fois sereine et prenante, tandis que le *Chant d'Ossian* est très impressionnant dans la note funèbre.

Avec une vingtaine de voix jeunes et bien stylées, un harpiste comme M. Meerloo, et deux cors dont l'un était M. Ch. Heylbroeck, l'exécution ne pouvait être qu'excellente.

Le concert s'est terminé par les curieuses *Variations symphoniques* de Paul Gilson, si favorablement accueillies à Bruxelles (voir *Guide* du 15 novembre 1908), à Ostende, à Budapest.

M. K. Mestdagh s'est attaché à faire ressortir la musicalité et la rare richesse d'invention de cette œuvre magistrale, qui fournit à la soirée de jeudi une fin de puissant effet. **L. L.**

GAND. — **Dimanche 22 janvier,** à 10 ½ heures du matin, au Conservatoire royal de musique, audition de musique de chambre avec piano, par les lauréats de la classe de M. Paul Lebrun, professeur au Conservatoire royal. Programme : (œuvres anciennes et modernes de l'école allemande) : 1. Sonate en *mi* mineur (L. Thuille). Piano : Mlle Emma Noël. Violon : M. Carl Van Stijvoort ; Sanate en *ré* majeur (J.-S. Bach). Piano : Mlle Emma Noël. Violoncelle : M. Soiron ; Sextuor en *mi* mineur (F. Weingartner). Piano : Mlle Augusta Labio, violons : MM. C. Van Stijvoort et J. Dragonetti. Alto : Mlle H. Slingeneyer. Violoncelle : M. R. Soiron. Contrebasse : M. O. Bruynstraete.

LUXEMBOURG. — Les ouvertures de *La Flûte Enchantée,* de *Léonore* (no 3), de *Freischütz* ; *Les Variations symphoniques* de C. Franck ; *La Petite Suite* de Debussy ; *Les Landes* de G. Ropartz et *La Marche héroïque* de Saint-Saëns, telles furent les œuvres exécutées au premier concert du conservatoire. Mlle Jos. Decker, professeur de piano au conservatoire, a fait preuve d'une belle technique unie à un style expressif et nuancé dans *Les Variations symphoniques* de Franck. L'orchestre, sous la direction vivante de M. V. Vreuls, a donné une exécution parfaite de tous les morceaux.

Très vif succès pour tous. **J. D.**

VERVIERS. — **Mercredi 18 janvier,** à 8 heures, au Grand Théâtre, deuxième concert populaire, sous la direction de M. Albert Dupuis, avec le concours de Mlles Baux, cantatrice, Alice Cholet, violoniste, M. Julien Cholet, violoncelliste, qui interpréteront : Double-concerto pour violon et violoncelle de Brahms ; Concerto en *la* majeur pour violon de Saint-Saëns ; Concerto pour violoncelle de Schumann. Au programme symphonique : La Grotte de Fingal (Mendelssohn) ; Psyché et Eros (César Franck) ; Entr'acte de Messidor (A. Bruneau).

NOUVELLES

— Le quatrième congrès de la Société internationale de musique s'ouvrira le 29 mai prochain, à Londres, sous la présidence de M. Alexandre C. Mackenzie, assisté de MM. O. von Hase et Charles Maclean. Les présidents de section sont : France, MM. Charles Malherbe et Charles l'Hôpital ; Allemagne, M. Hermann Kretzschmar, M. Bauer ; Grand-Duché de Bade, M. Philippe Wolfrum ; Saxe, M. Hugo Riemann ; Bavière, M. Adolphe

Sandberger; Belgique, M. Edgar Tinel; Danemark, M. Angul Hammerich; Suède, M. C. Claudius; Grande-Bretagne et Irlande, M Mackenzie; Italie, M. Guido Gasperini: Hollande, M. F. Scheurleer; Suisse, M. Hermann Suter; Espagne, M. Felipe Pedrell; Etats-Unis, M. Albert Stanley. En dehors des travaux du congrès, des réceptions et concerts seront organisés dans l'ordre suivant : lundi, 29 mai, soirée inaugurale; mardi, 30 mai, le matin, ouverture du congrès; l'après-midi, concert historique de musique de chambre; le soir, concert d'orchestre au Queen's Hall; mercredi, 31 mai, l'après-midi, concert de musique de chambre, œuvres de maîtres anglais modernes, à quatre heures, service à la cathédrale Saint-Paul; jeudi 1er juin, l'après-midi, concert choral par la Yorkshire Choral Society, le soir, concert d'orchestre par le London Symphony Orchestra; vendredi 2 juin, à 4 heures et demie, audition de musique religieuse anglaise des maîtres primitifs; le soir, banquet au Savoy Hôtel. Les membres de la Société internationale de musique qui viennent d'autres pays que la Grande-Bretagne et l'Irlande pour assister au Congrès seront admis à toutes les réunions, fêtes et concerts sans payer aucune contribution.

— M. Camille Saint-Saëns va publier une série d'articles, — théorie, histoire, souvenirs personnels. — dans *L'Echo de Paris*. Déjà il en a paru un consacré à *l'Orgue*, où les explications techniques sur l'instrument sont spirituellement relevées d'anecdotes remontant au temps où l'auteur de *Samson* était organiste de la Madeleine. De l'esprit. nous savons de reste que M. Saint-Saëns n'en est point avare, et nous l'avons toujours connu bon écrivain. Il était superflu, pour lui attirer des lecteurs, de nous prévenir, en une phrase lapidaire mais d'ailleurs mystérieuse et pleine d'obscurité, que cette collaboration arrive *au moment où l'immense et définitif triomphe du maître de la symphonie française marque une date dans l'évolution du goût contemporain*. C'est un pavé de fort calibre, mais il n'en sera pas écrasé.

— La famille Wagner a décidé de publier les mémoires de l'auteur de *Lohengrin*. Ils paraîtront à Munich au mois de mai prochain. Wagner les a composés de 1868 à 1873; faute machine à écrire, — il n'y en avait pas à cette époque, — il les fit imprimer à douze exemplaires : quatre sont entre les mains d'amis dévoués et fidèles; les autres ont été gardés par la famille. Le manuscrit des mémoires de Wagner comprend quatre volumes formant onze cent cinquante. huit pages.

On lit dans la préface : « Les souvenirs contenus dans ces volumes ont été écrits sous ma dictée par ma femme. Elle désirait que je lui racontasse ma vie. La valeur d'une telle autobiographie vient d'une sincérité sans apprêt qui, seule, dans les conditions que je viens de dire, donnait un sens à mon entreprise. C'est pour cette raison qu'il m'a fallu joindre à mon récit les noms et les dates avec précision. C'est pour cela aussi que mes mémoires ne pourront être publiés que quelque temps après ma mort, dans le cas où la postérité trouverait encore quelque intérêt à mes souvenirs. »

— De toutes les villes allemandes, Mannheim a annoncé la première qu'en 1913 elle célébrerait par de grandes fêtes musicales le centenaire de la naissance de Richard Wagner. On représentera, à l'Opéra, toutes les œuvres du maître, ce qui entraînera, présume-t-on, une dépense de deux millions. Un wagnérien enthousiaste a donné à la ville cinquante mille francs pour la mise en scène de la Tétralogie.

— La ville de Lucques (Italie) a décidé d'organiser de grandes fêtes en l'honneur de Giacomo Puccini, à son prochain retour d'Amérique. Pour commémorer le succès que la dernière œuvre que l'artiste vient d'obtenir à New-York, la Société commerciale et industrielle de Lucques a proposé à la ville de débaptiser le théâtre Giglio, le désigner désormais sous le nom de théâtre Puccini et d'y faire représenter aussitôt que possible *La Fanciulla del West* acclamée par les Américains.

— Le Metropolitan Opera-House de New-York a donné avec un très grand succès la nouvelle œuvre d'Engelbert Humperdinck, *Enfants de Roi*, sujet légendaire qui se prête à une mise en scène féérique. La partition, d'un grand charme pittoresque, a été chaleureusement applaudie. La presse est unanime à mettre hors pair, au premier acte, un duo d'amour et une suite d'entrées très animées; au second acte, une danse avec accompagnement de cornemuse et le finale qui est très impressionnant. Mme Geraldine Farrar et M. Jadlowker remplissaient les principaux rôles; M. Alfred Hertz dirigeait l'orchestre. Ainsi que nous l'avons annoncé, la première représentation en Europe de cette œuvre charmante a lieu aujourd'hui même, 15 janvier, au théâtre de Prague.

— A l'occasion du centenaire de sa fondation, la société viennoise des Amis de la musique a mis au concours, entre musiciens de tous les pays, la composition d'un grand ouvrage orchestral avec chœur mixte, pour lequel elle offre un prix de dix mille couronnes.

— Pour commémorer l'anniversaire de la mort de Richard Wagner (13 février), la Société Philharmonique de Berlin interprétera, à son prochain concert, la symphonie en *ut* majeur, récemment éditée, que l'artiste écrivit quand il était tout jeune. Le morceau fut exécuté pour la première fois le 31 octobre 1887 à Berlin, par le Wagner-Verein, et on en donna diverses auditions jusqu'à la fin de 1888, en Allemagne, en Autriche, en France, en Hollande, en Suisse, en Suède, en Danemark et même en Amérique. Depuis lors, le manuscrit avait été retiré de la circulation et il est resté jusqu'à sa récente publication enfermé dans les archives de Bayreuth.

— La ville de Charlottenbourg a voté un crédit de 300,000 marks pour la construction d'un nouveau théâtre, qui sera appelé Deutsches Opernhaus. Elle a approuvé les plans qui lui ont été soumis et a déjà reçu les offres d'une société d'exploitation fondée au capital d'un million.

— La maison d'édition Adolphe Fürstner, à Berlin, vient de publier, en format de poche, la partition de *Rienzi* de Richard Wagner. Cette publication fait suite à l'édition de *Tannhäuser* et du *Vaisseau fantôme*, parue dans le même format.

— Avant sa première représentation, qui aura lieu, on le sait, le 26 de ce mois, la nouvelle œuvre de Richard Strauss, *Le Chevalier aux roses*, aura suscité bien des conflits. Le dernier en date est celui qui vient d'éclater entre la direction de l'Opéra et les critiques musicaux de Dresde. Non seulement l'éditeur a refusé de communiquer le moindre renseignement sur le *Chevalier aux roses* et s'est opposé à l'examen le plus sommaire de la partition, mais la direction du théâtre a déclaré qu'elle ne tolérerait la présence d'aucun critique à la répétition générale. Devant cette attitude, les journalistes et les critiques de Dresde, réunis en assemblée générale, ont rédigé une protestation très vive et ont déclaré qu'ils s'abstiendraient de parler de l'ouvrage si le directeur et l'éditeur ne revenaient de à de meilleurs sentiments.

— D'accord avec la ville, le comité exécutif de l'Exposition de Turin a décidé de donner, au théâtre Regio, une série d'œuvres lyriques, à l'oc-

casion de l'ouverture. A ce sujet, il est entré en pourparlers avec M. Mascagni qui dirigerait huit représentations de son nouvel ouvrage, encore inédit, *Isabeau*.

— A l'occasion des fêtes qui célébreront le cinquantenaire de l'Unité italienne, on organisera cette année à Rome, nous l'avons dit, une saison lyrique au cours de laquelle tous les chefs-d'œuvre du théâtre italien seront représentés. Les origines de la musique théâtrale figurent au programme avec les intermèdes madrigalesques qui furent récités à Florence en 1589 pour les noces de Ferdinand de Médicis avec Cristina Lorena, musiques de Marenzio, de Malvezzi, de Peri, etc. On exécutera l'*Orfeo dolente* de Domenico Belli; l'*Aminta du Tasse*, le fameux *Cicalamento delle donne al bucato* de Striggio; *L'Amfiparnasso* de Vecchi, et diverses comédies musicales de Banchieri de la fin du xvie siècle et du commencement du xviie siècle. On représentera aussi *L'Ame et le corps*, mélodrame de Cavalieri (1600), *La Chaîne d'Adonis* de Mazzocci (1626), *L'Incoronazione di Poppea* de Monteverdi (1642), *Le Jason* de Cavalli (1649), *La Doris* de Cesti (1663) et des madrigaux de Lotti, de Volpe et de Zioni. Dans le genre de l'opéra giocosa, le comité a choisi *Livittea e tracollo* de Pergolèse, *Le Socrate immaginario* de Paisiello, *Il matrimonio segreto* et *L'Impresario in angustie* de Cimarosa et *La Molinarella* de Piccini. Au programme des œuvres modernes, nous l'avons déjà dit, figurent *La Norma* de Bellini, *Falstaff* de Verdi, *Méphistophélé* de Boïto et les dernières œuvres de Puccini, de Mascagni, de Giordano et de Franchetti. Toutes ces œuvres seront dirigées par les maestri Toscanini, Mascagni et Mancinelli.

— Au cours de l'été sera inauguré à Lille, où il naquit, le monument élevé par ses admirateurs à Edouard Lalo, le charmant auteur du *Roi d'Ys*.

— L'Opéra de Vienne a acquis le droit de représenter la nouvelle œuvre de Puccini *La Fanciulla del West*. L'ouvrage sera donné le mois prochain.

— On vient de retrouver encore chez un antiquaire de Florence un opéra inédit et diverses compositions de Donizetti. L'opéra est intitulé *Gabriello*. S'il n'y a pas lieu de douter que ces œuvres ne soient du maître de Bergame, il s'en faut que l'on soit édifié sur leur valeur artistique avant de se féliciter de leur découverte.

— Au mois de mai, le Conservatoire de Prague célébrera le centenaire de sa fondation. A cette occasion, la direction organisera une exposition d'instruments et de manuscrits musicaux. L'établissement possède, notamment, une épinette de Mozart et un violon de Paganini.

— Un groupe de financiers italiens a créé une société anonyme dans le but de construire à Rome un nouveau théâtre lyrique qui sera bâti via Ludovici.

— Au commencement du mois prochain on inaugurera un grand théâtre à Smyrne, où l'on représentera toutes les œuvres lyriques contemporaines. L'édifice est très vaste. Il est construit d'après les données les plus modernes.

— Le théâtre Pergola de Florence, où la saison battait son plein, vient de fermer brusquement ses portes, la veille du jour où *Sapho* allait être représenté. La principale interprète, Mme Ericlea Darclée, a brusquement quitté la ville sous prétexte que l'œuvre qu'elle devait chanter n'était pas connue à l'orchestre, que la mise en scène était défectueuse, et qu'elle ne voulait pas se compromettre.

BIBLIOGRAPHIE

Les droits du critique théâtral, littéraire, musical et artistique : Leurs limites, par PIERRE CHARRIER. Paris, Schleicher. Prix : 2 fr. 50.

Ce petit volume est extrêmement intéressant avec ses cent vingt pages et ses cent soixante-douze articles. Tout y est de ce qui concerne les droits de la critique et les limites de ces droits; et le plus clairement, le plus sûrement du monde, par des définitions suivies d'exemples tirés de la procédure. Telle critique ou telle allusion est excessive sous la plume du journaliste, pour telle raison et sous telles conditions : tel jugement en a ainsi décidé dans tel cas. Dans tel autre cas, la plainte était mal fondée et voici pourquoi. En toute chose, la situation est nettement définie, appuyée de textes probants : c'est un document tout neuf et qui n'était pas commode à créer. Les principales divisions du volume permettront d'en juger : *Le droit de critique* (analyse, citation, critique, moment à partir duquel la critique d'une œuvre est permise) ; *Le droit de citation* (contrefaçon, citation) ; *Les limites du droit de critique* (diffamation et injure, dommage matériel) ; *Le droit de réponse* (historique, principes et jurisprudence) ; *Les œuvres satiriques* (littéraires, artistiques). Une spirituelle préface de M. René Lufan, avocat à la Cour, comme M. Charrier commente le volume ; des tables des noms et des textes de jugements le terminent utilement.

H. DE C.

Manuel de Littérature musicale, dirigé par Pazdirek (Vienne et Paris, Costallat) — Tomes 26 et 27.

Encore un effort et cette précieuse encyclopédie de l'édition musicale, si utile en dépit d'inévitables lacunes ou confusions, sera bien et dûment terminées. Voici, en un premier volume, les lettres Trieb à Vy (*Tschaïkowsky* : 44 colones; *Verdi* : 133 colonnes !!!), en un second, les lettres Wa à Win (*Wagner* et *Weber*, chacun 54 colonnes). Nul doute qu'un seul suffira pour achever. On ne saurait trop insister sur les services qu'une pareille publication peut rendre. Constamment, pour peu qu'on la pratique, on se trouve avoir avantage à y recourir pour un renseignement, un titre, un moyen de recherche. C'est l'outil indispensable de toutes les bibliothèques musicales.

— La maison Costallat vient d'éditer une charmante petite partition d'orchestre de *L'Enfance du Christ*, sœur de celle de *La Damnation de Faust* (texte français et allemand), au prix de 10 francs seulement. L'exécution d'une netteté irréprochable et sa finesse et le format des plus commodes à emporter au concert. On ne saurait trop encourager d'aussi précieuses publications.

Anthologie zur Illustration der Musikgeschichte, publiée par Hugo Riemann. Cahier 1. *3 sonates en trio pour deux violons, violoncelle et clavecin* de GIOV. BAT. PERGOLESI. 6 mains, 1710-1736. Berlin, Leo Liepmannssiohn, Bernburgerster 14.

Ces vingt-huit pages de partition nous apportent un souvenir plein de jeunesse et de sourires de la période si intéressante qui vit naître la forme sonate.

Pergolèse a le secret du charme juvénile, de la mélodie facile, qui se combine en polyphonie savante, mais claire et enjouée.

Exécutées par deux violons et un piano, ces trois sonates en *ré*, *la* et *mi* majeur, donnent une impression très vive, très variée historiquement captivante. Nous ne saurions trop en recommander l'étude — peu difficile d'ailleurs.

Dr DWELHAUVERS.

LE GUIDE
MUSICAL

Note sur la musique japonaise

À M. Lucien Greilsamer.

(Suite et fin. — Voir le dernier numéro)

Les gammes japonaises sont intéressantes au plus haut point.

Voici d'abord une des plus anciennes de ces échelles toniques ; elle est de provenance chinoise, c'est la gamme pentatonique type de Fuhy, et que les Japonais appellent Ryosen :

Ryosen

(si majeur)

Son contre-type (le type plagal) que nous rencontrons dans la musique chinoise, également s'appelle Ritsusen :

Mais, en dehors de ces deux vieilles gammes classiques, les Japonais en ont créées de plus complètes ; c'est ainsi qu'ils distinguent plusieurs gammes mineures :

Mineur japonais classique (Dorien européen).

Mineur japonais moderne (Phrygien).

Mineur japonais vulgaire (Hipophrygien).

Mineur japonais vulgaire (Eolien).

Par « vulgaire » les Japonais entendent désigner des gammes abandonnées aux dernières castes de musiciens dont nous parlons plus haut. Puis, voici encore un groupe de gammes pentatoniques plus ou moins usitées, échafaudées à l'aide du système des quintes :

Une des choses les plus curieuses du système des gammes japonaises, c'est qu'il nous livre la clef de la gamme classique des Tziganes ; on s'est longtemps demandé l'origine de cette gamme contenant deux secondes augmentées : *mi* bémol-*fa* dièse, *la* bémol-*si*.

Considérons d'abord le système des quintes japonaises :

Et voici ces mêmes quintes dans le système des Tziganes :

Il s'adjoint chez les Tziganes un nouveau triton *fa* dièse-*ut* comme équilibre du premier triton *ré-la* bémol ; si l'on range cette succession de quintes en échelle diatonique, on obtient cette gamme classique des Tziganes :

Il n'était pas sans intérêt d'évoquer ici un fait musical qui semble lier ces deux peuples exotiques ; car les Tziganes sont originaires de la Vallée du Gange, si nous en croyons les plus érudits ethnographes qui reconnaissent dans leur système linguistique une sorte de dialecte néo-hindou de prâkrit dégénéré, qui prouve leurs émigrations dans les régions asiatiques où avaient cours les langues eranniennes (1).

Or, Chinois et Hindous eurent des rap-

(1) MIKLOSICH, *Ueber die Muntarden und Wanderungen der Zigeuner Europa's*. Vienne 1873.

ports fréquents, dès la plus haute antiquité d'autre part, les Japonais et les Chinois ne s'ignoraient pas ; il ne doit donc pas surprendre qu'il y ait des similitudes dans certains procédés entre Japonais et Tziganes.

Au Japon, chaque corporation a ses chants propres. Les occupations les plus diverses s'accomplissent rythmées par des mélodies adaptées spécialement au genre de travail qu'elles accompagnent. Les veilleurs de nuit même ont inventé des chansons qu'ils entonnent à chaque heure de la nuit.

Très curieux sont aussi les *Gidayu-bushi*, mélodies réservées aux jeux de marionnettes ; elles furent inventées par Tokemoto Chikugo, qui appartient à une illustre lignée de musiciens japonais dont firent partie Inouye Karima, Toraya Genjitsu, de Yedo, Satsuma Jouh, de Jzumi. Les paroles de ces mélodies de marionnettes sont du grand poète Chikamatsu Monzayemon que nous avons mentionné plus haut. Quant aux *Itchu-bushi*, chants dont le compositeur est Miyako Itchu, les paroles en étaient à tel point indécentes, que le gouvernement dut les interdire. Il en est de même des *Bungo-bushi* du compositeur Miyakoji Bungo.

Les *Tomimoto-bushi* sont des chants créés par Tomimoto Buzen, successeur de Tokuwazu.

Kiyomoto Enjusai est l'auteur des *Kiyomoto-bushi* ; il date de l'époque de Kansei.

Uji Kadayu de Kyoto composa les *Kadayu-bushi*.

Un descendant de Miyakoji, Fumigatsu, est l'auteur des *Fumigatsu-bushi*. Son fils, Tsuruga inventa *Shinnai*, des chants amoureux d'un caractère indécent.

En écoutant la musique japonaise, comme d'ailleurs d'autres musiques exotiques, il nous arrive fréquemment de trouver ces conceptions musicales d'une singulière mièvrerie. Nous oublions trop facilement que ces peuples ne demandent pas les mêmes sensations que nous à la musique. Si chez nous la musique fait partie de la culture intellectuelle, si elle est devenue un facteur artistique de premier ordre, elle est demeurée pour l'Oriental une simple distraction; ce dernier ne réclame d'elle qu'un passager amusement, un délassement de quelques instants auquel il ne sacrifierait pas un quart d'heure, s'il avait quoi que ce soit de plus utile à faire. La faute en est-elle à la musique qui n'a pas su accaparer l'âme orientale, ou cette dernière n'a-t-elle pas songé à faire de la musique un agent émotif? L'on ne saurait admettre la question de capacité artistique chez des peuples qui, dans les autres arts, ont fait preuve de tant de goût et d'originalité, les Japonais, notamment, dont les productions artistiques ravissent les plus raffinés. Il faut bien convenir que leur musique est demeurée fort en arrière sur les autres arts, ce qui tend à prouver qu'ils n'en firent jamais grand cas. Chez les Japonais, la musique resta un art d'agrément pour les jeunes filles, un élément rythmique susceptible de régler les pas de danse des Geisha, en un mot, quelque chose d'assez insignifiant, propre tout au plus à distraire, mais non à émouvoir, à évoquer ou à inspirer des pensées élevées. Le Japonais la trouve un art charmant, mais rien de plus. Nous le répétons, la musique, au Japon, est un art dont l'exercice est abandonné aux femmes; et dans un pays où l'homme se considère de beaucoup supérieur à sa compagne, les divertissements de cette dernière ne sauraient être pris au sérieux. Et cependant, peut-on prétendre des Japonais qu'ils soient complètement rebelles aux séductions de l'art musical? S'il était vrai, comment expliquer leur prédilection pour le koto, l'instrument peut-être le plus difficile qui soit? L'artiste nippon, dont la culture musicale est cependant si primitive, manie cet instrument en maître, et s'entend à lui faire donner des sons d'une douceur exquise. Ce fait suffit pour prouver combien son ouïe est délicate et son sentiment artistique accusé. Comme souvent déjà, nous nous trouvons là en face de faits contradictoires que nous cherchions en vain à nous expliquer à l'aide des documents que nous possédons de ces peuples. Si leur existence historique, leur activité politique, artistique et intellectuelle nous est assez connue, les replis de leur âme échappent plus d'une fois à l'analyse; dans la question présente, des notions absolument exactes seraient pourtant d'une grande valeur.

*
* *

Les notes présentes n'ont pas la prétention de tracer, même sous une forme succincte, une histoire de la musique japonaise. Elles donnent simplement quelques aperçus d'un art qui semble avoir moins souvent retenu l'attention des érudits que les arts industriels, devenus depuis de longues années, de la part d'ardents Japonisants, l'objet de brillants travaux. La musique s'est peut-être dérobée à ces recherches pour la raison qu'elle était moins apparente et que si nos bibliothèques et grandes collections recèlent une foule d'objets d'étude, elles n'ont guère fait de place distinguée à la musique. Quant à entendre la musique japonaise, il ne fallait pas y songer à moins d'être de ces élus qui ont voyagé dans ces parages lointains. Privés des premiers éléments d'appréciation, et la musique japonaise s'offrant à nous pleine de mystères, nous ne pouvions que nous en rapporter à ce qu'en disaient superficiellement des voyageurs préoccupés surtout de redire — croyant le dire mieux — ce que leurs devanciers nous avaient révélé, au lieu de nous conduire vers le vaste champ de l'inédit, où la musique occupe encore une large place.

Mais la musicologie est entrée dans nos mœurs intellectuelles; elle a déjà mis bien des questions au point. Espérons que les musiques exotiques bénéficieront de ces recherches où se sont distingués des hommes de première valeur tels que MM. Stumpf, Abraham, Hornbostel, Louis Laloy, rendant à une cause qui nous est chère, les services les plus encourageants.

GASTON KNOSP.

GUSTAVE MAHLER

C'EST une intéressante, singulière et presque troublante personnalité que celle de ce musicien germano-slave, célèbre en Allemagne, presque ignoré chez nous (1). Il apparaît avant tout, dans sa musique, dans ses fonctions diverses et dans sa vie, comme une puissante « volonté ». L'obstination inébranlable qu'il apporte dans tous ses actes, privés ou publics, est absolument caractéristique. Elle tient peut-être, en partie, au génie de sa race (Mahler est un israélite christianisé), mais beaucoup, sans doute à la profonde impression que firent sur lui ses lectures passionnées de l'œuvre de Nietzsche, le grand apôtre de la volonté.

Ce ferme vouloir au service d'un idéal très élevé, d'une noble ambition, l'a guidé toute sa vie et lui a créé sa situation autant que sa renommée actuelles. C'est tout seul, sans recherche de protections et sans compromis de dignité que Mahler s'est élevé aux premiers rangs des « ministres » de la musique.

Né à Kalischt, en Bohême, en 1860, Mahler étudia d'abord au lycée de Prague, puis, parallèlement, à l'Université et au Conservatoire de Vienne. C'est là qu'il eut pour maître le bon Anton Bruckner qui l'initia à la technique du compositeur, tandis que l'élève se préparait de plus, tout spécialement, à la carrière de capellmeister laquelle comporte, en Allemagne et en Autriche, des études préliminaires solides et développées. Bientôt après, dans les théâtres secondaires de Hall, Laibach, Ollmütz, il débuta comme chef d'orchestre, jusqu'à ce qu'Angelo Neumann, mort récemment, lui offrit une situation plus brillante au théâtre allemand de Prague. Il fut plus tard à Leipzig en remplacement de Nikisch, ensuite à Budapest (1888) où Mahler ne put supporter l'esprit trop exclusivement magyar de l'intendance et qu'il quitta en 1891 pour aller à Hambourg. Il y resta comme premier chef d'orchestre au théâtre jusqu'en 1897, quand lui vint la brillante situation de capellmeister, puis de directeur général à l'Opéra de Vienne. Il occupa ces fonctions jusqu'en 1908 pour ne plus guère songer dès lors qu'à la composition.

Sa période de directorat à Vienne est, à son point de vue spécial, l'une des plus fécondes, des plus belles, des plus intéressantes qu'ait connue ce théâtre. Mahler y avait trouvé un vaste champ d'action où il espérait réaliser des principes d'art qui lui étaient chers. Il apportait à sa tâche une conscience d'une fermeté et d'une intégrité à toute épreuve, une immense et juste ambition d'artiste voulant des interprétations supérieures à tous points de vue et un relèvement sensible du niveau esthétique et moral au théâtre. Ce relèvement il le désirait non seulement pour les artistes, mais aussi pour le public viennois qu'il voulait « éduquer » et non « suivre et servir », essayant de le rendre plus judicieux, plus attentif et sérieux. Il lui fit accepter plus d'une chose difficile et fut le premier qui en obtint l'attention soutenue et le respect, notamment pour l'interprétation « sans aucune coupure » des drames de Wagner (1).

Comme chef d'orchestre, sa puissance suggestive, sa flamme ardente et communicative, son magnétisme, sont vraiment extraordinaires, son ouïe est d'une acuité, d'une finesse extrêmes et rien — pas même dans les passages les plus enchevêtrés — ne lui échappe. Enfin, il a l'enthousiasme, la foi ; il entraîne, il impose. Sans doute, ce fut un autocrate, et au point de vue strictement artistique, il ne transigeait jamais. Il eut de ce fait, autant d'ennemis que d'admirateurs, les uns aussi fanatiques que les autres. En 1908 cependant, l'apôtre va totalement céder la place au créateur. L'éminent musicologue et compositeur munichois, M. Edgar Istel, rapporte que Mahler, désespérant de donner une réalisation vraiment idéale et surtout durable, prolongée, des œuvres scéniques, lui dit, un jour, à peu près ceci : « Quand je m'étais donné toute la peine imaginable pour obtenir une belle exécution, je devais assister dès la seconde représentation à l'émiettement de tout ce qu'il y avait de plus beau ; à la troisième, quatrième ou cinquième représentation, c'était pire encore et je n'avais aucune possibilité, au milieu des exigences du répertoire, de faire autant de répétitions qu'il eût

---

(1) M. S. Dupuis donna, il y a quelques années, une audition de la *Deuxième Symphonie* de Mahler (en cinq parties, avec alto solo), aux Concerts populaires. Les « Tonkünstler » de Munich viennent de nous révéler la « quatrième », qui tient une place assez à part dans l'ensemble de son œuvre ; c'est, en grande partie, une « fantaisie » d'un moment d'humeur joyeuse.

(1) On sait que son successeur, M. Weingartner, pour des raisons esthétiques personnelles, ne suivit point en cela l'exemple de Mahler, et sa première représentation de *La Walküre*, avec les coupures ordinaires, suscita même en son temps quelque bruit et des luttes assez vives.

fallu pour maintenir les exécutions au niveau que je considérais comme indispensable (1). »

Ce fut l'un des principaux motifs qui éloigna cet idéaliste du théâtre. Mais il est à penser que ses fonctions l'absorbaient trop intensément et que le « compositeur », à ce moment précis, le réclamait tout entier.

Mahler, en effet, se sent plus qu'un interprète; il veut créer et s'est d'ailleurs déjà essayé depuis longtemps à cette autre vocation. Nourri de lectures bibliques, légendaires, médiévales, nietzschéennes, etc., éprouvé par de grandes douleurs, des deuils cruels, mais ayant aussi connu des joies intenses et subi fortement de fortes impressions, il a en lui un monde de pensées, d'images, de sentiments et veut les exprimer sous une forme personnelle. Sa musique se plaît surtout dans le vaste cadre de la symphonie : le compositeur en a publié huit jusqu'à présent, dont la dernière, — considérable, est, paraît-il, la plus caractéristique (2).

Sa musique accuse en même temps le double aspect de la spontanéité irrésistible et d'une volonté déterminante et dominatrice, ce qui lui donne souvent quelque chose de chaotique, de heurté, de contradictoire. Mahler ne paraît guère choisir, affiner ni ciseler les matériaux de ses grandes constructions symphoniques; la qualité de ses thèmes est bonne ou médiocre suivant le hasard qui les suggère. Les rythmes, du reste, semblent l'intéresser plus que la mélodie et il préfère souvent varier ou répéter simplement un dessin « rythmique » que de développer une forme « mélodique ». Ces rythmes accusent souvent un caractère slave. Dans l'orchestration, la prédilection de Mahler semble s'affirmer pour les couleurs violentes, impératives ou estompées à l'extrême, le tout en oppositions vives et brusques. Enfin, s'il maintient en général le plan classique, il édifie cependant à sa manière. Son architecture a quelque chose de primitif, sans la belle ordonnance des maîtres. M. William Ritter, un des plus fervents admirateurs de Mahler, prétend qu'il nous

---

(1) Pages servant d'avant-propos à l'analyse de la *Huitième Symphonie* de Mahler, par le D' Edg. Istel. (*Musikführer*, n° 370, édit Schlesinger, Berlin). Trad. libre de M. G. Humbert.

(2) Exécutée sous la direction de l'auteur, en septembre 1910, à Munich, avec le concours d'un orchestre considérable, de huit solistes, du Riedel-Verein, de Leipzig, du Sing-Verein, de Vienne, et d'un chœur d'enfants.

faut penser un peu, en face de ces constructions parfois singulières, à l'aspect élémentaire et rude des grandes masses alpestres du Salzkammergut, où furent composées toutes les symphonies (sauf la première et la deuxième). C'est peut-être un bon point de départ pour les apprécier plus facilement, mais tout le monde ne peut pas partir de ce point de vue comparatif. Et puis, si nous nous en tenons aux aspirations extrêmement élevées que le compositeur donne comme thème à la plupart de ses symphonies, problèmes des destinées de l'âme humaine, de l'au delà, etc. (deuxième, cinquième, septième et huitième symphonies, par exemple), nous pourrions demander souvent une inspiration plus pénétrée de « l'harmonie des sphères » vers laquelle se complaît si volontiers l'imagination de M. Mahler. Il semble certes en avoir l'intuition, mais l'expression en est fugitive ou reste endessous de la grande idée. M. Mahler, par sa volonté formidable, y arrivera peut-être un jour; c'est un lutteur infatigable, un travailleur consciencieux et sévère, dont seules les « hautes visées » ont déjà droit au respect et même à l'admiration de tous. W. Ritter le désigne comme « le seul surhomme musical » de notre temps. Par sa « volonté », il l'est peut-être.

M. Mahler a aujourd'hui cinquante ans et, débarrassé de ses fonctions directoriales, il peut travailler avec calme, continuité et recueillement à la composition. Si la Muse descend vers lui et le visite d'elle-même, tant mieux; mais n'est-ce pas plutôt lui qui s'en va chaque fois la conjurer dans ses retraites lointaines, qui la « somme » de se manifester et de parler? A son impérative injonction elle cède, parfois avec grâce sans doute. Mais ce qu'elle accorde, transposé dans l'œuvre de M. Mahler, semble toujours plutôt une « conquête de lui » qu'un « don » d'elle.

MAY DE RUDDER.

LA SEMAINE

PARIS

A L'OPÉRA-COMIQUE, le septième concert historique du samedi continuait la série des grandes œuvres du XVIIIe siècle. Gluck y régnait avec Piccini et Sacchini. Que dire en cinq minutes qui puisse en donner quelque idée? M. Expert y a renoncé, se bornant à mettre en relief la fameuse préface d'*Alceste* et le caractère spécial de Gluck,

alliance du génie français au génie italien. De
l'illustre chevalier figuraient au programme des
pages de *Pâris et Hélène*, *Iphigénie en Aulide*, *Alceste*,
Armide et aussi deux de ses opéras-comiques français de Schœnbrunn : *L'Ile de Merlin* et *Les Pèlerins
de la Mecque*. On a vivement apprécié le charme
exquis de Mᶫᶫᵉ Nicot-Vauchelet dans l'air de la
naïade, d'*Armide*, le joli style de M. Coulomb dans
l'air de Renaud (plus j'observe ces lieux) et celui
de Pâris de *Pâris et Hélène*, ainsi que Mᶫᶫᵉ Hatto
(Divinités du Styx), Mᶫᶫᵉ Charbonnel (l'air comique
de la femme-médecin) et M. Dupré (celui des
Pèlerins de la Mecque). De Piccini, on entendit des
pages tirées d'*Alessandro nell' Indie*, *Atys Didon* et
Le faux lord. Mᶫᶫᵉ Charbonnel fit particulièrement
valoir sa voix chaude et veloutée dans la jolie
invocation à la nuit de cette dernière œuvre;
Mᶫᶫᵉ Lafargue fut vibrante et sonore dans Didon,
M. Sens bien disant dans Atys. De Sacchini enfin,
Mᶫᶫᵉ Nicot-Vauchelet chanta avec une fort
belle cavatine d'*Alessandro nell'Indie*, et la chanta en
italien, ce qui fut des plus apprécié; MM. Coulomb et Dupré firent applaudir des airs de *Dardanus*, d'*Œdipe à Colone* et d'*Evélina*.

Le septième jeudi des représentations rétrospectives a été consacré à une bonne reprise du
Domino noir, avec Mᶫᶫᵉ Kórsoff en tête, comédienne
experte, chanteuse sûre et perlée, avec MM. de
Poumayrac et Jean Périer, qui avaient déjà prêté
leur verve bien disante et leur fantaisie originale
aux dernières reprises.   H. DE C.

Concerts Colonne. (8 janvier).

— M. Gabriel
Pierné n'est pas l'affreux réactionnaire qu'on avait
dit qu'il serait. Grâce à lui, la jeune musique française, qui avait triomphé l'autre dimanche avec le
Guercœur de M. Albéric Magnard, a remporté une
nouvelle victoire à l'occasion de la première audition — au concert — de la *Tragédie de Salomé*, de
M. Florent-Schmitt. Il faut l'en remercier hautement.

De la partition qu'il avait écrite pour accompagner le mimodrame de M. Robert d'Humières,
représenté au Théâtre des Arts en 1907, M.
Florent Schmitt a tiré une longue suite symphonique en deux parties où se retrouvent grossis et
développés les principaux matériaux qui avaient
servi à la construction définitive. Comme le dit
M. Charles Malherbe : entre l'ouvrage de naguère
et celui d'aujourd'hui « il y a la différence de l'esquisse au tableau ». Les cartons d'étude sont
devenus un grand diptyque dont le « Prélude » et
là « Danse des Perles » forment le premier volet;
les « Enchantements sur la mer », la « Danse des

Eclairs » et la « Danse de l'Effroi » composent le
second. Ces titres, justifiés à l'origine par la collaboration de Mᶫᶫᵉ Loïe Fuller qui dansait — lumineusement! — le rôle de Salomé, n'ont plus d'autre
objet que d'indiquer cette réalisation scénique.
Maintenant la musique supplée l'interprète et
suggère des évocations plus idéales; le drame
cruel et voluptueux, auquel poètes et musiciens
ont prêté les prestiges de leur art sans pouvoir
jamais traduire toute l'horreur sublime dans
laquelle il s'achève, se déroule entièrement, sans
contrainte, hors du cadre même de l'imagination.

S'il est vrai que l'art relève des lois mathéma-
tiques, on peut dire d'après Fechner : « la sensation est proportionnelle au logarithme de l'excitation ». L'émotion intense que l'on éprouve à
l'audition de cette œuvre ne se communique pas :
il faut la ressentir soi-même ; il faut être empoigné
par elle et se laisser aller au gré des sensations
qu'elle procure. Les exemples que fournirait
l'analyse de la partition ne montreraient point la
qualité de la musique qu'elle contient, sa puissance
évocatrice et l'abondance de sa valeur expressive :
elle porte en soi la sève ardente et généreuse des
choses durables.

L'avenir le plus brillant est réservé à M.
Florent-Schmitt. Le snobisme qui dirige généralement le goût des amateurs n'en a pas fait encore
un chef de file. C'est un état dont je souhaite qu'il
soit préservé sachant la courte durée des succès
commandés par la mode. D'ailleurs, ses plus belles
compositions, son « Quintette », le « Psaume »
qu'il envoya de Rome et la *Tragédie de Salomé* ont
de quoi rebuter l'engouement facile des coteries.

A propos de cette dernière œuvre, on a fait des
comparaisons, des rapprochements, on a cité :
Richard Strauss, Borodine, Debussy, Dukas,
César Franck et le peintre Gustave Moreau et
Gustave Flaubert ; on aurait pu tout aussi bien
prononcer le nom de Maurice Barrès dont un de ses
livres porte un titre qui servirait commodément
d'épigraphe à la *Tragédie de Salomé* : « Du Sang, de
la Volupté et de la Mort »

M. Risler a joué, comme lui seul le peut, le concerto en *mi* bémol, de Beethoven et la partie de
piano d'un « Poème symphonique », de M. Gabriel
Pierné; Mᶫᶫᵉ Raveau a très bien chanté des airs de
Hændel (*Xerxès*) et de Gluck (*Orphée*) — leur
succès a été grand et mérité.

* *

(15 janvier). — Les surprises les plus rares sont
toujours les meilleures. Aujourd'hui 15 janvier
1911, M. Gabriel Pierné nous en a fait une qui

vaut surtout par son opportunité : il a célébré le centenaire de la naissance de Franz Liszt qui est venu au monde dans la nuit du *21 au 22 octobre* 1811. Dans la hâte d'offrir à l'illustre enfant de Hongrie l'hommage de son admiration, il a devancé de neuf mois et quelques jours la date séculaire de cet événement considérable. En voilà une façon bien pressée de s'acquitter d'une obligation respectueuse ; à moins qu'incertain du lendemain... mais passons.

Au programme : le concerto en *mi bémol* que M. Théodor Szanto, étonnant pianiste, a joué supérieurement; *Ce qu'on entend sur la montagne*, poème symphonique de vastes proportions qui n'avait jamais été exécuté ici et dans lequel on ne trouve aucune des richesses orchestrales que le maître coloriste a prodiguées un peu partout dans ses autres œuvres; c'est long et fatigant mais beau quand même par les idées mélodiques « sans cesse renaissantes, sans cesse évanouies ». Trois *lieder* bien chantés par M⁵ᵉ Eva Grippon, enfin *Méphisto-Valse*.

Avec une attention délicate, on a voulu que Berlioz et Wagner, les « grands amis » de Liszt, fussent de la fête l'un avec la *Symphonie fantastique*, l'autre avec *Tristan* (Prélude et mort d'Yseult). ANDRÉ LAMETTE.

Concerts Lamoureux. — La séance était presque entièrement consacrée à Schumann dont on donnait la belle Symphonie en *ré mineur*; la quatrième du maître. Elle fut écrite en 1841. Si le premier mouvement donne l'impression d'un peu de longueur, causée par la répétition ou le développement symétrique d'un même motif, la *romance* est exquise; deux pages, mais deux pages merveilleuses. Le *finale* a de la vie, du mouvement et cette surabondance de joie bien rare chez l'infortuné compositeur. L'ouverture de *Manfred*, inscrite au programme, suggère à un chef d'orchestre, présent, cette réflexion non dépourvue d'ironie à l'adresse des détracteurs de Schumann : « Pour quelqu'un qui ne savait pas construire, c'est tout de même fait cette chose-là ». Le dit chef d'orchestre, pianiste, violoniste et compositeur est une de nos gloires françaises ; sans doute, il est bon juge.

Le concerto pour violoncelle trouva en M. Pablo Casals, très bien accompagné par l'orchestre, l'interprète rêvé. Exécution à la fois passionnée et contenue; sonorité vibrante, moelleuse, d'une impeccable justesse, d'une savoureuse plénitude, l'illustre virtuose fit apprécier tous ses mérites en ces quelques instants où son magique archet récréa, pour les auditeurs privilégiés, le chef-d'œuvre schumannien. Le *Kol Nidrei* de Max Bruch fut l'occasion d'un nouveau succès pour M. Casals.

L'école russe figurait au programme avec l'éblouissant *Antar*, à qui M. Chevillard assure les « délices » d'une admiration sans cesse renouvelée, et l'école française avec la *Jeunesse d'Hercule* l'admirable poème de Saint-Saëns. M. DAUBRESSE.

Société nationale de musique. — Samedi dernier 14 janvier, salle Erard, a eu lieu la réouverture des concerts de la Société nationale. Rendant un juste hommage à M. Vincent d'Indy, le programme portait en tête son premier quatuor à cordes excellemment exécuté par MM. Touche, Dorson, Vieux et Marneff. Puis répondant à son objet, la Société a présenté deux œuvres nouvelles dont l'une emprunte quelque importance à la renommée de son auteur. Les trois mélodies inédites de M. Claude Debussy ne sont pas d'un intérêt palpitant; lorsqu'on aura dit une fois de plus qu'elles sont écrites dans la teinte grise, qu'elles sont inspirées de la vision de quelques lointaines images, qu'elles modulent sans passion, d'un rythme fatigué, que la voix parait accessoire et que le succès de l'interprète est dans la diction mieux que dans la voix, on aura donné l'idée, sans doute incomplète mais suffisante, des petites productions de salon du maître, des petites esquisses volontairement imprécises qui ne sont d'ailleurs pas destinées à préciser des sentiments. C'est du joli bruissement de boudoir, un froufrou de chatoyantes doublures, un murmure de voluptés subtiles, tout ce qu'on voudra de gracieux, d'efféminé, de distingué, d'improvisé, sauf du chant pour un chanteur ayant une voix et pour les amateurs de chant qui payent pour entendre chanter. Et ce n'est point parce qu'une poésie porte ce titre *Auprès d'une grotte sombre*, pour qu'on se croit obligé d'en moduler les paroles, et encore moins d'assourdir la voix de l'interprète, au point qu'il soit préférable de se passer de lui. Certes le titre est joli sur un programme, il dispose joliment à la méditation, il prête à diverses rêveries — il serait si simple de permettre au chant qui n'a rien à faire là dedans de passer à d'autres exercices mieux appropriés.

Suis mon conseil, chère Chimène semblerait préciser davantage ce que le chanteur doit nous révéler; cependant la formule, la trame mélodique, l'expression, l'accent ne sont pas sensiblement différents de la première. D'où l'on conclut que l'amant de Chimène n'est pas d'un conseil lumineux ou qu'il n'a rien d'enflammé à lui conter. Un basson ou une clarinette ferait mieux notre affaire — même un simple piano. A force de vouloir faire musical, on tend à détourner l'art de sa destination, ce qui constitue toujours un effort vain ou une exentricité parfaitement inutile.

Je tremble en voyant ton visage n'exprime que fort imparfaitement l'émotion, le trouble d'un amoureux plutôt ennuyé et las.

Tout ceci, congrûment articulé par Mme Engel-Bathori, n'a ni plus ni moins d'intérêt que les quatre préludes du même auteur. Ce qu'il y aurait de mieux ce sont les titres, bien que non exempts de quelque prétentieuse afféterie : *l es sons et les parfums tournent dans l'air du soir* — j'avoue que.les parfums m'ont échappé; — les *Collines d'Anacapri* où se distingue un motif italien venu là pour justifier la couleur locale du bourg napolitain ; *La fille aux cheveux de lin* et la *Sérénade interrompue*, courtes idées vaguement adéquates. M. Ricardo Vinès joue ces choses sans effort. câlin et soup'e.

M. Debussy nous a donné des œuvres plus dignes de son talent ; suivant la nette expression de M. Bellaigue, il reste toutefois une individualité accidentelle.

A côté des préludes, quelle joie a ressenti le public à l'audition de cette étincelante et mélancolique *Triana* d'Albeniz ! Triomphe éternel de la ligne, de l'idée et du rythme. Une très juste ovation, habilement ménagée, a accueilli l'œuvre et le pianiste Vinès.

Les mélodies inédites de M. Albert Groz — six pièces écrites sur un poème de Ronsard, *Les Amours de Marie* — révèlent les qualités ordinaires de sincérité du jeune compositeur ; je me souviens de certaines œuvres où l'inspiration m'a paru plus fraîche et mieux traitée. La dernière — *Terre, ouvre-moi ton sein* — est d'un tour original délicatement accompagnée.

A part le quatuor à cordes de Glazounoff, ou plutôt la suite intitulée *Novelettes*, sorte d'amusement musical intime agrémenté d'une valse et coloré d'une orientale, l'ouvrage vraiment intéressant du concert, fut le quatuor de M. d'Indy trop rarement exécuté, peut-être parce que long à soutenir, il continue la grande tradition frankiste grâce à la méthode, au développement des idées, au souci d'une constante et réelle dignité de la conscience artistique et de la recherche du beau expressif.   CH. CORNET.

Société Philharmonique. — Les trois sonates de J. Brahms — en *sol*, en *la* et en *ré* mineur — sont-elles un point singulier dans l'œuvre du maître allemand ? A vrai dire, elles portent à un plus haut degré que toute autre page due à son inspiration la marque de la grâce. du charme et de la tendresse. Ce sont ces qualités qui se sont manifestées avec une éloquente évidence dans l'interprétation qu'ont donnée de ces trois sonates, MM. Ysaye et Pugno au concert de la Société Philharmonique du 10 janvier L'union du talent de ces deux grands artistes a été une source d'enchantements pour le public venu en foule à la salle Gaveau. Il nous serait difficile. sinon impossible, de décider auquel il convient de décerner la palme. tant l'entente de ces deux artistes est complète, tant leur style s'harmonise ! Des trois sonates. celle en *ré* mineur jouée en dernier lieu est. à coup sûr, la plus brillante et la plus puissante. Les deux interprètes ont su par des touches éclatantes et vigoureuses dans leur exécution. conquérir les suffrages unanimes de l'auditoire qu'ils avaient déjà tenu sous le charme. Les mânes du regretté Hughes Imbert, l'apôtre infatigable de Brahms, ont dû tressaillir de joie artistique.   H. D.

Salle des Agriculteurs. — Nous n'avons pas manqué le concert donné lundi dernier par Mlle Marguerite Babaïan. parce qu'elle a une jolie voix, et parce que le programme élaboré par M. Laloy et commenté par lui ne pouvait être chose banale. Nous n'avons pas eu de déconvenue. M. Laloy a été intéressant mais un peu bref. Il n'a pas parlé — fait à remarquer — de M. Debussy dont les œuvres étaient au programme, mais des chansons des troubadours, sujet moins brûlant. Les quatre curieuses mélodies du XIIIe siècle qui ont été chantées ont été reconstituées par M. Jean Beck. On sait que la valeur relative des notes et le rythme des documents musicaux de ce temps, restés des énigmes jusqu'à ces dernières années, ont donné lieu à des interprétations différentes et à d'ardentes polémiques. Qu'adviendra-t-il de cette interprétation-ci ? Elle est intéressante, n'en demandons pas plus.

M. Franz Liebich a joué sur le piano des œuvres de M. Debussy, ce qui est très bien ; mais c'est un clavecin qu'il eût fallu pour les curieuses pages de musique ancienne anglaise et française qu'il a interprétées avec goût et style. Il y a si loin du virginal et du clavicorde à nos Erard et à nos Pleyel !

Nous allions oublier des airs à chanter des XVIIe et XVIIIe siècles reconstitués par M. Quittard. Ce sont d'exquises petites choses.   F. GUÉRILLOT.

Salle de Géographie. — La deuxième séance de M. Tracol ne comportait, de Beethoven, qu'une œuvre, mais un bijou de sa première manière, l'opus 66, transcrite par Beethoven lui-même en quatuor pour piano et cordes. Ecrite dans sa version originale pour piano et instruments à vent, l'œuvre reçut à son apparition, en 1801, un accueil enthousiaste. On raconte qu'un jour Beethoven joua le quintette avec le célèbre hautbois Ram (un grincheux s'il en fût) et qu'arrivé au point d'orgue du *rondo*, Beethoven se mit à improviser : traits de main gauche, traits de main droite, arpèges, mouvements contraires, trilles, ça n'en finissait pas, un le thème allait, allait, sans cesse transformé et modulant à tous les tons ultra-voisins. Le hautbois irrité, rageait comme un diable : la clarinette, le cor et le basson, scandalisés, guettant le moment de la rentrée, portaient à chaque instant leurs instruments à la bouche et les déposaient aussi souvent! On eut dit quatre chevaliers de la « Triste figure ». De guerre lasse, Beethoven revint enfin au *rondo*, et ce fut un triomphe! — M. Blitz qui l'autre jour, remplaçait Beethoven (!), fut plus discret dans son point d'orgue, mais n'en obtint pas un moindre succès, ainsi que MM. Tracol, Brun et Schidenhelm. Il est incontestable que cette version de l'œuvre est aussi heureuse que la première.

De Schubert, nous avons retrouvé une des plus belles pages de violon, le *Rondo brillant*, que traversent des motifs d'une délicieuse mélancolie, où M. Tracol fut fort apprécié, comme dans son interprétation du quatuor à cordes de Franck, dont le *larghetto* développe un thème si expressif, et d'une si haute élévation d'idées!

Le superbe mezzo de Mlle Holmstrand a fait merveille dans l'air de *Pâris et Hélène* de Gluck et dans la cantate de Caressimi; voix pure, juste, parfaitement posée et capable de la plus belle expression, témoin son interprétation du *Noyer*, de Schumann. A. GOULLET.

Salle Erard. — Intéressant, bien qu'en majeure partie consacré à la virtuosité, fut le récital de violon donné jeudi 12, salle Erard, par M. Deszö Szigeti. Dans le concerto, si mâle d'inspiration, d'Ed. Lalò, dans les airs russes de Wieniawski, qu'on entend encore avec plaisir, la belle technique, l'admirable justesse de son jeu brillèrent à tout moment, alliées à une sonorité franche et pure. Non moins applaudi dans deux pièces de Tschaïkowsky, sans grand caractère, une berceuse harmoniquement jolie de Jeno Hubay et une aria de Goldmark, pastiche des adagios de Bach, M. Szigeti enleva pour finir, avec un brio prodigieusement facile, la vertigineuse *Ronde des Lutins* de Bazzini. Prêtait son concours vocal, Mlle Frégis,

dont le beau contralto nuança à merveille deux nobles airs de Salvator Rosa et deux *Lieder* émouvants de Schumann. On fit fête à l'éminent compositeur G. de Saint-Quentin, excellemment interprété par Mlle Frégys dans sa *Ballade de Barberine*, d'un romantisme discret, et, par M. Szigeti, dans un curieux et dramatique nocturne. E. B.

— Intéressant, le concert donné par Mlle Antoinette Veluard, le mercredi 11 janvier, à la salle Erard. Mlle Veluard est une toute jeune pianiste, chez qui on sent tout de suite l'artiste-née. J'aurais voulu l'entendre dans quelque page d'un des maîtres classiques du passé : elle ne s'est produite que dans deux sonates, avec violon, de M. Alquier et de M. G. Pierné, œuvres plus agréables que puissantes, où elle a, d'ailleurs, trouvé moyen de donner sa mesure, et dans de fort jolies pages de M. Vincent d'Indy, *Poème des montagnes*. La pianiste a beaucoup de charme et un doigté d'une grande délicatesse, qui n'exclut pas la vigueur, quand elle est nécessaire. Son partenaire, dans les sonates, était M. Firmin Touche, un violoniste remarquable, dont l'éloge n'est plus à faire et qui possède des plus délicates sonorités qu'on ait lieu d'entendre. Diverses mélodies ont été chantées aussi par Mme Engel-Bathory, une voix connue et bien posée : je noterai surtout les piquantes chansons de M. Laby, sur des paroles de Charles d'Orléans et de Clément Marot. J. GUILLEMOT.

— Continuant l'étude historique de la musique tchèque, le Quatuor Lejeune a fait entendre en sa seconde séance du mercredi 11 janvier, salle Pleyel, un intéressant quatuor à cordes, de Fibich, une curieuse *Elégie harmonique*, en forme de sonate, pour le piano forte, sur la mort de Son Altesse Royale le Prince Louis-Ferdinand de Prusse, composée et dédiée à Son Altesse le Prince de Loickowic, duc de Roudnic par Jan, Lad. Dussek et que Mme de Tigranow a fort bien jouée; des *Chansons bohémiennes* d'une saveur rare de Dvorak, dites avec talent par Mme Emmy Rozell; une jolie suite pour piano : *Le Printemps*, de Jos. Suk; enfin, un beau quatuor à cordes de Dvorak dans l'interprétation duquel ont brillé les qualités de MM. Nestor Lejeune, Gustave Tuilot, Jean Lefrano et René Jullien.

Le prochain concert aura lieu le 8 février. A. L.

— M. Jascha Bron est un violoniste russe, jeune, mais il n'a plus l'âge des petits prodiges et son talent est en plein épanouissement. Son concert de la semaine dernière, salle des Agriculteurs, nous assure que, lorsque certaines attaques un peu dures auront disparu, M. Bron sera dans les tout premiers rangs. Comme nous le complimentions sur son exceptionnelle sonorité, il en a modestement attribué le mérite à son violon signé de M. Greilshamer et qui est, en effet, remarquable.

M. Moszkowski avait bien voulu accompagner sa suite pour deux violons que M. Bron a jouée avec M. Bachmann. C'est une page fort agréable, mélodique, claire et distinguée.　　F. GUÉRILLOT.

— M. Henri Etlin, un excellent, un artistique pianiste, a donné un intéressant récital le 9 janvier, à la salle Erard, avec un programme qui mélangeait heureusement tous les styles, Bach et Beethoven, Mozart et Schumann, Chopin et Liszt, Debussy et Ravel.

— M. Jean Canivet, le remarquable pianiste, l'excellent professeur, a donné jeudi dernier, à la salle Gaveau, une intéressante matinée d'élèves, œuvres classiques et modernes, marquées d'un style musical et d'un véritable goût.

— M. Paul Viardot, le grand violoniste, fonde un quatuor, pour lequel il s'est entouré de MM. Gaston Poulet (second violon), Pierre Brun (alto) et René Schidenhelm (violoncelle). C'est à la salle Pleyel, le 25 de ce mois, qu'il donnera sa première séance, avec le concours de Mlle Cécile Boutet de Monvel pour le piano. Au programme, trois quatuors de Schubert, Borodine et Fauré (celui-ci avec piano).

— Gwendoline sera jouée à l'Opéra en avril avec Mme Kouznezoff, MM. Dufranne et Campagnola, pour interprètes, dans les rôles créés par Mlle Berthet, MM. Renaud et Vaguet. Pour compléter la soirée, Mme Catulle Mendès a écrit le scénario d'un ballet intitulé Espana, qui (à l'instar des ballets russes que nous avons admirés ces dernières années) sera un pot-pourri de morceaux de Chabrier de caractères plus ou moins analogues, avec son Espana pour base.

OPÉRA. — Le Miracle. Aïda. Rigoletto. La Maladetta.

OPÉRA-COMIQUE. — Louise. La Vie de Bohème. Cavalleria rusticana. Lakmé. La Dame Blanche. Le Chalet. Le Domino noir. Les Lucioles. Manon. Werther.

THÉATRE LYRIQUE (Gaîté). — Hernani. Don Quichotte. L'Attaque du moulin. Quo Vadis?. La Juive.

TRIANON-LYRIQUE. — Le Voyage de Suzette. Mam'selle Nitouche. Phryné. Bonsoir M. Pantalon. Fra Diavolo. M. Choufleuri restera chez lui. Le Pré aux clercs. Miss Hélyett. La Mascotte.

APOLLO. — La Veuve Joyeuse. Hans le joueur de flûte.

SALLE ERARD

Concerts du mois de Janvier 1911

22 Mme Alvin, matinée d'élèves.
23 M. Schelling, piano.
24 M. Expert, chant.
25 Mlle Veluard, piano.
26 Mlle Novaes, piano.
27 Cercle Catholique de la Villette, concert de charité.
28 MM. Mat et Krettly, piano et violon.
29 Mme Marechal-Moellinger, matinée d'élèves.
30 M. Lederer, violon.
31 M. Philipp, piano.

SALLES PLEYEL

22, rue Rochechouart

Concerts de Janvier 1911 (à 9 heures soir)

23 Le Quatuor Capet (troisième séance).
25 Le Quatuor P. Viardot.
25 La Société des Compositeurs de musique (première séance).
27 M. Theodor Szanto.
28 La Société Nationale de musique (première séance).
30 Mme Roger Miclos-Battaille.
31 Mme Wael-Munck.

SALLES GAVEAU

45 et 47, rue La Boëtie

Concerts du mois de Janvier 1911

Salle des Quatuors

23 Union des Femmes Professeurs et Compositeurs (2 heures).

Salle des Concerts

22 Concert Lamoureux (3 heures).
27 Mlle Mimie Tracey (9 heures).
29 Concert Lamoureux (3 heures).
30 Cercle Musical (9 heures).
31 Société Philharmonique (Quatuor Rosé), 9 h.

Conservatoire (Société des Concerts). — Dimanche 22 janvier, à 2 1/4 heures. Programme : Israël en Égypte (Haendel), première exécution intégrale. — Direction de M. A. Messager.

Concerts Colonne (Châtelet). — Dimanche 22 janvier, à 2 1/2 heures. Programme : Symphonie en ré (C. Franck); Variations symphoniques (C. Franck), jouées par Mlle G. Arnaud; Concerto de violoncelle (Lalo), joué par M. Bedetti; Sarabande, poème symphonique (R. Ducasse); Schéhérazade (Rimsky-Korsakoff). — Direction de M. G. Pierné.

Concerts Lamoureux (Salle Gaveau). — Dimanche 22 janvier, à 3 heures. Programme : Cinquième symphonie (G. Mahler); Rêves (Wagner); Scènes d'Orphée (Gluck) et Mélodies (C. Chevillard), chantées par Mᵐᵉ Croiza. — Direction de M. C. Chevillard.

BRUXELLES

THÉÂTRE ROYAL DE LA MONNAIE. —

Lorsque Mᵐᵉ Mary Garden vint jouer ici *Pelléas et Mélisande*, qu'elle avait créé à Paris, beaucoup eurent l'impression que l'exécution de l'œuvre de M. Debussy serait, sans son concours, chose pour ainsi dire impossible ; à côté de son tempérament artistique très personnel, qui semblait fait pour le rôle de Mélisande, ils attribuaient à son accent étranger une grande part du charme particulier qui se dégage de cette œuvre d'exception.

MM. Kufferath et Guidé viennent de nous faire cette très intéressante démonstration qu'il n'en est rien et que la partition de M. Debussy a, par elle-même, un pouvoir de séduction, d'enchantement, qui ne dépend aucunement de la collaboration d'une interprète obligée. Il est vrai qu'ils ont trouvé en Mᵐᵉ Vallandri, la nouvelle Mélisande, une artiste qui, physiquement, semblait désignée par le destin pour personnifier cette héroïne de rêve : d'une stature élégante, ayant au plus haut point le sentiment de la ligne, le visage aux traits purs encadrés d'un ovale gracieusement dessiné, Mᵐᵉ Vallandri possède en outre une chevelure merveilleuse, aux tons de blés mûrs, qui descend jusqu'à terre. Et l'on sait le rôle important que cette parure naturelle joue dans le poème de M. Maeterlinck, qui en faite thème essentiel d'une des scènes les plus poétiques de l'œuvre.

A ces dons physiques, la jeune artiste de l'Opéra-Comique, qui abordait le rôle de Mélisande pour la première fois, joint des qualités d'exécution de tout premier ordre. La voix a un timbre d'un charme extrême, bien approprié au caractère du rôle, la diction est parfaite, l'articulation d'une netteté rare, le geste concis, sobre et expressif. Mᵐᵉ Vallandri a traduit excellemment la nature en quelque sorte inconsciente du personnage, dont les actes semblent être beaucoup plus l'effet de la destinée que le résultat d'une volonté réfléchie. Et elle a su, d'un bout à l'autre du rôle, conserver à celui-ci ce parfum de légende qui réclame une interprétation si différente de celle des œuvres à laquelle elle avait jusqu'ici consacré son talent. On a fait, à la séduisante artiste, un accueil des plus chaleureux, qui s'est manifesté après le

quatrième acte par cinq rappels successifs. Le public lui témoignait ainsi, à la fois son admiration pour cette création remarquable, et sa reconnaissance pour le régal rare et infiniment précieux qu'elle lui avait procuré en lui rendant cette œuvre dont il appelait l'exécution de ses vœux les plus ardents.

A ce succès furent largement associés MM. Petit et Bourbon, dans les rôles qu'ils tenaient lors de la création ici. M. Petit a montré, plus encore peut-être qu'à l'origine ces qualités de diction et de mimique qui lui permettent de donner au personnage de Pelléas, vocalement et plastiquement, un charme si étrange, un cachet si particulier, d'une puissante séduction. Quant à M. Bourbon, on sait que le rôle de Golaud est l'un de ceux qui ont établi la brillante réputation de l'excellent artiste ; celui-ci ne s'y est pas moins fait applaudir que précédemment.

M. Artus est resté parfait dans le rôle d'Arkël. Mᵐᵉ Eyreams s'attache avec bonheur à donner tout son cachet de juvénile naïveté au personnage du petit Yniold. Et Mˡˡᵉ Montfort s'acquittera avec plus de sûreté du rôle de Geneviève lorsqu'elle aura pu s'en pénétrer davantage.

M. Sylvain Dupuis nous a rendu l'exécution d'orchestre souple et expressive tant appréciée lors de la création à Bruxelles, il y a juste quatre ans.

Cette reprise ne pouvait être actuellement que tout éphémère. Souhaitons que le brillant succès qu'elle a obtenu nous vaudra encore, avant la fin de la saison, quelques représentations de l'œuvre de M. Debussy. Celle-ci vient d'affirmer à nouveau, et d'une manière peut-être plus victorieuse encore, ses précieuses qualités esthétiques, son caractère de pure et souveraine Beauté.   J. Br.

— A la belle reprise de *Pelléas*, succédera sous peu une reprise de l'*Elektra* de R. Strauss qui, créée en français au mois de mai, à la fin de la saison dernière de la Monnaie, n'eut alors que quatre représentations. C'est toujours Mᵐᵉ Claire Friché qui chantera le rôle d'Elektra, dans lequel elle fut si remarquable, Mᵐᵉ Béral qui chantera celui de Chrysothemis et Mᵐᵉ Croiza, celui de Clytemnestre, une figure inoubliable. Les rôles masculins sont confiés, comme précédemment à MM. Billot, Swolfs, Dua et La Taste.

Vendredi, accompagnant *Madame Butterfly* sur l'affiche, on donnera pour la première fois, un acte d'un jeune auteur belge : *Ceci n'est pas un conte*, de M. Gaston Dumestre, pour les paroles, et de M. Stiénon du Pré, pour la musique.

On répète activement la *Manon* de Puccini, qui

passera dans les premiers jours de février et le *Feu de la Saint-Jean* (*Feuersnòt*), R. Strauss.

Concerts Ysaye.

— Très intéressante matinée au troisième concert d'abonnement, donné presque comme une « séance extraordinaire », avec un orchestre étranger, le « Tonkünstler » de Munich, sous la direction de M. Joseph Lassalle. Formée des débris du « Kaim Orkester » (1), en grande partie renouvelée depuis la dissolution de l'ancienne organisation, cette vaillante phalange, sans compter encore parmi les tout premiers orchestres germaniques, n'en est pas moins fort remarquable et très disciplinée. Elle a d'ailleurs toutes les qualités des bons orchestres d'outre-Rhin. Peut-être la sonorité générale manque-t-elle un peu de distinction (excepté dans Hændel); le groupe des archets avait quelque chose de trop compact, d'un peu massif, dans *Tannhäuser* notamment; les cuivres et les bois sont parfois vulgaires.

Le chef d'orchestre, M. Lassalle, français de naissance, espagnol par sa mère et son éducation littéraire, ayant enfin passé par l'initiation musicale allemande, nous offre une personnalité très intéressante dans son internationalisme. Le capellmeister s'accuse cependant très allemand dans sa direction, celle-ci du reste sobre, intelligente, énergique et suggestive, sans aucun excès. Le *Don Juan* de Strauss et le ravissant concerto grosso en *ré* de Hændel, celui-ci détaillé de façon exquise, ont été le grand succès des artistes munichois. Je n'aimais guère le prélude de *Tristan* qui manquait d'ampleur, de flamme intérieure et de ce grand souffle passionné tel qu'il monte dans ces vibrants traits de violon précédant le point culminant au *fortissimo* de ces pages; quant à la *Mort d'Yseult*, il y manquait surtout... Yseult elle-même; sans elle, cela paraît souvent vide !

L'œuvre capitale portée au programme était la quatrième symphonie de Gust. Mahler. Appelons-la une grande fantaisie en quatre parties, et pensons qu'elle ne veut être que cela; elle commente soi-disant le « monde de l'enfant »; c'est souvent aimable, humoristique, drôle, enjoué, un peu bouffon et banal parfois. Pour être juste vis-à-vis de cette œuvre, il ne faut pas vouloir en forcer la portée; alors, elle peut plaire souvent, sans charmer ni enthousiasmer, mais elle ne fâchera pas non plus. Elle est trop longue, et, en vérité, son sujet et sa matière musicale sont un peu

minces pour se permettre de telles proportions. Cela est surtout regrettable pour le troisième mouvement, sinon d'un si beau repos, avec ses teintes exquises dans son pianissimo presque continu, ses charmantes variations rythmiques amenant un allegretto subito en 3/8 d'un heureux contraste, et revenant, subito aussi, à l'andante du début. Vers la fin, une jolie phrase des violons s'élève pleine de gravité et de douceur, d'expression aussi. J'aime moins les caprices, parfois gracieux pourtant et non sans verve des premières et deuxièmes parties. On ne passe pas beaucoup de temps dans la « cuisine céleste » (4e partie) dont le soprano solo nous chante simplement, sur un poème naïf du « Knaben Wunderhorn », les délices et les plaisirs. Tout s'éteint en piano decrescendo, comme une vision qui s'efface. C'est une œuvre d'exception chez Mahler dont les conceptions ont généralement plus d'envergure et moins de fantaisie légère. Mlle Elsa Flith, de Munich, en a gracieusement chanté le solo, faisant encore preuve d'un talent et d'une voix sympathiques, sinon extraordinaires, dans *Die Allmacht* de Schubert (orch. par Félix Mottl). 　　　　M. DE R.

Tonkünstler de Munich.

— Le succès de l'orchestre de Munich a encore été plus grand et justifié au concert de jeudi dernier. Si dans sa perfection technique, la délicieuse Sérénade de Mozart parut un peu froide, si le charme du Vendredi-Saint de *Parsival* m'a paru manquer un peu d'onction, si l'ouverture des *Maîtres Chanteurs* au mouvement initial pris trop vivement n'avait pas, dans les passages lyriques, la poésie voulue, nous ne pouvons cependant que louer l'ensemble de ces interprétations si sûrement rythmées, si bien mises au point, fouillées et détaillées à la perfection, et c'est avec admiration qu'il faut parler de l'exécution de *Mort et Transfiguration* de Strauss, mais surtout de la *Fantastique* de Berlioz.

M. Lasalle nous a rendu dans tout son romantisme passionné, cette œuvre si représentative du génie de Berlioz, si prodigieusement vivante parce que vécue, dont Wagner reconnaît « l'immense monde intérieur, l'imagination héroïque et vigoureuse », et à laquelle Schumann consacra dans sa « Neue Zeitschrift für Musik » (1835) l'une des plus remarquables analyses qui jusqu'à présent aient paru sur cette œuvre.

L'exécution des Munichois a bien mis en lumière ces pages si colorées, dégageant, à travers les cinq parties, l'*idée fixe* et la situant dans son atmosphère spéciale. Le tableau de la « Scène aux champs » fut notamment des plus suggestifs ; n'est-ce pas

---

(1) Entendu ici le 1er avril 1906, sous la direction de G. Schneevoigt.

aussi le plus beau de toute cette vaste composition inégale mais géniale surtout. M. DE R.

— Bien que le centenaire de Liszt ne tombe qu'en octobre, voici déjà que nos artistes commencent à le célébrer, et c'est peut-être un signe de la grande admiration que les vrais musiciens lui témoignent. Précisément dans son intéressante conférence de ce soir-là, M. le Dr Dwelshauvers réclamait la pleine reconnaissance du monde musical pour cet artiste si grand dont il nous a rappelé la générosité, l'universalité et aussi la valeur comme compositeur, dans les œuvres symphoniques surtout.

Le concert qui suivit aurait peut-être pu comporter une page de plus large envergure à l'occasion du grand anniversaire qu'on voulait célébrer. M. Van Dooren a joué avec une belle virtuosité pleine d'élégance et de clarté, des pièces plutôt de second ordre, la Polonaise no 2, la Rapsodie no 8, la Légende de François de Paule et en bis, le Liebestraum. On eût désiré parfois plus de flamme, de passion.

Mme Marie-Anne Weber s'était chargée de l'intermède vocal : quatre Lieder, dont deux en français et deux en allemand, ceux-ci particulièrement beaux, d'expression émue et profonde. La cantatrice les a chantés avec une distinction et une conviction qui lui font honneur. Es muss ein Wunderbares sein, et surtout le Mignon's Lied, d'exécution difficile, ont bénéficié d'une interprétation aux demi-teintes exquises, aux intentions expressives variées et justes et d'un naturel charmant. Cela fut très bien vraiment. M. DE R.

— Aux mercredis artistiques du « Foyer », très intéressante et jolie séance de Sonates italiennes par MM. Nicolas et Marcel Laoureux. La part importante échut au violoniste qui nous a rendu avec un style sobre et élevé, dans leur ligne mélodique si pure, ces chefs-d'œuvre du XVIIe siècle italien : la sonate en sol mineur de Tartini, celle en m mineur de Veracini et la célèbre Folia de Corelli. M. Marcel Laoureux tenait la partie de piano en parfait musicien et en artiste de goût. Le concert était précédé d'une excellente causerie de M. Charles Martens sur les origines et le développement de la sonate pour violon, principalement en Italie. M. DE R.

— Le Moniteur Belge a publié cette semaine, l'arrêté royal qui nomme M. Fernand Piérard, professeur à la classe de hautbois en remplacement de M. Guillaume Guidé, démissionnaire, M. Fernand Piérard est un des meilleurs élèves de M. Guidé et le remplace depuis longtemps comme

soliste à l'orchestre du théâtre royal de la Monnaie d'abord, puis aux Concerts populaires.

— Concerts populaires. — Pour rappel, aujourd'hui, à 2 heures, deuxième concert. Par suite de la maladie de Mlle Sansoni (constatée par le consul de Belgique à Monte-Carlo), le concert sera donné avec le concours du célèbre pianiste allemand Moritz Rosenthal, qui exécutera le concerto en mi mineur de Chopin et les variations de Brahms sur un thème de Paganini.

THÉÂTRE DE LA MONNAIE. — Aujourd'hui, dimanche, à 2 heures, deuxième concert populaire, sous la direction de M. Sylvain Dupuis; le soir, La Glu; lundi, Quo Vadis?; mardi, Ivan le Terrible; mercredi, La Glu; jeudi, Lakmé; vendredi, première représentation de : Ceci n'est pas un conte et Madame Butterfly; samedi, Faust; dimanche, en matinée, La Glu; le soir, Werther, avec le concours de Mme Croiza et Hopjes et Hopjes.

Dimanche 22 janvier. — A 3 ½ heures, à la Scola Musicæ, 90 92, rue Gallait, audition des élèves des cours élémentaires et moyens.

Jeudi 26 janvier. — A 8 ½ heures du soir, à la Grande Harmonie, premier concert Mathieu Crickboom. Au programme : des œuvres de Bach, Lalo, Crickboom, H. Wieniawski et Tartini. L'orchestre sera dirigé par M Albert Zimmer.

Samedi 28 janvier. — A 8 ½ heures du soir, à la salle de la Grande Harmonie, piano-récital donné par Mlle Juliette Wihl, de Bruxelles, professeur au Conservatoire Klindworth Scharwenka, à Berlin.

Dimanche 29 janvier. — A 2 ½ heures, à la salle de la Madeleine, premier concert Durant. Au programme : Symphonie en mi bémol de Borodine; Troisième symphonie en ut majeur de Rimsky-Korsakow; Le Lac enchanté de Liadow; Sérénade de Glazounow, et avec le concours de M. Ricardo Viñes, pianiste, le concerto de Rimsky-Korsakow et le premier concerto de Liapounow.

Répétition générale, la veille, à 8 ½ heures du soir.

CORRESPONDANCES

DOUAI. — La saison musicale a été inaugurée à la Société des Concerts populaires par un brillant concert dans lequel nous avons applaudi M. Jules Boucherit, le réputé violoniste : le quatrième concerto de Mozart, la romance en sol de Beethoven et la Polonaise de H. Wieniawski ont été rendus par lui avec une maîtrise incomparable et un grand sentiment artistique.

L'orchestre de M. Cuelenaere, toujours en progrès, a exécuté la symphonie en *ré* de Haydn, l'*andante* de la symphonie de Paul Dukas et l'ouverture du *Songe d'une nuit d'été* de Mendelssohn.

Au deuxième concert, nous eûmes une très bonne interprétation de la première symphonie de Beethoven et de l'ouverture d'*Oléron* de Weber.

Le compositeur Paul de Wailly, qui assistait à cette séance, a été fortement ovationné après l'exécution de ses deux mélodies avec orchestre, *Au Vaisseau* et *Sous un berceau de clématite*, chantées à la perfection par Mlle Braquaval, qui obtint aussi un grand succès dans le *Nain*, de Schubert, délicieusement accompagné au piano par Mlle Martinage.

Un jeune pianiste bruxellois, M. Jules Firquet, élève de Joseph Wieniawski, a fait preuve d'un mécanisme impeccable et d'une virtuosité accomplie dans le concerto de son illustre maître. Il fut également très apprécié dans diverses pièces de Chopin, Weber et Debussy. Rappelé à plusieurs reprises, il exécuta en *bis* une charmante Etude de Wieniawski.

GENÈVE. — Une remarque assez générale s'impose dans notre vie musicale : la disparition des petits concerts. Sollicité de toutes parts, le public réserve ses faveurs pour le théâtre ou pour les grandes auditions artistiques. Du théâtre, je n'ai pas grand bien à dire. Malgré son excellente administration, M. Bruni n'arrive guère à intéresser notre public. Je crois que notre directeur — qui est un de vos compatriotes — place Genève au niveau d'une ville de province française de second ordre. Notre mentalité en est distante de cent lieues. *Salomé* de Mariotte, a lamentablement échoué ; et ce qui concerne *Quo Vadis*, de Nougès, chacun sait qu'il est un spectacle de plus pour le livre passionnant de Sienciewiez, pas davantage. Quant au spectacle dit « de nouvel an », avec pétarades, clowneries, trucs et un manque de faste absolu, il n'était pas fait pour rehausser le prestige de notre scène lyrique qui nous coûte un joli denier annuel : 200,000 francs.

Restent les concerts d'orchestre patronnés par l'aristocratie genevoise. Les programmes sont toujours une belle tenue artistique et les solistes sont de premier ordre. Sous l'énergique direction de M. B. Stavenhagen, les œuvres sont menées à bien « manu militari », ce qui produit d'excellents résultats avec Strauss — *Don Quichotte* — et Mahler. Première symphonie. Cette œuvre de début, de Mahler est une des plus lamentables productions musicales de notre époque. S'il est vrai que la symphonie en général tend de plus en plus à se

dramatiser, il faut convenir que le compositeur allemand dramatise avec une vulgarité qui n'a d'égale que le tapage de son énorme orchestre. Vouloir, à toute force, faire « colossal » comme le veut l'esthétique allemande moderne, encore à la remorque de Wagner, constitue une erreur d'optique, un manque de goût auquel les races latines ne pourront jamais s'accoutumer, question de tempérament, puisque Mahler suscite chez d'autres des explosions de lyrisme extraordinaires. — De Brahms, nous avons en la « Troisième » en *la* majeur, qui contient de charmantes choses et le concerto de violon avec Flesch, un superbe violoniste. De Schumann — le centenaire — la symphonie rhénane, le concerto de piano, par Cortot et le cycle « Dichterliebe » — en allemand heureusement — par De la Cruz-Frölich. Pauvre Schumann ! Mais quelle charmante nature ! On joue rarement les trois esquisses symphoniques, « La Mer » de Cl. Debussy. Ces tableaux impressionnistes exigent une souplesse de direction, une variété de nuances et un jeu de rythmes d'une subtilité spéciale. Programme à part — quand donc les musiciens se résoudront-ils à laisser la littérature de côté ? — Cette première audition à Genève a réuni bien des suffrages, moins cependant que la symphonie en *ré* de Franck, fort bien comprise par le chef, ce qui fortifie en moi cette idée, qui n'est pas neuve du reste, que Franck est bien plus germain que franc. FRANCK CHOISY.

LE HAVRE. — Peu de concerts cet hiver ici, mais la qualité compense la quantité. La Société des Quatuors continue à faire œuvre d'éducation en donnant toute la série des quatuors de Beethoven, consciencieusement interprétés par le Quatuor Mesnier.

Nous avons eu, en outre, une audition des œuvres de notre concitoyen M. Henry Woollett, qui interpréta lui-même, avec M. Herman, deux de ses pièces pour piano et violon : *Les Souvenirs* et la troisième sonate, chacune fort intéressante. Quelques gracieuses mélodies furent chantées joliment par Mme Herman ; et l'auteur nous fit encore apprécier son talent de pianiste aussi bien que de compositeur en exécutant finement de petites pièces charmantes, extraites de ses *Nocturnes et Pastorales* et de ses *Pièces d'études sur les mesures et tonalités d'exception*. Ces dernières surtout sont extrêmement curieuses et dénotent une grande habileté technique.

Le public fit bon accueil à ce programme intéressant et applaudit l'auteur qui, pour une fois, fut prophète en son pays. MADELEINE LUCE.

LYON. — Une belle cérémonie a eu lieu le dimanche 15 janvier, à l'église Saint-Bonaventure, pour fêter la cinquantième année de présence au grand orgue de M. Léon Reuchsel.

M. le curé, dans une substantielle allocution, a parlé de la puissance de la musique religieuse pour élever l'âme des fidèles, et des nombreuses conversions dont les voix de l'orgue furent les principales instigatrices; puis il a fait l'éloge du vénéré jubilaire, né à Vesoul (Haute-Saône) en 1840, et nommé titulaire de l'orgue de Saint-Bonaventure à Lyon, en 1861. Il a parlé de la vie artistique de M. Léon Reuchsel, de ses œuvres musicales, des deux sociétés, « La Lyre sacrée » et la « Sainte-Cécile », qu'il dirigea pendant de longues années, et en souhaitant voir longtemps encore son organiste à ses claviers, il a terminé par la lecture d'une lettre de bénédiction de S. E. le cardinal-archevêque de Lyon.

Un salut solennel a été ensuite chanté par la maîtrise de la paroisse, sous la direction de M. l'abbé Aubrun; puis les deux fils du jubilaire ont exécuté : M. Maurice Reuchsel une *Invocation* pour violon, dont il est l'auteur, et M. Amédée Reuchsel le finale de sa sonate d'orgue, dédiée à son père pour ses noces d'or. Enfin, M. Léon Reuchsel, lui-même, a joué sur l'orgue à quatre mains, avec son petit-fils, âgé de dix ans, une œuvre de Beethoven.

L'église Saint-Bonaventure était pleine d'admirateurs du jubilaire. P. B.

VERVIERS. — La Société d'Harmonie a donné samedi son premier concert, avec le concours de Mme Hensel-Schweitzer, forte chanteuse de l'Opéra de Francfort, de M. Hensel-Schweitzer, fort ténor du Théâtre Royal de Wiesbaden et de Mlle Juliette Wihl, pianiste à Berlin. Le *Guide musical* a trop souvent vanté les admirables qualités qui caractérisent M. et Mme Hensel-Schweitzer, pour qu'il soit nécessaire d'y revenir. Ils furent cette fois encore, Mme Hensel dans l'air « d'Elisabeth ». M. Hensel dans le « Récit du Graal » et tous deux enfin dans leur duo de *Lohengrin*, les profonds et parfaits interprètes de Wagner. Un enthousiaste succès leur fut d'ailleurs réservé, ainsi qu'à Mlle Wihl qui interpréta, lourde tâche pour des poignets féminins, le concerto de Tschaïkowsky, des pièces de Chopin et Liszt.

Sous la direction de M. Louis Kefer, l'orchestre exécuta la symphonie de C. Franck et le *Carnaval à Paris* de Svendsen. Il n'y a que des éloges à lui adresser, ainsi qu'à son chef, pour la conscience et le fini qu'il apporta à ces exécutions de même que dans son rôle d'accompagnateur.

Au cours de la soirée, M. Alfred Massau, violoncelle solo à l'orchestre depuis cinquante ans, fut l'objet d'une manifestation de sympathie justement méritée, à laquelle la salle entière s'associa avec enthousiasme. H.

TOURNAI. — Dimanche 29 janvier, à 3 ½ h., concert donné par la Société de musique et consacré aux œuvres de César Franck. Programme : 1. *Psyché*, poème symphonique pour orchestre et chœurs; 2. A) L'Ange et l'Enfant; B) Le Mariage des Roses (M. Maurianne); 3. Variations symphoniques pour piano et orchestre (Mlle Lieven); 4. A) Panis Angelicus; B) La Procession (Mlle Olislagers); 5. Prélude, choral et fugue pour piano (Mlle Lieven); 6. *Rébecca*, oratorio. Solistes : Mlle Olislagers et M. Maurianne.

NOUVELLES

Suivant des informations qui nous viennent directement de Dresde, il se pourrait que la première du *Cavalier à la Rose* de M. Richard Strauss n'eût lieu que le 30 janvier au lieu du 26, date jusqu'ici annoncée. Nous disons le *Cavalier à la Rose* et non le *Chevalier aux Roses* comme on avait cru devoir jusqu'ici traduire le titre allemand : *Der Rosen Kavalier*. Maintenant que la partition et le livret est publiés on se rend compte que c'est bien le *Cavalier à la Rose* qu'il faut dire.

L'action se passe à Vienne, au temps de Marie-Thérèse. Le théâtre représente le boudoir de la princesse Werdenberg, une femme jeune et charmante. Tandis que son mari, brave feld-maréchal, fait campagne, elle se console en se laissant courtiser par un noble jouvenceau, Octavian. Il est séduisant, galant et hardi. Il est presque le contemporain viennois de Chérubin. Ce jour-là, l'entretien de la princesse et de son soupirant est troublé par l'arrivée d'un importun. Ils craignent d'être surpris par le maréchal. Inutile frayeur. Il ne s'agit que du baron Ochs de Lerchenau, de haute naissance et de solide bêtise, rival peu dangereux d'Octavian. Le baron s'autorise de sa parenté avec la princesse pour se présenter ainsi chez elle à une heure indue. Il ne reste cependant à Octavian, pour ne pas compromettre celle qu'il aime, qu'à se déguiser en soubrette. Vous voyez que la pièce est bien de son temps. Elle rappelle les stratagèmes, sinon l'esprit de Marivaux. Le baron vient annoncer à sa cousine ses fiançailles avec Sophie, la fille d'un fournisseur des armées, Faninal, qui possède une très grande fortune. Il prie la princesse de lui désigner le cavalier qui portera à la jeune fille l'emblème de son amour et de sa fidélité. L'usage voulait alors, dans les familles nobles, que l'on choisît un gentilhomme, véritable messager galant, chargé d'offrir à l'élue cet emblème : une rose d'argent. On appelait le gentilhomme le « Cavalier à la Rose ». :

La vue de la sémillante soubrette émoustille ce lourdaud de baron. Il la lutine et lui donne un rendez-vous. Ce sera autant de pris en attendant le mariage, D'ailleurs une infidélité avant la letjre, ou plutôt avant la rose, avec une soubrette ne compte pas. La princesse de Werdenberg médite de jouer un bon tour à son fat de cousin. Elle lui indique le messager, qui ne sera autre qu'Octavian. Le baron accepte. Il est ravi, il ne saurait découvrir un plus aimable Cavalier à la Rose. La fiancée ne tarde pas à penser de même. Elle trouve Octavian vraiment exquis. Elle s'éprend de lui, et de son côté le cavalier ne reste pas insensible aux charmes de Sophie. Vous pensez bien que le baron est plutôt mal reçu quand il se présente. Il se fâche, il injurie celui qu'il rêvait d'avoir pour beau-frère et se bat en duel avec lui. Bah! le baron se consolera de son échec avec la plus accorte des soubrettes. Il vient empressé, au rendez-vous déjà promis. Octavian, déguisé, le berne de la belle façon — jusqu'au moment où il se démasque. Ce qui ajoute à la confusion du baron, c'est que Sophie et son père ont assisté, cachés, à cette scène de séduction bouffonne. La pièce se termine, comme toutes les comédies bien faites de l'époque, par un mariage — celui, naturellement, de Sophie et d'Octavian.

La partition que M. R. Strauss a écrite sur ce thème léger, n'a de commun avec celles qu'il a écrites pour Salomé et Elektra que la personnalité de l'auteur. « Le texte de Hugo von Hoffmansthal garde toujours le ton « rococo » et je me suis appliqué à le maintenir dans la musique » a dit M. Strauss lui-même. Ce n'est pas toutefois un pastiche de la musique de la fin du XVIIIe siècle. « L'esprit de Mozart se dressait involontairement devant moi, dit-il, mais je suis cependant parvenu à rester fidèle à moi-même. L'orchestre n'est pas si fort que dans Salomé ou dans Elektra, mais je n'ai pas traité mon orchestration d'après les principes de la mode nouvelle qui consiste à exécuter le Mozart avec de petits orchestres. Le Cavalier à la Rose est écrit pour orchestre complet. Un orchestre réduit ne correspond d'ailleurs pas du tout aux intentions de Mozart. Lorsqu'un jour un mécène anglais fit jouer une de ses symphonies par cent violons, Mozart en fut enthousiasmé. Je suis resté fidèle à l'exubérante gaîté du poème qui ne dépasse

d'ailleurs jamais les bornes du gracieux et de l'aimable. »

Le deuxième acte se termine par une véritable valse viennoise, dont le thème se marie fréquemment au cours de la partition comme un leitmotiv avec les autres thèmes de la partition. De l'avis des artistes et des musiciens de l'orchestre cette valse est le clou de l'ouvrage qui serait tout entier surprenant de verve, d'esprit et de bonne humeur. L'orchestration est un éblouissement. Bref, maintenant que les répétitions sont très avancées, on peut se rendre compte de l'œuvre et l'on s'étonne que la malveillance ait osé parler « d'opérette » à propos de cette fantaisie exquise d'un maître qui est, certainement, le plus grand musicien de l'Allemagne à cette heure.

Richard Strauss, avec son éditeur M. Furstner est arrivé cette semaine à Dresde pour présider aux dernières répétitions d'ensemble qui seront comme la première, conduites par l'éminent chef d'orchestre Schuch.

— La saison nouvelle s'ouvrira au théâtre de Monte-Carlo, le 24 de ce mois, par une représentation de Méphistophélès de Boïto. On jouera ensuite Les Noces de Figaro, Les Contes d'Hoffmann, Déjanire, Ivan le Terrible, Don Quichotte, Salambo, Linda de Chamonix, Gioconda, Roussalka, La Tosca et La Bohème de Puccini, puis, en première exécution l'œuvre d'un jeune compositeur français, Les Heures de l'amour, de M. Marcel Bertrand. Mmes Bréval et Litvinne, ainsi que la basse Chaliapine, ont encore signé, cette année, des engagements avec la direction.

— Les « Festspiele » qui seront données cet année à Bayreuth seront dirigées par M. Siegfried Wagner, par M. le docteur Muck et par M. Balling, gendre de Mme Cosima Wagner.

M. Siegfried Wagner dirigera Les Maîtres Chanteurs, dans une mise en scène entièrement nouvelle ; M. le docteur Muck, Parsifal, et M. Balling, L'Anneau du Nibelung.

— M. Camille Erlanger, l'auteur d'Aphrodite, travaille en ce moment à une partition nouvell tirée du sujet de la Sorcière de M. Victorien Sardo que créa, il y a quatre ans, Mme Sarah Bernhardt

— Il est question de construire à Hambourg u nouvel opéra. Dans ce but quelques riches amateurs ont réuni la somme d'environ un million Les travaux commenceront incessamment. O espère que la construction sera terminée à la fin d l'année prochaine.

— Un comité vient de se constituer à La Haye dans le but de réunir les fonds nécessaires pour construire un « Théâtre Richard Wagner », sur le modèle du Festspielhaus de Bayreuth et du Prinz-Regenten-Theater de Munich. Les frais de construction sont évalués à 1.800.000 florins. Le Festspielhaus wagnérien hollandais serait érigé à Scheveningue, à deux kilomètres de La Haye, et les travaux de construction seront menés rapidement afin que le théâtre puisse être inauguré en 1913.

— Du 8 au 30 avril prochain, l'Association musicale de Bonn, connue sous le nom de « Maison Beethoven », organisera une série de concerts sous la direction de MM. Siegmund von Haussegger, Wilhelm Kes et Henri Viotta, auxquels participeront quatre cents choristes et un orchestre de cent musiciens. Aux programmes : les neuf symphonies, la Missa solemnis, Fidélio, tous les quatuors, tous les trios, le concerto pour violon et les cinq concertos pour piano.

— Il est question d'ériger en Hongrie un monument à la gloire de Liszt, à l'occasion du centième anniversaire de sa naissance, que l'on célébrera le 22 octobre. Un comité qui s'est chargé de recueillir partout les dons et les subventions nécessaires à la réalisation de ce projet.

— La revue de Berlin, Die Woche, publie cette semaine les résultats du concours de valses qu'elle avait ouvert entre musiciens de tous les pays. Le premier prix (3.750 francs) a été attribué à M. Siegfried Elsner, maître de chapelle à Breslau; le deuxième (2.500 francs) à Mlle Fay-Foster, de Vienne; le troisième (1.250 francs) à M. Philippe Gretshber, à Stettin. La revue a également acquis, pour les publier, les valses composées par MM. G. Busch, de Cologne, Jean Schouten, d'Amsterdam, Guillaume de Winterfeld, de Bromberg, Trich Wemheuer, de Wiesbaden, et de Charles Sommer de Reichenau.

— Le deuxième concert symphonique organisé au grand amphithéâtre l'Augusteum de Rome, a été dirigé par le cappelmeister Balling. Il a obtenu un tel succès qu'il a été rendu deux jours après. Le programme comportait le prélude et le finale de Tristan et Isolde, le Te Deum de Bruckner, et Zarathustra, de Richard Strauss.

Samedi dernier le troisième concert était consacré aux œuvres symphoniques de don Lorenzo Perosi. La reine Hélène et sa suite, le syndic Nathan, le comte de San Martino, président de l'Exposition du Cinquantenaire, de nombreux ministres, de nombreux prélats, et toute l'aristocratie romaine y assistaient. Le jeune maestro, qui dirigeait lui-même ses œuvres, a été l'objet des plus chaleureuses acclamations.

— Aux concerts d'abonnement de Bonn, on vient de jouer, avec grand succès, les charmants Schwarzwälder Zwischenklänge, pour orchestre à cordes de M. Knud Harder. La presse loue unanimement le charme et la fraîcheur du coloris, ainsi que l'inspiration spontanée et personnelle du jeune compositeur. Une deuxième audition est en perspective et l'œuvre sera sous peu jouée à Altenburg, Copenhague et dans d'autres villes.

BIBLIOGRAPHIE

La musique chez les peuples indigènes de l'Amérique du Nord (Etats-Unis et Canada), par Julien Tiersot. Paris, Fischbacher; in-8°.

Cette précieuse brochure, tirage à part d'un article des derniers cahiers de l'Internationale Musik-Gesellschaft, prend rang à la suite des précédentes études ou notes d'ethnographie musicale dont l'auteur se montre toujours très friand et qui ont déjà promené notre curiosité dans des pays si inconnus d'elle. Cette fois, c'est le relevé de ses investigations musicales de 1905-1906, au cours des quelques mois de conférences que l'Alliance Française l'avait chargé de faire aux Etats-Unis et au Canada que M. J. Tiersot nous donne. Il témoigne d'une singulière patience et d'une adresse rare. Indiens, des diverses tribus ou nègres des plantations, chansons de guerre ou d'amour, chants religieux, chrétiens ou païens, chants de danses ou de funérailles, il n'a pas relevé, noté et cité moins de quatre-vingt-sept morceaux caractéristiques, avec force détails ethniques à l'appui. Une abondante bibliographie du sujet (œuvre de M. Sonneck) achève heureusement cette remarquable monographie.

H. DE C.

57ᵐᵉ ANNÉE. - Numéro 5.   29 Janvier 1911.

LE GUIDE
MUSICAL

Les Mémoires de Richard Wagner

INDÉPENDAMMENT des deux esquisses autobiographiques qu'il écrivit et fit publier de son vivant, Richard Wagner a laissé des *Mémoires* ou plutôt une grande autobiographie qu'il dicta de 1868 à 1873 à sa femme et qu'il fit imprimer à un petit nombre d'exemplaires. Les journaux annoncent, mais nous ne savons si la nouvelle est exacte, que ces *Mémoires* ne vont pas tarder à paraître. Sous le manteau, on en parlait depuis longtemps. Ceux qui connaissent l'histoire intime de Wagner n'ignorent pas que le maître y retrace les principaux épisodes de sa vie avec une sincérité qui va parfois jusqu'à la cruauté à l'égard de quelques-uns de ceux qui furent le plus étroitement engagés avec lui. La publication, si elle se fait, ne peut donc manquer de produire une vive sensation.

En attendant, il n'est pas sans intérêt de noter ici ce que l'on en sait dès à présent. Il y a deux ans a paru à Londres une luxueuse biographie de Richard Wagner, racontant sa vie de 1813 à 1834 d'après des lettres originales en partie inédites, des manuscrits et d'autres documents rarissimes recueillis par l'auteur, Mᵐᵉ Burrel, qui avait connu personnellement le maître. C'est par elle que nous apprenons quelques renseignements extrêmement curieux sur l'autobiographie secrète jusqu'ici. Mrs Burrell en possédait un exemplaire qu'elle tenait de l'imprimeur qui l'avait composé et tiré à un petit nombre pour Wagner lui-même. L'autobiographie comprend quatre volumes, sans nom d'auteur. Le nom de Richard Wagner ne figure qu'à la fin de l'introduction du premier volume. A la fin de chaque volume se trouve la mention « Bâle, imprimerie de G.-H. Bonfantini ». Les trois premiers volumes étaient tirés dès 1870. C'est sans doute ce qui donna naissance, vers cette époque, à la légende d'après laquelle l'autobiographie n'aurait été tirée qu'à trois exemplaires. Des trois, l'un aurait été réservé à Wagner, le second à Liszt, le troisième au roi de Bavière. La vérité est que Wagner en fit tirer dix-huit exemplaires, ainsi qu'il résulte de lettres de lui à Bonfantini que Mrs Burrell cite textuellement. Le premier volume raconte sa vie de 1813 à 1842 et comprend 339 pages ; le second va de 1842 à 1850 et comprend 358 pages ; le troisième va de 1850 à 1861 et comprend 318 pages. Quant au quatrième, l'écrivain anglais ne nous fournit aucun renseignement. Mais il nous fait connaître le texte même de l'avant-propos qui ouvre le premier volume. Ce document nous fixe sur les conditions dans lesquelles ont été composées les pages que Wagner qualifie de « notations biographiques », moins prétentieux que celui de *Mémoires*. Voici la traduction de cette préface d'après le facsimilé que Mrs Burrell en donne dans sa luxueuse publication :

Les notations autobiographiques contenues dans ces volumes ont été écrites directement sous ma dictée, à différentes époques, par ma femme et amie qui désirait que ma vie lui fût racontée par moi-même. Notre désir à tous les deux était que ces communications sur mon existence et celle de ma famille restassent confinées dans le cercle de quelques amis fidèles. Dans ce but, nous avons fait reproduire par l'impression, à nos frais, à un très petit nombre d'exemplaires, l'unique manuscrit. Mais, toute la valeur des souvenirs ainsi rassemblés reposant sur la vérité absolue et désintéressée des faits, qui devaient être présentés avec les détails les plus circonstanciés, les noms et les dates, sous peine de perdre leur sens et leur intérêt, il devenait impossible de faire la publication de mon vivant. La nécessité s'imposait d'attendre quelque temps après ma mort, afin que les intéressés eussent disparu, et mon intention est de faire à ce sujet quelques dispositions testamentaires dont mes héritiers auront à tenir compte. Si, d'autre part, nous ne refusons pas à quelques amis éprouvés de leur laisser jeter les yeux sur ces pages, c'est en gardant la ferme confiance qu'ils le feront avec une sympathie véritable pour celui qui est l'objet de ces communications. Ce serait de leur part un acte inqualifiable s'ils se laissaient entraîner par une confiance pareille jusqu'à faire pénétrer la moindre des communications dont il s'agit dans des cercles de personnes chez lesquelles nous ne saurions actuellement rencontrer une sympathie semblable à celle des rares amis que nous avons en vue.

Aucune date ne détermine l'époque où cette préface fut écrite. Mais il ressort clairement de différents passages de l'autobiographie que Wagner commença de la rédiger ou plutôt de la *dicter* en 1865; d'une note du troisième volume, il résulte que celui-ci fut écrit en 1869. Si l'on s'en rapporte à ces dates, la majeure partie des mémoires aurait donc été rédigée entre 1865 et 1870, c'est-à-dire après la première

de *Tristan et Yseult* à Munich et avant le mariage de Wagner avec Mᵐᵉ Cosima de Bulow née Liszt, qui fut célébré le 25 août 1870. Les dernières feuilles du quatrième volume furent envoyées à l'impression en 1874. En 1875, Wagner était encore en correspondance avec l'imprimeur Bonfantini pour la correction des épreuves et le tirage des exemplaires destinés à sa famille et à quelques amis.

Ce qui est tout à fait singulier, c'est que Mᵐᵉ Burrell énonce sur cette autobiographie un jugement extrêmement sévère et n'hésite pas à déclarer que si elle devait être considérée comme absolument authentique, c'est-à-dire comme une œuvre directe de Wagner, la mémoire du maître s'en trouverait gravement atteinte. L'écrivain anglais, sans rien préciser d'ailleurs, donne à entendre que le texte de l'autobiographie n'est pas du style ordinaire de Wagner, que ce serait une rédaction faite sans doute d'après les indications du maître, mais dans laquelle beaucoup de détails auraient été chargés et altérés intentionnellement. On a l'impression dit-elle, que l'ouvrage aurait été rédigé dans le but de ruiner la réputation de tous ceux et de toutes celles qui ont été en rapports avec Wagner, — *to ruin the reputation of everyone connected with Wagner.* « Je suis convaincue que Wagner a subi une pression (*pressure*) lorsqu'il réunit les matériaux de ce livre, qu'il a cédé à la suggestion de noircir (*blackend*) d'autres personnes dans le but de blanchir ses propres faiblesses en les opposant aux faiblesses, — réelles ou supposées, — des autres. » Et Mrs Burrell conclut catégoriquement en ces termes : « Ce misérable ouvrage (*this miserable book*) ne correspond pas au noble et loyal esprit du maître. Wagner ne peut être rendu responsable de ce livre. »

Voilà une étrange appréciation qui se complique d'une accusation non moins extraordinaire. Le rédacteur de l'*Autobiographie*, Wagner lui-même le nomme expressément dans sa préface : c'est sa femme et amie. Là personne que vise Mrs Burrell, qu'elle accuse d'avoir suggestionné le maître, d'avoir exercé sur lui une pression, d'avoir travesti sa pensée et ses sentiments dans la rédaction de ces souvenirs, c'est donc Mme Cosima Wagner. Mais il y a une chose que Mrs Burrell oublie : c'est que Wagner lui-même relut les bonnes feuilles, dont la première correction avait été confiée entre autres à Frédéric Nietzsche, alors encore étroitement lié avec le maître. En admettant que la rédaction proprement dite ne fût pas de lui, qu'il eût simplement *raconté* les événements de sa vie à sa femme, laissant à celle-ci le soin d'en *écrire* ensuite le récit, encore faut-il admettre qu'il a approuvé entièrement cette rédaction, puisqu'il ne fit aucune opposition à l'impression et qu'il la laissa subsister telle quelle.

Il y a là un mystère sur lequel la lumière ne sera sans doute jamais faite.

C'est sans doute pour détruire les suspicions ainsi lancées sur celle qui a la garde de l'héritage moral du maître et qui le défendit jusqu'ici avec une si noble énergie, que l'on a résolu à Wahnfried de publier l'autobiographie dès à présent, beaucoup plus tôt que ne s'y attendaient ceux qui ayant connu Wagner dans ses dernières années avaient reçu de lui-même des confidences à ce sujet.

Quoi qu'il en soit, voilà un livre qui fera quelque bruit et qu'on attendra avec une vive curiosité. D'après ce qu'affirment les journaux allemands, c'est en mai que paraîtra, chez un éditeur de Munich, l'édition destinée au grand public.   M. K.

L'ANCÊTRE

DE M. C. SAINT-SAËNS, A L'OPÉRA-COMIQUE DE PARIS

ENCORE un retour de Monte-Carlo..., un des meilleurs au surplus, depuis quelques années. C'est en 1906, que ces trois actes, imaginés par M. Augé de Lassus, magnifiés de musique par M. C. Saint-Saëns, ont été portés à la scène par les soins artistiques de M. Raoul Gunsbourg. J'en ai entretenu nos lec-

teurs à ce moment-là (1) ; mais quelques années s'étant écoulées depuis lors, il ne sera sans doute pas inutile de revenir un peu et sur le sujet et sur l'œuvre musicale, en notant l'impression qu'elle a fait naître parmi de tout autres spectateurs.

Sujet corse, épisodes de *vendetta*, sous le premier Empire. Le vieil ermite Raphaël, pour tenter de les réconcilier, a convoqué deux familles ennemies : les Fabiani et les Pietra Nera. Ceux-ci sont représentés par le seul Tebaldo, un bel officier, et comme il aime Margarita, une Fabiani, et comme il en est aimé, le rapprochement devrait s'en trouver facilité, semble-t-il. Mais on compte sans la vieille Nunciata, « l'ancêtre », l'aïeule pour mieux dire, figure farouche et fataliste, qui se refuse à tout pardon, reste sourde aux prières adressées au Dieu de toute paix, méprise les larmes des femmes de l'un et l'autre parti, et répond d'un seul *non* tout sec à l'indignation prophétique du moine.

Comme il est dès lors à prévoir, l'action tourne vite au drame. Tebaldo, attaqué par surprise, a tué Leandri, petit-fils de Nunciata, et voici qu'on rapporte son cadavre : il n'en fallut pas tant pour faire jurer à l'aïeule la reprise d'une guerre à mort. Mais elle charge spécialement de la vendetta la propre sœur de Leandri, Vanina : or, celle-ci aime follement Tebaldo, et son serment lui fait horreur. Elle doit cependant suivre à la piste et guetter le meurtrier, et quelle n'est pas sa douleur, lorsqu'elle se trouve ainsi témoin des amours de Tebaldo avec Margarita, de leur union même, car l'ermite les a entraînés au plus vite dans sa chapelle, pour permettre à l'officier un prompt embarquement ! Va-t-elle épauler ce fusil qui lui a été confié ? Arrêtera-t-elle dans le sang les deux époux qui s'éloignent insoucieux ?... Tandis qu'elle hésite, affolée, l'aïeule surgit, arrache le fusil, tire... C'est Vanina qui est atteinte, comme elle courait avertir Tebaldo !... Courbée sous l'arrêt du destin, implacable pourtant, Nunciata s'éloigne, sans mot dire...

Ne se lassera-t-on pas des sujets-esquisses, des épisodes rapides où les caractères sont à peine indiqués, où les âmes restent fermées, où l'action seule évolue devant nos yeux ? Celui-ci, avec une idée assez théâtrale, donne une impression d'écourté, d'incertain, de superficiel, qui a son contre-coup naturel sur la musique, où le style des scènes, comme l'expression des personnages, n'est ni sans décousu, ni sans disparates. Aussi bien, il est sensible, — c'est du moins mon sentiment —

---

(1) Voir le numéro du 4 mars 1906

que M. C. Saint-Saëns s'est plutôt attaché à rendre les situations que les personnages, insuffisamment caractérisés. C'est par ses parties symphoniques et chorales que l'œuvre se recommande, avant tout, pour ses ensembles immobiles et où l'action semble pour un instant suspendue. Les sonorités en sont belles, lumineuses, l'écriture est de cette autorité facile et large qui est caractéristique chez ce maître-symphoniste ; on y sent le souci, non d'une déclamation continue et laborieusement tissue dans le travail orchestral, mais d'un simple et libre épanouissement sonore.

Il n'est pas également heureux partout, et par exemple l'idylle éclose, entre Tebaldo et Marguerita, au milieu de ces scènes de deuil et de vengeance, n'a ni le caractère ni la grâce même qu'on eût espérés et qui auraient pu offrir un effet de contraste exquis. C'est plutôt le calme et la paix de la nature dont l'expression produit cet effet, mais symphoniquement, ce qui est beaucoup plus dans le génie du musicien. Tout le début du premier acte, qui semble s'épanouir sous les paroles affectueuses du moine, et le joli effet des ruches dont les essaims s'envolent en bourdonnant, et, comme au début du troisième acte encore, la lumière légère et gaie de la nature en fleurs, ou de l'âme candide de Margarita, exercent un charme vraiment séduisant. Le Vocero corse du second acte, les strophes cadencées, tragiquement chantées par l'aïeul devant le cadavre de son petit-fils, au milieu de la foule debout et frémissante ; d'autre part, l'horreur secrète de Vanina et son exaltation qui prend son ampleur au troisième acte surtout, lorsqu'elle guette Tebaldo... telles sont, lyriquement, les pages maîtresses de la partition, qui semble, en somme, avoir produit une plus vive impression ici qu'à Monte-Carlo.

L'interprétation a peut-être aussi quelque chose de plus homogène. Celle de Monte-Carlo comprenait deux éléments exceptionnels et incomparables : Mme Felia Litvinne dans l'aïeule, M. Renaud dans l'ermite. Ne comparons pas et tenons pour certain que tous les rôles, ici, sont rendus de façon qu'on ne pense pas à les souhaiter différents. Mlle Brohly a triomphé avec caractère, avec force, avec vérité, de ce personnage farouche de Nunciata, auquel elle a donné une physionomie saisissante, et M. Albers a chanté avec ampleur les larges phrases du moine Raphaël. Mlle Nicot-Vauchelet a prêté sa grâce charmante et son exquise pureté vocale au sourire insouciant de Margarita et M. Beyle a lancé avec chaleur les phrases vibrantes de Tebaldo. Mlle Charbonnel enfin, créatrice déjà du personnage de Vanina, a

mieux que jamais affirmé sa sincérité d'émotion et la beauté moelleuse de sa voix de contralto. M. Ruhlmann dirigeait l'orchestre.

On a joint à ce spectacle austère le prestigieux sourire des Lucioles, ce divertissement chorégraphique de Mme Mariquita, mis en musique par M. Terrasse, dont j'ai déjà signalé la grâce pimpante. Je répéterai une fois de plus, que ce genre de ballet est tout à fait à sa place ici, où tous les éléments doivent être et sont naturellement réunis pour leur exécution, et que M. Albert Carré ne saurait mieux faire que d'en rendre habituelle la mise en valeur. Remercions-le aussi d'avoir permis encore d'admirer la plus pure et la plus harmonieuse virtuose de la danse française classique à notre époque, au geste toujours distingué, au goût toujours sûr, Mlle Jeanne Chasles. — N'en profitera-t-il pas pour nous rendre certaine Aventure de la Guimard si joliment contée par la verve spirituelle de M. Messager ?. H. DE CURZON.

LA SEMAINE

PARIS

Conservatoire. — Une très belle exécution intégrale d'Israël en Égypte, de Hændel (1738), version française de X. Perreau, a rempli la dernière séance, orchestre, chœurs, orgue (M. Guilmant) et solistes (de l'Opéra) sous la direction impeccable de M. Messager. Dans cette salle vibrante, avec cet ensemble de toutes voix sonores et harmonieuses, l'œuvre superbe, triomphe et épanouissement de lumière, a produit le plus séduisant effet. Soit à l'orchestre, soit pour les chœurs, elle a besoin, plus que toute autre, d'une grande beauté sonore, et cette saveur du son, quand on la trouve ainsi évoquée, produit d'exquis effets. C'est du reste les doubles-chœurs, — celui des moustiques, celui de la grêle, la pastorale de l'exode, le finale de la première partie, le cantique « Il est mon Dieu » et celui « Quel autre Dieu, Seigneur », enfin le dernier de la seconde partie, — dont l'ampleur est le plus souverainement belle. Parmi les pages confiées aux solistes, la plus vive impression a été donnée par le duo de basses de la seconde partie (d'ailleurs lancé avec un relief extrême par MM. Journet et Cerdan) et la grâce charmante de l'air d'alto, avec trio de cordes (dit avec beaucoup d'égalité par Mlle Lapeyrette). On a apprécié aussi la sûreté de M. Nansen dans les récits et l'air de ténor, et Mlles Gall et Bourdon, les deux sopranos.   H. DE C.

Concerts Colonne (22 janvier). — Plus on entend la Symphonie de César Franck plus on l'aime ; il n'en est pas de même du Concerto pour violoncelle d'Edouard Lalo que le joli talent de M. Bedetti n'arrive pas à rendre moins ennuyeux. Pour honorer comme il le mérite l'auteur du *Roi d'Ys* et de *Namouna* mieux vaudrait jouer autre chose : son œuvre est suffisamment nombreux, divers et riche.

Mlle Germaine Arnaud, la dernière et une des meilleures élèves d'Alphonse Duvernoy, s'est produite dans les *Variations symphoniques* de César Franck. Le seul fait de choisir ce morceau parmi tant d'autres plus propres à rehausser les qualités pianistiques est une preuve de goût. Mlle Arnaud dont le jeu est souple, brillant, élégant et sûr, a eu beaucoup de succès.

Première audition — aux Concerts Colonne — de *Schéhérazade*, de Rimsky-Korsakow. On s'étonne qu'un ouvrage d'une valeur et d'une importance aussi considérables n'ait pas encore été exécuté ici. Il est grand temps d'augmenter le répertoire des chefs-d'œuvre de l'école russe. M. Gabriel Pierné n'y manquera pas et la prochaine fois qu'il interprétera celui-ci, les mouvements moins accélérés, les rythmes plus marqués, l'abus du « rubato » réprimé, les sonorités mieux équilibrées, lui donneront la couleur et l'éclat qu'il réclame.

Première audition — véritable celle-là — d'une *Sarabande* pour orchestre et voix, de M. Roger Ducasse (1. Ce jeune compositeur dont la belle *Suite française*, jouée le 28 février 1909, au Châtelet, mit le nom et le talent en lumière, est un des élèves de M. Gabriel Fauré sur qui l'on peut fonder bon espoir. Sa musique, classique de structure, moderne de facture, est claire et vivante ; elle rappelle par certains côtés celle de son homonyme : Paul Dukas, moins la légèreté et la verve — et pourtant quel entrain anime l'ouverture et le menuet de la « Suite » déjà nommée.

Un vieux texte a servi de programme au petit poème symphonique intitulé *Sarabande*. Je vais le rapporter ; la musique le suit en tous points et le traduit joliment avec émotion et poésie : « L'endemain du dict jour, au matin, menèrent le défunct Princelet en l'Abbaye d'Aisnay. Icel, devant que trespasser, souventes foys avoit amiablement et doulcement requis. « Sonnez-moy ceste sara-

_____
(1) La partition réduite par l'auteur pour piano à quatre mains vient de paraître chez A. Durand et fils.

bande » qui estoit une dance d'Hespaigne qu'un Sonneur de luth qu'il aimoit sonnoit moult bellement. Et en agonir requérant : « Sonnez-moy ceste sarabande ». Adonc, à ce que plus souvement departist de ça bas, tout le chemin qui mène en l'abbaye dessus dicte, et violes et haultboys d'amour et flustes alloient sonnant la dicte sarabande, emmi les psalmes des prebstres et clercs, et plaincts fréquents de bonnes gens, qui misérablement pleuroient et lamentoient. Et oyoit-on, en mesme tems, toutes cloches, bourdons et campanelles, qui quarillonnaient bien mélodieusement. » Le charmant ouvrage de M. Ducasse a été très bien accueilli.

M. Pierné devrait déshabituer l'orchestre de se lever pour saluer quand on l'applaudit. Les exécutions qu'il donne sont souvent bonnes ; il faut en augmenter l'effet par un peu de modestie.

ANDRÉ LAMETTE.

Concerts Lamoureux. — La ravissante symphonie en *si bémol* (n° 12) de Haydn, commençait la séance ; l'exécution en fût soignée, pleine de jolis détails ; pourquoi notre excellent orchestre joue-t-il les *menuets* si lourdement ? C'est un parti pris. Et dans le finale ! quels gros accents, appuyés, pâteux, viennent gâter notre plaisir. — Deux jolies mélodies de M. Chevillard nous étaient offertes en première audition : *Attente* et *Chemins d'amour* ; deux pages fines, élégantes, d'une grâce achevée ; la ligne mélodique en est jolie, l'orchestration légère, charmante et du goût le plus sûr ; le goût ! quelle qualité rare : tout donner à entendre et ne pas tout dire, se fier à la sensibilité de l'auditeur, lui laisser croire qu'il met un peu de lui-même dans l'œuvre qu'il écoute, quel tact exquis, Mme Croiza prêtait sa belle voix et son rare talent à ces deux petits poèmes, elle fut très applaudie. *Rêves* de Wagner, et *Orphée* de Gluck confirmèrent ce premier succès de la parfaite cantatrice.

Le grand événement, c'était la première audition de la cinquième symphonie de Mahler. On sait quelles polémiques suscitent les œuvres de ce musicien. Il a des admirateurs passionnés, des détracteurs fervents..... Sans prendre parti, écartons tout d'abord ce luxe de commentaires philosophiques que tant de compositeurs prétendent aujourd'hui nous imposer, à côté, ou en plus, de leur musique. Que viennent faire ici tant de méditations nietzschéennes, et que nous importe si la première partie de cette œuvre implexe se rattache à l'écroulement du vieux monde et la dernière à la surrection d'un nouveau cosmos. Une œuvre musicale doit d'abord être musicale ; c'est à ce point de vue seul que le critique peut la juger. Et tout le reste est littérature.

La première impression que donne cette symphonie est celle d'énormité, comme temps, comme masse et comme substance. Le temps est considérable : l'œuvre dure, minutée, 1 heure 8' et, avec les repos que M. Chevillard nous accorda : 1 h. .o'. Là masse, ou, si l'on veut, la quantité sonore, dépasse également l'habituelle mesure; cela défèrle, roule, vibre et tonne, à certains moments, avec la fureur et l'impétuosité d'un élément déchaîné; l'orchestre clame par toutes ses voix et, chose bizarre, il n'a jamais cette belle sonorité brillante, cette couleur chaude qu'obtiennent les maîtres russes, par exemple, avec des moyens plus restreints (je n'explique pas, je constate). Comme substance, si l'on ose mesurer ce qu'une telle œuvre implique, non pas seulement de substance musicale, mais encore de substance humaine, on reste confondu. Il faut, pour qu'elle soit reproduite et écoutée, des siècles de civilisations, de labeurs obstinés, de souffrances subies, de patientes conquêtes, d'inlassables désirs. Musique surchargée de pensées; alourdie, presque déformée, par l'apport de toutes les générations précédentes et furieuse d'une puissance jusqu'à elle inconnue et qu'elle n'atteint pas. Œuvre vaste, inégale, heurtée, choquante, grandiose, qui présente d'indiscutables beautés et, tout auprès, la vulgarité, le mauvais goût et même la laideur. La « marche funèbre » est, à notre avis, la partie la plus remarquable de l'ensemble; « l'allegro » sauvage qui suit est d'une âpreté peu commune; le « scherzo » expose une valse d'un goût déplorable, « l'adagietto » s'étire longuement et s'enchaîne avec le « finale » où toutes les ressources d'un savoir scolastique se déchaînent en tourbillons furieux, soudain refrénés, en tutti formidables qui se muent en calmes surprenants. L'auditeur secoué, mais non conquis, se cabre et oppose une résistance presque égale à la violence qu'on lui impose.

L'accueil fut des plus chaleureux; les meilleurs applaudissements allaient à M. Chevillard, le chef valeureux et à ses instrumentistes qui, sans défaillances, ont soutenu jusqu'au bout leur lourde tâche. Il faut la qualité de pareils musiciens et le mérite de leur directeur pour donner, du premier coup, de cette œuvre gigantesque, que nous avons suivie, partition en mains, une exécution claire, vivante, vigoureuse, d'aplomb et dont l'intérêt n'a pas faibli un instant. Un tel jour peut compter dans les fastes de cette belle association.   M. DAUBRESSE.

S. M. I. — La S. M. I. (vulgairement : Société musicale indépendante) et la Société Nationale sont, dit-on, réconciliées. Schola et Conservatoire désarment et se serrent la main. C'est dommage, leur duel promettait d'être utile... aux témoins.

Combattre étant la seule raison d'être d'une société de combat, la S. M. I. va partir en campagne contre la Critique, qu'elle menace déjà d'un concert d'œuvres sans noms d'auteurs. On ne s'ennuiera ni d'un côté ni de l'autre des deux camps.

Ce soir, 16 janvier, concert d'attente. On ne s'écrase pas. Au programme, des hors-d'œuvre : une sonatine, pour violon et piano, de M. Jean Huré qui, après avoir terminé de brillantes études littéraires fit... de la musique ; le cantabile et le scherzo d'une symphonie pour orgue, de M. Louis Vierne; une sonatine pour piano, intéressante quoique son auteur, M. Paul Martineau, soit encore élève au Conservatoire; une rapsodie difficile et bizarre, pour clarinette et piano, de M. Debussy, dédiée à M. Minart et jouée par lui; trois mélodies siamoises chantées en français par une dame javanaise. ; trois compositions anciennes (1887) du précurseur Erik Satie, debussyste avant Debussy, raveliste avant Ravel, inventeur inspiré de formules nouvelles qui, « après une longue période d'inaction artistique, vient d'entreprendre le plus imprévu des noviciats en s'imposant avec une rigoureuse sévérité la scolastique discipline du contrepoint, sous la direction de M Roussel » (*Guide du concert*) ; enfin un long, très long sextuor de Mme Germaine Corbin, élève de M. Edmond Malherbe.

Eh bien! me dit en sortant un vieux brave homme, vous êtes content, vos amis triomphent, tout retentit du bruit de leurs exploits ; entasseurs de dissonances, coupeurs de notes en quatre, énervés, impuissants, à qui la langue de Mozart et de Beethoven ne suffit point, impressionnistes qui subordonnent la musique à la littérature, futuristes, puffistes! Voyez ce qu'ils font, c'est à hurler de honte et de douleur! Qui nous rendra la belle et simple musique d'Ambroise Thomas?

Et le vieux brave homme s'en fut, plongé dans la lecture d'un récent article de Jean d'Udine qui le remplit de joie.   ANDRÉ LAMETTE.

— Signalons une intéressante matinée, offerte à quelques privilégiés par le violoncelliste Maxime Thomas, le jeudi 19 janvier. Deux compositeurs, M. Marcel Bertrand et M. Emile Dens, y ont fait entendre quelques-unes de leurs œuvres. Le premier, un très jeune musicien, est le fils et le neveu des directeurs Bertrand, que nous avons connus à l'Opéra et au Vaudeville. Il est l'auteur d'une œuvre jouée à l'Opéra-Comique, *Ghislaine*, et nous a fait apprécier une inspiration jeune et aimable dans les fragments exécutés, entre autres, un ravissant chœur, extrait de cette partition. *Ronde et Farandole*. Ajoutons-y une poétique scène lyrique, *Endymion*, sur de beaux vers de M. Lucien Paté, une *Suite* pour violoncelle et piano, heureusement développée, et admirablement rendue par M. Maxime Thomas et l'auteur. et des mélodies détachées. La partie de chant était confiée à M. Gille. de l'Opéra-Comique, un bon baryton, et aux jolies voix de Mme Andrée Lorec, Mlles Dauly, Gilquin, Veillard.

On a beaucoup goûté la musique de M. Emile Dens. d'un caractère bien original et très coloré. Je citerai surtout deux airs anciens excellents, le premier rendu par le Quatuor à vent (MM. Grus, Gunstoett, Bailleux et Quentin), le second, un délicieux menuet — bissé — confié au Quatuor à cordes (Mme Bonis-Billard, Mlle Pihoux, MM. E. Gomé et Maxime Thomas). Notons encore un *Ave Maria*, d'un beau style, chanté par les remarquables chœurs féminins de la maison, et une pittoresque *Musique de scène*, exécutée à l'orchestre; enfin. les émouvantes adaptations de trois poèmes. *L'Etoile du soir* de Musset; *Les Pèlerins d'Emmaüs*, de Coppée; *La Tristesse d'Olympie*, de Hugo. Le récitant n'était autre que M. Brémont. le diseur le plus parfait et le plus émouvant, parce que le plus ému. C'était terminer triomphalement cette belle matinée.   J. GUILLEMOT.

— Le festival donné jeudi 19, salle Erard, par Mlle Claire Hugon, offrait un important programme, allant de Hændel à Paul Dupin, en passant par Luigi Rossi (l'air de *Mitrane* est une belle page dramatique); Beethoven, dans l'*Adélaïde*, duquel le mezzo de Mlle Hugon eut d'exquis *pianissimo*, alors qu'il manque encore d'assurance, de justesse et d'accent dans les *forte;* Schubert, où la cantatrice aurait intérêt à ne pas s'accompagner elle-même, et Hugo Wolf, dont la *Chanson de Mignon* est d'une richesse de sentiment toute wagnérienne; enfin les mélodies modernes, parmi lesquelles, le *Clair de lune* aux miroitants arpèges; de A. de Castillon, *Le Bûcher*, d'une belle couleur sombre; d'Ern. Chausson, la troublante *Chanson perpétuelle*. Le curieux instinct harmonique de Paul Dupin sembla conquérir l'auditoire dans deux mélodies. accompagnées par Mlle Gilberte Dupin : *Pensée;* aux sonorités colorées, et *Le Pauvre fou qui songe*, aux contours

obsédants à dessein. De P. Dupin aussi, la *Légende du pauvre homme*, impression très floue et non sans charme, surtout présentée avec beaucoup de moelleux par l'excellent Quatuor Lefeuve, dont le violoncelliste. M. de Fragnier, possède un beau son communicatif, très goûté au commencement du concert dans la sonate en *sol* de Bach, de savoureuse et saine polyphonie, avec, au piano, l'organiste J. Civil y Castellvi.   E. B.

— Il nous a été donné d'entendre, le dimanche 22 janvier, à 10 heures, à Saint-Eustache, la très belle messe pour chœur et deux orgues de M. Louis Vierne. La Société Händel, dirigée par M. Raugel, interpréta avec ferveur l'œuvre de l'éminent organiste de Notre-Dame, œuvre qui, par la pureté de sa ligne mélodique, la beauté simple du travail harmonique et l'élévation de l'inspiration laissa les fidèles sous l'impression d'une émotion mystique intense. M. Joseph Bonnet, le titulaire de Saint-Eustache, qui tenait le grand orgue. a magnifiquement exécuté, à la sortie, le finale d'une superbe allure héroïque de la deuxième symphonie de M. Louis Vierne.   E. K.

— Je sais bien qu'on n'en est plus à une profanation près avec l'*Orphée* de Gluck. Mais j'insiste sur le dénaturement de caractère auquel on arrive ainsi avec la musique de l'illustre chevalier. Personne ne niera, je suppose, qu'il n'est pas de rôle plus mâle et de passion plus virile et plus forte que celui d'Orphée. Pourtant, parce qu'une femme s'est trouvée, dont le talent exceptionnellement ardent et viril a fait le tour de force d'incarner ce type sublime, il a fallu que tous les contraltos, tous les mezzo-sopranos, que dis-je, des sopranos aussi, s'y fissent admirer à l'envi, « dans des tons divers ». Résultat: tout le caractère du personnage a tourné au charme, à la grâce, à la « pureté antique », ou soi-disant telle, bref, elle s'est féminisé tant qu'il a pu... Mais que dire de ce comble : *Orphée* dansé, Orphée évoqué par Miss Isadora Duncan, ses grâces puériles, ses poses jolies, ses envolées légères et souriantes ou ses pas rêveurs et éplorés, alanguis et infiniment aimables ? — Et ses admirateurs de s'écrier : « Cette musique est délicieusement appropriée à ce que veut faire Miss Isadora Duncan ! » C'est un simple contre-sens, tout autant que lorsqu'elle danse la symphonie en *la* ou des Nocturnes de Chopin. et davantage même, car elle ne se permet plus, simplement d'évoquer au hasard les rêves de la musique pure, mais de dénaturer des caractères. vivants, une action conçue dans des termes absolus... Ah!

quels snobs nous-sommes de laisser passer des profanations pareilles!   H. DE C.

— Pour répondre à certaines questions qui lui ont été posées, la Société des compositeurs de Musique rappelle que les prochains concours auront lieu dans l'ordre suivant :

Année 1911. — I. *Pièce Lyrique*, pour voix solo et orchestre (on peut entendre par là une ode de Victor Hugo ou de Lamartine, par exemple, entière ou partielle, ou telle poésie lyrique que le compositeur choisira). Il importe de remarquer qu'il s'agit ici non d'une simple mélodie, mais d'une composition de dimensions assez vastes. Le texte devra donc se prêter à ce développement. Prix Ambroise Thomas : 1,000 francs.

II. *Quintette*, pour instruments à archet et un ou deux instruments à vent, au choix du compositeur. Prix : 500 francs, offert par la Société.

III. *Pater Noster*, pour ténor ou baryton avec accompagnement d'orgue. Prix Samuel Rousseau : 300 francs, offert par Mme Samuel Rousseau.

Année 1912. — *Pièce symphonique* avec partie principale de harpe chromatique, sans que la virtuosité y soit prédominante. Prix Pleyel-Wolff-Lyon : 1,000 francs.

Année 1913. — *Symphonie*, pour orchestre par deux. Prix Antonin Marmontel : 1,000 francs.

Chaque année les manuscrits devront être renvoyés avant le 31 décembre, à l'archiviste de la Société, 22, rue Rochechouart 9e).

Ils devront être écrits lisiblement à l'encre noire. Les concurrents pour le Quintette devront joindre à la partition les parties séparées.

OPÉRA. — La Walkyrie. Le Miracle. Faust. Lohengrin.

OPÉRA-COMIQUE. — Manon. La Tosca. L'Ancêtre. Les Lucioles. Le Domino noir. Le Chalet.

THÉATRE LYRIQUE (Gaîté). — Don Quichotte. La Juive. Hernani. Le Trouvère. Le Soir de Waterloo. Les Huguenots. Quo Vadis?.

TRIANON-LYRIQUE. — Fra Diavolo. M. Choufleuri. Miss Hélyett. Mam'selle Nitouche. Le Petit duc Le Pré-aux-clercs. Phryné. Bonsoir M. Pantalon.

APOLLO. — La Veuve Joyeuse.

Conservatoire (Société des Concerts). — Dimanche 29 janvier, à 2 1/4 heures. Programme : Israël en Egypte (Hændel). — Direction de M. A. Messager.

Concerts Colonne (Châtelet). — Dimanche 29 janvier, à 2 ½ heures. Programme : Fervaal (d'Indy), scène du premier acte, chantée par M. Franz et Mlle Chenal; Suite de concert en *ré* mineur (Hændel); Prélude à l'après-midi d'un faune (Debussy); Hulda, troisième acte (C. Franck), chanté par M. Franz et Mlle Chenal; Shéhérazade (Rimsky-Korsakoff). — Direction de M. G. Pierné.

SALLE ERARD

Concerts du mois de Février 1911

1 Mlle Henriette Renié, harpe (9 heures du soir).
2 Quatuor Mauguière, chant   »
3 Mlle Cramer, piano   »
4 Mlle H Barry, piano   »
5 Concert de bienfaisance (1 1/2 heure du soir).
6 M. Luquin, musique de chambre (9 h. du soir).
7 Mme Alvin, piano   »
8 Mme Marty, chant   »
9 Société Chorale d'Amateurs, chant   »
10 Mlle Pauline Roux, piano et orchestre   »
11 M. Isnardon, audition d'élèves   »
12 Mme Girardin - Marchal, matinée d'élèves (1 1/2 heure du soir).
13 Mme Protopopova Defosse, chant (9 h. du soir).
14 M de Radwan, piano   »
15 M. Emil Sauer, piano   »
16 Mlle Fourgeaud, piano   »
17 MM. Ferté et Fournier, piano et violoncelle (9 heures du soir).
18 M. Batalla, piano 9 heures du soir).
19 Mlle Legrenay, matinée d'élèves (1 1/2 heure du soir).
20 M. Durosoir, violon et orchestre 9 h. du soir).
21 M. de Radwan, piano   »
22 M. Emil Sauer, piano   »
23 M. Edouard Risler, piano   »
24 MM. Ferté et Fournier, piano et violoncelle (9 heures du soir).
25 M. Emil Frey, piano (9 heures du soir).
26 M. Broche, matinée d'élèves (1 1/2 h. du soir).
27 Mme Baltus-Jacquard, piano (9 h. du soir).

SALLES PLEYEL

22, rue Rochechouart

Concerts de Février 1911 (à 9 heures soir)

Grande Salle

3 Le Quatuor Capet.
6 Mlle Samion.
8 Le Quatuor Lejeune.
9 M. Th Szanto.
10 M. Maurice Dumesnil.
11 La Société Nationale de Musique
13 M. M. Ciampi.
14 M. P. Bertheaume.
15 M. J. Debroux.
16 Mlles Lénars et Bizet.
17 M. Maurice Dumesnil.
20 Mlle C. Deroche.
21 Mlle H. Chalot.
22 Mme H. Bétille.
23 La Société des Compositeurs de musique.
24 Mlle E. Gaïda.
25 La Société Nationale de musique
27 Mme M. Cury.

Salle des Quatuors

15 Le Quatuor Calliat.
21 La Société de Musique nouvelle.

SALLES GAVEAU

45 et 47, rue La Boëtie

Concerts du mois de Février 1911

Salle des Concerts

. 1 Concert Kellert (9 heures).
2 Concert Orchestre médical (9 heures)
3 Concert Schola Cantorum (9 heures).
4 Concert Hasselmans (3 1/2 heures)
. 5 Concert Lamoureux (3 heures).
6 Société Musicale Indépendante (9 heures).
7 Cercle Militaire (9 heures).
8 Notre-Dame de Lourdes [Alex Georges] (3 h.).
11 Société Philharmonique (9 heures).
12 Concert Lamoureux (3 heures).
13 Concert Saillard Dietz (9 heures)
14 Premier récital Mark Hambourg (9 heures).
15 Manecanterie [des Petits Chanteurs de la Croix de B. is] (9 heures)
16 Concert Aussenac et Ch. W. Clark (9 heures).
18 Concert Hasselmans (3 1/2 heures).
19 Concert Lamoureux (3 heures).
19 Solidarité Commerciale (9 heures).
20 Société Musicale Indépendante (9 heures).
21 Société Philharmonique (9 heures).
23 Répétition publique de la Cantorum (4 h.).
24 Concert Schola Cantorum (9 heures).
26 Concert Lamoureux (3 heures).
27 Cercle Musical (9 heures).

Salle des Quatuors

2 Quatuor Rimé Saintel (3 heures).
. 4 Concert Infante et Vela (9 heures).
:6 Concert U. F. P C (2 heures)
9 Audition des élèves de Mme Meyrau (8 1/2 h.).
15 " " " M Carambat (2 h.),
16 " " " Mme Lefaure Boucherit
. (2 heures).
20 Concert U. F. P C. (2 heures).

Concerts Lamoureux (Salle Gaveau). — Dimanche; 29 janvier, à 3 heures. Programme : Cinquième symphonie (G. Mahler); Airs d'Alceste (Gluck) et des Troyens (Berlioz), chantés par Mlle Hatto; Ouverture de Coriolan (Beethoven); Deux Nocturnes (Debussy); L'Apprenti sorcier (Dukas). — Direction de M. C. Chevillard.

BRUXELLES

THÉATRE ROYAL DE LA MONNAIE .—

Vendredi a eu lieu la première représentation de *Ceci n'est pas un conte*, « pièce lyrique » en un acte due à la collaboration de M. Gaston Dumestre, qui en a écrit le livret, et de M. Ludovic Stiénon du Pré, qui est l'auteur de la musique. Cette œuvrette avait été jouée pour la première fois le 16 mars 1909 au Théâtre du Capitole à Toulouse ; elle fut également exécutée, avec un vif succès, à Ostende l'été dernier, et plus récemment à Anvers; elle a été mise à la scène dans plusieurs capitales de l'Amérique du Sud, et diverses villes belges, Liège et Verviers entre autres, la représenteront prochainement.

Le livret de M. Dumestre, élégamment versifié, nous montre un Pierrot sentimental et profondément amoureux, qui s'apprête à fêter joyeusement avec sa jeune épouse, Colombine, le réveillon de Noel. Le galant Roger met à profit une courte absence de Pierrot pour venir déclarer sa flamme à Colombine. A son retour, Pierrot trouve, parmi les lettres d'amour qu'il échangea naguère avec Colombine, une lettre de Roger que celle-ci a précipitamment glissée dans le coffret aux souvenirs. Désespoir de Pierrot, qui chasse sa femme et se tue.

Le sujet est menu, mais il est présenté avec goût, et le livret renferme maints détails charmants, qui affirment, chez M. Dumestre, une sensibilité très délicate. Il y a là une succession d'épisodes vraiment poétiques, traités sobrement, dans la note tendrement émue et agréablement conventionnelle qui convenait aux personnages.

La musique de M. Stiénon du Pré est, elle aussi, parfaitement appropriée au sujet. Elégante, distinguée, elle a le grand mérite de ne pas sortir du cadre que lui traçait le librettiste. Tant de musiciens se seraient laissé entraîner, par les côtés dramatiques de la situation, à des accents qui eussent paru ici de la grandiloquence. Le jeune compositeur n'a pas oublié qu'il avait à traduire les sentiments de « Pierrot » et de « Colombine », et il l'a fait avec autant de goût que d'habileté. Sa musique est chantante et mélodieuse, et si le caractère personnel ne s'en dégage pas encore d'une manière bien accusée, elle n'est jamais banale ; elle dit les choses avec charme et simplicité, sans appuyer plus qu'il ne convient, donnant, dans l'ensemble, l'impression d'une œuvre très harmoniquement conçue et réalisée. Tandis que certains passages du texte sont simplement déclamés, la musique de l'orchestre est continue et tout s'y enchaine très habilement, sans laisser trop la trace d'une division en morceaux; c'est là une des caractéristiques de cette jolie partition.

L'orchestration est discrète, établissant un adroit équilibre entre le quatuor et l'harmonie. Bien appropriée à l'élégance de la ligne mélodique, elle contribue également à donner à l'œuvre une agréable impression d'unité, grâce à ses colorations distinguées, s'harmonisant agréablement avec les tons blancs de cette nuit de Noel, où la neige, par une jolie inspiration du librettiste, joue en quelque sorte le rôle d'un quatrième personnage.

Pour nous résumer, nous dirons que les deux

collaborateurs ont fait preuve d'un goût fort délicat. En montrant tous deux à un haut degré une notion très juste des proportions, en affirmant un sentiment exact de la couleur que réclamait cette œuvre aimable et d'une émotion douce, en employant le mode d'expression qui répondait à la nature des personnages, ils ont réussi à nous mettre en présence d'une production très agréable à voir et à entendre, et qui est en somme ce qu'elle devait être. N'est-ce pas le meilleur éloge que l'on puisse faire d'une œuvre d'art ?

Ceci n'est pas un conte est très bien joué à la Monnaie. Le rôle de Pierrot permet de goûter tout le charme de la jolie voix de ténor de M. Dua, qui a parfaitement rendu le caractère de naïve tendresse de son personnage. Mme Symiane se montre la fine et spirituelle comédienne que l'on sait dans le rôle de Colombine, qu'elle chante d'ailleurs délicieusement Et M. Delaye s'acquitte bien du rôle, moins important, de Roger. L'œuvre a été mise à la scène avec goût et habileté par le régisseur M. Delières, qui avait déjà présidé à l'exécution du théâtre d'Ostende. L'orchestre en a fourni une interprétation très souple et très nuancée sous la direction experte de M. Rasse.

On a fait le plus favorable accueil aux interprètes et aux auteurs Le compositeur, réclamé sur la scène, a été chaleureusement acclamé. Il porte d'ailleurs un nom qu'ont rendu, depuis longtemps, des plus sympathique au monde musical le rôle important joué par son père, M. Stiénon du Pré, sénateur et bourgmestre de Tournai, en sa qualité de fondateur et président de la Société de Musique de cette ville, société dont les grandes exécutions orchestrales et chorales ont acquis une universelle célébrité. J. Br.

Concerts populaires. — Toute la première partie du second concert d'abonnement a été consacrée à Franz Liszt, en commémoration de son prochain et glorieux centenaire. Vraiment, cela fut dignement célébré. M. Sylvain Dupuis avait porté au programme une des œuvres les plus géniales du maître de Weimar, son *Faust*, de conception si élevée, de réalisation si hardie et suggestive et d'une vérité d'accents si grande. Trois figures essentielles de cette immense œuvre de Goethe y sont musicalement dépeintes sous leurs aspects les plus caractéristiques et forment, dans leur diversité, un admirable triptyque de figures vivantes apparaissant dans un coloris merveilleux (1). Nous ne

(1) Cette Faust-Symphonie en trois tableaux aurait du reste été inspirée à Liszt par les trois peintures des mêmes figures essentielles, du peintre Ary Scheffer, d'après Goethe.

reviendrons pas à l'analyse détaillée de ces pages dont M Dupuis lui-même a judicieusement entretenu nos lecteurs dans le numéro du 8 janvier. Mais nous dirons une fois de plus combien s'y révèle la valeur de Liszt comme compositeur, combien est riche et expressive la matière thématique de son Faust, admirables ses développements et ses transformations, combien élevée en est l'inspiration et comme l'instrumentation en est parfaite. Si jamais effets de sonorités furent justement employés et distribués, c'est bien dans cette œuvre où passe un souffle génial, une belle flamme romantique auprès de laquelle la claire tendresse, le lyrisme doucement passionné de Marguerite forme comme un délicieux interlude de repos bienheureux L'œuvre fut étudiée avec un soin tout particulier et pieusement rendue. Ce fut si beau qu'on regrettait presque la suppression de l'épilogue avec chœurs qu'Eug. Ysaye nous fit autrefois apprécier à ses concerts. Mais M. Dupuis s'est conformé à l'interprétation habituelle de Liszt lui-même.

Le pianiste, M. Moritz Rosenthal, nous fit ensuite entendre le brillant concerto en *mi* bémol, aux trois mouvements étroitement confondus en une seule partie. Le grand virtuose a mis dans ces pages tout le brio, la fougue désirables. Sa technique est prodigieuse, presque écrasante parfois ; elle subordonne le sentiment et la pensée et c'est dommage ; dans la *Berceuse* de Chopin notamment, ce fut un merveilleux jeu de nuances, de finesses, mais guère autre chose. Les variations de Brahms sur un thème de Paganini ont été jouées avec une clarté, une maîtrise étonnantes ; en *bis*, une valse de Chopin, et des variations acrobatiques de je ne sais qui, sans beauté aucune.

Le programme comprenait encore une jolie symphonie à deux mouvements (adagio et allegro) pour deux flûtes et cordes de W. Friedemann Bach, le génial fils de Jean-Sébastien. Beaucoup de distinction ; en plus de la verve et du nerf, dans la deuxième partie. Ce fut d'une exécution très délicate avec laquelle celle de la pittoresque et rutilante *Catalonia* d'Albeniz — à la fin du programme — contrasta vigoureusement.

L'exécution du *Faust* de Liszt a surtout fait de ce concert une belle matinée d'art pour laquelle nous félicitons vivement M. Dupuis. M. de R.

Société internationale de musique. — Les conditions locales ne permettraient guère de conserver au groupe de Bruxelles le caractère exclusivement historique que manifestent le groupe parisien ou les groupes allemands. Les musicologues ne sont pas précisément légion chez nous et, en général, ils ne sont pas accablés de loisirs... Nous aurons toutefois, le 25 février, une très intéressante séance sur les *Origines de l'oratorio*, conférence de M. Ch. Maertens, audition musicale organisée par les soins de Mme Beauck-Birner. Mais les deux premières séances de la saison auront été de caractère tout moderne et pratique. à Mlle M. de Rudder a rendu compte ici de la séance Dupin; la semaine dernière, c'est à l'audition des œuvres de M. Ch. Tournemire que les membres du groupe étaient conviés.

M. Tournemire est le successeur de Franck à l'orgue de Ste-Clotilde, à Paris. S'il ne compte pas parmi les disciples directs du maître pour la composition proprement dite, il fut son élève pour l'orgue et, par le fait, il n'en bénéficia pas moins de l'influence bienfaisante, élévatrice, exercée tout autour de lui, dans toutes les formes de son activité, par le maître des *Béatitudes*. Et cette influence, il semble qu'on la retrouve dans son style.

Le programme comportait les ouvrages suivants : Trio en *sol* mineur, op. 22, pour piano, violon et violoncelle; rhapsodie pour piano, op. 29; pièces pour harmonium, op. 21; id. pour violoncelle, op. 5; quatuor pour cordes et piano, en *ré* mineur, op. 15.

Toutes ces compositions se distinguent par cette élévation et ce sérieux du style propres à tous les disciples, directs ou indirects, de Franck. On ne pourrait dire que la source inspiratrice soit très généreuse chez M. Tournemire, mais elle est très pure ; l'idée est exempte de banalité comme de réminiscences ; la présentation harmonique et polyphonique est d'une ingéniosité et d'un goût qui soutiennent constamment l'intérêt. Tous les morceaux au programme exhibaient ces qualités, mais nous avons particulièrement goûté les pièces pour violoncelle et les premières, — surtout le Scherzo — méritent d'être placées au premier rang de la littérature moderne de l'instrument; le second, admirablement construit et charpenté, est d'une envolée puissante et d'une communicative chaleur. C'est de la « bonne musique », dans le sens le plus élevé du mot.

L'interprétation a été de tout premier ordre, avec Mme T. Béon au Mustel. M. Tournemire lui-même (qui joue du piano avec la conscience polyphonique propre aux organistes) tenant la partie de piano dans les morceaux d'ensemble, le violon, l'alto et le violoncelle étant joués respectivement par MM. Renard (l'auteur de la fameuse *Berceuse*), Rogister et Van Isterdael; la Rhapsodie, fort difficile, a été enlevée avec brio par M. Ch. Delgouffre, qui a présenté le compositeur au public dans

uns pirituel avant-dire. Le succès du compositeur et des interprètes a été des plus vifs. E. C.

Cercle Artistique. — Eminemment instructives et attrayantes ces matinées de musique de chambre pour instruments à vent et piano qui complètent très heureusement ces séances de quatuors à cordes, données depuis deux ans. D'excellents artistes sont chargés de l'interprétation de cette musique si difficile à mettre à point et qui demande, peut-être encore plus que le quatuor où les sonorités se fondent plus aisément, un travail patient, délicat, je dirai presque un « doigté » plus subtil. Le piano tient lieu de point d'appui. M. Théo Ysaye s'acquitte à merveille de cette partie fondamentale.

Nous avons entendu la sonate en *ut* mineur de Hændel pour hautbois et piano où M. Piérard a fait preuve d'un phrasé parfait. Il y avait encore l'aimable quintette en *mi* bémol pour piano, hautbois, clarinette, cor et basson de Mozart, enfin le sextuor en *si* bémol (op. VI) pour piano, flûte, hautbois, clarinette, cor et basson de Ludwig Thuille, œuvre si fraîche, si charmante, si bienvenue, admirablement représentée, d'un coloris et d'une inspiration aussi variés que clairs. L'œuvre a du reste retrouvé son succès habituel, grâce aussi à l'excellente interprétation de MM. Isaye, Demont, Piérard, Bageard, Mahy et Bogaerts. M. DE R.

A la Grande Harmonie. — Excellente l'impression que fit, à son récital, Mlle Henriette Engberts, jeune pianiste dont le talent s'est révélé digne de l'attention des dilettantes. Peu de jeunes virtuoses possèdent, au même degré qu'elle, cette sensibilité grâce à laquelle l'artiste interprète les œuvres les plus variées avec la fidélité d'expression et le charme qui en rendent immédiatement visibles les beautés ou le caractère original. Mlle Engberts a joué le prélude en *ré* bémol de Chopin et le scherzo en *si* avec infiniment de goût et elle a déployé toute la souplesse de son talent dans l'interprétation de pièces de Liszt. M. Henri Jacobs, moniteur au Conservatoire de Bruxelles, a donné à l'auditoire le plaisir de l'applaudir chaleureusement après qu'il eut interprété, avec beaucoup d'art, la sonate en *ré* mineur de Beethoven, la sonate en *mi* mineur de Brahms et les *Variations symphoniques* de Boellmann.

— Salle comble, vendredi 20 janvier, au concert donné par Mlle Suzanne Godenne, pianiste et M. M.-B. Hildebrandt, violoniste, a la Grande Harmonie. Très douée musicalement, Mlle Godenne, qui a acquis une connaissance technique admirable du clavier, joua les *Variations sympho-*

niques de C. Franck, peut-être avec moins de largeur de style qu'on l'eût souhaité. Le concerto en *ut* mineur de Saint-Saëns et quelques pièces pour piano seul, valurent à la jeune artiste de vifs applaudissements très mérités.

M. Hildebrandt, beau violoniste au son large et pur, — trop pur peut-être, car il devient par moment inexpressif, — nous fit entendre le concerto en *sol* mineur de M. Bruch et un *Prélude et Fugue* de Bach pour violon seul.

Le concert avait très bien débuté par l'ouverture de la *Grotte de Fingal* dont M. Théo Ysaye, qui dirigeait l'orchestre avec toute la maitrise que nous lui connaissons, nous donna une audition très soignée qui lui valut un succès personnel.

M. BRUSSELMANS

— Un de nos meilleurs violonistes, M. Crickboom, donnera au cours de cette saison, quatre récitals dont le premier vient d'avoir lieu avec le plus grand succès. Il faut dire que l'interprète s'est surpassé et nous semble plus que jamais un *maitre-virtuose* dans le meilleur sens du mot. Une technique parfaite et aisée, un style sobre et pur, une sonorité chaude et pleine, un sentiment juste de la ligne et des plans en font un des meilleurs interprètes des grands classiques allemands et italiens. Le concerto en *la* mineur de Bach, et surtout celui en *ré* mineur de Tartini, furent rarement aussi noblement joués ici. Un petit orchestre à cordes, sous la direction ferme et compréhensive de M. Alb. Zimmer, a fort bien accompagné le soliste.

On aurait préféré rester dans cette atmosphère d'art si élevé que de passer aux pages, très intéressantes sans doute, des compositeurs plus modernes. Le programme eût certes gagné en unité. Deux mouvements de la *Symphonie espagnole* de Lalo, la Polonaise en *la* de Wieniawski, une charmante Berceuse de Rubinstein, en *bis*, ont prouvé que M. Crickboom se trouvait aussi à l'aise dans ces œuvres toutes différentes. Mᵐᵉ Crickboom, accompagnait au piano.

Nous avons pu apprécier aussi, à côté de l'impeccable virtuose, le compositeur de goût, de talent et d'inspiration personnelle dans deux petites pièces : *Grisaille* et *Calme*, modestement intitulées *Esquisses*, et qui sont des impressions très achevées et très suggestives.   M. DE R.

— La vaillante société d'amateurs, l'Euterpe, vient de représenter pour la première fois le beau drame de M. Georges Eekhoud, *Perkin Warbeck* ou *L'Imposteur magnanime* Je ne puis guère m'arrêter ici à ce drame admirable, aux caractères si fermement dessinés; à l'expression si colorée et forte, à l'attachante et profonde psychologie. Je dois me borner

à ne dire ici que quelques mots de la musique dont M. Paul Lagye a souligné, en plusieurs endroits, cette œuvre, du reste assez belle et complète en elle-même pour s'en passer fort bien.

Sans doute, de courts préludes à chacun des quatre actes, et quelques lignes de musique au cours des scènes qui l'appellent, n'eussent pas été déplacées s'ils avaient été à la hauteur de leur sujet et discrètement évocatifs. Mais il s'en faut! Aucune unité dans ces pages du jeune compositeur qui mêle les styles les plus divers, celui de Claude Debussy — largement mis à contribution — à côté de la romance sentimentale et fade, (prél. au deuxième acte !), de marches quelconques, etc. Faute d'inspiration, M. Lagye n'aurait-il pas été mieux avisé en choisissant quelques thèmes de virginalistes et des hymnes héroïques anglais si remarquables, de les traiter orchestralement et d'évoquer ainsi l'atmosphère du drame? M. Lagye, qui a certes du talent, aurait peut-être mieux réussi qu'en édifiant une partition impersonnelle, décousue, sans unité, pleine de bonnes intentions qu'il réalisera sans doute, espérons-le, quelque jour, quand il oubliera davantage Debussy et les autres pour écouter sa propre voix. L'auteur dirigeait lui-même un orchestre suffisant et attentif. Mais pour ma part, l'émouvant *Perkin Warbeck* de Georges Eekhoud me contente amplement. A la fin du spectacle, l'écrivain fut cordialement ovationné. Espérons que le théâtre du Parc donnera quelques lendemains à la très louable interprétation des amateurs de l'Euterpe.   M. DE R.

— A la Grande Harmonie, samedi 21 janvier, récital de piano par M. Marc Meytschick de Moscou, qui se faisait entendre pour la première fois à Bruxelles où il reviendra encore, espérons-le, car c'est un de ces rares artistes qui unit à une technique admirable une musicalité profonde, à un son clair et velouté, le sentiment inné du rythme et de la poésie.

Aussi subjugue-t-il son public, sans pourtant paraître s'en inquiéter le moins du monde, tant son attention est absorbée par l'art auquel il s'est voué tout entier.

Il sut rendre avec beaucoup de style et de coloris la sonate en *mi* majeur de Beethoven et exprimer l'âme, tour à tour capricieuse, ardente ou sentimentale de Chopin, dans la sonate en *ut* mineur de celui-ci. Il fut incomparable dans les *Variations et Fugue* de Brahms sur un thème de Haendel dont il exprima la vie intense, tout autant qu'il en rendit les moindres détails avec clarté.

Infatigable, M. Meytschick exécuta ensuite, sans

quitter le piano, et avec les qualités d'interprétation correspondantes à l'âme slave de ces compositeurs, des œuvres de Scriabine, Medtner, Rachmaninoff, de même que les *Funérailles* et la si vivante
et originale *Rhapsodie espagnole* de Liszt. Aussi, le
succès de cet artiste, qui en était à son cinquième
concert, depuis six jours, fut-il considérable. Il y
répondit en jouant, en rappel, avec une délicatesse
et un sentiment exquis, une des pages les plus
fines de Grieg.   M. BIERMÉ.

— A la dernière répétition du concert du Conservatoire, M. Tinel, s'adressant à l'orchestre, a
exprimé l'espoir que bientôt les artistes qui en font
partie n'aient plus à s'engager dans d'autres
orchestres, de façon à pouvoir se consacrer uniquement au Conservatoire.

M. Tinel, sans doute, faisait allusion au projet
de règlement nouveau qui, nous dit-on, a été présenté récemment à la Commission administrative
du Conservatoire par M. Georges Systermans,
administrateur. Dans ce projet, M. Systermans
s'alloue généreusement une gratification de 500 fr.
Nous supposons, qu'il y aura prévu pour les professeurs et instrumentistes de l'orchestre, une
augmentation correspondante afin de leur permettre à l'avenir de se passer des ressources que
leur assurent les autres exécutions orchestrales à
Bruxelles. Serait-il indiscret de demander la
lumière sur ce point?

— Après vingt-six années vouées à l'enseignement du hautbois, M. Guillaume Guidé se retire
du Conservatoire Royal de Bruxelles, ses fonctions
directoriales au théâtre de la Monnaie, de plus en
plus absorbantes, ne lui permettant plus de se
consacrer autant qu'il le voudrait à ses élèves.

Cette décision, si regrettable qu'elle soit, car
M. Guidé quitte également l'orchestre des concerts
du Conservatoire, témoigne encore en faveur de la
scrupuleuse conscience artistique du sympathique
professeur.

La retraite de M. Guidé ne sera pas seulement
sensible à ceux qui se formaient à sa belle école,
mais aussi à tous ceux qui, depuis un quart de
siècle, ont suivi le mouvement musical et qu'il a si
souvent séduits par son impeccable virtuosité, sa
sonorité émue et son interprétation d'une si expressive musicalité. Aussi, ses collègues du corps professoral, l'orchestre du Conservatoire, ses anciens
élèves unis à ses nombreux admirateurs et amis,
ont-ils estimé qu'il convenait de témoigner publiquement à M. Guillaume Guidé les sentiments de
haute admiration et de reconnaissance qui les
animent.

Pressenti par les organisateurs de cette manifestation, M. Guidé a émis le désir que les fonds
recueillis fussent consacrés à la création d'un prix
de hautbois au Conservatoire.

Un comité, sous la présidence d'honneur de
M. Edgar Tinel, directeur du Conservatoire royal
de Bruxelles, et la vice-présidence d'honneur de
MM. Emile Jacqmain, échevin des Beaux-Arts de
la ville de Bruxelles, et E. Verlant, directeur général au ministère des Sciences et des Arts, s'est
constitué pour recueillir les souscriptions en vue de
la fondation du prix Guillaume Guidé.

Ce comité se compose de MM. Ch. Lagasse
de Locht, président de la commission de surveillance du Conservatoire royal; A. De Greef, professeur au Conservatoire royal; Ed. Jacobs, professeur au Conservatoire royal et membre de l'Orchestre; L. Van Hout, id.; S. Dupuis, directeur des
concerts populaires; E. Ysaye, directeur des concerts Ysaye; M. Kufferath, directeur du théâtre de
la Monnaie; M. Schleisinger, vice-président du
Cercle Artistique; O. Maus, directeur de la Libre
Esthétique; J. Nahon, le plus ancien élève de
M. Guidé; P. Bosquet, secrétaire-trésorier.

On est prié d'adresser les souscriptions à
M. P. Bosquet, rue de Berlaimont, 24.

— Le deuxième concert du Conservatoire royal
de Bruxelles est fixé au dimanche 5 février, à deux
heures. On y exécutera la symphonie en *ut* de
Franz Schubert, deux pièces romantiques, pour
orchestre, de Gustave Huberti, et les « Tableaux
symphoniques » de Carl Stör pour le *Chant de la
Cloche*, de Schiller. Le texte (traduction française
d'Emile Deschamps) sera récité par Mme Neury-
Mahieu.

La répétition générale pour les abonnés aura lieu
le vendredi 3 février, à 2 heures.

Répétition générale publique le mercredi 1er février, à 2 heures. Pour cette dernière répétition,
toutes les places sont à la disposition du public aux
prix, par place, de 4 francs aux baignoires et
1res loges; 3 francs aux stalles; 2 francs aux
2mes loges; 50 c. à la 3me galerie. Vente des billets
les 30 et 31 janvier, de 9 à 12 heures et de 2 à
4 heures au Conservatoire, et le jour de la répétition, de 1 1/2 à 2 heures, à l'entrée de la salle.

THÉÂTRE DE LA MONNAIE. — Aujourd'hui,
dimanche, en matinée, La Glu; le soir, Werther, avec le
concours de Mme Croiza et Hopjes et Hopjes; lundi,
Quo Vadis?; mardi, Manon; mercredi, La Glu; jeudi,
Madame Butterfly et Ceci n'est pas un conte; vendredi,
reprise de: Elektra; samedi, Quo Vadis?; dimanche,
en matinée, Faust; le soir, La Bohême et Hopjes et
Hopjes.

Dimanche 29 janvier. — A 2 ½ heures, à la salle de la Madeleine, premier concert Durant. Au programme : Symphonie en *mi* bémol de Borodine; Troisième symphonie en *ut* majeur de Rimsky-Korsakow; Le Lac enchanté de Liadow; Sérénade de Glazounow, et avec le concours de M. Ricardo Vinès, pianiste, le concerto de Rimsky-Korsakow et le premier concerto de Liapounow.

Lundi 30 janvier. — A 8 heures du soir, 131, rue Gallait, à Schaerbeek, distribution des prix et concert de l'Ecole de musique de St-Josse-ten-Noode-Schaerbeek.

Mardi 31 janvier. — A 8 1/4 heures, à la Grande Harmonie, soixante-troisième concert, donné par le chœur mixte « Deutscher Gesangverein Brussel », sous la direction de M. F. Welcker. Au programme : Beethoven, Thuille, Schubert, Mendelssohn. Mme Else Pfaff, cantatrice de Cologne, chantera des « Lieder » de H. Wolf et Brahms.
Cartes chez MM. Schott et Breitkopf.

Mercredi 1er février. — A 8 ½ heures, à la Nouvelle salle, 11, rue Ernest Allard, première séance donnée par le Quatuor Zoëllner et consacrée à Beethoven.

Vendredi 3 février. — A 8 ½ heures, à la Grande Harmonie, première séance donnée par la Société nationale des Compositeurs Belges et avec le concours de Mme Marie-Anne Weber, cantatrice, Mlle Louise Desmaisons, pianiste, MM. Ch. Henusse, pianiste, J. Kühner, violoncelliste et J. Blanco-Recio, violoniste.

8, 20 février et 3 mars. — A la salle Mercelis (Ixelles), trois soirées musicales organisées par Mlle Jeanne Samuel, violoniste et M. Léopold Samuel, violoncelliste-compositeur, avec la collaboration de Mlle Marguerite Laenen pianiste. Ces séances seront consacrées à des œuvres des écoles anciennes, classiques, et modernes, ainsi qu'aux compositions vocales et instrumentales de MM. Edouard et Léopold Samuel.

Jeudi 9 février. — A 3 heures, à la salle Astoria, rue Royale 103, séance du Quatuor Corinne Coryn : Mlles Corinne Coryn, premier violon (violoniste de S. A. R. Madame la Comtesse de Flandre), Germaine Schellinx, second violon, Hyacinthe Slingeneyer, alto, Daisy Jean, violoncelle.

Dimanche 12 février. — A 2 ½ heures, au théâtre de l'Alhambra, quatrième concert d'abonnement Ysaye, sous la direction de M. Eugène Ysaye et avec le concours de M. Ossip Gabrilowitsch, pianiste. Programme : 1. Symphonie en *ut* majeur (L. Delcroix), première exécution ; 2. Concerto en *si* bémol mineur (Tschaïkowsky), M. Ossip Gabrilowitsch ; 3 Lénore, poème symphonique (H. Duparc) ; 4. A) Nocturne en *sol* majeur (Chopin) ; B) Au bord de la Mer, étude (Smetana); c) Rhapsodie en *mi* bémol majeur (Brahms), M. Ossip Gabrilowitsch ; 5. A) Viviane, poème symphonique (E. Chausson) ; B) Joyeuse marche (E. Chabrier).

Répétition générale, même salle, le samedi 11 février, à 3 heures.

Mardi 21 février. — A 8 ½ heures, à la Grande Harmonie, récital donné par M. Carl Friedberg, pianiste.

Vendredi 24 février. — A 8 ½ heures, à la Grande Harmonie, Récital Emil Sauer.
Location chez MM. Schott frères.

CORRESPONDANCES

ANVERS. — Salle comble et enthousiasme des grands soirs, à la Société de zoologie, pour le concert Raoul Pugno, de la semaine dernière. Le maître pianiste a interprété du Beethoven (le cinquième concerto) et du Chopin en musicien profond et avec l'art le plus accompli. Cette semaine, c'est Mlle Delstanché, une jeune violoniste remarquablement douée, que l'on a très sincèrement applaudie. Après une interprétation très respectueuse de l'admirable concerto en *mi* de J.-S. Bach, Mlle Delstanché enleva avec virtuosité le concerto de Mendelssohn. La partie symphonique du concert se composait de l'ouverture de *Don Juan* de Mozart, de la *Symphonie pastorale* de Beethoven et d'une *Marche militaire* de Schubert.

On a fait, dimanche dernier, une reprise très applaudie du *Crépuscule des dieux* à l'Opéra flamand. Public nombreux et très attentif. L'interprétation est la même que la saison dernière. Les excellents artistes, Mmes Feltesse et Rodauw, MM. De Vos, Collignon et Bernard, soutiennent vaillamment le poids de la pièce. J'ai dit ici même combien l'œuvre est soigneusement mise en scène et encadrée de décors luxueux.

Au Théâtre Royal, nous avons assisté à une représentation de la *Tosca* de Puccini, avec le concours de Mlle Claire Friché et de MM. Campagnola et Boulogne. Soirée d'un intérêt exceptionnel où Mlle Friché fut la Tosca la plus intensément dramatique que l'on puisse désirer.   C. M.

ARLON. — **Samedi 4 février,** concert extraordinaire donné par la Philharmonie, sous la direction de M. Joseph Ysaye, avec le concours de Mlles Kary Ysaye, cantatrice, Alice Cholet, violoniste et M. Julien Cholet, violoncelliste.

LE HAVRE. — La Société Sainte-Cécile qui vient de placer à sa tête M. Gustave Bret, l'éminent directeur de la Société J.-S. Bach de Paris, annonce pour le 14 février prochain, une grande audition consacrée à « Alceste », le chef-d'œuvre de Gluck. Les soli principaux seront tenus par Mlle Suzanne Cesbron, MM. Plamondon et Viannenc. L'orchestre et les chœurs renforcés par le groupe important de la Lyre Havraise, comprendront 250 exécutants et il est intéressant de nòter que tous sont pris exclusivement parmi les professionnels et les amateurs de notre ville.

LIÉGE a eú deux régals musicaux, ce mois : la Société des Concerts d'autrefois s'est fait entendre à la fondation Dumont-Lamarche et le Tonkünstler Orchester au Gymnase L'ancien et le nouveau eurent un succès égal, mais réunirent des publics très différents en qualité et en nombre, l'un des concerts étant gratuit et l'autre trop onéreux pour nos habitudes.

L'interprétation essentiellement rythmique et, singulièrement creusée du groupe français a impressionné par une impeccabilité qui parfois rappelait la boîte à musiqu', mais qui à d'autres moments, s'élevait à un haut degré d'art. La claveciniste, Mlle Delcourt, a brillé dans la *Gavotte pour les heures et les Zéphirs* de Rameau, et une toccate de Paradisi ; le flûtiste Fleury fut d'une dextérité merveilleuse. Enfin, un duo pour hautbois d'amour et contrebasse, de Boismortier, a obtenu, malgré la singularité apparente de l'accouplement, le grand succès de la soirée, partagé d'ailleurs avec la suite en *ut* majeur de Jean-Chrétien Bach, dit le Milanais, que le public des concerts connaît beaucoup trop peu.

Nous n'insisterons pas sur le concert du Tonkünstler Orchester, dirigé par Lassalle, et qui fut donné en d'autres villes.

La première audition du Conservatoire, arrangée par Mlle Juliette Folville, était consacrée à la musique ancienne : Bach, Hændel, Mozart, Grétry.. et même Beethoven. Succès très mérité.

Une absence forcée m'a empêché d'assister au récital de M. René Bohet, le jeune violoniste dont je citais dernièrement l'excellence et qui fut accompagné par Mlle Dosogne. Je n'ai pu,non plus, entendre une séance des œuvres de M. Carl Smulders, organisée par M. Maurice Jaspar, avec la collaboration de M. Albert Zimmer et de solistes hollandais.

Au Théâtre royal, on créera dimanche prochain la *Glaneuse*, de Fourdrain. Dr DWELSHAUVERS.

TOULOUSE. — C'est par une exécution intégrale — excellente - de la *Faust-Symphonie* de Liszt que débutait le troisième concert de la Société du Conservatoire.

Le soliste engagé était le remarquable violoniste, M. Georges Enesco, qui s'imposa tout d'abord par une interprétation toute probe et toute classique de la *Romance* en *fa*, de Beethoven. Puis, dans une éblouissante traduction de la *Symphonie espagnole*, de Lalo, le jeune Roumain fit montre d'un brillant

mécanisme. Ajoutez à ces qualités une justesse impeccable, et vous aurez une idée du succès que le public toulousain fit au virtuose.

La seconde partie du concert s'ouvrait par le prélude du troisième acte de *Tristan et Yseult*, qui n'avait jamais été entendu à Toulouse. Le solo de cor anglais, par M. Georges Serville, le distingué professeur de la classe de hautbois à notre Conservatoire, fut remarquablement exécuté. Enfin, le concert se terminait par la première audition du *Poème roumain*, suite symphonique en deux parties de M. Georges Enesco.

Dans cette œuvre, le virtuose compositeur a évoqué tous les souvenirs du pays natal et par suite il a tout naturellement emprunté au folklore, notamment une mélopée très répandue en Roumanie, les danses de la seconde partie, établies sur des motifs populaires, des chants d'un caractère religieux, et enfin l'*Hymne national roumain*.

Le public fit un accueil très chaleureux à cette œuvre que l'orchestre enleva avec beaucoup de verve et de brio et que conduisit M. Crocé-Spinelli avec un soin tout particulier.

OMER GUIRAUD.

VALENCIENNES. — Les séances annuelles de musique de chambre de Mlle Marguerite Rolier sont un régal pour les amateurs de toute la région. Aussi y avait-il foule au concert du 16 janvier pour applaudir cette remarquable artiste, dont la mémoire prodigieuse lui permet d'accompagner par cœur des œuvres telles que la troisième sonate pour violon de Grieg, la première sonate pour violoncelle de Saint-Saëns, le trio en *fa* dièse de César Franck.

Mlle Rolier s'était adjoint comme partenaires le célèbre violoniste Georges Enesco, et Mme Caponsacchi, dont le talent de violoncelliste est réputé à juste titre. C'est dire que l'interprétation fut de nature à provoquer l'enthousiasme du public.

En outre des œuvres citées plus haut, ces artistes d'élite exécutèrent la sixième sonate pour violoncelle de Boccherini, diverses pièces pour violon, dont l'*Humoresque* de Dvorak, qui fut bissée. *Au Soir*, de Schumann, et *Valse impromptu* de Liszt, pour piano.

Mlle Rolier doit être sincèrement louée pour ses efforts persévérants et pour le goût qu'elle apporte à la confection de ses programmes.

VERVIERS. — Trois solistes se sont fait entendre au second concert populaire.

Mlle Catherine Baux, cantatrice à la voix souple, au timbre sympathique, possédant une diction irréprochable, chanta avec autant de goût que d'intelligence « Le Nil » de Xavier Leroux un air de la *Louise* de Charpentier, des petites pièces de R. Hahn et Bizet, auxquelles elle dut ajouter deux *bis* afin de satisfaire aux exigences d'un public enthousiaste.

Mlle Alice Cholet, dans le concerto de violon de Saint-Saëns, qu'elle joua avec beaucoup d'aisance, fit apprécier la sûreté de son jeu, l'élégance et la distinction de son phrasé. M. Julien Cholet interpréta le concerto pour violoncelle de Schumann avec autant de rythme que de finesse. Enfin le concerto de Brahms, — peut-être excessif pour une seule soirée — fut joué par les deux artistes dans un style large et dans un sentiment très juste. Ils y furent vigoureusement applaudis. L'ouverture de *Tannhäuser* ouvrait le concert qui s'est clôturé par le Prélude du quatrième acte de *Messidor*. L'orchestre donna en outre une exécution parfaite du poème symphonique de Franck « Eros et Psyché».
H.

NOUVELLES

— La première représentation du *Cavalier à la Rose* de Richard Strauss, donnée jeudi au théâtre de Dresde, a été un extraordinaire succès. La presse est unanime à vanter le charme et l'originalité de cette nouvelle partition du Maître dont rien ne rappelle les œuvres antérieures, sinon l'art prodigieux avec lequel le compositeur joue de l'orchestre. Il y a, dans le *Cavalier à la Rose* des pages exquises, des trouvailles de rythme et de couleur qui ont ravi le public.

Dans notre prochain numéro nous parlerons longuement de cette comédie musicale qui — disons-le tout de suite — a été dirigée à la perfection par M. Ernest von Schuch.

— Les statistiques ont du bon, pourvu qu'on ne leur fasse pas dire ce qu'elles ne disent pas. Ainsi la *Revue musicale* de Paris publie, sous le titre de *Baromètre musical*, le chiffre des recettes des deux grands théâtres subventionnés de Paris et elle en tire des conclusions qui ne sont pas toujours exactes.

Ainsi en septembre dernier la *Salomé* de R. Strauss a fait constamment le grand maximum à l'Opéra, tandis que les œuvres de Wagner dans le mois suivant, sans parler de tout l'autre répertoire accusent des recettes plutôt faibles. Il ne faudrait

pas conclure de là que le public est tout acquis à R. Strauss et que Richard Wagner, après bien d'autres maîtres, est en faveur décroissante. La statistique ne constate pas que les recettes extraordinaires de *Salomé* sont dues sinon uniquement, tout au moins en grande partie, à ce fait que c'était Mary Garden qui jouait le rôle de Salomé. Quand Mary Garden joue *Thaïs*, les recettes montent aussitôt.

Les autres jours, c'est plutôt lamentable. Et ainsi de beaucoup d'œuvres célèbres qui subissent, comme les valeurs de Bourse, des hausses ou des baisses selon les circonstances, sans que l'on puisse en conclure rien de définitif pour ou contre le goût du public, ou la vogue de tel ou tel auteur.

Une autre statistique plus navrante est celle que nous apporte le dernier recueil de la statistique annuelle des théâtres allemands. Sur les 17,150 représentations données au cours de l'exercice écoulé par les 236 théâtres de l'Empire allemand, 3,702 ont été consacrées à la comédie et au drame littéraire; 2,208 à l'opérette! Le reste appartient à tous les genres divers et les moins recommandables de spectacles.

Les œuvres de Richard Wagner ont eu, l'année dernière, 1953 représentations. *Tannhäuser* a été joué 369 fois; *Lohengrin* 368, puis, selon leur succès, se rangent *Les Maîtres Chanteurs*, Le *Vaisseau fantôme*, La *Walkyrie*, *Siegfried*, *L'Or du Rhin*, *Le Crépuscule des Dieux*, *Tristan et Isolde*. Le théâtre de Richard Strauss a pu, il y a deux ans, enregistrer plus de succès que l'année dernière. *Elektra* avait été jouée 85 fois; elle n'a plus eu que 65 représentations. *Salomé* avait été jouée 85 fois; elle n'a plus eu que 37 représentations. Par contre *Feuersnot*, jouée quatre fois, seulement l'année précédente, a été représentée l'année dernière 7 fois. Pendant la saison 1908-09, l'œuvre théâtrale la plus jouée en Allemagne avait été *Tiefland*, d'Eugène d'Albert, dont le nombre de représentations avait même dépassé celui de *Carmen;* mais pendant la saison dernière, Giacomo Puccini l'a emporté sur Eugène d'Albert. *Madame Butterfly*, de Puccini, a été jouée 473 fois, *Carmen* 428 fois et *Tiefland*, d'Eugène d'Albert, 409 fois. Les autres productions théâtrales de d'Albert ont été moins favorisées. *Flauto solo*, jouée 26 fois en 1908-09, n'a eu l'année dernière que deux représentations. Le nombre de représentations de *Die Abreise* est tombé de 16 à 5. Les auteurs italiens n'ont pas à se plaindre. En dehors de *Madame Butterfly*, jouée 473 fois, *La Bohème*, de Puccini, a eu 164 représentations, *La Tosca*, 138; *Bajazzo* de Leoncavallo, 294; *Cavaleria Rusticana*, de Mascagni, 258. Les Allemands ne goûtent pas décidément l'exquis *Pelléas et Mélisande* de Debussy, qui avait eu 31 représentations en 1908 09, et qui ne fut jouée que quatre fois l'année dernière. *Faust*, de Gounod, joué 249 fois en 1908-09, a été représenté seulement 105 fois en 1909-10. *Mignon*, de Thomas, a eu 310 représentations. Enfin, pour en revenir aux œuvres des compositeurs allemands, le tableau statistique de la saison dernière indique que *Versiegelt*, de Léon Blech, a eu 147 représentations; *Evangelimann*, de Kienzl, 106; *Le Juif Polonais*, de Weis, 41; *Cleopatra*, d'Enna, 11; *Musikant*, de Bittner, 7; *Süsses Gift*, de Gorter, 13; *Armer Heinrich*, de Pfitzner, 6, et *Hænsel et Gretel*, de Humperdinck, 127. Cette dernière œuvre avait eu 137 représentations pendant la saison 1908-09.

Ce qu'il y a d'attristant c'est qu'en Allemagne même, que des esthètes un peu retard aiment toujours à citer en exemple, le nom de Mozart disparaît de plus en plus de la scène : *Carmen* et *Mignon*, chacune isolément, atteignent un plus grand nombre de représentations que Mozart avec ses cinq chefs-d'œuvre. Et Lortzing, qui est quelque chose comme l'Auber d'Outre-Rhin, obtient à lui seul avec ses divers ouvrages populaires tout juste le double des représentations de Mozart !

L'Allemagne est tout entière à l'opérette. Le terrible Lehar avec ses cinq opérettes accapare seul la cinquième du nombre total des représentations dramatiques de l'année. Leo Fall et G. Jarno arrivent au vingtième, et feu Johan Strauss se maintient à peu près au même niveau.

Et nunc erudimini !

C'est une bonne naïveté de croire à l'éducabilité du public !

Ces jours-ci, on a commencé à Berlin, chez M. Charles-Ernest Henrici, la vente d'une très précieuse collection d'autographes qui ne comprend pas moins de 1,347 numéros, et notamment des lettres très nombreuses d'artistes et de musiciens. Parmi ces dernières, il en est une que Richard Wagner a écrite au professeur von Weher, auteur d'un opuscule intitulé *Les chambres de la torture de la science*. Dans cette lettre, le compositeur appelle de tous ses vœux la constitution d'une société qui aurait pour mission de protester de toute manières contre les pratiques barbares de la vivisection.

— *Les Enfants de Roi* de Engelbert Humperdinck, donnés pour la première fois à l'Opéra Royal de Berlin, ont été accueillis très favorablement par un public enthousiaste.

— C'est un conte musical qui nous raconte l'histoire touchante d'un fils de roi dépossédé et d'une gardeuse d'oies, qui après beaucoup d'amour et de malheurs trouve la mort en s'endormant un soir, très doucement, dans la neige.

Savante et gracieuse, soutenue par une orchestration colorée, la musique de Humperdinck, qui puise sa force dans les sentiments populaires les plus primitifs, demeure un régal pour les délicats.

M. Léo Blech avait étudié avec amour cette partition si personnelle et, sous sa direction, l'orchestre de l'Opéra en a rendu admirablement toutes les nuances.

Mlle Artot de Padilla fût une charmante et frêle fleur des champs, dont la voix est aussi jolie que disciplinée M. Kirchhoff sut conserver au fils de roi sa fraîche et ardente jeunesse.

L'Empereur n'avait pu assister à cette représentation à cause d'un anniversaire de deuil, mais il a eu là délicate attention de faire savoir à M. Humperdinck qu'il viendrait entendre lundi prochain son bel opéra.

BIBLIOGRAPHIE

Théorie scientifique du violon, par ACHILLE BÉRGER. Paris, Dimitri, in-8°.

Ces cent pages techniques, sorte d'introduction à un *traité de l'exécution*, que prépare l'auteur, seront précieuses à consulter, non seulement pour les jeunes violonistes, qui y trouveront la solution de bien des petits problèmes de leurs premiers tâtonnements et un appui sérieux pour leurs premières études, — mais pour tous les amateurs de musique désireux de se rendre compte de la nature de l'instrument, de son caractère, de ses difficultés, de ses facultés. Vingt-cinq figures, dont plusieurs en photographie directe de l'exécutant, soulignent par l'exemple direct les préceptes donnés dans le texte. C.

57ᵐᵉ ANNÉE. — Numéro 6.   5 Février 1911.

LE GUIDE MUSICAL

Le Chevalier à la Rose

Comédie musicale en trois actes, texte de Hugo von
Hofmannsthal, musique de Richard Strauss. —
Première représentation au théâtre royal de Dresde,
le 26 janvier 1911.

———

Les échos parus ici même, concernant
Le Chevalier à la Rose, me dispensent
de revenir sur les péripéties qui ont
entouré la première de l'œuvre nouvelle. Le théâtre royal de Dresde, qui avait eu
l'honneur de monter le premier les ouvrages
précédents de R. Strauss, *Le Feu de la Saint-
Jean, Salomé, Elektra,* s'était aussi assuré le
droit de priorité sur sa comédie musicale. Il a
fait largement les choses, ce merveilleux théâtre de Dresde, avec une coopération visible de
toutes les forces nécessaires pour atteindre
l'éclatant résultat de la soirée du 26 janvier.
S'il y a quelques réserves à formuler — et quel
spectacle y échappe complètement — la première n'en a pas moins été un régal d'esprit,
d'ordre supérieur. Vingt fois on a acclamé les
artistes et l'auteur au cours de la soirée et après
le troisième acte, la foule enthousiasmée a
tenu à associer à ses applaudissements l'admirable chef d'orchestre, M. E. von Schuch,
qui conduisit toute la représentation avec une
verve et un entrain admirables.

* * *

Il faut discerner dans un tel spectacle, la part
de l'interprétation et de la valeur intrinsèque
de l'œuvre. M. Hugo von Hofmannsthal est
viennois; s'il ne l'eut été, Paris le réclamerait
volontiers pour un des siens. Du reste, entre
les deux capitales existent de secrètes sympathies, un esprit vif, primesautier dont le sel a
pour ainsi dire la même saveur. Certes, pour
ma part, j'eusse préféré une comédie qui ne
nous reportât point au XVIIIᵉ siècle, mais plus
moderne, se mariant mieux à la fougue entraînante de Strauss et surtout aux motifs de valses
— tout à fait à la Johann — qui pétillent sans
cesse dans leur chatoiement sonore et qu'on
s'étonne parfois de voir si abondantes sous
Marie-Thérèse. Perruques, poudre de riz,
propos légers, caprices innombrables, les acteurs
conservent tout du long cette grâce aristocratique, ce bon goût et cette finesse du théâtre
français de l'époque. Car la comédie de M. von
Hofmannsthal est loin d'être originale. Agréable pastiche, elle n'ajoute rien au genre consacré par Regnard, Marivaux et Beaumarchais,
et si elle ne doit point être déplaisante à voir,
séparée de son revêtement musical, elle n'est
surtout bonne que grâce à la folie sonore qui
l'enveloppe.

Le premier acte nous donne immédiatement
le ton de la pièce. Nous pénétrons dans la
luxueuse chambre à coucher de la princesse
Werdenberg. Remarquons en passant l'importance des lits dans la comédie de M. von
Hofmannsthal. Sur trois actes, deux se déroulent

— non dedans — mais à côté, de ce qu'on ne pouvait appeler à cette époque un « lit de repos ». Il est vrai qu'il n'est ici question que de décors. L'auteur a su glisser sans trop insister, en quoi son œuvre est bien une parenté du théâtre libre, et non du théâtre libertin, du xviiie siècle. La princesse, grande dame adulée et charmante, s'est toquée du séduisant Octavian — « Quinquin » dans l'intimité — et les baisers « doux comme sucre » aurait dit Mozart, s'envolent de joyeuse façon. Ce beau feu d'artifice est interrompu par l'arrivée d'un importun. La princesse croit avoir entendu la voix de son mari, le « Feldmarschall », aussi, pour sauver la situation, fait-elle passer un jupon au délicieux Quinquin. Le voilà devenu soubrette, plus irrésistible encore sous cet accoutrement, puisque le trouble-fête, qui n'était point le mari, mais un cousin, le baron Ochs de Lerchenau, n'a de repos qu'il ne l'ait dûment palpée et qu'il ne lui ait fixé un rendez-vous. Cet incident ne l'empêche nullement de faire sa cour à la princesse, de mettre les pieds dans un nombre incalculable de plats, d'annoncer ses fiançailles et de prier sa cousine de lui trouver le messager idéal — le chevalier digne de porter à sa future, la rose d'argent, gage d'amour et de fidélité (!!). Ce chevalier ne sera autre qu'Octavian. — Tout en devisant, la princesse procède à sa toilette et une scène qui eût été charmante si elle n'eut paru trop « à tiroir », retient à ce moment l'attention des auditeurs. La chambre est envahie par une foule de gens qui ont quelque chose à demander, ou qui espèrent tirer quelque profit de la princesse. Ce sont quatre personnes de noble lignée, qui ont eu des revers de fortune, c'est la modiste, le marchand d'animaux exotiques, le notaire, le coiffeur, un ténor italien, etc. La scène a paru quelque peu brusquée; sans doute le jeu par trop réservé des acteurs, a-t-il nui à l'effet prévu. Ce hors-d'œuvre enlevé, on revient aux amours de la princesse et d'Octavian. Le baron a disparu de son côté, le duo reprend sa chanson sentimentale, mais avec moins d'entrain. La scène de la toilette a fait réfléchir la princesse; un semblant de ride, une expression quelque peu fatiguée, l'avertissent du danger. Il est temps de renoncer à

l'amour et à ce délicieux enfant; vieille femme sous peu, elle ne doit pas enchaîner la destinée du jeune homme. Fin d'acte triste, où les deux amants prennent congé l'un de l'autre, avec une distinction de gens de bonne compagnie. Sans doute, le caractère de la princesse est-il dessiné avec l'intention évidente de l'opposer aux égoïstes caprices du reste de la bande. Mais précisément à cause de cela, devrait-il prendre une place plus importante dans la comédie et ne point être exclu de tout le second acte, pour surgir, comme par un coup de baguette magique, à la fin du troisième, pour arranger les petites affaires matrimoniales de l'ex-favori Quinquin.

Le second acte est tout entier consacré au message du chevalier. Nous sommes introduits dans une salle du palais « von Faninal », un parvenu récemment anobli. C'est là que le jeune Octavian ira chercher la fiancée de ce lourdeau de Lerchenau. Mais tout en remplissant son rôle, il ne peut s'empêcher de remarquer le charme de la jeune fille, Sophie. Et celle-ci, qui a naturellement eu vent — les jeunes filles devinent même ce qu'elles ne comprennent point — des succès du chevalier, lui trouve d'avance bon air. Aussi les choses ne traîneraient-elles pas en longueur si le destin ne se chargeait de tourmenter les amoureux. Il y a d'abord le futur « propriétaire » de la tendre Sophie, le baron, puis le père « von » Faninal, la cérémonie du contrat dans la chambre voisine et qui permet au chevalier et à sa rose de converser d'amoureuse façon, qui nuisent à l'exécution trop prompte de leurs tendres projets. Que cette jeunesse est folle et imprudente! Le ténor italien caché d'un côté, sa compagne de l'autre, pastiche d'Ortrude et de Frédéric de *Lohengrin*, deux intrigants aux gages de Lerchenau, surprennent les coupables et ameutent la maison. Scandale, cris, larmes, duel entre le baron et le chevalier, créant un mouvement intense et du plus haut comique. Toute cette valetaille qui braille et qui recule tremblante devant l'épée d'Octavian, voilà qui dépeint, une fois de plus, les faiblesses de l'humanité devant la jeune force conquérante. L'auteur de tant de bruit, le petit Quinquin, se fraie un passage et disparaît pour revenir peu après sous forme de billet doux à l'adresse du baron. Car Octavian, ne l'oublions pas, c'est aussi la soubrette qui rappelle au grand retrousseur de jupes le rendez-vous promis! Du coup, celui-ci oublie les deux pouces de ridicule qui le couvrent. Fat autant qu'imbécile, un cotillon en valut pour lui un autre. Mais le cotillon qu'il poursuit est de nature trop différente de ceux qu'il a rencontrés jusqu'ici pour qu'il ne lui en cuise point. Au dernier acte, dans l'auberge galante, le baron, aux prises avec Quinquin la soubrette, va passer un bien mauvais quart d'heure. Car non seulement la soubrette est truquée, mais il y a un tas de comparses dissimulés de toutes parts et qui apparaîtront avant l'heure du berger, au grand dam du barbon. Il y a aussi von Faninal, qui surprend son futur gendre en si fâcheuse posture, puis la police qui fait irruption, enfin toute une bande de gamins qui hurlent à qui mieux mieux « Papa! Papa! Papa! » aux oreilles du malheureux baron, point encore assommé, mais bien près de l'être. La comédie risquerait ici de tourner à la parodie, si la princesse Werdenberg ne faisait une entrée salutaire et un peu solennelle. Elle est toute pénétrée de sa mission rédemptrice. Cousine germaine du Hans Sachs des *Maîtres Chanteurs*, elle dénouera les fils de l'écheveau embrouillé à plaisir par cet étourdi d'Octavian. Heureusement, tout finira bien, chacun ira se coucher satisfait, et dans cette taverne musquée et capiteuse, s'élèveront les deux voix amoureuses et naïves d'Octavian et de Sophie.

— *⁂* —

Tout n'est pas toujours très conséquent dans cette folie. Quelques coupures, surtout dans le troisième acte, ne seraient point de trop. L'insistance des petits bâtards à reconnaître l'auteur de leurs jours, est grotesque au possible, et le décor de l'acte final, cadre mal avec les chastes amours d'Octavian et de Sophie. Qu'importe, telle qu'elle est, la pièce considérée comme livret d'opéra, est fort bien écrite, encore que le côté « ironique » des choses, ne quitte pour ainsi dire pas un instant la scène. C'est aussi ce que je reprocherai à l'étonnante partition de R. Strauss. Trop d'esprit, un fol

entrain et un humour légèrement uniforme d'une extrême exubérance, se résumant en quelque sorte en un seul rôle, celui de l'orchestre. Les courts instants de lyrisme sont insuffisants pour faire reprendre haleine à l'auditeur. On ne peut, quatre heures durant — entr'actes compris — jouer d'un même sentiment, sans amener quelque lassitude. Et quand, après tant de verve, Octavian et Sophie chantent le *Lied* final si naïf : « C'est un rêve, un rêve impossible! » le ton est trop brusquement descendu, pour ne point détourner. La partition de Strauss, toute en mosaïque, ne tient pas à un même motif, les morceaux « détachés » y apparaissent assez nombreux, et je ne crois pas que Strauss possède, sous ce rapport, les qualités requises pour embrasser une œuvre de longue haleine dans son ensemble et lui donner l'unité nécessaire. Certes, le poème y est pour beaucoup, puisque c'est lui qui conduit le travail du musicien. En cela *Salomé* et *Elektra* sont supérieurs au *Chevalier*, d'un jet plus continu.

Ce qui fera le grand succès du *Chevalier à la Rose*, c'est le frisson de folie qui traverse la partition et spécialement le second acte. Le premier pourra paraître plus intéressant — musicalement parlé — que le second, mais il est quelque peu décousu et difficile à saisir, surtout à une première audition (1). Quant à l'acte qui se déroule chez le parvenu von Faninal, avec ses motifs de véritables valses viennoises si prodigieusement orchestrées, l'unité de style est réelle et l'effet irrésistible. Le troisième, tant dans la pièce que dans la partition, nous le répétons, est le plus faible. L'auteur nous avait conduit trop loin et le recul, si subtil soit-il, en est encore trop sensible.

Ces réserves faites, convenons que la partition est un miracle polyphonique, rythmique et harmonique Lorsque nous aurons dit qu'il a fallu à l'admirable ensemble du théâtre de Dresde environ un mois de répétitions quotidiennes pour achever la mise au point de la comédie, on se doutera des difficultés que comporte ce spectacle.

_____

(1) La partition a paru le lendemain de la première, chez Ad. Fürstner, Berlin-Paris.

* * *

En attendant une étude plus complète de la partition, voici toujours quelques indications sur la musique. L'orchestre de cent musiciens, réclamé par R. Strauss, est le grand orchestre moderne, mais sans extravagance. Soixante-deux instruments à cordes, élément prédominant avec raison, vingt-quatre instruments à vent dont seulement onze cuivres, deux harpes, un celesta et le reste fourni par la batterie. Il y a également un petit orchestre de scène — troisième acte — composé d'une vingtaine de musiciens.

Comme dans ses œuvres précédentes, Strauss supprime le morceau d'ouverture. L'introduction est courte, elle conduit avec une allure superbe aux tendres soupirs d'Octavian et de la Princesse. Les motifs y sont nombreux, se croisent et circulent avec la maîtrise coutumière du maître. En voici quelques-uns :

Motif d'Octavian

Motif de la princesse

Motif de l'étreinte infinie

Motif de l'amour résigné

Le début du premier acte roule sur des motifs d'amour — que de tierces et de sixtes dans toute la partition! — et sur une description pittoresque de l'état de la nature au dehors. Mélange curieux : le soleil brille à travers les croisées, et la voix des oiseaux se joint à celle des deux amoureux. Le déjeuner interrompu par l'entrée intempestive du lourdeau de baron comprend, entre beaucoup d'autres, le motif de menuet suivant :

Menuet.

Les tons « chauds » dominent dans la presque totalité de la partition. *Mi* majeur, *la* majeur, *ré* majeur, etc. Le baron est plaisamment amené :

Puis commence la série de motifs dansants dont la plupart caractérisent l'humeur spéciale du baron Ochs von Lerchenau. La transformation d'Octavian en soubrette s'opère comme suit :

La conversation galante du baron ramène ensuite le Strauss de *Don Quichotte :*

Conversation galante.

Egalement heureux sont les motifs de l'intrigant Valzacchi, ceux du coiffeur, des différents acteurs de la scène de la toilette, formant un ensemble polyphonique d'une richesse de vie inouïe. Après tant de futilités, l'apaisant épilogue du premier acte si poignant, si vivant dans son amertume, est bien d'un observateur habile. L'apaisement graduel, les silences éloquents qui coupent toute cette partie de la partition, sont de la plus impressionnante exactitude.

Le second acte pourrait — musicalement parlé — être nommé celui « des valses ». Le début tout en fanfare et en explosions de gaité — c'est jour de fiançailles — se développe en une suite de valses viennoises dont je donnerai ici quelques échantillons :

Les personnages qui s'expriment sur une ligne musicale en général tout en accents, sorte de parlé chanté fort ingénieusement rendu, ont néanmoins quelques passages qui s'incrustent exactement sur ces motifs dansants de l'orchestre. Tout cela, si disparate de prime abord, donne à l'ensemble une vie extraordinairement intense. Il n'y a guère que le long duo entre Octavian et Sophie, avec sa couleur italienne qui ait paru un peu froid et surtout trop long. Mais les ensembles, la volubilité du début, toute la scène, d'une variété si absolue entre le baron blessé par Octavian — « cela m'est égal, » s'écrie-t-il, de voir couler le sang des autres, » mais le mien !... » — et la valetaille accourue à ses cris, sans rappeler le moins du monde la scène nocturne du second acte des *Maîtres*

Chanteurs, est d'une réalisation parfaite; c'est pétillant comme du champagne et vous monte au nez le plus plaisamment du monde.

Une partie fuguée, traitée avec une désinvolture à la Strauss, ouvre le troisième acte. Nous sommes arrivés à la scène de l'auberge. Divers motifs apparaissent, caractérisant les personnages ou les épisodes du moment. Le petit orchestre des coulisses qui fait entendre une nouvelle valse, est des plus xxᵉ siècle et absolument calqué sur les minuscules ensembles viennois actuels (une flûte, un hautbois, deux clarinettes, deux bassons, deux cors, une trompette, un petit tambour, un harmonium, un piano et un quintette à cordes). Malgré toute la verve du compositeur, l'intérêt ne se soutient plus comme auparavant. Lorsque la scène est de nouveau envahie par la foule, accablant le pauvre baron de ses accusations et de ses réclamations, malgré les gosses qui s'accrochent au pantalon de « papa », on ne se sent plus maintenu au niveau de la scène d'ensemble du premier (la toilette de la princesse) ni surtout du second, chez von Faninal. Chaque détail de la partition mérite de retenir l'attention, mais peut-être sont-ils précisément trop nombreux pour être retenus tous; peut-être aussi nuisent-ils légèrement à l'effet d'ensemble du troisième acte. On s'en rend mieux compte au trio charmant, d'une ligne mélodique si bien en situation, dans lequel la princesse revenue soudain — *dea ex machina* — Sophie et Octavian expriment les divers sentiments qui les animent. Ce trio procure un véritable soulagement dans cette course affolante, dans cette griserie continuelle.

La comédie aurait dû s'arrêter-là. Le reste est de trop. Le gentil *Lied* d'Octavian et Sophie, simple jusque dans l'accompagnement orchestral, termine sans grand relief, une soirée « viennoise », jusqu'à la moelle. « C'est un rêve, un rêve impossible », déclarent-ils sur la mélodie suivante, et le rideau descend peu après :

* * *

J'ai dit, au début de cet article, la part prépondérante de l'orchestre. C'est le grand premier rôle. Tantôt du bout de sa baguette, faisant surgir le motif nécessaire, tantôt mimant des bras et des épaules les rythmes vaporeux des valses, M. von Schuch fut, après les auteurs, le triomphateur de la soirée. J'ai seulement regretté — était-ce la place que j'occupais qui en était la cause? — l'impression un peu « chaudron » des cordes et de la sonorité générale, effet évidemment produit pour des raisons étrangères au talent des remarquables artistes composant l'orchestre. En tête des acteurs, je placerai Mlle Eva von der Osten, Octavian, délicieuse soubrette, mais plus charmant chevalier encore. De toutes façon, on comprend que la princesse autant que le baron se soient épris de cette double personnalité. Elle est ce qu'on appelle un « tempérament ». De la fougue, sachant brûler les planches, douée d'un mezzo clair et admirablement timbré, la jeune artiste avait composé son personnage avec autant de talent que de bon goût. Et si les autres acteurs manquaient quelque peu de ce diable au corps nécessaire à une pièce de cette couleur, on ne peut que louer le tact avec lequel ils sont continuellement restés en deçà de la vulgarité. Sous le rapport de la distinction, la représentation fut des plus aristocratiques, des plus xviiie siècle. La princesse (soprano), Mlle Marguerite Siems, une étoile de l'Opéra de Dresde; — Sophie (soprano aigu) gracile statuette de Saxe, personnifiée par Mme Minnie Nast; le baron, M. Carl Perron (basse), le parvenu von Faninal, par Scheidemantel (un baryton qui est aussi un superbe auteur), voilà les principaux rôles du Chevalier à la Rose. Il y avait en plus, une trentaine d'autres personnages, y compris le nègre, le singe et le caniche, tenu dans la dernière des perfections. Les mouvements de la foule offraient d'autre part, à l'œil ravi, des effets de tableaux de maîtres; ils étaient l'œuvre du régisseur, M. Foller et de Max Reinhardt, directeur du Théâtre allemand de Berlin. Costumes spécialement dessinés. Décors merveilleux de ton et de style du professeur Roller de Vienne.

Le Chevalier à la Rose fera rapidement son chemin par le monde; personne n'en peut douter. Je souhaite aux Bruxellois de pouvoir, sans trop tarder, applaudir ce joyau d'art, serti par le merveilleux artiste qu'est Richard Strauss.
　　　　　　　　　　　　　—Frank Choisy.

LA SEMAINE

PARIS

A L'OPÉRA-COMIQUE, le programme du huitième concert historique, consacré « aux pères de l'opéra-comique français », comportait des morceaux de Dauvergne Duni, Philidor, Monsigny, Grétry, Dezède et Dalayrac. Si je ne savais à combien de difficultés diverses on se heurte dès qu'on veut composer des programmes rétrospectifs, je n'hésiterais pas à soumettre quelques objections à M. Henri Expert, spécialement sur le choix des œuvres, dont trop peu étaient vraiment caractéristiques du talent propre de leurs auteurs. (Mais pour que ces morceaux le soient, il faut, d'une part, qu'ils ne perdent pas à être détachés de leur ambiance, et de l'autre, que leur effet propre soit justement celui que peut évoquer la nature spéciale de l'interprète : deux conditions difficiles à réunir). Je ne puis m'empêcher cependant de protester contre l'entassement en une seule séance de toute cette école d'opéra-comique qui remplit la seconde moitié du xviiie siècle et représente à elle seule, ou peu s'en faut, toute la production lyrique française après Rameau. Il eût fallu insister davantage sur Philidor et Monsigny, une première fois, et réserver pour une autre Grétry, Dezède, Dalayrac... Mais surtout Grétry, dont la variété, l'originalité féconde, la verve observatrice, sont tout à fait insuffisamment indiquées avec trois airs! Il est juste d'ajouter que deux d'entre eux sont parmi les mieux choisis et les mieux interprétés de la séance celui des Deux avares (le chat) a valu une ovation à M. Delvoye; celui d'Azor dans Zémire et Azor, qui est exquis, a été dit avec le plus grand charme par M. Francell. Pour Monsigny, ce fut l'air étincelant de la Belle-Arsène, que les concours du Conservatoire nous rappellent chaque année, et où Mlle Nicot-Vauchelet triomphe avec son aisance et son charme habituels; ce fut l'ariette piquante de Betzy dans le Roi et le l'ermier, spirituellement dite par Mme de Poumayrac; le gracieux air de Colas dans *Rose et Colas* (M. Coulomb); les adieux d'Alexis dans le *Déserteur* (dite avec émotion et style par M. Laure). De Dauvergne on eut un air du *Troqueurs*; de Duni, des pages de *l'afée Urgèle* et des *Moissonneurs*, de Philidor, des airs de *Sancho Pança*, *Le Sorcier*, *Tom Jones*; de Dezède, une ariette de *Blaise et Babu*; de Dalayrac, deux pages de *La Dot* et *Sargines*. Mmes Martyl, Billa, Carrière, Espinasse, Robur s'y distinguèrent avec M. Tirmont et les artistes précédents.

H. DE C.

Concerts Colonne (29 janvier). — M. Romain Rolland a écrit sur Hændel un livre (1) remarquable, profond et original, trop court pour donner un aperçu de l'œuvre colossal que le vaste et fécond génie du vieux maître enfanta mais suffisamment étendu pour instruire et fortifier dans le culte d'un des plus grands musiciens du passé ceux qui n'ont pas tout à fait désappris à aimer la saine beauté de l'art classique. Parlant des dix *Concerti grossi* composés du 29 septembre au 30 octobre 1739, l'érudit critique s'exprime en ces termes : « Certes ces œuvres ne sont pas toutes d'égale valeur; le fait même qu'elles sont sorties de l'inspiration d'un moment est cause de leur extrême inégalité. Il faut bien reconnaître que le septième concerto, par exemple (en *si* bémol majeur), et les trois derniers sont d'un intérêt médiocre. On y sent des influences françaises, particulièrement dans le dixième concerto en *ré* mineur (c'est celui que M. Pierné joue aujourd'hui) qui a une ouverture (grave à quatre temps à 6/8), et dont l'ensemble garde un caractère abstrait et saccadé. Le dernier des six morceaux, un *Allegro moderato* à variations, assez joli, semble un air pour boîte à musique ». Je n'ai rien à ajouter au jugement de M. Rolland, sinon que je le partage entièrement.

Avec l'introduction et la deuxième scène du premier acte de *Fervaal* (2), M. Vincent d'Indy nous rappelle qu'il doit à Wagner et au wagnérisme son meilleur ouvrage dramatique au double point de vue de l'esthétique et de la technique. Au reste,

---

(1) *Hændel* et *César Franck* (Les Maîtres de la musique). Paris F. Alcan, in-12. fr. 3 50. — Cette intéressante collection vient de s'enrichir de deux nouveaux ouvrages : *L'Art grégorien*, par Amédée Gastoué, et *Lully*, par Lionel de la Laurencie.

(2) *Durand* et Cie, éditeurs. *L'Action musicale* de M. Vincent d'Indy a été représentée pour la première fois le 12 mars 1897, au théâtre de la Monnaie. Elle fut reprise quelques années plus tard à l'Opéra-Comique de Paris.

la personnalité artistique ne s'est jamais complètement dégagée de cette influence — ni de celle de César Franck — et sans aller jusqu'à dire que sans elles le talent de M. d'Indy n'aurait point germé, l'on peut affirmer qu'il ne se serait pas aussi magnifiquement développé. Dans quelque cinquante ans on discutera, peut-être, sur la première et la seconde manière du musicien français; actuellement on ne saurait encore discerner si l'une est préférable à l'autre. Quoi qu'il en soit, Wagner et Franck ont en M. Vincent d'Indy un continuateur digne d'eux.

M. Gabriel Pierné, l'orchestre, Mlle Chenal, de qui la belle voix vibre comme une chanterelle, et, M. Franz, au juste et généreux organe, ont été vivement applaudis.

C'est de M. Vincent d'Indy, auteur d'un livre ému sur son maître César Franck, que je prendrai l'opinion pour parler d'*Hulda*, dont M. Pierné a joué une scène importante du troisième acte : « On s'étonnera peut-être que je me sois servi du mot « essai », en parlant de ces deux œuvres : (*Hulda* et *Ghisèle*); la raison en est que, malgré leur très haute valeur musicale, incontestable et incontestée, elles ne me semblent point représenter dans l'ordre dramatique le mouvement en avant, l'élan généreux et rénovateur qui se produisent dans toute la musique symphonique de la troisième époque de la vie du maître. Chose bizarre, les opéras de Franck sont à proprement parler, moins véritablement « dramatique» que ses oratorios. Je crois que cette infériorité esthétique est, pour une grande part, attribuable à la flagrante médiocrité des poèmes qui lui furent offerts, poèmes ne dépassant pas la portée du livret d'opéra historique qui agonisait déjà à cette époque, mais il faut bien le dire aussi — et ceci n'est rien moins qu'un reproche... — le génie de Franck n'a jamais rien en de théâtral... » J'ai cité ce texte — et je regrette de n'en pouvoir donner davantage — pour montrer que le jugement de M. Vincent d'Indy est en contradiction avec celui de la plupart des critiques compétents. Quelques-uns de ceux-ci brandissent la partition d'*Hulda* et s'insurge contre l'Académie nationale de musique, « qui n'a, depuis l'ère moderne, su donner le jour à aucun des ouvrages supérieurs et marquants de la musique française ». *Hulda* est ou n'est pas digne de César Franck. Si, oui, l'Opéra devrait le jouer; si, non, il a raison de le laisser de côté. Puisque les grands concerts peuvent être, à l'occasion, un champ d'expérience, M. Pierné pourrait en appeler au seul grand juge : le public, et jouer *Hulda* en entier.

ANDRÉ-LAMETTE.

Concerts Lamoureux. — Tout l'intérêt de la séance était, cette fois encore, concentré sur l'importante *Symphonie* de Mahler, donnée en deuxième audition. L'exécution en fut des plus louables. Au programme : *Nuages* et *Fêtes* de Debussy, pages ravissantes et bien de ce temps où la mode est de jeter sur les plus somptueuses étoffes un tissu léger qui ne les laisse voir que par transparence ; la musique semble, ici, également chatoyer sous un voile et ajouter, à tous ses charmes, un mystère plus charmant encore.

Après l'œuvre de Mahler, nous ouïmes, avec plaisir, ce vivant, ce brillant, amusant *Apprenti Sorcier* qu'on ne se lasse pas d'entendre ; scherzo spirituel qu'en un jour de bonne humeur écrivit M. Dukas. La belle Mlle Hatto prêtait son concours au concert. Elle fut très applaudie dans l'air de l'infortunée Cassandre (Berlioz, *Prise de Troie*) et l'air de la non moins infortunée Alceste : *Non, ce n'est point un sacrifice* (Gluck). Elle y rappela l'inoubliable Rose Caron ; ce n'est pas un mince éloge. Au début de la séance, bonne exécution de l'ouverture de *Coriolan*. M. DAUBRESSE.

Société nationale de musique. — Samedi 28 janvier, séance de la Nationale, salle Pleyel.

Au programme, la sonate pour piano et violon de M. Guy Ropartz, œuvre déjà connue, diversement appréciée, remplie d'érudition et de quelques préciosités, très bien exécutée par Mlle Selva et M. Touche.

Le quintette de A. de Castillon, œuvre déjà connue, unanimement appréciée, remplie d'idées généreuses et franches, d'une sincérité intime comme savait la produire l'enseignement profond de César Franck, interprétée avec chaleur par le Quatuor Touche et Mlle Selva déjà nommée.

Le reste forma le lot des nouveautés. Et ma foi, le lot des nouveautés n'est guère impressionnant. J'aime mieux glisser sur les mélodies de MM. Bagge et Mallez ; ne trouvez-vous pas, comme moi, que le flot montant des romances mystérieuses ou descriptives dépasse les nécessités courantes d'un genre fade, prétextes mondains à des afféteries de langoureuse diction.

Les compositions de M. Albert Roussel sont toujours empreintes d'une musicalité excessive et colorée ; j'avoue que sa nouvelle suite pour piano m'a laissé froid, malgré une supérieure exécution par Mlle Selva. Je reconnais volontiers qu'elle est difficile à jouer et ne me demande si le résultat des efforts de l'interprète correspond au but que l'auteur se propose d'atteindre, à moins que ce but soit de provoquer un sentiment d'attendrissement pour les doigts d'un pianiste à la torture. Les

quatre pièces : *Prélude* avec pédale persistante et lugubre, *Sicilienne* farouche, *Bourrée* tapageuse, *Ronde* échevelée sont des petits morceaux de virtuosité construits d'après une formule unique, certes avec de bons matériaux, mais où la ligne gracieuse de l'architecte disparaît sous la masse épaisse.

Les *Novelettes* de M. René Jullien sont gracieuses, aimables, sans prétention, agréable badinage pour quatuor à cordes, composé d'un prélude, d'une sicilienne franchement à 6/8, d'une espagnolade espiègle et d'un scherzo orné d'amusantes harmoniques. Elles ne tarderont pas à figurer sur les pupitres de tous les amateurs de musique de chambre. CH. CORNET.

Le Cercle Musical a donné lundi 30 janvier, Salle Gaveau, un concert de musique classique et moderne.

Mme Paola Frisch, qui sait conduire sa voix de la plus intelligente façon et remplace l'étendue des moyens par une méthode adroite et expressive, a chanté des mélodies de Schubert et de Hugo Wolf.

L'excellent pianiste Harold Bauer s'est fait longuement applaudir dans les styles les plus divers, passant de la *Toccata* en *ré* de Bach aux tableaux animés du « Gaspard de la Nuit » (Ravel) et de « l'Isle Joyeuse » (Debussy).

M. Firmin Touche, l'un des fondateurs du Cercle Musical, a exécuté la Fantaisie-Sonate de son cofondateur M. Ch. Domergue. Conçue d'après un passage des « Essais » de Montaigne où le vieil écrivain annonce au lecteur qu'il s'agit « icy d'un livre de bonne foy », qu'il n'a nul souci de sa gloire et qu'il l'a « voué à la commodité particulière de ses parents et amis », la fantaisie de M. Domergue s'efforce de dépeindre à la façon de son modèle « quelques traits de ses conditions et humeurs. » Très concertants, le violon et le piano divisent l'œuvre en trois parties et traversent les sentiments les plus divers. Quelques phrases de tendresse offrent l'expression émue d'une imagination gracieuse plutôt que profonde, un peu heurtée, toujours bien sonore. Le deuxième mouvement a de l'élégance et le dernier, sous une forme de motif populaire, mais distingué et subtil, a de la force et de la vie. L'auteur a bien fait d'adjoindre le titre de « fantaisie » à celui de « sonate » ; je trouve moins heureux le sous-titre *De Voluntatis virtute* qui n'ajoute rien à l'expression définitive de cet ouvrage. MM. Bauer et Touche furent d'éloquents interprètes, tendres et vibrants à souhait. CH. C.

Quatuor Paul Viardot. — Comme nous l'avons annoncé, M. P. Viardot a inauguré le 25 janvier, à la Salle Pleyel, les concerts qu'il compte donner avec les artistes qu'il a constitués en quatuor. La séance, dont le programme était excellemment choisi, tant comme valeur et variété des œuvres, que pour mettre en relief le talent de chacun des interprètes, a été vraiment de toute beauté. L'original, le pénétrant quatuor de Schubert (le quatrième, celui dont l'andante est formé de variations sur le motif de la *Jeune fille et la mort*), le pittoresque et coloré quatuor de Borodine, (la deuxième, en ré) d'une saveur très particulière, enfin l'admirable, romantique et puissant quintette de César Franck, avec le jeu si ample et si plein d'autorité de Mlle Cécile Boutet et de Monvel au piano,... impossible de grouper œuvres plus significatives dans un style plus différent. L'archet hardi et fort de M. Viardot a vibré avec une flamme communicative au-dessus de ceux de MM. René Schidenhelm, Pierre Brun et Gaston Poulet, au talent sûr et éprouvé. L'homogénéité de leur ensemble est déjà une chose acquise, et le caractère concertant de plusieurs morceaux a permis d'ailleurs d'apprécier les qualités de chacun. Pour Mlle Cécile Boutet de Monvel, que sans doute nous réentendrons d'autres fois, comme appui indispensable à ce quatuor, nous n'en sommes pas à signaler encore la finesse en même temps que le style plein de vie de son exécution.   H. DE C.

Mlle Guiomar-Novães. — Quel souvenir inoubliable que celui de la salle Erard, le 26 janvier, bondée de monde, réclamant, à moitié debout, une petite fille d'une douzaine d'années, très brune sous ses cheveux noirs, l'œil sérieux, le geste réservé, saluant sans sourire, qui, toute la soirée, avait tenu seule le piano, avec un programme de dix-huit morceaux de tous styles joués par cœur! Ce n'est certes pas la première petite virtuose court-vêtue qu'il nous est donné d'entendre; mais elle est si différente des autres, celle-là! Pour mieux dire, je n'ai jamais entendu la pareille. La virtuosité, chez elle, n'est pas la moindre des choses; mais on sent tout de suite que ce n'est qu'un moyen : elle l'a, parce qu'il en faut pour certains morceaux. Ce qui frappe avant tout chez cette jeune Brésilienne à peine arrivée à Paris depuis quelques mois, ce sont les qualités les moins coutumières aux enfants : c'est l'autorité et c'est le style. L'une et l'autre sont extraordinaires, invraisemblables. Jamais, si on ne la voyait à l'œuvre, on ne croirait que ce sont ces petites mains qui jouent avec cette puissance souple et cette poésie spontanée la

sonate op. 53 de Beethoven, la ballade op. 23 de Chopin ou ses mazurkas op. 17 et 67, les romances op. 62 et 67 de Mendelssohn... C'est tantôt fin et léger, tantôt chaud, coloré, sonore. Et jamais un manque de goût, un effet déplacé, il n'y a qu'à la voir s'asseoir au piano et commencer tout simplement, sans cet absurde essai du clavier que les maîtres ne peuvent s'empêcher de faire! On sent une passion intense et un respect absolu pour l'art. Et l'impression qu'elle donne tout de suite est la sécurité, — pour le présent et l'avenir. Elle a joué encore des morceaux de Couperin, Martini, Liszt, Fauré, Widor, Oswald, Ritter et Philipp.

Ce dernier est son maître, actuellement, car je n'ai pas dit que cette petite musicienne achevée passe cette année au Conservatoire!!! C'est l'histoire de Sarasate jadis, ou de Planté.
                                        H. DE C.

Salle Erard. — Le mercredi 18 et le lundi 23 janvier, le remarquable pianiste Ernest Schelling, après avoir obtenu le plus vif succès au Conservatoire, a donné, à la salle Erard, deux récitals, qui ont confirmé l'impression produite à la Société des Concerts. Ce ne furent qu'ovations, rappels, demandes de *bis* et adjonction par l'artiste de quelques morceaux supplémentaires; enfin, tout ce qui constitue les chaudes soirées musicales. Dans la première séance, l'artiste a fait entendre du Liszt, du Schumann, du Chopin, de jolies *Variations* de sa composition, et quelques morceaux de M. Debussy; et c'est dans ces derniers, notamment dans la *Soirée à Grenade*, et dans les œuvres de Chopin, qu'il a particulièrement fait apprécier son jeu à la fois très net et très délicat.

La seconde soirée, consacrée toute à Chopin, a été plus brillante encore que la première, et M. Schelling a dû y bisser le *Scherzo* en *ut* mineur et la *Valse* également en *ut* mineur.
                                        J. GUILLEMOT.

— Très belle et très chaude soirée, à la salle Erard, le samedi 29 janvier, où se faisaient entendre le pianiste Yves Nat et le violoniste Robert Krettly. Ces artistes, qui, à eux deux, arrivent à peine à quarante ans, joignent à toute la fougue de la jeunesse, une sûreté et une connaissance du mécanisme vraiment surprenantes. On leur a fait un accueil très vif et bien mérité dans l'exécution d'un programme des mieux choisis et qui indique des tendances musicales élevées. C'étaient la belle sonate pour piano et violon de M. Fauré et l'incomparable *Sonate à Kreutzer*, magistralement enlevées, et l'exquis concerto de Mozart en *mi* bémol, rendu par

M. Krettly, tandis que M. Yves Nat exécutait la célèbre sonate de Chopin où se trouve la *Marche funèbre*.   J. GUILLEMOT.

Salle Pleyel (24 janvier). — Le « Trio de la Reyne » dont on difait voir la reproduction vivante de quelque « concert de chambre », gravé par Cochin, et descendu de son vieux cadre est un charmant ensemble constitué par Mlles Chassaing, claveciniste, Madeleine Bonnard, pour le chant, et Schreiber pour la viole d'amour. Leur programme était en majorité composé de pièces en trio, où la viole, sinon « obligée » introduit heureusement du moelleux sur ce que le clavecin a de trop grêle. Citons parmi les plus applaudies, le noble air du *Roi Pasteur* de Mozart, l'*Hymne à l'amour* de Mouret, en canon avec le clavecin, le délicieux *Vieus séducteur* de Couperin et l'amusante *Cruche cassée* de Meyer. Mlle Bonnard les dit à merveille, ces ariettes oubliées (sans parler de celles recueillies par M. Expert, dont *Vieus charmante Annette* qu'il fallut bisser) et d'une voix dont la souplesse et l'égalité sont remarquables. Ajoutons que Mlle Bonnard possède une parfaite intelligence du style ancien. Très goûtées également les pièces, sonates et « mignardises » de Rossi, Couperin, Daquin, Dandrieu, où Mlle Chassaing se sert de ses claviers et pédales avec une jolie prestesse, rendant à la perfection, l'écho de telle fanfare de chasse, et tournant à ravir les multiples « agréments » de cette musique archaïque. Mlle Schreiber enfin nous a paru merveilleusement douée, possédant à fond la technique compliquée de son romanesque instrument, séraphique dans l'aigu, onctueux dans le grave, trilles en tierces, doubles cordes et *pizzicati* d'une belle rondeur sortirent avec netteté dans les pièces de Milandre et Lorenzeti. Pour finir, le puissant et lumineux air de *Rodelinda* de Hændel, chanté avec grand style par Mlle Bonnard lui valut un brillant succès. E. B.

— La Société des Compositeurs de musique a donné, le jeudi 26 janvier, son premier concert de l'année, à la salle Pleyel. J'y ai noté d'agréables « Berceuses » de M. Georges Guiraud, chantées par Mme Durand-Texte, et que d'ingénieux accompagnements encadrent, et surtout deux compositions de musique de chambre : une sonate pour piano et violon de M. J. Jemain, aux idées claires et bien traitées, vivement rendue par l'auteur et M. Oberdœrffer; et un trio pour piano, violon et violoncelle de M. Jean Déré (exécutants : MM. Pierre Matignon, Louis Fournier et l'auteur), où il y a des effets un peu hachés parfois, mais non sans quelque puissance.
                J. GUILLEMOT.

— Mme Bréton-Halmagrand a donné à la salle Pleyel, le 29 janvier, une matinée d'élèves qui lui fait le plus grand honneur et a été très remarquée. Un excellent choix d'œuvres pianistiques à quatre ou à huit mains sur un ou deux pianos, quelques chœurs, quelques morceaux pour instruments ont mis en valeur, avec beaucoup de variété et de souplesse, le style parfait, le goût très sûr, avec lesquels elle dirige ses cours de piano, de solfège et d'accompagnement. Mlle Magdeleine Godard avait bien voulu prêter le concours de son violon, et M. Lamiral celui de son violoncelle, à divers ensembles de musique de chambre.   C.

— Lundi 30 janvier, c'était fête à la salle Pleyel, où Mme Roger Miclos-Bataille donnait un « récital d'œuvres de Schumann ». Avec *Les Etudes symphoniques*, *Les Scènes d'enfants*, *Le Carnaval*, heureuse composition de programme, où le maître apparaissait sous des aspects si variés, passant de la composition puissante à la riche fantaisie, et traversant, de l'une à l'autre, la grâce délicate et émue, la grande artiste a trouvé à déployer toutes les resources de son beau talent, qui semble chaque jour plus magistral que jamais. Ce fut merveille de l'entendre varier avec un goût si sûr la délicatesse et la force, et joindre le charme des nuances les plus fines à son jeu d'une si noble fermeté classique. Très belle soirée artistique.
                J. GUILLEMOT.

Le vendredi 20 janvier, Mlle Pauline Aubert (élève de M. Charles René) s'est fait entendre dans la sonate op. 26 de Beethoven, du *Kreisleriana* de Schumann, du Chopin et, accompagnée de son maître, dans l'*andante et variations* de Schumann et le *Scherzo* de Saint-Saëns, pour deux pianos. Très applaudie comme exécutante, elle a encore recueilli de chaleureuses suffrages comme auteur, avec trois mélodies d'une fine distinction, chantées par Mme Lasneret.

— Le programme du concert de Mlle Minnie Tracey à la salle Gaveau le 27 janvier, dénote une vraie artiste : des œuvres vocales de J.-S. Bach, de Gluck, de Mozart, de Chabrier, de M. Debussy, plusieurs pièces d'orgue jouées par M. Jean Huré et une sonate de Beethoven par Mme Caponsacchi, la distinguée violoncelliste et M. Jeisler. Aussi la brillante cantatrice eut-elle une vraie déception — que partagea l'auditoire — d'être privée de ses moyens par un déplorable enrouement. Elle, nous dédommagera sans doute bientôt de cette déconvenue.

On a beaucoup applaudi Mme Caponsacchi et

M. Huré dont les doigts étaient, par bonheur, indemnes. Pour avoir été mois parfait, le concert resta quand même intéressant, F. G.

Salle des Agriculteurs. (Séance René Lenormand). —

Pourquoi disiez-vous donc, Eusebius, que les compositeurs de *Lieder* se mouraient d'anémie? Vous n'aviez pas entendu la musique associée par René Lenormand aux âpres relents des « Fleurs du mal ». Il y a là des trouvailles de vigueur et de nervosité qui enchanteraient Florestan. Mais vous, mon pauvre Eusèbius, détourneriez sans doute la tête, et dans la moue de votre profil, c'est le mot « grandiloquence » que je lirais.... Enfin si les « Vautours » symboliques de Pierre Weber fouettaient l'air sonore, de leurs ailes... devant ce Schubert exacerbé, vous prendriez la fuite, en meurtrissant le lys qui se plait en vos mains !

Apeine sur le seuil, cependant, deux Eusebius, d'invisibles affinités rappelleraient votre mélancolie vers les vaporeuses clartés de « L'aube en montagne » et de « La maison bleue » ; vers la ferveur bien close de « Tes yeux » et d'« Intimité », dont le tissu harmonique vous satisferait presque autant que les déliquescences de la nouvelle école française. Certes, Lenormand n'en ignore point les procédés et il s'en fait parfois l'apôtre — mais c'est dans l'exotisme langoureux des tropiques que ce normand-là est passé maitre. En son « Jardin des bambous » il a dû rencontrer notre amie Suleika et cueillir aussi, par trois fois, les roses orientales. La fantaisie de son ubiquité s'est même étendue bien au delà des domaines de Gœthe et de Rückert, jusqu'en des antipodes où il s'est vu marcher, à l'envers de lui-même, parmi les vocables qu'il a créés pour son usage personnel — et pour celui de l'éditeur Heugel... Entre nous. Eusebius, ce jeu légitime de poète et de musicien, j'ai peur que les Philistins-Espérantistes ne lui pardonnent pas !

L'interprétation de toutes ces belles pages avait été confiée à Mlle Suzanne Cesbron, qu'en entend trop peu à Paris, depuis longtemps, et qui a fait valoir avec le style le plus pur sa voix si souple et si pénétrante dans plus de 15 morceaux ; — à M. R. Plamondon, à la diction si délicate, à M. L. Berton, baryton d'autorité, à Mlle Vallin, qui complétait heureusement ces voix dans les quatuors ou les duos ; — enfin, pour les œuvres de violon et de piano, à Mlle Juliette Laval et à Mme Patorni-Casadesus. RAKO.

— Le vaillant petit théâtre lyrique dirigé par M. Félix Lagrange sous le nom de *Trianon-Lyrique* a vu sa subvention s'augmenter cette année. Oh !

le tout n'est pas grand'chose, mais c'est un encouragement et une marque officielle de satisfaction : songez qu'il est le seul à la recevoir du gouvernement en dehors des quatre grandes scènes! C'est justice, d'ailleurs : depuis son inauguration en mai, 1906, avec des éléments toujours variés, ce théâtre a trouvé moyen de monter 72 œuvres, dont 12 opéras (*Favorite, Trouvère, Lucie, Hernani, Rigoletto, Huguenots, Africaine, Juive, Muette, Guillaume Tell, Don Juan, Roland à Roncevaux*), 33 opéras-comiques (*Pré-aux-clercs, Barbier de Séville, Si j'étais roi! Voyages en Chine, Vivandière, Dame Blanche, Dragons de Villars, Galathée, Joli Gilles, Postillon de Longjumeau, Mousquetaires de la reine, Taverne des Trabans, Fille du régiment, Châlet, Zampa, Haydée, Caïd, Domino noir, Phryné, Amour médecin, Pardon de Ploërmel, Diamants de la couronne, Richard Cœur de Lion, Don Pasquale, Traviata, Songe d'une nuit d'été, Fra Diavolo...*) et 27 opérettes (*Mousquetaires au Couvent, Véronique, Cloches de Corneville, Fille de Mme Angot, Saltimbanques, Miss Hélyet, Rip, Petite mariée, Mascotte, Enlèvement de la Toledad, Gilette de Narbonne, Joséphine, Vingt-huit jours de Clairette, Fille du tambour-major, Grand Mogol, Girofla-girofla, Petit duc, François les bas-bleus, Boccace, Petits Michu, Femme à papa, Le Jour et la nuit, Timbale d'argent, Mam'selle Nitouche...*) Cinq ans déjà de succès constant, voilà qui nous rappelle les lyriques d'autrefois, ceux qui réussissaient et duraient ! Mais quel travail! H. DE C.

. — *Conférences...* M. A. Gastoué, professeur à la Schola Cantorum, donne une série de dix conférences, à l'Institut catholique (19, rue d'Assas), les lundis, du 30 janvier au 10 avril, à 5 heures, sur *la Musique d'église et le chant liturgique.* — M. Camille Bellaigue donnera, à la Société des Conférences (184, boulevard Saint-Germain), quatre conférences avec exemples au piano, les mercredis de mai, sur *Verdi.*

— *Souvenirs de théâtre...* Après ceux de M. Saint-Saëns, ceux de M. Massenet sont annoncés, également dans *L'Echo de Paris*, comme devant « prendre rang parmi les mémoires les plus variés et les plus imprévus. »

OPÉRA. — Le Miracle. La Walkyrie. Samson et Dalila. Faust.

OPÉRA-COMIQUE. — Mignon. Carmen. Le Domino noir. Madame Butterfly. Manon. Le Caïd. Le Toréador. L'Ancêtre. La Navarraise.

THÉÂTRE LYRIQUE (Gaité). — Don Quichotte. Quo Vadis?. Hernani. Le Barier de Séville. Le Soir de Waterloo. Les Huguenots.

TRIANON-LYRIQUE. — La Mascote. Le Voyage de Suzette. Mam'zelle Nitouche. Miss Hélyett. Fra

Diavolo. M. Choufleuri. Phryné. Bonsoir M. Pantalon.
APOLLO. — La Veuve Joyeuse.

Concerts Colonne (Châtelet). — Dimanche 5 février,
à 2 ½ heures. Programme : Ouverture de Hænsel et
Gretel (Humperdinck) ; Fervaal, scène du premier acte
(d'Indy), chantée par M. Franz et Mlle Chenal ; Concerto de violoncelle (Dvorak) et Elégie (G. Fauré), exécutés par M. P. Casals ; Rapsodie espagnole (Albeniz),
jouée par M A. Ribo ; Prélude à l'Après-midi d'un
faune (Debussy) ; Don Juan (R. Strauss). — Direction
de M. G. Pierné.

Concerts Lamoureux (Salle Gaveau). — Dimanche
5 février, à 3 heures. Programme : Symphonie en *ut* mi-
neur (Saint-Saëns) ; Tristan et Isolde, deuxième acte
(Wagner), chanté par Mlles Borgo et Berk et M. Hans
Taenzler ; Le Roi Lear, ouverture (Balahirew). —
Direction de M. C. Chevillard.

Société Hændel (salle de l'Union, 14, rue de Trévise).
— Mardi 7 février, à 9 heures du soir, avec le concours
de Mme Delly Friedland, contralto, Mlles Malnory, de
Stoecklin, soprani, Mme Caponsacchi-Jeisler, violoncelliste, MM. de la Romiguière, basse, et Andlauer,
organiste. Premières auditions de Hændel et Histoire
de Jésus au Temple, de Schutz, pour soli, chœur et
orchestre ; 150 exécutants, sous la direction de M. Félix
Raugel.

Schola Cantorum. — Quatuor Parent· Œuvres de
musique de chambre de Beethoven. Les mardis 7 février
vu 28 mars, huit séances à 9 heures du soir.

SALLE ERARD

Concerts du mois de Février 1911

  5 Concert de bienfaisance (1 1/2 heure du soir).
  6 M. Luquin. musique de chambre (9 h. du soir).
  7 Mme Alvin. piano   »
  8 Mme Marty, chant·   »
  9 Société Chorale d'Amateurs, chant   »
 10 Mlle Pauline Roux, piano et orchestre   »
 11 M. Isnardon, audition d'élèves   »
 12 Mme Girardin - Marchal, matinée d'élèves
       (1 1/2 heure du soir).
 13 Mme Protopopova Defosse, chant (9 h. du soir).
 14 M. de Radwan, piano   »
 15 M. Emil Sauer, piano   »
 16 Mlle Fourgeaud, piano   »
 17 MM. Ferté et Fournier, piano et violoncelle
       (9 heures du soir).
 18 M. Batalla. piano 9 heures du soir).
 19 Mlle Legrenay, matinée d'élèves (1 1/2 heure
       du soir)
 20 M. Durosoir, violon et orchestre 9 h. du soir).
 21 M. de Radwan, piano   »
 22 M. Emil Sauer, piano   »
 23 M. Edouard Risler, piano   »
 24 MM. Ferté et Fournier, piano et violoncelle
       (9 heures du soir),
 25 M. Emil Frey, piano (9 heures du soir).
 26 M. Broche. matinée d'élèves (1 1/2 h du soir).
 27 Mme Baltus-Jacquard, piano (9 h. du soir).

SALLES PLEYEL

22, rue Rochechouart

Concerts de Février 1911 (à 9 heures soir)

Grande Salle

     Mlle Samion.
  6 Le Quatuor Lejeune.
  9 M. Th Szanto.
 10 M· Maurice Dumesnil.
 11 La Société Nationale de Musique.
 13 M. M Ciampi.
 14 M. P. Bertheaume.
 15 M. J. Debroux.
 16 Mlles Lénars et Bizet.
 17 M. Maurice Dumesnil.
 20 Mlle C. Deroche.
 21 Mlle H. Chalot.
 22 Mme H. Bétille.
 23 La Société des Compositeurs de musique.
 24 Mlle E. Guïda.
 25 La Société Nationale de musique.
 27 Mme M. Cury

Salle des Quatuors

 15 Le Quatuor Calliat.
 21 La Société de Musique nouvelle.

SALLES GAVEAU

45 et 47. rue La Boëtie

Concerts du mois de Février 1911

Salle des Concerts

     Concert Lamoureux (3 heures).
     Société Musicale Indépendante (9 heures).
  6 Cercle Militaire (9 heures).
  8 Notre-Dame de Lourdes [Alex Georges] (3 h.).
 11 Société Philharmonique (9 heures)
 12 Concert Lamoureux (3 heures).
 13 Concert Saillard Dietz (9 heures)·
 14 Premier récital Mark Hambourg (9 heures).
 15 Manécanterie [des Petits Chanteurs de la
       Croix de Bois] (9 heures)
 16 Concert Aussenac et Ch. W. Clark (9 heures).
 18 Concert Hasselmans (3 1/2 heures).
 19 Concert Lamoureux 3 heures .
 19 Solidarité Commerciale (9 heures).
 20 Société Musicale Indépendante (9 heures).
 21 Société Philharmonique 9 heures)
 23 Répétition publique de la Cantorum (4 h.).
 24 Concert Schola Cantorum 9 heures).
 26 Concert Lamoureux (3 heures).
 27 Cercle Musical (9 heures).

Salle des Quatuors

  6 Concert U. F. P. C. (2 heures).
  9 Audition des élèves de Mme Meyrau (8 1/2 h.).
 15 »   »   »   »   M Carambat (2 h.).
 16 »   »   »   »   Mme Lefaure Boucherit
       (2 heures).
 20 Concert U. F. P. C. (2 heures).

BRUXELLES

THÉÂTRE ROYAL DE LA MONNAIE. —

La première des trois représentations d'*Elektra*
organisées par MM. Kufferath et Guidé a eu lieu
vendredi, avec un succès très accentué. L'interprétation est restée celle de la saison dernière;
c'est dire qu'elle est tout à fait remarquable.

Il doit être rare de trouver réunies, pour les
rôles essentiels d'Elektra, de Klytemnestre et de
Chrysothemis, trois chanteuses aussi aguerries,
trois musiennes aussi expertes que Mmes Friché,
Croiza et Béral. Toutes trois ont dessiné leur
personnage avec un art de composition qui nous
met en présence de figures vraiment inoubliables;
et toutes trois aussi apportent à l'exécution de la
partition de Richard Strauss le concours de voix
délicieusement timbrées, capables d'accents profondément dramatiques.

Ce qu'il faut admirer par-dessus tout, c'est la
vaillance, c'est l'énergie inlassable que Mme Claire
Friché met à s'acquitter de ce rôle écrasant
d'Elektra, qui occupe l'œuvre d'un bout à l'autre.
En scène pendant plus d'une heure et demie, la
grande artiste n'a pas eu la moindre défaillance,
se montrant constamment cantatrice et tragédienne
de premier ordre, combinant son chant et son jeu
pour aboutir à des effets d'une variété inépuisable,
tout en laissant une impression d'ensemble qui
établit admirablement la physionomie du personnage lui-même. On a fait à Mme Friché les ovations les plus enthousiastes.

Il est, dans *Elektra*, un autre interprète dont le
talent et la résistance ne sont pas moins mis à
l'épreuve . c'est le chef d'orchestre. M. Sylvain
Dupuis a traduit tous les aspects de cette luxu-
riante partition avec une intensité d'expression,
une variété de nuances et d'accents, une souplesse
de rythme qui montrent chez lui une pénétration
très profonde de l'œuvre; s'étendant à la fois à la
musique et au poème. M. Dupuis est d'ailleurs de
ces musiciens, trop rares sans doute, chez lesquels
le culte de leur art se complète d'une affection
prononcée pour les lettres.

MM. Swolfs et Billot, chargés comme l'an
dernier des rôles d'Egisthe et d'Oreste, s'y montrent
excellents tous deux. Et les nombreux rôles secondaires sont réglés avec cette recherche du pittoresque, ce sentiment d'art dans les groupements
où se reconnaissent une main experte et un goût
éclairé.   J. Br.

Concerts Durant. —

Avec un inlassable zèle,
M. Durant continue la série de ses concerts, édu-
tifs au plus haut point. Il inaugurait ceux de cette
année par une audition d'œuvres russes très intéressante, un peu longue seulement quand il s'agit
de pages si inconnues.

Deux symphonies dont la première en *mi* bémol,
de Borodine, bien inférieure à la deuxième que
M. Durant nous fit entendre, il y a trois ans ; elle
a cependant un charmant scherzo et un andante non
sans couleur ; l'ensemble manque de caractère ;
la personnalité de l'auteur ne s'y affirme guère
encore. L'autre symphonie, en *ut* majeur de Rimsky-
Korsakow, est au point de vue strictement musical surtout — infiniment plus attachante. Les
rythmes et tonalités d'une variété multipliée, l'orchestration admirablement colorée, font à cette
œuvre un vêtement sonore tout au moins très
séduisant, si par le fonds elle est peut-être un peu
dépourvue de pensée, de profondeur. Il en est de
même du concerto en *ut* dièse mineur, à peu près
de la même époque que sa symphonie, et où le
piano tient surtout une brillante part, plus concertante que vraiment personnelle. Les quatre mouvements étroitement soudés se jouent sans interruption, comme dans le concerto en *mi* bémol de
Liapounow, brillamment écrit. Le soliste, M. Ricardo Vinès, interprète autorisé de musique russe,
nous a joué les deux concerti avec la virtuosité
colorée et tout en dehors qui leur convenait. Son
succès fut grand. Il y avait encore au programme
une légende pour orchestre de Liadow : *Le Lac
enchanté*, qui a certainement subi le « charme » de la
merveilleuse forêt du « Siegfried » de Wagner ;
enfin une jolie *Sérénade* de Glazounow, où la clarinette notamment, dès le début, a un rôle tout à fait
expressif au milieu de pittoresques et chaudes
sonorités. Le concert, dont l'exécution n'était
point facile, fut bien mis au point par M. Durant
et attentivement dirigé par lui.   M. de R.

— A l'école de musique de Saint-Josse-Schaer-
beek, excellent concert à l'occasion de la distribution des prix. Pour la première fois, M. Rasse
dirigeait cette solennité dont G. Huberti avait toujours fait une charmante fête artistique. M. Rasse
en a repris la tradition et, en hommage à son éminent prédécesseur, le directeur actuel a consacré
une grande partie du programme aux œuvres de
Huberti.

Plusieurs de ses plus jolies mélodies y furent
interprétées, ainsi que la belle *Cantate inaugurale*
pour voix mixtes, voix d'enfants et orchestre,
exécutée naguère sous la direction de l'auteur.

Cette fois encore elle a fait une excellente impression ; elle est pleine de vie, de couleur, d'oppositions vigoureuses, mêlant le chant populaire au chant d'art avec un à-propos parfait. L'orchestre est très évocatif, l'ensemble puissant ; d'une page de circonstance est sortie une belle œuvre d'art, ce qui est assez rare. Le programme comportait encore un chœur mixte de Gounod : *Près du fleuve étranger* ; un simple et fort aimable chœur d'enfants d'Aug. de Boeok, (accompagnement d'orchestre à cordes, con sord.) : *Het groeiend kindje*, enfin *Derniers Rayons* (chœur mixte pour voix de femmes et orchestre) de Paul Gilson, comportant surtout de beaux effets de couleur, particulièrement à l'orchestre dont le prélude à lui seul est un tableau éminemment suggestif.

Grand succès pour M. Rasse en particulier, qui a conduit ce concert avec sa maîtrise accoutumée.

M. DE R.

— Mardi au « Deutscher Gesang-Verein » concert vocal intéressant comprenant du lied et des œuvres chorales. Parmi celles-ci, trois jolis chœurs à *capella* de Mendelssohn, un chœur mixte : *Dimanche au Rhin*, simple et très mélodique, de Georg Vierling, la *Sérénade* pour voix d'alto et chœur à trois voix de femmes de Fr. Schubert, délicieusement poétique et de forme si originale. Venaient encore les deux séries de *Liebeswalzer* de Brahms. Il faut avouer que chantés par un simple quatuor vocal, ils font beaucoup plus d'effet ; le sentiment personnel qui s'y exprime si délicatement (dans la deuxième série surtout) semble demander plutôt une interprétation individuelle que collective, bien que Brahms l'ait pensée primitivement pour chœur. L'exécution avait du reste beaucoup d'ensemble et de sûreté.

En soliste, Mlle Elsé Pfaff, contralto (Cologne), a chanté des *lieder* de Brahms et de H. Wolf avec distinction, intelligence et un sentiment sincère ; la voix est agréable sans être extraordinaire ; dans l'émission, il est regrettable que les voyelles soient souvent assourdies, assombries, le son tenu en dedans.

Il nous reste encore à dire un mot de Mlle Holswilder, harpiste de talent et de goût qui joua une *Méditation* très arpégée et peu « méditative » en vérité, de Oberthur.

En somme, petit concert intime, réussi sous la direction de M. F. Welcker.

M. DE R.

— Mlle Juliette Wihl, pianiste, profe seur au réputé Conservatoire Klindworth-Scharwenka de Berlin, est originaire de Bruxelles, où elle nous revenait précédée d'une solide notoriété artistique,

que son récital de samedi dernier n'aura fait que confirmer. Programme des plus intéressants, où les œuvres de pure virtuosité de Liszt (telles que Busoni en fait entendre à chacun de ses concerts, pour maintenir le principe de l'indispensable technique) voisinaient avec les ouvrages de pure musicalité, allant des classiques anciens et modernes (Bach, Daquin, Beethoven) aux romantiques (Schumann, Chopin, Kjerulf, Brahms).

Mlle Wihl se signale par un ensemble de qualités que l'on trouve rarement réunies dans un seul et même artiste : l'impeccabilité de la technique et la beauté du son, une conception très élevée, un juvénil brio et une étonnante diversité d'interprétation, lui permettant d'aborder avec un égal bonheur les ouvrages du style le plus varié. On lui a fait un succès chaleureux et parfaitement mérité.

E. C.

— Au Cercle artistique, la deuxième séance de musique de chambre pour instruments à vent, peut-être moins intéressante dans l'ensemble que la première, n'en avait pas moins beaucoup de charme. Le quintette en *mi* bémol de Beethoven, bien connu, en constituait le principal et meilleur numéro. Un quintette en *sol* mineur de Taffanel, bien écrit pour les bois et la flûte surtout, a plutôt l'intérêt de sa destination spéciale que celui d'une œuvre de portée plus étendue. Trois mouvements dont le dernier, un vivace en sorte de scherzo, est la partie la mieux venue ; elle est pleine de verve, d'un tour aimable et spirituel.

Entre les deux quintettes, un caprice sur des airs danois et russes de Saint-Saëns, pour piano, flûte, hautbois et clarinette. C'est une jolie fantaisie dans un genre où le maître français est du reste passé virtuose. Exécution excellente et beau succès.

M. DE R.

— Nous recevons de M. G. Systermans la lettre que voici :

« Bruxelles, le 31 janvier 1911.

» MONSIEUR LE DIRECTEUR DU *Guide Musical*,

» Je réponds à l'article du 29 courant dans lequel vous me faites l'honneur de me citer. Les informations inexactes et incomplètes que le *Guide* a accueillies sans les contrôler n'ont pu lui parvenir que par suite d'une fâcheuse indiscrétion : le projet de Règlement des Concerts auquel vous faites allusion ayant été transmis directement des bureaux de l'Administration du Conservatoire au Ministère des Sciences et des Arts.

» Il n'appartient à personne de communiquer ou de publier — surtout erronément — les dispositions de ce projet ; vous aurez le loisir d'apprécier le Règlement nouveau lorsqu'il sera promulgué.

» Je puis cependant satisfaire en partie votre désir de lumière, et vous dire que le projet en question est non pas mon œuvre exclusive, mais le résultat d'une étude en commun à laquelle la Commission de surveillance et le Directeur du Conservatoire ont pris la plus large part; toutes les dispositions en ont été examinées avec le plus grand soin, et adoptées par un vote unanime de la Commission. Vous voyez qu'il ne pouvait être question pour moi de poser le fait d'.....égoïsme qu'il vous a plu de m'imputer faussement, sans avoir pesé la valeur des renseignements qu'on vous apportait.

» Que votre sollicitude pour les musiciens d'orchestre ne s'alarme donc pas! Ni les autorités dirigeantes du Conservatoire ni moi n'entendrons jamais porter atteinte à la situation acquise aux exécutants; le projet de Règlement, comme tout ce que nous faisons dans cet ordre d'idées, est inspiré par le vif désir d'améliorer le sort du personnel des Concerts. Et jamais l'idée n'est venue *à personne* d'interdire aux musiciens de l'orchestre du Conservatoire de faire partie d'autres groupes. Au contraire, le Directeur s'emploie de tout son pouvoir à faciliter aux professeurs l'assistance aux répétitions des autres concerts et du théâtre. Et c'est précisément en leur donnant l'autorisation de prendre part à l'une de ces répétitions qu'il leur a adressé quelques paroles dont le sens — il me prie de vous le dire — a été fort mal saisi par celui qui vous les a rapportées.

» Veuillez, Monsieur le Directeur, publier cette lettre dans le *Guide musical* du 5 février (rubrique « Bruxelles ») et agréer mes salutations distinguées.

» G. SYSTERMANS. »

Nos lecteurs vont apprécier la valeur des affirmations contenues dans cette lettre. Voici le texte de l'article du nouveau règlement de la Société des Concerts auquel nous avons fait allusion précédemment :

« Dans le cas où la part des associés de première catégorie atteindra un minimum de 7 francs par concert et de 5 francs par répétition, une indemnité, dont le montant total ne pourra dépasser 2,000 francs par saison, sera répartie entre le Directeur et l'Administrateur dans la proportion de 3/4 et de 1/4. »

De ce texte il résulte :

1º Que nos renseignements étaient parfaitement exacts ; .

2º Que dorénavant, si ce règlement est adopté, les associés qui se partageaient jusqu'ici le produit net des recettes des concerts verront leur part diminuée du chiffre de l'indemnité que s'alloue notamment M. l'Administrateur ;

3º Qu'à l'orchestre du Conservatoire les associés de première catégorie, qui sont des professeurs et non de simples ménétriers, sont taxés à un chiffre inférieur au tarif du Syndicat des Musiciens qui est appliqué dans toutes les sociétés symphoniques de Bruxelles.

Et voilà comment M. l'Administrateur s'emploie à « ne pas porter atteinte à la situation acquise aux exécutants et même à améliorer leur situation ! » Il s'applique de façon identique à améliorer la situation des professeurs. Parmi ceux-ci, il en est

qui après plus de vingt-cinq années de service n'ont pu obtenir encore le maximum du traitement afférent à leur titre.

En revanche M. G. Systermans, entré en 1901, comme trésorier dans l'administration du Conservatoire, aux appointements de 3,000 francs, a réussi à faire augmenter ses émoluments comme suit : 3,200 francs en 1902 ; 3,700 francs en 1908 et 4,500 francs en 1909.

Ainsi ce *parasite* touche 4,500 francs alors que des maîtres tels que MM. Thomson, Degreef, Guríckx, Wouters, Jacobs, Van Hout n'atteignent pas ce chiffre après trente années de professorat!

THÉÂTRE DE LA MONNAIE. — Aujourd'hui, dimanche, en matinée, Faust; le soir, La Bohême et Hopjes et Hopjes; lundi, Elektra; mardi, Ceci n'est pas un conte et Lakmé; mercredi, Quo Vadis?; jeudi, Elektra; vendredi, première représentation de Manon Lescaut; samedi, Ceci n'est pas un conte et La Tosca; dimanche, en matinée, La Bohème et Hopjès et Hopjès; le soir, Quo Vadis?.

8, 20 février et 3 mars. — A la salle Mercelis (Ixelles), trois soirées musicales organisées par Mlle Jeanne Samuel, violoniste et M. Léopold Samuel, violoncelliste-compositeur, avec la collaboration de Mlle Marguerite Laenen pianiste. Ces séances seront consacrées à des œuvres des écoles anciennes, classiques et modernes, ainsi qu'aux compositions vocales et instrumentales de MM. Édouard et Léopold Samuel.

Jeudi 9 février. — A 3 heures, à la salle Astoria, rue Royale 103, séance du Quatuor Corinne Coryn : Mlles Corinne Coryn, premier violon (violoniste de S. A. R. Madame la Comtesse de Flandre), Germaine Schellinx, second violon, Hyacinthe Slingeneyer, alto, Daisy Jean, violoncelle.

Dimanche 12 février. — A 2 ½ heures, au théâtre de l'Alhambra, quatrième concert d'abonnement Ysaye, sous la direction de M. Eugène Ysaye et avec le concours de M. Ossip Gabrilowitsch, pianiste. Programme : 1. Symphonie en *ut* majeur (L. Delcroix), première exécution ; 2. Concerto en *si* bémol mineur (Tschaïkowsky), M. Ossip Gabrilowitsch ; 3 Lénore, poème symphonique (H. Duparc) ; 4. A) Nocturne en *sol* majeur (Chopin) ; B) Au bord de la Mer, étude (Smetana) ; C) Rhapsodie en *mi* bémol majeur (Brahms), M. Ossip Gabrilowitsch ; 5. A) Viviane, poème symphonique (E. Chausson) ; B) Joyeuse marche (E. Chabrier).

Répétition générale, même salle, le samedi 11 février, à 3 heures.

Mardi 21 février. — A 8 ½ heures, à la Grande Harmonie, récital donné par M. Carl Friedberg, pianiste.

Vendredi 24 février. — A 8 ½ heures, à la Grande Harmonie, Récital Emil Sauer.

Location chez MM. Schott frères.

Dimanche 26 février. — A 2 1/2 heures, au Cercle artistique, deuxième concert de la Société J. S. Bach, sous la direction de M. Albert Zimmer et avec le concours de Mmes A. Nordewier-Reddingius, soprano, P. de Haan-Manifarges, alto, Wanda Landowska, claveciniste, MM. Anton Kohman, ténor et Louis de la Cruz Froelich, basse. Programme : Cantate « mein Gott, wie lang ach lange? » pour soli, chœurs et orchestre ; concerto en *fa* mineur pour clavecin et orchestre d'archets; cantate « Jesu der du meine Seele », pour soli, chœurs et orchestre ; air de la cantate pour alto « Vergnügte Ruh, beliebte Seelenlust » ; pièces pour clavecin ; concerto en *ut* mineur ; Partita en *si* bémol majeur ; cantate « Nun ist das Heil und die Kraft » pour chœur double, orchestre et orgue.

CORRESPONDANCES

LIÉGE. — Le Théâtre royal a représenté
dimanche passé la *Glaneuse* de M. Fourdrain,
pièce encore assez peu connue, bien qu'ayant été
représentée déjà à Lyon, à Lille, à Nancy, à
Toulouse, à Rennes, à Besançon et chez nous à
Anvers.

La ressemblance du livret avec celui des *Chemineau* est trop frappante pour que nous la passions
sous silence. Est-ce un bien, est-ce un mal pour la
Glaneuse de suivre dans la carrière une œuvre qui
eut un grand succès? Certains aiment rester dans
la même atmosphère qui les a charmés déjà;
d'autres font valoir que la *Glaneuse* n'est — paroles
et musique — qu'un décalque pâli de sa devan-
cière.

En fait, le succès a été très vif à la première,
mais on n'a pas joué l'œuvre depuis et la seconde
n'est même pas annoncée.

Le succès est venu en partie du fait que l'œuvre
formait le bénéfice de M. Paul Kochs, notre excellent chef d'orchestre, dont le prochain départ
attriste la meilleure partie du public. D'autre part,
la mise en scène, très bien réglée par M. Strelisky
— encore un qui s'en va — certains effets de
lumière, nouveaux pour notre scène mal machinée,
ne furent pas sans influence sur ce succès. Ajoutons-y que le rôle en titre fut interprété avec beaucoup d'art et de dramatisme par Mlle Fournier.
L'ingénue Suzel, que créa Mme Yerna; les deux
vieux paysans : MM. Cadio et Joostens; l'amoureux Pierre : M. Putzani, complétaient d'heureuse façon la distribution.

Il nous reste à souhaiter une fructueuse carrière
à cet opéra, qui, sans présenter musicalement de
qualités transcendantes, est joliment écrit par un
auteur qui a beaucoup lu, beaucoup vu et beaucoup retenu.

On annonce les engagements suivants faits pour
l'an prochain :

Falcon, Mlle Fournier (réengagée.; contralto,
Mme Rambly; baryton, M. Valette (réengagé);
basse noble, M. Malherbe, tous connus.

Chanteuse légère et tenor léger en double,
Mme Valogne et M Delzara, qui viennent tous
deux de Besançon. Baryton d'opéra-comique,
M. Bergnies, qu'on n'a pas oublié, non plus que
les basses Arnal et Cosson.

Prochainement, création de *Kermesse!* de M. Arthur van Dooren.   Dr DWELSHAUVERS.

— **Mercredi 8 février.** — A 8 ½ heures du soir, à la
salle de l'Emulation, première séance donnée par le
Cercle Piano et Archets, avec le concours de Mme Tas-
sin-Vercauteren, cantatrice. Programme : 1. Quatuor

no 6, en *si* bémol (Beethoven); 2. Les Amours du poète
(Schumann); 3. Quatuor en *sol* mineur (G. Fauré).

LILLE. — La saison des concerts s'est brillamment rouverte. pour l'année 1911, par une
audition du « Tonkünstler Orchester », de Munich.
L'auditoire enthousiasmé a longuement applaudi
à cette splendide manifestation artistique.

Aux Concerts Populaires, pour la quatrième
matinée de la saison, nous avons eu un programme
réservé en majeure partie aux œuvres de Widor.
Le maître était lui-même au pupitre, dirigeant
avec une calme simplicité. Nous entendions successivement l'ouverture des *Pêcheurs de Saint-Jean*,
puissante et mouvementée; cinq fragments de la
musique de scène de *Contes d'Avril*, dont la sérénade
Illyrienne est fort pittoresque et dont le délicieux
nocturne pour flûte a été élégamment perlé par
M. Bouillard, et l'*Ouverture Espagnole* dont les
rythmes andalous sont agréablement évocateurs
du pays du soleil.

M. Sechiari, notre chef habituel, se produisait
cette fois en soliste. Il donnait en grand virtuose
le concerto de Max Bruch, le *Caprice Andalou* de
Saint-Saëns et l'*Aria* de Bach. Il faisait apprécier,
pour la première fois à Lille, le charme de sa
sonorité, la distinction de son style, l'exquise délicatesse de son interprétation, et les ovations chaleureuses de son public lui prouvaient l'impression
profonde qu'il produisait.

Il reprenait d'ailleurs, en fin de séance, le bâton
de chef d'orchestre, pour une très belle exécution
de la *Symphonie Inachevée* de Schubert, et pour une
réédition, follement animée de la *Joyeuse Marche*
de Chabrier.

Quelques jours avant ce concert, le violoniste
Enesco avait donné une remarquable séance de
musique de chambre, en compagnie de la jeune et
délicieuse pianiste Magdalena Tagliaferro. Ces
deux artistes ont eu une interprétation fort intéressante de la sonate en *ut* mineur de Beethoven
et de la sonate de Grieg. Ils ont été fort appréciés
dans une série de pièces brèves où ils ont fait
valoir leur talent de solistes. A remarquer surtout
la façon exquise dont Enesco a dit l'*Humoresque* de
Dvorak, et l'élégance de Mlle Tagliaferro à égrener
douze petites valses de Schubert.   A. D.

LYON. — La Société des Grands Concerts
vient de donner sa cinquième séance d'abonnement avec le concours du célèbre violoniste
Thibaud. La pittoresque symphonie espagnole, de
Lalo, a été pour le virtuose l'occasion d'un succès
encore plus grand que de coutume, surtout après
l'Andante et le Finale (ce dernier morceau joué
avec une facilité inouïe).

L'orchestre a assez bien accompagné M. Thibaud, quoique les changements de mouvement, si fréquents dans l'œuvre de Lalo, lui aient ménagé quelques surprises.

Le programme comprenait encore la *Première symphonie*, de Schumann, *Le Poème*, de Chausson, et *Les Éolides*, de Franck. Grand succès.

Après une reprise assez tapageuse de *Salammbô*, notre grand théâtre va donner *Pantagruel*, opéra héroï-comique de Cl. Terrasse. P. B.

TOURNAI. — L'audition d'œuvres de César Franck donnée dimanche 29 janvier, par notre Société de Musique, a obtenu un plein succès. Le programme, peut-être un peu long, comprenait la *Psyché* et la *Rebecca* de l'organiste de Sainte-Clotilde. Les chœurs mixtes de la Société de Musique y ont été excellents. Les solistes de *Rebecca* étaient Mlle Olislagers et M. Maurianne. La première a obtenu un franc succès dans le *Panis Angelicus* et la *Procession* avec accompagnement d'orchestre. Le second, baryton de notre théâtre communal, ne s'est-pas trop mal tiré de ses interprétations de « l'Ange et l'Enfant » et du « Mariage des Roses », on ne peut mieux accompagnées au piano par M. V. Paquay.

Une pianiste, Mlle Lievens, a joué d'une façon plutôt terne les *Prélude, Choral et Fugue* et les *Variations symphoniques* avec orchestre du maitre liégeois.

J. DUPRÉ DE COURTRAY.

NOUVELLES

— M. Maurice Faure, ministre de l'Instruction publique et des Beaux-Arts de France, vient d'instituer une commission à l'effet d'établir un texte officiel du chant national, *la Marseillaise*, paroles et mélodie, pour que l'étude en soit prescrite dans toutes les écoles de France. Cette commission, présidée par M. Gilles, inspecteur général de l'instruction publique, et composée de MM. Maurice Bouchor, A. Chapuis, Henri Maréchal, G. Parès et Julien Tiersot, s'est réunie pour la première fois lundi dernier; elle a chargé M. Julien Tiersot de lui présenter un rapport sur les diverses particularités concernant la question qui lui était proposée

— L'Institut de France vient de bénéficier d'une fondation nouvelle un « prix de Soussaye » d'une valeur de 1,500 francs. Le « prix de Soussaye » sera attribué à un livret d'opéra: en vers ou en prose, non encore représenté; et l'attribution de cette récompense intéressera à la fois l'Académie française et l'Académie des Beaux-Arts, car, selon le vœu du fondateur, elle sera faite par une commission composée pour moitié de membres de l'Académie française et pour moitié de membres de la section de composition musicale de l'Académie des Beaux-Arts. Les concurrents devront envoyer leurs œuvres avant le 31 décembre au secrétariat de l'Institut.

— M. Marcel Labey nous donne de rassurantes nouvelles de la santé de M. Vincent d'Indy. On sait que le maitre ne se ménage pas du tout et qu'une rechute de grippe avec accès de forte fièvre fît craindre une dangereuse pleurésie. Son fidèle disciple nous apprend que le mieux s'accentue et que l'auteur de *Fervaal* s'est résigné à un repos de quelques semaines dans le Midi. Nous connaissons M. d'Indy et nous pouvons assurer que ce ne sera pour lui qu'un demi-repos; il a sur le chantier une certaine *Légende de Saint-Christophe*, et certes il est homme à profiter de ses loisirs forcés pour travailler à cette œuvre considérable, dont il ne prévoit pas encore lui-même la date de terminaison.

— M. Thomas Beecham, directeur et chef d'orchestre du théâtre Covent-Garden de Londres, entreprend une tournée de concerts en Allemagne avec les cent vingt-cinq artistes de son orchestre. Il donnera trois séances à l'Opéra royal de Berlin, dans le courant de ce mois.

— De Barcelone, par dépêche, on nous annonce le grand succès remporté au théâtre Lyceo par *L'Enfant Prodigue* de Claude Debussy, sous la conduite du maëstro Mancinelli.

57ᵐᵉ ANNÉE. — Numéro 7.   12 Février 1911.

LE GUIDE
MUSICAL

Encore quelques mots à propos d'un

Prétendu Trio de Mozart [1]

P EUT-ÊTRE les lecteurs du *Guide Musical* n'ont-ils pas oublié les deux articles récents où nous essayions de déterminer la véritable nature d'un prétendu *trio* de Mozart dont la partition autographe est conservée aujourd'hui au British Museum de Londres? La conclusion de nos articles était que, pour ce qui regardait le contenu musical de cet ouvrage, l'attribution à Mozart nous apparaissait impossible : le prétendu *trio* original du maître avait dû être, simplement, une adaptation pour deux clavecins d'un concerto contemporain de Chrétien Bach, ou de quelque autre claveciniste anglais ou français. Mais que cette adaptation eût été faite par le petit Mozart, et que le manuscrit de Londres fût vraiment de sa main, c'est de quoi nous ne doutions nullement, non plus que n'en avaient douté et les possesseurs précédents du manuscrit et les conservateurs du British Museum, et, tout dernièrement encore, les éditeurs de la nouvelle édition du célèbre catalogue de Kœchel. Notre certitude à ce sujet se fondait sur plusieurs arguments d'ordre

(1) Voir le *Guide Musical* des 25 décembre 1910 et 1ᵉʳ janvier 1911.

tout pratique, et en particulier sur les deux que voici :

D'abord, nous savions que le manuscrit de Londres avait été donné en cadeau, il y avait une trentaine d'années, par l'empereur d'Autriche au sultan de Turquie. Le sultan, à son tour, en avait fait présent à un musicien de ses amis, et celui-ci l'avait cédé au collectionneur anglais qui enfin l'avait légué au British Museum. Quelle que pût être, par ailleurs, l'incompétence du sultan de Turquie en matière de musique allemande du XVIIIᵉ siècle, il nous semblait peu probable que l'empereur d'Autriche lui eût donné un autographe de Mozart dont l'origine ne fût pas pour lui absolument sûre.

Cependant, pour acquérir sur ce point une certitude plus complète, nous avions prié un photographe de nous envoyer la reproduction fidèle du prétendu *trio*, et puis aussi celle d'un autre des autographes de Mozart appartenant au British Museum : une *suite* (inachevée) *de trois morceaux pour le clavecin à quatre mains* (Kœchel, *Anh.* 41 a.). La comparaison de ces deux documents avait achevé de nous convaincre : sans l'ombre d'un doute possible, tous les deux étaient de la même main, et d'une main d'enfant, avec cela sur un papier de même format, — à tel point qu'on les aurait crus écrits simultanément. A quoi nous ajouterons que, sauf erreur, les deux manuscrits étaient arrivés au British Museum de sources différentes, et que si le contenu musical du prétendu *trio* nous permettait, tout au plus, l'hypothèse d'une « adaptation » du petit Mozart d'après une œuvre étrangère, la portée et le style des morceaux à quatre mains correspondaient le mieux du monde à ce que nous savions, par une lettre de Léopold Mozart, des débuts de l'enfant dans ce genre nouveau.

Or, la publication de nos articles dans le *Guide Musical* nous a valu une lettre de M. Charles Malherbe où l'éminent critique et collectionneur parisien, avec la compétence qu'on lui connaît en fait d'autographes des maîtres classiques, nous affirmait que le prétendu *trio* de Londres, — à en juger par le fac-similé reproduit ici même, — n'était pas, *ne pouvait pas être* de la main de Mozart! Non seulement le contenu musical du morceau, comme nous l'avions établi, n'avait rien de commun avec aucune œuvre authentique de l'auteur de *Don Juan* : il n'y avait pas jusqu'à l'attribution à celui-ci du manuscrit offert jadis en cadeau par l'empereur d'Autriche qui ne fût tout à fait inadmissible, — contredite par une foule d'objections « graphologiques » dont la principale était que les clefs de *fa*, dans la partition du British Museum, avaient la forme classique d'un C renversé, tandis que *toujours*, chez Mozart, depuis ses premiers menuets enfantins jusqu'à la *Flûte enchantée*, les clefs de *fa* présentaient l'anomalie d'être tournées vers la droite, comme les véritables C de l'alphabet. Les clefs de *sol*, d'autre part, dans l'autographe de Londres, tout en ayant une forme assez anormale, n'étaient pas sans ressembler à ce qu'elles avaient coutume d'être chez Mozart, au moins durant son enfance ; et des similitudes du même genre se voyaient également dans maintes autres particularités des deux écritures : mais bien plus nombreuses encore étaient les différences découvertes et aimablement signalées par M. Malherbe. D'où celui-ci concluait que ni le prétendu *trio*, ni les morceaux à quatre mains choisis naguère par nous, comme élément de comparaison, — et provenant, à coup sûr, de la même main, — ne méritaient d'être maintenus sur la liste des œuvres du maître salzbourgeois.

Une affirmation aussi imprévue ne pouvait

manquer, naturellement, de nous causer d'abord une certaine surprise ; et l'on comprendra sans peine qu'avant de l'admettre nous avons cru devoir nous livrer, de notre côté, à un examen minutieux de toutes les données du problème. Hélas ! force nous a été de reconnaître, en fin de compte, la justesse absolue des conclusions de M. Malherbe. Ou plutôt il nous est impossible, pour toute sorte de raisons trop longues à énumérer ici, d'aller avec lui jusqu'à considérer les deux manuscrits de Londres comme entièrement étrangers à Mozart : les ressemblances susdites dans maintes singularités d'écriture, la présence de l'un des manuscrits entre les mains de l'empereur d'Autriche, et surtout le caractère éminemment « mozartien » du contenu musical de l'autre, — ces pièces à quatre mains où se rencontrent sans cesse des échos des premières sonates authentiques du petit Mozart, — tout cela nous incline à supposer que d'une façon ou d'une autre, les mystérieux autographes se rattachent soit au maître lui-même, soit à son entourage. Auraient-ils été écrits par sa sœur, ou peut-être copiés par un de ses élèves ? La question vaudrait, assurément, d'être étudiée plus à fond, et nous ne serions pas trop étonnés que l'un des résultats de cette étude fût, un jour, de restituer définitivement au petit Mozart la paternité des charmants morceaux à quatre mains, tout parfumés de grâce poétique sous la simplicité ingénue de leur forme. Mais en attendant, et quant à ce qui est des deux manuscrits du British Museum, nous estimons que la critique est tenue dès maintenant de les éliminer du catalogue de l'œuvre du maître salzbourgeois.

Et ceci nous amène à rappeler que nos propres recherches nous ont permis déjà d'effacer de ce catalogue un assez grand nombre d'autres morceaux, plus ou moins importants qui y ont toujours figuré jusqu'ici. C'est ainsi qu'une symphonie en *mi* bémol, classée par Kœchel sous le n° 18, est simplement la transcription par Mozart d'une symphonie du virtuose et compositeur Charles-Frédéric Abel, telle que ce maître l'a publiée dans un recueil paru aux environs de 1768, après l'avoir fait exécuter dans l'un des concerts organisés par

lui à Londres pendant le séjour dans cette ville
de la famille Mozart. Pareillement, les quatre
premiers concertos de clavecin du petit Mozart
(K. 37, 39, 40 et 41) ne sont rien que des
adaptations en concertos de douze morceaux
empruntés à des sonates françaises d'Hon
nauer (quatre morceaux), de Raupach (quatre
morceaux), de Schobert (un morceau), d'Eckard
(un morceau) et d'un autre claveciniste que
nous n'avons pas encore réussi à déterminer.
La sonate pour clavecin et violon en *la* (K 61),
elle, tout de même que la susdite symphonie
d'Abel, a été simplement attribuée à Mozart
parce qu'on a retrouvé une copie dans ses
papiers : elle a pour auteur le claveciniste Raupach, — dont on a vu déjà que Mozart avait
utilisé des morceaux pour ses premiers concertos, — et porte le n° 3 dans un recueil de
sonates de ce maître publié à Paris vers 1766.
Enfin, pour nous borner à ces quelques exemples, une grande symphonie en *sol*, classée par
Jahn et Koechel parmi les œuvres de la pleine
maturité de Mozart (K. 444), a été empruntée
par ce dernier à son maître et ami salzbourgeois Michel Haydn ; et Mozart s'est contenté
d'y adjoindre, en manière d'introduction, un
superbe *adagio maestoso* d'une vingtaine de
mesures. On sait que le jeune homme, pendant
le dernier séjour qu'il a fait à Salzbourg en
1783, a composé pour Michel Haydn deux adorables duos de violon et alto (K. 423 et 424) :
peut-être Michel Haydn, pour le remercier de
ce précieux service, lui aura-t-il donné l'une de
ses plus récentes symphonies, en l'autorisant à
la faire exécuter à Vienne, dans quelque concert? En tout cas, l'ouvrage est bien de lui, et
non pas de Mozart.

Il est vrai que, à défaut de ces diverses compositions, qui auront désormais à en être retran-
chées, le catalogue de l'œuvre de Mozart pourra
s'enrichir d'une demi-douzaine au moins
d'autres pièces parfaitement authentiques, et
qui, trop longtemps ont porté la peine des circonstances fâcheuses de leur publication. Nous
ne saurions assez recommander aux admirateurs de Mozart, en particulier, le premier
morceau et le menuet d'une sonate de piano
en *si* bémol (K. Anh. 136), qui figurait autrefois dans toutes les éditions populaires des

sonates de Mozart, jusqu'au jour où l on s'est
aperçu que l'andante et le finale n'étaient que
des arrangements de morceaux appartenant à
l'un des plus célèbres concertos du maître. Et
il est bien vrai que l'éditeur André a eu, jadis,
la malencontreuse idée de nous offrir ainsi une
prétendue sonate de Mozart où il a introduit
deux morceaux tirés par lui de ce concerto :
mais les deux autres morceaux n'en restent pas
moins, incontestablement, des produits merveilleux du plus pur génie du maître de Salzbourg, et personne ne pourra y jeter les yeux,
dans un recueil ancien de la collection Litolff,
sans être frappé aussitôt de leur forte, savante,
et poétique beauté.

— T. DE WYZEWA ET G. DE SAINT-FOIX

MANON LESCAUT

Drame lyrique en quatre actes, paroles françaises de
M. Maurice Vaucaire, musique de M. G. Puccini.
Première représentation au théâtre royal de la
Monnaie le vendredi 10 février 1911.

ANON LESCAUT, qui a été représentée
vendredi à la Monnaie, fut le premier grand succès de Puccini.
Exécutée pour la première fois à
Turin le 1er février 1893, l'œuvre fit rapidement
le tour de l'Italie. Les deux opéras que Puccini
avait fait jouer précédemment. — *Le Vili* et *Edgar*,
donnés à Milan respectivement en 1884 et en 1889
— ne lui avaient pas encore fait une place bien en
vue parmi les compositeurs italiens. *Manon Lescaut*
commença à établir sa grande renommée, et trois
ans plus tard, en 1896, *la Bohème* valut à Puccini,
dans son propre pays, une célébrité qui ne tardait
pas à devenir universelle. Depuis, *La Tosca* et
Madame Butterfly ont également contribué à faire du
maître italien, aujourd'hui âgé de cinquante-deux
ans, le plus joué des musiciens dramatiques
actuellement en vie. Et l'on sait combien, dans ces
derniers temps, beaucoup s'en sont émus....

Ces quelques lignes d'histoire étaient opportunes.
Car lorsqu'on veut apprécier l'œuvre qui vient de
nous être présentée, il est indispensable de tenir
compte de son âge chronologique dans la production du compositeur. Le rapprochement avec
les œuvres qui ont suivi en constitue même le
principal intérêt au point de vue musical. On y

sent, beaucoup plus que dans ces dernières, l'influence de l'éducation française reçue par Puccini; et la part réservée aux inspirations portant la marque de son propre tempérament, de son incontestable personnalité, y est relativement moins importante. Mais il est amusant d'y retrouver en germe, tantôt avec moins d'élan ou de spontanéité, tantôt avec une sorte de timidité inquiète, ces longues périodes mélodiques, d'un lyrisme très entraînant quoique conventionnel, qui ont reçu dans La Bohème leur complet épanouissement, qui y prennent un tour si caractéristique.

La partition que nous venons d'entendre présente incontestablement moins d'unité que cette dernière. Le livret d'ailleurs contribue, pour une bonne part, à donner cette impression. Les quatre actes dans lesquels il est découpé et dont on a indiqué ici la substance lors des représentations italiennes de Paris au mois de juin dernier (1), n'offrent guère de lien entre eux; et si le spectateur qui n'a pas lu le roman de l'abbé Prévost n'avait pas été initié par la Manon de Massenet à d'autres étapes de la vie de l'héroïne, il aurait quelque peine à établir un enchaînement entre ces quatre tableaux, où les scènes épisodiques tiennent d'ailleurs une grande place. Mais l'œuvre de Massenet vit le jour dès 1884, neuf ans avant celle de Puccini, et la célébrité qu'elle avait déjà acquise au moment où fut conçue cette dernière, explique suffisamment que les auteurs aient voulu varier nos impressions en mettant en scène d'autres aspects de l'aventure amoureuse de Manon et du chevalier Des Grieux.

Chacun des actes de Manon Lescaut pris isolément forme au surplus un tableau pittoresque, aux oppositions habilement ménagées, ayant sa couleur propre, et se terminant par une scène d'un effet certain. Remémorez-vous les fins d'actes de tous les opéras de Puccini, et vous remarquerez combien toutes sont habilement composées. D'un bout à l'autre de Manon Lescaut s'affirme d'ailleurs ce sens du théâtre qui explique, au moins autant que le charme enveloppant de leurs inspirations, la vogue des opéras de Puccini.

Le public s'est montré enchanté d'être mis en présence d'une nouvelle œuvre d'un de ses compositeurs favoris. Il a fort goûté les scènes épisodiques, si habilement traitées, qui encadrent l'arrivée du coche d'Arras et l'enlèvement de Manon par Des Grieux au premier acte; l'accom-

pagnement d'orchestre, aux rythmes pittoresques, qui sert de fond à ce tableau, est d'ailleurs très réussi, dans sa couleur essentiellement française, et le chœur final accompagnant le dialogue de Lescaut et du fermier général Geronte peut être rapproché du piquant quatuor qui termine le troisième acte de La Bohème. Les premières scènes du deuxième acte, d'une tenue très française également, ont paru fort agréables; tous les épisodes de la fête de Manon sont traités d'une main légère, avec un sens très juste des proportions, une discrétion, dans les effets, du goût le plus délicat. Le troisième acte forme, au point de vue dramatique, le point culminant de l'œuvre; la scène si pittoresque de l'appel des filles, puis l'explosion de passion et de désespoir de Des Grieux au moment de l'embarquement de Manon pour la Nouvelle-Orléans, ont produit un effet considérable. Ce tableau fut au point de vue du succès, un pendant à la scène de Saint-Sulpice dans la Manon de Massenet. La mort de Manon au quatrième acte est d'une émotion plus intime; Puccini nous avait montré, dans La Bohème et dans Madame Butterfly, avec quel art il s'entend à faire mourir ses héroïnes; il n'a pas été moins habile dans Manon Lescaut, et le musicien de théâtre qu'il est se manifeste ici également avec bonheur.

Le succès s'est affirmé d'un bout à l'autre de la soirée; après le troisième acte, il a pris des proportions exceptionnelles. L'interprétation y aura contribué pour une bonne part. Les rôles de Manon et de Des Grieux étaient d'ailleurs confiés à des artistes particulièrement aimés du public, Mme Dorly et M. Girod. Tous deux y ont fait apprécier le charme très séduisant de leur jolie voix. Et la chaleur, la conviction mises par les deux interprètes dans la scène de l'embarquement, ont provoqué les plus vibrantes ovations.

M. Ponzio s'est montré excellent chanteur et très habile comédien dans le rôle de Lescaut. M. La Taste dessine avec l'art si sûr qu'on lui connaît la silhouette du fermier général, et M. Dua chante très agréablement les rôles épisodiques de l'étudiant Edmond et du Maître de ballet.

Excellente exécution de la part de l'orchestre sous la direction affinée de M. Sylvain Dupuis, et mise en scène soignée, comme d'habitude, dans les moindres détails.   J. Br.

(1) Voir le Guide Musical des 19 et 26 juin 1910, pp. 487-488.

From the Golden West

OREGON — ETATS-UNIS

DANS ces contrées lointaines, redisons-le, la musique tient son rang par la longueur des programmes, sinon par la qualité des interprétations.

L'impulsion imprimée dans l'Est par l'audition des célébrités européennes s'est étendue jusqu'à nous. Il serait temps de reconnaître que les grands impresarios américains ont une autre devise que celle d'un personnage de M. Mirbeau. Plus d'un artiste national doit à leur activité l'épanouissement de son talent. Que n'ont-ils suscité plus de professeurs sérieux! L'ingénuité musicale des amateurs est encore exploitée avec un cynisme scandaleux. Dans ce domaine, il semble que les épaves de l'art et de la littérature se soient donné rendez-vous. Plumitif ou instrumentiste, c'est à qui se posera en critique ou s'improvisera pédagogue. Il suffit qu'un pianiste ait échoué pour qu'il se campe professeur de « bel canto » et fasse fi des écoles européennes. On pourrait sourire de l'ignorance outrecuidante de l'esthète qui n'admet « que la musique moderne » et de la maladroite suffisance de la chanteuse affirmant « l'inutilité des études en Italie », si de tels enseignements n'aboutissaient à pervertir le goût naturel de la jeunesse et à stériliser les aptitudes d'élèves trop confiants.

Heureusement pour ceux-ci et pour l'art, ces sophismes vulgaires se brisent contre un petit fait que rien ne détruira. L'anglais, idiome admirable pour la nouvelle et le commerce, est, de l'avis même de ceux qui le parlent le mieux, une langue peu favorable au chant. Ah! si l'on pouvait opposer à l'italien un de ces dialectes qui font échec à l'unité allemande. Mais l'Allemand, américanisé en moins d'une année, s'empresse d'oublier son patois local pour s'exprimer à l'américaine. Le français, généralement ignoré, est attaqué obliquement. Les adversaires interviènent, par exemple, une dame de Francfort qui, n'ayant pu enseigner au Conservatoire de Paris, proclame dans le Ladies Home Journal que le français nuit à la voix. Ou bien ils se font écrire par une artiste italienne que les syllabes nasales empêcheront toujours la langue française d'être propice au chant. Laissons le temps, l'étude et l'expérience faire justice en Amérique, de cette hostilité et de ces incongruités germano-italiennes.

L'événement de la saison au Métropolitain de New-York est le nouvel opéra de G. Puccini, sous la direction du maestro lui-même : The Girl of the Golden West, d'après le drame de Belasco, entendu il y a trois ans par le fameux compositeur de Madame Butterfly. En voyant le titre de sa nouvelle partition souligné de ces mots : « American opera », Puccini s'écria : « Pas du tout opéra américain, mais pur opéra italien! » Et c'est bien la vérité. La couleur locale n'est qu'indiquée par la rapidité de l'action. Aux Etats-Unis, il faut au moins la qualité préconisée par Daudet dans ses Contes d'hiver : la vitesse. Interprètes : Emmy Destinn. Caruso. Amato. Capellmeister : Toscanini. C'est dire que l'exécution fut parfaite. 68 rappels témoignèrent de l'exaltation tout italienne du public.

Jusqu'à présent peu de renommées compagnies d'opéra sont venues dans l'Ouest, mais les grands artistes y font volontiers des tournées. A Portland, le Heilig Theater contenait 2,500 auditeurs pour acclamer Mme Tetrazzini, qui y donnait un concert le 30 décembre. L'air de la folie de Lucia, triomphe de Mme Melba, fut aussi le sien, avec plus de tempérament. Dans son admiration sans bornes, la presse évalue les mérites de l'éminente cantatrice au moyen de chiffres convaincants : 250,000 dollars par an. Avant de se rendre à Portland, Mme Tetrazzini a chanté à San Francisco avec son succès habituel. Et pour marquer son souvenir à la capitale californienne où Walter Dammrosch l'a révélée, il y a quelques années, à l'Amérique, l'aimable artiste a voulu, la veille de Noël, se faire entendre en plein air à tous ceux qui se trouveraient à 9 heures du soir « at Lotta's fountain ». Programme : Air de la Traviata, son opéra de début à San Francisco, The last Rose of Summer, Home, sweet Home.

Un excellent baryton espagnol, né à New-York, Emilio de Gogorza, fait actuellement une tournée de récitals. Très applaudi à Montréal (Canada), il a passé dans différentes villes, puis à San Francisco et à Portland. Partout la beauté de son organe, la variété de ses programmes, la grâce de l'interprétation ont excité l'enthousiasme. Il chante en quatre langues, y compris le français, et n'en déplaise à Mme Tetrazzini, cela ne nuit en rien à son succès.

A côté de ces astres, visibles seulement dans les grandes villes, d'autres étoiles consentent modestement à couper le trajet entre San Francisco et Portland en s'arrêtant à Medford où les convie un avisé manager. C'est ainsi que nous avons entendu Miss Ellen Beach Yaw, annoncée comme le « rossignol américain », douée d'une voix légère, peu expressive, mais étonnante en effet, quoique dans cette région-ci l'absence de rossignols rende impossible la comparaison. Par contre, une autre concertiste, Mme Langenburg, a impressionné son auditoire par un sentiment très profond des nuances et une voix grave des plus sympathiques. A Portland, elle eut le désavantage d'arriver après Mme Gadski et avec un programme presque identique.

Dans toutes les cités de la Côte, d'environ 10,000 habitants, des conservatoires se fondent, des sociétés d'Oratorios se constituent, et il ne s'agit pas toujours d'une bonne affaire.

ALTON.

LA SEMAINE

PARIS

Le Théâtre des Arts vient de représenter Le Marchand de Passions, comédie en trois images d'Epinal et en vers de M. Maurice Magre et Nabuchodonosor de M. Maurice de Faramond. L'affiche porte qu'il y a de la musique de scène dans ces deux pièces. C'est vrai; mai il y en a si peu, et on l'entend si mal que ce n'est presque pas la peine d'en parler. Elle est de M. Groulez, jeune compositeur d'aimable talent qui s'efforce d'écrire à la manière de M. Debussy et de M. Ravel, et y réussit quelquefois; elle apparaît modestement au moment où la petite Aube (Ah! que Mlle Sylvette-Fillacier est donc charmante dans ce rôle et comme elle dit bien de très jolies choses!) curieuse de connaître quelles passions peuvent agiter l'esprit des hommes, a tiré du sac de son vieux sorcier de père, tous les objets qui les symbolisent et qu'elles se matérialisent sous l'aspect « d'une femme magnifiquement vêtue », d'une sultane des Mille et une Nuit, « d'une femme demi-nue, d'une danseuse, d'un personnage bossu et boiteux, d'un musicien fou, du valet carreau, d'une mendiante et d'un astrologue ». Pourtant, apprenez que Lubin aime Colette, que Colette aime Lubin et qu'ils se marieraient bientôt, c'est-à-dire au premier acte, si le marchand ambulant, père de la petite Aube, ne leur vendait, à lui une gourde, à elle un miroir, qui donne à Lubin la passion du vin, à Colette la passion de la coquetterie, et que le bonheur des deux amants serait à jamais compromis si la jolie petite Aube, au cœur pur, à l'âme blanche, qui aime secrètement Lubin et ne veut point de mal à Colette, ne les persuadait l'un et l'autre de renoncer aux mau-

dits objets — ce qu'ils font à la fin du troisième acte. Incidemment nous voyons — par le magique pouvoir d'une médaille, d'un livre, d'un jeu de cartes et d'une petite baguette — un brave grenadier devenir poltron, un tendre grognard imbécile faire des vers, un sage héros être joueur et un général espagnol être pris de la folie des voyages. Tout cela est fort divertissant et le poète fait dire à ses personnages de choses d'un gracieux tour lyrique. Au reste, je ne serais pas étonné que M. Maurice Magre ait d'abord songé à faire de son Marchand de Passions un poème d'opéra-comique; mais devant l'abondance et l'importance des développements il a dû y renoncer. Peut-être n'a-t-il pas eu tort, car telle qu'elle est présentée, sa petite comédie est tout à fait séduisante et M. Georges Delaw « imagier de la Reine » lui avait fait un cadre qui ajoute à son charme.

Nabuchodonosor de M. de Faramond est une pièce extraordinaire qui tient à la fois du drame shakespearien et de la tragédie antique; un spectre et les dieux y jouent les plus grands rôles. M. de Max déclame; Mlle Natacha Trouhanowa danse, le décor et les costumes sont somptueux, la figuration nombreuse...

ANDRÉ-LAMETTE.

Concerts Colonne (5 février). — De nouveau Guilhen-Chenal et Ferval-Franz mêlent leurs accents passionnés d'amants wagnériens à la splendeur sonore de l'orchestre d'Indyste et le Faune debussyste sur « le jonc vaste et jumeau dont sous l'azur on joue », prélude, voluptueux et las à la mollesse de ses étirements en l'attente languide de l'évanouissement alors que la flûte de Blanquart chromatise des modalités antiques; mais M. Pablo Casals triomphe plus encore en jouant le Concerto que je n'ose dire insipide, de Saint-Saëns et une Élégie, qu'un fâcheux déclare n'être pas de la musique, de Gabriel Fauré; et le Don Juan, de Richard Strauss et l'ouverture d'Hænsel et Gretel, d'Humperdinck, encadrent la première audition de la Rapsodie espagnole, pour piano et orchestre, d'Albeniz, orchestrée par M. George Enesco. « Albeniz, explique le programme, avait écrit lui-même sa partition pour piano et orchestre; par une inexplicable fatalité, ce manuscrit s'est perdu. Il a fallu réinstrumenter l'ouvrage, et M. George Enesco s'est chargé de cette tâche, qu'il a su remplir avec autant de souci artistique que de dévouement amical. »

Il y a deux façons d'orchestrer une œuvre dont on n'est pas l'auteur : faire à son idée et suivant son goût, apporter la collaboration de son propre talent ; ou bien, laisser sa personnalité de côté,

s'assimiler autant que possible et le plus complètement la manière de l'auteur. Cette dernière est la
meilleure et c'est elle qu'a choisie M. Enesco.
Thèmes populaires — disparates : plainte grave
d'un cœur blessé, rire jaillissant de lèvres ivres,
longs soupirs, furtifs baisers, danses et chants —
joie de vivre. Au piano, Alejandro Ribo, nerveux
et brun, dessine le fond vigoureux du tableau.

ANDRÉ-LAMETTE.

Concerts Lamoureux. — En première audition, à ce XV⁰ concert, l'ouverture du *Roi Lear*
de Balakirew. Copions le programme : « Cette
ouverture, et les entr'actes écrits pour la tragédie
de Shakespeare, remontent à une époque assez
lointaine, antérieure à *Thamar*.... L'ouverture,
construite dans la forme classique, évoque les
principaux thèmes des cinq préludes du drame :
les Fanfares qui accompagnent le Roi ; les thèmes
de Lear et de sa fille Cordélia ; le perfide verbiage
des méchantes filles ; Lear et son fou, dans la
lande ; la Tempête. »

Tout cela est écrit de façon intéressante, sonne
très bien, avec une allure un peu mendelssohnienne
qui ne laisse pas de surprendre.

Les scènes du 2⁰ acte de *Tristan et Yseult* réunissaient, sur le programme, les noms de Mmes Borgo
et Berck, et de M. Hans Tanzler. Sans grande
autorité, mais non sans art, et d'une voix agréable,
Mlle Berck tint la partie de Brangaine. M. Tanzler
a une voix légèrement sourde, et un peu nasale,
ce qui enlève beaucoup de charme à son émission,
mais il sait chanter, est bon musicien et toute la
caressante douceur de l'*Hymne à la Nuit*, cette paix
nirvanienne il a su l'exprimer, indiquant plutôt le
sentiment profond, intérieur, que le côté passionné
du rôle de Tristan. Il semblait un peu froid et trop
correct à côté de Mlle Borgo, artiste de tempérament, vibrante, vivante, dessinant une Yseult
fougueuse frénétique et comme possédée, dans
toute la première partie de cette scène, incendiée
d'amour ; puis, au paroxysme de la passion, arrivant à l'extase. Mlle Borgo a trouvé dans cette
dernière partie, très bien chantée également par
M. Tanzler, des notes d'une douceur, d'une
suavité pénétrantes.

L'orchestre joua magnifiquement. Avant qu'on
ne commençât, un jeune homme, mon voisin, dit
à son ami, sur un ton prometteur de merveilles :
« Et tu vas voir Chevillard ! ! » — On a vu
Chevillard », on l'a applaudi, acclamé, ainsi que
ses excellents instrumentistes ; c'était justice.

Le programme comprenait aussi la scène
d'amour de *Roméo et Juliette* (Berlioz) et la superbe

Symphonie en ut mineur du maître Saint-Saëns.
L'orgue fut dignement tenu par M. Vierne.

M. DAUBRESSE.

Concert Hasselmans (Salle Gaveau). —
La symphonie du *Nouveau Monde*, de Dvorak, gagnerait à être accompagnée d'une notice explicative, en
dehors du simple énoncé des mouvements habituels
aux œuvres de musique pure. Ainsi présentée,
cette symphonie étonne plus qu'elle n'intéresse
par ses bamboulas, ses gigues et fandangos, synthé-
tisant le *Nouveau Monde* en un lyrisme étroit et sans
aucune envergure. Aussi le succès du concert est-il
allé au délicieux poème de M. Duparc, *Lénore*, élégant et distingué, et aux *Variations symphoniques* de
Boëllmann, fort bien interprétées par le violoncelle
de M. Salmon, encore que dans le finale, l'orchestre écrase la voix défaillante d'un instrument
auquel il ne faut pas demander une éclatante
sonorité. Toutefois, M. Salmon a tenu tête à l'orage
avec la vaillance d'un bel artiste, doublé d'un virtuose remarquable. M. Hasselmans, ex-violoncel-
liste, a dû s'en apercevoir mieux que tout autre.

Comme première audition, le programme comportait un prélude de M. Roger Ducasse, page
tourmentée, où rien ne décrit le calme et la solitude évoqués. Et pourtant le texte énonçait une
idée d'une émotion et d'une mélancolie délicieuses :
« Promenade solitaire du poète dans le parc d'un
château abandonné des seigneurs et dame d'autrefois » Cette douce mélancolie, absente ici, nous
s'être rencontrée en M. Tournier, dont le *Cortège*,
plus féerique que réel, mais d'un joli contour, a
laissé une agréable impression.

Le public a apprécié comme il convenait la jolie
voix de Mlle Daumas, d'*Aleste*, en même temps
qu'il rendait justice à ses efforts pour triompher
d'une page bien ingrate : les *Trois Sorcières*, de
M. Léo Sachs. Le concert se terminait par la
deuxième rapsodie de Liszt, enlevée avec brio
par la jeune phalange de M. Hasselmans.

A. GOULLET.

Concert Sechiari. — Au cinquième concer
donné le diman. le 5 février, M. Sechiari s'est fait
applaudir et comme chef d'orchestre et comme
violoniste. Le concert débutait par la *Symphonie
écossaise*, de Mendelssohn, qui fut brillamment
exécutée. Dans le *Caprice Andalou* et le *Rondo
Capriccioso* de Saint-Saëns, M. Sechiari a montré
ses qualités de chaude sonorité et d'habile technique qui lui permettent de faire bonne figure au
milieu des meilleurs exécutants. M. Sechiari
passa son bâton de chef d'orchestre à M. Paul
Bazelaire, qui n'est pas seulement un très beau

violoncelliste, mais aussi un compositeur de valeur. *La Chasse*, de ce dernier, inscrite au programme, est une page pleine de vie et de fougue juvénile. magnifiquement orchestrée, à laquelle le public a fait un légitime succès. La présence de Mme Félia Litvinne ajouta considérablement à l'attrait de cette séance. Accompagnée par l'orchestre, elle interpréta *Je t'écris* et *Ave Maria*, deux pages de M. Raymond Roze, qui doit beaucoup de reconnaissance à l'admirable cantatrice dont la voix et le style soulèvent invariablement l'enthousiasme de l'auditoire. Mme Litvinne chanta également les *Amours du Poète*, de Schumann, ingénieusement et fidèlement orchestrées par M. F. Dubois et la *Mort d'Ysolde*, dont elle sait si bien traduire le caractère tragique et passionné. Enfin, l'orchestre dirigé par M. Sechiari, exécuta *Marche et Bacchanale* (de M. Raymond Roze), dont la forme vaut mieux que le fond et le prélude de *Tristan et Ysolde*. A noter que pas un auditeur ne quitta sa place avant le dernier accord. Un bon point au public et deux à M. Sechiari.   H. D.

Société Philharmonique.

— La Société Philharmonique, qui fait toujours bien les choses, offrit, le mardi 31 janvier, à ses auditeurs habituels et occasionnels toujours nombreux, dans la Salle Gaveau, le régal du Quatuor Rozé, de Vienne. M. Arnold Rozé, M. Paul Fischer, M. Anton Ruzitska, M. Friederich Buxbaum, ont donné du quatuor en *ré* mineur de Mozart, du quatuor en *ut* dièse mineur de Beethoven et du quatuor en *si* bémol (op. 76, n° 4) de Haydn, une exécution en tout point parfaite. Il nous paraît impossible de revêtir de plus de charme l'œuvre de Mozart, dont toutes les parties sont une caresse pour l'oreille et une source de joie pour l'entendement musical. Avec quelle éloquence le Quatuor Rozé a traduit l'œuvre si puissante, si riche, du maître de Bonn. L'examen des détails d'exécution nous entraînerait trop loin. Qu'il nous suffise de dire que les austères accents de l'adagio initial, le noble thème de l'andante avec variations, la fantaisie du presto ont fait éprouver à l'auditoire une satisfaction artistique intense. Cette satisfaction, il l'a retrouvée dans l'interprétation du quatuor de Haydn, dont la beauté dément l'opinion de ceux qui ne voient dans Haydn qu'un maître vieillot au chef branlant. Que de poésie les quatre artistes ont su mettre dans l'exécution de ces trois œuvres! Dans les *dolcissimi*, ils laissent l'auditeur s'abîmer dans les régions illimitées du Rêve et quand l'auditeur revient de son lointain voyage, il applaudit, acclame le Quatuor Rozé, l'âme pleine d'admiration et aussi d'émotion.   H. D.

Salle des Agriculteurs.

— Alfred Cortot et Jacques Thibaud donnent leur deuxième séance de piano et violon le lundi 13 de ce mois. avec un programme classique et mi-moderne ; et la foule qui envahit les moindres coins de la trop petite salle leur prouve une fois de plus qu'ils savent, entre tous, séduire et charmer leurs auditeurs. C'est que non seulement leurs jeux se marient admirablement, par des qualités égales de finesse et de saveur pénétrante, mais leurs programmes sont excellemment combinés pour mettre en valeur ces qualités-là, ce charme délicat et cette grâce poétique. La sonate en *mi* de Bach. d'un tour si pur, le duo en *la* majeur (op. 16 1) de Schubert, d'une si attachante et lumineuse fantaisie, la romantique et parfois douloureuse première sonate en *la* mineur de Schumann, et la vibrante sonate en *ut* mineur de Beethoven, ont défilé ainsi en cette première séance. Demain ce sera le tour de la sonate de Fauré, de celle de Franck, et du concert de Chausson.

H. DE C.

Salle Pleyel.

— Le 27 janvier M. Theodor Szanto le remarquable pianiste, a donné une séance consacrée (lui aussi? pourquoi tout le monde s'y prend-il ainsi à l'avance?) à fêter le centenaire de Liszt. Au programme : Variations sur un motif de Bach. sonate en *si* mineur, légendes de *Saint François d'Assise* et de *Saint François de Paule*, fantaisie *Dante* et transcription *Don Juan*. M. Szanto, indépendamment de ses qualités de virtuose. excellemment appropriées à celles de Liszt, a eu surtout le bon esprit de faire comprendre que Liszt était d'ailleurs tout autre chose, et de donner d'abord à ses œuvres leur caractère, tantôt poétique, tantôt austère, tantôt d'une liberté d'improvisation. Ce fut d'un extrême intérêt à suivre   C.

— Les quatre séances consacrées aux œuvres de César Franck, par le Quatuor Darent, à la Schola Cantorum, ont eu un succès sans précédent Salles archi-bondées et recettes maxima en dépit du bas prix des places. Ce que c'est que de faire de l'art pur : on n'arrive pas tout de suite. mais on arrive, et alors c'est le triomphe.

— Les Etablissements de la grande maison de pianos Gaveau frères ont été vendus le 4 février et acquis par une société anonyme, qui en continuera l'exploitation sous la seule direction générale de M. Etienne Gaveau. Toutes nos sympathies suivront celui-ci dans cette nouvelle transformation de la marque fondée il y a plus de soixante ans par son père.

OPÉRA. — Roméo et Juliette Samson et Dalila. La Maladetta. Lohengrin. Le Miracle.

OPÉRA-COMIQUE. — Louise. La Vie de Bohème. Cavalleria rusticana., Mignon,. La Dame blanche. L Navarraise. Werther. Le Jongleur de Notre-Dame. l e Toréador.

THÉATRE LYRIQUE (Gaîté). — Don Quichotte. Quo Vadis?. La Favorite, Le Soir de Waterloo. Hernani. Le Barier de Séville. Les Huguenots.

TRIANON-LYRIQUE. — Mam'zellé Nitouche. Phryné. Bonsoir M. Pantalon. La Mascotte. Fra Diavolo Monsieur Choufleuri. Le Pré-aux-clercs. Miss Helyett Si j'étais roi. Le Petit Duc.

SALLE ERARD

Concerts du mois de Février 1911

12 Mme. Girardin - Marchal, matinée d'élèves (1 1/2 heure du soir).
13 Mme Prokopova Defosse, chant (9 h. du soir).
14 M de Radwan, piano
15 M. Emil Sauer, piano »
16 Mlle Fourgeaud, piano »
17 MM. Ferté et Fournier, piano et violoncelle (9 heures du soir).
18 M. Batalla, piano 9 heures du soir).
19 Mlle Legrenay, matinée d'élèves (1 1/2 heure du soir)
20 M. Durosoir, violon et orchestre 9 h. du soir).
21 M. de Radwan, piano »
22 M Emil Sauer, piano »
23 M. Edouard Risler, piano »
24 MM. Ferté et Fournier, piano et violoncelle (9 heures du soir).
25 M Emil Frey, piano (9 heures du soir).
26 M. Broche. matinée d'élèves (1 1/2 h du soir).
27 Mme Baltus-Jacquard, piano (9 h. du soir).

SALLES PLEYEL

22, rue Rochechouart

Concerts de Février 1911 (à 9 heures soir)

Grande Salle

13 M. M Ciampi.
14 M. P. Bertheaume.
15 M. J. Debroux .
16 Mlles Lénars et Bizet.
17 M. Maurice Dumesnil.
20 Mlle C. Deroche.
21 Mlle H. Chalot.
22 Mme H. Bétille.
23 La Société des Compositeurs de musique.
24 Mlle E. Galda
25 La Société Nationale de musique.
27 Mme M. Cury

Salle des Quatuors

15 Le Quatuor Calliat.
21 La Société de Musique nouvelle.

SALLES GAVEAU

45 et 47, rue La Boëtie

Concerts du mois de Février 1911

Salle des Concerts

12 Concert Lamoureux (3 heures).
13 Concert Saillard Dietz (9 heures)
14 Premier récital Mark Hambourg (9 heures).
15 Manecanterie [les Petits Chanteurs de la Croix de B is] (9 heures)
16 Concert Aussenac et Ch. W. Mark (9 heures).
18 Concert Hasselmans (3 1/2 heures).
19 Concert Lamoureux (3 heures .
19 Solidarité Commerciale (9 heures)
20 Société Musicale Indépendante (9 heures).
21 Société Philharmonique (9 heures)
23 Répétition publique de la Cantorum (4 h.).
24 Concert Schola Cantorum 9 heures).
26 Concert Lamoureux (3 heures).
27 Cercle Musical 9 heures).

Salle des Quatuors

15 Audition des élèves de M. Carambat (2 h.),
16 » » » » Mme Lefaure Boucherit (2 heures .
20 Concert U. F. P C. (2 heures)

BRUXELLES

THÉATRE ROYAL DE LA MONNAIE. — On annonce comme très prochaine, la première représentation de le Feu de la Saint-Jean de Richard Strauss, dont les études commencées depuis plus d'un mois vont pouvoir être poussées plus activement désormais. En même temps l'on verra l'Enfance du Christ de Berlioz dont la direction avait déjà annoncé la saison dernière, la mise à la scène.

Jeudi dernier, a eu lieu la troisième et dernière représentation d'Elektra qui a valu particulièrement à Mme Claire Friché d'enthousiastes ovations, auxquelles le public a associé aussi Mmes Béral et Claire Croiza. On se demande en effet, quel théâtre de langue française pourrait en ce moment mettre en ligne pour les rôles d'Elektra, de Chrysothémis et de Clytemnestre, un pareil trio de voix admirables et d'artistes accomplies. Nous aurons encore quelques représentations de Salomé et à la fin de la saison, en une semaine, les trois œuvres d Strauss que le théâtre de la Monnaie est seul a donner parmi les théâtres de langue française : Salomé, le Feu de la Saint-Jean et Elektra.

Concert du Conservatoire. — Comme le premier, le deuxième concert du Conservatoire était consacré aux romantiques, représentés cette fois par Schubert, Carl Stör et Huberti.

De Schubert, la grande symphonie en *ut*, cette pure merveille. On ne peut qu'approuver la suppression des reprises dans le premier et le troisième mouvement et le trio du scherzo, reprises qui affaiblissent plutôt l'intérêt; ainsi réduite, l'œuvre est encore d'une exceptionnelle longueur (une longueur « divine », *eine göttliche Länge*, disait Schumann).

Le public n'a pas paru goûter beaucoup les tableaux symphoniques écrits par Stör pour le *Chant de la Cloche* de Schiller. C'était pourtant une idée intéressante de ressusciter cet ouvrage, dirigé par Joseph Dupont aux Concerts populaires en 1874, avec Mlle Tordeus, et repris aussitôt après, — l'œuvre ayant fait sensation. (Stör, 1814-1889), — un nom à peu près inconnu de notre génération, — fut quelque temps maître de chapelle à Weimar après le départ de Liszt; il eut pour successeur Edouard Lassen, sur le style duquel il exerça une influence manifeste. Ce *Chant de la Cloche*, écrit-il y a plus d'un demi-siècle, encore modérément descriptif et imitatif et à ce titre, fort éloigné du poème symphonique des néo-romantiques, n'en constitue pas moins un témoignage historique très intéressant de l'acheminement du style classique-romantique vers le lyrisme plus intense des opéras-romantiques de R. Wagner. Les a-t-il précédés ou suivis? Nous ne savons. Toujours est-il que dans cette ouverture magistralement construite, dans maints tableaux et mélodrames, on sent passer le souffle puissant du romantisme wagnérien, voire (dans telle progression de l'ouverture) des pressentiments du drame musical.

Les deux morceaux du regretté Gustave Huberti, *Chanson de Matelots* — *Aurore* et *Scène de Chasse*, datent approximativement de 1870. Ils ont obtenu le plus vif succès par leur fraîcheur d'inspiration, leur coloration discrète et distinguée, leur romantisme sincère, exhibant l'influence manifeste des romantiques classiques allemands. Ce fut là, semble-t-il, le style vraiment conforme au génie musical de Huberti, dont les ouvrages ultérieurs, tel que la *Symphonie funèbre*, manifestent une évolution si rapide, atteignant dans les derniers *Lieder* le modernisme le plus accentué. Rien n'est plus légitime et plus respectable que l'évolution qui, en peu d'années, métamorphose le style d'un artiste, mais encore faut-il que cette évolution obéisse à une nécessité intérieure; et nous ne pouvons nous défendre de songer que Huberti, en changeant sa manière, fit plutôt œuvre de volonté et que ces pièces romantiques pour orchestre, les ravissants *Lieder* et les oratorios de la première manière, telles pièces de piano trop peu jouées, retiendront davantage l'attention que les ouvrages ultérieurs de l'artiste.

M. Tinel nous donna de tout cela des exécutions colorées, vivantes et précises, encore que, dans la symphonie, ces insensibles retards dans les attaques des cuivres, qui constituent l'incoërcible vice rythmique de tous nos orchestres, n'aient pas manqué de se manifester. Mme Neüry-Mahieu a dit avec intelligence le poème du *Chant de la Cloche* de Schiller dans la traduction d'Émile Deschamps, en délimitant avec habileté les descriptions des opérations successives de la fonte et les commentaires philosophiques de maître fondeur.   E. C.

Concert Samuel-Laenen. — Concert de musique ancienne avec son cortège de gavottes, sarabandes, musettes, gigues, aux rythmes vifs aux détails finement ciselés. Des *sonates* de J.-S. Bach, Ph.-E. Bach, Fr. Veracini, Vivaldi et Pugnani formaient avec les « Concerts royaux » de Couperin un programme très heureusement choisi qui fait le plus grand honneur au sens artistique des organisateurs du concert : Mlle Jeanne Samuel, violoniste; M. Léopold Samuel, violoncelliste et Mlle Marguerite Laenen, pianiste. Rien de poussiéreux, rien d'ennuyeux; toutes œuvres de valeur et bien vivantes.

Mlle Jeanne Samuel exécuta avec virtuosité la sonate en *mi* majeur de J.-S. Bach et la sonate n° 2 de Fr Veracini. Mais on souhaiterait plus de souplesse et d'élégance et une sonorité plus pure.

La sonate en *la* mineur de Ph.-E. Bach et le joli *capriccio* de Al. Scarlatti trouvèrent en Mlle M. Laenen une interprète profondément musicienne sachant rehausser d'une pointe de fantaisie ces pages déjà vénérables. Mlle Laenen fut fort applaudie. Pourtant, malgré toute notre admiration pour le talent de cette artiste, nous ne pouvons nous empêcher de regretter qu'elle souligne ses interprétations d'une mimique aussi... expressive. C'est vraiment dommage.

Dans les trios de Couperin, Vivaldi et Pugnani, la partie de violoncelle, qui est assez effacée, fut tenue avec talent et distinction par M. Léopold Samuel. On goûta particulièrement la *Gavotte* et la *Musette* des *Concerts royaux* de Couperin. MM. J. Janssens, pianiste, et L. Mambour, violoniste prêtaient le concours de leur talent pour l'exécution de deux charmants *Trios-Sonates* (deux violons et violoncelle avec accompagnement de piano) de A. Vivaldi et G. Pugnani.   Franz Hacks.

— Le Quatuor Corinne Coryn (Mlles Coryn, Schellinx, Slingeneyer et D. Juan) a donné jeudi après-midi dans la jolie petite salle Astoria, une charmante matinée dont le programme comportait le quatuor VII de Beethoven, celui en *mi* bémol, op. 51 de Dvorak et pour finir l'op. 51, n° 2 de Brahms, celui-ci tour à tour sévère et spirituel, d'une facture admirable, d'un équilibre parfait, s'il n'est certes pas la page la plus émouvante de la musique de chambre de Brahms. L'exécution difficile en fut excellente par ces quatre vaillantes artistes qui ont travaillé en conscience et en musiciennes. Le quatuor en *mi* bémol de Dvorak dans sa note mélodique très charmante ne présente pas l'intérêt des développements du précédent; ce fut aussi très bien interprété; les rythmes particulièrement bien accusés, ce qui est important dans cette musique. L'op. 59, n° 2 de Beethoven avait bien inauguré la matinée qui fut très réussie. Nous demanderons quelquefois un peu plus de discrétion au violoncelle et un peu moins à l'alto. Mlle Coryn conduit son quatuor avec grande sûreté et sans raideur aucune.   M. DE R.

— Au théâtre Molière, M. Munié poursuit une campagne d'opérette qui obtient du succès. Après avoir joué *Hans le Joueur de flûte*, de Louis Ganne, il vient de monter *Amour tzigane*, de Franz Lehar, très habilement adapté à la scène française par Willy et Raph. M. Octave Maus apprécie ainsi la partition dans l'*Art moderne* : « La musique de Franz Lehar est à mi-chemin de l'opérette et du drame lyrique. Construite en majeure partie sur des chants tziganes, dont le répertoire est d'une inépuisable richesse et d'une émouvante beauté, elle a un accent très particulier que précise l'emploi fréquent de la zymbala, rythmant les improvisations du violon solo dont elle accompagne et soutient la mélopée serpentine, tour à tour languid et véhémente. L'auteur a très adroitement utilisé, dès l'ouverture, les rafales sonores que déchaînent les orchestres bohémiens et qui varie à l'infini le caprice des virtuoses. Il s'est servi aussi, dans les parties vocales, de mélodies populaires parmi lesquelles il en est de fort impressionnantes. Son apport personnel nous ramène malheureusement à la banalité habituelle des partitions d'opérettes et fait ressortir le caractère hybride de l'œuvre. »

— Le programme du deuxième Concert populaire ne manquera pas d'intéresser vivement les musiciens M. S. Dupuis a mis à son programme la symphonie en *ut* de Richard Wagner, l'unique symphonie du maître qui était demeurée manus-crite jusqu'en ces derniers temps et qui vient seulement d'être publiée. Wagner l'écrivit à dix-neuf ans, en 1832; il venait de terminer ses études de contrepoint chez le cantor Weinlig. Jouée pour la première fois à Prague dans l'été de 1832, puis à Leipzig, aux concerts de l'Euterpe, enfin aux grands concerts du Gewandhaus, en janvier 1833, Wagner la dirigea lui-même en 1882, le 24 décembre, avec un orchestre formé par par les élèves du Liceo Benedetto Marcello à Venise.

Outre cette œuvre tout à fait nouvelle pour le public d'aujourd'hui, M. Dupuis a mis à son programme l'ouverture du *Corsaire*, de Berlioz, qui, elle, date de 1831 et qui constituait l'un des envois de Berlioz comme pensionnaire de l'Académie de Rome. Revue, corrigée et publiée en 1855 chez Richault, Berlioz la fit exécuter la même année aux concerts de la Société Sainte-Cécile à Paris et la dirigea fréquemment dans ses concerts en Allemagne.

La juxtaposition de ces deux œuvres contemporaines de deux des maîtres du romantisme dont la carrière fut si éclatante, ne sera certes pas sans être instructive.

A noter encore au programme de M. Dupuis, *Le Chant de la Destinée*, poème symphonique de M. Gabriel Dupont, l'auteur de *La Glu*. Ce poème lui fut inspiré par le poème de Jules Laforgue :

Berce-moi, roule-moi
Vaste fatalité!

Comme soliste, Mme Leffler qui chantera les grands airs d'*Obéron* et de *Fidélio*.

— Encore le Conservatoire!

Dans le projet de règlement pour les concerts du Conservatoire, élaboré par M. l'administrateur, il y a un article qui prévoit l'engagement de chefs d'orchestre étrangers.

Il eut fait beau voir une proposition pareille du temps de Gevaert ou de Fétis. Gevaert disait avec raison que le directeur du Conservatoire ne devait pas être discuté. A tort ou à raison le public établira des comparaisons entre le chef étranger et le directeur. De deux choses l'une : Ou l'étranger fut-ce un quelconque « Trompette de Meiningen » lui sera supérieur et voilà l'autorité du directeur au diable; ou l'étranger lui sera inférieur et il eût été plus simple de le laisser chez lui.

L'article nouveau est donc dangereux et inutile tout ensemble.

Sur ce point comme sur d'autres, la « sollicitude » de M. l'administrateur s'est manifestée de façon plutôt fâcheuse.

A son initiative encore, depuis deux ans on a multiplié les répétitions publiques des concer s. En apparence. l'idée sembla heureuse ; en réalité elle est dénuée de tout sens pratique. L'expérience l'a vite démontré. On ne peut plus organiser au Conservatoire que des concerts d'élèves ; il n'est plus possible de donner *La Passion selon Saint-Mathieu* ou la *Neuvième Symphonie* avec des solistes de marque. Où trouver ceux qui pour un mince cachet consentiraient à s'immobiliser toute une semaine dans la capitale du Brabant ? Ou faudra-t-il tripler les cachets pour les décider à paraitre trois fois. le mercredi, le vendredi et le dimanche, devant le public bruxellois ? Combien il serait utile de faire entendre aux jeunes générations de musiciens les grandes œuvres classiques exécutées par de grands interprètes, tels qu'autrefois Joachim Rubinstein. Wieniawsky, Clara Schumann, Marie Battu. Mme Caron Stockhausen ou Fauré ! Comment s'y prendra-t-on désormais pour concilier les légitimes exigences d'un artiste célèbre avec les ressources budgétaires d'une association dont les entreprises doivent limiter leurs dépenses à la mesure de leurs recettes possibles.

Ah ! nous sommes bien livrés ! M. l'administrateur ne manquera pas de nous écrire que cette désorganisation n'est pas « son œuvre exclusive, mais le résultat d'une étude en commun à laquelle la Commission de surveillance a pris une large part ».

Elle a bon dos, la commission ! Les honorables membres qui la composent s'en remettaient précisément à M. l'administrateur du soin de les éclairer sur la partie pratique des mesures proposées par lui. Ils ont été proprement éclairés, cela se voit aux résultats acquis en moins d'une année.

Jadis on se « battait » pour entrer aux concerts du Conservatoire : aujourd'hui, on rend les places. Les désabonnements vont bon train. Mercredi dernier, la répétition a produit à peine 500 francs. C'est un succès, un vrai record. Les membres de la Société des Concerts sont dans le ravissement. Grâce à la sollicitude éclairée de M. l'administrateur, ils ont la perspective de ne plus même toucher quarante sous par répétition.

THÉATRE DE LA MONNAIE. — Aujourd'hui. dimanche, en matinée, La Bohème et Hopjes et Hopjes ; le soir, Quo Vadis ?; lundi, Faust ; mardi, Manon ; mercredi, La Glu ; jeudi, Manon Lescaut ; vendredi, représentation à bureaux fermés donnée par la Société royale « La Grande Harmonie » ; samedi, Manon Lescaut ; dimanche, à 2 heures, troisième Concert populaire, sous la direction de M. Sylvain Dupuis ; le soir, La Tosca et Hopjes et Hopjes.

Dimanche 12 février. — A 2 ½ heures, au théâtre de l'Alhambra, quatrième concert d'abonnement Ysaye, sous la direction de M. Eugène Ysaye et avec le concours de M. Ossip Gabrilowitsch, pianiste. Programme : 1. Symphonie en *ut* majeur (L. Delcroix), première exécution ; 2. Concerto en *si* bémol mineur (Tschaïkowsky), M. Ossip Gabrilowitsch ; 3 Lénore, poème symphonique (H. Duparc) ; 4. A) Nocturne en *sol* majeur (Chopin) ; B) Au bord de la Mer, étude (Smetana) ; c) Rhapsodie en *mi* bémol majeur (Brahms), M. Ossip Gabrilowitsch ; 5. A) Viviane, poème symphonique (E. Chausson) ; B) Joyeuse marche (E. Chabrier).

Dimanche 19 février. — A 2 heures, au théâtre royal de la Monnaie. troisième Concert populaire, sous la direction de M. Sylvain Dupuis et avec le concours de Mme Leffler-Burckardt, cantatrice du Théâtre de Wiesbaden, qui chantera le grand air de Fidélio de Beethoven. un air d'Obéron de Weber, Wiegenlied de Strauss et Liebesfeier de Weingartner. Le programme symphonique se compose de trois ouvrages entièrement inédits à Bruxelles : la Symphonie en *ut* de Richard Wagner, le Chant de la Destinée de Gabriel Dupont et le Corsaire, ouverture de H. Berlioz.

Répétition générale au théâtre de la Monnaie, le samedi 18 février, à 2 heures.

Mardi 21 février. — A 8 ½ heures, à la Nouvelle salle, 11, rue Ernest Allard, deuxième séance de musique de chambre donnée par le Quatuor Zœllner. Au programme : 1. Quatuor de Brahms ; 2. Quatuor de Jos. Wieniawski (première exécution) ; 3. Quatuor de E. von Dohnanyi

Mardi 21 février. — A 8 ½ heures, à la Grande Harmonie, deuxième récital donné par M. Carl Friedberg, pianiste. Au programme : Brahms, Beethoven, Chopin, Reger, Sauer, Debussy, Friedberg et Rubinstein.

Vendredi 24 février. — A 8 ½ heures, à la Grande Harmonie, Récital Emil Sauer. Au programme : Œuvres de Bach, Beethoven, Mendelssohn, Chopin. Sauer, Liszt, Rubinstein.

Dimanche 26 février. — A 2 1/2 heures, au Cercle artistique, deuxième concert de la Société J. S. Bach, sous la direction de M. Albert Zimmer et avec le concours de Mmes MM. Nordewier-Reddingius, soprano, P. de Haan-Manifarges, alto, Wanda Landowska, claveciniste, MM. Anton Kohman, ténor et Louis de la Cruz Froelich, basse. Programme : Cantate « Mein Gott, wie lang ach lange? » pour soli, chœurs et orchestre ; concerto en *fa* mineur pour clavecin et orchestre d'archets ; cantate « Jesu der du meine Seele ». pour soli, chœurs et orchestre ; air de la cantate pour alto « Vergnügte Ruh, beliebte Seelenlust » ; pièces pour clavecin ; fantaisie en *ut* mineur ; Partita en *si* bémol majeur ; cantate « Nun ist das Heil und die Kraft » pour chœur double, orchestre et orgue.

Dimanche 26 février. — A 2 ½ heures, à la salle des fêtes de la Madeleine, deuxième concert Durant, avec le concours de M. Edouard Deru, violoniste de LL. MM. le Roi et la Reine. Il sera consacré à l'interprétation d'œuvres françaises.

Jeudi 2 mars. — A 8 ½ heures du soir, à la salle de la Grande Harmonie, deuxième concert donné par l'éminent violoniste Mathieu Crickboom, avec le concours d'un orchestre dirigé par M. Louis Kefer.

Vendredi 10 mars. — A 8 ½ heures du soir, à la salle Erard, récital donné par Mme Miry-Merck, cantatrice et professeur de chant. Au programme : Œuvres de Mozart, F. Schubert, R. Strauss, A. de Castillon, H. Duparc, E. Chausson, C. Debussy, A. De Greef, F Rasse, T. Ysaye, A. Borodine. P. Juon, J. Sibelius, L. Wallner.

CORRESPONDANCES

ANVERS. — Peu de centenaires éveilleront autant de souvenirs que celui de Franz Liszt. Nature d'élite, intelligence multiple, sa vie n'est-elle pas intimement liée à l'histoire musicale du siècle dernier ? Devançant cet anniversaire de quelques mois, la Société de Zoologie a consacré son concert de mercredi dernier à la mémoire du maître hongrois, et elle le fit d'excellente façon. Parmi les œuvres symphoniques inscrites au programme (*Festklänge*, *Mazeppa* et *Hungarischer Sturmmarsch*, retenons surtout le poème « Mazeppa »; qui par sa facture caractéristique et intense était la meilleure page du concert. Elle fut, d'ailleurs, bien rendue par l'orchestre sous la direction de M. Ed Keurvels. Les œuvres pianistiques étaient représentées par le concerto en *mi* bémol, l'étude en *fa* mineur et la polonaise en *mi*- majeur. Principalement écrites pour faire valoir l'instrument, elles ont trouvé, en M. Mark Hambourg, un interprète au talent généreux, plein de bravoure. Succès aussi vif que mérité. Citons aussi les deux *Lieder* : *Mignon* et *Loreley* que Mlle Rodanne a chantés d'une voix de mezzo bien posée et dans un style très expressif.

A l Opéra flamand, on a revu une satisfaction évidente la *Princesse d'Auberge* de MM. J. Blockx et Nestor de Tière. La couleur, l'allure plein de vie et de franchise, le mouvement du peuple à la scène du carnaval, toutes les qualités, très scéniques, qui ont assuré naguère le succès de cette œuvre, sont très vivaces. Préparée avec soin par la troupe de M. Fontaine, c'est une des meilleures reprises de la saison. Interprétation enthousiaste et homogène par Mmes Cuypers (Rita), Seroen (Reinhilda), MM. Bol (Merlyn) Collignon (Rabo, de grande autorité), Taeymans (Marcus), etc. Orchestre attentif, conduit par M. Schrey et chœurs très vaillants.

Rappelons que c'est lundi que M. F. Weingartner dirigera, au Théâtre Royal, le troisième des Nouveaux Concerts.　　　　　　　C. M.

LEIPZIG. — L'intérêt de la saison musicale a singulièrement diminué ces derniers mois. A part le *Requiem* de Berlioz, exécuté superbement par la Riedel-Verein, sous la direction de Georges Göhler, aucune séance mémorable n'est à signaler. Cette exécution d'un des chefs-d'œuvre berlioziens fut une solennité musicale exceptionnelle; sept cents exécutants ont clamé le fameux *Tuba mirum*. C'est la première exécution dans l'orchestration intégrale (seize timbales) qui ait eu lieu en Allemagne depuis bien des années. On a fait un succès marqué à l'excellent kapellmeister.

Un intéressant concert de musique vocale fut en outre donné à la Tomaskirche par le Riedel-Verein (œuvres de Liszt, Grieg, Wolf, etc).

Le Bach-Verein a chanté *Balthasar*, de Hændel, le même jour que le *Requiem*, cela par suite d'une rivalité existant entre les deux sociétés. Naturellement le Riedel-Verein, de beaucoup supérieur au Bach-Verein, l'a emporté et a fait salle comble.

M. Georges Göhler dirige également les concerts de la Musikalische Gesellschaft; nous y avons entendu de bien bonnes exécutions de la *Symphonie fantastique*, de Berlioz, d'*Ibéria*, de Debussy (bien médiocre, cette œuvre-là!), de la symphonie en *si* mineur de Schubert et celle en *ut* mineur nº 2) de Brückner. Comme soliste, citons la pianiste Raffelson (encore le concerto en *la* de Liszt). le chanteur Lejdstrorn qui a interprété de superbes *lieder* de Gustave Mahler.

Si M. Georges Göhler était à la tête d'un orchestre tel que celui du Gewandhaus, on aurait des exécutions parfaites.

Au Gewandhaus, une série de concerts bien banals dont quelques-uns furent très médiocrement dirigés par M. Nikisch. La *Damnation de Faust* y reçut, notamment, une interprétation terne. Au programme des autres concerts : la cinquième symphonie, de Brückner; prélude de *Lohengrin*, troisième symphonie de Brahms, ouverture *Rosamunde*, de Schubert; messe en *mi* bémol, de Schubert; *Madrigaux*, de Palestrina; symphonies nºˢ 7 et 5, de Beethoven; sixième de Tschaïkowsky; quatrième de Brahms; l'*Apprenti sorcier*, de Dukas; le *Freischütz*, de Weber; les *Préludes*, de Liszt; ouverture, scherzo et finale, de Schumann; *Symphonia tragica*, de Draeseke; *Istar*, de d'Indy; le *Carnaval romain*, de Berlioz. Comme solistes : Félix von Kraus (*Lieder* de Brahms et H. Wolf); Schmüller (concerto de Reger pour violon); Frieda Kwast-Hodapp (concerto de piano de Reger); Straube (fantaisie et fugue de Liszt pour orgue); Marg. Siems (airs de *Titus* et de *Lucia de Lammermoor*); Ysaye (concerto grosso nº 8. de Corelli, et concerto de Beethoven ; Pugno (concerto n° 3 de Beethoven et les *Djinns* de C. Franck). Pugno et Ysaye ont donné un récital qui a remporté un succès étourdissant (sonates de Bach, Beethoven et trio en *si* bémol de Beethoven).

Les séances de musique de chambre du Gewandhaus furent plus intéressantes que les concerts symphoniques. On y a entendu : W.-F. Bach (trio), C.-Ph.-E. Bach sonate pour violon et piano , Mozart (divertimento), Brückner (quintett), Schubert trio en *si* bémol), Haydn quatuor en *re*), Mendelssohn (quatuor op. 12), Brahms (quintett).

Les concerts Winderstein ont présenté un choix d'œuvres connus : prélude du *Déluge*, *Faust-Symphonie* (Liszt), fragments du *Songe d'une nuit d'été* (Mendelssohn), *Manfred*, avec Wullner, cinquième symphonie de Beethoven, marche d'Elgar, ouverture de Scheinpflug, symphonie de Strässer, etc. Comme nouveautés, signalons la *Totentanz* de Woyrsch et le médiocre concerto de violoncelle de Bleyle (Henri Kiefer). Parmi les solistes, citons Juan de Manén (concerto en *sol* de Bruch), Marg. Preuse, etc.

Parmi les nombreux récitals et concerts particuliers organisés par la maison Eulenburg, mentionnons en premier lieu les concerts avec orchestre donnés par Mlle Suzanne Godenne, de Bruxelles, une jeune pianiste d'avenir qui a remporté un joli succès dans le quatrième concerto de Saint-Saëns et les variations symphoniques de C. Franck. La presse a été très élogieuse pour la jeune artiste.

D'intéressants récitals furent donnés également par le violoniste Jascha Sussmann (concertos de Mendelssohn et de Brahms), les pianistes Amy Eisele (concertos en *ré* mineur, de Mozart et en *la*, de Grieg) Paula Kœnig (variations de Franck et concerto en *mi* de Chopin), Daniel Berlino (concerto en *sol* de Saint-Saëns), le violoniste Jani Szanto concertos de Stojanowitz, de Vieuxtemps (n° 4). Il faut signaler tout particulièrement le concert Liszt, dirigé par un jeune chef d'orchestre de talent, Hanus Avril, avec le concours du remarquable pianiste A. von Roessel (concerto en *la*, fantaisie hongroise ; le *Tasse* et *Orphée*). Les récitals et séances de musique de chambre furent légion, mais il en est peu qui soient particulièrement intéressants à part Lamond, Sauer, von Vecsey, Müllner, Zadora, E. von Voigtländer, quatuors tchèque, bruxellois, A. Schmüller, Weiss, quatuor Rebner, Elly Ney, Julia Culp, etc.

Au théâtre, *Liebelei*, opéra romantique intéressant de Neumann, *Wintermärchen*, de Goldmark ; le *Talisman*, de Maddison, une œuvre « à la Strauss ». On a remonté le *onge d'une nuit d'été*,

accompagné par la délicieuse musique de scène de Mendelssohn ; au répertoire courant les œuvres de Wagner, Mozart, Weber, etc A signaler aussi une bonne reprise de *Salomé* et d'*Electra* avec Mlle Sanden.

PAUL MAGNETTE.

LUXEMBOURG. — Dimanche 12 février, à 8 1/4 heures, deuxième concert du Conservatoire de Musique, donné dans la salle des fêtes du Palais Municipal. Programme : 1. Ouverture de *Manfred* (R. Schumann); 2. Concerto de violon, op. 20 (E. Lalo). Violon : M. Jos. Heyne, professeur au Conservatoire ; 3. Chant funèbre, chœur pour voix de femmes et orchestre (Ern. Chausson); 4. Symphonie en *ré* mineur, scherzo (Marcel Orban); 5. Sauge fleurie, légende pour orchestre (Vincent d'Indy); 6. A la Musique, chœur avec solo pour voix de femmes et orchestre (Emm. Chabrier); 7. Lohengrin, introduction du troisième acte (R. Wagner). — Le concert sera dirigé par M. Victor Vreuls, directeur du Conservatoire.

LYON. — Dans une séance consacrée à ses œuvres de musique de chambre, M. Amédée Reuchsel, fit entendre aux dilettanti lyonnais le quatuor pour piano et cordes, la sonate pour piano et violoncelle, le trio pour piano, violon et violoncelle, qui lui obtinrent le prix Chartier, de l'Institut de France, et qui ont été jouées déjà dans tous les grands centres musicaux.

Ces trois pièces sont écrites avec une science profonde de la composition ; les idées principales, toujours originales et bien venues, se développent avec art en des harmonies d'un modernisme captivant. C'est surtout dans le trio, écrit tout entier dans la forme cyclique, que les transformations de thèmes et leur juxtaposition sont remarquables.

M. Amédée Reuchsel au piano, MM. Maurice Reuchsel (violoniste), Caratozzolo (altiste) et Alexis Ticier (violoncelliste) — ce dernier très fêté après la sonate — ont donné une exécution fouillée et parfaitement au point des œuvres difficiles inscrites au programme. Ajoutons que Mlle Henriette Porte a fort bien chanté le beau *Poème des Cloches*, du même auteur.

L'assistance très nombreuse qui se pressait dans la salle Béal a pris grand intérêt à cette audition et a rappelé plusieurs fois par ses applaudissements M. Reuchsel et ses interprètes.

P. B.

MULHOUSE. — Au sortir du beau concert que vient de donner la Société d'orchestre à ses membres associés, j'ai hâte de communiquer aux lecteurs du *Guide musical* l'impression profonde que fit à notre public de dilettantes le talent de Mme Madeleine Demest;

cantatrice de Bruxelles, qui avait été invitée à prêter son concours à cette audition, la cinquante-quatrième organisée par notre Société. Je me plais à dire que par la beauté de la voix, dont l'ampleur est remarquable, par la pureté et la facilité des vocalises, par l'art avec lequel cette cantatrice, dont l'éducation musicale est parfaite, interprète les morceaux de caractère le plus opposé, Mme Madeleine Demest se place au premier rang des virtuoses du chant, et que nous garderons longtemps le souvenir du plaisir que nous avons eu à l'entendre. Elle a interprété, notamment, la barcarolle de Richard Strauss, *Les Messages*, de Schumann, des mélodies de Duparc et de Fabre et *Bonsoir Madeleine* de Koszul, dans le sentiment délicat qui a inspiré ces œuvres charmantes, et elle a été, après chaque morceau, l'objet de chaleureuses ovations.

Le programme symphonique comportait l'ouverture d'*Euryanthe* de Weber. la symphonie en *ut* majeur de Mozart et la *Sérénade* de Hans Huber.

L'orchestre sous la direction vaillante de M. S Ehrhart a prouvé qu'il était capable d'exécuter dans la perfection, les œuvres les plus difficiles.

A. L.

R OUEN. — Dans une nouvelle causerie sur l'histoire de la musique, Mme Marie Capoy abordant le *Lied* allemand, décrivit la vie et l'œuvre de deux auteurs qui lui donnèrent un éclat particulier : Lœwe et Schubert.

Joignant à l'éloquence de sa parole le charme d'une belle voix de mezzo-soprano, Mme Capoy fit entendre quatre *Lieder* de Karl Lœwe dont *La Fille du Carillonneur*, la *Cloche Ambulante* et surtout un *Roi des Aulnes*, œuvre puissante, poignante et que le public put comparer dans la deuxième partie du concert au *Roi des Aulnes* de Schubert. Wagner, rappelons-le ici, accordait ses préférences à celle de Lœwe.

Dans la partie du concert réservée à Schubert, nous mentionnerons particulièrement cette suite de vingt *Lieder* intitulée *Winterreise* (Le voyage d'hiver) dont M. Jean Reder, baryton de la Société des concerts du Conservatoire. fit ressortir le charme pénétrant, l'émotion. Comme on sent le culte qu'il a voué à l'œuvre de Schubert ! Mme Capoy, comme accompagnatrice cette fois, eut aussi une belle part au succès de M. Jean Reder.

La sonate en *sol* mineur de Schubert, exécutée au violon par M. Héptia avec beaucoup de brio d'expression, était accompagnée au piano par Mme Manger.

Mme Capoy pour terminer nous fit entendre le *Roi des Aulnes* de Schubert. PAUL DE BOURIGNY.

NOUVELLES

— Le célèbre écrivain italien Angelo de Gubernatis, dont on a célébré ces jours-ci. à Rome, le cinquantenaire professoral, publie, dans le dernier numéro de la revue *Musica* une lettre de Richard Wagner, écrite en français, qui présente un bi n vif intérêt. Le théâtre de Florence venait de donner la première représentation de *Lohengrin* sous la direction enthousiaste du maestro Mariani. Antonio de Gubernatis, qui travaillait à ce moment à son livre sur les *Légendes des Animaux*, fut frappé de la profonde interprétation. qu'ava t donnée Richard Wagner de la légende du Cygne. « J'allais — dit Gubernatis, qui avait assisté à la première — d'admiration en admiration. La représentation terminée je sentis le besoin d'exhaler mon enthousiasme et j'écrivis au Maître une lettre vibrante. Il savait qui j'étais, par Cosima, fille de la comtesse d'Angoult, ma grande et vénérée amie, et il me répondit dans les termes que voici:

» *Monsieur*,

» La lettre que vous m'avez fait l'honneur de m'adresser et que vous avez eu la bonté de m'envoyer, compte au premier rang parmi les témoignages de bienveillante sympathie q i font de la représentation de mon *Lohengrin* en Italie un des événements les plus remarquables de ma vie d'artiste.

» Certes, il ne saurait y avoir pour le poète de plus noble rémunération que celle de l'écho que sa pensée éveille, et quand cet écho lui vient de la pensée du savant d'un pays qui nous semble la patrie de la Beauté, il a lieu d'être fier et reconnaissant.

» C'est dans ce sentiment de fière gratitude, que je vous écris, Monsieur, et que je vous remercie. Votre lettre a été pour moi comme le premier gage de cette union à laquelle je fais appel, et je vous avoue, que la branche scientifique à laquelle vous vous êtes voué rehausse encore à mes yeux le prix de vos remarquables paroles. Depuis longtemps l'étude de la philosophie et de la poésie de l'Inde, compte parmi l'édification intellectuelle de ma vie, et si je nomme l'Italie la patrie de la Beauté, je vois et je révère dans l'Inde la mère de la sagesse humaine.

» D'aucune part il ne pouvait donc m'être plus doux et plus flatteur, de voir mon *Lohengrin* entendu et accueilli avec sagacité et bienveillance, que la vôtre, Monsieur, et si mon poème musical vous a fait et vous fait encore songer, voire lettre m'a porté aux méditations les plus sérieuses et les plus consolantes.

» Mais ce qui a donné un prix tout particulier à la belle impression que mon œuvre a eu l'honneur de vous faire, c'est le sentiment très juste qu'elle ne devrait point apparaître sur les scènes auxquelles nous nous sommes accoutumés, et qu'avec un tact judicieux que j'ai rarement rencontré, vous réclamez une réforme du théâtre, correspondant à la réforme de l'opéra. Le temps que je n'ai pas consacré à mes conceptions artistiques je l'ai voué à cette pensée, qui a dirigé toute mon activité au dehors, et je me vois sur le point d'ériger avec le concours de mes amis dans une petite ville d'Allemagne le théâtre sur lequel n'auront lieu que des représentations annuelles devant un public convié, et où j'espère voir se fonder le style dramatique allemand.

» Vous jugez par là, Monsieur, de la joie profonde que m'ont causée vos lignes qui m'ont témoigné d'une si intelligente et si bienveillante divination de ma vocation, et c'est en me sentant très honoré de votre sympathie que je me permets de vous serrer la main, en vous priant de croire aux sentiments de reconnaissance et de considération avec lesquels je suis, Monsieur,

» *Votre très dévoué*
» Richard Wagner. »

— Les sensations d'art d'un artiste !... Et l'on a cru sans doute servir sa mémoire, hélas !

Voici un extrait d'une lettre du peintre Puvis de Chavannes, écrite en 1893 :

« J'ai été à l'Opéra, ou plutôt on m'y a mené. J'ai entendu, ou cru entendre, *La Valkyrie*, et ma naïve impression est qu'il ne me semble pas possible d'accumuler sur un seul point plus de noir, ennui. Je n'aurai pas la sottise de dire que c'est assommant, mais je peux bien dire que j'ai été assommé. Rien, absolument rien n'en peut donner l'idée. C'était à pleurer. Nous en causerons et je m'expliquerai là-dessus : car, si je me suis embêté à crever, je sais parfaitement pourquoi.

» C'est presque de l'ingratitude, car pas mal de gens ont, dans leur extrême bon vouloir à mon égard, accolé mon nom à côté de celui de Wagner. Or, j'ai passé ma vie dans l'horreur du nuageux ! Jugez par là. »

Le mot de la fin est la clef de cette anomalie : un peintre qui n'aime pas la musique. Puvis de Chavannes était convaincu qu'il avait, lui, passé sa vie dans l'horreur du nuageux, et, dans des compositions d'une incontestable beauté d'une pénétrante poésie, il plaçait des êtres volontairement taillés à coup de serpe, immobiles et irréels, des êtres de rêve !... Et il trouvait du nuage dans Wagner ! du nuage dans *La Valkyrie !!!* — Le nuage, hélas ! était dans son esprit à lui.

Au temps où le mot de *musique* était considéré comme représentant l'harmonie dans toutes les proportions de l'être, comme l'équilibre parfait de toutes les expressions du beau, Socrate déclarait, non sans hauteur : « De deux hommes que voici, l'un est musicien, l'autre non. — Le premier est intelligent, l'autre ne l'est pas. »

— En juin prochain, Félix Mottl dirigera à l'Opéra de Paris la Tétralogie de Richard Wagner.

— Mme Cosima Wagner a quitté Bayreuth et s'est rendue en Italie, à Santa Margherita de Ligure, où elle passera l'hiver. Elle ne retournera à Bayreuth qu'en mai, à l'époque où paraîtront à Munich les mémoires de Richard Wagner.

— *Tristan et Isolde*, de Richard Wagner a été joué, cette semaine, en tchèque, au théâtre royal de Budapest. A la fin du mois prochain, l'œuvre sera donnée, en allemand, au théâtre de Nice, sous la direction du cappelmeister Arthur Nikisch et avec le concours du Blüthner-Orchester de Berlin.

— Pietro Mascagni a intenté un procès, devant le tribunal de Milan, à l'impresario américain Leibler, qui n'a pas tenu son engagement de faire représenter à New-York, la dernière œuvre du compositeur, *Isabeau*. En même temps, l'éditeur de celle-ci, M. Sonzogno, a demandé aux tribunaux de casser le contrat signé avec M. Leibler qui réservait à celui-ci le droit de faire représenter *Isabeau*, par sa compagnie dramatique, avant tout autre directeur de théâtre. Pietro Mascagni est, en effet, sollicité de faire représenter *Isabeau* au Colosseo de Buenos-Ayres. L'œuvre y serait donnée en mai prochain, sous la direction de l'auteur, qui entreprendrait ensuite une tournée artistique dans le Sud de l'Amérique et le Chili.

— M. Gustave Mahler ne restera plus qu'une année directeur de la Philharmonie de New-York. Il rentrera en Europe l'année prochaine.

— A Vienne, les critiques de théâtre et de musique ont formé une association professionnelle locale, à laquelle tous les intéressés ont envoyé leur adhésion. L'association compte quarante-neuf membres, dont elle s'est donné pour but de défendre les intérêts moraux et matériels.

— Cette semaine, à Milan, un groupe de notabilités musicales, réunies sous la présidence de l'éditeur Sonzogno, a jeté les bases de la création d'un comité permanent de lecture, qui aurait pour mission d'examiner les œuvres des jeunes compo-

siteurs italiens. Pour triompher de tous les obstacles qui pourraient empêcher la production devant
le public d'une œuvre théâtrale intéressante, le
comité, qui sera incessamment constitué, recevra
à l'examen toutes les œuvres nouvelles que les
jeunes compositeurs d'Italie voudront bien lui
soumettre. Il suffira à ceux-ci d'envoyer leurs
opéras accompagnés du livret pour obtenir que le
comité permanent de lecture les étudie avec la
plus sérieuse attention et émette un jugement sur
leur valeur scénique, dramatique et musicale. Le
comité sera composé de critiques d'art, de compositeurs, de chefs d'orchestre, d'un directeur de
théâtre, d'un directeur de Conservatoire et d'un
directeur de scène. Il s'emploira, le cas échéant,
à faire représenter les œuvres qui lui paraîtront
dignes d'être soumises à l'appréciation du public.

— La nouvelle œuvre de Richard Strauss, *Le
Chevalier à la Rose*, a été représentée au théâtre de
Nuremberg, quelques jours après avoir été
applaudie, au théâtre de Dresde. Elle obtint le
plus éclatant succès, sous la direction du cappelmeister Tittel. Elle sera jouée incessamment au
théâtre de Carlsruhe, qui en annonce la très
prochaine représentation ainsi que celles des
Enfants de Roi, de Humperdinck, et du *Pauvre
Henri* de Hans Pfitzner.

— M. Siegfried Wagner dirige aujourd'hui, au
théâtre de Weimar, la première représentation de
son nouvel opéra intitulé : *Der Bärenhäuter* (Le
Poltron). Il a assisté aux dernières répétitions de
son ouvrage.

— Dimanche dernier, à Berlin, l'orchestre de
femmes, créé par la société pour l'enseignement
artistique du peuple, a donné son premier concert,
sous la direction de Mlle Elisabeth Kuyper, à la
salle du Conservatoire royal. Il y avait foule.
Les exécutantes et la cappelmeisterin, plus
encore que les œuvres inscrites au programme, ont
obtenu le plus vif succès.

— Le théâtre d'Alger, qui donne en ce moment
une série d'œuvres théâtrales du maître Saint-
Saëns, vient de représenter *Henry VIII*. L'œuvre
a été acclamée.

— Mlle Palasara vient de remporter à Deventer,
le 1er février, dans un concert d'orchestre de la
société des « Amis par les sons de la musique »,
un succès qui a eu beaucoup de retentissement.
Un air du *Cid*, l'air de Lully « Revenez, amours »,
l'hymne au soleil de M. Georges et la romance de
Mignon ont formé son programme, et lui ont valu
les plus chaudes ovations.

— ERRATUM : Lire page 105, ligne 12, col. 2 :
« détonner » et non « détourner » ; page 107,
ligne 17, col. 1 : « débit » et non « début » ; même
page, ligne 3, col. 2, lire : « plaisamment » et non
« plaisantamment » ; page 108, ligne 37 : « acteur »
et non « auteur ».

BIBLIOGRAPHIE

DERNIÈRES PUBLICATIONS MUSICALES :

Chez l'éditeur Max Eschig : Les partitions pour
piano et chant d'*Amour Tsigane*, de Franz LEHAR
(adaptation française de Willy et Raph), et de
Malbrouk s'en va-t-en guerre, de LEONCAVALLO (adaptation française de M. Vaucaire).

Chez l'éditeur A. Durand et fils : *Chansons douces*,
de RHENÉ-BATON (10 poésies de G. Champenois),
d'un style très fin et pur ; *Dans la brume argentée*,
de G. SAMAZEUILH, inspiration lyrique pleine de
mystère, et *Naïades du soir*, du même, page de
piano, d'une charmante poésie ; *Sheherazade*, de
M. RAVEL, 3 poèmes pour chant et orchestre, très
colorés, très pittoresques, très divers ; *Petite suite*,
de Roger DUCASSE, pour piano à 4 mains (souvenance, berceuse et claironnerie, d'après l'orchestre) ; enfin, deux transcriptions pour 2 pianos à
4 mains, par Ed. Risler, d'après SAINT-SAENS :
Toccata du 5e concerto, et *Étude en tierces majeures
chromatiques*, extraites toutes deux du « Deuxième
livre d'études ».

— M. Joseph Debroux, l'éminent violoniste,
restaurateur des anciens chefs-d'œuvre de l'école
du violon, et dont les séances historiques sont si
remarquables en ce moment, vient encore de
publier de nouveaux morceaux, des plus curieux,
et toujours avec fac-similé du titre original (mais
d'ailleurs édition moderne, critique et facile à exécuter) : *Six fugues pour piano seul*, de Wenzel PICHL
(1741-1805), et une *Sonate en si mineur* de Christian
FESTING, un maître anglais, mort en 1752.

57me ANNÉE. — Numéro 8.   19 Février 1911.

LE GUIDE MUSICAL

Les Sonates de Scarlatti

Domenico Scarlatti, le fécond et savant claveciniste, peut être considéré, on le sait, comme le véritable fondateur de la sonate « italienne ».

Amené, par une étude très approfondie de la jeunesse de Mozart, à examiner quelles formes musicales s'offraient à l'enfant à son premier contact avec les maîtres de son époque, Teodor de Wyzewa, voici déjà quelques années, a déterminé de la façon la plus lucide l'histoire et la formation de ce genre de la *sonate*. C'est à côté de la *suite*, cette série de courtes pièces, généralement en forme de danses, soit exclusivement nationales, soit de divers pays réunis et contrastants, que la sonate s'était développée peu à peu. Kuhnau, qui fut le prédécesseur de Sébastien Bach comme cantor à la Thomaskirche de Leipzig, avait, dès 1695, proposé pour un ensemble de pièces de clavecin (donné en exercice), le nom de sonate. « Pourquoi, écrit-il dans sa préface, ne pourrait-on pas traiter sur le clavecin les mêmes sujets que sur d'autres instruments? Et cela quand aucun autre instrument ne saurait disputer au clavecin la préséance en fait de perfection? » La forme de cette sonate, toutefois, n'avait rien de spécial : c'était toujours la vieille sonate de violon telle que la jouait Corelli.

Ce n'est qu'une quinzaine d'années plus tard que devait vraiment naître la nouvelle sonate de clavecin, issue d'un besoin de plus en plus impérieux des musiciens et du public, d'échapper au style scolastique des suites et des toccates, de faire *chanter* un peu plus la musique tout en la soutenant, en la limitant, de certaines règles. La période de flottement fut assez longue, chacun essayant quelque combinaison neuve. Quand Mozart fut à même de choisir à son tour, ces combinaisons se résumaient en deux types très nettement distincts et qui peuvent être justement désignés sous les noms de sonate *allemande* et de sonate *italienne*.

La première l'allemande, avait toujours trois morceaux, de même valeur, dans le même ordre, eux-mêmes divisés en trois parties distinctes : cette forme « ternaire » est réalisée dans sa plus belle expression par Philippe-Emmanuel Bach, dont Mozart un jour n'hésita pas à déclarer qu'il était le maître et lui l'écolier. La seconde, l'italienne, plus libre, plus légère, avait d'ailleurs moins de règles : un, deux, trois morceaux indifféremment pouvaient la composer, dans un ordre quelconque, ou mieux, volontairement divers lorsque l'on groupait plusieurs sonates en recueil. La seule coutume fixe était dans la coupe des morceaux, toujours divisés en deux parties à peu près égales. Cette forme « binaire » est due, dès 1720, à Domenico Scarlatti.

Élève de son père, Alessandro Scarlatti, le chef de l'école napolitaine, fécond surtout dans le domaine lyrique de l'opéra ou de l'oratorio, Domenico débuta aussi par le théâtre, mais il sut assez vite démêler sa véritable voie et donna dès lors tous ses soins à la musique de clavecin, qui prit, grâce à lui, un développement sans précédent. Plus de quatre cents morceaux représentent son œuvre en ce genre.

Il faut dire à cela qu'il y chercha tout de suite des évocations nouvelles. N'imitant personne, fuyant au contraire le style polyphonique et les règles établies, il doua ses petites compositions d'une vie extraordinaire, constamment variée de sentiment, de caractère, relevée de combinaisons ingénieuses, originales, d'un mécanisme d'ailleurs parfois des plus hardis.

Une étude sérieuse de cette œuvre considérable et savoureuse serait, historiquement, d'un vif intérêt, car on y démêlerait sans doute assez facilement l'influence qu'elle a pu avoir par tous pays. Ce n'est cependant que tout récemment qu'elle est possible. Sur ces quelque 550 morceaux laissés par Domenico, une soixantaine seulement furent publiés de son vivant; puis les éditions se succédèrent, de ces morceaux-là et d'autres, mais toujours un peu retouchées, un peu arrangées; — aussi bien les pages inédites ne sont-elles pas aussi *au point*, en général, que celles dont lui-même il avait pu contrôler la gravure.

C'est à donner une édition critique de l'ensemble que songea la maison Ricordi, de Milan, lorsqu'elle fit appel, voici plus de dix ans, à la compétence spéciale de M. Alessandro Longo. Celui-ci rechercha partout, à défaut de manuscrits autographes, les premières copies du temps et les premières éditions et les prit pour base d'une revision sérieuse du texte. La source la plus importante se trouva être ainsi les cahiers manuscrits de la Bibliothèque de Saint-Marc, de Venise, transcrits sous les yeux de Scarlatti, au temps de son séjour en Espagne, vers la fin de sa vie. Puis il faut compter sur le recueil formé par l'abbé Santini qui finit par passer entre les mains de Brahms et fut donné par lui à la Bibliothèque du Conservatoire de Vienne. La première édition originale, qui ne comprend que trente pièces, est antérieure à 1750. Les principales éditions modernes sont celles que préparèrent Czerny en 1839 et Farrini en 1864; elles ne comprennent d'ailleurs que la moitié à peu près de l'œuvre entière.

L'édition de M. Alessandro Longo comporte cent suites formant un ensemble de cinq cents pièces; plus un supplément de quarante-cinq morceaux indépendants. A la fin de chaque pièce, très soigneusement et très clairement transcrite, la référence du texte (manuscrit ou édition originale) est toujours notée, ainsi que l'indication si elle est inédite ou non (plus de trois cents pièces sont données ici comme inédites!) S'il y a quelque variante intéressante, ou quelque correction, elle est indiquée aussi, et l'éditeur a pris soin, dans un avertissement préalable, de donner les exemples nécessaires à l'intelligence et à l'exécution des abréviations et agréments du texte original. On aurait désiré qu'il

expliquât également le classement de toutes ces pièces, dont l'ordre est tout différent de celui des recueils manuscrits qui ont servi de source à l'édition, qu'il en fit un petit commentaire historique... Mais la publication, qui est populaire en quelque sorte, car le prix en est minime (les onze volumes reliés n'atteignent que quarante-huit francs) ne permettait sans doute pas ce développement critique. Telle quelle, elle fait le plus grand honneur au goût éclairé de M. Alessandro Longo et au zèle artistique de la célèbre maison d'édition que dirige M.-G. Ricordi. Elle sera, elle est déjà depuis ses premiers pas, accueillie avec la plus grande unanime faveur par le monde des musiciens.

ANDRÉ DE CURZON.

L'Émission des Sons

A l'une des dernières séances de l'Académie de médecine de Paris, M. le professeur Cariel au nom du Dr Jules Glover, médecin du Conservatoire de musique, a donné lecture d'une note du plus haut intérêt sur l'émission des sons et plus particulièrement sur la limite d'action du voile du palais dans l'articulation vocale, suivant la note laryngienne.

Des expériences patiemment recueillies par le Dr Glover, il résulte, en effet, que l'action vocale du voile du palais aïs dans l'articulation de la parole est limitée à certaines notes suivant des variétés de voix déterminées.

Dans un précédent travail, l'auteur avait décrit un mode d'examen direct des mouvements du voile du palais, étudiés à l'état normal, physiologique, durant l'acte vocal, par la méthode des buées buccales et nasales, enregistrées *simultanément* sur deux miroirs, au moment de l'émission de la voix.

De cette étude particulière, il résulte que dans une *bonne émission*, les voyelles fournissent des buées buccales uniquement; que dans la syllabation, *m* et *n* donnent une buée nasale très marquée; qu'enfin dans *an*, *on*, *un*, la buée est nasale surtout, et dans *in* elle est particulièrement *buccale*.

Si l'on considère, d'autre part, spécialement le mode d'action du voile du palais dans l'acte vocal du chant, en observant ce qui se passe, *suivant la notation musicale*, dans l'émission des voyelles et des consonnes isolées ou insérées dans la phrase ou dans la syllabation, on constate que :

1o Les voyelles fournissent des buées buccales

uniquement sur toute l'étendue des deux octaves environ de chaque voix.

2° Que les syllabes à consonances nasalisées comme *an, on, un* et *in* dans les voix élevées ne produisent plus de buée nasale vers les premières notes de l'octave aiguë, environ vers le *ré*. C'est-à-dire qu'a partir de ces notes, ce ne sont plus les syllabes *an, on, un, in*, qui sont émises. On entend à leur place une voyelle qui s'enregistre sous forme d'une buée sur le miroir buccal. L'articulation de la syllabe nasale écrite sur une note élevée n'est plus possible.

Dans les voix graves, les syllabes *an, on, un, in*, sont émises distinctement même, sur les notes les plus élevées de ces voix ; mais la buée nasale diminue sensiblement d'importance et sa teneur en vapeur d'eau est moindre vers la fin de l'octave élevée. Jamais, cependant, elle ne disparaît totalement à l'état normal, sur ces notes, comme cela existe dans les voix élevées.

Il résulte de ces observations faciles à répéter :

1° Qu'il est utile pour la culture physiologique de la voix et dans *l'enseignement vocal* de connaître ces faits, de façon à ne pas nuire par un travail vocal insuffisamment éclairé, en contrecarrant les phénomènes naturels ;

2° Que dans la composition musicale, il semble qu'il faille tenir compte de ce que l'articulation des syllabes à consonances nasalisées *an, on, un, in,* ne sera plus possible pour certaines voix de soprano, parfaitement normales du reste, si l'émission de ces syllabes est demandée par l'auteur à l'interprète sur des notes trop élevées ;

3° Qu'il y a lieu de se rappeler de ces faits pour l'analyse graphique de la parole à l'aide d'appareils enregistreurs dissociant l'onde nasale de l'onde buccale, sous peine de faire des erreurs graves d'interprétation, des tracés enregistrés et inscrits ;

4° Qu'en matière de *traduction* de texte accompagnant la musique étrangère, il semble que, se souvenant que traduire c'est presque toujours plus ou moins nuire à l'auteur, il y aurait lieu de respecter, dans le texte étranger, les syllabes à consonances nasalisées, même sur les notes du médium, où elles peuvent se trouver écrites et d'en chercher autant qu'il est possible les syllabes ayant une sonorité équivalente française, telles que *an, on, un, in*.

Chez l'enfant, il semble que les syllabes à consonances nasalisées soient mieux articulées sur des notes aussi graves que possible ; autrement dit, l'émission de ces syllabes sera plus avantageusement étudiée et perfectionnée en utilisant la partie grave de la voix d'alto ou de soprano chez l'enfant.

Enfin, à l'état pathologique, chez l'enfant comme chez l'adulte, le jeu du voile du palais est tout à fait troublé. Le voile, en effet, ne sert pas seulement, comme on le voit, à modifier la résonance, mais intervient à tout moment dans l'acte de l'articulation vocale et participe à toutes les attitudes de la formation verbale.

Cela est si vrai, que la moindre lésion du voile entraine la viciation de ces attitudes, au même titre, par exemple, qu'une lésion douloureuse des bords de la langue.

Monsieur l'Administrateur.

C'est de celui du Conservatoire royal de Bruxelles qu'il s'agit..., vous l'avez deviné. Il est l'homme du jour, non pas grâce à quelque action d'éclat, mais par la vertu de ses « gaffes ». Il était jusqu'ici parfaitement ignoré. Ses maladresses lui créent une subite et retentissante notoriété. Notre devoir est de le révéler complètement.

Avocat sans causes, secrétaire de sociétés nafincières, homme du monde ayant ce degré moyen de culture qui, dans notre nationale Béotie, suffit pour donner une certaine supériorité à qui la possède, causeur agréable au courant des petites médisances mondaines et des gros potins de coulisses qu'il colporte avec toutes les réticences et les précautions qui en assurent avec certitude la diffusion rapide, M. l'administrateur est très répandu et se montre assidu autant aux salles de concert qu'aux maisons où l'on donne à dîner. Entre la poire et le fromage, il énonce avec une aisance qui passe pour élégante ses appréciations sur les hommes et sur les œuvres. Au concert, on le voit battre la mesure de la tête, des épaules ou du pied, ce qui fait dire à ses belles confidentes qu'il est en possession des mouvements authentiques, ignorés des chefs. Il le laisse croire, car jamais il n'est entièrement satisfait du mouvement des autres. Ce n'est pas qu'il soit sévère. Il ne l'est certainement pas pour les œuvres, les cantatrices, les virtuoses ou les chefs d'orchestre qu'il prône et qu'il se donne l'air d'avoir « inventés », bien qu'ils soient connus depuis longtemps. Mais hors de là, rien ne lui vaut. C'est une indulgence un peu dédaigneuse qu'il témoigne à tout ce qui n'entre pas dans le cadre plutôt étroit de ses préférences esthétiques. Je dis esthétiques, parce qu'il use beaucoup de ce mot, qui, pour lui ni pour personne, ne représente rien de bien défini. C'est la chose imprécise qui convient si parfaitement aux amateurs, qui horripile si légitimement les artistes et les écrivains. Quand il a dit d'un compositeur que son œuvre n'est pas d'une « esthétique élevée », il a tout dit. Cela ne signifie rien, mais ses auditrices ou ses lectrices sont heureuses. Ce vocable inconsistant correspond au vague de leurs petites âmes flottantes, et puis... c'est un mot si commode à replacer dans les conversations ! Il a, du reste, des admirations faciles et de tout repos : il tient surtout aux maîtres consacrés par les générations antérieures. Sans danger ni risque d'aucune sorte, il s'est fait ainsi la réputation d'un homme de goût et d'un critique au jugement très sûr. Car il écrit, il est le critique attitré d'un papier politique sans grande importance. Sa prose y brille d'un certain éclat, tant celle des autres est commune et provinciale. Du haut de cette chaire, il rend ses arrêts sur l'art et les artistes contemporains.

Rien n'échappe à sa douceureuse impartialité. Il fait le difficile, pour prouver la qualité de son goût. Sa sévérité ne s'arrête qu'au seuil du Conservatoire. En cela, il est bien certainement sincère. En ménageant le Conservatoire, il ménage sa situation. Ce n'est pas qu'il soit intéressé, mais il a des besoins nombreux et dispersés. Et toutes les places lui sont bonnes pourvu qu'elles rapportent.

Personnage difficile à définir ! Qu'est-il au juste ? Nul ne le sait. Il touche au barreau, il touche à la finance, il touche à la musique. Mais il n'est ni plaideur, ni boursier, ni virtuose. Il est vaguement de tout et il n'est complètement de rien. C'est le dilettante, c'est l'Amateur. On le voit engagé dans une foule d'entreprises et il se donne volontiers l'apparence de les mener toutes, mais il s'agite dans le vide : il les conduit sans les conduire, car il a soin de toujours mettre sa responsabilité à couvert. On le saisit difficilement : il ondoie, il plie, il louvoie, il glisse. Il n'est quelqu'un qu'en apparence ; en réalité, il est négatif. Dans les moments glorieux, il se montre courageusement au premier rang ; dans les cas difficiles, il se retranche derrière un comité de rédaction ou une commission administrative, il est de second plan. Nos lecteurs ont eu tout récemment l'occasion de l'apprécier sous cet aspect héroïque.

Que le dilettantisme de cet esthète fluctuant et fugace se répande dans les salons, qu'il se manifeste à l'Académie de musique d'Ixelles, ou s'étale à tant la ligne, au long des colonnes du XXe Siècle, peu importe. Il n'y a, à cela, nul inconvénient, car rien n'en peut résulter.

Mais que cet amateurisme se propage et s'active dans les conseils du Conservatoire, c'est une chose grave. Le Conservatoire royal de Bruxelles fut jusqu'ici une maison d'art sérieuse. Il faut qu'il le reste.

N'y a-t-il donc pas moyen, sans vouloir nuire à M. Systermans, de le rendre inoffensif ? Ne peut-on le restituer au barreau ? Ou bien, pourquoi ne pas le fixer, — mais complètement, mais définitivement, — dans la finance ? Qu'on le mette, si l'on veut, dans l'une et l'autre à la fois, pourvu qu'il soit extrait des choses de la musique, où, véritablement, il incompète.

C'est ce qui importe à l'avenir du Conservatoire de Bruxelles. M. K.

LA SEMAINE
PARIS

A L'OPÉRA, reprise des *Maîtres Chanteurs*, cette semaine, très soignée de tous points, sous la direction personnelle de M. André Messager, et sans coupures. L'interprétation vocale n'a pas l'ampleur de celle de la création sur cette scène, qui n'est plus représentée que par le seul Delmas ; — il est vrai que ce Hans Sachs-là est de tout premier ordre, d'un jeu constamment intéressant, d'une voix chaude, moelleuse, toujours aussi fraîche ; — mais M. Franz est un beau Walther, dont la voix sonne de remarquable façon dans les ensembles (je lui voudrais seulement moins de mélancolie dans un rôle si ardent et si épanoui), M. Rigaux, qui a déjà remplacé l'incomparable Renaud dans Beckmesser, est aussi adroit et expressif que le comporte sa nature, avec un côté étriqué et piteux très comique, M. Campagnola est léger et alerte, bien sonore d'ailleurs, dans David, et M. Journet plein de fermeté dans Pogner, Mlles Gall et Daumas enfin, aimables et gracieuses dans Eva et Magdeleine. Quant à l'orchestre, il est vraiment excellent, de finesse surtout, de variété de couleur plutôt que de rythme ; des pages comme le prélude du troisième acte, avec ses belles sonorités des cuivres, sont d'une exécution de premier ordre Les chœurs méritent aussi de vrais éloges : ils ont joué en même temps que chanté, avec netteté, avec verve, avec goût.
H, DE C.

Concerts Colonne. (12 février). — Chaque dimanche nous apporte une joie nouvelle : aujourd'hui, celle d'entendre — orchestrées, avec tact et intelligence par M. Touschmalow — cinq des dix pièces pour piano qui composent le curieux recueil des *Tableaux d'une exposition*, de Modeste Pétrowich Moussorgsky. Cela débute par la *Promenade*. Le musicien visite l'exposition des dessins de son défunt ami l'architecte Hartmann. Il marche de droite, à 5/4, et de gauche, à 6/4, le nez au vent, l'œil aux aguets, les mains derrière le dos — *fa, sol, ré, fa, sol, do* — tantôt flâneur, tantôt empressé à s'approcher d'un tableau. Il va très vite. Le voici qui s'arrête devant *Un vieux château*, solidement bâti sur un sol... dièse; un troubadour, représenté ici par le cor anglais, chante *audante molto cantabile e con dolore*. Sur le *Marché de Limoges* des femmes se disputent avec acharnement; le hautbois et les flûtes s'essoufflent en de légers papotages qui manquent, et pour cause, de couleur locale. La descente dans les *Catacombes* de Paris amène la tonalité de *si* mineur ; des froissements de cymbales *pp.* et de formidables coups de tam-tam *ff.* mêlent l'horreur théâtrale de leurs accords funèbres à la pâle clarté des notes de harpes qui s'allument au fond des orânes ! *Allegro con brio*, féroce, 2/4, *ut* majeur la *Cabane* de la sorcière Baba-Yaga sautille, hallucinante et fantastique, sur ses pattes de poule; enfin, la *Porte des Bohatyrs de Kiew* nous montre une massive construction de style ancien russe, et en *mi* bémol, sous la voûte de laquelle passent, aux accents solennels et pompeux d'une musique régimentaire, des barbares héroïques hauts et superbes. Et tout cela est pittoresque, amusant et joli, burlesque, génial et fou comme une toile de Jean Veber.

Après le grand, le très grand succès que le célèbre pianiste Emil Sauer a remporté, j'aurais mauvaise grâce de dire qu'il a joué sèchement le *Concerto* de Schumann, sans fantaisie le *Scherzo*, op. 4, de Brahms, avec afféterie le *Nocturne*, op. 15 n° 1, de Chopin, dans un mauvais style la *Toccata*, op. 111, de Saint-Saëns, et que ces dernières pièces ne sont pas de mise au Châtelet quand les salles Erard, Pleyel et Gaveau offrent l'avantage de leur intimité aux impitoyables donneurs de récitals.

España a triomphé ; Mme Lina Damauri a eu du succès, un *Prélude dramatique* de M. Charles Lefebvre n'a pas été mal accueilli....

ANDRÉ-LAMETTE.

Concerts Lamoureux. — Le *Poème Pastoral* (1re audition) de M. Gaubert est une « suite symphonique » en trois parties. La première : « allègrement », donne bien l'impression d'un matin frissonnant et bleu; la seconde : « crépuscule », est moins heureuse; la muse y prend une attitude guindée, apprêtée, quelque peu fatigante; tant de modulations et de recherches, des inter-

vallès si cruels sont-ils le nécessaire accompagnement d'une fin de jour ? Tout cela s'enchevêtre comme les branches d'un taillis; par contre, le troisième temps : « danse rustique », a de la franchise, de la vigueur, une bonne sonorité et — toujours avec une certaine recherche — beaucoup de caractère. Accueil des plus sympathiques.

Comme au dernier concert, Mmes Borgo et Berck, M. Tanzler ont chanté les premières scènes du deuxième acte de *Tristan*. Succès encore plus grand qu'à la précédente séance. M. Chevillard et ses instrumentistes sont ovationnés. L'émouvant concerto en *sol* mineur de Saint-Saëns était confié à Mlle Aussenac. Je n'oserais dire que cette jeune virtuose nous ait pleinement satisfaits. Son mécanisme est fort remarquable, le toucher élégant, le son joli, mais le rythme est des plus défectueux; l'orchestre suit, le mieux possible, des impressions si variables, une mesure fléchissante, ou accélérée, bien faite pour troubler des concertistes moins avertis que ceux de notre excellent orchestre. Enfin l'emploi des pédales n'indique pas, chez la soliste, un goût très sûr; certains traits demeurèrent tout brouillés d'un coup de pédale intempestif. Les bravos allèrent aux grandes et très réelles qualités de Mlle Aussenac que nous espérons applaudir un jour sans réserves.

Au début de la séance, la toujours jeune ouverture du *Freischütz*.

M. DAUBRESSE.

Société Philharmonique. — Renonçons à chercher de nouvelles formules laudatives pour le Quatuor Rosé, quatuor type, quatuor idéal, qu'aucun autre ne surpasse. Pour sa deuxième, et malheureusement dernière séance (le 11 février), il s'est adjoint un pianiste digne de lui, M. Lucien Wurmser, artiste respectueux des œuvres qu'il comprend et joue avec une finesse de nuances remarquable. Ce furent les quintettes de Brahms et de Dvorak, le quatuor en *si* bémol de Mozart. S'il fut intéressant de rapprocher Brahms et Dvorak, il fut doux et reposant d'entendre du Mozart entre les deux. Et cela vous inspire cet éclectisme qui est le commencement de la sagesse. L'*Andante* de Brahms est merveilleusement écrit et exquis, celui de Dvorak a une ravissante fantaisie, mais quel bijou que le rondo de Mozart ! N'est-ce pas un à-compte sur les joies du paradis que d'ouïr une telle musique ainsi exécutée? Mme de Sévigné le disait de Lully; nous pouvons bien le dire de Mozart.

F. GUÉRILLOT.

Société nationale de musique. — Belle séance, samedi 11, salle Pleyel, avec un programme bien composé d'œuvres inédites pour la plupart.

Un quatuor écrit par M. Marcel Labey marque une étape intéressante dans la manière musicale du jeune compositeur. Tout en restant le fidèle disciple de l'enseignement élevé de M. Vincent d'Indy, M. Labey cherche à dégager maintenant sa personnalité et à faire siennes son inspiration et son éloquence. Son quatuor révèle une volonté très nette de s'appuyer à la fois sur l'harmonie normale, sur la mélodie et sur le rythme — trois facteurs essentiels de l'expression musicale. Construite sur un thème initial dont la conception, bi.n assise dans le premier mouvement, reparaîtra dans les autres parties avec les développements nécessaires à l'expression grandissante de la pensée, l'œuvre apparaît logique et serrée, exempte de superfétations de langage, sonore à souhait; l'auteur a su traiter avec une certaine sûreté les timbres des instruments, faire un excellent emploi des parties intermédiaires dont les ornements s'enguirlandent avec goût. L'*Andante* est soutenu dans un style mystique qui termine l'ouvrage en l'enveloppant d'une saveur intime; sans recherche d'un pittoresque trop souvent hors de place dans la musique de chambre. Le troisième mouvement — très animé — est d'un tour rythmique délicat où le piano reste à sa place, grâce à une écriture bien tempérée et à un style bien ordonné. Suffisamment interprété par l'auteur avec le concours de MM. Touche, Vieux et Marneff, ce quatuor paraîtra prochainement chez Durand.

Tristesses, mélodies de Francis James, traduites par M. Lambotte, chantées par Mlle Doerken, sont des esquisses de petites dimensions, d'ailleurs congrûment plaintives.

Avec une virtuosité moins approfondie qu'énergique, M. Maurice Dumesnil a exécuté au piano les quatre pièces nouvelles de M. Gabriel Dupont, intitulées la *Maison dans les Dunes*. Quoi qu'il en soit du symbole qui a servi de thème au musicien, l'auteur de la *Cabrera* couronnée jadis par un jury international, ne nous semble pas, cette fois, s'être inspiré de façon très heureuse. Le mieux venu des quatre morceaux est certes le troisième, portant le sous-titre: *Mélancolie du bonheur;* sa poésie grise manifeste les qualités habiles dont M. Dupont a fait preuve. Mais je n'aime guère le pittoresque bruyant, banal, outrancier des houles, des dunes, du vent et de la pluie, tout ce débordement de sonorités où l'on ne distingue nulle originalité, l'exagération des impressions véhémentes où le conventionnel absorbe trop souvent la peinture exacte des formes, cette musique mélodramatique et laborieuse qui dépasse constamment son but.

La Légende pour violon, de M. Ermeud Bonnal, est inspirée d'un poème de Sjoërbioen. « Dans les ruines du château féodal, un poète rêve... Soudain surgissent des fantômes : enfants rieurs, amants alanguis, mères douloureuses, hardis guerriers... » M. Bonnal nous a montré tout cela avec le concours des quatre cordes du violon magique de M. Touche, mystérieux prestidigitateurs qui ont réussi à nous impressionner de leurs visions macabres et féodales

Le concert s'est terminé par des mélodies de M. Bertelin. des pièces pour piano de M. Fauré et le truculent *Zortico* d'Albeniz vigoureusement mimé et cadencé par M. Dumesnil.

CH. CORNET.

Séances J. Debroux. — Voici la vingtième année que cet excellent artiste, si remarquable par son style et son jeu, si érudit et d'un goût si sûr dans la restauration qu'il a entreprise de tous les maîtres anciens du violon, nous convie à ses trois séances de la salle Pleyel. Combinés de longue main, ces programmes sont toujours des plus attrayants, car ils offrent du nouveau dans tous les styles et de toute époque : du nouveau, parce que nous ignorons les maîtres anciens, dont les éditions sont souvent très rares et peu commodes à déchiffrer ; du nouveau encore, parce que nos contemporains sont représentés par des pages inédites ou non encore exécutées. C'est ainsi que la première séance, celle du 18 janvier (la seconde a eu lieu le 15 courant) présentait en contraste des sonates de Pagin et Festing (violonistes anglais du XVIIIe siècle), avec une « entrada » de Pichl, et des pièces inédites de F. Halphen et Max Bruch, une pastorale non entendue de A. Kunc, avec d'ailleurs des œuvres de A. Marchot, Joachim, Fauré et Hugo Heermann. Elles furent extrêmement appréciées, et l'on ne saurait trop remercier M. J. Debroux d'avoir fait connaître les unes, d'avoir révélé les autres, de les avoir mises toutes en valeur avec ce goût artistique qui le caractérise.

H. DE C.

Société musicale indépendante. — Nous étions convoqué lundi 6 février, salle Gaveau, par une société musicale récemment organisée pour marcher à l'avant-garde des indépendances modernes et des hardiesses harmoniques. Aussi l'oreille bien au point pour résister aux dissonances inattendues et aux quintes successives, nous nous réjouissons d'avance aux révélations de talents inédits, de génies ignorés.

Et voici que M. Ch. Tournemire monte à l'orgue. rapide. Il exécute avec tout le respect qui convient une *Toccata* de M. Frescobaldi, organiste à Saint-Pierre de Rome ; puis un *Récit* de tierce en taille, de M. Nicolas de Grigny et enfin une *Fugue* en *ut*, de M. Buxtehude. Mon oreille ne discernant aucun des procédés de l'école debussyste, je consulte mon programme : Frescobaldi, organiste réputé du XVIIe siècle, de Grigny, organiste savant du XVIIe siècle, Buxtehude. organiste fécond, danois, décédé en 1707.

Mais voici Mlle Schreiber, qui, sur la viole d'amour, exécute à ravir une *Chasse*, de Corrette.

J'aperçois un clavecin gracieux, que bientôt triture avec élégance Mlle Ninette Chassaing; elle joue une *Fête de Village* parfaitement inédite, de Dandrieu Ce compositeur du XVIIe siècle nous a laissé trois livres de pièces pour clavecin, une suite de Noëls et des sonates.

Décidément, ne me suis-je point trompé et ne suis-je pas ici à quelque soirée donnée par la Société des primitifs ?

Non; c'est bien la Société musicale indépendante qui donne son 7e concert. Marque-t-elle un temps d'arrêt dans l'assaut projeté des audaces rénovatrices de l'art ? Ou bien sent-on déjà la difficulté de composer des programmes susceptibles d'intéresser le public à l'aide des seuls ouvrages d'avant-garde? Manque-t-on de numéros dissonants, ou les procédés déjà trop connus sont-ils tombés à ce point dans le domaine public qu'on n'ose plus sortir les formules désuètes de la grammaire moderne ?

Les œuvres nouvelles que nous a présentées la Société musicale indépendante ne manquent pas de saveur et d'intérêt. Les *Improvisations sur Londres*, de M. Grovlez. sont parfaitement écrites pour le piano, d'une sonorité charmante, légèrement teintes d'un brouillard inévitable : *Westminster Abbaye* est traité avec une allure grandiose où la pédale dominante impose le respect et prépare aux souvenirs; *The Park* est moins net, moins construit si j'ose dire; il semble que les grandes verdures sont noyées sous la pluie. *Un soir de dimanche sur la Tamise* est un ravissant petit tableau de genre, d'une harmonie éteinte, mélancolique et cependant rythmée par la chute des pétales de roses et la course immuable du fleuve. M. Dumesnil, à qui ces trois pièces sont dédiées et qui les a jouées à Londres le mois dernier, les a exécutées avec émotion et finesse.

De Rachmaninof, Mme Alvina-Alvi, de l'Opéra de Saint-Pétersbourg, a interprété deux mélodies inédites d'une nuance slave assez prononcée; elle a chanté, également en première audition, une jolie mélodie de Strawinski. Je ne vous en dirai pas le sens, ne sachant pas un mot du russe.

Le concert s'est terminé par le superbe quatuor en *sol* mineur de M. Fauré, suffisamment traduit par MM. Casella, Willaume, Macon et Feuillard.

CH. C.

Salle Erard. — Très brillante soirée du Quatuor Luquin, le lundi 6 février. Ce quatuor à cordes était fort bon à ses débuts et est devenu meilleur encore en gagnant ensemble et cohésion. M. Luquin et ses collaborateurs, MM. Dumont, Roelens et Tkaltchitch, ont obtenu un très vif et bien légitime succès dans une œuvre charmante de Schubert (op. 29) et le superbe Quatuor n° 2 de Borodine, qui contient un admirable *Nocturne-Andante*. — Et ce qui n'était pas le moindre attrait de cette belle soirée a été la participation de la jeune pianiste brésilienne, Mlle Guiomar Novaes, une enfant de douze à treize ans, qui est déjà une artiste formée, et même une étonnante artiste. Dans la belle sonate en *mi* bémol de Beethoven, pour piano et violon, où M. Luquin a déployé lui-même des merveilles d'expression et de ravissantes sonorités, Mlle Novaes a conquis son public avec une sûreté de jeu, une précision alliée à la délicatesse, et une franchise de sentiment, qui ne laissent rien perdre de la pensée du maître. Ce n'est pas, d'ailleurs, la virtuosité qui lui manque : elle en a donné la preuve dans des pages de Liszt et de Chopin; mais, si l'on devient virtuose, on naît musicien; et c'est parce qu'elle est née profondément musicienne que Mlle Guiomar Novaes paraît intéressante et donne les plus belles espérances. C'est ainsi que j'ai surtout apprécié son jeu dans la *Romance* de Mendelssohn (op. 67 n° 1) et dans la *Sonate* de Beethoven. Aussi, quel succès ! La jeune pianiste en paraissait étonnée elle-même ; car cette enfant semble étrangère au cabotinage. Continuez, Mademoiselle, continuez !

JULES GUILLEMOT.

— Un jeune chef d'orchestre, M. Waël-Munk, nous a permis d'entendre, en plus petit comité qu'à nos grands concerts, et dans le plus favorable intimité des salles Erard et Pleyel, les meilleures œuvres classiques et modernes du genre « concerto », grâce aux transcriptions qu'il en fit pour orchestre à cordes et piano. C'étaient, le mardi 31, chez Pleyel. M. Jean Bedetti, l'excellent violoncelle solo de l'Opéra-Comique, et M. R. Hémery, violoniste de la Société des Concerts, qu'on applaudissait chaudement : le premier, dans le concerto de Haydn, en dehors de la grande assurance que lui donne sa fougueuse virtuosité, et d'exquises demi-teintes dans l'adagio, et aussi dans les charmantes *Variations symphoniques* de Boëllmann; le second, par la distinction, l'ampleur de sa sonorité et l'admirable prestesse de son archet, se vit rappeler frénétiquement après le concerto de Max Bruch et surtout le si pittoresque *Rondo capriccioso* de Saint-Saëns. Le plus bel avenir nous semble réservé à M. Hémery. La *Sérénade* pour cordes, au spirituel rondo, de Mozart, avait agréablement ouvert la séance.

Non moins réussi avait été (chez Erard) le premier des deux concerts, auquel prêtaient leur concours le pianiste Yves Nat, fort d'une merveilleuse technique, interprète de haute intelligence du concerto de Grieg et des *Variations symphoniques* de Franck, et le jeune violoniste G. Tinlot, qui eut de jolies finesses dans le concerto de Saint-Saëns et le caprice de Guiraud. La fermeté, l'élégance de la direction de M. Waël-Munck donnèrent au concerto de Bach pour deux violons (MM. Hémery et Tinlot), et un célèbre menuet de Boccherini, tout leur relief. Au piano M. G. Truc, à l'orgue Mustel M. J. Boulnois, se montrèrent parfaits accompagnateurs.
E. B.

Salle Pleyel. — Le 13 février, le jeune pianiste Marcel Ciampi a donné une séance, classique et romantique, dont le programme bien combiné, a excellemment fait valoir ses qualités de coloriste, sa variété de style, sa fermeté de main. La fantaisie chromatique de Bach, la sonate appassionata de Beethoven, quelques pages de Mendelssohn, Chopin, Brahms, et le *Carnaval* de Schumann, en entier, tout a été applaudi de grand cœur.

— La deuxième séance de MM. Jacques Thibaud et Alfred Cortot, le 13 février, a bien répondu à l'attente qu'avait laissée la première; et la salle des Agriculteurs avait été à tel point envahie que quelques amateurs avaient pris place sur les marches d'escalier, comme on voit les voyageurs installés sur les marche-pieds de l'O. E. lors des « retour des courses ». Inutile de revenir sur le charme de ces deux beaux talents si étroitement, si chaleureusement unis, et qui luttent à qui entrera le mieux dans la pensée des maîtres. Quel programme, d'ailleurs! Rappelons-le : la sonate de M. Fauré, celle de Franck et le concert de Chausson, cette page curieuse pleine de belles inspirations dans sa facture un peu étrange. Dans ce dernier morceau, les deux artistes avaient pour partenaire le Quatuor Willaume, qui a partagé à bon droit l'ovation faite aux deux protagonistes.
J. G.

— Mme René Doire (Marcelle Le Roy) a organisé dans la salle des concerts du *Gil Blas* une soirée réservée à l'audition de ses élèves — concert très réussi où la valeur de l'enseignement de l'excel-

lente pianiste a pu être appréciée. Dans la partie de concert, la cantatrice Mlle Luquiens et la violoncelliste Mme Martucci ont remporté un légitime succès.

Profitons de la circonstance pour signaler les concerts périodiques organisés par notre confrère M. René Doire, dans l'élégante salle du *Gil Blas* — deux heures de musique où les programmes sont composés d'une tenue artistique parfaite et où se sont fait entendre des artistes tels que MM. Widor, Ravel, Hekking, Gaubert, Liobet, Mme Roger-Miclos, M. Boucherit.
CH C.

SALLE ERARD

Concerts du mois de Février 1911

19 Mlle Legrenay, matinée d'élèves (1 1/2 heure du soir).
20 M. Durosoir, violon et orchestre (9 h. du soir).
21 M. de Radwan, piano »
22 M. Emil Sauer, piano »
23 M. Edouard Risler, piano »
24 MM. Ferté et Fournier, piano et violoncelle (9 heures du soir).
25 M. Emil Frey, piano (9 heures du soir).
26 M. Broche, matinée d'élèves (1 1/2 h. du soir).
27 Mme Baltus-Jacquard, piano (9 h. du soir).

SALLES PLEYEL

22, rue Rochechouart

Concerts de Février 1911 (à 9 heures soir)

Grande Salle

20 Mlle C. Deroche.
21 Mlle H. Chalot.
22 Mme H. Bétille.
23 La Société des Compositeurs de musique.
24 Mlle E. Gaïda
25 La Société Nationale de musique.
27 Mme M. Cury.

Salle des Quatuors

21 La Société de Musique nouvelle.

Conservatoire. (Société des Concerts). — Dimanche 19 février, à 2 1/4 heures. Programme : Symphonie en *sol* mineur (Mozart); Concerto pour violoncelle en *la* mineur (Saint-Saëns), exécuté par M. A. Hekking; Christus, première partie (Liszt); Ouverture de la Fiancée vendue (Smetana). — Dir. de M. A. Messager.

Concerts Colonne (Châtelet). — Dimanche 19 février, à 2 ½ heures. Programme : Ouverture de la Flûte enchantée (Mozart) ; Symphonie en *ré* majeur (Mozart) ; Concerto pour violon en *la* majeur (Mozart), exécuté par M. J. Boucherit; Romance pour violon en *sol* (Beetho-

vèn), exécutée par le même.; Deux poèmes avec chant
(Ph. Moreau), chantés par M. Martinelli ; Fragment de
La Walkyrie (Wagner), par M. Martinelli et Mlle Daumas; Danses grecques (Bourgault-Ducoudray). — Dir.
de M. G. Pierné.

Concerts Lamoureux (Salle Gaveau). — Dimanche
19 février, à 3 heures. Programme : Symphonie en *ut*
mineur (Beethoven); Concerto pour violon d'Ambrosio),
exécuté par M. Geloso; Concerto pour piano (Bach),
exécuté par Mlle Weingaertner ; Deux mélodies (Lalo et
Saint-Saëns), chantées par Mme d'Otto; La Vie d'un
héros (R Strauss). — Dir. de M. C. Chevillard.

SALLES GAVEAU
45 et 47, rue La Boëtie

Concerts du mois de Février 1911

Salle des Concerts
19 Concert Lamoureux (3 heures).
19 Solidarité Commerciale (9 heures).
20 Société Musicale Indépendante (9 heures).
21 Société Philharmonique (9 heures).
23 Répétition publique de la Cantorum (4 h.).
24 Concert Schola Cantorum (9 heures).
26 Concert Lamoureux (3 heures).
27 Cercle Musical (9 heures).

Salle des Quatuors
20 Concert U. F. P. C. (2 heures).

BRUXELLES

THÉATRE ROYAL DE LA MONNAIE. —
La seconde représentation de *Manon Lescaut* a
pleinement confirmé le gros succès de l'œuvre du
maestro Puccini. Et voilà un lendemain intéressant à *La Glu* de M. Gabriel Dupont, dont le
pathétique continue de faire couler les larmes,
grâce à cet admirable quatuor d'interprètes,
Mmes Friché, Béral, MM. Saldou et de Cléry.

Mercredi prochain, Mme Claire Croiza paraîtra
pour la première fois dans le rôle de la Carmencita.

Très prochainement on reprendra aussi *Salomé*
avec Vme Friché.

Les répétitions à l'orchestre du *Feu de la Saint-
Jean* de Richard Strauss viennent de commencer,
et dès la semaine prochaine l'œuvre descendra en
scène.

Concerts Ysaye. — Une première audition
intéressante à ce quatrième concert d'abonnement
fut celle de la symphonie en *ut* majeur d'un jeune
compositeur belge de mérite et de talent, M. L.
Delcroix, dont l'Académie de Belgique a du reste
officiellement reconnu la valeur l'an dernier, en
couronnant précisément cette œuvre. L'ensemble
de cette composition, sans aucune tendance ou
intention extra-musicale, fait une fort bonne impression ; elle est bâtie sur quelques thèmes simples, ayant chacun une plastique bien déterminée
et offrant des développements attachants et bien
amenés. A ce point de vue, la deuxième partie
(Lent) et la troisième (Très vif) sont particulièrement remarquables. Le deuxième mouvement est
du reste de beaucoup le plus réussi de toute cette
œuvre, parce que cela est ému et poétique autant
que bien travaillé et que tout y est d'un équilibre
parfait et d'une instrumentation très expressive.
La troisième partie, sorte de Scherzo, est surtout
un travail joliment fait, évidemment recherché
dans ses rythmes et ses sonorités, valant par le
métier plus que par l'inspiration. La première et
la quatrième partie sont fort semblables : la même
idée fondamentale s'y retrouve, diversement traitée
sans doute, et mieux, nous semble-t-il dans la
première que dans la dernière. Les épisodes ont
peut-être une part exagérée et nous éloignent trop,
sans nous captiver suffisamment, de la pensée
essentielle; c'est par des passages plutôt touffus
(dans l'orchestration surtout) qu'il faut y aboutir
et en revenir. — Il est bon de s'entendre pour
bien se connaître et M. Delcroix qui nous a donné
d'excellente musique de chambre nous offrira
quelque jour une symphonie d'harmonie plus intégrale. L'exécution, si honorable qu'elle fût, ne
parut toutefois pas suffisamment mise au point.

Les deux beaux poèmes symphoniques français,
Lénore, de Duparc, et *Viviane* — surtout si délicieusement poétique — de Chausson, ont été réenten-
dus avec plaisir.

On a fêté un pianiste russe, M. Ossip Gabrilowitsch, artiste complet, très simple et grand virtuose, musicien sûr et de sentiment délicat, ce
qu'il a prouvé abondamment dans un long et difficile Concerto de Tschaïkowsky, dont l'*Andantino*
n'est pas sans charme, et dans diverses pièces
pour piano seul où il a mis beaucoup de personnalité (le *Nocturne* en *sol* de Chopin, par exemple).
La *Joyeuse Marche* de Chabrier, immédiatement
après *Viviane*, avait l'air insolemment bouffonne à
côté de cette exquise fantaisie de légende; le grand
rire gaulois à côté de la profonde poésie celtique ;
les deux visages de la France de tous les temps !
M. DE R.

Cercle Artistique (*Séances Ysaye-Pugno*). —
Ce furent trois soirées uniques de beauté et de
hautes émotions que ces auditions de sonates par
deux maîtres comme Ysaye et Pugno. Une sympathie intégrale et profonde, un art consommé et

supérieur chez tous les deux, assurent à leur exécution cette unité si difficile à réaliser Ce n'est point que les deux artistes aient absolument le même tempérament, mais ils se comprennent entièrement et la vibration devant l'œuvre semble égale de part et d'autre. Les programmes comportaient des pages connues pour la plupart, dont la sonate en *mi* majeur de Sylvio Lazzari seule pouvait être pour beaucoup une nouveauté. Elle a été accueillie avec faveur, car elle est intéressante et séduisante dans sa facture manifestement franckiste, et son *adagio* surtout décèle une grande poésie.

La sonate de Franck fut le point culminant de cette séance. Ysaye surtout y est vraiment sublime. Lundi 13, ce fut une soirée *Brahms ;* les trois sonates y furent interprétées d'une façon très personnelle. Pugno ni Ysaye, décidément gagnés à la cause du maître de Hambourg, lui trouvant du « chant » partout, ne se sont pas cependant « métronomisés », comme jadis Hans de Bülow. Et quand on les entend, on pense qu'ils ont raison.

Pour couronner la triple audition, trois sonates de Beethoven, des plus caractéristiques (*ut* mineur, *fa* majeur, *la* majeur). Dans la sonate en *ut* mineur, Pugno nous paraissait parfois un peu trop pressé ! Mais que de charme et de délicatesse dans la sereine beauté en *fa ;* quelle grandeur et quelle émotion dans la fameuse sonate dédiée à Kreutzer. Ce sont d'inoubliables belles soirées d'art !

Au cours de la seconde séance, Ysaye interrompant soudain d'un geste les applaudissements, annonça la nomination de son ami Raoul Pugno au grade d'officier de l'ordre de Léopold, le roi Albert voulant reconnaître les services rendus à l'art par l'éminent pianiste français, depuis quinze ans, le généreux collaborateur d'E. Ysaye dans ses concerts. Le public accueillit cette nouvelle par de chaleureux applaudissements, allant du reste aux deux grands artistes qui lui avaient donné des joies si profondes.   M. DE R.

— M. Marcel Laoureux, le jeune et sympathique pianiste, professeur des princes royaux, a donné au palais, à la demande de la Reine, pour la distraire pendant sa longue convalescence, une série de quinze auditions, comportant en résumé toute l'histoire de la littérature du piano, notamment des pièces de Bach, Beethoven, Schumann, Chopin, Liszt, Brahms (que la Reine admire particulièrement), Franck, Grieg, Debussy, etc. Voilà qui représente un répertoire important, lequel fut exécuté à l'entière satisfaction de notre gracieuse souveraine.

— M. Egio Redeghieri, pianiste-compositeur, italien d'origine, mais depuis longtemps fixé à Bruxelles, vient de triompher (sur 43 concurrents) dans le concours d'opéra comique organisé par le Spettacolo-Gori de Turin, et présidé par le maëstro Bolzoni Le libretto imposé a pour titre : *La Favola della Principessa* (La Fable de la Princesse et comportait beaucoup de difficultés. La partition a été jugée pleine d'intérêt mélodique, harmonique et instrumental.

— Conservatoire royal de Bruxelles. — M. le professeur Ernest Van Dyck se fera entendre le samedi soir, 25 mars, en la grande salle du Conservatoire, dans un choix de *Lieder* de Schubert, de Schumann, de Richard Strauss et d'auteurs belges. Les titulaires du Patronat A et B seront admis à cette audition sur présentation de leur carte de Patronat. La mise en vente des places disponibles sera annoncée ultérieurement.

— La Commission administrative de l'Ecole de musique de Saint-Josse-ten-Noode-Schaerbeek, d'accord avec le Comité de patronage, a décidé de confier à M. Victor Rousseau, l'éminent statuaire, l'exécution du monument funéraire à la mémoire de Gustave Huberti. Par sympathie pour la personnalité de l'artiste tant regretté, M. Rousseau a bien voulu accorder son concours tout gracieux.

Il sera ainsi possible de répondre au désir exprimé par un grand nombre de souscripteurs de voir perpétuer le souvenir de l'ancien et distingué directeur de l'Ecole de musique, au sein même de l'institution à laquelle il s'était consacré avec tant de science et de dévouement : la moitié des sommes recueillies sera, en effet, affectée à la fondation d'un prix — dénommé prix Gustave Huberti — attribué chaque année, à l'élève le plus méritant de l'établissement.

Les personnes qui désirent encore souscrire peuvent envoyer leur adhésion, avant le 1er mars, à M. Labbé, rue Tiberghien, 28.

SOCIÉTÉ INTERNATIONALE DE MUSIQUE
SECTION BELGE — GROUPE DE BRUXELLES

Samedi 25 février. — A 8 ½ heures du soir, à la salle Erard, conférence par M Charles Martens, sur « Les Débuts de l'Oratorio. Audition musicale organisée par Mme Emma Beauck, avec le concours de Mlles de Madre, Linter, Roberti et Willia, et de MM. Roberti et Van der Borght. Au programme : « Laudi spirituali » du XVIe siècle ; œuvres de Cavaliere, Fr. Anerio, Arissimi, Du Mont et Schütz.

THÉÂTRE DE LA MONNAIE. — Aujourd'hui, dimanche, à 2 heures, troisième Concert populaire, sous la direction de M. Sylvain Dupuis; le soir, La Tosca et Hopjes et Hopjes; lundi, Madame Butterfly et Ceci n'est pas un conte; mardi, Faust; mercredi, Carmen; jeudi, L'Africaine, avec le concours de M. Noté; vendredi, Manon Lescaut; samedi, premier grand bal masqué; dimanche, en matinée, L'Africaine, avec le concours de M. Noté; le soir, Manon Lescaut; lundi, en matinée, Faust; le soir, Carmen; mardi, en matinée, Le Barbier de Séville et Hopjes et Hopjes; le soir, deuxième grand bal masqué.

Dimanche 19 février. — A 2 heures, au théâtre royal de la Monnaie, troisième Concert populaire, sous la direction de M. Sylvain Dupuis et avec le concours de Mme Leffler-Burckardt, cantatrice du Théâtre de Wiesbaden, qui chantera le grand air de Fidélio de Beethoven, un air d'Obéron de Weber, Wiegenlied de Strauss et Liebesfeier de Weingartner. Le programme symphonique se compose de trois ouvrages entièrement inédits à Bruxelles : la Symphonie en ut de Richard Wagner, le Chant de la Destinée de Gabriel Dupont et le Corsaire, ouverture de H. Berlioz.

Lundi 20 février. — A 8 ½ heures, à la salle Mercelis (rue Mercelis, 15, Ixelles), deuxième soirée musicale organisée par Mlle Jeanne et M. Léop. Samuel et Mlle Marguerite Laenen, pianiste. Cette séance, consacrée à la musique de chambre (écoles classique et moderne), sera donnée avec le concours de Mlle Hélène Pohl, cantatrice de La Haye.

Mardi 21 février. — A 8 ½ heures, à la Nouvelle salle, 11, rue Ernest Allard, deuxième séance de musique de chambre donnée par le Quatuor Zœllner. Au programme : 1. Quatuor de Brahms ; 2. Quatuor de Jos. Wieniawski (première exécution); 3. Quatuor de E. von Dohnanyi.

Mardi 21 février. — A 8 ½ heures, à la Grande Harmonie, deuxième récital donné par M. Carl Friedberg, pianiste. Au programme : Brahms, Beethoven, Chopin, Reger, Sauer, Debussy, Friedberg et Rubinstein.

Vendredi 24 février. — A 8 ½ heures, à la Grande Harmonie, Récital Emil Sauer. Au programme : Œuvres de Bach, Beethoven, Mendelssohn, Chopin. Sauer, Liszt, Rubinstein.

Dimanche 26 février. — A 2 1/2 heures, au Cercle artistique et littéraire, deuxième concert de la Société J.-S. Bach, avec le concours de Mmes A. Noordewier, soprano (Amsterdam); P. de Haan, alto (Rotterdam); Wanda Landowska, claveciniste (Paris); MM. A. Kohman, ténor (Francfort); Louis Frœlich, basse (Genève). Les chœurs et l'orchestre, sous la direction de M. Albert Zimmer.

Samedi 25 février. — A 8 1/2 heures du soir, à la salle de la Madeleine, répétition générale du deuxième concert Durant.

Dimanche 26 février. — A 2 ½ heures, à la salle des fêtes de la Madeleine, deuxième concert Durant, avec le concours de M. Edouard Deru, violoniste de

LL. MM. le Roi et la Reine. Il sera consacré à l'interprétation d'œuvres françaises.

Jeudi 2 mars. — A 8 ½ heures du soir, à la salle de la Grande Harmonie, deuxième concert donné par M. Mathieu Crickboom, violoniste, avec le concours d'un orchestre dirigé par M. Louis Kefer.

Vendredi 10 mars. — A 8 ½ heures du soir, à la salle Erard, récital donné par Mme Miry-Merck, cantatrice et professeur de chant. Au programme : Œuvres de Mozart, F. Schubert, R. Strauss, A. de Castillon, H. Duparc, E. Chausson, C. Debussy, A. De Greef, F. Rasse, T. Ysaye, A. Borodine, P. Juon, J. Sibelius, L. Wallner.

Dimanche 12 mars. — A 2 1/2 heures, au théâtre de l'Alhambra, cinquième concert Ysaye.

Mardi 14 mars. — A 8 ½ heures, à la Salle Nouvelle, rue Ernest Allard, récital de piano donné par Mlle Alice Jones, élève du maître Arthur Degreef. Au programme : Œuvres de C. Franck, Beethoven, Mendelssohn, Fauré, F. Liszt, Brahms.

CORRESPONDANCES

ANVERS. — Le public des Nouveaux Concerts a revu avec plaisir M. F. von Weingartner à la tête de l'orchestre de la Société et le lui a prouvé par ses chaleureux applaudissements. Il paraîtra superflu de faire l'éloge de l'éminent cappelmeister et de sa direction précise et élégante. L'intéressant programme symphonique qu'il nous offrait — ouverture du Vaisseau fantôme (Wagner,; le Roi Lear (Weingaertner); symphonie en la (Beethoven) — avait comme complément, une série de Lieder chantés par Mlle Lucille Marcel, de Vienne. D'une voix chaude et expressive, Mlle Marcel a été l'interprète applaudie de quatre beaux Lieder de Weingartner et de trois mélodies (celles-ci en français) de Berlioz (Absence, Le spectre et la rose, L'île inconnue).

Une nouvelle société de concerts symphoniques populaires vient d'être créée par M. Henri Willems, le jeune et talentueux compositeur, qui en a pris l'initiative et la direction. Le but qu'il s'est tracé est de faire entendre, indépendamment du répertoire classique les œuvres de nos auteurs nationaux, sans distinction d'école. Ceci est assurément louable et de nature à attirer de nombreuses sympathies à la jeune société. Le premier concert (29 janvier) a déjà produit une impression très complète et on a vivement applaudi l'excellent début de M. Willems. Le programme se composait de la Symphonie italienne de Mendelssohn, bien détaillée, avec d'excellentes nuances de pianissimo, du Concerto pour piano de Grieg, joué par

M. Durlet, un bon élève du Conservatoire d'Anvers, et de fragments de *Charlotte Corday*, de Peter Benoit.

A l'Opéra flamand on a fait une reprise applaudie du *Crépuscule des Dieux*, et qui a donné lieu à une représentation en l'honneur de Mᵐᵉ H. Feltesse. L'excellente artiste, qui quitte notre scène flamande à la fin de cette saison, a été chaleureusement fêtée. C. M.

BARCELONE. — Au cours d'une tournée brillante en Espagne, Mᵐᵉ Wanda Landowska a donné des concerts à Valencia et à Barcelone.

A Valencia elle joua au piano et au clavecin les œuvres les plus caractéristiques de son répertoire. Le public lui a fait un accueil très chaleureux

A Barcelone, elle inaugura la saison de concerts historiques que l'*Orféo Catala* vient d'organiser Les œuvres que l'éminente artiste exécuta au clavecin étaient d'un effet ravissant. Par la richesse incroyable des timbres et la finesse de l'interprétation, Mᵐᵉ Landowska arrive à faire oublier sa propre individualité d'artiste, et à mettre directement l'auditeur en contact avec l'œuvre. C'est après seulement que l'on pense au talent de l'interprète. Après la sonate de Mozart, les œuvres des musiciens de l'époque de Shakespeare revécurent sous ses doigts enchanteurs. Byrd, Peevron, Richardson et Bull furent interprétés de façon magistrale. Le public fit à Mᵐᵉ Landowska la plus émouvante ovation.

Au théâtre du Liceo on a donné deux premières, *Le Fils prodigue* de M. Debussy et *Paolo et Francesca* de M. L. Mancinelli, le directeur de l'orchestre du théâtre.

L'œuvre du maître français a causé une surprise à ceux qui s'attendaient à entendre du Debussy actuel Elle a charmé le public. Toute différente était l'œuvre de M. Mancinelli, dont l'orchestration est brillante, colorée, parfois exubérante, les idées amples et incisives. L'auteur a été chaleureusement acclamé. ED. L. CH.

BRUGES. — **Jeudi 9 mars,** à 7 heures du soir, au théâtre, troisième concert du Conservatoire, sous la direction de M. Karel Mestdagh, avec le concours de M. Jean Gérardy, violoncelliste. Programme : 1. Symphonie en *ut* majeur, Jupiter (Mozart); 2. Concerto en *ré*, pour violoncelle et orchestre (E. Lalo); 3. Gethsamani, poème symphonique (J. Ryelandt); 4. Variations pour violoncelle et orchestre (L. Boëllmann); 5. Ouverture d'Obéron (Weber).

LIÉGE. — Le récital de M. Marc Hambourg, au théâtre du Gymnase (où les galas musicaux obtiennent grand succès), a été un régal pour les amateurs de virtuosité transcendentale, d'ample sonorité, de traits limpides, de vitesse vertigineuse. Peut-être M. Hambourg fait-il abus de sa facilité manuelle : telle grande polonaise (en *la* bémol) de Chopin a été défigurée par l'abus de vitesse, telle fantaisie (sur *Eugène Onéguine*) a pris un caractère par trop dansant. La plus parfaite des exécutions, sobre et profondément pensée, fut celle des *Variations et Fugue* de Brahms sur un thème de Hændel.

— L'intermède vocal, confié à Mˡˡᵉ Alice Raveau, a été fort goûté, bien que la cantatrice fût visiblement mal indisposée.

Programme très éclectique au XXIIᵉ concert historique du Cercle « Piano et Archets ». Le sixième quatuor de l'op. 18 de Beethoven et le quatuor avec piano op. 45 nᵒ 2 de Gabriel Fauré en formaient la partie instrumentale, très variée et d'exécution fort réussie. Mᵐᵉ Fassin-Vercauteren, accompagnée par M. Maurice Jaspar, y adjoignit les seize mélodies de l'*Amour du Poète*, de Schumann, où les deux interprètes excellèrent. La grande voix de Mᵐᵉ Fassin, sa diction claire rappelèrent que nous possédons une cantatrice de premier rang.

Le Quatuor Rosé avait attiré au dernier concert Dumont-Lamarche une chambrée plus que complète et que l'on peut évaluer à plus de deux mille deux cents auditeurs. C'est beaucoup pour de la musique dite… de chambre… Dans le quatuor en *mi* bémol de Mendelssohn, et dans celui en *fa* de Schumann, les interprètes rencontrèrent leurs exceptionnelles qualités de rythme, de nuance, de sonorité Mais dans le quatuor op. 131 de Beethoven, ils joignirent à la perfection matérielle la compréhension intime d'une grande pensée. Il faut des interprètes de cette force pour aborder œuvre de cette grandeur et en rendre l'esprit, qui devient révélation pour le public et même pour beaucoup de musiciens de profession, car les derniers quatuors de Beethoven, dont on parle avec une admiration souvent de commande, sont peu connus vu la difficulté de les pénétrer au piano ou à la partition. Le succès du groupe Rosé fut digne de sa valeur exceptionnelle.

Au Conservatoire, M. Léopold Charlier a dirigé un programme slave des mieux composé. La deuxième symphonie de Borodine était bien mise au point, très rythmée et seule le finale nous a paru un peu lent. La sérénade de Glazounow, la *Nuit sur le mont Chauve*, de Moussorgsky, ont été des rappels bien venus d'œuvres toujours impressionnantes et que Liége n'avait plus entendues depuis longtemps déjà. L'exécution en fut très satisfaisante. Citons le succès remporté par M. Alfred Antoine, disciple de M. Léopold Charlier, dans le concerto de violon de Tschaikowsky : il y montra une technique pure, il y fit apprécier une belle sonorité, une sobriété de phrasé, une virtuosité qui le classe parmi les excellents jeunes violonistes de notre école. Mlle Hortense Radino chanta avec succès des mélodies de Cui, Borodine et Moussorgsky.

M. Louis Closson, notre compatriote, qui depuis plusieurs années s'est voué à une étude approfondie du piano avec Busoni, vient de remporter un rare succès dans un récital Liszt donné en la salle des fêtes du Conservatoire. Peu de pianistes atteignent à une technique aussi sûre, aussi parfaite, à une endurance aussi remarquable. Le jeu est perlé, expressif, d'une maîtrise absolue. La sonate dantesque fut exécutée en un style parfait et les autres pièces éblouirent par leur virtuosité.

Dr DWELSHAUVERS.

Samedi 25 février. — A 8 heures du soir, à la salle du Conservatoire, troisième séance de l'Association des Concerts Debefve, avec le concours de M. F. Kreisler, violoniste. Programme : 1. Wallenstein, trilogie (Vinc. d'Indy); 2. Concerto en *ré* (Beethoven); 3. Till Eulenspiegel (R. Strauss); 4. Pièces pour violon (Martini, Couperin, Tartini, Kreisler); 5. Ouverture de Gwendoline (Chabrier).

MONS. — Lundi **6 mars,** à 6 heures, à la salle des Concerts et Redoutes, concert donné par Mlle Hélène Dinsart, pianiste, avec le concours de M. A. Lheureux, ténor du théâtre royal de la Monnaie. Programme : 1. Sonate en *sol* mineur (Schumann), Mlle H. Dinsart; 2. Lieder de Schumann et Grieg, M. Lheureux; 3. A) Waldesrauschen, B) Gnomenreigen c) Un sospiro, D) La Campanella (Liszt), Mlle Dinsart; 4. Chants d'amour de A. De Greef, M. Lheureux; 5. Islamey de Balakirew, Mlle Dinsart.

NICE. — *La Danseuse de Tanagra,* le nouvel opéra de M. Henri Hirchmann, le compositeur de *La Petite Bohème* et des *Hirondelles,* vient d'être créé à l'Opéra de Nice. Le sujet est tiré de l'*Orgie Latine* de F. Champsaur. *La Danseuse de Tanagra* en est le premier livre.

L'idée première de la mise à la scène de cette œuvre fut donnée par moi à M. Champsaur et ne comportait pas, à cette époque, le développement scénique que lui ont donné, dans la version définitive, les auteurs du livret. L'action n'a rien gagné à cette mutilation, et la suppression de certaines belles scènes lyriques a fait du tort à la conception primitive de l'auteur.

Pour saisir toutes les subtilités du poème, le public devrait connaître le roman ou suivre sur le livret où beaucoup d'explications sont données, hors texte.

Pour ne citer qu'un exemple d'invraisemblance dans l'action : comment admettre, au troisième acte, que Sepéos qui vient de retrouver son idole, s'attarde à de mielleux et inutiles propos au lieu de fuir sans tarder avec sa fiancée?... On ne comprend pas que M. Paul Ferrier n'ait pu « arranger » cette scène d'une manière plus logique... Je sais, il est vrai, que le librettiste et le compositeur ont été obligés d'écrire cette œuvre importante trop rapidement — un an, à peine.

La musique s'en ressent; et, en dehors de certains fragments qui ne manquent pas d'expression, elle donne l'impression d'une mer d'huile qu'aucun souffle ne vient rider et dont les rives seraient de vastes steppes... Une monotonie continue se déroule à l'orchestre; est-elle voulue? J'en doute, car l'abus des harpes, du celesta et des bois finit par lasser, le quatuor n'est employé qu'en teintes neutres... on croirait qu'il évoque constamment les grisailles de Puvis de Chavannes... Et pourtant il y a, dans cette œuvre, matière à coloris et à lyrisme! Quelle opposition entre les caractères de Karysta et de Messaline; quel parallèle à établir entre les tempéraments de Sépeos et de Sillius! Peu de tout cela dans la partition; elle n'approfondit ni les caractères ni les passions. — pourtant si violentes — des héros du roman!

La poésie musicale qui se dégage de Karysta eût dû être plus naïvement passionnée, plus douloureusement colorée; elle devait donner à Messaline plus de lascivité; à Sépeos plus de tragique grandeur; à Sillius, des désirs exprimés avec plus de brutale volupté...

Les interprètes ont droit à une ample moisson de lauriers. Je citerai la délicieuse Karysta que fut Mlle Pornot; sa voix souple et charmeuse a vaincu maints passages très vétilleux de son rôle; Mlle Mazarin, une Messaline d'une impeccable académie et d'une voix chaudement timbrée; Mlle Vallombré, dans l'incarnation pittoresque de Geo, a donné à son personnage une allure tragique; M. Rouard a campé un Egyptien de Memphis, dans Sépeos, rôle qu'il a chanté et joué avec un art au-dessus de tout éloge; le Sillius de M. Devriès eût pû être moins un Pétrone que l'amant passionné de la chair; M. Chassagne fut le gladiateur Manechus et eut de chaleureux accents ; M. Bucognani, au masque néronien, ajoutait à cet ensemble parfait son talent très expressif.

Louons également les efforts de l'orchestre, sous la direction de son éminent chef M. Dobbelaere; les décors dus au pinceau habile de M. Bosio et félicitons très chaleureusement le distingué directeur de l'Opéra, M. Villefranck, qui a droit à tous les encouragements pour l'œuvre de décentralisation qu'il s'est imposée et qu'il poursuit avec une si louable ténacité.   E.-R. DE BÉHAULT.

NANCY. — **Dimanche 19 février**, à 3 heures, à la salle Poirel, huitième concert du Conservatoire. Programme : 1. Ouverture des Ruines d'Athènes (1812), première audition (L. Van Beethoven); 2. Concerto en *sol* majeur, pour piano et orchestre (L. Van Beethoven); Mlle Blanche Selva; 3. Troisième symphonie en *fa* majeur (1907), première audition (M. A. Gédalge); 4. Rapsodie basque, pour piano principal et orchestre; première audition (Ch. Bordes), Mlle Blanche Selva ; 5. Ouverture en *ut* majeur, op. 115 (1814) (L Van Beethoven): — Direction de M. J. Guy Ropartz.

VERVIERS. — La distribution des prix aux lauréats des concours de l'année 1910 a eu lieu au théâtre, le premier de ce mois.

Mlle Yvonne Lincé, — médaille en vermeil avec la plus grande distinction — mit en valeur sa technique accomplie, dans le difficile concerto de piano de Tschaïkowsky.

Après une exécution correcte de l'ouverture des *Maîtres Chanteurs*, l'orchestre, les chœurs, sous la direction de M. Albert Dupuis, les solistes : Mlle J. Théate, MM. Weber et Grisard, nous firent entendre la seconde partie d'*Andromède*. Cette œuvre de jeunesse de Guillaume Lekeu n'avait plus paru au concert depuis de longues années. La fraîcheur de son inspiration spontanée, la richesse de ses moyens orchestraux, décèlent déjà le profond musicien que devait être plus tard Guillaume Lekeu.

Deux actes de *Roméo et Juliette*, joués par Mlles J. Théate, C. Ramet, M. Weber, élèves du cours de déclamation et par les professeurs Grisard et Boussa, furent longuement applaudis.

Les élèves du cours de diction : Mlles Lambretté et Ramet, MM. Willem et Crama, interprétèrent un acte en vers de M. Valère Gille. *Ce n'était qu'un rêve*, terminant agréablement la soirée.

Dans sa troisième séance du « Lied Solo », M. Remy Lejéune passa en revue la série des principaux musiciens français de Gounod à Debussy. D'une voix égale et souple, M. Lejeune nous a chanté douze mélodies, qui lui valurent, comme toujours, le plus flatteur encouragement du nombreux public.

M. Nestor Lejeune, violoniste, Jullien, violoncelliste et Pagnoul, pianiste, apportèrent aux exécutions des trios de Franck et de Saint-Saëns le plus scrupuleux souci d'art.

La Société des Concerts Populaires a brillam-

ment terminé la saison. Sa dernière séance du 8 février, de loin la plus intéressante, fut donnée avec le concours du violoncelliste Jean Gerardy et du pianiste André de Vaere.

On ne peut guère parler du talent de Jean Gerardy sans tomber dans des redites. Contentons-nous donc de noter l'admirable interprétation des *Variations* de Boellmann et du Concerto de Lalo, où sa sonorité pleine et moelleuse fut inégalable.

M. de Vaere s'affirma dès l'abord pianiste accompli. Il nous joua le Concerto de Schumann avec une aisance, une délicatesse de toucher, une distinction dans la sonorité réellement surprenantes chez un aussi jeune artiste. Il fit en outre preuve d'une virtuosité éblouissante dans trois petites pièces habilement harmonisées, de M. Albert Dupuis, où s'accumulent à plaisir les difficultés techniques.

La salle réserva aux deux solistes un accueil enthousiaste.

Le concert, qui avait débuté par *Le Camp de Wallenstein*, de d'Indy, se terminait par la verveuse *España* de Chabrier. Les entr'actes pittoresques du *Jean Michel* de M. Dupuis, furent cette fois encore, pour l'auteur l'occasion d'une longue et sympathique ovation.

NOUVELLES

— La Société des Compositeurs de musique de Paris rappelle que les prochains concours auront lieu dans l'ordre suivant :

Année 1911 : 1° Une pièce lyrique pour voix solo et orchestre.

Il s'agit non d'une simple mélodie, mais d'une composition de dimensions assez vastes. Prix : 1.000 francs;

2° Un quintette pour instruments à archets et un ou deux instruments à vent au choix du compositeur. Prix : 500 francs ;

3° *Pater Noster* pour ténor ou baryton, avec accompagnement d'orgue. Prix : 300 francs.

Année 1912 : Une pièce symphonique avec partie de harpe chromatique principale. Prix : 1.000 francs.

Année 1913 : Une symphonie pour orchestre. Prix : 1.000 francs.

Chaque année les manuscrits devront être envoyés, avant le 31 décembre, à l'archiviste de la Société, 22, rue Rochechouart, Paris.

— La Société anonyme du Grand Opéra de Berlin, qui pendant des années a entretenu de ses vastes projets l'opinion publique, n'existe plus aujourd'hui. Dans leur dernière assemblée générale, tenue le 4 de ce mois, les membres de la Société ont décidé de renoncer à leur idée de construire un nouvel opéra à Berlin et ils ont convenu de construire, plutôt, un hôtel gigantesque dans le style des grands boarding houses de Londres.

— A l'occasion des fêtes commémoratives du cinquantenaire de la proclamation de l'unité italienne, un Congrès international de musique se tiendra à Rome sous les auspices d'un comité d'honneur et de plusieurs comités exécutifs, composés des musiciens et des érudits les plus éminents. Voici le programme de ce Congrès :

Le Congrès est formé des sections suivantes :

1. Histoire et littérature musicale.
2. Musique proprement dite : a) Théâtre lyrique; b) Musique sacrée, chorale, symphonique et musique de chambre.
3. Philosophie de la musique et sciences ayant rapport à l'art musical.
4. Didactique.
5. Instruments de musique. Les orgues. La lutherie, etc.
6. Les droits d'auteur sur les œuvres musicales.

Pour se conformer aux vœux du comité, les communications et les discussions sur les diverses matières du programme du Congrès devront surtout servir à mettre en lumière tout ce qui a été fait dans les diverses branches de la musique proprement dite, de l'histoire, de la littérature, de la critique, de la science et de la biographique musicale pendant les cinquante dernières années. Le programme ainsi conçu répondra exactement à la noble idée patriotique qui préside aux fêtes de 1911. Toutefois, les communications relatives à d'autres périodes historiques seront accueillies volontiers.

On fera connaître plus tard à tous les adhérents : La date fixée pour les séances du Congrès (séances générales et séances des sections), les communications qui s'y feront, l'ordre des matières qui s'y traiteront, les dates et les programmes des auditions musicales, des fêtes, des réceptions et de tout ce qui sera organisé en l'honneur des Congressistes.

Les séances se tiendront dans l'historique Château Saint-Auge (Mausolée d'Adrien).

— Le théâtre Costanzi de Rome inaugurera au commencement de mars par une représentation de *Macbeth*, de Verdi, la grande saison lyrique organisée à l'occasion des fêtes jubilaires de la fondation du Royaume d'Italie. On donnera en suite *Don Pasquale*, avec Rosina Storchio, le ténor Sobinoff, le baryton de Luca et Joseph Kachmann, puis *Guillaume Tell*, *La Somnambule*, *Don Sebastiano* de Donizetti, *l'Enfant prodigue* de Ponchielli, *La Falce* de Catalani, *Le Barbier de Séville* de Rossini, *Paolo e Francesca* de Mancinelli, *Aïda* de Verdi, et pour terminer cette première période, la *Fanciulla del West* de Puccini. Ces spectacles seront dirigés, du 1er mars au 25 mai, par le maëstro Luigi Mancinelli, et du 26 mai au 30 juin, par le maëstro Arturo Toscanini.

— Le cinquième congrès allemand de pédagogie musicale tiendra ses assises à Berlin du 9 au 12 avril prochain. Comme les années précédentes, les adhérents seront groupés en quatre sections spéciales : 1o Questions générales d'enseignement; 2o Art du chant; 3o L'enseignement du chant à l'école; 4o Questions sociales. Encouragé par l'heureuse initiative des pédagogues allemands, les maîtres de l'enseignement musical autrichien ont décidé d'organiser également un premier congrès pédagogique qui se tiendra à Vienne du 20 au 23 avril. Il s'agit de créer en Autriche une association des maîtres de l'enseignement musical autrichien semblable à l'association allemande et d'opérer des réformes urgentes dans les méthodes pédagogiques.

— Dans sa dernière séance, la section des beaux-arts de l'Académie de Berlin a élu, en remplacement de Gevaert, de Bruxelles et de Carl Reinecke, de Leipzig, décédés, MM. Max Schilling, de Stuttgart et Giovanni Sgambati, de Rome. Le premier a pris rang depuis longtemps, en Allemagne, parmi les auteurs lyriques; il a composé deux opéras : *Ingwelde* et *Pfeifertag*. Le second, âgé est aujourd'hui de soixante-huit ans, est un pianiste italien de l'école de Liszt dont les nombreuses tournées artistiques en Europe ont établi solidement la réputation. Il est depuis trente-trois ans professeur de piano à l'Académie Sainte-Cécile, à Rome. Claude Debussy et Pietro Mascagni, proposés comme membres associés de la classe des Beaux-Arts, n'ont pas été élus.

— M. Richard Strauss a annoncé son intention de faire quelques coupures dans *Le Chevalier à la rose*, notamment au deuxième et au troisième acte, de modifier diverses parties de son œuvre et de la donner sous cette forme nouvelle à l'Opéra de Vienne et à l'Opéra de Berlin.

— Il est d'ores et déjà décidé qu'en juin prochain, le personnel du théâtre de Dresde se rendra à Paris et y interprétera, en allemand, les deux derniers opéras de Richard Strauss. Il donnera six représentations du *Chevalier à la rose* et six représentations d'*Elektra*. La première de ces représentations aura lieu le 15 juin.

— M. Engelbert Humperdinck, dont le Metropolitan-Opera House de New-York vient de représenter avec tant de succès la dernière œuvre, *Les Enfants de Roi*, songe à composer un nouvel opéra qui mettrait en scène la belle figure de Fra Angelico. Il paraît que le compositeur aurait été séduit par le charme du grand artiste, en admirant une de ses œuvres au Musée du Louvre, à Paris.

— La Société Philharmonique de Londres, qui célébrera en 1912 le centième anniversaire de sa fondation, a demandé aux plus notoires compositeurs anglais d'écrire de nouvelles œuvres, qu'elle exécutera à cette occasion. Les compositeurs Elgar, Mac Kenzie, Hubert Parry, Stanford, Cowen, Landon Ronald, Bantock, Walford Davies et Edward Germar, flattés de cette invitation, l'ont acceptée avec empressement.

— Le théâtre de Chicago a fermé ses portes après une dernière représentation de la *Fanciulla del West* de Puccini, à laquelle Caruso et Sammarco prêtaient leur concours. A cette dernière soirée, qui clôturait la saison de 1910-1911, le public a ovationné chaleureusement le chef d'orchestre Campanini, le directeur Dippel et tous les chanteurs. On a donné cette année, à l'Opéra de Chicago, soixante-neuf représentations, auxquelles ont assisté deux cent mille personnes. Les entrées ont rapporté quatre cent mille dollars, somme un peu inférieure à celle des frais d'exploitation du théâtre. Le déficit sera cette année facilement couvert. Au cours de la saison prochaine, la direction donnera *Tristan et Isolde*, *La Walkyrie*, *Les Enfants de Roi* de Humperdinck, *Hænsel et Gretel*, *Samson et Dalila*, *Les Noces de Figaro*, *Don Juan*, *Elektra* et *Manon Lescaut*.

— Le 18 janvier dernier a été célébré le vingt-cinquième anniversaire de la mort d'Aloïs-Joseph Tichatscheck. A cette occasion, la Presse allemande toute entière a rappelé ce que fut cet artiste inoubliable.

Né en 1807, fils d'un pauvre tisserand, Tichatscheck fit ses débuts comme chanteur dans la modeste église de son village, puis, vers 1830, entra comme simple choriste au théâtre de la porte de Corynthie à Vienne. Il y fut remarqué par le célèbre professeur de chant Licimara, qui s'offrit à lui donner des leçons, et ses progrès furent dès lors

si rapides, que, quatre années plus tard, les portes de l'Opéra de Vienne s'ouvraient toutes grandes devant celui qui devait devenir le plus grand des ténors allemands. L'admirable artiste remporta ensuite d'immenses succès à Prague, à Dresde, en Angleterre, en Suède, en Hollande... En 1842, Richard Wagner lui confia *Rienzi*, qui fut un triomphe, tant pour l'auteur que pour son incomparable interprète. En 1855, il lui donna à créer *Tannhäuser*. En 1859 enfin, lorsque Tichatscheck incarna *Lohengrin*, Wagner lui écrivait encore : « Il y a vingt ans que la puissance de ta voix m'est connue et c'est elle qui a fait jaillir l'inspiration qui m'a permis de réaliser le plus beau rêve de ma vie. » — A soixante ans, sa voix cristalline n'avait rien perdu de son éclat, et comme disait un éminent critique d'art de cette époque : « Le cœur de Joseph Tichatscheck demeure éternellement jeune; c'est encore toujours lui qui module ces chants divins. »

Le grand artiste s'éteignit le 18 janvier 1887, après de longues et cruelles souffrances, sans laisser de fortune.

— A Bologne, une société par actions s'est constituée dans le but de construire un nouveau théâtre dans lequel pourraient prendre place trois mille spectateurs. Le terrain où s'élèvera l'édifice est acheté.

— Giacomo Puccini, auquel Lucques, sa ville natale, a fait une réception grandiose, ces jours-ci, a donné cinq mille francs à l'asile Regina Margherita, en reconnaissance des témoignages de sympathie dont il a été l'objet de la part de ses concitoyens.

— Le procès intenté devant le tribunal de Milan par Pietro Mascagni à l'impresario américain Leibler, qui n'a pas fait jouer sa dernière œuvre *Isabeau*, devait passer en justice le 6 de ce mois. Il a été renvoyé à une date ultérieure, parce que l'adversaire de Pietro Mascagni ne s'est pas fait représenter à la première audience. Il se pourrait fort bien que le compositeur ne gagne pas son procès. M. Leibler, dit-on, a dépensé plus de cent mille francs pour la mise en scène d'*Isabeau* qu'il n'a pu faire représenter pour des raisons indépendantes de sa volonté.

— M. Léon Rinskopf, chef d'orchestre du Kursaal d'Ostende, a été appelé à diriger l'orchestre de l'*Augusteum* de Rome, le 22 et le 29 janvier dernier.

Le premier programme comprenait le *Carnaval à Paris* de Svendsen, la septième de Beethoven,

Mort et transfiguration de Strauss. le *Voyage au Rhin* de Wagner et la deuxième *Polonaise* de Liszt.

Celui du 29 janvier était consacré aux auteurs belges : Ouverture de *Godelive* (Tinel) ; *Macbeth* (S. Dupuis); *Danses flamandes* (Blockx) ; *Variations* (Gilson); *Psyché* (Franck) et Fantaisie sur un thème populaire wallon (Th. Ysaye).

Le capellmeister belge, qui a remporté un gros succès, est d'ores et déjà réengagé pour les concerts de l'*Augusteum* de l'hiver prochain.

M. Léon Riuskopf dirigera, en mars prochain, un festival d'auteurs belges à Nice, avec le concours du violoncelliste Edouard Jacobs, et en mai, un concert classique à la Salle Gaveau, à Paris.

— Le dernier concert d'orgue donné par M. L. Finzenhagen à la cathédrale de Magdebourg, a été particulièrement intéressant parce qu'il combinait des spécimens importants de trois écoles d'orgue : l'italienne, avec une fantaisie d'Oreste Ravanello ; la française, avec trois pages de Guilmant, Widor et Saint-Saëns (fantaisie op. 101); l'allemande avec des préludes de S. Bach et de A. G. Ritter et une pièce de L. Thiele. Le *Psaume 95* à deux voix, de M. Finzenhagen, a été aussi très apprécié.

— A Florence, à la salle Pergola, le maestro Pacini a dirigé, cette semaine, un concert qui ne manquait pas d'une certaine originalité. Vingt musiciens de profession, hommes et femmes, ont exécuté au piano, sur dix instruments, avec un ensemble parfait, l'ouverture de la *Gazza ladra* de Rossini, un arrangement de *Rigoletto* de M. Fumagalli et un arrangement de *Ernani* de M. Fischietti.

BIBLIOGRAPHIE

GOBY EBERHARDT, *Nouvelle méthode de violon, basée sur le système des secondes.* Leipzig, Kahnt ; Paris, Rouart, Lerolle et Cie.

Il est intéressant d'observer combien de tous côtés, en Allemagne, on travaille au perfectionnement des méthodes dans tous les domaines de la technique musicale, — efforts généralement ignorés dans les pays de langue française à cause de l'absence de traduction.

A ce titre, l'ouvrage ci-dessus, — muni, lui, d'une traduction française, — mérite d'être signalé.

Dû à l'un des pédagogues allemands les plus réputés, il est fondé sur un principe nouveau que le célèbre violoniste Wilhelmjy caractérisa d'un mot en l'appelant « l'œuf de Colomb du violon ». Ce principe consiste essentiellement à ramener tous les intervalles étudiés à celui de seconde (qui joue, comme on le sait, un rôle important, tant dans les intervalles successifs que dans les doubles cordes), ou, si on veut, à considérer tous les intervalles comme des composés de secondes. De là pour l'élève une simplification considérable, de nature à lui donner dès le début une précieuse assurance. Un autre caractère de l'enseignement d'Eberhard consiste dans le *naturel* du jeu ; il s'oppose notamment à la forte pression, généralement enseignée, des doigts sur les cordes, et préconise une pression légère, donnant le minimum d'appui nécessaire de la corde sur la touche. — La première partie de la méthode, prudemment progressive, traite de la tenue égale des doigts, la deuxième de la tenue inégale. Des exercices mélodiques agrémentent chaque division de l'ouvrage; la première partie contient en outre de nombreuses reproductions photographiques, d'utiles considérations générales à l'usage du maître et de l'élève, sur la méthode de travail et un solfège résumé.

Sous le titre *Melodienschule* (mêmes éditeurs) l'auteur a publié une série de vingt-cinq piécettes variées et de bon style, avec accompagnement de piano, ne dépassant pas la première position.

E. C.

NÉCROLOGIE

M. Auguste Grüters, qui fut pendant longtemps directeur de la Société Sainte-Cécile à Francfort et grand admirateur de Brahms, est mort cette semaine.

57ᵐᵉ ANNÉE. — Numéro 9.   26 Février 1911.

LE GUIDE MUSICAL

A propos de

l'écriture octavinale

———

D<small>ANS</small> le numéro du 27 novembre 1910 du *Guide musical*, notre distingué confrère, M. Etienne Destranges, consacrait un article fort élogieux à *l'écriture octavinale*, un système d'écriture musicale inventé récemment par M. E.-L. Bazin, ingénieur des Arts et Manufactures.

L'exposé était très séduisant. M. E. Destranges n'hésitait pas à déclarer l'invention de M. Bazin « d'une simplicité rare, d'une clarté évidente, d'une logique rigoureuse », et à lui prédire une haute fortune.

Le système de M. Bazin présente-t-il réellement les immenses avantages que lui reconnaît M. Destranges? La question vaut la peine d'être examinée.

Plus de lignes supplémentaires dans l'écriture octavinale ; plus de clefs différentes, mais une clef octavinale unique. Du coup, les deux plus gros défauts qu'on reproche à l'écriture figurative n'existent plus.

Si l'on veut bien y réfléchir, pourtant, les lignes supplémentaires sont loin de causer autant de confusion qu'on le prétend. Les notes haut perchées sur la sixième ligne supplémentaire ne se rencontrent pas souvent à l'état isolé. La plupart du temps, elles font partie d'un dessin mélodique ou d'une trame harmonique : dans l'un et l'autre cas,

le contexte fournit des points de repère qui facilitent singulièrement la lecture.

La question des clefs est plus sérieuse. Dans les partitions d'orchestre, la diversité des clefs est une complication réelle, non seulement à cause de leur nombre, mais encore parce que la manière d'écrire pour un même instrument varie selon les compositeurs. Richard Strauss, par exemple, « préfère lire les parties de cor dans les diverses tonalités et transposer. La partition ainsi rédigée, continue-t-il, devient plus claire, la ligne des cors et des trompettes en *ut*, se détache avec une sorte de plasticité des parties des cordes et des bois, encombrées de toutes les altérations imaginables » (1).

M. Paul Gilson, par contre, est d'une opinion toute différente (2).

La simplification de l'écriture orchestrale a d'ailleurs préoccupé sérieusement les musicologues. Dans le *Guide musical* de 1909, p. 575, M. le Dʳ Dwelshauvers proposait de rédiger les partitions d'orchestre uniquement en clefs de *sol* et de *fa*.

Au Congrès musical tenu à Milan, il y a deux ans, les congressistes ont acclamé un vœu dans le même sens émis par M. Umberto Giordano (3).

Enfin, dans les nouvelles partitions des grandes maisons d'éditions Ricordi et Sonzogno de Milan, « tous les instruments sont notés en *ut* et à la

———

(1) RICHARD STRAUSS. *Le traité d'orchestration d'Hector Berlioz*. Traduit par Ernest Closson. Leipzig, Peters. P. 74.

(2) P. GILSON. *Strauss et l'art d'orchestrer*. — *Guide musical*, 1910, p. 3.

(3) *Guide musical*. — 1909, p. 18.

hauteur réelle, à l'exception de l'alto, de la contre-basse et de la petite flûte qui octavient (1). »

*
* *

Voyons maintenant comment M. Bazin résout ces difficultés.

Pour plus de clarté, je rappellerai les points suivants :

1° Dans l'écriture octavinale, le *do* est représenté par le double point (••).

2° La portée est réduite à trois lignes.

3° Sur cette portée de trois lignes on n'inscrit qu'une seule octave (de *do* à *do*).

4° Les différentes octaves sont numérotées en chiffres romains du grave à l'aigu, de 0 à VII.

Je transcris le début de l'étude n° 7 du premier cahier des études pour le piano de Cramer.

EXEMPLE I.

Ecriture octavinale.

« Cette suppression des clefs et leur remplace-ment par le numéro de l'octave est un procédé d'une simplicité remarquable », dit M. Destranges. Je n'en suis guère convaincu. En plus des points représentant les notes, il me faut lire à présent une série d'indications chiffrées. Et puis, dans l'écri-ture figurative, tout mouvement vocal vers l'aigu ou vers le grave est représenté sur le papier par un mouvement correspondant vers le haut ou vers le bas. Avantage inestimable qui est perdu dans l'écriture octavinale.

Autre exemple, tiré d'une œuvre que tout le monde connaît : *Prélude, Choral et Fugue* de César Franck. Je transcris selon le système de M. Bazin, le thème du choral.

_____

(1) P. GILSON. *Strauss et l'art d'orchestrer.* — *Guide musical*, 1910, p. 3.

EXEMPLE II.

Ecriture octavinale.

Décidément non ; l'écriture octavinale n'est pas « ce qu'on peut rêver de plus simple et de plus clair ». Ces portées trop nombreuses, ces accords en position serrée qu'on est forcé d'éparpiller sur plusieurs portées !...

Mais je croirais faire injure au lecteur si j'insis-tais sur des défauts aussi évidents !

*
* *

Ces deux exemples sont décisifs. Ils montrent à l'évidence que l'écriture octavinale est imprati-cable. A-t-elle au moins le mérite de l'originalité ? Hélas, non !

Comme tant d'autres inventeurs, M. Bazin a eu un devancier.

Il y a trois ans, M. Jean Hautstont faisait con-naître un système de *notation musicale autonome* qui offre avec l'écriture octavinale une analogie frappante.

Qu'on en juge :

1° M. Jean Hautstont emploie la portée de trois lignes.

2° Sur chaque portée, il n'inscrit qu'une seule octave (de *do* à *do*).

3° Les différentes octaves sont numérotées du grave à l'aigu en chiffres arabes : 1. 2. 3, etc... 8.

M. Jean Hautstont va plus loin encore : il sup-prime les dièses et les bémols.

A l'appui de sa théorie, M. Jean Hautstont produit un certain nombre d'exemples qui appellent les mêmes critiques que l'écriture octavinale. Rien d'étonnant à cela : des principes identiques ont entraîné des conséquences identiques.

Pour la musique de piano, orgue, etc., la notation musicale autonome emploie *cinq* portées. Tous les instruments de l'orchestre sont notés sur *deux* portées (1). Le beau fouillis que serait une partition d'orchestre rédigée selon ce système, ou, ce qui revient au même sur le modèle de l'exemple I !

* *

Arrêtons-nous là. Périodiquement on dénonce les graves défauts de notre système de notation musicale et on propose de le remplacer par des systèmes nouveaux, ingénieux, simples, clairs.

Ces inventions suscitent plus ou moins de curiosité, plus ou moins d'intérêt et finissent par tomber dans l'oubli le plus profond. Un jour ou l'autre elles reparaissent sous forme de contribution à l'histoire de la notation musicale.

C'est là généralement la destinée des systèmes d'écriture musicale inventés de toutes pièces. Conçus d'une façon trop théorique, ils sont incapables de noter les aspects multiples de la pensée musicale. Surtout, ils ne parviennent pas à supplanter une écriture qui a fait ses preuves depuis des siècles, qui s'est sans cesse transformée, perfectionnée selon les besoins nouveaux de l'art.

Un seul système, jusqu'à présent, a échappé au sort commun : c'est la notation chiffrée de Paris-Galin-Chevé.

Elle est officiellement prescrite dans les écoles normales de France depuis le 4 août 1905 et dans les écoles primaires supérieures depuis le 26 juillet 1909. Mais de l'aveu même des galinistes, le chiffre est réservé au chant ; il doit rester l'alphabet musical des écoles primaires. On prête de trop ambitieux desseins aux galinistes quand on les accuse de vouloir remplacer au Conservatoire la portée par le chiffre.

La méthode de M. Bazin ou de M. Hautstont aura-t-elle au moins le succès de la méthode galiniste ?

Il est permis d'en douter.

FRANZ HACKS.

(1) *Notation musicale autonome,* J HAUTSTONT. — Paris, 1907. — p. 19.

LA SEMAINE

PARIS

A L'OPÉRA-COMIQUE, neuvième concert historique, consacré aux « derniers classiques de France et d'Italie ». J'aurais volontiers chicané M. Expert sur ce titre très factice ; je lui aurais bien aussi présenté la même protestation que la dernière fois : trop de musiciens et trop peu de musique de chacun d'eux, vraiment étranglé... Mais le programme a été tout de même si bien combiné cette fois, composé de morceaux si remarquables pour la plupart et si heureusement significatifs, précédés d'ailleurs d'une causerie si joliment tournée, que j'aime mieux ne laisser tomber que des éloges du bout de ma plume. Sept maîtres figuraient dans cette sélection : Cimarosa, avec *Don Calendrino* (un air bouffe de basse) et *Olimpiade* (au très bel air de mezzo ; on le trouvera dans les « Arie antiche » de Parisotti) ; Paisiello, avec la célèbre cavatine de *Nina* ; Méhul, avec l'air du père, de *Stratonice*, et un air de contralto, trop long, mais très expressif, d'*Ariodant* ; Nicolò, avec l'amusant et vertigineux rondo du *Billet de Loterie* et la fameuse romance de *Joconde* ; Cherubini, avec *Médée* (une page très dramatique ; M. Expert a eu raison d'insister sur ce maître trop mal connu), *Anacréon* (une ariette très piquante de l'Amour) et le bel air de ténor des *Abencérages* (trop sacrifié par l'exécution ; il faut mieux que cela pour le rendre) ; Boïeldieu, avec une page de *Berriowsky* et l'amusant air du sénéchal dans *Jean de Paris* ; Spontini enfin, avec le très bel hymne au Soleil, de *Milton*, et la prière de Julia, de *La Vestale*. En tête des interprètes, je citerai comme toujours Mlle Nicot-Vauchelet, qui fut ravissante dans l'air si difficile du *Billet de loterie* et qu'on ne se lassait pas de rappeler, puis Mlle Hatto, expressive dans *Nina* et *Médée*. M. Jean Laure qui a détaillé à ravir l'air de *Jean de Paris* ; Mlle Mathieu-Lutz, très spirituelle dans *Anacréon* ; Mlle Charbonnel, dans *Olimpiade* et *Ariodant*, Mme Nelly Martyl, Mlle Espinasse, MM. Vaurs et Dupré.

Entre-temps, et sans doute en vue des Jeudis historiques, on a fait une petite reprise de la *Fille du Régiment*, Mlle Tiphaine, depuis longtemps titulaire du rôle de Marie qui demande à la fois tant de verve et une voix si sûre, s'y est montrée tout à fait remarquable. On a revu encore *Le Toréador*, où Mlle Korsoff fut excellente.

A noter une très jolie reprise du *Caïd*, pour les Jeudis historiques : M. Vieuille y incarna somptueusement le magnifique tambour-major, Mmes

Mathieu-Lutz et Nelly Martyl rivalisèrent de grâce piquante, MM. Cazeneuve et Mesmaëcker de fantaisie et de verve; et le vieux pastiche d'Ambroise Thomas se montra une fois de plus d'une rare vitalité.

A un autre pôle de l'art figure *Pelléas et Mélisande* qu'on a repris également, pour les abonnés, avec une distribution en partie nouvelle. On attendait avec curiosité l'apparition de Mme Marguerite Carré, que le séduisant personnage de Mélisande avait captivée à son tour : elle y fut exquise en vérité, et mit très délicatement en valeur ce mélange d'ingénuité et de souffrance, de fatalisme et de grâce inconsciente, qui est tout le rôle. M. Albers incarnait Golaud pour la première fois : il y fut de tous points remarquable de force et d'angoisse. M. Jean Périer reste le Pelléas rêvé, irremplaçable, d'une éloquence de poésie intense et souveraine. H. DE C.

LE TRIANON-LYRIQUE, dont nous avons eu l'occasion, plus d'une fois, de dire l'activité et le goût, a voulu, la semaine dernière, sortir carrément du répertoire qui fait sa fortune, et donner à son public un spécimen tout à fait « dernier cri » de la musique italienne contemporaine : il a monté *Zaza* de Ruggiero Leoncavallo. Musicalement, il eût pu mieux choisir : pour quelques scènes de vraie émotion, pour quelques phrases d'un tour mélodique gracieux, pour quelques hors-d'œuvre piquants ou d'un charme incontestable, cette partition représente surtout la sérénité imperturbable avec laquelle un musicien peut croire faire de la musique en revêtant au fur et à mesure, de phrases sonores, lyriques ou instrumentales, le dialogue d'une pièce qui n'avait que faire de musique.

Mais *Zaza* a toujours bénéficié d'abord de l'intérêt de la pièce de Pierre Berton et Charles Simon : c'est elle qui triomphe à travers la partition. Et puisque, d'ailleurs, nous l'avons constaté, M. Félix Lagrange était en mesure de la représenter, il est tout naturel qu'il ait été tenté par cette première apparition française de l'œuvre à Paris, et on ne peut que le féliciter de nous l'avoir fait connaître.

De toute façon, l'œuvre n'est pas des plus faciles à monter, comme mise en scène et comme voix. Le valeureux petit Trianon-Lyrique s'est surpassé : les décors sont parfaits, luxueux même, le brouhaha de music-hall du premier acte est des mieux réglés, enfin l'interprétation est des plus soignées. Vocalement, il n'y a guère que deux rôles qui comptent, et justement ils sont parfaitement tenus.

Mlle Jane Morlet, dont la souplesse dans la variété de ses rôles deviendra légendaire et qui possède assurément l'une des plus infatigables voix de soprano du moment, s'est montrée excellente de brio et d'énergie, de vivacité et d'émotion aussi, dans le rôle écrasant de Zaza, et M. Dutilloy a eu le talent de se faire bisser à deux reprises, tant il conduit bien sa voix sonore. M. Vincent, hier au Conservatoire, se tire avec adresse du rôle d'ailleurs banal et peu réussi musicalement, de Dufresne. Mme Jyhem (c'est-à-dire Mme Morlet mère) est tout à fait amusante comme jeu dans la mère de Zaza, et les moindres rôles méritent aussi des compliments à Mmes Hilbert et Ferny, MM. Théry, Drumonthier, Bellet... C'est le frère de M. Leoncavallo, venu à Paris pour les répétitions, qui a dirigé l'orchestre. H. DE C.

LE THÉATRE-APOLLO, rempart de l'opérette allemande à Paris, a monté, pour varier un peu les programmes avec *La Veuve joyeuse* ou *Rêve de valse*, une œuvre de Léo Fall qui a nom *Lu Divorcée* (Die geschiedene Frau). Elle est très loin de valoir les précédentes, et d'ailleurs les autres partitions de son auteur (*La Princesse Dollar, Le Joyeux Paysan*, etc.). Peut-être la faute en est-elle aussi à l'arrangement qu'elle a subi comme pièce ; mais le fait est que la musique, ambitieuse comme ouverture et préludes, adroite et d'un joli rythme dans plusieurs duettos plus ou moins valsés (le petit quatuor des deux ménages, au premier acte, le duo du mari et de la chanteuse et celui, valsé, du mari et de sa femme, au second, ainsi que le quintette de la chanteuse entre les quatre hommes...) a trop souvent aussi des allures de plaqué, d'appareillage mal conçu et tant bien que mal ajusté... L'anecdote serait d'ailleurs très mince sans les accessoires : une petite femme jalouse qui veut divorcer malgré les protestations de son époux que les apparences seules font condamner, et qui finit par revenir à la raison et à l'amour par sa jalousie même, habilement exploitée, et qui lui ouvre les yeux sur son propre cœur. Ce serait sentimental et gentil, sans la part considérable que prend à l'action certaine divette, cause de cette brouille, et autour de laquelle papillonnent divers fêtards. L'interprétation est bonne avec Mmes I. Marnac et Alba, MM. Defreyn, Tréville, P. Ardot... H. DE C.

Au Conservatoire, la Société des Concerts s'est composé cette fois le programme le plus panaché qui se puisse voir : une symphonie de Mozart pour commencer, l'ouverture de *La Fiancée vendue* de Smetana pour finir ; entre deux, le *Christus* de Liszt et le concerto de violoncelle en *la* mineur de Saint-Saëns. La symphonie était celle en *sol* mineur, la seconde des trois sœurs de Vienne, nées, à quelques semaines près, en 1788, et les dernières qui soient écloses de l'inspiration constamment variée, harmonieuse, souriante, de Mozart. La grâce émue et un peu mélancolique est surtout le caractère de cette très belle œuvre, d'une poésie si pure et si aisée qu'elle ne laisse voir qu'à la réflexion la science profonde et déjà très avancée qui en est la base. Du *Christus* de Liszt (1863-66, mais exécuté pour la première fois en 1873), c'est la première partie qui a été choisie, celle qui a pour titre « Oratorio de Noël » et dont l'expression est surtout pastorale et descriptive, toute en développements symphoniques et en chœurs. Liszt, dont la musique religieuse a été si discutée, si âprement attaquée même à son apparition, pour son mélange de mysticisme et de romantisme surtout, n'a rien écrit de plus harmonieux et de plus évangélique que ces pages-là. Pour le concerto de violoncelle de M. C. Saint-Saëns, c'est M. André Hekking qui en a mis en valeur les robustes beautés L'ouverture de *La Fiancée vendue* a, comme d'habitude, exercé son prestige avec un frisselis si original des cordes M. André Messager a dirigé toutes ces belles œuvres avec sa netteté si fine et si musicale.

H. DE C.

Concerts Colonne (19 février). — Poussé par le seul désir de jouer de la belle musique et non par la nécessité de fêter un anniversaire, M. Gabriel Pierné a consacré la moitié du programme à Mozart. Un fait aussi rare mérite d'être remarqué.

A part Beethoven qui réunit tous les suffrages et que tout le monde — hélas ! — admire, les grands classiques sont fort négligés. On les tient pour des êtres d'exception qu'on ne fréquente pas sans ennui — c'est du moins l'opinion courante, celle qui prévaut sur toutes les autres. — Leur œuvre est à peu près inconnue du public ; il la croit ou trop sévère ou trop frivole. Pour lui — oh ! je généralise — celle de Mozart se borne à quelques gracieuses compositions dont les dix-huit sonates pour piano constituent le fond le plus important. Il se doute bien qu'il y a autre chose, mais ne sait pas au juste quoi. Dans ces conditions comment connaîtrait-il Mozart et comment l'aimerait-il ? Ce ne sont pas les rares exécutions de ses dernières symphonies dans les grands concerts ; ce ne sont pas les médiocres représentations de *Don Juan*, à l'Opéra, ni celles de la *Flûte enchantée* à l'Opéra-Comique, qui auraient pu lui apprendre ce qu'il

vaut. D'ailleurs ce public — entendez tous ceux qui ne font pas métier d'artistes ou qui n'ont pas reçu l'éducation de l'esprit et des sens capable de leur donner le goût et l'amour des arts — persuadé que la musique est un art d'agrément, uniquement fait pour lui plaire et le distraire, n'a qu'indifférence ou mépris pour tout ce qui passe le modeste niveau de son instinctif entendement. Vérité en deçà, vérité au delà : il peut aimer certaines œuvres — et non des moins grandes et non des moins belles — parce qu'elles lui causent une jouissance physique qui secoue ses muscles et fait vibrer ses nerfs ; il peut goûter le Beethoven de l'*ut* mineur ou de la *Pastorale* il peut aimer Berlioz tout entier, il peut montrer quelque penchant pour certaines pages symphoniques tirées des drames de Wagner ; mais devant l'œuvre poétique et compacte de Bach, élégante et aristocratique de Mozart, majestueuse et hautaine de Hændel, devant le Beethoven des Sonates, des Quatuors, de la Messe en *ré* et de la Neuvième, devant le Wagner de *Tristan* et de *Parsifal*, il n'éprouve ni plaisir ni peine, ni joie ni douleur, ses muscles restent morts, ses nerfs insensibles. La faculté sensorielle ne perçoit que les impressions dynamiques. Résignons-nous. La pensée des Maîtres ne sera jamais comprise de la foule. Réjouissons-nous. Si Mozart est aimé par quelques milliers d'artistes, qu'il le soit jusqu'à la fin des temps. Ne faisons rien pour augmenter le nombre des fidèles au pied de l'autel du divin musicien en prêchant partout l'amour de son œuvre immortelle. Le temple ne doit pas être ouvert à tous ; chacun doit mériter d'y entrer après une longue prosternation à la porte.

Aucun génie musical ne fut plus grand, plus parfait que celui de Mozart. Il rayonne sur tous les autres. C'est ce sommet inaccessible parmi tous les sommets que le génie humain a dressés vers l'Idéal. S'il en est de plus vastes et de plus puissants, il n'en est pas de plus beaux, ni de plus purs. Le formidable génie de Beethoven est moins complet que le sien. Mozart renferme toute la musique. Il est la musique. Ecoutez celui qui a écrit : « Mozart est le grand et très divin génie, en qui la musique fut, complètement ; ce qu'elle peut être en une créature humaine, précisément quand elle est la musique selon son entière et pleine essence et qu'elle n'est rien autre que musique », car c'est Wagner, cet autre géant parmi les géants. J'emprunte cette citation à notre érudit rédacteur en chef M. Henri de Curzon, mozartiste fervent et compétent qui, dans un chapitre de son beau livre : *Les musiciens du temps passé* exalte le génie du maître à qui il a voué un culte sincère et profond.

Maintenant si nous considérons d'un peu haut le mouvement des idées — en musique — et que nous observions la place qu'occupent nos concepts actuels dans l'univers de la pensée, nous constatons que nous nous éloignons de Beethoven et que nous nous rapprochons de Mozart. Mais nous ne le rencontrons pas encore. Son génie l'a placé près de deux siècles en avance sur son temps et cent vingt ans seulement se sont écoulés depuis sa mort. Son heure viendra. Mozart reste le musicien de l'avenir.

M. Pierné a joué l'ouverture de la *Flûte enchantée*, la Symphonie en *ré* (n° 38) qu'un de nos confrères déclare être encore une œuvre de jeunesse ! quoiqu'elle fût composée en 1786, cinq années seulement avant la mort de Mozart ; il est vrai que Mozart n'avait alors que trente ans — et M. Jules Boucherit a très bien exécuté le Concerto en *la* majeur, pour violon. Grand succès.

Mon long bavardage m'oblige à écourter ce que j'avais à dire au sujet du *Carnaval d'Athènes* de Bourgault-Ducoudray et des deux *Poèmes* avec chant, de M. Philippe Moreau. Le premier de ces ouvrages est amusant et pittoresque d'orchestration, curieux de rythmes ; le second recèle les mêmes qualités moins l'agrément harmonique et mélodique.   ANDRÉ-LAMETTE.

Concerts Lamoureux. — Séance copieuse : deux symphonies, deux concertos, deux pièces vocales. Au début, exécution fougueuse, superbe, de la symphonie en *ut* mineur (Beethoven) ; en fin de séance, *La Vie d'un Héros*, de Strauss. C'est en 1900 que cette œuvre fut entendue pour la première fois, aux Concerts Lamoureux, sous la direction de l'auteur. Elle n'a rien perdu de sa virulence. Aucun compositeur, croyons-nous, n'a déchaîné ainsi toutes les énergies de l'orchestre.

Au moment de l'épisode militaire, quand toutes les forces donnent leur maximum de sonorité, c'est à croire que la salle va crouler, on semble ne plus entendre avec deux oreilles, mais avec tout le corps, fremissant, secoué, roulé dans un formidable *tutti*. Deux opinions sont ici en présence. Voici l'une, celle d'un « tardigrade » : « C'est le charivari organisé ». Voici... l'autre : « Page admirable, l'une des plus belles sorties de la plume du maitre, c'est tout le fracas de la bataille, les clameurs de victoire, les cris des blessés, les râles affreux des mourants, les détonations et les éclats d'un combat meurtrier, les lueurs d'incendies, fulgurant sur un ciel d'orage ; c'est la plus emportée, la plus émouvante fresque musicale qu'un créateur d'harmonies ait jamais composée ».

A côté de cette page étonnante, il y a des épisodes pleins de douceur et de charme et une fin d'une pathétique grandeur. L'orchestre sonne admirablement, émaillé de duretés voulues : les violons au suraigu, les flûtes vrillantes, des heurts de timbres et d'intervalles qui font les auditeurs inquiets. Mais non, l'orchestre joue juste, c'est voulu, vous dis-je. Très remarquable exécution.

Le concerto de violon (première audition) de M. d'Ambrosio est bien écrit pour le soliste. Il a permis à M. Geloso de montrer toutes les ressources d'un talent fort apprécié et digne de l'être. Le premier temps : *moderato*, s'enchaîne avec l'*andante* qui a une certaine grâce ; le *finale* a du mouvement et une bonne humeur qui a plu. Très violonistique, l'œuvre présente, au point de vue musical, un moindre intérêt. L'orchestre bruit, murmure, bourdonne, sous la partie prédominante, quelquefois il se réveille avec éclat, pour retomber dans la monotonie d'un accompagnement sans grand caractère. Accueil sympathique, rappels du virtuose.

Mlle Trampczynska, cantatrice, interprétait la *Cloche*, de Saint-Saëns, et *Marine*, de Lalo. Elle a fait valoir une voix grave et bien timbrée. Le concerto en *ré* majeur, de J.-S. Bach, était confié à Mlle Weingaertner qui a montré des qualités très grandes : bon mécanisme, jeu égal, excellente articulation, trilles bien battus, mais, de l'œuvre entendue aujourd'hui, si la « forme » est bonne, le fond est bien sec et ce concerto n'est pas si austère qu'on a voulu nous le faire entendre.

                    M. DAUBRESSE.

Quatuor Parent. — Séances Franck des 10, 17, 24 et 31 janvier, et Beethoven des 7, 14 et 21 février. — A l'historien des quatuors, qui n'oublie pas Haydn ou Mozart, toujours inconnus, ni Schubert, délaissé, ni Mendelssohn, dédaigné, ni Brahms, trop allemand pour transporter un auditoire parisien, ni Borodine ou Glazounow, ni Dvorak ou Smetana, ni M. Saint-Saëns où nos derniers venus, moins finement classiques, une salle enthousiaste et comble, a répondu : plus décisive encore que le succès récent du cycle Schumann, la reprise triomphale du cycle Franck, avec la deux cent vingt et unième audition de la sonate pour piano et violon, suffit à nous expliquer pourquoi l'éducateur Armand Parent maintient sans regrets son « répertoire ». Dans leur indépendance pittoresque et si voluptueusement angélique, qui dramatise la musique de chambre, la quintette et, surtout, le grand quatuor à cordes, qui consacra le nom de César Franck l'année même de sa mort à soixante-huit ans, affirment la moderne évolution du romantisme plutôt qu'un retour à la tradition du goût français. Ce n'est pas le père Franck qu'un critique voudrait comparer à Voltaire... (1) et ce lyrique naïvement ému n'avait rien non plus d'un ciseleur épris de l'art pour l'art. C'était une âme jubilante et docte, pour laquelle l'ironie n'existait pas. Sa candeur fougueuse apparaît déjà dans son premier trio de jeunesse; et les deux quatuors de M. Vincent d'Indy lui-même ont une allure *classique* auprès de la liberté du « maître César Franck » dont il se réclame sans arrière-pensée. Cette naïveté se fait jour dans les mélodies que Mme Fournier de Nocé nous a chantées d'une voix pure comme son style : *le Mariage des roses*, poésie très païenne d'Ernest David (1868); *Lied*, poésie élégiaque de Lucien Pâté (1875); *Nocturne*, poésie parnassienne de M. de Fourcaud (1884), parue dans l'album musical du *Gaulois*, et de rimes très supérieures à ses deux aînées. Le talent de l'interprète nous a fait regretter l'absence d'un chef-d'œuvre vocal, daté de 1888 : *la Procession*, de Brizeux.

Après Schumann et Franck, Beethoven. — Annonçons seulement, aujourd'hui, la reprise, à la Schola, de ses dix-sept quatuors qui sont devenus le *panis angelicus* de nos hivers parisiens du xxe siècle. Wagner ne contredisait pas Meyerbeer (2) quand il faisait venir un quatuor français pour lui jouer les dernières effusions du songeur de Bonn; et par leur exécution de plus en plus homogène et vivante, MM. Parent, Loiseau, Brun et Fournier confirment l'avis des grands compatriotes de Beethoven : le premier quatuor et le huitième, à l'incomparable adagio, le second et le neuvième, le troisième et le dixième, nous ont replongé dans cette atmosphère sans pareille, où deviennent invraisemblables les tristes réalités du monde. On retrouve sans déplaisir la sérénade (op. 8), et le second trio de l'op. 70, un des sourires du solitaire, et la sonate en *ut* mineur (op. 30, n° 2), où la crinière du lion secoue déjà la poudre de Mozart... Interprète nuancée de l'intime sonate en *mi* mineur (op. 90), Mlle Dron varie son jeu selon les physionomies du maître des maîtres; et salle Erard, Louis Fournier fait de même en exécutant avec le pianiste Armand Ferté les cinq sonates de Beethoven pour piano et violoncelle, qui résument, à grands traits charmants et saisis-

sants, le crescendo fameux des « trois styles ». Nous retrouvons bientôt tous ces bons artistes.

RAYMOND-BOUYER.

Concert Hasselmans. — Ecrit spécialement pour les arènes de Béziers, l'*Héliogabale* de M. Déodat de Séverac que nous venons d'entendre dans la réduction Gaveau, n'en a pas moins produit une excellente impression et conservé la plénitude de ses qualités. C'est, quoi qu'on dise, le sort réservé à toute œuvre de valeur, quel que soit le sol où on la transplante, le cadre où on la déplace. A la lecture au piano, la partition garde tout son intérêt, parce qu'elle est essentiellement musicale.

Ancien élève de MM. Bordes et d'Indy, auteur d'un acte, *Le Cœur du Moulin*, représenté à l'opéra-comique, M. de Severac ne s'est attardé ni à la polyphonie ni au chromatisme de la nouvelle école, pas plus qu'il ne s'est absorbé dans la superposition de thèmes symboliques ou hyperboliques. Non. Il a écrit, de belle et franche allure, une partition saine bien équilibrée où les chœurs et l'orchestre fusionnent dans de larges sonorités, dans de vigoureux élans, ceux-là, pleins de lyrisme, celui-ci, descriptif, chaud et coloré, à travers les cortèges pompeux et les danses échevelées.

Le sujet est l'éternelle redite, depuis les romans de M. Sienkewícz, depuis *Quo Vadis?* A Néron, substituez Heliogabale et vous retrouverez les mêmes tableaux d'orgies et de cruautés, avec les mêmes chrétiens sacrifiants et sacrifiés, et tout l'appareil du paganisme. Mais ici, les auteurs ne s'attardent à aucun drame intime; ils procèdent par grandes fresques, ainsi qu'il convient à un spectacle de plein air.

C'est sans doute pourquoi tous les dialogues du début m'ont paru manquer d'accent, en dépit de la vaillance dont ont fait preuve M. Engel et sa partenaire Mlle Lechenne. Il semble que le compositeur, épris de sagesse, une sagesse excessive, ait voulu tranquillement poser son début et se garder de tout emballement (même méridional), quitte à mentir au festin final, le fameux festin que vous savez, dont les convives m'ont paru avoir le vin triste...

Mieux approprié est le second acte, avec scènes de baptême et mariages de chrétiens dans les cavernes. A signaler un joli solo de cor anglais, des chœurs bien sonores d'une belle franchise d'écriture; une belle déclamation de Pretextatus, et enfin et surtout, un *Alleluia*, avec accompagnement d'orgue, d'une grande élévation, divinement chanté par Mlle de Landresse, et qui fut bissé d'acclamation.

Mais le triomphe est allé, sans conteste, à la

---

(1) M. Saint-Saëns a suggéré cette comparaison *toute française* à M. Romain Rolland.

(2) Se rappeler la lettre datée par Meyerbeer de Berlin, 1856, et citée dans le *Guide musical* des 13 et 27 mars 1910, pp. 211 et 248.

troisième partie, de beaucoup la plus pittoresque, avec ses cortèges, ses danses et le long divertissement offert à Héliogabale, où M. de Severac a donné libre cours à toute sa fantaisie. C'est ici qu'il a introduit à l'orchestre ses *Coblas catalans*, sorte de hautbois de sonorité rustique qui ont sonné à anche pleine pour la plus grande saveur du tableau. Quant à la musique qui accompagne le mimodrame de la *Résurrection d'Adonis*, elle se suffit à elle-même, en dehors de tout spectacle. Elle est élégante, variée, agréablement rythmée, sans banalité ni fadeur, et décrit avec beaucoup d'intelligence les différentes phases du tableau, qui se termine par l'irruption des prétoriens révoltés et la mise à mort d'Héliogabale.

A côté des chanteurs déjà cités, figuraient, comme interprètes du drame, MM. de Max et Jean Hervé, Mmes Schmitt et Lucie Brille, de l'Odéon.

De longues acclamations ont salué M. Hasselmans qui monta l'œuvre à Béziers, et, sur ses instances, M. de Severac en personne, est venu recevoir les ovations d'un public enthousiaste.

                A. GOULLET.

Concert Sechiari. — Au sixième concert Sechiari, du dimanche 19 février, deux nouveautés : l'une, *The Pierrot of the Minutes*, de M. Granville Bantock, page tantôt légère et sémillante, tantôt sentimentale, qui, par sa trame harmonique, fait parfois songer à *L'Apprenti sorcier* de Paul Dukas ; l'autre, *La Danse des Ouled-Naïl*, qui évoque ou réveille des impressions mauresques, œuvre d'un orientalisme peut-être facile mais d'une sonorité pleine et riche. Le concert débutait par la magistrale symphonie en *mi bémol* de Schumann, bien traduite par M. Sechiari, et se termina par la première suite d'orchestre de *Namouna*, où Lalo sut si bien allier la franchise de l'inspiration à la beauté de la couleur orchestrale. Entre-temps, l'air de *Lia* de M. Debussy et *Le Roi des Aulnes* trouvèrent en Mlle Racerowska une interprète éloquente et pathétique à laquelle le public ne ménagea pas les applaudissements et le concerto en *ut* mineur de Saint-Saëns — certes une de ses meilleures œuvres — fut magnifiquement exécuté par M. M. Dumesnil, dont le talent est fait de charme expressif. Un accident malencontreux, dont le Pleyel fut la victime, nous priva du plaisir d'entendre à nouveau M. Dumesnil dans *Prélude et Fugue* en *la* mineur de Bach. Le piano fut à plaindre ; le public le fut plus encore.

                H. D.

Société Hændel. — Les séances de cette société continuent à se montrer des plus intéressantes. Les fragments du maître sont généralement peu connus et bien choisis par MM. Borrel et Raugel. D'autres œuvres y sont très heureusement adjointes. Ainsi l'*Histoires de Jésus au Temple* et les *Concerts spirituels* de Schütz, donnés à la séance du 7 février. La direction de M. Raugel est pleine d'entrain et de feu. Les chanteurs (tels M. Mary, Mmes Friedland, Malnory, de Stoecklin), les organistes, comme M. Andlauer, font preuve d'une étude intelligente et soignée. Il n'est donc pas surprenant que la faveur dont jouissent les séances aille toujours en s'accentuant. On a particulièrement applaudi, à ce second concert, le concerto d'orgue avec chœurs et le *Concerto grosso* en *sol* mineur, dans le finale duquel M. Borrel remporta un succès mérité.   G. R.

Société Guillot de Sainbris. — La vieille société chorale d'amateurs (46ᵉ année) a donné sa séance annuelle le 9 février, à la Salle Erard, avec un programme des plus intéressants et cette perfection raffinée d'exécution qu'assure toujours la direction de M. Jules Griset. Un piano, un harmonium, un petit orchestre, formaient l'accompagnement. On a entendu un très harmonieux chœur avec solo, *Maris Stella* (le sonnet de Heredia) écrit par M. Ph. Bellenot ; et un autre, un peu sur la même donnée, pittoresque et mystérieux, *L'Etoile du soir* (A. de Musset), de M. E. Bonnal, pour voix de femmes ; un épisode du *Saint-François d'Assise* de M. M. d'Ollone ; un motet de Mozart « Ne pulvis et cinis », mais d'une beauté mélodique et sonore incomparable, excellemment rendue, pas bien religieux d'ailleurs, il faut l'avouer (mais n'oublions pas que c'est un chœur du *Roi Thamos*, aussi et d'abord) ; enfin, comme clous, le *Requiem pour la mort de Mignon* de Schumann, dont je n'ai pas à redire l'ampleur pénétrante et le grand caractère, et le troisième acte de *La Habanera*, de Raoul Laparra, l'acte du cimetière, avec les chœurs funèbres des visiteurs et ceux, mystérieux et troublants, des morts mêmes. Je suis fâché de le dire, mais l'idée n'était pas aussi heureuse qu'on aurait pu croire. Il faut à cette action, à la fois, pour les deux protagonistes, une extériorité et un pathétique qu'ils perdent entièrement, et, pour les chœurs, un éloignement, un mystique, un « estompé », qui, quoi qu'on fasse, se trouve remplacé par un effet choral dominant et envahissant tout : c'est, en somme, presque le contraire de l'impression que doit donner ce chef-d'œuvre d'évocation psychique et pittoresque. M. Jean Laure y fut d'ailleurs excellent vocalement, avec Mme Landolt. Comme intermède, et à la mémoire de Mᵐᵉ Viardot, qui fut de la Société, Mˡˡᵉ Suzanne Duvernoy (accompagnée par sa mère), a chanté, avec un style exquis et une souplesse vocale charmante, le *Sommeil de Jésus* et *Madrid*, deux des mélodies les plus virginales de son illustre grand'mère.

H. DE C.

Société Beethoven. — La séance s'ouvrait par le douzième quatuor op. 127. Ce douzième quatuor est le premier des trois quatuors demandés par le prince Galitzin et dont la lecture à Saint-Pétersbourg, au printemps de 1825, fut un si grand évènement musical.

L'adagio, dont le thème initial fut transcrit pour chant et piano tel un hymne à *La Mort de Beethoven*, cet adagio, en ses transformations et tonalités successives, est un incessant chef-d'œuvre qui fut dit avec infiniment de goût par M. Tracol et ses dignes partenaires, MM. Dulaurens, P. Brun et Schidenhelm.

Ce dernier, d'une admirable sûreté en ses ascensions vertigineuses sur le violoncelle, a conquis le public par son interprétation de la sonate de Boellmann et la délicieuse sonorité de ses notes élevées. — Mᵐᵉ Chailley, qui l'accompagnait, a partagé son succès et s'est surtout signalée par la délicatesse de son jeu dans les *Fantasiestücke*, quatre pages étincelantes de Schumann, en collaboration avec MM. Tracol et Schidenhelm.

La partie réservée à César Franck, fut, cette fois, parement vocale, et confiée à la jolie voix de Mᵐᵉ de Nocé en trois mélodies, dont un *Nocturne* est d'une exquise fraîcheur. A. G.

Salle Erard. — C'est une idée vraiment artistique et digne de servir d'exemple, que celle que M. I. Philip, l'éminent professeur au Conservatoire, a eue, le 16 février, pour grouper quelques-unes de ses plus remarquables élèves, de leur faire jouer exclusivement du Mozart. Non seulement le choix des œuvres était exquis et d'un haut enseignement à tous points de vue, pour la virtuosité de ces jeunes doigts comme, et plus encore, pour la culture artistique de ces tempéraments novices; mais, quand l'exécution en peut être remarquable, et elle l'était, la fraicheur de cette musique si jeune, si enthousiaste, n'est pas sans gagner à être mise ainsi en valeur par de vraiment jeunes interprètes. Le programme comportait le concerto à trois pianos (1776), le concerto en *mi* bémol n° 9 (1777), le concerto en *ut* majeur n° 13 (1783), la sonate à deux pianos en *ré* (1784) et le concerto en *la* n° 23 (1786). Tous ces morceaux, sauf la sonate, étaient exécutés par l'orchestre de M. Chevillard, et dirigés par lui avec ce soin et

ce goût qu'on sait si remarquables au service de Mozart en particulier. Au piano se succédèrent Mˡˡᵉˢ Fourgeaud et Doroche (le concerto à trois pianos, avec Mˡˡᵉ Boynet, et la ravissante sonate), Mˡˡᵉ Lewinsohn (le concerto en *la*, si admirable de force et d'ampleur), Mˡˡᵉ Gullor (le concerto en *ut*, dont l'andante est si pénétrant), enfin Mˡˡᵉ Guiomar Novaes (le concerto en *mi* bémol, la grâce et la vivacité mêmes). Sauf la dernière, ces demoiselles représentent les premiers prix des concours du Conservatoire de 1908, 1909 et 1910. Nous n'avons pas à les comparer : toutes ont des qualités tout à fait remarquables de tenue, d'unité, de force, de musicalité sans pose ni effets à côté, en font le plus grand honneur à leur maitre. Il est permis cependant de dire qu'avec Mˡˡᵉ Novaès on a eu l'intuition de quelque chose d'à part : une âme d'élite. Il est vrai qu'elle bénéficiait de la page la mieux faite pour elle; mais le style, le goût, la pureté de sentiment de ce chef-d'œuvre, et ces cadences (qui sont de Mozart) ont été rendues comme seul un maitre peut les rendre.

H. DE C.

— D'un programme abondant et d'une grande variété, le concert de Mᵐᵉ Marty, rehaussé de la présence au piano de tous les compositeurs interprétés, fut des plus brillants. On sait l'intelligence artistique et le contralto généreux de la cantatrice : on devine aisément le succès qu'elle remporta dans chacun de ses morceaux. Ce fut une jolie mélodie d'Albert Cahen : « J'ai dit au bois »; une autre de Georges Hue : « Mon cœur est comme un arbre en fleurs », toutes deux fort bien adaptées aux moyens de l'artiste. Puis une berceuse de Pierné, une page de Chevillard, où les ovations enlacèrent interprète et compositeurs et où le public fut heureux de manifester sa sympathie à l'intéressante veuve du vaillant artiste que fut Georges Marty.

A ces ovations il faut encore associer la flûte de M. Gaubert, la harpe de Mˡˡᵉ Renié, le piano de M. Ricardo Vinès et la voix toujours soutenue et intelligemment conduite de M. Émile Cazeneuve.

A. GOULLET.

— M. Jean Batalla, lauréat du prix Diémer en 1906, a donné, le samedi 18 février, à la salle Erard, un récital de piano, qui lui a valu un très grand et très chaleureux succès. Nombreux rappels, ovation finale avec nécessité, pour l'artiste, de se remettre au piano, rien n'y a manqué. Partant de Haydn et Scarlatti pour arriver à Liszt (*la Campanella*), le pianiste a montré toutes les ressources d'un talent très formé, et s'est fait le plus vivement applaudir dans Chopin (Etude n° 2, op. 10 et valse en *la* bémol), dans les *Etudes symphoniques* (op. 13) de Schumann et dans le nocturne de Scriabine, pour la main gauche seule N'omettons pas la pièce romantique en *fa* majeur de M. Diémer, où l'auteur, présent dans la salle, a partagé l'ovation faite à l'exécutant. J. G.

Salle Pleyel. — Le mardi 14 février, jolie séance de harpe chromatique donnée par Mlle Emma Marguèritte et M. P. Bertheaume qui ont exécuté avec beaucoup d'ensemble *Andante maëstoso et Gigue* de Galuppi, de Haydn, les deux charmants menuets de la sixième et de la quatorzième symphonie, de Debussy, *Petite suite* en quatre parties, de Saint-Saëns, Caprice sur des airs danois et russes. Ces œuvres, pour la plupart, élégantes et gracieuses trouvèrent dans la harpe chromatique une interprète aussi fidèle que cela était possible. En fut-il de même du concerto en *ut* mineur de J.-S. Bach qui réclame des sonorités moins fluides que celles de la harpe?... L'habileté, très applaudie, des exécutants est naturellement hors cause. A signaler *Divertissement grec*, deux pages poétiques de M. Mouquet, excellemment traduites par M. Messier, flûtiste et M. Bertheaume. Enfin Mme Mellot-Joubert dont le talent est si justement apprécié, a eu son succès habituel dans des fragments de *Caldara* de Hændel et dans l'air du *Défi de Phébus et Pan* de Bach. Le concerto de Bach fut accompagné par un quintette à cordes bien dirigé par M. Expert. H. D.

— (8 février). La troisième séance de musique tchèque donnée par le bon Quatuor Lejeune fut particulièrement intéressante. Les quartettes à cordes de Fœrster et de Novak plurent par la solidité de leur facture et la grâce originale de leurs idées mélodiques. M. Lazare Lévy se fit applaudir dans la *Suite Slovaque*, pour piano, de Novak, qui comprend quatre jolis morceaux d'une gracieuse inspiration; dans les poétiques *Impressions* de Fibich, *Souvenir de Bohême* et *Danse bohémienne* de Smetana, deux pièces caractéristiques d'une réelle valeur musicale. Mlle Marthe Prévost chanta de ravissantes mélodies de Fibich, Prochaska et Fœrster dans l'interprétation desquelles la charmante artiste montra d'excellentes qualités. Comme toujours, M. Nestor Lejeune et ses dévoués collaborateurs eurent un vif et grand succès.

— (15 février). A la fois curieux de découvrir les œuvres nouvelles de valeur et de rendre aux précieuses vieilleries enfouies sous un siècle d'oubli et d'indifférence l'éclat charmant de leur jeunesse, le bon artiste violoniste Joseph Debroux

dans un second récital a fait entendre deux sonates, l'une de François Bouvard, l'autre de Giovanni Battista Somis et la *Fuga* nº 6, pour violon seul, de Wenzel Pichi; pièces intéressantes et rares, qui mériataient d'être portées à la connaissance des amateurs — voilà pour le passé.

Un bel andante de M. Charles Quef, quatre jolies *Danses populaires grecques*, transcrites et harmonisées par M. Maurice Emmanuel; *Introduction et Scherzo* d'Edouard Lalo et huit pièces pour clarinette, alto et piano, de Max Bruch — voilà pour le moderne).

MM. P. Minart, Joseph Debroux et Eugène Wagner eurent un grand et mérité succès d'exécutants.

Salle Lemoine. — La quatrième séance du « Lied moderne », cette intéressante et active organisation où les grands et les moyens compositeurs sont fraternellement réunis et entendus, fut consacrée, le 13 février, à des œuvres de MM. Théodore Dubois, René Esclavy et Marcel Bernheim et à Mlle Bourdeney.

Ainsi qu'il était à prévoir, c'est M. Théodore Dubois qui a fait le plus sérieux appoint au programme avec deux mélodies chantées avec beaucoup de charme par M. Foix, baryton, dont nous avons signalé déjà la belle voix et le talent, *La Voie Lactée*, chantée par Mme Marteau de Milleville et deux agréables pièces pour violon, dédiées à M. Willaume qui les a jouées avec son talent accoutumé.

MM. Esclavy et Bernheim ont accompagné leurs œuvres. La musique de M. Esclavy est mélodique et facile, un peu trop même. Sa *Berceuse*, chantée par Mme de Milleville et accompagnée au violoncelle par M. Pierre Destombes, deux mélodies chantées par M. Foix ont justement plu. De M. Bernheim, le *Poème nuptial*, avec chœur d'élèves de Mme de Milleville, est fort agréable. Notons enfin un *Agnus Dei* (duo, Mlle Demanet et Mme de Milleville) de Mlle Clarisse Bourdeney.

F. G.

— Dans les intéressants concerts donnés à la salle du *Journal*, rue de Richelieu, il faut noter la belle soirée du mardi 14 février, à laquelle la remarquable artiste qu'est Mlle Mary Weingaertner prêtait son concours. Cette musicienne, dont le jeu large et puissant, mêlé de grâce délicate, n'emprunte rien au charlatanisme ni aux « petites manières », a fait le plus grand plaisir dans plusieurs œuvres de musique d'ensemble. Je noterai un très intéressant trio de M. Th. Dubois dans le style classique (1re audition) où les deux excellents artistes, M. Sailler (violon) et Liégeois (violoncelle) lui donnaient la réplique, et un quatuor de Castillon, œuvre de premier ordre, où M. Roëlens (alto) s'était joint à ces exécutants, enfin une sonate de M Le Borne, où Mᶫᶫᵉ Weingaertner et M. Sailler ont déployé d'étonnantes ressources d'exécution. Je n'aurai garde d'omettre, dans cette soirée, les mélodies heureuses de M. Xavier Leroux, rendues par Mᶫᶫᵉ Vuillemin, une chanteuse de talent douée d'une bien jolie voix.

J. GUILLEMOT.

— Très belle soirée musicale le 3 février, chez Mᵐᵉ Devisme-Visinet qui fut une des brillantes élèves de Mᵐᵉ Massard et de M. Delaborde. Figuraient au programme : le sextuor de Chausson, fort bien traduit par Mᵐᵉ Devisme-Visinet et le violoniste H. Sailler, de la Société des Concerts du Conservatoire, accompagnés par Mᵐᵉ Roquet-Linder, MM. Paul Bazelaire, Bernard et H. Erdrup; *Prélude, Lied* et *Toccata*, trois pages savoureuses de M. Paul Bazelaire, finement exécutées par Mᵐᵉ Bazelaire-Clapisson; *Fantaisie* pour harpe et piano du même, excellemment interprétée par Mᶫᶫᵉ Nicole Auckier et l'auteur; *Elégie*, de Fauré, *Menuet*, de Mozart, qui valurent au violoncelliste Bazelaire une chaude ovation et les honneurs du *bis*. Citons enfin Mᶫᶫᵉ Crabos qui mit sa belle voix au service de Gluck et de Gounod.   P. C.

— Mᵐᵉ Stichel, maîtresse de ballet de l'Opéra, avait réclamé en justice la reconnaissance officielle, sur l'affiche, et par droits d'auteur, de sa collaboration au ballet de Catulle Mendès et de M. Reynaldo Hahn, *La Fête chez Thérèse*, et elle a gagné son procès : elle touchera *le tiers* des droits. Le tribunal a déclaré que du moment qu'il s'agit d'un *ballet d'action* et non d'un simple *divertissement*, le travail du maître de ballet constitue une réelle collaboration.

Dans le cas présent, le jugement implique que les auteurs « auraient accepté la collaboration de la demanderesse, qu'il leur était loisible de refuser ». Alors c'est un cas particulier, et la seule raison valable. Mᵐᵉ Catulle Mendès a néanmoins fait appel, et trouvera peut-être des juges plus compétents.

— M. René Brancour, conservateur du Musée du Conservatoire national de musique, a fait pour l'Institut général psychologique, vendredi 24 février, à l'ancienne salle de l'Académie de médecine, 49, rue des Saints-Pères, une conférence intitulée « Psychologie de Félicien David — Etude sur l'Orientalisme dans la musique ».

— Un concours est ouvert, entre tous les chefs

de musique des armées de terre et de mer, pour le poste de chef de la musique de la Garde Républicaine, vacant par la retraite de M. Gabriel Parès. On sait que celui-ci avait été nommé à la suite d'un concours semblable, en 1893, à la succession de G. Wettge.

OPÉRA. — Les Maîtres Chanteurs. Le Miracle. Aïda.

OPÉRA-COMIQUE. — Lakmé La Navarraise. Carmen. La Vie de Bohème. Pelléas et Mélisande. Louise. Le Caïd. Le Toréador. Werther.

THÉATRE LYRIQUE (Gaîté). — Don Quichotte. Les Huguenots. Quo Vadis?. Le Barier de Séville. Le Soir de Waterloo. L'Attaque du moulin. La Favorite.

TRIANON-LYRIQUE. — Mam'zelle Nitouche. Zaza. La Mascotte. Le Petit Duc. Le Pré-aux-clercs. Giroflé-Girofla.

APOLLO. — La Divorcé (Leo Fall). La Veuve Joyeuse.

SALLE ERARD

Concerts du mois de Mars 1911

1 Société de Musique moderne française (9 h.).
2 Mᶫᶫᵉ Fourgeaud, piano (9 heures).
3 Mᶫᶫᵉ Lapié, violon et orchestre (9 heures).
4 Mᵐᵉ Hasselmans, musique de chambre (9 h.).
5 M Landesque-Dimitri, mat. d'élèves (1 ½ h.).
6 M. P. Goldschmidt, piano 9 heures.
7 Mᶫᶫᵉ Duranton et M. Mesnier, piano et violon (9 heures).
8 Société de Musique moderne française (9 h.).
9 M. E. Risler, piano (9 heures).
10 M. et Mᵐᵉ Carembat, piano et violon (9 h.).
11 M. P. Goldschmidt piano (9 heures).
12 Mᵐᵉˢ Chaumont et Cahn, mat. d'élèves (1 ½ h.).
13 Mᶫᶫᵉ Lewinsohn, piano (9 heures).
14 M. Staub, piano (9 heures)
15 Société de Musique moderne française (9 heures).
16 Mᶫᶫᵉ Lansdmann, piano (9 heures).
17 M. Wittacker, piano (9 heures).
18 Orphelinat de l'imprimerie nationale, concert de charité (9 heures).
19 Mᶫᶫᵉ Thuillier, matinée d'élèves (1 ½ heure).
20 Mᵐᵉ Stiévenard, piano (9 heures).
21 Mᶫᶫᵉ Ferrère-Jullien, piano (9 heures).
22 Société de Musique moderne française (9 h.).
24 M. et Mᵐᵉ Fleury, piano et flûte (9 heures).
26 M. Wintzweiller, matinée d'élèves (1 ½ h.).
27 M. Lazaro Lévy, piano (9 heures).
28 M. Marcel Grandjany, harpe (9 heures).
29 Société de Musique moderne française (9 h.).
30 M. Montoriol-Tarrès, piano (9 heures).
31 M. Riera, audition d'élèves (9 heures).

BRUXELLES

THÉATRE ROYAL DE LA MONNAIE. —
Sous la direction de M. Sylvain Dupuis, les répétitions du *Feu de la saint Jean* à l'orchestre ont pris fin et l'on va pouvoir, la semaine prochaine, passer au travail de la mise en scène. A tous les points de vue cette partition de M. Richard Strauss est extrêmement difficile d'exécution, mais elle en-

chante tous les interprètes par son humour, sa gaîté, son lyrisme joyeux.

On travaille aussi à l'*Enfance du Christ* de Berlioz. Mᵐᵉ Croiza, atteinte par la grippe, n'a pu paraître mercredi dans *Carmen*. Sa première représentation dans le rôle de Carmen a été remise à mercredi prochain.

On annonce que du 7 au 30 mars auront lieu six représentations italiennes avec le concours d'artistes italiens célèbres spécialement engagés a cet effet : Mᵐᵉ Finzi-Magrini qui fut applaudie, cet été, à Ostende, Mᵐᵉ Edith de Lys, qui a déjà paru à la Monnaie avec la troupe de Monte-Carlo et au début de cette saison dans *la Tosca* avec M. Amato; le célèbre ténor Anselmi, les ténors de Turo et Bendinelli, enfin le baryton Enrico Nani, le rival des Sanmarco et des Amato.

Ces artistes donneront six représentations dont deux de *la Tosca*, deux d'*Aïda* et deux de la *Traviata*.

La première est fixée au 7 mars. On donnera *la Tosca* avec Mᵐᵉ Edith de Lys, le ténor Anselmi et M. Nani, dans Scarpia.

Concerts populaires. — Extrêmement intéressant ce troisième concert d'abonnement dans lequel M. S. Dupuis nous a fait connaître des pages de jeunesse de deux des plus grands musiciens du XIXᵉ siècle, Richard Wagner et Hector Berlioz; du premier, une symphonie ; du second, une ouverture. L'intérêt fut d'autant plus vif que les œuvres dont il s'agit sont contemporaines? La symphonie en *ut*, de Wagner, date de 1832; le maître l'écrivit donc à dix-neuf ans; ce qui ressort clairement de ces pages, c'est son habileté dans l'orchestration ; son heureux choix de combinaisons expressives des instruments dont plusieurs seront définitives (emploi simultané du hautbois et de la clarinette, très en dehors, par exemple), un sens remarquable des plans sonores et des proportions. mais par-dessus tout une telle admiration pour Beethoven qu'il est tout entier sous sa prodigieuse suggestion! Il semble même avoir tellement absorbé et assimilé de Beethoven qu'il ne peut presque plus exprimer que lui; la pensée et la forme en sont imprégnées et Wagner se tait et s'efface! Sa personnalité apparaît à peine; peut-être un peu, dans le *sostenuto* et le *maestoso* du début, commençant par de brefs accords établissant nettement la tonalité, suivis de courtes phrases rythmiques où les violons, plus tard les violoncelles, ont déjà de ces traits ascendants répétés si vibrants qui deviendront un jour des traits de flamme, dans le prélude de *Tristan* notamment. Avec l'allegro nous revenons à « Beethoven »,

mais au début de l'andante, c'est Wagner de nouveau, avec un intervalle caractéristique, motif de deux notes posé tout au début par les cuivres (*la bémol*, *do*) et répété significativement par d'autres instruments tout au long de ce morceau ; n'est-ce pas la « cellule » du thème initial de *Parsifal* (mêmes notes et même instrum.). Aux violoncelles, puis aux violons apparaît alors une large phrase mélodique rappelant singulièrement, malgré sa mesure ternaire, la fameuse page de Beethoven « Sulla morte di un eroe », marche funèbre, troisième symphonie — et peut-être l'image d'un héros n'était-elle pas absente de la pensée de Wagner à ce moment, si l'on s'en rapporte au motif franchement héroïque qui suit le large thème chanté. — Le scherzo (all. assai) n'a guère de personnalité, mais par contre l'allegro final a une verve de bon aloi dans son allure populaire si amusante que ne démentira pas plus tard l'auteur des *Maîtres Chanteurs* ; le petit divertissement fugué exposé par la flûte, le hautbois et la clarinette, en annonce de très loin encore, l'entraînante et populaire gaîté. En somme, si ces pages ne font guère deviner le génial dramaturge de l'avenir, elles révèlent au moins un jeune disciple qui maniait admirablement déjà la langue de ses maîtres, du plus direct d'entre eux surtout, Beethoven. Ce n'est donc pas un document sans intérêt, pas plus que cette ouverture du *Corsaire*(1) de Berlioz, de 1833 celle-ci, mais qui fut retouchée dans la suite. Ici la fougueuse personnalité romantique se reconnaît immédiatement et l'on s'aperçoit combien le musicien fut en étroite communion avec Byron qu'il lisait passionnément; combien « il a dévoré à loisir cette ardente poésie », suivi la course audacieuse de ce « Corsaire à la fois inexorable et tendre, impitoyable et généreux ». Ces deux états d'âme sont fort bien suggérés dans l'ouverture.

En première exécution, il y avait encore le *Chant de la Destinée* de M. Gabriel Dupont, page puissante, mystérieuse au début, sombrement colorée, au chant triste, à l'athmosphère pesante, écrasante. Parfois la destinée y frappe de rudes coups, déchire, renverse, brise ; la vie y semble en deuil, emportée par une houle sauvage. La sérénité n'apparaît qu'à la fin dans les tons plus clairs des violons et des harpes en pianissimo — quand sans doute vient la mort. C'est un poème symphonique d'une belle unité, d'une facture remarquable, très moderne, d'une inspiration sincère — qu'on peut aimer ou ne pas aimer — mais *musicalement* d'une incontestable valeur.

_____

(1) D'après Byron.

La soliste du jour, Mme. Leffler-Burckard, de Wiesbaden, depuis quelques années la Kundry. attitrée de Bayreuth, a chanté d'une voix puissante et étendue les grands airs si difficiles et si beaux de *Fidelio* et de « Rezia » (*Obéron*); puis dans une note toute différente, avec de charmantes intentions et nuances, de belles pages lyriques de R. Strauss (*Berceuse*) et de Weingartner (*Liebesfeier*), en *bis* enfin *Schmerzen* de Wagner. M. Lauweryns l'a délicieusement accompagnée au piano dans les *Lieder*, partageant le succès de cette belle artiste.

M. DE R.

Cercle Artistique. — La quatrième et dernière matinée de musique de chambre fut une magnifique conclusion à cette intéressante série d'auditions; trois œuvres, trois chefs-d'œuvre au programme. La sérénade en *ut* mineur de Mozart et l'octuor en *mi* bémol (op. 103) de Beethoven, tous deux pour deux hautbois, deux clarinettes, deux bassons et deux cors, étaient des plus intéressants à comparer. Avec les mêmes moyens d'expression, quelle différence de coloration, de sonorité, de caractère ! Chez Mozart, la grâce toujours, lumineusement souriante ou enveloppée de rêve; chez Beethoven toujours la profondeur, même sous l'aspect enjoué du menuetto ; l'andante est un chant vraiment sublime. Dans les deux œuvres, les hautbois et particulièrement, M. Piérard, ont été tout à fait remarquables par leur admirable phrasé et la souplesse des nuances.

Ces deux œuvres encadraient le trio en *mi* bémol pour piano, violon et cor, de Brahms. Œuvre singulièrement prenante, peut-être où le violon et le cor alternent en merveilleux chants expressifs soutenus par la richesse harmonique du piano. Le cor y jette une note particulièrement prenante, peut-être davantage même que le violoncelle qui prend souvent sa place dans ce trio. Exécution difficile, périlleuse même pour le cor (dans le finale, par exemple), qui fut joué à la perfection par M. Mahy. M. Deru, au violon, fut tout simplement admirable ; jeu ample, plein vibrant à souhait qui se fondait au mieux avec la sonorité du cor sur le fond mouvementé de la partie de piano que tenait, comme d'habitude, en parfait et délicat musicien, M. Théo Ysaye.

M. DE R.

Récital Friedberg. — Pour la deuxième fois, en cette saison, M. Carl Friedberg vient de fêter ici un de ces triomphes qui doivent réjouir le cœur d'un artiste, car c'est le signe de la sympathie et de la compréhension qu'il a trouvées auprès de son auditoire. Et nul n'en est plus digne que ce remarquable virtuose du clavier dont une pensée

profonde et un sentiment intense animent tout le jeu. Cette émotion et cette poésie intérieures s'extériorisent sans effort, sans nulle pose, avec le seul souci d'un art supérieur. Et cependant, sa merveilleuse technique vaut à elle seule toute une étude ; elle est aussi personnelle que l'interprétation ; notons ces allongements des doigts sur la touche après l'attaque, donnant une sorte de pression expressive par laquelle la note acquiert un indéfinissable accent; aussi, de curieux mouvements du poignet, simplement expressifs, etc.

Peu de grandes œuvres au programme, mais le tout rendu en perfection. On ne peut jouer avec plus de poésie la sonate en *ut* dièse mineur (op. 27 n° 2) de Beethoven ; la première partie notamment fut un vrai rêve ; l'allegretto, dans un mouvement très modéré, en demi-teintes, fit avec le finale prestissimo, un contraste saisissant. Ailleurs, quel rythme sûr, vivant, et que de justes nuances dans les *Variations* op. 76 et le *Rondo* 129 de Beethoven (qui paraissaient s'improviser), mais surtout dans les deux Rapsodies (op. 79) de Brahms ! Dans Chopin, une exquise délicatesse, une légèreté idéale. Des qualités de grâce, de sentiment ému et poétique semblent aussi caractériser les compositions du pianiste qui, ici non plus, ne vise point à l'effet; aussi avons-nous beaucoup apprécié une *Gavotte al antico* — un *Nocturne* — une *Etude*. Nous avons aussi aimé une *Ballade*, de Jenner (élève de Brahms) et une page du *Tagebuch* (journal) de Max Reger. Après la *Campanella* de Liszt qui « sonna » délicieusement, M. Friedberg, rappelé avec enthousiasme, a joué en supplément une valse de Schütt, la Valse allemande de Rubinstein et l'Etude en *mi* majeur de Chopin.

Magnifique succès et des plus mérité.

M. DE R.

— Le deuxième concert Samuel-Laenen était donné avec le concours de Mlle Hélène Pohl (de La Haye), une jeune cantatrice qui, à une voix très pure, joint une diction très claire. Elle interpréta avec goût un choix de six mélodies allemandes, hollandaises et françaises. Citons *Haï-Luli* de A. Coquard, un *Lied* assez wagnérien de Joh. Wagenaar, et *L'heureux vagabond* de A. Bruneau, qui valurent à Mlle H. Pohl un franc succès.

La première sonate pour piano et violon de Saint-Saëns permit à Mlle Jeanne Samuel, violoniste, de montrer une virtuosité très développée encore qu'un peu sèche. M. Léopold Samuel se tira à son honneur de la sonate pour piano et violoncelle, op. 5, n° 1, de Beethoven. Il interpréta avec un style excellent la partie de violoncelle.

L'importante partie de piano de cette sonate fut

rendue de façon très compréhensive par Mlle Laenen. On aime à réentendre cette excellente artiste, si profondément musicienne et dont la virtuosité parfaite ne trahit jamais la pensée des maîtres.

Un public nombreux et sympathique applaudit chaleureusement l'exécution des sonates de Beethoven et de Saint-Saëns.

Il y avait encore au programme un trio de Tschaïkowsky, long, très long... et pas toujours intéressant.   FRANZ HACKS.

— Le premier concert historique organisé par M. Antonio Tirabassi, organiste de l'église de Major, à Naples, était consacré à la musique italienne des XVIIe et XVIIIe siècles.

M. Tirabassi avait réuni un intéressant choix de pièces vocales et instrumentales des écoles vénitienne, romaine, napolitaine et bolonaise. Lui-même exécuta au clavecin diverses œuvres de Durante, Scarlatti, Frescobaldi, etc. Un peu de lourdeur et de confusion parfois. Mais l'interprétation de deux belles sonates de Marcello et Paradies fut excellente, chaleureuse et passionnée à souhait.

Mlles Strevelli et Plato chantèrent le fameux Stabat mater, de Pergolèse et divers soli. Mlle Smith fit admirer une belle voix de contralto qui ne demande qu'à se développer, dans Begli occhi, une pièce très caractéristique de A. Falconieri.

M. Gerson a une jolie voix, mais il chante d'une façon trop uniforme et qui manque de relief. Mme Tirabassi tint le clavecin d'accompagnement avec une élégance et une finesse remarquables.   FRANZ HACKS.

— Le troisième concert du Conservatoire royal de Bruxelles est fixé au dimanche 5 mars à 2 heures. On y exécutera les œuvres suivantes : 1° Deuxième symphonie (ré majeur) de Brahms ; 2° Quatuor concertant pour hautbois, clarinette, cor et basson avec accompagnement d'orchestre, de Mozart ; 3° Fragments de la suite en si mineur pour instruments à cordes et flûte, de J.-S. Bach ; 4° Cinquième symphonie (ut mineur) de Beethoven.

La répétition générale pour les abonnés aura lieu le vendredi 3 mars, à 2 heures.

Répétition générale publique, le jeudi 2 mars, à 2 heures, au lieu du Conservatoire. Pour cette dernière répétition, toutes les places sont à la disposition du public aux prix, par place, de 4 francs aux baignoires et premières loges ; 3 francs aux stalles ; 2 francs aux deuxièmes loges ; fr. 0,50 à la troisième galerie. Vente des billets le mercredi 1er mars, de 9 à 12 et de 2 à 4 heures au Conservatoire, et le jour de la répétition, de 9 à 12 au Conservatoire et de 1 1/2 à 2 heures à l'entrée de la salle.

— Le dernier concert populaire de la saison qui devait avoir lieu le 26 mars, a dû être reporté au 29-30 avril. M. Sylvain Dupuis y fera entendre la Création de Haydn, un chef-d'œuvre classique trop rarement entendu.

— Par raison de force majeure, la séance de la section belge de la Société internationale de musique (groupe de Bruxelles) qui devait avoir lieu le samedi 25 février (conférence de M. Martens sur « Les débuts de l'Oratorio » et audition musicale organisée par Mme Emma Beauck), a dû être remise à une date ultérieure.

— Le papier adressé en manière de circulaire aux abonnés des concerts du Conservatoire, invite « les dames qui occupent les stalles, chaises ou strapontins à assister aux concerts sans chapeaux ou coiffées de chapeaux de petites dimensions ». Voilà une mesure qui ne laisse pas de surprendre. Qu'importe la dimension d'un chapeau dans une salle de concert? Qu'il ait la forme capote ou la forme aéroplane, avec ou sans aigrettes, un chapeau a-t-il jamais empêché d'entendre et d'écouter la belle musique ou celle du cappelmeister Stör? Ou bien est-ce qu'avec les grands chapeaux, M. l'administrateur craint-il de n'être pas suffisamment vu par tout le monde quand il bat la mesure plus vite ou plus lentement que M. Tinel au pupitre?

On nous dit, d'autre part, que ces dames et ces demoiselles des chœurs ont été invitées à revêtir, pour paraître sur l'estrade, des robes hermétiquement fermées. Une jeune fille s'étant présentée à l'un des concerts antérieurs avec un corsage aimablement décolleté, fut priée de rentrer chez elle et aurait été rayée des cadres des chœurs :

Cachez ce sein que je ne saurais voir !

Le bon tartuffe ! M. l'administrateur a-t-il juré de jeter le ridicule en même temps que le discrédit sur l'établissement?

Au fait, c'est peut-être tout simplement parce qu'il faut bien justifier ses appointements de fonctionnaire inutile et parasitaire (4 mille 500 + 500 = 5000) que M. l'administrateur multiplie ainsi les « réformes » les plus saugrenues.

— Du Moniteur : « M. Risler, actuellement professeur-adjoint, est nommé, à titre personnel, professeur de harpe chromatique au Conservatoire royal de musique de Bruxelles ».

THÉÂTRE DE LA MONNAIE. — Aujourd'hui, dimanche, en matinée, L'Africaine, avec le concours de M. Noté ; le soir, Manon Lescaut ; lundi, en matinée,

Faust ; le soir, Qua Vadis ? mardi, en matinée de famille, Le Barbier de Séville et Hopjes et Hopjes ; le soir, deuxième grand bal masqué ; mercredi, Carmen, avec le concours de Mme Croiza ; jeudi, Manon Lescaut ; vendredi, Quo Vadis ? samedi, L'Africaine ; dimanche, en matinée, Carmen, avec le concours de Mme Croiza ; le soir, troisième grand bal masqué.

Dimanche 26 février. — A 2 1/2 heures, au Cercle artistique et littéraire, deuxième concert de la Société J.-S. Bach, avec le concours de Mmes A. Noordewier, soprano (Amsterdam) ; P. de Haan, alto (Rotterdam) ; Wanda Landowska, claveciniste (Paris) ; MM. A. Kohman, ténor (Francfort) ; Louis Frœlich, basse (Genève). Les chœurs et l'orchestre, sous la direction de M. Albert Zimmer.

Dimanche 26 février. — A 2 ½ heures, à la salle des fêtes de la Madeleine, deuxième concert donné avec le concours de M. Edouard Deru, violoniste de LL. MM. le Roi et la Reine. Il sera consacré à l'interprétation d'œuvres françaises.

Jeudi 2 mars. — A 8 ½ heures du soir, à la salle de la Grande Harmonie, deuxième concert donné par M. Mathieu Crickboom, violoniste, avec le concours d'un orchestre dirigé par M. Louis Kefer. Au programme : Œuvres de Joseph Haydn, Franz Benda, G.-H. Hændel, Giuseppe Tartini, G. Pugnani, M. Crickboom, H. Vieuxtemps.

Vendredi 3 mars. — A 8 ½ heures, à la salle Mercelis (rue Mercelis, 15, Ixelles), troisième et dernière soirée musicale organisée par Mlle Jeanne Samuel, violoniste et M. Léop. Samuel, violoncelliste-compositeur. Cette séance, à laquelle collaboreront Mlle Marguerite Laenen, pianiste et M. Maurice Bureau, ténor, sera consacrée à l'audition d'œuvres vocales et instrumentales de MM. Édouard et Léopold Samuel.

Samedi 4 mars. — A 8 ½ heures du soir, à la salle de la Scola Musicæ, 90, rue Gallait, séance de musique de chambre, avec le concours de Mme M. Linet, soprano, M. et Mme Pieltain et M. Fernand Charlier, professeurs à la Scola.

Dimanche 5 mars. — A 2 heures, troisième concert du Conservatoire royal de Bruxelles.

Vendredi 10 mars. — A 8 ½ heures du soir, à la salle Erard, récital donné par Mme Miry-Merck, cantatrice et professeur de chant. Au programme : Œuvres de Mozart, F. Schubert, R. Strauss, A. de Castillon, H Duparc, E. Chausson, C. Debussy, A. De Greef, F. Rasse, T. Ysaye, A. Borodine. P. Juon, J. Sibelius, L. Wallner.

Dimanche 12 mars. — A 2 1/2 heures, au théâtre de l'Alhambra, cinquième concert Ysaye.

Mardi 14 mars. — A 8 ½ heures, à la Salle Nouvelle, rue Ernest Allard, récital de piano donné par Mlle Alice Jones, élève du maître Arthur Degreef. Au programme : Œuvres de C. Franck, Beethoven, Mendelssohn, Fauré, F. Liszt, Brahms.

— Pendant la durée du Salon de la Libre Esthétique, qui sera inauguré du 15 au 20 mars, des auditions de musique nouvelle seront données tous les mardis après-midi, avec le concours de Mmes Demest et Marie-Anne Weber, Mlles Marguerite Rollet et Blanche Selva, MM. E. Bosquet. E. Chaumont, L. Van Hout, M. Dambois. le Quatuor Zimmer, les compositeurs Marcel Labey. J. Jongen, Poldowski, etc. Parmi les œuvres qui seront présentées au public, citons un quintette de M. Léon Delcroix, une sonate pour piano et violon de M. Uribe, un Epithalame pour trois violons de M. Jongen, un quatuor de M. Marcel Labey, un quintette de M. Florent Schmidt, une Suite pour piano de M. Albert Roussel, des pièces vocales de MM. Debussy, V. Buffin, P. Coindreau, V. Vreuls, Poldowski, etc.

Les titulaires de cartes permanentes du Salon auront libre accès aux concerts.

NOUVELLES

— On était depuis longtemps sans nouvelles de M. Gustave Charpentier. L'auteur de Louise travaillait dans le silence, au bord de la Méditerranée, et l'on annonce aujourd'hui qu'il vient de mettre la dernière main à une œuvre importante. M. G. Bourdon communique au Figaro d'intéressantes notations à ce sujet :

« Dans cette œuvre nouvelle, M. Gustave Charpentier imagine un être simple, ignorant des mensonges et des préjugés sociaux, fier, ambitieux de se dépenser et de réaliser sa fin, impulsif et crédule, et il en suit les métamorphoses au contact des milieux différents où le pousse sa fantaisie. Ce héros imprévu et magnanime est un humble. C'est un « receveur » du « Grand Crédit », la puissante banque.

» L'épopée populaire, imaginée par M. Charpentier, débute par une idylle, l'Amour au faubourg, qui a deux actes et deux décors : un lavoir, le « Cabar t des Fêtes Galantes ».

» Le bonheur d'amour qu'il cherche, si ardemment, vers lequel tout son être se tend, le receveur du Grand Crédit l'a près de lui. Il s'offre dans le regard clair d'une jolie fille du faubourg qui a su résister aux entreprises, parfois brutales, des hommes au milieu desquels elle vit. Un matin, sur le seuil du lavoir, elle voit apparaître, baigné de soleil et de satisfaction, ce beau garçon, et sa vie désormais est fixée.

» Elle est ingénue et pudique, mais libre, elle aussi, des préjugés courants de la morale sociale ; tout son jeune corps est avide de tendresses, son âme lyrique est gonflée de poésie ; une ode de Ronsard la conquiert ; et, un soir de mai, au Cabaret des Fêtes Galantes, la faubourienne s'abandonne aux bras de son héros, de son maître, tandis qu'au fond de la scène le décor s'ouvre pour une apothéose de l'Amour, à la manière de Watteau.

» Ainsi s'achève la première pièce.

» La seconde est *Commediante*, avec deux actes et deux décors aussi : « Miseria-Palace » et « Un duel au bois de Viroflay ». La troisième enfin a pour titre *Tragediante;* deux décors : « Chez les naturiens », et le « Faubourg en grève ».

» Par les titres mêmes des pièces et l'indication des décors, il est aisé de deviner quels milieux sont évoqués et l'intérêt de cette trilogie lyrique. »

— Le Dr Hans Richter, le célèbre chef d'orchestre wagnérien, qui était engagé à vie par la Société Philharmonique de Manchester, vient de donner sa démission de cet emploi et il a fait en même temps savoir aux autres sociétés de concerts de la Grande-Bretagne avec lesquelles il avait des engagements, qu'il renoncerait à la fin de la présente saison à tous ses contrats, son état de santé ne lui permettant pas de continuer à diriger en public.

Nous sommes heureux de pouvoir annoncer que les raisons de santé sont un prétexte simplement. La vérité est que le Dr Richter en a assez de Manchester et particulièrement des amateurs qui font partie du Comité des concerts. Ces amateurs prétendaient lui imposer l'exécution d'œuvres de parents ou d'amis. Plutôt que de se laisser faire, M. Richter a préféré s'en aller. Mais on le reverra encore au pupitre.

— Richard Strauss est installé pour quelques semaines à Saint-Moritz (Suisse). Lorsqu'il sera remis de ses fatigues, il retournera à Berlin où il prendra la direction des concerts de l'Opéra. Au sujet du *Chevalier à la Rose*, la revue musicale suisse *Schweizerische Musikzeitung* signale la représentation à Berne, en 1764, par une troupe ambulante, d'un *Rosen-Cavallier*, dont on trouve le récit détaillé dans la *Chronica von den Wondern der fryen Schwyz* en 1766.

— La représentation du *Chevalier à la Rose* de R. Strauss, au Hoftheater de Munich, a été un long triomphe. C'est à Mme Bosetti (le Chevalier à la Rose), à Mlle Fassbender (la Maréchale), et à Mme Kuhn-Brunner (Sophie) qui chantèrent à ravir le trio du dernier acte, que revient l'honneur d'une interprétation réellement artistique de cette nouvelle œuvre.

— La cinquantième représentation de *Quo Vadis ?* vient d'avoir lieu à l'Opéra Populaire de Vienne devant une salle comble et avec un succès aussi considérable que le jour de la première représentation.

— *L'Anneau du Nibelung*, de Richard Wagner, sera très prochainement représenté en polonais, au théâtre de Lemberg, grâce aux efforts de deux wagnériens actifs : M. A. Ribera, qui dirige les répétitions, et M. von Brandrowski, l'un des interprètes.

— Cette semaine on a donné, à la Scala de Milan, en représentation populaire, *Siegfried* de Richard Wagner. Le théâtre était comble. Après chaque acte, le public a exprimé son admiration par des applaudissements frénétiques, ce qui fait le plus grand honneur au goût musical des Italiens.

— Un grand admirateur de Mozart, M. Lewicki, s'est attaché à rendre plus accessible à la scène l'opéra *Idomeneo* que le maître, à la fin de sa vie, songeait encore à transformer, et qui était une de ses œuvres de prédilection. M. Lewicki a réduit l'action à deux actes; il a mis, à la fin de l'opéra, le chœur-chaconne qui arrête l'intérêt de la pièce à la fin du premier acte, et il a écrit pour basse le rôle d'Arbaces. Il espère que, sous cette forme nouvelle, l'œuvre pourra occuper, au répertoire, la place de *La Flûte enchantée* et de *Don Juan*.

— Le théâtre du Khédive, au Caire, représentera dans quelques jours, sous la direction du maestro Bracale, la *Salomé* de Richard Strauss.

— Au théâtre d'Alger, le public fait le plus grand succès aux œuvres lyriques de Saint-Saëns. Après de très brillantes représentations de *Samson et Dalila* et d'*Henry VIII*, une salle comble a applaudi *Phryné*, cette semaine.

— La célèbre société chorale de Berlin, der Sternsche Gesangverein, fondée il y a plus d'un demi-siècle par Julius Stern, n'existe plus. La plupart de ses membres ont passé dans la société concurrente, le Chœur philharmonique, qui interprète, de préférence, les œuvres modernes. Le Sternsche Gesangverein a connu des heures de gloire sous la direction de Stockhausen, Bruch, Rudorff, Oscar Fried. La société était dirigée depuis quelques mois par M. Iwan Fröbe, lorsqu'elle s'est dissoute.

— Les plans du nouvel opéra de Hambourg ont été approuvés, cette semaine, par le conseil communal, et l'autorisation de commencer les travaux a été accordée. L'édifice s'élèvera rue Guillaume II. Il contiendra deux mille places.

— Le comité d'organisation du Congrès musical qui se réunira à Rome, du 4 au 11 avril prochain, a décidé de demander à chacun des pays représentés de faire rédiger une brochure, où seront retracés les progrès de l'art national, au cours des cinquante dernières années.

— Leoncavallo a quitté cette semaine Florence pour se rendre à Berlin et assister aux répétitions de *Maja*, qui sera représenté à l'Opéra au commencement de mars. L'auteur a complètement transformé son œuvre. La moitié du troisième et du quatrième acte ont été modifiées, livret et partition. Le finale est tout neuf. Mis en goût de corriger ses œuvres, Léoncavallo s'est occupé, ces derniers mois, à retravailler son opéra *Malbrough*.

— Pas de chance, M. Pietro Mascagni, avec sa nouvelle œuvre *Isabeau*! Le comité de l'Exposition et le conseil communal de Turin décidaient, il y a quelques jours, que l'œuvre du compositeur, serait représentée pour la première fois, au théâtre de la ville, à l'inauguration des fêtes patriotiques. Tout allait bien, et M. Pietro Mascagni commençait à ne plus regretter que son œuvre n'ait pas été jouée à New-York, lorsque les membres de la Société « Stin », à Buenos-Aires, ont télégraphié à Turin, à leur président M. Mocchi, qu'ils s'opposaient à ce que *Isabeau* fût représenté à Turin, avant de l'avoir été à Buenos-Aires! M. Mocchi, qui s'était efforcé de réserver à Turin la première d'*Isabeau*, et qui est un des gros actionnaires de la « Stin », a envoyé à ses collègues sa démission de président, en réponse à leur télégramme.

A moins que les sociétaires de la « Stin » ne retirent leur veto, et M. Mocchi sa démission, *Isabeau* ne sera pas plus jouée à Turin qu'elle ne le fut à New-York.

Povero Mascagni! Il est bien à plaindre!

— Cette année, au théâtre de Covent-Garden, à Londres, la saison commencera le 22 avril et se terminera le 29 juillet. La direction a décidé de ne donner aucune œuvre allemande, et de faire représenter uniquement des œuvres françaises et italiennes. On jouera, en français : *Carmen*, *Faust*, *Louise*, *Pelléas et Mélisande*, *Roméo et Juliette*, *Samson et Dalila*, *Thaïs*. La troupe italienne représentera : *Aïda*, *La Bohème*, *Le Barbier de Séville*, *Cavalleria rusticana*, *La Fanciulla del West*, *Lakmé*, *Lucie de Lammermoor*, *Madame Butterfly*, *Manon Lescaut*, *Otello*, *Pagliacci*, *Rigoletto*, *La Somnambula*, *La Tosca*, *La Traviata*, *Les Huguenots*.

— Ainsi que nous l'avons annoncé déjà les visiteurs de l'Exposition du Cinquantenaire à Rome, auront le plaisir très rare d'entendre certaines œuvres remarquables des anciennes écoles italiennes. Le Théâtre Argentina représentera entre autres productions des écoles vénitienne et napolitaine : *Le Couronnement de Poppée* de Monteverdi, des fragments du *Ciasone* de Cavalli, de la *Dori* de Cesti, du *Tottila* de Legrenzi, des madrigaux de Lotti, Provenzale, Scarlatti... Le Théâtre Quirino promet, de son côté, des reprises de *Livietta e Tracolo*, de Pergolèse, du *Socrate immaginario* de Paisiello, du fameux *Matrimonio segreto* de Cimarosa et de son *Impresario in angustie*, de la *Regina di Golconda*, de Donizetti, des *Precauzioni* de Petrella, enfin de *La Molinarella* et *La Cecchina* de Piccinni.

— La Société par actions du Metropolitan Opera House de New-York a renouvelé pour trois ans (1911-1914) à M. Arturo Toscanini, son mandat de chef d'orchestre, et à M. Gatti-Casazza celui de directeur général du théâtre.

— A la suite d'un conflit survenu entre les copropriétaires des deux théâtres Rossini et Malibran, à Venise, le tribunal de cette ville a déclaré la Société dissoute et ordonné la vente aux enchères publiques des deux édifices. Le Théâtre-Malibran fut construit en 1676 sous le nom de San Giovanni Grisostomo, et le Théâtre-Rossini, fondé en 1755, est celui qui s'appelait d'abord San Benedetto.

NÉCROLOGIE

— Le capellmeister Dominique Erles est mort cette semaine à Vienne, à l'âge de cinquante-quatre ans.

— Marie Barnlow, qui pendant de longues années combla de dons en argent le Kaim Orchester, à Munich, puis l'Orchestre de la nouvelle Société des Concerts de Munich, vient de mourir, dans cette ville, à l'âge de soixante et onze ans. Elle a légué deux millions de marks à la nouvelle Société des Concerts.

57me ANNÉE. — Numéro 10.   5 Mars 1911.

LE GUIDE MUSICAL

Un Pèlerinage d'art à l'île Majorque

Chopin et Wanda Landowska

A Barcelone d'abord, puis à Valencia, Mme Wanda Landowska et son mari, M. Lew, m'avaient manifesté leur désir de visiter « l'île d'or » — comme on l'appelle, — où vécut Chopin.

Nul pèlerinage d'art n'offre de plus grandes émotions.

Malgré les mots durs de George Sand pour les paysans de Majorque, on garde ici le culte très vif de la mémoire de Chopin.

Quand on visite les endroits où le pianiste traînait ses souffrances sous la domination de la femme de lettres, on comprend combien les amants étaient déplacés dans ce village paisible de Valldemosa, où parmi les habitants naïfs et doux, ils exhibaient leurs fantaisies de costumes, comme s'ils étaient à Paris au milieu des poètes et des peintres. C'est parce qu'ils n'étaient pas compris que George Sand a pu formuler sur les habitants de Majorque, dans son *Hiver à Majorque* (1837), ces appréciations sévères auxquelles se mêlent les belles descriptions de paysages avec les souvenirs du pauvre Chopin.

Aujourd'hui le bonheur échoit à une jeune Polonaise, à une illustre compatriote de Chopin, de pouvoir constater le culte sincère et l'enthousiasme que soulève la musique de Chopin aux îles Baléares. Tous les artistes, musiciens, écrivains, peintres, qui ont visité Palma (la ville capitale de Majorque) ont été invités à des excursions aux lieux habités jadis par Chopin et aux endroits qu'il aimait. Ils ont vu la chambre qu'il habitait à la Chartreuse de Valldemosa et les pieux souvenirs qu'il y a laissés. C'est là que j'ai accompagné Mme Landowska et M. Lew. Au crépuscule, à l'heure où les orangers et les jasmins exhalent tout leur parfum, on comprend admirablement la mélancolie des œuvres de Chopin. Surtout on éprouve profondément le sentiment du prélude en *ré* bémol qui fut écrit un soir que la pluie tombait doucement.

Le piano de Chopin ! Cette relique était jadis à Valldemosa. Maintenant elle est à Palma, fort bien conservée chez Mme Veuve Canut, qui s'est empressée de nous accueillir. L'émotion s'empara de toutes les personnes présentes quand elles pénétrèrent dans le salon où se trouve le piano. L'instrument était là, avec ses touches légèrement jaunies. Comment exprimer le trouble de chacun et surtout celui de Mme Landowska, quand elle se mit au piano ! La musique de Chopin s'éleva mystérieuse : le prélude en *ré* bémol apparut comme le plus émouvant témoignage d'admiration que l'on pouvait offrir à la mémoire de Chopin...

Deux larmes coulaient des yeux profonds de Wanda Landowska quand elle eut fini.

La grande artiste demanda à Mme Veuve Canut de lui vendre le piano. Mais celle-ci a manifesté le désir de le donner au Conservatoire de Paris, pour qu'on le place dans le voisinage des manuscrits et autres souvenirs de Chopin.

Il y a quelque temps, on avait eu à Palma l'idée d'ériger à Valldemosa un monument à Chopin. Mme Landowska a promis de faire appel à la générosité des artistes français et polonais, afin que ce monument soit élevé sans tarder. On édifierait un petit musée où l'on garderait tout ce qui reste à Majorque de souvenirs du maître.　Edouard-L Chavarri.

LA SEMAINE

PARIS

A L'OPÉRA-COMIQUE, le dixième concert historique de la musique a été consacré à Haydn, Mozart et Beethoven : c'est le début de la série des classiques allemands, où le choix, pour le coup, est la première difficulté. De Haydn, M. Expert a choisi un air d'*Orfeo*, fort beau et peu connu, un de *La Création* et quatre *Lieder*. M. Dupré a dit le premier air, de sa belle voix de basse; Mme Martyl nous a rappelé, avec un charme extrême et une pureté délicate, que celui de *La Création* lui valut son premier prix de chant; Mme Billa-Azéma a chanté avec une ampleur de grand style le beau lied *La Vie est un songe*, et M. Coulomb en dit quelques autres. De Mozart, un des airs de Chérubin, des *Noces de Figaro*, exquisement chanté par Mlle Mathieu-Lutz, et une page de *Cosi fan tutte* représentaient le théâtre. Puis ce fut le bel air du *Re pastore*, auquel Mlle Nicot-Vauchelet prêta son art raffiné, et son brio séduisant. C'est encore cette charmante artiste qui nous chanta *La Violette* et *La Berceuse* (*Das Veilchen* et le *Wiegenlied*) en nous faisant la surprise de les dire en allemand, et avec une grâce, une légèreté tout à fait remarquable. D'autres *Lieder* ou scènes lyriques étaient confiés à Mlle Charbonnel (une grande scène avec rondo, où la chaude voix de mezzo fut superbe), MM. Tirmont et Dupré. Beethoven enfin était représenté par *Adelaïde* où M. Tirmont retrouva le succès de son premier prix, par deux petites pages d'*Egmont*, spirituellement dites par Mlle Mathieu-

Lutz, *La Tombe obscure*, chantée par Mlle Brohly, et surtout le cycle *A la bien-aimée absente*, que Mlle Hatto détailla avec âme, chaleur et variété. MM. Viseur et Boulnois accompagnaient au piano.

Il est désormais certain que l'Opéra-Comique, avec une sélection très importante de ses artistes, ses costumes, quelques-uns de ses décors même, et son directeur (au moins la majeure partie du temps), ira passer la saison d'été à Buenos-Aires, en représentations officielles en quelque sorte. C'est un essai qui ne peut être que des plus favorables à la diffusion des œuvres maîtresses de l'école française d'opéra-comique ou d'opéra de demi-caractère, présentées ainsi dans de meilleures conditions que jamais.　H. de C.

Au Conservatoire, la Société des Concerts, sous la direction de M. A. Messager, nous a offert, après une magistrale exécution de la symphonie en *la*, une exécution chaude et moelleuse, bien digne de la pure tradition que conserve si noblement la Société, et avant l'ouverture du *Carnaval Romain* de Berlioz, la *Cantate pour tous les temps*, de Bach (1714 : *Ich hatte viel Bekümmerniss*) et la symphonie *Antar*, de Rimsky-Korsakow. Les deux œuvres ont été largement et pittoresquement rendues dans leurs caractères propres. La cantate avait pour solistes MM. Plamondon et Delpouget, très rompus au style religieux, avec Mmes Mellot-Joubert et Brégeot, que les chœurs ont entourées de leur sûreté et de leurs belles sonorités coutumières. *Antar* a relevé avec un éclat incomparable l'impression d'émotion sévère que laisse l'œuvre de Bach dont le finale pourtant est si glorieusement souligné par les trompettes. La variété des timbres, la vivacité des couleurs instrumentales, offrent toujours une saveur particulière avec le maître russe. Rarement, d'ailleurs, il fut mieux inspiré et d'une souplesse plus attachante. Est-il besoin d'ajouter que l'œuvre a une unité qui s'accommode mal des exécutions déchiquetées de théâtre, si à la mode aujourd'hui, et qu'on est tout heureux de retrouver au concert?　H. de C.

Concerts Lamoureux. — La *Marseillaise* retentit. Qu'est-ce à dire? M. Chevillard conduirait-il son orchestre à de nationales réjouissances?

— Non. C'est l'ouverture d'*Hermann et Dorothée* qui commence. On sait que Schumann introduisit notre chant patriotique dans plusieurs de ses œuvres, les *Deux Grenadiers* en témoignent. Exécution très fine, très souple, très séduisante de cette belle pièce, l'une des mieux venues du maître. Non moins bonne interprétation de sa troisième symphonie (Rhénane). Le finale fut purement admirable de couleur et d'éclat.

En première audition un entr'acte de M. Duparc pour un drame inédit : *Aux Etoiles*. Voici l'épigraphe :

« La lumière sidérale des nuits ! Qui peut savoir les vertus secrètes de cette lumière si humble, mais venant de l'immensité ? »

L'œuvre date, nous dit-on, d'une quarantaine d'années. Qu'importe, la facture en reste séduisante ; orchestration fine, harmonies choisies, ligne mélodique, élégante ; le violoncelle et le violon chantent à souhait. Toutes les qualités d'écriture et de style du délicat compositeur se retrouvent dans cette trop courte page d'une exquise inspiration. Du même auteur, *Chanson triste*, avait pour interprète Mlle Demellier. Elle chanta délicieusement le mélancolique poème que la musique dolorise encore. La voix est pure, jolie dans la demi-teinte, pleine dans le *forte*, toujours captivante ; l'accent est juste avec cette fleur d'émotion à laquelle on ne résiste point.

L'air de *Serse* (Haendel) permit encore à la cantatrice de mettre en valeur les multiples ressources de son beau talent.

M. Sauer joua le concerto de Schumann avec le plus éclatant succès. En fin de séance, *Thomar* de Balakirew, que des auditeurs pressés confondent sans doute avec la célèbre *Marche des Banquettes*. Dès les premières notes ils se hâtent, ils courent au vestiaire. Par Apollon ! Balakirew mérite tout de même une autre attitude, surtout quand il est excellemment joué. M. DAUBRESSE.

Société nationale. — La soirée de samedi dernier fut réservée à deux compositeurs français, Chabrier et Albéric Magnard ; c'est dire qu'il n'y eut point de place pour les banalités.

Chabrier fut un des auteurs français qui durent une part de leur gloire à la vieille société fondée par Bussine et Saint-Saëns ; il y exécuta ses œuvres plus d'une fois, comme César Franck et Bizet, et y fit entendre des fragments de sa *Gwendoline*. Aussi bien la Nationale vénère son souvenir et n'oublie pas la verve généreuse et franche de l'auteur d'*Espana*.

Mlle Selva m'a paru peu à son aise dans l'exquis *Scherzo Valse* intitulé *Sous Bois ;* cette feuille d'album, d'une fraîcheur et d'une élégance charmantes, valait plus de pittoresque conviction.

La *Sulamite*, grande scène lyrique pour soprano et chœurs de femmes, fut chantée par Mme Jeanne Raunay et les chœurs de la Cœcilia, sous la direction de M. Busser. On sait combien l'inspiration

claire de Chabrier, subtile et colorée, savait s'adapter à la poésie d'un thème et l'enguirlander de délicatesses. Le chœur des femmes y est traité avec une grâce parfaite, d'un archaïsme délicieux. La *Sulamite* est une œuvre courte et facile à monter qu'on n'entend point assez souvent, modèle du genre, d'une forme classique renovée par l'expression d'un art personnel et d'un appareil harmonique moderne.

M. Alb ric Magnard s'est également affirmé depuis plusieurs années par des œuvres caractérisées où domine le souci des rythmes et de l'enchaînement des thèmes. Sans s'égarer dans les développements harmoniques purs, M. Magnard s'efforce toujours vers la logique du discours musical et ses transformations successives de l'idée ne nuisent jamais à l'unité du sujet mélodique. Ses conceptions généralement énergiques, d'un caractère mâle et vigoureux, s'abstiennent avec soin des vulgarités et des lieux communs ; à peine pourrait-on relever quelques âpretés excessives et quelques précipitations dans le développement. M. Magnard sait toujours ce qu'il veut dire et chacune de ses œuvres donne l'impression d'une éloquence volontaire, d'une conviction soutenue par un langage imagé et net.

Le quintette pour piano et instruments à vent ménage à chacun les effets de sonorité spéciale à l'embouchure ; les quatre mouvements de cette suite développée sont construits dans le style classique, de sentiments variés et d'une distinction absolue. Malheureusement, une justesse parfaite est bien rare dans les exécutions ; la température y est pour beaucoup et il faut savoir se contenter du relatif. MM. Fleury, Gaudard, Guyot, Flament et Mlle Selva furent parfaitement à la hauteur de leur tâche.

Combien sont ravissantes les trois mélodies chantées par Mme Jeanne Raunay. *Invocation*, d'un caractère mystique et tranquille, d'une ligne puissante, aux appels d'une âme un peu compliquée qui chante une sincère prière.

Nocturne, d'une teinte plus pâle, d'une voix plus assourdie, module la grande voix du soir dans une nature qui s'endort, mélancolique, sans fadeur, souffle à la fois léger et rêveur qui s'inspire du mystère des choses. Il y a là un reflet de lune du piano d'une finesse étonnante.

La troisième est un bijou. M. Magnard, s'inspirant d'Horace, a voulu traduire une ode connue du grand poète romain :

O fons Bandusiæ, splendidior vitro...

où il chante en jolis vers la source vive qui coulait dans sa maison de la Sabine. Je n'affirme pas que tout le monde a compris les paroles, articulées par Mme Raunay comme un professeur de latin; mais je puis affirmer que tout le monde a savouré cette musique libre, alerte et simple dans son raffinement.

La sonate pour violoncelle, donnée en première audition, fut pour l'auteur et pour l'interprète, M. Pollain, l'occasion d'un succès triomphal auquel, par modestie peut-être, M. Magnard ne voulut point associer sa personne. Un thème énergique donna bientôt naissance à une fugue rapidement traitée; puis apparaît un deuxième motif de caractère plus tendre. L'œuvre entière est construite sur ces bases; les thèmes déformés s'amalgament, s'unissent en des rythmes toujours nets, introduisent une belle phrase funèbre dont l'allure imposante marque un repos poétique et le finale se poursuit, dur, violent et court jusqu'à une rapide et vigoureuse péroraison.

Cet ouvrage, où sont exposées toutes les qualités du tempérament artistique de M. Magnard, bien écrit pour l'instrument, a été supérieurement exécuté par M. Pollain et Mlle Selva, d'un élan et d'une sonorité superbes.   CH. CORNET.

Société musicale indépendante. — Salle Gaveau, 20 février, huitième concert donné par la Société musicale indépendante.

Beaucoup de choses inédites et quelques pages intéressantes parmi lesquelles il convient de noter un trio en *ré* pour piano, violon et violoncelle de M. Albert Doyen. Elève de Widor, M. Doyen a écrit quelques œuvres de musique de chambre et une symphonie; son évolution n'est point complète et sa personnalité n'est point encore dégagée des influences. Son trio est expressif, notamment l'andante; l'allegro est clair, bien sonore et termine un ouvrage d'une sincérité méritoire.

Les *Chansons intimes* de M. Bertelin, présentées par Mlle Luquiens et l'auteur, sont prises parmi les poésies de Samain — le *Jardin de l'Infante* et le *Chariot d'or.* — M. Bertelin, dont la palette n'est pas exempte d'une certaine préciosité, excelle dans ce genre d'intimités bien chantantes et raffinées.

Les *Heures Bourguignonnes*, de M. Jacob, sont appréciées ainsi par notre confrère Vuillemin: « comiques, elles représentent l'orgue dans la basse-cour, sur la grand'route et ailleurs encore. C'est très bizarre, mais pas joli. Il faut à M. Jacob préférer M. Kodaly, que nous fit connaître l'an dernier la Société musicale indépendante ».

De fait, l'orgue me paraît absolument incompétent pour nous présenter: *a)* le départ du troupeau, meuglements, sonnailles de clochettes; *b)* caquets des commères, gloussements de poules, claironnements de coq; *c)* midi, cris rauques d'un grand oiseau de proie. — L'erreur de l'auteur est manifeste et l'orgue n'est pas fait pour nous dépeindre les fantaisies villageoises d'une journée chez les vignerons

J'aime mieux les *Variations à danser*, de M. Léon Moreau, écrites avec clarté, joliment rythmées, bien rendues dans ses neuf parties variées par M. Salomon.

Les quatre mélodies de M. Jarnefelt sont agréables. L'auteur, actuellement chef d'orchestre à Stockholm, se recommande de l'école de Grieg, dont il possède l'inspiration et le ton délicat. Mlle Emma Holmstrand nuance avec goût les teintes finlandaises des paysages du Nord.

Le concert s'est terminé par le quatuor de Debussy, dont je persiste à aimer l'andante, franckiste en plein dans la forme et dans l'expression, et dont je persiste aussi à goûter médiocrement le synthétisme tortillard et truculent du finale.   CH. CORNET.

Société Philharmonique. — Le dixième concert Philharmonique du 21 février fut marqué par la présence de M. Cortot et de Mlle Elena Gerhardt. M. Cortot montra tour à tour les qualités précieuses, noblesse du style, esprit, élégance, beauté du son qui donnent à son jeu une rare saveur artistique. Il exécuta le *Concerto per organum* de Wilhem Friedemann Bach, le *Carnaval* de Schumann et diverses pages de Chopin. Une qualité résume toutes celles que possède M. Cortot: *l'intelligence*, grâce à laquelle l'auditoire saisit le sens réel des œuvres interprétées. Grand succès pour M. Cortot. — Mlle Gerhardt est une cantatrice qui dirige sa voix avec un talent d'une rare souplesse. Elle connaît toutes les ressources de l'art vocal et est avertie de tous les effets capables de séduire le public... Son programme fut intéressant. Schubert, Schumann, Strauss et Brahms y figurèrent. Nous renonçons à citer le titre des pages bissées ou ajoutées au programme... M. Cortot dut écourter le sien — au regret de beaucoup — pour ne pas prolonger la séance à une « heure indue ». — Mlle Hegner accompagna Mlle Gerhardt avec goût. Mais pourquoi tant de gestes d'allure triomphale qui semblent vouloir attirer l'attention plus sur son réel talent que sur les beautés du texte?   H. D.

Concerts spirituels de la Sorbonne — L'Association que dirige M. Paul de Saunières offrait dimanche à ses fidèles auditeurs l'admirable poème mystique de César Franck, *Rédemption.*

L'exécution, très satisfaisante de la part des chœurs et de l'orchestre, a été tout à fait remarquable de la part de Mlle Palassara, dont la voix chaude et pure et l'excellente méthode rendaient à merveille toute la noblesse et la religieuse émotion des deux airs de l'archange, et qui, dans un autre local, eût été saluée d'unanimes applaudissements. M. Alexandre, de la Comédie française, remplaçant au dernier moment son camarade Leitner, dans le rôle du récitant, s'est acquitté au mieux d'une tâche ingrate, rendue plus ingrate encore par les détestables conditions acoustiques de la chapelle de la Sorbonne.   M. BRENET.

Salle Erard. — A un jour près, chaque fois, les 14 et 15, puis 21 et 22 février, nous avons eu deux couples de récitals donnés par deux maîtres du piano, d'un caractère et d'une personnalité d'ailleurs essentiellement différents : MM. A. de Radwan et Emil Sauer. Le premier, dont la fermeté élégante et la haute musicalité sont toujours si attachantes, attire surtout comme interprète de Chopin, où il a vraiment quelque chose d'incomparable, de spécial, de particulièrement évocateur de la pensée du maître polonais. (Il nous a donné ainsi plus de trente-trois œuvres, sonate en *si* mineur, préludes, études, nocturnes, valses, polonaises, mazurkas..., sans négliger tout à fait Beethoven ni Schumann). Le second, dont la virtuosité, la légèreté, la finesse et le brio sont étourdissants, brille dans tous les styles et sous toutes les formes, y compris ses propres compositions (une sonate en *ré*, par exemple, dont le pittoresque n'est pas seulement pianistique). Une sonate de Beethoven voisine avec une rapsodie de Liszt, un scherzo de Mendelssohn avec une valse de Chopin, le *Carnaval de Vienne*, de Schumann, avec un impromptu de Schubert un prélude de Bach avec une barcarolle de Chopin... Succès énorme, prodigieux, pour l'un et l'autre des deux artistes, avec des publics d'ailleurs curieusement différents.
                                C.

— Belle soirée artistique, riche en impressions profondes, que le deuxième concert d'Edouard Risler, jeudi 23 février, salle Erard. Au programme, des pièces de Couperin et de Rameau, bijoux d'élégance et d'esprit, ornés de toutes les grâces et vivacités du caractère français, que l'artiste mit en valeur avec une délicatesse infinie. Eloquemment simple et claire et plutôt d'un musicien ému que d'un virtuose, fut l'interprétation de la sona e en *la* bémol de Beethoven. Enfin il est impossible de rendre avec plus d'émotion les quatre fantaisies de Schumann : *Au soir*, avec sa poésie intense; *Dans la nuit*, avec fièvre et

désespoir; *Hallucinations*, tourbillonnement de rêve, et la fantasque *Fin de chanson*, assombrie dans un *pianissimo* de somptueuse ampleur. Le maître Diémer, qui prêtait son éminent concours à cette séance, ne pouvait trouver meilleur partenaire pour l'interprétation des deux brillantes *Orientales* dont il est l'auteur. Maître et élève mêlèrent encore leur sonorité admirablement pure, en interprétant l'*Etude chromatique* de Saint-Saëns et la *Toccata* transcrites toutes deux pour deux pianos par M. Risler, dont une adaptation pianistique du *Till Eulenspiegel* de Strauss, très ingénieuse en sa truculente fantaisie termina en feu d'artifice cette intéressante soirée.   E. B.

— MM. Armand Ferté et Louis Fournier ont donné chez Erard deux séances consacrées à l'audition intégrale des sonates pour piano et violoncelle, de Beethoven. Les excellents musiciens se sont surpassés dans l'exécution des cinq sonates où éclatent la hardiesse et la variété du génie. A part ces œuvres, MM. Fournier et Ferté ont exécuté avec le même respect du style et la même souplesse d'interprétation les *Variations* écrites par Beethoven sur des thèmes de Hændel et de Mozart.   CH. C.

Salle Pleyel. — Dans son concert du 20 février, Mlle Cécile Deroche a fait apprécier, malgré sa jeunesse, des qualités de vigueur et de fermeté, jointes à un sentiment marqué du rythme. La jeune artiste, qui n'a pas quitté le piano de la soirée, avait pour partenaires, le bon violoniste Krettley, dans une sonate de C. Chevillard, et dans un intéressant trio de Schumann, où le violoncelliste M. Cruque s'était joint aux précédents exécutants. Elle a joué aussi à deux pianos avec M. I. Philipp, et les deux artistes ont obtenu un vif succès dans un beau concerto de Bach, de ravissantes *Variations* de Schubert (op. 81) et le scherzo du *Songe d'une nuit d'été*. On lui a fait, enfin, un chaleureux accueil dans les morceaux qu'elle a exécutés seule, et notamment dans une *Toccata* de Camille Saint-Saëns.   J. G.

— Dans sa dernière matinée musicale du vendredi 21 février, M. Maxime Thomas a eu l'heureuse idée de faire revivre un moment, par l'exécution de nombreux fragments, les musiciens contemporains morts dans ces dernières années, les « Amis disparus », comme disait le programme. Cette audition a évoqué des morceaux de Luigini, Coquard, Bourgault-Ducoudray, Wekerlin, Samuel Rousseau, G. Pfeiffer, Missa, Mmes Augusta Holmès, de Grandval. Notons, spécialement, le grand effet produit par les chœurs (*Hymne*, de Bourgault-Ducoudray; *A ceux qui sont morts pour la patrie*, *Le Rat de ville*, de Coquard); par M. Pecquery, l'excellent diseur (*Le Petit navire*, de Missa; *Les Gas d'Irlande*, et *La Belle Madeleine*, d'Augusta Holmès); Mme Mary Olivier, qui a très chaleureusement interprété *Haï Lulli* et *Malgré moi*, deux belles mélodies, l'une de Coquard, l'autre de Pfeiffer. Succès de chant aussi pour Mmes Tassard, Biscarra, Viellard, et d'instruments, pour M. Bas, Mlle Gaston, Mme Gosse-Dubois et le maître de la maison, dont l'archet est si apprécié de ses invités et qui a dû bisser une charmante *Gavotte* de Samuel Rousseau, que son violoncelle avait enlevée avec le violon de Mlle Gaston.   J. GUILLEMOT.

— M. Maurice Dumesnil a donné deux récitals de piano les 10 et 17 février derniers, avec du Bach, du Beethoven, du Schumann et du Mendelssohn, un peu de Mozart, un peu de Liszt, un peu de Moor. On a été frappé de la composition judicieuse de ses deux programmes, des oppositions qu'ils présentaient, et surtout de la souplesse de leur interprétation, qui donne l'impression d'une maturité et d'un progrès continus chez le jeune artiste.

Le 22, c'est Mme Marie Bétille qui tenait le piano, mais pour un choix de musique de chambre : la sonate pour violoncelle de Boellmann (avec M. P. Jamin), les valses romantiques de Chabrier (avec M. L. Wurmser), puis des pages de Schumann, Chopin, Debussy. Son style ferme et simple a été extrêmement apprécié. Mme Odette Le Roy a chanté entre-temps diverses pages de Georges Hue. Beau succès d'art.

Salle Gaveau. — M. Franz Godebski a fondé un quatuor un peu composite (Mme Galliot. M. Neuberth et le jeune Cassado, violoncelliste d'environ quatorze ans), mais ce quatuor est homogène et bien sonnant. Il joua avec précision le difficile quatuor de M. Ravel et avec délicatesse un trio de Haydn, l'autre soir, salle Gaveau.

Mme Jeanne Dumas chanta trois mélodies de M. Godebski — intéressantes, surtout la seconde, *Prière au printemps*, mais accompagnées trop bruyamment — et Mlle Suzanne Percheron, la distinguée pianiste joua, non sans quelque sécheresse, du Schubert, du Liszt, du Chopin et du Fauré.   F. G.

— Dans cette même salle Gaveau, où l'auditoire de Chevillard l'avait applaudie, Mlle M.-A. Aussenac, la charmante pianiste, s'est fait réentendre jeudi 16 février, en soliste, cette fois, dans un heureux choix de pièces parmi lesquelles deux transcriptions par Busoni, de chorals d'orgue de Bach. Quelques contrastes de mesure trop accusés dans *Nuitamment* de Schumann sont

les seules restrictions à faire sur l'interprétation si élégamment musicale et intelligente de Mlle Aussenac, qui fit preuve dans la *Valse Caprice* de Fauré, la *Polonaise héroïque* de Chopin, de belles qualités de rythme et de résistance. Les études en *mi* et en *ut* furent jolies de sonorité et d'un juste sentiment. Le vrai artiste qu'est le baryton M. Ch.-W. Clark prêtait à cette soirée son éminent concours. La noblesse de son style brilla dans l'air d'*Œdipe* de Sacchini, puissant comme du Gluck ou du Méhul; la souplesse de son organe dans deux romances « pleines d'appogiature », de Grétry, et plus loin c'étaient encore des acclamations pour M. Clark, avec la *Fugue* allègrement joviale, de Sinding, la poignante *Séparation* d'Alex. Hollænder et les *Deux Grenadiers*, de Schumann, provocateur d'un grand frisson qui fit réclamer en *bis* le *Roi des Aulnes*, où la voix si chaude se fait tour à tour charmeuse, rassurante, sinistre. Parmi des mélodies modernes de A. Hartmann, Berthelin, Ravel, Debussy, on redemanda l'exquise et fugitive *Mandoline* de ce dernier, dit avec une finesse inouïe.

Enfin, Mlle B. Grosjean étant venu seconder excellemment sa partenaire, un intermède à deux pianos comportait l'*Impromptu* de Reinecke sur *Manfred* de Schumann, paraphrase brodée à perte de vue et jusqu'à épuisement de combinaisons, sur le thème si fluide et bref de la *Fée des Alpes*. La célèbre *Toccata*, de Widor transcrite pour deux pianos est d'un assez bel effet.   E. B.

— Comme chaque année depuis quelque temps, la Schola Cantorum a donné à la salle Gaveau (le 24 février) une exécution authentique d l'*Orphée* de Gluck, toujours avec M. Plamondo comme protagoniste. Il est extrêmement heureu que, d'une façon ou de l'autre, on ne perde pa l'habitude de mettre en relief la *vraie* partition d Gluck en regard des arrangements courants. Mai je ne me lasserai pas de faire remarquer qu'i faudrait le donner plus authentique encore, oui plus *exact* en le baissant entièrement d'un ton a moins) sur la partition originale. Non seulemen le scrupule est excessif, qui suit à la lettre cett partition, — car on a constamment l'impressio d'une *tension* exagérée, nuisible à l'émotion, d'ailleurs, plus d'une fois, des changements forcé s'introduisent dans l'exécution, - mais il *faus* l'expression voulue par Gluck; la différence d diapason fait que ce n'est pas *cela* que Gluck voulu.   H. DE C.

Salle des Agriculteurs. — Mme F. Pobegui et M. Denayer se sont réunis le 14 février pou une séance où la sonate de Franck et le quatuor

Fauré (avec MM. Englebert et de Bruyne), exécutés avec une belle ampleur de style, encadraient diverses mélodies chantées par Mlle M. Lasne.

— Au Cercle Artistique de la rue de Clichy, la matinée du mardi 21 comportait des œuvres modernes : une sonate piano et alto de M. Marcel Labey, d'un impressionisme mélancolique et bien dans les cordes du bel instrument sur lequel M. Macon possède une sonorité très pleine, bien fondue avec le jeu de l'auteur. Mme G. de Lausnay eut son habituel succès d'impeccable et charmante pianiste dans des pièces de Debussy, H. Welsch et Moskowski (une tarentelle enlevée avec une agilité parfaite). Comme partie vocale, les chants du Cobzar de M. Bertelin, où l'auteur s'entendit interpréter à souhait par Mlle de Stoecklin, qui fit ressortir avec accent l'allure héroïque, fière et sauvage de ces tableaux, riches d'inspiration. Deux pièces archaïques de M. Paul Rougnon, pour deux violons concertants et piano (M. Willaume, Mlle Longuet et l'auteur), à savoir une aria expressive d'harmonies et une dante aux rythmes vigoureux, précédaient avec succès le quatuor avec piano de M. Amédée Reuchsel, œuvre de solide et ingénieuse facture, qui contient un allegro d'une belle véhemence et un finale très coloré.   E. B.

— M. Camille Le Senne, dont les conférences et spécialement le « feuilleton parlé » du lundi à l'Ecole des Hautes Etudes sociales, sont si remarquables, personnelles de conception et fines de critique, et obtiennent un si vif succès, a consacré une heure de musique, à l'Université des Annales, à l'histoire des Ballades et des Rapsodies. MM. Ed. Risler et G. Fauré l'assistaient de leur talent; le premier a joué ainsi la ballade en la bémol de Chopin et celle en si mineur de Liszt, ainsi que la Rapsodie d'Auvergne de Saint-Saëns; M. G. Fauré, de son côté, a pris place pour exécuter sa propre ballade en fa dièse; qui est à deux pianos. La séance a été si appréciée, qu'il a fallu la redonner quelques jours après.   C.

— Conférence des plus intéressantes et très littéraire à l'Institut général psychologique sur « Félicien David et l'Orientalisme en musique ». L'orateur, M. Brancour, possédait admirablement son sujet, il l'a présenté avec une grâce, un esprit, un talent achevés. Lecteur remarquable, à la voix juste, nette, bien timbrée M. Brancour a tenu son auditoire sous le charme pendant plus d'une heure. Un jeune ténor, M. Paulet, a fait valoir un timbre exquis et une voix bien conduite dans l'Hymne à la Nuit du Désert et la Barcarolle de Lallo-Roukh.
     M. D.

— Lors du récent transfert du Conservatoire rue de Madrid, il avait été fortement question de faire appel à l'iniative privée pour adjoindre au nouveau Conservatoire une salle destinée aux concerts publics. Une société civile avait même été formée et avait réuni le capital destiné à l'établissement de cette annexe indispensable pour les concours des élèves et aussi et surtout pour les séances de la Société des concerts. Le projet avait été adopté en principe par la Chambre des députés. Le Sénat a pensé qu'il n'était pas digne d'un pays comme la France de construire une salle de concerts dans un bâtiment de l'Etat au moyen de souscriptions, et le sous-secrétaire d'Etat aux beaux-arts vient d'être invité à demander à la Chambre des députés et au Sénat une somme de 600,000 francs qui sera affectée à la construction de la nouvelle salle de concerts du Conservatoire. Le projet sera déposé incessamment.

— On annonce pour le printemps une nouvelle saison de ballets russes organisée par M G. Astruc avec M. S. de Diaghilew et l'incomparable danseur Nijinsky, transfuge du théâtre de Saint-Pétersbourg. Au programme : Petrouchka et L'Oiseau de feu de Stravinsky; Narkis de Tcherepnine; Sheherazade et le ballet de Sadko, de Rimsky-Korsakoff; plus, des adaptations, comme l'Orphée de Liszt et sa quatorzième rapsodie et le Spectre de la Rose de Théophile Gautier, sur l'Invitation à la Valse de Weber.

SALLE ERARD

Concerts du mois de Mars 1911

5 M. Landesque-Dimitri, mat. d'élèves (1 ½ h.).
6 M. P. Goldschmidt, piano (9 heures).
7 Mlle Duranton et M. Mesnier, piano et violon (9 heures).
8 Société de Musique moderne française (9 h).
9 M. E. Risler, piano (9 heures).
10 M. et Mme Carembat, piano et violon (9 h.).
11 M. P. Goldschmidt, piano (9 heures).
12 Mmes Chaumont et Cahn, mat. d'élèves(1 ½ h.).
13 Mlle Lewinsohn, piano (9 heures).
14 M. Staub, piano (9 heures).
15 Société de Musique moderne française (9 h.).
16 Mlle Lansmann, piano (9 heures).
17 M. Wittacker, piano (9 heures).
18 Orphelinat de l'imprimerie nationale, concert de charité (9 heures).
19 Mlle Thuillier, matinée d'élèves (1 ½ heure).
20 Mme Stiévenard, piano (9 heures).
21 Mlle Ferrère-Jullien, piano (9 heures).
22 Société de Musique moderne française (9 h.).
24 M. et Mme Fleury, piano et flûte (9 heures).
26 M. Wintzweiller, matinée d'élèves (1 ½ h).
27 M. Lazare Lévy, piano (9 heures).
28 M. Marcel Grandjany, harpe (9 heures)
29 Société de Musique moderne française (9 h.).
30 M. Montoriol-Tarrès, piano (9 heures).
31 M. Riera, audition d'élèves (9 heures).

OPÉRA.— Le Miracle. Les Maîtres Chanteurs. Le Crépuscule des dieux. La Damnation de Faust.

OPÉRA-COMIQUE. — Louise. Manon. Lakmé. La Fille du régiment. Le Roi d'Ys. Cavalleria rusticana. Mignon. Carmen. Les Dragons de Villars. Pelléas et Mélisande.

THÉATRE LYRIQUE (Gaîté). — Les Huguenots. Don Quichotte. Le Barbier de Séville. Le Soir de Waterloo. Hernani. La Juive. Quo Vadis?.

TRIANON-LYRIQUE. — Mam'zelle Nitouche. Fra Diavolo. Giroflé-Girofla. Le Voyage de Suzette. Zaza. La Mascotte. Miss Hélyett.

APOLLO. — La Divorcée. La Veuve Joyeuse.

Conservatoire (Société des Concerts). — Dimanche 5 mars, à 2 heures. Programme : Symphonie en *la* (Beethoven); Cantate 21 pour tous les temps (Bach); Antar (Rimsky-Korsakoff ; Ouverture du Carnaval Romain (Berlioz). — Direction de M. A. Messager.

Concerts Colonne (Châtelet). — Dimanche 5 mars, à 2 ½ heures. Programme : Symphonie en *la* (Beethoven); Messe en *ré* (Beethoven), avec MM. Nausen et Frœlich, Mmes Mastio et Frisch. — Direction de M. G. Pierné.

Concerts Lamoureux (Salle Gaveau). — Dimanche 5 mars, à 3 heures. Programme : Faust (Schumann) : ouverture et trois scènes; La Damnation de Faust (Berlioz) : seconde partie; Faust-Symphonie (Liszt), avec Mme J. Raunay, MM. Paulot, Seagle, Joseph Bonnet. — Direction de M. Chevillard.

SALLES PLEYEL

22, rue Rochechouart

Concerts de Mars 1911

Grande Salle

2. M. Ludwig Koch, 9 heures.
4. Mlle Nelly Eminger, 9 heures.
8. Le Quatuor Lejeune (4e séance), 9 heures.
9. Mlle Lise Blinoff, 9 heures
10 Mlle M. Sandyck, 9 heures.
11. La Société nationale de musique (4e séance), 9 heures.
13. Mlle Stella Goudeket (1re séance), 9 heures.
14. Mlle Alice Nobya, 9 heures.
15. M. Joseph Debroux (3e séance), 9 heures.
16. Mme la Comtesse de Skarbek, 9 heures.
17. Mlle Georgette Güller, 9 heures.
18. Mlles Carcassonne (avec orchestre), 9 heures.
20. Mlle Stella Goudeket (2e séance), 3 heures. Mme Mirault-Steiger, 9 heures.
21. M. Léon Perlmutter, 9 heures.
22. Mlle Adeline Bailer, 9 heures.
24. Mlle Pauline Girard, 9 heures.
25. La Société nationale de musique (5e séance), 9 heures.
27. Le Quatuor Capet (5e séance , 9 heures.
28. Mme Wanda Landowska, 9 heures.
29. Mme Riss-Arbeau, 9 heures.
30. La Société des Compositeurs de musique (3e séance), 9 heures.
31. Le Quatuor Capet (6e séance), 9 heures.

Salle des Quatuors

1. Le Quatuor Calliat (2e séance), 9 heures
2. M. Théodore Debucquoy, 9 heures.
3. La Société de Musique nouvelle (1e séance), 9 heures.
5 Mlle Hortense Parent (1e séance), 1 heure.
7. Les Auditions modernes Oberdoerffer, 9 h.
10. M. Alfred Laliberté, 9 heures.
17. La Société de Musique nouvelle (2e séance), 9 heures.
18. Mlle Henriette Gaston, 9 heures.
25. M. Henri Schikel, 9 heures.
29. Le Quatuor Calliat (3e séance), 9 heures

SALLES GAVEAU

45 et 47. rue La Boëtie

Concerts du mois de Mars 1911

Salle des Concerts

5 Concert Lamoureux (3 heures).
6 Société Musicale Indépendante (9 heures).
7 Société Philharmonique (9 heures)
8 Concert Enesco, avec orchestre (9 heures).
9 Concert du Cercle militaire (8 ½ heures).
10 Concert du Palais musical (8 ½ heures).
11 Concert Husselmans (3 ½ heures).
12 Concert Lamoureux (3 heures).
13 » » (8 ½ heures).
» Mission G Smith (8 heures).
14 » » (2 ½ heures).
» Société Philharmonique (9 heures).
15 Concert Leech (9 heures).
16 Répétition publique Bach (4 heures).
» Mission G. Smith (8 ½ heures).
17 » » (2 ½ heures).
» Concert Société Bach (9 heures).
18 Mission G. Smith (2 ½ heures).
» Concert Cercle musical (9 heures).
19 Concert Lamoureux (3 heures).
» Mission G. Smith (8 heures).
20 » » (2 ½ heures).
» Concert Leech, avec orchestre (9 heures).
21 Concert Sonia Darbell, avec orchestre (9 h.).
22 Concert Villy Bansen (9 heures).
24 Société Musicale Indépendante (9 heures)
25 Concert Cercle musical, orchestre (9 heures).
26 Concert Lamoureux (3 heures).
27 Concert Mme Kutscherra (9 heures).
29 Concert Infante Vela Sa'a (9 heures).
30 Concert Desrez (9 heures)·

Salle des Quatuors

6 Concert Ú. F. P C. (2 heures).
9 Audition Méricot (2 heures).
» Concert Mlle Madeleine Sizes (9 heure)
20 Concert U F. P. C. (2 heures)
29 Conférence de Mgr Bolo (4 heures).
30 Audition Résiliat (2 heures).

BRUXELLES

THÉATRE ROYAL DE LA MONNAIE. —

L'apparition de Mme Croiza dans le rôle de Carmen avait provoqué la plus vive curiosité parmi les nombreux admirateurs de cette belle artiste, et ceux-ci étaient accourus en foule à la représentation de mercredi; ils étaient convaincus d'ailleurs que l'interprète si applaudie d'Orphée, de Dalila, de Katharina, d'Eros et de tant d'autres rôles que son talent a marqués d'une empreinte si personnelle, leur procurerait cette fois encore de grandes jouissances artistiques, — si éloignée que l'héroïne de Mérimée parût de sa propre nature, d'essence particulièrement affinée et aristocratique. Ceux qui montraient cette confiance ne furent aucunement déçus. Certes, la Carmen de Mme Croiza s'écarte, et sensiblement, de toutes celles, — et l'on sait combien elles sont nombreuses — qu'on nous avait déjà présentées; mais c'est ce renouvellement même, bien digne d'une artiste aussi consciente du sentiment de la personnalité, qui donnait à sa réalisation un précieux intérêt.

La nouvelle Carmen aura sans doute moins d'action que d'autres sur certaine partie du public, parce qu'elle use de moyens plus discrets, parce que les traits de caractère par lesquels elle fixe la nature de son personnage ont moins d'extériorité, relèvent davantage du domaine psychologique. Mais l'interprétation de Mme Croiza impressionnera et séduira vivement ceux qui sauront en pénétrer la suggestive concentration, qui sentiront combien, sous des dehors peu accusés, cette personnification traduit l'état d'âme de la troublante héroïne.

Ce qui fut d'un charme extrême, c'est la musicalité si pure, si raffinée en ses nuances multiples, de l'exécution vocale. Rarement les contours délicats, les intentions subtiles des inspirations de Bizet furent mis à ce point en valeur. Que de détails exquis il y aurait à relever à cet égard!

Et ceux qui ne connaissaient pas encore le charme de la voix parlée de Mme Croiza eurent la grande joie de découvrir que dans le dialogue, où elle ne s'était jamais produite ici, la grande artiste possède un don de séduction du plus puissant attrait. Le timbre si particulier de sa voix s'y affirme avec autant de saveur, avec des colorations aussi musicales que dans le chant, et ce fut là, pour beaucoup, une révélation qui vint augmenter encore l'intérêt de cette interprétation si impatiemment attendue.

On a fait à Mme Croiza un succès considérable, qui s'est manifesté par des ovations sans fin.

J. Br.

— La première représentation du Feu de la saint Jean de Richard Strauss, se fera la semaine prochaine

Concerts Durant. — Le deuxième concert Durant était consacré à la musique française, depuis les compositeurs de musique de chambre J.-B. Senaillé (1687-1730) et J.-M. Leclair (1697-1764) jusqu'aux modernes Claude Debussy, Maurice Ravel et Roger-Ducasse,

De Roger-Ducasse, M. Durant avait choisi la Suite française, de M Ravel, la Rapsodie espagnole, de Cl. Debussy, les Rondes de Printemps, Image n° 3.

La Suite française mérite son titre par ses qualités de franchise et de verve. Rien d'imprécis dans les quatre morceaux de cette œuvre : contours mélodiques fermement dessinés, orchestration très claire. L'inspiration de M. Roger-Ducasse semble hésiter entre les tendances diverses de l'école française moderne : des quintes « à la Debussy » voisinent avec des harmonies inspirées de César Franck.

La Rapsodie espagnole et les Rondes de Printemps ont quelque peu étonné le public.

Peu d'émotion dans ces œuvres, mais des recherches de sonorités inouïes. Les timbres curieux et inattendus se succèdent avec une incessante variété. Dans la Rapsodie espagnole, un petit thème de quatre notes (fa, mi, ré, do dièse) redoublées à deux octaves de distance et répétées avec obstination, produit une certaine impression déprimante rappelant Pelléas. A part cela, des sonorités chatoyantes, et c'est tout. On peut dire : « C'est peu ».

M. Durant donna de ces trois œuvres une fort bonne interprétation. L'orchestre obéit sans peine aux indications de son chef et les cordes furent d'une douceur remarquable, notamment dans l'introduction du premier acte de Fervaal, de Vincent d'Indy.

Félicitons M. Durant d'avoir mis à son programme des œuvres d'avant-garde qu'il est le premier à nous faire connaître.

M. Deru exécuta avec son talent habituel le poétique concerto pour violon de Lalo, au finale d'un élan si chaleureux et si passionné. Il fit particulièrement valoir un adagio de Senaillé et une sarabande de Léclair. En bis, M. Deru interpréta de façon exquise une Berceuse de Fauré.

Dans son désir de ne pas oublier deux maîtres fort connus, M. Durant avait ajouté à ce programme déjà suffisamment copieux les Jeux d'enfants de Bizet et une Marche héroïque de Saint-Saëns. Il aurait pu mieux choisir, par exemple, la Bourrée fantasque de Chabrier (orchestrée par F. Motti) dont l'exubérance eût fait le plus heureux contraste avec l'art parfois trop figé de Ravel et Debussy.

FRANZ HACKS.

Société J.-S. Bach. — Il fut vraiment réussi et magnifique ce deuxième concert Bach, par son programme d'œuvres variées et de premier ordre, et son exécution en tous points digne et convaincue. Trois cantates qui comptent, parmi les plus caractéristiques et les plus belles de Bach; toutes d'époques différentes.

Mein Gott, wie lange est une des premières que Bach écrivit sous l'influence novatrice de ce poète mystique de la musique que fut Joh Franck. Elle est de l'époque de Weimar. Le récitatif-arioso y tient encore une grande place et est des plus expre sifs; tour à tour le soprano et la basse l'expriment en accents émouvants; entre les deux, s'intercale un intéressant duo pour alto et ténor sur un accompagnement tout à fait curieux du basson, au premier plan, des contrebasses et violoncelles. Ce sont les pages essentielles de cette œuvre à laquelle M. Zimmer a donné comme ouverture l'adagio du premier concerto brandebourgeois.

La cantate *Jesu der du meine Seele* est de l'époque de Leipzig, d'un tout autre style que la précédente; elle présente une opposition constante de la joie et de la douleur, selon qu'elle se rapporte à la foi optimiste du chrétien ou à sa tristesse au souvenir du crucifiment; la musique en est d'une variété d'expression, d'une souplesse de rythme infinie; comparez le chœur douloureux du début auquel les soprani seuls opposent la sérénité du *Cantus firmus* comme une voix d'éternité au-dessus des douleurs humaines avec le duo si entraînant, si gracieux qui suit, et qui est d'une allure descriptive saisissante. Les récitatifs et airs de ténor et de basse (accompagnement caractéristique du hautbois pour la basse) nous ramènent à une note plus grave tandis que le choral final, d'une douceur infinie, conclut dans une idéale sérénité.

De la cantate *Vergnügte Ruh'*, seul l'important air d'alto fut exécuté; c'est une belle page vocale se détachant sur le fond du quatuor à sourdine. — Une cantate pour chœur double, à huit voix et orchestre, terminait le programme. Elle est d'une plasticité, d'une force, d'une majesté uniques, frappante par sa grandiose architecture (traitée en double fugue) et vraiment à hauteur du verset de l'Apocalypse qu'elle commente. Spitta, avec raison semble-t-il, n'y voit qu'un fragment colossal de cantate; tel qu'il est, il impose.

L'interprétation de ces œuvres fut, dans l'ensemble, excellente. Quatuor vocal de choix composé de Mme Noordewier, au merveilleux soprano si sonore si plein, si souple, de Mme de Haan, alto profond, un peu trop « intérieur » parfois; quel charme quand ces deux voix qui se connaissent si bien se mêlent, comme dans le cantate *Jesu der du meine Seele!* On dirait un accord sur deux cordes d'un même instrument, tellement l'entente et la pénétration sont parfaites. — Comme ténor, M Kohman (Francfort), plutôt ténor barytonant, et qui s'est révélé chanteur très expressif dans des pages fort ingrates au point de vue purement vocal; enfin, comme basse, Louis Fröhlich, justement admiré ici, grande voix sonore et noble, digne des amples architectures de Bach, puissante et large déclamation, et cela encore malgré une fièvre maligne accablant l'artiste qui l'a surmontée par un effort vraiment héroïque appelant autant de reconnaissance que d'admiration.

A côté de ces chanteurs de style, les chœurs se sont très bien comportés et ont eu de la vie, de l'accent, de la justesse, de la précision. De ce côté les progrès sont très grands. Entre les cantates, il y avait un délicieux intermède instrumental dont Mme Landowska faisait particulièrement les frais. On ne peut imaginer exécution plus fine, plus séduisante, plus riche de nuances et plus intégralement *musicale* que la sienne, sur un instrument plus pittoresque qu'expressif. Elle a vraiment charmé l'auditoire dans le concerto en *sol* mineur et diverses petites pièces pour clavecin seul.

La tâche de l'orchestre fut cette fois surtout accompagnante; elle fut délicatement accomplie. Toutes nos félicitations à M. Zimmer qui, avec un inlassable zèle et une ferme conviction, a préparé et dirigé cette remarquable audition.

M. DE R.

— Salle comble à la Grande Harmonie pour applaudir le pianiste Emil Sauer. M. Sauer a d'éminentes qualités de technique qui lui assurent un succès considérable dans les morceaux de virtuosité. Sa vélocité est extraordinaire; les traits les plus rapides sont d'une clarté et d'une précision rarement entendues. La *Rakoczy-Marche* de Liszt et le *Moto perpetuo* (en octaves) de M. Sauer lui-même furent longuement acclamés.

Le reste du programme reçut un accueil moins chaleureux. Cela se comprend. Le jeu de M. Sauer est assez froid. Son interprétation du douloureux nocturne en *ut* dièse mineur ne nous émut guère. La sonate en *la* bémol op. 110 de Beethoven réclamerait une expression plus pénétrante. M. Sauer ne devrait pas inscrire au programme de ses concerts des œuvres d'un romantisme démodé telles que le *Rêve angélique* de Rubinstein ou le *Rêve d'amour* de Liszt. Elles n'offrent même pas l'attrait de la difficulté vaincue. FRANZ HACKS.

— Le deuxième concert donné par M. M. Crickboom a eu lieu jeudi, avec un succès tout pareil au premier. On regrette seulement que ces séances du plus pur intérêt artistique ne réunissent pas un plus nombreux public. Le programme comprenait, cette fois : le concerto en *sol* de Haydn pour violon et orchestre ; une *Pastorale* de Franz Benda, figure intéressante appartenant à la période transitoire, encore peu connue du public, entre les anciens classiques et l'école viennoise ; les *Commères*, piécette de Pugnani, qui représente en Italie la même évolution, après Tartini ; un *Air tendre* de Tartini et un *Menuet* de Hændel, dont la juxtaposition fit saisir sur le vif les affinités italiennes du maître saxon. Les modernes étaient représentés par Vieuxtemps, avec le beau concerto en *mi* majeur, d'une musicalité si saine relativement à l'étiage esthétique du temps, enfin par un *Poème* de M. Crickboom lui-même, d'un caractère élevé et noble, conçu dans le style de l'école franckiste.

Nous ne reviendrons pas sur les mérites de l'interprétation de M. Crickboom, l'impeccabilité de sa technique et la pureté toute classique de son style, qui furent rappelés ici même à l'occasion du premier concert. Constatons seulement le vif succès remporté par l'artiste. Une part en revient à M. Lunssens, qui conduisit l'orchestre d'accompagnement avec toute la précision et la souplesse nécessaires. E. C.

THÉATRE DE LA MONNAIE. — Aujourd'hui, dimanche, en matinée, Carmen, avec le concours de Mᵐᵉ Croiza; le soir, troisième grand bal masqué; lundi, La Glu; mardi, La Tosca (en italien), avec le concours de Mᵐᵉ Edith Delys, MM. Giuseppe Anselmi et Enrico Nani; mercredi, Le Barbier de Séville et Hopjes et Hopjes; jeudi, L'Africaine; vendredi, La Tosca (en italien), avec le concours de Mᵐᵉ Edith Delys, MM. Giuseppe Anselmi et Enrico Nani; samedi, Quo Vadis?; dimanche, en matinée, Manon Lescaut; le soir, Faust.

Dimanche 5 mars. — A 2 heures, troisième concert du Conservatoire royal de Bruxelles. Programme : 1. Deuxième symphonie en *ré* majeur (Brahms); 2. Quatuor concertant pour hautbois, clarinette, cor et basson avec accompagnement d'orchestre (Mozart); 3. Fragments de la suite en *si* mineur pour instruments à cordes et flûte (J.-S. Bach); 4. Cinquième symphonie en *ut* mineur (Beethoven).

Vendredi 10 mars. — A 8 ½ heures du soir, à la salle Erard, récital donné par Mᵐᵉ Miry-Merck, cantatrice et professeur de chant. Au programme : Œuvres de

Mozart, F. Schubert, R. Strauss, A. de Castillon, H. Duparc, E. Chausson, C. Debussy, A. De Greef, F. Rasse, T. Ysaye, A. Borodine. P. Juon, J. Sibelius, L. Wallner.

Dimanche 12 mars. — A 2 1/2 heures, au théâtre de l'Alhambra, cinquième concert Ysaye, sous la direction de M. Eugène Ysaye et avec le concours de Sir Edward Elgar, compositeur et de M. Jean Gérardy, violoncelliste. Programme : 1 Ouverture tragique (Brahms); 2. Concerto en *ré* majeur pour violoncelle et orchestre (Jongen); 3. Symphonie en *la* bémol majeur (Edward Elgar), sous la direction de l'auteur; Kol Nidrei, adagio pour violoncelle et orchestre (Max Bruch); 5. A) Prélude de Parsifal; B) La Chevauchée des Walkyries (R. Wagner).

Répétition générale, la veille, à 3 heures.

Lundi 13 mars. — A 8 ½ heures du soir, à la salle de la Grande Harmonie, deuxième concert donné par la Société nationale des Compositeurs belges. Au programme : des œuvres de Paul Gilson, A. Wilford, M. Jaspar, Lucien Mawet et Moulaert, interprétées par Mᵐᵉ Fassin-Vercauteren, cantatrice; Mˡˡᵉ Marguerite Laenen, pianiste; Mˡˡᵉ J. Samuel, violoniste; M. Dautzenberg, corniste, et MM. Wilford et Jaspar.

Mardi 14 mars. — A 8 ½ heures, à la Salle Nouvelle, rue Ernest Allard, récital de piano donné par Mˡˡᵉ Alice Jones, élève du maître Arthur Degreef. Au programme : Œuvres de C. Franck, Beethoven, Mendelssohn, Fauré, F. Liszt, Brahms.

Mercredi 15 mars. — A 8 h. 3/4, dans la grande du Conservatoire, récital de chant donné par M le professeur Ernest Van Dyck. Il interprétera des Lieder de Schubert, de Schumann, de Brahms, de Fauré et d'auteurs belges.

Les titulaires du Patronat A et Patronat B y seront admis sur présentation de leur carte de Patronat.

Vendredi 17 mars. — A 8 ½ heures du soir, à la Grande Harmonie, séance d'œuvres pour deux pianos, donnée par Mˡˡᵉ Germaine François et Miss Gladys Mayne, élèves du maître Arthur De Greef, avec le concours de Mᵐᵉ Ilka Bolska, cantatrice. Au programme : W.-F. Bach, Mozart, Schumann, Chabrier, Schubert, etc.

Samedi 18 mars. — A 8 ½ heures du soir, à la salle des fêtes de la Madeleine, répétition générale du concert Durant.

Dimanche 19 mars. — A 2 ½ heures, à la salle des fêtes de la Madeleine, troisième concert Durant.

Lundi 20 mars. — A 8 ½ heures du soir, à la Grande Harmonie, récital de piano donné par M Jules Firquet. Au programme : Beethoven, Mendelssohn, Schumann, Chopin, Wieniawski, Debussy, Rubinstein, Liszt.

Mardi 21 mars. — A 8 ½ heures, à la Nouvelle salle, 11, rue Ernest Allard, troisième séance du Quatuor Zoellner. Au programme : Quatuor en *ré* majeur (Cés. Franck); Quatuor (Debussy); Sérénade italienne (H. Wolf).

Mercredi 22 mars. — A 8 ½ heures du soir, à la Grande

Harmonie, récital de violon donné par Mlle Alma Moodie, élève de M. Oskar Back. Au programme : Bach, Schumann, Chopin, Sarasate, Wieniawski, Paganini.

Dimanche 2 avril. — A 2 ½ heures, au théâtre de l'Alhambra, sixième concert Ysaye.

Dimanche 9 avril. — Au Conservatoire, quatrième concert. La Légende de Sainte-Elisabeth, oratorio de Franz Liszt pour soli, chœurs et orchestre, sera exécutée avec le concours de Mlle Elsa Homburger, de Mme Wybauw-Detilleux et de M. Henry Seguin.

CORRESPONDANCES

BORDEAUX. — Au dernier concert de la Société de Sainte-Cécile, l'orchestre exécuta d'une façon remarquable, sous la direction de M. Pennequin, la symphonie avec chœurs de Beethoven.

Le baryton Carbelly s'est fait applaudir dans un air magnifique des *Fêtes d'Alexandre*, de Hændel.

Le prochain concert sera dirigé par M. Henri Busser, de l'Opéra. M. Emil Sauer jouera le concerto en *sol* de Beethoven.

BRUGES. — Jeudi 9 mars, à 7 heures du soir, au théâtre, troisième concert du Conservatoire, sous la direction de M. Karel Mestdagh, avec le concours de M. Jean Gérardy, violoncelliste. Programme : 1. Symphonie en *ut* majeur. *Jupiter* (Mozart); 2. Concerto en *ré* majeur, pour violoncelle et orchestre (Jos. Jongen); 3. Gethsemani, poème symphonique (J. Ryélandt); 4. Variations symphoniques pour violoncelle et orchestre (L. Boëllmann); 5. Ouverture d'Obéron (Weber).

LIÉGE. — Le troisième — et malheureusement dernier grand concert d'orchestre de M. Jules Debefve a eu un vif succès. La partie symphonique en était importante : le public a pris beaucoup d'intérêt au *Wallenstein* de d'Indy, joué en entier, puis à *Till Eulenspiegel* de Strauss, dont le caractère humoristique me paraît pourtant avoir été moins compris, bien que l'œuvre soit depuis longtemps connue ici, enfin à la brillante ouverture de *Gwendoline* de Chabrier. Le tout avait été mis au point avec un soin jaloux et l'exécution fut fort réussie. M. Fritz Kreisler se montra, dans le concerto de Beethoven, le vrai continuateur de Joachim. La pureté de son style, l'exactitude du rythme, la beauté de la sonorité (il jouait un merveilleux Stradivarius) lui valurent un vrai triomphe.

M. Debefve organise, pour mars et avril, un festival belge et wallon à l'occasion du dixième.

anniversaire de l'association de ses concerts; le programme des trois séances qui le composeront n'est pas encore connu, mais on parle déjà de solistes de tout premier ordre.

M. Antoine Cenda, maître de chapelle aux Salésiens, a donné le 27 février une audition d'œuvres liégeoises de tous les temps, dans le programme de laquelle je relève un *Magna vox* de l'évêque Etienne (855-903), deux répons grégoriens de l'abbé Rodulphe (XIIe siècle) extraits de l'office de *Saint-Trudon*, *Immolvit hædum*, motet à quatre voix mixtes de Jean Guyot (†1518), un quatuor à cordes de François Hennau-Delange. du Hamal, du Grétry, et même du César Franck. L'œuvre de Jean Guyot a surtout imposé par sa puissance rythmique et malgré les duretés qu'elle comprend. Il y a, dans cette reconstitution. un bel effort auquel les musicologues applaudiront de grand cœur.

Dr DWELSHAUVERS.

LILLE. — Un excellent virtuose se faisait entendre au cinquième concert populaire, M. Staub, professeur au Conservatoire de Paris. C'est un pianiste très souple et très agile dont la sonorité caressante, la régularité du doigté, l'élégance de l'interprétation ont charmé l'auditoire. M. Staub a donné une exquise poésie au concerto en *mi* bémol de Liszt. Il exécutait avec une de ses élèves les *Variations* pour deux pianos de Saint-Saëns, sur un thème de Beethoven.

L'orchestre, qui paraissait se ressentir encore des fatigues du précédent concert, a trop souvent manqué de précision et d'énergie. L'exécution de l'*ut* mineur, de Beethoven a été terne et inconsistante, sauf quelques rares passages où intervient surtout la virtuosité individuelle. L'interprétation du *Ballet de Hulda* a tout juste été assez claire pour nous convaincre que cette page symphonique, pour la première fois entendue à Lille, était vraiment une bonne chose suivant l'expression même du père Franck. La lutte de l'Hiver et du Printemps y est décrite avec beaucoup de verve et de couleur, la Danse des Elfes, notamment, est un bijou d'élégance.

Le programme comprenait encore un fragment de musique de scène de M. Ratez, directeur de notre Conservatoire, *La Lionne de l'orinthé*, et concluait par les *Danses hongroises* de Brahms, orchestrées par Parlow. M. Sechiari qui avait eu fort à faire pendant cette séance pour entrainer ses musiciens, avait dirigé toutes ces œuvres avec une fougue et une originalité intéressantes.

Le Quatuor Surmont a donné sa troisième séance avec un certain nombre d'œuvres intéressantes et inédites. D'abord un quatuor de M. Ratez : *Chantecler*, dont les thèmes évoquent curieusement les bruits de la ferme et dont les développements sont menés avec beaucoup de science et d'intérêt. Ensuite, une sonate de Strauss que M. Surmont a interprétée en grand artiste, un concerto de Vivaldi pour trois violons, le *Kol Nidrâ* de Max Bruch admirablement phrasé au violoncelle par M. Bacquart, et pour terminer, le jeune et radieux quatuor en *sol* de Beethoven (op. 18, nº 2).

A. D.

MALINES. — Le premier concert de l'Académie de musique a eu lieu le 7 février dernier. Au programme : *Fest-Ouverture* de Lassen et *Carnaval a Paris* de Svendsen, très bien rendus par l'excellent orchestre de l'Académie de musique, dirigé par le directeur M. C. Verelst. Deux mélodies élégiaques (*Herzwunden* et *Letzter Frühling*) de Grieg, finement chantées par un quatuor de cordes. Pour la partie vocale : quatre chants de Brahms, pour voix de femmes avec accompagnement de deux cors et piano. Nous avons remarqué que la version française ne cadre pas bien avec la musique du maître allemand, nous eussions préféré le texte original. A part cela, l'exécution était atisfaisante, voix fondues et justes. Félicitations aux accompagnateurs M. M. Du Bois, professeur de cor, et son élève qui ont rendu, avec beaucoup de douceur, la partie d'accompagnement si ingrate pour leur instrument. Mme Willemot Poortman, professeur de chant à l'Académie de musique, a chanté avec talent le grand air d'*Hamlet* de A. Thomas. Très sympathique au public, cette cantatrice obtint un beau succès. Nous lui reconnaissons une voix bien posée et beaucoup d'expression.

L'assistance très nombreuse a souligné tous les numéros de ce programme varié par des applaudissements prolongés.

R. V. A.

NANCY. — Dimanche 5 mars, à 3 heures, à la salle Poirel, neuvième concert du Conservatoire. Programme : 1. Ouverture de Fidelio (L. Van Beethoven); 2. Ballade, pour piano et orchestre (M. Gabriel Fauré), par M. Edouard Risler; 3. La Symphonie française contemporaine, en *la* majeur (M. Marcel Labey), sous la direction de l'auteur; 4. Poème symphonique, pour piano et orchestre (M. Gabriel Fauré), par M. Edouard Risler; 5. Ouverture du Roi Etienne (L. Van Beethoven). — Le concert sera dirigé par M. J. Guy Ropartz.

Lundi 6 mars. — A 8 3/4 heures, à la salle du Conservatoire, séance de musique de chambre donnée par

MM René Pollain, violoniste et Fernand Pollain, violoncelliste, avec le concours de M. Edouard Risler, pianiste Au programme, œuvres de M. J Ropartz : 1, Sonate en *sol* mineur, pour violoncelle et piano; 2. Ouverture, variations et final, pour piano; 3. Sonate en *ré* mineur, pour violon et piano.

NICE. — Le Casino municipal a représenté le *Grillon du Foyer*, comédie lyrique en 3 actes d'après Dickens; poème de M. Vaucaire, musique de M. R. Zandonaï.

L'impression qui se dégage de cette œuvre nouvelle — la première que le jeune maëstro Zandonaï donne au théâtre — est la même que celle dont nous parlions lors de la création de la *Danseuse de Tanagra*. Du gris, de la monotonie!

J'avais espoir d'entendre une œuvre fine, délicate. intime comme le roman de Dickens; et, malgré toute cette poésie intense, ces idées jolies, ces situations émouvantes, le compositeur n'a écrit que de la musique de « métier », sans souffle, sans inspiration originale. Seul, le troisième acte a été goûté et à juste titre. Des phrases mélodiques d'une charmante venue, une orchestration sinon neuve, du moins simple et facile.

En somme, rien de saillant et succès honorable.

Les interprètes étaient Mlle Marguerite Dyma; MM. Maguenat et Bourillon, de l'Opéra comique; Mlles Presly et Stéphane; MM. Héran et Cottreuil. Tous méritent des éloges ainsi que le distingué chef d'orchestre M. Miranne.

Prochainement nous aurons *Tiefland*, l'œuvre de d'Albert et une reprise de *Louise*, de Charpentier.

Nous attendons avec grande impatience le chef d'orchestre Léon Rinskopf du Kursaal d'Ostende, qui vient nous donner un concert d'œuvres belges avec le concours du violoncelliste Ed. Jacobs.

F.-R. DE BÉHAULT.

PORTO. — L'Orphéon Portugais donne, cet hiver, à ses membres plusieurs concerts avec le concours d'artistes de Paris. En mars, nous aurons M. Jan Reder dans toute une série d'œuvres de Beethoven, Schubert et Schumann. Les 7 et 9 février, nous avons applaudi, à la salle Gil Vicente, Mme Auguez de Montalant, Mme Jeanne Delune et M. Louis Delune. Leur succès prouve qu'on apprécie en Portugal aussi bien d'ailleurs les belles œuvres quand elles sont interprétées par de vrais artistes.

Mme de Montalant a chanté une quinzaine de *Lieder* avec la voix expressive et sympathique qu'on lui connaît.

Mme Delune, dont le talent de violoncelliste, le style, la sonorité et le charme tout particulier est si

apprécié s'est fait entendre — accompagnée par
M. Delune — dans des sonates de Bach, de
Beethoven, de Brahms et de M. Delune. Cette
dernière œuvre, ainsi que le *Poème*, pour violoncelle, du même compositeur, ont beaucoup plu ici,
malgré leur forme sévère. Au piano, M. Delune a
joué des pièces de Hændel et de Scarlatti. En *bis*
il a joué une *Fileuse* et une charmante *Petite suite*
pour piano qui va, nous dit-on, être publiée sous
le titre de *Petits riens*.   MANOEL.

OSTENDE. — **Dimanche 12 mars,** à 3 ½ heures
de relevée, en la salle de l'Académie de musique,
distribution des prix, et concert sous la direction de
M. Léon Rinskopf. Programme : 1. Marche des Rois
Mages, de l'oratorio Christus (Liszt); 2. Les Saisons,
cantate pour chœur d'enfants et orchestre (Léon Du
Bois); Distribution des prix: 3. Ouverture du drame
musical Godelieve (E. Tinel); 4. Patria, cantate pour
chœur d'enfants et orchestre (Jan Blockx).

TOULOUSE. — Le quatrième concert de
la Société du Conservatoire était en majeure
partie consacré à l'école moderne. Il débutait par
la symphonie en *si* bémol de Chausson, dont l'exécution fut très fouillée, mais il faut bien l'avouer,
les phrases en sont courtes, l'instabilité tonale y
est par trop manifeste, si même l'instrumentation
est d'une fluidité prenante. Une autre œuvre d'un
modernisme plus accusé dans lequel l'influence de
Vincent d'Indy se fait sentir, c'est le poème symphonique d'un jeune toulousien, M. Jean Poueigh,
écrit sur *Les Lointains* de M. Hortola. L'orchestre
de M. Jean Poueigh est plein de vigueur et de
coloris, les thèmes conducteurs sont bien caractérisés. Félicitons M. Lasserre, basse chantante du
théâtre du Capitole, de sa bonne déclamation.
La *Danse macabre* de Saint-Saëns et la *Rapsodie
norvégienne* de Lalo, complétaient la partie orchestrale du programme.

Le succès fut pour M. Marck Ham
bourg, pianiste d'un très grand talent, qui exécuta
le concerto en *mi* bémol de Beethoven avec une
virtuosité incomparable, une *Gavotte* avec variations de Rameau et la *Grande Polonaise* de Chopin.
     OMER GUIRAUD.

TOURNAI. — La deuxième audition des
concerts de notre Académie de musique
comportait un programme des plus éclectique
dont l'exécution sous la direction de M. Nic.
Daneau a obtenu un très réel succès. Y figuraient
notamment ; la *Symphonie inachevée* de Schubert,
Zorahayda, légende de Svendsen, une danse slave
de Dvorak, une *Rêverie* de Scriabine, une *Sérénade*
de Glazounow et *Nachklänge von Ossian* de Niels
Gade.

En soliste. la commission administrative de ces
concerts nous présentait un jeune violoncelliste
bruxellois, M. Victor Absalon, le candidat qui,
paraît-il, a le plus de chance de remplacer, dans le
corps professoral de l'Académie, le brave Louis
Paternoster, mis à la retraite après de longs et
loyaux services. À la façon presque magistrale
dont M. Victor Absalon a interprété avec orchestre
le concerto en *ré* de Lalo, avec les qualités qu'il a
montrées dans diverses pièces pour violoncelle et
piano (accompagnateur, le toujours excellent
M. Jules Detournay), j'ai tout lieu de croire que mes
concitoyens n'auront pas à se plaindre du nouvel
élément qu'il est fortement question d'introduire
dans le corps professoral et l'orchestre de notre
méritoire établissement officiel d'instruction musicale.   J. D. C.

NOUVELLES

— Le roi Georges V d'Angleterre a donné au
British Museum de Londres sa bibliothèque musicale, conservée jusqu'ici au palais de Bucking-
ham. On ne sera pas tout de suite accessible au
public. On attendra qu'elle soit transférée dans les
nouvelles galeries du British Museum que l'on
construit place Montaigu. La collection comprend
un millier de manuscrits et trois fois autant de
livres imprimés que les travailleurs pourront consulter à loisir lorsque tous ces ouvrages auront
été savamment catalogués.

On ne sait pas très bien comment s'est formée
cette bibliothèque musicale des rois d'Angleterre.
Elle ne fut pas comprise dans la série d'ouvrages
que le roi Georges II déposa, en 1757, au British
Museum, et qui appartenait à sa bibliothèque
privée. Mais elle existait déjà à cette époque et
comprenait alors, entre autres choses précieuses,
les œuvres imprimées des musiciens anglais du
XVIIe siècle, un volume de concertos autographes
de Scarlatti, les œuvres de Giovanni Coperario et
d'autres raretés. La bibliothèque s'enrichit, sous
Georges III, de la collection considérable des
manuscrits de Hændel, qui comptait quatre-vingt-
huit volumes autographes et quarante et un volumes de copies. Ces ouvrages furent donnés à la
Bibliothèque du Roi par l'héritier de Hændel,
John Christopher Smith, reconnaissant à la reine-
mère de la pension qu'elle lui servait.

Un autre donateur, Philips Hages, remit à la
Bibliothèque du Roi un manuscrit autographe de
Henry Purcell, contenant quarante-six odes, des
mélodies et diverses autres compositions.

Presque toutes les œuvres des grands musiciens,

éditées, ou réédités au XIXᵉ siècle, furent acquises par la Bibliothèque du Roi, sous le règne de la reine Victoria. C'est ainsi qu'y figurent les meilleures éditions des opéras de Richard Wagner, des œuvres de Gluck, de Chérubini, de Grétry, de Spontini, de Boïeldieu, d'Hérold, de Berlioz, de Weber, d'Auber, de Massenet, de Puccini, de Mascagni, etc. Les musicologues et tous les musiciens salueront avec reconnaissance l'acte de générosité du roi Georges V, qui vient de mettre tous ces trésors à leur disposition.

— Le comité de l'Association des Musiciens suisses a décidé de commémorer le souvenir de l'éminent théoricien Mathis Lussy.

Après avoir étudié diverses façons d'honorer la mémoire du théoricien du rythme et en particulier une proposition tendant à lui élever un monument dans sa ville natale, le comité est arrivé à la conclusion que le meilleur hommage à rendre à Lussy était encore de propager ses idées. Il a donc résolu de faire préparer une brochure où, à côté de quelques notes biographiques, figurera un exposé simple et populaire de la doctrine de Lussy, d'après ses ouvrages. Cette brochure sera publiée en deux langues et vendue à bas prix. Des exemplaires gratuits seront en outre largement répandus lorsque la chose paraîtra utile. La publication n'aura en tous cas aucun caractère de spéculation et l'Association des Musiciens suisses en prendra à sa charge les risques financiers. En sus de ce monument littéraire, l'Association se propose encore de faire placer sur la maison mortuaire de Mathis-Lussy, à Montreux, une plaque commémorative qui sera inaugurée à l'occasion de la prochaine réunion des Musiciens suisses, à Vevey en 1911. Ces diverses entreprises coûteront de l'argent, surtout la première. Pour faire les choses comme il convient, les ressources dont dispose l'Association ne suffisent pas. Aussi a-t-elle compté sur le concours des artistes et de tous les amis et admirateurs de Lussy. Elle leur demande d'unir leurs efforts aux siens et de contribuer par un don à l'œuvre dont elle a pris l'initiative. Toute contribution, grande ou petite, sera reçue avec reconnaissance et le comité de l'Association rendra compte publiquement de l'emploi des fonds qui lui seront ainsi confiés.

— L'actif impresario Oscar Hammerstein espère inaugurer en novembre prochain le nouvel opéra qu'il construit actuellement à Londres. A quelqu'un qui lui demandait comment il ouvrirait la première saison, il répondit : avec des dettes. Ce qui n'est pas pour décourager son activité. Il

compte beaucoup sur l'avenir. Déjà il a acquis le droit de représenter à Londres, cet hiver, Don Quichotte de Massenet, Le Miracle d'Hue, et Quo Vadis de Nouguès.

— Le compositeur Henri Zöllner, dont on a joué avec succès la première œuvre théâtrale, La Cloche engloutie, a terminé un nouvel opéra en deux actes, Le Bohémien, d'après la nouvelle homonyme de Maxime Gorki.

— Dans sa dernière séance, l'Académie Philharmonique de New-York a nommé membres d'honneur de sa compagnie Richard Strauss, Nikish, Humperdinck, Busoni, Puccini, Sgambati, Schuch, Iwan Knorr, von Relius, Marcella Sembrich, Etelka Gerster et Caruso.

— Notre compatriote, M. Théodore Jadoul, le protagoniste à Liège — et en Occident peut-on dire — de la jeune école russe dès 1885, vient de recevoir le brevet de chevalier de l'ordre impérial de Saint-Stanislas.

— La Société de la maison Beethoven, à La Haye, prépare un festival Beethoven, qui sera donné du 17 au 30 avril prochain, sous la direction des capellmeister Henri Viotta, S. von Hausegger et Guillaume Kes. Le comité organisateur s'est assuré le concours d'un chœur de quatre cents chanteurs, du Residentieorchester, qui compte cent dix musiciens, du quatuor tchèque et de nombreux artistes français, allemands et hollandais. Il a inscrit au programme les neuf symphonies, les quatuors, les sonates pour piano et violoncelle, les sonates de violon. Les fêtes se termineront par une représentation de Fidelio.

— Le Concert populaire organisé à Genève par le professeur H. Kling, a obtenu un gros succès artistique. Malheureusement, le public protestant genevois ne s'intéresse absolument pas à la musique sacrée, en sorte que le but de M. Kling, qui est de consacrer la recette à la pose d'une plaque commémorative dans la Cathédrale pour rappeler le nom des deux compositeurs du Psautier genevois : Louis Bourgeois et Pierre Daguès, n'a pas été atteint, ce qui est vraiment fort regrettable.

M. Aimé Kling fils a joué d'une façon tout à fait remarquable sur la viole d'amour, aux délicieuses sonorités, une Chaconne de Marais et la IIᵉ Sonate d'Ariosti. L'auditoire a été également tenu sous le charme, par l'exécution impeccable des pièces d'orgue de Mendelssohn, Boëly et Hændel, par M. Otto Barblan. Puis, ce fut l'Adagio du Concerto en mi de J.-S. Bach, pour violon, par M. Ernest Christen. Enfin, un excellent double quatuor mixte, dirigé avec entrain par M. le professeur H. Kling, a chanté trois Psaumes de L. Bourgeois et trois autres de Dagues dans la version originale, harmonisés par Goudimel.

M. Kling mérite les plus sincères remerciements et des félicitations pour son initiative; espérons qu'il parviendra à la réalisation de la plaque projetée.

· — Le conseil communal de Leipzig a accordé un subside de 5,000 marks pour assurer le succès du second festival Bach, que l'on prépare en ce moment. Il y aura, au cours de ces fêtes, des auditions populaires à prix si réduit, qu'elles seront accessibles à tout le monde.

— Le comité général du Congrès international de musique, qui se tiendra à Londres, à la fin du mois de mai, déploie une grande activité. C'est la première fois qu'un congrès international de musique se réunit en Angleterre. Cette semaine, le comité s'est réuni à Mansion-House, sous la présidence du lord-maire, pour prendre les dispositions les plus urgentes.

— M. Andrew de Ternant, musicologue anglais, rassemble des matériaux d'un dictionnaire international d'écrivains et critiques musicaux du monde entier, depuis les temps les plus reculés jusqu'à nos jours. Toutes les communications relatives à cette publication projetée seront reçues par M. de Ternant, 25, Speenham Road, Brixton, S. W. Londres.

— Au dernier concert d'abonnement d'Aix-la-Chapelle, la *Damnation de Faust*, de Berlioz, a été interprétée, en français, avec le plus grand succès, par Mlle Auguez de Montalant, MM. Plamondon et Laromiguière de Paris, et M. Henrotti de Liège.

— Le concert Bach, organisé récemment à Berlin, par le Chœur Philharmonique, sous la direction de Siegfried Ochs, rapporta un bénéfice net de 5.000 marks, somme qui fut mise par le comité organisateur, à la disposition de l'empereur d'Allemagne. Celui-ci l'a transmise à la nouvelle Société Bach, avec prière de la consacrer à l'entretien de la maison natale du vieux cantor à Eisenach.

— Ainsi que nous l'avons annoncé, un congrès international de musique se tiendra à Rome, cette année, pendant les fêtes patriotiques. Au nombre des premiers adhérents figurent Richard Strauss, Debussy, Massenet, Arrigo, Boïto, Goldmark, Engelbert Humperdinck et Reger.

— Des fêtes musicales se succéderont à Roubaix d'avril à octobre. Outre un Festival permanent,

auquel prendront part de nombreuses sociétés des départements du Nord, de Paris et de la Belgique, de grandes solennités musicales seront organisées dans l'enceinte de l'Exposition avec le concours des phalanges les plus réputées du Nord, de l'Angleterre, de la Belgique et de la Hollande. L'Exposition s'ouvrira le 23 avril prochain.

BIBLIOGRAPHIE

DERNIÈRES PUBLICATIONS MUSICALES. — CHANT ET PIANO : *Six pièces à chanter*, par LOUIS DELUNE (Office musical, 55, rue de Chateaudun, à Paris, et Ledent-Mallay, à Bruxelles. Un charmant cahier, sur des paroles de M. Chassang, inspirées de poésies populaires ; une grande distinction de pensée et un style d'ailleurs très varié recommandent ces pages. Rien de plus délicat que « Jésus s'endort », de plus vibrant que « La Rebelle » ou la « Chanson à danser »... — *Terrienne*, par B. CROCÉ-SPINELLI (Durand et fils) ; une large et forte poésie qui semblerait plutôt un chœur à l'unisson avec orchestre. — *Huit mélodies*, par LÉON CANTON (Rount, Lerolle), suite extrêmement intéressante, pleine de poésie et d'un accent personnel original, avec un accompagnement très fondu avec la mélodie mais sans l'envahir. A citer particulièrement : la « Chanson Bretonne », qui a un grand caractère, « Ballade », « Menuet », « Je cherche en vain ma bien-aimée »... Le texte est de Pierre Reyniel. — *Nocturne* et *Elégie*, par ACHILLE PHILIP (Demets). Deux poèmes plutôt que deux mélodies, intéressantes mais difficiles et d'accompagnement complexe. — *Mélodies* et *Chansons intimes*, par A. BERTELIN (Demets), deux suites de six et de cinq mélodies, également dans ce caractère subtil, impressionniste et symphonique en somme, qui est si spécial à toute une école moderne lyrique et en rend d'ailleurs l'exécution si difficile : c'est intéressant, c'est coloré, ce sont de petits poèmes et de petits tableaux sonores, ce n'est plus la liberté et la spontanéité des *lieder*. — *Quatre chansons d'enfant* par JOSEPH CIVIL Y CASTELLVI (Edition Mutuelle et chez Rouart). Chansons catalanes (avec version française de J. Chuzeville) d'une jolie couleur, mais très moderne par l'accompagnement.

PIANO. — *Diverses pièces et variations pour piano sur un thème obligé*, par SWAN HENNESY, H. RASCH, G. LOTH, A. DELACROIX et H. FRYER (Demets), très curieuse suite de morceaux très différents de caractère, traités surtout en variations, sur un même thème extrêmement simple, tantôt noyé dans une harmonie extrêmement pittoresque et nourrie, tantôt à découvert par l'une des mains ou même une troisième main dans les notes aiguës. L'ensemble est des plus originaux. — *Ma Mère l'Oie*, de MAURICE RAVEL (Durand et fils). Transcription à deux mains des cinq pièces enfantines pour quatre mains, d'un si joli caractère. *Trois chorals pour orgue*, de CÉSAR FRANCK (Durand et fils). Transcription pour piano à deux mains par Mme Blanche Selva : Travail remarquable sur un chef-d'œuvre. — *Prélude d'un ballet*, par ROGER-DUCASSE (Durand et fils). Réduction par l'auteur, de l'orchestre, pour piano à deux et à quatre mains — *Suite française* en ré majeur, du même (Durand et fils) : Ouverture, bourrée, récitatif et air, menuet vif, transcription par l'auteur pour deux pianos à quatre mains.

PIÈCES INSTRUMENTALES. — *Petite pièce pour clarinette et piano*, par CL. DEBUSSY (Durand et fils). — *Concerto pour violoncelle et orchestre*, par J. JONGEN (Durand et fils), transcription par l'auteur pour violoncelle et piano : trois parties. — *Quatuor* à cordes, par M. RAVEL (Durand et fils). Petite partition de poche, nouvelle édition revue par l'auteur. — *Quatuor* à cordes en *si* bémol, de C. SAINT-SAENS (Durand et fils). Transcription pour deux pianos, à quatre mains, par J. GRISET, de l'op. 41. Excellente idée qui sera très appréciée, car l'œuvre est des plus remarquables et la réduction en donne bien la couleur.   H. DE C.

— Donner aux pianistes une notion exacte de la manière de transposer dans tous les tons, sans qu'ils soient tenus de se familiariser, au préalable, avec le système des différentes clefs, tel est le problème que M. L. V. Declercq, professeur à l'Académie de musique de Charleroi, a résolu dans son *Cours pratique de transposition*. (Schott frères, éditeurs, à Bruxelles).

L'exposé, très précis, des principes de la transposition, que M. Declercq développe savamment dans son nouvel ouvrage, avec application de modèles à jouer dans tous les tons et qui sont habilement gradués au point de vue de la difficulté technique ou tonale, constitue un travail à la fois fort utile et bien intéressant.   A. O.

NÉCROLOGIE

De Monte-Carlo, on annonce la mort de M. Maxime-Auguste Vitu, décédé à l'âge de cinquante-cinq ans. Après avoir suivi les cours de l'Ecole des Chartes, il débuta dans la presse théâtrale sous les auspices de son père, Auguste Vitu, qui était alors au *Figaro*. Il était, presque depuis sa fondation, secrétaire du Cercle de la critique dramatique et musicale, qu'il représentait aussi dans le comité de direction de l'Œuvre des Trente ans de Théâtre.

— Le compositeur et musicologue Nikolai von Wilm vient de mourir à Wiesbaden. Né le 4 mars 1834, à Riga, il fit ses études au Conservatoire de Leipzig et devint capellmeister dans cette ville natale. Sur la recommandation de Henselt, il devint, en 1860, professeur de piano et de composition à l'Institut Nicolas de Saint-Pétersbourg, s'établit à Dresde en 1875 et ensuite à Wiesbaden. Ses compositions comprennent environ deux cents numéros, presque exclusivement de musique de chambre. Il a publié à Riga un volume de poésies en 1880.

— On annonce de Budapest, la mort de M. Xaver Szabo, musicologue, professeur au Conservatoire.

— Louis Gundlach, auteur de *Lieder*, est mort à Dresde, à l'âge de quarante-deux ans.

— A Dresde également, est mort cette semaine, à l'âge de soixante ans Edouard Reuss, professeur au Conservatoire. Ecrivain musical distingué, Edouard Reuss a consacré de nombreux articles à l'œuvre de Richard Wagner et à la personnalité de Liszt, dont il avait été l'élève. Il publiait encore il y a peu de temps, toute une série de lettres inédites de Liszt. Il avait épousé la chanteuse Louise Belo. Son corps a été incinéré à Chemnitz.

57ᵐᵉ ANNÉE. — Numéro 11.   12 Mars 1911.

LE GUIDE
MUSICAL

LE FEU DE LA SAINT-JEAN
de Richard STRAUSS

———

L E hasard des conventions entre
éditeurs et directeurs de théâtres
a voulu que les Bruxellois connaissent seulement le *Feu de la
Saint-Jean*, la deuxième œuvre dramatique
de Richard Strauss, après avoir applaudi
Salomé et *Elektra*, de création plus récente (1).

Elektra et *Salomé* ont assuré à Richard
Strauss la réputation d'un puissant manieur de sonorités qui, dans une langue
musicale d'une richesse, mais aussi d'une
complication extrême, exprime des passions poussées à leur paroxysme. Or,
quand il composa *Salomé*, Strauss avait
déjà à son actif un chef-d'œuvre de musicalité spirituelle et gaie : *Le Feu de la
Saint-Jean*.

Si peu croyable que paraisse le fait, il
n'étonnera cependant pas ceux qui connaissent dans son ensemble l'œuvre du
maître bavarois. Strauss a toujours témoigné d'une exceptionnelle souplesse.
Nul, autant que lui, parmi les musiciens

———

(1) La première de *Feuersnot* ou *Le Feu de la Saint-Jean*
eut lieu à Dresde, le 21 novembre 1901.

contemporains, n'a su donner une physionomie aussi caractérisée à chacune de ses
créations. Alors que d'autres, même les plus
réputés, usent toujours de moyens identiques, se meuvent dans la même gamme
de sentiments, Richard Strauss se renouvelle sans cesse. On retrouve partout sa
magie orchestrale et son étonnante virtuosité de combinaison, mais chaque œuvre
a son style propre. Des poèmes symphoniques *Don Juan* et *Mort et Transfiguration*
à l'humoristique *Till Eulenspiegel* le pas
est décisif : la personnalité de Strauss se
libère de toute influence wagnérienne. Il y
a loin de la splendeur décorative d'*Une vie
de héros* à la tendresse de la *Sinfonia
domestica*. Entre *Elektra* et le *Feu de la
Saint-Jean* il y a un monde.

*
* *

Le sujet du *Feu de la Saint-Jean* fut
inspiré à Strauss par une légende du pays
flamand : *Le Feu éteint d'Audenaerde*,
recueillie par tradition orale, voici bientôt
trois quarts de siècle (1). Avec l'aide d'Ernst
von Wolzogen, Strauss adapta la légende à
la scène, en y glissant quelques allusions
personnelles ; M. von Wolzogen écrivit le

———

(1) On lira avec intérêt sur ce sujet une savante notice
de M. Ernest Closson : *Les Origines légendaires de
Feuersnot* de Richard Strauss. — *Revue de l'Université de
Bruxelles*, 1902-1903.

livret en une langue dont la désinvolture relève encore la saveur du dialecte munichois adopté par lui. Et voici les moments principaux de l'action :

C'est le soir de la Saint-Jean; Munich est en fête. Le jeune magicien Conrad subitement épris de Lisbeth, la fille du bourgmestre, lui dérobe un baiser. La jeune fille jure de se venger de cet affront. La nuit venue elle paraît au balcon de sa chambre. Conrad resté dans la rue, maintenant déserte, lui murmure son amour. Lisbeth, feignant de se laisser toucher, persuade à Conrad de prendre place dans un panier à poulie afin d'être hissé jusqu'à la chambre de la jeune fille. Conrad obéit. Le panier se met à monter et... s'arrête à mi-hauteur laissant l'amoureux suspendu entre ciel et terre, en butte aux quolibets de la foule ameutée par trois amies de Lisbeth. Conrad, furieux d'avoir été joué, se sert de son pouvoir de magicien pour éteindre tous les feux de Munich et il déclare à la foule qui se morfond dans l'obscurité. que « d'un brûlant baiser de vierge seul renaîtra la flamme du feu ». Lisbeth doit se donner à Conrad. Elle ne se fait guère prier et les amusantes exhortations de ses concitoyens et de ses concitoyennes sont peut-être un peu superflues. Conrad est admis dans la chambre de Lisbeth. Une symphonie orchestrale décrit la scène d'amour en un long crescendo dont le point culminant correspond au retour de la lumière. On entend un instant la voix des deux amants et le peuple laisse bruyamment éclater sa joie.

* *

La partition du *Feu de la Saint-Jean* offre un extraordinaire mélange d'audace et de simplicité. Sa lumineuse clarté cache un travail thématique très fouillé, dont les détails ne se révèlent qu'à un examen attentif. Moins complexe que *Salomé*, le *Feu de la Saint-Jean* est pourtant fort difficile. Les chœurs, notamment, doivent posséder une sûreté d'intonation peu commune.

L'intérêt musical n'est pas ici le privilège exclusif de l'orchestre. La voix humaine n'est pas l'humble servante de la symphonie. C'est à elle, au contraire, qu'est très souvent confiée la ligne mélodique principale. Et que de jolies choses Strauss lui fait chanter ! La mélodie éclôt abondante et variée. tour à tour passionnée, ironique ou d'une naïveté charmante. Jamais l'auteur de *Salomé* n'avait montré autant d'insouciance et de gaieté ; jamais il n'avait eu pareille fraîcheur d'inspiration.

Ce caractère de la musique est dû en partie aux chansons populaires munichoises que Strauss a introduites dans son œuvre (elles forment le pendant musical du dialecte munichois adopté par Ernst von Wolzogen pour le livret).

Déjà E. Humperdinck, dans son exquise légende de *Hænsel et Gretel*, avait utilisé on sait avec quel bonheur, un certain nombre de chansons enfantines. Richard Strauss n'a pas été moins heureux. Il a si bien réussi à s'imprégner de l'esprit de la chanson populaire que celle-ci s'enchâsse tout naturellement dans les inventions du compositeur et fait corps avec elles.

Richard Strauss ne se contente pas d'adapter des paroles nouvelles à la musique des chansons populaires. Celles-ci deviennent pour lui un matériel thématique et ils soumet à des transformations caractéristiques. C'est ainsi que la chanson *Mer san net von Pasing, mer san net von Loam, mer san von dem lustigen Menzing dahoam* (Nous ne sommes pas de Pasing, nous ne sommes pas de Loam, nous sommes du joyeux pays de Menzing) apparaît pour la première fois quand le vieux bigot de Tulbeck raconte la terrifiante histoire du géant Onuphrius. Elle est en mineur, lourdement appuyée et parodie agréablement la marche des géants de l'*Or du Rhin* de Wagner. Un peu plus tard, elle souligne les paroles sensées du forgeron Kofel dans une claire tonalité majeure, ornée de gracieuses broderies.

Si savoureux pourtant que soient les emprunts faits par Richard Strauss au folklore de sa ville natale, ils n'atteignent pas à la beauté des créations propres du musicien « dans le style populaire ». Rien de plus ingénu, de plus franchement joyeux que les chœurs d'enfants célébrant la Saint-Jean; rien de plus gracieux que la mélodie chantée par Lisbeth quand elle distribue des friandises aux enfants ; rien de plus véritablement *populaire* que certains chœurs de la foule.

Le Feu de la Saint-Jean a permis une fois de plus à Richard Strauss de donner libre cours à sa verve railleuse. L'ironie fut toujours une des caractéristiques de son génie. Le *Till Eulenspiegel*, l'épisode des *Adversaires* dans *Une Vie de Héros* sont célèbres pour leur ton de persiflage. Mais ce qu'il y a parfois d'amer et de grimaçant dans ces poèmes symphoniques, a disparu dans *Le Feu de la Saint-Jean* pour faire place à une bonne humeur narquoise qui ne se dément pas un instant.

Strauss dispose de multiples ressources pour ironiser. L'une d'elles est la transformation des thèmes dans laquelle il déploie une ingéniosité sans pareille. La plupart des motifs du *Feu de la Saint-Jean* sont ainsi caricaturés. Des thèmes noblement passionnés sont repris en mouvement de valse; des motifs chaleureux présentés dans un rythme sautillant. La façon dont est défiguré le joli chœur d'enfants du début, évoque on ne peut mieux les pleurnicheries d'enfants peureux.

Autre moyen d'ironiser, employé déjà par Schumann dans un de ses plus beaux *Lieder : Un homme aime une femme (Amours de poète)*; c'est la juxtaposition de paroles sérieuses et d'une musique badine. Quand, du haut de son panier, Conrad exhalte avec un bel enthousiasme son maître Richard, jadis chassé de Munich, et se déclare son disciple, l'orchestre fait entendre un rythme de valse qui semble rappeler au magicien le ridicule de sa position et lui conseiller un peu plus de modestie. Le Maître Richard, en effet, est en l'occurrence Richard Wagner et le disciple qui se proclame son successeur n'est autre que Richard Strauss lui-même.

Dans les pages lyriques, Strauss a mis le plus pur de son inspiration. Sentiments toujours tempérés. Rien dans leur tendresse ou leur élan juvénile qui rappelle le ton de la tragédie. La scène où Lisbeth évoque la honte de l'affront public qu'elle a reçu est d'une mélancolie pénétrante. Strauss cueille des fleurs rares dans le jardin des dissonances.

Avec la symphonie finale le ton s'élève. Des thèmes chaleureux se croisent et se répondent. La passion grandit. Elle arrive à son point culminant; un court point d'orgue; les feux se rallument; et c'est la première mélodie de Lisbeth qui salue joyeusement le retour de la lumière.

FRANZ HACKS.

LA SEMAINE

PARIS

A L'OPÉRA, grâce à la présence d'Ernest Van Dyck, nous avons encore quelques belles représentations wagnériennes à enregistrer, et le *Crépuscule des Dieux*, tout d'abord, dont l'ensemble est très supérieur à celui des *Maîtres Chanteurs*. A côté de ce Siegfried toujours si étonnant de vivacité de jeunesse et d'éclat, d'une fantaisie et d'un charme si séduisants dans les scènes du dernier acte; à côté du magistral Hagen qu'incarne M. Delmas, farouche et sonore à merveille; une nouvelle Brunnhilde nous est apparue cette fois dans la personne de Mlle Demougeot, et vraiment nous a surpris par la réalisation très pure, très musicale de son personnage. Cette belle artiste ne paraît jamais plus en progrès, comme fermeté vocale et sûreté de style, que lorsqu'elle s'attaque à plus forte partie. L'air écrasant du dernier acte a été gradué et conduit par elle avec la plus rare maîtrise; mais c'est qu'aussi elle avait su, au cours des actes précédents, mettre en valeur les passages de charme et de grâce, sans donner à tous, comme d'autres, une force uniforme. Mlle Lapeyrette, une fois de plus, s'est montrée la meilleure Waltraute que nous ayons entendue ici. L'orchestre de son côté, a été merveilleux de sonorités exquises dans les pages de pure symphonie, si admirables dans cette partition, sous la direction vibrante, émue vraiment, de M. Rabaud. — Nous aurons *Tristan* maintenant, la semaine prochaine.   M. DE C.

Concerts Lamoureux. — Ce n'est plus un concert, c'est un concours. Sujet imposé : le *Faust* de Gœthe. Schumann, Berlioz et Liszt le traitent tour à tour. Au début, c'est la première partie du *Faust* de Schumann Elle est confiée à M. Seagle et à Mme Jeanne Raunay. Voix forte, cuivrée, M. Seagle a un accent déplorable et une diction fâcheuse ; il appuie des mots insignificatifs : *des, sur*, etc. et glisse sur d'autres qui sont importants, il s'échauffe à froid et demeure inintéressant. Mme Raunay est exquise. Fermez les yeux pour oublier la scène, la salle, l'entour en un mot, et vous entendez Marguerite elle-même, sa voix pure, jeune, fraîche ; c'est elle que trouble le premier aveu, elle qui effeuille la pâquerette, enfant puérile qui atténue d'une candide promesse l'innocent adieu. Non moins remarquable en interprétant la *Prière*, Mme Raunay fut émouvante dans la *Scène de l'Église* que les chœurs emplissent de leur terrible *Dies iræ*.

La *Damnation de Faust*, de notre grand Berlioz, nous permet d'apprécier M. Paulet, un ténor à la voix chaude, bien conduite, bien timbrée. Cet artiste qui est un excellent musicien, nous paraît avoir, devant lui, le plus bel avenir. M. Seagle assumait le rôle de Méphistophélès... Il ironise et chante « ô *pire* (pure) émotion ». L'auditoire comprend comme il peut ce chanteur animé, au reste, des meilleures intentions. M. de Laromiguière fut un Brander apprécié ; sa « Chanson du Rat » le mit en pleine valeur.

Les trois tableaux de la *Faust-Symphonie* sont admirables. Toute la philosophie, disons : toute la littérature, n'y vient pas submerger la musique, qui depuis !... La beauté reste, ici, musicale ; on peut s'intéresser, s'émouvoir, s'attendrir, même sans la suggestion des titres. C'est splendide de couleur, d'une plénitude et d'une puissance que Wagner ne devait pas oublier. M. Chevillard conduit toutes ces pages avec son habituelle maîtrise. Les chœurs, duement stylés, et l'orchestre, sans faiblesse, assurent le succès de cette journée. N'oublions pas M. Bonnet, l'excellent organiste, qui mit au service de Liszt son remarquable talent. **M. DAUBRESSE.**

Concert Sechiari. — Dans une interview parue le 11 février dans *Excelsior*, M. Debussy s'exprimait ainsi : « Le jour lointain où je ne susciterai plus de querelles, je me le reprocherai amèrement. Dans mes œuvres dernières dominera nécessairement la détestable hypocrisie qui m'aura permis de contenter tous les hommes ». Que M. Debussy se lamente sur lui-même dès aujour-

d'hui ! Le jour qu'il annonçait lointain, le 11 février, est le 5 mars. Les trois ballades de Villon, entendues pour la première fois et très artistiquement chantées par M. Clarke, ont conquis les suffrages du public entier venu au septième concert Sechiari. La première, *A s'amye*, est pleine de délicatesse ; la seconde, *A Nostre Dame*, a le charme des vitraux anciens ; la troisième, *Les Femmes de Paris*, pétille d'esprit et de verve. M. Debussy, qui dirigea l'orchestre, ne parut pas trop souffrir de son succès. Qu'il nous pardonne de goûter les trois ballades et qu'il pardonne au public de lui faire perdre sa propre estime. — Au piano, M. Victor Gilles, qui exécuta le concerto en *fa* mineur de Chopin. Son jeu élégant, subtil, précieux même, toujours expressif, a dessiné finement les broderies qui agrémentent ces pages du maître et en a fort bien traduit la grâce sentimentale.

A l'orchestre, conduit par M. Sechiari, le *moto perpetuo* de Paganini exécuté par tous les premiers violons — tours d'adresse qui fort heureusement ne dure pas perpétuellement ; la symphonie en *ut* majeur (n° 7) de Schubert, œuvre riche en idées musicales d'une généreuse inspiration mais longue malgré la suppression de mainte reprise ; l'ouverture de *Léonore* (n° 3) de Beethoven et, pour clore la séance, Komarinskaja de Glinka, dont les motifs d'allure populaire se revêtent des beautés d'une magnifique orchestration. **H. D.**

Concerts A. Durand et fils. — Personne n'a oublié le grand succès que remportèrent l'an dernier les concerts organisés par M. M.-A. Durand et fils. M Rhené Baton y vit naître sa jeune gloire de chef d'orchestre et la musique française moderne gagna de belles victoires. Après un tel éclat il fallait que la musique de chambre nous donnât l'orgueilleuse joie de triompher à son tour, car nulle époque ne fut plus brillante par la qualité des œuvres produites. Le choix cependant est limité aux seuls ouvrages du fonds Durand, mais il est riche et varié, comme vous l'allez voir en ces cinq séances où les œuvres qui caractérisent le mieux le talent, voire le génie, de quelques-uns de nos meilleurs compositeurs seront exécutées par des interprètes fameux. Dès la première soirée — mercredi 1er mars — le quatuor à cordes, de M. Saint-Saëns, la sonate pour violon et piano, de M. G. Samazeuilh, *Gaspard de la Nuit*, trois poèmes pour piano, de M. Maurice Ravel et le troisième trio d'Edouard Lalo, sont au programme. Il ne s'agit point de découvrir la valeur et la beauté de ces ouvrages tous connus, mais de considérer si le temps n'a pas eu prise sur eux et si, à les entendre aujourd'hui, nous ressentons les mêmes impressions que naguère. Chacun juge ici selon ses préférences. Ce qui nous paraît être le plus durable n'a-t-il pas déjà cesser de durer? Rien ne vieillit si vite que la musique! Nous nous trompons sans doute en disant que le trio de Lalo a conservé l'éclat de sa jeunesse et que *Gaspard de la Nuit* est écrit sur le marbre. La parole est à la postérité.

ANDRÉ-LAMETTE.

Salle Erard. — Les éloges que l'on adressait à Mlle Madeleine Fourgeaud, lors du très brillant premier prix qu'elle a obtenu en 1910 dans la classe de M. I. Philipp, se trouvent justifiés par son premier concert du 2 mars. A une technique très développée, elle joint un son délicieux, un jeu d'une rare distinction, vivant, coloré. Mais ce qu'il faut louer avant tout chez elle, c'est un style simple, pur, musical et la plus charmante et naturelle tenue au piano. Son programme était composé du quintette de C. Chevillard, de la sonate op. 13 de Fauré, de la sonate à deux pianos avec combinaisons intéressantes de Tarenghi, de la délicieuse romance de Widor, d'un intermezzo de Nicolaiew et de l'étincelant caprice — bissé — de Philipp dont les moindres nuances ont été mises en valeur, M. Philipp étant au second piano. L'interprétation des soli, chants polonais et sonnet de *Pétrarque* de Liszt, barcarolle de I. Philipp, *Chant du Ruisseau* de Widor, pièce romantique de Moszkowski, etc. a vivement intéressé par le souci des détails et le sentiment de noblesse, de mélancolie ou de grâce imprimé à toutes ces œuvres. Le concert, en somme, a mis en lumière d'une façon tout à fait remarquable les précieuses qualités de Mlle M. Fourgeaud.   T. C.

— Mlle Léonie Lapié nous étonne chaque année par la maturité croissante de son style et de sa personnalité musicale. Quand elle tient le violon entre ses mains, visiblement, le monde n'existe plus autour d'elle. Le concert qu'elle a donné le 3 mars, avec un orchestre dirigé par M. Moutaix, l'a montrée constamment sous ce jour, comme une « évocatrice » de la poésie, de la fantaisie, de l'inspiration qu'elle avait à interpréter. Elle a joué le concerto en *mi* bémol de Mozart (tout de même choisis-ez-en donc un autre; celui-ci n'est qu'en partie authentique, et les autres sont si intéressants!), celui de Max Bruch, et le poème de Chausson. C'est peut-être ici qu'elle s'est montrée le plus admirable, du plus grand style, avec la plus tranquille et délicate maëstria. Comme intermèdes, une *Fantaisie hongroise* de Liszt, qui parut

bien bruyante entre les doigts de fer de M. Batalla et l'orchestre, et deux airs de basse chantés par M. Chambon, dont l'un de Sarastro, de la *Flûte enchantée*.   H. DE C.

Salle Pleyel. — Société des « Auditions modernes » (7 mars). — Ce premier concert fut tout à fait réussi. Trois œuvres de tendances fort opposées se partagèrent également le succès : une jolie sonate, pour violon et piano, de M. J. Jemain, dont le deuxième mouvement *lento* est le mieux venu et le plus inspiré; un intéressant quatuor à cordes, de M. Janco Binenbaum, expressif, élégant et vigoureux; un sérieux trio, de M. Albert Laurent, franckiste et d'indyste — ce qui n'est pas forcément un défaut quand cela cesse d'être une qualité. Mais les vrais triomphateurs furent M. P. Oberdœrffer et ses bons collaborateurs habituels auxquels s'était jointe Mme Germaine-Revel, interprètes convaincus des auteurs qu'ils servent en véritables artistes.   A. L.

Salle des Agriculteurs. — M. Calascione, l'éminent violoniste tant fêté le jeudi 2, aux Agriculteurs, possède une des sonorités les plus suaves qui se puissent entendre; une pondération, une simplicité de style. une autorité dans la mesure et le rythme, qui font écouter avec un plaisir infini les œuvres anciennes telles que la sonate en *ré* de Nardini, la fantaisie et la fugue en *sol* mineur de Bach, les transcriptions par Kreisler des charmantes mélodies et danses de Martini et de Francœur (bissé, le rigaudon de ce dernier où la technique de M. Calascione rappelle d'ailleurs celle du maître Kreisler, avec le fin du fin à acquérir encore dans le trille), la *Rêverie* de R. Strauss est le ressassement d'une jolie harmonie, et notre idée était déjà faite sur la valeur comme virtuose de M. Calascione avant qu'il ne sortit, triomphalement d'ailleurs, des acrobaties de la *Clochette* de Paganini. — Le pianiste Montoriol-Tarrès prêtait son concours et fut acclamé dans des pièces de Scarlatti où il est incomparable comme prestesse, et les études en *mi* et en *sol* bémol de Chopin. La deuxième rapsodie de Liszt, enlevée avec une fougue électrisante, fut suivie d'applaudissements qui ne voulaient pas prendre fin. Très apprécié aussi le talent d'accompagnateur de M. Georghin.   E. B.

— En ce temps où le sexe laid a été presque dépossédé du royaume du violon et où tant de femmes ont du talent et de la virtuosité, Mlle Simonne Filon, tient une place très honorable. Son concert du 6, rue d'Athènes, lui valut d'unanimes applaudissements. Technique parfaite dans un caprice de Paganini, style très personnel dans la *Fantaisie norvégienne* de Lalo et la sonate de Grieg. Mlle M. Filon qui tenait le piano et a joué du Scarlatti et du Liszt a, elle aussi, un bon tempérament d'artiste.

Mme Astruc Doria chanta quatre mélodies de M. Henri Lutz, agréables et expressives — nous en avions entendu deux au moins au Lyceum — que l'auteur accompagna un peu trop bruyamment, ce nous semble. Mme Astruc a une belle voix, d'un timbre intéressant, sa diction manque un peu de netteté.   F. G.

— M. et Mme J. Ecorcheville ont donné dans leurs salons, le 4 mars, une soirée de musique moderne. très moderne et presque inédite, dont l'exécution, très pittoresque, a offert un vif intérêt. Un quatuor de Conrado del Campo, en six mouvements, débutait : l'auteur est, paraît-il, un jeune musicien madrilène, mais on ne s'en douterait pas, car il a tenu à ne pas donner à son œuvre le moindre cachet espagnol, et elle ne vaut que par la sincérité et la poésie de certains épisodes, un peu submergés parfois. Le quatuor Lejeune en a tiré le meilleur parti d'ailleurs, avec des sonorités superbes. Très espagnol au contraire, et véritablement, est le répertoire de Miguel Llobet, cet incomparable guitariste, dont j'ai déjà maintes fois vanté l'étonnante souplesse, plus attachant encore par le charme, la saveur, l'émotion incroyables de ses évocations de chansons populaires, que par la virtuosité et la curiosité de ses fantaisies. Autre composition moderne, les morceaux dits « en forme de poire » d'Erik Satie. Pourquoi ce titre fruitier? nul n'a pu pénétrer ce mystère; mais il y a là, entre des étrangetés voulues, plus d'un passage d'une grâce mélodique et d'une finesse de lignes incontestables, et c'est le principal. M. Maurice Ravel se chargea d'interpréter l'œuvre, au piano, avec Mme Ecorcheville, dont le jeu moelleux et ferme est extrêmement intéressant. Elle prêta encore son concours à l'exécution, au piano à quatre mains, avec Mlle Girod, de l'œuvre la plus curieuse de la soirée, *La Foire de Sorotchine*, de Moussorgsky, ou du moins quelques-uns des fragments, récemment édités par Liadov, de cet opéra-comique inachevé. L'introduction symphonique, développée, les plus pittoresques, et les deux chansons de femme tout à fait originales. C'est Mme la princesse Baratov qui les chanta, de sa voix ronde et sonore, de son style nerveux. Déjà elle avait dit, d'une façon exquise, la berceuse de *Sadko*, de Rimsky-Korsakow; MM. Sautelet et Pasquir chantèrent encore deux autres pages.   H. DE C.

— Chez Mme Jane Arger, très artistique réunion consacrée aux œuvres du maitre, Th. Dubois. La partie vocale était confiée à cinq élèves de Mme Arger; elles font grand honneur à son enseignement : voix bien posées. diction nette, sentiment juste, voilà les qualités appréciables que possèdent, à des degrés divers, Mmes Richet, Pelliot, Barbier, Hartenstein et Thébault. Cette dernière a un beau tempérament d'artiste. M. Lermyte a joué excellemment *Allée Solitaire* et les *Bûcherons*, cette pièce si étonnante et d'effet si pianistique. M. Duttenhofer, le talentueux violoniste, fit apprécier son jeu pur et chaleureux. Avec son habituelle bonne grâce M. Th. Dubois accompagnait ses œuvres. tour à tour, délicates, comme *Mignonne*, *Tarentelle*, *Chant de Printemps;* ou tragiques, comme *Lamento*, *Notre-Dame de la Mer;* ou passionnées, tels cet *Il m'aime* et *Désir* fort bien interprétée.
M. D.

— L'Œuvre du Soutien Français, qui secourt, par des dons d'argent, ou des avances gratuites, ou des dons en nature, les femmes que n'atteignent pas, dans leur distribution d'aide, les œuvres d'assistance, vient d'organiser une intéressante matinée musicale au Théâtre Réjane. L'orchestre, sous la magistrale direction de M. Ch.-M. Widor, interpréta des fragments de *Conte d'Avril* (Widor) et le *Concerto* de Bach pour piano, deux flûtes et orchestre.

Félicitations à MM. Blanquart et Million, les deux flûtistes; M. Delafosse tint la partie de piano avec une sûreté et une technique remarquables. Le public l'applaudit encore avec une *Etude de concert* de sa composition et la *Polonaise* (op. 22) de Chopin que l'orchestre soutint de ses accords.

Mme Edwina, qui crut devoir chanter les mains dans son manchon, sait conduire une agréable voix. Elle fit apprécier *Down in the Forest* de Landon Renald, et l'*Air de Louise* (Charpentier).   M. D.

— Mlle Hortense Parent nous a envoyé le programme de l'audition annuelle des élèves de son Ecole d'Application, dont l'enseignement est donné, comme on sait, par des professeurs formés à son Ecole préparatoire au professorat du piano. Cette audition ne comprendra pas moins de cinq séances, échelonnées, à la Salle Pleyel, les 5, 9, 10, 12 et 16 mars. Combien de 16 professeurs présentelles d'élèves? Quelque chose comme 75 par séance! Faites le calcul. Aussi toute la littérature pianistique, de toutes les écoles est-elle passée en revue dans ce choix de quelque 375 morceaux

— Le gouvernement français a nommé chevalier de la légion d'honneur l'éminent chef d'orchestre italien Arturo Toscanini, qui fut acclamé, en mai et juin derniers, au festival italien du

Châtelet, à Paris. M. Toscanini a dirigé un grand nombre d'œuvres françaises, aussi bien en Italie qu'aux États-Unis, où il a révélé notamment *Louise*, de Charpentier, *Pelléas et Mélisande*, de Debussy et la *Habanera*, de M. Laparra. Il fera triompher, dans quelques jours, à New-York, l'*Ariane et Barbe-Bleue* de M. Paul Dukas.

SALLE ERARD

Concerts du mois de Mars 1911

12 Mmes Chaumont et Cahn, mat. d'élèves (1 ½ h.).
13 Mlle Lewinsohn, piano (9 heures).
14 M. Staub, piano (9 heures).
15 Société de Musique moderne française (9 h.).
16 Mlle Landsmann, piano (9 heures).
17 M. Wittacker, piano (9 heures).
18 Orphelinat de l'imprimerie nationale, concert de charité (9 heures).
19 Mlle Thuillier, matinée d'élèves (1 ½ heure).
20 Mme Stiévenard, piano (9 heures).
21 Mlle Ferrère-Jullien, piano (9 heures).
22 Société de Musique moderne française (9 h.).
24 M. et Mme Fleury, piano et flûte (9 heures).
26 M. Wintzweiller, matinée d'élèves (1 ½ h).
27 M. Lazare Lévy, piano (9 heures).
28 M. Marcel Grandjany, harpe (9 heures)
29 Société de Musique moderne française (9 h.).
30 M. Monturiol-Tarrès, piano (9 heures).
31 M. Riera, audition d'élèves (9 heures)

SALLES PLEYEL

22, rue Rochechouart

Concerts de Mars 1911

Grande Salle

13. Mlle Stella Goudeket (1re séance), 9 heures.
14. Mlle Alice Nobya, 9 heures.
15. M. Joseph Debroux (3e séance), 9 heures.
16. Mme la Comtesse de Skarbek, 9 heures.
17. Mlle Georgette Guller, 9 heures.
18. Mlles Carcassonne (avec orchestre), 9 heures.
20. Mlle Stella Goudeket (2e séance , 3 heures.
    Mme Mirault-Steiger, 9 heures.
21. M. Léon Perlmutter, 9 heures.
22. Mlle Adeline Bailer, 9 heures.
24. Mlle Pauline Girard, 9 heures.
25. La Société nationale de musique (5e séance), 9 heures.
27. Le Quatuor Capet (5e séance , 9 heures.
28. Mme Wanda Landowska, 9 heures.
29. Mme Riss-Arbeau, 9 heures.
30. La Société des Compositeurs de musique (3e séance); 9 heures,
31. Le Quatuor Capet (6e séance , 9 heures.

Salle des Quatuors

17. La Société de Musique nouvelle (2e séance), 9 heures.
18. Mlle Henriette Gaston, 9 heures.
25. M. Henri Schikel, 9 heures.
29. Le Quatuor Calliat (3e séance), 9 heures.

SALLES GAVEAU

45 et 47, rue La Boëtie

Concerts du mois de Mars 1911

Salle des Concerts

12 Concert Lamoureux (3 heures).
» Mission G. Smith (8 heures).
13 » » (8 ½ heures).
14 » » (2 ½ heures).
» Société Philharmonique (9 heures).
15 Concert Leech (9 heures).
16 Répétition publique Bach (4 heures).
» Mission G. Smith (8 ½ heures).
17 » » (2 ½ heures).
» Concert Société Bach (9 heures).
18 Mission G. Smith (2 ½ heures).
» Concert Cercle musical (9 heures).
19 Concert Lamoureux (3 heures).
» Mission G. Smith (8 heures).
20 » » (2 ½ heures).
» Concert Leech, avec orchestre (9 heures).
21 Concert Sonia Darbell, avec orchestre (9 h.).
22 Société Musicale Indépendante (9 heures).
24 Concert Villy Bansen (9 heures).
25 Concert Cercle musical, orchestre (9 heures).
26 Concert Lamoureux (3 heures).
27 Concert Mme Kutscherra (9 heures).
29 Concert Infante Vela Sala (9 heures).
30 Concert Desrez (9 heures).

Salle des Quatuors

20 Concert U. F. P. C. (2 heures).
29 Conférence de Mgr Bolo (4 heures).
30 Audition Résiliat (2 heures).

OPÉRA. — Samson et Dalila. Javotte. Le Crépuscule des dieux. Faust. Lohengrin.

OPÉRA-COMIQUE. — Pelléas et Mélisande. Louise. Le Caïd. Cavalleria rusticana. Carmen. L'Ancêtre. La Navarraise. Les Dragons de Villars. Le Roi d'Ys. Manon.

THÉATRE LYRIQUE (Gaîté). — La Juive. Don Quichotte. Hernani. Quo Vadis?. Les Huguenots. La Favorite Le Barbier de Séville. Le Soir de Waterloo.

TRIANON-LYRIQUE. — Giroflé-Girofla. Le Pré-aux-clercs. Miss Hélyett. Zaza. Mam'zelle Nitouche. Fra Diavolo. M. Choufleury.

APOLLO. — La Divorcée. La Veuve Joyeuse.

Conservatoire (Société des Concerts). — Relâche.

Concerts Colonne (Châtelet). — Dimanche 12 mars, à 2 ½ heures. Programme : Messe en *ré*; Ballet de Prométhée (Beethoven). — Direct. de M. G. Pierné.

Concerts Lamoureux (Salle Gaveau). — Dimanche 12 mars, à 3 heures. Même programme que dimanche dernier. — Direction de M. Chevillard.

BRUXELLES

THÉATRE ROYAL DE LA MONNAIE. — Les représentations italiennes qui doivent avoir lieu au cours de ce mois ont débuté mardi par *La Tosca*, avec Mme Edith de Lys, MM. Anselmi et Nani comme principaux interprètes.

Mme de Lys s'était déjà montrée dans l'œuvre de Puccini au mois d'octobre dernier, et M. Anselmi s'y était produit au début de la saison passée. Tous deux ont transporté à nouveau l'auditoire par leurs admirables qualités vocales. Ce qui fut un régal tout particulier, c'est la coopération de ces deux artistes à l'exécution du troisième acte, où leurs voix délicieuses, conduites avec un art exquis, d'une élégance très raffinée, s'associèrent de la manière la plus harmonieuse et la plus séduisante.

Le baryton Nani, qui jouit en Italie d'une très brillante réputation, fut un excellent Scarpia, à la voix souple et bien sonnante, au jeu sobre et expressif.

On a fait, aux trois artistes, un succès des plus chaleureux.

Une mention revient à M. La Taste pour sa composition si colorée, si pittoresque, du personnage épisodique du sacristain.

L'orchestre, sous la direction très sûre et très compréhensive de M. Rasse, exécuta la partition de Puccini avec une chaleur tout italienne, qui n'excluait nullement le souci des nuances, même les plus subtiles.　　　　　　　　J. Br.

— Mercredi, pour le second spectacle de la série italienne, on donnera *Aïda* avec ce beau quatuor : Aïda, Mme Edith de Lys; Amnéris, Mme Maria Grassi ; Radamès, M. de Tura ; Amonasro, M. Enrico Nani.

La première de *Le Feu de la Saint-Jean* de R. Strauss est fixée au jeudi 16 mars, à 9 1/2 heures. Le spectacle commencera par *Cavalleria Rusticana*.

Concert du Conservatoire. — Le troisième concert du Conservatoire s'ouvrait par la deuxième symphonie de Brahms, op. 73, en *ré*, qui, dans la première partie surtout, intime, rêveuse, presque virgilienne, contraste avec l'austérité et la massive et somptueuse puissance des trois autres symphonies. Plus on réentend ces œuvres dont la sûreté et la perfection de réalisation imposent, plus on les aime; plus aussi on se rend compte de leur difficulté, résidant moins dans la technique proprement dite que dans l'agencement de l'ensemble. L'instrumentation « parcellaire » inaugurée par Beethoven dans ses derniers quatuors est poussée

ici jusqu'à ses dernières conséquences, les instruments conversent par phrases brèves, dont le raccord est des plus vétilleux, la conduite mélodique passe de l'un à l'autre avec une déconcertante rapidité; et ce n'est encore là que la difficulté matérielle, à laquelle se superpose celle de l'interprétation, qui doit être ici plus vibrante, plus pathétique qu'avec n'importe quel autre musicien. M. Tinel, un fervent du maître hambourgeois, nous a donné de la deuxième symphonie une interprétation à la fois précise et pleine d'une entraînante conviction ; à peine eût-on souhaité par-ci par-là entendre tel motif se dégager davantage du tissu polyphonique ou demeurer mieux à son plan, ou un phrasé plus expressif à telle partie instrumentale, comme aux violoncelles et aux seconds violons.

A l'œuvre complexe de Brahms s'opposait la grâce élégante et la limpide transparence du quatuor concertant de Mozart pour hautbois, clarinette, cor et basson avec accompagnement d'orchestre, qui répond assez bien au type du *concerto grosso* de l'école antérieure. Ce n'est évidemment pas du meilleur Mozart, mais Mozart charme toujours par la facilité sans égale de l'inspiration et du travail thématique et le goût incomparable du développement. On remarque d'ailleurs combien les ensembles prédominants d'instruments à vent, tranchant sur la monotonie de sonorité de l'orchestre moderne, principalement *timbré* par le quatuor, captive l'auditeur; et n'oublions pas que, du temps des anciens classiques, la combinaison orchestrale, tout autrement proportionnée, assurait aux bois une importance qui leur fut graduellement retirée. Au surplus, le quatuor de Mozart fut joué avec une absolue perfection par MM. Piérard, Bageard, Mahy et Boogaerts. On peut en dire autant des fragments de la suite en *si* mineur, la plus belle de J.-S. Bach (flûte solo, M. Demont). Une interprétation chaleureuse et pathétique de la *Cinquième* de Beethoven terminait cette séance.　　　　　　　　E. C.

—Un cercle destiné à fournir un lieu de réunion aux femmes s'occupant de sciences, d'art, de littérature ou d'œuvres sociales vient de se fonder à Bruxelles sous le nom de *Lyceum*, titre répondant à des institutions similaires à l'étranger.

Une séance de musique réservée aux femmes-compositeurs a eu lieu mardi dernier ; on nous avait annoncé une audition d'*une heure*, mais un programme démesuré exigea certes un temps double. Ayant, de plus, commencé avec un gros quart d'heure de retard, il me fut impossible, vu d'autres occupations au delà de l'heure annoncée, de rester jusqu'au bout. Je dirai aussi qu'il n'est pas avantageux de présenter autant de choses diverses et nouvelles dans l'espace de si peu de temps. Huit compositrices avec chacune plusieurs morceaux, dont quelques-uns étendus, c'est trop vraiment !

Nous avons pu apprécier de charmantes mélodies de Mme Busine, notamment, *Là-bas*, dans le style populaire sans accompagnement. et pleine de caractère ; puis aussi d'excellentes petites pièces pour piano de Mlle Marg. Laenen, tout à fait intéressantes par le rythme, le thème, la forme ; trois préludes et un scherzo prouvent la variété de ce réel talent. Une sonate de Mme Coclet-Vanden Boorn, au commencement du programme, très, trop développée, a pris beaucoup de temps et, malheureusement, est si disparate, si amorphe, si décousue, qu'elle était pénible à suivre. Des compositions de Mmes Folville, dell'Acqua, van den Staepele. J. Samuel et Matthyssens étaient encore au programme. Je n'ai pu les entendre ; il y avait là matière pour une seconde séance ! M. DE R.

— Sait-on que la *Création* de Haydn n'a jamais été donnée intégralement à Bruxelles ? Ni Gevaert au Conservatoire, ni Joseph Dupont aux Populaires, ne donnèrent jamais ce chef-d'œuvre de la période classique qui, à son apparition, produisit une si profonde impression et qui était, en effet, une nouveauté hardie à ce moment. M. Sylvain Dupuis, en mettant cette partition exquise au programme de son dernier Concert populaire, fournit donc à la génération actuelle une occasion exceptionnelle et unique de connaître cette belle partition. Ce concert devait se donner le 25-26 mars, mais il a fallu l'ajourner au 1-2 mai, l'installation du plancher du bal de la Mi-Carême ne permettant pas de placer l'estrade du concert le 26 mars. En donnant son dernier concert le soir après la clôture de la saison théâtrale, M. Dupuis rétablit d'ailleurs une tradition de Joseph Dupont, qui donnait toujours son dernier concert quelques jours après la clôture.

— Le récital de chant de M. Ernest Van Dyck, au Conservatoire royal, primitivement fixé au 25 courant, aura lieu le mercredi 15 mars, à 8 h. 3/4 du soir (grande salle).

Au programme : *Lieder* de Schubert, Schumann, Brahms, Richard Strauss, G. Fauré, De Mol, Tinel, Huberti.

— M. Crickboom dont les récitals obtiennent un succès croissant, donnera son troisième concert

avec orchestre le jeudi 23 mars, Salle de la Grande Harmonie. Au programme : Sonate pour violon et clavecin de Penaillé, (1re audition) ; le concerto en *la* majeur de Mozart ; romance et ballade de M. Crickboom et concerto en *ré* mineur de Henri Wieniawski. L'orchestre sera dirigé par M. Louis Kefer.

Location chez Schött frères.

THÉÂTRE DE LA MONNAIE. — Aujourd'hui, dimanche, en matinée, Manon Lescaut ; le soir, Faust. lundi. Ceci n'est pas un conte et Madame Butterfly ; mardi, L'Africaine ; mercredi, Aïda, avec le concours de Mmes Edith de Lys et Maria Grassi et de MM. Gennaro de Tura et Enrico Nani ; jeudi, première représentation de : Le Feu de la Saint-Jean (Feuersnot) et Cavalleria Rusticana ; vendredi, Le Barbier de Séville ; samedi, Aïda, avec le concours de Mmes Edith de Lys et Maria Grassé et de MM. Gennaro de Tura et Enrico Nani ; dimanche, en matinée, Quo Vadis ? ; le soir, Manon Lescaut.

Dimanche 12 mars. — A 2 1/2 heures, au théâtre de l'Alhambra, cinquième concert Ysaye, sous la direction de M. Eugène Ysaye et avec le concours de Sir Edward Elgar, compositeur et de M. Jean Gérardy, violoncelliste. Programme : 1. Ouverture tragique (Brahms) ; 2. Concerto en *ré* majeur pour violoncelle et orchestre (Jongen) ; 3. Symphonie en *la* bémol majeur (Edward Elgar), sous la direction de l'auteur ; Kol Nidrei, adagio pour violoncelle et orchestre (Max Bruch) ; 5. A) Prélude de Parsifal ; B) La Chevauchée des Walkyries (R. Wagner).

Lundi 13 mars. — A 8 ½ heures du soir, à la salle de la Grande Harmonie, deuxième concert donné par la Société nationale des Compositeurs belges. Au programme : des œuvres de Paul Gilson, A. Wilford, M. Jaspar, Lucien Mawet et Moulaert, interprétées par Mme Fassin-Vercauteren, cantatrice ; Mlle Marguerite Laenen, pianiste ; Mlle J. Samuel, violoniste ; M. Dautzenberg, corniste, et MM. Wilford et Jaspar.

Lundi 13 mars. — A 4 heures de relevée, à la salle de l'hôtel Astoria (Mengelle), concert donné par le baryton italien M. Giuseppe Giusto, avec le gracieux concours de Mme Fernande Moray, cantatrice, M. Lambert, violoniste et M. Ch. Henusse, pianiste.

Mardi 14 mars. - A 8 ½ heures, à la Salle Nouvelle, rue Ernest Allard, récital de piano donné par Mlle Alice Jones, élève du maître Arthur Degreef. Au programme : Œuvres de C. Franck, Beethoven, Mendelssohn, Fauré, F. Liszt, Brahms.

Mercredi 15 mars. — A 8 h. 3/4, dans la grande du Conservatoire, récital de chant donné par M. le professeur Ernest Van Dyck. Il interprétera des Lieder de Schubert, de Schumann, de Brahms, de Fauré et d'auteurs belges.

Les titulaires du Patronat A et Patronat B y seront admis sur présentation de leur carte de Patronat.

Mercredis 15 et 22 mars. — A 8 1/2 heures du soir, en la salle de l'Ecole Allemande, deux séances consacrées à l'œuvre de Franz Schubert et de Robert Schumann, données par Mme Marie Mockel, cantatrice, avec la collaboration de Mlles Madeleine Stévart et Elsa Huberti, pianistes et celle de MM. Jules Destrée et Robert Sand, conférenciers.

Billets chez les éditeurs Breitkopf & Hærtel et Schott frères.

Vendredi 17 mars. — A 8 1/2 heures du soir, à la Grande Harmonie, séance d'œuvres pour deux pianos, donnée par Mlle Germaine François et Miss Gladys Mayne, élèves du maître Arthur De Greef, avec le concours de Mme Ilka Boiska, cantatrice. Au programme : W.-F. Bach, Mozart, Schumann, Chabrier, Schubert, etc.

Samedi 18 mars. — A 8 1/2 heures du soir, à la salle de la Madeleine, Répétition générale du 3e Concert Durant.

Dimanche 19 mars. — A 2 1/2 heures, à la salle des fêtes de la Madeleine, troisième concert Durant, consacré à la musique allemande, avec le concours de M. Florizel Von Reuter, violoniste. Programme : 1. Symphonie en *ré* majeur (Ph.-E. Bach); 2. Prélude de l'Hiver, les Saison (Haydn); 3. Concerto en *sol* majeur pour violon (Mozart); 4. Sixième symphonie pastorale (Beethoven); 5. Concerto pour violon (Beethoven); 6. Murmures de la forêt (R. Wagner); 7. Don Juan, poème symphonique (R. Strauss).

Lundi 20 mars. — A 8 1/2 heures du soir, à la Grande Harmonie, récital de piano donné par M. Jules Firquet. Au programme : Beethoven, Mendelssohn, Schumann, Chopin, Wieniawski, Debussy, Rubinstein, Liszt.

Mardi 21 mars. — A 8 1/2 heures, à la Nouvelle salle, 11, rue Ernest Allard, troisième séance du Quatuor Zoellner. Au programme : Quatuor en *ré* majeur (Cés. Franck); Quatuor (Debussy); Sérénade italienne (H. Wolf).

Mercredi 22 mars. — A 8 1/2 heures du soir, à la Grande Harmonie, récital de violon donné par Mlle Alma Moodie, premier prix avec la plus grande distinction du Conservatoire royal de Bruxelles. Au programme : Bach, Schumann, Chopin, Sarasate, Wieniawski, Paganini.

Jeudi 23 mars. — A 8 1/2 heures du soir, à la salle de la Grande Harmonie, troisième concert Crickboom, avec orchestre sous la direction de M. Louis Kefer.

Vendredi 24 mars. — A 8 1/2 heures du soir, à la salle de la Grande Harmonie, concert donné par Mme Madier de Montjau, cantatrice et M. André Dorival, pianiste.

Vendredi 24 mars. — A 8 1/2 heures du soir, au théâtre flamand, audition publique d'orchestre, sous la direction de M. Léon Poliet, organisée par le Cercle symphonique « Crescendo », avec le concours de Mlle Marguerite Ceuterick, cantatrice et de M. J. Prosper De la Vignette, violoniste.

Mardi 28 mars. — A 8 1/2 heures du soir, à la salle Erard, concert donné par M. Ramon Soria, compositeur, avec le concours de Mme Gerardy, cantatrice.

Mardi 28 mars. — A 8 1/2 heures du soir, à la salle de la Grande Harmonie, concert donné par Mlle Valérie Renson.

Mercredi 29 mars. — A 8 1/4 heures du soir, à la salle de l'Ecole Allemande, deuxième séance du Quatuor Zimmer, avec le concours de M. J. Gaillard, violoncelliste. Programme : Quatuors en *do* majeur, op 54, de Haydn, en *sol* mineur, op. 10, de Debussy en *do* majeur, op. 59, de Beethoven.

Jeudi 30 mars. — A 8 1/2 heures du soir, à la salle de la Grande Harmonie, récital de piano donné par Henriette Eggermont-Roba, lauréate du Conservatoire royal de Bruxelles.

Vendredi 31 mars. — A 8 1/2 heures du soir, à la salle de la Grande Harmonie, piano-récital donné par M. Jean Janssens Au programme : des œuvres de Bach, Beethoven, Schumann, Mendelssohn, Brahms, Chopin, Brassin, Liszt.

Dimanche 2 avril. — A 2 1/2 heures, au théâtre de l'Alhambra, sixième matinée Ysaye.

Dimanche 9 avril. — Au Conservatoire, quatrième concert. La Légende de Sainte-Elisabeth, oratorio de Franz Liszt pour soli, chœurs et orchestre, sera exécutée avec le concours de Mlle Elsa Homburger, de Mme Wybauw-Detilleux et de M. Henry Seguin.

CORRESPONDANCES

FLORENCE. — Concerts Ida Isori. — Les six grands concerts de musique ancienne donnés par la célèbre cantatrice Ida Isori, viennent de finir après avoir embrassé comme programmes les genres les plus divers de la littérature musicale des xvie et xviie siècles. Le succès de ces concerts fut tel qu'il a fallu ajouter un concert supplémentaire et la splendide ovation que le public fit à Ida Isori est une preuve de la très haute estime dont jouit cette très grande artiste partout où elle se présente. Dans ce cycle magnifique elle n'a pas chanté moins de cinquante airs et ariettes.

Entre chaque concert de la série de Florence, Mme Ida Isori avait redit ce même programme dans d'autres villes d'Italie, à Milan, Bologne, Pesaro, Padoue, Lucca, Rome, etc., etc., ce qui fait un total de 50 concerts. Un beau chiffre !

Mme Ida Isori donnera encore très prochainement un cycle complet à Turin puis à Paris et ensuite à Bruxelles, après d'autres concerts isolés dans le Midi de la France.

LOUVAIN. — Au deuxième conc rt de l'Ecole de musique nous a\ons entendu une œuv e in é essan e : Nos Carillons, poème de Maria Bie mé, mu ique de Léon Du Bois, qui, dans des tableaux délicats de pensée, évoque l'âme de cha cune de nos vieilles cités. Léon Du Bois, musicien littéraire. a parfaitement pénétré et traduit les moindres émotions de ce poème évocateur de nos vieilles gloires.

M. Minet, pianiste de talent, a été vive r ent applaudi après le deuxième concerto de Mendelssohn et la fantaisie de Chopin.

L'orchestre a exécuté, ensuite. la première partie de l'oratorio De Vlaamsche Nacht. d'Oscar Roels, professeur au Conservatoire de Gand, œuvre d'une grande richesse de coloration, qui a été chaleureusement ovationnée.

M. Laurent Swolfs. du Théâtre de la Monnaie a chanté Le Récit du Graal et a interprété en rappel la délica e Berceuse, de Roels.

MONS. — Mlle Hélène Dinsart, pianiste de beau talent, a obtenu un grand succès, à son concert.

Le style est pur et précis dans la sonate en sel mineur op. 22, de R. Schumann. Les Murmures de la Forêt, Un Sospino et surtout La Ronde des Lutins et La Campanella, de F. Liszt, furent exécutés parfaitement; Mlle Dinsart possède un mécanisme étonnant qui se révèle magistralement dans Islamey, de M. Balakirew. C'est une artiste!

M. Lheureux, ténor, qui prêtait son concours, a bien chanté L'Hidalgo, de Schumann, Le Cygne et Dans les Bois, de Grieg. Il a interprété avec assez de goût les très intéressants Chants d'Amour, de A. De Greef. Devant le Ciel, Dans vos mains, et tout particulièrement Toute âme est un berceau, Clochers et Votre Amour, à qui vont nos préférences. L'interprétation de M. Lheureux fut fort appréciée.

L. K.

ROUEN. — M. Albert Dupré, après nous avoir fait entendre l'Actus tragicus et les deux Passions selon saint Mathieu et selon saint Jean, de J.-S. Bach, vient de nous donner une magnifique interprétation du célèbre Magnificat en ré majeur que Bach composa pour la fête de Noël en 1723.

Grâce aux éminentes qualités de cohésion que possède la société chorale et l'orchestre de l'Accord Parfait, M. Albert Dupré a pu faire passer dans l'âme de son auditoire tous les sentiments qui animent cette puissante conception musicale.

Ajoutons que les solistes de l'Accord Parfait, pénétrés des intentions de Bach, exprimèrent avec beaucoup de talent et de goût la pensée du maître. Aussi réunirons-nous dans un même éloge Mlle Chauvière, Mme de Bergerin, Mlle Dufailly, Mme Marais, MM. Lanquetuit et M. Rousselin-Legrand. Parmi les solistes de l'orchestre nous citerons Mme Albert Dupré, violoncelliste, M. Descamps, hautboïste, MM. Aufry et Pinède, flûtistes. M. Marcel Lanquetuit, organiste, enfin et surtout M. Marcel Dupré, qui tint le piano d'accompagnement avec sa maîtrise habituelle.

Dans la seconde partie du concert, le concerto en ut majeur de Bach, pour deux pianos et orchestre, permit à MM. Lazare Lévy et Marcel Dupré de rendre tout le charme qui est répandu dans l'œuvre et qui fit valoir leur talent, leur style. leur belle ten é. Dans la sonate-fantaisie de Mozart et la Sonate op. 110, de Beethoven, M. Lazare Lévy remporta un nouveau succès.

Et pour terminer cette brillante audition, le Psaume 150 d C. Franck, que les chœurs et l'orchestre de l'Accord Parfait durent bisser, fut l'occasion d'un vrai triomphe. Comment résister d'ailleurs à la chaleur communicative qui se dégage d'un pareil chant, où dans un crescendo des trompettes, la phrase s'amplifie, s'anime au milieu des alleluia jetés en notes triomphales?

PAUL DE BOURIGNY.

NOUVELLES

— Le maître Jules Massenet a conté ces jours ci d'intéressants souvenirs au sujet de son opéra Werther, qui atteindra bientôt, à Paris, sa troiscentième représentation et qui est aujourd'hui un des ouvrages les plus réputés de la littérature musicale.

« L'ouvrage achevé, dit Massenet, j'allais, le 25 mai 1887, chez M. Carvalho. J'avais obtenu de Mme Rose Caron, alors à l'Opéra, qu'elle m'aiderait dans l'audition. L'admirable artiste était près de moi, tournant les pages du manuscrit, et témoignant par instants de la plus sensible émotion. J'avais lu, seul, les quatre actes; quand j'arrivais au dénouement, je tombais, épuisé... anéanti.

« Carvalho s'approcha alors de moi en silence.

» J'espérais que vous m'apportiez une autre » Manon! Ce triste sujet est sans intérêt. Il est » condamné d'avance. »

» L'ouvrage devait attendre six années dans le

silence, dans l'oubli. Il fallut qu'un théâtre étranger, l'Opéra impérial de Vienne, le mît en répétition. La première eut lieu le 16 février 1892 et fut chantée par les célèbres artistes Marie Renard et Ernest Van Dyck.

» La répétition générale eut lieu le 15 février, de 9 heures du matin à midi, e· je vis (ineffable et douce surprise!) assis aux fauteuils d'orchestre mon bien cher et grand éditeur Henri Heugel, Paul Milliet, mon précieux collaborateur, et quelques intimes de Paris. Ils étaient venus, de si loin, pour me retrouver dans la capitale autrichienne, au milieu de mes bien grandes et vives joies, car j'y avais été vraiment reçu de la plus unique et exquise manière. Les représentations qui suivirent depuis, devaient être la consécration de cette belle première.

» En 1903, après neuf années d'ostracisme, M. Albert Carré réveilla de nouveau l'ouvrage oublié. Avec son incomparable talent, son goût merveilleux et son art de lettré exquis, il sut présenter cette œuvre au public et ce fut, pour celui-ci, une véritable révélation.

» Beaucoup d'acclamées artistes ont chanté le rôle depuis cette époque : Mlle Marie de l'Ile, qui fut la première Charlotte de la reprise et qui créa l'ouvrage avec son talent si beau et si personnel; puis Mlles Lamare, Lesbron, Wyns, Raveau, Mme de Morina, Mlles Vix, Hatto Brohly, et·. . d'autres, dont j'écrirai plus tard les noms.

» A la reprise due à M. Albert Carré, *Werther* eut la grande fortune d'avoir M. Léon Beyel comme créateur du rôle; plus tard, Edmond Clément et Salignac furent aussi les superbes et vibrants interprètes de cet ouvrage. »

— La première représentation du *Chevalier à la Rose* à la Scala de Milan a été plutôt houleuse. Le premier acte de l'opéra-comique de Richard Strauss avait été accueilli assez favorablement. Au cours du second, le public commença à s'impatienter et des sifflets se firent entendre de toutes parts. Au troisième acte, tout le début de la scène dans le cabinet particulier d'un restaurant de Vienne, reçut un accueil plus déplaisant encore. Sifflets, interpellations, quolibets, rien n'a manqué au charivari. Le public ne se calma qu'à l'apparition de la maréchale, en l'occurence Mme Agostinelli, qui fut l'objet d'ovations chaleureuses lorsqu'elle revint en scène à la fin de l'acte. Le trio et le duo final rétablirent la bonne humeur et la pièce finit au milieu des manifestations en sens contraires des partisans et des adversaires de l'œuvre. Richard Strauss, qui assistait à la représentation, n'hésita

pas à paraître en scène et il fut alors chaleureusement acclamé.

— Le goût musical en Allemagne :

D'une nouvelle statistique que publie le *Börsencourier* de Berlin, il résulte qu'au cours de l'année 1910 les auteurs se répartissent comme suit d'après le nombre de représentations qu'ont obtenues leurs œuvres sur les scènes lyriques de l'Allemagne :

Richard Wagner, 1,994 représentations; Puccini, 776; Verdi, 724; Lortzing, 681; Mozart, 500; Eugène d'Albert, 459; Bizet, 437; Ambroise Thomas 350; Weber, 316; Leoncavallo, 295; Mascagni, 258; Meyerbeer, 215; Gounod, 195; Beethoven, 191; Nicolaï, 179; Humperdinck, 139; Rossini, 133; Richard Strauss, 113; Siegfried Wagner, 23.

Ainsi, même en Allemagne Ambroise Thomas avec sa seule *Mignon*, — car on ne joue pas autre chose de lui là-bas, — balance et Weber et le *Fidelio* de Beethoven et Meyerbeer et efface presque Mozart avec ses quatre chefs-d'œuvre, *Nozze, Don Juan, Enlèvement au sérail, Cosi fan tutte*. Mieux que cela, les trois ou quatre bourgeoises partitions de Lortzing devançant de 181 représentations tout l'ensemble de Mozart; et l'*encombrant* Puccini avec ses trois partitions, *Tosca, Bohème* et *Butterfly*, vient en tête de tous les auteurs (776 représentations), immédiatement après Wagner, le maître souverain.

Que va dire M. Xavier Leroux ?

— Aux représentations wagnériennes qui auront lieu cette année au théâtre de Bayreuth, le ténor Van Dyck chantera le rôle de Parsifal en concurrence avec le ténor Henri Hensel du théâtre de Wiesbaden qui chantera Siegfried dans le cycle wagnérien que le théâtre de la Monnaie donnera en avril, à Bruxelles.

— L'auteur applaudi de la *Légende du Point d'Argentan* et de *La Glaneuse*, M. Félix Fourdrain, a terminé une partition nouvelle, *Vercingétorix*, d'après un livret de MM. Arthur Bernède et Paul de Choudens. L'œuvre sera créée, la saison prochaine, à l'Opéra de Nice.

— La direction du théâtre de Covent-Garden, à Londres, annonce qu'en automne prochain, elle organisera deux séries de représentations de *L'Anneau du Niebelung*, de Richard Wagner.

— Divers concurrents ont posé leurs conditions à la direction des Concerts Hallé, de Londres et de Manchester, que laissera vacante le prochain départ d'Hans Richter. L'administration des concerts Hallé n'a pas encore arrêté son choix. Elle hésite entre MM. Théodor Müller-Reuter, le professeur Buths, de Dusseldorf, Schalk, de Vienne et Albert Coats.

— A propos de la retraite de M. Hans Richter, M. Hermann Klein, a raconté ces jours-ci, comment le célèbre chef d'orchestre prit contact avec le public anglais : « C'était au festival wagnérien qui eut lieu à l'Albert hall, en 1877. La recette devait servir à combler une partie du déficit laissé par les représentations de Bayreuth, l'année précédente. Wagner s'était rendu à Londres pour diriger lui-même. Il avait amené, pour le seconder, M. Hans Richter, alors âgé de trente-cinq ans. Les chanteurs venaient de Bayreuth, mais l'orchestre avait été engagé à Londres ; il formait un ensemble artistique choisi comprenant une centaine de personnes qui n'avaient encore jamais joué réunies de la sorte. Elles n'étaient d'ailleurs, ainsi que la plupart des instrumentistes de l'époque, nullement familiarisées avec les derniers ouvrages de Wagner. Nous avions, dès la veille, fêté le grand homme par un dîner qui avait fini très tard ; néanmoins, Wagner paraissait entièrement dispos lorsqu'il se mit au pupitre pour la répétition, vers dix heures du matin. On commença par la *Kaisermarsch*. L'exécution en fut mauvaise. Les musiciens anglais comprenaient mal la manière de Wagner d'indiquer la mesure et ne saisissaient pas les observations qu'il leur adressait, bien que le malheureux Deichmann, chef des seconds violons, se donnâ une peine extrême pour les leur traduire. On essaya un second morceau, l'ouverture du *Vaisseau-fantôme*, je crois. Tout alla de travers bien plus encore que la première fois. Les violons jouaient sans cohésion, les instruments à vent n'entraient pas au moment voulu, et Wagner devenait nerveux et s'irritait, tantôt s'essuyant le front et tantôt jetant autour de lui des regards éplorés. Bientôt la cacophonie devint intolérable et Wagner jeta son bâton avec désespoir. Ce qu'il dit dans sa colère, je l'ignore, mais un conciliabule s'ensuivit, auquel prirent part, avec Richter, Wilhelmy et Hermann Franke, les deux premiers violons. Finalement, nous vimes monter au pupitre, à la place de Wagner, un Teuton d'aspect robuste, avec une barbe rousse et des lunettes d'or. Il prit le bâton, frappa sur le pupitre pour obtenir le silence, et en un clin d'œil l'ordre le plus complet remplaça le chaos. A partir de cet instant, les musiciens jouèrent parfaitement unis, et les interprétations devinrent excellentes. Ce fut la première fois ce jour là que Hans Richter dirigea un orchestre anglais. L'effet produit par sa présence, par son magnétisme, par son coup d'œil, fut comme électrique. C'est ce triomphe, qui a marqué le début de la carrière de M. Richter en pays britannique. »

— A Moscou, la société impériale russe de musique a célébré récemment, par une série de concerts, le cinquantenaire de sa fondation. Plus de soixante députations étaient venues de toutes parts apporter, dans une séance solennelle, l'expression de leur reconnaissance et affirmer leur solidarité avec la grande entreprise artistique fondée par Nicolas Rubinstein. Une cantate de Rimsky-Korsakow, exécutée par les chœurs et l'orchestre du Conservatoire, termina cette séance. Il y eut le même soir un concert d'élèves de l'établissement et le lendemain audition d'œuvres de S. Taneïew, S. Rachmaninow et A. Scriabine. Pendant les cinquante années de son existence, la « Société impériale de musique » à Moscou a organisé 670 concerts symphoniques et près de 400 soirées de musique de chambre. Plus de 900 élèves ont fréquenté les classes du Conservatoire, d'où sont sortis quantité de musiciens éminents.

— Le 27 avril prochain, à Florence, à l'inauguration des fêtes de l'indépendance nationale, le théâtre Verdi représentera un nouvel opéra en quatre actes, intitulé *La Giovane Italia*, œuvre de M. Mario Pierracini pour la musique, et M. Luigi Straglia pour le livret.

— A l'occasion du centenaire de Chopin, la maison Breitkopf et Hærtel a publié récemment un curieux album reproduisant la série des petites pièces pour piano et des huit *Lieder* que Chopin écrivit pour Marie Wodzinska, sa fiancée. La dernière romance contenue dans cet album était inconnue et n'avait pas été publiée jusqu'ici. Mme Cornélie Parnas raconte dans une préface documentée l'histoire de cet album et de l'idylle d'amour dont il se témoignage. On sait que le père de Marie Wodzinska la refusa à Chopin. S'il faut en croire Mme Parnas, il avait été prévenu par les médecins de la maladie incurable de Chopin et c'est qui détermina son refus.

— Le conseil communal de Nuremberg a mis au concours le projet d'un monument Beethoven. La ville offre trois prix : de 3,000, 2,000 et 1,000 marcks. Chose regrettable, les artistes nés à Nuremberg sont seuls admis à participer à ce concours !

— On nous écrit de Harlem : « Les variations pour orchestre sur un thème de Haendel de M. Louis Delune, dont le *Guide* a signalé récemment l'exécution par l'orchestre Jehin, de Monte-

Carlo, viennent d'être jouées par notre orchestre que dirige M. Viotta. Cette œuvre de haut style et d'orchestration très personnelle a eu ici tout le succès qu'elle a trouvé sur la Côte d'Azur ».

G.

— Le règlement du concours international de musique qui doit avoir lieu le 3o juillet prochain, à Bernay (Eure), vient de paraître et sera adressé incessamment aux sociétés musicales.

Ce concours étant placé sous le patronage de la Fédération musicale de France, c'est le règlement de la Fédération qui a servi de base à celui de Bernay.

Peuvent concourir : les orphéons, harmonies, fanfares, orchestres, estudiandinas, trompettes, trompes de chasse, tambours et clairons.

7.000 francs de primes en espèces seront réparties.

Une audition artistique, à laquelle prendront part les orphéons et harmonies de division d'excellence, supérieure et première division, aura lieu le soir. Une somme de 100 francs est allouée à chacune de ces sociétés.

Enfin, le lundi 31 juillet sera réservé à un concours de quatuor et de solistes individuels faisant partie ou non des sociétés présentes au concours.

BIBLIOGRAPHIE

45o Noëls classés par tons, harmonisés par MARCEL ROUHER, organiste du grand orgue de Saint-Germain l'Auxerrois. — L.-J. Biton, éditeur à St-Laurent-sur-Sèvre (Paris, Schola Cantorum; Leipzig, Bruxelles, Breitkopf et Hærtel) 2 vol. in-fol.

L'emploi des *Noëls* dans le culte catholique reste sujet à des réserves que nous n'avons pas à rappeler ici et qui, d'ailleurs, s'attachent principalement à leur usage vocal, avec paroles. La destination première de ces pieuses ou pseudo-pieuses chansons n'était, à l'origine, aucunement liturgique. Ainsi que les psaumes en français, on les composait « pour s' esjouïr ès maisons », pour les chanter dans les veillées, et même dans des réunions fort profanes. Il nous souvient d'avoir lu, dans les mémoires d'un aventurier de l'époque révolutionnaire, le récit d'un joyeux banquet où les « dames », au dessert, avaient chanté des noëls « par modestie », et pour répondre aux chansons gaillardes des convives masculins. Encore existait-il beaucoup de noëls rapprochés de cette catégorie, et dont le texte aussi bien que l'air ressortissait au vaudeville et non pas au catéchisme. L'éclosion de tout ce répertoire ne remontait guère plus haut que le début du xvııe siècle, qui avait vu en même temps naître « air sérieux » et l' « air à boire ». Considéré sous un aspect semi-religieux et semi-profane, le noël forme un groupe fort intéressant dans l'histoire de la chanson, et les nombreuses publications qui lui ont été consacrées abondent en jolies mélodies.

En procédant à un choix de 45o d'entre elles, M. Marcel Rouher se défend d'avoir voulu faire œuvre d'érudition ; il s'est uniquement proposé de constituer un recueil « à la fois pratique et facile, s'adressant à tous les organistes ». Les deux programmes auraient pu, dans une certaine mesure, se concilier, et plus d'un lecteur, sans doute, avec nous, regrettera l'absence de quelques indications bibliographiques, qui eussent été un juste tribut payé aux chercheurs dont la patience et le labeur ont assuré la conservation des thèmes populaires. M. Marcel Rouher se trouvant en présence de mélodies anciennes ou populaires, toutes tombées dans « le domaine public », s'est contenté de désigner chacune par les premiers mots du texte avec lequel elle lui apparaissait, et sous les qualifications vagues de Noël ancien, Noël populaire, Noël bisontin, bourguignon, breton, lorrain, etc. Lorsque tel ou tel air lui parvenait muni de paroles récentes l'auteur, « pour éviter toute récrimination », s'est simplement abstenu d'y joindre un titre quelconque, et l'a placé sous l'anonymat conventionnel des « trois étoiles ».

Autant l'ouvrage appellerait donc de critiques sous le rapport *musicologique*, autant il mérite d'éloges sur le terrain purement *musical*, où s'est renfermé l'auteur. La tâche qu'il s'est imposée, après celle du choix des mélodies et de leur classement par tons (chromatiquement ascendants), a été « l'harmonisation pure et simple du motif populaire ». M. Marcel Rouher s'est interdit d'en développer aucun. La façon infiniment habile et distinguée, le goût, l'adresse, la correction parfaite, avec lesquels il a su enchâsser, sertir, toutes ces fragiles petites perles, dans des formes harmoniques ou contrapontiques discrètes et toujours renouvelées, font regretter que nulle part il ne se soit départi de sa réserve, que nulle part il ne se soit échappé en variations et en développements, au lieu d'abandonner à d'autres organistes le soin d'improviser sur des noëls des versets et des pièces, « suivant les nécessités de l'office ou le goût de chacun ». Peut-être le fera-t-il un jour, en des œuvres que son recueil actuel fait souhaiter de lui voir publier.　　　MICHEL BRENET.

L. DE LA LAURENCIE. — *Lully* (Les Maîtres de la musique). — Paris, F. Alcan, in-12.

Lully, au fond, est très mal connu; M. de La Laurencie a raison de le faire remarquer, et il suffit de tirer quelques pages de son excellent livre pour s'en apercevoir. Très envié, très attaqué, très prôné aussi, mais très mal compris d'ailleurs dans les côtés de son génie qui justement nous touchent le plus aujourd'hui, on pourrait un peu dire de lui qu'il n'a mérité

Ni cet excès d'honneur, ni cette indignité.

C'est une nature très curieuse, originale, étonnamment douée, peu sympathique en restant très attachante, et honnête en somme avec des allures retordes. Énergique et décisif, il vit toujours et partout le meilleur parti à prendre, et ce qui pouvait le mieux servir sa ligne de conduite; il créa une tradition, il imposa une forme, et la défendit d'ailleurs par le soin le plus attentif à la mise en valeur de tous les éléments du succès, par un perfectionnement capital de l'exécution instrumentale et lyrique, par une direction de premier ordre sur tous les points. Musicalement, c'est pourtant surtout un très habile et très souple adaptateur, un très ingénieux observateur d'impressions et trouveur d'expressions, un fécond et harmonieux poète au surplus, ce n'est pas réellement le créateur qu'on imaginait.

M. de La Laurencie s'est déjà fait une spécialité de l'histoire de *Lully*, et il a établi le côté documentaire de son livre sur une foule de renseignements de première main, comme le côté musical sur une étude étendue des œuvres du maître, même les moins connues, la musique religieuse, par exemple, qui a bien son prix. On ne saurait que louer le goût délicat et la méthode qui ont présidé à l'une et l'autre de ces deux recherches.

H. DE C.

MAX BOUVET. — Exercices élémentaires pour le développement et l'assouplissement de la voix. — Paris, Enoch, in-4º.

Je signale avec plaisir ce recueil d'exercices, d'abord parce qu'ils me paraissent extrêmement bien conçus dans leur simplicité, et justement d'autant plus utiles et féconds qu'ils sont plus simples et moins capables de se prêter à la recherche d'effets faciles, première tentation des chanteurs amateurs; ensuite parce qu'ils sont commentés de la façon la plus juste et dans le meilleur sentiment artistique. On sent dans l'ens ignement de M. Bouvet l'école de J. Faure est la suite de celle qui fut jadis et qui est restée sans rivale, celle de Garcia. Aussi bien l'excellent professeur a-t-il

pris récemment l'occasion de réparler de ces ancêtres-là de l'art lyrique, de Nourrit par exemple, et par contre de l'influence néfaste de Duprez, dès longtemps si évidente mais qui n'est pas éteinte, tant s'en faut. C'est dans une revue nouvelle, que je salue en passant d'une chaude sympathie : *Conservatoires et Théâtres* (dirigée par Georges Piech), que M. Bouvet a publié cette utile et remarquable étude sur « la mauvaise éducation des voix » dont on ne saurait trop applaudir les sages avis.

H. DE C.

ARTHUR POUGIN. — *Musiciens du XIXᵉ siècle* : Auber, Rossini, Donizetti, Thomas, Verdi, Gounod, Massé, Reyer, Delobes. — Paris, Fischbacher, in-12.

« Comme je vous sais très sincère et très indépendant, j'attache le plus grand prix à vos éloges. » Ainsi remerciait jadis Ernest Reyer dans une lettre à M. A. Pougin dont le fac-similé se retrouve ici entre huit autres. C'est en effet l'un des côtés les plus intéressants d'un livre comme celui-ci : la personnalité de jugement de l'auteur. Jamais il n'a hésité à dire toute sa pensée, quelle qu'elle fût, et même — ou surtout — quand elle ne devait rencontrer que des contradicteurs. Il va même au devant des contradictions souvent, il rompt des lances, il bataille... Ceci n'est pas sans donner beaucoup de vie à ces petites biographies. Mais ce sont d'ailleurs plutôt des jugements, des chroniques, des souvenirs personnels, souvent relevés de documents inédits, d'indi ations piquantes et peu connues; une liste des œuvres, avec dates, termine les chapitres consacrés aux plus récents de ces maîtres de la musique. Une « préface-prélude » toute vibrante de « protestation contre les doctrines malsaines de nos soi-disant réformateurs » (était-ce bien nécessaire et n'est-ce pas attacher bien de l'importance à des « moments » ? ouvre les premières pages du volume.

H. DE C.

ARTHUR POUGIN. — *Marie Malibran, histoire d'une cantatrice*. — Paris, Plon, in-12º, avec portrait.

Je ne crois pas que l'érudit historien de la musique eût jamais écrit volume mieux composé et de plus heureuses proportions, plus attachant et vraiment éloquent, que celui-ci. Dès longtemps, il en rassemblait les matériaux, tout en donnant ses soins à d'autres monographies plus complexes. Il a d'autant mieux su le mener à bonne fin. Cette histoire de Garcia, d'abord, puis de sa fille aînée, de ses années d'études auprès de ce maître des maîtres (Mᵐᵉ Viardot a toujours protesté contre la légende des brutalités de son père;

il est vrai qu'elle n'a guère pu en être témoin, ou du moins, à un âge raisonnable : c'est tout de même une quest on qui peut encore être discutée), de ses précoces triomphes, de sa carrière inouïe..., est d'une documentation considérable, mais toujours intéressante ; cette étude du talent, du génie si profond, si spontané, si étonnamment souple de la cantatrice, si saisissant de vérité et si constamment varié, est conçue avec cœur, écrite avec chaleur, très vivante enfin. La physionomie de Marie Garcia en ressort bien, dans sa flamme communicative et souveraine, elle laisse comprendre tous les enthousiasmes dont elle fut l'objet. — M. Pougin n'a pas évoqué l'image de Mᵐᵉ Viardot à propos de sa sœur ; il semble même l'avoir volontairement écartée. Peut-être nous réserve-t-il un pendant à ce joli volume.   H. DE C.

Fr. HELLOUIN et Joseph PICARD. — Un musicien oublié : Catel. Paris, Fischbacher, in-18 de 80 p.

Etude intéressante, documentée avec soin, et qui touche à bien des points curieux, ce musicien varié ayant traversé toute la tourmente révolutionnaire et l'Empire entre l'Opéra, l'Opéra-Comique et les Fêtes nationales. Si ses grands succès sont oubliés, la valeur de ses principales œuvres a gardé son intérêt. Catel fut aussi l'un des premiers maîtres du Conservatoire naissant ; c'est surtout ce qu'a rappelé M. J. Tiersot dans les quelques pages de préface qui précèdent l'opuscule.   C.

M. E. BELPAIRE. — Beethoven; een kunst- en levensbeeld. Anvers, Opdebeek, 1911, in-8°, 474 pages.

L'auteur, une femme, a consigné dans ce beau livre, écrit avec netteté et précision, le résultat de plusieurs années d'étude et de méditation consacrées à son maître de prédilection. Bien que la partie documentaire n'ait pas été négligée (Wegeler, Schindler, Ries, etc. sont constamment appelés en témoignage), c'est surtout un livre d'analyse esthétique et psychologique ; l'auteur s'efforçant, d'une part, de dégager tous les aspects de la personnalité sentimentale de Beethoven, de l'autre, d'établir la relation entre le sentiment et l'œuvre, entre le développement de la personnalité et l'évolution du style. Le chapitre VIII, par exemple, envisage « le sentiment de Beethoven dans son art » (Beethovens' gemoed in zijne kunst), le suivant « la vie de Beethoven dans son art », ce dernier mettant en regard les œuvres avec les circonstances extérieures qui les ont vu naître ; les catalogues systématiques et analytiques très détaillés qui terminent le livre sont établis d'après les

mêmes points de vue. Le livre de Mˡˡᵉ Belpaire est un des meilleurs produits de la littérature musicale néerlandaise des dernières années.   E. C.

ECHOS DES PAYS-BAS (Nederlandsche Volksliederen), adaptations françaises de Jules Van Roy, harmonisations de Alexandre Béon. — Bruxelles, C. Kerkhofs.

Six mélodies populaires néerlandaises heureusement choisies (deux berceuses, un noël, deux pièces narratives et une humoristique), publiées avec les deux textes et munies par M. Béon d'une harmonisation à la fois simple et délicate. R. S.

— Publications de la maison Breitkopf et Hærtel, Bruxelles : Chaconne pour violon et basse de Thomaso Vitali, arrangement de Léopold Charlier (d'après la transcription pour violon et piano de F. David). Excellente édition de cette belle œuvre ; les doigtés et les coups d'archet sont indiqués avec le plus grand soin.

Deuxième ballade pour piano par Henning Mankell. Non moins difficile que la première ballade du même auteur que nous avons signalée il y a quelques mois. Beaucoup d'écarts, de traits en octaves, d'accords se succédant avec rapidité. L'auteur recherche l'intérêt harmonique plutôt que l'intérêt rythmique.

Enfin, la réduction pour piano à deux mains de la Fantaisie pour grand orchestre sur deux airs populaires tournaisiens de N. Daneau et un Quatuor à cordes op. 1, de P. Förster-Glowatsky, une œuvre qui, par sa simplicité, se rapproche du style de Haydn et de Mozart.   F. H.

— Chez Hamelle, vient de paraître la réduction pour piano et chant du Meurtrier, la scène lyrique qui fut exécutée l'hiver dernier chez Lamoureux. Le regretté Arthur Coquard en corrigeait les épreuves lorsqu'il fut prématurément enlevé par la cruelle maladie. La musique commente éloquemment le poème libre extrêmement suggestif et évocateur d'Yvanhoé Rambosson.   G. R.

— De la très intéressante Revue viennoise Der Merker (2ᵉ année, 7ᵉ fasc. ; janvier 1911) signalons les articles suivants :

1° Paul Marsop. Les limites de l'intelligence et de la faculté créatrice ; 2° Richard Batka : Angelo Neumann ; 3° Edgard Istel : La fabrication des instruments en Bavière ; 4° M. L. Andro : Erik Schmedes (illustr.) ; 5° Berthold Viertel : Karl Schönherr (illustr.) ; 6° J. Minor : Histoire de l'Art dramatique ; 7° J. Stur : La construction des Théâtres dans l'antiquité ; 8° Un acte de Jakob Wassermann : Rasumowsky.

57ᵐᵉ ANNÉE. — Numéro 12.　　　　19 Mars 1911.

LE GUIDE
MUSICAL

L'ENFANCE DU CHRIST
d'Hector BERLIOZ

LE théâtre de la Monnaie va mettre à la scène *L'Enfance du Christ* de Berlioz (1). Le public naguère accueillit très favorablement l'exécution théâtrale de *La Damnation de Faust*. Il n'y a pas de raison pour qu'il boude à *L'Enfance du Christ*, l'une des partitions les plus parfaites et certainement la plus délicate que nous ait laissée le maître de la Côte-Saint-André.

Il faut s'attendre, cependant, à quelques protestations de la part des esthètes qui se donnent la mission de protéger la gloire incontestée des maîtres. Ils s'empresseront de dire que c'est manquer à la mémoire de Berlioz que de porter au *théâtre* une œuvre qui a été écrite pour le *concert*. Sujet à dissertations faciles. Berlioz n'est plus là pour donner son avis. Eût-il approuvé ou désapprouvé? Nul ne peut le dire.

Il y a cependant quelques exemples anciens ou récents de transpositions de ce genre. Liszt, de son vivant, assista à la mise à la scène de sa *Sainte-Élisabeth de Hongrie*, qui est un oratorio de concert. Non seulement il ne protesta point, mais il y acquiesça formellement par sa coopération et sa présence aux études et à l'exécution à Wei-

(1) La première est annoncée pour le 28 mars.

mar, à Vienne, à Budapest. Récemment, M. Massenet vit avec plaisir sa *Marie-Madeleine* transformée en un spectacle édifiant. Je sais plus d'un maître contemporain, à Paris ou à Bruxelles, qui serait heureux qu'un directeur bien avisé voulût accompagner de décors, d'effets de lumière, de gestes, de mouvements et de tableaux scéniques, l'exécution de telle de ses grandes compositions vocales et chorales qui ne furent nullement composées en vue de l'exécution théâtrale.

Pourquoi douter que Berlioz eût pensé de même si la question s'était posée à lui? Ce qui est certain, c'est que dans *L'Enfance du Christ* comme dans *La Damnation*, se manifeste en mille endroits une préoccupation de « l'image », qui est tout à fait caractéristique et singulière. Des maîtres du XIXᵉ siècle, Berlioz est certainement le plus imaginatif. Il n'écrit que pour traduire en rythmes et en dessins d'orchestre les tableaux et les scènes que sa vive imagination évoque devant lui. Ses symphonies s'accompagnent de véritables scénarios explicatifs ou se développent sur un canevas résumant des drames célèbres. Ses compositions religieuses sont des cantates dramatiques plutôt que des compositions d'église. Et qui pourrait contester que certaines pages de *La Damnation* ont gagné en intensité par l'interprétation scé-

nique? Les épisodes du sujet traité sont
disposés et développés comme n'eût pu
le faire autrement un authentique compositeur dramatique. C'est la faute aux circonstances si Berlioz lui-même n'a jamais été
tenté d'essayer la réalisation scénique de
ses compositions de concert. Le public et
les directeurs ne voulaient pas de ses
œuvres spécialement écrites pour le théâtre. Comment eût-il pu songer à leur offrir
une adaptation théâtrale des autres? Mais
si l'occasion s'en était offerte à lui comme
elle s'offrit plus récemment à d'autres qui
oserait affirmer qu'il l'eût repoussée?

Question oiseuse au fond! L'essentiel est
de ne point mutiler l'œuvre musicale telle
que le maître l'a conçue, de n'en point
trahir le sens et le caractère par une représentation extérieure contradictoire. Dans
celle que le théâtre de la Monnaie va nous
donner de L'Enfance du Christ, on n'a ni
retranché ni ajouté une note. Pas une parole
du délicieux poème de Berlioz n'a été modifiée. On s'est contenté de traduire en
tableaux animés et colorés les scènes qu'il
a lui-même imaginées et qu'il décrit minutieusement dans les notations explicatives
qui accompagnent sur la partition les
développements musicaux. Les ressources de la technique moderne de la scène
permettent de réaliser bien des effets qu'il
eût été difficile, sinon impossible, d'obtenir
il y a un demi-siècle. Grâce à elles, les
tableaux entrevus par Berlioz peuvent aujourd'hui s'exécuter réellement sans arrêter ni contrarier l'exécution musicale. On
ne fera pas de L'Enfance du Christ une
« pièce de théâtre », mais ce sera une suite
de tableaux charmants se déroulant aux
sons d'une musique exquise.

Berlioz aimait beaucoup cette œuvre qui
fut, du reste, la seule qui lui valut tout de
suite un succès retentissant et durable.
L'Enfance du Christ fut terminée en 1854 et
Berlioz l'intitula Trilogie sacrée (1). Sous l'influence de quelque vision picturale, il avait

(1) On se reportera naturellement, pour l'histoire
de L'Enfance, aux excellents travaux de M. J.-G.
Prod'homme et de M. Boschot sur Berlioz, sa vie et
son œuvre.

eu, dès 1852, l'idée de composer une Fuite
en Egypte qui lui fournit l'occasion d'une
mystification faite aux musiciens, au public et aux « bons gendarmes de la critique
française », restée célèbre dans les annales
de la musique.

Il présenta cette Fuite en Egypte comme
un fragment d'un oratorio ancien qu'il
attribua à Pierre Ducré, maître de chapelle
de la Sainte-Chapelle à Paris, en 1679, et
c'est sous ce nom qu'il la fit exécuter à
un concert de la Société Sainte-Cécile,
le 12 novembre 1852. Le succès fut considérable, et le plus plaisant, c'est qu'il ne
manqua pas de critiques pour dire que
cette musique-là ce n'est pas M. Berlioz
qui eût pu l'écrire. Et elle était de lui!

Deux ans plus tard, il reprit ce morceau
et le compléta d'abord par une petite scène
vocale et chorale, L'Arrivée de la Sainte-
Famille en Egypte, qui, — ainsi qu'il l'écrivait à Liszt, — devait faire suite au mystère de Pierre Ducré et former un petit
oratorio; puis il ajouta encore une troisième partie : Le Massacre des Innocents, à
l'instigation de l'éditeur anglais Beale qui
désirait publier une édition anglaise de
cette « trilogie biblique ». Mais ce Massacre
ne fut jamais composé. Berlioz y substitua
une belle page dramatique, Le Songe d'Hérode dont il parle dans une lettre du
28 juillet 1854 à son jeune ami Hans de
Bulow :

J'ai beaucoup travaillé depuis mon retour de
Dresde; j'ai fait la première partie de ma trilogie
sacrée : Le Songe d'Hérode. Cette partition précède
l'emblyon que vous connaissez sous le nom de
Fuite en Egypte et formera avec l'Arrivée à Saïs un
ensemble de seize morceaux, durant en tout une
heure et demie avec les entr'actes. C'est peu
assommant, comme vous voyez, en comparaison
des saints assommoirs qui assomment pendant
quatre heures.

J'ai essayé quelques tournures nouvelles : l'air
de l'Insomnie d'Hérode est écrit en sol mineur sur
cette gamme déterminée sous je ne sais quel nom
grec dans le plain-chant : sol, la bémol, si bémol,
do, ré, mi bémol, fa, sol. Cela amène des harmonies
très sombres et des cadences d'un caractère particulier, qui m'ont paru convenables à la situation.

L'œuvre étant ainsi complète à son gré, Berlioz songea tout de suite à la faire entendre. En novembre, il écrivait à Liszt pour lui annoncer la première exécution à Paris :

Elle aura lieu le 10 décembre prochain; je m'attends à perdre quelque huit ou neuf cents francs à ce concert. Mais ce sera, je l'espère, *utile pour l'Allemagne*. Et j'ai la faiblesse aussi de faire entendre cela à quelques centaines de personnes à Paris dont le suffrage, si je l'obtiens, aura du prix pour moi, et à quelques douzaines de crapauds dont, en tous cas, cela fera enfler le ventre.

La première exécution eut lieu, en effet, le dimanche 10 décembre 1854, à la salle Herz. Mais, contrairement aux prévisions de Berlioz, le succès fut immédiat et considérable. Il faut croire qu'il en fut extrêmement heureux, car il s'empressa de le mander à ses amis d'Allemagne, à de Bulow, à Liszt, à la princesse Caroline de Wittgenstein. Quelques jours après la première de « son petit oratorio », le 16 décembre, il écrit à l'ami de Liszt :

On lui fait en ce moment à Paris un succès révoltant pour ses frères aînés. On l'a reçu comme un Messie et peu s'en est fallu que les Mages ne lui offrissent de l'encens et de la myrrhe. Le public de France est ainsi fait. On dit que je me suis *amendé*, que j'ai changé de *manière*... et autres sottises. En 1830 je fus envoyé à Rome comme pensionnaire de l'Académie des Beaux-Arts. Le règlement m'obligeait à composer à Rome un fragment de musique religieuse qui, à la fin de la première année de mon exil, devait être apprécié en séance publique à l'Institut de Paris. Or, comme je ne pouvais composer en Italie (je ne sais pourquoi), je fis tout bonnement copier le *credo* d'une messe de moi, exécutée déjà *deux fois* à Paris avant mon départ pour Rome, et je l'envoyai à mes juges. Ceux-ci déclarèrent ce morceau indiquait déjà *l'heureuse influence du séjour de l'Italie*, et qu'on n'y pouvait méconnaître *l'abandon complet de mes fâcheuses tendances musicales*... Que d'académiciens, il y a dans le monde! Quoi qu'il en soit, j'espère que ma petite *sainteté* vous plaira, et je serai très heureux de pouvoir vous la faire entendre.

Liszt la lui monta, en effet, presque aussitôt (février 1855), à Weimar, tandis qu'à Paris quatre auditions, le 24 décembre et le 28 janvier 1855, puis le 7 et le 23 avril à l'Opéra-Comique, attestaient combien la petite *sainteté* avait porté. Trois auditions consécutives, sous la direction de Berlioz, avaient lieu le mois suivant, les 18, 22 et 24 mars, à Bruxelles, au théâtre du Cirque. Le ténor Audran, alors attaché au théâtre de la Monnaie, chantait le récit ont, Mlle Dotré, la Vierge et le baryton Cormon, Saint-Joseph. Berlioz fut enchanté de cette exécution et dans une lettre datée de Bruxelles, hôtel de Saxe, lundi 19 mars, il loue les solistes et les chœurs. En revanche il est sans pitié pour les flûtistes qui jouèrent, dit-il, « comme des vachers espagnols », le délicieux intermède pour harpe et deux flûtes de la troisième partie. Après cette audition, Berlioz reçut une députation de professeurs du Conservatoire « à qui raconte-t-il, le professeur Fétis a fait les gros yeux pour refouler leur sympathie pour moi. » Selon son habitude, Berlioz exagérait un peu. Fétis l'avait reçu à dîner avec sa seconde femme, Marie Reccio, et il écrivit à Liszt pour lui annoncer le succès de l'œuvre de son ami (lettre du 1er avril 1855) :

J'ai eu ici Berlioz, dont *L'Enfance du Christ* a eu du succès. Cela est simple et naïf; mais il y a du sentiment. C'est une modification très marquée de son talent primitif. Je l'ai trouvé bien changé et vieilli. Il m'a fait le plaisir de dîner chez moi avec sa femme; c'est un homme d'esprit et de grande intelligence musicale et autre; malheureusement, la richesse de son imagination n'égale pas ce qu'il a acquis d'habileté.

Sous la plume de Fétis, que Berlioz n'avait rien moins que ménagé dans ses boutades verbales, ses lettres et ses feuilletons, ces quelques lignes paraîtront plutôt sympathiques et aimables. Il est vrai qu'elles s'adressaient à Liszt, que Fétis savait extrêmement porté pour Berlioz.

Quoi qu'il en soit, on voit par toutes ces lettres combien fut vif et durable le succès de *L'Enfance du Christ* dans sa nouveauté. Jusqu'en ces dernières années l'œuvre a gardé au répertoire des grands concerts la place qui lui revient.

Joseph Dupont, toutefois, ne la fit entendre qu'une seule fois à ses Concerts
populaires, à Bruxelles, en 1886 (1). Ge-
vaërt, au Conservatoire, n'en donna que
des fragments. A Paris, de temps à autre,
elle reparaît encore par fragments au
Conservatoire. Colonne, le grand apôtre
de Berlioz, lui prêtera *La Damnation de
Faust*, plus importante, en effet.

La partition de *L'Enfance du Christ* n'en
est pas moins une chose exquise, du sentiment le plus délicat et de la plus charmante
inspiration. Ce n'est qu'une succession de
tableaux. Comme l'attestent les lettres ci-
dessus, Berlioz n'a pas suivi un plan bien
déterminé. Les épisodes choisis par lui se
juxtaposent sans autre lien que l'unité vraiment remarquable du style et du sentiment.
L'ensemble, en évoquant quelques-uns des
moments les plus touchants de la légende
chrétienne, n'en est que plus attachant par
la naïveté, comme dit Fétis, qui a présidé
à la conception de l'œuvre. On dirait une
composition de primitif. C'est dans cet
esprit qu'a été comprise l'exécution scénique que prépare le théâtre de la Monnaie.
Pour les différents tableaux qui accompagnent les scènes dialoguées, on s'est
inspiré des primitifs italiens, où se rencontre un si piquant mélange de réalisme
puéril et d'idéalisme sincère, où la Vierge
avec son manteau azuré, ses voiles légers
sertis d'or et sa robe carminée chargée de
délicates broderies, promène sa grâce souveraine de Reine des anges et du ciel au
milieu des objets les plus familiers de la vie
rurale. Comme de coutume, pour ces spectacles d'art, la direction de la Monnaie a
eu recours aux lumières de l'éminent
peintre Fernand Khnopff, dont les conseils
lui ont été précieux.

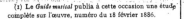

_____

(1) Le *Guide musical* publia à cette occasion une étude
complète sur l'œuvre, numéro du 18 février 1886.

LE FEU DE LA SAINT-JEAN

Poème lyrique en un acte de M. Ernst von Wolzogen
(traduction française de M. Jean Marnold), musique
de M. Richard Strauss. Première représentation au
Théâtre royal de la Monnaie, le jeudi 16 mars 1911.

C OMME pour *Salomé* et *Elektra*, Bruxelles
aura eu la primeur de l'exécution en
langue française de *Feuersnot*, devenu
Le Feu de la Saint-Jean. Et si MM. Kufferath et Guidé ne nous ont pas, ainsi qu'ils l'auraient voulu, présenté cette œuvre avant *Salomé*,
respectant ainsi l'ordre chronologique de composition des deux opéras, c'est que l'ouvrage avait
été retenu pour l'Opéra-Comique. Mais à Paris on
hésita, paraît-il, devant les difficultés d'exécution,
comme ce fut le cas pour certains théâtres allemands (à Breslau, a-t-on dit, les études durent être
interrompues naguère pour cette raison). M. Carré
ayant donc renoncé à son droit de priorité, le
théâtre de la Monnaie fut, il n'y a pas longtemps,
autorisé à donner le premier la version française
de l'œuvre de Richard Strauss.

L'exécution de *Feuersnot* est, en réalité, extrêmement difficile, — beaucoup plus même qu'il
n'apparaît à l'auditeur, qui serait tenté de voir
dans *Salomé* et *Elektra* des complications d'écriture
autrement rebutantes. C'est que, dans ces deux
dernières œuvres, les complications ont une extériorité dans l'effet qui donne davantage l'impression d'une partition savante et surchargée. Dans
Le Feu de la Saint-Jean, au contraire, les raffinements, les subtilités de l'orchestre sont d'un ordre
tout intime et réclament dès lors une réalisation
beaucoup plus précise, plus respectueuse des
intentions du compositeur, pour donner l'impression que celui-ci avait en vue. Sous ce rapport,
Feuersnot peut être rapproché des *Maîtres Chanteurs
de Nuremberg*.

Le rapprochement des deux œuvres s'impose
à d'autres points de vue encore. En négligeant
les « rencontres » dans l'invention musicale, pour
ainsi dire inévitables vu l'analogie des milieux,
nous constaterons l'opposition qui existe, de chaque
côté, entre la vie bourgeoise de la foule et les
aspirations élevées des deux héros, Conrad d'une
part, Walther de Stolzing de l'autre. Et de cette
opposition naissent, dans chacune des deux partitions, deux styles différents au point de vue de
l'inspiration mélodique : le style de la mélodie
populaire, admirablement approprié à l'expression
des sentiments des bourgeois de Munich ou de

Nuremberg, et un style d'un lyrisme intense qui, chez Strauss, prend souvent un caractère profondément romantique, assez indiqué d'ailleurs par la nature légendaire du personnage. La partition de *Feuersnot* renferme à cet égard des pages tout à fait caractéristiques, qui tranchent singulièrement sur le fond populaire de l'œuvre ; telle, par exemple, l'invocation qu'inspire à Conrad la vue des lueurs du feu de la Saint-Jean (pp. 77 à 80 de la partition pour piano).

Les rapprochements que nous venons de faire entre *Feuersnot* et *Les Maîtres Chanteurs* ne tendent aucunement à établir l'influence que Wagner aurait exercée sur l'œuvre de Strauss. Cette influence était encore très sensible dans son premier ouvrage dramatique *Guntram*, drame lyrique en trois actes, représenté à Dresde en 1894, ainsi que dans les poèmes symphoniques qui avaient précédé ; mais Richard Strauss s'en libéra rapidement par la suite, et dans *Feuersnot*, comme dans *Till Eulenspiegel*, qui est de la même veine, son indépendance s'affirme très victorieusement.

Les productions, tant symphoniques que dramatiques, de Strauss nous ont souvent frappé par l'allure très germanique de l'inspiration musicale. A cet égard, une parenté étroite existe, à nos yeux, entre ce compositeur et un maître qui, à première vue, en paraîtrait assez éloigné : Franz Schubert. Et nous serions tenté de reprocher à maintes de ses œuvres, à raison de ce fait, un caractère de localisation, si l'on peut dire, qui ne s'accorde pas toujours avec le sujet traité. Dans *Feuersnot*, il en est tout autrement : Richard Strauss a pu être lui-même et ne renoncer en rien aux influences de son origine ethnique, tout en produisant une musique admirablement appropriée au milieu dans lequel se meuvent les personnages, aux sentiments qu'ils expriment. C'est là, selon nous, un des grands mérites de l'œuvre que nous venons d'entendre. Ici, les rythmes de valse, auxquels le compositeur s'abandonne si volontiers, les cadences très appuyées de ses inspirations, sont tout à fait à leur place, et il ne viendra à personne l'idée de critiquer l'allure bon enfant de la plupart des pages de la partition, le caractère populaire des thèmes qui en forment là partie essentielle. On se sent au contraire rempli d'admiration devant la variété inépuisable de ces transformations de motifs, où les rythmes binaires et ternaires alternent ou se superposent constamment, avec une souplesse qui tient du prodige.

D'après les indications de la partition, trois seulement des thèmes mis en œuvre appartiendraient au folklore munichois : tous les autres auraient

donc été forgés par Strauss lui-même. Ces motifs populaires d'origine locale sonnent tous trois à la basse. L'un, qui est une chanson à boire de Munich, apparaît dans l'un des épisodes de la valse, aux rythmes si pittoresquement accusés (p. 65) ; un autre, vieil air populaire de Munich également, accompagne les réflexions du brasseur Gilgenstock (p. 20) ; le troisième, emprunté à une autre vieille chanson populaire munichoise, scande à la basse l'histoire du géant Onuphrius, que chante le tonnelier Tulbek (p. 22) ; c'est le thème même consacré aux géants dans la Tétralogie, et voilà souligné l'origine d'un des *leitmotive* wagnériens les plus caractéristiques, que l'on ne s'attendait guère à retrouver dans une mélodie populaire allemande !

D'autres rappels de thèmes des œuvres de Wagner sont amenés par le récit dans lequel Conrad expose l'accueil qu'ont réservé les Munichois à son ancêtre, Richard le Maître ; on y trouve le motif du *Walhall* (p. 155), puis le thème du *Vaisseau fantôme*, au moment où il est fait allusion à l'exil de Wagner (p. 158), et aussi le rythme de la *Chevauchée des Walkyries* (p. 157). Lorsque, poursuivant son récit, Conrad parle, en termes d'une modestie relative, de la haute mission réservée à l'autre Richard (c'est-à-dire à Strauss lui-même), la musique change complètement de caractère ; elle prend ici une allure très germanique, utilisant surtout, avec une fantaisie et une verve charmantes d'ailleurs, le rythme de la valse ; et l'on dirait vraiment que Strauss a pris plaisir à souligner, par l'opposition de ces deux parties du récit, un des traits qui différencient essentiellement son invention musicale de celle du grand Richard, qui, elle, peut-on dire, n'a pas le caractère d'une race, mais les domine toutes, est de tous les pays, si localisé que soit parfois le poème auquel elle s'applique.

L'article paru ici il y a huit jours, a mis excellemment en lumière les qualités de la partition si savoureuse qui vient de nous être présentée. Constatons qu'à côté des impressions d'ensemble que laisse une première audition, *Le Feu de la Saint-Jean* procurera un plaisir infini à ceux qui voudront en pénétrer les détails, saisir les intentions multiples que le compositeur a mises dans la transformation incessante des *leitmotive* dont se compose essentiellement la trame musicale. Rarement œuvre lyrique fut traitée avec autant d'humour, de gaîté railleuse, de verve ironique. Le trio des amies de Lisbeth, qui traverse la partition d'un bout à l'autre, constitue, à cet égard, un véritable modèle : la bonne humeur, la moquerie douce y sont traduites constamment en une langue musicale d'une justesse d'expression merveilleuse, aux nuances les plus subtiles. Et avec quel art d'observation Richard Strauss souligne les réflexions qu'échangent les bourgeois lorsque, séduits par le discours de Conrad, ils reviennent sur les jugements qu'ils avaient d'abord formulés à son adresse! Il y aurait quantité de détails exquis à relever dans cette partition, qui, si elle ne donne pas les grandes émotions d'une œuvre lyrique de haute envolée, est une source inépuisable de jouissances pour l'esprit, de satisfactions et de surprises amusantes pour l'oreille.

Nous avons souligné déjà les difficultés de l'exécution orchestrale. A ces difficultés viennent se joindre celles des ensembles vocaux, aux parties multiples et terriblement enchevêtrées C'est dire que la tâche du chef d'orchestre est particulièrement ardue. A M. Sylvain Dupuis revient donc avant tout l'honneur de la très belle exécution qui nous a été donnée jeudi. Il a mis parfaitement en valeur tous les détails de cette partition très fouillée, établissant un harmonieux équilibre entre les voix et l'orchestre, montrant une souplesse extrême dans les changements de rythmes et les transformations de mouvements.

La réalisation vocale de l'œuvre fut, dans l'ensemble, fort remarquable. Deux rôles seulement mettent leurs interprètes en évidence : celui de Lisbeth, confié à Mlle Dupré, qui en a surmonté les difficultés avec assez de bonheur, et celui de Conrad, qui a permis à M. Ponzio d'affirmer avec éclat ses brillantes qualités de chanteur servies par un organe d'une rare beauté ; le jeune artiste a, de plus, excellemment rendu le caractère légendaire et mystérieux que réclamait le rôle. Cette création lui fera grand honneur.

Autour de ces deux figures gravitent une série de personnages épisodiques qui tiennent dans l'œuvre une place importante et dont la tâche musicale est assez délicate. Mentionnons d'abord les trois amies de Lisbeth, représentées par Mlles Symiane, Bérelly et Montfort, qui forment un trio de voix charmantes, s'harmonisant délicieusement. Puis M. Swolfs, un bailli très finement observé et dessiné; M. Billot, un bourgmestre à la voix superbe ; M. Dua, qui a campé avec un art remarquable la silhouette du tonnelier, qu'il dessine, si l'on peut dire, à la fois de la voix et du geste; M. Weldon, un aubergiste bien en chair et bien en voix; M. La Taste, un brasseur au chant délié et expressif. Citons encore Mme Paulin, Mlles Willame et Sonia, MM. Delaye, Lheureux et Colin, et rendons hommage aussi au personnel des chœurs, — car tous ont apporté un concours très dévoué à celui qui présidait à cette brillante exécution musicale, M. Sylvain Dupuis.

La réalisation scénique n'était pas moins difficile. Jamais peut-être les mouvements de foule se combinant avec l'exécution de chœurs extrêmement divisés, n'avaient rendu la tâche du metteur en scène aussi ardue. M. Merle-Forest s'en est acquitté avec son habileté coutumière, montrant un sens très fin du pittoresque, une recherche toujours en éveil de la vérité scénique.   J. Br.

Une œuvre nouvelle de C. SAINT-SAËNS
DÉJANIRE
AU CASINO DE MONTE-CARLO

Monte-Carlo, 14 mars 1911.

C'est une tragédie lyrique... Une œuvre de M. C. Saint-Saëns est toujours intéressante par quelque côté. La facture seule, qui est magistrale et de l'ingéniosité la plus rare, attache déjà et donne pâture à l'étude. Mais cette fois, c'est surtout et d'abord l'ensemble, dont le caractère est neuf sous sa plume, et d'une ligne, d'une noblesse, d'une fermeté, que nous n'avions pas rencontrées à ce degré dans ses dernières œuvres scéniques... et dans beaucoup d'autres d'ailleurs de notre époque.

Sans doute, elle a les défauts du genre, en même temps que ses qualités. Comme dans les tragédies, les scènes souvent se suivent sans enchaînement, le théâtre reste vide, et quelques mesures d'orchestre relient les unes aux autres sans donner l'impression d'une même conception suivie et fondue. De l'autre, de son côté, a souvent la froideur du dialogue tragique (plus sensible quand la phrase mélodique doit remplacer la musique des vers même), et d'autant plus qu'elle reste indépendante de l'orchestre qui la soutient peu : elle fige l'action, et, musicalement, évoque plutôt l'idée d'un oratorio que d'un drame lyrique... N'importe, au bout d'un moment, et surtout à partir du second acte, on est séduit, on est conquis. Cette recherche du caractère de la tragédie antique a quelque chose de très noble par elle-même, et dont le style se développe et s'impose avec une véritable grandeur.

On sait déjà que cette Déjanire fut d'abord une tragédie, en effet, écrite sur le mode antique par Louis Gallet, et représentée le 28 août 1898 aux arènes de Béziers, sous les auspices de M. Castelbon de Beauxhostes. Pour elle, M. C. Saint-Saëns s'était alors chargé d'une musique de scène avec quelques épisodes lyriques : des chœurs, des danses, un épithalame, une prière à Eros. Ces pages se retrouvent ici, comme il était naturel puisqu'elles sont nées de l'œuvre première, mais si bien enveloppées ou développées que l'actuelle partition en quatre actes a tout à fait droit à être considérée comme une œuvre nouvelle.

Inspirée de divers modèles grecs et latins (*Les Trachiniennes*, de Sophocle; *Hercule sur le mont Œta*, de Sénèque), la tragédie de Gallet nous montre Hercule poursuivant de son amour furieux la jeune Iole, au désespoir de Déjanire, dont la jalousie exaltée se souvient alors de la tunique teinte de sang que le centaure Nessus, en mourant sous les flèches d'Hercule, lui a remise comme un talisman capable de lui rendre l'amour de son époux, s'il s'éloignait d'elle. Iole, qui, malgré son amour pour Philoctète, et pour le sauver de la vengeance d'Hercule, a dû céder et consentir à l'hymne voulu par le héros, Iole est chargée par Déjanire d'apporter en présent de noces le fatal tissu. Hercule le revêt, et ne tarde pas à bondir dans d'indicibles souffrances que seul peut éteindre le bûcher du sacrifice qu'il offre à Jupiter son père.

Un des mérites de la partition, et peut-être le meilleur atout de son jeu, c'est que l'intérêt y va croissant d'acte en acte : il y a là comme une sorte d'épanouissement dont l'impression est très heureuse. Le premier tableau, qui est tout d'exposition, semble froid à force de sobriété. Déjà cependant le doux, le suave personnage d'Iole y commence à se dessiner, et c'est le plus séduisant de l'œuvre ; la loyale fermeté de Philoctète, la vision prophétique de Phénice (la vieille confidente de Déjanire), l'ardent caractère de celle-ci enfin, sont indiqués aussi avec force. Mais au second tableau surtout, les caractères sont aux prises et la musique sait leur donner une couleur spéciale. La grâce mélancolique d'Iole évoque les impressions alanguies de l'Hymne Delphien, reste authentique de la musique grecque ; sa détresse, ses invocations aux dieux, revêtent des harmonies pénétrantes et délicates, d'un goût séduisant, qui contraste d'autant plus heureusement avec l'altière volonté et la passion emportée et dès lors maladroite de Déjanire. Le finale surtout, où les imprécations d'Hercule d'abord se mêlent à un grand double chœur, très vivant, où ensuite la prière d'Iole se marie aux harpes et à l'ampleur harmonieuse des voix des femmes, a vraiment saisi et charmé.

Cette sorte de respect ému que ressent l'auditeur pour l'éloquence de l'action tragique s'affirme dès lors de scène en scène. Les conseils de Phénice à Déjanire, le souvenir que celle-ci évoque de la mort du centaure et du mystère de la tunique sanglante, ont inspiré au musicien les plus heureuses expressions. L'adieu de Déjanire à Hercule, enveloppant à dessein et d'une douceur spécieuse, est tout à fait harmonieux et il y a de la lumière, de la chaleur, dans l'hymne à Eros où s'épanouit, parmi les chœurs de femmes (toujours traités ici d'une façon charmante) le complot de Déjanire, Iole et Phénice. Le dernier tableau est plus extérieur, avec ses danses, ses cortèges, le rythme persistant dont l'orchestre souligne les chœurs d'hyménée, l'hymne du sacrifice enfin, large et puissant. Une gracieuse invocation, d'effet plus intime, se détache pourtant sur la pureté des chœurs : l'épithalame que chante Hercule, adouci et ravi, au moment de recevoir Iole et son présent fatal.

Cette page, qui appartient à la première partition de *Déjanire*, ne vaut pas la plupart de celles de l'œuvre nouvelle. Mais elle a été si bien dite par M. Muratore (dont on n'aurait pas cru la voix chaude et violente capable de se plier avec tant d'art à une aussi charmante demi-teinte, qu'on lui a fait fête avec transports. Le rôle d'Hercule est, d'une façon générale, fort bien incarné par le vibrant artiste, comme celui, fier encore mais plus doux, de Philoctète, par M. Dangès. C'est Mme Felia Litvinne qui est Déjanire, d'une façon superbe de force et de caractère, avec cette souplesse que l'on applaudit si souvent dans sa voix splendide et qui lui permet, ici les imprécations les plus terribles, là les tendresses les plus insinuantes, partout une expression de noblesse souveraine. Mlle Germaine Bailac a été très appréciée dans le rôle de la vieille Phénice, dont elle a rendu l'éloquence prophétique avec une expression profonde et une belle largeur de voix. Quant à Mlle Yvonne Dubel, elle nous a réellement ravis dans le personnage d'Iole. C'est à coup sûr le meilleur de la pièce, que ce doux et poétique caractère, mais Mlle Dubel l'a mis en valeur de la façon la plus exquise, avec une beauté de gestes et de poses, une pureté d'ajustement véritablement antiques, et un style de phrasé de la plus séduisante distinction. Les chœurs ont déployé comme d'habitude leurs sonorités magnifiques et l'orchestre leur belle cohésion, sous la baguette vibrante de M. L. Jehin.

M. R. Gunsbourg a monté d'autres œuvres intéressantes à divers titres, en ces temps-ci : *Salammbô*, par exemple, et *Les Contes d'Hoffmann*, puis *Don Quichotte*, avec la même distribution que

j'ai analysée l'an dernier, enfin, *Ivan le Terrible* et
Les Noces de Figaro, cette merveille des merveilles,
si difficile, si délicate à exécuter, ce pourquoi
M. Carré nous en fait attendre depuis si longtemps
la reprise. *Ivan le Terrible* ne nous a pas modifié nos
impressions de Bruxelles, où il fut donné d'une
façon si remarquable, supérieure à certains égards.
Mais le grand intérêt de l'interprétation était cette
fois dans l'incarnation du rôle du tsar par Chaliapine, qui évoqua la sinistre silhouette en grand,
en très grand artiste. Au troisième acte surtout,
lorsque Ivan, voulant demander pardon à ses
boïards, gronde comme d'une fureur concentrée
son humilité même et semble plus terrible encore,
dans son abaissement apparent, il a été réellement
incomparable, d'une beauté historique en quelque
sorte de tout premier ordre. L'œuvre en elle-
même, par sa vérité d'accent, a beaucoup porté.
Mozart était interprété par Mme Henri Cain (Julia
Guiraudon), qu'on n'avait pas vue depuis longtemps sur la scène et dont on a salué avec joie la
voix pure et le jeu plein de vivacité et de piquant,
dans Suzanne; par Mme Marthe Régnier, comédienne d'une finesse exquise dans Chérubin; par
Mme Vuillaume-Lambert, MM. Dangès et Allard.

Il nous a été donné d'entendre aussi une petite
partition nouvelle, œuvre de M. Marcel Bertrand
(l'auteur d'une gracieuse *Bertrade* moyenageuse
donnée à l'Opéra-comique il y a quelques années).
Les Heures de l'amour, tel est le titre des trois
tableaux symboliques que Mme Roussel-Despierres
a imaginés comme une sorte d'oratorio scénique,
où évoluent successivement « l'ingénue » et ses
rêves d'aurore, « la volupté » et ses ardeurs em-
brasées de soleil, « la femme » enfin, en la passion
grandiose du véritable amour, aux prises avec
l'amant, qui ne touche au port qu'à la fin. Mlles
Dubel, Heilbronner, Bailac, avec M. Campagnola,
ont rendu avec beaucoup de variété et de couleur
la musique vraiment lyrique, harmonieuse et non
sans adresse du jeune musicien.

HENRI DE CURZON.

LA SEMAINE

PARIS

Concerts Colonne. — Ne parlons pas de la
messe en *ré*. Il y a de par le monde une douzaine
d'ouvrages humains — pas plus — devant lesquels
on doit rester muets. Rien ne les rattache à nous.
Ils sont en dehors de l'humanité. L'on se demande
même si ceux qui les ont créés étaient bien des

hommes. La messe en *ré* est un de ces ouvrages-là.
Aimons la, admirons la, prosternons-nous devant
elle, mais de grâce taisons-nous! En art, comme
en religion, la confiance et la foi sont nécessaires.
Aimons, détestons, peu importe. Les raisons
d'aimer sont aussi nombreuses que celles de haïr,
livrons-nous comme des brutes à la force de nos
passions. L'analyse et le raisonnement sont déce-
vants.

Louons M. Gabriel Pierné qui n'a pas craint de
se mesurer avec une telle œuvre et l'a magnifiquement interprétée; louons l'orchestre et les
chœurs; louons les solistes : Mlle Mastio — remplacée à la seconde audition par Mme Mellot-
Joubert de qui la voix est si pure qu'on la croirait
angélique — Mme Povla Frisch, superbe sphinge
de marbre blond, M. Nansen et M. Froelich,
parfaits chanteurs; louons aussi le public qui, à
l'heure où paraîtront ces lignes, s'apprêtera, pour
la troisième fois, à entendre le chef-d'œuvre bee-
thovénien, et ne blâmons pas M. Firmin Touche
qui a le mauvais goût de jouer debout la partie de
violon solo du *Benedictus*, car il remporte autant de
succès à lui seul que tous les autres artistes réunis.

La messe en *ré* ne supportant le voisinage d'aucune œuvre qui ne soit pas de Beethoven, M. Gabriel Pierné a eu l'heureuse idée de remplir la
première partie du programme, dimanche dernier,
avec la symphonie en *la*, hier, avec des fragments
d'*Egmont* et du ballet de *Prométhée*.

ANDRÉ LAMETTE.

Concerts Lamoureux. — Le même programme réunissait les mêmes artistes. Leur succès
fut peut-être encore plus grand que la dimanche
précédent. L'admirable Schumann souleva l'enthousiasme; toute cette « Scène de l'église » est
poignante et trouva en Mme Jeanne Raunay la
plus émouvante interprète.

En totalité ou par fragments, *La Damnation de
Faust*, ce chef-d'œuvre berliozien, est toujours
goûtée et la scène des buveurs, vrai tableau
d'école hollandaise, où l'on croit voir, faces enlu-
minées et verres en mains, ces piliers de taverne
acclamer tour à tour le rat et la puce, forme une
violente et originale opposition avec les pages de
Schumann et le drame symphonique écrit par
Liszt pour le *Faust*. L'orchestre interpréta cette
dernière œuvre avec une rare perfection. Louons
M. Paulet, excellent ténor, félicitons les chœurs
de leur ensemble et de leur bonne tenue et espérons les prochaines premières auditions impatiemment attendues des jeunes compositeurs.

M. DAUBRESSE.

Société nationale. — Soirée du 11 mars, salle Pleyel. Il faut signaler de suite, bien qu'exécuté en fin de programme, le quatuor pour instruments à cordes (Demets éditeur) de M. Joaquim Turina; non seulement ce fut l'œuvre capitale de la séance, mais elle présente des qualités primesautières qui lui donnent un intérêt tout spécial. M. Turina n'est point rivé aux pastiches harmoniques, aux formules de l'école moderne *polytechnique*, suivant une heureuse expression du compositeur Ch. Pons; il sait aussi bien que les plus calés unir les accords, combiner les dissonances, triturer une fugue, mais là n'est point pour lui la raison d'être de la musique. Il sait ce qu'il veut dire, il l'exprime avec clarté, ardemment, avec l'aide expressive d'une invention personnelle et volontairement personnelle. Le choix des timbres est heureux, le mouvement est abondant, l'unité dans le dialogue domine la variété des motifs. Peut-être la critique trouvera-t-elle que le quatuor à cordes de M. Turina présente plutôt l'apparence d'une fantaisie pour archets; peu importe : la musique de chambre est une conversation intime et familière capable de varier ses sujets, qu'ils soient profonds ou légers, émus ou élégants. Le prélude, courte exposition symphonique, pose bien le sujet et le thème dont les développements successifs feront apparaître la mobilité chantante. Le troisième mouvement — *zortico* — présente avec humour un rythme boiteux à cinq temps, un peu persistant, mais coloré de touches vives et alertes. Et s'enchaînant à l'émotion fugitive, à fleur de peau d'un *Andante* expressif, le *finale* se précipite en une péroraison exempte d'afféterie et d'excessive grandiloquence.

Ce qui domine dans cet ouvrage, c'est la sincérité; le souci de rester soi-même, de ne pas dépasser sa nature et ses forces, tout en restant musical, logique, inspiré et modeste.

L'exécution fut d'ailleurs excellente par MM. Touche, Dorson, Vieux, Marneff.

J'aime beaucoup moins la sonate pour violon et piano de Joseph Jongen. La composition m'a paru épaisse, confuse, lourde; il est assez curieux de constater les bizarres inégalités du musicien tour à tour épris de la large facture de Franck et entraîné dans les obscurités d'un bavardage inutile. De bonnes coupures dans le développement, de sérieux raffermissements dans l'idée et dans la ligne mélodique donneraient à l'expression générale une netteté et une élégance qui font parfois défaut. Interprétation soignée par la toute jeune Mlle Velnard, pianiste d'avenir et M. Chaumont.

Passons rapidement sur trois mélodies parfaitement monotones de M. Marcel Orban, et signalons pour mémoire les pastiches parfaitement inutiles de compositeurs éminents qui ont mieux à faire que de perdre leur temps à produire un devoir écrit sur un thème obligé : *si, la, ré, ré, sol* — retour à l'école qui a la prétention de rendre un hommage à Haydn. Parmi ces devoirs plus ou moins docilement réussis par les forts en thème, mentionnons, sans distribuer les prix, les lignes bien sages de MM. Debussy, Ravel, Dukas, V. d'Indy, une élégante contrefaçon de M. Reynaldo Hahn à la manière des variations vieillottes sur un thème viennois, la *Fugue* spirituelle de M. Widor qui clôt l'hommage au vieux maître par une boutade pleine d'espièglerie — *la, si, do, do, la, mi.*

CH. CORNET.

Société musicale indépendante. — Les concerts de la S. M. I. — firme sportive qui peut traduire sonorité, mécanisme, incohérence, tout aussi bien que simplicité, mélodie, invention ou même que sucre, moutarde, indigestion, — se poursuivent avec une recherche assez pénible de l'inédit. La séance du 6 mars, salle Gaveau, nous offrit pour débuter une sonate, la deuxième, je crois, de Mme Armande de Polignac, pour piano et violon. Mme de Polignac écrit beaucoup; il faut savoir un gré infini à une dame du monde de s'absorber en des travaux intelligents plutôt qu'en des obligations mondaines. Outre que la sonate est en *si* bémol, apprenez que l'interprétation supérieure qui en fut donnée par MM. Touche et Moreau contribua au bon accueil d'une œuvre moins originale que difficile et d'un tour capricieux comme le cœur d'une jolie femme.

M. Kœchlin, dans son adagio pour orgue, ne fut pas plus heureux que M. Jacob dans ses *Heures Bourguignonnes*. L'auteur a, paraît-il, voulu peindre dans cet extrait de *L'Abbaye* « le calme qui, à la vue de la nuit étoilée, rentre dans l'âme de celui qui doute ». Il semble avoir dépassé son but; la monotonie des timbres, un développement excessif, ont apporté aux auditeurs non l'apaisement promis, mais un engourdissement voisin de la somnolence. Je l'ai déjà dit bien des fois: l'orgue n'est pas fait pour les peintures et me rappelle toujours, à dimension inverse, *La Bataille de Waterloo*, fantaisie pour petite flûte seule.

Or donc, l'assoupissement cessa avec les premières notes des *Valses*, de Schubert, enchaînées à un pianoforte Pleyel authentique datant de 1815, par Mme Wanda Landowska. Sur le clavecin, la gracieuse virtuose n'eut pas moins de succès dans l'exécution de danses polonaises inédites, dues à des plumes bien ignorées du XVIe siècle.

Des trois mélodies de M. Berthet, chantées avec charme par Mlle Germaine Sanderson, il convient de retenir L'Ame d'une Flûte, dont l'accompagnement fluide et léger enveloppe d'un délicieux décor la poésie d'A. Samain.

Alfred Casella n'est ni moins fluide ni moins léger. Il s'est amusé à écrire, et nous nous sommes bien amusés à entendre de courtes parodies de la manière de certains maîtres. Il intitule ce divertissement musical : A la manière de Wagner, de Fauré, de Brahms, de Debussy, de R. Strauss et de César Franck. Le pastiche Fauré est particulièrement réussi, sans arrière-pensée caricaturale ; l'illusion est parfaite. Le « Debussy » est saisi par le tic dominant, à la façon d'un coup de crayon de Sem. Wagner est plutôt raté. C'est de la bonne blague, spirituelle, française, et qui ne tire point à conséquence.

Enfin le quatuor Duttenhofer a donné une exécution vibrante du deuxième quatuor à cordes de Glière ; l'andante d'un sentiment profond bien exposé par le violon, le scherzo plein de vie et de mouvement ont été rendus avec des nuances très exactes et une belle sonorité ; L'Orientale qui termine cet ouvrage est longue, banalement chromatique et d'un rythme de danse du ventre un peu persistant pour mon goût.   Ch. CORNET.

Société Philharmonique. — A la onzième séance du 7 mars, nous avons eu la grande satisfaction d'entendre M. Pablo Casals, dont les dons magnifiques se sont manifestés dans l'interprétation de la suite en ut de Moor, de la suite en ré mineur pour violoncelle seul de Bach (elles se suivent dans ce compte rendu mais ne se ressemblent pas), de la sonate en la majeur de Beethoven. On ne sait ce qu'il convient d'admirer le plus chez M. P. Casals de l'élévation du style, de la beauté de la sonorité ou de la perfection technique. A vrai dire, ces qualités sont indissolublement liées, les unes aux autres. M. Casals eut pour partenaires, dans l'œuvre de Moor, M. Eugène Wagner, pianiste d'une irréprochable sûreté et, dans l'œuvre de Beethoven, M. Casella, dont le sens artistique est si délicat, si raffiné. La partie vocale fut tenue par Mlle Maria Freund qui, dans des pages de Schubert, Schumann, Wagner et Brahms, fit preuve d'un goût toujours simple mais, en même temps, d'une très haute distinction. En l'entendant et en entendant M. Casella qui l'accompagna, nous avons éprouvé des sensations d'une douceur poétique intense, notamment dans la traduction de Schubert. Très grand succès pour les trois artistes, rappelés nous ne savons plus combien de fois.   H. D.

Société Hændel. — Le troisième concert de l'abonnement (14 mars) fut consacré à Rameau et à Hændel. Du premier : l'ouverture des Fêtes de Polymnie et l'air de Castor et Pollux, fort bien dit par M. Plamondon ; du second une sonate pour deux hautbois et basson et l'oratorio de La Fête d'Alexandre (1736).

Malgré (ou peut-être à cause de) la sonorité un peu insolite des instruments à vent, la sonate valut un franc succès à MM. Fossé, Gobert et Thauwin. La Fête fut interprétée, non sans mérite, par Mme. Bureau-Berthelot (une assez belle voix de soprano), Mlle. Trelli, par M. Plamondon (assez connu pour qu'on n'en parle pas) et par M. Mary, dont nous avons loué souvent la belle voix de basse. Il y aurait beaucoup à dire sur le sujet plutôt singulier de l'Ode de Dryden, sur la façon fort « anglaise » dont Hændel l'a traitée, sur le succès par lequel l'œuvre fut accueillie à sa première exécution. Mais il s'agit ici d'un simple compte rendu.   G. R.

Salle Pleyel. — Quatuor Lejeune (8 mars). — Ian Kunc avec un quatuor à cordes, impressionniste, rempli de qualités musicales, de rythmes et d'harmonies heureuses ; J. Suk avec un quatuor à cordes, en si bémol, d'une solide facture et d'un agréable caractère ; Novak, Picka, Frinl et J. Novotny avec des mélodies charmantes amusantes et colorées, chantées par Mme B. Kacerowska, ont représenté la musique tchèque au quatrième concert donné par M. Nestor Lejeune. Un public élégant et choisi a fait un chaleureux accueil aux œuvres et à leurs excellents interprètes.   A. C.

Salle Gaveau. — M. Georges Enesco a donné le 8 mars, devant un nombreux auditoire, un concert avec orchestre. L'Invention en si bémol de Bach, le concerto en ré majeur de Brahms et le concerto en si mineur de Saint-Saëns composaient le programme. M. Enesco a fort bien joué ces trois pièces, et tout spécialement, à mon gré, la dernière. Il ne s'est montré fantaisiste que dans de raisonnables limites. Il s'est même révélé modeste en ne faisant entendre aucune de ses propres œuvres : modestie louable et qu'on ne saurait trop encourager.

Au reste de nombreux rappels, des bis délirants, des fleurs venant s'abattre à ses pieds, ont amplement récompensé le triomphateur. Honneur à lui, honneur à ses bouillants compatriotes, et puissent de semblables triomphes échoir, de temps à autre, aux violonistes qui ne sont que français :

Si vous n'êtes Roumains, soyez dignes de l'être !

J'aurais dû terminer sur ce vers Cornélien, mais il serait injuste d'oublier M. Monteux, qui dirigea fort bien l'orchestre.   RENÉ BRAMON.

— Mlle Madeleine Sizes, jeune et brune violoniste, a de qui tenir, car son père, M. Gabriel Sizes, est l'excellent professeur au Conservatoire de Toulouse dont le *Guide* a récemment parlé. Elle possède une technique très complète; car, à son concert du 9 mars, elle joua une *Sarabande* pour violon seul de Bach, le concerto en *la* de M. Saint-Saëns et la sonate de Franck. Lorsqu'à cette assurance elle joindra plus de personnalité dans l'interprétation, Mlle Sizes tiendra un bon rang à une époque qui compte tant de violonistes-femmes. Nous l'avons appréciée surtout dans la romance en *sol* de Beethoven et dans plusieurs mouvements de la sonate en *sol* mineur de Hændel. M. Garès a joué brillamment une danse de M. Debussy, un impromptu de M. Fauré et une tarentelle de M. Moskowski. C'est un pianiste de réel tempérament.   F. G.

Salle des Agriculteurs. — Au dernier concert des « Soirées d'art » (Barrau) le 11 mars, on eu un programme rare, exécuté par des artistes qui ne se prodiguent pas non plus dans les concerts. M. C. Chevillard jouait son quintette, si intéressant, si plein, avec le quatuor Geloso, qui terminait encore par le septuor de Beethoven. Entre deux, M. Ernest Van Dyck faisait alterner Wagner avec Schubert et Schumann : des pages de *L'Or du Rhin*, de *Siegfried* et de *La Walkyrie*, avec *La Poste* et *Son Image*, de Schubert, *L'Hildago* et *Ich grolle nicht*, de Schumann. J'ai déjà dit quel relief extraordinaire prennent au concert avec sa diction si lumineuse, si évocatrice, non seulement les pages de son répertoire dramatique, mais les *Lieder* des maîtres du *Lied*, qu'il a d'ailleurs soin de choisir particulièrement expressifs et vivants, mais qui ont rarement autant d'expression et de vie, ainsi présentés. Ce fut un triomphe.
                    H. DE C.

— Mlle Graterolle réunissait dimanche dans la salle de la Schola, pour l'exécution d'un intéressant programme, quelques jolies voix et beaucoup de bonnes volontés, qui méritent sans doute tous les encouragements. Mlle Vallet, professeur à la Schola, a joué dans un fort bon style un concerto de Bach, pour lequel un orchestre timide l'a pauvrement secondée ; mais nous la complimenterons surtout au sujet de son interprétation vocale du *Nocturne*, de César Franck, qu'elle a chanté avec une diction excellente, et, chose plus rare, avec

un sentiment très profond de la beauté noble et « intérieure » de cette admirable page.
                    M. BRENET.

— La salle du journal *Les Modes*, avec ses expositions temporaires de dessins et de gravures, avec sa décoration d'une élégance discrète, est un des cadres les plus réussis que nous ayons en ce moment pour un concert. Aussi l'heure de musique qu'y ont donnée samedi dernier M. et Mme Delune avec le concours de Mlle Jackson, de Mlle Chalot et de M. Cotiart fut-elle absolument agréable. Mme Jeanne Delune, exquise violoncelliste, joua l'introduction et la polonaise de Chopin, puis un poème de M. Delune, dont nous avons dit déjà tout le charme et la distinction. Mlle Jackson et M. Cotiart chantèrent avec goût des mélodies très expressives et bien adéquates aux paroles, de M. Delune, pages où l'écriture très moderne n'a cependant rien des prétentieuses subtilités qu'on nous sert trop souvent. On les a fort applaudies. Mlle Chalot, une toute jeune harpiste, a joué avec une délicatesse de nuances tout à fait charmante des œuvres bien écrites pour l'instrument. F. G.

— Avec le trio-sérénade de Beethoven, une sonate de violon de Hændel, le concert de Chausson et cinq mélodies de M. Paul Vidal, M. Sailer avait composé l'intéressant programme de son deuxième concert. (Le dernier aura lieu le 28 mars). Jouée par des artistes comme M. Hennebains, flutiste idéal, M. Sailer, violoniste excellent et M. Vieux, altiste parfait, la jolie sérénade de Beethoven doit faire et fit un vif plaisir. M. Vidal accompagna Mlle Lyse Charny dans ses mélodies, dont on redemanda « Le plus doux chemin », entendue pour la première fois. Mlle Charny a la voix chaude et sympathique qu'il faut aux mélodies très expressives de M. Vidal. Auteur et interprète furent très fêtés.   F. G.

— Au théâtre Michel, séance Maeterlinck. Dans ce cadre élégant, un public choisi goûte le fin régal d'une causerie de M. Ch. Morice. En phrases délicates, un peu fuyantes, souples et comme estompées, c'est le los de M. Maeterlinck. D'une voix savante, volontairement adoucie, le panégyriste exalte le maître et prépare l'auditoire à l'admiration des deux remarquables interprètes qui lui rendent hommage aujourd'hui. C'est la talentueuse Mme Mellot-Joubert qui prête le charme de sa voix exquise aux mélodies de Chausson (*Les Serres chaudes*) et de Gabriel Fabre (*Les Chansons*). La grande artiste Marie Kalff, vibrante, touchante, passionnée, lit quelques scènes et réussit à nous émouvoir en lisant. C'est d'un art consommé et, vraiment, *La Mort de Tintagile* ne nous avait jamais paru si belle, rendue avec cette sincérité et cette simplicité de moyens.   M. D.

— Les critiques venus de Paris pour assister à la première représentation de *Déjanire*, à Monte-Carlo, y ont rencontré sans surprise M. André Messager. Celui-ci a reçu ces jours derniers des réprimandes du sous-secrétaire d'État des Beaux-Arts, pour s'être absenté de l'Opéra. Ce procédé à étonné et paraît peu réfléchi. Si un directeur n'a pas le droit d'aller voir la représentation d'une œuvre qu'il doit monter (*Déjanire* passera au début de la saison prochaine à l'Opéra), ou entendre un artiste qu'il veut engager (il s'agit de M. Chaliapine, dont nous pouvons annoncer les représentations à l'Opéra), que lui reste-t-il comme initiative? Notez que s'il y a deux directeurs à l'Opéra, c'est un peu pour leur faciliter des déplacements de ce genre...

— Le 5 avril prochain, l'Opéra, l'Opéra-Comique, le théâtre lyrique de la Gaîté et le Trianon-Lyrique célébreront le centenaire d'Ambroise Thomas par des représentations en l'honneur du glorieux compositeur de *Mignon* et d'*Hamlet*.

— M. Gabriel Fauré vient de créer au Conservatoire une classe de timbalier et d'instruments à percussion: ce cours a été confié à M. Joseph Baggers, de l'Opéra-Comique et de la Société des concerts. Il aura lieu les lundis matin, de 8 à 9 1/2 heures, dans la salle des concerts du faubourg Poissonnière, avant la classe d'ensemble orchestral.

SALLES PLEYEL

22, rue Rochechouart

*

Concerts de Mars 1911

Grande Salle

20. Mlle Stella Goudeket (2e séance), 3 heures.
   Mme Mirault-Steiger, 9 heures.
21. M. Léon Perlmutter, 9 heures.
22. Mlle Adeline Bailer, 9 heures.
24. Mlle Pauline Girard, 9 heures.
25. La Société nationale de musique (5e séance), 9 heures.
27. Le Quatuor Capet (5e séance), 9 heures.
28. Mme Wanda Landowska, 9 heures.
29. Mme Riss-Arbeau, 9 heures.
30. La Société des Compositeurs de musique (3e séance), 9 heures.
31. Le Quatuor Capet (6e séance), 9 heures.

Salle des Quatuors

25. M. Henri Schikel, 9 heures.
29. Le Quatuor Calliat (3e séance), 9 heures.

SALLE ERARD

Concerts du mois de Mars 1911

19. Mlle Thuillier, matinée d'élèves (1 1/2 heure).
20. Mme Stiévenard, piano (9 heures).
21. Mlle Ferrère-Jullien, piano (9 heures).
22. Société de Musique moderne française (9 h.).
24. M. et Mme Fleury, piano et flûte (9 heures).
26. M. Wintzweiller, matinée d'élèves (1 1/2 h.).
27. M. Lazare Lévy, piano (9 heures).
28. M. Marcel Grandjany, harpe (9 heures).
29. Société de Musique moderne française (9 h.).
30. M. Montoriol-Tarrès, piano (9 heures).
31. M. Riera. audition d'élèves (9 heures).

SALLES GAVEAU

45 et 47, rue La Boëtie

Concerts du mois de Mars 1911

Salle des Concerts

19. Concert Lamoureux (3 heures).
» Mission G. Smith (8 heures).
20. » » (2 1/2 heures).
» Concert Leech, avec orchestre (9 heures).
21. Concert Sonia Darbell, avec orchestre (9 h.).
22. Concert Villy Bansen (9 heures).
24. Société Musicale Indépendante (9 heures).
25. Concert Cercle musical, orchestre (9 heures).
26. Concert Lamoureux (3 heures).
27. Concert Mme Kutscherra (9 heures).
29. Concert Infante Vela Sala (9 heures).
30. Concert Desrez (9 heures)·

Salle des Quatuors

20. Concert U. F. P. C. (2 heures).
29. Conférence de Mgr. Bolo (4 heures).
30. Audition Résiliat (2 heures).

OPÉRA. — Rigoletto. La Maladetta. La Damnation de Faust. Les Maîtres Chanteurs. Faust.

OPÉRA-COMIQUE. — Le Caïd. Le Toréador. Pelléas et Mélisande. Louise. Galathée. La Fille du régiment. Carmen. Werther. Manon.

THÉÂTRE LYRIQUE (Gaîté). — La Juive. Don Quichotte. Quo Vadis?. Le Trouvère. Le Soir de Waterloo. Les Huguenots.

Conservatoire (Société des Concerts). — Dimanche 19 mars, à 2 heures. Programme : Symphonie en *ut* mineur (Saint-Saëns); La Procession (C. Franck), chantée par Auguez de Montalant ; Concerto pour piano (Liapounow), exécuté par M. Ric. Vinès; Les Béatitudes, 7e et 8e (C. Franck). — Dir. de M. A. Messager.

Concerts Colonne (Châtelet). — Dimanche 19 mars, à 2 1/2 heures. Programme : Ouverture de Coriolan ; Concerto en *sol* pour piano (exécuté par M. F. Lamond); Messe en *ré* (Beethoven). — Direct. de M. G. Pierné

Concerts Lamoureux (Salle Gaveau). — Dimanche 19 mars, à 3 heures. Programme : Ouverture du Carnaval romain (Berlioz) ; Les Moissonneurs (F. Casadesus), suite populaire pour orchestre, soli et chœurs ; Concerto pour violoncelle (Haydn). exécuté par M. Hakking); Symphonie héroïque (Beethoven). — Direction de M. Chevillard.

BRUXELLES

THÉATRE ROYAL DE LA MONNAIE. — On annonce que la première représentation de *L'Enfance du Christ* de Berlioz, adaptée à la scène, aura lieu le 28 mars. Immédiatement après on reprendra *Résurrection* du maestro Frank Alfano, et la *Salomé* de Richard Strauss, avec Mme Claire Friché dans le rôle principal, M. Swolfs dans Hérode et M. Bouilliez dans Iokanaan.

En avril, il y aura des reprises d'*Orphée* et de *Samson et Dalila* avec Mme Claire Croiza.

La série des représentations italiennes se clora le 25 et 30 mars par deux représentations de *Ja Traviata* avec Mme Finzi-Magnini dans le rôle de Violetta.

Concerts Ysaye. — L'intérêt de ce cinquième concert d'abonnement résidait sans contredit dans la première audition de la symphonie en *la* bémol de Sir Edward Elgar. L'auteur n'était pas inconnu chez nous et avait fait naguère une excellente impression avec le *Rêve de Gérontius*, un oratorio de tendances élevées exécuté naguère aux Concerts populaires, sous la direction de M. Sylvain Dupuis. La symphonie reste à la même hauteur de conception que cet oratorio, présente aussi cette allure noble et solennelle, calme, sereine et confiante dans son thème initial et son idée principale. Purement musicale, elle n'a d'autre but que d'exalter l'idéal triomphant, après la lutte, du matérialisme de la vie. Le conflit est admirablement présenté et résolu. L'idée dominante sous la forme du thème de l'idéal est clairement, simplement, noblement exprimée dès le début par les flûtes et les bois sur le fond harmonique des violoncelles et des contrebasses rythmant carrément un 4/4 solennel; le thème intensifié passe aux cuivres, l'harmonie dans, tout le quatuor, et ce début majestueux (*andante*) conduit ainsi à l'*allegro* tumultueux et vigoureux, s'éloignant volontairement de l'expression « classique » du commencement pour évoquer l'autre aspect de la vie.

Ce n'est que vers la fin du mouvement qu'après un large thème mélodique aux violons, nous revenons à la phrase et à la note initiales. Les deuxième et troisième parties liées entre elles forment un très heureux contraste. Exceptionnellement difficile cet *allegro molto* avec ses rythmes imprévus et mobiles, ses traits compliqués, son contrepoint serré, ses multiples détails dans tous les instruments. L'*adagio* se présente sous une forme beaucoup plus sobre; l'inspiration en est vraiment belle, le sentiment profondément ému et émouvant, cela vibre; au *molto espressivo sostenuto*, le chant du quatuor est particulièrement beau; c'est un point capital de

l'œuvre. Avec la dernière partie introduite par un *lento*, le cycle se ferme et le thème initial s'y exprime une dernière fois vers la fin. Voilà donc une composition de haute pensée, de conception large, d'une remarquable unité, d'un équilibre parfait et certes d'une facture achevée. Elle fait honneur à l'école anglaise, bien qu'elle ne soit pas marquée au coin d'une originalité très spéciale.

D'exécution vétilleuse, cette œuvre, bien travaillée, serait réentendue avec plaisir; l'auteur même l'a dirigée avec aisance, sûreté et une correction toute britannique. Eugène Ysaye, qui avait tenu à jouer la partie du premier violon comportant quelques soli, prit la direction des autres œuvres portées au programme : ouverture tragique de Brahms, prélude de *Parsifal*, *Chevauchée des Walkyries*, le tout dans une interprétation très personnelle.

Comme soliste, M. Gérardy, l'artiste probe par excellence, violoncelliste de belle, mâle et prenante sonorité qui nous a joué le *Kol Nidrei*, de Max Bruch, et un concerto pour violoncelle de M. Jongen, datant déjà de 1900, œuvre bien vivante et essentiellement musicale; l'abondance des idées et des développements y est parfois un peu excessive; mais n'est-ce pas la preuve d'un riche tempérament qui du reste se connaît et se maîtrise aujourd'hui. M. Gérardy fut l'interprète convaincu et très fêté.   M. DE R.

— Une charmante pianiste et parfaite musicienne, Mlle Alice Jones, élève du maître Arthur De Greef, vient de faire à Bruxelles un excellent début; elle a fait preuve d'un talent des plus délicat, d'un sentiment distingué et juste, d'un style sobre et d'une virtuosité élégante avant tout. Le programme sérieux et fort beau, était peut-être un peu lourd pour la gracieuse artiste, notamment par les variations et fugue sur un thème de Händel, de Brahms, pages difficiles et épuisantes, s'il en fut. Le prélude, choral et fugue, de Franck, demande aussi plus de puissance, si toute l'émotion recueillie s'y trouvait certainement. On ne peut, par contre, qu'admirer la façon délicieuse dont furent exécutées la sonate op. 2, n° 3, de Beethoven (surtout le scherzo de l'allegro final), la rapsodie en *sol* de Brahms et diverses pièces de Mendelssohn, Fauré et Liszt. Un joli succès a salué le début de cette très sympathique artiste.
                    M. DE R.

— Entendu au deuxième concert de la Société nationale des Compositeurs belges *Variazioni quasi una sonata* de M. Raymond Moulaert et une sonate pour piano et violon de M. A. Wilford. Les variations de M. Moulaert nous étaient connues Mlle Laenen les avait données en première audition à son récital de janvier dernier. Elle exécuta avec une réelle maîtrise cette composition très développée et fort difficile, dont la mise au point exige un travail long et ardu. Mlle Laenen fut fort applaudie.

La sonate de M. A. Wilford a de la vie. Elle ne languit pas. Le scherzando ne manque pas d'esprit. M. A. Brosa et l'auteur l'interprétèrent avec conviction.

Le reste du programme comprenait une série de petites pièces d'intérêt divers : la petite suite pour piano de P. Gilson dont le dernier morceau, danse rustique, est plein d'entrain ; une fantaisie pour cor et piano de M. Jaspar dans laquelle M. Dautzenberg fit valoir une belle sonorité ; des mélodies de MM. L. Mawet et Jaspar d'inspiration claire encore qu'assez facile. On goûta particulièrement la berceuse de M. Jaspar dans laquelle l'auteur s'est servi du rythme bien connu *do do, l'enfant do.*

Mme Fassin-Vercauteren les chanta avec goût. Sa voix a un joli timbre, mais les notes hautes ne sont pas toujours d'une justesse irréprochable.

F. H.

— Le récital de chant de Mme Miry-Merck, qu'une atteinte de grippe a empêché la charmante artiste de donner la semaine dernière, est remis au lundi 27 mars.

THÉATRE DE LA MONNAIE. — Aujourd'hui, dimanche, en matinée, *Quo Vadis?* ; le soir, *Manon Lescaut,* lundi, *Le Feu de la Saint-Jean* (Feuersnot) et *Cavalleria Rusticana* ; mardi, *Aïda,* avec le concours de Mmes Edith de Lys et Maria Grasse et de MM. Gennaro de Tura et Enrico Nani ; mercredi, *Manon Lescaut* ; jeudi, *Le Feu de la Saint-Jean* et *Cavalleria rusticana* ; vendredi, *Faust,* avec le concours de Mme Edith de Lys ; samedi, *La Traviata* (en italien), représentation de grand gala donnée avec le concours de Mmes Fiorio Magrini, de MM. Gherlinzoni et Enrico Nani ; dimanche, en matinée, *Le Feu de la Saint-Jean* et *Cavalleria rusticana* ; le soir, à 11 heures, dernier bal masqué.

Dimanche 19 mars. — A 2 ½ heures, à la salle des fêtes de la Madeleine, troisième concert Durant, consacré à la musique allemande, avec le concours de M. Florizel Von Reuter, violoniste. Programme : 1 Symphonie en *ré* majeur (Ph.-E. Bach); 2. Prélude de l'Hiver, les Saisons (Haydn); 3. Concerto en *sol* majeur pour violon (Mozart), joué par M. Von Reuter; 4. Sixième symphonie pastorale (Beethoven) ; 5. Concerto pour violon (Beethoven), joué par M. Von Reuter; 6. Murmures de la forêt (R. Wagner) ; 7. Don Juan, poème symphonique (R. Strauss).

Lundi 20 mars. — A 8 ½ heures du soir, à la Grande Harmonie, récital de piano donné par M. Jules Firquet.

Mardi 21 mars. — A 2 ½ heures, à la Libre Esthétique, première audition musicale (music modern), avec le concours de Mlles Poirier, M. Stévart, MM. A. Dembion, E. Chaumont et J. Gaillard. Au programme : Trio pour piano, violon et violoncelle (G. Huberti); Valse pour violoncelle (J. Jongen); Rapsodie pour deux pianos (Florent Schmitt).

Mardi 21 mars. — A 8 ½ heures, à la Nouvelle salle; 11, rue Ernest Allard, troisième séance du Quatuor Zoellner.

Mardi 21 mars — A 8 ½ heures du soir, à la salle de la Grande Harmonie, concert donné par Mme la comtesse de Skarbek, cantatrice polonaise, avec le concours de M. Jean H ré, pianiste.

Mercredi 22 mars. — A 8 ½ heures du soir, à la Grande Harmonie, récital de violon donné par Mlle Alma Moodie, premier prix avec la plus grande distinction du Conservatoire royal de Bruxelles.

Mercredi 22 mars. — A 8 ½ heures du soir, à la salle de l'Ecole Allemande, séance consacrée à l'œuvre de Robert Schumann

Jeudi 23 mars. — A 8 ½ heures du soir, à la salle de la Grande Harmonie, troisième concert Crickboom, avec orchestre sous la direction de M. Louis Kefer.

Vendredi 24 mars. — A 8 ½ heures du soir, à la salle de la Grande Harmonie, concert donné par Mme Madier de Montjau, cantatrice et M. André Dorival, pianiste.

CORRESPONDANCES

A NVERS. — Au deuxième Concert populaire, le programme nous offrait, en première exécution et sous la direction de l'auteur, trois œuvres de M. J. Blockx : une ballade pour orchestre, la *Romance* pour violon et orchestre, deux pages d'une facture mélodique distinguée, et le prélude du deuxième acte du drame lyrique *Chanson d'amour.* Habilement développé, ce prélude est d'une belle couleur orchestrale. Le public a chaleureusement ovationné M. Blockx. Notons encore, comme œuvre nationale, un concerto pour violon de M. M. Gevers, qui valut à l'excellent violoniste, M. J. Camby, de nombreux applaudissements. Le programme se complétait d'une bonne exécution de l'ouverture de *Freyschütz* et de la *Symphonie héroïque* de Beethoven, sous la direction de M. H. Willems. La symphonie fut certes interprétée avec plus de vaillance que de brio, mais la tâche était périlleuse pour un jeune orchestre.

M. Karl Panzner, de Düsseldorf, occupait le pupitre à la quatrième séance des Nouveaux-Concerts. M. Panzner se range parmi les meilleurs chefs étrangers engagés par cette société. Sa direction large et expressive a été très appréciée dans la *Pathétique* de Tschaïkowsky et l'ouverture d'*Euryanthe.* Comme nouveauté, une ouverture pour une *comédie de Shakespeare* de Paul Scheinpflug, œuvre plutôt étrange. On a fait le plus vif succès à M. Panzner qui, avec beaucoup de justice, a tenu à y associer ses excellents collaborateurs de l'orchestre.

Le soliste de ce concert était M. Fritz Kreisler qui a donné une interprétation très caractéristique du concerto de Brahms et de pièces des vieux maîtres Couperin, Pugnani, von Dittersdorf et Tartini. Ici Kreisler est incomparable et rivalise de virtuosité et d'élégance. Aussi son succès fut-il triomphal !

On vient de commémorer le dixième anniversaire de la mort de Peter Benoit. Ceci a donné l'occasion de rappeler — une fois de plus — que la tombe du maître attend encore la plus simple croix, le comité n'étant pas parvenu à réunir les fonds nécessaires pour l'érection d'un monument. Le fait est assurément regrettable, mais comme statues et mausolées n'ont jamais rien ajouté à la gloire d'un artiste, n'est-il pas plus efficace de servir la mémoire du maître flamand, par l'exécution fréquente de ses œuvres? Or, c'est ce qui se fait à la Société de Zoologie, qui vient de lui consacrer son concert annuel. Les fragments mysphoniques de La Pacification de Gand, des lieder chantés d'une voix ample et timbrée par Mlle E. Buyens, une excellente élève de Mlle J. Flament, ainsi que l'Hymne à la Beauté et la cantate De Leye, furent exécutés sous l'enthousiaste direction d'Ed. Keurvels, par son orchestre, les chœurs « Arti Vocali » et M. Reder, baryton.

Au concert de cette semaine, c'est le célèbre violoniste César Thomson qui s'est fait entendre dans le concerto de Goldmark, la Ciacona de Vitali (à l'orgue : M. A. De Boeck) et la Fantasia de Paganini. On connaît trop l'incomparable virtuosité et l'idéale pureté de jeu de ce maître de l'école belge pour qu'il soit nécessaire d'insister. Son succès s'est traduit par des ovations sans fin. Au programme symphonique, un intéressant Scherzo rhénan de J. Frischen et des pages assez monotones de J. Sibelius (In Memoriam, Romance, La Tristesse du printemps).

La messe en si mineur de Bach sera exécutée le dimanche 2 avril prochain dans la grande salle de l'Harmonie, par la Société des Concerts de musique sacrée. Les solistes seront de premier ordre et les chœurs compteront au moins deux cents chanteurs.   C. M.

LIÉGE. — L'évènement le plus liégeois de la saison sera certes la Célébration Grétry, organisée par M. Hogge-Forts, président de l'Œuvre des Artistes. Il s'agissait de glorifier la muse de notre concitoyen à l'occasion de la reconstitution de sa maison natale. Une excellente conférence de M. Hector Lambrechts à « révisé l'Affaire Grétry » et magnifié l'auteur de Richard Cœur de Lion. Puis une suite de danses dirigées par M. Léopold Charlier, des soli, quelques scènes du Tableau parlant jouées (entre autres par M. Ernest Forgeur qui fut délicieux en Cassandre) obtinrent un grand et légitime succès. Avouons toutefois que tout un concert Grétry est chose un peu monotone. Il faut la scène à Grétry... comme à Wagner, comme à tous les maîtres qui ont vraiment le génie du théâtre.

Aux Concerts Durant-Lamarche, excellente soirée donnée par le Cercle Piano et Archets. On a surtout remarqué l'impeccable exécution de la sonate en ré majeur de Haydn, par Mm. Maris (violon) et Jaspar (piano).

Ce dernier dirigea quelques jours après une audition Mendelssohn au Conservatoire. Grâce à un choix habile des œuvres exécutées et au soin qu'il apporta à leur préparation, il a su éviter la monotonie. Mlle Dossogne a joué élégamment la Sérénade et l'Allegro joyeux op. 43 et Mlle Salmon remporta des applaudissements en divers Lieder.

Au Théâtre Royal, c'est la quantité qui prévaut sur la qualité. On annonce pour une prochaine soirée La Navarraise, la reprise de Fidelaine et Miss Helyett! Au reste, l'opérette, que l'on ne devait pas jouer, tient la corde à présent. Quant aux opéras nouveaux annoncés au début de l'année, leur exécution devient fort problématique et en tous cas ils seront étranglés puisque la saison théâtrale se termine à la fin de ce mois.

Pour l'an prochain, on annonce que M. Mouru de Lacotte compte faire jouer au Gymnase, l'opérette et l'opéra-comique avec une troupe de choix, dont le metteur en scène serait l'excellent baryton Cadio, actuellement au Royal. Les dimensions restreintes du Gymnase le luxe de la mise en scène — que l'on a pu juger dans la Veuve Joyeuse, dont les représentations vont recommencer: assurent le maximum de succès au genre léger dans ce théâtre qui a la vogue,

Dr DWELSHAUVERS.

NOUVELLES

— L'Académie des Beaux-Arts de France vient d'attribuer à M. Gabriel Dupont un prix de 6,000 francs sur les arrérages de la fondation Rojschild « destinés à encourager les travaux d'un artiste de mérite ou à récompenser une carrière artistique ».

M. Gabriel Dupont, l'auteur de La Cabrera et de La Glu, est né en 1879 à Caen. Son père remplissait les fonctions d'organiste à l'église Saint-Pierre de Caen. Ayant de bonne heure entrepris de sérieuses études musicales, Gabriel Dupont vint à Paris à l'âge de quinze ans et suivit pendant un an, en qualité d'auditeur, la classe d'harmonie de M. Taudou, professeur au conservatoire national. Il n'y persista point et compta bientôt au nombre des meilleurs disciples de M. Massenet. Puis il suivit les cours de M. Charles-Marie Widor et, en 1901, obtint le second grand prix de Rome. Il n'est pas sans intérêt de rappeler que cette année-là le futur compositeur de La Glu fut proposé pour la suprême récompense par la section de musique de l'Institut. Pourtant, le premier grand prix échut à un autre musicien de grand talent, M. André Caplet. Gabriel Dupont se mit alors à travailler pour le théâtre. Sa première œuvre, La Cabrera, écrite en collaboration avec M. Henri Cain, envoyée au grand concours international institué par l'éditeur Sonzogno, à Milan, obtint le prix sur cent quarante-huit envois. Le jeune auteur de La Cabrera entra en possession de la jolie somme de 50,000 francs, montant du prix.

De cette époque datent plusieurs recueils dont principalement les Poèmes d'automne et les Heures dolentes, le Chant de la Destinée. Ces deux derniers ouvrages valurent à leur auteur d'être joué et chaleureusement accueilli aux Concerts Colonne à Paris et aux Concerts populaires de Bruxelles.

— Il y a eu lundi 13 mars, un demi-siècle que Tannhäuser, représenté pour la première fois à l'Opéra de Paris, fut sifflé outrageusement. Notre excel eut collaborateur Georges Servières a rappelé ici même l'histoire plutôt triste de cette mémorable première. Bornons-nous à constater que l'œuvre que l'on refusa, il y a cinquante ans, domine toujours la scène contemporaine. Que sont devenues les œuvres que le public applaudissait alors ? »

— Le goût musical en Allemagne :

Comme suite à la petite statistique que nous avons publiée la semaine dernière, constatons que sur cinq ou six grandes scènes d'opéra, à Vienne. Munich, Leipzig, Dresde, on joue couramment l'opérette, le répertoire classique ne faisant pas le sou. Ainsi à Dresde, à Vienne et à Leipzig on donne en ce moment *Le Baron des Tsiganes*, l'une des moins bonnes opérettes de Johann Strauss ; à Munich on joue à l'Opéra royal sa *Chauve-Souris*, comme lendemains à *Mignon*, ou a quelque ouvrage de Lortzing.

— La nouvelle comédie musicale de Richard Strauss, *Le Chevalier à la Rose*, a été jouée cette semaine avec un très grand succès, en tchèque au théâtre national de Prague, et dans sa langue originale à l'Opéra de Francfort. Les Berlinois se montrent très vexés de n'avoir pu encore apprécier la brillante partition. Cependant très tôt sera jouée bientôt à Berlin, paraît-il. Elle serait interprétée au Schauspielhaus, par la troupe du théâtre de Magdebourg.

— A la grande joie des Yankees, le théâtre de Philadelphie a représenté cette semaine le premier opéra de provenance américaine authentique, c'est-à-dire une œuvre écrite par un compositeur du pays, sur un sujet national. Il s'agit, de *Natoma*, grand opéra en trois actes, de M. Victor Herbert. L'œuvre a obtenu, devant un public enthousiaste, le plus bruyant succès. La musique de M. Herbert, très inspirée des mélodies espagnoles et indiennes, commente l'histoire pathétique de la jeune indienne Natoma, qui, à Santa-Cruz, — une des îles limitrophes de la Californie, — est lâchement immolée, malgré les efforts de son amie d'enfance Barbara.

Les journaux américains ne disent pas encore que l'œuvre de M. Herbert éclipsera *La Fanciulla del West*, de Giacomo Puccini, qui traite également, on le sait, un épisode de la vie américaine.

— Les maestri Leoncavallo et Mascagni trouvent que l'opérette à des séductions irrésistibles. Pour le moment, tous deux s'essayent dans le genre: Leoncavallo travaille d'attache pied à *La Reine des Roses*, dont l'écrivain Giovacchino Porzano lui a fourni le livret ; et Pietro Mascagni, en attendant la première représentation d'*Isabeau*, met en musique d'opérette une nouvelle de l'écrivain espagnol Guinteros, intitulée : *Anima Allegra*.

— L'empereur d'Allemagne a examiné personnellement les plans qui ont été demandés à sept architectes allemands réputés, pour la construction d'un nouvel opéra royal à Berlin. Chacun des concurrents a reçu une indemnité de travail de quinze mille francs. Leurs projets sont devenus la propriété de l'Etat; Jusqu'ici l'empereur n'a pas fait connaître ses préférences. Il est certain toutefois que le nouvel opéra sera érigé sur l'emplacement occupé par l'ancien théâtre Kroll. La salle de

spectacle contiendra deux mille cinq cents places; cent vingt musiciens pourront s'asseoir à l'orchestre. On évalue à quinze millions les frais de construction.

— Le tribunal de Milan a prononcé son jugement à l'issue du procès intenté par Pietro Mascagni et Ed. Sonzogno à l'impresario Leibler, pour n'avoir pas représenté *Isabeau* à New-York. L'impresario Leibler a été condamné à verser, à titre de dommages et intérêts, la somme de cent mille francs à l'éditeur Sonzogno, et le maestro Mascagni a été autorisé à garder par devers lui la somme de soixante mille francs qu'il avait versée en acompte.

— A Madrid, quelques fervents admirateurs de la musique moderne ont créé une Société Richard Wagner, dans le but d'organiser chaque année plusieurs concerts au programme desquels figureront, tout d'abord, les œuvres de Richard Wagner qui n'ont pas encore été exécutées en Espagne.

— En janvier 1912 et au mois de janvier de chaque année suivante, la librairie Félix Alcan publiera, sous le titre de *L'Année musicale*, un volume de 350 pages environ, format in-8° raisin, avec textes musicaux. La première partie du volume sera consacrée à des mémoires originaux traitant de l'histoire ou de la science musicale. Dans la seconde partie, le lecteur trouvera rédigée par les spécialistes les plus qualifiés, une analyse critique des ouvrages, touchant les mêmes sujets qui auront paru dans toutes les langues au cours de l'année. Cette publication sera dirigée par les soins de MM. Michel Brenet, Jean Chantavoine, Louis Laloy et Lionel de la Laurencie. Il sera rendu compte de tout ouvrage dont un exemplaire sera parvenu au secrétariat de *L'Année Musicale*, Paris, librairie Félix Alcan, avant le 15 octobre.

— Le cinquième congrès allemand de pédagogie musicale se tiendra à Berlin, du 9 au 12 avril prochain, dans les salons du Reichstag. Les personnes qui désireraient assister à ces réunions, sont priées d'envoyer leur adhésion à la commission du congrès pédagogique à Berlin, W. 62, Lutherstrasse, 12.

NÉCROLOGIE

— A Bruxelles est mort subitement, le 15 mars, succombant à une crise cardiaque, le pianiste et compositeur Léon Van Cromphout, auteur de romances, de pièces de piano et d'une cantate, les *Aïssa-wah*, qui eut naguère quelque succès. Léon Van Cromphout, que la cécité avait éloigné du contact avec le grand public, était un musicien de rare mérite et de haute distinction, une âme d'artiste.

— A Namur est décédé, le 17 mars, le colonel d'état-major Auguste Deppe, qui s'était fait connaître par de nombreuses compositions vocales et orchestrales. Amateur fervent et passionné de musique, il avait travaillé avec Massenet. C'était un homme charmant et un excellent musicien.

57ᵐᵉ ANNÉE. — Numero 13. 26 Mars 1911.

LE GUIDE MUSICAL

STAMATY et TAUBERT

Deux centenaires

———

L n *23 mars 1811*, l'un à Rome, l'autre à Berlin, deux enfants naissaient en même temps au monde, où, par un semblable talent, sur un même instrument, les attendaient d'analogues triomphes. Le cas est assez rare et le rapprochement assez curieux pour que j'aie lieu de penser à évoquer encore, à l'occasion du centenaire de leur naissance simultanée, les grands artistes que furent Camille-Marie Stamaty et Karl-Gottfried-Wilhelm Taubert.

Stamaty était Français : son père, Grec de naissance, mais naturalisé, occupait le poste de consul de France à Civitta-Vecchia ; sa mère était Française. C'est ainsi qu'il naquit à Rome, où d'ailleurs ses premières années d'enfance s'écoulèrent sans laisser grande trace sur lui : dès 1818, la mort de son père le fit rentrer en France avec sa mère. Celle-ci était une excellente musicienne et cantatrice amateur, et l'on peut croire qu'il éveilla à l'entendre sa jeune passion pour la musique. Son éducation cependant fut d'abord toute littéraire. On pensait pour lui à la carrière de consulat, tandis qu'il se sentait plutôt attiré vers l'Ecole Polytechnique ; en définitive, il entra au Cabinet du Préfet de la Seine.

Cependant, le piano, sur lequel il avait déjà révélé des dons extraordinaires, commençait à envahir toute son existence. Déjà de vrais succès comme exécutant, et même comme auteur, avaient attiré sur lui l'attention des maîtres. Des mains de Fessy, qui le soutenait et le formait depuis longtemps, Stamaty passa alors entre celles de Kalkbrenner, et bientôt, c'est-à-dire dès 1831, abandonna tout pour sa nouvelle carrière.

Il y trouva très rapidement les plus hautes satisfactions, bien que l'excès de travail ait failli un moment (comme Schumann) arrêter net sa virtuosité trop opiniâtrement exercée. Kalkbrenner fit de lui son élève de prédilection, son répétiteur, son suppléant, et Stamaty devint l'un des professeurs les plus recherchés de Paris. Le succès de son premier concert public, en 1835, où il avait paru comme compositeur et comme interprète tout ensemble, ne lui fut d'ailleurs qu'un stimulant de plus pour perfectionner encore son talent, élargir et approfondir le premier enseignement qu'il avait reçu de Reicha. Il partit pour l'Allemagne en 1836 ; il s'y fit entendre et intéressa vivement Mendelssohn, qui lui donna de profitables leçons. C'est alors que Schumann le recommanda à l'attention des connaisseurs, dans quelques articles qui ont été conservés. Le ton de sympathie indulgente et un peu étonnée qu'on y découvre est assez amusant. Un Français qui, après avoir hésité entre tant de styles, a éprouvé le besoin de recommencer ses études sous l'inspiration allemande, sur le sol allemand, à la bonne heure ! Voilà une ardeur qui ne doit pas être le fait du caractère ordinaire des musiciens français ! Aussi quels progrès n'a-t-il pas affirmés aussitôt sur ses œuvres précédentes, même ce concerto en *la* mineur, son début; pourtant si plein de poésie; d'une si riche fantaisie!...

De fait, le meilleur profit, très grand d'ailleurs, que Stamaty retira de son séjour à Leipzig, d'où il était déjà revenu en 1837, c'est le culte qu'il y prit l'habitude de rendre, dans ses concerts, aux vieux maîtres allemands. La connaissance des œuvres de Bach, Mozart, Beethoven... lui doit beaucoup dans l'éducation esthétique des pianistes; et comme le nombre de ceux qui se recommandent de son école est considérable (le plus illustre est à coup sûr M. C. Saëns, entre ses mains dès l'âge de sept ans), on sent assez combien cet enseignement fut fécond à tous les points de vue. Aussi bien avait-il un souci, très rare en somme et qui prouvait un bien grand respect de l'art : celui de mettre en valeur, chez chacun de ses élèves, la personnalité de leur talent, le caractère spécial de leur compréhension musicale.

Comme auteur, Stamaty reste inoubliable par ses œuvres d'enseignement : *Le Rythme des doigts*, les six séries d'études dites *Chant et Mécanisme*, les transcriptions *Souvenirs du Conservatoire* ou *Études caractéristiques sur Obéron*. Après son concerto, ses sonates, ses variations, ses esquisses, son trio... méritent qu'on les joue encore, qu'on les étudie, ne fût-ce que comme exemple.

Il mourut à Paris, jeune encore, le 19 avril 1870, laissant le souvenir de l'un des hommes les plus estimables de son temps.

Taubert, d'un tempérament d'ailleurs plus puissant, a atteint sa quatre-vingtième année, et n'est mort à Berlin, où il passa toute sa vie, que le 7 janvier 1891. Il fut, lui aussi, il commença par être un pianiste remarquable, tout en cultivant d'autres instruments et des études littéraires très développées. Son père était un ancien musicien militaire, employé depuis dans les bureaux du Ministère de la guerre. Il commença, dès l'âge de quatorze ans, à recueillir des succès de concert, tout en suivant; pendant de longues années encore, les cours de l'Université. Les concertos de Mozart et de Beethoven, surtout, n'avait pas d'interprète plus sûr, d'un style plus délicat et plus respectueux. Puis il aborda l'harmonie et enfin la composition, qui devait absorber toute sa carrière et lui faire même abandonner les élèves, déjà nombreux, accourus autour de lui. En quelques années il écrivit : une symphonie, des concertos de piano, des sonates et autres pièces pour piano et violon, des quatuors, des trios, des ouvertures, des études de concert, enfin, une foule de *Lieder*, plus un ou deux opéras romantiques.

Pendant assez longtemps, comme il était de mode et comme avait fait naguère Meyerbeer, Taubert joua lui-même ses œuvres dans les concerts qu'il donnait çà et là. Puis il prit goût à les diriger, et à en diriger aussi bien d'autres. Il se révéla ainsi chef d'orchestre de premier ordre. Si bien qu'on lui donna, dès 1841, cette situation au Théâtre royal de Berlin, et, très peu après, celle de directeur de la musique ; enfin celle de maître de la chapelle royale. Des opéras, des cantates, maintes compositions symphoniques s'ensuivirent, parfois commandées, telles la musique de scène, avec chœurs, pour la *Médée* d'Euripide (le roi aimait beaucoup ce genre de reconstitution, comme on sait, auquel il fit travailler Mendelssohn et eût voulu employer Meyerbeer).

Taubert, en même temps, organisait des concerts, des représentations modèles, des fêtes officielles ; il écrivait des symphonies, de la musique de chambre, des chœurs... De cette époque datent encore quelques opéras : *Marquis et voleur*, *Jæggeli*, *Macbeth* (beaucoup plus tard, en 1874, un *Cesario* parut encore, avec un vif succès), d'importantes partitions ajoutées aux drames de Tieck *Le Chat botté* et *Barbe-Bleue*, ainsi qu'à *La Tempête* de Shakspeare, de la musique d'église et des mélodies, des chansons populaires, presque innombrables. Pour un peu oubliée que soit aujourd'hui cette facile, mais originale et toujours distinguée production, elle n'en mérite pas moins de garder sa place, celle que lui assurèrent les critiques de son temps, — Schumann par exemple, qui a écrit dès articles sur un assez grand nombre de ses œuvres, — surtout en ce qui concerne la musique de chambre et les *Lieder*.

Aux pianistes en particulier, on ne peut que recommander les études de concert (dont la célèbre *Campanella*), le concerto en *la*, la fantaisie en *fa* mineur, les valses-caprices, les scherzi, les différents recueils de pièces, souvent des «romances sans paroles» d'après des chansons populaires : les exquis *Kinderlieder*, le *Paradis de la jeunesse*, les *Minnelieder* ou chants du printemps, *Aschenbrödel*, etc. ; sans oublier quelques transcriptions de symphonies et d'ouvertures.

HENRI DE CURZON.

LES ROZÉ de Vienne

L ES boxes de la Salle Gaveau étincellent aux feux des pierreries de la haute banque cosmopolite; le général Picquart, mélomane, est à son poste d'observation, bien en face, la lorgnette braquée, l'oreille attentive; M. Clémenceau, à ses côtés, soulève un voile du bonheur; Chevillard, tassé dans l'encoignure d'une avant-scène, laisse couler sa tête, l'œil attendri; Géloso, aux épaules massives et à la chevelure effarée, semble broyer du noir; Casella, fluide, Casadesus, tranquille, observent les mouvements. Ce sont les Rozé, de Wien, qui distillent des quatuors.

Il n'est point un amateur digne de ce nom qui manque à ces exécutions, d'ailleurs trop rares à Paris.

Les Rozé sont d'extraordinaires importateurs de musiques de chambre. M. Arnold Rozé, qui porte la marque du produit, grassouillet et barbu, grisonnant et impassible, tel un tabellion, haut en couleur sous la grisaille naissante d'un sobre ébouriffement, martèle, ciselle, démanche, pizzicate d'une précision douce ou mordante, d'un style tendre ou vigoureux, mélange de pâtisseries viennoises, de dentelles tyroliennes, d'orfèvreries brandebourgeoises. Son biceps est celui d'un athlète, son archet semble avoir deux mètres de long, sa chanterelle est un câble. Conducteur féroce, chef intransigeant sur la nuance, il absorbe dans sa volonté puissante les trois collègues qui ne font plus avec lui qu'un seul phénomène à quatre têtes et à huit pattes sonores.

M. Paul Fischer, modeste, rasé de frais à la hongroise, excelle dans la demi-teinte du violon secondaire. M. Anton Ruzitska, au masque sous-beethovenien, caresse une quinte profonde qui ne graillonne jamais, ronchonnant avec douceur, onctueuse. M. Frederich Buxbaum possède la rondeur euphonique d'une bonne basse — visage tout rond, courte moustache d'un blond rouquinant, calvitie appétissante, paire d'yeux rieurs. M. Buxbaum n'engendre point la mélancolie. Il parle un français comique et ne déteste pas les plaisanteries de bon goût; si M. Fischer a mal au pied et se soulage, dans le train, d'une bottine récalcitrante, M. Buxbaum cache le godillot baladeur et rit de voir son camarade débarquer à cloche-pied.

A signaler qu'à la différence des quatuors français, aucun de ces messieurs ne porte lunette ou binocles.

Les Rozé ont tellement pioché ensemble depuis dix ou douze ans qu'ils ne travaillent plus jamais le classique — c'est entré pour toujours, ils récoltent les lauriers. S'ils jouent à Paris, ils débarquent quelques heures à peine avant l'heure fixée pour le concert, passent une chemise, cassent une croûte rapide et fonctionnent la tête libre. Puis, la musique ne dédaignant pas de creuser les estomacs, sans s'attarder aux réceptions, ils se réfugient, leurs jambonneaux de Prague sous le bras, dans la brasserie prochaine, où la bière réconfortante coule à flots sur les saucisses.

— Allons nous *arroser*, disait M. Buxbaum qui manie le calembour austro-parisien.

Et, le lendemain, les Rozé filent à Dublin ou à Lisbonne, au Caire ou à Chicago. Ils eurent si froid, ce mois-ci à Madrid, que les archets tombaient des doigts glacés.

Haydn est leur spécialité, leur petit pain viennois; ils ont pour traduire les accents naïfs, la profondeur simpliste de leur vieux compatriote, un chic, un style, une aisance de terroir qui donne à cette musique un tour rajeuni et subtil. Dans le Beethoven, ils sont sublimes et atteignent la perfection; on peut dire que c'est la musique même, synthétique, toute l'âme de Beethoven extériorisée dans la précision du rythme et du mouvement, la noblesse simple et sobre, large et vibrante de l'idée. Je crois qu'ils réalisent aujourd'hui le difficile effort d'égaler le quatuor de Joachim secondé par MM. Halir, Wirth et Robert Haussmann, dont ils sont les continuateurs. Un pareil résultat ne peut être acquis que par, non seulement une collaboration ancienne, mais aussi par une communion constante, une fervente et exclusive passion d'art.

Leur notoriété, déjà considérable en Autriche, s'est étendue et Paris qui les entend rarement, les appréciait récemment à leur juste valeur.

CH. TENROC.

THÉODORE RADOUX

A PRÈS Gevaert, après Gustave Huberti, voici qu'un nouveau deuil frappe l'école musicale belge : Théodore Radoux a succombé le 20 mars à Liége, emporté rapidement par une pneumonie. La nouvelle aura surpris douloureusement tous ceux qui, il y a quelques jours encore, avaient eu l'occasion de le voir ou de causer avec lui, toujours droit, l'esprit alerte et clair, la parole vive et colorée. Il dirigeait encore, vendredi, la répétition du concert du Conservatoire qui devait se donner le 25 et dans lequel il comptait faire entendre la *Damnation de Faust*. Se sentant subitement atteint et incapable de diriger cette exécution, il avait fait demander dimanche à M. Sylvain Dupuis de le suppléer. Le soir même le mal avait pris un caractère de gravité exceptionnelle. Lundi Radoux succombait.

Ce fut une figure caractéristique et intéressante, une âme d'artiste et un très brave homme. Comme toutes les personnalités nettement marquées, il eut ses détracteurs et ses adversaires; il n'eut pas d'ennemi. Son art relève d'une école qui en était déjà à son déclin lorsqu'il se consacra à la composition. Mais il laissera une trace dans l'histoire musicale de la Belgique, car il fut avec Gevaert et Benoit l'un des artisans les plus actifs de la renaissance musicale belge, et dans le domaine de la littérature chorale il a créé des œuvres de caractère et de style nouveaux. Dans ces dernières années il s'était retiré de la carrière active pour se consacrer plus spécialement à ses fonctions directoriales. Là il accomplit une œuvre vraiment remarquable; car de ce Conservatoire de Liège qui n'était à ses débuts qu'une école de musique de province, il avait fait un établissement d'enseignement supérieur, d'où sont sortis de brillants virtuoses, des compositeurs, des chanteurs, des musiciens solidement éduqués et qui, à des degrés divers, ont porté au loin l'excellente réputation du Conservatoire de Liège.

Né à Liège le 9 novembre 1835, Jean-Théodore Radoux était fils d'un armurier qui aimait la musique, qui l'initia de bonne heure au goût et à la pratique de cet art. Puis il eut pour maîtres Daussoigne-Méhul, alors directeur du Conservatoire de Liège, et Halévy à Paris. En 1859, il remportait le prix de Rome avec la cantate *Le Juif Errant* et se livrait dès lors à des travaux de pédagogie et de composition qui le mirent en vedette, si bien qu'à peine âgé de trente-sept ans, il fut appelé (le 14 septembre 1872) à recueillir la succession d'Etienne Soubre comme directeur du Conservatoire de Liège, au corps professoral duquel il appartenait déjà depuis 1855 comme professeur de basson.

Comme compositeur, Théodore Radoux connut de grands succès. A l'exemple de ses aînés, Gevaert et Peter Benoit, c'est dans le domaine de la cantate et de la musique religieuse qu'il trouva ses plus heureuses inspirations. Les oratorios *Cain* (festival de Liège de 1877) et *Patrie* (festival de Bruxelles de 1880), le *Te Deum*, l'*Hynne pour John Cockerill* (1871), *l'Ashaverus*, *Art et Liberté*, sont des

productions sobrement et sainement écrites. Il s'essaya au théâtre avec *Le Béarnais* (1886) et *La Coupe enchantée* (Bruxelles 1872), *Le Miracle* (un acte), *Une aventure sous la Ligue* (un acte), *André Doria* (trois actes inachevés), et produisit d'importantes pages orchestrales, telle sa fugue d'orchestre, l'ouverture d'*André Doria*, la *Marche internationale* (1869).

Outre ses œuvres de théâtre, il a composé un grand nombre de mélodies charmantes et des chœurs. Parmi ceux-ci, *La Foi, l'Espérance et la Charité* étaient, naguère encore, ainsi que le dernier qu'il a écrit, *Dieu*, acclamés aux concours de chant d'ensemble.

Sa science pédagogique se manifesta notamment par les *Solféges de concours*, adoptés dans beaucoup de conservatoires européens et qui sont justement appréciés à l'étranger, de même que son délicat talent d'écrivain. Il publia en 1891 un ouvrage sur la vie et les œuvres d'Henri Vieuxtemps. Le *Guide musical* publia aussi de lui une touchante notice sur Daussoigne-Méhul.

Membre de l'Académie royale de Belgique Jean-Théodore Radoux fut honoré comme il le méritait. Il laissera le souvenir d'un homme de commerce charmant, d'un artiste sincère et laborieux. D'un maître doux et sévère à la fois, d'un esprit ouvert et cultivé.

LA SEMAINE

PARIS

A L'OPÉRA-COMIQUE, les programmes des matinées historiques du jeudi nous ont valu une petite reprise de *Galathée* (1852), l'une des plus caractéristiques partitions de Victor Massé. C'est un type assez réussi du *bel canto* proprement dit; au service d'une comédie d'ailleurs spirituelle; car l'œuvre ne saurait pas plus se passer de comédiens que de chanteurs, et de très « beaux » chanteurs..., ce pourquoi elle est rarement chantée de façon à satisfaire. Il est vrai que l'interprétation comporte une difficulté de plus; si du moins on tient à l'entretenir : c'est que le rôle de Pygmalion est tenu par une femme. Toujours la même histoire! Pour faire valoir le magnifique contralto de Mlle Wertheimber, et en dépit de l'auteur, le rôle écrit pour baryton a été tout d'abord chanté par une femme. Dès que Massé a pu dire son mot, et grâce à la jeune voix, exceptionnelle aussi, de Jean Faure, le rôle a été restitué à un homme; et c'est bien Faure qui a « créé » Pygmalion : Massé a tenu à le déclarer formellement. On comprend cependant ce qui maintient ce rôle de préférence aux contraltos : c'est qu'il a besoin, avec un physique avantageux, d'un organe vraiment velouté, ample, qui ait de la force avec de la douceur. Sans une belle voix de ce genre, il perd tout intérêt. Mlle Charbonnel, au double point de vue requis, était particulièrement indiquée pour incarner le célèbre sculpteur : elle y fit preuve de style et d'égalité, avec un timbre sonore et chaleureux, d'une belle couleur. Quant aux fantaisies vocales ou féminines de la jeune Galathée, ce ne fut qu'un jeu pour Mlle Nicot-Vauchelet de les mettre en valeur avec un brio étincelant, une pureté facile et exquise. MM. Cazeneuve et Mesmaecker leur donnèrent la réplique avec entrain.

Quant au programme du onzième concert historique du samedi, il fut consacré à caractériser le talent, comme auteurs de Lieder, de Weber, Lœwe, Schubert, Mendelssohn et Schumann (pas davantage). Je ne reprocherai pas, une fois de plus, à M. Expert, cette extraordinaire précipitation : je sais qu'il est le premier à déplorer la hâte qui le force à entasser ainsi les maitres sur lesquels il devrait le plus longuement s'arrêter, et à ne représenter Schubert, par exemple, que par sept Lieder (sur six cent dix), alors qu'une séance entière ne serait que juste et « dans les proportions » de l'ensemble du cycle. Mais je ne puis pas lui passer de n'avoir fait figurer Weber qu'avec deux pages du Freyschütz et d'Obéron. Puisqu'il s'agit de conter l'évolution du lied, de la mélodie, tout d'abord, c'est laisser entendre que Weber n'en a pas fait, en dehors de son théâtre. Or, rien n'est plus inexact, puisqu'on a bien une centaine de Lieder de lui. Alors ? — Autre critique, le Dichterliebe de Schumann (donné en paquet, d'un coup, les seize Lieder, ce qui est un peu excessif dans une séance consacrée à tant d'autres maitres) a été chanté par une femme. Eh bien, c'est justement parce que l'usage des cantatrices est de s'emparer des mélodies à effet qui ont été écrites pour des chanteurs, qu'il eût été bien, et utile, dans un concert historique, de restituer ce petit cycle si romantique, si émouvant, si mâle, à la voix d'homme (qui la fait tellement mieux valoir!). L'interprétation de la plupart de ces pages célèbres n'a d'ailleurs pas été réellement à la hauteur de leur admirable valeur. On ne s'improvise pas chanteur de Lieder. Citons pourtant Mlle Nicot-Vauchelet (Marguerite au rouet et Röslein, en allemand, exquisement dits), M. Francell (La Sérénade, chantée à ravir), Mme Billa (Le Noyer,

conduit avec un goût parfait), Mlle Hatto (Les Amours du Poète), M. J. Laure (Prends garde à toi de Mendelssohn), Mme N. Martyl (La Couleur aimée, La Couleur maudite), Mlle Charbonnel (La Jeune Religieuse), Mlle Brohly (Le Roi des Aulnes), Mlle Mathieu-Metz, MM. Gilles et Dupré. H. DE C.

Au Conservatoire, séance toute moderne, mais magistrale : La grande symphonie en ut mineur de Saint-Saëns, avec des gloires du répertoire français de la Société, et qu'elle joue avec une ampleur sonore magnifique sous la direction de M. A. Messager; le concerto de piano de Liapounow exécuté en perfection, dans toute sa variété de couleur et son originalité légère, par M. Ricardo Viñès; enfin, de César Franck, La Procession et les septième et huitième Béatitudes, où les chœurs entourèrent de leur nuancée et savante homogénéité le brillant soprano de Mme Auguez de Montalant, le mezzo de Mme Mary Olivier, les basses sonores de MM. Journet et Cerdan. Ces pages si harmonieuses sont toujours irrésistibles; il y eut un peu plus de défiance à l'égard du concerto de Liapounow, mais ce n'est pas juste : c'est celui qui a été entendu, pour la première fois ici, à l'Opéra, aux Concerts Russes de 1907 (composé de 1891), et j'avais noté alors la variété, la personnalité, la grâce des idées, et leurs jolies combinaisons sonores, groupées et suivies dans une parfaite unité de conception. H. DE C.

Concerts Lamoureux. — C'est la fraîcheur de la campagne, c'est l'air limpide du matin, que semble apporter, salle Gaveau, cette charmante partition du Moissonneur. Quel succès. Le public ne se lasse pas d'applaudir. Quelques-uns, cependant, font une moue dédaigneuse : « ce n'est pas, disent-ils, assez travaillé »... — Bienfait des dieux! Faveur inappréciable! Un auteur qui ne se travaille ni ne nous ennuie; qui ne se place pas pédantesquement devant son sujet; un auteur qui ne s'essouffle pas à fuguer, contrepointer et savantissimer hors de propos; qui nous avoue avoir écrit sa partition avec plaisir, qui, ayant à nous chanter le Limousin, ne songe qu'au Limousin; heureux auteur, homme trois fois heureux. Que M. Francis Casadesus soit loué et glorifié pour de si rares mérites. Sa Suite populaire est toute parfumée, toute odorante de la bonne brise qui passe sur les trèfles et les sainfoins; on y croit découvrir le grand voile bleu du ciel déployé au-dessus des moissons d'or et des vignes opulentes; là s'ouvrent des horizons verts et boisés, les perspectives des grands champs où bruit la vie innombrable, des prés que coupent les ruisseaux, et les tons bruns des terres de labour où les bœufs forts tirent la charrue. Une œuvre qui suscite de telles images et soulève en nous cette pure joie des champs, qui nous donne cette nostalgie de l'espace :

O rus! quando ego te aspiciam

cette œuvre ne s'égale peut-être pas à la IXe — l'auteur n'y songe pas — elle est saine, bienfaisante, purifiante de tout l'artificiel qui nous empoisonne.

« Ce n'est pas travaillé! » Tant mieux; M. Casella lui aussi a eu le tact, la discrétion, la modestie, trop rare, de laisser aux chants du terroir toute leur native saveur. Cette *Lisetta*, qui remonte à la guerre de Cent ans, conserve ses charmes; la berceuse : *do do som véni véni véni donc* est ravissante et les chants du brave Jeanton sonnent allègrement. Très bons interprètes, bien dans le caractère de l'œuvre; Mme Marie Buisson a un bon mezzo et M. Teissié une voix de baryton, franche, mâle, solide qui lance, comme en plein air, les chants du moissonneur. Les chœurs sont ceux de l'École de chant choral. Dociles, pleins d'intelligence et de bonne volonté, ils tiennent vaillamment leur partie. La Société des instruments anciens prêtait son concours et trouva sa place dans l'intermezzo où l'adjonction des violes au quatuor moderne, tentée pour la première fois, est du plus heureux effet.

Il nous reste de place pour mentionner le succès de M. Hekking interprétant le concerto pour violoncelle de Haydn. Exécution très large de *l'Héroïque* à laquelle M. Chevillard semble toujours découvrir de nouvelles beautés, et, au début de la séance, place à Berlioz, avec la romantique et bien vivante ouverture du *Carnaval romain*.

M. DAUBRESSE.

Société J.-S. Bach. — Cette Société nous a fait entendre, le 17 mars, la seconde partie de la *Passion selon saint Matthieu*.

L'exécution fut en général excellente. Mme Altmann-Kuntz tout à fait supérieure. Mme Mary Mayrand nous a montré qu'on peut espérer de voir nos artistes chanter Bach en très bon style. M. Georg Baldzun excelle d'une façon extraordinaire à « dire » le récitatif tout en restant musical. MM. Geish et Vaterhaus également très applaudis. Enfin les solistes instrumentistes furent excellents (M. Daniel Herrmann très remarquable dans l'air en *si* mineur). Il est inutile, je pense, de rappeler l'autorité universellement reconnue de M. Schweitzer, à l'orgue. En somme nous devons une réelle

reconnaissance à M. Bret de ce qu'il nous donne de pareilles auditions. C'est chose si rare, même lorsqu'on dispose de ressources bien plus considérables, ainsi par exemple que cela a lieu dans une certaine salle dont on a parlé beaucoup ces temps-ci après un retentissant article de Raymond Bouyer!

GUSTAVE ROBERT.

Concert Hasselmans. — Le programme qui clôturait la série des concerts Hasselmans, comportait nombre d'œuvres de nos jeunes compositeurs d'avant-garde, parmi lesquelles une deuxième symphonie de M. Casella, inspirée de la facture de Richard Strauss, est le plus épouvantable vacarme que j'aie entendu : un peu plus de sagesse et de pondération nous vaudront un jour quelque œuvre intéressante, émue et expressive, de la part d'un jeune compositeur qui ne manque pas de moyens. Dans le même ordre d'idées, M. Roger Ducasse nous a fait entendre à nouveau son prélude aussi désolé, aussi désolant qu'au premier soir, mais aussi chaudement applaudi par les amis de nos amis. De M. A. Roussel — encore la jeune école — on a exécuté un poème lyrique, *La Menace*, que M. Engel a chanté avec beaucoup d'autorité, et qui n'est pas sans poésie, avec de jolies sonorités, surtout à partir de la sixième strophe : « Vous penserez à vous » empreinte d'une délicieuse langueur. Mais de combien supérieur, le poème de Moussorgski, *le Chef d'armée*, avec sa formidable progression et sa conclusion superbe! M. Engel y fut admirable de vaillance et ses *la*, lancés à pleine voix, sonnaient en coups de clairon au-dessus de l'orchestre déchaîné.

Un pianiste, un peu maniéré et dénué de toute simplicité, M. Paul Goldsmidt, a fait apprécier un beau mécanisme et une intelligente compréhension, dans le concerto en *mi* bémol de Liszt, que le voisinage de tant de modernisme fit paraître quelque peu romantique.

A. GOULLET.

Concert Tracol. — Trois œuvres de Beethoven figuraient à cette séance : *A la bien-aimée absente*, poème mélodique en six parties, la *Sonate à Kreutzer* et le *Trio-Sérénade* (op. 8), écrit pour violon-alto et violoncelle, un genre que les classiques seuls ont cultivé et que nous dénommons entre musiciens : *trios secs*, pour les distinguer des trios avec piano. Jamais œuvre ne fut plus méconnue que la *Sonate à Kreutzer* et l'heureux dédicataire, qui se trouvait en 1805 à la tête d'une célèbre école de violon, à Paris, n'y comprit absolument rien.

Très bien nuancée par M. Tracol (net et précis dans le finale, très ému dans l'andante). Cette sonate valut à l'excellent violoniste, comme au pianiste, M. Gärès, de légitimes applaudissements, les mêmes, du reste qui ont salué le charmant badinage du *Trio-Sérénade*.

Mme Raunay chantait avec cet art que l'on connaît, le cycle de la *l'in-aimée absente*, le seul qu'ait écrit Beethoven et « le modèle probablement » de tous les autres; une suite d'inspirations » exquises, intimement liées par d'admirables » transitions » comme l'a dit fort bien, notre directeur M. de Curzon, dans son étude sur les *Lieder* du maître. La cantatrice mit également beaucoup de charme à l'interprétation de deux jolies mélodies de M. A. Dulaurens, que nous avions vu au pupitre de second violon dans le quatuor de M. Debussy par quoi s'ouvrait la séance.　　　A. GOULLET.

Concerts A. Durand et fils. — Le succès, le grand succès qu'obtiennent les concerts de musique de chambre donnés sous le patronage des éditeurs A. Durand et fils, prouve que l'on peut intéresser et charmer un auditoire musicien en ne jouant que des œuvres françaises modernes. C'est à quoi se refusent de croire pas mal de donneurs de récitals, qui sempiternellement répètent les mêmes ouvrages classiques jusqu'à nous en lasser. La variété et la richesse musicales qu'offrent par exemple les quatuors de Claude Debussy et de Röger Ducasse, les sonates de Saint-Saëns, de Vincent d'Indy, de Camille Chevillard et de Paul Dukas sont de qualité si haute et si rare que le public lui-même, quoique prévenu de la valeur de ces œuvres, paraît surpris par tant d'éclat brillant à la fois. Après ces expériences probantes, peut-être nous rendrons-nous, compte que jamais, à aucune époque de l'histoire musicale de France, la musique pure ne fut si prospère et si belle. La musique pittoresque servait d'intermède; elle fut dignement représentée par les *Rustiques*, d'Albert Roussel, que joua en perfection Mlle Blanche Selva et par les *Promenades*, d'Albéric Magnard, qu'exécuta le parfait pianiste Edouard Risler. Et puisque nous nommons les interprètes, rendons hommage au Quatuor Hayot et à MM. Salmon et Lortat-Jacob, qui mirent leur talent au service de toutes ces belles œuvres.

ANDRÉ-LAMETTE.

Salle Erard. — M. Emil Frey, pianiste de la cour de Roumanie, est le dernier lauréat du prix Rubinstein, de composition, à Saint-Pétersbourg. C'est assez justifier la place qu'il avait donnée, dans son récital de piano du 25 février, à quelques-unes de ses œuvres pour cet instrument : *Fantaisie sylvestre*, *Humoresque*, *Jets d'eau*, *Gavotte*, *Ballade héroïque*. Elle furent très appréciées pour la per-

sonnalité de leurs idées et la couleur souple et sans prétention de leur écriture. Le jeune virtuose exécuta aussi le *Prélude et Fugue* en *fa* dièse mineur de Bach, la sonate op. 106 de Beethoven, le *Mazeppa* de Liszt... œuvres de haute difficulté, musicale autant que technique, mais dont il sut être un interprète magistral.

— Les 6 et 11 mars ont été consacrés, par M. Paul Goldschmidt, à deux récitals de piano encore, avec trois seuls compositeurs au programme : Schumann Chopin, Liszt. Je ne vois pas trop ce qu'on pourrait encore dire sur cet artiste si expressif, sinon de recommander son exemple à tous les pianistes soucieux de mettre en valeur l'instrument dont ils se servent. C'est à force de ne regarder le piano que comme un pis-aller, comme « un instrument qui n'en est pas un », qu'on donne prise aux dédains de certains publics. M. Goldschmidt, au contraire, met tous ses soins à en faire ressortir la beauté de son, et ne fût-ce qu'à ce point de vue, c'est un régal que les *Etudes symphoniques* ou la *Fantaisie* op. 17 de Schumann, que la sonate en *si* mineur ou la *La Légende de saint François de Paule*, de Liszt, que les sonates op. 35 et 58, les nocturnes ou les scherzos de Chopin, exécutés d'ailleurs avec autant de maîtrise que de charme.

— Le troisième concert de M. Ed. Risler, toujours consacré au seul piano, comportait la sonate en *la* mineur de M. Théodore Dubois, au style harmonieux et clair, trois ballades, de Chopin, Liszt et Fauré (celui-ci accompagnait lui-même l'artiste, sur le second piano), une page de Guy Ropartz, et trois rapsodies, de Saint-Saëns, Brahms et Liszt. C'est le 9 mars qu'eut lieu cette séance, mais nous savons que déjà il avait été donné à l'éminent virtuose de conter ainsi par ses doigts l'évolution de ces deux petits genres spéciaux, la ballade et la rapsodie, tandis que M. C. Le Senne la contait par ses mots et son jugement critique.

— Ce ne fut pas un vain mot de dire que la salle se trouva trop petite le 13 mars, le soir du concert de Mlle Henriette Lewinsohn. On pourrait prendre à témoin pas mal d'auditeurs, qui durent renoncer à entrer. Le succès que cette toute jeune, mais vraie artiste, avait remporté au cours de cette prestigieuse séance Mozart organisée par son maître Philipp et dont nous avons dit toute la valeur, était assurément pour quelque chose dans une pareille affluence (qui du reste a accueilli de même les autres élèves du maître, Mlles Fourgeaud et Guller par exemple, dans leurs concerts personnels). Au programme figuraient la sonate op. 31, n° 3 de Beethoven, deux impromptus de Schubert, deux études de Chopin, et quelques pages modernes, dont *Les Phalènes* de Philipp et *Le Ruisseau* de Widor. La force et le charme, l'émotion et le brio s'harmonisent admirablement chez l'artiste, et rendent tout intéressant sous ses doigts. Elle s'était assuré le concours de Mme Mary Mayrand pour quelques mélodies : Schubert et Pergolèse, favorables à cette sûre diseuse, ainsi que M. Léon Moreau avec trois de ses pages.

— Le 16 mars, récital de piano de M. James Whittaker. C'est avec un réel intérêt que l'on a entendu de nouveau, cette année, ce jeune pianiste américain, dont le jeu consciencieux et coloré semble avoir encore progressé. Le programme, très bien composé, comportait d'abord, la sonate de Beethoven op. 78, n° 2; puis, les belles variations de Brahms, sur un thème de Hændel, qui ont mis en relief le talent puissant de M. Wittaker; enfin, des œuvres de Chopin, Ruthard, Fauré, et *La España* de Chabrier. Il convient aussi de signaler la belle exécution des trois Humoresques de Grieg (*Sur la montagne, Cortège nuptial* et *Carnaval*). Que M. Wittaker persévère ; et, dans peu d'années, sa place est assurée parmi les maîtres du piano.

J. GUILLEMOT.

Salle Pleyel. — Le concert qui acheva la série des récitals donnés par M. Joseph Debroux fût particulièrement intéressant et « instructif ». A ce dernier point de vue on ne saurait trop insister sur le rôle « d'éducateur » que ce bon artiste, toujours curieux de ressusciter des ouvrages anciens choisis avec goût, ou de vulgariser des œuvres classiques, tient si brillamment et si modestement à la fois vis-à-vis du public. Ce n'est pas seulement un plaisir que celui-ci vient chercher à ces concerts, c'est aussi une leçon, donnée par un maître compétent, qu'il vient prendre ; leçon dont il connaîtra les bienfaits quand, à son tour, il aura l'occasion de jouer, pour son agrément, les pages trop oubliées des vieux maîtres.

En interprétant de telles œuvres, M. Debroux, il est vrai, se prive de la plus grande chance de succès qui réussit partout ailleurs en sacrifiant l'effet et la virtuosité au bon style et à la technique rationnelle ; mais l'auditoire sensible et attentif auquel il s'adresse sait reconnaître son vrai mérite. Des concerti de Jean-Marie Leclair, de Gio-Guglielmo Hertel et de Jacques Aubert; des sonates de John Humphries et Carlo Tessarini composaient le programme avec la *Chaconne* de J.-S. Bach.

A. L.

— Le 24 février, une séance très heureusement composée de musique de chambre a réuni les talents de Mlle G. Gaïda, pianiste en constants progrès, et de M. Alexanian, l'expressif violoncelliste, secondés par M. Krettly dans le trio en *ré* de Beethoven, et par M. Jean Huré dans la suite en *sol* de M. Christian de Berthier. Les deux artistes ont exécuté seuls, d'une façon très artistique la sonate op. 102, n° 2, de Beethoven et celle de M. Jean Huré en *fa*, qui est très large de mélodie. Mlle Gaïda s'est fait spécialement applaudir dans la sonate op. 10, n° 3.

— Mlle Nelly Eminger, pour son récital de piano du 4 mars, a tenu à passer toutes les époques en revue, de Rossi et de Rameau jusqu'à Max Reger et Déodat de Séverac (A cheval dans la prairie). C'est une chercheuse d'œuvres pas trop jouées, et elle nous intéresse autant par ce choix que par la souple et musicale façon dont elle s'en fait l'interprète. *La Fantaisie chromatique* de Bach, *Le Carnaval de Vienne* de Schumann, deux études et deux valses de Chopin, étaient les morceaux de résistance.

— Le 8 mars, ce fut le tour de Mlle Hélène Barry de tenir la salle attentive, mais au profit de son Erard, dont elle met en relief avec tant de délicatesse et de netteté les belles qualités sonores. La sonate op. 31, n° 2 de Beethoven, une page de Scarlatti, d'autres de Stephen-Heller et de Schumann, la *Tarentelle* (Napoli) de Liszt... formaient les éléments principaux du programme.

— La Harpe chromatique, comme on sait, peut tout interpréter ; rien ne lui est interdit de ce qui n'est pas de la musique de harpe, et se complaît dans les adaptations les plus délicates et les plus... extravagantes, de Bach ou de Hændel, par exemple. Mais il faut espérer, puisque l'on écrit de la musique spécialement en vue de cet instrument spécial, que peu à peu les vrais artistes élimineront de leurs programmes les œuvres pour lesquelles il n'est pas fait. Mlle Stella Goudeket a tout à gagner, pour elle-même, et son succès même a dû le lui montrer, dans ses deux séances des 13 et 18 mars, à mettre en valeur les œuvres nouvelles, celles de Florent Schmitt ou de Debussy, de F. Faye-Jozin ou de S. Rousseau, voire certaines pages de piano de Fauré, Ravel, Casella, Jean Huré, Albeniz. Mme Durand-Texte a chanté, comme intermède, du Schumann et du Levadé, Mme G. Marty des pages de Casella. Duparc et Pierné.

— Ce fut une séance lyrique, chose plutôt rare ici, que nous donna le 16 mars, Mlle Pélagie de Skarbek, avec le concours de M. Jean Huré au piano. Un bon choix de pages anciennes de

Hændel; Cimarosa, Schumann, et très modernes, de Mme de Costanges, Dvořak (trois airs tchèques, Smetana, Fred. Barlow (trois mélodies intéressantes) de Jean Huré aussi, à l'improviste (*Le Petit cordonnier*), firent applaudir chaleureusement cette belle voix chaude.

— Encore une des élèves si brillantes de M. Philipp, déjà si applaudie à la salle Erard le 17 mars, Mlle Georgette Guller, une toute jeune fillette, aux noirs cheveux flottants, dont la virtuosité a, deux heures durant, émerveillé toute une salle, avec un programme des plus variés, composé d'une vingtaine de morceaux (dont le *Carnaval* de Schumann), exécutés de mémoire et avec une étonnante compréhension. A citer, le concerto en *ré* de Bach dont le style fugué exige une si grande indépendance des mains, une esquisse d'Alkan, *Le Mourant*, d'une pensée si profonde, œuvre de haute philosophie, et fort intelligemment rendue, puis, dans la note gracieuse des valses de Chopin, de Schubert, de Brahms, le fameux scherzo du *Songe*, de Mendelssohn, joué dans un mouvement vertigineux, et dans la note fantastique *Les Cygnes noirs* de Philipp, et la fougueuse *Toccata* de Saint-Saëns, qui fut enlevée avec un entrain superbe.　　　　　　A. G.

Salle des Agriculteurs. — Le 24 février,

séance de Mlle Yvonne Astruc, dont son archet très souple et très sonore, au style sérieux, à la couleur élégante, a fait presque tous les frais, au service du concerto de Mendelssohn, de la fantaisie de Max Bruch, et de diverses pièces anciennes de Martini, Couperin, Porpora, etc. adaptées pour le violon par Kreisler. Grand succès, qui fut partagé par Mme Durand-Texte avec les chansons de Clément-Marot mises en musique par G. Enesco.

— Le Quatuor Mauguière — c'est-à-dire, à côté du sympathique ténor, Mmes Maud Herlem et Mirey, et M. Sigwalt, — a donné son second concert le 13 mars. On a goûté l'harmonie de l'ensemble, et, dans les soli, l'élégante diction de M. Mauguière, la voix pure et flexible de Mme Maud Herlem et l'organe chaleureux de Mlle Mirey dont la prononciation est malheureusement assez trouble. Je noterai, quant au programme, deux charmants quatuors, l'un de M. Lenormand, l'autre de M. Labori. M. Kœchlin y occupait une place considérable que ne justifiaient pourtant pas suffisamment les bonnes intentions qui remplissaient, sans les animer, ses mélodies. — D'autres, signées par Mme Toutain-Grün, plurent par leur fine personnalité, et l'*Oiseau bleu*, unanimement

redemandé, dut reprendre son vol féerique. Mais la palme revient à M. Alexandre Georges pour ses *Petits poèmes du bord de l'eau;* ce sont de petits tableaux, je dirais des esquisses, n'était le fini de l'écriture, d'un charme intensément original : *La Barque, les Saules, l'Ondine, la Pie*, notamment, sont tracés avec une vivacité de trait que nous avons vivement goûtée. Ces tableautins sont dignes de figurer au Musée de la musique, auprès de telles aquarelles de Schumann, de Niels Gade ou de Grieg.　　　　　　René Brancour.

OPÉRA. — Tristan et Isolde. Les Maîtres Chanteurs Samson et Dalila. Coppélia.

OPÉRA-COMIQUE. — Lakmé. Richard Cœur de lion. Louise. Les Dragons de Villars. Les Lucioles. Le Roi d'Ys. Madame Butterfly. Galathée. La Fille du régiment. Carmen.

THÉATRE LYRIQUE (Gaîté). — La Juive. Hernani. La Favorite. Le Soir de Waterloo. Don Quichotte. Les Huguenots.

TRIANON-LYRIQUE. — La Mascotte. Giroflé-Girofla. Zaza. Le Pré-aux-clercs. Miss Helyett. Mam'-selle Nitouche. Fra Diavolo. M. Choufleuri.

APOLLO. — La Divorcée. La Veuve Joyeuse.

SALLE ERARD

Concerts du mois d'Avril 1911

1 Mlle Dehelly, piano (9 heures).
2 Mme Berges, matinée d'élèves (1 ½ heure).
3 M. Eustratiou, piano (9 heures).
5 M. Foerster, piano (9 heures.
6 M. E. Risler, piano (9 ½ heures)
7 M. Galston, piano (9 heures).
8 M. Ricardo Viñes, piano (9 heures).
9 Mme Chené, matinée d'élèves (1 ½ heure).
10 Mme Hiard Kuehn, piano (9 heures).
11 M. Galston, piano (9 heures).
12 Mme Chené audition d'élèves (9 heures).
13 M. Baron, chant (9 heures).
24 Mlle Bianca Leven, chant (9 heures).
26 Mlle Valabrègue, piano (9 heures).
26 M. Braud, audition d'élèves (9 heures).
27 Mlle Dehelly, piano (9 heures).
28 Mlle Caffaret, piano (9 heures).
29 M. Philipp, audition d'élèves (9 heures).
20 M. Riera, matinée d'élèves (1 ½ heure).

Conservatoire (Société des Concerts). — Dimanche 26 mars, à 2 heures. Programme : Symphonie en *ut* mineur (Saint-Saëns); La Procession (C. Franck), chantée par Auguez de Montalant; Concerto pour piano (Liapounow), exécuté par M. Ric. Viñes; 7e et 8e Béatitudes (C. Franck). — Dir. de M. A. Messager.

Concerts Colonne (Châtelet). — Dimanche 26 mars, à 2 ½ heures. Programme : Ouverture de Vénusberg,

Tannhäuser; Scène du quatrième acte de Siegfried (Mᵐᵉ Leffler-Burckard, M. H. Hensel); Prélude et Vendredi-Saint de Parsifal; duo du second acte de Parsifal (Mᵐᵉ Leffler-Burckard, M. Hensel); Ouverture des Maîtres Chanteurs (R. Wagner). — Direction de M G. Pierné

Concerts Lamoureux (Salle, Gaveau). — Dimanche 26 mars, à 3 heures. Programme : Symphonie pastorale (Beethoven); Concerto de violon (Brahms), exécuté par M. E. Flesch; Conte symphonique (H. Lutz); Airs de la Flûte Enchantée de Mozart et du Rossignol de Hændel. — Direction de M. Chevillard.

SALLES GAVEAU

45 et 47, rue La Boëtie

Concerts du mois de Mars 1911

Salle des Concerts

26 Concert Lamoureux (3 heures).
27 Concert Mᵐᵉ Kutscherra (9 heures).
29 Concert Infante Vela Saʰa (9 heures).
30 Concert Desrez (9 h ures)·

Salle des Quatuors

29 Conférence de Mgr Bolo (4 heures).
30 Audition Résiliat (2 heures).

SALLES PLEYEl

22, rue Rochechouart

Concerts de Mars 1911

Grande Salle

27. Le Quatuor Capet (5ᵉ séance', 9 heures.
28. Mᵐᵉ Wanda Landowska, 9 heures.
29. Mᵐᵉ Riss-Arbeau, 9 heures.
30. La Société des Compositeurs de musique (3ᵉ séance). 9 heures.
31. Le Quatuor Capet (6ᵉ séance), 9 heures.

Salle des Quatuors

29. Le Quatuor Calliat (3ᵉ séance), 9 heures

BRUXELLES

THÉATRE ROYAL DE LA MONNAIE. — Les représentations italiennnes se sont poursuivies par l'exécution d'*Aïda*. L'œuvre de Verdi a mis surtout en relief le beau talent de Mᵐᵉ Edith de Lys, et la grande artiste y a obtenu un succès triomphal. Sa voix si pure, si étendue et si souple, a dessiné musicalement le rôle de l'héroïne avec un charme extrême, le colorant de nuancès délicieuses, d'une puissance expressive admirablement établie La composition du personnage fut également d'un intérêt extrême, l'ar-

tiste trouvant des attitudes très personnelles, d'une ligne à la fois élégante et caractéristique, pour en souligner la physionomie. pour en traduire les principaux états d'âme.

Les partenaires italiens de Mᵐᵉ de Lys étaient M. de Tura, un Rhadamès à la voix plus puissante qu'expressive, M. Nani, déjà applaudi dans *La Tosca* et dont l'organe n'a peut-être pas tout le mordant que réclame la nature du personnage d'Amonasro, et Mᵐᵉ Grassé, chargée du rôle d'Amnéris.

L'exécution du troisième acte, de loin le mieux inspiré de l'œuvre, procura aux auditeurs les plus vives satisfactions, traduites par des ovations enthousiastes, qui allèrent avant tout à Mᵐᵉ de Lys. Celle-ci a recueilli vendredi dans *La Bohème* un succès non moins flatteur. Elle fut une Mimi très émouvante.

Mᵐᵉ de Lys quitte Bruxelles en laissant chez tous ses auditeurs le très vif désir de la revoir bientôt dans de nouveaux rôles.　　　　J. Br.·

— Rappelons que mardi a lieu, au bénéfice de M. Jean Cloetens, la première de *L'Enfance du Christ*, que précédera *Le Feu de la Saint-Jean*. Strauss et Berlioz sur l'affiche, cela n'est pas mal.

Concerts Durant. — Le troisième concert consacré à la musique allemande pouvait bien facilement offrir un programme de premier ordre; le trésor musical des maîtres germaniques est vraiment inépuisable. Le choix de M. Durant a dû se borner à quelques noms essentiels. Celui de Bach fut cette fois représenté par Philippe Emmanuel dont on nous fit connaître une très intéressante et vivante symphonie en *ré*; musique vigoureuse, aux développements habiles et serrés et à l'inspiration tout à fait indépendante de celle de Jean-Sébastien. Suivait une page merveilleuse : l'émouvant prélude à l'*Hiver*, des Saisons de Haydn qui est peut-être une des plus belles symphonies d'oratorios qui soit. La grande *Symphonie pastorale* de Beethoven amenait le règne du printemps et fut très bien rendue par M. Durant, particulièrement les deux premiers mouvements et aussi l'intermède volontairement lourd et comique du divertissement des paysans. Dans le finale, manquaient un peu les contrastes, et les épisodes auraient pu être plus isolés par des moments d'arrêt plus sensibles. Enfin, est-ce à cause de l'acoustique de la salle que, de temps à autre, les cuivres couvrent entièrement le quatuor? L'ensemble fut cependant très réussi et l'exécution de cette œuvre ne comptant pas pour une des plus faciles, fait honneur au chef,

Les *Murmures de la Forêt*, de Wagner, bien compris, et le *Don Juan* de Richard Strauss complétaient la partie symphonique.

Le jeune violoniste M. Florizel von Reuter, peut-être plus célèbre comme enfant prodige autrefois, joua le concerto en *sol*, de Mozart, et celui de Beethoven. La technique est aisée, sûre; le son plein, mais assez uniforme, l'archet ample, la justesse parfaite. Ce mécanisme parfait, ne paraît cependant pas animé de beaucoup d'émotion ni de chaleur. Mozart surtout en manquait autant que de cette rayonnante atmosphère sans laquelle il n'existe pas. Le public a toutefois réservé au virtuose un accueil sympathique. M. DE R.

Libre Esthétique. — Dans le cadre intéressant et varié des peintures de cette éducative exposition annuelle d'œuvres modernes, la première séance de musique nouvelle nous a révélé des pages vraiment bien venues de M. Pierre Coindreau : un trio en *ré* mineur, pour piano, violon et violoncelle. La matière thématique d'une inspiration distinguée et très heureuse, donne lieu à des développements et à des oppositions du meilleur effet. Le second mouvement, un lento au thème émouvant exposé d'abord par le violoncelle dont les profondes sonorités l'expriment le mieux, suivi d'un charmant intermède vivace et en sourdine pour revenir au tempo initial, a surtout fait une excellente impression. L'interprétation par Mⁱˡᵉ Velnard, piano, MM. Chaumont, violon et Gaillard, violoncelle, fut des plus chaleureuses. M. Gaillard nous fit aussi goûter une charmante valse pour violoncelle de M. J. Jongen. Trois rapsodies pour deux pianos (Mⁱˡᵉ Stewart et M. Demblon) de Flor-Schmitt ne nous ont guère séduites; pour les simples et caractéristiques thèmes français, polonais et viennois, quel triturage compliqué et souvent ennuyeux! A certain moment, un auditeur manifesta impulsivement et hautement son... bâillement... ce qui provoqua aux environs une irrésistible hilarité! — Trois mélodies de G. Huberti dont la berceuse si jolie, et la dramatique *Dérive* furent excellemment rendues par Mⁱˡᵉ Suz. Poirier. L'accompagnement par M. Colson n'était pas toujours assez discret.

M. DE R.

— Après Miss Alice Jones, voici deux autres excellentes élèves de M. De Greef, Mⁱˡᵉˢ Germaine François et Gladys Mayne, qui viennent de remporter un beau succès à leur concert du 17 courant. Ces deux charmantes artistes avaient uni leur beau talent pour nous faire entendre tout un programme d'œuvres pour deux pianos allant de Friedemann

Bach à Chabrier. Exécution très homogène malgré des tempéraments et des personnalités très différents. Chez l'une, Mⁱˡᵉ François, une compréhension tout intime et très profonde de l'œuvre chez l'autre, Miss Mayne, chaque intention se trouve au contraire extériorisée mais si finement, si discrètement et avec un sentiment très juste et très naturel. Chez toutes deux, technique parfaite, style excellent, ce qu'elles nous prouvèrent dans le concerto en *ré* mineur pour orgue de Friedemann Bach, transcrit par Philipp; puis ce fut la ravissante sonate en *ré* majeur, exquis petit chef-d'œuvre de fraîcheur et de jeunesse, avec son adagio très poétiquement joué, tandis que l'allegro final fut enlevé avec un brio plein de gaîté. Après les pages ensoleillées de Mozart, les variations de Schumann au ton plutôt élégiaque et que le musicien lui-même avoua avoir composé un jour de grande mélancolie. Ici aussi l'interprétation fut variée et nuancée à merveille ainsi que dans les trois valses romantiques de Chabrier qui terminaient ce beau concert. I. DE R.

— Mardi 21 mars, le Quatuor Zoellner, constitué par M. Joseph Zœllner et ses trois enfants, nous a redonné, après déjà bien d'autres, l'émouvant quatuor en *ré* de César Franck, et l'annonciateur op. 10. de Cl. Debussy. Interprétation sérieuse, minutieusement approfondie, vigoureusement, rythmée et d'un parfait ensemble. Peut-être parfois, certains dessins secondaires devraient-ils encore s'effacer davantage sous la voix principale et quelques notes de passage pourraient-elles être glissées plus subtilement dans la partie harmonique. Une réelle conviction artistique semble du reste animer cet ensemble qui avait préparé avec grand soin l'exécution de ces œuvres difficiles.

M. DE R.

— La soirée du 18 fut un franc succès pour le jeune violoniste Joska Szigeti. Dans le *Caprice* nᵒ 9 de Paganini, *Zapateado* de Sarazate, *scène de la Csarda* de Hubay, il fit preuve d'un savoir faire qui suscita un vif enthousiasme. A vrai dire, la réalisation de ces tours de force, si parfaite soit-elle, est d'un intérêt secondaire et M. Szigeti ne se distinguerait pas des autres virtuoses si un son chaud et vibrant, une interprétation compréhensive ne révélaient chez lui un musicien de race. La *Symphonie espagnole* de Lalo fut belle de vie et de passion; la sixième sonate en *mi* majeur de J.-S. Bach, d'un style irréprochable qui n'exclut pas la profondeur du sentiment. Le prélude de la sonate fut brillamment enlevé. La *Loure*, la *Gavotte*, le *Menuetto*, la *Bourrée* montrèrent une remarquable entente du style polyphonique. Les doubles notes sont d'une justesse et d'une pureté rares. Un brillant avenir est réservé à M. Szigeti.

F. H.

— Mlle Alma Moodie est ce gentil petit phénomène que nous avons applaudi aux derniers concours du Conservatoire. A douze ans elle possède une technique merveilleuse de justesse et de vélocité, un phrasé large et chaleureux, une franchise de sentiment et une maturité d'esprit étonnante.

A son récital de mercredi, Mlle Moodie exécuta le concerto en *ré* mineur de H. Wieniawski, la *Chaconne* de Bach, un adagio de Schumann, l'étude en *fa* mineur de Chopin, les *Zigeunerweisen* de Sarasate et *I Palpiti* de Paganini. Le simple énoncé des titres montre que ce programme n'a que de lointains rapports avec la musique et sacrifie beaucoup trop à la virtuosité.

Aussi bien n'est-ce pas Mlle Moodie qui réunirait un tel choix de morceaux si on la laissait agir à sa guise. Elle se rend parfaitement compte que, malgré son extraordinaire technique, il est des exercices d'acrobatie qui ne conviennent pas à son âge.

La *Chaconne*, de Bach, fut interprétée avec une puissance et un bonheur que beaucoup de virtuoses lui envieraient.

On ne sera pourtant pas surpris d'apprendre qu'à certains moments les forces de Mlle Moodie paraissaient faiblir.

Dans *I Palpiti* ce fut tout à fait malheureux. A côté de nombreux passages étonnamment réussis, on était péniblement impressionné par le spectacle d'une enfant se donnant un mal infini pour exécuter des notes harmoniques doubles, et parvenant à les faire sortir avec justesse sinon avec pureté, mais au prix de quels efforts !

Et l'on se demande si celui qui dirige les études de la petite Moodie a conscience du tort immense qu'il lui fait en lui imposant une tâche qui actuellement dépasse ses forces.

Nul doute que d'ici quelques années tout ne lui soit devenu facile. La façon vraiment magistrale dont elle interpréta le concerto de Wieniawski et les *Zigeunerweisen* de Sarasate en est un gage assuré. Mais il faut laisser son jeune talent se développer normalement. Il est absurde de le mettre en serre chaude. Un peu de bon sens suffit pour le comprendre.

Ajoutons, pour être complet que Mlle Alma Moodie fut fleurie, rappelée de nombreuses fois, et qu'elle ajouta trois *bis* au programme déjà si chargé. M. Minet accompagnait parfaitement, comme toujours. FRANZ HACKS.

— Samedi 18 mars, à la Scola Musicæ de Schaerbeek; audition d'élèves chanteurs et pianistes; la grippe avait malheureusement fait des ravages parmi les premiers; quant aux jeunes pianistes, elles ont fait preuve de sérieuses qualités, particulièrement Mlle Rinchon dans le concerto en *la* de Mozart.

Une audition du deuxième acte de *Faust* terminait ce concert intime.

— Que M. Jules Firquet, pianiste, se hâte d'acquérir s'il ne le possède déjà, l'opuscule de R. Schumann, *Conseils aux jeunes musiciens.* Il y découvrira les deux pensées suivantes, qu'il pourra méditer à loisir :

1. — Joue en mesure ! Le jeu de beaucoup de virtuoses ressemble à la démarche d'un homme ivre. Ne les imite jamais.

2. — C'est une chose abominable que de changer ou de supprimer quoi que ce soit aux œuvres des maîtres. Garde-toi surtout d'y introduire des ornements à la mode du jour. Il n'y a rien de plus outrageant pour l'art.

M. Firquet ne se sentira pas diminué de recevoir des conseils de Schumann: D'autres que lui et non des moindres pourraient en faire leur profit.

FRANZ HACKS.

— *Concerts populaires:* Le quatrième et dernier concert aura lieu définitivement aussitôt après la clôture de la saison théâtrale, les lundi 1er et mardi 2 mai, à 8 h. 1/2 du soir, au théâtre de la Monnaie. M. S. Dupuis y fera entendre, pour la première fois à Bruxelles, la *Création*, de Haydn, qui sera exécutée avec le concours de Mlle Lily Dupré, MM. O. Dua et E. Billot, du théâtre royal de la Monnaie, et des chœurs du théâtre.

— La deuxième matinée musicale de la Libre Esthétique aura lieu mardi prochain, 28 mars, à 2 h. 1/2, avec le concours de Mme Madeleine Demest, qui interprétera en première audition une série de mélodies inédites de Poldowski accompagnées par l'auteur, de MM. E. Bosquet, E. Chaumont, L. Morisseaux, L. Van Hout et G. Pitsch, qui exécuteront en première audition une sonate de G. Uribe pour violon et piano, ainsi que le quintette en *si* bémol (inédit) de Léon Delcroix. Prix d'entrée : 3 francs.

— Du *Moniteur* :

Mlle Docquier, actuellement chargée de cours, est nommée professeur adjoint d'harmonie au Conservatoire royal de musique de Bruxelles.

M. le baron Raymond van Zuylen van Nyevelt et M. De Groo sont nommés membres de la commission administrative du Conservatoire royal de musique de Gand, en remplacement respectivement de MM. Solvyns et Van Duyse, décédés.

M. Grimard, conseiller de Bruxelles, est nommé, en cette qualité, membre de la commission de surveillance du Conservatoire royal de musique de Bruxelles, en remplacement de M. Lepage, décédé.

THEATRE DE LA MONNAIE. — Aujourd'hui, dimanche, en matinée, Le Feu de la Saint-Jean et Cavalleria rusticana; le soir, à 11 heures, dernier bal masqué; lundi, Manon; mardi, représentation donnée au bénéfice de M. Jean Cloetens, contrôleur-général : Première exécution scénique de L'Enfance du Christ, trilogie sacrée d'Hector Berlioz et Le Feu de la Saint-Jean; mercredi, Faust; jeudi, La Traviata (en italien, représentation de grand gala donnée avec le concours de Mme Finzi-Magrini, de MM. Gherlinzoni et Enrico Nani; vendredi, Le Feu de la Saint-Jean et L'Enfance du Christ; samedi, La Bohème et Hopjes et Hopjes; dimanche, en matinée, L'Africaine; le soir, Le Feu de la Saint-Jean et L'Enfance du Christ.

Lundi 27 mars. — A 8 ½ heures du soir, à la salle Erard, récital donné par Mme Miry-Merck.

Lundi 27 mars. — A 8 ½ heures du soir, à la Grande Harmonie, concert donné par Mme de Skarbek, avec le concours de M. Jean Hirré, pianiste.

Mardi 28 mars. — A 8 ½ heures du soir, à la salle de la Grande Harmonie. concert donné par Mlle Valérie Renson.

Mercredi 29 mars — A 8 ½ heures du soir, à la salle de l'Ecole Allemande, deuxième séance du Quatuor Zimmer, avec le concours de M. J. Gaillard, violoncelliste. Programme : Quatuors en do majeur, op 54, de Haydn; en sol mineur, op. 10, de Debussy en do majeur, op. 59, de Beethoven.

Jeudi 30 mars. — A 8 ½ heures du soir, à la salle de la Grande Harmonie, récital de piano donné par Mme Henriette Eggermont-Roba, lauréate du Conservatoire royal de Bruxelles. Au programme : Schumann, Saint-Saëns, Sinding, Rasse et Brahms.

Vendredi 31 mars. — A 8 ½ heures du soir, à la salle de la Grande Harmonie, piano-récital donné par M. Jean Janssens. Au programme : des œuvres de Bach, Beethoven; Schumann, Mendelssohn, Brahms, Chopin, Brassin, Liszt.

Vendredi 31 mars — A 8 heures du soir, au théâtre royal communal (rue de Laeken), soirée de gala donnée au profit d'œuvres charitables, sous le patronage de S. A. R. Mme la Comtesse de Flandre. Au programme : Jeanne d'Arc, drame célèbre de Jules Barbier et de Charles Gounod, représenté tous les ans au théâtre de la Passion, de Nancy, par les émules des acteurs d'Oberammergau.

Dimanche 2 avril (Concerts Ysaye). — A 2 ½ heures, au théâtre de l'Alhambra, concert extraordinaire, sous la direction de M. Joseph Jongen et avec le concours de M. Eugène Ysaye, violoniste. Programme : 1. Ouverture de La Flûte enchantée (Mozart); 2. Concerto en sol majeur, pour violon, deux flûtes et orchestre à cordes (J.-S. Bach), exécuté par MM. Eugène Ysaye, Straüwen, Sermon; 3. Concerto en ré majeur, pour violon et orchestre (J. Brahms), exécuté par M. Eugène Ysaye; 4. Lovelace, esquisse symphonique (V. Buffin), première audition; 5. Symphonie espagnole (Lalo), exécutée par M. Eugène Ysaye.

Répétition générale, même salle, la veille, à 3 heures.

Mardi 4 avril. — A 8 ½ heures du soir, à la Grande Harmonie, troisième concert organisé par la Société nationale des Compositeurs belges.

Vendredi 7 avril. — A 8 ½ heures du soir, à la Grande Harmonie, récital donné par M. Jan Kubelik, le prestigieux violoniste tchèque.

Dimanche 9 avril. — Au Conservatoire, quatrième concert. La Légende de Sainte Elisabeth, oratorio de Franz Liszt pour soli, chœurs et orchestre, sera exécuté avec le concours de Mlle Elsa Homburger, de Mme Wybauw-Detilleux et de M. Henry Seguin.

Lundi 10 avril. - A 8 ½ heures du soir, à la salle de la Grande Harmonie, concert donné par M. Ramon Soria, compositeur, avec le concours de Mme Gerardy, cantatrice.

CORRESPONDANCES

ANVERS. — Deux intéressantes soirées de musique de chambre sont à signaler durant la huitaine. Aux Nouveaux Concerts, le concours de M. Ed. Risler, pianiste, et de Mme E. Madier de Montjau, cantatrice, nous a valu un programme où figuraient quelques noms les plus estimés de l'Ecole française. Réjouissons-nous, car nous ne sommes point gâtés sous ce rapport et remercions M. Risler de nous avoir fait entendre la sonate de P. Dukas, œuvre colossale, dont l'éminent pianiste sut maîtriser toutes les difficultés, de même qu'il fut l'interprète applaudi des œuvres de Fauré, Debussy et Chabrier. Pour terminer, l'Appassionata de Beethoven. De son côté, Mme Madier nous chanta, entre autres, les beaux Lieds de France, de Bruneau et les Chansons bohémiennes, de Dvorak. Interprétation vive et intelligente, quoique laissant à désirer au point de vue vocal. Faut-il en accuser la longueur de la séance, toujours est-il que notre public fit un accueil réservé à cet intéressant programme !

Au « Vlaamsch Kwartet » nous avons entendu les quatuors en ré majeur et en ut dièse mineur de Beethoven. Exécution d'une excellente mise au point de ces œuvres géniales. C. M.

BARCELONE. — Fort intéressant le concert donné tout dernièrement au Palace de la Musica Catalana (Orfeo-Català) par M. Francesco Costa, violoniste.

Nous avions déjà remarqué les sérieuses promesses du jeune Costa à sa sortie de l'Ecole de musique de Barcelone; les études qu'il est allé faire ensuite au Conservatoire de Bruxelles dans la classe de M. Marchot ont développé remarquablement ses qualités. Il a un joli mécanisme, du style, il joue avec un aplomb admirable et il a du tempérament.

C'est déjà un excellent violoniste au jeu entraînant, hardi, brillant, qui fait grand honneur à son maître.

BRUGES. — Le troisième concert du Conservatoire, donné le 9 mars, a permis au public brugeois d'applaudir M. Jean Gérardy, le célèbre violoncelliste liégeois.

Celui-ci a interprété, outre les *Variations symphoniques* de Léon Boëllmann, rendues avec une souplesse d'archet et une virtuosité rare, le concerto en *ré* majeur de M. Joseph Jongen, récemment édité par la maison Durand de Paris.

L'œuvre a porté. M. Gérardy, bien secondé par l'orchestre, que conduisait l'auteur lui-même, s'est d'ailleurs admirablement dépensé pour donner à la musique de M. Jongen son maximum d'expression. On ne saurait mieux jouer cela, avec tant de puissance alliée à tant de charme, tant de fermeté rythmique et surtout tant d'âme. Aussi le violoncelliste liégeois a-t-il été applaudi à n'en pas finir.

Le programme portait, outre les deux œuvres citées plus haut, la symphonie en *ut* majeur (*Jupiter*) de Mozart et l'ouverture d'*Obéron*, qui furent bien rendues sous la direction de M. Mestdagh. Il y avait encore le poème symphonique *Gethsemani* de M. Joseph Ryelandt, une œuvre que M. Sylvain Dupuis a révélée naguère au public bruxellois, et qui se recommande, outre ses qualités de facture, par sa grande sincérité. Le drame moral qui a précédé le supplice du Golgotha est rendu ici en accents émouvants, puis c'est l'hymne de rédemption qui donne au poème une conclusion apaisée, sinon éclatante. M. Ryelandt, à qui M. Mestdagh avait cédé le bâton, de même qu'à M. Jongen, a dirigé à souhait son œuvre, laquelle fut longuement, chaleureusement applaudie. L. L

Jeudi 30 mars. — A 7 heures du soir, au théâtre, quatrième concert du Conservatoire. Au programme : 1. Ouverture des Maîtres Chanteurs (Wagner) ; 2. Le Prodige du Vendredi-Saint, de Parsifal (Wagner) ; 3. Siegfried-Idyll (Wagner) ; 4. Macbeth (S. Dupuis) ; 5. Ouverture de Charlotte Corday (P. Benoit) ; 6 Conscience-Cantate (P. Benoit).

Dimanche 2 avril. — A 7 heures du soir, au théâtre, concert populaire à prix réduits, sous la direction de M. Karel Mestdagh, avec le concours de Mlle Irma Dirckx, violoniste (prix d'excellence de 1910). Programme : 1. Symphonie en *ut* majeur, Jupiter (Mozart) ; 2. Concerto en *sol* mineur pour violon et orchestre (M. Bruch) ; 3. Conscience-Cantate (P. Benoit). Prix d'entrée : Premières loges, 3 francs. Toute autre place, 30 centimes.

LIÉGE. — Société Bach. — Le premier concert de la jeune et vivace association que M. Dwelshauvers a fondée et dirige, marquera une date heureuse pour la musique à Liège. Cette séance avait réuni de très nombreux amateurs et des artistes expérimentés. Simple, large, élégant et expressif en son geste, M. Dwelshauvers conduisit à la victoire l'ensemble choisi de ses collaborateurs.

Le concerto en *mi* majeur pour violon, archets et cémbalo d'accompagnement exécuté dans le cadre et avec les éléments proportionnés qu'il comporte, formait le portail attrayant, aux lignes connues de l'auditoire ; MM. Dwelshauvers et Fassin lui donnèrent la sérénité et le charme pour ambiance et abandonnèrent toute sécheresse conventionnelle. La révélation fut comprise et chaudement approuvée.

Mlle Mad. Stévart nous donna ensuite une brillante interprétation de la *Fantaisie chromatique*. Elle en fit admirer la libre inspiration, la force juvénile, la vigoureuse gaîté, la souplesse, l'étonnante polyphonie, l'éloquence géniale et prophétique.

Dans l'air (*Es ist vollbracht !* C'est accompli !) de la *Passion selon saint Jean*, Mlle H. Tombeur, avec une voix égale, juste et pure, une émotion religieuse et profonde, mit l'assistance au diapason de sa foi ; M. Vrancken, qui donnait, dans l'orchestre, la réplique si troublante du violoncelle-solo, fut également admirable en son style.

Ainsi se soutint l'enthousiasme du public qui remplissait la grande salle des Chiroux.

Une œuvre « pittoresque et naïve », le caprice sur *Le départ de son frère Johann*, œuvre de la jeunesse de Bach, fut rendu par Mlle Stévart avec bonheur.

Enfin, l'assistance fut électrisée par une composition d'éclatante festivité, le *Concerto brandebourgeois* n° 2 en *fa* majeur, où les suprenantes et ardues pétarades de la trompette valurent de vifs applaudissements à M. le professeur Demoulin, autant que le charme du trio de la seconde partie fut pour MM. Radoux, flûtiste, Geezung, hautboïste et Fassin, violoniste, favorable à leur remarquable talent ; on les applaudit et les rappela par de longs bravos.

M. Dwelshauvers et son orchestre furent alors l'objet d'une ovation générale. INTÉRIM.

— Deux récitals, organisés par l'intelligente cantatrice, Mme Marie Mockel, furent consacrés à Schubert et à Schumann. Mlle Madeleine y collabora en pianiste accomplie. Les mêmes programmes ayant été exécutés à Bruxelles, point n'est besoin d'insister sur la valeur de ces concerts.

M. Lavoye a consacré son récital annuel d'orgue à César Franck, dont il mit en valeur diverses œuvres, ainsi que les trois grands chorals. Ce fut un sincère succès d'art. Pourtant, une certaine monotonie se dégageait de ces pages, peu différentes de mouvement et d'allure.

Dr DWELSHAUVERS.

Concerts Jaspar. — Mardi 28 mars, à 8 ½ heures, à l'Émulation, deuxième séance consacrée aux œuvres

d'Albert Dupuis, avec le concours de Mlles Cholet, violoniste et Lorrain, cantatrice et de MM. Delchevalerie,
conférencier et Vranken, violoncelliste. Programme :
1. Causerie « Le sentiment wallon en art »; 2. Mélodies;
3, Fantaisie rapsodique ; 4. Mélodies ; 5. Légende pour
violoncelle ; 6. Mélodies.

OSTENDE. — A l'occasion de la distribution des prix de l'Académie de musique,
M. Léon Rinskopf a donné, le dimanche 12 mars, un
très joli concert, qui a laissé à tous la meilleure
impression. Au programme, la « Marche des rois
mages », de l'oratorio *Christus*, de Liszt, l'ouverture
de *Sainte-Godelive*, de Tinel, la cantate *Les Saisons*,
pour voix d'enfants et orchestre de M. Léon Du
Bois, la cantate *Vlaanderen's Grootheid*, de MM.
Blockx et Melis.

Les élèves de l'Académie de musique, fillettes
et garçons, très habilement stylés par M. Jef Keurvels, ont chanté, dans les deux langues, avec une
prononciation impeccable, une parfaite justesse
d'intonation et un grand souci des nuances ; l'exécution était conduite par M. Léon Rinskopf : c'est
dire qu'elle fut excellente, à tous les égards. Aussi
tout le monde regrette-t-il que de pareilles auditions ne soient pas plus fréquentes. L. L.

TOULOUSE. — Le cinquième concert de
la Société du Conservatoire débutait par le
concerto en *fa*, de Bach, pour violon, flûte, hautbois et trompette, qui fut exécuté excellement
par les premiers solistes de l'orchestre. Le public
entendit ensuite avec un plaisir rare la *Symphonie
italienne*, de Mendelssohn, mais il ne goûta nullement deux pièces de M. Debussy : *Nuages et Fêtes*.

Dans la seconde partie, *Le Poème héroïque*, pour
violoncelle et orchestre, de M. Amédée Reuschel.
D'une bonne facture, soutenu par une orchestration
très intéressante et bâti selon les lois modernes,
produisit une bonne impression. Il fut exécuté
avec talent par un jeune lyonnais, M. Ticier,
violoncelliste, qui fut chaleureusement applaudi.

Pour finir, M. Crocé-Spinelli nous donna une
belle interprétation de *L'Invitation à la Valse*, de
Weber, instrumentée, hélas ! par M. Weingartner.
O. G.

— Au dernier concert de notre Conservatoire,
l'œuvre qui fut la grande nouveauté de la séance
fut le *Don Ramiro* de M. Georges Guiraud. Il
s'agit d'un épisode romantique en trois scènes,
poème d'Alfred Mortier : histoire d'amour espagnol,
de promesses non tenues, d'amant sacrifié et qui
se tire pendant la fête du mariage de sa belle, de
joies populaires et de glas funèbres. M. G. Guiraud y a trouvé texte à de mélodieuses inspirations vocales en même temps qu'à de poétiques
évocations symphoniques : les scènes d'amour et

les paysages nocturnes, les rythmes de danse et
les accents désespérés de la mort s'y mêlent avec
émotion et simplicité à la fois, dans un excellent
style, qui fait grand honneur au goût du jeune
musicien. Mme Bérat, MM. Gaidan et Ansaldi ont
interprété l'œuvre avec les chœurs et l'orchestre.
J. B.

NOUVELLES

— On conserve à Francfort, au Musée d'histoire
musicale, fondé par Nicolas Manskopf, une lettre
inédite de Charles Gounod, écrite au capellmeister
Louis Schindelmeister, qui dirigea, en 1861, la
première représentation en allemand de *Faust* au
théâtre de Darmstadt. Ecrite en français, elle
contient une phrase qui prouve que Gounod connaissait parfaitement la langue d'outre-Rhin.
Voici cette lettre :

« Mercredi 13 fév./61. Paris.

» MONSIEUR,

» J'ai été extrêmement sensible à la lettre que
j'ai eu l'honneur de recevoir de vous ce matin et
qui, en m'annonçant une réussite des plus flatteuses pour un artiste français, m'apporte en
même temps le plus aimable témoignage de votre
sympathie personnelle. Je vous prie, Monsieur, de
vouloir bien dire en mon nom aux artistes qui ont
assuré le succès de mon ouvrage, combien je suis
honoré d'avoir pu soutenir leur intérêt dans le
cours des études qu'on y a consacrées : je serais
allé moi-même m'acquitter de ce devoir de reconnaissance, si un travail considérable que je dois
mettre en répétition à l'Opéra après le *Tannhäuser*
ne me retenait impérieusement à Paris.

« *Es tut mir sehr Leid, dass ich an einen Deutschen
Künstler Französisch schreiben muss ; aber !!!...*

» Recevez donc, Monsieur, mes remercîments
les plus empressés et l'assurance de mes sentiments distingués. CH. GOUNOD. »

— Le compositeur Max Reger a été nommé
chef d'orchestre de la cour de Meiningen. Au
terme de son contrat, il pourra conserver ses fonctions de professeur au Conservatoire de Leipzig,
où il se rendra toutes les semaines.

— M. Hans Richter a pris congé à Manchester,
de la Société chorale Hallé qu'il a dirigée pendant
onze ans. Dans un discours ému, M. H. Renyon
lui a exprimé les vifs regrets que laissait à tous
son départ, et l'a prié d'accepter en souvenir une
cassette d'argent.

— On nous annonce du Mans le succès de deux
exécutions successives de *L'Enfance du Christ*, sous
la direction de M. P. Oberdoerffer. Depuis deux
ans que cet excellent violoniste, artiste consommé
et toujours à l'affût des occasions de répandre les
chefs-d'œuvre de l'art, a organisé ces concerts

symphoniques, il n'a pas obtenu de plus beau succès que celui-ci, pour lequel il a d'ailleurs été bien secondé par l'Association des instrumentistes et chanteurs et le concours d'artistes comme M. Plamondon et Melle Francaix.

— L'éminente cantatrice, Mme Preuse-Matzenauer, quitte l'opéra de Munich, où elle a remporté de si vifs succès. Elle a obtenu, non sans difficulté, la rupture de son contrat. Ce sont les offres brillantes qui lui sont parvenues des Etats-Unis, qui l'ont incitée à se retirer de l'opéra de Munich.

— A la fin de cet été, on organisera à Munich quelques grands concerts populaires, sous la direction de Mahler, de Richard Strauss, de Fritz Steinbach et d'autres cappelmeister notoires, afin de faire connaître à la masse du public les chefs-d'œuvre de la musique chorale et de la musique symphonique.

— En mai prochain, M. Glasenapp publiera le sixième et dernier volume de sa copieuse biographie de Richard Wagner.

— La Société de chant sacré, de Genève donnera les 11 et 12 avril prochain, à la cathédrale de Saint-Pierre, deux auditions de *l a Passion selon saint Matthieu*, de J.-S. Bach, sous la direction de M. Otto Barblan et avec le concours de Mmes Debogis-Bohy, soprano, Camille Landi, alto, MM. Plamondon, ténor, Louis Frœlich, baryton, M. Montillet, organiste et l'orchestre du grand théâtre, renforcé pour la circonstance.

— On annonce la création à Amsterdam d'une société d'opéra allemande, qui est parvenue à réunir par souscription, au sein de la colonie allemande, un premier capital de 125,000 francs. La société projette de donner toutes les semaines à Amsterdam, pendant la saison théâtrale, cinq représentations d'œuvres allemandes, qui seront également jouées, en tournée, à La Haye, à Rotterdam et dans les principales villes de province.

— Ce n'est ni à Rome, ni à Turin, ni à Milan, ni à Gênes, ainsi qu'on l'a successivement annoncé, qu'aura lieu la première représentation d'*Isabeau* de Pietro Mascagni, mais à Buenos-Ayres. Enfin, la chose est décidée. M. Pietro Mascagni s'embarquera pour l'Amérique, en destination de Buenos-Ayres, le 15 du mois prochain avec la troupe italienne qui ira représenter là-bas, sous sa direction, son œuvre déjà fameuse. Cependant, du 7 au 14 avril, on représentera *Isabeau* au théâtre Carlo Felice de Gênes, mis à la disposition de l'impre-

sàrio Walter Mocchi et de sa troupe, par le conseil communal de la ville moyennant le paîement d'une indemnité en faveur de ses institutions charitables. La ville de Gênes aurait voulu que la première d'*Isabeau* eût lieu au Carlo Felice, mais on n'a pas pu s'entendre à ce sujet. On organisera seulement, au Carlo Felice, une répétition soi-disant générale de l'œuvre, à laquelle pourront assister les autorités, les représentants de la presse locale et les critiques italiens.

— La Compagnie de l'Opéra de Chicago, actuellement en tournée, a donné, cette semaine, avec grand succès au Metropolitan Opera House de New-York, la première représentation en Amérique d'une nouvelle œuvre de Wolf Ferrari, *Le Secret de Suzanne*, sous la direction du maestro Campanini et avec le concours du célèbre baryton Sammarco. Le public a accueilli avec enthousiasme cet opéra élégant et facile qui a emprunté quelque chose au charme parfumé des œuvres mozartiennes.

H. BERLIOZ

L'Enfance du Christ

(Première représentation théâtrale, au Théâtre royal de la Monnaie pendant la Semaine Sainte)

Partition d'orchestre complète (format de poche) : fr. 10; reliée : fr. 12.50
Partition complète, nouvelle édition avec indications scéniques, chant et piano, couverture de luxe : 15 fr.

Chant et piano
(MORCEAUX DÉTACHÉS)

Le Songe d'Hérode (air pour basse)	2 50
Le Repos de la Sainte Famille (pour ténor)	2
» » » (pour baryton)	2
L'Étable de Bethléem (duo pour mezzo et baryton)	2 50
L'arrivée à Saïs (duo pour mezzo et baryton)	3 50

TRANSCRIPTIONS DIVERSES
Piano seul

Ouverture de la Fuite en Égypte		2 —
Trio des Jeunes Ismaélites	RITTER	2 50
Marche Nocturne	EYMIEU	2 50
L'Adieu des Bergers	I. PHILIPP	1 50
Le Repos de la Sainte Famille	FRESNE	2 —

Piano à quatre mains

Evolutions cabalistiques des Devins	RITTER	2 30
Ouverture de la Fuite en Égypte	RITTER	2 50
Marche Nocturne	—	3 —
Trio des Jeunes Ismaélites	FRESNE	3 —

Deux pianos à quatre mains

Ouverture de la Fuite en Égypte	I. PHILIPP	3 —

Violoncelle et piano

Le Repos de la Sainte Famille	PAPIN	2 50

Orgue

Ouverture de la Fuite en Égypte	DEPLANTAY	2 50
L'Adieu des Bergers	GUILMANT	1 70
Le Repos de la Sainte Famille	DEPLANTAY	2 —

Harmonium et piano

Le Repos de la Sainte Famille	GUILMANT	2 50

Harmonium, piano et violon (violoncelle ad lib.)

Le Repos de la Sainte Famille	3 —
L'Étable de Bethléem	3 —
Trio et Chœur	2 50

Deux flûtes et harpe (ou piano)

Trio des Jeunes Ismaélites	3 —

Orchestre

Ouverture de la Fuite en Égypte	
Partition, 3 fr. — Parties, 5 fr. — Chaque doublure, 1 fr.	

Livret

Livret complet	0 50

Editeurs-propriétaires pour la France et la Belgique :
COSTALLAT & Cie, 60, rue de la Chaussée d'Antin, 60. — PARIS

BEETHOVEN-CYCLE

LA HAYE — AVRIL 1911

1911. — AVRIL 17, **Messe solennelle**; 18/19, Sonates de piano; 20, Sonates de violoncelle; 21, Trios de piano et « *An die ferne Geliebte* »; 22, 23, 24 et 26, **Les Symphonies**; Concerto de violon et quatrième Concerto de piano; 25, Sonates de violon; 27, 28 et 29, Quatuors à cordes; 30 (2 1/2 heures), Quintuor pour piano et instruments à vent, Trio pour deux hautbois et cor anglais, Septuor; 30 (8 1/2 heures), **Deuxième Audition de la neuvième Symphonie.** — 8 AVRIL, Représentation de l'opéra **Fidelio.**

EXÉCUTANTS: **Chœurs** (400 exécutants). — **L'orchestre** ; Le *Residentie-Orkest* (110 exécutants). — **Le Quatuor Bohémien** (Hoffmann, Suk, Herold, Wihan). — **Le Trio Parisien** (Cortot, Thibaud, Casals). — **Solistes vocaux :** Mme Noordewier-Reddingius et Mlle de Haan-Manifarges, Tijssen, Messchaert et Sol. — **Instrumentistes :** Conr. Ansorge, J. Röntgen et A. Verhey (piano) ; C. Flesch (violon) ; P. Casals (violoncelle) ; S. Blazer (contrebasse) ; D. v. Emmerik (hautbois) ; A. Witt (clarinette) ; C. van Heyst (basson) et C. v. de Berg (cor). — **Fidelio :** Edith Walker (Leonore) ; Heinr. Hensel (Florestan) ; Paul Knüpfer (Rocco) ; Dés. Zador (Pizarro) ; Rich. Breitenfeld (Ministre) ; Minnie Nast (Marzelline) ; Schramm (Jacquino). — MISE EN SCÈNE : Emile Vardek ; Décors et costumes par Antoon Molkenboer. — Chefs d'orchestre : SIEGMUND VON HAUSEGGER (les symphonies) ; WILLEM KES (Messe Solennelle) ; M. HENRI VIOTTA (*Fidelio*).

Pour les renseignements
s'adresser chez l'éditeur
J. B. KATTO

46-48, Rue de l'Ecuyer, BRUXELLES. — Téléph. 1902

57me ANNÉE. — Numéro 14.   2 Avril 1911.

LE GUIDE MUSICAL

SAINTE ELISABETH
de FRANZ LISZT

LA poétique légende de cette reine de bonté que fut la douce Elisabeth de Thuringe est une de ces sources qui ont inspiré les artistes de tous les pays depuis des siècles. Les poètes, les musiciens, mais surtout les peintres (1) ont célébré à l'envi cette rayonnante figure, et nombreux sont les chefs-d'œuvre qu'elle a inspirés. Son histoire a pour cadre un paysage et des décors merveilleux dont on ne sépare plus sa personne. Deux ravissantes villes allemandes, Eisenach et Marbourg, chacune avec de vieux châteaux romantiques juchés sur la montagne, l'ont abritée tour à tour; la première a connu sa princière magnificence, la seconde sa douloureuse retraite et sa fin sereine; toutes deux enfin, son idéale bonté.

A Marbourg où elle repose dans la fine cathédrale gothique de pierre rose, elle est entourée d'un pieux et calme silence. A Eisenach, dans la solitude altière de la Wartbourg, elle est *vivante* toujours. Elle n'est pas moins populaire dans son pays d'origine, la Hongrie, où elle ne passa pourtant que son enfance. On l'appelle indifféremment du nom de ses deux patries : Elisabeth de Hongrie ou Elisabeth de Thuringe; elle évoque toujours la même exquise et idéale créature *aux roses miraculeuses.*

Cette image parfaite dans son paysage de rêve vint inspirer à un grand musicien du siècle dernier, ayant la même double patrie, la Hongrie et l'Allemagne, et aussi un cœur d'inépuisable générosité, l'idée de la célébrer dans une sorte de polyptique musical où elle serait chantée et dépeinte tout à la fois. C'est ainsi que Franz Liszt composa la *Légende de Sainte Elisabeth*, en six tableaux.

Et c'est bien de *tableaux sonores* qu'il faut parler ici; une fois de plus, comme pour d'autres de ses œuvres (1), la *peinture* fut l'inspiratrice *immédiate* de l'œuvre de Liszt. Le célèbre peintre Moritz von Schwind à qui la musique (Mozart-Beethoven-Schubert, etc.) suggérait si souvent ses compositions picturales, avait décoré la grande salle des Chevaliers de la Wartbourg de fresques représentant les principaux événements de la vie de Sainte Elisabeth. Quand Liszt vit cette belle décoration, il en fut vivement frappé et

---

(1) Parmi ceux-ci : en *Italie*, Taddeo Gaddi, Andr. Orcagna, Al. Botticelli, Fra Angelico; en *Espagne*, Murillo; en *France*, Hippol. Flandrin; en *Belgique*, Martyn Pepyn, Devriendt; en *Allemagne*, Holbein, Dürer, Overbeck, Moritz von Schwind.

---

(1) *Faust* (trois tableaux), d'après Ary Scheffer; *La Bataille des Huns* (Hunnenschlacht), d'après Kaulbach; *Les Béatitudes* (die Seligkeiten), d'après P. Cornélius (oncle du musicien du même nom).

l'idée lui vint immédiatement de donner un *pendant* musical, non un simple *commentaire* ou une *traduction* ordinaire à cette œuvre si belle. Dès 1855, il fait le plan de son oratorio, le transmet peu après au poète Otto Roquette qui n'en fit malheureusement pas un chef-d'œuvre. Peter Cornélius, qui était autant poète que musicien, trouve même son texte « une froide et impassible fabrication (1) ». Franz Liszt s'en contenta pourtant, voyant au delà des mots, et dès 1858, à Weimar, commença la composition qui ne fut achevée qu'en 1862, à Rome, dans une sorte de retraite. L'auteur dédia et offrit alors sa partition au roi Louis II de Bavière, fidèle chevalier de la noble devise des Wittelsbach : *Vouloir et créer le Beau.*

Il fut pourtant réservé à la Hongrie d'avoir la première audition de la *Sainte Elisabeth*; celle-ci eut lieu solennellement à Budapest, en 1865. La deuxième exécution eut lieu à Munich, à la demande expresse du roi et sous la direction enthousiaste de Hans de Bülow, en février 1866. Ce fut une de ces journées décisives en laquelle le génie de Liszt-compositeur, jusqu'alors peu connu ou systématiquement méconnu dans ses grandes pages, en imposa au public. Où les poèmes symphoniques n'ont pu triompher, Elisabeth a vaincu dès les premières mesures. Ce fut pour Liszt le jour d'une belle victoire.

Mais ce fut une fête encore plus rare que celle de l'exécution à la Wartbourg même, en 1867, sous la direction de l'auteur, et à l'occasion du 800e anniversaire de la fondation du burg merveilleux. Des artistes et des amateurs de musique étaient accourus de toutes parts pour saluer l'œuvre dans son « cadre » même. Dans la salle des Chanteurs splendidement reconstituée dans le style du moyen âge, et avec des solistes de la valeur d'une Johanna Diez et d'un Teodor von Wilde pour les rôles principaux, un orchestre d'élite qui comptait parmi ses violons des maîtres comme

Ferdin. David, Ed. Reményi et Aug. Kömpel, cette audition fut vraiment unique. Liszt en remporta personnellement un souvenir et une joie ineffaçables.

Enfin, il faut rappeler ici une triple exécution tout à fait remarquable, à Munich également, en mai 1868, encore due au goût artistique et à la volonté expresse de Louis II qui avait pour ces pages une admiration grandissante. L'exécution eut lieu sous la direction de Hans de Bülow, au « Residenztheater », encore avec Mme Diez dans le rôle d'Elisabeth. Pour la première journée, le public ne se composait que d'invités du roi, la plupart artistes de toutes catégories; puis aussi d'élèves de la nouvelle école royale de musique, d'amis de Liszt et de Wagner. Cela créait une atmosphère unique, pleine d'enthousiasme et de vénération. Sans doute, la jolie salle du Residenztheater n'était pas pleine, mais elle avait un auditoire d'élite, et sur la scène qu'éclairaient discrètement deux couronnes de lumières, les interprètes animés d'une même pensée semblaient plus appartenir à une seule grande famille qu'à un personnel de salle de concert. La *Sainte-Elisabeth* de Liszt ne connut plus jamais de fête aussi intime et aussi pénétrante. — Les deux lendemains, pour le grand public ne parvinrent pas à recréer cette atmosphère exclusivement vibrante, et l'oratorio n'eut pas le succès mérité.

Plus tard, on mit l'œuvre à la scène dans plusieurs villes allemandes; son caractère pictural s'y prêtait sans doute aisément. A Bruxelles, la *Sainte-Elisabeth* fut exécutée une seule fois en 1882 (1), par les soins de la Société de musique sous la direction de Joseph Mertens, en présence de Liszt. *(A suivre.)* MAY DE RUDDER.

(1) Voir le *Guide musical* du 4 mai 1882. Cette exécution qui ne fut pas très heureuse, faute de répétitions d'orchestre, eut lieu dans la salle de l'Alhambra. Les solistes étaient : Mlle Antonia Kufferath (Élisabeth), Mlle Heirwegh (Sophie) et le baryton Blauwaert (Landgrave Hermann). Cette exécution avait attiré à Bruxelles des personnalités en vue, Saint-Saëns, Massenet, Gevaert, Peter Benoit, Zarembsky, les frères Fr. et Joseph Servais, etc. Liszt fut l'objet de longues ovations.

(1) *Ein kaltes, unbegeistertes Machwerk.*

L'ENFANCE DU CHRIST

Trilogie sacrée en 3 actes et 7 tableaux, paroles et musique d'Hector Berlioz, adaptée à la scène par Maurice Kufferath. Première exécution scénique au Théâtre royal de la Monnaie, le 28 mars 1911.

L'ARTICLE publié ici il y a quinze jours (1) au sujet de la mise à la scène de *L'Enfance du Christ* constatait que cette adaptation avait pu se faire sans qu'il fallût ajouter ou retrancher une note de la partition, sans qu'une parole du poème dût être modifiée. La représentation de mardi dernier aura démontré que malgré ce respect absolu de l'œuvre poétique et musicale, qui n'avait pu être observé pour la *Damnation de Faust*, on a abouti à une réalisation scénique de l'effet le plus impressionnant, dont les différentes parties se combinent pour former un tout au plus haut point artistique et harmonieux.

C'est à M. Maurice Kufferath que revient le mérite d'avoir découvert la possibilité de porter au théâtre cette œuvre délicate, c'est lui qui a fourni les indications de mise en scène que reproduit la nouvelle édition de la partition de Berlioz publiée par la maison Costallat et Cie. Il a eu dès l'abord une vision très nette des ressources que renfermait cette œuvre pour une exécution théâtrale, et c'est avec une sûreté de coup d'œil remarquable qu'il a fixé, sans tatonnement, l'agencement des différents tableaux, aidé d'ailleurs dans cette tâche par les indications, parfois très minutieuses, que Berlioz a pris soin de donner lui-même en maints endroits de sa partition.

Constatons d'abord que le rôle, très développé, du Récitant a pu être maintenu intact sans qu'il en résulte la moindre impression de longueur. Pour rendre possible l'intervention de ce personnage conventionnel, M. Kufferath a ménagé, derrière le rideau habituel, un espace clos par un second rideau, dit rideau de manœuvre, glissant sur une tringle et qui ne nous présente qu'une scène de dimensions réduites. Celle-ci est établie, comme pour le troisième acte du *Jongleur de Notre-Dame*, sur un plancher quelque peu surélevé par rapport au niveau de la scène habituelle. C'est devant le rideau de manœuvre que se place le Récitant, pour se retirer dès qu'à la partie narrative et descriptive du poème, succède la forme dramatique mettant en scène les personnages mêmes du drame sacré.

(1) Voir le *Guide musical* du 19 mars 1911, pp. 223 à 226.

Après une sorte d'annonce du Récitant, très expressive en sa forme archaïque, le rideau s'ouvre sur une rue de Jérusalem dans laquelle défilent deux patrouilles de soldats romains faisant une ronde de nuit. Les nuances de la marche, au rythme scandé et aux sonorités mystérieuses, qui est la raison d'être de cet épisode, indiquent admirablement, en passant du *piano* au *forte* et du *forte* au *piano*, les mouvements des deux patrouilles, soit qu'elles se rapprochent, soit qu'elles se retirent. Et le morceau, interrompu un moment par le dialogue qui s'établit entre Polydorus et le Centurion, semble véritablement avoir été écrit pour la scène.

Le rideau de manœuvre se ferme avant les dernières mesures de la marche, pour se rouvrir bientôt sur l'intérieur du palais d'Hérode. La musique, d'expression si poignante, qui accompagne le pathétique monologue du Roi de Judée souligne excellemment son attitude tantôt accablée et abattue, tantôt inquiète et agitée, et elle a un caractère profondément scénique. Apparition des Devins, lesquels, consultés par Hérode au sujet du songe qui l'obsède chaque nuit, se livrent à des évolutions cabalistiques et procèdent à la conjuration, sur un curieux morceau instrumental écrit en grande partie dans la mesure à sept temps. Et la scène se termine par le chœur mouvementé et puissamment sonore des Devins vouant à la mort tous les nouveau-nés.

A ce tableau de couleur tragique et sombre succède celui de l'étable de Bethléem, sans autre interruption que les sept mesures de silence indiquées par Berlioz lui-même. Changement complet de colorations musicales. Aux accents énergiques et brutaux d'Hérode, à la fureur des Devins, s'oppose, délicieux contraste, la mélodie suave et caressante qui accompage les paroles de la Vierge veillant sur l'enfant Jésus. Soudain des voix invisibles se font entendre : ce sont les anges qui engagent Marie et Joseph à fuir vers l'Egypte pour soustraire le divin enfant au danger qui le menace. Ils promettent de sauver Jésus, puis le chœur invisible entonne, *pianissimo*, un hosanna qui enveloppe la scène d'harmonies célestes, de plus en plus vaporeuses, et le rideau se ferme sur les trois accords servant de conclusion à l'orchestre. Ainsi se termine, sous une impression d'ineffable douceur, la première partie de la trilogie sacrée, et l'on passe sans entr'acte mais après une brève interruption à la deuxième partie, la *Fuite en Egypte*, un chef-d'œuvre de charme et de grâce naïve.

A l'ouverture délicieuse évoquant les bergers

qui se rendent à l'étable de Bethléem, et qui se joue le rideau fermé, succède le chœur des bergers faisant leurs adieux à la Sainte Famille, cette page ravissante, ayant toute la poésie d'un vieux Noël populaire, que Berlioz présenta comme étant l'œuvre d'un maître de chapelle du xviie siècle lorsqu'elle fut exécutée pour la première fois en 1852, ainsi qu'on le rappelait ici il y quinze jours. Le décor est resté celui du tableau précédent, mais les bergers sont rassemblés devant l'étable, et font entendre les trois strophes de ce chœur divinement inspiré. Les nuances si minutieusement indiquées par Berlioz et qui aboutissent à un quadruple *piano*, soulignent admirablement l'effet d'éloignement du chœur se retirant avec les fugitifs, et donnent à cet épisode musical un caractère scénique tout à fait inattendu, du plus séduisant effet.

Le rideau extérieur s'est fermé à la fin du chœur des bergers. Il se rouvre bientôt, après l'exécution de l'admirable introduction symphonique décrivant le repos de la Sainte Famille, mais c'est devant le rideau de manœuvre *clos* que le Récitant nous décrit sur un accompagnement suave ramenant les motifs de cette introduction, le tableau des pèlerins prenant du repos au bord de la fontaine. La musique est ici puissamment descriptive et évocative, et une représentation matérielle au cours du récit lui-même viendrait plutôt à diminuer l'attrait. Mais le récit terminé, le rideau de manœuvre s'ouvre pour nous laisser voir le tableau tracé par le Récitant, tandis qu'un chœur invisible murmure lentement les mots « Alleluia ! Alleluia ! » La vision personnelle qu'ont éveillée peu à peu chez l'auditeur, avec le concours de la musique, les paroles du Récitant, prend ainsi soudain une forme concrète, et l'effet obtenu est véritablement prodigieux. M. Maurice Kufferath a eu, en combinant les choses de la sorte, une inspiration qui est vraiment d'un maître et qui montre, chez lui, une perception remarquable de l'art scénique.

Un court entr'acte, nécessité par la mise en scène, sépare la deuxième partie de la troisième, l'*Arrivée à Saïs*. Le Récitant, placé devant le rideau de manœuvre, encore fermé, dépeint le voyage pénible des fugitifs à travers le désert, sur un thème en style fugué qui n'est autre que celui de l'introduction de la deuxième partie, écrit cette fois à quatre temps, dans une forme qui évoque d'une manière frappante les difficultés de la marche des pèlerins « cheminant sur le sable mouvant ». Ici encore le concours de la scène n'était pas nécessaire pour donner à l'auditeur l'impression du tableau décrit par le poème, et

la musique. Et c'est seulement au moment de l'arrivée que le rideau de manœuvre s'ouvre sur un tableau nous montrant l'intérieur de la ville de Saïs.

Joseph et Marie, accablés de fatigue, sollicitent un asile. L'orchestre marque les coups qu'ils frappent successivement à la porte de deux maisons dont les habitants. les repoussent. Les plaintes de l'orchestre, traduisant les lamentations des deux pèlerins, la réponse brusque et saccadée de ceux qu'ils implorent forment une opposition d'un caractère très scénique.

Joseph frappe à une troisième porte. La voix de Marie s'unit à la sienne en de nouvelles supplications, d'un accent plus pénétrant encore, qui attendrissent le père de famille auquel elles s'adressent. Celui-ci offre l'hospitalité aux fugitifs.

Nous voici dans l'intérieur de la demeure du charpentier. A son appel, filles, fils, serviteurs accourent pour donner leurs soins aux étrangers. Le chœur en style fugué, où les mesures à quatre temps et en six quatre se superposent constamment, tant parmi les voix que dans l'orchestre, souligne admirablement l'empressement que tous mettent, avec une hâte un peu désordonnée, à venir en aide aux parents et à l'enfant. Cette scène patriarcale est d'un effet délicieux.

Dans un court dialogue, dont la forme présente, poétiquement et musicalement, un charme extrême, les personnages se font connaître réciproquement. Puis, pour fêter ses hôtes, le Père de famille invite ses enfants à se réjouir par « le pouvoir des doux sons », et nous entendons ce trio pour deux flûtes et harpe que les exécutions au concert ont depuis longtemps rendu célèbre. Afin d'occuper la scène pendant l'exécution de ce morceau assez développé, M. Kufferath a eu l'idée très ingénieuse de l'accompagner d'une danse de caractère oriental, naïve et simple, confiée à trois enfants. Cette idée a été réalisée avec un tact et un goût parfait par le maître de ballet, M. Ambrosiny, qui a imaginé une mimique et des groupements d'un archaïsme très caractéristique, excluant tout impression de ballet proprement dit. Le tableau ainsi présenté est d'une couleur très séduisante dans ses tons discrets et harmonieux.

Le divertissement a pris fin. Le père de famille puis le chœur des assistants, souhaitent une nuit de bon repos à Joseph et à Marie, qui se retirent après avoir mêlé leurs remerciments aux vœux d l'assistance, dans un ensemble vocal superbemen construit. Et le rideau de manœuvre se referm laissant le spectateur sous une impression délice sement reposante.

Quelques notes longuement tenues par l'orchestre servent de transition avec la conclusion de l'œuvre. D'abord, un court récit du Récitant placé devant le rideau de manœuvre, qui bientôt s'entr'ouvre lentement ; puis le chœur, groupé derrière le Récitant, entonne, *a capella*, une page vocale d'une élévation de pensée, d'une pureté de style admirables, s'éteignant insensiblement en un *pianissimo* qui semble faire monter les voix vers les nues, tandis que le ciel s'éclaire d'une lueur progressive et qu'y apparaît un groupe d'anges entourant la Vierge avec l'enfant Jésus.

En passant en revue les divers épisodes de la trilogie sacrée de Berlioz, notre but n'était pas de souligner la haute valeur musicale de la partition, établie de longue date par les exécutions au concert, mais de faire ressortir combien cette œuvre a en elle de puissance scénique, combien le maître français avait eu la vision matérielle de ce qu'il écrivait comme librettiste et comme compositeur, ayant sans cesse sous les yeux la réalisation plastique de ces tableaux musicaux qu'il destinait au concert, tandis qu'ils semblent · conçus, parfois mesure par mesure, pour le théâtre. Et en présence de la brillante réussite de l'exécution de cette semaine, on peut se demander s'il n'y a pas là une formule nouvelle pour l'art lyrique, si au lieu de nous présenter des ouvrages donnant le développement continu d'une action dramatique, avec souvent·d'inévitables longueurs, il n'y aurait pas parfois avantage à nous montrer quelques tableaux brefs, d'essence très musicale, plus ou moins rattachés les uns aux autres, comme l'a fait en somme M. Debussy dans *Pelléas et Mélisande*.

A la brillante réussite que nous venons de constater et dont le mérite revient avant tout à l'ingénieuse et très artistique conception de M. Kufferath, ont collaboré, pour des parts diverses, tous les artisans de cette réalisation théâtrale.

Nous citerons d'abord, puisqu'au point de vue scénique il s'agit d'une véritable création, le décorateur, M. Delescluze, qui a composé des décors synthétiques fort impressionnants dans leur simplicité de lignes, et d'une couleur très évocative; puis le régisseur général, M. Merle-Forest, qui a su grouper les personnages et régler les mouvements de foule avec cet art si sûr maintes fois signalé ici; et nous n'oublierons pas le peintre Fernand Khnopff, dont les conseils, basés sur une érudition artistique très avertie, ont été si précieux.

A la réalisation musicale, M. Sylvain Dupuis a présidé avec sa science coutumière, rendant avec une précision extrême toutes les nuances de cette délicate partition. L'exécution de la partie chorale fut particulièrement remarquable, et le chef·des chœurs, M. Steveniers, a droit aux plus grands éloges.

La jolie voix de M. Dua, au timbre si expressif, a fait merveille dans le ·rôle du Récitant, qui dut rarement être aussi bien chanté. Mᵐᵉ Demellier a dit avec un style plein d'onction et de suave tendresse le rôle de la Vierge, et M. La Taste a donné un caractère évangélique très bien compris au personnage de Saint-Joseph ; ces deux artistes ont d'ailleurs admirablement· saisi la discrétion que réclamait leur interprétation, le personnage principal de l'œuvre étant en réalité l'être muet autour duquel gravite toute l'action, l'enfant Jésus. Le superbe organe de M. Billot a fait valoir le caractère dramatique intense de l'air d'Hérode. Enfin, M. Weldon a excellemment rendu la bonhomie bienveillante et accorte du Père de famille.

Tout a donc concouru à faire de cette exécution de *L'Enfance du Christ* un spectacle d'art, au sens le plus élevé et le plus complet du mot. Et MM. Kufferath et Guidé, en consacrant leurs efforts à cette noble tâche, auront hautement honoré la mémoire du grand musicien français. J. Br.

ELSEN

Drame lyrique en quatre actes et cinq tableaux de M. Adalbert Mercier, sur un livret de M. Jean Ferval. Représenté pour la première fois, à Paris, sur la scène du Théâtre Lyrique de la Gaîté.

L E Théâtre Lyrique de la Gaîté vient de monter cette œuvre qui obint une mention au dernier concours musical de la ville de Paris (prix n'ayant pas été décerné).

Elsen est la femme trop jeune d'un mari trop vieux, Hortel, et il suffit qu'après une longue navigation de pêcheur, le frère de celui-ci, Branther, revienne au port natal, pour que, mis pour la première fois en présence de la jeune femme, le coup de foudre terrible; inévitable, les jette aux bras l'un de l'autre. Ainsi le voulait le destin longtemps redouté du mari, fatalement prédit par la chanson du ménestrel, déjà entrevu par Branther, dans l'apparition magique à son bord d'une nymphe aux tresses blondes, et nuitamment réalisé dans la forêt profonde, non.loin de la cabane de la sorcière Nola. Car il faut à ces histoires un peu de symbole, un peu de fantastique qui les sorte de la banalité courante.

Convaincu de son malheur, le pauvre Hortel se lamente misérablement : mais il consomme lui-même sa vengeance en entraînant son frère dans une barque, sur une mer déchaînée où il le précipite après l'avoir poignardé et où il se noie ensuite. Des pêcheurs ne ramènent qu'un cadavre, celui de Branther, et cela nous vaut une marche funèbre qui a le tort de rappeler de trop près la *Mort d'Ase*, de Grieg.

M. Adalbert Mercier a écrit sur ce poème banal une partition aimable, élégante et facile, mais qui semble de facture moins serrée que ce qu'il nous a déjà donné dans diverses opuscules pour voix et orchestre et dans certain opéra comique joué l'an dernier à Royat. On dirait qu'il a voulu ici donner satisfaction à tout le monde et fournir des gages-à chacun.

Son premier acte est le mieux venu, et la fête de l'été, les chants, les danses, les appréhensions d'Hortel, l'arrivée de Branther et tout cet horizon ouvert à l'amour sont choses habilement présentées. Puis le drame se noue, et la mélodie se déroule un peu fade sur des arpèges de harpe, chants de violoncelles et violons, longues tenues de l'harmonie, source où sont allés puiser les fauteurs d'offertoires bémolisés pour messes de mariage !

Certains airs, comme celui de Branther, ne sont pas sans agrément ; de même le duo qui suit, mais cela ne s'élève pas au-dessus d'une jolie musique de salon, et c'est dramatiquement insuffisant. Je suis sûr que les Casinos s'empareraient de l'intermède qui sert de trait d'union entre les deux tableaux du troisième acte : il n'en est pas moins vrai qu'au théâtre cet intermède fait longueur.

De-ci, de-là, quelques quintes, quelques neuvièmes grinçantes sont données en pâture aux estomacs exigeants, la sensible est toujours altérée, la quinte toujours augmentée, mais nous en avons entendu tant d'autres qu'en dépit de notre bonne volonté il nous est impossible de considérer ces hardiesses comme des innovations !

Le rôle d'Elsen, pour Mlle Lafargue empêchée, a été tenu par Mlle Comès, qui nous a paru en pleine possession du personnage. Elle a chanté sans la moindre défaillance, en même temps qu'elle essayait de donner quelque passion à un rôle d'une passivité trop absolue.

M. Bourrillon manque d'éclat dans le rôle de l'amant fatal, et sa voix au timbre doux et voilé, lutte désespérément contre les timbres de l'orchestre.

Par contre, M. Boulogne, qui personnifie Hortel, domine toutes les masses et s'est vu maintes fois acclamé pour la générosité de son beau baryton.

Les chœurs et l'orchestre, sous la direction de M. Amalou, ont fait d'excellente besogne et j'ai noté dans de jolis décors la mise en scène toujours intelligente de M. Labis.   A. GOULLET.

LA SEMAINE

PARIS

A L'OPÉRA, quelques intéressantes représentations de *Tristan* nous ont été données, grâce à la présence d'Ernest Van Dyck. L'orchestre a été excellent sous la direction vibrante de M. Rabaud ; cependant, justement parce que ce chef ardent et précis est à la tête de tels éléments sonores, je voudrais qu'il s'efforçât de faire ressortir mieux ce que ce poème d'intense passion a de caressant et d'enveloppé : moins de rigueur et plus de souplesse. Mlle Grandjean est en sérieux progrès dans le rôle d'Isolde, un de ses meilleurs à coup sûr, et qu'elle met en valeur d'une façon très supérieure à celui de Brunnhilde, du *Crépuscule* : il est difficile de mieux rendre le premier acte, en particulier. On a fait paraître M. Duclos et Mme Dubois-Lauger dans Kurwenal et Brangaene : double erreur, car l'un et l'autre ont la voix trop haute pour ces rôles. Il est étrange qu'on n'ait jamais voulu distribuer celui de Brangaene à un vrai mezzo : c'est Mlle Lapeyrette, c'est la Waltraute du *Crépuscule* qui devrait le chanter. Quant à M. Van Dyck, il s'est surpassé de pathétique et de passion. Quel évocateur que celui-là ; quelle flamme et quelle poésie, dans la dernière scène du second acte, par exemple, quelle force tragique dans tout le dernier !...

Et c'est à des *créations* pareilles que certains aujourd'hui déclarent préférer le concert ; c'est devant elles, que dis-je, qu'ils prétendent que *Tristan* a tout à perdre à la scène ? Eh quoi ! je reste haletant d'émotion devant le visage si expressif du héros, où je lis le reflet de la lutte intérieure de son âme, je suis en frémissant son geste si sobre et si vrai, je vois dans ses yeux moribonds toute la poésie de ses souvenirs d'enfance, toute la détresse de son abandon, et ne parviens pas à empêcher les larmes d'obscurcir ma vue..., et l'on voudrait que je préfère contempler un monsieur en habit noir, une partition à la main ? Nous avons entendu *Tristan* comme cela, nous autres qui sommes de l'époque héroïque où il fallait, coûte que coûte, prouver la vitalité de tels chefs-d'œuvre. C'était quelque chose ; mais quand j'y pense, il me semble revoir les murs d'une prison.

Du reste, le *snobisme* antiwagnérien (il y a des snobismes de toutes sortes) se manifeste, de nos jours, sous des formes bien étranges. La plus originale, à coup sûr, car je ne crois pas qu'on puisse aller plus loin, c'est celle qui consiste à considérer le sujet et les paroles comme des « accessoires », non seulement superflus, mais nuisibles. Non seulement, l'œuvre a tout à gagner à être exécutée au concert ; mais, si elle est d'ailleurs chantée en allemand, c'est tant mieux. Car alors on n'y comprend rien, et l'on n'a plus qu'à jouir de cette symphonie (je n'invente rien). Et l'on conclut : « Délivrons Wagner de ses livrets, de ses paroles, de son bric-à-brac et de sa philosophie ! » A la bonne heure ! Voilà qui est net. Mais j'aime encore mieux ce qui suit : « Libérons-le de ses commentateurs, de ses disciples et des pangermanistes délirants ! » D'abord, parce que c'est juste, et ensuite, parce que celui même qui parle ainsi en fera, espérons-le, son profit le premier. Pour juger Wagner, il faut le *connaître*, d'abord, puis le *comprendre*, enfin, l'*aimer*. On peut le discuter sans l'aimer ; mais si on ne le comprend pas, mais si on ne le connaît même pas, on ferait mieux de se taire : c'est un cas de conscience.   H. DE C.

A L'OPÉRA-COMIQUE, le dernier concert mélodique historique a compris la fin de l'école allemande, avec quelques pages de Wagner, Liszt, Cornelius, Brahms, Hugo Wolf. M. Expert s'est excusé de ne pas toucher aux contemporains : c'est fort bien vu, à condition, naturellement, qu'il suive le même principe pour l'école française et l'école italienne. Mais les autres ? Tout le XIXe siècle lyrique allemand en deux séances ? Train extra-rapide ! Au panier Robert Franz, l'exquis poète de *Lieder*, si fécond, si varié, et ceux dont nos Echos nous font connaître un ou deux pour cent de leur *Lieder* : Taubert, Kücken, Reineke, Abt, Gumbert... Au panier les dramatistes : Lindpaintner, Marschner, Lortzing, Lachner, Nicolaï, Flotow, Goldmark... Allons, allons, ce n'est pas sérieux ! M. Expert a d'ailleurs eu raison de mettre en valeur le talent de Liszt et de Brahms dans le genre mélodique : on y fait de vraies trouvailles ; mais on en ferait autant chez bien d'autres. L'exécution a été souvent faible, parfois excellente. Mme Hatto a dit *Les Rêves*, de Wagner, et fort bien la prière d'Elisabeth ; Mlle Nicot-Vauchelet

a prêté le pur cristal de sa voix à un *Lied*, de Liszt, *Dü bist wie eine Blume* et à une charmante berceuse, de Wolf, qu'elle a chanté deux fois, en allemand et en français ; Mlle Charbonnel a fait valoir avec ampleur la *Loreley*, de Liszt, et deux Brahms ; M. Francell a été d'une grâce exquise dans *Le Chant d'amour* et le spirituel *Un Dimanche*, de Brahms, qu'il a dû bisser.   H DE C.

Concerts Colonne. — (26 mars). Il faut croire que le besoin d'un festival Wagner se faisait sentir, car il n'y eut jamais tant de monde au Châtelet. Musiciens et amateurs s'y pressaient comme à l'époque héroïque et déjà lointaine de *l'initiation* où chacun dissertait, Lichtenberger en main, sur le symbolisme et la philosophie de la Tétralogie indépendamment de toute discussion musicale. Ce temps béni n'est plus mais le sujet reste inépuisable et toujours d'actualité. M. Jean Chantavoine ne vient-il pas de faire paraître la traduction d'un petit ouvrage d'analyse dramatique et musicale de A. Pochhammer : *L'Anneau du Nibelung* ? Si les auditeurs d'aujourd'hui, mieux entraînés que leurs aînés à reconnaître au passage les *leit-motifs* qui forment la trame symphonique et à les étiqueter sans erreur du nom qui leur convient, s'amusent à suivre méthodiquement le savant travail de leurs arrangements et de leurs combinaisons, nous comprenons fort bien leur plaisir et nous admettons comme un pis aller, le non-sens, l'énormité des exécutions de scènes lyriques au concert ; mais s'ils veulent débarrasser les œuvres de Wagner de tout ce qui est en dehors du domaine purement musical, s'ils les considèrent comme délivrées de leur poème, de leur bric à brac théâtral et de leur philosophie nous ne les suivons plus. Au concert, le « souvenir » des représentations doit suppléer à ce qui fait défaut ; c'est à cette condition, sans retrancher rien, que l'agrément est possible, encore faut-il faire un choix soigneux des scènes simples et claires auxquelles l'élément scénique n'est pas indispensable. A ce point de vue la grande scène finale du troisième acte de *Siegfried* — admirablement exécutée par l'orchestre très en progrès et chantée avec flamme, avec ampleur, par Mme Martha Lefflèr-Burckard et M. Heinrich Hensel du Théâtre de Bayreuth — peut passer ; mais la scène de séduction de *Parsifal* (séduction à coups de partitions, entre un habit noir et une robe saumon, une cravate blanche et une brochette rouge de décorations) est infiniment longue et terne et fatigante. Néanmoins le succès a été grand.

De plus l'orchestre a joué d'excellente façon l'ouverture de *Tannhäuser*, *l'Enchantement du Ven-*

dredi-Saint et l'ouverture des *Maîtres Chanteurs*, celle-ci même avec bien plus de couleur qu'elle n'a été exécutée'récemment à l'Opéra.

ANDRÉ-LAMETTE.

Concerts Lamoureux. — En première audition, un « conte symphonique », pour orgue, orchestre et trois voix : *Il était trois jeunes Princesses.* L'anecdote est aimable : les trois Princesses sont enfermées dans la vieille tour du château. Au dehors le vent gémit par les jours noirs. Quelquefois on entend, au loin, les sonneries de la chasse royale, et, quelquefois aussi les sons graves de l'orgue, car l'église est voisine. Les Princesses chantent leur mélancolie en s'accompagnant de la harpe. Soudain une fée leur apparaît et les transporte dans le « jardin d'amour ». Elles y jouent et s'ébattent. Peut-être aperçoivent-elles le prince des rêves. L'église semble grandir en cathédrale. Un cortège nuptial s'avance. Tout chante l'amour. Chacun des points du discours littéraire est commenté par le texte musical, ou plutôt on les devine en même temps conçus et présentés; les effets sont choisis, le tour heureux et c'est avec plaisir que l'on a entendu cette histoire enchantée. La partie vocale était confiée à Mlles Pradier, Lubin et Courso, qui y ont fait apprécier leurs jeunes voix; elle est traitée tout en vocalises; l'intensité de l'expression sonore est, ici, substituée à la précision de la parole; c'est une curieuse tentative. La fin de ce conte semble un peu énorme et disproportionnée. L'amour florissant au pays du rêve nécessite-t-il l'explosion de toutes les forces orchestrales?... C'est, pour un mince sujet, une conclusion bien appuyée.

De M. Roger Ducasse une très amusante *Petite Suite* était donnée également en première audition. Un gentil triptyque, fin, spirituel, où tout semble indiqué d'un trait léger, sûr et plaisant. *Souvenance*, page charmante teintée de furtive mélancolie, à peine en un goûte la douceur que déjà elle s'évanouit; *Berceuse*, d'inspiration séduisante, et *Claironnerie* : une marche un peu caricaturale, rythmée par les tambours et piquée des notes écarlates des cuivres. Elle trouve, près d'un public qu'elle divertit, un succès du meilleur aloi.

Dans le concerto de Brahms, M. Carl Flesch, un violoniste de tout premier mérite, remporte d'unanimes suffrages. Il a une belle sonorité, pleine, ronde, un excellent style que sert une virtuosité sans défaillance.

Un douloureux événement ne permet pas à Mlle Verlet de chanter les pages annoncées au programme.

En fin de séance, exécution superbe de *Mort et Transfiguration* (R. Strauss). Au début, la *Pastorale* avait déroulé, pour la joie des auditeurs, ses bucoliques péripéties.

M. DAUBRESSE.

Société musicale indépendante. — Du dixième concert donné par la S. M. I., le 24 mars, à la salle Gaveau. il convient de ne retenir que le quintette de M. Florent Schmitt.

Cette œuvre, attendue depuis longtemps, car, parait-il, elle fut conçue par son auteur lors de son séjour à la Villa Médicis, a produit, dès son apparition dans le monde musical, une impression considérable et profonde. Ses proportions énormes, ses aspirations gigantesques, ses rythmes enthousiastes, son souffle emphatique, son sentiment mélodramatique, font de ce quintette un monument musical, qui, par ses dimensions, bat le record de la grandiloquence.

Il n'a que trois mouvements, qui, d'ailleurs, en valent largement le double, construits d'après la forme cyclique et précédés d'une introduction destinée à introduire dans chacun d'eux le thème principal; cette forme cyclique est la plus appropriée à la musique de chambre, où l'expression contenue des sentiments intérieurs, subjectifs, doit se développer à l'aide du dialogue instrumental; elle s'adapte merveilleusement à ce qui constitue l'essence même de ce genre musical, où le pittoresque ne doit constituer qu'un décor d'arrière-plan ou qu'un accessoire.

Sur le thème principal du « lent et grave » se greffe bientôt un motif mélodique, dont l'importance grandit avec la combinaison, s'enfle et diminue tour à tour, passe à l'alto pour être repris en un *crescendo* puissant et aboutit à une péroraison assez sereine, où la complexité de la discussion semble s'atténuer en un accord sentimental de tous les protagonistes.

Le « lent », qui forme le second mouvement, procède du même principe; un exposé descriptif confié à des trilles en sourdine, dominés par une lointaine clochette du piano, semble placer la méditation qui va suivre dans le décor d'un mystérieux paysage. Les brumes se dissipent, l'image se précise. l'âme chante son inquiétude, non point à la façon de Schumann, plutôt avec un souci d'élégant scepticisme à la façon de Fauré, avec une pointe de passion superficielle, quelques souvenirs de Brahms et quelques hommages à la mémoire de Franck. Et la cloche s'éteint dans le crépuscule sous le même bruissement assourdi des trilles, délicieux effet d'une fluide sonorité.

L'« animé », qui forme la conclusion de l'ouvrage, nous présente l'inévitable 5/4 qui, d'exceptionnel, tend à devenir aujourd'hui — on n'a jamais su pourquoi — un rythme cher aux compositeurs qui tiennent à se distinguer du vulgaire Cette claudication rythmique devient à la longue insupportable et n'ajoute généralement pas grand'chose à la pensée baroque qu'il s'agit d'exprimer. Les thèmes se provoquent, passent successivement au second violon et à l'alto se transforment, aboutissent à un formidable *crescendo*, qui s'exaspère jusqu'au final sur le motif bizarre du début. Ce dernier mouvement récapitule les différents thèmes en développements infinis.

Tel est le scénario qui, au point de vue de la réalisation, offre certes un effort considérable, des idées générales nettes et élevées, des détails fins et personnels.

A part la longueur démesurée du discours, l'exagération des répliques, une certaine confusion inévitable parmi tant d'impressions formulées, la principale critique me paraît être dans l'écriture même de l'œuvre. Autre chose est la littérature d'orchestre, autre chose est la littérature de la musique de chambre.

Le quintette de M. Schmitt possède l'envergure, la forme, l'écriture d'une symphonie ; l'étendue de ses *forte* dépasse la limite sonore de cinq instruments, impuissants, malgré les efforts à rendre ce qu'a voulu rendre l'expression même de l'œuvre. Il en résulte pour l'oreille une véritable sensation d'impuissance ; les *crescendos* n'aboutissent point à l'éclat attendu ; on escompte les cuivres ; si bien qu'à force de tension, l'esprit de l'auditeur se fatigue en une imagination qui supplée, mal satisfaite d'une jouissance entrevue, impossible. Les oppositions deviennent insuffisantes, les nuances s'écrasent, les plans disparaissent. L'œuvre n'est pas conçue en musique de chambre ; elle est symphonique.

Aussi bien n'est-ce point tout à fait la faute des interprètes si l'effet impossible ne fut qu'à demi rendu. M. Enesco écrase sa chanterelle, il souffre en son ardeur et vibre en vain. M. Mouteux a une sonorité charmante et grasse dans les passages de charme ; M. Tourret est correct ; M. Hekking ronchonne. M. Casella tient le piano avec conviction. L'ensemble manque peut-être de cette homogénéité que donne l'habitude du travail en commun, bien plus utile pour la musique de chambre que le relief du virtuose.

Malgré ces remarques, il est de toute justice de reconnaître et d'affirmer que l'œuvre de M. Florent Schmitt offre un intérêt tout supérieur et que précisément parce que supérieure, elle est d'autant plus digne de la critique sincère. CH. CORNET.

Société nationale. — Samedi 25 mars, séance très terne d'où se détache en nuance claire une pièce d'Albeniz intitulée *El Albaicin*, pour piano, tirée du troisième cahier d'*Ibéria*. Ce titre évoque un quartier de Grenade, le quartier grouillant des gitanes, où se mêlent les voix de la foule et les rythmes ensorcelants des danseuses. Le morceau est brillant, d'une interprétation facile et fut d'ailleurs exécuté à souhait par M. Schmitz, qui se fit applaudir encore dans un nocturne, de V. d'Indy, et la cinquième barcarolle, de Fauré.

Je n'ai rien à dire d'un trio pour piano, violon et violoncelle, de M. Louis Thirion, sinon que l'heureux titulaire des 5,000 francs du prix Crescent m'a paru mieux inspiré dans son quatuor ; l'œuvre m'a semblé pénible, animée certes des meilleures intentions, mais d'un souffle assez peu spontané.

Et ce furent les flots de romances. Trois mélodies de M. Marcel Pollet, dont le style s'est assurément affiné, mais qui n'a point encore trouvé sa personnalité. M. Pollet est jeune et au surplus peut attendre.

Trois autres mélodies de M. Paul Le Flem, petits tableaux assez poussés dans les recherches de sonorités — *Soleils couchants, Le Grillon des Foyers, Clair de Lune.* La série se complète par la *Mandoline*, de Verlaine, qui resta pour compte. C'est du travail agréable, qui peut se vendre facilement et qui ne gêne personne.

Mme Engel-Bathori s'est prodiguée ; elle a chanté toutes ces choses avec son habileté coutumière. Elle nous a même présenté les élèves de son cours ; sous l'aimable et savante direction de M. Gabriel Grovlez, qui nous a rappelé les beaux jours où il conduisit les chœurs du *Crépuscule* au Château-d'Eau, ces dames et ces messieurs ont chanté, non sans goût, quatre *Ballades françaises*, écrites pour chœur à quatre voix par M. Raymond Bonheur. Ces amateurs ont donné la preuve d'un bon enseignement ; à en croire quelques-unes de ces gracieuses personnes, on travailla ferme pour présenter dignement cette composition qu'elles déclaraient difficile. Le public, qui l'est beaucoup moins, a paru satisfait.

Le concert s'est terminé de bonne heure par l'agréable sonate pour violon et piano, de M. Henry Février, excellemment jouée par MM. Wuillaume et de Lausnay. CH. CORNET.

Concerts Sechiari. — M. Sechiari mettait fin, le 19 mars, à la série de ses auditions dominicales qui ont invariablement attiré, dans le cours de la campagne 1910-1911, une foule plus dense que les années précédentes. Le public, en effet, porte un intérêt toujours croissant à l'effort artistique du vaillant chef d'orchestre. M. Sechiari qui à le culte des grands classiques, tient néanmoins à ménager une place importante sur ses programmes aux compositeurs contemporains. Il sait souvent découvrir les retraites où se cache le talent ; peut-être parfois va-t-il le chercher un peu loin de nous. Il n'a qu'à jeter les yeux autour de lui pour voir les Casella, les de Serre, les Louis Vierne dont il voudra certainement jouer, le premier, la très belle symphonie. Au huitième concert, M. Risler exécuta avec une grâce attendrie qui contraste avec la puissance connue de sa sonorité le concerto en *ut* mineur de Mozart et, avec toute la poésie requise, la si exquise ballade pour piano de M. G. Fauré, accompagnée par l'orchestre. Miss Maggie Teyte d'une voix délicieusement fraîche et avec un intense sentiment artistique, interpréta trois ariettes oubliées que M. Debussy écrivait sur les poèmes de Verlaine ainsi que l'*Invitation au voyage* de Duparc. A l'orchestre, pour débuter, l'ouverture du *Roi d'Ys* de Lalo où le violoncelle de Bazelaire fit merveille, la *Rapsodie basque* de Pierné, page pleine de délicatesse et d'ingéniosité orchestrale, le *Poème épique* de Wassilenko d'une inspiration franche et limpide, enfin, pour clore la séance, l'ouverture du *Carnaval Romain* de Berlioz. Toutes ces œuvres ont été traduites avec beaucoup d'ensemble et d'entrain. M. Sechiari fut très fêté ainsi que M. Risler et miss Maggie Teyte.   H. D.

Le Quatuor Luquin, qui depuis plusieurs années (1903) s'efforce de retracer l'histoire du quatuor et de montrer l'œuvre qu'il a accomplie depuis dix ans, a donné ce mois trois séances de musique de chambre, dans la salle de l'école des Hautes Etudes.

M. Luquin s'est entouré de MM. Dumont, Roelens et Tkaltchitch — réunion d'excellents artistes qui travaillant ensemble depuis longtemps ont acquis les qualités d'homogénéité essentielles pour la bonne exécution des œuvres de ce genre. A côté de Beethoven, de Mozart, de Mendelssohn et du vieux Schubert, M. Luquin a donné une première audition du deuxième quatuor de M. J.-B. Ganaye, œuvre sincère et bien construite, une exécution soignée du deuxième quatuor de Ch. Lefebvre et une audition redemandée du quatuor de M. Louis Dumas. Nos lecteurs savent déjà tout le bien que nous pensons de ce récent ouvrage du jeune compositeur appelé à un avenir brillant, s'il persiste à conserver ses qualités personnelles, un tour mélodique élégant et une finesse harmonique qu'il serait dommage de torturer en des efforts d'inutiles recherches et d'arides complications.
           Ch. C.

Salle Erard. — Le 20 mars, la pianiste, Mme Lavello-Stiévenard a donné, avec un succès mérité par un réel talent, un beau concert, où elle s'est fait particulièrement apprécier dans une *Rapsodie* de Liszt et deux transcriptions de Schubert par le même compositeur : *Marguerite au rouet* et le *Roi des Aulnes* ; enfin une sonate de Saint-Saëns, piano et violon, où Mme Forte-Gen a partagé le succès de la pianiste, ainsi que la superbe quintette de Franck, où ces deux artistes se sont fait applaudir en compagnie de MM. J. Moyse, Louis Bailly et Nauwinck. Une très intéressante partie de chant a fait valoir les deux excellents chanteurs que sont M. Mauguière et Mme Astruc-Doria, dans des œuvres de M. Levadé et de M. Paul Puget. Citons, du premier, les *Vieilles de chez nous*, poésie musicale d'une très religieuse inspiration, et de M. Puget, *A la belle endormie*, charmante romance, qu'on a fait bisser ; ces deux mélodies rendues avec grand succès par Mme Astruc-Doria.   J. Gullemot.

— Avec les noms de Mme Fleury-Monchablon, de M. Fleury, de Mme Mellot-Joubert, avec le quatuor Dutenhofer on pouvait être assuré que la séance du 24 mars serait intéressante. Une exécution parfaite s'ajouta à un programme vraiment bien compris : quatuor de Mozart pour flûte et cordes, sonate pour flûte et clavecin de Bach, suite de Bach et sonate de Beethoven pour piano, pièces de Chopin, *Lieder* de Schubert et de Bourgault-Ducoudray. Mme Fleury-Monchablon a un des plus délicats talents de pianiste qu'il nous soit donné d'applaudir. Il n'y a plus à révéler que la flûte de M. Fleury est enchantée et enchanteresse. Mme Mellot-Joubert est la cantatrice de concert idéale : voix expressive et émotion intime. Nous eûmes ainsi une agréable soirée.   F. G.

— Mlle Rose Landsmann a donné le 17 mars un récital de piano qui a été une révélation pour quelques-uns et a confirmé pour les autres la très haute estime que cette jeune fille a su inspirer. C'est une des plus complètes parmi nos virtuoses femmes et d'une nature particulièrement intéressante. Son succès a été considérable. Au programme : la sonate op. 81 de Beethoven, les huit pièces romantiques de Schumann, quatre de Chopin, la *Rapsodie espagnole* de Liszt, du Fauré, du Debussy..., enfin de tous les styles et de toutes les écoles.   C.

Salle Pleyel. — Mlle Adeline Bailet a donné le 22 mars, un récital de piano dont le programme mettait bien en valeur sa belle technique, car les douze Etudes transcendantes de Liszt ne sont pas des morceaux pour pensionnats. L'artiste à compris tout ce que ces œuvres ont ajouté à la littérature du piano, écrites par le « roi des pianistes » et exprimé leur intéressante variété. On l'a applaudie également dans une sonate curieuse de Mérini, l'op. 90 de Beethoven et du Chopin. Mlle Bailet est mieux qu'une pianiste. Elle est une artiste de grande valeur.　　　　　　　　　　　F. G.

— Le 24 mars, très intéressant concert donné par l'excellent pianiste David Blitz, avec trois œuvres de musique de chambre, le quatuor op. 16 de Beethoven, la deuxième sonate de violon de Schumann, avec M. Tracol, et le fameux quintette de Dvorak pour piano et cordes, aux rythmes étincelants et si parfumé de chants populaires.
　　　　　　　　　　　　　　　　　A. G.

— M. Henri Letocart, compositeur et maître de chapelle de l'église Saint-Pierre, de Neuilly, à entrepris d'organiser dans son église des concerts historiques de musique religieuse. C'est une entreprise qu'il convient de signaler et à laquelle il faut applaudir dans l'intérêt de la divulgation et aussi de la saine conservation du patrimoine peu connu de ce genre élevé. Elle est d'autant plus intéressante, que malgré le fameux *Motu Proprio* du pape Pie X et son appel à la pureté primitive du chant grégorien, malgré les efforts de Charles Bordes, on persiste trop souvent à dénaturer le caractère de la musique sacrée à l'aide de pastiches, d'adaptations peu sincères, de triturations indécentes.

Dans sa séance du 21 mars, M. Letocart, entouré d'excellents artistes, a fait entendre des œuvres de Buxtehude (XVIIe siècle), de Goudimel, Orlande de Lassus (XVIe siècle), de Frescobaldi (XVIIe siècle), de Palestrina, de Clemens non Papa (XVIe siècle), de Schutz (XVIIe siècle), une curieuse *Sonata da Chiesa*, pour orgue, deux violons et violoncelle de Felice d'Allabacco (XVIIIe siècle), de Mozart, de Bach et de César Franck. L'exécution fut excellente avec Mlles Thébault et Barbier, élèves de Mme Jane Arger, jolies voix bien conduites, et M. René Meugé, élève de M. Letocart, organiste au jeu très brillant.

Nos compliments à M. Letocart, fidèle interprète de la tradition.　　　　　　　　Ch. C.

Salle d'Horticulture. — Un concert de bienfaisance, organisé par M. Alliod, le 22 mars, a fait entendre un choix très intéressant d'œuvres de M. Louis Delune, piano, violoncelle, chant, où lui-même, le très distingué compositeur, a tenu le piano, où Mme Delune l'a accompagné, où enfin Mlle Palasara a chanté de sa voix si pure. M. et

Mme Delune ont joué encore sur leurs instruments des œuvres de Chopin, Schubert, Scarlatti.

— Mlle Germaine Chevalet, professeur de chant, a donné, le 24 mars, un concert qui a obtenu un vif et légitime succès. D'une voix bien posée et très exercée, Mlle Chevalet a brillamment rendu des œuvres de caractères très divers, depuis *Le Jour décroit*, de Bach, et l'air vif et gracieux du même maitre, tiré du *Défi de Phœbus et de Pan*, jusqu'à l'admirable *Destinée d'amour* de Schumann (*L'Amour et la vie d'une femme*), dont elle a nuancé, avec beaucoup d'âme, les sentiments variés, jusqu'à des mélodies modernes de Duparc, de Moussorgsky, de M. Yves Natt. Notons le beau succès de virtuosité obtenu par ce dernier dans des morceaux de MM. Brand, Debussy, Saint-Saëns, et la façon remarquable dont ce pianiste a interprété, avec le violoniste M. Krettly, la sonate en *ut* mineur, cette superbe page de Beethoven.
　　　　　　　　　　　　Jules Guillemot.

SALLE ERARD

Concerts du mois d'Avril 1911

1	Mlle Dehelly, piano (9 heures).
2	Mme Berges, matinée d'élèves (1 ½ heure).
3	M. Eustratiou, piano (9 heures).
5	M. Foerster, piano (9 heures).
6	M. E. Risler, piano (9 ½ heures)
7	M. Galston, piano (9 heures).
8	M. Ricardo Vinès, piano (9 heures).
9	Mme Chené, matinée d'élèves (1 ½ heure).
10	Mme Hiard Kuehn, piano (9 heures).
11	M. Galston, piano (9 heures).
12	Mme Chené, audition d'élèves (9 heures).
13	M. Baron, chant (9 heures).
24	Mlle Bianca Leven, chant (9 heures).
26	Mlle Valabrègue, piano (9 heures).
26	M. Braud, audition d'élèves (9 heures).
27	Mlle Dehelly, piano (9 heures).
28	Mlle Caffaret, piano (9 heures).
29	M. Philipp, audition d'élèves (9 heures).
20	M. Riera, matinée d'élèves (1 ½ heure).

OPÉRA. — Les Maitres Chanteurs. Thaïs (Mme Douznetzoff). Tristan et Isolde.

OPÉRA-COMIQUE. — Pelléas et Mélisande. Manon. La Dame blanche. Le Roi d'Ys. Werther. Mireille. La Tosca.

THÉÂTRE LYRIQUE (Gaité). — Don Quichotte. La Favorite. Le Soir de Waterloo. Elsen (Ad. Mercier). Le Barbier de Séville. Les Huguenots.

Conservatoire (Société des Concerts). — Relâche.

Concerts Colonne (Châtelet). — Dimanche 2 avril, à 2 ½ heures. Programme : Symphonie en *ut* majeur (Mozart); Daphnis et Chloé, fragments symphoniques (Ravel); Air d'Hippolyte et Aricie (Rameau), Scène finale d'Armide (Gluck), Penthésilée (Bruneau), chantés par Mlle L. Bréval; Concerto pour violoncelle (Haydn), exécuté par M. F. Pollain; La Damoiselle élue (Debussy); Danses de Salomé (R. Strauss). — Direction de M. Pierné.

Concerts Lamoureux (Salle Gaveau). — Dimanche 2 avril à 3 heures. Programme : Symphonie avec chœurs (Beethoven); En Norvège, suite (A. Coquard) ; Concerto de piano (Melcer), exécuté par M. Frudman ; Fragments des Maîtres Chanteurs (R. Wagner). — Direction de M. Chévillard.

SALLES PLEYEL

22, rue Rochechouart

~~~

Concerts d'Avril 1911

~~~

Grande Salle

  Enrique Granados, 9 heures.
3 Le Quatuor Capet (7ᵉ séance), 9 heures.
4 Mˡˡᵉ Cam. Pastoureau, 9 heures.
5 Le Quatuor Lejeune (5ᵉ séance), 9 heures.
6 Le Trio Bailet, 9 heures.
7 Le Quatuor Capet (8ᵉ séance), 9 heures.
8 La Société nationale de musique (6ᵉ séance), 9 heures.
10 La Société des Instruments anciens, 9 heures.
22 M. Nino Rossi, 9 heures.
25 M. Morpain, 9 heures.
26 Mᵐᵉ Jane Mortier, 9 heures.
27 La Société des Compositeurs de musique (3ᵉ séance), 9 heures.
28 Les Concerts Mozart, 9 heures.

Salle des Quatuors

6 La Société de musique nouvelle (4ᵉ séance), 9 heures.
11 Les Auditions modernes (Oberdœrffer) (2ᵉ séance), 9 heures.
19 Le Quatuor Calliat (4ᵉ séance), 9 heures
29 La Société de musique nouvelle (5ᵉ séance), 9 heures.

BRUXELLES

Libre Esthétique. — Le deuxième concert de la Libre-Esthétique portait trois noms à son programme, dont celui de Guillermo Uribe, tout à fait nouveau pour nous. Le jeune compositeur s'est fait connaître ici dans une sonate pour piano et violon, assurément bien construite, pleine de vie et de contrastes vigoureux; le thème du second mouvement, avec des variations subtiles et de jolies sonorités, a particulièrement fait bonne impression. Des œuvres de Poldowski, nom qui représente une personnalité féminine vraiment intéressante de la musique, nous citerons la pittoresque *Ballade des cloches* pour piano, toute en harmonies séduisantes et si naturelles, comme un chant de la tour bien observé, poétiquement et justement interprété. Parmi les mélodies du même auteur, notons le *Soir*, avec accompagnement de piano et de hautbois d'amour; délicieuse cette opposition de la voix humaine et de celle de l'instrument que M. Piérard mit si merveilleusement en valeur. — D'autres chants simplement avec piano (celui-ci joué trop fort parfois), nous

ont révélé des pages pittoresques ou charmantes, ainsi *Colombine, Ballade au hameau,* etc. L'auteur au piano et son excellente interprète, Mᵐᵉ Demest, ont été fort applaudis.

Pour finir, un quintette de M. Delcroix, œuvre sérieuse, très travaillée et fouillée et qui demande plus d'une audition pour être pénétrée. Les deux mouvements, *très vif* et *lent,* font cependant une impression directe, décisive, excellente, avec de jolis effets de sonorité, ingénieux et expressifs. Exécution vibrante de la part de MM. Bosquet, Chaumont, Morisseaux, Van Hout et Pitsch.

                          M. DE R.

Quatuor Zimmer. — Avec quel plaisir on a réentendu l'excellent ensemble de M. Zimmer où provisoirement, en attendant le complet rétablissement de M. Em. Doehard, le violoncelliste du Quatuor Schörg (que nous n'entendons, hélas jamais ici !), M. Gaillard, a tenu la partie de basse avec le magnifique talent qu'on lui connaît. Toutes nos félicitations aussi au jeune second violon, M. Ghigs, qui s'associe déjà si parfaitement à l'ensemble et met de si jolies sonorités dans son jeu. L'interprétation en général fut excellente ; celle du quatuor en *ut* majeur de Haydn, exquise; dans les merveilleux adagios notamment, ce fut superbe et M. Zimmer en a largement exprimé tout le chant. Dans le menuet, tout en rythmant vigoureusement, cela aurait pu être parfois un peu plus léger.

L'opus 59 nᵒ 3 de Beethoven fut exécuté avec une richesse de nuances, une sincérité et une chaleur d'accent admirables. Et quant au quatuor de Debussy qui vous maintient dans une sorte d'atmosphère de rêve ou de fantasmagorie, on sait depuis longtemps que M. Zimmer et ses collègues sont parmi ses interprètes les plus compréhensifs et les plus délicats. Ce fut une belle soirée.

                          M. DE R.

Récital Van Dyck. — M. Ernest Van Dyck a donné la semaine dernière, au Conservatoire une remarquable soirée de chant qui, une fois de plus, nous a montré combien [ce grand artiste approfondit les moindres choses qu'il interprète; car c'est surtout là qu'il est un exemple ; rien qui ne soit pensé ou senti, ensuite intégralement exprimé. Certains *Lieder* de Schubert, notamment *Die Post, Der Doppelgänger,* sont à ce point de vue extraordinairement suggestifs. Une diction impeccable nous cause en même temps de ne rien perdre des textes non moins importants qui ont inspiré ces chants, en sorte qu'on pense autant au poète qu'au compositeur. *Traum durch die Dämmerung* et *Morgen* de R. Strauss étaient aussi parfaits.

Nous aimions moins les Schumann (ex. *Ich grolle nicht*) moins aussi, la *Feldeinsamkeit* de Brahms où il y avait trop de nervosité, eût-on dit. Parmi les chants de l'école belge, *Le Cygne*, de Tinel, le ravissant et intime *Ik ken een Lied*, de W. de Mol et le *Sonnet* de Huberti ont été superbement interprétés. M. Minet a remarquablement rendu au piano toute la poésie sonore des accompagnements.

M. DE R.

— Au récital de Mme Miry-Merck, quantité de mélodies peu connues groupées en un programme varié et bien composé. Parmi les grands noms de l'école allemande, ceux de Schubert, Robert Frantz et Mozart, ces deux derniers souvent bien négligés sur les programmes du *Lied*; seuls les chants de Mozart furent chantés en allemand, et là il y aurait parfois à corriger certaines prononciations. Au reste, l'artiste nous paraît infiniment plus à l'aise en présence de la langue française; dès lors, la diction est toujours nette, claire, justement soulignée. Les morceaux les plus différents ont été interprétés avec beaucoup d'intelligence et de sentiment, particulièrement ceux de l'école moderne française (Duparc, De Bussy, Castillon et Chausson). On a beaucoup applaudi aussi une *Sérénade* et un *Chant d'amour* tumultueux de Léop. Wallner, les exquises *Litanies*, aux harmonies si suggestives, d'Arth. De Greef, l'*Adieu* de F. Rasse.

M. Moulaert a tenu en parfait musicien, le piano d'accompagnement; quelquefois, il aurait pu donner plus de relief, de puissance à certains passages caractéristiques de sa partie, dans les pages de Wallner notamment, dont l'intérêt harmonique est si grand.

M. DE R.

— Le concert donné le 24 mars à la Grande Harmonie par Mme Madier de Montjau, nous fit applaudir une cantatrice qui, à un style excellent, joint une diction d'une grande clarté, tant en allemand qu'en français. Mme Madier de Montjau interpréta des mélodies d'auteurs allemands et slaves. Les premières, parmi lesquelles *Du bist die Ruh'*, de Schubert, et *Aufträge*, de Schumann, sont bien connues. On entend moins souvent à Bruxelles les *Chansons bohémiennes*, de Dvorak, *Enfantines*, de Moussorgsky, et les mélodies de Borodine, Rimsky-Korsakow et Sokolow. Elles sont fort intéressantes pourtant, surtout *Enfantines*, d'une facture si originale. Mme Madier de Montjau en donna une interprétation très caractéristique, qui lui valut un franc succès.

M. André Dorival, pianiste, prêtait son concours à ce concert. Il exécuta le scherzo en *ut* dièse mineur et trois études de Chopin, dans lesquels il fit valoir une technique fort brillante, mais visant trop à l'effet. On se serait volontiers passé d'écouter des fadeurs telles que *L'Alouette*, de Glinka-Balakirew et *La Polonaise* en *mi* majeur, de Liszt.

FRANZ HACK.

— Le troisième récital de M. Mathieu Crickboom confirma le succès des deux précédents. Cette fois-ci M. Crickboom exécuta une sonate de J.-B. Senaillé (première audition), le concerto en *fa* majeur de Mozart, et le concerto en *ré* mineur de Wieniawski. Il est à peine besoin de dire que le jeu si clair, le style si fouillé du maître violoniste lui valurent le plus vif succès.

Deux œuvres de sa composition, une romance et une ballade, plurent par leur travail harmonique intéressant.

En bis, M. Crickboom joua *L'Humoresque*, de Dvorak. L'orchestre était sous la direction de M. Louis Kefer, de Verviers.

F. H.

— Intéressante soirée musicale à l'Institut musical de Mlle Miles, avec le concours de Mlle Dewin, cantatrice, et du quatuor Zœllner. Elle s'ouvrait par le Quatuor pour cordes et piano, en *sol* mineur, de Mozart, exécuté par Mlle Miles et les quartettistes, — dont les qualités furent louées ici même, la semaine dernière, à l'occasion de leurs récentes séances. Fort bonne exécution, encore que, dans le rondo, le mouvement ne fût pas maintenu comme il fallait. On a vivement applaudi le talent si probe, l'interprétation si aristocratique et si pleine de charme de Mlle Miles dans l'*Andante varié* de Haydn, la *Rapsodie* en *sol* mineur de Brahms et trois morceaux de Chopin. Mlle Dewin a dit avec expression, en allemand, trois mélodies de Wagner, Bohm et Grieg. Une interprétation chaleureuse et convaincue du Quintette de Schumann (Mlle Miles et le quatuor Zœllner) clôturait cette artistique séance.

E. C.

— Mme Eggermont-Roba, pianiste, qui jouit depuis de longues années chez nous d'une réputation bien établie de virtuose et de pédagogue, a donné, jeudi dernier, son récital annuel. Le programme, sortant de la banalité courante, était fort bien composé et comprenait, outre les *Variations symphoniques* de Schumann et le caprice sur les airs de ballet d'*Alceste* de Saint-Saëns, des variations de Sinding intitulées *Fatum*, les deux belles *Rhapsodies* de Brahms et deux morceaux pleins de fantaisie et de couleur de M. F. Rasse, *Impromptu* et *Ballade*. Mme Eggermont-Roba a interprété ce programme avec une compréhension parfaite du style propre à chaque compositeur, la fantaisie dans Schumann, la grâce dans Saint-Saëns, le brio et l'énergie dans

Brahms. L'exécution technique n'était pas moins remarquable par son assurance et sa probité. Un public attentif n'a pas ménagé à l'artiste les témoignages de sa satisfaction.　　　　E. C.

— La direction du *Deutscher Gesangverein* nous prie de faire remarquer que ce choral a exécuté *La Création*, de Haydn, le 21 avril 1907, à la Grande Harmonie, avec orchestre et 200 choristes. Seulement, cette exécution eut lieu en allemand. Quand nous avons dit que *La Création* n'a jamais été exécutée intégralement à Bruxelles, nous entendions dire *en français*.

— Le troisième concert de la Libre Esthétique aura lieu mardi prochain, 4 avril, à 2 1/2 heures, avec le concours de Mᴵˡᵉ Marguerite Rollet, des compositeurs Marcel Labey, Ch. Sohy et Y.-O. Englebert, de MM. E. Bosquet, E. Chaumont, L. Morisseaux et J. Gaillard, qui interpréteront en première audition un quatuor pour piano et cordes de M. Labey et un quintette d'A. Willner, ainsi que des pièces vocales d'Y.-O. Englebert, V. Buffin, P. Coindreau, A. Roussel et Ch. Sohy. Prix d'entrée : 3 francs.

— Le quatrième concert du Conservatoire royal de Bruxelles est fixé au dimanche 9 avril, à 2 heures. On y exécutera *La Légende de Sainte-Elisabeth*, oratorio de Franz Liszt, pour soli, chœurs, orchestre et orgue. Les soli seront chantés par Mᴵˡᵉ Elsa Homburger, Mᵐᵉ Wybauw-Detilleur, MM. Seguin et Houx. La répétition générale pour les abonnés aura lieu le vendredi 7 avril, à 2 heures. Répétition générale publique le jeudi 6 avril, à 2 heures.

THÉATRE DE LA MONNAIE. — Aujourd'hui, dimanche, en matinée, L'Africaine; le soir, Le Feu de la Saint-Jean et L'Enfance du Christ; lundi, première représentation (reprise) de Résurrection; mardi, La Tosca et Hopjes et Hopjes; mercredi, Quo Vadis?; jeudi, Manon, avec le concours de Mᴵˡᵉ A. Vallandri, de l'Opéra-Comique; vendredi, La Glu; samedi, en matinée extraordinaire, Le Voyage en Chine, donnée au profit de la Société mutuelle « Le Personnel du Théâtre royal de la Monnaie; le soir, Faust; dimanche, en matinée, Résurrection; le soir, Carmen, avec le concours de Mᵐᵉ Croiza.

Dimanche 2 avril (Concerts Ysaye). — A 2 ½ heures, au théâtre de l'Alhambra, concert extraordinaire, sous la direction de M. Joseph Jongen et avec le concours de M. Eugène Ysaye, violoniste. Programme : 1. Ouverture de La Flûte enchantée (Mozart); 2. Concerto en *sol* majeur, pour violon, deux flûtes et orchestre à cordes (J.-S. Bach), exécuté par MM. Eugène Ysaye, Strauwen, Sermon; 3. Concerto en *ré* majeur, pour violon et orchestre (J. Brahms), exécuté par M. Eugène Ysaye; 4. Lovelace, esquisse symphonique (V. Buffin), première audition; 5. Symphonie espagnole (Lalo), exécutée par M. Eugène Ysaye.

Mardi 4 avril. — A 8 ½ heures du soir, au Cercle Artistique et Littéraire de Bruxelles, Lieder-Abend

donné par Mᵐᵉ Mysz-Gmeiner, avec le concours de M. Alfred Casella, pianiste.

Mardi 4 avril. — A 8 ½ heures du soir, à la Grande Harmonie, troisième concert organisé par la Société nationale des Compositeurs belges.

Vendredi 7 avril. — A 8 ½ heures du soir, à la Grande Harmonie, récital donné par M. Jan Kubelik, le prestigieux violoniste tchèque.

Dimanche 9 avril. — Au Conservatoire, quatrième concert. La Légende de Sainte-Elisabeth, oratorio de Franz Liszt pour soli, chœurs et orchestre, sera exécutée avec le concours de Mᴵˡᵉ Elsa Homburger, de Mᵐᵉ Wybauw-Détilleux et de M. Henry Seguin.

Lundi 10 avril. — A 8 ½ heures du soir, à la salle de la Grande Harmonie, concert donné par M. Ramon Soria, compositeur, avec le concours de Mᵐᵉ Gerardy, cantatrice.

Mardi 2 mai. — A 8 ½ heures du soir, au théâtre royal de la Monnaie, quatrième concert d'abonnement, sous la direction de M. Sylvain Dupuis et avec le concours de Mᴵˡᵉ Lily Dupré, MM. Octave Duo et Etienne Billot, du théâtre royal de la Monnaie et des chœurs du théâtre. Programme : La Création, oratorio en trois parties pour soli, chœurs et orchestre de Joseph Haydn.

CORRESPONDANCES

ANVERS. — Semaine fructueuse pour nos compositeurs locaux. Lundi, le troisième concert populaire nous a valu deux œuvres de M. H. Willems : *Au Printemps*, pièce symphonique, primée jadis au cours des Nouveaux Concerts, que l'on a réentendu avec plaisir, ainsi que la ballade historique *Willem van Guluk* (en première exécution), traitée avec beaucoup de caractère et bien chantée par l'excellente basse J. Collignon. Puis ce furent trois poèmes symphoniques de M. Mortelmans : *Idylle sentimentale, Idylle printanière, Helios*. Visiblement inspirées de la facture wagnérienne (elles datent d'une quinzaine d'années), ces œuvres attestent une science bien séduisante de la palette orchestrale. Vif succès pour les auteurs.

— Mercredi, pour son concert de clôture de la saison, la Société de Zoologie avait tenu à honorer son dévoué chef M. Ed. Keurvels, en consacrant à ses œuvres le programme de la soirée. Le prélude d'*Hamlet*, les fragments de *Parisina*, des *Lieder*, chantés par Mᵐᵉ Van Elsacker, ainsi que la cantate pour chœur d'enfants et orchestre (650 exécutants) *Hooggetij*, œuvre bien venue, pleine de franchise d'allure et de rythme, furent l'occasion d'un sympathique succès pour M. Keurvels.

Je dois encore ajouter que l'excellente harpiste, Mᵐᵉ B. de Backer-Snieders fut vivement appréciée, au concert populaire, dans le choral avec variations de Ch.-M. Widor.　　　C. M.

— Les élèves de la section de l'Ecole du Conservatoire royal flamand donneront des auditions publiques les dimanche 2 avril, à midi, mercredi 5 et samedi 8, à 8 1/2 heures, dans la grande salle des fêtes du Cercle royal artistique, rue Arenberg.

ROUEN. — La Société chorale *Cæcilia*, sous l'habile direction de son chef M. Louis Haut, vient de donner un concert dans lequel figuraient deux œuvres principales : *Nuit Persane*, poème lyrique en quatre parties de Saint-Saëns et *Biblis*, poème lyrique de Massenet. Dans leur exécution se sont fait particulièrement remarquer comme solistes Mlles M. L. Haut, mezzo soprano, Yvonne H., soprano dramatique, et M. Grosselin, ténor léger.

Au début de la soirée, la marche troyenne des *Troyens*, de Berlioz, *Soleil couchant*, chœur a capella de Bach, et à la fin la marche des chevaliers de *Tannhäuser*, de Wagner, ont encore permis à sa vaillante phalange des chœurs de faire valoir ses qualités de puissance et de cohésion.

En résumé, c'est un succès de plus à l'actif de la Société *Cæcilia*, qui dans ces dernières années avait interprété entre autres œuvres intéressantes la *Jeanne d'Arc* de notre compatriote Senepven, *Gallia*, de Gounod, *La vie d'une Rose*, de Schumann, des fragments de *Lorelei*, de Mendelssohn et du *Faust*, de Schumann. PAUL DE BOURIGNY.

TOURNAI. — La troisième et dernière audition de la présente saison des concerts de l'Académie de musique était consacrée à la musique française et l'orchestre, qui devient vraiment excellent, de cette institution nous a donné, sous la rigide direction de M. Nic. Daneau, de très correctes exécutions de l'ouverture du *Roi d'Ys*, de Lalo, de la deuxième symphonie de Saint-Saëns et des *Scènes pittoresques* de Massenet.

A cette audition figurait comme virtuose, la célèbre harpiste parisienne Mme Henriette Renié, dont l'éloge n'a plus besoin d'être fait en notre ville pas plus que dans les colonnes du *Guide musical*. Son très éclectique programme a été applaudi comme il convenait, aussi bien la *Fantaisie* pour harpe et orchestre de Th. Dubois que les pièces pour harpe seule telles que l'*Egyptienne*, de Rameau, la deuxième arabesque de Cl. Debussy et deux compositions : *Contemplation* et *Légende* (les Elfes) de Mme Renié elle-même.

Comme attrait spécial de ce concert, on avait imaginé de nous offrir une audition, sous la direction des auteurs eux-mêmes, des œuvres de deux jeunes compositeurs, « prix de Rome à Paris » : MM. Jules Mouquet et Marc Delmas.

La musique du premier, grand prix de Rome de 1896, a paru plaire au public, malgré son manque évident d'originalité. M. Jules Mouquet a sans doute composé mieux que ce qu'il nous a présenté dimanche dernier, soit une marche antique, une danse grecque, une esquisse symphonique intitulée : *Au Village* et une page pour flûte solo : *Pan et les Oiseaux*.

Quant à M. Marc Delmas, second grand prix de Rome en 1910, il a conduit lui-même à la débâcle des fragments de son *Electra* (bon devoir d'un élève de Conservatoire) et deux mélodies avec orchestre : *Idylle d'Automne* et *Aveu* dont l'interprète vocale, Mlle Yvonne Florentz, n'était pas faite pour assurer la victoire. J. DUPRÉ DE COURTRAY.

Dimanche **23 avril**. — A 2 heures, concert annuel donné par la Société de musique. Au programme : La Passion selon saint Matthieu de J.-S. Bach. Solistes : Mmes Mellot-Joubert et Philippi, MM. Plamondon, Reder et Parmentier.

NOUVELLES

— La fièvre du travail aiguillonne, en ce moment, les compositeurs français. Tous — ou presque tous — sont à l'œuvre. Sans parler des travaux, déjà connus, qui occupent MM. Gustave Charpentier, Vincent d'Indy, Claude Debussy et Paul Dukas, disons que MM. Raoul Pugno et Nadia Boulanger écrivent de la musique de scène pour le beau drame de Gabriel d'Annunzio, *La Citta morta*; auquel le poète a ajouté un acte. L'auteur de *La Glu* et de *La Cabrera*; M. Gabriel Dupont, qui vient de terminer un ouvrage d'inspiration gaie, *La Farce de Cuvier*, dont la primeur est dès à présent réservée au théâtre de la Monnaie, travaille à un opéra, *Clytemnestre*, d'après un livret de M. Lena. M. Xavier Leroux met en musique un livret que Mme Catulle Mendès a tiré du roman de feu son mari, *Grand Muguet*. Le maître Massenet a terminé la partition de *Roma*, sur un livret de Henri Cain, d'après la *Roma vaincue* de Parodi et il n'est pas loin d'avoir achevé un autre ouvrage, *Panurge*. M. Henri Février met en musique *Gismonda* de Victorien Sardou, et songe à interpréter *la Nave* de Gabriel d'Annunzio. M. Gabriel Fauré a sur le métier — c'est le cas de le dire — *Penélope*, d'après le livret de Fauchois. M. Widor termine *Nerto* sur un livret de M. Lena, d'après Mistral. M. Reynaldo Hahn compose un ballet, *Le Dieu bleu*, pour la fête du couronnement du roi d'Angleterre et achève *Nausicaa*. M. Ernest Moret termine *Lorenzaccio*. M. Max d'Ollone a terminé *Le Retour*, en deux actes. M. Edmond Malherbe achève *Madame Pierre* et *L'Emeute*.

— La première représentation des *Enfants de Roi*, la nouvelle œuvre d'Engelbert Humperdinck, au théâtre de Stuttgart, a provoqué un très vif enthousiasme. L'auteur était présent. Il a été l'objet de chaleureuses ovations, ainsi que le chef d'orchestre Max Schilling, qui a conduit l'œuvre avec beaucoup de goût.

— Le Vendredi-Saint à Francfort, la Maatschappij tot Bevordering der Toonkunst d'Amsterdam et le Cäcilienverein interpréteront *La Passion selon saint Matthieu* de J.-S. Bach, avec le concours de trois orchestres, de mille enfants, de solistes de choix, soit avec un ensemble de près de deux mille exécutants. On peut se demander si de telles masses vocales sont utiles et avantageuses pour la claire exposition des polyphonies de la musique de Bach ?

— Après une interruption de neuf années, la série des grands festivals va reprendre au Queen' Hall de Londres. Cette année, M. Henry Wood y organisera de grands concerts qui auront lieu du 22 au 27 mai prochain, et, au cours desquels la Société chorale de Norwich exécutera, pour la première fois en Angleterre, le centième psaume de Reger. Richard Strauss dirigera, à ce concert d'après-midi, une symphonie et un concerto, de Mozart, *Ainsi parla Zorathustra*, et la scène finale de *Salomé*. On a également inscrit au programme la deuxième symphonie d'Elgar. Sont engagés comme solistes : Pablo Casals, Harold Bauer, Fritz Kreisler et Mlle Hélène Gerhardt.

— Jeudi, au Queen's Hall de Londres, Hans Richter a dirigè un concert symphonique, organisé en faveur de la British Musician's Pension Society, qui a obtenu le plus grand succès. On sait que cette association professionnelle, fondée en 1909, a pour but d'assurer à tous les musiciens anglais, qui sont ses affiliés, une pension de retraite à l'âge de soixante ans et de procurer les ressources nécessaires à ceux qui sont momentanément dans le besoin.

Le tiers des fonds de la société est consacré au paiement des pensions, les deux autres tiers sont dépensés en allocations charitables. Le public anglais montre, en toute occasion, la plus grande sympathie à cette association professionnelle, qui organise, de temps en temps, de grands concerts, afin d'augmenter son capital disponible.

Le concert de jeudi, au Queen's Hall, auquel participait le London Symphony Orchestra, a été des plus fructueux.

— Les directeurs de l'Opéra de Chicago ont juré que plus jamais la troupe de leur théâtre ne passerait, en tournée, par la ville de Philadelphie. Les représentations que la Chicago Opera Company a données à Philadelphie, ville des Quakers, le mois dernier, ont laissé un déficit tel que, pour le combler, les directeurs de l'Opéra de Chicago ont dépensé à peu près tout l'argent qu'ils avaient gagné, à leur théâtre, pendant la dernière saison.

— Une société du Musée Wagner (Wagner Museumverein) s'est fondée à Eisenach, dans le but de construire un musée spécial, où seront désormais conservés les nombreux souvenirs de Richard Wagner que possède la ville et qui sont actuellement déposés dans la villa du romancier Fritz Reuter, à Eisenach.

— Le conseil communal de Hambourg a approuvé les plans de construction du second opéra, dont il est depuis longtemps question de doter la ville. Les travaux seront menés rapidement, afin que le théâtre puisse s'ouvrir au mois d'octobre de l'année prochaine. La direction artistique sera confiée à M. Edouard Erharts.

— On s'occupe déjà, à Budapest, d'organiser les fêtes qui célébreront, en octobre prochain, le centenaire de la naissance de Liszt. Le premier jour, Félix Weingartner dirigera la *Messe* à l'église Saint-Mathias ; le soir, l'Opéra royal reprendra *La Légende de Sainte-Elisabeth*. Le lendemain, Hans Richter dirigera *Le Christ*, et Siegfried Wagner la symphonie de *Faust*. Les programmes feront de plus une très large place aux œuvres de piano qui seront exécutées par MM. d'Albert, Lamond, Rosenthal, Sauer, Stavenhagen et Mme Sophie Menter.

NÉCROLOGIE

ALEXANDRE GUILMANT

Jeudi a succombé, à l'âge de 75 ans, dans sa retraite de Meudon, le célèbre organiste Alexandre Guilmant, professeur d'orgue au Conservatoire de Paris, membre du Conseil supérieur de cet établissement, professeur à la *Schola Cantorum*.

Fils d'un organiste de Boulogne-sur-Mer, où il était né en 1837, Alexandre Guilmant eut son père pour premier maître. A seize ans déjà il tenait l'orgue d'une église de la ville. L'heureux hasard d'un voyage à Paris, vers sa vingtième année, lui valut d'entendre le célèbre organiste belge Lemmens. Et le jeune Guilmant se résolut d'aller, au Conservatoire de Bruxelles, suivre les leçons de ce maître.

A son retour en France, Guilmant n'eut point de peine à se placer au premier rang. En 1871, le poste envié d'organiste de la Trinité lui était offert. Pendant plus de trente années, le magnifique instrument dont s'enorgueillit cette église, résonna sous sa main savante. Plus tard, lorsque la construction du palais du Trocadéro, en 1878, eut mis à la disposition des artistes, avec une vaste salle, un instrument monumental, Guilmant s'empressa d'y organiser des concerts d'orgue, qui y ont certainement contribué à répandre la haute culture musicale dans le public.

Guilmant, dont la science profonde se doublait d'une curiosité érudite et infatigable, a remis au jour et fait aimer d'innombrables chefs-d'œuvre ensevelis jusqu'à lui dans un indigne oubli. La musique française lui est particulièrement redevable. La collection des *Archives de l'orgue*, dont sa mort interrompt la publication, réunit les noms des plus grands organistes du XVIIe et du XVIIIe siècle et permettra désormais aux artistes de rendre justice à cette belle école.

Guilmant a formé un nombre prodigieux d'excellents organistes. Il se faisait entendre volontiers à l'étranger, dans les pays de langue anglaise surtout, où le goût des concerts d'orgue est si répandu. En Angleterre, aux Etats-Unis, au Canada, il retrouvait partout des élèves et des admirateurs. En Allemagne, en Italie, en Russie, il n'était pas moins apprécié.

— La Bretagne vient de perdre un de ses artistes les plus éminents en la personne de l'excellent organiste Charles Collin, mort à Saint-Brieuc le 2 mars à l'âge de quatre-vingt-trois ans. Ancien élève à Paris de Lefébure-Wély, Charles Collin, qui avait profité des leçons de son maître, prenait possession, avant même d'avoir accompli sa dixhuitième année, en juin 1845, de l'orgue de la cathédrale de Saint-Brieuc, et il le conserva jusqu'à la fin de 1909, c'est-à-dire pendant près de soixante cinq ans. L'âge le força alors à prendre sa retraite. Doyen des organistes français, compositeur remarquable et fécond, ayant pris part pendant plus d'un demi-siècle à toutes les manifestations musicales de la région, le vénérable Charles Collin était étonnamment populaire dans toute la Bretagne, où la nouvelle de sa mort a causé un deuil général.

H. BERLIOZ

L'Enfance du Christ

(Première représentation théâtrale, au Théâtre royal de la Monnaie pendant la Semaine Sainte)

Partition d'orchestre complete (format de poche) : fr. 10; reliée : fr. 12.50
Partition complète, nouvelle édition avec indications scéniques, chant et piano, couverture de luxe : 15 fr.

Chant et piano
(MORCEAUX DÉTACHÉS)

Le Songe d'Hérode (air pour basse)	2	50
Le Repos de la Sainte Famille pour té . . .	2	
» » » (pour baryton) .	2	
L'Etable de Bethléem (duo pour mezzo et baryton	2	50
L'arrivée à Saïs (duo pour mezzo et baryton) .	3	50

TRANSCRIPTIONS DIVERSES
Piano seul

Ouverture de la Fuite en Egypte		2	—
Trio des Jeunes Israélites . . .	RITTER	2	50
Marche Nocturne	EYMIEU	2	50
L'Adieu des Bergers . . .	I. PHILIPP	1	50
Le Repos de la Sainte Famille	FRESNE	2	—

Piano à quatre mains

Evolutions cabalistiques des Devins.	RITTER	2	30
Ouverture de la Fuite en Egypte	RITTER	2	50
Marche Nocturne		3	—
Trio des Jeunes Israélites . . .	FRESNE	3	—

Deux pianos à quatre mains

Ouverture de la Fuite en Egypte .	I. PHILIPP	3	—

Violoncelle et piano

Le Repos de la Sainte Famille. .	PAPIN.	2	50

Orgue

Ouverture de la Fuite en Egypte .	DEPLANTAY.	2	50
L'Adieu des Bergers	GUILMANT.	1	70
Le Repos de la Sainte Famille .	DEPLANTAY.	2	—

Harmonium et piano

Le Repos de la Sainte Famille. .	GUILMANT.	2	50

Harmonium, piano et violon (violoncelle ad lib.)

Le Repos de la Sainte Famille.	3	—
L'Etable de Bethléem.	3	—
Trio et Chœur	2	50

Deux flûtes et harpe (ou piano)

Trio des Jeunes Israélites	3	—

Orchestre

Ouverture de la Fuite en Égypte.
Partition, 3 fr.—Parties, 5 fr.—Chaque doublure, 1 fr.

Livret

Livret complet.	0	50

Editeurs-propriétaires pour la France et la Belgique :
COSTALLAT & Cⁱᵉ, 60, rue de la Chaussée d'Antin, 60. — PARIS

BEETHOVEN-CYCLE

LA HAYE — AVRIL 1911

1911. — AVRIL 17, **Messe solennelle**; 18/19, Sonates de piano; 20, Sonates de violoncelle; 21, Trios de piano et « *An die ferne Geliebte* »; 22, 23, 24 et 26, **Les Symphonies**; Concerto de violon et quatrième Concerto de piano; 25, Sonates de violon; 27, 28 et 29, Quatuors à cordes; 30 (2 1/2 heures), Quintette pour piano et instruments à vent, Trio pour deux hautbois et cor anglais, Septuor; 30 (8 1/2 heures), **Deuxième Audition de la neuvième Symphonie.** — 8 AVRIL, Représentation de l'opéra **Fidélio.**

EXÉCUTANTS: **Chœurs** (400 exécutants). — L'orchestre : Le *Residentie-Orkest* (110 exécutants). — Le **Quatuor Bohémien** (Hoffmann, Suk, Herold, Wihan). — Le **Trio Parisien** (Cortot, Thibaud, Casals). — **Solistes vocaux :** Mᵐᵉ Noordewier-Reddingius et Mᵐᵉ de Haan-Manifarges, Tijssen, Messchaert et Sol. — **Instrumentistes :** Conr. Ansorge, J. Röntgen et A. Verhey (piano); C Flesch (violon); P. Casals (Violoncelle); S Blazer (contrebasse ; D. v. Emmerik (hautbois); A. Witt (clarinette); C. van Heyst (basson) et C. v. d. Berg (cor). — **Fidelio :** Edith Walker (Leonore); Heinr. Hensel (Florestan); Paul Knüpfer (Rocco); Dés. Zador (Pizarro); Rich. Breitenfeld (Ministre); Minnie Nast (Marzelline); Schramm (Jacquino). — MISE EN SCÈNE : Emile Valdek ; Décors et costumes par Antoon Molkenboer. — Chefs d'orchestre : SIEGMUND VON HAUSEGGER (les symphonies); WILLEM KES (Messe Solennelle); M. HENRI VIOTTA (*Fidelio*).

Pour les renseignements
s'adresser chez l'éditeur **J. B. KATTO**

46-48, Rue de l'Ecuyer, BRUXELLES. — Téléph. 1902

57me, ANNÉE. — Numéro 15.   9 Avril 1911.

LE GUIDE
MUSICAL

SAINTE ELISABETH
de FRANZ LISZT

(Suite et fin. — Voir le dernier numéro)

En vérité, telle que Liszt l'a voulue, elle parle directement à l'imagination et au sentiment, et spécialement à l'âme de la foule. Le sujet lui-même, légende nationale, populaire, n'est-il pas déjà attirant? Ensuite son mysticisme simple, sincère et profond ne trouve-t-il pas un écho dans toute âme? Et quelle n'est pas la magie de ses tableaux sonores avec leur atmosphère spéciale suivant les personnages que l'action amène? Il y a là une richesse de coloris unique qui frappe l'auditeur le moins prévenu et suggère immédiatement non seulement le lieu où se déroule le drame, mais aussi l'âme qui le commande, le dirige ou le subit. Par sa maîtrise orchestrale et sa connaissance subtile des moindres ressources de nuances instrumentales, Liszt est parvenu à trouver une gamme de tons et un ensemble de couleurs qu'il sut merveilleusement fondre en un tout caractéristique pictural et sonore convenant à chaque personnage et à chaque division de son œuvre. Cela est remarquable dès le début de la partition; tout y chante en suaves sonorités, en tons clairs, transparants, avec une pureté, une simplicité idéales.

Un thème initial de quatre mesures, vieux chant liturgique hongrois, dont voici la forme la plus simple

est à la base de toute la partition (1). C'est celui qui caractérise la sainte. Le prélude est d'ailleurs une merveille et sonne comme une musique vraiment céleste. Voici bientôt le *premier tableau :* paysage printanier, plein de soleil, de sourire, où l'on assiste à la rencontre des jeunes fiancés, Elisabeth et le duc Louis de Thuringe. Les chœurs de bienvenue qui les entourent, ceux des fidèles magyars quittant leur princesse bien-aimée, la joie des enfants qui la salue, tout cela s'accorde dans une harmonie vraiment solaire.

Le *deuxième tableau* nous conduit à l'endroit du *Miracle des Roses*, dans la belle forêt thuringienne aux vallées enchantées et fraîches, aux anfractuosités curieuses dans ses hauts rochers. Le duo et le chœur relatifs à la légende bien connue sont des pages de la plus haute inspiration. Le *troisième tableau* forme une opposition saisissante avec les précédents : nous sommes dans la cour du Burg: la croisade (2) appelle au loin les chevaliers, et à la tête

(1) P. Cornélius a compté qu'il revenait 756 fois sous toutes les formes dans l'œuvre!

(2) La sixième croisade, sous Frédéric II, de Hohenstaufen (1227).

du groupe thuringien, l'époux d'Elisabeth. L'animation est grande : l'enthousiasme religieux, l'amour du combat et de l'aventure s'y expriment ; les cris de « Dieu le veut ! » s'élèvent de partout, farouches et impatients. Tout en contraste avec ces sentiments résonnent les adieux touchants de l'épouse et des deux enfants, qu'un commentateur subtil voit « si fraternellement, délicieusement évoqués par les suites de tierces parallèles des deux clarinettes ».

Dès la *quatrième partie*, tout devient sombre ; les tristes pérégrinations d'Elisabeth — nouvelle Geneviève de Brabant — commencent ; par une nuit de tempête, elle et ses enfants sont chassés de la Wartbourg ; la haine sourde gronde dans le motif en *mi* mineur des basses ; ailleurs, des traits rapides et fugitifs dessinent les éclairs ; l'orage gronde. Dans cette atmosphère « à la Rembrandt », comme dit justement Cornélius, une faible et chancelante clarté éclaire les traits de la réprouvée, personnifiée par son motif initial « courbé et plaintif sous le fardeau d'harmonies chromatiques impétueuses », jusqu'à ce que douloureusement, il s'élève encore *mezza voce* sur les derniers bruits de la tempête apaisée.

L'évocation est des plus saisissante, le sentiment intérieur de l'héroïne merveilleusement opposé à la tourmente. Le calme final nous conduit insensiblement vers un des moments capitaux de l'œuvre, au *cinquième tableau* : Elisabeth et les pauvres. Une évangélique douceur le domine ; la détresse s'est oubliée dans la charité suprême. Le *lyrisme* a, dans cette partie, une part prépondérante, parce qu'ici l'*âme* chante au-dessus de tout. Que ce soit la voix d'Elisabeth ou celle des pauvres, qui s'élève, l'émotion est pareillement pénétrante.

Et ici encore, je citerai les paroles de ce compréhensif et si indépendant disciple de Liszt, le compositeur Cornélius, qui comprit admirablement cette œuvre ; voici ce qu'il dit de la scène : « Le chœur des pauvres est un morceau qui n'a pas son pareil ; il est seul !... Ces sonorités étouffées et désolées sont comme des nuages de brumes qui s'étendent sur la bruyère déserte où se trouve la hutte d'Elisabeth. C'est comme si toute la détresse, tous les soucis de la vie s'étaient resserrés dans l'espace de cette centaine de mesures. On écoute, la respiration haletante, le cœur angoissé, et l'on est envahi par une crainte joyeuse lorsque de ce chant douloureux s'élève la louange en l'honneur de la sainte, comme si ces pauvres devenaient des anges saluant leur sœur. La mort d'Elisabeth et le chant des anges en conclusion complètent ce tableau qui par sa puissance caractéristique et sa profondeur d'expression, rappelle la vieille école rhénane » [1].

Il faut signaler comme une page de premier ordre, l'interlude de la mort d'Elizabeth, qui est une sorte d'évocation et de glorification de sa vie et que Göllerich [2] compare avec raison — comme signification — à la marche funèbre de *Siegfried*, tandis que Cornélius déclare avec raison, que depuis le *Requiem*, de Mozart, aucun chant de mort ne résonna avec un accent aussi pathétique et aussi profond.

Au *sixième tableau*, nous assistons aux funérailles de la sainte ; des tours des églises et des châteaux résonnent les cloches ; puis du chœur, de l'orchestre, de l'orgue, monte le thème de l'héroïne transfigurée, bénie par son peuple. Ainsi est ramenée l'atmosphère rayonnante du prélude.

Dans l'ensemble des compositions de Liszt, il est peu d'œuvres aussi délicates où la beauté d'un sentiment supérieur se soit exprimé dans une ligne plus pure et plus simple, où elle chante avec un lyrisme plus abondant et plus inspiré. Une grande unité domine la diversité multiple des six tableaux de ce polyptyque, harmonisés de la manière la plus heureuse et la plus parfaite. L'introduction de vieux chants liturgiques (dont ceux qui devinrent dans

---

(1) D'autres pensent à Fra Angelico, et peut-être ont ils raison Si le fond est le même, il y a plus de suavité chez le doux Italien que chez les vieux maîtres germaniques.

(2) Auteur d'un beau livre sur Franz Liszt, son maître.

Parsifal les thèmes du *Graal* et de la *Promesse de Rédemption*) concourt à donner à l'œuvre un caractère mystique et lointain, la situant d'autant mieux dans son cadre de légende. Liszt, musicien-psychologue, en a particulièrement entouré la figure de la touchante et divine Elisabeth, qui plane lumineuse au-dessus de tout ; les autres personnages sont traités plus dramatiquement, chacun cependant avec son style, son caractère propre. Toutes ces subtiles colorations, toute cette atmosphère, sont surtout créées par le merveilleux jeu des nuances de l'*orchestre*. Liszt tout en lui conservant en général un rôle plutôt d'accompagnement, a su lui faire exprimer tout ce qui est au delà de la parole.

Par le chant et l'harmonie, la *Sainte-Elisabeth* est une œuvre absolument spéciale, et certainement la plus lyrique et la plus picturale qu'il ait jamais écrite. Elle ne relève d'aucune autre, ni d'aucune école. Elle est seule. Elle est simple, émouvante et belle comme l'héroïne qu'elle a voulu célébrer.   MAY DE RUDDER.

ERRATUM. — *Guide musical* n° 14, page 264, lire : « Feodor von Milde », non Theodor von Wilde.

LA SEMAINE

PARIS

A L'OPÉRA, une petite reprise de *Thaïs* a été faite à l'occasion du retour de Mme Kouznezoff, dont l'accueil a été triomphal. Cette ravissante jeune femme, par sa voix limpide et si étendue, si souple, et plus encore par son jeu qui ne ressemble à aucun autre, qui a la spontanéité et la légèreté de la vie même, dont le naturel exquis est une harmonie continuelle et la grâce une surprise sans cesse renouvelée.... exerce sur tous les publics une séduction irrésistible, qui désarme les plus prévenus. Il est de mode, en ce moment de crier, au scandale parce que les directeurs de nos plus grandes scènes lyriques, et celle-là surtout, ont une tendance à jouer de préférence des œuvres étrangères, et à faire entendre des artistes étrangers. Il ne serait que juste de reconnaître qu'ils les choisissent bien, du moins, et que le public semble leur donner raison : les recettes sont là pour le

prouver. Mais surtout il serait juste d'avouer que, pour lutter victorieusement, il faudrait à nos compositeurs et à nos artistes un peu plus de talent qu'ils n'en laissent apercevoir. Leurs revendications en seraient plus solidement appuyées. Ne s'aperçoivent-ils donc pas que ceux mêmes qui les soutiennent en principe se gardent bien de les imposer en fait ?   H. DE C.

AU TRIANON-LYRIQUE, toujours en quête de nouveau, un très joli spectacle a allié ces jours-ci, à une reprise de *Lalla-Rouck*, la douce et mélodieuse partition de Félicien David, depuis longtemps négligée, la première représentation de *L'Accordée de village*, un acte dans le goût des premiers opéras-comiques du XVIIIe siècle, dont M. Paul Steck a écrit la musique après en avoir imaginé le sujet. A vrai dire, nous en avions déjà eu quelque idée, M. Isnardon l'ayant fait jouer chez lui, par ses élèves, l'an dernier (nous l'avons signalé ici). Mais l'orchestration, colorée et adroite sans vaine recherche, ajoute sensiblement aux mérites de cette aimable partition, d'un tour mélodique d'ailleurs très heureux. Mlle Saint-Germier, entre MM. Jouvin et Bellet, y a remporté le succès le plus flatteur comme chanteuse et comme comédienne, par son excellente diction comme par la grâce de son jeu. *Lalla-Rouck*, dont les inspirations faciles et souriantes, toutes parfumées encore (« C'est ici le pays des roses !... »), ont paru garder une rare fraîcheur, a été chantée avec beaucoup d'éclat par Mlle Jane Morlet, dont la voix si sûre et si souple n'est jamais plus à l'aise que dans les rôles poétiques, entre MM Vincent, ténor adroit, et Tarquini d'Or, baryton ingénieux, sans oublier la gracieuse Mlle Saint-Germier (dans Myrza).   H. DE C.

Au Conservatoire, programme d'une excellente homogénéité, cette fois-ci, rapprochant des œuvres toutes vibrantes de romantisme et de passion, et dont M. Messager semble s'être tout particulièrement plu à mettre en relief la couleur et la fougue. Il a conduit avec ampleur la douloureuse ouverture de *Manfred ;* il a mis une vivacité extraordinaire dans la direction du *Wallenstein* (complet) de M. V. d'Indy, qui reste bien l'une des œuvres les plus remarquables, originales et indépendantes de ce maître symphoniste, et qui prend, avec des interprètes aussi souples ; aussi sûrs en leurs sonorités, une saveur et une expression on ne peut plus séduisantes ; enfin, il a donné de la symphonie avec chœurs une puissante et noble expression, pleine de vie, et particulièrement nuancée au dernier mouvement, dont tant de parties ont besoin d'être en quelque sorte mises en scène. L'exécution de l'orchestre a d'ailleurs été hors de pair et les chœurs excellents.   H. DE C.

Concerts Colonne. — (2 avril). — Du classique et du moderne à dose égale. Mozart, Gluck et Haydn, Maurice Ravel, Alfred Bruneau, Claude Debussy et Richard Strauss. Le brûlant alcool après la douce émulsion. M. Gabriel Pierné a souci d'exciter notre goût. Au lendemain de la messe en *ré*, trois fois répétée, et d'un festival Wagner, il retourne en arrière avec les pères de la musique pour passer sans transition en pleine modernité. Il satisfait ainsi l'impatiente curiosité des jeunes habitués des galeries et flatte la sage placidité des vieux abonnés, mais il inflige aux nerfs de tous le rude choc d'une brusque tension qui fait hurler les uns de douleur, les autres de plaisir. Peut-être y a-t-il là une méthode de mélothérapie recommandée par les Drs Ernest Dupré et Marcel Nathan, qui, dans une fort attachante étude médico-psychologique, ont analysé les psychoses chez les grands musiciens (1).

Ce sont des fragments symphoniques avec voix, d'un ballet en trois tableaux, écrit par M. Maurice Ravel sur un scénario de M. Michel Fokine, que l'on a joués et c'est pour nous donner un avant-goût de l'ouvrage entier qui sera représenté pendant la prochaine saison chorégraphique russe, organisée par M. Serge de Diaghilew, que l'on les a joués.

En attendant que le « miracle russe » fasse vivre le rêve musical de M. Maurice Ravel entre la herse et la rampe, disons que ces fragments sont jolis, curieux, précieux, éblouissants d'inventions instrumentales et de trouvailles harmoniques, glissandos éoliens, trilles *pianissimo* du quatuor subdivisé, stridulations des chanterelles, palpitations aériennes, magie sonore..

Mlle Lucienne Bréval, superbe et vaillante, a chanté deux airs de l'*Armide* de Gluck et *Penthésilée* qui pourrait bien être le chef-d'œuvre de M. Bruneau. Une exécution fouillée, détaillée, lente et voluptueuse de la *Danse de Salomé*, a été pour l'orchestre et son chef l'occasion d'un grand succès.   ANDRÉ-LAMETTE.

Concerts Lamoureux. — Pour ce vingt-troisième concert, M. Chevillard a inscrit au programme la Neuvième symphonie avec chœurs. L'exécution en fut admirable, l'orchestre au dessus de tout éloge et son vaillant chef justement applaudi. Les solistes méritent de particulières félicitations pour le talent avec lequel ils ont tenu

(1) F. Alcan, éditeur.

leur difficile partie. Mmes Bonnard et Chadeigne, MM. Paulet et Laromignière se classent, désormais, comme un de nos meilleurs quatuors vocals.

Le concerto de Melcer, primitivement annoncé, fut remplacé par le concerto en *mi* bémol de Liszt, que M. Friedmann interpréta magistralement. Il est difficile d'avoir une sonorité plus moelleuse, plus souple, dans le *piano*; plus solide et plus pleine dans le *forte*. L'assise rythmique est admirable et l'excellent virtuose recueillit d'unanimes bravos.

Une suite d'Arthur Coquard reçut bon accueil, *En Norwège*, comprend quatre tableaux symphoniques adroitement présentés : *Fjord*, *Andante*, d'une jolie teinte, *Au Cap Nord* et *Danse* qui semble la partie la plus animée et la mieux venue.

Pas de bonne séance sans un peu de Wagner : des fragments des *Maîtres Chanteurs* dirigés, de mémoire, par M. Chevillard ont bellement sonné jetant en somptueuses fanfares finales la superbe *Marche des Corporations*.   M. DAUBRESSE.

Salle Erard. — M. René Jullien, l'excellent violoncelliste, a exécuté, le 21 mars, la sonate op. 99 de Brahms et l'adagio et allegro op. 70 de Schumann, avec le concours de M. Lazare Lévy; seul, la suite en *ut* de Bach et la sonate en *la* de Boccherini. Interprétations simples et pénétrantes pleines de fougue à l'occasion, qui obtiennent un beau succès. — M. Lazare Lévy, quelques jours après, le 27, donnait pour son compte un récital où il moissonna naturellement plus de suffrages encore que ce soir-là, avec une fantaisie de Mozart et la sonate op. 31 de Beethoven, la fantaisie op. 17 de Schumann, des Brahms et des Chopin, enfin le premier cahier de l'*Iberia* d'Albeniz : grande virtuosité, mais belle souplesse, et d'un style très varié.

Salle Pleyel. — Le 10 mars, récital de piano de M. A. Laliberté, qui fut curieux surtout pour les morceaux de Scriabine (son maître), d'ailleurs pas bien russes, exécutés par le vigoureux artiste, dont on apprécia aussi deux pages de son cru.

— Mlle Stella Goudeket a donné son second concert le 20 mars et a fait de nouveau goûté l'habile parti qu'elle sait tirer de la harpe chromatique, dont la sonorité manque de la plénitude et de la pureté que l'oreille attend de l'instrument hiératique. On a beaucoup goûté la *Rapsodie bretonne* de Mme De Paye-Jozin, morceau d'un joli coloris et d'une solide construction. Et Mme Georges Marty se fit justement applaudir en d'ingénieuses mélodies de M. Alfred Casella.   R. BR.

— M. Granados a donné le 1er avril, un récital pour piano où s'étaient donné rendez-vous non seulement de nombreux compatriotes, mais aussi bon nombre de pianistes virtuoses attirés par la réputation du compositeur espagnol.

M. E. Granados dirige à Barcelone l'académie musicale qui porte son nom; encore jeune, brun comme Léon Moreau dont il rappelle le profil, il passe à juste titre pour être le continuateur du regretté Albeniz dont il possède l'enthousiasme, la fougue et la mélodie colorée. Comme pianiste, sa valeur est incontestablement de premier ordre, du moins par ce que j'ai entendu de l'interprétation de ses œuvres; on peut penser que son talent ne se borne point à la formule nationale, si l'on en juge par sa technique, son goût, sa puissance de sonorité et aussi par la tournée qu'il entreprend avec le violoniste Thibaut.

M. Granados, à part une délicieuse adaptation d'*Azulejos* d'Albeniz, une pièce de Scarlatti arrangée par lui, des *Danses espagnoles*, a fait entendre plusieurs parties d'un poème de sa composition — *Goyescas* — inspiré par quelques tableaux de Goya; notamment *Duo d'Amour (Los Requiebros* — *Coloquio en la Reja), Plaintes* ou la *Maja* et le *Rossignol, El Fandango* de Candil. Ces œuvres, où dominent les rythmes et les accents locaux, sont empreints d'une fantaisie délicate et d'une sentimentalité expressive; elles ne manquent pas de puissance et ne tombent point dans la banalité. J'avoue que cette musique, si différente des efforts scholastiques et creux qui nous inondent, évocatrice de poésie et de soleil, charme et repose par sa sincérité, par son mouvement et sa vie. Son succès fut considérable.   Ch. C.

— Auditions d'élèves : Mlle Alice Sauvrezis a fait exécuter à la salle Pleyel, le 26 mars, un choix d'œuvres exclusivement empruntées à Schumann (*Vie d'une rose*, concerto, pages de piano, le tout avec orchestre). — Mlle Klara Gürtler-Krauss a donné une troisième matinée chez elle le 30 mars. — M. Jean Canivet, le 31, à la salle Pleyel, a fait jouer à ses élèves pianistes de la musique classique et des pages modernes, de M. Léon Moreau notamment, en nombre assez considérable pour permettre de bien juger de son talent.

Salle Gaveau. — Mme Elise Kutscherra nous a fait entendre, en son concert du 27 mars, une intéressante suite de cinq poèmes signés Peter Cornélius. Ce sont de jolis tableaux, quelque peu schumanniens, et qui ont plu par leur tour gracieux

et naturel. Elle nous a chanté en outre divers morceaux de Schumann, de Schubert, de Hændel (l'air de *Serse* fut admirablement traduit) et même le beau poème de M. Maeterlinck : *Et s'il revenait un jour...* La musique en est due à un M. Wentsch qui travaille, je crois, dans le pétrole, et ferait sagement de se consacrer à cette lucrative industrie. (Si cela continue, tout le monde fera jouer de la musique... tous, sauf les musiciens qui n'auront pour se recommander que l'inutile sinon nuisible appoint de leur talent).

N'oublions ni le charmant *Impromptu-caprice* de M. Pierné, fort bien joué par Mlle Micheline Kahn, ni deux chefs-d'œuvre de Hændel et de Beethoven qui trouvèrent en M. de Lausnay un remarquable interprète.   R. Brancour.

— Le récital donné le mardi 28 mars par Mme Wanda Landowska est, à coup sûr, une des séances les plus attrayantes auxquelles il nous ait été permis depuis longtemps d'assister. Le jeu si expressif, si coloré et si sobre cependant, l'impeccable technique et, par-dessus tout, la scrupuleuse conscience, l'intelligence artistique de l'éminente pianiste ont mis en pleine valeur, sur le piano, la sonate en *ré* majeur de Mozart, deux polonaises de W.-Fr. Bach, le *Coucou* de Gaspar Kerl et, sur le clavecin, l'admirable *Fantaisie chromatique et Fugue*, divers préludes et fugue du *Clavecin bien tempéré* de J.-S. Bach, enfin des pièces fort savoureuses de virginalistes anglais de l'époque shakespearienne : *Les Cloches*, page pittoresque de W.-A. Byrd, *Primrose* et *Feuilles tombantes* de Peerson, *Gaillarde* d'un rythme énergique de Richardso, *Bouffons*, page humoristique de John Bull. Ces œuvres sont extraites d'un manuscrit qui se trouve dans le Fitzwilliam Museum de Cambridge. Elles ont remporté un succès très mérité. Le clavecin dut s'ouvrir à nouveau à mainte reprise devant les ovations de l'auditoire. Nous renonçons à citer toutes les œuvres que Mme Landowska ajouta à son programme. Mentionnons seulement le *Coucou* de Pasquini, pièce charmante bien qu'inférieure au poétique *Coucou* de Kerl, le finale du *Concerto italien* et le premier prélude de J.-S. Bach.   H. D.

— La Société J.-S. Bach (salle Gaveau), sous la direction de M. Gustave Bret, achève le vendredi 5 mai la série de ses grandes auditions annuelles en faisant entendre l'*Ode funèbre*, le concerto en *fa* mineur pour piano et orchestre (première audition), avec M. Alf. Cortot, et la célèbre cantate *Le Défi de Phœbus et de Pan*.

L'orgue sera tenu par M. Albert Schweitzer.

Salle des Agriculteurs. — Programme des plus variés le 21 mars, au concert de Mlle Gabrielle Dauly, cantatrice très applaudie dans quantité de mélodies d'auteurs français et allemands, classiques et modernes, détaillées avec infiniment de goût. Trois artistes distingués alternaient avec la cantatrice, qui ont obtenu un réel succès, le pianiste de Lausnay, le violoniste Elcus et le violoncelliste Bedetti, dans le superbe trio en *si* bémol de Schubert.   A. G.

— Ce fut une soirée artistique de haut intérêt que le deuxième récital de chant donné par Mme Lula Mysz-Gmeiner, le mercredi 22 mars. Cette cantatrice n'a chanté qu'en allemand; mais n'est-ce pas la meilleure manière d'apprécier une œuvre originale que de l'entendre dans la langue où elle a été conçue et écrite. Aussi, avec là puissance d'expression de l'artiste, avec sa voix chaude et assouplie, quelle impression n'a-t-elle pas produite dans les œuvres de Schubert : *l a Mort et la jeune fille*, par exemple, cette page d'émotion profonde, et, par opposition, *La Chanson de printemps (Im Grünen)*, avec sa grâce pittoresque, que Mme Mysz-Gmeiner a dû bisser. Il faut noter aussi l'admirable suite de *Lieder* que Schumann intitule *Frauenliebe und Leben*, et dont l'interprète à fait tout un drame, passant, tour à tour, de l'espoir à la crainte, et de la joie triomphale à la douleur profonde. Des mélodies d'auteurs plus modernes (Strauss, Wolf, Behm, Lœwe) ont complété cette belle audition.

La première séance, le 15 mars, n'avait pas été moins intéressante et même plus curieuse encore, avec un choix, non seulement de *Lieder* de Schumann, Liszt, Dvorak, Grieg, mais de vieilles chansons populaires allemandes.

JULES GUILLEMOT.

— M. Chiaffitelli, violoniste distingué, au style sobre et sérieux, s'est fait entendre, le 24 mars, dans la sonate en *mi* mineur de Bach qu'il a interprétée avec beaucoup de finesse et d'expression. Le concerto en *ré* mineur de Max Bruch ne lui est pas moins favorable, et l'on a chaudement applaudi les propres compositions de l'artiste, une *Elégie* et une *Habanera*, sans oublier la *Clochette* de Paganini-Kreisler. M. Staub, qui lui prêtait son concours, a fort remarquablement joué sa jolie *Ronde des folles* et la deuxième *Rapsodie* de Liszt.

R. BRANCOUR.

— Il convient de signaler, parmi la série continue des concerts, le récital de violon donné le 27 mars, par Mlle Debaets-Iwanoffska. Au programme : le concerto en *mi* de Bach, le rondo de Saint-Saëns, la romance en *fa* et des pièces de Dvorak, Hubay, Tchaïkowsky.   CH. C.

Sociétés savantes. — Un quatuor vocal d'étudiants gallois est venu nous faire apprécier des chants qui méritent incontestablement d'être mieux connus que par une seule audition. Mme André Barbier, directrice du Club musical gallois, nous a agréablement mis au courant de l'état d'âme de ses compatriotes, et les voix fraîches et harmonieuses de Misses Rowland et Taylor, de MM. Williams et Knight, ont achevé de conquérir notre sympathie. Il y a beaucoup de mélancolie, grave et profonde dans ces divers chants, et surtout une poésie intense qui impressionne vivement l'auditoire. La France fut aussi représentée par Mlle Suzanne Cesbron, qui a une très belle voix et sait dire, chanter, saluer et sourire le mieux du monde, et par Mlles Blanche et Eugénie Vallin, qui exprimèrent avec une grande pureté les *Chants de jeune Fille* de Schumann, et le charmant *Colloque sentimental* de M. René Lenormand. N'oublions pas Mlle Goldenson et que l'on nous pardonne, si le Gallois, le Norvégien, le Finlandais, le Suédois, voire même le Griot du Dahomey, finirent à la longue par former en notre tête un tourbillon cosmopolite, dans lequel chaque nationalité se dégagerait difficilement de ses voisines.

R. BRANCOUR.

— La dernière séance du Cours d'histoire de la musique, au Conservatoire, a été consacrée, par M. Maurice Emmanuel, à une notice sur son prédécesseur Bourgault-Ducoudray, et à diverses exécutions d'œuvres de ce musicien. L'étude biographique, et surtout esthétique, a paru extrêmement fouillée et très neuve, s'étendant beaucoup moins sur la valeur des œuvres que sur celle de l'enseignement, des idées, du caractère, qui sont évidemment ce qui mérite surtout de rester de Bourgault-Ducoudray et que M. Emmanuel a mis en relief avec une éloquence émue. Pour donner quelque idée de sa valeur, les élèves du Conservatoire ont chanté un fragment de ce chœur religieux, a capella, au style sévère et méditatif, qui a nom *timulus consciencia;* Mlle Suzanne Cesbron, de sa voix chaude et brillante, pleine de couleur et d'énergie, a dit une mélodie galloise et une autre écossaise, plus la *Chanson du vieux temps;* M. Berton a chanté deux pages de *La Chanson de la bretagne;* enfin, accompagnés par Mme Fleury, jouant sur manuscrit au piano (et qui avait déjà exécuté les danses de *Thamara*), les deux artistes ont uni leurs voix pour nous faire connaître une des scènes capitales du dernier opéra, inédit, du maître : *Myrdhinn*, qui ne manque ni de flamme ni d'enthousiasme.   H. DE C.

— Le privilège de M. Albert Carré expire à la fin de la présente saison, mais d'un moment à l'autre on attend le décret qui le renouvellera pour une nouvelle période de sept années. Tout le monde applaudira à cette nomination.

Un nouveau cahier des charges a été arrêté au sujet duquel, après de laborieuses négociations, l'entente s'est finalement établie entre le Secrétaire d'état aux Beaux-Arts et M. Albert Carré.

Le nouveau cahier des charges comporte plusieurs modifications de fond. En dehors des matinées du dimanche et des jours de fêtes, on donnera, le jeudi, des matinées, au nombre de 42, qui seront uniquement consacrées aux compositeurs français. La question des décors de l'Opéra-Comique, si complexe, est également réglée. Aux termes du cahier des charges, le directeur de l'Opéra-Comique pourra vendre tout le matériel de décors et les costumes devenus inutilisables, et qui encombrent les magasins ; il pourra, en outre, louer à son gré, à d'autres scènes, tous les décors et costumes momentanément inutilisés à l'Opéra-Comique. Le directeur de l'Opéra-Comique a donc désormais la liberté absolue de disposer du matériel. Mais comme l'État a une part de propriété sur ce matériel, depuis 1887, date à laquelle on fit à M. Carvalho, alors directeur de l'Opéra-Comique, une avance de 500,000 francs pour la réfection du matériel détruit lors de l'incendie de la salle Favart, le directeur de l'Opéra-Comique devra toujours conserver, dans ses magasins, des décors et des costumes représentant une valeur de 300,000 francs. Cette somme ne représente pas la part de propriété de l'État, étant donné que depuis vingt-quatre ans le matériel a subi une dépréciation considérable qui n'a pas encore été estimée. Cette somme de 300,000 francs constitue simplement une sorte de garantie. 75.000 francs ont été prévus au chapitre des dépenses pour des augmentations réclamées par l'orchestre, les chœurs et le petit personnel. Et pour se couvrir de ce surcroît de dépense, le directeur a été autorisé à taxer d'une légère augmentation les places de luxe.

— Lorsque la question du budget des Beaux-Arts est venue à la Chambre, la semaine dernière, on comptait beaucoup, dans le monde des mécontents que nos scènes lyriques et spécialement l'Opéra mettent en véritable effervescence, depuis quelque temps, sur les observations des deux orateurs inscrits. Et de fait, ils ont dit quelques sages paroles. Mais comme il est facile de constater que ces sages paroles sont l'écho de quelques critiques compétents, plus ou moins bien compris, et que, livrés à eux-mêmes, nos législateurs sont peu au courant, attachent de l'importance à des détails secondaires et ne tirent pas les conséquences qu'on attendrait des observations essentielles qu'ils font !

L'un d'eux, à plusieurs reprises, nous a rappelé que la subvention octroyée à l'Opéra est de 1,200,000 francs, et celle de l'Opéra-Comique, de 800,000 francs, alors que le plus simple coup d'œil sur les imprimés entre les mains de tous (à défaut d'une mémoire élémentaire) rectifierait ces chiffres, dont l'un n'est que 800,000, l'autre 300,000, ce qui est vraiment un peu différent. L'autre s'est indigné que pour monter des pièces *nouvelles*, et *françaises*, on allât chercher des artistes étrangères, et il a cité en tête *iberia*, que l'Opéra a annoncée en effet, mais qui n'est ni nouvelle ni française ! L'un nous a affirmé qu'il ne se plaindrait pas « si ces chanteurs et chanteuses étrangères étaient en vue chez eux », mais il nous a appris que « ce ne sont que des artistes de second plan »..., comme s'il en savait quelque chose et comme si c'était vrai ! L'autre nous a assuré froidement que les œuvres françaises font *toujours* plus d'argent que les œuvres étrangères que les directeurs nous imposent tout de même.... comme si un directeur imposait jamais autre chose que les pièces qui font recette !... Notez que ces belles affirmations ne trouvent jamais la réponse topique qui devrait leur être adressée... tant l'on s'intéresse à la musique, à la Chambre des Députés !

— Les obsèques d'Alexandre Guilmant, professeur d'orgue au Conservatoire et président du conseil de la Schola Cantorum, ont été célébrées le samedi 1er avril, à Meudon. Les chœurs de la Schola et divers artistes ont exécuté des chorals et des morceaux d'orgue de Bach, le *Recordare* de Mozart et celui de Palestrina, des pièces de Gabrieli, Stradella et Guilmant lui-même, ainsi que des chants ou morceaux anciens du répertoire grégorien, et des archives de l'orgue. MM. G. Jacob et F. Touche, Mme Auguez de Montaland ont pris part aux exécutions. L'inhumation a eu lieu au cimetière Montmartre, où des discours ont été prononcés par MM. G. Fauré, au nom du Conservatoire, et Ch. Malherbe, au nom de la Société des Compositeurs.

OPÉRA. — Thaïs. Le Miracle. Les Maîtres Chanteurs. Roméo et Juliette.

OPÉRA-COMIQUE. — Werther. Carmen. Mignon. La Dame blanche. La Navarraise. Manon. Mireille. La Tosca.

THÉÂTRE LYRIQUE (Gaîté). — Les Huguenots. Don Quichotte. Elsen. La Favorite. Le Soir de Water-

100. L'Attaque du moulin. Salomé (Mariotte). Le Barbier de Séville. Hernani.

TRIANON-LYRIQUE. — L'Accordée de village. Lalla-Roukh. Zaza. Giroflé-Girofla. Fra Diavolo M. Choufleury. Mam'zelle Nitouche. La Mascotte

APOLLO. — La Veuve Joyeuse. La Divorcée.

SALLE ERARD

Concerts du mois d'Avril 1911

9. Mme Chené, matinée d'élèves (1 ½ heure).
10 Mme Hiard Kuehn, piano (9 heures).
11 M. Galston, piano (9 heures).
12 Mme Chené. audition d'élèves (9 heures).
13 M. Baron, chant (9 heures).
24 Mlle Bianca Leven, chant (9 heures).
26 Mlle Valabrègue, piano (9 heures).
26 M: Braud, audition d'élèves (9 heures).
27 Mlle Dehelly, piano (9 heures).
28 Mlle Caffaret, piano (9 heures).
29 M. Philipp, audition d'élèves (9 heures).
30 M. Riera, matinée d'élèves (1 ½ heure).

SALLES PLEYEL

22, rue Rochechouart

Concerts d'Avril 1911

Grande Salle

10 La Société des Instruments anciens, 9 heures.
22 M. Nino Rossi, 9 heures.
25 M. Morpain, 9 heures.
26 Mme Jane Mortier, 9 heures.
27 La Société des Compositeurs de musique (3e séance), 9 heures.
28 Les Concerts Mozart, 9 heures.

Salle des Quatuors

17 Les Auditions modernes (Oberdœrffer) (2e séance), 9 heures.
19 Le Quatuor Calliat (4e séance), 9 heures.
29 La Société de musique nouvelle (5e séance), 9 heures.

Conservatoire (Société des Concerts). — Dimanche 9 avril, à 2 ½ heures. Programme : Ouverture de Manfred (Schumann); Wallenstein (d'Indy); Symphonie avec chœurs (Beethoven). — Dir. de M. A. Messager.

Concerts Colonne (Châtelet). — Dimanche 9 avril, à 2 ½ heures. Programme : Ouverture de Léonore, n° 3 (Beethoven); Symphonie héroïque (Beethoven); Fragments de l'Enlèvement au Sérail, chantés par Mme Lily Lehmann (Mozart); Ah! perfido! (Beethoven), chanté par la même; Shéhérazade (Rimsky-Korsakoff); Le Cortège d'Amphitrite (Gaubert). — Direction de M. Pierné.

Concerts Lamoureux (Salle Gaveau). — Dimanche 9 avril à 3 heures. Programme : Symphonie avec chœurs (Beethoven); Airs de Fidelio et du Crépuscule des

Dieux, chantés par Mme Kaschowska; Variations symphoniques (C. Franck), exécutées par M. Bernard. — Direction de M. Chevillard.

SALLES GAVEAU

45 et 47, rue La Boëtie

Concerts du mois d'Avril 1911

Salle des Concerts

9 Concert Lamoureux (3 heures).
12 » de Mme Ethel Leginska (9 heures).
13 » de la Schola Cantorum (9 heures).
14 Dernier concert Lamoureux (3 heures).
18 Concert Kubelik (9 heures).
22 » de l'ensemble vocal Spoel (9 heures).
23 » Hasselmans (supplémentaire (3 h. ½).
24 » de la Société Musicale Indép. (9 h.).
25 Première conf. de la Convent. Chrét. (8. h. ½).
26 Deuxième » » » »
27 Troisième » » » »
28 Concert Ysaye Pugno (3 heures).
30 » Kreisler, avec orchestre (3 heures).
30 Quatrième conf. de la Convent Chrét. (8 h. ½).

Salle des Quatuors

27 Concert de M. Oswald (soirée).
30 Assemblée générale des secouristes français.

BRUXELLES

THÉÂTRE ROYAL DE LA MONNAIE. — Mme Vallandri, qui se montra il y a quelques semaines une délicieuse Mélisande, rôle qu'elle reprendra mardi prochain, s'est produite jeudi dans la Manon de Massenet, et elle y a obtenu un succès extrêmement flatteur, qui est allé à la fois à la chanteuse et à la comédienne. Ces deux aspects de son talent se fondent d'ailleurs très harmonieusement, pour aboutir à une interprétation d'une correction élégante et distinguée, qui a séduit surtout ceux qui sont sensibles à une phrase musicale délicatement dessinée et nuancée, plutôt qu'à des effets de voix conduisant souvent à une dénaturation de la pensée mélodique du compositeur. Plus que dans Mélisande, Mme Vallandri avait l'occasion de faire apprécier ici les ressources d'un organe d'une grande finesse de timbre, et dont elle se sert avec une sûreté, une méthode et un goût qui témoignent d'une éducation musicale très raffinée.

Son succès, partagé par M. Girod, le remarquable des Grieux que l'on sait, a été particulièrement accentué après le tableau de Saint-Sulpice. Ces deux artistes ont d'ailleurs des qualités de la même essence, et la juxtaposition de leur talent, dans cette scène célèbre, a abouti à des effets d'un charme délicieux.　　　J. BR.

— A l'occasion des fêtes de Pâques, le théâtre de la Monnaie, à Bruxelles, organise un festival dramatique qui comprendra un festival-Wagner et une série de représentations d'œuvres de Richard Strauss, de Cl. Debussy et de Gluck.

Le festival Wagner comprendra six œuvres du maitre : *Lohengrin*, *Tannhäuser*, *L'Or du Rhin*, la *Walkyrie*, *Siegfried* et le *Crépuscule*, chantées en allemand par les plus célèbres artistes d'outre-Rhin, sous la direction du célèbre cappelmeister Otto Lohse, de Cologne. De Richard Strauss, il y aura deux représentations de *Salomé* et d'*Elektra*; de Debussy, une représentation de *Pelléas et Mélisande*; de Gluck, deux représentations d'*Orphée*.

Voici dans quel ordre se succéderont ces représentations :

Mardi 18 avril : *Pelléas et Mélisande* (Mme Vallandri, Montfort, Eyreams; MM. Petit, Bourbon, Billot et Danlée).

Mercredi 19 : *Lohengrin* (Mmes Maud Fay, Preuse-Matzenauer; MM. von Bary, von Scheidt, Paul Bender et Liszewsky).

Jeudi 20 : *Salomé* (Mmes Friché, Bérelly; MM. Swolfs, Bouillez et Billot).

Vendredi 21 : *Carmen* (Mme Croiza; M. Girod).

Samedi 22 : *Tannhäuser* (Mmes Maud Fay, Preuse-Matzenauer, Dux; MM. Knote, Anton van Rooy, Paul Bender).

Lundi 24 : *Rheingold* (Mmes Tervani, Dehmlow, S. Wolff; MM. Ernest Van Dyck, Anton Van Rooy, Dr Kühn, Zador, Paul Bender et Lattermann).

Mardi 25 : *Die Walküre* (Mme Maud Fay, Edith Walker, Tervani; MM. Ernest Van Dyck, Paul Bender, Anton Van Rooy).

Mercredi 26 : *Orphée* (Vmes Croiza, Fanny Heldy, Bérelly, Symiane).

Jeudi 27 : *Siegfried* (Vmes Edith Walker, Dehmlow et Kuhn-Brunner; MM. Henri Hensel, Dr Kuhn, Zador et Anton Van Rooy).

Vendredi 28 : *Elektra* (Mmes Friché, Béral, Croiza; MM. Swolfs, Dua, Billot, La Taste, Danlée).

Samedi 29 : *Götterdämmerung* (Mmes Edith Walker, S. Wolff, Dehmlow; MM. Henri Hensel, Paul Bender, Liszewsky).

Concerts Ysaye. — Le 2 avril, concert extraordinaire; l'orchestre est sous la jeune direction de Joseph Jongen; Eugène Ysaye joue en soliste; de plus en plus fervent interprète de Brahms, il nous rejoue le concerto du maitre dont il nous avait révélé sa compréhension spéciale, il y a deux ans, je crois; c'est plein de vie, de chant, d'émo-

tion profonde et de grandeur. Ysaye nous rend aussi le concerto en *sol* pour violon et deux flûtes, cordes et orgue de Bach, qu'il affectionne tout particulièrement et rend avec une délicatesse extrême, atténuant la puissance de son jeu pour mieux l'associer aux sonorités légères des flûtes, délicieusement jouées par MM. Aug. Strauwen et Sermon. L'andante surtout fut une merveille.

Enfin nous eûmes encore la *Symphonie espagnole* de Lalo, dont l'éminent virtuose fit valoir toutes les chatoyantes sonorités, les lignes si capricieuses, les brillants ornements, et aussi la mélodie souvent alanguie intentionnellement et opposée aux dessins en scherzando (pizz.) de l'orchestre. Acclamé sans fin, Ysaye ajouta à son programme le *Rondo capriccioso* de Saint-Saëns qu'il joue comme pas un. L'accompagnement de l'orchestre ne fut pas toujours très sûr. La partie symphonique du concert fut d'ailleurs plutôt restreinte. En dehors de l'ouverture clairement exposée de *La Flûte enchantée*, elle comprenait en première audition une esquisse symphonique de M. V. Buffin, intitulée *Lovelace*. Les deux personnages et l'essence du célèbre roman anglais de Richardson sont musicalement traités dans cette œuvre concise, ferme et vibrante. L'œuvre a un caractère tumultueux, passionné; pas de longueurs, pas de digressions; des thèmes clairement présentés, rapidement développés, orchestrés de façon intéressante, presque toujours dans tous les groupes en même temps. Sans doute, l'auteur s'est-il souvenu plus d'une fois du *Don Juan* de Strauss, dont il rappelle l'impétuosité, et de pages wagnériennes. Mais dans l'ensemble, cette composition a sa valeur propre et justifiait l'aimable accueil qui lui fut réservé. Pour Ysaye, ce furent des ovations chaleureuses qui ont dû lui faire plaisir.

M. DE R.

Société internationale de musique. — La conférence-audition de M. Martens sur les débuts de l'oratorio ayant dû être différée, c'est, après l'audition récente des œuvres de M. Tournemire, encore une séance de musique moderne que la S I. M. a offerte jeudi à ses membres.

Il s'agissait, cette fois, de leur faire connaître les compositions de M. Jules Mouquet, né à Paris en 1867, élève de Théodore Dubois et de Xavier Leroux, prix de Rome en 1896. Le programme se composait des ouvrages suivants : *La Flûte de Pan*, sonate pour flûte et piano; *Sommeil d'enfant*, *Elégie sur un enfant*, *Les Enfants*, *Prière d'enfant*, mélodies; Sonate pour violoncelle et piano; Adagio et Pastorale pour orgue; Quatuor à cordes. La musique de M. Mouquet se recommande par la sincérité et le bon goût de l'inspiration, la fermeté de la forme. Comme les noms de ses maîtres permettaient de le prévoir, sa musique n'appartient pas, comme celle de M. Tournemire, à la tradition franckiste, elle se rattache plutôt à l'école française autonome, dont Saint-Saëns reste le représentant le plus autorisé. Son style est donc plutôt celui d'un classique, nettement mélodique, et il ne dédaigne même pas les accompagnements en accords brisés. Nous venons d'évoquer le nom de Saint-Saëns et, précisément, sa musique de chambre de M. Mouquet nous a rappelé à diverses reprises celle de ce maître, notamment par certaines cadences familières, aussi par la propension à l'emploi des tonalités anciennes et orientales, enfin par la forme fréquemment pittoresque de l'idée. On a favorablement apprécié le quatuor à cordes, avec son adagio très pathétique, la gracieuse pastorale pour harmonium, la sonate pour violoncelle d'une grande fermeté de structure, la gracieuse mélodie *Somm·il d'enfant*, enfin, la sonate pour flûte et piano, *Pan*, conçue dans une note rustique et pastorale, et à laquelle les tonalités antiques donnent un charme particulier. On a fait un vif succès à M. Mouquet, ainsi qu'aux interprètes, Mme Béon, organiste, Mlle Alexander, cantatrice, MM. Delgouffre, pianiste, Ed. Jacobs, violoncelliste, les quartettistes E. Lambert, F. Pirard, J. Jadot et Ed. Jacobs, dont l'exécution fut digne de tous les éloges. E. C.

Cercle Artistique. — Ce fut une soirée exquise et unique celle de ce beau *Lieder-Abend* de Mme Lula Mysz-Gmeiner, autant par le choix des morceaux que par l'interprétation. Celle-ci est d'une intelligence supérieure, d'une profondeur et d'une justesse d'accent rares, variée à l'infini dans l'expression du visage autant que dans celle du chant, et parfaite dans tout. La voix aux inflexions multiples s'assouplit et se colore suivant le caractère du poème qu'une diction impeccable permet de suivre sans perdre un mot. C'est l'art suprême. On ne sait que préférer de Schubert (*Der Tod und das Mädchen, Mainacht, Das Lied im Grünen, Erlkönig*, etc.), de Schumann (*Mit Myrthen und Rosen, Jemand, Waldesgespräch, Nussbaum, Frühlingsnacht*) ou des pages moins connues de Carl Loewe : le spirituel *Mädchen sind wie der Wind* et le tendrement émouvant *Süsses Begräbnis; Die alte Mutter* de Dvorak. Enfin, pour finir, il y avait quatre vieilles mélodies populaires allemandes avec leurs nombreux couplets sur le même air; mais la poésie est délicieuse, prête aux accents les plus variés et la chanson se plie si bien aux mots! Mme Mysz-

Gmeiner laissant à la voix comme au sentiment quelque chose de tout spontané, y fut tout simplement admirable.

Nous avons appris à connaître en cette soirée le délicat talent d'accompagnateur de M. Alfred Casella, qui fut à la hauteur de sa tâche.

M. de R.

Libre Esthétique. — Au programme du troisième concert, un choix de mélodies en première audition, un quatuor pour piano et cordes de M. Marcel Labey et le quintette en *fa* mineur de César Franck.

Si la musique n'était qu'une savante architecture de rythmes et de périodes d'autant plus intéressante qu'elle est plus compliquée, le quatuor de M. Marcel Labey serait une belle œuvre. Elle révèle un travail énorme, usant et abusant de toutes les ressources de l'harmonie et du contrepoint. Mais elle est d'un intérêt trop exclusivement intellectuel. On attend vainement un élan chaleureux, une phrase passionnée, un rythme verveux. Cela fait que l'œuvre, déjà suffisamment longue par elle-même (elle dure plus de trois quarts d'heure), parait démesurée Quelques éclaircies pourtant: une réminiscence de la *Symphonie écossaise* dans la première partie, une conclusion sur l'harmonie dissonante de quinte et sixte, un petit thème de cinq notes (3/4 : *ré, mi,* — | *ré, do,* — | *si,* — — | *si* mes souvenirs sont exacts), trop vite enfoui sous des canons et des contrechants multiples.

Le quatuor de M. Labey fut vaillamment défendu par MM. A. Zimmer, Y.-O. Englebert, J. Gaillard et l'auteur.

Des quelques mélodies que Mlle M. Rollet chanta avec son talent habituel on goûta surtout *L'Amour que j'ai pour toi* de M. V. Buffin et *Amoureux séparés*, une spirituelle ode chinoise de A. Roussel.

Franz Hacks.

Société nationale des Compositeurs belges. — Quelques changements au programme annoncé : les mélodies de M. Eeckhautte étaient supprimées et la sonate pour violoncelle et piano de G. Lekeu remplacée par sa célèbre sonate pour piano et violon. Les raisons de cette substitution nous sont demeurées obscures. Nous ne chercherons pas à les élucider, d'autant plus qu'une œuvre de valeur problématique cédait la place à une œuvre inégale sans doute, mais précieuse par la vie ardente qui l'anime.

La très belle interprétation, à la fois passionnée et disciplinée de la sonate de G. Lekeu, par MM. Crickboom et Bosquet, ne fut pas appréciée

comme elle le méritait. La majorité du public,
assez mêlé, semblait déroutée. Les amateurs sérieux se désintéresseraient-ils des louables efforts
de la Société nationale ? Il ne faudrait pas s'en
étonner dans notre pays trop enclin à dédaigner
les artistes nationaux.

Pourtant, on est en droit de se demander si les
programmes de la Société nationale des Compositeurs belges ont toujours fait l'objet d'un choix
judicieux. N'a t-on pas trop facilement accordé les
honneurs de l'audition publique à des œuvres qui
ne le méritaient pas ? Des mélodies d'un style
aussi usé que celles de M⁴. G. Frémolle, P. Lebrun, etc., n'intéressent guère et finissent par
lasser les meilleures volontés. Elles furent chantées
mardi par M. Lambrecht, un ténor qui montra une
prédilection exagérée pour la voix de tête.

Le quintette pour deux violons, alto et deux
violoncelles, de M. L. Samuel, vaut mieux. Le
travail polyphonique (cela va de soi) n'est pas
comparable à la maîtrise de Beethoven ou de
Brahms ; mais il y a de jolies idées, habilement
présentées dans certaines pages de l'allegro et de
l'andante. M. L. Samuel est un violoncelliste de
talent. Il ne devrait pas hésiter à écrire pour un
instrument qu'il doit connaître à fond.

L'interprétation de M. Gaillard, le talentueux
violoncelliste du Quatuor Schörg, mit un peu de
vie dans deux pièces pour violoncelle et piano de
M. Jos. Jongen : un *Poème* et une *Valse.*   F. H.

— La semaine dernière, chez M. Ed. Deru,
charmante petite matinée intime où l'on a fait
d'excellente musique de chambre. Comme interprètes, d'abord M. Deru lui-même qui ne s'est
réservé qu'une modeste part dans le merveilleux
concerto pour trois violons de Vivaldi, joué avec
le concours de deux de ses élèves qui donnent de
belles promesses : Mˡˡᵉ K. Buckley et M. Övendenn.
Ceux-ci ont été particulièrement appréciés dans la
sonate en *sol* pour deux violons, de Hændel.
Mˡˡᵉ Buckley joua seule des petites pièces de
P. Martini et Tartini (version Kreisler), puis, avec
Mˡˡᵉ D. Stewart, l'infatigable et parfaite accompagnatrice de toute la séance, une sonate de Grieg.
Nous avons été particulièrement ravis d'entendre
Mˡˡᵉ Stewart dans la gavotte de Gluck-Brahms, *Le
Clair de lune* de Cl. Debussy et la rapsodie en *si*
mineur de Brahms. C'est une musicienne finie
dont le talent est fait de grâce et de force, toujours
distribuées dans la plus parfaite mesure.

           M. DE R.

— M. Jean Janssens, pianiste, possède une
technique fort développée et un toucher moelleux.

Il s'entend à faire applaudir *El sospiro*, étude en *ré*
bémol majeur de Liszt, la transcription de *L'Enchantement du feu*, de Wagner-Brassin, et *L'Étude-
valse*, de Saint-Saëns. Mais pour la sonate *Les
Adieux*, de Beethoven, et le *Rondo-Capriccioso*, de
Mendelssohn, où il y a des faiblesses à voiler
autant que de qualités à mettre en lumière, pour
des chefs-d'œuvre tels que *Kreisleriana*, de Schumann, l'interprétation de M. Janssens est insuffisante : elle manque de relief ; les diverses nuances
sont à peine esquissées.

Si pourtant M. Janssens voulait observer scrupuleusement *toutes* les indications de l'auteur, son
jeu aurait un tout autre caractère. Il ferait sonner
énergiquement les accents enragés du premier
morceau de *Kreisleriana* ; il ne briserait pas le
rythme du nᵒ 2 pour simuler une émotion absente ;
il exécuterait *sans pédale* le premier *intermezzo* et
obtiendrait aisément de la sorte le staccato clair et
précis exigé par Schumann ; il n'allongerait pas en
un négligent point d'orgue la brève croche qui
clôt le dernier morceau, etc., etc... L'œuvre
entière prendrait corps ; elle aurait de la vie, de
la couleur, de la variété, et le public l'applaudi-
rait peut-être autant (si pas plus) que la musique
de Liszt ou de Saint-Saëns.

Une remarque : Le programme de M. Janssens
était peu fait pour piquer la curiosité ; à part, la
sonate de J. Kuhnau, ce n'étaient qu'œuvres
connues depuis longtemps ou même entendues
déjà une ou plusieurs fois au cours de cet hiver.
De tels programmes ne sont admissibles que si
une interprétation prestigieuse efface jusqu'au
souvenir des admirations antérieures.   F. H.

— Une jeune violoniste anglaise, Mˡˡᵉ Hikdegard
Brandegee, s'est produite à la salle de l'Ecole
allemande dans un programme fort attrayant, où
figuraient les noms de Rust, Beethoven, Paganini,
Lalo, Gaillard, Sarasate, Neruda, Zarzycki, Debussy. Mˡˡᵉ Brandegee se recommande par un
style châtié et une exécution extrêmement claire,
servie par une technique très sûre, qui fut remarquée notamment dans la *Guitare* de Lalo, *En
bateau*, de Debussy, et particulièrement dans l'épi-
neux concerto de Paganini. L'interprétation de la
sonate de Rust — cet intéressant précurseur de
Beethoven — fut un peu froide et l'on eût souhaité
un peu plus de brio dans la mazurka de Zarzycki ;
mais ce défaut national est racheté, chez l'artiste,
par un sentiment fin et distingué qui nous a valu
notamment une interprétation pleine de grâce et
de cachet de la romance en *fa* de Beethoven. Un
public nombreux et sympathique a fait à la gracieuse artiste un succès mérité.   E. C.

— Jeudi après-midi a eu lieu l'inauguration du grand orgue de l'église du Collège Saint-Michel par M. Charles-Marie Widor de Paris. En une série d'œuvres très variées, l'éminent organiste de Saint-Sulpice et M. A. Bockstael, organiste du Collège, firent valoir les ressources du bel instrument sorti des ateliers de M. E. Kerkhoff, dont la sonorité est d'une remarquable douceur. Les divers jeux, bien caractérisés, se fondent harmonieusement. La pédale offre une base solide à l'ensemble. Ni trop faible ni trop bruyante, sa puissance cadre bien avec celle des autres jeux.

M. Bockstael exécuta l'intéressant concerto en *ut* mineur de L. Thiele, la *Prière à Notre-Dame* de L. Boellmann, tenue en douceur, un choral à la pédale, accompagné de contre-chants en sourdine, le *Chant pastoral* de Th. Dubois et la fugue en *sol* mineur de J.-S. Bach, dont la polyphonie parut un peu confuse.

Dans deux œuvres de sa composition, la *Symphonie gothique* et la *Toccata*, M. Ch.-M. Widor fit admirer sa profonde connaissance de l'orgue et l'art extrême avec lequel il sait varier et associer les timbres.   F. H.

— Le concours de Mlle Blanche Selva donnera, avec celui de Mme Marie-Anne Weber, un particulier intérêt au quatrième concert de la Libre Esthétique, fixé à mardi prochain, 11 avril, à 2 h. 1/2 précises, et qui clôturera la série des auditions musicales du Salon. Toutes les œuvres composant le programme et signées P. de Bréville, V. Buffin, G. Groylez, P. Le Flem, A. Roussel, D. de Séverac, V. Vreuls, etc., seront exécutées en première audition. Mlle Blanche Selva clôturera le concert par l'exécution des Variations de Paul Dukas sur un thème de Rameau (redemandées). Prix d'entrée : cinq francs (s'adresser au contrôle du Salon). Il ne sera pas délivré plus de cent places, un certain nombre de sièges devant être réservés aux membres de la Libre Esthétique.

THÉÂTRE DE LA MONNAIE. — Aujourd'hui, dimanche, en matinée, La Bohème et Hopjes et Hopjes; le soir, Carmen, avec le concours de Mme Croiza; lundi, représentation à bureaux fermés pour la Société royale La Grande Harmonie; mardi, Pelléas et Mélisande, avec le concours de Mlle A. Vallandri, MM. Bourbon et Petit; mercredi, reprise de Samson et Dalila; jeudi, reprise de Salomé, Le Maître de Chapelle; vendredi, relâche; samedi, L'Africaine, avec le concours de M. Noté; dimanche, en matinée, Manon, avec le concours de Mlle Vallandri; le soir, L'Africaine.

Dimanche 9 avril. — Au Conservatoire, quatrième concert. La Légende de Sainte Elisabeth, oratorio de Franz Liszt pour soli, chœurs et orchestre, sera exécutée

avec le concours de Mlle Elsa Homburger, de Mme Wybauw-Detilleux et de M. Henry Seguin.

Lundi 10 avril. — A 8 1/2 heures du soir, à la salle de la Grande Harmonie, concert donné par M. Ramon Soria, compositeur, avec le concours de Mme Gerardy, cantatrice.

Mardi 11 avril. — A 2 1/2 heures précises, au Musée moderne, dernière audition musicale de la Libre Esthétique.

Dimanche 23 avril. — A 2 1/2 heures, au théâtre de l'Alhambra, sixième concert Ysaye, sous la direction de M. Willem Mengelberg, chef d'orchestre du Concertgebouw d'Amsterdam et avec le concours de M. Mark Hambourg, pianiste.

Mercredi 26 avril. — A 8 1/2 heures du soir, à la salle de l'Ecole Allemande, troisième séance du Quatuor Zimmer. Au programme : 1. Quatuor en *mi* bémol majeur (Carl von Dittersdorf); 2. Quatuor en *mi* mineur (Smetana); 3. Quatuor, op. 131, *ut* dièse mineur (Van Beethoven).

Mercredi 26 avril. — A 8 1/2 heures du soir, à la Grande Harmonie, récital de violon donné par Mlle Léa Epstein.

Vendredi 28 avril. — A 8 1/2 heures, à la Grande Harmonie, récital donné par M. Edouard Bernard, le distingué pianiste, professeur à la Schola Cantorum.

Dimanche 30 avril. — A 2 1/2 heures, à la salle de la Madeleine, quatrième Concert Durant.

Mardi 2 mai. — A 8 1/2 heures du soir, au théâtre royal de la Monnaie, quatrième concert d'abonnement, sous la direction de M. Sylvain Dupuis et avec le concours de Mlle Lily Dupré, MM. Octave Dua et Etienne Billot, du théâtre royal de la Monnaie et des chœurs du théâtre. Programme : La Création, oratorio en trois parties pour soli, chœurs et orchestre de Joseph Haydn.

Mardi 3 mai. — A 8 1/2 heures du soir, à la Grande Harmonie, récital de piano donné par Mlle Hélène Dinsart.

CORRESPONDANCES

A NVERS. — La Société de musique sacrée avait choisi pour son dix-neuvième concert la messe en *si* mineur de J.-S. Bach. Cette œuvre gigantesque, où le vieux cantor semble résumer toute la somptueuse variété de son génie créateur, a produit la plus profonde impression. On connaît l'énorme difficulté d'exécution que présente ce chef-d'œuvre au point de vue vocal. Aussi faut-il reconnaître en toute justice la vaillance avec laquelle les chœurs de la société ont interprété leur partie prépondérante. Stylés par l'excellent musicien qu'est M. L. Ontrop, ils fournirent des ensembles d'une puissance sonore admirable, faisant valoir à souhait l'étonnante richesse polyphonique des différents épisodes. Du côté des solistes du chant, louons particulièrement le style irréprochable de l'excellent ténor Plamondon, ainsi que l'émouvante voix d'alto de Mme E. Schünemann, qui chanta l'aria de l'*Agnus Dei* avec un art très sûr, qui a vivement ému. Mlle E. Ohlhoff s'acquitta honorablement de la partie de soprano. Il me reste quelques mots à dire de M. Van Oort, qui a semblé inférieur à lui-même et a malheureusement compromis par son insuffisance les airs de basse du *Gloria* et du *Credo*. Citons enfin l'orchestre et parmi les solistes l'organiste Paepen, M. Camby (violoniste), l'excellent corniste gantois Hyll·roeck et M. Th. Charlier, chargé de la partie de trompette aiguë.

Terminons en félicitant M. L. Ontrop (il fut d'ailleurs vivement ovationné par l'auditoire), l'initiateur de cette solennité, qu'il sut conduire avec la plus belle ardeur artistique. C. M.

Mardi 11 avril. — A 8 ½ heures du soir, à l'Harmonie. Concert Ysaye, avec le concours de MM. Eugène Ysaye, Jacques Thibaut et Théo Ysaye.

BRUGES. — Le quatrième concert du Conservatoire, qui a eu lieu le jeudi 30 mars, était consacré, moitié à Wagner, moitié aux compositeurs belges.

Du premier, l'ouverture des *Maîtres Chanteurs*, le *Charme du Vendredi-Saint* et *Siegfried-Idyll*, qui furent bien rendues par l'orchestre, sous la direction de M. Karel Mestdagh.

La partie contemporaine débutait par le poème symphonique *Macbeth* de M. Sylvain Dupuis, une œuvre d'un beau sentiment dramatique, impressionnante, avec la hantise de ces voix de cuivre qui semblent personnifier le remords et clamer la menace fatidique : « Plus de repos ! Macbeth a tué le sommeil ! » ce poème est d'une sûreté d'écriture d'autant plus remarquable que c'est une œuvre de jeunesse du musicien liégeois. Elle a vivement porté.

De Peter Benoit, dont il voulait commémorer le souvenir, à l'occasion du dixième anniversaire de la mort du maître flamand, M. Mestdagh avait inscrit au programme l'ouverture bien connue de *Charlotte Corday* et la cantate *Hommage à Conscience*, composée pour l'inauguration du mausolée du romancier, à Anvers. D'abord, une sorte de thème funèbre, rappelant le *Dies iræ;* l'accompagnement sonne comme un glas ; mais peu à peu les accents s'éclaircissent ; les thèmes mélodiques prennent de l'envolée, et cela finit par un hymne : « O Chantre ! O Voyant ! O Père ! » de puissant effet.

Cette œuvre était toute désignée pour être exécutée, dimanche dernier, au concert populaire annuel du Conservatoire. Elle n'a pas manqué d'y produire l'effet désiré.

Mais le gros succès de cette audition populaire a été pour une jeune violoniste brugeoise : Mlle Irma Dirckx, prix d'excellence de 1910, de la classe du distingué professeur M. O. Claeys. Mlle Dirckx avait choisi le concerto en *sol* mineur de Max Bruch, qu'elle a interprété avec une vigueur d'archet, une justesse, et des qualités de style admirables. Aussi la jeune artiste fut-elle abondamment rappelée et fleurie.

Signalons, pour finir, que le Conservatoire de Bruges, dont c'était dimanche la dernière audition de l'hiver, voit croître sans cesse la vogue de ses concerts, grâce aux efforts de M. le directeur, K. Mestdagh, grâce aussi à la constante amélioration du corps professoral de l'établissement.
L. L.

GENÈVE. — Deux évènements artistiques à citer dans notre saison théâtrale; une bonne reprise de *Tristan* avec Mlle Kossa, dans le rôle d'Iseult et M. Crémel — dont je ne partage point le goût lacrymal, mais sans cela un musicien de premier ordre — et *Gwendoline* de Chabrier. Je tiens d'autant plus à féliciter M. Bruni, le directeur actuel, de ces tentatives d'art, que je ne sympathise pas toujours avec ses idées en matière du répertoire. Il est vrai que les recettes semblent me donner, jusqu'à un certain point, tort, puisque *La Veuve joyeuse* fait douze salles combles et *Tristah* deux spectacles de banquettes.... Mlle Kossa fut une Gwendoline remarquable. Cette artiste probe, qui joue et chante sans « trucs » et sans aucune affectation, mérite d'être signalée à l'attention des artistes. Séveillac bon dans Harald. Orchestre excellent, sous la direction de Kamm, qui nous quitte à la fin de la saison pour Anvers.

Dans la décentralisation à outrance qui sévit en Suisse et dont je n'aurais garde de me plaindre, je tiens à citer les concerts de l'orchestre de Montreux, sous l'intelligente et artistique direction de M. F. de Lacerda. La probité et le soin apportés à ses auditions lui valent les plus encourageants succès. Un récent programme comprenait l'ouverture de *Zoroastre* de Rameau, la *Sinfonia* en *ut* majeur de Dittersdorf, le concerto en *ré* mineur, pour piano et orchestre de Bach (Mme Marcella Doria), deux airs de Gluck, la sérénade de R. Strauss, par la remarquable pianiste, également cantatrice, et la *Rapsodie norvégienne* de Lalo. Programme éclectique au possible. FRANK CHOISY.

LIÉGE. — La saison théâtrale s'est terminée avec mars. Elle fut marquée par des polémiques et des mécontentements et sombra dans l'opérette. Deux nouveautés belges étaient annoncées : *Kermesse*, d'Arthur van Dooren, ne vit pas le feu de la rampe et probablement il y aura des sanctions à donner à l'inexécution du contrat.

Fidelaine, d'Albert Dupuis, a eu quatre représentations plutôt mouvementées. Selon les uns — et
ils n'ont pas tort — la mauvaise exécution, on dit
même « l'exécution ». tout court de l'œuvre est
cause de son insuccès. Sans être partisan de cette
partition, pour des raisons données ici-même,
voici un an, nous admettons parfaitement que la
scène liégeoise a été en dessous de sa tâche ; la
preuve en est que deux des rôles ont dû être
dévolus à des étrangers, le rôle d'Hyléol étant
joué en travesti, faute de ténor convenable. (On
affirme que des raisons analogues ont empêché
l'exécution de *Kermesse*.) Mais la cause déterminante des sifflets fut une sortie malencontreuse de
M. Albert Dupuis, écrivant au directeur du
théâtre qu'il désirait faire quelques coupures, « le
public liégeois n'étant pas à même de comprendre
les choses de musique pure et de poésie ». M. le
Directeur Dechenne jugea bon de publier cette
lettre personnelle, estimant sans doute que la
délicatesse est inutile dans sa position. Tous ces
faits ne sont pas de nature à faire briller notre
« première scène ».

On se demande pourquoi M. Albert Dupuis, qui
trouve les Liégeois si incapables de compréhension musicale, a fait donner à Liège un récital de
ses œuvres? MM. Jaspar et Vranken, Mlles Alice
Cholet et Marthe Lorrain et le conférencier
M. Delchevalerie, ont obtenu grand succès personnel en cette soirée, à laquelle je n'ai pu assister.

Dr DWELSHAUVERS.

Mercredi 12 avril. — A 8 heures du soir, salle du Conservatoire. Festival belge donné par l'Association des
Concerts Debefve, avec le concours de Mlle Selva, pianiste et de la royale Légia. Programme : 1. Ouverture
de l'enfance de Roland (E. Mathieu) ; 2. Prélude, aria
et final (C. Franck) ; 3. Tableaux symphoniques de
Polyeucte (Ed. Tinel) ; 4. Ballade de Jan Blockx ;
5. Variations symphoniques (C. Franck) ; 6. A) La Route
(C. Smulders) ; B) Le Rêve (L. Dubois).

LYON. — La Société des Grands-Concerts a
fait entendre à sa sixième séance la cantate
no 12, de Bach, la neuvième symphonie, de Beethoven, et la scène finale du *Crépuscule des Dieux*.
Les chœurs et l'orchestre furent admirables sous la
direction de M. Witkowski, et Mlle Janssen, cantatrice wagnérienne, fut acclamée. La septième
séance nous a procuré le plaisir d'applaudir le
talentueux organiste de la cathédrale de Paris,
M. Vierne, dans la symphonie en mineur (orchestre et orgue) de Widor, et la fugue en *ré* majeur,
de Bach. A la huitième séance, M. Ferté, pianiste,
a remporté un grand succès après le concerto en
ut mineur, de Beethoven, et des variations un peu
nébuleuses de M. Rhené-Baton. La rapsodie

espagnole pour orchestre de M. Ravel, a semblé
déconcerter le public par son modernisme outrancier.

Le grand théâtre vient de monter *Thérèse*, de
Massenet, avec une interprétation assez inégale.
Mais, en revanche, *Gwendoline*, de Chabrier, a eu
tous les soins de la direction ; Mlle Marchal,
M. Riddez, les chœurs et l'orchestre y furent
remarquables.   P. B.

NANTES. — Le Grand-Théâtre vient de
donner la première représentation en français d'une œuvre fort intéressante d'un compositeur
flamand, *Songe d'une nuit d'hiver*, de M. de Boeck,
jouée, précédemment, au Lyrique d'Anvers. Sur
un livret allégorique tenant réellement plus de
l'oratorio que d'une pièce scénique, M. de Boeck
a écrit une partition qui a suscité parmi les auditeurs nantais, si froids d'ordinaire, un véritable
enthousiasme. Après la chute du rideau, M. de
Boeck a été rappelé trois fois sur la scène.

Songe d'une nuit d'hiver se distingue par la clarté
et l'abondance des idées mélodiques, sinon très
originales, du moins toujours distinguées ; les
divers motifs ont un grand charme, parfois de la
puissance ; enfin toute l'œuvre est empreinte d'une
indéniable poésie. Mais elle vaut surtout par l'orchestration. Celle-ci, d'un bout à l'autre de la
partition, est un véritable enchantement. Elle
fourmille en détails exquis ou amusants. Elle est
sonore, moelleuse, nourrie, jamais bruyante. Les
pages les plus remarquables sont : le chœur des
sorcières, tout au début, le *Lied* de la Princesse
Aurore, le fragment d'orchestre qui accompagne
sa muette rêverie à la fenêtre, la description symphonique de l'orage d'une extraordinaire intensité,
la marche, enfin le duo entre la Princesse et le
chevalier Printemps. M. de Boeck est vraiment un
très grand musicien et fait honneur à l'école
belge.

L'interprétation fut excellente. Elle était confiée à Mmes Daffetye, Rambly et Leguy, à
MM. Lucazeau et Dange-Udès. Le grand triomphateur a été surtout l'orchestre qui, magistralement dirigé par M. Ernaldy, a été longuement et
justement applaudi. C'est à M. Ernaldy, d'ailleurs,
que nous devons de connaître la belle œuvre de
M. de Boeck et c'est lui seul qu'il convient de féliciter. S'il n'y avait eu que le directeur M. Huguet,
le *Songe d'une nuit d'hiver* serait resté... un songe,
comme tant d'autres œuvres journellement promises par cet impresario.

L'année théâtrale, malgré une troupe comportant
quelques bons éléments, a été des plus ternes.

Toutes les œuvres de valeur ont été montées hâtivement et sacrifiées par M. Huguet, qui réserve tous ses soins et toutes ses tendresses pour *La Veuve Joyeuse*, *Rêve de valse* ou *Princesse-Dollar*. Dans de pareilles conditions ce n'est vraiment pas la peine de donner 150,000 francs de subvention à un directeur. Espérons que nous serons plus heureux avec le successeur de M. Huguet, M. Rachet.

Sous le titre d'Association nantaise des grands concerts, il vient de se fonder dans notre ville une société de Concerts populaires. L'orchestre est composé de celui du théâtre, renforcé par les professeurs du Conservatoire et les meilleurs amateurs de la ville. Les trois premières soirées ont été données avec le concours de Mᵐᵉ Litvinne, du pianiste Schelling et de M. Ysaye. Salles combles et gros succès. M. Ysaye, notamment, a remporté un splendide triomphe. Les principales œuvres exécutées ont été : La *Symphonie héroïque*, la *Symphonie pastorale*, la symphonie en *ut* mineur ; l'ouverture des *Maîtres Chanteurs*, *L'Enchantement du Vendredi-Saint*, *Siegfried-Idyll*, *Penthésilée*, d'Alfred Bruneau ; *L'Apprenti sorcier*, de Dukas, *L'Après-midi d'un faune*, de Debussy, *Le Poème*, de Chausson, les ouvertures de *Benvenuto* et du *Carnaval romain*.

Le chef d'orchestre de la Société est un jeune musicien de grand talent, élève de Vincent d'Indy et de Nikisch, M. Henri Morin. Il a fait preuve de précieuses qualités de précision et de compréhension artistique. Il me paraît appelé à un bel avenir.

ÉTIENNE DESTRANGES.

NICE. — L'Opéra de Nice vient de faire la création, en France, de *Tiefland* (Terra Baixa), drame lyrique en trois actes, dont un prologue, version française de M. Benedickt, musique de M. Eug. d'Albert.

On sait quel succès cette œuvre a eu en Allemagne — trois cents représentations à l'Opéra de Berlin ! — Elle a réuni aussi tous les suffrages ici. Le livret, inspiré d'un poignant conte catalan, et la musique très colorée sont venus donner, après *La Danseuse de Tanagra*, une impression d'art sinon pur, du moins personnel et sincère. La partition, d'une belle tenue orchestrale, laisse reconnaître l'influence de Wagner et de Bizet. Le quatuor est traité de main de maître et les bois chantent avec un sentiment évocatif profond. M. Eugène d'Albert n'a pas fait usage des moyens faciles que lui suggéraient divers épisodes du drame. Les castagnettes n'y sont que discrètement employées ainsi que les cloches — dont les véristes font un abus dépassant les limites du goût. Sa musique ne vise pas à l'effet ; elle est probe et d'une rare distinction. C'est, croyons-nous, avec celui de l'originalité, le plus beau compliment que l'on puisse faire à un compositeur moderne.

Les interprètes ont été tout à fait dignes de l'œuvre. Citons tout d'abord Mᵐᵉ Mazarin dans le rôle de Marta, puis Mˡˡᵉ Presly, une délicieuse Nuria, toute charmante et menue ; M. Aubert, un Pedro auquel on souhaiterait plus de chaleur et surtout une voix plus sûre ; M. Maguenat, très adroit comédien et chanteur parfait en Sébastiano. L'orchestre a fait ressortir avec maîtrise toutes les richesses de la partition sous la direction de M. Dobbelaère. Il faut associer M. Villefranck, le directeur de l'Opéra, à ce grand succès d'art.

Quelques jours après *Tiefland*, notre directeur nous a fait entendre encore *Gwendoline*, qui n'avait pas encore été donnée ici. La belle œuvre de Chabrier a fait une très grande impression.

Harold fut interprété par M. Rouard, un jeune baryton à la voix vibrante et chaleureuse ; Mˡˡᵉ Catalan, Gwendoline, chanta son rôle d'une manière impeccable et ajouta à son grand talent de chanteuse celui d'exquise comédienne ; M. Chassagne, un ténor à la voix souple et bien timbrée, fut un Armel très dramatique.

L'orchestre fut à la hauteur de sa tâche sous la direction de l'éminent chef M. Dobbelaère et les chœurs ont droit à une mention spéciale.

Après une triomphale tournée en Italie, M. Léon Rinskopf a dirigé au Casino municipal un grand festival d'œuvres belges.

Avec sa maîtrise habituelle, il a notamment fait apprécier la haute valeur des *Variations symphoniques* de Paul Gilson, l'ouverture de *Sainte-Godelive* d'Ed. Tinel, page magistrale, et la spirituelle *Fantaisie sur un thème wallon* de M. Théo Ysaye. Puis l'éminent violoncelliste Edouard Jacobs nous a ravis par une admirable exécution du concerto en *ré* mineur de J. Deswert et du *Désir* de Servais. A la fin du concert MM. L. Rinskopf et Ed. Jacobs furent rappelés par quatre fois au milieu des acclamations enthousiastes des auditeurs.

E.-R. DE BÉHAULT.

NOUVELLES

— On reproche beaucoup, depuis quelque temps, aux directeurs d'accorder quelque préférence, dans leur répertoire, aux pièces qui font recette. M. de Curzon nous conte, d'après un petit dossier tout fraîchement découvert aux Archives Nationales, le cas d'un directeur du temps de la Révolution, qui prétendait s'élever au-dessus de cette question, et à qui son ministre répartit en se moquant, qu'il ne la résoudrait pas.

Le citoyen Galbois de Saint-Amant, ancien acteur, avait imaginé d'installer un théâtre dans l'ex-chapelle de l'ex-couvent des ex-Récollettes, rue du Bac (il y a encore là une salle de bal ou de conférences). Et pour obtenir le concours effectif du Gouvernement, il allait de bureau en bureau, de ministre en ministre, et jusqu'au Directoire (c'était en 1798). « Je suis républicain, clamait-il ; vous êtes républicains ; nous sommes républicains ; je ne jouerai que des pièces républicaines, et gratis encore... de temps en temps ; et je prêterai ma salle au Gouvernement tant qu'il voudra ! » Quand on en eut assez (comme d'ailleurs, à cette époque, le bon sens commençait à prendre le dessus sur le « civisme », et que le ministre, François de Neuf-château, était un homme d'esprit), on débouta le citoyen Galbois sur les conclusions suivantes, qui ne manquent pas de saveur : « que son entreprise n'offrait aucun intérêt réel ; que ses propositions pour des fêtes publiques et populaires étaient inadmissibles, car il faudrait que le Gouvernement s'assimilât aux entrepreneurs et se mêlât en quelque sorte des détails du tripot ; qu'enfin ces promesses de ne représenter que des pièces républicaines et capables de raviver l'esprit public étaient illusoires : car le charpentier, le maçon et les autres fournisseurs ayant la plus forte part dans l'entreprise, par leurs avances, *quelque patriote que fût le directeur, quelle que fût son autorité, il ne pour-rait jamais faire jouer d'autres pièces que celles qui rap-porteraient les plus fortes recettes.* »

— Dans une note très intéressante parue ces jours derniers, à propos de la nationalité du génie de Chopin, qu'elle défend contre toute influence étrangère, Mme Wanda Landowska rappelle les détails suivants, qui sont bien curieux et en général peu connus :

L'arrière-grand-père de Chopin était Polonais et dépendait de la cour du roi Stanislas Leszczynski, qu'il avait accompagné en Lorraine. On l'appelait Nicolas Szop (lisez Chop). Vers 1714, il obtint l'autorisation du roi d'ouvrir à Nancy un commerce de vin, en société avec un de ses compatriotes Jean Kowalski (*Kowal* : forgeron). Ils traduisirent seulement leurs noms en français, et leur vin porta la marque « Ferrand et Chopin ». Le fils de Nicolas Szop, Jean-Jacques Chopin, fut maître d'école et son fils cadet est le père de Chopin. C'est ainsi que l'un et l'autre furent Français. Ces documents se trouvent aux archives de Nancy.

Mme Landowska revendique, avec beaucoup d'éloquence et de fierté, le droit à la Pologne de garder exclusivement ses grands hommes, sans les partager. « Il faut espérer que nous aurons plus de chance dans la défense de nos génies que nous n'en avons eu dans celle de notre sol. »

— Au cimetière du Père-Lachaise, mardi dernier 28 mars, a été inauguré le monument élevé à la mémoire d'Edouard Colonne : un buste, œuvre du sculpteur norvégien Sörensen, se détache en bas-relief sur un fond de granit, avec une lyre dorée. M. Charles Malherbe a fait l'éloge du maître au nom de ses amis et admirateurs, et souhaité que quelque souvenir plus frappant pour la masse du public, un nom de rue, un monument si simple fût-il, pût rappeler, à proximité du Châtelet, les quarante ans de batailles musicales qu'il y a livrées. M. Gabriel Pierné a parlé à son tour au nom de l'orchestre, à la tête duquel il a évoqué encore ce chef si vaillant et si ferme.

— On a repris *Ascanio*, du maître Saint-Saëns, au Grand Théâtre de Bordeaux. Comme c'est lointain à l'Opéra de Paris ! Plus de vingt ans déjà ! Il y avait pourtant de très belles, ardentes et séduisantes pages, qui ont beaucoup porté, nous écrit-on, dans cette reprise. L'interprétation comprenait M. Carbelly en tête, dans le rôle de Benvenuto (créé par Lassalle), MM. J. Gautier dans Ascanio et Meurisse dans François Ier, Mme Val-mont dans la duchesse d'Etampes, enfin Mlle de Kowska dans le curieux et chantant personnage de Slozzone, dont cette excellente artiste a très bien mis en relief le caractère original.

— C'est le 17 de ce mois que commence à La Haye le grand festival Beethoven, organisé, à l'initiative de M. Willem Hutschenruyter dans le but de recueillir les fonds nécessaires à la construction d'une grande salle de fêtes. Rappelons qu'au programme des fêtes sont inscrites l'exécution de la *Missa Solemnis*, sous la direction de M. Willem Kes, l'exécution des principales œuvres de musique de chambre, des sonates de piano, de violon, de violoncelle, par les 22 et 26 du mois, le capellmeister S. von Hausteger dirigera les neuf symphonies. Le festival se clôturera par une représentation de *Fidelio*.

— Le Conservatoire de Prague célébrera le centenaire de sa fondation du 14 au 16 mai prochain. A cette occasion, trois grands concerts symphoniques seront organisés, que dirigeront successivement les capellmeister tchèques Antoine Bennewitz, Charles Kovarovic et Oscar Nedbal. Le comité organisateur s'est assuré le concours de quelques artistes de marque, parmi lesquels on cite Mme Fœrster, cantatrice, et Mlle Lona Basche, MM. Stecker et Ondriček. Le célèbre Quatuor tchèque et le Trio tchèque participeront également à ces fêtes, au cours desquelles on exécutera les œuvres les plus réputées des anciens directeurs et anciens élèves de l'établissement. Abert, Dvorak, Fœrster, Camille Horn, Kalliwoda, Kittl, Knittl, Krejci, Novak, Suk, Vysehrad, et, de plus, le concerto de violon et la neuvième symphonie de Beethoven.

— Les éditeurs de Paris, MM. Plon-Nourrit, ont acquis le droit de publier la traduction française de l'Autobiographie de Richard Wagner, qui paraîtra incessamment à Munich. La traduction française comprendra trois volumes.

— Le Vendredi-Saint, 14 de ce mois, la Société chorale das Oratienverein, de Fribourg-en-Brisgau interprétera, sous la direction de M. Carl Beines, Le Requiem de Verdi, avec le concours de M. Engell, du théâtre de Wiesbaden, G. Rautenberg, de Cologne, K. Gentner, de Francfort et H. Van Oort, d'Amsterdam.

— En dépit de ses soixante-huit ans, Adelina Patti ne peut renoncer au plaisir d'être applaudie. Elle annonce qu'elle se fera entendre, à l'Albert Hall, de Londres, le 1er juin prochain.

— Mardi s'est ouvert à Rome, au château Saint-Ange, le grand congrès international de musique, dont le programme embrasse tous les problèmes de l'histoire, et de la vie musicale contemporaine. Le congrès durera une semaine; il sera clôturé le 11 de ce mois. Nous aurons l'occasion d'en reparler.

— Une troupe italienne organisée par l'impresario Casali commencera le mois prochain à représenter Salomé de Richard Strauss, en tournée, dans toutes les grandes villes de l'Italie. Le rôle de Salomé sera chanté par Mme Emma Bellincioni, l'orchestre, formé de quatre-vingts musiciens, sera dirigé par le maestro Ferrari. C'est naturellement la partition d'orchestre réduite qui sera utilisée pour ces exécutions.

— Richard Strauss a concédé à l'impresario Whitney le droit exclusif de faire représenter Le Chevalier à la Rose en Angleterre et en Amérique. L'impresario a payé ce droit 300,000 francs.

— Le théâtre de Berne annonce qu'il donnera, cet hiver, une exécution scénique de la Sainte Elisabeth de Franz Liszt.

— M. Félix von Weingartner a accepté de devenir chef d'orchestre au théâtre de Hambourg, mais sous condition de ne devoir remplir les fonctions que d'une façon intermittente. Il passera à Hambourg quatre mois de l'année et pourra consacrer le reste du temps à ses travaux, ainsi qu'à l'organisation des concerts de la Philharmonique, à Vienne.

— Un de nos amis, pensionnaire de Rome, c'est-à-dire de la Villa Médicis, pépinière d'artistes musiciens et autres, nous écrit la joie qu'il a éprouvée, avec ses camarades, à la réception musicale que le Directeur Carolus Duran a organisée, il y a quelques jours, dans l'antique bibliothèque, et dont Mme Ida Isori et M. Paolo Litta firent tous les frais, l'une avec ses mélodies des vieux maitres italiens des XVIe et XVIIe siècles, dont elle met en valeur avec tant de style, l'harmonieuse souplesse, l'autre avec ses compositions si poétiques, son Lac d'amour, notamment, où le violoniste Schkolnik tint la partie de violon. On n'est pas souvent à pareille fête, le soir à la célèbre Villa.

— Une de nos talentueuses violonistes, Mlle Alice Cholet, vient de jouer à Kreuznach (Allemagne) avec un grand succès que la presse constate unanimement. Elle y a donné le concerto en la de Saint-Saëns, des pièces de Brahms, Simonetti et Gossec, dans lesquels elle a fait preuve de goût, d'une technique parfaite et d'un beau sentiment.

57me ANNÉE. —. Numéro 16.   16. Avril 1911.

LE GUIDE MUSICAL

Chabrier avant " España ,,

PROCHAINEMENT, l'Opéra va associer à la reprise de *Gwendoline*, une transformation d'*Espana* en divertissement chorégraphique. Je n'aurai pas à rendre compte ici de cette version pour la scène d'une œuvre populaire qui a déjà subi je ne sais combien d'arrangements d'éditeur, et c'est peut-être heureux pour les auteurs! J'y trouve l'occasion de raconter en détail la partie la moins connue de l'existence de Chabrier, en utilisant ses récentes biographies et en y ajoutant les menus faits que des recherches personnelles et la bienveillance de mes confrères m'ont fait découvrir.

* * *

On sait qu'Emmanuel Chabrier-Durosay est né à Ambert, le 18 janvier 1841. « Son père était avocat, mais avocat peu occupé comme peut l'être, dans une petite ville, un avocat possédant quelque aisance (1) ». Cette profession ne l'empêcha pas de venir se fixer à Clermont-Ferrand dix ans plus tard, puis à Paris en 1856, pour suivre les études de son fils au Lycée départemental, et au Lycée Saint-Louis. La mère du jeune écolier, Evelina Durosay, élancée, souple, gracieuse, « était musicienne, aimant, comme tous les gens du

Bourbonnais, le monde, la danse et les fêtes ». C'est d'elle sans doute que Chabrier hérita ses aptitudes artistiques.

Dès l'âge de six ans, le petit Emmanuel avait commencé à Ambert, l'étude de la musique, avec un espagnol réfugié, nommé Saporta. « Un jour que l'élève ne jouait pas au goût du maître, celui-ci, d'un caractère violent, leva la main. A ce moment, Nanette, — la servante qui éleva Chabrier et vécut chez lui presque toute sa vie — entrait dans la pièce. Elle vit le geste, bondit sur Saporta et lui rendit la gifle qui venait de claquer sur la joue d'Emmanuel. Et pour qu'il n'y ait pas mécompte, elle la rendit plusieurs fois (1) ». Cette mésaventure n'empêcha pas le professeur de continuer ses leçons, mais la crainte de la terrible gardienne le rendit plus patient.

A l'âge de dix ans, Chabrier entra au Lycée de Clermont-Ferrand. « Emmanuel fut, au collège, un assez bon élève, intelligent, aimable, un peu turbulent, mais surtout très préoccupé de musique... Il recevait les leçons d'un bon violoniste, nommé Tarnowski et s'essayait déjà à de menues compositions (2) ».

A cette période, évidemment, appartient un morceau de piano, daté de janvier 1856, tiré en autographie et dont M. Charles Malherbe possède un exemplaire qu'il a bien voulu me montrer. Il est en *ré* (*vivace*, puis *allegretto* à 2/4) et porte ce titre bizarre : *Le Scalp* (!), qui

---

(1) J. DÉSAYMARD, *Un artiste auvergnat : Emmanuel Chabrier*, i br, in-8o, extraite de la *Revue d'Auvergne*, Clermont-Ferrand, 1908.

(1) Préface des *Lettres à Nanine*, par Legrand Chabrier, i br, in-18. Paris, 1910.

(2) Désaymard.

dénonce la hantise du collégien par la lecture des romans de F. Cooper et de Mayne-Reid... Ce collégien, écrit M. Désaymard, « n'était pas encore bien fixé sur l'art qui le rendrait célèbre; là peinture, où il réussissait, le sollicitait presque à l'égal de la musique ». Pour trancher la question, le père décida qu'Emmanuel ferait son droit et la famille vint s'établir à Paris, rue Vaneau.

Entré au Lycée Saint-Louis en 1856, Chabrier passa son baccalauréat en 1858 et s'inscrivit en effet à l'Ecole de droit. Tandis qu'il terminait ses études au Lycée Saint-Louis, Edouard Wolff, compatriote et ami de Chopin, lui donnait des leçons de piano. Producteur abondant de pièces pour son instrument, Ed. Wolff a pu guider les premiers tâtonnements de son élève dans l'art de la composition. De ce temps (août 1857) date une valse dédiée par Chabrier « à Mademoiselle Julia Jullien » avec cette inscription : « Souvenir affectueux » et le numéro d'op. 1. Le manuscrit de *Julia* appartient à M. Ch. Malherbe. Cette valse débute par une introduction *andante* à 12/8 en *mi* bémol, d'un style sentimental dont le chant reparaît plus loin comme *cantabile* à 3/4 ; elle présente quelques particularités rythmiques et se termine par une *coda* brillante.

Alors qu'il faisait son droit et son surnumérariat au Ministère de l'Intérieur, où il était entré le 29 octobre 1861 (1), Chabrier publiait chez Gambogi, 15, boulevard Montmartre, une suite de valses intitulée : *Souvenirs de Brunehaut* (1862) et une *Marche des Cipayes* (1863). La valse, je n'en ai ai connaissance que par la *Bibliographie de la France* (n° 10 de 1862). Elle ne se trouve ni à la Bibliothèque nationale, ni à celle du Conservatoire. Le catalogue de Pazdirèk ne la mentionne pas et si le fonds Gambogi a été acquis par la maison Choudens, celle-ci n'a pas cru devoir conserver et rééditer la valse de Chabrier. Les planches mêmes ont été fondues en avril 1899. Je me demande donc si, sous ce titre singulier : *Souvenirs de Brunehaut*, Chabrier n'aurait pas publié ou utilisé la valse : *Julia*. C'est du moins ce qu'il a fait pour la *Marche des Cipayes*.

Tout le monde peut lire ce morceau, qui, après avoir passé dans le fonds Noël-Mackar, appartient maintenant à la maison Hachette. C'est un *allegro decıso* en *ré* mineur, qui ressemble assez, surtout dans le second thème en majeur, enguirlandé de *turlututu* de petite flûte, aux « marches indiennes » élaborées par MM. les chefs de musiques militaires. Celle-ci est d'un indianisme assez erratique, car l'une des idées provient directement du *Scalp*. L'œuvre est un mélange de formules désuètes, d'effets de contraste faciles *(pp. ff.)* et de recherches harmoniques ou rythmiques en lesquelles se révèle déjà le futur compositeur des *Dix Pièces pittoresques*.

Ces morceaux d'écolier passèrent inaperçus, bien que la *Marche des Cipayes* eût été dédiée à Maurice Bourges, rédacteur de la *Gazette musicale*. Chabrier dut comprendre ce qui lui manquait sous le rapport de la technique, car il étudia ensuite l'harmonie et la composition avec Th. Semet, professeur au Conservatoire, et A. Hignard, excellent musicien qui n'eut pas une réputation en rapport avec son mérite (1).

Est-ce l'exemple de son maître, auteur d'opérettes jouées avec un certain succès au Théâtre-Lyrique et aux Bouffes Parisiens d'Offenbach, qui donnèrent à Chabrier l'idée de faire lui-même de l'opérette, je l'ignore car je n'ai pu arriver à déterminer l'époque à laquelle il reçut les leçons d'Hignard (aucun de ses biographes ne la précise). Il y fut peut-être incité par son goût pour la bouffonnerie, l'exemple des succès d'Offenbach, Hervé, Lecocq et Delibes, ou par cette conviction qu'il est plus facile d'improviser de la musique légère que de composer de la musique savante. Seulement, au lieu de s'adresser aux fournisseurs habituels des petits théâtres, il demanda ses livrets à Paul Verlaine. Il fréquentait en ce temps et se faisait entendre comme pianiste chez la mère du poète. Il retrouva plus tard Verlaine aux réunions du Parnasse qui se tenaient vers 1867, dans l'entresol de l'éditeur Lemerre, passage Choiseul.

Avec ce collaborateur, — ou plutôt ces collaborateurs, car Verlaine s'était adjoint un

---

(1) Renseignement donné par la direction du personnel au Ministère de l'Intérieur.

(1) J'ai parlé d'Hignard dans le *Guide musical* du 25 juin 1899, sous ce titre : *Le maître de Chabrier*.

certain Lucien Viotti (1), — Chabrier entreprit deux opérettes. L'une a pour titre : *Vaucochard et fils Ier* et date de 1864 environ ; les personnages se nomment : Douyoudou, Aglaé, Médéric, Necrotatos ; ceux de la seconde, intitulée *Fisch-ton-Kan*, — pièce chinoise évidemment,—Poussah, Pelikan, Goulgouly et Kakao. Une telle débauche d'esprit à la Hervé me met en défiance et ce ne sont pas les échantillons des paroles rimées, — je n'ose dire des vers ! — — du librettiste, publiés par M. Robert Brussel (2), qui donneraient une idée avantageuse des dispositions de Verlaine pour cette sorte de théâtre ! Quant aux partitions, il reste *cinq* morceaux orchestrés de *Vaucochard* (3) et une réduction pour piano de *Fisch-ton-Kan*. M. Brussel y a discerné les aptitudes du compositeur pour la musique bouffe. Je l'en crois sur parole, n'ayant pas lu les manuscrits.

Un peu plus tard, c'est à-dire vers 1867, Chabrier aurait eu un projet d'opéra en collaboration avec Henry Fouquier : *Jean Hunyade*. D'après M. Martineau, Fouquier aurait fait deux actes seulement du livret ; quant à la musique, Chabrier l'aurait utilisée dans *Gwendoline*.

J'ai lu dans une notice qu'en sa jeunesse, Chabrier avait écrit deux mélodies restées inédites : *A quoi bon entendre?* sur les vers bien connus de Victor Hugo et *Chants d'oiseaux*, sur une poésie de Laprade. Je ne connais pas ces deux pièces. mais par contre, M. Ch. Malherbe m'a révélé une œuvre vocale très curieuse de Chabrier, dont il possède l'autographe, daté de juillet 1870 et dédié à Mlle Louise Albouy. Ce manuscrit provient des papiers de l'éditeur Hartmann, qui... ne le publia pas. Le texte choisi est l'admirable *Invitation au voyage* de Baudelaire.

Notée à 6/4 en *mi* mineur, la mélodie comporte un emploi fréquent des accords de neuvième, mais le plus singulier, ce sont les contorsions de la ligne mélodique : les sauts de septième, les ports de voix du plus mau-

vais goût y abondent et aussi les cassures du rythme. Dans : *Aimer à loisir, aimer et mourir*, le compositeur introduit un silence entre *à* et *loisir*, entre : *et* et *mourir*. Après le vers :

> Brillant à travers leurs larmes.

il ajoute un : *Ah!* avec soupir vocalisé sur saut d'octave et arpège comme dans les romances les plus désuètes du temps de Louis-Philippe. Ces bizarreries d'écriture, l'addition d'une partie de basson (!) à l'accompagnement, seraient de nature à faire croire à une « charge », mais le tour de la pièce est des plus sérieux et, en 1870, un jeune homme de 29 ans ne se serait permis de parodier Baudelaire. Si cette œuvre était publiée, elle ne ferait aucun tort, je pense, à la merveilleuse *Invitation au voyage* d'Henri Duparc !

(*A suivre.*) GEORGES SERVIÈRES.

De la mesure

DEPUIS les travaux si utiles de Riemann et de Matthis Lussy sur la mesure et la rythmique musicale, bien des points autrefois indécis et obscurs de l'interprétation se sont éclaircis. Mais il y a encore, en ce qui concerne la mesure, des obscurités et des incertitudes qu'il importe de faire disparaître. Nous en sommes encore là aujourd'hui de ne pas avoir de base certaine et bien claire pour déterminer les temps réels de la mesure.

Celle-ci s'indique au moyen de deux chiffres disposés « sous forme de fraction » (moins la barre) et dont la valeur, qu'on nomme *la ronde*, constitue l'unité.

On admet communément que le chiffre inférieur exprime la *qualité* des valeurs ; le chiffre supérieur exprime la *quantité* de ces valeurs, lesquelles constituent les temps fondamentaux de la mesure. Cette définition n'est pas tout à fait exacte, car elle ne s'applique pas indistinctement à *toutes* les indications de mesures. Où donc est le défaut ? Nous allons le découvrir.

Des deux séries suivantes (1 A et B), B est certes, la plus intuitive, parce qu'elle désigne sans détours, la *valeur exacte* (« la qualité ») des temps, dont le chiffre sous *a*) de A et B désigne chaque fois le *nombre précis*.

(1) *Emmanuel Chabrier*, par René MARTINEAU, 1 vol in-16. Paris, 1910, Dorbon.

(2) *Emmanuel Chabrier et le Rire musical (Revue d'art dramatique* des 5 et 20 octobre 1899).

(3) La seconde idée de la *Ronde champêtre* pour piano proviendrait de cette partition.

Mais cet excellent principe : d'indiquer minutieusement la *valeur* que représente chaque *temps réel* de telle ou telle mesure (exemple 1), n'est plus en vigueur dans les indications suivantes, qui ont cours dans la musique.

De cette dernière (6/16), Beethoven semble avoir fait une mesure à trois temps. Voir son op. 111 : *l'istesso tempo* de L'Arietta.

Observons ici — c'est un point qu'il ne faut pas perdre de vue —-que ces indications de mesure (dans l'ex. 2) marquent, tous, *la première subdivision* (égale) des temps réels, mais non *ces temps* mêmes.

On peut se demander, quand et pour quelle bonne raison on s'est décidé à indiquer ces mesures de la façon expliquée. Assurément, il y a impossibilité à le faire selon le principe de l'exemple 1 A; et il semble bien qu'on ait eu l'intuition de ce fait. Mais si quelqu'un avait eu l'idée de se servir de la notation que nous donnons dans l'exemple 1 B, on eut eu dans cette forme de 1 B, le moyen d'indiquer avec toute la clarté désirable l'indication pratique pour les mesures de l'exemple 2 a) — e), et dès lors, *un seul principe* aurait pu être adopté et appliqué à toutes ces indications, sans exception aucune Il en serait résulté une simplification qui aurait certes fait éviter bien des erreurs. Voici un tableau (exemple 3) rectificatif de celui de l'exemple 2 a) — e) :

Avec les 12/32 Beethoven s'est encore trompé (voir op. 111), car son *orthographe* (groupement des membres de cette mesure), dénote une division en *trois temps*. Or, 12/8, 12/4, 12/16, 12/32 et pour contenter les « chercheurs de midi à quatorze heures » : 12/64, même 12/128, ce sera toujours... à *quatre temps*. Je crois que c'est clair! Il y a donc mille à parier contre un que si l'on avait eu coutume d'indiquer 12/32, comme le tableau B de l'ex. 3 *g* l'expose, Beethoven ne se serait pas laissé égarer dans la chinoiserie des 12/32. Que dire des 36/64 que Lussy prétend (p. 21 de son *Traité de l'expression musicale*) être plus exact que 12/32 pour le cas de l'op. 111 de Beethoven!?

Malheureusement, ce sont ces chinoiseries que beaucoup imitent. Benoît donnait aussi dans cette manie, de même Richard Strauss. Même Bach et Hændel y ont payé tribut. C'est beau, tout cela ! Et... Lussy nous apprend (à la page citée : 21) « que l'édition Ikelmer (à Paris) porte la formule 36/32 pour *ce passage*, que dans les différentes éditions des sonates de Beethoven, on rencontre de façon très variée. »

Mais il y a un moyen *simple* et — je crois — *logique* pour faire saisir l'inconséquence des indications réunies sous 3 A. Supposons qu'il y ait pour un passage assez long, une sorte de succession de croches, *dans les mesures de* 6/4, 3/2 et 12/8. Je me demande quelle bonne raison il peut y avoir pour désigner par 12/8, la division que montre l'exemple 4 C, plutôt que les subdivisions qu'indiquent les exemples 4 A et 4 B.

4

A) 2×6 $\quad$ = 12
(a)
$$\frac{6}{4}\left(\frac{2}{P}\right)$$

B) 3×4 $\quad$ = 12
(a)
$$\frac{3}{2}\left(\frac{3}{P}\right)$$

C) 4×3 $\quad$ = 12
(a)
$$\left(\frac{12}{8}\right)\frac{4}{P}$$

En d'autres termes, faut-il indiquer la *première*, la *seconde* (1) *subdivison* des temps, ou bien les *temps mêmes*, les *temps réels* ? La question des mesures, Riemann l'examine très minutieusement dans son livre *System der musikalischen Metrik und Rhythmik* (1903.)

Cependant il me semble qu'il y a lieu de s'élever contre une certaine confusion qui se produirait, par la *division ternaire* de second ordre (aux pages (160-161) qu'il établit là. Je prouverai à une prochaine occasion, que seul la *division binaire* est la base (et la base bien solide) de toutes nos mesures. Les *divisions ternaires* constituent les exceptions. Nous examinerons cela minutieusement.

Dans les examples 4 A, 4 B et 4 C, la lettre *a* montre les valeurs auxquelles correspondent les mesures de 6/4, 3/2 et 12/8. Seule la mesure de 3/2 indique les *temps réels* (*qualité* et *quantité*). Les exemples 4 A et 4 C démontrent à l'évidence que la notation usuelle pour les mesures 6/4 et

(1 Disons ici en passant, et provisoirement, que la mesure à 24/16 est la somme totale de la *seconde subdivision, mais « anormale »*, des temps de la mesure à 4/4. C'est-à-dire : chaque deux doubles croches, sont représentées par un *triolet* de doubles croches. Hændel et Bach nous fourniront des exemples. Et parfois Hændel semble considérer 24/16 comme une mesure à... huit temps, je crois. — Et il parait que ce charivari — issu d'un faux principe — ne s'arrête pas là !

Décidément, M. Fréd. Hellouin a raison : « il y a trop de mesures » (Congrès de musique, Paris, 1900).— Elles ne servent qu'à embrouiller, même les plus grands musiciens.

12/8, désigne non les temps, mais la *première subdivision « égale »* des temps réels.

Je demande si ce n'est pas là un point sur lequel on devrait une bonne fois s'entendre ?

Prenons la *Sarabande* de Hændel (éd. Peters 4b, page 22 [82]) ; le morceau est en 3/2. Sans doute, sous prétexte que le rythme continu de la noire domine dans les variations 1 et 2, le maître leur a donné l'indication de mesure en 6/4. Mais c'est là, évidemment une erreur. Bien que Bülow, dans son édition du recueil de Hændel (Universal édition, n° 1322) ait sagement supprimé ces 6/4 erronées, — et que l'auteur du *Klassischer Jugend-Album* (Löschhorn, éd. Peters 2135a, p. 10) ait eu la même précaution — l'auteur de *Die ersten Studien* de Hændel (éd. Peters 2669), notamment Ruthardt, continue bravement l'erreur de Hændel. Cela me rappelle une romance de Paderewski (revue NB. par Louis Oestérlé) conçue en 3/4 mais... indiqué, comme 6/8 sans doute à cause de la suite des croches qu'on trouve à la partie de la main gauche, d'un bout à l'autre de cette romance.

La science musicale, qui donne matière à de si lamentables méprises de la part non de simples mortels, mais de personnes se mouvant dans les degrés supérieurs de l'enseignement, voire au haut de l'échelle, est vraiment encore dans l'enfance.

Je pourrais citer mille exemples analogues chez les plus grands dans le domaine musical. Il est temps de mettre ordre à cela. Puisse cet exposé succinct aider à ouvrir les yeux.

Il est à désirer, dans l'intérêt de la bonne cause, que l'idée émise ici soit controversée ou approuvée. Les compositeurs qui ont le plus immédiat intérêt à être compris, devraient se prononcer en premier lieu. J'avoue, par exemple, ne pas comprendre l'intention de Wagner quand il indique dans *Tristan et Isolde*, p. 186 (partition, piano et chant) la mesure 6/4 = 3/2. — Donc 6/4 égale 3/2! Mon bon sens m'a toujours dicté : 6/4 est la mesure à deux temps ($\quad$), 3/2 celle à trois temps ($\quad$). La différence est capitale, je crois, et absolument la même qu'entre 6/8 ($\quad$) et 3/4 ($\quad$).

Pour être convaincu de la différence capitale qu'il y a entre un même contour mélodique, exécuté en 3/4 et en 6/8 — et conséquemment être convaincu de l'erreur de Hændel, de Paderewski, et enfin de tout ceux (grands ou petits) qui se basent sur des considérations tout à fait superficielles,—je prie de comparer le début de l'*andantino grazioso* du quatrième duo pour deux violons de Mazas (édit. Peters, 1955a) avec le début de l'op. 116 d'Alfred Jaëll (*La Sylphide*) que voici :

5

Je me demande si les notions de la différence des *accords métriques* n'étaient peut-être pas très clairs, ni chez Hændel ni chez Paderewski? Il semble pourtant que ce soit bien simple :

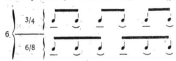

Si l'on n'est pas encore parfaitement d'accord sur des notions aussi élémentaires, rien d'étonnant que la confusion soit complète dans les questions moins élémentaires.

Notre siècle suréclairé, ne pourrait-il pas faire un peu de lumière dans tout cela? Et puis, l'introduire dans l'enseignement !

Il est plus que temps, ce me semble!

EM. ERGO.

La Légende de Sainte-Elisabeth
de FRANZ LISZT
au Conservatoire royal de Bruxelles

L E centenaire de Liszt aura été célébré dignement au Conservatoire par l'exécution de cette œuvre qui, avec la *Faust-Symphonie*, est peut-être la plus parfaite du maître hongrois. Elle dépasse même cette dernière par la générosité et la continuité de l'inspiration, par une plasticité rare chez Liszt, tandis qu'elle lui cède au point de vue des détails de l'écriture, de la richesse rythmique par exemple, qui dans *Faust* est extraordinaire.

Il est vraiment curieux que, sauf un petit ouvrage de jeunesse, Liszt n'ait pas une seule fois abordé le théâtre, lui dont l'inspiration est si essentiellement théâtrale, que même le *lied* prend sous sa plume la forme d'un récit dramatique ; et le poème symphonique, entrevu par Berlioz et dont il donne la formule définitive, est-il autre chose qu'un fragment dramatique privé du concours de la voix et du décor? Ce caractère de l'art de Liszt s'atteste

notamment dans ce fait que la *Légende de Sainte-Elisabeth* est, avec succès, transportée au théâtre. — Néanmoins, dans ce cas, certains développements trahissent l'oratorio : « Au théâtre, dit M. Chantavoine, le concert parait mieux lui convenir ; au concert, on pense que le théâtre lui manque. » — D'où, en fin de compte, on pourrait peut être conclure, comme Strauss à propos de Berlioz, que Liszt fut trop dramatiste pour la symphonie, et trop symphoniste pour le drame lyrique...

Le style de *Sainte-Elisabeth* manifeste une affinité évidente avec les opéras romantiques de Wagner, particulièrement avec *Lohengrin*, avec lequel l'action elle-même n'est pas sans quelque analogie. La comtesse Sophie est proche parente d'Ortrude, et Elisabeth, dans la conception de Liszt, évoque invinciblement la figure d'Elsa de Brabant ; notamment le début de la prière d'Elisabeth : « Le calme berce l'onde... » baigne dans la même atmosphère que la rêverie d'Elsa au balcon. Et quel héroïsme romantique dans ce chœur et cette marche des Croisés, sur le thème du *Te Deum!* Mais, comme dans la plupart des œuvres de Liszt, les analogies avec les opéras romantiques de Wagner se combinent avec les pressentiments du drame musical, l'héroïsme des *Nibelungen* et le mysticisme de *Parsifal;* ici précurseur, là imitateur, Liszt est comme un trait d'union entre les manifestations extrêmes du génie wagnérien. Si le beau récit de l'empereur Frédéric, dans sa pompe, est d'une tournure plutôt classique, par contre celui de Sophie : « Dès le jour qu'il partit », est de la plus intense modernité. Le passage le plus frappant, à ce point de vue, est le dialogue d'Elisabeth et d'Ortrude, saisissant d'expression et de mouvement. Et l'orage, digne de tous ceux de Wagner, sans cependant qu'il les rappelle? Du dernier Wagner encore, l'emploi systématique des thèmes conducteurs, et maints détails caractéristiques, — comme ces *pizzicati* entrecoupés des cordes qui, après les adieux d'Elisabeth à sa demeure, évoquent ses pas chancelants s'éloignant dans la nuit.

L'œuvre est de dimensions : malgré de fortes coupures, elle ne va « pas moins de trois heures. Comme dans *Faust*, il y a un manque d'économie et de proportions; jusqu'à la fin de sa carrière de compositeur, et par une conséquence de sa nature exubérante, Liszt, comme un débutant, semble vouloir « tout dire ». Il y a des longueurs évidentes, Néanmoins, on reste intéressé jusqu'au bout par l'abondance soutenue des idées et par la succession ininterrompue des détails heureux, des trouvailles d'expression.

Ici encore on voit Liszt jeter dans la circulation une profusion d'éléments musicaux dont d'autres, plus que lui, surent tirer profit. Au point de vue harmonique surtout : Ecoutez ces « marches » chromatiques accompagnant les mots : « Le vent fait rage sur le beffroi » et, avec le chœur d'anges : « Remonte au ciel », cette curieuse ascension d'accords de septième *s'accrochant* les uns aux autres. Les numéros instrumentaux sont des plus intéressants : l'introduction et son délicat dialogue des bois, l'interlude précédant l'entrée d'Elisabeth, surtout celui qui suit la prière d'Elisabeth, avec ce balancement d'accords douloureux (dont Hugo Wolf se souvient certainement dans son *lied* mystique *Uber ein altes Bild*), transfigurés plus loin. Les chœurs aussi sont remarquables ; n'oublions pas que nous sommes, à cette époque, sous le régime de la *Liedertafelsi*, qui explique l'importance anormale de l'élément choral dans *Lohengrin*. L'ensemble : « Fraîches écloses », qui suit le miracle des roses, est une pure merveille, et peut-être le morceau le plus remarquable de toute la partition. Le style, ici, est du romantisme classique ; un entrelacement délicieux des voix, une longue gradation, conduit à certaine figure harmonique, répétée avec persistance, identique à celle occupant la même fonction dans l'air *Im Waldes Grün* de la *Vie d'une Rose ;* et cela se termine sur une de ces longues pédales en notes répétées qu'affectionnait Brahms. La grandiloquence et la boursouflure, les défauts habituels de Liszt, ne se retrouvent guère ici que dans la scène des funérailles et de la glorification. Mais le chœur final évite la banalité imminente de ce moment, et que Schumann ne sut pas éviter ; il offre un caractère très prenant d'exaltation intérieure se fondant dans une mystique sérénité.

L'exécution que M. Tinel nous a donnée de ce bel ouvrage fut au-dessus de tout éloge, et telle qu'on n'en imagine guère de meilleure : parfaitement d'aplomb au point de vue de la note, d'une parfaite justesse d'expression dans toutes les nuances du sentiment, et d'une entraînante conviction. Cela s'affirmait dès le début, dans le nuancement extrêmement délicat et la souplesse de mouvement de l'introduction ; et, jusqu'à la fin, il n'y eut pas une défaillance. Mlle Homburger, qui réalise parfaitement le type de la chanteuse d'oratorio, a chanté avec grâce et charme le rôle de l'héroïne ; la voix est pure et agréable, un peu faible dans le medium et le grave. Mme Wybauw-Dutilleux a donné une superbe allure au rôle de la comtesse Sophie, chanté avec une énergie farouche et un très grand style ; M. Seguin prê-

tait son autorité habituelle au personnage du landgrave Hermann et à trois autres rôles ; M. Houx et Mlle Vicerey n'ont pas moins bien interprété les leurs. Chœurs et orchestre parfaits d'ensemble et de sonorité.   E. C.

LA SEMAINE

PARIS

A L'OPÉRA-COMIQUE, intéressant concert spirituel pour les samedis historiques organisés par M. Expert. Les « chants religieux anciens » en ont fait les frais, quelques-uns du moins, et pas ceux qui se rattachent à la grande école italienne presque liturgique, mais caractéristiques et parfois d'une grande beauté. Buxtehude, Clérambault, Rameau, Marcello, Pergolèse, Bach, Hændel, Haydn et Beethoven figuraient ainsi sur le programme. A mon sens, la présence de Beethoven, ici, est une erreur. Il eût beaucoup mieux valu le remplacer par Mozart, qui a été omis. Comme celle de Haydn, la musique religieuse de Mozart est un peu *à côté ;* en tous cas, bien que supérieure, et plus sentie, elle est bien de cette époque, elle la clôt. Beethoven ouvre une ère nouvelle ; ce n'est plus du tout ce qu'on vient d'entendre. Il fallait le mettre en tête d'une autre série. Parmi les interprètes, une mention spéciale me paraît méritée cette fois par Mlle Heilbronner, qui a chanté avec un style, une ampleur et une tenue de premier ordre un motet latin de Rameau et deux pages allemandes de Bach. Mlles Nicot-Vauchelet et Charbonnel, ainsi que Mme Billa-Azéma, ont d'ailleurs fort bien dit aussi du Marcello, du Pergolèse, du Bach, du Hændel, du Haydn. Buxtehude, Clérambault, Beethoven, ont été chantés par MM. Payan, Laure, Gille, Dupré. M. Expert a commenté ces œuvres avec beaucoup de compétence et de goût.   H. DE C.

Concerts Colonne. — (9 avril). — Si le debussysme et le wagnérisme n'avaient point été inventés, je crois que M. Philippe Gaubert n'aurait pas écrit *Le Cortège d'Amphitrite* comme il l'a fait. Cela aurait-il mieux valu ? Je n'en sais rien. La part que ce poème symphonique, inspiré par un joli sonnet d'Albert Samain, doit à ces deux genres est si grande que celle qui appartient en propre au jeune compositeur est fort réduite. Néanmoins ce petit ouvrage est agréable et d'une construction claire. Succès. On s'est surtout occupé de Mme Lilli Lehmann qui a chanté *Ah! Perfido*, un air de

L'Enlèvement au Sérail et *Le Roi des Aulnes* — malencontreusement orchestré par Berlioz ! — avec cette voix pure, magnifique d'ampleur et de souplesse, ce style admirable que vous lui connaissez et qui font qu'elle occupe encore la première place parmi les cantatrices célèbres du monde entier. Le public, transporté d'enthousiasme, lui a fait une longue ovation. La symphonie héroïque, médiocrement jouée, et *Shéhérasade* exécutée avec une finesse dans le détail et une couleur vraiment bonnes, complétaient le programme de l'avant-dernier concert de la saison. André Lamette.

Concerts Lamoureux. — Avec la même distribution qu'à la précédente séance la neuvième symphonie est offerte aux fervents de Beethoven. Orchestre et chœurs, deux cents exécutants, dit le programme. Que sera-ce lors de la célèbre exécution, qu'on nous promet, avec mille exécutants ! Si le nombre fait la valeur, notre excellent concert Lamoureux verra pâlir sa gloire. Mais le nombre fait-il la valeur... musicale ? Les *Variations symphoniques* de C. Franck ont eu pour interprète M. Ed. Bernard dont le jeu élégant et léger ainsi que la sûre technique méritent d'être loués. Mme Kaschowska a chanté, avec flamme, l'air de *Fidelio* et elle a prodigué une voix superbe, généreuse, émouvante dans la scène finale du *Crépuscule des Dieux*. M. Daubresse.

La Société musicale indépendante nous a offert, le 6 avril, une audition semi-espagnole et française. — En gens polis commençons par nos voisins d'outre-monts.

Parmi ces œuvres, toutes intéressantes à des degrés divers, je m'attendais à rencontrer plus de couleurs vives, plus d'ardeurs méridionales, et à cet égard j'ai été déçu. Car les *Caprichos romanticos* de M. Conrado del Campo sont à coup sûr prenants, avec leur dramatique intensité d'expression, mais ils m'ont plutôt fait songer à la Russie. je l'avoue, qu'à l'Espagne. En dépit, d'ailleurs, de certaines longueurs, ils sont remarquablement écrits, avec de fort curieuses trouvailles de sonorités qui épuisent, sur ce point, les ressources du quatuor à cordes.

Les *Coins de Séville* de M. Joachim Turina sont d'agréables tableautins. sans plus. Le dernier, dédié *A los Toros* et nous promettant « le vacarme habituel » à ces sortes de fêtes, m'a semblé extraordinairement calme. C'est de la tauromachie pour chambres de convalescents. Bien plus intéressantes ont paru les pièces espagnoles de M. Manuel de Falla (ou de Falal, le programme donnant successi-

vement les deux orthographes) : Paysages aragonnais, cubains et andalous, souvenirs de cloches s'épandant à travers les plaines encadrées de montagneux horizons, tout cela est d'une justesse et d'un coloris absolument charmante. L'auteur, qui est en même temps un excellent pianiste, a joué de façon parfaite ces pièces dignes d'être retenues.

Nous avons ou ensuite une mélodie italienne de M. Morera, une chanson française de M. Pedrell et un air cosmopolite de M. Turina. Mais, réserves faites pour les paysages précités, où est l'Espagne ? Et le Bizet de *Carmen* ne serait-il pas le plus national de ses compositeurs ?

La partie française du concert comprenait d'abord un cycle de sept mélodies écrites sur des fragments de l'admirable et incomparable poème de Tennyson : *In memoriam*. Le musicien qui s'est attaqué à ce chef-d'œuvre ne s'en est pas montré indigne, et ce n'est point sa faute si une certaine impression de monotonie se dégage de l'ensemble : quelle musique pénétrerait à travers les infinies variations de la pensée du poète ! M. Max d'Olonne l'a partout respectée, et ses trois dernières pièces m'ont particulièrement impressionné par leur accent de religieuse sincérité. M Tordo lui fut un intelligent interprète.

Pourquoi M. Inghelbrecht affuble-t-il du titre anglais de *Nursery* les variations ingénieuses et amusantes qu'il écrivit sur des airs populaires bien français : *Nous n'irons plus au bois, Monsieur Dumollet*, etc ? En tous cas, ces miniatures, présentées avec esprit et agilité par Mlle Magdeleine Tagliaferro, ont franchement plu.

Les *Chansons de Bilitis* ont tenté M. Michel-Maurice Lévy qui les a traitées impartialement en réservant à toutes les mêmes formules d'accompagnement, à peine différenciées dans les détails. La belle voix de Mme Caro-Martel y résonna à merveille. René Brancour.

Société nationale. — Le trois cent quatre-vingt-unième concert de la Société nationale, le 8 avril, à la salle Pleyel, a été bon mais long. L'intéressant quatuor en *ré* de M. Gustave Samazeuilh et les belles *Variations, interlude et final sur un thème de Rameau*, de M. Paul Dukas, œuvres déjà connues, encadraient les premières auditions de quatre *Chansons d'enfants* de M. Joseph Civil, qui sont assez jolies ; d'une sonate pour piano et violon de M. René de Castéra, pleine de formules scholastiques mais vide de charme musical vraiment inspiré ; des chants des *Dryades de La Forêt* de M. Auguste Savard, pièce détachée de la noble et fière partition qui fut, pour notre déshonneur, si cruellement assassinée et coupée en morceaux à l'Opéra; enfin *Le Vieux Calvaire* et cinq petites poésies pour piano, composant le *Chant des Genêts* de M. Paul Le Flem et qui furent les meilleures choses que nous entendîmes au cours de cette longue soirée. A. L.

Société Beethoven. — Ce qu'il faut louer au plus haut degré dans l'exécution des quatuors de Beethoven par MM. Tracol, Dulaurens, P. Brun et Schidenhelm, c'est le souci des nuances, la précision des valeurs et l'équilibre des sonorités. Ces qualités se sont toutes retrouvées dans l'interprétation du treizième quatuor, par qui s'ouvrait la dernière séance de cette excellente Société, que le public à voulu saluer de l'expression de toute sa gratitude, précisément après cette délicieuse cavatine, la plus pure inspiration du maître!

M. Philipp, avec le concours d'une de ses élèves, Mlle Fourgeaud, a exécuté à deux pianos, les variations douces et poétiques de Schubert, puis celles de Tausig sur un thème de Schumann, d'une facture et d'une puissance colossales. Le thème est celui qu'adopta Schumann dans ses variations à deux pianos, mais elles semblent ici poussées et développées beaucoup plus loin, et nécessitent deux virtuoses de première force, comme ceux que nous avons eu le plaisir d'entendre. Grand succès pour Mme Auguez de Montalant, toujours bien disante et chantante, douée d'un goût et d'un style qui ne se démentent jamais.

Pour finir, le deuxième trio de Saint-Saëns, de beaucoup plus sévère que le premier, mais imposé de main de maître par MM. Philipp, Tracol et Schidenhelm, qui se sont joué du vétilleux andante à 5/4. A. G.

Salle Erard. — M. Edouard Risler mettait fin, le 6 avril, à une série de quatre concerts par l'interprétation d'œuvres d'auteurs contemporains. Coloré et chatoyant dans la très originale *Suite* (op. 10) de M. Enesco, gracieux dans *Barcarolle vénitienne*, plein d'agrément pittoresque dans *L'Ange verrier* et *Vieux bahuts*, badin dans la capricante *Fauness dansante* de M. Reynaldo Hahn, d'une élégance raffinée dans la neuvième *Barcarolle* et le cinquième *Impromptu* de M. Fauré, plein de charme poétique dans la *Soirée à Grenade* et de verve dans l'*Isle joyeuse* de M. Debussy, M. Risler a montré, dans tout le cours du concert, une merveilleuse souplesse qui lui valut les applaudissements unanimes de l'auditoire. Le concert se termina par l'exécution du thème varié de *Namouna* transcrit

par M. Risler lui-même, de la *Bourrée fantasque*, de l'*Idylle* de Chabrier et de l'*Etude-valse* de M. Saint-Saëns. M. Risler sait être puissant et doux à son gré. Sa sonorité est toujours riche. A ses qualités si variées s'ajoute une haute intelligence musicale qui fait de lui un des artistes les plus complets de notre temps. H. D.

— M. Léon Enstration, un jeune pianiste, seize à dix-sept ans d'apparence, a donné le lundi 3 avril, un excellent récital. Son talent, qui ne recule pas devant les morceaux de force, témoin une *Rapsodie* de Liszt, est surtout porté aux effets de charme et de douceur. Cet artiste à été particulièrement intéressant dans le délicieux *Impromptu* de Schubert, dont il a exécuté, avec une grande délicatesse, les charmantes variations, et dans une *Ballade* et une *Fantaisie* de Chopin, très heureusement choisis ainsi que dans la belle *Etude en forme de valse* de Saint-Saëns. J. G.

— M. Ricardo Vinès a célébré le 8 avril, le centenaire de Liszt par une exécution, à tous égards parfaite. de quelques œuvres du maître L'excellent artiste a triomphé dans chaque numéro du programme qui comprenait, entre autres pièces, la sonate en *si* mineur, la deuxième ballade et la *Mephisto-Walzer* Justesse de style, interprétation lumineuse et originale, rien ne manqua ni à la gloire du maître, ni à la satisfaction du public.

René Brancour.

Salle Pleyel. — Le Quatuor Lejeune, toujours dévoué aux jeunes talents, à fait entendre, le 5 avril, des œuvres de musique moderne de différentes écoles. Un quatuor à cordes, en *mi* mineur, de M. Frank Bridge — école anglaise — dont on a surtout apprécié le deuxième et le troisième mouvement, adagio molto et allegretto grazioso, d'une écriture élégante et soigneuse; un quatuor à cordes, en *sol* mineur, de M. Fr. Rasse — école belge — d'un joli style et d'une grande richesse mélodique; *Un petit livre de chansons* de M. Paul Dupin, curieuses et adroites mélodies pour chant et quatuor, dont il faut dire le plus de bien, à moins qu'on n'en pense le plus de mal. A. L.

— Le jeudi 30 mars, M. Maurice Desrez faisait entendre un certain nombre de ses œuvres. Ses œuvres vocales eurent pour interprètes M. Jan Reder et M Plamondon qui trouvèrent auprès du public un accueil excellent auquel ils sont accoutumés. *Le Printemps*, poème musical pour piano et violon, fut joué par M. Geloso avec cette belle sonorité qui pare tout ce qu'il exécute. Enfin M. Desrez traduisit lui-même sur le piano sa

Fantaisie sur un thème militaire, la *Chanson du Rossignol* et *Impromptu*. Le concert portait le titre de « Concert de Printemps ». Titre symbolique : il y a en effet dans les compositions de \'. Desrez, beaucoup de jeunesse, c'est-à-dire de la générosité et de la fraîcheur d'invention, mais aussi de l'inexpérience. Comme le printemps,. M. Desrez est plein de promesses. *L'Antéchrist*, sur le poème de Victor Hugo, est d'une inspiration vigoureuse ; la *l'rière du Poèl*, sur le poème de Robert de Montesquiou, a du charme ; *Si vous n'avez rien à me dire* a de la grâce. Mais d'une façon générale, les idées qui inspirent l'œuvre de M. Desrez acquerraient plus de valeur si elles étaient disposées avec plus d'art et si des ornements inopinés n'en interrompaient parfois l'ordonnance... Le talent de M. Desrez mûrira. Du printemps naît l'été.   H. D.

Salle Gaveau. — Le Quatuor Godebski dont le *Guide* a récemment dit tout le mérite, a donné le 5 avril, une séance dont le programme comprenait un quatuor à cordes de Schubert, page difficile d'exécution, qui fut bien rendue et le recueil curieux de pièces russes pour quatuor, intitulé : *Les Vendredis*. On sait que des artistes compositeurs se réunissaient ce jour-là chez l'éditeur Bélaïeff et apportaient chacun un fragment de Quatuor. Des quatre morceaux joués l'autre soir, le scherzo de Sokolow, sur des airs bretons et la sérénade d'Artciboûcheff sont des pages charmantes.

Des mélodies pour piano, violon et violoncelle, de M. Godebski ne sont pas banales. Enfin on a apprécié le jeune violoncelliste Cassadó dans une sonate ancienne de Giuseppe Valentini, intéressante.   F. G.

— Une violoniste de talent, Mme Renée Chemet, s'est fait entendre avec grand succès dans un concert d'orchestre que dirigeait M. René Baton, Au programme, peu de classique, si ce n'est un concerto de Bach, dans lequel la virtuose a voulu affirmer ses qualités fondamentales d'excellente musicienne et de haute compréhension artistique. Puis vint la symphonie espagnole de Lalo, exécutée avec beaucoup de charme, *Le Ménétrier*, de M. d'Ollone, œuvre un peu longue, où le compositeur nous a peint les angoisses d'un pauvre ménétrier que hantent les Czardas de Bohême, et où le violon pleure les rondes champêtres si vite oubliées..., petit drame pour violon-solo, que Mme Chemet a joué avec beaucoup d'autorité.

Mais le triomphe fut pour l'éternel concerto de Mendelssohn, qui conserve auprès du public de nos concerts privés un charme que lui contestent nos grands concerts dominicaux. Ce sont de grands seigneurs ! !   A. G.

— On a fait, le mercredi 5 avril, un chaleureux accueil au pianiste Mark Hambourg, qui dans un programme exclusivement composé d'œuvres : 1º de Schumann (*Carnaval de Vienne, Arabesques, Toccata*, etc.), et 2º de Chopin (*Barcarolle, Six études, Mazurka la mineur, Valse la bémol, Andante spianato et Polonaise*, a fait apprécier les ressources d'une remarquable virtuosité, et qui a eu à bisser deux des *Etudes* du maître polonais.   J. G.

Salle des Agriculteurs. — 8 avril. — Le Quatuor vocal Mauguière (Mmes Herlern, Mirey, MM. Mauguière et Sigwalt) nous a fait plus de plaisir encore qu'à sa première séance. Qu'il chante *a capella* ou avec accompagnement, il a de la justesse, de la précision et des nuances. Les sept petits poèmes, pour quatuor, de M. Alexandre Georges, visent à l'originalité, mais sont d'une musicalité peu marquante. Tout autres sont trois jolies petites pages de M. Leo Sachs, qui sont des plus meilleures, certainement, par la finesse et la discrétion des effets. Nous avons applaudi aussi une chanson de Costeley — qui fut bissée — une de Cl. Jannequin et un quatuor de Brahms. Chacun des artistes du Quatuor chanta enfin comme soliste. Mme Herlern a un soprano bien timbré et M. Mauguière a toujours sa belle et chaude voix de ténor. M. Francis Thibaud, qui remplaça comme violoncelliste M. Hollman, primitivement annoncé, joua très agréablement l'*Elégie* de M. Fauré et du Boccherini.   F. G.

— M. Sautelet est un artiste charmant, le ténor des mondanités et des intimités. Après nous avoir promenés l'an dernier dans les œuvres légères du XVIIIe siècle, il vient de donner un concert presque tout (sauf des *Lieder* de Schubert et de Schumann) d'œuvres contemporaines qu'il a chantées avec goût et élégance *Les Crépuscules d'automne* de M. Louis Aubert, *La Douceur du soir* de M. Gabriel Dupont, sont fort loin d'être des pages banales. Elles sont d'une recherche presque précieuse et, en somme, très intéressantes. M. Louis Fleury, le distingué flûtiste et M. Motte Lacroix, ce dernier dans de nombreuses pièces de piano, ont contribué à une soirée fort agréable, bien qu'un peu longue. Les deux légendes de Liszt (*Saint-François d'Assise et Saint-François de Paule*) sont trop importantes pour être jouées — avec d'autres œuvres de piano — dans un concert où le programme comportait déjà dix-sept morceaux de chant.   F. G.

— Au Cercle « La Française », le 31 mars, audition d'un très intéressant choix d'œuvres lyriques et pianistiques de Mme Delage-Prat, exécuté par l'auteur, avec Mlle Jeanne Pelletier, Mme Brébant et M. Laforge, l'éminent altiste. Mme Délage-Prat s'est d'ailleurs fait apprécier encore dans l'exécution, remarquable de style, d'autres œuvres de choix, comme cette curieuse *Valse* que M. Debussy a appelée « la plus lente » et qui n'avait pas encore été produite, comme aussi la sonate pour piano et violon de Grieg. Grand succès pour l'interprète comme pour ses propres œuvres.   C.

— La Société artistique et littéraire de l'Ouest a consacré ses deux dernières réunions mensuelles (82, rue de Passy), l'une à des pages de Debussy, V. Debay, Mme Delage-Prat, P. Rougnon, H. Snell; l'autre à des œuvres de M. René Lenormand, A. Sauvrezis, G. Jacob, Mme Laennec, Mlle J. Renard et les auteurs, la première fois; Mlle Suzanne Ces bron, Mlle J. Goupil et les auteurs, la seconde, ont fait valoir toute cette musique nouvelle, qui a été vivement appréciée.

— D'exquises chansons du pays de France, recueillies et harmonisées par M. Julien Tiersot ont été exécutées, avec commentaire, par le conférencier-musicien et Mlle G. Lubin, le 13 mars, à la Ligue française d'enseignement (La Maumariée, berceuse bretonne, chansons bressane, basque, languedocienne, aubade des Hautes-Alpes, etc.).

— M. Engel et Mme Engel-Bathori ont donné mardi dernier, dans la salle de l'Athénée Saint-Germain, avec les élèves de leur théâtre d'application (et de la classe de M. Engel au Conservatoire), une intéressante série de scènes d'opéras et d'opéras-comiques, jouées en costumes, et où le maître lui-même s'est prodigué pour donner la réplique; mais surtout avec représentation intégrale du délicieux opéra-comique de Monsigny : *Rose et Calas*, qui mérite absolument d'être signalée, car l'idée était excellente et très artistique. Mlle Cabel fut charmante dans Rose, Mlle Bérezza spirituelle dans la mère Bobi, M. Dumontier, professeur de scène de ces cours, entraînait de son expérience et de sa verve MM. Ribère et Leroux dans les autres rôles. Les ensembles vocaux ont été parfaits. Dans les autres scènes, j'ai surtout distingué la voix pure et le beau style de Mme Vadot.   H. DE C.

— La dernière réunion de la Société Artistique et Littéraire de l'Ouest fut très brillante. Le programme bien composé comprenait une première audition d'un poème nouveau pour violoncelle d'A. Sauvrezis, joué par Mme Piazza-

Chaigneau et l'auteur. Deux très intéressantes mélodies de Georges Jacob chantées par Mlle Jane Goupil, accompagnée par l'auteur. Vif succès pour le trio Chaigneau, la charmante pianiste Mme Pégot-Ogier et triomphe pour Mlle Suzanne Cesbron, la remarquable cantatrice, dans les mélodies de René Lenormand.

— Jeudi 30 mars, à la Schola Cantorum, la pianiste estimée Mlle Antoinette Véluard a donné un concert très intéressant où, sous l'intitulé « Histoire de la fugue », la jeune et vaillante artiste a fait entendre des morceaux de Bach, Beethoven, Franck, etc. Disons que les ressources de son beau talent ont surtout trouvé à se faire valoir dans une fugue en la dièse de Hændel.   J. G.

— Un étrange oubli a fait omettre, dans l'un des comptes rendus de notre dernier numéro, le nom de la société qui donnait le concert vocal international exécuté à l'Hôtel des Sociétés savantes le 29 mars. C'est le *Lied en tous pays*, que dirige si activement et avec un zèle si informé M. René Lenormand, compositeur délicat et applaudi lui-même. La raison d'être de cette société étant de répandre à l'Étranger les mélodies françaises, et, en revanche, en France, les mélodies étrangères, c'est assez dire que l'effort est considérable, méritoire et doit être souligné.

OPÉRA. — Le Miracle. Faust.

OPÉRA-COMIQUE. — Galatée. Lakmé. La Vie de Bohème. Le Jongleur de Notre Dame. Les Noces de Jeannette Carmen. Louise. Le Point d'Argentau. Aphrodite.

THÉATRE LYRIQUE (Gaîté). — Don Quichotte. Hernani. Salomé. Le Barbier de Séville. La Favorite. Elsen. L'Africaine. Le Soir de Waterloo.

TRIANON-LYRIQUE. — Zaza. Mam'zelle Nitouche. L'Accordée de village. Lalla-Roukh. Le Pré-auxclercs. Miss Hélyett. Les Cloches de Corneville. Giroflé-Girofla. Fra Diavolo M. Choufleuri.

APOLLO. — La Divorcée. La Veuve Joyeuse.

BRUXELLES

THÉATRE ROYAL DE LA MONNAIE. — Malgré l'approche de la clôture, l'activité ne s'arrête pas à la Monnaie. Cette seule semaine a été marquée par trois reprises importantes : un très beau *Samson et Dalila* de Saint-Saëns, avec Mme Croiza, MM. Zocchi et Lestelly; une vibrante *Salomé* de Richard Strauss, avec Mme Friché (admirable), MM. Swolfs (il ferait bien de revoir son rôle), Dua (excellent en Narraboth et en Juif), Billot, Danlée, Mlle Sonia (un joli page); enfin *Le Voyage eu Chine*, donné pour la Mutualité du petit personnel, avec un charmant intermède dans lequel, au deuxième acte, Mme Croiza, MM. Deru et Jacobs se sont fait applaudir vivement.

Une très belle représentation de *Pelléas*, avec Mme Vallandri, MM. Petit, Bourbon, Billot et Mlle Montfort, a ravi mardi les nombreux admirateurs de Debussy.

Cette semaine commence le festival Wagner, en vue duquel la direction a engagé un ensemble exceptionnel de chanteurs allemands sous la direction de l'éminent capellmeister Otto Lohse, de Cologne. Mercredi on donne *Lohengrin* avec Mmes Maud Fay (Elsa), Preuse-Matzenauer (Ortrude), MM. A. von Bary (Lohengrin), Paul Bender (le Roi) et Liszewsky (le Héraut); samedi, *Tannhäuser* avec Mmes Maud Fay (Elisabeth), Preuse-Matzenauer (Vénus), Dux (le Pâtre), MM. Henri Knote (Tannhäuser), Anton van Rooy (Wolfram), Paul Bender (Landgrave, Dr Kühn Henri de Zweter, Winckelshoff (Walther, Liszewsky (Biterolf) et Boel (Reinmar).

C'est le festival annuel de Munich et de Bayreuth au théâtre de la Monnaie.

Au Cercle Artistique. — Le deuxième concert donné par la section chorale du Cercle, dirigée par M. Demest, a été très brillant. Il était consacré à la musique française, représentée par Saint-Saëns, Debussy, Chausson et d'Indy. Du premier, l'ode pour soli, chœurs, orgue et orchestre *La Lyre et la Harpe* (exécutée en dernier lieu à Bruxelles, pensons-nous, par Joseph Dupont, à l'Exposition de 1897), œuvre charmante, avec ses oppositions de mysticisme et de sensualité, d'une inspiration si saine et si abondante, d'une forme si sûre; ah! le grand maître, tout de même!... On a beaucoup apprécié également les trois chansons pour chœur mixte de Debussy, sur des poèmes de Charles d'Orléans, discrètement polyphoniques, et dans lesquelles l'ultra-modernisme et l'archaïsme se combinent harmonieusement, l'a-tonalité debussyste prenant ici, très opportunément, le caractère imprécis des tonalités grégoriennes à l'état d'évolution vers les modes modernes. Pour la *Légende de Sainte-Cécile* de Chausson, le choix nous en a paru moins heureux. Nonobstant la distinction habituelle de l'auteur du *Roi Arthus*, l'inspiration est indigente, l'ensemble filandreux et monotone, et les vers de Bouchor plus que médiocres. La *Chevauchée du Cid*, pour baryton et chœurs, d'une robuste et d'Indy, terminait brillamment la séance.

M. Demest mérite les plus grands éloges pour la mise au point et l'interprétation très artistique de ce programme. Faire chanter par des amateurs, d'une manière aussi parfaite que par les professionnels les plus entraînés, des morceaux aussi périlleux que les petits chœurs de Debussy, est une prouesse qui mérite d'être signalée. On a beaucoup applaudi les solistes, particulièrement Mme Demest, sa jolie voix et sa diction pleine de charme et de distinction, dans l'œuvre de Chausson et dans certains morceaux de celle de Saint-Saëns, le baryton M. Surlemont, qui a donné l'allure voulue à celle de d'Indy, enfin Mme Richir, qui a dit avec beaucoup d'esprit le solo du piquant

Tambourin de Debussy, Mlle E. Huberti et M. Th. Ysaye au piano, M. L. Delcroix à l'orgue et un petit orchestre formé par M. Van Hecke ont accompagné parfaitement.   E. C.

Libre Esthétique. — La quatrième séance de la Libre Esthétique fut la plus intéressante grâce à la part prépondérante qu'y prit la célèbre pianiste Mlle Blanche Selva.

Personne ne sait comme elle interpréter la musique française contemporaine, y mettre autant de fantaisie, de verve, de variété d'accent. Toutes ces œuvres que nos pianistes n'exécutent pour ainsi dire jamais (faute de les comprendre, sans doute), deviennent sous les doigts de Mlle B. Selva claires et significatives. Avec elle les personnalités s'accusent, et malgré une indiscutable parenté, on fait une distinction bien tranchée entre les recherches harmoniques très poussées de A. Roussel (*Suite*, op. 14), le laisser-aller, la fantaisie brillante de Déodat de Séverac (*Cerdana*) et la science consommée de Paul Dukas (*Variations*, sur un thème de Rameau).

Mlle B. Selva est servie à merveille dans l'interprétation de ces œuvres par une technique toute spéciale, acquise à l'école de Vincent d'Indy. Elle a poussé très loin l'art de tirer à la fois du piano des sons d'intensité différente, de faire entendre un chant bien en dehors tandis que deux ou trois voix l'accompagnent en sourdine d'un contrepoint ininterrompu, d'obtenir par la diversité des nuances dynamiques la clarté que donne à une œuvre d'orchestre la variété des timbres. Certes, il faut la maîtrise de Mlle B. Selva pour rendre la grande beauté de la première variation de P. Dukas et j'imagine sans peine l'ahurissement du pianiste en présence de l'abominable cacophonie que produit cette variation s'il fait entendre les quatre voix avec une force égale.

Nos nourrissons des Muses auraient pu prendre là une précieuse leçon que ne leur donnera jamais Hummel ou Czerny. Inutile de dire qu'ils s'abstinrent avec un ensemble touchant, de même que la plupart de leurs pères nourriciers.

En plus des œuvres citées, Mlle B. Selva exécuta *Le Chant des genêts* de P. Le Flem, d'inspiration très semblable à la suite *Cerdana* de D. de Séverac. Tout cela fut applaudi avec enthousiasme. Succès également pour Mme M.-A. Weber qui chanta d'une voix assez mal assurée, il est vrai, quelques mélodies de V. Vreuls, V. Buffin, P. de Bréville, etc.
                                FRANZ HACKS.

— M. Ramon Soria a jeté une note gaie dans la série des concerts sérieux. Cet aimable fumiste, péruvien de naissance, a appris la musique sans maître et se proclame pianiste-compositeur. Lundi soir il nous fit entendre quelques échantillons de son savoir-faire qui eurent le don d'indigner certains auditeurs. Pour ma part j'ai ri de bon cœur en écoutant les incroyables naïvetés, les lieux-communs pêchés à droite et à gauche que M. R. Soria décore du nom de sonate. Tout cela, selon le mot du Misanthrope, « est bon à mettre au cabinet ».

Mme Thérésa Gérardy aurait pu donner quelques minutes d'intérêt à cette séance si elle avait chanté avec moins de maniérisme *Le Temps des Lilas*, de Chausson, et le *Lied maritime*, de Vincent d'Indy.
                                FRANZ HACKS.

— Un récital de Jan Kubelik est un événement dans le monde des violonistes. On a dit et répété l'enthousiasme que provoque régulièrement la virtuosité étourdissante de Kubelik servie par une sonorité d'une ampleur et d'une pureté incomparables. Et de fait, Kubelik est seul à exécuter avec autant d'aisance la chaconne pour violon seul de Bach dont la difficile polyphonie n'est qu'un jeu pour lui, de même que les nombreuses notes harmoniques de *I Palpiti* (Paganini).

— Il y a peu de musique là-dedans, disent beaucoup de gens. Qu'en savent-ils? Et puis, qu'importe; ne demandons pas à Kubelik ce qu'il ne peut nous donner.   F. H.

— Dans notre compte-rendu de la dernière séance de la S. I. M., une distraction inexplicable nous a fait passer sous silence le nom de M. Maurice Boone, flûtiste, l'excellent interprète de la sonate *Pan*.   C.

— Le salon de la Libre Esthétique, dont le succès s'accentue de plus en plus, restera ouvert pendant les fêtes de Pâques tous les jours, dimanche compris, de 10 à 5 heures. Il sera clos irrévocablement le dimanche 23 avril à 5 heures.

THÉATRE DE LA MONNAIE. — Aujourd'hui, dimanche, en matinée, Manon, avec le concours de Mlle Vallandri, de l'Opéra-Comique; le soir, Quo Vadis?; lundi, en matinée, dernière représentation de L'Africaine, avec le concours de M. Noté; le soir, dernière représentation de Carmen, avec le concours de Mme Croiza; mardi, dernière représentation de Madame Butterfly et Ceci n'est pas un conte; mercredi, première représentation du Festival Wagner, Lohengrin; jeudi, dernière représentation de Salomé et Le Maître de Chapelle; vendredi, dernière représentation de Manon, avec le concours de Mlle A. Vallandri; samedi, seconde représentation du Festival Wagner, Tannhäuser; dimanche, en matinée de famille, Le Voyage en Chine; le soir, Samson et Dalila, avec le concours de Mme Croiza.

Dimanche 23 avril. — A 2 ½ heures, au théâtre de l'Alhambra, sixième concert Ysaye, sous la direction de M. Willem Mengelberg, chef d'orchestre du Concertgebouw d'Amsterdam et avec le concours de M. Mark Hambourg, pianiste. Programme : 1. Ouverture académique (J. Brahms) ; 2. Concerto n° 4, en *ut* mineur pour piano et orchestre (C Saint-Saëns), M. Mark Hambourg; 3. Symphonie n° 4, en *ré* mineur (Schumann); 4. A) Deux études (Liszt), B) Polonaise, en *mi* majeur (Liszt). M° Mark Hambourg; 5. La Forêt et l'Oiseau, esquisse symphonique, première exécution (Th. Ysaye); 6. Ouverture des Maîtres Chanteurs de Nuremberg (R. Wagner).

Répétition générale, même salle, la veille, à 3 heures.

Meroredi 26 avril. — A 8 ½ heures du soir, à la salle de l'Ecole Allemande, troisième séance du Quatuor Zimmer. Au programme : 1. Quatuor en *mi* bémol majeur (Carl von Dittersdorf); 2. Quatuor en *mi* mineur (Smetana); 3. Quatuor, op. 131, *ut* dièse mineur (Van Beethoven).

Meroredi 26 avril. — A 8 ½ heures du soir, à la Grande Harmonie, récital de violon donné par M°° Léa Epstein.

Vendredi 28 avril. — A 8 ½ heures, à la Grande Harmonie, récital donné par M. Edouard Bernard, le distingué pianiste, professeur à la Schola Cantorum.

Dimanohe 30 avril. — A 2 ½ heures, à la salle de la Madeleine, quatrième Concert Durant consacré aux œuvres de César Franck et avec le concours de M. Arthur De Greef, pianiste. Programme : 1. Psyché, poème symphonique; 2. Les Djinns, pour piano et orchestre; 3 Airs de ballet de Hulda; 4. Variations symphoniques pour piano et orchestre; 5. Symphonie en *ré* mineur.

Répétition générale, la veille, à 8 ½ heures du soir.

Mardi 2 mai. — A 8 ½ heures du soir, au théâtre royal de la Monnaie, quatrième concert d'abonnement, sous la direction de M. Sylvain Dupuis et avec le concours de M°° Lily Dupré, MM. Octave Dua et Etienne Billot, du théâtre royal de la Monnaie et des chœurs du théâtre. Programme : La Création, oratorio en trois parties pour soli, chœurs et orchestre de Joseph Haydn.

Les places pour le quatrième concert seront mises en vente chez MM. Schott frères, 20, rue Coudenberg, à partir de mardi prochain, 18 avril.

Meroredi 3 mai. — A 8 ½ heures du soir, à la Grande Harmonie, récital de piano donné par M°° Hélène Dinsart.

Jeudi 4 mai. — A 8 ½ heures du soir, à la salle de la Grande Harmonie, quatrième et dernier concert Mathieu Crickboom, orchestre sous la direction de M. Louis Kefer. Programme : 1. Egmont, ouverture pour orchestre (L. van Beethoven); 2. Concerto en *mi* majeur pour violon et orchestre (J.-S. Bach); 3. Gileppe-Cantate (1878), Introduction symphonique (Louis Kefer); 4. Poème pour violon et orchestre, op. 25 (Ernest Chausson); Concerto en *ré* majeur pour violon et orchestre, op. 61 (L. van Beethoven).

CORRESPONDANCES

L E HAVRE. — Nous avons eu ces derniers temps quelques intéressants concerts qu'il me faut signaler. D'abord une belle audition du Tonkünstler Orchestre de Munich, dont il est inutile que je décrive le programme, semblable à ceux dont quelques correspondants ont déjà fait mention dans le *Guide*.

Puis Harold Bauer vint nous charmer par son jeu sobre et fervent dans plusieurs pièces de Chopin et de Schumann et *Jardins sous la pluie* de Debussy, interprétés à la perfection.

Nous eûmes ensuite, à la Société Sainte-Cécile, avec M. Gust. Bret comme chef d'orchestre, une audition de l'*Alceste* de Gluck, assez satisfaisante ; mais cette œuvre, donnée ainsi au concert, paraît vraiment un peu longue et monotone, en dépit des indéniables beautés qu'elle renferme.

Le deuxième concert de la Société Sainte-Cécile nous offrit, entre autres choses, trois chœurs pour voix de femmes de Franck et le *Chant funèbre* de Chausson, très bien chantés; un humoristique Schumann peu connu, pour quatuor vocal : *Mézhants propos*, et trois délicieuses pièces de Jannequin, Roland de Lassus et Costeley, qu'on ne se lasse pas d'entendre : *Au joli jeu; Quand mon mari; Las, je n'y rai plus*, fort spirituellement interprétés par le Quatuor Mauguière.   MADELEINE LUCE.

L ILLE. — La Société des Concerts populaires a brillamment clôturé le 25 mars, la série des concerts de la saison par une belle audition de *Rédemption*, l'oratorio de César Franck. Sous l'attentive et vigoureuse direction de M. Sechiari, la mise au point avait été soignée, de cette œuvre magnifique, d'une merveilleuse pureté de lignes, mais aussi d'une difficulté technique assez grande. L'orchestre a consciencieusement rempli sa tâche, et, si quelques détails sont parfois demeurés imprécis, l'ensemble a été suffisant pour nous donner une très haute idée de ces pages inspirées et de cette somptueuse polyphonie.

Les chœurs étaient formés d'une de nos vieilles phalanges locales, les Orphéonistes lillois, renforcés d'un groupe de jeunes filles du Conservatoire. M°° Povla Frisch donna les airs de l'*Archange*, avec un impressionnant lyrisme, servie par un organe superbe et par une science profonde de l'art du chant. M. Brémont, de l'Odéon, était un récitant majestueux et grave.

Pour compléter son programme, M. Sechiari donna au début de la soirée l'ouverture de *Patrie*, de Bizet, et la charmante symphonie *Jupiter*, de Mozart. Le public a fait au vaillant chef et à ses musiciens un accueil chaleureux : les progrès réalisés durant cet hiver ont été des plus sensibles et permettent d'augurer favorablement de la saison prochaine. Le fait est d'autant plus intéressant que le bilan des concerts est en déficit sérieux sur l'an dernier.   A. D.

L YON. — La Société des Grands Concerts a clôturé la série de ses séances d'abonnement en faisant entendre des fragments de *La Forêt* de M. Savard (qui a eu quelques représentations en dernier à l'Opéra) et des *Béatitudes* de C. Franck. Les chœurs et l'orchestre ont bien traduit les pages de *La Forêt* qui n'ont pas grande originalité, mais où se synthétisent assez habilement les procédés des *leaders* de l'école moderne.

Un intéressant concert de musique ancienne donné par MM. Amédée et Maurice Reuchsel avait attiré un nombreux public curieux d'entendre des œuvres des maîtres du XVII° et du XVIII° siècle

jouées sur le clavecin, le quinton, la viole d'amour
et la viole de gambe.

Le violoniste Kubelik, le virtuose prodigieux, a
remporté un triomphe indescriptible au concert
qu'il vient de donner à Lyon.　　　　P. B.

MARSEILLE. — Aux Concerts classiques,
l'audition principale de la saison a été le
premier acte intégral de *Tristan et Iseult*. Vous me
dispenserez, n'est-ce pas, de toute épithète admi-
rative à propos du chef-d'œuvre. L'exécution a été
franchement honorable, si l'on tient compte des
ressources limitées dont dispose une ville de pro
vince et du peu de répétitions consacrées à cet
ouvrage par notre Association artistique qui,
d'octobre à avril, donne un concert chaque
semaine. Les interprètes étaient M. Van Dyck et
Mme Litvinne, M. Bartet et Mme Paquot-d'Assy,
de l'Opéra de Paris : au total, 100 exécutants.
Notre immense salle des concerts était comble;
dès la veille, le bureau de location avait dû refuser
des places.

Comme symphonies non encore exécutées dans
notre ville, nous avons entendu, cette année : la
symphonie en *fa* de M. A. Gédalge, l'auteur
estimé d'un *Traité de Fugue;* elle se recommande
plutôt par la franchise du rythme et le travail polyphonique que par l'inspiration; la symphonie en *si*
bémol de M. Alberic Magnard, qui a de la vie et
de la couleur à côté de parties un peu languissantes. Le deuxième temps (danses) représente,
peut-être, les pages les mieux venues de la partition. Mentionnons aussi, comme première audition,
la symphonie française de M. Théodore Dubois.

Parmi les reprises intéressantes et sans parler
du répertoire classique, je citerai : la belle symphonie de Franck; celle d'Ernest Chausson; de
Borodine (*si* mineur); de Kalinnikow (*sol* mineur);
quelques pages de M. Claude Debussy : mon
Dieu, que c'est bon d'entendre des fausses notes!
puis des morceaux de Charpentier, Widor, Lalo,
Em. Chabrier, Sylvio Lazzari, Chevillard, Paul
Dukas, Arthur Coquard.

M. F. Casadesus a dirigé son ouverture des
Moissonneurs; les thèmes populaires limousins qui
la composent sont très caractéristiques, le motif
exposé par le violoncelle est d'une mélancolie prenante, le tout rehaussé d'une orchestration habile.

Les virtuoses n'ont pas manqué à nos séances,
presque chaque semaine nous en amenait un,
souvent des plus cotés, mais, trop souvent aussi,
préoccupé de mettre en relief une virtuosité qui
devrait être le moyen seulement, et non le but.
Dans le nombre, pourtant, quelques honorables
exceptions.

A l'orgue, nous avons successivement applaudi :
M. Marcel Dupré, avec la symphonie n° 1 de
Guilmant, la fugue en *la* mineur de Bach et des
morceaux de Vierne et de Widor; M. Léandre
Vilain dans son exécution vertigineuse d'œuvres
de Bach et autres.

Comme pianistes, MM. Harold Bauer, Mark
Hambourg et Emil Sauer. M. Sauer a très intelligemment présenté, sous une forme toujours

discrète, une série de pages intimes. La technique
de M. Mark Hambourg est remarquable; dans les
pièces de Chopin, le style a paru, parfois, un peu
heurté, et le point d'orgue du concerto n° 3 de
Beethoven a été malheureusement le signal d'une
effrayante voltige. Quant à M. Emil Sauer, son jeu
constitue la perfection même et procure un enchantement continu.

Au nombre des cantatrices, notons Mme Mellot-
Joubert qui a chanté simplement et en musicienne
un ensemble de pages attachantes; Mme Mysz-
Gmeiner, la célèbre chanteuse de *Lieder*, dont l'interprétation vivante et toujours personnelle se plie
aux genres les plus divers.

Plusieurs violonistes : M. Jean Bedetti, Mme
Réné Chaumet, deux fois engagée à quelques
semaines d'intervalle, M. Fritz Kreisler qui est un
grand artiste, M. César Thomson dont il serait
superflu, n'est-ce pas, de redire ici la valeur.

A la salle Messerer, excellente séance offerte par
le Quatuor Zimmer.

Aux salons Massilia, M. Pierre Sechiari et
Mme Marguerite Helleroy, dans un intéressant
programme d'œuvres anciennes et modernes.

Puis, la Société des Instruments à vent, que
dirige avec une belle autorité M. Gaubert, entouré
de partenaires de mérite.

Grâce au Tonkünstler-Orchester et à son remarquable chef M. Lassalle, le public de notre ville a
pu applaudir des œuvres qu'il ne connaissait pas
encore: d'abord le *Faust* de Liszt; puis le *Don
Juan* de M. Richard Strauss. Le succès du Tonkünstler-Orchester, cette année comme les précédentes, a été complet.

Mentionnons encore les exécutions de musique
d'orgue que donne, dans l'église Saint-Charles,
M. Messerer, ancien directeur de notre Conservatoire. Le regretté maître Guilmant avait M. Messerer en haute estime. Voilà dix ans que, chaque
dimanche, M. Messerer propage le grand répertoire
dans lequel les noms de Bach et de Franck
occupent la place d'honneur.　　　H. B. DE V.

NOUVELLES

— Le Congrès international de musique, organisé sous les auspices du gouvernement italien, à
l'occasion des fêtes du Cinquantenaire, s'est ouvert
à Rome le 4 de ce mois, en présence du Roi et de
la Reine, du Ministre de l'instruction publique,
M. Credoro, du syndic Nathan et d'un grand nombre d'invités de marque. Une foule de congressistes
italiens et étrangers ainsi que beaucoup d'hommes
politiques assistaient à la séance d'ouverture. Le
président du comité exécutif de l'Exposition, le
comte San Martino, souhaita la bienvenue aux
membres du Congrès, et appela de tous ses vœux
la réussite de leurs travaux. Le syndic Nathan
apporta à l'assemblée le salut de la ville de Rome,
puis le directeur général des Beaux-Arts, M. Cor-
rodo Ricci, félicita chaleureusement les congressistes de leur dévouement à l'art et à la science

musicale. Son discours fut fort applaudi. Après le départ des souverains, le Congrès procéda à la nomination des membres de son bureau. Le ministre Credoro fut acclamé président d'honneur. La présidence effective du Congrès échut au comte San Martino: MM. Mascagni et Falchi, Corrado Ricci et le sénateur Frascara, Gabriel Fauré et Guido Adler furent nommés vice-présidents, et les délégués officiels des gouvernements étrangers furent élus présidents de section.

Les congressistes se divisent en quatre groupes pour étudier les questions relatives à l'histoire, à la littérature et à la philosophie de la musique, à l'enseignement et à l'exercice des professions musicales.

Le Congrès mit au nombre de ses vœux que l'on instituât, dans les établissements d'instruction musicale des cours parallèles d'harmonie et de contrepoint basés sur le rythme de la mesure et de la période musicale; que l'éducation musicale des enfants commence par l'étude de la théorie et par celle d'un instrument; que l'on adoptât le plus tôt possible les nouvelles théories sur les timbres vocaux et le mécanisme du larynx.

Les multiples séances du Congrès ont été suivies par les musicologues italiens et étrangers avec la plus grande assiduité.

— Dans leur dernier numéro, les *Bayreuther Blätter* retracent le mouvement des représentations wagnériennes en Allemagne depuis le 1er juillet 1909 jusqu'au 30 juin 1910, et elles publient, à ce sujet, une statistique qui n'est pas dépourvue d'intérêt. Pendant cette période, on a donné dans quatre-vingt-dix-huit villes allemandes, dix-huit cent soixante-quatre représentations wagnériennes, à savoir : 349 représentations de *Tannhäuser*, œuvre plus jouée, cette fois, que *Lohengrin* qui a toujours été le plus en faveur; 217 représentations des *Maîtres Chanteurs*; 209 du *Vaisseau fantôme*; 201 de *La Walkyrie*; 147 de *Siegfried*; 125 de *L'Or du Rhin* et de la *Götterdämmerung*; 110 de *Tristan et Isolde*; 35 de *Rienzi*, et deux représentations des *Fées*, à l'Opéra de Munich, qui obtint seul, jusqu'ici, l'autorisation de mettre en scène cette œuvre de jeunesse.

Dans le classement des villes allemandes d'après le nombre de leurs soirées wagnériennes, Berlin vient en tête de liste, avec 134 représentations; puis suivent Vienne (86), Hambourg (35), Dresde (58), Munich (56), Chemnitz (54), Breslau (52), Francfort-sur-le-Mein (48), Cologne (47), Stettin (43) Leipzig (40), Hanovre (36), Wiesbaden (35), Düsseldorf et Stuttgart (34), Weimar (33), Lubeck (32), Brême, Elberfeld, Carlsruhe, Mannheim (29).

En dehors de l'Allemagne, il y a eu deux cent vingt représentations wagnériennes dans l'Europe Occidentale.

— La première représentation en Alsace, du *Chevalier à la Rose* de Richard Strauss a eu lieu, cette semaine, au théâtre de Mühlhousee, sous la direction du capellmeister Camille Hildebrand, et elle a obtenu le plus vif succès.

— Se doute-t-on du nombre de jeunes gens qu'attire le théâtre et qui rêvent d'y conquérir gloire et fortune! Pour l'Allemagne seule — pays de la statistique — l'*Almanach de l'Association des scènes allemandes* nous apprend que 25,000 individus des deux sexes sont attachés au théâtre. Environ 10,000 sont comédiens, les autres 15,000 sont chanteurs, choristes, instrumentistes ou techniciens.

Et voici les conclusions navrantes que l'*Almanach de l'Association* tire de ces statistiques :

Un cinquième tout au plus des comédiens et comédiennes arrivent à se nourrir et à vivre convenablement, le reste vit misérablement dans des petits théâtres forains avec des honoraires variant de 100 à 250 francs par mois, que les malheureux ne touchent même pas toute l'année, les théâtres fermant plusieurs mois.

Ceux qui trouvent des engagements à ces chiffres peuvent encore s'estimer heureux, car à côté il y a la tourbe des misérables qui ne trouvent pas d'engagements du tout. A Berlin, on ne compte pas moins de 2,000 comédiens et comédiennes sans emploi!

— La première représentation de *Don Quichotte*, de Massenet, au théâtre de Nuremberg, qui a obtenu le plus vif succès, — M. Paul Bender a été admirable dans le rôle du héros de la pièce, — a failli être compromise au dernier moment. Avant le lever du rideau, les musiciens de l'orchestre ont déclaré qu'ils s'abstiendraient de prendre part à la représentation s'il n'était pas fait droit à leurs demandes, souvent réitérées, d'une augmentation de salaire. Ils ont été calmés par la promesse que la direction leur a faite de donner suite à leurs réclamations, et la représentation a pu avoir lieu.

— Le festival Beethoven, à La Haye, a été inauguré samedi 8 avril par une représentation de *Fidelio*, sous la direction magistrale du directeur du Residentie Orkest, M. Henri Viotta : artistes de premier ordre, chœurs et orchestre admirablement stylés, tout a concouru à une interprétation hors ligne qui s'est terminée par une ovation grandiose à l'adresse de M. Viotta. Celui-ci fut couvert de fleurs.

— A la suite de la nomination de M. Remond, directeur du théâtre de Bromberg, au poste de directeur général des théâtres de Cologne, M. Otto Lohse, qui est depuis 1904 premier chef d'orchestre et directeur du théâtre de la ville, a demandé d'être déchargé de ses fonctions. M. Lohse est engagé à partir de 1912 à Leipzig, où il sera le directeur musical de l'Opéra à côté de M. Maatersteig, directeur général des théâtres municipaurx Le départ de M. Otto Lohse provoque à Cologne d'unanimes regrets.

— La première représentation au théâtre Costanzi, à Rome, de la nouvelle œuvre de Giacomo Puccini, *La Fanciulla del West*, devait avoir lieu le mois prochain avec le concours de Caruso. Voici que l'on apprend de New-York que le célèbre chanteur, souffrant de nouveau d'une laryngite, a été condamné, par son médecin, à garder le repos le plus absolu. La représentation aura donc lieu sans lui, en présence de Puccini, et sous la direction du maëstro Toscanini.

— Au Politeama Vittorio Emmanuel de Florence, complètement restauré par la Société théâtrale anonyme qui en est devenue propriétaire, une nouvelle saison lyrique a été inaugurée, cette semaine, sous la direction de l'impresario Zanini, par une excellente représentation de *Sapho*, de Pacini. La saison promet d'être des plus intéressantes. La direction annonce *La Bohême* et *Madame Butterfly*, de Giacomo Puccini, *Don Pasquale* et *Samson et Dalila*, avec Mmes Hericléa Darclée, Salomé Kruscineski et Virginia Guerrina, dans les premiers rôles.

— Dans sa dernière séance, l'Association des directeurs d'école musicale de la Saxe a émis le vœu que le gouvernement n'accorde plus désormais l'autorisation d'enseigner la musique qu'à des professeurs diplômés. C'est, à son avis, l'unique moyen de fermer l'accès de la profession à tous ceux qui, sans vocation spéciale. l'encombrent aujourd'hui. L'Association pédagogique de Berlin, est, à ce sujet, complètement d'accord avec l'Association des professeurs de la Saxe.

— Les héritiers du compositeur tchèque Anton Dvorak, ont transmis à la maison d'édition Simrock, de Berlin, pour les publier, les morceaux inédits trouvés dans la succession du maître, tels que symphonies, ouvertures, morceaux de piano et *lieder*. Le premier volume de ces œuvres posthumes paraîtra en octobre prochain.

— Un amateur de musique, M. Otto Staib, a légué au Conservatoire royal de Stuttgart la somme de 3.000 francs, afin de soutenir dans leurs études les élèves de l'établissement les moins favorisés par la fortune.

— Ricardo Vines au piano, entouré de MM. Ravel, Roussel, Florent Schmitt, Déodat de Séverac et M.-D. Calvocoressi, tel est le tableau, signé Georges d'Espagnat, que l'on peut admirer en ce moment à la galerie Durand-Ruel, parmi les œuvres exposées en nombre de ce peintre distingué. Ces réunions d'artistes « autour du piano » sont toujours intéressantes. On se souvient de celle de Fantin-Latour avec Chabrier au piano. Elle n'est pas la seule.

— Mlle Juliette Wihl, l'éminente pianiste dont le public bruxellois a pu applaudir le beau talent en janvier dernier, a remporté un très vif succès à Berlin, au récital qu'elle a donné, devant le prince et la princesse Charles de Hohenzollern et une brillante assemblée, à la Sing-Akademie. Elle a interprété avec beaucoup d'art l'*Aria con variazioni* de Hændel, la sonate en *la* mineur de Schubert, des œuvres de Chopin et le *Carnaval* de Schumann. La presse berlinoise est unanime à reconnaître que la gracieuse artiste n'a plus de progrès à faire dans le domaine de la virtuosité.

— MM. Amédée et Maurice Reuchsel viennent d donner à Toulouse, dans la salle du Conservatoire, une audition de leurs œuvres de musique de chambre, avec le concours de MM. Alexis Ticier, violoncelliste, et Pujol, altiste.

Les dilettanti, réunis en grand nombre, ont applaudi avec enthousiasme le quatuor avec piano et la sonate de violoncelle de M. Amédée Reuchsel.

On a aussi beaucoup goûté le trio à cordes et le *Concertstück* pour violon de M. Maurice Reuchsel.

— A la suite du très grand succès qu'a obtenu à la Scala de Milan la délicieuse partition de Cimarosa *Il matrimonio Segreto*, l'impresario Comoli a organisé des représentations de l'œuvre dans les principales villes de l'Italie. La troupe commencera sa tournée artistique ce mois-ci.

— M. Richard Strauss a été nommé, cette semaine, chevalier de l'Ordre bavarois de Maximilien. Le prince régent de Bavière lui a octroyé cette distinction sur la proposition, votée à l'unanimité, du Conseil de l'Ordre.

NÉCROLOGIE

LE COMTE ISAAC DE CAMONDO

Nous ne pouvons laisser disparaître sans un mot de souvenir cet homme aimable et sympathique, qu'une mort subite et prématurée, en somme, vient d'enlever au monde des arts. Economiste et financier d'une rare lucidité, philanthrope d'une délicatesse et d'une libéralité qui savaient se donner elles-mêmes et pratiquer d'ailleurs le bienfait anonyme, il occupait une place exceptionnelle à la tête d'une foule de sociétés, artistiques aussi bien que financières. Surtout, à force d'aimer les arts, il était devenu véritablement artiste, et le titre de Président des Amis du Louvre, celui de membre de la Commission des Musées nationaux, qui lui avaient été décernés quelques jours avant sa mort, prouvent assez en quelle estime le Gouvernement tenait son goût affiné, son jugement sûr. On le connaissait, en effet, surtout comme un collectionneur de premier ordre. Très sévère pour le choix des œuvres dont il s'entourait, ne poursuivant que certaines catégories d'art, ne revendant jamais, quelque offre qu'on lui fît (la fameuse pendule de Falconnet, aux trois Grâces de marbre blanc. était chez lui, et un collectionneur américain lui en offrit vainement un million), il était arrivé à posséder un musée digne des plus grands. Au lendemain de sa mort, on a appris qu'il le léguait en entier à l'Etat. Cet étranger — il était né à Constantinople — fut le plus français des amateurs d'art. Mais c'est par la musique qu'il nous appartient surtout. Ce fut sa première passion, dès son arrivée, tout jeune, en ce Paris qu'il ne devait plus quitter. Son histoire n'est pas celle d'un amateur banal. Il avait bien commencé comme tel, après un premier apprentissage entre Delibes, Widor et Salvayre (celui-ci est resté plus particulièrement son maître), et l'on exécutait dans les salons et jusqu'à la Présidence de la République, après la guerre, diverses bluettes de lui. Mais il fut des pèlerins de Bayreuth en 1876, puis 1882 : il assista à la Tétralogie et à *Parsifal*. Et sitôt, comme terrassé, il renonça à tout ce qui l'avait séduit : quinze ans durant, pas une note de lui ne fut entendue. Cependant son esprit travaillait et son goût changeait. L'influence des peintres impressionnistes, dont il s'éprit d'autre part (Monet, Degas, Sisley, etc.), agit surtout sur son imagination et lui suggéra l'idée d'essayer quelque chose d'analogue en musique. C'est, après quelque temps de production cachée et de travail secret, ce qu'il nous fut donné d'entendre un soir de 1904, à la salle Erard. Musique de chambre, pour cordes presque uniquement, et musique vocale, nous eûmes là une petite collection de choses étranges, peut-être, et d'un art singulier, mais d'une impression neuve à coup sûr, d'une marque personnelle et qui ne relevait de personne. J'ai essayé de définir cela en parlant de « juxtaposition des sonorités ». Il me semble encore que c'est assez l'impression que donne cet art. Il est vraiment original et heureux dans les évocations de foules et les paysages rutilants de soleil, inspirés particulièrement de l'Orient. Lorsque parut ensuite *Le Clown*, dont nous avons parlé plus longuement, le procédé était le même, mais moins indépendant, moins dépouillé des conventions théâtrales. C'est encore dans ces pages d'orchestre à cordes, comme *Babils et commérages, Bosphorescence, Vers la montagne, Berceuse* (celle-ci, la plus répandue de toutes), un dixtuor, des pièces pour quatuor... que l'art spécial, imprévu, sans lignes, sans commencement ni fin, mais tout de même éloquent et vivant, d'Isaac de Camondo, mérite de laisser sa trace et son souvenir.   H. DE CURZON.

Pianos et Harpes

Erard

Bruxelles : 6, rue Lambermont

Paris : rue du Mail, 13

TARIF DES ANNONCES
DU
GUIDE MUSICAL
❖ ❖

La page (une insertion). . . .	30 francs
La 1/2 page	20 »
Le 1/4 de page »	12 »
Le 1/8 de page »	7 »

CONDITIONS SPÉCIALES pour traités de SIX MOIS ou d'UN AN.

S'adresser à l'Imprimerie TH. LOMBAERTS, 3, rue du Persil, Bruxelles. Téléphone 6208.

57me ANNÉE. — Numéro 17.   23 Avril 1911.

LE GUIDE MUSICAL

Le premier oratorio de Händel

ALORS que Hændel est universellement connu par ses vastes oratorios *Le Messie, Samson, Judas Macchabée*, grandioses comme trois cathédrales de la musique du XVIIIe siècle; puis aussi par ses sonates et quelques autres pièces instrumentales, la curiosité ne dépasse en général pas, pour le reste de ses œuvres, la connaissance de quelques airs devenus classiques et détachés de compositions importantes. On trouve cependant un plaisir extrême dans l'étude intégrale de ces partitions trop négligées de Hændel, intéressantes à divers points de vue; mais aucune peut-être ne surprend plus agréablement et plus profondément que celle du premier oratorio du maître : *La Resurrezione*.

Cette œuvre fut composée pendant le séjour de Hændel en Italie, sur un texte italien d'auteur inconnu (1); elle fut achevée à Rome le 11 avril 1708, et exécutée tout aussitôt en cette ville. Il est à remarquer que, dans cet oratorio, le chœur que Hændel traita plus tard de si ample et magistrale façon n'occupe ici qu'une place

---

(1) On en possède une version allemande du prof. Bernard Gugler (éd. de la « Deutsche Hændel-Gesellschaft » de Leipzig.

tout à fait restreinte; c'est à peine si à la fin des deux parties dont l'oratorio se compose, il se fait entendre en manière de conclusion, sans rien de spécialement caractéristique; ici, six, là, quatre vers de louange au Seigneur, chantés par quatre voix mixtes sur un accompagnement du quatuor avec hautbois. Pour le dernier, il y a adjonction de trompettes.

Par contre, les soli y sont magnifiquement traités en récitatifs et airs d'une intensité d'expression et d'un caractère extraordinaires. Le récit est toujours large, dramatique, sur un accompagnement sobre dont le cembalo est l'essentiel, souvent l'unique élément. Les airs, duos, d'une abondance mélodique et d'une pureté de lignes rappelant la plus belle période de l'école italienne, se déroulent sur un fond harmonique dont le quatuor et le cembalo forment la base. Les violons, violoncelles, hautbois, flûtes, trompettes, etc., doublent ou imitent les voix, parfois leur superposent une mélodie indépendante; le concerto grosso et le concertino, avec les instruments en solo, enveloppent ainsi la partie vocale d'une chaude atmosphère orchestrale, très différente d'après les personnages de l'action.

Ceux-ci sont : Madeleine et un Ange (sopranos), Cléophe (alto), Saint-Jean (ténor), Lucifer (basse); ajoutons-y une voix (soprano) intervenant dans la deuxième partie, comme une parole du ciel continuant celle de l'ange annonciateur de la résurrection.

L'oratorio, en deux parties, a pour sujet : dans la première, l'illusion du triomphe de Lucifer sur le Christ mort et, en réponse, le défi de l'Ange à l'enfer ; puis, la plainte des saintes femmes, Madeleine et Cléophe, pleurant Jésus ; enfin l'annonce de la résurrection prochaine, par saint Jean qui reçut la promesse du Christ. Dans la deuxième partie, la description des phénomènes naturels précédant la résurrection, la chute de Lucifer vaincu et chassé ; l'immense joie de Madeleine, de sa compagne et de Jean à la révélation de l'ange debout auprès de la tombe vide d'où le Christ est ressuscité.

Pour exprimer les divers sentiments de ces personnages, Hændel a infiniment varié ses moyens d'expression ; à cet égard, toute la partie de Madeleine est d'une éloquence rare ; il a trouvé pour faire chanter sa douleur des accents d'une émotion profonde malgré les formes assez limitées de l'air et du récit dont il se sert. Ces récitatifs de Madeleine sont des modèles du genre, notamment le premier que nous rencontrons, *Notte, notte funesta!* non plus simplement accompagné par le *continuo* qui se tait ici, mais par deux flûtes et la viole de gambe. L'air qui suit, où s'exprime une douleur infinie, est une merveille ; les vocalises qui l'ornent, sobrement du reste, sonnent comme une simple prolongation mélodique de la plainte où la parole s'interrompt par excès de tristesse. L'accompagnement (flûtes, violons en sourdine, viole de gambe et basse, cembalo de temps en temps) double généralement la voix, s'associant, dirait-on, à ses accents (1). Un autre chant de Madeleine dans l'attente encore craintive de la résurrection (deuxième partie et ses ouvenant du sacrifice de Jésus mort pour les hommes), est une page

(1) Cette admirable page paraîtra bientôt, isolée de la partition, dans la belle collection de *Chants classiques* commencée par Gevaert, continuée par M. Wotquenne. (Éd. H. Lemoine, Paris). Dans la même édition et du même oratorio, seront aussi publiés un air de Lucifer (basse) et un de Saint-Jean (ténor).

d'ardente adoration, remarquable par le chromatisme expressif du chant et de l'accompagnement, celui-ci en deux groupes : le *Concerto grosso* et le *Concertino* avec violon solo, flûtes et hautbois (ces derniers en sourdine). La phrase du hautbois notamment est d'une mélodie des plus prenantes ; quand la voix se tait, ce sont de merveilleuses cadences instrumentales, passant du violon à la viole de gambe, se prolongeant en imitations. C'est un des rares morceaux où nous trouvons une indication de mouvement au début ; l'auteur marque *adagio* (en 3/4). Combien plus clair, sur une orchestration transparente, s'élève le chant de certitude de la résurrection ; Madeleine n'a point encore vu son Seigneur bien-aimé ; mais, elle sait qu'il vit ; le ciel est plein de sa joyeuse aspiration au revoir ; tout cela s'exprime en accents clairs, en légères vocalises, dans le gracieux *tempo* de 3/8, la mesure ne s'élargissant que très passagèrement en 4/4. Le dernier récit de Madeleine, celui qui raconte sa rencontre avec Jésus qu'elle ne peut cependant toucher, est plein de vivacité ; la joie s'y traduit en mots rapides ; dans l'air qui suit, accompagné par tout l'orchestre *staccato*, les phrases montent ornées de vocalises simples s'essorant avec le bonheur. Il présente cependant moins d'intérêt que les autres pages de Madeleine qui sont vraiment d'une beauté supérieure.

A celles-ci s'oppose la partie de Marie-Cléophe qui a quelque chose de plus concentré, de plus retenu souvent, quant au sentiment personnel. La voix qui l'exprime est plus profonde ; l'instrumentation qui l'accompagne, en général plus serrée ; parfois trois groupes de violons, dont le troisième doublé à l'octave inférieure par les basses. Cette différence n'apparaît pas autant dans l'unique duo des deux femmes qui chantent une même mélodie à hauteurs différentes (*Dolci chiodi, amate spine*), mais bien dans les récits alternés et surtout dans les airs de Cléophe, d'une registration sombre, un peu étouffée parfois, mais d'un bel effet. Notons aussi parmi ces pages le sens descriptif de Hændel, dans l'allusion à l'assaut de la tempête (*Naufragando và per l'onde*); le mouvement de la voix et de l'orchestre, tumultueux, ondulatoire, d'une incessante mobilité, avec des oppositions de *ff* et de *pp*, des soulèvements et des acalmies, est éloquent comme dans certaines cantates de Bach. Plus loin, dans la deuxième partie, justement après un très court récit de Lucifer sentant sa chute, nous avons, avec le même pouvoir descriptif, le morceau tout opposé à l'autre, proclamant sur une orchestration brillante, en tons chauds, le resplendissement de la nature autour de la résurrection. (*Vedo il ciel' che piu sereno*). Enfin, de Cléophe, il me faut citer encore une page purement et délicieusement lyrique (*Angeletti, ruscelletti*) d'un rythme délicat auquel les incessants triolets donnent une légèreté infinie; l'accompagnement (basses et violons à l'unisson avec la voix) est d'une simplicité exquise; l'ensemble crée une sensation de fraîcheur et de joie très douce, incomparable.

Ce sont les deux rôles de femmes qui, en réalité, ont la grande part dans cet oratorio. Mais la musique confiée au ténor et à la basse n'est pas moins belle. Au début, il y a une page magistrale : l'invocation de Lucifer aux puissances de l'Erèbe, d'une énergie d'accent inouïe; les basses, les violons, la voix marchent à l'unisson, écrasants, menaçants ; les traits et les vocalises y sont comme des jets de flamme; cela paraît fait d'ombre et de feu !

Dans quelle atmosphère différente nous passons avec les pages du doux «Giovanni», le préféré de Jésus, qui reçut la promesse du Christ; qui console les femmes, en phrases gracieuses et tout à la fois pleines de vibration, de lumière, de profondeur, de gravité; cette voix de ténor s'élevant, adagio, sur l'accompagnement, sans cembalo, de l'expressive viole de gambe, est une chose d'une pénétrante beauté. Il est un autre air, très différent du précédent et des plus suggestifs, accompagné des basses et des violons (à l'octave des premiers), du théorbe, de la viole de gambe et de flûtes traversières, bien beau également dans sa joie confiante (*Cosi la tontorella*). Le morceau qui ouvre la seconde partie (récit et air) décrivant les phénomènes naturels avant la résurrection, est un pendant à celui de Cléophe relatif à la tempête; même caractère général, mais sous le chant, simple accompagnement des basses; la symphonie au complet termine l'air de peu d'étendue d'ailleurs. Un dernier air de Giovanni, accompagné par le violoncelle, s'apparente, comme expression, au premier du ténor que nous avons signalé, mais la forme, le mouvement en sont sensiblement différents. Pour le reste, saint Jean n'intervient qu'en courtes phrases récitatives, mais toujours d'une haute sérénité, alternativement avec Madeleine et Cléophe.

J'ai signalé les pages qui me semblent être les plus intéressantes ou expressives de cette belle œuvre de jeunesse de Hændel, à peu près inconnue, et qui cependant nous apparaît comme l'une des compositions les plus inspirées, les plus attachantes et variées du maître. Ce n'est certes pas l'architecte prodigieux des grandes compositions chorales qu'il faut y chercher ; on ne l'y aperçoit pas un moment; mais il y témoigne d'une connaissance profonde des moyens expressifs de la voix qu'il a traitée d'une façon magistrale dans toutes ces pages. Ces récits, ces airs sont non seulement de magnifiques morceaux de chant, mais aussi de précieux exercices vocaux. Ainsi, à tous les points de vue, cette œuvre est des plus intéressantes, sans parler des accompagnements si admirablement différents et suggestifs sous le chant qu'ils soulignent, annoncent ou terminent.

Pas la moindre raideur ; rien d'artificiel, de factice, de forcé. De l'inspiration toujours et de la plus pure, une sève jeune et abondante, une ligne harmonieuse, voilà ce qui fait le charme de cette *Resurrezione* de Hændel, cette œuvre si limpide où glisse tant de lumière. MAY DE RUDDER.

Que faut-il savoir de Lully ?

Tous les ans, quelques milliers de jeunes filles prennent en France « leurs brevets », et, pour l'obtenir, acquièrent sur une infinité de choses, et entre autres sur la musique, les notions exigées par les « programmes ».

Or, voici ce qui leur est enseigné sur Lully, dans un volume destiné à la préparation du « brevet supérieur », qui est signé d'un « professeur diplômé (degré supérieur) pour l'enseignement de la musique dans les écoles normales », et qui est revêtu de l'*imprimatur* officiel, sous la forme d'une préface laudative de M. Henri Maréchal, « Inspecteur de l'enseignement musical » :

« Lulli (1633-1687). — Œuvres principales : *Roland, Alceste, Armide, Athys*. Des Ballets. — Fondateur de l'Opéra, en France. FUT D'ABORD SIMPLE MARMITON DE LOUIS XIV, et gagna les bonnes grâces du roi en créant la *Bande des Petits-Violons*. »

Les méchantes langues du XVIIᵉ siècle, pour nuire à Lully ou pour le vexer, avaient fait de lui un ancien « galopin » des cuisines de la grande Mademoiselle : l'auteur que nous citons lui donne, certes, de l'avancement, en le faisant passer dans la troupe des marmitons de Louis XIV. — Sachons lui gré, cependant, de n'avoir pas fait figurer la chanson *Au clair de la lune* dans la liste des « œuvres principales » !

Il serait temps d'abandonner ces âneries et, s'il se peut, d'imprimer dans l'opinion des foules une autre image du musicien qui exhala dans le langage des sons « l'âme du grand siècle ». Presque simultanément, trois écrivains nous y invitent : M. Romain Rolland, dans une magistrale étude, simplement intitulée *Notes sur Lully*, a montré en lui l'un de nos grands classiques, le créateur de l'art « majestueux et raisonnable » qui fut et qui reste, en musique, l'équivalent de la tragédie de Racine (1).

(1) Les *Notes sur Lully*, de M. Romain Rolland, ont paru tout d'abord dans le premier numéro de la revue

MM. Lionel de La Laurencie et Henri Prunières, tout d'abord réunis pour étudier ensemble, aux sources, *La Jeunesse de Lully* (1), viennent plus récemment de donner, l'un dans la collection des « Maîtres de la Musique », l'autre dans la collection des « Musiciens célèbres », deux monographies également sûres et attrayantes, entre lesquelles les amateurs et les « professeurs diplômés pour l'enseignement de la musique », choisiront selon le temps dont ils disposent et le désir qu'ils ont de s'instruire : les plus studieux sauront les lire tous les deux.

Ceux même d'entre nous qui, à tort ou à raison, se croient les mieux informés des choses musicales de l'ancienne France, ont sur Lully beaucoup à apprendre : car, faute d'un vrai biographe, il est resté jusqu'aux jours présents tout ensemble l'un des plus renommés et l'un des plus inconnus d'entre tous les artistes qui ont vécu et travaillé chez nous. Son histoire est faite de légendes, d'ignorances et de calomnies ; l'histoire de ses œuvres, de jugements tout faits, la plupart surannés ou empreints de la partialité des contemporains, et sur lesquels sont venues brocher les conclusions sommaires de Fétis. Il fallait, pour l'étudier, tout reprendre, — depuis la date de sa naissance, authentiquement fixée désormais au lundi 29 novembre 1632, — jusqu'à la recherche des origines de son style, et de l'influence de son œuvre. M. Romain Rolland, qui s'est uniquement attaché à l'analyse de ses partitions, l'a exalté comme un maître de premier rang ; M. de La Laurencie, que la poursuite des faits historiques a dirigé vers une étude approfondie de l'homme, a été frappé de la part qu'avaient eue la raison et la volonté dans les « inspirations » du musicien. La vie de Lully, nous dit-il, « n'est

S. I. M. (15 janvier 1907), puis, sous leur forme définitive, dans le volume de l'auteur, *Musiciens d'autrefois*, Paris, 1908, p. 1 et suiv.

(1) On trouvera ce travail dans les livraisons de mars et avril 1909 de la revue S. I. M. Depuis cette époque, M. Prunières a donné seul à la *Rivista musicale italiana*, 1910, des Recherches sur les années de jeunesse de Lully.

pas encore sortie tout entière du mystère qui l'enveloppait »; d'après ce que l'on en sait maintenant, il n'apparaît « ni si génial, ni si pervers qu'on voulait nous le faire croire : ni si génial, car il a plutôt l'apparence d'un fonctionnaire musical, habile metteur en œuvre de l'art de son temps, que l'aspect d'un artiste vraiment créateur ; ni si pervers, car cet homme d'affaires, extrêmement adroit et tenace, ne ressemble pas tout à fait au bas et ténébreux coquin de la légende ».

Si peu qu'il le connaisse aujourd'hui, par ouï-dire, le public sait que l'art de Lully fait partie intégrante de l'art du « Siècle de Louis XIV ». Il manquerait une roue au somptueux carrosse doré du Roi-Soleil, si l'opéra du Florentin francisé ne venait s'opposer symétriquement aux architectures de Mansart, au théâtre de Racine, aux peintures de Lebrun. Aussi l'opéra de Lully n'est-il pas un fait accessoire, un ornement superflu de notre civilisation ; les « hasards de l'inspiration » ont moins de part à sa naissance que n'en ont à son développement la méthodique activité d'une intelligence sûre d'elle-même et consciente du but à atteindre. Dans les pages de critique pénétrante et serrée où M. de La Laurencie retrace les caractères complexes de « l'artiste chez Lully », et dans la suite de chapitres où il étudie ses œuvres, nous apprenons à mesurer l'étendue et à comprendre l'autorité de cette rare intelligence, à la fois créatrice et organisatrice, qui, à l'image de son maître, fut pendant un long règne le monarque absolu de la musique française.

Modestement, M. de La Laurencie s'est défendu d'avoir voulu donner dans son livre autre chose qu'un « simple exposé des connaissances actuellement acquises sur ce vaste sujet ». Les découvertes de détail qui ne pourront manquer de se produire dans le domaine biographique n'apporteront plus, croyons-nous, de changements essentiels à un portrait désormais ressemblant et équitable. Pour déterminer sans appel le jugement à prononcer sur

l'œuvre de Lully, et pour doser le degré de génie que nous devons lui reconnaître, et le degré d'admiration ou de respect que ses créations sont en droit d'exiger de nous, il faudrait qu'au moins quelques-unes d'entre elles soient, sans corrections, ni remaniements, ni trahison, réimprimées ou exécutées : M. Prunières, M. de La Laurencie en expriment le vœu, que la faveur ou l'engouement actuels pour les « reconstitutions » semble rendre réalisable.

MICHEL BRENET.

Chabrier avant " España „

(Suite et fin. — Voir le dernier numéro)

S'il n'édita pas cette mélodie, conservée dans ses tiroirs, Hartmann en revanche publia, en 1873, un *Impromptu* pour piano, du même auteur, dédié à Mme Edouard Manet. Le morceau (à 3/4 en *ut* majeur) présente déjà les caractéristiques harmoniques et rythmiques de la manière de Chabrier.

Cet impromptu, ainsi qu'un prélude resté inédit, fut exécuté à une soirée de la Société Nationale, le 27 janvier 1877, par M. Camille Saint-Saëns, qui devrait bien nous livrer par la voie de la presse, ses souvenirs sur Chabrier. Vers la trentaine, après avoir refait son instruction technique, Chabrier avait conçu des ambitions artistiques plus élevées, il s'était fait inscrire à la Société Nationale, à laquelle il prêta plusieurs fois le concours de son talent de pianiste (1).

Certaines de ses œuvres furent produites dans les concerts de la Société : un *lamento* pour orchestre y fut joué le 7 mai 1878, et le 13 septembre, à la Société des Compositeurs, un *larghetto* pour cor, exécuté par le corniste Garigue. Ces deux morceaux n'ont pas été publiés, non plus que la *Sommation irrespectueuse* sur une poésie de Victor Hugo, tirée des *Chansons des rues et des bois*, chantée à la Société

(1) Ainsi, le 28 décembre, 1878, Chabrier exécutait à deux pianos avec l'auteur une réduction de l'ouverture des *Piccolomini* de V. d'Indy. Le 22 février, 1879, avec V. d'Indy, il jouait à deux pianos une marche de Th. Gouvy.

Nationale par le baryton Melchissédec, le 9 avril 1881.

Dans la même soirée, l'excellente pianiste Marie Poitevin exécuta six morceaux de piano tirés du recueil des *Pièces pittoresques* que la maison Enoch-Costallat mettait en vente cette même année. C'étaient : *Idylle, Sous bois, Improvisation, Danse villageoise, Menuet pompeux, Scherzo-valse.* Je n'insiste pas sur la valeur de ce recueil, connu aujourd'hui de tous les pianistes. Publiées en 1883, les *Valses romantiques* à deux pianos, si pleines de verve et d'inventions plaisantes, sont aussi antérieures à l'exécution d'*Espana* au concert. La première audition en fut donnée à la Société nationale, par le compositeur lui-même, assisté de M. A. Messager, le 15 décembre 1883.

* * *

Dans l'intervalle, Chabrier était parvenu à se produire au théâtre, comme compositeur d'opérettes, avec l'*Etoile*, donnée le 28 novembre 1877 aux Bouffes-Parisiens, chantée par le joyeux Daubray, Scipion, Jolly, Mmes Paola Marié, Berthe Stuart et Luce, et qui obtint trente-sept représentations; puis avec un petit acte : l'*Education manquée*, joué au Cercle de la Presse, le 1er mai 1879 par le baryton Morlet, Mmes Jane Hading et Réval. Les livrets de ces deux opérettes étaient de Leterrier et Vanloo. La donnée de la première est divertissante. Il y a quelques numéros bien venus dans l'*Education manquée*, mais l'*Etoile* avait révélé à la presse et au public les dons naturels de Chabrier comme musicien bouffe (1). Cette partition que ses admirateurs mettent très haut, il est singulier qu'aucun directeur parisien n'ait songé à la reprendre. Il en a été donné quelques représentations à Lyon en mars-avril 1898; l'année suivante, adaptée à un *libretto* anglais, sous le titre : *The Lucky Star*, elle fut jouée à Londres le 7 janvier 1899, au Savoy-Theater. Enfin, l'œuvre de Chabrier a eu l'honneur d'être montée en 1909 à l'Opéra-Comique de Berlin et elle a même été jouée récemment à Paris, dans une soirée privée, par des amateurs, au Théâtre-Femina.

C'est à la fin de 1879 (le 1er décembre) que Chabrier résigna ses fonctions au Ministère de l'Intérieur. D'après son dernier biographe, M. Martineau, l'amour de l'art seul aurait inspiré cette résolution et Chabrier l'aurait prise à la suite d'une audition de *Tristan*, à Munich, tant l'émotion suscitée en lui par le drame wagnérien aurait été intense.

Libéré de la contrainte administrative, — d'ailleurs assez douce à son égard; — Chabrier vint habiter la rue de Berne, appelée alors rue Mosnier. Bien qu'âgé de trente-huit ans, il avait de la jeunesse à revendre! Son logis hospitalier devint le lieu de rendez-vous de nombreux artistes : musiciens, peintres, acteurs, qui venaient se délasser de leurs travaux et oublier leurs tracas dans la compagnie d'un joyeux boute-en-train.

C'est probablement à cette époque que Chabrier dut travailler sérieusement à perfectionner son instruction technique, au moins par la lecture des partitions d'orchestre des maîtres. De même qu'il s'était, dans ses *Pièces pittoresques*, efforcé vers un idéal plus élevé, il tendit plus haut comme compositeur dramatique, c'est-à-dire vers le genre de l'opéra-comique. Il avait entre les mains, un livret tiré par Armand Silvestre (1) des *Muscadins* de M. Jules Claretie. L'auteur du roman m'écrivait l'année dernière qu'à sa connaissance, « deux actes étaient achevés par le poète, un acte était composé par le musicien », dans un style « alerte et bien français. Ce n'était pas un opéra-comique, mais un opéra dramatique et pittoresque à la fois ». D'après M. Martineau, qui a été documenté par le fils du compositeur, il ne reste de ce travail que quatre numéros inachevés du premier acte. Une partie a dû entrer dans la partition du *Roi malgré lui.*

La composition des *Muscadins* se place après ce voyage en Espagne de 1882 dont Chabrier a fait des descriptions si vivantes et si imagées dans une série de lettres à ses éditeurs publiées par la revue S. I. M. (2). Il y renonça, soit que le musard Armand Silvestre l'eût lassé par ses lenteurs, soit qu'il n'ait pas trouvé le sujet assez corsé pour son goût. Il n'acheva pas

---

(1) En 1878, il avait composé pour le couple Bruet-Rivière des *duetti : Cocodette et Cocorico, Monsieur et Madame Orchestre,* qui ne furent pas admis au café-concert.

(1) Et non par Emile Bergerat, comme on l'a dit à tort.

(2) N^os de janvier et février 1909.

davantage un opéra-comique en un acte dont son collaborateur avait trouvé le sujet dans une nouvelle de Sacher-Masoch, *Le Sabbat*.

A ce moment d'ailleurs, Chabrier traversait sa grande crise wagnérienne. Il était entré en 1881 comme chef des chœurs chez Lamoureux qui, en octobre, fondait la Société des Nouveaux-Concerts. Ses relations avec Vincent d'Indy, avec Henri Duparc, qui l'avait entraîné à Munich, le firent pénétrer dans l'intimité des œuvres de R. Wagner. Il allait bientôt s'enrôler dans la phalange du « Petit-Bayreuth », dirigée par un juge d'instruction mélomane, Auguste Lascoux, mort en 1906.

Il tenait l'un des pianos dans ces séances où les partitions de Wagner étaient exécutées à quatre mains devant un cercle de familiers dont les plus notoires figurent dans un tableau de Fantin-Latour, qui appartient à M. Adolphe Jullien, groupés autour de Chabrier assis devant le clavier (1).

Cette initiation à l'art wagnérien et l'influence de Catulle Mendès, un ami de jeunesse, avaient entraîné Chabrier dans une voie artistique toute différente de celle qu'avait suivie le compositeur de *L'Etoile*. Il voulut se hausser au ton du drame lyrique ; *Les Muscadins* furent délaissés pour *Gwendoline*. Je suis de ceux qui admirent médiocrement les résultats qu'a produits cet effort ambitieux. Chabrier me paraît avoir fait fausse route en ne suivant pas l'instinct qui le portait vers la musique bouffe. *La Bourrée fantasque*, *Joyeuse Marche*, maintes scènes fort réussies du *Roi malgré lui*, en sont la preuve indéniable (2). Emile Bergerat ne lui avait-il pas proposé d'arranger pour lui en opérette *Le Roman chez la portière* d'Henry Monnier, « et le plus drôle, m'écrivait le spirituel chroniqueur, c'est qu'il ne disait pas

non ! » Pour ma part, je me représente mieux le jovial Chabrier improvisant avec des motifs de *Tristan* un quadrille fantasque sur lequel se trémoussaient en cadence Charles Lamoureux et le gros Wilder, qu'introduisant solennellement des héros d'épopée au Walhalla.

Tout au moins, *Espana* allait le montrer supérieurement doué sous le rapport du rythme. Après s'être soigneusement documenté, de Séville à Barcelone, « en passant par Malaga, Cadix, Grenade, Valencia », d'airs de danse espagnols sous la dictée des *flamenzas*, il avait élaboré cette rapsodie synthétique. Or, il n'y eut pas qu'une *Espana*, assure M. Camille Benoit, qui était reçu chez Chabrier. L'œuvre gravée ne représente qu'une sélection parmi les deux ou trois autres versions de ses souvenirs d'Espagne dont cet improvisateur plein de verve régalait ses intimes (1).

Lorsque Chabrier fit entendre au piano, à Lamoureux, l'esquisse de sa rapsodie, celui-ci l'avait engagé à l'orchestrer, s'engageant à l'exécuter ; mais c'était une concession amicale qu'il faisait à son collaborateur. Aux répétitions, personne ne croyait au succès d'*Espana*. La lecture de la partition d'orchestre avait effarouché les musiciens. A l'audition seulement se révéla l'originalité, la fantaisie, la nouveauté des effets de cette instrumentation vivante, colorée, rutilante comme le soleil d'Andalousie. L'impression subie par l'auditoire (2) fut foudroyante ! Le lendemain, le nom d'Emmanuel Chabrier, presque inconnu la veille, était célèbre ! Georges Servières.

LA SEMAINE

PARIS

Concerts du Conservatoire. — Un violoniste remarquable s'ajoute à la liste des grands virtuoses du concert : M. Fritz Kreisler, qui vient d'exécuter de façon magistrale le concerto de Beethoven et qui déchaîna dans la petite salle des concerts, le

---

(1) Le tableau fut exécuté et exposé au Salon seulement en 1885 ; c'est au printemps de 1883 que Fantin-Latour en avait eu l'idée et en avait parlé à Chabrier.

Ad. Jullien, *Fantin-Latour sa vie et ses amitiés*, 1 vol. in-4° illustré, Paris, 1909, Laveur.

(2) Tel est aussi l'avis de M. R. Hahn qui, dans une pénétrante étude sur Em. Chabrier, s'écriait en 1899 : « C'est à traduire Rabelais en musique que Chabrier aurait dû consacrer son talent ; lui seul peut-être en était capable ! »

---

(1) *La Habánera* pour piano que l'auteur, en 1885, dédia à Mlle Lamoureux, — aujourd'hui Mme Camille Chevillard, — doit être une épave de ces versions mises au rebut.

(2) Première audition d'*Espana* (6 novembre 1883).

plus grand et peut-être le dernier des enthousiasmes que j'aurai constatés ! Un ton pur, chaud,
vibrant dans l'*allegro*, tendre et caressant dans le
larghetto, un brio étincelant dans le finale, avec une
cadence en double cordes faite de modulations
incessantes, et menées avec un entrain d'enfer,
sans que jamais la justesse et la netteté n'en soient
altérées; un beau style noble, franc, sans mièvrerie
aucune, telles sont les qualités qui déterminèrent
la belle ovation que je vous signale. Et chose
curieuse, M. Fritz Kreisler, viennois d'origine,
fut élève du Conservatoire de Paris et obtint le
premier prix en 1887, à l'âge de douze ans !

Le programme, très copieux, comportait la belle
symphonie de Franck, très acclamée dans le
majestueux *allegro* du début et dans le finale,
superbe synthèse de l'œuvre entière. Peut-être les
fragments de *Parsifal* ont-ils fait longueur et le prélude à lui seul eût-il suffi, sans l'*Enchantement du
Vendredi-Saint.* Le public a écouté d'une oreille
distraite *La Sulamite* de Chabrier, dont l'orchestration est une merveille et vaut à elle seule tout
ce que chantent la Sulamite en particulier — n'en
déplaise à Mlle Demougeot, — et les chœurs en
général !

Rendons justice à ces derniers pour le fini de
leur exécution *a capella* du gracieux *Ave Verum* de
Saint-Saëns.   A. G.

Concerts Colonne. — (14 avril.) — C'est fini.
Un peu de mélancolie se mêle à beaucoup de joie
et l'on se quitte pour six mois comme si rien ne
devait arriver d'ici là. Qui sait ! On dit — mais on
dit tant de choses dans notre petit monde bavard
et tracassier — on dit que M. Gabriel Pierné aurait
l'intention de passer la direction de l'A. A. à
d'autres mains. N'en croyons rien. Souhaitons, au
contraire, de revoir à la tête du bon orchestre qu'il
a rendu meilleur celui qu'Edouard Colonne avait
désigné pour être son successeur et qui fut en
effet le seul continuateur possible de son œuvre.
Attendons avec confiance. M. Pierné ne doit pas
s'en aller. Sa présence au pupitre du Châtelet est
encore nécessaire. Il le sait et ses musiciens le
savent aussi bien que lui.

En cette soirée du Vendredi-Saint la *Messe* de
Beethoven était l'œuvre qu'il fallait entendre et la
scène finale du *Crépuscule des Dieux* aussi, quoique
moins spirituelle. Mais c'est à quoi tous ceux qui
étaient venus applaudir Mme Lilli Lehmann dans
un air de *Cosi fan tutte* n'ont pas pris garde. Leur
âme vaguement pénitente ne s'en est pas offensée.

Peut-être avez vous lu quelque part que
Mme Lilli Lehmann, cantatrice allemande justement réputée, chante sans style, et ailleurs, que
son style est admirable. Les critiques — car ce
sont des critiques qui ont écrit ces choses gaiement
opposées — ne sont jamais arrivés à s'entendre
sur ce qu'on appelle le style. Il est vrai que la
plupart d'entre eux n'en ont aucune idée. Leur
autorité n'est pas moins grande pour cela. Au contraire.   André-Lamette.

Aux Variétés, on a fait la semaine dernière une excellente et somptueuse reprise de
La Vie Parisienne d'Offenbach, dans les costumes
du temps, avec une interprétation de premier
ordre, en tête de laquelle apparaissent MM. Brasseur, Guy, Max Dearly, Prince, Moricey, Mmes
Méaly, Saulier, Diéterle, Mistinguett.

— Une séance de musique anglaise ancienne à
l'Exposition des Pastellistes du xviiie siècle. — La
Société Française des Amis de la musique dont on
a pas oublié le grand succès à Munich en septembre
dernier, a repris toute son activité. Sous son patronage se prépare la grande saison Beethoven,
dirigée par M. Weingartner au mois de mai prochain. En outre, la Société, suivant l'exemple des
« Amis du Louvre », réunit ses membres périodiquement pour des promenades musicales à travers
Paris. Les « Amis » auront ainsi le plaisir, grâce à
l'aimable autorisation de M. le sous-secrétaire
d'Etat aux Beaux-Arts, et de MM. Messager et
Broussan, de visiter prochainement l'Opéra.

Enfin, la Société organise le 26 avril, avec le
concours de Mme Wanda Landowska, une audition
de musique anglaise ancienne, à l'Exposition des
Pastellistes anglais. C'est la première fois qu'en
France la peinture et la musique anglaise des
siècles passés se trouveront réunies.

OPÉRA. — Faust. Tannhäuser. Thaïs. Samson et
Dalila.

OPÉRA-COMIQUE. — Aphrodite. Mignon. Manon.
Werther. Les Noces de Jeannette. Louise. Le Roi d'Ys.
La Princesse Jaune.

THÉATRE LYRIQUE (Gaîté). — Don Quichotte.
Salomé. Le Soir de Waterloo. Le Barbier de Séville.
Elsen. La Favorite.

TRIANON-LYRIQUE. — Les Cloches de Corneville.
Girofié-Girofla. Fra Diavolo. M. Chouñeuri. Zaza.
Mam'zelle Nitouche. L'Accordée de village. Lalla-
Roukh. Miss Hélyett.

APOLLO. — La Veuve Joyeuse. La Divorcée.

SALLE ERARD

Concerts du mois d'Avril 1911

24 Mlle Bianca Leven, chant (9 heures).
26 Mlle Valabrègue, piano (9 heures).
26 M. Braud, audition d'élèves (9 heures).
27 Mlle Dehelly, piano (9 heures).
28 Mlle Caffaret, piano (9 heures).
29 M. Philipp, audition d'élèves (9 heures).
29 M. Riera, matinée d'élèves (1 ½ heure).

SALLES PLEYEL

22, rue Rochechouart

Concerts d'Avril 1911

Grande Salle

25 M. Morpain, 9 heures.
26 Mme Jane Mortier, 9 heures.
27 La Société des Compositeurs de musique
     (3e séance), 9 heures.
28 Les Concerts Mozart, 9 heures.

Salle des Quatuors

29 La Société de musique nouvelle (5e séance),
     9 heures.

SALLES GAVEAU

45 et 47, rue La Boëtie

Concerts du mois d'Avril 1911

Salle des Concerts

23 Concert Hasselmans (supplémentaire (3 h. ½).
24   »   de la Société Musicale Indép. (9 h.).
25 Première conf. de la Convent. Chrét. (8 h. ½).
26 Deuxième »   »   »   »
27 Troisième »   »   »   »
28 Concert Ysaye Pugno (3 heures).
30   »   Kreisler, avec orchestre (3 heures).
30 Quatrième conf. de la Convent. Chrét. (8 h. ½).

Salle des Quatuors

27 Concert de M. Oswald (soirée).
30 Assemblée générale des secouristes français.

BRUXELLES

THÉATRE ROYAL DE LA MONNAIE. —
Le Festival Wagner s'est ouvert mercredi par une
représentation véritablement modèle de *Lohengrin*,
modèle surtout par le respect du style wagnérien
constaté chez tous les interprètes, comme dans
l'orchestre lui-même. Car, indépendamment de la
valeur personnelle des artistes que MM. Kufferath
et Guidé ont su grouper pour ces représentations

exceptionnelles, ce qui constitue un des traits
essentiels de celles-ci, c'est la formation spéciale
de tous les éléments ainsi réunis, éléments pris
non seulement parmi les meilleurs artistes des
troupes allemandes actuelles, mais choisis tous en
vue de rôles déterminés dans lesquels ils excellent
particulièrement. Aussi, aucune troupe régulière
des théâtres d'outre-Rhin ne fournirait-elle sans
doute des ensembles semblables à ceux que feront
défiler devant nos yeux les six représentations
promises : *Lohengrin*, *Tannhäuser* et les quatre parties de *L'Anneau du Nibelung*.

Jamais exécution de *Lohengrin* ne fit sentir ici,
comme celle de mercredi, combien cette partition
annonce, en maintes de ses parties, celles qui
devaient suivre. C'est que généralement les artistes
français donnent à l'œuvre un aspect plus chantant, alors que quantité de pages appartiennent à
la forme du récitatif : le rôle de Frédéric notamment a, musicalement, une très étroite parenté
avec le Wotan de la *Walkyrie*. Dans l'orchestre
aussi, les affinités de style avec la Tétralogie sont
fréquentes, et l'exécution de cette semaine mit ces
points de contact particulièrement en lumière.

MM. Kufferath et Guidé avaient engagé pour la
représentation de mercredi M. von Bary, qui passe
actuellement pour le meilleur Lohengrin de la
scène allemande. Indisposé, M. von Bary fut
remplacé par M. Hensel, le délicieux ténor si
apprécié l'an dernier sous les traits de Siegfried,
rôle dans lequel nous le reverrons bientôt. M.
Hensel fut un Lohengrin plein de charme et de
douceur, remplaçant par des attitudes d'une
simplicité faite de confiance et de dignité, l'allure
pompeusement héroïque que beaucoup donnent à
ce rôle.

Mme Maud Fay nous a présenté une Elsa d'une
grâce et d'une séduction souveraines, captivant
l'auditeur à la fois par le timbre délicieux d'une
voix qu'elle conduit avec un art d'un raffinement
extrême, et par l'intérêt d'une mimique qui met
en excellente lumière la physionomie morale du
rôle.

M. Félix von Scheidt donne beaucoup de caractère au rôle de Frédéric de Telramund, qu'il
chante avec des accents d'une énergie un peu
brutale bien appropriée au personnage; et la
stature de Mme Matzenauer, sa voix puissante et
dominatrice, font de cette remarquable artiste
une Ortrude de très belle allure.

Quant à M. Bender, son grand talent semble
s'affirmer davantage à chacune de ses nouvelles
apparitions. Son superbe organe fait merveille
dans le rôle du Roi, qu'il a enveloppé d'une

majesté paternelle et bienveillante du plus impressionnant effet.

Il faut citer encore M. Liszewsky, dont la voix richement timbrée fit sonner les appels du Héraut avec un éclat exceptionnel.

Mais le principal triomphateur de la soirée fut, aux yeux de beaucoup, le chef d'orchestre, M. Otto Lohse, que les interprètes, avec une belle confraternité artistique, obligèrent, à la fin de la soirée, à venir recueillir sur la scène, au premier rang d'eux tous, les ovations d'un public littéralement transporté.   J. Br.

Demain, lundi, commencent les représentations du *Ring*, dans lequel on entendra pour la première fois ici, Mme Edyth Walker, la plus remarquable Brunnhild de la scène allemande.

Dimanche, par suite d'une indisposition de M. Girod, M. Dua a chanté avec un très vif succès Don José de *Carmen*. Le même soir, dans Micaéla, débutait Mlle Heldy, la charmante Eunice de *Quo Vadis?* La jeune artiste, tout à fait exquise dans ce nouveau rôle a été l'objet des plus chaleureuses acclamations.

Mercredi prochain, Mlle Heldy paraîtra dans Eurydice à côté de Mme Croiza, dont l'Orphée est une des plus belles créations de l'éminente artiste.

Notons encore la dernière représentation de *Salomé* avec Mme Friché, qui a été admirable dans le finale de cette œuvre véhémente.

La clôture se fera dimanche prochain.

— Les jours derniers, salle Patria, rue des Ursulines, jolie séance Schumann. Mlle Maria Biermé a fait une conférence très documentée sur le maître allemand dont elle a analysé les *Lieder* d'une façon très subtile, et l'œuvre pianistique qui, le plus souvent, dit-elle, est « l'Expression des Impressions de Schumann ». De plus, elle a signalé, avec justesse, les caractéristiques de ses grandes œuvres symphoniques.

Cette conférence fort goûtée a été illustrée par Mlle Marguerite Rollet dont la jolie voix bien timbrée a exprimé avec un sentiment profond, un art exquis et une diction parfaite, tant en allemand qu'en français, quelques-uns des plus beaux *lieder* de Schumann.

M. Marcel Laoureux a été absolument remarquable dans les *Etudes symphoniques* en forme de variations op. 9, dont il a su dessiner avec grandeur la superbe forme architecturale en caractériser, avec maîtrise, le style et la puissance. De plus, il a fait ressortir avec infiniment d'esprit et de verve le caractère humoristique de Schumann dans son *Carnaval*.

— C'est le lundi 1er et le mardi 2 mai, immédiatement après la clôture de la saison théâtrale, qu'aura lieu à la Monnaie, à 8 1/2 heures du soir, le quatrième et dernier Concert populaire, consacré, comme il a été annoncé, à l'exécution de l'oratorio *La Création* de Haydn, sous la direction de M. Sylvain Dupuis et avec le concours de Mlle Lilly Dupré, de MM. Dua et Billot, du théâtre de la Monnaie, et des chœurs du théâtre.

La location pour les deux séances est ouverte chez Schott, 28, rue Coudenberg.

Conservatoire royal de Bruxelles. — M. le professeur César Thomson donnera le vendredi 5 mai, à 8 1/2 heures du soir, un récital de violon dans lequel il interprétera notamment le concerto en *mi*, de Bach (avec accompagnement d'orchestre), la *Chaconne* de Vitali (avec orgue), un cycle important de pièces anciennes et des compositions modernes.

On pourra se procurer des billets numérotés à l'Economat du Conservatoire, les 1er, 2, 3, 4 à 5 mai, de 9 à midi et de 2 à 4 heures.

— La Société J.-S. Bach de Bruxelles organise pour les 27 et 28 mai prochain, au théâtre de l'Alhambra, un festival en deux journées où l'on exécutera la *Passion selon saint Jean* et la *Grand'Messe* en *si* mineur.

Des solistes de choix participeront à ce festival qui sera avec le festival Wagner, à la Monnaie, le grand événement musical de la saison.

Ces solistes sont : Mmes E. Ohlhoff, soprano (Berlin); M. Stapelfeldt, alto (Berlin); MM. Georges Walter, ténor (Berlin); G. Zalsman, basse (Rotterdam); Johan Smit, violoniste (Bruxelles); E. Jacobs, viole de gambe (Bruxelles).

L'orchestre, composé des meilleurs éléments locaux et les chœurs de la Société, formera un imposant ensemble de 150 exécutants, sous la direction de M. Albert Zimmer.

THÉÂTRE DE LA MONNAIE. — Aujourd'hui, dimanche, en matinée de famille, Le Voyage en Chine; le soir, Samson et Dalila, avec le concours de Mme Croiza; lundi, troisième représentation du Festival Wagner, Das Rheingold; mardi, quatrième représentation du Festival Wagner, Die Walküre; mercredi, une seule représentation d'Orphée; jeudi, cinquième représentation du Festival Wagner, Siegfried; vendredi, dernière représentation de Werther; samedi, dernière représentation du Festival Wagner, Götterdämmerung; dimanche, en matinée, dernière représentation donnée pour les adieux de la troupe.

Dimanche 23 avril. — A 2 ½ heures, au théâtre de l'Alhambra, sixième concert Ysaye, sous la direction de M. Willem Mengelberg, chef d'orchestre du Concertgebouw d'Amsterdam et avec le concours de M. Mark Hambourg, pianiste. Programme : 1. Ouverture académique (J. Brahms); 2. Concerto n° 4, en *ut* mineur pour piano et orchestre (C. Saint-Saëns), M. Mark Hambourg; 3. Symphonie n° 4, en *ré* mineur (Schumann); 4. A) Deux études (Liszt), B) Polonaise, en *mi* majeur (Liszt), M. Mark Hambourg; 5. La Forêt et l'Oiseau, esquisse symphonique, première exécution (Th. Ysaye); 6. Ouverture des Maîtres Chanteurs de Nuremberg (R. Wagner).

Mercredi 26 avril. — A 8 ½ heures du soir, à la salle de l'Ecole-Allemande, troisième séance du Quatuor Zimmer. Au programme : 1. Quatuor en *mi* bémol majeur (Carl von Dittersdorf); 2. Quatuor en *mi* mineur (Smetana); 3. Quatuor, op. 131, *ut* dièse mineur (Van Beethoven).

Mercredi 26 avril. — A 8 ½ heures du soir, à la Grande Harmonie, récital de violon donné par Mlle Léa Epstein. Au programme : Dessau, Klengel, Paganini, Saint-Saëns, Tchaïkowsky, Wieniawski.

Vendredi 28 avril. — A 8 ½ heures, à la Grande Harmonie, récital donné par M. Edouard Bernard, le distingué pianiste, professeur à la Schola Cantorum.

Dimanche 30 avril. — A 2 ½ heures, à la salle de la Madeleine, quatrième Concert Durant consacré aux œuvres de César Franck et avec le concours de M. Arthur De Greef, pianiste. Programme : 1. Psyché, poème symphonique; 2. Les Djinns, pour piano et orchestre; 3. Airs de ballet de Hulda; 4. Variations symphoniques pour piano et orchestre; 5. Symphonie en *ré* mineur.

Répétition générale, la veille, à 8 ½ heures du soir.

Lundi 1er mai. — A 8 ½ heures du soir, à la salle Erard, séance de piano donnée par Mlle Agèle Simon, élève de M. Georges Lauweryns. Au programme : Œuvres de Bach, Scarlatti, Mozart, Beethoven, Schumann, Chopin, Brahms. — Cette séance est donnée par invitation.

Mardi 2 mai. — A 8 ½ heures du soir, au théâtre royal de la Monnaie, quatrième concert d'abonnement, sous la direction de M. Sylvain Dupuis et avec le concours de Mlle Lily Dupré, MM. Octave Dua et Etienne Billot, du théâtre royal de la Monnaie et des chœurs du théâtre. Programme : La Création, oratorio en trois parties pour soli, chœurs et orchestre de Joseph Haydn.

Mercredi 3 mai. — A 8 ½ heures du soir, à la Grande Harmonie, récital de piano donné par Mlle Hélène Dinsart. Au programme : 1. Variations et Fugue sur un thème de Hændel (J. Brahms); 2. Prélude, Aria et Final (C. Franck); 3. Sonate en *sol* mineur, op. 22 (R. Schumann); 4. Islamey, fantaisie orientale (M. Balakirew).

Mercredi 3 mai. — A 8 ½ heures du soir, à la salle de l'Ecole Allemande, 21, rue des Minimes, quatrième séance du Quatuor Zimmer. Programme : 1. Quatuor

en *si* bémol majeur (Mozart); 2. Trio à cordes en *ut* majeur, op. 10 (E. von Dohnanyi); 3. Quatuor en *la* majeur, op. 41 (Schumann).

Jeudi 4 mai. — A 8 ½ heures du soir, à la salle de la Grande Harmonie, quatrième et dernier concert Mathieu Crickboom, orchestre sous la direction de M. Louis Kefer. Programme : 1. Egmont, ouverture pour orchestre (L. van Beethoven); 2. Concerto en *mi* majeur pour violon et orchestre (J.-S. Bach); 3. Gileppe-Cantate (1887), Introduction symphonique (Louis Kefer); 4. Poème pour violon et orchestre, op. 25 (Ernest Chausson); Concerto en *ré* majeur pour violon et orchestre, op. 61 (L. van Beethoven).

Mardi 16 mai. — A 8 1/4 heures, à la salle de la Grande Harmonie, 64e concert donné par la Société chorale mixte Deutscher Gesangverein. On exécutera Le Chant de la Cloche de Max Bruch, oratorio pour soli, chœurs, orchestre et orgue. Solistes : Mme Schauer-Bergmann, de Breslau, soprano; Mlle E. Pfaff, du Conservatoire de Cologne, alto; M. J. Decker, du Théâtre Grand-Ducal de Hesse, ténor; M. G. Waschow, de l'Opéra de Düsseldorf, basse.

CORRESPONDANCES

A IX-LA-CHAPELLE. — L'annonce d'une exécution de la *Passion selon saint Matthieu*, sous la direction de M. le professeur Schwickérath, m'a attiré dans la jolie cité balnéaire pendant la semaine sainte et j'en rapporte la jouvence d'une admiration ravivée pour le grand cantor. Son chef-d'œuvre était plongé dans une atmosphère adéquate et magnifié par la communion et l'ardeur de pensée d'un millier d'admirateurs conscients. La partie dramatique de l'œuvre, c'est-à-dire les récits et les chœurs, fut de toute beauté. L'honneur en revient — après le chef —, au ténor George Walter, récitant infatigable et d'une superbe expression plastique; au baryton Thomas Denys, plein d'onction dans les récits du Christ; aux chœurs, dont l'éloge n'est plus à faire, car ils ont remporté partout où ils se sont fait entendre, et particulièrement à Berlin, des succès exceptionnels. Il convient aussi de noter le discret et habile emploi de l'orgue par M. Stahlhuth. — Quant à la partie lyrique, c'est-à-dire aux airs, chorals, etc., elle fut raccourcie par de nombreuses coupures. Trop nombreuses, hélas! Néanmoins, nous pûmes admirer le style impressionnant de l'alto, Mlle Martha Stapelfeld. La soprano, Mlle Petri, a une voix trop enfantine pour s'attaquer à pareille œuvre, mais son rôle, vu les coupures, était fort court.

Dr DWELSHAUVERS.

A NVERS. — Le concert Ysaye nous apporte chaque année, en fin de saison, son cachet très spécial d'art et d'interprétation. On connaît les exécutions homogènes, si expressivement colorées qu'Eugène Ysaye obtient de son orchestre. Il nous suffira de dire que l'admirable symphonie en *ré* mineur de César Franck, le prélude de *Parsifal* et la *Chevauchée des Walkyries* furent interprétés avec la plus belle conviction artistique.

Le programme nous offrait encore, à côté de ces pages consacrées, une œuvre nouvelle, la rapsodie sur un thème populaire, du jeune compositeur Michel Brusselmans, qui fut très sympathiquement accueillie pour ses évidentes qualités de métier et d'originalité.

Relatons enfin le succès .. prodigieux — le mot ne semblera pas exagéré pour ceux qui connaissent la froideur habituelle de notre public du Nord — remporté par les deux maîtres Eugène Ysaye et Jacques Thibaut dans le concerto en *ré* mineur de Bach (le finale fut bissé devant l'insistance des acclamations) et celui non moins chaleureux fait à M. J. Thibaut après le concerto pour violon de Lalo, qu'il joua avec tout le fini et la pureté désirables. C. M.

B ARCELONE. — M. Félix Weingartner est venu diriger deux concerts symphoniques au théâtre du Liceo. Le célèbre chef d'orchestre, dont les qualités de souplessse et de fermeté sont bien connues, fut fort admiré. Sous son bâton, Mozart et Beethoven ont été interprétés à merveille. L'ouverture de *La Flûte enchantée* reçut une exécution très nuancée, très délicate, qui contrastait avec la grandeur imprimée à l'*Eroica* de Beethoven.

Au second concert, M. Weingartner dirigea sa symphonie n° 2. Le public attendait avec intérêt cette composition, qui a été accueillie avec la plus grande faveur. M. Weingartner a été acclamé. Une cantatrice remarquable, Mme Lucille Marcel, accompagnait M. Weingartner. Elle a chanté avec succès des airs de Gluck, Mozart, Berlioz et des *Lieder* de Weingartner lui-même.

Le grand théâtre du Liceo annonce qu'il donnera ce mois-ci et en mai un festival Wagner sous la direction de M. Willibald Kaehler. Au programme : *L'Anneau du Nibelung, Tannhäuser* et *Tristan.* Ed. L. Ch.

B ERLIN. — L'hiver qui vient de s'écouler a été marqué par les succès remportés par nos compatriotes. Je ne vous parlerai pas du Quatuor belge, qui semble encore en progrès sur les années précédentes. C'est une pure joie sans mélange que de les entendre et ils ont, à Berlin comme dans toute l'Allemagne, un public d'élite qui les comprend et qui les admire.

Thomson nous est revenu au commencement de l'hiver et devant une salle bien garnie a émerveillé comme toujours son auditoire, parmi lequel on remarquait de nombreux violonistes. Programme de haute virtuosité, qui lui permit de faire valoir un talent que tout le monde admire sous tous ses aspects. Un autre violoniste belge — un jeune celui-là — s'est fait dès son premier concert reconnaître pour un artiste de valeur. Je veux parler de M. Edouard Deru, qui, à son récital, a été très fêté. *La Chaconne*, de Vitali, le ravissant concerto de Tartini, ont été pour lui l'occasion d'un très vif succès et j'espère que ce succès flatteur lui donnera le désir de revenir nous visiter plus souvent.

Mlle Godenne, que malheureusement une courte absence m'a empêché d'entendre, a débuté ici par un coup de maître. Plusieurs critiques m'ont exprimé leur admiration pour ce jeune talent si musical et en pleine possession de la technique du piano. Berlin est pour les pianistes l'une des villes les plus sévères, aussi un succès comme celui que Mlle Godenne a trouvé ici auprès des musiciens, est un sûr garant du bel avenir qui lui est réservé.

Le compositeur Désiré Paque remporte de grands succès. On a donné sa symphonie, son concerto pour violoncelle (joué par M. Mainardi, un jeune violoncelliste italien de grand avenir), un *Requiem* pour orchestre et chœurs, qui a eu les honneurs d'être redemandé. Son quintette, joué au Salon, a été aussi très applaudi. A Brême, sa symphonie a été pour lui l'occasion d'un triomphe. A Rostock aussi, à Hambourg également. Bref, il s'est fait ici un public qui l'aide et qui l'admire. Il est vraiment malheureux que ce compositeur d'un grand et réel talent soit aussi peu apprécié en Belgique. Mais je suis persuadé qu'un temps viendra où l'ostracisme de nos compatriotes cessera à son égard.

Les deux événements marquants de cette saison musicale ont été : l'énorme succès remporté par l'interprétation en six concerts de dix-huit concertos les plus importants de la littérature du violon par M. Henry Marteau ; les concerts du *Berliner Musik Verein*, sous la direction de Stransky. Une révélation que ce Stransky. Un de nos futurs grands chefs qui partagera bientôt l'hégémonie du monde musical avec Nikisch, Mottl et Strauss. Il a donné entre autres choses une merveilleuse exécution de la symphonie de César Franck, une des plus belles et des plus émouvantes que j'aie entendu depuis celle d'Isaye à Bruxelles.

Quant à Marteau, tout le monde connaît le talent sobre, consciencieux, noble, de cet artiste doublé d'un travailleur. Non content de jouer en six semaines un programme aussi écrasant, il a trouvé le moyen de donner entre-temps quatre concerts de musique de chambre entièrement consacrés à des œuvres nouvelles. Parmi les dix-huit concertos qu'il a fait entendre et qui comprenaient cinq concertos de Mozart, deux de Bach, celui de Beethoven, celui de Brahms, celui de Mendelssohn, un de Max Bruch, figurait une nouvelle œuvre du compositeur Leandre Schlegel. D'une orchestration tumultueuse, d'une architecture lourde, l'auteur contraint malheureusement le violon à une lutte inégale contre la masse sonore qui l'entoure. Cependant, la matière thématique m'a paru riche et souvent personnelle. Une première audition d'ailleurs ne suffit pas pour porter un jugement complet sur une œuvre nouvelle et l'impression qu'on ressent peut être souvent modifiée par une connaissance plus intime de l'œuvre. Je souhaite qu'il en soit ainsi avec le concerto de M. Schlegel que M. Marteau a joué d'une façon merveilleuse. Quelques violoncellistes ont remporté des succès flatteurs cet hiver. En premier lieu, je crois qu'il faut citer le violoncelliste hongrois Bela von Guka. Une nature merveilleusement douée, déjà en pleine possession de la technique et qui me paraît destiné à devenir un très grand artiste. Le jeune Mainardi, dont je vous ai parlé plus haut, qui fait penser à Jean Gérardy. Encore un qui, s'il tient les promesses qu'il fait, est destiné à un grand avenir.

Je ne voudrais pas terminer sans vous dire tout le plaisir que j'ai eu à réentendre Gérardy dans un concert avec Risler, où ils jouèrent les cinq sonates de Beethoven. Son interprétation des cinq sonates fut particulièrement réussie.

MARIX LOEVENSOHN.

GAND. — Jeudi 27 avril, à 8 heures du soir, au Conservatoire royal de musique, récital d'orgue par M. Léandre Vilain, professeur au Conservatoire royal. Programme : 1. Canzona e Fuga en *sol* mineur (Frescobaldi); 2. Fugue en *fa* majeur (Buxtehude); 3. Chacone en *ré* mineur (Pachelbel); 4. Fantaisie sur le choral (Pachelbel); 5. Passacaglia (J.-S. Bach).

LIÉGE. — C'est l'époque des petites séances, des auditions d'élèves, des concerts d'amateurs. Peu de soirées émergent de ce flot ; mais celles-là sont brillantes. Tel un récital Kubelik, fort intéressant et qui fut répété dans tant d'autres villes ; une conférence de M. René Lyr sur *La Forêt*, encadrée d'œuvres captivantes de Maurice Jaspar (fantaisie pour cor : M. Dautzenberg), de Hénusse, de Samuel, qui prouvent la vitalité de notre jeune école belge, très travailleuse et

encore trop peu connue. César Franck fut magnifié en une audition du conservatoire consacrée à ses œuvres. Et M. Jules Debefve dirigea avec grand succès un Festival belge composé d'œuvres d'Émile Mathieu (dont l'ouverture de *L'Enfance de Roland* fut très acclamée), d'Edgar Tinel, de Jan Blockx (sa rutilante *Ballade*), de Carl Smulders, de Léon Dubois (*a Route* et *Le Rêve*, deux chœurs admirablement chantés par *La Légia*). Mme Blanche Selva a joué avec un rare talent et une maîtrise merveilleuse du Franck, dont les *Variations symphoniques*. Toutes les exécutions antérieures de cette œuvre pâlissent devant celle, si lumineuse, si puissamment inspirée de l'admirable pianiste. Citons encore le second concert de la Société Bach, consistant en un récital d'orgue donné par M. Waitz. Les fugues en *si*, en *sol* et en *ré* mineurs (*L'Orage*), les préludes de choral nos 36 et 45, la *Pastorale* en quatre parties formaient un programme très varié, dont le disciple préféré du regretté Guilmant a donné une exécution imposante.

Dr DWELSHAUVERS.

MONTE-CARLO. — Le dernier festival gala, à la salle des concerts du Grand Casino, a été donné avec le concours de Mlle Hélène Roze, pianiste remarquable.

Après une interprétation brillante de la douzième rapsodie de Liszt, où la jeune pianiste a révélé une virtuosité et une personnalité très originale, elle nous a tenu sous le charme en exécutant un nocturne en *ré* bémol de Chopin.

Toute la poésie qui se dégage de cette page délicate a été traduite avec un art suprême.

E.-R. DE BÉHAULT.

TOULOUSE. — Le premier concert de la Société des concerts du Conservatoire débutait par la cantate no 1 de Bach, que M. Crocé-Spinelli interpréta avec un soin tout particulier. Nous eûmes ensuite la première audition de la symphonie en *fa* de M. André Gédalge. Œuvre dont les développements tout à fait logiques sont pleins de charme.

Pour ce dernier concert, on avait fait appel au talent de M. Victor Staub, professeur au Conservatoire de Paris, qui exécuta avec une superbe maîtrise le cinquième concerto de Saint-Saëns, un rondo de Beethoven, la première ballade de Chopin, sans mièvrerie, sans un abus trop grand du *tempo rubato* et la onzième rapsodie de Liszt.

Pour finir, exécution — la première en France — de l'*Akademische Fest-Ouverture* de J. Brahms. Cette œuvre, qui porte le numéro quatre-vingts, fut écrite par J. Brahms pour remercier l'Université de Breslau de l'avoir nommé Docteur en philosophie. Elle est entièrement construite sur des chansons d'étudiants. L'œuvre doit être probablement populaire en Saxe ou en Bavière; à Toulouse elle a laissé le public assez froid, malgré une exécution vibrante.   OMER GUIRAUD.

NOUVELLES

— Rappelons que le quatrième Congrès de la Société internationale de musique se tiendra à Londres, du 29 mai au 3 juin 1911, sous la présidence de Right Hon. A. J. Balfour, M. P., et sous la direction d'un comité dont le président est Sir Alexander C. Mackenzie et le vice-président M. Alfred H. Littleton. Le Gouvernement Britannique a invité tous les Gouvernements étrangers à envoyer des délégués officiels au Congrès. Plusieurs Universités et Institutions étrangères ont été invitées à envoyer leurs délégués. Outre les travaux administratifs et scientifiques du Congrès — conférences, communications et discussions — il y aura après l'ouverture du Congrès, le 30 mai, l'après-midi, un concert de musique de chambre historique (compositeurs anglais) et le soir, un concert de musique d'orchestre au Queen's Hall, avec le concours du « Queen's Hall Orchestra » (compositeurs anglais vivants).

Le 31 mai, le matin : concert de musique militaire par les « Coldstream Guards »; l'après-midi : audition d'ancienne musique d'église anglaise (motets anglais), à la Cathédrale de Saint-Paul.

Le jeudi 1er juin, après-midi : concert de musique vocale, avec le concours de la Société chorale de Huddersfield, Yorkshire (300 exécutants); le soir : concert de musique d'orchestre au Queen's Hall, avec le concours du « London Symphony Orchestra » (compositeurs anglais vivants); Nouvelle symphonie (inédite) d'Elgar.

Le vendredi 2 juin, après-midi : concert de musique de chambre moderne (compositeurs anglais vivants); l'après-midi, à 4 1/2 heures : audition d'ancienne musique d'église anglaise (motets latins), à la Cathédrale catholique de Westminster; le soir : grand banquet au Savoy hôtel.

Samedi soir, 3 juin : représentation d'un opéra à Covent-Garden.

Les membres étrangers de la Société internationale de musique sont invités et seront admis gratuitement à toutes les manifestations du Congrès (conférences, concerts, banquet, opéra, etc.).

— On a donné d'*Isabeau* quelques répétitions seulement au Carlo-Felice de Gênes. Le nouveau drame lyrique de M. Mascagni sera représenté pour la première fois à Buenos-Aires : et après cette saison argentine, qui comprendra aussi les villes secondaires, l'auteur s'en ira en tournée, avec son œuvre et tous ses interprètes, dans les autres républiques de l'Amérique latine. Mis en scène à la hâte et seulement pour donner au maëstro et à son impresario, M. Walter Mocchi, une impression des artistes, de l'orchestre et des chœurs, *Isabeau* a été un gros succès.

On a particulièrement applaudi le tournoi, la chanson du faucon et le finale du premier acte. Le deuxième se fit remarquer aussi par la grandeur du tableau et par la beauté imposante du chœur qui le domine presque entièrement. Et on apprécia au troisième le duo exquis d'Isabeau avec le pâtre amoureux.

L'orchestre et la salle ont fait à M. Mascagni, qui dirigeait son œuvre, des ovations continuelles. Le maëstro, profondément ému, applaudissait à son tour ses interprètes, parmi lesquels se distinguaient Mme Farneti, une charmante protagoniste, et M. Saludas dans le rôle très difficile du pasteur Folco. Maintenant, M. Mascagni et toute sa troupe, embarqués sur le *Tommaso-di-Savoia*, sont en route pour Buenos-Aires.

— A Milan, la saison de la Scala s'est terminée avec *Ariane et Barbe-Bleue*, de M. Dukas. L'impression a été très grande. Tout le monde rappelait le succès remporté, il y a trois ans, sur la même scène, par *Pelléas et Mélisande*, de Debussy.

M. Dukas a eu des interprètes superbes. M. Tullio Serafin, dirigeait l'orchestre. Mme Louise Pierrick fut une charmante et imposante Ariane. M. Ludikar faisait Barbe-Bleue. Mmes Frascani (la nourrice), Montanari, Emmanuelli, Nelma, Garavaglia et Préobrajensky.

— L'admirable opéra de Saint-Saëns, *Samson et Dalila*, repris cette semaine à l'Opéra de Berlin, a obtenu un succès sans précédent, sous la direction magistrale du capellmeister E. von Strauss. La presse berlinoise, enthousiaste, exalte les mérites de l'œuvre qu'elle classe au rang des meilleures créations lyriques. M. Berger dans le rôle de Samson et Mlle Oger dans celui de Dalila, n'ont peut-être pas éclipsé les interprètes précédents, mais admirablement soutenus par les rôles secondaires, les chœurs et l'orchestre, ils ont donné au chef-d'œuvre du maître français toute sa puissance d'expression.

— La série des représentations extraordinaires, organisées cette année au théâtre de Cologne, sera inaugurée le 11 juin prochain par une représentation de *Tristan et Isolde* sous la direction de Max Schillings. La direction annonce, ensuite, deux représentations du *Chevalier à la Rose* de Richard Strauss, sous la direction de l'auteur; *Les Maîtres Chanteurs*, avec Otto Lohse au pupitre; *Carmen*, qui sera joué par le personnel du théâtre de la Monnaie, sous la direction de M. Sylvain Dupuis, et enfin, une représentation de *La Chauve-Souris* de Johann Strauss, par le personnel de l'Opéra de Vienne, sous la direction de M. Lohse.

— La direction du théâtre de Nuremberg annonce qu'elle organisera, cette année, une saison lyrique extraordinaire sous la direction de Félix Mottl et du jeune maestro italien M. del Cupolo. L'éminent chef d'orchestre allemand dirigera *Les Maîtres Chanteurs* et *Lohengrin* et M. del Cupolo *Le Barbier de Séville*. La direction s'est assuré le concours de Mme Hafgraen-Waag et des premiers chanteurs des théâtres de Francfort, de Wiesbaden, de Leipzig et de Mannheim.

— Le charmant intermezzo musical du compositeur Wolf-Ferrari, *Le Secret de Suzanne*, a obtenu cette semaine, au Metropolitan Opera House de New-York, le même succès chaleureux qu'il a rencontré sur toutes les scènes européennes.

— L'opéra peu connu de Verdi, *Don Carlos*, a été joué en allemand, ces jours-ci, au théâtre de Zurich, et grâce à l'excellente direction de M. Conrad, il a obtenu un très grand succès.

— Les Festspiele organisés cette année au théâtre du Prince Régent de Munich auront lieu avec le concours du personnel de l'Opéra, et de Mme Lucie Weicht, de Vienne, dans les rôles d'Isolde et de Brunnhilde; de M. Knote dans les rôles de Stolzing, de Siegmund et de Siegfried; de M. Ernest Kraus, de Berlin, qui interprétera les personnages de Tristan, de Siegfried et de Siegmund; de MM. von Bary, Antoon Van Rooy, Feinhals, et Désiré Zador, de Berlin.

— Le roman d'Emile Zola, *La Débâcle*, a inspiré au compositeur allemand Karl Weiss un nouvel opéra, intitulé *1870*, qui sera représenté, cet hiver, au théâtre allemand de Prague. La partition de cet opéra est sous presses.

— A une séance du Congrès international de musique, tenu la semaine dernière à Rome, que présidait M. Wotquenne, M. Carlo Censi a fait le plus grand éloge d'un appareil inventé par don Angelo Barbieri, qui, appliqué au piano, note automatiquement tous les sons rendus par l'instrument, avec leur durée propre. Cet automusicographe paraît appelé à rendre aux compositeurs les plus grands services en leur permettant de jeter immédiatement sur le papier leurs inspirations les plus fugitives. Si bien que, sur la proposition de MM. Paribeni et Setaccioti, le Congrès a voté des félicitations à l'inventeur et a appelé de tous ses vœux la diffusion de son appareil.

— Caruso, qui souffre d'une laryngite, est condamné par les médecins à un repos de trois mois. Il ne chantera plus avant la saison prochaine. Il a dû renoncer à accompagner la troupe du Metropolitan Opera House, dans la tournée artistique qu'elle entreprend chaque année après la fermeture du théâtre, et il ne pourra prendre part à Rome, où il était attendu, aux représentations organisées par le comité des fêtes du Cinquantenaire.

— A Berlin, où est né et où est enterré Meyerbeer, un comité s'est formé dans le but d'élever un monument à la gloire du grand compositeur. A la tête de ce comité se trouvent Richard Strauss, le comte Hülsen, le capellmeister Muck et Léopold Schmidt.

— M. Gustave Mahler est retenu par la maladie à New-York. Il a dû renoncer à rentrer ce mois-ci, en Europe, où il devait diriger des concerts symphoniques, à Paris et à Munich. Ces concerts ont été ajournés.

— Notre collaborateur Frank Choisy, après avoir fondé cet hiver, à Genève, une « Ecole populaire de musique » des plus florissantes, vient de donner, au Conservatoire de la même ville, une audition de ses œuvres dont la critique locale fait le plus grand éloge. Le programme comprenait une symphonie pour grand orchestre, solo de baryton et chœurs, dont les diverses parties sont, à elles seules, tout un programme. Divisée en six mouvements, avec un texte du compositeur, elle portait les indications suivantes : A) *Beauté, beauté!*; B) *Tendresse...*; C) *Jour d'allégresse*; D) *Doute* (solo de baryton); E) *Soyons!*; F) *Espoir!...* (avec chœur mixte). Parmi les autres productions, signalons les *Visions d'Orient* pour piano, dont une excellente pianiste genevoise, Mlle J. Perrottet, interpréta le *Lever de soleil sur l'Acropole*, *Pan*, *Devant une stèle funéraire* et *Nymphes et Satyres*.

— L'éminent compositeur anglais Sir Edward Elgar a été nommé directeur de l'Orchestre symphonique de Manchester, en remplacement de Hans Richter, démissionnaire.

BIBLIOGRAPHIE

L. GREILSAMER. — *L'hygiène du violon, de l'alto et du violoncelle.* Paris, Delagrave, in-8º carré (prix: 3 francs).

Avec ses 120 pages, mais aussi ses 50 figures explicatives, ce petit volume, d'ailleurs très coquettement présenté, est un des plus précieux et intéressants que l'on puisse lire sur le sujet. Ces conseils pratiques sur l'acquisition, l'entretien, le réglage et la conservation des instruments à archet, clairement exprimés et avec une compétence qui ne cherche à s'appuyer sur aucune technique spéciale, seront consultés souvent, avec fruit et reconnaissance. Les amateurs y trouveront aussi des notes piquantes et utiles sur les conditions qui font l'excellence d'un instrument et la difficulté d'en juger, et les ignorants seront heureux de la nomenclature, avec images, des parties d'instruments et des termes de lutherie, qui termine ce remarquable ouvrage.   H. DE C.

I.-G. PRODHOMME. — *Franz Liszt.* (Portraits d'hier). Paris, Fabre, in-8º.

Il n'est pas aisé de faire tenir en 30 pages une vie d'artiste et son jugement critique. Cette petite collection à 30 centimes le fascicule, avec photographies, nous a cependant valu ainsi un *Wagner* et aujourd'hui un *Liszt*, qui font honneur à l'érudit critique qui les a écrits et donnent bien une idée d'ensemble de leur héros. Dégager la personnalité de celui-ci à travers ses actes et ses œuvres, sans s'y attacher autrement, le faire revivre surtout dans ce qui restera toujours vivant de lui, on ne saurait demander plus, et le but est atteint ainsi.
      C.

E. DE REY-PAILHADE. — *Essai sur la musique et l'expression musicale et sur l'esthétique du son. Les Instruments de musique anciens et modernes,* étude historique. Paris, Fischbacher.

De ces deux études, rapprochées on ne sait trop pourquoi, la seconde, de beaucoup la plus développée, rendra aussi le plus de services. La première est comme une aimable causerie, plus littéraire et plus poétique que musicale. La seconde, tout en ne s'adressant, elle aussi, qu'aux gens du monde, est pleine de renseignements et d'indications utiles et intéressants où la généalogie, en quelque sorte, des instruments sonores, de tous temps, de toutes races et de toutes sortes, est dressée avec ingéniosité et élucidée par une quantité considérable de figures au trait. Groupées en 15 planches séparées, ce qui permet de suggestifs rapprochements, ces figures ne reproduisent pas moins de 140 instruments divers.   C.

S. SONKY. — *Théorie de la pose de la voix, basée sur la physiologie des organes qui participent à la formation du son.* Traduction de la sixième édition russe, par Mlle L. Marville. Paris, Fischbacher, in-12.

Etude technique, très détaillée, avec figures, de tous les phénomènes de la phonation et du chant; de la respiration, spécialement de celle qui a été enseignée de tous temps par la vieille école italienne (Bolonaise) et dite « inférieure costale diaphragmatique » ; des positions du larynx, observées scientifiquement, etc. Le professeur Sonky, de Saint-Pétersbourg, mêle à toutes ces observations des recommandations et des enseignements dont la prudence et le goût sont excellents, et qui achèvent de rendre utile et précieuse la traduction de son ouvrage.   C.

J. ECORCHEVILLE. — *Catalogue du fonds de Musique ancienne de la Bibliothèque nationale.* Vol. I. (A. Air). Paris, chez Terquem, 1 vol. petit in-4º.

Depuis de longues années M. J. Ecorcheville, dont les connaissances et la passion spéciale l'ont toujours poussé vers l'étude des œuvres les plus anciennes de la musique, préparait un catalogue détaillé et thématique du fonds de musique de la Bibliothèque nationale (Département des *Imprimés,* seulement) limité à l'année 1750. Cet établissement a de telles richesses, et tellement inconnues, qu'un pareil dépouillement ne peut qu'être extrêmement fécond. On s'en aperçoit dès ce premier volume, presque entièrement occupé par l'inventaire thématique des recueils manuscrits d'*Airs* (le catalogue sera alphabétique), et qui comprend déjà 241 pages in-4º. L'indication bibliographique, la notation musicale, l'impression typographique, tout est irréprochable de clarté et de précision. Pour en égayer l'austérité, M. Ecorcheville a seulement fait reproduire quelques planches hors texte, musique ou portraits. A la fin de l'ouvrage, des tables spéciales rétabliront un classement *méthodique* dans tous ces éléments divers. Ce grand et précieux travail fait tout à fait honneur à l'initiative et à la diligence de l'érudit critique.
      H. DE C.

M. DE ZADORA, réduction pour piano à deux mains du concerto d'orgue en *ré* mineur de W.-F. Bach. Berlin, Simrock.

Plusieurs pianistes ont transcrit en ces derniers temps le concerto de Wilhem-Friedmann Bach et l'on peut reprocher à plus d'un d'entre eux d'y avoir introduit pas mal de fantaisie. M. de Zadora — un élève reconnu de Busoni, c'est dire son talent — s'en tient au contraire au texte organesque et cette rigueur ne l'empêche pas d'écrire une pièce pianistique très brillante et, parce qu'elle est bien écrite, d'une difficulté inférieure à ses apparences. Les octaves y sont en particulier employées avec grande adresse. Pas n'est besoin d'être virtuose pour vaincre les difficultés de l'œuvre ainsi présentée ; les pianistes d'une bonne moyenne y parviendront et en tireront grande satisfaction.   Dʳ. DWELSHAUVERS.

MARCEL ORBAN, *Dix pièces enfantines pour les jeunes pianistes*, précédées de remarques sur l'application de quelques principes essentiels à l'interprétation de la musique et à la technique du piano et accompagnées de commentaires concernant leur exécution, à l'usage des professeurs et des élèves, par BLANCHE SELVA. — *Edition mutuelle*, 269, rue Saint-Jacques, Paris, 4 francs.

Les sept pages de commentaires, extrêmement abrégés et pleins de précieux enseignements, nous requièrent d'abord. Nous y apprendrons sur l'accent dans la phrase musicale une loi fondamentale qui rarement fut aussi bien exprimée : mettons qu'elle soit surtout à l'usage des professeurs, qui auront pour mission d'en surveiller l'application par les élèves. — « Le phrasé est donc l'accentuation, l'appui de la note voulue, l'ondulation générale de la phrase autour de cet appui. Le jeu pianistique doit être l'image de cette phrase, de cette ondulation, avec appui maximum sur ladite note ; d'où toute une technique spéciale (sensiblement parallèle aux principes de Breithaupt et consorts, sauf en ce qui concerne certains mouvements du poignet, plus actifs que chez ces derniers). — Le toucher sera varié : appuyé (caractère intérieur), éclatant (caractère extérieur) ou léger (caractère indifférent). — Les « études » seront rigoureusement bannies de l'enseignement. Si les élèves arrivent (quelquefois) à jouer du piano, c'est *malgré* les exercices et les études qui leur sont infligés. En dehors des simples exercices de gymnastique instrumentale, l'élève doit travailler l'application des mouvements d'expression dans les *œuvres* musicales à sa portée comme compréhension. »

Ces paroles, que je résume trop, prennent un intérêt spécial pour ceux qui connaissent l'admirable talent d'interprète et d'exécutant de Mᵐᵉ Selva. Elles acquièrent un caractère de confession et héritent d'être méditées, expérimentées et de former une des bases de la rénovation personnelle qu'ambitionne à tout moment un homme de progrès.

Quant à l'œuvre de M. Orban, elle est bien

neuve et charmante. Nos petits pianistes y trouverait l'occasion de succès agréables et de perfectionnements journaliers, en exécutant de façon de plus en plus parfaite ces pièces originales et de bon goût, dont voici le détail : *Cloches, Tendresses, Petit choral et variations, L'Enfant sage, Marche des petits soldats de plomb, Mignardise, Gros Chagrin, Vieux conte, Voici les Vacances, Promenade*.

                              Dʳ DWELSHAUVERS.

PUBLICATIONS MUSICALES :

ŒUVRES DRAMATIQUES. — La partition de *Déjanire*, de C. Saint-Saëns, qui vient d'être exécutée avec tant de succès à Monte-Carlo, a été éditée par la maison A. Durand et fils. Celle des *Heures d'amour*, de M. Bertrand, aussi exécutée à Monte-Carlo, se trouve à la Société musicale G. Astruc. Celle de *La Divorcée*, qu'on joue au Théâtre Apollo, est chez l'éditeur M. Eschig. Enfin, celle d'*Elsen*, le drame lyrique couronné au concours de la ville de Paris, et qui se joue au Théâtre-Lyrique de la Gaîté, a paru chez Costallat.

MUSIQUE SYMPHONIQUE. — La symphonie en *ré* mineur de M. G.-M. Witkowski a paru dans la collection des petites partitions d'orchestre, de poche, au prix réduit de 5 francs, à la maison A. Durand et fils.

MUSIQUE DE CHAMBRE. — La même maison d'éditions vient de faire paraître un quatuor pour piano et cordes de M. Marcel Labey. A la Société musicale G. Astruc, *Le Printemps*, poème musical en quatre parties, pour piano et violon de Maurice Desrez, qui a fait tant d'effet ces jours-ci à la salle Gaveau, a paru également.

MUSIQUE DE PIANO. — *La Marche du Centenaire*, pour piano, de M. Charles Cornet, vient d'être éditée par l'éditeur Roudanez. — La maison A. Durand et fils fait paraître encore une excellente transcription par M. Léon Delafosse, d'une sonate de Dom. Scarlatti ; — un arrangement pour piano à quatre mains (par M. L. Roques) des fragments symphoniques pour orchestre et chœurs du ballet de M. Maurice Ravel *Daphnis et Chloé* : nocturne, interlude, danse guerrière ; — et une très intéressante partition pour deux pianos, à quatre mains, des *Souvenirs* de M. V. d'Indy, la réduction de l'orchestre faite par M. M. Labey.

MUSIQUE DE CHANT. — Chez A. Durand et fils ont paru encore : de Louis Aubert : *Odelette* (poème d'Henri de Régnier) ; de Roger-Ducasse : *Salve regina* ; de Marcel Labey : *La Danse au bord du lac*, soir d'Asie..., trois pages, dont la première a beaucoup de grâce simple, la seconde un excellent style religieux et la troisième un chaud pittoresque. — A la Société musicale G. Astruc: les œuvres de Maurice Desrez que nous a fait connaître son beau « concert de Printemps ».: *Hélas, tout travaille* (de V. Hugo), *La Prière du Poète* (de R. de Montesquiou), *A l'épreuve* (de Carmen Sylva), trois poèmes pour piano et chant, d'intense émotion.   C.

— Le quatuor en *ré*, pour cordes, de Gustave Samazeuilh, qui a été si remarqué au dernier concert de la Société Nationale, vient de paraître chez Durand, en petite partition de poche.

NÉCROLOGIE

De Berlin on annonce la mort de la célèbre violoniste, Vilma Norman-Néruda. Elle était là fille d'un musicien tchèque Joseph Néruda; elle avait épousé en premières noces le compositeur suédois bien connu Norman, et, en secondes noces, le grand pianiste anglais sir Charles Hallé. La réputation de Mme Norman-Néruda — lady Hallé — comme violoniste était universelle. On la considérait unanimement comme la première des violonistes femmes. Elle avait été applaudie dans le monde entier, à Paris notamment, aux Concerts Pasdeloup, et à Bruxelles, aux Concerts Populaires. L'année dernière, à soixante et onze ans, elle faisait encore une tournée en Amérique et en Autriche et elle y était acclamée.

— Nous apprenons avec regret la mort de

Mme Henriette Stradelhof, née Van Dooren. La distinguée pianiste, sœur et élève du virtuose bien connu M. Arthur Van Dooren, avait donné avec succès de nombreux concerts en Belgique et en Allemagne. Pendant une couple d'années elle professa au Conservatoire Scharwenka, de Berlin.

57ᵐᵉ ANNÉE. — Numéro 18.   3o Avril 1911.

LE GUIDE
MUSICAL

A propos
d' « Ariane et Barbe-Bleue »

Les données du drame sont particulièrement simplistes : les admirateurs de M. Maeterlinck ont voulu y voir le couronnement de l'œuvre de leur dieu, probablement parce que toutes les héroïnes dans lesquelles il avait synthétisé sa vue parfois profonde des choses s'y retrouvaient enfermées dans le même cachot. A côté de ces personnages anciens d'Alladine, de Mélisande, d'Ygraine, déjà connus par ailleurs, apparaît un nouvel élément : Ariane. Et le drame, si l'on peut employer ce mot, est simplement l'effort d'un des principes ; la lumière, la vérité, la liberté, Ariane enfin, pour délivrer des entraves du principe-adverse (l'obscurité, le dogme mensonger, Barbe-Bleue), les créatures de celui-ci. L'effort se manifeste au premier acte, réussit momentanément au second et échoue au dernier.

Le sujet est-il suffisant pour constituer un drame? A première vue on est tenté de le croire : il y a bien là deux et même trois personnages distincts (les cinq femmes ne symbolisant en somme qu'une seule idée) ayant une réalité objective et développant leurs tendances en un conflit. Et de fait il y aurait eu moyen, d'après cette donnée, de produire un développement dramatique. Et M. Maeterlinck ne l'a pas voulu.

Il aurait pu donner de l'importance au rôle de Barbe-Bleue, en faire un caractère : il apparaît comme un être abstrait qui n'a de valeur que par l'existence de ses femmes. C'est parce que sans lui Ariane ne pourrait pas lutter pour la vérité, c'est parce que sans lui Mélisande, Ygraine, Silysette, Bellangère et Alladine ne seraient pas réduites à attendre la délivrance passivement dans l'obscurité humide de leur prison, c'est pour cela et uniquement pour cela qu'il existe ! Si l'on veut, il est la représentation extérieure, objective, de tendances vivantes en Ariane et en ses sœurs.

Les cinq filles d'Orlamonde elles-mêmes ne sont pas dessinées avec beaucoup de soin : on retrouve en chacune d'elles des réminiscences de leur existence passée dans les drames précédents de M. Maeterlinck, mais leur valeur unitaire n'éclate pas en une réalité vivante. Si on les entend au premier acte, si par la porte ouverte « leur chant emplit la salle », cela veut dire que le danger apparaît à Ariane pour la première fois. Elle a agi librement et sincèrement, la réaction fatale du milieu qui l'oppresse se produit menaçante et le seul intérêt est celui-ci : quelle sera l'attitude d'Ariane vis-à-vis du péril? Au « deux » c'est en son cœur encore que se passe le drame : la dépression, l'angoisse, les efforts vers la lumière et l'éclat final. A la fin, la joie sautillante en forme de scherzo, l'échec de la lutte entreprise, la délivrance du tyran : tout cela ne vit qu'en Ariane seulement. Et voilà pourquoi *Ariane et Barbe-Bleue* est l'œuvre la plus nettement symboliste de M. Maeterlinck : car ce n'est que l'expression d'une seule personnalité, et voilà pourquoi aussi ce n'est pas un drame, mais une œuvre purement lyrique.

La vérité de cette affirmation s'impose plus encore par une comparaison. Prenons une œuvre lyrique, une symphonie, par exemple la cinquième en *ul* mineur de Beethoven. On y retrouve ce dualisme de tendances dans les deux thèmes du premier allegro et la création se développe lyriquement : d'après les règles mêmes de cette forme musicale, le second motif apparaît en *mi* bémol majeur, joyeux, simple et enlaçant, puis à la fin dans le ton central, un peu plus sombre. Après la lutte géniale de l'adagio, après ses hésitations, ses triomphes en *ut* majeur et ses découragements, le finale vient, purement joyeux.

Presque toutes les œuvres similaires offrent un processus analogue où des tendances diverses luttent pour arriver à une solution quelle qu'elle soit. Le fait est plus clair encore dans certaines œuvres modernes où la symphonie devient une forme cyclique : elle est alors bâtie entièrement sur un seul thème, en une cellule qui se transforme, se multiplie dans le développement en principes contradictoires jusqu'au triomphe final de l'un ou de l'autre (1). Et c'est là l'expression d'un vrai lyrisme, c'est l'évolution d'une personnalité unitaire, secouée par des conflits jusqu'à ce que sa volonté ou sa faiblesse, sa victoire ou sa défaite ait amené une unité.

Il y a analogie complète entre le conte dont M. Paul Dukas s'est inspiré et la forme de la symphonie classique ou moderne : ce n'est donc pas un drame. C'est d'ailleurs ainsi que le musicien l'a compris, et sa partition que nous étudierons plus loin en est la preuve évidente.

Dès lors le public a été surpris, désagréablement surpris au premier abord : attaché à l'intrigue, il a été déçu en voyant que ce n'était pas ce qu'il attendait. Et la musique a pâti de cette désillusion. Mais l'étonnante valeur de celle-ci, sa fougue et sa forte jeunesse ont fini par triompher. Si l'accueil fait à l'œuvre a changé si rapidement, on ne doit pas y chercher d'autres motifs.

Maintenant le triomphe est certain et soyez sûr que dans peu on se demandera comment on a pu même hésiter sur les mérites de la production la plus complète de la musique française contemporaine.

* *

L'œuvre de M. Dukas est en réalité une vaste symphonie. Au premier abord cette affirmation peut étonner et de fait, si on étudie dans tous les détails la partition (2), on constate qu'elle est loin de présenter cette unité absolue et cette composition rigoureuse qu'on exige de la symphonie. Mais il faut tenir compte de ce que, extérieurement tout au moins, le musicien doit suivre un drame :

de menus incidents, de simples phrases viennent interrompre le développement harmonieux; il n'en est pas moins facile à saisir dès qu'on s'abstrait de vues trop minutieuses. On peut ainsi considérer le premier acte comme l'allegro initial, précédé d'une introduction qui se termine tout de suite après l'arrivée d'Ariane (1), quand elle a terminé son récit : « Elles ne sont pas mortes », le second comme un adagio et le troisième comme un scherzo (de là la fin du prélude à l'arrivée de Barbe-Bleue) suivi d'un finale en mouvement lent (2), sauf le début.

L'ouverture et le chœur des paysans développent ce que l'on peut appeler les thèmes de Barbe-Bleue, plus un motif harmonisé bizarrement (3) avec des accords empruntés tantôt à la gamme majeure tantôt à celle en tons entiers si chère à M. Debussy et qui annonce le thème initial de l'allegro, celui des pierreries.

M. Dukas a développé celui-ci d'une façon complète et suivant un procédé qu'il affectionne : les variations (4), et par lequel il se rattache au Beethoven de la dernière période. Impérieux et noble quand les améthystes ruissellent; confié aux violons pour rendre l'éblouissement des saphirs en une pluie de doubles croches, calme pour les perles, rythmé en un neuf-huit joué scherzando pour les émeraudes, tragique devant les rubis, triomphant enfin quand les diamants ont arrêté l'attention d'Ariane, il reste toujours le même pourtant en sa physionomie. De même dans les variations géniales de la sonate op. 111 pour piano de Beethoven, à travers les déformations la phrase initiale se sent toujours, parfois proche, parfois très lointaine.

Ariane ouvre la porte défendue et le second motif apparaît en un crescendo tout-puissant, avec un aspect naïf et expressif qui rappelle de vieilles chansons populaires françaises. Dans le drame il symbolise la tendance aveugle des femmes de Barbe-Bleue.

L'adagio est un développement du thème des femmes, assombri dans le prélude par une harmonisation nouvelle et les timbres graves auxquels il est confié ; les autres motifs épisodiques du premier reviennent parfois dans la deuxième, mais déformés,

---

(1) Qu'on songe à la symphonie en *ré* mineur de César Franck.

(2) Nous citons d'après la partition réduite pour piano et chant par l'auteur, Paris, Durand et fils, éditeurs.

(1) Voir p 33.

(2) On trouve des symphonies dans ce cas, notamment la IXe symphonie de Brückner.

(3) Voir, par exemple, page 3, mesures 3 et 4.

(4) Voir ses variations pour piano sur un thème de Rameau. De même Beethoven s'était amusé à développer une valse de Diabelli (opus 120).

presque méconnaissables : c'est l'obscurité du
cachot humide ; c'est l'hésitation, la dépression
dans le cœur d'Ariane. En une progression lente
et d'une tenue merveilleuse l'impression s'éclaircit,
les thèmes montent dans l'échelle des timbres et
des tonalités ; ils apparaissent plus simples en leurs
lignes : moins chromatiques et plus rythmés,
jusqu'à ce que la porte vole en éclats, et qu'en
ut majeur, pendant que les violons font ruisseler
des traits étincelants, le thème des femmes (2)
éclate aussi joyeux qu'il était mélancolique à sa
première apparition et sombre au début de cet
acte. C'est lui encore que chantent en *mi* majeur
les prisonnières délivrées et que les cuivres donnent
en péroraison.

L'allegro qui sert de scherzo est séparé du reste
de l'œuvre par un prélude, une des plus belles
pages de Dukas, où l'on trouve deux motifs nouveaux : l'un, qui apparaît dès le début, s'est déjà
présenté au deuxième acte, mais avec une allure
toute différente. Il prend ici sa vraie signification
et spécialement quand les cuivres le donnent *fortissimo* sans accompagnement (1), procédé qui fait
songer au thème de la *foi* dans le prélude de *Parsifal*. L'autre (2), chanté par les cordes, consiste
en simples quintes justes ascendantes suivies de
quartes descendantes, ce qui revient au même. On
sent dans tout cet épisode la même grandeur
calme que dans le prélude du troisième acte des
Maîtres Chanteurs. C'est la même inspiration supérieure.

Sans transition, au lever du rideau, en un *vivace*
plein de verve, les pierreries reviennent chantant
la joie avec des variations nouvelles jusqu'à ce que
la nourrice « haletante, échevelée », vienne crier :
« Il revient. Il est là... ». Et pendant que là-bas
Barbe-Bleue lutte, l'orchestre, sans jamais tomber
dans le bruit facile, suit les péripéties de la bataille. Et quand, ligoté, on l'a mené dans la salle
et qu'Ariane l'a délivré de ses liens, tout se calme
et en quelques pages où se trouvent réunis en un
faisceau : les pierreries, le motif en quintes ascendantes et le chant des femmes, l'œuvre finit comme
elle avait commencé, en *fa* dièse mineur, en de
larges accords descendant par octaves.

Cette rapide analyse montre l'unité profonde et
lyrique soutenant constamment sans une faiblesse
toute cette évolution progressive qui fait de la
pièce nouvelle, répétons-le, une véritable symphonie.

(1) P. 136.
(2) P. 160.
(3) P. 158 : *la, mi, si, fa* dièse en montant, puis en
descendant ; *do* dièse, *sol* dièse.

Le libretto ? Sa véritable valeur est surtout de
n'être pas « gênant » ; il est simplement l'occasion
de l'œuvre et un mode d'expression de plus. Et ce
qui le rend faible et sans grand intérêt au point de
vue littéraire est peut-être ce qui l'a fait digne
d'inspirer Dukas. Celui-ci aurait-il mieux fait
d'écrire simplement de la « musique pure » ?
Evidemment sa véritable tendance aurait été
marquée plus franchement, mais puisqu'il a,
malgré tout, créé un chef-d'œuvre, on aurait mal
venu de se plaindre.

* * *

M. Paul Dukas a peu produit, mais ses œuvres
mûries et entièrement sincères sont l'exacte
expression de sa volonté personnelle. Dans sa
symphonie en *ut* majeur, dans son scherzo
L'Apprenti sorcier et dans ses variations sur un
thème de Rameau, on sent la même tendance. De
tempérament classique, il se rattache étroitement
à Beethoven ; possédant une technique étonnante
d'orchestration et de composition, maître de toutes
les ressources actuelles de son art, ayant une
palette musicale d'une richesse inépuisable, il
s'est différencié de lui dans la forme, mais dans la
forme seulement. Jamais on ne trouve en lui de
phrases sensuelles qui prennent le corps plus que
l'esprit, pas même de cette sensualité supérieure
qu'ont exprimée Wagner et après lui Strauss, ni
encore moins ces sensations dispersées, « poin-
tillistes » de M. Debussy. Son œuvre est d'une
pureté admirable, d'une intellectualité qui continue
la grande lignée des classiques interrompue après
Beethoven et Brahms par la gigantesque poussée
du wagnérisme romantique.

On s'est souvent demandé ce que Beethoven
aurait produit s'il avait vécu de nos jours : il
n'aurait peut-être pas créé *Ariane et Barbe-Bleue*,
mais certainement il ne l'aurait pas désapprouvé.

R. M.

LA JOTA
de Raoul Laparra   ET
Le Voile du Bonheur
de Ch. Pons

à l'Opéra-Comique de Paris

IL est des œuvres devant lesquelles il faut
d'abord laisser parler son émotion, et s'y
fier, tout jugement critique, avant
tout examen des éléments qui l'ont fait
naître : ce sont celles qui sont sorties toutes
chaudes du cœur même et des entrailles de l'au-

teur, qui sont la pensée vivante du poète, la vision obsédante du musicien, où il a tout mis de lui, l'ardeur de son âme et la fièvre de son génie. — Pourquoi cette méthode ne serait-elle pas la bonne? Toutes proportions gardées, comparez un peu, lorsque *Tristan* a été révélé au monde, les impressions de ceux qui ont cru à l'émotion qui les étreignait, et les critiques de ceux qui ont jugé de sang-froid, comme n'importe quelle œuvre de la veille ou du lendemain...

« Le plaisir de la critique nous ôte celui d'être vivement touché de très belles choses ». Laissez-moi d'abord être touché; nous verrons après. — Aussi bien, comment ne pas vibrer un peu aussi au contact d'une aussi ardente volonté de vie? Je ne connais pas d'évocateur plus saisissant, qui plus complètement crée l'ambiance et l'impression choisies par lui, ou, pour mieux dire, qui plus fidèlement exprime celles qu'il a vécues et ressenties..., que l'auteur de *La Habanera* et de *La Jota*. Ce musicien qui n'emprunte à personne son poème, ce poète, qui écoute surgir le thème de ses inspirations dans le paysage même qui l'a ému et pénétré, ce peintre dont les touches sont des sonorités, et qui séduit par la saveur de ses nuances comme il secoue par la conviction de son éloquence..., est vraiment indépendant et original entre tous. On respire un autre air, avec lui, on sort de tous sentiers connus.

Oui, le souffle des chères Pyrénées et de l'âpre Espagne, aux sensations si puissantes pour quiconque en a tant soit peu goûté, pénètre l'auditeur de ces œuvres conçues au cours d'une longue familiarité de chaque jour. Il sent, il sait que tout est vrai ici, jusqu'aux pires outrances. Il n'est d'ailleurs pas inutile, sans doute, qu'il en témoigne (comme je le fais) quand il s'agit d'une conception aussi passionnée, aussi violente que celle de *La Jota*. Raoul Laparra n'a pas donné au hasard, et pour la symétrie du second panneau de son tryptique, le nom de cette terrible danse Aragonaise à son drame rapide et sauvage. Frappé de ce que la jota, dansée dans le pays, dans la fièvre d'une fête populaire, offre de péripéties, de phases successives, il a conçu une action qui, tout en se rattachant à des faits historiques, évoquerait ces contrastes si typiques.

« Cette danse (a-t-il expliqué lui-même) est un véritable drame, avec ses élans rapides et brusques, qu'interrompent des attitudes de langueur et d'épuisement voluptueux, repris bientôt par des tourbillons de folie ardente, hallucinante. C'est ce contraste entre les deux mouvements de la jota qui a inspiré le thème de mon ouvrage, les senti-

ments que j'ai développés dans les deux actes de ma partition. Tout cela sous le pittoresque des hautes cimes de l'Aragon. Dans ce pays d'une race inflexible, les femmes ont gardé le costume antique, la collerette, la verte basquine du XVIIe siècle qui s'harmonise si crûment avec le vert des prairies. Leurs coutumes, leurs croyances sont ancrées dans les cœurs; les filles sont restées mystérieuses, ensorcelantes, sortes de sibylles naïves et fortes qui descendent, l'été, de leurs montagnes pour vendre les herbes aux vertus fatidiques.... J'ai traité ce tableau de la fougue aragonaise avec une émotion particulière, avec la poésie que j'ai ressentie dans la peinture de ces caractères altiers et farouches, naïfs et tendres... »

Le drame nous transporte à Ansó, au cœur des Pyrénées Aragonaises, vers 1835. Trois personnages seulement sont aux prises (Raoul Laparra aime la furie des foules, mais il est très sobre en rôles essentiels : ses drames sont des tragédies) : Soledad, Juan, son fiancé, et Mosen Jago, le curé du village. Mais Juan Zumarraga n'est pas Aragonais, il est de Navarre, ou plutôt il est Basque, — Basque et non espagnol, criera-t-il bien haut, au premier mot qui atteindra son culte du foyer. Or, Soledad n'est pas moins ardente que lui pour sa race et contre toute autre. Ils vont se séparer, et ils pleurent; et pourtant sitôt que la question de race est soulevée, les voici aux prises, aux injures, aux coups... qui se fondent dans un baiser.... Mais le devoir sera vainqueur : s'ils se quittent c'est que Juan est rappelé au pays; le mouvement carliste s'accentue, il va éclater, et Juan ne cédera sa part de lutte à nul autre. — Et l'amour pourtant? — L'amour deviendra ce qu'il pourra. Une dernière jota ensemble, et les fiancés se séparent, et Soledad reste, les yeux fixes, collée à la muraille de l'église pour ne pas s'effondrer de larmes et de désespoir.... Mais toutes ces scènes ont un témoin, qui se torture à les suivre, et qui voudrait en torturer Soledad aussi, car terrible est l'angoisse qui l'étreint dans sa lutte contre la chair. En vain se réfugie-t-il dans son bréviaire, Jago frémit aux visions lancinantes de la beauté de Soledad, de ses amours prochaines..., et tout en les maudissant, il les exalte; il les reproche comme des sacrilèges, à la pure fiancée qu'accable un pressentiment mystérieux, mais il les peint trop... jusqu'au moment où il se reprend dans une ardente prière à Dieu.

Cette évolution du caractère du prêtre, au premier acte, est une des plus belles choses de l'œuvre au point de vue musical Des rêves désabusés du début, encore vaincus par l'austérité du devoir, il passe à l'excitation fébrile, aux vitupérations fanatiques, puis il fond peu à peu sa douleur jusqu'à l'exprimer enfin en une lamentation latine, qui est de toute beauté.

Juan, vibrant quand il chante son pays et sa lutte ardente, passionné quand il enveloppe de ses bras sa fiancée, s'exalte de son côté en nobles et fiers accents, d'une couleur éclatante, et Soledad, entre son amour et ses visions prophétiques, trouve des mots, des expressions d'une grâce et d'une distinction exquises, d'une émotion simple extrêmement pénétrante.

Les scènes populaires, et l'ensemble de la danse, qui mêle tous les couples (hélas! on a fait des coupures tardives, et l'œuvre en pâtit), sont emportés d'un rythme plein de soleil et de vie. Ce rythme s'annonce déjà comme latent à travers les mots angoissés du prêtre, il s'épanouit un instant, s'estompe pendant que la procession sort de l'église, comme pour marquer la contrainte momentanée de la foule, puis éclate en pleine fureur... On sait quelle couleur Raoul Laparra donne à son orchestre dans ces nuances-là.

Le second acte est d'une violence inouïe. Le soulèvement carliste a eu lieu, et il a pénétré jusqu'à Ansó. L'église est cernée; en vain Jago du haut de sa chaire, et le peuple au hasard du sanctuaire à moitié détruit, entre l'autel de la Vierge et le grand Christ, sous l'étendard et la voix frémissante de Soledad, répondent-ils par des coups de fusil aux coups de fusil du dehors, ils sont forcés, décimés... Les carlistes sont dans la place... et parmi eux, Juan. Quelle torture pour lui! Ses amis, ses frères, gisent mourants ou luttent contre lui... Soledad, elle, est là-bas, animant la résistance, chantant à la mort... Et tous deux, tout en faisant fièrement leur devoir, les fiancés se rapprochent invinciblement séduits... Mais cette ardeur même, dont nul ne soupçonne les secrets, entraîne l'un et l'autre parti : c'est la mort qui les attend et qui les atteint enlacés, debout, appuyés contre l'autel, chantant encore aux sons de la jota qui les enfiévrait jadis. Un dernier sursaut de rage de Mosén Jago devant cette réunion suprême, une dernière lutte, hélas honteusement avilie par sa passion déchaînée et le prêtre expire en une souffrance dernière sa misérable faiblesse : les carlistes l'attachent à la croix même d'où le grand Christ est tombé!... Comme au début, il s'écrie : « Quel être fut jamais plus torturé que moi? »

Le caractère de cette partie du drame est, on le voit, surtout extérieur : il l'est trop, car vraiment, entre les coups de fusil et les écroulements de mur, la musique ne sait pas toujours que de-venir. Mais cette fièvre de tant de courages et de fiertés aux prises, a d'ailleurs une couleur intense, une puissance rare. Le rythme de l'orchestre est haletant jusqu'au cauchemar; l'extase des amants pénètre l'affreuse mêlée de ses accents clairs et purs, les motifs de la folle jota se marient aux plaintes d'agonie, avec une étonnante souplesse; l'enthousiasme de Soledad devant la mort qui l'unira à Juan prend une noblesse et une ampleur admirables;... et l'impression d'horreur que laisse la conclusion n'est cependant pas sans une sorte d'apaisement, d'une âpre poésie... C'est une œuvre.

Et toute différente de La Habanera, comme la rude Aragon de la mystique Castille, comme le fanatisme patriotique du fatalisme rêveur. Peut-être la trame musicale est-elle plus serrée ici, plus robuste, mais elle n'a plus ces séductions charmantes et mystérieuses, et le souffle de la nature s'y répand moins sur toutes choses, même au premier acte, où pourtant la paix du soir et le silence ouaté de la vieille petite ville perdue sont exprimés avec une grande poésie. Ici, la lutte est partout, dans les âmes et dans les actes. Il est regrettable, et c'est un défaut contre lequel je mets en garde le poète-musicien, que cette lutte intérieure soit aussi obscure pour le spectateur non averti. Déjà La Habanera, pourtant si limpide, quand on la connaît, avait donné cette impression; elle s'accentue ici : on ne comprend pas assez. Je sais bien que c'est encore un trait de caractère de l'Espagne; mais voilà le danger d'offrir au public des transpositions aussi absolues de race, de pays et d'âmes. La transition est trop brusque, et puis on ne saisit pas assez clairement, tout de suite, ce conflit entre l'amour et le patriotisme de parti qui unit et sépare à la fois Juan et Soledad, encore moins les luttes que soutient le curé entre son sacerdoce, son esprit de race aussi, et la fougue de ses sens. Celle-ci, par contre, est trop étalée à mon goût au second acte; elle ôte du caractère au personnage : il suffisait de le montrer le fusil à la main et absolvant ceux qu'il tue, mais crucifié d'ailleurs dans son âme comme dans son corps; il fallait accentuer surtout son rôle de victime volontaire et expiatrice : il y eût gagné en grandeur.

Tout a été mis en œuvre pour achever à nos yeux la perfection de cette évocation si caractéristique. On sait déjà que M. et Mme Albert Carré, avec le musicien et le décorateur, sont allés, l'été dernier, à Ansó. Le petit village est ici scrupuleusement reproduit; les costumes, dessinés sur place par le peintre William Laparra, ce maître coloriste; les danses, réglées par un Aragonais venu tout exprès à Paris; la mise en scène, dont on n'est sorti que par le zèle de l'ensemble des artistes, réduits pour la plupart aux plus humbles rôles,... tout concourt à donner une impression inoubliable. Mme Marguerite Carré a rendu le personnage de Soledad avec une émotion intense, avec une passion étrange et exaltée, qui lui donne la plus noble allure, et que soutient une voix souple et énergique; M. Salignac est vibrant et pathétique à son ordinaire dans ce rôle de Juan qui lui convient si bien et qu'il vit par tous les pores, si je puis dire. Tous deux dansent aussi leur jota avec une rare maestria.

Quant à M. Vieuille, jamais peut-être il n'a eu meilleure occasion de faire valoir ses qualités de force et composition : il est farouche, ravagé, violent à souhait dans Mosen Jago. Je ne puis citer les autres artistes; mais une mention spéciale est due à M. Albert Wolff, qui a conduit les études et faisait ses débuts de chef d'orchestre : il fut, lui aussi, dans la vibrance générale et en communion avec elle.

***

Je serai plus sobre sur Le Voile du bonheur, d'abord parce que la pièce même est connue, depuis dix ans; ensuite parce que l'œuvre musicale rentre dans la catégorie de celles où la musique vient jouer le rôle d'un nouveau costume, d'un revêtement, qui a son charme et son pittoresque, mais qui n'était pas nécessaire au drame. C'est à la fin de l'année 1901 que M. G. Clémenceau s'est distrait de ses préoccupations politiques, en donnant à M. Gémier, alors directeur de la Renaissance, et qui le créa magistralement lui-même, ce petit conte philosophique, à la Voltaire : Le Voile du bonheur. L'idée en est cruelle mais attachante : un philosophe chinois est devenu aveugle, jeune encore. Depuis il vit heureux et serein, entre sa femme et son fils, avec quelques amis dévoués. Cependant un baume lui a été remis un jour par un charlatan qui passait : une goutte lui rendrait la vue, dix la tuerait à jamais. Et sa philosophie hésite... Elle se décide pourtant. Il voit !... Et que voit-il? Son ami lui a volé ses œuvres et les a publiées sous son nom; son fils le singe et le bafoue; un misérable, que sa bonté confiante a sauvé du supplice, le vole et le raille; sa femme enfin, sa femme fidèle et empressée, le trompe avec son élève le plus aimé. Plutôt, à jamais la nuit, qui était le voile du bonheur ! Et il s'aveugle lui-même. La conclusion est d'un stoïcisme admirable : mais ce n'est pas une solution : la mort seule lui cacherait désormais ce qu'il sait.

Quand l'œuvre en un acte de M. Clémenceau fut jouée, on la trouva un peu longue; car elle n'est pas scénique évidemment, sauf par le jeu de l'unique personnage intéressant. Pour l'abréger M. Paul-Ferrier l'a accommodée en deux actes, sans entr'acte d'ailleurs. C'est un procédé qui réussit parfois, mais la musique de M. Charles Pons, essentiellement harmonieuse, délicate, mélodique, ne peut pas ne pas élargir l'action tantôt en scènes pittoresques et spirituelles, tantôt en rêveries poétiques, tantôt en ensembles simplement lyriques. Et c'est encore bien plus long. Cette nécessité du revêtement musical amène d'ailleurs des anomalies nouvelles et bizarres. Car il n'était pas nécessaire que le philosophe revit, pour entendre les propos amoureux de sa femme et de son élève, et son oreille, qui ne perdait rien, lui eût tout révélé de longtemps. Mais il a fallu sacrifier à cette effusion des voix, d'ailleurs très harmonieuses, je le répète. N'importe, la musique ici est l'accessoire. On comprend mal qu'un musicien se résolve ainsi à jouer un rôle accessoire.

Tout a d'ailleurs été mis en scène avec un scrupule d'exactitude très artistique, très fin, et l'interprétation est excellente avec Mlle Hatto et M. Francell, M. Azéma et la très originale Mme de Poumeyrac (dans le petit Chinois). Elle est absolument supérieure et hors de pair avec M. Jean Périer, qui dans ce rôle du philosophe qui est toute la pièce, s'est montré non seulement comédien, mais tragédien de premier ordre. Son retour à la vue, ses tortures morales successives, sa détresse croissante, tout est souligné avec une vérité, un accent, une variété, un pathétique véritablement admirables. La salle entière en fut soulevée d'enthousiasme. C'est M. Hasselmans qui dirigeait l'orchestre.   HENRI DE CURZON.

Le Festival Wagner

AU THÉÂTRE ROYAL DE LA MONNAIE

C E fut une série d'admirables représentations que ce festival Wagner par quoi s'est terminée la présente saison du Théâtre royal de la Monnaie. Tannhäuser, Lohengrin, le Ring des Nibelungen, grâce à un ensemble exceptionnel d'artistes des premiers théâtres allemands que Bayreuth seul avait jusqu'ici le privilège de réunir l'été, grâce aussi à la direction d'un chef d'orchestre de premier ordre, M. Otto Lohse, ont rencontré des interprétations du plus haut intérêt artistique et de la plus rare perfection. Dans cet ensemble supérieur, on ne sait à quelle soirée de cette inoubliable série donner la préférence.

Nous avons déjà dit la belle impression laissée par *Lohengrin* par lequel s'était ouvert ce festival wagnérien. *Tannhäuser* fut plus émouvant encore et rarement il nous fut donné d'entendre, même à Bayreuth, un deuxième et un troisième acte d'expression aussi intense. Ce fut simplement admirable. Mme Maud Fay, si séduisante dans Elsa, eut des moments du pathétique le plus prenant dans les scènes capitales de son poétique personnage et comme dans *Lohengrin* elle ravit tous les spectateurs par la distinction, la noblesse et la sensibilité exquise de sa mimique. Ainsi que dans Ortrude, Mme Matzenauer fut admirable en Vénus, et certainement, depuis Rosa Sucher ce rôle ne fut jamais ni chanté d'une voix plus puissante, ni joué avec une passion plus enveloppante. M. Paul Bender traduisit avec le plus rare talent de composition la bonté pleine de condescendance et la gravité souriante du Landgrave ; enfin le célèbre ténor Henri Knote, l'une des plus belles voix de la scène allemande, eut des ressauts de passion, des élans de piété et finalement des cris de désespoir d'une émotion irrésistible et remarquablement gradués. Mme Dux, un pâtre délicieux (l'artiste est engagée à partir de la saison prochaine à l'Opéra de Berlin, MM Liszewski (Wolfram), Winkelshoff, Dr Kühn, Neldel et Danlée complétèrent l'ensemble des protagonistes de cette œuvre profonde et si captivante par la sincérité et l'intensité du sentiment. Avec quelle émotion ils traduisirent l'admirable scène de leur rencontre avec Tannhäuser dans la forêt qui aboutit à ce beau septuor si souvent transformé en un simple ensemble d'opéra ! Cette fois, ce fut une progression d'allégresse s'épandant à mesure que tous les personnages ! Et quelle animation ils donnèrent au concours des chanteurs au deuxième acte ! Mais ce qui fut surtout remarquable, ce fut le caractère de toute l'interprétation, la foi qui l'anima, la simplicité du jeu, le naturel des attitudes, la souplesse des mouvements selon la progression de l'action. Nous eûmes fréquemment à la Monnaie, au cours des dernières années, de très artistiques représentations de *Tannhäuser*. Jamais nous n'en vîmes de plus complète, de plus poétique, de plus dramatique, de plus vivante par la justesse de l'expression et la fermeté du rythme. Il n'y a vraiment qu'un regret à formuler, c'est que l'insuffisance des installations scéniques n'ait pas permis d'entourer l'œuvre d'un décor en tous points analogue à l'esprit de cette remarquable interprétation.

L'Anneau du Nibelung, qui déjà l'année dernière, avec un ensemble à peu près pareil et sous la direction de M. Lohse, avait obtenu un si éclatant succès, a cette fois déchaîné l'enthousiasme le plus délirant. Nous ne pouvons oublier la très belle interprétation que nous en donnèrent en français, MM. Kufferath et Guidé, il y a dix ans, sous la direction si attentive de Sylvain Dupuis et avec des protagonistes tels que Mmes Litvinne, Claire Friché, Paquot, Bastien, les ténors Dalmorès, Imbart de la Tour, Engel, le baryton de Cléry et Henri Albers, la basse Bourgeois... C'était un ensemble certes supérieur d'artistes. Mais il y a dans l'interprétation des chanteurs allemands je ne sais quoi de plus vivant, de moins emphatique, de plus naturel, de plus simple et par là même de plus pénétrant. Et puis la rythmique si riche et si puissante de la langue allemande ajoute aux élans de la symphonie orchestrale une fermeté et une souplesse d'accents dans la partie vocale, qui s'estompent, s'affaiblissent et s'effacent dans l'insuffisance rythmique de la traduction. Il en résulte, lorsque l'œuvre se joue dans la version originale, une fusion plus intense, une cohésion plus étroite entre l'orchestre et les voix, la symphonie ne contrarie pas la parole, elle la soutient au contraire et la porte, et la parole, à son tour, magnifie par le mot juste le dessin mélodique ou l'harmonie qui fait l'aboutissement de toute une phrase. On imagine difficilement l'importance de cet élément et combien il donne d'aisance, de légèreté, de variété dans l'expression, et même de couleur à des pages entières où s'épuise d'ordinaire l'effort de nos interprètes.

Il est juste de dire que l'ensemble de la distribution fut d'un bout à l'autre irréprochable et de qualité vraiment supérieure. Elle réunissait la plupart des beaux artistes qui déjà, à la fin de la saison dernière, avaient pris part à l'exécution du *Ring* à la Monnaie. Mais, singulier hasard, des choses, ils se trouvèrent tous en excellente condition. Jamais Van Dyck ne fut aussi bien disposé. Il fut étourdissant de verve, de gaîté ironique et d'astuce dans Loge, et le lendemain émouvant comme jamais dans Siegmund. Van Rooy, qui n'avait pu chanter Wolfram de *Tannhäuser*, à cause d'un rhume, fut merveilleux d'allure et de voix dans les trois Wotan ; le ténor Hensel, dans les Siegfried, charma tout le monde par sa juvénilité enchanteresse et sa vaillance ingénue ; Paul Bender fut le plus farouche des Hounding et le plus cruel des Hagen, après avoir réalisé avec le plus amusant humour le géant Fasolt, à côté de son camarade Lattermann, Fafner de voix éclatante ; le Dr Kühn — oh ! le délicieux et spirituel artiste, — fut une fois de plus le Mime le plus fouinard, le plus geignant, le plus cauteleux qu'on puisse imaginer ; M. Zador donna un mordant

extraordinaire aux malédictions multiples du vain-
dicatif Alberich ; et MM. Winkelshoff, Liszewsky
furent d'excellents demi-dieux à côté de la charmante Freía de M¹ˡᵉ Wolf (qui fut aussi une
touchante Gutrune), de l'Erda et de la Waltraute
magnifiques de Mᵐᵉ Dehmlow, de l'Oiseau et de
la Voglinde si bien chantantes de Mᵐᵉ Kuhn-
Brunner et du solide bataillon des Walkyries.

Il faut mettre hors pair les protagonistes des deux
grands rôles féminins, Sieglinde et Brunnhilde.

Mᵐᵉ Maud Fay avait laissé une excellente
impression, l'année dernière, dans Sieglinde. Cette
fois elle y fut absolument délicieuse, mieux en
voix, et traduisant par des jeux de physionomie et
de scène, par des gestes et des attitudes d'une
grâce et d'une justesse d'expression uniques
toutes les émotions qui font palpiter cette figure
douloureuse de femme, l'une des plus émouvantes
création du génie de Wagner. Dans la scène
d'amour du premier et dans la scène pathétique
du deuxième acte de la Walkyrie, il y eut des
moments de beauté absolue et de puissance
dramatique sans égale. Dans la salle, c'est avec
délire qu'on acclama Maud Fay et Van Dyck.

Dans le rôle capital de Brunnhilde paraissait
pour la première fois à Bruxelles Mᵐᵉ Edith
Walker. C'est une personnalité dont l'art rapelle
par certains côtés la manière incisive et mordante
de Mary Garden. Son interprétation de la grande
héroïne du Ring est toute personnelle, profondément originale, s'écartant de toutes les traditions.
Elle ne joue pas son personnage en déesse comme
ses illustres devancières, Materna, Malten, Klaf-
sky, Litvinne. C'est autre chose : elle est la
vierge guerrière, l'amazone, la Walkyrie frémissante et bondissante, la petite folle du Walhall, la
jeune fille qui compromet un peu la famille de
Wotan. Au début, cela parut un peu inquiétant ;
mais à mesure que se développe le drame dont elle
devient le point central, le sentiment pénètre en
elle, elle s'éveille à la conscience de la douleur des
destinées, elle se hausse à l'émotion et le personnage grandit à mesure. Dans cette suite de
gradations, Mᵐᵉ Walker s'est révélée à nous
profondément artiste. Avec quel émouvant abandon, dès le finale de La Walkyrie, elle subit sa
peine ; avec quelle exubérante allégresse elle salue
le héros qui l'a délivrée pour retomber aussitôt
dans la détresse de sa déchéance de déesse et
s'exalter ensuite de nouveau au frémissement de
l'amour vainqueur de son âme, soit, dans ce prodigieux duo d'amour qui termine Siegfried, soit
dans l'admirable scène du Crépuscule, où elle
s'arrache aux enlacements de Siegfried ; avec
quelle ampleur ensuite se traduit ce sentiment

de la souffrance rédemptrice, qui des imprécations
du deuxième acte du répuscule se développe peu
à peu jusqu'à l'admirable adieu à la vie qui clôt
le cycle !

Il y a là une prodigieuse progression de pensées,
des sentiments et de pensées que Mᵐᵉ Edyth Val-
ker traduisit avec un art souverain, où le lyrisme
exalté de la voix a une part égale à celle de l'intelligence du poème et du plus précieux instinct
des ressources de la mimique.

Ainsi, par la nouveauté des impressions éprouvées comme aussi par la parfaite réalisation de
l'œuvre en toutes ses parties, cette nouvelle exécution du Ring dans son intégralité a produit la
plus vive impression. Aux mérites particuliers de
chacun des interprètes est venu se joindre cette
fois encore l'autorité merveilleuse et la souplesse
de main de l'admirable chef d'orchestre qui fut
l'âme sensitive et la volonté ordonnatrice de ces
magnifiques représentations. M. Otto Lohse fut
justement associé par le public dans ses acclamations enthousiastes aux artistes.

Par un geste charmant, du haut de la scène,
M. Lohse en reporta une partie à l'excellent
orchestre de la Monnaie qui, en effet, fut admirable de souplesse et de virtuosité.

LA SEMAINE

PARIS

A L'OPÉRA-COMIQUE, M. Henry Expert
nous a offert, cette fois, pour son concert historique lyrique du samedi, une sélection des œuvres
dramatiques italiennes (dramatiques seulement,
il a bien fait d'insister, Rossini, par exemple,
ayant aussi écrit d'exquises mélodies). Il a conclu
son préambule critique en s'étonnant un peu, sans
la bien comprendre, de l'émotion profonde que
les plus grands esprits, et d'un goût incontestable,
ont jadis éprouvée à l'audition de certains de ces
chefs-d'œuvre qu'une nouvelle mode a depuis
tant décriés. Mais c'est qu'il ne pouvait guère
exposer, à cette place, la vraie raison, au fond, de
cette universelle admiration : les grandes œuvres
lyriques de l'ancienne. École italienne avaient
des interprètes dont l'équivalent n'existe plus.
Elles séduisaient bien souvent, autant par la
beauté de la voix et du chant proprement dit
(indépendant même souvent de l'action dramatique), que par leur valeur musicale même. Mais
aussi quelles voix affinées, assouplies, toutes dans
la beauté du timbre et de l'émission, et non dans
la diction ou « l'intention », comme aujourd'hui !
Tous ces artistes-là avaient passé des dix années

d'apprentissage au travail vocal avant d'aborder la scène (Rossini nous le rappelle encore dans une bien curieuse conversation dont M. Edmond Michotte, qui y assistait, vient de publier le texte fidèle). Où trouverons-nous, même en Italie, un chanteur, immobile, sans action, stupide en apparence, comme Rubini, mais dont la voix seule fera pleurer une artiste comme Mᵐᵉ Viardot, qui, à l'entendre à côté d'elle, aura toutes les peines du monde à penser à sa réplique? Quand d'ailleurs, à des voix de ce genre s'unissaient des tempéraments, comme celui de la Malibran !... Quelle œuvre, d'ailleurs harmonieuse et mélodique comme il y en a tant dans cette Ecole, n'eût pas transporté jusqu'aux larmes les plus difficiles? — Pour en revenir à notre concert, nous eûmes donc un choix de pages de Rossini, Mercadante, Bellini, Donizetti et Verdi. Ferai-je encore une critique? M. Expert m'en fournit un peu l'occasion. Il nous a recommandé l'indulgence pour cette musique passée de mode, et prié de nous mettre dans l'esprit des auditeurs de jadis... Mais la plupart des morceaux étaient tirés d'œuvres que nous pouvons entendre tous les jours sur nos scènes lyriques et qui ne sont rien moins que passées de mode : Le Barbier, Guillaume Tell, Lucie, La Favorite, Le Trouvère, Aïda, Otello, Falstaff. Vraiment, la plupart étaient inutiles ici, et peu à leur avantage. En revanche, nous avons goûté le choix de la romance du Saule de l'Otello de Rossini et de l'air de Sémiramis ou de deux airs fameux de la Somnambule et de Norma. Mˡˡᵉ Nicot-Vauchelet a obtenu son triomphe habituel en chantant avec un brio, une sûreté et une pureté de premier ordre l'air de la Somnambule en italien, et celui de Lucie, en français. Mᵐᵉˢ Mathieu-Lutz, Billa-Azéma, Brohly, Robur, ont fait valoir avec un grand talent les airs de Sémiramis, Norma, La Favorite, Otello. M. Gilles a montré de la virtuosité avec un beau timbre dans ceux du Siège de Corinthe et de Zaïre. H. DE C.

Société des Auditions modernes.

— Le Quatuor Oberdœrffer donna le 11 avril sa deuxième séance à la salle Pleyel. C'est toujours un ensemble bien homogène, bien conduit et de belle sonorité. Il mit en valeur, avec Mᵐᵉ Barrière, le deuxième quintette de M. Georges Alary, page agréable, claire et d'heureuses proportions. Le nouveau quatuor à cordes de M. Paul Péron ne répond pas à son premier mouvement (qui est le bon). Après un début où de bonnes idées mélodiques sont bien développées, il finit — ainsi que ses Esquisses pour alto et harpe — en œuvre de débutant.

La deuxième sonate de violoncelle de M. Louis Delune n'a rien des incertitudes d'un début. C'est une œuvre de pleine maturité à ranger avec les meilleures de la musique de chambre contemporaine pour l'importance, le développement heureux des motifs mélodiques toujours distingués et expressifs et les recherches harmoniques. Elle se rattache aux dernières sonates de M. d'Indy par sa forme cyclique et son écriture, mais elle a plus d'intentions expressives, est moins formelle, surtout dans l'adagio, et a plus de modernisme harmonique, notamment dans le finale. Dès sa publication qui, croyons-nous, est prochaine, cette œuvre, qui a été jouée assez souvent déjà, sera au répertoire de tous les vrais violoncellistes. Elle fut jouée d'une façon parfaite par Mᵐᵉ Delune et l'auteur et fit une profonde impression sur l'auditoire. La musique sérieuse finit toujours par s'imposer. F. G.

Concerts Hasselmans.

— Profitant d'un dimanche où seule sévissait la Société des Concerts du Conservatoire, M. Hasselmans a voulu essayer d'une exécution dominicale pour enfin se faire connaître du grand public. Bien lui en prend, car cette séance lui a valu à lui et à son orchestre, un de ses plus beaux succès. On a vivement applaudi la Symphonie fantastique de Berlioz, après la scène de Bal, conduite avec une élégante souplesse et la Marche au supplice d'un bel équilibre de sonorités.

Après la belle exécution de M. Kreisler dans le concerto de Beethoven, une nouvelle audition de ce même concerto avait chance de manquer d'attraits pour moi, mais il me faut constater la belle tenue de M. Szigeti, doué d'une haute virtuosité, et enregistrer un brillant violoniste de plus dans notre firmament musical. Quelle constellation !

La belle voix de Mᵐᵉ Isnardon a fait merveille dans plusieurs fragments de Gluck, où triomphe toujours sa parfaite diction et son admirable lyrisme. A. G.

Salle Erard.

— Mˡˡᵉ Geneviève Dehelly a consacré sa première séance de sonates de piano à l'Appassionata de Beethoven, la sonate en si bémol mineur de Chopin et à celle de Liszt aussi en si bémol. C'est la grande maîtrise que de jouer chacune de ces œuvres dans son esprit, avec une virtuosité tranquille mais surtout un style large et fort, une poésie pénétrante, un accent personnel. Cette soirée du 1ᵉʳ avril fut extrêmement appréciée.

La veille, Mˡˡᵉ Marguerite Lœuffer avait déjà fait entendre deux de ces pages avec d'autres moindres morceaux de Chopin, Liszt, Fauré, Chevillard,

Pierné. Cette fois, c'était un début, ou presque, et l'audace d'un jeune et vigoureux talent qui veut s'affirmer. Ce talent, très sûr, très souple, gagnera en profondeur, en pensée, et sera complet alors.

— Le public de la salle Érard a dû à M. Gottfried Galston deux fort belles soirées (récitals du 7 et du 11 avril derniers). L'éminent pianiste avait consacré la première presque entièrement aux maîtres classiques : Bach, Beethoven, Gluck, Rameau. La seconde ne comprenait que du Liszt et du Chopin. Le grand art de M. Galston est de nuancer avec autant de goût que de sincère sentiment. S'il a la force, il en use, mais n'en abuse pas, et passe des effets puissants aux détails les plus délicats du jeu ému ou perlé. Même dans les morceaux de Liszt, choisis avec soin, on trouvait cet art des nuances ; et à côté de la *Valse de Méphisto*, il a rendu avec charme le *Sposalizio*, d'un caractère beaucoup plus sobre. Mais quelle grâce pénétrée dans le Chopin : la sonate en *si* bémol mineur, avec la *Marche funèbre*, la *Berceuse*, trois préludes, dont l'admirable en *ré* bémol majeur, la superbe *Polonaise* en *la* bémol majeur, et j'en oublie !

J. GUILLEMOT.

Salle Pleyel. — La Société des Compositeurs de musique a donné son troisième concert, le 30 mars, avec le quatuor de J.-B. Ganaye, qui exécutait encore le quatuor Luquin (comme à la séance donnée auparavant par celui-ci) ; plus le trio pour piano, violon et violoncelle de Mme C.-P. Simon, la sonate en *ré* mineur pour piano et violon de Widor, et des mélodies ou duos de Bellenot, Coquard et Mme de Fay-Jozin. On applaudit vivement la plupart de ces œuvres et leurs interprètes, MM. de Lausnay, Laparra, Bilewski, Mmes Durand-Texté, Mathieu...

— M. Gabriel Basset qui donna le lundi 24 avril un concert, rue d'Athènes, a une remarquable technique pianistique, mais il cède à la manie actuelle de l'abus de la pédale. Il en résulte souvent de la confusion. En outre, il a des mouvements à lui et ces mouvements sont fort discutables. (Par exemple dans la *Fantaisie* de Chopin, jouée trop vite). Nous avons retrouvé avec plaisir les jolies *Variations à danser* de M. Léon Moreau, une des nouveautés les plus réussies pour piano de cette saison.

Mlle Lucie Basset nous a semblé émue et sa voix s'en est ressentie. C'est regrettable à tous les points de vue, car elle avait choisi de belles choses, notamment ces mélodies distinguées et expressives de M. Léon Moreau. Elle nous doit une revanche.

F. G.

— Un nouveau quatuor, organisé par M. Charot, avec MM. Besnard, Lefranc et Bertet, a exécuté, le 4 avril, à la Société de Photographie, avec beaucoup d'unité de talent, le quatuor « de ma vie » de Smetana, les Novelettes de Glazounow, et le dixième quatuor de Beethoven. Curieux programme, que relevait un choix de mélodies de M. Georges Huë, dites par Mme Mellot-Joubert.

— M. Jean Chantavoine a fait, le 7 avril, à l'hôtel des conférences de la *Revue française* (rue de Chateaubriand) une conférence sur *Mozart* qui est bien une des études les plus remarquables que je connaisse sur ce génie si malaisé à expliquer et à faire comprendre dans sa véritable essence. Il est impossible de mieux dire, et d'une façon moins banale, en si peu de temps : c'est d'ailleurs l'œuvre et non la vie, qu'il a racontée, et ceci déjà n'était pas ordinaire. On en jugera au surplus, car la conférence vient de paraître dans le numéro du 23 avril de cette intéressante revue. H. DE C.

— La première des trois saisons musicales organisées au théâtre du Châtelet par M. G. Astruc ouvrira la semaine prochaine : c'est le festival Beethoven que doit diriger M. Félix von Weingartner et qui sera exécuté les 2, 5, 8 et 10 mai. Viendront ensuite : *Le Martyre de saint Sébastien*, de d'Annunzio et Debussy, du 20 mai au 2 juin. Puis la nouvelle série de ballets russes (troupe de M. de Diaghilew), du 5 au 18 juin.

Un autre festival suivra alors, mais à l'Opéra, celui de Richard Wagner, consacré à deux exécutions complètes de la Tétralogie de l'*Anneau du Nibelung*. La première doit être dirigée par M. Mottl et aura lieu du 10 au 15 juin ; la seconde, dirigée par M. Nikisch, aura lieu du 24 au 29. Parmi les artistes qui interpréteront l'œuvre, il faut compter MM. E. Van Dyck, Dalmorès, Franz, Noté, Delmas, Gresse..., Mmes Grandjean, Demougeot, Lapeyrette, Bourdon, Gall...

D'autre part, et en même temps que les premiers festivals, une saison lyrique russe va s'ouvrir au théâtre Sarah-Bernhardt, pour nous faire entendre *la Roussalka* de Dargomijski, *La Fiancée du Tsar* et *La Nuit de mai* de Rimsky-Korsakow, *Le Démon* de Rubinstein, *La Dame de Pique* et *Eugène Onéguine* de Tschaïkowski, avec deux troupes, l'une russe, l'autre française, faisant alterner les représentations dans les deux langues. On verra aussi quatre ballets, nouveaux pour nous.

— Le compositeur italien Umberto Giordano est actuellement à Paris, où il assiste aux répétitions de son œuvre, *Siberia*, qui sera représentée le mois prochain à l'Opéra. Le rôle de l'héroïne que devait primitivement remplir Mme Mary Garden, sera chanté par Mme Lina Cavalieri.

— M. Joseph Wieniawski donnera, vendredi 12 mai 1911, à 9 heures précises, en la salle des Agriculteurs, 8, rue d'Athènes, un concert de ses œuvres. Au programme, figurent sa sonate (*si mineur*), une série de petites pièces : ballade, op. 31, caprice, op. 36, berceuse, op. 14, étude de concert, op. 33 ; une fantaisie et fugue, barcarolle, op. 29, *Sur l'Océan*, contemplation, valse-caprice, op. 46, deux romances sans paroles, op. 14, mazurka-rêverie, op. 23 et enfin, la polonaise triomphale.

SALLE ERARD

Concerts du mois de Mai 1911

2 Mlle Bertha Weill, piano (9 heures).
4 M. Emile Bourgeois, concert varié (9 heures).
5 M. Thalberg, piano (9 heures).
7 Mme Douaisse, matinée d'élèves (1 ½ heure).
8 Mlle Mollica, harpe (9 heures).
9 Mlle de Stoecklin, chant (9 heures).
10 M. Blanquart, flûte (9 heures).
11 M. Emil Sauer, piano (9 heures).
12 Mlle Caffaret, piano (9 heures).
13 M. Delafosse (matinée) concert avec orchestre (2 heures).
14 Mlles Alexandre, matinée d'élèves (1 ½ heure).
15 M. Thalberg, piano (9 heures).
16 M. Ferté, piano (9 heures).
17 M. Schidenhelm, piano (9 heures).
18 M. Galston, piano (9 heures).
19 M. John Powell, piano (9 heures).
20 Mme Garenine, chant (9 heures).
21 Mme de Marliave, matinée d'élèves (1 ½ h.).
22 M. Dimitri, audition d'élèves (9 heures).
23 Mlle J. Laval, violon (9 heures).
24 M. Paderewski, piano (9 heures).
25 Société Académique des enfants d'Apollon, matinée (2 heures).
26 M. Garès, piano (9 heures).
27 Concert au profit de l'Union Valenciennoise (9 heures).
28 Mlle Reniée, matinée d'élèves (1 ½ heure).
29 M. Paderewski, piano (9 heures).
30 M. Dorival, piano (9 heures).
31 M. V. Gille, piano (9 heures).

Concerts du mois de Juin

1 M. Braud, audition d'élèves (9 heures).
2 M. Paderewski, piano (9 heures).
3 Mlle Morsztyn, piano (9 heures).
6 M. Berny, piano (9 heures).
7 M. Danvers, piano (9 heures).
8 M. Georges Hesse, piano (9 heures).
9 M. de Radwan, piano (9 heures).
10 Mme de Marliave, audition d'élèves (9 heures).
11 Mme Bazelaire, matinée d'élèves (1 ½ heure).
12 Mme Bex, audition d'élèves (9 heures).

OPÉRA. — Tannhäuser. Rigoletto. Coppélia. Les Maîtres Chanteurs.

OPÉRA-COMIQUE. — Louise. Mignon. Le Roi d'Ys. Aphrodite. La Jota (première représentation). Le Voile du bonheur (première représentation). Lakmé. La Princesse Jaune.

SALLES GAVEAU

45 et 47, rue La Boëtie

Concerts du mois de Mai 1911

Grande Salle

1 MM. Ysaye et Pugno (soirée).
2 Mme Maggie Teyte (soirée).
3 Trio Kellert (soirée).
4 Répétition publique Société Bach (matinée).
4 Concert Weingartner (soirée).
5 Concert Société Bach (soirée).
6 MM. Ysaye et Pugno (soirée).
7 M. Kreisler (matinée).
7 Syndicat des voyageurs et représent. (soirée).
8 MM. Ysaye et Pugno (soirée).
9 Société Musicale Indépendante (soirée).
10 M. Jean Canivet (soirée).
11 Répét. publ. de la Schola Cantorum (matin.).
11 Cercle militaire (soirée).
12 Concert Assistance par le travail (matinée).
12 Concert de la Schola Cantorum (soirée).
13 M. Oswald (soirée).
14 M. Jacques Thibaud (matinée).
15 Cercle Musical (soirée).
16 Concours Musica (matinée).
16 Association des élèves des écoles de commerce (soirée).
17 Concours Musica (matinée).
17 M. Ménardi (soirée).
18 Concours Musica (matinée).
18 Cercle Musical et M. G. de Lausnay (soirée).
19 Concours Musica (matinée).
19 M. Jacques Thibaud (soirée).
20 Concours Musica (matinée).
20 Société Nationale (soirée).
21 M. Pugno, avec orchestre (matinée).
22 Mlle Morhange, avec orchestre (soirée).
23 Société Guillot de Sainbris (matinée).
23 Société Musicale Indépendante (soirée).
24 Concert Franco-Slave (soirée).
25 Harmonie Express de l'Est (matinée).
26 Mmes Jumel et Legrand, audit d'élèves (soir.).
27 M. Pinell, avec orchestre (soirée).
28 Société « La Couturière » (matinée).
29 M. Pond (soirée).
30 Fondation Sachs, orchestre (soirée).
31 Mlle Lolita Lazaro (soirée).

Salle des Quatuors

1 Les élèves de Mme Marty, chant (matinée).
4 Mlle Le Son, piano (matinée).
9 Mme Mayran et M. Francis Thibaud, chant et accompagnement (matinée).
11 Les élèves de Mme Vauthier, piano (matinée).
14 Les élèves de Mlle Grammacini, piano (mat.).
15 Les élèves de Mme Marty, chant (soirée).
18 Les élèves de M. et Mme Canivet, piano (mat.).
19 Concert Schramm (soirée).
20 Les élèves de Mlle Sadler, piano (matinée).
23 Concert Mlle Companyo (soirée).
24 Concert Schramm (soirée).
28 Les élèves de M. Arnould, piano (matinée).

SALLES PLEYE!

22, rue ·Rochechóuart

Concerts de Mai 1911

Grande Salle

1 Mme Vovard Sim n (9 heures)
2 MM. Wurmser et Hekking (1re séance, 9 h.).
3 Mme J'ane Mortier (9 heures).
4 Mlle de Febrer (4 heures)
» Mme Poujade Chambroux (9 heures).
5 MM. Wurmser et Hekking (2e séance. 9 h.).
» La Société des Concerts Mozart (1re séance,
   9 heures).
6 Le Quatuor C pet (7e séance, 9 heures).
8 MM. Wurmser et Hekking (3e séance, 9 h.).
9 M Motte Lacroix (9 heures)
10 Mme de Wieniawska (1re séance, 9 heures)
11 M. Nino Rossi (3 heures .
12 M. Raymond Marthe (3 heures).
» Société des Conc rts Mozart (2e séance, 9 h.).
13 Mme Lasneret 9 heures). ·
15 Mme Roger-Micl s-Bataille (3 heures).
» La Société des Instruments anciens (9 heures);
16 M. E.-M. Delaborde (9 heures).
17 Mme de Wieniawska (2e séance, 9 heures)
18 Mlle Coedès Mougin (9 heures).
19 Société des Concerts Mozart (3e séance).
20 Mlles Dorning (9 heures).
22 Mme Legrix (9 heures).
23 Mlle Montmartin (9 heures)
24 Mme de Wieniawska (3e séance, 9 heures).
26 Société des Concerts Mozart (4e séance, 9 h).
27 Mlle Stübbe (9 heures).
29 M. J. Wieniawski (9 heures).
31 Mlle I'iéchowska (9 heures).

Concerts de Juin

1 La Société nationale de musique (9 heures)
2 La Société des Concerts Mozart (9 heures).
    Fermeture des salles.

BRUXELLES

THÉATRE ROYAL DE LA MONNAIE. — La saison théâtrale se clôt aujourd'hui dimanche, par les tradi ionnels spectacles coupés qui permettent au public de manifester ses sentiments à l'égard des artistes qui l'ont charmé au cours de la saison.

Avant ces ultimes manifestations et au milieu des exaltations du festival wagnérien, la direction a fait encore une reprise : celle d'*Orphée* de Gluck, dans un cadre nouveau de décors stylisés, très réussis, dûs au talent de M. Jean Delescluze.

Cette reprise a été pour Mme Claire Croiza qui chantait Orphée, l'occasion du plus éclatant succès, car elle y fut magnifiquement pathétique. Auprès d'elle, on a remarqué Mlle Fanny Heldy qui chantait pour la première fois Eurydice. La jeune et charmante artiste y fut absolument délicieuse, comme aussi Mlle Bérelly dans l'Amour. Mlle Sy-miane incarna l'Ombre heureuse avec son habituel talent. Bref, excellente représentation du chef-d'œuvre de Gluck que la troupe de la Monnaie jouera, cette semaine. à Amsterdam, dans une représen ation de grand gala organisée par le Prins Hendrik-fonds.

Vendredi, Mme Croiza a fait ses adieux dans *Werther* et elle fut à cette occasion l'objet d'ovations enthousiastes partagées par l'excellent ténor Gu04.

Nous donnerons dans notre prochain numéro le bilan de la saison qui finit.

— *Le XXme Siècle* et le *Journal de Bruxelles*, journaux officieux du Gouvernement, ont annoncé ce jours-ci que sur la proposition de M. Schollaert, ministre des Beaux-Arts, M. Sylvain Dupuis serait très prochainement proposé au Roi pour la direction du Conservatoire de Liége, vacante par suite de la mort de Th. Radoux.

Cette nomination, dont nous ne pouvons douter, aura l'applaudissement de tout le monde musical en Belgique. Par sa belle et large culture musicale, par la probité exceptionnelle de sa carrière d'artiste, par la haute autorité que l'universalité de ses connaissances et sa longue expérience de professeur d'harmonie. de directeur de chœurs et de chef d'orchestre lui ont acquise, il sera véritablement *the right man in the right place*, l'homme qu'il faut à la place qu'il faut, dans ce Conservatoire de Liége qui fut et reste la pépinière la plus féconde de l'art musical en Belgique.

M. Sylvain Dupuis devra naturellement renoncer à ses fonctions de chef d'orchestre du théâtre de la Monnaie et des Concerts populaires et ce sera une perte sensible tout particulièrement pour notre grande scène lyrique. Depuis onze ans, avec une inlassable ardeur, avec une conscience toujours en éveil, avec un sens artistique et un goût auxquels il faut rendre le plus éclatant hommage, il présida à toutes les études musicales et conduisit toutes les grandes créations de ces dernières années : *Le Crépuscule des Dieux*, *Les Troyens*, *Le Roi Arthus* de Chausson, *L'Etranger* de d'Indy, *Pelléas et Mélisande* de Debussy, *Katharina* de Tinel, *Eros Vainqueur* de de Bréville, *Ariane et Barbe-Bleue* de Dukas, les dernières partitions de Massenet, *Ariane*, *Chérubin*, *Le Jongleur*, *Sapho*; les œuvres de Puccini, *La Bohème*, *La Tosca*; *Madame Butterfly*, *Manon Lescaut*; les difficiles partitions de Richard Strauss, *Salomé*, *Elektra*, *Le Feu de la saint-Jean* et combien d'autres encore qu'il mena à de superbes victoires. Et il faut dire aussi que, grâce à son indomptable énergie, il releva singulièrement le niveau des exécutions chorales et orchestrales qui, sous la direction précédente, avait fini par subir un déplorable fléchissement. Ce n'est pas sans regret que les habitués du théâtre le verront descendre dimanche du pupitre du haut duquel, pendant onze ans, son front énergique et volontaire domina le tumulte des instruments et déchaîna la puissance sonore des masses chorales. Un tel chef, un artiste aussi averti, un travailleur aussi persévérant se remplacent difficilement.

Concerts Ysaye. — La présence de M. Willem Mengelberg à la tête de l'orchestre Ysaye donna au sixième concert d'abonnement un éclat tout particulier. L'admirable chef d'orchestre du Concertgebouw d'Amsterdam obtient de ses musiciens une attention toujours en éveil dont lui-même donne l'exemple. Pas un instrumentiste, depuis le premier violon jusqu'au timbalier, qui échappe à son regard. Une discipline de tous les instants assure à l'ensemble une cohésion et une précision rythmiques auxquelles nous ne sommes guère habitués. Les mouvements adoptés par M. Mengelberg tiennent toujours un juste milieu. Ni trop rapides, ni trop lents, ils permettent aux instrumentistes d'exécuter leur partie avec exactitude et clarté; et des partitions aussi touffues que celle de l'ouverture des *Maîtres Chanteurs* deviennent lumineuses. Pas une intention qui ne soit rendue, pas un détail qui échappe à l'auditeur. L'interprétation de cette page célèbre fut superbe de grandeur et de rythme. Elle valut à M. Mengelberg de chaleureux bravos.

Même succès après la quatrième symphonie de Schumann. M. Mengelberg s'entendit à mettre de l'équilibre et de la clarté dans cette orchestration parfois empâtée. Et l'on put goûter sans réserve la musique tour à tour passionnée et délicatement émue de Schumann, les finesses de l'andante, les rythmes curieux du scherzo.

En première audition *La Forêt et l'oiseau*, de M. Théo Ysaye, un pendant aux deux partitions entendues précédemment : *Le Cygne* et *Les Abeilles*. Comme ses aînées, *La Forêt et l'oiseau* vaut surtout par les recherches orchestrales, les recherches de timbres curieux, les sonorités chatoyantes. En véritable virtuose de l'orchestre, M. Mengelberg sut merveilleusement colorer la partition de M. Théo Ysaye et son interprétation pleine d'entrain assura à l'œuvre de notre compatriote un franc succès.

Il est regrettable que le soliste, M. Mark Hambourg ne fût pas, lui aussi, soumis à l'autorité de M. Mengelberg. Son interprétation du concerto en *ut* mineur, de Saint-Saëns, eût été beaucoup meilleure. Dès les premières mesures on était frappé par la façon toute différente dont l'orchestre

et le soliste exposaient le thème : la précision, la légèreté du premier, la lourdeur du second. Visiblement le concerto de Saint-Saëns ne convenait pas à M. Hambourg. Les *Variations* de Rameau et *Pastorale et Caprice* de Scarlatti non plus. Attaque trop violente ; la grande clarté de l'exécution ne rachetait pas le manque de délicatesse.

M. Mark Hambourg devrait s'en tenir à des œuvres qui conviennent à la robustesse de son talent : telle la *Toccata et fugue* en *ré* mineur, de Bach, qui fut magistralement enlevée.

Le concert débutait par une brillante exécution de l'*Ouverture Académique* de Brahms.

FRANZ HACKS.

Quatuor Zimmer. — Au programme de la troisième séance du Quatuor Zimmer, le quatuor en *mi* bémol majeur de Carl von Dittersdorf, qui contient plus de notes que d'idées, le quatuor op. 13 en *ut* dièse mineur de Beethoven et le quatuor *Aus meinem Leben*, de B. Smetana, dont le programme nous est connu par une lettre de l'auteur : il y traduit son amour pour la musique et pour les danses tchèques, et sa joie d'avoir su exprimer par des sons l'âme nationale. Spécialement applaudi le premier allegro, qui reçut une interprétation pleine de vie et de passion.

C'était une belle audace de la part de M. Zimmer et de ses partenaires que de s'attaquer au quatuor op. 131 de Beethoven, entendu récemment aux séances du Quatuor Capet. Malheureusement cela ne suffit pas à atteindre la perfection. Et à côté de pages fort bien interprétées telles que l'adagio initial, on ne peut s'empêcher de constater un certain manque d'assurance et de cohésion dans le presto n° 5 et la tendance à exagérer les nuances, les *forte*, les *crescendo*. Les quartettistes furent néanmoins sincèrement applaudis.   F. H.

— Mlle Julia Demont, une des plus brillantes élèves de l'excellent professeur de chant, Mlle H. Lefébure, vient de donner chez son « initiatrice », une superbe matinée de chant avec un programme des plus variés et des plus complets : Chant italien avec vocalises, airs de cantates de Bach et Hændel — dans un style superbe — puis dans la seconde partie, toute une série de *Lieder*, en allemand et en français. Cette jeune cantatrice possède un vraiment bel instrument, très égal et étendu; les notes graves sont pleines et d'une belle sonorité, le haut, très clair, et le médium excellent; de plus, elle est musicienne et dit avec autant d'intelligence que de charme. Mlle Demont est appelée à devenir une de nos bonnes cantatrices de *Lied* et d'oratorio; ses mérites de musicienne et de cantatrice viennent du reste d'être reconnus officiellement à Anvers où le collège musical belge vient de lui décerner, à l'unanimité, un diplôme avec distinction pour la théorie et le chant (degré supérieur). M. DE R.

— Entendu et applaudi à la Grande Harmonie, la jeune violoniste Mlle Léa Epstein, qui se produisait dans une série d'œuvres de toute difficulté : concerto de Tschaïkowsky, *Rondo Capricioso* de Saint-Saëns, etc. Mlle Epstein a fait de brillantes études au Conservatoire de Bruxelles. Un brillant avenir lui est réservé si elle tient les promesses que donnent dès à présent sa virtuosité claire, son jeu expressif. Encore quelques années de travail, et Mlle Epstein acquerra sans nul doute l'aisance, la constante justesse, l'irréprochable pureté des sons harmoniques qui lui font encore défaut à l'heure actuelle. F. H.

— Le Concert populaire de lundi et mardi sera le dernier de la saison musicale 1910-1911. On peut s'attendre à une affluence considérable pour entendre *La Création*, l'une des œuvres les plus caractéristiques de Haydn, inconnue des amateurs de la présente génération, en Belgique. Les dernières répétitions, avec les solistes, Mlle L. Dupré, MM. Dua et Billot, et les chœurs, permettent de prévoir une exécution de premier ordre.

Dimanche 30 avril. — A 2 ½ heures, à la salle de la Madeleine, quatrième Concert Durand consacré aux œuvres de César Franck et avec le concours de M. Arthur De Greef, pianiste. Programme : 1. Psyché, poème symphonique; 2. Les Djinns, pour piano et orchestre; 3. Airs de ballet de Hulda; 4. Variations symphoniques pour piano et orchestre; 5. Symphonie en *ré* mineur.

Lundi 1er mai. — A 8 ½ heures du soir, à la salle Erard, séance de piano donnée par Mlle Agèle Simon, élève de M. Georges Lauweryns. Au programme : Œuvres de Bach, Scarlatti, Mozart, Beethoven, Schumann, Chopin, Brahms. — Cette séance étant donnée par invitations, prière de s'adresser pour les entrées, à la maison Lauweryns, 10, rue Saint-Jean ou chez Erard, 6, rue Lambermont.

Mardi 2 mai. — A 8 ½ heures du soir, au théâtre royal de la Monnaie, quatrième concert d'abonnement, sous la direction de M. Sylvain Dupuis et avec le concours de Mlle Lily Dupré, MM. Octave Dua et Étienne Billot, du théâtre royal de la Monnaie et des chœurs du théâtre. Programme : La Création, oratorio en trois parties pour soli, chœurs et orchestre de Joseph Haydn.

Mercredi 3 mai. — A 8 ½ heures du soir, à la Grande Harmonie, récital de piano donné par Mlle Hélène Dinsart. Au programme : 1. Sonate en *sol* mineur, op. 22 (R. Schumann); 2. Variations et Fugue sur un thème de Hændel (J. Brahms); 3. Prélude, Aria et Final (C. Franck); 4. Islamey, fantaisie orientale (M. Balakirew).

Mercredi 3 mai. — A 8 ½ heures du soir, à la salle de l'Ecole Allemande, 21, rue des Minimes, quatrième séance du Quatuor Zimmer. Programme : 1. Quatuor en *si* bémol majeur (Mozart); 2. Trio à cordes en *ut* majeur, op. 10 (E. von Dohnanyi); 3. Quatuor en *la* majeur, op. 41 (Schumann)

Jeudi 4 mai. — A 8 ½ heures du soir, à la salle de la Grande Harmonie, quatrième et dernier concert Mathieu Crickboom, orchestre sous la direction de M. Louis Kefer. Programme : 1. Egmont, ouverture pour orchestre (L. van Beethoven); 2. Concerto en *mi* majeur pour violon et orchestre (J.-S. Bach); 3. Gileppe-Cantate (1887), Introduction symphonique (Louis Kefer); 4. Poème pour violon et orchestre, op. 25 (Ernest Chausson); Concerto en *ré* majeur pour violon et orchestre, op. 61 (L. van Beethoven).

Vendredi 12 mai. — A 8 ½ heures du soir, au Conservatoire royal, récital de violon donné par M. le professeur César Thomson, dans lequel il interprétera le concerto en *mi* de Bach (avec accompagnement d'orchestre), la Chaconne de Vitali (avec orgue), un cycle important de pièces anciennes et des compositions modernes. — On pourra se procurer des billets numérotés à l'Economat du Conservatoire, du 5 au 12 mai, de 9 à midi et de 2 à 4 heures. Billets non numérotés chez les éditeurs de musique. Les billets portant la date du 5 mai sont valables.

Mardi 16 mai. — A 8 1/4 heures, à la salle de la Grande Harmonie, 64e concert donné par la Société chorale mixte Deutscher Gesangverein. On exécutera Le Chant de la Cloche de Max Bruch, oratorio pour soli, chœurs, orchestre et orgue. Solistes : Mme Schauer-Bergmann, de Breslau, soprano; Mlle E. Pfaff, du Conservatoire de Cologne, alto; M. J. Decker, du Théâtre Grand-Ducal de Hesse, ténor; M. G. Waschow, de l'Opéra de Dusseldorf, basse.

CORRESPONDANCES

ANVERS. — Nous voici au terme d'une saison longue et bien remplie. L'une des dernières séances — c'était au quatrième Concert populaire — fut consacrée à *Yolande*, légende lyrique en trois parties de M. Emile Wambach (sur un poème de M. A. Snieders). Il y a quelque dix ans que cette œuvre n'avait plus été exécutée à Anvers. On a été heureux de la réentendre, le public l'a prouvé par ses chaleureux applaudissements. Et de fait, c'est l'une des meilleures productions du sympathique compositeur, celle où son talent essentiellement mélodique, et sa facture sincère, s'affirment au cours de pages du plus séduisant effet. Certains épisodes, tels le *Lied* du Ménestrel, le Magnificat, sont particulièrement à retenir.

L'exécution, dirigée d'une baguette souple par M. Wambach, fait honneur à l'orchestre des Concerts populaires, renforcé d'un chœur mixte, ainsi qu'aux solistes Mme Van der Schœpen-Van Elsacker, MM. F. Vekemans, un très bon ténor, W. Taeymans, le baryton à la voix bien timbrée, et M. Collignon, la basse de l'Opéra flamand. Auteur et interprètes ont été également fêtés.

C. M.

FLORENCE. — Vous aurez prochainement une nouvelle visite, à Paris, de l'admirable interprète de notre vieille musique lyrique italienne, Ida Isori, et de l'excellent pianiste Paolo Litta ; ils préparent déjà les plus intéressants programmes, dont vous aurez sans doute la primeur. — En attendant, ils donnent ici quelques séances sensationnelles, dont la première a été consacrée par Paolo Litta à la mémoire de Franz Liszt, et pour fêter son prochain centenaire. A lui seul, avec une résistance extraordinaire et une virtuosité de premier ordre, il a exécuté ainsi les œuvres suivantes : *Prélude, Pastorale, Harmonies du soir, Feux-follets, Chasse-neige, Mazeppa, Rêves d'amour, Sonnet de Pétrarque, Au bord d'une source, Polonaise, Les Murmures de la forêt, La Ronde des Gnômes,* fantaisie sur *Rigoletto,* enfin, la douzième rapsodie et les *Méphisto-walzer.* — Quant à Ida Isori, elle a eu son triomphe personnel aussi au palais Margherita, à Rome, où l'avait appelée S. M. la Reine mère. Celle-ci interprétait jadis elle-même, d'une façon exquise, les trésors de nos vieux maîtres italiens, et c'est avec une double sympathie qu'elle accueille et fête toujours la belle cantatrice qui aujourd'hui s'en est fait partout la propagatrice infatigable. — Nous attendons du reste à Florence un nouveau récital lyrique organisé par elle, et de plus un concert donné par votre orchestre Lamoureux et M. C. Chevillard. Un seul... C'est bien peu

I. T.

TOURNAI. — Depuis les admirables exécutions que Gevaert en donna au Conservatoire de Bruxelles, la *Passion selon saint Mathieu* de Bach n'avait plus été donnée en Belgique sauf une fois par les chœurs et l'orchestre du Concertgebouw d'Amsterdam, sous la direction de M. Mengelberg.

Sous l'inspiration de son président, M. Stiénon du Pré, la Société de musique de Tournai, ne reculant devant aucune difficulté, a voulu nous rendre cette admirable partition, et elle y a vraiment bien réussi, Les chœurs surtout, d'une belle sonorité et d'un ensemble remarquable, ont *animé* leur partie d'une conviction, d'un beau sentiment collectif qui leur fait grand honneur. Tous les ensembles dramatiques ont été mouvementés et variés, comme ils devaient l'être. En oppo-

sition, les chorals furent chantés avec une extrême simplicité et une juste discrétion dans les nuances, comme une vraie voix de la foule à l'église. Le merveilleux chœur final rappelant de très près la sublime conclusion de la *Passion selon saint Jean* (« Ruht wohl »), dont je préfère cependant la pénétrante concentration, a produit son effet habituel, ainsi que la magnifique introduction en chœur triple, où les voix d'enfants (soprano ripieno) se sont fort bien comportées aussi.

Parmi les solistes, il faut citer au-dessus de tout pour la noblesse et la profondeur de la compréhension, son admirable et pénétrante voix, et ce style unique, Mlle Marie Philippi, la plus belle interprète de Bach du moment. A côté d'elle, l'*Evangéliste,* Plamondon, fut aussi très bien, atteignant sans peine les notes les plus élevées de ce rôle difficile, phrasant avec un goût et des nuances parfaites les ariosos et airs si expressifs du ténor. Dans le rôle du Christ, M. Reder apporta l'appoint d'un talent sérieux, d'un goût sûr, si toutefois la grande onction, presque surhumaine, n'apparut point. Mme Mellot-Joubert, soprano, d'une voix aisée et pure s'est associée avec intelligence à ses partenaires. On n'en peut dire autant de la basse, M. Parmentier, pour qui la tâche semblait trop lourde ; il n'a du reste ni style, ni méthode, malgré son évidente bonne volonté, il était fort en dessous des autres. C'est regrettable, car l'ensemble de cette exécution fut excellent, même avec un orchestre un peu mince, mais comptant de bons solistes, dont M. Moins, violon-solo. Dans l'air de basse du « Chemin de la Croix » (« Komm, süsses Kreuz »), l'accompagnement de viole de gambe au lieu du violoncelle eût été avantageux. L'organiste, M. Paquay, fut attentif et discret à souhait.

Les coupures n'ont pas été nombreuses ; il y en avait moins que dans les exécutions habituelles et cela est fort à l'honneur de la Société que M. De Loose a dirigée avec sa conviction coutumière. Le succès fut très grand. M. DE R.

NOUVELLES

— Le 19 de ce mois, quatre jours après que Mascagni et les interprètes de sa nouvelle œuvre *Isabeau* s'étaient embarqués à Gênes, en destination de Buenos-Ayres, les chœurs et l'orchestre qui font partie de la même compagnie ont pris la mer à bord du *Brasile;* le lendemain, le chef d'orchestre Vitale s'est embarqué sur le *Principe Umberto* et le surlendemain le corps de ballet a quitté Gênes sur le *Re Vittorio.*

Isabeau sera représenté le mois prochain sous la

direction de Mascagni au théâtre Coloseo, à l'ouverture de la saison. La même compagnie, formée par l'impresario Mocchi, interprétera, cette année, au théâtre de Buenos-Ayres, toute une série d'œuvres italiennes, qu'elle ira ensuite représenter dans différentes villes de la République Argentine, et au nombre desquelles figurent notamment : *Mefistofeles, la Traviata, Cavalleria Rusticana, Falce Mariano, Iris, Amico Fritz, Zanetto, Aïda, la Bohème, Pagliacci.* M. Mocchi, qui a loué pour trois ans le théâtre Costanzi de Rome, a nommé Pietro Mascagni directeur artistique du théâtre pour la même période triennale de 1912 à 1914.

— Le théâtre de la Scala de Milan a fermé ses portes jeudi dernier, après deux représentations très brillantes d'*Ariane et Barbe-Bleue*, de Paul Dukas. L'œuvre, qui a enthousiasmé le public, sera reprise l'année prochaine ; la presse locale lui a consacré les articles les plus élogieux.

La saison qui vient de finir paraît avoir eu de bons résultats financiers. Il y a eu, en tout, soixante et onze représentations, qui se répartissent ainsi : *Il Matri-monio segreto*, 15 représentations ; *Siegfried*, 14 ; *Saffo*, 13 ; *Simon Boccanegra*, 11 ; *Romeo e Giulietta*, 8 ; *Le Chevalier à la Rose*, 6 ; *Ariane et Barbe-Bleue*, 2 ; *Fior di neve*, qui fit un four complet, une. Il y eut vingt-sept représentations du ballet de *Cléopâtre* et neuf de *Scheherazade*. Au point de vue des recettes, les pièces jouées se classent dans l'ordre suivant : *Le Chevalier à la Rose, Le Mariage secret, Roméo et Juliette, Sapho, Simon Boccanegra, Ariane et Barbe-Bleue*, et enfin *Siegfried*.

— Pour sa réouverture, le théâtre de Covent-Garden, de Londres, a donné, samedi dernier, une représentation de *Lakmé* en italien, avec Mme Tetrazzini dans le rôle de l'héroïne. Au programme de la première semaine de la saison figuraient : *Samson et Dalila, Rigoletto, Pelléas et Mélisande et Un Ballo in Maschera*.

— La nouvelle œuvre de Puccini, *La Fanciulla del West*, sera jouée, pour la première fois en Europe, le 15 mai prochain, au théâtre de Covent-Garden, à Londres. Puccini assistera aux répétitions et à la représentation, puis il se rendra à Rome, où l'œuvre sera interprétée, sous la direction du maestro Toscanini. *La Fanciulla del West* sera ensuite jouée à Brescia, à la fin d'août, à Budapest, en septembre, puis en Allemagne, soit à Berlin, soit à Munich, soit à Dresde.

— Le théâtre Massimo de Boston, inauguré il y a deux ans, vient de fermer ses portes après une deuxième saison, qui a duré vingt-deux semaines. Le résultat de cette deuxième année d'exploitation

n'a pas été précisément brillant ; il s'est traduit par un déficit d'environ 700,000 francs. Au dire de la commission d'enquête chargée par les propriétaires du théâtre de rechercher les causes de cette fâcheuse situation, celle-ci a été provoquée par les grands frais de la mise en scène. Quoi qu'il en soit, le conseil d'administration a renouvelé pour un an le mandat de directeur de M. Henry Russel, et il a décidé que la prochaine saison n'aurait plus qu'une durée de dix-huit semaines.

— A la dernière séance de l'Académie des sciences de Bavière, M. A. Sandberger, professeur à l'Université de Munich, a communiqué un inventaire intéressant de la musique de cour du prince électeur à Bonn, qu'il a découvert dans les archives de l'Etat, à Dusseldorf. On a sous les yeux, pour la première fois, le texte exact des œuvres que Beethoven eut l'occasion d'entendre dans sa jeunesse. La connaissance des maîtres de l'école de Mannheim, ainsi que l'avait déjà dit Riemann, ne fut pas étrangère au développement du futur symphoniste : Stamitz, Filtz, Cannabich, Eichner, Holzbauer, Rosetti figurent tous à l'inventaire, les uns avec des symphonies, les autres avec de la musique d'église. Au théâtre, Beethoven dut voir assez bien d'opéras français. M. Sandberger a relevé l'influence directe de phrases musicales de Grétry dans tels passages de la *Pastorale*, par exemple, de la sonate en *ut* dièse mineur, de la sonate pour violon op. 24.

— Au cours des fêtes musicales qui se donneront en mai, le théâtre de Wiesbaden représentera *La Dame Blanche* de Boïeldieu, *La Muette de Portici* d'Auber, *Obéron* de Weber, un intermède, *Essensahn*, de Lauff, et *Acté*, du compositeur espagnol Manen. Cette dernière œuvre a été inscrite au programme à la demande du roi d'Espagne Alphonse XIII.

— L'institut musical de Florence célébrera prochainement le cinquantenaire de sa fondation. Au cours des fêtes qui seront organisées à cette occasion, l'institut donnera des représentations de la *Serva Padrona*, de Pergolèse, et interprétera de très anciens hymnes populaires italiens. De son côté, la section florentine de l'Association des musicologues italiens annonce qu'elle s'apprête à faire représenter l'*Armide* de J.-B. Lulli.

— La maison Beethoven, de Bonn, donnera son festival annuel de musique de chambre du 21 au 25 mai prochain. Le programme comprendra non seulement des compositions d~ maître de Bonn, mais encore des œuvres de Haydn, de Mozart, de Schubert, de Schumann, de Dvorak, de Tchaïkowsky et de Glazounow. L'interprétation en sera confiée aux quatuors Capet de Paris, Klinger de Berlin, Sevcik de Prague, Rosé de Vienne et à de nombreux solistes distingués.

— La chambre des Communes de Londres a discuté longuement, ces jours-ci, un nouveau projet de loi relatif aux droits des auteurs. Finalement elle a voté à l'unanimité, en seconde lecture, un projet qui étend la propriété artistique à toute la durée de la vie des auteurs et à une période de cinquante années après leur mort.

— Cette semaine, le célèbre chanteur anglais, Charles Manners, qui s'est produit dans des concerts et sur les scènes anglaises pendant trente-deux ans, a fait ses adieux au public de Londres ainsi que sa femme la cantatrice Fanny Moody. Le souvenir de Charles Manners reste attaché aux efforts, vains d'ailleurs, qu'a fait l'éminent artiste pour créer à Londres un théâtre lyrique national.

— Le compositeur Ermann Wolf-Ferrari a terminé un nouvel opéra, Les Joyaux de la Madone, dont il a lui-même écrit le livret en grande partie. L'action se passe à Naples, le jour de la fête de la Vierge. Un brillant cavalier, pour l'amour de sa belle, vole les bijoux qui ornent la statue de la Vierge, et le voilà déclassé, perdu, au milieu des intrigues de la Camorra. L'Opéra de Vienne représentera l'œuvre l'hiver prochain.

— La première représentation de la nouvelle œuvre d'Eugène d'Albert, Die Verschenkte Frau (La Femme en présent), aura lieu à Vienne, au cours de la saison prochaine.

— A Naples, la Société des Concerts Martucci s'est transformée en Société des Grands Concerts symphoniques. La nouvelle institution a rencontré dans tous les milieux italiens l'appui le plus efficace.

— Le Conservatoire de Prague fêtera cette année, les 14, 15 et 16 mai, le centenaire de sa fondation.

— M. Ferdinand Lœwe, l'éminent chef d'orchestre viennois, a été nommé directeur de l'Opéra de la cour à Budapest. Ses nouvelles fonctions ne l'empêcheront pas de diriger, comme il l'a fait jusqu'ici, ses concerts réguliers de Vienne et de Munich.

— M. Pierre Carolus Duran à qui l'on ne peut pas faire le reproche de combler les concerts de sa musique, vient de faire exécuter par l'orchestre de M. Jehin, à Monte-Carlo, une suite symphonique

intitulée Impressions de campagne qui mérite d'être signalée. Écrite sur un poème de M. Bertnay, cette peinture musicale divisée en trois parties — Sous Bois, Le Lac, La Patache — ne manque ni d'élégance ni de pittoresque. C'est une jolie aquarelle aux contours séduisants, brillants parfois, distingués toujours. La ligne mélodique en est claire et facile, l'harmonie et les développements intéressants, la verve contenue et la facture générale d'une bonne tenue, sans recherches excessives de personnalité.

M. Carolus Duran paraît posséder toutes les qualités essentielles pour aborder la musique de scène.　　　　　　　　　　　　Ch. C.

BIBLIOGRAPHIE

GUSTAVO E. CAMPO : Criticas musicales. — Paris, Ollendorff, in-12.

L'éminent directeur du Conservatoire de Mexico, dont nous avons déjà eu l'occasion d'entretenir nos lecteurs, lors de son passage à Paris, l'année dernière, vient de publier (dans une collection exclusivement espagnole, éditée à Paris, pour l'Amérique) l'ensemble de ses principaux articles envoyés à son journal mexicain au cours de la mission officielle qu'il avait accompli en Europe. Cet ensemble (que précède un alerte et spirituel avant-propos du maître Felipe Pedrell) est extrêmement intéressant, plein de vie et d'idées originales, propres à instruire et développer l'esprit de ses lecteurs nationaux, mais aussi à piquer notre curiosité et retenir nos sympathies. Ces « correspondances» vont de septembre 1908 à juillet 1909, de Paris à Berlin, de Cologne à Milan, de Leipzig à Naples, de Rome à Madrid, de Séville à Paris encore. Puis ce sont des interviews, des études critiques, des souvenirs, des articles à propos de livres. Des croquis sur le vif de Paul Gilson, Saint-Saëns, Massenet, Pedrell, Puccini; une visite au Musée Beethoven, de Bonn; des études pédagogiques sur diverses questions; d'excellents articles d'ensemble sur Reyer et Liszt; des critiques de diverses œuvres de Berlioz, Massenet, Ricardo Castro. Un livre tout à fait à recommander.　　　　　　　　　　　　H. DE C.

NÉCROLOGIE

On a enterré le 21 avril, à Paris, l'exquise, la douce et fine Anna Judic, si célèbre jadis, si séduisante encore en ces dernières années, lorsque, sachant vieillir, elle avait si bien fait valoir encore la grâce dè sa diction et de ses délicates qualités de comédienne. Il y avait deux mois qu'elle agonisait sur la Côte d'Azur, au Golfe Juan et n'avait encore que soixante ans. Petite nièce de Montigny, elle avait commencé très tôt sa longue carrière. On pensait d'abord à en faire une comédienne (elle fut élève de Régnier au Conservatoire), mais c'est la chanteuse et surtout la diseuse, qui firent sa rapide et éclatante réputation, dans le répertoire de l'opérette ou de la comédie à vaudevilles. Il suffit de citer quelques-uns de ses grands rôles depuis 1867, mais surtout depuis son entrée aux Bouffes, en 1872, avec *La Timbale d'argent,* soit sur cette scène, soit surtout aux Variétés : *Mam'zelle Nitouche, Lili, La femme à papa, Les Charbonniers, Niniche, La Roussotte, La branche cassée, La Cosaque, La Japonaise,* pour ne parler que de ses créations, laisseront des souvenirs que nulle n'effacera. Elle avait un rire spontané et frais qui était légendaire. Elle était surtout la grâce même, et sut le montrer dans la comédie sérieuse, lorsque, la voix éteinte on la vit sur la scène de genre dans *L'Age ingrat, La Massière, Le Secret de Polichinelle* et tout récemment *La Belle au bois dormant* (aux côtés de Sarah Bernhardt).　　　　　　　　　　　H. DE C.

LE GUIDE MUSICAL

UN SOUVENIR DE ROSSINI

A PROPOS DE VOIX

M. EDMOND MICHOTTE, le dernier survivant des familiers de Rossini, vient de publier en une petite brochure, les notes qu'il a retrouvées dans ses papiers et où était relatée toute une soirée passée dans la petite villa du maître, à Passy, près Paris, en 1858, en compagnie de l'Alboni, du prince Poniatowski, d'Heugel (le père), d'Azévédo et de Scudo. L'entretien avait roulé surtout sur la décadence du chant, de ce *bel canto* qui subit, depuis, tant de dédains et qu'appuyaient des études d'une austérité et d'un labeur dont on n'a plus la moindre idée aujourd'hui. Rossini se plut à en détailler l'enseignement, si simple en apparence, si minutieux en réalité, et dont l'Alboni, son élève, était justement un si incomparable modèle. On a déjà conté ceci, car le maître y insistait souvent. Mais il est amusant aussi de voir comment il traitait les effets nouveaux au moyen desquels les chanteurs de l'école moderne cherchaient à séduire les foules. Il est curieux de constater à quel point il se trouvait, encore en ceci, d'accord avec Meyerbeer.

J'ai tâché de montrer ici, l'an dernier, le fond de l'opinion de l'auteur des *Huguenots* sur cette déformation du caractère de la musique même qu'a entraînée bien souvent la déviation de son interprétation par la recherche d'effets à côté; et comment le mal est devenu sans remède, parce qu'il faudrait d'abord réformer le goût du public, avant de demander aux chanteurs un sacrifice si pénible. Avec moins de discrétion dans la critique et plus de verdeur dans les mots, l'auteur de *Guillaume Tell*, — qui d'ailleurs était « de la partie » et s'y connaissait comme pas un en matière d'enseignement lyrique, — s'irritait autant contre ces atteintes à l'œuvre d'art.

Voici par exemple comment il traitait les fameux *ut de poitrine*, alors rares, depuis si courants et qui n'en valent pas mieux :

« C'est Duprez qui, le premier, s'est avisé de frictionner les oreilles des Parisiens, en dégorgeant dans *Guillaume Tell* cet *ut de poitrine* auquel je n'ai jamais songé. Nourrit se contentait d'un *ut de tête* et c'est celui-là qu'il faut. Lors de mon passage à Paris en 1837, justement après les débuts retentissants de Duprez dans *Guillaume Tell*, le fougueux ténor vint me voir pour m'inviter à aller l'entendre à l'Opéra. — Venez plutôt chez moi, lui dis-je; vous me donnerez votre *ut* pour moi tout seul et je n'en serai que plus flatté. — Je logeais chez mon ami Troupenas. Duprez s'empressa d'arriver, et me chanta magnifiquement, je dois l'avouer, plusieurs fragments de mon opéra. A l'approche du *Suivez-moi*, j'éprouvai le même malaise anxieux que ressentent certaines personnes au moment prévu d'un coup de canon. Enfin il éclata, l'*ut*! Tudieu, quel fracas! Je me levai du piano et me dirigeai en hâte vers une vitrine remplie de verres de Venise très délicats, qui ornait le salon de Troupenas. « Rien de cassé, m'écriai-je; c'est merveilleux! »

». Duprez parut enchanté de mon exclamation qu'il prit pour un compliment à ma manière. Alors, maître, mon *ut* vous plaît? Parlez-moi sincèrement. — Eh bien, sincèrement, ce qui me plaît le plus en votre *ut*, c'est qu'il est *passé* et que je ne cours plus le risque de l'entendre. Je n'aime pas les effets contre nature. Celui-ci impressionne mon oreille italienne par son timbre strident comme le cri d'un chapon qu'on égorge. Vous êtes un très grand artiste, un véritable nouveau créateur du rôle d'Arnold; pourquoi, diable, abaisser votre talent à l'emploi de cette balançoire? — C'est que, répliqua Duprez, cet *ut* est mon grand succès!... — Alors, désirez-vous un succès plus grand encore? Déchargez-en deux!

Arrivons à Tamberlick. Ce farceur-là, dans son ardeur de vouloir réduire en miettes l'*ut* de Duprez, a inventé l'*ut dièse de poitrine*, et me l'a endossé; car dans mon finale d'*Otello*, c'est bien un *la* que j'ai marqué. Lancé, à pleins poumons, je le croyais assez féroce par lui-même pour satisfaire abondamment l'amour-propre des ténors de tous les temps. Mais voilà Tamberlick qui l'a transformé en *ut dièse*; et tous les snobs sont en délire! La semaine dernière, il a demandé à me voir. Je l'ai reçu; mais craignant une seconde édition, et avec aggravation, de l'aventure Duprez, je l'ai prévenu de bien vouloir, en venant chez moi, déposer son *ut dièse* au vestiaire, pour le reprendre, intact, en sortant. »

Rossini soupirait, en voyant se perdre de jour en jour toutes les traditions d'étude et de goût qui avaient maintenu si haut la séduction et l'éclat de l'école italienne.

Pourtant il pouvait reconnaître, à cette époque, que de vrais artistes avaient encore le courage de marcher dans la même voie et se montraient dignes de leurs anciens. Mais c'étaient des Italiens. L'école française se détachait de plus en plus. Parmi les nouvelles réputations d'alors, sauf une, personne ne lui paraissait comparable aux maîtres. Je suis heureux de constater, sans m'en étonner d'ailleurs, que cette exception à ses yeux, c'était Faure.

H. DE CURZON.

P.-S. — M. E. Mariotte a bien voulu m'écrire pour corriger et élucider un point très curieux de sa brochure sur Rossini. — Ce n'est pas de la Patti, mais de Jenny Lind que parle le maitre. « Il ne connut la Patti qu'en 1861. Dès son arrivée à Paris, après sa carrière d'Amérique où elle débuta à l'âge de quinze ans. Elle demanda à être reçue par lui. Elle chanta l'air du *Barbier* avec un tel débordement de traits, les plus extravagants, que pas une note écrite par l'auteur n'était restée à sa place. Rossini, après l'avoir entendue, lui dit : « *C'est une composition américaine, sans doute, que vous veniez de chanter? Mais quelle singulière coïncidence! Précisément, dans mon jeune temps, j'ai composé un air sur les mêmes paroles!* »... Tel est le récit exact de cette prime audition chez le maestro. Comme vous voyez, il ne s'agit nullement de l'exclamation qu'on lui a prêtée : « De qui est la musique? ».

Le Portrait de Beethoven

Aux salons de cette année, on a pu admirer deux beaux portraits de Beethoven. L'un de Jean-Paul Lautens et l'autre de Lévy-Dhürmer. A ce propos, dans un article très curieux publié par l'*Echo de Paris*, M. Adolphe Boschot retrace, d'après des renseignements puisés aux meilleures sources, « l'image » de l'illustre auteur des neuf symphonies.

« Taille moyenne. — Son ascendance flamande, sa grand'mère et son père alcooliques tous deux, lui lèguent un teint rougeâtre. Sur le visage, facilement congestionné, la petite vérole incruste ses trous: De gros yeux myopes, étonnés ou irrités, font saillir leurs globes des paupières fatiguées. Prunelles d'un gris bleu. Parfois, Beethoven porte des lunettes. — Nez bossu, narines épanouies,

pommettes et mâchoires accentuées. Les arcades
sourcilières se renflent près du nez, creusant deux
plis volontaires. Front fortement bombé; cheveux
embrousaillés et noirs. — Dans l'ensemble,
visage sans symétrie. Le côté gauche est plus
développé que l'autre, ce qui rend encore plus
sensible une fossette très creuse et qui n'est pas
au milieu du menton, mais légèrement vers la
droite.

» Jusqu'à trente ans, Beethoven porte les cheveux assez longs, surtout sur la nuque; pas de
barbe, mais des « côtelettes » peu longues, minces
et d'un poil frisotté. Ses épaules presque tombantes et son torse étroit sont une marque de sa
jeunesse et de son adolescence malheureuses, ou,
plus exactement, comprimées.

» Puis la vie, et surtout les souffrances de son
génie, la misanthropie que lui donnait sa surdité
et aussi la noblesse de son cœur, modifient son
corps et son visage. Peu à peu, ce grand travailleur, qui fut forcément un sédentaire (car il ne
faut pas croire, à cause de la *Pastorale*, qu'il a passé
sa vie à se promener), ce grand travailleur sédentaire, peu à peu s'alourdit, s'épaissit.

» Après quelques années de succès mondain et
d'élégance, il prend l'aspect de quelque petit
bourgeois ou employé. Célibataire et solitaire,
souvent sans bonne, dînant dans les gargottes du
quartier et à court d'argent; s'il fait toilette, il a
l'air endimanché.

» Son « haut de forme » (eh oui ! le haut de
forme de Beethoven), très haut, très large, mais à
tout petits bords ondulés, ne se tient pas en équilibre sur la crinière rétive; rejeté par la saillie du
front, il retombe, ce vaste gibus, vers la nuque;
par bonheur, le col trop montant de la redingote
le retient. Elle est vaste, cette longue redingote à
basques, jusqu'à sembler déformée. Le pantalon
à pont, tendu par les sous-pieds, cache toute la
bottine sous son évasement excessif; et si le gilet,
déboutonné vers le haut, laisse échapper le flot du
jabot bouillonnant, il se tend sur le ventre et
remonte, chaque bouton tirant l'étoffe et creusant
un pli.

» Beethoven devint hydropique, on lui fit des
ponctions Les traits de son visage s'empâtèrent,
se détendirent; la lèvre supérieure s'avança, tandis que la lèvre inférieure se plissa et recula,
comme si les mâchoires se rapprochaient, les
dents étant tombées. Vers la fin, tout son visage
pâlit, maigrit et jaunit sous un reflet bilieux.
Beethoven allait mourir d'une maladie de foie —
une cirrhose atrophique, assure-t-on aujourd'hui. »

Reprise de
Gwendoline et España
de EMMANUEL CHABRIER
à l'Opéra de Paris

LA reprise, depuis si longtemps annoncée,
de *Gwendoline*, agrémentée d'un arrangement chorégraphique d'*España*, a eu
lieu mercredi dernier, 3 mai. Je doute
que la gloire de Chabrier en soit rehaussée, mais je
veux bien croire qu'elle en profitera de quelque
façon. Assurément *Gwendoline* méritait de reparaître un peu après avoir été si longtemps tenue
à l'écart. Les quatorze représentations qu'elle a
pu récolter en 1893-94 sont vraiment lointaines
(on sait que c'est Bruxelles qui a eu la primeur de
l'œuvre, en 1886; et qu'elle ne nous est arrivée
qu'après diverses stations en Allemagne). Est-ce
pourtant d'après ces trois actes qu'il faut juger
Chabrier? On se tromperait, je crois. Je suis, je
l'avoue, entièrement de l'avis de M. G. Servières,
qui, dans l'étude qu'il vient de publier ici sur les
premières productions de ce musicien original,
spirituel et joyeux, trouve que Chabrier faisait
fausse route et forçait son talent en entrant dans
la voie d'une *Gwendoline* ou d'une *Briséis*.

On s'en rend fort bien compte à l'incertitude
du style et au peu d'unité, d'une partition qui
d'ailleurs avait pour base un poème aussi sommaire
que mal bâti. Le premier acte charmera toujours
par sa variété et sa grâce, et ses côtés plaisants,
comiques, plus réussis que la fanfare farouche des
envahisseurs dont Gwendoline apprivoise le chef,
cet Harold ébloui si vite, et que si facilement la
blonde jeune fille (si peureuse tout à l'heure)
persuade de filer son lin et chanter ses chansons. Mais le second ne consiste guère qu'en
un ensemble choral immobile et infiniment développé, suivi d'un duo d'amour qui serait plus
intéressant si le souvenir du second acte de *Tristan*
ne le traversait pas, avec une netteté abusive. Et
le dernier, plus esquissé encore, est d'ailleurs
déparé par la plus étrange mise en scène : Harold
acculé à un gros arbre, dès le lever du rideau, est
lâchement égorgé par le père de Gwendoline;
celle-ci accourt et se tue à son tour; après quoi,
jusqu'à la fin de l'acte, ils chantent sans défaillance
et debout, tandis que le peuple, qui ne s'occupe
plus du tout d'eux, regarde flamber les barques
des barbares égorgés !

M. André Messager a d'ailleurs tout fait pour
mettre au mieux en valeur cette fière et noble

partition. Il en a conduit lui-même l'exécution, qui a été très colorée, très pittoresque. Il lui a donné des interprètes qui ne font pas regretter les premiers (Renaud, Vaguet, Mlle Berthet étaient cependant, surtout le premier, d'un grand caractère), avec Mme Marie Kouznezoff, dont la voix ronde et souple se marie de la plus délicate façon à un jeu charmant de jeunesse et de grâce spontanée, avec le baryton Duclos, aux notes de cuivre, adoucies parfois avec un art parfait, avec le ténor Campagnola, qui ne manque pas de brio...

Mais, encore, quelle étrange façon de comprendre le rythme et la valeur des syllabes, que celle qui a conduit Chabrier à appuyer la note caractéristique de son chant de guerre : « Nous avons frappé des épées!.. », non pas même sur une syllabe muette, mais sur une voyelle qui ne doit pas se prononcer!... des épé-é-és,...têtes coupé-é-és, ...nos épopé-é-és, ...larges lampé-é-és!

Le poème de *Gwendoline* est de Catulle Mendès. Celui de la nouvelle *Espana* est de Mme Catulle Mendès. La rapsodie d'orchestre qui porte ce nom a placé si haut, depuis 1883, le mérite musical de Chabrier, qu'on n'a pas trouvé mieux, pour la fêter, que de la porter à la scène. Encore fallait-il l'entourer ; qu'à cela ne tienne : l'œuvre de Chabrier est pleine de joyeuses ou belles pages de danse : c'est la *habanera*, c'est la *bourrée fantasque*, et des valses, et des rondes, et des marches, et des danses villageoises... On a fait un choix, on l'a dûment cousu, cela dure cinquante minutes, et mise en scène à part, c'est parfaitement insignifiant. De sujet, point. On est sur une place de village, château au fond, guinguettes à gauche, baraques à droite, et la fête foraine donne son plein : acrobates, arracheurs de dents, charmeuse de serpents, noce, fiancés, amoureux surpris par le garde-champêtre, bohèmes,... espagnols, enfin. La scène est en France, il y a quelque cent ans. Le ballet (si j'ose m'exprimer ainsi) est délicieusement dansé par Mlles Zambelli, Boni. Urban, Barbier, etc., etc., et conduit avec zèle par M. P. Vidal.   H. DE C.

LA SEMAINE

PARIS

A L'OPÉRA-COMIQUE, *La Jota* décidément soulève les passions; l'œuvre subit le caractère que lui a imprimé la danse même dont elle porte le nom : elle attire et elle repousse. De toute façon, elle frappe fortement. Cependant, comme il était à

prévoir, la plupart des premiers auditeurs, et de ceux qui avaient à en formuler un jugement hâtif, ne l'ont nullement comprise. Sans prendre le temps de l'étudier, d'en chercher la pensée, d'en dégager le symbole, on a trouvé plus simple d'en rester à l'extérieur. On a prononcé le nom de « fait-divers » et on n'a entendu que des coups de fusil. C'est assez dire qu'on n'y a voulu voir que l'accessoire et la mise en scène. Que l'auteur ait prêté à cette confusion en accordant trop à cet accessoire et cette mise en scène, que, pour être plus exact (car il l'est à un point inouï), il ait trop rapproché de nous ce drame, qui est pourtant éternel, — j'en demeure d'accord. Mais son œuvre, sa partition, qui n'a à sa disposition ni coups de fusil ni écroulements, n'en reste pas moins une évocation, superbe de couleur et pénétrante d'émotion de ces âmes farouches et de ces races impérieuses; mais ce prêtre, choquant à bien des égards si l'on se place au point de vue actuel, n'en a pas moins donné lieu à une étude d'âme extrêmement poussée, d'un caractère fier et puissant. (M'empêchera-t-on d'admirer *Notre-Dame de Paris*, parce que Claude Frollo est un être odieux?) Et tout cela est absolument musical, conçu dans la musique et à travers elle : il ne faut pas que les extériorités empêchent de la reconnaître, même au second acte, et quant au premier, il serait de mauvaise fois de le nier. C'est d'ailleurs sur ce point qu'a insisté avec beaucoup de raison M. L. de Fourcaud, dont l'article est un des rares qui témoignent d'une véritable étude de l'œuvre et d'une critique réfléchie et approfondie. Non seulement, il ne trouve pas l'emploi de cette jota arbitraire et inutile, alors qu'elle est si intimement liée à l'âme même et au caractère des héros de l'action, non seulement il constate la vérité de la déclamation, la continuité et la variété du sentiment scénique, mais il affirme que, de cette œuvre « intéressante, claire et personnelle, la musique jaillit naturellement, à tel point que, sans musique, elle ne pourrait scéniquement exister ».   H. DE C.

La Saison russe du Théâtre Sarah-Bernhardt a débuté cette semaine avec *La Roussalka* de Dargomijski, alternativement chanté en russe et en français, sous la direction du maëstro Barbine. Cet opéra romantique de fond, classique de forme, a toujours gardé une grande réputation depuis 1856, et certains répertoires, celui de Monte-Carlo, par exemple, le font assez souvent reparaître. Il est à croire que souvent on fait comme sur cette dernière scène : d'adroites coupures. A Paris, nous en avons eu une respectueuse et intégrale exécution, et il nous a été vraiment impossible de ne pas y reconnaître l'une des œuvres scéniques les plus ennuyeuses qui soient. Avec un poème assez adroitement dessiné d'après la fameuse légende de Pouchkine (la jeune fille trompée qui se jette à l'eau, devient ondine ou Roussalka et attire invinciblement celui qu'elle aime), les scènes se traînent infiniment longues, languissantes, inutilement développées, dans un style mi-italien, mi-français, sensiblement inférieur à celui de Glinka, par exemple, dans *La Vie pour le Tsar*. On comprend toutefois que, bien choisies, certaines pages aient pu faire la fortune de l'œuvre, chœurs ou chansons populaires, danses, et aussi certaines scènes qui ont de la grandeur, comme celle du vieux meunier, père de la morte, devenue Roussalka, lorsqu'il retrouve le prince dont elle fut abandonnée. On le comprend encore, quand elles sont chantées par Mme Félia Litvinne, à la voix si belle et si émouvante, par M. Smirnow, ténor ferme et coloré, par Mme Baratoff, charmante dans la gaie chanson d'Olga, par Mme Makorowa, large voix de contralto, qui fut la princesse, par M. Ioukow, le meunier, puissante basse... et par des chœurs aussi sonores que bien disciplinés. — Le lendemain, c'est à une troupe composée de Mmes Marcia, Czaplinska, Gustin, MM. Colombini et Nivette, que la version française fut confiée. H. DE C.

Au Théâtre Lyrique de la Gaîté, on annonce que M. Chaliapine jouera, au cours des représentations qu'il donnera en mai et juin : *Don Carlos, Don Quichotte, Le Barbier de Séville, La Roussalka*. Il créera également *Ivan le Terrible*, mais en octobre. C'est une excellente idée, par parenthèse, qu'a eue la direction de la Gaîté de remonter, grâce à lui, le *Don Carlos* de Verdi, une noble partition, qui a été créée en français, à l'Opéra, et qu'on a trop oubliée.

Au Trianon-Lyrique, on répète *Les Amours du Diable*, de Grisar. Voilà une résurrection à laquelle on ne s'attendait guère, et qui était bien due à la spirituelle et originale partition de ce charmant musicien.

Au Conservatoire, la Société des Concerts a glorieusement terminé sa quatre-vingt-quatrième session avec un programme austère et noble entre tous : la grand'messe en *si* mineur de Bach, que M. Messager n'avait pas donnée depuis décembre 1908. En dépit du disparate qu'offrent parfois les nombreux morceaux de cette œuvre gigantesque mais sans unité proprement dite ni

attachement scrupuleux à la tradition liturgique, la surabondance de vie, la puissance d'expression, la souplesse d'inspiration sont telles, qu'on n'a pas autre chose à faire que de se laisser submerger par le flot. Au milieu de ses vagues magnifiques, c'est-à-dire d'un orchestre et des chœurs sonores entre tous, MM. Alfred Brun, Hennebains, Bleuzet, Lachanaud se distinguèrent dans les soli, M. Joseph Bonnet affirma ses droits à la succession du regretté Guilmant, qui vient de lui être décernée, M. Cerdan, au timbre mâle et ferme, Mme Povla Frisch, contralto moelleux, Mlles Gall et Gilly, M. Paulet, s'acquittèrent avec talent des difficiles parties vocales.... Et l'on se sépara sans dire encore adieu à la merveilleuse salle, qui n'est heureusement pas près d'être remplacée.

H. DE C.

Société nationale de musique. — Presque tout l'intérêt du concert du 29 avril résida dans l'exécution en première audition « d'études pittoresques pour piano » de M. Déodat de Séverac, intitulées *Cerdana*. Composées de quatre pièces, ces études portent en sous-titre : *En Tartane* (arrivée en Cerdagne), *Les Fêtes* (souvenir de Cuigcerda), *Ménétriers et glaneuses* (souvenir d'un pèlerinage à Fontromeu), *Le Retour des muletiers*. L'auteur s'est inspiré des rythmes et des formules de l'école espagnole dont une sorte de renaissance se manifeste actuellement avec succès.

L'évolution de la musique espagnole se poursuit en effet sous la forme moderne heureusement combinée avec le rythme local pour réaliser l'expression d'un pittoresque à la fois animé et puissant; elle tend à se dégager des traditions systématiques, des thèmes populaires et truculents ressassés à outrance, des banalités d'opérette dans un effort plus fécond vers une inspiration plus profonde, plus réfléchie, plus humaine, vers une étude plus musicale des classiques. Après le dramatique Ruperto Chapi, Albeniz s'était formé aux travaux de la Schola, affinant par la culture des maîtres français et allemands l'exubérance mélodique de ses idées brillantes. Et c'est aujourd'hui la belle phalange de ses successeurs, granados dont nous entendîmes tout récemment les productions séduisantes interprétées par un talent de virtuose très personnel, Manuel de Falla, Morera, Joaquim Turina.

M. de Séverac, s'inspirant du caractère de la moderne école espagnole, a écrit ces pièces non point en manière de pastiches, mais avec la palette qui lui est propre; d'une forme élégante, d'un mouvement rythmique plein de verve, d'un dessin charmant, elles contrastent avec la formule connue

du compositeur et furent accueillies triomphalement. Il convient de reconnaître que l'interprétation en fut extraordinaire; M. Ricardo Vinès y
apporta non seulement la prodigieuse virtuosité de
ses doigts, mais mit au service de cette œuvre
instrumentale toute son âme de musicien et une
sorte de ferveur patriotique.

Peu de chose à dire des autres pages entendues.
Certes le trio pour piano et cordes de M. Jean
Cros est un ouvrage soigneusement travaillé; il
l'est plutôt trop. Le second mouvement, choral,
ne manque point de franchise et de sonorité; son
développement, bien accentué, est intéressant et
aboutit à un effet bien venu. Le reste procède d'une
méthode un peu trop visiblement théorique, ce qui
nuit à la sincérité et à l'imprévu.

Mlle Rollet a gentiment chanté des mélodies de
Chausson et de Ch. Bordes.

Décidément, le cadre de la salle des concerts de
la Schola Cantorum est bien sombre, les bancs
sont bien durs et les places bien mal aménagées;
il suffit d'un chapeau à plumes devant soi pour ne
plus apercevoir que l'étincelante batterie de cuisine de l'orgue. C'est plutôt obsédant pendant
deux heures!   CH. CORNET.

Festival Beethoven.

— Il a commencé
mardi dernier, au Châtelet, sous la direction
magnifique et savoureuse de M. Félix Weingartner, par les trois premières symphonies de
Beethoven. Il a continué, vendredi, avec les
quatrième et cinquième, séparées par le concerto
de piano en mi bémol, exécuté par Emil Sauer.
Il serait difficile de trouver encore quelque appréciation nouvelle à formuler sur de pareilles
séances. On se souvient de l'attrait qu'elles exercèrent il y a quelques années. En dépit de la
familiarité où est constamment entretenu le public
avec ces chefs-d'œuvre, l'intérêt qu'il y a à les
goûter, à les étudier, sous différentes directions ne
faiblit jamais; et celle-là est si constamment
attachante, si personnelle et si respectueuse à la
fois, si ferme et si souple! L'orchestre Colonne
s'est d'ailleurs surpassé sous cette main éloquente.
M. Sauer, de son côté, fut une fois de plus, le grand
virtuose de style et de légèreté que nous avons
si souvent applaudi.   H. DE C.

Séances Ysaye-Pugno.

— MM. Ysaye et
Pugno viennent de donner leurs quatre séances
annuelles, qui font, chaque fois, on le sait, un
événement dans le monde musical parisien. La
première avait lieu le vendredi 28 avril, à la salle
Gaveau. Je n'étonnerai personne en disant que ce
fut un long triomphe pour les deux admirables
artistes, qui, habitués à s'unir, depuis quatorze
ans, dans l'interprétation des grands maîtres, sont
arrivés à fondre délicieusement leur double et
impeccable interprétation. Quel charme de leur
entendre jouer la sonate de Franck hardiment
novatrice à sa création, et si hautement classique
aujourd'hui, et le superbe quatuor (mi bémol) de
Schumann, où deux excellents partenaires, M.
Monteux (deuxième violon) et M. F. Pollain
(violoncelle) leur ont donné la réplique! La belle
séance avait commencé par un trio de Brahms
(ut mineur, op. 101), plein de charmants détails,
où le violoncelle de M. Pollain avait répondu au
violon de M. Ysaye et au piano de M. Raoul
Pugno.   J. GUILLEMOT.

— La deuxième soirée Ysaye-Pugno, à la salle
Gaveau, donnée le 1er mai, n'a pas été moins
belle que la première. Trop de vides dans la salle,
malheureusement : avait-on eu peur du fantôme
évoqué à la date fatale? Mais quel enthousiasme
chez les assistants, et combien justifié! Les deux
maîtres, qui jouent sans charlatanisme, — comme
pour leur plaisir, ont traduit avec des délicatesses
et des suavités qui font place à la vigueur, quand
elle devient nécessaire, en un mot, avec un art
profond des nuances et du sentiment artistique, un
programme très intéressant, qui promettait et a
tenu. Ils ont joué, à eux deux, la curieuse sonate
de Lekeu, où il y a de si belles inspirations; avec
M. Pollain, violoncelliste, un trio de Franck,
œuvre de début du maître, dont la première partie est ravissante; et avec adjonction de M. Monteux, l'altiste, un beau quatuor de M. Vincent
d'Indy (la mineur). Vives ovations, je le répète,
auxquelles les deux partenaires ont été très justement associés.   J. GUILLEMOT.

Concert Fritz Kreisler.

— Une salle comble,
un public enthousiaste, un artiste hors de pair pour
lequel toutes les louanges ont été épuisées : M.
Fritz Kreisler. Au programme, trois concertos. Le
premier, en la mineur (op. 22) de Viotti, bien
accompagné par l'orchestre, sous la direction de
M. Pardo, déchaîne d'inlassables applaudissements. Très bien écrit pour l'instrument, il permet
à M. Kreisler de déployer toutes les ressources
d'une technique impeccable d'une éblouissante
virtuosité. Qu'importe si, musicalement, l'œuvre
date et semble petite, c'est violonistique; que
demander de plus à un concerto? L'œuvre de
Beethoven, jouée dans le meilleur style, avec
parfois de véritables trouvailles de sonorités, suscite les acclamations, des fleurs tombent aux pieds
du virtuose; c'est le triomphe. Il s'accroît encore

avec le concerto en *mi* de Mendelssohn, œuvre délicieuse, d'une élégance, d'une finesse, d'une grâce nerveuse sans pareille et tout à fait dans le caractère du talent de M. Kreisler. Il l'a jouée depuis le superbe *Allegro* initial jusqu'au ravissant finale, sans oublier cette romance sans paroles dite *Adagio* admirablement.

Musique heureuse qui rend heureux suivant le mot d'un admirateur de Mendelssohn. Cependant impitoyable, le public crie *bis* et M. Kreisler ajoute une page au programme. M. DAUBRESSE.

Salle Erard. — La Société mutuelle des Professeurs du Conservatoire, fondée par Alphonse Duvernoy, a donné son concert annuel le 28 avril, avec un programme superbe, que de véritables ovations ont souligné d'un bout à l'autre. Entouré d'un orchestre de musiciens des Concerts Colonne, que dirigeait M. Widor lui-même, l'éminent professeur I. Philipp, qui se fait plus souvent entendre par ses élèves que par lui-même, a tenu le piano tout le temps ; et pour quelles œuvres! Le concerto à trois pianos de Bach et celui à deux pianos de Mozart (en *mi* bémol, 1780) : la puissance somptueuse et splendide, la grâce exquise et souriante, admirablement rendues l'une et l'autre, dans un style et une couleur de tout premier ordre. M. Motte-Lacroix accompagnait son maître. M. Philipp a également exécuté, avec sa virtuosité tranquille et étincelante, la pittoresque et vibrante *Fantaisie* de M. Widor et le concerto, du même, œuvres qu'il a créées l'une et l'autre, aux Concerts Colonne, avec tant de succès, l'une en 1889, l'autre en 1905. Mlle Féart a chanté diverses pages de Fauré, comme intermède, d'une voix pénétrante et avec beaucoup de goût. H. DE C.

— Mme Thérèse Valabrègue est une intelligente pianiste, bonne interprète de Bach et de Schumann. *Les Scènes de la forêt* ont été traduites par elle avec l'intensité d'expression que réclament ces « instantanés ». La voix de Mlle Cécile Vilmer et le violon et le violoncelle de MM. Lelièvre et Bagelaire ajoutèrent encore au réel intérêt de cette séance. R. B.

— Mlle Caffaret, qui fut un des brillants premiers prix de piano de feu Alphonse Duvernoy (à onze ans et demi!) et qui se perfectionne aujourd'hui à l'école de Mme Bontet de Monvel, vient de nous donner la mesure de son joli talent dans un concert où elle fut justement ovationnée du commencement à la fin.

Blonde comme les blés, jolie et distinguée à souhait, dans l'épanouissement de ses dix-sept printemps, Mlle Caffaret a émerveillé l'auditoire par la prestigieuse technique d'un mécanisme aux prises avec les douze études de Chopin, op. 25, jouées de mémoire et sans la moindre défaillance, dans les mouvements vertigineux que vous savez. Encore, la jeune artiste a-t-elle bissé la sixième étude, aux terribles tierces chromatiques qu'elle exécuta en style lié, avec une sûreté et une souplesse remarquables. Quant à ses qualités de charme et d'expression, le public a pu les apprécier dans la ballade en *la* bémol, la polonaise en *ut* mineur et la valse, op. 42, cette dernière, d'une conclusion un peu mince à un aussi copieux programme.

M. Enesco prêtait à cette séance le concours de son beau violon dont les sonorités sensuelles se sont déroulées en replis voluptueux à travers la jolie sonate en *ut* mineur, de Grieg, et ont fait valoir aussi une charmante sonate de Mozart, qui commençait la séance. A. GOULLET.

— Mme Hiard-Kuehn a donné le 10 avril un concert de piano et musique de chambre d'un intérêt très varié et d'ailleurs bien fait pour mettre en relief la justesse de son sentiment, la finesse de son goût, la sûreté de sa virtuosité. Mlle Laval et M. Hollman l'accompagnaient dans le trio en *ré* de Beethoven (et se firent entendre aussi, l'une dans le *Rondo capriccioso* de Saint-Saëns, l'autre dans l'*Aria* de Bach). Elle avait Mlle Hiard pour partenaire dans le scherzo à deux pianos de Saint-Saëns, et joua seule du Chopin et du Thomé. Mme Auguez de Montalant et M. Paulet ont chanté, M. Brémont a déclamé, comme intermèdes.

— Jolie séance de chant, donnée le jeudi 24 avril par Mlle Vera Bianca, avec le concours de M. de la Romiguière (chant), M. Albert Geloso (violon) et Mlle Cécile Deroche (piano). Mlle Vera Bianca a une délicate voix au timbre argentin, qui convient aux finesses d'interprétation, le Mozart par exemple, (airs des *Noces de Figaro*, duo de la *Flûte enchantée*, avec M. de la Romiguière), les *Lieder* de Schumann (le célèbre et curieux *Clair de lune*, *Mondnacht*), d'originales mélodies de Jensen, la valse de *Mireille*, etc., toutes pages où elle a fait grand plaisir. Notons aussi le succès de la pianiste Mlle Deroche, classique avec Beethoven (sonate en *si* bémol; violon) M. Geloso), virtuose dans un *Thème avec variations* de Chevillard, celui de M. Albert Geloso (agréables motifs de César Geloso, notamment *La Habanera*) et de M. de la Romiguière (*Le Pas d'armes du roi Jean*).
                                                                J. GUILLEMOT.

Salle Pleyel. — Au quatrième concert de la Société des Compositeurs, signalons deux mélodies de M. Emile Bourdon, l'une, *Nuits de juin*, gracieuse en son rythme fluide, l'autre, *La Belle viole*, pleine de charme archaïque, toutes deux dénotant chez l'auteur une sensibilité complexe mais fine et délicate. Mlle A. Vila, admirablement accompagnée par M. Marcel Dupré, interpréta les deux mélodies avec une vibrante émotion artistique. Signalons en outre la belle sonate pour piano de M. A. Doyen, œuvre d'une inspiration généreuse et remplie d'idées élevées. Le motif initial du quatrième temps demanderait à être plus abondamment développé; mais en revanche, le premier temps est d'une grande richesse, le second, très noble et le troisième, un chef-d'œuvre de contrepoint, est d'une verve éblouissante. M. Dumesnil a mis toute l'éloquence de son talent au service de M. Doyen. Le programme comportait de plus une pimpante sonate pour orgue Mustel de M. Mouquet, très élégamment exécutée par M. J. Bizet; deux mélodies de M. G. Jacob, chantées par Mlle Jane Goupil dont la voix est ample et chaude et enfin un quatuor de Mme H. Fleury pour piano, violon, alto et violoncelle. L'œuvre est d'une belle sonorité et elle atteste chez l'auteur une imagination vive. Au piano, Mme H. Fleury elle-même qui avait pour collaborateurs l'excellent violoniste M. Oberdœrfer, M. Jurgensen et M. Barraine.   L. F...

— Le troisième et dernier concert de M. Szanto a confirmé notre impression sur ce remarquable virtuose du piano. M. Szanto a de la puissance, mais il n'abuse pas de sa force et des pédales, comme tant d'autres; c'est surtout dans les œuvres délicates qu'il nous a plu. Ravel et surtout Debussy ont en lui un interprète parfait. (Il joua de façon exquise *Soirée dans Grenade*). La transcription du *Roi des Aulnes*, de Schubert, fut aussi jouée à merveille. Les *Variations* intéressantes de Brahms sur un thème fort mince de Paganini sont, comme on sait, une page de haute virtuosité; de même, *Islamey*, de Balakirew. Ces difficultés techniques ne sont rien pour M. Szanto. Pourquoi a-t-il joué une sonate de Schubert? Elle est longue et de peu d'intérêt musical.   F. G

— Mme Jane Mortier donne, salle Pleyel, deux concerts de musique de chambre dont le premier a eu lieu le 26 avril avec le concours de M. Georges Pitsch, violoncelliste. Elle a exécuté la sonate en *si* bémol de Mendelssohn, d'un style sobre et bien chantant; deux pièces de Schumann, *Adagio* et *Allegro* (op. 70), d'un charme pénétrant et d'un lyrisme coloré; la sonate de Strauss, une œuvre

de jeunesse où se révèlent les qualités mélodiques, encore qu'un peu superficielles du compositeur réputé.

Mme Mortier possède une technique parfaite que complètent un sens musical très averti et une vive compréhension des détails; son jeu classique, de grande pureté et de nuances délicates, soutenu par une sonorité délicieuse, a donné aux œuvres de belle tenue qu'elle interpréta un charme particulier qui a obtenu le plus légitime succès. M. Pitsch s'est montré l'excellent musicien chez lequel on reconnaît l'intelligente maîtrise que fournit l'étude des classiques.   Ch. C.

Salle Gaveau. — L'« Ensemble vocal Spoel » offre ceci de très intéressant, comme chœur a capella, qu'il est formé uniquement d'élèves du même maître, qui les dirige ensuite tous dans l'exécution. Non seulement la méthode de ce professeur du Conservatoire de La Haye, M. Arnold Spoel, est excellente, mais elle obtient ainsi une unité d'expression extraordinaire, et, on peut le dire, une virtuosité tout à fait rare (dans certain psaume de Sweelinck, on imite toutes sortes d'instruments). Des œuvres de Bach, Nardini, Lassus, Cherubini, Brahms et des vieilles chansons néerlandaises des XVIe et XVIIIe siècles, ont ainsi défilé, très curieuses ou très belles, très neuves souvent pour nos oreilles.   C.

Salle des Agriculteurs. — La Société Moderne des instruments à vent a donné le 12 avril une séance presque entièrement consacrée aux contemporains. Nous y avons entendu avec un vif intérêt une *Suite* de M. Mouquet, pour flûte, hautbois, deux clarinettes, deux cors et deux bassons. Le *scherzo* en est particulièrement digne d'éloges, avec sa belle phrase médiane dite par le cor et reprise par les autres instruments.

Un compositeur anglais, M. Donald Toven, nous fut ensuite présenté sous les espèces d'un trio dans le style tragique. N'y a-t-il point là une faute d'impression, et ne faut-il pas lire plutôt : dans le style léthargique? J'incline à le croire. Quoi qu'il en soit, le piano, la clarinette et le cor se démenèrent longuement, honnêtement et savamment pour exprimer des idées fragmentaires, telles que Brahms devait en avoir pendant les jours de pluie.

Un bon *Nocturne* de M. Léon Moreau et le *Caprice* sur des airs danois et russes de M. Saint-Saëns, nous firent oublier ces minutes démesurées et la *Sérénade* en *ut* mineur de Mozart acheva de nous rendre à la vie. Au reste les exécutants furent irréprochables, et MM. Fleury, Blanquart, Gaudard, Cahuzac, Capdevielle, Flament, Bernard, etc. ne méritent que des louanges. J'associerai à leur succès M.me Goupil qui chanta avec intelligence et goût un air de Hændel et d'aimables mélodies de M. Patrice Devanchy. RENÉ BRANCOUR.

— Vendredi 28 avril, rue d'Athènes, a eu lieu le récital de violon donné par M. Emile Mendels. Violoniste de grande virtuosité, M. Mendels a exécuté une série d'œuvres connues, parmi lesquelles on applaudit particulièrement le concerto en *la* de Saint-Saëns, La *Havanaise* du même auteur, le concerto en *sol* mineur de Max Bruch, la fugue de la première sonate de Bach. Le jeu de M. Mendels se caractérise par la souplesse de l'archet et le brillant du coloris musical.

CH. C.

— La Société Moderne des instruments à vent a donné sa seconde séance le 26 avril. Une suite de M. Jean Vadou, dont le titre indique assez le caractère : En *montagne*, ouvrait la soirée. Rien n'y manque : L.ever *du jour*, *Baptême*, *Simon dans les bois*, *Danses et airs de fête* hymne en l'honneur des *Montagnards qui ne sont plus*; *Ronde française*, toute la lyre comme on voit ! Mais les pièces répondent bien aux titres, les instruments sont traités selon leur individualité; il y a de la vie enfin dans ces courts épisodes qui font bien augurer du tempérament artistique de leur auteur.

M. Florent Schmitt est né pour décontenancer la critique : Tantôt exquis, charmant, original comme dans ces *Reflets d'Allemagne*, tantôt quintessencié, bizarre, obscur comme dans ce *Lied et scherzo* que viennent de nous faire entendre l'excellent corniste Capdevielle et ses collaborateurs. De l'habileté certes, et beaucoup, mais où est l'idée mélodique, où est le plan dans cette agglomération de dissonances accumulées à plaisir?

La *Pastorale dans le style ancien* de M. Pierné est vraiment une page délicieuse, et si je n'en parle pas plus longuement, ainsi que des *Chansons et danses* si intéressantes de M. Vincent d'Indy, c'est parce que ces ouvrages sont connus et appréciés selon leur très grand mérite.

Je ne puis que redire les louanges précédemment formulées par moi sur le talent de MM. Fleury, Cahuzac, Gaudard, Flament, etc. Sonorités poétiques, style irréprochable, tout s'unit chez eux et leurs camarades pour l'enchantement de l'esprit et de l'oreille.

En outre, M.me Odette Le Roy chanta, avec beaucoup d'expression et d'intelligence, des mélodies de M. Ch. Widor que le maître accompagna

merveilleusement. On en admira la richesse mélodique, toujours si vivace et que colore, sans jamais l'atténuer, une harmonie tour à tour puissante et délicate.

RENÉ BRANCOUR.

— Le mercredi 26 avril, la Société des Amis de la musique, profitant de l'occasion de l'exquise exposition des Pastellistes Anglais, ouverte rue Royale, a donné une séance de musique ancienne anglaise, entièrement confiée au talent transcendant de M.me Wanda Landowska sur le clavecin. Huit pièces de divers virginalistes de l'époque de Shakspeare (William Byrd, John Bull, etc.), étaient suivies de six autres de Henry Purcell. Celles-ci surtout ont paru savoureuses et riches d'invention, d'une forme charmante et pittoresque. Les premières ne sont pas moins curieuses, avec parfois une complexité plus grande, et d'ailleurs d'une difficulté qui exige des qualités de virtuose tout à fait rares et sans doute comme un apprentissage spécial sur l'instrument. M.me Wanda Landowska a remporté là un triomphe de plus. H. DE C.

— M.lle Suzanne Cesbron a donné le 27 avril, dans l'atelier de son père, rue Jacquemont, un concert des plus attachant, qui nous a révélé un très pittoresque et original quatuor du jeune compositeur Alexandre Cellier, et fait entendre d'autre part un quatuor de Schumann (en *la* majeur) interprété dans une excellente couleur, comme l'autre, par le quatuor Carembat, deux pièces de piano de Debussy, exécutées avec une légèreté charmante par M.lle M. Debrie, la sixième sonate de flûte de Bach, magistralement exécutée par M. Ph. Gaubert, avec le concours de M.me Gaubert, diverses pièces bien connues et charmantes de M. Gaubert, qu'il a rendues avec une grâce extrême, enfin, quelques pages de vieux maîtres du violon, remarquablement rendues par M. Carembat. M.lle Cesbron, de sa voix chaude, vibrante et pourtant si fine et pénétrante, a dit un *Lied* de Haydn, un fragment du *Requiem* de *Mignon* de Schumann, trois mélodies de M. H. Février, trois de M. Gaubert, et terminé dans un magnifique style avec le dernier air d'*Alceste*. H. DE C.

— La dernière réunion de la Société internationale de musique, samedi 29 avril, a été particulièrement intéressante par les communications de M. de Bertha, sur les rapsodies hongroises de Liszt, et de M. Ecorcheville sur les travaux de la commission du luth, et par l'exécution, par M.lles Bonnard et Mairy, d'un choix de pièces de luth italiennes, françaises et anglaises seules et avec chant.

— M. Édouard Brahy, chef d'orchestre des concerts d'hiver de Gand, a été appelé à la direction des Concerts du Conservatoire de Bordeaux, que la retraite de M. Pennequin, motivée pour des raisons de santé, avait rendu vacante. Les concurrents de M. Édouard Brahy étaient MM. Grovlez, Morin, Casella, Fl. Schmith, Rhené-Baton et Rabani.

— La Société Hændel annonce déjà pour le 2 juin, à la salle Gaveau, une exécution de *Saül*, avec le concours de Mmes Mellot-Joubert et Philip, MM. Mary et Plamondon, ainsi que M. J. Bonnet à l'orgue.

Mignon. La Jota. Le Voile du bonheur. Carmen. Aphrodite.

THÉÂTRE LYRIQUE (Gaîté). — La Dame blanche. L'Africaine, Salomé. Le Barbier de Séville. Le Trouvère. L'attaque du moulin. Le Cœur de Floria (première représentation). La Favorite.

TRIANON-LYRIQUE. — Les Cloches de Corneville. L'Accordée de village. Lalla-Roukh. Fra Diavolo. M. Choufleuri. Mam'zelle Nitouche. Zaza. Giroflé-Girofla, Miss Hélyett.

APOLLO — La Divorcée. La Veuve Joyeuse.

SALLE ÉRARD

Concerts du mois de Mai 1911

7 Mme Douaisse, matinée d'élèves (1 ½ heure).
8 Mlle Mollica, harpe (9 heures).
9 Mlle de Stoecklin, chant (9 heures).
10 M. Blanquart, flûte (9 heures).
11 M. Emil Sauer, piano (9 heures).
12 Mlle Caffaret, piano (9 heures).
13 M. Delafosse (matinée), concert avec orchestre (2 heures).
14 Mlle Alexandre, matinée d'élèves (1 ½ heure).
15 M. Thalberg, piano (9 heures).
16 M. Ferté, piano (9 heures).
17 N. Schidenhelm, piano (9 heures).
18 M. Galston, piano (9 heures).
19 M. John Powell, piano (9 heures).
20 Mme Garenine, chant (9 heures).
21 Mme de Marliave, matinée d'élèves (1 ½ h.).
22 M. Dimitri, audition d'élèves (9 heures).
23 Mlle J. Laval, violon (9 heures).
24 M. Paderewski, piano (9 heures).
25 Société Académique des enfants d'Apollon, matinée (2 heures).
26 M. Garés, piano (9 heures).
27 Concert au profit de l'Union Valenciennoise (9 heures).
28 Mlle Renié, matinée d'élèves (1 ½ heure).
29 M. Paderewski, piano (9 heures).
30 M. Dorival, piano (9 heures).
31 M. V. Gille, piano (9 heures).

Concerts du mois de Juin

1 M. Braud, audition d'élèves (9 heures).
2 M. Paderewski, piano (9 heures).
3 Mlle Morsztyn, piano (9 heures).
6 M. Berny, piano (9 heures).
7 M. Danvers, piano (9 heures).
8 M. Georges Hessé, piano (9 heures).
9 M. de Radwan, piano (9 heures).
10 Mme de Marliave, audition d'élèves (9 heures).
11 Mme Bazelaire, matinée d'élèves (1 ½ heure).
12 Mme Bex, audition d'élèves (9 heures).

OPÉRA. — Lohengrin. Gwendoline. España (première représentation). Rigoletto. La Maladetta.

OPÉRA-COMIQUE. — Pelléas et Mélisande. Manon.

SALLES GAVEAU

45 et 47 rue La Boëtie

Concerts du mois de Mai 1911

Grande Salle

7 M. Kreisler (matinée).
7 Syndicat des voyageurs et représent. (soirée).
8 MM. Ysaye et Pugno (soirée).
9 Société Musicale Indépendante (soirée).
10 M. Jean Canivet (soirée).
11 Répét. publ. de la Schola Cantorum (matin.).
11 Cercle militaire (soirée).
12 Concert Assistance par le travail (matinée).
12 Concert de la Schola Cantorum (soirée).
13 M. Oswald (soirée).
14 M. Jacques Thibaud (matinée).
15 Cercle Musical (soirée).
16 Concours Musica (matinée).
16 Association des élèves des écoles de commerce (soirée).
17 Concours Musica (matinée).
17 M. Ménardi (soirée).
18 Concours Musica (matinée).
18 Cercle Musical et M. G. de Lausnay (soirée).
19 Concours Musica (matinée).
19 M. Jacques Thibaud (soirée).
20 Concours Musica (matinée).
20 Société Nationale (soirée).
21 M. Pugno, avec orchestre (matinée).
22 Mlle Morhange, avec orchestre (soirée).
23 Société Guillot de Sainbris (matinée).
23 Société Musicale Indépendante (soirée).
24 Concert Franco-Slave (soirée).
25 Harmonie Express de l'Est (matinée).
26 Mmes Jumel et Legrand, audit d'élèves (soir.).
27 M. Pinell, avec orchestre (soirée).
28 Société « La Couturière » (matinée).
29 M. Pond (soirée).
30 Fondation Sachs, orchestre (soirée).
31 Mlle Lolita Lazaro (soirée).

Salle des Quatuors

9 Mme Mayran et M. Francis Thibaud, chant et accompagnement (matinée).
11 Les élèves de Mme Vauthier, piano (matinée).
14 Les élèves de Mlle Grammacini, piano (mat.).
15 Les élèves de Mme Marty, chant (soirée).
18 Les élèves de M. et Mme Canivet, piano (mat.).
19 Concert Schramm (soirée).
20 Les élèves de Mme Sadler, piano (matinée).
23 Concert Mlle Companyo (soirée).
24 Concert Schramm (soirée).
28 Les élèves de M. Arnould, piano (matinée).

SALLES PLEYEL

22, rue Rochechouart

Concerts de Mai 1911

Grande Salle

8 MM. Wurmser et Hekking (3e séance, 9 h.).
9 M. Motte Lacroix (9 heures).
10 Mme de Wieniawska (1re séance, 9 heures).
11 M. Nino Rossi (3 heures).
12 M. Raymond Marthe (3 heures).
» Société des Concerts Mozart (2e séance, 9 h.).
13 Mme Lasneret (9 heures).
15 Mme Roger Miclos-Bataille (3 heures).
» La Société des Instruments anciens (9 heures).
16 M. E.-M Delaborde (9 heures).
17 Mme de Wieniawska (2e séance, 9 heures).
18 Mme Coedès Mougin (9 heures).
19 Société des Concerts Mozart (3e séance).
20 Mlles Dorning (9 heures).
22 Mme Legrix (9 heures).
23 Mlle Montmartin (9 heures).
24 Mme de Wieniawska (3e séance, 9 heures).
26 Société des Concerts Mozart (4e séance, 9 h).
27 Mlle Stibbe (9 heures).
29 M. J. Wieniawski (9 heures).
31 Mlle Piéchowska (9 heures).

Concerts de Juin

1 La Société nationale de musique (9 heures)
2 La Société des Concerts Mozart (9 heures).
Fermeture des salles.

BRUXELLES

THÉATRE ROYAL DE LA MONNAIE. —
La clôture de la saison s'est faite dimanche dernier
suivant la sacro-sainte tradition. Spectacle coupé :
fragments du *Barbier*, d'*Aïda*, de *Mignon*, de *Faust*.
Les personnes non prévenues ont dû se demander
par quel mystérieux tour de passe-passe dramatique le comte Almaviva, si empressé auprès de
Rosine, cédait aussi délibérément la place à
Wilhelm Meister et à Mignon. Les hommes sont
bien changeants....

Donc le public, en quelques heures, a parcouru
l'Espagne, l'Allemagne, l'Italie et les rives bleu-
tées de lune du Nil pour finir chez Méphistophélès,
pendant la nuit de Walpurgis. Il ne s'est pas
ennuyé. Les voyages forment la jeunesse ; la
vieillesse aussi.

On a beaucoup fleuri tout le monde et notamment Mme Eyreams, qui nous quitte après un
séjour de dix années. Cette charmante artiste, qui
a tenu ici tant de rôles avec tant de gentillesse
et de talent, nous manquera. Elle fut délicieusement Micaëla, Gretel, Mignon et bien d'autres
encore ; elle aura été pendant ces quelques années

le sourire et la grâce de la Maison... Beaucoup
de fleurs aussi à Mme Friché, à Mlle Dupré, à
Mlle Béral et naturellement aux ballerines. Les
fleuristes de Bruxelles ont été mis au pillage.

On a fait à M. Sylvain Dupuis une grande ovation au moment où il est venu diriger le fragment
d'*Aïda*. C'est qu'on prévoit sa nomination à Liége,
et son départ possible navre ses admirateurs. La
soirée a eu ainsi des allures d'apothéose.

La saison qui vient de se clore aura été extrêmement active et chargée. Indépendamment des
nouveautés, telles que *Quo Vadis?* de Nouguès,
Manon Lescaut de Puccini et *La Glu* de Gabriel
Dupont, elle compte trois créations : *Ivan le Terrible* de Raoul Gunsbourg, *Le Feu de la Saint-Jean*
de Richard Strauss, *L'Enfance du Christ* de Berlioz.
Notons aussi : *Ceci n'est pas un conte* du jeune
compositeur Ludovic Siénon du Pré et le joli
ballet de MM. Ambrosiny et Lauweryns : *Hopjes
et Hopjes*, qui a été donné trente-trois fois.

Les reprises n'ont pas été moins importantes :
Elektra, *Salomé*, *Pelléas et Mélisande*, *Katharina*, *L'Attaque du Moulin*, etc.

Les œuvres du répertoire ont été nombreuses :
trente-neuf ouvrages ont été représentés, fournissant un total de deux cent septante-deux spectacles, dont trente-quatre en matinée.

Enfin, citons la belle pléiade d'artistes italiens
qu'on nous a fait entendre : MM. Caruso, Anselmi,
Bassi, de Turra, Gherlinzoni, Amato, Nani,
Mmes Edith de Lys et Finzi-Magrini, Frances
Alda, Bella Alten et Maria Grassé, et le superbe
festival Wagner, qui laissera un souvenir inoubliable.

— On s'est demandé, non sans curiosité, qui
allait succéder à M. Sylvain Dupuis à la direction
de l'orchestre de la Monnaie.

En présence de l'imminence de sa nomination
en qualité de directeur du Conservatoire de Liége,
MM. Kufferath et Guide ont dû y songer dès à
présent. Les directeurs ont mis la main sur un
musicien de premier ordre. Il s'agit de M. Otto
Lohse.

Des propositions brillantes étaient faites à
M. Lohse par divers impresarii anglais et américains. MM. Kufferath et Guide n'ont pas hésité à
faire les sacrifices nécessaires, et, d'autre part,
M. Lohse, gagné par les grandes sympathies qui
lui ont été manifestées ici, aurait, dit-on, accepté.

Concerts populaires. — *La Création* de
Haydn! Quel contraste avec la formidable, puissante musique de la « cosmogonie » wagnérienne

que nous venons d'entendre si merveilleusement
rendue à la Monnaie! A deux jours d'intervalle,
l'opposition est frappante et ne manque pas d'intérêt. Combien dans l'œuvre de Haydn nous sommes
loin des imposantes architectures de la Tétralogie
surgissant comme d'une énorme masse de granit!
Chez le maître autrichien, rien du chaos et des
luttes d'où sortira l'ordonnance terrestre; tout ici
est créé sans peine, dans un perpétuel sourire; un
chant plein de charme s'y épand sans mesure; une
inspiration facile et souriante anime cette œuvre
de foi naïve et sincère, et c'est le même souffle,
léger et doux comme un zéphyr, toujours bienfaisant que Haydn prête au Créateur pour son formidable ouvrage dont l'élaboration semble une
gracieuse fantaisie d'un dieu aimable, ne créant
que pour notre plaisir. Aujourd'hui cela nous
paraît un peu puéril; mais musicalement, la fraîcheur réconfortante de ces pages ne cesse de nous
ravir. L'introduction, d'une simplicité élémentaire,
ne donne pas l'idée d'un chaos, mais d'une masse
fluide et claire où ne sont immergés que les germes
de choses bienfaisantes. Dans cette œuvre, comme la
substance lyrique n'est variée que dans les multiples
détails ornementaux, Haydn a fait par contre une
assez large place à l'élément descriptif confié à la
partie instrumentale. Sans doute, ici aussi, l'expression nous paraît naïve et le compositeur
lui-même semble avoir un plaisir presque enfantin
à imiter les bruits ou le milieu des choses évo-
quées : la lumière, le tonnerre, l'éclair, la pluie, le
vent, la calme rivière, la mer agitée; puis, les
animaux de toutes sortes : lion rugissant, panthère
agile, troupeaux paisibles (ceux-ci représentés, non
par des sons peu harmonieux, mais par un
ravissant motif pastoral), ramiers, rossignols,
insectes, etc., tout cela est ingénieusement suggéré.
Dans toutes les pages consacrées à l'homme, l'inspiration est plus grave, plus concentrée en général,
et l'émotion d'un croyant reconnaissant y est certainement sensible. En somme, cette œuvre sincère
est intéressante à connaître et son charme facile,
souriant, ingénu, de tout repos est un attrait de
plus.

L'exécution par les chœurs de la Monnaie et
l'orchestre, sous la direction de M. Sylvain Dupuis
était parfaitement mise au point. Le soprano solo,
Mlle Dupré, a chanté de sa voix aisée, très souple,
juste et claire, la partie de l'Ange Gabriel, mais
point tout à fait dans le style de l'oratorio.
MM. Dua et Billot ont rendu avec intelligence les
parties de ténor et de basse solo. Malgré tout,
l'œuvre ne paraît pas avoir impressionné beaucoup.   M. DE R.

Concerts Durant. — Le quatrième concert
Durant, consacré aux œuvres de César Franck,
était une réédition du concert donné au début de
la saison sous les auspices de l'Exposition universelle. Le programme comprenait le poème symphonique *Psyché*, les airs de ballet de Hulda, la
symphonie en *ré* mineur, *Les Djinns* et les *Variations symphoniques*, ces deux dernières avec le
concours de M. Arthur De Greef.

Interprétation consciencieuse et soignée, bien-
que manquant parfois d'équilibre. Clarinettes et
violoncelles auraient pu montrer plus de discrétion; le rythme syncopé du finale de la symphonie
restait assez confus.

On applaudit chaleureusement M. De Greef. Si
dans les variations symphoniques il n'eut pas
l'envolée d'un Pugno, s'il parut manquer de l'enthousiasme, de l'entrain qui le servent si bien dans
les concertos de Saint-Saëns, par contre il fut
parfait dans *Les Djinns* où, selon l'expression de
Vincent d'Indy, « le pianiste est traité en *exécutant*
et non en soliste de concerto ».

Cédant aux exigences du public qui l'acclamait,
M. De Greef recommença le finale des *Variations
symphoniques;* idée singulière et qui surprend de la
part du distingué professeur.   F. H.

Quatuor-Zimmer. — A la dernière séance,
excellente et fine exécution du quatuor en *si* bémol
de Mozart dédié à Haydn et dont la première
partie — par une délicate attention est absolument dans le style du grand aîné de Mozart.
L'adagio, un chef-d'œuvre, fut justement compris et
dignement rendu. Le quatuor en *la* majeur de
Schumann, le troisième de l'op. 41, écrit fièvreu-
sement comme les deux autres, dans la période
productive de l'été 1842, reçut une admirable exécution, chaude et passionnée à souhait. L'adagio
molto — avec son caractère presque religieux —
a vivement contrasté avec les autres parties. Entre
ces deux belles œuvres, nous avons entendu une
sérénade en trio, de Dohnanyi; après Mozart, cela
fit plutôt drôle figure, bien que l'œuvre ne soit pas
sans mérite. Mais son titre même explique un peu
sa fantaisie qui admet dans l'ensemble, assez superficiel du reste, maintes choses bizarres. Un motif de
marche — crescendo au début, diminuendo tout à la
fin et non sans caractère — détermine la forme cyclique du trio dont la partie la mieux venue est une
romance largement exposée par l'alto sur les
pizzicati des autres instruments. L'allure en est
très expressive, un peu hautaine et fait excellente
impression. Les autres parties sont habilement
traitées, mais tout y est extérieur et avec des

éffets assez ordinaires. L'exécution par MM. Zimmer, Baroen et E. Doehaerd en fût pleine de vie et de contrastes. M. DE R.

— Le pianiste Edouard Bernard, professeur à la Schola Cantorum, s'est fait entendre à la Grande Harmonie dans un programme assez mêlé et beaucoup trop long. Des œuvres telles que *Les Jeux d'eaux de la Villa d'Este*, les légendes : *Saint François d'Assises prêchant aux oiseaux* et *Saint François de Paule marchant sur les flots*, qui ne sont pas du meilleur Liszt, auraient pu être éliminées sans inconvénient. Elles ne furent d'ailleurs pas très favorables à M. E. Bernard : exécution très correcte, mais manquant du panache indispensable pour faire valoir la musique de Liszt. L'*Appassionata* de Beethoven, exécutée avec une belle fougue, valut à M. Bernard de chaleureux applaudissements.

L'interprétation du *Poème des montagnes*, une œuvre de jeunesse de Vincent d'Indy, fut sans doute conforme aux intentions du directeur de la Schola Cantorum. Pourtant, si certaines pages, telle la *Valse grotesque*, furent rendues de façon très caractéristique, il est permis de croire qu'un rythme plus ferme eût mieux fait comprendre les recherches rythmiques de la deuxième partie (*Danses rythmiques*). F. H.

— Le récital de piano que donna mercredi dernier, à la Grande Harmonie, Mlle H. Dinsart, avait attiré un nombreux public qui n'a pas eu à se repentir d'être venu l'entendre dans l'interprétation de la sonate en *sol* mineur, op. 22 de Schumann ; *Variations et Fugue* sur un thème de Hændel, op. 24 de Brahms ; *Prélude, Aria et Final* de César Franck et *Islamey*, fantaisie orientale de M. Balakirew. Mlle Dinsart, aujourd'hui en pleine possession de son clavier, a, sur beaucoup de pianistes, l'avantage de toucher la note avec élégance et délicatesse. Mais, elle devrait s'en tenir à un choix d'œuvres, moins périlleuses et moins difficiles, tant que sa mémoire ne lui sera pas plus fidèle. N'étaient ces absences regrettables, nous n'aurions qu'à adresser à la jeune artiste tous nos remerciments pour le plaisir que nous avons pris à son récital. R. T.

— Très brillant le récital donné cette semaine à la salle Erard par Mlle Angèle Simon, pianiste, élève de M. Lauweryns. La jeune artiste, douée de qualités sérieuses, dont un enseignement éprouvé a tiré le plus heureux parti, a joué entre autres morceaux, avec une rare distinction; le concerto italien de Bach, la sonate en *ré* de Scar-

latti, les charmantes variations op. 12 de Chopin, réservant au public le plaisir d'apprécier sa grande virtuosité dans l'exécution des différentes études symphoniques de Schumann. Le public a fait à la charmante pianiste le succès le plus mérité. R. T.

— Conservatoire royal de Bruxelles. — M. César Thomson souffrant d'un léger accident à la main, ne pourra donner cette saison le récital annoncé pour le 12 courant. Les billets déjà délivrés seront remboursés à l'Economat du Conservatoire.

— Samedi 13 mai, à 8. 1/2 heures du soir, salle Erard, séance de la Société internationale de musique (section belge, groupe de Bruxelles). Conférence par M. Charles Martens : *Les débuts de l'oratorio*. Audition musicale, sous la direction de Mme Emma Beauck, avec le concours de Mme Tiny Béon, de Mlles Renée de Madre, Linter et Willia et de MM. Roberti et Van der Borght.

— Société J.-S. Bach de Bruxelles. — Samedi 27 mai, à 3 heures de l'après-midi, au théâtre de l'Alhambra, première journée du festival J.-S. Bach. Exécution de la *Passion selon saint Jean*, oratorio pour soli, chœurs, orchestre et orgue. Artistes exécutants : Mlles Elisabeth Ohlhoff, soprano ; Martha Stapelfeldt, alto ; MM. George-A. Walter, ténor ; Gérard Salsmann, basse. Le solo de viole de gambe sera joué par M. K. Jacobs et les récits de l'évangéliste accompagnés au clavecin par M. G. Minet. Chœurs et orchestre de la Société, sous la direction de M. Albert Zimmer. A l'orgue, M. Jean Janssens.

Dimanche 28 mai, à 3 heures, deuxième journée du festival Bach. Exécution de la *Grande messe* en si mineur. Artistes exécutants : Mlles E. Ohlhoff, soprano ; M. Stapelfeldt, alto ; MM. G. Walter, ténor ; Gérard Salsmann, basse. Les soli instrumentaux seront joués par MM. Johan Smjt, violon ; Marcel Demont, flûte ; F. Pierard et C. Marteaux, hautbois d'amour. A l'orgue, M. Jean Janssens. Les chœurs et l'orchestre, sous la direction de M. Albert Zimmer.

Le *Messe* en *si* mineur que la Société Bach a inscrite au programme de la deuxième journée du festival qu'elle organise, n'a plus été exécutée à Bruxelles depuis 1896. La Société Bach n'a rien négligé pour que l'exécution du 28 mai soit en tous points irréprochable.

Depuis six mois les chœurs travaillent à ce monument de polyphonie vocale et l'enthousiasme des chanteurs pour cette œuvre admirable est si grand, que M. Zimmer a pu obtenir d'eux qu'ils assistent depuis le commencement d'avril dernier à quatre répétitions par semaine. Respectueux de la pensée du maître, M. Zimmer n'apportera aucune modification à l'instrumentation originale de la *Messe*. Les chœurs et l'orchestre seront un peu plus nombreux qu'à l'époque de Bach, mais c'est en raison de la dimension de la salle de l'Alhambra où cette exécution aura lieu.

Jeudi 11 mai. — A 8 ½ heures du soir, à la salle de la Grande Harmonie, quatrième concert organisé par la Société des Compositeurs belges. Solistes : Mlles Levering, Laenen et M. Crickboom.

Samedi 13 mai. — A 8 ½ heures du soir, à la salle Erard, séance de la Société internationale de musique (section belge, groupe de Bruxelles).

Dimanche 14 mai. — A 3 ½ heures, à la Scola Musicæ, 90, rue Gallait, troisième audition d'élèves des cours élémentaires et moyens.

Mardi 16 mai. — A 8 1/4 heures, à la salle de la Grande Harmonie, 64e concert donné par la Société chorale mixte Deutscher Gesangverein. On exécutera *Le Chant de la Cloche* de Max Bruch, oratorio pour soli, chœurs, orchestre et orgue. Solistes : Mme Schauer-Bergmann, de Breslau, soprano ; Mlle E. Pfaff, du Conservatoire de Cologne, alto ; M. J. Decker, du Théâtre Grand-Ducal de Hesse, ténor ; M. G. Waschow, de l'Opéra de Dusseldorf, basse.

Samedi 20 mai. — A 8 ½ heures du soir, à la Scola Musicæ, 90, rue Gallait, récital de violoncelle donné par M. Fernand Charlier. Au programme : L. Boccherini, Hændel, De Caix d'Hervelois (Béon), Victor Vreuls, Saint-Saëns, David Popper et Jules de Swert.

CORRESPONDANCES

ANVERS. — C'est par une séance consacrée à l'école belge que la Société des Nouveaux Concerts vient de clôturer sa huitième année d'existence. Trois noms — pris parmi les meilleurs — figuraient au programme. Celui-ci débutait par l'ouverture de *L'Enfance de Roland*, l'opéra-légende de M. Emile Mathieu. Cette belle page symphonique, construite au moyen des thèmes principaux qui traversent l'œuvre, a été très appréciée et valut à l'auteur, qui la dirigeait lui-même, un chaud rappel.

Dans son idylle mystique d'après le Cantique des cantiques, M. Jos. Ryelandt s'affirme comme un maître symphoniste par son art probe et élevé. L'œuvre intéressante du compositeur brugeois, fut pour l'interprète Mme Lauprecht van Lammen, heureusement servie par le charme et la pureté de la voix, l'occasion d'un succès personnel très mérité.

Cette même cantatrice et MM. Georg A. Walter, ténors, Thomas Denys, baryton, N. Taeymans et E. Wouters, basses, l'orchestre et le chœur mixte, s'unirent pour nous donner, sous la direction de M. Louis Mortelmans, une admirable exécution de l'oratorio *Le Rhin* de Peter Benoit. Cet oratorio de vaste proportion, qui s'intitulerait avec plus d'à-propos poème lyrique, occupe l'une des premières places dans l'œuvre du maître flamand. Il date de 1889, en pleine période de maturité, et intéresse plus particulièrement par la variété des moyens employés et par le caractère spirituel et verveux de la deuxième partie. C. M.

— A la Société de Zoologie la saison des concerts d'été a repris à partir de ce mois. Concerts de symphonie les dimanches et jeudis soir ; concerts militaires le mardi soir, ainsi que journellement l'après-midi.

BARCELONE. — Un vrai régal d'art que les deux concerts donnés au Palais de la musique catalane, siège de l'*Orfeo Català*, par M. Edouard Risler, le grand pianiste, avec le concours de la renommée phalange de chanteurs.

Aux programmes, du Liszt, du Schumann, du Chopin, du Debussy, du Strauss, les trente-trois variations, op. 120, de Beethoven, la belle *Fantaisie*, op. 17, de Schumann, une des poétiques *Danses espagnoles* de M. Granados, si empreintes d'intimité, l'exquise *Soirée à Grenade* de Debussy et finalement l'arrangement pour piano de *Till Eulenspiegel* de Richard Strauss, par M. Risler lui-même.

L'interprétation de ces œuvres suscita le plus vif enthousiasme. Au premier concert, sous la direction de son illustre chef M. Millet, l'*Orfeo Català* a chanté d'anciens madrigaux du xvie siècle, de John Dowland, de Roland de Lassus, de Luca Marenzio, de Clément Jannequin et du catalan Joan Brudieu. Au second concert, les chœurs ont chanté des œuvres de l'école catalane moderne. Au programme, les noms de MM. Brunet, Sancho Marraco, Cumellas, Morera et Nicolau.

Le grand Théâtre du Liceo donne actuellement le second cycle de représentations wagnériennes. La *Tétralogie* a été admirablement interprétée sous la direction alternée de MM. Kahelen d'Allemagne et Lamote de Grignon, de Barcelone, qui dirigèrent aussi l'un après l'autre *Tannhäuser* et *Tristan et Iseult*. A signaler parmi les artistes : M. Francisco Vinas, admirable dans les rôles de Tristan et de Tannhäuser, M. Borghetti (Siegfried), Massini-Pieralli (Mime), Mme Rouszouska (Brunehilde), etc.

ED. L. CH.

LYON. — Le concert spirituel annuel du Nouveau Temple a eu lieu le 27 avril.

Les chœurs, admirablement entraînés par M. Amédée Reuchsel, organiste titulaire, ont chanté avec beaucoup de soin et de nuances des fragments d'*Athalie* de Mendelssohn, et les *Sept paroles du Christ*, le bel oratorio de Th. Dubois, où les solistes : Mme Fleischmann (soprano), MM. Jacques (ténor) et Jean Bartet (baryton) se firent aussi remarquer. Jamais l'ensemble vocal de l'église n'avait présenté autant d'homogénéité.

Seul, M. Amédée Reuchsel a joué à l'orgue un *Prélude et fugue* de Buxtehude (1637-1707), une *Fugue* de Van den Gheyn (1721-1785), le *Choral varié* en *sol* majeur et la *Fugue* en *sol* mineur de Bach.

M. Maurice Reuchsel, le remarquable violoniste, a joué l'andante du concerto composé en 1760, de Nardini, et l'adagio en *mi* de Widor.

Plus de 1,500 personnes emplissaient le temple.

P. B.

NOUVELLES

— L'Opéra-Comique de Berlin a organisé ce mois-ci, avec le concours d'artistes de marque, dix représentations extraordinaires, dont plusieurs en langue italienne. Le 1er mai, *La Tosca*, a été jouée avec Mme Aïno Acté dans le rôle de l'héroïne ; le 4, *Tiefland*, avec Mme Aïno Acté dans le rôle de Martha et M. Herold dans celui de Pédro ; le 6, *Don Juan*, avec le concours de M. Feinhals. Le 12, première représentation de *La Voie du Diable* de M. Ignatz Waghalter ; les 17 et 22, *Un ballo in maschera* de Verdi ; le 19, *Rigoletto* ; le 24, *La Tosca*, avec le concours de Mme Agnès Borgo de l'Opéra de Paris et de M. Laffitte ; le 27, *La Bohème*, avec Mme Agnès Nielsen, du Métropolitan Opéra-House de New-York, et M. Laffitte. Le 30, *Le Trouvère* terminera le cycle de ces représentations.

— A Baden-Baden, aura lieu les 26, 27 et 28 de ce mois un festival Beethoven, sous la direction de Félix Weingartner et du capellmeister M. Paul Hein. Le comité organisateur s'est assuré le concours de Mmes Hedy, Iracema et Emmy Leisner, cantatrices, du Quatuor Klinger, de M. Frédéric Lamond, pianiste, de M. J. Messchaërt, basse, de H. Hensel, ténor. Au programme : les première, cinquième et neuvième symphonies, l'ouverture d'*Egmont*, le concerto de piano en *mi* bémol, des quatuors et des *Lieder*.

— Le quatre-vingt-septième festival rhénan aura lieu cette année, à Dusseldorf, du 4 au 6 juin prochain, sous la direction de M. Karl Panzner. Les grandes œuvres symphoniques inscrites au programme sont le *Messie* de Hændel, *La Vie d'un héros* de Richard Strauss, le *Psaume 100* de Max Reger et la neuvième symphonie de Beethoven.

— Siegfried Wagner a fait exécuter, d'après ses dessins, par le peintre Bruckner, de nouveaux décors pour *Parsifal* qui sera représenté cette année, au théâtre de Bayreuth.

— La célèbre cantatrice Gemma Bellincioni, qui appartient à la scène depuis trente et un ans, a réussi à intéresser un groupe de financiers à la création, à Berlin, d'une école de *bel canto* italien, dont elle prendra la direction en octobre prochain.

— Le vieil orgue de la grande église d'Eisenach, qui avait été construit de 1697 à 1707 par Christophe Bach, oncle de J.-Sébastien Bach, a été remplacé par un instrument moderne, à trois claviers, soixante-quinze registres et quatre mille neuf cent trente tuyaux. La transformation a été opérée sur les instances de la nouvelle Société Bach qui se préoccupe de faire exécuter périodiquement à Eisenach les œuvres du vieux cantor.

— Le gouvernement allemand a nommé professeur ordinaire honoraire de l'Université de Leipzig, le savant musicologue Hugo Riemann, dont les travaux font partout autorité. Les trois universités de Berlin, de Munich et de Leipzig ont seules le privilège de compter, dans leur corps enseignant, des professeurs ordinaires.

CORRESPONDANCES

— Nous lisons dans la *Zeitschrift für Instrumentalbau* de Leipzig :

A l'école belge que la fondation de l'école.

Le musicien anglais Charles-James Oldham, mort en 1907, avait mis son point d'honneur à posséder les quatre violons de Stradivarius les plus remarquables qui fussent au monde, et il introduisit dans son testament des dispositions minutieuses au sujet de ces instruments. Il est certain que tous les quatre sont authentiques. Le défunt a laissé un de ces violons à l'Etat, si toutefois aucun acheteur ne se présentait, qui fut dit-on construit en 1690 et se vendit 1600 francs en 1794. On le paya 25,000 francs en 1888. Un autre violon, que Charles-James Oldham a légué au British Museum, est daté de 1721. Il fut acheté en 1836 moyennant 4,000 francs ; son prix s'éleva quelques années plus tard à 25,000 francs. En plus de ses quatre violons, Oldham possédait un violoncelle de l'année 1700, qui est une pièce unique en son genre. Il n'y a que la Cour d'Espagne qui possède un autre instrument d'une valeur égale. Les journaux se plaignent avec juste raison que de tels chefs-d'œuvre du célèbre luthier soient condamnés à demeurer muets dans leurs écrins précieux, au lieu de servir à charmer les oreilles de milliers de personnes entre les mains d'artistes célèbres. La manie des collectionneurs anglais de confisquer et d'enfermer chez eux les plus magnifiques spécimens de la facture instrumentale, dans le simple but de pouvoir permettre de temps en temps à quelques rares visiteurs de jeter dessus un coup d'œil, est un égoïsme stupide (*stupider Egoismus*), justiciable seulement de la maison des fous.»

— La célèbre cantatrice, Marie Brema, a fondé à Londres une école dramatique et lyrique sous le titre de : Marie Brema Orpheus Society, dans le but de préparer à l'interprétation des grandes œuvres classiques les jeunes élèves qui se destinent à la carrière théâtrale. Les jeunes filles qui suivront ce cours devront s'engager à ne signer leurs premiers engagements qu'avec l'approbation de leur directrice.

— Le compositeur anglais Edward Elgar dirigera lui-même, le 24 de ce mois, au Queen's Hall de Londres, l'exécution de la deuxième œuvre symphonique qu'il vient de terminer et qu'il a intitulée : Symphonie en *mi* mineur. Le monde musical anglais qui a fait grand bruit naguère autour de la dernière composition du maitre — un concerto de violon — attend avec impatience l'audition de la nouvelle œuvre.

— Le conseil d'administration de la Philharmonic Society de New-York a proposé à l'éminent chef d'orchestre anglais Sir Henry J. Wood la direction des grands concerts symphoniques de la société. Les habitués des concerts de Londres verront avec regret le départ pour New-York de l'actif cappelmeister.

— Le compositeur Enrico Bossi a donné sa démission de directeur du Liceo Rossini de Bologne. Depuis longtemps le maëstro songeait à se retirer. Toutefois l'élection du comte Guido Visconti di Modrone au poste de directeur de la Società del Quartetto di Bologne a précipité sa décision.

— Le théâtre Mercadante de Naples a inauguré avec succès une saison lyrique qui se continuera jusqu'à la fin de ce mois et au cours de laquelle seront représentés *La Traviata, Don Pasquale, Thaïs, La Bohême* de Leoncavallo ; *Poliuto, Astuzie femminile* de Cimarosa ; *Rigoletto, Adriana, Capánna dello zio Tom, Nora, Cavalleria* et *Pagliacci*.

CORRESPONDANCE.

Nous avons reçu l'intéressante lettre suivante :

« Rome, le 2 mai 1911.

» CHER MONSIEUR,

» Dans le *Guide musical* du 23 avril 1911, on lit, à la page 323, que l'oratorio *La Resurrezione*, de Hændel, fut composé sur un texte *d'auteur inconnu*. En effet, l'auteur n'est pas nommé ni dans la *Biographie* de Chrysander, ni dans l'édition de la *Deutsche Händelgesellschaft*. Mais le livret imprimé à Rome en 1708 (la Bibliothèque Nationale Victor-Emmanuel n'en possède pas moins de sept exemplaires) nous le fait connaitre : c'est de Carlo Sigismondo Capeci qu'il s'agit. Celui-ci, né à Rome en 1652, mort en 1719, fut secrétaire de la Reine Marie-Casimire de Pologne (veuve de Jean Sobieski) et membre de l'Académie des Arcades, sous le nom pastoral de « Metisto Olbiano ». On lui doit une vingtaine de livrets d'opéras, d'oratorios et de cantates, parus entre 1686 et 1718, et composés, entre autres, par Alexandre et Dominique Scarlatti, et par Maldara.

» Le livret pour Hændel est intitulé *Oratorio per la Risurrettione di Nostro Signor Giesù Cristo*. L'oratorio fut exécuté chez le marquis Ruspoli.

» Veuillez agréer, cher Monsieur, l'assurance de mes meilleurs sentiments.

» FRANCESCO PIOVANO. »

BIBLIOGRAPHIE

A. POCHHAMMER : *L'Anneau du Nibelung*, de Richard Wagner, analyse dramatique et musicale. Traduction de l'allemand par J. Chantavoine. Paris, Alcan, in-12 (fr. 2.50).

J'avoue ne pas bien comprendre l'opportunité de cette publication. Non qu'il ne soit fort utile pour l'intelligence des drames de Wagner de posséder un guide thématique suffisamment explicite. Il y a même longtemps que nous devrions en avoir pour tous et pour bien d'autres, et il commence à être un peu tard. Mais pourquoi justement celui-là, dont la grandiloquence fait tort à la précision et rebutera souvent le lecteur ? (... « Les forces jusqu'alors sommeillantes tendent à l'activité, et la croissance de cette force se manifeste par la séquence mélodique qui germe du son fondamental. L'atome suit l'atome, la note suit la note : un centre de forces s'est formé... », etc., etc.) Et surtout, pourquoi une traduction? M. Jean Chantavoine s'est certainement donné plus de peine pour traduire cette analyse que pour en faire une sur nouveaux frais. Nous aurions infiniment préféré trouver ici un travail original de lui sur la matière. Pour peu qu'on connaisse un peu sérieusement ces partitions. ce n'est pas si difficile, j'en sais quelque chose; et c'est si intéressant ! Sommes-nous donc si incapables de rédiger nous-mêmes des Guides pour le théâtre ou le concert ? H. DE C.

ADOLPHE BOSCHOT. — *Carnet d'art*. Paris, Bloud, in-12.

M. Ad. Boschot, érudit précieux, d'une solidité, d'une patience, d'une ardeur extraordinaires. a d'abord été poète, dans ses jeunes années, et déjà se montrait artiste. De temps à autre, pour se délasser, il écrit quelque article qui est une causerie d'art, pas toujours de musique, mais d'esthétique, de peinture, de nature aussi, enfin de littérature. Il vient d'en réunir en volume plus d'une vingtaine, dont certains remontent loin (comme cette évocation de l'*âme de Hugo*, qui est de 1901), d'autres sont d'hier. Albert Dürer n'est pas loin de Stendhal, Berlioz voisine avec Reyer, Saint François de Sales se lie à la Légende dorée, Courbet à Willette... Vous voyez quelle variété ! De même, il y a ici de l'observation, de la critique, de l'histoire, de l'esprit aussi et jusqu'à du paradoxe... très amusant d'ailleurs par son outrance même. En résumé, un petit volume tout à fait personnel. H. DE C.

Célèbre Méthode de violon de F. MAZAS. Nouvelle édition revue et augmentée par G. CATHERINE, de l'Opéra. Paris, A. Leduc, deux volumes.

Cette édition nouvelle conserve intégralement le texte et les exercices originaux qui ont assuré l'universelle renommée de l'ouvrage; mais elle enrichit la méthode primitive de très nombreuses additions, étudiées avec le soin le plus minutieux et qui font de cette nouvelle méthode de Mazas un ouvrage très complet et aussi très en harmonie avec les tendances de la musique et en particulier de l'enseignement du violon.

De nombreux fragments empruntés aux œuvres classiques du violon (concertos et études de Viotti, Mazas, etc., etc.) sont incorporés dans chaque catégorie de difficultés spéciales à laquelle ils correspondent.

Le premier volume est consacré à l'étude de la première position, en passant en revue les principaux coups d'archet et les tonalités les plus usitées.

Le second volume a pour objet l'étude des positions, des accords, des doubles, triples, quadruples cordes et des coups d'archet d'un emploi un peu moins fréquent. Il comprend enfin les six célèbres duos et l'exposé des notions indispensables concernant les sons harmoniques.

Le Langage musical, étude médico-psychologique, par les Docteurs E. DUPRÉ, agrégé à la Faculté de médecine de Paris, médecin des hôpitaux, et MARCEL NATHAN, ancien interne des hôpitaux de Paris. Préface de M. Ch. MALHERBE, bibliothécaire de l'Opéra, 1 vol. in-8° de la *Bibliothèque de Philosophie contemporaine*. fr. 3.75 (Librairie Félix Alcan).

Cet ouvrage, riche en documents personnels et en considérations originales, est consacré à la psychologie normale et pathologique du langage musical. Il se divise en trois parties :

Dans la première, après avoir montré les origines du langage en général et du langage musical en particulier, après avoir analysé les processus du langage musical intérieur, sous ses formes conventionnelles et descriptives, les auteurs étudient les amnésies motrices et sensorielles, simples et complexes.

La seconde partie comprend la revue des troubles du langage musical qu'on observe dans les névroses et la déséquilibration psychique, notamment des obsessions, des phobies et des associations morbides les plus intéressantes (audition colorée, etc.).

A cette revue fait suite l'étude des altérations du langage musical dans les psychoses.

Dans la troisième partie les auteurs résument l'histoire et critiquent la légitimité des troubles psychiques qui ont été attribués aux grands musiciens.

Après un court chapitre consacré à l'étude du rôle thérapeutique prêté à la musique, MM. Dupré et Nathan formulent en quelques pages les conclusions qui ressortent de chacun des chapitres de leur travail médico-psychologique.

— Faut-il supprimer les « études » de l'enseignement pianistique, ainsi que le propose Mme Blanche Selva dans ses préfaces aux *Dix petites pièces enfantines* de M. Marcel Orban?

Telle n'est pas l'opinion de M. Ludwig Schytte, qui vient de publier chez Wilhelm Hansen, à Copenhague, une série de dix cahiers d'études pianistiques portant sur les accords brisés, les

trilles et le trémolo, les octaves, les mains alter-
nées, le rythme, le legato et le staccato, la main
gauche, les tierces et les sixtes, les accords, la
pédale.

Au reste, les règles générales sont dangereuses
et je ne vois pas bien que le fait d'avoir réalisé les
difficultés contenues dans ces morceaux — qui sont
bâtis chacun sur l'une d'elles — puisse entraver
les études. Il me paraît, au contraire, qu'il y a
intérêt à s'approprier les progrès techniques et
matériels qu'ils permettent de réaliser.

Morceaux, ai-je dit. Car la musique vraie n'en
est pas absente. Ce sont des pièces sans prétention, aux harmonies classiques ou romantiques,
écrits avec grand soin et dévoilant une connaissance parfaite du clavier, des effets que l'on peut
en tirer ; ces morceaux tombent sous les doigts,
comme ceux écrits par les vrais instrumentistes, et
ils restent dans la mémoire. Belle écriture, goût
distingué, fraicheur d'inspiration, ils réunissent la
plupart des qualités qui caractérisent la musique
destinée à une vie longue et fructueuse.

Ils conviennent aux élèves de force moyenne.

Dr DWELSHAUVERS.

57me ANNÉE. — Numéros 20-21.   14 et 21 Mai 1911.

LE GUIDE
MUSICAL

Du 14 mai au 15 octobre, le GUIDE MUSICAL ne paraît plus que tous les quinze jours.

La messe en " si „ mineur de J.-S. Bach

SI la *Passion selon saint Matthieu* est l'œuvre la plus populaire et peut-être la plus émouvante, par son lyrisme, des grandes compositions de Bach, la messe en *si* mineur est certainement la plus grandiose et la plus impressionnante par la puissance de son inspiration, ses dimensions colossales, son architecture imposante, sa merveilleuse polyphonie vocale.

Dans le domaine de la musique religieuse, on ne pourrait lui comparer que la *Missa solemnis* de Beethoven, qui est peut-être, par moments, plus poignante encore. Quoi qu'il en soit, ce sont deux monuments uniques, inspirés par la foi, tellement grands d'inspiration si profonde et de tendances si élevées qu'elles dépassent absolument les limites d'une confession quelconque. Leur lumière, comme celle du soleil, est de celle qui appartient à tous les autels.

Bach, le protestant, avait cependant, dans un but immédiat, destiné sa Grand' messe au culte catholique. On sait qu'en vue d'obtenir de l'Electeur Frédéric-Auguste, qui avait embrassé le catholicisme, le titre de *Hofcompositeur* et la direction de la chapelle royale de Dresde, Bach lui avait dédié les deux premières parties de sa messe, le *Kyrie* et le *Gloria*, achevés en 1733. Les autres parties de la messe ne furent terminées qu'en 1738. L'autographe des deux premières fut retrouvé à la Bibliothèque royale de Dresde, où il se trouve encore, intact comme au premier jour, ce qui prouverait qu'on ne s'en servit probablement jamais! Les autres parties, à l'exception du *Sanctus*, ne nous sont connues que par des copies.

On a souvent reproché à la messe en *si* mineur de manquer d'*unité*. Je ne crois pas qu'on puisse sérieusement le justifier. A vrai dire, Bach nous y apparaît avec une âme *double;* il y a d'abord la *sienne*, qui s'exprime avec confiance, intimité, directement au Dieu qu'il sert et aime sans le redouter; c'est cette âme-là, celle qui nous est le plus familière, qui nous apparaît dans la plupart des *airs* de la messe, dans quelques chœurs qui sont précisément comme les compléments de ces airs (*Et Incarnatus, Crucifixus*) et dans des épisodes de grandes pages d'ensemble; ainsi dans la phrase épisodique sur le mot *eleison*, après le grand développement du premier *Kyrie* (1); ailleurs l'*Et in terra pax* du

(1) Elle est exposée d'abord par le premier soprano (page 7 de la réd. pour piano et chant, éd. Breitkopf et Hærtel).

Gloria, etc. D'autre part, c'est le chant de la communauté catholique s'adressant à un Dieu plus lointain d'elle, au « Pater omnipotentem », juste, mais sévère, et qui ne s'est rapproché de nous que sous la figure du dieu fait homme. Il y a, comme dit très bien M. Alb. Schweitzer, plus d'*objectivisme* dans cette partie ; mais *musicalement*, elle n'en est pas moins belle ni surtout attachante que l'autre ; au contraire, c'est précisément ici que nous rencontrons ces formidables ensembles vocaux, à cinq ou six parties auxquelles les instruments s'ajoutent souvent eux-mêmes en plusieurs groupes individuels. Les thèmes sont d'une plasticité merveilleuse vigoureusement rythmés ; leur combinaison, d'une hardiesse et d'une richesse prodigieuse! Cette double personnalité de Bach, se traduisant dans cette œuvre et y créant des contrastes merveilleux, s'astreint cependant à une pensée unique, à un seul plan qui n'apparaissent peut-être pas directement, mais qu'une étude approfondie ne peut manquer de révéler. Le texte lui-même n'offre-t-il pas des oppositions de situations extrêmes : d'une part, les souvenirs évangéliques du péché et de sa rémission par le sacrifice du Christ; d'autre part, simplement les chants accompagnant la célébration des Sacrements de l'Eglise.

Bach du reste a bien plus suivi sa propre pensée que la liturgie à la lettre. Ainsi l'intonation du *Gloria* et du *Credo* est donnée ici par tout le *chœur*, au lieu qu'en général elle ne l'est que par l'officiant à l'autel, le chœur n'entrant que plus tard. Dans la succession des morceaux chantés pendant la communion, Bach intervertit l'ordre ordinaire, simplement en faveur d'une expression de sentiment qu'il trouve plus adéquate, place le *Sanctus* et le *Pleni* en introduction à la communion; l'*Hosanna* à la place du *Benedictus* qui suit le premier, ensuite l'*Agnus dei*. Ne parlons pas des proportions énormes données par le maître à certaines parties de la *Messe* et qui dépassent notablement le temps consacré à chacune par la liturgie ; le *Gloria* et le *Credo* comptent chacun *huit* numéros dont plusieurs considérables. Le *Kyrie* s'ouvre par un chœur important, suivi d'un duo et d'un second chœur sur le même texte. Voilà comment *librement* Bach a créé cette *Messe*, en dehors de toute délimitation étroite ou préoccupation trop mesquine à son sens, suivant seulement sa grande inspiration pour chanter un grand sujet, et l'élevant au plus haut sommet de l'art.

L'œuvre comprend : le *Kyrie* (trois numéros), le *Gloria* (huit numéros), le *Credo* (huit numéros), le *Sanctus* avec le *Pleni* (un numéro, prélude à la communion); l'*Hosanna*, le *Benedictus*, l'*Agnus dei* et le *Dona nobis pacem* (pendant la communion). On ne pourrait donner en ces quelques lignes une analyse complète d'une œuvre aussi vaste, aussi riche à tant de points de vue. Je ne veux ici qu'attirer l'attention sur quelques points essentiels.

La *Messe* débute par une sorte d'émouvant prélude, *adagio* de quatre mesures, tout l'orchestre et les chœurs (cinq voix) proclamant le *Kyrie eleison*, l'appel à la miséricorde divine. Après une longue tenue sur l'accord de *fa* dièse mineur, l'orchestre, *piano* et *expressivo* d'abord, expose le thème proprement dit, traité dans le chœur en une fugue grandiose, s'arrêtant un moment sur une phrase épisodique au caractère adouci, pour reprendre ensuite jusqu'à la conclusion. Le duo, *Christe eleison*, dans une note beaucoup plus sereine, rassurée et sans la moindre amertume, où les premiers et les seconds violons font, dès l'introduction, respirer une sorte d'atmosphère confiante, forme un singulier contraste avec les pages précédentes et introduisent très heureusement le second *Kyrie* sur un ancien motif liturgique fugué.

Alors, le pécheur se souvient de son Sauveur qui naquit un jour de Noël. Le *Gloria* retentit aussitôt à sa louange, fier, presque héroïque avec son thème à 3/8 exposé par les cuivres en une fanfare brillante, puis repris par le chœur en une double fugue, suivi d'un épisode en quatre temps, dans un mouvement tranquille, calme, comme la paix promise aux

« hommes de bonne volonté. » L'accompagnement aussitôt a changé de caractère se confinant dans le quatuor et les bois, soutenu par l'orgue. — Le *Laudamus* qui suit, ordinairement chanté par le chœur, est confié par Bach au mezzo-soprano ou alto solo ; la voix et le violon solo alternent en phrases mélodiques extrêmement ornées. En un saisissant contraste, le *Gratias agimus tibi* suit dans une note pieuse d'une extrême simplicité et d'un recueillement profond ; le thème est extrait de la cantate *Wir danken dir* que Bach a repris également dans le chœur final de la Messe : *Dona nobis pacem* (les deux chœurs à quatre voix). Le duo *Domine Deus*, pour soprano et ténor, où il est fait allusion à l'unité du Père et du Fils est un des morceaux fréquemment cités comme exemple de la symbolique expressive de Bach. La même mélodie (en canon) à deux temps de distance, représenterait l'unité évoquée par les mots « filii unigeniti » ; un charmant solo de flûte y domine les instruments. Le chœur : *Qui tollis* se rattache directement au morceau précédent ; son thème est emprunté à la cantate : *Schauet doch und schet ;* il est à quatre voix, d'une registration assombrie, évoquant lointainement déjà la passion du Rédempteur et faisant appel à sa pitié. Son expression profonde et déjà douloureuse est effacée par le solo d'alto *Qui sedes* (avec hautbois d'amour obligés), reportant la pensée sur la gloire du Fils assis à la droite du Père ; l'air de basse *Quoniam* (avec basson obligé) accentue le caractère majestueux en célébrant le Christ « seul Saint et seul Dieu. » Le chœur à cinq voix et *vivace, Cum Sancto spiritu,* continue la célébration de la Trinité et chante la troisième personne, le Saint-Esprit ; le thème en 3/4 à une allure carrée, puissante, grandiose ; les voix se suivent serrées pour s'unir en larges accords fortement rythmés par la basse dès que le texte ramène l'idée du *Père ;* puis le motif initial exposé par les ténors est repris en une fugue colossale, d'effet imposant, qui termine le *Gloria.*

Le *Credo*, solennel et grave, profondé-

ment religieux par son thème grégorien, est largement rythmé et développé dans les cinq voix des chœurs et celles des premiers et seconds violons. Cette immense et sereine polyphonie est strictement mesurée par la basse invariablement composée de huit noires par mesure jusqu'au point d'orgue final. C'est le principe même de la religion dans ce qu'elle a de plus vaste, de plus inflexible, d'immuable et d'essentiel, de plus *universel* aussi qui en forme le sujet : la croyance en un seul Dieu. Le deuxième *Credo* (à quatre voix) qui suit immédiatement, dans un *tempo* beaucoup plus vif et d'un caractère moins intérieur, célèbre le créateur du ciel et de la terre, puis celui de toutes choses visibles et invisibles, dans un épisode en demi-teintes d'un charme infini. Dans le duo suivant (soprano et alto) apparaît de nouveau l'idée d'unité du Père et du Fils symbolisée par les voix alternant un même motif à un temps de distance, comme au début l'exposaient déjà les hautbois et les violons ; le morceau finit *piano*, dans une note un peu assombrie, préparant à la sublime page qui suit. Il s'agit de l'*Incarnatus est*, chœur à quatre voix, large et douloureux, débutant *pianissimo* sur une longue pédale de *si* (grave) qui supporte un court et expressif dessin des violons ; à la troisième mesure, les voix entrent, toutes à une mesure de distance, d'abord en montant des alti aux soprani II et I pour redescendre aux ténors puis aux basses ; cette page reste constamment maintenue dans le *piano* ou le *pianissimo* avec de légères inflexions dynamiques, gardant toujours un caractère mystérieux. La mélodie procède constamment par degrés chromatiques, d'une intensité expressive très grande à laquelle la phrase finale de la basse après sa longue tenue (1) donne la suprême conclusion. Le *Crucifixus* qui s'enchaîne à ce morceau achève l'impression du douloureux *Vendredi-Saint ;* son thème simple et profond emprunté à la cantate *Weinen, klagen* le dessin chroma-

(1) La même note est arpégée en même temps dans les trois voix supérieures.

tique de sa basse immuable dans son rythme égal, et se reproduisant identique toutes les quatre mesures; l'harmonie voilée des autres voix de l'orchestre, tout se concentre sur une seule impression : la tristesse de la mort du Christ. C'est un des moments les plus émouvants de la *Messe*.

Après l'extrême douleur, voici que par l'un des plus formidables contrastes que nous offre une œuvre musicale, succède la joie la plus exaltée. Toute l'atmosphère rayonnante, triomphante de Pâques anime ce vibrant *Et resurrexit* à cinq voix, avec ses légères vocalises montantes ou frémissantes comme une ardente lumière, ses triolets dans les voix et dans l'orchestre débordant de bonheur ; la note plus grave inspirée dans la suite par le texte faisant allusion au jugement dernier, suspend un moment cet élan ; seules les voix de basses chantent ce passage, et le « tutti » reprend avec joie dès qu'il s'agit du « règne éternel du Christ ».

Le *Confiteor* (cinq voix) est de dimensions extraordinaires ; il ramène la note grave, un peu solennelle, puis soudain se fait des plus expressifs à l'idée de la résurrection des morts, donnant l'impression d'un tableau funèbre, en vingt-six mesures *adagio*, largement rythmées, puis changeant subitement en un *allegro vivace* dès que cette même pensée de mort évoque, comme le dit très bien le savant commentateur Kretzschmar, l'idée de la vie future et éternelle qui la suit, chantée à la fin du morceau en accents jubilants. Ici se termine le credo.

Pour le *Sanctus*, Bach a divisé le chœur en six parties ; on se croirait déjà transporté dans le monde céleste promis : des groupes d'anges disséminés de toutes parts y louent le « Seigneur, le Dieu des armées » ; la mélodie semble rythmée, en ses triolets légers, par des mouvements d'ailes. Puis les voix qui se répondaient de loin (1)

s'unissent en larges accords que seule la basse mesure. Sans aucune transition, tandis que les autres voix achèvent encore le *Sanctus,* les ténors entonnent le *Pleni sunt cœli,* suivis bientôt par les autres voix.

La dernière partie de la messe débute par un chœur double, à huit voix, l'*Hosanna,* d'une polyphonie serrée, merveilleusement combinée et d'une joie lumineuse. Suit en largo et plein d'un sentiment profond l'*Agnus dei* pour voix d'alto, puis le *Benedictus* (ténor) avec son remarquable solo de violon. Le *Dona nobis pacem* (quatre voix) sur le même thème que le *Gratias,* termine dans une note de gratitude recueillie ce chef-d'œuvre où l'âme humaine a vibré de toute sa joie et de toute sa tristesse, exaltant sa foi en accents vraiment sublimes.

Il est peu de compositions offrant une telle richesse de pensée, d'expression et de musique pure. Elle est à la fois profondément humaine et mystique, d'une incomparable poésie lyrique et symbolique, d'un art suprême et d'une inépuisable fantaisie imaginative. Au point de vue strictement musical, elle offre un champ d'étude infini où les formes les plus diverses, des plus simples aux plus compliquées, sont traitées avec une maîtrise, et cependant avec une hardiesse et une liberté extraordinaires. Elle est de celles qu'un musicien ne peut pas ignorer, et que tout artiste d'ailleurs devrait connaître. Rarement exécutée en raison de son extrême difficulté, il ne faudrait manquer aucune occasion de l'entendre, car c'est un monument unique de la musique de tous les temps. Elle a la puissance, le rayonnement, le caractère des choses éternelles. Michelet dit quelque part dans sa merveilleuse *Histoire de France,* qu'il est des cathédrales, des monuments gothiques devant lesquels on ne devrait passer sans ôter son chapeau ! Et pour cette splendide messe de Bach, quel témoignage de respect ou d'admiration sera jamais trop grand, chaque fois qu'elle se présentera à nous dans l'ampleur et la majesté de sa magnifique architecture ? Elle est de ces œuvres qui sont la gloire de l'humanité tout entière. La connaître, là

---

(1) Kretzschmar pense que la disposition de ce morceau aurait pu être inspirée à Bach par le souvenir de ce passage d'Isaïe, où, à propos du Séraphin, il est dit : « Et l'un criait à l'autre... ».

comprendre et l'aimer, cela nous fortifie, nous honore et nous élève !

MAY DE RUDDER.

MUSIQUES EN PLEIN AIR [1]

LES fanfares animent la rue et l'égayènt : elles apportent à nos oreilles un divertissement et un régal qui, s'ils ne brillent pas toujours par la finesse, n'en sont pas moins appréciables. Pourtant, ceux qui se piquent de « distinction » — mot élastique et propre aux applications les plus adverses — les traitent d'habitude avec dédain. Ces gens « distingués « de qui? de quoi? — ont tort : bien comprise, la musique de la rue pourrait devenir l'un des facteurs essentiels de l'éducation esthétique. Mais le pli est pris et le dénigrement se perpétue injuste et sot.

Les « cuivres », comme les « bois », ont leur importance et leur noblesse dans la collectivité orchestrale et ils ne leur cèdent en rien quant aux difficultés à vaincre : il faut de longues années, il faut des études intelligentes et opiniâtres pour arriver à manier congrument le trombone, le cornet à pistons, la clarinette.

En Angleterre et en Amérique, nombre de femmes s'y adonnent et nul ne songe à s'en gausser, comme il arriverait infailliblement chez nous. Sous le seul aspect de la plastique, on serait même induit à affirmer que la clarinette, mieux que le violon, sied à la femme ; le violon les contraint à des contorsions funestes pour l'eurythmie de leur colonne vertébrale; le piano exige une énorme dépense d'énergie musculaire et il est la cause insoupçonnée de maints désordres organiques; ni la clarinette, ni la flûte n'offrent

ces pièges; sous la conduite d'un maître expérimenté, elles développent les poumons, amplifient le thorax, deviennent, comme d'autres instruments à vent, l'occasion d'une efficace gymnastique respiratoire.

Si l'on veut que les concerts réellement « populaires », c'est-à-dire gratuits, exercent une influence favorable sur les auditeurs, plusieurs réformes sont à instaurer. Il faut relever les « cuivres » de l'absurde discrédit qui pèse sur eux. Il faut apprendre à la masse du public qu'on ne joue pas du « piston », mais du « cornet à pistons » et que le cornet à pistons, comme le trombone et le bugle, est honorable. Il faut approfondir le côté scientifique de l'enseignement, expliquer à chacun le mécanisme de l'instrument qu'il cultive, lui inculquer les indispensables notions d'acoustique.

Nombre de professeurs, et non des moindres, végètent, à cet égard, dans une ignorance crasse. L'un d'eux (ces renseignements me sont fournis par un constructeur qui désire demeurer anonyme : il perdrait des clients si sa personne était désignée), l'un d'eux n'a consenti qu'après de longues tergiversations à adopter la flûte d'argent; il soutient que la flûte en bois produit des sons plus doux, que l'autre a le son métallique ; le brave homme ignore que le son dépend uniquement de la longueur du tuyau et non de la matière dont il est formé. Un autre conseillait à ses élèves de tremper leur instrument dans du lait pour lui donner plus de douceur.

« Le lait, expliquait-il, est excellent pour les poumons. Eh! bien, il convient aussi pour enlever au cuivre ce qu'il a de trop dur... »

Le même fantaisiste préconisait les bains de porto pour y plonger l'anche des clarinettes; il s'imaginait que le porto est un fortifiant pour les « bois » comme pour l'homme. Aujourd'hui, ces maniaques deviennent rares. Il n'en est pas moins vrai que des exécutants de premier ordre ignorent les rudiments de l'acoustique et se rebiffent contre les améliorations suggérées par les facteurs d'instruments ; ils ont en

(†) Nous détachons ces pages intéressantes du nouveau volume *Pages Versicolores*, que vient de publier, à Paris, à la Librairie générale des sciences, des arts et des lettres, le très distingué écrivain belge, M. Franz Mahutte.

horreur toute nouveauté qui obligerait à un effort la torpeur quiète de leur cerveau. Là encore, il importe de quitter l'ornière et d'amener à la réflexion ceux qui agissent en automates.

Un troisième point est capital : l'épuration du répertoire.

Tels chefs de musique aiment à composer leur programme de morceaux archi-connus, fantaisies, pots-pourris, airs variés, et aussi des produits de leur inspiration personnelle. Dans les bourgades les plus reculées, il se rencontre des génies méconnus, qui sont atteints du prurit élucubratoire et brûlent de se répandre. Quand leur propre talent est en déficit, ils se jettent sur le bien d'autrui et l'accommodent en « fantaisies » ; *Faust, Les Huguenots. Zampa, La Juive, Le Barbier de Séville, Aïda, Guillaume Tell*, leur fournissent les thèmes qu'ils enguirlandent de variations éperdues, naturellement acclamées par les badauds qui se pressent autour du kiosque; enivré d'éloges, le musicastre ne tarde pas à se considérer comme un maître ; il laisse pousser sa tignasse et envoie vers le ciel des regards inspirés.

Souvent sympathiques, ces gens sont des criminels. Ils faussent l'oreille populaire, dispersent et font prospérer les germes du mauvais goût, détournent la foule de la route sacrée de l'art. Au lieu de commettre leur mauvaise action, que ne propagent-ils les chefs-d'œuvre? La littérature des fanfares n'est certes point de premier choix; mais pourquoi ne ferait-on pas des transcriptions? Il en existe; il y aurait à les multiplier; tels fragments de Beethoven, de Haydn, de Mozart, discrètement traités, se prêteraient à la combinaison, et le public, présentement soumis au régime des valses et des polkas, rentrerait chez lui la tête bourdonnante de nobles accords.

Si nos musiques militaires, si éprises de progrès, si admirables de décision et de rythme, voulaient donner l'exemple, les fanfares civiles emboîteraient le pas et il s'ensuivrait une amélioration du goût, un relèvement du niveau artistique. Les concerts en plein air n'ont pas été inventés pour le profit des estaminets et la joie des bonnes d'enfants; ils doivent viser, comme fin véritable, à porter vers les saines émotions l'âme et le cœur des multitudes.

FRANZ MAHUTTE.

Schumann révolutionnaire

UNE assez singulière histoire de manuscrits inédits de Robert Schumann occupe en ce moment la presse musicale et politique de France et d'Allemagne.

Il s'agit d'une suite de chœurs écrits par Schumann en 1848. A l'occasion d'un anniversaire révolutionnaire, la Fédération des Chorales populaires allemandes avait eu l'intention de les exécuter. Les manuscrits de ces chœurs inédits appartenant à M. Charles Malherbe, le directeur de la Fédération avait écrit à l'éminent bibliothécaire de l'Opéra pour lui en demander communication. M. Malherbe a refusé et à l'appui de son refus il invoque trois raisons, à savoir : 1° que ces autographes ont une valeur d'autant plus grande qu'ils représentent une œuvre ignorée de tous et qu'il est seul à connaître ; 2° que Schumann n'avait pas voulu que ces chœurs fussent publiés ; enfin 3° que, lui, Malherbe, à qui l'Empereur Guillaume a conféré la croix de son ordre de la Couronne, eût manqué de tact et de correction en livrant à une société socialiste des chants révolutionnaires signés d'un nom célèbre.

Pour la psychologie de Schumann il n'eut cependant pas été sans intérêt que ses œuvres fussent connues. Même si elles devaient n'ajouter rien à sa gloire musicale, elles compléteraient sa physionomie morale, sans nuire du reste à la considération dont il jouit aujourd'hui dans le monde aristocratique et monarchique. Les grands esprits et les plus beaux caractères de ce temps furent, comme lui, sympathiques au mouvement révolutionnaire de 1848. Ce fut un mouvement utile et nécessaire. L'intelligence était du côté des utopistes dans ce moment, l'inintelligence de l'autre côté. C'est un procès jugé ; les fautes et les erreurs des uns et des autres sont depuis longtemps expiées. Et cela suffit pour que le caractère primitivement révolutionnaire de ces chants soit aujourd'hui singulièrement atténué. Mais M. Malherbe a eu raison de n'avoir pas voulu qu'une œuvre d'art qui lui appartient servit à une manifestation qui ne semble pas devoir être exclusivement artistique.

Ceci dit, voici les renseignements que M. Malherbe a donnés à un rédacteur de *Comædia* sur ces chœurs de Schumann :

« Ces chœurs sont écrits pour voix d'hommes et orchestrés. Le musicien les composa en 1848, au moment même où la Révolution conquit tous les esprits, même celui de Wagner. Naturellement, les paroles en sont fort enflammées, il n'y est question que de liberté, de mort des tyrans, et autres sujets qui ne sont pas pour exalter la monarchie. Ces manuscrits, je les achetai en Allemagne, voilà environ dix ans, dans une vente où les connaisseurs n'abondaient pas. La gloire de Schumann ne perdra rien à ce que j'attende pour la publication de ces œuvres l'heure qui me conviendra. Evidemment, je ne publierai rien sans que la famille n'en soit avertie... mais je considère que j'ai absolument raison d'agir ainsi. »

Quelques séances
de Gymnastique Rythmique

L'ÉCOLE française de *Gymnastique Rythmique*, fondée, il y a dix-huit mois, par M. Jean d'Udine, vient de donner une série de séances d'un intérêt artistique exceptionnel, marquant peut-être le point de départ d'une rénovation de l'art plastique en France.

On sait que la méthode dont M. Jaques-Dalcroze est le créateur a pour but la culture du mouvement et du sens des attitudes au moyen de la musique, le seul art qui pouvait, là, offrir d'inépuisables ressources, puisqu'il est du mouvement sonore, non pas en puissance, mais en activité sensible. Le trait de génie était de découvrir la possibilité et la multiplicité des rapports entre ce mouvement sonore et les mouvements humains, ceux-là réalisés sous la discipline de celui-ci. Les résultats sont absolument remarquables. Bien que les auditeurs-spectateurs conviés par M. d'Udine ne soupçonnent pas, pour la plupart, la somme de travail, l'effort considérable, l'intelligence et le dévouement dépensés par lui et ses fidèles élèves-collaborateurs pour arriver à offrir, au public, à aussi bref délai, sous une forme visible. le fruit de leur travail, ils ont tous senti passer, ce soir. la promesse d'un nouvel avenir pour un art que tous s'accordaient, la veille encore, à déclarer déchu de son ancienne puissance.

Comme décor : aucun, l'appareil le plus simple : pas de préparation, nul jeu de lumière, pas de perspective, les artistes jouant presque sur le public, dont les sépare, touchante simplicité, une ligne à la craie rouge et deux pots de fleurs. Tout le fond de la grande salle est tendu d'une draperie très pâle qui tombe en plis soyeux. En face, les spectateurs, sur des gradins. Au programme, des œuvres de piano, toutes modernes. Les « rythmiciens » qui, ce soir, doivent les traduire. reproduiront dans leurs mouvements, toutes les valeurs de notes entendues : leurs durées, en tant que blanches, noires, croches ; leur vitesse en tant que parties d'adagios ou d'allegros ; leur intensité expressive, pathétique. Ainsi les spectateurs possédant, en mémoire, l'une des œuvres exécutées, pourront les lire *sur* le corps des exécutants ; en d'autres termes, les mouvements, en gymnastique rythmique, traduisent exactement la musique qui les accompagne, c'est une transposition juxtalinéaire, mélodique et mimique. J'ajouterai, c'est une joie pour le musicien, un repos délicieux, de retrouver les *accents* se correspondant ; les affirmations sonores déterminantes des affirmations plastiques.

Trois jeunes femmes, drapées d'une tunique bleue sombre, dont le contour s'enlève vigoureusement sur le fond clair de la draperie, et deux jeunes hommes, en maillot noir, sont les dramatistes. Sur une *Marche rythmique*, de Jaques-Dalcroze, le petit groupe dessine des gestes d'offrande, suggère les possibilités de reconstitution des jeux antiques : processions fixées aux frises des anciens temples, qui déroulaient l'eurythmie heureuse de leurs groupes rassemblés. Deux *Miniatures* (J. Dalcroze) adroitement interprétées par Mme Jean d'Udine dont la grâce chaste ajoute comme une poésie au poème ; *Madrigal* (Hillemacher) qu'une toute jeune fille : Mlle Debru, mime avec une espièglerie ravissante, suscitent l'enthousiasme. *Feuillet d'album* (Chabrier) permet à Mlle Schroeder de prouver, un beau style, une rythmique sans défaillance et le sens des nobles attitudes. *Ballabile* (Chabrier) fait valoir la grâce souple de M. Thévenaz.

A toutes ces pièces, dont plusieurs furent bissées, M. d'Udine a adapté un petit scénario, analogue à l'argument d'un ballet. Il a déployé, là, une richesse d'imagination, une entente des lignes décoratives que peut donner la figuration humaine, une intuition du meilleur mode de groupement tout à fait surprenantes et qui nous fait découvrir, en lui, un créateur admirable d'ordonnances plastiques. Avec les éléments voulus, en nombre et en qualité, il fera, dans ce domaine, de merveilleuses trouvailles, pour notre plus grande joie..

L'exquise *Petite Suite* de Borodine terminait la séance. Elle permet d'applaudir tous les artistes. Mentionnons particulièrement M. Bertrand et la mignonne Mlle Muth dans la *Sérénade* fort réussie.

Des démonstrations techniques, avec expériences par un groupe d'élèves, avaient précédé les danses. Elles furent présentées par M. d'Udine, avec cette clarté, cette précision, et surtout cette conviction ardente qui fait de lui l'apôtre de la G. R. Au cours de ces démonstrations, des rythmes, improvisés par un compositeur présent, furent, sur le champ, réalisés plastiquement par les élèves, et ce ne fut pas le moindre attrait de cette curieuse soirée.　　　M. Daubresse.

LA SEMAINE

PARIS

A L'OPÉRA-COMIQUE, le dernier concert historique fut consacré aux auteurs Scandinaves et Russes. Il fut assez terne : non par les musiciens exécutés, mais par le choix de leurs œuvres, souvent trop peu caractéristiques et parmi lesquelles n'ont pu figurer presque aucune des plus célèbres. On a entendu cependant la poétique *Chanson de Solveig* de Grieg, délicieusement dite par Mlle Nicot-Vauchelet, le charmant *Mariage* de Dargomijsky, conté avec esprit par Mme Nelly Martyl, une page de Balakirew et une de Borodine, d'un grand caractère vivement souligné par M. Albers, de fines mélodies de Borodine et Rimsky-Korsakoff, dites en perfection par M. Francell, et du même, une très belle chanson hébraïque, interprétée avec ampleur par M. Billa-Azéma, enfin *La Princesse endormie* de Borodine, chantée avec une grâce extrême par Mlle Heilbronner. Rubinstein, Glinka, Tschaïkowsky, Moussorgsky... étaient beaucoup moins bien représentés et c'est dommage.
　　　H. de C.

AU THÉATRE LYRIQUE de la Gaîté, un petit ballet-pantomime nouveau a été donné ces jours-ci : *Le Cœur de Floria*, deux actes de M. Georges Menier sur un livret de M. André de Lorde, chorégraphié par Mme Mariquita. C'est une histoire d'envoûtement, dans un milieu de masques de la comédie italienne. Deux seigneurs courtisaient la danseuse Floria et celui qu'elle dédaigne consulte une sorcière sur les moyens de se venger d'elle et de celui qu'elle aime. La sorcière lui façonne une statuette de cire à l'image de Floria,

qu'il n'aura qu'à percer au cœur... En effet, dans une fête chez Floria, fou de jalousie à la vue de sa belle dans les bras de son rival, il enfonce l'aiguille dans la cire... Floria porte la main à son cœur, et s'affaisse. Voilà... La partition a paru mélodieuse et vive, la chorégraphie pleine de variété, l'interprétation tout à fait remarquable avec MM. G. Wagne et R. Guinault, Mlles Vetta Rianza (Floria) et Napierkowska (La Socière).
　　　C.

La Saison russe du Théâtre Sarah-Bernhardt s'est poursuivie, cette semaine, par quelques représentations russes et françaises du *Démon*, de Rubinstein. Cet opéra fantastique, inspiré d'un poème très attachant de Lermontoff, a toujours eu une véritable vogue depuis 1875. Sont-ce les machinations de l'Ange déchu épris d'une mortelle et qui anéantit successivement tous les obstacles qu'elle oppose à cet amour dont elle a horreur; jusqu'au moment où une mort céleste la lui ravit enfin...; sont-ce les mérites de quelques chœurs, d'une scène tragique, de danses très pittoresques, et surtout du rôle principal s'il est tenu par un grand artiste...? l'œuvre passe pour la plus valeureuse de ce maître incomparable du piano, si médiocre à la scène et à l'orchestre. Elle a paru pourtant trop souvent extrêmement ennuyeuse et prouve une fois de plus, non pas que ces opéras sont bien démodés (ils n'ont jamais été à la mode, telle que nous l'entendons et telle qu'en ont eue des œuvres analogues mais autrement inspirées), mais que leurs compatriotes ont une grande patience et qu'il leur suffit de deux ou trois pages vraiment belles pour passer par-dessus les lenteurs ou l'impuissance du reste. Et puis il y a le rôle du démon, un grand rôle de grand baryton. Notre Lassalle y triompha jadis à Londres, en français pour la première fois. Ici, ce fut l'excellent artiste de la Monnaie de Bruxelles, M. Bourbon, après M. Baklanoff, organe admirable, acteur superbe. Mme Drouziakina et Alice Baron alternèrent dans le rôle de Tamara.
　　　C.

Le Festival Beethoven s'est superbement terminé, sous la direction de M. Félix Weingaertner, dans la salle du Châtelet, le soir, avec les sixième, septième, huitième et neuvième symphonies, et le concerto de violon (exécuté par M. Enesco), et quelques *Lieder* (chantés par Mlle Bréval). Les ovations ont succédé aux ovations.. Jamais chef d'orchestre ne fut plus fêté pour l'éloquence irrésistible de son geste, pour l'évocation qu'il fait comme visiblement surgir de la musique exécutée. On ne saurait trouver réponse

. plus topique, que cet exemple-là, à la question qu'a posée dernièrement *Le Guide du Concert :* L'orchestre doit-il être invisible ? Supprimez la visibilité de l'orchestre dirigé par M. Weingartner pendant ce festival, vous aurez encore l'impression d'un ensemble bien discipliné sous une main ferme et souple, mais d'ailleurs assez ordinaire comme sonorité et comme style, inférieur souvent à d'autres que nous entendons. , vous n'aurez plus l'extraordinaire séduction, de la personnalité qui le dirige. Le geste du chef d'orchestre est par essence « suggestif »; il doit suggérer, évoquer, faire comprendre : il faut donc le voir. .

H. DE C.

Salle Gaveau. — Le jeudi 4 mai, M. Félix Weingartner donnait une audition de *Lieder* de sa composition. Certaines pages de l'illustre capellmeister ont de la grâce : *La Rose flétrie;* de l'élégance : *Le fil de la Vierge;* de la tendresse : *Echo* et *Les Lys que berce doucement la brise parfumée;* la ligue mélodique de bon nombre d'entre eux offre un caractère marqué d'ampleur; prenons comme exemple : *O! reste enfant, parmi les étoiles, Crépuscule, Sturm-abend,* etc, *Les Hannetons* renferment d'heureux effets d'harmonie et de rythme imitatifs. Après avoir signalé les qualités de l'œuvre de M. Weingartner, nous nous demandons si, dans l'ensemble, les *Lieder* dûs à sa plume sont bien originaux et s'ils ajoutent un élément nouveau à l'histoire de la musique vocale et notre réponse n'est pas affirmative. Les accompagnements manquent de rareté; nous y relevons tous les procédés déjà connus qui offrent au goût un aliment vraiment trop aisé à digérer. Ajoutons que le sentiment, chez M. Weingartner, frise trop souvent la sentimentalité et que son lyrisme tombe fréquemment dans l'effet dramatique facile. M. Weingartner avait pour interprète Mlle Lucille Marcel douée d'une admirable voix du plus riche métal, conduite, soit qu'elle chantât en français ou en allemand, avec une maestria qui souleva, à plusieurs reprises, l'enthousiasme de l'auditoire. Plusieurs *Lieder* furent bissés. M. Weingartner accompagna lui-même au piano Mlle Marcel avec un art fait d'expérience musicale et d'affection paternelle. H. D.

Séances Ysaye-Pugno. — La troisième séance, à la salle Gaveau, a eu lieu le samedi 6 mai, avec le concours de M. Hollman, le célèbre violoncelliste. Le maître Saint-Saëns en faisait seul les frais; et les trois éminents interprètes ont exécuté le trio en *mi* mineur (op. 92), le quatuor en *mi* mineur (op. 112); avec le concours de

M. Monteux, tandis que MM. Pugno et Ysaye faisaient entendre la sonate en *ré* mineur (op. 75). Ce fut une admirable soirée, inoubliable pour les connaisseurs qui ont eu le bonheur d'y assister. Les œuvres, si pleines d'expression profonde et de grâce délicate, si soutenues d'inspiration, de celui qu'on saluera un jour comme le Beethoven français, animaient les interprètes et leur ont permis de déployer le *summum* de leurs qualités connues de tous et sur lesquelles je n'ose revenir encore, ayant eu déjà à signaler l'immense effet produit dans les premières soirées. Je parlerai, prochainement, de la quatrième et dernière.

JULES GUILLEMOT.

Société des Concerts de chant classique. — Il fut un temps où ces concerts (fondation Beaulieu), se détournant de leur vrai sens, mettaient à leur programme des œuvres, non sans intérêt, mais tout à fait étrangères à l'esprit de leur fondateur. La recette en étant destinée à l'Association des artistes musiciens, on cherchait à faire les moindres frais possibles, et au chant, comme à l'orchestre, comme au programme, c'était une abondance d'amateurs de bonne volonté, dont la gratuité ne rehaussait pas le mérite.

Félicitons M. Pierné, chef d'orchestre de ces concerts, de les avoir ramenés au classicisme évoqué et avec la collaboration des professionnels. Tout y gagne; et le noble défilé des maîtres Lulli, Gluck, Méhul, Paësiello, Beethoven et du futur classique César Franck, ayant comme interprètes M\mes Germaine Sanderson et Mellot-Joubert, M. Plamondon et l'excellent flûtiste M. Blanquart, aidés d'un orchestre et de chœurs excellents, nous a valu une séance fort intéressante et d'une incontestable supériorité. A. G.

Salle des Agriculteurs. — Le Festival Gabriel Fauré a obtenu, le 1er mai, le vif et légitime succès qu'on était en droit d'en attendre. La présence active du maître avait encore stimulé le talent des exécutants qui se surpassaient. La ballade — accompagnée au second piano par l'auteur —.un nocturne, une mazurka, une barcarolle et un impromptu furent joués par Mme Riss-Arbeau avec une intelligence du texte, une richesse de nuances et une délicatesse d'émotion dont il nous suffira, pour les louer, de les déclarer dignes des œuvres interprétées. La sonate pour violon et piano et le quatuor en *ut* mineur fournirent aussi à l'excellente pianiste l'occasion de déployer les ressources de son talent si varié ; et M. Hayot, — puis ses dignes partenaires — mirent toute leur âme au service de ces belles compositions, si pleines de substance, si pures de forme.

Mme Jeanne Daunay, indisposée, n'ayant pu prêter son concours aux délicieuses mélodies de M. Fauré, fut remplacée. « au larynx levé » (si j'ose hasarder cette audacieuse image) par Mlle Pradier — fortement parée d'un premier prix aux derniers concours du Conservatoire, — et qui se sentait en proie à une émotion d'autant plus compréhensible qu'elle se trouvait sous « l'oreille du maître ». Mais cet émoi n'enleva rien aux qualités de voix et de style de la jeune artiste, et ces *Lieder* exquis : *Eudies. Les Berceaux* et d'autres encore, furent traduits de façon à satisfaire l'auteur et ces admirateurs, — c'est-à-dire, toute l'assistance ! RENÉ BRANCOUR.

— Mme Speranza Calo, dont la voix est superbe, nous a donné le 3 mai, un concert fort éclectique, où brillaient les noms de Schubert, Schumann, Brahms, etc. Elle a vaillamment chanté une quarantaine de mélodies, dont les moins intéressantes n'étaient certes pas ces *Chansons populaires grecques*, d'un contour si original. Qui sait si ces refrains ne furent point jadis fredonnés par les petits Athéniens déambulant vers le Pirée sous l'œil officiel des archontes? RENÉ BRANCOUR.

— M. I. Engel et Mme J. Bathori ont donné, rue Andrieux, le 8 mai, une séance d'extrême ancien et d'extrême moderne des plus attrayantes, qui alliait Monteverde à M. Ravel en fragments chantés au piano.

Le Couronnement de Poppée (Monteverde) a valu ainsi d'abord d'unanimes applaudissements aux excellents artistes. Impossible de donner plus de flamme, plus d'accent, plus de relief au rôle de Néron. que M. Engel a chanté avec cet art vocal étonnant dont il a le secret La syllabe semble se colorer, s'iriser de mille nuances, cependant qu'il la tient et la modèle à son gré. Mme Bathori, au timbre caressant, plein de séductions, en Poppée, a chanté, avec tout son cœur, cette plainte poignante d'Octavie délaissée. Le petit page, ce Chérubin du xvie siècle, fut interprété avec autant de finesse que d'esprit par Mme Cabel, à qui Mlle Albane donna la réplique avec beaucoup de grâce. M. Feiner prêtait sa voix profonde et vibrante au rôle de Sénèque. Jamais cette œuvre admirable ne m'avait fait autant d'impression. Quant à l'*Heure espagnole*, l'aimable badinage de M. Maurice Ravel, très spirituellement enlevé par MM. Engel, Berton, Feiner, de Liaucourt et Mme Bathori, elle nous permit d'augurer bien du succès prochain de l'œuvre sur la scène de l'Opéra-Comique, et l'auteur, au piano, eut tout lieu d'être pleinement satisfait. M. DAUBRESSE.

Concerts de danse donnés par Mlle Trouhanova.

— Les deux concerts de musique de danse donnés par Mlle Trouhanova ont eu beaucoup de succès. La grande salle du Châtelet était pleine et un public enthousiasmé a longuement applaudi la charmante artiste qui l'avait tout d'abord conquis par sa beauté. Disons tout de suite que Mlle Trouhanova ne songe pas à révéler un art chorégraphique nouveau, elle ne se pose pas en émule de Mme I. Duncan, sa danse est toute classique : pointes et jetés-battus, révérences et sourires, mais elle est tout à fait agréable à suivre; son jeu est varié, expressif, adroit; dans les pièces de Gluck, de Chopin, elle a fait montre d'une souplesse, d'une virtuosité remarquables. Elle eut, pour habile partenaire : M. Quinault. C'est un danseur de premier ordre. Il fut très apprécié. Visiblement, il se propose, pour modèle, le fameux Nijinsky; il l'égale souvent; sa légèreté, son élégance, sa grâce — il emporte la danseuse avec une maestria peu commune — méritent, tous les bravos qui lui furent adressés.

Aux fragments de *Peer Gynt*, Mlle Trouhanova avait ajouté la *Danse arabe* (Grieg) dont elle fit une scène pleine de vigueur et d'originalité. Cependant, comme mime nous ne pouvons goûter pleinement le talent de l'artiste, la perfection d'attitudes à laquelle permet d'atteindre la gymnastique rythmique nous manque ici, l'accent du geste, ne correspond pas à l'accent musical; il en résulte, pour les fervents du rythme, l'équivalent d'une fausse note, et c'est regrettable.

La seconde séance fut peut-être encore plus intéressante que la première. Tout d'abord pour l'o.chestre de M. Monteux. justement applaudi dans plusieurs interludes. Quant aux protagonistes, Mlle Trouhanova et M. Quinault costumés à ravir, évoluant dans de superbes décors, ils furent plus fêtés que jamais.

Les pièces russes : *Tabatière à musique* (Glazounow-Liadow); *Lesghinka du « Démon »* (Rubinstein.; *Kozatchok* (Dargomijsky furent dansés avec une verve, un entrain, un esprit éblouissants. Les valses de Schubert, sentimentales et romantiques, mimées à ravir, enchantèrent l'assistance qui ne ménagea pas ses bravos non plus qu'aux quatre pièces (Fauré) toutes charmantes. *Istar* (Vince t d'Indy) est une erreur complète : la moitié de l'action se passe dans une obscurité verdâtre et le reste est inintelligible. Heureusement le *Capriccio espagnol* (Rimsky-Korsakow) fit

oublier cette fâcheuse impression. Mlle Trouhanowa et M. Quinault se surpassèrent. Secondés
par de bons coryphées, ils terminèrent, en beauté,
ces deux remarquables concerts de danse.

M. DAUBRESSE.

Salle Erard. — Auditions d'élèves : M. Paul
Braud a fait entendre les meilleurs sujets de ses
classes d'ensemble le 26 avril, avec le concours de
divers artistes, et donné ainsi un concert des plus
variés : trios, sonates, quatuors, suites, quintettes,
représentés chacun par l'un de leurs mouvements,
ont fait passer l'auditeur de Bach à Lalo, de Mozart
à Franck, de Beethoven à Grieg...

— M. Santiago Riera a donné, une matinée le
30 avril et fait apprécier une fois de plus la grande
et souple musicalité de son enseignement au piano.

— La pianiste Mlle Bertha Weill s'est fait entendre le mardi 2 mai et a interprété *Gavotte et Musette*
de D'Albert, *Berceuse* de Chopin, *Rapsodie hongroise*
(n° 6) de Liszt. Son jeu élégant, moelleux et coloré,
son style distingué ont été très goûtés du public
qui l'a chaleureusement applaudie. Le violoniste
M. Jean ten Have prêtait son concours à
Mlle Weill. L'auditoire a fait fête à l'excellent
artiste qui a exécuté, avec beaucoup de verve, la
sonate en *sol* mineur de Grieg, et de grâce attendrie
le charmant concerto en *mi* mineur de Nardini.
Les deux interprètes ont, une fois encore, uni leur
talent dans la traduction de la sonate en *mi* bémol
de M. R. Strauss, œuvre dans laquelle les idées
musicales d'une originalité douteuse sont présentées d'une façon brillante non sans une tendance marquée vers l'effet théâtral. Citons enfin
Mlle Heilbronner qui, au cours de la séance, a fait
admirer sa voix vibrante et généreuse dans l'air du
Freyschütz de Weber, *Le Temps des lilas* de Chausson,
Green de M. Debussy et *A ma fiancée* (bissé) de
Schumann. H. D.

Salle Pleyel. — Mme Cécile Vovard-Simon
s'est fait apprécier, le 1er mai, d'une façon tout à
fait attachante, dans un concert où son violon tenait
la première place, soit seul, soit avec un accompagnement d'orchestre à cordes, de piano et d'harmonium. Ce n'est pas la première fois que nous
signalons ici ce beau talent, évocatif et coloré. Le
concerto de Lalo et celui de Mozart en *mi* bémol,
la polonaise en *ré* de Wieniawski et diverses pages
de M. Théodore Dubois composaient le programme. Mlle Doerken y prit part avec sa jolie
voix, et aussi M. Sala avec son violoncelle,
M. Simon avec son alto, enfin Mme la duchesse
d'Uzès qui accompagne si bien à l'harmonium.

C.

— La seconde séance de Mme Jane Mortier, le
3 mai, a été digne de la première. Elle fut surtout
consacrée à ces pages pittoresques et savoureuses,
si difficiles d'ailleurs, qu'a écrites M. Debussy sur
le vent dans la plaine ou les pas sur la neige, les
danseuses de Delphes ou les Minstrels nègres, les
collines d'Anacapri, ou la Cathédrale engloutie.
Quel kaléidoscope extraordinaire, et qu'il y faut
de finesse, de variété et un peu d'audace !...
Mme Lucienne Bréval a dit aussi quelques « chansons de Bilitis » non moins curieuses. C.

— Le pianiste Lucien Wurmser et le violoncelliste André Hekking, viennent de donner à la
salle Pleyel, trois séances rendues singulièrement
intéressantes par le talent de ces deux artistes
éminents. La première, donnée le mardi 2 mai, et
consacrée exclusivement à Brahms, deux sonates
(op. 38 et 99) et un trio (op. 114), avec le concours
de l'excellente clarinette de M. Minsart, n'a été
qu'une suite de bravos et de rappels. — Grand
succès aussi à la seconde séance donnée exceptionnellement en matinée, le vendredi 5, où l'on a
entendu cinq ravissantes pièces en style populaire,
de Schumann, et deux trios avec clarinette, l'un de
Beethoven (op. 11), et l'autre de M. Vincent
d'Indy (op. 29), composition qui tient très fièrement sa place à côté de l'œuvre du maître des
maîtres, et constitue une fort belle chose de haute
inspiration. Ai-je besoin de signaler la valeur que
ces œuvres remarquables empruntaient à l'interprétation de ces trois artistes, au jeu classique et
pénétré ? Je parlerai de la troisième séance qui
vient de se donner à la dernière heure.

J. GUILLEMOT.

— Nouvellement venue au monde artiste, Mlle
de Febrer lui apporte d'appréciables qualités.
Grande, belle personne, distinguée, elle possède
une physionomie expressive et une voix riche,
déjà longuement travaillée ; beaucoup de force et
d'éclat, surtout dans l'aigu. Une articulation trop
faible et un style un peu flottant gâtent le plaisir
d'applaudir, sans réserves, cette cantatrice intéressante, qui a donné, le 4 mai, une intéressante
séance, avec des pièces de Schubert, de Schumann, de Fauré, de Th. Dubois. Au programme,
M. Cogné a montré de la vigueur dans un air
d'*I Pagliacci* (Leoncavallo) et généreusement
chanté, avec Mlle de Febrer, le duo de *Sigurd*.
M. Chailley a fait applaudir, pour violon, plusieurs pièces ; notons un adagio de Fiorillo très
remarquable. Mme Chailley-Richez a prouvé victorieusement que, pour elle, le mécanisme pianistique n'a plus de secrets. *Les Papillons* de Th.

Dubois furent, à l'unanimité, couverts de bravos. Au piano, l'excellent accompagnateur Pickaert..

                M. DAUBRESSE.

Sorbonne. — Récemment a eu lieu, à l'amphithéâtre Richelieu, une très intéressante audition de chants gallois, sous le patronage de l'Association des professeurs de langues vivantes de l'enseignement public et sous la présidence de M. Feignoux, professeur d'anglais au Lycée Janson de Sailly, secrétaire général de l'Association. Un quatuor vocal composé d'étudiants du collège universitaire d'Aberystwyth et admirablement discipliné par une Française de goût, Mᵐᵉ A. Barbier, interpréta diverses ballades qui se recommandent par la grâce mélancolique de leur ligne mélodique et la franchise de leurs rythmes. L'audition fut précédée d'une vibrante conférence du professeur Lewis sur le folklore gallois et d'une élégante improvisation du professeur Faignoux sur la place prépondérante qu'occupe la musique vocale dans l'éducation et la vie des Celtes modernes.   K. L.

— Il y a de l'orage dans l'air, au Conservatoire. De plus en plus, les bruits d'indiscipline, de laisseraller, de manque de direction, percent les murs et vont jusqu'au public. Depuis des années, il en est ainsi et la plupart des professeurs, du moins ceux des classes lyriques, sont écœurés de la situation. Les démissions se pressentent (et déjà n'en avons-nous pas vu, en ces derniers temps, qui n'avaient pas d'autre fondement?) La dernière est celle de M. Bouvet, professeur de déclamation lyrique, et, pour une fois, elle a été publiquement motivée. On avait été surpris qu'il n'eût pas fait sa dernière classe : il avait attendu une demi-heure, seul dans la pièce, que ses élèves, qui causaient au dehors, voulussent bien entrer. Mais ce n'était qu'un fait entre cent. Indiscipline, absences sans excuses, manque d'attention et de conscience... sont monnaie courante dans ces classes. Étonnez-vous qu'on ne trouve presque plus de professeurs parmi les artistes, les maîtres.

— Un programme de choix, le 6 mai, dans les salons de M. et Mᵐᵉ Blondel, rue du Mail, a fait entendre quelques morceaux de flûte et de piano, de Haendel et d'Alphonse Duvernoy, dont le charme svelte et pénétrant fut mis délicieusement en valeur par la flûte de M. Hennebains et le piano de M. V. Staub. Celui-ci a exécuté aussi quelques pages de Chopin, Debussy, Rhené-Baton. Mᵐᵉ Marthe Régnier s'est amusée à chanter quelques morceaux de Pergolèse ou de Mozart

(quelle exquise et vibrante comédienne n'était-elle pas hier encore!). Mˡˡᵉ Mollica a fait valoir avec une légèreté sonore du meilleur style trois œuvres des maîtres de la harpe : Zabel, Hasselmans, Godefroid. Enfin des artistes de la Comédie française ont dit des vers et joué une petite pièce de Tristan Bernard. Ce sont de fins régals que ces soirées d'art.   C.

— Voici exactement (d'après Mᵐᵉ Catulle Mendès) de quoi se compose l'amalgame musico-chorégraphique intitulé *Espana* à l'Opéra : *Sous bois, Mélancolie, Idylle, Feuillet d'album, Ballabile, Danse villageoise, Joyeuse marche, Tourbillon, Bourrée fantasque, Scherzo-valse, Espana, Habanera.* Elle ajoute qu'aucune note n'a été retranchée, aucun mouvement changé, presque aucune soudure faite. Elle appelle également l'attention sur ce fait que Chabrier lui-même a composé comme des *suites* avec plusieurs de ces morceaux réunis ici : ainsi la *Suite pastorale.*

— C'est décidément Mᵐᵉ Félia Litvinne qui créera à l'Opéra, la saison prochaine, la *Déjanire* du maître Saint-Saëns, dont elle a donné si magnifiquement, à Monte-Carlo, la première impression. Elle vient d'être engagée tout exprès.

Au Théâtre Lyrique de la Gaîté, on a fêté cette semaine la centième de *L'Attaque du Moulin* d'Alfred Bruneau. Mᵐᵉ Delna était venue tout exprès pour reprendre son rôle magistral de la vieille Marcelline. Elle fut dignement entourée de MM. David, Devriès et Boulogne, avec Mᵐᵉ Lowelly.

— Le prochain spectacle de la saison russe, au théâtre Sarah-Bernhardt, sera *La Fiancée du Tsar*, de Rimsky-Korsakoff. (1898). Espérons que cette œuvre du si pittoresque et poétique maître symphoniste nous revanchera un peu des mornes et banales partitions précédentes.

OPÉRA. — Gwendoline. Espana. Lohengrin. Tannhäuser.

OPÉRA-COMIQUE. — Werther. La Tosca. Cavalleria rusticana. Lakmé. La Princesse jaune. La Jota. Le Voile du bonheur. Aphrodite.

THÉÂTRE LYRIQUE (Gaîté). — La Favorite. La Dame blanche. Le Cœur de Floria (ballet, première représentation). Elsen. Salomé. L'attaque du moulin. Le Trouvère.

TRIANON-LYRIQUE. — L'Accordée de village. Lalla-Roukh. Mam'zelle Nitouche. Les Cloches de Corneville. Les Amours du diable. Zaza. Giroflé-Girofla. Miss Hélyett.

APOLLO. — La Divorcée. La Veuve Joyeuse.

SARAH-BERNHARDT. — Le Démon (Rubinstein).

SALLE ERARD

Concerts du mois de Mai 1911

14 Mlle Alexandre, matinée d'élèves (1 ½ heure).
15 M. Thalberg, piano (9 heures).
16 M. Ferté, piano (9 heures).
17 M. Schidenhelm, piano (9 heures).
18 M. Galston, piano (9 heures).
19 M. John Powell, piano (9 heures).
20 Mme Garenine, chant (9 heures)
21 Mme de Marliave, matinée d'élèves (1 ½ h.).
22 M. Dimitri, audition d'élèves (9 heures).
23 Mlle J. Laval, violon (9 heures).
24 M. Paderew ki, piano (9 heures).
25 Société Académique des enfants d'Apollon, matinée (2 heures).
26 M. Garès, piano (9 heures).
27 Concert au profit de l'Union Valenciennoise (9 heures).
28 Mlle Renié, matinée d'élèves (1 ½ heure).
29 M. Paderewski, piano (9 heures).
30 M. Dorival, piano (9 heures).
31 M. V. Gille, piano (9 heures).

Concerts du mois de Juin

1 M. Braud, audition d'élèves (9 heures).
2 M. Paderewski, piano (9 heures).
3 Mlle Morsztyn, piano (9 heures).
6 M. Berny, piano (9 heures).
7 M. Danvers, piano (9 heures).
8 M. Georges Hesse, piano (9 heures).
9 M. de Radwan, piano (9 heures).
10 Mme de Marliave, audition d'élèves (9 heures).
11 Mme Bazelaire, matinée d'élèves (1 ½ heure).
12 Mme Bex, audition d'élèves (9 heures).

SALLES PLEYEL

22, rue Rochechouart.

Concerts de Mai 1911

Grande Salle

15 Mme Roger Miclos-Bataille (3 heures).
» La Société des Instruments anciens (9 heures).
16 M. E.-M Delaborde (9 heures).
17 Mme de Wieniawska (2e séance, 9 heures)
18 Mme Coedès Mougin (9 heures).
19 Société des Concerts Mozart (3e séance).
20 Mlles Dorning (9 heures).
22 Mme Legrix (9 heures).
23 Mlle Montmartin (9 heures).
24 Mme de Wieniawska (3e séance, 9 heures).
26 Société des Concerts Mozart (4e séance, 9 h).
27 Mlle Stübbe (9 heures).
29 M. J. Wieniawski (9 heures).
31 Mlle Piéchowska (9 heures).

Concerts de Juin

1 La Société nationale de musique (9 heures).
2 La Société des Concerts Mozart (9 heures).
   Fermeture des salles.

SALLES GAVEAU

45 et 47, rue La Boëtie

Concerts du mois de Mai 1911

Grande Salle

14 M. Jacques Thibaud (matinée).
15 Cercle Musical (soirée).
16 Concours Musica (matinée).
16 Association des élèves des écoles de commerce (soirée).
17 Concours Musica (matinée)
17 M. Ménardi (soirée).
18 Concours Musica (matinée).
18 Cercle Musical et M. G. de Lausnay (soirée).
19 Concours Musica (matinée).
19 M. Jacques Thibaud (soirée).
20 Concours Musica (matinée).
21 Société Nationale (soirée).
21 M. Pugno, avec orchestre (matinée).
22 Mlle Morhange, avec orchestre (soirée).
23 Société Guillot de Sainbris (matinée)
23 Société Musicale Indépendante (soirée).
24 Concert Franco-Slave (soirée).
25 Harmonie Express de l'Est (matinée).
26 Mmes Jumel et Legrand, audit d'élèves (soir.).
27 M. Pinell, avec orchestre (soirée).
28 Société « La Couturière » (matinée)
29 M. Pond (soirée).
30 Fondation Sachs, orchestre (soirée).
31 Mlle Lolita Lazaro (soirée).

Salle des Quatuors

14 Les élèves de Mlle Grammacini, piano (mat.).
15 Les élèves de Mme Marty, chant (soirée).
18 Les élèves de M. et Mme Canivet, piano (mat.).
19 Concert Schramm (soirée).
20 Les élèves de Mlle Sadler, piano (matinée).
23 Concert Mlle Companyo (soirée).
24 Concert Schramm (soirée).
28 Les élèves de M. Arnould, piano (matinée).

BRUXELLES

— La troupe du théâtre de la Monnaie est allé donner le 5 mai une représentation d'*Orphée* au Stadsschouwburg d'Amsterdam. Les comptes rendus des journaux locaux sont très élogieux pour les artistes individuellement comme pour l'ensemble de l'exécution que dirigeait M. François-Rasse. Les protagonistes étaient : Mme Croiza (Orphée), Heldy (Eurydice), Symiane (l'Ombre heureuse) et Bérelly (l'Amour).

Cette représentation était donnée au bénéfice d'une œuvre de bienfaisance et fut honorée de la présence de la reine Wilhelmine, du prince-consort, du duc et de la duchesse de Mecklenburg. A la fin du spectacle, après le départ de la Cour, une ovation enthousiaste a été faite aux interprètes. « Heureux les Bruxellois, s'écrie le critique du *Telegraaf*, qui peuvent entendre tous les jours un pareil ensemble ! »

L'impression produite a été telle qu'immédiatement des propositions ont été faites à la direction de la Monnaie pour une série de représentations à donner l'an prochain, en mai, à Amsterdam et Rotterdam.

Rappelons que le 25 juin prochain, l'ensemble de la Monnaie participera au grand festival dramatique annuel de Cologne. Il y donnera *Carmen*.

Société nationale des Compositeurs belges. — Au programme du quatrième concert de la Société nationale des Compositeurs belges, la sonate pour piano et violon de M. Louis Delune, un choix de mélodies flamandes et des pièces pour piano seul.

La sonate de M. L. Delune, œuvre distinguée, reçut de la part de Mlle Marguerite Laenen, pianiste, et M. M. Crickbboom, violoniste, une fort belle interprétation, vivante et expressive.

On fit un accueil des plus sympathiques aux mélodies de MM. A. De Boeck, H. Willems, et surtout à celles de M. Louis Mortelmans; *Wiegelietje*, *Wierook*, *Hansje*, *Mijn lieveken open je deurken*, de fort jolies inspirations sur des poèmes de G. Gezelle et J. Reddingius. Mlle Elisa Levering les chanta d'une voix claire et bien timbrée, encore que mal assurée.

Les premières auditions d'œuvres nouvelles pour piano seul n'ont jamais été fréquentes à Bruxelles en dehors de la Libre Esthétique. Nos compositeurs nationaux sont particulièrement mal partagés. Alors qu'en France Blanche Selva, Risler, Ricardo Vinès faisaient connaître les sonates de Vincent d'Indy et de Paul Dukas, les pièces si curieuses de Cl. Debussy et de Ravel (Bruxelles les ignore, sauf les habitués de la Libre Esthétique), les programmes de nos récitals sont d'une timidité extrême. Rien de neuf; toutes œuvres entendues et réentendues souvent, parfois au cours de la même saison.

Mlle Marg. Laenen — d'autres l'ont dit avant moi — est la seule qui fasse exception. Cet hiver elle s'est particulièrement dépensée. Après nous avoir fait connaître et applaudir par deux fois les *Variations* de R. Moulaert, elle interpréta jeudi soir deux pièces de sa composition : *Clair de lune* et *Badinage*, et *Prélude*, *Mazurka*, *Intermezzo*, *Lied*, *Capriccio* de M. A. De Boeck. Ce sont de courtes pièces, fort bien écrites pour l'instrument et sonnant à merveille; recherches de sonorités curieuses, de dissonances chatoyantes rappelant parfois la manière de Claude Debussy ou Déodat de Séverac. Interprétées à ravir par Mlle Marg. Laenen, avec une verve, une liberté d'allure, une variété de coloris fort séduisantes, elles reçurent un fort bon accueil. F. H.

Concerts Crickboom — M. Mathieu Crickboom a terminé la série de ses récitals de violon par l'audition de trois œuvres célèbres et applaudies maintes fois déjà : le concerto en *mi* majeur de J.-S. Bach, le concerto en *ré* majeur, op. 61, de Beethoven et le poème pour violon et orchestre, op. 25 d'Ernest Chausson. Succès des plus vifs, justifié par la valeur de l'artiste, ses interprétations fouillées, mûrement réfléchies, sa technique claire et précise. Après chaque morceaux, les bravos éclataient chaleureux et prolongés.

L'orchestre, sous la direction de M. Louis Kéfer, le distingué chef d'orchestre de Verviers, fit applaudir l'ouverture d'*Egmont* de Beethoven, et l'introduction symphonique de la *Gileppe-cantate* (1878) de M. L. Kéfer. F. H.

Nouvelle salle. — Le programme du deuxième concert historique comportait une série de pièces vocales et instrumentales des maîtres italiens des dix-septième et dix-huitième siècles : Pergolèse, Carissimi, Turini, Cimarosa... La plus intéressante était un *Canto a una voce* de F. Peri, chanté avec succès par Mlle Melilli. Mlle Joyce Smith fit applaudir sa belle voix de contralto dans un aria de A.-F. Tenaglia et un aria buffa : *D'amor la face* de Cimarosa. Enfin l'organisateur du concert, M. Antonio Tirabassi, qui ne s'épargne aucune fatigue pour nous faire apprécier l'ancienne musique italienne, exécuta au clavecin un presto de F. Turini et une *Sonata per clavicembalo* de B. Galuppi. Il y mit une fougue toute méridionale, parfois excessive pour un instrument aussi frêle que le clavecin. F. H.

— L'école Duncan créée sous l'inspiration de la célèbre Isadora et dirigée par sa parente Elisabeth Duncan et Max Merg, a donné à Bruxelles, par deux fois, une admirable soirée; la première eut lieu au Cercle artistique, la seconde à la Grande Harmonie, devant un public nombreux et enthousiaste. M. Grandjean, peintre et conférencier, a dit quelques mots sur les tendances de cette institution qui n'est, dit-il, ni une école de danse, ni une école de gymnastique et qu'il aurait pu appeler justement, une école de *callisthénie* (*kallos* = beauté, *stenos* = force). Depuis les simples démonstrations de la marche et du saut, jusqu'aux rondes populaires chantées et mimées par les fillettes, jusqu'aux exercices d'ensemble, aux poses plastiques à gestes lents, tout y est d'une rare harmonie, d'un naturel parfait, d'un rythme souple et cependant nettement indiqué, en somme d'une beauté intégrale où chaque personnalité parvient à s'exprimer. Comme me le disait un confrère, on peut appeler cela de la « sculpture mouvante ». L'ecole placée sous le protectorat du grand-duc de Hesse, à Darmstadt, prospère notablement, depuis un an surtout; il est à souhaiter d'ailleurs qu'un si bel enseignement se généralise.

M. DE R.

— A l'occasion de la visite du Président Fallières à la Cour de Belgique, de nombreuses nominations et promotions ont été faites dans l'ordre de la Légion d'honneur. M. Edgar Tinel, directeur du Conservatoire royal de Bruxelles et maître de chapelle, est promu Commandeur; M. Alfred Mabille, directeur des Beaux-Arts de la ville de Bruxelles, est nommé Officier. Voilà deux distinctions qui auront l'applaudissement général.

— M. Edmond Michotte, qui fut, on le sait, très intimement lié avec Rossini, a fait don au gouvernement belge d'une collection considérable d'autographes, de portraits, de documents et de souvenirs de tous genres concernant le maître, en vue de former au Conservatoire de Bruxelles un musée Rossini.

Dimanche 14 mai. — A 3 ½ heures, à la Scola Musicæ, 90, rue Gallait, troisième audition d'élèves des cours élémentaires et moyens.

Mardi 16 mai. — A 8 1/4 heures, à la salle de la Grande Harmonie, 64e concert donné par la Société chorale mixte Deutscher Gesangverein. On exécutera Le Chant de la Cloche de Max Bruch, oratorio pour soli, chœurs, orchestre et orgue. Solistes : Mme Schauer-Bergmann, de Breslau, soprano; Mlle E. Pfaff, du Conservatoire de Cologne, alto; M. J. Decker, du Théâtre Grand-Ducal de Hesse, ténor; M. G. Waschow, de l'Opéra de Düsseldorf, basse.

Samedi 20 mai. — A 8 ½ heures du soir, à la Scola Musicæ, 90, rue Gallait, récital de violoncelle donné par M. Fernand Charlier. Au programme : L. Boccherini, Hændel, De Caix d'Hervelois (Béon), Victor Vreuls, Saint-Saéns, David Popper et Jules de Swert.

CORRESPONDANCES

CONSTANTINOPLE. — L'événement le plus saillant de la saison a été la présence en notre ville du R. P. Komitas, capellmeister; compositeur et chanteur émérite arménien, que Paris a fêté en 1906 et que nous venons de connaître. C'est grâce à lui que la belle et expressive musique arménienne prend un nouvel essor et brille d'un éclat particulier. Ces mélodies innombrables du folklore notées par le R. P. Komitas au cours de ses voyages et harmonisées avec une

science et un goût parfait, ont été chantées par un chœur de trois cents personnes que lui-même a formé en moins de deux mois et qu'il a dirigé magistralement en quatre programmes toujours intéressants. De plus, il a chanté au cours de ces séances des poèmes et des pièces avec sa forte voix de ténor d'une finesse et d'une finesse remarquables.

Actuellement la violoniste belge Mlle Marie du Chastain est dans notre ville. Cet hiver, elle s'est trouvée toujours sur la brèche en différentes circonstances avec des programmes toujours intéressants. Son jeu est sûr, brillant et clair, caractéristique de la glorieuse école belge du violon. Elle a joué avec grand succès du Tartini, du Beethoven, du Mendelssohn, du Lalo, du Svendsen, du Debussy, etc., en recueillant toujours des applaudissements.

Même succès pour les deux séances du violoniste arménien Davidian, élève de M. Thomson, qui brille aussi par une excellente virtuosité.

Nous avons eu enfin la visite du jeune pianiste polonais Swirsky, lauréat du Conservatoire de Paris, qui a retrouvé l'accueil le plus chaleureux pour son jeu délicat et fin, et pour sa parfaite musicalité. S'il a abordé des pièces plutôt courtes de Rachmaninoff, Grieg, Albeniz, Brahms, Borodine et Schumann, au moins les a-t-il jouées avec autant de maîtrise que du Chopin, son auteur de prédilection dont la Marche funèbre a été quelque chose de pieux et ad astra.

HARENTZ.

LIÉGE. — Le second concert du Conservatoire, comprenant l'exécution de la Damnation de Faust, a été dirigé par M. Joseph Delsemme, chargé des classes chorales du Conservatoire. Les chœurs furent excellents et vraiment dignes de leur chef réputé. Les parties orchestrales manquaient quelque peu de relief. Quant aux soli, ils furent parfaits en ce qui concerne le Méphistophélès de Joachim Cerdan, bons dans les parties tenues par Mlle Suzanne Cesbron et M. Gaston Dubois. En somme, ce fut un beau succès et il fait bien augurer de l'intérêt que le public montrera pour les concerts du Conservatoire, sous la direction de M. Sylvain Dupuis. On espère que ces concerts seront plus nombreux qu'à présent et reprendront, sous cet excellent chef, la vogue qu'ils ont perdue peu à peu dans les derniers lustres.

Au Palais des Beaux-Arts, M. Charles Scharrès de la Scola Musicæ a donné avec beaucoup de succès un récital de piano au programme varié.

Dr DWELSHAUVERS.

— Association des Concerts Debefve (dixième anniversaire). — Mercredi 17 mai, à 8 heures du soir, à la salle du Conservatoire, Festival wallon, avec le concours de M. Jacques Thibaut, violoniste. Programme : 1. Céphale et Procris, suite (Grétry); 2. Symphonie pour orchestre et violon principal, première audition (V. Vreuls); 3. Ouverture solennelle (Rufer); 4. Andante et allegro (H. Van den Boorn-Coclet); 5. Ballade et polonaise (Vieuxtemps); 6. Rapsodie wallonne (J. Debefve).

NOUVELLES

— A propos de la reprise de *Gwendoline* à l'Opéra, *Comœdia* publie une amusante lettre de Chabrier, inédite jusqu'ici, adressée à M. Paul Vidal, au moment des études préparatoires pour la première exécution de l'œuvre à l'Opéra en 1893 :

« Mon bon petit Vidal,

» J'ai oublié de te dire, hier, combien ta charmante et affectueuse lettre m'avait comblé de joie! Tu aimes bien Chabrier, tu aimes sa musique, tu la joues comme un ange, mille amitiés.

» EMMANUEL CHABRIER.

» Tâche de *bourrer* notre jolie blonde, que je gobe énormément! Elle est gaie comme un pinson: elle a des chairs blondes, est heureuse de vivre ; le miel de ses cheveux est délicieux : ce sera une belle abeille que notre prochaine Gwendoline! Apprends-lui vite son second acte : qu'elle puisse me dire le 3e tableau, les passages si difficiles *de la page 267 à la fin du troisième tableau*. Et demande à bref délai à Gailhard une seconde audition : certes ce n'est pas pressé d'ici le courant de novembre, mais plus elle chantera *le rôle facilement*, mieux elle prononcera les beaux vers de cette partition ; enfin, quand elle la saura par cœur ! D'ici l'automne, ça doit être sa petite Bible ! »

Quelle fut cette jolie blonde qui dut être la Gwendoline et qui céda le rôle à Mlle Berthet, la charmante créatrice de l'ouvrage? M. Paul Vidal pourrait le dire. Mais il est très discret.

— Le compositeur italien M. Luigi Mancinelli, a fait don à la Bibliothèque du Lyceo Musical de Bologne de la lettre suivante, écrite en français, que lui adressa en 1882 Richard Wagner, du palais Vendramin de Venise. Cette lettre inédite, est curieuse à plus d'un titre :

« CHER AMI ET COLLÈGUE !

» Serait-il possible d'avoir un orchestre de 40 musiciens, que vous me devriez envoyer à Venise, pour exécuter, au 25 décembre, une Symphonie que j'ai composée il y a cinquante ans. Cela serait pour célébrer, avec un demi-centenaire, l'anniversaire du jour de naissance de ma chère femme. Il faudrait que les musiciens fassent le voyage de Bologne à Venise le 23 de ce mois, fassent des répétitions le 24, la représen-

tation, dans notre salle à Vendramin, — tout entre nous — le 25 — et repartissent le 26.

» Ainsi un engagement pour quatre jours? J'espérais contenter parfaitement messieurs les musiciens quant aux frais et aux salaires. Seulement serait-il possible de priver le théâtre de Bologne du service de son orchestre pour ces quatre jours? Je ne voudrais mieux que la réussite ! Quoique je sois à Venise, mon cœur est toujours chez mes chers concitoyens de Bologne.

» Eh bien, je suis un peu audacieux ; mais j'ai osé ma demande, ma prière, et j'attends votre gracieuse réponse — peut-être même par télégraphe. — Oui ou non.

» Tout à vous.

» RICHARD WAGNER. »

10 déc. 1882.

La symphonie dont il s'agit est celle qui vient d'être publiée et que M. Sylvain Dupuis fit entendre, cet hiver, à l'un de ses Concerts populaires à Bruxelles.

— Nous avons raconté qu'un impresario américain avait acheté pour la somme de 312,000 francs le droit de représentation du *Chevalier à la Rose* de M. Richard Strauss pour l'Angleterre et les Etats-Unis. C'est une très plaisante histoire. L'impresario en question est un quelconque « lanceur d'affaires » dans le genre de feu Conried, qui ne connaît rien à la musique, pas plus d'ailleurs que l'ancien directeur du Metropolitan Opera de New-York. N'ayant ni vu, ni lu le *Rosenkavalier*, il s'était emballé sur le bluff énorme fait par la presse allemande autour de la nouvelle œuvre de Strauss et dans sa simplicité il s'était imaginé que le *Rosenkavalier* était une opérette à valses ! Il a confondu Richard Strauss avec Oskar Strauss, l'auteur de la *Dollar Princess*. Sans hésiter, il télégraphia à Berlin pour s'assurer la propriété de l'ouvrage, comptant bien la faire jouer partout dans les music-halls qui pullulent aux Etats-Unis. Le pauvre homme est un peu défrisé aujourd'hui. Personne ne veut de son *Rosenkavalier*. En Angleterre, il n'y a pas de théâtre en mesure de jouer une œuvre aussi difficile. Le seul qui eût pu la monter, le Royal Opera de Covent-Garden, se refuse à subir les conditions que lui fait l'impresario américain. Aux Etats-Unis il n'y a de théâtres sérieux qu'à Chicago, Boston et New-York, mais ils ne paraissent pas disposés à marcher plus que Covent-Garden. Voilà donc notre impresario avec sa partition sur les bras. Il a versé la forte somme et désespérément il attend un directeur pour lui jouer sa pièce. Il y a gros à parier qu'il ne fera pas d'offre pour le prochain ouvrage de M. Richard Strauss.

— Un procès qui intéresse les compositeurs et écrivains vient d'être jugé en instance suprême par le tribunal supérieur de Wurtemberg, siégeant à Stuttgart. Il s'agissait en l'occurrence d'un jeune compositeur qui par traité avait cédé à un éditeur *à perpétuité* tous les droits sur une de ses compositions et qui s'était en outre engagé à assurer un droit de priorité à cet éditeur sur toutes les œuvres qu'il écrirait par la suite, notamment sur ses œuvres dramatiques, sous peine d'un dédit de cinq mille marks. Le compositeur, parvenu à une certaine notoriété depuis la signature de ce traité léonin, demandait au tribunal d'en déclarer la nullité. En première instance il avait perdu son procès. En seconde instance il vient de le gagner. Le tribunal supérieur de Stuttgart déclare dans son arrêt que la clause assurant à l'éditeur une priorité d'achat sur ses œuvres futures est de nature à nuire aux intérêts légitimes du compositeur en ce qu'il peut écarter les offres des éditeurs concurrents, qu'il constitue en fait un véritable monopole en faveur du premier éditeur, que par là même un tel traité restreint la liberté d'action du compositeur, qu'enfin si un pareil traité ne peut être considéré comme *immoral*, il doit être considéré comme répréhensible *au point de vue social*. En conséquence le tribunal a déclaré la nullité du traité.

— Pour l'année 1910, les recettes des théâtres, cafés-concerts, cirques, cinématographes parisiens, ont atteint le chiffre de 57,000,000, en augmentation de 6,000,000 sur l'année précédente. Sur ces 57,000,000 les théâtres proprement dits ont encaissé 33,000,000. Les quatre théâtres subventionnés par l'Etat ont réalisé 9,160,000 francs se répartissant ainsi : Opéra, 3,092,000 francs; Opéra-Comique, 2,680,000 fr.; Français, 2,418,000 francs, et Odéon, 970,000 francs. Parmi les autres théâtres, c'est celui de la Porte-Saint-Martin qui a fait, grâce à *Chantecler*, la plus forte recette : 2,760,000 francs. Les cafés-concerts ont encaissé 7,444,000 francs. Les recettes des cinématographes ont atteint 1,371,000 francs, celles des cirques 1,446,000 francs.

— La Société allemande des auteurs, compositeurs et éditeurs de musique vient de publier son rapport sur l'exercice de l'année 1910. Il en résulte que pendant cette année l'association a encaissé 330,000 marks comme droits d'auteur. En 1909, elle n'avait encaissé que 268,000 marks. Seul le droit d'auteur sur les exécutions musicales a produit 306,700 marks, qui ont été distribués aux compositeurs, éditeurs, paroliers, sous déduction de la part afférente à la caisse de secours de l'Association. Fondée en 1904, l'Association a depuis cette date jusqu'à la fin de 1910 prélevé pour 1,205,000 marks de droits, sur lesquels 857,800 marks ont été distribués aux différents ayants droit. Ces résultats sont magnifiques. La Société représente 429 compositeurs et 84 éditeurs. Dans son assemblée générale, l'Association a renouvelé les pouvoirs de son bureau et a réélu président M. Richard Strauss, Fridrich Rösch, secrétaire, Humperdinck, Ph. Rafer et G. Schumann, membres.

— Au Residenztheater de Wiesbaden, la Société Bach de Wiesbaden vient de donner en spectacle scénique la *Cantate sur le Café*, de Bach. Les paroles de cette cantate, dues à Picander, mettent

en scène un personnage du nom de Schlendrian, qui veut déshabituer du café sa fille Liessgen. Promesses et menaces sont vaines; Liessgen a une passion pour le noir breuvage. Le père n'a d'autre ressource que de promettre un mari à la jeune fille en échange du sacrifice demandé, mais l'espiègle enfant dit à l'oreille du fiancé qu'elle ne consentira au mariage que sur l'assurance qu'elle aura pleine liberté de prendre du café aussi souvent et en aussi grande quantité qu'il lui plaira. Le mariage a lieu et les rieurs sont contre Schlendrian, lequel pouvait avoir raison pourtant. M. Albert Schweitzer a écrit dans son livre *Bach, le musicien et le poète*, que Bach a composé sur ce libretto une musique à la Offenbach et que sans changement aucun l'on pourrait faire de cette cantate une opérette en un acte. C'est ce que vient de réaliser à Wiesbaden la Société Bach. Le spectacle a été donné deux fois avec grand succès.

— Nous avons raconté naguère la fugue du ténor Burrian qui, très heureux de ses succès en Amérique, s'est refusé à revenir prendre son service à l'Opéra de Dresde dont il est le pensionnaire. En sa qualité de propriétaire de l'Opéra de Dresde, c'est le roi de Saxe en personne qui doit intenter un procès au célèbre créateur d'*Hérode* dans *Salomé*, pour rupture de son contract. Le roi réclame à M. Burrian 30,000 marks de dédit. Le procès sera plaidé dans quelques semaines.

— Caruso est actuellement à Londres. Il est, paraît-il, en excellente santé. Il prétend que les journaux ont exagéré la gravité de son mal de gorge et qu'il n'a besoin que d'un peu de repos.

— Plusieurs journaux allemands croient savoir que M. d'Annunzio a promis à M. R. Strauss d'écrire un livret que l'auteur du *Chevalier à la Rose* mettrait en musique. On prétend que le poète et le compositeur se rencontreraient dans ce but à Paris vers la mi-juillet.

— Après Berlin, Wiesbaden et Cologne, Francfort vient de donner avec un succès éclatant *Les Enfants du Roi* de Humperdinck, sous la direction du kapellmeister Rottenberg.

— La Société des Concerts de Munich organisera une série de grandes auditions au cours des festspiele, en l'honneur de Mozart et de Wagner, qui seront données prochainement au théâtre du Prince-Régent. Beaucoup d'œuvres de Liszt prendront place sur les programmes à l'occasion de son centenaire.

— A son dernier concert, l'Association chorale viennoise a donné la première audition d'un chœur pour hommes, d'Anton Bruckner, resté inconnu, et qui est d'une grande valeur musicale. L'œuvre est intitulée : *Chants du soir.* Elle a été écrite en 1878 sur des paroles du poète Henri von der Mattig.

— L'empereur d'Autriche a accepté le patronage du grand festival national Liszt, qui aura lieu du 21 au 25 octobre prochain, à Budapest, sous la direction du comte Geza Zechy, élève de Liszt.

— La première nouveauté que compte représenter, à l'ouverture de la saison, la direction du Metropolitan Opera House de New-Yok, sera la nouvelle œuvre du compositeur italien Umberto Giordano, *Madame Sans Gêne*, qui sera interprété par Caruso, le baryton Amato et Mme Farrar, sous la direction du maestro Toscanini.

— L'Association des musicologues italiens, fondée à Parme en 1908 et qui compte deux cent cinquante membres associés en Italie, a entrepris de publier un « Catalogue général » de toutes les œuvres musicales italiennes, tant manuscrites qu'imprimées. Dans ce but elle a organisé un système de recherches méthodiques dans les dépôts d'archives et dans les bibliothèques. Outre ce catalogue, elle prépare une édition des *Monimenti dell'Arte musicale italiano*. Le premier volume, qui paraîtra incessamment, contiendra des sonates pour piano de G.-B. Somis (1676-1763). Le second volume donnera les sonates pour Clavicembalo de l'école vénitienne du XVIIIe siècle. Enfin l'Association a résolu de publier également les œuvres anciennes de littérature et d'esthétique musicales. Le premier volume de cette dernière collection contiendra la reproduction d'œuvres rares didactiques du XVIIe siècle.

— On nous écrit de Gand que le concert jubilaire du Conservatoire, annoncé pour le 20 mai, aura lieu dans le courant de novembre prochain.

57me ANNÉE. — Numéros 22-23.   28 Mai et 4 Juin 1911.

LE GUIDE MUSICAL

THÉRÈSE

de Massenet   ET

L'Heure Espagnole

de Ravel

à l'Opéra-Comique de Paris

———

C E n'était pas tout à fait du fruit nouveau, mais il n'en a paru que plus savoureux. Notre public aime beaucoup être rassuré d'avance sur l'intérêt qu'il doit prendre aux œuvres musicales qu'on lui offre : il est heureux quand il les connaît déjà, par le sujet tout au moins, et n'est pas obligé de faire effort pour les comprendre. Malheur à l'œuvre trop originale et trop différente de tout, qui se présente à lui sans préparation ! La Jota, volontairement, n'a pas été comprise. On lui en a voulu à fond, à mort, sans recours possible !... Mais ici, c'est autre chose ; voici quelques années déjà que même les partitions de Thérèse et de L'Heure Espagnole ont fait leur apparition sur nos pianos : oh l'excellente garantie de succès !

Nous en profiterons du reste, et d'autant plus volontiers que nous manquons de place. Les analyses que nous avons données de l'une et l'autre œuvre, — Thérèse lorsqu'elle a été jouée à Monte-Carlo, pour la première fois, en février 1907 ; L'Heure Espagnole lorsque l'éditeur a mis en vente la partition dont la mise à la scène reculait indéfiniment, en janvier 1909 —, me dispenseront d'y revenir autrement que comme une revision critique.

Depuis sa création sous les auspices de M. Gunzbourg, Thérèse avait d'ailleurs fait son chemin en province avant d'arriver à Paris. Il est probable qu'elle continuera ; le succès souligne très vivement la grâce mélancolique du premier acte et presque autant l'émotion communicative du second. Le drame de M. Jules Claretie a forcément le défaut d'être sommaire et d'esquisser à peine les caractères, mais l'impression que ceux-ci doivent évoquer et l'ambiance où ils se meuvent sont rendues avec bonheur et c'est à coup sûr le principale mérite à reconnaître à l'œuvre musicale. Celle-ci s'apparente d'ailleurs à Werther comme style, et ce n'est pas un mince éloge. Le goût pourtant y est moins sûr, les idées moins heureuses. L'époque a déteint sur le caractère, d'ailleurs indécis et mou de Thérèse, jusqu'au moment où elle se reprend enfin et meurt en héroïne : il y a bien du déclamatoire dans ses évocations tourmentées. Elle a déteint également sur le jeune marquis Armand, mais avec un retard de quelques années ; ses souvenirs passionnés, les visions de « menuet d'amour » (aux accents lointains d'un clavecin de rêve), dont il grise son ancienne amie sans défense, sous la chute des feuilles automnales, out la grâce surannée et un peu fade de la musique des salons que la Révolution vclient de ravager. Seul, André Thorel va de l'avant voit clair et haut ; son caractère loyal et sincère est dessiné d'une main ferme, avec son charme délicat aussi (témoin le tour si pur qu'il donne à ses aveux d'amour, au premier acte, auprès de la fontaine : « Regarde dans cette eau, clair miroir de mon cœur »), avec son émotion concentrée et pénétrante au second, lorsqu'il marche à une mort probable (« Je garde tout mon courage, tant que je garde ton amour »). — Le caractère angoissant du second acte, l'appréhension continuelle qui se dégage de ces bruits de rue intervenant dans l'action, restent un des mérites essentiels de la partition ; je les ai retrouvés avec plaisir.

L'interprétation a conservé deux de ses premiers représentants : Mlle Lucy Arbell n'a pas incarné d'héroïne qui mette plus en valeur ses qualités personnelles ; la mollesse même de son phrasé vocal y est à sa place, comme la beauté de ses attitudes, et l'énergie de sa révolte dernière contribue heureusement encore à la vérité de son expression. M. Clément, d'autre part, est toujours charmeur et vibrant dans le jeune marquis. M. Albers, seul, est nouveau dans Thorel ; mais il ne fait regretter personne. On ne saurait mettre plus de sincérité et de naturel au service d'une voix plus éloquente et mieux conduite. — Je ne voudrais pas oublier le clavecin... Comme à la création, pour les premiers soirs, c'est encore M. Diémer qui en a éveillé les sonorités discrètes... on sait avec quelle finesse et quel art.

Pour L'Heure Espagnole, il nous manquait jusqu'à présent de l'entendre à l'orchestre ; à vrai dire, on n'en peut avoir une idée exacte autrement. C'est une pochade humoristique plus bouffonne encore par l'agencement de ses sonorités que ne l'est la piquante comédie de M. Franc-Nohain par le tour spirituel de ses vers. Elle débute par la symphonie de toutes les sonneries imaginables chez un horloger, horloges, coucous, jouets mécaniques, animaux à ressort (y compris le bruit du ressort qui claque). Elle conclue par un grand « vaudeville » en quintette où les personnages se moquent d'eux-mêmes, de la pièce, et peut-être aussi de nous par surcroît, où les notes du ténor sont attendues avec curiosité par la basse, où l'on se met en quatre pour chercher où a bien pu passer la note ultra-grave que la basse voulait donner et qui a retenti dans l'orchestre.... Pour le reste, il n'y a pas beaucoup de musique proprement dite, mais ce qu'il y en a suit avec adresse les caractères de chacun, du muletier jovial et placide, du poète au délire fade, aux improvisations importunes, du financier joyeux et égrillard, de l'horloger ironique, de « l'horlogère » bouillante et énervée. Bien que raccourcie sur l'original, la comédie paraît parfois longuette, mais du moins on ne saurait mieux la jouer. Jean Périer est extraordinaire de vérité narquoise, et d'ailleurs grimé à ravir, dans le muletier, et Mlle Vix, avec ses mines provocantes et réservées tout ensemble et d'une fantaisie impayable ; M. Delvoye est d'un comique excellent dans le financier, M. Colomb d'une conviction charmante dans le poète, M. Cazeneuve d'une sûreté très fine dans l'horloger.

La mise en scène est d'une grande vérité dans les deux pièces, poétique puis émouvante dans Thérèse, drôlatique dans L'Heure Espagnole. M. Ruhlmann a dirigé l'une et l'autre œuvre, avec sa souplesse ordinaire. H. DE CURZON.

UNE REPRISE DES

AMOURS DU DIABLE
d'Albert Grisar
AU TRIANON-LYRIQUE

LE directeur F. Lagrange a eu l'ingénieuse, et il faut le dire aussi, sur une aussi petite scène, l'audacieuse idée de reprendre Les Amours du Diable d'Albert Grisar. C'est une des partitions les plus considérables de l'auteur de Bonsoir Monsieur Pantalon et des Porcherons et si ce n'est pas une des meilleures, pour des raisons de livret surtout, c'est, tout compte fait, l'une de celles qui ont obtenu les plus grands succès un peu partout (en Amérique même, et plus qu'ailleurs). A Paris, elle n'avait pas été entendue depuis plus de vingt ans, et encore... Quelques représentations au Château d'Eau en 1888, quelques-unes en 1874 au Châtelet (momentanément Opéra populaire) avec le ténor Nicot, nous séparent seules des soirées de l'Opéra-Comique de 1863, avec Galli-Marié et Capoul. Et celles-ci n'étaient autres qu'une reprise, un peu raccourcie, des quarante-huit représentations du Théâtre-Lyrique en 1853. L'origine de l'œuvre est très simple. Saint-Georges avait fait jouer à l'Opéra en 1840, un ballet d'action : Le Diable amoureux, dont le succès fut grand et prolongé. Pour le maintenir et l'étendre, il bâtit un livret d'opéra, opéra-comique, féerie... et l'offrit à Grisar. Bien qu'il fût médiocre et de style singulièrement plat, celui-ci ne put mieux faire que de s'y conformer ; et c'est le mélange des genres, le décousu, la froideur de certaines scènes trop inspirées de modèles indépassables (la scène des dés, où le comte Frédéric perd ses richesses et ses châteaux ; celle du cimetière, où le diable évoque les âmes damnées ; le personnage même de Lilia, la sœur de lait, dont l'amour sauve le jeune homme et confond l'enfer... c'était un peu trop Robert le Diable en raccourci), c'est aussi les longueurs des péripéties trop accumulées, qui ôtent à cette partition la spontanéité et la verve dont se parent si heureusement la plupart des autres œuvres de Grisar, de moindre envergure. La vraie originalité

de la pièce consiste toute dans le personnage
d'Urielle, le diable femelle envoyée par Belzébuth,
sous la forme d'un page, au service du mortel qui
l'a évoqué, s'éprenant de lui, tentant vainement de
l'arracher à l'amour béni de Lilia, de l'entraîner
du moins jusqu'en Enfer en lui faisant signer un
pacte..., et, par la douleur vraie qu'elle ressent en
comprenant le mal inutile qu'elle cause, par le
mouvement de charité qui la porte à brûler le
pacte et à subir seule le châtiment que lui prépare
Belzébuth, se rachetant enfin de sa nature diabolique et retrouvant dans la souffrance le pardon du
Ciel... Grisar a très bien traité la souplesse de
cette figure attachante, son brio, puis sa passion.
Il a été léger et piquant dans les scènes de
comédie, duos ou chœurs ; il a montré de la grâce
dans les danses. Comme d'habitude, sa musique
se recommande surtout du vieil opéra comique,
français ou italien, ce qui est naturel, puisqu'il
chercha en France et en Italie successivement son
éducation musicale. Boïeldieu et Rossini ont passé
par là.

Ce n'est pas une petite affaire que de monter
une pareille œuvre, et cette laborieuse petite
scène du Trianon-Lyrique n'en avait jamais tant
fait : ce ne sont que trappes et vapeurs infernales
dignes de l'Opéra ! Notez qu'aucune des coupures
de 1863 n'a été pratiquée. L'interprétation est
d'ailleurs sensiblement meilleure que celle des
dernières reprises : Mlle Morlet, comme sûreté et
souplesse de jeu, par l'éclat et la verve de sa voix
infatigable ; une Urielle tout à fait remarquable ;
M. Tarquini d'Or n'a jamais mieux mis en valeur
sa voix cuivrée et sa ferme articulation que dans
l'étonnant Belzébuth qu'il incarne ; Mlles Saint-
Germier, Perroni, Ferny, MM. Vincent, Aristide,
Thiry, Dumoutier... sont fort convenables, et les
chœurs excellents. C'est là, en somme, une entreprise qui fait le plus grand honneur à cette petite
troupe.   H. DE C.

GUSTAVE MAHLER

L E, célèbre chef d'orchestre et compositeur Gustave Mahler a succombé
dans un sanatorium de Vienne à la
maladie de cœur qui le minait depuis
longtemps. Il y a quelques semaines il s'était
rendu à Paris afin de se soumettre au traitement
du professeur Chantemesse. Mais alors déjà la
gravité de son état ne trompait personne ; l'entourage du maître malgré un optimisme de commande, prévoyait sa fin prochaine. Transporté
à Vienne dans les premiers jours du mois de mai,
Gustave Mahler y succombait le vendredi 18 mai,
à l'âge de cinquante et un ans.

Avec Gustave Mahler disparaît un des musiciens
les plus considérables de la jeune Allemagne (1).

Ses huit symphonies publiées jusqu'à présent
provoquèrent partout de violentes polémiques.
Les nombreux admirateurs qu'elles suscitèrent,
William Ritter en tête, vantent leurs hautes visées,
la noblesse de leurs premières intentions, la nouveauté du
travail orchestral. Leurs détracteurs critiquent là
banalité des thèmes, la longueur excessive des
développements, le défaut d'équilibre et d'harmonie et expliquent par l'origine israélite du
compositeur le peu d'impression que leur laisse sa
musique.

Mais si le compositeur fut toujours l'objet de
discussions passionnées, on est unanime à reconnaître la haute valeur de Gustave Mahler, chef
d'orchestre, sa puissance de suggestion, l'art de
communiquer à l'orchestre ses moindres intentions
et de lui imposer ses conceptions personnelles.

La période la plus brillante de sa carrière de
chef d'orchestre fut son directorat à l'Opéra impérial de Vienne (1897-1907). Avec une opiniâtreté
dont on ne lui sut pas toujours gré, il tenta de
relever le goût du public viennois, trop enclin à la
frivolité. Le personnel de l'Opéra fut rajeuni,
l'orchestre réorganisé, la mise en scène renouvelée ; Wagner et Mozart devinrent les maîtres
du répertoire. Résultat : des exécutions modèles
d'une perfection inoubliable.

Malgré son grand talent, devant lequel tous
s'inclinaient, Mahler ne sut pas faire de ses collaborateurs des amis et des disciples. Les conflits
entre le directeur de l'Opéra et ses interprètes se
multiplièrent et quand l'impresario H. Conried
lui proposa de prendre la direction de l'orchestre
du Metropolitan Opera de New-York, Mahler
accepta. Il n'occupa toutefois ces fonctions que
pendant une année. Il dirigeait l'orchestre philharmonique de New-York quand son état de santé
le força, il y a quelques mois, à résilier son engagement.

En 1910, il fit un séjour assez important en
Europe : il dirigea sa deuxième symphonie à Paris
et fêta son dernier grand triomphe à Munich par la

(1) Voir l'article de May de Rudder : Gustave
Mahler, dans le *Guide musical* du 22 janvier 1911 (n° 4).

première exécution de sa huitième symphonie, une œuvre colossale dont l'exécution dure deux heures et nécessite un millier de collaborateurs.

FRANZ HACKS.

LA SEMAINE

PARIS

A L'OPÉRA-COMIQUE, la série des concerts historiques est achevée. M. Henri Expert nous a fait ses adieux, non sans mélancolie, et nous regrettons comme lui de voir ce terme atteint. Nous regrettons d'ailleurs, comme lui toujours, que le plan de ce cycle ait abouti à un pareil étranglement des écoles lyriques à étudier. Depuis déjà plusieurs séances, cette impression était sensible et je l'avais marquée. Les premiers concerts combinés avec soin, exécutés après études spéciales, étaient; on peut le dire, réellement significatifs, instructifs de l'évolution lyrique dans les différentes écoles. Dès l'arrivée des classiques, on a commencé à entendre surtout les morceaux au répertoire personnel des artistes. Avec les modernes, ce sont des concerts, où les numéros s'entassent mais ne signifient plus rien d'ensemble. Quelle instruction tirer de ce dernier concert consacré aux *Chants français du XIXᵉ siècle* depuis Hérold jusqu'à Charles Bordes? Hérold, Meyerbeer, Halévy, Berlioz, David, Thomas, Gounod, Offenbach, Franck, Lalo. Reyer, Delibes, Guiraud, Bizet, Chabrier, Chausson, Bordes (et combien d'autres manquent ici!) y ont figuré avec un, rarement avec deux morceaux, absolument incapables de représenter autre chose qu'un petit côté de leur génie ou de leur talent (airs d'opéras surtout, sauf pour les plus récents; pas une mélodie de Gounod, qui en a écrit d'incomparables et de essentielles!). Mˡˡᵉ Nicot-Vauchelet dans un air du *Pré-aux-Clercs*, Mᵐᵉ Martyl dans la *Chanson de Fortunio* d'Offenbach, Mᵐᵉ Billa-Azéma dans l'air de Margyane de *la Statue* et *la Procession* de Franck, Mˡˡᵉ Brohly dans l'arioso de Delibes, furent les plus remarquables interprètes, dans un ensemble assez terne.

H. DE C.

AU THÉÂTRE LYRIQUE de la Gaîté, on a joué le 19 mai un drame en cinq actes de M. P. de Sancy, avec musique de scène de M. Noël Gallon, intitulé *Paysans et Soldats*. C'est bien d'un drame et d'un drame en vers qu'il s'agit, car la musique purement symphonique, à part une petite

ronde chantée, n'y intervient qu'à la façon dont Bizet intervient dans *L'Arlésienne*, c'est-à-dire pour souligner quelques élans poétiques, appuyer quelques tirades et précéder de quelques improvisations le lever du rideau. Mais là où Bizet fit un chéf-d'œuvre, M. Noël Gallon, jeune prix de Rome, n'a commis qu'un timide essai. Hâtons-nous d'ajouter que cet essai promet, et que pour le moment il affirme un musicien très expérimenté, très inventif, auquel manque la logique du développement et la richesse des idées.

Ce qu'il a de plus brillant, c'est sa technique. J'ai noté dans la ronde chantée par Mᵐᵉ Guionie, des successions harmoniques très savoureuses; un prélude symphonique où s'entrecroisent les rythmes les plus divers, et surtout, une *Marseillaise* en si bémol mineur, d'un raffinement d'écriture inouï. Beaucoup d'habileté, mais peu d'inspiration; des détails intéressants, dans un ensemble ingrat et bruyant. Mais que voulez-vous? M. Noël Gallon, à peine âgé de vingt ans, voit déjà sa première œuvre représentée.

Les jeunes vont vite aujourd'hui !

Quant au sujet, c'est une pauvre et fade redite sur un beau et noble thème : La Défense de la Patrie. Et si bien des tirades tombent à froid, c'est qu'elles manquent de souffle et relèvent bien plus de la fausse déclamation que du vrai lyrisme.

Et pourtant rien n'a été ménagé pour nous impressionner : souvenirs d'Alsace, soldats français et prussiens, champ de bataille avec morts et mourants, coups de feu, coups de tonnerre, etc., le tout aidé d'une très jolie mise en scène.

Une troupe improvisée défend ce drame avec ardeur : M. Joubé, plein de jeunesse et d'enthousiasme, MM. Froment, Normand et Gavarry, et la toujours héroïque Mᵐᵉ Tessandier, dans un rôle de grand'mère. C'est à elle que revient le plus beau geste, quand elle chasse son petit-fils, réfractaire à la souscription, et quand, en présence de ses deux fils tués, elle invoque la délivrance finale et le triomphe de la Patrie. A. GOULLET.

Au Châtelet, comme suite des attractions d'art organisées cette année par M. G. Astruc, nous avons eu cette semaine la révélation d'une œuvre étrange, hautaine et magnifique du poète italien D'Annunzio, devenu vraiment écrivain français, *Le Martyre de Saint-Sébastien*, mystère en cinq actes, que soutient une musique de scène de Claude Debussy. Cette partition seule nous occupera ici. Cependant, il est bon d'expliquer que la tragédie même est basée à la fois sur l'histoire, sur la *Légende dorée*, et sur l'Evangile même; qu'elle est traitée en « mystère » du moyen âge, c'est-à-dire dans des décors et des costumes tels qu'on les concevait au XIVe siècle; d'une grande beauté artistique d'ailleurs; que l'impression qu'elle laisse est austère, douloureuse, oppressante même, un peu confuse si l'on n'est pas bien au courant des textes saints, mais très émouvante et très prenante si l'on est très familier avec eux; qu'enfin l'interprétation en a été d'une sincérité et d'un respect remarquables de la part de Mᵐᵉ Ida Rubinstein dans le personnage du Saint, dont elle a rendu avec infiniment de tact la sérénité dans la foi et l'inébranlable ardeur. La partition de M. Debussy consiste surtout en préludes, en chœurs, avec quelques voix isolées, enfin en musique de scène ; cependant elle ne se mêle pas souvent à l'action, s'efface devant elle, et paraît surtout comme pour l'encadrer ou en soutenir les endroits mimiques. Elle est très séduisante, et par les moyens habituels de l'auteur de Pelléas, mais avec plus de largeur, des développements symphoniques plus somptueux, plus étoffés, des chœurs aussi, d'un style Palestrinien mais d'une ligne très personnelle. Ce n'est pas une œuvre qui fasse corps à elle seule, mais ses épisodes, même indépendants, offriront toujours un réel intérêt. C'est M. Caplet qui dirigeait l'orchestre, M. Inghelbrecht les chœurs.   H. DE C.

La Saison russe d'opéra, du Théâtre Sarah-Bernhardt, nous a donné comme troisième spectacle La Fiancée du Tsar, de Rimsky-Korsakoff. Cette partition est récente; elle date de 1898. Jouée d'abord sur un théâtre privé, à Moscou, en 1899, elle a eu sa première représentation officielle, à Saint-Pétersbourg, en 1902. Ce n'est pas une des œuvres les plus caractéristiques du plus grand des musiciens de l'Ecole russe contemporaine; et puisque son répertoire est d'hier encore, et qu'il n'y avait qu'à choisir, on s'étonne qu'on ne nous en ait pas donné une plus à la portée de notre public. Evidemment La Fiancée du Tsar a bien moins de quoi parler à notre imagination ou satisfaire notre curiosité folkloriste que Sadko, par exemple (ou l'exquise Snegourotchka). Elle a beau se passer au temps d'Ivan le Terrible, l'action en est tout intime et hors de l'histoire ; le Tsar ne paraît même pas, si ce n'est dans le lointain, à cheval, quand il jette les yeux sur cette humble vassale de Marfa, qu'il va faire Tsarine. Elle est comme il semée d'intrigues sourdes et d'empoisonnements, elle prête peu aux chants populaires, aux développements pittoresques... Tout de même, elle est moins incompréhensible qu'on ne se l'imagine

et que ne le laisse entendre l'analyse du programme. Etrange analyse, à laquelle personne ne comprenait rien, et qui embrouillait le spectateur au lieu de l'instruire! Pourquoi M Calvocoressi, qui a fait, fort habilement, la traduction destinée aux représentations françaises, ne nous a-t-il pas expliqué en deux mots et en bon français le sujet du drame?

Cette Marfa est la fiancée de Lykow, mais elle est aimée désespérément par Griaznoy, enfin le Tsar la prend pour lui. Mais c'est avant cette conclusion inattendue que l'action se noue. Pour vaincre son rival, Griaznoy a demandé au médecin Bomely une poudre d'amour, et la fait boire à Marfa. Mais Griaznoy a une maîtresse, Lioubacha, qui, de son côté, demande au médecin une poudre de mort, pour détruire la beauté et faire peu à peu dépérir celle pour qui elle est délaissée. Lorsque Marfa est devenue Tsarine et qu'elle dépérit, Lykow est accusé. Griaznoy, affolé devant les angoisses et les hallucinations de la malheureuse, s'accuse publiquement de l'avoir empoisonnée, enfin Lioubacha vient railler son amant, et fièrement se déclare seule coupable... Griaznoy la poignarde, avant de mourir lui-même. Si trop de longueurs et d'immobilités n'arrêtaient constamment la marche du drame, on en jouirait mieux : il y a de fort belles scènes, les unes gracieuses, les autres passionnantes et éloquentes; il y a surtout, dans l'orchestre, dans les dialogues, dans les ensembles, une foule de jolis détails, de phrases ailées, de colorations savoureuses, tout à fait dignes du maître Rimsky-Korsakow et qui soutiennent l'intérêt.

L'interprétation d'ailleurs été fort bonne au point de vue vocal; avec M. Baklanoff, dont le baryton moelleux et superbe s'alliait à un physique très avantageux et à une expression très vivante, dans Griaznoy, avec M. Bolchakoff, ténor vibrant, dans Lykoff; Mˡˡᵉ Markowitch, souple et puissante Lioubacha, Mˡˡᵉ Van Brandt, dramatique dans Marfa, avec de jolies sonorités, surtout dans la demi-teinte, M. Mariachess, basse émouvante, dans le vieux père de Marfa.

Ai-je dit combien ce même Baklanoff fut remarquable dans Le Démon? Le geste est très sobre et toute l'expression est dans la physionomie : la voix n'en est que plus pénétrante et d'un plus fier accent. La princesse Baratoff a paru aussi dans Le Démon. Sa voix manque parfois de puissance, mais comme elle saurait rachèter ce défaut en artiste, avec des sonorités charmantes et la finesse la plus distinguée !

Enfin on a donné, cette semaine le drame bien

connu que Tschaïkowsky a tiré d'un poème de Pouchkine : *Onéguine*. Comment cette œuvre a-t-elle remporté, même hors de Russie, le succès que nous lui connaissons, je ne me charge pas de l'expliquer. Le sujet en est banal et les personnages, insuffisamment étudiés d'ailleurs, n'offrent aucun intérêt spécial, Onéguine lui-même, pour commencer, Don Juan froid et morose. La musique est d'une élégance réelle, mais très pauvre de couleur, et réservant volontiers ses idées mélodiques aux bois, à découvert, ce qui leur donne une allure particulièrement grêle. Les motifs populaires sont plus intéressants, mais trop rarement employés et sans faire corps avec l'action, dont les longueurs ou les banalités ne sont pas assez rachetées par les pages plus heureusement conçues : telles l'introduction, au soir, où se marient les voix des deux sœurs, de la mère et de la nourrice, telles quelques phrases d'Onéguine au second acte, dans le parc, et la rêverie de Lenski avant le duel où il doit trouver la mort, enfin les scènes finales un peu plus passionnées que le reste... L'œuvre, on le sait, date de 1881 (Moscou). Elle a été jouée en anglais et en français aussi (Nice, 1895), Ici, en russe, l'interprétation a paru de tous points remarquable, avec MM. Baklanoff et Bolchakoff (Onéguine et Lenski), Mmes Ovsianikova, Czaplinska (Larina et Olga, les deux sœurs), Tcherkoskoya et Markova (la mère et la nourrice).

H. DE C.

Le Théâtre Apollo a monté ces jours derniers une opérette nouvelle française, cette fois, signée Claude Terrasse, sur un arrangement de la pièce d'Abel Hermant : *Les Transatlantiques*. Mais toute pièce et tout roman (car l'œuvre originale est à la fois l'un et l'autre) ne convient pas à cette transformation, et M. Franc-Nohain, qui s'y est employé, a pu justement s'en rendre compte ; car c'est au lendemain de la transposition si ingénieuse de sa propre pièce, *L'heure Espagnole*, que ces *Transatlantiques* ont vu la rampe. Et cette fois, le résultat a été loin de ce qu'on pouvait espérer. C'est que tout le comique de l'action imaginée par M. Hermant est dans le dialogue, les mots, une comédie, une intrigue intimes. Pour le faire tourner du côté de l'opérette, il n'a pas suffi d'appuyer, il a fallu *plaquer* des effets extérieurs : l'un et l'autre procédé ont singulièrement nui à la pièce même, et desservi la partition. Car on se prend constamment à regretter la comédie, telle qu'elle se jouait sans musique, et, celle-ci, obligée tantôt à des demi-teintes, tantôt à des explosions de folie, manque essentiellement d'unité. C'est du reste la demi-teinte surtout qui a paru avenante et d'heureuse

inspiration chez M. Terrasse. Plusieurs duettos entre le jeune marquis français et la douce Américaine qu'il dédaigne d'abord, puis aime enfin pour du bon, grâce à l'alerte où le place une situation fausse démasquée par la bruyante famille de sa femme, sont d'un goût charmant, comme certaine page d'un personnage secondaire, la mère du marquis ; tandis que les couplets rythmiques, les duettos mimiques et les ensembles tapageurs font le plus souvent l'effet de bouffonneries à froid, qui ne font rire que ceux qui les lancent. Mmes O'Brien, Cébron-Norbens, Marquet ont défendu la partition avec quelque voix, MM Defreyn, Dubosc, Ardot, Foix y ont contribué aussi de leur mieux. (Mais que fait donc ici M. Georges Foix, dont la jolie voix de ténor trouverait un si meilleur emploi sur une vraie scène lyrique ?)

H. DE C.

Société nationale de musique. — Concert de clôture annuelle avec la séance habituelle d'orchestre, salle Gaveau, 20 mai.

La deuxième symphonie de M. Witkowski ouvre le feu. Véhémente, de couleurs truculentes, l'œuvre du compositeur se préoccupe de toute autre chose que de la logique et de l'enchaînement des idées ; elle passe, à l'aide de transitions conventionnelles, par les juxtapositions les plus imprévues, les subtilités les moins spontanées, au hasard des motifs souvent disparates, mettant en relief le décousu, le raboutissage des oripeaux harmoniques. Non pas qu'elle ne soit intéressante ; il y a dans le second mouvement une grisaille de sonorité générale assez curieuse, un rythme sauvage traversé par un solo de violon, une périlleuse attaque de violoncelle aigu, une phrase de trompette égrillarde ; ce divertissement se conclut de façon brusque, amusante ; il me paraît être d'ailleurs le meilleur morceau de l'ouvrage et fut chaleureusement accueilli.

L'andante prépare sous une pédale de harpe un thème tourmenté que se partagent la clarinette, les violoncelles et le cor anglais et qui aboutit à un crescendo dramatique, à un essai de fugue, pour s'enchaîner dans le grave à un allegro final d'un caractère ombrageux et complexe, long, parsemé de trouvailles humoristiques, de combinaisons artificielles et d'habiles développements.

Ce qu'on peut admirer dans cette symphonie, c'est la vie qui l'anime, la couleur qui l'enveloppe ; ce qu'on doit y critiquer, c'est l'accumulation absorbante des moyens musicaux, certaine disproportion et certain désordre dans la logique du discours musical.

Les autres morceaux du programme, d'ailleurs

trop long, ont paru pénibles. Est-ce la monotonie qui découle de l'identité des manières et des procédés? C'est bien probable. Qu'on écoute les trois mélodies de M. de Lioncourt. — *La Ballade du Vieux Chêne* est d'une excellente inspiration, sobre et mélodique — qu'on entende *La Voix lactée* de M. Sérieyx — consciencieusement écrite et pesamment bâtie — qu'on se laisse bercer par *L'Eglogue d'automne* de M. Canteloube de Malaret, il semble qu'il s'agisse toujours d'excellents devoirs de lauréats de concours s'exerçant sur un sujet donné, avec emploi de moyens obligés. La personnalité ne surgit point encore; souhaitons que l'expérience et l'avenir déchirent les gangues qui contiennent tant de promesses. Mmes Croiza, qui possède une fort jolie voix, et Bathori, ont interprété ces œuvres d'une vocalité discrète.

La fantaisie pastorale de M. Henri Mulet est bien faite; elle manque d'une lumière franche qui l'impose aux regards; un motif agréablement confié au hautbois, instrument classique de la campagne, circule souvent répété, obsédant ainsi que certains paysages de la Haute-Durance dont l'âpreté a séduit l'auteur. Malgré de séduisantes sonorités, cette fantaisie alpestre est longue : elle déborde, comme la Durance à la fonte des neiges.

M. Grovlez a dirigé l'exécution d'un délicat et séduisant *Madrigal Lyrique*, dont la musique souligne très agréablement les vers gracieux de M. Henri de Régnier.

Le concert s'est terminé fort tard sur la *Fête des Vendanges*, danses des treilles et du chevalet, tirée du *Cœur du Moulin*, de M. Déodat de Séverac.

Une petite observation pour finir : si les compositeurs tiennent à conduire eux-mêmes leurs partitions d'orchestre, ce qui n'est pas toujours avantageux pour l'exécution, qu'ils s'étudient au moins dans l'art des maintiens et des attitudes au pupitre. Cet abus du déhanchement, cet abus surtout du bras gauche, ces ailes de moulin qui battent l'air aussi perpétuellement qu'inutilement, cette main gauche qui s'étire en ondulations précieuses, en bénédictions déplacées, ces phalanges jointes ou écartées de nageur aux abois, tout ceci, outre qu'il est parfaitement inesthétique, détourne l'attention des auditeurs. Et quand l'attention se détourne de l'audition, il est rare qu'elle ne se mette pas à jouir du ridicule.

La saison de la Nationale est terminée. Si nous voulions récapituler la production de l'année, nous trouverions péniblement quelques œuvres dignes de rester au répertoire de la musique de chambre — exception faite du grand quintette de M. Fl. Schmitt. Pourquoi cette pénurie? C'est

parce qu'aujourd'hui les jeunes compositeurs ont quelque honte à affirmer leur personnalité; localisés dans l'assimilation à haute dose, voués dès lors au démarquage, ils sont entrés dans la peau des deux chefs d'école, V. d'Indy et Debussy — sorte de tunique de Nessus, dont ils ne semblent pouvoir se dégager. Ainsi procédèrent à un moment les imitateurs de Wagner. Si bien qu'à force d'être bons élèves, ils se condamnent à rester des élèves, façonniers de talent, manouvriers de métier. Ça passera comme toute chose; mieux vaudrait plus tôt que plus tard.

CH. CORNET.

Société musicale indépendante. —

Les jeunes novateurs qui dirigent la S. M. I. ont eu une idée géniale. Comme surcroît d'inédit, ils ont imaginé de corser le concert du 9 mai — salle Gaveau — par la trouvaille suivante imprimée sur le programme :

« Pour soustraire le public à l'influence des idées préconçues, les noms des auteurs dont les œuvres figurent à ce programme seront tenus secrets jusqu'au lendemain du concert. Les auditeurs seront invités à inscrire sur des bulletins spéciaux les noms des personnalités musicales qu'ils croiront avoir reconnues. »

Un certain nombre de compositeurs se sont soumis à cette épreuve, petit jeu musical renouvelé de Colin-Maillard. Quelques-uns d'entre eux n'ont pas dû s'en féliciter.

Le public, toujours bon enfant et poli, accepte généralement ce qu'on lui offre par des applaudissements, ne fût-ce que pour exprimer sa satisfaction d'entendre l'accord final. Il a le respect de toutes les idées lorsqu'elles sont signées d'un nom dont il connaît la valeur. Habitué à tout avaler, pilules, tartes à la crème, fours et vinaigrettes variées, il admet toutes les erreurs pourvu que l'auteur en prenne sincèrement la responsabilité.

En présence de l'anonymat, il s'est franchement diverti, ayant conscience de n'être point irrévérencieux; il aurait certes gardé plus de réserve s'il avait su le nom de l'auteur des *Valses nobles et sentimentales*, qui d'ailleurs portaient en sous-titre énigmatique « plaisir délicieux et toujours nouveau d'une occupation inutile ».

Quelle est l'occupation inutile? Celle d'entendre ou celle d'écrire? A moins cependant que M. Ravel n'ait voulu prouver l'inutilité de la danse en écrivant une suite de valses pour impotents, je ne vois pas lumineusement ce qu'il a voulu faire; Après tout, lorsqu'il lira la signature de l'auteur sur un programme, le public y trouvera-t-il une intention, quelque chose de lointain comme une parodie irrévérencieuse du *Poème des Montagnes* de M. d'Indy? Est-ce cela? Je ne vois pas bien non plus ce que M. Ravel, qui a beaucoup de talent, peut gagner à ces petites manifestations.

Les trois poèmes pour chant (*Le Jardin de l'Infante*) qui venaient auparavant furent acceptés sans rire, sans enthousiasme, tranquillement, poliment. D'une monotonie désolante, torturés, avec bien entendu quelques notes à effet fugitif, les poèmes parurent longs, malgré certain rappel d'un Chopin assez inattendu et malgré la conviction de Mᶫᶫᵉ Vallin; quelques spectateurs gagnèrent des lots en pronostiquant avec flair le nom de l'auteur, M. Inghelbrecht.

Puis vint le *Poème de la Pitié*, pas plus gai naturellement; décidément le Colin-Maillard manqua d'entrain. Circulèrent les noms les plus divers parmi les compositeurs modernes à l'âme bourrelée de remords; peu de joueurs mirent le doigt sur M. Mariotte, mais chacun fut correct pour l'interprète Mᵐᵉ de Lestang, qui, paraît-il, vint exprès de Lyon pour chanter cette page.

Enfin M. Gresse, de l'Opéra, nous octroya de sa belle voix de basse les dessins d'une fraîche et savoureuse mélodie intitulée *J'aime l'âne*. Rythmée, expressive, d'un tour naïvement délicat, cette mélodie écrite par M. Fraggi et qu'un humoriste attribua à M. Botrel, se recommande sinon par l'âpreté scientifique, du moins par une spontanéité reposante d'improvisation facile.

Le quartette de Paris (Mᶫᶫᵉ Bonnard, Mᵐᵉ Chadeigne, MM. Paulet et Laromiguière) fit entendre des œuvres agréables et bien écrites, de MM. Léo Sachs et Busser.

La soirée se termina par deux rondels de M. Wurmser, chantés par le ténor Devriès, avec l'auteur au piano. Ils obtinrent les honneurs d'un bis.

Si la tentative humoristique de la S. M. I. a voulu démontrer quelque chose, je crois bien qu'elle a établi, dans l'intérêt de tous et même des compositeurs, la nécessité de ne point laisser divaguer l'opinion publique; la suggestion du nom s'impose à la musique. Et le petit jeu de Colin-Maillard est parfois dangereux pour les conducteurs du divertissement qui s'exposent à des égratignures involontaires de la part des joueurs aux yeux bandés. — CH. CORNET.

Salle de la Schola Cantorum.

« La musique allemande contemporaine », voilà un titre passablement ambitieux pour une séance dont quelques *Lieder* faisaient presque entièrement les frais. Ceux de Hugo Wolf étaient assurément les meilleurs, et l'on ne peut qu'admirer sincèrement la qualité, l'originalité de ces inspirations si variées, si intensément vivantes, et où l'on sent vibrer une âme, sœur de celles d'un Schubert ou d'un Schumann. Depuis la fantastique apparition du *Chevalier de feu* jusqu'à la plainte de la *Jeune fille délaissée*, en passant par la gaîté si franchement rythmée du *Message*, rien d'artificiel dans ces chants. Souhaitons que la renommée de l'infortuné musicien se répande en France, dût-elle avoir pour véhicule le tout-puissant Snobisme qui protège tour à tour le néant ou le géant.

M. Gustave Mahler n'est pas assurément de la même envergure; toutefois il faut convenir que ses *Lieder* sont d'une densité moindre que ses pesantes et encombrantes symphonies, et son *Saint Antoine de Padoue prêchant aux poissons* est sans contredit un petit chef-d'œuvre d'humour.

M. Richard Strauss, dépouillé de la magie de l'orchestre, écrit d'honnêtes mélodies à l'instar de tout le monde : Gounod, Brahms, M. Massenet semblent s'être cotisés pour les lui procurer au plus juste prix. Est-ce ainsi que chanta *Zarathoustra*?

Mais rendons justice à Mᶫᶫᵉ Hélène Luquiens : *Lieder* tragiques, tendres ou joyeux furent interprétés par elle avec la plus constante intelligence et le sens artistique le plus complet, servi d'ailleurs par une voix souple et charmante.

Les pièces pour piano de M. Max Reger sont très bien construites; une mélodie toujours distinguée y règne, soutenue d'harmonies intéressantes. Le piano y est traité symphoniquement, sans recherches exagérées de l'effet. Elles furent tout à fait bien jouées par Mᵐᵉ Marthe Landormy.

Parlerai-je du quintette pour piano et instruments à cordes, de M. Hans Pfitzner? Ce compositeur est jeune encore (il est né en 1869). Il a déjà fait ses preuves et un long avenir l'attend sans doute. N'en profitera-t-il pas? Il y a bien quelques idées dans cette interminable suite de notes,

Rari nantes in gurgite vasto,

mais elles se noient à peine nées et attendent péniblement chacune l'arrivée de sa cadette, laquelle paraît être transportée par les soins de l'Ouest-Etat. Cependant les auditeurs s'égrenaient vers la porte — si justement surnommée « de secours ». Quelques courageux citoyens demeurèrent jusqu'à la fin, — car il y eut une fin. — Qu'il me soit permis de le dire avec orgueil : J'étais au nombre de ces braves! — RENÉ BRANCOUR.

Concert Veluard.

Le concert donné par Mᶫᶫᵉ Veluard à la Schola Cantorum, le 10 mai, avait au moins une qualité de plus que la plupart de ceux auxquels ses consœurs nous convient chaque soir : il n'était pas ennuyeux.

Il s'agissait de l'*Histoire de la musique à programme.* Ce titre en est déjà un — programme —, vu l'importance et les conséquences que, de tous temps, l'idée littéraire a eues sur l'esprit musical. Par exemple nos modernes compositeurs savent bien ce qu'ils doivent à la littérature ! Mais ceci est une autre histoire...

Ayant fait un choix — heureux — parmi un grand nombre d'œuvres originales et pittoresques de tous âges, Mlle Antoinette Veluard a joué des pièces pour piano, de Kuhnau, Couperin, Bach, Schumann, Ducoureau, Albeniz ; traduisant avec Kuhnau *Le Mariage de Jacob* et les incidents d'ordres divers qu'il fit naître : « Joie de toute la maison de Laban à l'annonce de l'arrivée de leur parent Jacob » ; « Dure servitude de Jacob allégée par la joyeuse prévenance de Rachel » ; « Epithalame chanté par les compagnes de Rachel, allégresse des noces et congratulations » ; « Fraude de Laban substituant Lia à Rachel », etc..., puis, dessinant et colorant avec Couperin les douze dominos des *Folies françaises* : la virginité (sous le domino couleur d'invisible) ; la pudeur sous le domino couleur de rose) ; l'ardeur (domino incarnat) ; l'espérance (domino vert) ; la fidélité (domino bleu), etc.

Avec le *Caprice sur le départ de son frère bien-aimé* de J.-S Bach, le ton, l'émotion grandit, encore que dissimulée sous la verve et l'esprit dont les six morceaux qui composent ce caprice sont pleins : « Exhortations de ses amis, afin de le détourner de son projet de départ » ; « Représentation des divers accidents qui peuvent arriver en pays étrangers » ; « Plaintes unanimes de ses amis » ; « Les amis voyant que leurs exhortations sont inutiles prennent congé » ; « Air du Postillon » ; « Fugue à l'imitation du cornet du Postillon ».

Schumann et son *Carnaval* sont connus ; pas assez pourtant !

Ducourau est amusant, alerte et descriptif dans le *Tocsin.* Toutes les cloches de la ville sonnent. On a crié : au feu ! — Foule sur la place, tumulte. — Où est le feu ? — Fausse alerte. Le feu est éteint ! — Chacun s'en retourne en maugréant ; mais *Prières* et *Cloches nocturnes* est plus joli, plus sensible.

Enfin, d'Albeniz, *Yvonne en visite* est une suite de petits tableautins joyeux et charmants.

Sachons gré à Mlle Antoinette Veluard de nous avoir intéressés en nous amusant et de l'avoir fait simplement, avec goût et intelligence.

André Lamette.

Salle Gaveau. — Le mercredi 10 mai, la salle était pleine pour le concert donné, avec l'orchestre Hasselmans, par le pianiste Jean Canivet. Après l'ouverture du *Roi d'Ys* par l'excellent orchestre, nous avons entendu le concerto en *ut* mineur de Beethoven, la ballade de Gabriel Fauré et le concerto en *la* mineur de Grieg ; et ces trois morceaux ont été rendus par M. Canivet avec la puissance et l'art d'expression du vaillant interprète, qui a fait valoir son beau talent sous les aspects différents que marquaient ces œuvres de nature variée, doigté riche et délicat dans le concerto délicieux de Beethoven, et allant jusqu'à la puissance dans l'œuvre si intéressante de Grieg, qui se termine sur un effet très riche et très éclatant, où il faut toutes les ressources de l'art du pianiste pour lutter contre les hautes sonorités de l'orchestre. Très belle soirée, en somme, où les bravos n'ont pas cessé de se faire entendre chaleureusement.

Jules Guillemot.

— M. Maurice Ravel a eu la coquetterie, quelques jours avant son début au théâtre avec *L'Heure Espagnole*, d'offrir aux auditeurs du Cercle Musical, le 15 mai, une audition spéciale de quelques-unes de ses œuvres : quatuor à cordes, sonatines pour piano, histoires naturelles, introduction et allegro pour harpe, quatuor, flûte et clarinette, mélodies enfin. Mme G. Vicq-Challet les a chantées, Mlle Anckier a joué la harpe, le quatuor Touche a exécuté la musique de chambre, et M. Ravel lui-même a tenu le piano... Et ce fut en somme fort intéressant.

— Le second concert de violon de Fritz Kreisler (le dimanche 7 mai) a été aussi beau que le premier et a valu à ce magnifique tempérament d'artiste plus d'ovations encore : les concertos de Bach (*mi* majeur), Brahms et Max Bruch, dirigés à l'orchestre par M. Monteux, faisaient les frais du programme. La personnalité, l'originalité du jeu, ont quelque chose d'irrésistible et qui dépasse vraiment les impressions habituelles que l'on ressent à ces auditions.

C.

Séances Ysaye-Pugno. — Le lundi 8 mai, a eu lieu, à la salle Gaveau, la quatrième et dernière des séances données par MM. Ysaye-Pugno. Cette soirée finale a été le couronnement triomphal de toutes les autres, et s'est terminée au milieu des ovations et de l'émotion la plus sincère. Au programme, rien que du Beethoven, et du plus beau et du plus puissant. Après le trio en *ré* majeur, op. 70, n° 1, où le violoniste Pollain a partagé le succès des deux maîtres et les a, en effet, excellem.

ment secondés, ce furent les deux sonates merveilleuses dites *Le Printemps* et la *Sonate à Kreutzer*,
où les deux grands artistes, se pénétrant de la profondeur d'expression qui a dicté ces chefs-d'œuvre,
ont enlevé littéralement la salle. J. GUILLEMOT.

Séance Pugno (dimanche 21 mai). — M. Pugno
a été maintes fois applaudi; nous ne croyons pas
qu'à aucune séance il ait suscité un semblable
enthousiasme. Bravos interminables, ovations
prolongées, tapage rythmé et roulant des cannes,
des parapluies, des pieds frappant le sol, on a fait
tout le bruit grâce auquel une foule conquise
témoigne sa joie à son triomphateur; le grand,
l'inoubliable artiste que nous venons d'entendre
est digne de ces témoignages dont la brutalité
antimusicale n'exclut ni la ferveur, ni la sincérité.
Jamais nous n'avons entendu le concerto (*ré mineur*) de Mozart joué ainsi avec cette grâce, cette
tendresse, ce charme; toute la poésie de l'œuvre
semblait naître et se lever devant nous dans la
clarté d'un ciel de printemps. Ah! la belle exécution, la variété, la souplesse de ce toucher
onctueux, caressant, ferme et velouté, qui fait
vibrer la corde avec une douceur pleine d'attrait
ou une force dont la violence est toujours exclue!
Et quelle compréhension merveilleuse de l'œuvre :
tout est clair, à son plan — car il y a des plans,
des au delà — les jeux de la sonorité sont ici
comme des jeux de lumière ménagés avec un art
prodigieux, certains clairs-obscurs ont la douceur
ombreuse des sous-bois; puis, c'est l'étincellement
doré d'un rayon de soleil palpitant sur l'émeraude
d'une clairière.

Le concerto en *mi bémol* (Beethoven) retentit
vigoureux, splendide, dressé comme un beau marbre, avec cette netteté dans la ligne, cette énergie,
cette plénitude des formes qui caractérisent
Michel-Ange et l'immortel Beethoven. L'adagio,
très bon à l'orchestre, que conduisait M. Hasselmans, eut toute l'onction d'une grave prière.
L'enchaînement avec le rondo fut une merveille
d'exécution pianistique. Après, le concerto de
Schumann, fougueux, romantique, passionné, le
finale, pris dans un mouvement vertigineux, M.
Pugno fut ovationné. M. DAUBRESSE.

Salle Erard. — Le festival Gabriel Fauré
donné par Mlle Yolando de Stoëcklin avec le
concours du maître lui-même laissera à ceux qui
y assistaient un souvenir exquis, Mlle de Stoëcklin,
accompagnée par M. Fauré, a chanté d'une voix
un peu faible sans doute mais charmante en sa
douceur et avec une simplicité aimable en sa

naïveté, une suite de mélodies, véritable bouquet
duquel se dégage ce parfum subtil de grâce et de
poésie qui fait les délices des raffinés. Citons *les
Roses d'Ispahan*, *Poème d'un jour*, *Mandoline*, *En Sourdine*, *l'Automne*; *le Voyageur* et enfin *la Chanson d'Eve*.
Mlle Bittar prêtait son concours à ce festival et
exécuta avec M. Fauré, la ballade à deux pianos
et, seule, le nocturne en *si* majeur, le nocturne en
la bémol majeur, la *Valse-Caprice*. Mlle Bittar a
interprété ces pièces avec toute l'élégance, la
finesse qu'elles demandent. — Pour clore la
séance, la sonate pour piano et violon jouée magistralement par M. Oliveira et Mlle Bittar. Le
son si prenant de M. Oliveira a été un éloquent
interprète de cette œuvre qui figure parmi les
chefs-d'œuvre de la musique française et même de
la musique. H. D.

— M. Emil Sauer a donné un récital le 11 mai,
devant une salle comble et enthousiaste comme
de coutume. Nous n'ajouterons pas inutilement
quelques éloges de plus à tant d'autres qu'il mérite
toujours. Sa virtuosité extraordinaire ne va pas
toujours très directement à l'âme, mais cette
finesse si déliée, cette pureté sonore, si elles
n'excluent pas toujours la sécheresse, sont souvent
d'un prix si exceptionnel! Il avait mis à son programme la *Sonate appassionata* de Beethoven, l'andante avec variations en *si* mineur de Schubert
(Tausig), un peu de Mendelssohn, beaucoup de
Chopin, une page de Sgambati, la marche de
Rawoczy, de Liszt, et une étude de concert, haute
difficulté, de lui-même.

Le lendemain 12, c'était au tour de Mlle Caffaret
de nous charmer encore de sa délicieuse méthode
et de ses délicatesses charmantes dans un style
d'ailleurs aussi ferme que plein de goût. Des pages
de Scarlatti, Couperin, Rameau débutaient; puis
le *Concerto italien* et une petite suite de Bach; puis
le grand *Prélude*, *Choral et Fugue* de C. Franck;
enfin trois romances de Schumann et l'ouverture
des *Maîtres Chanteurs* arrangée par Bulow : la
force, le brio, l'éclat avec la poésie et le charme.
C.

— Mlles Geneviève et Germaine Alexandre ont
fait entendre, le 11 mai, les élèves de leur cours
de piano placé sous la direction de M. Philipp,
professeur au Conservatoire. A l'audition, Mlle
Davelli et M. Népote prêtèrent le concours de leur
talent vocal. Le très remarquable violoncelliste,
Paul Bazelaire et l'excellente pianiste qu'est
Mme Bazelaire y interprétèrent des pages de
maîtres. Pour clore la séance, Mlles Alexandre
exécutèrent brillamment diverses œuvres pour

deux pianos. Nous avons constaté les progrès des élèves et goûté le choix des morceaux.

— Une cantatrice russe de grand talent, Mme Sofia Garenine, a donné une intéressante audition de mélodies — non pas populaires, comme fit Mme Olénine — mais tirées des œuvres de compositeurs russes Glinka, Borodine, Gretchaninof, Arensky, Dargomiski et Rachmaninof.

Le beau contralto de Mme Garenine y fit merveille et, bien que ne chantant pas en français, la traduction entre nos mains nous permettait de suivre et d'apprécier les jolies inflexions vocales, les intentions, les accents dont la cantatrice sait ponctuer son discours. — Gros succès.

Pour M. Hollmann, empêché, M. Spinosa a tenu la partie de violoncelle dans la sonate de Rubinstein, avec le concours de Mme André Gresse, qui termina le programme en exécutant avec son mari la *Symphonie Pathétique*, de Tschaïkowsky, à deux pianos. Ovation aux deux excellents virtuoses.

A. G.

— Le mardi 16 mai, M. Armand Ferté donnait un récital de piano des plus intéressants si l'on en juge par le titre des œuvres inscrites au programme : la *Sonate pathétique*, la sonate *Clair de Lune*, l'*Appassionata* de Beethoven et *Prélude, Choral et Fugue* de César Franck. L'auditoire était nombreux; il a chaleureusement applaudi M. Ferté qui a prêté à ces œuvres les mérites de son talent vigoureux et coloré. M. Ferté a été rappelé à plusieurs reprises notamment après l'œuvre de C. Franck dont il a fort bien traduit le caractère mystiquement passionné. E. F.

— M. Marcian Thalberg a donné deux récitals de piano les 5 et 15 mai, avec un programme exclusivement consacré à Liszt, pour le premier, et à Brahms, Schumann, Beethoven, Chopin, Saint-Saëns pour le second.

— Le 19, ce fut le tour de M. John Powell, autre pianiste de talent, avec une sonate de Beethoven et des pages de Liszt, Schumann, Brahms et Chopin.

Salle Pleyel. — La matinée-concert donnée par Mme Roger-Miclos et le Quatuor Battaille offrait un programme des plus variés, au cours duquel nous avons entendu, avec l'interprétation exquise de Mmes Mary Mayrand et Olivier et de MM. Drouville et Battaille, une aubade de P. Lacombe, *Les Pendus* de Jemain, et *C'est toi* de Paul Vidal, œuvres charmantes, chantées avec un ensemble parfait. Mais le succès a été surtout pour

une suite d'auteurs anciens où se trouve une *Abandonnée* qui fut applaudie d'enthousiasme, en dépit d'une simplicité de facture, qui n'est pas le propre de M. Florent Schmitt, dont deux œuvres : *Tendre* et *Martiale*, terminaient le concert.

Mme Roger-Miclos fut acclamée comme toujours pour sa prestigieuse exécution et l'art avec lequel elle fait chanter son instrument, aussi bien dans le *Thème varié* de Mozart, dans le *Chant du Berceau* de Schumann, que dans la treizième rapsodie de Liszt. A. Guillet.

— Excellent, remarquable récital de piano le 9 mai, avec M. Motte-Lacroix comme exécutant. Au programme, du Bach (deux préludes et deux chorals), du Beethoven (l'*Appassionata*), du Chopin (deux mazurkas, la barcarolle, un nocturne) et du Liszt (le Sposalizio, les jeux d'eau, l'églogue et la septième rapsodie hongroise, ornée de variantes inédites). La virtuosité du jeune artiste est accomplie, mais son goût et la couleur poétique dont il sait parer ses interprétations diverses sont plus appréciables encore, et son succès s'en est trouvé comme doublé. Il ne faut pas oublier que M. Motte-Lacroix n'est pas que pianiste. C.

— Mme Marie de Wieniawska devait donner trois concerts de chant. Une maladie subite l'a arrêtée après le premier, qui a eu lieu le 10 mai avec un très attachant programme de musique ancienne (Bach, Buononcini, Scarlatti, Purcell, chants populaires français) et classique (Schubert et Schumann). Mme Wanda Landowska a tenu le clavecin pour la première partie de la séance, M. Casella, le piano pour la seconde. Très beau succès de style et de musicalité délicate.

— La troisième et dernière séance des Concerts Wurmser-Hekking, a été encore la plus brillante des trois. Le programme était, d'ailleurs, des plus choisis, comprenant le *Trio à l'Archiduc*, de Beethoven, avec M. Firmin Touche ; les sept variations du maître sur la *Flûte enchantée;* des pièces de Rameau, pour piano, violoncelle et flûte (M. Gaubert, flûtiste) ; et la *Quintette* de Franck (adjonction de MM. Touche, Vieux et Saury). Tout cela admirablement enlevé, a terminé dignement les séances musicales organisées par le pianiste et le violoncelliste célèbres. J. Guillemot.

Concerts Mozart-Haydn. — C'est à la salle Pleyel, les 28 avril, 5, 12 et 19 mai que cette active et consciencieuse Société, sous la direction de M. Jean Huré, a donné ses intéressantes séances, dont la série n'est d'ailleurs pas finie

encore. Les programmes, dont sont exclues naturellement les œuvres modernes (on a fait un soir
une petite exception pour César Franck) ont déjà
comporté. *Les Sept paroles du Christ* (sous sa forme
de quatuor à cordes), un trio avec piano et une
sonate pour piano de Haydn, La *Haffner sérénade*,
une sonate pour orgue et orchestre, un des duos
pour violon et alto, la sérénade de 1776, une
sonate pour deux pianos, et la petite *Nachtmusik*
de Mozart. On a exécuté aussi une suite pour
violoncelle de Bach, un concerto pour cordes de
Corelli, le *Stabat Mater* de Pergolèse. Viendront
encore deux quatuors, un trio, un concerto de
violon et la *Sérénade* nᵒ 9 de Mozart, et la *Symphonie*
Oxford de Haydn. MM. Krettly et Alix, violonistes,
M. Alexanian, violoncelliste, Mᵉ Schreiber,
altiste; Mˡˡᵉ Gellée, pianiste, M. Perilhou, organiste, Mᵐᵉˢ Dauner et Halphen, ont montré dans
l'interprétation de ces divers chefs-d'œuvre une
grande unité de style et une excellente homogénéité. On ne saurait trop encourager de pareilles
entreprises d'art.   C.

Salle des Agriculteurs. — Le deuxième
concert de la Société des Chanteurs de la Renaissance a été extrêmement goûté. C'est qu'en effet
rien n'est plus pressant, plus vivant, plus jeune
que cette vieille musique, si pleine de pensées, si
riche de formes et où le contrepoint le plus
savant se met au service des idées les plus fraîches. M. Expert, en présentant successivement à
l'audition les maîtres qui figuraient au programme :
Claude Le Jeune, Costeley, Du Caurroy, La Rue,
Janéquin, etc., a su caractériser chacun d'eux en
quelques paroles claires et substantielles. Quelle
reconnaissance ne devons-nous pas à ce savant
éditeur des *Maîtres de la Renaissance française*, pour
avoir, avec autant d'érudition que de talent,
magnifiquement « rentoilé » ces beaux tableaux
sonores dont la vigueur de dessin et la vivacité de
coloris nous charment et nous émeuvent ! Mais ce
n'est pas seulement l'écrivain et l'archéologue
qu'il convient de féliciter ; le chef élégant et précis mérite aussi nos louanges, dont une part
s'adresse également à ses excellents choristes.
Nulle finesse de rythme, nulle gradation de
nuances n'ont manqué à cette exécution et rien
n'égale l'onction des chants religieux, si ce n'est
la charmante gaîté du babillage des oiseaux.
Les intermèdes furent remplis par M. Llobet et
sa guitare. Cet artiste, digne d'appartenir à la
lignée des Sor, des Aguado et des Huerta, tire de
son instrument des effets prodigieux : Depuis les
sons les plus graves jusqu'aux plus aigus, c'est

tout un orchestre qui semble s'étendre et qui présente une variété de timbres, tour à tour brillants
et voilés dont il serait impossible d'imaginer la
richesse : Menuet, chant oriental, chansons populaires, une étonnante *Jota*, ont successivement
offert à nos oreilles leur régal mélodique et harmonique.
« Et comme un son qui vibre au bois creux des
guitares », ainsi que l'exprime le beau vers de
Louis Bouilhet, l'âme même de l'Espagne a fait
appel à la nôtre.
M. Llobet a-t-il, en son répertoire, le *Divertisse-*
ment pour piano et guitare de Weber ? Je le souhaite, et me souhaite à moi-même de le lui entendre interpréter un jour.   RENÉ BRANCOUR.

— C'est un début devant le public que celui de
M. S. Barozzi, dont le premier concert, récital de
violon, a eu lieu le 5 mai. Elève de Berthelier et
d'Iᵉˢco, ce jeune homme a obtenu son premier
prix l'an dernier, au Conservatoire. Il s'est fait
entendre surtout dans le concerto en *ré* mineur de
Wieniawski, et celui de Max Bruch. Il a du goût
et du brio ; un franc succès lui a apporté les
meilleurs présages d'avenir.
Le lendemain 6, c'était le tour de M. Francis
Coye, premier prix de piano de la classe Risler-
Philipp en 1907, et qui s'est fait justement
applaudir dans le *Prélude, Choral et Fugue* de
Franck, quelques Chopin, un Schumann, deux
Liszt, une sonate de Lekeu (avec M. Touche).
Son jeu est sonore et expressif, vraiment personnel.
Comme intermède, Mˡˡᵉ Jane Henriquez se mon-
tra charmante dans *Les Berceaux*, de Fauré, et
deux *Lieder* de Schumann.

— Le 10, une cantatrice et un violoniste ont
associé leurs talents pour une très artistique
séance classique et moderne. Mᵐᵉ Phine de Nocker
a chanté indifféremment en français, en allemand,
en italien et en flamand, d'un style ample et soutenu
par une très belle voix, du Schubert, du Brahms,
du Weingartner, du Fauré, du Duparc, du Bossi,
du Verhallen... M. Richard de Herter a joué avec
brio, avec flamme, la sonate de Franck, la chaconne de Bach, et trois pièces anciennes arrangées
par Kreisler. Beau succès pour les deux artistes.

— Mᵐᵉ Capousacchi, violoncelliste déjà réputée,
a donné le 13 mai un concert réservé en grande
partie à l'exécution de sonates anciennes. A part
la *Sonate moderne* de Dohnanyi, de forme et de
sonorité très curieuses, la jeune artiste a interprété avec un style plus gracieux que ferme les
sonates de Marcello, de W. de Fesch et de J.-B.

Bréval, Il faut la féliciter d'avoir choisi dans le répertoire du violoncelle des œuvres assez rarement entendues.

M. Lazare Lévy et Mme Mayraud ont prêté leur concours. Cette dernière, accompagnée par l'auteur, a chanté avec précision et chaleur les sept pièces qui composent la *Chanson Printanière*, de M. Georges Hüe. Ch. C.

— Le vendredi 12 mai, M. Joseph Wieniawski, le distingué pianiste-compositeur, a exécuté plusieurs œuvres de sa composition. Le public épris de virtuosité a particulièrement apprécié une sonate en *si* mineur et bon nombre de pièces détachées parmi lesquelles il convient de signaler à l'attention des pianistes : un caprice (o '. 36), une valse-caprice (op. 46), une étude de concert (op. 33), deux romances sans paroles et la *Polonaise Triomphale*.

— Le violoniste Jean Ten Have a donné, le lundi 15 mai, un concert, où, devant une salle comble, il a fait vivement apprécier et applaudir un jeu brillant et d'une grande virtuosité. Dans un trio en *ut* majeur de Brahms (avec Mme Salmon-ten Have (piano) et M. Joseph Salmon, violoncelliste), une sonate en *la* mineur, pour piano et violon, un *Concert-stück* de Camille Saint-Saëns, l'adagio de Furillo, et un allegro de Frocco, d'allure bachique (rien de Bacchus), l'artiste a été chaleureusement applaudi, et spécialement dans le *Scherzo-Tarentelle* de Wieniawski, exécution hérissée de difficultés. Mlle Julia Lindsay tenait la partie de chant et a rendu avec beaucoup d'art un air des *Noces de Figaro*, et des mélodies de Brahms, de MM. Duparc et Debussy.

— Très intéressant et très beau fut ensuite le récital de violon, donné le mercredi 17 mai, par M. Jules Boucherit. Cet artiste, que je me souviens d'avoir entendu jouer, comme petit prodige, dans les concerts d'enfants donnés à la Salle de Géographie, il y a quelque quinze ans, sous la désignation de « Concerts bleus », a tenu largement ce que promettaient ses jeunes années. Il a maintenant une maîtrise, une sûreté et un charme de sonorité très attachants. avec un beau sentiment ému et les qualités sérieuses d'un artiste vraiment musicien. Il a tenu son public sous le charme, avec du classique (une sonate de Hændel, *La Sarabande* et *La Bourrée* connue de Bach, la sonate *le Tombeau*, de Leclair, et un charmant *Tambourin* du même maître, — à quoi il faut joindre la célèbre et ravissante gavotte de Rameau) et quelques œuvres modernes, telles que l'excellente

fantaisie de concert de Rimsky-Korsakoff, et le brillant *Rondo capriccioso* de Saint-Saëns, où le violoniste a montré, à côté de ses belles qualités d'expression, les ressources d'un mécanisme très exercé. Grand succès et bien mérité.

JULES GUILLEMOT.

— Nous avons eu souvent l'occasion de signaler la voix ample et généreuse et le bel élan artistique de Mlle Minnie Tracey. Ces qualités, nous les avons retrouvées dans le concert qu'elle donna, le 20 mai, à la gloire de César Franck. Le programme, en effet, ne comportait que des œuvres de ce maître; à l'exception toutefois de la *Rose sauvage* de Schubert, que Mlle Minnie Tracey chanta p .r surcroît devant les applaudissements qui la saluèrent après qu'elle eut interprété l'air admirable de l'Archange de *Rédemption*, le *Panis Angelicus*, le *Nocturne* et l'*Air de Ruth*. Prêtait son concours à cette séance le Quatuor Chailley auquel nous devons une chaude et vibrante exécution du quintette dans lequel Mme Chailley-Richez tint avec art le piano. Mme Chailley-Richez joua seule *Prélude, Choral et Fugue* dont elle sut particulièrement faire valoir le côté suavement poétique. Pour clore le concert, Mme Chailley-Richez et M. Chailley traduisirent avec succès le lyrisme de la sonate pour piano et violon. G. K.

Concert Sauvrezis. — Une touchante pensée a conduit Mlle Sauvrezis à consacrer au cher et vénéré maître Bourgault-Ducoudray sa dernière séance musicale. D'excellents artistes lui ont prêté leur concours. Le « Quatuor Duttenhofer » (MM. Duttenhofer, Imandt, Monfeuillard, Mas), auquel s'était joint un bon flûtiste : M. Puyans, fit entendre *Abergavenny*, suite de pièces tour à tour mélancoliques ou joyeuses dont l'irrégularité même est un charme et qui mériterait une analyse détaillée; *Berceuse* (quintette) évocatrice du murmure apaisant des flots. Mme Bleuzet, la talentueuse pianiste, joua *Esquisses d'après nature*. variées, pittoresques, vraiment descriptives. Les *Bergers à la crèche*, trouvèrent en M. Bleuzet, cor anglais, un remarquable interprète. M. Cros Saint-Ange prêta la voix harmonieuse de son violoncelle à deux pages séduisantes. Le duo de *Thamara*, d'un sentiment lyrique très passionné, réunissait les voix de M. Paulet, un de nos meilleurs ténors, et de Mlle Goupil qui lui donna vaillamment la réplique. Mme Mellot-Joubert, dont nous avons souvent apprécié le beau talent, fut, ce soir-là, au-dessus de tout éloge : elle chanta avec émotion, avec respect, avec toute son âme, cette *Douloureuse séparation* qui rappelait d'une façon si cruelle la disparition du maître. Plusieurs autres mélodies la firent encore applaudir.

Une attrayante causerie de M. Augé de Lassus, tout émaillée d'anecdotes, de souvenirs personnels rappela qu'il fut l'ami fidèle de Bourgault-Ducoudray. On peut regretter qu'il n'ait pas fait allusion à l'admirable professeur d'histoire musicale que fut le maître à jamais glorieux et très vivant dans la mémoire de tous ceux qui eurent la joie d'entendre ces magnifiques et si humaines leçons.

M. DAUBRESSE.

Société Bach. — A part L'Ode funèbre et Le Défi de Phœbus et de Pan, dont on vous a déjà entretenu ici, le programme du dernier concert de la Société Bach comportait la première audition d'un concerto en fa mineur, pour piano, que M. Alfred Cortot a joué en maître. Pourtant, il ne m'a pas plu — ce concerto! — quoiqu'il soit, je le sais, admirable à plus d'un titre. Peut-être étais-je mal disposé ce soir-là. En revanche, j'ai aimé de tout mon cœur Le Défi de Phœbus et de Pan pour des raisons qui sont les seules raisons possibles : parce qu'on ne peut pas ne pas aimer cette œuvre-là.

ANDRÉ-LAMETTE.

Salle Victor Hugo. — « Une heure de musique ancienne », organisée par M. Brunold. Au programme, de courtes pièces de clavecin, choisies avec beaucoup de goût, font regretter qu'il n'y ait pas plus de virtuoses clavecinistes attachés à cette littérature musicale qui garde, pour nous, tant de charmes. Fort applaudis : M. Balleron, le renommé flûtiste, dans la sonate de Bach, et M. Taine, qui jouait de la viole d'amour, tous deux accompagnés par M. Brunold au clavecin. M. de Tannenberg fit apprécier une voix solide et déjà travaillée dans plusieurs pièces du XVIIIᵉ siècle. Mme Brunold chanta, d'une manière tout à fait personnelle, une Ariette de Legrenzi et une Bergerette d'un acteur inconnu de la même époque qui semblerait encore vivant.

M. D.

— Le jeudi 11 mai, à la salle Malakoff, M. Neuberth, altiste de talent, faisait entendre une série de pièces dont plusieurs sont médiocres, signées Campagnali, Giordani, Palaschko, Sitt, Kistler, H. Ritter, etc... Quel dommage, pensions-nous, que les maîtres du passé et du présent aient marchandé ou marchandent leur affection à l'alto! En vérité, la littérature de l'alto est pauvre. La sonate de Hændel, interprétée et bien interprétée par M. Neuberth, n'est certes pas des chefs-d'œuvre de ce génie. La séance se prolongea à tel point que M. Neuberth crut devoir supprimer les deux derniers temps de la sonate de Brahms qui

fermait le programme. Il eut grandement tort de décevoir l'attente des auditeurs. M. Ferté, pianiste, a excellemment exécuté des pages de Rameau, Bach, Daquin et la sonate Clair de lune de Beethoven. M. Ferté a un beau son et une technique d'une précision et d'une limpidité remarquables. Mme Mellot-Joubert a mis sa riche voix et son grand talent au service de Lully, de Mozart et de M. Pierre Kunc dont la Chanson des bois est savoureuse. Citons enfin le charmant trio de Mozart avec clarinette dans lequel nous avons applaudi M. Cahuzac.

H. D.

— M. J.-J. Olivier, que d'excellents travaux sur l'histoire du théâtre ont depuis longtemps signalé à l'attention des musiciens, a organisé, le 16 mai, au Washington Palace, une séance consacrée à Mme Dugazon et à son répertoire, avec le concours de Mme Marie Mockel. Un intérêt exceptionnel s'en est dégagé, justifié autant par le talent de la cantatrice que par l'attrait du sujet et la remarquable conférence dont M. J.-J. Olivier a fait précéder les auditions. Très châtiée comme forme, très documentée comme fond, prononcée avec autant de science que de son, cette causerie présentait Mme Dugazon dans toutes ses créations : rôle d'enfant (elle débuta à 12 ans), rôles de soubrettes, d'héroïnes sentimentales, de paysannes, de mères; faut-il ajouter : rôle de femme, celui qu'elle joua bien réellement, dans la vie, et dont nombre d'heures furent tristes.

Mme Mockel fit apprécier, une fois de plus, les ressources, les finesses, les agréments d'une interprétation de premier ordre. Qu'elle chantât, avec une simplicité pleine d'adresse, la Lucile de Grétry; avec esprit : Colombine du Tableau parlant (Grétry), Rosette de L'Amant statue (Dalayrac), elle fut justement applaudie. Dans les rôles de Sophie, Louise, Zémire, Niña, respectivement tirés de : Tom Jones (Philidor), Le Déserteur (Monsigny), Zémire et Azor (Grétry), Nina ou la folle par amour (Dalayrac), elle fit preuve d'une variété d'accent, d'un art de diction et d'une science des demi-teintes peu commune. Spirituellement elle chanta Betsy, Colette, Justine et Babet, qui réveillèrent les souvenirs de ces gentilles œuvres trop oubliées : Le Roi et le Fermier (Monsigny), La Dot (Dalayrac), Alexis et Justine (Dezède), Blaise et Babet (Dezède). Au piano, un parfait musicien, un délicat styliste : M. Charles Levadé.   M. DAUBRESSE.

— M. et Mme Paul Séguy ont donné, chez eux, une intéressante matinée, le mercredi 17 mai. Les maîtres de la maison en ont en grande partie fait les frais, pour la grande satisfaction de leurs invités. La voix si sympathique de l'habile professeur de chant et l'organe charmant et délicat de Mme Séguy ont produit une vive impression dans une belle cantate de M. Marc Delmas, *Acis et Galathée*, et dans d'excellentes et fort originales mélodies de M. Georges Hue, tirées du recueil *Visions d'Orient*, ainsi que dans *L'Ane blanc* et *Sonnes les matines* du même auteur. Ajoutons-y deux pages fort intéressantes de M. Falkenberg, *Crépuscule*, chanté par M. Séguy et *Chanson du temps passé*, par Mme Séguy et M. Dantu. Ce dernier artiste a fait aussi grand plaisir par sa bonne diction vocale dans la cantate d'*Acis et Galathée* et l'*Idylle d'automne* de M. Marc Delmas. Ajoutons le bon effet produit par le violon autorisé et le bon style de M. Chailley (sonate de Leclair, adagio de Fiorillo et *L'Abeille* de Schubert) et un intermède littéraire où s'est fait valoir brillamment la déclamation vive et accentuée de Mlle du Ménil. **J. Guillemot.**

— Mme Félia Litvinne a donné, le 18 mai, en matinée, dans la grande salle du Trocadéro, avec l'aide de son camarade Ernest Van Dyck, un concert wagnérien qui ne fut qu'une longue suite d'ovations de la part de la foule enthousiaste dont les flots débordaient de toutes parts. L'orchestre Colonne, dirigé par M. Pierné, accompagnait cette magnifique sélection de chefs-d'œuvre, qui passa en revue *Lohengrin*, *Tristan*, *Les Maîtres Chanteurs*, *L'Or du Rhin*, *La Valkyrie*, *Siegfried*, *Le Crépuscule des Dieux*, *Parsifal* enfin avec la grande scène de séduction de Kundry et Parsifal.

— Un concert Massenet, organisé et mêlé de causerie par Mme B. de Cartigny, au Théâtre Michel, samedi dernier, a fait entendre diverses pages d'opéras, des mélodies, quelques morceaux de piano et violoncelle et chaudement applaudir le ténor Gibert, qui a rechanté un air de cette *Esclarmonde*, où il triompha si longtemps jadis, et un autre de *Werther*. Mme Herleroy, qui a chanté et joué, avec une voix et un talent chaque jour plus développés, plus épanouis, des scènes de *Manon* et *Thaïs*, plus deux mélodies; Mlle Jackson, qui a dit avec art deux mélodies encore...,etc. Beau succès pour tous, musicien, conférencière et artistes.
C.

— M. L. Diémer, comme chaque année, veut bien inviter ses amis (ils sont décidément trop pour ses salons pourtant si heureusement agencés!) à des matinées musicales d'une valeur exceptionnelle. La première a eu lieu ainsi lundi dernier, avec un programme de Schumann et de Beethoven, de Lalo et de Diémer, où le maître artiste s'était entouré de MM. Enesco et Salmon, et dont

les intermèdes de chant valurent de chauds applaudissements aux voix colorées et évocatrices de Mmes Vallandri et Croiza.
C.

— Mme Jane Arger, la charmante cantatrice, a consacré sa dernière matinée à une audition d'œuvres de Boëllmann. A cette séance, qui fut de tous points réussie. Mlle L. Boëllmann, MM. Gigout et Salmon prêtaient leur concours. Nous ne pouvons tout citer; détachons du groupe des élèves qui se faisaient entendre Mlles Thébault et Pelliot, dont l'interprétation fut très appréciée.
M. D.

— Mlle Suzanne Brévil a chanté le 23 mai, au Concert Rouge, quatre mélodies nouvelles de M. Ch. Tenroc, écrites sur des poésies de Verlaine. *Green*, *La Lune blanche*, *Mandoline* et *Par un clair jour d'été*. Gros succès pour l'auteur et l'interprète, dont la voix généreuse et le style parfait ont été très applaudis. Mlle Brévil a chanté avec un beau sentiment deux pièces extraites des *Enfantines* de Moussorgski.

— L'un des derniers concerts donnés au Salon de la Société nationale des Beaux-Arts a fait entendre le quatuor pour piano et cordes de M. A. Reuchsel. C'est une belle œuvre, très chantante et très bien écrite, dont l'ampleur variée d'ailleurs été remarquablement rendue par MM. Oberdoerffer, Jurgensen et Barraine, avec Mme Barraine. On a beaucoup remarqué aussi une page de violon d'Alexandre Georges, *Kosaks*, qu'a jouée avec verve M. Elcus, et divers morceaux de piano de Léon Moreau.

— Notre collaborateur M. René Brancour, conservateur du Musée du Conservatoire de musique, vient de terminer la série annuelle des leçons qu'il donne à l'Association pour l'enseignement secondaire des jeunes filles, à la Sorbonne. Son cours avait pour thème *L'Evolution du romantisme en Allemagne : Weber et Mendelssohn*. Au succès personnel du professeur s'est joint celui des excellents artistes qui lui ont prêté, en des exemples choisis, le concours de leur talent : Mmes Mellot-Joubert, Tighe, Chartrain, Heurtecus, MM. Paul Séguy et Chauvin-Davranche. M. Pichard, clarinettiste solo des Concerts Colonne, a joué une charmante fantaisie de Niels Gade, compositeur injustement oublié.

Le cours de la saison prochaine aura pour objet la vie et l'œuvre de Schumann.

— On voit depuis quelques jours chez l'éditeur d'estampes Jules Hautecœur et aussi dans les magasins de M. Grus, l'éditeur de musique, un très beau et très nouveau portrait de Mozart, gravé par le grand artiste Waltner. Renseignements pris, il s'agit d'un portrait peint en 1787; à Vienne (la date est très nettement indiquée, mais la signature illisible ou effacée) et possédé actuellement, de famille en famille, par un collectionneur parisien. L'œuvre, qui était absolument inconnue et n'a jamais été signalée, porte toutes les marques de l'authenticité d'abord, et se trouve être, ensuite, l'une des meilleures peintures connues qui nous aient conservé les traits de l'auteur de *Don Juan*. La tête est lumineuse, vivante, sans aucune pose, et le regard sérieux, comme rêveur, est extrêmement attachant. En somme, une œuvre plus intéressante que le portrait de Tischbein de 1790. 1787, on le sait, est l'année de *Don Juan* et aussi de la mort de Léopold Mozart, dont son fils semble en deuil. H. DE C.

— L'Académie des Beaux-Arts a décerné les différents prix de musique dont elle dispose, comme suit :

Prix Rossini, composition musicale (3,000 francs), à M. Marc Delmas, pour sa partition ayant comme devise *Vivre et chanter*.

Prix Trémont, musique (1,000 francs), à M. L. Vierne.

Prix Chartier, musique de chambre, à M. Charles Tournemire.

Prix Marillier de Lapeyrouse (1,600 francs) en faveur des professeurs de piano (femme), partagé entre Mlles Marie Weingartner et Suzanne Percheron.

Prix Buchère, pour les élèves femmes du Conservatoire, partagé entre Mlle Calvet (classe de chant) et Mlle Lyrisse (classe de déclamation).

Le concours du prix Rossini, poésie (3,000 fr.), est ouvert. Les poèmes ne devront pas dépasser 200 vers.

— Après de nombreuses épreuves et de laborieux débats, les jurés réunis pour proposer au ministre de la guerre le successeur de M. Gabriel Parès à la place enviée de chef de la musique de la Garde Républicaine, ont établi la liste suivante (il y avait quarante-deux concurrents) :

En première ligne : M. Balay, chef de musique du 72e régiment d'infanterie (à Amiens) ;

En seconde ligne : M. Lamy, chef de musique du 69e régiment d'infanterie (à Nancy) ;

En troisième ligne : M. Corroyez, chef de musique du 110e régiment d'infanterie (à Dunkerque).

— A sa dernière réunion, le Comité de la Société des compositeurs de musique, par suite du décès de son regretté président, M. Alex. Guil-

mant, a procédé à l'élection d'une partie de son bureau. Ont été élus : président, M. Ch. Lefebvre; Vice-président, M. G. Caussade.

— Une exposition des œuvres de l'Association Valentin Haüy, pour le bien des aveugles, aura lieu le 31 mai et le 1er juin, 9, rue Duroc. Des auditions musicales, par les aveugles, feront une fois de plus l'étonnement des clairvoyants, stupéfaits de voir jouer à quatre et huit mains ceux qui sont obligés d'apprendre par cœur *toute* la musique qu'ils exécutent. Signalons à nos lecteurs cette intéressante manifestation.

OPÉRA. — Gwendoline. La Fête chez Thérèse. Roméo et Juliette. Les Huguenots. Faust. Samson et Dalila. Coppélia.

OPÉRA-COMIQUE. — Aphrodite. Louise. Lakmé. La Princesse jaune. Thérèse (Massenet, première représentation). L'Heure espagnole (Ravel, première représentation). La Vie de Bohème Carmen. Werther. Mignon. Manon

THÉATRE LYRIQUE (Gaîté). — Le Trouvère. Salomé. Le Soir de Waterloo. Le Cœur de Floria. La Dame blanche. Elsen. La Favorite. Paysans et soldats (première représentation).

TRIANON-LYRIQUE. — Les Amours du diable. Girofié-Girofla. Miss Hélyett. Zaza. Les Cloches de Corneville. L'Accordée de village. Lalla-Roukh. Monsieur Choufleuri. Fra Diavolo. Mam'zelle Nitouche. La Fille du régiment. Le Printemps (première représentation).

APOLLO. — La Veuve Joyeuse. Les Transatlantiques (première représentation).

VARIÉTÉS. — La Vie Parisienne.

SARAH-BERNHARDT (saison russe). — Le Démon. La Roussalka. La Fiancée du Tsar. Eugène Onéguine. Ballets.

SALLES PLEYEL

22, rue Rochechouart

Concerts de Mai 1911

Grande Salle

29 M. J. Wieniawski (9 heures).
31 Mlle. Piéchowska (9 heures).

Concerts de Juin

1 La Société nationale de musique (9 heures).
2 La Société des Concerts Mozart (9 heures).
Fermeture des salles.

SALLES GAVEAU

45 et 47, rue La Boëtie

Concerts du mois de Mai 1911

Grande Salle

28 Société « La Couturière » (matinée)
29 M. Pond (soirée).
30 Fondation Sachs, orchestre (soirée).
31 Mlle Lolita Lazaro (soirée).

Salle des Quatuors

28 Les élèves de M. Arnould, piano (matinée).

BRUXELLES

Société internationale de musique. —
Pour avoir été quelque peu retardée, la dernière
séance organisée par le groupe bruxellois de la
S. I. M. n'en aura pas été moins intéressante ni
moins réussie.

Elle était consacrée aux débuts de l'oratorio, et
comportait une conférence de M. Charles Martens
et une audition musicale organisée par Mme Beauck-
Birner. Notre confrère a retracé de la manière la
plus attachante, en termes très clairs et dénués de
tout pédantisme, les origines et les premiers développements de cette forme parvenue depuis à une
si magnifique efflorescence, et sur laquelle des
travaux récents, comme le livre de Alaléona, ont
projeté une lumière nouvelle. Il a montré le chant
pieux en langue profane se dégageant peu à peu
du motet, du cantique populaire, du mystère et des
passions en musique; prenant une forme concrète
dans les laudes pratiquées dans l'oratoire de
Saint-Philippe de Néri — laudes récitées
strophiques, monodiques ou dialoguées, — chorales homophones ou polyphoniques. Il a insisté
sur la confusion à laquelle a donné lieu jusqu'ici

la *Rappresentazione di anima e di corpo* de Cavalliere,
traditionnellement considérée comme le premier
oratorio, mais qui est en réalité un des derniers
drames religieux en musique. M. Martens a parlé
ensuite de l'oratorio latin, sorti du motet d'église
dramatisé et montré comment, dans les premiers
oratorios, le rôle du récitant est encore rempli par
le chœur. Après une analyse pénétrante de l'œuvre
de Carissimi, le conférencier retrace la décadence
de l'oratorio italien, absorbé par le drame dès la
fin du xviie siècle, envahi par la virtuosité et
l'histrionisme; il nous parle ensuite des oratorios
de Dumont, puis de ceux de Schütz, l'élève des
Vénitiens, et termine par un intéressant parallèle
entre l'art du vieux maitre et celui, plus génial
mais peut-être moins naïvement, moins essentiellement religieux, de Jean-Sébastien Bach.

L'audition qui a suivi a été des plus instructives.
On a entendu d'abord deux laudes à trois voix de
Fr. Soto, chantées par Mlles de Madre, Linter,
Willia et M. Van der Borght, puis l'admirable
récit initial de la *Rappresentazione* de Cavallière, dit
par M. Van der Borght dans un style impressionnant. Le dialogue de la Samaritaine et du
Christ extrait du *Teatro armonica spirituale* de
Anério a paru d'une musicalité supérieure encore.
Mais le « clou » du programme a été l'extrait de
l' « histoire sacrée » *Jephté* de Carissimi, la déplo-
ration de *Jephté* et le chœur final, œuvre dans
laquelle la beauté musicale le dispute à la profondeur expressive; le soprano cristallin et l'interprétation pleine de sentiment et de goût de Mlle de
Madre ont fait merveille dans le rôle séduisant de
Jephté, et un petit ensemble vocal et instrumental
bien stylé a fort bien rendu le merveilleux chœur
final. Le dialogue spirituel de Dumont, *L'Ange et
le Pécheur*, dans lequel Mlle Linter a donné avec
une entrainante expression la réplique à M. Van
der Borght, relève d'un style plus libre et plus
dramatique, tandis qu'une cantate monodique de
Schütz (Mlle de Madre) ramenait une note plus
austère et plus fervente.

Un public très nombreux, malgré l'avancement
de la saison, a fait fête au conférencier et aux interprètes, sans oublier Mme Béon, qui s'était chargée
avec son dévouement habituel des accompagnements au clavier, et a vivement applaudi
Mme Birner, qui avait mis tous ses soins dans la
préparation du programme, composé d'œuvres si
étrangères par la note et par l'esprit aux chanteurs
contemporains.   E. C.

Deutscher Gesang-Verein. — Le *Chant de
la Cloche* de Max Bruch est une œuvre très connue
et très aimée en Allemagne, à cause surtout du

poème tant admiré et si admirable de Schiller qui inspira le musicien. Il est à peine besoin de dire je crois, la beauté de ce texte. la noblesse du sentiment qui le pénètre et la générosité de sa pensée dont la fraternité et la liberté forment en somme les grands thèmes. Tout était pour cette belle âme prétexte à exalter l'altruisme et une fière indépendance. Le Chant de la Cloche les a proclamés une fois de plus. Un musicien pénétré de ce poème ne pouvait y trouver qu'une matière essentiellement inspirante. Max Bruch est un de ceux qui ont le plus heureusement interprété en musique le côté tout au moins extérieur, descriptif du poème. A ce point de vue son Chant de la Cloche est extrêmement varié, pittoresque, plein de justes et puissants effets, de contrastes habilement ménagés et calculés. Les chœurs et l'orchestre surtout en donne l'expression. Les passages lyriques et les récitatifs appartiennent plutôt aux voix des solistes; la basse dit véritablement l'épopée de la cloche, en accents généralement graves, solennels, auxquels les autres voix opposent les faits épisodiques en chants variés d'un lyrisme assez abondant et facile mais, en général, sans grande envolée, d'un romantisme un peu usé. Dans l'ensemble toutefois, l'œuvre a une belle tenue, est bien écrite et fait impression, particulièrement lorsque l'interprétation en est aussi vivante que celle donnée par les chœurs du Deutscher Gesang Verein; c'était juste, nuancé, varié. Parmi les solistes, citons, la basse M. Waschow qui d'une belle voix a fort bien déclamé sa partie; le ténor Kohmann qui a fait valoir avec infiniment de nuances, d'accent, de charme et une expression toujours juste les pages du ténor; Mlle Else Pfaff (alto) a mis beaucoup d'intelligence et de sentiment dans son interprétation; son récitatif à la fin de la première partie avec accompagnement de violoncelle solo, fut vraiment beau. Quant au soprano — que je ne citerai plutôt pas — je ne l'ai nullement apprécié, malgré des moyens très suffisants; mais cela manquait totalement de style, de distinction, et dans les ensembles, il ne se résignait pas volontiers apparemment à se fondre — sans dominer — avec les autres voix des solistes.

L'orchestre, composé en grande partie de celui de la Monnaie, a fort bien joué son importante partie. Inutile de dire que M. Welcker a dirigé avec sa conviction habituelle.   M. DE R.

— A l'occasion du concert de musique donné à l'hôtel de ville lors de la visite de M. Fallières, le gouvernement de la République a décerné à Mme T. Béon et à M. Maurice Delfosse la rosette d'officier de l'Instruction publique; M. Edouard Jacobs a été promu officier de la Légion d'honneur.

— Pour rappel, aujourd'hui dimanche 28 mai, à 3 heures, au théâtre de l'Alhambra, exécution de la Messe en si mineur de J.-S. Bach, par la Société Bach de Bruxelles, sous la direction de M. A. Zimmer.

CORRESPONDANCES

BARCELONE. — L'orchestre symphonique de Madrid, sous la direction du maître M. Arbós est venu au Palais de la musique Catalane donner cinq concerts qui ont obtenu le plus grand succès. Je n'ai point à faire ici l'éloge de cette brillante phalange et de son illustre chef. Mais je ne puis dire assez combien a été admirable l'interprétation des fragments de Parsifal, par l'orchestre et l'admirable Orfeo Catala que dirige M. Millet, artiste exceptionnel. L'exécution a été parfaite. La salle s'y prêtait d'ailleurs à merveille, avec son orgue situé dans la coupole et ses gradins qui permettent d'étager les chanteurs.

ED.-L. CH.

LIÉGE. — La Société Bach a couronné par un troisième concert, sensationnel incontestablement son œuvre annuelle. La petite phalange des chœurs qui n'avait pas encore été appelée à se produire en public, s'est montrée égale à l'orchestre et a rivalisé de qualités stylistiques avec les solistes.

Le public a été ravi des révélations du programme; tout était nouveau. Un choral pour orgue dont M. Waitz fit ressortir les détails de couleur et de sentiment (éd. Peters, no 244, p. 24) introduisit le Gloria final de la cantate no 140 (datée de 1731 par Wolfrum). Effet grandiose, enveloppant d'emblée l'auditoire d'une atmosphère liturgique.

La cantate 106 (Actus tragicus) qu'on rapporte à la jeunesse de Bach (1712 environ) est une œuvre émouvante, variée, toute d'inspiration et provoquant l'enthousiasme religieux. Mlle H. Tombeur, de sa noble et belle voix de mezzo, suspendit toute l'assistance à ses lèvres quand elle s'écria : « Entre tes mains je remets mon esprit », In deine Hände, befele ich meinen Geist. Et M. Senden ne fut pas moins impressionnant dans les paroles du Christ : « Aujourd'hui tu seras avec moi au Paradis ». Grâce à une voix très étendue et vigoureusement timbrée, il fait sonner également les douceurs et les éclats de la tessiture entière; comme Mlle Tombeur, il chante avec une conviction d'artiste.

Un second *Choralvorspiel* (éd. Peters, n° 244, p. 36), délicieusement joué par M. Waitz amena l'éclatante entrée de la cantate 144 : *Nimm was dein ist und gehe hin!* fugue très ardue par ses rythmes, ses retours fréquents au registre élevé, la tension des phrases et les intonations inattendues. Les chanteurs en sortirent victorieusement, Mlle Tombeur trouva de nouveau une belle occasion de faire admirer son style élevé, pur, dans l'air de la *Résignation* (*Murre nicht*). Mlle Malherbe se révéla cantatrice de grande habileté dans un récitatif écrit pour ténor; sa voix fraîche, souple, prenante et ses dons sérieux de musicienne sont la garantie d'un avenir brillant. Enfin Mme Darier, dont on connaît la virtuosité et l'art d'émouvoir, nuança avec toutes les caresses possibles l'éloge de la *Modération* (*Genügsamkeit*).

La science, la maîtrise de M. Dwelshauvers qui prépara et dirigea cette splendide exécution d'œuvres aussi belles que difficiles et profondes, lui valurent des félicitations unanimes et enthousiastes. INTÉRIM.

LILLE. — M. Reynaldo Hahn faisait entendre, mercredi 17 mai, un choix de ses compositions et un peu de musique ancienne. Rapprochement heureux, et qui faisait bien valoir l'élégance de ces deux genres. Ce fut une soirée charmante, d'un éclectisme délicat.

Mme Durand-Texte, la distinguée interprète de *Lieder*, M. Blanquart, l'excellent flûtiste, M. Pitsch, violoncelliste de talent, prêtaient leur concours à cette aimable manifestation d'art. Ils furent très appréciés dans des pièces de Rameau, de Lulli, de Caix d'Herveloix, de Blavet, et dans les œuvres de M. Reynaldo Hahn : parmi les meilleures de celles-ci, rappelons *L'Heure exquise, Automne, Le Cimetière d'Ambérien*, et surtout, un *Paysage breton*, d'une belle venue. A. D.

MALINES. — Un vrai régal artistique que ce deuxième concert de l'Académie de musique. L'affiche portait en vedette le nom de M. Théo Mahy, professeur de cor au Conservatoire de Bruxelles. Il interpréta brillamment le concerto en *fa* majeur pour cor, de Mengal. A côté de M. Mahy, une débutante : Mlle Charlotte Vrelust, premier prix de piano au Conservatoire de Bruxelles. Quel beau talent! Jeu correct et beaucoup de sentiment. Elle a exécuté, avec brio *La Légende de Saint-François*, de Liszt:

Enfin l'orchestre, sous la direction de M. C. Verelst, a interprété magistralement la cinquième de Beethoven.

Succès mérité pour tous. R. V. A.

ROUEN. — Parmi les œuvres qui seront exécutées à la cathédrale les 28, 29 et 30 mai, à l'occasion des fêtes de Jeanne d'Arc, nous signalerons un oratorio inédit. *La Grande Libératrice* de M. Chanoine-Davranches, le baryton apprécié des Parisiens. L'oratorio est plein d'expérience vocale, de couleur et de vie. Il révèle une réelle valeur musicale ; il est l'affirmation d'un talent à la formation duquel M. Gédalge a autrefois contribué et qui mûrit chaque jour davantage. *La Grande Libératrice* aura pour interprètes Mme M. Capoy, M. Chanoine-Davranches lui-même, la maîtrise de la cathédrale et deux remarquables sociétés chorales de Rouen, l'une, La Gamme, dont M. Haelling est le chef, l'autre dirigée par M. Albert Dupré, L'Accord Parfait, dont la presse parisienne a enregistré les nombreux succès. K. L.

STRASBOURG. — La fin de notre saison musicale a valu de francs succès à M. Hans Pfitzner, directeur du Conservatoire et à l'orchestre municipal admirablement stylé par M. Pfitzner.

Les concerts publics des élèves du Conservatoire ont prouvé que la technique reste toujours avantagée dans l'enseignement.

A Mulhouse, la Concordia, placée sous la direction de M. Jacques Ehrhart, s'est distinguée à son cent quarante-neuvième concert d'abonnement, à l'occasion duquel on avait monté *La Légende de Sainte-Elisabeth*, de Liszt. Les solistes étaient : Mme Emma Bellwidt, de Francfort ; Mlle Elisabeth Sommerhalder, de Bâle, et M. Jan van Gorhom, Carlsruhe.

Le Männergesangverein de Strasbourg, dirigé par M. Carl Frodl, a donné un concert au Sängerhaus. Intéressant programme de chœurs sans accompagnement, fort bien rendus par l'importante Association de chanteurs dont M. le professeur H. Ehrismann est le président. Une bien agréable surprise était réservée aux invités du Männergesangverein, la première audition à Strasbourg, du trio vocal des sœurs Steffi, Marianne et Henriette Brünner, de Vienne. Ces trois cantatrices interprétèrent à ravir une série de trios *a capella*, ainsi que des trios avec piano, que l'une d'elles, Mlle Marianne Brünner accompagna elle-même. L'ensemble vocal est d'une exquise finesse. Ovations des plus enthousiastes et des plus méritées.

Notre théâtre municipal a clôturé sa saison lyrique par un cycle de représentations wagnériennes qui ont été très suivies. A. O.

NOUVELLES

— Les membres du Congrès international de musique qui s'ouvre cette semaine, à Londres, seront reçus le 3 juin, par les représentants du gouvernement, à la Chambre des communes, où ils sont invités à un lunch.

— Une riche Anglaise, morte ces jours-ci, Mme Cramb, a légué à l'Université de Glascow, une somme de 200,000 francs, destinée à la création d'une chaire d'histoire musicale. En exécution des volontés de la défunte, 25,000 francs sont réservés à l'institution de bourses d'études; 25,000 à l'assistance d'étudiants pauvres et 150,000 à l'organisation du cours d'histoire.

C'est la quatrième fois, depuis peu de temps, qu'un cours de la musique est créé dans une université anglaise, grâce à la munificence d'un particulier. Le Trinity College de Londres, les universités d'Edimbourg et de Birmingham ont pu déjà, avant Glascow, organisé des cours d'histoire de la musique, à la faveur de legs importants.

— Le réputé chef d'orchestre anglais, sir Henry Wood, a refusé, sur les instances de ses amis, les fonctions de directeur de l'orchestre philharmonique de New-York, qui lui avaient été offertes. Celles-ci ont été acceptées par le cappelmeister Joseph Stransky, de l'orchestre Blüthner, de Berlin.

— L'année prochaine, au printemps, l'orchestre symphonique de Londres entreprendra une grande tournée artistique en Amérique sous la direction d'Arthur Nikish. L'orchestre donnera une série de trente concerts, en allant de New-York dans les principales villes.

— Trente-trois concurrents ont pris part au concours dramatique que la Société du Metropolitan Opera House de New-York a organisé, en vue d'obtenir une œuvre d'auteur américain qu'elle pourrait représenter au cours de la saison prochaine. Le jury, après un long examen, a arrêté son choix sur un opéra intitulé *Mona*, dont les paroles sont de M. Hooker et la musique de M. Horatio Parker. Les lauréats se partageront le prix de 250,000 francs offert par la Société du Metropolitan Opéra House.

M. Horatio Parker est professeur de musique à New-Haven, dans le Connecticut. Il a écrit plusieurs œuvres chorales, une symphonie et des ouvertures. Il est âgé aujourd'hui de quarante-huit ans. Sa nouvelle œuvre *Mona*, dont le libretto est écrit en anglais, sera représentée l'hiver prochain au Metropolitan Opera House de New-York.

— Cette semaine ont commencé à Berlin les représentations wagnériennes organisées par l'intendance générale des théâtres impériaux. Les œuvres se succèdent à l'affiche dans l'ordre de leur apparition. Le 18, on a donné *Rienzi*, le 22, *Le Vaisseau Fantôme*, le 24, *Tannhäuser*, le 26, *Lohengrin*; demain on jouera *Tristan*; le 2 juin, *Les Maîtres Chanteurs*, le 4, *L'Or du Rhin*, le 6, *La Walkyrie*, le 8, *Siegfried*, le 10, *Le Crépuscule des Dieux*. Ces représentations obtiennent le plus grand succès.

— Wolfram Humperdinck, un des fils du charmant auteur d'*Hänsel et Gretel*, a dirigé, cette semaine, à Charlottenbourg, une œuvre de jeunesse de son père, *Prélude au chant de la Cloche*, de Schiller, et il s'est révélé aussi habile chef d'orchestre que musicien délicat.

— Cette semaine, l'Association Wagnérienne des dames allemandes a tenu à Berlin son assemblée annuelle statutaire. D'après le rapport du secrétaire général, l'Association, des plus florissantes, a pu verser en 1910, à son comité central, à Munich, la somme de 37,000 francs. Les membres de l'Association venus à Berlin, ont assisté à une brillante représentation de *Lohengrin*, organisée au profit de l'œuvre.

— Après un arrêt de quelques jours à Milan, le maestro Toscanini, retour d'Amérique, s'est rendu à Rome où il doit diriger le mois prochain, au théâtre Costanzi, le second cycle d'opéras organisé au cours de l'Exposition. Ce second cycle, qui durera tout le mois de juin, comprendra *Falstaff* de Verdi, et la *Fanciulla del West* de Puccini. On est très impatient, à Rome, de connaître la nouvelle œuvre de Puccini, qui sera interprétée par Mlle Burzio, le ténor Bassi, en remplacement de Caruzo et le baryton Amato. *Falstaff* inaugurera la série de ces représentations.

— Le conseil communal de Trieste, bien inspiré, a accordé une pension viagère de 2,400 couronnes au compositeur Antonio Smareglia, devenu complètement aveugle.

— On fêtera cette année en Sicile, le centenaire de la naissance de Vincenzo Bellini. A cette occasion le théâtre Bellini, de Catane, organisera des représentations spéciales de *La Somnambule*, en l'honneur du grand musicien. Le Roi et la Reine d'Italie rehausseront de leur présence l'éclat de ces fêtes.

— Pas de chance, le théâtre Massimo de Palerme! La ville lui accorde un subside annuel de 50,000 francs et la gratuité de l'éclairage. Et cependant, à la fin de la dernière saison, la direction s'est trouvée devant un déficit de cent soixante douze mille francs!

— Un millionnaire grec, mort récemment à Genève, à légué à son pays la somme de trois cent soixante-quinze mille francs, afin que l'on construise au Conservatoire d'Athènes une salle de concerts.

— Le compositeur Louis Lombard organise cette année, comme les précédentes, dans son château de Trevano, près de Lugano (Suisse), onze grands concerts symphoniques, qui se succèderont du 23 juin au 1er octobre. Chacun de ces concerts, dirigés par M. Lombard, est consacré à l'audition d'œuvres nationales. Tour à tour les programmes comprendront des compositions d'auteurs belges, anglais, français, allemands, italiens, norvégiens, russes, espagnols, suisses, autrichiens et hongrois. Toute personne qui en fait la demande à l'intendance du château de Trevano peut assister à ces concerts.

— Du 1er au 18 juillet, le théâtre du Jorat, à Mézières (Suisse), donnera dix représentations de l'Orphée de C.-W. Gluck, sous la direction de M. Gustave Doret. Ces représentations sont organisées sous le haut patronage de MM. Camille Saint-Saëns, J.-J. Paderewski, Paul Dukas, Camille Bellaigue, Pierre Lalo, Gaston Garraud, Romain Rolland, Albert Carré, Charles Malherbe et Jean de Reszké.

Les prix des places sont : 20, 10, 5, 3 et 2 francs. La vente des billets a commencé le 22 de ce mois. Bureaux de location : Fœtisch frères (S. A.), magasin de musique et pianos à Lausanne; C. Tarin, libraire à Lausanne; Théâtre du Jorat, à Mézières, les jours de représentation.

— De Londres, nous apprenons le grand succès de M. Edouard Deru dans un récital de violon donné à l'Æolian Hall, avec un programme composé de musique classique des XVIIe et XVIIIe siècles, de Vitali à Beethoven. La presse loue unanimement le jeu vigoureux, le style pur, le phrasé égal, le son vibrant du violoniste belge dont le succès a été partagé par son excellente accompagnatrice, Mlle Dorothy Stewart.

BIBLIOGRAPHIE

A. SOUBIES. — Les Membres de l'Académie des Beaux-Arts, 3e série : 1852-1876. Paris, Flammarion, in-8°.

M. Albert Soubies a entrepris une tâche souvent délicate, avec son histoire des membres de l'Académie des Beaux-Arts depuis la fondation de l'Institut, qu'il doit juger, caractériser, mettre en relief selon leur physionomie propre et le talent original auquel ils ont dû cette gloire. Mais chez lui l'information, nombreuse et impeccable se double d'une grande dextérité dans la critique, et sa chronique satisfait l'opinion en même temps que la curiosité. Il ne se refuse d'ailleurs pas tel souvenir personnel, tel document inédit, qui achève de donner leur prix à ces pages, de leur épargner l'apparence d'un dictionnaire, de les faire vivre enfin. Voici déjà le troisième tome de cet ouvrage considérable, augmenté cette fois d'un tableau synoptique général de tous les membres, par classes et par dates, de 1795 à 1910, qui rendra plus d'un service. Pour nous en tenir à la classe des musiciens, disons qu'on trouvera ici des notices consacrées à Reber, Clapisson, Berlioz, Gounod, Félicien David, Massé et Bazin... Ce ne sont pas les plus illustres qui étaient les plus faciles à « croquer ». M. A. Soubies a su le faire en traits nets et précis, avec un tour de main bien à lui et très personnel.   H. DE C.

PUBLICATIONS MUSICALES. Chez E. Demets, éditeur, mélodies diverses : d'Edouard Bron, Le Printemps (rondel de Th. de Banville); de René Chansarel, L'Agréable leçon, Ressouvenance (de Samain) et Clair de lune (de Verlaine); d'H. Fleury, Cœur virginal (de la comtesse de La Morinière de La Rochegautin); de Mel-Bonis, Immortelle tendresse (d'André Godard); — et pièces de piano, de facilité moyenne, claires et avenantes, de Maurice Yvain, en deux séries de six.

— M. Julien Tiersot a déjà publié plusieurs précieux et attrayants recueils de Mélodies populaires des provinces de France (Paris, Heugel). En voici un nouveau, qui comporte une cinquième et une sixième série de dix, avec traductions du texte original, et, comme toujours, harmonisées au piano. Il faudrait donner ici trop de détails pour souligner les pages intéressantes. Disons simplement que ces thèmes populaires nous mènent de La Rochelle en Corse, des Flandres au pays Basque, d'Auvergne en Bresse, de Savoie en Bretagne, et jusqu'au Canada (car aussi bien le vieux cœur français y bat toujours et chante encore). C.

Le Traducteur, journal bimensuel pour l'étude comparée des langues allemande et française.

Voilà une publication modeste très recommandable aux jeunes gens qui veulent faire une étude à la fois utile et attrayante des langues allemande ou française. Ils y trouveront, traduit dans l'un ou l'autre idiome, sous une forme aussi irréprochable qu'on peut le désirer et en regard du texte original, des dialogues, des lettres commerciales et des morceaux de lecture dans les genres les plus divers, mais toujours choisis de façon à être lus de tous. C'est un excellent moyen d'enrichir le vocabulaire, de s'approprier par la pratique les expressions diverses et de s'habituer à la structure propre à chacune des deux langues. En outre, le journal facilite les échanges de lettres (pour correction réciproque), de cartes postales illustrées et de timbres-poste.

Numéros spécimens gratis sur demande par l'Administration du Traducteur, à La Chaux-de-Fonds (Suisse).

57me ANNÉE. — Numéros 24-25.   11 et 18 Juin 1911.

LE GUIDE MUSICAL

Berlioz et son " Requiem „

DEUX LETTRES NOUVELLES

(1837)

Dans un chapitre particulièrement documenté du tome II de son histoire de Berlioz (Un romantique sous Louis-Philippe, pp. 341-396), M. Adolphe Boschot a étudié toutes les aventures du *Requiem* que l'artiste avait compté faire exécuter le 28 juillet 1837, à l'occasion d'une cérémonie commémorative républicaine..., qui fut rejeté comme inutile quelques jours avant la fête, et que cependant il réussit à imposer, trois mois plus tard, pour une autre cérémonie, également aux Invalides, en l'honneur, cette fois, des funérailles du général Damrémont, tué à la prise de Constantine. Dans toute cette affaire, comme dans bien d'autres d'ailleurs, un certain nombre de pièces manquent, et l'on est réduit parfois aux conjectures. C'est ainsi que, malgré des recherches aux Archives Nationales, que je sais avoir été menées très loin, il n'a pas été possible de retrouver l'arrêté de M. de Gasparin, fin mars 1837, engageant l'Etat à l'exécution du *Requiem*.

Voici pourtant que le hasard du classement, aux Archives (1), d'un fond provenant des

(1) C'est à M. Léon Le Grand, sous-chef de section aux Archives Nationales, que je dois la communication de ce petit dossier.

Bâtiments civils (F 13 946), remet au jour quelques pages de plus, de cette histoire, et notamment deux lettres de Berlioz. Je m'empresse de les verser au dossier. Elles sont d'ailleurs d'assez médiocre importance, sauf pour les dates peut-être et quelques détails de *mise en scène*.

L'une est la dernière lettre écrite par Berlioz pour réclamer son dû, et le paiement convenu des frais de répétitions et de copies, d'une œuvre qu'il pouvait décidément considérer comme ajournée *sine die*. L'autre est la première lettre qui suivit l'acceptation par le ministre nouveau (le comte de Montalivet) de la combinaison imaginée par le musicien après les nouvelles d'Algérie. L'une est datée du 21 octobre, l'autre du 30, le même jour que celle que nous connaissions déjà et que Berlioz envoya au ministre de la Guerre. Dans celle-ci, on s'en souvient (M. J. Tiersot l'a publiée dans son édition de la correspondance : « Hector Berlioz, ses années romantiques »), Berlioz s'adresse à l'organisateur même de la cérémonie des Invalides, auquel, à cet effet, un crédit spécial avait été ouvert ; et il en est encore en raison de ce détail de la subvention à obtenir, à implorer la faveur du ministre. Dans celle que voici, Berlioz compte la chose comme faite, et indique ses exigences particulières pour l'exécution. — On remarquera en passant la dernière phrase de la lettre du 21 ; elle est grosse de menaces, et ceux qui la lurent savaient à quoi s'en tenir : en marge, trois traits au crayon la soulignent. Nous savons par quelle campagne de presse Berlioz avait longtemps répondu aux fins de non recevoir.

Une troisième lettre (minute) est au dossier. Elle paraît indiquer une nouvelle date : celle de l'affectation définitive des frais, attribuable conjointement aux deux ministères de l'Intérieur et de la Guerre... le 14 novembre. Elle émane du directeur des monuments, Vatout, celui-même à qui Berlioz avait écrit les deux lettres insérées au dossier.   H. DE CURZON.

A M. LE DIRECTEUR DES MONUMENS PUBLICS.

Monsieur,

Par un arrêté de M. Gasparin en date du mois de mars dernier, j'ai été chargé de la composition de la Messe de Requiem qui devait être exécutée aux Invalides le jour de la fête funèbre du 28 Juillet. Une somme de quatre mille francs m'est accordée par l'arrêté pour cette composition; les frais de copie et d'exécution sont garantis en outre. N'ayant été prévenu que six jours avant le 28 Juillet de ne pas passer outre, j'ai arrêté les répétitions. Trois seulement avaient été faites par les chœurs. Les artistes et le chef du bureau de copie de l'Opéra réclament de moi ce qui leur est dû. D'un autre côté, je dois avouer qu'un plus long retard dans le payement de la somme à laquelle j'ai droit m'embarrasserait fort; je viens donc vous prier de mettre le plus tôt possible sous les yeux de Monsieur le Ministre de l'Intérieur le travail qu'il attend sans doute pour donner sa signature. J'ai eu l'honneur de lui faire remettre par l'entremise de Monsieur Lesourd toutes les pièces à l'appui de ma réclamation. Dans le cas où elles ne vous seraient pas parvenues, je pourrais vous en adresser une copie.

C'est avec toute l'insistance possible que je vous prie de terminer promptement cette affaire ; les poursuites dont me menacent les chanteurs et copistes que j'ai employés par ordre supérieur ne me permettant pas de rester plus longtemps dans une position aussi désagréable et aussi imprévue. Je me verrais donc obligé d'employer toutes les ressources que la presse met à ma disposition pour expliquer ma conduite, qui, j'en suis sûr, est au-dessus de tout reproche.

J'ai l'honneur d'être, Monsieur,

Votre dévoué serviteur,
H. BERLIOZ.

31, rue de Londres
21 octobre 1837.

A MONSIEUR VATOU[T]

INSPECTEUR [sic] DES MONUMENTS PUBLICS

Ministère de l'Intérieur.

Monsieur,

Monsieur le Ministre de l'Intérieur a l'intention de faire exécuter mon *requiem* le jour de la cérémonie des funérailles du général Danrémont. Je suis venu pour avoir l'honneur de vous voir et de vous entretenir à ce sujet. Comme c'est vous, Monsieur, qui devez organiser la cérémonie, je voulais vous prier de me faire savoir le plus tôt possible quand je dois commencer à me mettre en mesure et faire les répétitions. En outre, j'avais besoin de vous expliquer quelles sont les dispositions du local nécessitées par la forme et le plan de ma composition.

Il faudrait *un amphithéâtre* ou échafaudage en gradins, *devant l'orgue*, où seraient placés deux cent (1) personnes à peu près. Dans ce nombre seraient compris *tous les chanteurs* et quelques instrumentistes seulement. Le reste de l'orchestre, devant s'étendre dans la partie antérieure de l'amphithéâtre sur un plan horizontal, pourrait être placé tout simplement sur le pavé de l'église. Une porte pratiquée sous l'amphithéâtre suffirait, sans déranger les exécutans, au passage du cortège.

Cette disposition est celle qui fut adoptée sous l'empire pour les funérailles du maréchal Lannes, et la seule vraiment bonne; surtout pour un ouvrage conçu sur un plan que je crois vaste et peut-être nouveau. Veuillez, Monsieur, vous intéresser à ma requête, et protéger l'œuvre et l'auteur dans cette circonstance si importante pour eux.

J'ai l'honneur d'être, Monsieur,

Votre dévoué serviteur,

HECTOR BERLIOZ.

30 octobre 1837
rue de Londres, 31.

Ministère de l'Intérieur — Direction des Monuments publics et historiques.

A M. CAVÉ, CHEF DE LA DIVISION DES BEAUX-ARTS

Paris, le 28 novembre 1837.

Monsieur et cher Collègue, en vous transmettant, par ma lettre du [25] celle que M. Berlioz m'avait écrite pour réclamer le paiement de l'indemnité qui lui avait été accordée pour la composition d'une

---

(1) Berlioz avait écrit d'abord deux cent cinquante, mais il a effacé le dernier mot.

messe de requiem, je vous ai exposé que la rétribution due à ce compositeur ne pouvait être imputée sur les fonds des fêtes de Juillet, parce que la totalité du crédit avait reçu un emploi, et que d'ailleurs il y aurait eu fausse application du crédit.

J'ai l'honneur de vous renvoyer aujourd'hui une lettre de M. le Ministre de la Guerre, annonçant que la messe de M. Berlioz sera exécutée à la cérémonie funèbre du Général de Damrémont; mais qu'il ne sera affecté aux frais d'exécution qu'une somme de 10,000 francs, la dépense du prix de composition et les autres déboursés dus à cet artiste devant être acquittés par le Département de l'Intérieur.

Ces dispositions paraissent résulter d'une lettre de M. le Ministre de l'Intérieur, en date du 14 de ce mois. Je dois supposer que l'affaire a été traitée par la division des Beaux-Arts; c'est donc à vous, Monsieur et cher collègue, qu'il appartient d'en proposer l'exécution sur les fonds dont la distribution vous est confiée.

Recevez....

Le conseiller d'Etat, directeur des Monuments publics et historiques [VATOUT].

LA CENTIÈME DE
L'ATTAQUE DU MOULIN

LE Théâtre Lyrique de la Gaieté vient de célébrer avec éclat la centième représentation, à Paris, de L'Attaque du Moulin. Une comédie, un drame, atteignent fréquemment ce chiffre envié. Le fait est plus rare lorsque il s'agit d'un ouvrage musical. Il prend une importance caractéristique quand on se trouve en présence d'une partition comme L'Attaque du Moulin qui eut à lutter constamment contre la mauvaise chance.

Si dans l'œuvre, déjà si vaste, d'Alfred Bruneau, d'autres drames lyriques portent d'une façon plus complète la marque de son génie, tels l'adorable Rêve, le puissant et poétique Messidor, le tragique Ouragan, il n'en est pas de plus populaire que celui si justement fêté ces jours-ci. Mais, bien qu'il ait plu immédiatement au public, cet ouvrage n'en reste pas moins celui d'un musicien hautement inspiré, d'une abondance mélodique rare et distinguée, d'un profond tempérament dramatique.

L'Attaque du Moulin est la seconde partition

qu'Alfred Bruneau fit jouer à l'Opéra-Comique. Avec un grand sens artistique, le compositeur voulut, après Le Rêve, représenté deux ans auparavant, écrire une œuvre très différente. Après avoir traité un drame tout intime, il désira peindre des scènes d'une humanité plus large; après avoir chanté le mysticisme d'Angélique, il voulut rendre, par le langage des sons, la belle vigueur, la saine énergie des paysans de France, aux prises avec une situation terrible.

Le Rêve avait révélé dans le collaborateur musical de Zola un artiste sincère et original. Tous les jeunes saluèrent en lui un novateur. Carvalho dirigeait alors l'Opéra-Comique. Attaché par ses goûts et par sa brillante carrière au vieux répertoire, il avait, pourtant, su deviner en Bruneau le maître qui allait ouvrir à la musique française des voies nouvelles. Il fit pour lui ce qu'il avait fait, jadis, pour Gounod, fort contesté, ne l'oublions pas, à ses débuts : il lui ouvrit largement les portes de son théâtre. Après avoir représenté Le Rêve, il lui demanda L'Attaque du Moulin.

Comme on le sait, le livret de cet ouvrage a été tiré par Louis Gallet de la célèbre nouvelle qui ouvre l'intéressant recueil des Soirées de Médan où, après les noms glorieux de Zola, de Maupassant et de Huysmans, on trouve ceux de trois autres disciples, moins notoires, de l'école naturaliste : Henry Céard, Léon Hennique et Paul Alexis. Ce qui est moins connu, c'est la collaboration effective de l'auteur des Rougon-Macquart au poème de L'Attaque du Moulin qui, en bien des endroits, s'écarte de la nouvelle. Une grande partie des vers sont de Zola lui-même et, parmi ceux-là, les fameux Adieux à la Forêt. Je revois encore en pensée la modeste feuille couverte de la ferme et puissante écriture du grand romancier, sur laquelle est tracée l'ample tirade qui inspira si magnifiquement le compositeur.

* * *

La première représentation de L'Attaque du Moulin eut lieu à l'Opéra-Comique, alors exilé place du Châtelet, le 23 novembre 1893. Le succès fut éclatant. Les rôles étaient remarquablement tenus, à part celui de Françoise qui n'était pas dans les moyens de Mme Georgette Leblanc. Marie Delna, alors au début de sa carrière, créa d'une admirable et tragique façon le personnage de Marcelline; Bouvet fut un émotionnant Merlier; Clément était excellent dans la sentinelle; enfin Mondaud incarnait le capitaine ennemi. Carvalho était d'esprit batailleur; pourtant, il avait parfois des timidités inexplicables. C'est ainsi qu'il n'osa pas jouer *L'Attaque* avec les uniformes de 1870.. Il affubla les soldats français des costumes de... *La Fille du Régiment* et il habilla les soldats ennemis d'uniformes d'une fantaisie abracadabrante. L'œuvre perdait ainsi une partie de sa puissance émotive. Elle n'en réussit pas moins. Pendant la saison 1893-1894, l'Opéra-Comique joua trente-neuf fois *L'Attaque du Moulin*.

Malgré ce succès indéniable, le drame lyrique de Bruneau, au grand étonnement de tous, ne reparut pas sur l'affiche la saison suivante. Carvalho boudait le compositeur qui, cédant aux sollicitations des directeurs de l'Opéra, venait de leur promettre sa nouvelle œuvre, *Messidor*. Cette détermination avait causé une vive contrariété à Carvalho qui espérait monter ce grand ouvrage. Certes, il l'eut mieux défendu qu'il ne le fut à 'Académie de Musique. Pendant trois ans, le directeur de l'Opéra-Comique persista dans sa rancune; mais, en brave homme qu'il était, il se réconcilia un beau soir avec Bruneau et lui annonça qu'il allait reprendre *L'Attaque du Moulin*, cette fois avec les costumes modernes. Plusieurs villes s'étaient décidées à la jouer ainsi sans qu'il y ait eu la moindre protestation. La nouvelle distribution comportait, dans le rôle de Marcelline, une célèbre chanteuse allemande, Mme Bréma, et Fugère dans celui de Merlier. Mais alors commença, pour *L'Attaque du Moulin*, une série de malchances. On était à la fin de 1897. Le soir même de la répétition générale, Carvalho fut frappé d'une attaque d'apoplexie et il mourut trois jours après. La reprise fut renvoyée à une date ultérieure, puis retardée encore par suite d'indispositions. Arriva alors la période aiguë de l'affaire Dreyfus. Le procès Zola se déroulait au milieu des incidents que l'on connaît, sous la pression d'une meute hurlante de foule abusée. En de telles circonstances, l'Opéra-Comique ne pouvait songer à donner l'œuvre toujours prête à passer. Et, comme au théâtre, encore plus qu'ailleurs, l'occasion perdue se retrouve rarement, les mois et les années s'écoulèrent sans que la reprise de *L'Attaque* se fît. L'apaisement était venu. L'Opéra-Comique s'empressa de remonter *Le Rêve;* il donna ensuite les premières de *L'Ouragan* et de *L'Enfant Roi*, mais continua, chose incompréhensible, à négliger *L'Attaque du Moulin* dont les recettes avaient toujours été excellentes et dont le succès persistant dans tous les théâtres de province et de l'étranger était une sûre garantie de l'accueil qui lui serait fait à la salle Favart.

Lorsqu'en 1907, les frères Isola transformèrent la Gaîté en Théâtre Lyrique, ils proposèrent à Bruneau de reprendre *L'Attaque* avec Delna dans le rôle qu'elle avait si brillamment créé. Le compositeur accepta. En vue de cette reprise, il ajouta, au second acte, une grande scène pour Marcelline et lui fit prendre part au chœur funèbre sur le corps de la sentinelle. L'année dernière, un remaniement très important a été apporté dans le dénouement. Désormais, les Français arrivent à temps pour empêcher le père Merlier d'être fusillé. Le théâtre de la Gaîté n'a pas eu à se repentir d'avoir inscrit *L'Attaque du Moulin* à son répertoire. Ses deux plus fortes recettes, nous apprend M. Soubies dans la statistique de son intéressant *Almanach des Spectacles*, furent effectuées, en 1907 et en 1908, par le drame de Bruneau. *L'Attaque* resta une saison sans être jouée. Elle reparut sur l'affiche en 1909 et, elle atteignait sa centième représentation. Ce chiffre a été obtenu, il est bon de le constater, en quatre saisons théâtrales seulement : 1893-1894, 1907-1908, 1909-1910, 1910-1911.

* * *

La centième de *L'Attaque* avait attiré à la Gaîté une salle comble, qui applaudit longuement Mme Delna, plus en voix, plus dramatique que jamais, le baryton Boulogne, excellent dans Merlier, et M. Devriès, un charmant Dominique. Quant au compositeur, il fut acclamé et fêté comme il convenait. Seul, celui qui repose, maintenant, au Panthéon manquait à cette belle soirée. Mais son souvenir était là, parmi nous, vivant, impérissable.

On ne saurait oublier qu'Alfred Bruneau est l'un des artistes dont la France peut, à bon droit s'enorgueillir. Le premier il osa, avec une indépendance qu'on lui fit payer cher, émanciper notre musique dramatique des vieilles entraves qui la paralysaient; le premier il osa faire chanter des personnages de notre vie actuelle.; le premier, enfin, il osa écrire, pour l'Académie de Musique, un ouvrage sur de la simple prose. Toutes ces choses, dont profitèrent les compositeurs auxquels il fraya la route : les Charpentier, les Erlanger, les Laparra, combien d'autres encore, et qui paraissent naturelles aujourd'hui, furent d'abord traitées de monstrueuses. Le coup d'audace du *Rêve* fit l'effet d'une pierre dans la mare aux grenouilles. On n'a pas encore pardonné à Bruneau, dans un certain clan, le dérangement qu'il apportait dans les habitudes et dans les conventions scéniques. Alors que ceux venus après lui passèrent sans difficulté à travers la brèche qu'il avait ouverte, la lutte autour de ses partitions continua, toujours aussi âpre, aussi ardente. Encore aujourd'hui, il est en pleine bataille artistique. Mais c'est là une preuve de sa force et de son génie. Contre Bruneau, on a usé de tout. Comme Wagner, comme Berlioz surtout, avec lequel il a tant d'affinités, il a connu les injustices et les duretés de la vie. Il a été traîné dans la boue, il a subi la haine aveugle, les injures bêtes, les perfidies ignobles, les lâchetés viles. Mais il est de ces hommes que rien ne saurait salir ou décourager. Les envieuses mesquineries, la guerre sourde des petites chapelles, la mauvaise foi de certains directeurs, les rires moqueurs et imbéciles, ne l'ont jamais fait dévier du chemin qu'il continue de suivre avec une fidélité inébranlable à ses principes. Bruneau n'est pas seulement un grand artiste, c'est aussi un grand caractère. Les ennemis du musicien sont, eux-mêmes, forcés de s'incliner devant l'homme.

La centième de L'Attaque du Moulin est une réponse éclatante aux détracteurs de Bruneau. L'heure de la Réparation et de la Justice sonnera, un jour ou l'autre, pour Le Rêve, pour Messidor, pour L'Ouragan, pour toutes ces œuvres si belles, si claires, si vivantes qui maintinrent vaillamment la tradition française à un moment où elle semblait menacée de s'éteindre dans le rayonnement éblouissant, mais dangereux, de l'art wagnérien.

ÉTIENNE DESTRANGES.

LES
Fêtes de musique en Suisse

CES grandes manifestations musicales sont le rendez-vous annuel de tous les artistes du pays, et, en cela, elles sont un bienfait précieux pour le développement artistique de la nation; une véritable force vitale. Leur but étant d'aider nos compositeurs à se faire connaître par de bonnes exécutions de leurs œuvres, elles sont, par leur retour périodique, un constant sujet d'émulation et d'encouragement. Un comité, formé de quelques-uns de nos meilleurs musiciens, a mission d'examiner toutes les pièces qui lui sont soumises et il le fait avec beaucoup de soin et de bienveillance. Chacun a le droit de proposer, les plus autorisés comme les plus jeunes et les plus inconnus auxquels notre jury artistique prend vraiment à cœur de venir en aide en leur laissant une large place dans les programmes.

Ainsi, maîtres et disciples aux tendances les plus diverses apprennent à se connaître, à s'apprécier, et ainsi s'établit une unité basée sur des rapports d'amitié et d'admiration.

C'est à Vevey, la plus coquette petite cité des bords du Léman, que l' « Association des Musiciens suisses » vient de célébrer sa douzième fête. Elle fut éclatante, car tout était combiné pour une magnifique réussite. D'une part la richesse et l'importance des programmes, le choix d'un excellent orchestre et le concours d'artistes admirables, d'autre part, le cadre merveilleux, la grandiose nature dans laquelle tout cela avait lieu.

On conçoit aisément l'allégresse d'une foule venue de toutes parts pour célébrer un art qui est le plus enthousiasmant de tous. Si on ajoute à cela le plus séduisant décor qu'il soit possible d'imaginer, on aura réalisé l'idéal.

Telles furent ces magnifiques réjouissances: trois journées de joie profonde, de belles impressions artistiques. Il y avait tant d'entrain, de gaîté légère qu'on avait cette sensation bien douce d'un fluide sympathique vous unissant à tous ceux que vous côtoyiez, familiers ou inconnus.

Les concerts, au nombre de six, ont eu lieu dans le Casino du Rivage, nouvellement édifié, qui comprend une très jolie salle de concert d'environ mille places. Malheureusement, l'acoustique n'est pas parfaite et là, comme dans beaucoup d'autres salles de ce genre, on n'a pas consacré une place suffisante au podium. Il est surtout d'une disposition malencontreuse, qui oblige les chœurs de se placer à droite et à gauche de chaque côté de l'orchestre, tandis que celui-ci, resserré au centre, trop à l'étroit, se dégage vers le fond sous une espèce de rotonde de telle façon qu'il est placé en long et ne présente pas son quatuor sur une ligne de front. La sonorité en a un peu souffert.

Des six séances, quatre étaient consacrées à la musique d'orchestre, chœurs et soli, deux à la musique de chambre.

On avait appelé pour la circonstance l'orchestre du Conzertverein de Munich qui a fait preuve d'une grande vaillance.

MM. Gustave Doret et Charles Troyon, chef des chœurs, étaient directeurs de fête. M. Doret n'a pas une véritable nature de chef d'orchestre; malgré sa forte musicalité sa direction, quoique très claire, resté lourde. D'autre part, et ceci tient plutôt de la nature du chef d'orchestre, il recherche surtout l'effet.

L'abondance et la richesse des programmes qui laissaient une large place aux jeunes, nous ont permis de faire d'intéressantes constatations sur l'état présent de la musique en Suisse.

Petit pays qui n'a pas sa langue propre et qui parle celles des deux puissants voisins entre lesquels il est situé, nous subissons inévitablement l'influence de la France et de l'Allemagne. L'identité des littératures est le facteur irrésistible à ce mélange des idées et des arts. La musique n'y a pas échappé. Il y a donc en fait deux Suisses; la Suisse allemande, de beaucoup la plus considérable, est naturellement portée vers la musique et se trouve douée pour cet art des qualités inhérentes à la race germaine. Elle fut longtemps seule à représenter la Suisse musicale.

Mais, depuis l'avènement de Jaques-Dalcroze, de Gustave Doret, d'Otto Barblan, etc., nous avons conquis une place importante, et vraiment, nous étions à la hauteur de nos compatriotes allemands.

Depuis les dernières fêtes de musique, j'ose dire que cet équilibre est rompu; on peut observer chez nous en plus petit, mais de façon très caractéristique, les mêmes symptômes que présentent actuellement la France et l'Allemagne. Tandis que la première vient d'opérer avec sa jeune école une évolution foudroyante, la seconde piétine sur place, accablée par sa longue gloire.

Aux dernières fêtes, la Suisse allemande nous a présenté entre autres choses une symphonie en quatre parties de M. Fritz Brun, de Berne, œuvre très musicale, animée d'un beau souffle, mais sans aucune originalité. Elle est trop longue dans ses scholastiques développements, brouillardeuse tout en restant très simple.

Une première partie de concerto pour violon et orchestre d'Othmar Schoek, de Brunnen, page présentant certainement des qualités, mais peu à l'aise dans sa forme, d'une orchestration terne, à la manière de Brahms, mais s'efforçant vainement d'être poétique.

En résumé, un art qui se souvient des maîtres mais ne vit que par leur souvenir, quelque chose d'épuisé, de lassé.

Pour la Suisse occidentale, M. Chaix avec un scherzo plein de verve, finement instrumenté, faisant un emploi très réussi du rythme à sept temps. La pièce est poétique, très musicale, ordonnée avec beaucoup de goût et surtout elle a de là vie, une vie jeune, une sève robuste.

M. Franck Martin, de Genève présentait trois *Poèmes païens* pour baryton et orchestre. Sur des textes de Leconte de Lisle, ce musicien de vingt ans a construit d'émouvantes pages symphoniques qui évoquent pas à pas, avec une vérité d'accent

frappante, toutes les idées contenues dans le poème. C'est dans le genre impressionniste d'une couleur absolument personnelle, un art profond et distingué.

M. Alex Dénéreaz, de Lausanne, avec une *Ronde des Feuilles*, pour soprano et orchestre, affirme une réelle originalité mais avec quelques défauts de facture et d'expression.

M. Fritz Bach, de Lausanne, élève de Vincent d'Indy, nous offrit une *Invocation* pour chœur et orchestre, œuvre d'une inspiration élevée, très soignée dans le détail.

J'ai avec intention insisté en parlant des jeunes, mais sur les vingt et un compositeurs dont on a exécuté les œuvres, les maîtres suisses furent très dignement représentés.

Nous avons entendu : la *Chanson des regrets* de Jaques-Dalcroze, œuvre d'une fraicheur, d'une spontanéité remarquable qui, malgré la diversité des sentiments exprimés dans le poème, garde une belle unité symphonique; une *Ouverture rustique* de Joseph Lauber, très pittoresque, instrumentée avec une grande maîtrise; une sonate pour piano et violoncelle de Hans Huber, d'une très noble inspiration, mais d'un style un peu « passé » pour notre époque; un beau quatuor pour archet de M. Otto Barblan, œuvre solide d'un style très personnel et d'une riche musicalité. Il contient une partie en variation très finement traitée et qui a fait une profonde impression, un intermezzo d'une exquise poésie, tout intime.

Le compositeur Friedrich Klose présentait aussi un quatuor pour archets. Cette œuvre puissante fut sans contredit la pièce capitale de la fête. M. Klose connaît à fond tous les moyens du quatuor, et il joint à une technique incroyable une inspiration débordante de poésie. L'adagio ma non troppo qui développe avec une plénitude, une maîtrise incomparable, un thème original, dépasse, je crois, par sa richesse harmonique et rythmique, par la magnifique ordonnance du développement tout ce qui a été écrit dans ce genre. C'est un chef-d'œuvre nouveau pour le répertoire des grands quatuors.

A. PAYCHÈRE.

LA SEMAINE

PARIS

A L'OPÉRA, *Siberia*, d'Umberto Giordano, version française de M. Paul Milliet, nous a été donnée cette semaine. avec Mme Lina Cavalieri, MM Muratore et Dangès comme protagonistes. Etait-ce bien sa place sur cette vaste scène? Il est permis d'en douter. Lorsque M. Carré l'avait demandée pour l'Opéra-Comique. il voyait plus juste et le succès eût été plus certain qu'il ne semble s'annoncer ici. Aussi bien est-il également loisible de douter que l'œuvre même valût la peine de reparaître ici. On sait que ce n'est pas la première fois que Paris l'entend. L'entreprise d'opéra italien que M. Sonzogno nous présenta au théâtre Sarah-Bernhardt en 1905, et dont j'ai parlé alors (page 375), comportait à son programme la *Siberia* de l'auteur de *Fedora* et d'*André Chénier*, qui venait de voir la rampe à Milan (décembre 1903). Interprétée avec beaucoup de soin, l'œuvre fit grand effet, plus peut-être qu'en son pays même, et nous savons qu'elle retrouva depuis ce succès un peu partout. Le chant des bateliers de la Volga, si heureusement utilisé au second acte, dans la steppe glacée, pour la chaîne des forçats qui lentement s'avance, quelques chœurs expressifs et simples, les scènes émouvantes du troisième acte, et le baiser de paix de la fête de Pâques dans la nuit tombante, portent toujours irrésistiblement sur l'auditeur. Mais ce sont des accessoires au fond, presque des hors-d'œuvre, et le drame même, l'anecdote d'amour et de larmes; très menue en somme, s'éparpille singulièrement au travers, paraît décousue, est rendue sans grande conviction et ne prend guère au cœur. Le premier acte surtout, et sur une vaste scène comme celle de l'Opéra, paraît d'une inconsistance et d'un vide extrêmes. La musique est d'ailleurs elle-même incapable de donner le change et de nous distraire, en pareil cas, par la richesse ou l'originalité de son orchestre. Mme Cavalieri a incarné Stefana avec beaucoup de passion et de tendresse, une indomptable énergie aussi; M. Muratore vibra avec puissance et fougue dans l'infortuné Vassili; M. Dangès fut souple et excellent acteur dans le repoussant Gleby, M. Cerdan fit applaudir sa belle voix et sa digne tenue dans Walitzin, le gouverneur, M. P. Vidal dirigeait l'orchestre.

H. DE C.

L'OPÉRA-COMIQUE est coupé en deux en ce moment. Officiellement en quelque sorte, avec armes et bagages, c'est-à-dire, décors et costumes, avec quelques-uns de ses premiers artistes et tout le personnel nécessaire, avec surtout son directeur à sa tête, l'Opéra-Comique se transporte, pour deux mois de représentations françaises, à Buenos-Aires, dans la capitale de la République Argentine. «La Opera» de Buenos-Aires verra ainsi, dans les conditions où Paris les applaudit, *Carmen* et *La Dame blanche*. *Mireille* et *Le Caïd*, *Philémon et Baucis* et *Le Roi d'Ys*; *Manon*, *Werther*, *Chérubin*, *Grisélidis*. *Le Jongleur de Notre-Dame*, *La Navarraise*, *La Reine Fiamette*, *Louise*, *Pelléas et Mélisande*, *Le mariage de Télémaque*. Et les Argentins accueilleront de leurs bravos enthousiastes : Mme Marguerite Carré avec Mmes Mathieu-Lutz, Brohly, Heilbronner, Bériza, de Poumayrac, Robur, Tissié, Rynald; MM. Beyle, Francell, Vieuille, Vigneau, de Poumayrac, Mesmaecker. Deux chefs d'orchestre, MM. Wolff et Mathieu, un chef du chant, M. Masson, dirigeront l'orchestre indigène et les chœurs choisis en France. Un corps de ballet n'a pas non plus été oublié. Et tout ce monde est parti de Paris le samedi 27 mai. Cependant, la salle de la rue Favart reste toujours ouverte, et même plus longtemps que d'habitude, jusqu'au 14 juillet; et les Parisiens ne se plaindront certes pas de l'homogénéité de la troupe qui leur a été laissée, quand ils y rencontreront MM. Salignac et Jean Périer, Clément, Albers, Sens, Cazeneuve, Azéna, Coulomb... Mmes Nicot-Vauchelet, Chenal, Mérentié, Vix, Lafargue, Vauthrin, Martyl; Thiphaine...

Mlle Lipkowska est revenue donner de délicieuses représentations de la *Vie de Bohème* et de *Lakmé*. La voix est d'une pureté charmante, souple, et fraîche et le geste est gracieux à plaisir. Elle chante *La Bohème* en italien, ce qui n'est pas sans bizarreries dans les duos, mais d'ailleurs si joli, que personne n'a l'idée de se plaindre. En revanche, elle chante *Lakmé* en français, ce dont le public lui a su un gré infini.

Au Théâtre Sarah-Bernhardt, la Saison Russe a donné, comme intermède, une soirée de ballets. des fragments en général, des prétextes à pas, les artistes venus de Saint-Pétersbourg étant en trop petit nombre pour donner lieu à des ensembles. Le morceau le plus intéressant fut celui qui portait le titre bizarre de *Koniok Gorbounok*, le petit cheval bossu, autrement dit « Tsar dievitza », la jeune fille tsar. Il fait partie d'un ballet considérable, traditionnel et « classique » en Russie depuis 1864. Il a Marius Petipa pour auteur, et aussi Saint-Léon, et d'autres, tous noms français ; car j'ai déjà rappelé combien cet art de la danse, en Russie, est basé sur la grande école française. L'interprétation offrait d'ailleurs ceci d'amusant, que les deux principaux danseurs et mimes étaient les fils des créateurs : Kchessinsky et Stoukolkine (celui-ci d'une fantaisie extraordinaire). Nicolas Legat se distingua également, ainsi que Mlles Lioubouw Egorowa et A. Legat, autour de l'étoile, Mme Julie Sedowa. Un autre ballet, *La Forêt enchantée*, d'Ivanoff et Legat, fit applaudir les mêmes artistes. Si je n'ai pas parlé de la musique de l'un et l'autre, c'est que le seul compliment qu'on lui puisse faire est de s'adapter congrûment aux rythmes des danses. Mais ce n'est pas réellement de la musique.   H. DE C.

Le Trianon-Lyrique a eu la jolie idée, la semaine dernière, de reprendre, ou plutôt de donner pour la première fois à Paris une piquante chinoiserie de C. de Roddaz et Montjoyeux, mise en musique par Alexandre Georges et représentée d'origine à Rouen en 1890. Le sujet est manifestement inspiré des *Maîtres Chanteurs*, la fille du mandarin étant promise au vainqueur d'un tournoi de poésie, et ce vainqueur n'étant réellement découvert que lorsqu'il a chanté lui-même l'ode qu'une substitution frauduleuse avait fait couronner au profit d'un sot rival ; mais la musique n'a rien à voir avec celle de Wagner, et on l'en félicitera. Œuvre de jeunesse de l'auteur de *Miarka*, elle reste discrète, mélodique et spirituelle dans la note en demi-teinte que comporte la comédie. Mise en valeur avec talent par Mlle Saint-Germier qu'entourent MM. Tarquini d'Or, Vincent et Billot, elle vaut une fois de plus tous nos compliments à ce laborieux et actif petit théâtre.   H. DE C.

Au Châtelet, la saison se poursuit par les prestigieux ballets russes, organisés par MM. de Diaghilow et G. Astruc. Nous en parlerons mieux la prochaine fois : ils commencent à peine en ce moment. Déjà l'on a applaudi avec fureur le *Sadko* de Rimsky-Korsakow (danse et chant), *Le Narcisse* de Tcherepnine, *Le Spectre de la rose*, musique de Weber arrangée sur un poème de Théophile Gautier, et *Le Carnaval* de Schumann. Déjà l'on a ovationné les Karsavina, les Nijinski, les Fokine et les Bolm, et bien d'autres.   C.

Société Hændel (Salle Gaveau). — *Saül* est un des ouvrages de Hændel qu'il est le plus utile de connaître et d'entendre à cause de la place très importante qu'il occupe dans l'œuvre entier du maître, à cause aussi de sa valeur particulière qu'il doit à son caractère et à son orchestration.

Par son caractère il participe à la fois du drame et de l'oratorio purement religieux. A côté de beautés éclatantes et magnifiques égales à celles que l'on rencontre dans les autres oratorios, il offre des preuves d'une intention et d'une compréhension dramatique réelle, notamment dans la troisième partie, où Saül vaincu se rend chez la pythonisse d'Endor et y évoque l'ombre du prophète Samuel. Cependant, c'est au point de vue dramatique qu'il est insuffisant. Cela tient surtout au genre conventionnel de l'époque, qui concentrait l'expression dans le récitatif et l'air, plus ou moins agrémenté de vocalises, et ne trouvait guère d'appui dans une orchestration logique. La jalousie de Saül est exprimée ainsi d'une façon superficielle ; seul le dialogue musical entre Saül et Jonathan, où celui-ci apaise un moment la fureur de son père, présente deux mélodies simples, larges, émouvantes, comparables au célèbre largo de *Xerxès*.

L'orchestration montre le souci que Hændel avait de soutenir l'intérêt dramatique, de rendre le pittoresque de certaines scènes. Il emploie, non seulement les instruments habituels : trompettes, bois, cordes, orgue, mais encore : bassons, contrebasses, timbales, carillon, cembalo et trombones. Il les mêle, les divise, les fait dialoguer d'une manière inaccoutumée tout à fait remarquable et produit ainsi des scènes d'un coloris très poussé. D'ailleurs, la partition originale contient, paraît-il, beaucoup d'annotations concernant l'emploi des instruments. C'est de la part de Hændel plutôt exceptionnel.

Parmi les morceaux les mieux venus on peut citer, dans la première partie : les chœurs de triomphe, religieux et guerriers et celui des filles d'Israël, que le carillon accompagne, l'air de Michal ; dans la seconde : le chœur contre la haine et le duo, vraiment charmant de grâce virginale, entre Michal et David, qui sont fiancés ; enfin, dans la troisième partie : l'évocation de Samuel, la marche funèbre, grandiose, émouvante, quoiqu'en *do* majeur, l'élégie sur la mort de Saül et de Jonathan et le finale à la gloire de David.

On ne saurait trop féliciter et remercier la Société Hændel de nous avoir fait entendre cet oratorio. Les interprètes : Mmes Philipp, Mellot-Joubert, Marie-Louise Thébault, Malmory, MM. Mary, Plamondon, Bracony, les chœurs, l'orchestre, ont été tous à hauteur de leur tâche. M. Joseph Bonnet était à l'orgue, c'est dire avec quelle maîtrise il fut tenu.

ANDRÉ LAMETTE.

Schola Cantorum (séances historiques de musique de piano : 19, 24 mai). — N'est-ce pas une erreur de jouer, au piano; toutes ces délicates pièces du XVIIIᵉ siècle, si bien écrites pour clavecin. Tenir grand ouvert un piano à queue pour y interpréter le *l éveil-Matin* où *Les Musettes* de Couperin n'est-ce pas comme si on confiait les parties de flûte à la contrebasse. L'exécutant est obligé d'user d'artifices pour nous donner le change et nous contraint d'admirer, non plus la pièce elle-même, mais l'habileté avec laquelle il dissimule la grosse sonorité de son instrument pour la faire croire menue ; nous suivons ses ruses, l'atténuation du coup de poignet, l'emploi des sourdines, l'effleurement de l'attaque et autres petits faits qui, en prouvant l'habileté de l'exécutant, détourne de la musique elle-même.

Cette réserve faite, constatons l'intérêt des séances consacrées par MM. Nin et Blanco-Recio à la musique du XVIIIᵉ siècle. On connaît les admirables qualités de M. Nin : ce velouté dans le jeu, cette égalité étonnante, cette netteté dans l'exécution si vétilleuse de tous ces petits ornements : pincés, doubles-pincés, trilles, groupes et autres gentillesses dont les clavecinistes émaillaient leur discours musical. La gavotte de Rameau fut remarquable. M. Blanco-Recio se fit applaudir. Avouons que sa sonorité agressive, coupante, la désolante sécheresse de son interprétation nous a déçu. Cette belle sonate en *ut* mineur de Leclair en perdit tout son charme.

La seconde séance fut consacrée à la musique italienne. Vivaldi, Geminiani, Veracini, Tartini étaient au programme que dominait de toute sa puissante personnalité Domenico Scarlatti. Celui-là fut vraiment un maître et un précurseur, tant par l'ingéniosité que par l'étonnante richesse de son écriture musicale. La dernière séance a été consacrée à la musique allemande ou plutôt à Bach exclusivement.   M. DAUBRESSE.

Salle Erard. — Une très belle soirée fut celle de Mˡˡᵉ Juliette Laval, le 23 mai (récital de violon). Cette jeune artiste est une musicienne des mieux douées. Avec sa sonorité pure et vibrante, la pureté de son archet, tour à tour délicat et fougueux, l'aisance d'un jeu qui inspire la sécurité à l'auditeur, elle tient son public sous le charme, passant du classique (sonate de Hændel), au chant expressif et gracieux (caprice de Fiorillo, scherzo de Dittersdorf (Kreisler, bissé), aux difficultés du *Trille du diable* de Tartini, et du *Rondo capriccioso* de Saint-Saëns, qu'elle a enlevés avec une brillante maestria. Cette soirée nous a donné lieu d'entendre un concerto de M. Ferdinand Schneider, qui renferme des pages très heureusement inspirées.
                 JULES GUILLEMOT.

— M. Edouard Garès, le pianiste bien connu, a eu le 26 mai, un entier et vif succès. De son jeu ferme et brillant, il a interprété des pages choisies de Chopin, de Liszt et de Camille Saint-Saëns, ces dernières à deux pianos, avec le concours de Mᵐᵉ Willemin-Garès. Notons, dans les morceaux particulièrement goûtés et applaudis, la *Polonaise* en *la* bémol majeur de Chopin ; de Liszt, *La Légende de Saint-François de Paule* et *Dans les bois*, deux pages demandant une grande autorité d'exécution, et les admirables *Variations* du maître Saint-Saëns sur un thème de Beethoven, d'un si riche effet, quand elles sont enlevées avec l'éclat et le sentiment d'ensemble qu'y ont mis les deux interprètes. La soirée se terminait par le célèbre *Quintette* de Franck, où les artistes du quatuor Tracol (MM. Tracol, Dulaurens, Brun et Schidenhelm) ont prêté à M. Garès un excellent concours.
                 J. GUILLEMOT.

— M. Henri Schidenhelm a donné le 17 mai une séance qui comptera parmi les plus belles dont il nous ait fait jouir à Paris. Un programme très intéressant, un jeu d'une maturité et d'une ampleur remarquables, avec tantôt une fine et souple couleur, tantôt une austérité distinguée et ferme, la grâce et la force réunies, le public souligna chaudement chaque moment de la soirée. Le concerto d'orgue en *ré* mineur de Bach (transcrit), du Chopin, du Fauré, du Debussy, du Saint-Saëns, de l'Albeniz, les oppositions mêmes firent valoir ce programme. Le talent de Mˡˡᵉ Yvonne de Stoecklin, qui chanta quelques *Lieder* de Brahms et Schubert, avec les chants du *Cobsar* de Bertelin, fut encore un charmant intermède.   C.

— M. Victor Gille a donné le mercredi 31 mai, un récital Chopin qui a obtenu un excellent accueil. L'artiste a joué plusieurs études et nocturnes, deux polonaises, et le célèbre scherzo en *si* bémol mineur, pierre de touche des interprètes du maître. M. Gille a un jeu brillant, joint à des *diminuendo* très délicats, où l'on voudrait le voir arriver par des nuances un peu plus graduées et des mouvements rapides qui, parfois, nuisent un peu à la netteté de l'exécution. Mais l'auditoire, je l'ai dit, l'a vivement applaudi.   J. G.

Salle Pleyel. — De concerto en concerto, le 20 mai, de Grieg à Saint-Saëns à d'Ambrosio, du piano au violon, au violon au piano, Mˡˡᵉˢ Dorothy et Marjory Dorning passent infatigables, avec aisance, grâce, talent.... La *Toccata et Fugue* en *ré* mineur de Bach et la *Rapsodie* en *si* mineur de Brahms ne sont qu'un court repos, qu'un interlude rafraîchissant avec les inéluctables *Poussières de valses*, nᵒˢ 2 et 3, de feu Isaac Camondo, amateur d'art, collectionneur et compositeur, qu'un petit orchestre dirigé par Geloso joue consciencieuse- ment. A. L.

— Le quatuor vocal « Excelsior », quatuor double, s'il vous plaît, et qui donc comprend huit exécutants, a donné un intéressant concert. Ces chanteurs possèdent de belles voix, ils chantent juste, ils nuancent parfaitement; Enfin, leur chef, M. Frans Rigter, est un excellent musicien. Leur programme contenait des chœurs, religieux ou profanes, de Händel. Verhulst, Loots, etc. Précisément nous eûmes la satisfaction d'entendre, du premier de ces compositeurs, le beau mottet : *Ecce quomodo moritur justus*, que son quasi-homonyme Händel ne dédaigna point d'insérer dans son *Funeral Anthem*. Du second, qui fut, on le sait, un des meilleurs amis de Schumann et à qui ce maître dédie son ouverture, scherzo et finale, nous entendîmes un chœur intitulé *Le Vent d'Ouest* et qui ne serait pas indigne d'illustrer l'ode si justement célèbre de Shelley, qui porte le même titre. Pour finir, une *Salade italienne*, amusante parodie des récitatifs, airs et strettes du vieil opéra italien. N'oublions pas un intéressant *Ave Maria* de Mˡˡᵉ Anna Stibbe, qui est aussi une bonne pianiste, un peu pâle à l'égard du coloris schumanien, mais élégante interprète de Glazounow et de Sjögren.

Mˡˡᵉ Louise Reny chanta avec goût une platitude de M. Reynaldo Hahn, rachetée par de charmantes mélodies signées Lalo, Winkler et Gustave Doret. RENÉ BRANCOUR.

Salle Gaveau. — C'est toujours une grande jouissance d'art qu'une audition de la Société Guillot de Sainbris. Cette Société chorale d'amateurs vaut toutes celles des meilleurs choristes professionnels. Elle met à ses exécutions, bien préparées, tant de conscience et de zèle qu'une parfaite entente musicale s'établit entre les auditeurs et les exécutants. On le sentait bien, au concert donné le mardi 23 mai. De très beaux motets de M. Choisnel (entre autres un superbe *Tantum ergo*); des mélodies de Mendelssohn, adaptées habilement en chœurs de femmes par M. Dérivis (*Chanson du Rouet*, bissée); de bons duos du regretté Arthur Coquard, très bien interprétés par Mᵐᵉ Jacotin et Mˡˡᵉ Doria; de charmantes chansons du XVIᵉ siècle; d'amusants fragments du joli opéra-comique de Delibes, *Le Roi l'a dit*, fort bien rendus aussi; des chœurs de *Hulda* de César Franck; des compositions de MM. de Camondo et de Jean Hubert formaient le programme d'une matinée très

réussie, où je n'aurais garde d'oublier le spirituel appel à la charité fait par M. Paul Collin pour la quête traditionnelle au profit de la Société des Artistes. JULES GUILLEMOT.

— De nobles œuvres interprétées par de bons artistes. Telle est l'impression que nous a donnée le concert de Mˡˡᵉ Hélène Morhange; concert auquel Mˡˡᵉˢ Alice Morhange, Jeanne Raunay et M. Philippe Gaubert prêtaient leur concours, pour l'exécution du concerto en *ré* (piano, violon et flûte) de Bach, le *Poème* de Chausson, l'*Invitation au voyage* et *Phidylé* de Duparc, un air de l'*Alceste* de Gluck et le concerto en *si* mineur de Saint-Saëns, avec orchestre, sous la direction de M. Camille Chevillard. Du nanan quoi! A. L.

— Le Cercle musical a consacré à M. Gabriel Fauré sa séance du 28 mai : c'est assez dire qu'il y remporta un beau succès. Il y fut aidé d'ailleurs par le talent souple et sûr de M. Georges de Lausnay et de M. F. Touche, pour le piano et le violon, par la jolie voix de Mᵐᵉ Willaume-Lambert pour le chant. Les deux quatuors pour piano et cordes, la sonate de piano et violon, et huit *Lieder*, parmi les plus caractéristiques, figuraient en effet au programme.

Salle des Agriculteurs. — Le violon est en faveur; et les grands violonistes se succèdent à tour de rôle. Le lundi 22 mai, M. Jacques Thibaud se faisait entendre dans trois sonates, avec la pianiste Mᵐᵉ Geneviève Dehelly. Inutile de s'arrêter sur l'affluence, l'enthousiasme et l'énorme succès. De ces trois sonates, l'une, fort agréable, était de M. G. Pierné. L'autre, la sonate en *fa*, dite *Le Printemps*, cette pure merveille de Beethoven; et la troisième, la belle et originale composition de G. Lekeu. Les deux artistes furent très remarquables; mais oserais-je dire qu'on sentait une ardeur plus particulière, et comme plus de foi dans l'interprétation de Lekeu que dans celle de Beethoven? Les nouvelles générations d'artistes, arrivées à leur plein développement au XXᵉ siècle, perdraient-elles légèrement le sens de cet art incomparable que représente le maître des maîtres? Tout ce que je veux dire, c'est que la sonate de Lekeu fut enlevée par ses deux interprètes avec une fougue sans égale. JULES GUILLEMOT.

— M. Jacques Thibaud, accompagné par Mˡˡᵉ Dehelly, a donné une seconde séance, consacrée à trois sonates de Beethoven. Il est à peu près superflu de dire que ces belles œuvres furent interprétées avec la belle sonorité et le style irréprochable qui caractérisent le talent de l'éminent violoniste.

— Que dirons-nous encore de Mme Mysz-Gmeiner à propos du récital de chant qu'elle a donné le 16 mai en matinée? Elle parut, elle chanta, elle ravit. Ce style est si souple, cette voix si pénétrante, cette diction si jolie. Le programme comportait du Schumann et du Beethoven surtout, mais aussi du Robert Franz, et, ce qui était plus nouveau pour nous, des duos de Cornelius, Dvorak et Heuschel, que la grande artiste chanta avec son frère, Rudolf Gmeiner, lequel dit aussi, de sa voix chaude, des pages russes de Tschaïkowsky et Gretschaninow.

— Le premier concert donné par Mlle M. Tagliaferro, le 23 mai, avait un caractère très marqué d'élégance artistique. A cette qualité nous adjoindrons le charme d'une sonorité chatoyante, une remarquable souplesse dans le talent de nuancer, la perfection d'une technique si naturelle qu'elle semble s'ignorer elle-même. Dirons-nous que les mains délicates de Mlle Tagliaferro ont quelque peine à rendre les effets de puissance que réclament la deuxième rapsodie de Liszt, le premier temps de la sonate op. 58 de Chopin? En retour, que de poésie dans le *Largo-Cantabile* de cette même sonate; dans la *Pavane* et la *Sarabande* d'Enesco! Que de grâce dans la *Leggierezza* de Liszt, le *Scherzo* de l'op. 58 du maître polonais! Aux applaudissements du public, Mlle J. de Stoecklin interpréta diverses pages de Schumann, Schubert, Fauré et Duparc avec sa voix « lointaine et calme » mais pas assez « grave » et une simplicité ingénue qui laissent une impression de satisfaction incomplète, tout en ayant un charme étrange et indéfinissable. — Pour Mlle Tagliaferro, grand et légitime succès, dont M. A. Cortot a eu sa part en lui servant de partenaire dans le *Divertissement à la hongroise* pour piano à quatre mains de Schubert.   H. D.

— Mme Tagliaferro a donné le 31 mai, sa seconde séance de piano avec un intéressant programme comprenant des œuvres de Schumann, Schubert, Albeniz, G. Fauré et Saint-Saëns, en outre, la sonate pour piano et violoncelle, op. 5, n° 2 de Beethoven. Mlle Tagliaferro s'est montrée aussi gracieuse qu'habile dans l'exécution de ces morceaux, bien que manquant encore un peu d'autorité. Dans la sonate de Beethoven elle a fait preuve de bonnes qualités d'accompagnatrice, elle a su rester dans les demi-teintes de sonorité qui laissent aux cordes toute leur valeur expressive.

Cette sonate a d'ailleurs été pour Mme Capousacchi l'occasion de faire apprécier ses belles qualités d'artiste : sûreté de technique; largeur et pureté du son ; puissance et tendresse de l'archet ; interprétation excellente et très classique.

Son succès a été des plus vifs.

ROBERT DE SEGVAL.

— Avec le concours du quatuor Chailley, Mlle Minnie Tracey a donné le 27 mai, un concert, où l'on entendit la charmante artiste chanter du Mozart, du Wagner, du Fauré et surtout du Rÿnaldo Hahn, dont on apprécie toujours la grâce musicale un peu maniérée, le style mélodique agréable et facile. Le quatuor Chailley a joué les quatuors à cordes de Chevillard et de Debussy. Il les a bien joués et c'était assez pour que la soirée fût bonne.   A. F.

— M. Vecsei est un des artistes les plus étonnants que nous ayons applaudi cet hiver. Sa virtuosité tient du prodige et sa mémoire égale sa virtuosité. Pendant deux heures, il a émerveillé son auditoire. Pour lui, aucunes difficultés techniques, il en triomphe avec une aisance, une sûreté, une élégance sans pareilles. Quant à sa sonorité, elle est superbe, rarement nous avons entendu interpréter ainsi le concerto en *fa* (op. 103) de Saint-Saëns et le difficile, le terrible concerto en *mi* bémol de Liszt. L'orchestre, sous la conduite de M. Chevillard, accompagnait le virtuose avec tout le soin désirable.

En interlude, M. Vecsei a joué *Le Carnaval* de Schumann. Il en a délicatement exprimé toute la poésie, le charme et l'inimitable grâce.

M. DAUBRESSE.

— M. Théodore Byard donnait le 1er juin, un récital de chant, dont le programme fort intéressant allait de Lulli et Scarlatti à Debussy, Cyril Scott et Ch. Bordes, en passant par le *Dichterliebe* de Schumann. Mentionnons aussi *Chanson bretonne*, *Dimanche à l'aube*, et le *Pauvre Laboureur*, chanson de la Bresse. M. Byard montra une remarquable souplesse, se servant avec autant d'habileté de l'italien, du français, de l'allemand que de l'anglais, sa langue maternelle. Il se distingue moins par la qualité de sa voix que par le talent avec lequel il la conduit. On oublie que son organe est d'un métal un peu terne et on ne songe qu'aux mérites de son interprétation : sincérité, émotion artistique, éloquence. Grâce à ces mérites, l'auditeur reste face à face avec l'auteur de l'œuvre chantée. Devant les applaudissements chaleureux du public, M. Byard ajouta au programme une page de Richard Strauss. Associons à son succès M. Erich Wolff, qui l'accompagna magistralement, par cœur ou peu s'en faut.   H. D.

Concert Engel-Bathori. — Les soirées de musique que donnent Mme Jane Bathori et M. Emile Engel, sont toujours·des fêtes rares auxquelles on est sûr d'avoir plus d'une joie. Mais n'aurait-on — et c'est de toutes la meilleure — que celle d'entendre chanter Mme Bathori, on oublierait bien vite que les deux bons et grands artistes en avaient promis d'autres.

Ce soir, ils nous font connaître *La Jeune fille à la fenêtre*. Prose lyrique de Camille Lemonnier, musique·de. E. Samuel. Une scène, un personnage. Mme Bathori.

C'est court. L'est-ce vraiment? On a écouté, ravi, charmé, en extase. Les minutes ont passé... Quand la voix merveilleuse s'est tue l'on jure que jamais plus belle musique n'a été chantée. Illusion? Prestiges?

L'exécution du *Chevalier à la rose* étant interdite, M. Engel et Mme Bathori l'ont remplacée par des mélodies de Richard Strauss. On en connaît déjà beaucoup de ces mélodies ; mais ne les connaîtrait-on pas toutes, qu'on les reconnaît à la première audition. Elles sont bien les filles de leur père. Toutes se ressemblent et toutes — c'est le fin du fin de l'adresse — paraissent ne point se ressembler. Elles sont gracieuses, aimables, jolies. Elles sont encore jeunes.

Les quatuors vocaux de Florent Schmitt sont connus aussi. Mais d'où vient que jamais on ne se lasse de les entendre et que toujours ils nous révèlent de nouvelles beautés.

Les concerts Engel-Bathori sont des fêtes rares.
A. L.

— Signalons la belle matinée donnée, par M. et Mme Maxime Thomas, le mercredi 21 mai, et consacrée en grande partie aux œuvres du maître Théodore Dubois. Un quatuor connu, une belle page de musique de chambre, pour piano, violon, alto et violoncelle (Mme Alem-Chéné. MM. Sailer, Bailly et Maxime Thomas) a valu à l'auteur, qui dirigeait ses interprètes, ainsi qu'à ceux-ci, de chaleureux et bien légitimes applaudissements : je noterai surtout un délicat *Allegro leggiero* et l'*Andante*, où le violoncelle de M. Thomas a fait merveille. De M. Dubois encore, deux morceaux de piano, tirés des *Poèmes alpestres*, d'une grâce expressive et d'une extrême finesse, rendus brillamment par Mme Alem-Chéné, des chœurs enlevés par la Chorale Thomas, et d'excellentes mélodies, où Mme Bureau-Berthelot a dû bisser l'originale *Chanson de Colin*. A côté de M. Dubois, on nous a fait entendre d'autres compositeurs divers : Mme Marguerite Labori, dont d'heureuses et expressives

mélodies ont été très bien rendues, entre autres, *Rosita*, par Mme Bonnet ; *Octobre*, *Quand je regarde tes yeux*, par Mme Mirey ; M. de Briqueville, dont une jolie suite, de caractère ancien, a été jouée par lui-même (vielle), M. Sarlit (clarinette) et M. Mullot (harpe); enfin M. Jules Mouquet, auteur d'un chœur très remarquable et d'accent dramatique, *Les Captives*. JULES GUILLEMOT.

— M. Sliwinski vient de donner deux concerts de piano dans la jolie salle de l'avenue Hoche. Après tant de pianistes entendus cet hiver, M. Sliwinski nous a fait passer une excellente soirée (nous n'avons pu assister qu'au premier concert) car il n'a rien de la banalité habituelle. Son jeu est sobre, jamais sec, et son phrasé est remarquable. Il donne ainsi aux œuvres complexes, comme la sonate. op. 110 de Beethoven, *Le Carnaval de Vienne* de Schumann, *La Fugue d'orgue*, en sol mineur de Bach, une netteté et une clarté qui les mettent à la portée de tout auditeur. Les œuvres de Chopin qu'il a jouées — et bien jouées — ne sont pas de ses meilleures. F. G.

— Le 26 mai, le Lyceum consacra son vendredi musical aux œuvres de M. Paul Vidal, sous sa direction. Il y eut d'agréables pages : des danses anciennes pour quatuor, des mélodies très bienvenues et expressives (surtout celles que chanta Mlle Charny) et une cantate impromptu *Le Tilleul des Fées*, œuvrette amusante pour trois voix de femmes et chœur. C'est la chorale dirigée par M. Maxim Thomas qui remplissait ce dernier rôle. F. G.

— Auditions d'élèves. — C'est le moment de la saison où elles affluent surtout. Notons seulement les plus intéressants, et rendons justice ainsi, en trois mots, faute de mieux, à l'enseignement si artistique d'artistes comme M. Jean Canivet, le fin pianiste (21 mai, salle des Agriculteurs), Mlles Marguerite et Henriette Debrie, pianistes aussi (salle Pleyel, même jour), Mme Roger Miclos-Battaille, dont l'admirable talent a fait déjà tant de carrières d'élèves (salle Pleyel, 23 mai), M. Diémer, en attendant les concours du Conservatoire (salle Erard, 24 mai), M. Paul Brand, enfin, dont le programme fut très curieux, comme réunion spéciale et voulue, de tous ces arrangements de Liszt, Heller, Tausig, Saint-Saëns, etc., pour virtuoses du piano (salle Erard, 1er juin).

— Un nouveau trio vient de se former à Paris composé du très réputé violoniste, compositeur Alberto Bachmann, de Mme Jeanne Delune, la remarquable violoncelliste, et du pianiste compositeur Louis Delune, grand prix de Rome de Belgique.

Cette association se fera entendre la saison prochaine à Paris, avant d'entreprendre ses grandes tournées à l'étranger pour lesquelles elle vient d'être engagée.

SALLES GAVEAU

45 et 47, rue La Boëtie

Concerts du mois de Juin

Grande Salle

11 Assemblée générale de la Croix Rouge française, matinée.
15 Concours d'orgue, à 9 heures du matin (Conservatoire national de musique).
15 Union des femmes de France, soirée.
17 Concert Lolita Lazaro, soirée.
19 Concert de l'Œuvre de l'Etoile, soirée.
21 Concours final Musica, matinée.
22 Concours final Musica, matinée.

Salle des Quatuors

11 Audition des élèves de M. et Mme Chanaud (piano et accompagnement), matinée.
14 Concert de Mme Forté-Geix, soirée
15 Audition des élèves de Mme Le Faure Boucherit (piano), matinée.
17 Audition des élèves de Mme Menjaud (piano), matinée.
22 Audition des élèves de Mme Merigot (piano), matinée.

OPÉRA. — Faust. Samson et Dalila. Espana. Roméo et Juliette. Rigoletto. Siberia (Giordano). Thaïs.

OPÉRA-COMIQUE. — La Vie de Bohème. La Princesse jaune. Manon. Carmen. Thérèse. L'Heure Espagnole. Werther. Lakmé.

THÉÂTRE LYRIQUE (Gaîté). — Paysans et soldats. Représentations de gala de M. Chaliapine : Don Carlos, Don Quichotte, Le Barbier de Séville.

TRIANON-LYRIQUE. — La Fille du régiment. Le Printemps. Mam'zelle Nitouche. Les Amours du diable. Les Cloches de Corneville. Les Mousquetaires au couvent.

CHATELET. — Le Martyre de Saint-Sébastien. Ballets Russes.

VARIÉTÉS. — La Vie Parisienne.

APOLLO. — Les Transatlantiques. La Divorcée. La Veuve joyeuse.

SARAH-BERNHARDT. — Onéguine. Ballets Russes.

VAUDEVILLE (saison d'opérette allemand). — Le Comte de Luxembourg. Sang Viennois.

BRUXELLES

THÉÂTRE ROYAL DE LA MONNAIE. — La nomination de M. Sylvain Dupuis à la direction du Conservatoire de Liége étant désormais officielle, la direction a conclu définitivement avec M. Otto Lohse, qui accepte, pour le poste de premier chef d'orchestre du Théâtre royal.

M. François Rasse quitte le théâtre. Avant que rien fût décidé concernant le remplacement de M. Sylvain Dupuis, il avait envoyé sa démission aux directeurs. Ceux-ci l'ont acceptée.

Il a paru des notes à ce sujet dans l'*Etoile* et le *Ménestrel* de Paris. Elles sont fondées sur des renseignements inexacts et par conséquent contraires à la vérité.

Les informations du correspondant du *Ménestrel* en ce qui concerne le répertoire de la saison prochaine sont également inexactes. MM. Kufferath et Guidé qui ont passé plusieurs jours à Londres et à Paris n'ont encore rien arrêté. Ce n'est qu'après une entrevue avec M. Lohse, à Cologne, — où la troupe de la Monnaie va jouer *Carmen*, le 25 juin. — que le programme de la saison sera définitivement arrêté.

Festival J.-S. Bach. — Les deux journées du festival Bach auront été une magnifique conclusion à la saison musicale présente, non seulement par les œuvres grandioses portées au programme, mais aussi par leur exécution splendide, certainement inoubliable. Nous avons parlé dans cette revue même (1), avec quelques détails, de la *Passion selon saint Jean* et de la fameuse grand'messe en *si* mineur. Aujourd'hui, nous nous arrêterons plus spécialement à l'interprétation.

De la *Passion selon saint Jean*, nous avions eu l'an dernier deux exécutions, déjà bonnes, mais que celle d'à présent dépasse notablement comme envergure, sûreté, richesse d'interprétation. Entre les chorals de sentiment si intime et profond et toujours si admirablement choisis par Bach dans cette œuvre, et les chœurs de l'action, dramatiques, véhéments, houleux comme la foule qui juge et condamne, il y avait une opposition saisissante dont l'effet n'était pas artificiel, mais rendu naturellement par la conviction profonde des exécutants. Le prélude instrumental avec ses expressives tenues dans les bois et les flûtes, ses deux mélodies enchevêtrées, à intervalles constamment augmentés ou diminués sur le dessin égal

(1) Voir *Guide musical* du 16 janvier 1910 et du 7 mai 1911.

des violons, est une page impressionnante au
même titre que le dernier chœur *Ruht wohl*, sur la
mise au tombeau, que je trouve encore plus pénétrant, plus intérieur que celui terminant la
Matthäus-Passion. Le merveilleux choral qui suit et
qu'à tort on supprime généralement, amène une
conclusion séreine et grande tout à la fois.

J'ai dit combien les ensembles — orchestre et
chœurs — furent remarquables. Parmi les solistes,
il faut mettre hors de pair M. Walter, l'évangéliste; il est impossible de déclamer, avec plus de
relief, de variété, d'intelligence et de vérité cette
redoutable partie, où le récitatif prend une si
grande place et exige une souplesse de voix et
d'accent, une endurance peu ordinaires. Cette
interprétation est d'un artiste et d'un musicien de
premier ordre. M. Zalsman — le Christ — a eu de
beaux moments; il apportait à son rôle toute
l'onction voulue, parfois quelque chose d'immaté-
riel vraiment — comme à ce passage : *Mein Reich
ist nicht von dieser Welt*, etc. Cependant, ces demi-
teintes si expressives, le moelleux étonnant de la
voix, si bien en situation ici, ne doivent pas être
infiniment prodigués, et il est des pages où nous
aurions préféré plus de vigueur et de couleur. Les
rôles du soprano et de l'alto, de moindre importance, étaient bien tenus par Mlles Ohloff et Stapelfeldt. Le fameux air d'alto : *Es ist vollbracht*, a
fait comme toujours grande impression; la belle
et pleine voix de Mlle Stapelfeldt et l'accent pénétrant de la viole de gambe, superbement jouée
par M. Jacobs, ne pouvaient qu'en accentuer
l'effet.

Mais arrivons à la messe en *si* mineur, si différente de la *Johannes*, et qui fut pour beaucoup une
révélation. L'œuvre a été donnée pour la dernière
fois à Bruxelles, au Conservatoire, sous la direction de F.-A. Gevaert, en 1896, et à peu près
intégralement. On ne sait ce qu'il faut le plus
admirer, ou de la noble et magnifique audace, ou
de la ferveur enthousiaste, ou de l'inébranlable et
forte volonté du jeune chef de la Société Bach,
qui entreprit de nous rendre cette partition colossale et difficile.

M. Zimmer a remporté là une victoire dont il
peut être fier. Les chœurs — qui dans cette
œuvre ont une part dominante — il les a stylés de
main de maître, avec une autorité, une patience
et un sens artistique admirables. Toutes les
grandes lignes de cette imposante architecture
sonore ressortaient pleinement; ces ensembles
avaient de l'allure, de l'accent, de l'émotion, une
irréprochable justesse, un rythme sûr et souple à
la fois. L'effet du *Kyrie* initial, cet admirable por-

tail synthétique d'un monument sans pareil, a produit une impression profonde, ainsi que le *Gloria*
(nᵒˢ 4 et 11 surtout) les pages mystiques de
l'*Incarnation* et du *Crucifixus*, la merveilleuse polyphonie du *Credo*, du *Sanctus*, etc.

Les pages lyriques alternant avec les chœurs et
que Kretzschmar compare à de « paisibles vallées
entre de hautes montagnes » ont été chantées avec
un goût et un style excellents par les solistes de la
veille. L'*Agnus Dei* surtout fut merveilleusement
interprété par Mlle Stapelfeldt. La partie du
violon-solo était tenue par M. Joh. Smit, non sans
talent, mais d'une façon trop appuyée et un peu
lourde, particulièrement dans le *Laudamus;* je
n'aimais pas non plus ce gros effet de portamento,
exagérément souligné à la fin du *Benedictus*, sur une
descente de la sensible à la tonique inférieure.
Ailleurs, il faut louer sans réserve le trompettiste
M. de Herve, le hautboïste M. Piérard et surtout le
flûtiste M. Demont, celui-ci tout à fait remarquable, et phrasant avec une intelligence et un goût
parfaits. L'orgue n'était pas toujours suffisant,
surtout dans les grandes pages du *Gloria*, du
Resurrexit, etc. Que ne pouvait-on disposer du
magnifique instrument du Conservatoire? La
Société Bach mériterait bien cela!

L'orchestre en général était bon, peut-être un
peu faible dans le quatuor, vu l'importance des
chœurs et de l'harmonie. Mais l'ensemble de
l'exécution fut absolument remarquable. La Société Bach peut être fière d'avoir une telle œuvre à
son répertoire, et l'on ne peut avoir assez d'admiration pour son directeur M. Zimmer, qui en ces
deux journées, s'est affirmé un chef et un musicien
de grand mérite, dont nous pouvons tout attendre
et auquel vont toutes nos félicitations. Le succès
du festival a été très grand.   MAY DE RUDDER.

— A l'institut musical de Mlle Louise Derscheid,
rue Mercelis, les concours de piano pour la classe
supérieure ont eu récemment lieu. Parmi les élèves présentées, la plupart font preuve d'excellentes
dispositions, accusant un tempérament personnel
que le professeur a su leur garder. Il faut du reste
particulièrement louer cet enseignement dont les
tendances et le fond sont des plus sérieux. Les
élèves y acquièrent une technique solide exempte
de toute extériorité, en même temps qu'un style
sobre et pur préparant admirablement à l'exécution
de toute belle musique ancienne ou moderne qui a
sa place aux programmes.

Ces études de piano sont très heureusment
complétées aux cours d'harmonie (professeur
M. Minet) et de musique de chambre (professeur

M. Zimmer). On peut donc en attendre les meilleurs résultats.   M. DE R.

— Dates des concours du Conservatoire de musique :

Samedi 17 juin, à 9 heures, cor, trombone, trompette.

Mardi 20 juin, à 9 heures, basson, clarinette.

Mardi 20 juin, à 2 1/2 heures, hautbois, flûte.

Jeudi 22 juin, à 9 heures, contrebasse, alto et Prix van Cutsem.

Jeudi 22 juin, à 2 1/2 heures, violoncelle.

Vendredi 23 juin, à 2 1/2 heures, orgue

Samedi 24 juin, à 9 heures, musique de chambre et harpe.

Lundi 56 juin, à 9 heures, piano (jeunes gens) et Prix Laure van Cutsem.

Mercredi 28, à 9 heures, piano (jeunes filles).

Vendredi 30 et Samedi 31, à 9 heures et à 2 1/2 heures, violon.

Mardi 4 juillet, à 2 1/2 heures, chant (jeunes gens).

Mercredi 5 juillet, à 9 1/2 heurés et 2 1/2 heures, chant (jeunes filles).

Vendredi 14 juillet, à 9 heures, déclamation.

CORRESPONDANCES

GAND. — Conservatoire royal de musique. (Concours publics de 1911). — Dans la salle des concerts, examen pour l'obtention du diplôme de capacité pour :

Juin : Mardi 13, à 3 heures, orgue; samedi 17, à 2 heures, violoncelle et alto; lundi 19, à 11 et à 2 1/2 heures, piano; mardi 20, à 11 et à 2 heures, violon; mercredi 21, à 2 heures, chant en langue française; jeudi 22, à 11 et à 2 heures, instruments à vent (bois); vendredi 23, à 11 et à 2 heures, instruments à vent (cuivres); mardi 27, à 2 heures, musique de chambre avec piano; mercredi 28, à 2 heures, chant en langue néérlandaise.

Au Théâtre néérlandais :

Juin : Vendredi 16, à 2 heures, déclamation française; lundi 26, à 2 heures, déclamation néérlandaise; samedi 8 juillet, à 2 heures, déclamation lyrique.

LEIPZIG. — Les derniers concerts symphoniques n'ont guère présenté plus d'intérêt que les précédents, si nous exceptons ceux dirigés par G. Göhler à la *Musikalische Gesellschaft*. Nous y avons entendu d'excellentes exécutions de la quatrième symphonie de Mahler, *La Damoiselle élue* de Debussy, Lieder avec orchestre de Gustave

Mahler, *Lieder* de Saint-Saëns, Göhler, etc. (Mmes G. Foerster et Irma Tervani); ouverture op. 115, concerto en *mi* bémol (Elly Ney) et neuvième symphonie de Beethoven; une *Partita* de Fischer, symphonie concertante de Mozart, pour violon et alto (M. et Mme Petchnikoff), concerto de violon de Haydn, cantate de Haendel, huitième symphonie de Beethoven, concerto grosso de Hændel.

Au Gewandhaus, exécutions tour à tour excellentes et médiocres ; programmes banals : ouverture *Anacréon* (Cherubini), symphonie nº 1 (Brahms), concerto violoncelle (Krehl), joué par J. Klengel, *Lieder* chantés par Messchaert; neuvième symphonie de Brückner; *Genoveva* (Schumann), *Zu einem Drama* (Gernsheim), troisième symphonie (Beethoven); *Chant des Parques* (Brahms), *Orphée* (Liszt), *Olafs Hochzeitsreigen* (Ritter), *Hochzeitslied* (M. Schillings); symphonie en *ut* (Wagner), concerto de violon de Brahms (Kreisler), troisième symphonie (Weingartner) ; *Zauberflöte* (Mozart), *Lieder* (Weingartner), *Roméo et Juliette*, concert de piano (Tschaikowsky), *Mort et Transfiguration* (Strauss), neuvième symphonie de Beethoven, symphonie nº 6 de Tschaikowski, *Les Préludes* (Liszt).

Aux concerts Winderstein nous avons entendu la quatrième symphonie de Beethoven, *Don Juan* (Strauss), concerto de Rachmaninoff (A. Shatteck), *Egmont*, concerto en *mi* bémol de Beethoven (M. Rosenthal), variations pour orchestre de Brahms et la *Symphonie fantastique* de Berlioz; *Frühling* (Peifner); *Les trois Palmiers* (Sprendasow), concertos de Brahms, Wagner, Abend, etc.

Le Riedel-Verein a présenté d'excellentes exécutions de l'admirable messe en *fa* de Bruckner, du *Stabat Mater* de Pergolèse; messe en *si* bémol de Haydn, etc. Le Chœur Philharmonique, sous la direction de R. Hagel, a chanté *Sainte-Elisabeth* de Liszt.

Parmi les meilleurs récitals, citons ceux donnés par Eugène Holliday, le meilleur pianiste que nous ayons entendu cet hiver, Havemann, Sauer, von Vecsey, Backhaus, Lamond, etc.

Au Théâtre municipal, on a monté *Königskinder* de Hümperdinck, *Le Devin du village* de Rousseau et le *Schneemann* de Korngold. Reprise d'œuvres de Gluck, Mozart, Weber, Wagner, etc. Quelques représentations extraordinaires : *Le pauvre Henri* (Pfitzner), *Noces de Figaro*, *Vaisseau fantôme*, *Tannhäuser*, *Carmen*, etc.   PAUL MAGNETTE.

OSTENDE. — Le Kursaal a rouvert ses portes, samedi dernier, veille de la Pentecôte, pour le premier concert symphonique de la saison. M. Léon Rinskopf avait réuni sous son bâton une phalange de quatre-vingt-cinq artistes,

parmi lesquels nous citerons les chefs de pupitre :
MM. Ed. Lambert, violon solo, Ed. Jacobs, violoncelle solo, A. Strauwen, première flûte, Ch.
Heylbroeck, premier cor, etc., sans oublier le
second chef, M. Pietro Lanciani et l'organiste,
M. Léandre Vilain. Cet orchestre sera porté à son
ancien effectif de cent vingt-cinq musiciens pendant les mois de juillet et d'août.

La soirée d'ouverture avait réuni un nombreux
auditoire, et l'on a pu apprécier, dès les premiers
concerts, l'excellente tenue et la belle sonorité de
l'orchestre. Et comme il n'y aura plus cette profusion de solistes, cantatrices et chanteurs, l'on
pourra aller au Kursaal pour l'orchestre même.

Le premier soir, l'on a entendu la vivante
Marche slive de Tschaïkowsky, les pittoresques
esquisses : *Au village* de J. Mouquet, la *Danse macabre*, l'ouverture de *Freyschütz*, le radieux prélude
de *Lohengrin*, etc.

Dimanche, M. Edouard Jacobs a joué divinement le solo des *Erynnies* de Massenet et celui de
l'ouverture de *Guillaume Tell*; lundi, c'était la première suite de *Peer Gynt*, puis l'ouverture d'*Obéron*,
la deuxième rapsodie de Liszt, etc. Toutes ces
œuvres, que l'orchestre et son éminent chef,
M. Léon Rinskopf, possèdent à fond, sont jouées
ici à merveille.

Dimanche, nous avons entendu M{ille} Dyna
Beumer, qui a emprunté à l'illustre cantatrice
Mme Beumer-Lecocq tous les secrets d'une technique exceptionnellement brillante. C'est ainsi que
M{ille} Beumer a chanté à ravir les « Clochettes » de
Lakmé, puis les *Variations* de Proch, deux morceaux qui lui ont valu de chaleureux bravos et *bis*,
à tel point que l'artiste fut aussitôt réengagée pour
le 18 juin.

Lundi, M. Auguste Bouilliez, du théâtre royal
de la Monnaie a étalé à loisir sa belle voix de
baryton dans le répertoire de Noté : airs de *Benvenuto* et du *Roi de Lahore*, lesquels furent, naturellement suivis de plusieurs *bis*, entr'autres le *Toast*
de Van den Eeden.

M. Léandre Vilain a repris, lui aussi, la série de
ses quotidiennes séances d'orgue.

Dimanche, nous aurons Mme H. Feltesse de
l'Opéra flamand d'Anvers.   L. L.

NOUVELLES

— Ainsi que nous l'avons dit déjà, au cours des
fêtes wagnériennes organisées cette année à
Munich, au théâtre du Prince-Régent, on donnera
trois séries de représentations du cycle des *Nibelungen*, cinq fois *Tristan et Isolde* et trois fois *Les Maîtres*

Chanteurs. L'intendance des théâtres royaux a con-
tracté des engagements spéciaux d'artistes pour
ces représentations, le premier cycle des *Nibelungen*
sera chanté par Mlle Zdenka Fassbender (Brunehilde) et MM. Frédéric Feinhals (Wotan), Ernest
Kraus (Siegmund) et Henri Knote (Siegfried). Le
deuxième cycle aura pour interprètes Mme Lucie
Weidt (Brunehilde), MM. Feinhals (Wotan),
Knote (Siegmund) et Kraus (Siegfried). Pour le
troisième cycle, Mlle Fassbender reprendra son
rôle de Brunehilde, M. Van Rooy jouera celui de
Wotan et MM. Kraus et Knote ceux de Siegmund
et Siegfried. Au cours des représentations de *Tristan
et Isolde*, Mlle Fassbender incarnera le personnage
principal aux première, troisième et quatrième
soirées (31 juillet, 12 et 25 août), et Mme Lucie
Weidt aux deuxième et cinquième (9 et 30 août).
Le rôle de Tristan sera tenu par M. Alfred von
Bary les 9, 25 et 30 août, et par M. Kraus le 31 juillet et le 3 août. M. Henri Knote se fera entendre
dans les trois représentations des *Maîtres Chanteurs*.
M. Feinhals remplira le rôle de Hans Sachs les
14 août et 9 septembre, et M. Van Rooy le 28 août.

— Tandis que le Congrès de la Société internationale de musique tenait ses assises à Londres, le
théâtre de Covent-Garden donnait la première, en
Europe, de la *Fanciulla del Farwest* du maestro
Puccini. Sous la direction vivante et poétique du
maestro Campanini et avec des protagonistes tels
que Mme Destinn et le ténor Bassi, l'œuvre du
maestro italien créée avec un énorme succès cet
hiver au « Métropolitan Opera » de New-York, a
été non moins chaleureusement accueillie à Londres. La critique, tout en formulant quelques
réserves quant au style nouveau que Puccini
semble vouloir inaugurer avec cette œuvre, fait
le plus grand éloge de la partition et constate les
très grands effets qu'a produit la représentation.

— M. Raoul Pugno, l'illustre pianiste qui est
aussi un compositeur de grand talent, travaille en
ce moment à la partition d'un drame lyrique qu'il
écrit en collaboration avec Mlle Nadia Boulanger.
Le poème est du grand poète italien d'Annunzio
et tiré de son drame *La Cité morte*. Deux actes sont
entièrement terminés. M. Pugno en a donné lecture
à MM. Kufferath et Guidé qui, nous dit-on, ont été
enthousiasmés.

— Le maître Massenet vient de terminer deux
nouvelles partitions : un *Panurge* sur un poème de
Maurice Léna, le délicat poète du *Jongleur de
Notre-Dame*, et un grand opéra, *Roma*, tiré par
M. Henri Cain de la *Rome vaincue* de Parodi.
M. Massenet a donné lecture de cette partition,
samedi dernier, à MM. Messager et Broussan qui
ont immédiatement accepté l'ouvrage. La création,
toutefois, se fera au mois de février 1912, au
théâtre de Monte-Carlo, et l'ouvrage passera
ensuite à l'Opéra probablement en mars.

— La Société Philharmonique de Londres, créée
en 1813, célébrera l'année prochaine le centenaire
de sa fondation. Tous les compositeurs anglais
parvenus à la notoriété, MM. Granville, Bantock,
F.-H. Cowen, Walford Davès, Edward Elgar,

Edward German, A.-C. Mackensie, Hubert Parry, Landon Ronald et Charles Stanford ont été invités à composer, à cette occasion, des œuvres nouvelles qui seront exécutées au cours de ces fêtes. Tous ont accepté.

La Société Philharmonique se propose de donner sept grands concerts, dès à présent fixés aux 7 et 23 novembre, 11 décembre 1911, 8 et 22 février, 8 et 22 mars 1912. Le concert du 7 novembre sera dirigé par Mengelberg; on y donnera la première audition à Londres du nouveau concerto en *ré* mineur de Rachmaninof; au deuxième concert, dirigé par M. Ch. Stanford, M. Sigmund Feuermann interprétera le concerto de violon de Brahms. MM. Arthur Nikish et Ferrucio Busoni participeront chacun à l'un des concerts suivants. Beethoven, on le sait, est entré en relation avec la Philharmonic Society de Londres en 1822. Il vendit à la Société, pour le prix de 1,250 francs une symphonie dont elle avait le droit de rester l'unique propriétaire pendant dix-huit mois; après quoi, l'œuvre devait faire retour à son auteur. Le manuscrit de cette symphonie resta la propriété de la Philharmonic Society qui la conserve aujourd'hui précieusement dans ses archives. L'œuvre fut exécutée pour la première fois à Londres le 21 mars 1825; elle a été interprétée fréquemment depuis par la Société.

— A la surprise générale, le grand théâtre que l'impresario Hammerstein construit à Londres, commencé il y a quelques mois, est à peu près achevé. Il s'ouvrira le 15 novembre prochain, et sa première saison durera sept ou huit mois. Hormis les œuvres que le syndicat de Covent-Garden s'est réservé le droit exclusif de représenter, M. Hammerstein donnera cette année : *Le Prophète, Roméo et Juliette, La Navaraise, Les Contes d'Hoffmann, Faust, Manon, Werther, Le Jongleur de Notre-Dame, Louise, Thaïs, Hérodiade, Don Quichotte, Quo Vadis?, Le Trouvère, Cavalleria rusticana, Paillasse, Siberia, La Favorite, Zaza, Rigoletto, La Traviata, Lucie, Le Barbier de Séville* et *Dolores.*

— L'Opéra-Comique de Berlin a donné ces jours-ci la première représentation d'un nouvel opéra en trois actes, *Le Chemin du diable*, de M. Jean Galasiewisz pour les paroles et de M. Ignace Waghalter, pour la musique. L'œuvre qui met en scène une légende polonaise a charmé le public qui en a fort applaudi la musique fine et pleine de grâce.

— On a découvert à Dresde, dans les papiers de l'ancien copiste Charles Mehner qui avait beaucoup travaillé pour Richard Wagner, un manuscrit inconnu du maître. En 1843, à l'invitation du roi de Saxe, Auguste II, Wagner avait composé sur les paroles de l'avocat Hohlfeldt, une œuvra chorale, qui fut exécutée dans la cour du château de Zwinger près de Dresde, à l'inauguration du monument de Frédéric Auguste Ier. Cette composition chorale fut publiée, il y a cinq à six ans, avec l'approbation de la famille Wagner par M. Guillaume Kienzl, sous le titre de *Weiche gruss.* On aurait probablement ignoré toujours que Richard Wagner avait instrumenté cette œuvre si le manuscrit de cette partie instrumentale n'avait été découvert, ces jours-ci, dans les papiers du copiste Mehner. Ce morceau a été exécuté dans sa forme orchestrale, la semaine dernière, du haut de la tour de l'hôtel de ville de Dresde, le jour anniversaire de la naissance du roi de Saxe.

— L'Opéra de Dresde a donné, en tout, au cours de la saison, vingt-quatre représentations de la nouvelle œuvre de Strauss, *Le Chevalier à la Rose;* à vingt-deux de ces représentations, la salle était comble. Les douze représentations de Munich, celles de Hambourg et de Hanovre ont obtenu le même succès enthousiaste. Plus de quarante théâtres ont acquis le droit de représenter l'œuvre au cours de la prochaine saison.

— Les grands journaux d'Allemagne ont remarqué que les œuvres allemandes avaient été exclues, cette année, du programme de la saison printanière de Covent-Garden, à Londres et ils ont fait les réflexions les plus amères sur ce prétendu ostracisme. La vérité est qu'il y aura à Londres, une grande saison d'œuvres allemandes, l'automne prochain. Le directeur artistique du théâtre de Covent-Garden, M. Percy Pitt, a fait remarquer, justement, que dès le mois de novembre dernier il avait été décidé de représenter des opéras français, italiens et des ballets russes, au commencement de la saison, et de réserver pour la fin l'organisation d'un cycle de représentations wagnériennes qui réclament de grands soins et d'autres chanteurs. Dans ces conditions, les Allemands auraient tort de récriminer.

— Le répertoire français moderne sera bien représenté dans les théâtres des Etats-Unis et du Canada, la saison prochaine. Les programmes des différents théâtres annoncent, en effet, les ouvrages suivants : *Samson et Dalila, Henry VIII* et *L'Ancêtre* de C. Saint-Saëns; *Pelléas et Mélisande* et *L'Enfant prodigue* de Debussy, *Ariane et Barbe-bleue* de Paul Dukas, *L'Heure espagnole* de Ravel et *La Forêt Bleue*, délicieux ouvrage inédit de Louis Aubert, dont l'Opéra de Boston s'est réservé la primeur.

— La nouvelle œuvre de Claude Debussy et de Gabriel d'Annunzio, *Le Martyre de Saint-Sébastien*, qui vient d'être représentée au Châtelet de Paris, sera jouée incessamment en Italie. Il est question d'organiser une tournée artistique, au cours de laquelle, le drame poétique serait représenté sur les principales scènes de la Péninsule. On en donnerait d'abord quatre représentations au théâtre Regio de Turin.

— M. Félix Weingartner a accepté les offres que lui a faites M. Henry Russel, directeur de l'Opera-House de Boston, d'aller diriger là-bas, en février prochain, une série de représentations wagnériennes.

— L'éditeur Bruno Walter prépare une édition des œuvres posthumes de Gustave Mahler. Celle-ci comprendra la neuvième symphonie, en quatre parties, déjà en cours de publication, plusieurs chants avec orchestre, dés œuvres de jeunesse pour piano, un cycle de romances orchestrées, composées sur des poésies chinoises, intitulé : *Le Chant de la Terre*, enfin un oratorio, *La Chanson plaintive (Das Klagende Lied)*, œuvre de jeunesse.

— Le 16 de ce mois, les membres de la Société Richard Wagner de Berlin inaugureront le monument qu'ils ont fait élever au cimetière Wilmerdorf, à la mémoire du chanteur wagnérien Otto Briesemeister.

— Les *Dernières nouvelles de Munich* annoncent que l'antiquaire Ranschberg, de Vienne, a trouvé trente-sept lettres jusqu'à présent inconnues de Gluck, se rattachant à l'époque la plus significative de son activité, et qui remplissent une grande lacune dans sa vie artistique. Ces lettres ont été adressées au secrétaire de l'ambassadeur autrichien à Paris, nommé Kruthofer. Elles embrassent la période de temps, comprise entre les années 1775 et 1783.

— A l'issue des grandes fêtes musicales qui viennent d'avoir lieu à Halle, un riche industriel, M. Lehmann et un architecte, M. Pfeifer, ont donné à la ville, le premier, une somme de 400.000 francs, le second, un terrain d'une valeur de 150.000 francs, afin de construire une grande salle de concerts.

57me ANNÉE. — Numéros 26-27.

25 Juin et 2 Juillet 1911.

LE GUIDE MUSICAL

Une Crise romantique dans la vie de Mozart en Italie

(1772-1773)

———

O N est frappé, lorsqu'on étudie de près l'histoire de Mozart, au cours de son dernier séjour en Italie (Milan, octobre 1772-mars 1773), de l'agitation fiévreuse qui a succédé, chez lui, à l'achèvement de ce grand opéra, *Lucio Silla*, dont il avait reçu commande pour le théâtre de Milan. Ses billets à sa mère ou à sa sœur, et surtout le caractère et l'expression de presque tous les morceaux qu'il a composés durant les dernières semaines de son séjour, témoignent, de la façon la plus éloquente, de cette véritable crise intérieure.

Mais d'abord il faut que nous disions au moins quelques mots de cet opéra lui-même, qui a occupé le jeune homme pendant les deux premiers mois de son arrivée. Malgré les affirmations optimistes de Léopold Mozart, le fait est que *Lucio Silla* ne paraît avoir réussi que médiocrement auprès du public milanais : et sans que nous ayons besoin d'autres preuves, pour le démontrer, que l'absence, désormais, de toute trace d'une commande pour l'Italie, dans le reste entier de la vie de Mozart. Et cet insuccès n'a pas eu seulement pour cause les mésaventures du premier soir, dont Léopold

nous fait une description navrante dans une de ses lettres; l'opéra en lui-même, laisse trop voir que Mozart a perdu contact avec le chant italien, et que tout son intérêt se concentre, maintenant, ou bien sur la partie instrumentale de son travail musical, ou bien sur des scènes pathétiques d'une coupe libre, à la manière de celles de l'opéra viennois de Gluck, tandis que le *bel canto* que réclame toujours l'auditoire italien devient de plus en plus dénué de qualités vocales, et mêlé à l'orchestre d'une façon qui suffirait, à elle seule, pour rendre compte du peu de succès de l'ouvrage. Ainsi Mozart a, en quelque sorte, perdu le temps et la peine qu'il a dépensés à son *Lucio Silla*, pour ne point parler de la stupidité du livret de cet opéra, qui aurait suffi à compromettre même une partition d'un art plus spontané et moins inégal. Mais celle-ci contient plusieurs airs, — notamment du rôle de Giunia, — et une grande scène entière, qui, même en comparaison des opéras futurs du maître, nous émeuvent infiniment par l'ardente beauté et la profondeur tragique de leur expression. Parmi le fatras imbécile de l'action et du poème de *Lucio Silla*, ces morceaux font l'effet de hors d'œuvre imprévus, et plus ou moins inutiles ; et cependant non seulement leur valeur musicale les met au premier rang de toute l'œuvre dramatique de Mozart : peut-être ont-ils aussi de quoi nous expliquer en partie cette singulière crise de passion romantique qui, aussitôt après l'achèvement de *Lucio Silla*, se manifeste dans tout l'art du jeune homme, s'ajoutant à la fièvre de création signalée tout à l'heure.

A force de s'exalter sur la douleur de Giunia, et sur la sombre et poignante beauté de la scène des tombeaux, telle du moins qu'il l'a conçue, peut-être Mozart a-t-il senti s'éveiller dans son cœur des sentiments qui y seraient restés endormis sans cette occasion? Ou bien cette crise romantique se serait-elle produite en toutes circonstances, et Mozart la subissait-il déjà lorsque le hasard l'a conduit à composer les grandes scènes susdites de *Lucio Silla?* Il ne faut pas oublier que l'Allemagne entière, depuis plusieurs années déjà, commençait à être travaillée d'un état d'esprit nouveau, né sans doute sous les influences étrangères de Rousseau et d'Ossian, mais qui nulle autre part ne devait se manifester avec autant de relief ni de véritable éclat « romantique ». Aussi bien a-t-on coutume de désigner du nom de *Sturm und Drang* cette période d'agitation passionnée qui, inaugurée aux environs de 1770, allait trouver sa traduction la plus parfaite en 1774, dans la *Lénore* de Burger et les *Souffrances du jeune Werther* de Gœthe. La crise intérieure que révélaient ces deux ouvrages, dans l'ordre littéraire, n'avait pu manquer de chercher à se traduire également dans cette langue populaire de l'Allemagne qu'était sa musique : et, en effet, rien n'est plus curieux que de voir, dans ces mêmes environs de 1770, un équivalent absolu du *Sturm und Drang* littéraire se produire tout à coup chez les compositeurs du temps, depuis Gluck jusqu'à Joseph Haydn et Mozart, en passant par des maîtres de second ordre tels que les Vanhall et les Dittersdorf.

Chez Joseph Haydn, en particulier, c'est l'année 1772 qui a marqué l'avènement soudain, et d'ailleurs passager, de cette grande crise romantique. Pas une de ses symphonies de 1772 qui ne se distingue des œuvres précédentes et suivantes par quelque chose de plus original dans la coupe,

les tonalités, et l'ensemble de la mise au point; et puis, par-dessus des œuvres simplement étranges, comme les deux symphonies en *si* et en *sol* majeur, voici de prodigieux poèmes de douleur pathétique, les symphonies appelées la *Passione*, les *Adieux*, et la *Symphonie funèbre (Trauer Symphonie)!* Que l'on joigne à ces véritables cris d'angoisse ceux qu'exhalent l'unique sonate de piano, en *ut* mineur, composée par Joseph Haydn durant cette période, et une admirable série de quatuors, à la fois pathétiques et savants, dont nous aurons plus tard l'occasion de nous occuper plus au long, mais qui doivent sûrement ne pas être postérieurs à l'année 1773 : et l'on aura l'idée de l'extrême importance de la crise susdite chez le plus sain et le plus équilibré de tous les musiciens allemands (1). Peut-être est-ce simplement une influence pareille qui, à Milan, vers la fin 1772, a transformé tout à coup le jeune Mozart en un poète romantique, après lui avoir inspiré déjà les scènes et airs passionnés de *Lucio Silla?* Peut-être le jeune homme n'a-t-il fait qu'emporter avec lui, de Salzbourg, les germes de la maladie qui allait se manifester dans son œuvre de cette dernière période italienne? En tout cas, aucune trace des approches de cette maladie ne nous apparaît dans toute son œuvre salzbourgeoise de 1772; et nous pouvons être assurés, d'autre part, que la crise romantique dont nous parlons ne s'est point produite, chez lui, sous l'influence de Joseph Haydn, car ce n'est qu'au retour en Allemagne, vers le mois d'avril 1773, — que nous verrons Mozart découvrant, — c'est-à-dire tâchant à imiter, — les symphonies romantiques composées par le maître d'Esterhaz durant l'année précédente.

La maladie d'âme dont il se plaît à souffrir, durant sa dernière période milanaise, cette fièvre romantique qui, soudain, s'empare de lui après l'achèvement de son

---

(1) On pourra lire, dans la *Revue des Deux-Mondes* du 15 mai 1909, une étude consacrée à cette crise romantique de la vie de Joseph Haydn.

Lucio Silla, nul doute qu'elle soit l'effet de
sa race allemande, et non pas de son contact avec l'aimable et léger esprit italien
de son temps : mais, le hasard ayant voulu
que cette maladie lui arrivât pendant qu'il
se trouvait à Milan et s'occupait à écrire
un opéra italien, c'est, pour ainsi dire, en
langue musicale italienne qu'il va d'abord
tâcher à nous la traduire. Ses sentiments
seront bien, au fond, ceux d'un compatriote de Gœthe et des deux Haydn : mais
tout l'ensemble de l'expression qu'il va leur
donner, et sa façon même de les ressentir,
n'auront rien de commun avec ce que nous
montrent, par exemple, les symphonies et
sonates romantiques de Joseph Haydn. Et
il y a plus, en vérité : on peut affirmer hardiment que ce n'est que pendant cette
troisième et dernière période italienne que
Mozart a réellement découvert l'Italie, et
commencé à tirer profit de ce qu'avait à lui
apprendre d'éternel le genre italien.

Car le fait est que jusque-là, en 1770
et 1771, il n'avait appris en Italie que la
musique italienne d'alors, c'est-à-dire des
préceptes et des formules, des coupes
d'airs ou de symphonies, ou bien encore le
goût d'un certain éclat extérieur à la base
duquel se trouvait une bonne part d'artifice
et d'improvisation. La véritable beauté
italienne, telle que nous la manifestent les
œuvres des grands peintres et musiciens
de jadis, l'expression à la fois harmonieuse
et profonde des sentiments passionnés, l'art
de concilier la lumière d'ensemble avec la
précision du détail et la poésie avec la
réalité, toutes ces vertus dont naguère
Chrétien Bach et les Italiens entrevus à
Londres lui avaient donné le pressentiment,
aucun témoignage ne nous indique qu'il les
ait reconnues et goûtées durant ses deux
premiers séjours en Italie. A Bologne, il
s'est nourri d'un contrepoint dont il ne
pouvait guère apprécier le charme poétique; à Rome et à Milan, il a produit des
œuvres plus brillantes et souvent plus
parfaites que dans son pays, mais aussi
plus vides au point de vue de leur contenu
musical. Cette fois, au contraire, le jeune
homme qui a succédé à l'enfant de la veille

nous apparaît, littéralement, enivré de la
beauté italienne. Toute son œuvre s'im-
prègne subitement d'un caractère à la fois
romantique et « latin », qu'elle ne retrouvera
plus que dans l'illumination miraculeuse
des dernières années de sa courte vie.
Symphonies, quatuors, sonates, tout ce qui
date de cette époque nous présente un
charme absolument unique de fièvre juvénile, traduite sous une forme infiniment
sobre, lumineuse, toute « classique » dans
la pureté de ses proportions.

(A suivre). THÉODOR DE WYZEWA,
GEORGES DE SAINT-FOIX.

Festivals Allemands

L E mois de mai a été riche en festivals
musicaux allemands et autrichiens.
Nous avons suivi avec intérêt ceux
organisés à Halle, Bernburg, Prague
et Leipzig.

A Halle, de remarquables fêtes Beethoven ont
obtenu un vif succès. Sous l'excellente direction
du jeune capellmeister Mörike, l'Orchestre philharmonique de Berlin a présenté de bonnes versions
de la première et de la septième symphonie, ainsi
que des danses viennoises retrouvées il y a quatre
ans par le professeur Riemann; ce sont là des
œuvrettes charmantes qui méritent une place
honorable dans nos programmes. Ce premier
concert se terminait par le concerto triple, pour
piano, violon et violoncelle avec orchestre, production de jeunesse qui fait penser aux morceaux de
concours des conservatoires; le finale, seul, est
vraiment intéressant.

Le lendemain, le quatuor Klinger, avec le concours du superbe pianiste A. Schnabel et de sa
femme la cantatrice Th. Schnabel-Behr, a présenté
les quatuors en *si* bémol majeur, op. 18, en *ut* majeur, op. 59, le trio avec piano en *si* bémol, op. 97
et une dizaine de *Lieder*. Séance tout à fait réussie.
Le soir, le brillant chef d'orchestre viennois
Ferd. Löwe a présidé à l'exécution de la *Missa
Solemnis,* avec le concours des chœurs de la ville
et des solistes : Mmes Noordewier, de Haan,
MM. Senius et Denys, tous excellents chanteurs.
Ce fut une belle soirée d'art.

Quelques jours plus tôt eurent lieu les fêtes
musicales d'Anhalt, données à Bernburg, sous la
direction autorisée du chef d'orchestre de la Cour,
à Dessau, Fr. Mikorey. Au premier concert, nous

avons entendu les *Festklänge*, le *Psaume 13* et le concerto en *la* de Liszt. Cette dernière œuvre fut interprétée par le pianiste lipsien J. Pembaur qui ne devrait pas s'attaquer à des œuvres de telle envergure ; Pembaur est parfait dans le classique, Mozart, Schumann, Brahms, mais moins bon dans Liszt et consorts. Ce concert se clôturait par la *Domestica* de Strauss. La deuxième séance portait au programme la neuvième de Beethoven — les chœurs furent excellents — le *Wanderers Sturmlied* de Strauss et — encore ! — le finale des *Maîtres Chanteurs* et des airs de chant de Mozart et Löwe (Fr. Hempel et Soomer). L'orchestre ducal et les chœurs méritent tous des éloges pour les belles exécutions qui nous furent offertes par M. Mikorey.

Au milieu de mai, le Conservatoire de Prague fêtait le centenaire de sa fondation et organisait à cette occasion des fêtes musicales dont l'exécution fut parfaite, mais dont le programme eu pu et dû porter plus d'œuvres nationales. Nous ne pouvons regretter qu'on nous ait présenté le concerto de violon de Beethoven (Fr. Ondricek) et la neuvième symphonie, le concerto en *la* de Liszt, la *Chaconne* de Bach, etc ; mais nous avons pris grand intérêt aux préludes d'orgue de Krejci, aux quatuors de Suk, de Dvorak, au trio de Novak, aux *Lieder* de Dvorak. Ces œuvres furent présentées par l'excellent quatuor bohémien, le trio bohémien, Mme Sentruckova, MM. Burian, Stecker, etc. Le second concert était particulièrement intéressant ; entendu la superbe *Vyschrad* de Smetana, *Fest-ouverture* de Kalliwoda, *Astorga ouverture* de Abert, ouverture de Dvorak, *Lieder* de Blodek, Knittl, Horn, air des *Franzosen von Nizza* de Kittl.

Ces fêtes furent intéressantes mais auraient pu l'être davantage.

Il nous reste à parler des fêtes Bach organisées à Leipzig et dont on a, hélas ! confié la direction à Karl Straube, chef d'orchestre du Bach-Verein, qui dirige déplorablement les œuvres du maitre d'Eisenach. Jamais nous n'avons entendu d'aussi médiocres chœurs que ceux du Bach-Verein. M. Straube ignore ce qu'on appelle netteté, vigueur et précision ; ses chœurs ne chantent pas, ils geignent. Nous nous sommes endormi après un quart d'heure d'audition de cette si belle *Passion selon saint Jean* qui fut exécutée sans pitié. Diverses cantates, celles pour la Pentecôte, Pâques, la Trinité, l'Epiphanie, etc., ont reçu la même triste interprétation ; seule, l'*Ode funèbre* fut assez proprement rendue. Heureusement que le Thomanerchor, sous l'excellente direction de Schreck, s'est produit dans divers motets, cantates, chorals, etc., vraiment intéressants. Deux concerts de

musique de chambre ont offert plus d'intérêt ; nous y avons entendu le trio en *ut* pour violon, flûte et piano, la suite en *ré* mineur pour violoncelle, trois préludes et fugues du clavecin, cinq chants avec orgue, la sonate en *sol* mineur pour violon solo et les *Goldberg-Variations* ; le second jour, la suite en *ut* pour orchestre, les *Concertos brandebourgeois*, quatrième et sixième, une sonate en *ré* pour orgue et l'amusante *Cantate du Café*, œuvre d'exception chez le sévère Bach ! Parmi les meilleurs exécutants, citons : MM. Max Reyer, mauvais compositeur mais pianiste superbe ; J. Pembaur ; les violonistes Carl Flesch et Wollgand ; J. Klengel (violoncelle), les organistes M. Fest et K. Hayer, le Dr Max Seiffert (clavecin), les chanteurs Anna Shoriek, E. Leisner, Stephani, Walther, Roemer, etc.

Quel beau programme, présentaient ces fêtes Bach, mais quelle triste réalisation ! Que nous avons regretté que ce ne soit M. Schwickerath et ses chœurs d'Aix-la-Chapelle qui aient célébré le grand J.-S. Bach !　　　　Paul Magnette.

La Saison de Ballets russes

AU CHÂTELET

La sixième saison russe, et ses prestigieux ballets, ont été, comme d'habitude, de toute beauté. Quelques-uns de ces tableaux mimiques, scéniques, chorégraphiques, nous étaient connus déjà, par exemple l'arrangement du *Carnaval* de Schumann par M. Fokine (qui a remplacé *L'Oiseau de feu* de Stravinsky primitivement annoncé) et le drame composé par le peintre Bakst sur la *Scheherazade* de Rimsky-Korsakoff. Mais tout le reste était nouveau pour nous, notamment l'acte sous-marin du *Sadko* de Rimsky-Korsakoff : l'acte où le jeune chanteur cithardède Sadko est attiré au fond des mers par la fille du roi de l'Océan, où, sur la demande de celui-ci, il entonne un chant à la gloire des merveilles qui l'entourent, où il reçoit en retour la main de Volkhowa, où enfin le nouveau motif chanté par le jeune homme entraine graduellement toute l'assistance et le roi lui-même en une danse éperdue. La musique est originale, colorée, entrainante et pittoresque ; le décor est séduisant ; les costumes sont d'une harmonie de tonalités et de nuances vraiment extraordinaire : c'est un spectacle admirable. Les rôles chantés ont été interprétés par le ténor Issatchenko avec Mme Stepanova et M. Zaporojetz. L'auteur des décors et des costumes (quelle excellente idée que cette fusion !) est M. Anisfeld.

Autres nouveautés : le *Narcisse* que M. L. Bakst

a imaginé, mis en scène et costumé, sur la musique de M. Tcherepnine. Thème antique, évolutions de sylvains et de faunes, de nymphes et de bacchantes, rencontre d'Echo et de Narcisse, dédain de celui-ci, trop épris de sa propre beauté, et sa mort dans le clair miroir de la source, d'où il ressort transformé en fleur... La musique est aimable, sans caractère d'ailleurs, et les interprètes, le souple Nijinski entre la gracieuse Karsavina et la charmante Feodorowa sont poétiques et légers comme il convient.

Puis *Petrouchka*, poème en musique de Stravinsky, décors et costumes d'Alexandre Benois, scènes burlesques assez malaisées à comprendre à la lettre, mais qui sont le plus souvent très divertissantes par les détails de mœurs et d'ailleurs la vie intense que leur donnent les interprètes. Nous sommes menés en pleine foire russe, devant des bateleurs variés, des curieux, des ivrognes, des riches, des pauvres, des femmes qui dansent pour le plaisir de danser et parce qu'elles sont joyeuses, enfin surtout un montreur de poupées mécaniques, une jeune fille, entre un nègre et un arlequin (qui est Petrouchka). Et c'est aussi l'idylle fantastique de ce trio que nous suivons dans divers tableaux intercalaires, jusqu'au moment où le nègre fend en deux la tête de Petrouchka... Tout ceci dans le jour qui décroît, la neige qui tombe, la lune qui monte... Succès étourdissant, très enlevé par cette troupe étonnante, avec Nijinski, Orlow et Mlle Karsavina en tête. La musique en elle-même est surtout curieuse comme un kaléidoscope de sonorités expressives; elle ne cherche pas autre chose.

Mais le clou de ces soirées a été *Le Spectre de la Rose*, une nouvelle adaptation de *L'Invitation à la Valse* de Weber (instrumentée par Berlioz), à une fantaisie de Théophile Gautier. Une jeune femme rentre du bal, une rose à la main, et s'endort sur sa chaise, en la respirant : ceci sur le récitatif qui débute. Soudain, tandis que la rose lui échappe des mains, aux premiers élans si irrésistibles du motif de la valse, un être svelte, ailé, rose, bondit par la fenêtre ouverte, vole à travers la pièce, danse et tourbillonne autour de la dormeuse, qu'il entraîne parfois comme une somnambule... Quand elle se réveille enfin, tout a disparu : ce n'était qu'un rêve. Ce petit poème, ainsi compris, est d'une grâce et d'une musicalité exquises, et, dansé d'ailleurs avec une extraordinaire virtuosité, un goût charmant, par Nijinski et Mlle Karsavina, il a provoqué des tempêtes d'enthousiasme.

Une œuvre nouvelle devait encore trouver place sur les programmes de cette saison. Elle avait été dûment annoncée et la partition en est même parue : aussi l'attendions-nous avec la plus vive curiosité; c'est *La Péri*, dont M. Paul Dukas a écrit la musique. Ce petit « poème dansé » devait avoir Mlle Trouhanowa et M. Nijinsky pour interprètes, dans un décor de féerie... Le défaut de temps et l'imperfection de la mise au point, nous a-t-on dit, a fait renoncer au dernier moment à la représentation. Et le regret a été général. Le sujet est poétique et prête aux effets chorégraphiques en même temps qu'au prestige de la musique, et l'examen de la partition, réduite au piano par M. Le Roques (à trois mains le plus souvent), montre assez de quel prix celle-ci doit être à l'orchestre. La fable est Persane. Iskender cherche à travers l'Iran la Fleur d'immortalité, et rencontre sur le parvis du palais d'Ormuzd une Péri qui dort, tenant la Fleur en sa main. Il ravit la fleur sans éveiller la dormeuse, mais celle-ci se désole, car elle ne peut plus remonter dans les cieux; mais si séduisante est alors la danse qu'elle exécute devant Iskender, que celui-ci lui rend de bon cœur cette Fleur qu'il convoitait... La Péri s'évanouit, mais elle emporte aussi le cœur du héros, qui sent avec joie sa fin prochaine.

H. DE C.

— La série des « Saisons » organisées par M. G. Astruc s'est terminée par une grande opérette ou plutôt comédie musicale anglaise, *The Quaker girl*, œuvre de M. J. T. Tanner, musique de Lionel Monckton. C'est la troupe du théâtre Adelphi, de Londres, dirigée par M. G. Edwardes, que nous avons vue dans ce vaste cadre, pour lequel des décors neufs avaient du reste été ménagés. L'anglais manquait encore à cette quinzaine cosmopolite au cours de laquelle nous aurons entendu sur les scènes parisiennes jusqu'à cinq langues différentes (sans compter celle des jambes). Il a été extrêmement goûté; surtout au point de vue comédie, d'ailleurs, exécution, mise en scène, ensembles, talents variés des artistes : la musique est ici très secondaire et d'autant moins éloquente, si vraiment que les excellents comédiens de cette troupe n'ont aucune voix. Tout au plus peut-on citer celle de miss Phyllis Dare, qui est jolie, douce et conduite avec un goût charmant. Cette exquise artiste est d'ailleurs extrêmement appréciée à Londres, comme M. Joseph Coyne, son digne partner, dont la fantaisie joyeuse et cependant fine et distinguée est d'un attrait continuel. A notre point de vue, c'est un peu long, encombré de hors-d'œuvre inutiles, de clowneries sans lien direct avec la petite intrigue principale, d'ailleurs amusante; mais la verve endiablée des interprètes sauve tout. Il faut encore citer Mmes Mabel Scalby, Clara Evelyn et Caumont (celle-ci est une de nos bonnes comédiennes parisiennes, qui a un rôle de Française et ne le cède en rien en humour à ses camarades), MM. Foster, Carvey (celui-ci a de la voix), Gregory, Lugg, Nainby, etc. **C.**

LA SEMAINE

PARIS

A. L'OPÉRA. — Nous avons à signaler cette fois le premier cycle de la Tétralogie de Richard Wagner, qui a été donné les 10, 11, 13 et 15 juin, hors des jours d'abonnement, sous la direction de M. Félix Weingartner. Celui-ci a remplacé, presque au dernier moment, M. Mottl, qu'une maladie empêchait de faire le voyage. Son succès personnel a été très grand, mérité par cette précision et cette attention imperceptible mais de tous les instants qui donnent tant de relief à ses directions, mais d'ailleurs assuré par la perfection rare de l'ensemble de l'orchestre, lequel s'est vraiment surpassé. L'Or du Rhin a eu à peu près ses interprètes ordinaires : Ernest Van Dyck, Loge extraordinaire, dont on ne peut imaginer l'irrésistible autorité, quand on ne l'a pas vu, et qui défie toute comparaison, toute autre conception possible, lorsqu'on l'a vu; Delmas, dans ce majestueux Wotan qu'il continuera d'incarner au cours de la Tétralogie; Duclos, Albérich excellent, Gresse et Journet, géants puissants; Fabert, Mime grinçant à souhait. La Walkyrie nous a ramené Lucienne Bréval dans cette fière Brunnhilde dont elle fut ici la première incarnation; Swolfs fut un Siegmund plein d'énergie et d'enthousiasme, Mlle Daumas, une gracieuse Sieglinde, Journet, un solide Hounding. Dans Siegfried, c'est un nouveau venu sur cette scène, Dalmorès, qui fut le héros ingénu, avec force et vigueur, enfre Fabert dans Mime, Duclos dans Albérich et Delmas sous le manteau du voyageur. La Brunnhilde qu'il éveilla fut Mlle Grandjean, qui naturellement garda son personnage pour le Crépuscule des Dieux, où reparut l'étincelant Siegfried qu'est Van Dyck, superbe de jeunesse et d'élan, entre Dangès, Gresse, Mlles Bourdon et Lapeyrette — On sait que le second cycle, du 24 au 29 de ce mois a M. Nikisch pour chef. Nous en reparlerons.　　　　**H. DE C.**

AU THÉÂTRE LYRIQUE de la Gaîté. — Comme nous l'avons annoncé, six représentations ont été données ces derniers jours par M. Chaliapine, l'admirable basse : deux du Don

Carlos de Verdi, deux du Don Quichotte de Massenet, deux du L'arbier de Séville de Rossini. Pour Don Quichotte, je n'ai pas grand'chose à dire. J'ai assez parlé de cette interprétation que le grand artiste en a faite à Monte-Carlo voici deux ans. Elle est d'une douceur, d'une résignation et d'une émotion concentrée, extraordinaires vraiment, avec des trouvailles dans la diction, des trouvailles dans la mise en valeur d'une voix si veloutée, si expressive,... des trouvailles qui sont simplement la vérité de la vie même et du caractère. (Mlle Lucy Arbell était toujours Dulcinée, M. Boulogne faisait Sancho, avec une savoureuse sonorité vocale). Dans Le Barbier, M. Chaliapine ne tient que le rôle de Basile ; mais il en a fait une figure depuis longtemps célèbre, d'une souplesse, d'une malice, d'une éloquence incroyables. Etre aussi supérieur, aussi vrai, dans un Basile et un Ivan le terrible, un Philippe II ou un Mephistophélès, quelle force étrange de talent! Et chaque fois, l'on jurerait qu'il n'a jamais été que celui-ci ou celui-là dans sa vie. Près de lui, Mlle de Hidalgo fut une sémillante Rosine, M. Chalmin un sûr Bartholo. Le ténor Macnez, dans Almaviva, a fait preuve, sinon de beaucoup d'expérience, du moins de l'une des voix les plus exercées et les plus déliées qui aient jamais abordé ces redoutables vocalises. M. Stracciari un excellent Figaro. Ce dernier a une belle voix, incontestablement, mais pourquoi la garder constamment dans le fin fond de la gorge pour ne lui donner son plein essor que de loin en loin. — Ceci fut particulièrement sensible dans Don Carlos, où il incarnait, non sans adresse, ce magnifique rôle du marquis de Posa, Rodrigue, dont Faure, alors à l'apogée de sa renommée fit jadis une de ses créations les plus nobles et les plus séduisantes. Mlles Brozia et Olchanski furent également très appréciées dans la reine et la princesse Eboli.

Je m'arrêterai, du reste, davantage sur Don Carlos, d'abord parce que c'est la première reprise (si imparfaite soit-elle au point de vue de l'œuvre même) que Paris en ait eue depuis la création à l'Opéra en 1867; ensuite, parce que M. Chaliapine y dépassa encore l'extraordinaire incarnation que prend avec lui chacun de ses rôles. On s'explique difficilement aujourd'hui le peu de succès qu'a eu, à Paris, le premier succès de l'œuvre de Verdi, pourtant expressément écrite pour nous, sur texte français, et supérieurement jouée. On se l'explique d'autant plus mal qu'elle paraît aujourd'hui démodée et qu'on ne comprend pas qu'en son temps elle ait fait un effet trop austère, trop avancé même. Dans l'œuvre de Verdi elle a droit, en réalité, à une place tout à fait honorable.

Jamais le maître n'avait encore apporté une pareille tenue, une telle hauteur de style à ses partitions. Celle-ci a des instants de *Page d'histoire.* Seulement, assez vite modifiée pour les théâtres d'Italie, qui la trouvaient trop longue, elle n'est plus et ne sera plus jamais ce qu'elle était, à moins qu'un directeur avisé ne consente à la remonter telle qu'elle fut d'original. (Si j'avais un conseil à donner à M. Messager, ce serait d'en faire l'essai, et avec M. Chaliapine, puisqu'il est disponible.) Pour ces deux uniques soirées, ici, elle nous a été rendue en italien d'abord, — ce qui est à peu près aussi bizarre que si on nous remontait *Le l'ardou de Ploërmel* en allemand! — et avec des coupures telles que plus d'un tiers de l'œuvre y a passé, — l'acte I, à Fontainebleau; le premier tableau de l'acte III, avec son ballet; la fin du premier tableau de l'acte IV, chez le roi; l'acte V, sauf les dernières mesures, reliées au second tableau de l'acte IV, la prison; en somme, toute l'intrigue de la princesse Eboli et les scènes qui s'y rattachent avec Carlos, la reine et Rodrigue. — N'importe, ce qui a été conservé contenait quelques-unes des plus belles pages, généralement inspirées par le personnage de Philippe II.

Ce personnage, M. Chaliapine en a fait quelque chose d'admirable, constamment vivant, pensant, écoutant, passionné et concentré, impénétrable et désemparé... Cette véritable évocation historique était d'ailleurs accentuée par son physique, directement copié sur les portraits de Philippe II du Titien. Je ne saurais trop louer le grand artiste d'avoir pris ce modèle-là et non pas un autre. Je sais bien que le créateur du rôle, qui fut excellent, Obin, le jouait vieux, hâve et cheveux gris, ce qui est conforme à la partition. Mais la partition ne sait ce qu'elle dit, la partition est la plus absurde cacophonie de contradictions chronologiques qui se puisse voir (Schiller n'en est nullement responsable, par parenthèse, elles appartiennent en propre au poème lyrique). Si l'on me permet deux mots d'histoire, je le prouverai aisément.

Quelles sont les données de l'opéra? — Philippe II est vieux, Don Carlos est un grand garçon d'au moins vingt ans, Charles-Quint languit au monastère où il s'est enfoui, Henri II est à la veille du tournoi qui va lui coûter la vie; enfin, pour préciser cet ensemble de faits, « la scène se passe (nous dit-on) vers 1560. »

Or Charles-Quint est mort en 1558, Elisabeth de France a épousé Philippe II en 1559, et Henri II est mort cette même année, Carlos a commencé de se mettre à la tête de la révolte flamande en

1563 (il avait dix-huit ans) et son arrestation et sa mort sont de 1568, année où la reine elle-même a succombé. En résumé l'action de l'opéra se passe à la fois en 1558, 1559, 1563 et 1568, mais ne dépasse en tous cas pas cette date. Eh bien, Philippe II (qui n'est mort qu'en 1598) avait trente et un ans en 1558 et *quarante et un* en 1568 (1) *dernière limite possible du drame.* C'est donc avec raison que son interprète peut se refuser à en faire un vieillard : ce serait un contre-sens de plus. H. DE CURZON.

Au Conservatoire. — Voici les résultats du concours à huis-clos des classes musicales, qui ont commencé voici quinze jours :

HARMONIE (hommes). — Premiers prix : MM. Forestier (élève de M. Xavier Leroux), Becker (élève de M. Lavignac), Tesson (élève de M. Taudou); deuxièmes prix : MM. Styler (élève de M. Xavier Leroux), Monier (élève de M. Emile Pessard); premiers accessits : MM. Gasc (élève de M. Taudou), Thellier (élève de M. Emile Pessard), Laporte (élève de M. Lavignac); deuxièmes accessits : MM. Carembat, Friscourt et Antoine (élèves de M. Xavier Leroux).

CONTREPOINT. — Premiers prix : MM. Becker et Laporte (élèves de M. Georges Caussade); deuxièmes prix : MM. Migneau (élève de M. Georges Caussade) et Singery (élève de M. Gedalge); premier accessit : M. Voilquin (élève de M. Georges Caussade); seconds accessits : Mlle Marguerite Canal et M. Réjoux (élèves de M. Georges Caussade).

ACCOMPAGNEMENT AU PIANO, professeur M. Estyle (élèves hommes). — Premier prix : M. Mignan; deuxième prix : M. Laporte; premier accessit : M. Adrien Lévy.

(Élèves femmes). — Premier prix : Mlle Atoch; deuxièmes prix : Mlles Léontine Granier et Marguerite Canal; premier accessit : Mlle Suzanne Dreyfus; deuxième accessit : Mlle Béligne.

ORGUE (professeur M. Guilmant, puis M. Gigout). — Premier prix : Poillot; premiers accessits : MM. Clavers et Nibille; deuxième accessit : M. Panel.

FUGUE. — Premiers prix : MM. Kriéger (élève de M. Paul Vidal), De Saint-Aulaire (élève de

(1) Il n'y a rien de plus drôle en ce genre que les mots de Philippe II au début de la fameuse scène : « Je la revois encor, regardant en silence *mes cheveux blancs*, le jour qu'elle arriva de France ». C'était en 1559 et le roi avait tout juste *trente-deux ans!* On ne laisserait pas passer cela si facilement aujourd'hui.

M. Ch.-M. Widor); deuxièmes prix ; MM. Déré.
et Alexandre Cellier (élèves de M. Ch.-M. Widor);
premiers accessits : MM. Lermyte et Bauduin
(élèves de M. Paul Vidal); deuxième accessit :
M. Matignon (élève de M. Paul Vidal).

HARMONIE (femmes). — Premiers prix : Mlles
Marguerite Canal (élève de M. Henri Dallier),
Caumias (élève de M. Auguste Chapuis), Belignè
(élève de M. Henri Dallier , Guyot (élève de
M. Auguste Chapuis); premier accessit : Mlle
Berthe Michel (élève de M. Auguste Chapuis);
deuxièmes accessits : Mlles Nogel et Bossus (élèves
de M. Auguste Chapuis).

Saison viennoise d'opérette. — La troupe
du théâtre Ander-Wien, de Vienne, est venue
s'installer au Vaudeville pour quelques semaines,
sous la conduite de son directeur M. Kwezay,
avec ses décors, ses costumes, son orchestre (les
« Tziganes de Franz Lehar »), tout de blanc
habillés, avec col et manchettes rouges), et une
nombreuse société d'artistes, généralement excellents. On a débuté, comme geste de courtoisie,
par une seule représentation de notre *Girofé-
Girofla*. Puis on a passé tout de suite au répertoire
proprement viennois, qui nous intéressait beaucoup plus. Nous avons pu applaudir ainsi *Le Comte
de Luxembourg*, de Franz Lehar, et son *Amour
tzigane*; *La belle Risette*, de Léo Fall, et sa *Princesse
Dollar*; mais aussi *Sang viennois* et *Le Baron tzigane*,
de Johann Strauss, le fondateur du genre... D'autres suivront encore. Et les représentations ne
sont pas seulement d'un réel attrait, elles sont un
enseignement pour nous. Non au point de vue de
la musique : de ce côté, s'il y a décadence manifeste en ce moment, notre répertoire d'opérette
est encore considérable, et d'un goût supérieur;
les chefs-d'œuvre de Lecocq et de Messager sont
d'hier. Mais au point de vue de la mise en valeur.
Depuis longtemps, en effet, nous n'avons plus de
troupes proprement dites d'opérettes, et déjà ceci
n'est guère encourageant pour les musiciens.
Lorsque telle scène, comme les Variétés, remonte
à grands frais une œuvre d'Offenbach ou d'Hervé,
elle est obligée de confier l'interprétation à des
comédiens, non des chanteurs. Il faut entrer dans
un vrai théâtre lyrique pour entendre des opérettes
à peu près chantées. Au Trianon-Lyrique sont
les premiers artistes de la maison qui s'y emploient, et cette petite scène est presque la seule.
En Allemagne, et surtout à Vienne, tout ce répertoire d'opérette est monté comme l'a été à l'Opéra-
Comique *Le Mariage de Télémaque*, et ce n'est pas
peu dire.

Les représentations actuelles du Vaudeville
nous montrent une troupe où les moindres comparses ont de la voix et savent s'en servir. On ne
leur demande pas de chanter comme de grands
artistes, mais rien n'est trahi, de la verve et du
rythme de la musique, ni de l'éclat des effets
vocaux, de la couleur des ensembles. Il faut, ici,
nommer ainsi en première ligne les exquises
comédiennes lyriques que sont Mmes Mizzi Gunther, Louise Kartousch, Fedac Sari, les vibrants
et originaux artistes que sont MM. Storm. Gla-
watsch, Rohr, Tautenhayn..., sans oublier encore
Mmes Mizzi Schütz ou Betty Fischer, MM. Gutt-
mann, Haber, Herold... Enfin, l'orchestre, est
excellent et dirigé avec une excellente vivacité par
M. Franz Ziegler, quand ce ne sont pas les
auteurs mêmes qui prennent le bâton.

H. DE C.

Le Trianon-Lyrique, dont nous venons de
parler, a précisément fait, en même temps, une
excellente reprise de la *Véronique* de M. Messager,
le dernier des grands succès lyriques des Bouffes
(alors si bien lancés encore dans cette voie). Mmes
Rosalia Lambrecht et Jane Morlet ont personnifié
les jolis rôles d'Hélène et d'Agathe, M. Sainprey
s'est efforcé, non sans succès, de ne pas faire
regretter Jean Périer, qui fut si fin dans Florestan;
MM. José Théry, Jouvin, Dumortier, se partagèrent les autres rôles.

Au Théâtre Sarah-Bernhardt, la Saison
Russe d'opéra s'est terminée, sans grand éclat, par
quelques représentations de *La Dame de pique*, de
Tschaïkowsky. Je crois qu'elle aurait dû commencer par là. En dépit de la variété des styles qu'on
y rencontre, et dès lors de l'absence de style proprement dit qu'on peut lui reprocher, l'œuvre est
intéressante, autrement qu'*Onéguine* tous cas.
Le second acte, en particulier, et encore le
tableau de la mort de la vieille princesse, font
comprendre le très grand succès qu'a toujours
obtenu en Russie et en Allemagne cette œuvre
ultime du compositeur (1890). L'interprétation en
a été bonne avec Mmes Aurore Marcia (la jeune
Lise), Makarova (sa vieille grand-mère), Tcha-
plinscaja, MM. Bolchakoff (l'officier Hermann) et
Tartakoff. Mlle Marcia chantait seule en français :
c'est la contre-partie des chanteuses russes que
nous avons entendues chanter seules dans leur
langue dans une représentation française.   C.

Théâtre des Arts. — A Paris, en ce moment, il n'y a pas de spectacle plus curieux et
plus captivant que celui que donne le Théâtre des
Arts. L'esprit, les yeux et les oreilles s'y régalent

également. Il se compose du *Sicilien* de Molière, d'un drame chinois adapté par M. Louis Laloy : *Le Chagrin dans le Palais de Han*, et d'un fragment des *Fêtes d'Hébé*, opéra-ballet de Rameau. Nous avons déjà parlé de *L'Amour peintre* et de la musique de Lulli qui l'agrémente. Pièce et ballet sont charmants.

Le poème dramatique que M. Louis Laloy a translaté pour la scène d'après un manuscrit de Ma-Tcheu-Yen (xive siècle) est une tragédie où les personnages subissent avec calme et résignation les arrêts et les coups d'une destinée cruellement inclémente. Toute la morale asiatique est contenue là-dedans. — Pour éviter la guerre et l'inévitable défaite, l'Empereur Yuen-Ti livre son épouse favorite, la séduisante Tchao-Kunn, au grand chef des Tartares qui la convoite. La jeune femme se sacrifie ; mais plutôt que d'appartenir au grand Khan, elle se précipite dans le fleuve Amour. L'Empereur attend dans la méditation que la raison et la paix soient revenues en son cœur.

C'est tout et c'est assez. M. Louis Laloy a voulu construire à la française — a-t-il dit — une pièce chinoise ; alors que d'autres s'amuseraient, au contraire, à torturer un drame français pour lui donner un masque chinois. Soit. M. Laloy est-il sûr d'avoir réussi ?

M. René Piot a peint des décors et des costumes qui sont des merveilles de coloris harmonieux et hardi. Il faut voir le « paysage » du troisième tableau ; le décrire n'est pas possible. Il faut voir tous les décors et tous les costumes et les revoir encore.

M. Grovlez a écrit la musique de scène et les interludes. Il s'est essayé dans l'écriture instrumentale pseudo chinoise et n'a pas mal réussi. Mais croyez bien que toutes les gammes par ton, toutes les sonorités exotiques, le chant mélancolique des flûtes et la rosée sonore qui tombe des harpes d'or n'évoquent nullement une chinoiserie d'opérette et de bric-à-brac. Il y a parfois mieux qu'un effort et l'on ne saurait désirer de plus suggestive interprétation du poème.

Les Fêtes d'Hébé servent de prétexte à de chorégraphiques ébats. Des danseuses ingénues luttent de grâce et de légèreté devant un décor vif et profond du vrai triomphateur de la soirée : M. René Piot.   ANDRÉ-LAMETTE.

Société nationale de musique. — La

S. N. M. s'est trouvée obligée, par suite de circonstances particulières, de prolonger le cycle de ses concerts par une séance supplémentaire donnée le 8 juin, salle Pleyel — séance réservée

principalement au quatuor Capet et à l'exubérance vibratoire des éventails. M. Fauré, armé lui-même d'un « petit vent du nord », donnait le signal des rafraîchissantes effluves.

Le programme fut d'ailleurs correctement suivi, sans adjonction de nouveautés sensationnelles : le quintette pour piano et cordes, de M. G. Fauré ; trois poèmes pour chant largement interprétés par la jolie voix de Mme Jeanne Raunay, qui nuança et traduisit avec poésie la magnifique *Chanson Perpétuelle*, de Chausson, accompagnée par M. Cortot et le quatuor. Cette œuvre ainsi exécutée prend les proportions d'un chef-d'œuvre.

Puis ce furent trois pièces pour piano jouées par M. Cortot : *Les Muletiers devant le Christ* (extrait de la suite de *Cerdana*) de M. Déodat de Séverac ; *Naïades du soir,* panneau languide et suggestif de M. G. Samazeuilh ; *Le Fandango de Caudil*, extrait des effervescents *Goyescas* de M. Granados, dont nous avons parlé récemment à l'occasion du concert donné par cet auteur-pianiste remarquablement espagnol.

Le concert s'est terminé par le quatuor en *ré* de César Franck, exécuté par le quatuor Capet, toutes fenêtres ouvertes, avec par intervalles l'imprévue tonalité des vociférations de camelots montant de la rue Rochechouart, accompagnement plutôt nuisible à l'œuvre divine du maître.

Et tout en s'épongeant congrûment, les fidèles de la S. N. M. se donnèrent rendez-vous pour le mois de décembre.   CH. CORNET.

Société musicale indépendante. — La

Société musicale indépendante a donné le 7 juin, salle Gaveau, le dernier concert de la saison. Un programme de musique avec orchestre a corsé la solennité, d'ailleurs fort réussie.

Peu de chose à dire de deux mélodies de M. Pillois, pour lesquelles un accompagnement au piano aurait largement suffi aux amateurs du genre étique : *Triste était mon âme* (Verlaine) et *Dédicace* (de Régnier).

Par contre, il y aurait beaucoup à glaner dans *Le Printemps sur la mer*, poème symphonique de M. Torre Alfina, inspiré d'une poésie de M. Claude Lorrey :

> Nymphes et Sirènes
> Tritons et Dauphins
> Et les jeunes Reines
> Et les Rois marins
> Aux sons des arpèges
> Forment leurs cortèges...

L'auteur y a, en effet, accumulé un luxe apparant de sonorités dont la plupart, il faut le reconnaître, sont d'un impressionnisme des plus séduisants. Malheureusement cela est trop long, et c'est dommage pour la légèreté du tableau ; la ligne mélodique n'existe point, elle se perd sous la préciosité des formules, la recherche forcenée des timbres, le souci exclusif de l'imitation sonore, tout un ensemble de bruits musicaux qui n'ont que peu de rapports avec la musique. Ce pointillisme orchestral se termine de façon ravissante et dénote chez M. Alfina mieux que de la virtuosité.

Quelle joie, après un tel travail, d'entendre *Le Roi Saül* de Moussorgski ! M. Fabert, de l'Opéra, a enlevé avec beaucoup de style cette belle page aux accents vigoureux, soutenus par l'éclat de cuivres bien réglés, d'un élan sincère, d'une profondeur et d'une tenue remarquable ; la déclamation s'y trouve appuyée par une orchestration puissante, d'une sonorité franche et noble, due à la plume de Glazounow.

M. Louis Aubert a composé un opéra-comique sur un poème de M. Jacques Chenevière intitulé *La Forêt bleue ;* il s'agit d'un conte lyrique tiré des contes de Perrault, où l'on voit les personnages légendaires du Petit Poucet, de l'Ogre, du Prince Charmant, de la Fée et du Petit Chaperon rouge. En attendant son apparition sur une scène américaine, l'Opéra de Boston paraît-il, la S. M. I. nous a donné la primeur du second acte, qui se passe dans la forêt bleue. La manière de M. Louis Aubert semble être apparentée à celle de M. Debussy, avec toutefois une unité plus voulue de mélodie ; les motifs entendus m'ont semblé délicats encore que revêtus de moyens un peu mièvres. Cet ouvrage, plutôt destiné à la scène qu'au concert, avec ses évocations poétiques et enfantines, fut interprété non sans goût par des chœurs de femmes bien stylées et par quelques solistes parmi lesquels se distinguèrent Mme Willaume-Lambert, Mlles Baudot et Gustin, MM. Pasquier et Ponzio.

Depuis longtemps je n'ai assisté à un succès aussi franc et aussi enthousiaste que celui qui accueillit la fantaisie espagnole *Hispania* de M. J. Cassadó. Ce qui prouve une fois de plus que le rythme et la clarté constituent l'essence supérieure de la musique. Ce que j'écrivais récemment sur la musique espagnole trouve ici une confirmation décisive ; même dans les milieux de culture avancée, la sincérité, la ligne, le développement rythmique, le mouvement de la pensée trouvent toujours dans le public le terrain qui convient à l'essor de l'idéal en art. M. Cassadó, très apprécié à Barcelone, ancien maître de chapelle, auteur de

nombreuses œuvres de musique sacrée et d'une quinzaine d'opérettes, possède un tempérament musical où la verve, la fougue, la variété, la couleur semblent être ses qualités dominantes.

Hispania est une fantaisie écrite pour l'orchestre et le piano, dans laquelle l'instrument solo tient une place importante, mais non point prédominante. Des motifs d'une joie populaire un peu grosse, des rythmes de danse non exempts parfois d'une vulgarité voulue animent ce tableau d'une gaieté exubérante — ce qui n'est pas commun — se combinant avec une émotion légère, une vision comique de procession carnavalesque et un emploi toujours sonore des ressources instrumentales. Le public s'est pris à trépigner d'aise, entraîné par le mouvement général du morceau. La partie de piano fut énergiquement rendue par M. Montoriol Tarres, sous la direction de l'auteur.

CH. CORNET.

Salle Erard. — M. A. de Radwan a donné un récital de piano le 9 juin, avec du Schumann (la fantaisie op. 17), du Franck, une sonate de Scarlatti, du Brahms, et naturellement Chopin : des études, des préludes, une nocturne, une mazurka, une polonaise... On n'a plus à redire quel interprète personnel et de goût exquis il se montre dans ses exécutions, quelle souplesse et quel respect, sans fantaisie déplacée, il donna à son exécution des pages de Chopin notamment. Son succès fut extrême. C.

Salle Pleyel. — M. Joseph Wieniawski a donné un second concert le 29 mai, consacré à sa musique de chambre, quatuor pour cordes (op. 32), la sonate pour violoncelle et piano (op. 26) et le trio pour piano, violon et violoncelle (op. 40 . Le quatuor, supérieurement interprété par MM. André le Métayer, César Espéjo (violons), Charles Mayeux (alto) et André Bernardel (violoncelle, a produit une impression profonde par l'heureux choix et l'habile développement des thèmes. La sonate a permis à l'archet magique de M. Hollman les effets les plus brillants et le trio peut passer pour une merveille en son genre, avec ses motifs séduisants avec son allure si pleine de jeunesse et d'entrain : trois tableaux, en somme, où la mélodie fournit le sujet, la science le dessin, et la fantaisie la couleur.

Salle Gaveau. — Le 26 mai, M. Jan Sickesz et Mlle Herma Studeny, pianiste et violoniste de style, très sûrs, très artistes, ont uni leurs beaux talents pour une séance de trois sonates : Max Reger (op. 84 , Brahms (op. 100), et Ch. Sinding (op., 27). Celle-ci surtout était nouvelle pour nous, et il faut remercier ses interprètes de l'avoir fait connaître.

Salle des Agriculteurs.

— M. Pierre Hermant se faisait entendre dans ses œuvres le jeudi 8 juin avec le concours d'artistes connus, la charmante pianiste Mlle Tagliaferro, Mlle Winsback, Mlle Charny remplaçant Mlle Campredon, M, Lassalle remplaçant M. Muratore, le violoncelliste Cros-Saint-Ange. La sonate pour piano et violoncelle nous a paru un peu longue; nous lui préférons la sonate pour piano en *fa* mineur, qui est pleine de fougue et dont le finale d'une mélancolie pénétrante est une page savoureuse. Trois poèmes de Lucie Delarue-Mardras, des fragments de *Sagesse* de Verlaine, *Stances* de Victor Hugo, révèlent chez leur commentateur musical un réel tempérament poétique. Enfin, *Amphitrite*, poème symphonique, d'après *Télémaque*, exécuté sur le piano par l'auteur lui-même, est d'une inspiration généreuse. On pourrait désirer parfois plus d'équilibre dans la composition; les pages de M. Hermant qu'il nous a été permis d'entendre n'en constituent pas moins un bagage musical d'une incontestable valeur. Auteur et interprètes furent très applaudis. H. D.

— *Malgré* la réclame extraordinaire de son impresario, qui le déclarait sur l'affiche et les programmes « le plus illustre des violonistes », le jeune Rudolf Weinman a paru en bonne voie pour devenir un véritable artiste. Son programme du 9 juin comportait une sonate de Tartini, le concerto de Max Bruch et des pièces anciennes et modernes, Beethoven et Dvorak, Mattheson et Wieniawski, et lui valut un beau succès en somme.

— Un brillant concert, qui avait, malgré la chaleur, attiré une très nombreuse affluence, a été donné, le lundi 12 juin, par le violoncelliste M. René Schiedenhelm. L'artiste a fait apprécier la belle sonorité de son archet dans un beau concerto de Lalo, avec excellente réplique, au piano, de M. Jules Griset et la légèreté d'un jeu souple et délicat dans une ravissante sonate de Valentini (même partenaire); enfin, s'est fait applaudir dans plusieurs morceaux de sa composition, notamment une intéressante *Ballade* en *fa* dièse mineur, où le piano était tenu par Mlle Guébel. Ajoutons que cette dernière artiste s'est fait applaudir dans de très charmantes pages de Scarlatti et de M. Fauré, qu'elle a rendues avec beaucoup de grâce et de finesse. La partie de chant était tenue par

Mme Marguerite Villot, qui a obtenu un très vif succès, avec sa belle diction, servie par une voix chaude, pleine d'éclat et de sûreté. Mme Villot a produit un grand effet dans deux très beaux *Lieder*, *Der Wanderer*, de Schubert, et l'air bien connu, *Mit Myrthen und Rosen*, de Schumann et dans diverses mélodies françaises, dont l'une, *Le Rondel de l'adieu*, était de M. Schiedenhelm.

JULES GUILLEMOT.

— M. Florizel von Reuter, que nous avons entendu le jeudi 15 juin, est un violoniste d'une rare dextérité. Le *Caprice* (n° 24) de Paganini, *L'Abeille* de Schubert, la *Symphonie espagnole* de Lalo, *Le Trille du Diable* de Tartini, *Le Mouvement perpétuel* de Franz Ries, qu'il dut ajouter à son programme, ont été interprétés par lui d'une façon étourdissante. M. von Reuter semble se rire des difficultés techniques. Le son est pur, distingué, pénétrant; mais disons-nous qu'il manque un peu d'ampleur et qu'il est un peu froid. Le jeu de M. F. von Reuter a plus d'éclat que de chaleur véritable. On put s'en rendre compte dans la sonate en *ré* majeur de Hændel et dans l'aria de J.-S. Bach. Tout en rendant hommage aux magnifiques qualités de M. F. von Reuter, nous ne le mettrons pas encore au rang des virtuoses de tout premier plan; nous disons: pas encore; car cet artiste est jeune et son talent mûrira et alors? qui sait?...

H. D.

Au Lycéum.

— En attendant l'inauguration de sa nouvelle salle de concerts, le Lyceum a toujours des vendredis d'un réel intérêt musical. Nous ne parlerons que des séances des 9 et 16 juin, les seules auxquelles nous avons pu assister. Le 9, ce fut — à l'exception d'une sonate de violon de Mme Constantin Gilles, dont l'adagio est expressif et distingué — de la musique ancienne : Couperin, Rameau, Scarlatti et Hændel, avec des interprètes comme MM. Firmin Touche, Boirel, Motte Lacroix, Mlles Thebault et Dubray, c'est-à-dire une exécution de premier ordre.

Le 16, Mlle Eminger joua avec une excellente technique et un excellent style des pièces de Rameau et des études de Chopin, Mlle Jeanne Pelliot chanta deux *lieder* de Fauré et une partie de l'exquis poème de Schumann, *Printemps d'amour*, et fut artiste et cantatrice fort agréable, surtout dans ces dernières pages.

Les honneurs de la journée furent toutefois pour Mme Delune, dans une charmante sonate de violoncelle de Porta, inédite et transcrite par M. Delune, d'après un manuscrit de la Bibliothèque de Bruxelles. Elle va être publiée et sera certainement une des meilleures œuvres classiques du violoncelle. Mais aussi quelle exécution distinguée et fine ! Ce fut un enchantement.

F. G.

— Mlle Yvonne Delvoye a donné le 23 mai, à la salle de la Société de Photographie une très musicale séance de musique de chambre, où elle tenait le piano dans l'exécution de la sonate en *fa* de Beethoven, pour piano et violon (avec M. Jean Alix), de celle en *sol* mineur, pour piano et violoncelle (avec M. Alexanian), et du trio en *si* bémol (avec ces deux artistes). Cette idée déjà si artistique de s'attacher uniquement à Beethoven a porté bonheur à la jeune musicienne, dont le style à été très apprécié. Elle a joué encore des fragments de *La Maison dans les dunes* de Gabriel Dupont, et Mme Faye-Lassalle a chanté, comme intermède, des poèmes d'automne du même compositeur et des chansons de Bretagne de M. Jean Huré.   C.

— On a entendu, le 7 juin, dans les salons si aimablement ouverts de M. Louis Diémer, Mme Félia Litvinne (à la veille de son départ pour l'Amérique) dans *Les Amours du poète*, de Schumann; *Le Cavalier*, de Diémer, des mélodies russes, etc. On a applaudi aussi, autour de M. Diémer, MM. Geloso, Griset, Gaubert, dans un quatuor et une sonate de Saint-Saëns, une pièce pour flûte et piano, de M. Diémer, une sonate de Bach...

— L'étude du chant liturgique fut le premier objet de la Schola et elle a continué d'y être intelligemment conduite. Mme Jumel faisait entendre ses élèves le 10, en matinée et nous n'avons pas manqué cette occasion de musique sérieuse; grégorienne et palestrinienne. Le motet de Nanini, *Hodie Christus Natus est*, du répertoire des Chanteurs de Saint-Gervais, la Séquence *Loetabundus* du XIe et le *Kyrie de Sainte-Hildegarde*, du XIIe siècle sont des œuvres d'une sincérité et d'une fraîcheur exquises. *Épître farcie* pour le jour de Pâques et la *Prose de l'âne* sont parmi les monuments les plus curieux de notre moyen âge musical. On a apprécié un motet à quatre voix de M. de Serres, bien écrit et d'un style vraiment religieux.

Quant à l'exécution, elle fut parfaite de justesse et de style. Que ne chante-t-on ainsi dans nos églises!

F. G.

— La dernière matinée de M. L. Diémer, le 19 juin, a été extrêmement intéressante comme programme et comme exécution. Plusieurs œuvres importantes de cet admirable artiste ont été jouées, son trio en *sol* mineur, notamment (exécuté par lui avec MM. Fournier et Bilewski) et diverses

mélodies (dites par M. Ovido et Mme Gandrey). On a entendu aussi des œuvres de M. André Bloch, du Saint-Saëns, du Beethoven, et Mme G. Verdé-Delisle a chanté deux pages de Mozart et de Rossini.

— Mlle Corinne Coryn, la jeune violoniste, élève de Joachim, si remarquable comme art et comme goût, a joué cette semaine au Lyceum. Nous en reparlerons.

— Mlle Klara Gürtler-Krauss a donné une audition publique de ses élèves, à la salle Malakoff, le 15 juin.

— M. Ernest Georis a donné également une audition d'élèves, le 12, à la salle de « La Cigale », boulevard Rochechouart, avec un excellent choix d'œuvres.

— Le troisième concert donné par l' « Orchestre Médical », le 13 juin, à la salle d'Horticulture, a fait entendre d'importants fragments de *Cosi fan tutte*, de Mozart, ainsi que la symphonie inachevée de Schubert, du Beethoven et du Gluck. On ne saurait trop encourager les efforts si artistiques de cette intéressante société.

— Dans un rapport au Sénat sur le Budget des Beaux-Arts, M. le sénateur Rivet a fait entendre quelques sages paroles au sujet de l'émotion que donne toujours à certains esprits la place importante accordée, sur nos grandes scènes lyriques, aux œuvres des compositeurs étrangers.

« A l'Opéra, notamment, il constate que ces représentations forment des succès lucratifs. Ceux du *Crépuscule des Dieux* et de *Salomé* ont permis à MM. Messager et Broussan de « soutenir » *Monna Vanna*. M. Rivet estime donc qu'il n'est « que juste de laisser des directeurs monter des ouvrages dont le succès et les recettes sont indéniables ».

Ce qui s'est produit pour MM. Messager et Broussan s'est aussi produit pour M. Albert Carré. M. Gustave Rivet s'en réfère au rapport de M. Paul-Boncour :

« M. Paul-Boncour, dans le rapport du budget des beaux-arts à la Chambre des députés, a reconnu qu'il faut savoir résister à un chauvinisme trop exclusif; de plus, il faut vivre; et les directeurs, aux prises avec des difficultés financières, n'ont pas tort de compenser par des recettes certaines la subvention trop pauvre, et, plus d'une fois, les recettes du répertoire étranger ont permis à M. Albert Carré de faire connaître et de soutenir nos jeunes musiciens français.

» Voilà ce qu'il faut avoir le courage de dire, et

ce qu'il n'est pas superflu d'indiquer à nos compositeurs. »

M. Gustave Rivet émet alors ce conseil :

« Il est à souhaiter que les polémiques engagées prennent fin le plus tôt possible, car elles tourneraient au préjudice de nos compositeurs et aussi de nos écrivains dramatiques.

» Déjà des auteurs allemands se liguent pour empêcher ce qu'ils appellent l'envahissement des scènes allemandes par les pièces françaises : leur manifeste, publié par tous les journaux de Berlin, ne laisse aucun doute à cet égard. Et le mouvement n'est pas moins violent en Italie, dans ce pays ami, qui a fait et établi le succès de la *Carmen* de Bizet, dédaignée parmi nous, et qui accueille avec enthousiasme toutes les productions littéraires de notre pays. »

Le rapporteur sénatorial dresse ensuite les curieux tableaux comparatifs des répertoires de théâtres étrangers, aux mois de juin, juillet, août, et septembre dernier, au point de vue uniquement lyrique.

On voit qu'à Bruxelles, sur 44 ouvrages, 1 seul était belge ; qu'à Leipzig, sur 14 ouvrages, il y en avait seulement 7 allemands ; qu'à Stuttgart, il a été représenté 10 ouvrages allemands sur 27 ; à Dresde, 9 allemands sur 24 ; à Weimar, 5 allemands sur 11 ; à Francfort, 22 allemands sur 46 ; à Vienne, 29 allemands sur 65 ; à Berlin, 22 allemands sur 67, et à Cologne, 13 ouvrages allemands sur 22.

Dans toutes ces villes, ce que l'on a fait surtout entendre, c'est la musique française. M. Gustave Rivet est donc en droit d'écrire : « Ces marchés de l'étranger sont ouverts à nos productions intellectuelles ; ils sont pour nous une source de justes profits et de bon renom ; ils risqueraient de nous être fermés si l'on se mettait à boycotter les ouvrages français en manière de représailles. »

Mais, de là, s'ensuit-il que les directeurs français doivent, sous prétexte de gain, s'adonner plus qu'il ne convient à la musique étrangère ? M. Gustave Rivet ne le pense pas.

Et, de même qu'il a émis un conseil à l'adresse des compositeurs français, il en émet un à l'usage de nos directeurs :

« Quant aux directeurs de théâtre, nous leur demandons à tous de ne jamais perdre de vue qu'ils doivent tous leurs efforts au développement, à la glorification de l'art national. Lorsqu'ils font appel au répertoire étranger, il y a pour eux une obligation, c'est de ne monter les œuvres qu'il est bon de faire connaître pour l'éducation musicale et dramatique de notre pays, ou qui assurent à leur administration les résultats matériels dont ils ont besoin ; mais que toujours ils aient présent à l'esprit le pre-

mier et le plus noble de leurs devoirs : bien servir l'art français. »

— A sa dernière réunion, le comité de la Société des Compositeurs de musique a procédé à l'élection de son bureau pour l'année 1911-1912.

Ont été élus : Président, M. Ch. Lefebvre ; Vice-Présidents, MM. Caussade, Ch. Malherbe, Mouquet et Tournemire ; Secrétaire général, M. Ch. Planchet.

OPÉRA. — L'Anneau du Nibelung, complet. Siberia. España. Roméo et Juliette. Faust. Samson et Dalila. Coppélia. La Fête chez Thérèse.

OPÉRA-COMIQUE. — Thérèse. Le Voile du bonheur. L'Ancêtre. La Princesse jaune. Werther. Macbeth. Manon. Carmen. Lakmé. La Vie de Bohème. Cavalleria rusticana. Mignon. Ariane et Barbe-Bleue.

THÉÂTRE LYRIQUE (Gaîté). — Don Carlos, Le Barbier de Séville. Don Quichotte (représentations de M. Chaliapine) ; Paysans et soldats. Le Cœur de Floria.

CHATELET (Ballets Russes). — Shéhérazade. Le Spectre de la rose, La Bataille de Kerjenetz, Petrouchka.

TRIANON-LYRIQUE. — Les Mousquetaires au couvent. Véronique. Les Amours du diable. Les Cloches de Corneville. Miss Helyett. La Fille du régiment. Le Printemps. Lalla Rouck.

APOLLO. — La Veuve joyeuse.

BRUXELLES

Concours du Conservatoire. — On a commencé cette semaine la série des concours, dont nous donnons ici les premiers résultats :

HARMONIE PRATIQUE, professeurs Mme Wauters et M. Samuel. — Premier prix avec grande distinction : Mlle Preumont ; deuxièmes prix : Mlle De Herve, MM. Goeyens et Devernay ; accessits : Mlles Lucas et Schaede, MM. Dehaux et Mommaerts.

TROMBONE, professeur M. Seha. — Morceau de concours, Fantaisie, de Stojowski : premier prix avec la plus grande distinction : M. Leriche ; premier prix avec distinction : M. Moeyens ; premier prix : M. Degrez.

COR, professeur M. Théo Mahy. — Morceau de concours, Mélodie, de Van Cromphout ; premier prix avec grande distinction : M. Guillaume ; premier prix : M. Destrebecq ; deuxième prix : M. Faulx ; accessit : M. Malfeyt.

TROMPETTE, professeur M. Goeyens. — Morceau de concours de Paul Gilson ; deuxième prix : M. Pierquin.

BASSON, professeur M. Boogaerts. — Morceau :

andante et rondo du concerto de Mozart ; premier prix : M. Sauvage ; deuxième prix : MM. Kerremans et Garnir ; accessits : MM. Genot et Beauvais.

Une transcription en *Dona nobis pacem* de la messe en *si* mineur, de Bach, a été imposée comme morceau de contrebasson à l'aspirant premier prix.

CLARINETTE, professeur M. Bageard. — Morceau : concertino de Weber ; premier prix avec grande distinction : M. Lecomte ; premiers prix avec distinction : MM. Dalmague et Jacobs ; premier prix : M. Votquenne ; deuxièmes prix : MM. Sykes et Masui.

Un *Lied*, de M. Fr. Rasse, pour clarinette-basse, a été imposé comme morceau supplémentaire aux aspirants premiers prix.

HAUTBOIS, professeur M. Piérard. — Morceau : andante et première partie du concertino de Vogt ; premier prix avec distinction : M. Debrandt ; premier prix : M. Van Bussel ; deuxième prix : M. Malbrecq.

Une *Elégie*, de M. Raymond Moulaert, était imposée comme morceau supplémentaire de premier prix, sur le cor anglais.

FLUTE, professeur M. De Mont. — Morceau : *Fantaisie pastorale hongroise* de Doppler ; premier prix avec distinction : M. Van Donck ; deuxième prix : M. Thiry ; accessit : M. Berckmans.

— Le ministre des sciences et des arts fait connaître aux intéressés que, aux termes de l'arrêté royal du 5 mars 1849 et de la disposition ministérielle du 2 mars 1878, le trente-huitième concours de composition musicale, dit Concours de Rome, s'ouvrira à Bruxelles dans les premiers jours du mois d'août 1911.

Les aspirants au concours doivent se faire inscrire au ministère des sciences et des arts avant le 16 juillet. Ceux qui n'habitent pas Bruxelles peuvent adresser par écrit leur demande d'inscription. A cet effet, ils déposeront, avant le 10 juillet, leur lettre avec les pièces à l'appui, entre les mains de l'administration communale de leur localité, qui la transmettra immédiatement au dit ministère.

Les aspirants sont tenus de justifier de leur qualité de Belge et de prouver qu'ils n'auront pas atteint l'âge de 31 ans le 31 décembre de l'année pendant laquelle le concours aura lieu.

— M. Tinel a mis au programme de ses concerts de la saison prochaine, l'*Oratorio de Noël* de Henri Schütz récemment édité par M. Schering, et dont M. E. Closson vient de terminer l'adaptation française.

— Le rédacteur musical de *L'Etoile Belge* qui est

aussi le correspondant du *Ménestrel* n'est pas satisfait du démenti que nous lui avons infligé. Nous répétons que les informations sur lesquelles il fonde ses ergoteries sont inexactes et contraires à la vérité, où qu'il les ait puisées.

CORRESPONDANCES

AIX-LES-BAINS. — M. Amédée Reuchsel vient de donner, au Grand Cercle, deux séances de musique de chambre très intéressantes, avec le concours de MM. Maurice Reuchsel, Alexis Ticier et Louis Gros. Au programme figuraient : la belle sonate piano et violoncelle et le trio d'Amédée Reuchsel ; le *Concertstück* et des pièces pour violon de Maurice Reuchsel ; le trio et la sonate piano et violoncelle de Léo Sachs, ainsi que diverses mélodies de ces trois compositeurs. Toutes ces œuvres, parfaitement interprétées, ont été très appréciées.

Le septuor, dirigé par M. Plantin, se fait entendre chaque soir, et sous peu commenceront les grands concerts symphoniques sous la direction de M. Ruhlmann.   E. D.

LIÉGE. — L'événement important de la période écoulée depuis ma dernière lettre est la nomination, enfin définitive, de M. Sylvain Dupuis en qualité de directeur du Conservatoire royal et sa réception, cordiale et chaleureuse, par les membres de la commission administrative et le corps professoral. La ville entière place en M. Sylvain Dupuis son espoir et sa sympathie. Elle le sait homme intègre et homme d'énergie ; elle attend de lui les réformes nécessaires et l'esprit de progrès si désirable, qui donnera un nouveau lustre au Conservatoire. Et nous avons appris que, déjà, M. Sylvain Dupuis examine de très près l'état de choses actuel, en recherchant les points à rectifier et les perfectionnements à apporter à la marche de l'institution. Il réalise donc le désir général et confirme l'excellente impression que causa sa nomination.

Un seul concert d'orchestre : le festival wallon, de M. Debefve, avec Jacques Thibaut comme soliste. Il exécuta superbement la symphonie avec violon obligé de Victor Vreuls, dont j'ai été bien surpris d'apprendre qu'elle n'est pas éditée encore. C'est presque incroyable pour une œuvre que Ysaye et d'autres ont jouée un peu partout et toujours avec un succès retentissant. Cette fois encore, le succès le plus sincère ne manqua pas et l'auteur fut acclamé.

Après une pompeuse, une somptueuse ouverture de Rüfer, nous entendîmes l'*Andante* et l'*Allegro* assai de Mme Van den Boorn-Coclet, d'une coupe intéressante, d'une polyphonie heureuse, et la brillante *Rapsodie wallonne* de M. Debefve. Ce dernier fut spécialement acclamé à l'occasion du dixième anniversaire de la fondation de ses concerts d'orchestre, qui sont actuellement l'une des institutions artistiques les plus florissantes de notre ville.

A part ce concert, nous n'avons plus eu de musique qu'entre des peintures. Ce fut, au Palais des Beaux-Arts, une séance de *Lieder* par Mlle Fanny Heldy à laquelle la scène convient mieux que le podium, une autre par Mme Werner dont la voix est généreuse, une troisième par Mme Delaunois, consacrée à des œuvres russes; M. Ernest Fassin, notre excellent violoniste, ferme interprète des classiques, se fit entendre avec sa femme, Mme Fassin-Vercauteren, la distinguée cantatrice, remportant un brillant succès. Enfin, M. Marcel Laoureux donna un récital de piano très remarqué, au programme éclectique et heureusement choisi Ce jeune virtuose est à la fois un musicien de goût et un interprète réfléchi.

A l'Œuvre des Artistes, une séance russe donnée par la cantatrice Mme Fonariova et M. Sidney Vantyn a vivement intéressé; une séance allemande a révélé, grâce au beau talent de Mlle Hortense Tombeur, une série de *Möricke-Lieder* de Hugo Wolf, auteur presque inconnu ici (!), tandis que le Quatuor Charlier obtenait grand succès dans une œuvre de Zöllner (op. 91) qui fut fort discutée, soulevant l'enthousiasme des uns et un vif mécontentement chez certains. Cela vaut mieux que l'indifférence. Peut-être la cause de ces divergences fut-elle la présence d'une sorte de programme qui apparente ce quatuor d'archets au poème symphonique. Enfin — il en faut pour tous les goûts — une conférence de Mlle Fede Badano sur l'histoire de la valse réunit un public exceptionnellement nombreux que ravit le superbe organe de Mme Göb, interprète de valses célèbres.

Citons encore la première « Heure de musique » donnée par le *Journal de Liége* dans sa nouvelle salle des fêtes : on y applaudit vivement la cantatrice Mlle Marthe Lorrain, dans la *Chanson perpétuelle* de Chausson et l'attachante *Ronde* de Lekeu, ainsi que le quatuor Charlier et le pianiste Théo Henrion, qui, après ses succès au Conservatoire, étudie à Vienne, chez Godowsky; ses derniers et rapides progrès sont de brillantes promesses d'avenir.

M. Léopold Charlier, chargé cette année de diriger les concerts hebdomadaires au Jardin d'acclimation, compte organiser quelques séances de grand intérêt, consacrées à la musique belge, française, allemande, etc. Nous en reparlerons.

Dr DWELSHÁUVERS.

LOUVAIN. — La saison musicale s'est brillamment terminée par un concert de charité où se fit entendre pour la première fois le nouveau groupe choral de dames récemment constitué sous le nom de « Chorale Elisabeth ». La nouvelle société n'a que quelques semaines d'existence et déjà, grâce au zèle des aimables chanteuses et à l'habileté de leur chef M. Du Bois, elle donne les plus belles espérances. Elle a fort bien interprété, avec le concours de quelques ténors et basses, des chansons anciennes, harmonisées par Gevaert, et un difficile chœur pour voix de femmes, de Gilson. Au programme figuraient encore les *Chants d'amour* pour quatuor vocal (Mmes Flémal et Hannecart, MM. Vanderheyden et Janssens) les variations de Saint-Saëns sur un thème de Beethoven, jouées par Mlle de Neeff et M. Du Bois, la romance en *fa* de Beethoven et d'autres, œuvres de violon, qui furent détaillés avec beaucoup d'aisance et de charme par un jeune artiste M. Van Leeuw.

Le quatuor Bracké, récemment reconstitué, prêtait son concours à cette séance. M.

OSTENDE. — La série des concerts du Kursaal, inaugurée le 3 de ce mois, poursuit son cours, l'orchestre étant alternativement dirigé par M. Léon Rinskopf le soir, et Pietro Lanciani l'après-midi.

Chaque programme contient des choses intéressantes, que ce soit la belle et très musicale fantaisie de feu Jacob sur *Lakmé*, le charmant ballet *la Korrigane* de Widor, la suite *Casse-Noisette* de Tschaïkowsky, avec ses danses si caractéristiques, là *Fest ouverture* de Lassen, ou celle du *Roi d'Ys*, d'une si belle ordonnance, ou encore le tragique *Egmont* de Beethoven.

M. Lanciani a exhumé, l'autre jour, une ouverture de *Lorelei*, signée Wallace, et qui n'est vraiment pas mal faite; c'était jeudi, à l'occasion du couronnement du roi d'Angleterre; le programme comprenait encore une *Coronation-March* de Cowen, une *Sérénade mauresque* d'Elgar (du mauresque des bords de la Tamise), et une belle page pour orgue, de Hændel, jouée par notre excellent organiste M. Léandre Vilain.

En fait de solistes, nous avons eu, le dimanche 11 juin, Mme Hélène Feltesse, dont la voix au timbre cristallin, la diction si claire et le goût si sûr ont été appréciés à l'envi dans l'air de *Louise*, le grand air du livre d'*Hamlet* et plusieurs *bis*, entre autres la délicieuse berceuse de Mozart, que nulle artiste ne dit mieux qu'elle.

Dimanche nous est revenue Mme Dyna Beumer; je vous ai dit le succès remporté par cette charmante cantatrice à son premier concert; dimanche, elle a été aux nues avec l'air de Rosine et les variations de Massé sur le *Carnaval de Venise*. Les traits ont été enlevés avec une sûreté de mécanisme et une justesse également impeccables. Toutes les qualités que nous pressentions, il y a quelque dix ans, dans la petite Dynette Beumer, se sont superbement épanouies. Aussi quel succès!

M. Edouard Lambert, notre premier violon solo, a paru en soliste au concert du vendredi 23; il a donné du quatrième concerto de Vieuxtemps une exécution très belle à tous les égards, tant au point de vue de la musicalité qu'à celui de la domination du côté technique.

M. Rinskopf a complété le programme de cette soirée par une exécution très fouillée de l'amusante et si caractéristique *Rapsodie norvégienne* (n° 2) de Johan Svendsen, de l'ouverture de *Freyschütz* et de la fantaisie sur *Hansel et Gretel*.

Dimanche nous aurons le baryton Armand Crabbé, de Covent-Garden; vendredi notre éminent violoncelle solo, M. Edouard Jacobs, jouera le concerto militaire de Servais; dimanche 2 juillet s'ouvre la grande saison, avec l'orchestre porté à cent vingt-cinq artistes, et le concours du ténor italien Silvano Isalberti.   L. L.

R OUEN. — Les fêtes en l'honneur de Jeanne d'Arc ont donné lieu, dans la cathédrale, à des auditions d'un haut intérêt artistique. Signalons l'exécution d'une messe d'une inspiration élevée composée par M. l'abbé Bourdon, le maître de chapelle de l'église métropolitaine, une magnifique interprétation du *Requiem* de M. Fauré, interprétation dont M. Albert Bourdon, l'infatigable directeur de l'Accord Parfait, fut l'âme agissante; enfin, la traduction d'un oratorio en quatre parties, *La Grande Libératrice*, de notre concitoyen M. R. Chanoine-Davranches. Cette œuvre, d'un caractère éminemment descriptif, écrite sur un poème très coloré de M. Albert Lambert, père, a laissé sur l'auditoire recueilli une impression d'austère et noble simplicité, qui s'accordait parfaitement avec le cadre où elle se déroulait. Nous nous faisons un agréable devoir de signaler cet ouvrage, où se révèle un talent jeune encore mais déjà en possession de moyens d'heureuse réalisation. Ces divers ouvrages eurent pour interprètes des artistes excellents : Mme Vallandri, Mlle Montjovet, Mme M. Capoy, Mme Ro-

bert-Letellier, M. Rousselin, M. Sayetta, M. Chanoine-Davranches lui-même et les belles phalanges chorales de notre ville : L'Accord Parfait, La Gamme, dont M. Haelling est le chef, Melodia, soutenues par les accents puissants du grand orgue. M. l'abbé Bourdon dirigea sa messe et *La Grande Libératrice* avec autorité.   P. DE B.

— Les fêtes du Millénaire de la Normandie, à Rouen, ont donné lieu à une série de représentations et d'auditions musicales, au Théâtre des Arts, qui ont duré toute une semaine. La soirée du mercredi 7 juin fut particulièrement intéressante comme reconstitution d'art du passé. Le programme se composait de fragments de *Bellérophon*, opéra de Lulli dont le poème est de Thomas Corneille et Fontenelle, et de la tragédie-ballet *Psyché*, dont les actes dus à Pierre Corneille furent représentés par les artistes de la Comédie-Française, avec la musique des intermèdes de Lulli. Jamais encore notre époque n'avait vu mettre en scène une œuvre si importante du créateur de l'opéra français. Avec son ouverture, son prologue, ses intermèdes de chant et de danse, enfin son long final représentant, dans l'Olympe, la fête des noces de l'Amour et de Psyché, la partition de Lulli écrite pour la tragédie de Molière et Corneille a presque l'importance d'un opéra entier. De fait, elle a constitué la meilleure part de l'opéra *Psyché* composé quelques années plus tard sur un poème dans lequel Thomas Corneille avait suivi de près le modèle que lui avait fourni son glorieux frère, et où prit place toute la partie musicale écrite par Lulli pour la tragédie, antérieure à la création de l'opéra. Ces particularités furent expliquées aux spectateurs par M. Julien Tiersot, qui, ayant donné ses soins à l'établissement des partitions de *Psyché* et de *Bellérophon*, en vue de l'exécution, avait été invité à en faire précéder la représentation par une conférence; il y exposa les raisons de collaboration qui avaient fait légitimement inscrire sur le programme des fêtes normandes la musique du Florentin composée sur les poèmes de l'auteur du *Cid*, de son frère Thomas Corneille et de leur neveu Fontenelle.

NOUVELLES

Le congrès de la Société internationale de musique, qui s'est tenu à Londres du 29 mai au 3 juin, s'est terminé d'une façon très brillante. Nous en avons donné le programme. C'était là quatrième réunion de l'espèce organisée par le Comité international de musique. Les précédents congrès avaient eu lieu à Leipzig en 1904, à Bâle en 1906 et à Vienne en 1909.

Plus de 250,000 francs avaient été souscrits à

Londres pour l'organisation de ce congrès, dont le succès a été sans précédent. Des représentants officiels de tous les pays ont assisté aux réunions, au cours desquelles toutes les questions d'actualité, relatives à la théorie et à la pratique musicale, à l'histoire et à l'esthétique, ont été traitées par les spécialistes les plus compétents. Les congressistes ont fait notamment le plus grand succès aux communications de M. Ecorcheville. (Paris) sur *l'internationalisme en musique;* de M. Max Friedlander (Berlin) sur *le Folk-lore germanique;* de M. Hubert Parry sur *la Laideur en Art;* de M. Etienne Sihleana sur *la musique populaire en Roumanie;* de M. Angul Hammerich sur *les relations musicales entre l'Angleterre et le Danemark;* de Mlle Assia Spiro-Rombro sur *l'enseignement du violon;* de M. Vito Feneli sur *l'enseignement de la composition dans les écoles de musique.*

Les congressistes ont assisté à de très nombreux concerts de musique de chambre à l'Aeolian Hall, de musique orchestrale et chorale au Queen's Hall, de musique religieuse à la cathédrale Saint-Paul et à Westminster ; enfin, à une représentation de *Rigoletto,* des plus brillantes, à Covent-Garden. La plupart des œuvres exécutées étaient dues à la plume de compositeurs anglais, tant anciens que modernes.

— *La Fanciulla del West* de Puccini, a été donnée à Rome pour la première fois, il y a quinze jours, et ce fut un triomphe. A la fin de l'ouvrage, les ovations furent tout à fait extraordinaires. Le public debout ne quittait pas la salle et ne cessait pas de rappeler le compositeur. Puccini était fort ému. Interprétation remarquable avec le Burzio et le ténor Bassi et le baryton Amato. Le Roi et la Reine assistaient au spectacle, unissant leurs applaudissements à ceux du public.

— Le maestro Arthur Toscanini, qui dirige depuis trois ans les représentations du Metropolitan Opera House de New-York, a accepté de rester encore un an en Amérique, et il a signé le contrat qui lui alloue pour les cinq mois de la saison prochaine (novembre 1911, à avril 1912) la jolie somme de deux cent mille dollars, soit un million. Après la fermeture du Metropolitan Opera House, l'éminent chef d'orchestre dirigera une autre saison, non moins importante, au théâtre Colon de Buenos-Ayres, au traitement de soixante-dix mille francs par mois. Il est très possible qu'à son retour définitif en Italie, Arturo Toscanini réapparaisse au pupitre du théâtre de la Scala. Il aurait accepté, dit-on, de reprendre ses anciennes fonctions à l'ouverture de la saison théâtrale 1913-1914).

— M. Otto Lohse, le nouveau chef d'orchestre du théâtre de la Monnaie, qui fut pendant sept ans chef d'orchestre à l'Opéra de Cologne, a fait ses adieux au public colonais après une représentation admirable de *Fidelio.* L'éminent chef d'orchestre a été l'objet de manifestations les plus chaleureuses.

— Pietro Mascagni, qui assumera à son retour de Buenos-Ayres la direction du théâtre Costanzi de Rome, a l'intention de donner au cours de la prochaine saison, à la mode américaine, vingt œuvres différentes qui ne seraient représentées chacune que deux ou trois fois. La plupart des chanteurs qui sont allés jouer *Isabeau* au théâtre Colon feront partie de la troupe du Costanzi. La direction a déjà annoncé qu'elle donnerait, entre autres nouveautés, *Le Chevalier à la rose* de Richard Strauss, *Isabeau* de Petro Mascagni et *Madame Sans-Gêne,* le nouvel opéra de Giordano. Il y aura également des représentations de *Siegfried,* des *Maîtres Chanteurs,* d'*Iris,* de *Ratcliff,* de *La Tosca,* de *La Bohème,* de *Manon Lescaut,* de Puccini, de *Rigoletto* et d'*Otello.*

— Les journaux de Londres se plaignent amèrement de l'indifférence que montre le public anglais pour les œuvres des compositeurs nationaux. Les 8 et 12 juin, par exemple, on a exécuté au Queen's Hall de Londres devant des salles à peu près vides, la nouvelle composition du maître Elgar, sa seconde symphonie. Cependant la critique se plaît à reconnaître que le morceau est digne du plus vif intérêt.

— Le célèbre baryton Charles Scheidemandel a fait, ces jours-ci, ses adieux au public, au Théâtre de Dresde. Âgé aujourd'hui de cinquante-deux ans, l'éminent artiste, qui a dû ses plus beaux triomphes à l'interprétation des rôles d'Amfortas dans *Parsifal,* et de Hans Sachs dans *Les Maîtres Chanteurs,* a annoncé son intention de se retirer à Weimar, où il se consacrera, désormais, à l'enseignement.

— Pour rendre hommage à la mémoire de Gustave Mahler, la direction de l'Opéra de Vienne a décidé de faire exécuter deux fois, au cours de la prochaine saison, sa huitième symphonie, sous la direction MM. Bruno Walter et de Franz Schalk.

— On a inauguré, cette semaine, au théâtre de Bayreuth, la présence de Mme Cosima Wagner et de Siegfried Wagner un buste du chevalier von Gross, qui fut un des plus ardents défenseurs de l'œuvre wagnérienne et un des fondateurs du théâtre.

— On a élevé à Christiania un monument funèbre à la mémoire du jeune compositeur norvégien Richard Nordraak, auteur de l'hymne national.

BIBLIOGRAPHIE

La partition tant attendue (car elle était en retard) de la musique de scène composée par M. Claude Debussy pour *Le Martyre de saint Sébastien* de Gabriele d'Annunzio, a enfin paru chez MM. Durand et fils. La transcription est de M. A. Caplet, qui a si souplement dirigé l'orchestre.

NÉCROLOGIE

De Copenhague nous arrive la nouvelle inattendue de la mort de Johann Svendsen, l'un des musiciens scandinaves les plus justement célèbres. Svendsen était né à Christiania en 1840, et par conséquent âgé de 71 ans. Il fit ses premières études à Leipzig, sous Ferdinand David, Hauptmann, Richter et Reinecke. Il fit de nombreux voyages en Danemark, Ecosse, Islande et Angleterre, séjourna de 1868 à 1869 à Paris et de 1871 à 1872 à Leipzig, où il fut engagé comme chef aux concerts de l'Euterpé. De 1872 à 1877 il dirigea les concerts de l'Union musicale à Christiania, qu'il quittait ensuite pour vivre quelques années à Rome, Paris et Londres. En 1883 enfin, il fut nommé chef d'orchestre de la Cour, à Copenhague. Svendsen fut avec Grieg un des grands musiciens du Nord. Les plus appréciées de ses œuvres sont ses concertos pour violon, sa rapsodie norvégienne, son poème symphonique : *Le Carnaval à Paris*, l'ouverture de *Sigurd Slembe* et la légende pour orchestre : *Zorohayda*.

— On annonce de Fribourg, la mort d'Édouard Vogt, organiste de la cathédrale, qui joua pendant plus de trente-cinq ans un rôle considérable dans la vie musicale fribourgeoise. Il était né en juillet 1847. Après une seule année passée au Conservatoire de Stuttgart, il avait succédé à son père Jacques Vogt, en qualité d'organiste. Entre autre œuvres il laisse une cantate pour voix d'hommes et orchestre intitulée *L'Orage*.

57me ANNÉE. — Numéros 28-29.   9 et 16 Juillet 1911.

LE GUIDE
MUSICAL

Une Crise romantique dans
la vie de Mozart en Italie
(1772-1773)
(Suite et fin. — Voir le dernier numéro)

C'est le temps où, suivant l'habitude des vieux poètes de la musique italienne, les rêves du jeune homme s'expriment de préférence en mineur. Les *adagios* ont une tristesse pathétique; les menuets redeviennent chantants, comme jadis à Paris, mais avec une intensité toute nouvelle de sentiments et de rythmes. Et plus encore, peut-être, la veine romantique de Mozart se manifeste dans une série de *rondos*, que, — pour la première fois depuis Londres et La Haye, — il désigne expressément de ce nom, et où des refrains merveilleusement purs et gracieux encadrent des inventions sentimentales d'une originalité, d'une vigueur tragique, d'une variété infinies. De l'influence de Joseph Haydn, très vivement ressentie quelques mois auparavant, la seule trace qui subsiste est le soin scrupuleux du détail, l'amour d'un travail achevé et poussé à fond : mais l'inspiration fragmentaire de Haydn est remplacée, désormais, par un souci constant de l'unité d'ensemble, à tel point que, dans plusieurs des œuvres de cette période, tous les morceaux d'une même œuvre sont dans le même ton, et s'enchaînent l'un à l'autre immédiatement. Toujours suivant la cou-

tume des maîtres italiens, voici que Mozart se met à multiplier les indications de nuances, dont il était assez avare jusqu'alors et dont il le sera plus encore par la suite. Quant à la forme, le contrepoint tend de plus en plus à reparaître, mais un contrepoint libre et facile, dans le goût italien, et puis n'intervenant plus en épisodes passagers, mais se fondant parmi l'ensemble du tissu musical. Et l'on verra combien tous les éléments de ce tissu vont se resserrer et se simplifier, conformément au pur génie classique, pour acquérir un relief plus puissant avec plus de profondeur expressive.

Telle est, très brièvement résumée, la révolution dont peuvent s'étudier les effets dans les œuvres de Mozart pendant cette période. Et il nous resterait ici à rechercher sous quelle influence s'est accomplie cette révolution, si nous n'avions déjà défini ses causes aussi exactement que possible en disant qu'elle a dû au génie italien tout entier la forme spéciale qu'elle a revêtue : au spectacle du ciel et du paysage de l'Italie, à la beauté des femmes italiennes, aux chefs-d'œuvre de l'art italien dans tous les genres, et puis aussi à la vie même fréquentation assidue de l'*opéra buffa* que nous révèlent les lettres des deux voyageurs. Le jeune homme est si enivré de cette atmosphère nouvelle qu'il serait tout prêt à aimer, et à transfigurer en tâchant à les imiter, les œuvres même les plus médiocres et les plus banales, par exemple celles d'un Boccherini ou d'un Pugnani. Mais, en outre, il s'est trouvé que Milan avait à lui offrir un homme d'un mérite infiniment supérieur à celui de la plupart de ses confrères, et dont précisément le mérite consistait surtout dans une réunion de subtiles et délicates qualités poétiques, les mieux faites du monde pour inspirer désormais le génie du jeune Salzbourgeois : à savoir, ce vénérable J.-B. Sammartini que Mozart avait connu et imité dès sa première rencontre avec lui en 1770, mais dont il n'était guère capable, à cette date, de sentir et d'utiliser la valeur foncière. Maintenant, ce ne seront plus les procédés du vieux maître, mais bien son inspiration et toute l'essence de sa poésie qui se transmettront à l'œuvre instrumentale de son élève. Et nous sommes en droit d'aller plus loin encore, dans l'analyse des sources d'inspiration de Mozart à ce moment de sa vie. Par delà Sammartini et les autres musiciens du temps, nous avons la preuve certaine, fournie par maintes des œuvres de Mozart durant cette période, que le jeune homme a expressément connu, étudié, et imité des maîtres d'un génie infiniment plus haut, les plus parfaits que toute la musique italienne eût à lui offrir, les Marcello, les Corelli et les Tartini. C'est à eux, en somme, que Mozart ressemblera le plus, dans les compositions de cette époque. Tartini, en particulier, avec ses vigueur et profondeur d'expression, souvent accompagnées d'un style un peu sec, tout porte à croire que Mozart en avait les oreilles et le cœur remplis lorsqu'il a composé ses quatuors italiens et l'admirable symphonie de cette époque. Peut-être aurat-il eu l'occasion de le connaître, et d'apprendre à l'aimer, pendant son arrêt chez ce comte Lecchi dont Léopold nous dit qu'il était « grand connaisseur à la fois et grand amateur de musique » ? En tout cas, son influence sur Mozart est certaine, et c'est en pleine floraison de beauté poétique que l'œuvre du jeune homme nous la révèle.

Encore ces maîtres italiens n'ont-ils pas été seuls à agir sur lui, dans la disposition nouvelle où il se trouvait. Conduit désormais à une conception romantique de l'idéal musical, Mozart se rappellera qu'il lui est arrivé déjà, dès son enfance, de rencontrer un musicien, d'ailleurs issu de ces vieux Italiens, et dont les élans romantiques n'avaient point laissé de l'émouvoir, même à cette date. Toute la partie vraiment originale et belle de l'œuvre de Schobert lui est revenue en mémoire, les *andantes*, pathétiques avec leurs chants de basse sous des accompagnements expressifs, les adorables menuets tout imprégnés de lumière et de mélodie. De tout cela, jadis, il n'avait fait qu'entrevoir l'exceptionnelle valeur, au moment où il s'était plu à imiter les sonates de Schobert et à en transcrire des morceaux sous forme concertante. A présent, ce qu'il n'avait fait que deviner confusément lui est apparu de la façon la plus claire ; et, ayant à composer pour le clavecin, ce n'est plus la coupe extérieure de l'art de Schobert, mais son inspiration et les secrets de son âme qu'il a réussi à s'assimiler (1).

Mais, au reste, la révolution romantique qui s'est produite chez lui durant cette période est, dans toute l'histoire de son œuvre, un phénomène si imprévu, et si passager, et de nature si complexe, que nous tenterions vainement d'en définir toutes les causes, ainsi que l'extrême diversité des aspects sous lesquels on la voit se manifester. C'est en étudiant, au jour le jour, le détail des œuvres de cette période que l'on a chance de pouvoir expliquer ce que celle-ci a de plus original et de plus précieux. Ajoutons seulement, pour compléter un

(1) Nous devons ajouter ici, en passant, que le jeune homme n'a pu manquer de connaître aussi, à Milan, une très nombreuse et très intéressante série de « sonates à quatre instruments », ou plutôt de petites symphonies dont la Bibliothèque du Conservatoire de cette ville possède, aujourd'hui encore, d'anciennes copies, et qui avaient eu pour auteur le charmant musicien viennois Florian — Léopold Gassmann, un élève du P. Martini tout comme Mozart, et tout comme lui, merveilleusement doué pour combiner l'inspiration allemande avec la plus pure beauté italienne.

aperçu général forcément très rapide et tout superficiel, que si cette crise romantique a été de courte durée, en tant que véritable disposition foncière de l'âme, dans la vie musicale de Mozart, du moins y a-t-elle laissé une empreinte désormais ineffaçable. Dès l'année suivante, en vérité, Mozart a cessé d'être un pur romantique, comme allaient_être, plus tard, les Zumsteeg et les Schubert, en attendant les Chopin, les Schumann, et les Berlioz : mais il n'en a pas moins, depuis lors, enrichi son génie d'une source nouvelle d'inspiration poétique, et, jusqu'au bout, son art s'est trouvé merveilleusement prêt à exprimer, lorsque sa disposition intérieure l'y portait, ces mêmes sentiments fiévreux et pathétiques dont nous le voyons possédé jusqu'à la maladie dans ses œuvres instrumentales de ce dernier séjour au delà des Alpes. THÉODOR DE WYZEWA
GEORGES DE SAINT-FOIX.

FÉLIX MOTTL

L A navrante, la déplorable nouvelle : Félix Mottl, mort ! Lui, l'emblème de la vie, du mouvement, de la force souriante, saine et expansive ! C'est un coup du sort vraiment fatal et cruel. Il semblait bâti pour défier les ans. Une affection cardiaque, conséquence du surmenage, l'a abattu en quelques mois.

Qui ne se souvient de sa triomphante allure à la tête de l'orchestre, que ce fût au théâtre ou au concert ? Il apparaissait au pupitre, jetait un rapide coup d'œil à droite et à gauche par-dessus son binocle, le regard vif, brillant, aimable et encourageant ! Il avait ce don rare et précieux d'entraîner les masses orchestrales par une sorte de suggestion sympathique, non par la domination volontaire comme Richter, Mahler et Weingartner. Les musiciens d'orchestre l'adoraient. Il leur faisait paraître faciles les pages les plus ardues, tant il mettait de bonne grâce, de passion allante, de naturel et de santé robuste dans ses interprétations. Il était plutôt sobre de gestes, indiquant de sa main souple et par le regard plutôt que du bras, les accents, les élans, les retours de la phrase

chantante. Quand tel ou tel groupe instrumental ou un soliste avait une phrase particulièrement expressive à développer, il se tournait un peu vers lui et tout en maintenant le gros ensemble de la main droite, il portait la main gauche vers le cœur comme pour dire « chantez avec âme ». Et le solo s'exposait tout naturellement avec l'expression voulue. Il tenait sous ce rapport de l'école d'Hermann Levi, qui, lui aussi, était un chef d'orchestre persuasif. Puis, dans les grandes envolées passionnées, c'était l'abandon absolu, la puissante pulsation rythmique s'affirmant sans effort, avec une magnifique ampleur et un entraînement irrésistible. *Tristan et Iseult;* sous sa direction, était une chose incomparable ; *L'Héroïque* de Beethoven, ou la *Septième*, devenaient avec lui des pages du lyrisme le plus émouvant ; Mozart revivait sous sa baguette élégante avec toute sa grâce passionnée et sa mélodieuse sensibilité.

C'était un musicien hors ligne, lisant admirablement la partition, pianiste adroit et chanteur délicieux bien que sans voix, érudit comme pas un, connaissant son Bach au bout des doigts, épris follement de Schubert dont la morbidesse viennoise l'enchantait ; adorant Mozart, s'agenouillant devant Beethoven ; admirateur sincère de Berlioz dont la poésie et le coloris le séduisaient par-dessus tout ; disciple fervent et clairvoyant de Richard Wagner, son initiateur et son maître,... le Maître ! Malgré son modernisme, Félix Mottl était remarquablement au fait de la vieille littérature musicale française et italienne et on lui doit de très bons arrangements pour orchestre moderne d'œuvres de Rameau, de Scarlatti, etc.

Au fond, par son éducation première, c'était un classique. Il avait été élevé à cette forte école des maîtrises ecclésiastiques qui mieux que nos modernes conservatoires développent et consolident l'instinct musical. Tout enfant il avait chanté dans les chœurs de la cathédrale de Vienne et lorsque, plus tard, il fut admis au Conservatoire de Vienne où il termina ses études, il était déjà un parfait musicien. L'attention de Wagner avait été appelée sur le jeune artiste ; le maître l'attacha à son entreprise de Bayreuth où Félix Mottl fut simple assistant en 1876, puis en 1881-1882, chef des chœurs, pendant les études de *Parsifal.* Le jeune artiste avait séduit Liszt par la musicalité de son jeu au piano. Il fut bientôt admis dans l'intimité de Wagner, malgré son extrême jeunesse, et il fut initié ainsi au grand style, à la manière large, forte et vivante d'interpréter Beethoven qui a été la caractéristique de tous les capellmeister formés directement, à cette époque, par Liszt et Wagner :

Hans Richter, Weingartner, Zumpe, Richard Strauss, etc.

C'est à ce moment que je fis sa connaissance et quelques années plus tard, j'eus la grande joie, avec le concours de mon regretté ami Léon d'Aoust, de le voir appelé par Joseph Dupont en quête de chefs d'orchestre, pour le remplacer momentanément à la direction des Concerts populaires. Ce fut l'année où l'on vit se succéder à Bruxelles Hans Richter, Hermann Levi et Félix Mottl. Un peu plus tard, on le revit, lui, plus fréquemment, à la tête de l'orchestre des Concerts Ysaye, puis à la tête de l'orchestre de la Monnaie dans les inoubliables représentations de *Tristan et Iseult* données en allemand en 1901 et 1907.

Il avait du reste fait son chemin en Allemagne, à Bayreuth même, où dès les premières reprises de *Parsifal* il alterna, tout d'abord, avec Hermann Levi; puis à Carlsruhe où il succéda à Hermann Levi lorsque celui-ci fut appelé à l'Opéra de Munich, enfin de nouveau à Bayreuth où il fut, sans partage, le chef d'orchestre de *Parsifal*, de *Lohengrin*, de *Tristan et Iseult*, et du *Ring* après la mort de Levi.

Son passage à la tête du théâtre de Carlsruhe est une page importante de l'histoire musicale contemporaine. Comme jadis Liszt à Weimar et Hans de Bulow a Hambourg et à Meiningen, il éleva ce médiocre théâtre provincial à la hauteur d'une scène mondiale de premier plan, grâce à l'exécution passionnée et vivante de grandes œuvres. C'est là, sous sa direction, que fut réalisé pour la première fois le rêve jusqu'alors inexaucé de Berlioz : l'exécution intégrale de la *Prise de Troie* et des *Troyens à Carthage*, qui dormaient dans les cartons de l'Opéra depuis 1861. Quelques années plus tard, c'était *Gwendoline* de Chabrier, puis le *Drac* des frères Hillemacher qu'il montait à Carlsruhe, pour la première fois en Allemagne. L'année dernière, à Munich, où il était depuis six ans directeur général de la musique, il avait ressuscité de même le *Benvenuto Cellini* du grand maître français, après avoir donné *Louise* et *Pelléas et Mélisande* qu'il avait vu tout d'abord à Bruxelles et dont il avait lu, là même, la partition d'orchestre avec la joie amusée d'un enfant à qui l'on aurait apporté un joujou nouveau et insoupçonné.

Et voici que s'est voilée cette belle et claire lumière, éteint ce rayonnant foyer! Tristesse des destinées, cruauté des circonstances! Félix Mottl, enfant de Vienne (il était né à Saint-Veit, le 29 août 1856) n'avait qu'un rêve : être appelé à la direction de l'Opéra de Vienne. Quand Richter donna là-bas sa démission pour aller à Manchester,

il avait espéré obtenir la place. Gustave Mahler et son parti lui barraient le chemin. Tout récemment au départ de Mahler il avait de nouveau tenté d'aboutir. Il paraissait devoir être nommé, plutôt que Weingartner; le prince régent de Bavière ne lui accorda pas la résiliation de son contrat avec l'intendance de Munich. Ce fut pour Mottl une grande désillusion, au poids de laquelle se joignirent bientôt les énervantes tracasseries d'un procès en divorce que des dissentiments intimes depuis longtemps latents, méchamment publiés et grossis dans ces derniers temps, avaient rendu particulièrement pénible pour lui. Il en avait été profondément affecté. Il revint récemment d'une tournée de concerts en Russie, sérieusement atteint et fatigué. Dernièrement, à Munich, il dut, au cours du premier acte de *Tristan*, quitter le pupitre et fut d'urgence transporté à l'hôpital. Il n'en est pas revenu.

Lamentable et douloureuse fin d'un bel artiste, d'un grand virtuose, d'un être exquisement aimable, généreux et bon, d'une belle et noble intelligence. Nous ne voyons pas qui peut remplacer, dans le mouvement musical allemand, cette force que le sort a brisée prématurément.

MAURICE KUFFERATH.

Notes et Souvenirs sur Félix Mottl

AVEC une émotion profonde et douloureuse, le monde musical vient d'apprendre la mort d'un de ses plus nobles représentants : le grand chef d'orchestre Félix Mottl. On peut à peine se rendre à la réalité de cet événement qui frappe en pleine gloire, au zénith de sa merveilleuse activité, cet artiste unique, cet homme si sympathique et bon. C'est pour l'art musical, en Allemagne surtout, une perte irréparable. Mottl était un de ces *interprètes de génie* comme il s'en trouve peu; c'était un évocateur puissant, un apôtre éloquent et entraînant, un maître sûr, irrésistible, un vrai initiateur. Il était un des grands kapellmeister du moment, et certainement le plus persuasif, le « coloriste » de la baguette, celui qui concentrait tout un conflit de passions, tout un drame en quelques mesures, et le faisait intensément surgir et ressentir. Il fut par excellence ce que voulaient Liszt et Wagner : le *chef d'orchestre de l'expression*.

C'est du reste comme interprète de Wagner que sa renommée fut surtout grande : le maître de Bayreuth avait immédiatement reconnu la haute valeur du jeune musicien de dix-neuf ans qu'on lui présenta un jour à Vienne et qui lui jouait par cœur, avec une si extraordinaire maîtrise, les difficiles réductions de piano de ses drames. Ce fut ainsi, et grâce aussi à la généreuse intervention de Hans Richter, que Wagner appela Mottl aux toutes premières représentations de Bayreuth, en 1876, comme « Solorepetitor », le chargeant aussi de la revision des partitions et parties de la Tétralogie. Mottl fut de la fameuse « Niebelungen-Kanzlei » parmi lesquels on comptait aussi A. Seidl, H. Zumpe (1) et Franz Fischer. Sous l'œil vigilant du maître, il fut initié aux plus subtils mystères de l'art wagnérien. Le disciple fut au reste remarquable et voici comment Wagner, dès 1879, le recommandait à Angelo Neumann pour un emploi de chef d'orchestre à Leipzig : « Si une place de conducteur musical devient libre à côté de Seidl, je vous prie instamment d'y mettre l'*extraordinairement* capable et jeune M. Mottl, de Vienne. Son talent et son adresse sont étonnants et j'ai appris à les connaître par mes propres expériences. Cela me réjouirait beaucoup de savoir votre théâtre dirigé par deux musiciens aussi singulièrement doués, actifs et aimables. ». Un peu plus tard, Wagner le recommandait à l'intendance du théâtre grand-ducal de Darmstadt en termes plus élogieux encore (2).

Mottl en attendant dirigeait à l'Opéra-Comique de Vienne. Il aimait cette ville séduisante où toute sa jeunesse s'était passée. Sa première instruction, il la dut à une riche famille princière autrichienne où son père avait un emploi. Un bon clerc de notaire, Kromar, soucieux d'augmenter ses maigres ressources, et intelligent du reste, venait y donner des leçons à plusieurs enfants dont le petit Mottl. Celui-ci témoignait surtout d'un goût prononcé pour la musique, improvisait avec une facilité extraordinaire, et vers neuf ans déjà, tout fier et joyeux, ne cessait d'apporter à son maître, musicien de goût, des feuillets chargés de notes. Les mélodies se renouvelaient sans cesse et on ne pouvait assez vite les noter ; c'est ce qui donna à Kromar l'idée d'inventer un appareil électrique enregistrant les notes et leur valeur, au fur et à mesure de l'improvisation au piano. L'instrument — le kromarographe — construit par le mécanicien Kringler de Vienne, dût ainsi, en vérité, son origine à ce don extraordinaire d'improvisation chez Mottl enfant.

Peu après, il entra au Gymnase et au Conservatoire de Vienne, où il eut pour maîtres Hellmesberger et Herbeck. Sa jolie voix de soprano l'avait aussi fait engager par la chapelle de Löwenburg, où il fut bien volontiers. Plus tard, encore étudiant, ayant eu connaissance des œuvres de Wagner, il s'enthousiasma pour le maître, et dirigea avec une foi sans bornes le Wagner-Verein de Vienne, à peine constitué.

Puis vint la première initiation à Bayreuth et dès lors sa carrière fut extraordinairement rapide et brillante ; après un court passage à Leipzig, à peine âgé de vingt-quatre ans, il est appelé comme « Hofkapelmeister » à Karlsruhe, partageant les fonctions avec Ruzek ; dès 1887, à trente et un ans, il est nommé directeur du théâtre et de l'orchestre de la Cour ; en 1893, « Generalmusikdirector ». De cette petite ville grand-ducale, il fit un centre d'art tellement extraordinaire qu'on y vint comme aux plus grands festivals de l'Allemagne, chercher des impressions d'art inoubliables : il y eut là de merveilleux cycles des drames de Wagner, Gluck, Mozart, Berlioz. De Paris, de Bruxelles, de Londres, on accourait régulièrement à ces superbes représentations de septembre que Mottl dirigeait avec un inlassable enthousiasme. Il y conduisait aussi des concerts du plus haut intérêt, dont beaucoup consacrés à *Bach*, qui était une de ses prédilections : grâce à lui, on y connut plusieurs exécutions *sans coupures* de la *Passion selon saint Mathieu*, de la *Messe en « si » mineur*; de l'*Oratorio de Noël*. Entre temps, il enseignait, accompagnait maintes fois — et de quelle idéale manière — des soirées de *Lieder*. Il composait aussi, et non sans verve, ni charme ; on lui doit plusieurs opéras *(Eberstein, Fürst und Sänger, Agnes Bernauer, Ramin)*; un « Tanzspiel », sorte de ballet, *Pan im Busch*; une symphonie ; un quatuor à cordes, des *Lieder* et pièces pour piano ; l'instrumentation — genre dans lequel il était passé maître — des cinq *Lieder* de Wagner et d'autres de Schubert et Mozart, d'airs de Rameau, Hændel, de cantates de Bach. Son activité à Karlsruhe est prodigieuse, et après avoir dirigé toute la journée, répétitions et représentation au théâtre, il n'était pas rare de le trouver encore jusqu'à trois heures du matin à sa table de travail ! Ses congés étaient consacrés à l'étude de nouvelles partitions, à ses nombreuses tournées au théâtre, l'été le plus souvent aux fêtes de Munich ou de Bayreuth.

Son tempérament l'avait surtout désigné pour les œuvres les plus passionnées de Wagner.

(1) Déjà morts tous deux aussi.
(2) Voir *Briefe Wagners an seine Künstler* (p. 315).

A Bayreuth il fut seul à diriger *Tannhäuser*, le *Vaisseau fantôme* et *Tristan et Isolde* qui était son triomphe incontesté, et dans lequel, de l'avis même de Wahnfried, il était « unique, inégalable ». Ce fut dans cette œuvre qu'il s'affirma pour tout de bon un des plus grands chefs à Bayreuth où il formait alors, avec Lévi et Richter, ce qu'on appelait le « triumvirat des chefs d'orchestre wagnériens ». Ce fut aussi dans *Tristan* qu'il parut pour la dernière fois dans ce théâtre exceptionnel —. en 1906 —, grand, émouvant comme jamais. Je n'oublierai jamais ce que furent là ces représentations du plus passionné et intérieur drame wagnérien. Dès le prélude, les flots d'harmonie s'y épandaient comme les eaux d'un fleuve profond, réfléchissant tour à tour à leur mobile surface toutes les ombres et les clartés de cette action unique qu'il conduisait en un immense crescendo pathétique jusqu'à la fin où la musique vraiment devenait de l'*infini* ! Nul mieux que lui n'a rendu les conflits de l'âme profonds et ardents, le grand mystère d'amour, les exaltations supérieures et la poignante douleur de cette œuvre. Sa nature et celle du drame semblaient vraiment n'être plus qu'une; son extraordinaire, haute et vibrante sensibilité artistique s'idéalisait en même temps que cette idéale œuvre d'art. Il en était vraiment le chef *élu*.

Ce fut encore cette partition qu'il choisit pour fêter en 1907 à Munich, sa nomination de « Hofoperdirektor » et de conseiller privé. Ce grade fut créé à son intention, et à l'instar de Vienne, pour donner à Mottl, appelé dès 1904 de Karlsruhe à Munich (après un court passage à New-York qu'il n'aimait guère), une plus grande liberté dans son activité artistique et, surtout, pour le délivrer d'une bureaucratie tracassière et d'autres influences qui lui créèrent, à un certain moment, beaucoup d'ennuis.

Son activité ne s'est pas ralentie à Munich dont il devient l'âme musicale et relève notablement le niveau artistique. Il y continue sa campagne pour Wagner, Liszt, Bach, Mozart, Berlioz. C'est à cette époque, après avoir dirigé en deux soirées consécutives *Les Troyens* de Berlioz, qu'il envoie aux directeurs de l'Opéra et de l'Opéra-Comique, ces lignes lapidaires suffisamment éloquentes : « J'ai l'honneur de vous faire savoir que *Les Troyens* de Berlioz viennent d'être exécutés intégralement ici, sous ma direction ». (S.) Félix Mottl.

Les artistes français trouvaient du reste en lui un propagateur dévoué : Berlioz, Bizet, Chausson, Chabrier, Saint-Saëns, Dukas, d'Indy, Hillemacher, Debussy l'ont tour à tour eu pour champion.

Ce que les compositeurs allemands de toute école lui doivent est incalculable. Reger, Strauss, Schillings, Klose et des centaines de moins connus, lui doivent l'hospitalité à ses programmes et l'appoint de sa belle direction. Les concerts de l'Académie de musique qu'il dirigeait (huit d'abonnement et souvent deux extraordinaires) faisaient une place à peu près égale à la musique moderne et à la rétrospective. A la même Académie dont il avait la direction artistique, il initiait à son propre art de jeunes disciples qui avaient auparavant fait preuve de sérieuses capacités musicales. Puisse-t-il en avoir « créé » à son image !

Mais sa direction si hautement éloquente tenait surtout à son tempérament d'une rare compréhensivité, persuasif, enjôleur parfois, passionné, mobile, souple et d'extrême sensibilité. En sorte qu'il dirigeait également bien Mozart et Wagner, Bach et Berlioz, Beethoven et Weber. Il s'entendait à faire ressortir, et avec quelle simplicité de moyens, les couleurs, les accents dramatiques; détestait la sécheresse autant que la sensiblerie, et surtout le pédantisme et ce purisme exagéré esclave de la lettre et qui tue l'esprit, la vie d'une œuvre. On a rapporté de lui à ce sujet ces mots si pittoresques dans leur dialecte autrichien : *Schad't nix wenn man einmal ein Sechzehntel zu einem Achtel macht oder umgekehrt ! Wenn die G'schicht nur an Verstand, Herz und Seel' hat !* (1). Toutefois il ne tolérait pas les abus... et plus d'un acteur fameux (l'illustre Knote et Mⁱˡᵉ Calvé notamment) en surent bien quelque chose.

C'était un consciencieux dont le travail opiniâtre servait le merveilleux génie. Ce vaillant dont la vie fut si riche, mais dont la mission ne parait pas achevée, a vraiment succombé à la tâche. Un labeur excessif et incessant et aussi de pénibles émotions intimes avaient fortement ébranlé sa santé en ces derniers temps et ont contribué à l'issue fatale de la forte crise cardiaque qui vient de l'enlever. Le matin même, il présidait encore les examens de l'Académie où il introduisait un ton familier à la place de cette terrible gravité des jurys ordinaires; le soir, il dirigeait *Tristan*. C'est en pleine représentation, alors qu'Isolde (2) venait de prononcer ces paroles vraiment fatidiques :

> Tod geweihtes Haupt,
> Tod geweihtes Herz.

---

(1) Cela ne fait rien si l'on fait, en passant, une croche d'une double croche ou l'inverse ! Pourvu qu'on y mette de l'intelligence, du cœur et de l'âme !

(2) C'était précisément la grande artiste Zdenka Fassbender que Mottl, pressentant le danger, épousa à

que Mottl, pâlissant affreusement, passa sa baguette au premier violon et eut tout juste la force et le temps de gagner sa loge de directeur où il tomba; il resta plusieurs heures inanimé. Ramené chez lui, il y passa une nuit horrible et son transport à l'hôpital fut décidé. Une série de jours tristes traversés d'espoirs et de craintes suivirent, tandis que *Tristan* hantait constamment le malade; puis il y eut une soudaine amélioration; enfin une dernière crise; une mort très douce, inconsciente, l'emporta le dimanche, 2 juillet, à 4 1/2 heures de l'après-midi. — Une grande lumière s'éteignait !

Avec l'Allemagne, nous pleurons sincèrement cette grande perte, car nous avions vis à-vis de Mottl une vraie dette de reconnaissance et une admiration infinie. Son souvenir nous reste, auréolé de gloire, d'enthousiasmes, mais assombri par cette pensée que plus jamais ne s'ouvriront ces yeux expressifs par où se communiquèrent tant de pensées, de sentiments, de flamme. Une sorte de lueur tragique éclaire la fin de ce grand homme qui s'est éloigné dans l'atmosphère ardente du *Tristan* qu'il aima tant, Dans ce « monde mystérieux de la Nuit », il est parti d'un merveilleux sommet.   MAŸ DE RUDDER.

Le centenaire de la salle du Conservatoire de musique, de Paris (7 juillet).

C'EST le 7 juillet 1811 que fut inaugurée, par un concert extraordinaire, la salle que nous connaissons, que nous aimons tous, et pour laquelle, depuis quelque temps, l'opinion réclame si justement la gloire et la garantie du classement comme monument historique. L'Ecole de musique et de déclamation a émigré, mais la salle est encore debout, et l'échéance de son centenaire la trouve encore intacte : c'est de bon augure.

Rappelons les antécédents de cette inauguration d'un lieu si rapidement célèbre et désormais historique.

C'est en 1762 que les services des représentations de la Cour, dépendant du département de la Maison du Roi, intitulé « Argenterie, Menus, Plaisirs et Affaires de la Chambre (plus tard dit couramment Menus-Plaisirs, ce qui est une manière de contresens), acquièrent dans le Faubourg-Poissonnière un vaste terrain où s'établirent, bien à l'aise, des ateliers de menuiserie, décors, peinture, serrurerie, costumes, autour d'une salle, pour les répétitions, qui n'était autre que celle de l'Opéra-Comique de la Foire Saint-Laurent, démontée et rebâtie. L'entrée principale était sur la rue Bergère, qui limitait l'enclos d'un côté, tandis que l'autre était longé par une ruelle plus tard dite rue Richer.

Lorsque, vingt ans plus tard, il fut question, en vue de faciliter le recrutement des sujets de l'Académie royale de musique, de plus en plus difficile, de fonder une école de chant et de déclamation, le choix de son emplacement se trouva naturellement dirigé vers cet immeuble où déjà s'élevait un théâtre d'essai. On y joignit deux maisons, justement à vendre sur la rue du Faubourg-Poissonnière, et, tant bien que mal appropriée à sa destination, l'Ecole royale de chant ouvrit en 1784.

Elle comprenait une douzaine de classes et quinze élèves,... Et c'est *dans le même espace* (nous fait remarquer M. Constant Pierre), qu'hier encore, plus de quatre-vingts classes réunissaient sept cents élèves !

Telle quelle, l'Ecole royale vécut sans bruit jusqu'en pleine Révolution. Les autres services de « l'Hôtel des Menus » en firent autant autour d'elle, à ceci près que d'autres bureaux civiques ou policiers profitèrent de l'installation pour eux-mêmes, ce qui constitua la plus bizarre cité du monde.

La plus difficile aussi à réformer... Lorsque le Bordelais Bernard Sarrette, commandant de la musique de la Garde Nationale, fut commis à créer, pour le service des fêtes publiques et le perfectionnement des corps de musique, un Institut national de musique, il obtint du Comité de Salut public l'affectation du « ci-devant Hôtel des Menus » et le « Conservatoire » fut définitivement organisé, pour y installer ses classes, le 3 août 1795. Mais le « ci-devant hôtel » hébergeait toujours d'anciens employés, qui, sans bruit mais avec une forte résistance passive, se cramponnaient à leur logement et qu'il n'y avait pas moyen de mettre dehors. Un nouvel arrêté, six mois plus tard, devait ordonner l'évacuation immédiate, sans plus de succès. Et il fallait, un mois encore après, la prescription formelle, à Sarrette, d'enlever « les portes et les châssis des logements

---

son lit de mort. En 1893, il avait épousé une délicate cantatrice viennoise, Henriette Standhartner, dont il s'était divorcé pour des raisons intimes, il n'y a pas un an.

occupés par les opposants, quels qu'ils fussent »,
pour obtenir enfin place nette.

Rien n'était fait pour cela. L'installation fut
laborieuse et l'Ecole n'ouvrit officiellement qu'au
22 octobre 1796.

Or, à cette époque, il importe de le faire remarquer car beaucoup de personnes s'y trompent, ni
la grande salle actuelle, ni la petite salle des
examens, n'existaient encore. Cette dernière (qui
est dans le bâtiment sur la rue du Faubourg-
Poissonnière est pour le coup vouée sans ressource
à la destruction , fut bientôt aménagée pour les
exercices des élèves, puis, dès 1802, pour des
concerts publics donnés par ces élèves (Habeneck
y fit ses débuts comme chef d'orchestre. Mais on
la jugea vite incommode pour cet usage et pour le
succès obtenu par ces séances, et, dès 1806, un
décret avait ordonné la construction d'une salle
nouvelle, complétant l'édifice, nouveau lui-même,
commencé en 1801 pour le placement de la Bibliothèque.

Nous voici arrivé à notre grande salle actuelle,
et à son inauguration il y a cent ans. Il en fut
longuement parlé dans les gazettes, non sans
critiques :

« Le corps du logis destiné à recevoir la bibliothèque se trouve placé entre deux cours. L'architecte a profité de cet avantage pour ouvrir un
péristyle sous lequel les voitures entrent à couvert.
Il donne entrée au vestibule, qui est d'une riche
simplicité. On y voit les statues des Muses,
moulées sur les antiques que possède le Musée
Napoléon. La seule Uranie en est exclue, vu qu'au
Conservatoire on n'apprend pas à lire dans les
astres; mais les huit autres doctes pucelles y sont
rangées symétriquement. Euterpe et Polymnie
sont à la porte et Melmopène et Thalie dans
l'éloignement.

» Un bel escalier à deux rampes conduit à la
salle des exercices et à la galerie destinée à
recevoir la bibliothèque. Il est orné d'un bas-relief
de grande dimension, qui représente modestement
Minerve distribuant des couronnes aux diverses
parties d'enseignement ouvertes au Conservatoire.
Les faces latérales doivent recevoir deux grands
tableaux.

» Le plan de la salle est un parallélogramme,
ce qui, en général, est la disposition la moins
favorable pour une salle de concert; il a été
reconnu de tout temps que celles d'une forme
circulaire réunissaient beaucoup plus d'avantages
pour les effets de l'acoustique.

» Des colonnes légères supportent une voûte
terminée par un vitrage d'où s'échappent les

rayons de lumière qui éclairent la salle. Les reflets
du jour qui en proviennent sont quelquefois d'une
vivacité à aveugler les spectateurs. Ces colonnes
supportent aussi un rang de premières et de
secondes loges dont les tentures sont vertes et le
fond des parties d'architecture gris-de-lin clair, sur
lequel tous les ornements se détachent en blanc
mat. Les dames se plaignent extrêmement du
désavantage avec lequel leur beauté se trouve
comprise dans ces loges... »

Cette description d'un journal du temps était à
citer, tant pour ce qu'elle a gardé d'exact après
cent ans, que pour les différences qu'on y remarque
aujourd'hui. Pour l'erreur aussi de la critique qui
décrétait d'avance que l'acoustique en serait défectueuse. Est-ce pour sa forme, est-ce pour le
vitrage qui constitue en partie son plafond (il y
a certainement quelque chose de cela, d'autres
exemples, et notamment celui du Châtelet, en
font foi), on sait au contraire à quel point l'acoustique de cette salle est exceptionnelle de finesse,
d'une délicatesse exquise, sans rivales. — Quant
à la décoration générale, notons tout de suite que
c'est en 1865 qu'elle fut entièrement refaite, dans
le style pompéien qu'elle a gardé.

Il y a cent ans, on se promenait dans les jardins,
avant et après les concerts, — car il y avait alors
des jardins au Conservatoire, comme il y en a dans
le nouveau; — on y avait même donné un bal,
en 1801, le jour de la pose de la première pierre
de la Bibliothèque. Celle-ci ne devait, d'ailleurs,
être installée que beaucoup plus tard. Mais ache-
vons de conter, d'ici là, les vicissitudes de l'établissement.

A la chute de l'Empire, tout l'enclos revint au
ministère de la Maison du Roi, qui ne laissa à
« l'Ecole royale » que là moindre partie des
locaux, réservant le corps de bâtiment de la salle
de concerts et de la Bibliothèque à l'Intendance
des Menus, avec tous les magasins voisins. autrement dit. aux services du Mobilier. Le Conservatoire (il ne reprit son nom qu'en 1831) ne retrouva
dès lors la libre disposition de sa salle qu'en 1850.
Peu après. les magasins du garde-meuble ayant
été transférés à l'île des Cygnes, on vendait le
terrain voisin, c'est-à-dire la majeure partie de
celui qui était proprement l'Hôtel des Menus au
XVIIIe siècle; on ouvrait la rue du Conservatoire
et la rue Sainte-Cécile ce qui bloquait définitivement l'établissement); on bâtissait la façade dont
le rez-de-chaussée est encore le musée instrumental
et le premier étage la salle de travail de la bibliothèque; enfin on installait la bibliothèque (1860),
ce qui rendait aux classes les locaux bien néces-

saires encore provisoirement occupés par celle-ci.

Dès 1842, d'autre part, on avait surélevé d'un étage le bâtiment de la rue du Faubourg-Poissonnière et construit la porte monumentale actuelle. Il ne faut pas oublier que le Conservatoire eut longtemps des pensionnaires internes, et par suite des chambres, un réfectoire, une cuisine, une infirmerie. Cet internat, créé en 1807, comprenait d'abord douze lits. Supprimé en 1814, il fut rétabli par Cherubini en 1822 et maintenu jusqu'en 1870. Beaucoup de gens estiment que son rétablissement serait une des meilleures conditions du relèvement des études. Mais on sent facilement de quelles difficultés matérielles serait entouré actuellement un internat pareil pour les deux sexes. Cette mesure serait d'ailleurs subordonnée à une administration et une direction sensiblement différentes de celles qui président au genre spécial de cette école.

La réfection de la salle en 1865 est le dernier travail sérieux dont l'ancien Conservatoire ait été l'objet. On sait qu'actuellement la bibliothèque et le musée attendent encore leur transfert. On sait aussi combien de démarches ont été faites pour sauver cette salle. illustrée par tant d'artistes et surtout par les admirables auditions de la Société des Concerts, dans sa 83ᵉ année d'exercice aujourd'hui. L'isolement du rectangle de bâtiment qu'elle occupe ne serait pas si difficile à pratiquer qu'on ne puisse la conserver comme propriété nationale et monument historique. Espérons qu'on s'en rendra d'autant mieux compte que tout le reste aura été démoli.   HENRI DE CURZON.

LA SEMAINE

PARIS

A L'OPÉRA, le second cycle de *L'Anneau du Nibelung* a sensiblement valu le premier comme interprétation vocale, avec le même effort général, visible et méritoire mais pas toujours couronné de succès, tant il reste peu, actuellement, d'artistes vraiment pénétrés de l'esprit et du style wagnérien. Mᵐᵉ Bréval est presque la seule, parmi les femmes : on a eu plaisir à revoir cette Valkyrie de si fière allure, et regretté de ne pas la retrouver, pénétrante et passionnée, dans son réveil et sa vie de simple mortelle. Quant à Van Dyck. à Delmas, jamais peut-être ils n'ont incarné avec plus de cœur et d'autorité, celui-ci le puissant Wotan,

celui-là le subtil et fuyant Loge, le rayonnant Siegfried. Dalmorès aussi est un sûr interprète de ces splendeurs : son Siegfried est d'une jeunesse tout à fait séduisante et d'un grand charme. La conscience artistique de Mˡˡᵉˢ Grandjean et Lapeyrette, de Fabert, Mime excellent, de Gresse et Duclos, Hagen et Alberich, ne saurait être oubliée non plus. Mais c'est par l'interprétation orchestrale et sa direction que cette nouvelle exécution de l'ensemble de la Tétralogie a tout dépassé. Nous n'avons certainement pas vu au théâtre, depuis Lamoureux, un chef d'orchestre de la valeur de M. Arthur Nikisch. Avec une pareille élite de musiciens d'ailleurs, un orchestre vraiment sans rival pour peu qu'il s'en donne la peine, M. Nikisch a obtenu une exécution d'une saveur incomparable. Tout est en lumière avec lui, dans sa valeur, dans sa couleur, jamais au hasard, expressif au suprême degré par le simple respect du texte même ; c'est d'une finesse, d'une délicatesse mélodique dont le charme est inexprimable, et c'est fort en même temps, quand il le faut, et évocateur admirablement. Sans grands gestes, par une autorité tranquille mais qu'on sent planer sur tout, ce grand artiste *modèle* en quelque sorte à son gré l'orchestre qu'il dirige. Rien qu'à cet égard, ce cycle fut d'un intérêt extraordinaire et laissera d'inoubliables souvenirs... On souhaiterait qu'il fît école !
                                    H. DE C.

Au Conservatoire. — CONCOURS PUBLICS :

De plus en plus, je trouve que le huis-clos pour ces concours-là comme pour ceux de composition, de solfège, d'accompagnement, etc. s'impose. Cette année, plus encore que les précédentes, la distribution des invitations a déchaîné des protestations, souvent légitimes. Ce n'est plus le Conservatoire qui s'en occupe. personne ne sait au juste où vont ces billets tant recherchés, tous les professionnels réclament et beaucoup n'en obtiennent pas, — et en définitive les salles restent à moitié vides. On ne vient que pour ce qui amuse ; les concours vocaux ; et c'est d'ailleurs, le plus souvent, pour protester contre les décisions du jury. Alors à quoi bon cette publicité des concours ?

D'autant qu'elle est très fâcheuse pour l'enseignement de ces classes vocales, puisqu'elle est escomptée d'avance et toute l'année. Avec cet usage, si étrange, de faire porter tout l'effort de l'élève sur un seul morceau, arrêté dès longtemps, le concours lui-même n'est que très relativement significatif ; le jury, pour être équitable, doit tenir compte du travail de toute l'année. De là les étonnements, voire les indignations du public. Mais puisqu'il est prouvé que son avis n'a rien à faire ici, pourquoi le provoquer? — Le huis-clos, le huis-clos!

Quel remède pourrait-il être apporté à ce procédé fâcheux et trompeur du morceau unique ressassé par l'élève et son professeur jusqu'au jour du concours? J'en vois un, tout au moins, et comme le directeur du Conservatoire m'a fait l'honneur, certain jour de causerie, de le trouver intéressant, je le formule ici : chaque élève devrait arriver au concours (public ou non) avec trois plis cachetés, contenant chacun le titre d'un air, et c'est devant le jury, et au moment où il paraîtrait sur la scène, que cet élève saurait lequel de ces trois airs le sort lui prescrit de chanter. Trois au lieu d'un, et *au hasard :* c'est toujours un progrès!

Mais pour l'instant, bornons-nous à donner le palmarès annuel et les quelques notes essentielles qu'il comporte.

Classes instrumentales

FLÛTE, professeur, M. Hennebains. — Premiers prix : MM. Robbe, Michaux et Colin; deuxième prix : M. Demailly; premiers accessits : MM. Brottin et Messier; deuxièmes accessits : MM. Ehrmann et Ringeisen.

HAUTBOIS, professeur, M. Gillet. — Premiers prix : MM. Roland Lamorlette, Debureaux et Speyer; deuxièmes prix : MM. Prévot et Saivin; premier accessit : M. Saint-Quentin; deuxième accessit : M. Moreau.

CLARINETTE, professeur, M. Mimart. — Premiers prix : MM. Steux et Bourdarot; deuxièmes prix : MM. Coulibœuf et Bailleux; premier accessit : M. Rambaldi.

BASSON, professeur, M. Bourdeau. — Premiers prix : MM. Druvert et Dutro; deuxièmes prix : MM. Bourgain et Gaston Bourdeau; premiers accessits : MM. Mathieu, Peyrot et Cortot; deuxième accessit : M. Christian Dhérin.

Les morceaux de concours étaient, pour la flûte, de M. Alexandre Georges : *A la Kasbah ;* pour le hautbois, l'andante et le finale de la septième sonate de Bach; pour la clarinette, une fantaisie de Philippe Gaubert; pour le basson, un prélude et scherzo de M. Jeanjean. Classes très fortes, dont le nombre des premiers prix justifie parfaitement l'excellent enseignement. Voici d'excellents éléments pour le recrutement de nos orchestres et le maintien de notre renom, si répandu en ce qui concerne spécialement les « bois ». MM. Robbe, Lamorlette, Steux, Bourdarot... sont déjà de vrais artistes.

COR, professeur, M. Brémont. — Premiers prix :

MM. Hoogstoël et Algrin; deuxièmes prix : MM. Chantron et Mangin; premier accessit : M. Henri Fontaine.

CORNET A PISTONS, professeur, M. Alexandre Petit. — Premier prix : M. Carrière (à l'unanimité); deuxième prix : M. Gibernon; premiers accessits : MM. Lafosse et Douanne; deuxième accessit : M. Mériguet.

TROMPETTE, professeur, M. Franquin. — Premiers prix : MM. Leclercq, Paniez et Porret; deuxièmes prix : MM. Auterer et Bécar; premiers accessits : MM. Cousin, Marcerou et Déas; deuxième accessit : M. Bellon.

TROMBONE, professeur, M. Allard. — Premiers prix : MM. Munio, Massol et Dervaux; deuxièmes prix : MM. Vigoureux et Stoltz; premiers accessits : MM. d'Hondt, Hars et Desplanques.

Morceaux de concours : pour le cor, un solo de M. Brémont; pour le cornet à pistons, une fantaisie-caprice de M. Gabriel Parès; pour la trompette, un solo de M. Busser; pour le trombone, un allegro de concert de M. Eugène Cools. Ces classes sont encore une des gloires de notre Conservatoire et la pépinière de nos plus précieux éléments d'orchestre. MM. Hoogstoël et Algrin ont du style et de la poésie, M. Carrière a un jeu brillant sans aucune vulgarité; M. Munio est excellent, M. Leclercq réellement remarquable. Et de presque tous les autres, il faudrait louer quelque qualité solide.

CONTREBASSE, professeur, M. Charpentier. — Premier prix : M. Surribas; deuxièmes prix : MM. Georges Dupont et Boussagol; premiers accessits : MM. Fortier, de Felicis et Henri Girard; deuxième accessit : M. Hornin.

ALTO, professeur, M. Laforge. Premiers prix : MM. Mayeux, Massis, Parmentier et Mlle Raymonde Masson; deuxièmes prix : Mlles Garanger, Le Guyader et M. Nicholas; premier accessit : M. Georges Bailly; deuxièmes accessits : MM. Bonnafé et Canouet.

VIOLONCELLE. — Premiers prix : M. Maréchal, Mlle Anna Nehr, MM. Perrin et Mangot (élèves de M. Loeb); deuxièmes prix : M. André Lévy (élève de M. Loeb), Mlle Bernaërt (élève de M. Cros-Saint-Ange), MM. Audisio (élève de M. Loeb), Martin et Bernardel (élèves de M. Cros-Saint-Ange); premiers accessits : Mlles Marie Cartier (élève de M. Loeb), Krettly (élève de M. Cros-Saint-Ange) et Bluhm (élève de M. Loeb); deuxièmes accessits : Mlle Miquelle (élève de M. Cros-Saint-Ange), Chizalet et Deblauwe (élèves de M. Loeb).

Le morceau de concours des contrebasses était un *duo* de M. A. Dallier, dans la forme d'un premier mouvement de sonate pour piano et contrebasse. M. Surribas y a prouvé une grande supériorité, qui a nui à son principal concurrent, prix de l'an dernier, M. Gstalter. L'épreuve des altos était un *morceau de concert* de M. Honoré. La classe, légendairement brillante, de M. Laforge, s'y est distinguée sur toute la ligne, puisque les dix élèves ont été récompensés, et de quatre premiers prix encore. Il faut citer au moins M. Mayeux, très solide artiste et M. Massis, nature charmante (premier concours). Enfin les violoncelles avaient à compter avec un concerto de Haydn, un peu difficile peut-être, mais qui pouvait mettre de sérieuses qualités en valeur. M. Maréchal y fut tout à fait remarquable et Mlle Anna Nehr, avec ses seize ans, fut peut-être plus étonnante encore, de fermeté et de goût. Du reste, le violoncelle parait fort en faveur auprès des jeunes filles ; les cinq récompensées y ont montré de vrais dons.

HARPE, professeur M. Hasselmans. — Premiers prix : Mlles Cardon, Yvonne Rémusat et Schvartz ; deuxièmes prix : Mlles Gérard, Régnier et Pinguet ; premiers accessits. — Mlles Herman et M. Jamet.

Un *impromptu-caprice* de M. G. Pierné servait de texte à cette épreuve : il est connu et partout apprécié. Comment Mlle Pla-Iglesias y a-t-elle perdu son prix, enlevé avec tant d'éclat par les quatorze ans de Mlle Cardon, par son habileté, son goût et la belle sonorité de son jeu (oh ! les amples sonorités de la harpe, de la vraie harpe!). M. Jamet mérite un éloge à part, d'abord pour ce qu'il promet, et ensuite parce qu'il est le seul de son sexe, depuis quelque temps, à n'avoir pas dédaigné ce bel instrument. A citer encore Mlles Gérard et Rémusat.

PIANO (hommes). — Premiers prix : MM. Gilles et Singery (élèves de M. Louis Diémer) ; deuxièmes prix : MM. Joubert, Toporowski (élèves de M. Victor Staub), Cognet, élève de M. Louis Diémer) ; premiers accessits : MM. Truc (élève de M. Louis Diémer), Becker, Jacques (Martial) et Jacquinot (élèves de M. Victor Staub) ; deuxièmes accessits : MM. Fournier, Figon (élèves de M. Victor Staub), Gendron, Béché (élèves de M. Louis Diémer) et Edinger (élève de M. Victor Staub).

Une œuvre ancienne, et très joués, de M. C. Chevillard, ses *Thème et variations*, a constitué le morceau de concours : la variété et les contrastes qu'elle offrait aux élèves justifient ce choix. Aussi bien l'ensemble du concours fut-il, comme on le

voit, particulièrement brillant. MM. Gilles et Singery sont plus que des élèves, et même que des virtuoses ; le second surtout donne l'impression de la plus attachante musicalité, et il n'a que dix-sept ans ! A louer encore M. Toporowski, qui est original, M. Joubert, M. Truc...

CLASSES VOCALES

CHANT (hommes). — Premier prix : M. Dutreix, (élève de M. Imbart de la Tour) ; deuxième prix : M. Hugo Fontaine (élève de M. Hettich) ; premiers accessits : MM. Hopkins (élève de M. Hettich), Vezzani (élève de Mlle Louise Grandjean), Niréga (élève de M. Lorrain), Iriarte (élève de M. Emile Cazeneuve), Triandafyllo (élève de M. Berton) ; deuxièmes accessits : M^{rs}. Philos (élève de M. Lorrain), Cousinou (élève de M. Emile Cazeneuve), Alfred Godard (élève de M. Lucien Berton), Palier (élève de M. Hettich).

On remarque parmi les morceaux de concours des pages de Hændel, de Rameau, de Piccinni, de Weber, voire de Schubert : c'est la mode depuis quelques années, et c'est d'un bon goût artistique. Mais combien trop élevé pour des élèves ! Aussi, avec quoi ont-ils réussi ? M. Dutreix avec *L'Attaque du moulin*, M. Fontaine avec *L'Africaine*, M. Vezzani avec *Manon*, M. Iriarte avec la *Reine de Saba*, etc. La moyenne des voix et des chanteurs est d'ailleurs assez faible, et, comme il arrive presque chaque année à cause de cela (nous verrons le contraire arriver, une fois de plus, pour les femmes, qui bénéficieront avec abondance du niveau plus élevé de leur moyenne), les indulgences et les sévérités du jury paraissent également incompréhensibles au public très excité. M. Dutreix est un ténor à la voix intéressante, nuancée avec goût ; mais, il concourait pour la première fois : a-t-on peur qu'il se gâte à rester ici davantage ? Ce ne serait pas si mal pensé ! M. Fontaine a de la vaillance et de l'acquit. M. Hopkins, plus intéressant que tous, a dit d'une façon charmante un simple *Lied* de Schubert : *Soir d'hiver*, et vraiment n'en a pas été très récompensé. M. Vezzani a déjà une fort belle voix de ténor et M. Iriarte, autre ténor, a de la puissance, avec un timbre excellent, qui dénote une médiocre excellente. M. Niréga est un baryton qui promet... On a regretté, non sans scandale, l'échec de MM. Capitaine, dans un air difficile des *Troyens*, Toraille, avec la cavatine du *Prince Igor*, Elain, Clauzure...

CHANT (femmes). — Premiers prix : Mlles Hemmier (élève de Mlle Louise Grandjean), Calvet (élève de M. de Martini), Mme Suzanne Thévenet (élève de M. Dubulle); deuxièmes prix : Mlles Bugg, Philippot (élèves de. M. Imbart de la Tour), Courso (élève de M. Hettich), Charin (élève de M. Imbart de la Tour); premiers accessits : Mlles Jeanne Borel, Charrières (élèves de M. Dubulle), Hemmerlé (élève de M. Lucien Berton), Mme Bonnet-Baron (élève M. Dubulle), Mme de Landresse (élève de M. Lorrain), Arcos élève de M. Dubulle); deuxièmes accessits : Mlles Brunlet (élève de M. Emile Cazeneuve), Glover (élève de Mlle Louise Grandjean), Gilson (élève de M. de Martini), Gilbert (élève de M. Dubulle), d'Ellivak (élève de M. Berton), Vaultier (élève de M. Emile Cazeneuve).

C'est encore les airs modernes qui apportent le succès aux jeunes concurrentes. Les grands classiques sont trop forts pour elles comme pour leurs camarades de l'autre sexe. C'est un air de M. Debussy, de *L'Enfant prodigue*, qui valut à Mlle Thévenet un prix unanimement décerné d'avance par le public : de vraies qualités musicales, un joli phrasé, une expression heureuse, s'unissent chez elle à une voix très exercée. Mlle Hemmler a chanté la *Loreley* de Liszt, choix peu banal. qu'indiquait une voix chaude, homogène, puissante. Mlle Calvet triompha dans le *Roi d'Ys*, avec un bel organe aussi, et bien conduit. Mlle Bugg a réussi à son premier concours avec un air de *Juda Macchabée* : c'est une belle promesse; aussi bien la voix est-elle fort étendue et de beaucoup d'étoffe. C'est encore le mérite de Mlle Philippot, avec un air de *Rédemption*, de César Franck. et de Mlle Borel, dans *La Prise de Troie*. L'agilité distingue Mlles Charin (*Jean de Nivelle*) Arcos (*Freischütz*), de Landresse (*Le Pardon de Ploërmel*). Mlle Courso a mis de la poésie, et un art réel dans son interprétation du *Prince Igor*, curieusement choisi. Parmi les lauréates de 1910, déçues cette année, sont Mlles Kirsch, Weykaert, Lubin...

Les nécessités de la mise en page nous obligent à remettre au prochain numéro le compte-rendu des concours d'*opéra* et d'*opéra-comique*, qui ont eu lieu le jeudi 6.   Henri de Curzon.

— La réunion générale annuelle de la « Société de l'Histoire du Théâtre », qui a eu lieu le 22 juin dans le grand salon de la direction des Beaux-Arts, au Palais royal, a été marquée par une exécution très intéressante : celle de la musique du petit ballet « de la Merlaison », œuvre du roi Louis XIII en personne, que M. Paul Ginisty a eu l'idée de rechercher, que M. J. Ecorcheville a retrouvée au Conservatoire dans les papiers de la collection Philidor, enfin que M. Ingelbrecht a

reconstituée et réalisée pour un petit orchestre de huit musiciens, — et dirigée lui-même ce jour-là. C'est une série de petites « entrées » pittoresques, d'idées simples mais expressives. parfois tout à fait savoureuses; en somme, une œuvre très intéressante, qui serait tout à fait prestigieuse si on se donnait la peine de la remonter au point de vue chorégraphique. Au surplus, M. Ecorcheville, qui en avait fait précéder l'exécution d'un petit préambule, prendra sans doute soin de la publier avec un commentaire historique, et nous en reparlerons alors. — M. Henri Casadesus, Mme Patorni, Mlle Bectz, ont joué ensuite quelques pièces anciennes.

— Une très belle et très intéressante audition des élèves-artistes de M. Paul Brand s'est donnée. le samedi 24 juin dernier, devant une salle comble, au Théâtre de la Gaîté. Le programme comportait des fragments importants de concertos, avec le concours de l'orchestre Lamoureux-Chevillard. On jugera de l'intérêt et de l'effet de cette audition, si je dis que la plupart des artistes formés par les soins de M. Brand sont déjà des pianistes connus et appréciés du public. Un très vif succès a accueilli tous les exécutants, parmi lesquels je nommerai spécialement : Mlle Rose Landsmann (concerto de Schumann), et MM. Maurice Nandin (Liszt), Edouard Garès (Saint-Saëns), A. Cellier (Rimski-Korsakoff), J. Whittaker (Brahms), Yves Nat (Tschaikowski). Après avoir acclamé ces jeunes et brillants interprètes, au jeu ferme et bien nuancé, le public a fait une ovation au remarquable professeur qui a permis à leur talent de se développer. Et c'était justice.   J. Guillemot.

— Mlle Corinne Coryn nous arrive de Bruxelles avec un beau talent de violoniste et une nature très mu-icale. Elle fut une des dernières et des meilleures élèves de Joachim. Nous eûmes le plaisir de l'entendre trois fois le mois dernier, au Lyceum où elle joua le *Rondo capricioso* de Saint-Saëns, ainsi qu'une *Sarabande* et un *Tambourin* de Leclair, puis chez Mme la Duchesse de Vendôme, en deux soirées où elle fut très applaudie.

Mlle Coryn justifie tout le bien qu'on nous en avait dit à Bruxelles. Elle y est fort appréciée et tout particulièrement par S. A. R. Mme la Comtesse de Flandre dont on sait le goût musical très averti. Nous l'entendrons sans doute encore l'hiver prochain et avec un grand plaisir.   F. G.

— Un Congrès de chant liturgique et de musique d'église s'est tenu à Paris les 12-15 juin. Il comprenait des réunions privées où furent agitées les questions de réforme et d'édition, où furent lus des mémoires spéciaux (sur les maîtrises, sur le chant romain pré-grégorien, sur les chœurs d'église, sur Adam de Saint-Victor, celui-ci dû à M. Gastoué, sur l'orgue de Saint-Gervais, lu par M. Quittard). Il comprenait aussi des exécutions publiques modèles. L'église Saint-Eustache entendit une messe grégorienne chantée par la maîtrise de Saint-François-Xavier, si connue pour sa fidélité liturgique, et un récital d'orgue de M. Joseph Bonnet (pièces anciennes et modernes, dont le choral en la de César Franck): L'église Saint-Gervais abritait les chœurs de la Schola et les chanteurs de Saint-Gervais, en commémoration des défunts Charles Bordes, Guilmant, Pierre Aubrey. La cathédrale de Notre-Dame enfin eut l'inauguration de son nouvel orgue de chœur, par M. Widor, avec des chœurs chantés par la maîtrise de Sainte-Clotilde et la Manécanterie des petits chanteurs à la croix de bois, et un Te Deum final, où le grand orgue de M. Vierne se mêla aux voix.

— Le dernier concert de la saison a été donné à la salle Erard, par M. Henry Dauvers, le distingué pianiste, avec des pages de Schubert, Chopin, Liszt, Fauré, Saint-Saëns, Rubinstein, Th. Dubois, et dans la sonate de violoncelle de Godard (avec M. G. Pelet) et la berceuse de G. Marchet pour viole d'amour (avec l'auteur). M. Paul Seguy a chanté diverses mélodies.

— Un intéressant concours de pianistes-virtuoses a été organisé par la revue Musica, entre tous artistes français et étrangers, et, après plusieurs épreuves éliminatoires dans diverses villes de France, s'est passé à Paris, les 21 et 22 juin, à la salle Gaveau, entre 36 concurrents, devant un jury présidé par M. Xavier Leroux et composé de MM. Diémer, Pugno, Philipp, Cortot, Risler, de Greef, Vinès, Harold Bauer, de Lausnay et Grovlez. L'ensemble a paru très fort, et montre qu'en province, comme à Paris, il est possible de rencontrer de véritables artistes, à excellente école, et capables de former eux-mêmes d'autres écoles. Voici quels furent les résultats :

Premier prix : Mlle Dinsart, de Mons (élève de M. de Greef).

Second prix : M. Chiapusso, de La Haye.

Seize médailles : Mlle Sakoff-Grunwaldt, de Paris; Mlle Padrosa y Allua, de Barcelone; M. Schramm, d'Elberfeld ; M. Cotarello, de Santander; Mlle Ribot, de Paris ; Mlle Galewska, de Paris; M. Coquiard, de Toulon ; Mlle de Vos-Aerts, de Bruxelles ; Mlle Maresch, de Paris ; Mlle Rouanet, de Bordeaux ; Mlle Le Meur, de Toulon ; Mlle Techenay, de Marseille ; Mlle Klemen, de

Paris; Mlle Leginska, de Londres; Mlle Ferrier, de Paris ; M. Pergola, de Paris. Au total : 5 hommes et 11 femmes ; 11 français, 2 belges, 2 espagnols, 1 hollandais, 1 allemand, 1 anglaise.

Les morceaux imposés étaient le nocturne en ut mineur, de Chopin, et les variations sur un thème de Paganini, de Brahms. Un troisième morceau était laissé au choix des concurrents.

Le premier prix, outre un grand piano Gaveau, obtient le droit de jouer aux « Concerts Colonne ».

— Le concours pour le prix de Rome de musique a été jugé samedi dernier, 1er juillet par l'Académie des Beaux-Arts. Les concurrents étaient au nombre de cinq : MM. Marc Delmas, Mignon, Paray, Délvincourt, Dyck. Le sujet était une scène lyrique à trois personnages tirée, par M. G. Spitzmuller, d'une légende albanaise et intitulée Yanitza. Conformément au vote préalable de la section musicale (M M. Saint-Saëns, Dubois, Paladilhe, Fauré, Widor, avec les jurés suppléants MM. Ch. Lefebvre, Hüe et Büsser; M. Massenet absent), l'Académie a décerné :

Le grand prix, à M. Paul-Paray, élève de M. Paul Vidal;

Le premier second grand prix, à M. Claude Delvincourt, élève de M. Widor ;

Le deuxième second grand prix, à M. Vladimir Dyck (Russe naturalisé Français), élève de M. Widor.

M. Paray est né en 1886, au Tréport, il n'était au Conservatoire que depuis quatre ans et avait eu le premier second grand prix l'an dernier. Sa cantate fut chantée par Mlle Suzanne Cesbron, MM. Plamondon et Sigwalt, lui-même accompagnant au piano.

OPÉRA. — L'Anneau du Nibelung (second cycle). Siberia. La Fête chez Thérèse. Thaïs. Roméo et Juliette. Rigoletto. Salomé. Les Huguenots.

OPÉRA-COMIQUE. — Manon. La Tosca. Carmen. La Vie de Bohème. L'Heure espagnole. Ariane et Barbe-Bleue. Werther. La Traviata. Mignon. Cavalleria rusticana. Lakmé. Les Lucioles. (Clôture, le 15 juillet.

BRUXELLES

Concours du Conservatoire. — Suite des résultats acquis :

CONTREBASSE (professeur M. Eeckhautte). — Morceau de concours : Fantaisie, de Roügnon. — Premier prix avec distinction : M. Frechen ; premier prix : M. Teurlings.

ALTO (professeur M. Van Hout). — Morceau de concours : *Concerto*, de Garcin. — Premier prix : M. Goemans ; deuxièmes prix : MM. Luffin et Prévost.

VIOLONCELLE (professeur M. E. Jacobs). — Morceau : *Neuvième Concerto*, de Romberg. — Premier prix avec distinction : M. Quinet ; premiers prix : MM. Vande Kerkhove et Dubois ; deuxièmes prix : Mlles Cantemerle et Vandergoten ; rappel d'accessit : M. Debever.

ORGUE. — Morceau imposé : première partie de la *Sonate* en *ré* mineur, de Bach. — Deuxième prix : M. Devernay ; accessits : MM. Delvaux et Goeyens.

Les morceaux au choix étaient : *Prélude et fugue* en *mi* mineur (M. Devernay) ; première partie de la *Sonate* en *ré* mineur, de Moulaert (M. Delvaux) ; *Prélude et fugue* en *ré* majeur (M. Goeyens).

MUSIQUE DE CHAMBRE AVEC PIANO (professeur Mme de Zarembska). — Premier prix avec distinction : Mlle Steens ; premier prix : Mlle Steurbant ; deuxième prix : Mlles Knop et Van Neck ; accessit : Mlle Baré.

HARPE CHROMATIQUE (professeur M. Risler). — Morceau imposé : *Elégie*, de L. Wallner. — Premier prix : Mlle Mascré ; deuxième prix : Mlle Petermans ; accessit : Mlle Delsat.

HARPE DIATONIQUE (professeur M. Merloo). — Morceau imposé : *Fantaisie*, de Saint-Saëns. — Premier prix avec grande distinction : Mlle Van Kerkhove ; premier prix avec distinction : Mlle Vita ; premier prix : Mme Hausner ; deuxièmes prix : Mlles Holswelder et Strauwen.

PIANO, jeunes gens (professeur M. De Greef). — Deuxième prix (unanimité) : M. Mommaert ; accessit : M. Laporte ; rappel d'accessit : M. Dewaay.

Jeunes filles. — Premier prix avec la plus grande distinction : Mlle Deherve ; premier prix : Mlle Lucas ; rappel de deuxième prix : Mlle Schadde ; deuxième prix : Mlle Morel ; accessits : Mlles Burgelmann, Dos Santos.

VIOLON (professeurs MM. Cornélis, Marchot, Thomson). — Premier prix avec la plus grande distinction : MM. Barret et Torra (*ex æquo*) ; premiers prix avec grande distinction : MM. Walters et M. de Micheli ; premiers prix avec distinction : MM. Pochet, M. Maleziaux, Lambrecht, Brouns et Driessen ; premiers prix : MM. Smedts, Versin et Keppel ; deuxièmes prix : MM. Poniridy, André, de Michele, Font y de Anta, Panisse et Van Nieuwenhuyse ; accessits : MM. Beaumont, Deprez et Minnen.

Nous saisissons l'occasion d'adresser à M. Marchot nos félicitations pour le beau résultat de sa classe qui, en ces quatre dernières années, est sortie trois fois première. Ce succès justifie le renom que lui valent à l'étranger autant qu'en Belgique, les qualités de son école.

CHANT (jeunes gens), professeur M. Demest. — Premier prix avec grande distinction : M. Bureau ; premier prix avec distinction : M. Houx ; premier prix : M. Godier ; deuxième prix : M. Mertens.

Jeunes filles, professeurs Mmes Cornélis, Kips et Flament. — Premier prix avec grande distinction : Mlle Viceroy ; premier prix avec distinction : Mlle Mulders ; premier prix : Mlle Roskams ; deuxièmes prix : Mlles Aerts, Boogaerts, Goossens, Robert et Lhoest.

Prix de la reine Marie-Henriette (duos pour voix de femmes) : Mlles Viceroy et Mulders, élèves de Mme Cornélis.

— L'école belge de piano, et particulièrement celle de notre éminent professeur Arthur De Greef, peut être fière du magnifique succès remporté à Paris par Mlle Hélène Dinsart, de Mons, qui triomphe — sur trente-six concurrentes — au fameux concours de virtuoses-pianistes organisé par *Musica* et institué par M. Xavier Leroux, que nous mentionnons dans nos nouvelles de Paris (p. 479).

L'épreuve, qui dura trois jours, comportait, comme morceaux imposés : les très difficiles variations sur un thème de Paganini, de Brahms, et le nocturne en *ut* mineur de Chopin. Un morceau important, au choix du concurrent, complétait le programme. Mlle Dinsart avait choisi *Islamey*, de Balakirew, qu'elle joua — au dire de *Comœdia* — et sans nous étonner, « avec une admirable virtuosité ».

Toutes nos cordiales félicitations à la jeune et remarquable artiste qui vient de triompher dans ce concours international où étaient inscrits des élèves de maîtres illustres. M. DE R.

— M. L. Solvay voudrait engager avec le *Guide musical* une polémique sur un terrain où nous ne l'avons pas appelé. Il ne nous plaît pas de l'y suivre. Nous lui disons pour deux fois et nous répétons pour la troisième fois, que ses commentaires et ergoteries à propos des chefs d'orchestre de la Monnaie, — comme aussi à propos des Concerts populaires, — sont fondés sur des renseignements incomplets, inexacts, contraires, en un mot, à la vérité. Rien de plus, rien de moins. Ce point établi, nous n'avons pas autre chose à lui dire.

— La Société J.-S. Bach de Bruxelles, sous la direction de M. Albert Zimmer, a arrêté comme suit les programmes de ses concerts de la saison 1911-1912 :

Premier concert. Cantate *O Ewigheit, du Donnerwort* pour soli, chœurs, orchestre et orgue. Sonate en *sol* mineur pour viole de gambe et clavecin. Chœur d'introduction de la cantate *Schleicht, spielende Wellen*. Sonate en *ut* majeur pour flûte, violon et clavecin. Cantate *Singet dem Herrn ein neues Lied* pour soli, chœurs, orchestre et orgue.

Deuxième concert. Musique de chambre. Concerto en *mi* majeur pour clavecin et orchestre d'archets. Cantate *Non sa che sia Dolore* pour soprano, flûte et orchestre d'archets. Air de soprano de la cantate *Was mir behagt, ist nur die muntre Jagd* et air de Momus de la cantate *Phœbus et Pan*. Concerto brandebourgeois en *si* bémol majeur, pour altos, violes de gambe, violoncelle, contrebasse et clavecin.

Troisième concert. *Oratorio de Noël*, pour soli, chœurs, orchestre et orgue.

Outre ses trois concerts d'abonnement, la Société Bach organisera un festival en deux journées consacrées à l'exécution de la *Hohe Messe* de Bach et à la *Missa Solemnis* de Beethoven.

Ce sera la première fois qu'il sera donné au public d'entendre ces chefs-d'œuvre dans deux auditions aussi rapprochées. Il sera intéressant au plus haut point de considérer la manière dont ces maitres illustres ont conçu l'esprit de la Messe catholique, et profondément émouvant de voir s'élever côte à côte ces deux monuments d'art impérissables.

CORRESPONDANCES

CHARLEROI. — Pour compléter le cycle de quatorze conférences en lesquelles seront retracés les principaux aspects de l'art dans le Hainaut ancien et moderne, les organisateurs du salon d'art de l'Exposition de Charleroi ont eu la pensée d'organiser trois concerts, dont deux consacrés aux musiciens wallons anciens et un aux musiciens wallons du XIXᵉ siècle.

La première de ces séances a eu lieu le 22 juin et a été couronnée d'un plein succès. On y a réentendu, avec un vif plaisir, l'excellent quatuor vocal Henry Carpay, dont les exécutions si précises et si finement nuancées furent particulièrement appréciées, l'an dernier, aux concerts de l'Exposition de l'Art belge au XVIIᵉ siècle. M. Carpay, qui s'est fait une spécialité de l'interprétation des anciens maitres de l'école néerlandaise, avait

dû se limiter, cette fois, aux maitres wallons de la dite école, souvent considérée aujourd'hui (en vertu du sens restrictif attribué de nos jours au mot « Néerlande ») comme particulièrement flamande; alors que ses maitres les plus éminents, Josquin de Près, Lassus, et tant d'autres, sont bel et bien wallons. C'est ainsi que nous avons entendu, dans d'excellentes conditions, des chansons polyphoniques et des motets de Pierre de la Rue, Loyset Compère, Richafort, Mathieu Le Maistre, Renaut de Melle, Claude Le Jeune, Philippe de Mons et Lassus. Mᵐᵉ Tiny Béon s'était chargée de la partie instrumentale, représentée par des pièces pour clavecin de Dieudonné Raick et de Louis Bourgeois, interprétées par elle avec l'élégance et le charme qui lui sont habituels. Nous reviendrons plus loin sur Bourgeois. Raick, — un religieux organiste, liégeois d'origine, qui, chose curieuse, fit en Flandre toute sa carrière artistique, — n'est pas, à vrai dire, un compositeur de premier ordre; il appartient à cette école des clavecinistes « flamands » du XVIIIᵉ siècle, imitateurs de l'école française du même temps, qui ne compte pas une personnalité vraiment transcendante; ses pièces plaisent cependant par la distinction du style et du sentiment. Le chant à voix seule était représenté par des fragments de Louis Bourgeois, chantés avec beaucoup de grâce par Mᵐᵉ Alfred Mahy, l'air de Vénus dans le prologue du ballet *Les Amours déguisées* et le « chant gracieux » de la Paix dans les *Plaisirs de l'Amour*, harmonisés par M. Wotquenne, les deux autres airs des *Amours déguisées*, harmonisés par M. Al. Béon; Louis Bourgeois (1676-1750) est un musicien fort intéressant, non seulement en raison de la rareté, à cette époque, des compositeurs belges de mérite, mais par la valeur intrinsèque de sa musique. Seul représentant belge de l'art lyrique français de la fin du XVIIᵉ siècle (il fit d'ailleurs toute sa carrière en France), Bourgeois se recommande par une inspiration prime-sautière, d'un caractère tendre et gracieux, du meilleur aloi.

Le deuxième concert aura lieu le jeudi 13 juillet, à 3 heures; le programme, partant une fois des polyphonistes wallons-néerlandais, s'étendra cette fois jusqu'à la fin du XVIIIᵉ siècle, avec Grétry, Gossec et Méhul.   E. C.

GAND. — Résultats des concours du Conservatoire :

ORGUE (professeur, M. L. Vilain). — Le diplôme de capacité pour orgue a été décerné avec distinction, à Mˡˡᵉ Jenny Van Rysselberghe.

Jeunes gens (professeur, M. O. Roels). — Premiers prix avec grande distinction : M. J. Serlip.

pens ; premier prix avec distinction : M. M. Derdeyn ; premiers prix à l'unanimité : MM. A.
Bostyn et A. Mestdagh ; deuxième prix avec
distinction : MM. A. Verbanck et M. Van
Bockstaele ; deuxièmes prix : MM. P. Hill et
M. Croisier ; premiers accessits : MM. H. Ga-
deyne, L. Vervust, O. Vanden Bossche et O. Van
de Velde.

Demoiselles (professeurs, Mme Troch-Van Beck-
vaert). — Premiers prix avec grande distinction :
Mlles P. Mulder et A. Verbeke ; premiers prix avec
distinction : Mlles V. Desmoutier, G. Ghesquière
et P. Robert ; premiers prix à l'unanimité :
Mlles J. Buxant, A. Seders et E. Bytebier ; deu-
xièmes prix avec distinction : Mlles G. De
Schuyter et E. Nuyttens ; deuxième prix : Mlle M.
Wieme ; premiers accessits : Mlles G. Laroy et
C. Derweduwen.

Alto (professeur, M. Johan Smit). — Premier
prix avec distinction : M. G. Van Hecke.

Violoncelle (professeur, M. H. Ceulemans). —
Premier prix avec distinction : Mlle M. Tastenoe.

Piano (cours supérieur, professeur, M. Potjes).
— Premiers prix avec distinction : Mlles A. Goos-
sens, G. Toussaint, M. G. Van Melle, Mlle G. Vos-
saert ; premiers prix à l'unanimité : Mlles B. Van
Renterghem, D. Vignery ; deuxième prix avec
distinction : M. Y. Werder, R. Vauderhaeghen,
E. Nuyttens ; deuxième prix à l'unanimité :
Mlle H. Schweppenhaüser ; premiers prix : Mlles L.
Bergmans, N. Wehnel, G. De Schuyter, D. Dupuis ;
premiers accessits : Mlles M. Claes, A. Verbeke.

Violon (cours supérieur, professeurs, MM. Johan
Smit et Alb. Zimmer). — Premiers prix avec distinction : M. H. De Nef et Mlle P. Mulder ; premier prix à l'unanimité : M. R. De Coninck ; deuxièmes prix à l'unanimité : Mlles M. Morimont et
E. Grootaert ; deuxième prix : Mlle C. Desmoutier ;
premier accessit : M. M. Derdeyn et Mlle Y. De
Ruddere.

Chant français (jeunes gens), professeurs,
MM. L. Vander Haegen et J. Willemot. — Premier prix avec distinction : M. C. Pipyn ; premier
prix à l'unanimité : M. J. De Mulder ; deuxième
prix avec distinction : M. R. Delannoy ; deuxièmes
prix à l'unanimité : MM. E. Buyck et R. Coens ;
deuxième prix : M. E. Vander Mensbrugghe ;
premiers accessits : MM. G. Baert, R. Houdaer et
R. Vervaene.

Professeurs, Mlles A. Van den Bogaerde et
S. Wauters (demoiselles). — Premier prix avec
distinction : Mlle G. Collot ; premiers prix à
l'unanimité : Mlles G. Sackx et C. Derweduwen ;
deuxièmes prix à l'unanimité : Mlles M. Mestach et

H. Schellinck ; premiers accessits à l'unanimité :
Mlles A. Alexis, G. Van Hoecke et E. Vermeulen.

Chant en langue néerlandaise (jeunes gens),
professeurs, MM. L. Vanderhaegen et J. Willemot.
— Premier prix à l'unanimité : M. J. Demulder ;
deuxième prix : M. E. Buyck ; premiers accessits
à l'unanimité : MM. J. Houdaer et R. Vervaene.

Professeurs, Mlles Van den Bogaerde et S. Wauters (demoiselles). — Premiers prix avec distinctions :
Mlles C. Derweduwen et G. Sackx ; deuxièmes
prix : Mlles M. Mestach et H. Schellinck ; premier
accessit à l'unanimité : Mlle E. Vermeulen.

NOUVELLES

— Au programme des œuvres wagnériennes qui
seront données ce mois-ci, et les mois suivants, au
théâtre du Prince-Régent, à Munich, figurent,
ainsi que nous l'avons dit, trois représentations de
L'Anneau du Nibelung, cinq représentations de
Tristan et Iseult et trois représentations des Maîtres
Chanteurs. Le tableau des interprètes, qui vient
d'être publié, répartit les rôles comme suit : Pre-
mière représentation de L'Anneau : Brunnehilde,
Mme Zdenka Fassbender (Munich) ; Wotan, Fritz
Feinhals (Munich) ; Siegmund, Ernest Kraus
(Berlin) ; Siegfried, Henri Knote (Munich). —
Deuxième représentation de L'Anneau : Brunne-
hilde, Lucie Weidt (Vienne) ; Wotan, F. Feinhals ;
Siegmund, H. Knote ; Siegfried, Ernest Kraus. —
Troisième représentation de L'Anneau : Brunne-
hilde, Mme Z Fassbender ; Wotan, Antoon Van
Rooy (Amsterdam) ; Siegmund, E. Kraus ; Sieg-
fried H. Knote.

Les interprètes de Tristan et Isolde, seront, les
31 juillet, 12 et 25 août, Mme Zdenka Fassbender,
et les 9 et 30 août, Mme Lucie Weidt (Iseult) ; les
9, 25 et 30 août, M. Alfred von Bary, et 31 juillet
et 12 août, M. Ernest Kraus (Tristan). M. Antoon
Van Rooy chantera le rôle de Kurwenal à la quatrième représentation.

Enfin dans Les Maîtres Chanteurs, M. Henri
Knote tiendra le rôle de Stolzing ; MM. Feinhals
(14 août et 9 septembre) et Van Rooy (28 août),
celui de Hans Sachs.

— Les représentations wagnériennes au théâtre
de Bayreuth commenceront le 22 de ce mois, et se
poursuivront jusqu'au 20 du mois prochain, sous
la direction de Hans Richter, de Karl Muck, de
Michaël Balling et de Siegfried Wagner. Celui-ci
en collaboration avec Mme Reuss-Belce, remplira
les fonctions de metteur en scène et de directeur
général. Nous avons sous les yeux le tableau des

artistes qui participeront à ces fêtes. On entendra dans les *Niebelungen* : MM. Walter Sooner (Wotan), A. Schützendorf-Bellwidt (Donner), Szekelyhidy (Froh), Henri Hensel (Loge), Edouard Habich (Albéric), Hans Breuer (Mime) Eugène Guth (Fafner), Karl Braun (Fasolt), Mmes Reuss-Belce (Fricka), Lilly Hafgren-Waag (Freia), Gertrude Foerstel, Sophie Bischoff-David et Marguerite Matzmann (Filles du Rhin), MM. Jacob Urlus (Siegmund), Ernest Behmann (Hunding), Mmes Minnie Salzmann-Stevens (Sieglinde), Ellen Gulbranson (Brunehilde), M. Alfred von Bary (Siegfried), Mme Gertrude Foerstel (voix de l'oiseau), MM. Hermann Weil (Gunther), Karl Braun (Hagen), Mmes Julie Körner (Gudrune), Marguerite Matzenauer et Olga Band-Agloda (Walkyries). Dans *Parsifal* : MM. van Dyck et Henri Hensel (Parsifal), Mme Anna Bahr (Kundry), MM. Karl Braun et Richard Mayr (Gournemanz). Werner Engel et Hermann Weil (Amfortas), Schützendorf-Bellwidt (Klingsor) et Ernest Behmann (Titurel). Dans *Les Maîtres Chanteurs* : MM. Walter Soomer et Hermann Weil (Hans Sachs), Kirchhoff (Walther), Henri Schulz (Beckmesser), Nicolas Geisse-Winkel (Kothner), Karl Ziegler (David), Mmes Hafgren-Waag (Eva) et Gisela Staudigl (Magdeleine).

— La grande saison d'opéras, organisée cette année à Rome, au théâtre Costanzi, s'est terminée par une série de représentations très brillantes de la *Fanciulla del West* de Puccini et de *Falstaff* de Verdi. Pour couronner ces fêtes mémorables, on prépare une exécution solennelle de la *Messe de Requiem* de Verdi, composition grandiose dont les grandes difficultés d'exécution n'ont pas permis souvent l'interprétation. L'œuvre sera confiée à la direction du maestro Toscanini, qui dispose aujourd'hui des masses chorales et orchestrales du théâtre Costanzi, notablement accrues.

— D'accord avec la maison Ricordi de Milan, l'impresario Savage a pris toutes les dispositions nécessaires pour organiser cet hiver, dans l'Amérique du Nord, une série de représentations anglaises, de la *Fanciulla del West* de Puccini. La tournée artistique durera huit mois. L'œuvre sera représentée, à partir du 22 octobre prochain, à Bridgeport, à New-Orléans, à Los Angeles, à San Francisco, à Chicago, à Boston et à New-York.

⇥ Une troupe anglaise, formée par l'impresario Withney, donnera également, au cours de la prochaine saison, en Angleterre et en Amérique, une série de représentations du *Chevalier à la Rose* de Richard Strauss. L'auteur dirigera lui-même, à Londres la première de ces représentations, en

septembre prochain. Le voyage de la troupe durera six mois.

— Au cours de la prochaine saison, le théâtre impérial de Vienne représentera un nouvel opéra, *Les derniers jours de Pompéi*, que le compositeur Marziano Perosi, frère de Lorenzo Perosi, a écrit sur un livret de MM. Karl Schreder et Robert Prosi. L'auteur, très répandu dans la société viennoise, a attiré l'attention sur lui l'an dernier en faisant exécuter le poème symphonique *La Victoire de la Lumière*, accueilli par la critique avec la plus vive sympathie.

— Il est d'ores et déjà décidé que cet hiver le programme de la saison, à la Scala de Milan, comprendra *Les Maîtres Chanteurs*, *Armide*, la *Norma* et la *Fanciulla del West*, la nouvelle œuvre de Giaccomo Puccini.

— On songe déjà à Milan à célébrer par de grandes fêtes, en 1913, le centième anniversaire de la naissance de Verdi. Un comité, à la tête duquel se trouve le bourgmestre de la ville, M. Greppi, s'est constitué dans ce but. Le sculpteur Butti a été chargé d'exécuter un buste du célèbre artiste, qui sera inauguré solennellement. La Scala de Milan ne représentera, pendant toute la saison de 1913, que des œuvres de Verdi.

— On vient de représenter au Théâtre en plein air du Peyrou, à Montpellier, l'*Aphrodite* de M. C. Erlanger, qui a produit, nous écrit un de nos correspondants, un très grand effet. Il est vrai qu'elle était jouée par Mlle Chenal, dont la beauté s'accorde si merveilleusement avec la voix dans cette prestigieuse figure. M. Saldou lui donnait vaillamment la réplique, et c'est Mlle Dugué qui dansait. Le théâtre du Peyrou, ainsi inauguré, a pour organisateur le Dr Charry, qui prépare aussi d'autres œuvres dramatiques : *Alkestis*, *Polyphème*, *Jules César*, avec le concours de la Comédie-Française. Dimanche dernier 2 juillet et aujourdhui 9, leur ont été consacrés.

NÉCROLOGIE

Robert Radecke, ancien chef d'orchestre à l'Opéra-Royal de Berlin, est mort à Wernigerode. Né le 31 octobre 1830, à Dittmannsdorf, il fut admis en 1850 au Conservatoire de Leipzig. Entré comme violoniste à l'orchestre de Gewandhaus, il dirigea en second l'association chorale « Singacadémie » et occupa les fonctions de directeur de la musique au Théâtre-Municipal. Il prit en 1888 la direction du Conservatoire Stern. Ses compositions appartiennent presque toutes au domaine du lied, soit pour une voix, soit pour chœur. Il a écrit pourtant un intermède en un acte, *die Mönkguter* (1874), deux ouvertures, un nocturne pour orchestre, une symphonie et quelques pièces de musique de chambre.

57me ANNÉE. — Numéros 3o-31.   23 et 3o Juillet 1911.

LE GUIDE
MUSICAL

QUINTES PARALLÈLES

L ES sottisiers sont fort en honneur, depuis quelques années. De graves revues leur consacrent une rubrique spéciale et les quotidiens ne manquent pas d'en éjouir leurs lecteurs, entre les « mots de la fin » et les inévitables « manies des grands hommes » où l'on apprend, périodiquement, que Lavoisier buvait souvent dans un encrier que Le Nôtre prisait de la sciure de bois et que Hændel ne composait que dans l'ivresse. La récolte reste abondante, garantie par la hâte improvisatrice de l'écrivain moderne. Le journaliste est, par définition, plus exposé que tout autre à commettre l'imminente, l'inévitable bévue ; mais le romancier, le nouvelliste, le poète n'en sont pas préservés.

La musique, ses éléments et ses attributs, traités objectivement ou à titre de métaphore, contribuent notablement à alimenter ce répertoire. Elle constitue un domaine un peu spécial, très sûr en apparence, en réalité plein de traquenards pour qui n'est pas familiarisé avec les noms et les termes, et généralement pour qui ne pratique pas lui-même. Nous avons déjà signalé, ici-même (1), quelques bévues de ce genre, notées au hasard des lectures. En voici quelques autres.

(1) Voir le *Guide musical* des 21 et 28 décembre 1902.

Chose curieuse, c'est l'instrument de musique, sa figure, sa terminologie, sa technique, qui sont le plus malmenés.

Chacun connaît la caisse longue et étroite, de forme si caractéristique, de la trompette marine. Castil-Blaze cependant, dans son *Dictionnaire de musique*, affirme que c'est « un instrument de la forme d'une grande mandoline ». — Vous croyez peut-être que le saxophone doit son nom au facteur dinantais Adolphe Sax ? Erreur :

Je fus à Dresde, fin juillet dernier. Je connaissais les fameux cuivres de Saxe, entre autres les saxophones... (Dr QUINET, *Royale table d'hôte*, dans *Chasse et Pêche*.)

Théobald Boehm n'est pas moins méconnu. Son invention de la « flûte Boehm » consista, suivant le *Journal de Bruxelles* (article nécrologique Boehm), à doter cet instrument « dans le registre grave et dans le registre aigu de deux notes de plus ». M. Max de Nansouty, de son côté, affirme que Boehm

détermina les règles les plus satisfaisantes de la *perce*, consistant (écoutez !) en quatorze gros trous qui lui donnèrent trois octaves complètes et des gammes chromatiques parfaitement justes... Mais le progrès s'accentua lorsque, pour accroître les ressources des instruments en cuivre, on leur adapta aussi des clefs. (*Les Instruments de musique.*)

Nous avions toujours cru que l'étape définitive dans le perfectionnement des cuivres avait consisté dans l'invention des pistols, le remplacement du cor à clefs par le cor à pistons, celui des mugissants ophicléides par le tuba moderne. — Mais comment exiger la propriété des termes, quand on voit errer les professionnels eux-mêmes, Stephen Heller, par exemple (*Mémoires,* S. I. M., 1910, p. 535), parler du « serpent à pistons », comme on parlerait d'une « arquebuse à répétition » ?

Les instruments à clavier donnent lieu à des confusions pour ainsi dire classiques. De même que le violon poussiéreux découvert au fond d'un placard ou d'un grenier ancestral se trouve régulièrement être garni d'une étiquette de Stradivari, de même les vieux pianos carrés, au son casseroleux (si nombreux encore que le syndicat des facteurs américains en fit incinérer quelques milliers, il y a peu d'années, pour en débarrasser le marché), — ces vieux pianos sont régulièrement baptisés « clavecins ». Les catalogistes se conforment au même usage. M. de Bricqueville a raconté (1) l'histoire réjouissante de ce piano de Pascal Taskin, au Petit-Trianon, catalogué comme « clavecin » par M. de Lescure, les initiales du facteur, P. T., étant lues « Petit-Trianon ». Même confusion au sujet du clavecin, de l'épinette, du clavicorde. Mme Landowska cite (2) ce passage du catalogue du Musée Mozart, à Salzbourg :

Le petit clavicorde (épinette) à cinq octaves, dont Mozart se servit, etc.

Un clavicorde (cordes frappées) qui serait en même temps une épinette (cordes pincées) ?

Walter Scott, si précis d'ordinaire, commet dans la *Fiancée de Lammermoor* une confusion assez plaisante :

— Je savais souffler de la trompette aussi bien que n'importe qui; pour ce qui est d'un certain trompette Marine que j'ai entendu jouer.. (*touching this trumpeter Marine that I have heard play...*)

D'une nécrologie de la *Dernière Heure* :

---

(1) *Le Piano de Mme du Bary et le clavecin de Marie-Antoinette.*

(2) *Musique ancienne.*

... un timbalier qui se fit des timbales une spécialité tellement artiste qu'un jour Mendelssohn, qui dirigeait, fit taire *tous les autres timbaliers* pour lui accorder à lui seul la parole.

Nous avons déjà fait remarquer que l'emploi métaphorique du mot « luth » induit en des anachronismes assez risqués. Jules Janin, dans son élégante traduction d'Horace, lui fait « arranger des paroles sonores sur un *luth* harmonieux » (*verba lyrae moturo sonum connectere,* épître à Florus). Pourquoi pas « lyre » tout simplement ? Dans *Quo Vadis* également, Néron prend « son luth d'argent ». Dans *Thaïs,* le scrupuleux Anatole France introduit un « théorbe », instrument dont on ne relève pas de traces avant la Renaissance italienne. Et que dire de M. G. Rivet qui veut (*Par une belle nuit en Provence*) entendre, sous le ciel provençal :

Le pipal plaintif...
Gémir son chant, ainsi qu'une guzla... bretonne.

Revenons aux antiques avec M. Berteroy qui, dans la *Danseuse de Pompéi,* nous montre « Hyacinthe prenant sa buccine et berçant de modulations très douces, l'enfant étendu sur l'herbe molle. » Pour qui connaît le timbre éclatant et somptueux de ce trombone antique, l'enfant en question devait avoir le sommeil solide. — Il est vrai que l'illustrateur de la *Moderne-Edition* représente Hyacinthe soufflant, en manière de buccine, dans... un aulos double.

Les dessinateurs, peintres et sculpteurs rivalisent d'ailleurs avec les littérateurs de fantaisie organologique, à commencer par les anciens. On a cité à diverses reprises la *Sainte-Cécile* de Raphaël (au Louvre), jouant d'un orgue dont les tuyaux vont en augmentant de longueur de gauche à droite, c'est-à-dire ayant le grave à droite, l'aigu à gauche. Un clavicorde et un luth, respectivement figurés dans les anciens traités de Virdung et de Mersenne, montrent le même renversement de l'échelle. Et les modernes! Dans sa grande édition de *L'Enfer* du Dante — sa meilleure œuvre — Gustave Doré montre Nemrod le torse nu entouré d'une sorte de cor à la Dampierre. La très belle statue de Ringel d'Ilbzach (acquise par l'Etat français), *La Marche de Rakokzy*, représente un personnage jouant cet air héroïque sur une trompette marine, — ce qui, comme réalisation musicale, devait être curieux. On peut passer avec plus d'indulgence sur les détails erronés de la facture instrumentale, encore qu'il suffirait de se documenter pour éviter ces accidents, comme dans le tableau de J. Wagrez (au Musée de Bruxelles), *Un Maître de chapelle de Saint-Marc au XVᵉ siècle*, où l'on voit un orgue garni d'un clavier d'ivoire, alors qu'à cette époque tous les claviers étaient en bois. *Le Mandoliniste* de M. Van Rysselberghe (même musée) joue en réalité de la guitare; — mais c'est peut-être tout de même un mandoliniste, qui s'exerce sur l'instrument d'un confrère. Remarquons au surplus que, de même que pour les enfants une contrebasse n'est qu'un violon très gros, le mot de « mandoline » constitue une de ces désignations synthétiques, comme celles de « flûte » pour les instruments en bois, « trompette » pour les cuivres, appliquées commodément à une foule d'instruments. Gallay et Grillet signalent (1) que dans le catalogue du Musée de Cluny, par E. du Sommerard, une guitare, un archiluth et des théorbes n'échappent pas à la dénomination fatale de « mandoline ».

Nous parlions aussi de la technique instrumentale :

La jeune fille prit la harpe, *plaqua* quelques accords... (CHAVIGNAUD, *La Fée Carabosse*).

... Sa réputation s'étendait à plusieurs lieues à la ronde; sachant *toucher* du violon... (PERRIER DE LA BATHIE, *L'Eclopé*).

Cette harpe devait être un clavi-harpe, et ce violon quelque chose dans le genre du violoncelle à clavier de M. Mazet.

Ses mains diaphanes frémirent sur la boîte et en sortirent un violon. Les cordes étaient mer-

(1) *Un Inventaire sous la Terreur*, Introduction. — *Les Ancêtres du violon et du violoncelle*, id.

veilleusement tendues... (G. DAREMBERG, *Le Violon et l'Enfant*).

L'auteur entend sans doute dire que l'accord était bon. — D'une nécrologie du corniste Vivier, par P. Chaumet, — une victime posthume du célèbre mystificateur :

Entre-temps, il jouait du cor, tirant jusqu'à *trois sons à la fois* du même instrument. Poitiers s'éprit de ce miracle.

Il y avait de quoi. C'était encore plus fort que le moine de *Mefistofele*, de Boïto, qui « égrène un rosaire en murmurant un psaume » (*brontola orazioni regizando un rosario*).

... Le chat s'échappait la nuit, allait chasser dans les orgues en pénétrant par les lucarnes de l'église. Et lorsqu'un reste d'air demeurait pris *dans les tuyaux* (sic), son pas furtif sur le clavier éveillait des mélodies inconnues. (P. GAUTHIEZ, *Le Matou du curé Thadée*).

Dans cet orgue phénoménal, la soufflerie était certainement inutile. — Extrait de la description, par la *Tägliche Rundschau*, des nouvelles orgues du dôme de Berlin :

Le plus long tuyau, aussi gros que le corps d'un homme (!) mesure trente-deux pieds de long (?) et donne le son le plus grave, l'*ut* de... la contrebasse.

Ce n'était vraiment pas la peine d'être si gros et si long.

Les mots de « sonorité », « ondes sonores », exercent une dangereuse fascination sur les littérateurs, qui en général les emploient fort mal, distinguent obstinément entre le « son » et l' « onde sonore », qui ne sont qu'une seule et même chose. Nous avons déjà cité quelques cas. On regrette de trouver la même erreur dans un des plus jolis contes de M. Albert Mockel (*La Voix*) : « Puis, des *ondes* naquirent aux profondeurs du *son*... ». Et ceci, dans les fameux *Carnets du Roi* :

Les têtes de ces sortes de gens doivent comprendre des vides caverneux pour que les ondes sonores y résonnent mieux.

On ne trouve que rarement des notations

justes, comme celle-ci, de Gorki (*Troubles antisémites*) :

Les sons, dans une succession rapide, se confondaient comme les nuages en automne et déjà coulaient dans l'air en ondes pressées.

En général, les questions d'acoustique, de timbre, diapason, étendue sonore et autres du même genre sont une source inépuisable de méprises. — Du *Ménestrel*, au sujet du *lur* de bronze, la trompe danoise préhistorique (un simple tube recourbé) :

Son étendue est remarquable, car elle comprend trois octaves et demie (?), *avec des harmoniques qui l'augmentent encore.*

Les intonations appartenant aux trois octaves (?) susdites ne seraient donc pas des harmoniques?

Une armée de petits êtres, elfes ou gnômes, tournait en cercle avec furie, et tous ensemble, d'une *imperceptible* voix grêle, chantaient *à tue-tête.* (Edm. Haraucourt, *Le Souhait exaucé*).

On songe aux enfants qui, dans *L'Histoire d'un sous-maître* d'Erckmann - Chatrian, vous « tendent leur petite main d'une voix plaintive ».

Quant à Mlle Eve Adam (de l'Opéra de Nuremberg), mécontente, elle sabota son numéro en chantant faux *par-ci par-là* et *constamment* un ton plus bas que l'accompagnement. (M. Zamacoïs, *Une Soirée en 1910*).

Dans *L'Immortel* de Daudet, Paul Astier, en se querellant avec sa mère, haussait sa voix « à l'aigu de celle de cette dernière », ce qui est vraiment pousser l'insolence un peu... haut. — D'Alembert, dans ses polémiques imprudentes avec Rameau, reproche au père de l'harmonie d'avoir « fait chanter deux parties, pendant plusieurs mesures, à la tierce *majeure* l'une de l'autre ». C'est évidemment « tierce mineure » qu'il veut dire ; les tierces majeures devaient attendre, pour se superposer durant « plusieurs mesures », l'héroïque triade augmentée de l'*Hoïotoho*. » — Et que dire de ce phénomène de transmission électrique :

A de tels récits, ses compatriotes vibreraient comme des poteaux télégraphiques sous le passage du courant. (J. Tharaud, *Dingley*).

Les formes musicales, quoique moins malmenées, donnent lieu également à des confusions assez compréhensibles par ce fait que la terminologie, ici, n'offre pas par elle-même un sens déterminé. Le titre d'une des piécettes de Field : *Midi, nocturne,* est illogique; quoique classique. Et quand M. de M*** nous parle des « polyphonies de *Pelléas et Mélisande* », nous serions peut-être mal venus à lui expliquer que le style debussyste ne contient pas l'ombre de polyphonie puisque, étymologiquement, ce mot possède la même signification que « harmonie » qui, pour nous musiciens, désigne cependant tout autre chose.

De même le mot « fugue », désignant la forme polyphonique par excellence, n'évoque par lui-même rien de semblable. Nous avons signalé ce « Jung Werner », le *Trompette de Säkkingen* de von Scheffel, qui, sur son instrument, jouait à lui seul des fugues. Le même mot hante avec persistance l'encrier de Pierre Loti, qui évoque quelque part les « fugues » d'un rossignol. Mais ce sont surtout les muezzin de *Galilée* qui, d'après l'auteur, se livrent à cet exercice d'école : « ... fugues déchirantes du muezzin... », « ... fugues en mineur... », « les fugues exaltées de leurs invocations... », leur chant « semblable à une fugue de hautbois... ». Aussi virtuoses, ces chantres galiléens, que cet autre polyphoniste à lui tout seul, le bachelier en théologie de E. Gebhart (de l'Académie), qui, dans le *Loup du frère François,* « mourant de soif dès l'aurore, psalmodiait, *en faux-bourdon,* l'introït de la Messe des Buveurs ». Enfin, le célèbre explorateur allemand Schweinfurth décrit ainsi la danse des Mangbetu (Congo) :

Lentement et à voix basse, quelque vieillard décrépit, quelque femme édentée commence un récitatif douloureux. Bientôt quelqu'un sort d'une hutte voisine, puis un second personnage... On arrive, la foule se presse. Tout à coup l'assemblée, *prenant le même rythme,* éclate en un chœur universel qui se développe et devient *une fugue pleine de mesure...*

De M. Alb. Mérat, sur une autre forme :

Là dort ensevelie une musique exquise,
Ces vieux airs qu'on dansait en robe de marquise,
... Et, le soir, doucement si l'on ouvrait la porte,
Peut-être entendrait-on un *scherzo* délicat
Sous les doigts éffilés des châtelaines mortes.

Déjà ?

A l'époque où le wagnérisme, encore rare, signalait ses tenants comme des esprits originaux, comme des êtres d'exception, les derniers parnassiens, les poètes décadents et les symbolistes se rangèrent d'instinct sous sa bannière. Mais leurs allusions pèchent souvent par la forme. Parfaitement ignorants, comme Hugo, de notre terminologie, ignorants même des caractères de l'art nouveau, ils lui appliquent au petit bonheur un vocabulaire périmé, qui jure avec l'idée. Fûtes-vous point choqué de ce vers de Verlaine :

... Comme un air magnifique et joyeux de Wagner.

duquel on peut rapprocher ceci :

Il aurait fallu que des violons invisibles laissassent couler entre les arbres l'*air* d'amour de *Tristan*.
(Tancrède de Visan, *Lettres à l'Elue.*)

et encore ceci, de Paul Adam (*Valentin*) :

Elle chantait, à voix émue et vibrante, les *hymnes* d'Augusta Holmès et *celles composées par Wagner pour les Walkures...*

Quelles hymnes? On demande le catalogue des « morceaux détachés »...

Flaubert et Baudelaire, ces esclaves de l'information et de l'exactitude verbale, évitent ces travers. Même dans la pure métaphore, le poète des *Fleurs du Mal* reste clair et peint juste. Sa transcription poétique du prélude de *Lohengrin* n'a rien de risqué ou d'excentrique. Et quel romantisme saisissant dans cette évocation :

... Où, sous un ciel chagrin, des fanfares étranges
Passent, *comme un soupir étouffé de Weber (Les Phares).*

Les termes techniques, avec leur sens spécial, sont souvent pour les traducteurs une source d'embarras. Dans *Faits et Commentaires* de Spencer, traduction Dietrich, on lit que Liszt « abusait des arpèges et des *échelles* » (*scale*, gamme) et : «... les changements de *clef* vers la dominante » (*Key*, ici « tonalité »). Dans le passage de *La Fiancée de Lammermoor* cité plus haut, Duffry de la Monneye traduit *I have wind enough them* par : « J'avais bon *vent* (pour *souffle*) en ce temps-là. » — Inversement, les traducteurs musicologues attribuent parfois une signification musicale à des mots qui n'en ont point. Van Duyse signale (1) que dans ce passage d'une chanson dialectale allemande :

Jüffer mit de Tute
(Mademoiselle en bonnet tuyauté)

Böhme (*Deutsches Kinderspiel*) traduit erronément *Tute* par « trompette », ce qui n'a aucun sens.

Les confusions de noms et de dates, les fausses attributions sont des accidents fréquents dans la rédaction hâtive des quotidiens. Le *Journal de Genève* annonce *Athalie*, « tragédie en cinq actes de Mendelssohn », le *Journal de Charleroi* une représentation de *La Walkyrie*, « avec le concours de M. Delmas dans le rôle de Carmen »; le *Journal de Liège*, narrant la visite de Guillaume II à Aix-la-Chapelle, le peint apparaissant « comme le Lohengrin de la *Valkyrie* »; César Franck († 1890) n'assistait pas, remarqua l'*Etoile belge*, à l'inauguration du monument élevé en son honneur (1904) en face de la basilique de Sainte-Clotilde; le *Patriote* assure que le *Traité d'instrumentation* de Gevaert (1865-1885) fut « bientôt éclipsé par celui de Berlioz » (1844), le *Soir* que « Galli-Mariée a voulu être enterrée près du tombeau de Stéphane Mallarmé, l'*auteur de la nouvelle de Carmen* » et, ces jours-ci, un journal parisien annonçait la représentation de l'*Or du Rhin*, sous la direction de « M. Arthur Nibelung ».

Plus drôle encore, cette note du *Quellen-*

(1) *Het oude Nederlandsche lied.*

Lexikon, où le grave Eitner prend ingénuement le Pirée pour un homme :

BAILLY (Bienfaisant). — Le Musée britannique possède de lui : « Messieurs, sur votre connaissance », vaudeville de Bailly Bienfaisant.

(Le *Bailli bienfaisant* est un opéra-comique de Chapelle, joué aux Beaujolais en 1786.)

On sait que Brahms fut longtemps, en France, le compositeur des seules *Danses hongroises* et des valses *Germania*. Ne nous étonnons donc point de voir, dans la scène du bal des *Rois en exil*, les couples tourner, « fronts renversés, dans les ronds enlacés et magiques d'une mazurka de Chopin ou d'une valse de Brahms ». M. Edmond Picard connaît mieux le répertoire chorégraphique ; il nous fournit même, sur la descendance du roi de la valse, un détail inconnu, lorsqu'il nous parle (dans le *Peuple*) de *Salomé*, « musique de Richard Strauss, le fils du célèbre valseur qui fit gigoter le monde entier, etc. »

C'est tout pour cette fois. A plus tard une nouvelle cueillette.

ERNEST CLOSSON.

LA PREMIÈRE D'« ORPHÉE »
au Théâtre du Jorat.

LE mois passé, parlant dans cette revue de la fête des musiciens suisses, j'ai dit avec quel entrain réjouissant, avec quel bel enthousiasme, le public avait suivi ces nombreuses manifestations. Cette fois encore, pour *Orphée*, l'élan a été superbe, et la première fut un véritable triomphe. Il ne pourrait être plus belle récompense pour ceux qui prirent l'initiative de ce grand effort artistique ; et, vraiment, ce n'est pas trop, si l'on songe que depuis bien longtemps on travaillait, et avec quelle ardeur, à la préparation de cette glorieuse journée.

Le Théâtre du Jorat ne fonctionne pas régulièrement, à heures fixes, il n'a pas de troupe à lui, il n'a ni orchestre, ni danseurs, ni choristes. Fondé tout à fait fortuitement par les frères Marax après le grand succès d'une pièce inspirée par un événement historique qui s'était passé dans le village de Mézières et qui, interprétée par des amateurs, révéla de réelles capacités dramatiques et chorales chez les habitants de la contrée, ce théâtre n'est point un lieu d'industrie. Il tire toute sa gloire de la participation bienveillante et intelligente de la population environnante.

Aussi l'organisation d'une série de représentations lyriques exige-t-elle la formation circonstancielle de toutes sortes de comités et de commissions qui se partagent la tâche.

L'idée de représenter *Orphée* au Théâtre du Jorat a rencontré partout le meilleur accueil, et c'est avec empressement que d'illustres personnalités acceptèrent de patronner ce beau mouvement artistique. Au premier rang, M. Saint-Saëns, qui s'occupa avec Gustave Doret d'établir la version employée, c'est-à-dire une version Berlioz-Saint-Saëns dépouillée des fausses traditions dont les années l'avaient enlaidie. L'instrumentation rétablissait les effets de trombones et de cornetti généralement en partie supprimés, ainsi que les parties de cors, bassons ou flûtes souvent tronquées sans raison. D'autre part, la présence du Président de la Confédération, M. Ruchet, Président d'honneur, donnait à la manifestation un caractère presque national.

Les études, sous la direction de M. M. Doret, chef d'orchestre, Troyon, chef des chœurs et Groovley, second chef, furent menées avec le plus grand soin. Des jeunes filles de Lausanne et des environs, parfaitement ignorantes de l'art chorégraphique, avaient été instruites par Mlle Chasle, de l'Opéra-Comique, et atteinrent à un degré de perfection vraiment étonnant. Elles avaient elles-mêmes cousu leurs tuniques dessinées par M. Jean Marax avec un souci admirable du détail et du document.

La phalange des musiciens formés pour la circonstance fut tout à fait à la hauteur de sa tâche, bien disciplinée et pleine d'enthousiasme ; les chœurs nombreux et bien stylés. Mais je n'hésite pas à dire que ce qui fut le véritable triomphe de cette première, ce qui fut une révélation, une gloire sans précédent de l'œuvre de Gluck, ce qui caractérisa et rendra à jamais mémorable cette reprise au Théâtre du Jorat : c'est l'apport du talent merveilleux de MM. Jussaume et J. Marax ; ce sont les décors d'une puissance évocatrice irrésistible, géniale combinaison des tons qui exprime on ne peut plus fortement l'impression des scènes de l'antiquité ; c'est l'harmonie des lignes et des couleurs, c'est l'art plastique dans toute sa beauté, dans toute sa vigueur suggestive. Le succès d'*Orphée* à Mézières est avant tout un succès pictural et sculptural.

Au premier acte, le tableau était des plus saisissants; sur un ciel lumineux se détachaient les noirs cyprès du Bois sacré, au bord d'une mer d'un bleu dur. Au milieu, le tombeau près duquel Orphée se lamente et hors de scène, de chaque côté, sur le proscenium, le groupe des pasteurs et des nymphes entrés par des portes latérales, à la façon du théâtre antique.

Les chanteurs de Mézières ont rendu profondément les accents du chœur funèbre.

Le tableau des Enfers était moins réussi, il y avait quelque chose de trop paisible dans cette demeure des furies et des démons, mais la scène des Champs-Elysées fut parfaite, dans sa radieuse clarté, dans son calme béat dont la musique de Gluck a réalisé l'expression absolue.

Pour le dernier tableau, on avait substitué au traditionnel Temple de l'Amour une autre peinture des Champs-Elysées, mais cette sorte de « kermesse » qui clôture si sottement Orphée y était encore moins à sa place. Gustave Doret avait soigneusement ordonné au point de vue musical cette dernière scène, qui garde en dépit de tous les efforts une certaine trivialité.

Mme Charbonnel interprétait le rôle d'Orphée, qui sera également chanté par Mme Bressler-Gianoli. Elle aurait pu avoir un peu plus de passion.

Mlles Mastio et Campredon se partagent le rôle d'Eurydice et Mlle J. Castel interprète celui de l'Amour.

Il faut féliciter les promoteurs d'avoir eu l'heureuse idée d'organiser au Théâtre du Jorat des représentations musicales et d'avoir précisément fait choix de l'œuvre de Gluck, qui remplissait à merveille ces conditions : d'être à la fois un des plus beaux chefs-d'œuvre du théâtre lyrique, en même temps qu'il était accessible à tous.

A. PAYCHÈRE.

LA SEMAINE

PARIS

A L'OPÉRA, une représentation supplémentaire du Crépuscule des Dieux a été donnée pour profiter de la bonne volonté de M. Arthur Nikisch. Il s'est surpassé vraiment de couleur et de moelleux, et l'orchestre aussi, sans oublier les interprètes. Pour une fois nous avons eu un autre Siegfried : M. Altchevsky, dont il faut louer le zèle et la conscience artistiques et dont le principal défaut, inévitable, est qu'il jouait pour la première

fois ce rôle si complexe et si redoutable. Il faut, pour lui donner cette autorité, cette spontanéité d'expression, cet enthousiasme de vie, qui sont si caractérisques chez M. Van Dyck, l'avoir vraiment vécu tout au moins, et pendant bien des années. En revanche, la Brunnhilde est certainement la meilleure que nous ayons eue après Mme Litvinne. Mlle Demougeot, en grand progrès depuis quelque temps, et dont la voix a pris un développement considérable, chante et joue ce rôle énorme avec une énergie et une force qui ne faiblissent pas un instant et que guide d'ailleurs un style de vraie musicienne. C'est incontestablement, et bien qu'elle s'attaque ici à plus forte partie, son meilleur rôle à l'Opéra.

Quelques débuts ont attiré l'attention ces temps-ci. Celui de M. Robert Lassalle par exemple, le fils du grand baryton, voix de ténor chaude et sonore, qui s'est fait applaudir dans Faust et Rigoletto; et celui de M. Fontaine, autre ténor, mais plus puissant, dont la vaillance se déploya, facile et vibrante, au service du rôle de Raoul des Huguenots. H. DE C.

L'OPÉRA-COMIQUE a clôturé sa saison avec le répertoire et les meilleurs de ses artistes. On a applaudi Mlle Bréval et M. Salignac dans Carmen, Mlle Chenal et M. Salignac dans La Tosca, Mlle Lipkowska dans Manon, Mme Martyl dans Carmen et en particulier La Bohème, qu'elle chantait pour la première fois et où elle fut exquise, Mlle Lafargue et M. Salignac dans Werther, Mlle Korsoff et M. Sens dans Lakmé. On a repris aussi pour quelques soirs la belle œuvre de P. Dukas, Ariane et Barbe-bleue, avec Mlle Mérentié.

Au Conservatoire. — CONCOURS PUBLICS :.

VIOLON. — Premiers prix : MM. Quiroga-Losada (élève de M. Nadaud), Villain (élève de M. Rémy), Baladi, élève de M. Lefort), Mlle Laffitte (élève de M. Rémy), MM. Debruille (élève de M. Berthelier), Marcel Dhurand (élève de M. Lefort), M. Imandt (élève de M. Lefort), Mlle Lorrain (élève de M. Nadaud), M. Pascal (élève de M. Rémy); deuxièmes prix : Mlles Giraud (élève de M. Nadaud), Cousin (élève de M. Rémy), MM. Charon (élève de M. Berthelier), Mâche et Ritté (élèves de M. Rémy), Mlle Bonjour et M. Poiré (élèves de M. Lefort), Mlle Prère, élève de M. Nadaud); premiers accessits : MM. Milhaud (élève de M. Berthelier), Thénard-Dumousseau, Marcel Casadesus, Bellanager et Georges Crinière (élèves de M. Nadaud), M. Debonnet (élève de M. Rémy), Mlle Lavergne (élève de M.

Nadaud), M. Meunier (élève de M. Berthelier); deuxièmes accessits : Mlle Chardet et M. Soetens (élèves de M. Berthelier), MM. Franquin (élève de M. Rémy), Gentil et Bogouslawsky (élèves de M. Lefort), Domergue (élève de M. Rémy), Emanuele (élève de M. Nadaud), Mlle Friedmann (élève de M. Rémy), Mlle Rostagni (élève de M. Berthelier).

Quand on passe d'un concours lyrique à un concours instrumental, on a toujours un peu l'impression qu'on respire plus librement, qu'on entre dans un monde vraiment artistique. Jamais cette impression ne s'imposa plus impérieusement que pendant cette séance, venue au lendemain de celle d'opéra-comique. Il n'y a qu'une chose qui ne change pas, c'est le sans-gêne scandaleux du public. Si les preuves données par lui cette année ne suffisent pas à persuader enfin au ministre l'opportunité de la transformation de ces concours publics en concours à huis-clos, je me demande ce qui pourra encore lui imposer cette décision ? Que l'on lance des bombes sur le jury ? On le traite déjà tout haut de « vendu ! ». Il n'y a qu'un pas ! Le plus curieux, c'est que jamais il n'y eut tant de tumulte qu'à l'accueil de ce palmarès, où vraiment l'approbation du jury se montra fastueuse : sur 43 concurrents des deux sexes, 17 prix et 17 accessits ! Il est cependant juste de reconnaître qu'aucun ne fut immérité. Jamais concours ne fut plus brillant. Une fois de plus la gloire, la vraie gloire du Conservatoire en ressortit pure et brillante. Avec leurs 12 ans, leurs 15 ans, ces enfants, ces jeunes filles, sont de vrais artistes, presque des virtuoses de goût et de musicalité autant que de mécanisme. Citer l'un plus que l'autre est presque impossible. L'Espagnol Quiroga sera-t-il un Sarasate ? Rien ne s'y oppose, il a tout pour lui et concourait pour la première fois ! Et les autres, tant d'autres !... Le morceau de concours était le charmant concerto de Mendelssohn (premier mouvement), la leçon de lecture avait M. Lucien Capet pour auteur.

PIANO (femmes). — Premiers prix : Mlle Meerovitch (élève de M. Alfred Cortot), Novaes, Mathilde Coffer et Jeanne Michel (élèves de M. I. Philipp), Yvonne Hubert et Alice Léon (élèves de M. Alfred Cortot); seconds prix : Mlles Raymonde Blanc, Marie Barret, Hecking et Arnoult (élèves de M. Delaborde), Dubief (élève de M. Alfred Cortot), Marcelle Gelly (élève de M. I. Philipp), Germaine Lefort et Yvonne Dienne (élèves de M. Alfred Cortot); premiers accessits : Mlles Blanquer (élève de M. Delaborde), Gadot et Baillot (élèves de M. Alfred Cortot), Maximilienne Ruffin et Follet (élèves de M. J. Philipp); deuxièmes

accessits : Mlles Liénart (élève de M. Delaborde), Dochtermann (élève de M. I. Philipp), Ravaisse (élève de M. Alfred Cortot), Yvonne Prélat (élève de M. Delaborde).

Moins brillant que le concours de violon, peut-être à cause de la plus grande difficulté du morceau proposé — la ballade en *fa* majeur de Chopin, — et même de la page de lecture — œuvre de M. Messager, délicate, fine, pas commode, ce concours a cependant séduit par un très bel ensemble de qualités et deux natures d'artistes exceptionnelles. Nous connaissions déjà Mlle Guiomar Novaes, la jeune Brésilienne. Nous avons déjà mis en relief ses dons de premier ordre, sa musicalité rare, la grâce et la force de son jeu. Pourquoi n'est-elle pas nommée là première ? Je ne vous le dirai pas : Elle éblouit les auditeurs et l'opinion n'hésita pas à la préférer à toutes. Il est vrai d'ailleurs que Mlle Meerovitch est d'une maturité et d'une personnalité des plus remarquables aussi, au même âge de quinze ans. Il est vrai aussi que celle-ci avait eu le second prix l'an passé, tandis que Mlle Novaes concourait pour la première fois. Cela est d'ailleurs de peu d'importance. Mlles Coffer, Michel et Hubert étaient aussi des seconds prix, qui ont déployé les plus solides qualités, et il ne serait que juste d'en nommer une demi-douzaine d'autres; mais il y a la différence de l'élève remarquable à l'artiste née.

CLASSES LYRIQUES

OPÉRA-COMIQUE (élèves hommes). — Premiers prix : MM. Capitaine (élève de M. Dupeyron), Elain (élève de M. Isnardon), Cousinou (élève de M. Bouvet, intérim, M. Georges Petit); premiers accessits : MM. Feiner (élève de M. Bouvet, intérim, M. Georges Petit), Hopkins (élève de M. Isnardon); deuxièmes accessits : MM. Delgal (élève de M. Melchissédec), Poncet (élève de M. Isnardon).

Elèves femmes. — Premiers prix : Mlle Kirsch (élève de M. Isnardon), Mme Suzanne Thévenet (élève de M. Bouvet, intérim, M. Georges Petit); deuxièmes prix : Mlles Hemmerlé, Vénegas et Arcos (élèves de M. Isnardon); premiers accessits : Mlles Calvet, Hemmler (élèves de M. Melchissédec), Lubin (élève de M. Isnardon), Debarbieux (élève de M. Bouvet, intérim, M. Georges Petit); deuxièmes accessits : Mme Bonnet-Baron, Mlles Gilson, Charin et Joutel (élèves de M. Dupeyron.

Une première observation s'impose, — elle n'est pas neuve, mais vraiment la commission qui préside aux concours devrait bien y prendre garde, — c'est que les programmes de ces concours sont de plus en plus illogiques et absurdes. Autrefois, les concurrents d'opéra-comique jouaient des opéras-comiques, généralement pour seconds rôles, à leur portée, qui d'ailleurs les forçaient à jouer, et dans le sens de la comédie. Que d'Auber, de Boïeldieu, de Grétry... avons-nous entendus ainsi ! Maintenant, c'est du grand opéra qu'il leur faut, des scènes passionnées ou profondes, du chant sans jeu... Et quel chant ! les ténors, tout juste capables de chanter *Mireille* veulent hurler *Manon* ou *Werther* et n'y témoignent que de leur insuffisance... Conséquence à côté : il faut de plus en plus faire appel à d'anciens camarades, voire à des artistes qui n'ont jamais passé par le Conservatoire, et dont la supériorité est sans doute très agréable au public, mais n'est pas pour souligner celle des élèves. Cette année, nous avons eu jusqu'à *cinq* ténors étrangers aux classes : Georges Foix, Vincent, Gilly, Coulomb, Sorrèze.

Tout faible qu'il parut, surtout au point de vue « opéra-comique », c'est-à-dire des qualités de comédien, le concours n'a pas été vocalement plus médiocre qu'un autre, surtout du côté féminin. Mme Thévenet est une des rares qui aient montré de l'intelligence scénique ; la voix est jolie, mais surtout le jeu a du charme et du goût, elle vit, elle exprime, elle intéresse, et bien plus que Mlle Kirsch, qui, dans la même scène de *Werther* (les larmes) a surtout montré une belle voix et quelque tempérament encore mal réglé. Il eût été dommage que Mlle Devriès (second prix de 1909) fût encore oubliée : celle-ci semble avoir l'instinct de la scène et du comique, et son jeu est spirituel, si la voix est médiocre. Elle parut surtout dans Suzanne des *Noces de Figaro*. Mlle Hemmerlé est aussi une fantaisiste comédienne, avec une petite voix très pure et assez sûre : on l'apprécia dans la scène de la poupée des *Contes d'Hoffmann*. Mlle Venegas montra également de la légèreté et de la pureté dans les vocalises de *Lakmé*. On aurait souhaité la même récompense pour Mlle Calvet, voix d'un timbre bizarre, mais chaude et émanant d'un vrai tempérament (*La Navarraise*). Parmi les hommes, M. Capitaine est évidemment assez prêt pour la scène, parce qu'il en prendra l'habitude et y portera une jolie voix bien conduite et très unie : *Lakmé* lui fut favorable. Mais M. Elain montra dans le *Médecin malgré lui* une bonne humeur et une verve naturelle qui promettent bien plus, avec une voix suffisamment souple et timbrée, et M. Cousinou, dans *Le Chemineau*, étonna par la maturité précoce de son jeu avec une voix sonore et heureusement placée. M. Hopkins, qui sera un

exquis chanteur de salon, n'a rien à faire ici, mais l'encouragement à M. Feiner s'imposait : cette voix et ce jeu sont faits pour la scène. Le premier chantait une scène du *Roi malgré lui* (idée intéressante), le second en jouait et chantait une de *Hänsel et Gretel*.

OPÉRA (élèves hommes). — Premiers prix : M. Clauzure (élève de M. Isnardon); premiers accessits : MM. Godard (élève de M. Bouvet, intérim, M. Georges Petit) et Dutreix (élève de M. Melchissédec); deuxièmes accessits : MM. Philos (élève de M. Melchissédec) et Pallier (élève de M. Bouvet, intérim, M. Georges Petit).

Elèves femmes. — Premiers prix : Mlles Calvet, Hemmler et Courso (élèves de M. Melchissédec; deuxièmes prix : Mlles Kirsch, Arcos et Lubin (élèves de M. Isnardon); premiers accessits : Mlle Borel (élève de M. Bouvet, intérim, M. Georges Petit) et Mme Bonnet-Baron (élève de M. Dupeyron); deuxièmes accessits : Mlles Philipot (élève de M. Bouvet, intérim, M. Georges Petit), et Belamia (élève de M. Dupeyron).

Séance assez terne, en dépit du nombre des récompenses : encore celles-ci font-elles preuve à la fois d'indulgence et de sévérité. En soi, le prix de M. Clauzure, par exemple, est démesuré : il ne vise que l'intelligence et les efforts sincères de cet élève vers une personnalité dramatique, efforts que l'insuffisance de ses moyens vocaux rend souvent pénibles. Et l'exclusion totale de M. Iriarte, qui justement concourait avec lui, ne se justifie à son tour que par la gaucherie du jeu de cet élève, dont la voix est bien plus belle et les progrès évidents. C'est dans *Faust* et dans le *Freischütz* que cette basse et ce ténor ont paru. C'est dans *Hamlet* que s'est montré M. Godard, non sans acquis, et dans *Aïda*, M. Dutreix, ténor intelligent, de goût et peut-être d'avenir, qui surtout conduit parfaitement sa voix. Y a-t-il beaucoup plus de promesses du côté des femmes ? Je ne sais. Mlle Calvet a pourtant de l'étoffe et de la prestance, sinon une bien belle voix : son Amnéris fut fière et passionnée ; en somme, une artiste de caractère, en sa toute année, ou peu s'en faut. Mlle Hemmler a surtout de la virtuosité, et sut la montrer dans *Thaïs*; Mlle Courso a un instinct dramatique intéressant, mal servi au contraire par ses moyens vocaux (elle fut Azucena du *Trouvère*). Mlle Kirsch est plus complète et sa Chimène fut ardente et belle; Mlle Arcos, Marguerite de *Mefistofele*, manque encore de sûreté, mais non de sincérité et étonne par son sentiment, si jeune ! (vingt ans); on peut attendre aussi quelque chose de Mlle Lubin, dont la voix a de l'étoffe et le jeu de l'intelligence, et qui fut une Salammbô intéressante. Mlle Borel, enfin, doit être citée, pour la largeur de son interprétation de Didon dans *Les Troyens*.

Et maintenant, ne finirons-nous pas comme nous avons commencé, par ce vœu : fermez les concours au public ! Quelqu'un posait à ce propos la vraie question : sont-ce des *examens scolaires*, ou bien des *auditions en vue d'engagement*? Le Conservatoire est-il une école ou une agence théâtrale? Les scandales, venus des manifestations du public, ou parce qu'il y avait public, ont été si vifs cette année, que l'on s'est ému même « en haut lieu ». Que fera-t-on? Nous le verrons dans un an. Il y a d'ailleurs à redire aussi à la composition du jury, qui, quel qu'il soit, devrait au moins suivre les élèves pendant toute l'année d'études, être le même au cours des examens à huis clos et publics, et ne pas juger sur une séance seule, si pleine d'aléas. Enfin, on a beaucoup parlé et beaucoup écrit en ces temps-ci sur toutes ces questions; d'autant que, comme chaque année ou presque, des démissions de professeurs lyriques ont encore donné à jaser. (Il n'y a pas moins de trois chaires vacantes, celles de MM. Bouvet et Imbart de la Tour et celle de M. Dupeyron, qui vient de mourir). Deux affaires ont occupé aussi l'opinion, du côté des élèves. L'un d'eux, affolé par ses insuccès répétés, a insulté le jury d'une si verte façon qu'il a été exclu du dernier concours auquel il se présentait. L'autre, plus intéressant, c'est Mlle Devriès, que nous avons annoncée comme ayant obtenu un premier prix d'opéra-comique, et qui se l'est vu enlever finalement, pour la bonne règle. Cette jeune fille avait eu des voix dans le jury (les gens informés assurent même que c'étaient, par métier, les plus compétentes), mais pas assez pour lui donner le prix qu'elle attendait depuis deux ans (car elle avait eu le second en 1909). Renseignée sans doute à faux au moment de l'appel des lauréates, elle s'est avancée sur la scène avec ses *deux* camarades réellement appelées. Emoi, scandale... Consultant ses collègues, M. G. Fauré a passé outre, annoncé aux *trois* jeunes filles, sans distinction, qu'elles étaient couronnées, et fait ajouter sur l'affiche le nom de Mlle Devriès. — Le procédé était illégal mais non sans précédents. Sans le public, les journaux, toute une pression..., il eût sans doute passé paisiblement. Mais le ministre a déclaré le « vote du dernier moment », du jury, inadmissible, et par conséquent non avenu. Mlle Devriès avait d'ailleurs eu *déjà* la très élégante idée d'écrire à son directeur pour refuser une faveur qui tournait ainsi

au scandale. — Tout cela parce que les concours sont publics !   H. DE CURZON.

— La dernière matinée de M. Maxime Thomas, donnée le dimanche 2 juillet, était consacrée exclusivement à l'audition d'œuvres de M. Widor; et le nouveau membre de l'Académie des Beaux-Arts, qui n'a pas quitté le piano, a été chaudement applaudi par le public distingué réuni chez l'excellent violoncelliste. Il faut noter, parmi les ouvrages les plus goûtés, un trio, *Soirs d'Alsace*, très brillamment enlevé par l'auteur, par M. Bilewski, violoniste, et M. Maxime Thomas, et dont le morceau, *Promenade sentimentale*, a été bissé; ainsi qu'un andante avec allegro, où l'archet du maître de la maison a fait apprécier vivement encore sa pureté expressive; des mélodies dites par Mme Rambell; et le bel ensemble, *Chant séculaire*, page de haut style, où la Chorale Thomas a fait merveille.   J. GUILLEMOT.

— Mme Barbé, professeur de chant, a offert à quelques privilégiés une intéressante matinée dans la salle du Trianon-Lyrique, le mardi 4 juillet, en organisant une audition de ses élèves, qui se sont fait entendre dans divers fragments, parfois même des actes entiers, d'opéras et d'opéras-comiques. Le public choisi a vivement goûté cette séance lyrique, comportant costumes, décors et règlement intelligent de mise en scène. Un accueil particulièrement favorable a été fait à Mlle Magdeleine Garaudet, qui a fait valoir un jeu intelligent et un bon sentiment du théâtre, dans *Manon* et *Thaïs*. A noter aussi Mlle Grandjean, qui a joué avec talent un acte de *Carmen*; Mme d'Aujan-Janiaud, une bonne voix bien conduite (scène des bijoux de *Faust* et Micaëla de *Carmen*); Mlle Carton, qui a donné un juste accent dramatique à *Orphée* et au *Trouvère* (scène du *Miserere*); M. Cerdan, de l'Opéra, diction large et expressive dans *Thaïs*; M. Kernaudin, une franche basse, et M. Rolland Conrad, un ténor au timbre fort agréable. Une bonne matinée, comme on voit, faisant honneur au professeur, et où l'on a pu apprécier le remarquable talent d'accompagnatrice de la pianiste Mme Garaudet.
       J. GUILLEMOT.

— Au « Palais Rose » du Vésinet, dans un charmant décor de verdure et de fleurs, nous eûmes, l'autre jour, un après-midi musical et littéraire fort réussi. Mlles Dorziat et Lecomte, de la Comédie-Française, dirent des vers de Th. Gautier, de Verlaine et d'Albert Samain, Mlle Rosario chanta le *Poème d'un jour* de Fauré, et des mélodies de Brahms et de M. Marsick, l'éminent violoniste, qui, à son tour, nous charma dans plusieurs de ses œuvres.

Nous avons dit plusieurs fois ici la belle voix de Mlle Rosario (Suzanne Decourt). Nos pronostics vont être probablement vérifiés l'hiver prochain, car nous croyons qu'elle créera à l'Opéra-Comique le principal rôle d'une œuvre nouvelle.   F. G.

— Une bonne nouvelle pour les habitués des Concerts Colonne, qui avaient pu craindre un moment que, le bail une fois expiré (1913, le Théâtre du Châtelet voulût reprendre pour lui ses vingt-quatre matinées, si fructueuses en cette saison. Le Conseil Municipal, dont heureusement dépend ce théâtre, a prorogé le bail de l'Association Artistique jusqu'en 1922. Depuis sa fondation par Édouard Colonne, en 1874, l'Association a donné dans cette salle 1013 concerts.

OPÉRA. — Samson et Dalila. Coppélia. Le Crépuscule des Dieux. Faust. Thaïs. Rigoletto. La Maladetta. Les Huguenots. Aïda.

OPÉRA-COMIQUE.— La Tosca. La Vie de Bohème. Werther. Manon. Carmen. (Clôture, le 15 juillet.

APOLLO. — La Divorcée. La Veuve joyeuse.

BRUXELLES

Au Conservatoire. — D'heureuses innovations ont signalé les concours de cette année. M. Tinel a fait appel à des compositeurs belges pour les morceaux de concours des classes d'instruments à vent. Le morceau de concours pour trompette était de M. Paul Gilson, adroit manieur de cuivres; M. F. Rassé avait composé un *Lied* pour la clarinette basse, et M. R. Moulaert une *Elégie* pour le cor anglais. Il n'y a pas jusqu'aux contrebassistes qui n'aient eu leur œuvre belge : un fragment de la troisième suite de M. Eeckhaute, un morceau fort difficile et qu'ils exécutèrent brillamment. Félicitons-nous de voir l'attention de nos compositeurs nationaux attirée sur une catégorie d'instruments trop négligée jusqu'à présent.

Innovation aussi dans les classes de piano. D'après le nouveau règlement, pour être admis au concours de piano, les élèves devront avoir prouvé à l'examen général de fin d'année qu'ils savent lire convenablement à première vue une œuvre quelconque écrite pour leur instrument. En outre, ils devront avoir fourni le témoignage qu'ils possèdent un répertoire de morceaux composé comme suit :

1° Suivant l'année d'études de l'élève, trois à neuf préludes et fugues du *Clavecin bien tempéré* de J.-S. Bach. Un ou plusieurs numéros, d'après le jugement du jury, seront à jouer de mémoire au concours public;

2° Suivant l'année d'études, deux à six Sonates de Beethoven ;

3° Une œuvre au moins de chacun des auteurs suivants : Mozart, Schumann, Chopin, Liszt et Brahms.

Enfin, pour garantir la réelle valeur d'un diplôme de « premier prix » de piano, celui-ci ne sera décerné qu'aux concurrents ayant fait un cours complet d'harmonie pratique et ayant remporté au moins un accessit au concours de cette classe.

Excellente initiative ! Tout le monde y applaudira. Reste à garantir par un choix éclairé la *réelle valeur* du morceau imposé si l'on veut que le nouveau règlement produise de bons effets. Jusqu'à présent, le dit morceau imposé, pris invariablement dans les œuvres de J.-N. Hummel, constituait le triomphe du lieu commun. Le *Guide musical* n'a cessé de protester contre ce choix. En 1909, M. Tinel dérogea à la tradition. Les jeunes filles eurent à exécuter la fantaisie en *ut* mineur de Mozart. Cette année, les jeunes gens présentaient les variations op. 34 de Beethoven. On peut espérer que bientôt Hummel sera radicalement supprimé et ses compositions remplacées par des chefs-d'œuvre authentiques.

Un mot sur les concurrents. Aucun sujet marquant parmi les pianistes.

Parmi les jeunes filles, la plus haute distinction fut remportée par Mlle De Herve, une toute jeune personne, qui exécuta avec beaucoup de brio le scherzo en *si* bémol mineur de Chopin. Le jeu est encore assez mécanique. On lui voudrait plus de poésie.

L'intérêt principal des concours de piano résidait dans l'épreuve pour le prix Laure Van Cutsem. Mlle Van Halmé, jeune concurrente, a fait de très grands progrès depuis son premier concours (1908). Elle possède à présent cette sonorité d'une ampleur toute orchestrale, sans laquelle la fantaisie op. 17 de Schumann perd toute signification.

Le concours de violoncelle nous révéla un jeune talent plein de promesse : M. Quinet, de Charleroi, qui, à l'âge de treize ans possède un son velouté, une vélocité et une clarté tout à fait remarquables.

Le violon, comme d'habitude, occupa de longues séances. Mlles Baret et Torra, élèves de MM. Marchot et Thomson, triomphèrent aisément, l'une par la surprenante facilité de sa technique et le charme de son phrasé, l'autre par la pureté de son jeu et de son style.

A signaler dans les classes de chant la fraîche voix de ténor de M. Mertens (élève de M. Demest), la finesse de Mlle Mulders et la virtuosité vocale de Mlle Viceroy. Ces dernières, élèves toutes deux de Mme Cornélis, remportèrent haut la main le Prix de la Reine Marie-Henriette.

— La Société nationale des Compositeurs belges a fait preuve cet hiver d'une vitalité qui a été hautement appréciée par tous ceux qui, en Belgique, s'intéressent à notre production musicale.

Au cours des quatre concerts donnés à la Grande Harmonie par cette société, on a entendu des œuvres souvent très développées de : Peter Benoit, G. Huberti, G. Lekeu, Mestdagh, Paul Gilson, Wambach, Victor Vreuls, J. Jongen, Mortelmans, Eeckhautte, Louis Delune, G. Frémolle, Moulaert, Jaspard Wilford, Jean Strauwen, L. Samuel, H. Sarly, Mlle Laenen, Paul Lebrun, Ryelandt et Willems.

Ajoutons que nos auteurs ont trouvé auprès de nos virtuoses et chanteurs le concours le plus dévoué, le plus confraternel. Voilà qui est de bon augure pour l'avenir si nos compositeurs trouvent auprès des pouvoirs publics l'encouragement et l'appûi qu'ils méritent.

— Ecole de musique de Saint-Josse-ten-Noode-Schaerbeek. — Résultats des concours de 1911 :

Solfège supérieur, deuxième division (professeur Mlle Evrard). — Première distinction avec mention spéciale : Nelly Mengeot ; premières distinctions : Jeanne Maes, Yvonne Vanderstraeten, Madeleine Jamart, Palmyre Vanderstraeten.

Professeur M. Minet. — Première distinction avec mention spéciale : René Verbrugghen ; premières distinctions : Hubert De Joncker, Gaston Clerincx.

Solfège pour chanteuses, première division (professeur Mlle Jacobs). — Premières distinctions : Marie Tramasure et Jeanne Gilis.

Deuxième division (professeur Mlle Walkers). — Premières distinctions : Alexandra De Meyer, Jeanne Brogniez, Ludwine Windels et Renée Janson.

Solfège pour chanteurs, première division (professeur M. Mercier). — Première distinction avec mention extraordinaire : Léon Poels.

Deuxième division (professeur M. Mercier). — Première distinction : Gustave Nelissen.

Solfège élémentaire, deuxième division (professeur Mme Eberhardt). — Première distinction avec mention spéciale : Blanche Devroey ; premières distinctions : Jeanne Haverhals, Alberte House, Madeleine De Wandel et Jeanne Van Hall.

Professeur Mlle Evrard. — Première distinction avec mention spéciale : Stéphanie Prince ; premières distinctions : Pauline Prince et Flore Schepens.

Professeur M. Mercier. — Première distinction : Madeleine Van Daele.

Professeur M. Maeck. — Première distinction : Raoul Gauger et Pierre Leemans.

Professeur M. Hoyois. — Première distinction avec mention spéciale : Georges De Goes ; première distinction : Armand Melkior.

Troisième division (professeur M. Moulaert. — Première distinction : Guillaume De Bruyn.

Professeur M. Vander Brugghen. — Premières distinctions avec mentions spéciales : Edouard Eppelsheim et Marcel Simon ; premières distinctions : Albert Maligo, Benjamin Mayné et Maurice Duquesne.

Solfège élémentaire, première division (professeur Mme Labbé). — Médaille : Jeanne De Decker ; premiers prix : Alice Drabbe et Marguerite Lebizay.

Solfège supérieur pour chanteuses (professeur Mme Labbé). — Premiers prix avec distinction : Berthe Somers et Hélène Leborgne ; premier prix : Dorothée Claeys.

Solfège élémentaire, première division (professeur Mlle Jacobs). — Première distinction avec mention spéciale : Fernande Godenne ; premières distinctions : Marie Tonmelin et Berthe Moortgat.

Professeur Mlle Camu. — Première distinction avec mention spéciale : Laurence Lejeune ; première distinction : Flore Dubois.

Professeur M. Maeck. — Premières distinctions : Raymond Fagel, Georges Koester, Remi De Taeye, Henri Vandaudenard.

Solfège supérieur, troisième division (professeur Mme Eberhardt). — Premières distinctions avec mention spéciale : Germaine Smitz, Maria Michiels, Léonie Salens, Lina Paquet ; premières distinctions : Wilhelmine Waersegers, Mariette Fabry Victorine Deschepper, Georgette Kupper, Simone Mouchet, Céline Verhaeghe.

Professeur Mme Lécroart. — Premières distinctions avec mention spéciale : Marie De Raedemaeker et Madeleine Vander Noot ; premières distinctions : Elise Deblaer, Germaine Hoilleberg. Marie Luyten et Jeanne Deblaer.

Professeur Mlle Huberti. — Premières distinctions : Eugénie Moortgat, Mélanie Schümmer et Marthe Van Kinderen.

Professeur Mme Hoyois-Pantens. — Première distinction avec mention spéciale : Nelly Knockaert ; premières distinctions : Marie-Antoinette Verboven, Aimée Bastin, Louise Heymans, Alice Gods.

Chant individuel, cours supérieurs (professeur Mme Cornélis-Servais). — Médailles du gouvernement : Emma Carreau et Gondry-Debruycker ; premier prix : Lina Pollard ; deuxièmes prix avec distinction : Biron-Jongen et Françoise Naeyaert.

Professeur M. Demest. — Premier prix : Léon Ghiot.

Mélodie (professeur M. Demest). — Prix : Maurice Lits.

Chant individuel, cours inférieurs (professeur M. Demest). — Première distinction : Georges Collès.

Professeur Mme Cornélis. — Première distinction avec mention spéciale et prix offert par Mme Boulvin : Maria Waeyenbergh ; premières distinctions : Marie Tramasure et Jeanne Brossard.

Professeur Mlle Latinis. — Premier prix avec distinction et prix offert par Mme Boulvin : Césarine De Groote.

Professeur-adjoint Mlle Poirier. — Première distinction avec mention spéciale et prix offert par Mme Boulvin : Henriette Vuga ; première distinction : Alice Lefèvre.

Diction, cours inférieur (professeur Mme Van Heers). — Première distinction avec mention spéciale : Alice Rasquin ; premières distinctions : Lina Pollard et Berthe Somers.

— Fondation Gustave Huberti. — Règlement : Article premier. — En vue d'honorer la mémoire de Gustave Huberti, ancien directeur de l'Ecole de musique de Saint-Josse-ten-Noode-Schaerbeek, il est institué un prix annuel qui portera la dénomination de Prix Gustave Huberti.

Art. 2. — Seront affectés à ce prix, les revenus du reliquat de la souscription publique ouverte pour l'érection d'un monument sur la tombe de Gustave Huberti, au cimetière de Schaerbeek.

Art. 3. — Les fonds constituant le solde de la somme recueillie seront placés en obligations à 3 % de la société du crédit communal et inscrits, au nom de l'Ecole de musique de Saint-Josse-ten-Noode-Schaerbeek, au grand livre de cette société.

Art. 4. — Le prix sera décerné à l'élève le plus méritant, à tous égards, parmi les lauréats des concours annuels.

La Commission arrêtera annuellement le programme et l'objet du concours auquel seront soumis les candidats.

Le jury sera nommé par la Commission, conformément à l'article 88 du règlement organique.

Art. 5. — Les revenus de la fondation seront affectés à l'achat, par l'administration de l'Ecole, d'ouvrages de musique ou d'œuvres littéraires ; le bénéficiaire sera autorisé à exprimer ses desiderata à cet égard.

Toute autre destination que celle qui est indiquée ci-dessus devra être préalablement autorisée par la Commission administrative.

Art. 6. — En aucun cas, le prix ne pourra être partagé.

Art. 7. — La décision de la Commission administrative sera rendue publique dans la séance de remise des diplômes et récompenses aux lauréats des concours annuels.

CORRESPONDANCES

ANVERS. — Le Conservatoire a donné ses auditions annuelles d'élèves. Public nombreux et succès habituel. L'impression d'ensemble fût, du reste, excellente. Notons que la troisième audition se clôturait par une *Fantasia* de M. H. Willems, exécutée par la classe d'ensemble pour cuivres, une heureuse innovation.

Voici les résultats des examens pour l'obtention d'un diplôme de capacité :

ORGUE (professeur, M. Arthur De Hovre). — Diplôme avec distinction : M. Henri Van Schoor.

ART DRAMATIQUE (professeur, M. Maurice Sabbe). — Diplôme avec grande distinction : Mme Germaine Verlinden-Loosveldt ; diplôme avec distinction : M. Joseph Verlinden ; diplôme avec fruit : M. Jan Van de Velden. Le tout à l'unanimité.

FLÛTE (professeur, M. Ferdinand Valck). — Diplôme avec grande distinction : M. Jean Celis.

CLARINETTE (professeur, M. Joseph Cootmans). Diplôme avec distinction : M. Fr. Peeters.

TUBA (professeur, M. Pierre Craen). — Diplôme avec distinction : M. J. Van Steenwegen.

CHARLEROI. — Le programme du deuxième concert historique de musique wallonne donné à l'Exposition partait ; comme le premier, du xvie siècle, mais s'étendait cette fois jusqu'au xviiie, avec Grétry, Gossec et Méhul. M. H. Carpay a dirigé des exécutions impeccables de pièces polyphoniques de Richafort, de la Rue, Josquin de Prés, Le Maistre, Lassus, Claude Le Jeune et Dumont, parmi lesquelles des morceaux tels que l'*O Salutaris* de de la Rue et *D'une Colline* de Le Jeune montrent combien les limites du style polyphonique et du style « accordique » italien que l'on oppose au premier se confondent en somme et comment, bien avant Willaert et Palestrina, les musiciens de la seconde école néerlandaise prati-quaient déjà l'accord, lorsque l'instinct les y pous-sait. Les *Meslanges* de Dumont, avec leur accompa-gnement instrumental, leurs modulations hardies et leur chaud lyrisme, apportent, eux, une note toute différente et évoquent bien leur xviie siècle ; particulièrement remarquables, du même maitre, les pièces lentes pour clavier, *Grave* et *Allemande* (excellemment jouées à l'orgue par Mme Béon), dont la polyphonie très simple, mais très expres-sive, montre ce que le siècle sut tirer, en l'adaptant à ses besoins, de l'appareil scientifique des Néer-landais.

Le contraste était vif entre tout ceci et les grands musiciens belges de la fin du xviiie siècle, repré-sentés par un air de *Sylvain* de Grétry, une scène de *Médée* de Gossec, une sonate pour clavier et une scène d'*Ariodant* de Méhul (1). La sonate, fort jolie, et spirituellement exécutée par Mme Béon, s'apparente, comme style et comme forme, aux compositions similaires de Haydn. L'air de *Sylvain* n'est pas du meilleur Grétry, le maitre liégeois étant, on le sait, moins heureux dans le style dramatique que dans le genre léger ; chose curieuse, c'est le morceau du brave Gossec, si oublié aujourd'hui, et que les organisateurs ne produisaient qu'à titre documentaire, qui des trois numéros vocaux obtint le plus de succès par l'intensité et la vigueur de l'expression. Les trois morceaux furent chantés par Mlle Alexander d'une voix généreuse, chaude et colorée et lui valurent un vif succès.

Le troisième concert est fixé au 3 août et mènera cette fois les auditeurs jusque César

---

(1) Le maitre givetois est traditionnellement classé comme compositeur français. Nous pensons toutefois qu'en matière d'histoire de l'art, la question de race prend le pas sur celle de nationalité. Or, c'est par une fiction géographique, grâce à une enclave ménagée dans le territoire belge, que Givet est français ; mais la race y est celle de notre région d'Entre-Sambre-et-Meuse.

Franck, le glorieux maitre wallon de la fin du xixe siècle. E. C.

GAND. — Au Waux-Hall, grâce à l'inlas-sable dévouement de ses dirigeants, les soirées artistiques se poursuivent et l'attrait en est augmenté par la production successive d'élé-ments transcendants. Parmi ceux-ci nous citons avec plaisir M. Carlo Matton-Painparé, le brillant virtuose qui a fait admirer une fois de plus ses grandes qualités d'instrumentiste, sa profonde technique, son beau mécanisme et le sentiment exquis dont il dote ses interprétations. Au pro-gramme figuraient le concerto en *la* avec orchestre de Mozart, l'*Aria* de Bach et une mazurka de Zarzycki.

LIÉGE. — Les concours du Conservatoire ont eu lieu pour la première fois sous la présidence de M. Sylvain Dupuis, directeur, dont l'équité et la bienveillance amène se sont imposées en ces jours de surmenage. La revue générale des divers enseignements que permet d'effectuer l'épreuve de fin d'année a été soulignée par de nombreuses remarques de la presse locale qui a stygmatisé des défauts ou des lacunes, trop sen-sibles au reste pour que le nouveau directeur ne les ait pas aperçus dès le premier coup d'œil. Nous pensons donc nous trouver à la veille d'une réno-vation et d'une ère de progrès qui faisait gran-dement défaut.

La plupart des épreuves ont donné des résultats moyens ou passables, sauf pour la lecture, mau-vaise en général ; il n'y a pas eu de révélation.

Le Conseil communal a refusé un crédit de 10,000 francs destiné à la mise en scène de *Quo Vadis ?* au théâtre royal, après que la Commission eût demandé que ce crédit ne fut accordé qu'en priant le directeur d'engager des artistes suffisants. On se souvient des déboires de l'an passé : l'avenir ne s'annonce pas sous des couleurs plus roses. Et M. Dechesne est possesseur d'un contrat de trois ans !

M. Léopold Charlier fait des efforts couronnés de succès pour élever le niveau d'art des Concerts de l'Acclimatation. Mlle Fanny Heldy y fut vive-ment applaudie, après M. Théo Henrine, l'excellent pianiste qui nous est revenu en vacances et a donné maintes preuves de ses surprenants progrès, effectués grâce aux conseils de Godowski.

Dr DWELSHAUVERS.

MALINES. — Au vingt-deuxième congrès de la Fédération archéologique et histo-rique de Belgique, qui se réunira du 5 au 12 août, il y aura une section de musicologie. On est heureux de constater que cette branche, si long-temps négligée en archéologie, se développe de façon étonnante. Déjà au congrès de Liége (1909), la section musicale fut très importante, mais il semble que celle de Malines l'emportera par la variété et l'abondance des sujets. On cite, au nombre des principaux travaux :

Vieilles chansons et danses de la Campine, par Th. Peeters ;

L'origine et le développement du carillon, par Dr Van Doorslaer ;

Les facteurs d'orgue malinois, par le même ;

Les ménestrels communaux et joueurs d'instru-ments divers établis ou de passage à Malines de 1311 à 1790. Notes pour servir à l'histoire de la musique à Malines, par Raym. Van Aerde ;

La pénétration de l'opéra italien et de l'opéra français en Belgique au xvıı° siècle, par Paul Bergmans ;

L'esthétique expressive de Guillaume Dufay dans ses rapports avec la technique musicale du xv° siècle, par Ch. Van den Borren ;

Maître Simon, maître des ménestrels de la vielle en 1313, par Paul Bergmans ;

Possède-t-on des documents nouveaux sur Séverin le Picard et Sicard, facteurs d'orgues liégeois ?

Possède-t-on des documents nouveaux sur les facteurs d'orgues Brebos ? D.-G Jorissenne ;

Des recherches faites et à faire dans les fonds musicaux de la province de Liége, Dr Dwels-hauwers.

O STENDE. — La saison bat son plein, le nombre des villégiateurs ne fait qu'aug-menter, de même que l'auditoire des concerts quotidiens du Kursaal. Et nous avons eu même, parmi ce public, une nouvelle auditrice auguste entre toutes ; S. M. la Reine Elisabeth, en effet, est venue trois vendredis de suite, honorer le concert de sa présence. La première fois, le 30 juin, M. Edouard Jacobs était en vedette au programme, et a joué avec une remarquable virtuosité le concerto militaire de Servais — très suranné — puis le larghetto du quintette avec clarinette de Mozart, dont la noble mélodie fut phrasée avec beaucoup d'expression, et une sono-rité superbe.

Le programme symphonique comprenait entre autres l'ouverture des Meistersinger, et celle de Léonore n° II, lesquelles reçurent une exécution impeccable, sous la direction de M. Léon Rinskopf. Pour le vendredi 7 juin, celui-ci avait fait appel au concours du jeune pianiste M. Marcel Laou-reux, professeur des princes royaux.

M. Laoureux avait choisi, comme morceau de consistance, le concerto en ut mineur de Rach-maninhow : une œuvre inégale, dont le début a grande allure, mais où la substance thématique n'abonde pas ; partition plutôt symphonique, où l'orchestre joue un rôle prépondérant ; ce con-certo, outre les qualités de facture du premier allegro, contient des pages charmantes, tel le mouvement lent, où il y a une phrase très pre-nante.

Le pianiste, fort bien secondé par l'orchestre de M. Rinskopf, a mis en valeur, à souhait, le rôle de son instrument. Il a trouvé à déployer ses remar-quables qualités de mécanisme dans les soli de la seconde partie du concert : Toccata de Saint-Saëns et Les Jeux d'eau de la villa d'Este de Liszt. La belle technique du jeune virtuose, qui jouait sur un superbe Érard, lui a valu les applaudissements les plus chaleureux du public et les éloges les plus flatteurs du Roi et de la Reine, qui ont assisté au concert du commencement à la fin. LL. MM. ont fait appeler, après la séance, MM. Rinskopf, Laoureux et Vilain, l'organiste du Kursaal, et les ont vivement remerciés du plaisir d'art qu'Elles venaient de goûter.

Notre capellmeister a eu l'heureuse idée de transporter au théâtre ses concerts classiques du vendredi, dont la série s'est ouverte le 14 juillet. Si l'on se place au point de vue purement artistique, l'idée est fort heureuse ; la salle du Théâtre Royal, en effet, est excellente, l'audition est autrement nette et claire qu'au Kursaal, et puis, l'on peut écouter sans être distrait par les allées et venues de ceux qu'indispose la musique sérieuse, disons-la musique tout court.

M. Rinskopf a eu, pour lancer cette innovation, les encouragements les plus augustes, puisque M. la Reine avait promis d'assister au premier des concerts classiques de la saison. Et l'on a eu la bonne surprise de voir arriver avec notre royale dilettante, le Roi ; oui, le Roi Albert en personne qui ne passe pas pour être particulièrement pas-sionné de musique, et qui a néanmoins assisté a tout le concert. Et l'on a pu voir, spectacle charmant, la petite Reine lisant avec son royal époux les commentaires insérés au programme, comme si Elle eût voulu l'initier, Lui aussi, à son art de prédilection.

Et le programme était digne de cet illustre intérêt.

Nous n'allons pas découvrir l'Amérique en vantant le charme spirituel, parfois mêlé de solennité — oh! ces trois accords majestueux, trois fois répétés, du. milieu ! — de l'ouverture de *La Flûte enchantée*, et les splendeurs sonores du *Voyage au Rhin* de Wagner.

M. Jacques Thibaud, le soliste du concert, a interprété le concerto de Beethoven avec des qualités de style et de sonorité qui ont fait de cette exécution un régal rare. On ne saurait mieux jouer cela, surtout le larghetto, où le violoniste et l'orchestre furent vraiment émouvants.

Il n'a pas que le charme et que le style : les chercheurs de petite bête peuvent fouiller dans les coins cette exécution ; tout y est en place, jusqu'au moindre détail, ce qui prouve que, chez le virtuose français, la technique est à la hauteur du style.

Il y avait encore, au programme, le poème symphonique *Mort et Transfiguration* de Richard Strauss, l'œuvre souverainement évocatrice, où la lutte d'un être humain contre la Camarde est dépeinte en des pages qui sont ce que la musique a produit de plus angoissant, depuis le prélude de *Tristan et Yseult*. Mais à côté de cette angoisse, il y a le pressentiment, puis l'éclat du triomphe final, de la *Welterlæsung* du poète. Oh! la belle œuvre !

Voilà pour les concerts extraordinaires. Aux concerts ordinaires du soir, il y a eu une très belle série d'artistes du chant, parmi lesquels nous avons plaisir à citer plusieurs pensionnaires de notre première scène lyrique : Mlle Heldy, qui a fort réussi ; M. Octave Dua, qui ténorise à ravir ; Mlle Yvonne de Tréville, dont la technique demeure impeccable. Parmi les artistes français, citons Mlle Le Senne, de l'Opéra, M. Tirmont, de l'Opéra-Comique, et tirons hors de pair, pour sa belle voix qui porte à souhait, pour son goût et son mécanisme parfaits' Mme Nicot-Vauchelet, de l'Opéra-Comique ; cette artiste a paru en deux soirées qui furent deux triomphes.

Une soirée exceptionnelle, ce fut l'apparition du Mænnergesang-Verein de Mayence, une phalange stylée et disciplinée, dont les exécutions furent un vrai régal, tant elles ont de l'homogénéité, du fondu et de la sûreté.

Vendredi dernier, ce fut l'annuel festival belge ; au programme : Blockx, Dubois, Gilson, Lebrun, Mathieu, Tinel et Waelput. Nous en parlerons dans notre prochaine correspondance.   L. L.

YPRES. — **Mardi 8 août**, à 10 heures du matin, aux Halles, audition musicale, sous la direction de M. H. Vanden Abeele, directeur de l'Ecole de musique. Programme : 1. Ouverture de l'opéra : Le Calife de Bagdad, pour orchestre (Boïeldieu) ; 2. Le Ruisseau, chœur pour voix d'enfants avec accompagnement

d'instruments à cordes (Rheinberger) ; 3. Luim, duo pour clarinettes, avec accompagnement de quatuor (P. Benoit) ; 4. Heilgroet, chœur à l'unisson avec accompagnement d'orchestre (P. Benoit) ; 5. Novellettes, op. 53, pour instruments à cordes : A) Andantino, B) Scherzo, c) Andantino con moto, D) Allegro vivace (N.-W. Gade) ; 6. Wederkeering naar den Oorsprong (paroles de Bilderdyck), pour chœur mixte, avec accompagnement d'instruments à cordes, piano et orgue (Ad. D'Hulst).

NOUVELLES

— Les funérailles de l'illustre chef d'orchestre Félix Mottl, qui ont eu lieu à Munich, ont été dans leur émouvante simplicité dignes du grand disparu. Tout ce que Munich compte d'artistes avait tenu à y assister. La cérémonie avait été admirablement organisée. Au moment où les portes du hall où se trouvait le cercueil couvert de roses s'ouvraient, un orchestre invisible fit entendre le finale de *Tristan et Isolde*. Ce fut un moment d'émotion intense. Le cercueil fut ensuite porté au dehors, dans un jardin, en pleine lumière du soleil, déposé sur un catafalque autour duquel de hauts candélabres étaient allumés. Alors, les amis, les artistes défilèrent ; il y eut plusieurs discours, notamment de l'intendant des théâtres de Munich, von Speidel, et de Richard Strauss. Pour terminer, l'orchestre joua encore la marche funèbre du *Crépuscule des Dieux*, vers la fin de laquelle le corps fut emporté.

Mottl avait demandé l'incinération. Il est regrettable que la rigueur extrême du catholicisme de la Cour ait empêché celle-ci de se faire représenter à ces funérailles par l'un de ces membres. Pendant la maladie de Mottl, le Prince-Régent fit plusieurs fois prendre des nouvelles du malade ; il est presque inconcevable qu'il n'ait pas cru de son devoir, malgré tout, de se faire représenter aux obsèques, pour rendre au grand disparu le suprême hommage. Heureusement pour Munich, les artistes ont bien fait les choses.

— Au cours de la saison qui vient de se terminer au Théâtre impérial de Vienne, et qui fut dirigée jusqu'à la fin avril par Félix Weingartner, puis par M. Hans Grégoir, on a donné trois cent onze représentations. On a joué soixante œuvres lyriques dues à la plume de cinquante auteurs, et on a représenté quinze ballets. Les œuvres nouvelles parues à l'affiche sont *Le Secret de Suzanne* d'Erman Wolf-Ferrari, *L'Homme de Neige* d'Erich Korngold, *Le Baron des Tziganes* de Joannes Strauss, *Benvenuto Cellini* de Berlioz ; *Le Chevalier à* la *Rose* de Riçhard Strauss, et *Pelléas et Mélisande* de Debussy. Les œuvres de Richard Wagner sont toujours le plus en faveur auprès du public viennois. Au cours de la saison dernière, il y a eu soixante-quatre représentations d'œuvres du maître.

— Le second cycle d'exposition musicale organisé à Rome, à l'occasion des fêtes de l'Unité itali-nne, s'est terminé par des exécutions magistrales, à l'Augusteo, puis au théâtre Costanzi de Rome, de la *Messe de Requiem* de Verdi, que l'on n'avait plus entendue en Italie depuis longtemps. L'œuvre a été admirablement interprétée par Mmes Cecilia Gagliardi et Virginia Guerreni, par MM. Martinelli, ténor, et Nardones, basse, sous la direction du maëstro Toscanini. L'impression qu'a faite cette composition de grande allure, très dramatique, a été profonde.

— Le député Rosadi a déposé sur le bureau de la Chambre italienne un projet de loi signé par soixante-dix parlementaires, tendant à réduire de quatre-vingts à dix ans, la période pendant laquelle se maintiendrait dorénavant la jouissance du droit d'auteur. Les auteurs de la loi font valoir, entre autres, qu'il y a préjudice sérieux pour la culture artistique du pays et pour le développement de l'art théâtral, à ce que les éditeurs puissent pendant quatre-vingts ans empêcher la libre interprétation des œuvres qui ont reçu la faveur du public. La plupart des compositeurs italiens appuyent de tous leurs vœux le nouveau projet de loi, qui a provoqué, au contraire, la plus vive opposition chez quelques auteurs intéressés au maintien du *statu quo*.

— Le ténor Enrico Caruso a intenté un procès au célèbre laryngologue milanais M. de la Vedova, auquel il réclame un million de dommages et intérêts. Il reproche au docteur de la Vedora, dont il suivait le traitement, d'avoir publié un article de journal où il était dit que le mal de gorge dont souffrait Caruso pouvait avoir de graves conséquences. Caruso prétend qu'en faisant paraître cet article, le docteur de la Vedova a cherché à se venger de lui parce qu'il s'est refusé à lui payer une note exorbitante d'honoraires. Ce procès sera débattu incessamment devant le tribunal de Milan.

— L'Opéra-Comique de Berlin a été loué pour un an, à partir du 1er septembre 1911, par la chanteuse Aurelia Revy, qui a assumé la direction de la prochaine saison.

— La revue allemande *Die Woche* a mis au concours la composition d'une marche militaire, pour laquelle elle offre un prix de six mille marks.

— L'an prochain, la Société Brahms de Bonn organisera, en l'honneur du maître, un festival qui durera cinq jours.

— La célèbre cantatrice Adelina Patti, âgée aujourd'hui de soixante-huit ans, ne consent toujours pas à renoncer aux applaudissements du public. Elle a dit adieu à la scène, il y a deux ans, mais elle prétend faire encore admirer sa voix dans les concerts. Elle vient de signer un contrat avec l'impresario américain Benjamin Harris, au terme duquel elle entreprendra, la saison prochaine, une tournée artistique, dans les principales villes des Etats-Unis.

— Cette année 1911 les pianistes fêteront le 15ome anniversaire de la naissance de J.-L. Dussek. On ignore peut-être que ce compositeur séjourna quelque temps à Malines ; certains prétendent même qu'il fut organiste à la maîtrise de St Rombaut. Ce dernier point nous semble inexact ; nulle part nous n'en avons trouvé la preuve. Ce qui est certain c'est que Dussek vint à Malines en 1779, âgé de près de dix-neuf ans et qu'il s'y produisit à un concert. Voici la traduction de l'articulet annonçant son concert :

« Jeudi 16 décembre 1779, le sieur Dussek, venant de l'Allemagne, pour exhiber (*sic*) son talent dans ces pays, aura l'honneur de donner, avec l'autorisation de M. l'écoutète, un grand concert instrumental à la salle du local des Trippiers situé marché au beurre en cette ville. A ce concert il exécutera sur le clavecin diverses sonates de sa composition, pour lesquelles il espère obtenir les acclamations de chacun. L'entrée est de deux escalins. On commencera exactement à six heures du soir. »

(Extrait du journal « l'Annonce hebdomadaire » [*Wekelijks bericht*], année 1779, page 5o7.)

On sait que Johann Ladislaus Dussek, après ses études théologiques faites à Iglau et à Prague, quitta la Bohême, pour suivre, aux Pays-Bas, son protecteur le comte de Moenner. Il passa une couple d'années à voyager en Belgique et en Hollande, où il organisait des concerts. Dussek venait donc de l'Allemagne lorsqu'il passa à Malines en 1779. Nous ignorons dans quelles villes belges il se fit encore entendre. Nous le trouvons à Bergen-op-Zoom ; à Amsterdam en 1782, puis à La Haye, où il fut précepteur des fils du gouverneur de la ville. R. v. A.

- De Genève on nous écrit le succès qu'a remporté la séance annuelle de l'école secondaire et supérieure des jeunes filles. et spécialement les chœurs sous la diiection de leur professeur, M. Henry Kling, notre distingué collaborateur : l'un d'eux était *l'Aube du jour*, de Mendelssohn ; un autre, *Ma Nacelle*, était dû à la plume de M. Kling lui-même.

PROFESSEUR DE VIOLON

UNE place de **professeur de violon** (cours supérieur) est vacante au **Conservatoire** ainsi qu'à l'**École de musique** de la *Maatschoppij tot Bevordering der Toonkunst* à Amsterdam.

Honoraires garantis 3000 florins pour un maximum de vingt-cinq heures de leçons par semaine (dans ces heures sont comprises les cours de quatuor et d'ensemble).

Les candidats à cette place sont priés de s'adresser **par écrit**, avant le 25 août 1911, à **M. Johan Spoor**, administrateur, Keizersgracht, 123, à Amsterdam (Néerlande). Si leur demande est prise en considération. ils recevront une réponse vers le commencement de septembre.

Le Directeur,
DANIËL DE LANGE.

57me ANNÉE. — Numéros 32-33.   6 et 13 Août 1911.

LE GUIDE
MUSICAL

La jeunesse de César Franck

ON sait, par l'étude biographique de M. V. d'Indy consacrée à son maître (1), que le père de César Franck descendait d'une famille de peintres wallons, s'occupait de banque et de négoce. Cependant, au lieu de diriger ses fils vers les professions chères aux esprits positifs, il les orienta volontairement vers la carrière musicale. Mais, de même que le père de Weber ou celui de Stephen Heller, il entendait par là celle de virtuose.

Après avoir fait ses premières études techniques au Conservatoire de Liége, le jeune César Franck, à l'âge de onze ans, entreprit, sous la conduite de son père, une tournée de concerts en Belgique et à Aix-la-Chapelle. A l'automne de 1835, Nicolas-J. Franck vint se fixer à Paris avec ses deux enfants, César-Auguste (2) et Joseph.

L'aîné fut confié aux soins de Reicha, qui lui fit étudier le contrepoint et la fugue. Reicha étant mort en 1836, N.-J. Franck « sollicita pour son fils l'admission au Conservatoire royal. Ce ne fut qu'en 1837 que

(1) Les Maîtres de la musique : César Franck, un volume in-8°, Paris, 1906, Alcan.
(2) Le 15 novembre 1835, la Gazette musicale annonçait que le jeune César-Auguste Franck, premier prix de piano du Conservatoire de Liége, se ferait entendre le 17, au « Gymnase musical ».

César Franck put entrer comme élève dans la classe de Leborne pour la composition et dans celle de Zimmermann pour le piano ». Au concours de 1838, il remporta un grand prix d'honneur de piano dans des circonstances demeurées célèbres. Elles sont racontées dans toutes les notices sur César Franck.

Nicolas-J. Franck n'avait d'ailleurs pas attendu cette consécration officielle pour produire son fils à Paris comme virtuose. Rien que pour les cinq premiers mois de l'année 1837, j'ai trouvé, dans les journaux du temps, trace de trois concerts : le premier, donné le 23 février 1837, à l'Athénée musical où C. Franck se faisait entendre dans un fragment de concerto de sa composition, ainsi que dans la grande fantaisie de Thalberg sur les Huguenots; les deux autres, dans les salons du célèbre facteur de pianos Pape (10, rue de Valois et 19, rue des Bons-Enfants), les 23 avril et 14 mai 1837. A l'un de ces concerts, il joua « avec pureté et correction », une Fantaisie de Hummel et il eut l'honneur de paraître dans la même séance que l'illustre Franz Liszt; dans l'autre, il participait, avec le violoniste Alard et le violoncelliste Chevillard, à l'exécution du quatuor (op. 16) de Beethoven, d'un trio de Schubert inconnu en France et de deux fragments du quatuor de Weber.

A cette époque, la Gazette musicale considérait déjà le jeune César-Auguste comme

un pianiste habile. Ses éloges durent être
de quelque valeur pour un débutant qui, à
l'âge de seize ans, ouvrait chez lui, 22, rue
Montholon, un cours de piano, trois fois
par semaine, pour cinq élèves au plus,
« un jour étant consacré au déchiffrage, à
l'analyse musicale et à la transposition par
une méthode à lui ».

Les années suivantes, Franck continua
de donner des concerts, soit seul, soit avec
d'autres artistes, ou encore avec son jeune
frère Joseph, qui suivait aussi les cours du
Conservatoire et se produisait comme violoniste. Mais le cadet était moins apprécié
que l'aîné. Du pianiste, Maurice Bourges
écrivait qu' « il enlève la difficulté comme
en se jouant. Ses doigts sont doués d'une
légèreté singulière ; son jeu, tour à tour
énergique, élégant et chaleureux, unit à un
brillant style les qualités les plus solides ».
Ce jugement s'applique à l'exécution, le
28 février 1840, à la salle Pape, du « morceau de salon » (Concertstück) de Weber et
de différentes autres pièces de Moschelès,
Chopin, Thalberg et Kalkbrenner.

L'année suivante, ce n'est plus Maurice
Bourges qui rend compte des concerts
Franck. Henri Blanchard, moins bienveillant, ne lui reconnaît qu'un « talent
mécanique.... C'est net, pur et sec. Il sait
et ne sent pas. La mélodie ou la difficulté
ne dérange jamais le sourire qui semble
stéréotypé sur sa figure. » Le rédacteur
conseillait au débutant de prendre pour
modèle le jeu de Sigismond Thalberg.
Cependant, il devint par la suite plus indul-
gent.

Ainsi, le mois suivant, incité peut-être à
plus de charité par le fait qu'il s'agissait
d'un concert de bienfaisance, Blanchard
accorde que le jeune pianiste « a rendu la
belle musique de Hummel et de Beethoven,
avec autant de modestie que d'onction et
d'expression. » L'année suivante, son
aménité s'accroît encore, il se contente de
quelques faciles jeux de mots sur les noms
du facteur de pianos et de l'exécutant, pré-
nommé : César-Auguste :

Ces deux moitiés de Dieu, le Pape et l'Empereur !

* * *

Ce n'est pas seulement comme pianiste
que César Franck se distingua au Conservatoire de Paris. Dans la classe de Leborne,
il eut aussi un accessit de contrepoint en
1838 ; puis, l'année suivante, le second prix
de contrepoint et fugue ; enfin, le premier
en 1840, avec une fugue extrêmement
remarquable qui est conservée comme modèle. Dans la classe d'Eugène Benoist, il
obtint, en outre, le prix d'orgue en 1841. Il
aurait même pu concourir pour le prix de
Rome, — quoique né à Liége, — son fils,
Georges Franck, décédé en 1910, m'en a
expliqué la raison. Son père ne lui en laissa
pas le temps. Il escomptait les talents du
virtuose ! Au mois d'avril 1842, il lui fit
malheureusement interrompre ses cours et
l'emmena passer quelque temps en Belgique (1). Après quoi, les illusions pater-
nelles s'étant sans doute dissipées, César
Franck revint se fixer à Paris avec les
siens.

La vraie vocation de C. Franck le portait
vers la composition. C'est sur les bancs
mêmes du Conservatoire qu'il élabora ses
premiers trios pour piano, violon et violoncelle. M. V. d'Indy leur attribue la date
1841-42. Or, j'ai trouvé dans la Gazette
musicale la preuve que deux d'entre eux
étaient déjà écrits au début de 1838. Au
concert du 28 février 1840 dont j'ai parlé
plus haut, César Franck exécuta, avec
l'aide de son frère Joseph et d'un violoncelliste nommé Rignault, son trio pour
piano, violon et violoncelle. Le 1er mars,
Maurice Bourges, qui rendait compte de
la matinée César Franck, fit, sans en indiquer le ton, ni le numéro, l'éloge de cet
« ouvrage consciencieux, écrit d'un fort
bon style et plein de détails remarquables »,
signala la tournure originale du premier

(1) M. d'Indy parle d'un séjour de deux ans en Belgique. Or, la Gazette musicale du 16 octobre 1842 nous
donne la preuve que C. Franck était de retour à Paris
à l'automne de 1842. Elle annonce en effet qu'il rouvre,
43, rue Laffitte, son « cours de piano (4e année), harmonie, contrepoint et fugue », mais elle nous apprend
aussi qu'il retourna en Belgique dans l'été de 1843.

morceau, des longueurs dans l'*andante* qu'il jugea « un peu diffus ».

Il est possible. d'ailleurs, que Franck ait retouché ses trios, les années suivantes, avant de les livrer à l'impression. Sur le conseil de son père, il les avait dédiés à S. M. Léopold Ier, roi des Belges. D'après M. V. d'Indy, le voyage à Bruxelles, en 1842, aurait eu pour but la présentation de ces trios au roi, dans une audience de Cour, « son père fondant, disait-il, sur la dédicace en question, les plus fantastiques espérances que rien, hélas! ne vint justifier par la suite ». Cependant, en réponse à l'hommage du compositeur, Léopold Ier, l'année suivante, lui octroya une médaille d'or à son effigie. Auparavant, ces trios avaient été exécutés salle Erard, plus un trio vocal pour soprano, ténor et basse, dit par Alexis Dupont, Tagliáfico et Mlle de Nierendorff.

Si les trios de César Franck avaient retenu l'attention de Liszt, lorsque l'auteur les lui soumit, en 1842, à Bruxelles — c'est même à un conseil de Liszt qu'est due la réfection du *finale* du troisième trio (en *si* mineur, dont la version primitive a été détachée et publiée à part, sous le numéro d'op. 2, — à Paris, ils déroutèrent la critique. Maurice Bourges, cependant favorable au talent du jeune compositeur, ne donna son approbation qu'au second trio, dit « de salon », qui méritait réellement son titre, écrivait-il, et qui, aujourd'hui, nous semble démodé, par le fait même qu'il était conforme au goût du temps. Il discutait d'abord le point de savoir si l'on a le droit de changer les formes classiques. L'ayant admis, il ajoutait que le second trio « avait tout ce qu'il fallait pour faire passer les autres », qui décelaient « des prétentions plus élevées ». Et voici, ce qu'en ces derniers, sous la suggestion du romantisme de l'époque, découvrait le critique : « Tantôt, c'est du pompeux, tantôt du grandiose calme, tantôt du bizarre, du sinistre, du sauvage (!). L'imagination de l'auditeur peut passer *à plaisir de l'invocation austère du patriarche aux rugissements*

de cannibales autour de leur victime, ou des scènes tumultueuses d'une révolte aux processions lugubres des pénitents les plus ténébreux sous les voûtes les plus sombres. C'est du mélodrame pur-sang, du roman d'Anne Radcliffe. »

Tant de choses dans un menuet!

A la fin de son article, Bourges concédait que « Franck sait faire parler les instruments dans leurs cordes les plus avantageuses » et tempérait, en terminant, des critiques nombreuses par des encouragements à l'auteur, « qui connaît le développement et la forme ».

L'analyse technique de ces trios a été faite de main de maître par M. V. d'Indy, qui, dans sa notice, donne la notation des thèmes. Je ne puis donc que renvoyer à son livre ceux de nos lecteurs qu'intéressent ces dissections.

* * *

Afin de propager la réputation artistique de ses fils, non seulement N.-J. Franck donnait, tous les samedis, chez lui, d'abord rue Laffitte, puis rue Labruyère, — des séances de musique, mais, de temps à autre, il organisait une audition dans une salle de concerts, et les principales œuvres de l'aîné en formaient le programme. De plus, il en assurait la publication, soit à ses frais, soit de compte à demi avec un éditeur. Enfin, il avait soin de faire parvenir des invitations à la critique et de harceler les revues musicales de ses informations. C'est même grâce au goût pour la réclame de N.-J. Franck que nous pouvons aujourd'hui faire l'histoire des débuts de son illustre fils.

Pendant près de dix années, la *Gazette musicale* tint ses lecteurs au courant de l'activité artistique de César Franck et de son frère Joseph, habituellement avec bienveillance, parfois sur un ton d'ironie, lorsque le prurit de publicité de leur père devenait importun.

Ainsi, en mars 1845, un rédacteur qui signe : *The Rover of concerts* (le Coureur de

concerts) (1), maltraita fort la Trinité des
Franck : « Père, Fils et Saint-Esprit ».
Mais ce ton acerbe était rare dans la
Gazette musicale dont la critique était géné-
ralement courtoise.

La plupart des productions juvéniles que
César Franck faisait entendre dans ces
matinées musicales, étaient des compositions pour le piano, c'est-à-dire, le plus
souvent, selon la mode du temps, des
transcriptions brillantes sur des motifs
d'opéra. En adoptant cette forme qui ne
cadrait pas avec ses tendances, Franck se
préoccupait sans doute de déférer à la
volonté de son père, mais, comme il avait
un goût tout particulier pour l'art naïf des
opéras-comiques de la fin du XVIIIe siècle,
au lieu d'emprunter ses motifs à Rossini, à
Bellini ou à Meyerbeer, comme le faisaient
Kalkbrenner, Liszt ou Thalberg, il choisissait volontiers ses thèmes dans Gulistan
de d'Alayrac ou dans Lucile de Grétry. Sur
Gulistan, il a composé jusqu'à trois fantaisies, dont une pour piano et violon. Des
deux autres, pour piano seul, l'une est
dédiée à Mlle Félicité Desmonsseaux, qui
devait, quatre ans plus tard, épouser César
Franck (2).

Gravés à ses frais, ses premiers morceaux
de piano furent mis en dépôt chez Schlesinger, Richault, etc. (3). D'autres étaient
la propriété des éditeurs, telles les transcriptions de quatre mélodies de Schubert,
publiées chez Challiot, en 1844 (4). Ces
œuvres de jeunesse, parmi lesquelles une
demi-douzaine seulement consistent en pro-

(1) Il appelait César Franck « compositeur de lieux
communs, jouant en mesure, mais connaissant peu celle
de la patience d'un auditoire français, lequel déserte
devant l'incommensurable longueur des trios et autres
œuvres de M. C.-A. Franck. La manière naïve dont le
jeune Joseph Franck joue du violon et l'admiration non
moins naïve de M. Franck père pour ses enfants, a
quelque chose de primitif et de patriarcal, devant quoi
désarme la critique ».

(2) L'autre à Mlle Anna-Henriette Adour; celle pour
piano et violon à Mlle Félicité de Cécil de Herck.

(3) Ainsi que l'indiquent le cotage placé au bas de la
page : Propriété de l'auteur, et les initiales : G. H. F.

(4) Les Plaintes de la Jeune fille, La Truite, La Jeune
Religieuse, La Cloche des Agonisants.

ductions originales (1), doivent avoir été
tirées à petit nombre. Les planches ont
même dû être fondues, car on ne trouve
plus ces morceaux chez les successeurs
des éditeurs primitifs. Je n'ai pu les lire
qu'à la Bibliothèque du Conservatoire.
Encore n'y possède t'on ni la Ballade (op. 9),
ni la Fantaisie (op. 13), ni le solo de piano
avec accompagnement de quatuor à cordes
(op. 10), qui, d'après ce que m'a confié
M. Georges Franck, devait être un arrangement de Ruth. De ces trois morceaux,
ainsi que des Petits Riens, M. V. d'Indy
pense qu'ils ont pu être composés, mais
que, annoncés sur la couverture d'ouvrages
du même auteur, ils n'ont été ni gravés, ni
mis en vente. C'est possible, ce n'est pas
certain, car j'ai trouvé, pour ma part, trace,
sinon de leur publication, du moins de leur
exécution en public.

On peut avoir une idée des œuvres pour
piano de C. Franck, composées dans ses
débuts, par le Grand Caprice (op. 5) en sol
bémol, qui a été réédité chez Lemoine, en
1905. A mon avis, il méritait moins cet
honneur que la Fantaisie sur deux airs
polonais (op. 15). Le morceau est dédié à
une polonaise, « S. A. Mme la Princesse de
Ligne, née Lubomirska », l'une des protec-
trices de l'auteur sans doute. La plupart
de ces pièces pour piano sont dédiées à des
élèves ; ainsi le duo à quatre mains sur le
God Save the King! a pour dédicataires
deux jeunes filles au nom britannique,
Mlles Anna et Emmeline Stratton.

Il est à remarquer que César Franck ne
reconnaissait aucune valeur à ces productions de jeunesse, à l'exception des trios
(op. 1 et 2). Ce dernier est dédié à Liszt
qui s'employa à les faire connaître en
Allemagne et garda toujours à leur auteur
une sincère amitié.

***

Du même temps sont les premières mélodies pour chant et piano, publiées chez

(1) Op. 3, Eglogue; op. 5, Premier Caprice pour piano;
op. 7, Souvenir d'Aix-la-Chapelle; op. 9, Ballade; op. 13,
Fantaisie pour piano; op. 16, trois Petits Riens : Duettino,
Valse, Songe.

Richault et rééditées en un recueil chez Costallat : *Souvenances* (1842) sur des vers de Chateaubriand ; *Aimer* et l'*Emir de Bengador* dont le texte est de Méry ; *Ninon*, sur la poésie d'A. de Musset ; *Robin Gray*, naïve bergerade de Florian ; *Le Sylphe* (paroles d'Al. Dumas), avec accompagnement de violoncelle, ces dernières de 1843. La meilleure des œuvres vocales de cette époque, c'est *L'Ange et l'Enfant* (1846), qui a l'accent des mélodies de Schubert, mais au succès de laquelle a toujours nui le sujet fort triste, emprunté au poète Reboul, de Nîmes.

A l'une de ses matinées d'élèves, le 12 mai 1845, César Franck exécuta lui-même sa *Fantaisie sur deux airs polonais* et fit chanter « quelques morceaux de musique dramatique dont un trio ». Qu'étaient ces morceaux? Probablement des fragments de *Ruth*, car il n'est à la connaissance de personne qu'à l'âge de vingt-trois ans Franck ait entrepris un opéra, à moins que ce ne fût un essai de cantate pour le Prix de Rome.

De *Ruth* elle-même, une première audition fut donnée par l'auteur au piano, avec le concours de la basse Obin, de Mlles Mondutaigny, Moisson et Caut. Il en fut rendu compte dans la *Gazette musicale*, le 9 novembre 1845.

L'exécution intégrale eut lieu dans la salle du Conservatoire, le 4 janvier 1846, en présence des célébrités musicales de l'époque : Spontini, Halévy, Meyerbeer, Ad. Adam, Liszt, Pixis, Moschelès, le pianiste Alkan dont C. Franck admirait les œuvres, et le jeune Stephen Heller qui, de temps à autre, collaborait à la *Gazette musicale*. L'orchestre était conduit par Tilmant. Le succès fut très marqué ; les strophes du moissonneur furent même bissées.

Dans la *Gazette musicale*, ce fut Henri Blanchard qui rendit compte de *Ruth*. De son article, en ma notice sur C. Franck, imprimée il y a plus de vingt ans, j'ai cité seulement la première phrase ; elle débute par une plaisanterie sur « les noms ambitieux et pompeux » du compositeur. Il est plus intéressant de rappeler l'appréciation du critique. De l'introduction symphonique, Blanchard dit que « les instruments y sont bien distribués », mais il la juge « trop longue et d'un dessin trop monotone ». Trop longue aussi lui paraît la marche des Moabites. Il signale une analogie de caractère dans l'arrivée des Bethléémites et « une ressemblance avec la marche des pèlerins d'*Harold*, surtout dans l'instrumentation ». J'avoue n'avoir pas été frappé de cette ressemblance. Il est vrai que Franck a retouché son œuvre, vingt ans après, avant qu'elle n'ait été gravée par l'éditeur Hartmann. Il a pu tenir compte des critiques formulées à l'origine. Blanchard donnait des éloges au chœur des Moissonneurs, mais il lui faisait grief de « tourner court et de se refroidir par des reprises trop fréquentes. » Il reprochait aussi à l'auteur d'abuser du *tremolo*, effet facile à la portée des débutants. On sait que, sous le rapport de l'écriture contrapontique, Franck devait plus tard, prendre sa revanche !

* *

En pleine révolution de 1848, le compositeur se mariait. A cette époque, encouragé par le succès de *Ruth*, ou sous l'influence de la famille de sa femme, qui était fille de la tragédienne Desmousseaux, Franck se tourna vers le théâtre et entreprit de composer un opéra sur un livret intitulé le *Valet de Ferme* signé d'Alphonse Royer et de Gustave Vaëz.

D'après M. V. d'Indy, cet ouvrage dont l'action se passait aux Pays-Bas, à la fin du XVIIe siècle, aurait été écrit de décembre 1851 au début de 1853. La composition du *Valet de Ferme*, qui devait se concilier avec les occupations professionnelles du jeune musicien, devoirs de famille, leçons à donner d'où il tirait son unique revenu, produisit chez Franck un surmenage cérébral qui l'obligea, pendant quelque temps, à cesser tout travail intellectuel. M. d'Indy ajoute que, lorsque Alphonse Royer devint directeur de l'Opéra, il refusa l'ouvrage de avec 123 représentations, s'éclipse à son tour. *La Gipsy*, un ballet, à l'Opéra, attint le chiffre de 42, qui n'est pas méprisable pour le genre. Mais *Carline, Le Comte de Carmagnole, La Guerillero, Angélique et Médor*, même *Mina*, et encore un ballet, *Betty*, sont plus éphémères les uns que les autres, de 1840 à 1846.... Il ne faudrait pas exagérer la chance qui aurait poursuivi Ambroise Thomas pendant toute sa carrière, et en conclure qu'il la devait au soin de flatter constamment le goût du moment. On dit comme cela bien des choses qu'on serait bien embarrassé de prouver. *Le Caïd* et *Le Songe d'une nuit d'été* reprennent alors la veine, mais celle-ci disparaît une fois avec *Raymond, La Tonelli, La Cour de Célimène, Le Carnaval de Venise, Le Roman d'Elvire*, entre 1851 et 1860. Seule, *Psyché*, parfois reprise, au moins par fragments, et qui a de bien jolies pages, réussit à atteindre 70 représentations. N'importe, Ambroise Thomas, à cette époque, membre de l'Institut (dès 1851), professeur au Conservatoire (dès 1856) officier de Légion d'honneur, n'existait, musicalement, que par deux ouvrages, et assez minces. Non, la chance n'était pas venue encore.

Le Caïd est d'ailleurs une amusante bouffonnerie (3 janvier 1849), dont le succès, considérable, s'est maintenu sur la plupart des répertoires. L'Opéra-Comique en a donné cette année la 400e représentation, et il n'est pas le seul à l'avoir joué, même à Paris. *Le Songe d'une nuit d'été* (20 avril 1850) a été moins heureux, parce que les disparates y sont trop choquants; mais il est juste de dire que l'étrangeté du sujet et la banalité romanesque du rôle qu'on y fait jouer à Shakespeare et à la reine Elisabeth, rendaient presque impossible l'unité musicale de l'œuvre. Les pages vraiment séduisantes de la partition et la silhouette assez réussie de *Falstaff* ont cependant amené plusieurs reprises, et l'Opéra-Comique, en somme, ne l'a pas jouée moins de 227 fois.

Mais quelle revanche, coup sur coup, après six ans de silence, que cette légendaire *Mignon*, ce bienheureux *Hamlet!* La destinée apportait enfin deux vrais sujets au musicien : ils firent pour lui ce que n'avaient pu faire vingt œuvres de mérite; ils lui donnèrent de l'inspiration.

En vérité, les compositeurs lyriques ne se doutent pas assez de cette nécessité absolue d'un bon poème, et d'un poème qui convienne à leur talent. Ils accumulent les essais, dans l'espoir qu'il en restera toujours davantage : il en reste souvent moins que rien. Ne vaut-il pas mieux n'avoir écrit que trois ou quatre partitions, dans toute une vie, comme a fait Reyer, mais qui restent? Le livret de *Mignon* était de ceux qui sont toujours sûrs de vaincre : il est si adroitement extrait du long et complexe roman de Gœthe, *Wilhelm Meister!* Il faut avoir le courage de le lire pour se rendre compte de la dextérité avec laquelle Barbier et Michel Carré ont su isoler et agencer les éléments extrêmement épars de cette histoire « en marge ». Quant à la partition, elle va de pair : elle offre de tout à tous : du rire et des larmes, de l'émotion sincère et de la frivolité poudrée, du caractère et de la facilité; et si heureux est le mélange, que les goûts les plus divers y sont satisfaits. Les pages banales y sont relevées par des inspirations d'une grâce indéniable, la convention d'un effet est balancée par la sincérité poignante d'un autre effet.... Depuis le 17 novembre 1866, il y a quarante-quatre ans, sur la seule scène de l'Opéra-Comique (jugez des autres d'après celle-là!) *Mignon* a dépassé le nombre de *1380* représentations. Ambroise Thomas, on s'en souvient, a pu assister, fait inouï, à la *millième* de son œuvre.

C'est aussi l'une des œuvres du « répertoire » le plus faciles à monter et le plus flatteuses pour les artistes. *Hamlet* a dû à de plus grandes difficultés une carrière moins unie : on ne trouve pas sur n'importe quelle scène les voix et les expériences qui sont indispensables à ce trio, d'Hamlet, Ophélie et la Reine. *Hamlet* cependant, qui depuis le 9 mars 1868 a atteint 319 représentations, à l'Opéra seulement, est d'une inspiration supérieure, en plus d'une page, à tout ce qu'a jamais écrit Ambroise Thomas. Des scènes comme celle de l'Esplanade, avec son contraste entre l'angoisse d'Hamlet et les bruits lointains de la fête du palais, avec d'ailleurs sa déclamation sobre et expressive; comme l'acte de l'Oratoire et le dialogue âpre et serré de la mère et du fils; comme encore, dans un tout autre effet, la mort d'Ophélie et les thèmes populaires qu'égraine sa folie, feraient honneur à de plus grands musiciens, et ne sont nullement indignes de l'original shakspearien....

Pourquoi reprit-il encore la plume, après six ans, pour *Gille et Gillotin*, en 1874; pour *Françoise de Rémini*, en 1882 (cette grande machine dont le prologue seul, si différent du reste, a du caractère), et pour le ballet de *La Tempête*, en 1885...? Il aurait aussi bien fait de la briser tout de suite. Il n'est pas trop d'un véritable génie pour donner vie à certaines œuvres ; et il est trop certain qu'il n'avait pas de génie.

Il avait de la finesse et de la solidité; de la sincérité, de la grâce; et il savait à fond son art. Il fut un professeur éminent, au Conservatoire, jusqu'en 1870 : Massenet, Dubois, Bourgault-Ducoudray, Lefebvre, l'attestèrent souvent. Il fut aussi, vingt-cinq ans durant, de 1871 à sa mort, l'excellent directeur que l'on sait. Peu *artiste*, en somme, Ambroise Thomas fut un *musicien* remarquable, — bien plus que Gounod, par exemple, qui lui est d'ailleurs si supérieur.   Henri de Curzon.

LA
Vingtième saison de Bayreuth

CETTE année est la vingtième des *Festspiele*, la vingtième session, s'entend, car voici trente-cinq ans déjà que Richard Wagner a inauguré sa merveilleuse salle, mais on sait qu'il n'y a pas eu représentations chaque année. Est-ce parce que l'an dernier le théâtre est resté fermé, est-ce par un redoublement d'enthousiasme de la foule devant les notes tendancieuses et ridicules qui, tout récemment encore, faisaient savoir au monde étonné que la vaste salle avait bien de la peine à se remplir,... mais le fait est que justement jamais plus d'affluence n'a envahi la jolie ville margravienne, jamais, et depuis bien des semaines, les agences n'ont dû faire face à plus de demandes de places, et plus d'infortunés amateurs n'ont dû renoncer à pénétrer dans la salle.

C'est qu'aussi bien le programme était merveilleux entre tous : *Parsifal*, bien entendu,

d'abord, — mais *Parsifal* avec Ernest Van Dyck, depuis si longtemps regretté à chaque saison nouvelle; — puis le *Ring*; — enfin *Les Maîtres Chanteurs*, qu'on n'avait pas vus ici depuis 1899, et qui ont été montés sur nouveaux frais de la façon la plus exquise.

Mais, puisque l'occasion nous est donnée par cette espèce de jubilé, pourquoi ne redirions-nous pas les dates et les noms des œuvres jouées ici pendant ces vingt semaines réellement modèles? C'est un préambule qui ne saurait être sans intérêt à notre petit compte rendu de celle de cette année :

1876. — *Der Ring des Nibelung.*
1882. — *Parsifal.*
1883. — *Parsifal.*
1884. — *Parsifal.*
1886. — *Parsifal, Tristan und Isolde.*
1888. — *Parsifal, Die Meistersinger von Nürnberg.*
1889. — *Parsifal, Tristan, Die Meistersinger.*
1891. — *Parsifal, Tristan, Tannhäuser.*
1892. — *Parsifal, Tristan, Tannhäuser, Die Meistersinger.*
1894. — *Parsifal, Lohengrin, Tannhäuser.*
1896. — *Der Ring.*
1897. — *Parsifal, Der Ring.*
1899. — *Der Ring, Parsifal, Die Meistersinger.*
1901. — *Der Ring, Parsifal, Der Fliegende Holländer.*
1902. — *Der Ring, Parsifal, Der Fliegende Holländer.*
1904. — *Der Ring, Parsifal, Tannhäuser.*
1906. — *Parsifal, Der Ring, Tristan.*
1908. — *Parsifal, Der Ring, Lohengrin.*
1909. — *Parsifal, Der Ring, Lohengrin.*
1911. — *Parsifal, Der Ring, Die Meistersinger.*

J'ai d'ailleurs à peine besoin de rappeler que le tableau des artistes qui ont contribué à toutes ces saisons par leur talent, par leur dévouement, par leur modeste obéissance aux traditions léguées par Wagner, contient la plupart des grands noms de l'art lyrique allemand d'aujourd'hui... Mais c'est à peine, ici, si l'on pense à tirer de l'ensemble tel ou telle artiste pourtant hors de pair, tant c'est cet ensemble même qui frappe surtout, tant, contrairement, hélas, à la plupart des scènes d'opéra, — c'est l'esprit du Maître que l'on sent au fond de tout, à travers tout, comme l'inspirateur de tout et de tous !

On sait la parole qu'il a laissée à ses interprètes présents et futurs : « Ne regardez pas

la salle ; restez entre vous, jouez pour vous ! »
—C'est d'abord, et avant tout, l'impression
qui s'impose au spectateur : Ici, on ne joue
pas pour le public, et en vue de l'effet. Ici,
c'est devant l'œuvre même qu'on est face à
face... Il est vrai que Richard Wagner a de
tels héritiers, si fidèles et si intuitifs ! Mme Cosima Wagner (qui vient de publier ces mer-
veilleux souvenirs laissés par le Maître et un
volume plein de charme et d'émotion sur son
père, sur Liszt dont le centenaire tombe cette
année), Mme Cosima Wagner est toujours l'âme
de ces évocations d'art ; M. Siegfried Wagner
en est toujours le premier interprète : la mise
en scène générale lui doit des merveilles de
poésie et de goût ; la direction, quand il prend
le bâton du chef d'orchestre, n'est pas moins
intéressante et pleine de vie.
C'est à la *Tétralogie* qu'il présidait cette
année comme chef d'orchestre, alternant avec
M. Michaël Balling. *Parsifal* a eu pour directeur M. Karl Muck, et c'est M. Hans Richter
qui a conduit, une fois de plus, l'exécution des
Maîtres Chanteurs.
La *Tétralogie* a eu comme principaux interprètes : Walter Soomer, de Leipzig, gigantesque et magnifique Wotan, Jakob Urlus,
d'Amsterdam, excellent Siegmund, Alfred von
Bary, de Dresde, Siegfried, expressif et vibrant,
Hans Breuer, de Vienne, Mime tout à fait
remarquable, étonnant de précision spontanée
(si l'on peut dire), Karl Braun, de Wiesbaden,
basse superbe, dans Hagen, Mmes Minnie
Saltzman-Stevens, de Paris (élève de Jean de
Reszké), charmante Sieglinde, Ellen Gulbranson, de Stockholm, Brunnhilde inspirée,
dès longtemps fêtée, Luise Reuss-Beulce, de
Berlin, très noble Fricka, enfin Mme Schumann-
Heinck, dont l'abnégation s'est une fois de
plus contentée de mettre sa voix de cloche au
service d'Erda et de la première Norne. On a
regretté quelques essais, plutôt malheureux ;
celui de Heinrich Hensel, notamment, dans
Loge... Mais passons !
La mise en scène, les décors, les jeux de
lumière, ont mérité tous les éloges Il y a eu là
de véritables trouvailles, des réussites hors de
pair, tant on sent jusque parmi les plus humbles serviteurs de l'œuvre commune le désir
d'une exceptionnelle perfection.

Les Maîtres Chanteurs ont offert un intérêt
plus vif encore, autant par l'extraordinaire
mise au point de l'interprétation que par la vie
nouvelle donnée à la mise en scène. M. Siegfried Wagner a eu, en effet, toutes sortes d'idées
amusantes, pour cette reprise, qui sont de
l'effet le plus juste et le plus vivant. Par
exemple, quand David explique à Walther les
règles édictées par les Maîtres, on le voit, à
bout de mémoire, tirer son livre de sa poche et
le feuilleter devant le chevalier, assis au pied
du fauteuil élevé où celui-ci s'est installé... A la
fin de l'acte, comme la discussion se prolonge
et que le ton s'élève, la foule, qui guettait au
dehors, — car cette comparution du chevalier
est une chose si extraordinaire ! — montre son
agitation à travers les fenêtres et même dans la
porte du fond. Quoi de plus naturel encore, et
de plus vrai, que la façon dont se déroule la
scène entre Walther et Sachs au troisième acte
(dans ce décor tout petit et vraiment l'intérieur
de celui du deuxième acte), la causerie qui progresse pendant que le chevalier descend à pas
lents l'escalier, et les couplets par lui improvisés, à demi assis sur la table où Sachs écrit?
Le dernier tableau est une merveille, avec le
panorama de Nuremberg occupant tout le
fond et les côtés, sans soudure, et les corporations arrivant et chantant *sur le pont* devant la
foule qui les attend.
Mais en tout, c'est toujours le même principe : rien pour le public spécialement ; ce
peuple d'interprètes joue entre soi. Aussi cette
comédie musicale incomparable est-elle absolument ici ce qu'elle doit être : une comédie,
d'une simplicité, d'une bonhomie parfaites. Le
choix des interprètes complète l'effet. Walter
Kirchhoff, de Berlin (cet officier, qui depuis
peu se sert sur la scène d'une voix solide et
clironnante) a bien, dans le chevalier de
Stoltzing, ce grand air, cette tournure élégante,
cette physionomie ouverte et enthousiaste qui
doivent le différencier tout de suite dans ce
milieu bourgeois. Hermann Weil, de Stuttgart,
n'a pas, comme Hans Sachs, la majesté et
l'ampleur d'un Wotan, mais sa simplicité, la
vérité de son geste et de son expression, une
voix d'ailleurs souple et d'un joli timbre, le
rendent constamment intéressant et digne du
rôle. Heinrich Schultz, de Weimar, est un

très curieux et encore très naturel Beckmesser, dont le physique seul est déjà étonnant de vérité et que sa voix métallique, son articulation coupante, achèvent de rendre inoubliable. Karl Ziegler, de Vienne, est un David plein de jeune entrain, de franche gaîté, avec une voix très vibrante. Dans Pogner, Richard Mayr, de Vienne, a de l'ampleur, et même de la poésie (au début du second acte). Enfin Lilly Hafgren-Waag, de Mannheim, est une charmante Eva, pleine de délicatesse, et Gisela Standigl, de Vienne, est tout à fait amusante, autant comme diction que comme jeu, dans Magdalene.

Que dire, au surplus, de ce merveilleux orchestre, sous la direction de Hans Richter? L'ouverture, la rêverie de Sachs..., mille détails, où les moindres sonorités instrumentales surgissent sans se perdre dans l'ensemble pourtant si riche... Que dire des chœurs, d'un nuancé délicieux dès le lever du rideau, d'une ampleur prodigieuse à la fin de l'œuvre, d'une netteté extrême dans les scènes nocturnes de la rue, et avec tout ce fini vocal, si pleins d'une vie individuelle, si constamment agissant, écoutant, vibrant...! Honneur en soit rendu, non seulement à leur commune conscience, mais aux soins du maître de premier ordre qui les a dirigés, le professeur Hugo Rüdel, directeur des chœurs de l'Opéra de Berlin!

En voyant s'achever, — dans quelle émotion intense! — le prodigieux Parsifal, on ne peut se défendre, cette année, d'une impression particulière de regret. Encore deux ans, et l'œuvre pourra être jouée partout, sur toutes les scènes. Certes, le monde a bien droit à l'entendre, et il est juste qu'elle puisse être connue et appréciée de tous! Mais enfin, pour quelques théâtres qui réussiront sans doute, à force de respect, à en sauvegarder le caractère, combien la « représenteront » comme elles représentent un opéra quelconque et que restera-t-il alors de ce qui en fait surtout le prix, cette évocation de l'au-delà, cette étincelle divine, cette prière suprême? Il y a du sanctuaire dans Parsifal, et il lui faut un milieu et des interprètes pénétrés de foi (de foi artistique et même de foi, tout simplement). Il n'y a qu'une Sixtine au monde. Il n'y a encore

qu'un Bayreuth pour Parsifal; si d'autres scènes réussissent à lui conserver son expression bienfaisante et féconde sans en altérer le caractère, elles auront à jamais prouvé leur supériorité artistique. Espérons!... Mais il faudra aussi que le public y collabore en quelque sorte. De telles œuvres ont besoin, pour leur signification complète, de la fusion des âmes du créateur, des interprètes et des auditeurs!

On était extrêmement curieux de revoir Ernest Van Dyck dans un des rôles qui ont le plus fait pour sa réputation mondiale. Nul n'a oublié, parmi les fidèles de Bayreuth, les conditions dans lesquelles il fut appelé, jadis, à l'honneur d'incarner ce personnage sublime de Parsifal, à le créer à nouveau, en vérité. Il venait, pour son début sur la scène, en 1887, de révéler magnifiquement Lohengrin à Paris. Mme Cosima Wagner voulut connaître ce jeune et si vaillant triomphateur. Elle l'étudia, l'éprouva quelque temps, puis, soudain, lui révéla ce qu'elle attendait de lui : reprendre le rôle créé par Winkelmann en 1882 et depuis quelques années de plus en plus sacrifié.

C'est en 1888 qu'il parut ainsi à Bayreuth; et à quel point cette évocation nouvelle parut souveraine, incomparable et définitive, il faut lire les critiques du temps pour s'en rendre compte. Ce fut presque une révélation; ce fut une joie générale et un enthousiasme sans limites.

Depuis lors, Ernest Van Dyck a chanté Parsifal près de cinquante fois, pendant sept saisons; celle-ci est la huitième : nul Parsifal n'a incarné aussi souvent ce héros de pureté et de foi, et l'on s'étonna, après 1901, de ne plus le voir reparaître (1). La nouvelle de son retour, — après tant d'autres triomphes sur d'autres scènes mais avec d'autres rôles — produisit ici comme une effervescence de joie et de sympathie. Sa réapparition a fait

(1) Il peut être curieux de relever ici les noms des artistes qui ont le plus souvent interprété les rôles de Parsifal et de Kundry ; les voici :

« Parsifal » : Winkelmann, Vogl, Gudehus, Grüning, Burgstaller, Schmedes, von Bary.

« Kundry » : Materna (sept saisons), Malten (neuf saisons), Sucher, Bréma, Gulbranson, Wittich, Leffler-Burckaard.

une sensation profonde, a causé d'irrésistibles émotions. On sait assez l'action particulière que son jeu, sa voix, l'expression de tout son être exercent sur la foule. Il éclaire, il saisit, il s'impose, non par son talent d'artiste, semble-t-il, mais par la vérité d'évocation que ce talent possède au suprême degré Aussi les impressions musicales qu'on éprouve avec lui sont-elles réellement incomparables, différentes de toutes autres.

Je disais d'ailleurs quelle foi il faut à l'artiste qui incarne Parsifal. Cette foi, il l'a, on le sent, on le voit, on en est comme soulevé avec lui.

Aussi, quelque souplesse puissante et vigoureuse, quelque vie qu'il donne à son personnage pendant les deux premiers actes et surtout la grande scène avec Kundry, c'est au troisième qu'il atteint le summum de l'éloquence dramatique : la grandeur, la noblesse du sentiment, n'a d'égale que la simplicité de l'expression. Il est impossible de suivre sans émotion, sur son visage, l'évolution des impressions dont il est pénétré, d'y voir s'épanouir et s'affirmer la sérénité, la certitude, la maîtrise, de ce Parsifal, naguère impulsif et niais, désormais le roi du Graal !

Pourquoi faut-il que l'œuvre ne soit que si rarement rendue de la sorte par « tous » ses interprètes ? Ne devrait-elle donc pas, dans leur recrutement, bénéficier de plus de sévérité et d'attention encore que toute autre ? Je louais tout à l'heure l'heureuse homogénéité de l'interprétation des Maîtres Chanteurs. Elle était bien plus facile à réaliser, et sans dépasser, notez bien, un niveau de talents ordinaire. Mais Parsifal réclame une bien autre supériorité ; et cette fois, la Kundry seule a été supérieure. C'était Mᵐᵉ Bahr-Middelburg, de Vienne, qui déjà s'était essayée en 1897 dans ce rôle complexe et prestigieux, et qui l'incarna aujourd'hui avec une flamme et une éloquence de jeu et de voix extrêmement impressionnantes, avec un véritable tempérament en un mot. Sa beauté a beaucoup de caractère et ses yeux une expression fatale des plus curieuses. La voix est souple, colorée et remue parfois jusqu'aux moelles.

Gurnemanz a eu deux interprètes : Mayr et Carl Braun ; l'un fut à peine suffisant, l'autre

intolérable, une vraie trahison de ce rôle robuste et vibrant, devenu, par ses soins, parfaitement ennuyeux. Amfortas a été incarné par Weil et Werner Engel, de Zurich, avec un talent recommandable mais sans éclat, surtout pour le second. Klingsor a été joué avec plus de caractère mais une voix bien lourde par Schützendorf-Bellwidt, de Vienne. Il n'est que juste de nommer au moins les trois premières des Filles-fleurs : Sophie Bischoff, Gertrude Foerstel, Katarina Garden. Mais leur ensemble a été vraiment merveilleux de grâce vocale et de précision légère. Ici du moins, l'esprit de l'œuvre est sauvegardé. Il l'est encore par les chœurs, d'une finesse de nuances remarquable. Il l'est par l'orchestre, d'une couleur très belle, bien qu'on puisse reprocher un peu à son chef, M. Muck, une tendance à ralentir les mouvements, au bénéfice de ce « modelé » même des sonorités.

Il y a un peu de nouveau dans la mise en scène, celle du second acte a été entièrement refaite par M. Siegfried Wagner, qui a lui-même combiné et dessiné le décor, ses prestiges son écroulement final, d'une incroyable instantanéité. La douceur de manœuvres et le bel effet des décors mouvants restent d'une grande séduction.

La vingtième saison ne se terminera pas avant une quinzaine de jours. Elle aura comporté dix-neuf représentations : six de Parsifal, cinq des Maîtres Chanteurs et deux de la Tétralogie (soit huit). — HENRI DE CURZON.

LA SEMAINE

PARIS

— Les examens pour le professorat du piano, organisés par la Société des Musiciens de France, sous le haut patronage de MM. C. Saint-Saëns, Théodore Dubois et Gabriel Fauré, avaient réuni pour la session de juillet un grand nombre de candidats de Paris et des départements.

Ils comprenaient les épreuves suivantes : solfège, exécution, leçon à donner à un élève, harmonie et contrepoint, histoire de la musique, construction, esthétique et accompagnement.

Les examinateurs étaient : M. Alfred Cortot, Mᵐᵉ Marguerite Long, professeurs au Conservatoire; M. R. Pech, grand prix de Rome; MM. Jean Huré, J. Morpain, Henri Schidenhelm, Pierre Kunc, Gabriel Willaume, Louis Feuillard et A. Mangeot, secrétaire.

Ont obtenu :

Le diplôme de licence de l'enseignement du piano : Mlle Pauline Aubert.

Le diplôme du brevet d'aptitude à l'enseignement du piano : Mlles Hélène Rozier (Orléans), Lanier (maison d'éducation de la Légion d'honneur d'Ecouen). Marcelle Wagon (Saint-Quentin), Suz. Roux (Paris), Cécile Ragot (Lorient), Surloppe (Montgeron), Lucie Bazile-Benoit (Paris), Heddy Tauxe (Suisse), Andrée Reeb (Saint-Mandé) et Mme Alice Dubois (Cherbourg).

De nouvelles sessions auront lieu le 30 septembre et le 16 octobre.

— La Société des Auditions modernes, sous le haut patronage de M. le sous-secrétaire d'Etat des Beaux-Arts, informe MM. les compositeurs que leurs œuvres manuscrites de musique de chambre seront reçues jusqu'au 1er octobre prochain, maison Pleyel, 22, rue Rochechouart.

Adresser toute demande de renseignements à M. P. Oberdœrffer, 40, rue Dulong, Paris.

BRUXELLES

On nous prie d'annoncer qu'au cours de la saison d'hiver prochaine, une série de « Quatre concerts classiques » se donneront, sans orchestre, à la salle de la Grande Harmonie. Solistes : Fritz Kreisler, Suzanne Godenne, Jacques Thibaud et le Quatuor Sevcik de Prague.

Des abonnements pour les quatre concerts seront délivrés au prix de 24 et 16 francs.

On peut s'inscrire dès à présent à la maison Schott, 28, Coudenberg.

CORRESPONDANCES

ANVERS. — Résultats des concours du Conservatoire royal flamand :

CHANT (professeurs : Mme Marie Ontrop, M. Henry Fontaine). — Examen pour l'obtention d'un diplôme de capacité. — M. Jules Vermeulen, diplôme avec grande distinction (premier prix avec distinction); Mlle Marie Bodenstals. diplôme avec distinction (premier prix); Mme Léonie Van Heel De Clercq, diplôme avec distinction (premier prix); M. Emile Van Bosch, diplôme avec fruit (deuxième prix).

VIOLON (professeurs : MM. Jean Bacot et Edmond De Herdt) et ALTO (professeur : M. Joseph Ceurveld). — Examen pour l'obtention d'un diplôme de capacité. — M. François Scheerdyck (professeur : M. Edm. De Herdt), obtient un diplôme avec fruit (deuxième prix); M. Bertrand Poljet (professeur : M. Bacot), diplôme avec distinction (premier prix); M. Joseph De Clerck (professeur : M. Bacot), diplôme avec grande distinction (premier prix avec distinction).

Le jury par trois voix contre deux, décide qu'il n'y a pas lieu de décerner un diplôme à l'alto.

HARMONIE (professeur : M. Auguste De Boeck). — Examens pour l'obtention d'un diplôme de capacité. — MM. Jules Honnay et François Michielsens, diplôme avec grande distinction (premier prix avec distinction); Mlle Jeanne Berger, diplôme avec distinction (premier prix); Mlles Mathilde Fontyn et Zélia Van Donghen ainsi que M. Joseph Vastersavendts, diplôme avec fruit (deuxième prix); MM. François Bogaerts et Victor Van der Meiren, diplôme avec fruit (deuxième prix).

CONTREPOINT (professeur : M. Lod. Mortelmans). — Mlle Isabelle Dupuis et M. Arthur Verhoeven, diplôme avec grande distinction (premier prix avec distinction).

FUGUE (professeur : M. Lod. Morteldmans). — M. Marin De Jong, diplôme avec la plus grande distinction (premier prix avec grande distinction); M. Joseph Moorkens, diplôme avec fruit (deuxième prix).

CHARLEROI. — Le « Chœur a capella liégeois », dirigé par M. Mawet, a donné au Palais des Beaux-Arts de l'Exposition un concert de musique wallonne ancienne et moderne fort réussi. Les excellents chanteurs ont fait entendre, dans de parfaites conditions d'exécution, le bel Ave Gemma de Dumont, une chanson de Lassus, un Noël ancien et le chœur des Bohémiens de la Fausse Magie de Grétry. Mlle L. Dessouroux a chanté la Procession de Franck, des mélodies de Dupuis et Jongen, M. Albert Rahier a exécuté la Fantaisie-Appassionata de Vieuxtemps, M. Fernand Mawet, le talentueux pianiste, a rendu avec beaucoup de grâce une série d'airs de ballet de Grétry réduits par lui au clavier. Une séance qui, tant par le choix des morceaux que par les qualités de l'exécution, offrait une heureuse synthèse de la musique wallonne contemporaine.

Le troisième et dernier concert historique organisé par M. Al. Béon et le soussigné a eu lieu jeudi dernier. Il était consacré aux compositeurs du xixe siècle (actuellement décédés) et notamment à l'école qui florissait vers le milieu du siècle dernier.

Qu'on nous permette, à ce sujet, de citer ici quelques lignes de notre notice programmatique :

« Ce n'est généralement que dans des séances historiques, poursuivant un but plus instructif encore que récréatif, que l'on peut soumettre au public d'aujourd'hui un ensemble de compositions, appartenant au style musical en honneur vers la moitié du xixe siècle, dont la majeure partie a disparu de la pratique courante. La musique de cette période, en effet, trop récente pour bénéficier du prestige du classicisme, trop surannée pour satisfaire notre modernisme raffiné, apparaît de nos jours comme d'un niveau esthétique singulièrement bas. La musique traversait alors une véritable crise. Les classiques anciens étaient oubliés, l'école viennoise méconnue, le classicisme romantique jetait ses derniers feux; Berlioz, Liszt et Wagner restaient isolés, le grand opéra déroulait ses pompes d'un goût douteux; les formules mendelssohniennes, délayées par des imitateurs sans génie ni talent, se partageaient avec la virtuosité le goût du public; la musique « de salon » sévissait. Une société bourgeoise sans grandeur se complaisait dans un style musical sans originalité.

» On ne saurait faire un grief aux musiciens belges de cette génération, tant flamands que wallons, d'être restés conformes au goût du jour, de ne pas s'être écartés des formules sages et banales qui apparaissaient alors comme normales. Encore faut-il remarquer que, dans ce tableau, ils font fort bonne figure. Les mélodies de Soubre et de Radoux expriment une sensibilité naïve et sincère qu'envierait plus d'un musicien d'aujourd'hui; les ariettes légères de Fauconier tiennent une place honorable parmi les produits du vieil opéra-comique français; Félix Godefroid a créé pour la harpe toute une littérature, spécifiquement issue des particularités techniques de l'instrument, et que rien n'est encore venu remplacer; les concertos de Vieuxtemps, d'une tenue artistique supérieure à la moyenne des compositions de l'époque, sont devenus presque classiques, et c'est à tort que l'on néglige aujourd'hui les excellents ouvrages d'Auguste Dupont, le premier compositeur belge de mérite, le seul même, au xixe siècle, qui se consacrât exclusivement, comme Dussek et Chopin, à la composition pour clavier. Quant à Fétis. — l'un des rares musiciens belges qui s'avisassent d'écrire de la musique de chambre à une époque où celle-ci n'était aucunement pratiquée chez nous, — il n'était guère doué, il faut bien le dire, pour la composition; mais son nom figure ici comme un hommage au premier organisateur de l'enseignement de la musique et au premier vulgarisateur de la musique classique en Belgique, à ce savant éminent qui, quelles que fussent ses erreurs, quelque aventureuses que fussent ses méthodes, n'en a pas moins accompli un énorme et fécond labeur, déblayé le terrain pour ceux qui venaient

après lui et qui mériterait d'être appelé le père de la musicologie française. »

De fait, le premier Quatuor de Fétis, exécuté par MM. Lambert, Pirard, Longue et Jacobs, ne brille ni par l'invention, ni même par le style; mais, tout de même, on y sent une main experte et une parfaite connaissance des procédés d'école, puisée dans une fréquentation assidue des maîtres. L'air à vocalises de la *Pagode* de Fauconier, la *Berceuse* de Soubre et même celle de Radoux (Mlle Das), l'*Impromptu* et la *Marche triomphale* pour harpe de Godefroid (Mlle Jeanne Kufferath), la *Nuit de Mai* de Auguste Dupont (M. Delgouffre), constituent, chacun dans leur genre, des spécimens caractéristiques du style musical immédiatement antérieur à la réforme wagnérienne et franckiste. Quant au maître des *Béatitudes*, il était représenté par deux mélodies pour chant, par le *Prélude, Aria et Fugue* et le Quintette pour piano et cordes.

« Lorsque, disions-nous, des mélodies arrondies et des harmonies prudentes des compositeurs précités, on rapproche la passion débordante, les élans vertigineux de l'inspiration franckiste, ces audaces harmoniques qui, après quarante ans, restent surprenantes, on a peine à concevoir que Franck fût le contemporain des premiers. L'œuvre de César Franck, le plus grand musicien belge du xixe siècle, couronne l'art wallon du même temps et revêt la même signification internationale que, cent ans auparavant, celle de Grétry. Wagner avait rénové le théâtre lyrique; il rénova, lui, la symphonie et la musique de chambre et, du même coup, imposa son empreinte à l'art musical tout entier. Le premier, il oppose à l'influence du maître saxon une influence équivalente. Son style harmonique, continué par ses disciples et par les élèves de ces derniers, devient la marque distinctive de la jeune école; les audaces des impressionnistes sont inconcevables sans son initiative et l'ère de la musique française qui, après celle des écoles néerlandaise, italienne et allemande, semble s'ouvrir devant nous, prend date avec l'œuvre imposant du musicien liégeois ». E. C.

LUGANO. — **Dimanche 6 août**, à 4 heures très précises, au théâtre du Château de Trévano, concert belge, orchestre symphonique, sous la direction de M. Louis Lombard, avec le concours de M. César Thomson, violoniste. Programme : 1. Ouverture de Polyeucte, op. 21, no 1 (Edgar Tinel); 2. Variations symphoniques (Paul Gilson); 3. Rapsodie Dahoméenne (Ad. de Boeck); 4. Variations et Fugue, op. 7 (Louis Delune); 5. Quatrième concerto pour violon (Henri Vieuxtemps), joué par M. César Thomson; 6. Danses du ballet de Milonka (Jan Blockx) : Kermesse, danse des sabots, entrée des rhétoriciens, scène d'amour, entrée des zingaris.

son collaborateur sous le prétexte qu'il en était le librettiste (1). Les règlements des théâtres subventionnés s'opposaient alors à ce que les œuvres de leurs directeurs y fussent jouées.

A cette époque où régnait presque exclusivement le goût de la musique italienne, ce ne fut pas évidemment le seul motif pour lequel fut écartée la partition d'un obscur débutant qui ne pouvait même pas se prévaloir du Prix de Rome. Le compositeur aurait donc mieux fait de frapper à la porte du Théâtre-Lyrique où les *jeunes* d'alors trouvaient plus facilement l'hospitalité. L'Opéra national, installé en novembre 1847, par Ad. Adam, au boulevard du Temple, dans le local du Cirque Olympique, avait, il est vrai, fait faillite en mars 1848; mais il fut rouvert trois ans plus tard (en septembre 1851) par Séveste dans la salle du Théâtre Historique, fondé par Al. Dumas.

Le *Valet de Ferme* fut-il soumis à ce directeur? C'est vraisemblable, bien que je n'aie pu arriver à faire la lumière sur ce point, ni à déterminer exactement la nature et la valeur de cet opéra de jeunesse qui n'a jamais été représenté, ni édité, le compositeur n'ayant jamais consenti à le laisser sortir de son portefeuille.

L'échec de sa tentative, sa timidité, son peu d'aptitude à l'intrigue, détournèrent probablement C. Franck de la carrière de compositeur dramatique. Pendant vingt ans environ, il se bornera à écrire des motets, des pièces d'orgue et son nom ne se révélera au grand public que par le succès de *Ruth*, au concert, en 1871.   GEORGES SERVIÈRES.

---

(1) Est-ce à cette tentative que fait allusion la *France musicale* du 13 juillet 1856? On y lit que « le nouveau directeur de l'Opéra (nommé par décret du 1er juillet), songe « à monter un opéra nouveau en quatre actes, de M. César-Aug. Franck, organiste connu par quelques fugues et morceaux de piano ». Mais peut-être l'insertion de cet *écho* n'était-elle qu'un ballon d'essai lancé par un ami de l'auteur.

A PROPOS DU CENTENAIRE
D'AMBROISE THOMAS
(5 août)

IL semble que c'est hier encore que nous saluions ici même sa tombe, par la plume de Hugues Imbert, et voici déjà le centenaire de sa naissance. En attendant que nos grandes scènes lyriques le fêtent comme elles le doivent, — la date est trop estivale, et elles ont remis à l'automne leur manifestation, — il n'est peut-être pas sans intérêt de rappeler les grandes lignes de cette vie et de cette carrière dont notre regretté rédacteur soulignait respectueusement la conscience et la dignité.

On sait qu'Ambroise Thomas était Lorrain, qu'il naquit à Metz le 5 août 1811, et qu'il se trouva, dès le berceau, enveloppé en quelque sorte de musique, son père professant cet art. On sait qu'il entra cependant au Conservatoire de Paris dès 1828 et y remporta le prix de Rome en 1832, à vingt et un ans. Ce sont d'abord des genres austères qui l'attirent : un *Requiem,* un quatuor, un quintette, un trio, des pièces de piano, des motets et des mélodies, constituent des envois de Rome et ses premiers essais. Mais c'est au théâtre, et au théâtre comique qu'il se livra pourtant tout entier dès son retour à Paris. On l'imagine peu de ce rêveur mélancolique, funèbre même tel que nous l'avons connu dans ses dernières années. Mais cet aspect, qui cachait une véritable austérité de vie, un labeur continuel, une simplicité pleine de réserve, il l'a eu de tout temps, dès sa jeunesse : voyez plutôt le portrait qu'en a fait Hippolyte Flandrin. Aussi bien, s'il y a de l'incertitude et du contraste dans ses œuvres, il y a surtout de la conscience et beaucoup de soin.... Mais citons quelques titres, avec l'aide de notre impeccable historiographe Albert Soubies, auquel il faut toujours revenir.

C'est en 1837 qu'il débute, avec *La Double échelle,* un acte qui brilla sept ou huit ans avec 187 représentations, pour s'éteindre ensuite à jamais. *Le Perruquier de la Régence* est moins heureux et *Le Panier fleuri,* s'il dure dix ans,

MADRID. — Comme chaque année, la Société philharmonique madrilène nous envoie les programmes des séances de concerts qu'elle a données dans le cours de la saison, et l'on sait que ces programmes forment un vrai volume d'analyse thématique et critique musicale, avec citations, et qu'il a pour auteur M. Cecilio da Roda : Nous avons plus d'une fois loué le soin érudit et le goût artistique avec lesquels celui-ci rédige toutes ces notices. Voici, rapidement, quelles œuvres ont été exécutées et par quels artistes. Ce furent d'abord trois séances variées, données par Mme Marie-Louise Debogis, soprano, et M. Joseph Lhévinne, pianiste. avec Mme Elisa Meigniez comme accompagnatrice : des pages de Beethoven, Schumann, Mendelssohn, Chopin, Mozart, Brahms, et des *Lieder* de Beethoven, Schubert, Brahms, Liszt, Schumann, Franck, Wolf... Puis vint le quatuor Rosé, de Vienne, avec trois séances consacrées à neuf quatuors de Mozart, Beethoven, Schubert, Mendelssohn, Brahms, Schumann et Haydn. Ensuite, le quatuor Klingler, de Berlin, trois séances avec neuf quatuors de Mozart, Beethoven, Brahms, Schumann Dohnányi, Haydn. Encore deux séances où Fritz Kreisler unit son talent à celui d'Harold Bauer pour six sonates de piano et violon de Bach, Beethoven, Brahms, Mozart, Schumann. Enfin Edouard Risler a terminé la série avec trois séances tout à fait remarquables : l'une consacrée au seul Beethoven, la seconde à Schubert, Schumann, Mendelssohn, Chopin, Brahms, Liszt. la troisième à Dukas, Fauré, Chabrier, Saint-Saëns et le *Till Eulenspiegel* de Richard Strauss, transcrit par M. Risler lui-même. **C.**

STRASBOURG. — Trois bien intéressantes séances d'orgue ont marqué la fin de notre estivale saison musicale. Ce sont, d'abord, les deux concerts d'orgue que le professeur Ernest Münch a offerts à l'église Saint-Guillaume, en vue de faire apprécier le talent, très accentué, de deux de ses élèves du Conservatoire municipal.

Un public connaisseur a su reconnaitre les brillants résultats qu'a obtenus à nouveau maitre Münch dans sa méthodique instruction musicale, principalement consacrée à l'œuvre des vieux classiques. A quelques jours d'intervalle, M. Albert Schweitzer, le savant biographe musical et le réputé organiste alsacien, attirait à son tour, à l'église Saint-Thomas, de nombreux adeptes de Bach à l'occasion du centenaire de la mort du vieux maitre d'Eisenach. Dix compositions pour orgue, de J.-S. Bach, détaillées à merveille par M. Schweitzer, ont procuré au public une jouissance d'art d'un caractère élevé. **A. O.**

NOUVELLES

— Le comité organisateur des représentations de cette année, aux théâtres du Prince-Régent et de la Résidence, à Munich, a décidé que Richard Strauss dirigerait *Les Noces de Figaro* les 10 août et 8 septembre, *Cosi fan tutte* le 16 août, *L'Enlèvement au Sérail* le 29 août, *Tristan* les 9 et 30 août. Otto Lohse, qui a dirigé le 31 juillet une représentation de *Tristan*, tiendra le bâton de chef d'orchestre aux représentations de *L'Anneau du Nibelung* du 2 au 7 et du 18 au 23 de ce mois-ci. M. Cortolezi dirigera *Don Juan*.

— Félix Mottl a légué à la ville de Vienne la partie la plus importante de sa bibliothèque, notamment ses autographes de Beethoven et de Haydn. Il a donné à Presbourg, ville natale du maitre, ses autographes de Hummel. On vendra prochainement aux enchères les manuscrits qu'il possédait de Bellini, de Berlioz et de Wagner.

— Parmi les candidats aux fonctions de general musikdirector que remplissait Félix Mottl, on cite M. Carl Muck, de Berlin et M. Max Schilling, de Stuttgart.

— Le gouvernement hongrois a accordé son patronage aux grandes fêtes qui célébreront, en octobre prochain, à Budapest, le centième anniversaire de la naissance de Liszt. Le programme de ces fêtes vient d'être définitivement arrêté. Le 21 octobre, après le discours d'ouverture du comité Apponyi, la *Messe du couronnement* sera exécutée dans la cathédrale ; le soir, représentation de la *Légende de Sainte-Elisabeth* à l'Opéra. Les deux jours suivants. les principales œuvres pianistiques du maitre seront interprétées dans une série de concerts par Eugène d'Albert, Frédéric Lamond. Emil Sauer, Moritz Roshenthal et d'autres virtuoses de réputation. Les œuvres symphoniques seront dirigées par Félix Weingartner, Siegfried Wagner et Stephan Kernes. Elles figurent au programme d'un grand concert qui sera donné le 24. Le 25, interprétation du *Christus* à l'Opéra.

— Un jury composé de MM. Richard Strauss, Ernest von Schuch, Leo Blech et Georges Brecher a rendu son jugement sur le concours institué à Berlin pour la composition d'un opéra d'auteurs allemands. Aucun premier prix n'a pu être décerné, les ouvrages présentés ayant paru trop faibles pour le mériter. Trois partitions pourtant ont été distinguées et signalées comme n'étant pas sans valeur, bien qu'au-dessous de ce qu'on espérait; ce sont : *le Parchemin du Diable*, paroles de M. Arthur Ostermann, musique de M. Alfred Schattmann; *le Chemin vers la lumière*, de M. Hans Heinz Ewers pour les paroles et de M. Gustave Krumbiegel pour la musique; enfin, *Kain*, texte d'après lord Byron, par M. Max-Möller, musique de M. Alfred Sormann. La maison d'édition Kurt Fliegel, qui avait pris ce concours sous son patronage, a fait l'acquisition des trois opéras qu'elle a payés un peu plus de 3,000 francs et qu'elle s'efforcera de faire représenter.

— Les œuvres posthumes de Dvorak vont être publiées prochainement à Berlin. Elles comprennent des symphonies, des ouvertures, des pièces pour piano et des mélodies vocales. Le premier volume de l'édition est annoncé pour octobre prochain.

— Le mois prochain, le maître Camille Saint-Saëns se rendra en Italie, à Cesena, où il assistera aux dernières répétitions et à la première représentation de *Samson et Dalila*. L'illustre compositeur a manifesté le désir de présider personnellement à la mise en scène de son opéra et à la réglementation des danses. Ce lui sera une occasion de revoir l'Italie, où, il y a nombre d'années déjà, il a dirigé, à Florence, une de ses compositions.

— En avril dernier, le conseil communal de Naples a mis au concours, entre musiciens italiens, la composition d'un opéra, qui serait représenté au théâtre San Carlo, au cours de la prochaine saison. Le jury a rendu, ces jours-ci, sa décision. Dix-huit concurrents ont pris part au concours. Le prix a été décerné à un mélodrame en trois actes, intitulé *Hoffmann*, et dû à la plume du jeune compositeur napolitain M. Guido Laccetti.

— Pour sa réouverture, le 23 septembre prochain, le théâtre de Covent-Garden, de Londres, donnera une représentation du *Chevalier à la rose*, de Richard Strauss. Hans Richter dirigera en octobre et novembre une saison d'opéras allemands, au programme de laquelle figurent *L'Anneau du Nibelung, Tristan, Tannhäuser, le Vaisseau fantôme* de Richard Wagner et *les Enfants de Roi* d'Humperdinck.

— Le nouvel opéra construit à Londres par l'impresario Hammerstein ouvrira ses portes le 11 novembre prochain. Il sera inauguré par une représentation de *Quo Vadis?* de Nougès. La première saison durera vingt semaines. On jouera tous les jours à l'exception du mardi et du mercredi. Le répertoire ne comprendra cette année que des œuvres françaises et italiennes.

— Le nouvel opéra de Massenet, *Roma*, sera représenté cet hiver, pour la première fois, à l'Opéra de Monte-Carlo.

— La nouvelle œuvre de Pietro Mascagni, *Isabeau*, obtient dans l'Amérique du Sud, où on la joue en tournée, un très grand succès. Elle a été chaleureusement applaudie à Rosario di Santa Fé et à Rio di Janeiro. Elle sera donnée incessamment à l'inauguration du nouveau théâtre de San Paulo, puis à Montevideo. En janvier prochain, Pietro Mascagni dirigera son œuvre à Rome. Celle-ci sera ensuite représentée à Londres, à Prague, à Dresde, à Nuremberg, à San Carlo de Naples, et enfin à Milan où l'on organisera, au Théâtre Lyrique, une saison Mascagni.

— M. Audisio, directeur de l'Opéra d'Alger, a reçu un opéra-comique en trois actes, intitulé *Rayon de soleil*, dû à la plume de notre collaborateur M. E. de Béhault (sur un poème de MM. Jean Conti et Jules Gondouin) qui sera représenté l'hiver prochain.

BIBLIOGRAPHIE

ALBERT SOUBIES. — *Almanach des Spectacles*. Année 1910 (tome XL de la collection).

Tome XL, vous avez bien lu! Quel miracle de persévérance! Notez que c'est plus élégant et coquet que jamais. Une eau-forte de Laguillermie sert de frontispice : une eau-forte inédite, peste! — Après cela, que dire de plus? Relever simplement les indications curieuses que comporte le mouvement musical au théâtre pendant cette année 1910.

A L'OPÉRA. — Une seule œuvre nouvelle : *La Fête chez Thérèse*, le ballet de Reynaldo Hahn, mais avec une nouveauté exceptionnelle pour Paris, *Salomé*, et c'est la combinaison des deux qui a justement produit la plus forte recette de l'année, le 13 mai (plus de 24,000 francs). En dehors de celle-ci les pièces le plus jouées ont été : *Faust*, comme toujours (25 représentations), *Samson et Dalila, Rigoletto, Coppélia, Lohengrin....*

A L'OPÉRA-COMIQUE. — Deux nouveautés : *Le Mariage de Télémaque* et *Macbeth*. Mais la recette maxima a été atteinte par une reprise de *Louise*, le 24 décembre (10,000 francs). Pièces le plus souvent jouées : *Carmen* et *Manon* (41), *Werther* (38),

La Tosca (30), *Cavalleria rusticana* (24), *Le Roi d'Ys* (19), *La Flûte enchantée*, *Madame Butterfly* et *La Bohème* (16). — A noter à part les matinées historiques du jeudi et les concerts historiques du samedi.

Au Théâtre Lyrique de la Gaîté. — Pas de nouveauté, mais un répertoire abondant, où trône encore, hélas! *Quo Vadis?* avec 93 représentations, puis *L'Africaine* (49), *Le Trouvère* (26), *L'Attaque du Moulin* (25), *La Favorite* (23), *La Juive* (20). Notons pourtant aussi la *Salomé* de Mariotte. Quant à *Don Quichotte*, il n'arrive que fin décembre. La recette maxima a été conquise par *La Juive*, le 20 novembre, plus de (6,000 francs).

Au Chatelet. — La saison Italienne, on s'en souvient, a fait entendre *Aïda*, *Cavalleria rusticana*, *Otello*, *Falstaff*, *Pagliacci* et *Manon Lescaut*. Ici, plus de proportions. Le maximum, atteint par *Aïda*, le 1er juin, a dépassé 59,000 francs!

Michel Brenet. — *Musique et Musiciens de la vieille France*. Paris, Alcan, in-12.

Notre érudit collaborateur Michel Brenet a eu l'heureuse idée de rééditer, sous une forme commode et accessible à tous, quelques études d'histoire et biographie musicales parues à diverses époques dans des revues ou même des publications de sociétés, où il est presque impossible de les aller chercher, et dont l'abondance documentaire est pleine d'enseignements. Si l'on peut discuter l'opportunité de la réapparition en volume de la plupart des articles de critique courante, il faut encourager celle qui vulgarise des aperçus vraiment neufs et basés sur des documents originaux. C'est le cas de ces pages : la vie et le catalogue des œuvres de Jan van Ockeghem (Jean d'Ockeghem), maître de la chapelle des rois Charles VII, Louis XI et Charles VIII; la biographie critique du musicien Jacques Mauduit ; un petit relevé de textes concernant les musiciens de Philippe le Hardi ; enfin, le considérable et savoureux *Essai sur les origines de la musique descriptive*, parue il y a quelques années dans la *Rivista musicale italiana* de Turin. Tous ces travaux ont d'ailleurs été revus de près, complétés au besoin d'après des recherches nouvelles, refondus souvent avec un soin scrupuleux. C'est un excellent livre de plus dans la bibliothèque si précieuse des publications de l'auteur.   H. de C.

Richard Wagner. — *Ma vie*. Traduction française de N. Valentin et A. Schenk, tome I. Paris, Plon, in-8º.

Ce n'est pas en quelques lignes qu'il conviendrait de parler de ces mémoires, dès longtemps fameux par leur mystère même et leur véracité probable. Nous nous bornons à annoncer ici que le tome I de la traduction française (qui en comprendra trois) vient de paraître, et que le travail, tout particulièrement difficile (les phrases de Wagner, on le sait, sont pleines à éclater de pensées et d'incises pas toujours clairement énoncées), a été mené à bien avec toute la perfection désirable. L'édition est commode et d'une typographie avenante. Le texte nous conduit, de 1813, naissance de Wagner, jusqu'à 1842, son départ de Paris. Fidèles au texte original, les éditeurs n'ont pas cru devoir établir de divisions, et ces 363 pages défilent sans chapitres, sans titres (sans notes aussi). Seules, les têtes de page, le titre courant, varie de page en page. C'est toujours cela. On aurait souhaité cependant une table, tout au moins. Il est à croire qu'elle suivra le troisième volume.   C.

Partitions piano et chant d'opéras-comiques français anciens. Paris, Legouix : *Annette et Lubin*, *On ne s'avise jamais de tout*, *La Clochette*.

On n'a pas oublié l'artistique et méritoire entreprise qu'avait formée, cet hiver, un directeur de théâtre, en essayant de faire revivre un « théâtre de Monsieur » pour les plus exquis opéras-comiques de la fin du XVIIIe siècle. Le public actuel est trop attiré vers la nouveauté, pour accorder un long intérêt à ces reconstitutions, si parfaites qu'elles soient : la saison a duré ce que durent les roses. Mais l'éditeur Gustave Legouix, reprenant une tradition qu'il doit à son père, avait en même temps lancé une souscription pour la réédition, ou l'édition première, en réduction piano et chant, de quelques-unes de ces petits chefs-d'œuvre ; et voici, d'un coup, trois partitions livrées aux amateurs, dans les conditions les plus coquettes. Reproductions du titre, du frontispice, des portraits au besoin, de la partition d'orchestre originale; publication, en annexe, de la comédie même, tout entière; enfin claire et commode réduction pianistique du texte musical, ces éditions ne laissent absolument rien à désirer. *Annette et Lubin* (de M. et Mme Favart, avec musique composée ou arrangée par Blaise) a été réduit par M. Robert Montfort; *On ne s'avise jamais de tout* (Monsigny) par M. Charles Lecocq ; *La Clochette* (Duny), par Ch. Lecocq également. D'autres partitions suivront. Et quelle excellente école de « comédie lyrique » que ces œuvrettes-là, si naïves soient-elles, c'est ce que le moindre examen révélera à ceux qui l'ignorent encore. Si les ariettes ont une forme convenue, qui date, les dialogues et les ensembles (lisez ceux de Monsigny et de Duny), n'ont d'autres modèles que la vie même, la vivacité et le cliquetis en quelque sorte de la conversation. C'est bien ce qui avait tant frappé Grétry et l'effet qu'il a rendu lui-même supérieurement.   H. DE C.

GUALTIERO PETRUCCI. — *La Vita amorosa di Beethoven*, « lettere alle amiche, tradotte et illustrate ». Rome, Carra, in-12.

Le professeur G. Petrucci, dont nous avons eu déjà l'occasion d'enregistrer les intéressants travaux, vient de publier, sous ce titre, les lettres de Beethoven à ses amies, traduites par lui dans une jolie langue, accompagnées de toutes les indications nécessaires à leur suite et à leur intelligence historique, et précédées d'ailleurs d'un avant-propos étendu où la vie sentimentale du maître est esquissée, son caractère évoqué, son grand cœur interrogé. De 1798 à 1818, on trouvera ici cent trois lettres, adressées à Mmes Von Gerardi, Quicciardi, d'Ertmann, de Lichtenstein, Malfatti, Maria Bigot, von Erdödy, Bettina Brentano, Amalie Sebald, von Kinsky, Anna Milder, von Poser, Antonia von Brentano, Milder-Hauptmann, von Ertman, Annette von Streicher. Ces lettres ne sont pas seulement commentées, leur texte, bien que traduit, constitue une vraie édition critique, dans l'examen de leurs sources, et des éditions qui en furent faites, que le professeur Petrucci discute parfois très vivement. Son livre, en somme, mérite une sérieuse considération dans la littérature beethovénienne et ne doit pas être considéré simplement comme une traduction nouvelle.
                                        H. DE C.

Auber, biographie critique par CHARLES MALHERBE ; *Glinka*, biogr. critique par M. S. CALVOCORESSI (Les Musiciens célèbres). Paris, Laurens, 2 vol. in-8°, av. pl.

Deux monographies nouvelles, et très nouvelles, viennent de grossir la jolie galerie des *Musiciens célèbres* : deux maîtres du théâtre, mais aussi dissemblables que possible, en sont l'objet. *Auber*, dont les quarante-huit ouvrages dramatiques sont en somme si peu connus, pour ne pas dire méconnus, a trouvé en M. Charles Malherbe un historien très informé et souvent de première main, un critique éclairé, parfois ironique pour tant de jugements hâtifs et vains dont l'auteur de *La Muette* est toujours l'objet, mais d'autant plus ferme dans ses appréciations que c'est une longue et complète étude qui en est la base. On regrettera même, à ce propos, que les proportions invariables de ces volumes ne l'aient pas permis de nous

renseigner davantage, tant on sent bien qu'il l'eût pu comme personne. Cette objection est moins de mise avec *Glinka*, dont l'œuvre savoureuse, mais restreinte dans sa variété, a pu, au contraire, être étudiée par M. Calvocoressi avec beaucoup de détail. On le remerciera de nous avoir ainsi mis à même de juger cette attachante musique. On lui saura gré aussi, puisqu'il le pouvait, d'avoir évoqué le milieu musical où se développa le génie du maître russe, d'avoir dit ce qu'était la musique autour de lui et avant lui, d'avoir expliqué en quoi il exerça lui-même une véritable influence, et sur qui, jusqu'à nos jours, on peut suivre les traces.   H. DE C.

JACQUES ISNARDON. — *Le Chant théâtral*. Paris, Maurice et Jane Vieu ; grand in-8°.

Vous souvient-il de l'admirable traité de Faure : *La Voix et le Chant*? Sauf qu'il comprend beaucoup moins d'exercices techniques et développe davantage, avec figures à l'appui, le côté physiologique de la question, le traité nouveau de M. Isnardon y fait penser ; et ce n'est pas un petit éloge. Il est vrai aussi que celui-ci se rapporte plus spécialement au chant tel qu'il est nécessaire sur la scène et que ses conseils s'adressent de préférence à de futurs chanteurs de théâtre. Mais il est bien l'émule de l'autre, et de la même école. Les réflexions, les observations personnelles, les anecdotes au besoin, appuient les théories, rachètent l'aridité de certaines explications nécessaires. Et elles sont très intéressantes, très personnelles, et très sages. L'enseignement de M. Isnardon est un enseignement normal, simple et qui doit porter, qui porte (nous le voyons tous les jours) des fruits excellents. Le volume actuel, dont on appréciera autant le bon sens que l'expérience, est réparti en trois parties inégales : Le chant et son enseignement (souvenirs et critiques) ; le chant mécanique (de beaucoup la plus grosse partie, toute la technique du chant, avec anecdotes et conseils) ; le chant artistique, c'est-à-dire la déclamation, l'articulation, le rythme, l'expression, le geste... Les exemples, les exercices indiqués, les types d'exercices surtout, sont, dans la seconde partie, mêlés à un enseignement clair, expressif, qui ne peut que rendre les plus grands services. Je recommande surtout les chapitres sur la respiration, la pose et l'émission de la voix, les divers registres et leurs passages (observations bien curieuses), et les cris de la rue, les chants de ces « virtuoses sans le savoir ». C'est un livre qui rendra les plus vrais services à tous ceux qui l'étudieront avec attention.   H. DE C.

J.-B. Loeillet (1653-1728). — *Sonates pour divers instruments et piano, harmonisées par A. Béon.* Paris, Lemoine.

Nous avons entretenu en détail nos lecteurs de ce musicien (voir *Guide musical*, 1910, p. 331), le plus intéressant maître belge du xviiie siécle avant l'apparition de Grétry ; nous avons également signalé, à diverses reprises, le succès obtenu par ses ouvrages, harmonisés par M. Al. Béon, aux concerts de musique ancienne organisés par M. Béon et le soussigné à l'exposition de l'Art belge au xviie siécle. Une première série de ces compositions vient de paraître et les met ainsi à la portée des amateurs de musique ancienne, de plus en plus nombreux chez nous. Il s'agit de huit sonates respectivement écrites pour : 1° pour deux violons (ou deux violes d'amour et clavecin) ; 2° violon et violoncelle ; 3° violon ; 4° violoncelle ; 5° flûte et hautbois ; 6° hautbois ; 7° flûte ; 8° deux flûtes ; le tout basse chiffrée excellemment réduite au piano.

— Chez le même éditeur, vient de paraître le huitième fascicule de la *Collection de chœurs sans accompagnement* de Gevaert, continuée par A. Béon, et contenant huit chansons françaises du xvie et du xviie siècle harmonisées à quatre voix mixtes.

E. C.

57me ANNÉE. — Numéros 34-35.   20 et 27 Août 1911.

LE GUIDE
MUSICAL

FRANZ LISZT

PARMI les grands cœurs de l'histoire de l'art, Liszt est le plus grand. Telle est la conclusion d'un récent et pieux livre sur le maître par l'un de ses plus intimes et fervents disciples, M. August Göllerich (1).

En vérité, lorsque d'un regard « circulaire » en quelque sorte, nous contemplons, après l'étude et la lecture des œuvres de Liszt, l'ensemble de cette merveilleuse activité et de cette vie si riche, si pleine, diverse et multiple, il est une chose qui frappe au delà de tout : c'est la *générosité* et la *grandeur* des intentions et des actes de cet artiste unique. Un grand cœur, un noble esprit ont marqué dès le début les moindres manifestations de ce rare génie, et cette année qui doit commémorer son anniversaire, ne le pourra plus dignement qu'en célébrant en lui une de ces figures représentatives et intégrales qui sont l'honneur de l'humanité tout entière.

Cette haute valeur de Franz Liszt, homme et artiste, ne semble pas encore assez reconnue à cette heure ; il est temps

cependant que tous le considèrent sous un jour nouveau, et l'envisagent sous un angle plus vaste, à un point de vue plus universel. Jusqu'à présent, on s'est trop arrêté aux aspects romantiques, extérieurs — déroutants pour l'ordinaire considération — de sa vie privée, la mesurant à la petite aune d'une existence quelconque. A côté de cela, on se souvient volontiers d'un virtuose brillant et fantastique que se disputaient les salons et les concerts de tous pays ; enfin, au travers du virtuose, on voit un compositeur, plutôt d'occasion, habile, comme à son instrument, à produire un effet d'éblouissement ! Ce n'est pas là, ce n'est pas ainsi qu'il faut penser à Liszt. Aucun nom ne devrait être prononcé ou évoqué avec plus de vénération, d'admiration et de reconnaissance. Il est synonyme de bonté, de dévouement, d'art et d'élévation suprêmes. Ce n'est point que le maître fût parfait ; mais il avait à un très haut degré toutes les plus nobles qualités et cherchait à les intensifier de plus en plus ; à côté de cela, comme le disait le grand duc de Saxe-Weimar, Carl-Alexander, « il n'avait que des faiblesses, mais point de défauts ». Tout s'efface ou pâlit du reste devant l'immense *générosité* de cette âme d'homme et d'artiste. Il n'est rien qui n'en porte l'empreinte ; pas une heure qui n'en soit éclairée, pas une parole ou un acte qui ne l'expriment. On n'a pu s'oublier davantage en autrui que ne le fit Franz Liszt.

---

(1) *Franz Liszt*, par A. GÖLLERICH. (Marquardt et Cᵒ. Berlin, W. 5ᵒ), volume richement illustré et plein de détails inédits et personnels.

Dans ses rapports avec sa famille, ses amis, ses élèves, les maîtres qu'il interprète ou soutient, dans sa vie, son art et sa religion, ce n'est jamais *son* point de vue qu'il a considéré, mais entièrement celui sur lequel se portait sa pensée aimante. Cet oubli, ce don de soi pour le bonheur, le profit où l'agrément d'autrui commence dès sa jeunesse. Son culte pour sa mère notamment fut touchant ; il n'est rien qu'il n'ait fait où sacrifié pour elle ; ainsi, ce fut surtout pour lui complaire qu'il renonça, en 1830, à la vie monastique pour n'appartenir qu'à l'art seul et continuer à le servir dans le monde !

Lorsqu'en 1865, ayant passé par toutes les épreuves de la vie, sa vocation religieuse devient irrésistible, et qu'il reçoit à Rome les ordres mineurs, il en demande encore « pardon » à sa bonne mère ; elle comprend sa décision à présent et lui répond : « Toutes les bonnes inspirations viennent de Dieu... Vis heureux, mon cher enfant, Si la bénédiction d'une vieille mère mourante peut obtenir quelque chose de Dieu, soit mille fois béni ».

Liszt lui avait confié ses enfants, Blandine, Cosima et Daniel, déjà avant sa séparation de leur mère, la comtesse d'Agoult. Ce fut un mot irrévérencieux et injuste de celle-ci à l'égard de cette femme vénérée qui suffit pour consommer la fameuse rupture. La comtesse ayant déclaré un jour qu'elle ne pouvait considérer comme *sienne* cette maison *bourgeoise*, Liszt lui répondit : « Vous avez raison, Madame, car la maison de ma mère est un *sanctuaire* où mes enfants innocents se sentiront bien ». Et Mme d'Agoult conclut dédaigneusement que « malgré le vernis français », on reconnut toujours en Liszt « le garçon de village hongrois ».

Et pourtant dans ses rapports avec la hautaine et mondaine comtesse — la Daniel Stern de plus tard — combien il fut toujours plus noble qu'elle ! Il l'aima passionnément, et cette passion lui cacha longtemps la profonde divergence de leurs deux natures. Mais quand il vit combien

peu elle était mère et femme de cœur, combien de plus en plus, jalouse, vaine et orgueilleuse, il jugea la séparation nécessaire, irrésistible. Et ce fut alors que sans respect pour le père de ses enfants, pour ce chevaleresque caractère qu'elle ne comprit jamais du reste, elle écrivit un roman *Nélida* où elle se plut à rabaisser singulièrement la figure de celui qui l'avait tant aimée ! Et Liszt pendant ce temps essayait de la réconcilier avec sa famille dont elle s'était éloignée ! Il la revit beaucoup plus tard, non sans amertume, et pour la première fois elle parut touchée par la rayonnante grandeur de cet homme. Voici à ce sujet quelques lignes de Liszt à la Princesse Wittgenstein : « Je l'ai baisée au front — pour la première fois depuis des années — et lui ai dit : je vous en prie, Marie, laissez-moi vous dire comme les paysans : Que Dieu vous bénisse ! Ne me souhaitez rien de mal ! » « Elle ne put en ce moment rien répondre, mais ses larmes coulaient davantage (1) ». En vérité, elle n'avait pas changé et rien n'est plus caractéristique de son « moi » que ses *Mémoires* pour lesquels elle demanda à Liszt même, en 1866, un titre approprié ; après avoir lu une trentaine de pages, celui-ci dit simplement : *Poses et Mensonges.*

Quand elle mourut, en 1876, Liszt n'eut ni regret, ni rancune, « Elle était si gracieuse, dit-il, mais elle avait un penchant pour tout ce qui est faux, sauf dans ses moments d'extase dont elle ne voulait guère se rappeler plus tard. Le souvenir que je garde d'elle, est un douloureux *secret* que je confie à Dieu, le priant d'accorder à l'âme de la mère de mes trois enfants, paix et lumière ».

Liszt adorait ses enfants, se souciait continuellement de leur avenir matériel et moral. Ils étaient tous les trois remarquablement doués et leur éducation soignée développa d'heureuse façon d'aussi rares

---

(1) Lettres de Liszt à la Princesse C. Wittgenstein, publiées par La Mara.

tempéraments. Les deux jeunes filles notamment (1) achevant leur instruction à Berlin, remplissaient leur professeur de musique, Hans de Bülow, d'une profonde admiration. Voici ce qu'il dit à leur sujet dans une lettre à Mme Laussot (2) : « Ces merveilleuses jeunes filles portent vraiment bien leur nom. Pleines de talent, d'esprit, de vie, elles sont des personnalités intéressantes comme rarement j'en rencontrai. Leur évidente supériorité et l'impossibilité de leur paraître suffisamment intéressant m'embarrassent (3).

Liszt eut le malheur de perdre l'aînée (Mme Ollivier) qu'il appelait « une incarnation de l'Idéal », à l'âge de vingt-sept ans. A peine, trois ans auparavant était mort, d'une sorte de langueur, son cher fils Daniel. Hans de Bulow rapporte que vraiment la « mort ne vint pas à lui sous la forme de l'épouvantail chrétien, mais comme un beau jeune homme grec au flambeau éteint ». Daniel partit sans agonie, en pleine conscience, non de la mort, mais d'une vie nouvelle. Dans son livre, M. Göllerich nous donne, au sujet de ce pénible événement, ce détail très caractéristique pour la pensée religieuse de Liszt : malgré l'insistance de la princesse Wittgenstein, il ne voulut pas attrister les dernières heures de cette vie finissante par l'administration des derniers sacrements, « car, répondit-il, Daniel est depuis longtemps préparé pour le ciel ».

Liszt était du reste en religion aussi large, aussi généreux qu'en toute autre matière ; l'esprit importait seul ; il pensait librement et haïssait l'orthodoxie en toute chose. La science théologique, les dogmes, les systèmes ne lui plaisaient guère ; sa foi était absolue et toute de sentiment, comme celle de ses années d'enfance. Seule une

grande Eglise invisible et universelle existe pour lui dont la religion est simplement le culte de la vérité. S'il prit la robe d'abbé, ce fut comme le symbole extérieur de sa plus grande victoire morale, le signe de son renoncement à tout un passé de gloire vaine pour lui, à toute activité « théâtrale », à toute la vie qui n'avait pas quelque chose de divin et d'éternel pour cause et pour fin. Pas plus alors qu'autrefois, il ne devint dogmatique, ni ne s'enferma dans les limites étroites d'une vie monastique. Non ; il est partout où la musique, et l'art en général, l'appellent pour quelque chose de grand ; il continue vaillamment, activement la lutte commencée autrefois, commande ou soutient les batailles artistiques, joue partout au profit de la Fondation Beethoven, des Festspiele de Bayreuth auxquels il assiste fidèlement, y prenant trois patronats ! Il préside aux fêtes de l'Association des musiciens allemands, à Weimar, Karlsrühe, etc., et s'y dévoue tout particulièrement. Il en fut du reste le fondateur, en 1859, désirant soutenir l'effort des jeunes, le mouvement en avant, l'évolution de la musique, le progrès, la vie. « Les vivants d'abord », dit-il dans un article sur Rob. Franz. « Sans demander pour eux les honneurs de l'apothéose, nous exigeons pour eux un droit de cité en rapport avec leur mérite, sans toujours ces décrets de malédiction qui les désignent à la vengeance publique comme dangereux incendiaires, fauteurs de la décadence artistique, simplement parce qu'ils font autrement que leurs maîtres, et qu'ils vont par d'autres chemins à la recherche d'un nouvel idéal, pour devenir maîtres à leur tour. »

Jusqu'à la fin, il est resté fidèle à ce principe ; sous la redingote civile ou sous la robe de l'abbé, Liszt est toujours resté le même grand homme, l'homme vrai et intégral. Non seulement l'art le passionnait, mais aussi les œuvres sociales ; dans un grand concours entre artistes que, dès 1850 déjà, il aurait voulu annuel, il réservait un prix spécial pour le meilleur plan

(1) Blandine, qui devint la femme du ministre Ollivier, et Cosima, l'illustre veuve de Richard Wagner.

(2) Sœur de Julie Ritter, l'amie de R. Wagner. Elle habitait Bordeaux où elle s'était mariée.

(3) Voir Lettres et Ecrits de H. de Bülow (3e vol.).

de maisons ouvrières bien aérées et aménagées, et personnellement, le bien matériel qu'il fit autour de lui, directement ou indirectement, reste inestimable. Il était non seulement généreux de son enseignement, de sa direction, de sa « présence », de ses dédicaces, mais s'ingéniait encore à trouver des éditeurs, des textes, des traducteurs, des situations pour ceux-ci, tandis qu'aux autres, il fournissait logement, piano, vêtements, cigares, etc., etc.! Et toujours l'ami idéal qui se donnait tout entier, se dévouait sans compter, pardonnait les oublis, les ingratitudes, et même les offenses; ce qu'il fit pour R. Wagner est suffisamment connu; il fut son « sauveur » aux pires heures de détresse et de misère; et en toutes choses, un asile, un conseiller, un appui, une lumière, un père, un ami de cœur et d'esprit. Sur ce chapitre, on écrirait facilement des volumes (1).

Ce ne fut au reste pas pour Wagner seul qu'il fut si entièrement bon, mais aussi pour Berlioz, pour Cornélius, pour des centaines d'autres, virtuoses et compositeurs. Mais en défendant si généreusement, les œuvres d'autrui, il négligea volontairement de faire assez connaitre les *siennes*, les éloignant notamment des programmes du festival annuel des « Tonkünstler » pour mettre en avant des pages de plus jeunes, de moins connus que lui. « Je n'ai pas d'autre prétention pour mes œuvres que de les avoir créées » dit-il. Et comme il n'eut pas « son Liszt », il n'eut jamais la réputation qu'il mérite comme compositeur.

D'autres raisons encore sont venues s'ajouter à celle-là; elles expliquent en partie le peu de succès ou d'intérêt qu'éveillèrent les œuvres de Liszt : on ne vit longtemps en lui qu'un *virtuose du clavier* et ce n'est qu'avec méfiance que l'on considérait le compositeur dont il se doublait; on ne voulut lui reconnaître qu'un réel talent de *transcripteur*, au delà duquel

Berlioz reconnut bien autre chose : « Après sa fantaisie sur *La Juive*, on peut tout attendre de Liszt comme compositeur ». Le perspicace Français avait du coup reconnu un maître et lui garda une profonde admiration. Nietzsche, de son côté, lui reconnaissait « la plus merveilleuse orchestration ». Mais le plus enthousiaste de tous fut à coup sûr R. Wagner. Il n'appréciait pas seulement la *facture* chez Liszt, mais avant tout la belle inspiration, et plus d'une fois lui « emprunta » ses thèmes (1) et ses innovations, se déclarant un jour lui-même « vis-à-vis de Liszt, un humble *conservateur* » — tout au moins, jusqu'à l'époque de *Tristan*. Devant l'incompréhension générale du public à l'égard des neufs poèmes symphoniques composés par Liszt entre 1856-57, Wagner, défiant en quelque sorte les Philistins, s'écrie : « Les ânes! — et ils le sont à peu près tous — auront bien à faire avant qu'ils puissent vaincre ce phénomène. ». Ils ne comprennent pas, « parce que Liszt a conçu ses œuvres pour un public d'artistes qui est encore à venir (2) ». Et à propos d'un des poèmes de ce temps, *Orphée*, dont le début seul suffit à faire deviner par Wagner l'atmosphère idéale et l'essence élevée de la partition, il écrit à la princesse Wittgenstein que dès les premières mesures il put s'écrier : « Assez, je tiens tout ». Comme musicien-philosophe et poète, Wagner qualifiait Liszt « le premier qui réussit à considérer l'objet poétique sous l'aspect favorable au musicien pour la création d'une forme musicale, nouvelle et compréhensible ».

C'est encore Wagner qui, après la première exécution du *Christus* à Weimar, déclare : « Si l'on était à Rome aussi *éclairé*

---

(1) Il y en a un fort beau sur l'amitié de Wagner et Liszt, par Julius Kapp.

(1) La dernière audition de *Faust* à la Monnaie (Concerts populaires) nous rappela le fait; nous y retrouvons immédiatement deux thèmes dont l'un passa plus tard à *Tristan* (prélude), l'autre dans *La Walkyrie* (Brunnhilde).

(2) *Le public dans le temps et l'espace.* (*Gesammelte Schriften.* B. X.).

qu'infaillible, alors, à chaque jour de fête, la partie du Christus s'y rapportant, serait exécutée, et l'œuvre tout entière, aux grands jours fériés de l'Eglise. Plus que les missions, la propagande actuelle, plus que le règne par la menace et la punition — ces exécutions fortifieraient et gagneraient les cœurs et les esprits (1) ». Et cela est profondément vrai, car cette œuvre de Liszt est l'expression d'un idéal universel et d'un grand cœur aimant rendue par un noble interprète.

Liszt est un musicien dans l'âme. Lui-même disait que « la musique était la respiration de son cœur ». Il s'y exprime tout entier en mélodies, harmonies, rythmes, d'une richesse, d'une variété, d'une abondance intarissables ; son imagination égale son habileté ; sa science sert son génie. Les fantaisies, les transcriptions de la période du « virtuose » ont servi de simple préparation, d'exercices aux compositions personnelles de l'artiste complet qui ne s'est pas seulement contenté des moyens d'expression existants, mais innova en toutes choses, et hardiment. Il ne fabriqua pas de la musique, il en créa. Son invention thématique est immense, et cependant plus il avance, plus il simplifie la ligne de sa phrase ; il la concentre davantage et ne l'exprime plus que stylisée avec son maximum d'intensité et le minimum de moyens. Ses rythmes sont d'une variété, d'une nervosité remarquables ; il préférait d'ailleurs les vivantes combinaisons rythmiques aux savantes constructions harmoniques. Il ne faisait usage de la polyphonie que là où le sujet l'exigeait. Cependant, il connaît tout le prix de l'harmonie ; il sait habilement la plier à son vouloir, dépasse volontiers ses lois temporaires, lui crée des domaines nouveaux, amène logiquement les dissonances tant décriées, donne une valeur expressive à ses accords. Son influence sur

Richard Wagner fut ici définitive et en quelque sorte « libératrice » pour le maître de Bayreuth. C'est ce qu'on n'a pas assez compris jusqu'à ce jour. Liszt a vécu trop près de Wagner ; la dominante personnalité de l'un empêcha de considérer suffisamment l'autre.

Quant à l'instrumentation, on peut dire que Liszt y fut autant virtuose qu'au clavier. Nul mieux que lui ne connut les ressources des divers instruments, leur pouvoir expressif, leur portée sonore, la relativité de leurs effets. Faust — Sainte Elisabeth — Christus en sont de merveilleux exemples. Tout, sans doute, n'est point la perfection dans l'œuvre de Liszt, abondante, variée, multiple ; les compositions de jeunesse surtout accusent parfois un romantisme un peu exagéré, trop amant du brillant, de l'effet extérieur. Mais de bonne heure, tout cela fit place à un esprit extrêmement sérieux, épris du plus haut idéal, d'entière liberté dans la conception et dans la forme, et plus nous avançons, plus l'artiste se concentre, se perfectionne, s'élève.

Il est peu d'œuvres d'inspiration aussi simplement pure et haute que certains Psaumes, le Christus, le Faust, la Sainte Elisabeth. Que de musique et que de cœur dans ces pages !

Tout l'artiste et tout l'homme s'y expriment, et dans Christus et Elisabeth tout particulièrement : foi dans l'idéal, bonté suprême, inépuisable charité, voilà ce que Liszt y célébra, et c'est comme une image de lui-même qu'il nous y donne en vérité. Bettina von Arnim, l'amie de Gœthe, eut, un jour, un joli mot au sujet de ce grand et rare cœur de Liszt : « On se met à rêver, dit-elle, dès qu'on pense à lui ». Et ceux qui l'ont connu ne peuvent oublier le rayonnement intense de son âme supérieure. Il fut grand en toutes choses ; l'homme et l'artiste ont atteint les mêmes sommets.

MAY DE RUDDER.

---

(1) C'est ce même Christus que Hanslick appelait une « effrayante impotence » et qu'il trouvait « le plus lassant ouvrage de Liszt ». (Das unerquicklichste Werk).

LES DANDJOURO

—

A mon ami M. Claude Farrère.

E N parcourant l'histoire et les annales du théâtre japonais, on demeure surpris du rôle important que les acteurs jouent dans la vie populaire, rôle d'autant plus important eu égard au conventionnel dédain dont ces artistes sont l'objet. Et s'ils ne tiennent pas compte de cette mésestime, c'est qu'ils sont apparemment les premiers à savoir qu'elle n'est qu'un léger vernis social ne résistant pas au véritable talent ayant le secret de le faire sauter. Nous n'en voulons pour preuve que la protection et la sympathie que de riches amateurs nippons sont fiers de pouvoir prodiguer aux acteurs en vedette ; et les gens bien informés ne nous cachent pas que cette amitié est souvent acquise au prix de réels sacrifices pécuniaires, par l'offrande de rideaux de théâtre, de costumes riches et de belles armes. Le rideau surtout est important car il est, au Japon, la propriété des acteurs en vue ; et le peuple sait souvent porté à juger le talent d'un de ces artistes d'après le nombre et la richesse des rideaux qu'il exhibe.

Parmi tous les acteurs japonais ayant exercé leur profession de père en fils, aucune de ces dynasties n'a une telle réputation que les Dandjouro. Pour s'en faire une idée : qu'on imagine une famille Mounet-Sully ayant tenu pendant plus de deux cents ans la scène avec une supériorité incontestée, et ce dans un pays où les excellents artistes abondent. Etant donnés les services rendus, les progrès réalisés par les Dandjouro, on ne peut aujourd'hui parler de ce théâtre exotique sans considérer en premier lieu cette famille d'illustres artistes. Leur nom de famille est Horikoshi, mais de père en fils nous les voyons conserver leur nom de guerre consacré par les succès inoubliables de Dand-

jouro I, père et ancêtre de cette phalange d'artistes dont les gestes, les interprétations, les costumes, la mimique constituent des modèles de « beauté » pour tous les acteurs nippons, et dont les jeunes cherchent à s'inspirer afin de goûter, à leur tour, au doux fruit de la célébrité qui est chère à l'acteur japonais comme à son confrère d'Occident. Au demeurant ne saurait-on médire de cette célébrité, car nombreux sont les grands acteurs japonais qui jouèrent, leur vie durant, non seulement en ne recherchant pas le gain, mais même en le refusant systématiquement. Il est plus que probable que la subvention d'un généreux mécène mettait un tel acteur à même de se consacrer à l'art uniquement, sans les mille préoccupations qui font que la carrière d'acteur chez nous est loin d'être une sinécure agrémentée de la réalisation libre de rêves artistiques. Dès lors, la célébrité était pour l'acteur japonais le seul bénéfice, l'expression spontanée du goût du public, expression brutale mais qui venait dire à l'acteur combien son interprétation, son jeu, était habile, combien sa façon de rendre tel personnage était au goût de l'auditoire. Mais revenons aux héros auxquels notre présente note est consacrée. Dandjouro I débuta, comme le rapportent les témoignages indigènes, en 1680, lorsqu'il eut atteint l'âge de trente ans. Il révéla ses étonnantes dispositions dans la création d'un rôle nouveau, celui de Foussa-Banzaémon. Du coup il devint célèbre, son jeu classique, et seuls ceux de ses confrères jouant ce rôle tel qu'il l'avait créé, et vêtus de même, avaient chance de récolter les approbations d'un public mis en délire par les géniales trouvailles du célèbre Dandjouro. Son costume, de nos jours encore, est dans la mémoire de tous ; il s'agit d'un tissu que décoraient des nuages et des éclairs, ces dernières affectant le dessin de la grecque, interprétation graphique de l'éclair en Extrême-Orient. De tous ces détails se dégage une constatation facile à faire, c'est que la célébrité d'un homme, appartenant à une classe si peu estimée, doit être bien grande lorsque les moindres détails de son costume sont encore copiés, ses gestes observés et imités, plus de deux cents ans après sa mort. La renommée de l'illustre acteur facilita à ses descendants l'accès de la scène et toute une lignée de dignes continuateurs des traditions familiales, mais dont les annales japonaises ne mentionnent aucun détail, se contentant d'enregistrer des succès dont nous voudrions bien connaître au moins les grandes lignes. Nous eussions encore souhaité savoir si tous ces Dandjouro étaient réellement des membres de l'illustre famille ou si certains acteurs de talent ne prirent pas, à la mort du premier Dandjouro, un nom qui leur assurait succès et engagements; enfin quels étaient les degrés de parenté, l'époque de leur activité, le genre dans lequel chacun excellait. Ce sont là des points que les historiens contemporains ont négligé; ceci est d'autant plus frappant qu'un de ceux-ci, Dandjouro VIII, nous est rendu par un luxe inouï de détails. Il est vrai qu'il peut revendiquer la palme de la supériorité, même sur la célèbre lignée dont il est issu. Il naquit en 1821, et lors de sa mort, en 1853, sa renommée n'avait plus rien à envier à celle qui avait été le lot de ses talentueux ancêtres. Leur gloire ne devait plus, depuis longtemps, l'empêcher de dormir, car il connut tous les triomphes, même ceux qui n'eurent aucun rapport avec sa carrière d'acteur. Les femmes raffolaient de lui, et plus d'une lui en donna la suprême preuve. Et si nous nous en rapportons aux nombreuses estampes qui parurent après sa mort violente, survenue à l'âge de trente-deux ans, il dut briser beaucoup de cœurs en quittant la terre de Yamato. Nous disons mort violente; en effet il demanda au *hara-kiri* de lui ôter l'existence où plus rien ne le tentait, et il s'ouvrit le ventre avec nonchalance et élégance, comme aurait fait un stoïque Romain dans son bain.

Son entrée en scène provoquait une explosion d'enthousiasme chez l'auditoire; adulé comme plus d'un monarque souhaitrait de l'être, il régnait en maître sur les planches qui signifient le monde, et l'on rapporte que la dignité de ses attitudes aurait fait pâlir d'envie les plus cérémonieux daïmios, chez lesquels d'ailleurs il fut souvent mandé pour y interpréter ses rôles les plus fameux. Ceux qui le virent à l'œuvre parlent de son jeu serré, simple, qu'animait une ardente conviction, une expérience puisée partie dans son génie, partie dans l'observation du jeu de ses aïeux. A quoi, sinon au dégoût du succès devenu trop facile, attribuer le mouvement par lequel il attentait à sa vie? A une lassitude provoquée par une vie où nul obstacle ne pouvait plus solliciter sa force d'artiste? Le champ aux conjectures est ouvert jusqu'au jour où la véritable raison sera connue; elle sera peut-être plus simple, ou plus poignante que nous la supposons, car admettre qu'il ait quitté une vie à laquelle le rattachaient tant de liens charmants, serait mal connaître le caractère de ces intéressants Nippons.

Nous mentionnions plus haut le déluge d'estampes qui se produisit à sa mort. Bien des peintres, malheureusement non les meilleurs, s'emparèrent du sujet pour offrir à l'engouement du public un choix d'estampes où rien n'est négligé pour célébrer l'artiste défunt en même temps que pour plaire au public dont on flattait les faiblesses. Le culte d'une personnalité célèbre, adulée, aimée, doit-elle au surplus tant nous surprendre? Nous serions mal venus, étant données nos tendances en matière pareille, de critiquer cette forme du culte posthume. La façon de le rendre est d'ailleurs charmante.

Voyons de plus près quelques-unes de ces peintures. L'une d'elles nous initie à une solennité bouddhique : l'anniversaire de la mort telle qu'on la célèbre d'abord au centième jour, ensuite tous les ans. Un groupe d'acteurs, assis en cercle, et portant chacun le costume du rôle qui est son triomphe, tiennent les grains d'un immense chapelet. Au centre s'est placé le bonze chargé de réciter les invocations de mise en pareille occasion, invocations qu'il rythme au moyen d'un petit gong de bronze sur lequel il frappe aux moments convenus. Sous l'action des ardentes prières, la forme de Dandjouro VIII se présente comme issue d'une vapeur partie du centre du gong. Le symbole est très simple, comme il convient d'ailleurs pour les milieux populaires auxquels s'adressait cette peinture.

En voici une autre. On dirait un essaim d'abeilles suspendu à la porte de la ruche. C'est une grappe de femmes, en un grouillement pittoresque, cherchant à retenir à l'aide de cordes lancées vers lui, Dandjouro qui part vers le ciel. D'une main il écarte doucement ces liens matériels, tandis que, l'œil stupéfait, il contemple le débordement de sympathies que crée son départ. Ajoutons que le dessin capricieux des cordes représente des caractères de l'écriture cursive et disant : « Personne n'est épargné par le vent déchaîné de la mort ». C'est peu consolant pour celles qui pleurent, quel que puisse être l'esprit égalitaire qui anime cette sentence.

Mais voici Dandjouro arrivé au ciel. Ses illustres prédécesseurs l'y reçoivent; et c'est à qui lui posera l'auréole bouddhique, le conduira vers son siège élevé, en forme de gigantesque lotus. Il est visible qu'une fois assis là, il dominera encore, comme il a dominé sur terre. Ici également, nulle complication; le peuple aime les choses simples qui s'imposent immédiatement à son esprit; au Japon, comme ailleurs, l'art raffiné lui poserait des problèmes qu'il n'a pas le temps de résoudre, et auxquels il n'est pas préparé.

Le dessinateur indigène, s'efforçant d'ailleurs de faire passer Dandjouro par les phases des croyances bouddhiques, familières au peuple, se complaît encore à nous montrer Dandjouro aux prises avec Yemma, le terrible roi des Enfers. Le voici aux prises dans une lutte assez singulière, le *Koubipiki*. Pour l'exécuter, les deux adversaires s'asseyent face à face à quelques pas de distance l'un de l'autre. Une corde sans fin, contournant la nuque, retient les deux lutteurs; et seul l'effort de la nuque

roidie par la tension doit amener la chute de l'adversaire. Or, il était inévitable que Dandjouro devait, là encore, vaincre le combattant cependant terrible, auquel il avait à faire. Quelques jeunes femmes le soutiennent, comme pour contrecarrer les efforts de quelques diables accourus au secours de Yemma dont l'échine fléchit déjà. Dans le fond, nous voyons aussi quelques Dandjouro déjà béatifiés assistant à la lutte et où leur présence est encourageante pour leur descendant en butte aux dernières épreuves avant de s'élancer vers le bleu Nirwana.

Il est encore une multitude d'autres estampes inspirées du même genre d'esprit. Aussi bien avons-nous suffisamment démontré par quelles qualités les dessinateurs avaient cherché à plaire au public. Les décrire toutes serait faire œuvre fastidieuse. Pour ceux que le sujet intéresserait, nous tenons à dire que ces estampes ne sont nullement rares ni coûteuses. N'étant pas des pièces de cabinet tels que les œuvres de Hok'saï, Outamaro, Kounimassa, Bountcho, Kyomassa (qui fit le portrait de Dandjouro I), Shunyeï, Totjokouni, ces estampes, spécimens de l'imagerie populaire, arrivent assez fréquemment sur les marchés d'Europe et se trouvent souvent dans les vitrines de nos grands magasins où les bourses les plus modestes peuvent faire leur choix, après avoir, il est vrai, dépensé un bon moment à les rechercher dans les lots où il y a de tout, et beaucoup de choses peu intéressantes.

L'illustre lignée des Dandjouro n'est pas éteinte, pour le grand bonheur des amateurs nippons. Dandjouro IX continue les traditions que lui ont léguées ses aïeux et il peut se vanter d'être digne du nom qu'il perpétue et digne de la confiance que lui fit le public jadis lorsqu'il eut à prendre la lourde succession de celui qui s'était volontairement rayé du nombre des vivants. Il s'est très grandement distingué pendant les dernières guerres que le Japon eut à soutenir, en jouant partout au bénéfice des blessés, contribuant ainsi à adoucir leur convalescence ; l'empereur lui accorda, chose insigne étant donnée sa profession, une décoration honorifique : il est titulaire de la médaille de la croix rouge du Japon. On ne saurait d'ailleurs concevoir plus noblement l'exercice de l'art qu'au profit de l'humanité souffrante.

Finalement, exprimons notre étonnement de l'oubli où les poètes japonais ont laissé les acteurs. On peut, en effet, parcourir des anthologies japonaises où brillent les noms de Hitomaro, Yakamochi, Narihira, Onono Komachi, Hendzyo, Mitsune, Tsuraynki, Idzumi Shikibu, Toyama, et tant d'autres, sans jamais y lire un vers consacré aux acteurs. Comment expliquer ce fait? Les poètes partageaient-ils les idées de quelques célèbres peintres (Harounobou entre autres qui refusait de « salir » ses pinceaux à dessiner des « histrions »), à l'égard des artistes de théâtre? Cependant plus que les peintres peut-être, les poètes et hommes de lettres sont en rapport avec les acteurs.

Et même les fameux Dandjouro ne semblent pas échapper à cet inexplicable dédain, car jusqu'à l'heure actuelle, nous n'avons pas réussi à trouver le moindre petit *Tanka*, les mettant en relief; d'autre part, n'avons-nous pas eu à enregistrer les manifestations d'un enthousiasme qui ne connut point de bornes? Quel principe a donc bien pu amener les poètes à refuser les accords de leur lyre aux célèbres Dandjouro? Plusieurs grands peintres japonais ne devinrent-ils pas justement célèbres par leurs portraits d'acteurs? Il y y a là un curieux petit procès sociologique à trancher par les ethnographes et qui sait si en recherchant dans cet ordre d'idée, et en remontant vers la source, l'on ne retrouverait point le motif de la funeste décision que mit à exécution Dandjouro VIII.

Nous avons dû nous borner à évoquer une illustre famille d'acteurs du théâtre nippon; pousser les investigations plus loin serait empiéter sur un terrain qui non seulement n'est pas le nôtre, mais qui appartient de droit à ceux qui se préparent, par des études spéciales, à le cultiver. Ils feront mieux que nous sous ce rapport et nous serons encore les premiers à en bénéficier.   GASTON KNOSP.

Le Décor au Théâtre

LE décor est certainement un des éléments scéniques qui, en ces derniers temps, a pris une importance et un développement considérables. Plusieurs siècles ont préparé cette évolution qui semble avoir atteint aujourd'hui un tel degré de perfection qu'on peut se demander s'il est encore possible d'aller plus loin.

A l'origine de notre théâtre, sur les tréteaux de nos bateleurs de villes ou de villages, il n'en fut guère question. Plus tard, le théâtre religieux, avec ses « mystères », se contenta d'abord du simple et souvent merveilleux cadre de ses églises. Exilé du temple, le drame se transporte sur le parvis et la nécessité de déterminer matériellement le lieu de l'action s'impose de plus en plus. Nous voyons apparaître les primitives divisions de la « scène » en « paradis, terre et enfer ». Tout y est d'un sommaire incroyable, et il n'y a guère de grands progrès dans le théâtre profane jusqu'aux XVe et XVIe siècles. Les nouvelles exigences se manifestent d'abord dans les splendides cours princières italiennes, puis en France, mais surtout en Angleterre. Nous arrivons bientôt aux fameuses *Masques* ou *Pageants* qui exigeaient un luxe de décoration inouï. Sous Jacques Ier, le goût du faste, du luxe, de cadres et de costumes somptueux semble porté à son comble et perdure chez ses successeurs. Mais pour ces fantaisies d'élégance et de beauté auxquelles le poète Ben Jonson, les musiciens Lamier, Lawes et Ferrabosco contribuèrent pour une si large part, la scène est encore le plus souvent le palais même ou quelque merveilleux jardin et le décor est surtout une décoration faite de guirlandes vertes et fleuries, de tapisseries et d'étoffes de prix au milieu desquelles se déroulait le somptueux spectacle. Au théâtre proprement dit, tout est encore bien sommaire et le *Songe d'une nuit d'été* de Shakespeare nous. montre, par exemple, dans son charmant interlude, de quoi se contentait encore à cette époque un public qui savait pourtant apprécier les chefs-d'œuvre de ses grands poètes. Il est vrai que son imagination était d'une puissance et d'une complaisance rares. Il y a de tout sur la scène en ce temps-là ! Les acteurs d'abord, puis les musiciens peu nombreux (une dizaine le plus souvent) installés dans une sorte de balcon au-dessus de la scène. Enfin, une partie du public, et du plus distingué encore, s'y trouve simplement couché sur la paille, et aide, au besoin, acteurs et machinistes. Elle est encore bien réduite aussi cette machinerie : point de décors mobiles ; de pauvres accessoires réduits au strict nécessaire. Comme décor proprement dit des tapisseries, point d'aussi belles qu'à la cour sans doute ; au contraire ; puis aussi, une toile de fond grossièrement peinte ; c'est à peu près tout. Le drame importait seul, l'action, la psychologie, l'interprétation encore. Le reste n'était que détail, à ce point qu'un génie comme Shakespeare ne se souciait nullement de montrer la Bohême au bord de la mer (1) !

Que nous sommes loin de cela aujourd'hui ! Déjà au xviiie siècle, les progrès sont sensibles dans des théâtres mieux aménagés. Mais au xixe siècle, les exigences des auteurs autant que des spectateurs à ce point de vue spécial, sont devenues de plus en plus grandes. A mesure que diminuait la puissance imaginative intérieure, croissait la nécessité de réaliser extérieurement l'illusion du lieu et du temps où se déroulait l'action. Mais c'est bien plus encore un besoin de vérité d'exactitude qui ont dicté ces perfectionnements scéniques. Les inventions scientifiques, les découvertes archéologiques, la connaissance de plus en plus universelle et profonde de l'histoire et la géograhie de tous les pays, les merveilles de la machinerie et de l'éclairage contemporains ont naturellement et puissamment aidé cette évolution du décor vers la perfection que nous admirons aujourd'hui. Ce mouvement fut d'abord surtout intense en Allemagne et

Richard Wagner, avec son souci de beauté plénière et d'harmonie intégrale, y contribua pour une large part.

Si nous comparons les indications de décor et de mise en scène dans les œuvres dramatiques des xviie et xviiie siècles et dans celles de nos jours, nous serons frappés des notes sommaires relatives à ce sujet dans les premières, et au contraire, de l'abondance, de la précision, de la minutie des moindres détails dans les secondes. Alors qu'une ou deux lignes en tête de chaque scène suffisait largement autrefois à suggérer le lieu de l'action, une page entière n'est pas rare aujourd'hui et de fréquentes notes indiquent à chaque instant les plus petits changements : fenêtres qui s'ouvrent ou se ferment, lumière qui croit ou diminue, surface des eaux qui s'apaisent ou s'agitent, astres qui s'éveillent ou se couchent dans le ciel, etc., etc., sans compter les variations plus notables que permettent actuellement une machinerie d'une subtilité extraordinaire, remarquable surtout dans certains théâtres allemands, à Munich notamment. La réalisation de la « scène tournante » (Drehbare Bühne) due à l'ingénieur Carl Lautenschläger, mort récemment, est certes l'une des plus pratiques et des plus belles inventions scéniques du théâtre contemporain.

L'artisan principal du décor moderne est le peintre-décorateur. C'est généralement lui qu'on charge de cette délicate entreprise de résurrection ou d'évocation d'autres temps, d'autres lieux et voire même de tableaux imaginaires ou très réels et tout proches devant lesquels nous passons chaque jour. Ce travail n'est point aussi facile qu'on pourrait le croire. En dehors de connaissances archéologiques, historiques et autres, indispensables et fondamentales, en plus d'un goût parfait, d'une imagination féconde et de la vision avant tout synthétique des choses, l'art du « décorateur » a son esthétique bien à lui. Le théâtre, en effet, a sa perspective propre, son optique toute spéciale, subordonnées à des lois particulières et très subtiles qu'il est nécessaire de bien connaître et observer pour arriver à donner « l'illusion » parfaite. Il faut tenir compte des divers plans, de l'espace plus ou

---

(1) Voir *Le Conte d'Hiver* (*Winter's Tale*).

moins vaste qu'offre la scène, de son éclairage, de tant d'autres détails !

De nos jours, il faut le dire, on est arrivé à réaliser des merveilles qui sont non seulement d'exactes reconstitutions souvent, mais aussi d'admirables tableaux (1). On ne peut que s'en réjouir ; et cependant certains esprits sérieux se sont effrayés de cette magnificence et de cette perfection mêmes. Ils signalent, avec raison souvent, — il faut bien le dire, — combien cet élément, secondaire après tout, tend de plus en plus à prendre une place de premier rang, si pas la toute première, distrayant à son profit de l'action et de la musique. On sait qu'en général, le public a l'œil plus sensible que l'oreille, et cela est surtout vrai dans un pays de peintres, de coloristes, comme le nôtre. Il finit par témoigner de l'indifférence vis-à-vis du drame même pour ne plus « regarder » que la scène dans son cadre merveilleux. Certains producteurs d'opéras, n'ignorant point ce fait, se contentent d'un sujet mince et de musique quelconque, faisant par contre aux décors, aux groupements, la belle place. Ne faudrait-il pas voir là aussi un commencement de crise du théâtre lyrique contemporain (2) ? En Allemagne, et particulièrement à Munich, sous l'impulsion du grand acteur von Possart, ancien intendant des théâtres de la Cour, une réaction se dessine. M. V. Possart lui-même a essayé de démontrer au théâtre qu'un réel chef-d'œuvre pouvait se passer de nos mises en scène trop luxueuses, compliquées et trop complètes à son avis. Il a fait jouer à cet effet des drames de Shakespeare, avec à peine un peu plus de décors qu'au XVIIe siècle, une simple toile de fond peinte et quelques détails d'avant-plan de toute nécessité. La pièce, jouée par des acteurs de premier ordre, fit, dans cette simplicité de cadre, un très grand

(1) Au théâtre de la Monnaie, à Bruxelles, notamment, la magnificence, la beauté et la vérité du décor sont un véritable enchantement. Sous ce rapport, l'Opéra de Monte-Carlo est aussi remarquable.

(2) A Oberammergau, le décor et la mise en scène semblent aussi prendre le pas sur toute autre chose et constituent, pour les spectateurs étrangers, presque la seule attraction de valeur des *Passionspiele* actuels.

effet. Evidemment. A la simple lecture, un chef-d'œuvre fera tout autant d'impression, je pense. Mais joué par d'excellents artistes, dans un beau décor, il ne pourra rien perdre de sa haute valeur, et la preuve nous en fut naguère donnée par les célèbres Meininger.

Dans un autre ordre d'idées, les spectacles dans le décor d'un paysage, d'un milieu réels, ne sont pas une tentative moins intéressante ; rappelons celles de Maeterlinck à Sainte-Waudrille, celles du *Cloître* de Verhaeren, à l'abbaye de Villers et à Saint-Bavon de Gand. Le théâtre lyrique s'accommoderait moins bien de ces essais, sa musique n'étant que très rarement écrite en vue de ces conditions spéciales.

Il n'y a, me semble-t-il, qu'un moyen d'empêcher le décor de prendre la place essentielle qu'il semble devoir bientôt occuper dans nos théâtres. C'est qu'artistes, compositeurs et interprètes haussent leur art au niveau de perfectionnement où se trouve le décor de nos jours. Alors tout reprendra sa place relative et juste, et l'illusion scénique n'en sera que plus harmonieuse, émouvante et belle.

MAY DE RUDDER.

LA SEMAINE

PARIS

— Projets de saison et de réouvertures sur nos scènes lyriques :

A l'Opéra, dès le début de septembre, *Salomé*, avec Mary Garden ; fin octobre, *Déjanire*, de Saint-Saëns, pour la première fois ici, avec Mme Litvinne, Muratore et Dangès ; fin novembre, *Cobzar*, de Mme Ferrari (également créé à Monte-Carlo comme on sait), avec Mlle L. Bréval, réengagée, et *La Roussalka*, ballet nouveau de M. Lucien Lambert. On reprendra aussi *Hamlet*, avec Renaud, pour le centenaire d'Ambroise Thomas. *La Roma* (« Rome vaincue », de Parodi) de Massenet ne paraîtra qu'après sa création à Monte-Carlo, c'est-à-dire en mars, elle aura Mmes Kouznezoff, Arbell, et Gurandon-Cain, MM. Muratore, Delmas et Noté pour interprètes. On parle aussi de *Fervaal*, de V. d'Indy, du ballet de M. Alfred Bruneau : *Les Bacchantes*, et d'une reprise (trop attendue) de *Don Juan*.

A l'Opéra-Comique, où les pouvoirs de M. Albert Carré viennent d'être prolongés d'une nouvelle période de sept années, on ne dit rien encore : on attend le retour des triomphateurs de Buenos-Aires. Mais on rouvrira le 1er septembre, avec le répertoire. Aucun retard n'est prévu.

Au Théâtre Lyrique de la Gaîté, les projets sont de plus en plus vastes. On rouvrira le 30 septembre avec Hérodiade et Don Quichotte. Mais on annonce, aussitôt après, Paillasse, puis, Ivan le Terrible avec Mme Carré, Bourbon, Boulogne et David. On reprendra ensuite Robert le Diable, avec Escalaïs, Le Songe d'une nuit d'été, avec Fugère (pour le centenaire d'Ambroise Thomas). Comme nouveautés ici : Les Girondins de Le Borne Noël de Is de Lara, La Princesse au Moulin de H. Hirschmann. Et pour finir, un cycle Mozart !

Quant au Trianon-Lyrique, il se lance aussi dans l'inédit, avec Cartouche, de Terrasse et La Vie joyeuse de Hirschmann, mais reprendra d'ailleurs des œuvres comme Les Mousquetaires de la Reine, Le Trouvère, La Poupée, Le Domino noir, Piccolino, Les Cent Vierges, Proserpine, Lili, etc., etc. Nous enregistrons tout cela au fur et à mesure.

— Du Ménestrel :

Il n'est peut-être pas sans intérêt de reproduire, à l'occasion du centenaire d'Ambroise Thomas, un fragment d'une lettre écrite au Figaro en mai 1894, lors de la millième de Mignon; et datée de Saint-Raphaël, villa Medjé, où résidait alors Jules Barbier, signataire de la lettre et auteur, avec Michel Carré, du poème de Mignon. Voici le fragment en question :

« Impossible de dire comment nous pensâmes à écrire Mignon. Cela vint naturellement au milieu de mille sujets que nous passions en revue chaque jour. Nous nous étions arrêtés à cette idée de donner leur expression musicale à des types déjà consacrés, gravés dans les mémoires par le roman, le théâtre — surtout le théâtre étranger — la poésie, la gravure, etc. Ce n'est pas par impuissance que nous prîmes tour à tour pour héroïnes Mignon, Marguerite, Juliette, Ophélie, Psyché, Virginie, etc., etc. Notre but était de déblayer le terrain pour le musicien, de façon que le public n'eût pas à faire ce double travail de comprendre et d'adopter la pièce, d'abord, puis d'en adopter l'expression musicale. Et je crois que nous avons bien fait.

» La genèse de la pièce ?... Si simple, en vérité ! Le sujet nous tentait. Le type de Mignon nous semblait devoir aussi tenter un musicien. Nous en avions parlé à plusieurs, entre autres à Meyerbeer, de même que nous lui avions proposé Faust. Mais tout en se laissant séduire par certains côtés de ces deux sujets, il semblait avoir une peur abominable de ses compatriotes, et n'osait toucher à l'arche sainte dont Gœthe était le grand-prêtre. Ce fut Thomas qui se chargea d'immortaliser Mignon.

» Le scénario se fit au coin du feu et l'exécution n'y changea presque rien. La pièce, jusqu'à son apparition, eut trois actes et cinq tableaux;

» Le cinquième tableau nous ramenait Philine dans l'éclat d'un paysage ensoleillé d'Italie. Une fête villageoise l'accueillait et répondait à ses trilles par des danses et des chants de joie. C'est là que Mignon apparaissait, se trouvait vis-à-vis de Philine, était frappée comme à l'aspect de la tête de Méduse et tombait morte.

» Si je ne me trompe, la pièce fut jouée sous cette forme deux ou trois fois. C'est alors que, comme des gens pratiques que nous étions, nous nous dîmes : « Mais pour respecter cette dispa- » rition de Mignon, à peine indiquée dans le » roman de Gœthe, nous nous privons à plaisir de » sept à huit cents représentations ! Il vaudrait » beaucoup mieux les marier comme de braves » bourgeois et laisser la place ouverte à leur » nombreuse postérité ! »

» Ainsi dit, ainsi fait ! Et c'est là ce qui explique, malgré les purs et les grincheux, que la pièce en est à sa millième représentation. Aujourd'hui, il n'y a pas un spectateur qui ne soit convaincu que tout ce troisième acte est à Gœthe, qui ne l'a jamais fait pressentir ni de près, ni de loin ! »

BRUXELLES

— Les candidats pour le grand concours de composition musicale, dit le « concours de Rome », sont en loge.

L'épreuve éliminatoire réunissait quinze candidats, parmi lesquels le jury pouvait en choisir six. Voici les noms des concurrents admis au concours définitif : M. Alfred Mahy, de Bruxelles, le chef de la musique des carabiniers qui, en 1909, obtint une première mention; M. Henri Sarly, de Tirlemont, première mention en 1907; M. Léopold Samuel, de Bruxelles, deuxième mention en 1907; M. Van Hoof, d'Anvers, qui obtint une mention en 1907; M. Brusselmans, de Bruxelles, et M. Saladin, de Orchies.

Six candidats sont en loge à l'Athénée royal de

la rue du Chêne. Ils travaillent d'arrache-pied, du matin au soir, en dépit de la température séné-galienne. Ils ont un mois pour achever leur travail. Bon courage !

— René Devleeschouwer, organisateur de concerts (agence fondée en 1882), 44, rue des Eburons, Bruxelles. Téléphone 103,45.

CORRESPONDANCES

OSTENDE. — De même que les années précédentes, la fête nationale du 21 juillet a été marquée, au Kursaal, par un festival consacré à l'audition d'œuvres d'auteurs belges.

De M. Tinel, nous avons entendu un *Cantique nuptial*, chanté par M. Laurent Swolfs, et les charmants couplets d'Elsa de *Godelive*, interprétés par Mme Hélène Feltesse ; celle-ci a chanté encore, avec le talent sûr et probe qu'on lui connaît, *L'Immortel amour*, cette page chaude et expressive de M. Léon Du Bois. De M. Émile Mathieu, deux *Lieder* avec orchestre, dont une fort pittoresque *Danse des morts*, d'après une ballade de Gœthe. M. Swolfs a fort bien rendu ces deux pages.

Le festival belge nous a valu la révélation de trois partitions nouvelles. Citons d'abord un poème symphonique, *Sur la montagne*, de M. Paul Lebrun, ancien prix de Rome, professeur d'harmonie au Conservatoire royal de Gand. S'inspirant d'une pièce de Victor Hugo, M. Lebrun a composé une œuvre d'une conception élevée, d'une écriture fort soignée, où la solidité du plan va de pair avec l'intérêt du travail harmonique et l'équilibre des forces sonores. En un mot, une très belle œuvre.

M. Jan Blockx nous apportait un interlude de son drame lyrique inédit *Liefdelied* (Chanson d'amour), une page très expressive ; le contraste constant entre les accents de remords et de dou-leur de l'héroïne, confiés à l'orchestre principal, et les échos joyeux d'une fête villageoise, émanant de différents orchestres accessoires, donne lieu à des effets saisissants.

Enfin il y avait la *Symphonie inaugurale*, cette vaste fresque orchestrale composée par M. Paul Gilson pour l'ouverture de l'Exposition de 1910. L'œuvre s'attache à exprimer une donnée litté-raire, évoquant tour à tour le formidable labeur que représente une World's fair, et la joie, les danses et fêtes qui en célèbrent le triomphe. Nul ne s'étonnera que le prestigieux tritureur de pâte

orchestrale qu'est l'auteur de *La Mer* ait fourni là une partition superbement vivante, où la richesse des combinaisons sonores le dispute à l'ingéniosité du travail thématique. L'œuvre est d'une difficulté rare, et ce n'était pas trop de tout le talent et de l'autorité de M. Léon Rinskopf pour en mener l'exécution à bien.

Le deuxième concert classique a eu lieu le 4 août, avec le concours de l'éminent pianiste français Raoul Pugno. Celui-ci a donné au con-certo de Schumann et aux non moins belles *Varia-tions* de Franck une interprétation admirable de fougue et de clarté. L'orchestre, dirigé par M. Rinskopf, a exécuté le prélude de *Parsifal* et le *Prédige du Vendredi-Saint*, le *Rouet d'Omphale* et l'amusant scherzo *l'Apprenti Sorcier* de Paul Dukas.

Le concert classique suivant débutait par la dramatique ouverture de *Coriolan* et finissait par les pittoresques et évocatifs *Murmures de la Forêt* avec, au milieu, les harmonies fuyantes et les chatoyantes colorations de *l'Après-midi d'un faune*, de Claude Debussy. La soliste du concert était Miss Kathleen Parlow, élève de Léopold Auer, une violoniste de grand talent, à l'archet ferme, à la sonorité puissante, au mécanisme parfait. Elle a rendu avec une étonnante perfection de technique le concerto en *si* mineur de Saint-Saëns, la *Sérénade mélancolique* de Tschaïkowsky, la *Ronde des lutins* de Bazzini, enfin un fragment de *l'Arte del Ario* de Tartini, toutes choses auxquelles un peu plus de chaleur n'aurait pas nui.

La direction du Kursaal reprise pour une série de vingt jours, par MM. Mathieu et Delières, nous avons eu une période italienne extrêmement brillante et fructueuse. Deux concerts de Mme Louisa Tetrazzini ont fait salle comble : l'on ne saurait imaginer une voix plus idéalement belle et fraîche, ni une technique plus merveilleuse. L'organe est d'une pureté et, jusque dans le suraigu, d'une puissance singulière ; ajoutez à cela la virtuosité la plus éblouissante : des gammes coulant comme l'eau d'une source, des cascades de notes piquées, toute la lyre, enfin, des difficultés réalisées avec l'aisance la plus absolue. Oh ! cette voix !...

Un autre organe non moins splendide est celui d'Eugenia Burzio, La Burzio, de la Scala de Milan : une voix somptueuse de falcon avec, dans le grave, des notes sonores comme des cloches, et partout ailleurs, le timbre le plus beau qui soit. Avec cela, l'artiste a l'art de colorer sa voix, de lui faire rendre tour à tour les accents les plus véhéments et les murmures les plus suaves. J'ajouterai que le tempérament de l'artiste est trop passionné pour le concert, mais à la scène, elle doit être souverainement prenante.

Nous avons eu encore le ténor Isalberti, dont l'action sur le public est incontestable, puis le barytoñ Bellantoni : une voix superbe, Vittoria D'Ornelli, l'exquise Edith de Lys, Carolina White, voix admirable et physique idem, la Finzi-Magrini et la Padovani, deux chanteuses légères d'une étonnante virtuosité, Mme Nadine Van Brandt, dite la Malibran russe, en un mot, tout ce que l'on peut rêver comme voix.

Mardi 15 août, l'on a célébré le vingt-cinquième anniversaire de la première apparition au Kursaal de Jean Noté. Manifestation chaleureuse, palmes gigantesques, gerbes et bouquets, médaille commémorative et cadeaux, rien n'a manqué à cette fête, apothéose d'une voix !

Le prochain concert classique aura lieu vendredi, avec le concours de M. Joseph Van Rody, pianiste, qui jouera le concerto en *sol* mineur de Saint-Saëns et la *Burlesque* de Strauss. Le vendredi suivant, nous aurons outre *Mort et transfiguration* de Strauss, le *Hexenlied* (déclamation et orchestre) de Max Schillings et une symphonie de Beethoven.   L. L.

SPA. — Le concert Léon Du Bois, au Casino, avait attiré une foule considérable qui oyationna et le maître et les interprètes dirigés par ce dernier, dans des œuvres de vie ardente comme *La Scène d'amour*, d'un sentiment élevé, comme *Immortel amour*, émouvante et noble esquisse dramatique de Léon Du Bois, sur le poème de Lucien Solvay, que Mme Feltesse, du Théâtre Lyrique d'Anvers, dont la belle grande voix a encore gagné en ampleur, en moelleux et en velouté, a interprété avec une expression au-dessus de tout éloge, de même qu'elle a su rendre la simplicité sauvage et le sentiment ému de la nouvelle mélodie de Léon Du Bois sur *La Chanson du petit Paysan* de Camille Lemonnier.

La grande Symphonie de Spa a admirablement fait ressortir les thèmes tout pénétrés d'angoisse, d'agitation et de frénésie de la Scène de la Folie du *Mort*, comme elle a su rendre avec une finesse exquise des pages mélodiques plus simples du maître, telles que *Aspiration* et la *Marche funèbre d'un hanneton*.

Enfin, on applaudit avec enthousiasme, cet autre chef-d'œuvre de Léon Du Bois, la cantate : *Nos Carillons*, écrite sur les strophes harmonieuses dans lesquelles Mlle Maria Bierné a su exprimer toute la vie de nos anciennes cités « carillonnantes ».

Cinq cents enfants des écoles communales de Verviers, préparés à cette exécution, par MM. Longlain et Gaillard, chantèrent sous la direction de Léon Du Bois, avec un ensemble parfait et un entrain juvénile ces thèmes, tour à tour d'une mélodie exquisement fine et déliée comme dans Malines, profondément poétique comme dans Bruges, d'une vie intense et bruyante comme dans Gand, d'une exubérance joyeuse comme dans Liége. Citons surtout le thème orchestral de « Flandre et Wallonie », où toute l'âme des prés, des monts et des bois chante dans la voix ondulante et profondément expressive des cors qui accompagne toute cette dernière strophe.

Ce concert est un des mieux réussi et des plus applaudi de la saison musicale de Spa.

NOUVELLES

— On a découvert à Rome, à la Bibliothèque Sainte-Cécile, une œuvre chorale de Liszt, inédite, intitulée *Hymne à Rome*, que le compositeur écrivit à Tivoli, à la villa d'Este, vers la fin de sa vie. C'est une réduction du morceau pour orgue, où se trouvent notées les quatre parties des voix. Aujourd'hui même, 20 août, la société chorale Euridice, de Bologne, donne de cette œuvre une exécution qui attirera d'autant plus l'attention qu'elle a lieu en même temps que les fêtes romaines qui célèbrent la fondation du royaume d'Italie.

— Englebert Humperdinck écrit en ce moment la musique d'une pantomime qui met en scène une ancienne légende rhénane, de caractère religieux. C'est une sorte de miracle relatif au culte de la Vierge. La scène se passe dans un couvent; les principaux personnages sont des fillettes. L'œuvre sera représentée cet hiver à Londres.

— Le compositeur Ruggero Leoncavallo, retiré à Montecatini, travaille aussi à un nouvel opéra en deux actes, d'après un livret de M. Enrico Cavacchioli. L'œuvre est intitulée *La Forêt murmure*. Selon toute probalité l'ouvrage sera représenté, à Milan, au printemps prochain.

— Le Deutsches Theater de Berlin représentera au cours de la prochaine saison *l'Oiseau bleu* de Maurice Maeterlinck, avec la musique de scène que cette œuvre poétique a inspirée à Engelbert Humperdinck.

— Le prix Meyerbeer a été attribué le 1er août dernier à un musicien de Bonn, M. Frédéric Schirmer. Il s'élève cette année à la somme de 5,625 francs. Cette fondation, constituée au moyen d'un capital de 37,500 francs, a pour but de mettre tous les deux ans à la disposition d'un jeune artiste compositeur, choisi au concours par un jury qui se réunit à Berlin, une somme qui ne doit pas être inférieure à 3,750 francs, et qui est destinée à permettre au lauréat de voyager en France, en Italie et en Allemagne.

— Ainsi que nous l'avons dit déjà, il est question d'élever à Berlin un monument à la gloire de Meyerbeer. Cette semaine, un comité s'est constitué sous la présidence du comte von Hülsen, dans le but de mener à bien la réalisation de ce projet. Les personnalités les plus notables du monde musical berlinois ont accepté de faire partie de ce comité qui recueillera les dons des souscripteurs et organisera, l'hiver prochain, une série de concerts.

. — Notre jeune compatriote, la réputée pianiste Mlle Suzanne Godenne, vient d'obtenir, comme l'année précédente, une grande tournée de concerts en Allemagne.
Elle prêtera son concours en octobre prochain au festival Liszt de Darmstadt; engagée ensuite à participer aux célèbres concerts de Cologne, sous la direction de M. Fritz Steinbach, elle se fera entendre également aux grands concerts d'abonnements de Dresde, Munich, Leipzig, etc. De brillants engagements l'appellent en février prochain à la Côte d'Azur et notamment à Nice, où elle jouera trois fois aux « Concerts classiques » du Palais de la Jetée.

— On nous écrit de Buenos-Aires le triomphe que remporte, là et ailleurs, la tournée de concerts que nous avons annoncée déjà et où Mme Félia Litvinne, MM. Lucien Wurmser et J. Hollman ont réuni leurs magnifiques talents. Nous savons déjà que l'éminent pianiste L. Wurmser doit aller en Belgique cet hiver; il y retrouvera pour sa part l'accueil chaleureux que lui ont accordé les Argentins. Le vioncelle de M. Hollman et la voix de Mme Litvinne sont aussi de vieilles connaissances pour nous et leurs succès ne nous surprennent pas.

BIBLIOGRAPHIE

Gounod, sa vie et ses œuvres, d'après des documents inédits, par J.-G. Prodhomme et A. Dandelot, Paris, Delagrave, 2 vol. in 12, avec 40 planches.

Cet excellent ouvrage est d'un genre nouveau dans la musicographie; nouveau et même assez imprévu. Il faut voir en lui comme le complément de toutes les monographies musicales dont Gounod a pu être l'objet (par exemple celle, récente, de M. C. Bellaigue) ou pour mieux dire, comme la base indispensable et probablement définitive de toute étude nouvelle sur sa vie et ses œuvres. La documentation est considérable, d'une abondance et d'une variété extraordinaires, très souvent inédite et neuve; elle est le fruit du dépouillement minutieux et patient d'une foule de pièces d'archives, de lettres, de souvenirs, de livres et de journaux. Gounod est vraiment suivi pas à pas dans sa vie et dans sa carrière; dans ses origines aussi, car une des parties les plus neuves de l'ouvrage nous retrace l'histoire de la famille Gounod depuis le milieu du XVIIIe siècle, au temps d'Antoine, fourbisseur du roi et de Louis-François, peintre, dessinateur et graveur, pensionnaire de Rome, professeur, etc., grand-père et père de notre musicien. De copieux appendices nous fournissent d'ailleurs toutes les pièces à l'appui : actes civils, testaments, pétitions, généalogie. Et non seulement la vie de Gounod, mais l'histoire de ses œuvres est contée ici d'après les documents les plus authentiques, dans leur genèse, dans leur apparition ou leur exécution, dans les opinions et les jugements qu'elles ont suscités.

Avec tout cela, ces deux volumes, si nourris de faits, si pleins de choses, ne contiennent pas une seule appréciation, que dis-je?, pas une seule analyse musicale. Dans cette histoire de Gounod on trouvera tout, excepté sa musique. Ainsi l'ont expressément voulu les deux érudits chercheurs, ainsi prennent-ils soin de le déclarer dès les premières pages. Ils n'ont pas voulu que cette vie de musicien fût un livre de critique ou même simplement d'histoire musicales. Ils n'ont admis qu'un seul genre de jugements, ceux des critiques du temps où les œuvres de Gounod furent livrées au public : parce que cela aussi est du document.

J'avoue ne pas très bien comprendre la vigueur de ce procédé ainsi conçu. Je veux bien que, par une modestie excessive ou une impartialité scrupuleuse, le biographe d'un artiste s'abstienne de juger ses œuvres. Encore serait-il utile, raisonnable et « documentaire » aussi, remarquez-le, de décrire, d'analyser ces œuvres, de les faire connaître, d'en faciliter l'étude. Or, il n'y a rien de tout cela ici ; nous ne savons pas en quoi consistent, musicalement et même simplement, historiquement parlant, les œuvres de Gounod,... sinon, occasionnellement, par les articles du temps cités à l'appui, et surtout ceux, disons-le, qui prêtent le plus à rire aujourd'hui. Je ne dis pas que ces citations soient sans intérêt, encore que les sottises rétrospectives lassent bien vite. Mais je songe combien la place occupée ici par toutes ces calembredaines serait suffisante pour les analyses qu'on ne nous donne pas, et je déplore que cette admirable documentation reste incomplète en ceci.

Heureusement qu'il y a, pour finir (après une bibliographie et une iconographie déjà abondantes), un « catalogue de l'œuvre de Gounod », dont l'importance est sans précédent : huit divisions et trente pages de petit texte ont à peine suffi. L'ouvrage, spécialement musical cette fois, qui se donnerait comme but de nous faire connaître toutes ces œuvres, rendrait à son tour un service capital aux amateurs ; mais il comporterait plus de volumes encore que celui-ci. — Enfin de nombreux portraits, autographes, scènes de théâtre... ajoutent à l'attrait très vif du texte, souvent amusant à lire comme un roman et qui fait le plus grand honneur à la plume de MM. Prodhomme et Dandelot. H. DE CURZON.

Bibliothèque de l'Université royale d'Upsala. *Catalogue des imprimés de musique des XVIe et XVIIe siècles*, par RAFAËL MITJANA. Tome I : musique religieuse, Upsal, in-8º.

Les richesses musicales de la Bibliothèque de l'Université d'Upsal sont connues depuis longtemps, mais surtout par ouï-dire. M. Rafaël Mitjana, qui joint à ses capacités de diplomate un goût très informé et une sûreté de critique déjà plus d'une fois éprouvée, pour la musique, a profité de ses années de séjour en Suède, à la légation d'Espagne, pour analyser complètement ce fonds célèbre. Déjà plusieurs essais ont été rédigés par lui au bénéfice de diverses revues, mais il lui a paru que le seul moyen de rendre vraiment service aux musicographes était la rédaction d'un « catalogue descriptif et critique ». Aidé du bibliothécaire, M. Collyn, et grâce au concours financier de l'Université, il a pu mettre ainsi à jour le premier tome d'un ouvrage qui est vraiment un modèle d'érudition patiente et d'admirable typographie. Rien n'a été épargné pour faire de ce catalogue un répertoire qui se

suffise à lui-même. La collection est beaucoup plus importante par la valeur et la rareté des ouvrages que par leur nombre, qui ne dépasse pas six cents, si l'on se borne aux XVIe et XVIIe siècles, comme il est fait ici. Il convenait donc de la classer dans un ordre systématique et de fournir tous les documents possibles sur chacun des volumes, avec d'amples extraits, au besoin, des prologues, des dédicaces, et la fidèle description de tout le contenu, des citations musicales, des reproductions de titres, etc. De fait, ce premier volume, qui comporte 250 pages et 500 colonnes, ne donne la description que de 243 ouvrages, uniquement de musique religieuse (messes, psaumes, motets, cantiques spirituels, etc., rangés par noms d'auteurs). Le texte général est en français, mais les citations toujours scrupuleusement dans leur langue originale. L'origine de ces livres n'est pas toute indigène : quelques-uns ont été transportés de Pologne, beaucoup de Mayence (aux armoiries du prince-archevêque J. Schweickhardt von Cronberg, 1604-26). On remarquera dans ceux qui sont décrits ici de bien précieuses œuvres de Heinrich Isaac, Jacques Clément, Thomas Crecquillon, Jacob Archadelt, François Gallet, Roland de Lassus et ses fils, Cadéac, Certon, Goudimel, Maillard, de Marle, de Sermisy, Boni, Colin, Lejeune, Campra, etc., etc. C'est un travail qui fait le plus grand honneur à M. Mitjana.

H. DE C.

KNUD HARDER *(Musik zu Richard Dehmels)* : *Venus Regina*. Skandinavisk Muzikforlag, Copenhague.

Un poème assez étrange qui contient de fort belles pages d'un sentiment large et élevé, *Venus Regina* de Richard Dehmel, a inspiré au compositeur Knud Harder la musique qu'appellent certains passages éminemment suggestifs et lyriques de cette œuvre. Le musicien s'est strictement borné à écrire la partie vocale que le texte réclamait et n'y a ajouté ni prélude, ni intermède, ni accompagnement d'aucune sorte. Le *récit* a donc la part la plus importante ; le chant s'y rattache directement dans les épisodes qui le réclament. Voix d'esprits libérés vivant dans la joie d'une vie supérieure et libre, et répondant à une douleur terrestre causée par la mort d'une belle créature. Mais là mort, c'est la libération, chantent-elles ; élevez-vous jusqu'aux esprits éternels, et la douleur sera apaisée.

Je me bornerai à parler de la partie musicale qui comprend en tout quatre chœurs et deux duos *a capella*, de peu d'étendue, mais de réelle valeur et difficiles d'intonation. L'écriture en est des plus intéressantes; les combinaisons harmoniques hardies parfois, mais logiques, les rythmes variés, très mobiles, alternant entre les différentes parties, ce qui amène des combinaisons curieuses et imprévues. Les deux premiers chœurs — mixtes — ont une pensée musicale semblable dont le détail seul est varié dans l'expression; le mouvement en est large et solennel (8/4); les harmonies plutôt assombries. Le chœur à quatre voix de femmes (sopr. I et II, alt. I et II) qui suit résonne au contraire dans une note claire, gracieuse et joyeuse en même temps; le rythme en est charmant et très souple dans sa grande simplicité. Le chœur d'hommes à quatre voix (deux ténors, deux basses) a quelque chose de moins spontané et les combinaisons harmoniques ne sont pas toujours sans dureté dans leur force voulue.

Deux pages exquises de la partition, ce sont les deux duos pour soprano et alto solo. Sur des mélodies indépendantes et pourtant apparentées, fréquemment à contre-temps, l'une par rapport à l'autre, les voix s'harmonisent cependant en sonorités des plus délicates, presque fluides peut-on dire, tout à fait adéquates au sujet. C'est d'une écriture aussi séduisante qu'habile et claire; comme toutes les autres pages du reste, la musique pénètre le texte avec une profonde intelligence. Voilà donc une œuvre littéraire et musicale d'un réel intérêt. MAY DE RUDDER.

PERNBAUR, *Von der Poesie des Klavierspiels*, München, Wunderhornverlag. 3 m.

Expliquer aux jeunes pianistes que la note n'est pas le but, que l'on épelle en n'envisageant que cette partie minuscule de la phrase et que la musique n'existe que par le contenu poétique des œuvres, est une tâche élevée et difficile. Les débutants sont trop enclins à soigner la technique pour songer à pénétrer l'art. La correction matérielle du rendu instrumental les accapare.

L'ouvrage aux hautes visées de M. Pernbaur attire l'attention sur l'expression, sur la variété du toucher, sur la nécessité de concevoir la phrase musicale et de la rendre en grand, avec sa signification. Il compare des phrases analogues prises dans des œuvres diverses et souligne l'intention de leurs auteurs. C'est un livre d'intelligence, de clarté, d'art véritable, capable d'amener à la lumière les esprits chercheurs qui ont besoin d'un conseil pour dépasser la correction matérielle et pénétrer l'esprit de l'art pianistique.

Dr THOMAS SAN GALLI. *Beethoven. Die Unsterbliche Geliebte*, même éditeur, 2,50 m.

Qui fut-elle, cette « bien-aimée éternelle » de Beethoven dont le nom ne nous a pas été révélé, qui reste pour tous un mystère et une cause d'hypothèses décevantes? Les commentateurs discutent. M. Thomas San Galli a épuisé, pour résoudre la question, les documents officiels des séjours de Beethoven à Teplitz et à Karlsbad en 1811 et 1812 et conclut que la fameuse lettre n'a pu être écrite qu'en 1812 à Amalie Sebald, cantatrice à Berlin. La déduction est mathématique, claire. Et pourtant, le doute reste, car Amalie Sebald, lointaine, ne vit pas en notre imagination et nous ne pouvons nous faire à l'idée que le grand Beethoven ait été pris d'une flamme aussi durable pour une femme qui ne nous est pas même silhouettée... Dr DWELSHAUVERS.

Les Quatuors d'archet de Beethoven, par HUGO RIEMANN; collection des *Meisterführer*; 188 pp., 1,80 m., relié. Schlesinger, Berlin.

Les bonnes analyses des quatuors d'archet de Beethoven ne sont pas nombreuses; surtout en ce qui concerne le dernier groupe de ces œuvres, où le maître fut si longtemps incompris.

Riemann est, croyons-nous, le troisième auteur qui aborde de front la question et « pousse » le travail dans tous ses détails. Aussi, ses analyses sont-elles puissamment instructives. Elles seront bien venues des chefs de groupe qui étudient les derniers quatuors; ils y puiseront une compréhension plus intime des formes musicales employées et qui déroutent au premier abord. Les jeunes compositeurs se livreront, sans moins de résultat, à la même étude et, comme, facilitée par Riemann, elle n'est pas trop ardue, les bons amateurs pourront l'entreprendre à leur tour.

Donc livre important et révélateur.

Dr DWELSHAUVERS.

Führer durch die Violinliteratur, par FRITZ MEYER. Bosworth et Cᵒ, éditeurs à Leipzig.

Si nous faisons abstraction de l'histoire de la lutherie, des portraits des grands maîtres du violon, d'un lexique de termes musicaux qui importent peu au lecteur français, il reste dans cet ouvrage une liste des principales œuvres violonistiques, classées par rubrique et d'après leur difficulté. Les meilleures sont marquées d'astérisques. Beaucoup d'entre elles sont suivies d'une appréciation courte mais précise. Cet ouvrage sera consulté — comme ses analogues relatifs à la littérature du piano, de l'orgue, etc. — avec grand fruit par tous les amateurs de l'archet.

Kammermusik-Literatur, par ALTMANN. Carl Merseburger, éditeur à Leipzig.

Autre livre de même importance, renseignant toutes les œuvres de musique de chambre publiées ou rééditées depuis 1841, c'est-à-dire toutes celles que, pratiquement, il importe de connaître.

Ici, la division n'est pas faite par degré de difficulté — toute musique de chambre est difficile et suppose des interprètes capables — mais bien d'après les instruments employés.

C'est le premier ouvrage de ce genre que nous lisons. Il rendra, dans sa forme actuelle, de signalés services; néanmoins, faisons-y remarquer une lacune : cette suite de titres (avec indications matérielles complètes) n'est interrompue par aucune appréciation, n'est émaillée d'aucun astérisque qui distingue les œuvres de mérite. Espérons qu'une prochaine édition tiendra compte de ce desiderata. Dʳ DWELSHAUVERS.

NÉCROLOGIE

L'ancien chef de musique du 9ᵐᵉ régiment de ligne, M. Edmond Waucampt, est décédé à Bruxelles, à l'âge de 61 ans. Le lieutenant Waucampt était un compositeur de talent et plusieurs de ses œuvres ont été interprétées sur de grandes scènes lyriques. C'était aussi l'un de nos meilleurs chefs de musique militaires, très apprécié pour la bonté de son caractère, son extrême servialité et sa bienveillance.

57ᵐᵉ ANNÉE. — Numéros 36-37.

3 et 10 Septembre 1911.

LE GUIDE MUSICAL

Théophile Gautier et la musique

A PROPOS DU CENTENAIRE DE SA NAISSANCE

(30 août)

THÉOPHILE GAUTIER, passe en général, comme beaucoup de poètes, pour n'avoir pas aimé la musique. A l'appui de cette légende, on se borne du reste à citer quelques boutades, dont il aurait bien ri s'il eût pensé qu'on les prendrait au sérieux. En réalité, s'il n'était pas un musicien pratiquant, comme sa femme (une Grisi), et fanatique, comme ses filles (Judith et Estelle, qui du fond de Neuilly, par tous les temps, ne manquaient pas un concert de Pasdeloup au Cirque d'Hiver), il savait apprécier les beautés de cet art, il en était profondément ému parfois, et ne craignait pas de le montrer, enfin il aimait à collaborer avec lui, à écrire pour la musique.

Il serait facile, en groupant telle et telle citation de ses innombrables articles de critique, de mettre en relief la sincérité de son émotion (si éventuelle fût-elle), et la compétence réelle que son goût informé avait atteinte. — L'article dont il fut certainement le plus fier, à un moment donné, c'est celui qu'il écrivit de Wiesbaden au *Moniteur universel*, en 1857, après y avoir assisté, par hasard, à une représentation de *Tannhäuser*. Lorsque, quatre ans plus tard, le chef-d'œuvre succombait sous la cabale de l'Opéra, Théophile Gautier s'écria : « Moi qui ne suis qu'un âne en musique, à ce que l'on prétend, je n'avais pas fait tant de façons et j'avais trouvé le *Tannhäuser* très beau, tout simplement ». Et c'est bien ce que l'on aperçoit tout de suite dans son article, plus intelligent et plus chaudement sympathique que vraiment compétent. Mais quel triomphe pour ses amis, les premiers Wagnériens de Paris, comme Baudelaire, de pouvoir montrer alors ce témoignage antérieur à tous, ce salut vengeur d'avance au maître méconnu !

C'est dans les souvenirs récents de Mᵐᵉ Judith Gautier que nous retrouvons l'écho de cette heure-là, dans « le second rang du collier » de son *Collier des jours*. Nous y recueillons encore bien d'autres témoignages de l'attrait naturel que la musique exerçait sur ce poète si artiste. Sans parler du « répertoire des plus variés et des plus étranges » des chansons ou phrases lyriques qu'il chantait le matin « pour tromper sa faim », d'une voix « juste, n'en déplaise à la légende, sans beaucoup de timbre, mais qu'il savait enfler et rendre tonitruante quand on n'avait pas l'air de vouloir s'éveiller », — il faut le voir écoutant, que dis-je, exécutant lui-même...

« Bien souvent, lorsque nous attaquions une ouverture de Weber, Théophile Gautier descendait, sans bruit, et entrait dans le salon, comme attiré par un charme. Il ne se trompait jamais. Ce maître exerçait sur lui une véritable fascination.... Nul autre ne produisait sur lui une impression aussi profonde, et cette impression datait de loin, des années du romantisme : on représenta en 1835, à l'Opéra-Comique, *Robin des bois* (le *Freischütz*, version Castil Blaze).

» Mon père savait jouer sur le piano la célèbre valse de cet opéra! Il avait dû beaucoup s'appliquer pour l'apprendre, mais il ne l'oubliait pas, et l'exécutait, tout entière, dans un mouvement vif, non pas avec un seul doigt, mais avec le bon doigté et la basse. Nous étions ravies quand il consentait à nous la faire entendre. J'ai toujours la vision de ce rare tableau : Théophile Gautier, assis devant le clavier, un peu penché en avant, l'esprit tendu par une attention anxieuse et les regards sautant continuellement d'une main à l'autre. Il allait jusqu'au bout du morceau, sans jamais faire une seule faute. Quand il se relevait, très glorieux, il était bien embrassé et chaudement félicité. »

D'autres souvenirs se rapportent aux artistes attirés et entendus chez lui, — Remenyi par exemple, le célèbre violoniste hongrois, — ou bien à ceux avec qui il collabora ou tenta de collaborer, Reyer surtout. Mais les pages où il est question de Meyerbeer sont particulièrement curieuses, car elles notent un projet que celui-ci avait conçu, pour la France, de faire déclamer, sur la musique de *Struensée*, des vers qui résumeraient et expliqueraient le drame de Michel Beer, pour lequel cette partition de scène avait été écrite. On aurait indiqué au poète les mesures sous lesquelles il aurait à placer ses vers, et on les lui aurait jouées, pour lui en faire bien saisir le sens (une lettre de Meyerbeer explique tout ceci. Mais tout se borna en définitive à un « prologue pour *Struensée* » qui figure dans les œuvres de Théophile Gautier. Celui-ci avait d'autre part écrit tout un oratorio intitulé *Josué*, pour Meyerbeer. Le seul manuscrit malheu-

reusement fut égaré et perdu avant tout travail musical.

Il y a deux sortes de façons pour un poète de devenir le collaborateur d'un musicien. La plus digne de lui, c'est assurément celle qui lui fait imaginer son œuvre directement en vue de la musique. La plus habituelle est celle qui fait de lui, sans qu'il y soit pour rien et même sans qu'il s'en doute, l'inspirateur de tous les musiciens qu'auront séduits ses poésies.

Théophile Gautier, pour une œuvre musicale, n'a pour ainsi dire imaginé et écrit que des ballets. Il n'était pourtant pas sans talent dramatique : tout un volume de ses œuvres est là pour le prouver; mais il est vrai que les bluettes exquises, en vers, pastiches pittoresques ou comédies « dans un fauteuil », qu'il renferme, ne sont guère du vrai théâtre et surtout du théâtre lyrique. Mais il aimait le genre du ballet, où son imagination pouvait se donner libre carrière, et il en a laissé quelques types dont on serait bien heureux, aujourd'hui, de retrouver l'équivalent. Au surplus, rappelons ici tous ces petits poèmes : ils en valent la peine.

C'est d'abord *Giselles ou les Willis*, le fameux ballet fantastique de 1841, musique d'Adam, qu'on jouait encore en 1878, et que les danseurs russes (qui l'ont gardé à leur répertoire) nous donnaient encore l'année dernière.

Puis *La Péri*, autre ballet fantastique, tiré d'une de ses propres nouvelles (La 1002e nuit), qui véçut de 1843 à 1853, musique de Burgmüller.

Le Sélam, de Reyer, une symphonie descriptive « cette fois en cinq tableaux, où il y a plus de chant » (et combien pittoresque et oriental, on ne le sait pas assez), que de symphonie : c'est la seule œuvre musicale pour laquelle Théo ait écrit des vers (1850).

Pâquerette, ballet-pantomime, musique de Benoist (1850, insuccès).

Gemma, ballet du comte Gabrielli (1854, insuccès également).

Sakountala, ballet-pantomime, inspiré de

la pièce sanscrite de Kalidasa, et dont la musique fut écrite par Reyer encore, 1858 (vingt-quatre représentations jusqu'en 1860).

Enfin *Yanko-le-bandit*, ballet-pantomime de Deldevez (1858).

Sauf *Le Sélam*, qui était pour le concert, et *Yanko* qui fut joué à la Porte Saint-Martin, c'est à l'Opéra que toutes ces œuvres ont été exécutées.

Quant aux poésies de Théophile Gautier qui furent mises en musique sans qu'il les eût le moins du monde écrites pour cela, elles sont légion. On sait le mot de Lamartine à propos de son « Lac », mis en musique par Niedermeyer : « Je croyais que mon œuvre était complète ainsi ! » Théo ne paraît pas s'être soucié beaucoup de ces « transpositions » diverses de ses œuvres. Plus d'une cependant dut lui être agréable, car il en est d'exquises. La patience invraisemblable du maître bibliographe qu'était le vicomte de Spoelberch de Lovenjoul en dressa la liste complète ! C'est même un de ces derniers travaux publiés (Poésies de Théophile Gautier mises en musique, dans *Bibliographie et Littérature*, Paris, Daragon, 1903) et il avait mis quatre ans à le mener à bonne fin.

Ce relevé comporte *174* titres différents de mélodies, correspondant à un nombre moindre, il est vrai, de poésies (car plusieurs ont reçu des musiciens ou des éditeurs d'autres titres) mais encore très respectable. Voici celles de ces poésies de Théophile Gautier qui ont été l'objet de plus d'adaptations :

Les Papillons : 41 mélodies, de Godard, Paladilhe, Pessard, Radoux, Tosti, Carraud, Bourgault-Ducoudray, Mme de Grandval, etc., etc.

Villanelle rythmique : 40 mélodies, de Berlioz, Duprato, Lacombe, Reber, Mme Viardot, Lefebvre, etc., etc.

Barcarolle : 28 mélodies, de Massé, Offenbach, Radoux, Berlioz, Gounod, Reber, etc.

Lamento : La Chanson du Pêcheur : 28 mélodies, de Berlioz, Gounod, Offenbach,

Paladilhe, Radoux, Lacourbe, Puget, Lefebvre, Fauré, Mme Viardot, etc.

Absence : 24 mélodies, de Berlioz, Bizet, Coquard, David, Reber, Kreutzer, Lacombe, Pessard, etc.

Noël : 24 mélodies, de Massé, Gevaert, Lecocq, Carraud, etc.

Romance : 20 mélodies, de Massé, Lacome, Duvernoy, Pedrell, Duparc, etc.

Le Chasseur : 15 mélodies, de Kreutzer, Lecocq, Lacombe, etc.

La Dernière feuille : 15 mélodies, de Jaques-Dalcroze, Choudens, Hartog, etc.

Tristesse : 15 mélodies, de Kreutzer, Bourgault-Ducoudray, Mme Viardot, Fauré, etc.

Sérénade : 13 mélodies, de Mme Viardot, Kreutzer, d'Ivry, etc.

L'Esclave : 13 mélodies, de Massenet, Lalo, Puget, de Hartog, etc.

Le Spectre de la Rose : 11 mélodies, de Berlioz, Bazin, Maréchal, Radoux, Kreutzer, etc.

Séguidille : 11 mélodies, de Lacombe, Poisot, Henrion, etc.

Premier sourire du Printemps : 11 mélodies de Gounod, Massé, Pessard, Godard, etc.

L'Ondine et le Pêcheur : 10 mélodies de Bazin, d'Ivry, de Bréville, etc.

N'oublions d'ailleurs pas que ce relevé a été clos en 1902 ; depuis lors, nul doute que les chiffres ne doivent être grossis encore !

Théophile Gautier et la musique ont toujours fait et feront toujours bon ménage.

HENRI DE CURZON.

La nationalité du génie de Chopin

A Mᵐᵉ Wanda Landowska.

DANS la *Revista musical Catalana*, M. Lliurat a créé une polémique intéressante tant à cause du sujet que des personnalités mises en jeu : Mᵐᵉ Landowska, MM. Paderewski, de Bertha, Chantavoine et autres.

Quant au sujet même de la polémique, il est de ceux qu'aucune discussion, si sincère et loyale soit-elle, ne pourra élucider à la satisfaction générale. Il relève plus du domaine sentimental individuel que du domaine matériel ; ce que d'aucuns font entrer en jeu pour s'attribuer la victoire, sert d'argument à d'autres pour combattre les premiers. Autrement dit, ce que l'un déclare « italianisé » paraît à un autre d'un romantisme très français, français de 1830 s'entend, encore que les grands Romantiques français n'eussent pas aimé Chopin. La question de la nationalité du génie de Chopin vaut cependant d'être envisagée à nouveau et précisément à cause des artistes qu'elle vient d'opposer en une joute courtoise d'opinion. Le point de départ en est le discours prononcé par M. Paderewski, le 23 octobre 1910, à Léopol (1).

Au début de son discours, l'éminent pianiste s'élève contre cette opinion, fort en vogue aujourd'hui, dit-il, et selon laquelle l'art serait cosmopolite, ce qui n'est qu'un préjugé. Il faut cependant bien reconnaître que si rien ne vaut l'art propre à chaque pays, il existe un art et des artistes cosmopolites. Le temps est-il si loin où l'on écrivait en tous pays des opéras italiens ? Des compositeurs français, allemands, espagnols et autres composaient tous presque dans le style transalpin ; c'était le beau temps de l'art propre polite. Il fut aussi un temps (bien plus près du nôtre) où l'on copiait Wagner en tous pays, où toutes les œuvres portaient l'empreinte de son influence, où l'on faisait du wagnérisme. C'était encore une manifestation d'art cosmopolite. Il y aura donc toujours deux arts : l'art cosmopolite

---

(1) Numéros de mai et de juin 1911.
A la mémoire de Frédéric Chopin, Paris, Agence polonaise de la presse, gr. in-8°, 14 pages, 2 portraits.

et l'art autochtone, car il y aura toujours plus d'imitateurs que d'artistes capables de créer dans l'esprit de la tradition musicale de leur race.

Ce qui a pu faire dire de la musique qu'elle est cosmopolite, c'est sa faculté de se faire comprendre partout. Cependant, deux genres de musique possèdent seuls cette prérogative : la meilleure et la pire. Les chefs-d'œuvre ont partout de fervents adeptes, de quelque école qu'ils relèvent ; de même les basses musiques, qu'elles nous viennent d'Italie, de France, d'Allemagne ou d'Amérique. Reste une espèce intermédiaire, très intéressante sans doute, mais qui ne sera jamais cosmopolite : la musique dont on dit qu'il faut être du pays pour la comprendre. Un quatuor de Beethoven est cosmique, un chant béarnais est local. Nous n'entendons pas dire qu'il soit à dédaigner ; mais il émane trop du *genius loci* pour rivaliser avantageusement avec l'œuvre issue d'une mentalité cosmique, comme celle d'un Beethoven par exemple.

Ce qui fait l'attrait du génie de Chopin, c'est qu'il sut allier les accents de la musique « locale » à ceux de la musique cosmique, cette musique qui doit fasciner en tous lieux et dont l'italianisme n'est qu'un infime élément.

Pour devenir exclusivement polonaise, Chopin aurait dû avoir des maîtres plus éclairés, des modèles à consulter, un esprit et une complexion physique plus robustes. Ce n'était pas l'homme des combats comme Wagner. Une musique exclusivement polonaise de Chopin n'aurait jamais atteint à cette notoriété mondiale. Le maître avait, ce nous semble, dès ses débuts compris la nécessité d'assurer à sa musique des amitiés dont il flattait les goûts en mêlant à son originalité des éléments à la mode. Il y allait de la vitalité même de son œuvre ; car lutter à ce moment contre l'italianisme était au dessus des forces de Chopin. Wagner et Beethoven ont souvent échoué sous ce rapport. Qu'aurait pu faire Chopin ?

* * *

Certes, le tableau que fait M. Paderewski du caractère polonais ne manque point de pittoresque. Nous ne saurions blâmer l'exaltation du noble artiste, puisqu'il est le premier à convenir que cette richesse même de sentiments constitue le défaut des Polonais. Il y a chez eux une surabondance dangereuse de sentiments contradictoires. La noble nation polonaise en a du moins conservé une vertu précieuse, celle de porter sa douleur sans plainte vaine et humiliante.

Tout cela nous le retrouvons dans la musique de Chopin; mais ce ne sont point là des sentiments exclusivement polonais, car chez bien d'autres peuples nous remarquons un semblable mélange de sentiments contradictoires et une semblable richesse de lyrisme.

Chopin, le plus souvent crée ses thèmes d'inspiration; c'est là un premier résultat de la fougue de sa race. Son tempérament a pour corrolaire l'horreur de la spéculation d'un Bach; son élégance élégiaque s'oppose à la rudesse d'un Beethoven. Aussi ne développe-t-il pas ses thèmes, n'y insiste-t-il pas avec la vigueur beethovenienne. Il reste toujours l'homme élégant qui craint de lasser son auditoire par des redites. Aussi crée-t-il constamment du nouveau, ce qui donne aux détails de ses compositions cette séduction qui n'appartient qu'à lui. Là il apparaît comme ces conteurs orientaux, jamais à court d'inventions, puisant à pleines mains dans des trésors légendaires, passant du merveilleux à l'impossible, fascinants toujours. Que nous importe le réel ou l'irréel si nous avons la joie? Raisonner sur les *Mille et une nuits*, personne n'y songe. Le tréfonds du génie de Chopin est bien polonais, cela ne saurait faire de doute. Sans ce fonds, ses efforts pour s'assimiler un style étranger n'auraient produit que des œuvres impersonnelles condamnées à disparaître comme tant d'autres compositions banales contemporaines. Si l'œuvre de Chopin subsiste en son entier, plus vivant que jamais après plus d'un demi-siècle, c'est qu'il recèle cette force secrète que la nationalité peut donner à un génie.

La pensée musicale de Chopin ne saurait être confondue avec aucune autre; son charme lui est très personnel; il serait puéril de lui assigner une autre origine que l'origine slave. Tous ses thèmes, ses rythmes, ses chants sont d'un peuple qui a sa musicalité bien à lui. Que l'on songe par contre aux lieux communs, aux regrettables similitudes que l'on rencontre dans l'œuvre entier des Rossini, des Bellini et autres compositeurs italiens de jadis. Rien de semblable chez Chopin. Même quand un thème de Chopin se présente au majeur et qu'il affecte des allures de *bel canto*, il est saturé de cette mélancolie, de cette morbidesse qui fut comme l'inséparable compagne de son génie, une mélancolie très profonde, très particulière, très slave en un mot.

* *

On a beaucoup parlé de l'italianisme de Chopin. Mon très distingué confrère, M. I. Chantavoine, a même consacré à ce sujet un article pénétré de foi ardente et dont les arguments sont habilement disposés (1). Mon confrère veut-il bien m'accorder que si Chopin a *pris*, il a *donné* davantage; quand il parlait italien, il le parlait avec plus d'émotion que les Italiens mêmes, renforçant leur langueur de sa profonde sensibilité slave.

Mozart a eu ses heures d'italianisme, cependant on ne conteste pas sa conception et sa pensée allemande; il en va de même de Mendelssohn et aussi de Wagner à ses débuts; on insiste bien moins sur leur italianisme. Schumann, qui fut entièrement Allemand, fut un des plus ardents défenseurs de Chopin. Il faut donc bien admettre que l'italianisme de Chopin n'était pas bien dangereux et n'inquiétait guère son ami Schumann, si fermé à la musique « italianisante ». Quant aux suites de tierces et de sixtes « flatteuses à l'oreille, à la fois faciles et riches de sonorités », comme s'exprime M. Chantavoine, je n'y puis voir une suffisante preuve d'italianisme. *Faciles*, oui (ne constituent-elles pas l'élément de prédilection des contrepointistes timides?), mais *riches!* Un autre maître, un maître délicieux : Schubert a tant et plus écrit en tierces et sixtes; on n'a jamais songé à lui disputer sa nationalité et son génie allemand. Sa fameuse *Sérénade* est presque entièrement en sixtes et en tierces; son chant langoureux, tout imprégné de méridionale douceur, n'a jamais passé pour un pastiche de musique italienne, celle-ci cependant sévissait à Vienne à l'époque de Schubert. Berlioz, en beaucoup d'œuvres vocales, a observé ce même procédé italien. Chopin a créé des sonorités autrement *riches* dans ses *Polonaises*, ses *Ballades* où domine l'élément slave et où sont superposées les sonorités les plus fascinantes et qu'un Bellini, un Rossini n'a jamais connu.

L'italianisme de Chopin est un italianisme qui a passé par le filtre du goût français. On ne saurait nier le fait que les compositeurs italiens, une fois hors de chez eux, profitent très habilement de ce qui leur paraît de bonne prise chez les étrangers. Rossini, Bellini, Donizetti à Paris ne parlent plus le langage de leur province italienne. Chopin adolescent ne trouva que deux écoles en présence : l'école italienne et l'école italianisante de Meyerbeer et de ses adeptes. Les accents de Bellini durent lui paraître plus purs, plus naturels, plus spontanés que ceux de Meyerbeer. La palette

(1) *Le Courrier musical* du 11 janvier 1910.

grossière du maitre de *Robert le Diable* devait
heurter cet *esprit écorché vif*, comme l'appelle
G. Sand. Son élégance native sympathise davantage avec celle des Italiens.

* * *

Le génie de Chopin, malgré ses apparents
emprunts, est très homogène. Son italianisme est
un italianisme tout de surface, ce n'est qu'un
vernis passé sur des couleurs dont la trituration
est toute personnelle. Le coloris de Chopin est
bien à lui, et c'est un coloris bien polonais, émanant d'une palette qui n'a rien de commun avec
celles d'autres artistes; les scènes que le maitre
représente sont bien des scènes nationales et
combien plus sincères que les rapsodies de
Liszt. Et pourquoi Chopin n'aurait-il pas eu le
droit de peindre par moment des tableaux moins
caractéristiques? Lorsque, écartant les visions du
pays lointain, il chantait ses sentiments en une
barcarolle, en un nocturne, un prélude, n'était-il
pas libre d'abandonner son style slave pour s'exprimer dans une langue musicale moins spéciale
et où l'on a la joie de retrouver Chopin quand
même? La *Soirée dans Grenade* a-t-elle fait de
Debussy un Espagnol? ou *La lune sur le temple qui fut*
fit-elle de l'auteur de *Pelléas* un Javanais? *Le Cavalier à la rose* et la dernière symphonie n'ont pas
transformé Strauss et Mahler en musiciens viennois bien qu'il se soient complus, en ces dernières
œuvres, à un langage musical viennois. Ils ont
tous agi en vertu de cette liberté qu'a tout artiste
de s'emparer d'un fonds et d'une forme susceptibles de l'aider à exprimer sa pensée; c'est cette
dernière et le degré de sensibilité qu'y aura mis
l'artiste qui nous intéressent. Que nous importe
l'analyse scolastique de son œuvre et les licences
qu'il se sera permises.

Pour avoir souvent trouvé dans la musique
italienne francisée un baume à ses douleurs, pour
avoir emprunté quelques formules aux Italiens,
Chopin n'est-il pas plus Polonais encore par sa
manière de rendre ces accents, par sa perception,
par son art de les façonner à son tour, et de décu-
pler la valeur de la formule empruntée? Il eut
des maitres médiocres, sans personnalité aucune,
sans la clairvoyance nécessaire pour guider l'adolescent. Plus tard, il rencontra le pédant Kalkbrenner. Isolé, loin de sa famille, de sa patrie
déchirée par l'invasion et la révolution, qui dira
les souffrances de ce sensible parmi les sensibles?
Replié sur lui-même, s'il s'est servi de quelques
lieux communs d'outre-monts pour exprimer les
angoisses de son âme de poète et d'amant, mais il

les a revêtus d'une musicalité qui n'est qu'à lui et il
leur a donné ainsi un accent qui a sa source dans
les chants de sa patrie slave. GASTON KNOSP.

Les Carillonneurs et leur répertoire.

(A propos d'un concours récent).

Avoir, ces jours derniers, la foule tumultueuse qui, sous le soleil flamboyant,
coulait comme un torrent à travers les
principales rues de Bruges, on n'eût
guère reconnu la cité défunte évoquée dans un roman jadis célèbre, où les préciosités du style et la
subtilité des images relèvent une anecdote banale.
L'impression était si forte que lorsque, venant à
quitter ces artères bruyantes, on s'engageait dans
les rues silencieuses des bas quartiers, près des
canaux dormants, le long desquels trottinent les
vieilles en faille, on se serait demandé si tout ceci
n'était pas un décor conventionnel, comme la
Suisse truquée de Tartarin et de Bompard... Et
l'âme elle-même des Brugeois change, se moder-
nise; une édilité intelligente ne défend qu'avec
peine tout ce pittoresque, dont l'exploitation constitue la principale source de revenu de la ville,
contre l'invasion du modern style, de l'appareil en
brique émaillée, du trolley...

Le carillon logé dans le beffroi, — un des plus
prestigieux spécimens de l'ancienne architecture
profane en Flandre, — ne constitue pas la moindre
curiosité de la « Venise du Nord » qu'il serait plus
juste d'appeler la « Nuremberg » ou la « Rothen-
burg » belge. Dès la moitié du XVIe siècle, Bruges
possédait un jeu de cloches; en 1552, un certain
Luenis, dit « Appolo », touchait une gratification
pour avoir confectionné un recueil de pièces à
jouer sur le carillon et, en 1603, un nommé Marc
Leserre recevait la commande d'un nouveau jeu.
Dès 1604, la ville eut son carillonneur en titre dans
la personne de Nicolas Hollevout, qui se chargea
en outre de « piquer » des airs sur le tambour pour
la sonnerie automatique. En 1673, un nouveau carillon est commandé à Melchior de Haze, d'Anvers. Quant au jeu actuel, il est dû à Georges
Dumery, d'Anvers également, un des plus célèbres fondeurs, *clockgieter* du XVIIIe siècle. Le carillon est en *sol* (c'est-à-dire que l'*ut* sonne *sol*) et

comprend, si nous ne nous trompons, quatre octaves chromatiques (*met krome noten*) moins trois notes dans l'octave inférieure, soit quarante-six cloches, du poids total de 22,000 kilos. La dépense atteignit la coquette somme de 200,000 francs. Etabli tout d'abord sur la toiture de la *Waterhalle*, le carillon résonna pour la première fois en 1743.

— Donc Bruges avait organisé, les 13, 14 et 20 août, un grand concours de carillon, la troisième journée étant réservée à un concours d'honneur entre les lauréats des deux premières épreuves. Une dizaine de carillonneurs, spécialistes et amateurs (car le dilettantisme se fourre partout), avaient répondu à l'appel du comité. Le jury était composé de MM. Schramme, échevin des beaux-arts, président; Mestdagh, directeur du Conservatoire, Rhyns, professeur au même établissement, Vilain, organiste, Dupan, l'excellent carillonneur de la ville, et votre serviteur; secrétaire, M. Lacroix. Le premier prix de l'épreuve initiale, comme celui du concours d'honneur, furent décernés à l'unanimité, à M. Antoine Nauwelaerts, le carillonneur de la ville de Lierre, qui dépassa de loin tous ses concurrents tant en ce qui concerne la maîtrise technique qu'au point de vue des qualités musicales et du goût.

Ces épreuves, à divers titres, furent pleines d'enseignement. Et comme elles ne faisaient que confirmer nos observations antérieures sur le même sujet, nous voudrions ici formuler quelques conclusions. Celles-ci ne paraîtront pas inopportunes au moment où le jeu du carillon semble bénéficier chez nous d'une véritable renaissance.

* * *

Pour parler franc, nous estimons qu'en général, les carillonneurs contemporains ne sont guère à la hauteur de leur mission et que, dans son emballement, le public s'en fait un peu accroire. Il en va du carillon comme de tous les instruments exceptionnels, clavecin, etc., où l'absence de tout point de comparaison permet au plus inhabile de perpétrer ce qu'il n'oserait risquer sur un piano ou un autre instrument de pratique courante. Nos carillonneurs, en général, ne sont guère musiciens, leur éducation musicale est plus qu'insuffisante, ils manquent de goût et leur répertoire est détestable. Tout leur effort a porté sur la technique de l'instrument, — technique malaisée, nous le voulons bien. Ils n'ont aucune idée du style musical, ne savent pas jouer en mesure et ignorent le solfège. Chez la grande majorité, la mesure présente un flottement continuel, les rythmes sont défigurés ou incompris, ♩♪ devient ♫, ♫ devient ♪♫ et ainsi de suite. L'un des morceaux imposés du concours de Bruges se terminait sur ce rythme, d'une difficulté enfantine : Croirait-on que *pas un* des concurrents ne réussit à observer ces deux temps de silence, réduits tantôt à un et demi, tantôt même à un temps? Et qu'on ne se figure pas que dans un instrument comme le carillon aérien, pareils défauts échappent à l'auditeur; ils y sont, au contraire, des plus sensibles et semblent accrus de toute confusion sonore de l'appareil. La nature même de ce dernier, son caractère grandiose, héroïque et simple exige une exécution strictement mesurée. On voudrait ici un style simple et grand, surtout du rythme, le rythme souverain, impeccable qui donnerait à l'exécution l'allure altière et grandiose qui sied à la voix majestueuse du bronze. La virtuosité n'a rien à voir ici; un trait rapide ne produit qu'une confusion inintelligible. Mais les carillonneurs ont une autre conception de leur rôle. Ils dévident des gammes, des arpèges, fignolent des *rubato*, s'essaient à des *ritandando* dans lesquels ils freinent brutalement comme un train qui renverse la vapeur, prétendent prolonger le son par des battements précipités d'une même note qui évoquent plutôt un atelier de chaudronnerie en activité, en un mot, il traitent l'instrument comme une sorte de gigantesque joujou.

* * *

Rien n'est plus caractéristique à cet égard que le répertoire de ces spécialistes. Il faut dire qu'il n'existe, qu'il n'a jamais existé qu'un petit nombre de morceaux composés *ad hoc*; les anciens carillonneurs eux-mêmes exécutaient en majeure partie des transcriptions, lesquelles s'obtiennent en réduisant tant bien que mal à trois, quatre parties au maximum (deux pour le clavier, une ou deux pour le pédalier) le morceau choisi. Mais voyons sur quel genre se portent les préférences des carillonneurs modernes en citant, au hasard, quelques-uns des morceaux au choix exécutés au concours de Bruges. Ce sont : ouverture de *Si j'étais Roi*, l'*Enclume*, polka de Parloir; les *Stances* de Flégier; la *Chère maison*, mélodie de Jaques-Dalcroze; fantaisies sur *Cavalleria Rusticana*, *Carmen*, *Lucie de Lammermoor*, le duo de *Norma* (avec les vocalises), les *Dragons de Villars*, la *Fille de Madame Angot*. N'insistons pas; pour toute âme sensible, éprise de poésie et d'art, ou, simplement, pour tout esprit cultivé, le contraste était pénible entre l'aspect héroïque, grave et majestueux du vieux beffroi, et les voix qui s'échappaient des antiques baies ogivales. Mais la simplicité d'âme des carillonneurs leur épargne ces rapprochements fâcheux. Et que l'on ne croie pas à un cas isolé, tous les concours de carillon roulent sur le même fond. Au fameux concours de la Grand'place de Bruxelles, il y a quelques années, la *Fille du Régiment* et d'autres morceaux analogues déroulèrent leurs flons-flons. Le répertoire des carillons automatiques n'est pas différent. A Malmédy, la pittoresque capitale de la wallonie prussienne, c'est la valse de *l'Etudiant pauvre :*

       ... sur l'épaule un baiser...

que le carillon de l'église (!) jetait aux échos de la Warche (1).

Est-il nécessaire de montrer l'absurdité d'un pareil répertoire, contraire à la signification historique de l'instrument, à son caractère, à sa technique, à ses lois acoustiques? — Mais il paraît qu'il faut dire ces choses.

Au point de vue historique, d'abord, le carillon est un instrument archaïque, évocateur des siècles disparus. Tous nos grands carillons sont de fabrication ancienne; ils furent témoins de grandes choses, leur timbre se mêla aux souffrances et aux joies de générations vaillantes et éprouvées .... Exécuter là dessus de la musique moderne (fût-elle même bonne) est un non sens, autant jouer les *Pagodes* de Debussy sur un clavecin. Le répertoire tout indiqué de nos carillons flamands est celui que ne cessa de réclamer, durant ses trente années d'existence, l'ancienne revue flamande *Rond den Heerd* (autour du foyer) : la vieille chanson flamande, dont l'immense variété, représentant toutes les modalités de sentiment, offre un choix inépuisable, et dont la simplicité de contexture ne présente aucune difficulté d'arrangement. Si l'on tient absolument à quitter ce genre, on prendra de vieux airs français, des rondeaux de Couperin ou d'un autre maître du temps, des *Lieder* allemands, que

sais-je? On ira jusqu'aux pièces les plus simples de Haydn ou de Mozart .. Ce serait toujours moins anachronique, et plus beau, que « Perruque blonde et collet noir ». On composera aussi des pièces nouvelles, celles-ci inspirées des particularités mêmes de l'appareil, ce qui est la condition essentielle de toute bonne musique instrumentale (1).

Inutile d'insister sur le caractère de l'instrument, majestueux, grave jusque dans l'allégresse, sur son incomparable puissance sonore. Mais le caractère résulte aussi du mécanisme et de la technique. Ce mécanisme est simple : les fils métalliques actionnant les battants des cloches sont rattachés d'autre part à des pièces de bois dont les extrémités, arrondies et disposées dans l'ordre des touches du piano (à une distance naturellement plus grande l'une de l'autre), constituent le clavier, qui doit être assez analogue aux « clefs » des premières orgues; même disposition pour le pédalier. Le carillonneur s'escrime là-dessus à coups de poings et de pieds : exercice athlétique, véritable assaut de boxe où l'instrument a quelquefois le dessus; — le concours de Bruges fut interrompu deux fois par des accidents assez graves survenus à l'appareil surmené depuis huit jours. C'est une technique très dure (et le clavier de Bruges est d'une lourdeur particulière); exigeant un effort considérable, rendu très apparent, chez les carillonneurs inexpérimentés, par l'incohérence de l'ensemble, la pesanteur des gammes, la solution de continuité entre les traits et les accords auxquels ils aboutissent (2). Et c'est sur cet instrument qu'on s'évertue à reproduire des vocalises de chanteuse légère, des traits de violon, — avec une rapidité naturellement relative. Imagine-t-on l'effet, là-dessus, de l'ouverture de *Carmen*, de cet alerte motif de marche exécuté dans le quart du mouvement : $\natural = \downarrow$? |

Mais c'est surtout au point de vue acoustique que le répertoire des carillons exigerait la plus sévère

---

(1) A l'heure, le carillon de Bruges exécute un morceau intitulé le *Trio de Félix*, morceau médiocre, mais qui a, paraît-il, l'avantage de faire valoir toutes les cloches du jeu. Un jour, raconte à ce sujet la *Patrie*, la revue *Burgerwelzijn* publia un article critiquant ce choix et dans lequel le morceau était attribué à « *een zekeren Grétry, een luikenaar* » (un certain Grétry un Liégeois); d'où lettre du carillonneur, M. Dupan, s'indignant de cette appellation dédaigneuse et désignant le véritable auteur du *Trio de Félix*, P.-A. Monsigny, de Fauquemberg, près Saint-Omer (1729-1817).

(1) L'accompagniement imitatif d'une mélodie de M. de Greef, la *Cloche*, fournirait l'objet d'une délicieuse sonnerie.

(2) Cette difficulté serait réduite à néant par l'emploi du courant électrique qui, au contact produit par le simple abaissement de la touche, lancerait le battant contre la cloche. Il est étonnant qu'aucun dispositif de ce genre, qui ouvrirait de nouvelles perspectives à la fantaisie des carillonneurs et « permettrait à tout le monde de jouer » du carillon, n'ait encore été adopté en Belgique.

sélection; ici, qu'on nous permette d'entrer dans quelques détails.

Dans la résonance d'une cloche, on distingue deux éléments très différents : le son fondamental et les harmoniques. Le son de la cloche est, en effet, le plus puissant, mais le moins pur qui soit A côté du son fondamental, une cloche dégage tout un cortège d'harmoniques, cela avec une force telle que souvent on distingue à peine le son principal de tel harmonique plus particulièrement prépondérant, si même celui-ci n'absorbe celui-là. Tant qu'il s'agit du son 2 (octave de la fondamentale) ou d'un autre formant avec le premier un intervalle consonant (son 3, 5, 10, quinte, tierce, majeure ou mineure), rien de mieux, les vibrations se renforcent et se complètent l'une l'autre. Mais en général, tel n'est pas le cas et la multitude des harmoniques dégagés par une cloche forment entre eux les intervalles les plus dissonants (1). Et le timbre lui-même n'ayant d'autre source que les harmoniques, il en résulte que si la justesse d'un jeu de cloches dépend de la justesse des intervalles compris entre les sons fondamentaux, l'homogénéité de timbre, elle, dépend du plus ou moins d'analogie entre le cortège d'harmoniques des différentes cloches; qu'enfin la justesse de la gamme en sons fondamentaux peut être réduite à néant par l'action perturbatrice, fût-ce dans une seule cloche, d'un harmonique intempestivement prépondérant. Aussi les carillons homogènes sont ils rares; celui de Bruges notamment, très puissant, est aussi remarquablement hétérogène et inégal.

La résonance du bronze percuté constitue, on le voit, un phénomène très complexe et le carillon est un appareil rudimentaire, d'un maniement difficile par la surabondante richesse et l'inégalité inévitable de ses timbres. — Encore n'avons-nous pas envisagé les sons résultants et autres « sous-produits » de la résonance harmonique.

Or, si l'on tient compte de tout ceci dans le choix d'un répertoire, on conclura tout naturellement, on va le voir, à l'élimination de toute une série d'expressions musicales qui caractérisent précisément la musique moderne. Et tout d'abord, — l'intensité des harmoniques rendant déjà si difficile la distinction entre des sons assez rapprochés, — les mélodies de caractère chromatique seront sévère-

ment bannies. La prolongation des sons estompant les rythmes, on n'emploiera que des rythmes simples et une mesure constante : les changements de mesure d'un des morceaux exécutés à Bruges rendaient celui-ci parfaitement inintelligible. Eviter les traits rapides où les sonorités s'accumulent et se compénètrent en une confusion inextricable, — s'abstenir aussi de baratter une cloche sous prétexte d'en prolonger le son Mais le point essentiel est l'harmonie.

D'après ce qu'on vient de lire, le son d'une cloche isolée, avec sa riche résonance harmonique, constitue à lui seul un accord, — le plus souvent dissonant. Or, il est évident que ces harmoniques ne peuvent faire partie intégrante de tous les accords dans lesquels la cloche en question est combinée avec d'autres. *Les sons harmoniques prépondérants, même s'ils sont consonants, peuvent produire un mauvais effet.* Soit par exemple un *ut* dégageant avec intensité la double quinte (intervalle consonant s'il en fut) ; employé comme quinte d'un simple accord de *fa*, cet *ut* est discordant. Dans certain passage basé sur l harmonie de *sol* **majeur**, à Bruges, on discernait très nettement (soit comme harmonique d'une des cloches, soit comme son résultant d'un accord, peu importe) un *si* **bémol**; il s'agissait d'un morceau imposé, et nous pûmes à loisir observer le fait : on devine l'effet. Ou bien, la prépondérance, très fréquente, du son 2, si elle ne falsifie pas l'accord, le dénature en le renversant, produit une sixte au lieu d'une tierce, etc.

Que conclure? La revue *Rond den Heerd*, déjà citée, réclamait la suppression pure et simple, sur les tambours de carillon, de toute harmonie, et son remplacement par la mélodie homophone : solution radicale, d'une logique irréfutable. Mais il ne s'agissait là que de la sonnerie automatique. Pour le carillon à clavier, il ne peut être question de supprimer l'harmonie, mais encore conviendrait-il de la rendre intelligible, d'autant plus que ces sonneries s'adressent non à des initiés, mais au peuple lui-même. Il importerait donc de tenir compte des particularités acoustiques rappelées ci-dessus, en réduisant cette harmonie à sa plus simple expression, tant au point de vue de l'accord lui-même que du nombre des parties. Pas de dissonances, les triades majeures et mineures avec leurs renversements suffisent : — les harmoniques, les notes de passage se combinant avec les sons prolongés de l'accord, se chargeront d'en faire des dissonances, voire des discordances. A la rigueur, on ira jusqu'à l'accord de septième, mais en évitant le frottement de seconde : l'écriture sera, au contraire, aussi dispersée que possible,

---

(1) Dans son oratorio la *Cloche*, M. d'Indy évoque très heureusement le timbre de la cloche en faisant entendre, dans une succession rapide, les deux sons d'un intervalle de septième mineure.

pour éviter des renversements apparents et permettre à l'oreille de discerner nettement les sons et leur fonction. Le nombre des parties sera également réduit au minimum, trois, même deux suffisent : Bach, avec deux parties, réalisait une harmonie complète, latente. Et tenez : certaines inventions à deux voix de Bach, tels préludes, fourniraient d'excellentes pièces de carillon, et d'un genre un peu plus relevé que vos fantaisies brillantes.... On remarquera d'ailleurs que, la pluralité des parties étant admise, le style polyphonique, qui permet d'entendre les notes isolément, d'en apprécier distinctement la hauteur et la fonction, est cent fois préférable, sur le clavier du carillon, au style harmonique. Ici encore, le vieux Bach, — auquel, chose étrange, on aboutit fatalement lorsqu'on cherche l'application idéale de n'importe quel principe de l'interprétation musicale, style, forme, technique — le vieux Bach reste le maître et le modèle. Toujours au même point de vue, et en raison de l'indécision auditive des accords, on évitera non seulement les accords compliqués, mais aussi les brusques transitions harmoniques et les modulations à des tons éloignés; la modulation de quinte à quinte, à la dominante ou à la sous-dominante, suffit; l'instinct musical de l'auditeur doit pouvoir venir en aide à l'indécision de l'oreille. Au delà de deux quintes, le mouvement modulatoire devient obscur; dans la fameuse ouverture de *Carmen*, la modulation de *la* à *ut* (treizième mesure) était complètement inintelligible.

Au piano, on enseigne à l'élève de lâcher la pédale dès que l'harmonie change. Le carillon, avec la résonance prolongée de ses timbres, pouvant être considéré comme un grand piano dépourvu d'étouffoirs, ne faudrait-il pas renverser la proposition et dire que l'harmonie qui a fini son rôle persiste à vibrer en brouillant celle qui la remplace, il y a lieu d'en changer le moins souvent possible? — De même, les cloches aiguës, à la sonorité faible, grêle, mate, seront autant que possible, utilisées isolément; on évitera de les associer aux timbres du médium et surtout du grave, dont la sonorité puissante et prolongée les absorbe entièrement. Etant donné, enfin, que chaque carillon possède ses caractères particuliers dans la prépondérance de tel timbre, la faiblesse ou la défectuosité de tel autre, on aura soin de tenir compte de ces particularités en arrangeant ou en transposant les morceaux à exécuter. A Bruges, par exemple, la plus belle cloche du carillon est un certain *la* bémol dont la sonorité éclatante, renforcée par la justesse des premiers harmo-

niques, absorbait le son de toutes les autres cloches. Dans les accords et les tonalités où le *la* bémol n'occupait qu'un ordre secondaire, surtout dans les accords où cette note faisait fonction de dissonance, l'effet était naturellement désastreux.

ERNEST CLOSSON.

Simon, maître de vièle (1313)

E N 1836, l'archiviste yprois, Lambin, publiait, dans le *Messager des Sciences et Arts*, un article où il attirait l'attention sur l'intérêt que présentent les comptes communaux d'Ypres. Il en donnait une brève analyse, contenant notamment le passage suivant :

1313. Maître Symon, chef des ménestriers, à Ypres, tient une école de musique au temps de la foire de cette année.

L'importance de cette mention, la plus ancienne que l'on possède sur l'enseignement de la musique profane en Belgique, n'échappa à personne. Mais le texte donna lieu à des commentaires inexacts.

Ainsi, Fétis en tira cette biographie :

SIMON ou SYMON (Maître) d'Ypres, était en 1303, chef des ménétriers de cette ville, et tenait une école de musique suivant le registre des maîtrises existant aux archives d'Ypres.

Avec la verve gouailleuse qui caractérise toutes les pages où s'exhale sa rancune contre le directeur du Conservatoire de Bruxelles, Vander Straeten a mis en évidence les principales inexactitudes de cette notice :

La date 1313 transformée en 1303, et les comptes communaux d'Ypres devenant des registres des maîtrises, est-ce assez d'inexactitudes en deux lignes? L'année 1303 pourrait n'être qu'une simple faute d'impression. Mais que dire de cette maîtrise en pleine voie d'organisation au début du XIVe siècle, avec ses chefs, son local, ses règlements et ses registres. Fétis, sachant l'existence d'un fait si curieux, et si important, eût dû au moins nous en donner une étude approfondie, et enrichir notre histoire musicale, qu'il a tant négligée, de ses observations judicieuses et érudites.

Vander Straeten n'en a pas moins reproduit lui-même, d'une façon fautive, le texte de Lambin, imprimant *Symoen* pour Symon (préoccupé, comme toujours, de rattacher tous les musiciens à la Flandre), supprimant après le mot *ménestriers* (qu'il écrit *ménétriers*) une virgule importante. Il en tire la conclusion, également erronée, que « dès 1313, les instrumentistes yprois tenaient école ».

Quoique ne citant que Fétis, Eitner a tenu compte des rectifications de VanderStraeten ; mais il a commis à son tour plusieurs inadvertances dans cet articulet :

Simon (Symon), Maltre von Ypres um 1313, chef der Ministrels der Stadt, errichtete dort eine Musikschule nach den Registern des Archives zu Ypres (Fétis).

Examinons à notre tour le texte original, et essayons d'en donner une interprétation exacte.

Nous disposons heureusement aujourd'hui de l'excellente édition des comptes communaux d'Ypres, publiée par MM. Des Marez et De Sagher, pour la commission royale d'histoire.

Nous y lisons :

Item, à maistre Simon, maistre des menestreus de la viele, qui tint s'escole à Ypre en le foire d'Ypre, en courtoisie, par commant d'eschevins : 10 lb.

C'est-à-dire en français moderne :

Item, à maître Simon, maître des mépestrel de la vièle, qui tint son école à Ypres pendant la foire, en don gracieux, par commandement des échevins : 10 livres.

Maître Simon n'est donc pas le chef des ménestrels de la ville d'Ypres. Il est le « maître des ménestrels de la vièle »; on le considère comme le plus habile virtuose de la vièle.

Il n'est pas d'Ypres, mais il vient dans cette ville, à l'époque de la foire, y enseigner son art. Il y « tient son école », il y donne ses leçons, comme il le fait vraisemblablement dans d'autres villes aussi, à semblable période. Il rehausse l'éclat de la foire, en même temps qu'il permet aux musiciens yprois de se perfectionner dans le jeu de là vièle. Aussi les échevins lui accordent-ils une « courtoisie », ce que nous appellerions aujourd'hui un subside : ils lui donnent dix livres, somme relativement considérable.

Maître de la vièle, Simon a donné des leçons à Ypres en 1313, à l'occasion de la foire.

Voilà, à notre avis, tout ce qu'on peut tirer du texte.

Et encore, y a-t-il lieu de se demander si l'on peut bien comprendre dans un sens didactique l'expression « tenir école ». M. Michel Brenet a judicieusement fait observer que Vander Straeten est souvent allé trop loin dans l'interprétation de textes analogues. Il est des cas où il faut prendre le mot « école » dans le sens extensif du latin *Schola* : assemblée, réunion corporative.

Notre texte pourrait ainsi se rapporter à une réunion corporative de ménétriers tenue à la foire d'Ypres, en 1313, sous la présidence de leur chef, Simon.

Dans l'espèce, j'estime qu'il faut s'en tenir à ma première version.

Il y avait des ménestrels à Ypres à cette époque, comme le montre la keure des mariages du 18 mars 1295. Mais cette célèbre ordonnance somptuaire prouve aussi que les Yprois, aux noces, faisaient venir des musiciens du dehors. Elle stipule, en effet, qu'il ne peut être donné « à menestreil de forain venant à chevaal, plus ke ij s. Et venant à piet plus ke xii d. »

Un ménestrel à cheval, jouant de la vièle est figuré en une jolie statuette en terre cuite vernissée, provenant des fouilles du fort de Sainte-Marie, à Anvers, et conservée aux Musées royaux du Cinquantenaire, à Bruxelles (n° 2113), tandis qu'un carreau de pavement à engobe émaillé, du Musée d'archéologie de Gand, porte un joueur de vièle à pied.

Ces deux importants documents d'iconographie instrumentale paraissent dater tous deux du début du xive siècle. Ils nous permettent de nous faire une idée précise de la silhouette des ménestrels de la vièle à l'époque de maître Simon.

PAUL BERGMANS.

LA SEMAINE

PARIS

A L'OPÉRA, Miss Mary Garden est rentrée dans *Faust* et *Thaïs*, en attendant la reprise de *Salomé*. Elle avait pour partenaire, dans *Faust*, le ténor Franz, revenu aussi de son côté, et qu'on a entendu également dans *Lohengrin* et *Tannhäuser*, et la basse Marvini dans le rôle de Méphisto. Dans *Thaïs*, c'est M. Dufranne qui a chanté pour la première fois Athanaël, de magistrale façon. Le baryton Duclos a chanté Wolfram pour la première fois dans *Tannhäuser* et Mlle Daumas, Elisabeth.

A L'OPÉRA-COMIQUE, la réouverture s'est faite vendredi avec *Manon* où le ténor Dubois, de l'Opéra, a tenu le principal rôle. On répète *Le Vaisseau-fantôme* que chanteront M. Renaud et Mlle Chenal.

OPÉRA. — Lohengrin. Thaïs. Tannhauser. Faust. Salomé. Coppélia.

OPÉRA-COMIQUE. — Manon. Carmen. Mignon. Werther.

BRUXELLES

THÉATRE ROYAL DE LA MONNAIE. —

MM. Kufferath et Guidé viennent de publier le tableau de leur troupe pour la saison 1911-1912. Le voici; les noms des artistes nouveaux sont en italique :

CHEFS DE SERVICE : MM. *Otto Lohse*, premier chef d'orchestre; *Corneil de Thoran*, premier chef d'orchestre en second ; Léon Van Hout et *Georges Lauweryns*, chefs d'orchestre; E. Merle-Forest, régisseur général; G. Delières, régisseur inspecteur; F. Ambrosiny, maître de ballet.

ARTISTES DU CHANT. — Chanteuses : Mmes Claire Friché, Mary Béral, Angèle Pornot, Zorah Dorly, Rose Degeorgis, Fanny Heldy, Marthe Symiane, Alice Bérelly, Jeanne Montfort, *Gabrielle Dignat*, Denise Callemien, Mencette Gianini, *Andrine Savelli*, Jane Paulin, Juliette Williame, Léa Zévane.

Ténors : MM. Paul Zocchi, Louis Girod, *Eric Audouin*, *Arthur Darmel*, Octave Dua, *Louis Deru*, Hector Dognies, Victor Caisso.

Barytons : MM. Maurice de Cléry, *Alexis Ghasne*, Léon Ponzio, Auguste Bouilliez, *Gaston Demarcy*, Louis Dufranne.

Basses : MM. *Joseph Grommen*, Etienne Billot, *Gaston Rudolf*, Gaston La Taste, Charles Danlée.

ARTISTES DE LA DANSE. — Danseurs : MM. F. Ambrosiny, J. Duchamps.

Danseuses : Mmes Josette Cerny, Olga Ghione, Irma Legrand, Paulette Verdoot, Dora Jamet, Rita Ghione.

La réouverture se fera le me credi 6 septembre.

La première soirée sera consacrée à *Louise*. M. Otto Lohse a choisi cette partition française, — que l'éminent chef d'orchestre fut d'ailleurs un des premiers à faire connaître en Allemagne, — afin de bien démontrer qu'il n'a aucun parti-pris d'école. M. Gustave Charpentier a aussitôt adressé à MM. Kufferath et Guidé une carte postale représentant la tour Eiffel sur le revers de laquelle il avait écrit : « Très chers directeurs, mon plaisir, ma joie égalent en hauteur la tour ci-contre ! Quelle bonne surprise... Je vais revivre en pensée les belles représentations de 1911. Et Lohse sera là, qui d'une œuvre fait un chef-d'œuvre ! Votre Gustave Charpentier. »

Le second ouvrage dirigé par M. Lohse sera *Samson et Dalila*.

Le nouveau premier chef en second, M. de Thoran, fera « ses débuts » dans *Manon* et dans *l'Africaine*. Lauréat de piano, d'harmonie et de fugue du Conservatoire de Liége, M. de Thoran a fait ses premières armes, comme chef d'orchestre, à Tunis et à Gand, puis il a passé, soit comme second, soit comme premier chef, à Béziers, Nismes et Nice.

Quant aux artistes nouveaux, ils débuteront, MM. Audouin et Rudolf, dans *Louise*. M. Darmel dans *Samson* où le rôle de Dalila sera chanté pour la première fois par Mlle Degeorgis. Louise sera chanté par Mme Friché, qui créa le rôle à Bruxelles en 1901, et c'est également Mme Friché qui chantera l'*Africaine*. Dans *Manon* reparaîtront Mlle Angèle Pornot et M. Girod.

Quant au programme de la saison, il comporte un grand nombre de reprises et de premières représentations. On parle du *Fidélio* de Beethoven, de l'*Obéron* de Weber, et de *Robert le Diable*. Parmi les nouveautés, on cite : la *Thérèse* de Massenet, la *Déjanire* de Saint-Saëns, la *Cloche* de d'Indy, mise à la scène, la *Farce du cavier* et la *Cabrera* de Gabriel Dupont, le *Secret de Suzanne* de Wolf-Ferrari. *Enfants de Roi* de Humperdinck et sans doute aussi la *Fille du Farwest* de Puccini, enfin deux œuvres belges : *Rhéna* de J. Van den Eeden et *Oudelette* de M. Radoux.

C'est, on le voit, un programme très chargé.

— Cet hiver aura lieu à la salle de la Grande Harmonie, une série de « quatre concerts classiques », sans orchestre et avec le concours de virtuoses de tout premier ordre : Suzanne Godenne, Fritz Kreisler, Jacques Thibaud et le Quatuor Sevcik, de Prague. Des abonnements à prix très réduits (24, 16, 12 et 6 francs) sont mis à présent à la disposition du public et peuvent être retirés à la maison Schott Frères, 28, Coudenberg. Téléph. : 1172. Les dates de ces quatre concerts seront annoncées ultérieurement.

— On nous annonce que la maison d'édition Katto, bien connue des artistes et du public dilettante, transférera prochainement son domicile de la rue de l'Ecuyer à la rue d'Arenberg, 12 et 14, Bruxelles.

THÉATRE ROYAL DE LA MONNAIE. — Mercredi, Louise; jeudi, Manon; vendredi, Samson et Dalila; samedi, L'Africaine; dimanche, Manon.

CORRESPONDANCES

—

B ARCELONE. — *Liliana*, dû à la plume de
M. Apeles Mestres, mis en musique par le
maestro Henri Granados, a été représenté au salon
de musique du Palace des Beaux-Arts. Liliane,
belle sylphide, vit près l'étang des nénuphars.
Trois gnomes se sont épris d'elle : Mik, qui lui
apporte des lys; Flock, qui lui donne un papillon,
et Puk qui lui apporte un chœur de grenouilles pour
lui donner une sérénade. Mais le vainqueur de la
belle est le prince charmant des sylphes qui,
déguisé en rayon de soleil, enlève Liliane vers le
pays de la lumière.

Cette féerie est déclamée. Elle comporte des
illustrations musicales, chants et intermèdes symphoniques de M. Henri Granados, admirables de
poésie et de charme. Leur finesse mélodique
et harmonique est rehaussée par la couleur de
l'instrumentation. Aux épisodes gracieux de Liliane, M. Granados a opposé l'humour de Puk.
C'est exquis, et le délicieux intermède des grenouilles a dû être bissé. Je n'hésite pas à dire que
Liliana est un petit chef-d'œuvre.

Le public a ovationné longuement les auteurs
ainsi que M. Pahissa qui a fort bien dirigé l'orchestre.

La mise en scène était superbe.

A Valence a eu lieu l'inauguration de l'Athénée
musical, association de musiciens qui a donné un
premier concert très réussi avec le concours des
meilleurs musiciens de l'association. A signaler de
très belles exécutions du septuor de Beethoven,
un trio op. 68 de Mendelssohn, la romance en *fa*
de Beethoven (très belle exécution par le jeune
violoniste M. Vidal) et le poème *Mer tranquille et
voyage heureux* pour chœurs et orchestre, de Beethoven, qui fut très bien dirigé par le maître
M. Ripollés.

A Valence aussi, le Collège du Corpus Christi a
fêté le centième anniversaire de sa fondation. A
cette occasion, le maître de chapelle du collège,
M. Penarroja, avait rédigé un programme d'auteurs du pays, depuis le fameux J.-B. Comes
(XVIᵉ siècle) jusqu'aux contemporains. Mais l'entreprise la plus difficile et qui réussit à merveille,
fut l'exécution de la scène de la consécration du
Graal de *Parsifal*. Les membres de la chapelle du
Collège et de l'orchestre, étant hissés à différentes
hauteurs dans les galeries du cloître, l'effet fut
très saisissant. Toutes nos félicitations au vaillant
chef M. Penarroja. ED.-L. CHAVARRI.

NOUVELLES

—

— A propos du centenaire d'Ambroise Thomas
on a reparlé de *Mignon* et des péripéties qui lui en
ont définitivement attribué le livret. On a rappelé
que Meyerbeer l'avait refusé, ne voulant pas en
assumer la responsabilité vis-à-vis des compatriotes de Gœthe et les siens. Sait-on qu'un autre
musicien a été sur le point d'en écrire la partition :
Ernest Reyer? *Le Ménestrel* a retrouvé dans un
numéro du *Figaro* de 1894 (époque de la millième
de *Mignon*), la très jolie lettre suivante de l'auteur
de *Sigurd* :

« Après la première représentation de *Mignon* je
me suis félicité, comme je me félicite encore
aujourd'hui, d'avoir rendu à Michel Carré et à
Jules Barbier, après l'avoir gardé six mois et
même plus, le poème de cet ouvrage qu'ils avaient
bien voulu me confier. Si la patience de mes deux
collaborateurs ne se fût point lassée, j'aurais bien
fini par écrire la partition qu'ils attendaient de moi
et que je leur faisais si longtemps attendre. Qu'en
serait-il advenu? Le public eût été privé d'applaudir l'une des plus charmantes, des plus françaises
productions de l'école française, — et tenez pour
certain que la *millième* représentation de *Mignon*
n'eût pas eu lieu.

» C'est sur *Mignon* que j'ai écrit, le 2 décembre 1866, mon premier feuilleton au *Journal des
Débats*.

» Je n'ai pas besoin de vous dire avec quelle
joie, pure de tout regret, je m'associerai à
l'hommage que va rendre le Théâtre de l'Opéra
Comique au talent et à la gloire de mon illustre
confrère et ami Ambroise Thomas.

» E. REYER. »

— Se doutait-on que Frédéric le Grand était
l'auteur de l'hymne royal espagnol? A l'occasion
du cent vingt-cinquième anniversaire de la mort de
Frédéric le Grand, qui tombait à la date du 17 août
dernier, un journal allemand publié les lignes
suivantes sur un fait peu connu que les érudits
pourront contrôler si cela les intéresse. « On sait
que d'après les constatations des écrivains musicaux les plus remarquables de l'Espagne, la musi
que de l'hymne national désigné sous le nom de
Marchia real a été composée par le monarque
prussien. Ce fut immédiatement après la guerre de
sept ans, un jour que le roi avait invité à une fête
de la Cour tout le corps diplomatique, et, avec lui,
l'ambassadeur d'Espagne qui passait pour un fin

connaisseur en musique, Frédéric II remit à ce dernier la musique d'une marche qu'il avait composée.
L'ambassadeur envoya le manuscrit de cette
marche, écrit de la main même de Frédéric II. à
Madrid, où, sur l'ordre du roi Charles III, l'ouvrage fut très souvent exécuté. Pendant les années
qui suivirent, cet ouvrage cessa peu à peu d'être
joué souvent sans toutefois tomber jamais entièrement dans l'oubli. Plus tard, en 1869, sur l'initiative de la reine Isabelle II, le maréchal Serrano
institua en Espagne un concours pour la meilleure
marche militaire, afin que l'œuvre couronnée pût
devenir un hymne national espagnol, étant bien
entendu que la marche de Frédéric II serait considérée comme prenant part au concours. Plus de
cinq cents marches furent reçues par le jury afin
d'être examinées, mais toutes parurent inférieures
pour la force d'entraînement, l'éclat et l'ardeur, à
celle du vieux Frédéric. Celle-ci demeura victorieuse et le choix du jury s'arrêtant sur elle, le concours devint en fait inutile. L'histoire de cette
marche demeura longtemps inconnue en Espagne.
On la répandit un peu partout à l'époque où le
Kronprinz Frédéric Guillaume, qui devait plus
tard être quelques mois empereur sous le nom de
Frédéric III, rendit visite au roi d'Espagne,
Alphonse XII, à Madrid, en 1883, et attira l'attention de celui-ci sur les circonstance dans lesquelles l'œuvre de Frédéric II avait été remise à un
ambassadeur d'Espagne. »

Voilà donc un chant d'origine prussienne qui
devint en Espagne un hymne national. De pareilles
anomalies d'ailleurs ne sont pas absolument
rares, fait remarquer le *Ménestrel*. Le *God save
the Queen* est chanté officiellement en Suisse
et en Allemagne sur des paroles qui en font
un chant patriotique. Il y a mieux, le *Chant
du Départ* de Méhul, composé en 1794, a servi
à célébrer un homme dont nul ne saurait estimer
le caractère après les faits qui ont marqué son séjour à Naples en 1799, et dont les Français peuvent à bon droit détester la gloire, l'amiral Nelson.
Un chant intitulé la *Mort de Nelson*, écrit par John
Braham (1774-1856) et exécuté à l'occasion d'une
fête en l'honneur du vainqueur de Trafalgar, le
27 avril 1811, n'est pas autre chose, note pour note,
que le *Chant du Départ* de Méhul. Le musicien
anglais crut sans danger pour lui de s'approprier
une œuvre qu'il n'était pas permis de chanter sous
le règne de Napoléon Ier et que, par suite, il put
croire éteinte, mais le *Chant du Départ* porte tellement l'empreinte du génie qu'il a subsisté malgré
tout, pour la honte du plagiaire.

— Ce mois-ci, la nouvelle œuvre de Giacomo
Puccini, *La Fanciulla del West*, sera représentée au
théâtre de Lucques, ville natale du compositeur.
A cette occasion, la ville de Lucques organisera
une grande manifestation en l'honneur de son
célèbre concitoyen. Un buste en marbre de
Giacomo Puccini, œuvre du sculpteur Petroni, sera
solennellement inauguré au foyer du Théâtre
communal. La municipalité a consacré d'importantes sommes d'argent à la transformation de
celui-ci qui a été complètement modernisé.

— M. Camille Saint-Saëns dirige aujourd'hui
même (3 septembre), à Cesena, la première représentation de *Samson et Dalila* qui sera jouée, en
saison lyrique extraordinaire, jusqu'au 20 de ce
mois.

— Au cours de cette saison, la direction du
Metropolitan Opera House de New-York représentera l'œuvre, encore inédite, du jeune compositeur Parker, *Mona*, qui a obtenu le prix de
250,000 francs, au concours organisé entre compositeurs américains, par la Société du Metropolitan.
La nouvelle œuvre du compositeur italien Umberto
Giordano, *Madame Sans-Gêne*, paraîtra ensuite à
l'affiche. L'auteur assistera aux répétitions et dirigera lui-même la première représentation de son
ouvrage, dont les rôles de protagoniste seront
tenus par le ténor Caruso et Mme Geraldine
Farrar. La direction annonce ensuite, *Les Femmes
Curieuses* de Wolf-Ferrari, avec Mme Emmy
Destinn dans le rôle principal, *Guillaume Tell*, *Les
Huguenots* et *Le Vaisseau-fantôme*.

— Cette année, les concerts Hallé, de Manchester, que Hans Richter dirigea longtemps, ne seront
pas donnés sous le bâton d'un chef d'orchestre
unique. La direction a préféré s'assurer, pour la
prochaine saison, le concours de divers capellmeister et elle a engagé MM. Oscar Fried, Henri
Wood, Thomas Beecham, Granville Bantock,
Gabrilowitch, Balling, Schalk, Müller-Reuter et
Frédéric Bridge.

La maison natale de Liszt, à Raiding, a été
convertie en un petit Musée de souvenirs qui a été
inauguré ces jours-ci. Déjà, en 1881, le conseil
communal avait fait apposer un médaillon sur cette
habitation modeste qui se compose d'une antichambre, d'une chambre et d'une cuisine. Parmi
les souvenirs qui y sont rassemblés, on cite des
portraits de Liszt, des photographies, vingt-sept
illustrations du professeur Biggioli pour la divine
comédie de Dante, des livres et des exemplaires
de la *Pressburger Zeitung* du 28 novembre 1820 qui
relatait, de la manière suivante, le concert donné
par Liszt, au château du comte Michel Esterhazy,

à Eisenstadt : « Dimanche dernier, 26 de ce mois, pendant la journée, le jeune pianiste Franz Liszt, âgé de neuf ans, a eu l'honneur de se produire devant une nombreuse société, chez le noble comte Michel Esterhazy. Les extraordinaires capacités de cet artiste, de même que la sûreté et la rapidité de son coup d'œil, qui lui permettent de lire à première vue les morceaux les plus difficiles, de telle sorte qu'il a pu déchiffrer tout ce qu'on lui a présenté, ont excité l'admiration de toutes les personnes et justifient les plus hautes espérances que l'on puisse concevoir pour l'avenir de ce jeune artiste. »

— La Société Bach, d'Eisenach, a pris l'initiative, de faire remettre en état, par l'habile constructeur d'orgue M. Hickmann, de Gotha, toutes les orgues anciennes et tous les instruments à clavier qui sont conservés au Musée Bach de la ville.

— On annonce de Florence qu'Arrigo Boïto, qui depuis de si longues années travaille à sa partition de *Néron*, s'est enfin décidé à la rendre publique et à la faire exécuter. La première représentation de l'ouvrage aurait lieu au cours de cette saison, au théâtre de la Scala de Milan, sous la direction du maestro Toscanini. Voilà ce qui se dit. Mais le *Néron* sera-t-il joué? Tant de fois déjà il fut annoncé puis retiré.

— On se préoccupe déjà, à Munich, de fêter d'une façon brillante le centième anniversaire de la naissance de Richard Wagner en 1913. Il est question d'y organiser de très nombreux concerts d'œuvres du maître, auxquels tout le monde pourrait avoir accès. Un comité s'est formé dans ce but, à la tête duquel se trouvent Richard Strauss, l'intendant général des théâtres de la cour, baron von Speidel, et le bourgmestre von Borchst.

Un comité s'est également constitué à Dresde dans le même but.

— Pour honorer la mémoire de Félix Mottl, ses admirateurs et ses amis ont décidé de faire placer son buste en marbre au foyer du théâtre du Prince-Régent, à Munich.

— C'était prévu !

L'impresario Whitney a dû renoncer à son projet de faire représenter, cette année, en Angleterre et en Amérique la nouvelle œuvre de Richard Strauss, *Le Cavalier à la Rose*. Un grand nombre de directeurs américains n'ont pas voulu ou n'ont pas pu mettre leur théâtre à la disposition du manager aux dates proposées. Le naïf impresario, qui a payé 300,000 francs le droit de jouer l'œuvre de Strauss, est plutôt ennuyé.

— L'Université de Breslau a fêté la semaine dernière le centième anniversaire de sa fondation. Au cours de ces fêtes-jubilaires, les sociétés estudiantines ont interprété avec grand succès, sous la direction du professeur Otto Kinkeldey, le *Psaume 150* de Antoon Bruckner.

— Le ministre prussien de l'instruction publique a jeté les bases d'une réforme radicale de l'enseignement du chant dans les écoles de Prusse. L'application de ces réformes commencera à la réouverture des cours.

— La Société Brahms d'Allemagne vient de décider qu'elle organiserait l'année prochaine, à Wiesbaden, un grand festival, du 22 mai au 3 juin. Les concerts d'œuvres de Brahms qu'elle donnera seront dirigés par M. Fritz Steinbach.

— On était jusqu'ici peu orienté au sujet de la musique des peuples semi-barbares de l'extrême-Nord : les Esquimaux. On ignorait même qu'ils eussent une musique. A Copenhague vient de paraître en anglais une très curieuse brochure par M. Hjalmar Thuren avec la collaboration de M. William Thalbitzer, sur la musique au Groenland : *The Eskimo music*. L'ouvrage comprend deux parties distinctes : *On the Eskimo music in Greenland, Melodies from East Greenland*. C'est en somme une série d'observations, les plus curieuses et les plus neuves, sur les chants entendus dans ces contrées hyperboréales, sur ceux et celles qui les chantent, sur les instruments dont ils se servent, sur le caractère et le goût de cette race au point de vue musical. C'est aussi la notation d'une foule de ces mélodies, de ces « récitatifs », voire des danses qui les accompagnent : 135 morceaux en tout. De curieuses photographies éclaircissent le texte qui fait le plus grand honneur à la sagacité comme à la patience de M. H. Thuren.

C.

— Le violoniste russe M. Michel de Sicard, violon solo de S. M. la Reine de Roumanie, est appelé en Russie pour y prêter son concours au festival de musique qui sera honoré de la présence de l'Empereur de Russie.

CORRESPONDANCE

Nous recevons la lettre suivante :

« Monsieur le Directeur,

» Trop souvent, les commissions administratives et les directeurs des écoles de musique de la province belge, animés des meilleures intentions, veulent organiser les cours et les concours à l'image des conservatoires royaux, et c'est là une profonde erreur. Ces écoles devraient servir à former de bons musiciens, amateurs et professionnels, musiciens d'orchestre, de maîtrise, de sociétés chorales ; les plus aptes seuls iraient finir leur éducation dans les conservatoires des grandes villes.

» Or, pour arriver à ce résultat, il y aurait quelques modifications à introduire dans les cours et dans les « concours de fin d'année ».

» Que voyons-nous trop souvent ? Dans les classes de chant et d'instruments, les élèves, l'année de leur concours, « bloquent » deux ou trois morceaux. Après cela, rendus à eux-mêmes, ils sont souvent incapables de donner l'interprétation voulue à la moindre page musicale. Il y a remède à ce mal.

» Périodiquement — par exemple à chaque fin de trimestre — les élèves devraient passer un examen dans leurs classes respectives. Seuls pourraient concourir à la fin de l'année les élèves qui ont satisfait à ces épreuves périodiques.

» Les concours de solfège devraient comprendre la théorie, la dictée et une leçon de chant à solfier « à vue » avec accompagnement de piano ; les autres concours devraient comporter, un ou plusieurs morceaux imposés, indiqués seulement quatre semaines avant l'examen, et de plus un morceau « à vue », — ceci est essentiel — à exécuter avec accompagnement.

» Ce système permettrait à l'élève de ne pas consacrer la plus grande partie de l'année à l'étude de deux ou trois morceaux de concours et de rendre son instruction plus étendue. Il permettrait de former des musiciens capables, bons lecteurs, si nécessaires dans les orchestres de province et dans les réunions familiales où l'on cultive la musique de chambre. Il permettrait enfin de former des jeunes gens plus aptes à entrer aux conservatoires.

» Agréer, Monsieur le Directeur, etc.

» T. P. »

BIBLIOGRAPHIE

Camille Bellaigue. — *Notes brèves*, Paris, Delagrave, in-12.

Un recueil extrêmement varié de très courtes études, parues de-ci de-là en ces dernières années à propos de toutes sortes de sujets, à peine musicaux parfois ; et pour finir, six études plus développées, plus approfondies, plus intéressantes aussi. On connaît le style de l'auteur : une causerie élégante, menée comme en souriant par un esprit orné et disert. Il relève beaucoup de ces pages où se dégage plutôt la poésie d'une œuvre ou d'un maître, et l'impression qu'on en ressent, que la froide et sévère analyse de ses défauts ou de ses mérites. Il souligne d'ailleurs souvent des observations ou des souvenirs personnels, toujours précieux. Je noterai aussi les jolies pages sur la Patti, sur des noëls ou des chants de Pâques, sur Saint-Saëns. Ou bien il nous explique en quelques mots de gros livres, il nous révèle des œuvres inconnues, Smetana ou Schumann, les chants de la Sicile ou la musique Chinois... Les six études ont trait à Napoléon et la musique (très curieuse comme collation de témoignages variées) à « la musique et la morale », aux trouvères et aux troubadours, à Charles Bordes, qui venait de mourir (éloquente et chaude biographie), à *La Célestine* de Felipe Pedrell, si justement appelée « Un *Tristan* Espagnol », à Liszt enfin, non moins exactement qualifié « Un bienfaiteur de Wagner ».

H. de C.

— *La Suite italienne* pour violon et orchestre (au piano) que M. Maurice Reuchsel a jouée lui-même aux concerts du salon de la Société nationale, avec un vif succès, vient de paraître chez l'éditeur Hamelle. Elle débute par une *improvisata*, sorte de prélude, que suit une *barcarole*, évocatrice de Venise ; une *andante patetico* vient alors, comme symbole de la Rome césarienne ; mais une *tarentelle* nous reporte au temps présent, avec les danses napolitaines, dont l'ardeur ensoleillée conclut encore, après divers rappels des thèmes précédents, toute cette pittoresque suite. C.

— Mme Wanda Landowska vient d'éditer, en 6 pages, une chaîne de valses (*Walzerkette*) de Schubert, choisies, réunies et doigtées par elle, qui est une chose vraiment exquise et ravira tous les pianistes qui voudront les perler. (A Moscou, et aussi chez Breitkopf et Härtel.)

M. Maurice Emmanuel a fait paraître en brochure une très intéressante, très neuve et très utile étude, naguère publiée dans une revue, sous le titre *Le Chant à l'école.* Les instructions précises qu'il y donne, la direction musicale et logique qu'il préconise, la rigueur, mais la souplesse de l'enseignement qu'il expose, tout fait de ce travail une œuvre des plus suggestives.   C.

— Viennent de paraître chez l'éditeur A. DURAND et fils :

L'introduction en allegro pour harpe, quatuor, flûte et clarinette, de M. Ravel, arrangés pour piano à quatre mains par M. L. Riques.

Trois mélodies de M. Poldowski, sur des pièces de P. Verlaine : *Dimanche d'Avril, Bruxelles* et *En sourdine;* inspirations poétiques, notées avec sobriété.

Les Astres de la Mer, chœur pour voix de femmes de M. Henri Büsser, sur poème de M. St. Bordèse.

Trois pièces pour orgue, de M. A. Barié : marche, lamento et toccata.

— On annonce, pour paraître prochainement à Milan, chez l'éditeur Riccardo Quintieri, *Le Manuel Wagnérien* du professeur Gualtiéro Petrucci. Nous en reparlerons.

NÉCROLOGIE

— A Montecatini, en Toscane, est mort, à l'âge de quatre-vingt-deux ans, Luigi Vannuccini, chef d'orchestre, compositeur et professeur dont la réputation fut grande en Italie. Né à Fojano, dans le val de Chiana, le 4 décembre 1828, il travailla d'abord avec son père qui dirigeait l'orchestre et les chœurs du théâtre de sa ville natale. Il vint très jeune à Florence et obtint le diplôme de l'école de violon de la ville. Renonçant à pousser plus loin ses études sur cet instrument, sa prédilection passa tout entière au piano. Son talent lui valut en 1848 la place de chef d'orchestre au théâtre Alfieri de Florence, où il dirigea comme premier ouvrage *Anna Bolena* de Donizetti. Les années qui suivirent, on le trouve à Sienne, à Ravenne, à Livourne, exerçant les mêmes fonctions qu'à Florence, où il retourna longtemps après pour diriger l'orchestre au théâtre de la Pergola. Il finit par se vouer au professorat et enseigna le chant avec beaucoup de

succès. Il a écrit des messes, des mélodies, et des études pour les voix.

— A Paris a été incinéré la semaine dernière M. Alexandre Artus, l'ancien chef d'orchestre des Folies-Dramatiques, de l'Ambigu et du Châtelet, décédé à la Varenne-Saint-Hilaire, à l'âge de quatre-vingt-dix ans. Durant sa longue carrière, Artus avait composé de la musique de scène pour plus de 250 drames, vaudevilles et ballets. La marche des trompettes de *Michel Strogoff* reste sa production la plus populaire.

— Le compositeur Henri Schrader vient de mourir à Brunswick après une longue maladie. Né le 13 juillet 1844, à Jerxheim, il étudia au Conservatoire Stern de Berlin, devint organiste à Brunswick et en même temps directeur de sociétés chorales. Il a écrit avec distinction des œuvres d'orgue et des chœurs.

— A Cassel, est mort, à l'âge de quatre-vingt-six ans, Frédéric Tivendell, violoniste d'origine anglaise qui s'établit dans cette ville en 1843. Il fit, en son temps, des tournées de concerts avec Spohr et ensuite avec Joachim.

57me ANNÉE. — Numéros 38-39.   17 et 24 Septembre 1911.

LE GUIDE MUSICAL

L'Immortelle Bien-Aimée

———

ON a beaucoup discuté, ergoté, fait des suppositions au sujet de la personnalité de la jeune fille à qui Beethoven adressa les lettres passionnées découvertes, quelques heures après sa mort, dans une cassette, et qui, avec le testament de Heiligenstadt, restent le document le plus émouvant sur sa vie intime. Les premiers biographes de Beethoven, Schindler, Gérard de Breuning et Marx. s'accordaient pour désigner la comtesse Guicciardi. Dans sa grande biographie de Beethoven, A.-W. Thayer s'attache à établir que c'est là une erreur et que la « bien-aimée » devait être la comtesse Thérèse de Brunswick. Sir G. Grove, dans son étude sur les neuf symphonies de Beethoven, adoptant cette supposition, crut même pouvoir aller jusqu'à établir des rapprochements entre la cinquième symphonie et les lettres, sans date et sans désignation de lieu d'origine, dans lesquelles Beethoven s'adresse en de si pathétiques accents à celle qu'il aimait et dont il se croyait aimé :

> Mon ange, mon tout, mon moi !

qu'il appelle son « immortelle bien-aimée » et dont il prend congé, dans sa dernière lettre, en ces termes tristanesques :

> Ne méconnais pas l'amour de ton bien-aimé !
> Eternellement à toi !
> Eternellement à moi !
> Eternellement l'un à l'autre !

Plus récemment, la découverte des mémoires de la comtesse Thérèse de Brunswick, publiés par Mme La Mara, sembla donner un nouveau crédit à la thèse des chevaliers de la comtesse Thérèse de Brunswick.

Mentionnons, en passant, l'opinion de l'érudit conservateur du Musée-Beethoven à Bonn, M. le Dr Th. Frimmel, qui émet la supposition, peu soutenable, que l'éternelle bien-aimée pourrait bien être Madeleine Willmann, une cantatrice à laquelle Beethoven, suivant une légende, aurait proposé le mariage en 1795.

Un document vient d'être mis au jour qui semble devoir ruiner définitivement l'opinion de Thayer et restituer à Giulietta Guicciardi l'amour de Beethoven que, presque seul, le Dr A. C. Kalischer avait continué jusqu'ici à lui attribuer (1). C'est une lettre jusqu'ici inconnue de Beethoven qui vient d'être mise au jour et dont la belle revue berlinoise *Die Musik* publie le facsimilé dans sa première livraison du mois d'août. Voici cette lettre qui ne porte qu'une date :

———

(1) Voir Beethoven's *sämmtliche Briefe*. Schuster und Lœffler, Berlin.

8 juillet, après-midi.

BIEN-AIMÉE,

Ma lettre est partie, — je l'ai portée encore hier à la poste et déjà un regret s'empare de moi, le plus terrible et amer regret!! — De t'avoir ainsi écrit, d'avoir si pitoyablement tracé sur le papier les angoisses de l'éloignement, le déchirement intérieur de mon âme — résultant de ma triste séparation de toi, être des plus précieux, — je le regrette au delà de tout! Ce que je voudrais le moins, c'est paraître pusillanime à tes yeux qui me sont... (mot illisible). Je sais, ou plutôt j'espère, que, loin de moi, tes regards ne pourront tomber que sur des gens qui t'aimeront toi-même moins qu'ils ne s'aiment eux-mêmes. A tes yeux pourtant, je veux paraître grand — favorisé par Dieu et grand par cela même, — si immérité que soit le don gracieux de ton inclination pour moi. — D'une autre condition, entourée de parents orgueilleux, qui peut-être me regardent de haut, j'éprouve doublement le besoin de montrer ce que je puis et ce que je représente dans le royaume de l'art. — Ton Louis est un généralissime, — l'égal de qui que ce soit. — Ah! si je pouvais t'exprimer en musique combien tu es Tout pour moi, — je me sentirais plus léger. Un thème qui n'est pas mal m'est venu et commence ainsi :

Ich lie-be Dich von gantz em

Her zen ich lie-be ein zig Dich al-lein, ja.

Da capo ad infinitum.

Mais je dois taire les paroles qui l'accompagnent, moi qui voudrais les crier à tous avec allégresse. — Je t'ai donné mon portrait et tu vois dans les heures solitaires la vilaine enveloppe de l'âme qui t'appartient. — Je ne possède pas ton image et cependant — je te vois, — mon oreille fait résonner ta voix et souvent je me demande si c'est un rêve ou si c'est la réalité.

Ah! si ce pouvait être bientôt vrai, aussi vrai que t'aime fidèlement et loyalement

Ton abandonné de la déesse,
Louis.

L'intérêt de cette lettre est tout entier dans la citation musicale qui la termine. Le thème, « qui n'est pas mal » et aux notes duquel Beethoven adapte un texte

de son invention : *Je t'aime de tout mon cœur et n'aime uniquement que toi, oui,* n'est autre que celui de l'*andante con moto e schérzoso* du quintette à cordes op. 29. Or, d'après une note de la propre main de Beethoven sur la première feuille du manuscrit du quintette conservé à la Bibliothèque de Berlin, il composa cette œuvre dans l'année 1801. Détail important et qui semble enfin jeter la clarté dans le mystère des lettres à « l'éternelle bien-aimée ».

En effet, on sait positivement que le quintette parut en décembre 1801. Du mois de juillet au mois de décembre, il y a plus que le temps nécessaire pour la composition du quintette ou tout au moins pour l'élaboration du finale où apparaît le thème cité dans la lettre du 8 juillet. On peut donc, avec une presque certitude, donner un millésime à cette lettre : elle est de juillet 1801 et fait suite aux trois autres lettres connues depuis longtemps à « l'éternelle bien-aimée », qui sont datées du 6 et du 7 juillet, sans millésime. Les quatre lettres réunies sont de 1801 et s'adressent sans aucun doute possible à la même personne.

D'autre part, on sait à peu près certainement que Beethoven, au printemps de 1800, fit un séjour au château de Korompa appartenant au comte de Brunswick et qu'en même temps que les trois filles de celui-ci : Thérèse, Joséphine et Charlotte, il y rencontra leur cousine Giulietta Guicciardi, fille du comte Joseph Guicciardi, qui avait épousé une sœur du comte de Brunswick et, ayant obtenu une charge dans la chancellerie de Bohême, était venu s'installer à Vienne vers 1800. Née le 23 novembre 1784, Guiletta était donc dans la splendeur de sa seizième année. Elle était brune, avec de grands yeux d'un bleu sombre qui lui prêtaient une beauté singulière et troublante. Passionnée pour le chant, elle avait eu des leçons du ténor Lazzarini.

L'hiver de 1800-01, à Vienne, on interpréta assidûment les œuvres nouvelles de Beethoven, tantôt en l'hôtel du comte de

Brunswick, tantôt en l'hôtel du comte Guicciardi. Et l'été de 1801 étant venu, le château de Korompa reçut sans doute de nouveau ses hôtes habituels, les Brunswick, les Guicciardi et... Beethoven. C'est pendant cette période, — quoi de plus naturel, — que dut naître avec une véhémence que trahit le ton pathétique des lettres des 6 et 7 juillet, la passion de Beethoven pour Giulietta.

Dans la première de ces lettres, Beethoven parle d'un voyage qu'il fit, pendant une nuit d'orage, à travers une forêt qu'il ne nomme pas, mais qu'on lui avait déconseillé de traverser comme dangereuse et où il subit un accident de voiture, sa chaise de poste s'étant brisée en route, tant les chemins étaient pitoyables. On ne savait pas jusqu'ici à quelle forêt il faisait allusion; ses lettres ne renferment aucun nom de ville, aucune indication topographique. Maintenant, du moment qu'on peut avec une presque certitude attribuer l'année 1801 à toute la série des lettres, il est permis de conjecturer que c'est du château de Korompa qu'il était parti, ce soir d'orage, le cœur bouleversé de passion et d'espérances. C'est là aussi que s'ébaucha le roman qui devait le bouleverser si profondément.

Ce que dura ce roman, on le sait. En mars 1802, Beethoven publiait la *sonate quasi una fantasia*, sottement appelée *Clair de lune* à cause de son bel adagio, et cette sonate était dédiée *alla damigella contessa Julietta Guicciardi*. A ce moment, donc, Beethoven était encore épris de la jeune fille et celle-ci, sans doute, se plaisait à le confirmer dans ses illusions. En 1823, en parlant d'elle, il disait encore à Schindler qu'il avait été « bien aimé d'elle et plus que jamais (elle ne l'avait été) par son époux », le comte de Gallenberg, qu'elle épousa un peu plus tard. Que se passa-t-il alors? Il est trop facile de le supposer. Dans ses lettres de cette époque, Beethoven parle plusieurs fois de mariage. Fit-il une demande en règle et fut-il repoussé? On l'ignore, mais on comprend qu'un incident

quelconque ouvrit les yeux à la famille et décida de la brusque rupture. Celle-ci dut se produire au milieu de l'année 1802. Beethoven en fut profondément affligé. Bien que Giulietta n'ait pas été, de loin, la plus remarquable ni la plus intelligente parmi les femmes qui l'approchèrent, c'est elle qui le troubla le plus, qui le subjugua entièrement et dont il garda le plus amèrement le souvenir, témoin les conversations qu'il eut à son sujet avec Schindler en 1823. C'est pourquoi nous le voyons tomber dans une noire mélancolie pendant l'été de 1802, au point que sa santé se trouva profondément altérée. Le testament d'Heiligenstadt est d'octobre 1802. L'année d'après, son cœur n'est pas encore guéri et le 2 novembre 1803 il écrit à son ami le peintre Macco : « J'ai beaucoup souffert de n'avoir plus *pu* me rencontrer avec vous à Vienne, *mais il est des périodes dans la vie humaine qu'il faut savoir surmonter* et que l'on regarde souvent du mauvais côté. Vous même, en grand artiste, vous n'avez pas dû être épargné, il me semble, sous ce rapport ». Ce passage est bien clair : c'est à Giulietta que l'allusion se rapporte. Le 3o novembre du même mois, la belle inconsciente convolait en justes noces avec le comte Gallenberg, un joli cavalier de la haute société viennoise, qui s'était fait une certaine notoriété comme... compositeur de ballets !

Giulietta ne fut pas heureuse avec ce bellâtre, dont le nom a passé à la postérité grâce à cette circonstance banale qu'il fut le rival heureux de Beethoven. Il la laissa parfois dans une situation voisine de l'indigence, à tel point que Thérèse Brunswick écrivait à sa mère en 1811 : « Je suis un peu contrariée que vous ne vouliez pas vous charger des pauvres enfants Gallenberg ». Et un autre parent de la famille Brunswick écrivait le 30 octobre 1820 : « Julie (Giulietta) avec ses quatre enfants, n'a rien pour vivre; on essaye de la placer à l'Opéra de Vienne; son mari gagne son pain en Italie à copier de la musique...! » C'est probablement à cette époque que Beethoven la revit à Vienne et que se rapporte le dialogue en français avec Schindler, retrouvé dans les « cahiers de conversation » de l'année 1823, où il est question d'elle et du comte Gallenberg, :

« Par elle j'apprenais de son (sic) misère et je trouvai un homme de bien qui me donnait la somme de cinq cents florins pour le soulager. Il (le comte Gallenberg) était toujours mon ennemi et c'était justement la raison pour que je fasse tout le bien possible. »

Noble candeur d'une belle âme! Beethoven secourant à la fin de sa vie celui qui lui avait ravi l'amour de cette belle jeune fille!... MAURICE KUFFERATH.

Les tripatouillages d'ORPHÉE

A-T-ON discuté jadis et naguère au sujet de la partition de Gluck et de son interprétation! Ténor, haute-contre, castrat ou contralto! Il y a des textes formels, et il y a des traditions, heureuses en ce sens qu'elles ont certainement défendu l'œuvre contre un injuste oubli. Qui a tort, qui a raison? Nous est avis que c'est le public seul, même contre l'auteur, car c'est lui qui est l'être sensible, qui est le but auquel l'œuvre d'art doit atteindre. Si elle l'atteint mieux et le prend plus profondément avec telle interprétation que telle autre, c'est l'interprétation qui porte le plus qu'il faut préférer, pourvu qu'elle respecte la pensée et le sentiment qui ont inspiré l'auteur.

Ceci, à propos des discussions qui viennent de se rouvrir à l'occasion des révélations faites par M. Camille Saint-Saëns sur les représentations d'Orphée au Théâtre-Lyrique de Paris en 1859, et qui furent un des plus grands succès de ce théâtre et aussi le commencement de la « renaissance » pour l'œuvre de Gluck. Berlioz prépara cette reprise d'Orphée et dans ses divers écrits nous a laissé des détails très précis et très caractéristiques à ce sujet. M. Saint-Saëns les complète aujourd'hui. Concurremment avec Berlioz, il s'occupa d'Orphée en 1854 et sans doute auparavant, et il nous révèle sans détour l'histoire très piquante d'un tripatouillage avant la lettre

perpétré par lui et par Mme Viardot, avec la complicité de Berlioz.

Le Ménestrel reprend son récit en mêlant aux reproductions textuelles quelques lignes explicatives qui abrègent en nous dispensant de tout citer. « Il existe deux Orphée, dit M. Saint-Saëns, l'Orfeo italien et l'Orphée français. Le premier fut écrit pour voix de contralto. à l'usage d'un sopraniste. Le second est une adaptation de l'ouvrage pour l'Opéra de Paris, et le rôle d'Orphée y est écrit pour ténor : d'où un bouleversement complet de la partition. » Pour la reprise du Théâtre-Lyrique, faite sous les auspices de Berlioz, qui avait maintes fois entendu l'ouvrage à l'Opéra entre 1825 et 1830, il fallut chercher une cote mal taillée entre la version italienne et la version française, le rôle d'Orphée devant être chanté par Mme Viardot, et d'autre part, il était nécessaire de ne pas revenir purement et simplement à l'Orfeo italien, afin de conserver les améliorations que Gluck a introduites dans son œuvre. Or, il est arrivé que l'une des principales « améliorations » n'est qu'un remaniement opéré dans les circonstances suivantes. Lors des représentations à l'Opéra de Paris, en 1774, Gluck, pour faire plaisir au ténor Legros, avait substitué, à la dernière scène du premier acte un air à roulades attribué à Bertoni. « L'air étant peu recommandable, dit M. Saint-Saëns, et d'un style qui ne se raccorde nullement avec le reste de l'ouvrage, on a pensé qu'il était de Bertoni. Berlioz le croyait et s'est fort étonné de la présence de ce corps étranger dans le chef-d'œuvre. Or, la question étant étudiée à fond, il n'y a pas à douter : l'air est de Gluck; et c'est Bertoni qui, plus tard, le lui a emprunté... Mme Viardot, qui était bien aise, elle aussi, de chanter un grand air, mais dont le goût était plus délicat que celui du ténor Legros, entreprit de faire quelque chose avec ce morceau démodé. Elle me pria de l'aider dans cette tâche; nous l'entreprimes avec d'autant plus d'ardeur que nous étions persuadés alors de tripoter un morceau dont l'auteur ne méritait aucun ménagement. Elle modifia les traits, substitua aux vermicelles rococo des arabesques de haut style ; de mon côté, j'écrivis un autre accompagnement, se rapprochant de la manière de Mozart. Berlioz eut l'idée de rappeler dans la cadenza le motif « Objet de mon amour »; et Mme Viardot ayant jeté sur le tout le manteau brodé de pierreries de son éblouissante exécution, il s'ensuivit que « l'air de Bertoni », comme on l'appelait, eut un succès énorme. » Ainsi donc, Berlioz, M. Saint-Saëns et Mme Viardot ont fait là une besogne que le premier de ces trois artistes avait sévèrement et justement qualifié criminelle et détestable en d'autres occasions; ils ont, et c'est là le côté plaisant de la chose, « tripoté » Gluck en croyant « tripoter » Bertoni. Disons, pour excuser cette erreur, que Berlioz se donna mille peines afin de placer *Orphée* sur le piédestal que méritait ce chef-d'œuvre et y parvint superbement avec l'aide de M. Saint-Saëns, qui a fait sa confession en avouant qu'il eût préféré, pour cette fin d'acte, le retour pur et simple à la version italienne; mais la direction voulait faire durer l'opéra qui paraissait trop court. Quant à Mme Viardot, on parla beaucoup plus d'elle que de Berlioz, de M. Saint-Saëns et même de Gluck; elle se jugea suffisamment justifiée par le succès. De plus, le chœur final *l'Amour triomphe* fut remplacé au Théâtre-Lyrique par un chœur d'*Echo et Narcisse*, charmant d'ailleurs. Ce chœur final, *l'Amour triomphe*, est-il préférable au chœur d'*Echo et Narcisse*? M. Saint-Saëns est de cet avis, aujourd'hui, car, dit-il, ainsi la partition s'achève sur un cri d'allégresse, ce qui n'est pas à dédaigner après tant de larmes! Ajoutons que l'on pourrait aussi finir par le ballet dans lequel s'intercalle un charmant terzetto, « Tendre amour, que tes chaines », suivi lui-même d'une chaconne. Gluck paraît bien avoir voulu ce dénouement. Les érudits pourront reprendre ce débat s'ils ne le jugent pas épuisé.

Quelle est l'année de la mort

DE

HANS RUCKERS, le vieux?

DANS une notice concernant les Ruckers, les célèbres facteurs de clavecins à Anvers (i), nous avions imprimé que d'après les registres de la corporation de Saint-Luc (celle des imagiers, sculpteurs, ornemanistes, etc , à laquelle les luthiers et les facteurs étaient affiliés), Hans Ruckers, le vieux, fondateur de cette dynastie d'artisans, serait mort dès l'année 1598. M. Kinsky, directeur du musée d'instruments anciens à Cologne, dans une note de son savant et magnifique catalogue (2), s'inscrit

(1) *Biographie nationale de Belgique*, t. XX.
(2) *Katalog des Musikhistorischen Museum von Wilhem Heyer, Cöln*, p. 257.

en faux contre cette allégation, inconciliable, observe-t-il, avec ce fait qu'une petite virginale datée de 1610, au musée du Conservatoire de Paris, est bien l'œuvre du vieux Ruckers, dont elle porte la signature.

Nous n'ignorons point que divers instruments, signés « Hans Ruckers » et postérieurs à la date de 1598 (notamment le clavecin n° 275, également de 1610, au musée de Bruxelles), contredisent notre assertion. Nous reviendrons sur ce point, voulant auparavant produire ici les renseignements d'archives sur lesquels nous nous sommes appuyés. Ceux-ci sont extraits de l'ouvrage de MM. Rombouts et Van Lerius *De Liggeren en andere historische archieven der Antwerpsche Sint-Lucas Gilde* (1), dans lequel les auteurs ont réuni tout ce qui subsiste des archives de l'ancienne corporation : les *Liggere* (liste des membres) de 1453 à 1615, de 1629 à 1729 et de 1749 à 1794; les comptes généraux des recettes de 1616 à 1629 et de 1629 à 1736; les comptes détaillés (cotisations, etc.) de 1585-1586 et de 1588-1589 : publication éminemment intéressante et qui, complétée par les auteurs au moyen de renseignements empruntés aux registres paroissiaux de diverses églises d'Anvers, nous fournit sur l'ancienne gilde, le nom et la profession de ses adhérents, des renseignements circonstanciés.

Dans ces archives, les données concernant Hans Ruckers, le vieux (ou Rueckers, Ruyckers, Ruckaert, Ruckaers, Riecker, Ryckaert), se bornent à ce qui suit : Admis dans la gilde en 1575; il figure dans les comptes détaillés des recettes, de 1585-1586 et de 1588-1589. A partir de ce moment, il n'est plus question de lui; les comptes des années suivantes ne nous étant pas parvenus, il n'est plus possible de vérifier la date à laquelle l'artisan a cessé de verser sa cotisation. Mais MM. Rombouts et Van Lerius relèvent son nom de 1593 à 1594, parmi les locataires de la fabrique de l'église de N. D. de la Noël; et enfin, dans les recettes des droits d'enterrement de la même église, on lit, à la date de 1598 : « *Hans Rycardt*, 4 gl., 1 st., 6 den. (2) ». Il s'agit bien d'un facteur, car, l'année suivante (1598-99) les comptes de la même église portent la mention suivante : *Aen Hans Ruckers*,

(1) En deux volumes, t. I chez Baggerman, Anvers, t. II chez Nyhoff, à La Haye.
(2) La graphie erronée *Rycardt* n'a rien en soi qui doive étonner, ces fantaisies orthographiques étant de règle à l'époque. Dans les comptes de 1585-1586, l'artisan est désigné sous le nom de *Ryckers*.

van de orghelen te onderhouwen, voor syn gagie van twee jaren.... betaelt pro annis 98, 99 (1598, 1599)... Pour les éditeurs des *Liggeren* — dont l'avis a bien ici quèlque poids — il n'est pas douteux que le droit d'enterrement noté plus haut, en 1598, ne s'applique à Hans Ruckers, le vieux; aussi n'hésitent-ils pas à attribuer à l'un de ses fils le paiement relatif à l'entretien de l'orgue en 1599 (1).

Sur les fils de l'artisan, lès *Liggeren* ne nous donnent pas de renseignements plus étendus. Jean, entre dans la gilde comme fils de franc-maître, en 1611; sa cotisation figure dans les comptes de la même année; il meurt en 1642 (2). Un André Ruckers figure en 1637-1638 comme fils de maître, mais il s'agit probablement ici d'André le jeune, fils d'André le vieux et petit-fils de Hans; on lit également, en 1642-1643 et dix ans plus tard, l'annonce du décès de deux épouses André Ruckers, soit que le même André Ruckers eût été marié deux fois, soit qu'il s'agit de la belle-mère et de la bru.

* * *

Arrivons à l'objection formulée par M. Kinsky au sujet des instruments signés Hans Ruckers et datés d'une époque postérieure à 1598. Sans méconnaître là valeur de cette objection, nous nous permettrons de faire observer qu'en l'occurrence la signature de l'artisan ne suffit pas pour prouver que l'on se trouve réellement en présence d'un ouvrage personnel du vieux Ruckers. Le prénom de celui-ci, Hans, et celui de son fils aîné Jean se confondent. Si le second adopte dans la suite le prénom différent de Johann, nous le voyons encore, en 1611, désigné sous celui de « Hans » dans les *Liggere* (3). « Il n'est pas invraisemblable, écrivions-nous, que le fils, héritant du prénom paternel, lui aurait conservé au début de sa carrière cette forme familière, échangée plus tard contre celle de Johannes. » Un clavecin, entré depuis dans la collection du musée de Bruxelles, où il a reçu le numéro 2927, confirme indirectement cette thèse. Il est daté de 1604, six années seulement après la date supposée de la mort du vieux Ruckers. La table est ornée de la rosette aux

---

(1) « André Ruckers, écrivent-ils, fils de Jean, le vieux, ayant été baptisé le 30 Août 1579, et Jean Ruckers, le jeune, s'étant marié le 14 novembre 1604, il ne reste pas de doute que le paiement pour l'année 1599 n'ait été mérité par l'un d'eux, puisqu'ils exerçaient tous les deux la profession de facteurs de clavecins. »

(2) Dans notre notice ci-dessus mentionnée, nous avons négligé de consigner cette date.

(3) « *Hans Ruckers, sone, claversigmaker* ».

initiales I. R., propre à ce dernier; mais la barre porte l'inscription suivante : *Johannes et Andreas Ruckers fecerunt*. A cette époque, le père, selon toute vraisemblance, était mort. Les deux fils s'étaient associés pour continuer les affaires et se servaient, tout naturellement, des rosettes conservées dans l'atelier paternel. Ils devaient se séparer bientôt et adopter des marques distinctes. Mais l'instrument de 1604 prouve que la présence, sur des clavecins de cette période, de la rosette du père Ruckers, ne suffit pas pour en authentifier l'auteur, comme l'inscription corporative de 1611 montre que le prénom de Hans peut éventuellement s'entendre de Jean, le jeune.

En résumé, et sans vouloir être aussi affirmatif que MM. Rombouts et Van Lerius, nous estimons que la date de 1598, pour le décès de Hans Ruckers, le vieux, reste plausible jusqu'à plus ample informé.   E. CLOSSON.

LA SEMAINE

PARIS

A L'OPÉRA, le maître de ballet de Moscou, Ivan Clustine (d'origine française comme tant d'autres artistes de cet art), a été engagé pour apporter certaines réformes et certaines disciplines dans l'organisation actuelle.

La reprise de *Salomé* a été extrêmement brillante, avec Miss M. Garden, Dufranne et Muratore. Dans *Thaïs*, Dufranne a été également très impressionnant, toujours avec Miss Garden.

A L'OPÉRA-COMIQUE, en même temps que les nouvelles du retour de la troupe partie pour Buenos-Aires au commencement de l'été, on a reçu enfin des renseignements sur le succès des représentations qu'elle a données. Cette campagne, d'autant plus officielle que M. Albert Carré la dirigeait en personne et que c'est pendant son absence que son septennat a été renouvelé, paraît avoir été artistiquement et pécuniairement heureuse. On a été favorablement impressionné, dans un pays où l'on ne voit guère des troupes étrangères, que de grandes vedettes mal entourées, d'assister à des exécutions complètement soignées dans leurs détails, chœurs et danse, décors et mise en scène, comme les interprètes mêmes. Sauf l'orchestre, argentin, mais sous la direction de l'un des chefs de la maison, M. Albert Wolff, tout venait de France. On a joué surtout *La Reine Fiammette*, *Manon*, *Le Mariage de Télémaque*, *Le Jongleur de Notre-Dame*, *Le Caïd*. *Fortunio*, *Carmen*, *Werther*, *Mireille*..., avec, comme interprètes, MM. Beyle, Francell, Albers, Vieuille, Vigneau, de Poumayrac, Coulon, Dupré, Vaurs, Mesmaecker ; Mmes Marg. Carré, Mathieu-Lutz, Brohly, Heilbronner, de Poumayrac, Bériza, Tissier, Robur, Rynald ..

Cette semaine, Mlle Suzanne Thévenet a débuté dans Charlotte, de *Werther*, avec une distinction et une finesse qu'avait bien fait prévoir la scène de concours qui lui valut, il y a quelques mois, son premier prix d'opéra-comique.

— Pour leur réouverture, les Folies-Bergère ont représenté un petit ballet-pantomime tout neuf, imaginé par Mme Mariquita et M. René Louis, mis en musique par Claude Terrasse, et intitulé simplement : *Stella*. Ce n'est d'ailleurs qu'un prétexte à danser. Stella, c'est l'étoile d'un corps de ballet. Le premier tableau nous mène dans un foyer de répétition où le maitre de ballet s'arrache les cheveux de désespoir parce que sa première danseuse n'arrive pas. Le second nous ouvre la rangée des loges d'artistes où les dames se préparent à la répétition. Le troisième enfin nous fait assister à la répétition même d'un petit ballet, *Bacchus*. Mlle Marie Bordin a personnifié l'étoile avec une grande virtuosité, quelques idées originales et beaucoup de grâce; l'élégant Robert Quinault lui donnait la réplique; la petite Mlle Cornillia fut fort amusante de verve nerveuse et M. Jacquinet excellent de mimique. La partition est gaie et brillante, avec quelques fines pages de musique, comme l'entr'acte du second tableau.

— M. André Messager, dans une interview donnée à *Comœdia*, s'explique au sujet de l'infériorité des représentations de l'Opéra :

« Nous subissons des règlements défectueux, résultant de vieux errements, et il faudrait les modifier complètement. Si la musique a évolué, si les exécutions sont devenues plus difficiles, et si enfin, le public est plus exigeant qu'autrefois, les règlements sont malheureusement restés les mêmes. Il faudrait évidemment que les chœurs de *Lohengrin*, *Samson* et *Tannhäuser* soient répétés plus fréquemment, car, il y a là des pages très difficiles et je ne crains pas d'affirmer que je n'ai, dans aucun théâtre, jamais entendu bien exécuter le chœur de l'arrivée de Lohengrin, et celui de la marche religieuse. Or, nos choristes travaillent trois fois par semaine et les répétitions sont beaucoup trop courtes. Leur durée est tellement au-

dessous de celle qui serait nécessaire, que l'on a bien juste le temps de faire travailler les œuvres nouvelles et celles que l'on doit reprendre. J'ai cependant obtenu que le chef des chœurs fixât la durée des répétitions. Songez qu'autrefois ils travaillaient trois heures par semaine, soit douze heures par mois, mais l'augmentation est encore bien insuffisante. Car, songez que nous devons monter, chaque année, huit actes inédits d'auteurs français et faire de nombreuses reprises, vous pensez si l'on a le temps de se consacrer utilement aux *Huguenots* et à *Guillaume-Tell* ! »

A propos de la monotonie du répertoire, le directeur de l'Opéra fait très justement remarquer que l'Opéra est le seul théâtre qui joue exclusivement le *grand opéra*. Or, dit-il, « c'est un genre qui est mort, et nous ne pouvons que difficilement renouveler notre répertoire. L'Opéra-Comique joue : l'opéra-comique léger, le drame lyrique et l'opéra sérieux; cela fait donc trois genres.» Nous, nous n'en avons qu'un, et encore les compositeurs ne travaillent pas à l'alimenter. Je suis à la recherche de grands opéras nouveaux, le croiriez-vous? Je n'en trouve pas, car les compositeurs ont peur de ce monument démesurément grand qu'est l'Académie Nationale de Musique, ils redoutent cette scène immense et cette salle qui vous glace par ses dimensions anormales »

M. Messager se plaint aussi du manque d'ingéniosité de la construction et des installations de l'Opéra.

Que tout cela est vrai! On ne peut accuser les directeurs de tout le mal ! Mais on regrette de constater que l'Opéra ne vas pas bien!

OPÉRA. — Salomé. Coppélia. La Damnation de Faust. Thaïs. La Mala detta. Tannhäuser. Roméo et Juliette.

OPÉRA-COMIQUE. — Werther. La Tosca. Lakmé. La Vie de Bohème. L'Heure espagnole. Carmen. Ariane et Barbe-Bleue. Manon. Cavalleria rusticana. Le Vaisseau-fantôme.

APOLLO. — La Veuve joyeuse. Rêve de valse.

BRUXELLES

LE THÉÂTRE ROYAL DE LA MONNAIE

a rouvert ses portes le mercredi 6 septembre. Sept ouvrages déjà ont été mis au répertoire : *Louise*, *Manon*, *Samson et Dalila*, *L'Africaine*, *Faust*, *La*

Bohème, Hopjes et Hopjes. Et presque tous les éléments de la troupe ont actuellement défilé devant le public.

Du côté féminin, peu de changements. On a revu avec le plus grand plaisir Mme Claire Friché, dont le beau talent s'est affirmé avec plus d'autorité que jamais dans *Louise* et *L'Africaine*, Mlle Mary Béral, très applaudie dans le rôle de Marguerite qui lui servit de début à la Monnaie et qu'elle chante d'une voix si pure et si homogène, qui gagne chaque année en volume et en étendue, et Mlle Degeorgis, qu'une indisposition avait tenue longtemps éloignée de la scène la saison dernière et qui s'est révélée une Dalila de grande allure. On a fait fête aussi à Mlle Pornot, qui n'avait été attachée à notre théâtre, l'an passé, que pour quelques semaines, mais qui nous restera cette fois pendant la saison entière, à la grande joie des admirateurs de sa brillante virtuosité; si elle fut comme précédemment une Manon très élégante et très charmeuse, elle montra en même temps une émotion plus communicative et plus prenante. Mme Dorly, qui n'a connu ici que des succès, reparaissait dans *La Bohème*, et Mmes Symiane et Bérelly ont fait valoir, dans plusieurs rôles où elles furent maintes fois applaudies, leur très jolie voix, mise en valeur par un parfait talent de musiciennes. Citons aussi Mlle Montfort, dont le bel organe pourrait arriver à de plus jolis effets encore. Et en constatant qu'il nous reste à entendre Mlle Fanny Heldy, qui eut la saison dernière des débuts très remarqués dans *Ivan le Terrible* et dans *Quo Vadis?*, souhaitons qu'il nous soit permis d'apprécier cette année la jeune artiste dans des rôles où elle puisse donner toute la mesure de son talent. Une nouvelle pensionnaire est à mentionner, Mme Hélène Bardot, qui a fait un heureux début dans le rôle de la mère de *Louise*.

Du côté des hommes, la troupe a subi d'assez sérieuses modifications. Plusieurs recrues sont venues renforcer le groupe des ténors, où nous avons retrouvé M. Zocchi, qui a fait sa rentrée dans *L'Africaine*, M. Girod, très chaleureusement accueilli dans *Manon*, et M. Dua, l'excellent ténor léger qui compte tant de créations si réussies. M. Audouin, le nouveau ténor d'opéra-comique, s'est produit jusqu'ici dans *Louise* et dans *Faust;* si la voix est d'un timbre fort agréable, en sa séduisante jeunesse, l'artiste n'a guère marqué ses interprétations d'une empreinte personnelle, et l'on doit souhaiter que son tempérament artistique s'affirme davantage dans d'autres rôles. Un engagement qui donnera au public les plus vives satisfactions, c'est celui de M. Darmel, qui chanta il y

a quelques années à la Monnaie en qualité de baryton sous le nom de François et à qui l'on a découvert depuis une superbe voix de ténor; voix puissante, étendue et expressive, dont l'artiste a excellemment fait valoir les qualités de timbre et d'accent dans le rôle de Samson, qui lui a procuré un très brillant succès.

Au nombre des barytons, on a retrouvé, avec une joie toute particulière. M. de Cléry, l'artiste accompli qui fait de toutes ses créations des types inoubliables. et qui n'a reparu jusqu'ici que dans le rôle ingrat de Lescaut, dont il a su donner une physionomie si caractéristique. La belle voix de M. Bouilliez a charmé nos oreilles dans le rôle de Nelusko et dans celui de Valentin, et M. Ponzio, ce jeune artiste si doué qui créa l'an dernier avec une autorité très remarquée *Le Feu de la Saint-Jean*, nous est réapparu dans le rôle de de Brétigny, qui lui servit de début à la Monnaie. Un nouveau baryton, M. Alexis Ghasne, ne s'est pas encore produit jusqu'ici. M. Demarcy, nouveau venu également, a fait apprécier sa jolie voix dans le rôle du Grand Brahmine de *L'Africaine*.

La nouvelle basse profonde. M. Grommen, a montré une voix richement timbrée dans le vieillard hébreu de *Samson* et dans le Don Pedro de *L'Africaine*, rôles trop peu importants cependant pour se faire une opinion complète sur la valeur de l'artiste. Dans le groupe des basses a débuté également M. Rudolf, qui fut successivement le père de Des Grieux et Méphistophélès; la voix est belle, dans le grave du moins, mais l'artiste a paru avoir une éducation musicale bien incomplète. Parmi les anciens, on a fait un succès très vif et très mérité à M. Billot dans le rôle du père de Louise; et l'on a retrouvé avec plaisir M. La Taste, cet artiste convaincu qui trace d'un dessin si personnel la silhouette de tous ses rôles. N'oublions pas M. Danlée, un des doyens de la troupe actuelle, dont le talent consciencieux et les qualités de musicien s'affirment dans les tâches les plus modestes.

Au total, un ensemble de chanteurs et chanteuses dont les aptitudes diverses promettent une exécution intéressante des nombreuses reprises et nouveautés inscrites au programme de la présente saison.

Mais ce qui constituera l'attrait essentiel de celle-ci, c'est la présence au pupitre de chef d'orchestre de M. Otto Lohse, qui dirigea, avec la maîtrise et le succès que l'on sait, les représentations wagnériennes à la fin de la saison dernière. On pouvait se demander ce qu'un tempérament si adéquat aux œuvres de l'école allemande, don-

nerait dans l'exécution de partitions essentiellement françaises. La *Louise* de Charpentier a permis
à M. Lohse de nous prouver, dès le premier soir,
que son talent ne connaît pas de distinctions
d'écoles, qu'il a un caractère d'universalité qui
domine les œuvres mêmes auxquelles il s'applique,
ou plutôt qu'il se pénètre de leur esprit au point
que le chef d'orchestre paraît s'identifier avec le
compositeur lui-même. Ah! ce fut un délicieux
régal, d'une saveur bien séduisante, que d'entendre
l'œuvre si parisienne de Charpentier mise ainsi en
valeur par ce Germain à la physionomie à la fois
volontaire et douce, dont le regard imprégné de
bonté semble excuser la force de commandement
irrésistible qui réside dans la partie inférieure du
visage, expressive et mobile au plus haut point.
Que de choses inattendues il fit jaillir de cette
partition attachante et haute en couleur, quelle
émotion profonde il sut tirer de tels motifs d'orchestre qui semblaient n'avoir, dans l'ensemble,
qu'un rôle absolument subalterne! Et quelle
allure prit sous sa direction la scène du couronnement de la Muse, dont les aspects populaires
revêtaient ainsi le caractère synthétique et symbolique conforme aux intentions de l'auteur!
M. Lohse fut le triomphateur de cette première
soirée de la saison, et il ne put se soustraire à
l'honneur de paraître en scène pour répondre aux
acclamations de tous ceux qu'il avait intéressés et
séduits, d'un bout à l'autre de la soirée, par son
interprétation si personnelle en sa soumission à la
personnalité de l'œuvre elle-même. Dans *Samson et
Dalila*, dans *Faust*, dans *La Bohème*, M. Lohse ne
s'affirma pas moins comme un chef d'orchestre de
tout premier ordre. L'œuvre de Gounod notamment se trouva rajeunie, sous son influence, comme
Faust lui-même le fut par le pouvoir de Méphistophélès; et les plus blasés trouvèrent intérêt à
écouter la partition du maître français jusqu'à la
dernière note.

Le voisinage d'un pareil maître rendait la tâche
de M. Corneil de Thoran, engagé comme premier
chef d'orchestre en second, assez ingrate. M. de
Thoran n'en a que plus de mérite à avoir su faire
apprécier les qualités de rythme, de précision, de
compréhension artistique dont il a fait preuve en
conduisant les reprises de *Manon* et de *L'Africaine*.
Il nous reste toutefois à souhaiter qu'un contact
plus intime s'établisse, sous sa direction, entre la
scène et l'orchestre.   J. Br.

— La saison du Waux-Hall qui vient de se
clôturer a été, cette année, particulièrement brillante. Favorisé par un temps superbe, un nombreux public venait chaque soir y applaudir
l'excellent orchestre symphonique que dirigeait,
avec sa maîtrise habituelle, M. Léon Van Hout,
secondé par M. Léon Delcroix.

A ces concerts très suivis participèrent des
artistes de réputation : la jeune violoniste Thérèse
Sarata, le ténor Isalberti, les barytons Maitland,
Bouilliez, la basse Huberty, les danseuses Mlles
Cerny et Legrand, des cantatrices telles que
Mmes Heldy, Montfort, Dignat, sans oublier de
nombreux artistes du chant plus jeunes et qui
débutaient au Waux-Hall.

Deux concerts wagnériens obtinrent un succès
marqué; ils valurent de chaudes ovations à
M. Van Hout; un concert français dirigé par
M. Léon Delcroix, fut, de même, fort apprécié.
Cette fois les membres de l'orchestre n'auront
pas eu à se plaindre; les recettes ont été des plus
fructueuses.

— Les Concerts populaires seront conduits,
cette année par M. Otto Lohse. Par suite du
départ de M. Sylvain Dupuis, l'Association de ces
concerts a désigné pour la diriger désormais
MM. A. Béon et Otto Junne, qui se sont immédiatement entendu avec l'éminent chef d'orchestre
de la Monnaie.

Les concerts seront, cette saison, au nombre de
six et ils auront lieu, non plus le dimanche après-
midi, mais le lundi soir à 8 1/2 heures; la répétition générale publique continuera de se faire le
samedi après-midi.

La nouvelle direction s'est assurée, dès à
présent, du concours de MM. Arthur De Greef,
César Thomson, Paul Bosquet, Laoureux et
de Mlle Suzanne Godenne.

Le clou de la saison sera un festival Beethoven,
consacré à l'audition des neufs symphonies dans
leur ordre chronologique et des plus importants de
ses grands concertos symphoniques. Ce programme avait été élaboré naguère en vue du
festival Beethoven qui devait avoir lieu, à la
Monnaie, en fin de saison, sous la direction de
Hans Richter, mais dont la réalisation fut rendue
impossible par des circonstances imprévues. Grâce
à l'engagement de M. O. Lohse, il sera exécuté cet
hiver.

Voici le programme de ce festival Beethoven :
Premier concert, lundi 23 octobre, à 8 1/2 heures.
— Programme : Ouverture d'*Egmont*; Première
Symphonie; Concerto en *mi* bémol pour le piano;
deuxième Symphonie.

Répétition générale, le samedi 21 octobre, à
2 heures.

Deuxième concert, lundi 20 novembre, à

8 1/2 heures. — Programme : Troisième Symphonie (héroïque) ; Concerto en ré pour le violon ; Quatrième Symphonie.

Répétition générale, le samedi 18 novembre, à 2 heures.

Troisième concert, lundi 4 décembre, à 8 1/2 h. —Programme : Cinquième Symphonie (ut mineur); Concerto en sol pour le piano; Sixième Symphonie (La Pastorale¹.

Répétition générale, le samedi 2 décembre, à 2 heures.

Quatrième concert, lundi 18 décembre, à 8 1/2 h. — Programme : Septième Symphonie; Concerto en ut mineur pour le piano; huitième Symphonie.

Répétition générale, le samedi 16 décembre, à 2 heures.

Cinquième concert, lundi 8 janvier, à 8 1/2 h. — Programme : Ouverture de Coriolan ; Morceaux de chant; Neuvième Symphonie avec chœurs sur l'ode de Schiller : A la Joie.

Répétition générale, le samedi 6 janvier, à 2 heures.

Le sixième concert aura lieu le lundi 5 février, à 8 1/2 heures. La répétition générale le samedi 3 février, à 2 heures. Le programme sera publié ultérieurement.

L'abonnement et la location se feront comme par le passé à la maison Schott Frères, 28, Coudenberg. Tél. 1172.

—Le directeur du Conservatoire a fixé les quatre concerts de la saison 1911-1912 aux dimanches 24 décembre, 28 janvier, 25 février et 31 mars ; la répétition générale pour les abonnés aura lieu le vendredi : la répétition générale accessible au grand public, le jeudi précédent chaque concert, à 2 heures de relevée.

M. Tinel a engagé des solistes du chant choisis parmi les plus réputés dans le domaine de l'oratorio : Mmes Tilly Cahnbley-Hinken, Maria Philippi, Wybauw-Detilleux; MM. R. Plamondon et Frœlich. Plusieurs professeurs de la maison seront appelés à participer en solistes aux concerts, notamment MM. De Greef, Demest, Gurickx, Mahy, Thomson.

Le premier concert (24 décembre) sera consacré à l'Oratorio de Noël de Heinrich Schütz, un précurseur de Bach, et à la neuvième symphonie de Beethoven. Parmi les autres ouvrages dont l'exécution est projetée figurent deux cantates de J.-S. Bach, la rapsodie pour contralto et chœur d'hommes de Brahms, le Te Deum de Brückner, l'oratorio Rédemption de César Franck, des symphonies de Haydn, Mozart et Schumann, un des

concertos brandebourgeois de Bach, un concerto d'orgue de Hændel, etc.

Les personnes désireuses d'obtenir un abonnement aux places qui deviendraient éventuellement disponibles, peuvent dès maintenant envoyer leur demande écrite à l'administrateur de l'Association des Concerts, au Conservatoire.

— Voici les dates et les noms des solistes qui prêteront leur concours aux « Quatre concerts classiques » qui se donneront, sans orchestre, à la salle de la Grande Harmonie, au courant de l'hiver prochain. Jeudi 23 novembre, le violoniste Fritz Kreisler ; vendredi 15 décembre, le violoniste Jacques Thibaud ; mardi 23 janvier, le Quatuor Sevcik, de Prague, et mardi 12 mars, la pianiste Suzanne Godenne. Il est inutile d'insister sur l'intérêt capital que présenteront ces quatre concerts. Des abonnements à prix très réduits sont mis dès à présent à la disposition du public (fr. 24, 16, 12, 6). Ils peuvent être retirés à la maison Schott frères, Coudenberg, 28, Bruxelles. Téléphone : 1172.

— Mlle Gabrielle Tambuysér et M. Marcel Jorez annoncent, pour cet hiver, trois séances de sonates. La première sera consacrée aux maîtres des XVIIe et XVIIIe siècles. L'école allemande fera l'objet de la deuxième séance et à la troisième, les jeunes artistes interpréteront les œuvres les plus récentes de l'école française.

—L'École de musique de Saint-Josse-ten-Noode-Schaerbeek, sous la direction de M. François Rasse, rouvrira ses cours le lundi 2 octobre.

Les inscriptions seront reçues :

1º Pour les jeunes filles et demoiselles, à l'école moyenne, rue Royale Sainte-Marie, 168, le jeudi 28 septembre, le dimanche 2 à 4 heures, le dimanche 1er octobre, de 10 heures à midi et les dimanches suivants, de 10 à 11 heures;

2º Pour les jeunes garçons, à partir du 28 septembre, de 6 1/2 à 7 1/2 heures du soir, à l'école moyenne, rue Traversière, 17; ·

3º Pour les hommes, à dater du 28 septembre, de 7 1/2 à 8 1/2 heures du soir, à l'école, rue Traversière, 17.

— La réouverture des cours de l'Institut des Hautes Études musicales et dramatiques d'Ixelles aura lieu le 2 octobre.

Inscriptions et renseignements au local, 35, rue Souveraine, à partir du 21 septembre.

— M. G. Mellström, premier prix du Conservatoire de Stockholm, élève de M. A. De Greef, ouvrira un cours de piano à la maison Æolian, rue Royale, 114, à partir du 1er octobre, et reprendra ses leçons particulières chez lui, 18, rue Crespel.

— René Devleeschouwer, organisateur de concerts (agence fondée en 1882), 44, rue des Eburons, Bruxelles. Téléphone 103,45.

THÉATRE ROYAL DE LA MONNAIE. — Aujourd'hui, dimanche, Louise; lundi, Samson et Dalila; mardi, Lakmé et Hopjes et Hopjes; mercredi, Faust; jeudi, Louise; vendredi, Mignon; samedi, Aïda; dimanche, La Bohème et Hopjes et Hopjes.

CORRESPONDANCES

GAND. — Pour la première fois en Belgique, croyons-nous, l'exploitation du Grand Théâtre se fera en régie. L'administration communale exploitera cet hiver notre scène lyrique, aidée en cette circonstance par un comité de gérance qui prête son appui moral et son concours gracieux et par un directeur artistique. M. Bresou, à qui sont dévolues les attributions de directeur artistique, et dont la compétence ne saurait être contestée, vient de faire connaître les grandes lignes du programme de la saison prochaine. Une innovation est particulièrement à signaler : le nombre des représentations est réduit à trois par semaine, le dimanche, le mercredi et le vendredi; le lundi sera principalement réservé à des représentations populaires à prix très réduits.

La troupe est composée comme suit :

Ténors : MM. Amoretti (demi-caractère), Borelli (léger); Le Bany (opérette); De Raeve, Des Granges (trial); barytons : MM. Rolland, Dupont, Vincke; basses : MM. Duchâtel, Rivet, Giraud (laruette).

Chanteuses : Mmes Mazonelli (première chanteuse légère), Darimont (demi-caractère), Galli-Sylva (mezzo), Blanche Alka (divette), Dancourt (dugazon), Berthe Lyette (opérette), Lamberti (duègne).

A la tête de l'orchestre nous retrouvons M. O. Becker, qui, l'an dernier déjà, se fit remarquer par de précieuses qualités de rythme. Il aura comme adjoints MM. Withaegens et Durosel.

L'ouverture de la saison théâtrale aura lieu le vendredi 29 septembre. L'affiche portera *Lohengrin*. Les spectacles suivants nous donneront l'occasion d'entendre *Paillasse*, *Lakmé*, *La Veuve Joyeuse*, *Madame Butterfly*, *Coppélia* et *La Tosca*.

MARCUS.

OSTENDE. — Notre saison musicale va sur sa fin, et dans quelques jours l'orchestre du Kursaal va, de nouveau, se disperser pour neuf mois.

Ce qu'il y a de meilleur, parmi les multiples belles séances organisées par le capellmeister Léon Rinskopf avec un éclectisme intelligent, ce sont les concerts classiques du théâtre. J'ai rendu compte des trois premiers; au quatrième, Mlle Geneviève Dehelly, une jeune pianiste parisienne, a joué le concerto en *mi* bémol de Beethoven, où j'aurais voulu moins de fantaisie, et plus de style; puis un impromptu de Chopin et la tarentelle *Venezia e Napoli* de Liszt, très brillamment enlevées, avec tout le mécanisme voulu.

L'orchestre compléta ce programme par l'ouverture des *Noces de Figaro*, dont l'enjouement contraste singulièrement avec les accents tragiques de la scène funèbre du *Götterdämmerung*, laquelle suivait, au programme; pour finir, les admirables *Variations* de Paul Gilson, dirigées *con amore* par notre excellent chef d'orchestre.

C'est encore un pianiste qui parut en vedette au cinquième concert classique; pour ne pas venir d'outre-Rhin, ni de Paris, M. Joseph Van Roy, professeur au Conservatoire de Bruges, n'en possède pas moins un talent énorme, où un mécanisme qui défie toute difficulté est mis au service d'une belle sensibilité de musicien.

M. Van Roy, après avoir rendu tour à tour avec ampleur, élégance et légèreté le concerto en *sol* mineur de Saint-Saëns, a joué *La Burlesque* de Strauss, dont on sait l'infinie variété d'allures et la grande difficulté d'exécution, tant pour l'orchestre que pour le soliste. Le jeune pianiste s'y comporta de façon à mériter les quatre rappels que lui décerna le public.

Au même programme, il y avait la monumentale ouverture de *Léonore* (no III), l'angoissant prélude de *Tristan et Iseult* et la suggestive valse de *Méphisto* de Liszt, un véritable scherzo dont le sont souvenus, ainsi que me le faisait observer le pianiste-critique Ch. Delgouffre, les auteurs de *L'Apprenti Sorcier* et de *Kikimora*.

Kikimora? C'est le titre d'un poème symphonique du compositeur russe Anatole Liadow, poème dont M. Rinskopf a donné la première exécution, en Belgique, au cours de son sixième et dernier concert au théâtre royal.

« Kikimora appartient à la mythologie slave. C'est un être mauvais, craint, détesté, haï.

» Kikimora grandit chez un sorcier qui habite les carrières.

» Un chat a pris Kikimora en amitié, et lu

raconte les légendes du lointain passé. Du matin jusqu'au soir, Kikimora se repose dans un petit berceau de cristal.

» Kikimora, du matin au soir fait du tapage, siffle, et bruisse jusque minuit. De minuit jusqu'au matin, il file du lin, du chanvre et de la soie.

» Kikimora est très méchant. Il déteste la bonté. Il ne veut que le mal. »

Tel est l'argument littéraire du morceau de Liadow; la traduction orchestrale en est fort curieuse, tant par les harmonies que par les effets de couleur, de plus, elle est concise à souhait. Œuvre toute en surface, mais chatoyante et pleine de verve.

D'une autre allure est l'*Hexenlied* de Max Schillings, donné également en première audition au même concert du 1er septembre.

Hexenlied (Chant de la sorcière), poème d'Ernest von Wildenbruch, est la confession d'un moine qui, à l'article de la mort, avoue avoir vécu les cinquante années de sa vie claustrale avec la hantise d'une vision de beauté et de désir; le souvenir d'une sorcière qu'il avait, tout jeune, assistée au supplice par le feu.

Le poème déclamé s'accompagne de musique : une introduction, où sonne le glas de celui qui va mourir, situe l'action dans une atmosphère très impressionnante; puis la déclamation commence, d'abord à découvert, puis soulignée de-ci de-là d'accords, de phrases douloureuses et poignantes; vers la fin, l'orchestre reprend un moment l'avant-plan, s'épanouit largement pour chanter le triomphe de la passion, et l'œuvre finit d'une manière très émouvante, dans sa sobriété voulue.

. L'orchestre, conduit par M. Rinskopf, a très bien rendu cette page symphonique; M. Albert Vogel, de La Haye, a déclamé magistralement le poème allemand, avec une grande mobilité dans l'expression du masque et dans l'accent de la voix, et une parfaite entente des effets.

Ce programme du dernier concert classique était, d'ailleurs, tout à fait superbe; outre les deux nouveautés qui précèdent, il comprenait encore l'adorable *Inachevée* de Schubert, pour finir par *Mort et Transfiguration* de Richard Strauss.

Entendu, et applaudi, le 28 août, une *Rapsodie héroïque*, signée Ch. Strony, et qui a vraiment belle et grande allure dans sa concision; un curieux *Cortège*, du ballet *Mlada* de Rimsky-Korsakow; un autre soir, c'était un charmant conte *Il était une fois...* du compositeur hongrois Victor von Herzfeld; puis encore le ballet *Maïmouna*, d'Alexandre Béon, lequel s'accompagnait, au programme, d'une page nouvelle du même auteur : *Air lointain*,

pour cor anglais; une délicieuse mélopée soulignée d'exquises harmonies, une page nostalgique, sincère et, par là, très prenante.

Bien que nous ayons, en la personne de M. Léandre Vilain, un organiste de haute valeur, dont le répertoire embrasse toute la littérature de l'instrument, la direction avait engagé, pour la soirée du vendredi 8 septembre, un organiste étranger, M. Joseph Daene, de Bordeaux. Celui-ci a mis autant de goût dans le choix de son programme que de maîtrise dans l'exécution; l'on a entendu ainsi un choral d'Hassler, orchestré par J.-S. Bach, qui l'a intercalé notamment dans la grande *Passion;* puis un adagio violon, violoncelle et orgue, de Bach, une de ces pages que l'on dirait tombées du ciel, tant l'on s'y meut dans les régions du sublime; ce morceau fut très bien endu par MM. Edouard Lambert, Edouard Jacobs et Joseph Daene. Pour finir, M. Daene a joué deux parties d'un concerto de Hændel; le finale est un prodige de verve et de grâce; l'orgue y dessine, sur la trame de l'orchestre de cordes, une broderie d'une finesse et d'une légèreté délicieuses. Et comme M. Daene a enlevé cela !

Parmi les artistes du chant qui se sont fait entendre au Kursaal en ces dernières semaines, il y en a pas mal du Théâtre royal de la Monnaie : M. Paul Zocchi, dont la belle voix a fait merveille dans le grand air d'*Aïda* et dans celui de *La Bohème;* M. Auguste Bouilliez, qui a trouvé ici son succès habituel; Mlles Berelly et Montfort, Mme Fanny Carlbaut, qui chante avec tant de goût du Hahn et du Jaques-Dalcroze, le jeune baryton Louis Dufranne, qui a mis beaucoup de chaleur dans le grand air des *Pêcheurs de Perles;* citons encore Mme Marie Lambert. qui a fait des progrès énormes et a chanté, en plusieurs concerts, des fragments de *Faust*, de *L'Enfant prodigue*, de *La Bohème;* la jeune Mme Dyna Beumer, de l'Opéra-Comique, dont la technique est superbe et qui se fait applaudir à l'infini; n'oublions pas de mentionner le succès de Mme Marguerite Rambly, de Mlle Yvonne Dutel, de l'Opéra; de Mlle Jeanne Flament, qui a noblement interprété le *Harpzang* de M. Jan Blockx et *Miju Moederspraak* de Peter Benoit; de Mme Hélène Feltesse, enfin, qui au concert de dimanche, n'a pas chanté moins de six morceaux, tant sa voix pure, sa diction claire, son style plein de mesure, ont d'action sur le public.

Mais il faut se borner! Terminons cette chronique en rendant hommage au talent et à l'activité remarquables déployés, au cours des multiples manifestations musicales de la saison, par M. Léon

Rinskopf, notre éminent capellmeister, par son lieutenant Pietro Lanciani, et par la brillante phalange symphonique, dont les talentueux chefs de file ont nom Edouard Jacobs, Edouard Lambert, Auguste Strauwen, Lefèvre, Dubuisson, Heylbroeck, sans oublier l'exceptionnel timbalier qu'est Guillaume Cnockaert. A tous nous disons cordialement : « Merci ! au revoir ! » L. L.

NOUVELLES

— M. Raymond Bouyer, notre éminent collaborateur auquel Le Ménestrel doit parfois de si intéressantes et personnelles notations, publie en ce moment dans cette revue une étude sur Ingrès musicien. A propos de la légende du violon d'Ingres, il y cite une lettre un peu oubliée de Liszt à Berlioz, où il est question du talent musical du plus mélomane des peintres. C'est un véritable portrait à la plume, daté de San-Rossore, le 2 octobre 1839, et dédié par Franz Liszt « à Hector Berlioz ». On s'en voudrait de tronquer la citation :

« Une circonstance que je compte parmi les plus heureuses de ma vie n'a pas peu contribué à fortifier en moi le sens intime de ces choses et mon ardent désir de pénétrer plus avant dans la compréhension et l'intelligence de l'art. Un homme dont le génie, aidé d'un goût exquis et d'un mâle enthousiasme, a produit les plus belles créations de la peinture moderne, M. Ingres, m'admit à Rome dans une intimité dont le souvenir me rend encore fier. Je trouvai en lui ce que la voix publique m'avait annoncé, et plus encore. M. Ingres, comme tu sais, a passé sa jeunesse dans l'étude constante et la lutte intrépide. Il n'a vaincu l'oubli, la méconnaissance, la pauvreté, que par la persistance du travail et l'héroïque obstination d'une conviction inflexible. Parvenu aujourd'hui à l'âge de la maturité, il jouit sans vanité d'une renommée acquise sans intrigue. Ce grand artiste, pour lequel l'antiquité n'a pas de secret, et qu'Apelle eût nommé son frère, est excellent musicien, comme il est peintre incomparable. Mozart, Haydn, Beethoven, lui parlent la même langue que Phidias et que Raphaël. Il s'empare du Beau partout où il le rencontre, et son culte passionné semble grandir encore le génie auquel il s'adresse. Un jour, que je n'oublierai jamais, nous visitâmes ensemble les salles du Vatican ; nous traversâmes ces longues galeries où

l'Etrurie, la Grèce, Rome antique et l'Italie chrétienne sont représentées par d'innombrables monuments. Nous passions avec respect devant ces marbres jaunis et ces peintures à demi effacées. Il marchait en parlant ; nous l'écoutions comme des disciples avides. Sa parole de flamme donnait une nouvelle vie à tous ces chefs-d'œuvre ; son éloquence nous transportait dans les siècles passés ; la ligne et la couleur s'avivaient sous nos yeux ; la forme, altérée par le temps et par la main des profanateurs, renaissait dans sa pureté première et se montrait à nous dans sa jeune beauté. Tout un mystère de poésie s'accomplissait ; c'était le génie moderne évoquant le génie antique. Puis, le soir, lorsque nous rentrâmes, après nous être assis sous les chênes verts de la Villa Médicis, après avoir causé longtemps, cœur à cœur, de toutes ces grandes merveilles, je l'entraînai à mon tour vers le piano ouvert, et lui faisant doucement violence : « Allons, maître, lui dis-je, n'oublions pas notre chère musique ; le violon vous attend ; la sonate en la mineur s'ennuie sur le pupitre, commençons. » Oh ! si tu l'avais entendu alors ! Avec quelle religieuse fidélité il rendait la musique de Beethoven ! Avec quelle fermeté pleine de chaleur il maniait l'archet ! Quelle pureté de style ! Quelle vérité dans le sentiment ! Malgré le respect qu'il m'inspire, je ne pus me défendre de me jeter à son cou, et je fus heureux en sentant qu'il me pressait contre sa poitrine avec une paternelle tendresse. »

— En cette année 1911, qui marque le centenaire de la naissance de Liszt, une anecdote sur les relations d'une heure de Beethoven avec l'enfant de onze ans qui n'était encore qu'un pianiste extraordinaire, peut offrir de l'intérêt. Le Ménestrel, à qui nous l'empruntons, rapporte ainsi le récit de Liszt lui-même. Il l'a raconté nombre d'années après, aussi ne faut-il admettre comme vrai que le fond et non la lettre du dialogue. « J'avais onze ans, écrivait Liszt, quand mon cher maître Czerny me conduisit chez Beethoven. Il lui avait déjà beaucoup parlé de moi, et l'avait prié de bien vouloir m'entendre une seule fois ; mais Beethoven éprouvait une telle aversion pour les enfants prodiges qu'il refusait toujours énergiquement de m'entendre Il finit cependant par se laisser convaincre par l'infatigable Czerny et lui cria à bout de patience : « Amenez-le moi votre jeune drôle ! » Il était dix heures du matin lorsque nous pénétrâmes dans le Schwarzspanierhaus où habitait Beethoven ; j'étais tout tremblant, et Czerny m'encourageait de son mieux. Beethoven était assis à la fenêtre devant sa chambre de travail ; il

nous jeta un regard sinistre, dit quelques mots à
Czerny et se tut; puis sur un signe de mon maître, je me mis au piano. Je jouai d'abord un court
morceau de Ries. Lorsque j'eus fini, Beethoven
me pria de jouer une fugue de Bach : je choisis la
fugue en *ut* mineur du *Clavecin bien tempéré*. —
« Pourrais-tu me transposer cette fugue ? » me
demanda-t-il. Je réussis, pour mon bonheur, à
satisfaire à ce désir. Après l'accord final, je regar-
dais Beethoven : son regard s'était attaché sur
moi; tout à coup ses traits se détendirent; un sourire éclaira son visage, et, s'approchant de moi :
« Ah ! le petit drôle ! fit-il en me prenant la tête
entre ses mains ; le petit diable ! » Ces paroles me
rendirent tout mon courage. — « Puis-je jouer
quelque chose de vous ? » demandai-je effronté-
ment. Beethoven me fit un signe approbateur.
J'exécutai la première partie du concerto en *ut*
majeur. Dès que j'eus terminé il m'embrassa, me
serrant dans ses bras, en s'écriant : « Va ! tu es un
heureux ! Car tu pourras donner la joie et le bonheur à beaucoup d'humains ! Il n'y a rien de meilleur sur terre, il n'y a rien de plus beau ! » La
dernière pensée exprimée ici est entièrement digne
de Beethoven. Elle est tombée sur un terrain bien
préparé, comme une bonne semence, et Liszt
semble en avoir fait la règle de sa vie, non pas
seulement comme pianiste, mais aussi comme chef
d'orchestre et comme compositeur.

— A l'occasion du prochain centenaire de Liszt,
notre érudit collaborateur, M. le professeur
H. Kling a publié, dans le *Journal de Genève*, de
très curieuses lettres du maître adressées à Pierre-
Etienne Wolff, le pianiste-compositeur génevois,
son élève et son ami, lui-même né en 1810 et fils
d'un professeur de musique de Genève. C'est à
Paris que cet artiste rencontra Liszt. Plus d'une
fois, il accueillit et assista son ami à Genève, lors
de ses concerts, en jouant avec lui par exemple.
On sait qu'il se fit la plus grande réputation par
son enseignement au Conservatoire de Genève et
ses traités à l'usage des pianistes.

— Les *Mémoires* de Wagner ont déjà fait couler
beaucoup d'encre en Allemagne et amené bien des
protestations. En voici une nouvelle, celle de la
fille du musicien Théodore Uhlig. Cette dame a
été mise en cause par un passage des *Mémoires* du
grand compositeur, où celui-ci parle de la ressemblance de Théodore Uhlig avec le roi Frédéric-
Auguste de Saxe, et dit qu'il devait être son fils
naturel. Mᵐᵉ Uhlig proteste violemment, et rappelant la vieille amitié de son père pour Wagner,

elle dit : « En dépit de la grande admiration que
j'ai pour Richard Wagner, ses *Mémoires* ne sont
qu'un tissu de méchancetés. » Puis, Mᵐᵉ Uhlig,
pouvant plus s'en prendre à Wagner, conclut en
affirmant que l'éditeur des *Mémoires* se souviendra
d'avoir édité de pareilles choses.

— Les recettes dans les théâtres parisiens ont
atteint, pendant l'exercice 1910-1911, le chiffre de
fr. 27,730,062.99, et, dans les concerts, celui de
fr. 5,380,081.65. Les droits d'auteur se sont élevés
à fr. 3,487,685.80. En 1909-1910, leur chiffre avait
été de fr. 3,002,923.03, soit une différence de
fr. 484,762.77 en faveur de la dernière saison.
860 pièces nouvelles ont été représentées, tant à
Paris que dans la banlieue, les départements et la
Belgique. Le nombre des membres sociétaires de
la Société des auteurs est de 304. Celui des sta-
giaires est de 4,843. Rien que dans l'exercice
1910-1911, celui-ci s'est accru de 336 unités.

— M. André Messager, rentré de vacances, termine une nouvelle partition : « Sœur Béatrice »,
qui sera représentée dans le courant de cet hiver,
probablement vers le 15 mars, au Casino municipal
de Nice. Le livret est tiré par MM. de Flers et
G.-A. de Caillavet du conte de Ch. Nodier : « La
Légende de Sœur Béatrice ».

— La cantatrice Emma Bellincioni, qui s'est
récemment fixée à Berlin, où elle s'adonnera à
l'enseignement du chant, annonce que sous peu
paraîtront ses *Mémoires de sa vie de théâtre*, qui ont
été rédigés, sous sa dictée, par un écrivain cala-
brais.

— C'est le 11 novembre prochain que sera inauguré, par une représentation de *Quo Vadis*, le nouvel Opéra construit à Londres par l'impresario
Hammerstein.

— Nonobstant les pressantes démarches qui ont
été faites auprès de lui, M. Hans Richter ne dirigera pas, le mois prochain, les représentations de
L'Anneau du Nibelung, qui seront données à Londres, au Théâtre de Covent-Garden. On ne sait
pas encore qui tiendra le bâton de chef d'orchestre
à ces représentations.

— La collection de livres et de manuscrits
musicaux que le roi d'Angleterre a donnée au
British Museum, ne sera pas communiquée au
public avant 1913, c'est-à-dire avant que soient
achevés les nouveaux locaux du British. Ainsi
que nous l'avons dit, cette célèbre bibliothèque
musicale, formée par les rois d'Angleterre, con-

tient près de six mille volumes et, entre autres, des manuscrits très précieux de Mozart, de Hændel et de Richard Wagner.

— Cette année encore, à l'Université de Birmingham, le professeur Granville Bantock organisera une série d'auditions d'orgue, avec la collaboration de M. C.-W. Perkins, organiste de l'Université. Les séances de l'année dernière, au programme desquelles figuraient les plus belles œuvres de Bach, ont obtenu le plus grand succès.

— Les concerts symphoniques organisés à Londres par le London Symphony Orchestra reprendront le 23 octobre prochain sous la direction du compositeur Elgar. Six de ces concerts seront dirigés par M. Elgar, quatre par Arthur Nikish, les autres par MM. Mengelberg, Steinbach et Safosïoff. Les solistes engagés cette année sont MM. Fritz Kreisler et Paredewski. Le premier jouera, entre autres, le concerto de violon d'Elgar, auquel la presse anglaise a fait, l'an dernier, un si grand succès; le second dirigera sa propre symphonie.

— Il y a quelques jours, l'Opéra de Dresde a donné avec succès la première représentation d'une comédie musicale de M. Théodore Blumer, *Five O'Clock Tea*, dont le livret a été emprunté par M. W. Wolters, à la nouvelle de l'écrivain Schwankë, *Son Alibi*. On a beaucoup applaudi le finale du second acte, ainsi qu'un duo d'amour et un trio. La direction annonce, cette année, des représentations des *Maîtres Chanteurs*, dans une mise en scène nouvelle; elle donnera ensuite l'opéra nouveau du compositeur Bittner, *Bergsee*, après que l'œuvre aura été jouée à l'Opéra de Vienne. Enfin, elle se propose de fêter le centenaire de la naissance de Richard Wagner, en 1913, par des représentations de la Tétralogie.

— Au cours de la prochaine saison, le Théâtre de Hambourg représentera deux œuvres nouvelles, le dernier opéra d'Eugène d'Albert, *Die Frau Versenkte,* et l'opéra fantaisiste, récemment achevé, de Busoni : *Die Brautwahl* (Le choix de la Fiancée).

— On répète activement, à l'Opéra de Berlin, *Le Cavalier à la Rose,* de Richard Strauss, dont la première est fixée au 7 novembre prochain. L'œuvre sera dirigée par le capellmeister Muck. Peu après, la direction donnera, dans une mise en scène nouvelle, la Tétralogie. Les 24, 27 et 29 octobre, Caruso se fera entendre, en représentation extraordinaire, dans *Rigoletto, L'Elisire*

d'Amore et *Paillasse*. En fait de nouveautés, on n'annonce encore cette année que le ballet d'Aran, *Le Corsaire,* et un opéra du compositeur Mraczeks : *Traum* (Rêve).

— Le compositeur Max Schillings a terminé ces jours-ci la partition d'un nouveau mélodrame qu'il intitule : *Jung Olaf.*

— L'Opéra de Vienne a inauguré sa nouvelle saison par une représentation brillante de *Lohengrin,* à laquelle succéda *Don Pasquale,* de Donizetti, dans une nouvelle mise en scène. Caruso est engagé pour trois représentations extraordinaires, dont la première a lieu le 20 de ce mois. Le 4 octobre paraîtra à l'affiche, comme première nouveauté, la comédie musicale de Bittner, *Der Bergsee,* à laquelle succédera la reprise du *Voile de Pierrette,* pantomime de Dohnanyis.

— Pour fêter le vingt-cinquième anniversaire de sa fondation, qui tombe le mois prochain, la Société chorale de Berlin, Lehrergesangverein, a mis l'an dernier au concours la composition d'un chœur solennel pour voix d'hommes. Hélas ! Plus de trois cents concurrents ont envoyé leurs compositions au jury et celui-ci n'en a pas trouvé une seule digne d'être couronnée! En conséquence, le montant du prix a été envoyé à une œuvre de bienfaisance berlinoise.

— On exécutera cette année à Munich, à un concert organisé à la mémoire du compositeur, une des deux œuvres posthumes de Gustave Mahler, *Le Chant de la Terre,* œuvre symphonique en six parties, pour ténor, alto et orchestre. L'œuvre est construite sur le texte d'anciens airs chinois, traduits en anglais. Elle se développe sous les titres suivants : *Lamentation de la Terre; Le Solitaire en automne; De la Jeunesse; De la Beauté; Le Départ.*

La seconde œuvre posthume de Gustave Mahler, sa neuvième symphonie, ne sera exécutée que plus tard, conformément au vœu de l'auteur.

— A Budapest, depuis le 1er septembre, M. Michael Balling, gendre de Mme Cosima Wagner, exerce, à côté de M. Emerich Meszaros, directeur général de l'Opéra de la cour, les fonctions de directeur musical et de premier chef d'orchestre. Ce duumvirat n'est pas du goût, paraît-il, des abonnés de l'Opéra royal. Une grande partie de la haute société et presque toute l'aristocratie financière de la capitale hongroise viennent de décider de boycotter l'Opéra. Ceux qui connaissent M. Balling, qui n'a même pas eu le temps de montrer ce qu'il sait faire, affirment que sa démission n'est plus qu'une question de jours.

— On annonce qu'après une interruption de douze ans Hans Richter reprendrait à Bayreuth la direction des représentations wagnériennes.

— Le capellmeister Mugnone, qui devait diriger la prochaine saison du Théâtre Costanzi, de Rome, a fait savoir qu'il ne paraîtrait pas au pupitre et qu'on devait lui trouver un remplaçant. Engagé pour diriger une série d'œuvres italiennes qui, au cours de cette saison extraordinaire, devaient montrer l'admirable développement de l'art italien depuis sa renaissance, l'éminent chef d'orchestre n'a pas voulu céder à la prétention des nouveaux concessionnaires du théâtre de faire représenter la dernière œuvre de Richard Strauss, *Le Cavalier à la Rose*, au lieu du *Fernand Cortes* de Spontini, ou du *Christophoro Colombo* de Franchetti. Il a déclaré que le programme primitif avait été arrêté pour exalter, d'une façon patriotique, l'art lyrique italien au moment où le pays célébrait le cinquantenaire de son unité, et il estime fort justement que la représentation d'une œuvre étrangère viendrait détruire la grande impression qu'on pouvait attendre d'une saison purement italienne. En conséquence, les managers de Costanzi ont renoncé à la collaboration de M. Mugnone et ils ont fait contrat avec deux nouveaux chefs d'orchestre, les maestri Tango et Mancinelli.

— Après avoir obtenu un succès immense à Buenos-Ayres, la nouvelle œuvre de Pietro Mascagni, *Isabeau*, a fait un four noir à Rio de Janeiro. L'œuvre a été sifflée fréquemment. Le public a accueilli avec la plus glaciale indifférence tous les morceaux applaudis à Buenos-Ayres; la presse s'est montrée des plus sévères.

— Au cours de la prochaine saison, le théâtre del Verme de Milan, qui rouvre ses portes le 19 de ce mois, représentera *Aida, Tristan et Isolde, Thaïs, Le Trouvère, Madame Butterfly* et le nouvel opéra, en quatre actes, de Ricardo Zandonaï, *La Conchita*.

— On a annoncé, il y a peu de temps, qu'à son retour d'Amérique Pietro Mascagni deviendrait directeur du théâtre Costanzi, de Rome, et qu'il présiderait à la saison de carême de 1912. Il n'en sera rien. Mascagni s'est uniquement réservé le droit de diriger les répétitions et les représentations de son *Isabeau* qui passera, l'an prochain, à l'affiche du Costanzi. On ne sait pas encore qui dirigera la prochaine saison de carême.

— Il est question d'élever une statue au compositeur Giovanni Paisiello, à Tarente, sa ville natale. Le comité qui s'est formé dans ce but a également l'intention de convertir en musée la maison où naquit le vieux maître italien.

— On représentera cette année, pour la première fois, à l'Opéra de Boston, des œuvres de Richard Wagner.

— Notre collaborateur M. Marix Loevensohn, donnera l'hiver prochain, à Berlin, dans la nouvelle salle de l'Harmonium, une série de 24 séances de musique de chambre moderne. Ces concerts ont lieu par invitation et l'école belge n'est pas oubliée dans leurs programmes où nous trouvons le nom de M. J. Jongen.

M. Marix Loevensohn vient de remporter plusieurs succès de professorat très honorables. Au conservatoire Stern, un de ses élèves, M. Robert Mendelssohn, âgé de quatorze ans, a remporté la médaille Hollaender. C'est la première fois qu'elle était donnée à un violoncelliste. Un autre de ses élèves, M. Bela von Czuka, âgé de dix-huit ans, a été nommé violoncelle-solo au Kurfürstenoper à Berlin, dans un concours auquel une trentaine d'artistes de toutes nationalités prenaient part. Enfin un troisième de ses élèves, M. Grossmann, âgé de dix-neuf ans, a obtenu également au concours, la place de violoncelle-solo du Volksoper de Berlin. Ces succès intéressent directement l'école belge.

BIBLIOGRAPHIE

Le Pays, drame en musique en trois actes, Poème de M. Charles Le Goffic. Musique de M. G. Guy Ropartz. — Dupont-Metzner, éditeur.

Suivant le fier exemple de MM. Vincent d'Indy et Albéric Magnard, M. Guy Ropartz publie, sans attendre sa représentation (chez l'éditeur Dupont-Metzner, à Nancy), la partition piano et chant du *Pays*, l'œuvre en trois actes qu'il vient d'écrire sur une poétique légende islandaise de M. Le Goffic. S'il convient d'attendre une réalisation scénique peut être prochaine pour se faire une opinion exacte du *Pays*, je puis vous affirmer que, dès la première lecture, vous serez frappés de la noblesse de pensée, l'élévation du sentiment, la chaleur sincère de l'expansion mélodique, la logique tonale avec quoi la musique de M. Ropartz s'empare d'un drame intime, sobrement concentré entre trois personnages, en dégage le touchant symbole et en exprime jusqu'au douloureux dénouement la marche intérieure. Sans nulle recherche de pittoresque superficiel, vous y respirerez, à chaque page, la nostalgie de cette terre bretonne, qui inspira toujours heureusement l'auteur de *Pêcheurs d'Islande* et vous y apprécierez aussi combien la précieuse discipline de la symphonie, la pureté harmonieuse de l'écriture et la solidité de l'architecture donnent ici d'accent et de portée au discours lyrique.

Si j'ajoute que le *Pays*, outre le petit nombre de ses protagonistes, ne nécessite qu'une mise en scène des plus simples, vous estimerez, sans doute, comme moi, qu'un directeur intelligent s'honorerait à peu de frais en l'inscrivant bientôt au répertoire de son théâtre.

GUSTAVE SAMAZEUILH.

— *L'Edition Mutuelle* (en dépôt à la Schola Cantorum à Paris) fait paraître une nouvelle suite pittoresque pour piano de M. Deodat de Séverac, *Cerdana*, entendue cet hiver à la Société Nationale. Dans les cinq esquisses dont elle se compose, vous retrouverez ce sens évocateur, ce parfum de terroir, cette ingénuité raffinée de conception et de réalisation, cette aisance parfois un peu nonchalante, qui avaient distingué dès l'abord le *Chant de la Terre* et *En Languedoc* aux yeux des gens de goût. Peut-être leur signification expressive n'atteint-elle pas toujours à la profondeur du saisissant *Coin de Cimetière au Printemps*, où M. de Séverac semble avoir mis les plus précieux de ses dons. Mais leur nature allure, leurs divertissants détails, leurs charmants jeux de sonorité et leur relative facilité d'exécution, les concilieront certainement la faveur des interprètes. G. S.

— Nous avons reçu de la Maison Alph. Leduc un *Solfège scolaire*, qui a pour auteur M. Maurice Chernis et paraît conçu de la façon la plus propre à faire progresser rapidement les enfants dans le déchiffrage et l'appareillage vocal des notes. Exercices gradués avec ou sans paroles, à une ou deux voix, petits chants populaires ou inédits, chants choisis d'auteurs classiques ou autres arrangés avec des textes simples, faciles à saisir, patriotiques, sentimentaux ou humoristiques, l'ensemble ne comporte pas moins de 500 morceaux (sans accompagnement, bien entendu). Ce manuel, d'un prix minime (2 francs cartonné, est appelé à rendre de grands services.

CONSTANTIN BRAÏLOÏ — *Carillon des Abeilles*, pièce facile en style ancien pour piano. Fœtisch frères (S. A.), éditeurs à Lausanne et rue de Bondy à Paris.

Petite pièce d'une heureuse inspiration, facile,

savante, et dont l'utilité pour l'enseignement est soutenue par des doigtés et nuances très soignés.

NÉCROLOGIE

A Bouillon (Ardennes belges) est mort subitement, la semaine dernière, le ténor Imbart de la Tour, qui eut quelque notoriété.

Descendant d'une famille de robe, il avait fait son droit avant de faire d'excellentes études au Conservatoire de Paris où il avait été élève de Saint-Yves-Bax. Il y obtint en 1890 le premier prix de chant et le deuxième d'opéra-comique. Il avait débuté à Genève, dans les *Huguenots*; il y créa *Winkelried*, *Werther*, la *Walkyrie*. Le bruit de ses succès avait attiré sur lui l'attention de M. Carvalho, qui l'appela à l'Opéra-Comique. En 1893, il y chantait *Carmen*, *Lakmé*, le répertoire de façon à conquérir l'estime des plus difficiles. Après deux saisons dans les grandes villes de France, il fut engagé à la Monnaie de Bruxelles, et là son talent s'épanouit dans de remarquables créations, comme celle de *Fervaal* (mars 1897), de Loge dans *L'Or du Rhin*, de *Princesse d'auberge* et dans une série d'interprétations intéressantes, *Tannhäuser*, *Lohengrin*, *Les Maîtres Chanteurs*, *Samson et Dalila*, *Aida*, *Roméo et Juliette*, lui valurent de légitimes triomphes et fondèrent sa réputation. Il alla ensuite chanter *Fervaal* à l'Opéra-Comique de Paris, puis après une saison plutôt fâcheuse à New-York, il retourna à la Monnaie de Bruxelles, où il connut de nouveaux succès.

Son érudition et sa culture l'avaient désigné au choix de M. Dujardin-Beaumetz pour la chaire d'esthétique théâtrale quand celle-ci fut créée au Conservatoire de Paris, en 1908.

En 1909 il avait remplacé M. Duvernoy comme professeur de chant, puis pour des raisons de santé il dut donner sa démission l'été dernier.

Imbart de La Tour était né en 1865, à Paris.

TARIF DES ANNONCES

DU

GUIDE MUSICAL

⁜

57me ANNÉE. — Numéros 40-41.   1er et 8 Octobre 1911.

LE GUIDE MUSICAL

Richard Wagner, de 1854 à 1874

d'après les lettres de P. Cornélius

LE compositeur et poète Peter Cornélius, qui vécut dans l'intimité de Liszt et de Wagner, nous a laissé d'eux, ainsi que de quelques autres contemporains illustres, des souvenirs extrêmement attachants. Nous les trouvons *notés* comme autant d'impressions vives, sincères et profondes au cours de sa volumineuse correspondance et de son *Journal*. Rien ici de plus ou moins préparé ou arrangé en vue d'une publication, mais la note intime et vraie d'une simple confidence ; c'est ce qui donne à ces lignes une valeur historique et documentaire incontestable. Wagner et Liszt surtout ont une grande place dans ces lettres. La franchise de Cornélius, sa noble indépendance de caractère, sa clairvoyance et son indulgente bonté éclairent ces grandes figures *d'une lumière toute spéciale*. Ce n'est ni le panégyriste, ni le détracteur à outrance qui parlent, mais l'homme sincère, l'artiste compréhensif, qui, en faveur du génie et de vraies qualités de cœur, savait pardonner tout en les constatant, les défauts ou les *exigences* des grandes natures.

* * *

Cornélius fit la connaissance personnelle de Wagner au printemps de l'année 1854,

à Bâle. Après un festival musical à Karlsruhe, Liszt et quelques wagnériens, dont Cornélius, s'étaient rendus à Bâle pour y voir le maître exilé. Malgré le journal de Cornélius et ses lettres du moment, nous n'avons pas de détails sur cette rencontre. Ce n'est du reste vraiment qu'à Vienne, où Wagner et Cornélius habitèrent en même temps, que leurs rapports deviennent intimes et les relations tout à fait intéressantes. Nous sommes en 1861 ; la partition de *Tristan et Isolde* vient d'être publiée. Elle absorbe à un tel point Cornélius qu'il ne peut même plus composer : « Se l'assimiler complètement, dit-il, demande du temps et de l'étude, et je ne puis m'occuper de rien d'autre ; c'est le plus haut sommet qu'ait atteint Wagner ; plus je connais l'œuvre, plus elle m'enthousiasme » (1). Au célèbre chanteur, Féodor von Milde, voici ce qu'il dit encore à ce sujet : « Je continue à travailler *Tristan*. *Marke* est le plus beau rôle de basse qui soit, comme *Tristan* est du reste la plus belle œuvre depuis que la musique existe (2). J'ai mille choses contre elle, et cependant dans l'ensemble c'est entraînant, incomparablement beau ! Quel esprit ce Wagner ! Et ta partie, Kurwenal, est plus belle que six Wolfram et trois

---

(1) Lettre à Franz Liszt, Vienne 1861.

(2) Dans une lettre adressée à son frère Carl, il dit « depuis Gluck » ; ailleurs « depuis Beethoven ».

Telramund ! » — Il faut dire que Cornélius eût l'immense bonne fortune d'étudier cette partition avec Wagner lui-même ; les voici en rapports journaliers, et le maître lui chante son œuvre avec une passion entraînante et une délicatesse de nuances dans l'interprétation qu'on eût à peine soupçonnées avant lui. Si sa voix de ténor agréable et souple ne l'abandonnait parfois dans cette tâche si difficile, son chant pourrait être plus sublime que, par exemple, la déclamation d'un morceau de Shakespeare par Fieck (1). » L'œuvre vient d'être acceptée à l'Opéra de Vienne ; les rôles sont distribués ; Wagner est heureux ; aussi son humeur est-elle excellente, et Cornélius s'étonne même qu'on ait pu se plaindre de ce caractère. (Les expériences viendront dans la suite !) « Il est tout simplement l'homme le plus aimable du monde ; il m'est vraiment devenu bien cher. Envers moi il s'est comporté comme un vieil ami (2). »

Mais voici que le maître quitte Vienne pour quelques mois. De Paris, il écrit à Cornélius au sujet de son *Tristan* qui occupe toute sa pensée. Nous apprenons en même temps que « l'excellente humeur » a tout à fait disparu, et Wagner écrit : « Si je considère d'ici mon difficile projet pour là-bas (l'exécution de *Tristan*), j'éprouve plus de crainte que de joie, et cependant la pensée seule que j'entendrai enfin cette musique me remplit du désir de vivre. » Au mois d'août, Wagner est rentré à Vienne occupant provisoirement la maison de son bienfaiteur et ami, le docteur Standhartner, pendant la villégiature de ce dernier à Salzbourg. C'est dans cette excellente demeure que les premières répétitions partielles de *Tristan* ont lieu sous la direction du maître, notamment avec Mlles Dustmann (Isolde) et Destinn (Brangæne). A la fin d'octobre, le travail commence à l'Opéra ; Wagner écrit une lettre

encourageante et aimable à l'orchestre ; les musiciens y répondent de leur mieux par une admirable répétition ; on y exécuta le prélude, la première scène du deuxième acte, le passage en *la* bémol majeur du duo, le chant de Brangæne et le finale de l'œuvre. Le tout, *deux fois*, se passa « comme à une répétition générale. Ce furent deux belles heures. » La distribution des rôles masculins, sauf pour Marke, (Beck) ne semble pas autant enchanter le maître. Ce n'est vraiment que sur Isolde et l'orchestre surtout que Wagner compte. Une députation de musiciens est venue trouver l'auteur pour lui demander de nouvelles répétitions, belles comme ces dernières ! Le maître serait heureux sans les tracasseries que lui suscite la direction, laquelle, au dire de Cornélius, aurait adressé à l'auteur de *Tristan* « une lettre qui restera un impérissable monument de vulgarité dans l'histoire de l'art » ; mais la réponse de Wagner, « d'une méprisante amabilité, est un modèle aussi, car en cela encore il a du talent ».

Après une courte absence à Venise où Wagner a passagèrement rejoint les Wesendonk, il se retrouve à Vienne dans une situation de plus en plus pénible au sujet de *Tristan*. Il n'a vraiment personne pour ce rôle ! Schnorr déclare qu'il a constaté avec regret ne pouvoir — physiquement — réaliser le troisième acte. Tichatschek, lui, est engagé ailleurs ; les autres semblent insuffisants. Pourtant Wagner ne perd pas courage et son ami le soutient. Cornélius l'aime et le vénère de plus en plus, et le maître sait s'il lui est dévoué. Aussi en témoignage de gratitude, il lui a fait cadeau de la partition d'orchestre de *Tristan*. Les deux amis passent bien des soirées ensemble. Wagner y lit le plus souvent, et « merveilleusement bien, aussi vivement et naturellement que s'il avait vécu le fait ». — « Wagner est en tout ce que son œuvre exige : fantaisie, sentiment, passion, *représentation* jusque dans la déclamation de la prose et de la poésie, jusque dans les communications orales ou écrites de ce qu'il veut et pense ; il est uniquement doué.

---

(1) Poète et critique allemand contemporain dont les conférences notamment étaient d'une remarquable éloquence.

(2) Lettre à Rosa von Milde, 23 mai 1861.

C'est un homme étonnant dont on comprend seulement les œuvres quand on les entend interprétées par lui. Qu'il est précieux de vivre avec lui (1). »

Hélas! voici que tout espoir de donner *Tristan* à Vienne tombe. C'est alors que Wagner suit l'invitation du prince de Metternich qui l'appelle à Paris. En vérité le maître y fut bien malheureux et seul. Il écrit à Cornélius que la composition des *Maîtres Chanteurs* devient impossible « sans la compagnie d'un ami ». Et voici ce qu'il propose à Cornélius.

« J'irai habiter aux bords du Rhin, non loin de Mayence, — mais toi, ami, tu dois y venir avec moi, une fois pour toutes! — Viens à moi et vis avec moi; nous ne nous séparerons plus jamais; quand les choses iront mal pour moi, nous nous consolerons ensemble; et si un jour le bonheur me sourit, tu en auras ta part. » Cornélius se sent infiniment et justement honoré d'une telle amitié et en fait part à sa mère dans les termes suivants : « C'est une de mes grandes joies, un des grands biens de la terre de pouvoir me nommer un ami de Liszt et de Wagner. Ce sont, quoi qu'on dise, les deux plus remarquables intelligences dans notre art. Ils donnent quelque chose du plus profond de leur être, ce que des hommes ne leur ont pas appris, mais ce que Dieu mit en eux. Et le sentiment que de tels hommes s'intéressent à moi, m'est un brevet de noblesse que je n'échangerai contre aucun titre de Prince, o Dieu non! »

Malgré sa vénération, Cornélius hésite à partager l'existence de Wagner. Il se rend cependant, sur son invitation expresse, à la lecture intime qu'il donne des *Maîtres Chanteurs* chez les Schott, de Mayence, mais revient à Vienne sans avoir autrement satisfait l'ami. A la fin de la même année, l'auteur de *Tristan* se trouve au reste lui-même à Vienne où il a quelques nouvelles chances de voir monter son ouvrage. Corné-

lius recommence les études avec lui; mais le maître n'est plus aussi en train, ni facile; qu'importe! dit le disciple : « Mieux vaut avoir à supporter quelque chose de lui que les flatteries de tous les plats crétins! »

Et cependant, de plus en plus Cornélius voudrait échapper à la tyrannique pression qu'exerce sur lui le grand homme; ce formidable génie a quelque chose d'une « influence destructive » sur le compositeur moins puissant que lui. Voici une note bien caractéristique du journal de Cornélius :

« Wagner! Voilà un chapitre important! Ah! je ne puis en parler en détail! Je dis en résumé : son sens moral est faible et sans vraie base. Toute sa vie est empreinte d'égoïsme; les autres n'existent que pour lui, sans qu'il leur soit quelque chose de cœur, sans leur rendre pour cela le tribut d'une piété pure. Au fond il a trop espéré que sa grandeur intellectuelle couvrirait toutes ses faiblesses morales... Mais quelle angoisse me saisit tandis qu'ainsi je le juge!... Il reste toujours pour moi le maître tout-puissant, et s'il est plein de lui-même, il lui reste quand même un sentiment ému pour un ami; oui, que pour moi surtout il eut des égards, qu'il me fut presque invariablement bon; je ne le nie pas et mon cœur ne lui refusera pas la piété que je lui dois » (févr. 1863).

Peu de jours après, il écrit à son ami Reinhold Köhler : « Nous avons eu de grandes journées wagnériennes : trois concerts couronnés d'un grand succès; ces nouvelles créations prouvent une ascension vraiment étonnante. Et lui-même (Wagner) avec son irritabilité nerveuse et toutes les choses tristes de sa vie est un grand exemple pour nous, dans la peine et le souci. Car il s'agit de *Tristan*; mais sans doute le succès de l'œuvre incomparable étonnera. Ah! mon cher, le spectacle d'une telle nature et de sa lutte pour l'existence fait que nous nous oublions presque nous-mêmes et nous apprend à mieux nous résigner. »

Mais les représentations de *Tristan* deviennent de plus en plus problématiques : « Je ne crois pas à cette exécution de

---

(1) Lettre de C. à sa sœur Suzanne, 17 nov. 1861. (Cornélius dit littéralement : « Mit ihm zu leben, ist eine *Gabe!* »).

Vienne », dit Cornélius en mai 1863. Il avait raison. Peu après, la direction abandonne la chose et Wagner désolé, endetté, quitte subitement Penzig et se réfugie à Mariafeld (près de Zurich), chez ses amis Wille. (Les lettres qu'il écrit de là sont pour la plupart absolument désespérées, malgré la bonté infinie et consolante de Mme Eliza Wille. Son confident journalier de Penzing lui manque vraiment (1). Il l'appelle de nouveau auprès de lui; une chambre est prête : « Tu m'es devenu si cher, et ce qui me remplit surtout de mélancolie, c'est que tu ne viens plus me voir!... Vraiment je le sens tout au fond de moi, la fin est proche... Un bon secours, vraiment miraculeux et puissant, doit me venir, sinon c'est fini »! (2)

Le miracle arriva juste à temps. Louis II appelle Richard Wagner à Munich ; tout est sauvé. Dès lors le grand compositeur n'a plus « qu'à organiser son repos »; et, pour cela, il lui semble que la personne de Cornélius devient indispensable. Cette fois là la lettre qu'il lui adresse est tout-à-fait pressante : il faut qu'il sache si oui ou non Cornélius consent à partager sa vie ; la lettre entière est des plus caractéristiques des aspirations, des sentiments de Wagner à ce moment ; nous en traduisons quelques passages :

« A plusieurs reprises je t'ai fait savoir que j'avais soigneusement tout arrangé pour ta réception ici. Nous deux et d'autres encore, pouvons parfaitement habiter ensemble, indépendants l'un de l'autre, chacun à son travail, à son humeur et cependant le plaisir de la communauté est possible à chaque instant. Ton piano qui ne m'ennuira pas, est prêt ; une boîte pleine de cigares t'attend dans ta chambre, etc. — Tu ne m'as encore répondu aucune fois directement et tu me fais dire par H. Porgès que tu es désolé de ne pouvoir venir ; tu as le projet de retravailler ton *Cid*

(1) Il appelait particulièrement et encore longtemps après Cornélius : « Mein Penzinger Freund » (Mon ami de Penzing). Penzing est une petite localité tout près de Vienne où Wagner habita en 1863-1864.

(2) Richard Wagner à P. Cornélius (8 avril 1864).

dans les trois mois suivants, et pour cela, il te faudrait rester à Vienne! » — Le maître trouve l'excuse insuffisante, subtile et même blessante. « Il y a deux ans, tu quittais Vienne et vins à Munich pour travailler en paix. Moi aussi je veux travailler ici ; ton *Cid* ne me troublera pas dans mes *Maîtres Chanteurs*; et je ne puis comprendre la réciproque contraire... Aussi, cher Peter, ne le prends pas de mauvaise part de celui qui cherche une solution nécessaire, s'il fait connaître définitivement l'aboutissement de ses conflits intimes. Ou tu acceptes sans restriction mon invitation et te lies ainsi pour toujours à moi par une sorte de pacte vraiment familial; ou bien tu me dédaignes, et renonces par là expressément au désir de t'unir à moi. Dans ce cas, je renonce aussi complètement et ne t'appelle plus d'aucune façon, pour aucune chose de ma vie. Le degré de confiance que témoigneront ta réponse et tes raisons, fixera dorénavant si nous sommes destinés par le sort à maintenir une plus longue amitié. Tu vois par ceci une chose — combien j'ai besoin de *repos*. Pour cela je dois savoir définitivement où j'en suis : mes relations actuelles avec toi me peinent terriblement. Elles doivent devenir complètes ou tout à fait se briser ! »

Voilà qui est catégorique! Aussi la fière indépendance de Cornélius s'en trouva cette fois blessée. Précisément à ce moment, Wagner vient à Vienne pour régler ses affaires de Penzing ; ce n'est pas agréable, il faut l'avouer ; aussi, il est on ne peut plus mal disposé! A sa jeune amie, Séraphine Mauro (nièce du Dr Standhartner) qui s'informe pourquoi il est venu à Vienne, il répond : « Pour me brouiller avec mes amis ! » Les deux frères Porgès, amis communs de Wagner et de Cornélius, veulent amener une entrevue. Ce dernier s'y refuse, mais écrit à Wagner cordialement que si lui, Cornélius consent à aller habiter Munich, cela ne pourrait être que chez son frère Carl (1), et, en tous cas, après l'achè-

(1) L'historien réputé.

vement de son opéra, le *Cid*, afin de pouvoir partager librement son temps entre le frère et l'ami. Wagner furieux ne répond plus, refuse de voir les Porgès, remet la visite du bon docteur Standhartner au lendemain, et quand alors on se présente chez lui, il est déjà parti! Cornélius blâme et déplore profondément ce mouvement, ajoutant avec mélancolie : « En mai 1861, il vint ici; voilà l'aboutissement de ces trois années!... J'ai joui cordialement de son amitié et lui étais dévoué en actes et en paroles. Mais partager toute sa vie ne put me plaire! »

Il y eut à la suite de cela un long silence. Ce fut Wagner qui le brisa par une lettre tout aussi pressante que l'autre, mais combien plus charmante; elle fut précédée de ce court billet : « Sur l'invitation spéciale de Sa Majesté le roi Louis II de Bavière, je te demande de venir le plus tôt possible à Munich, vivre pour ton art et pour être utile comme ami à ton ami. A partir du jour de ton arrivée, des appointements de mille florins sur la cassette particulière de Sa Majesté te seront comptés. » Cette fois Cornélius accepte et voici quelques passages de la réponse de Wagner :

CHER PETER!

Je te remercie de bien vouloir venir. Ta situation ici s'est faite bien simplement. Mon noble roi, dont la beauté et la grandeur dépassent l'imagination, s'est réjoui de pouvoir m'accorder tout ce qu'il me fallait pour l'achèvement de mon œuvre. Je lui ai promis l'exécution de *L'Anneau du Niblung* dans trois ans. Pour cela, il me transporte dans les nuages, afin que libéré de toutes les vulgarités de la vie, je puisse vivre pour mon art. Mais je ne puis pas être seul. Déjà, dès l'été, j'ai fait venir Bulow... A présent, tu me manques encore; je lui demandai encore toi et tu aurais eu de la joie à voir comment le divin jeune homme me pria de t'inviter aussitôt à venir. Il apprit aussi par moi que tu m'es encore autre chose qu'un ami. Et cela est d'une grande importance. Je ne puis pas être seul; c'est-à-dire je ne puis rester sans ami qui me comprenne et qui m'aide, — et pas davantage sans ceux qui poursuivent le même but que moi, — fonder une nouvelle école, — car ils pourraient au besoin achever ma propre

œuvre. Encore ceci : j'ai entendu dire — de Mayence — que l'été ne te fut pas bon. Cela, cher Peter, doit avoir une fin dès que pour moi tout va bien. Puisque tu n'as pas voulu venir auprès de moi à Starnberg, où tu n'aurais eu ni soucis, ni privations, je devais bien finalement t'inviter au nom du Roi. Je te prie, écris-lui bientôt à Hohenschwangau, où depuis avant-hier il s'est retiré pour deux ou trois semaines. Ecris-lui chaleureusement et de cœur; en toute liberté : tu gagneras aussitôt sa confiance. Annonce-lui le moment de ta venue et — fais-lui plaisir! — J'avais dernièrement presque envie de m'agenouiller devant lui et de l'adorer. Crois-moi; il n'est pas « de ce monde ».

Cornélius, sitôt son *Cid* terminé, se rendra donc de bonne grâce à Munich, pour Wagner, car au fond, dit-il, « je l'aime et le vénère et j'aimerais le contenter de tout cœur, car e sais que je lui manque..., mais « il me consume », son atmosphère a quelque chose d'étouffant; il me brûle et me prend l'air (1). »

Le 28 octobre 1864, Cornélius a écrit au roi qu'il acceptait. Dès la nouvelle année 1865, le voilà donc installé à Munich. Les débuts lui sont plutôt pénibles, malgré l'excellent accueil des Bulow et de Wagner, celui-ci très affairé : il voudrait fonder chez lui une association de musique de chambre et lire aussi, pour un public d'initiés, ses *Nibelungen*. « Mais la musique de chambre, je le sais, dit Cornélius, n'a plus de charme pour lui et ses *Nibelungen*, tant qu'ils ne se présenteront pas au monde sous leur aspect définitif et imposant, n'auront jamais pour eux qu'une minorité d'enthousiastes, toujours dix sceptiques pour un croyant. »

D'ailleurs, s'il faut en croire Cornélius, il n'est point si aisé de suivre le maître au génie extraordinaire, exigeant et « consumant ». Voici un exemple frappant d'une « soirée d'initiation », dans le cercle intime autour de Mme de Bulow (2) : « Wagner

(1) Il dit pittoresquement que dans la société de Wagner il ne pourrait « couver que des œufs wagnériens » *(ich werde nur Wagner-Eier ausbrüten)*. Beaucoup après lui furent dans ce cas!

(2) Mme Cosima Wagner, plus tard.

prend le *Firdusi* de Schack et lit une série
de chants de Rostem et Suhrab. Entre-
temps Bulow a terminé une leçon — pas
douze minutes se passent — nous voici en
plein *Tristan et Isolde*, tout le premier acte
est chanté. Puis on sert le thé ; nous avons
à peine bu une demi-tasse, voilà Wagner
plongé dans le récit de son *Parsifal*, et
cela continue toute la soirée jusqu'à notre
séparation.... Ce n'est pas ainsi une fois,
mais presque toujours. Notre grand ami
doit parler, lire, chanter de lui, sinon il
n'est pas content. C'est pourquoi il désire
un cercle intime, car avec d'autres gens,
cela ne va pas (1). »

Peu de temps après, vient une période
plus fiévreuse encore; c'est l'époque des
intrigues de la Cour auprès de Louis II
contre R. Wagner et ses partisans. Les
soirées chez Bulow où l'on discute notamment les réponses à envoyer aux journaux
sont des plus agitées; mais Wagner tient
ferme. Entre-temps, Cornélius part pour
Weimar où l'on doit monter son opéra *Le
Cid*. Entre les deux amis, silence profond.
Cornélius le rompt enfin le premier, après
plusieurs mois, pour faire part de ses
fiançailles. Wagner, de son côté, annonce
en quelques mots la première représentation de *Tristan et Isolde*. Cornélius, retenu
à Weimar, n'y alla pas, ce qui lui fut à peine
pardonné, même longtemps après. Un
nouveau silence, puis un brusque et catégorique rappel où Wagner exige que
son ami motive au Roi de Bavière sa
longue absence. Le document est plutôt
blessant. Aussi Cornélius déclare-t-il ne
plus vouloir retourner à Munich. Cette fois,
Hans de Bulow intervient, blâme à son
tour Cornélius de ce singulier désintéressement pour *Tristan* et le prie de s'expliquer clairement vis-à-vis de Wagner. En
même temps, une situation de professeur à
la nouvelle école royale de musique lui est
offerte; qu'il l'accepte donc, on lui garan-
tira sa liberté de travail. Mme Cosima de
Bulow insiste tout autant.

(1) Lettre à Dr J. Standhartner (24 janvier 1865). .

Grâce à cette double intervention, nous
retrouvons Cornélius à Munich. Wagner
cependant ne veut pas l'y recevoir tout de
suite, et remet l'entrevue jusqu'au retour
du Walchensee où Louis II met à sa
disposition un pavillon de chasse. On ne
pardonne guère au pauvre Cornélius —
qui le regrette lui-même à présent — son
absence à *Tristan!* « Mais vraiment, dit-il,
la conduite de Wagner à mon égard
m'avait trop refroidi! »

La réconciliation, cette fois, fut pénible
malgré toute la bonne volonté de Cornélius qui tenait à sauvegarder sa dignité.
Wagner était en ce moment d'une irritabilité excessive, d'une santé chancelante;
son teint gris en était le signe le plus
caractéristique. Aussi l'ami, généreux, lui
pardonne encore de bon cœur : « il faut le
vénérer comme intelligence, le supporter
comme homme — et l'aimer ; il y a aussi en
lui riche matière pour cela. »

Les réconciliés se revoient assez fréquemment; à sa première visite, Cornélius
trouve Wagner « tout tranquille et seul dans
son jardin, sous un haut frène — *die Welt-
esche* — comme on dit dans son *Ring*. Il
lisait des légendes bretonnes qui venaient
de paraître en texte original français et
d'où sont sortis les récits d'Arthur et de la
Table Ronde. Alors nous allions et venions
dans le jardin, puis à la véranda et au
balcon du salon donnant sur le jardin.
Tout cela, en été, ne fait si bien qu'un seul
tout, que les paons viennent jusque dans le
salon. » — On parla du nouveau théâtre
pour le *Ring* (août 1865). « Le roi en est
très enthousiaste et voudrait réaliser ce
désir. Mais depuis, Schnorr (1) est mort,
les *Nibelungen* sont loin d'être achevés —
à quoi bon le théâtre alors? Wagner lui-
même n'est pas sans appréhension pour la
réalisation plus belle de ses désirs! » —

Aussi, il redevient irrité, taciturne, ne
veut voir personne, plus même ce bon

(1) Le fameux ténor Schnorr de Carolsfeld, qui fut le
premier Tristan et mourut peu après la première
représentation.

Cornélius qui, lorsque le maître ne veut pas parler, s'installe silencieusement dans un coin de la chambre et lit — sans plus rien dire —, suivant le désir de son fantasque ami. L'été passe; octobre est là; nouvel espoir pour *Tristan;* relèvement du baromètre moral chez Wagner. C'est ainsi qu'un certain soir passé chez lui avec les Bulow et les frères Porgès, Cornélius nous le dépeint « d'excellente humeur, et il est fort aimable alors.... Il grimpait sous le piano, puis sautait dessus, faisait des caricatures, lut une poésie qu'on lui avait dédiée, en y intercalant ses improvisations... où il montre un réel talent. Puis on devient sérieux et Bulow, qui n'est pas un paresseux, comme dit Draeseke, joua les trente-trois variations de Beethoven ». Ensuite, la conversation recommença; il fut question de villes : Vienne, Berlin, etc. Puis Bulow retourna au piano; on fut amené à parler de Schubert que « Cosima admire autant qu'elle déteste Vienne ». — « Voilà, dit Cornélius, il est un vrai Viennois pourtant; sa nature est sous l'influence directe de Vienne! » — « Ah! bah! réplique Cosima, alors Wagner durait des affinités avec Leipzig! » Aussitôt Wagner se lève : « Et oui, naturellement que j'en ai! Pense donc, Leipzig, comme c'était au temps des guerres d'indépendance! et la première ville qui créa des concerts permanents au Gewandhaus, attirant toutes les intelligences..., etc. » Ainsi tout se termina en riant. Et Wagner, dans son costume de velours, reconduisit ses amis jusqu'aux Propylées.

Hélas! cette belle humeur ne dure pas! Au retour d'un voyage à Vienne, le maître rentre très assombri. Et Cosima de Bülow l'imite. Un aimable souper chez H. Porgès en est tout attristé : « les demi-dieux étaient dédaigneux et n'apprécièrent point la grâce aimable ni toute la peine de leur jeune hôtesse! Les réunions habituelles du dimanche sont suspendues. Wagner semble s'enterrer complètement avec Cosima. Les Porgès le laissent volontiers à sa consolatrice. » Il a d'ailleurs plus

de soucis que jamais. La cour intrigue de plus en plus contre son roi et contre Wagner; on l'accuse d'avoir une influence politique, déplaisante pour l'entourage de Sa Majesté. Il est vrai du reste que le roi a demandé à Wagner ses opinions sur de tels sujets. « Est-ce que Wagner, un artiste, pourrait aider à conduire le char de l'Etat? » Cornélius ne voit pas cela sans crainte : « Les circonstances sont très spéciales. Dans toute l'Allemagne, rien n'est rassurant; la Bavière est le plus important des Etats du centre; il se pourrait qu'une fois, un esprit universel et ardent comme Wagner, qui après tout, dans l'ensemble, ne poursuit jamais qu'un but noble, élevé, donne une bonne impulsion vers un développement favorable. Mais tant qu'on ne voit pas mieux au fond des affaires pour en avoir une idée claire, aussi longtemps l'aspect de ces choses reste dangereux, menaçant, et chacun pense au vieux proverbe : *Schuster, bleib' bei deinem Leisten.* (1) — et pour Wagner, en se rapportant à ses *Maîtres Chanteurs,* — on pourrait dire : *Dichter, bleib' bei Deinem Schuster.* » (2).

Wagner est vraiment l'ami, le favori de Louis II. En octobre, le musicien fut pleinement huit jours chez le roi. Les intrigues de Cour contre le maître s'accumulent; il en est au plus haut point énervé et la réponse du fidèle serviteur Franz Mrazek, est, à tout venant : « Qu'il ne peut laisser entrer personne, car le maître est trop fâché! » A la suite de tout cela, et sur la prière du roi, Wagner quitte la Bavière, au début de décembre 1865, simplement afin de calmer les esprits; dès qu'un cabinet plus libéral remplacera le ministère réactionnaire, il sera du reste rappelé. Les deux fidèles amis, Cornélius et Porgès, vont le saluer à la gare à son départ. « Il est 5 heures du matin. Il avait l'air d'un spectre; le visage pâle, défait; les longs cheveux pêle-mêle d'un gris brillant....

(1) Cordonnier, reste à ta forme.
(2) Poète, reste à ton cordonnier!.

Franz et Pohl partaient avec lui (1). Cosima était venue aussi et paraissait brisée. »

Elle est depuis plusieurs mois la compagne dévouée du maître ; elle tient pour lui dans la lutte « le bouclier de la Walkyrie : « Dieu les bénisse tous deux, dit Cornélius, s'ils s'aiment vraiment, profondément, et si le pauvre Wagner trouve encore au soir de sa vie celle qui lui convient. Il est évident que Wagner aime certainement Cosima ; il dit que l'espoir de la revoir bientôt est sa seule consolation! S'il aime donc enfin vraiment, et Cosima, suivant l'apparence l'aime ardemment, je souhaite de tout cœur qu'un bonheur tranquille fleurisse pour tous deux. Sans doute aussi Bülow trouvera plus de consolation et de paix dans la solitude; j'en suis persuadé; il marche sur un chemin plein d'épines, et Dieu sait s'il est bon et vénérable, et s'il mérite mieux ».

Les événements se pressent singulièrement : Minna Wagner, la première femme du maître, meurt à la fin de janvier 1866; Wagner est à ce moment au Midi de la France, voyageant. Dès sa rentrée en Suisse, Cosima de Bülow l'a rejoint, puis revient bientôt à Munich rapportant achevé le premier acte des *Maîtres Chanteurs*. Enfin surviennent les événements de Lucerne, qui se terminèrent comme l'on sait un peu plus tard. La fille de Liszt se voua entièrement à Richard Wagner. « Cosima restera près de lui ; ainsi cela doit être, afin que la destinée s'accomplisse pour elle comme pour lui (2) ».

Au jour anniversaire de Wagner, le roi Louis II, accompagné simplement d'un écuyer, s'est rendu à la campagne de Triebschen (près de Lucerne) pour y fêter son ami; cela fit grand bruit dans l'entourage du monarque et même au-delà, d'autant plus qu'à ce moment, deux journaux, le *Volksbote* et le *Bayrische Kurier* avaient traité dans une suite d'articles le parti Wagner comme nettement révolutionnaire,

son chef comme une sorte d'incendiaire et les autres comme ses complices. Les événements où Cosima avait été mêlée s'y trouvaient commentés de si blessante façon, que Bülow lui-même se vit forcé d'assigner les rédacteurs en justice et publia contre eux un article violent dans les *Neueste Nachrichten*. On avait, entre autres griefs, accusé Wagner et surtout Cosima de vouloir livrer la Bavière à la France.

Tout cela ne donne pas envie à Wagner de revenir à Munich. Il y a cependant laissé — sans compter le roi — un ami sans pareil qui lui a toujours tout pardonné d'un cœur également bon : c'est Cornélius. A ce moment, l'auteur du *Cid* s'exprime ainsi : « Je suis bien décidé à rester à lui inébranlablement, à aller avec lui à travers tout, de parti-pris jusqu'au sang (*parteitsch bis auf's Blut*). Quand je vois comment les autres me laissent de côté ou m'oublient, et combien lui, dès que je lui témoigne un peu de tendresse, est toujours prêt à me donner son entière affection, alors je me dis : le sort a voulu que nos chemins se confondent... C'est lui que je préfère à tous malgré ses fantaisies et ses orages ».

(A suivre). MAY DE RUDDER.

L'Immortelle
Bien-Aimée

DE BEETHOVEN

O N conteste aujourd'hui de divers côtés l'authenticité de la lettre d'amour de Beethoven dont la *Musik* de Berlin a publié le fac-similé et que nous avons reproduite dans notre dernier numéro avec la citation musicale qui l'accompagne. Dans sa deuxième livraison de septembre, la *Musik* nous apprend, il est vrai, — ce qu'elle avait négligé de faire antérieurement, —

---

(1) Son fidèle domestique et son chien.
(2) Toutefois, elle ne resta définitivement près de Wagner qu'un peu plus tard.

que cette pièce fait partie de la collection d'autographes d'un amateur viennois, qu'elle a été soumise à l'examen du Dr Kopfermann, directeur de la Bibliothèque royale de Berlin, du Dr A. Ebert et de M. Leo Liepmannsohn, à Berlin, qui l'ont déclarée parfaitement authentique. Mais dans l'intervalle, l'auteur des commentaires accompagnant dans la *Musik* le fac-similé de l'original, M. Paul Bekker, a écrit à la *Gazette de Francfort* une lettre dans laquelle il ne dissimule pas ses doutes et où il annonce d'ailleurs que la *Musik* va publier un nouvel article dévoilant les dessous de cette mystification, si mystification il y a. Contentons-nous, pour le moment, d'enregistrer le fait. Nous ne sommes pas armés pour discuter cette question. Si la lettre était fausse, les conclusions que l'on avait cru pouvoir tirer de la citation d'un fragment du quintette à cordes de 1801 tomberaient d'elles-mêmes et les savants commentateurs de la vie de Beethoven pourraient continuer de discuter sur le point de savoir qui fut *l'éternelle bien-aimée* : Giulietta Guicciardi, Thérèse Brunsvick, Amélie Sebald ou Madeleine Willmann.

Au moment où M. Bekker faisait l'aveu de la mystification dont il avait été la victime, notre éminent collaborateur M. Edward Speyer nous adressait précisément une lettre où il nous confiait ses doutes :

Le caractère seul de l'écriture, l'orthographe, le style sont des témoignages suffisants de la fausseté de l'autographe. Le plus invraisemblable, c'est la citation d'un thème du quintette op. 29 accompagné de ces mots : « Un thème qui n'est pas mal m'est venu, qui commence ainsi ». C'est ridicule, c'est absurde! Beethoven aurait écrit semblable platitude? Jamais!

Et M. Speyer concluait :

Cette lettre est un faux et il est inconcevable que des connaisseurs comme le Dr Kopfermann, le Dr Ebert et d'autres s'y soient laissés prendre.

Attendons les suites de l'enquête.

A propos du comte Gallenberg, « compositeur de ballets » qui fut aussi pendant quelque temps « impresario en Italie », notre éminent correspondant nous adresse ces quelques notes vraiment intéressantes :

Vers 1870, étant de passage à Francfort, j'eus l'occasion, dans une soirée chez le baron von Bethmann, parent éloigné des Gallenberg, de me rencontrer avec le fils de Giulietta. Dans l'intérêt de Thayer, alors occupé à réunir les documents pour sa grande biographie de Beethoven, je cherchai à obtenir du fils quelques informations au sujet des relations de sa mère avec Beethoven. Le comte Gallenberg était officier retraité (colonel) de l'armée autrichienne. A la question que je lui posai si Beethoven, à sa connaissance, avait demandé Giulietta en mariage, il me répondit avec un bon accent viennois : « Ah! voyez-vous, les parents de ma mère n'auraient jamais pu se décider à donner leur fille à un homme comme Beethoven, sans situation stable et sans revenu assuré. » Il ne put m'en apprendre davantage, mais il me dit de m'adresser à sa sœur aînée, qui habitait la Westphalie et « qui aurait pu m'en apprendre davantage sur toute cette histoire ». Je n'eus pas le temps alors de me rendre en Westphalie et la trace de cette fille aînée de Giulietta s'est perdue pour moi. J'ai pu, néanmoins, communiquer à Thayer un fait d'où il crut pouvoir conclure qu'en 1823 Beethoven se rapprocha de Giulietta, ou plutôt de la comtesse Gallenberg, et se réconcilia avec elle. C'est sans doute à propos de ses entrevues avec elle que Beethoven fut amené à parler du comte Gallenberg avec son familier Schindler et qu'on trouve dans les « cahiers de conversation » de cette année 1823, la réponse écrite de Beethoven à une question de Schindler : « Par elle j'apprenais de sa misère (j'appris l'état misérable du comte) et je trouvai un homme de bien qui me donnait 500 florins pour le soulager. »

Ajoutons à propos du millésime des lettres d'amour authentiques de Beethoven, datées des 6 et 7 juillet, que dans un opuscule paru à Paris en 1910, sous le titre *Les Petites Amies de Beethoven*, l'auteur en s'appuyant sur des documents de famille, a fait le récit des relations de Beethoven avec les familles de Brunsvick et Guicciardi pendant les années 1800 et 1801. Lui aussi penchait à conclure que c'était bien pour Giulietta que le cœur de Beethoven s'était enflammé. Bien que la nouvelle lettre apocryphe ne puisse plus être invoquée à l'appui de cette thèse, il y a toute vraisemblance que c'est bien à cette belle et frivole jeune fille que furent adressées les autres lettres d'amour et que toute cette aventure s'est déroulée entre les étés des années 1801 et 1802. La fin du roman se place tout naturellement au printemps de 1802, puisque quelques mois après (en novembre), la belle Giulietta épousait le comte Gallenberg. **M. K.**

OTTO LOHSE

M. Edm. Evenèpoel, l'un des musicographes et critiques les plus compétents de la presse belge, publie dans la *Flandre libérale* les intéressantes réflexions qui suivent à propos de l'éminent chef d'orchestre, M. Otto Lohse, dont l'apparition au pupitre de chef d'orchestre au théâtre de la Monnaie, a produit une si grande sensation à Bruxelles :

Quand il y a, pour les musiciens, un bien vif intérêt à suivre les reprises qui se succèdent, au théâtre de la Monnaie, sous la direction de M. Otto Lohse. Intérêt tout pareil à celui qu'offrirent nos concerts symphoniques chaque fois qu'il leur advint d'être dirigés par des capellmeister tels que Richter, Lévy, Mottl, Weingartner, etc. Formés à l'école de Richard Wagner, ces maîtres de l'orchestre provoquaient notre étonnement et notre admiration par la façon claire et expressive dont ils interprétaient les œuvres de compositeurs classiques et modernes. Ils nous révélaient avec un style éloquent et nouveau et leur succès reste toujours présent à la mémoire du public artiste.

Semblable phénomène se produit actuellement au théâtre de la Monnaie. Des ouvrages archiconnus et très soigneusement exécutés d'ailleurs jusqu'en ces derniers temps, reçoivent, de la part de M. Lohse, une interprétation musicale à ce point supérieure, que l'on y découvre des beautés ignorées et des effets imprévus.

D'où vient que nos compatriotes ne nous aient jamais livré tous les secrets de leur art et pourquoi faut-il que la perfection nous vienne de l'étranger? Les chefs d'orchestre sont, en leur genre, de véritables virtuoses (dans le meilleur sens du mot) se formant et se développant en des milieux propices, et dont dépend, en somme, l'interprétation fidèle, intégrale, des œuvres musicales. Des virtuoses proprement dits, nous n'en avons jamais manqué; plusieurs même portent un nom illustre : de Bériot, Léonard, Vieuxtemps, Servais,

Ysaye, etc. Avons-nous été moins favorisés sous le rapport des conducteurs de symphonie? Manquions-nous de musiciens capables de former des élèves, de donner une haute impulsion à la carrière, ou de créer une émulation féconde?

Il faut le croire, puisqu'aucun de ceux dont les noms viennent à l'esprit n'atteint à cette maîtrise que nous applaudissons avec tant d'enthousiasme chez les artistes d'outre-Rhin, tandis que nos virtuoses peuvent se mesurer avec les plus renommés du monde entier. Sans remonter au début du siècle dernier, il semble avéré que Fétis père, savant musicien et initiateur célèbre en musicologie, ne fut jamais qu'un chef médiocre. Charles-Louis Hanssens avait le talent débrouillard et superficiel; il dirigea longtemps, avec succès, l'orchestre de la Monnaie; mais lorsqu'il s'attaquait à une œuvre de musique pure, comme une symphonie de Beethoven, le résultat était d'une faiblesse extrême. On put s'en convaincre le jour où Gevaert, succédant à Fétis dans la direction du Conservatoire, donna ses premiers concerts. La parfaite correction du dessin thématique, la clarté de l'exécution polyphonique et une scrupuleuse recherche des nuances remplacèrent, à notre grande joie, ce qui n'avait été auparavant que chaos et confusion. Joseph Dupont, qui fut chez nous le propagateur par excellence du mouvement wagnérien et qui subit jusqu'à un certain point l'influence de Gevaert, possédait de solides qualités qui ne s'épanouirent jamais complètement. Mais elles suffirent à lui assurer une renommée locale considérable. Il avait débuté comme chef d'orchestre d'une troupe italienne et cette circonstance peu favorable semble avoir influé sur toute sa carrière d'artiste. M. Eugène Ysaye est plus doué, mais son absorbante personnalité de virtuose rend sa direction entachée de subjectivisme. Quant à M. Sylvain Dupuis, le dernier en date de nos capellmeister bruxellois; il s'est improvisé dans la carrière lyrique le jour où MM. Kufferath et Guidé ont pris la direction de l'Opéra de Bruxelles. C'est par un travail opiniâtre et par un sens intuitif très affiné du théâtre qu'il est parvenu à se faire un nom. Il lui a manqué peu de chose pour s'élever au premier rang (1).

Voilà les plus renommés de nos chefs d'orchestre depuis quatre-vingts ans. Sauf Gevaert qui les dépasse en autorité et en savoir, on ne peut songer à les mettre en parallèle avec les Allemands

---

(1) Il ne peut être fait état ici de M. Léon Jehin qui a passé toute sa carrière de chef d'orchestre à l'étranger et y a conquis une situation très en vue.

cités plus haut. Encore le talent de Gevaert était-il surtout théorique. Merveilleux d'érudition, d'un esprit élevé, ayant la clairvoyance du grand style, l'illustre auteur de la *Musique dans l'Antiquité* faisait, au cours de ses répétitions d'orchestre, d'admirables conférences. Mais à l'exécution publique, il avait le bras peu délié et toute sa science ne parvint pas toujours à donner la vie intense et l'action propulsive aux chefs-d'œuvre qui avaient sa vénération. Ayons donc le courage d'avouer que sur le terrain spécial de la direction orchestrale nous sommes en arrière sur nos voisins et faisons tous nos efforts pour arriver à les égaler.

Voyons maintenant ce que, en dehors des conditions d'ensemble et de correction proprement dites, M. Lohse apporte à l'accomplissement de sa tâche artistique. Tout d'abord, ce prestige de l'accent rhytmique; cette assurance et cette volonté dans l'affirmation des temps forts, qui surprennent l'auditeur accoutumé à une accentuation plus molle et plus indécise. Ce rythme, franc, léger et propulsif, nous ne le possédons guère; il ne s'est pas encore infiltré dans le tempérament national. Autre point essentiel : la mise en relief des parties solistes qui doivent primer à certains moments dans l'ensemble instrumental, afin d'accompagner et d'orner la mélodie chantée; M. Lohse n'a garde d'y faillir. Voyez d'autre part avec quel soin il s'applique à moduler les enchaînements de périodes, à ménager les transitions, à observer les silences, à varier constamment, selon le texte musical, les moyens de le faire valoir et de lui faire rendre tout ce qu'il renferme d'intentions expressives. Reste la parfaite conscience du plan général de l'œuvre, des particularités de son style et de sa substance passionnelle. M. Lohse ne comprend pas de même manière le néo-classicisme de Saint-Saëns et le romantisme naturaliste de Charpentier. Puriste et sentimental avec Gounod, il est résolument italien et fantasque avec Puccini.

Et ceci conduit à dire que cet artiste germain, féru de wagnérisme, fait ses premières armes à la Monnaie dans un répertoire presque exclusivement français (*Louise, Samson et Dalila, Faust, La Bohème*), ce qui est pour rassurer ceux qui craindraient que ses goûts ne fussent par trop allemands. Donc, nous possédons aujourd'hui à la tête de notre phalange instrumentale un de ces maîtres qui se disputent les théâtres des deux mondes. Faisons des vœux pour qu'il y reste longtemps et pour que de son séjour parmi nous date une ère nouvelle propice à l'éclosion de chefs d'orchestre pouvant rivaliser avec ceux que nous envions à l'Allemagne.   E. EVENEPOEL.

Le Congrès archéologique de Malines

POUR la seconde fois, le Congrès archéologique, qui tenait cette année ses assises à Malines, comprenait une section de musique, dont les séances furent des plus instructives.

La première s'ouvrit par des communications de M. le. Dr Van Doorslaer, qui fournit une biographie détaillée des facteurs d'orgue malinois depuis le xve siècle, et de M. le Dr Jorissenne, de Liège, qui traita la même question au point de vue de la capitale de la Wallonie, où l'usage des orgues est mentionné dès le xvie siècle. Passant de l'instrument à l'artiste, M. Van Doorslaer examina la question du séjour supposé de Frescobaldi et de Dussek à Malines, dont il n'a trouvé aucune trace dans les archives; ce ne serait donc qu'une légende! Les mêmes orateurs abordent également le chapitre du carillon et résument ce que l'on sait de la genèse de cet art spécial à Malines et à Liège.

Un travail très important est celui dont M. Raymond Van Aerde donna lecture aux membres de la section. L'auteur a dépouillé patiemment les archives malinoises pour en retirer tout ce qui concerne les ménestrels communaux et les divers joueurs d'instruments établis ou de passage à Malines de 1311 à 1790. Cet inventaire, qui jette des lumières toutes nouvelles sur la ménestrandie dans les Pays-Bas, envisage la question sous tous ses aspects : veilleurs de tour, ménestrels communaux à gages, artistes libres, musiciens de passage, noms, traitements, habillements, instruments, répertoire, fonctions, tout est relevé et répertorié méthodiquement.

M. Vanden Borren a fait connaître ensuite le résultat de ses études sur Guillaume Dufay, le grand maître hennuyer, un des fondateurs de l'école contrapontique néerlandaise. Il parle de ses précurseurs, établit le catalogue de ses ouvrages dont il analyse avec pénétration les caractères techniques et esthétiques, et discute la question si controversée de la participation des instruments à l'exécution de ces compositions longtemps considérées comme purement vocales.

M. Théophile Peeters fait ensuite le relevé des différentes formes de la mélodie néerlandaise du xiie au xviie siècle. Cette communication, accompagnée d'une audition charmante, suscite une discussion sur la question de savoir si les mélodies populaires anciennes étaient accompagnées. M. G. Caullet, lui, parle de Philippe de Monte et montre, d'après un document généralement passé inaperçu jusqu'ici, bien qu'il eût été publié, que ce vieux maître, traditionnellement réputé montois, serait en réalité malinois et se serait appelé *Van den Berghe*, ce qui serait conforme à l'affirmation de Vander Straeten, combattue avec tant d'indignation par le bon Clément Lyon.

MM. P. Bergmans et Dr Dwelshauvers étant absents, leurs communications ont été lues par des membres du bureau. Le *Guide musical* a publié récemment l'étude du premier sur le maître de vièle Simon. M. Dwelshauvers parle des recherches faites et à faire dans les fonds musicaux de la province de Liège. On apprend de lui que la S. M. L. (Société de musicologie liégeoise) travaille au dépouillement du fond Terry, si longtemps célé à tous les yeux, ce qui promet à l'histoire de la musique en Belgique d'excellentes contributions.

En terminant ses travaux, la section vote des félicitations à l'éminent carillonneur malinois, M. Joseph Denyn, dont l'exécution magistrale au concert du 9 août émerveilla tous les congressistes.

E. C.

LA SEMAINE

PARIS

L'OPÉRA-COMIQUE a fait, presque dès sa réouverture, une belle reprise du *Vaisseau-fantôme*, depuis longtemps attendue pour profiter de la présence, trop rare à Paris, de Maurice Renaud. Celui-ci a, une fois de plus, incarné le sombre Hollandais en grand artiste, avec des inflexions de voix pénétrantes et passionnées, avec une diction et un geste pleins de caractère, dans un style superbe. On a vivement applaudi avec lui Mlle Chenal, qui a été une Senta très jeune, très vibrante, très vraie. M. Azéma a montré une intelligente souplesse dans Daland, M. Dubois beaucoup de feu dans Éric et M. Pasquier du lyrisme dans le «jeune matelot». Mlle Charbonnel a mêlé un jeu très juste et une voix sonore à la scène des fileuses, qui fut chantée avec beaucoup de grâce. L'orchestre était dirigé par M. Ruhlmann, dont une juste ovation a souligné, après l'ouverture, le geste plein de feu et d'éloquence.

H. DE C.

LE TRIANON LYRIQUE a fait sa réouverture, cette semaine, avec une reprise de *Rip* (M. Sainprey dans le rôle principal). *Les Mousquetaires de la reine* et *Le Domino noir* ont suivi. Ce vaillant et laborieux petit théâtre se propose de donner encore, dans le courant de la saison, *La Poupée*, *Le Trouvère*, *La Fauvette du Temple*, *Les Cent Vierges*, *Piccolino*, *Muguette*, *Proserpine*, *L'Enfant prodigue*, etc., etc. Ainsi que deux nouveautés, dans le genre comique, *Cartouche*, musique de Claude Terrasse et *La Vie joyeuse*, musique d'Hirschmann.

A LA GAITÉ-LYRIQUE, la réouverture s'est faite le samedi 30 septembre avec *Hérodiade*, de Massenet.

Dès le lendemain dimanche on reprendra, en matinée, *Don Quichotte*, du même maître, avec les créateurs. Mlle Lucy Arbell, MM. Vanni Marcoux et Lucien Fugère. Le dimanche soir, on donnera la première représentation, à ce théâtre, de *Paillasse*, de M. Leoncavallo, interprété par Mme Guionie, MM. Caraza, Boulogne et Maguenat, accompagné du *Cœur de Floria*, le ballet de M. Georges Ménier, suivi de la première représentation à ce théâtre du *Châlet*, d'Adolphe Adam, avec Mlle Moina Doria, MM. Gilly et Audouin.

C'est vers le 13 octobre que l'on compte donner *Ivan le Terrible*, de M. Gunsbourg, dans la distribution duquel figurent les noms de Mme Marguerite Carré, de MM. Bourbon, Léon David, Boulogne et Sardet.

— La salle des Agriculteurs s'est ouverte dès le 7 septembre pour un récital de piano : séance bien inattendue, qu'explique les circonstances. Il s'agit de M. Léon Sampaix, le pianiste belge, qui va rejoindre l'Amérique et Indianapolis, où il est professeur à l'Ecole de musique. Son programme : sonates de Scarlatti, toccate et études symphoniques de Schumann, polonaise de Chopin, sonate de Tschaïkowsky, ont fait apprécier un jeu très pur et une virtuosité excellente.

— M. Antoine, directeur de l'Odéon, vient de publier son très copieux et tout varié programme pour la saison prochaine, et nous en extrayons seulement ce qui regarde la musique. On donnera dix représentations de *la Foi*, de M. Brieux, avec musique de M. Saint-Saëns; on jouera, les 5 et 12 octobre, *le Bourgeois gentilhomme* de Molière, avec la musique de Lulli et avec le concours de

Mlle Mastio, de l'Opéra-Comique, enfin, le 14 mars, *l'Arlésienne*, de Daudet, avec la musique de Bizet.

— L'Association artistique des Concerts Colonne annonce la reprise de ses séances dominicales pour le 15 octobre prochain, au Théâtre du Châtelet, sous la direction de M. Gabriel Pierné. Comme habituellement, la saison comprendra vingt-quatre concerts divisés en deux séries de chacune douze concerts. La dernière séance aura lieu le 5 avril, à 8 heures du soir (vendredi-saint).

— D'autre part, la réouverture des Concerts Lamoureux aura également lieu le dimanche 15 octobre prochain Comme précédemment, les concerts auront lieu salle Gaveau, sous la direction de M. Camille Chevillard.

— Les séances organisées au Salon d'Automne par M. Armand Parent auront lieu les vendredis 6, 13, 20, 27 octobre et 3 novembre, à 3 heures. Les programmes, que nous communique l'éminent violoniste, comportent une revue générale de musique moderne, parfois nouvelle : un quatuor de Chausson, une sonate pour piano et violon de Lekeu, ouvrent le feu; puis viennent une nouvelle sonate pour piano et violon de Piriou, une pour piano et violoncelle de Cras, un trio de Roussel, un quatuor de Schmitt, deux sonates pour piano et violon de Magnard et Roussel, un quatuor de Borodine, des pièces de piano de Turina, Szanto, Chabrier, des chansons populaires roumaines de Stan Golestan des mélodies de Herscher, Schmitt, Englert.

— Le compositeur Paul Dupin vient d'écrire une sonate pour piano et violon qu'il a dédiée à M. Armand Parent.

OPÉRA. — Samson et Dalila, Coppélia, Faust, Salomé, Lohengrin. Tannhäuser.

OPÉRA-COMIQUE. — Le Vaisseau-fantôme, La Vie de Bohème, L'Heure espagnole, Werther, Manon, La Tosca, Lakmé, Les Noces de Jeannette, Louise, Carmen.

THÉÂTRE LYRIQUE (Gaîté). — Hérodiade, Don Quichotte, Paillasse, Le Cœur de Floria, Le Chalet.

TRIANON LYRIQUE. — Rip, Le Domino noir, Les Mousquetaires de la reine, Les Saltimbanques, Le Trouvère.

APOLLO. — La Veuve joyeuse.

BRUXELLES

LE THÉÂTRE ROYAL DE LA MONNAIE

montre une activité rare; aux sept ouvrages mis au répertoire pendant les dix premiers jours de la saison, sont venus s'en ajouter, en cette quinzaine, cinq nouveaux : *Lakmé, Mignon, Aïda, La Tosca,* et enfin *Orphée*, joué vendredi à bureaux fermés en l'honneur des membres du Congrès international de chirurgie.

Un début important à signaler : celui de M. Ghasne, le nouveau baryton, qui a fait une apparition très remarquée dans *La Tosca*. Sa réalisation du rôle de Scarpia a produit grande impression. Le personnage, admirablement dessiné, se profile avec une intensité de caractère remarquable. Le geste est sobre et expressif; son rythme, très musical, est toujours en harmonie avec le chant ou l'accompagnement. La diction est parfaite, l'articulation très nette, et le chant a des colorations et des accents qui sont d'un artiste accompli. Au total donc, un excellent début.

Le nouveau ténor d'opéra-comique, M. Audouin, qui ne s'était guère affirmé avec éclat dans *Louise* et dans *Faust*, a pris, dans l'œuvre de Puccini, une très brillante revanche; il y a montré une chaleur et un tempérament qu'on ne lui soupçonnait guère, et sa voix, dont nous avions d'ailleurs apprécié le charme dès le premier soir, a séduit et transporté le public à plusieurs reprises. L'air du troisième acte a été bissé d'enthousiasme, et beaucoup étaient prêts à en demander une troisième exécution; l'artiste avait d'ailleurs eu la coquetterie de le reprendre en italien, après l'exécution en français.

Mme Claire Friché, dont nous aurions parlé en premier lieu si ses deux partenaires n'avaient été des nouveaux venus, a réalisé le rôle de la Tosca avec plus de puissance dramatique encore que précédemment. La belle artiste fut émouvante au plus haut point, et la salle, très emballée, lui a décerné les ovations les plus chaleureuses.

L'orchestre, conduit par M. Corneil de Thoran, contribua également, par sa belle sûreté rythmique, par sa grande puissance expressive, à rendre très brillante cette reprise de l'œuvre de Puccini.

Lakmé et *Mignon* ont bénéficié d'une interprétation extrêmement soignée. La virtuosité si élégante et si agréablement rythmée de Mlle Pornot s'est fait très favorablement apprécier dans les deux ouvrages; et dans tous deux également, on goûta fort la jolie voix et le délicat talent de chanteur de M. Girod. Mme Symiane abordait pour la première fois le rôle de Mignon; sa voix si harmonieusement timbrée et si expressive, qu'elle conduit en musicienne accomplie, son jeu intelligent et fin, lui valurent un succès des plus flatteur. Bonne rentrée pour Mlle Callemien, qui porte très élégamment le travesti de Frédéric.

Aïda avait les mêmes interprètes que l'an dernier : Mmes Béral (Aïda), Degeorgis (Amnéris), MM. Zocchi (Radamès), Bouilliez (Amonasro) et Billot (le Roi), auxquels s'était joint M. Grommen, la nouvelle basse, dans le rôle de Ramfis. Tous, pourrait-on dire, parurent transfigurés sous l'influence de la direction de M. Otto Lohse, qui conduisait l'orchestre. Ce diable d'homme a le pouvoir de galvaniser tous les interprètes — instrumentistes ou chanteurs — auxquels s'adresse son commandement. Et l'exécution d'Aïda nous donna ainsi une impression de vie intense, dont bénéficia singulièrement l'œuvre du maître italien. On prit d'ailleurs un très vif intérêt à suivre, de la première scène à la dernière, tous les détails de l'orchestration, mis en valeur par M. Lohse avec une variété de nuances, des oppositions de rythmes, qui donnèrent un véritable attrait de nouveauté à cette partition déjà souvent entendue.

J. Br.

— A l'une des dernières séances de la Chambre des Représentants, avant les vacances, M. Colaert a appelé l'attention du ministre des sciences et des arts sur les actes de la Société des Auteurs et Compositeurs en Belgique. Des abus continuent à exister, non pas peut-être dans la même mesure qu'autrefois, a dit l'honorable député, mais il est certain qu'il y en a encore. M. Colaert a demandé au ministre de convoquer la commission qui avait été instituée naguère pour examiner les griefs des sociétés musicales et des artistes.

Nous appuyons de toutes nos forces la demande de M. Colaert. Il est une question qui n'a jamais été résolue et au sujet de laquelle la société se refuse obstinément et aveuglément à donner des explications : Que deviennent les sommes énormes prélevées en Belgique indûment sur le domaine public? Où va cet argent sans maître et qu'en fait-on?

— Le célèbre violoniste russe M. Michel de Sicard, qui vient d'avoir l'insigne honneur de jouer à Kiew devant l'empereur et l'impératrice de Russie et devant toute leur cour, vient de rentrer à Bruxelles, où il se fera de nouveau entendre sous peu. M. de Sicard avait été invité à Kiew par la noblesse du pays afin de rehausser l'éclat des fêtes offertes aux souverains. Après le concert, le czar a daigné exprimer toute sa satisfaction à l'éminent virtuose et lui a fait adresser le lendemain un souvenir impérial.

— L'administration des Concerts Ysaye annonce pour la saison 1911-1912 six concerts d'abonnement au théâtre de l'Alhambra, aux dates ci-après : 11-12 novembre, 9-10 décembre 1911, 20-21 janvier, 10-11 février, 2-3 et 23-24 mars.

En outre deux concerts extraordinaires, qui auront lieu les 20-21 avril et 4-5 mai 1912.

— C'est sous la dénomination de « Quatuor Chaumont » que MM. Chaumont, Morisseaux, Rogister et Dambois donneront cet hiver en la salle Allemande, quatre séances de musique de chambre. Le concours du remarquable pianiste Emile Bosquet leur est assuré pour l'exécution des œuvres avec piano. Ceci nous promet pour la saison prochaine de belles et grandes manifestations artistiques.

— C'est l'éminent artiste, le grand violoniste Fritz Kreisler, qui commencera, le 23 novembre, la série des « Quatre concerts classiques » annoncés précédemment et qui se donneront, sans orchestre, à la salle de la Grande Harmonie. Nous rappelons que aux concerts suivants Jacques Thibaud, Suzanne Godenne et le célèbre Quatuor Sevcik de Prague prêteront leur concours; Les abonnements à 24, 16, 12 et 6 francs sont dès à présent à la disposition du public et peuvent être retirés à la maison Schott frères, 28, Coudenberg.

THÉÂTRE ROYAL DE LA MONNAIE. — Aujourd'hui dimanche, en matinée, Samson et Dalila ; le soir, Faust ; lundi, Mignon; mardi, représentation de grand gala, organisée par le Comité du Commerce bruxellois, Die Meistersinger von Nürnberg ; mercredi, La Tosca, Hopjes et Hopjes; jeudi, avec le concours de Mme Croiza, Orphée; vendredi, Louise; samedi, Veglione, organisé par le Comité du Commerce bruxellois; dimanche, matinée de famille, Mignon; le soir, Samson et Dalila.

Mardi 10 octobre. — A 2 ½ heures, au Musée Moderne (Cercle d'Art « Union »), séance de sonates donnée par le violoniste Marcel Jorez et le pianiste Charles Scharrès. Au programme : les sonates de J.-B. Loeillet (1653-1728); Emil Sjögren et Gabriel Fauré.

Mercredi 25 octobre. — A 8 ½ heures, à la salle de la Grande Harmonie, piano récital donné par M. Norman Wilks.

CORRESPONDANCES

A NVERS. — Le Peter Benoit-Fonds a fait exécuter à son concert annuel deux œuvres religieuses du maître flamand ; la *Hoogmis* et le *Drama Christi*. Peter Benoit, qui est surtout connu par ses oratorios descriptifs, a aussi laissé quelques œuvres de musique sacrée. La *Hoogmis* est sans doute parmi celles dont le style est de la plus noble élévation. Les grands ensembles vocaux y sont traités avec la magnificence habituelle. Mais ici le texte du drame sacré est suivi avec respect et il se dégage, de l'ensemble de l'œuvre, une impression d'une élégante contexture.

Le *Drama Christi*, composé en 1871, d'un style plus uniforme et sévère, a également produit grande impression.

Dans ces deux œuvres, la partie chorale est prépondérante et difficile. Les imposantes masses, préparées et dirigées par M. Ed. Keurvels avec sa vaillance coutumière, ont fait preuve du zèle le plus louable. Les solistes du chant, Mmes Seroen et Buyens, MM. Swolfs, Steurbaut, Taeymans et Huberty, quoique d'inégale valeur sinon comme interprètes, du moins comme voix, ont été associés au succès de cette intéressante solennité.

Théâtre Royal. — Tableau de la troupe :

MM. Em. Pontet, directeur ; Viroux, administrateur de la scène ; Bonvoisin, régisseur général.

Artistes du chant : Mmes Marie-Louise Rolland, Doriani, N. Sylva, Bourgeois, Gavelle, Andrée Lys, Suzel, Lejeune, Cerny, Rofessa.

Ténors : MM. Ovido, H. Fonteix, Dubressy, Courbon, Desaunois.

Barytons : MM. Vilette, Dezair, Maréchal.

Basses : MM. Joosten, Druine, Viroux, Dullé.

M. Kamm, premier chef d'orchestre ; M. Neurjean, deuxième chef. Ballet, sous la direction de M. Janssens.

La saison s'ouvrira le 3 octobre. On annonce comme créations ; *La Glu* (G. Dupont) ; *Don Quichotte* (Massenet) ; *La Danseuse de Tanagra* (Hirschmann) ; *Vendetta* (J. Nouguès).

Opéra-Flamand — Tableau de la troupe :

MM. Henry Fontaine, directeur ; F. Dirickx et Verbeeck, régisseurs.

Artistes du chant : Mmes B. Seroen, M. Van Dyck, Cuypers, Van den Hoeck ; E. Smets, Abs, Krinkels, E. Buyens, D. Fabre.

Ténors : MM. De Vos, Bol, Mastenbroek, Fabry, Verberckmoes, Génard.

Barytons : MM. Rooze, Taeymans, Villiers, Van Cuyck.

Basses : MM. J. Collignon, Steurbaut, Tokkie, Dils.

Orchestre : M. J. Schrey, premier chef ; MM. Cluytens et Walpot, chefs.

La saison débutera le 1er octobre par la première sur cette scène de *Martha*, l'opéra-comique de Flotow. Le répertoire de la saison se compose d'un grand nombre d'œuvres d'auteurs nationaux et de l'*Orphée* de Gluck.

C. M.

NOUVELLES

— Le Conseil des ministres de Russie a approuvé cette semaine la convention littéraire franco-russe selon laquelle les auteurs étrangers jouissent des mêmes droits que les auteurs nationaux ; le droit de traduction est réservé pendant dix ans, à la condition que la traduction soit publiée dans les cinq premières années de l'apparition de l'ouvrage et que la dernière édition contienne, insérée, la réserve de ce droit.

Sont exclus les ouvrages scientifiques et techniques.

La convention ne comprend pas les ouvrages parus ou en cours de publication avant la ratification du traité.

— Voici exactement les représentations qui ont été données à Buenos-Aires par la troupe de l'Opéra-Comique de Paris : *Manon* (7 fois), *Louise* (5), *Werther* (4), *Carmen* (4), *Pelléas et Mélisande* (3), *La Reine Fiammette* (3), *Mireille* (2), *Le Jongleur de Notre-Dame* (2), *Fortunio* (2), *Le Mariage de Télémaque* (2), *Grisélidis* (1), *Mignon* (1), *Le Caïd* (1).

— Tiré d'un portrait de Mary Garden, dans une revue de musique :

« ...On sait la triomphale carrière qu'elle fit en Amérique, si triomphale qu'elle ne peut plus maintenant se vendre à un théâtre unique, comme le fait M. Caruso ; elle se donne à tous ceux qui l'adorent... et qui le lui prouvent. Elle se donne, car la pyramide de Chéops, fût-elle en or, ne serait pas assez grande pour payer l'art d'une Mary Garden. Le soleil a-t-il un prix ? Peut-on estimer la valeur des neuf symphonies, de l'œuvre de Rembrandt, ou de Vénus en personne venant poser pour le statuaire ?... »

Et avec ça, Madame ?

— L'*Ouest-Artiste* qui a défendu jadis avec éclat la bonne cause artistique et musicale à Nantes et dans les départements de l'Ouest, avait eu en ces dernières années une vie assez morne et peu significative. Nous apprenons que M. Etienne

Destranges, qui en avait été l'actif et passionné
directeur autrefois, en reprend la direction à partir
du 10 octobre prochain et cela suffira pour assurer
à *L'Ouest-Artiste* un regain d'activité et de vogue.

— Décentralisation. M. Saugey, directeur de
l'Opéra de Marseille, annonce pour la prochaine
saison la première représentation d'un grand ouvrage inédit en quatre actes, *Charlemagne* de
M. Durand Boch, dont ce sera le début au théâtre.
De son côté, M. Rachet, directeur des théâtres
municipaux de Nantes, montera, au cours de
cette même saison, un grand ouvrage posthume
de L.-A. Bourgault-Ducoudray, inspiré des classiques légendes bretonnes, et aussi un ouvrage
inédit de M. Ph. Gaubert. D'autre part, enfin,
nous avons annoncé la réception à l'Opéra de
Boston de *La Forêt bleue* de M. Aubert.

— Les fonctions de directeur de l'Opéra de
Munich, vacantes par la mort de l'infortuné Félix
Mottl, ont été dit-on offertes au cappelmeister
viennois, M. Bruno Walter, qui les aurait acceptées.
D'accord avec M. von Speidel, l'intendant
général des théâtre royaux, M. Bruno Walter
prendrait possession du pupitre en dirigeant la
première de *Bergsée*, le nouvel opéra du compositeur Bittner.

— Le directeur des théâtres de Philadelphie et
de Chicago, M. André Dippel, a décidé d'entreprendre l'automne prochain, avec son personnel,
une grande tournée américaine en Europe. Il organisera dans les principales villes d'Allemagne et
d'Autriche, sous la direction du maestro Campanini, une série de représentations françaises et
allemandes auxquelles participeront Mmes Mary
Garden, Luisa Tetrazzini, Cecilia Gagliardi, MM.
Dalmorès, Bassi, Maurice Renaud, Hector Dufranne, Scotti, Sammarco et Titta Ruffo.

— Les travaux d'achèvement du théâtre que
l'impresario Hammerstein construit à Londres,
dans le Kingsway, se poursuivent avec la plus
grande activité. Déjà tous les échafaudages de la
façade ont été enlevés et il ne reste plus que
quelques abris pour les sculpteurs. La décoration
intérieure du théâtre est à peine commencée, mais
d'ici à l'ouverture, fixée au 11 novembre, les nombreux ouvriers à l'œuvre ont le temps de l'avoir
terminée. L'impresario Hammerstein, qui n'a pas
passé par l'Amérique pour rien, n'hésite pas à
déclarer que son théâtre présentera des avantages
que nulle salle de spectacle, en Europe ou en
Amérique, ne pourrait offrir. Le fauteuil d'orchestre se payera une guinée (26,50 fr.); la place

la moins chère coûtera deux shellings (2,50 fr.).
L'impresario a déjà recruté presque tout son
personnel. D'après son plan, les œuvres allemandes
seront chantées par des artistes allemands, les
œuvres italiennes par des italiens, les françaises
par des français.

— Le 25 septembre on a inauguré, à Londres,
la nouvelle Académie royale de musique érigée
Marylebone Road et destinée à remplacer l'ancien conservatoire. Le nouvel établissement, admirablement situé, a été construit par les architectes
Ernest Georges et Yeates, d'après toutes les exigences de la science moderne. A côté des classes
spacieuses, bien éclairées, se trouve une série de
salles où l'on pourra organiser des concerts de
musique de chambre. Des ascenseurs mettent en
relation tous les étages. Les murs, décorés en
blanc et or, sont lambrissés de chêne. Le coût de
l'édifice s'élève à plus d'un million.

— Une ère de succès pour la musique anglaise
s'ouvrirait-elle sur le continent? Peut-être. Aussi
bien la Société des Amis de la musique, de Vienne,
a inscrit cette année au programme de ses concerts
l'exécution du chœur *Omar Kayyam*, du compositeur anglais Granville Bantock, qui fut interprété
plus de vingt fois déjà en Angleterre et en Amérique. Le 2 octobre, le poème symphonique *Dante
et Béatrice*, du même auteur, sera interprété à Berlin.

— La firme d'édition Cassel et Co, de Londres,
vient de faire paraître une traduction anglaise des
œuvres du comte de Hœnsbroeck, dont la maison
Breitkopf et Härtel a publié déjà la quatrième
édition allemande.

— Mme Marie de Bulow, veuve du célèbre Hans
de Bulow, vient de faire don à la Bibliothèque de
la ville de Berlin d'un grand nombre de livres et
de partitions qui faisaient partie des collections de
son mari.

— La musique de chambre fera fureur, cette
année, à Berlin, si l'on y donne tous les concerts
annoncés pour cette saison par le quatuor Van
Lier, le quatuor Hess, le quatuor Klinger, le quatuor Meyer, le quatuor Wittenberg, le quatuor
Tchèque, le quatuor Geloso, le trio Schumann, le
trio Linneman, le trio Helbling, sans compter le
trio du Nord, le trio Viennois et le trio Rhénan !!

— Le succès a couronné l'initiative prise par le
Tonkünstlerverein de Berlin de mettre à la disposition du public les livres et les partitions de sa
bibliothèque. Devant l'affluence des demandes, la

Société a décidé d'organiser également un soir par semaine le prêt de ses ouvrages que l'on pouvait se procurer, jusqu'ici, le matin seulement.

— L'Orchestre philharmonique de Berlin a donné cette année pour la dernière fois à Scheveningen les concerts d'été qu'il y a organisés pendant longtemps. Désormais, tout au moins pendant les saisons de 1912 à 1917, ces concerts d'été seront donnés par l'orchestre Lamoureux de Paris, sous la direction de M. Chevillard.

— La maison Böstendorfer, de Vienne, a offert au Conservatoire de la ville les bustes de Liszt, de Rubinstein et de Bulow, dus au ciseau de deux jeunes sculpteurs. Ces bustes seront, sous peu, dévoilés solennellement.

— La direction du théâtre de Varsovie, dont la réouverture a lieu le 1er octobre, annonce comme nouveauté de la prochaine saison, des représentations de la *Fanciulla del West* de Puccini, de *Mazeppa* de Tschaïkowski, de *La Damnation de Faust* de Berlioz et de *La Vendetta* de Nouguès. L'orchestre sera dirigé, cette année encore, par le cappelmeister Cimini.

— Le compositeur Lorenzo Perosi, directeur de la Chapelle Sixtine, a terminé un nouvel oratorio qu'il a intitulé : *Vespertina oratio*. Il travaille, en ce moment, à instrumenter les deux suites d'orchestre, *Messine* et *Bologne*, qui doivent s'ajouter aux compositions terminées *Florence*, *Naples* et *Venise* et former, avec elles, un cycle de poèmes musicaux conçus à la gloire des grandes villes italiennes.

— M. Félix Weingartner a terminé le livret d'un opéra en un acte *Caïn et Abel* dont il va commencer la composition.

— Lorsque M. Pietro Mascagni eut refusé les fonctions de chef d'orchestre, au théâtre Costanzi, de Rome, pendant la saison prochaine, le poste fut offert au maestro Ferrari, qui l'accepta. La direction du Costanzi annonce que la saison sera inaugurée par une représentation de *Siegfried*. On donnera en outre *La Traviata*, *Wally*, *Ernani*, *Le Trouvère*, *Ariane et Barbe-Bleue*, *Isabeau* de Mascagni, et enfin l'opéra nouveau d'un jeune compositeur italien, *Madonnetta*.

— Un public enthousiaste, assidu aux séances, a fêté, à Granville, un fort bon orchestre réuni, et magistralement dirigé par M. Doire. Les programmes choisis, intéressants, bien composés, rappelèrent plus d'une fois les séances dominicales de nos grands concerts. En dehors de l'orchestre, où l'on comptait MM. Bittar (violon-solo), Desmonts (violoncelle), de Luden, Pasquali, Grass, Bernard, Debert, artistes éprouvés, on applaudit des solistes remarquables : M. Jean Noté. Mmes Mellot-Joubert, qui prêta son concours à deux concerts de gala ; Magda Le Goff, Lambert Willaume. Toutes nos félicitations à M. Doire, qui a affirmé, une fois de plus, au cours de cette brillante saison, ses belles qualités de kapellmeister.

— Notre collaborateur E.-R. de Béhault travaille en ce moment à deux partitions dramatiques, l'une avec Jules Bois, *Œdipe-Roi* tirée de Sophocle, la seconde avec Charles Méré, un drame lyrique en un acte tiré de son conte *L'Anniversaire*.

— Nous avons reçu, au sujet de notre article sur le récent concours de carillon à Bruges, une lettre de M. E. Danneels, organiste à Bruges, un des concurrents. Un peu longue pour être publiée *in extenso*, nous la résumons ci-après. M. Danneels, qui est d'accord avec nous sur bien des points, s'étonne que nous ayons désapprouvé son morceau au choix, une pièce vocale de Jaques-Dalcroze, d'une qualité artistique évidemment supérieure à l'ensemble des autres morceaux au choix : aussi est-ce simplement au point de vue de son modernisme, de ses variations de mesure et d'un chromatisme des parties accompagnatrices, inintelligibles au carillon, que nous avons critiqué le choix de ce morceau. M. Danneels pense aussi que dans le choix du répertoire, il faut tenir compte du goût de la « masse du public ». Il paraît que lorsqu'il y a une douzaine d'années, Van Gheluwe, l'ancien directeur du Conservatoire, fit mettre sur le tambour de la sonnerie automatique de vieux *lieder* flamands, le public les goûta si peu que l'administration communale les fit remplacer par le répertoire ordinaire, qui comprenait des choses « affreuses » : en quoi nous pensons que l'administration communale eut tort, ayant pour mission de former le goût du public, et non de s'y conformer. Enfin, notre correspondant estime qu'il ne faudrait pas, « comme à Bruges, donner de prix à des véritables massacreurs de rythme et de mesure » : ici, nous nous en référons aux délibérations du jury, très consciencieuses, nous l'en prions de nous croire.

Reçu aussi une aimable lettre de M. Nauwelaerts. lauréat du concours de Bruges, qui veut bien nous remercier de nos observations, dont il dit vouloir s'inspirer à l'avenir. Mais il tient aux notes dites *vibratoires* (répétitions de notes), nécessaires, suivant lui, à la mise en valeur des sons correspondants.

E. C.

BIBLIOGRAPHIE

Au moment où *Hopjes et Hopjes*, le ballet si fêté la saison dernière à la Monnaie, vient de reparaître à l'affiche, signalons la publication de la jolie partition de M. Georges Lauweryns, très élégamment éditée par la maison J.-B. Katto.

La lecture au piano de cette partition, qui porte d'ailleurs de nombreuses indications orchestrales, met excellemment en lumière les qualités rythmiques et le très joli don d'invention que recèle la musique écrite par M. Lauweryns sur le scenario si habilement conçu par M. Ambrosiny. La saveur des harmonies, le charme des modulations, l'ingéniosité du contrepoint s'affirment, à chaque page de l'œuvre, avec une netteté que l'orchestration, parfois un peu chargée, ne permet pas toujours d'apprécier au même point au théâtre. Et cette réduction pour piano, que l'on sent écrite par un excellent pianiste, évoque très agréablement le souvenir d'un des ballets les plus colorés, les plus attrayants et les plus pittoresques qui aient été mis à la scène. J. Br.

57me ANNÉE. — Numéro 42.   15 Octobre 1911.

LE GUIDE
MUSICAL

Richard Wagner, de 1854 à 1874
d'après les lettres de P. Cornélius

(Suite et fin. — Voir le dernier numéro)

En mars 1867, Wagner revient peu de temps et tient une véritable cour à Munich. Il est plus que jamais d'humeur singulière « et ne fait certes pas bonne impression sur ceux qui apprennent à le connaître à ce moment; il se laisse trop aller! » Pourtant il a encore des instants où il est tout à fait « dans son ancienne, bonne tonalité »: et alors, il est vraiment charmant. Souvent aussi, il s'abandonne à ses grands projets de réforme, « car, dit-il, il n'y a pas même ici de style allemand, de bonne interprétation; chacun fait à sa guise; même dans les meilleures institutions de concert, Mozart et Beethoven sont mal joués; il faudrait chercher, par des représentations et exécutions modèles, notamment, chaque semaine, le dimanche, d'au moins montrer quelque part l'*exemplaire*. » Ce soir-là, dit Cornélius, il fit une grande, une édifiante impression. Le lendemain, ce ne fut plus cela du tout; il se disait mal disposé, ne voulait ni recevoir, ni parler. Le jour suivant, il est de nouveau d'humeur exquise : « Après 10 heures du soir, il nous lut encore quelques pages de sa biographie (1), qu'il dicte

depuis de longs mois à Cosima. Il lut ses relations avec Spontini à Dresde, lequel lui déconseilla fortement la carrière dramatique! » De préférence Wagner est à Starnberg, où il travaille aux *Maîtres Chanteurs* : « Cela sera difficile, difficile, difficile, dit Cornélius. Wagner écrit cette divine « confusion » dans l'innocence de son génie; mais pour exécuter cela, chaque choriste devra être un Dieu, au moins un Dieu! »

Pendant ce temps, l'école royale de musique est définitivement créée; Cornélius y est nommé professeur d'harmonie grâce à Wagner, qui est bien disposé à son égard et lui fait l'honneur de visiter son nouveau petit *home* (1). Il y revint fêter la saint Sylvestre en compagnie des Bülow, des Porgès, de Richter et du compositeur Mihalowitsch. Cela fut aimable sans que personne cependant, en présence du « maître », se fût abandonné à une joie complète. Wagner est vénéré, mais redouté. Son état nerveux s'accentue par les soucis des répétitions des *Maîtres Chanteurs*. Pour retrouver du calme, il retourne à Triebschen et invite cordialement Cornélius à venir le voir aussi longtemps qu'il s'y plaira. L'excellent ami accepte et le voilà installé pendant plusieurs jours, au

---

(1) *Mein Leben*, précisément celle qui vient de paraître.

(1) Cornélius venait d'épouser Bertha Jung, de Mayence.

mois d'août 1868, dans cette ravissante retraite en face du lac dont l'impression de silence est idéale. Les hôtes, Wagner et Cosima, y sont charmants; Cornélius y rencontre aussi Pasdeloup qui vient longuement parler d'exécutions à Paris où il projette de diriger déjà Les Maîtres Chanteurs. Bien d'autres sujets y sont discutés. Le luxe de l'existence à Triebschen émerveille et inquiète tout à la fois Cornélius. « La villa est louée pour six ans et Wagner l'a changée et aménagée à grands frais. Il y a une superbe volière avec des faisans dorés et autres oiseaux rares; des parcs à fleurs superbes et un potager; à peu près huit domestiques, une voiture et un cheval. — Et il ne s'assure pas de capital! s'écrie Cornélius; — un tour de main de la fortune pourrait cependant le forcer une fois de plus à quitter son lieu de repos! » Et dans cet asile justement, on compose et travaille si bien! Les Nibelungen y sont continués et Cornélius est plein d'admiration pour le génie si persévérant et unique qui conçoit cette grande œuvre : « Il n'y en a qu'un qui jusqu'au fond de l'âme reste libre de toute préoccupation de plaire à la foule et qui, d'œuvre en œuvre, devient plus grand, plus parfait, ne créant que suivant son génie; c'est Wagner. »

Et maintenant nous arrivons à la dernière période de réalisation du rêve wagnérien, c'est-à-dire à Bayreuth. Il s'agit de la fête de fondation du théâtre. Wagner a élu domicile à la « Fantaisie », un nom que Cornélius trouve « ridicule pour un si beau jardin allemand ». Il y admire une grande belle partie boisée et des prairies avec des horizons superbes. L'accueil y est charmant, surtout de la part des enfants. Puis il y a les passionnantes répétitions de la neuvième symphonie, les discours de Wagner à l'orchestre (1),

Depuis ces fêtes mémorables, Cornélius ne le vit guère plus beaucoup. Wagner, du reste, est plus que jamais « occupé » et plein de soucis et de tourments (Not und

---

(1) Voir Lettres de Wagner à ses artistes.

Sorge), ce qu'il dit au bout de la plupart des lettres de ce temps. Quant à Cornélius, il mourut peu de temps après, à Mayence, le 26 octobre 1874, et ne put assister au triomphe de l'idée de son génial ami, auquel il resta inébranlablement fidèle et dévoué.

MAY DE RUDDER.

* * *

Voici, en supplément à ces lignes la traduction intégrale d'une des plus intéressantes lettres de Wagner à Cornélius. Elle est datée de Biebrich s/Rhin, 4 mars 1862, donc de l'une des époques les plus tourmentées de la vie du maître :

MON BON CORNÉLIUS!

Je suis vraiment malheureux et voudrais m'en plaindre à quelqu'un! Je ne puis m'adresser à aucun cœur de femme; aucune ne peut m'aider; je causerais ainsi plus de douleur que je ne trouverais de consolation pour moi-même. C'est la chose la plus pénible à endurer que de se savoir seul dans la peine et l'angoisse, et d'avoir tout à supporter seul. Ce fut comme un secours du ciel de t'avoir trouvé. Tu me comprendras, et en toi je peux me libérer un peu de ma peine de cœur.

Bien cher, il est évident qu'il m'est impossible d'encore vivre avec ma femme! Tu ne peux imaginer ce que contiennent ces quelques paroles! Mon cœur saigne : et cependant je reconnais que je dois combattre à tout prix ma faiblesse de sentiment, puisqu'il n'y a de secours que par la fermeté et la sincérité.

Tu sais combien j'aspirais de nouveau à la vie intime et ordonnée et comment je croyais l'obtenir en reprenant la vie commune avec ma femme. Tandis qu'ici, à Biebrich, je cherchais misérablement une installation pour l'hiver, voilà que ma femme, décidée par ma détresse, prend le parti de revenir, et au lieu d'une réponse par écrit, elle entre elle-même dans ma chambre où j'avais précisément terminé mon installation indispensable. Mon cœur débordait, et à ma grande joie émue, elle devait bien reconnaître ce que je ressentais. Je lui reprochai de n'être pas venue définitivement avec son perroquet, car elle n'était ici que pour une semaine, afin de m'aider à tout arranger. Mais nous discutions bientôt une installation fixe à Wiesbaden. Elle avait l'air bien et reposée, ce qui me prouva combien elle se remet parfaitement, quand elle vit pour elle seule, suivant ses propres goûts dans ses relations et sa manière de vivre, et en n'étant troublée en rien par moi. Combien je pensais aux moyens de constituer une vie commune durable et supportable par toutes sortes de conventions et concessions intelligentes et malgré les aspirations, caractères et points de vue si opposés! C'est un terrible malheur qu'aucun enfant n'apporte un élément conciliant entre nous deux; chacun de nous, à cause de mon goût de la solitude, se trouve laissé à soi-même; les éternels chocs se reproduiront nécessairement. Tout cela m'apparut dès le premier jour! Mais ma bonne volonté était grande, et je voulus bien lui parler ce langage transposé que l'on parle à un enfant, écoutant avec un intérêt apparent des choses qui m'étaient indifférentes et me déplaisaient même. J'ai combattu fortement ma conscience qui s'opposait à cette feinte, et la première nuit, je m'endormis avec la conviction tranquille que dorénavant la paix serait possible. Le lendemain matin, une extraordinaire intervention du sort se produisit, et cette étonnante manifestation me surprit vraiment. Ecoute!

Depuis notre dernière entrevue à Venise, entre mon amie W(esendon)k et moi, il y eut une longue interruption dans nos relations épistolaires. Entre nous, tout a été ordonné par une complète résignation et arrangé de la sorte : je ne lui écris plus qu'en bonnes et amicales dispositions; ceci aussi, parce que les relations avec son mari, homme très loyal, sont gênantes pour moi et me sont devenues impossibles — en dehors de nos rapports personnels. J'ai renoncé à toutes relations prolongées avec eux deux, et ne continue plus que la facile correspondance avec elle, ce qui doit lui alléger un peu sa vie si douloureuse. Dans les moments agités et pénibles, comme le furent ces derniers temps pour moi, j'aime mieux me taire tout à fait. Il se fit ainsi que mon amie n'apprit rien de mon voyage à Paris et qu'elle m'envoya, encore à Vienne, un petit cadeau de Noël qui lui revint à Zurich après de longs détours. De Paris, je lui écrivis une fois plus tard, lui annonçai aussi mon projet d'installation au Rhin, sur quoi elle m'avisa de l'aventure de son cadeau de Noël, me priant de lui donner une prochaine adresse au Rhin, pour qu'elle puisse y envoyer ce qui m'était destiné. — Je la lui fis connaître dès Mayence. Je restai longtemps sans nouvelles; enfin, elle m'apprend brièvement qu'elle est allée à Dusseldorf, à l'enterrement de sa mère; je lui adressai aussitôt mes condoléances. — Là-dessus, elle me remercia longuement, aussi pour les nouvelles des *Maîtres Chanteurs*, et me prévint en même temps de l'envoi

du cadeau retardé. Cette lettre arrive le second jour du séjour de ma femme ici; la petite caisse, le troisième jour, et toutes deux tombent dans les mains de la malheureuse.

Incapable de juger mes rapports avec cette femme, autrement que sous un jour ordinaire, absolument faux, elle ne veut comprendre aucune des explications que je ne lui donnai que pour sa parfaite tranquillité; mais elle s'emporte sur ce ton vulgaire que tu sais, ce qui me fit perdre tout sang-froid; elle croit voir dans ma véhémence l'effet de l'influence continué et exaltante de l'autre femme sur moi — et tout le fol édifice de suppositions s'élève de nouveau, nettement, invinciblement! je crus perdre la tête! — Elle est restée exactement au même niveau qu'il y a quatre ans : mot pour mot, les mêmes flots de paroles, le même ton vulgaire! — L'orage supporté, je me ressaisis; je voulais y voir une dernière tourmente de folie, encore espérer, et ne pas renoncer à la possibilité. Mais la misère se montra seulement alors : les soupçons, la méfiance; la mauvaise interprétation de chaque mot! De plus, ici, l'entière solitude; tout seul pendant ces longs soirs d'hiver, avec un être qui ne comprend pas la plus petite partie de ma nature; qui, sitôt que j'ai un livre en main, ne peut même pas m'y suivre, et qui ne connaît aucune occupation pour elle-même! Alors moi, cherchant la tranquillité et une calme disposition d'esprit, aspirant à mon travail, résistant avec une peine immense à la misère de nos rapports, de ma situation, blessé par tout ce qui vient du dehors, bavardages, etc. Enfin, une aggravation de la maladie de cœur de ma femme! Ce furent dix jours d'enfer, et ces terribles dix jours n'ont eu de bon que leur dernière et grave leçon; mais, j'étais surpris de voir comment tout cela se fit sans que mon amie y fût pour quelque chose.

Tu peux bien penser quelle ferme décision a mûri en moi! Il est curieux de constater que ma femme, qui doit aussi avoir son enfer près de moi, ne peut garder avec calme ses décisions qui lui semblent toujours pénibles à exécuter et ne la persuadent que dans son emportement. Quand je l'entendais dans la suite parler d'une installation, je fus saisi d'un réel effroi! Ah! c'est une misère d'avoir laissé durer si longtemps une telle détresse! Ma femme en sortira, car je lui laisserai toujours l'apparence! Vraiment, me divorcer encore d'elle, m'est et me paraît impossible : il est trop tard, et l'horreur d'une telle procédure m'exaspère. Je suis donc décidé à cette issue-ci. A partir de l'automne prochain, ma femme ira se fixer à Dresde, avec nos meubles et nos affaires, après séparation du peu

que je garde ici ; elle réservera là-bas, une chambre
« pour moi ». Sous le prétexte — toujours plausible — d'un asile pour le travail le tranquille, je
garderai pour moi, un petit logis, comme j'en ai
présentement un, et peut-être irai-je voir ma femme
une semaine ou deux là-bas. Ainsi cela « paraîtra »
pour justement « bien paraître » ! Mais quel
concours de circonstances faudra-t-il encore pour
réaliser cela de façon supportable ! Tout bien
considéré, il s'agit de mener : deux ménages pour
quelqu'un qui peut à peine suffire à *un seul*. Car je
ne me fais pas d'illusion sur ma situation extérieure
qui est de plus en plus pénible ! Mais rien ne peut
m'aider ! L'abime entre le soi-disant monde artistique et moi est de plus en plus profond. Ami, je
ne puis plus parler avec personne ! Si je vois
arriver un directeur de théâtre, un chef d'orchestre,
ou même un homme comme Raff, je fais aussitôt
un détour, me sauvant dans un coin où je puis
m'appartenir.

Que ferais-je avec les Schott? C'est comme si
j'allais et devais tous les tromper ! — Mon seul
espoir est encore le jeune grand-duc de Bade ; il
est doué d'un noble cœur heureusement associé à
une intelligence ouverte et libre. Il connaît ma
situation, et n'a pas d'autre désir que de me voir
composer sans avoir à m'occuper de gagner un
kreuzer. Mais il n'est ni assez riche, ni assez
puissant. Et cependant j'attends de lui l'unique
secours efficace. Je suis déjà heureux de pouvoir
parler avec lui tel que je suis. Mon vœu est qu'il
me prenne entièrement près de lui, et qu'il soigne
in naturalibus pour ma vie et mon travail. Je
réserverai une petite pension pour ma femme. Si
bien pourtant que ces choses extérieures de l'existence se résolvent, je crains toujours qu'elles ne
m'apaisent que difficilement sur la vraie question
brûlante de ma vie. J'ai un si terrible remords en
moi ! Aussi, il me faut un effort considérable pour
m'aider vraiment moi-même. Visiblement, j'ai fait
l'expérience que ma femme, en toutes circonstances
se trouve mieux, loin de moi que près de moi : oui,
je reconnais clairement que le vrai sentiment de
l'amour pour moi n'existe pas du tout en elle ; elle
ne connaît *que* l'injustice qu'on *lui* a faite, et est
absolument incapable de la pardonner jamais de
cœur. Mais, voici ce qui est : en *nous* il y a un
monde que nous connaissons ; je pense que cela
pourrait être autrement. La vraie mélancolie, les
profonds sentiments de l'âme peuvent faire souffrir
et mon propre cœur saigne.

Depuis qu'avant-hier, à Francfort, j'ai abandonné la malheureuse femme, toujours irritée et
préoccupée d'elle-même, quelque chose me ronge

intérieurement et seul, l'absolue conscience que
je prolonge le mal *de part et d'autre* par la faiblesse,
peut m'imposer — la résignation. Ah ! Dieu ! Les
larmes me montent aux yeux, et je dis : si une
aimante créature féminine me prenait ici doucement près d'elle !! Je me le défends à présent ! Et
je pense qu'ainsi toutes les peines de ma femme
sont bien vengées !

Ah !

Dis, comment tout s'est-il passé ? Tu n'es pas
allé dimanche chez Esser (1) ; as-tu eu un accident
de voyage?

Ton départ à la séparation nous a fort émus.
Toute cette visite (2) fut vraiment un *rêve :* comme
tout cela fut ! Le bon ange était parti avec toi,
comme il vint avec toi ! Tu me laissas en une
singulière société ! — Dernièrement, au soir, je fis
inviter ta sœur chez Schott (je voulais lire quelque
chose), mais elle ne put venir. Je ne suis guère
sociable. Mais Weisheimer (3) m'est devenu cher ;
son sérieux et sa grande activité me plaisent. Et je
ne le crois pas sans talent. Il vient souvent chez
moi. — Avec Raff, rien. Une aventure à Darmstadt
me permet de faire le silence là-dessus.

J'habite très agréablement ici. Tu devrais jouir
avec moi de ce commencement de printemps. Je n'ai
naturellement pas encore pu me mettre au travail :
c'est incroyable ce qu'on vous vole de la vie. J'ai
encore des dettes... de lettres ici.

Salue Esser et les Standhartner. La « Poupée » (4)
m'a écrit une merveilleuse lettre. Ah ! comme je
voudrais l'avoir ici ! — Et dis-moi ce que tu
fais. En moi et autour de moi, tout est encore
désert, comme en mars ! (märzlich). Un dégoût
horrible est en moi. Si je ne me mets pas vite au
travail, c'est fini. Ciel, une année de repos et un
peu d'agrément !

A présent, prends de ces nouvelles heurtées d'un
« épuisé » ce qui peut te convenir ! Reste bien
disposé, reste moi bon, et pense bientôt à quelque
nouveau « rêve » (5).

Adieu, ami, tout est vraiment bien triste !

Ton RICHARD.

---

(1) Musicien, chef d'orchestre de Vienne.

(2) A la lecture des *Maîtres Chanteurs*, chez Schott, à
Mayence, où Cornélius fut.

(3) Compositeur.

(4) *Die Puppe*, surnom donné par Wagner à Séraphine
Mauro, sa jeune amie, la nièce du Dr Standhartner, de
Vienne.

(5) Allusion à la visite de « rêvé » que fit Cornélius à
Wagner et dont il est question plus haut.

Le Musicien
dans Emmanuel Chabrier

Nous publions sous ce titre un extrait d'une étude biographique et critique sur Chabrier due à notre collaborateur Georges Servières et qui va paraître incessamment chez l'éditeur Alcan, boulevard Saint-Germain, 108. Des exemples musicaux accompagnent le texte.

De très bonne heure, Chabrier s'est signalé par le goût du burlesque, du fantasque. Ce goût, qui aurait pu lui inspirer surtout des œuvres bouffes telles que des opérettes, pénétra même des œuvres qui n'avaient nulle prétention à la bouffonnerie. Cela tient évidemment à cette nervosité excessive, qui le fait se trémousser sans cesse, en proie à une inquiétude continuelle. On représente généralement les Auvergnats comme lourds et lents. « Chabrier, observait M. R. Hahn, dans une étude joliment écrite et intéressante par sa finesse d'observation, n'est jamais fatigué de sauter de-ci, de-là, de rire, de chanter et de déclamer. Joie ou tristesse, chez lui, se traduisent par de la gesticulation. » Tout ceci doit s'entendre au figuré ; mais si nous nous rappelons les caractéristiques, définies par M. Désaymard, du tempérament des ascendants de Chabrier, nous nous étonnerons moins de constater avec M. R. Hahn, — que « la tranquillité lui est inconnue ». Il lui faut du bruit, de l'agitation. Il ne peut pas exposer normalement une période mélodique ; il sent très bien qu'il n'est pas outillé pour le travail de déduction thématique, de développement rationnel ; alors il procédera indéfiniment par répétition. avec transposition en divers tons et comme il craint de produire une sensation trop uniforme, il se hâte d'assaisonner ses expositions et réexpositions de toute sorte de condiments harmoniques, rythmiques, d'altérer autant qu'il le peut sa ligne mélodique afin d'éviter la monotonie.

Comme cet artiste n'était pas doué d'un goût très pur, comme il manquait de sévérité pour ses idées, il en résulte qu'il lui est presque impossible, dans les morceaux de caractère

calme, de donner l'impression qu'il cherche à produire. Ainsi, du *Paysage*, la première des *Dix pièces pittoresques* pour piano, ne se dégage pas la sensation de repos, de bien-être contemplatif, que ce titre semble évoquer : les promesses de sérénité y sont démenties par les bizarreries de la basse, les rythmes de ballet, les ornements caractéristiques de la mélodie. *Sous bois* comporterait les mêmes observations. C'est une des pièces lentes les plus réussies ; or, malgré ses modulations et tous les artifices dont le compositeur s'est servi pour varier l'idée mélodique, ce morceau m'a toujours paru long à l'audition. Le titre, à la rigueur, permettrait d'interpréter certains dessins de la main droite sur l'ondulation continue de la basse, comme des fuites d'animaux dans les fourrés, des voletages d'oiseaux dans les branches. *Idylle* est une des compositions pour piano les plus satisfaisantes sous le rapport du développement et de la variété ; on sent cependant que, pour donner l'impression de naïveté et de paix champêtre, le musicien s'est imposé un effort extraordinaire.

Dans un autre ordre d'idées, les strophes lyriques : *A la musique*, pour solo de soprano et chœur de femmes, dans lesquelles beaucoup de personnes voient le chef-d'œuvre de Chabrier, auraient pu l'être en effet avec plus de simplicité. Mais la tendance à l'écriture alambiquée est tellement forte chez lui que, dès la 3e mesure de la ritournelle, avant même d'avoir fini d'esquisser son thème, noté en *sol* majeur, il se hâte d'introduire dans l'accord de sous-dominante un *si* bémol, qui, avec le *ré* du chant, donne aussitôt une sensation de *neuvième* étrangère au ton, pour rien, pour le plaisir, — car lorsque ce thème est exposé par les voix, l'enchaînement des harmonies reste tonal. De même, à la fin du morceau, arrivé à la cadence dans le ton initial, il se garde bien d'écrire un *ré* ou un *sol* à la partie chorale supérieure ; il fait sauter le soprano du *ré* au *la aigu*, imposant ainsi sur l'accord parfait une sensation d'appogiature sans résolution.

Au point de vue harmonique, la prédilection de Chabrier pour les enchaînements de neuvièmes (et de septièmes) est trop connue pour que j'y insiste. Comme me le disait spirituellement un de ses amis, à Chabrier, c'est le joueur trop heureux au baccarat, qui abat *neuf* à tout coup! »

Son exemple a séduit les « jeunes » de son temps et contribué à introduire la mode de l'harmonie perpétuellement dissonante qui règne depuis une vingtaine d'années. Mais son harmonie a d'autres caractéristiques : il partage avec ses contemporains le goût des retards et des appogiatures, résolues ou non. Son procédé favori, surtout dans la musique de piano, est de faire frotter l'une contre l'autre la note réelle et son appogiature; un *si* naturel avec un *si* bémol par exemple; ce procédé, Chopin l'a employé lui aussi, mais Chabrier l'a érigé en quelque sorte en système! — Il pratique aussi la broderie du retard et en tire une formule mélodique qui revient sous sa plume dans toutes ses œuvres, — et dont il enguirlande aussi bien l'invocation : *A la musique* que la queue des *Cochons roses.* Or, cette formule mélodique est entachée de vulgarité, car elle procède directement de la musique de danse.

C'est que la musique de Chabrier est rythmée avant tout. Cette affirmation s'inspire non pas du fait que son succès populaire est dû à une rapsodie tirée des airs de danse espagnols et que, dans ses pièces de piano posthumes, de valeur assez médiocre et qu'il reniait, paraît-il, il y en a quatre sur six, conçues dans la forme dansante, mais de la lecture et de l'examen attentif de toutes ses œuvres, qu'elles soient vocales ou instrumentales. Ainsi dans le duo-barcarolle du 2ᵉ acte du *Roi malgré lui*, il ne peut s'empêcher de donner au refrain une allure dansante. Son caractère vif, pétulant, primesautier, ce besoin d'agitation, de vacarme, qu'a noté M. R. Hahn, ne pouvaient trouver leur expansion normale que dans les caprices, les bondissements et les frénésies du rythme.

Ce besoin se révèle dans ses premières œuvres gravées : la première en date est une suite de valses, la seconde une *Marche des Cipayes* (1).

Quant au troisième morceau, publié par l'éditeur Hartmann, l'*Impromptu* pour piano, dédié à Mᵐᵉ Edouard Manet, les caractéristiques harmoniques, les caprices rythmiques du talent de Chabrier y sont déjà en germe (1).

Enfin, pour en arriver au recueil des *Dix pièces historiques* pour piano, faut-il rappeler les allures emportées du *Tourbillon*, les brisures rythmiques de la *Mauresque*, de l'*Improvisation*, la moins personnelle d'ailleurs et qui ressemble à un pastiche de Schumann? On m'accordera bien aussi que les pièces les plus réussies sont celles conçues dans une forme dansante : la *Danse villageoise*, vive et gaie, qui semble évoquer un concert champêtre de galoubet et de tambourin; le *Menuet pompeux*, avec son éclat sonore, sa liberté rythmique, ses désarticulations amusantes; le *Scherzo-valse* à 9/16, avec son premier temps qui fait penser aux danses écossaises, ses trépidations de gigue(2), son original *trio* aux délicates broderies.

Il faut avoir entendu jouer à quatre mains par des virtuoses, les trois *Valses romantiques* pour deux pianos, — car il est impossible de les analyser, — pour comprendre ce qu'il y avait de trésors d'invention rythmique divertissante, de dons instinctifs dans l'imagination musicale de Chabrier, de goût naturel pour le burlesque, qui auraient pu être utilement employés à la composition de ballets et se rendre compte que des ambitions mal entendues et des conseils maladroits lui ont fait en l'entraînant vers les cimes ardues de l'art lyrique. Suivant un proverbe populaire que M. Dukas a spirituellement transposé en style noble, mais que Chabrier formulait à cru, il ne faut pas .. « chanter plus haut que sa lyre ! »

Aussi, à mon avis, la *Bourrée fantasque* est-elle, avec *Espana*, l'œuvre qui résume le mieux Chabrier et son chef-d'œuvre peut-être. Il y a mis toute sa fantaisie rythmique, ses audaces

---

(1) Le paragraphe concernant cette marche a paru dans le *Guide musical* du 23 avril dernier.

(1) Dans l'idée chantante, on peut même discerner comme l'esquisse d'une mélodie tendre de *Gwendoline*.

(2) Adopté comme *finale* à la *Suite pastorale* de *Scherzo-valse*, fut étiqueté « gigue » sur l'affiche des Concerts populaires d'Angers. (Voir Louis de Romain, *Essais de critique musicale*, 1 vol. in.18, Paris, 1890, Lemerre).

harmoniques et une verve d'instrumentation telle qu'elle a donné à Félix Mottl, le *Kapellmeister* allemand, grand admirateur de Chabrier, l'idée de l'orchestrer.

Du reste, cette bourrée n'en est une que par son titre, fallacieux, simple hommage à l'Auvergne natale. Sur un rythme à 2/4 très animé, en *ut* mineur, l'auteur dessine un thème en notes répétées, dans le *medium* du clavier, le reprend à l'octave supérieure et le varie par un dessin d'accompagnement dont la note grave sur pédale d'*ut*, descend chromatiquement à chaque temps. Le développement amène des *fusées* à l'aigu, des effets d'orchestre, des fanfares. Le *milieu* est dans le ton de *fa* : une phrase caressante, ornée de multiples appogiatures, rythmée à contretemps, circule aux deux mains, module, chatoie, puis ramène la première idée dans le ton initial, suivie des développements présentés au début. Il y a ensuite une réexposition en *mi* majeur où le thème revient en sourdine à la main gauche sous une broderie de la droite qui maintient à l'aigu la *pédale* de dominante : *si ;* puis, au moyen d'un accord de quinte augmentée $\begin{cases} mi \\ do \\ sol\sharp \end{cases}$, la bourrée rentre dans le ton d'*ut* majeur. Ici le morceau est parvenu à son *summum* de sonorité, avec le chant à la main gauche, puis en octaves à la basse. Notons encore un retour du motif alangui, se divisant entre les deux mains, une réexposition en majeur de l'idée principale, avec *fusées*, quelques « échos » martelés *fortissimo* formant *coda* et une fanfare stridente pour la cadence finale.

Si fantaisiste que paraisse cette bourrée, il me paraît d'un romantisme excessif d'y voir, comme M. Dézaymard, « une imagination macabre et, par endroits, empreinte de mysticisme, un ballet de la mort, mais rustique et dansé en sabots. »   GEORGES SERVIÈRES.

Charles Malherbe

C'EST avec un profond chagrin que je me vois contraint de notifier ici la mort aussi prématurée qu'inattendue de Charles Malherbe, survenue le vendredi 6 octobre, à Cormeilles (Eure), dans sa maison de campagne, après une assez longue et cruelle maladie. Notre précieux et érudit collaborateur était, comme on sait, bibliothécaire de l'Opéra (après avoir remplacé Nuitter comme archiviste), et rendait chaque jour les plus grands services à maint chercheur, dans ce domaine si riche et encore si peu exploré, — comme il en rendait d'ailleurs à nous tous par l'abondance de ses informations et par la cordiale complaisance avec laquelle il répondait à nos moindres questions. Il était, d'autre part, président de la section française de la *Société internationale de musique*, et là encore son concours était des plus précieux et sa perte sera des plus sensibles. Il laisse enfin inachevées plusieurs publications musicales, auxquelles sa connaissance exceptionnelle des manuscrits et des écritures, jointe à son érudition technique, apportaient un concours bien difficile à retrouver : l'édition complète des œuvres de Rameau (entreprise par la maison A. Durand) et celle des œuvres de Berlioz (en cours d'exécution chez Breitkopf et Hærtel).

Il était né à Paris, le 21 avril 1853 (et non 1863 comme le disent tous les dictionnaires). Par sa mère, née Mozin, il appartenait à une famille de musiciens, et, de bonne heure, s'était senti très attiré du côté de l'exécution et même de la composition. Il avait fait de fortes études littéraires au lycée Louis le Grand, où il était d'autre part l'élève d'un excellent professeur de musique, Testard, sous la direction duquel il était devenu un pianiste d'un réel talent. Puis il avait étudié l'harmonie avec Dánhauser. De ses compositions, assez nombreuses à un moment donné, on retiendra particulièrement, comme une œuvre tout à fait charmante, digne de rester et qui réellement n'a aucunement vieilli après vingt-huit ans, un ballet-pantomime intitulé *Cendrillon,* écrit pour piano à quatre mains, et publié chez Hamelle. Quelques opéras-comiques et la musique de scène d'une petite comédie *(Les Yeux clos,* Odéon, 1896) représentent la musique lyrique ; diverses pages pour piano, violon, orgue et des transcriptions *(Esclarmonde,* et les intermèdes symphoniques de

L'*Ouragan*, notamment), la musique de chambre. Peu à peu, il renonça à composer, et se borna à découvrir, à reconstituer, à éditer les chefs-d'œuvre des maîtres, mais avec quelle sûreté de critique et quel luxe de recherches et d'histoire; l'édition de Rameau, celle de la *Damnation de Faust*, celle du *Don Procopio*, inconnu de Bizet, en font foi entre bien d'autres.

Dès longtemps, au surplus, poussé par son camarade de chez Testard, Albert Soubies, il avait pris goût aux recherches d'histoire et de critique musicale. On connaît le fruit de cette féconde collaboration : *L'œuvre dramatique de Wagner*, 1886; *Histoire de l'Opéra-Comique*, 1887, 1892-1893, 3 volumes; *Mélanges sur R. Wagner*, 1891. Seul, il se répandit en même temps en une foule d'articles de revues, parfois de vraies monographies historiques ou bibliographiques (tel ce copieux *Catalogue des œuvres de Donizetti*, paru en 1897), et chacun sait qu'il rédigeait depuis de longues années les substantielles notices des programmes des Concerts Colonne. Mais ce qui, sans doute, le fit le plus universellement connaître, c'est sa bibliothèque, fort importante, et sa collection de manuscrits autographes de musiciens (et non pas de lettres seulement), qui est à coup sûr la plus riche qu'ait jamais possédée un particulier, et qu'il destinait par avance au Conservatoire de Paris. Les œuvres *inédites* des maîtres les plus grands, Bach, Mozart, Schubert... entre autres, y figurent en nombre incroyable, et il est bien regrettable, qu'après tant d'autres travaux projetés (nous parlions tout récemment de son livre sur *Auber*; il travaillait à un autre sur *Weber*), le catalogue raisonné de cette collection unique, qu'il voulait faire, n'ait pas reçu l'exécution qu'elle méritait... Charles Malherbe fut aussi conférencier à l'occasion; il parlait d'abondance, et fort bien, avec son entrain communicatif, avec son cœur chaud, en homme qui a beaucoup vu et beaucoup retenu. Il laissera de longs et profonds regrets. HENRI DE CURZON.

LA SEMAINE

PARIS

A L'OPÉRA, les semaines dernières, le répertoire courant a été très heureusement relevé par quelques belles représentations de *Tristan et Isolde*, où Ernest Van Dyck s'est surpassé de pathétique et d'inspiration : ce héros de passion

et de poésie est vraiment un des types les plus complets du talent de l'admirable artiste. Mlle Grandjean lui donnait la réplique dans Isolde.

Le centenaire d'Ambroise Thomas sera célébré, vers la fin du mois, par quelques représentations d'*Hamlet* avec Maurice Renaud. Mlle Campredon sera Ophélie. La reprise annoncée du *Cid* passera avant.

A L'OPÉRA-COMIQUE, le centenaire d'Ambroise Thomas a été célébré, comme de juste, par une bonne et pittoresque représentation de *Mignon*, qui a été offerte comme inauguration aux abonnés de la nouvelle saison des « matinées historiques du jeudi ». Mme Billa-Azéma, Mme Nicot-Vauchelet en furent les interprètes avec MM. Francell, Jean Périer et Vieuille.

Diverses interprétations nouvelles ont, d'autre part, varié les programmes du répertoire. On a entendu Mlle Brozia dans *Manon*, M. Albers dans Nilakantha de *Lakmé* (Mme Nicot-Vauchelet a fait une brillante rentrée dans le rôle principal, M. Francell dans *Manon* et *La Bohème* (car le jeune artiste, à Buenos-Aires, s'est tout à fait lancé dans les rôles de premier ténor. Souhaitons qu'ils ne lui soient point funestes), Mlle Guillemot, lauréate du Conservatoire, dans Micaëla de *Carmen*, M. Albers dans le père de *Louise*, Mlle Charbonnel dans *Carmen*.

On répète *Le Déserteur*, de Monsigny, et *Maison à vendre*, de Delayrac (excellent choix) pour les matinées historiques, ainsi que les *Contes d'Hoffmann*; on prépare un curieux *Don Juan* avec Jean Périer dans le rôle principal et Mlle Chenal dans Donna Anna.

A L'ODÉON, on donne en ce moment des représentations du *Bourgeois-gentilhomme* avec toute la partition de Lulli, interprétée par Mmes Mastio, Gauley-Texier, MM. Delpouget, Gonguet et M. Vilbert même, qui joue le rôle de M. Jourdain, par divers instrumentistes et par des danseurs et danseuses de l'Opéra, sous la direction de M. Emile Bretonneau. C'est M. Delpouget, de l'Opéra, qui incarne le muphti, dans la cérémonie turque, et avec beaucoup d'humour.

Concerts Hasselmans. — Avant de reprendre notre place accoutumée au Châtelet, nous avons fait « l'ouverture » à la Salle Gaveau, où l'Association des Concerts Hasselmans donnait sa première séance de la saison.

Nous sommes contents de parler, au moins une fois, de cette jeune et sympathique société, qui atteint sa quatrième année d'âge sans que la faveur publique, si capricieuse en ses préférences, si indifférente à l'égard des nouveaux venus, ait encouragé sa courageuse ardeur et sa persévérance désintéressée par des moyens dont elle seule dispose. L'heure est proche, sans doute, où ses efforts seront récompensés. N'a-t-on pas dit que la plus sérieuse des difficultés que rencontre le mérite, c'est d'attirer le premier regard du public?

A part trois agréables pièces pour violoncelle, des frères Hillemacher, jouées avec charme par le bon virtuose Fernand Pollain, le programme de ce concert manquait un peu de nouveauté; il n'était pas moins intéressant pour cela. La scène des Champs-Elysées d'*Orphée* voisinait avec le prélude du troisième acte d'*Ariane et Barbe-bleue* et l'amusant *Feuerwerk* (Feu d'artifice), de Strawinsky, qui est bien le tour d'adresse orchestral le plus fantaisiste que l'on puisse imaginer. Le morceau de résistance était là *Faust-symphonie*, de Liszt, que les associés de M. Hasselmans ont exécutée magistralement.

Nous entendrons beaucoup de Liszt cette année. On fêtera le centenaire de sa naissance — 11 octobre 1811 — et les directeurs de concerts ne manqueront point d'en profiter pour exhumer quelques-unes de ses œuvres. Souhaitons seulement que leur choix ne se porte pas sur le même ouvrage, comme cela est arrivé fréquemment en pareille circonstance.

Le souvenir de Liszt nous a fait relire le beau livre de la collection des *Maîtres de la musique*, écrit par M. Jean Chantavoine (1). Avec lui, nous avons de nouveau parcouru la vie et l'œuvre du génial précurseur. Rien n'est plus attachant et plus triste à la fois. La gloire dérisoire accordée à l'incomparable virtuose peut-elle compenser jamais celle qu'on a refusée au puissant créateur, à l'initiateur le plus hardi; à l'artiste le mieux inspiré? « Il a fallu sa mort pour libérer son image des apparences, et l'éclosion d'un art issu de son œuvre pour révéler cette œuvre à la postérité... » La postérité est souvent trompeuse. Sommes-nous sûrs de pouvoir enfin rendre à Liszt l'hommage de l'admiration à laquelle il a droit. N'est-il pas trop tôt? Ne devons-nous pas craindre d'être encore injustes envers lui? Le Temps, qui met chaque chose à son rang dans l'éternité, a-t-il fait son œuvre? Nous le saurons bientôt.

ANDRÉ-LAMETTE.

_____

(1) Félix Alcan, éditeur.

— Une jeune violoniste américaine, Miss Barbara Werner, s'est fait entendre du public parisien avant d'aller dans son pays proclamer par son talent la valeur de l'enseignement qu'elle a reçu dans le nôtre. Cette artiste est, en effet, l'élève de MM. Berthelier et Geloso. Dans des fragments de la *Symphonie espagnole* de Lalo, dans la *Folia* de Corelli et divers autres morceaux, elle a fait applaudir un son vibrant, un remarquable mécanisme et un goût vraiment artistique.

Mme Moreau-Leroy, qui l'accompagna fort bien, mérite aussi d'unanimes applaudissements par sa très bonne interprétation du *Thème et variations* de Chevillard, composition de premier ordre, qui, l'on s'en souvient, fut donnée cette année comme morceau de concours pour les classes de piano (hommes) du Conservatoire.   R. B.

— Le *Journal officiel* publie un arrêté aux termes duquel sont nommés membres du Conseil supérieur d'enseignement du Conservatoire national de musique et de déclamation pour une période de trois ans : 1° Section des études musicales : quinze membres choisis en dehors du Conservatoire : MM. Massenet, Paladilhe, de l'Institut ; Bruneau, inspecteur général de l'enseignement musical ; H. Maréchal, P.-V. de La Nux, inspecteurs de l'enseignement musical ; Guy Ropartz, directeur de l'Ecole de musique, succursale du Conservatoire national, à Nancy ; Debussy, Risler, G. Pierné, André Wormser, compositeurs de musique ; P. Lalo, critique musical ; Mme Rose Caron, artiste lyrique ; MM. Planté, pianiste-compositeur ; Delmas, artiste de l'Opéra ; Edmond Duvernoy, ancien professeur au Conservatoire. Huit professeurs titulaires pouvant comprendre un chargé de cours titulaire : MM. Dubulle, Paul Vidal, Widor, X. Leroux, Camille Chevillard, Philipp, Ch. Lefebvre, professeurs du Conservatoire national.

2° Section des études dramatiques : dix auteurs, critiques ou artistes dramatiques, choisis en dehors du Conservatoire : MM. Lavedan, Paul Hervieu, Jean Richepin, Maurice Donnay, de l'Académie française ; A. Capus, auteur dramatique ; Adolphe Brisson, critique dramatique ; Mounet-Sully, doyen de la Comédie-Française ; Mmes Bartet, Segond-Weber, sociétaires de la Comédie-Française.

Un professeur de déclamation : M. Silvain, professeur au Conservatoire national.

— La nouvelle Société Philharmonique de Paris nous communique le tableau de sa saison, dont les concerts auront lieu encore à la salle Gaveau. On entendra du 7 novembre au 26 mars :

MM. Kreisler, Ysaye et Pugno, le quatuor Capet, le trio Cortot-Thibaud, Casals, Rosenthal, le quatuor Rosé, etc.

M. Sechiari, de son côté, a dressé en détail ses programmes dominicaux du Théâtre Marigny, du 29 octobre au 31 mars. Ils comportent des premières auditions d'œuvres de Bouserez, Strawinsky, Delune, Dupont, Arensky, A. Reuchsel, Debussy, Vierne, des symphonies de Chausson, Ropartz, des pièces diverses de Glazounow, Enesco, Liszt, d'Indy, Rabaud, et mainte page classique.

— L'Association des Concerts spirituels de la Sorbonne donnera cette année, sous la direction de M. Paul de Saunières, l'Œuvre de musique sacrée de César Franck :

Les *Béatitudes, Rédemption, Ruth, Rebecca, Messe solennelle, Motets*, et les grands oratorios de son répertoire. Le *Messie, Le Christ au Mont des Oliviers, Parsifal* (scène du Graal), etc., etc.

— Avant de se rendre à Heidelberg. où il va, avec M. Camille Saint-Saëns, prendre part aux fêtes du centenaire de Liszt, M. Edouard Risler donnera à Paris, le 18 octobre. en matinée, un festival Liszt, composé des œuvres suivantes : 1. Variations (sur un motif de Bach); 2. Sonate en *si* mineur dédiée à Schumann; 3. *Bénédiction de Dieu dans la solitude*; 4. *Mephisto-valse*.

— M. Daniel Herrmann, directeur adjoint et violon solo de la Société J.-S. Bach, vient d'être nommé professeur au Conservatoire de Lausanne pour y faire des cours supérieurs de violon, quatuors et d'accompagnement. Ces cours ayant lieu tous les quinze jours, ne l'empêcheront pas de continuer à Paris ses fonctions de soliste et de professeur.

— Le cours Sauvrezis, école d'art élémentaire et supérieure, 82, rue de Passy, a fait sa rentrée le 4 octobre.

Professeurs : Mmes A. Sauvrezis, Fleury-Roy, Mellot-Joubert, Hardy-Verneuil, Bernardel-Néraudan, Jumel, Rey, Detraux, MM. de Villers, Borrel, Raymond-Marthe, Jean d'Udine, etc.

Le cours d'histoire de la musique sera fait par M. Henry Expert, à partir de novembre.

OPÉRA. — Tristan et Isolde, Samson et Dalila, La Maladetta, Roméo et Juliette, Lohengrin, Faust, Aïda.

OPÉRA-COMIQUE. — Louise, Le Vaisseau-fantôme, Manon, La Tosca, La Vie de Bohême, Werther, Carmen, Mignon, Thérèse, Le Voile du bonheur.

THÉÂTRE LYRIQUE (Gaîté). — Hérodiade, Don Quichotte, Le Chalet, Paillasse, Le Cœur de Floria

TRIANON LYRIQUE. — Les Mousquetaires de la reine, Le Trouvère, Le Domino noir, Rip, Les Saltimbanques.

APOLLO. - Les Transatlantiques, La Veuve joyeuse.

FOLIES DRAMATIQUES. — La Reine de Golconde.

VARIÉTÉS. — La Vie Parisienne.

Concerts Colonne (Châtelet). — Dimanche 15 octobre, à 2 ½ heures : Symphonie fantastique (Berlioz); Symphonie avec chœurs (Beethoven). — Direction : M. G. Pierné.

Concerts Lamoureux (salle Gaveau). — Dimanche 15 octobre, à 3 heures : Symphonie de Guy Ropartz; Fragments de Don Juan de Mozart et du Vaisseau fantôme de R. Wagner, avec M. Maurice Renaud; Le Coq d'or de Rimsky-Korsakoff. — Direction : M. C. Chevillard.

BRUXELLES

LE THÉATRE ROYAL DE LA MONNAIE

nous a présenté, en cette dernière quinzaine, quelques soirées du plus haut intérêt.

Parlons d'abord de la représentation de gala organisée sous les auspices du Comité du Commerce et qui avait pour programme les *Maîtres Chanteurs de Nuremberg*, interprétés, en allemand, par les principaux artistes du théâtre de Munich. Cette représentation — indépendamment du mérite personnel de chacun des interprètes — fut attachante au plus haut point par le caractère général de l'exécution : celle-ci eut admirablement l'allure de comédie musicale voulue par Wagner. L'orchestre et les chanteurs surent garder, d'un bout à l'autre, le ton de la conversation, si l'on peut dire, ne s'en écartant guère que dans les scènes d'une inspiration plus lyrique, que compte surtout le rôle de Walther. L'œuvre, débarrassée ainsi des lenteurs et de l'emphase qu'entraîne forcément une exécution plus « chantée », prend un aspect de légèreté et de vie qui en supprime toutes les apparences de longueurs habituelles. Cette interprétation aura été, pour les artistes de la scène française, une leçon extrêmement profitable.

Nous n'avons plus à faire l'éloge de M. Van Rooy, interprète idéal du rôle de Hans Sachs. Cette fois encore, il a transporté et profondément ému l'auditoire par la simplicité et la vérité d'une réalisation qui nous met en présence du héros lui-même. C'est, d'un bout à l'autre, d'un art de composition qui donne au plus haut point l'impression de la vie, alors que cependant rien n'y est abandonné à l'imprévu ; les gestes, les mouvements, répondant toujours à l'expression d'une idée, d'un sentiment, concourent tous à donner la sensation la plus complète de la physionomie physique et morale du personnage.

Cet interprète, dont l'art élevé et puissant mettait en si parfait relief la figure qui doit dominer l'œuvre entière, était entouré d'artistes de premier ordre, fournis par le théâtre de Munich. Du côté féminin, Mme Bosetti, une Eva délicieuse, qui donna notamment une exécution parfaite de la scène de la fenêtre au 2e acte, ne nous laissant rien perdre de l'entretien avec Hans Sachs, malgré le ton dégagé de son chant, véritable conversation parlée dans laquelle la musique semble n'intervenir que pour accentuer l'expression du mot, pour lui donner un rythme qui en souligne la valeur. Mme Höfer marqua, par une mimique plus appuyée et d'une observation fort juste, le caractère très différent du rôle de Madeleine.

Du côté des hommes, un ensemble très remarquable, dans lequel M. Knote (Walther de Stolzing) fit apprécier son beau talent de chanteur, tandis que M. Geis réalisait, au premier acte surtout, un Beckmesser très spirituellement observé, que le Dr Kühn se montrait le David le plus souple, le plus délicieusement jeune et joyeux que l'on pût rêver, que M. Bender personnifiait avec une dignité parfaite le rôle de Pogner, que M. Tilmann-Liszcwsky enfin chantait celui de Kothner d'une voix puissamment timbrée.

Les chœurs — de Bruxelles, ceux-ci — furent parfaits de nuances et de sonorité, et l'orchestre se distingua, sous la direction de M. Otto Lohse, par une compréhension admirable du caractère très spécial de cette œuvre, qui tient une place unique, non seulement parmi les créations du maître de Bayreuth, mais dans toute la production de l'art lyrique ancien et moderne.

Souhaitons qu'il nous soit donné de réentendre cette année Les Maîtres Chanteurs conduits par un chef de pareille valeur. La troupe de la Monnaie semble renfermer tous les éléments d'une excellente exécution, et l'œuvre, répétée avec les chanteurs plus longuement qu'il n'a été possible de le faire pour cette représentation extraordinaire, nous serait présentée avec une perfection de mise au point qui nous vaudrait peut-être de plus grandes satisfactions encore.

La présence à Bruxelles de Mme Croiza, qui prépare en ce moment la Thérèse de M. Massenet, nous a valu d'excellentes représentations d'Orphée et de Werther. On sait l'interprétation admirable que la grande artiste fournit de ces deux œuvres. Son talent a paru s'être affiné encore, avoir pénétré davantage la psychologie des deux personnages. Dans celui d'Orphée, la ligne nous a paru plus classique peut-être que précédemment, tout au profit du plaisir des yeux, sans que cela vînt nuire aucunement à l'impression de poignante humanité qui se dégage de cette figure presque symbolique, que Mme Croiza dessine avec un art à la fois si sobre et si sûr. Sous les traits de Charlotte, elle fut plus émouvante que jamais, avec des moyens d'une simplicité qui, chez d'autres, laisserait le spectateur indifférent; mais Mme Croiza est une artiste qui sent profondément ce qu'elle chante; sous une apparente froideur, elle éprouve elle-même les émotions des personnages qu'elle représente, et elle a le don de les faire partager par tous ceux qui ne réclament pas les gros effets d'un art très en dehors. Dans les deux ouvrages, on a admiré à nouveau sa parfaite diction, son articulation impeccable, son sens profond de la coloration de la phrase musicale. Et l'on a fait fête, avec un enthousiasme rare, à ce retour d'une artiste particulièrement aimée.

Mme Croiza était fort bien entourée. Dans Orphée, Mlle Heldy se montra l'une des meilleures Eurydice que nous ayons eues, et Mlle Bérelly chanta en musicienne accomplie le rôle difficile de l'Amour. Werther valut un nouveau succès à M. Audouin, le ténor si applaudi récemment dans La Tosca; ici encore il le fit apprécier sa très jolie voix, et il affirma, comme comédien, de réels progrès sur ses apparitions antérieures. M. de Cléry est toujours parfait dans le rôle ingrat du mari de Charlotte, MM. La Taste, Dua et Danlée se montrent excellents dans leurs personnages épisodiques, et Mlle Bérelly a chanté le rôle de Sophie avec un sentiment très fin, mettant une habileté extrême à le débarrasser du cachet « opéra-comique » qu'il avait avec d'autres interprètes; on ne pourrait trop en féliciter la très intelligente artiste. L'orchestre a fourni une bonne exécution, à la fois vibrante et élégamment nuancée, de l'œuvre de Massenet, sous la direction de M. Corneil de Thoran.

M. Otto Lohse nous avait donné une interprétation des plus délicate de la partition d'Orphée, enveloppant l'œuvre de Gluck d'une sorte de parfum d'archaïsme, qui s'harmonisait délicieusement avec les tons estompés et vaporeux du tableau des Champs-Elysées et mettait parfaitement en valeur les finesses et les accents d'une orchestration ne répondant plus aux exigences de la technique moderne. Dans Carmen, dont la reprise a eu lieu vendredi, le prestigieux chef d'orchestre s'est affirmé sous un tout autre aspect. Ce fut, au contraire, une exécution extraordinairement éblouissante, où les colorations vives, les rythmes martelés et pittoresques des scènes épisodiques, la fougue des airs de danse, alternaient avec la langueur expressive, le trouble cahoté des pages sentimentales ou dramatiques. La partition de Bizet ne nous parut jamais aussi haute en couleur, d'une aussi grande puissance émotive.

L'interprétation était à peu près celle de la saison dernière. On sait combien Mlle Degeorgis donne une composition personnelle et vivante du rôle de l'héroïne. M. Girod est resté un Don José très chaleureux et de voix délicieuse, et M. Ponzio un Escamillo fort entraînant. Mlle Heldy a chanté le rôle de Micaëla d'une façon charmante, y mettant des accents d'une très jolie émotion, sans mièvrerie et sans affectation; on a fait à la jeune artiste un succès aussi flatteur que mérité.

J. Br.

— Le jeudi 5 octobre, au Palais des Académies, on a exécuté devant le jury les cantates des six concurrents au prix de Rome pour la musique.

Le premier prix, à l'unanimité, a été décerné à M. Léopold Samuel de Bruxelles, élève de M. Tinel, fils de M. Samuel, professeur d'harmonie pratique au Conservatoire de Bruxelles et neveu de feu Eugène Samuel, qui dirigea les Concerts Populaires et le Conservatoire de Gand.

M. Léopold Samuel est âgé de vingt-huit ans.

Le premier second prix, avec félicitations, est décerné à M. Mahy, élève de M. Tinel, chef de musique aux carabiniers.

Le deuxième second prix est décerné à M. Van Hoof, d'Anvers, élève de M. Jan Blockx.

M. Sarly, de Tirlemont, élève du Conservatoire de Bruxelles, obtient un rappel de mention honorable, et M. Brusselmans, de Bruxelles, une mention honorable.

Le jury était composé de MM. Tinel, président; Emile Mathieu, directeur du Conservatoire de Gand; Silvain Dupuis, directeur du Conservatoire de Liège; Dubois, directeur de l'Ecole de musique de Louvain; Mesdagh, directeur de l'Ecole de musique de Bruges; Vanden Eeden, directeur de l'Ecole de musique de Mons, et Martin Lunssens, directeur de l'Ecole de musique de Courtrai.

— Le succès du festival Beethoven organisé par les Concerts populaires, sous la direction de M. Lohse, est tel que la souscription a couvert toutes les places disponibles pour l'abonnement, non seulement pour les concerts des lundis soir, mais aussi pour les répétitions générales des samedis après-midi.

En présence de ce fait sans précédent, il a été décidé d'ouvrir immédiatement l'abonnement pour une série de six concerts, qui auront lieu les jeudis après-midi 26 octobre, 23 novembre, 7 décembre, 21 décembre, 11 janvier et 8 février.

— La Société J. Bach de Bruxelles donnera cet hiver quatre concerts dont le premier est fixé au dimanche 17 décembre. Parmi les œuvres qui figurent aux programmes de ces concerts, citons : les cantates n° 6 *Blei bei uns;* n° 190 *Singet dem Herrn ein neues Lied;* n° 209 *Non sa che sia dolore;* le concerto en *mi* majeur pour clavecin; le *Concerto brandebourgeois* en *si* bémol majeur; la sonate en *sol* majeur pour violoncelle et clavecin; la suite en *ré* mineur pour violoncelle seul; des fragments des cantates n°s 70, 201, 205 et 206; la messe en *si* mineur, et au dernier concert, la *Missa Solemnis* de Beethoven.

Artistes exécutants : Mmes Nordewier, soprano (Amsterdam); H. Bosetti, soprano (Munich); M. Stapelfeldt, alto (Berlin); De Haan, alto (Rotterdam); MM. G.-A. Walter, ténor (Berlin); G. Baldszun, ténor (Kassel); A. Stéphani, basse (Darmstadt); L. Rains, basse (Dresde); L. Landowska, claveciniste (Paris); M. Caponsacchi, violoncelliste (Paris); G. Minet, claveciniste; J. Smit, violoniste; L. Baroen et J. Rogister, altistes; M. Demont, flûtiste (Bruxelles).

Les chœurs et l'orchestre de la Société Bach, sous la direction de M. Albert Zimmer.

— Le Quatuor Zimmer, Ghigo, Baroen et Doehaerd donnera cet hiver cinq concerts consacrés à l'exécution des dix-sept quatuors de Beethoven. Ces concerts, dont le premier est fixé au mercredi 8 novembre, auront lieu à la salle Nouvelle, 13, rue Ernest Allard.

On s'abonne dès à présent à la maison Breitkopf et Härtel, 68, Coudenberg.

— La Commission administrative de l'Ecole de musique de Saint-Josse-ten-Noode-Schaerbeek vient de décider de dédoubler le cours inférieur de chant individuel pour hommes.

Le cours supérieur (chant, mélodies, duos) restera confié à M. Demest, professeur au Conservatoire; les cours inférieurs (chant) seront donnés par MM. Demest et Mercier.

Les classes de solfège pour chanteurs sont réorganisées : les élèves ne seront plus astreints à se trouver à l'Ecole que deux fois par semaine, les mardis et vendredis.

D'autre part, le cours de solfège supérieur pour jeunes gens et hommes (professeur : M. Minet) comportera, à l'avenir, une division inférieure et une section supérieure.

Pour les inscriptions et renseignements, s'adresser à l'Ecole, rue Traversière, 17, les mardis et vendredis, à 8 1/2 heures du soir.

— M. Norman Wilks, le jeune virtuose du piano qui fit la meilleure partie de ses études avec le maître Sevenants et qui obtint un très grand succès dans son dernier récital, il y a deux ans, à Bruxelles, a fait une tournée triomphale en Allemagne et en Angleterre. Il donnera son récital, cette année, le mercredi 25 octobre prochain, à la Grande Harmonie.

— Mlle Gabrielle Tambuyser et M. Marcel Jorez donneront leurs séances annuelles, les vendredis 10, 24 novembre et 8 décembre 1911. Ces séances, qui auront lieu à la salle de l'Ecole Allemande, sont consacrées à l'histoire de la sonate.

— Concert de charité. — La Croix Verte Coloniale, société de secours aux anciens militaires et civils coloniaux, sous le haut patronage de M. le Ministre de France et les présidences d'honneur de M. le général Wahis, gouverneur du Congo, M. Carton de Wiart, Ministre de la Justice et de M. Max, Bourgmestre de la ville de Bruxelles, donnera au bénéfice de l'œuvre, le lundi 11 décembre prochain, à 8 1/2 heures du soir, un concert artistique, salle de la Société royale de la Grande Harmonie. Ce concert attirera foule d'amateurs de bonne musique, grâce aux généreux artistes de talent qui ont bien voulu prêter leur concours. On peut se procurer des cartes au local, rue de l'Ecuyer, 21.

— Le concert que donnera M. Edouard Deru, violoniste de LL. MM. le Roi et la Reine, le 7 novembre prochain en la Salle de la Grande Harmonie, promet d'être particulièrement intéressant. Outre les concertos de Nardini et de Bach joués avec accompagnement d'orchestre sous la direction de M. Arthur De Greef, professeur au Conservatoire, on y entendra également le quintette pour clarinette et quatuor à cordes de Brahms, une des plus belles œuvres du maître hambourgeois. Le concert se terminera par la Sonate de César Franck interprétée par MM. De Greef et E. Deru. — Billets chez Breitkopf.

— Les répétitions du Cercle symphonique « Crescendo » ont été reprises le 4 de ce mois, dans la nouvelle salle du Cercle, Brasserie du Petit-Louvain, 4, place de Louvain, où elles auront lieu tous les mercredis, de 8 1/2 à 11 heures du soir. Les instrumentistes amateurs, désireux de faire partie de cet orchestre, peuvent se faire inscrire chez M. Fernand Lauweryns, 38, rue du

Treurenberg; ou adresser leur adhésion, par écrit, au local du Cercle.

— Mme Wybauw-Detilleux a repris ses leçons particulières et son cours de chant, chez elle, rue Moris, 49.

— René Devleeschouwer, organisateur de concerts (agence fondée en 1882), 44, rue des Eburons, Bruxelles. Téléphone 103,45.

THÉATRE ROYAL DE LA MONNAIE. — Aujourd'hui dimanche, en matinée, Faust; le soir, Manon; lundi, Orphée, Hopjes et Hopjes; mardi, première représentation, reprise de : Hérodiade; mercredi, Carmen; jeudi, Louise; vendredi, La Bohème, Hopjes et Hopjes; samedi, Hérodiade; dimanche, en matinée, avec le concours de Mme Croiza, Orphée, Hopjes et Hopjes; le soir, Carmen.

Mardi 10 octobre. — A 2 1/2 heures, au Musée Moderne (Cercle d'Art « Union »), séance de sonates donnée par le violoniste Marcel Jorez et le pianiste Charles Scharrès. Au programme : les sonates de J.-B. Loeillet (1653-1728); Emil Sjögren et Gabriel Fauré.

CORRESPONDANCES

A NVERS. — Salle comble à l'Opéra-Flamand pour la soirée de réouverture. On sait que la direction abandonne — momentanément espérons-le — le répertoire wagnérien, exception faite pour *Tannhäuser*. C'est ainsi que le spectacle de début se composait de l'opéra-comique *Martha*. La transition est certes sensible, mais la partition mélodieuse et sentimentale de Flotow — qui semble déjà assez loin de nous — a encore le don de plaire à de nombreux auditeurs. Tel fut le cas, à en juger par l'accueil enthousiaste que le public lui réserva. Elle fut du reste excellemment présentée, avec des soins de mise en scène et des décors du plus charmant effet, des ensembles animés et bien sonores. Et je n'hésite pas à dire que c'est surtout sous ce double aspect que la soirée fut particulièrement attrayante.

Du côté des artistes du chant, citons en tête, la basse Collignon, aussi intéressant comme chanteur que comme comédien, dans le rôle de Plunckett, le bon début de Mlle M. Van Dyck (Marthe), M. Bal, Lyonel assez terne, Mme Cuypers et M. Tokkie. Orchestre très attentif sous la direction de M. Schrey.

A quelques jours d'intervalle, nous avons eu une reprise du *Faust* de M. H. Zoëllner. On se rappelle le succès favorable fait, il y a deux ans, à cette adaptation musicale fidèle du chef-d'œuvre de Gœthe. Le public l'a revu avec satisfaction. Parmi les interprètes notons la grâce et l'intelligence scénique de Mlle Seroen (Marguerite), les débuts de M. Villier (Faust), baryton fort bien doué, ainsi que le Méphistofélès très caractéristique de M. Steurbant.

Les concerts d'hiver à la Société de Zoologie se donneront, comme par le passé, les dimanches à 3 1/2 heures et les mercredis à 8 1/2 heures. Voici la liste des artistes engagés pour les concerts du mercredi :

24 janvier. — M. Jules Boucherit (violoniste).

31 janvier. — M. Arthur De Greef (pianiste, professeur au Conservatoire royal de Bruxelles).

7 février. — Mlle Rose Heilbronner (de l'Opéra-Comique de Paris) et une Chorale de dames. — Audition de *La Demoiselle élue* de Claude Debussy.

14 février. — Audition d'œuvres de M. Edward Verheyden. — Soliste : Mme E. Verheyden (cantatrice). — Chorale mixte.

15 novembre. — M. Em. Chaumont (violoniste, professeur au Conservatoire royal de Liége).

22 novembre. — Mme Madeleine Demest (cantatrice à Bruxelles) et M. J. Daene (organiste de la Société Sainte-Cécile à Bordeaux).

29 novembre. — M. Lucien Wurmser (pianiste).

6 décembre. — Mlle B. Kacerovska (cantatrice).

13 décembre. — M. Joseph Hollmann (violoncelliste).

20 décembre. — M. Ricardo Vinès (pianiste).

27 décembre. — Pas de concert.

3 janvier. — Audition d'œuvres de M. Hubert Cuypers d'Amsterdam, avec le concours de Mlle Joh. van de Linde (cantatrice) et M. Alphonse Laudy (déclamateur).

10 janvier. — Mlle Magdalena Tagliaferro (pianiste).

17 janvier. — Audition de *Roméo et Juliette*, symphonie avec chœurs, soli et prologue vocal, de Hector Berlioz. Chœurs : Arti Vocali d'Anvers.

8 novembre. — Audition de la *Fantaisie pour piano, chœurs et orchestre* de Van Beethoven et de la scène religieuse *La Résurrection de Lazare* de Raoul Pugno (soli, chœurs et orchestre). Solistes : M. Raoul Pugno (pianiste), Mlles Berthe Seroen, Edith Buyens, MM. A. de Vally et J. Vermeulen. Chœurs : Arti Vocali d'Anvers.

21 février. — M. Béla von Csuka (violoncelliste à Berlin).

28 février. — Mlle Marguerite Laenen (pianiste), MM. Mathieu Crickboom (violoniste) et Jacques Kühner (violoncelliste). — Audition du concerto pour violon et violoncelle de Brahms et du concerto pour violon, violoncelle, piano et orchestre de Van Beethoven.

6 mars. — *Festival Peter-Benoit*, avec le concours de M. A. de Vally (ténor) et M. Marcel Laboureux (pianiste).

13 mars. — Mlle Alice Raveau (première chanteuse à l'Opéra-Comique de Paris).

20 mars. — M. Joseph Bonnet (organiste du Grand Orgue de Saint-Eustache à Paris) et le « Cuypers' a Capella Koor » d'Amsterdam.

27 mars. — Audition du *Requiem* de G. Verdi.

Solistes : Mmes Elisabeth Amsden et Edith Buyens, MM. Jean Mertens et Albert Huberty. Chœurs ; Arti Vocali d'Anvers.

Au premier concert symphonique populaire on exécutera la cantate *Sinai* et la *Symphonie inaugurale* de Paul Gilson.

C. M.

ERRATUM. — A propos de la *Hoogmis* de Peter Benoit, lire « l'éloquente contexture » au lieu d'élégante.

LIÉGE. — La réouverture du Théâtre royal a eu lieu le 1er octobre, avec *La Nuit de Walpurgis* et *Roméo et Juliette*, puis on a donné *La Vie de Bohème*, *La Fille du Régiment*, *Hérodiade*. Le public montra de la curiosité ; après la déplorable campagne de l'an passé, désavouée même à l'hôtel de ville, qu'allait-on avoir ?

Les avis ne sont pas encore fixés. Le nouveau chef, M. Bovy, dirige avec énergie et précision, mais on reproche à son orchestre d'avoir trop peu de discrétion ; le régisseur, M. Jahn, semble tirer bon parti des décors désuets et des accessoires insuffisants qui forment le défaut fondamental des exécutions liégeoises.

Quant au chant, l'enrouement de quelques-uns — quel temps il a fait ! — la timidité de quelques autres, ne permettent pas encore de conclure. Et, comme nos confrères quotidiens, nous nous bornerons à une expectative bienveillante.

Les institutions de concerts n'ont pas encore fait connaître leurs projets. C'est attendre bien tard. Nous savons seulement que la Société Bach donnera quatre concerts : *Phœbus et Pan* et *Non sa che sia dolore* formeront le premier programme ; un récital d'orgue par M. Waitz, le second ; puis il y aura une exécution de concerti de Corelli, Marcello et Bach et enfin une soirée de cantates d'église.

Dr DWELSHAUVERS.

NANCY. — Concerts du Conservatoire. — Désirant s'associer à l'hommage universel rendu au génial Fr. Liszt à l'occasion du centenaire de sa naissance. M. J. Guy Ropartz se propose de faire entendre au cours de la saison 1911-1912 quelques-unes des compositions les plus caractéristiques du Maître : *La Légende de Sainte Elisabeth*, la *Faust-Symphonie*, le *Psaume XII*, la *Danse macabre*, un ou deux de ses Poèmes symphoniques.

D'autre part, six des plus célèbres Ouvertures de Mozart — comme l'an passé, les Ouvertures de Beethoven, — prendront place au programme : *Titus*, *Idoménée*, *l'Enlèvement au Sérail*, la *Flûte enchantée*, *Don Juan*, les *Noces de Figaro*.

En première audition seront donnés : le *Cœur du Moulin* (Danses des Treilles) (Déodat de Séverac); Ouverture de *Polyeucte* (P. Ducas), *Une Étude symphonique*, d'après la Nef (G. Samazeuilh), les *Voix du Large* (P.. Le Flem), *la Forêt*, fragments du 2ᵐᵉ acte (A. Savard), *Ouverture pour un Drame* (P. Bretagne).

Enfin, M. Guy Ropartz montera, de Richard Wagner, la Scène religieuse de *Parsifal*; la première scène de *l'Or du Rhin*, le deuxième acte de *Tristan et Iseult* en entier.

A ces œuvres viendront se joindre les compositions des maîtres classiques et modernes faisant déjà partie du répertoire des Concerts du Conservatoire de Nancy.

NOUVELLES

-- La Société des Concerts, classiques de Londres annonce dix concerts dont le premier a eu lieu le 11 octobre, et qui se continueront à Bechstein Hall, de semaine en semaine, jusqu'à fin décembre. Outre des quatuors, sonates, quintettes, sextuors de Beethoven, Haydn, Mozart, Schumann, Brahms, quelques noms modernes figurent au programme de ces intéressantes séances : Granados, Albeniz, Hugo Wolff, Percy Grainger, Fauré. Les deux dernières auditions seront consacrées à Bach et à Schubert. De ce dernier on entendra une série de *Lieder* chantés par le ténor Walter, le quintette en *ut* majeur, le nocturne pour piano et violoncelle (M. Salmond) et le quatuor en *ut* mineur ; de Bach on fera la partition en *mi* mineur, la cantate n° 55 pour le vingt-deuxième dimanche après la Trinité, la sonate en *ré* majeur pour viola da gamba, le concerto pour piano en *la* mineur, et une série d'airs chantés par le ténor Walter. Parmi les solistes engagés pour ces concerts citons le violoncelliste Pablo Casals, comme pianistes Mˡˡᵉˢ Fanny Davis, MM. Percy Grainger, Donald Francis Tovey, le violoniste Marie Motto, les chanteurs Georges Heuschel, Walter, Vernon, d'Arnale, etc.

Dans son rapport aux fondateurs de la Société, M. Edward Speyer, *chairman*, regrette que par suite de la démolition de Saint-James's Hall, il n'y ait plus à Londres de salle convenable pour les auditions de musique de chambre et les concerts d'orchestre en dehors de la Bechstein Hall, qui n'a que 600 places. Il fait des vœux pour que Londres soit doté bientôt d'un *auditorium* de dimensions normales pouvant contenir de 1200 à 1500 auditeurs.

— Le 16 de ce mois le Théâtre de Covent-Garden, de Londres, inaugurera une saison d'opéras allemands et de ballets russes qui durera huit semaines. Au programme : deux représentations du *Ring*, sous la direction de M. Frans Schalk, *Tannhäuser*, *Lohengrin*, *Tristan et Isolde*, *Le Vaisseau-fantôme*, *Les Enfants du Roi*, d'Humperdinck, avec Mᵐᵉ Annie Gura-Hummel dans le rôle de la gardeuse d'oies, et *Le Secret de Suzanne*, de Wolf-Ferrari. Ces œuvres seront successivement dirigées par les cappelmeister Frans Schalk, Percy Pitt et Tschaiepnine.

— Le frère du compositeur Perosi, le jeune Marzeano Perosi, établi depuis quelques années à Vienne, où il est organiste, met la dernière main à un opéra en quatre actes et sept tableaux, que lui a inspiré le célèbre roman de Bullwer : *Les Derniers jours de Pompéi*. Le livret, qui s'écarte très peu de l'affabulation du roman, se prête à une somptueuse mise en scène.

— Le secrétaire de feu Félix Mottl, M. Willy Krienitz de Munich, prépare une biographie du célèbre cappelmeister. L'œuvre ne manquera certes pas d'intérêt si l'auteur a su convenablement utiliser les nombreuses lettres, reçues par l'artiste regretté, de Richard Wagner, de Liszt, de Bruckner, dont il fut l'élève, de Hans de Bulow, de Hugo Wolf, de Nietzche, et de Conrad-Ferdinand Meyer.

— Cette semaine, à Munich, on a vendu aux enchères les biens appartenant à la succession de Félix Mottl, hormis, toutefois, ses livres et ses manuscrits, qui sont restés en possession de la famille.

— L'idée qu'avait eu Mendelssohn de transporter à la scène son oratorio *Élie*, est reprise par l'actif manager anglais Charles Manners, qui donnera, sous peu, une représentation théâtrale de cette œuvre, d'abord sur une scène de province, puis dans un théâtre de Londres. Naturellement, le premier soin de M. Manners a été d'obtenir de la censure anglaise, l'autorisation de représenter *Élie*, sujet biblique. La censure, qui fut si mal inspirée lorsqu'elle refusa de laisser jouer *Salomé*, de Richard Strauss, a autorisé la représentation, cette fois, à la condition « que l'opéra soit donné dans l'athmosphère religieuse que comporte le sujet ». La censure anglaise s'assagit.

— On a apposé cette semaine une plaque commémorative sur la maison natale du célèbre violoniste Joseph Joachim, à Köpseny (Hongrie). L'inauguration du mémorial a eu lieu en présence des autorités, des représentants du gouvernement et de nombreux membres de sociétés musicales. Une société chorale tchèque a chanté un chœur après que le professeur Moser eût prononcé un discours ému, au nom du Conservatoire de Berlin. La commune de Köpsény a, dit-on, l'intention d'acheter la maison où naquit Joachim, afin de la convertir en musée.

— La nouvelle œuvre d'Engelbert Humperdinck, Les Enfants-Roi, est annoncée sur plus de cinquante théâtres en Allemagne. L'œuvre est, on se le rappelle, annoncée aussi, en français, au théâtre de la Monnaie.

— On se prépare à fêter avec beaucoup d'éclat à Weimar le centenaire de la naissance de Liszt qui tombe le 22 octobre.

Le 20 octobre, l'orchestre du théâtre, renforcé, exécutera le poème symphonique Hungaria et La Danse des morts de Saint-Saëns, dans l'arrangement de Liszt, avec Frédéric Lamond au piano. Le 22, l'Opéra de Weimar représentera, dans une nouvelle mise en scène, La Légende de Sainte-Elisabeth, et le 24 le directeur du Conservatoire, M. Waldemar von Baussnern, dirigera à l'église SS. Pierre et Paul la Messe du Couronnement. Tous les anciens élèves de Liszt, tout au moins ceux que l'on a pu découvrir, ont été personnellement invités par le comité organisateur à assister à ces fêtes solennelles.

— La nouvelle œuvre théâtrale d'Eugène d'Albert, La Femme en présent (Die Verschenkte Frau), dont la première aura lieu à l'Opéra de Vienne incessamment, sera également représentée, au cours de la saison, à l'Opéra de Francfort et au Kurfürsten-Oper de Berlin.

— Un groupe d'artistes et de notabilités de Copenhague a pris l'initiative d'organiser, cette semaine, deux exécutions de concert de Parsifal qui ont eu lieu, l'une dans une église de la ville où furent interprétées les parties mystiques de l'œuvre, l'autre dans la grande salle de concerts Tivoli où l'on entendit les autres fragments. Les solistes étaient pour la plupart des artistes étrangers qui avaient chanté à Bayreuth. Une cantatrice danoise, Mme Emmy Hoy, tenait le rôle de Kundry. L'œuvre fut interprétée remarquablement par l'orchestre Blüthner de Berlin. Après les deux concerts de Copenhague, une audition de Parsifal fut également donnée à la cathédrale d'Aarhus.

— La direction du grand théâtre de Nantes annonce qu'au cours de la saison elle représentera, entre autres nouveautés, l'opéra inédit laissé par le compositeur nantais Bourgault-Ducoudray, Myrdhin, dont on avait déjà annoncé l'an dernier, l'apparition; l'opéra Reinaert de Vos, non encore joué en France, du distingué musicien belge M. de Boeck; un opéra de M. Léon Moreau, ancien prix de Rome, Myrialde, dont le livret a été tiré d'un fort joli conte d'Andersen; Tiefland d'Eugène d'Albert, et enfin les Jumeaux de Bergame de M. Jaques-Dalcroze.

— Le compositeur italien Leone Sinigaglia a terminé une œuvre orchestrale, Suite Piémontaise, que Félix Weingartner exécutera le 1er janvier prochain, au concert de la Philharmonie de Vienne, et dont le maestro Toscanini dirigera la première audition en Italie, avant qu'il ne s'embarque pour New-York.

— A la suite de son interprétation de la Sainte-Elisabeth de Liszt, au Conservatoire royal de Bruxelles, en avril dernier, Mlle Elsa Homburger a été engagée au festival Liszt, qui aura lieu à Genève, sous la direction de M. Bernhard Stavenhagen.

— Les grandes sociétés chorales de Worcester, d'Hereford et de Gloucester ont organisé cette année, à Worcester, leur festival annuel, célébré sous le nom de Festival of the three Choirs (Festival des trois Chœurs). Ces fêtes ont duré quatre jours. Ouvertes par une exécution magistrale de l'Elie de Mendelssohn, elles se sont terminées par une audition non moins remarquable du Messie de Hændel. Les compositeurs anglais actuels étaient en belle place aux programmes où figuraient, entre autres nouveautés, La Parabole du Christ (The Saying of Jesus) de Walford Davies, la Marche du Couronnement d'Elgar, l'ouverture d'Œdipe à Colonne de Grandville Bantock, les variations pour instruments à cordes de W.-H. Reed et Les Cinq chorales mystiques de Vaughan William. Solistes et choristes ont obtenu le plus vif succès.

— Cette année, à Berlin, le prix Mendelssohn-Bartholdy, pour la composition, a été décerné à un élève d'Engelbert Humperdinck, M. Clément Droste; le prix de virtuosité a été remporté par un tout jeune étudiant, M. Paul Scholz.

— Une nouvelle société musicale s'est constituée à Weimar sous la présidence du directeur de l'Ecole de musique grand-ducale, M. von Baussnern, et sous le titre significatif de Vereinigung für zeitgenössische Tonkunst. Le but des fondateurs est d'organiser à Weimar, au moins deux fois l'an, des concerts de musique contemporaine. Au programme de la première séance, qui sera donnée incessamment, figurent des œuvres de musique de chambre de Schillings, G. Schumann, Pfitzner, des *Lieder* de Scheinpflug, d'Arnold Mendelssohn et de Richard Wetz.

— La première du *Cavalier à la rose* de Richard Strauss, à l'Opéra de Berlin, est définitivement fixée au 4 novembre prochain. Le succès de l'œuvre, en Allemagne, ne se dément pas. Elle sera jouée concurremment, cette année, pour la première fois, à Dusseldorf, Dantzig, Strasbourg, Lubeck, Fribourg-en-Brisgau, Posen, Elberfeld, Teplitz-Schönau, Barmen, Bromberg, Chemnitz, Crefeld et Königsberg.

— Il y aura, cette année, une saison régulière d'opéras à San Francisco, et non plus seulement une série de représentations organisées, au hasard de leur tournée, par des troupes ambulantes. L'impressario Grazi donnera cette année, à partir du 11 novembre, au théâtre Valencia une trentaine d'œuvres lyriques, dont beaucoup n'ont jamais été représentées à San Francisco, et notamment *Louise, Don Quichotte, Le Jongleur de Notre-Dame, Thaïs, Hérodiade, Salomé, Henri VIII*, et des œuvres de Richard Wagner.

— L'Opéra de Vienne a représenté, cette semaine, avec grand succès, le vieil opéra de Donizetti, *Don Pasquale*, dans la nouvelle version de MM. Bierbaum et Kleefeld.

— Le ministre hongrois de l'instruction publique, le comte Zichy, a autorisé la direction du théâtre royal de Budapest à donner de nouveau, après plus de vingt ans d'interdiction, des représentations en langue allemande. Serait-ce la solution par l'Art du conflit des langues en Autriche-Hongrie ?

— Cette légende ou ce poème chaldéen, le plus ancien qu'aucune littérature nous ait légué : *La Descente d'Istar aux enfers*, poème qu'évoquait encore récemment, sous sa forme archaïque, Henri de Curzon en tête de ses « Contes épiques », semble avoir excité l'imagination de bien des artistes, depuis quelques années. Voici une œuvre nouvelle qui en est certainement inspirée : « *La Déesse nue*, poème ésotérique pour violon et piano » de M. Paolo Litta. Ce musicien philosophe, dont nous savons déjà qu'il est préoccupé avant tout des idées dans l'expression musicale, vient de produire, dans cette sorte de poème, une évocation des espérances et des doutes qui hantent la pensée de l'homme sur l'au-delà et après la mort. Ce n'est pas une sonate à programme, une chaîne de thèmes expressifs, mais un vrai poème

symphonique, sorte de raccourci de symphonie d'orchestre, une « contemplation » sur un thème unique mais qui se modifie par ses propres moyens et se multiplie par lui-même ; car tous les autres thèmes qui apparaissent à travers l'œuvre comme des arabesques sont nés de fragments du thème principal et générateur. Le caractère sombre et solennel de cette page l'oppose comme un contraste absolu au *Lac d'amour* limpide et prestigieux du même musicien. Celui-ci précise au surplus sa pensée et la signification poétique de son œuvre en renvoyant ses lecteurs à la contemplation de deux tableaux du peintre anglais G.-F. Watts : *The Dweller in the Innermost* et *The all pervading*.

— Curieux fragment de dialogue entre le musicien Laquinte et le poète tragique Dunoir, trouvé par M. Adolphe Jullien dans une pièce de la fin du dix-huitième siècle et reproduit par lui dans son Feuilleton musical du *Journal des Débats* :

Laquinte. — Autrefois on faisait, sur de jolies paroles, de ces airs agréables, chantants, que tout le monde retenait.

Dunoir. — Vous avez bien changé de méthode.

Laquinte. — Ces bonnes gens ne voulaient que flatter l'oreille : nous l'étonnons aujourd'hui.

Dunoir. — Quelque chose de plus !

Laquinte. — Le timide hautbois ose à peine murmurer et la bergère ingénue ne chante plus ses amours qu'en roulades couvertes par les bassons, les trombones, les timbales, et on est convenu que c'est là ce qui constitue la vraie, la belle, la séduisante harmonie.

Dunoir. — Et les paroles, que deviennent-elles ?

Laquinte. — Il est encore convenu que le public gagne à ne pas les entendre.

Dunoir. — C'est donc pour cela que le chanteur ne se donne plus la peine d'articuler.

Laquinte. — Il y a quelques années, nous avions la bonhomie de mettre des vers en musique ; maintenant nos poètes mettent notre musique en vers.

Dunoir. — Et quels vers !

Laquinte. — Nous apprendrons à nous en passer.

Et plus loin :

Laquinte. — Je travaille maintenant à un ouvrage qui fera le plus grand effet. Orage, enlèvement, incendie, incidents extraordinaires, imprévus et subits, style boursouflé et ronflant, tout le théâtre en machines jusqu'à la rampe, et par-dessus tout cela une musique, ah ! une musique d'enfer.

Acte premier, du bruit ; acte deuxième, du bruit ; acte troisième, du bruit, et je suis porté aux nues.

Contre quels compositeurs ou quels opéras, ces

critiques pouvaient-elles bien être dirigées, entre 1790 et 1800?

— Dans notre compte rendu du Congrès archéologique de Malines, une coquille nous a fait dire que l'usage des orgues est mentionné dans le pays de Liége à partir du XVIᵉ siècle; c'est à partir du XIᵉ siècle qu'il faut lire.

NÉCROLOGIE

Nous apprenons la mort de Mᵐᵉ Cabel, née Hortense de Aynssa, une personnalité artistique qui eut jadis son heure de succès.

Mᵐᵉ Cabel avait joué sur les principales scènes de Bruxelles, et notamment à la Monnaie, où elle fut l'enfant gâtée du public; c'était à l'époque des Montaubry et du fameux trio belge composé de Wicart, Carman et Depoitiers.

L'artiste avait épousé M. Edmond Cabel, ex-premier ténor d'opéra-comique à la Monnaie. Hortense de Aynssa était la belle-mère de la fameuse soprano Marie Cabel.

LE GUIDE
MUSICAL

FRANZ LISZT

(22 octobre 1811)

UNE âme rayonnante et généreuse, une haute et fière intelligence, un grand artiste! Il est
juste que la postérité célèbre
aujourd'hui sa mémoire. Nous lui devons
beaucoup. Il ne prêcha pas tout à fait dans
le désert, comme Jean le Précurseur, mais
tout de même il eut le sort de tous les
Précurseurs, il fut méconnu personnellement et poursuivi par la haine de ceux qui
ne voyaient pas aussi loin que lui. Certes il
connut l'ivresse de bien des triomphes et
les premières années de sa carrière artistique ressemblent à la marche triomphale
d'un jeune dieu. La seconde fut moins
éclatante. Ceux qui ne voulaient point
reconnaître en lui les signes certains du
Voyant, poussèrent l'animosité jusqu'à l'ingratitude à l'égard de l'interprète de génie
qui avait métamorphosé l'atmosphère musicale de l'Europe. Il a droit à une réparation. Sans aller jusqu'à dire, avec
quelques-uns, que sans lui Richard Wagner
n'eut pas été ce qu'il est, il faut reconnaître
qu'avec Berlioz il fut le plus audacieux
novateur de l'art musical après Beethoven.
Il a pu dire en parlant de lui-même : « Je

crois, dans tout ce que j'ai entrepris, avoir
fait quelque chose de nouveau ». Cela est
vrai, absolument.

Il faut se rappeler quelle brillante inutilité était le virtuose du piano et le virtuose
en général au moment où Liszt adolescent
entrait dans la carrière. Après quelques
années de tatonnements et d'incertitudes,
ce fut lui qui renouvela de fond en comble,
non seulement la technique du piano, mais
encore l'art de l'interprétation. La perfection mécanique du métier, qui était pour
ainsi dire l'unique souci de ses prédécesseurs immédiats ou de ses rivaux, il ne la
considéra jamais que comme un moyen,
non comme un but et une fin.

La plus éblouissante virtuosité ne lui
servit qu'à traduire la pensée poétique
des maîtres et c'est ainsi qu'il devint le
véritable initiateur de l'œuvre de Beethoven auprès du public. Ni les Moschelès,
ni les Kramer, ni les Kaekbrenner, ni surtout Thalberg n'auraient pu révéler l'âme
des dernières créations du Titan. Il fut,
lui, l'interprète de génie qui illumina de la
plus évidente clarté et de l'éloquence la
plus entraînante, tant de pages restées
jusqu'à lui obscures et inattendues.

C'est lui encore qui dans la scolastique
sèche et méthodique des maîtres d'école
jeta le brandon de discorde de la « mesure
élastique » sans laquelle toute notre moderne virtuosité orchestrale n'existerait

pas. C'est lui qui par son exécution, par ses écrits, par ses compositions, proclama le principe que les formes sont le corollaire des idées, que [par conséquent les idées nouvelles devaient résulter des formes nouvelles. Développant une trouvaille presqu'inconsciente de Berlioz, il fut le premier à utiliser systématiquement le thème musical qui par ses répétitions et ses transformations devient le revêtement d'un sentiment ou d'une pensée. Qu'importe que son œuvre de compositeur soit incomplète et inégale; elle ne peut nous être indifférente, car elle a éveillé des ardeurs nouvelles et contribué, plus qu'aucune autre, indépendamment et en dehors du wagnérisme, à l'affranchissement de la musique. Qu'une bonne partie de sa musique de piano ne survive pas aux virtuoses qu'elle a suscités, que ses poèmes symphoniques à programme nous paraissent déjà un peu vétustes, que ses grandes compositions chorales, sa *Messe de Gran*, son *Christus* et ses oratorios si surprenants par la nouveauté des idées, l'étrangeté parfois cahotée du style, agaçants et séduisants par les qualités les plus contradictoires de grandeur véritable et de banalité boursouflée, restent confinés dans les bibliothèques loin du contact des foules, que toute sa musique meure, il n'en restera pas moins un des artistes du dernier siècle que les siècles futurs connaîtront. Et même les légendes qui se sont formées autour de ses succès de virtuose, les jolies anecdotes racontées par les railleurs, toutes ces scènes d'exaltations féminines qu'il a renouvelées pendant soixante ans, tout cela serait oublié, qu'il garderait encore son nom distinct et son souvenir fixé. Il fut une individualité, il fut une valeur morale et esthétique. La place prépondérante que l'art musical occupe dans la vie moderne, c'est Liszt qui la lui assura. Des écrivains de génie parlent de lui dans leurs écrits, l'ont traité comme un des leurs, ont vécu avec lui en toute amitié, Balzac, Georges Sand, Henri Heine, Lamennais, Ballanche, Lamartine, Sainte-Beuve. Il fut le correspondant et le confident de plus d'un prince. Et tout le prestige de sa personne, l'éclat de son esprit et ses hautes relations, il les utilisa toujours dans le but le plus noblement élevé : celui de faire comprendre et accepter tout ce qui dans l'art lui paraissait grand.

Il n'est pas un des noms notoires de l'art musical au XIXᵉ siècle qui ne lui doive quelque chose : Chopin, Schumann, Robert Franz, Berlioz, Camille Saint-Saëns, César Franck, combien d'autres de la jeune école russe, de la jeune école italienne, et surtout Richard Wagner, qu'il a soutenu, choyé, conseillé, aimé, avec une supériorité de sentiment, un désintéressement, une abnégation de soi-même, qui sont uniques dans l'histoire de l'art.

Il fut plus qu'un grand artiste : il fut une belle âme, un cœur inépuisable de bonté.

M. K.

Un mot sur Ferdinand Hiller

A PROPOS DE SON CENTENAIRE

(24 octobre 1811)

IL ne faudrait pourtant pas que le rayonnement de la gloire de Liszt, plus que jamais et justement exaltée en ce moment à l'occasion de son centenaire (22 octobre), effaçât complètement le souvenir de Hiller, son cadet de deux jours et lui aussi, quoique à un degré moindre, l'un des plus remarquables musiciens de son temps. Aussi bien Paris et l'école française en général lui doivent une sympathie particulière, qu'il importe de noter, car il y avait formé de nombreuses amitiés, et il en a toujours su défendre, en son pays, avec éloquence et goût, la haute valeur et la personnalité féconde.

C'est une figure des plus intéressantes en somme que celle de Ferdinand von Hiller, né à Francfort-sur-le-Main, le 24 octobre 1811, mort le 10 mai 1885, à Cologne, où il s'était fixé depuis trente-cinq ans. D'une variété de dons et d'une activité prodigieuses, il fut aussi éminent dans l'enseignement, la direction, l'histoire, la critique et l'exécution de la musique que dans la composition même. Son esprit extrêmement cultivé, le charme et la compétence de sa parole, son enthousiasme pour le beau et la façon dont il l'exaltait, entraient pour une aussi forte part, dans l'influence qu'il exerçait partout, que le talent considérable et le style profondément artistique de son jeu, que la haute valeur de ses compositions personnelles et l'originalité très nourrie de ses improvisations au piano. La verve de sa plume et ses qualités d'écrivain achevaient de lui attirer toutes les sympathies.

Il avait été élevé de bonne heure au culte de Mozart et de Beethoven, et comme eux, bien que très doué, au mépris du virtuosisme proprement dit. Élève d'Aloys Schmidt pour le piano, de Vollweiler pour la composition, il progressa surtout lorsqu'il se fut fixé à Weimar, en 1825, auprès de Hummel, maître difficile et sévère, qui ne lui passait rien, mais dont il devint l'élève de prédilection. C'est alors, au cours d'une tournée avec lui, que Hiller, comme il le raconta depuis, assista à cette réconciliation de Hummel et de Beethoven sur son lit de mort, qui fut si émouvante, à Vienne, en mars 1827. Dès 1828, il était à Paris, où il ne resta pas moins de sept ans, comme premier séjour. Les chroniques du monde artistique de cette époque nous le montrent dans l'intimité de tous les maîtres de la musique et des lettres, obtenant d'ailleurs les plus grands succès personnels, soit par ses propres compositions, soit par ses concerts, où il fit connaître, le premier, maint chef-d'œuvre de Bach, de Mozart et de Beethoven, tantôt seul, tantôt avec Baillot pour le violon, tantôt avec Kalkbrenner ou Liszt pour les morceaux à deux pianos.

Son retour à Francfort lui donna l'occasion de diriger, en 1836 et 1837, le Cæcilien-Verein, et d'affirmer à ce nouvel exercice des qualités éminentes de chef

d'orchestre et de chant. Mais l'Italie l'attirait à son tour, et on le vit bientôt à Milan, où il retrouvait d'ailleurs Liszt et Rossini. Encouragé par celui-ci, il tenta alors sa chance dans l'opéra italien; mais l'accueil fait à sa Romilda le détourna d'un genre peu fait pour lui. Il entreprit, en revanche, un oratorio qui est une de ses œuvres les plus estimables : La destruction de Jérusalem (Die Zerstörung Jerusalems). Peut-être fut-ce sur le conseil de Mendelssohn, son camarade, et qui venait de réussir si heureusement dans ce genre austère. De toute façon, l'auteur de Paulus sut persuader Hiller de venir diriger lui-même son œuvre à Leipzig, en avril 1840, et le succès fut tel que toute l'Allemagne, l'Autriche, d'autres pays encore voulurent l'entendre et y applaudir. Schumann, qui lui consacra un article assez développé en vante la belle tenue et un effort excellent vers l'expression vivante et l'alliance absolue de la parole et du son, en un mot la vérité de la musique.

L'école classique religieuse italienne avait été, en la circonstance, d'un heureux modèle à son génie allemand. Il eut hâte d'en reprendre l'étude, et c'est encore en Italie qu'il faut le rechercher en 1841, mais à Rome, où Baini fut son maître. Ce nouveau séjour ne se prolongea toutefois pas, et les centres artistiques de l'Allemagne le reprirent bien vite pour jamais. Soit à Francfort, soit à Leipzig, où il conduisit les concerts du Gewandhaus en 1843-44, à la place de Mendelssohn, soit à Dresde, son activité comme compositeur se déploya de jour en jour. C'est dans cette dernière ville, en 1845 et 1847, que furent représentés ses deux opéras allemands : Rêve de la nuit de Noël (Traum in der Christnacht) et Conradin. Presque aussitôt la ville de Dusseldorf l'appelait pour être son capellmeister municipal. Mais c'est de son installation à Cologne, trois ans plus tard, en 1850, dans d'analogues fonctions, que date surtout la grande influence de Hiller comme directeur, inspirateur, évocateur de musique.

Désormais, non seulement il continuait

de composer, dans tous les genres, mais il organisait des concerts, les ponctuait de conférences et d'analyses critiques et historiques, écrivait des livres ou des articles encore d'un vif intérêt aujourd'hui, et naturellement exécutait lui-même, merveilleusement, entre deux commentaires. Sa réputation, énorme par toute l'Allemagne, se répandit et s'affirma de nouveau à Paris (où il revint particulièrement entre 1851 et 1853 et fut même quelques mois à la tête du Théâtre-Italien), à Vienne, à Saint-Pétersbourg, à Londres, Liverpool, Manchester... Le centre de son influence, de son impulsion artistique, restait d'ailleurs toujours Cologne. Il y avait été appelé spécialement pour cette création, et c'est là sa grande œuvre : il y fonda le Conservatoire de cette ville, et le dirigea jusqu'à sa mort, en même temps que les concerts et les festivals, dit Rhénans, dont la réputation de perfection fut si grande.

Hiller est considéré en Allemagne, dans ces filiations d'art qu'on aime tant à dresser, comme issu d'une branche qui, partant de Hummel et greffée sur Weber, s'épanouit entre Mendelssohn et Schumann, mais tient plutôt à Mendelssohn. Il a moins de force que de grâce et d'esprit, moins de fermeté de forme que de délicatesse. On trouvait d'ailleurs, à Paris, quand il y venait jouer ses œuvres, que l'audace et le goût des recherches nouvelles ne lui faisaient pas défaut non plus. Les répertoires de musique de chambre et la littérature pianistique gardent encore une bonne place à ses quatuors, ses trios, ses sonates pour plusieurs instruments, sa charmante « opérette sans paroles » à quatre mains, ses duos pour deux pianos, ses études artistiques, ses rêveries, et une quantité de pièces diverses, danses, Lieder, etc. Les répertoires de musique d'orchestre y ajoutent un remarquable concerto de piano, trois symphonies, des ouvertures, des marches militaires. Les répertoires lyriques, une foule de mélodies, des chants spirituels, des motets, des chœurs avec ou sans orchestre... Il faut encore compter, parmi

ses oratorios et ses cantates, particulièrement nombreuses, car c'est un genre qu'il cultiva toujours avec bonheur, un Saül, qui date de 1858, Loreley, Nala et Damajanti, Ver sacrum (ou la fondation de Rome), Prométhée, Rebecca (idylle biblique),. Le Prince Perroquet (Prinz Papagei, conte dramatique)... Au théâtre, L'Avocat (Cologne, 1854), Les Catacombes (Wiesbaden, 1862), Le Déserteur (Cologne, 1865). En somme, près de 300 œuvres ou recueils d'œuvres.

Comme écrivain, Hiller ne mérite pas moins de rester, car sa plume est alerte et toujours intéressante, ses articles ou ses livres pleins de choses, d'idées, de souvenirs. C'est un peu sur le tard qu'il entreprit ses publications en volumes : en 1864 (Die Musik und das Publikum). Ses deux, puis trois, puis quatre volumes, Aus dem Tonleben unserer Zeit (1867-1876), sont tout à fait remarquables. Ses écrits et souvenirs, avec lettres, consacrés à Beethoven (1871), Mendelssohn (1876), Gœthe (1883) et ses dernières Erinnerungsblätter (1884), seront toujours utiles à consulter et charmeront tous les lecteurs... Je crois qu'il valait vraiment la peine d'évoquer encore un peu cette attachante figure d'artiste : il n'y en a pas tant, en tous pays, où l'art ait apparu ainsi comme un chaud et fécond rayonnement !

HENRI DE CURZON.

À propos de la question de l'année de la mort de Hans RUCKERS, le vieux.

LES numéros 38-39 du Guide musical contiennent un essai fort intéressant sorti de la plume de M. Ernest Closson, dans lequel mon savant confrère s'occupe de la question de l'année de la mort de Hans Ruckers, le vieux, et s'efforce à réfuter mon opinion que le décès du célèbre « claversingaelmackere » anversois devrait avoir eu lieu vers 1620 et non pas déjà en 1598. Je dois avouer franchement que la démonstration de M. Closson n'est pas parvenu à me convaincre et je crois pouvoir prouver par ce qui suit qu'en effet Hans Ruckers, le vieux, est mort après l'année 1623.

L'argument principal sur lequel M. Closson s'appuie dans son allégation est une note enregistrée dans les recettes des droits d'enterrement de l'église de N.-D. de la Noël (1), communiquée par MM. Rombouts et Van Lerius dans leur grand ouvrage sur la corporation de Saint-Luc, intitulé : *De Liggeren en andere historische archieven der Antwerpsche Sint-Lucas Gilde*, comme suit (vol. I, page 268) : *Ontfanchsten van de rechten van de kerchlyken, anno 1598. Hans Ryckardt, 4 gl. 1 st. 6 den.* Que cette note ait rapport à Hans Ruckers, le vieux, et à lui seulement, comme c'est l'opinion de MM. Rombouts et Van Lérius partagée par M. Closson c'est ce qui, à mon avis, ne saurait être prouvé en aucune manière. Là graphie erronée du nom de « Ryckardt » n'y joue aucun rôle, quoiqu'on puisse aussi trouver l'orthographe correcte « Ruekers » dans les mêmes registres paroissiaux de la même année. Toutefois, je me permets de faire observer que le nom de famille flamand de « Ruckers » est dérivé du nom de *Ryckaertszoon* (anglais : Richardson), ce qui veut dire « fils de Richard » (flamand : Ruckaert ou Ryckaert); le s final est donc une partie essentielle de ce nom, tandis que « Ryckardt » tout simplement ne signifie que « Richard » (2). Ce qui nous importe plus, c'est le fait que du xvie au xviie siècle (et peut-être encore aujourd'hui?) le nom de famille de « Ryckardt » est très ordinaire et bien fréquent en Flandre et cet autre fait que l'inscription sur les registres mentionnée plus haut ne présente aucune indication de l'état ou du métier du défunt. Il n'est donc pas invraisemblable que la notice en question pourrait bien s'appliquer à un membre de la famille bien connue des peintres du nom de « Ryckaert », à Anvers, dont un bon nombre — comme les deux David, père et fils, Frédérik, Marten et Paul — étaient également affiliés de la corporation de Saint-Luc; la ressemblance des deux orthographes de ce nom, « Ryckardt » et « Ryckaert », ajoute encore à la

vraisemblance de cette supposition (1). — Quand M. Closson dit au sujet de la note dans les recettes des droits de l'enterrement : « Il s'agit ici bien d'un facteur, car l'année suivante (1598-99) les comptes de la même église portent la mention suivante : *Aen Hans Ruckers, van de orghelen te onderhouwen, voer syn gagie van twee jaren... betaelt pro annis [15]98, [15]99.....*, je ne puis nullement me ranger à son avis, puisqu'il n'y a pas le moindre rapport entre ces deux inscriptions. La dernière serait plutôt une preuve du contraire, c'est-à-dire de ce que même, en 1599, le vieux Ruckers était encore en vie!

Mais il y a d'autres raisons plus persuasives encore qu'on pourrait alléguer comme preuves. Il se trouve dans les «Liggere van Sint-Jacobskerk van 1615-1618 » l'inscription suivante : *18 february 1618. Aen meester Hans Ruckers, voor 't stellen van de orgele, verschenen. St-Jansmis 1617, 30 gulden*, et sur les registres de la même église des années 1615-18, celle-ci : *Adi, 5 october, aen meester Hans Ruckers, voor een jaer gage van het stellen van de orgele, verschenen St-Jan 1623, daermede hem afgedanckt, 30 gulden.* Cette dernière remarque, « avec quoi il est congédié », est un argument de haute importance pour notre problème. A cette époque, Hans Ruckers doit avoir dépassé l'âge de soixante-dix ans, puisqu'il se maria en 1575, de sorte qu'on peut considérer l'année 1550 comme date de sa naissance; sa suspension du poste d'accordeur d'orgue ou pour ainsi dire, sa mise à la retraite, en 1623, s'explique alors facilement par son âge avancé. Ce n'est que maintenant que son fils, également du nom de « Hans » (den jonge) fut chargé de la fonction de son père par les autorités ecclésiastiques, car dans les registres paroissiaux de 1631-34 on lit : *In 1631-1634, werd de orgel door Hans Ruckers, den jonge, gestelt....* Hans Ruckers, le jeune, occupa cette charge de l'entretien de l'orgue jusqu'à sa mort, vers la fin de septembre 1642; les registres paroissiaux en question nous fournissent aussi sur ce point des renseignements précis. Il suit de tout cela que l'opinion que j'ai avancée dans le catalogue du *Musikhistorisches Museum* de M. Wilhelm Heyer à Cologne (1er vol. page 257), au sujet de la date de la mort de Hans Ruckers, le vieux, est absolument confirmée par les documents publiés dans l'ouvrage de MM. Rombouts

---

(1) Et non « d'après les registres de la corporation de Saint-Luc », comme M. Closson dit dans la première phrase de son essai, puisque les comptes des recettes de l'ancienne corporation ne nous sont parvenus que jusqu'en 1589.

(2) C'est pourquoi la plupart des orthographes très variables du nom de Ruckers (comme par exemple Ruyckers, Rueckers, Rieckers, Ruekaers) possèdent cet s final; toutefois il se trouve parfois aussi des manières différentes d'écrire ce nom (comme Rikaert, etc.).

---

(1) Dans la liste des « leerjongens » (apprentis des franc-maîtres) de la corporation de Saint-Luc, de 1605, on lit par exemple : *Hans Rychaert by Andris van Baseroo (schilder)*. (De Liggeren, vol. I, page 432.

et Van Lerius, dont je prends connaissance pour la première fois à cette occasion et je puis maintenant même préciser cette date comme étant *après 1623.*

Cependant je ne veux pas omettre de revenir sur l'autre point de la discussion qui se rapporte aux rosettes que les différents membres de la famille de Ruckers employaient pour leurs clavecins et virginales. Il n'est point douteux que Hans (Johannes), le jeune, ne se soit servi de la rosette de son père aux initiales « H. R. » (1) dans les premières années de son activité comme facteur de clavecins, mais dans ses signatures il est désigné, autant que je sais, *dès le commencement et toujours* sous le prénom de « Joannes », à la différence de son père, comme, par exemple, sur l'instrument le plus ancien de sa main que nous connaissions, une virginale fabriquée en 1598, à l'âge de vingt ans, qui, en 1889, se trouvait en possession d'une dame parisienne (2). D'autre part on n'a pu découvrir depuis aucun autre instrument, signé du nom de « Hans Ruckers » et présentant en même temps la rosette aux initiales « I. R. », qui prouverait que Hans Ruckers, le jeune, aurait signé son prénom de « Hans » (comme son père) et non celui de « Johannes »! Je crois alors pouvoir soutenir ma thèse que tous les instruments signés « Hans Ruckers », en conséquence aussi le clavecin n° 275 au Musée de Bruxelles et la petite virginale n° 1080 au Musée du Conservatoire de Paris, tous deux datés de 1610, sont bien des œuvres de Hans Ruckers, le vieux.

GEORG KINSKY,
Conservateur du « Musikhistorisches
Museum von W. Heyer », Cologne.

LA SEMAINE

PARIS

A L'OPÉRA-COMIQUE, en attendant *Les Contes d'Hoffmann,* qui sont imminents, *Le Vaisseau fantôme* poursuit de triomphales représentations, plus nombreuses du double qu'il n'avait été prévu d'abord. C'est qu'entre Maurice Renaud et Marthe Chenal c'est comme une lutte à qui rendra avec

---

(1) Et non « I. R. », comme une coquille typographique l'a fait dire à M. E. Closson.

(2) Voir n° 6 du *Catalogue of Ruckers' clavecins in Grove's Dictionary,* vol. IV (London 1908), page 185.

plus d'éloquence et de flamme ces personnages si attachants du Hollandais et de Senta ; Celle-ci, enthousiaste et troublée, celui-là douloureux et fier ; celle-ci traduisant sa fièvre dans sa voix vibrante et pure. celui-là évoquant dans le moelleux et la grâce pénétrante du phrasé (ce dont je le félicite, car tous ne comprennent pas ce caractère) toute la vivante poésie du personnage. On voudrait qu'ils fussent parfois mieux secondés par la mise en scène. Au dénouement, Senta se noie, et tout est dit. Nul ne peut comprendre cette fin, s'il ne connaît l'œuvre d'avance. Même sur cette scène difficilement praticable, ne pouvait-on donc montrer Senta dans les bras du Hollandais triomphant ; cette apothéose, qui est toute la signification du drame est loin d'être indifférente et superflue.   H. DE C.

AU THÉÂTRE APOLLO, où l'opéra-comique voisine volontiers avec l'opérette, on vient de faire une très belle reprise de *Madame Favart,* d'Offenbach, qui tient de tous les deux. Il y a en ce moment, en France comme en Allemagne, une sorte de renouveau de vogue en l'honneur d'Offenbach, et de tous les genres qu'il a créés ou transformés. Quoi de plus différent, en effet, que les trois œuvres qui, d'ici quelques jours, se trouveront tenir simultanément l'affiche : *La Vie Parisienne* aux Variétés, *Madame Favart* à l'Apollo, les *Contes d'Hoffmann* à l'Opéra-Comique? Et il n'y a pas longtemps que d'autres scènes remettaient en valeur *La Périchole, La Fille du Tambour-Major, Monsieur Choufleuri... Madame Favart* est de la dernière manière : elle date de 1878, et Offenbach s'éteignait en 1880, laissant tout prêts les *Contes d'Hoffmann.* C'est une des plus gracieuses partitions d'Offenbach, et qui a trouvé grâce même devant les plus austères contempteurs du genre. Le sujet, en deux mots, met en relief les tours joués par cette délicieuse Madame Favart au maréchal de Saxe, pour rester fidèle à son mari sans cependant faire retomber sur lui la colère du héros joué. Les imbroglios, les travestissements, les coquetteries et les fêtes galantes, rendent la comédie en elle-même fort amusante ; le compositeur l'a d'ailleurs traitée dans un style un peu archaïque très réussi et avec sa verve coutumière pleine de variété et de couleur. On n'a rien épargné pour rendre à cette musique comme à cette comédie tout l'éclat qu'ils eurent jadis aux Folies-Dramatiques (avec Mlle Girard, depuis Simon-Girard, avec Huguenet, et avec Lepers). Favart est personnifié par l'excellent comédien-chanteur Allard, hier encore à l'Opéra-Comique,

Mme Favart par Mlle Gril, voix souple et amusante, les autres rôles par Georges Foix, le charmant ténor, Paul Ardot, et Mlle Marcelle Devriès. Les dernières représentations à Paris de *Madame Favart* datent de 1890 (aux Menus-Plaisirs). On ne s'explique guère cet oubli au profit de tant d'autres partitions qui ne la valent pas, et l'on ne peut que féliciter vivement M. Franck de l'avoir mis à son brillant répertoire.   H. DE C.

Au Conservatoire, il y a eu quelques élections ces jours-ci dans les classes lyriques. La mort de MM. Imbart de la Tour et Dupeyron, la démission de M. Bouvet, laissaient vacantes deux chaires de déclamation lyrique et une de chant. Pour celle-ci, le conseil supérieur a nommé M. Guillamat (un peu jeune vraiment, car il n'y a pas bien longtemps qu'il sortait du Conservatoire, et le voici collègue de son maître Dubulle). Pour les classes de déclamation lyrique, il a nommé MM. Saléza et Sizes, choix excellent, le premier surtout. En s'adjoignant M. Saleza, le Conservatoire s'honore car les grands artistes de carrière sont bien rares à la tête de son enseignement; mais il fait d'ailleurs l'acquisition la plus utile, car la méthode et le style de celui-ci sont parmi les plus justes, les plus féconds et les plus vraiment musicaux qui soient à notre époque.

Concerts Colonne (15 octobre). — La réouverture s'est faite avec *Là Fantastique* et *La Neuvième*. Curieux rapprochement — magnifique programme, bonne exécution — ces deux œuvres plaisent au public et l'emplissent d'une joie véhémente et fanatique. Succès pour Gabriel Pierné, les solistes — Mme Mary Mayraud en tête — l'orchestre et les chœurs.

Nous ne sommes pas en 2200 et Berlioz existe encore dans le souvenir des hommes. Ces hommes, il est vrai, ne sont point immortels et la future Chambre syndicale des Beaux-Arts, à laquelle Emile Vuillermoz, par anticipation, abandonne le commerce des Muses, ne les comptera pas au nombre de ses rapporteurs chargés de travailler au grand Dictionnaire biographique et critique des musiciens français des XIXe, XXe et XXIe siècles, sans quoi l'on pourrait présager, nonobstant notre Wells musical, qu'ils feraient à Berlioz (Louis-Hector), 1803-1869, l'honneur d'un long article, où l'éloge donnerait la mesure de leur impérissable admiration.

Si l'on peut, en effet, soutenir que la géniale médiocrité de l'extraordinaire Jeune-France ne résistera point à l'épreuve du temps, il n'est pas moins vrai qu'elle splendit actuellement à son apogée. — Image d'une époque. — Berlioz est populaire. Il méritait de l'être. On lui devait cet excès de gloire.

Les dernières lueurs du crépuscule romantique cernent sa belle figure ténébreuse d'un halo favorable. Elle apparaît, à travers le rêve du mélomane inexpérimenté, de l'amateur naïf et du bourgeois cultivé comme celle d'un héros de légende. Et c'est ainsi, campé devant la postérité, que le nez en bec d'aigle et la chevelure en flamme de punch perpétuent de l'étonnant Olympio un sympathique portrait. Berlioz : symbole troublant. Pour le vulgaire : un Artiste; pour l'arriviste : un Maître. Il plaît. On l'aime, on l'admire. Ne contrarions pas la piété populaire. L'édifice tombera de lui-même. Et, qui sait? pour hâter sa chute, ceux qui l'ont érigé porteront peut-être les premiers coups de pioche !   ANDRÉ-LAMETEE.

Concerts Lamoureux. — Lyrique, passionnée, brûlante d'une flamme dont les années n'éteignent pas l'ardeur, l'ouverture de *Benvenuto Cellini* (Berlioz) commençait le premier concert de cette nouvelle saison musicale, trentième année des Concerts Lamoureux. En première audition : la quatrième symphonie (*ut* majeur) de M. Guy Ropartz. C'est un essai de symphonie en un seul morceau : les trois mouvements qui la composent se jouant sans interruption. Un thème cyclique, exposé dès le début du premier allegro, imprime à l'œuvre la nécessaire unité. Le premier temps (allegro moderato) suit le plan classique de l'allegro de sonate ; il est d'une belle sonorité, de forme pleine et bien mouvante. Il s'enchaîne à l'adagio que nous lui préférons. D'heureuses courbes mélodiques d'un contour ferme et cependant gracieux captivent l'oreille qui s'en charme. Comme sentiment : une mélancolie sans langueur, ou mieux, une tristesse virile qu'on sent devoir se reprendre bientôt. Mais tout soudain l'expression change, brusquement coupée par un motif populaire dont l'apparition est un peu déconcertante. Traité en style fugué, il n'est pas dépourvu d'agréments. Alors qu'on l'écoute, l'adagio reparaît pour s'enchaîner avec le finale qui se développe en mode classique. L'œuvre, conduite avec le soin habituel par M. Chevillard, a été accueillie très favorablement.

Des fragments de *Don Juan* assurèrent à M. Renaud et à ses partenaires : Mmes Charlotte Lormont, Bureau-Berthelot et M. Huberdeau un succès mérité. Les bravos sollicitaient le bis de l'exquise *Sérénade* mais M. Renaud ne voulut pas comprendre. Quelques instants plus tard, il devait trouver de pathétiques accents pour chanter le désespoir de l'infortuné héros du *Vaisseau-Fantôme*. L'approche du centenaire de Liszt nous vaut l'audition d'un de ses poèmes symphoniques : *Hungaria*. Musique pompeuse, chevaleresque, grandiloquente parfois ; c'est du romantisme flamboyant, mais c'est d'un rythme, d'un mouvement qui sauve tout, même les redondances, même les vulgarités, même les faiblesses. Autre première audition : le *Coq d'or* de Rimsky-Korsakow. Le fragment donné est très amusant. Oui, je sais bien, c'est toujours un peu la même chose : alliances de timbres inattendues — qui finissent quelquefois par ne plus l'être — rythmes cocasses, thèmes populaires. Eh bien ! qu'importe, c'est amusant tout de même. D'abord la plaisanterie ne dure pas longtemps, ensuite elle est spirituelle. Ce cortège nuptial du roi Dôdon ! Voilà de la bonne caricature musicale. On les voit tous ces comiques personnages et ils nous divertissent. En faut-il plus pour que nous applaudissions de bon cœur. Les plus moroses sont désarmés dès l'instant qu'ils ont ri. M. DAUBRESSE.

— L'Opéra a donné la semaine dernière la quatorze-centième représentation de *Faust* et la trois-centième représentation de *Lohengrin*. Voilà de belles centièmes qui ne manqueront point d'éveiller quelque envie dans le cœur des musiciens. Il n'y a eu pour célébrer ces chiffres, ni discours, ni poésie, ni champagne. Pas la plus petite fête. Il est vrai que les deux ouvrages peuvent se passer de ces réclames à côté.

— Du *Ménestrel*, cette observation un peu dure mais combien juste à propos des relèvements de crédits proposés par divers députés dans les budgets de divers ministères :

« Aucun de ces messieurs n'a eu l'idée de faire une proposition semblable pour augmenter le traitement de certains professeurs du Conservatoire de musique et surtout de ceux qui n'en ont aucun ! N'est-ce pas une honte que dans un pays comme la France, avec un budget de plus de quatre milliards, une école d'art supérieur comme le conservatoire compte des professeurs qui font leurs cours gratuitement, et d'autres qui *jouissent* de traitements ne dépassant pas quatre, cinq et six cents francs ! Il est vrai que nous avons un sous-secrétaire d'État aux beaux-arts. Mais la musique à ses yeux n'est pas sans doute un « bel art », car la sculpture et la peinture sont seuls l'objet de ses préoccupations, et ce sous-secrétaire d'État ne s'occupe du Conservatoire qu'à l'époque des con-

cours, pour distribuer des billets aux portiers et aux cuisinières de Messieurs les Sénateurs et Députés, qui s'empressent de les vendre au prix fort à la porte de l'établissement. pour s'en faire un aimable profit. Nous demandons un sous-secrétaire d'État spécial à la musique. Peut-être celui-là s'en occuperait-il ? »

— M. Reynaldo Hahn qui a donné tant de preuves de sa connaissance approfondie et de sa compréhension des œuvres de Mozart, sollicité par M. Albert Carré, vient d'accorder au directeur de l'Opéra-Comique sa précieuse collaboration pour les représentations de *Don Juan*, qui vont être offertes aux abonnés de ce théâtre. C'est lui qui surveillera les études du chef-d'œuvre de Mozart et qui en dirigera l'exécution.

OPÉRA. — Rigoletto, Coppélia, Samson et Dalila, La Maladetta, Aida, Faust.

OPÉRA-COMIQUE. — Manon, Cavalleria rusticana, La Tosca, Werther, Le Vaisseau-fantôme, Louise, Mignon, L'Ancêtre, Thérèse.

THÉÂTRE LYRIQUE (Gaîté). — Don Quichotte, Le Chalet, Paillasse, Le Cœur de Floria, Hérodiade, La Juive.

TRIANON LYRIQUE. — Les Saltimbanques, Les Mousquetaires de la reine, Le Trouvère, Le Domino noir, Rip.

APOLLO. — Mme Favart, La Veuve joyeuse, Les Transatlantiques.

Concerts Colonne (Châtelet). — Dimanche 22 octobre, à 2 ½ heures : Dante-Symphonie ; Danse macabre ; Deuxième Rapsodie hongroise (Liszt) ; Fragments de Wagner et de Berlioz. — Direction de M. G. Pierné.

Concerts Lamoureux (salle Gaveau). — Dimanche 22 octobre, à 3 heures : Deuxième Symphonie (Schumann) ; Chant funèbre (A. Magnard) ; Fragments de Don Juan, avec M. Renaud, qui chantera aussi les Adieux de Wotan de la Walkyrie ; Concerto en *ut* mineur de Beethoven, joué par Mme de Lausnay. — Direction de M. C. Chevillard.

BRUXELLES

LE THÉÂTRE ROYAL DE LA MONNAIE

a repris cette semaine *Hérodiade*, qui avait vu le jour sur la même scène il y a trente ans déjà. Grâce à une excellente interprétation, qui groupe une série de fort belles voix, cette reprise a recueilli un réel succès.

M. Darmel a tout aussi brillamment réussi dans le rôle de Jean que dans celui de Samson, qui lui avait servi de début. M. Ghasne a montré, dans le rôle d'Hérode, des qualités de style de tout premier ordre, mises au service d'une voix éminemment · expressive. M. Grommen a fait apprécier, sous les traits de Phanuel, la puissance et l'étendue de son bel organe de basse profonde. M. Bouilliez donne de l'allure au rôle ingrat de Vitellius.

Mme Friché affirme son beau talent dramatique dans le personnage d'Hérodiade, qu'elle a mis en place avec une autorité et une maîtrise très remarquées. Et Mlle Béral enveloppe le rôle de Salomé du charme de sa voix si pure, si homogène.

L'orchestre et les chœurs, sous la direction de M. Corneil de Thoran, ont contribué pour une large part à une impression d'ensemble excellente.

Samedi on donnera *Thérèse* de J. Massenet et *Le Secret de Suzanne* de Wolf-Ferrari, les deux premières nouveautés de la saison.   J. Br.

— Les répétitions d'*Obéron* ont commencé sous la direction de M. Otto Lohse. On compte pouvoir faire passer l'ouvrage de Weber dans les premiers jours de novembre. La direction n'a pas reculé devant les frais : l'œuvre a été rémontée complètement à neuf et sera représentée dans un cadre féérique de décors nouveaux. Voici la distribution : Rezia, Mme Béral; Fatime, Mlle Symiane; Obéron, Mlle Heldy; Puck, Mme Dignat; Huon de Bordeaux, M. Zocchi; Cherasmin, M. Ponzio; Haroun-al-Raschid, M. La Taste.

— Dans le nouveau cahier des charges de l'Opéra-Comique à Paris, il y a une clause qui oblige M. Carré à faire une part plus importante aux œuvres classiques. Le gouvernement français a estimé que *trente* représentations classiques par saison constituait un minimum. A ce propos, M. Systermans publie dans *Le XXme Siècle*, les réflexions que voici :

« Il serait souhaitable *(sic)* qu'une clause analogue fût désormais insérée dans le cahier des charges de nos théâtres subsidiés : à la Monnaie, par exemple, l'organisation d'une soirée classique par semaine, correspondrait à peu près à ce chiffre de trente : et ce ne serait pas trop d'avoir l'assurance d'entendre au moins, quatre fois par mois des œuvres de Beethoven, de Mozart, de Gluck ou de Weber, des maîtres chez lesquels certains esthètes ne découvrent plus que des charmes surannés, mais dont la propagation est plus que jamais nécessaire à l'éducation du public et des musiciens. »

M. G. Systermans, est on le sait. trésorier administrateur du Conservatoire royal de Bruxelles; il cumule ce poste avec la critique musicale au *XXe Siècle* et d'autres amateurismes. Ne pense-t-il pas qu'il serait bon que le gouvernement dont le Conservatoire dépend, prît à l'égard de cet établissement la mesure qu'il recommande à l'égard des théâtres subventionnés?

Qu'a-t-on fait, depuis vingt ans et plus, au Conservatoire de Bruxelles, pour la propagation de l'œuvre de Mozart? Qui connaît Weber, dans cette maison? Qui connaît véritablement Beethoven et serait capable de mettre sur pied *Fidelio?* Quant à Gluck, depuis que Gevaert n'est plus là, qui s'en occupe encore rue de la Régence?

Vraiment, on n'est pas plus maladroit que ce néfaste administrateur !

— Quelques notes sur de nouvelles œuvres en perspective : En Belgique, le commandant baron Buffin travaille à un opéra d'après la triomphante *Kaatje*, de M. Spaak; M. Delune parachève le drame lyrique que lui a inspiré le roman de Lemonnier (adapté pour la scène par l'auteur), *Comment va le Ruisseau;* M. Joseph Jongen a terminé un ballet-pantomime pour un scenario de M. Franz Thys.

— La séance publique annuelle de la classe des Beaux-arts de l'Académie royale de Belgique aura lieu le dimanche 26 novembre prochain — le jour de la fête patronale du Roi — à 2 heures, au Palais des Académies. On y exécutera *Tycho-Brahé*, l'œuvre de M. Samuel, grand prix de Rome de cette année.

A la séance annuelle suivante, en octobre ou en novembre 1912, aura lieu l'exécution publique de l'œuvre de M. Alfred Mahy. chef de musique aux Carabiniers et premier second prix de Rome au même concours.

— Concerts Populaires (festival Beethoven). — Première audition : lundi 23 octobre, à 8 1/2 heures; deuxième audition : jeudi 26 octobre, à 2 heures, au théâtre royal de la Monnaie, avec le concours de M. Arthur De Greef. Programme : 1. Ouverture d'*Egmont;* 2. Première symphonie, op. 21; 3. Concerto en *mi* bémol, op. 73, pour piano (M. A. De Greef); 4. Deuxième symphonie, op. 36.

— Concerts Ysaye — L'Administration des Concerts Ysaye vient de faire paraître le plan artistique des concerts qu'elle organisera au cours de la saison prochaine, au théâtre de l'Alhambra.

Les solistes engagés sont : Mlle Maud Fay, cantatrice de la Cour royale de Bavière; MM. Emil Sauer et Carl Friedberg, pianistes; MM. Eugène Ysaye, Fritz Kreisler et Lucien Capet, violonistes; M. Pablo Casals, violoncelliste.

Comme chefs d'orchestre : M. Fritz Steinbach, directeur des Concerts du Gürzenich, à Cologne; M. Karl Panzher, chef d'orchestre des Festivals rhénans et du « Städtisches Orchester » de Dusseldorf; M. Max Schillings, chef d'orchestre du Théâtre royal de la Cour, de Stuttgart; M. Joseph Lassalle, chef d'orchestre du « Tonkünstler Orchester » de Munich; MM. Eugène Ysaye et Théo Ysaye.

Parmi les nouveautés annoncées figurent la *Symphonie alpestre* de R. Strauss, la symphonie n° 2 de Th. Ysaye, *Ibéria* de Debussy, une suite burlesque de A. Dupuis ainsi que des poèmes symphoniques de Max Schillings, Scriabine et Fr. Rasse.

Billets et abonnements chez les éditeurs Breitkopf et Hærtel, 68, rue Coudenberg.

— C'est jeudi 23 novembre, à 8 1/2 heures du soir, qu'aura lieu à la Salle de la Grande Harmonie, avec le concours de l'éminent violoniste Fritz Kreisler, le premier des « Quatre Concerts classiques » organisés par la Maison Schott; Jacques Thibaud, le Quatuor Sevcik et Mlle Suzanne Godenne, prêteront leur concours aux trois concerts suivants. Nous rappelons que ces quatre séances, d'un si grand intérêt, se donneront par abonnement à prix très réduits. La location est ouverte dès à présent à la Maison Schott frères, 28, Coudenberg. Téléphone 1172.

— La première des cinq séances du quatuor Zimmer aura lieu le mercredi 8 novembre, à 8 1/2 heures, à la salle Nouvelle, rue Ernest Allard. Au programme : Quatuor en *fa* majeur, op. 18, n° 1; Quatuor en *mi* bémol majeur, op. 127; Quatuor en *mi* mineur, op. 59, n° 2.

— En vente à la maison Schott frères, 28, Coudenberg, au prix de 50 centimes, une brochure-programme, en vue du Festival Beethoven. Cette publication contient divers [articles historiques, biographiques et plusieurs reproductions photographiques du maitre et des interprètes.

THÉATRE ROYAL DE LA MONNAIE. — Aujourd'hui, dimanche, en matinée, avec le concours de Mme Croiza, Orphée, Hopjes et Hopjes; le soir,

Carmen; lundi, à 8 ½ heures : Concerts Populaires, première audition du Festival Beethoven, sous la direction de M. Otto Lohse; mardi, La Tosca; mercredi, Faust; jeudi, à 2 heures, deuxième audition du Festival Beethoven; le soir, Samson et Dalila; vendredi, Louise; samedi, première représentation de : Thérèse et le Secret de Suzanne; dimanche, en matinée, Aïda; le soir, La Tosca et Hopjes et Hopjes.

Mercredi 25 octobre. — A 8 ½ heures, à la salle de la Grande Harmonie, piano-récital donné par M. Norman Wilks. Au programme : Aria con Variazioni (Hændel); Sonate en *la* majeur, op. 26 (Beethoven); Sonate en *fa* mineur, op. 57 (Beethoven); Etude, op. 25, Valse, Scherzo en *si* bémol mineur (Chopin); Papillons (Schumann); Chant du Voyageur (Paderewski); Première Arabesque, première audition (José Sevenants).

CORRESPONDANCES

ANVERS. — Les reprises se succèdent avec activité à l'Opéra flamand. Nous avons eu celle de l'*Evangelieman* (Le Prêcheur de Saint-Othmar) du compositeur autrichien Wilhem Kienzl. Elle a donné l'occasion de présenter deux artistes nouvellement engagés : Mlle Edith Buyens, déjà appréciée dans nos concerts (une élève de Mlle J. Flament) et M. Rooze, baryton.

Mlle Buyens possède une belle voix de contralto qu'elle fait parfaitement valoir. L'actrice a paru attentive et sous ce rapport ses qualités s'affirmeront davantage par l'expérience de la scène. Ce début fut très favorablement accueilli. M. Rooze est moins doué du côté de la voix, mais le jeu est distingué et sobre. Les autres rôles étaient, comme précédemment, confiés à Mme Van den Hoek (Marthe), MM. De Vos (Johannis) et Collignon (le père).

Puis ce fut *Christ'l*, la charmante opérette de G. Jarno, qui d'emblée retrouva son succès. On sait combien le sujet renferme de charme et de finesse; la musique est légère, comme il convient. Ajoutons que la pièce est luxueusement montée et excellemment interprétée avec, en tête, Mme Van den Hoek (Christ'l), MM. Mastebroek, Van Kuyck et Tokkie.

M. Corin, le baryton applaudi durant plusieurs saisons au Théâtre-Royal, est nommé directeur de cette scène, à partir de la prochaine campagne.

La Société des Nouveaux Concerts publie le programme général des concerts d'abonnement qui auront lieu, comme par le passé, au Théâtre-Royal, aux dates suivantes :

Premier concert, lundi 4 décembre 1911, sous la direction de M. Peter Raabe, hofkapellmeister à Weimar, avec le concours de Mᵐᵉ Edith Walker, cantatrice, de Hambourg. Au programme : Ouverture du *Freischütz* de Weber; Grand air de Rezia, d'*Obéron* de Weber; Première Symphonie de Brahms; Introduction et finale de *Tristan et Iseult* de Wagner.

Deuxième concert, lundi 8 janvier 1912, sous la direction d° M. L. Mortelmans, avec le concours de Mˡˡᵉ Godenne, pianiste et de M. Henri Casadesus, altiste, de Paris. Au programme : Symphonie de Goetz; Concerto en *si* mineur pour a°to de Hændel; Concerto en *mi* bémol pour piano de Mozart; Suite pour viole d'amour de Lorenzetti; Soli pour piano; *Siegfried's Rheinfahrt* de Wagner.

Troisième concert, lundi 26 février, sous la direction de M. Siegmund von Hausegger, capellmeister des Concerts Philharmoniques de Hambourg, avec le concours de M. Hugo Becker, violoncelliste. Au programme : *Les Préludes* de Liszt; Concerto pour violoncelle de Dvorak; *Faust-Ouverture* de Wagner; Soli pour violoncelle de Bach; Troisième Symphonie de Beethoven.

Quatrième concert, lundi 18 mars, sous la direction de M. L. Mortelmans, avec le concours de M. Carl Flesch, violoniste. Au programme : Symphonie n° 2 de Borodine; Concerto pour violon de Beethoven; Poème symphonique de L. Mortelmans; Soli de Lotti, Paganini et Flesch.

Cinquième concert, mardi 16 avril, avec le concours de l'orchestre complet des Concerts Colonne de Paris, sous la direction de M. Gabriel Pierné. Au programme : *Symphonie fantastique* de Berlioz; *Le Chasseur maudit* de César Franck; *Ramuntcho* de G. Pierné, etc.

C. M.

LA HAYE. — Salle Diligentia, mardi 7 novembre 1911, 8 heures, séance de musique de chambre donnée par M. Lazare Levy, pianiste, de Paris, pour la société « Kunst aan Allen » avec le concours de M. Ch. Van Isterdael, professeur de violoncelle au Conservatoire royal de La Haye. Sonate pour violoncelle et piano de Francesco Geminiani; sonate op. 31 n° 2 pour piano de L. van Beethoven; adagio et allegro op. 70 de R. Schumann, violoncelle et piano : sonate op. 15 pour piano et violoncelle de Camille Chevillard. Piano Erard.

LILLE. — La saison musicale s'est ouverte dimanche à Lille par une audition de notre vieille Société des Concerts populaires. M. Pierre Sechiari continue à s'occuper de notre orchestre avec la même sollicitude, comme il le dirige avec la même vaillance, la même ardeur juvénile.

Au programme, la symphonie en *ut* majeur (n° 7)

de Schubert; *La Jeunesse d'Hercule*, l'admirable poème symphonique de Saint-Saëns, dont les splendides oppositions ont été bien traduites, et une polonaise de Liadow, qui jetait sa note éclatante en fin de séance.

Mˡˡᵉ Maggie Teyte, de l'Opéra-Comique, se faisait entendre à ce concert. Elle a détaillé de sa voix souple et charmeuse quelques mélodies modernes et quelques bluettes anglaises.   A. D.

LYON. — Le Grand Théâtre vient d'ouvrir ses portes. La première soirée de cette saison a été consacrée à *Werther*, pour les débuts de M. Marcellin, un ténor à la voix très pure, Mˡˡᵉ Garchery, également très bien douée vocalement, et Mˡˡᵉ Van Gelder.

Le ténor Verdier, qui nous revient de Bruxelles, a fait sa rentrée dans *Tannhäuser*. Les amis de l'excellent artiste (et ils sont nombreux à Lyon) l'ont retrouvé en pleine possession de ses moyens et lui ont fait fête. On nous promet beaucoup de Wagner cette saison; M. Verdier y trouvera certainement de véritables succès.

Notre nouveau baryton, M. Lestelly, a fait une bonne impression. Nous ne pouvons en dire autant de Mˡˡᵉ Grippon, et il faut attendre pour porter sur elle une appréciation définitive.

Les chœurs ont beaucoup à faire et l'orchestre lui-même, dont la réputation est cependant établie, devra se garder de bien des petites imperfections que l'on ne saurait tolérer dans une phalange instrumentale de premier ordre.

M. Mérina, le vrai « fort ténor » de la troupe, a vaillamment repris son rôle de Sigurd.

La Société des Grands Concerts annonce ses neuf concerts habituels de l'abonnement avec le concours de MM. Kreisler (violoniste), Pollain (violoncelliste), Risler, De Greef, Lévy et Mˡˡᵉ Selva (pianistes), etc.

On entendra les septième et huitième symphonies de Beethoven, *Faust* de Liszt, *Schéhérazade* de Rimsky-Korsakow, diverses œuvres de Mozart, Weber, Wagner, Saint-Saëns, Franck, Debussy, Borodine, Gédalge, etc.

On annonce aussi plusieurs séances de musique de chambre par des artistes lyonnais. MM. Amédée et Maurice Reuchsel donneront leur première soirée de cette saison (douzième année) en novembre, avant de se rendre à Londres, où ils sont engagés pour l'audition de leurs œuvres.   P. B.

NOUVELLES

— Le centenaire de Liszt réveille combien de souvenirs ! Sa vie et ses aventures ont été l'objet de beaucoup de livres, entre autres de l'admirable *Béatrix* de Balzac. Ces livres sont assez durs, à commencer par la *Nélida* de Daniel Stern, un fort bel ouvrage avec des dédains de femme raffinée, jusqu'au *Roman d'une Cosaque*, œuvre de basse et frénétique vengeance. Liszt eut un mot d'une heureuse trivialité, à propos de ces piqûres de la Cosaque : « Quand on couche avec des chiennes, on se lève avec des puces ».

Mais son esprit savait trouver des boutades d'un autre ton.

A Vienne, en 1885, Liszt se trouvait dans un salon, à la même table que Rubinstein et Brahms. Une dame assise à côté de Rubinstein demanda un autographe à celui-ci. Rubinstein tira de sa poche une carte de visite et la posa sur la table. Liszt alors s'en empara et traça ces mots au-dessous du nom gravé de Rubinstein : « et son admirateur F. Liszt ». Cet hommage n'est-il pas d'une délicatesse charmante ?

Chopin, pour qui Liszt avait une très grande admiration, redoutait beaucoup son rival et craignait que son ami se chargeât de le portraiturer et de le caractériser. Legouvé, dans ses intéressants *Souvenirs*, cite un mot bien fin de Chopin, à propos de la justice que Liszt devait lui rendre. C'était après le seul concert public que Chopin donna à Paris. Liszt réclama l'honneur d'en rendre compte. Et comme Legouvé disait à Chopin : « Fiez-vous à son admiration pour votre talent. Je vous promets qu'il vous fera un beau royaume. — Oui, dit Chopin en souriant, dans son empire ». C'est bien joli, comme résignation railleuse. Mais Liszt était capable d'une réplique non moins piquante.

Dans ces mêmes *Souvenirs*, Legouvé raconte une autre anecdote où Liszt a eu le mot superbe, et d'assez bonne grâce pour que l'ironie ne s'y trahisse pas. C'était un soir, chez Legouvé, où étaient Berlioz, Sue, Schœlcher, Goubaux et quelques autres. « Liszt, avait dit Berlioz, joue-nous donc une sonate de Beethoven ». Et Goubaux, par mégarde ou par inspiration, ayant éteint la lampe, Liszt se mit à jouer dans les ténèbres le funèbre et déchirant *andante* de la sonate en *ut* dièse mineur. Quand on ralluma la lampe, on vit Berlioz, le visage tout mouillé de larmes. — « Regardez-le, dit Liszt tout bas à Legouvé, il a écouté cela en héritier présomptif ». — Ce mot-là vaut bien l'enthousiasme convulsif de Berlioz.

— M. Camille Saint-Saëns est en ce moment

à Heidelberg où il prend part au festival en l'honneur de Liszt, organisé par l'Association universelle des musiciens allemands, fondée jadis par Liszt lui-même. Il y jouera la fantaisie écrite par Liszt sur sa *Danse Macabre*, la paraphrase de la *Marche Tcherkesse de Russlan et Ludmilla* de Glinka et la jolie pièce bien connue de Liszt *Au bord d'une source*. Il a raconté à ce propos à un rédacteur de *Comœdia* comment il fit la connaissance de Liszt à Paris pendant l'hiver de 1854. « J'avais alors dix-huit ans. C'était chez Seghers, mon professeur ; je l'entendis jouer du piano pour la première fois, et j'en fus tellement impressionné, que je changeai complètement ma manière de jouer à partir de ce jour. Je le revis encore à Paris deux ans après. Je lui fis entendre mon premier concerto et ma messe ; il me donna des conseils extrêmement précieux.

» Par la suite, je le rencontrai encore en Allemagne. Je travaillais alors à *Samson et Dalila* et j'étais assez peu encouragé par mon entourage, j'avais même fini par abandonner complètement mon projet. Liszt, tout au contraire, me dit : « Terminez votre opéra, et je me charge de le faire jouer ». C'est ainsi qu'il fut donné pour la première fois à Weimar. Chose curieuse, cette œuvre qui fait maintenant partie du répertoire de l'Opéra, est celle que j'eus le plus de peine à faire jouer. Vaucorbeil ne voulut jamais la monter ; et ce n'est qu'après beaucoup d'hésitations, quand ils l'eurent vu représentée à Rouen et à Lyon, que Ritt et Gailhard s'y décidèrent. »

— L'impresario Walter Mocchi qui a pris à bail, pour trois ans, le théâtre Costanzi de Rome, n'est pas encore parvenu à trouver le maestro qui dirigera la prochaine saison d'hiver. Pietro Mascagni, auquel il s'est adressé tout d'abord, ne consent à diriger qu'*Isabeau*, sa nouvelle œuvre. Sollicité à son tour, le maestro Ferrari a préféré prendre la direction du théâtre Verdi de Trieste. Le maestro Leopoldo Mugnone a décliné, lui aussi, les offres de l'impresario et a accepté, par contrat, la direction du San Carlo de Naples. M. Walter Mocchi vient d'engager, enfin, des pourparlers avec M. Guarnieri, et ces pourparlers traînent en longueur.

Devant l'insuccès de ces démarches, les abonnés du Costanzi se demandent avec inquiétude si la prochaine saison d'hiver, qui doit s'ouvrir le 25 décembre, aura positivement lieu.

— A Budapesth, le centenaire de Liszt est célébré avec un éclat exceptionnel par des concerts, du 21 au 25 octobre. Au programme : 21 octobre,

11 heures, *Messe du couronnement* célébrée pontificalement à la Krönungskirche, sous la direction de M. Szikla; le soir, *La Légende de Sainte-Elisabeth*, à l'Opéra-Royal. — 22 octobre, concert dans la salle de l'Académie de musique : chœurs de la Société des Femmes hongroises ; Ode à Liszt, dite par Mme Emilie P. Markus ; tarentelle en *ré*, par M. Karl Agghasi ; *Rêve d'amour* et polonaise en *mi*, par M. Eugène d'Albert ; *Loreley* et *Sur toutes les cimes, c'est le repos*, par Mme Mysz-Gmeiner ; sonate en *si* mineur, par M. Arthur Friedheim ; *Bénédiction de Dieu dans la solitude* (d'après Lamartine) et *Mazeppa*, par M. Aladar Juhass ; *Les Trois Tziganes* et *Je voudrais te rencontrer encore*, par Mme Mysz-Gmeiner ; fantaisie sur *Don Juan*, par M. Frédéric Lamond ; chœur de la Société des Femmes hongroises. — 23 octobre, concert dans la même salle : chœur des Femmes hongroises ; *Au lac de Wallenstadt* et *Valse de Méphisto*, par M. Moriz Rosenthal ; mélodies, par Mme Tilly Koenen ; *Sonnet de Pétrarque* et *Marche de Rakoczi*, par M. Emile Sauer ; deux légendes, *Saint-François d'Assise, La Prédication aux oiseaux*, par M. Bernhard Stavenhagen, et *Saint-François de Paule marchant sur les flots*, par M. Stefan Thoman ; ballade en *si* mineur, par M. Arpad Szendy ; mélodies, par Mme Tilly Koenen ; rapsodie n° 11, par Mme Vera Timanoff ; chœur des Femmes hongroises. — 24 octobre, soir, concert de la Philharmonie, dirigé par M. Siegfried Wagner : Psaume XIII, ténor solo, M. Burrian ; concerto en *la* pour piano, Mme Sophie Menter ; *Faustsymphonie*. — 25 octobre, soir, *Christus*, oratorio dirigé par M. Stefan Kerner,

— A l'occasion du centenaire, une exposition vient d'être célébrée à Budapest, au musée national hongrois, réunissant un grand nombre d'objets ayant appartenu ou bien se rapportant à Liszt.

On y remarque notamment une lettre encore inédite de Liszt, adressée au comte Seidlitz le 1er janvier 1847 et dans laquelle le maitre parle de sa patrie, la Hongrie, avec un enthousiasme extrême :

« Parmi tous les artistes vivant aujourd'hui, écrit-il, je suis seul à posséder une patrie justement fière ; et tandis que d'autres doivent peiner dans les eaux basses d'un public de plus en plus parcimonieux, je navigue à pleines voiles dans la haute mer d'une grande nation. Mon étoile conductrice est la Hongrie qui sera fière de moi un jour. »

Une épinette très ancienne, mais encore assez bien conservée, attire aussi l'attention. C'est sur cet instrument que Liszt enfant reçut ses premières leçons de musique, et il le reconnut sans hésitation

lorsqu'il le vit, beaucoup plus tard, chez une comtesse Szechenyi, qui en a finalement fait don au musée national. Un bâton de mesure en or massif et enrichi de pierres précieuses, que le grand artiste reçut de la princesse de Sayn-Wittgenstein, son amie, et un magnifique portrait par Michel Munkacsy méritent également l'admiration des visiteurs.

— La maison Breitkopf et Härtel publiera incessamment, à l'occasion du centenaire de Liszt, une œuvre inédite du maitre, conservée au Musée Liszt de Weimar. C'est une œuvre chorale pour basse solo et chœur d'hommes, intitulée *Chœur des travailleurs*. Une note autographe de Liszt, datée de 1848, dit qu'il a jugé utile de retarder la publication du morceau à raison des évènements politiques qui venaient de se produire.

— On commencera bientôt à Berlin la construction du nouvel opéra qui doit s'élever sur l'emplacement de l'ancien théâtre Kroll. Les trois architectes dont les premiers projets ont été approuvés, MM. von Ihne de Berlin, Seeling de Charlottenburg et Littmann de Munich, ont été priés de reviser leurs plans d'après les observations de l'intendant des théâtres royaux et du Ministre de la Maison du Roi. Dès que ces nouveaux plans auront reçu l'approbation impériale, on commencera les travaux.

— Le conseil communal de Charlottenburg a voté la construction d'un nouvel opéra. Les travaux vont commencer immédiatement ; le cahier des charges exige leur achèvement au commencement de l'automne prochain.

— La direction du Théâtre de Bayreuth a décidé de donner, l'an prochain, une série de représentations, du 22 juillet au 20 août. On interprétera *Les Maîtres Chanteurs, Parsifal* et *L'Anneau du Nibelung*.

— La semaine dernière les sociétés allemandes de musique religieuse ont tenu un congrès à Hanovre. Seuls, les représentants du culte évangélique y assistaient. Plusieurs orateurs ont déploré que le clergé actuel n'ait plus aucune formation musicale qui lui permette d'organiser les maitrises et de présider au bon recrutement des chanteurs. Aussi, l'assemblée a-t-elle émis le vœu que les membres du clergé poursuivent de sérieuses études musicales dès leur entrée dans les écoles de théologie, qu'ils deviennent eux-mêmes pianistes et organistes et qu'ils acquièrent une connaissance approfondie de l'ancienne musique religieuse.

Souhaitons que ce vœu se réalise et que la musique retrouve dans les temples la faveur de jadis.

— Un critique berlinois, M. Max Steinitzer, fera paraître prochainement à la librairie Schuster et Lœffler, à Berlin, une biographie de Richard Strauss qui présentera d'autant plus d'intérêt que l'auteur a pu analyser plus de quatre-vingts œuvres de jeunesse inédites du compositeur.

— Pour célébrer le centième anniversaire de la naissance d'Ambroise Thomas, le Théâtre de la ville de Metz donnera une représentation extraordinaire de *Mignon*, dans une nouvelle mise en scène, sous la direction du capellmeister Bruck.

— Sait-on que Rossini n'a pas le moindre buste dans Paris ? Pourtant, l'auteur de *Guillaume Tell* mériterait bien cet hommage.

S'étant fait naturaliser Français, Rossini a laissé par testament quatre millions à la ville de Paris pour qu'elle construisît une maison où les musiciens peu fortunés auraient goûté le calme et le repos à la fin de leurs vieux jours.

La maison existe dans le quartier d'Auteuil. C'est probablement dans le jardin même de cette maison qu'un comité qui, grâce à l'initiative de M. Bolly et du conseiller municipal M. Evain, est en train de se former, décidera de placer la statue du maître italien, devenu Français par sa volonté.

— L'orchestre Lamoureux de Paris a donné à Wiesbaden, sous la direction de M. Chevillard, un concert symphonique extraordinaire qui a obtenu un très grand succès. La soliste, Mlle Maud Delstanche, a interprété avec art le cinquième concerto de violon de Vieuxtemps ; l'orchestre a exécuté des œuvres de Schumann, de Beethoven, *L'Après-midi d'un faune* de Debussy et la ballade symphonique de Chevillard.

— Cette semaine la ville de Lucques, où naquit Giacomo Puccini, voulant rendre un hommage solennel au talent de l'éminent compositeur, a fait apposer, dans le portique du théâtre Giglio, un médaillon de marbre sur lequel se détachent les traits du musicien, au milieu de figures symboliques. Toutes les autorités locales, ainsi que de nombreux artistes, ont assisté à la cérémonie d'inauguration.

— Le Grand-Théâtre de Varsovie a représenté, le 10 de ce mois, avec un extraordinaire succès, la nouvelle œuvre de Puccini, *La Fanciulla del West*.

— Le Royal Opera Covent-Garden vient de rouvrir ses portes pour les représentations de ballets russes, qui alternent avec les œuvres allemandes inscrites au programme de cette saison extraordinaire. On a donné, pour cette soirée de réouverture : *Shéhérazade*, de Rimsky-Korsakov et *Giselle*, d'Adolphe Adam ; partition russe et partition française ont eu le même succès, et on a applaudi tout particulièrement Nijinski et Karsavina.

— Les débuts de Mme Matzenauer à Stuttgart, dans Carmen, ont du être bien curieux. La presse déclare que la conception du rôle de Carmen, par Mme Matzenauer, est d'un tragique admirable et un des principaux critiques a écrit : « Mme Matzenauer est intéressante surtout parce qu'au lieu de représenter une jeune fille enjoleuse et qui surexcite les sens, elle a fait de Carmen une forte femme d'une intelligence supérieure, énergique et résolue et qu'elle a su maintenir le rôle sur ce pied jusqu'au dénouement ». A Stuttgart aussi les critiques sont gais.

— A Trieste : première représentation de la *Bufera* du maestro Gialdini, au Théâtre Fenice. Bonne interprétation. Malheureusement, le public était très clairsemé et l'ouvrage semble n'avoir obtenu qu'un succès d'estime.

— Arithmétique musicale : Un chef d'orchestre a eu la singulière patience de compter le nombre de notes que renferme la partition des *Huguenots*, de Meyerbeer. Voici le résultat de ses additions, pour le moins bizarres :

10.144 notes dans le premier acte ;
10 269 dans le deuxième ;
13.344 dans le troisième ;
5.394 dans le quatrième ;
3.665 dans le cinquième, — plus 904 notes composant le rondeau du page, écrit pour Mlle Alboni.

D'après l'addition de M. Joanny Gandon, il paraît que cela fait 43.720 notes pour tout l'opéra des *Huguenots*. Les véritables amateurs de musique seront certainement charmés d'apprendre cela, et nous en éprouvons nous-mêmes une véritable émotion.

— C'est une véritable tournée que l'on fait en ce moment en Italie avec le *Mariage secret*, de Cimarosa. La troupe, venant de Tarente, donne ici des représentations et le public applaudit à tout rompre une exécution des plus soignées de cette partition délicieuse. A la dernière soirée, le prince Udine était dans une loge avec les officiers de l'escadre qui part pour l'Italie ; et ce fut l'occasion d'une démonstration patriotique très chaleureuse.

— Interviewée par l'*Intransigeant*, Mme Georgette Leblanc dit ses projets :

« Je partirai pour l'Amérique en décembre et je jouerai à Boston au théâtre que dirige M. Russel. Et j'ai accepté d'y donner des représentations parce qu'on a bien voulu que j'y fasse de l'art, simplement. Je pourrai, en effet, dans la même semaine, faire connaître le *Pelléas et Mélisande* de Maeterlinck, drame avec la musique de scène de Fauré, et le *Pelléas* de l'Opéra-Comique avec la musique de Debussy. N'est-ce pas que c'est assez original ? En outre, je ferai là-bas des conférences sur l'œuvre de Maeterlinck et sur celle de Debussy, et je repartirai pour la France à la fin de janvier probablement.

» — Et que comptez-vous faire à Paris ?

» — Certainement j'y chanterai *Sœur Béatrice*, toujours de Maeterlinck, pour laquelle Wolff a écrit une admirable partition.

» — Mais peut-on savoir à quel théâtre ?

» — Je l'ignore moi-même. Mais j'ai le ferme désir, où que ce soit, de créer cette belle œuvre le plus tôt possible. C'est tout ce que l'actrice fera. »

— L'impressionnante révélation que fut l'*Exposition des Arts Anciens du Hainaut* à Charleroi, le succès du *Salon d'Art moderne*, des concerts et des conférences qui y ont eu lieu, ont suscité parmi les artistes et les amis des arts l'idée d'une manifestation en l'honneur de M. Jules Destrée, qui a présidé avec autant de talent que d'infatigable dévouement à l'organisation de la Section des Beaux-Arts.

Cette manifestation sera pour tous ceux qui, sans distinction d'opinion ni de parti, admirent en lui l'orateur, l'écrivain et l'artiste, l'occasion de lui témoigner de leur sympathie.

La cérémonie aura lieu à l'Exposition des Beaux-Arts de Charleroi, le mercredi 1er novembre, à 2 1/2 heures.

Le montant des souscriptions reçues sera consacré à l'achat d'une œuvre du statuaire Victor Rousseau et à l'exécution d'une médaille gravée par M. Armand Bonnetain, à l'effigie de M. Jules Destrée.

Toute souscription d'au moins *dix francs* donnera droit à un exemplaire en argent de la médaille.

On est prié d'envoyer les souscriptions, accompagnées de leur montant en un bon-postal, à M. Auguste Biernaux, avocat à Jumet.

— Nous apprenons que M. Léo Liepmannssohn, libraire antiquaire, à Berlin, fera dans cette ville, les 17 et 18 novembre prochain, une importante vente de manuscrits, parmi lesquelles 80 pages de la *Messe solennelle* de Beethoven, des lettres de Wagner, etc., etc.

BIBLIOGRAPHIE

Analyse thématique, rythmique et métrique des symphonies de Beethoven, par M. Dorsan van Reysschoot. Bruxelles, Breitkopf et Hærtel, 1910.

Sous ce titre, M. Dorsan van Reysschoot publie chez Breitkopf et Hærtel une nouvelle édition des symphonies de Beethoven (partition d'orchestre), qui ne manquera pas d'être accueillie avec faveur par tous les amateurs de musique.

Partition d'orchestre ! Le lecteur songe aux grosses difficultés rencontrées chaque fois qu'il a ouvert une partition : clés d'*ut*, instruments transpositeurs, un vrai maquis où dièse se lit bémol et bémol, dièse.

Qu'il se rassure. M. Dorsan van Reysschoot estime que toute survivance, toute complication inutile doit disparaître. Il y a beau temps que les parties vocales des opéras, notées en clés d'*ut* sont transcrites en clé de sol dans les partitions pour chant et piano. La musique instrumentale, à son tour, doit bénéficier de cette simplification : *toutes les parties*, dans la présente édition, *sont notées en clé de* sol *et en clé de* fa. Cette réforme de M. Dorsan van Reysschoot étendra singulièrement le cercle de ses lecteurs.

Non content de simplifier la notation orchestrale, M. Dorsan désire initier les amateurs aux secrets de la structure thématique et rythmique des symphonies de Beethoven. Il le fait selon une méthode qui n'est pas nouvelle en soi, mais qu'il est le premier à appliquer à une œuvre d'art dans son entier.

Unissant deux disciplines que d'ordinaire on étudie séparément, M. Dorsan van Reysschoot base son analyse rythmique et métrique sur les théories de la métrique grecque.

La métrique grecque (1) distingue des syllabes longues et des syllabes brèves, la brève (‿) étant l'unité de mesure et valant la moitié de la longue

---

(1) Voir Gevaert : *Histoire et théorie de la musique dans l'antiquité* ainsi que les traités spéciaux de Christ, Havet, Westphal, etc.

(—). Brèves et longues sont combinées en pieds de deux, trois, quatre, cinq,... temps.

Les pieds se divisent en deux grandes catégories. Selon que l'accent porte sur la première ou sur la dernière partie du pied, le rythme est descendant ou ascendant.

C'est là une différence capitale entre notre conception de la mesure et celle des anciens. Dans notre système musical, toutes les mesures, quel que soit le sens de la phrase musicale, commencent par un temps fort. Si le rythme est ascendant, les incises ne correspondent pas aux divisions par mesures mais sont en quelque sorte à cheval sur les barres de mesures.

Je prends comme exemple le début du *menuetto* de la première symphonie de Beethoven :

Les barres de mesure divisent ce fragment en trois groupes (abstraction faite de la première et de la dernière note). Chacun de ces groupes se compose d'une blanche suivie d'une noire (à la troisième mesure, la blanche est représentée par les deux *mi*). Si la division par mesures correspondait au sens musical, nous aurions affaire à un rythme ternaire descendant : une longue suivie d'une brève, la longue portant l'accent (‿ _). Autrement dit, le rythme serait trochaïque.

Or, il n'en est rien. La noire du troisième temps n'a aucun rapport avec la blanche qui précède. Au contraire, elle est intimement unie par le sens musical à la blanche qui suit. Il y a chaque fois chute harmonique, cadence.

Les notes se groupent comme suit : *sol* la | *si do* | *ré mi mi* | *fa* ♯ *sol* | l'accent portant sur *la*, *do*, le premier *mi* et *sol*.

Le rythme est donc ascendant : une brève suivie d'une longue, laquelle porte l'accent (‿ ‿) : ce sont des iambes (1).

Dans son commentaire analytique, M. Dorsan Van Reysschoot appelle ce fragment de la première symphonie une tétrapodie *trochaïque anapestique*. Trochaïque, elle ne l'est pas ; nous l'avons vu. Mais *trochaïque anapestique*? Que signifie cette expression? Je la cherche dans l'index alphabétique des termes techniques ; mais c'est en vain.

Lacune regrettable, d'autant plus que les deux termes sont contradictoires : *trochaïque*

désigne un rythme descendant, *anapestique*, un rythme ascendant.

M. Dorsan a-t-il craint de rebuter en donnant des explications plus développées? Si oui, il eut tort. La matière est assez aride. Pour la rendre accessible et vraiment intéressante, la plus grande clarté dans l'exposé est indispensable. Le lecteur doit trouver des résultats solidement établis et non des théories esquissées à demi et qu'il est obligé de compléter par des recherches supplémentaires.

Voici encore quelques points qui mériteraient d'être éclaircis : Les systèmes I et II du premier Allegro (p. 3-6), se divisent, d'après M. Dorsan, en trois phrases de structure identique. C'est une erreur. La troisième phrase est différente des deux premières.

Dans le système I, toujours selon M. Dorsan, la même formule rythmique (*sol si do*), serait d'abord dactylique, puis anapestique, c'est-à-dire à la fois de rythme descendant et ascendant. Chose inadmissible.

Les observations qui précèdent ne touchent en rien à la valeur des théories de M. Dorsan. Pour pouvoir affirmer que ces théories sont vraies ou fausses, elles devraient être exposées d'une manière plus approfondie.

Il est aisé de remanier le commentaire analytique dans ce sens. Un bref exposé théorique, des tableaux synoptiques, des schémas mettraient de l'ordre et de la clarté dans les idées du lecteur. La liste des termes techniques pourrait être utilement révisée, certains oublis réparés, certaines définitions rectifiées : celle du Menuet, par exemple, « Menuet : Danse de rythme ionique qui, dans une œuvre classique, *tient parfois lieu de scherzo* ».

Est-il besoin de rappeler que c'est au contraire le scherzo qui, depuis Beethooven, a pris la place du menuet.

Enfin, une analyse thématique demande autre chose que l'indication des divisions de la symphonie. Il faut y joindre une étude complète du matériel thématique, la filiation des thèmes, leurs transformations, leurs développements.

A ce prix, le commentaire peut gagner beaucoup en importance — et en intérêt — et constituer même un travail indépendant.

Alors seulement, les théories de M. Dorsan, mises en pleine lumière par une étude plus fouillée, pourront être examinées à fond et appréciées à leur valeur.

Telles quelles, les partitions des symphonies de Beethoven, notées uniquement en clé de *sol* et de *fa* seront les bienvenues. — FRANZ HACKS.

---

(1) Gevaert, *op. cit.*, t. I, page 62, cite le fragment de Beethoven comme exemple d'iambes.

J. Combarieu. — *Le Chant choral*, cours supérieur. Paris, Hachette, in-8°.

Nous avons déjà signalé le cours élémentaire et moyen de cette « méthode directe ». Voici le supérieur. Il consiste de même en morceaux choisis spécialement pour les écoles de garçons et de filles, mais aussi les sociétés chorales. On n'y trouve pas moins de 92 morceaux notés (sans accompagnement, bien entendu), quelques-uns classiques (depuis Monteverdi, Guédron, Lulli, Bach...), beaucoup modernes et très modernes (D. de Séverac, A. Georges, d'Indy, Chapuis...). Même à un simple point de vue documentaire, le volume est ainsi précieux à consulter.　　　C.

NÉCROLOGIE

Cette semaine on a annoncé la mort, à l'âge de cinquante ans d'une artiste qui n'avait point été sans talent, Mme Renée Vidal, mais qui ne fit qu'une rapide apparition à l'Opéra. Zélie-Rose Claudine, dite Renée Vidal, née à Perpignan, le 26 mars 1861, avait obtenu au Conservatoire les premiers accessits de chant et d'opéra en 1884, et le second prix d'opéra en 1885. Douée d'un beau physique, et d'une belle voix de contralto, elle fut engagée aussitôt à Marseille et à Lyon. Le 12 octobre 1889, elle venait débuter à l'Opéra dans *Aïda*, puis *Le Prophète*, mais bientôt retournait à Marseille et continuait sa carrière en province. Peu après, elle abandonnait la scène pour épouser un médecin.

— Le professeur Max Filke, qui donnait à l'Université de Breslau le cours de musique, est mort à l'âge de cinquante-six ans. Il fut pendant vingt ans organiste à la cathédrale. Il laisse des œuvres de musique religieuse et de chœurs pour voix d'hommes, qui ont été exécutés avec succès.

Pianos et harpes

Erard

Bruxelles : 6, rue Lambermont

Paris : rue du Mail, 13

LE GUIDE MUSICAL

L'Esthétique de

Georges Bizet [1]

———

VOULOIR fixer la psychologie d'un artiste disparu et préciser ses secrètes tendances esthétiques, le plus souvent inconscientes, est toujours une tâche difficile. Lorsqu'il s'agit de Bizet, elle devient singulièrement dangereuse, la physionomie intellectuelle du musicien de *L'Arlésienne*, se composant de traits si étrangement contradictoires que toute analyse semble une trahison. D'autre part, l'excusable manie qui nous pousse à ne pas séparer l'homme de l'œuvre et à parer de toutes les vertus un auteur qui sut charmer nos tympans, nous rend pénible l'observation impartiale de son caractère. La sagesse serait sans doute de s'en tenir aux procédés d'oraison funèbre, à l'esthétique des peintres ou sculpteurs officiels, et de camper un Bizet décoratif, brûlant d'une ardente soif d'idéal nouveau, sacrifiant tout à sa flamme créatrice et mourant crucifié par l'injustice de son siècle. Mais n'y a-t-il pas plus d'irrespect à dresser pieusement un tel mannequin qu'à fixer, le plus équitablement possible, quelques traits d'une physionomie très vivante, avec ses imperfections et ses beautés? C'est un hommage délicat à la mémoire d'un grand artiste que d'écouter tout ce qu'une piété respectable mais malavisée a pu entasser autour de sa statue. Moins pompeuse, mais moins fade, la réalité a d'ailleurs, pour les amis de Bizet, tout autant de saveur que la légende.

Dès l'enfance de Georges Bizet, nous trouvons les traces de l'importune idolâtrie des biographes. Dans le dessein de rendre immédiatement sympathique le futur auteur de *Carmen*, ils sont visiblement préoccupés d'en dessiner une trop impressionnante silhouette. A lui toutes les qualités et toutes les vertus; son superbe avenir éclate à tous les yeux! C'est ainsi qu'on a cru bien faire en présentant le jeune Bizet comme un enfant prodige. Inattentifs à ce que fut l'enfance de ce fils de professeur de musique, insensibles à l'intérêt que présente la culture d'un jeune sens artistique dans cette atmosphère de pédagogie musicale exaspérée, les fervents de Bizet, qui se sont consacrés à la tâche de le faire revivre à nos yeux, sont tombés un peu facilement dans ce pieux travers. Ils n'ont pas assez repoussé la tentation d'attribuer à une précocité prodigieuse ce qui — fort heureusement, d'ailleurs! — provenait d'une source plus estimable et plus rassurante. Méthodiquement instruit de son métier par les professionnels laborieux qui composaient

———

[1] Extrait d'un volume sur le point de paraître chez l'éditeur H. Laurens (Collection des *Musiciens célèbres*).

son entourage, Bizet fut le « professionnel » par excellence, admirablement maître de son art, rompu à la pratique de toutes les méthodes d'écriture scolastique avant d'entreprendre la composition, poussant jusqu'à la virtuosité l'étude du piano, vainqueur de tous les concours et triomphateur de tous les examens. Il faut se pénétrer de cette considération pour comprendre sa psychologie musicale si équilibrée et si pondérée, sans rien de commun avec la précocité des petits anormaux auxquels on a voulu l'assimiler par vénération indiscrète.

L'excellent Charles Pigot n'a pas échappé à ce léger reproche. Voici, en effet, avec quelle touchante naïveté il nous présente son jeune héros.

« La façon dont M. Bizet fit la découverte du génie musical de son fils est vraiment curieuse.

» Un jour, qu'il lui faisait chanter une leçon de solfège très ardue, hérissée d'intervalles difficiles, il fut frappé de la justesse avec laquelle il l'attaquait les différentes intonations sans la moindre défaillance. Il lève les yeux et s'aperçoit que ceux du jeune lecteur sont égarés, loin du cahier ouvert sur le pupitre. L'enfant, qui ne se doutait pas d'avoir éveillé l'attention de son maître, continuait à solfier, sans lire, la leçon commencée. Il avait entendu cette leçon à travers la porte et il la répétait sans broncher.

» M. Bizet, qui aimait la musique et la cultivait, autant peut-être par goût que par profession, fut très heureux de la découverte ! »

En cette occurrence, le bonheur de M. Bizet s'explique mal ! Ce phénomène très normal de psittacisme ne permettait pas de deviner l'art musical du jeune élève. Quel est le professeur qui, au lieu de l'admirer, n'a pas dû combattre comme un obstacle à tout progrès cette faculté, trop répandue, d'enregistrement inconscient des rythmes et des intonations, qui dispense les sujets médiocres de tout effort personnel ? Une verte semonce et le choix d'un solfège nouveau, voilà, en réalité, tout ce que

méritait cette douteuse manifestation génie chez le petit Georges !

Victor Wilder, également sensible l'attrait romantique de ce genre d'ane dotes, en situe une analogue à l'entrée Bizet au Conservatoire.

« Votre enfant (1) est bien jeune, fait dire à Meifred, chargé de l'examiner et manquant pas de « toiser le petit bo homme avec une moue dédaigneuse ». C'est vrai, répliqua le père sans se laiss déconcerter; mais s'il est petit par la taill il est grand par le savoir ! — Ah, vraimen Et que sait-il faire ? — Placez-vous deva le clavier, frappez des accords et il vo les nommera sans faire une erreur. L'épreuve fut tentée sur-le-champ. Le d tourné vers l'instrument, l'enfant nom sans hésiter tous les accords qu'on lui entendre et qu'on choisissait à desse dans les tonalités les plus éloignées ; même temps, avec une facilité surpr nante, il énumérait rapidement les divers fonctions de ces accords dans l'ordre o elles se présentaient sous les doigts. Me fred ne put retenir l'élan de son adm ration : « Toi, mon garçon, s'écria-t-il, t vas tout droit à l'Institut ! »

Qu'il me soit permis, une seconde foi de m'étonner de l'enthousiasme de Meifre L'exercice de dictée musicale auquel f soumis le petit candidat est de pratiqu courante dans les cours de solfège et d'ha monie, et si l'Institut devait être la réco pense normale d'un tel exploit, la vénérab bâtisse qui fait l'ornement du quai Mal quais serait contrainte d'agrandir consid rablement sa salle de séances, car des mi liers de musiciens s'apprêteraient à prendre place !

Ce qui demeure indiscutable, c'est que l métier fut toujours, chez Bizet, complet facile. Il avait conquis une réelle notoriét en réduisant, à première vue, au pian n'importe quelle partition d'orchestr Berlioz ne cacha pas l'admiration que lt causa ce tour de force. Nous en trouvon

(1) *Ménestrel*, juin 1875.

le témoignage dans un de ses feuilletons des *Débats* (1), où il affirme en outre que « depuis Liszt et Mendelssohn on a vu peu de lecteurs de sa force ». Dans le même journal (2), douze ans plus tard, Reyer avouait n'avoir pas connu de « musicien qui fût plus sûr de lui et d'une mémoire aussi prodigieuse ». Nous voyons Bizet, très jeune encore, chargé par les grands éditeurs, de travaux importants nécessitant un « tour de main » et une aisance technique indiscutables. Les cent cinquante transcriptions pour piano qu'il exécuta pour Heugel (3), les arrangements à quatre mains des partitions de *Faust*, *Mignon*, *Hamlet*, sont des modèles du genre, tant par l'intelligence des réductions que par le sens pianistique de l'écriture et le bonheur des sonorités orchestrales obtenues au clavier. A vingt-trois ans, chez son maître Halévy, il stupéfiait Liszt en reconstituant instantanément avec un doigté impeccable, des traits que l'ex-abbé ne croyait accessibles qu'à ses mains souveraines ou à celles d'Hans de Bulow.

Dans l'*Événement* du 6 juin 1875, Armand Gouzien nous a laissé le témoignage de son admiration naïve pour le tour de force accompli sous ses yeux chez Offenbach, où Bizet déchiffra et réduisit au piano, sur le fin manuscrit de Gounod, la partition d'orchestre de *Jeanne d'Arc*. On connaît également la facilité de ses improvisations et de ses commentaires musicaux. L'*Enterrement de Clapisson*, où il s'amusait à caricaturer le compositeur de la *Fanchonnette*, faisant en contrepoint plaisant des extraits de cette médiocre partition et des fragments de la cinquième symphonie de Beethoven, est resté dans la mémoire de ses amis comme le type de la satire musicale. On trouvera dans l'ouvrage de Charles Pigot la joyeuse analyse de cette improvisation descriptive évoquant les funérailles du pauvre Clapisson, les discours du baron

Taylor et d'Ambroise Thomas, l'arrivée au séjour des élus, l'accueil de Beethoven, la lutte des thèmes ennemis analogue à celle du prélude des *Maîtres Chanteurs* et le triomphe grotesque du piètre musicien. Enfin, nous voyons Bizet composer et écrire complètement, en six mois, sans abandonner les travaux habituels auxquels il était astreint, toute la *Jolie Fille de Perth*, et orchestrer sans hâte, en soixante jours, les 1,200 pages de la partition de *Carmen* (1). Partout, nous retrouvons le bienfait de cette initiation méthodique, de cette enfance baignée de solfège et d'harmonie, de cette assimilation profonde de tous les procédés de son art.

C'est aussi cette particularité qui explique le côté « bon élève » du caractère de Bizet. Ses succès scolaires au Conservatoire, l'orthodoxie de ses doctrines musicales maintinrent une parfaite entente entre ses professeurs et lui. Nous ne rencontrons pas, chez le jeune artiste, ces fougueuses révoltes contre la routine, ces impatiences du joug, ces secrets dédains pour la génération précédente qui se retrouvent fréquemment chez les adolescents créateurs avec plus ou moins d'exagération et de partialité. Elève de Zimmermann, pour le contrepoint, et d'Halévy, pour la composition, il fut tout de suite le disciple préféré de ces deux musiciens dont les qualités pédagogiques l'emportaient de beaucoup sur les facultés inventives. Halévy choyait et présentait partout avec orgueil ce disciple chéri, auquel il finit même par accorder la main de sa fille (3 juin 1869). Bizet sut également se faire un ami de Charles Gounod, qui avait été appelé par Zimmermann à lui servir de répétiteur, et auquel il avait voué une affection et une admiration sans bornes. Dans une lettre adressée de Rome (17 janvier 1860), à Marmontel, il s'exprime ainsi pour stigmatiser le mauvais goût d'un camarade, en lui opposant les Titans de la musique : « Il me parle Donizetti, Fesca... je lui

---

(1) 8 octobre 1863.
(2) 13 juin 1875.
(3) Le pianiste chanteur (six séries).

(1) Lettre XXII à Paul Lacombe (publ. par H. Imbert).

réponds Mozart, Mendelssohn, Gounod !...»
Cette progression n'est-elle pas édifiante(1).

Les lettres publiées par Marmontel dans *Symphonistes et Virtuoses* (1880) nous montrent également quel degré d'affectueuse intimité persista entre le jeune compositeur et son ancien professeur de piano, auquel il resta toujours reconnaissant d'avoir fait de ses pianistes de véritables musiciens.

Lorsque Bizet part pour Rome, ses projets d'avenir sont d'un consciencieux fort en thème. Il ne songe pas, comme Berlioz en pareille circonstance, à foudroyer d'admiration l'univers attentif; tout au contraire, prodigue de témoignages sympathiques à l'esthétique transalpine, il nourrit l'honnête espoir « que l'Académie trouvera beaucoup de progrès dans son style (2) ».

Gounod, Halévy et Marmontel étant les seuls guides du jeune pèlerin sur les routes de l'Art, il ne faut pas s'étonner outre mesure de l'éclectisme complaisant qui forma toujours le fond de l'esthétique de Bizet, et qui nous trouble un peu chez un artiste d'une incontestable originalité. On a souvent admiré l'indulgence inlassable de l'auteur de *Carmen* pour toutes les musiques qui lui tombaient sous les yeux : c'était, par excellence, un juge bienveillant. Dans sa correspondance avec son élève Paul Lacombe, nous trouvons les appréciations suivantes sur les premiers essais que lui soumettait ce modeste compositeur : « Vous êtes un grand musicien... Votre morceau est digne d'un Maître..., avec votre andante nous voici en plein Beethoven ! Pas de réminiscences, cependant; votre belle idée vous appartient : soyez-en fier... J'ai joué vingt fois votre morceau et chaque fois je l'ai trouvé plus élevé, plus pur !... C'est d'un charme inexprimable. Voilà de l'inspiration, mettez le nom que vous voudrez là-dessus et ça ne bougera pas d'une semelle !... » etc.

(1) Mais Bizet ne suivra pas jusqu'au bout l'auteur de *Mors et Vita* et écrira en 1867 à Paul Lacombe : « Gounod est absolument fou... ses dernières compositions sont navrantes ! » (VII⁰ lettre).

(2) Lettre du 11 janvier 1859.

Loin de marcher, comme on se plaisait à l'imaginer, au premier rang des artistes soucieux de purifier le goût public de la corruption italienne, il s'écartait du généreux mouvement créé et soutenu par Berlioz et Reyer en faveur d'une esthétique plus haute. « Ma nature sensuelle, avoue-t-il, se laisse empoigner par cette musique facile, paresseuse, amoureuse, lascive et passionnée tout à la fois... j'aime la musique italienne comme on aime une courtisane !... Je vous l'avoue tout bas, j'y trouve un plaisir infini !... », etc. Et, tout en gardant à Wagner une rancune tenace et étroite, il s'empresse de déclarer : « Je suis Allemand de conviction, de cœur et d'âme ! » Cet étrange état d'esprit nous avait déjà été révélé lorsqu'il multipliait les démarches pour éviter le voyage en Allemagne et prolonger son séjour à la Villa Médicis. Cet Allemand de conviction, de cœur et d'âme proclamait : « Rome est la vraie patrie des artistes ! » tout en protestant de son admiration pour l'auteur de la *Symphonie avec chœurs* en termes d'ailleurs un peu déroutants : « Ni Weber avec sa puissante, sa colossale originalité, ni Meyerbeer avec son foudroyant génie dramatique ne peuvent, selon moi, disputer la palme au Prométhée de la musique ! » Evidemment, il pouvait sans audace excessive sacrifier au Prométhée de la musique l'auteur de *Robert le Diable*, et de telles professions de foi n'avaient rien d'agressif, surtout si l'on songe à tout ce que l'on avait écrit, dès cette époque, sur ces brûlantes questions d'esthétique.

Verdi l'enthousiasmait. Il ne tarit pas d'éloges sur l'auteur du *Trouvère*. En vain ses amis lui objectaient la vulgarité de certaines pages bâclées par son musicien préféré, il trouvait pour les défendre d'ingénieux arguments : « Quand un Verdi, écrivait-il (1), dote l'art d'une œuvre vivante et forte, pétrie d'or, de boue, de fiel

(1) *Revue Nationale* (3 août 1867) où Bizet tint un seul jour la plume de critique d'art sous l'anagramme de Gaston de Betzi.

et de sang, n'allons pas lui dire froidement:
« Mais, cher Monsieur, cela manque de
goût, cela n'est pas distingué. » Distingué!... Est-ce que Michel Ange, Homère,
Dante, Shakspeare, Beethoven, Cervantes
et Rabelais sont « distingués »?

On aimerait en revanche lui voir deviner
chez le futur auteur de *Falstaff* cette
conscience et cette loyauté artistique à peu
près sans exemple qui décidèrent un compositeur triomphant à renier les dieux qui
le protégeaient et dont il prévoyait le crépuscule prochain. Au lieu d'admirer ce
courageux abandon des succès certains
pour une lutte dangereuse en l'honneur
d'un plus noble idéal entrevu, Bizet le
désavoua au premier pas tenté en avant.
Voici comment il jugeait *Don Carlos*
(11 mars 1867) : « Verdi n'est plus italien ;
il veut faire du Wagner, il a abandonné la
sauce et n'a pas levé le lièvre. Cela n'a ni
queue ni tête... Il veut faire du style et ne
fait que de la prétention... C'est assommant,
four complet, absolu! (1) »

On ne saurait donc s'étonner d'entendre
Marmontel déclarer que les maîtres favoris
de Bizet furent toujours « Auber, Halévy,
Gounod et Thomas ». La partition d'*Hamlet* le plongeait dans l'extase. Au fond,
c'était à ce genre de musique qu'allaient
d'instinct ses sympathies, et le raisonnement seul le poussait à émettre parfois des
théories d'art plus libérales. Il ne fut
jamais de cœur le « musicien d'avantgarde » que certains ont voulu voir en lui
et l'on comprend qu'il se soit défendu,
comme d'un reproche infamant, de l'épithète de « wagnérien » qui lui fut quelquefois appliquée.   (*A suivre*)

HENRY GAUTHIER-VILLARS.

---

(1) IIᵉ lettre à Paul Lacombe.

Siegfried contre Richard

SIEGFRIED tua le dragon Fafner,... mais c'était
le Siegfried de Wagner, — le père. Siegfried, le fils, part en guerre aujourd'hui
contre un Fafner qui est de taille à n'en
faire qu'une bouchée, il s'attaque à l'auteur de
Salomé, d'*Elektra*, du *Cavalier à la Rose* et de tant
d'œuvres symphoniques universellement admirées.
M. Siegfried Wagner, — un peu dépité sans doute
d'avoir si peu tiré de l'héritage paternel, — en
veut semble-t-il énormément à M. Richard Strauss
d'avoir pris sur le monde musical contemporain
un ascendant qu'il ne lui a pas été possible
à lui, Siegfried Wagner, de conquérir jusqu'ici.

Voici les faits :

Une revue de Berlin, *Der Turm* (Le Beffroi),
a publié ces jours-ci une série d'appréciations de
M. Siegfried Wagner sur Richard Strauss qui, en
raison de leur brutalité, ont provoqué une émotion
considérable en Allemagne et ailleurs.

« Il est profondément triste, dit M. Siegfried
Wagner, de voir que *Parsifal* sera bientôt accessible aux scènes qui sont actuellement salies
par les œuvres lourdes de conséquences déplorables d'un Richard Strauss. *Parsifal* pourra être
joué sur les mêmes scènes où ont paru la dégoûtante *Salomé* et cette *Elektra* qu'on ne saurait considérer autrement que comme une insulte à Sophocle,
comme une profanation du classicisme. Mon père
se retournerait dans sa tombe s'il pouvait
apprendre la décadence musicale dont témoignent
les œuvres d'un Richard Strauss. Est-il possible
qu'on prenne pour de l'art ce que Strauss offre à
son peuple ? Et est-ce vraiment le devoir de l'art
et sa mission d'exploiter les plus mauvais penchants de l'homme, ses tendances à la sensualité
et à la lascivité ?

» Depuis quand, le mot art est-il synonyme
d'ordure, de saleté ? N'appartient-il pas plutôt à
l'artiste de tout anoblir et de nous élever au-dessus
du niveau de la vie quotidienne ? *Salomé*, *Elektra*,
et le déplorable *Cavalier à la Rose* ne peuvent être
autre chose que des œuvres qui font un moment
sensation, qui ont un succès momentané, un succès
d'un jour, à peine plus qu'une vulgaire affaire
d'argent ? Le compositeur spécule sur les instincts
les plus impurs et les plus bas de ses auditeurs et
les utilise pour gagner de l'argent.

» Le professeur Rudolf Genée parle fort justement dans son opuscule sur Mozart du manque de
musicalité de certains compositeurs. Il est évident
qu'il s'agit là de Richard Strauss. Il faut voir la
délicieuse ironie avec laquelle Genée parle du
compositeur d'*Elektra* qui n'hésite pas, avec la

modestie bien connue des chefs d'orchestre, à s'assigner à lui-même une place parmi les plus grands musiciens de tous temps, à côté de Beethoven, Haydn et Mozart. Toute sensation saine n'est pas encore morte dans l'âme populaire allemande. Le soleil de l'art vrai ne peut pas rester constamment obscurci par ces vapeurs nuisibles et malsaines. On n'aura besoin que d'établir un courant d'air pur pour chasser les miasmes qui se dégagent d'une certaine littérature, d'une certaine peinture et de la musique de Richard Strauss.

» On a peine à croire qu'un véritable musicien puisse se décider à faire usage du « raclage » dont va faire emploi Richard Strauss. Les violons devront frotter sur la corde avec le bois de l'archet pour tirer de leurs instruments des sons abominables. Il ne s'agit plus là de musique et d'inspiration, mais des excrétions d'une imagination surexcitée par la fièvre paludéenne. C'est une erreur grossière de croire que mon père n'a pas estimé la mélodie. Beaucoup de ses paroles démontrent le contraire. Sa profession de foi était : « Je crois en Dieu, en Mozart et en Beethoven, ainsi qu'en leurs disciples et apôtres. Je crois à l'Esprit saint et à la vérité de l'art un et indivisible ». Ce que la musique exprime, ce qu'elle doit exprimer, est éternellement, infiniment idéal. Elle n'exprime pas la passion. l'amour, les désirs ardents de tel ou tel individu dans telle ou telle situation, mais les passions, l'amour, les désirs eux-mêmes s'appuyant sur cette infinie variété de ressources qui forme sa caractéristique et exclusive particularité, et qui lui permet de faire sentir et comprendre ce qui serait étranger et inexprimable dans toute autre langue.

» Pour en revenir à Richard Strauss, sa musique est une spéculation offensante pour l'humanité. Si mon père vivait encore, il partirait en guerre avec sa voix de tonnerre contre tant d'erreurs, contre cet obscurcissement de l'idéal. Il faut de la musique de qualité médiocre, tout comme du champagne de basse qualité, pour les gens qui en ont besoin. Mais que le demi-monde se tienne à sa place, et n'ose pas venir apporter à la table des gens convenables des plats pullulants des bacilles et des poisons les plus nuisibles.

» A Bayreuth, nous nous en tenons à l'idéal, Dieu soit loué! Et nous n'accumulons pas, ce faisant, de trésors dans notre caisse. Le musicien aussi doit pouvoir vivre, c'est vrai. Mais malheur au compositeur qui ne devient qu'un spéculateur analogue à ceux de la Bourse. »

Telles sont les appréciations que la revue berlinoise *Der Turm* publie sous le nom de M. Siegfried Wagner. Elles ont, on le conçoit, provoqué une sensation des plus pénibles. A chacun la liberté et la responsabilité de son opinion. Mais de pareilles expressions, des attaques aussi virulentes, pour ne pas dire grossières, dépassent la mesure.

Mais voici où cette affaire devient singulièrement troublante. Dans un télégramme au *Berliner Tageblatt*, M. Siegfried Wagner déclare, sans donner d'autres explications, qu'il ignore l'article qu'on lui attribue, qu'en tout cas « ses appréciations sur Richard Strauss n'étaient pas destinées à la publicité, attendu qu'il ne se permettrait pas d'exprimer une opinion sur des ouvrages qu'il ne connaît qu'en partie. — Je n'ai entendu, ajoute-t-il, ni *Salomé*, ni *Elektra*, ni *Le Cavalier à la Rose*. »

S'il pouvait paraître étrange que M. Siegfried Wagner, qui voudrait se faire passer pour « un compositeur », traitât avec ce semblant de dédain des œuvres d'un confrère qu'il veut ignorer, on devait néanmoins conclure de son télégramme que la revue *Der Turm* avait abusé peut-être d'une lettre particulière et commis une assez vilaine indiscrétion.

Mais voici que suivant une autre information de la *Zeit* de Vienne, M. Siegfried Wagner aurait déclaré qu'en disant que Strauss « faisait du battage » avec ses compositions, il n'avait voulu parler que des traités extraordinaires et draconiens qu'il a conclus avec les intendances et les directions des théâtres allemands; qu'il était de notoriété publique que Strauss avait fait une réclame effrénée autour du *Cavalier à la Rose* avant sa première représentation dans un simple but de spéculation, que cette réclame ne correspond pas à la valeur réelle de l'œuvre; que tous ceux qui tiennent à l'art idéal, tel qu'il est pratiqué à Bayreuth, partageront son avis. »

Ces informations de la *Zeit* sont en contradiction avec le télégramme au *Berliner Tageblatt*. Démenti ou confirmation, laquelle de ces alternatives est la vraie? M. S. Wagner a-t-il ou n'a-t-il pas écrit les lignes que lui attribue *Der Turm?* On demande une réponse catégorique.

Au demeurant, l'opinion de M. Siegfried Wagner sur Richard Strauss ne troublera pas. sans doute, l'auteur de *Salomé* et nous espérons qu'il ne relèvera pas les attaques de l'auteur du *Bärenhäuter* et de *Bruder Lustig*.

M. R. Strauss peut attendre. On annonce, en effet, qu'il s'organise, en Allemagne, un festival des œuvres de M. Siegfried Wagner.

Ce festival viendra à son heure.

La vengeance de M. Richard Strauss, la voilà !

LA SEMAINE

PARIS

A L'OPÉRA, le centenaire d'Ambroise Thomas a été célébré mercredi avec une bonne représentation d'*Hamlet*, où brilla une fois de plus Maurice Renaud, silhouette inoubliable, voix éloquente et pleine de pensée, jeu essentiellement évocateur. Mlle Campredon fut Ophélie, avec grâce et brio, Mlle Lápeyrette, la Reine, non sans autorité, MM. Journet et Lasalle, le Roi et Laërte. Après le quatrième acte, Mlle du Ménil, de la Comédie française, a dit une poésie de circonstance de Pierre Barbier, devant le buste du vieux maitre.

A L'OPÉRA-COMIQUE, où l'on répète à force *Les Contes d'Hoffmann*, premiers à passer, l'œuvre nouvelle de M. Albéric Magnard, *Bérénice*, est également imminente, et déjà l'on en cause, l'on s'en émeut. Il est difficile, en effet, pour peu qu'on ait entendu l'œuvre de Racine (je dis *entendue*, plus encore que *lue*) de ne pas frémir un peu à la pensée qu'elle serait transposée en musique, pour ne pas dire travestie. Le compositeur a pris soin de déclarer, à la fois, son respect de l'œuvre admirable du poète, et le souci qu'il a eu, pour s'en écarter, de remplacer la Bérénice Racinienne par une autre Bérénice, d'Egypte, qui, pour hâter le retour de son mari, parti en guerre, coupa sa chevelure et l'offrit à Vénus Aphrodite. En sorte que nous gardons bien Titus, l'Empereur, mais que nous perdons Antiochus et toute cette fameuse lutte entre les deux amants de Bérénice et leur sacrifice final. A côté de Bérénice et de Titus, il n'y a qu'un personnage de nourrice et celui d'un vieux Romain du nom de Mucien. Aussi bien, voici ce que, d'ores et déjà, dit l'auteur de cette œuvre attendue :

« *Bérénice* fut terminée en 1909. J'ai employé la prose rythmée qui m'a déjà servi dans mes livrets antérieurs.

» Quant à ma partition, elle est écrite dans le style wagnérien. J'ai choisi dans les styles existants celui qui convenait le mieux à mes goûts tout classiques et à ma culture musicale toute traditionnelle. J'ai seulement cherché à me rapprocher le plus possible de la musique pure. J'ai réduit le récitatif à peu de chose et j'ai donné à la déclamation un tour mélodique souvent accentué. L'ouverture est de coupe symphonique, le duo qui termine le premier acte de forme concertante. J'ai

employé la fugue dans la Méditation de Titus, la douce harmonie du canon à l'octave dans toutes les effusions d'amour.

» Que vous dirai-je de plus pour le moment ? Je tiens surtout à ce qu'une confusion regrettable ne s'accrédite point. Le reste appartient au public.

» *Bérénice* comporte trois actes. Le premier se passe aux environs de Rome, sur une terrasse qui domine la campagne, en une soirée orageuse de printemps. Une scène d'amour se poursuit sous le rythme des chœurs invisibles.

» Le second acte se déroule dans le cabinet impérial de Titus, à Rome. Le troisième débute par un large prélude. C'est l'intérieur de la tente royale, sur la trirème de Bérénice, au port d'Ostie. Au finale, Bérénice coupe sa chevelure et la jette dans la mer :

» Que l'abime engloutisse avec vous tout mon bonheur et toute ma jeunesse ».

Le rôle de Bérénice sera chanté par Mlle Mérentié, celui de Titus par M. Swolfs. M. Vieuille chantera Mucien et Mlle Brohly le rôle de Lia. Les décors sont signés de M. Jusseaume et les dessins de costumes sont l'œuvre de M. Multzer. M. Ruhlman conduira l'orchestre.

LE TRIANON LYRIQUE a eu l'idée amusante de reprendre *les Cent Vierges*, de Charles Lecocq. Il y avait quelque temps que la partition n'avait été entendue à Paris : pas depuis 1885 s'il faut en croire Albert Soubies (et il faut toujours l'en croire). C'est une des plus anciennes de l'auteur verveux et piquant de tant de petits chefs-d'œuvre de ce genre mi-opéra-comique, mi-opérette, où il est passé maître. Elle parut tout d'abord à Bruxelles, en mars 1872, puis, en mai, aux Variétés, à Paris. Ce n'est pas une des meilleures, où du moins la grâce et l'esprit de la musique y sont un peu trop alourdis, à mon gré, par le burlesque de l'action et de son texte. Mais telle quelle, elle porte sur le public, et a paru vraiment porter, cette fois, plus que jamais. Il n'y a pas que la fameuse valse, il y a un très original quintette (culinaire), un amusant quatuor, plusieurs duettos, de jolis couplets, des ensembles vivants. On sait, en deux mots, qu'il s'agit là de l'envoi de cent jeunes filles à marier, à une co'onie anglaise, l'ile Verte, dont les cents colons avaient oublié ce détail, si nécessaire pour la colonisation et le peuplement de leur domaine. D'innocents touristes français en voyage de noces, traversent toutes les péripéties de cette comédie en y semant quiproquos sur mésaventures... Les artistes de M. Félix

Lagrange ont bien mis l'œuvre en valeur · Mlle Marcelle· Cou!on (une jeune élève ·d'Isnardon) dans le· rôle le plus chantant, celui de Gabrielle, Mlle Ferny, MM. José Théry, Jouvin ·et Brunais.

H. DE C. ·

Concerts Colonne (22 octobre). — Pour fêter le centième anniversaire de la naissance de Franz Liszt, M. Gabriel Pierné a fait entendre la *Dante-Symphonie*, qui n'avait jamais été jouée au Châtelet; la *Danse macabre*, paraphrase sur le *Dies Iræ*. — qu'il ne faut pas confondre avec la transcription pour piano faite par Liszt d'un poème symphonique de M. Saint-Saëns — interprétée par M. Paul Goldschmidt· avec une virtuosité, une couleur et une puissance remarquables; deux mélodies : *Die stille Wasserrose* et *Die drei Zigeuner*, chantées par Mme Félia Litvinne avec une ·délicatesse, un sentiment et un charme exquis; enfin, la deuxième *Rapsodie hongroise*, malencontreusement orchestrée par Müller-Berghaus. ·

Dante-Symphonie n'est pas une des meilleures compositions· de Liszt, quoiqu'elle renferme des qualités musicales de premier ordre qui la font justement estimer des artistes. Le public, qui ne juge une œuvre que d'après l'impression qu'elle produit sur sa sensibilité, ne lui accorde pas la même faveur qu'à *Faust-Symphonie,* dont l'effet porte plus directement. La *Danse macabre* lui plaît davantage. Son goût pour les acrobaties· instrumentales et les excentricités romantiques y trouve de quoi se satisfaire. ·

On avait associé Berlioz, Wagner et M. Saint-Saens à la gloire de Liszt pour ne pas laisser oublier que l'amitié du grand Bienfaiteur leur fut dévouée... Mais nous touchons ici à la Vie du Maître autant qu'à son Œuvre. Ce n'est pas aux lecteurs de cette revue que l'on peut apprendre à les connaître. ·Les musiciens· ont toutes sortes de raisons· pour admirer l'une et l'autre à cause de leur égale beauté. S'il fallait choisir, cependant, et donner la plus noble en exemple, c'est la vie que l'on désignerait, car son nom est : Bonté. Sa *Correspondance* nous a révélé Franz Liszt. Il fut bon au delà même de la bonté, jusqu'à l'oubli de soi et cette abnégation dépasse le sacrifice de son Art. Il s'est endormi dans la mort, les yeux fixés vers l'Idéal et les derniers mots que ses lèvres murmurèrent furent des mots d'Amour. Sa grande âme pardonnait ! ANDRÉ-LAMETTE. ¡

Concerts Lamoureux. — De mémoire, avec une sûreté, une ampleur, une flamme irrésistibles, M. Chevillard dirige l'admirable symphonie en *ut*

majeur de Schumann, une des plus émouvantes du maître. Des fragments de *Don Juan* figuraient au programme, comme à la première séance. L'exécution en fut meilleure : Mme Bureau-Berthelot prêta à Zerline son pur soprano ; Mme Charlotte ·Lormont, en Elvire, prouva, une fois de plus, ses qualités d'excellente musicienne; M. Laromiguière ·remplaça M. Huberdeau et l'illustre M. Renaud retrouva le succès du dimanche précédent, succès qui grandit encore lorsqu'il interpréta le *Voyageur*, de Schubert, orchestré par M. Chevillard avec autant de discrétion que de goût.

La gracieuse Mme de Lausnay avait choisi le concerto en *ut* mineur de Beethoven pour nous faire admirer un jeu souple, délié, élégant, une absence totale d'émotion. remarquable dans le ·largo, et un mécanisme d'une parfaite sûreté. En première audition (au Concert Lamoureux), le *Chant Funèbre* de M. Albéric Magnard. Œuvre d'un très beau caractère dont la sincérité d'accents égale la noblesse d'attitude et d'inspiration. Seule une âme peu. commune trouve dans sa propre souffrance un motif d'élévation et le fier· courage de créer, de sa douleur même, une œuvre qui la perpétue en l'épurant. Importe-t-il de savoir le détail des motifs et les secrets de la construction ·musicale qu'il plût au compositeur de ·choisir? Faut-il noter la· marche processionnelle que · scandent les pizzicati des basses et qu'un· dessin obstiné, obsédant de trois notes descendantes fait si caractéristique? Signalerons-nous la fermeté de l'écriture, la clarté de la forme qui décèlent une pensée maîtresse d'elle-même... Soins inutiles que la critique peut se dispenser de prendre se bornant· à saluer en M. Magnard un auteur qui honore notre école musicale française. M. DAUBRESSE.

Salle Gaveau. — Mlles Emmy Neuner et Hildegard Klengel ont. le mardi 17 octobre, donné un concert à deux pianos au cours duquel il nous a été permis d'entendre une série d'œuvres d'un haut intérêt musical : le concerto en *ut* mineur de Bach, *Andante et variations* de Schumann, le concerto en *mi* bémol de Mozart, la *Jeunesse d'Hercule* de Saint-Saëns. Ces diverses œuvres· ont· été rendues avec un ensemble parfait. Les deux interprètes ont fait preuve d'une technique brillante en même temps qu'un goût tres sûr. A· signaler également Impromptu sur *Manfred* de Schumann-Reinecke où, malheureusement, Reinecke empiète à l'excès sur Schumann. La séance se termina par une pittoresque exécution des deux valses romantiques d'E. Chabrier. · · · E. L.

— Le violoniste Armand Parent a réuni chez lui, samedi dernier, une cinquantaine de persönnes pour leur faire entendre la nouvelle œuvre de Paul Dupin : une sonate pour piano et violon.

Disons tout de suite que cette audition fut une révélation et que l'auteur et les interprètes, Mlle Marthe Dron et M. Armand Parent, ont obtenu un énorme succès.

Nous reparlerons plus longuement de cette sonate qui figurera plusieurs fois cet hiver sur les programmes de M. Parent.

— La Société J.-S. Bach (salle Gaveau), sous la direction de M. G. Bret, annonce pour la saison 1911-1912, quatre grands concerts qui auront lieu les vendredis 17 novembre, 22 décembre, 16 février et 22 mars (répétitions publiques générales, la veille, jeudi, en matinée). Le célèbre ténor George Walter prêtera son concours au concert du 17 novembre et se fera entendre dans un programme entièrement nouveau.

OPÉRA. — Tannhäuser, Hamlet, Rigoletto, La Maladetta, Faust.

OPÉRA-COMIQUE. — La Vie de Bohème, Le Voile du bonheur, Carmen, Louise, La Tosca, Manon, Le Déserteur, Maison à vendre, Le Vaisseau-fantôme, Werther,

THÉÂTRE LYRIQUE (Gaîté). — Hérodiade, La Juive, Le Chalet, Paillasse, Le Cœur de Floria, Don Quichotte.

TRIANON LYRIQUE. — Les Cent Vierges, Les Mousquetaires de la reine, Le Domino noir, Les Saltimbanques, Rip, Le Trouvère.

APOLLO. — Mme Favart, La Veuve joyeuse, Les Transatlantiques.

VARIÉTÉS. — La Vie Parisienne.

Concerts Colonne (Châtelet). — Dimanche 29 octobre, à 2 ½ heures : Quatrième symphonie de Schumann ; Concerto de Bach pour piano et deux flûtes ; Suite en ré pour orchestre de Hændel ; Suite française de R. Ducasse ; Symphonie sur un chant montagnard de d'Indy ; Stenka Ragine de Glazounow. Au piano, Mlle Blanche Selva. — Direction de M G. Pierné.

Concerts Lamoureux (salle Gaveau). — Dimanche 29 octobre, à 3 heures : Symphonie de Franck ; Le Cygne de Tunela de Sibelius ; Rapsodie Viennoise de Fl. Schmitt ; Air d'Armide de Gluck, et La Procession de Franck, chantés par Mlle Demellier ; Symphonie espagnole de Lalo, jouée par M. Soudant. — Direction de M. C. Chevillard.

Concerts Sechiari (Théâtre Marigny). — Dimanche 29 octobre : Symphonie en si bémol de Chausson ; Concerto no 2 de violon de Bach (M. L. Capet) ; Scherzo

de Bousérez ; La Procession de Franck, et deux mélodies de Berlioz (Mme Auguez de Montalant) ; La Grande Pâque Russe de Rimsky-Korsakow. — Direct de M. Sechiari.

BRUXELLES

THÉÂTRE ROYAL DE LA MONNAIE. — Les premières de Thérèse de Massenet et du Secret de Suzanne de Wolf-Ferrari ont eu lieu samedi soir. Nous en rendrons compte dans notre prochain numéro. En attendant, constatons le très vif succès que l'on a fait aux deux ouvrages à la répétition générale.

Cette semaine, M. Lohse a dirigé les premières répétitions d'ensemble d'Obéron, avec les artistes, les chœurs et l'orchestre.

M. Gabriel Dupont a donné samedi après-midi lecture aux artistes de sa partition La Farce du Cuvier et de La Cabrera, les deux œuvres du jeune maître français qui seront données pour la première fois à Bruxelles cet hiver. On prépare aussi une reprise de La Glu.

Enfin l'on répète encore Robert le Diable, dont la reprise se fera aussitôt après la première de la Déjanire de Saint-Saëns.

Concerts Populaires. — C'est par une véritable fête d'art que fut inaugurée la nouvelle saison musicale. Au programme un seul nom, celui de Beethoven, celui du plus grand génie de la musique, celui qui dans la suite de ses neuf symphonies nous a laissé le plus beau livre des joies et des douleurs, des luttes et des triomphes de l'humanité. Ce sont ces pages sublimes que les Concerts populaires viennent nous offrir et cela dans des conditions tout à fait exceptionnelles ! Car il ne suffit pas seulement d'ouvrir ce livre merveilleux ! Il faut savoir en découvrir le sens et l'esprit, les ombres et les clartés, et c'est pourquoi il n'est pas trop d'avoir un initiateur comme M. Otto Lohse pour les mettre en lumière.

Oui, Otto Lohse, voilà le magicien qui vient de transformer par son autorité, sa science, sa puissance expressive extraordinaire, les musiciens de l'orchestre, au point qu'on ne les reconnaît presque plus. Déjà ce phénomène s'était produit lors de l'apparition passagère de M. Lohse au pupitre des Concerts Ysaye, mais son action restait incomplète ; et puis, combien il devait se démener, combien de peine pour obtenir d'un orchestre étranger, en de hâtives répétitions, ce qu'il désirait. Maintenant, grâce à sa présence permanente à la tête de l'orchestre de la Monnaie, les musiciens connaissent leur chef comme le chef connaît ses musiciens. Cela nous vaut de la part du conducteur cette direction calme qui nous permet de jouir pleinement, sans nous apercevoir du moindre effort. Si le rythme est indiqué avec une passion et une volonté impérieuses, combien tous ces mouvements ne s'assouplissent-ils pas lorsqu'il veut laisser chanter la mélodie; — un geste, un signe, mais combien expressifs, et tout est dit. Les musiciens le suivent et jouent avec cette sécurité que M. Kufferath signalait lors de la direction de M. Richter ou de Mottl.

Aussi assistons-nous à une véritable transformation, non seulement des exécutants, mais aussi du public. Est-ce le prestige du chef, ou plutôt celui du grand maître de Bonn, dont le front volontaire domine l'orchestre, qui donne à cette foule ce sérieux, ce recueillement quasi religieux; ou bien a-t-elle compris qu'elle venait assister à quelque chose de grand et d'unique ?

De fait, ce premier concert du festival Beethoven fut magnifique. L'ouverture d'*Egmont*, tour à tour passionnée et tendre, se terminant par les pages héroïques de la *Sieges-Symphonie*, était en tête du programme. Puis venaient les deux premières symphonies du maître; la première encore tout empreinte de souvenirs des jours heureux passés au Rhin; la seconde, plus tumultueuse, et où se forgent déjà les formes nouvelles qui chanteront la volonté héroïque du Beethoven des symphonies futures. Tout cela fut rendu avec clarté, avec quelle vie débordante dans l'*allegro*, avec combien de finesse et de vivacité dans le *menuet* et le charmant trio de la première, dans le spirituel *scherzo* de la seconde; quelle poésie enveloppante dans les *andante*, délicieuses rêveries musicales où flotte de temps en temps un léger voile de mélancolie, et quelle fougue entraînante dans le fantasque finale de la deuxième, pris par Lohse dans un mouvement vertigineux.

Le concerto en *mi* bémol fut joué par M. Arthur De Greef, artiste sûr, probe et sincère, musicien impeccable, penseur profond. Ecoutez ce que disent ces mains si expressives : cela vient du cœur et cela va au cœur et reste intensément gravé en vous-même ! Jamais de recherches pour l'effet extérieur : *servir* la pensée des maîtres, voilà le but élevé de ce noble interprète. En cela, M. De Greef fut admirablement secondé par l'orchestre; jamais nous n'avons eu de cette merveilleuse partie symphonique du Concerto une exécution aussi soignée et aussi fusionnée avec celle de l'instrument soliste.

En somme, un admirable prélude, ce concert, aux futures auditions du Festival Beethoven.

MAY DE RUDDER.

— A l'occasion du festival Beethoven, la maison Schott frères vient de faire paraître une brochure-programme dont la première partie est consacrée à l'historique des Concerts Populaires. Ces pages sont empruntées à l'excellente notice que M. Kufferath publia en tête du recueil commémoratif des programmes des concerts lors du vingt-cinquième anniversaire de la direction Dupont. Puis suit un court aperçu biographique sur la vie de Beethoven par votre serviteur, enfin le programme des six concerts de la saison.

La brochure est joliment présentée, ornée d'une image de Beethoven d'après l'eau-forte de Carèl Dake et du portrait des solistes prêtant leur concours aux concerts de cette saison.

Nous recommandons ces quelques pages à tous les auditeurs du Festival Beethoven. M. DE R.

— Le pianiste M. Norman Wilks, applaudi à Bruxelles les années précédentes, nous est revenu après de nombreux succès en Allemagne et en Angleterre. Nous avons dit déjà les mérites de ce jeune virtuose, le charme, la délicatesse de son toucher, le romantisme de son jeu, qualités de douceur et d'expression qu'il fait valoir surtout dans des morceaux de cadre restreint, aux contours légèrement estompés, telles certaines études et une valse de Chopin qui lui valurent de chaleureux applaudissements. Ce qui manque encore à M. N. Wilks, c'est la simplicité. Il a une prédilection marquée pour les sonorités orchestrales du piano moderne. Il aime à faire gronder les basses, à exagérer les nuances, à faire ressortir des thèmes où le besoin ne s'en fait guère sentir (variation en triolet de la sonate op. 26 de Beethoven). Nul doute qu'avec le temps il n'acquière la sobriété et la précision qui lui font défaut.

Signalons enfin le succès des variations de Hændel *Le Joyeux Forgeron*, joliment interprétées, et d'une *Arabesque* de M. Sevenants, qui fut bissée.

F H.

— Le Cercle Artistique et Littéraire de Bruxelles s'est offert le luxe d'un grand orgue qui depuis quelques jours déjà est complètement installé dans sa jolie salle de concerts. Cet orgue est le bel instrument de la maison E.-F. Walker et Cie, de Ludwigsburg, qui figura dans la alle des fêtes de l'Exposition universelle de Bruxelles. On en fera très prochainement l'inauguration « solennelle » dans une soirée musicale au cours de laquelle nos meilleurs organistes feront résonner ces belles orgues.

— Par suite du succès sans précédent qu'obtient le Festival Beethoven aux Concerts populaires et pour satisfaire à de nombreuses demandes qui lui ont été adressées, la Maison Schott organisera en trois séances, à la Grande Harmonie, l'exécution intégrale des sonates pour violon et piano de Beethoven. Elle s'est immédiatement assurée le concours des éminents artistes : MM. Arthur De Greef et Ed. Deru, afin de donner à ces séances tout l'éclat d'une solennité artistique qu'elles méritent. Il est certain que ces trois séances, d'un si haut intérêt musical, rencontreront toutes les sympathies et obtiendront pareillement les faveurs du monde artistique. Elles auront lieu les 22, 24 et 29 novembre prochains.

On peut s'inscrire et retenir ses abonnements pour les trois soirées dès à présent à la Maison Schott frères, 28, Coudenberg, Téléphone 1172.

— Le jury des concours de composition musicale organisés par la « Société Royale La Grande Harmonie » a pris, à l'unanimité, les décisions ci-après :

A. — Oeuvres Symphoniques. — Le prix est décerné à la partition ayant pour titre : *Lentedag*, par M. J. Van Hoof, à Anvers.

B. Ouverture pour orchestre d'Harmonie. — Le prix est décerné à la partition ayant pour titre : *Cromwell*, par M. J.-E. Strauwen, Directeur de la Fanfare Royale, Phalange Artistique de Bruxelles.

C. — Ouverture pour orchestre de Fanfare. — Des mentions spéciales sont accordées à MM. Léon Michel, chef de musique au 3ᵐᵉ régiment de chasseurs à pied à Tournai et Ernest Van Nieuwenhove, à Bruxelles, entre lesquels le prix est partagé.

— Le Quatuor Chaumont donnera ses quatre séances annuelles à la salle Allemande, les mercredis 29 novembre, 20 décembre, 24 janvier et 14 février.

Aux programmes : Quatuors de Haydn, Mozart, Beethoven, Brahms, d'Indy, Debussy, Schumann ; Quintette de Franck.

— Mᵐᵉ Berthe Marcx-Goldschmidt, pianiste et M. Mathieu Crickboom, violoniste, donneront dans la salle de la Grande Harmonie, les lundis 27 novembre, vendredi 1ᵉʳ décembre et mardi 5 décembre, à 8 1/2 heures du soir, trois auditions consacrées aux sonates de Beethoven.

— Mˡˡᵉ Georgette Detry, la jeune pianiste bruxelloise, auteur de l'*Hymne à la France*, qui fut exécuté le 14 juillet dernier, vient d'être nommée Officier d'Académie.

— Mˡˡᵉ Robin, élève du cours de Mˡˡᵉ Stuyvaert, 59, rue du Trône, vient de subir avec succès l'examen de piano du degré supérieur au Collège musical d'Anvers.

C'est en trois ans la troisième élève sortant du même établissement qui obtient pareil diplôme.

— M. Emile Sigogne, professeur d'éloquence à l'Université de Liége et à l'Institut des Hautes Etudes Musicales et Dramatiques d'Ixelles donnera à ce dernier Institut une série de huit conférences sur l'art oratoire, l'éloquence et la tragédie, les vendredis, à 4 1/2 heures, à partir du vendredi 3 novembre.

Pour l'inscription, s'adresser à l'Institut, tous les jours de 2 à 5 heures.

— René Devleeschouwer, organisateur de concerts (agence fondée en 1882), 44, rue des Eburons, Bruxelles. Téléphone 103,45.

THÉATRE ROYAL DE LA MONNAIE. — Aujourd'hui dimanche, en matinée, Aïda ; le soir, La Tosca et Hopjes et Hopjes ; lundi, Louise ; mardi, Thérèse et le Secret de Suzanne ; mercredi, en matinée, La Bohème et Hopjes et Hopjes ; le soir, Samson et Dalila ; jeudi, Faust ; vendredi, Mignon ; samedi, L'Africaine ; dimanche, en matinée, Carmen ; le soir, Hérodiade.

Mardi 7 novembre. — A 8 ½ heures du soir, à la salle de la Grande Harmonie, concert avec orchestre donné par M. Edouard Deru, violoniste de LL. MM. le Roi et la Reine avec le concours de MM. Arthur De Greef, Bageard, L Van Hout, professeurs au Conservatoire royal de Bruxelles, A. Godenne, professeur au Conservatoire d'Anvers et Piery, soliste du théâtre royal de la Monnaie.

Mercredi 8 novembre. — A 8 ½ heures du soir, à la salle nouvelle, 13, rue Ernest Allard, première séance du Quatuor Zimmer.

Vendredi 10 novembre. — A 8 ½ heures du soir, à la salle Allemande, première séance de l'Histoire de la Sonate par Mˡˡᵉ Tambuyser, pianiste et M. Marcel Jorez, violoniste.

Mercredi 15 novembre. — A 8 ½ heures du soir, à la salle de la Grande Harmonie, piano-récital donné par M. Emil Frey, pianiste-compositeur (prix Rubinstein 1910). Billets chez les éditeurs et à la maison Riesenburger, 10, rue du Congrès.

Jeudi 23 novembre. — A 8 ½ heures du soir, à la salle de la Grande Harmonie, premier concert classique avec le concours de M. Fritz Kreisler.

CORRESPONDANCES

A NVERS. — Cette fois, c'est une première qu'il me faut signaler à l'Opéra flamand : l'*Othello* de G. Verdi, qui ne fut jamais représenté à Anvers.

Le drame lyrique du vieux maître italien — son avant-dernière œuvre, qui précéda *Falstaff* de six années — a vivement intéressé, à plus d'un titre. Tant au point de vue de l'orchestration, avec ses effets d'instrumentation, que de l'accent et de la vérité scénique, et cela, en dépit de quelques concessions au vieux style du grand opéra qui subsistent, *Othello* tient une place nettement caractéristique dans l'œuvre du célèbre musicien.

Dans l'interprétation, Mlle B. Seroen fut une excellente Desdémone. Elle chanta avec beaucoup d'art l'air et la prière du 4ᵉ acte. M. Steurbaut eut du caractère en Iago et M. De Vos fit apprécier beaucoup de vaillance vocale dans le rôle redouté d'Othello. Que n'est-il plus satisfaisant comme plastique et mimique! Exécution fort applaudie, dans laquelle les chœurs furent parfaits de couleur et de justesse.

Au Théâtre Royal, on a donné pour le « Gala Français », *La Vie de Bohème* de Puccini, avec le concours de Mmes M. Carré et Tiphaine et M. Francell de l'Opéra-Comique. Vif succès.

C. M.

L IÉGE. — Malgré le talent de certains interprètes, les débuts de la saison théâtrale ont été assez pénibles, le public ne répondant guère à l'appel qui lui était fait. D'autre part, certains membres de l'orchestre, payés par la commune, ont quitté celui-ci : il a fallu les remplacer par des éléments quelque peu de fortune. La direction a fait mettre à l'affiche *Le Rêve de Valse* de Strauss et, depuis lors, le public vient : il fallait l'opérette pour l'attirer.

Ces faits s'expliquent par la crise musicale actuelle à Liège. On a ouvert une demi-douzaine de music-halls-cinémas qui offrent des soirées économiques au public, en des locaux tout flambant neufs; le théâtre est mal entretenu (par l'administration communale) et il coûte cher. Ceux dont le goût n'est pas très sûr n'hésitent pas. Quant aux musiciens, comme on les paie deux ou trois fois plus au music-hall qu'à l'orchestre du théâtre, ils hésitent moins encore. Ajoutons que, dans de nombreuses brasseries, on exécute aussi de la musique, il y a donc pénurie d'instrumentistes; les moindres accessits trouvent à se caser

au risque de négliger leurs études; en un mot, la quantité de musique jouée remplace la qualité. Et le goût public baisse, baisse, si bien que le mot de « crise » que j'employais tantôt pourrait bien être un euphémisme, car le mal sera durable.

Aucune société de concerts n'a encore, ce 24 octobre, renseigné le public sur ses projets d'hiver. Il se fait tard déjà.....

Dr DWELSHAUVERS.

NOUVELLES

A l'occasion du centième anniversaire de la naissance de Liszt, une composition pour solo de basse et chœur, encore inédite, a été publiée à Leipzig. C'est un hymne humanitaire dont le titre, *Chant des travailleurs*, nous reporte, d'après la notice-annonce qu'ont reproduite les journaux allemands, à l'époque de 1848-1849, pendant laquelle Wagner se compromit et dut fuir sa patrie pour plusieurs années. Le *Ménestrel* rappelle à ce propos que, bien avant 1848, Liszt s'intéressa très vivement aux idées réformatrices de son temps, bien qu'il n'ait jamais été ce que nous appelons aujourd'hui un révolutionnaire. Vers 1830, Saint-Simon et ses doctrines exercèrent sur lui une influence sérieuse, et ses idées de liberté se traduisirent dans une ébauche de « Symphonie révolutionnaire » qui n'aboutit pas à l'œuvre que Liszt avait d'abord rêvée, mais qui devint plus tard le poème symphonique intitulé *Héroïde funèbre*. Cinq années après, en 1835, Liszt écrivit une pièce pour piano sous ce simple titre, *Lyon*, suivie d'une devise qui était celle des ouvriers pendant les troubles de certaines provinces françaises, en 1834 : « *Vivre en travaillant ou mourir en combattant* ». Le fragment muni de cette épigraphe avait été composé à la Chênaie, chez Lammenais, qui en accepta la dédicace. Il parut seulement en 1842, avec dix-sept autres morceaux similaires, le tout formant un recueil désigné par ces simples mots : *Album d'un voyageur*. Sur ces dix-huit pièces ainsi réunies, huit seulement furent conservées et se retrouvent dans l'édition des *Pèlerinages en Suisse*, publiée en 1853. Le feuillet intitulé *Lyon* a été sacrifié par Liszt et a figuré parmi les dix qu'il a définitivement rejetés de son œuvre. La préface qui accompagnait l'*Album d'un voyageur* a également disparu. Liszt, déjà célèbre comme compositeur et comme chef d'orchestre, et considéré comme le premier pianiste de son temps, lorsqu'il publia les *Pèlerinages en Suisse*, ne jugeait plus utile de s'expliquer devant le public. Cette préface est devenue difficile à se procurer ; on la lira certainement avec plaisir, car elle est empreinte d'une certaine fierté d'artiste, qui convient bien à un jeune musicien cherchant à se frayer des voies. Le *Ménestrel* la reproduit et la voici :

« Ayant parcouru, en ces derniers temps, bien des pays nouveaux, bien des sites divers, bien des lieux consacrés par l'histoire et la poésie ; ayant senti que les aspects variés de la nature et les scènes qui s'y rattachent ne passaient pas devant mes yeux comme de vaines images, mais qu'elles remuaient dans mon âme des émotions profondes, qu'il s'établissait entre elles et moi une relation vague mais immédiate, indéfinie, mais réelle, une communication inexplicable mais certaine, j'ai essayé de rendre en musique quelques-unes de mes sensations les plus fortes et de mes plus vives perceptions.

» Le sens intime et poétique des choses, cette idéalité qui est dans tout, semble se manifester particulièrement dans les créations de l'art qui, par la beauté de la forme, réveille dans l'âme des sentiments et des idées. Bien que la musique soit le moins plastique des arts, elle a néanmoins aussi sa forme, et ce n'est pas sans justesse qu'on l'a définie une architecture des sons. Mais, de même que l'architecture, outre ses différents ordres, toscan, ionique, corinthien, etc., a encore sa pensée païenne ou chrétienne, voluptueuse ou mystique, guerrière ou marchande, ainsi, et plus, peut-être, la musique a sa pensée cachée, son sens idéal que le grand nombre, à la vérité, ne soupçonne point, car le grand nombre, en fait d'art, ne s'élève guère au-delà du jugement comparé de la ligne extérieure, de l'appréciation facile d'une certaine habileté superficielle.

» A mesure que la musique instrumentale progresse, se développe, se dégage des premières entraves, elle tend à s'empreindre de plus en plus de cette idéalité qui a marqué la perfection des arts plastiques, à devenir non plus une simple combinaison de sons, mais un langage poétique plus apte peut-être que la poésie elle-même à exprimer tout ce qui, en nous, franchit les horizons accoutumés ; tout ce qui s'agite à des profondeurs inaccessibles, désirs impérissables, pressentiments infinis.

» C'est dans cette conviction et dans cette tendance que j'ai entrepris l'œuvre publiée aujourd'hui, m'adressant à quelques-uns plutôt qu'à la foule ; ambitionnant, non le succès, mais le suffrage du petit nombre de ceux qui conçoivent pour l'art une destination autre que celle d'amuser des heures vaines et lui demandant autre chose que la futile distraction d'un amusement passager.

» FRANZ LISZT. »

Cette profession de foi caractéristique a été retranchée, par Liszt lui-même, assure *Le Ménestrel*. Est-ce aussi avec le plein consentement du maître que les très curieuses lithographies, imitées des

gravures coloriées de Sandreuter, qui ornaient les premières éditions des *Pèlerinages en Suisse*, ont été en grande partie supprimées, ainsi que de nombreuses épigraphes ? Il est permis d'en douter, mais dans tous les cas, pas un seul amateur de souvenirs ne pourra cesser de regretter ces intéressants vestiges du passé. Par exemple, la devise de la Confédération helvétique, *Un pour tous, tous pour un*, qui figurait en tête du morceau intitulé *Chapelle de Guillaume Tell*, dédié à Victor Schœlcher, est une indication précieuse d'où ressort la sincérité des impressions du musicien. Les longues phrases détachées des ouvrages d'Obermann et de Byron, jetées çà et là sur les pages-titre des morceaux, correspondent tellement avec le sentiment des mélodies, des rythmes et des harmonies, qu'elles en deviennent pour ainsi dire inséparables. Faut-il citer ces deux pensées exprimées poétiquement en prose : « Minuit dormait, le lac était tranquille, les cieux étoilés... nous voguions loin du bord », et « je ne vis pas en moi-même, mais je reçois une part de vie de tout ce qui m'entoure». Cette dernière phrase est à retenir, car elle porte l'explication de la musique à programme telle que la concevait Liszt, et pourrait s'appliquer à tous ses poèmes symphoniques. Les *Cloches de Genève* sont dédiées à Blandine, première fille de Liszt, née en 1835 ; l'on y rencontre un élan mélodique repris par Wagner dans *Tristan et Isolde*. Le morceau intitulé *Vallée d'Obermann* renferme le thème du Graal de *Parsifal*, mais celui-ci n'est pas de l'invention de Liszt. C'est une formule liturgique dont Mendelssohn s'est servi lui aussi dans sa symphonie *La Réformation*. Chaque pièce des *Pèlerinages* se rattache à quelque épisode vécu. Malheureusement, peu de pianistes sont assez doués intellectuellement pour bien interpréter les compositions de ce recueil ; ils préfèrent des ouvrages dans lesquels une virtuosité brillante tient plus de place et qui d'ailleurs sont, pour la plupart, infiniment moins difficiles. Cela est d'autant plus regrettable que le public se fait encore facilement illusion sur la vraie place de Liszt dans l'art et croit le connaître après avoir applaudi ses morceaux de salon. Il y a autre chose heureusement ; il y a les *Pèlerinages* en Suisse et en Italie, les *Deux Légendes*, les *Harmonies poétiques*, les grandes études, le ravissant *Arbre de Noël*, etc. Qui n'a pas su apprécier ces différents ouvrages ignore ce qu'il y a de plus grand et de plus élevé dans l'œuvre de Liszt pour piano.

— Le succès qui a salué à son apparition l'oratorio dramatique *Quo Vadis?* du compositeur polonais Félix Nowowyski, inspiré du célèbre roman de Sienkiewics, ne se dément pas. Il sera exécuté, au cours de cette saison, à Varsovie, Riga, Vienne, Londres, Rotterdam, Bamberg, Düren, Lemberg, Halberstadt. L'an dernier, cette symphonie avec chœur a été exécutée dans une trentaine de villes avec un égal succès.

— Pour sa réouverture le théâtre de Berne a donné une excellente représentation de la nouvelle œuvre de Léon Blech : *Roi des Alpes et Mysanthrope* (*Alpenhönig und Menschenfeind*).

— La Société Franz Liszt, dont le siège est à Berlin, s'était vouée jusqu'ici à la propagation de la musique et des idées de Liszt. Sans cesser de diriger son activité dans ce sens, elle voudrait créer dans quelques villes des « maisons musicales » dans le genre des « Maisons du peuple » telles qu'il en existe une à Zurich. On trouverait dans ces maisons des bibliothèques où les publications musicales, les journaux, revues et livres seraient mis sur place à la disposition des visiteurs.

— A Londres, au Albert Hall, Mme Albani a fait ses adieux au public. Cette cantatrice a été pendant de longues années l'artiste la plus recherchée pour chanter les grands oratorios de Haendel dans les festivals de Londres et des autres grandes villes d'Angleterre.

— La direction de la Scala de Milan vient de publier son programme pour la prochaine saison 1911-1912. On affichera *Armide*, de Gluck (œuvre de réouverture); *Fils de Roi*, de M. Humperdinck; *Les Maîtres Chanteurs*, de Wagner; *Norma*, de Bellini; *Loreley*, de Catalani; *Isabeau*, de Mascagni (première pour l'Italie); *Ivan le Terrible*, de Rimski-Korsakow; *Les Joyeuses Commères de Windsor*, de Nicolaï; *Bacchus et Gambrinus* sera l'unique ballet de la saison.

Dès à présent, la direction de la Scala s'occupe aussi de la saison 1912-1913, pendant laquelle le monde musical célébrera les deux centenaires de naissance de Verdi et de Wagner. Pour commémorer Verdi, on représentera *Falstaff*, tandis que la commémoration de Wagner sera marquée par la mise en scène de *Parsifal*.

Henri Cain, le poète auquel la scène lyrique doit tant de situations émues et poignantes, s'est chargé de traduire en français les vers d'*Isabeau*, écrits par M. Illica pour la musique de M. Mascagni. On n'aurait pu espérer au-delà des Alpes une collaboration meilleure. En même temps, les frères Isola sont en pourparlers pour une prochaine saison parisienne du nouvel opéra de M. Mascagni.

Pendant l'hiver, *Isabeau* sera mis en scène à la Scala de Milan, au San Carlo de Naples, aux théâtres de San Remo et de Novare ; Venise en a acquis le droit de représentation pour le printemps lorsqu'elle ouvrira sa neuvième exposition des beaux-arts. *Isabeau* sera représentée aussi à Vienne Prague, Nuremberg et peut-être à Bruxelles et Monte-Carlo.

— Le Théâtre del Verme, de Milan, a représenté avec un très grand succès un opéra nouveau, en quatre actes, du jeune compositeur Riccardo Zandonai : *Conchita*, dont le livret a été tiré par MM. Maurice Vaucaire et Carlo Zangarini du roman de M. Pierre Louys, *La Femme et le Pantin*. L'auteur s'est fait connaître très avantageusement par sa première œuvre théâtrale, *Le Grillon du Foyer*, qui fut applaudie à Turin, en 1908, puis à Gênes et à Nice, l'hiver dernier. La critique vante la science et le goût du jeune compositeur, qui n'a pas encore atteint sa trentième année, et elle lui fait un mérite spécial d'avoir su écrire une œuvre personnelle, qui ne rappelle en rien les formules du théâtre pucciniste.

— Pas de chance. Mascagni, avec l'organisation de sa tournée dans l'Amérique du Sud ! A Santiago de Chili, où sa compagnie devait donner quarante représentations, le fiasco a été complet. Habitué à la variété des spectacles, le public a protesté bruyamment contre le retour incessant des mêmes œuvres. *Mefistofele* de Boïto a été sifflé. Cruelle déception, *Isabeau*, qui devait être le clou de la saison, n'a pas été joué à cause d'une indisposition persistante du ténor. Saludas. Celle-ci a tout compromis. Il s'en est fallu de peu que le conseil communal de Santiago ne retirât le subside qu'il s'était engagé à servir à l'impresario. Accablé de déboires, Mascagni ne songe plus qu'à quitter l'Amérique. Il se réembarquera avec sa troupe, pour l'Italie, le 31 de ce mois.

— Le maestro Enrico Bossi a donné sa démission de directeur du Lycée musical de Bologne. La place qu'il occupait a été offerte pour un an au maestro Mugellini, qui l'a acceptée. Le nouveau directeur est également chargé de donner le cours de composition.

— Pour sa réouverture, le théâtre de Bologne a donné, le 25 de ce mois, une représentation d'*Ariane et Barbe bleue* de Paul Dukas.

— Le maestro Luigi Mancinelli, l'un des premiers chefs d'orchestre de l'Italie, écrit en ce moment, sur un livret de M. Fausto Salvatori, un opéra dont le sujet à été tiré du *Songe d'une nuit d'été* de Shakespaere.

— Au théâtre Regio, de Turin, la saison d'automne a été inaugurée le 25 de ce mois, par une représentation de *Manon*, sous la direction du maestro Victor Gui. On donnera, cette année, *La Fanciulla del West*, *Mefistofele*, *Ariane et Barbe-bleue*, *Thaïs* et *La Traviata*.

— Mardi dernier, le compositeur anglais Edward Elgar a dirigé à l'Exposition de Turin un concert de ses œuvres, qui a obtenu grand succès. Le 23 de ce mois il a fait ses débuts en qualité de chef d'orchestre au premier concert symphonique organisé à Londres par le London Symphony Orchestra.

— La saison a été ouverte à l'Opéra Impérial de Vienne par trois représentations de Caruso.

On a profité de ce gala pour donner la première représentation du *Voile de Pierrette*, pantomime en trois tableaux de M. Arthur Schnitzler, musique de M. Ernst von Dohnanyi, le pianiste très réputé qui a voulu suivre les traces de M. Eugène d'Albert et se risquer dans le domaine du théâtre. Ses dons plutôt aimables et gracieux le désignaient d'ailleurs fort peu, dit-on, pour prendre en main la composition d'une pantomime comportant une action aussi horrifiante.

— En compulsant les archives musicales du Collegium Musicum d'Iéna, le professeur Stein a découvert une symphonie de jeunesse de Beethoven, en *ut* majeur, avec toutes ses parties d'orchestre. Celles-ci ne sont pas autographes, mais les parties de violon et de violoncelle portent la mention : symphonie de Louis Beethoven, d'une écriture contemporaine. L'analyse approfondie de cette partition a permis à M. Stein de reconnaître de multiples analogies entre cette œuvre, écrite avant 1800, et la première symphonie, le quatuor en *fa* majeur et d'autres compositions. Nul doute que le morceau ne soit de la plume de Beethoven ; il sera publié, d'ailleurs, le mois prochain, et tout le monde pourra en juger.

— Depuis son retour à Munich, où il s'est définitivement installé, Hans Richter songe à créer à Bayreuth une école de chefs d'orchestre, projet qu'il déclare avoir eu, il y a quarante-deux ans déjà, et qu'il n'a jamais eu le loisir de réaliser. Il s'en est ouvert à la ville de Bayreuth, à laquelle l'idée a souri et qui a mis à sa disposition un local où s'ouvrira l'école.

— La première du *Cavalier à la Rose* de Richard Strauss, à l'Opéra de Berlin, fixée d'abord au 4 novembre, n'aura lieu que le 6. On ne pourra en reprendre les répétitions la semaine prochaine qu'après les représentations extraordinaires de Caruso. La direction de l'Opéra a été également obligée de retarder la première d'*Otello* de Verdi, primitivement fixée au 15 de ce mois et qui n'aura lieu qu'en novembre.

— L'Opéra-Comique de Berlin, dont M. Gregor a laissé la direction à Mme Aurélie Revy, rouvrira ses portes pour la saison 1911-1912, le 1er novembre. On donnera comme premier spectacle l'*Etoile du Nord*, de Meyerbeer.

— Ainsi que nous l'avons annoncé, il y aura, l'an prochain, des représentations à Bayreuth, du 22 juillet au 20 août. On donnera deux fois la Tétralogie, cinq fois *Les Maîtres Chanteurs* et sept fois *Parsifal*. Les prix seront majorés. Le fauteuil coûtera 25 marks, au lieu de 20. On payera toutes. fois 100 marks le droit d'assister aux quatre soirées de la Tétralogie.

Le bureau de location sera ouvert le 1er mars prochain. Cependant on peut dès à présent s'inscrire soit pour la série des six représentations de *Parsifal*, des *Maîtres Chanteurs* et de la Tétralogie, soit pour la Tétralogie seule, soit pour les deux autres œuvres. On pourra retenir ses places dès la mi-février aux représentations de *Parsifal* du 6 et du 7 août. Les cartes seront strictement personnelles.

— Le nouvel opéra construit à Londres par l'imprésario Hammerstein devait ouvrir ses portes le 10 du mois prochain. On annonce aujourd'hui que les travaux ne seront pas achevés à cette date et que l'ouverture du théâtre est postposée d'une semaine.

— La loi anglaise sur la propriété artistique, élaborée à la Chambre des Communes, vient d'être mise en discussion à la Chambre des Lords. On sait qu'il s'agirait d'assurer aux héritiers des auteurs et compositeurs la jouissance de leurs droits de propriété pendant une période de cinquante ans. La discussion du bill, examiné à la Chambre des Communes un peu à la hâte, sera approfondie à la Chambre des Lords. Il a des adversaires résolus.

— La saison d'opéra au Metropolitan Opera House de New-York s'ouvrira le 13 du mois prochain. La direction annonce, entre autres nouveautés, l'opéra américain *Mona*, du compositeur

Parker, couronné naguère au concours organisé par le Metropolitan Opera House. *Boris Godouroff* de Moussorgsky, *Les Femmes curieuses* de Wolf-Ferrari, *Versiegelt* de Blech, *Mefistofule* de Boito, *Don Juan* de Mozart, *Guillaume Tell* de Rossini, *Le Chemineau* de X. Leroux, *L'Ami Fritz* de Mascagni, *Christophe Colomb* de Franchetti et *Le Grillon du Foyer* de Goldmark. De plus, on donnera quarante-cinq ouvrages du répertoire courant.

— Au Théâtre de Philadelphie la saison lyrique sera organisée par la Chicago Opera Company, sous la direction de M. And. Dippel. Par suite d'un désaccord entre la maison Ricordi et le directeur Dippel, aucune œuvre de Puccini ne sera représentée au cours de la saison. Les nouveautés annoncées sont : *Samson et Dalila*, *Quo Vadis*, *Cendrillon*, *Le Jongleur de Notre-Dame* et *Les Joyaux de la Madone* de Wolf-Ferrari.

— L'ouverture de la saison à l'Opéra de Boston est fixée au 27 novembre.

— Au Théâtre municipal de Strasbourg on a donné la semaine dernière *Der Musikant (Le Musicien ambulant)*, opéra de Julius Bittner, où il y a de jolies choses. L'interprétation a été supérieure et le succès très franc.

— Le nouveau directeur du théâtre de Grenoble vient d'adresser au public un boniment dont la brièveté et l'entrain sont également savoureux. Voici ce document :

« A Mesdames et Messieurs les abonnés et habitués du théâtre.

» A un changement de direction, il fallait un changement de devise. Depuis quelques années du règne de : *Parler pour ne rien dire et beaucoup de bruit pour rien*, j'ai substitué : *Bien faire et laisser dire*.

» J'ai donc l'honneur, Mesdames et Messieurs, de vous présenter le tableau de la troupe appelée à desservir votre première scène pendant la saison 1911-1912.

» Tous mes efforts se sont portés sur la composition d'une troupe homogène capable d'assurer la bonne marche du répertoire sans avoir recours à des artistes étrangers, dont bien souvent le talent est en raison inverse de la grosseur de la vedette.

» Dans l'espoir d'arriver à vous plaire, agréez, Mesdames et Messieurs, l'assurance de mes respectueux sentiments. »

— A l'occasion du trentième aniversaire de sa fondation (1882-1912), la Société chorale : *Onderlinge Oefening* d'Amsterdam, ouvrira en cette ville un grand Concours international de chant d'ensemble pour chorales d'hommes et pour chœurs mixtes (dames et hommes), les 1er, 2, 9. 16 et 23 juin 1912.

Chaque société concurrente devra s'inscrire *avant le 1er février 1912* à l'adresse du trésorier, M. B. M. Tas, Nieuwe Prinsengracht, 84.

BIBLIOGRAPHIE

J. NEUPARTH. *Os grandes periodos da Musica.* Lisbonne, in-8° av. nombr. portraits.

Ce volume de 200 pages sur « Les grandes périodes de la musique : bref résumé d'histoire générale de la musique… » rendra certainement de grands services en Portugal et au Brésil, car il est clair, juste en ses appréciations, et possède un mérite assez rare en pareille matière et que n'ont pas bien d'autres manuels : un parfait sentiment des proportions. L'auteur ne peut jamais développer : la place lui manque, mais il peut insister selon le génie ou le talent des artistes qu'il énumère : cette graduation délicate est faite ici avec beaucoup de goût. Et tout de même rien d'essentiel ne manque, et, depuis l'antiquité, toutes les écoles, tous les mouvements d'art sont représentés. Le livre finit par les écoles espagnole et portugaise : on serait tenté cette fois de trouver que M. Neuparth eût pu s'étendre davantage ; mais non, il a voulu jusqu'au bout être logique avec son plan d'histoire. On ne peut que l'en féliciter.   H. DE C.

Quatre transcriptions pour violon et piano, par TIRINDELLI. Leipzig, C. Schmidl et Co, éditeurs. 1.00 — 1.25 — 1.25 — 1.60 mk.

Quatre pièces anciennes nous sont présentées sous l'habit neuf de la transcription : l'*Air* de Michelangelo Rossi (1620-60). *La Favorite* de François Couperin (1668-1733), *Le Rappel des oiseaux* de Philippe Rameau (1683-1764) et l'*Allegro spiritoso* de A.-G. Muffal (1683-1770). L'*Air*, d'une charmante naïveté, orné de fioritures un peu précieuses, est facile et plaira à beaucoup de jeunes violonistes. Je regrette seulement que certains « agréments » ne soient pas écrits en toutes notes, d'après notre habitude d'aujourd'hui ; le texte imprimé en rend l'exécution douteuse pour ceux qui n'ont pas étudié à fond l'écriture des siècles passés. *La Favorite*, facile égalenent, est d'un beau sérieux impressionnant. Quant au *Rappel des oiseaux*, il exige une habileté rhythmique rare et ne cadre pas, comme difficulté, avec les autres pièces ;

tandis que l'*Allegro* demande une carrure hændélienne. En somme, d'excellente musique de chambre. Dr DWELSHAUVERS.

La Serva Padrona de Pergolesi, partition d'orchestre et réduction de piano et chant, avec textes italien et allemand, publication de la SOCIÉTÉ PERGOLESI. Munich Wunderhornverlag.

La jeune société, due à l'initiative de M. Ludwig Schittler qui sut lui acquérir d'éminents collaborateurs, a pris pour tâche de publier les œuvres de Pergolèse et de rendre ces pages charmantes à notre pratique musicale contemporaine. Une symphonie pour violoncelle et clavier, une autre pour deux cors et archets furent d'abord publiées. Ensuite vint le délicieux intermezzo : *La Servante Maîtresse*, dont l'édition a été revue par un connaisseur spécial de l'école napolitaine : le Dr Hermann Albert. Le texte musical est parfaitement établi, pour la partition d'orchestre comme pour la réduction de piano, ce qui permettra des exécutions beaucoup plus correctes que celles que l'on donne parfois encore de cette pièce. En un mot, cette édition la rajeunit et la rend à notre admiration raisonnée.

Ajoutons que la reproduction du titre original, un dessin de Pretorius, une préface extrêmement instructive, viennent augmenter encore la valeur de ces deux ouvrages.

Souhaitons bonne chance à la Société Pergolesi, qui compte publier prochainement le célèbre *Stabat Mater* de la façon correcte, instructive et élégante à laquelle elle nous a jusqu'ici habitués.

Dr DWELSHAUVERS.

CANTILLON. — *Essai sur les symboles de la tétralogi wagnérienne*. Mons, 1911.

Brochurette dont l'auteur renouvelle les essais d'exégèse de quelques points particulièrement obscurs de la *Tétralogie* ; il s'attache surtout aux « symboles sociaux », que Bernard Shaw traita avec plus d'ampleur, d'originalité et d'humour.

C.

NÉCROLOGIE

— Le ténor Georges Ritter, qui a obtenu de grands succès à la scène et au concert, puis s'est adonné à l'enseignement, est mort à Wiesbaden, à l'âge de soixante et un ans.

— Hans Rosenstein, directeur de l'école de musique de Graz, vient de mourir à Vienne à l'âge

de quarante-sept ans. Il était fort apprécié comme chef d'orchestre et directeur de chœurs.

57me ANNÉE. — Numéro 45.   5 Novembre 1911.

LE GUIDE MUSICAL

L'Esthétique de

Georges Bizet

(Suite et fin. — Voir le dernier numéro).

Certes, entendre traiter de « farouche wagnérien » le compositeur de la *Jolie Fille de Perth* nous serait une surprise un peu forte, si nous ne savions ce qu'il faut penser des classifications de ce genre. Toutes les époques musicales ont connu ces épithètes synthétiques délicieusement fausses dont l'inexactitude commode fit précisément la fortune. La réforme wagnérienne a permis à des générations de critiques ignorants d'user d'un adjectif unique pour stigmatiser tout effort novateur, quelle que fût sa tendance. On disait alors « Wagnérien » comme on dit aujourd'hui « Debussyste », et toute quinte augmentée semblait provenir d'un vol au préjudice de l'auteur de *Tannhäuser*, de même que toute neuvième apparaît comme le fruit d'un larcin commis chez l'auteur de *Pelléas*.

Au lieu d'en sourire et d'y voir le témoignage obtus mais irréfutable de son originalité, Bizet prit au tragique les qualificatifs évidemment immérités mais point déshonorants dont on l'affublait. Et avec quel zèle excessif ses amis ne travaillent-ils pas à le laver de cette honte : « Farouche wagnérien ! s'exclame Charles Pigot, indigné, wagnérien, ce bon, cet excellent gar-

çon, ce parfait musicien qui ne demandait qu'à faire de la bonne musique!... » L'argument n'est pas irrésistible ! On peut être un bon et même un excellent garçon, aimer la bonne musique et garder quelque estime aux *Maîtres Chanteurs*.

D'ailleurs, rien n'explique l'unanimité de cette appréciation. Les caractères extérieurs de l'esthétique wagnérienne manquent absolument à l'œuvre de Bizet. Les ennemis de Wagner ne pouvaient certes pas y découvrir de mélodie continue, pas plus que d'abus de leitmotivs, puisque, jusque dans ses dernières œuvres, le compositeur resta fidèle aux formes italiennes.

Malgré tout le désir qu'on éprouve de faire marcher l'auteur de *Carmen* en tête de sa génération, on est à chaque instant obligé de constater la répugnance instinctive qui l'empêchait de sortir des voies frayées par ses prédécesseurs. Après la *Jolie Fille de Perth*, la critique elle-même fut obligée de lui déclarer qu'il allait un peu loin dans ses concessions à la routine et sa docilité à flatter les manies du public. Reyer, avec indulgence, dans les *Débats*, Johannès Weber, avec plus de netteté dans le *Temps*, lui donnèrent une leçon méritée. Bizet s'excusa dans une lettre (1) où il reconnaissait ses torts, ce qui prouvait bien qu'il n'agissait pas par incon-

(1) Lettre adressée à Johannès Weber qui la reproduisit dans le *Temps* du 15 juin 1875.

science, et que la gloire des innovateurs le tentait médiocrement. « Cette fois encore, disait-il, j'ai fait bien des concessions... J'aurais bien des choses à dire pour ma défense, devinez-les ! »

Je ne sais s'il est très facile de deviner les raisons qui pouvaient pousser un musicien très averti, à déclarer hautement : « l'école des flonflons, des roulades, du mensonge, est bien morte ; enterrons-la sans larmes, sans regrets, sans émotion, et... en avant ! » tout en écrivant sans remords, les « copieuses roucoulades » de Catherine et l'effroyable ensemble de l'entrée de Glover, qui eût fait reculer Auber lui-même. Cette contradiction perpétuelle entre le style de Bizet, sa nature musicale, ses tendances naturelles et ses théories esthétiques ne laissa pas que de troubler. *Deteriora sequitur*... Indéniablement, il apportait à l'art de son époque une note nouvelle, et pourtant il s'attarda toujours dans ce qu'il appelait avec une ironie moins sincère que celle de Berlioz, « les mauvais lieux de la musique ».

Dût le mot paraître un blasphème, nous répéterons qu'il fut toujours trop « bon élève » pour oser se livrer à son vrai tempérament. Toute sa vie il garda ce respect des traditions scolaires et des formes officielles qui le maintinrent dans une esthétique timorée. Avec quel sérieux de jeune « fort-en-fugue » il demande à un compositeur dont il veut connaître le mérite ; « Avez-vous fait du quatuor, de la symphonie, de la scène lyrique, de l'opéra et de l'oratorio ? » Comme si la composition pouvait se diviser ainsi en petits compartiments étanches ! Comme si tous ces exercices, dûment catalogués, pouvaient être assimilés aux matières d'un examen universitaire !

Pour comprendre un tel état d'âme, il ne faut pas perdre de vue les circonstances toutes spéciales qui entourèrent la production de Bizet. Nous avons vu que, dès ses débuts, le jeune auteur ne fit jamais antichambre. Il était encore sur les bancs de la classe d'Halévy lorsqu'il fut appelé à goûter pour la première fois les émotions

de la rampe. Offenbach avait mis au concours le livret d'une opérette de Battu et Halévy, *le Docteur Miracle*. Le premier prix fut décerné à MM. Bizet et Lecoq, dont les partitions, couronnées *ex æquo*, furent représentées aux Bouffes Parisiens. Dès son retour de Rome, on vit deux théâtres lui ouvrir leurs portes ; on vit ce jeune homme de vingt-quatre ans retirer même de l'Opéra-Comique, où elle était déjà en répétitions, la partition qui, à son avis, eût constitué un début trop modeste pour un auteur aussi sollicité. Depuis, il continua à écrire sur commande et à voir ses ouvrages mis en scène dès qu'il en eut tracé la mesure finale.

Lorsqu'il écrivait une œuvre, ce n'était pas pour condenser dans un lent travail autour d'une pensée chère toutes ses aspirations d'art. Au lieu de choisir le sujet idéal que tout artiste élit secrètement et rêve d'immortaliser, il se contentait de mettre consciencieusement de la musique autour du livret qui avait l'agrément de M. le Directeur du Lyrique ou de M. le Directeur de l'Opéra-Comique. Il n'écrivait pas pour écrire, pour déverser le trop-plein de ses rêves, il écrivait pour être joué. Et voilà qui change singulièrement l'optique musicale d'un auteur. Nous avons peut-être là l'explication des singulières anomalies qui nous surprennent dans ses opinions et ses œuvres. Là sont peut-être les fameuses excuses qu'il priait Johannès Weber de deviner !

C'est Carvalho qui choisit le livret des *Pêcheurs de Perles* que Bizet accueille avec empressement sans même les avoir lus. C'est Carvalho encore qui commande quatre actes à Saint-Georges et Adenis et les confie à son musicien préféré qui s'engage par traité à terminer cette *Jolie Fille de Perth* avant la fin de l'année courante. Puis ce sont les sujets imposés pour le concours de l'Opéra et de l'Opéra-Comique, *La Coupe du Roi de Thulé* et *Le Florentin*, et celui que lui suggère une piété quasi filiale : *Noé*. Camille du Locle lui passe alors une commande en blanc. Bizet découvre *Calendal* de Mistral. Il en fait tirer un livret par M. Paul Ferrier et déclare qu'il a enfin trouvé un bon poème. Sera-ce donc l'œuvre sincère où il pourra laisser parler librement sa foi musicale ? Point du tout : il croit comprendre que le Directeur de l'Opéra-Comique n'aime pas ce sujet, et aussitôt Bizet ne trouve plus aucun intérêt à la poésie de Mistral et rend le livret à son auteur. Avec Djamileh, c'est presque un livret directorial que le musicien reçoit, dans un traité en règle. Louis Gallet l'avait écrit sous la dictée de du Locke et, seule, la paresse excessive de Duprato avait fait échouer ce poème sur le piano du bon ouvrier en musique, toujours prêt à ponctuellement assurer ses livraisons. L'Arlé- sienne fut une idée de Carvalho qui régla lui-même la forme de la partition en exigeant un essai de « mélodrame ». On a vu Bizet ne pas hésiter à écrire les cinq actes du Cid, dès qu'il vit le chanteur Faure s'intéresser à ce sujet et parler de le recommander à Perrin. Le « bon livret » était pour lui tout autre chose qu'une œuvre d'art pur. Il le laisse voir naïvement : « On fait en ce moment, écrit-il (1), deux opéras sur lesquels j'ai l'œil très ouvert : un des deux intéresse beaucoup le Directeur de l'Opéra et, d'ici à quelques mois, j'aurai probablement un ouvrage en train ». De même la crainte que lui prêtèrent ses amis de n'être pas doué pour l'opéra, ne semble pas procéder d'un sentiment de défiance envers soi-même, mais d'une simple absence de commande officielle. La preuve, c'est qu'après avoir dit longtemps à Guiraud : « Je crains de m'y montrer mesquin, d'y manquer d'ampleur »; il finit par s'écrier avec un soupir de soulagement : « On paraît décidé à me demander quelque chose à l'Opéra ; les portes sont ouvertes : il a fallu dix ans pour en arriver là ! (1) » Enfin Carmen fut le résultat d'une commande et en provoqua immédiatement une autre aux mêmes fournisseurs, — com-

mande qui ne fut jamais livrée, car le musicien venait de disparaître.

Il y a loin, avouons-le, de l'exécution ponctuelle de ces nombreux traités, à la composition libre de toute entrave dans le temps et dans l'espace, à la gestation de l'œuvre qui possède l'auteur et qu'il nourrit de son sang, à la création idéale d'un ouvrage qui ne sera peut-être jamais joué (peut-être, même, jamais terminé), mais qui directement émane de toutes les facultés créatrices du compositeur, de toute sa puissance d'invention. Vivre son œuvre n'a jamais paru à Bizet une condition de sincérité. Musicien admirablement doué, il para de son mieux d'harmonies adroites les pièces qu'on lui confia, sans perdre de vue les convenances à observer vis-à-vis des directeurs bien intentionnés, ni les ménagements à garder envers un public insuffisamment instruit. Très cérébrale- ment il dosa dans son œuvre les concessions et les hardiesses, avec ce sens latin de l'équilibre et de la clarté qui rend l'auteur de Carmen si représentatif.

C'est par lui que Nietzsche rêvait de « méditerraniser la musique » et nul effet ne pouvait plus complètement synthétiser les tendances caractéristiques qu'à tort ou à raison la moitié de l'Europe envie à l'autre. Les « droits de la Méditerranée » ont gouverné toute l'œuvre de Bizet et, suivant le degré de sympathie qu'on éprouve pour l'idéal des races latines, on apprécie son esthétique avec indulgence ou sévé- rité. Il faut bien comprendre ce caractère d'un artiste qui, de Rome, écrivait tran- quillement : « Si je pouvais repasser à mon ami Hector un peu de mon aplomb, comme ça ferait l'affaire ! (1) » et « j'ai beaucoup d'espoir pour ma carrière : j'aurai proba- blement moins de talent et des convictions moins arrêtées que Gounod : par le temps qui court c'est une chance de succès (2). » Se glorifier aussi paisiblement, à vingt

(1) VIIIᵉ lettre à Paul Lacombe.
(1) XVᵉ lettre à Paul Lacombe.

(1) Lettres de Rome. (Revue de Paris, 15 décembre 1907.
(2) Ibid.

ans, à l'âge des timidités extérieures et des volcanismes intimes, d'avoir de l'aplomb et peu de convictions arrêtées, voilà qui est étrangement significatif.

HENRY GAUTHIER-VILLARS.

THÉRÈSE
de M. Massenet
ET
Le Secret de Suzanne
de M. Ermanno Wolf-Ferrari
au Théâtre Royal de la Monnaie

Les deux œuvres que vient de jouer le théâtre de la Monnaie ne sont pas nouvelles : toutes deux avaient déjà été représentées sur un certain nombre de scènes. Mais l'une d'elles — Le Secret de Suzanne — était donnée pour la première fois sur une scène française, grâce à la traduction, très élégante, très scénique et très musicale, que vient d'en faire M. Maurice Kufferath, l'un de nos directeurs.

Créée il y a deux ans à l'Opéra de Munich, l'œuvre de M. Wolf-Ferrari a été jouée depuis sur un grand nombre de scènes allemandes ; Vienne, Dresde, Berlin, Francfort lui ont fait un succès retentissant ; et l'été dernier elle était chantée en italien au théâtre de Covent-Garden. Le compositeur, d'origine allemande par son père, italienne par sa mère, participe, dans la manifestation de son art, de ces deux nationalités, mais c'est peut-être la première qui domine, et en tous cas il ne se rattache guère à l'école actuelle des véristes italiens, — à en juger du moins par la partition que nous venons d'entendre. Celle-ci a une substance mélodique qui évoque les maîtres de la fin du XVIIIe siècle ; le souvenir de Clementi y fraternise avec l'esprit et la bonhomie de Haydn, et la fantaisie scénique de Rossini — le Rossini du Barbier — y fait sentir aussi son heureuse influence ; le recitativo secco de l'opéra-bouffe italien y est d'ailleurs employé avec bonheur. Mais ce fond d'essence agréablement classique prend ici, par le raffinement des modulations, par une recherche d'originalité dans les cadences, un aspect de modernisme assez piquant, que soulignent encore la richesse, les surprises d'une instrumentation très pittoresque, où les colorations vives alternent avec les nuances délicates, en évitant toujours les empâtements. C'est fait d'une main experte et sûre,

dans laquelle se combinent très harmonieusement les qualités de deux races.

Ce qui ajoute à l'attrait de cette jolie partition, c'est le caractère très particulier du scénario auquel elle s'applique : une scène de comédie se passant de nos jours et reposant sur une idée des plus menues. Jugez-en. Deux jeunes époux, le comte Guy et la comtesse Suzanne, font excellent ménage ; mais la comtesse a un léger défaut : elle adore la cigarette, tandis que son mari a le tabac en horreur. Elle donne, en cachette, satisfaction à sa passion inavouée. Le comte, intrigué par l'odeur du tabac, met en doute la fidélité de sa femme. D'où scène de jalousie, avec départ simulé du mari pour son cercle. Le comte finit par constater son erreur, et en signe de réconciliation, allume à son tour une cigarette, s'engageant à partager désormais la passion de sa fidèle épouse.

La combinaison de cette anecdote, d'une absolue modernité dans son idée et dans sa forme, avec la partition, à la fois archaïque et d'une science toute contemporaine, de M. Wolf-Ferrari, aboutit à une œuvre d'un ragoût très particulier, à laquelle nous ne connaissons pas de pendant dans la production lyrique plus ou moins récente. Ce qui vient augmenter encore son originalité, c'est l'intervention d'un personnage muet — un domestique qui est dans les confidences de la comtesse — dont le rôle mimé est excellemment souligné par le rythme et les dessins de la partition. L'une des qualités caractéristiques de celle-ci est d'ailleurs l'art avec lequel le musicien suit tous les mouvements, toutes les attitudes de ses personnages.

M. Wolf-Ferrari a trouvé à cet égard en M. de Cléry un véritable collaborateur. C'est merveille de voir combien tous les gestes de l'excellent artiste, toutes ses expressions de physionomie, toutes ses intonations de voix se fondent avec les inflexions rythmiques, avec les accents sonores de la musique. M. de Cléry nous avait déjà révélé cet aspect de son talent dans la célèbre scène mimée du troisième acte des Maîtres Chanteurs, où il est sans rival (nous avons pu le constater récemment). Ici, cette sensation, vivante et musicale, du rythme dans tous les détails de la plastique s'affirme peut-être plus encore. Le rôle, qui s'écarte si sensiblement des tâches habituellement confiées aux artistes lyriques, est d'ailleurs composé d'un bout à l'autre par M. de Cléry avec une science de la scène tout à fait remarquable.

Mlle Pornot montre, dans le personnage de la comtesse, une élégance rare ; elle joue et chante le rôle avec autant de charme que d'esprit, et l'on prend grand plaisir à suivre les volutes, si joliment dessinées par l'orchestre, que trace dans l'espace la fumée de ses cigarettes.

Le rôle muet est confié au maître de ballet, M. Ambrosiny, qui l'avait récemment créé à Londres et qui s'y affirme mime d'un réel talent, sachant faire rire en évitant la charge.

On a fait un très joli succès à l'œuvrette si réussie de M. Wolf Ferrari, qui ne peut manquer d'être accueillie, dans sa nouvelle version, sur toutes les scènes françaises.

***

De *Thérèse*, il fut déjà parlé assez longuement, à deux reprises, dans ce journal : lors de la première représentation donnée au Casino de Monte-Carlo le 7 février 1907, et lors de l'exécution à l'Opéra-Comique, au mois de mai dernier (1).

Cette partition ne paraît pas devoir occuper une place à part dans l'œuvre de M. Massenet. Très apparentée à *Werther* par l'inspiration mélodique, qui est ici également fortement empreinte de romantisme, comme par le livret ou du moins par l'aspect extérieur sinon par la psychologie des personnages, *Thérèse* offre cependant moins d'unité, moins de tenue dans l'ensemble, laisse moins l'impression d'une conception spontanée et sincère. Mais ce que l'on doit admirer dans cette partition — l'avant-dernière dans la production actuelle du maître —, c'est l'habileté extrême qu'y montre M. Massenet au point de vue de l'effet scénique, c'est le sens du théâtre avec lequel il dose toutes les parties de sa réalisation musicale : c'est fait avec une adresse qui tient du prodige pour celui qui, allant au fond des choses, cherche à se faire une idée exacte de la valeur intrinsèque des éléments mis en œuvre.

La science de l'instrumentation s'y affirme avec une véritable maîtrise ; l'œuvre paraît d'ailleurs subir quelque peu, à cet égard, l'influence des partitions à tendances modernistes qui ont vu le jour dans ces dernières années, et l'on y rencontre des combinaisons de timbres, des harmonies, des modulations beaucoup plus hardies que dans celles qui l'avaient précédée. Il faut louer notamment l'art que M. Massenet a mis à imprégner tout le premier acte de colorations orchestrales qui s'harmonisent excellemment avec la mélancolie d'une journée d'automne, avec les tons jaunis des arbres se dépouillant lentement de leurs feuilles. Le

musicien trouvera un réel intérêt à suivre le travail d'instrumentation dont M. Massenet a enveloppé ses idées mélodiques, quelque opinion que l'on puisse avoir sur la valeur expressive de celles-ci.

Ce qui donne surtout un attrait particulier à l'œuvre nouvelle, c'est l'exécution dont celle-ci a été l'objet au théâtre de la Monnaie. Mme Croiza, l'interprète du rôle principal, y est absolument remarquable ; elle a trouvé là un pendant à la Charlotte de *Werther*, ce rôle dont elle a su nous donner la sensation si complète. Avec un tact infini, elle parvient à nous faire oublier ce que le personnage a de pénible, le faisant bénéficier en quelque sorte de la sympathie qui entoure son propre talent. Et c'est dans un élan dramatique merveilleux, qui a littéralement électrisé la salle, qu'elle a lancé, à la fin du deuxième acte, les paroles héroïques qui doivent faire partager à Thérèse le sort de son époux, M. Massenet a renoncé ici à se servir du chant ; le procédé est peu... musical, mais grâces soient rendues au compositeur, puisqu'il nous a permis ainsi d'apprécier le talent de la grande artiste sous un nouvel aspect. Mme Croiza nous a prouvé qu'à défaut d'être une superbe cantatrice, elle eût pu devenir une admirable tragédienne. Et le public lui a témoigné de la manière la plus chaleureuse sa reconnaissance pour la belle, l'inoubliable émotion qu'elle lui avait procurée.

M. de Cléry est d'une tenue parfaite dans le rôle de Thorel, qu'il chante avec un sentiment délicieux, avec cet art de « dire » qui lui fait donner à toutes choses une expression juste et pénétrante. Et la jolie voix de M. Girod sonne des plus agréablement dans le personnage de Clairval, qu'il réalise avec tout l'élan, toute la chaleur désirables.

Au total, une interprétation d'ensemble excellente, que l'orchestre, sous la direction de M. Löhse, a puissamment contribué à mettre en valeur. Nous avons dit tout l'intérêt de l'instrumentation : M. Lohse est certes pour une large part dans le plaisir que nous avons pris à en suivre les détails.

J. Br.

IVAN LE TERRIBLE
de Raoul Gunsbourg
au Théâtre Lyrique de Paris

IVAN LE TERRIBLE, opéra en trois actes, poème et musique de Raoul Gunsbourg, instrumentation de Léon Jehin, a été, comme on sait, donné pour la première fois le 20 octobre 1910, sur la scène du théâtre de la Monnaie, de Bruxelles; puis il a pris le chemin de Monte-Carlo, au mois de mars dernier; le voici enfin à Paris, sur la scène hospitalière du Théâtre Lyrique de la Gaîté. Pour l'accueillir ici et en marquer la valeur, il ne paraît pas bien utile de se livrer à une étude nouvelle. Le compte rendu que nos lecteurs ont pu lire dans le numéro du 23 octobre 1910 met en relief de la façon la plus juste la physionomie spéciale de l'œuvre, ses qualités remarquables de franchise, de netteté et de vigueur, son instinct précieux de l'expression et de la couleur théâtrales, l'unité de sa conception, concentrée sur le personnage essentiel dont à aucun moment l'esprit n'est distrait, car tous les autres semblent n'exister que par lui, la réelle grandeur enfin de son caractère. Je ne puis ajouter que des impressions nouvelles et noter celles qu'un public différent a pu ressentir. Celle qui a paru s'imposer tout d'abord ici, c'est une certaine stupeur. Elle est naturelle, elle va même directement avec le but de l'auteur et selon sa pensée : l'atmosphère sinistre, parfois démente, angoissante, où il nous plonge, accable autant qu'elle pénètre; mais son expression est vigoureuse et forte, parce qu'elle est vraie. Elle est d'ailleurs moins théâtrale qu'il n'apparaît au premier abord. Sans doute, certains effets violents sont essentiellement « théâtre »; mais ils sont secondaires en quelque sorte, et plus je connais l'œuvre, pour ma part, plus j'en garde des impressions légendaires et héroïques, comme des visions d'épopée.

N'est-ce pas, au surplus, la meilleure manière de traiter l'histoire, sur la scène lyrique? La précision des faits, et leur exactitude absolue, sous peine d'en fausser le sens, peuvent jusqu'à un certain point s'accommoder de la scène, mais non dans le mirage de cet art insaisissable et évocateur : la musique. Dans cet Ivan le Terrible, c'est uniquement une étude de caractère, une mentalité, une psychologie, qui frappe. Le tsar est un malheureux », explique le vieux boïard à la tendre Elena; « il n'a jamais été aimé ». C'est une conception intéressante qui n'est pas en désaccord avec l'histoire, — car le tsar Ivan fut d'abord un fier souverain, apprécié de tous, plein de séduction, capable de bonté et de tendresse, avant de se concentrer en se torturant lui-même, dans le soupçon, l'angoisse maladive, l'obsession visionnaire et tous les genres de sadisme, même le religieux, — et cette conception est heureusement accentuée par le personnage d'Elena et la révélation suprême faite au tsar d'une paternité qui eût pu être son salut.

La musique, de son côté, rend avec une éloquence incontestable l'évolution de ce caractère et les passions qu'il inspire. Elle a des moments de terreur comme des rafales sanglantes, elle en a d'apaisement et de désespérance. Certains ensembles sont traités avec une couleur polyphonique étonnante; certaines mélodies isolées ou chorales ont un style oriental et religieux plein de caractère. Le choix des instruments a son expression aussi, délicate, comme celle qui enveloppe le doux personnage de la jeune fille, ou obsédante, comme cette alliance des deux sonorités extrêmes de l'échelle des sons, au second acte, dont l'effet est aussi sinistre que le cri des oiseaux de nuit au-dessus d'un abîme grondant.

Le début reste toujours une des parties les plus attachantes de l'œuvre, par la vérité de l'expression et la mélancolie des idées mélodiques : la résignation éplorée des paysans, le fatalisme des femmes, le loyalisme pourtant de tous, créent au drame comme une atmosphère de sincérité d'où ressortent avec plus de force la noblesse du vieux boïard, la fougue de Wladimir et la confiance d'Elena, et la grâce de leurs souvenirs d'enfance, et la douleur de leurs adieux. Le chant poétique de « l'innocent » dans la nuit, au début du second acte, les belles phrases de Wladimir réfugié et les accents de pitié du pope, les contrastes mystiques et orgiaques des scènes qui aboutissent au coup de théâtre de la reconnaissance d'Elena; au troisième, la couleur sauvage des danses tartares, l'obsession visionnaire du tsar, que coupent de lointaines prières, et le souffle apaisant que lui apporte l'amour de sa fille..., toutes ces pages, tous ces moments du drame lui donnent un intérêt qui ne se dément pas.

Ce troisième acte a subi quelques modifications qu'il peut être intéressant de noter. Au lever du rideau, le tsar est seul perdu dans la torture de ses rêves vengeurs; le boïard n'est plus à ses côtés, jouant aux échecs avec lui. L'entrée d'Elena, qui était plus tardive, suit cette scène, ainsi que la décision du tsar de pardonner à tous. La jeune fille, restée seule, chante alors un air qui est nouveau, et d'un charme expressif. Après les danses enfin, et la nouvelle hallucination du tsar, celui-ci tombe évanoui sur les marches mêmes de son trône, et c'est tandis qu'Elena s'empresse à le secourir, et parce que le boïard a été chercher un pope, que Wladimir arrive sous ce costume protecteur. Son emportement est plus saisissant ainsi, en la présence même du tsar que veut en vain défendre Elena et qui reprend peu à peu connaissance pour son dernier et fatal accès de fureur.

Ce personnage d'Ivan est extrêmement difficile à bien rendre. Encore qu'il soit dégradé par les pires excès de ses années suprêmes, il faut qu'on sente constamment le grand caractère et le fier souverain qu'il était. C'est ce qui faisait la supériorité de M. Chaliapine, inoubliable en vérité, et vraiment admirable au dernier acte surtout. M. Bourbon ne rend pas cette impression et exagère le côté dément et malade du personnage. Il me semble qu'il était mieux dans la note juste à Bruxelles, lorsqu'il a créé le rôle Aucune interprétation, d'ensemble, n'a d'ailleurs été aussi heureuse que celle-là, d'une homogénéité vraiment parfaite. L'exécution, au Théâtre Lyrique, a cependant été aussi satisfaisante que possible, car M. Boulogne est d'une ampleur et d'un style superbes dans le vieux boïard, M. David est plein de jeunesse et de flamme dans Wladimir, et Mme Marguerite Carré justifie par une grâce charmante et une émotion vibrante le désir qu'elle a manifesté de quitter un moment son théâtre pour incarner la touchante Elena. On ne peut que louer également les chœurs, la furie incroyable des danseurs russes et l'orchestre de M. Amalou.

HENRI DE CURZON.

Le Festival Liszt à Heidelberg

L'ASSOCIATION générale des musiciens allemands vient de célébrer en même temps le cinquantième anniversaire de son existence et le centenaire de son fondateur, Franz Liszt, par un imposant festival consacré exclusivement aux œuvres du maître Les organisateurs ont cherché à donner en six concerts, répartis en quatre journées, une idée d'ensemble de l'œuvre de Liszt qui est d'une variété et aussi d'une inégalité prodigieuses. Telles pages sont d'une suprême élévation, pleines d'harmonies, de rythmes intéressants, merveilleusement instrumentées; d'autres, par contre, n'ont au fond d'elles-mêmes qu'une idée quelconque développée

au simple point de vue de la virtuosité; enfin, il en est aussi dont la belle pensée initiale s'affaiblit ou se perd en répétitions inutiles ou en interminables détours sans intérêt. Les plus belles œuvres ne sont pas exemptes de ces longueurs ou de ces vides.

Le festival Liszt nous a démontré, une fois de plus, ce que cette grande âme pouvait créer en ses heures de haute inspiration; comment diversement se réalisait, se formulait cette pensée, puis aussi ce qui n'appartenait en vérité qu'au virtuose et à l'homme du temps.

Du grand Liszt, nous eûmes notamment, comme ouverture aux solennités commémoratives, l'oratorio Christus, une œuvre de profond recueillement, « plus priée que composée », suivant l'expression même de l'auteur. C'est peut-être cette disposition d'esprit méditative qui explique la longueur de certaines pages dont on ne peut cependant méconnaître la réelle beauté et le style soutenu. Les trois parties qui constituent ce vaste tableau sonore sont d'une remarquable variété d'expression. Un caractère pastoral anime toute la première partie, oratorio de Noël d'une simplicité et d'une quiétude infinies. La deuxième partie (Après l'Epiphanie) contient des épisodes très variés dont les merveilleuses Béatitudes, le Pater, sévère et grave, où l'orchestre se tait jusque vers la fin, laissant l'accompagnement de la voix de baryton à l'orgue seul. Puis la Fondation de l'Eglise, chœur au début fortement rythmé par les contrebasses, entonné par les voix d'hommes dans la tonalité ferme d'ut majeur.

Vient ensuite la célèbre page du Miracle (Das Wunder), une des plus réputées de la musique symphonique descriptive; vraiment le tableau de la tempête y est rendu de main de maître; sous une pédale en ut majeur, fortissimo, s'élève au début un sombre thème, bien proche de celui de Klingsor au prélude du deuxième acte de Parsifal; le chœur clame ensuite la frayeur des disciples. Enfin, l'entrée de la voix du baryton solo (Christus) prépare la remarquable opposition finale : le calme des éléments domptés par le Christ; les harmonies fluides et solennelles du Miracle entourant le thème des Béatitudes en ut dièse majeur, sont d'un effet merveilleux.

Alors vient la troisième partie (Passion et Résurrection) dont l'entrée Tristis est anima mea, est certes l'une des plus belles pages de Liszt; l'orchestre et spécialement les violoncelles se font le simple écho de la grande voix douloureuse dont les demitons syncopés expriment toute la tristesse. Le long Stabat Mater dolorosa (accompagnement de quatuor) d'expressions si diverses, est une autre page magistrale se terminant *pianissimo* par une humble prière. Un charmant chœur invisible d'enfants (hymne de Pâques sur un thème liturgique ancien) chante le *Resurrexit* dont bientôt les chœurs et le soprano solo surtout expriment, pour finir, la joie triomphante. Le chœur (Bach-Verein, Akademischer-Verein, Knabenchor der Oberrealschule) avait la grande part dans cette œuvre importante et, à part de rares imperfections, a remarquablement rempli sa tâche si difficile (souvent sept et huit parties). Parmi les solistes, je mets hors de pair Mme Noordewier-Reddingius dont le merveilleux soprano planait sur l'œuvre comme une voix du ciel, sans effort, sans choc, sans lassitude, claire et pure comme une lumière. Le mezzo-soprano, Mme Ilona Durigo fut aussi remarquable, d'expression surtout. Le *Christus* de Herm. Weil — qui fut un si merveilleux Hans Sachs à Bayreuth — manquait un peu d'onction et d'âme. La tessiture souvent élevée du rôle paraissait le fatiguer vers la fin où la voix baissait constamment. Mais l'ensemble fut beau, émouvant. L'orchestre (Heidelberg et Mannheim), à part quelques imperfections dans les cors, fut bon et souple à souhait, sous la direction convaincue du Dr Philipp Wolfrum. Orgue merveilleux tenu avec autorité par M. Herm. Poppen.

Le lendemain, deux autres grandes œuvres, dont la *Dante-Symphonie*, tableaux d'après l'*Enfer* et le *Purgatoire* de Dante; deux parties fortement opposées; la première tumultueuse, sombre, où la seule clarté est le ravissant épisode de Paolo et Francesca couvert bientôt par les plaintes et les cris des damnés. Finale en accords secs, brefs, sonnant comme un arrêt fatal, décisif, sans appel. Les cercles de l'Enfer franchis, nous passons dans l'enceinte du Purgatoire, plaines d'espérance et montagnes d'expiations et de prières. Les violoncelles en rendent admirablement la plainte infinie et calme cependant; la musique semble pénétrée de la « purification des âmes; ses harmonies se font de plus en plus claires jusqu'à l'intonation du *Magnificat* sur un accompagnement du quatuor, de l'orgue et des harpes. Œuvre de haute pensée, superbement dirigée par M. Siegmund von Haussegger (Hambourg). La *Faust-Symphonie*, plus connue, constituait le second numéro du concert. Les trois tableaux psychologiques successifs (*Faust-Gretchen-Méphistophélès*) si différents de caractère, ont produit une impression profonde, particulièrement le gracieux et touchant épisode de Marguerite — qui au piano déjà, émut un jour Berlioz jusqu'aux larmes. Wagner de son côté, malgré quelques longueurs, le déclarait « divine-

ment beau ». Toute l'œuvre est du reste attachante par sa matière, sa remarquable instrumentation, ses figures rythmiques si diverses et imprévues (la troisième partie par exemple. — Liszt est particulièrement à l'aise du reste dans l'expression du démoniaque). Le chœur final (*Chorus mysticus*) n'ajoute vraiment rien à l'œuvre, et l'on comprend que dès les premières exécutions, avec l'approbation de Liszt même, ont ait généralement abandonné cette conclusion. La direction de l'œuvre était confiée à M. Max Schillings (Stuttgart) qui a remarquablement mis en valeur les nuances et rythmes multiples de ces pages. Les chœurs ont, comme la veille, dans leur rôle plus effacé, collaboré au succès de l'œuvre. Orchestre irréprochable cette fois, constitué par le Hoforchester de Carlsruhe et celui de Heidelberg renforcé; sonorité superbe. Suivant un ingénieux système imaginé par le Dr Wolfrum, l'orchestre était complètement invisible. — J'avoue que cela n'ajoutait rien à l'impression, ni à la qualité de la sonorité que l'on put juger le lendemain — orchestre découvert — tout aussi bonne que la veille.

Les mêmes musiciens dirigés cette fois par M. Richard Strauss, ont donné sous cette baguette entraînante, fiévreuse parfois, une belle exécution des œuvres portées au programme. La tâche du chef était plutôt ingrate; il s'agissait d'animer des pages de valeur moindre et très inégales. *Ce qu'on entend sur la montagne* (d'après Hugo) a de beaux moments sans doute, mais pas de vraies « altitudes »; les simples effets descriptifs y ont une trop grande place et empêchent les « voix supérieures » de s'y exprimer suffisamment. Ce sont les plaintes, les malédictions des hommes montant vers les hauteurs et luttant avec la voix de la mer (de l'éternité) qui y trouvent le mieux leur interprétation. L'idée de cette symphonie hanta Liszt de bonne heure : déjà en 1830, elle ne fut toutefois achevée qu'en 1857.

A peu près de la même époque sont les deux épisodes du *Faust* de Lenau : *Le Cortège nocturne*, assez froidement descriptif et *La Danse dans l'auberge du village* (*Mephisto Walzer*), pittoresque, mouvementée, sarcastique comme le rêve de Satan qui anime toute la danse. Vers la fin, flagrant rappel du chant du Rossignol de la *Pastorale* (Beethoven)!

Le *Tasso* (*Lamento et Trionfo*) est de plus large envergure. Composé à l'occasion d'une représentation du *Tasse* de Gœthe, à Weimar — en l'honneur du centenaire de l'illustre poète — Liszt conçut sa musique avec le plan bien arrêté de lui donner surtout une allure solennelle, triomphale, en rapport avec la fête. On ne pouvait cependant oublier la tragique destinée du poète italien, sujet de la pièce. La souffrance du Tasse en même temps que sa gloire immortelle trouvait précisément un admirable symbole dans un chant populaire des gondoliers vénitiens, sur les paroles de la première strophe de la *Jésusalem délivrée*. Liszt entendit ce chant d'une profonde mélancolie qui s'était maintenu à travers les siècles chez le peuple des lagunes. Il en fit le thème principal de son poème symphonique et s'en servit très heureusement. La fin, sur un motif quasi dansant, mince et banal, ne répond malheureusement plus au reste de l'œuvre que Strauss dirigea avec une chaleur communicative. Les soli de violon dans ce concert ont été admirablement joués par M. Rudolf Deman (Carlsruhe) : sonorité superbe, chaude, distinguée ; large style !

Entre ces pages symphoniques, Ferruccio Busoni a joué avec une rare puissance, un jeu de nuances d'une richesse inouïe et une virtuosité digne du maître interprété, le concerto en *la* et le fameux *Totentanz* (paraphrase sur le *Dies iræ*). Il y eut encore au même concert, les *Variations* pour orgue sur la cantate *Weinen, Klagen*, de Bach, jouées par Philipp Wolfrum. Ce fut idéalement beau, malgré la longueur de ces pages. L'exécutant a remarquablement mis en valeur les ressources d'un merveilleux instrument (62 registres), d'une richesse de sonorités infinie, et dont les effets de *pianissimi*, de lointains, notamment ont quelque chose de vraiment céleste.

Le dernier concert symphonique était peut-être le moins intéressant ; le contraire eût été préférable. Les chœurs y avaient une place importante, mais dans des œuvres secondaires. *Les Cloches de la cathédrale de Strasbourg* n'ont de vraiment remarquable que leur début, tout à fait identique à celui de *Parsival* et l'ayant inspiré du reste. Liszt n'a pas « inventé » le motif non plus, mais s'est contenté de l'emprunter à la liturgie catholique. Le thème plut à Wagner, et lorsqu'il montra pour la première fois son *Parsival* à Liszt, il lui dit simplement : « Tu verras comme je t'ai volé ! » — Mais Dieu sait s'il fit un merveilleux emploi du motif ! D'un même point de départ, que d'œuvres différentes ! Une chose exquise pour chœur de femmes, piano, harpe et orgue, est l'*Hymne de l'Enfant à son réveil* (1844) ; c'est d'une fraîcheur, d'une simplicité charmante, et la diction française de ces chœurs allemandes, fut à peu près irréprochable. — Le chœur des *Anges*, du *Faust* de Gœthe (1842), avec le même accompagnement, est loin d'avoir la même valeur.

Trois *Lieder* pour ténor avec orchestre, du *Wilhelm Tell*, de Schiller, sont d'une facture intéressante et ont été bien chantés par M. Hans Tänzler (Karlsruhe). Le *Gaudeamus igitur*, pour orchestre et chœur, terminait le concert dans une note assurément gaie ! Page de circonstance, écrite en 1870, elle n'a pas grande importance au point de vue artistique. On eût préféré une conclusion plus grandiose : *Die Ideale* ou les *Préludes !* Quant aux deux morceaux pour violon, *Elégie* et *Offertoire*, d'excellentes pages, il eût mieux valu les porter au programme de la musique de chambre, où ils auraient avantageusement remplacé quelques *Lieder* peu intéressants ou des pièces de piano parfaitement vides.

Des artistes de premier ordre ont participé à ces deux matinées : M. Edouard Risler y joua la *Grande sonate* pour piano avec une élévation et une simplicité également admirables. M. Arthur Friedheim a joué des pièces de moindre envergure avec une virtuosité tout à fait remarquable, colorant à souhait les pages les plus variées. Le maître Saint-Saëns aussi voulut personnellement offrir à Liszt son hommage, et fut chaudement ovationné après l'exécution de transcriptions difficiles ! Enfin, Mme Kwast-Hodapp et M. Kwast jouèrent le *Concerto pathétique* — qui ne l'est guère — pour deux pianos (version originale pour un piano).

Comme interprètes de *Lieder*, nous avons beaucoup admiré Mme Charles Cahier (Vienne), *Lieder allemands* ; et Mme Debogis (Genève), *Lieder* français et italiens, dont l'exquise berceuse à Blandine : *Angiolin dal biondo crin* ; Mme Johanna Dietz (Francfort) a moins bien réussi dans le choix et l'interprétation de ses mélodies. Il nous faut encore signaler la superbe déclamation de la *Lénore* de Bürger, par M. Gregori (Mannheim), artiste de tempérament, rythmant à merveille les vers et suivant remarquablement la musique de Liszt (piano) soulignant ce morceau. Un psaume (129) pour baryton et orgue, a produit une grande impression. L'interprétation fut très bonne. (Baryton : J. Schüller, Francfort ; orgue : M. Pöppen.)

En somme, l'ensemble de ce festival donne de Liszt l'impression d'un génie incomplet, inégal, dont la pensée dépasse souvent les moyens de réalisation ; c'est un précurseur, sûr de son chemin, mais qui n'a pu le frayer ou le dégager complètement. Le monde, tout ce qui est extérieur, semble avoir eu sur Liszt une prise vraiment facile et décisive et l'empreinte ne put jamais s'effacer entièrement. Quand il est le plus grand, c'est quand il se retire, se recueille, ainsi au Monte-Mario, d'où il nous rapporte son *Christus*.

Les grandes figures ont toujours parlé à sa noble âme ; Orphée, Prométhée, le Christ, Faust, Hamlet, Dante, etc., l'ont tour à tour inspiré. Intérieurement, sans doute, il les comprenait, mais ne sut pas les exprimer intégralement. D'avoir essayé de les traduire, est une preuve de la hauteur de ses aspirations et de l'élévation de sa pensée qui se sont largement manifestées, du reste, en d'autres occasions. Il y eut peu de cœurs aussi généreux que celui de Liszt, peu d'esprits aussi épris d'idéal. Les musiciens allemands ont bien fait de célébrer solennellement ce centenaire. Le festival Liszt fut un hommage de l'art en général, de la musique en particulier. Des milliers de musiciens ont tenu à s'y associer et ont trouvé dans la charmante ville de Heidelberg le plus cordial accueil. Une féerique illumination du vieux château, du grand pont sur le Neckar, etc., a brillamment clôturé ce festival dont M. Phillip Wolfrum fut l'âme et l'infatigable organisateur.

MAY DE RUDDER.

Siegfried contre Richard

LE démenti catégorique que l'on espérait n'est pas venu : M. Siegried Wagner ne retire rien de ses étranges attaques contre M. Richard Strauss ; il consent seulement à dire que les propos qu'on lui a prêtés n'ont pu être prononcés que « devant un cercle très restreint d'intimes » ; pour le surplus, il revendique le droit — qui le lui conteste ? — d'avoir son opinion sur les compositeurs et les formules artistiques de son temps. Et voici ce qu'il a proféré devant un rédacteur de la Zeit :

« Je n'ai aucune raison d'attaquer Strauss, avec lequel j'ai été jadis intimement lié. C'était un homme gai et aimable. Depuis, nous avons suivi des chemins différents, tout au moins au point de vue artistique.

» Mais ce qu'il y a de plus curieux, c'est que je ne connais même pas les œuvres dont il s'agit. Je n'ai jamais entendu de Strauss que Feuersnot. Quant à Salomé, la seule lecture du texte m'a enlevé toute envie de faire plus intimement connaissance avec la partition. En ce qui concerne Elektra, je m'en tiens à celle de Sophocle. Et la manière dont on a su préparer le succès théâtral du Chevalier aux Roses m'a fait passer le goût de connaître cette œuvre.

» Je n'ai certes pas de sympathie pour la formule artistique que Richard Strauss fait présider à la composition de ses opéras. Mais c'est mon droit, et je n'en fais point mystère. D'ailleurs, je ne comprends pas pourquoi cet article l'inquiète à

ce point. Sa gloire est mondiale. Je ne suis, comparé à lui, qu'un tout petit homme, qui met toute son ambition à rester fidèle à lui-même et à ses principes.

» Vous me dites que, d'après Mme Strauss, cette animosité que j'aurais contre son mari remonte au jour où, m'étant exprimé sévèrement sur le compte de mon grand-père Liszt, je veux dire sur ses compositions, Strauss s'était vu forcé de prendre sa défense contre moi, petit-fils indigne. Je ne dois pas oublier que je réponds à une dame. Je ne connais pas, d'ailleurs, exactement les propos qu'elle a tenus. Mais je dois cependant vous dire que je ne peux pas considérer chaque mesure qu'a écrite Liszt comme un fragment de chef-d'œuvre, comme l'émanation d'un génie.

» Je souffre souvent d'insupportables longueurs dans ses œuvres. Et Liszt lui-même ne l'ignorait pas. C'est ainsi qu'il a permis à Bülow de faire des coupures dans sa Faust-Symphonie, et qu'il lui a lui-même désigné à Bayreuth les passages de son Christus qui devaient être coupés. Je ne dirige pas un concert sans que figure au programme une œuvre de Liszt. Je ne vais même à Budapest que pour cela.

» Quand je dis que je ne connais pas les ouvrages de Richard Strauss, ne croyez pas que cela provienne de mon indifférence ou de mon dédain. C'est simplement pour pouvoir rester fidèle à moi-même. Je tiens à éviter tout contact avec les productions ultra-modernes. C'est ainsi, par exemple, que je ne connais rien de Debussy. »

Ce dernier aveu est d'une candeur désarmante ! M. Siegfried Wagner daigne nous faire savoir qu'il n'admire pas tout de Liszt, qu'il ignore Strauss et Debussy systématiquement, pour ne pas perdre sa propre personnalité. Pauvre petit ! N'insistons pas. L'incident est clos.

Il nous reste un regret, c'est de voir le grand nom de Wagner mêlé à d'aussi mesquines, à d'aussi fades polémiques.

LA SEMAINE

PARIS

A L'OPÉRA-COMIQUE, les matinées historiques du jeudi ont repris, avec le plus grand succès. C'est justice. Il faut que M. Albert Carré essaie de la sorte les petits chefs-d'œuvre du vieux répertoire depuis si longtemps écartés de l'affiche, et qu'il maintienne ensuite ceux qui auront gain de cause. Oui, qu'il les maintienne ! Le simple intérêt de son théâtre le lui commande. Feuilletez seulement les précieux petits almanachs d'Albert Soubies, remontez à la dernière reprise, bien trop ancienne, du Déserteur (en 1893) et vous constaterez, qu'avec Les Deux Avares, les deux vieilles

partitions ont fait la plus forte recette de l'année ;
M. Carré en a remonté plus d'une, et avec un
soin charmant ; seulement il ne les maintient pas
assez, en vérité. Pourquoi laisser ce soin à d'autres
scènes ? N'aurons-nous donc jamais Le Préaux-Clercs,
qui n'avait jamais été interrompu un an
de suite, et dont il recule de plus en plus la reprise
pour la trop bien faire ? Le répertoire d'un théâtre
comme celui-ci ne devrait jamais abandonner
complètement les œuvres représentatives d'une
époque, d'une évolution musicale, d'un goût universel,
et qui ont eu un succès éclatant, prolongé
et fécond.

Il est hors de doute que Le Déserteur de Monsigny (1769) est de celles-là. On ne devrait jamais
le perdre de vue, pas plus que Rose et Colas, une
« fleur » exquise, plus aisée encore à mettre en
belle place au répertoire. Ces partitions, comme
signification musicale, sont bien plus essentielles
que tout le répertoire d'Adam et même d'Auber.
A plus forte raison celles de Grétry, qui déjà
marquent une nouvelle progression : Richard ne
suffit pas ; il faudrait au moins L'Épreuve villageoise,
qui est presque du Mozart, et qu'on oublie depuis
de trop longues années (Soulacroix l'a chantée
encore). Dalayrac est petit en comparaison, et
sans grande signification : il n'a ni la force ni les
idées d'un Berton et d'un Cherubini. Il était bon
toutefois de ne pas l'omettre ; et à tant faire, le
choix de Maison à vendre (1800) est très heureux.

La partitionnette n'est pas particulièrement
remarquable et ne vaut pas celle de Nina, par
exemple ; elle est de la dernière époque de
Dalayrac, qui n'est pas la meilleure. Mais la
comédie d'Alexandre Duval est fort divertissante.
A ce titre, elle pourrait garder dans les répertoires la place des Rendez-vous bourgeois ou du
Maître de chapelle. Sa dernière reprise, à l'Opéra-
Comique, remonte à 1852-1853 (encore est-ce
parce que le Théâtre-Lyrique venait de prouver,
en 1851, qu'elle en valait bien la peine). Depuis,
je crois qu'on ne l'a guère entendue qu'aux matinées littéraires de la Gaîté, en 1874-1875.
Mme Nelly Martyl a été tout à fait charmante de
grâce mutine et de voix pure dans le rôle de Lise,
Mlle Tiphaine a montré sa verve coutumière, et
sa grande expérience du genre dans celui de
Mme Derval, M. Pasquier fut gentil chanteur et
adroit comédien dans le poète Versac, sans
oublier MM. Mesmaecker et de Creus.

Le Déserteur est, à juste titre, beaucoup plus
connu. Jadis, il garda constamment l'affiche. Il
a disparu, pourtant, de cette scène, depuis 1894,
et dans un concours de circonstances assez curieux,

sur lequel je prends la liberté d'insister un peu. —
Je m'adresse ici surtout, du reste, à M. Albert
Carré, pour lui exprimer mes regrets du parti
qu'il a pris dans cette reprise.

Le Déserteur, en effet, est une de ces œuvres sur
lesquelles règne aujourd'hui cet irrémédiable et
définitif malentendu dont plus d'une fois M. C.
Saint-Saëns a signalé les conséquences. La partition qu'on en joue n'est plus celle même de Monsigny. Non seulement comme pour Grétry,
l'orchestration est refaite, mais la distribution des
rôles est bouleversée. Voyez la véritable édition
(il en est même de modernes) : Alexis est un
baryton (une basse, dit la partition) et Montauciel
un ténor. Et il en était ainsi jusqu'en 1843. Mais il
suffit alors, à cette époque bénie où Adam, avec
une joie si naïve, tripatouillait toutes les partitions
qui lui tombaient sous la main, qu'un ténor déjà
réputé, Roger, eût envie de faire pleurer son
public dans le touchant personnage d'Alexis, pour
qu'aussitôt Alexis devint ténor et Montauciel baryton : Adam s'y employa avec une satisfaction
sans mélange ; et, depuis, c'est fini, le pli est pris.
Est-il donc absolument nécessaire qu'Alexis chante
sur la clef de sol pour être touchant, et Montauciel
doit-il être baryton pour s'eniver congrûment ?
Je ne sais s'il y a des avantages scéniques à ce
chassé-croisé, imprévu de Monsigny, mais pour
des avantages musicaux, je n'en vois pas. En 1893,
la Société des Grandes Auditions Musicales avait
tenu à payer une reprise authentique de l'œuvre :
nous avons entendu Soulacroix dans Alexis et
Delaquerrière dans Montauciel ; et l'un et l'autre
étaient fort bien dans leur personnage. Après
quoi, c'est-à-dire quand la direction de l'Opéra-
Comique reprit son autorité, on revint soigneusement à la version Adam. — Et ce fut le coup de la
fin : Le Déserteur disparut pour dix-huit ans de
l'affiche.

Il me semble que les matinées « historiques »,
si heureusement entreprises par M. Carré, fournissaient une excellente occasion de réagir contre
la fantaisie insolente de 1843, et je suis fâché que
cette occasion n'ait pas été saisie. — Telle quelle,
l'interprétation actuelle est d'ailleurs excellente.
Elle est bien celle qu'il faut à la charmante comédie de Sidaine, un petit chef-d'œuvre de sensibilité
et d'observation dont l'anecdote est basée sur un fait
vrai, et le dialogue a des mots dont la naïveté
exquise cache la plus pénétrante observation
humaine), comme à la verve ou l'émotion de la
partition de Monsigny ; elle est celle de chanteurs
de goût, qui sont d'ailleurs de vrais comédiens.
Alexis ne pouvait, en fait de ténor, être person-

nifié avec plus de charme que par M. Francell, naturel et vrai ; Montauciel revenait de droit à M. Delvoye, d'une verve achevée ; Mᴵˡᵉ Vauthrin est exquise de tendresse et de courage dans Louise et Mᴵˡᵉ Carrière, toute gentille et fraîche dans la jeune Jeannette, près de Mᴵˡᵉ Villette, la tante ; M. Mestraecker, fort plaisant dans Bertrand, M. Vaurs, sonore Courchemin, M. Belhomme, excellent dans le vieux Jean-Louis, M. Payan, original dans le rôle de geôlier, sont à nommer de même pour le style parfait qu'ils ont su garder à l'ouvrage. Espérons qu'un public plus nombreux et plus divers applaudira longtemps un aussi heureux ensemble.   H. DE C.

Concerts Colonne (29 octobre). — Un bon programme moitié classique, moitié moderne, dont Hændel, Bach et Schumann partagent le temps et l'espace avec MM. Roger Ducasse, Vincent d'Indy et Glazounoff.

Mᴵˡᵉ Blanche Selva, que l'on trouve toujours au premier rang quand il s'agit d'interpréter Bach et qui s'y montre incomparable, a joué, avec les flûtistes Blanquart et Baudoin, le frais et joli concerto en *fa*, transposition d'un concerto en *sol* majeur, pour violon et deux flûtes, que Jean Sébastien composa pendant le séjour qu'il fit, de 1717 à 1723, auprès du prince d'Andalt-Koethen.

De la symphonie en *ré* mineur — la quatrième — de Schumann, dont l'orchestre empâta comme à plaisir la lourdeur de l'écriture instrumentale; de la claire et solide *Symphonie sur un chant montagnard français* — une des plus belles œuvres de M. Vincent d'Indy, une des plus vibrantes et des plus émues avec *Souvenirs* et *Jour d'été à la montagne* — qui fut véritablement bien exécutée ; de la *Suite française* de M. Roger Ducasse, que les mêmes musiciens interprétèrent à la perfection il y a deux ans à l'un des Concerts Durand, et qui semblerent n'en point avoir gardé la tradition, tant ils mirent de lourdeur et de confusion dans les développements — un peu diffus, j'en conviens — des thèmes nets et francs qui donnent à cet ouvrage un pittoresque et une fantaisie du meilleur goût; de *Stenka Razine*, une des plus originales compositions de Glazounow, je n'ai rien de plus à dire.

ANDRÉ LAMETTE.

Concerts Lamoureux. — La symphonie en *ré* mineur, l'admirable chef-d'œuvre de César Franck, trouve, pour l'applaudir, un public qui ne se lasse pas de l'entendre. Empruntée à la mythologie finlandaise, la légende de *Tuonela* reste un peu obscure. Cependant, elle a su inspirer le compositeur Sibelius, Finlandais de naissance. Donc *Tuonela*, (le Destin), est représenté par un cygne nageant sur les eaux noires et rapides d'un fleuve qui entoure Tuolena (la Mort). Dès le début, un orchestre sombre, hostile, dont les tonalités foncées semblent les moires mouvantes des eaux redoutables. L'atmosphère musicale est de soufre et de bitume. Une seule lueur dans l'étrange tableau : la mélodie prédominante du cor anglais. Sa mélopée douloureuse, tantôt comme lointaine, et tantôt rapprochée, est-elle la plainte énigmatique d'un destin qui s'ignore en se poursuivant ? Qui le dira ? — Nous subissons le charme mélancolique jusqu'à l'instant où il se dissout dans le silence. Toute cette partie de cor anglais fut détaillée par M. Gundstoëtt avec autant de goût que d'habileté.

Mᴵˡᵉ Démellier a une voix pure et agréable, une bonne articulation et une façon aussi franche qu'adroite de prendre le son. Elle fit applaudir l'air d'*Armide* (Gluck) « O si la liberté », puis *La Procession*, de Franck, qu'elle interpréta avec beaucoup d'onction et tout à fait dans le pieux sentiment de cette pièce. M. Soudant, premier violon des concerts Lamoureux, se faisait entendre dans la *Symphonie Espagnole* (Lalo). Il l'a jouée avec distinction, un son un peu mince, une virtuosité couverte, à juste titre, des plus flatteurs bravos, une élégance toute française ; peut-être aurions-nous aimé une flamme plus espagnole. Quant aux musiciens, ils ont accompagné leur camarade avec un soin, une discrétion, un souci de le soutenir et de le mettre en valeur, et, pour tout dire, une sympathie confraternelle vraiment touchante.

Enfin de séance : *Rapsodie Viennoise*, de M. Florent Schmitt (1ʳᵉ audition). Au point de vue décoratif, c'est du style d'affiche. — On compte des chefs-d'œuvre en ce genre — silhouettes bien campées, amusantes et appelantes, couleurs vives, un peu brutales, dessin leste et enlevé, avec cela, un tour de main ! oh ! une adresse ! ! Le tout valse, clame, tapage, divertit et ne dure qu'un instant.

M. DAUBRESSE.

Concerts Sechiari. — Le premier concert Sechiari de la saison a eu lieu le 29 octobre au Théâtre Marigny. Nous avons retrouvé M. Sechiari en bonne forme. Ses qualités de vigueur et d'éclat se sont affirmées dans la symphonie en *si* bémol de Chausson. Les élans lyriques du premier temps, l'allégresse sereine du dernier, l'ensemble de l'œuvre enfin ont été traduits avec éloquence. Le public a chaudement accueilli cette œuvre où l'influence de Franck est visible. bien personnelle cependant par l'accent d'émotion qui la caractérise. A l'orchestre encore, le sonore prélude du troisième tableau de *Thamara*, de Bourgault-

Ducoudray (le violoncelle de Bazelaire y chanta magnifiquement) et le scherzo en *mi* mineur de Mendelssohn orchestré par M. T. Dubois. Dirons-nous que cette page gracieuse a été prise un peu lentement par M. Sechiari, à cause, probablement, des difficultés insurmontables que présente, pour certains instruments, l'orchestration, fort élégante d'ailleurs, de M. Dubois. M. Lucien Capet a interprété le deuxième concerto de Bach avec cette pureté de goût, de style, de son qui donne à son jeu une physionomie particulièrement originale. Nous sera-t-il permis de reprocher aux contrebasses un peu de lourdeur dans l'accompagnement? Les dessins, si joliment tracés par l'archet de l'éminent violoniste, auraient pu être soulignés. Enfin Mme Auguez de Montalant a chanté de sa voix chaude et limpide *Absence* et *Villanelle* de Berlioz. Elle donna de *La Procession* de Franck une interprétation magistrale digne de cette page si hautement inspirée. Il s'en est fallu de deux doigts que *La Procession* ne fût bissée. Mme Auguez de Montalant se réservait pour la *Villanelle*, dont la musique, savamment rustique et savoureusement archaïque, a été fort goûtée, une seconde fois, de l'auditoire. Pour clore la séance, la somptueuse ouverture de la *Grande Pâque russe* de Rimsky-Korsakow, œuvre à la fois mystique et populaire, admirablement rendue par M. Sechiari.

H. D.

— L'Harmonie Suisse est la société de chant choral qui fonctionne à Paris depuis le plus longtemps : elle fêtait samedi dernier, dans la salle des fêtes du *Petit Journal,* son cinquante-quatrième anniversaire. Sous la présidence du ministre plénipotentiaire, M. Lardy, et sous la direction artistique de M. Emile Metzger, l'Harmonie Suisse a chanté quelques-uns des morceaux les plus intéressants de son répertoire : pièces de Baumgartner, de H. Suter, de Dürrner, de Naegeli, de Wiesner, de Plumhof, parfaitement écrites pour les voix et pour l'ensemble.

Il nous a été donné d'apprécier et il convient de signaler la parfaite justesse, le rythme serré, le goût et le fondu des nuances qui donnent aux interprétations de cette harmonie une saveur particulièrement artistique. Il serait à souhaiter que nombreuses soient les réunions chorales aussi disciplinées, aussi bien dirigées.

M. Dolé, ténor solo de la compagnie, a une jolie voix et la conduit à merveille.

Mme Laute-Brun, qui prêtait son concours au concert, a chanté à ravir l'air d'*Hérodiade* et deux mélodies agréables de M. Georges Brun.

Le Quatuor Soudant, de Bruyne, Brun et Marneff a exécuté quelques morceaux détachés du répertoire de musique à cordes.

Ch. C.

— Le *Journal officiel* a publié les arrêtés par lesquels sont nommés au Conservatoire national de musique et de déclamation : M. Saléza, professeur titulaire (troisième catégorie), d'une classe de déclamation lyrique, en remplacement de M. Bouvet, démissionnaire ; M. Eugène Sizes, professeur (troisième catégorie), d'une classe de déclamation lyrique, en remplacement de M. Dupeyron, décédé ; M. Guillamat, professeur supplémentaire (sixième catégorie), d'une classe de chant, en remplacement de M. Imbart de la Tour, décédé.

— Le poste de bibliothécaire de l'Opéra, laissé vacant par la mort prématurée de M. Charles Malherbe, excite de nombreuses compétitions. Plus de quarante candidats se sont fait inscrire au sous-secrétariat des beaux-arts et font valoir leurs titres. Parmi les musicographes entre lesquels le ministre de l'instruction publique aura à choisir, citons MM. Jules Ecorcheville, docteur ès-lettres, Paul Landormy, conférencier, Henri Quittard, archiviste, dont les travaux sur la musique de la Renaissance ont été très remarqués, Martial Ténéo, le sous-bibliothécaire actuel de l'Opéra, très apprécié par son chef, qui voyait en lui un successeur tout désigné, notre confrère G.-J. Prodhomme, auteur de nombreux travaux sur Berlioz, traducteur d'œuvres sur Wagner, etc., etc.

— M. Saint-Saëns rompt une nouvelle lance en faveur du maintien et de la conservation de la salle des concerts de la rue Bergère, salle rendue glorieuse par les séances que la Société des concerts y donne depuis 1828, c'est-à-dire depuis quatre-vingt-trois ans ! Il consacre à la question toute sa dernière chronique de l'*Echo de Paris*, sans se dissimuler la difficulté de son plaidoyer. « Aussi, dit-il, n'est-ce pas dans l'espoir d'un accueil favorable que j'ai élevé ma faible voix ; c'est dans l'espoir que d'autres plus puissantes se joindront à la mienne, que ceux qui ont déjà plaidé ne se lasseront pas, suivront mon exemple et plaideront encore. C'est enfin pour remplir un devoir. Dans cette salle auguste, j'ai ressenti mes premières émotions musicales, celles qui ont orienté ma carrière ; j'ai pour elle un sentiment filial, et ne pas prendre sa défense me semblerait une faute et me laisserait un remords. Ces mots vous sembleront peut-être exagérés ; je n'en trouve pas d'autres, cependant, pour exprimer ma pensée. »

Ah ! si nous avions un sous-secrétaire d'Etat spécial à la musique ! s'écrie à ce propos le *Ménestrel.*

— L'orchestre des Concerts Lamoureux, sous la direction de son éminent chef, M. Chevillard, est engagé pour la saison d'été, à partir de 1912, au Kursaal de Schéveningen aux lieu et place de la Société Philharmonique de Berlin.

— Sous le titre général de « La Musique de chambre » il va être donné à la salle Beethoven, 167, rue Montmartre, une première série de six concerts plus spécialement consacrés aux œuvres classiques. Ces séances auront lieu les jeudis 9, 16, 23, 30 novembre, 7 et 14 décembre, en soirée, avec le concours de nombreux artistes, et sont organisées par M. A. Dandelot.

— M. Engel et Mme Engel-Bathori vont donner un cycle de séances consacrées « à la musique classique et moderne, inspirée par la poésie évocatrice des diverses époques ». Dix concerts seront donnés le mercredi, à 4 1/2 heures, à l'Athénée Saint-Germain, depuis le 15 novembre.

OPÉRA. — Hamlet, Aïda, La Walkyrie, Samson et Dalila, La Maladetta.

OPÉRA-COMIQUE. — Mignon, Louise, Carmen, Le Chemineau, Le Vaisseau-fantôme, Manon, Le Déserteur, Maison à vendre, Werther, La Tosca.

THÉATRE LYRIQUE (Gaîté). — La Juive, Hérodiade, Don Quichotte, Ivan le Terrible, Le Chalet, Paillasse, Le Cœur de Floria.

TRIANON LYRIQUE. — Le Trouvère, Rip, Les Cent Vierges, Les Mousquetaires de la reine, Les Saltimbanques, Le Domino noir.

APOLLO. — Mme Favart, La Veuve joyeuse, Les Transatlantiques.

VARIÉTÉS. — La Vie Parisienne.

SALLES GAVEAU

45 et 47, rue La Boëtie

Concerts du mois de Novembre

Grande Salle

5 Concert Lamoureux.
7 Société Philharmonique.
12 Concert Lamoureux.
14 Société Philharmonique.
16 Répétition publique Société Bach
17 Concert Société Bach.
19 Concert Lamoureux.
21 Société Philharmonique.
26 Concert Lamoureux.
28 Société Philharmonique.

Salle des Quatuors

9 Assemblée générale de l'Union des Femmes. Professeurs et Compositeurs.
15 Concert Marguerite Hefti.
22　　　"　　　"
29　　　"　　　"

Concerts Colonne (Châtelet) — Dimanche 5 novembre, à 2 1/2 heures : Symphonie avec chœur, de Beethoven ; Concerto de violon, de Mendelssohn (M. Touche) ; La Mer, de Cl. Debussy ; Ouverture de Paysans et soldats, de Noël Gallon. — Direction de M. G. Pierné.

Concerts Lamoureux (salle Gaveau). — Dimanche 5 novembre, à 3 heures : Kinder Totenlied (Ode aux enfants morts), de G. Mahler ; Symphonie héroïque, de Beethoven ; Till Eulenspiegel, de R. Strauss ; Suite algérienne, de Saint-Saëns. — Direction de M. C. Chevillard.

Quatuor Parent (Schola Cantorum). — Mardis 7, 14, 21, 28 novembre : Audition intégrale de toute la musique de chambre de Schumann, avec sonate inédite pour piano et violon (le 14 novembre).

BRUXELLES

— La distribution des prix aux lauréats des derniers concours du Conservatoire royal de Bruxelles aura lieu aujourd'hui dimanche, à 2 heures de relevée.

— L'inauguration du monument funéraire érigé à la mémoire de M. Gustave Huberti a lieu aujourd'hui dimanche, à 11 heures du matin, au cimetière communal de Schaerbeek.

Ce monument a pour auteurs le statuaire Victor Rousseau et l'architecte Van Neck.

Pour perpétuer le souvenir de M. Huberti à l'école de musique, une partie du produit de la souscription a été affectée à la fondation d'un prix Gustave Huberti, qui sera décerné annuellement à la suite d'un concours ouvert entre des lauréats de l'établissement.

Comme marque de bienveillant intérêt envers l'institution, Mme Gustave Huberti a résolu de joindre la collection des mélodies éditées de son regretté mari aux ouvrages de musique ou de littérature qui seront remis au lauréat.

— Voici les dates des trois intéressantes séances de sonates de Beethoven que la Maison Schott organise à la Salle de la Grande Harmonie avec le concours de MM. Arthur De Greef et Edouard Deru. Ce sont les mercredi 22, vendredi 24 et mercredi 29 novembre. Les prix des places seront de 6, 4 et 2 francs pour chacune des séances. L'abonnement aux trois soirées sera de 15, 10 et 5 francs. Il sera toutefois accordé une faveur spéciale aux abonnés des Concerts populaires, pour lesquels le prix des abonnements sera de 12, 8 et 4 francs.

La location est ouverte dès à présent à la Maison Schott, 28, Coudenberg. Téléphone 1172.

— Fritz Kreisler, l'éminent violoniste, qui fête en ce moment des triomphes à Londres, prêtera son concours au « Premier Concert Classique » qui se donnera le 23 novembre, à 8 1/2 heures du soir, à la Salle de la Grande Harmonie. Au programme des œuvres de Bach, Corelli, Paganini et une série de ces petits morceaux anciens arrangés par lui-même et que l'incomparable violoniste joue d'une façon unique.

Les places, aux prix de 8, 6, 4 et 2 francs, sont en vente à la Maison Schott frères, 28, Couden-berg, Téléphone 1172.

— La célèbre pianiste Mme Berthe Marcx-Goldschmidt dont les interprétations des œuvres de Beethoven ont consacré tout particulièrement la réputation, donnera avec l'éminent violoniste belge M. Mathieu Crickboom, une audition intégrale des dix sonates pour piano et violon de L. van Beethoven. Ces séances auront lieu en la salle de la Grande Harmonie, les lundi 27 novembre, vendredi 1er décembre, mardi 5 décembre, à 8 h. 1/2.

— Mme G. Wybauw-Detilleux, la cantatrice bien connue, annonce un récital de chant pour le mercredi 13 décembre, à 8 1/2 heures du soir, à la Grande Harmonie.

THÉÂTRE ROYAL DE LA MONNAIE. — Aujourd'hui dimanche, en matinée, Carmen ; le soir, Hérodiade ; lundi, Thérèse et le Secret de Suzanne ; mardi, La Bohème et Hopjes et Hopjes ; mercredi, reprise de La Glu ; jeudi, Carmen ; vendredi, Thérèse et Le Secret de Suzanne, représentation de gala donnée au profit des œuvres patronnées par le Cercle « Le Progrès » ; samedi, Louise ; dimanche, en matinée, avec le concours de Mme Croiza, Thérèse et Le Secret de Suzanne ; le soir, Aïda.

Mardi 7 novembre. — A 8 1/2 heures du soir, à la salle de la Grande Harmonie, concert avec orchestre donné par M. Edouard Deru, violoniste de LL. MM. le Roi et la Reine avec le concours de MM. Arthur De Greef, Bageard, L. Van Hout, professeurs au Conservatoire royal de Bruxelles, A. Godenne, professeur au Conservatoire d'Anvers et Piery, soliste du théâtre royal de la Monnaie.

Mercredi 8 novembre. — A 8 1/2 heures du soir, à la salle nouvelle, 13, rue Ernest Allard, première séance du Quatuor Zimmer. Au programme : Quatuor en fa majeur, op. 18, n° 1 ; Quatuor en mi bémol majeur, op. 127 ; Quatuor en mi mineur, op. 59, n° 2.

Vendredi 10 novembre. — A 8 1/2 heures du soir, à la salle Allemande, première séance de l'Histoire de la Sonate par Mlle Tambuyser, pianiste et M. Marcel Jorez, violoniste.

Mercredi 15 novembre. — A 8 1/2 heures du soir, à la salle de la Grande Harmonie, piano-récital donné par M. Emil Frey, pianiste-compositeur (prix Rubinstein 1910). Billets chez les éditeurs et à la maison Riesenburger, 10, rue du Congrès.

CORRESPONDANCES

ANVERS. — Voici quel était le programme du premier concert symphonique populaire : Ouverture d'*Egmont* (Beethoven) ; *Vrjsehrad* et *Dans les champs et les forêts de la Bohême*, poèmes symphoniques (Smetana) ; *Sinaï* et *Symphonie inaugurale* (Paul Gilson).

En dehors des pages consacrées à Beethoven et Smetana, tout l'intérêt du programme se concentrait vers la symphonie de Gilson. On sait que cette œuvre fut écrite pour l'inauguration de l'Exposition de Bruxelles. C'est un tableau symphonique, d'une animation et d'une couleur étonnantes, aux détails multiples. C'est plein de vie et d'un travail polyphonique aussi adroit qu'heureux. L'orchestre des Concerts populaires (il est très en progrès), avait mis tous ses soins à l'exécution de cette œuvre difficile. Le concert était dirigé par M. H. Willems, qui fut sincèrement applaudi.

— La Société des Nouveaux Concerts publie le programme des séances de musique de chambre qui auront lieu dans la salle rouge de la Société royale d'Harmonie aux dates suivantes :

Première séance, le mercredi 29 novembre, par Mme Ellen Saatweber-Schlieper, pianiste, et M. Henri Marteau, violoniste. Au programme : Sonate de Beethoven (do mineur) ; sonate de Brahms (sol majeur) ; fantaisie de Schubert (op. 159).

Deuxième séance, le mardi 19 décembre, par M. Ernest Van Dyck. Au programme : Récital de *Lieder* classiques et modernes.

Troisième séance, le vendredi 9 février, par Mme Lula Mysz-Gmeiner, cantatrice. Au programme : *Lieder* de Pergolèse, Schubert, Brahms, Löwe, Strauss, etc.

Quatrième séance, le mardi 5 mars, par le Quatuor tchèque de Prague : MM. Karl Hoffmann, Josef Suk, Herold, Hans Wihan. Au programme : Quatuor de Schubert (la mineur) ; quatuor de Beethoven (op. 125, do majeur) ; quatuor de Dvórak (op. 61).

— Conservatoire royal flamand. — Section conservatoire. Professeurs : Mlle J. Laenen ; MM. E. Bosquet et Fr. Lenaerts.

Examens pour l'obtention d'un diplôme de capacité.

Jury. — Président : M. Jan Blockx, directeur. Membres : Mme Falk-Mehlig ; MM. Arthur De Greef et Camille Gurickx, professeurs au Conservatoire royal de Bruxelles et François Van Avermaete, professeur au Conservatoire royal de Gand. Secrétaire : Mme A. Matthys.

Résultats. — Mlle Jeanne Bergé, diplôme avec la plus grande distinction (1er prix avec grande distinction à l'unanimité) ; Mlle Marie Van Dommelen, diplôme avec grande distinction (1er prix avec distinction à l'unanimité) ; Mlle Marguerite Coene et M. Louis Vanden Broecke, diplôme avec distinction (1er prix à l'unanimité); Mlle Clémence Rubbers, diplôme avec fruit (2e prix) par 4 voix. Elle obtint une voix pour le diplôme avec distinction.

Le jury félicite les professeurs, Mlle Laenen et MM. Bosquet et Lenaerts, du brillant résultat de l'examen.

— Jardin Zoologique (novembre à mars inclus).

— Concerts de symphonie par l'orchestre de la Société les dimanches à 3 1/2 heures de l'après-midi et les mercredis à 8 1/2 heures du soir.

C. M.

Vendredi 10 novembre. — A 8 ½ heures, au Cercle Royal Artistique (26, rue d'Arenberg, Anvers), concert donné par le Quatuor Zoellner. Au programme : Quatuor op. 64, n° 5 (Haydn); Quatuor op. 91 (H. Zöllner); Quatuor op. 74, n° 10 (Beethoven).

NOUVELLES

— La veille de la clôture des fêtes de Liszt, à Budapest, le comte Géza-Zichy, un des meilleurs élèves et amis du maître, a déposé à l'Académie hongroise des sciences un pli cacheté contenant une lettre fort intéressante se rapportant à l'illustre compositeur, mais qui ne pourra être publiée que dans dix ans.

On a appris tout de même que cette lettre fournit la preuve préremptoire que Liszt n'est pas l'auteur de l'ouvrage : Des Bohémiens et de leur musique en Hongrie, publié à Paris en 1859, et dans lequel il est prétendu qu'il n'y a pas de musique magyare, mais seulement une musique tzigane. Ce livre aurait été écrit par la princesse de Wittgenstein et publié sous le nom de Liszt, qui se serait résigné à en accepter la paternité, quelque désagréable qu'elle lui fût, pour ne pas désavouer publiquement la princesse.

Cette nouvelle sensationnelle que la personnalité du comte Géza Zichy recommande à l'attention, paraît tout de même bien étrange.

— Liszt en Espagne. — Notre excellent correspondant de Valence nous adresse ces souvenirs sur une visite que Liszt fit à la cathédrale de Valencia :

« Liszt arriva à Valence, en 1845, en diligence. Je tiens la relation de sa visite de l'écrivain M. Benito Busó, qui m'a raconté, ces jours-ci, ses souvenirs personnels.

» Liszt fut invité à jouer de l'orgue à Valence, par le maître de chapelle Escorihuela et le notable organiste de la cathédrale M. Pérez Gascon. Il accepta.

» Au lendemain de son arrivée, il se rendit à la cathédrale; il était environ trois heures. Comme le

concert de la veille avait obtenu un très grand succès, tout le clergé de la cathédrale occupait le chœur.

» L'organiste Pérez et le maître hongrois montèrent au jubé. Pérez fut prié de jouer, et dans une belle improvisation il montra toutes les ressources de l'instrument. Liszt lui fit les plus chauds compliments; lui prit la main, qui était petite, et après l'avoir contemplée la baissa. Puis le maître hongrois se mit lui-même au clavier et joua merveilleusement. L'émotion du public qui remplissait la cathédrale était immense. On eut grand'peine à retenir les applaudissements.

» Liszt avait composé d'une façon très intéressante les programmes de ses concerts à Valence. Après des fantaisies sur des opéras bien connus, il jouait des morceaux « di bravura » qui enthousiasmaient les auditeurs.

» Homme fort aimable, Liszt fut très recherché par la haute société de Valence où il dut accepter de nombreuses invitations.

» Il alla de Valence à Barcelone où il fit également sensation. »

Ed.-L. Ch.

— A l'occasion de la première représentation de son Ivan le Terrible, M. Raoul Gunsbourg a éprouvé de nouveau le besoin de mettre le public dans les confidences de quelques-unes de ses pensées. C'est plutôt amusant. Il vaticine en ces termes dans Le Matin :

« Depuis six mille ans l'humanité est stagnante; aucun progrès vers l'infini. Pourtant, c'est l'infini, c'est le commencement et la fin du tout, c'est le pourquoi du pourquoi qu'il faut élucider !

» Et c'est parce que le cerveau, aveuglé par le ne varietur du passé, ne peut pas avancer et se trouve dans l'abîme, devant le néant, devant l'incompréhension, que certains hommes, dotés par la nature d'un éclair de souvenir du paradis perdu, ont cherché à reproduire l'image de ce souvenir par le verbe, par les sons, par la couleur et par la forme. On les appelait, jadis, des fous ! Plus clément aujourd'hui, on les appelle des artistes.

» Me croyant un de ces fous, je viens vous dire : oui, mon cerveau ne doit rien à personne, il n'est esclave d'aucune pensée antérieure. Ce que je fais, ce que je rêve, je le viens uniquement de Dieu ! de Dieu seul ! et à aucun homme je ne dois une parcelle de mon rêve !

» Un artiste, un vrai artiste, ne peut rien devoir à personne.

» Tous les vrais maîtres du passé et du présent ont apporté une personnalité propre qu'ils ont tôt ou tard fait adopter et admirer.

» Les autres, les imitateurs, ceux qui cherchent à remplacer l'inspiration par des travaux techniques, sont des parasites malfaisants. On peut apprendre un métier. On naît artiste !

» Les travaux forcés des études, sans inspiration et sans personnalité, ne peuvent produire que des envieux et des haineux.

» La polytechnique en musique ne produit pas des compositeurs, mais des décompositeurs !

» Pour ma part je donnerais volontiers toute la

science mécanique et algébrique musicale pour huit mesures de mélodie pure, mais huit mesures qui ne doivent rien à personne et sortent spontanément d'un cerveau inspiré.

» L'homme qui se sert de mélodies qui ne lui appartiennent pas, de chants populaires, etc., etc., les habille à sa façon, en fait un opéra et le signe de son nom, est un brigand de grande route ! »

Sévère, cette conclusion ! Mais qui donc a signé *Ivan le Terrible ?*

— Le gouvernement français a pris connaissance des travaux de la commission franco-russe qui s'est réunie au ministère des affaires étrangères, en vue de préparer un accord relatif à la protection de la propriété littéraire et artistique en Russie. Il a entièrement approuvé le projet de convention présenté par cette commission.

L'entente s'est faite entre les délégués français et russes sur les principes généraux suivants : les œuvres des ressortissants de chacun des deux pays, quel que soit le lieu de leur publication, jouiront, dans l'autre pays, de la protection accordée par la loi locale ; la même protection est admise pour les œuvres parues pour la première fois sur le territoire de l'un ou l'autre État, quelle que soit la nationalité de l'auteur.

Les délégués ont fait preuve, de part et d'autre, d'un grand esprit de conciliation dans les discussions où des intérêts opposés se trouvaient en jeu, notamment en matière de traduction. D'après la loi russe, en effet, le droit exclusif d'autoriser la traduction de son œuvre n'est reconnu à l'auteur que pendant dix ans, à condition qu'il use de ce droit avant l'expiration d'un délai de cinq ans. Le gouvernement russe eût voulu réserver une entière liberté de traduction pour les ouvrages scientifiques, techniques et d'enseignement. Une transaction est intervenue. Le principe général de la protection pendant dix ans a été maintenu même pour les ouvrages mentionnés ci-dessus, mais l'auteur devra user de son droit dans un délai de trois ans.

La convention sera signée prochainement à Paris.

Ce sera le premier acte diplomatique conclu par la Russie pour assurer dans ce pays une protection aux œuvres littéraires et artistiques d'étrangers parues hors de son territoire.

— La saison d'automne organisée au Covent-Garden de Londres obtient un gros succès. Les représentations de *L'Anneau du Nibelung* en allemand font salle comble, bien que l'exécution vocale ne semble pas exceptionnelle et que la partie orchestrale, sous la direction du capellmeister Schalk, de Vienne, ait laissé à désirer.

Les *Nibelungen* alternent avec des représentations de ballets russes, *Sheherazade, Giselle, L'Oiseau de feu*, etc., avec Mme Karsawina et M. Nijinski et d'autres danseurs russes.

Pendant une trentaine d'années, les Anglais ont banni le ballet de l'Opéra. Personne ne voulait en entendre parler et dans les opéras où il y a des ballets, on les supprimait entièrement ou on les réduisait à leur plus simple expression. Et cependant il fut un temps que les vieux abonnés de Covent-Garden se rappellent encore où le ballet était un spectacle favori des dilettantes londoniens.

Pendant que le ballet disparaissait de l'Opéra, il devenait l'apanage des music-halls, de l'Albambra d'abord, puis de l'Empire ; et c'est dans ce dernier établissement et au Palace, si je ne me trompe, que des danseurs russes se sont fait applaudir. Le succès des danseurs russes à Paris eut son écho à Londres et l'été dernier, le ballet réhabilité par le music-hall, a fait sa rentrée triomphale à l'Opéra.

— Ainsi que nous l'avons annoncé déjà, le nouvel Opéra de Londres, construit par M. Oscar Hammerstein dans l'intention de faire concurrence à Covent-Garden, s'ouvrira le 13 novembre prochain avec *Quo Vadis ?*

Le nouveau « temple de l'art » est tout marbre, crème et or, à l'intérieur comme à l'extérieur. Le sommet de la façade porte quatre énormes brûloirs-torches en bronze alimentés par le gaz. Les grandes statues de la façade sont d'un art plutôt discutable, mais contribuent fort bien à l'ensemble.

A l'intérieur, il y a 2.700 places et pas la moindre colonne pour obstruer la vue. Au rez-de-chaussée (fauteuils, parquet et parterre), la pente est très considérable, de façon à ce que tous les spectateurs soient à même de voir la scène sans être obligés de se donner un torticolis.

Chaque loge possède son petit salon d'arrière, et les places d'amphithéâtre, à 2 shillings, ont des fauteuils avec appuie-bras du plus parfait confortable. La scène a 28 mètres de largeur et 21m50 de profondeur. Les effets de nuages, couchers et levers de soleil, seront produits sur la toile de fond par des procédés cinématographiques. L'orchestre ordinaire est de 85 musiciens — 124 pour les grandes œuvres. Il y a 150 choristes triés sur le volet.

— Il y avait dix ans que Sydney n'avait eu de saison lyrique. Mme Melba s'est mise en tête de rendre à ses compatriotes une troupe d'opéra, et elle est partie pour Sydney avec une troupe cosmopolite, qui vient de débuter.

Faust a été interprété par Mme Korolewicz, une

Polonaise, M. Mac Cormack, un Irlandais et M. Burke, un Anglais.

Samson et Dalila, œuvre nouvelle pour l'Australie, fut chanté par le ténor Zeni, un Italien et Mme de Cisneros, une Espagnole.

Et le public de Sydney se montre très satisfait de la tentative.

— Pour la réouverture de la saison musicale, à Nuremberg, la Société royale Lehrergesangverein, forte de cinq cents chanteurs et soutenue par un orchestre de plus de cinq cents musiciens, a donné à l'église Saint-Laurent deux exécutions magistrales de la grande Messe des Morts de Berlioz.

— Le ministre hongrois des cultes et de l'instruction publique a décidé de remplacer l'opéra actuel de Budapesth, qui ne répond plus aux exigences modernes, par une construction nouvelle qui nécessitera une dépense de trois millions de couronnes.

— Un concert donné et dirigé par M. Vincent d'Indy à l'exposition de Turin a obtenu un très grand succès. Le programme, entièrement consacré à la musique française, était ainsi composé : Suite de Michel Richard de Lalande, écrite «pour le souper du Roi.» (XVIIe siècle); ouverture de *Zaïs*, opéra de Rameau (1748); Ouverture de la Chasse du *Jeune Henri*, de Méhul (1797); Scène d'amour de *Roméo et Juliette*, de Berlioz (1839); musique du ballet de *Namouna*, d'Édouard Lalo; *Eros et Psyché*, de César Franck; *L'Apprenti sorcier*, de Paul Dukas; *Istar*, de Vincent d'Indy; *Nuages et Fêtes*, de Debussy.

— Un dilettante suisse, M. Carl Munziger, laisse par testament diverses sommes à des institutions musicales : 5,000 francs pour la création d'une caisse de retraite des professeurs au Conservatoire de Berne ; 5,000 francs à la Cœcilienverein; 5,000 francs à la Liedertafel; enfin, 5,000 francs à l'hospice de Heiligenschwendli, près Thoune.

57ᵐᵉ ANNÉE. — Numéro 46.   12 Novembre 1911.

LE GUIDE
MUSICAL

Une Vocation d'Artiste
M. Ermanno Wolf-Ferrari

O N était entre artistes. Nous étions réunis, un soir, dans l'atelier d'un de nos amis, qui est aujourd'hui un des peintres les plus distingués de Venise, et nous allions nous séparer, après avoir discuté ardemment les thèses les plus paradoxales, lorsque la conversation reprit, de plus belle, sur un mot que lança le plus animé d'entre nous.

— Pour moi, dit-il, avec le talent seul, rien à faire. Un artiste doit avoir passé par l'école et être farçi de l'enseignement d'un maître pour pouvoir créer, un jour, une œuvre quelque peu originale. Les créateurs, comme les autres hommes, seront toujours des êtres enseignés. Toujours, ils devront aux autres le meilleur d'eux-mêmes. Connaissez-vous un seul artiste, vraiment personnel, qui se soit façonné seul, dont le talent se soit exprimé librement en dehors de tout enseignement, qui n'ait eu qu'à s'inspirer de son propre génie pour produire des œuvres intéressantes et durables, qui soit, en un mot, un véritable autodidacte ?

— Oui, dit Wolf-Ferrari, en quittant le piano, où il venait d'improviser des phrases délicieuses, j'en connais au moins un dont la vocation a été longtemps contrariée, qui n'a pas eu le bonheur — si bonheur il y a — de passer par tous les degrés de l'école, qui a tout, ou presque tout, appris par lui-même et qui n'a eu qu'à suivre son étoile pour faire quelque chose.

Dois-je me féliciter de n'avoir pas eu l'esprit vinculé par l'enseignement d'un maître qui m'aurait imposé sa manière, ou dois-je regretter de n'avoir pu développer davantage, au contact de cet enseignement, les quelques dons que je tiens de la nature ? Je l'ignore. Le fait est que ma formation musicale est le résultat de mes propres efforts, ou, pour mieux dire, l'expression fatale d'un irrésistible instinct.

Mon père, originaire de Bade, était artiste peintre. Ma mère, Emilia Ferrari, était Vénitienne. Je suis l'aîné des cinq fils qu'ils eurent. Je naquis en 1876. Tout enfant, je montrais des dispositions indéniables pour la musique. J'avais une mémoire des sons extraordinaire et l'ouïe juste. Un photographe, ami de la maison, convaincu que j'étais né musicien, s'offrit à m'apprendre le piano, et, dès que j'eus atteint l'âge de six ans, il me donna des leçons. Mes progrès furent rapides. Je ne devais pas, comme les autres enfants, répéter à satiété le même morceau pour le savoir. Je jouais pour ainsi dire d'instinct, après les avoir rapidement déchiffrés, les morceaux faciles que l'on me mettait sous les yeux. A dix ans, plus de leçons ! J'en savais tout autant, si pas davantage, que mon bon photographe.

Abandonné à moi-même, je n'eus plus, jusqu'à l'âge de quinze ans, que mon instinct pour guide. A vrai dire, il me servait à merveille. Mon esprit s'intéressait à toutes les productions de l'art et particulièrement à celles de la peinture que mon père pratiquait avec quelque succès. Mon plus grand bonheur, à cet âge, était de barbouiller de couleur les vieux châssis qu'il me donnait. Cependant, l'imagination toujours en éveil, je composais des sujets de comédie, des scènes de théâtre, des dialogues animés, et tout ce qui me passait par la tête, je l'écrivais fiévreusement.

Qu'allais-je devenir avec des dispositions si diverses? Je pensais, et l'on pensait autour de moi que, finalement, je serais peintre, et il en eût été ainsi, sans une circonstance fortuite qui décida de mon sort.

J'avais treize ans, lorsqu'une de mes tantes, qui habitait Bayreuth, me procura l'occasion d'entendre, au théâtre de Wagner, *Tristan, Les Maîtres Chanteurs* et *Parsifal.* J'en fus tout bouleversé. J'eus beau vouloir, ensuite, arracher de mon souvenir les impressions étranges que j'avais alors éprouvées, je ne le pus. Des phrases musicales me remplissaient la tête, me revenaient avec une obsession terrible, presque douloureuse. J'en avais une joie, un enthousiasme indicibles.

Mais la commotion fut trop forte pour mon jeune cerveau. Je devins malade d'exaltation et je dus cesser toute étude.

Mon père, qui m'adorait, interdit que désormais on me parlât encore de musique. Il voulut obstinément, dès lors, que je devins peintre. Les peintres, disait-il, ne se tuent, ni à penser, ni à s'émouvoir. Ils se contentent de peindre. Ce sont les artistes les plus sages. En conséquence, dès que je fus remis, dès que j'eus les nerfs calmés, il m'envoya à Bonn, à l'école Aktschule, que dirigeait un de ses amis. A Bonn, je m'appliquais à dessiner avec la plus grande docilité. Mon maître était content de moi ; je faisais tous mes efforts

pour le satisfaire, mais, cependant, en dépit de mon application, j'étais tourmenté par un désir irrésistible d'écrire de la musique. Sous mes feuilles de dessin, je cachais des cahiers à portées sur lesquels j'écrivais furtivement les airs qui me passaient par la tête. Je dérobais à l'attention de mon maître et à mon travail tous les instants que je consacrais à la musique. J'ai retrouvé dernièrement les fragments d'une fugue — oui, d'une fugue — que j'ai composée à seize ans, tandis que mes compagnons de classe se fatiguaient à copier au fusain une réduction en plâtre du Laocoon.

Naturellement, mon père ignorait les trahisons dont je me rendais coupable. Il était, au contraire, si flatté de mes progrès, qu'à l'invitation de son ami, Otto Greiner, il m'envoya à Munich, à l'école Holosy, continuer mes études. Je devais y préparer mon admission à l'Académie de peinture. Mais, il n'y avait plus rien à faire; le démon de la musique me possédait. Je renonçai définitivement à suivre la carrière de mon père et j'allai, de mon propre mouvement, me présenter au professeur Kleinberger, qui me reçut au nombre de ses élèves. Kleinberger était un excellent professeur. Il m'enseigna les rudiments de son art, et, après trois ans, lorsqu'il n'eut plus rien à m'apprendre, je revins à Venise auprès de mes parents.

A présent, le sort en était jeté : j'appartenais à la musique. Je me mis avec ardeur au travail, et, âgé de dix-neuf ans à peine, j'écrivis le texte et la musique de mon premier opéra. J'étais au comble de la joie.

Une circonstance me lança dans la carrière. Un jour, je reçus de Milan des propositions d'engagement. On me sollicitait de prendre la direction de l'International Chorgesellschaft, d'assumer les fonctions de chef de chœurs. Aller à Milan, c'était avoir en perspective l'occasion de faire représenter l'opéra qui dormait dans mes cartons, dont j'attendais fortune et gloire. J'acceptai immédiatement et, ma foi, j'eus grandement raison. Je devais, à Milan, faire la connaissance d'un homme qui eut la plus heureuse influence sur mon éducation musicale, le comte Luxłani, musicien d'élite, parfait gentleman, qui avait une admiration sans bornes pour J.·S. Bach et connaissait à fond son œuvre. Il m'honora de son amitié et m'apprit à aimer l'œuvre du Maître d'Eisenach que j'ignorais absolument. De mon opéra et des succès que j'en attendais, il ne fut plus jamais question. J'avais compris tout à coup que je devais combler les lacunes d'une formation qui était restée jusqu'ici trop indépendante, que je devais boire le sang des chefs-d'œuvre, et élever ma pensée jusqu'à la pensée des maîtres. Je me mariai à 21 ans. Depuis lors, je n'ai pas cessé d'écrire de la musique.

Mon œuvre est ce qu'elle est, vous la connaissez tous. Je ne défendrai pas son originalité, mais quelque jugement que vous portiez sur elle, quoique vous pensiez de mes productions dramatiques : *Cendrillon, Les Femmes curieuses, Le Secret de Suzanne, Les Joyaux de la Madone*, sans parler de mes premiers oratorios, le *Vita Nuova*, d'après Dante, et *Thalita Kumi*, mystère sacré, je vous avouerai sans fard, à vous qui êtes des artistes, que c'est sous l'inspiration d'un grand sentiment de sympathie humaine, que c'est dans une pensée morale que j'ai composé les œuvres qui ont pu un instant vous intéresser. Je crois fermement que le devoir d'un artiste est d'apporter, sous forme de beauté réalisée, de la joie au pauvre monde. Je crois, sinon à la mission éducatrice de l'art, du moins à la fin qui lui est propre, d'élever l'homme à la conscience de sa misère, d'éclairer d'un rayon de lumière la sombre monotonie de son existence, de lui donner, enfin, avec l'oubli momentané de ses inquiétudes, le souvenir durable d'un plaisir qui le réconforte et le rassérène...

L'idée était charmante. Wolf-Ferrari, parlant d'une voix douce, caressante, calmait notre énervement Nous l'invitâmes à se remettre au piano, une fois encore, et il continua à laisser parler son cœur dans les modulations qu'il improvisa.

CARLO GIOVANELLI.

CLAVECIN OU PIANO

LA rivalité entre les pianistes et les clavecinistes ne semble pas près de finir et tout récemment encore, à propos du congrès de la Société Bach, à Eisenach, la presse musicale a de nouveau posé et discuté la question de savoir si les œuvres de Bach écrites pour clavecin convenaient pour le piano et en général si l'on peut exécuter au piano les œuvres des clavecinistes.

Assez oiseuse et indifférente au public, cette question n'en provoque pas moins de vives polémiques entre les tenants de l'un ou de l'autre instrument.

Il est incontestable que certaines œuvres de clavecin, très délicates, plutôt pittoresques qu'expressives, ont un piquant et un charme tout particuliers exécutées au clavecin qu'elles ne retrouvent pas au piano. Les pièces anciennes où domine l'élément expressif s'accommodent, au contraire, très bien du piano et même s'amplifient en passant sur l'instrument moderne.

Il est curieux de constater avec quelle unanimité les musiciens et théoriciens de l'époque des clavecinistes se plaignent de l'absence d'expression dans le clavecin. M. Joachim Nin, l'éminent pianiste nous adresse à ce propos cette note extrêmement intéressante :

« Le grand maître du clavecin, Couperin, a écrit dans la préface du premier livre de ses pièces pour clavecin (1713) : « Le clavecin est » parfait quant à son étendue et brillant par » lui-même ; mais comme on ne peut enfler ni » diminuer les sons, je saurai gré à ceux qui, » par un art infini soutenu par le goût, » pourront arriver à rendre cet instrument » *susceptible d'expression* ».

Türk, le grand théoricien et pédagogue, disait, quelque temps après, dans sa célèbre méthode, que le *but de l'interprète était de toucher le cœur de l'auditeur.* Le même théoricien affirme que le clavicorde est un instrument très préférable au clavecin, *parce qu'il permet l'expression,* conseille de ne pas toujours jouer sur le clavecin, *car ce serait au détriment de la bonne interprétation,* et recommande de choisir, entre les deux, le clavicorde, instrument à clavier et à cordes frappées, c'est-à-dire, le véritable ancêtre du piano.

C'est encore Türk, dont la valeur des appréciations en cette matière est considérable, qui place la *sensibilité* et *l'expression* parmi les conditions indispensables pour être un bon interprète. D'autres pédagogues et musiciens confirment, avant et après Türk, cette précieuse opinion. Parmi eux, Ph.-Em. Bach, contemporain de Türk, disait aussi que *pendant que tous les instruments avaient appris à chanter, seul le clavecin n'avait fait, en ce sens, aucune évolution....* et que *si le clavecin convenait pour les musiques brillantes* (accompagnements, sans doute), *le clavicorde était préférable pour jouer seul.*

Mattheson recommande le clavicorde pour les pièces galantes, c'est-à-dire, pour les deux tiers des œuvres écrites pour le clavecin, et, sans doute, celles qui, à son avis, exigeaient la plus riche variété de nuances.

On sait, d'ailleurs, que Bach fit plusieurs tentatives pour donner plus d'ampleur et de souplesse à la sonorité du clavecin; ces tentatives n'ayant pas abouti, il retourna au clavicorde. Certes, Bach a très peu écrit pour cet instrument, car à son époque les soucis d'édition n'étaient pas moindres qu'à l'époque actuelle, et la grande majorité préférait le clavecin au clavicorde parce qu'il était plus brillant et parce qu'il dissimulait mieux une mauvaise exécution... mais cela n'empêcha point Bach de préférer, *pour lui*, le clavicorde, infiniment plus expressif, quoique moins bruyant : Forkel témoigne en ce sens d'une façon absolument précise.

Je pourrais citer une foule d'opinions semblables, mais cela détournerait ce recueil de son véritable but...

Cette expression, si légitimement réclamée par les clavecinistes, nous la trouvons dans l'instrument *à cordes et à clavier* qui a succédé, historiquement et musicalement, au clavecin et au clavicorde : le *piano.*

La véritable expression musicale est issue de l'expression *vocale,* transformation de l'expression *orale.* C'est l'expression vocale qui a guidé l'homme, depuis les temps les plus reculés, dans ses recherches pour la construction des instruments de musique. Or, le piano est, de tous les instruments à cordes et à clavier, celui qui se rapproche le plus de cette

expression ; il est la synthèse de tous les instruments de cette famille; il est le point d'aboutissement d'une longue période de tâtonnements pénibles et de recherches souvent infructueuses. Les virginals, épinettes, clavicordes et clavecins, étaient des instruments *de transition,* imparfaits, incomplets, et par cela même sujets à de constantes modifications. Ils ne « chantaient » pas...

Les effets de dynamique, d'intensité, ne pouvaient se réaliser, au clavecin, que par « plans » successifs ou juxtaposés affectant toute l'étendue d'un clavier à la fois. Le diagramme de ces effets pourrait être :

———————————

———————————

Au piano tous les effets dynamiques exigés par l'expression musicale sont possibles et facilement réalisables, car on agit directement sur la touche et non pas sur la mécanique de l'instrument. Nous les représentons par :

symbole de l'expression et de la vie mêmes.

L'expression très particulière du clavecin était d'ordre plutôt pittoresque ; mais la couleur ne peut constituer, par elle-même, un moyen expressif dans l'exécution instrumentale, lorsqu'il s'agit d'un instrument qui prétend se faire entendre seul. La ligne a un rôle prépondérant auquel l'instrument doit se plier; et si cette ligne (l'idée musicale) — que l'homme ne peut créer que selon les lois de la Nature, c'est-à-dire, suivant les mouvements, inflexions et oscillations de la pensée, de l'émotion, de la parole, du geste, de la circulation, de la respiration, ou encore des marées, des saisons, des floraisons, etc., que l'on peut représenter par ⟶ — si cette ligne procède par plans successifs ou parallèles, cette expression ne peut être qu'*imparfaite et conventionnelle.* Elle n'est pas *naturelle;* elle ne peut être *musicale; elle est fausse.*

Seule la curiosité qui s'attache à tout moyen expressif nouveau pour nous, à toute matière sonore inconnue ou peu familière, pourrait donc rendre attrayante la résurrection momen-

tanée du clavecin ; mais le plaisir que l'on peut
éprouver en écoutant cet instrument si légitimement tombé hors d'usage, ne vaut, en
réalité, ni le sacrifice de la vraie expression
musicale qu'il impose, ni la longue « spécialité »
que son jeu exige.

D'ailleurs, pendant la courte période où le
clavecin, très perfectionné alors, put tenir
tête à son successeur le pianoforte, des centaines d'œuvres furent publiées portant l'inscription : « pour clavecin ou pianoforte ».
Ces mots contiennent un enseignement que
seuls ne pourront pas comprendre ceux qui
n'ont jamais traité le piano avec la noblesse et
la discrétion qu'il mérite, malgré sa puissance
et sa grandeur. Cette puissance et cette grandeur ont provoqué quelques railleries, certes,
mais peut-on douter du rôle bienfaisant de la
force — non pas de la force brute, mais de la
force noble — dans l'histoire de l'humanité,
dans la vie de l'homme, dans l'évolution de
l'art, dans la marche de la beauté à travers les
âges?...

Renier la force — tant qu'elle reste dans le
domaine du beau — équivaut à renier la vie.
Or, l'art vit et il a plus que jamais besoin de
force, d'une force saine, de cette force belle et
discrète qui s'harmonise si bien avec la tendresse et l'élégance ; de cette force eurythmique
dont les Grecs nous donnèrent tant d'exemples
— malgré le raffinement et la subtilité de leurs
mœurs — et qui est la source de l'expression
même.

Je me propose de publier, plus tard, un
travail destiné à prouver, d'une part, la supériorité du piano pour l'exécution musicale des
œuvres anciennes écrites pour le virginal, le
clavicorde ou le clavecin ; et d'autre part, que
le clavecin disparut parce que les clavecinistes,
unanimement convaincus de son insuffisance
expressive, s'empressèrent de l'abandonner
dès que le piano fut digne de porter ce nom...

Je disposerai alors de la place nécessaire
pour traiter cette question et ses développements qu'elle comporte, car je ne suis pas le
seul, heureusement, à professer cette opinion.
Couperin fut le premier, peut-être, à proclamer l'absence d'expression du clavecin, mais
il ne fut pas le dernier. On me pardonnera si,
en attendant, je me range de son côté. L'opi-

nion de Couperin en cette matière est — j'ose
le croire — sinon décisive (elle l'a été pour
moi et pour d'autres), du moins d'une importance capitale pour aborder un sujet où la fantaisie, le parti-pris et l'intérêt jouent un rôle
infiniment plus grand que celui qui, jusqu'à
présent, a été réservé à la musique. Cette
opinion était aussi celle de Bach ; ils étaient
cependant tous deux clavecinistes et musiciens !... J.-JOACHIM NIN.

LA SEMAINE

PARIS

A L'OPÉRA, on a repris Le Cid cette semaine.
Il y avait quelque temps que l'œuvre de M. Massé-
net n'était reparue ; depuis 1906, on la laissait
reposer. Espérons pour elle qu'elle ne s'en portera
que mieux. Jadis, on essayait bien plus souvent
d'évoquer à son profit une chance nouvelle, mais
chaque fois, elle retombait comme essoufflée d'un
tel effort, au bout de quelques soirées. C'est que
trop de gens connaissent le vrai Cid et souffrent de
le voir travestir. L'adaptation qui en a été faite
pour le musicien est des moins heureuses qui soient ;
car si l'on voulait absolument traiter un tel sujet
en livret d'opéra, il fallait oublier Corneille, et
tâcher d'en détourner le souvenir du public ; il
fallait aller droit à l'original de Guilhén de Castro
et même au romancero, qui en est la source première et ne pas le quitter, insister sur le besoin sur
ceux de ses effets que notre tragique n'a pas
utilisés, insister sur l'espagnolisme féodal de la
légende, insister sur la rudesse des mœurs et des
types... On ne l'a fait qu'en partie, en très petite
partie (le succès qu'a obtenu ce peu est une preuve
qu'on avait tout avantage à pousser plus loin dans
cette voie), et l'on a suivi surtout Corneille. Encore
pouvait-on le suivre sans le démasquer, sans le
travestir... Mais non, il a fallu (Dieu sait pourquoi et quel profit on espérait en tirer !) nous
servir des caricatures de vers célèbres, aussi ridicules que celle-ci :

Rodrigue, qui l'eût pensé?... — Qui nous l'aurait dit,
[Chimène ?

ou bien :

O rage, ô désespoir, ô vieillesse ennemie !
Ah ! pourquoi n'ai-je pas, au tombeau glorieux
Avant cette infamie
Rejoint les grands aïeux ?

Il en est résulté — car M. Massenet ne *réagit* guère sur les poèmes qu'on lui donne et qu'il accepte, — une œuvre essentiellement disparate et mal bâtie, avec de très belles inspirations à côté des pires platitudes, des hors-d'œuvre réussis et des scènes capitales manquées, du décor et peu de vérité, et, en définitive, une impression de mollesse et de longueur, là où il eût fallu justement accentuer la rapidité, la nervosité de l'action. Comme de coutume (est-ce assez significatif?) c'est le ballet qui a eu le plus grand succès : il est chatoyant, coloré, et Mlle Zambelli, à qui on a tout bissé, l'a dansé de la façon la plus exquise, avec une verve et un chic de premier ordre. Mlle Lucienne Bréval a été très belle et dramatique, comme jeu et comme voix, dans Chimène, et M. Franz s'est couvert de gloire dans Rodrigue, où jamais peut-être son organe généreux et vibrant n'avait encore eu une si belle occasion de se faire valoir, et qu'il a joué avec une vraie flamme. M. Delmas a gardé le noble rôle de D. Diègue, MM. Roselly et Marvini ont paru fort bien placés dans le Roi et Don Gormas. L'orchestre avait M. Vidal comme chef.   H. DE C.

Concerts Colonne (5 novembre). — Un jour que je réclamais un peu de variété et surtout de nouveauté dans les programmes, le regretté Charles Malherbe me répondit, spirituellement, que les « Grands Concerts » étaient les « Bouillons Duval » de la musique et qu'une nourriture saine, substantielle, abondante, y devait être servie de préférence aux mets fortement épicés confectionnés par les cuisiniers de la nouvelle école pour la table des gourmets. C'est pourquoi, depuis le début de la saison, M. Gabriel Pierné, en hôte soucieux de ne pas détraquer l'estomac de ses convives, sert des plats aussi peu relevés que ceux qui composent le menu d'aujourd'hui, exception faite pour un entremets dont le goût, le choix et la rareté excitent l'appétit des moins délicats.

Nous avons eu pour potage la première audition de l'Ouverture de *Paysans et Soldats*. Ce morceau est le développement, en vue des exécutions au concert du prélude par quoi débutait un drame lyrique que M. Noël-Gallon — un tout jeune compositeur, élève de Lenepveu et Grand Prix de Rome — fit représenter, en mai dernier, à la Gaîté-Lyrique. Ni sa facture, ni son plan, ni son caractère ne sont originaux. Selon la formule ordinaire, il met en contraste deux thèmes, l'un violent et agité qui dépeint, bien faiblement je vous jure, les horreurs de la guerre, l'autre, doux et calme, qui symbolise les charmes de la paix. L'idée n'est

pas très personnelle. L'écriture harmonique est confuse et trop serrée. Certaines juxtapositions ont l'air de hardiesses et ne sont, à vrai dire, que des frottements qu'un peu d'espace entre les notes rendrait moins âpres. L'instrumentation est pauvre et plate quoiqu'elle vise à l'effet et fasse étalage de fausses richesses. Cette ouverture est le premier ouvrage de M. Noël-Gallon, il ne faut pas l'oublier.

Le *Concerto* pour violon, de Mendelssohn, servait d'entrée. Suivant le goût de chacun, il est, ou fort agréable, ou très ennuyeux. M. Firmin Touche l'a joué d'une façon tout à fait remarquable. Nous ne serions pas étonné que le sympathique violon-solo de l'Association Artistique suivît les traces de ses aînés et prédécesseurs Jacques Thibaut et Lucien Capet, dans la voie du succès. C'est la grâce que nous lui souhaitons.

Voici l'entremets : *La Mer*, de Claude Debussy. Vous connaissez et vous aimez cette forte et belle œuvre. Rien n'est plus joli, plus clair, plus pénétrant, plus évocateur que ces esquisses symphoniques, commencées à Jersey en 1903, achevées en 1905. Quiconque les a entendues garde en soi leur souvenir toujours chantant, et lorsque devant la mer, il suit le jeu caressant des vagues ou qu'il rêve, le regard perdu entre le ciel et l'eau, les termes renaissent en sa mémoire involontairement, peut-être amenés d'on ne sait quelle profondeur infinie par le souffle léger du vent. « En les écoutant, dit fort bien M. Paul Landormy, on doit se laisser aller autant que possible au charme de l'instant sonore, à l'imprévu du dessin mélodique ou de la couleur orchestrale. Cet art-là veut être un jeu, si savant qu'il soit, et il reste fermé à quiconque prétend le saisir autrement qu'en se jouant et pense le réduire en formes scolastiques ». L'interprétation et l'exécution de *La Mer* ont été parfaites de la part de M. Gabriel Pierné et de l'orchestre. Le musicien de la *Croisade des Enfants* n'a-t-il pas écrit une de ses plus belles pages pour l'amour d'*Elle ?*

J'ai quitté le Châtelet au moment où le *rôt* apparut : la *Neuvième*. Que l'on excuse ma faiblesse d'estomac.   ANDRÉ-LAMETTE.

Concerts Lamoureux. — Séance sans imprévu, mais bonne exécution. L'ouverture des *Francs-Juges* (Berlioz) sonne avec énergie. M. Chevillard conduit à la victoire, comme il sied, la *Symphonie Héroïque;* applaudissements enthousiastes, le capellmeister s'incline, l'orchestre salue, les bravos redoublent. *Till Eulenspiegel* (Strauss) continue sa glorieuse et divertissante carrière. Du maître Saint-Saëns, la *Suite algérienne*, pittoresque, spirituelle, délicate, achève, en beauté, ce concert que marque une seule première audition : *Kinder Totenlieder* (ode aux enfants morts) de Gustav Mahler. C'est une suite de cinq mélodies sur un tendre et triste poème de Rückert à la mémoire de deux de ses enfants morts jeunes. Mahler, le compositeur aux fresques gigantesques, énormes, colossales, celui qui évoque, ou essaie d'évoquer, la chute et la reconstitution des mondes, dans une symphonie, Mahler se montre ici tout humain. Il parle à demi-voix, avec cette douceur qui essaie de consoler la pauvre inconsolable peine de ceux qui s'en vont pleurants. Et une voix de femme chante. Elle dit : *Voici que le soleil se lève.* L'enfant est mort. Ce n'est pas le cri tragique de Schubert mais : « une petite lampe s'est éteinte sous ma tente ». Elle chante encore : *Hélas! je sais pourquoi cette sombre flamme.* Eclat des yeux qui vont se fermer à jamais. *Quand la petite maman...* Comme elle l'a dit, exprimé, ce *Lied*, d'une voix pénétrante, émue, si touchée et si touchante. Quels bravos, quel succès pour cette cantatrice inconnue, Mme Freund, qui est arrivée sur scène toute simple, toute modeste, et, en quelques secondes, par la force d'une communicative émotion, mise au service d'un sentiment vrai, a conquis toute la salle. La quatrième pièce, *Souvent je pense, ils n'ont fait que sortir*, d'une ligne mélodique fine et déliée, est jolie. *Par cette tempête...*, la dernière page, d'une étonnante discrétion de touche, est d'un effet puissant. Dans tout le cycle, les instruments à vent sont traités de façon délicieuse; aucune recherche, une simplicité voulue mais une sûreté de trait admirable.

M. DAUBRESSE.

— Les Concerts-Rouge ont organisé le mercredi 1er novembre, dans la salle du Trocadéro, une exécution de la *Damnation de Faust* qui a eu le plus vif succès. Elle réunissait les talents de Mme Marié de l'Isle, dont la diction si pure et le style si pénétrant ont fait le plus grand effet, de M. Plamondon au chant si délicat et si velouté, et de M. Viannenc, qui fut un Méphisto sonore et nerveux.

— Le lundi 6 novembre, Mme Marie de Wieniawska a donné, à la salle des Agriculteurs, une audition de chant, d'autant plus intéressante que la cantatrice, annoncée avec un certain fracas, avait pour accompagnateur M. Alfred Casella et s'était donné comme partenaires, MM. Ysaye et Gabriel Fauré. Une affluence considérable signalait cette soirée, qu'on peut presque dire la première de la saison. Beaucoup d'amis de l'artiste

avaient évidemment répondu à son appel; et un service d'ordre insuffisant n'a pu parer à beaucoup d'encombrement et a fait plus d'un mécontent. Belle réclame pour l'artiste, qui l'a justifiée en grande partie. Mme Wienawska a une charmante voix, qu'elle conduit avec grâce et légèreté. Elle a été parfaite dans les morceaux appropriés à son genre de talent, tels que *Johnie*, chanson écossaise de Haydn, la *Sérénade florentine* de Duparc, les *Cigales* de Chabrier (bissées) et l'air du *Barbier de Séville*; mais la chanteuse est supérieure, chez elle, à la diseuse; et elle ne nuance pas avec tout l'art voulu les airs qui réclament de l'expression et un accent pathétique. — Ce qu'il faut louer sans réserve, c'est l'art d'accompagnement de M. Casella, et l'admirable exécution de la sonate de M. Fauré par l'auteur et M. Ysaye.

J. GUILLEMOT.

— A la suite des deux dernières sessions d'examens de la Société des Musiciens de France pour l'enseignement de la musique, ont obtenu :

La licence pour le piano : M. F. Marcou (Neuilly);

Le brevet d'aptitude pour le piano : MM. Paul André (Montpellier), Papasian (Alexandrie), Mlles Bracq (Lens), Brégéras (Tours), Benoit (La Fère), Vasseur (Neuilly), Lartigue (Tarbes), E. Mas (Castres), Chignard (Rodez), Pierlot (Charleville) ;

Le brevet d'aptitude pour le violon : Mlles O. Synave (Nice); M. Perrou (Château du Loir).

Les jurys étaient composés de : MM. P. Rougnon, Falkenberg, professeurs au Conservatoire, P. Braud, H. Woollett, J. Huré, Léon Moreau, L. Vuillemin, E. Cools, Dorson, Tracol, Luquin et de Mlle Daubresse.

Les programmes des sessions de 1912 seront envoyés gratuitement par M. Mangeot, secrétaire des examens, 41, boulevard Malesherbes.

— Au Cercle d'Etudes Sociales Professionnelles (17, rue Chateaubriand), les 15, 22, 29 novembre, 6 et 13 décembre, à 2 heures et demie. Mlle Marie Daubresse, dont on sait le zèle et la compétence pour tout ce qui touche à la situation sociale des femmes musiciennes, fera des conférences sur l'éducation musicale, les concertistes et les compositrices, les engagements, les tournées, leurs débouchés à l'étranger. Enfin, elle envisagera l'artiste-femme comme unité sociale ; recherchera les meilleurs moyens que celle-ci a de s'adapter au présent état économique. Elle se propose de signaler les œuvres de prévoyance, d'assistance et de protection existantes pour les musiciennes ; celles qu'il est nécessaire de créer, soit pour venir en aide aux débutantes, soit en fin de carrière ; de traiter des rapports entre le public et l'artiste, autrement dit entre les professeurs et les familles, entre l'auditoire et le concertiste ; entre les compositrices et les éditeurs et de donner un coup d'œil sur ce qui se fait hors frontière.

— M. Durand, plus fidèle que jamais au patronage si désintéressé (car la recette en est distribuée à des œuvres de secours professionnels) des grandes séances de musique française organisées depuis plusieurs années par son père et lui, nous communique d'ores et déjà le programme des cinq séances qui auront lieu l'an prochain, c'est-à-dire les mardis 27 février, 5, 12, 19 et 26 mars 1912, à la salle Erard. On y trouve des œuvres de toutes sortes, instrumentales et vocales, de musique de chambre, toutes modernes (sauf Rameau, dont on exécutera cinq « concerts en trio » pour violon, violoncelle et clavecin) et qui feront applaudir les maitres St-Saëns et G. Fauré, M. Ravel, Debussy, Vincent d'Indy, L. Aubert, Roger Ducasse, G. Samazeuilh, Florent Schmitt, Chausson et Rhené-Baton, interprétés par MM. Hayot, Salmon, Vines, Casella. Risler, Mmes Maggie Teyte, Gaëtan Vicq, Rose Féart, Auguez de Montalant....

— La Société J.-S. Bach rappelle, notamment aux dames et aux jeunes filles, que sa société chorale est ouverte à toutes les personnes ayant de la voix et des connaissances musicales et qui désirent faire, dans un milieu choisi et de condition sérieuse, de la musique d'ensemble.

OPÉRA. — Lohengrin, Le Cid, Faust.

OPÉRA-COMIQUE. — La Vie de Bohème, Maison à vendre, Le Vaisseau-fantôme, Lakmé, Le Chemineau, Manon, La Dame blanche, Louise.

THÉÂTRE LYRIQUE (Gaîté). — Ivan le Terrible, Don Quichotte, Hérodiade, Le Barbier de Séville, La Juive.

TRIANON LYRIQUE. — Rip, Les Cent Vierges, Le Domino noir, Les Saltimbanques, Proserpine.

APOLLO. — Madame Favart, La Veuve joyeuse.

VARIÉTÉS. — La Vie Parisienne.

Société des Concerts (Conservatoire). — Réouverture le 19 novembre.

Concerts Colonne (Châtelet) — Dimanche 12 novembre, à 2 ½ heures. — Festival Beethoven : Messe solennelle en ré, avec le concours de Mmes Mellot-Joubert et Philip, MM. Nansen et Gébelin; Fragments du Roi Etienne; Premier Concerto de piano (M. A. Cortot). — Direction de M. G. Pierné.

Concerts Lamoureux (salle Gaveau). — Dimanche 12 novembre, à 3 heures. — Till Eulenspiegel (Richard Strauss); Scène finale de Salomé (R. Strauss) et Lorelie (Liszt), chantées par Mme Kaschowska; Second Con-

certo pour piano et orchestre (Saint-Saëns), joué par M. V. Staub. — Direction de M. C. Chevillard.

SALLES GAVEAU

45 et 47, rue La Boëtie

Concerts du mois de Novembre

Grande Salle

12 Concert Lamoureux.
14 Société Philharmonique.
16 Répétition publique Société Bach.
17 Concert Société Bach.
19 Concert Lamoureux.
21 Société Philharmonique.
26 Concert Lamoureux.
28 Société Philharmonique.

Salle des Quatuors

15 Concert Marguerite Hefti.
22   »   »   »
29   »   »   »

Concerts Sechiari (Théâtre Marigny). — Dimanche 12 novembre, à 3 heures : Ouverture de Manfred (Schumann); Concerto en sol, de Beethoven (M Diémer); Scherzo fantastique (Strawinsky); Deux mélodies, de Bachelet et Charpentier (Mme Grandrey); Symphonie en fa mineur (Guy Ropartz). — Direction de M. P. Sechiari.

Quatuor Parent (Schola Cantorum). — Mardis 14, 21, 28 novembre, à 9 heures du soir : Suite des œuvres de chambre de Schumann.

Société J.-S. Bach (salle Gaveau). — Vendredi 17 novembre, à 9 heures. Premier concert : Trois airs caractéristiques, Le Glas funèbre (chantés par M. Walter); Concerto pour deux violons, en ut mineur (exécuté par M. Daniel Herrmann, Mlle Madeleine Zipélius); Deux airs et deux Lieder, l'effroi de l'âme devant Dieu (M. Walter); Quatrième Concerto brandebourgeois; Trois airs joyeux (M. Walter). A l'orgue : M. Albert Schweitzer. Orchestre sous la direction de M Gustave Bret.

BRUXELLES

LE THÉÂTRE ROYAL DE LA MONNAIE

a repris cette semaine La Glu, la belle partition de M. Gabriel Dupont, dont nous avons fait ressortir ici, au début de cette année, les qualités très remarquables.

Cette œuvre, que l'on s'étonne de n'avoir pas vu paraître encore sur une scène parisienne, a produit, comme à sa création, une impression profonde, due au caractère très dramatique du livret, à la puissance expressive de la musique, si colorée, d'une émotion si communicative.

L'interprétation est restée celle de la saison dernière, sauf pour le rôle de Marie-Pierre, confié cette fois à M. Dua. qui y a recueilli un succès très flatteur. L'excellent artiste l'a composé avec un caractère de vérité, une sincérité de sentiment, une sûreté de ligne qui nous ont donné une vision très complète, très évocative du personnage du roman de Jean Richepin. Mmes Friché, Béral et Callemien, MM. de Cléry et La Taste ont repris leurs rôles de la création, fournissant, avec M. Dua, une interprétation d'ensemble tout à fait supérieure. A signaler aussi l'excellent parti que M. Caisso a tiré, en comédien de goût, du rôle du comte de Kernan, quelque peu sacrifié lors de l'exécution antérieure. L'orchestre, conduit par M. Corneil de Thoran, a mis excellemment en valeur les qualités descriptives et émotives de la partition du jeune compositeur.

Mlle Heldy a fait cette semaine une apparition très remarquée dans *La Bohême*. Elle nous a présenté une Mimi d'une jeunesse délicieuse, composant le rôle avec tact et mesure, donnant notamment une impression très juste, dans sa discrétion, de l'état maladif de la petite héroïne au troisième acte, de ses derniers moments et de sa mort au quatrième. Sa jolie voix, si expressive dans le haut registre, et les colorations délicieuses, et la jeune artiste a su éviter constamment la recherche de l'effet, montrant, dans le chant comme dans le jeu, une grande délicatesse de sentiment. On lui a fait un très grand succès, marqué par de nombreux et chaleureux rappels.

J. BR.

— MM. De Greef et Deru ont fait précéder leurs trois prochaines séances de sonates de Beethoven d'une soirée de musique parfaite, comprenant deux concertos et deux œuvres de musique de chambre. Dans la première partie, M. Deru a joué deux des plus captivantes œuvres pour le violon : le concerto de Nardini, en *mi* mineur, d'une grâce exquise et d'un cantabile si soutenu dans son andante ; puis le concerto en *mi* majeur de Bach, bien connu et toujours plus beau. L'interprétation par M. Deru en a été excellente : belle et pleine sonorité, archet ample et souple, expression juste. Un petit orchestre à cordes, qui sut être discret à souhait, accompagnait le soliste ; M. De Greef dirigeait simplement, musicalement.

La deuxième partie du concert débutait par le quintette de Brahms pour clarinette, deux violons, alto et violoncelle, une des œuvres les plus difficiles à mettre au point. Les idées mélodiques qui le constituent n'ont rien que de très simple, mais

quelle richesse de développements, de combinaisons sonores. La clarinette y joue un rôle particulièrement important, lequel fut admirablement tenu par M. Bageard, virtuose parfait, dont le son pourrait peut-être avoir parfois un peu plus de velouté. Mais dans l'ensemble, l'exécution fut belle, bien nuancée, bien équilibrée. (Exécutants : MM. Bageard, Deru, Piéry, Van Hout, Godenne.)

Pour finir, il y eut enfin l'admirable sonate de C. Franck, dont MM. Deru et De Greef donnèrent une interprétation splendide où la délicatesse des détails et l'ampleur des grandes lignes furent également bien mises en relief. On apporte rarement dans le finale une joie plus pure et une plus rayonnante lumière. M. DE R.

— Le Quatuor Zimmer se propose pour cet hiver une tâche énorme pour laquelle du reste son travail des précédentes années l'a tout à fait bien préparé. Il nous donnera tous les quatuors de Beethoven élargissant ainsi considérablement le cycle d'œuvres du maitre qu'il nous sera donné d'entendre en cette saison. Chaque séance comprendra trois compositions correspondant à trois manières différentes ; c'est une excellente idée. A la première soirée, nous eûmes le quatuor 18 n° 1 (*fa* majeur). le premier composé par Beethoven, d'une si belle et parfaite conception et dont l'adagio, notamment, est une merveille ; quel émouvant duo entre le premier violon et le violoncelle, et comme cela fut rendu ! Le rythme si intéressant du scherzo fut aussi remarquablement mis en valeur.

En second numéro, le XIIe quatuor, op. 127, dont la forme est si différente du premier. L'adagio est traité en variations sur un thème admirable ; dans le finale, Beethoven revient encore à la variation et finit par une conclusion grandiose. Avec raison, cependant, le programme réservait pour la fin l'op. 59 n° 2 (VIIIe) peut-être l'un des plus parfaits comme équilibre, l'un des plus merveilleux comme sonorité, et que le Quatuor Zimmer possède vraiment à fond.

Les artistes ont d'ailleurs donné des trois œuvres une interprétation fort belle : entente complète, style élevé. rythme ferme et superbe sonorité. Leur installation dans la Salle Nouvelle semble tout à fait favorable. Ce n'est pas encore l'idéal. mais l'acoustique est bonne et c'est l'essentiel. M. DE R.

— Le Ministre des Sciences et des Arts vient de nommer M. Jacques Gaillard aux fonctions de professeur de violoncelle au Conservatoire de Liège, en remplacement de M. Gérardy, démis-

sionnaire. C'est là, pour cet établissement justement renommé au point de vue de l'école de
l'archet, une acquisition excellente. Originaire
d'Ensival, M. Gaillard fut élève de M. Massau, à
Verviers, puis de M. Edouard Jacobs, au Conservatoire de Bruxelles. Il professa pendant quelque
temps le violoncelle au Conservatoire de Genève,
puis à celui de Mons, et abandonna ces dernières
fonctions pour la rude carrière de virtuose itiné-
rant, comme violoncelliste du célèbre quatuor
Schörg. M. Gaillard, déjà applaudi comme soliste
à l'étranger, se recommande à la fois par la maîtrise technique, l'excellence de l'école, un style
élevé et sérieux, affiné par la discipline sévère de
la musique de chambre.

— La presse parisienne a noté le très grand
succès obtenu cette semaine, à l'Opéra, par le
ténor dinantais, M. Fontaine. M. Fontaine est un
élève du Conservatoire de Bruxelles. Après le
baryton Hector Dufranne et le regretté ténor
Godart, c'est le troisième élève de M. Demest qui
fait carrière à Paris.

THÉATRE ROYAL DE LA MONNAIE. —
Aujourd'hui dimanche, en matinée, avec le concours de
Mme Croiza, Thérèse et Le Secret de Suzanne; le
soir, Aïda; lundi, La Tosca; mardi, Lakmé; mercredi,
Carmen; jeudi, Cavalleria rusticana, Thérèse; ven-
dredi, Samson et Dalila; samedi, à 2 heures, Festival
Beethoven, sous la direction de M. Otto Lohse; le soir,
Manon; dimanche, en matinée, La Tosca et Hopjes et
Hopjes; lundi soir, Festival Beethoven, sous la direction
de M. Otto Lohse. Deuxième concert (première audi-
tion).

Dimanche 12 novembre. — A 2 ½ heures, au Théâtre
de l'Alhambra, premier concert Ysaye, sous la direction
de M. Eugène Ysaye avec le concours de M. Lucien
Capet, violoniste. Au programme : 1. Symphonie n° 40,
en *sol* mineur (Mozart); 2. Concerto op. 61, en *ré* majeur,
pour violon et orchestre (Beethoven), joué par M. Lucien
Capet; 3. A) Poème symphonique, première audition
(F. Rasse); B) Suite burlesque, première audition
(A. Dupuis); 4. Poème op. 25, pour violon et orchestre
(E. Chausson) : M. Lucien Capet; 5. Bourrée fantasque,
transcrité pour orchestre par F. Mottl (E. Chabrier).

Mercredi 15 novembre. — A 8 ½ heures du soir, à la
salle de la Grande Harmonie, piano-récital donné par
M. Emil Frey, pianiste-compositeur (prix Rubinstein 1910). Billets chez les éditeurs et à la maison
Riesenburger, 10, rue du Congrès.

Mercredi 22 novembre. — A 8 ½ heures du soir, à la
salle de la Grande Harmonie, première séance de
sonates de Beethoven, pour violon et piano par
MM. Arthur De Greef et Edouard Deru. Programme :
1. Sonate op. 12, n° 1, en *ré* majeur; 2. Sonate op 12,
n° 2, en *la* majeur; 3. Sonate op. 12, n° 3, en *mi* bémol.

Jeudi 23 novembre. — A 8 ½ heures du soir, à la salle
de la Grande Harmonie, premier concert classique
avec le concours de M. Fritz Kreisler. Au programme :
Œuvres de A. Corelli, J.-S. Bach, Fried. Bach, Louis
Couperin, Padre Martini, J.-B. Cartier, Gaet. Pugnani,
F. Kreisler et N. Paganini.

Lundi 27 novembre. — A 8 ½ heures du soir, à la salle
de la Grande Harmonie, première séance de sonates de
Beethoven, pour piano et violon par Mme Berthe Marx-
Goldschmidt et M. Mathieu Crickboom.

CORRESPONDANCES

A NVERS. — Brillant concert de réouverture, mercredi soir, à la Société de Zoologie.
On y a fêté l'éminent maître Raoul Pugno, non
seulement comme pianiste — son exécution d'une
si fine musicalité du Concerto en *la* majeur de
Mozart, fut la chose la plus exquise — mais comme
compositeur. La scène religieuse pour soli, chœur
mixte et orchestre du célèbre pianiste, est une
œuvre essentiellement mélodique, de facture sincère, quoique inégale et dont le finale atteint un
réel effet de grandeur. Vif succès pour l'auteur et
ses interprètes : Mmes Seroen et Buyens, MM.
Vermeulen et de Vally et la chorale « Arti Vocali ».

Il y avait encore au programme une œuvre d'un
charme intense, *La Nuit*, pour soprano, chœur de
femmes et orchestre, de C. Saint-Saëns, qui valut
à Mlle B. Seroen un succès personnel très marqué.
Notons enfin la *Fantaisie* pour piano (R. Pugno),
chœur et orchestre de Beethoven, qui fut vivement
applaudi.

— A l'Opéra flamand, on a donné la première
d'*Orphée*. Interprétation absolument digne du chef-
d'œuvre impérissable du chevalier Gluck.

C'est Mlle Buyens qui était chargée du rôle
d'Orphée. La voix est fort belle et tout le rôle fut
chanté en un style large et soutenu. Comme composition plastique, l'effet ne fut pas aussi complet.
On eût désiré une mimique moins uniforme et
parfois plus expressive. Mais l'intéressante artiste
débute à la scène et la réalisation de ce rôle important, certes, tout à son honneur. Elle fut très
sincèrement applaudie et à très juste titre. De son
côté, Mlle Seroen apporta ses habituelles qualités
d'artiste dans le rôle d'Eurydice. Citons Mlle
Krinkels (L'Amour) et Abs (l'Ombre heureuse).

Chœurs fort homogènes et orchestre expressif.
Les décors sont très réussis, particulièrement au
tableau des Champs-Elysées, qui sont d'un effet
délicieux.

Mlle J. Feront, pianiste, nous prie d'annoncer

le Concert qu'elle donnera le 14 décembre, avec le concours du violoniste Jacques Thibaud. Au programme, les sonates pour piano et violon de C. Franck et Brahms. des pièces de Arensky, Rachmaninoff et Chabrier (piano), Dvorak, Wieniasky, Thibaud et Arbos (violon). **C. M.**

GAND. — Le Conservatoire royal de musique de Gand célèbre, le 18 novembre prochain, le soixante-quinzième anniversaire de sa fondation.

A 2 1/2 heures, une séance solennelle aura lieu dans la salle des concerts, nouvellement décorée. M. le Président de la Commission administrative prononcera le discours commémoratif. M. Edgar Tinel, directeur au Conservatoire royal de musique de Bruxelles, délégué de l'Académie royale de Belgique et M. Paul Lebrun, professeur au Conservatoire royal de Gand, rappelleront le souvenir d'Adolphe Samuel, qui, durant vingt-sept années, dirigea les études au Conservatoire.

L'orchestre, sous la direction de M. Emile Mathieu. directeur, exécutera la symphonie en *ré mineur* (6e) du maître. A 8 heures, un concert sera donné par l'orchestre du Conservatoire ; d'anciens lauréats des classes de composition dirigeront quelques-unes de leurs œuvres.

M. Peracchio, pianiste, et Mlle Alice Cholet, violoniste. donneront au Cercle Artistique, lundi 13 courant, une séance de sonates comprenant : 1° sonate (*sol* majeur) de Pergolèse ; 2° grande sonate (*ré* mineur) de Schumann ; 3° sonate (*sol* majeur) de Guill. Lekeu.

LIÉGE. — Les représentations du Royal deviennent de meilleures en meilleures : le ténor Soudieux a remporté un beau succès dans *Manon, Lakmé* et *Werther*, et il vient — déjà ! — d'être réengagé pour la saison prochaine. Il en est de même du chef d'orchestre M. Bovy et du régisseur général, M. Yahn, dont les talents se sont imposés de suite. La rentrée de M. Amal, qui nous revient d'Anvers, forme également un gage excellent : on se souvient de la belle création qu'il fit de Hans Sachs dans les *Maîtres Chanteurs*; dont, hélas! on n'annonce pas la reprise. Il est vrai que les chœurs y jouent un rôle très important — et qu'ils sont; ici, fort insuffisants. Seule, l'intervention de la commune pourrait remédier à ce défaut.

L'abonnement mondain comprendra seize représentations parmi lesquelles nous notons les créations suivantes : *Marie-Magdeleine, Monna Vanna, Kermesse*, d'Arthur Van Dooren, et *Pierrot*

Poète. Le fait de la création d'une œuvre belge — *Kermesse* — vaut d'être relevé.

Au Conservatoire royal, M. Sylvain Dupuis se propose de marquer son avènement pour une plus grande activité donnée aux concerts. Le premier qui se donnera le 25 novembre, se composera de *La Domestica* de R. Strauss, du deuxième acte d'*Orphée* et de *Rédemption* de César Franck. Ce programme est tout un manifeste.

Le *Rêve de Valse* fait salle pleine, de même que les opérettes du Gymnase et du Pavillon de Flore.
            Dr DWELSHAUVERS.

LUXEMBOURG. — **Dimanche 12 novembre**, à 8 ½ heures du soir, à la salle du Palais municipal, premier concert du Conservatoire, sous la direction de M. V. Vreuls, directeur du Conservatoire. Programme : 1. Ouverture d'Idoménée (Mozart) ; 2. Symphonie inachevée (Schubert) ; 3. Invitation à la valse (Weber-Berlioz); 4. Prélude du Déluge (Saint-Saëns); 5. Roméo et Juliette, scène d'amour (Berlioz); 6. Psyché et Eros (C. Franck); 7. Kaisermarsch (R. Wagner).

LYON. — Les débuts de la troupe du Grand théâtre se poursuivent. *Samson et Dalila*, l'œuvre si captivante de Saint-Saëns, vient d'être reprise avec le ténor Verdier qui a obtenu un très gros succès, Mlle Suzanne Corot, à la voix courte, mais assez dramatique, MM. Sylvain, Sellier, etc. Les chœurs sont en dessous de tout ce qu'on peut imaginer, et l'orchestre semble perdre de sa vieille homogénéité.
            P. B.

NANCY. — **Dimanche 12 novembre**, à 3 heures, à la salle Poirel, deuxième concert du Conservatoire. Programme : 1. Ouverture de Polyeucte, première audition (M. P. Dukas); 2. Concerto en *la* majeur, pour violon et orchestre, première audition (W.-A. Mozart), joué par M. A. d'Ambrosio; 3. Héroïde funèbre, poème symphonique, première audition (Fr. Liszt); 4. Chaconne, pour violon et orchestre (G.-B. Vitoli). jouée par M. A. d'Ambrosio; 5. Wallenstein, trilogie d'après le poème dramatique de Schiller (M. V. d'Indy).

ROUEN. — Madame Marie Capoy, pour la 5e année, a repris la série de ses auditions-conférences, dans lesquelles le goût des belles-lettres et de la musique trouve à se satisfaire. Dans la première partie de la séance consacrée aux poètes Barbey-d'Aurevilly et Louis Bouilhet, deux gloires normandes, le baron Jean de Beaulieu fit œuvre de conférencier érudit, autant que de fin diseur, principalement dans les deux morceaux la *Haine du Soleil* et le *Cid*, qui sont certainement des plus connus dans l'œuvre de Barbey d'Aurevilly.

La 2e partie, musicale, était consacrée à l'œuvre

de M. Léon Moreau, premier prix de Rome, en qui l'on devait applaudir le pianiste et le compositeur.

Dans une suite de *Variations à danser*, nous citerons principalement une *poursuite*, une *gigue*, une *marche guerrière* de belle facture, aux riches harmonies. Puis une *Barcarolle* savante, trop savante même à notre gré, car le « bel canto » qui devrait dominer dans le genre simple, se trouvait dépossédé par un afflux trop grand d'accords complexes. L'œuvre perd ainsi son caractère habituel de romance alanguie, gracieuse, au rythme berceur.

Mme Marie Capoy, dont le talent de fine diseuse et la belle voix de mezzo-soprano sont toujours appréciés du public, a été bien inspirée en reprenant quelques-unes des œuvres de M. Léon Moreau, qui lui avaient valu, il y a cinq ans, un légitime succès : c'est ainsi que *Cœur solitaire*, *Câlinerie*, chantées en demi-teinte, et une *Complainte* bien langoureuse, ont été entendues de nouveau avec le plus grand plaisir. Dans une *Sérénade* d'allure vive et joyeuse, Mme Marie Capoy a su faire valoir la puissance de sa voix dans le registre élevé.

Récital Victor Staub. — Le savant professeur du Conservatoire, a remporté un double succès comme pianiste virtuose et comme compositeur. Deux de ses œuvres, en effet, un *Scherzo* et un *Impromptu chromatique*, n'étaient pas le moindre attrait d'un programme exclusivement consacré à des auteurs modernes. A noter en particulier un *Thème et Variations* de Chevillard, de facture agréable, très nette. Nous n'en dirons pas autant de deux œuvres de M. Debussy : *Minstrels* et l'*Isle Joyeuse*. Passe encore pour la première qui, malgré des recherches et des complications, est facile à suivre et s'enchaîne méthodiquement. Mais pour l'*Isle Joyeuse*, nous devons avouer qu'il nous est à maintes reprises arrivé de perdre contact, de ne plus saisir l'intention de l'auteur. Des sonorités imprévues déconcertent l'oreille restée fidèle aux anciens errements ; c'est une rééducation à faire, et, pour la plupart des auditeurs, disons-le, cette adaptation de l'ouïe à de nouvelles règles harmoniques n'est pas un fait acquis

M. Victor Staub a particulièrement fait valoir une œuvre de longue haleine d'un jeune auteur normand, M. Rhené-Baton : *En Bretagne*. C'est avant tout de la musique descriptive, pleine de couleur locale, où se retrouve tout le pittoresque de l'Armorique. Qu'il s'agisse de rendre un crépuscule d'été sur le grand bassin de St-Nazaire, un retour du Pardon de Landévennec, une matinée du Dimanche de Pâques, la tristesse d'une grève déserte ; qu'il s'agisse d'imiter le rythme léger du rouet des fileuses de Carantec, ou les cahots et les sonnailles d'une vieille diligence, l'auteur, dans une musique expressive et mélancolique à souhait, excelle à brosser ces paysages bretons.   PAUL DE BOURIGNY.

TOURNAI. — Société de Musique (saison 1911-1912). — Premier concert, dimanche 26 novembre, à 2 heures : *La Passion selon saint Mathieu*, de J.-S. Bach. Solistes : Mmes Mellot-Joubert et Julia Demont, MM. Plamondon, Jean Reder et J. Suys.

Deuxième concert, dimanche 28 janvier : *Roméo et Juliette*, de Berlioz. Solistes : Mlle Julia Demont, MM. Vanderschrieck et Houx.

Dimanche 14 avril, concert annuel : *Judas Macchabée*, de Hændel. Solistes : Mmes Mellot-Joubert et Julia Demont, MM. Plamondon et Jean Reder.

NOUVELLES

— La saison au Metropolitan Opera house de New-York sera inaugurée le 13 de ce mois et sera fermée le 13 avril prochain. Elle sera dirigée par M. Gatti Cassaza. Les plus considérables familles américaines, les Vanderbilt, les Gould, les Mackay, font partie du conseil d'administration, dont M. Otto Kahn est président. Le bâton de chef d'orchestre sera tenu cette année soit par M. Toscanini, soit par M. Hertz. Les solistes engagés sont : Emmy Destinn, Géraldine Farrar, Olive Fremstad, Johanna Gadski, Bertha Moreno, Marguerite Matzenauer, Amédéo Bassi, Carl Burrian, Henri Caruso, Charles Dalmorès, Henri Hensel, Hermann Jadlowker, Carl Jörn, Léon Slezak, Pasquale Amato, Antonio Scotti, Maurice Renaud, Clarence Whitehill, Hermann Weil, Putnam Griswold et André de Segurola. Les œuvres annoncées sont : *Mona* de Paiker, *Boris Godounoff* de Moussorgsky, *Versiegelt* de Blech, *Les Femmes curieuses* de Wolf-Ferrari, *Méphistophélès* de Boïto, *Christophe Colomb* de Franchetti, *Le Vagabond* de Leroux, *L'Ami Fritz* de Mascagni, *Don Juan* de Mozart, *Guillaume Tell* de Rossini et *Heimchen am Herd* de Goldmark.

— La première représentation du *Cavalier à la Rose* de Richard Strauss, à l'Opéra de Berlin, a dû être remise à la suite d'une indisposition du capelmeister Carl Muck. L'œuvre passera probablement vers la fin de cette semaine. A Barmen et à Elberfeld, où elle a été donnée à peu près en même temps, elle a obtenu un très grand succès.

— La plus importante des œuvres posthumes qu'ait laissées Gustave Mahler, *Le chant de la terre*, sera exécutée à Munich le 19 et le 20 de ce mois. L'œuvre, de forme nouvelle, est déjà dénommée *Lied-Symphonie*; elle comprend six morceaux de chant de quatre poëtes chinois. L'orchestre comprendra, en dehors des instruments à vent et à cordes ordinaires, un célesta, des mandolines, un glockenspiel, un tambourin, un tamtam, etc. Les lieder seront chantés par un ténor et un contralto.

— L'intendance générale des théâtres de Munich a publié, dans l'annuaire des spectacles de 1910-11, le relevé des œuvres jouées au théâtre de la Cour, pendant la dernière saison. On a interprété soixante œuvres à l'Opéra, parmi lesquelles les seules nouvelles furent *Manon, Le Cavalier à la Rose* et *Der Musikant*.

— Le Conseil communal de Berlin, dans une de ses dernières séances, a décidé d'accorder un subside important à l'Orchestre Philharmonique, afin qu'il soit possible à celui-ci de donner l'hiver cinq concerts publics par semaine et deux concerts publics l'été, du mois de juin au mois de septembre. Le prix des places variera entre trente et cinquante pfennigs. En outre, au cours de l'hiver, l'Orchestre Philharmonique devra organiser six concerts l'après-midi, pour les élèves des écoles, qui pourront y assister gratuitement. Le programme de tous les concerts sera soumis, tous les mois, à l'appréciation du Conseil communal.

— Le nouveau conte musical de Engelbert Humperdinck, *Les Enfants-Rois*, a été représenté cette semaine pour la première fois au théâtre de Brême et a été fort applaudi.

— La charmante pantomime du jeune compositeur prodige Korngold, *L'Homme de Neige*, sera représentée sous la direction du compositeur, le 25 décembre prochain, à la Kurfürsten Opér de Berlin.

— A l'Opéra d'Helsingfors, la première représentation de *Liebelei*, le nouvel opéra du compositeur Franz Neumann, avec Mme Aino Acté dans le rôle de Christine, a obtenu le plus vif succès.

— Le théâtre de Fribourg a donné, avec le plus grand succès, une représentation scénique de la *Sainte Elisabeth* de Liszt, sous la direction du cappelmeister Starke.

— Pour commémorer le centième anniversaire de la naissance de Ferdinand Hiller, la société des Concerts du Gurzenich, à Cologne, avait inscrit les œuvres du maître au programme de son premier concert, qui a eu lieu la semaine dernière. L'orchestre et les chœurs ont exécuté, sous la direction de M. Fritz Steinbach, *Israels Siegesgesang*, pour chœur, soprano solo et orchestre et la symphonie *Es mus doch Frühling werden*. Il y a eu également, à la tombe de Ferdinand Hiller, une cérémonie commémorative à laquelle ont assisté beaucoup de délégués de sociétés musicales.

— La Société chorale de Dessau, Liedertafel, a célébré cette semaine le quatre-vingt-dixième anniversaire de sa fondation par une série d'auditions au cours desquelles ont été interprétées toutes les grandes œuvres exécutées par la Société depuis sa création. Les noms de Nägeli, Zelter, Schubert, Mendelssohn, Zöllner, Silcher, Kreutzer, Sturm, jusqu'à ceux des compositeurs modernes Kremser, Othegraven et Hegar figuraient au programme.

— Il existe depuis quelques jours, à Berlin, un orchestre exclusivement composé de docteurs en médecine! Cette phalange, d'une espèce plutôt rare, organisera des concerts à la salle Beethoven, afin de créer une caisse de secours en faveur des veuves et des orphelins que pourraient laisser ses membres.

— On a institué à l'Université de Halle un nouveau cours d'histoire de la musique, qui sera exclusivement consacré à l'enseignement de la musique religieuse. C'est le premier résultat des doléances exprimées en octobre dernier au Synode provincial de Merseburg au sujet de la décadence, sans doute irrémédiable, de la musique d'église.

— La correspondance du célèbre violoniste Joseph Joachim, recueillie et annotée par son fils Jean Joachim et par le docteur Moser, paraîtra prochainement à Berlin.

— Le ministre de l'intérieur et des cultes du gouvernement hongrois a décidé qu'une somme de trois millions de couronnes serait consacrée à la construction d'un théâtre d'opéra à Budapest. L'Opéra-Royal Hongrois qui existe actuellement ne contient que 1,200 places; il a été construit en 1884. Il a coûté huit millions de couronnes dont 600,000 pour la machinerie et 250,000 pour l'éclairage électrique. On peut donc penser que la somme de trois millions, indiquée plus haut, résulte d'un devis provisoire dont le montant sera de beaucoup dépassé.

— On vient de reconnaître qu'un moulage du Liszt-Museum de Weimar, qui avait été jusqu'à ces derniers temps présenté aux visiteurs comme reproduisant les traits de Chopin, est en réalité un plâtre modelé par le sculpteur toscan Lorenzo Bartolini pour un buste de Liszt qu'il aurait terminé en 1838. Bartolini fut intimement lié avec Ingres et dirigea longtemps l'Académie des Beaux-Arts à Florence.

— Un comité de Munich a pris l'initiative d'organiser, chaque année, pour perpétuer la mémoire de Félix Mottl, une fête de souvenir qui aurait lieu sous la forme d'un grand concert.

— Le Séminaire musical de l'Université de Leipzig, qui porte le nom de Collegium musicum, organisera, cette année, comme l'an passé, pendant le semestre d'hiver, des concerts de musique ancienne, les cinq premiers comportant l'exécution de compositions religieuses, les cinq autres consacrés à l'interprétation de morceaux de musique de chambre français, allemands et italiens. Le 25 janvier prochain, qui marquera le deux centième anniversaire de la naissance de Frédéric le Grand, le Collegium musicum interprétera des œuvres de Gerantz, de Graun, de Philippe-Emmanuel-Bach et de Frédéric II.

— M. L. Finzenhagen, le distingué compositeur et organiste du Dom de Magdebourg, a donné le 5 novembre un concert spirituel des plus intéressants par le choix des œuvres modernes exécutées. En plus d'un prélude avec fugue de Bach et de deux airs de Schubert et de Hændel, on chanta un grand chœur d'O. Richter, un autre de L. Finzenhagen, un troisième de A.-E. Grell, ce compositeur exclusivement lyrique (mort à la fin du siècle dernier à Berlin), qui comparait la musique à la sculpture grecque et la voulait sans instruments. On exécuta aussi une page de violoncelle de W. Fitzenhagen, jadis professeur au Conservatoire de Moscou, très réputé par ses compositions pour son instrument. Enfin une sonate d'orgue de R. Bartmuss, mort récemment comme organiste de la Cour du duc d'Anhalt, à Dessau, terminait la séance, où chacun se surpassa de zèle et d'esprit religieux.

57me ANNÉE. — Numéro 47.   19 Novembre 1911.

LE GUIDE MUSICAL

La Légende d' « Obéron »

On sait dans quelles circonstances Weber composa son
dernier opéra *Obéron*. Le
public viennois l'avait acclamé
aux premières représentations d'*Euryanthe*
qu'il dirigea en octobre 1823 et le succès
que lui avait valu cette œuvre romantique
avait attiré l'attention des directeurs de
théâtre sur l'originalité puissante de son
talent dramatique. A quelques mois d'intervalle, il reçut une lettre de Paris qui l'in-
vitait à écrire une nouvelle œuvre pour la
France, et de Londres, le directeur de
Covent-Garden, Charles Kemble, lui proposa de composer un opéra qu'il viendrait
personnellement diriger en même temps
que *Freyschütz* et *Preciosa*.

Weber aurait souhaité ne pas se remettre
au travail avant d'avoir restauré sa santé
si lamentablement ébranlée par la maladie
et par les fatigues de son dernier voyage à
Vienne. La tuberculose le minait. Il aspi-
rait à vivre auprès de sa jeune femme et de
ses enfants, loin des servitudes de l'admiration mondaine et des agitations de la
vie théâtrale. Mais Weber était sans
fortune. L'avenir de sa femme et de
ses enfants l'inquiétait. Il pressentait qu'il
n'avait plus longtemps à vivre et il était
tourmenté du désir de laisser après lui
quelque bien.

Tout malade qu'il était, il se décida à
entrer en relation avec le directeur de
Covent-Garden. Les offres de Kemble
étaient sérieuses. La propriété de l'œuvre
serait achetée à l'auteur vingt-cinq mille
francs. Le nouvel opéra serait monté
à Covent-Garden dans les conditions les
plus favorables, et le compositeur aurait
l'avantage d'en diriger lui-même un certain
nombre de représentations. De plus, la
direction mettrait à l'affiche *Freyschütz* et
Preciosa. Enfin Weber dirigerait un grand
concert symphonique organisé à son profit.

Weber accepta. Mais quel serait le sujet
de son nouvel opéra? Trop heureux de
tenir la réponse de Weber, le directeur de
Covent-Garden s'empressa de lui chercher
un livret, et un mois après (août 1824)
il lui présenta le scénario d'un *Faust* et le
schéma d'un livret d'*Obéron*.

Weber choisit *Obéron*.

Le personnage d'Obéron était populaire
au pays de Shakespeare depuis que, dans
sa prestigieuse comédie *Le Songe d'une
nuit d'été*, le poète avait évoqué le charme
poétique qu'n'avait cessé d'exercer sur
l'imagination des simples, la croyance aux
fées. Devant les yeux émerveillés de ses
contemporains, le grand Will avait fait
revivre, par la magie de ses images, le
monde divin de la féerie tel que l'avait créé
le sentiment des anciens Celtes, monde
charmant des génies tutélaires, dont la
nature, le ciel et les profondeurs de la terre

étaient peuplés. D'après la légende, les gnomes farouches, qui révélaient au mineur les filons les plus riches, se cachaient dans les galeries souterraines ou à l'intérieur des montagnes. La nuit, les lutins espiègles, pénétraient dans les demeures familières, où ils achevaient, clandestinement, le travail des femmes. Les sylphes, eux, aussi nombreux que les atomes, étaient répandus dans la nature. Grâce à leur vigilance inquiète les fleurs, dont ils écartaient les insectes, pouvaient s'épanouir au printemps nouveau. On les voyait cachés dans les pétales des roses ou sous le parasol protecteur des champignons. Ils marquaient les herbes dangereuses dont le bétail devait s'abstenir, et traçaient sur le sable la ligne onduleuse que les flots ne pouvaient franchir. Enfin, les fées qui peuplaient l'éther, douces et aimantes, se préoccupaient du bonheur des hommes, et tous ces êtres invisibles, animés d'une tendresse cachée pour la race des mortels, obéissaient à un roi puissant, Obéron, qui les appelait à lui en agitant son sceptre de lys, et les envoyait, à travers le monde, porter secours aux malheureux suppliants.

Ces créations poétiques, sous le décor desquelles la nature apparaissait à l'homme maternelle et souriante, avaient la vie trop frêle pour pouvoir résister aux malédictions des prédicateurs chrétiens, qui s'acharnèrent à leur substituer, dans l'imagination populaire, la conception pessimiste du monde et les terreurs funestes des religions orientales. Le culte que les populations celtiques rendaient aux fées compatissantes, dénoncé, par les sectaires de la religion nouvelle, comme une superstition affreuse fut remplacé par la crainte qu'inspiraient l'esprit des Ténèbres, Satan et ses séides, et, sous le froid glacial de la croyance nouvelle, l'une des plus délicieuses fleurs de la pensée naïve se dessécha.

Cependant, si l'imagination populaire laissa s'effondrer le monde de la féerie, les poètes du moyen âge ne permirent pas que le gracieux souvenir en disparût à jamais. Ils retinrent le nom d'Obéron. Ils ne laissèrent pas mourir le roi de la féerie qui,

son lys à la main, disposait d'un pouvoir magique et pouvait se prêter si complaisamment à tous les caprices de l'invention poétique.

C'est dans le vieux roman breton d'Isaie le Triste, fils de Tristan et Iseult, qu'il apparaît pour la première fois. Déjà célèbre au XIIe siècle, on le retrouve dans la *Fleur des Batailles*. Il est là, frère de la fée Morgane et s'intéresse vivement à Ogier le Danois qu'elle aime tendrement. Mais la figure du génie tutélaire est encore ici assez mal définie, et il faut ouvrir le poème d'*Huon de Bordeaux*, long de dix mille vers, pour retrouver le personnage tel qu'il devait survivre dans la tradition littéraire.

Dérision cruelle, dans le poème moyenâgeux d'*Huon de Bordeaux*, Obéron, roi des fées, ne descend de son séjour divin que pour assister à une effroyable tuerie. Le Héros qu'il protège est un chevalier chrétien dont le devoir est de faucher les têtes et de répandre le sang. Dans cette composition barbare, la figure charmante du dieu n'a plus aucun des traits qui pourraient rappeler son origine poétique. Son évocation paraîtrait un non-sens si la naïveté des trouvères ne suffisait à l'excuser. Le sujet du poème peut s'exposer brièvement.

Le jeune duc de Guyenne, Huon de Bordeaux, chevauchait vers Paris où il devait faire hommage à son suzerain Charlemagne, lorsque, dans le bois de Montlhery, il est attaqué par un brigand masqué. Il défend courageusement sa vie, tue l'audacieux inconnu et ramène à Paris le cadavre, lié sur le dos d'un cheval. Sans le savoir, il a tué le fils bien-aimé de l'empereur, le jeune Carloman. Refusant de lui pardonner, Charlemagne, dont la douleur est immense, exige qu'avant de reparaître à la Cour, il se rende à Babylone, au palais de l'amiral Gaudisse. Il ira trouver celui-ci à table, tranchera la tête du seigneur assis à sa droite, baisera trois fois sur la bouche sa fille unique Esclarmonde et, en signe de vassalité, lui demandera, à lui, une touffe de sa barbe et quatre de ses dents.

Huon se met en route. Arrivé en Perse, il s'égare dans une forêt ténébreuse où, après trois jours, il rencontre l'ancien compagnon d'armes de son père, le brave Chérasmin, évadé de prison Chérasmin offre ses services au fils de son maître et tous deux entreprennent le périlleux voyage de Babylone. Ils pénètrent bientôt dans une forêt mystérieuse que l'on dit enchantée et voilà qu'accourt vers eux, emporté sur un carrosse léger, une enfant d'une beauté incomparable. Le valeureux Chérasmin prend peur. Il entraîne dans sa fuite le chevalier Huon qui voudrait cependant bien attendre, et les deux compagnons arrivent, hors d'haleine, devant les murs d'un monastère. Précisément une longue procession de moines et de religieux en sortait. Les fuyards croyant échapper à la poursuite de l'esprit malin se faufilent dans les rangs des fidèles, mais le roi des fées sonne du cor, et à cet appel, tous les assistants se trémoussent et se mettent à danser. Vois-tu, dit Obéron au jeune chevalier, ceux que le son du cor agite ainsi fiévreusement, n'ont pas le cœur pur, ou, comme ton compagnon, ne croient pas à la Providence. Toi, tu n'as pas douté de mon pouvoir et ton âme n'est pas souillée. Je sais quels difficiles exploits il te faut accomplir, et je m'offre à te seconder. Prends ce cor; si tu en souffles faiblement, tu feras danser ceux dont le cœur est impur; si tu en souffles de toutes tes forces, j'accourrai à ton aide avec mon armée. Accepte encore ce gobelet magique. Il se remplira de vin dans les mains de l'homme bon; il brûlera les lèvres du méchant. Aussitôt Obéron suspend le charme, la danse cesse, et Huon avec Chérasmin s'éloigne vers Babylone.

Alors, c'est la tuerie. Chemin faisant, Huon pourfend le géant Angoulafre et lui enlève l'anneau royal. Le voici à Babylone. L'épée à la main, il pénètre dans le palais de l'amiral en se déclarant musulman, tranche la tête du roi d'Hyrcanie, assis à la droite du prince, embrasse sa fille Esclarmonde et terrorise Gaudisse lui-même en lui montrant l'anneau du géant, son suzerain.

Mais les gardes du palais se ressaisissent. Ils se jettent sur l'audacieux. Prêt à faiblir, celui-ci, qui a tranché un nombre considérable de têtes, appelle Obéron à l'aide en sonnant du cor, et Obéron ne paraît pas. C'est qu'Huon n'est plus sans reproche. Pour s'introduire dans le palais, il a menti. Il s'est déclaré musulman et son protecteur l'abandonne. Le valeureux chevalier tombe aux mains de ses ennemis. Il est terrassé, garotté, emprisonné et condamné à mourir de faim. Mais l'amour qu'il a inspiré à Esclarmonde le sauvera. La fille du calife parvient à éveiller la compassion du geôlier et à transmettre des vivres à son bien-aimé.

Cependant les états de Gaudisse sont envahis et celui-ci est menacé d'être détrôné par le frère même du géant Angoulafre, jadis occis par le chevalier chrétien. Ah! si celui-ci vivait encore, tout danger serait écarté. Esclarmonde avoue à son père qu'Huon est encore vivant. On le sort de sa prison, on lui rend ses armes, son cor d'ivoire, son gobelet d'argent. Il combat l'agresseur redoutable et rapporte l'épée du vaincu.

Mais abrégeons. Le chevalier victorieux invite Gaudisse à se faire chrétien. Furieux, celui-ci donne l'ordre de replonger l'insolent chrétien dans les ténèbres du cachot. Pour la seconde fois, Huon, désespéré, appelle à son secours le dieu qui lui a promis aide et assistance et, cette fois, comme il a expié son mensonge par une longue captivité, Obéron répond à son appel. Il arrive, suivi de son armée de sylphes et de lutins. Les sarrasins sont terrassés; une main invisible décapite Gaudisse avec son propre cimeterre, Huon lui arrache quatre dents et une poignée de sa barbe blanche afin de les rapporter à Charlemagne, et Obéron cache ces gages précieux dans le ventre même de Chérasmin. Après tous ces exploits, Huon, sa fiancée Esclarmonde et le fidèle Chérasmin s'embarquent pour retourner en France. Obéron, qui n'accorde sa protection qu'aux âmes pures, ainsi qu'il convient dans un poème chrétien, a sévèrement recommandé aux jeunes amoureux d'attendre que leur union ait été bénie, à Rome, par le pape, avant de se donner l'un à l'autre. Mais à peine au large, le jeune chevalier et la jeune femme perdent le souvenir de l'engagement qu'ils ont pris trop à la légère, et Obéron, furieux, se venge. Une tempête brise le vaisseau sur les rives escarpées d'une île déserte. Le cor et le gobelet magique s'abîment dans les flots, Chérasmin disparaît et Huon se sauve à la nage en soutenant Esclarmonde évanouie. C'est le commencement de tous leurs malheurs. Des pirates abordent dans l'île et enlèvent la belle Esclarmonde qu'ils vont vendre au sultan de Tunis. De son côté, Huon, après bien des aventures, est lui-même amené, sur la côte africaine, à la cour d'un musulman dont il parvient à gagner les bonnes grâces. La guerre éclate entre ce chef musulman et le sultan de Tunis. Chérasmin et Huon se retrouvent sur le champ de bataille. Ils font un carnage épouvantable de leurs ennemis, délivrent Esclarmonde, et enfin, après de nombreux massacres de chrétiens auxquels Huon doit, en France, disputer son duché de Guyenne, le vaillant chevalier se présente à Charlemagne avec sa fiancée, lui remet les dents et la barbe de Gaudisse et reçoit le pardon qu'il a vraiment bien mérité.

On le voit dans le roman chevaleresque d'*Huon de Bordeaux*, que récitaient les trouvères, le personnage d'Obéron n'a aucun caractère humain. C'est une divinité tutélaire insaisissable, qui secourt dans le péril un chevalier sans peur et sans reproche, et exerce sa puissance, à l'instar du dieu biblique, sans exiger ni reconnaissance, ni sympathie. Le conte héroïque du XIIIᵉ siècle où le roi des fées joue un rôle, a néanmoins intéressé vivement la curiosité des seigneurs belliqueux du moyen âge, car la légende d'Obéron passa dans la littérature romanesque telle qu'elle avait été fixée dans le poème d'*Huon de Bordeaux*.

En Angleterre, elle fut reprise par Chancer et remaniée par d'autres poètes sans que la figure du dieu retrouvât jamais le charme dont l'avait nimbée l'imagination populaire. La littérature l'avait dégradée. Il fallut que vînt Shakespeare, il fallut que le grand dramaturge fût amené à dénoncer l'absurdité que commettait la religion officielle en poursuivant les simples qui croyaient encore aux fées, pour que le monde de la féerie retrouvât sa beauté primitive.

Dans le *Songe d'une nuit d'été*, il devient apparent que la création poétique des génies tutélaires avait son explication dans le sentiment de l'harmonie des choses que donnait la calme contemplation de la nature. Sous la plume de Shakespeare, les fées, depuis si longtemps calomniées, redeviennent les gardiennes des fleurs et des arbres que la belle saison revêt de grâces éphémères. Dans le mystère d'une nuit d'été, toute la nature semble se peupler d'esprits bienveillants, tant est douce et hallucinante la séduction qu'elle exerce sur le cœur des poètes et des amants. Et dans ce décor enchanteur, le poète se donne la joie de créer un conte fantastique, d'une invraisemblance poétique qui s'accorde à merveille avec celle du monde de la féerie, et où la drôlerie amusante succède à la peinture des sentiments les plus délicats.

Obéron se dispute avec son épouse Titania parce qu'elle refuse de se séparer d'un jeune enfant dont il voudrait faire son chevalier. Pour se venger, il ordonne à Puck, son serviteur, d'aller cueillir la fleur que les jeunes filles appellent la Chimère d'amour, et dont le suc, étendu sur des paupières endormies, a la vertu de rendre une personne follement amoureuse du premier être vivant qui lui apparaît. Et Titania devient éperdûment amoureuse d'un tisserand, coiffé d'une tête d'âne, cependant que, par la vertu de la même plante, le dieu rend Demetrius amoureux d'Helena qu'il dédaignait, et Lysandre amoureux d'Hermia.

Shakespeare avait réhabilité le culte mythologique d'Obéron. Ses contemporains Greene, Spencer, Ben-Jonson popularisèrent sa légende en reproduisant, à leur manière, le sujet d'*Huon de Bordeaux*. S'inspirant de leurs œuvres, le poète allemand Wieland, publia en 1780, un long poème héroï-comique, farci d'épisodes extravagants. Celui que l'on crut pouvoir appeler « le Voltaire allemand », s'imagina renouveler l'intérêt du vieux conte en inventant qu'Obéron aurait réservé à Huon et à la fille du calife, amants coupables, les pires châtiments. Jetée sur une île déserte, la fille de calife y accouche d'un enfant que Titania, l'épouse d'Obéron, vient lui ravir. Elle est enlevée par des pirates, aux yeux de son amant qu'ils ont lié à un arbre! Le conte a des prétentions morales; il est ennuyeux. Il voudrait être captivant : il est d'une invraisemblance fâcheuse. La charmante figure d'Obéron y aurait trouvé la mort si, quarante ans après, le directeur de Covent-Garden n'avait demandé à un littérateur anglais, homme de goût, archéologue et orientaliste distingué, James-Robinson Planché, de reprendre le sujet d'*Obéron* et d'y découper le scénario d'un conte musical, abondant en épisodes pittoresques, que Weber mettrait en musique.

Le librettiste Planché n'a pas commis l'erreur du poète Wieland. Il a su conserver à l'histoire d'Obéron qu'il transportait sur la scène le caractère d'une fable. Il s'est efforcé de dégager tout l'intérêt poétique que pouvaient présenter la conception d'êtres charmants, et un enchaînement de situations dramatiques aussi amusantes que fantaisistes. Il a laissé Obéron dans le monde féerique où la tradition l'avait placé. Il lui a conservé l'aspect de génie bienfaisant sous lequel il n'avait cessé de vivre dans l'imagination populaire, et il a prêté quelque chose de la tendresse du dieu à tous les personnages du conte délicieux que voici.

Le roi des fées, Obéron, a le cœur attristé. Il a eu quelque dissentiment avec son épouse adorée Titania, et tous deux ont juré de ne pas se revoir, avant d'avoir découvert un jeune couple dont l'amour ne se laisserait ébranler ni par les séductions de la richesse ni par les souffrances de la misère, ni par l'eau, ni par le feu. Puck, son fidèle serviteur, a parcouru le monde en tous sens à la recherche de ces amants modèles, mais il a appris partout que le bonheur insolent avait triomphé de l'amour. Cependant à la Cour de Charlemagne on lui a raconté l'infortune du jeune Huon de Bordeaux, condamné par l'empereur à se rendre à Bagdad, à tuer, à la table même du calife, le prince assis à sa gauche, et enfin à embrasser la princesse héritière, avant que le meurtre de Carloman lui soit pardonné. Et le jeune Huon s'est mis en route, accompagné du joyeux Chérasmin, son fidèle écuyer.

A cette nouvelle, Obéron comprend qu'il sera bientôt mis un terme à ses propres souffrances. Il a enfin trouvé deux jeunes gens purs, qu'il pourra rendre amoureux l'un de l'autre et qui, avec son mystérieux appui, seront capables de défendre leur amour contre tous les assauts. Obéron, agitant son sceptre de lys, donne à Puck l'ordre d'amener jusqu'à lui Huon et son compagnon endormis. Aussitôt, à l'intervention des génies, le jeune chevalier aperçoit en rêve la jeune vierge qui éveillera son amour au moment même où celle-ci, frappée d'extase, voit le brillant chevalier qui deviendra son époux. Obéron brise le charme. Il se fait connaître à Huon. Il lui dit que tout son espoir repose sur la constance de son amour. Qu'il résiste, le roi des fées le soutiendra. Il remet au jeune chevalier un cor d'ivoire, dont il sonnera en cas de danger; à son compagnon il donne une coupe qui se remplira de vin pour l'homme pur, mais brûlera les lèvres du méchant, et d'un coup de son sceptre, il transporte les deux compagnons sur les bords du Tigre, en face de l'éblouissante Bagdad, éclairée par les derniers feux du soleil.

En route vers Bagdad, Huon et le fidèle Chérasmin, passant près d'un bois, entendent des cris de détresse. C'est un cavalier persan, aux prises avec un lion et qui prêt à succomber, appelle à l'aide. Les deux chrétiens lui sauvent la vie. Pour le réconforter, Chérasmin présente à l'étranger le gobelet d'argent, mais la coupe brûle les lèvres de l'impur musulman qui, furieux, injurie ses bienfaiteurs, tente de frapper Huon par derrière, puis se sauve précipitament.

A la tombée du jour, les deux compagnons arrivent à la chaumière de la vieille Namouna. Ils demandent à loger; la vieille les accueille avec confiance; ils demandent des vivres, elle leur prépare un repas composé de figues, de fromage et de lait. Et tout en les servant, Namouna raconte aux voyageurs inconnus les nouvelles du pays. Demain, Rezia, la fille du calife, se marie. Comme elle s'est refusée à choisir elle-même un époux, son père a décidé qu'elle serait la femme du richissime prince Baba-Khan. Mais quels malheurs demain lui réserve-t-il? La vieille Namouna a appris par sa petite-fille Fatime, esclave favorite de la princesse, qu'il y a deux heures à peine Rezia avait juré de ne jamais épouser le prince Baba-Khan.

Elle a vu en rêve Baba-Khan à la chasse. Il poursuivait une biche blanche et l'allait percer de ses flèches lorsque la malheureuse bête fut sauvée par un généreux chevalier. Et c'est celui-ci qu'à présent, coûte que coûte, la fille du calife prétend épouser. Pendant ces confidences, Namouna observe les deux étrangers, et un pressentiment la saisit. Le fiancé que Rezia attend est là, devant ses yeux! Il faut que tout de suite elle coure au palais prévenir la princesse, et qu'elle lui révèle son bonheur inespéré. Elle arrive aux jardins du harem au moment où Rezia, désolée, et Fatime, son esclave favorite, rentraient dans leurs appartements sur l'ordre de la garde, et elle annonce à sa petite-fille l'heureuse nouvelle.

Cependant, l'heure marquée par les astrologues, à laquelle doit s'accomplir le mariage, est proche. Au palais, le calife et le prince Baba-Khan, entourés de la cour, sont assis sur un divan magnifique, devant un tapis où s'étalent des vases d'or et des corbeilles de fruits. Rezia s'avance avec Fatime, précédée d'une troupe de danseurs et suivie des femmes du harem, lorsque, dans les couloirs, un cliquetis d'armes retentit. Huon se présente, l'épée à la main. Il réclame sa fiancée, et la princesse, qui a reconnu le chevalier de ses rêves, tombe amoureusement dans ses bras. Baba-Khan, le lâche Baba-Khan, celui même que le chevalier a arraché des griffes du lion, s'élance sur son heureux rival. Huon est renversé. Tous les sarrasins lèvent l'épée, mais le chevalier saisit son cor d'ivoire et aussitôt le charme opère. Tous les assistants sont frappés d'immobilité. Rezia et Fatime s'évanouissent et les deux compagnons les enlèvent.

Les fuyards traversent avec leurs précieux fardeaux les jardins du harem. Mais déjà le bruit s'est répandu qu'un magicien français avait enlevé la princesse Rezia, et quatre sarrasins, cachés dans les buissons, se jettent sur les ravisseurs. Huon et Chérasmin échapperont d'autant moins à leurs ennemis que, pour appeler au secours, un de ceux-ci embouche le cor d'ivoire. Mais voici qu'aussitôt les nuages couvrent la terre, l'éclair brille, le tonnerre gronde. Les sarrasins s'enfuient épouvantés et Obéron apparaît sur son char. Le dieu est rempli d'espoir. Il a sous les yeux des jeunes gens dont l'amour résistera peut-être à tous les assauts du bonheur ou de l'infortune, et réalisant son vœu, lui fera retrouver son épouse bien-aimée. Obéron les encourage. Rezia lui jure que ni la prospérité ni le malheur n'ébranleront son amour pour Huon; le roi des fées agite son sceptre. Alors, les nuages qui couvraient la terre se dissipent et la rade d'Ascalon, où se balance un vaisseau à l'ancre, apparaît radieuse sous la douce lumière du matin. Avant de quitter la terre, Chérasmin module une déclaration d'amour à la jeune Fatime, qui ne demande qu'à le croire, et les quatre jeunes gens s'embarquent pour la Grèce, d'où ils feront voile vers le royaume aimé de l'empereur Charlemagne.

Cependant, sur l'ordre d'Obéron, qui

doit éprouver le cœur d'Huon et de Rezia. Puck, son serviteur, adjure les génies de déchaîner la tempête. Les nuées s'amoncellent, le tonnerre roule des grondements terribles, l'éclair cingle la nuit, et le vaisseau sombre. Que deviennent Chérasmin et Fatime dans cette triste aventure? Que devient tout l'équipage qui s'est entassé dans les barques? Nul ne le sait. Mais Huon, tenant dans ses bras sa fiancée évanouie, est porté sur les rives d'une île sauvage, à l'entrée d'une grotte moussue, et tandis qu'il désespère de pouvoir ramener Rezia à la vie, la mer rejette vers le rivage le gobelet magique, gage de la pitié d'Obéron.

Rezia revient à elle. Ses premières paroles sont pour exprimer à Huon son amour. Huon, qui l'a abritée sous la grotte, la quitte un instant afin de reconnaître le pays où ils ont échoué, quand, à la lueur indécise de l'aube, une voile blanche paraît à l'horizon. Rezia croit à l'arrivée de sauveurs, mais hélas! le navire débarque dans l'île une troupe de redoutables corsaires qui saisissent l'infortunée femme et la traînent jusqu'au navire après avoir renversé et accablé de coups Huon, qu'ils laissent sur la plage, évanoui.

Tant d'infortune cependant brise le cœur d'Obéron. Il déplore de ne pouvoir être libéré de son vœu horrible sans faire souffrir des jeunes gens innocents. Il frappe la terre du pied. Puck arrive, et le dieu lui ordonne de retenir Huon endormi durant sept jours, jusqu'à ce que le navire des corsaires, emportant Rezia, soit parvenu à Tunis. Alors, il y transportera le jeune homme lui-même et l'éveillera devant la porte du jardinier Ibrahim. Jusque-là Puck doit garder Huon et empêcher qu'il soit incommodé, même par le scintillement d'une lumière. Et Puck, agitant sa baguette, fait sortir de terre un berceau de roses sous lequel il étend le jeune chevalier. La lumière du soleil pâlit. Une lueur faible, crépusculaire, s'étend comme un voile et atténue l'éclat des étoiles qui s'allument au firmament.

Au loin, sur les flots, passe, léger comme le zéphir, le chant amoureux des syrènes. Les génies de la forêt s'éveillent, et les fées s'abandonnent aux gracieux mouvements de la danse sous la pâle clarté de la lune.

Mais que sont devenus Chérasmin et sa future épouse, Fatime? Le malheur ne les a pas séparés. Peu après le naufrage, ils ont été recueillis par un patron de vaisseau, conduits à Tunis et vendus au jardinier de l'émir, au brave Ibrahim.

Cependant les corsaires débarquent à Tunis la malheureuse Rezia. Elle est présentée à l'émir Almanzor, et celui-ci, ébloui de sa beauté, en devient éperdument amoureux. De son côté, Puck transporte aussi à Tunis, après sept jours, le chevalier Huon endormi et, le déposant devant le jardin d'Ibrahim, le réveille. Mais les deux protégés d'Obéron touchent presque au terme de leurs épreuves. L'émir Almanzor essaye vainement de plaire à la douce Rezia qui refuse les richesses et même la couronne. Huon, reconnu par son serviteur Chérasmin et introduit comme jardinier dans le palais de l'émir, est remarqué par la femme d'Almanzor qui se met à brûler pour lui d'une ardente passion. En vain Roxane l'introduit-elle dans sa chambre! En vain cherche-t-elle à le séduire par le spectacle des danses voluptueuses que ses esclaves, couronnées de roses, dansent autour de lui. Huon aime Rezia et il ne sera qu'à sa fiancée! Roxane, humiliée, se venge. Elle accuse Huon de desseins coupables, et bien qu'elle tente elle-même de poignarder son mari abhorré, l'émir, en attendant de la châtier, ordonne qu'Huon soit brûlé vif. On l'attache au bûcher, et tandis que Rezia accourt se jeter aux pieds de l'émir, Almanzor, que ses refus ont exaspéré, commande qu'elle soit elle-même attachée au poteau.

Mais le plus beau des contes doit finir. Obéron ne peut pas davantage éprouver Huon et Rezia et surtout priver plus longtemps ces êtres charmants du bonheur de s'appartenir. Chérasmin a reçu de lui, à travers un buisson de roses, le cor magique. Au moment où le bucher va flamber, une joyeuse sonnerie retentit. Les nuages descendent une fois de plus sur la terre. Almanzor et tous ses musulmans s'enfuient épouvantés. Obéron et Titania apparaissent ensemble sur un char brillant, tandis qu'Huòn, Rezia, Fatime et Chérasmin sont ramenés à Paris au palais de l'empereur Charlemagne, qui accorde à son vassal, avec son pardon, la suzeraineté du duché de Guyenne.

Sur ce conte charmant, Weber a écrit une musique de rêve, qui vous caresse et vous pénètre comme une fraîche brise de la mer.   EUGÈNE BACHA.

Un souvenir à Ernest Reyer

M. HENRY ROUJON, secrétaire perpétuel de l'Académie des Beaux-Arts, a, dans la séance annuelle de cette Académie, le samedi 11 novembre, lu une notice sur « Ernest Reyer », dont il nous paraît intéressant de détacher quelques passages. — Elle débute ainsi :

« Il y a dans l'histoire de la musique plus d'un souvenir de renommée précoce. Tel n'a pas été le lot d'Ernest Reyer : il fut le vivant exemple du succès tardif. Aussi l'étude de sa carrière comporte-t-elle un double enseignement. Les pessimistes peuvent considérer son cas particulier comme une leçon de prudence, un peu amère, à l'usage des jeunes compositeurs. Peut-être est-il d'une philosophie meilleure d'y voir la preuve qu'ici-bas tout arrive, même la justice, et que la gloire sait récompenser tôt ou tard les âmes dignes de la mériter.

» C'est pour cette dernière interprétation que Reyer lui-même avait opté. A défaut d'autres richesses, la destinée l'avait gratifié d'un don inestimable, la bonne humeur. En son stoïcisme joyeux, il crut toujours que le sort lui devait une revanche ; cette revanche, il a passé à l'attendre les trois quarts de sa vie. Ce n'est pas tout d'attendre, il y a la manière. Examiner de quelle manière Reyer attendait, c'est l'occasion de saluer une des plus droites consciences d'artiste que notre époque ait admirées. »

Suit alors la biographie sommaire du futur musicien, qui chantait du matin au soir à la maison paternelle, et couvrait de romances et de danses, sans savoir un mot de musique, les feuilles du papier administratif de la trésorerie d'Alger où un oncle lui avait donné une place. C'est, quelque

douze ans plus tard, en 1848, le retour à Paris, les études sérieuses avec Mᵐᵉ Farrenc, la fréquentation surtout des cercles littéraires et des enthousiastes de l'art : Heine, Gérard de Nerval, Baudelaire, Méry, Flaubert, Théophile Gautier surtout, puis Berlioz. C'est *Le Sélam*, que Reyer évoqua comme pour la satisfaction personnelle de ce cénacle, ravi d'un orientalisme réellement vécu... Et puis d'autres besognes, que l'on connaît moins, de cette « agréable vie un peu indolente » :

« Quelle fut sa part de collaboration dans l'œuvre, d'un de ses plus chers camarades, un chansonnier qui était un grand poète? Pierre Dupont recommençait alors en pleine vie moderne le lyrisme des âges primitifs ; il disait en sa poésie chantée les rêves d'une génération qui rêvait beaucoup. Dupont ne connaissait guère la musique que comme la connaissent les oiseaux. Reyer, déjà bourru peut-être, mais, à coup sûr, déjà bienfaisant, transcrivait sous la dictée les idées mélodiques du chanteur. Lorsque Dupont mourut, pendant l'été de 1870, — pauvre épave humaine emportée par la première vague de la tempête, — Reyer adressa à sa mémoire un hommage attendri. Il mit quelque coquetterie à restreindre sa part de collaboration dans l'œuvre musicale de son compagnon de jeunesse. Il est probable qu'il a été, au contraire, l'unique auteur de plusieurs des célèbres mélodies. Ces belles chansons, il est fâcheux que la voix populaire les ait désapprises. Quelques-unes sommeillent au fond des mémoires. Il suffirait, pour les réveiller, d'une de ces heures solennelles où les âmes françaises vibrent à l'unisson. »

Mais voici les premiers pas au théâtre, vocation irrésistible qui concentrera tout le génie spontané et simple du musicien. Voici *Maître Wolfram*, « le gentil poème d'amour, que les amis littéraires de Reyer s'étaient mis à cinq ou six pour écrire ». Voilà *Sacountala* et la *Statue*, bientôt *Erostrate*, qui faillit devenir l'écueil de cette droite carrière.

Ce fut « une exécution en effet », accentuée par le geste d'« une belle et irascible cantatrice qui crut devoir aller quereller un critique influent et le gifler en toute simplicité. » Le feuilleton hérité de Berlioz au *Journal des Débats* permit à Reyer, non de maudire ses juges, il avait trop d'esprit, mais de les railler un peu :

« S'il continua Berlioz, ce fut dans une tout autre manière. Le maître se mettait volontiers en colère, le disciple affecta de ne se fâcher jamais. Il sembla avoir pris pour devise la célèbre parole : « L'ironie est la consolation du juste. » Ses plaisanteries parurent plus d'une fois plus redoutables que des invectives. Rien ne peut faire mieux comprendre et aimer Reyer écrivain que le feuilleton qu'il écrivit, en octobre 1871, au lendemain de la chute d'*Erostrate*. C'est un chef-d'œuvre de malice, sous un faux air de résignation...

» ... Oserai-je dire un mot de ses défauts? Le long stage que la fortune imposait à Reyer, l'indifférence d'une partie du public, l'hostilité plus ou moins avouée de certaines gens, l'absurde accusation d'être un musicien sans mélodie échappé des brouillards germaniques, tout cela suffisait amplement, ne trouvez-vous pas? à transformer des mélancolies en haines et à faire un méchant. Reyer devint seulement moqueur. Il avait de l'esprit, il s'en servit; on ne me fera pas dire qu'il en ait abusé, mais je ne nie point qu'il en ait largement fait usage. Le feuilletoniste des *Débats* a plus d'une fois égratigné des vanités qui ne pardonnaient pas aisément; elles ont porté leur rancune au compte du musicien. Reyer avait le génie du mot cruel. Il n'apportait dans cette manière de dire aucun noir dessein; après avoir affublé un de ses contemporains d'une de ces brèves définitions qui suffisent à illustrer un homme pour le restant de ses jours, il n'y pensait plus l'instant d'après; il n'en voulait aucunement à ses victimes. Malheureusement beaucoup de ceux que sa moquerie avait blessés ne possédaient pas la même philosophie. Ils crièrent à la persécution et lui firent la réputation d'avoir un mauvais caractère.

» Le plus souvent, cela veut dire d'un homme qu'il est un caractère tout court Ici, Messieurs, nous touchons du doigt le magnifique défaut d'Ernest Reyer, et qui ressemble, à s'y méprendre, à une vertu.

» Son grand ami Théophile Gautier avait, de bonne heure, discerné en lui « un amour de son art poussé jusqu'à la passion et au fanatisme, un enthousiasme pour le beau que rien ne décourageait, et la résolution immuable de ne jamais faire de concessions au faux goût du public ». L'injuste mésaventure d'*Erostrate* n'était pas faite pour rendre sa fierté d'artiste moins intransigeante. Cette conscience manquait de souplesse. Reyer s'était en quelque sorte tracé son programme de résistance : « Ah! le beau jour que celui où un compositeur, sûr de trouver des interprètes dociles pour l'œuvre qu'il aura sérieusement comprise et longuement élaborée, pourra se dire : « Telle je l'ai conçue, telle je l'ai écrite, et telle on l'exécutera. » Ce jour-là viendra-t-il jamais ? Quand à moi, je suis fermement résolu à l'attendre et je l'attendrai. »

Ici nous arrivons à *Sigurd* et ses pérégrinations infinies avant d'arriver au port, à l'élection de l'Institut (1876), aux campagnes en l'honneur de Berlioz encore méconnu, à l'ardeur du critique pour lancer les œuvres de ses jeunes confrères où

il reconnaissait un vrai talent, à sa vie modeste et malgré tout optimiste ; enfin à l'accueil hospitalier, puis enthousiaste, fait à *Sigurd* par Bruxelles, et au retour de l'œuvre à Paris, où elle se trouva prise entre deux oppositions (comme c'est vrai, et qui ne s'en souvient!) : les habitués des anciennes formules, scandalisés encore (mais qu'auraient-ils dit quinze ans plus tôt?) et les néo-wagnériens qui affectaient de juger l'œuvre vieux-jeu.

Enfin, c'est *Salammbô*, dont Bruxelles encore fit la première réputation; et M. Roujon conclut en répondant à l'essentielle critique qui demeurera attachée aux œuvres de Reyer, l'insuffisance de son éducation musicale :

« C'est lorsqu'ils poussent à cet excès la délicatesse qu'on peut dire des délicats qu'ils sont malheureux. Nous avons, nous autres profanes, la meilleure part : la joie nous est plus facile et moins chèrement vendue. C'est bien un peu pour nous aussi qu'il se fait des opéras; notre émotion n'est pas un suffrage si négligeable. Comme dit le poète, une larme coule et ne s'y trompe pas. S'il a manqué à Reyer un certain nombre des choses qui s'apprennent, ah! qu'il savait bien, en revanche, celles qui ne s'apprennent point! Le don sacré de plaire était en lui.

» Cette puissance de sensibilité et de passion, ce sens du pittoresque, toutes ces heureuses trouvailles mélodiques, ces idées jaillissantes, cet accent personnel, ce rayonnant pouvoir de sympathie, ce charme pénétrant, tout cela, qu'aucune pédagogie n'enseigne, il l'eut au plus haut point. Louera-t-on jamais assez l'unité morale de sa vie, la rigueur de ses principes, la dignité de son attitude, son mépris de la réclame, cette austérité artistique qui fut inébranlable sans se draper jamais. S'il fallait résumer cette existence ce serait dans ce mot : honnêteté. On s'explique qu'il ait fini ses jours en belle humeur.

» Notre vie bruyante et trépidante effrayait un peu cet habitué du tout petit Paris d'autrefois. Reyer émigrait tour à tour dans ses deux villégiatures favorites, tantôt en sa cabane paysanne de Mouthier-Haute-Pierre, en Franche-Comté, tantôt au village parfumé du Lavandou, en face de la Méditerranée. Le vieux maître, plein d'années, comblé d'honneurs, n'avait pas de plus cher plaisir que de fumer sa pipe, au milieu des pêcheurs, devant la mer inspiratrice de tous les génies de notre race. Il s'est éteint là, sous les oliviers, simplement, sans grand bruit, comme il avait vécu. Il a trépassé en odeur de piété latine. Les bonnes gens du rivage lui firent de rustiques funérailles. Peut-être comprenaient-ils vaguement que ce petit vieillard souriant et simple était un profond ami de l'âme populaire : c'est pour eux aussi, c'est pour tout le monde que la muse de Reyer a chanté. »

LA SEMAINE

PARIS

A L'OPÉRA-COMIQUE, après deux mois et demi de répétitions incessantes, *Les Contes d'Hoffmann* ont fait enfin, lundi dernier, leur séduisante et prestigieuse réapparition. On la souhaitait depuis quelque temps. Il y a en ce moment, à Paris et à l'étranger, comme un regain de succès pour le répertoire d'Offenbach. Le genre qu'il a fondé est depuis longtemps dans une décadence telle, qu'il est bien nécessaire, pour lui rendre vie, de remonter un peu à la source. Encore faut-il choisir, car il y a bien des types dans le répertoire. Celui de *La Vie Parisienne*, dont le succès vient d'être si prolongé encore aux Variétés, n'est sans doute pas pour faire école : il date, c'est presque un document. Celui de *Madame Favart* est des plus féconds au contraire, et le choix était heureux, qui a fait revivre sur la scène de l'Apollo ce dernier écho de la verve légère et pimpante du musicien.

Les Contes d'Hoffmann sont à part et occupent d'ailleurs, musicalement parlant, une place sensiblement inférieure. C'est d'abord qu'ils manquent essentiellement de spontanéité : ils sont le résultat d'un coup d'ambition assez subit, né du désir qui prit un jour le musicien de faire figure sur les grandes scènes lyriques et d'autant plus ardemment que le poème proposé à sa verve offrait plus de contrastes et exigeait donc plus de souplesse. C'est aussi que cette partition considérable et hâtive n'a pu être achevée, encore moins définitivement fixée et mise en scène par lui-même : point capital en somme, car il était maître en ceci. Et l'une et l'autre raison suffisent sans doute à expliquer le manque d'équilibre de l'œuvre comme l'inégalité et le décousu de ses inspirations.

On sait en effet, — mais on fera bien de relire toute cette histoire dans les volumes d'Albert Soubies et Charles Malherbe sur l'Opéra-Comique. où elle est racontée en détail, — que des fragments de l'œuvre avaient seuls été révélés par Offenbach, au piano, lorsqu'il mourut, avant toute mise en répétition, le 5 octobre 1880, et que c'est le consciencieux et habile Ernest Guiraud, qui s'acquitta de toute l'orchestration, puis des raccords, puis des récitatifs quand on en fit pour remplacer le parlé,... de beaucoup de choses, en somme. Et ceci n'était pas non plus pour remédier au défaut d'unité de l'œuvre. N'importe, lorsqu'elle parut, après force travaux dont on ne saura jamais l'exacte étendue, devant le public, le 10 février 1881, son succès fut considérable et prolongé. Il dure encore, un peu partout, et surtout en Allemagne, comme de juste. Le sujet et la façon de l'interprétation y sont d'ailleurs pour beaucoup.

C'est d'un drame fantastique donné par eux en 1851, à l'Odéon, que Jules Barbier et Michel Carré tirèrent l'opéra-comique dont s'éprit Offenbach. Il était, il est resté, passablement étrange, mais prêtant sans doute aux effets scéniques et musicaux.

Une idée vraiment heureuse a toujours sauvé la pièce : c'est celle qui fait interpréter à la même artiste les quatre personnages d'Olympia, Antonia, Giulietta, enfin Stella, l'actrice où Hoffmann croirait une fois de plus retrouver son idéal, si la Muse, et une bienfaisante ivresse, ne l'en détournaient; qui fait incarner par le même artiste les quatre figures diaboliques de Lindorf, Coppélius, Miracle et Dapertutto. D'abord, c'est une chose toute naturelle, puisque Hoffmann poursuit partout le même idéal, et trouve partout le même génie diabolique pour s'y opposer. Et puis, il y a là pour les interprètes comme pour le public, un attrait tout à fait séduisant et qui, à lui seul, justifie la popularité de l'œuvre.

C'est lui qui rendit le succès si éclatant au début de la carrière de l'œuvre à l'Opéra-Comique. Mme Isaac était merveilleuse de souplesse dramatique et de virtuosité vocale. Taskin prodigieux de fantaisie et d'envergure dans ses terribles incarnations et Talazac un vrai charmeur, comme toujours, dans Hoffmann. Marguerite Ugalde incarnait le jeune Nicklausse, Grivot trois rôles amusants et divers, et Belhomme (le seul qui ait reparu aujourd'hui et dans le même personnage) figurait le vieux Crespel. A cette époque, qui dura jusqu'en 1886, la partition était allégée de presque tout l'acte de Giulietta, à Venise, dont on n'avait guère sauvé que le nocturne à deux voix de femme, tout de suite célèbre, et les scènes étaient mêlées de parlé. Si aucune reprise n'a tenté depuis lors (1), c'est sans doute un peu la faute de l'incendie de 1887; c'est aussi la difficulté de remplacer Mme Isaac et Taskin.

(1) On en vit une à la Renaissance, en 1893, sous la direction de M. de Lagouanère, qui donna vingt représentations. Mlle Vuillaume incarnait avec brio les trois personnages de femme.

Pour nous rendre enfin ces prestigieux *Contes d'Hoffmann*, M. Albert Carré, avec sa somptuosité habituelle, a voulu leur donner toute leur ampleur première et leur plus haute signification, qu'ils n'avaient jamais prise ici. L'acte de Venise a été rétabli (il a seulement été placé avant celui d'Antonia, au lieu de le suivre) et le parlé a fait place aux récitatifs et raccords symphoniques de Guiraud. Cependant, pour la première fois, les quatre rôles de femme ont quatre titulaires au lieu d'un seul. Pourquoi? C'est peut-être un autre attrait, mais non pas le véritable, celui qui tenait à la conception même du drame, et vraiment, il est impossible de ne pas regretter ce parti : personne ne croira que c'est faute d'une artiste capable d'incarner ces quatre personnages ! Du moins l'esprit infernal qui les dirige est resté unique sous ses quatre formes, et c'est justement un élève de l'inoubliable Taskin qui l'incarne, Jean Périer. Il s'y montre extraordinaire d'invention plastique et impressionnant au possible. Son Lindorf est sarcastique et fin, son Coppélius « donne envie de se gratter » selon un mot célèbre, tant il est sordide, son Dapertutto est terriblement campé avec sa moustache noire sous perruque blanche, son docteur Miracle est simplement cauchemardant, une vraie tête de mort en vie, la « camarde » en redingote ! La scène, d'ailleurs belle, où il joue du violon pour accompagner le chant d'Antonia expirante, est une vraie vision de Goya. C'est Mme Nicot-Vauchelet qui fait Olympia avec une ravissante virtuosité, une cristalline pureté vocale et une incroyable immobilité de sourire; jamais le rôle n'a été rendu avec plus de finesse. C'est Mme Vix qui est Antonia, pleine de flamme et de passion, avec une grâce poétique charmante. C'est M. Beyle qui incarne Hoffmann, non sans élan, non sans brio. Mlle Lafargue est somptueuse dans Giulietta, Mlle Brohly adroite dans Nicklausse, M. Mesmaecker fort plaisant dans divers rôles de valets, MM. Pasquier, Dupré, de Poumayrac..., excellents dans d'autres. Les décors et la mise en scène sont au-dessus de tout éloge. Le paysage nocturne du grand canal de Venise sauve à lui seul l'acte rétabli et musicalement si creux. La taverne, avec son éclairage vrai, par les lampes du plafond, est d'un pittoresque excellent.... C'est M. Wolf qui dirigeait l'orchestre, avec un soin minutieux et souple.

H. DE CURZON.

LE TRIANON LYRIQUE a fait une reprise de *Proserpine*, dont l'effet s'est trouvé aussi bon que possible sur cette petite scène, et qui donnera quelques représentations parisiennes de plus à

cette malchanceuse partition. Pourquoi M. C. Saint-Saëns a-t-il jamais accepté un pareil poème, romantisme de Vacquerie, où la courtisane amoureuse se tue d'avoir été dédaignée, d'avoir été vaincue dans sa lutte contre la douce conventine qu'on épouse, et en dépit des manœuvres du beau bandit aux loques épiques, aux chansons truculentes? On ne sait guère, car à coup sur il n'y a pas mis de foi ni de conviction; il n'y a mis que sa finesse et son esprit habituels, avec une grâce charmante parfois, de belles sonorités, d'habiles ensembles, une écriture claire et ingénieuse. Telle quelle, l'œuvre reste froide et n'a jamais pu porter. En 1887, à l'Opéra-Comique, elle obtenait 10 représentations; à la reprise de 1899, avec quelques coupures et quelques additions, 6 seulement : la première fois, avec Mlles Falla et Simonnet, avec Lubert et Taskin, la seconde avec Mmes de Nuovina et Mastio, avec Clément et Isnardon pour interprètes. Au Trianon lyrique, la belle vaillance et la voix sonore de Mlle Morlet, entre la rude allure de M. Saimprey, l'adresse aimable de M. Jouvin et la grâce ingénue de Mlle Wanda Leone, ont encore gagné la partie pour quelques soirs; le public a fait en somme très bon accueil à l'œuvre, et acclamé de bon cœur le maître, qui n'avait eu garde de manquer la représentation. On travaille bien et avec ensemble dans ce petit théâtre.

H. DE C.

Concerts Lamoureux. — Le concert débute, sous les auspices de Mozart, par la charmante symphonie en *mi* bémol (no 39). Pour une bonne exécution, c'est une bonne exécution, bien que jamais le Mozart n'ait été écrit pour une pareille masse d'exécutants. Malgré le souci du détail, le soin artistique de M. Chevillard, la docilité avec laquelle son orchestre répond à ses désirs, il y a là une impossibilité de fait. C'est comme si on engageait dix soprani pour chanter ensemble la délicieuse romance de Martini : *Plaisir d'amour*.

Le concerto en *ut* mineur de Saint-Saëns était confié à M. Staub, vaillant et consciencieux interprète. Il a su trouver, dans le choral, des sonorités d'une plénitude en même temps que d'une douceur pleine d'onction. D'unanimes bravos ont salué l'excellent artiste qu'avait bien secondé l'orchestre. *Till Eulenspiegel* (R. Strauss) retrouve l'enthousiaste succès du précédent dimanche. Le *Tzar Sultan* (Rimsky-Korsakow) n'est pas une grande œuvre, c'est une suite d'orchestre amusante, qui prend une jolie couleur poétique lorsque la belle princesse magicienne apparaît sur un rythme bino-ternaire d'une fluidité, d'une élégance des plus séduisantes.

La Loreley est une interminable mélodie qui n'ajoute rien à la gloire de Liszt. Pompeuse, surannée, elle a cependant permis à Mme Kaschowska de prouver une fois de plus son beau talent de cantatrice. C'est à elle, plus qu'à la composition vieillotte, qu'allèrent les applaudissements la rappelant trois fois en scène. En première audition : des fragments de *Salomé* (R. Strauss). La musique s'efforce à rendre toutes les nuances de la maladive passion de la danseuse.

Les rythmes frémissent, des alanguissements, des phrases inquiètes, chargées de soupirs, ou saisissantes comme des cris, toute cette énervante passion, tout ce lyrisme névrosé, furent rendus par Mme Kaschowska avec une puissance vocale qu'atténuait le formidable orchestre déchaîné derrière elle.

Nous avions *Salomé* au théâtre, nous l'avons maintenant au concert. Et, dans quelles conditions !! cent dix instrumentistes contre une voix humaine.

Comme dit le poète :

Puisque ces choses sont, c'est qu'il faut qu'elles soient.

Résignons-nous.   M. DAUBRESSE.

La musique au Salon d'automne.

« La musique est dans tout », à nos salons surtout.... Mais impossible de parler ici du « Monument Beethoven » dont M. José de Charmoy n'a montré qu'un fragment, ni des rêves musicaux du peintre-statuaire Henry de Groux, ni du pâle « Salon de musique » imaginé par le décorateur Paul Follot ! Des cinq concerts même organisés par Armand Parent, nous ne retiendrons qu'une œuvre ; aussi bien, nous connaissions à peu près tout le reste : bluettes fantasques de Chabrier ; deuxième et toujours charmant quatuor de Borodine ; quatuors diversement français de Ravel et de Chausson ; trio de Roussel, au début si curieusement pittoresque ; jolies sonorités pour harpe chromatique de Paul Le Flem ; imagination pianistique de Teodor Szanto et Joaquin Turina ; *Lieder* et mélodies de Carl Englert, de Mme Jeanne Herscher, admiratrice de notre admirable Henri Duparc, poèmes vocaux de Florent Schmitt, plus subtilement recherchés que les chansons populaires roumaines, harmonisées par le goût de Stan Golestan.

En fait de sonates piano et violon, la sonate passionnée de Lekeu, la sonate sereine de Magnard font déjà partie du musée de la musique ; et mieux encore que les ouvrages inédits de MM. Jean Cras et Piriou, dans la dernière lueur du dernier vendredi de 1911, une œuvre absolument nouvelle, en effet, trouva le secret de nous émouvoir ; et non seulement elle nous a communiqué l'émotion dont elle anime, d'un bout à l'autre, ses longs développements parfois diffus, mais elle nous propose un très attachant problème de psychologie.

Car l'auteur de cette nouvelle et vivante sonate est Paul Dupin, le « primitif » ou « l'autodidacte » qui, dans l'obscurité de sa vie laborieuse et désormais légendaire, avait trouvé l'instant (qu'on trouve toujours quand l'inspiration commande) de noter, sans fortes études, de la musique de chambre descriptive ou du quatuor pittoresque inspiré par la lecture du *Jean-Christophe* de Romain Rolland. Eh bien ! ce confident des humbles s'est remis à l'école, et voici qu'il sait unir maintenant, tout comme un autre, le souci de la construction traditionnelle à l'expressive nouveauté du développement cyclique où circule un thème initial. Les architectes du papier réglé s'en réjouiront ; mais les impressionnables, ou plutôt les impressionnistes redouteront que le savoir ne vienne dorénavant mettre son *veto* sur l'inspiration... Que ces braves cœurs légers se rassurent en écoutant cette longue sonate construite, mais vibrante, et, surtout, son second temps, un andante pastoral mystérieusement passionné dans l'obstination de sa demi-teinte. Alors, on pense à la meilleure mélodie de l'auteur, *Au pauvre fou qui songe et que nul n'entend...*

Nous ne sommes point de ces élus à qui la première audition suffit pour tout approfondir, alors même qu'il s'agit de la magistrale sonate que Vincent d'Indy dédiait à Parent en 1904. Or, cette juvénile sonate nouvelle de Paul Dupin se trouve dédiée au même interprète qui l'exécute amoureusement, de tout son cœur, avec son infatigable et toujours vaillante partenaire, Mlle Dron ; nous souhaitons donc la réentendre, afin d'en mieux analyser les qualités, car l'ordre et l'émotion ne sont pas précisément les péchés habituels de la musique et de l'âme contemporaines !

Autre inédit dans l'émotion, nous parlerons bientôt de la sonate inachevée de Schumann, qui figurait mardi soir, avec succès, au second programme de la Schola.   RAYMOND BOUYER.

Concerts Sechiari. —

Deux solistes au concert du 12 novembre : M. Diémer qui exécuta le concerto en *sol* majeur de Beethoven avec cette magistrale simplicité, cette perfection technique dont on ne lasse point de faire l'éloge et Mme Bernerette Gandrey qui interpréta avec talent et les ressources d'une voix chaude l'air de *Louise* de M. Charpentier et *Chère nuit*, page d'une pureté académique de M. Bachelet. A l'orchestre, la symphonie en *fa* mineur de M. Guy Ropartz, remarquable, en sa forme classique, par la franchise de l'inspiration et la limpidité des idées. Les deux premiers temps sont pleins de vie, l'adagio est noblement pathétique et le finale très entraînant avec son second thème d'une belle envolée. Le tout se présente sous le vêtement d'une orchestration étoffée. Le *Scherzo fantastique*, de M. Igor Strawinsky, composé sous l'influence de la *Vie des abeilles* de Maeterlinck est une page alerte, d'un pittoresque étincelant où les sonorités s'entre-croisent comme, dans leur ascension, les « buveuses de rosée ». Le scherzo est traversé par l'épisode du vol nuptial dont le lyrisme a peut-être plus d'éclat que de chaleur. L'œuvre fut très goûtée. L'orchestre s'est excellemment comporté au cours du concert. Mentionnons tout spécialement l'éloquence avec laquelle M. Sechiari a traduit l'ouverture de *Freyschütz* qui (alliance de termes aussi étrange que fréquente) fermait le programme. La romantique beauté de l'œuvre de Weber fut admirablement rendue. Il y avait du fluide de Nikisch dans la baguette de M. Sechiari.

H. D.

— Le samedi 11 novembre a eu lieu la séance publique annuelle de l'Académie des Beaux-Arts, destinée à la proclamation des prix de l'année, à l'exécution de la cantate couronnée et à une notice sur un membre décédé. Un poème symphonique de M. Le Boucher, pensionnaire de Rome, a ouvert la séance. Sous le titre de *Au bois sacré*, elle est pittoresque, sans recherche et mélodique avec charme. La scène lyrique qui valut à M. Paul Paray le prix de Rome de musique cette année, *Yanitza*, a été exécutée pour finir, avec le concours de Mme Auguez de Montalant, de MM. Plamondon et Sigwalt, qui en ont bien mis en relief les trois réelles qualités, visiblement étouffées parfois par l'indigence du poème et sa brièveté, mais fécondes en promesses. Auparavant, M. de Curzon fait un article spécial sur ce sujet. M. Henry Roujon a lu une remarquable étude sur Ernest Reyer, qui a eu les honneurs de la séance. Très informée, très vécue, elle trace une silhouette on ne peut plus vraie et vivante de cet esprit original, indépendant et poétique que fut l'auteur de *Sigurd* et de *Salammbô*.

— On a exécuté dans la vieille salle du Conservatoire, dimanche 12 novembre, sous la direction de M. Messager, l'œuvre couronnée au dernier concours Rossini, *Anne-Marie*, légende bretonne de Marc Delmas. Ce prix intermittent a été conquis en 1899 par Samuel Rousseau, en 1909 seulement ensuite par M. Tournier, en 1911 enfin par le jeune élève de Paul Vidal. La clarté, la passion, la sensibilité de l'œuvre ont beaucoup plu, avec le pittoresque de la couleur orchestrale, et le rythme piquant des danses; Mme Isnardon, MM. Dantu et Cerdan ont chanté les trois actes avec beaucoup de talent.

— Sous le titre collectif « La musique de chambre ». on annonce pour novembre et décembre, le jeudi soir, salle Beethoven, 167, rue Montmartre, six concerts dont les programmes n'ont rien de banal puisqu'on entendra notamment la Société des concerts d'autrefois, le quatuor Willaume, le vocal Maugière, Mme Bathory, Mlle Madeleine Bonnard et Calo, M. Ricardo Vinés, M. André Hekking, etc. Avec de tels noms nous sommes assurés d'intéressantes soirées.

Le programme de la première séance ne comprenait que des œuvres connues, de Bach, Hændel et Beethoven — les suivants auront quelques œuvres rarement jouées — mais quelle excellente exécution ! Une sonate de violon de Hændel répondait au talent fin et distingué de M. Hayot, une suite pour violoncelle seul, de Bach, a mis en valeur la belle technique de M. Pollain. M. Maurice Dumesnil joua avec sa remarquable intelligence artistique une fugue de Bach. Enfin, dans l'air de la *Cantate de la Pentecôte*, Mme Mary Mayrand fut justement applaudie. F. G.

— Le cours d'histoire générale de la musique, entrepris par M. Henry Expert au cours Sauvrezis (82, rue de Passy), s'ouvrira le samedi 25 novembre, à 4 1/2 heures, avec, comme sujet, « La Musique française, des origines à la fin du xviiie siècle ». Vingt conférences sont prévues, auxquelles collaboreront divers artistes. On y assistera par abonnement.

Société des Concerts (Conservatoire). — Dimanche 19 novembre, à 2 1/4 heures. — Symphonie en *si* bémol (Beethoven); Cantique de Racine (Fauré); Chant des Parques (Brahms); Cinquième Concerto de piano (Saint-Saëns), exécuté par M. Diémer; Don Juan (R. Strauss); Psaume CL (C. Franck). — Direction de M. A. Messager.

Concerts Colonne (Châtelet). — Dimanche 19 novembre, à 2 1/4 heures. — Messe en *ré* (Beethoven); Symphonie (L. Thirion, première audition) — Direction de M. G. Pierné.

Concerts Lamoureux (salle Gaveau). — Dimanche 19 novembre, à 3 heures. — Symphonie en *ut* mineur (Saint-Saëns); Pour le jour de la première neige (D. Inghelbrecht, première audition); Trois ballades roumaines (Bertelin, première audition); Air de la Passion selon saint Jean, chanté par M. Devriès (Bach); Concerto pour violoncelle, exécuté par Mme Capousacchi (Lalo). — Direction de M. C. Chevillard.

Quatuor Parent (Schola Cantorum). — Mardis 21, 28 novembre, à 9 heures du soir : Suite des séances de chambre de Schumann.

—Eglise Saint-Eustache, mercredi 22 novembre, à 3 heures. Pour le centenaire de Liszt : Audition intégrale de son œuvre d'orgue, exécutée par M. J. Bonnet.

BRUXELLES

Concerts Ysaye. — Le premier concert de la saison, très intéressant, présentait un programme mi-classique, mi-moderne. Pour débuter, la belle symphonie en *sol* mineur de Mozart, l'une des dernières du maître. Son premier allegro a, comme le dit M. Closson, un caractère douloureux et oppressé, sans pourtant perdre la grâce ; mais le second, par contre, me paraît tout animé de vie souriante, de joie mutine débordante et d'un esprit sans pareil prolongeant en quelque sorte l'impression du *menuetto-allegretto* et s'opposant vivement à l'*andante*, si profond, si émouvant. Dans les deux derniers mouvements, les contrastes, les rythmes auraient pu être plus accentués. Nous pensions à l'inoubliable interprétation que'en donna naguère Félix Mottl aux Concerts Ysaye mêmes, où toutes ces phrases étaient si vigoureusement et pittoresquement opposées. L'exécution, sous la direction de M. Eug. Ysaye, avait son caractère aussi, mais manquait peut-être de la mise au point nécessaire. — Suivait le concerto pour violon de Beethoven ; soliste : M. Lucien Capet. Jeu très pur, très sobre et distingué, d'une musicalité absolue et d'une objectivité telle que nous avons l'impression d'une chose admirablement jouée, mais d'où le cœur est absent. Seule, une pensée sereine, très calme, élevée, semble diriger l'interprétation, qui fut au reste très belle. Mais la cadence du premier mouvement, bien courte, n'était pas heureuse ; dans le finale du concerto, on eût parfois souhaité aussi plus d'accent, de virilité. Le succès de M. Capet n'en fut pas moins grand et c'était juste. Avec la même sincérité, la même pureté de son et de sentiment, l'artiste nous a joué, dans la seconde partie du concert, le *Poème* pour violon et orchestre de Chausson. Ce grave et profond morceau se trouvait singulièrement encadré entre la *Bourrée fantasque* de Chabrier (orch. de F. Mottl) d'une part, et la plus fantasque *Suite burlesque* de M. Alb. Dupuis, d'autre part. Celle-ci comprend trois parties : *Rendez-vous — Sérénade oubliée — Cortège*, chacune supposant divers épisodes variés, cocasses. ingénieusement colorés par une orchestration piquante.

Au programme il y avait encore en première audition un *Poème symphonique* de M. Rasse, une excellente page, clairement exposée dont le thème initial est d'une belle ligne et d'une grande intensité expressive ; il est exposé par la clarinette, plusieurs fois repris par elle, à peu près à découvert, ensuite puissamment développé dans l'orchestre en un long crescendo. Un admirable chant d'alto, superbement joué par M. Van Hout, donne à l'œuvre une noble et sereine conclusion. L'œuvre de Rasse, colorée et vivante, fut très bien accueillie. M. Eug. Ysaye, qui la présentait, eut évidemment sa part du succès.   M. DE R.

Cercle Artistique. — C'est par un merveilleux concert que le Cercle Artistique a fêté l'inauguration de l'orgue qu'il vient d'acquérir. L'instrument est d'une puissante et belle sonorité, si puissante même qu'elle semble dépasser la « capacité sonore » de la salle et qu'il faudra toujours une certaine discrétion dans l'emploi des grands jeux. M. J. Jongen a bien mis en valeur le nouvel instrument dans le Concerto en *fa* pour orgue avec accompagnement d'orchestre de Hændel ; l'*andante* surtout, délicatement nuancé et chanté, fit une profonde impression ; les « voix » douces y furent particulièrement appréciées. Au cours du concert, l'orgue ne se fit plus entendre qu'en instrument accompagnateur avec l'orchestre, dans un beau Concerto, en *ré* mineur, pour violon, de Leclair. Eugène Ysaye l'a joué avec cette puissance d'expression, cette chaude et vibrante sonorité et ce rythme nerveux qui lui sont si particuliers. Ce fut vraiment superbe, comme aussi le triple Concerto de Vivaldi, (3 violons : MM. Ysaye, Deru, Chaumont) et le Concerto en *ré* mineur pour trois pianos, de Bach, où MM. E. Bosquet, Sidney Van Tyn et Hénusse s'entendirent à merveille.

Au programme encore, une œuvre vocale pour soprano, alti, ténors et basses avec accompagnement de quatuor à cordes : le *Chant Élégiaque* de Beethoven, d'un si parfaite sérénité.

Comme sortie, M. Jongen nous fit la surprise d'ajouter à ce splendide programme un menuet pour orgue de Guilmant, qui fit grand effet. On peut féliciter le Cercle de sa précieuse acquisition, autant que de ce beau concert inaugural où l'orgue aurait peut-être pu avoir une plus grande part, étant donné que c'était sa connaissance que nous voulions faire avant tout.   M. DE R.

— Voici un pianiste comme il y en a peu. On trouve rarement réunis chez un même virtuose une technique aussi parfaite, une aussi belle sonorité. Ecouter M. Frey est un délice. Son toucher est une caresse. Il a d'infinies délicatesses et des *forte* puissants sans violence. La clarté de son jeu est unique. Pas une note du *Prélude, Choral et Fugue* de C. Franck ne fut perdue. C'est tout dire. Il semble qu'à l'enseignement du maître Diémer est venu s'ajouter l'influence de la Schola Cantorum pour produire une aussi belle réalisation du style polyphonique moderne.

Dans la douceur, la gamme de nuances semble presque illimitée. Mais M. Frey ne va pas au-dessus d'un certain degré de puissance où se confondent *forte* et *fortissimo*. Il y a là un manque de relief (peut-être voulu?) qui n'est pas toujours heureux.

En plus de l'œuvre de Franck, M. Frey interpréta avec une égale perfection technique et une admirable pureté de style la *Chaconne* de Bach-Busoni, la sonate *Clair de Lune* de Beethoven, le nocturne en *ut* mineur de Chopin et diverses pièces de sa composition d'une écriture pianistique des plus remarquables.

Tel quel M. E. Frey est peut-être le pianiste le plus intéressant de la jeune génération. Le Prix Rubinstein a consacré ses mérites au dernier concours de Saint-Pétersbourg. M. Frey nous reviendra, n'en doutons pas. Est-il permis de lui souhaiter un jeu parfois moins discret et plus chaleureux ? FRANZ HACKS.

— La première des trois séances consacrées par Mlle Tambuyser et M. Marcel Jorez à l'histoire de la sonate, était réservée aux maîtres anciens : Corelli, Franz Benda, H. Purcell, J. B. Lœillet et Jacques Aubert. Œuvres judicieusement choisies et interprétées avec goût. Elles firent excellente impression.

Mlle Tambuyser ne pouvait se faire valoir dans ces accompagnements assez compliqués mais d'intérêt secondaire. Au contraire M. Marcel Jorez fit apprécier un solide talent de violoniste. Joli son, coup d'archet souple, interprétation colorée et bien sentie. La seule chose qu'on pourrait reprocher à M. Jorez c'est d'outrer ses attaques aux dépens de la qualité de sonorité. Applaudissements, succès.
FRANZ HACKS.

— La première des trois séances consacrées aux sonates pour violon et piano de Beethoven que la maison Schott organise avec le concours des éminents artistes MM. A De Greef et Ed. Deru aura lieu le mercredi 22 novembre, à 8 1/2 heures du soir, à la salle de la Grande Harmonie. Seront exécuté ce jour-là, les sonates op. 12 n° 1, 2 et 3. La seconde séance aura lieu le vendredi 24 et la troisième séance mercredi 29 novembre.

L'abonnement aux trois séances ainsi que les billets pour chacune d'elles, sont en location à la maison Schott, 28, Coudenberg, téléphone 1172.

— Mme Berthe Marx-Goldschmidt, pianiste et M. Mathieu Crickboom, violoniste, donneront en trois séances, à la salle de la Grande Harmonie, à 8 1/2 heures du soir, l'audition intégrale des dix sonates de L. van Beethoven.

Lundi 27 novembre, sonates : I, II, III, IV.
Vendredi 1er décembre, sonates : V, VI, VII.
Mardi 5 décembre, sonates : VIII, IX, X.
Location Maisons Breitkopf et Härtel, Schott.

THÉATRE ROYAL DE LA MONNAIE. — Aujourd'hui dimanche, en matinée, La Tosca et Hopjes et Hopjes, le soir, Faust ; lundi soir, Festival Beethoven, sous la direction de M. Otto Lohse. Deuxième concert (première audition) ; mardi, Le Secret de Suzanne et La Bohème ; mercredi, Thérèse et Le Secret de Suzanne ; jeudi, reprise d'Oberon ; vendredi, spectacle à bureaux fermés donné pour la Société royale « La Grande Harmonie » ; samedi, Samson et Dalila ; dimanche, en matinée, Oberon ; le soir, Le Secret de Suzanne et La Bohème.

Jeudi 23 novembre. — A 8 1/2 heures du soir, à la salle de la Grande Harmonie, premier concert classique, avec le concours de M. Fritz Kreisler. Au programme : Œuvres de A. Corelli, J.-S. Bach, Fried. Bach, Louis Couperin, Padre Martini, J.-B. Cartier, Gaet. Pugnani, F. Kreisler et N. Paganini.

Vendredi 24 novembre. — A 8 1/2 heures du soir, à la salle de l'Ecole Allemande, séance de sonates donnée par Mlle Gabrielle Tambuyser et M. Marcel Jorez.

Mardi 28 novembre. — A 8 heures précises du soir, à la salle Sainte-Elisabeth, rue Mercelis, 15, Ixelles, séance de musique ancienne donnée par le Quatuor vocal Henry Carpay.

CORRESPONDANCES

A NVERS. — Le Quatuor Zoellner s'est fait entendre, la semaine dernière, en la petite salle du Cercle Artistique, devant un public malheureusement trop restreint. Ces excellents artistes ont interprété des quatuors de Beethoven (*mi* bémol majeur), Haydn (op. 64 n° 5) et H. Zoëllner et y ont mis beaucoup de vigueur, de rythme et d'ensemble. La sonorité est fort belle, mais l'attaque est parfois dure, principalement dans les accords. Le quatuor de M. Zöllner, fort bien rendu, récolta de sympathiques bravos, Les instruments y sont traités de façon très homogène et les thèmes sont expressifs.

— La distribution solennelle des diplômes au Conservatoire royal flamand aura lieu, lundi 20 courant, à 8 1/2 heures, dans la grande salle des fêtes du Cercle de l'Harmonie Royale, rue d'Arenberg. Elle sera précédée de l'exécution d'œuvres musicales remarquables par les lauréats et par les classes de chant d'ensemble et d'orchestre sous la direction du directeur. C. M.

G AND. — La saison musicale du Cercle Artistique a débuté par un fort intéressante séance de sonates pour violon et piano. La séance comprenait trois œuvres choisies parmi les compositions les plus marquantes des trois âges bien différents. D'abord la sonate en *sol* majeur, de Pergolèse, dont la conception simple et primitive fit un contraste des plus heureux avec la deuxième sonate de Schumann (*ré* mineur), dont le premier mouvement, tourmenté en ses harmonies et en sa ligne mélodique, fait apprécier le scherzo, d'une si belle et parfaite conception. Cette merveille de la littérature musicale fut excellemment rendue.

La sonate de Lekeu, d'une inspiration si profonde et dont la mélancolie de l'adagio fut si bien mise en relief, complétait cette excellente soirée.

Ai-je dit que l'interprétation était confiée à Mlle Alice Cholet, violoniste, et à M. Paul Peracchio? Mlle Cholet possède une sonorité claire et sa technique est très délicate, mais nous eussions souhaité plus d'ampleur dans son style, principalement dans l'interprétation de la sonate de Lekeu. M. Peracchio, qui pour nous est un nouveau venu, s'est affirmé d'emblée pianiste de premier ordre et sa compréhension des œuvres de Schumann et de Lekeu fut parfaite en tous points.

MARCUS.

LILLE. — Une importante solennité artistique a eu lieu à Lille, le 5 novembre dernier. Une foule immense emplissait l'Hippodrome : tous les amateurs de la région du Nord s'étaient donné rendez-vous pour applaudir l'orchestre de la Société du Conservatoire de Paris.

C'est la seconde audition que donne chez nous cette excellente phalange. Comme je le disais il y a deux ans, elle ne compte dans ses rangs que des artistes de premier ordre, et des virtuoses remarquables, qui possèdent d'excellents instruments. C'est donc la perfection même, mais, comme toutes les perfections, elle est peut-être un peu froide. La direction de M. Messager est, du reste, élégante et fine, pleine d'esprit et de correction classique.

Nous avons eu successivement une exécution très fouillée de L'Héroïque et de l'entr'acte symphonique de Rédemption. Les morceaux de virtuosité pure ont été rendus avec une finesse étonnante : Le Rouet d'Omphale, L'Apprenti sorcier. Pour clore le programme, l'ouverture de la Fiancée vendue était brillamment enlevée.

Le maître Saint-Saëns, toujours alerte malgré son grand âge, se produisait à ce concert, et ce n'était point un des moindres éléments de succès. Il se faisait ovationner au piano dans son Cinquième Concerto, dont le chant nubien de l'andante est particulièrement agréable. Devant les instances d'un public enthousiasmé, il ne pouvait se refuser à donner une Valse Mignonne de sa composition.

— La semaine précédente, la célèbre chorale de Liège, la Royale Legia, était venue se faire entendre à Lille. Forte d'à peu près deux cents membres, elle obtient de ses voix bien équilibrées et bien homogènes de remarquables effets de puissance et de belles oppositions de nuances. On a beaucoup applaudi l'exécution de La Route et de La Mer, de Carl Smulders, et celle des Emigrants Irlandais du regretté Gevaert.

A. D.

MONS. — Le lundi 6 novembre, à la huitième séance Pitsch, nous avons eu une première audition des quatuors de Chausson et de Jongen.

Quoique étant l'un et l'autre d'une riche architecture harmonique, celui de Jongen nous paraît cependant mieux charpenté. Chausson abandonne parfois trop la marche des quatre parties pour n'en laisser subsister que deux : le piano et les trois archets unifiés. Il est vrai que, ainsi réunis, ces derniers donnent aux thèmes leur maximum d'expression et c'est un avantage. Mais comme facture de quatuor, nos préférences vont à Jongen qui reste plus contrapontique, plus polyphonique. Ce talentueux compositeur était présent et fut justement ovationné.

La plus grande part du succès revient aux artistes exécutants : Mlle Pitsch, MM. Lensen, Englebert et Pitsch qui interprétèrent ces œuvres avec beaucoup de style.

Mlle de Madre, dont la voix est bien timbrée, a détaillé avec goût des mélodies de Chausson, Debussy, Duparc, César Franck, Berthe Busine et J. Ryelandt.

L. K.

NOUVELLES

— On nous télégraphie de Londres que l'inauguration du nouvel Opéra House de M. Hammerstein, a eu lieu à la date fixée, le lundi 13 novembre. Le spectacle d'ouverture se composait, on le sait, de Quo Vadis? La presse unanimement excellente, constate le succès, sans précédent, des interprètes, tous acclamés : Maurice Renaud, Mmes Vallandri, Olchansky, etc., etc.

M. Jean Nouguès conduisait l'orchestre; acclamé par le public après le troisième et le quatrième acte, il a dû, entraînant avec lui M. Hammerstein, le directeur du London Opera House, venir saluer les spectateurs.

Le nouveau London Opera House est une bâtisse qui dépasse en élégance celles du même genre qui ont été faites habituellement jusqu'ici. Le style de l'intérieur est, pour la plus grande partie, français. La couleur blanc et or a été choisie dans une tonalité spéciale, en vue de l'impression qu'elle doit produire à côté du ton rose de l'étoffe dont les fauteuils sont recouverts. Mais ce qui frappe le plus agréablement les yeux, c'est l'ingéniosité, la hardiesse et l'harmonie des courbes larges et peu profondes qui ont été pratiquées, afin d'éviter l'emploi des piliers toujours incommodes pour quelques spectateurs auxquels ils masquent la vue directe sur la scène. Pour ce qui regarde l'acoustique de la salle, il est impossible de porter encore un jugement définitif. Le nombre des places assises est de près de 3.000. L'ouverture du proscenium a 45 pieds de large et 50 de haut, mais la partie intérieure de la scène que le regard peut embrasser de tous les points de la salle a 65 pieds de profondeur et 84 de largeur.

— Pour la salle du Conservatoire de Paris :

Un comité vient de se constituer sous la présidence de M. Camille Saint-Saëns, composé de MM. Barthou et J. Roche, anciens ministres ; Reinach, député, membre de l'Institut ; Paul Léon, chef de division aux beaux-arts ; J. Ecorcheville; A. Boschot, J.-G. Prod'homme.

Ce comité s'est réuni hier chez M. Ecorcheville. Il a envisagé les moyens les plus pratiques de conserver, adapter et utiliser la salle des concerts de l'ancien Conservatoire.

Assuré des bienveillantes dispositions de l'Administration des beaux-arts, il a étudié différents projets susceptibles d'atteindre le but qu'il se propose, dans l'intérêt de l'art et des artistes.

— D'un commun accord, Mme Strauss-Bizet, M. Jacques Bizet, MM. Louis Ganderax et Halévy, seuls héritiers et ayants droit des auteurs de Carmen, estiment devoir s'opposer formellement à ce qu'il soit donné aucune représentation de cet ouvrage par appareil phonographique et cinématographique. Ils ont, notamment, décidé d'interdire les pantomimes où se devaient être reproduits les décors, costumes, mise en scène et interprétation tant vocale qu'instrumentale de l'Opéra-Comique. Bravo !

— Les journaux de Wiesbaden enregistrent l'énorme succès d'un concert donné au Kurhaus, sous la direction de M. Otto Lohse, et auquel ont pris part MM. Joachim Nin, pianiste, Joan Manén et Hugo Heermann, violonistes. L'intérêt du concert s'est particulièrement concentré autour du Concerto Grosso pour grand orchestre, piano et deux violons, du compositeur espagnol Joan Manén. L'œuvre est intitulée Juventus et décrit les années d'apprentissage, d'épreuves d'un jeune artiste ; ses luttes avec le monde et avec lui-même, sa victoire finale, enfin due à ses propres efforts. La presse de Wiesbaden loue, dans le style résolument moderne de cette composition, prise dans son ensemble, le réalisme saisissant de l'expression musicale

et de l'orchestration qui règne dans les deux premiers mouvements ; la grâce et la simplicité de la forme et de l'invention mélodique de l'andante qui suit, enfin le caractère grandiose, puissant et audacieux du finale.

M. Otto Lohse a mis l'œuvre en valeur de la façon la plus admirable. L'importante partie de piano avait été confiée à M. Joachim Nin, dont on vante, avec enthousiasme, le jeu extrêmement clair, nuancé et expressif. L'auteur de l'œuvre et le professeur Heermann ont exécuté de la manière la plus parfaite les deux parties de violon.

— Au cours de cette saison, le théâtre royal de Gand représentera une œuvre nouvelle de M. Léon Delcroix, le jeune compositeur belge dont l'Académie de Belgique a couronné déjà plusieurs ouvrages. Son ballet intitulé La Bacchante est une reconstitution de danses grecques sur un scénario dû à la plume de MM. Duplessy et Ambrosiny.

Le but des auteurs a été surtout d'adapter à la scène une forme nouvelle du ballet-pantomime, tant au point de vue musical que chorégraphique.

— On nous écrit de Strasbourg le succès qu'a obtenu en cette ville, le 23 octobre, Mlle Hélène Barry, la si remarquable pianiste, qui avait organisé un concert de musique de chambre avec le jeune violoniste André de Ribaupierre. Des pages de Scarlatti, Schubert, Chopin, une sonate pour piano et violon de Schumann et le rondo-capriccioso de Saint-Saëns, ont mis en valeur de la façon la plus heureuse ses hautes qualités de style et de sentiment artistique, qui ont été soulignées par un accueil extrêmement flatteur.

— La Société Philharmonique de Madrid nous adresse le programme de ses concerts de la saison nouvelle. En voici les grandes lignes : 13-17 novembre, le Quatuor Rosé, de Vienne, donnera trois séances de quatuors; les 15-19 janvier, le Quatuor Rebner, de Francfort, avec le concours du pianiste W. Rehberg, trois séances également de quintettes et quatuors; les 12-16 février, le Quatuor Petri, de Dresde, trois séances de quatuors; les 11-15 mars enfin, la chanteuse Tilly Kœnen, et les pianistes Maria Avani Carreras et Michel von Zadora, trois séances mêlées de chant et de morceaux à un et à deux pianos.

— Ida Isori vient de remporter à Munich un retentissant succès au premier concert donné par la « Libera Estetica » à la grande salle de l'Odéon de Munich. La cantatrice y fut magnifiquement fêtée et les œuvres des délicieux maîtres italiens des seizième et dix-septième siècles furent interprétées par la grande artiste qu'est Ida Isori avec un art incomparable et une finessè hors de pair. Lé public munichois, enthousiasmé, rappela Ida Isori qui, pour répondre aux instances du public, dut ajouter bon nombre de « suppléments » au programme assez chargé.

Le violoniste Francisco Chiaffitelli joua remarquablement les·sonates de Veracini, de Barbella et de Tartini. Son succès fut également très brillant.

NÉCROLOGIE

On ne peut laisser disparaître sans un souvenir l'excellent professeur et ancien chanteur (basse) Alfred Giraudet, qui est mort, voici quelques semaines, à New-York où il avait.fondé, comme on sait, une école de chant. Il était né à Etampes (Seine-et-Oise), le 29 mars 1845. Elève de l'école Chevi, puis de Delsarte, il avait abordé la scène en province, en 1866, mais eut surtout des succès au Théâtre-Lyrique, à l'Opéra-Comique, à l'Opéra enfin. Il quitta la scène lorsqu'il fut nommé, en 1899, professeur d'opéra au Conservatoire, où son enseignement lui valut la réputation la plus méritée.

— A Leipzig est mort dimanche dernier d'une attaque d'apoplexie, Arthur Smolian, critique musical bien connu en Allemagne. Né le 3 dé-cembre 1856, à Riga, il fit ses études à Munich, devint kapellmeister à Berlin, à Bâle, à Stettin, et résida ensuite successivement à Leipzig, à Wiesbaden et à Karlsruhe, et de nouveau à Leipzig, s'adonnant dans ces villes à la tâche de professeur et d'écrivain spécial sur les choses de la musique.

—. De Buenos-Ayres on annonce la mort d'un violoniste cubain distingué qui avait fait ses études au Conservatoire de Paris. Claude Joseph-Dominique Brindis de·Sala, qui était mulâtre, était·né à la Havane le 4 août 1852. Venu de bonne heure à Paris, il entra au Conservatoire, dans la classe de Charles Danclas, et obtint en 1872 un premier accessit, et en 1873 un second prix en compagnie d'un autre Américain, M. Diaz-Albertini. Depuis lors, il obtint de vifs succès en Espagne, à la Havane, et aussi à Buenos-Ayres, où son talent était très estimé.

57me ANNÉE. → Numéro 48.   26 Novembre 1911.

LE GUIDE MUSICAL

La version originale et inédite du FAUST
de GOUNOD

Nos collaborateurs Albert Soubies et Henri de Curzon publient en ce moment, dans le *Bulletin de la Société de l'Histoire du Théâtre,* une série d'articles sur l'histoire du *Faust* de Gounod, d'après des documents inédits. Le dernier paru est à coup sûr ce qu'on pouvait apporter de plus nouveau à la chronique de cette partition fameuse; c'est l'analyse de la version originale du livret, d'après le premier manuscrit soumis à la censure. Elle est pleine d'inattendus, car cette version, — soit que Carvalho, coutumier du fait, y ait mis la main, soit que Gounod lui-même en ait vu la nécessité au cours des répétitions, — est très sensiblement différente de celle qu'on connaît et qui a été adoptée presque dès le premier soir.

Sans suivre de trop près l'étude, remplie de citations, d'airs et de scènes entières, qu'en ont publiée MM. Soubies et de Curzon, nous pouvons en déterminer les éléments principaux.

Ce livret, bien entendu, est mêlé de parlé et de chanté : on se souvient que le Théâtre-Lyrique n'a jamais représenté *Faust* autrement, depuis 1859. Ce n'est qu'à l'Opéra, en 1869, que les récitatifs, déjà composés pour l'étran-

ger, ont été employés. Mais le remaniement ainsi exécuté est peu de chose en comparaison des avatars de l'œuvre avant le premier lever du rideau.

L'acte I comportait deux tableaux, avec changement à vue : le cabinet de Faust et la Kermesse. (Dans la version jouée, ce sont les actes I et II.) Après le premier monologue de Faust et le chant des jeunes filles et des laboureurs, dans la coulisse, Wagner et Siebel entraient à pas de loup, l'un afin d'avertir son maître, qu'il l'allait quitter pour se faire soldat, l'autre afin d'avouer son amour pour Marguerite. Mais après les visions d'amour et de guerre, qui lui rappelaient sa jeunesse, Faust se reprenait à maudire la vie et appelait alors Méphistophélès... Toute cette scène à trois a été coupée avant la « première ». La scène V (la Kermesse) offre peu de différences : Le passage; et les couplets de certain mendiant (emprunté à Gœthe), n'ont disparu qu'à l'Opéra. Mais il n'en est pas de même des scènes suivantes, en ce qui concerne Valentin; car c'est avec Marguerite qu'il faisait son entrée : celle-ci lui donnait alors la médaille dont il parle dans son beau récitatif d'aujourd'hui, et tous deux chantaient un duo assez important. Cette scène paraît n'avoir été supprimée qu'au dernier moment et parce qu'on s'aperçut que l'idée n'était pas heureuse de faire entrer en scène une première fois Marguerite, avant sa rencontre légendaire avec Faust.

L'arrivée inopinée de Méphistophélès est

encore à noter ici. Car ce n'est pas la ronde du veau d'or qu'il devait chanter tout d'abord, mais trois couplets sur l'histoire de certain scarabée qui a fait fortune. Cette variante de l'histoire de la puce (ou plutôt du seigneur puce), est assez bizarre en vérité ; autant valait carrément chanter autre chose. — La Kermesse se terminait ensuite sans aucune différence de texte.

L'acte II (Acte III dans la version jouée), nous menait au jardin de Marguerite ; mais les propos de Siebel étaient tout différents : « Mes doigts ont flétri ces roses... », soupirait-il en deux couplets, devant son bouquet fané. On ne voit ensuite à citer qu'un récitatif et une strette intercalés dans l'invocation de Faust resté seul (Salut, demeure chaste et pure), passage destiné à peindre le bouillonnement et le remords de sa passion naissante. Le quatuor avait aussi quelques développements supplémentaires.

Mais c'est l'acte III (acte IV de la version jouée) qui est le plus intéressant à étudier, car la scène ne changeait pas, et, à différents égards, il est impossible de ne pas regretter ces dispositions primitives. Le théâtre figurait un carrefour, avec l'église à droite, la maison de Marguerite à gauche, une fontaine au milieu. Un chœur de jeunes filles, dialoguant tout en puisant de l'eau, et les couplets médisants de l'une d'elles, nous apprenaient la honte de Marguerite. Celle-ci sortait alors, pour s'asseoir à son rouet, placé devant sa porte, et l'on comprenait ainsi ce qu'avait de cruel pour elle ces railleries (aujourd'hui inexplicables) qui amenaient l'angoisse de son air. Cette scène (bien qu'elle ne soit pas dans Gœthe) est peut-être regrettable, car elle était réellement pittoresque.

Siebel, venant trouver Marguerite, s'efforçait alors de la réconforter avec ses jolis couplets chantés à l'origine mais depuis longtemps coupés, on ne sait pourquoi, et qu'il faut chercher dans les recueils des mélodies de Gounod : « Versez vos chagrins dans mon âme ». Puis Marguerite entrait sous nos yeux dans l'église, et très peu après arrivaient les soldats, Valentin en tête. Mais chacun sait que le grand ensemble « Gloire immortelle de nos

aïeux » est de la dernière heure, de la dernière minute (Gounod a eu, à cette minute critique, une de ces inspirations qu'on n'a qu'une fois dans la vie, en démarquant vivement un ancien morceau de lui !) et fut d'ailleurs le principal succès de la pièce. Or, il est venu remplacer de grands couplets de Valentin, qui devaient être singulièrement froids entre les deux ensembles « Déposons les armes ».

Après quoi « le mur de l'église s'ouvrait » et Marguerite apparaissait, à genoux. C'était l'actuelle « scène de l'église » ; lorsqu'elle était terminée, le mur se refermait et l'acte continuait sans changement de tableau pour amener le trio et la mort de Valentin.

Ceci est assez curieux, et il y faut insister un peu, car on n'est jamais demeuré d'accord, en définitive, sur l'ordre à donner à ces deux scènes essentielles : la mort de Valentin et Marguerite à l'église. Dans le *Faust* de Gœthe, ne l'oublions pas, la scène de l'église « suit » la mort de Valentin. Dans la version adoptée à l'Opéra, et restée officielle depuis 1869, elle suit le tableau du rouet et « précède » la mort de Valentin, qui termine tout l'acte. Or, en ce faisant, l'Opéra reprenait, sans s'en douter peut-être, la version originale, celle du manuscrit primitivement modifié. Car le Théâtre Lyrique, plus fidèle au modèle allemand, et surtout pour terminer l'acte sur le grand effet de la « transparence » du mur de l'église, avait replacé la scène de l'église après la mort de Valentin.

L'acte IV comprenait les deux tableaux de l'Acte V actuel. La Nuit de Walpurgis, qui fit un effet si médiocre à la représentation, était sensiblement développé, et dans un décor plus pittoresque, selon le texte original. Un chœur de sorcières, dont quelques bribes ont seules été gardées quelque temps, précédait et suivait l'orgie. Quant à la scène de la prison, elle débutait par un grand air varié, mouvementé, de Marguerite seule, exactement dans le sens de celui qui a fait la fortune du *Mefistofele* de Boïto. Pourquoi Gounod l'a-t-il coupé ? Mystère. Nous ne saurons jamais s'il a eu raison et quelle en était la valeur. Il ne « portait » sans doute pas beaucoup, du moins à cette époque... Il eût été curieux de le mettre en parallèle avec l'autre, en admettant que celui-ci, dès lors, eût été écrit. N'oublions pas, au surplus, qu'il n'est justifié, dans Gœthe, que par une chanson démente entendue par Faust « avant » de pénétrer dans le cachot de Marguerite

---

Un ancien maître flamand
NICOLAS GOMBERT

UN des maîtres les plus réputés de l'ancienne école belge, dont le public bruxellois aura, cet hiver, l'occasion d'apprécier quelques œuvres remarquables. Dans un de ses prochains concerts de musique ancienne, M. Tirabassi interprétera, avec le concours d'un chœur à quatre voix, trois Psaumes de Gombert, qui révéleront l'art et l'habileté consommée que l'élève de Josquin de Pres apportait à la composition de sa musique religieuse.

On possède fort peu de renseignements sur Gombert. On ne sait exactement, ni quand il est né, ni quand il est mort, encore que l'on puisse dire qu'il a vu le jour à Bruges à la fin du XVᵉ siècle ou au commencement du XVIᵉ siècle. Après avoir suivi les leçons de Josquin de Prés — le prince de la musique, comme l'appelaient ses contemporains — Gombert fut attaché au chœur de la cathédrale d'Anvers et, en 1530, il devint membre de la chapelle impériale de Madrid.

Cette même année, 1530, Charles-Quint descendit en Italie pour recevoir la couronne impériale des mains de Clément VII. Gombert accompagna son souverain à Bologne et conduisit le chœur à la cérémonie du couronnement. Au témoignage de Gaetano Giordani, le maître de chapelle dirigea, à cette occasion, des œuvres nouvelles de sa composition qui firent sur l'assistance la plus grande impression de beauté. Et voilà, à peu près, tous les faits connus de sa biographie. Aussi bien, ses contemporains sont unanimes à vanter sa fécondité et la variété de son talent. L'espagnol Jean Bermudo reconnaît en lui un musicien profond ; l'allemand Hermann Finck insiste sur la diversité de ses dons.

On a publié, au cours du XVIᵉ siècle, dans les anthologies musicales, près de deux cent cinquante œuvres, messes, motets, chansons, sortis de sa plume, qui furent exécutés partout. Sa musique était encore en pleine vogue à la fin du XVIᵉ siècle à preuve que Francesco de Montanos, prébendaire et maître de chapelle de Valladolid, écrivait en 1592, dans son Arte de musica teorica et pratiqua, que Nicolas Gombert était un musicien excellent.

Les critiques modernes, confirmant le jugement des contemporains, ont mis Nicolas Gombert au premier rang des compositeurs originaux de l'école gallo-belge. Ceux qui auront l'occasion d'entendre ses Psaumes, dont M. Tirabassi a ramené la notation à la graphie moderne, apprécieront toute l'éloquence de sa musique religieuse. La claire composition de ces Psaumes contraste avec l'obscure complication des ouvrages de l'époque. La phrase thématique, chantée par le ténor, est reproduite par les autres voix, transposée à la quinte ; une seconde phrase, antithétique, est développée de la même façon, et la première partie du morceau s'achève à la quinte de la tonique. Dans la seconde partie, un nouveau thème, variété du premier, ramène à la tonique, de même qu'une nouvelle phrase antithétique, reprise également par les voix.

Sous la plume de Gombert, la mélodie est toujours impressionnante. Sa manière large de traiter les voix lui permet de trouver, dans la composition des parties concurrentes, des sonorités pleines, tout à fait neuves. Aucun de ses contemporains ne s'entend comme lui à harmoniser des thèmes originaux, à les renouveler par des imitations, à trouver des phrases qui se développent avec ampleur et se transforment presque complètement dans les parties contrapointées.

Gombert est un musicien de race. Son style est d'un maître. Il n'est pas douteux que son œuvre magistrale n'ait inspiré celle de Palestrina.

EUGÈNE BACHA.

Une nouvelle version française
de l' « OBÉRON » de Weber

LE Théâtre Royal de la Monnaie nous a présenté cette semaine une nouvelle version française d'Obéron, due à la collaboration de MM. Maurice Kufferath et Henri Cain.

Créée, on le sait, au théâtre de Covent-Garden à Londres le 12 avril 1826, sous la propre direction du compositeur, l'œuvre de Weber subit, lorsqu'elle fut transportée sur d'autres scènes, des transformations multiples qui, dans certains cas, vinrent en altérer profondément le caractère primitif.

En Allemagne, où elle est restée presque constamment au répertoire, on s'est efforcé de respecter la partition de Weber, mais l'œuvre s'y joue aujourd'hui généralement avec les récitatifs écrits par Franz Wüllner, qui a rattaché musicalement, avec un tact et une habileté rares, les différents morceaux de la partition originale. L'ancien directeur du Conservatoire de Cologne, en se consacrant à cette tâche, ne faisait d'ailleurs que se conformer à un vœu de Weber lui-même, qui n'avait accepté l'abondance de scènes dialoguées du librettiste anglais, James-Robinson Planché, que pour se conformer au goût du public britannique de l'époque. Dans ses lettres à Planché, il marquait son intention de supprimer bon nombre des personnages non chantants de la version primitive, et il indiquait même les modifications qu'il se proposait de faire au scénario; il faisait allusion aussi, dans sa correspondance, à son désir de remplacer partout le dialogue parlé par des récitatifs. Sa mort, survenue peu de semaines après la première représentation au théâtre de Covent-Garden, l'empêcha de réaliser ces projets.

En France, on se montra beaucoup moins respectueux vis-à-vis de l'œuvre du compositeur allemand. C'est un véritable travestissement que Nuitter et Beaumont firent subir à *Obéron* pour le présenter, en 1857, au public du Théâtre-Lyrique de Paris : le livret de Planché était devenu, sous prétexte d'adaption à la scène française, un véritable vaudeville, une turquerie comique dans le genre du *Caïd* (1).

A Bruxelles, l'œuvre fut représentée pour la

première fois en juillet 1846, par une troupe allemande, sous la direction de MM. Lœwe [1] et Pirscher, avec Franz Lachner pour chef d'orchestre. Elle n'y fut donnée en français que le 16 novembre 1863, sous la direction 'Letellier, d'après la version du Théâtre-Lyrique. L'œuvre eut à cette époque quatorze représentations.

Elle reparaissait à la Monnaie le 8 janvier 1885, sous la direction Stoumon et Calabresi. Elle obtint un succès considérable, qui lui valut d'être jouée trente-quatre fois jusqu'à la fin de la saison. Nouvelle transformation cette fois : on avait conservé le dialogue de l'adaptation française de Nuitter et Beaumont, mais M. Antheunis avait refait, sous la surveillance du directeur du Conservatoire royal de Bruxelles, M. Gevaert, toutes les paroles du chant.

Plus encore que dans la version de 1857, la partition avait subi de nombreux bouleversements. Plusieurs morceaux avaient été transplantés d'un acte à un autre : tels la cavatine de Rezia, passant du troisième au deuxième, et la prière de Huon, transportée après le grand air de Rezia, au lieu d'être chantée après la page symphonique célèbre de la tempête, avec les déchaînements de laquelle son calme, sa sérénité font, dans la version originale, une opposition si profondément saisissante. Le finale du deuxième acte original, qui constitue un grand tout, avait été coupé en deux et la barcarolle qui en forme le début avait été placée à la fin. La grande marche triomphale, les récits qui la précèdent et la suivent ainsi que le tableau final avaient été supprimés. On avait, il est vrai, compensé ces suppressions par l'intercalation, au troisième acte, d'un divertissement composé de fragments d'*Euryanthe* et de *Préciosa*. C'était là, d'ailleurs, un progrès sur la réalisation de 1863; à cette époque, n'avait-on pas introduit au dernier acte une musique à laquelle Weber était absolument étranger : celle d'un ballet intitulé *Le Papillon et les Demoiselles*, et composé par M. Justament, un musicien dont le nom est aujourd'hui sans doute très justement oublié!

Dans la version écrite pour le Théâtre-Lyrique, le rôle de Puck avait subi une transformation qui en dénaturait complètement le caractère : Nuitter et Beaumont en avaient fait un « Ministre d'Obé-

---

(1) Plusieurs versions françaises avaient vu le jour avant l'adaption de Nuitter et Beaumont.

Une traduction d'*Obéron*, opéra-féerie en trois actes, par J. Ramoux, a été imprimée à Liége, chez Jeunehomme frères, en 1832 et représentée à Marseille en 1833; une autre, sous le titre de *Huon de Bordeaux*, par Castil-Blaze, dérangeur attitré de l'époque, qui avait déjà défiguré le *Freischütz* pour l'introduire à l'Odéon en 1824 sous le masque de *Robin des Bois*, a été imprimée en 1843; une troisième a paru en 1846, à Nîmes : « *Obéron, roi des fées*, grand-opéra mi-sérieux en trois actes, musique de Weber, avec récitatifs de Julius Edèle, traduction de Numa Lafont. »

Signalons aussi les traductions, assez pauvrement rimées, de Maurice Bourges et de Durdilly, et celle de A. van Hasselt et J.-B. Rongé, qui a été utilisée par la maison Henry Litolff pour sa partition en trois

langues, où la traduction française correspond toujours aux mêmes valeurs musicales que le texte allemand.

La traduction allemande des paroles chantées fut faite dès l'origine par Théodore Hell, qui traduisit les paroles anglaises sous les yeux de Weber en même temps que celui-ci composait et adaptait son œuvre musicale à l'une et l'autre langues.

ron »! Et pour augmenter l'importance musicale du rôle, confié à une artiste de valeur, Mme Borghèse, plusieurs morceaux qui ne lui appartenaient pas y avaient été rattachés, notamment la célèbre barcarolle du deuxième acte (1). A Bruxelles, en 1885, le morceau se chantait tandis que Huon, étendu dans une barque, voyait se dérouler un panorama, simulant le voyage à Tunis! Dans la version originale, la barcarolle appartient non à Puck; rôle de contralto, mais à une ondine, qui la chante en glissant, au milieu de ses compagnes, sur les flots, apaisés après la tempête qui a causé le naufrage de Huon et de Rezia.

La nouvelle version de MM. Kufferath et Cain revient au texte primitif de Planché, dont elle suit la donnée générale. Les auteurs ont toutefois supprimé nombre de personnages, accessoires, absolument inutiles à l'action : celle-ci a été réduite à ce qui est indispensable pour amener les morceaux de la partition et pour faire comprendre l'aventure du chevalier Huon de Bordeaux, dont M. Eugène Bacha rappelait ici il y a huit jours les pittoresques épisodes, souvent d'une réelle poésie dans leur apparente naïveté.

Quant à la partition, elle a été respectée religieusement. Pas un morceau n'a été déplacé, pas une note n'a été modifiée; seul un morceau de la version anglaise a disparu, et avec raison : un air que contiennent les partitions gravées et que Weber, pour répondre aux exigences du ténor Braham, premier interprète du rôle de Huon, avait substitué au grand air du premier acte où se trouve le fameux chant de clarinette de l'ouverture (2); c'est d'ailleurs ce dernier air qui a pris place également dans la version allemande.

Les auteurs de la version nouvelle, tout en respectant l'œuvre même de Weber, ont cru devoir y ajouter une partie des récitatifs de Franz Wüllner dont nous parlions plus haut. Le dialogue n'a guère été conservé que pour les scènes où interviennent les personnages comiques de Chérasmin, l'écuyer gascon de Huon, et Fatime, l'esclave de Rezia. Toute la partie féerique et fantastique est de la sorte traitée musicalement, sans ces interruptions de parlé qui en altéraient la poésie et

l'unité. Constatons enfin que le rôle d'Obéron, écrit pour ténor, est confié à un soprano, suivant la tradition actuellement suivie en Allemagne. Le dernier tableau — celui de la cour de l'Empereur Charlemagne — qui avait toujours été supprimé jusqu'ici sur les scènes françaises, a été rétabli et fait à l'œuvre une conclusion un peu factice mais de grande allure.

* *

Il n'y a plus à signaler les beautés de la partition de Weber. Elles ont été appréciées à l'occasion d'exécutions antérieures; et l'on sait la vive admiration qu'avaient pour les œuvres dramatiques du compositeur allemand deux des plus célèbres musiciens qui aient vu le jour après lui, Berlioz et Wagner.

Ce qui intéressera surtout les auditeurs actuels, c'est de constater l'influence puissante qu'a exercée l'auteur d'Obéron sur le théâtre lyrique moderne. On retrouve chez lui, en germe, les formules d'art, les procédés mis en œuvre par la plupart des compositeurs qui ont suivi, et l'on est porté à en conclure que sans Weber, la production dramatique du siècle dernier eût peut-être été fort différente. Mais il a tant donné aux autres que malgré le rôle de novateur qui fut le sien, sa propre personnalité paraît quelque peu absorbée aujourd'hui par ceux-là mêmes qui ont utilisé après lui les nouveaux modes d'expression musicale dus à son génie créateur. Et il faut parfois un effort de réflexion pour lui attribuer la pleine propriété de formes rythmiques et mélodiques, de procédés d'orchestration, de combinaisons instrumentales dont tant d'autres se sont inspirés depuis et dont le mérite lui revient cependant sans partage.

Ecoutez la partition d'Obéron en l'analysant à ce point de vue, et vous y trouverez un enseignement attachant au possible, qui grandira dans votre esprit la puissante personnalité du compositeur, et qui vous le fera considérer comme le précurseur incontestable des transformations les plus profondes opérées, au cours du siècle dernier, dans l'art lyrique pour aboutir au drame musical moderne.

Obéron a reçu au théâtre de la Monnaie, dans sa nouvelle forme, une exécution que l'on ne peut manquer de trouver des plus satisfaisante si l'on tient compte des difficultés que présente la musique de Weber pour les chanteurs d'aujourd'hui, formés en vue d'un tout autre répertoire. Cette remarque s'applique spécialement au rôle du ténor, Huon, qui réclame à la fois une voix puissante, propre à mettre en valeur les accents chevaleresques, et une souplesse que l'on rencon-

---

(1) Berlioz, en critiquant cette modification, émettait l'avis que ce morceau devrait être chanté « au fond du théâtre, sur l'un des arrière-plans de la mer, par plusieurs voix de choix à l'unisson, et avec une douceur extrême ».

(2) C'est le ténor Braham aussi qui, deux jours avant la première représentation, exigea une prière à intercaler au second acte.

trerait plutôt chez un ténor léger. M. Zocchi ne pouvait réunir au même degré ces diverses qualités, et son interprétation s'en est quelque peu ressentie.

M. Ponzio est excellent dans le rôle de Ché-, rasmin. Sa jolie voix fait regretter qu'il n'ait pas davantage. à chanter, mais il prend sa revanche dans le dialogue, où il a, de loin, la part la plus large; il gasconne en véritable méridional, et, chargé d'égayer le spectateur par des plaisanteries en harmonie avec le caractère spécial de ce libretto, il remplit cette tâche délicate avec tact et mesure, en parfait comédien qu'il est.

Rarement la très belle voix de Mme Mary Béral se fit plus favorablement apprécier que dans le rôle de Rezia, qu'elle a chanté dans un style excellent, montrant beaucoup de charme dans l'air du premier acte et dans les vocalises qu'elle égrène à la fin de celui-ci, tandis que se fait entendre la ravissante marche nocturne des gardes du sérail, et mettant une belle variété d'expression, de délicates nuances dans l'air célèbre du deuxième acte, « Océan !...... », cette page superbe qui atteint les plus hauts sommets de l'art lyrique

Mme Symiane est de tous points parfaite dans le rôle de l'esclave Fatime, qui semblerait avoir été écrit pour elle ; sa voix prenante et expressive y a des colorations exquises, et dans le duo du premier acte, elle s'harmonise délicieusement avec celle de sa maîtresse Rezia.

Le personnage d'Obéron est, nous l'avons dit, confié à un soprano. Mlle Heldy, qui en est chargée, porte très élégamment le travesti, et le timbre de sa voix convient excellemment au rôle. On peut en dire autant de Mlle Callemien, qui dessine avec esprit le personnage masculin de Puck. La tâche confiée à celui-ci dans la partition originale a été partagée, le rôle comprenant des pages de tessiture très différente ; une partie en a donc été attribuée à un personnage distinct — une Fée — que représente Mlle Montfort, dont le contralto y sonne très agréablement.

Citons encore Mlle Bérelly, qui a chanté avec un art très pur la célèbre barcarolle ; et n'oublions pas la première danseuse, Mlle Cerny, qui, dans le rôle muet de Roxane, la sultane favorite, a mis une grâce exquise à mimer la scène de séduction du troisième acte.

L'orchestre a eu, sous la direction de M. Lohse, des colorations, des accents, d'une pénétrante poésie, d'une vibrante éloquence ; il a enveloppé d'une atmosphère mystérieuse très évocatrice les scènes fantastiques de l'œuvre, — celles peut-être où le génie créateur de Weber s'affirme avec le

plus de personnalité. Les mêmes qualités d'exécution se constatent chez les chœurs, si habilement préparés par M. Steveniers.

MM. Kufferath et Guidé ont entouré cette nouvelle version d'Obéron d'une mise en scène fastueuse et colorée, ne négligeant rien pour donner à sa réalisation un caractère au plus haut point artistique. C'est ainsi qu'ils ont eu recours, pour la conception des costumes, au talent d'un de nos peintres les plus réputés, M. Fernand Khnopff, qui met un art très personnel et très raffiné à combiner lignes et couleurs pour faire valoir la silhouette même des interprètes.

Les décors de M. Delescluze sont fort réussis. Il est regrettable toutefois que leur plantation réclame une pause entre certains tableaux. Combien l'œuvre gagnerait à ce que ceux-ci pussent se suivre sans intervalle ! Il nous souvient d'avoir assisté à Dresde à une représentation de la *Flûte enchantée* qui se donnait en *deux* actes seulement, les tableaux, fort nombreux, se succédant dans chacun d'eux sans interruption : c'était d'une impression délicieuse ! La scène de la Monnaie n'est pas machinée pour rendre de semblables exécutions possibles ; espérons que l'expérience de cette semaine hâtera le moment où l'on réalisera certaines améliorations, devenues absolument indispensables.

En terminant, rendons hommage au goût éclairé avec lequel le régisseur général, M. Merle-Forest, et le maître de ballet, M. Ambrosiny. ont réglé tous les détails de la figuration chantante et dansante, dont le rôle est ici si important.   J. Br,

---

DÉJANIRE, à l'Opéra de Paris

IL serait abusif d'en reparler longuement ici de la *Déjanire* de MM. L. Gallet et Camille Saint-Saëns que l'Opéra vient enfin de nous donner. Dans notre numéro du 19 mars dernier, j'ai noté avec quelque détail l'impression que m'avait laissée l'œuvre dernière de M. Camille Saint-Saëns sur la scène du Casino de Monte-Carlo. Elle ne s'est pas modifiée sur celle, beaucoup plus grande, de l'Opéra de Paris. Cette tragédie lyrique est décidément une très noble chose. Elle est un peu froide et sans émotion ; à force de chercher la simplicité et la pureté de la ligne musicale, la partition semble souvent vide, et les péripéties de l'action, pour se réduire à leurs éléments essentiels, paraissent souvent sommaires et mal enchaînées. Mais quelle belle tenue générale, quelle fermeté dans le récitatif, quelle ingéniosité dans·les combinaisons harmoniques, quelle jolie couleur antique parfois, et quel charme, dans les pages d'orchestre seul ou dans les·ensembles choraux, quelle justesse d'accent dans certains dialogues ou récits posés, quelle dignité de style et quel dédain de l'effet !

Oui, ce dédain de l'effet est un des·beaux côtés de l'œuvre. En plus d'un endroit, on sent très bien que le public voudrait applaudir cet effet attendu, et qu'il n'eût tenu qu'au musicien de produire. Mais celui·ci, à tort ou à raison, avait imaginé son œuvre dans ces proportions discrètes, cet équilibre simple; il n'a voulu forcer aucune note. On ne sera pas soulevé d'émotion, ni captivé de curiosité, mais on admirera avec respect la beauté de la conception et l'étonnante verdeur du grand esprit qui l'a réalisée.

Une fois de plus, l'attrait de la tragédie est allée croissante, d'acte en acte. La vision prophétique de la vieille Phénice, au premier; puis, au second, la détresse d'Iole et ses invocations aux dieux, l'aveu de son amour pour Philoctète à Hercule frémissant, le double chœur et la prière des femmes à la fin; au troisième, le mystérieux récit que fait Déjanire de la mort du Centaure, les phrases pleines de caractère de Phénice, l'entrevue dernière de Déjanire et d'Hercule, avec ses phrases enveloppantes, puis l'harmonieuse entente d'Iole, Déjanire et Phénice pour la remise de la tunique fatale au héros, et l'hymne lumineux qui épanouit toutes les voix de femmes en un fier et chaleureux ensemble; enfin, au dernier acte, les charmantes danses antiques du début, trop courtes à notre gré, l'hymne élégant d'Hercule et le large ensemble du sacrifice..., telles sont les pages qui ont surtout porté sur le public.

La mise en scène, les costumes, les décors, avaient été combinés pour évoquer le plus exactement possible cette impression de simplicité et de cara.tère « héroïques », que veut donner la partition. Il y a certainement progrès en ce sens, à l'Opéra, quoi qu'il y ait encore bien à faire du côté de la figuration et des.chœurs, derniers refuges de la convention. Il faudrait également rompre avec certains effets de machinerie : si la foudre de Jupiter doit embraser le bûcher sur la prière d'Hercule, il est inutile que toute la scène soit subitement dans l'obscurité, pour ne s'éclaircir que lorsque tout a disparu; le procédé est trop commode !

L'interprétation n'a mérité que des éloges. Mme Félia Litvinne reprenait le rôle de Déjanire, qu'elle a créé, et y déployait, avec sa voix souveraine, plus de fougue et plus de souplesse aussi,

que jamais. J'aime autant le caractère mesuré et profond qu'elle donne à son récit à mi-voix, de la mort du Centaure, que la beauté lumineuse de ses imprécations passionnées. MM. Muratore et Dangés ont gardé aussi leurs rôles, contraste de vigueur brutale et de passion tendre, et y ont montré beaucoup d'ampleur. Mlle Gall personnifiait Iole, ce charmant personnage, avec une belle voix pure, mais sans nous empêcher de regretter celle qui l'avait créé, Mlle Yvonne Dubel, dont les gestes, les attitudes, l'ajustement, étaient d'une grâce inoubliable et véritablement antique. Mlle Charny a eu de la force et de l'accent dans la vieille Phénice, figurée d'abord par Mlle Bailac. M. Messager a tenu à diriger lui-même l'orchestre; c'est assez dire avec quel soin l'œuvre fut mise en valeur.

La répétition générale a eu lieu dimanche soir : ce fut vraiment la journée· Saint-Saëns. L'après-midi avait fait entendre simultanément *Proserpine* au Trianon-Lyrique, le cinquième concerto au Conservatoire et la symphonie en *ut* mineur aux Concerts Lamoureux.

H. DE C.

ROBERT LE DIABLE
au Théâtre-Lyrique

LA Gaîté a fait, la semaine dernière, une intéressante reprise de *Robert le diable*, qui avait disparu du répertoire de l'Opéra depuis 1893 (avec un total de 758 représentations : Soubies dixit). C'était une excellente idée, je n'ai pas besoin d'insister là-dessus. La première œuvre française de Meyerbeer est une date, comme on dit, et son effet ne fut si extraordinaire en 1831 que parce qu'elle évoque des impressions vivantes et sincères, parce qu'elle s'élève parfois au-dessus du mirage théâtral et touche au cœur. Nous ne sommes plus arrêtés comme jadis par la nouveauté du pittoresque et de l'instrumentation (un des mérites essentiels de l'œuvre, pourtant), nous sommes plus choqués des disparates, des vulgarités, du manque de caractère de l'expression dans certains endroits où il serait indispensable de peine en eût; mais l'énergie est souvent la profondeur du sentiment, la sobriété et la dignité du style, la couleur cha'eureuse des situations capitales, sont des mérites qui ne craignent guère le temps. L'historien analyse avec curiosité le mélange qu'il y rencontre de déclamation française, de verve italienne et de profondeur allemande; le simple auditeur est frappé par la vérité de l'accent dramatique, par l'unité et la solidité que présente chacun des personnages, sincère évocation d'âme. Et de fait, à côté de bien des pages caduques (et dont on devrait sacrifier quelques-unes), toutes celles qui ont été conçues pour mettre en relief le caractère d'un personnage ou le pathétique d'une situation, ont conservé toute leur éloquence. Meyerbeer n'aura jamais une plus haute expression lyrique que dans les scènes où Robert se sent arrêté, maîtrisé par le souvenir de sa mère, où son âme égarée et orageuse s'apaise sous la douce influence d'Alice, où son angoisse éperdue devant la révélation des liens qui l'attachent à Bertram, lit cependant le testament de sa mère..., où Alice, le recevant de ses mains défaillantes, en reprend à son tour la lecture.

Mais pour l'exécution de cette belle œuvre, il est un point essentiel qu'il ne faut jamais perdre de vue : c'est que *Robert* est un opéra *romantique*. Nous ne sommes pas ici devant un de ces grands opéras figés et conventionnels qui ont tué le genre. Il y faut un mouvement continuel et une vie intense; il y faut de la fantaisie et de l'enthousiasme, et même un petit vent de folie ne messiérait pas. Il y faut également des interprètes particulièrement souples, comédiens ou tragédiens autant que chanteurs, aux gestes vrais et simples, aux attitudes qui n'aient pas l'air d'attitudes. Le rôle de Robert, surtout, avec ses contrastes continuels de sauvagerie et de tendresse, d'enthousiasme et d'abattement, de rage blasphématoire et de ferveur religieuse, est un des plus difficiles à réaliser qui se puissent rencontrer sur la scène. Aussi ne l'est-il presque jamais, depuis Nourrit qui réunissait toutes ces qualités avec des avantages physiques également indispensables. Aussi l'œuvre tout entière n'est-elle presque jamais mise au point comme elle devrait l'être. Ce ne sont que des à-peu-près, et le spectateur qui ignore l'œuvre n'en peut prendre que des impressions approximatives.

La reprise du Théâtre Lyrique offrait pourtant un attrait particulier dans ce sens *romantique* que je marquais tout à l'heure : le personnage de Bertram était incarné par M. Vanni Marcoux, et à défaut de la voix tonitruante et lourde, du geste banal et convenu, auxquels on n'est que trop habitué dans ce rôle, nous avions une originale, inquiétante et constamment expressive physionomie, dont la silhouette seule était déjà éloquente, et la voix souple pleine de saveur. Ah! si le reste de l'interprétation eût revêtu ce caractère! Mais

M. Escalaïs, qui chante Robert depuis plus de vingt ans avec un élan incontestable et des notes suprêmes toujours si vibrantes, est tellement peu l'homme du personnage, évoque si peu les sentiments intimes qui émeuvent son âme! Mais Mlle Borgo, avec sa voix tumultueuse et mal posée, rend si insuffisamment la tendresse et la grandeur de la pathétique figure d'Alice! Mme Guionie est charmante dans Isabelle, sa voix agile et douce est d'une jolie couleur; et M. Gilly montre de l'adresse et de la vérité dans Raimbaud.

H. DE C.

LA SEMAINE

PARIS

Au Conservatoire, la réouverture de la Société des Concerts (85me année) a semblé, par son programme, mettre en relief à la fois les incomparables qualités de l'illustre salle et ses insuffisances actuelles. A la symphonie en *si* bémol de Beethoven, cette merveille de grâce heureuse, cet exquis délassement d'un génie puissant et fougueux, dont le prix est comme doublé avec une pareille exécution dans un pareil sanctuaire, a succédé, pour la première fois ici, le fulgurant *Don Juan* de Richard Strauss, dont la haute couleur orchestrale a donné comme des impressions d'éblouissement, faute de recul, et d'autant plus vives que l'interprétation en était plus parfaite. Entre deux, le cinquième concerto pour piano de M. C. Saint-Saëns a paru mieux encore à sa vraie place. C'est celui que le maître a écrit en Egypte en 1896, vrai poème symphonique plutôt que pianistique, dont l'andante, en particulier, est un vrai paysage mouvant : « une façon de voyage en Orient », écrivait-il à M. Diémer, à qui il dédiait l'œuvre et qui cette fois encore l'a interprété de son jeu si net, si probe, si exempt de vains effets de virtuose. Ces pages exquises et si amusantes ont obtenu le triomphe de la séance. Le doux *Cantique de Racine* de M. G. Fauré, le robuste *Chant des Parques* de Brahms, et l'ample *Psaume CL* de César Franck, formaient la partie lyrique du concert, dirigé, avec sa finesse coutumière, par M. André Messager.

H. DE C.

Concerts Colonne (19 novembre). — C'est la première fois, depuis le début de la saison, que l'Association Artistique inscrit une œuvre nouvelle importante sur son programme. Il est juste qu'après s'être appliquée à vulgariser de grands ouvrages classiques elle accorde quelque faveur aux travaux des jeunes musiciens.

Pour parler judicieusement d'une œuvre aussi considérable que la *Symphonie* de M. Louis Thirion, il faudrait l'avoir entendue au moins deux fois. Les impressions qu'une première audition nous laisse sont forcément un peu superficielles. On ne s'en méfie jamais assez. Lorsque nous aurons dit que notre préférence va plutôt au scherzo et à l'andante qu'à l'allegro et au finale, nous ne serons pas bien sûrs de ne pas nous être laissé tromper par le pittoresque et la fantaisie très colorée du premier morceau ou par la grave et la mélancolique émotion qui se dégage du second. Et s'il fallait formuler une critique, c'est au style trop disparate, à l'écriture harmonique exclusivement chromatique, à l'orchestration souvent mal équilibrée que nous l'adresserions. Mais les qualités sont peut-être où nous ne les voyons pas.

La *Symphonie* de M. Louis Thirion a obtenu, l'année dernière, le prix Crescent.

M. Gabriel Pierné l'a dirigée avec un soin, une ardeur dont il faut le féliciter. André-Lamette.

Concerts Lamoureux. – *Pour le jour de la première neige au vieux Japon* (1re audition) de M. Inghelbrecht. Voici l'argument : « Au vieux Japon, lorsque réapparaît la neige, tout labeur cesse, et tous, humbles ou puissants, vont, en gaies processions, saluer les premiers flocons. » Deux motifs d'intérêt différent : d'une part l'élément pittoresque, traité par le compositeur à la manière réaliste; d'autre part, l'élément humain : les personnages processionnants du décor. Vous entendez d'ici les gammes exotiques, les orientales alliances de timbres qui jouent la couleur locale. Une originalité voulue et laborieuse, des sonorités grotesques, des effets bizarres — et connus — tels les archets frappant du bois, les cordes ; des trous d'orchestration qui agacent l'oreille, et un hourvari final après les petits frémissements violonistiques du début, tout cela est d'écriture habile. Est-ce bien de la musique ?... — *Trois Ballades roumaines* (1re audition) de M. Bertelin. Elles fournissent à M. Devriès l'occasion de se dépenser généreusement et de faire sonner avec une émission nasale malplaisante, mais une vigueur digne d'éloge, une voix qui n'est pas sans beauté. Le jeune artiste la mit encore au service de Bach dans l'air de la *Passion selon Saint-Jean* : « Mon cœur, hélas ! où vais-je fuir ».

Succès incontesté pour Mme Capousacchi-Jeisler dans le beau concerto pour violoncelle de Lalo. Sonorité moelleuse, chantante, sûreté et élégance

du trait, sont les moindres qualités de cette virtuose émérite qui fut longuement applaudie.

La magnifique symphonie en *ut* mineur du grand maître Saint-Saëns achevait le concert en splendeur.   M. Daubresse.

Société J.-S. Bach. — M. Bret a choisi dans les cantates d'église et les *Geistliche Lieder* trois séries d'air pour ténor répondant à trois intentions : l'aspiration vers la mort, la résignation calme, la joie confiante et robuste. Chantés par M. Georg Walter, dont l'éloge n'est plus à faire, ces airs ont remis à l'auditoire en familiarité avec les moyens d'expression du Maître. Plusieurs sont d'un ascétisme profond ; les airs joyeux ont une vigueur saine et exubérante, et, comme toujours, un instrument dialogue d'admirable manière avec la voix. (M. Blanquart joua avec une belle sonorité la partie de flûte. Les cors furent moins bons.)

Le Concerto pour deux violons, en *ut* mineur, (M. Herrman et Mlle Zipelius), joué souvent ailleurs, en était ici à sa première audition. L'adagio est, comme on sait, une des plus belles pages de la musique de chambre. Les solistes ne jouèrent pas assez « en dehors », m'a-t-il semblé. L'interprétation du charmant concerto Brandebourgeois ; violon, deux flûtes, orchestre à cordes) fut meilleure. Elle fut même excellente.

Comme présent de Noël, le 11 décembre, nous aurons un beau programme avec la Cantate de l'Avent, une autre cantate, un motet à cinq voix, etc.   F. Guérillot.

— « Le Lied Moderne », que dirige Mme Marteau de Milleville, est très accueillant aux compositeurs contemporains. On ne saurait donc exiger qu'il n'y soit joué que des œuvres d'une originalité marquante. La première séance de l'année ne nous révéla rien. M. de Bréville, annoncé au programme, avait demandé que ses œuvres fussent remises à décembre. M. Patrice Devanchy, Mme Fiorelli, M. S. Loën écrivent dans la manière de M. Massenet, ce qui n'est pas ennuyeux. mais ne dénote pas beaucoup de personnalité. En somme, soirée agréable et reposante. Anaxo, de M. Loën, est une saynette de salon dont, pour employer les termes du programme, « le livret court, l'action rapide s'unissent heureusement à une musique claire et nullement prétentieuse ». Voilà qui est modeste et fort juste. Pour cette musique, on peut répéter le mot d'une maîtresse de maison d'il y a cinquante ans : « Je donne toujours de la musique chez moi. cela fait causer mes hôtes ».

Bonne exécution. Mme de Milleville est à citer tout d'abord ; puis M. Espagnon, ténor agréable et Mlle Le Pellec, soprano un peu mince, mais voix juste et bonne diction.   F. G.

— On vient d'organiser à la salle Beethoven, rue Montmartre, une série d'auditions de musique de chambre très intéressantes. La deuxième soirée, donnée le jeudi 16 novembre, nous a procuré le plaisir d'entendre l'excellente Société des Concerts d'autrefois (Mlle Delcourt, clavecin; M. Fleury, flûte; M. Louis Bleuzet, hautbois d'amour; M. Traine, violon; M. Desmonts, viole de gambe; M. Nanny, contrebasse), et, pour la partie vocale, Mlle Suzanne Chantal. Avec un ensemble et une finesse de rendu également remarquable, la Société a exécuté des pages d'un très haut intérêt rétrospectif : le *Ballet de l'Europe galante*, de Campra ; une *suite* élégante et aimable de Christian Bach, un des fils de Sébastien ; des morceaux de Boismortier, Mouret, d'un beau caractère ; le *Passepied* de *Castor et Pollux*, de Rameau ; les curieux *Caractères de la Danse*, de Rebel le père et un très joli *Air de Ballet*, de Sacchini. Séparement, les excellents artistes se sont fait applaudir : M. Desmonts dans une sonate de Hændel ; M. Fleury dans une sonate de Marcello ; et M. Louis Bleuzet, avec M. Nanny, dans un duo de Boismortier. La chanteuse n'a pas eu moins de succès, dans cette belle soirée, que les instrumentistes. Mlle Suzanne Chantal a une voix exercée et très assouplie, avec laquelle elle a excellemment détaillé, avec l'esprit d'une fine diseuse, de ravissantes chansons du XVIIIe siècle : notamment, la *Vieille* de Mozart, *Histoire de tous les temps*, de Haydn, et le Menuet d'Exaudet. N'oublions pas non plus Mlle Delcourt, qui a fait preuve, en accompagnant les *sonates* et le chant, d'un ravissant talent de claveciniste. Tout a donc bien marché dans cette soirée où les instruments mêmes évoquaient le curieux souvenir du passé.   J. GUILLEMOT.

— Au cours des séances qu'il consacra à l'œuvre de chambre de Schumann, M. Armand Parent a exécuté le 14, avec Mlle Dron, une sonate *inédite* pour violon et piano, que notre regretté ami Charles Malherbe avait bien voulu lui permettre de révéler. Notre confrère *le Guide du concert* décrit ainsi le manuscrit :

« Il est daté par Schumann du 1er novembre 1852. Cette œuvre est-elle complète ou inachevée, dans sa pensée? On peut se le demander, d'autant plus que la date inscrite par lui n'est pas à la première page mais suit immédiatement la dernière mesure du second mouvement. Or, la sonate ne comporte que deux parties : une introduction, *assez lent*, à 3/4, en *la* mineur, suivie d'un allegro à quatre

temps, d'un 3/8 vif, qui s'affirme lui, en *ré* mineur. Selon l'habitude, une troisième partie devrait nous reporter en *la*. Schumann a-t-il voulu l'écrire ou s'est-il contenté de ces deux mouvements? Nous jugeons plausible cette dernière hypothèse. En effet, cette demi-sonate forme, telle qu'elle est, un bloc musical fort compact et contient une idée centrale qui se développe très complètement et conclut de pertinente façon... L'aspect du manuscrit dénote du reste une volonté tendue, autant dans le graphisme que dans la trame de l'idée musicale. La régularité et la symétrie sont parfaites dans le dessin des notes et du plan thématique très ferme se dégage une qualité d'expression intense. »

— « Le Lyceum » a repris ses vendredis musicaux dont nos lecteurs savent tout l'intérêt. La nouvelle salle de la rue de Penthièvre contient plus de deux cents places. Elle était trop petite le 17. Elle le sera encore à la séance suivante consacrée à Liszt, avec une conférence de notre collaborateur M. Calvocoressi.

La distinguée présidente de la section de musique, Mlle Gignoux, avait, pour la rentrée, réuni des premiers prix des derniers concours du Conservatoire, dans les œuvres mêmes qui les avaient fait récompenser : Mlle Kirsch, 1er prix d'opéra-comique; M. Dutreix, 1er prix de chant; M. Michaux et Mlle Lorrain, 1ers prix de violon ; Mlle Meerovitch, 1er prix de piano; Mlle Cardon, 1er prix de harpe; M. Marechal, 1er prix de violoncelle. La fête eût été complète sans la rigueur de l'administration de l'opéra qui avait refusé à Mme Hemmler et à Mlle Calvet la permission de chanter.

Mlle Kirsch fut remarquable d'expression et de voix dans deux scènes de Werther qu'elle chanta avec Mlle Hemmerlé. Mlle Meerovitch joua avec un juste sentiment des nuances une ballade de Chopin. Bref, tous les « jeunes espoirs » furent excellents et très applaudis. Mlle Alice Pelliot les accompagna au piano avec un véritable sens artistique.   F. G.

— M. Engel et Mme Bathori-Engel ont commencé le 15 novembre une importante série de séances lyriques historiques, exécutées par eux-mêmes et par leurs élèves, et qui auront lieu le mercredi, dans la journée, à l'Athénée Saint-Germain. La première, consacrée aux musiques inspirées de l'antiquité, rapprochait des œuvres de Monteverdi, de Gluck et de Rameau, à celles de MM. Saint-Saëns, Debussy, R. Hahn... *Le Couronnement de Poppée*, *Les Fêtes d'Hébé*, *Orphée* (dont M. Engel a chanté lui-même avec une expression émouvante un des airs principaux), étaient suivis de fragments de la *Lyre et la Harpe*, les *Etudes latines*, les *Chansons de Bilitis*, *Les Dionysies*, etc. Au début, Mme Bathori avait dit en grec, avec harpe, le curieux hymne d'Apollon, reste authentique de la musique antique, que M. G. Fauré a reconstitué. H. DE C.

OPÉRA. — Déjanire, Le Cid, La Walkyrie.

OPÉRA-COMIQUE. — Le Chemineau, Mignon, Manon, Les Contes d'Hoffmann, Louise, Fra Diavolo, Les Noces de Jeannette, Carmen.

THÉÂTRE LYRIQUE (Gaîté). — Robert le diable, Hérodiade, Ivan le Terrible, Don Quichotte, Le Barbier de Séville.

TRIANON-LYRIQUE. — Proserpine, Les Saltimbanques, Le Domino noir, Les Cent Vierges, Joséphine vendue par ses sœurs, Le Trouvère.

APOLLO. — Madame Favart, La Veuve joyeuse.

Société des Concerts (Conservatoire). — Dimanche 26 novembre, à 2 ½ heures. — Symphonie en *si* bémol (Beethoven); Cantique de Racine (Fauré); Chant des Parques (Brahms); Cinquième Concerto de piano (Saint-Saëns), exécuté par M. Diémer; Don Juan (R. Strauss); Psaume CL (C. Franck). — Direction de M. A. Messager.

Concerts Colonne (Châtelet) — Dimanche 26 novembre, à 2 ½ heures. — Symphonie (L. Thirion); Concerto en *ré* mineur pour piano (Brahms), exécuté par M. Ed. Risler; Variations sur un thème de Haydn (Brahms); Le Chasseur maudit (C. Franck); Ballade pour piano et orchestre (G. Fauré), exéc. par M. Risler. — Direction de M. G. Pierné.

Concerts Lamoureux (salle Gaveau). — Dimanche 26 novembre, à 3 heures. — Symphonie en *si* bémol (Beethoven); Ouverture d'Egmont (Beethoven); Concerto de violon (Beethoven), exécuté par M. C. Flesch; Wallenstein (d'Indy). — Direct. de M. C. Chevillard.

Concerts Sechiari (Théâtre Marigny). — Dimanche 26 novembre, à 3 heures : Symphonie pastorale (Beethoven); Quatre pièces à chanter (L. Delune), chantées par Mlle Charny; Rapsodie orientale (Glazounow); Variations symphoniques (C. Franck), exéc. par Mlle Caffaret; Ouverture du Freischütz (Weber). — Direction de M. P. Sechiari.

BRUXELLES

Société Internationale de Musique

SECTION BELGE. — GROUPE DE BRUXELLES.

Séance du 16 novembre 1911

M. Al. Béon, vice-président, ouvre la séance. M. Closson, secrétaire, lit le rapport sur l'exercice écoulé, qui est approuvé. M. Taubert, trésorier, fait connaître la situation financière de la section. La discussion est ouverte ensuite concernant le programme de la saison 1911-1912. Un certain nombre de combinaisons sont envisagées. Sont arrêtées dès à présent : une séance Liszt, avec le concours de Mme Berthe Marx-Goldschmidt, pianiste, Mlle Renée de Madre, cantatrice, M.

Closson, conférencier; une séance consacrée aux œuvres des anciens musiciens flamands et wallons (conférencier, M. Van den Borren); des auditions des œuvres de M. Edgard Tinel et de M. Florent Schmidt; une séance d'auteurs belges modernes. Le bureau est chargé de l'organisation matérielle de ces auditions, ainsi que d'autres qui seront mises à l'étude. A la suite de certaines demandes, il est également décidé que, pour chaque séance, un petit nombre de places sera mis à la disposition du public, au prix de cinq francs l'une.

Le Secrétaire,
E. C.

Concerts Populaires. — La deuxième des belles séances symphoniques consacrées à Beethoven a trouvé le même accueil enthousiaste que la première, et vraiment l'admiration est pleinement justifiée par une exécution de premier ordre. Ce qui est surtout remarquable, c'est la clarté, la précision, l'unité, la souplesse de ces interprétations; l'orchestre n'est plus qu'un seul instrument à voix multiples dont M. Lohse joue en virtuose accompli. Au point de vue purement musical, c'est merveilleux; mélodies, harmonies, rythmes n'apparaîtront pas plus clairement qu'à la lecture de la partition même qu'à la seule audition dirigée par ce merveilleux chef. Et puis M. Lohse ne craint pas de prendre les allegro et les vivace dans le mouvement indiqué par Beethoven qui, pas plus que Mozart n'aimait la lenteur en dehors de ses adagios. Le chiendent, c'est de sauver la clarté et la nuance de l'exécution avec cette allure vertigineuse. M. Lohse y réussit, tant il est maître de son orchestre. On ne peut d'ailleurs assez admirer la virtuosité, la sûreté et l'ensemble impeccable avec lesquelles cordes, bois et basses enlèvent ces traits tourbillonnants. En d'autres lieux, on n'avait pas habitué le public à des interprétations aussi vivantes et d'une aussi stupéfiante hardiesse d'exécution.

Le programme comportait les symphonies III et IV, l'*Eroïca* et la *si* majeure. L'interprétation de l'*Héroïque* fut particulièrement enchanteresse, d'une grandeur et d'une puissance d'expression inimitables. Quelles progressions émouvantes de sonorité, M. Lohse a su obtenir dans l'adagio et le finale, grâce du reste au redoublement des bois et des cuivres. Les thèmes confiés au cor et à la clarinette, toujours sacrifiés à cause du manque d'équilibre des sonorités, ont cette fois sonné avec un éclat et une ampleur de l'effet le plus émouvant. Et quelle énergie rythmique, unie à quelle souplesse! Enfin, le public bruxellois aura appris le sens de la nuance *forte-piano*, si caractéristique dans Beethoven et que si peu d'exécutants parviennent à réaliser, sinon à comprendre! Ce fut admirable.

Ceci dit et sans insister autrement sur ces belles symphonies, constatons l'accueil très chaleureux fait à M. César Thomson, qui joua entre les deux symphonies le concerto pour violon composé, comme la *Quatrième*, en l'année 1806 et dans un état d'âme certainement semblable. C'est une des pages les plus nobles, les plus sereinement grandes de la musique concertante. L'interprétation de M. Thomson n'y correspondait pas absolument; nous le regrettons vivement. Le célèbre virtuose, qui a derrière lui une belle carrière et dont la réputation est établie, n'était apparemment pas bien disposé. Son exécution fut inégale et « aggravée » par des cadences trop longues, peu dans le style de l'œuvre, où les doubles cordes et les trilles — assurément bien exécutés — s'y trouvaient toutefois trop généreusement prodigués au détriment d'un développement du thème essentiel. L'accompagnement par l'orchestre fut impeccable.

LL. MM. le Roi et la Reine ont honoré le concert de leur présence.

Concert Kreisler. — Jeudi soir la foule des grands jours s'était donné rendez-vous à la Grande Harmonie pour applaudir le violoniste Fritz Kreisler. Est-il besoin de redire ses rares qualités tant de fois appréciées à Bruxelles et qui suscitent toujours plus d'enthousiasme? la perfection de son, exceptionnelle virtuosité, la verve, le bon goût, le style de ses interprétations et surtout cette sonorité toute de finesse et de charme, vibrante sans excès, d'une émotion contenue qui n'en est que plus belle.

Le programme de ce premier « concert classique » réunissait les noms de Arcangelo Corelli, J.-S. Bach, N. Paganini, tous trois des maîtres ès virtuosité violonistique, proposant à l'exécutant des difficultés presque égales, quoique de style très différent. Il y a loin de la haute pensée et du style polyphonique d'un Bach (sonate n° 1, en *sol* mineur) ou d'un Corelli *(La Folia)* à la brillante fantaisie des caprices de Paganini.

M. Kreisler exécuta ces œuvres avec la prestigieuse virtuosité qu'on lui connaît et charma l'auditoire avec quelques-unes de ces pièces anciennes dont il excelle à rendre les grâces menues. *L'Aubade provençale*, de Louis Couperin, est tout simplement exquise; *La Chasse*, de J.-B. Cartier, sur un motif

de fanfare, rythmée avec une extraordinaire précision, fut bissée.

N'oublions pas le *Scherzo-Caprice* de M. Kreisler lui-même, dont les curiosités d'écriture intéresseront les violonistes

Enthousiasme sans borne, vraiment trop tapageur, pour saluer un art aussi délicat que celui de Fritz Kreisler.

M. Hénusse tenait le piano d'accompagnement.

FRANZ HACKS.

— MM. Degreef et Deru ont donné leur première séance de sonates de Beethoven pour piano et violon. Au programme l'opus 12 comprenant les sonates en *ré la* et *mi* bémol majeur. Comme on pouvait s'y attendre, les deux artistes ont donné de chacune d'elles une interprétation très intéressante et chaleureuse, rapprochant autant que possible leurs deux personnalités très différentes au profit d'une exécution animée d'un même esprit et de la seule pensée de l'auteur. Au jeu admirablement ciselé, clair, nuancé et rythmé du pianiste, le violoniste opposait son large et plein phrasé qui s'exprime surtout d'une heureuse façon dans les beaux andanti de Beethoven. Tout cet opus 12 avec ses 3 numéros est au reste vraiment rayonnant d'esprit, de vie, de belle et vibrante mélodie. Le public en paraissait tout pénétré et n'a pas ménagé aux interprètes ses chaleureux applaudissements.   M. DE R.

— Dimanche 26 novembre, à 3 heures, au Palais des Académies, séance publique de la classe des Beaux-Arts.

Programme de la séance : 1. « Le sentiment musical et la tradition, en conflit dans l'enseignement de la fugue », discours par M. Émile Mathieu, directeur de la classe et président de l'Académie; 2. Proclamation des résultats des concours de la classe pour 1911 et des grands concours du Gouvernement; 3. *Tycho-Brahé*, épisode dramatique en un acte, poème de M. Victor Kinon, musique de M. L. Samuel, premier prix du grand concours de composition musicale de 1911.

— **Concerts Ysaye.** — Le deuxième concert d'abonnement fixé au dimanche 10 décembre, au théâtre de l'Alhambra, réunira à Bruxelles deux artistes auxquels nos dilettanti ont déjà eu l'occasion de prodiguer leurs faveurs : José Lassalle, le sympathique et talentueux Kapellmeister qui donna à Bruxelles au cours de la saison dernière avec son Tonkünstler orchester, de Munich, les brillantes exécutions dont on se rappelle et, comme soliste, la cantatrice Maude Faÿ, de l'Opéra royal de Munich, la délicieuse interprète des rôles d'Elsa, Elisabeth et Sieglinde lors des dernières représentations wagnériennes données au théâtre royal de la Monnaie et dont elle fut l'une des triomphatrices.

— Pour rappel. — Jeudi 27 novembre 1911, à 8 1/2 heures du soir, à la Grande Harmonie, Mme Berthe Marx-Goldschmidt, pianiste et M. Mathieu Crickboom, violoniste, donneront leur première séance des œuvres de Beethoven. Pour la première séance, sonates I, II, III et IV. Vendredi 1er décembre, V, VI et VII, et le mardi 5 du même mois, les sonates VIII, IX et X.

— Pour rappel, mercredi prochain 29 novembre, à 8 1/2 heures du soir, à la salle de la Grande Harmonie, troisième séance de sonates pour violon et piano de Beethoven, donnée avec le concours de MM. A. De Greef et Ed. Deru.
Location chez Schott.

— Pour rappel. — La deuxième séance de l'Histoire de la Sonate, donnée par Mlle Gabrielle Tambuyser et M. Marcel Jorez, aura lieu le jeudi 30 novembre, à 8 1/2 heures du soir, à la salle Allemande, 21, rue des Minimes.

—. La deuxième séance du Quatuor Zimmer aura lieu le mercredi 13 décembre, à 8 1/2 heures du soir, à la Salle Nouvelle, rue Ernest Allard, 13. Au programme : Quatuor op. 18, n° 3, en ré majeur; quatuor op. 130, en si bémol majeur; quatuor op. 59, n° 3, en ut majeur.

— C'est l'éminent virtuose Jacques Thibaud qui prêtera son concours au « Deuxième Concert Classique », qui se donnera le 15 décembre, à la salle de la Grande Harmonie. Il est inutile d'énumérer ici longuement les grandes qualités de ce brillant violoniste, universellement connu et souvent applaudi dans nos grands concerts. Le très intéressant programme sera publié ultérieurement.

— Le premier concert de la Société J.-S. Bach aura lieu le dimanche 17 décembre, à 3 heures, à la salle Patria, rue du Marais, 23. Programme : Cantate n° 190, Singet dem Herrn ein neues Lied, pour soli, chœur et orchestre; sonate en sol majeur pour violoncelle et clavecin; récit et air de la cantate n° 82, Ich habe genug; suite n° 6, Bleib bei uns, denn es will abend werden.

THÉATRE ROYAL DE LA MONNAIE. — Aujourd'hui dimanche, en matinée, Obéron; le soir, La Bohème et Le Secret de Suzanne; lundi, reprise

de : Le Voyage en Chine et première représentation de : La Zingara; mardi, Louise (au profit de l'œuvre du Vêtement d'Ixelles); mercredi, Obéron; jeudi, en matinée, Festival Beethoven, sous la direction de M. Otto Lohse. Deuxième concert (deuxième audition); le soir, représentation donnée au profit des assistés de l'Union Française, la Société Française de Secours Mutuels, la Fraternelle Française : Thérèse et Le Secret de Suzanne; vendredi, La Bohème et La Zingara; samedi, en matinée, Festival Beethoven, sous la direction de M. Otto Lohse. Troisième concert (répétition générale); le soir, Carmen; dimanche, en matinée, représentation donnée au profit de la Ligue nationale belge contre la tuberculose : Le Voyage en Chine et La Zingara; le soir, Obéron.

Lundi 27 novembre. — A 8 ½ heures du soir, à la salle de la Grande Harmonie, première séance de sonates de Beethoven, pour piano et violon par Mme Berthe Marx-Goldschmidt et M. Mathieu Crickboom.

Mardi 28 novembre. — A 8 heures précises du soir, à la salle Sainte-Elisabeth, rue Mercelis, 15, Ixelles, séance de musique ancienne donnée par le Quatuor vocal Henry Carpay.

Mercredi 29 novembre. — A 8 ½ heures du soir, à la salle de la Grande Harmonie, troisième séance de sonates pour violon et piano de Beethoven, donnée avec le concours de MM. A. De Greef et Ed. Delune.

Mercredi 29 novembre. — A 8 ½ heures du soir, en la salle de l'Ecole allemande, première séance du Quatuor Chaumont. Au programme : quatuors de Haydn ré mineur, Beethoven et Brahms.

Jeudi 30 novembre. — A 8 ½ heures du soir, à la salle de l'Ecole Allemande, séance de sonates donnée par Mlle Gabrielle Tambuyser et M. Marcel Jorez.

Jeudi 7 décembre. — A 8 ½ heures du soir, à la Nouvelle Salle, 11 rue Ernest Allard, première séance du Quatuor Zoellner. Au programme : quatuor en ut majeur (Mozart); quatuor op. 91 (H. Zoellner); quatuor op. 10 (C. Debussy).

CORRESPONDANCES

ANVERS. — Au Conservatoire, la distribution des diplômes a été, comme de coutume, agrémentée d'un concert qui a permis d'applaudir quelques bons élèves, lauréats des concours de l'année. Mlle M. Bodenstab et M. Vermeulen (classes de chant), Mlles Bergé et Van Dommelen (classe de piano), MM. De Clerck (violon) et Celis (flûte) ont successivement interprété des œuvres de E. Wambach, W. de Mol, Mendelssohn, Schubert-Liszt, M. Bruch et Mozart. Citons encore un O Beata Mater pour solo (Mme

Van Hee) et chœur mixte. une page d'un beau sentiment de M. Aug. De Boeck et Lentefeest, également pour chœur mixte et orchestre. une œuvrette charmante de Fr. Mestdagh. Les chœurs et l'orchestre, dirigés par M. Jan Blockx, en donnèrent une exécution parfaitement nuancée et homogène. Le concert avait débuté par l'ouverture de *Ruy Blas* de Mendelssohn.

A l'occasion de la Sainte-Cécile, la maitrise de la cathédrale a donné, sous la direction de M. Emile Wambach, la première exécution intégrale de la *Messe du Pape Marcel*, l'œuvre magistrale de Palestrina.

L'excellent violoniste Em. Chaumont s'est fait vivement applaudir, la semaine dernière, à la Société de Zoologie, dans le concerti de Corélli *(A la Nativité)* et de Bach (en *mi* majeur) et le beau poème de Chausson. Exécution d'un goût très sûr et d'une belle clarté.

Cette semaine, le même public fit l'accueil le plus sympathique à Mme Madeleine Demest, la cantatrice bruxelloise et à M. J. Daène, organiste à Bordeaux. Mme Demest détailla avec intelligence et une parfaite compréhension l'air du quatrième acte de *Louise* et fit apprécier ses évidentes qualités de diction et de charme dans l'air de *Suzanne* de Paladilhe. Vif succès et *bis*. M. Daene avait inscrit au progamme un concerto de Hændel, *Adagio et Allegro* de Corelli et *Choral* de H. L. de Hassler. C'est en parfait musicien qu'il fit valoir toutes les ressources du roi des instruments. Au même programme, et en première audition, un poème symphonique, *Dante et Béatrice*, de Granville Bantock, dont les idées souvent abondantes, ne cachent pas l'impression de longueur. C. M.

— Afin de célébrer brillamment son Xme anniversaire, la société des concerts de musique sacrée a décidé de faire entendre cette saison deux œuvres capitales du répertoire classique et moderne.

Elle exécutera sous la direction de M. Lod. Ontrop, et en la grande salle de la Société Royale d'Harmonie, le dimanche, 3 décembre 1911, à 2 1/2 heures, *Franciscus*, oratorio pour soli, chœurs et orchestre, d'*Edgar Tinel*. Solistes : Mlle Tilia Hill, soprano (Berlin), M. Ch. De Vos, ténor (Anvers), M. J. Collignon, basse (Anvers).

Dimanche 24 mars 1912, à 2 1/2 heures, *Matthäus-Passion*, pour soli, double chœur d'enfants, clavecin, orgue et double orchestre, de *oh. Srb. Bach*, Solistes : Mlle Tilly Canhnbley-Hinken, soprano (Dortmund), Mlle Maria Philippi, alto (Bâle), M. Jac. Urlus, ténor (Leipzig), M. H. Van Oort, basse (Amsterdam).

Le comité engage les intéressés à réserver le plus tôt possible les places qu'ils désirent, ces deux exécutions faisant prévoir une affluence considérable.

La vente de billets d'entrée au contrôle ne peut être garantie.

DRESDE. — La Florence allemande n'a point usurpé son nom et la foule des étrangers qui tiennent à venir y passer au moins une saison, savent bien que peu de villes peuvent leur offrir un tel ensemble de jouissances artistiques.

Débutons d'abord par l'Opéra, avec lequel presque aucun théâtre ne saurait marcher de pair. Ces quatre derniers dimanches, nous avons eu *L'Anneau des Nibelungen*, en vue de permettre à ceux qui s'intéressent à la musique wagnérienne, mais qui sont empêchés, la semaine, d'aller déjà à 6 heures à l'Opéra, de n'être pas complètement privés de ces représentations. La place nous manque pour entrer dans des détails. Nommons donc seulement, parmi les principaux chanteurs de l'ensemble, le magnifique baryton Plaschke dans Wotan, le fameux ténor von Bary, que Bayreuth produit régulièrement, tour à tour Siegmund et Siegfried, la nouvelle prima donna Tarti dans Sieglinde, la toujours belle et incomparable Wittich dans Brunnhilde, fraîche et puissante de voix comme il y a tout juste vingt ans, enfin le favori des Dresdois, le fameux baryton Perron dans Gunther enfin le ténor Rüdiger, un Mime comme peu de théâtres en possèdent un aussi remarquable.

Dans *Le Crépuscule des Dieux*, von Bary avait cédé sa place au ténor Löltgen, qui a su imposer au public, par son allure juvénile et sa voix fraîche. Puis, en remplacement de Marie Wittich, malade, la prima donna du théâtre de Leipzig, Rusche-Enndorf était arrivée à la dernière heure pour sauver la représentation. Sans répétition, elle a soutenu le rôle écrasant de Brunnhilde avec une grande maestria, quoiqu'on dise, car la critique est souvent ingrate envers ceux qui, à brûle-pourpoint, rendent des services de ce genre.

Au pupitre, le vaillant et juvénile chef d'orchestre Kutzschbach, autrefois au Conservatoire de Dresde notre collègue dans la classe de composition de Félix Draeseke, et maintenant, quoique le plus jeune, le seul auquel le Généralmusikdirector von Schuch cède son bâton pour les représentations wagnériennes.

Notons encore une représentation de *La Tosca* de Puccini, où Eva Plaschke von der Osten, l'artiste sans peur et sans reproche, que rien n'effraie, qui sait faire rire et pleurer, qui peut aborder tous

les genres avec succès, celle dont l'Opéra saurait
le moins se passer, a été une fois de plus admirable. Zador, l'ancien baryton de l'Opéra-Comique
de Berlin, dans Scarpia, et le nouveau ténor
Löltgen (remplaçant provisoire de Burrian) dans
Caravadossi, ont été vraiment remarquables.

Cette semaine, première de *Si j'étais Roi* d'Adam!

Impossible d'énumérer tous les concerts qui se
donnent ici chaque soir et par les artistes du dessus
du panier. Le nombre en est si effrayant que les
plus grands virtuoses n'arrivent pas à faire leurs
frais, hormis le pianiste Wilhelm Backhaus qui fait
courir la foule. Parmi ses collègues les plus forts,
un Ignaz Friedmann, par exemple, — j'en passe et
des meilleurs — dut se résoudre à jouer devant
une salle très clairsemée, où la presse étrangère
n'avait pas même été conviée par l'agence des
concerts.

Quant au Mozart-Verein, société et orchestre
d'amateurs de musique classique, il a fait entendre
dans son premier concert Wanda Landowska de
Paris, qui nous a délectés quelques instants avec
son clavicembalo d'Erard. Cependant, selon notre
opinion, l'instrument perd à être entendu avec
l'orchestre. Dans le concerto de Bach, il se confon-
dait trop avec les cordes et on ne percevait pas
suffisamment le jeu si perlé de l'artiste; dans les
soli, au contraire, les finesses ressortaient pleinement.

Mme Wanda Landowska, sur un piano moderne,
nous a ensuite offert un régal des plus parfaits en la
personne de l'une de ces bonnes sonates de Mozart
dont on était sûr le point de se lasser à force de
les entendre écorcher par des élèves ou des amateurs. Je ne crois pas qu'on puisse reproduire du
Mozart dans une plus grande perfection. Et Nina
Faliero a chanté avec grand art quelques pièces
anciennes, accompagnée en dernier lieu par son
mari, M. Jaques-Dalcroze, de Genève, dont la
nouvelle Institution de gymnastique rythmique
fait accourir de partout foule d'élèves désireux de
s'initier à cette méthode.

Puisque nous avons parlé de clavicembalo, il ne
sera pas commis de digression en ajoutant qu'à
une visite faite l'été dernier à la maison natale de
Bach, à Eisenach, nous avons vu à l'œuvre un
constructeur d'orgues de Gotha, chargé, par la
Société Bach, de remettre en état tous les
instruments anciens et de tous genres qu'on a
conservés de l'époque du maître. Restaurés, ces
instruments seront exposés dès l'année prochaine,
pour les visiteurs de la maison et constitueront
ainsi une collection des plus curieuses.

Avis aux amateurs.

CAMILLA WAHRER-L'HUILLIER.

GENÈVE. — A cette heure, la saison bat
son plein, c'est une véritable trombe de musique qui s'abat sur nos cités: les concerts se succèdent serrés et pressés, des conférences musicales,
des auditions d'élèves, pendant que la Comédie et
l'Opéra donnent leurs représentations journalières.
C'est à peine si nous avons eu des vacances, tout
juste un mois : juillet. En mai, c'était la fête des
musiciens suisses. la visite du Männerchor-Zürich,
en juin, Mézières et, jusqu'au premier juillet, une
foule de récitals en retard, orgue, chant, puis
concours des différentes institutions, etc. A
noter l'audition donnée par la « Fédération des
Chorales catholiques » qui comprenait une démonstration des plus intéressantes du chant grégorien
selon les récentes réformes indiquées par le Vatican.
A partir du dix juillet, tout se tait, tout s'apaise,
pas pour longtemps. Avec août les orgues commencent à chanter, c'est l'époque des grands récitals
dans les églises. A Genève, l'organiste Otto Barblan suffit à l'énorme tâche de trois concerts par
semaine, durant deux mois consécutifs. Dans
l'ombre calme de la grande cathédrale, une foule
de fervents, plus nombreux chaque année, se donne
rendez-vous. Les programmes sont composés avec
un soin, une sûreté de goût admirables, ils bénéfi-
cient du concours de solistes souvent excellents et
de celui du « Petit chœur », chapelle sous la direction d'Otto Barblan. Nous avons entendu des
sonates pour cordes; des concertos à deux, à trois,
à quatre de Couperin, Corelli, Vivaldi ; motets et
cantates de Bach, le *Réquiem* pour voix d'hommes
de Chérubini, des fragments du *Christus* de Liszt, etc.

A Lausanne, l'organiste Harnisch, élève de
Widor, procède de même. Cette année les concerts
d'orgues n'étaient pas terminés que déjà commencèrent les tournées; elles sont à près les mêmes
dans toute la Suisse romande. A Genève, c'est le
pianiste Boskoff qui a ouvert le feu, au Conservatoire, le 29 septembre. Il fit preuve d'un beau
toucher et d'une brillante technique, mais il joua
sans conviction, et, pour cause : la salle était au
trois quarts vide.

Le trio Kellert fut plus heureux ; un public
nombreux admira ses interprétations remarquablement fouillées. Puis, ce fut le tour de Casals,
toujours merveilleux, puis Félia Litvinne. Par
exemple, cette éminente cantatrice nous causa une
déception; avec sa splendide voix, elle interpréta
comme une étourdie certaines pièces, notamment
le *Erlkonig* de Schubert, la *Mandolinata* de Debussy,
le cycle de *Lieder*, *Etudes pour Tristan* de Wagner. Il
en fut sans doute autrement à Lausanne où, quelques jours auparavant, la presse lui avait été très
favorable.

Deux récitals Risler ; au premier, beaucoup de monde pour entendre interpréter Mozart, Beethoven et Weber ; on vient prendre une leçon. Au second, consacré à la musique française moderne, la sonate de Dukas et le *Prélude, aria et fugue* de Franck eurent un public plus restreint et modérément enthousiaste. M. Risler, ai-je ouï dire, aurait différentes manières d'interpréter Beethoven : une pour Paris, une pour Berlin, une pour la province. S'il en est ainsi, c'est certainement, comme de juste, la dernière qu'il nous servit. Il détailla avec l'insistance que l'on met pour ceux qui ont de la peine à comprendre le contenu sentimental de la sonate opus 90.

J'ai laissé entendre que la musique symphonique française moderne est relativement peu goûtée ici ; c'est hélas vrai, à part un petit clan de fervents franckistes. Aussi, je suis d'autant plus heureux de relater le fait sensationnel que voici :

Dans un récent concert donné par Mⁿᵉ Pæuthès, pianiste et M. Pollak, violoniste, nous avons eu la première audition du concerto pour piano, violon et quatuor à cordes de Chausson. Cette pièce merveilleuse obtint un franc et triomphal succès. Voilà de quoi encourager un peu ces deux artistes.

Genève, Lausanne, Neuchâtel, Montreux ont des concerts d'abonnement. A Lausanne, un orchestre sous la direction de Karl Ehrenberg organise trois séries formant un total de dix-huit concerts. Trois ont eu lieu ; on a entendu au nombre des solistes, Raoul Pugno ; parmi les œuvres, la symphonie en *ut* de Dukas.

A Genève, dix concerts sous la direction de Bernard Stavenhagen. Le premier était consacré à Liszt. La *Dante-Symphonie*, la *Bataille des Huns*, le *Psaume 137* pour mezzo soprano, voix de femmes, violon solo et orgues. On avait beaucoup entretenu le public du prochain centenaire, mais en somme, le pianiste magyar a quelque peu déçu. Il apparaît clairement, dans les œuvres précitées, génie incomplet ; la réalisation n'atteint pas à l'intention. Le soliste Rosenthal a interprété le concerto en *mi bémol*.

Vers le 15 octobre, le théâtre a ouvert ses portes, on a procédé aux traditionnels débuts. Notre troupe, qui comprend opéra, opéra-comique et opérette, est assez homogène ; celle d'opéra-comique surtout. Si l'on n'arrive pas plus souvent à un résultat vraiment artistique, cela provient surtout des mauvaises conditions dans lesquelles un théâtre de moyenne importance est obligé de travailler. Il faut sans trêve renouveler l'affiche ; cela coûte cher et le public veut venir à bon marché. On répète à la vapeur. Cependant notre directeur, M. Constantin

Bruni, qui est avant tout un artiste et excellent musicien, nous a promis de nombreux galas.

Tout d'abord, il a monté *Orphée* de splendide façon, avec Mˡˡᵉ Raveau de l'Opéra-comique, et les chœurs réunis de la chapelle Ketten, et de la société du Conservatoire. Ce fut une soirée inoubliable, l'interprétation du chef-d'œuvre de Glück dépassa toutes les espérances. L'orchestre fit merveille sous la direction de M. Bruni. Bruni lui-même qui donna à la partition d'*Orphée*, en même temps que cette coupe classique indispensable, non pas raide mais toute basée sur des relations rythmiques et expressives, une vie admirable, une force pénétrante.

Bientôt création de *Tiefland, Pelléas et Mélisande*, *Eugène Onéguine*, etc.　　　ALBERT PAYCHÈRE.

NANCY. — **Dimanche 26 novembre**, à 3 heures, à la salle Poirel, troisième concert du Conservatoire, au bénéfice de la Caisse de Secours de l'orchestre. Programme : 1. Egmont (Beethoven) ; 2. Ouverture de Polyeucte, deuxième audition (Dukas) ; 3. Deux mélodies : A) La Mer (Guy Ropartz) ; B) La Solitaire, première audition (Saint-Saëns) ; 4. Concerto en *la* mineur, pour violoncelle et orchestre (Schumann) ; 5 Tristan et Iseult (Wagner) ; 6. Ouverture du Vaisseau Fantôme (Wagner). — Le concert sera dirigé par M. J. Guy Ropartz.

NOUVELLES

— On devait donner, cette semaine, à Rome, la première représentation du *Chevalier à la rose* de Richard Strauss. On avait même annoncé que cette première sensationnelle aurait lieu le jour anniversaire du Roi. Mais la représentation n'a pas eu lieu, et pour cause : le gouvernement l'a interdite afin d'empêcher les manifestations hostiles qui n'aurait pas manqué de se produire à la suite des violentes attaques de la presse allemande contre l'expédition tripolitaine. La représentation est remise *sine die*.

— Cette semaine, l'Opéra de Vienne a représenté avec un grand succès l'opéra nouveau de M. Julius Bittner : *Le Lac des montagnes* (Bergsee). La critique est unanime à vanter les mérites de l'œuvre, qui est vivante et animée, et reconnaît que les paroles et la musique ont une parfaite cohésion. Le compositeur a été acclamé, ainsi que le chef d'orchestre, M. Bruno Walter.

— Une nouvelle Société Bach a pris naissance à Leipzig, sous la présidence de M. Böhme, chef du Consistoire évangélique. Le but de la société est d'exécuter non seulement les grandes œuvres chorales du maître d'Eisenach, mais encore les œuvres similaires de ses prédécesseurs, de ses contemporains et même de ses successeurs. Les chœurs de l'église de la Croix, où se donneront ces exécutions, renforceront la phalange dé la nouvelle société. Le premier concert, qui sera dirigé par M. Otto Richter, aura lieu pendant la prochaine semaine de Pâques.

— En décembre prochain, on inaugurera à Budapest le nouvel Opéra populaire, qui est destiné à faire concurrence à l'ancien Opéra hongrois. L'Opéra populaire est le plus grand théâtre de la ville. Il contient trois mille places. Il sera aussi le plus accessible; les prix sont de beaucoup inférieurs à ceux de l'ancien opéra. Les fonctions de directeur du nouveau théâtre ont été assumées par M. Marcus, chef d'orchestre. Les premières œuvres représentées seront : *Quo Vadis? Rigoletto, La Flûte enchantée, Cavalleria Rusticana* et *Siberia* de Giordano. On annonce également des représentations wagnériennes avec des artistes allemands.

— En avril prochain la Tétralogie de Richard Wagner sera, pour la première fois, représentée en allemand au théâtre de Genève, probablement sous la direction du cappelmeister Stavenhagen.

— Les inscriptions au concours international de chant d'ensemble que la société chorale : « Onderlinge Oefening », d'Amsterdam, organise pour les 1er, 2, 9 et 23 juin 1912, devront parvenir au secrétaire avant le *1er janvier 1912.*

BIBLIOGRAPHIE

Edition jubilaire de *Wilhelm Friedemann Bach.* — Munich, *Wunderhorn verlag.*

Sinfonia pour deux flûtes et archets. C'est la même œuvre que M. le Dr Prieger a éditée à Bonn; mais la présente revision est antérieure à la sienne et fut déjà exécutée au festival bi-centenaire de Friedemann Bach à Munich, ainsi que me le communique M. Ludwig Schittler. Cette symphonie formait probablement la pièce de début d'une cantate. Celle composée pour l'anniversaire de Frédéric le Grand n'ayant point d'ouverture, il semble probable que notre symphonie lui appartint. Elle fait dans ce cas partie de l'époque de maturité du maître. Son examen approfondi conduit à la même déduction : l'adagio du début, mélancolique, harmonieux, expressif; l'allegro fugué final, plein de vie et magistralement écrit, révèlent la plénitude du talent.

Sonate en *mi* mineur pour deux violons seuls. L'original, pour deux flûtes, a été arrangé par M. Wilhelm Sieben. La présente sonate est l'un des « trois duetti » dont Bitter fait grand cas dans son ouvrage sur W.-F. Bach. Elle se compose d'une série de canons souvent intéressants et paraît, bien que Bach ne lui ait pas donné de tendance pédagogique, très bien disposée pour éveiller chez un élève, jouant avec son maître, l'esprit de la musique polyphonique.

Siciliano pour hautbois, violoncelle et clavier. La basse continue a été résolue par M. Beer-Walbrunn. C'est une œuvre courte, peut-être un fragment d'une composition plus importante. Elle est d'un beau sentiment tranquille et sonne fort bien aux instruments.

Sonate pour violon et piano, la seule de ce genre que W.-F. Bach ait composée. La partie de violon et la basse sont originales; la partie pianistique a été complétée par M. Beer-Walbrunn. L'œuvre forme un document intéressant pour cette période de transition.

Allemande, pour deux claviers, arrangée par Pembaur. Cette œuvre, dont des manuscrits doivent être conservés dans les bibliothèques de Berlin et de Bruxelles, ne serait pas de Bach, mais bien de Couperin, d'après une communication de M. Schittler. Elle a été retirée du commerce après la découverte de son origine. La parole est aux bibliothécaires des deux collections sus-mentionnées.

Toutes ces œuvres, très luxueusement éditées, sont mises à des prix très abordables. D'autres compositions de W.-F. Bach suivront dans cette excellente édition.   Dr DWELSHAUVERS.

Johann Georg PISENDEL, sonata a violino solo senza basso en *la* mineur ; Francisco GEMINIANI, idem en *si* bémol, révision de Bruno STUPENY. Munich, *Wunderhornverlag*, 1.80 et 1.50 marc.

La littérature pour violon seul (sans accompagnement) est si rare, que nous sommes heureux de pouvoir signaler ces deux œuvres, d'une valeur intrinsèque considérable, historiquement intéressantes, attachantes pour l'exécutant et les auditeurs modernes. La revision du texte, très importante à cause de l'interprétation à faire de l'écriture ancienne, peu explicite; complète, puisque les nuances, les coups d'archet, etc., sont placés avec grand soin, permet une exécution de bon aloi. Les œuvres sont, bien entendu, difficiles et contiennent beaucoup de doubles cordes.

Il sera intéressant pour les violonistes de comparer ces deux œuvres contemporaines de Bach

(Pisendel, 1687 à 1755, Geminiani, 1680 à 1762) aux célèbres sonates pour violon seul du maître d'Eisenach.   Dr DWELSHAUVERS.

NÉCROLOGIE

Le 15 novembre est décédé à Liège Jules Ghymers, né le 16 mai 1835 dans le Conservatoire même où son père était employé, élève de Daussoigne-Méhul ; il faisait depuis 1853 partie du coprs professoral et jusqu'en juillet dernier, pendant cinquante-huit ans, il voua au Conservatoire sa vivante activité, son zèle infatigable. Depuis quarante-cinq ans il tenait le sceptre bienveillant de la critique dans la *Gazette de Liège* et il fut, longtemps aussi, correspondant du *Guide musical*.

Malgré son âge, Ghymers avait conservé une mémoire surprenante ; il était une encyclopédie vivante et sa conversation s'émaillait de souvenirs charmants des grands musiciens du XIXe siècle, qu'il avait presque tous fréquentés. Il se rappelait avoir vu Mendelssohn, à Liège, en 1848 !

Son érudition, sa connaissance très exacte des anciens musiciens liégeois, due sans doute à la fréquentation de Léonard Terry, l'avaient fait choisir comme président de la jeune *Société de musicologie* à laquelle, dès le début, il rendait de précieux services.

Figure sympathique et presque populaire à Liège, Ghymers y laissera de nombreux et durables souvenirs.   D..DWELSHAUVERS.

57me ANNÉE. — Numéro 49.   3 Décembre 1911.

LE GUIDE
MUSICAL

Le Sentiment musical et la Tradition,

en conflit

dans l'Enseignement de la « Fugue »

Discours prononcé par M. Emile Mathieu, directeur du Conservatoire royal de Gand, Président de l'Académie royale de Belgique, au Palais des Académies, le 26 novembre 1911.

O N commence généralement l'étude du contrepoint à l'âge où on devrait l'avoir terminée. La plupart des Ecoles de musique n'admettent aux cours inférieurs d'harmonie que des élèves ayant obtenu dans les cours supérieurs de solfège une distinction aux examens de fin d'année. De même il faut avoir conquis un diplôme au cours *supérieur* d'harmonie pour être admis à l'étude du contrepoint élémentaire, — comme s'il était indispensable de savoir solfier des leçons en doubles et triples croches, bourrées d'intervalles altérés, semées de pièges, d'*attrapes* ainsi que disent les concurrents, pour écrire un contrepoint de note contre note, ou une série d'accords plaqués sur une basse ou sous un chant donné.

L'enseignement élémentaire de l'harmonie pourrait être collectif ; il devrait être accessible aux jeunes gens ayant terminé la seconde année des études de solfège et s'y étant distingués par des dispositions spéciales. A ces élèves de choix, serait offerte la première année d'études du contrepoint. Et dès lors se développerait parallèlement, jusqu'à prompte et complète fusion, l'enseignement de ces deux éléments de toute composition musicale, — car on ne saurait enchaîner quelques accords parfaits sans donner naissance au contrepoint de note contre note, sans réaliser autant de successions mélodiques qu'il y a de notes dans chaque accord. On ne saurait davantage imaginer un exercice de contrepoint qui ne se puisse résoudre en une basse chiffrée. Il est donc permis d'affirmer qu'il n'existe pas d'harmonie sans contrepoint, et qu'il ne saurait y avoir de contrepoint sans harmonie.

Une nouvelle sélection aurait lieu pour l'admission au cours de composition proprement dit, cours d'application des connaissances acquises, aux différents genres de constructions musicales ; non seulement et exclusivement la *Fugue*, ce merveilleux aboutissement des ingénieuses trouvailles des contrapuntistes de la Renaissance, mais encore, et surtout, les formes diverses imaginées de générations en générations, amplifiées ou réduites, compliquées ou simplifiées, depuis la pure cantilène, depuis le modeste *Lied* que les Schubert, les Schumann ont élevé au rang de chef-d'œuvre, jusqu'à l'épisode dramatique ou

lyrique, la cantate (ce diminutif de l'oratorio); depuis le simple menuet, en passant
par la sonate de chambre ou d'orchestre,
jusqu'au plein épanouissement du libre
poème symphonique.

J'entends bien ! « Toutes ces formes sont
comprises dans la fugue ». — Que de fois
depuis un siècle n'a-t-on pas réédité la
fameuse déclaration de Chérubini, que
« *tout morceau de musique bien fait doit
avoir, sinon le caractère et les formes, du
moins l'esprit d'une fugue* ». Et certains
éducateurs de conclure qu'il suffit au jeune
architecte musical d'apprendre à construire la fugue d'après un plan déterminé,
pour qu'il soit à même d'édifier toute
espèce de construction sonore. Faites des
fugues, jeunes élèves, faites des fugues !
Qui sait faire une fugue est en état de
réaliser n'importe quel genre de composition. Cela ne rappelle-t-il pas ce légendaire
professeur de piano dont tout l'enseignement consistait dans la pratique des
gammes? « Qui sait bien jouer des gammes,
disait-il, sait tout jouer ». De sorte qu'un
de ses élèves, de nature sans doute impatiente, ayant sollicité la faveur de jouer
« quelque autre chose », l'empirique professeur lui fit cette réponse intransigeante :
« Qu'avez-vous besoin de jouer autre
chose? Jouez des gammes ! Quand on sait
jouer des gammes on sait tout jouer. »

Que l'on me permette d'ajouter à cette
calinotade un souvenir personnel qui date
d'un demi-siècle environ. Je venais de
remporter mon premier prix d'harmonie;
heureux de ce diplôme qui me donnait le
droit d'aborder les hautes études de composition, je me tenais, moi douzième, dans
le groupe compact qui entourait l'extraordinaire vieillard qu'était alors le père
Fétis; écrivant pour le premier devoir d'un
néophyte son invariable plain-chant :

La transcription terminée, il souleva son

énorme boîte cranienne, et promenant
l'éclair de son malicieux regard sur les
visages impressionnés des nouveaux :
« C'est peut-être la millième fois, dit-il,
que j'écris ce plain-chant, depuis que j'enseigne le contrepoint. Messieurs Verdi et
Wagner seraient bien surpris s'ils voyaient
ce que nous faisons ici pour apprendre à
composer! » Ses yeux se fixèrent alors sur
un jeune homme porteur d'une barbe déjà
très fournie : « Ah! c'est vous, mon ami?
Eh bien vous avez eu là un joli succès! »
— « En effet, Maître; et... je venais... vous
demander, maintenant que j'ai obtenu mon
premier prix de fugue, ce qu'il faut que je
fasse pour apprendre à composer. » —
« Eh! mon ami, mais... il faut un peu d'initiative, que diable! Vous voilà en état de
tout entreprendre. Essayez, faites quelque
chose. » Et le lauréat, avec un profond
salut : « Oui, Maître, j'essaierai... Et quand
j'aurai... fait quelque chose... me per-
mettez-vous de venir vous le soumettre? »
— « Mais certainement, mon ami, venez,
venez tant qu'il vous plaira. Vous serez
toujours ici le bienvenu. »

Je ne saurais dire la profonde stupéfac-
tion où me plongea ce dialogue. J'eus
aussitôt le vague sentiment, qui s'est changé
depuis en une certitude absolue, que la
pratique exclusive et prolongée du contrepoint et de la fugue scolastiques expose
l'apprenti compositeur à contracter une
sorte d'ankylose, une raideur qui le mettent
vis-à-vis de ses émules, guidés de façon
plus éclectique, dans la situation où doit
se trouver, j'imagine, l'ornemaniste en
regard du sculpteur, du statuaire.

Comment il faut enseigner l'harmonie
et le contrepoint au degré initial, ce n'est
certes pas à Cherubini que je m'adresserais
pour le formuler. A en juger par la préface
du traité de l'illustre maître, cet enseignement devrait être une sorte de géhenne
dans le genre des écoles gardiennes du bon
vieux temps, où, privés d'air et d'espace,
silencieux, immobiles pendant des heures,
les mains jointes ou les bras croisés, répri-
mandés à coups de baguette sur la tête (à

distance), à coups de règle sur les doigts (à bout portant), les pauvres mioches se voyaient lâchés pendant un quart d'heure dans une cour sans abri, se ruant sauvagement les uns sur les autres, les grands bousculant, piétinant les petits, car c'était *la récréation !*

Cherubini, et après lui bien d'autres, veut que le contrepoint du début soit *rigoureux;* non plus, dit-il, rigoureux dans le ton du plain-chant, mais rigoureux *moderne* (telle est son expression) suivant la tonalité *actuelle* (celle qui naquit, dit-on, au XVIe siècle, que Monteverde aurait tenue sur les fonts baptismaux, et qui, depuis Cherubini, s'est terriblement émancipée).

« Il est nécessaire, affirme Cherubini, » que l'élève soit *contraint* de suivre des » préceptes *sévères*, afin que par la suite » composant dans un système libre (?) il » sache comment et pourquoi son génie, » *s'il en a*, l'aura *obligé* de s'affranchir *sou-* » *vent* de la *rigueur* des premières règles. » C'est en *s'asservissant* d'abord à la *sévérité* » de ces règles qu'il saura ensuite éviter » prudemment l'abus des licences... »

Mais comment l'infortuné disciple pourra-t-il éviter « l'abus des licences » si le maître ne lui a même pas permis d'en user ?.. Car enfin c'est la licence qui fait le charme du style, de même que pour l'agrément de l'existence rien n'est si nécessaire que le superflu... Et n'est-ce pas détourner les mots de leur signification réelle que de déclarer « chose qui ne peut se faire » une licence, une chose *permise*, dont on a pu dire : il y a d'heureuses licences qui plaisent plus que l'observation des règles ?

Plus sévère encore, plus rigoureux que Cherubini, était son disciple et continuateur, François-Joseph Fétis, le père Fétis, comme l'ont familialement dénommé plusieurs générations d'artistes. Certes il ne badinait pas, le père Fétis, quand il était question de dissonances non préparées, — car en fin de compte ces règles « sévères », ces lois « rigoureuses », se bornent à exclure des exercices de contrepoint certains intervalles qualifiés de dissonants, et notamment l'aimable intervalle attractif de quinte mineure ou de quarte majeure *si-fa, fa-și.* On les interdit non parce qu'ils blessent l'oreille, mais parce qu'ils n'étaient pas admis par les *anciens.* Ce que les régulateurs de l'enseignement du contrepoint entendent par « les anciens » nous tâcherons de le découvrir quand nous en arriverons, pour la fugue, à la recherche de la paternité.

Et d'abord, qu'est-ce que la Fugue ?

Nous lisons dans le traité de *Fux*, paru en 1725 : « Beaucoup d'auteurs assurent que la fugue n'est autre chose que fuir et mettre en fuite ». Il est vrai, ajoute-t-il, qu'il est plus aisé de parler de la fugue que d'en décrire les vraies règles.

Cherubini, qui vécut de 1760 à 1842, nous apprend que bien que le mot soit ancien, la fugue est une création des temps modernes; qu'elle est le complément du contrepoint, et que tout ce qu'un bon compositeur doit savoir peut y trouver sa place.

La définition de *Fétis* est plus claire, dans sa concision : « La fugue, du latin *fuga*, fuite, est un genre de composition dans lequel les parties semblent se chercher et s'éviter alternativement. » — Fétis est également plus précis quant aux origines : « Ce que les auteurs des XVe et XVIe siècles nomment ainsi, dit-il, ne diffère pas du canon. Dans le siècle suivant ce ne fut plus qu'une imitation libre. Ce furent Clari, Stefani, Alex. Scarlatti (1650-1730) qui commencèrent à lui donner la forme qu'elle conserve encore aujourd'hui. »

D'après *M. André Gédalge*, dans son tout récent traité « la Fugue est une composition musicale établie sur un thème, d'après les règles de l'imitation périodique régulière ». Une composition établie d'après les *règles* de l'imitation *régulière*, voilà qui semble donner raison à *M. Théodore Dubois* lorsqu'il proclame que « la Fugue n'est pas une œuvre d'inspiration ». J. J. Rousseau l'avait dit avant lui : « La Fugue est l'ingrat chef-d'œuvre d'un bon harmoniste. » La boutade n'est pas excessive si l'on a en vue l'édifice conventionnel qui a reçu le nom de *Fugue d'école.* Mais que la *Fugue,* sans qualificatif, peut être un franc chef-d'œuvre d'inspiration, de verve, de sentiment, d'humour, J.-S. Bach suffit je pense à le démontrer, et après lui Mozart, ne fût-ce que par son ouverture de la *Flûte enchantée.*

Tenons-nous en à ces quelques définitions approximatives, et voyons en quoi consiste l'*exposition* de la Fugue.

Un thème est présenté dans une tonalité quelconque, par une des parties du quatuor vocal; prenons *ut* majeur et soprano :

Je vois sourire plus d'un aimable visage... ce dont je me sens tout réjoui, car je serais désolé d'y provoquer une expression d'ennui, ou cette mortifiante ponctuation de maint discours trop abstrait, le fâcheux bâillement, poliment dissimulé par quelque main mignonne, ou franchement étalé, sans égard ni coquetterie. Le sourire, j'en fais honneur à ce modeste instrument (1), proche parent du clavecin à lames de verre sur lequel se manifestent les vocations du premier âge; je l'ai choisi pour mes projections sonores à cause de son peu de volume qui ne change rien à la mise en scène habituelle de cette cérémonie, et pour ne pas devoir recourir à de gênantes collaborations. — Si j'avais besoin d'excuses, je rappellerais que le génial enfant que fut toute sa vie le divin Wolfgang-Amédée, en a égayé son plus lumineux chef-d'œuvre : l'Académie de Belgique n'eût pas été moins fière de le compter au nombre de ses associés :

Mais revenons à notre exposition de fugue. Le thème choisi (ou imposé), le *Sujet,* présenté par le soprano, en *ut* majeur :

_____

(1) Jeu de timbres à clavier.

est immédiatement répété par une deuxième voix, l'alto, mais dans une tonalité voisine, la plus voisine, à la dominante, considérée comme tonique nouvelle, donc en *sol* majeur :

Cette deuxième présentation du thème reçoit le nom de *Réponse.*

La troisième voix, le ténor, reprend le thème au ton principal, — la quatrième, la basse, à la dominante.

Cette combinaison si simple, l'alternance de deux tonalités voisines, s'est transformée, de par les didacticiens des temps passés et présents, en un problème des plus compliqués, des plus difficiles à résoudre. Ce va-et-vient de *do* majeur vers *sol* majeur, de *sol* majeur vers *do* majeur, a fait éclore quantité de règles, précautions, mesures préventives, dans le cerveau des grammairiens qui se sont érigés en gardiens de l'ordre musical. De toute cette réglementation que l'on peut à bon droit qualifier de byzantine, examinons celle qui a rapport à notre thème, commençant par un mouvement mélodique de dominante à tonique : *sol-do.* Cette règle (*immuable,* disait Cherubini en 1820, et toujours immuée dans l'enseignement officiel) cette règle est ainsi formulée :

Si le sujet commence par la dominante et monte vers la tonique, la Réponse doit commencer par la tonique et monter vers la dominante. C'est-à-dire que le thème subira à son début une déformation, et qu'au lieu de *ré-sol,* la Réponse nous fera entendre *do-sol.* Ce changement correspond assez bien à celui qui consisterait, dans la réplique d'un médaillon, à remplacer le nez mutin, léger, spirituel, le joli petit nez d'une soubrette Louis XV, par le type classique du profil apollonien, ou par le majestueux appendice dont s'enorgueillit le profil de Louis XV en personne.

Le but de cette substitution singulière, au premier abord anti-esthétique ? C'est nous dit-on, « de maintenir la réponse dans des rapports plus étroits de tonalité avec le sujet. » Mais le dernier paru des traités auquel nous empruntons cette formule n'examine pas si ce rapport étroit de tonalité est musicalement avantageux, — si le prolongement de règne de la tonalité d'*ut*, au détriment du ton de *sol*, n'est pas une cause de déséquilibre, de monotonie.

Cherubini, lui, n'a pas cru nécessaire de dire pourquoi. Cela *doit* se faire parce que cela a été fait par les *anciens*. Non par les *plus* anciens, ceux qui ne connaissaient, dit-il, ne pratiquaient que la réponse réelle, mais les anciens... *modernes*, ceux qui, vers la fin du XVIIe siècle, commencement du XVIIIe, ont établi les règles « *immuables* » de la Fugue. Mais il suffit de jeter les yeux sur le tableau des intervalles, dans le traité de l'illustre maître, pour constater que cette défiguration du Sujet est due à l'horreur que les harmonistes italiens d'autrefois, ceux d'avant le XVIIe siècle, éprouvaient pour les dissonances non préparées, — notamment pour la réunion, dans un même accord, de deux sons à intervalle de septième :

Or, la phrase initiale se terminant par *do* et la réponse naturelle commençant par *ré*, on a imaginé (pour éviter la dissonance) cet attentat à la physionomie du thème : le remplacement du *ré* perturbateur par un *do*... imperturbable.

Cela se concevrait si la dernière note du sujet coïncidait avec la première note de la réponse, si le *ré* entrait sur le même temps de mesure que le *do*. Mais le besoin de généraliser, de réglementer, a fait maintenir l'interdiction de contact même quand la réponse ne commence qu'après la terminaison du sujet, — et c'est le cas pour le thème qui sert à ma démonstration : la mutation reste obligatoire malgré que la présence du *do* final, dans le sujet, constitue la préparation réglementaire de la dissonance provoquée par l'attaque du *ré* dans la réponse, ce que nous déclarons contradictoire, vexatoire, tyrannique. Et puis, suffit-il d'assurer les relations de consonance et de suprématie tonale entre la fin du sujet et le commencement de la réponse ? Et n'est-ce pas procéder à l'étourdie que de sacrifier la physionomie mélodique du thème sans s'être assuré qu'il n'en résultera pas une défiguration plus grave encore dans le développement de la réponse ? C'est pourtant ce qui arrivera à notre thème choisi si nous remplaçons le mouvement de quarte *ré-sol* par la succession de quinte *do-sol*. Car ce *do* est en complète discordance avec le *ré-si* de l'accord suivant, et cet indiscret prolongement d'influence de la tonalité d'*ut* ne peut que troubler l'entente parfaite du second ménage tonal. Au surplus, qui ne sera choqué de l'allure guindée de ce nouveau profil mélodique :

où la résonance du *do*, perdurant sous les deux sons intermédiaires *sol-la*, s'en vient heurter le *si*, en relation hostile de 7e majeure, autrement dure que l'inoffensive 7e de dominante qu'il fallait éviter ?

Dans notre désir de témoigner à Dame Tradition le respect, les égards..., l'indulgence compatible avec le sentiment et la logique, nous irions jusqu'au sacrifice de notre répugnance justifiée, jusqu'à subir la règle de mutation, *quand le sujet*, commençant par le mouvement de dominante à tonique, *s'achève sur l'accord du ton principal*. Mais nous nous insurgeons, si la tradition (qui n'est vieille après tout que de deux ou trois siècles) émet de plus la prétention de nous imposer l'antipathique défiguration du thème, alors que le sujet *module*, passant au ton de la dominante, ouvrant

lui-même à la réponse les deux battants de
la tonalité nouvelle :

Elle veut, cette intraitable douairière,
forcer la Réponse à retourner dans le salon
tonique en refermant sur elle les deux battants, annulant, méprisant la courtoise
initiative du *sujet*, pour les rouvrir elle-
même, ces deux battants, et rentrer dans
le salon *dominante*, sans un remercîment
pour le bras si galamment offert :

Contre une pareille outrecuidance j'ai
protesté toute ma vie : dans mon for intérieur quand j'étais apprenti, — à haute voix
dès que j'eus à mon tour charge d'instruc-
teur ; mais en principe seulement, et tout
en exerçant l'élève à la mutation contradictoire. Je procédais ainsi par prudence, et
pour lui éviter, à l'élève, l'excommunication
majeure en temps de concours. Car de tout
temps les théoriciens se sont volontiers ex-
communiés les uns les autres, même quand
ils étaient à peu près du même avis. C'est
ce qu'a représenté Kaulbach de saisissante
façon dans l'épisode de sa *Danse macabre*,
où il met en présence deux commentateurs
de la Bible : écumants de rage, les mâchoires crispées, l'index tendu sur le texte con-
troversé, jouets de la Camarde qui s'apprête
à les lancer l'un contre l'autre, à leur faire
briser l'un par l'autre le front, car ainsi
seulement prendra fin leur dispute furieuse.
Cette intransigeance est parfois plus
apparente que réelle, plus voulue que ressentie. J'en ai trouvé la preuve, pour ce qui
concerne les dissonances non préparées,
aux considérations relatives à la Fugue
instrumentale, dans le traité de Fétis :
« Les différences dans la doctrine, dit-il,

» naissent souvent de la différence du but
» qu'on se propose. S'il arrive que de deux
» peuples, l'un préfère la musique vocale,
» parce que le climat sous lequel il vit,
» l'harmonie de sa langue et la délicatesse
» de ses organes lui sont plus favorables,
» tandis que l'autre, ne jouissant pas des
» mêmes avantages, a plus de penchant
» pour l'instrumentale, le premier mettra
» toutes ses jouissances dans la mélodie,
» et l'harmonie ne pourra lui plaire qu'au-
» tant qu'elle participera de la douceur et
» de la pureté du chant que tous ses efforts
» tendront à rendre facile ; l'autre, au con-
» traire, plus harmoniste que chanteur,
» aimera les dissonances, et n'ayant à
» craindre pour l'objet de ses affections
» aucune difficulté d'intonation, hasardera
» des mouvements mélodiques et relatifs
» que le premier réprouverait. »
« De là des écoles opposées ; des écri-
» vains didactiques, enseignant des choses
» en apparence contradictoires ; enfin, de
» là l'incertitude des lecteurs, lorsque le
» temps aura consacré les principes admis
» dans l'une et l'autre école, et fait oublier
» l'origine de leur contradiction. Telle est
» l'histoire de la science musicale des an-
» ciens maîtres italiens et de celle des Alle-
» mands. Ceux-là, voulant favoriser le chant,
» ont fait des régles sévères concernant les
» intervalles à franchir, la succession des
» consonances, la préparation et la réso-
» lution des dissonances ; ceux-ci, au con-
» traire, ont admis tous les mouvements
» comme bons, pourvu qu'ils concourent à
» augmenter l'effet de l'harmonie ; ils ont
» multiplié les dissonances naturelles, par
» substitution, par altération, par retarde-
» ment, etc., et ne se sont pas montré fort
» scrupuleux sur la manière dont ils les
» résolvent... Tous ont anathématisé les
» principes de leurs adversaires, oubliant
» qu'il s'agissait de choses différentes. »
Ce serait donc une question de latitude
et de climat ? Voilà qui va nous mettre à
l'aise, nous autres Belges, Néerlandais du
Sud, Français du Nord, que le hasard
apparent des migrations des peuples a fixés

au point de rencontre des races germanique et gallo-latine, — nous que sollicitent également la mélodie vocale consonante chère aux Italiens, et l'harmonie dissonante instrumentale où se complaisent les Allemands. Bénéficiant ainsi de notre situation ethnographique, notre ligne de conduite apparaît, toute tracée : Soyons aussi mélodiques que possible dans la Fugue instrumentale, faisons la Fugue vocale aussi instrumentale qu'il nous plaira. Préparons la dissonance ou ne la préparons pas, selon notre fantaisie, et résolvons-la... comme bon nous semble. Mais affranchissons-nous une bonne fois de la servitude des lois surannées qui régissent la Réponse dans l'enseignement de la Fugue ; proclamons que la réponse *réelle* doit être la règle, et la réponse dite *tonale*, l'exception ; déclarons *facultative* la mutation, et gardons-nous sans nécessité absolue de lui sacrifier la physionomie mélodique du thème.

Et si quelque apôtre irréductible de la tradition *pour* la tradition nous lance l'anathème, répondons-lui résolument : périsse en art tout principe arbitraire, — et vive le sentiment individuel, éclairé par le raisonnement, aiguisé par l'analyse des monuments du Passé, préservé de la rouille par l'étude attentive des œuvres du Présent.

EMILE MATHIEU.

A l'Académie royale de Belgique

LA séance publique annuelle de la classe des Beaux-Arts eut lieu dimanche dernier, avec des incidents variés. Retardée d'une heure en raison du *Te Deum* officiel, à l'occasion de la fête du Roi, interrompue ensuite à cause des fantaisies de l'éclairage électrique, elle s'est prolongée jusqu'à une heure inaccoutumée, sans pourtant que le public compact de ces sortes de cérémonies en vît son plaisir diminué.

La séance s'est ouverte par le discours de M. Emile Mathieu, directeur du Conservatoire de Gand, président de la classe, sur *Le sentiment musical et la tradition en conflit dans l'enseignement de la fugue*, discours que nous publions d'autre part. Un pareil sujet, traité devant un auditoire très

composite, était de nature à inspirer certaines appréhensions. Mais le verbe élégant et spirituel de l'orateur, — qui est, comme on sait, un des plus fins lettrés parmi les musiciens belges, — l'originalité de ses vues, la clarté et la vie de son exposé lui ont assuré, jusqu'au bout, l'attention de tous ses auditeurs. Et n'était-ce pas curieux, ce directeur de « conservatoire » ne craignant pas de préconiser (comme naguère Samuel, directeur de ce même conservatoire de Gand, dans son discours sur la *Technique dans l'art*) l'atténuation des principes les plus rigoureux de l'enseignement musical ?

Après la proclamation des résultats des concours de la classe, on a passé à l'exécution de la cantate *Tycho-Brahé*, de M. Léopold Samuel, qui a obtenu, à l'unanimité des suffrages, le premier prix au grand concours de composition musicale de cette année (1).

L'ouvrage se signalait déjà par la valeur du livret, bien supérieur, il faut bien le reconnaître, à la moyenne de ceux des dernières années. M. Victor Kinon a conçu son poème sous la forme d'un « épisode dramatique » susceptible d'être mis à la scène. Son héros est Tycho-Brahé, un astronome et astrologue danois du XVIᵉ siècle, qu'il eut la bonne inspiration de nous présenter dans une note préliminaire, permettant une concentration plus énergique de l'action elle-même. Or donc, Tycho-Brahé, décidé à contracter mariage, et ne doutant pas que son prestige ne lui ouvre tous les cœurs, a choisi une humble fille, Christine, qui, par malheur, avait donné le sien à Képler, le propre disciple du savant. Elle repousse avec horreur l'insigne honneur qui lui est offert, et va jeter la bague que Tycho lui a passée au doigt, quand Képler intervient et parvient à lui faire comprendre la nécessité du sacrifice, la grandeur du renoncement ; et ils se séparent, le cœur brisé, mais soumis à l'arrêt du destin. Les épisodes lyriques et les ensembles de rigueur sont fournis par des circonstances naturellement amenées. Superstitieux comme tous les hommes de son temps, Tycho a choisi, pour déclarer son amour à Christine, le moment astronomique où Vénus entrera dans la constellation du Lion ;

---

(1) M. L. Samuel est le fils de M. Edouard Samuel, professeur d'harmonie pratique au Conservatoire de Bruxelles, qui, ce jour-là, eut la double joie de voir triompher son fils et se voir récompensé lui-même, par sa nomination dans l'ordre de Léopold, des services rendus pendant plus de trente années à la cause de l'enseignement musical.

d'autre part, un homme tel que lui, issu de sang royal, ne se fiance pas dans des circonstances ordinaires; les nobles de son pays ne pouvaient contracter mariage sans l'assentiment du prince; et celui-ci, la cour, le peuple doivent connaître son choix et le ratifier : et c'est l'occasion des fanfares lointaines, cortège et chœurs habituels.

Sur ce livret attachant, M. L. Samuel a écrit une partition qui est, elle aussi, l'une des plus remarquables que nous ayons entendues à l'Académie depuis le *Sinaï* de M. Paul Gilson. Nous ne parlerons pas de la technique, étant entendu que les jeunes d'aujourd'hui sont tous des fort-en-thème qui feraient pâlir plus d'un maître du temps jadis; — et, franchement, ne seraient-ils pas coupables de manquer de métier, n'ayant qu'à puiser dans le vaste arsenal expressif que les Berlioz, les Wagner, les Liszt et les Strauss leur ont préparé? D'ailleurs, M. Samuel n'abuse pas de son métier, on lui sait presque gré de sa discrétion... Mais d'autres qualités le recommandent à notre attention, et tout d'abord, un vrai tempérament d'homme de théâtre, un sens dramatique très caractérisé, l'art d'établir des plans, des gradations, de concentrer l'intérêt sur les moments essentiels de l'action. A ce point de vue, l'invocation de Tycho à Vénus, bien amenée et d'un très beau lyrisme, est un morceau remarquable et qui à lui seul suffit à classer un talent. Au même point de vue, il faut signaler la souplesse avec laquelle le musicien rythme le dialogue, comme il sait mettre en lumière ses sommets dramatiques, enfin, — qualité peu commune — sa parfaite correction prosodique. L'inspiration est réelle et de bon aloi. Il est, certes, facile de signaler au passage, dans les œuvres des jeunes, telles réminiscences dans la mélodie, l'harmonie, voire les timbres; il serait anormal qu'il en fût autrement. Le tout est de discerner les prédilections que manifestent ces accointances et qui, chez M. Samuel, semblent se porter tantôt vers la jeune école allemande, tantôt, et plus encore, vers la jeune école française. Ce qu'il y a, dès à présent, de personnel chez lui, c'est une certaine gravité de conception, quelque chose de religieux et, dirions-nous, de « sacerdotal » qui enveloppe toute sa cantate d'une atmosphère spéciale et lui communique un charme particulier, très prenant. Nous avons déjà loué ses qualités dramatiques. A ce point de vue, les deux duos de Képler et Christine (un duo d'amour au début et la scène des adieux) sont remarquablement traités, et il en est de même des grands ensembles, que l'auteur nuance avec aisance. L'orchestration est habile (l'auteur a une tendance à abuser des traits rapides des violons). On l'a considérée comme trop bruyante, mais il faut tenir compte de l'acoustique défavorable de la salle, de l'insuffisance numérique des choristes, de l'exubérance sonore de nos instrumentistes.

Exécution satisfaisante sous la direction de l'auteur et avec le concours de Mlle L. Mulders (belle voix, interprétation sûre, intelligente et chaleureuse), MM. Pieltain, Bureau et Maas. Et. vif succès pour tous, compositeur et interprètes.

E. C.

LA SEMAINE

PARIS

A L'OPÉRA, Mme Gemma Bellincioni donne en ce moment quelques représentations de *Salomé*, qu'on a reprise pour elle. La chanteuse n'est évidemment plus ce qu'elle était jadis, bien que la pureté, la souplesse et la grâce de sa voix soient toujours charmantes; mais la comédienne, la tragédienne, la danseuse sont au-dessus de tout éloge. Il est incroyable d'énergie et de force artistique de couronner par une aussi vibrante incarnation une aussi longue carrière. Cette Salomé est un petit animal vicieux, inconscient, terrible et souriant, souriant toujours, avec des mines de chatte qui serait tigre, avec des joies de savourer d'avance, des pourlèchements de satisfaction, l'ignorance absolue de tout ce qui n'est pas son idée, de tout ce qui l'entoure, de tout ce qu'on lui dit, qui ne se rapporte pas à ce qu'elle a en tête : c'est d'un réalisme harmonieux, cynique et terrible vraiment extraordinaire. M. Dangès chantait pour la première fois le magnifique rôle d'Iokanaan; il y est faible; sa voix n'est pas faite pour en rendre la puissance calme. M. Lassalle est excellent dans le jeune officier. M. Muratore reste tout à fait remarquable dans Hérode. Bien entendu, Mme Bellincioni a dansé elle-même, et de la façon la plus originale et la plus chatoyante, la prestigieuse danse des sept voiles. H. DE C.

Concerts Colonne (26 novembre). —En répétant la *Symphonie* de M. Louis Thirion, M. Gabriel Pierné a rendu service au jeune compositeur. Deux exécutions valent toujours mieux qu'une, pour l'œuvre d'abord, qui est généralement et c'est le cas, mieux jouée la seconde fois que la première, ensuite pour l'auteur et pour le public, qui font l'un avec l'autre un peu plus connaissance. Vous ne sauriez croire à quel point on est embarrassé pour parler de l'ouvrage d'un musicien dont le nom seul nous était venu aux oreilles. Comment, dès le premier contact, découvrir sa personnalité, ses tendances et la mesure de son talent? Une œuvre direz-vous, n'y suffit point. Certes, mais un mot peut aider à la tâche. Ce mot, M. Paul Landormy, dans la notice du programme, l'a écrit. Il en a même écrit deux, qui sur la « manière » de M. Paul Thirion préviennent assez sûrement. Ce sont deux noms : Paul Dukas et... Nancy. C'est à M. Paul Dukas que Louis Thirion a dédié sa Symphonie, et c'est à Nancy, au Conservatoire dirigé par M. Guy Ropartz, qu'il a travaillé. Cela met un peu de lumière sur son œuvre. Le pittoresque, le mouvement, le coloris, l'allégresse, semblent avoir été inspirés par l'auteur de l'*Apprenti sorcier* et pour lui plaire; le style harmonique, le choix des idées, leur caractère simple et profond, leur forme nette et précise paraissent avoir été appris du maître auquel M. Thirion doit le meilleur de sa science. Nous n'avons pas de plus sincères compliments à lui faire et la seconde audition de sa Symphonie a confirmé pleinement les impressions excellentes que nous avait laissées la première.

Quand un virtuose comme M. Edouard Risler a du succès on doit s'en réjouir, parce qu'il est rare de rencontrer un pianiste plus épris de son art et plus consciencieux. Avec lui l'on peut parler d' « interprétation », ce n'est pas trop dire. Les œuvres qu'il a jouées sont connues : le concerto en *ré* mineur de Johannès Brahms et la ballade en *fa* dièse de M. Gabriel Fauré. On peut n'avoir pas le même goût pour l'une et pour l'autre, mais il faut convenir que M. Risler les exécute toutes les deux de façon magistrale.

De Brahms encore, M. Pierné nous a fait connaître les variations sur un thème d'Haydn. Véritablement, c'est une manière de petit chef-d'œuvre par la grâce, la souplesse, l'aisance, l'adresse et la puissance aussi que le lourd et massif compositeur allemand a mis à développer le joli thème du vieux maître.

Une chaleureuse exécution du romantique *Chasseur maudit* de César Franck a valu à M. Gabriel Pierné une non moins chaleureuse ovation.

ANDRÉ-LAMETTE.

Concerts Lamoureux. — Séance de répertoire : Beethoven et Vincent d'Indy. En prélude, la belle ouverture d'*Egmont*, suivie aussitôt de la quatrième symphonie en *si* bémol, dont les grâces, un peu désuètes et comme teintées « d'haydnisme », gardent un parfum exquis. Le

concerto pour violon était confié à M. Carl Flesch. Il le joua avec une pureté, une noblesse de style vraiment admirables. Virtuose d'élite, musicien fervent, M. Flesch, par la dignité, la perfection de son exécution, rend un véritable hommage au grand maître qu'il interprète ; je ne sais pas de plus bel éloge.

Wallenstein, la trilogie de M. d'Indy et peut-être son chef-d'œuvre, a soulevé d'enthousiastes bravos. C'est beau, musicalement beau, toute littérature et tout poème mis à part. On peut ignorer jusqu'à la guerre de Trente Ans, et goûter, en pleine joie, cette orchestration savoureuse, abondante, colorée, d'une plénitude de formes, d'une fermeté de contours et d'une vigueur qui assure à Wallenstein, la jeunesse éternelle, de l'immortalité.

M. DAUBRESSE.

Concerts Sechiari. — M. Sechiari nous a donné, le 26 novembre, une magistrale exécution de la *Rapsodie orientale* de Glazounow que nous avions déjà entendue le 13 mars 1910 et qui fut, comme la première fois, saluée d'applaudissements chaleureux. Que de vie, que de couleur dans cette œuvre où les motifs, tantôt héroïques, tantôt graves et mystiques, ont une saveur exotique pénétrante et une franchise d'allures populaires sous le vêtement d'une somptueuse orchestration! Le concert débuta par l'ouverture de *Manfred* de Schumann dont M. Sechiari a fort bien su traduire la fougue lyrique alliée au charme mélodique. Il se termina par la *Symphonie pastorale* dont les trois premiers temps surtout ont été rendus avec un soin scrupuleux. Quatre pièces de M. Louis Delune, *La Délaissée, La Rebelle, Jésus s'endort, Chanson à danser,* figuraient au programme. Elles ont été chantées par Mlle Charny et accompagnées par l'orchestre. Ces pages de M. Delune sont d'une inspiration aimable et facile; elles font éprouver à l'auditeur une sensation agréable mais un peu superficielle. Elles ont trouvé en Mlle Charny une splendide interprète. Nous ne savons ce qu'il faut admirer le plus ou la beauté de sa voix homogène et riche ou l'art avec lequel elle la conduit. La dernière pièce fut bissée. Enfin félicitons de tout cœur Mlle Caffaret qui exécuta les *Variations symphoniques* de César Franck avec une poésie pleine de fraicheur et une exquise distinction. En l'accompagnant, M. Sechiari a montré un sens délicat des nuances et a su créer, autour de l'auditeur, en même temps que la gracieuse pianiste, cette atmosphère de charme mystérieux propre à l'œuvre de Franck. H. D.

— Mlle Caroline Peczenik fit apprécier, lundi

dernier, à la salle de la rue d'Athènes, une belle technique pianistique dans un programme intéressant. Nous l'avons préférée dans le largo de la sonate op. 10, de Beethoven, qu'elle a rendu avec un sentiment intense, dans la *Polonaise* en *ut* mineur, de Liszt et dans de jolies variations écrites sur un thème populaire par six ou sept compositeurs russes notoires. Mais il nous a paru, d'une manière générale, que le jeu de l'artiste avait quelque sécheresse, n'était pas assez féminin.

Mlle Corio, souffrante, fut remplacée par une cantatrice anglaise, Mlle Anna Carola, qui chanta deux agréables *Lieder* de Mlle Peczenik et des romances anglaises de M. Cyrill Scott, assez bien, mais avec un certain... trac. F. G.

— Le troisième concert des séances de musique de chambre à la salle Beethoven, donné jeudi 29 novembre, a présenté, comme celui dont je parlais dernièrement, un vif intérêt artistique. Il était consacré presque exclusivement à Mozart et à Schubert. Du premier de ces deux maîtres allemands, Mlle Landsmann et M. K. Krettly ont exécuté avec brio et avec style la ravissante quinzième sonate en *si* bémol, pour piano et violon. Mlle Landsmann a joint beaucoup de charme à un jeu très serré, et M. Krettly, quoique bien jeune encore, se pose en violoniste émérite, comme il l'a prouvé, du reste, dans la longue — longue *Chacone* de Bach, tandis que, de son côté, Mlle Landsmann se faisait encore apprécier dans les *Trois moments musicaux* de Schubert. La chanteuse, Mlle Speranza Calo. artiste à la voix posée et de belle école, a ravi l'auditoire dans des airs du même Mozart (*Dans un bois*, *Chansonnette napolitaine*, *Berceuse* et *Oiseaux, si tous les ans*), quatre mélodies que je dirais bien choisies, si l'on avait jamais besoin de choisir dans Mozart. — Aux instrumentistes précédemment nommés il faut joindre, dans la seconde partie, Mlle Marguerite Caponsacchi, une remarquable violoncelliste, qui a une riche sonorité et une belle puissance d'expression. Cette artiste s'est fait applaudir vivement dans une suite de Bréval (1765-1825) et un admirable trio en *mi* bémol majeur du maître, où Mlle Landsmann (partie de piano très importante) et M. Krettly lui ont donné une belle réplique. Quand j'au ai dit le succès de Mlle Calo dans les quatre mélodies de Schubert, formant *Le Voyage d'hiver*, et spécialement dans *Le Sosie*, une superbe déclamation tragique, qu'elle a interprétée en grande artiste, je n'aurai rien omis de cette belle soirée, où tout était à noter. J. Guillemot.

— La paroisse de Saint-Eustache a, depuis

longtemps, la bonne tradition de célébrer, avec une grande solennité musicale, la fête de Sainte-Cécile, qui tombe, comme on sait, le 22 novembre. C'est ainsi que le mercredi, 22e jour du mois dernier, on a donné, dans cette église, une audition intégrale de l'œuvre d'orgue de Liszt, exécutée par l'excellent organiste de la paroisse, M. Joseph Bonnet, avec quelques œuvres liturgiques et des fragments du *Christus* du maître hongrois. Les chœurs, conduits par le maître de chapelle, M. F. Rangel, ont marché « comme un seul homme », ceci soit dit sans oublier l'élément féminin ni le caractère polyphonique de beaucoup des pages exécutées. Pour obtenir ce bel ensemble, la maîtrise avait fusionné avec les chanteuses de Sainte-Cécile et les chœurs de la Société Hændel.

Je n'ai pas besoin d'insister sur l'intérêt musical de cette cérémonie religieuse. Avouerai-je cependant, en ce qui concerne les morceaux d'orgue, que le tempérament fougueux, et, oserai-je dire, un peu désordonné, de Liszt, n'est pas aussi à l'aise dans la musique sainte, que l'artiste était intéressant, avant sa conversion, dans la musique profane! Il me semble que quelque gêne s'y fait sentir et que l'abbé Liszt est trop préoccupé de rompre avec le passé. Les parties chantées m'ont paru les meilleures. Après un *Pater*, dont la partie est spécialement remarquable, notons un *O Salutaris*, un *Ave Maria*, un *Tantum ergo*, fort beaux, ainsi que le choral *Nun danket alle Gott*.

Avant le salut, une éloquente allocution de Mgr Bolo avait appuyé sur les beaux côtés de la musique à l'église. J. Guillemot.

— M. René Brancour, conservateur du musée du Conservatoire de musique, a donné au Cours normal, 36, rue de Lisbonne, une conférence sur « Lully et la musique au XVIIe siècle ». Cette conférence sera suivie de trois autres qui auront lieu les mercredis 6, 13 et 20 décembre, à 3 h. 1/2, et dont le sujet sera : « La musique française au XVIIIe siècle ».

— La Société Internationale de Musique a procédé cette semaine au renouvellement de son bureau pour 1912. Ont été élus : président, M. J. Ecorcheville, en remplacement du regretté Charles Malherbe; vice-président, M. L. de La Laurencie; secrétaire général, M. J.-G. Prod'Homme; archiviste, M. P. Landormy; trésorier, M. A. Mutin; membres : MM. A. Boschot, L. Laloy, H. Quittard et E. Wagner.

— Sous le titre de « Salon des Musiciens français » et sous les auspices des maîtres Massenet, Saint-Saëns, Paladilhe, Théodore Dubois, Gabriel

Fauré et Widor, de l'Institut, une œuvre admirable vient de se fonder dans le but de recevoir et faire entendre à Paris les compositions des musiciens français et de médailler et mentionner les meilleures.

Le Comité auquel on doit cette généreuse initiative est ainsi composé : M. Henri Maréchal, président ; MM. Eugène Gigout, Charles Lefebvre et Paul Puget, vice-présidents ; M. Maxime Thomas, secrétaire-général ; M. Jules Meunier, secrétaire-trésorier.

Les statuts de cette société seront adressés gracieusement à toutes les personnes qui en feront la demande au Secrétariat général, 28, rue Nollet, à Paris.

De ces statuts, nous extrayons l'intéressant article que voici : Tout compositeur français peut, chaque année, présenter une de ses œuvres au Salon des Musiciens français. La présentation de ces œuvres ne devra jamais entraîner aucuns frais pour leurs auteurs. Ajoutons que le Salon des Musiciens français reçoit dès à présent les compositions musicales de toutes les écoles.

OPÉRA. — Salomé, Coppélia, Déjanire, Aïda.

OPÉRA-COMIQUE. — Le Chemineau, Manon, Les Contes d'Hoffmann, Carmen, Fra Diavolo, Les Noces de Jeannette.

THÉATRE LYRIQUE (Gaîté). — Ivan le Terrible, Hérodiade, Don Quichotte, Robert le diable, Le Barbier de Séville, Le Cœur de Floria.

TRIANON LYRIQUE. — Les Saltimbanques, Les Cent Vierges, Joséphine vendue par ses sœurs, Proserpine, Rip.

APOLLO. — La Veuve joyeuse, Madame Favart.

Société des Concerts (Conservatoire). — Dimanche 3 décembre, à 2 heures. — Symphonie de P. Dukas ; Concerto pour deux violons, de Bach (MM. A. Brun et A. Tourret) ; Psyché, de C. Franck ; Ouverture des Maîtres Chanteurs, de R. Wagner. — Direction de M. A. Messager.

Concerts Colonne (Châtelet). — Dimanche 3 décembre, à 2 ½ heures. — Troisième Symphonie, de Guy Ropartz, avec soli et chœur ; Concerto pour deux pianos, de Mozart (MM. L. Diémer et J. Batalla) ; Symphonie en ut mineur, de Beethoven ; Danses polovtiennes du Prince Igor, de Borodine, Libération, poème avec soli et chœurs, de M. d'Ollone. — Direct. de M. G. Pierné.

Concerts Lamoureux (salle Gaveau). — Dimanche 3 décembre, à 3 heures. — Ouverture du Carnaval Romain, de Berlioz ; Ouverture des Maîtres Chanteurs, de R. Wagner ; Zarathustra, et Mort et transfiguration, de R. Strauss. — Direction de R. Strauss.

Société Hændel (salle Gaveau). — Mercredi 6 décembre,

à 9 heures du soir, premier concert d'abonnement : Cantates françaises du commencement du xviiie siècle.

Société Philharmonique (salle Gaveau). — Mardi 5 décembre, à 9 heures du soir : Quatuor Capet.

SALLES PLEYEL

22, rue Rochechouart

Concerts de Décembre 1911

10 Mme Abran Cassan, élèves (2 heures).
14 Mlle R. Lénars et M. J. Bizet (9 heures).
15 Le Trio Baillet (9 heures).
17 Mme Le Grix, élèves (1 heure).
18 Mme Roger Miclos-Bataille (9 heures).
20 Le Trio Baillet (9 heures).
21 Mlle C. Boutet de Monvel, élèves (9 heures).

SALLES GAVEAU

45 et 47, rue La Boétie

Concerts du mois de Décembre

Grande Salle

1. Concert de l'Œuvre antituberculeuse.
3. Concert Lamoureux (orchestre).
5. Société Philharmonique.
7. Concert de l'Union musicale et littéraire.
10. Concert Lamoureux (orchestre).
11. Premier concert d'orchestre de l'Union des Femmes professeurs et compositeurs.
12. Concert donné par le Cercle militaire.
13. Concert donné par le journal La Vie heureuse.
17. Concert Lamoureux (orchestre).
18. Concert des Employés du commerce de musique.
19. Société Philharmonique.
20. Concert de l'Œuvre du Bon lait.
21. Répétition publique (Société Bach).
21. Premier concert de la Société musicale indépendante (œuvres de Liszt).
22. Société Bach (chœurs et orchestre).
24. Concert Lamoureux (orchestre).
24. Soirée des Trente années de théâtre.
25. Concert Hasselmans (orchestre).
28. Œuvres d'Humberto Lami (orchestre).
31. Concert Lamoureux (orchestre).

Salle des Quatuors

4. Concert de l'Union des Femmes professeurs et compositeurs.
6. Concert Hændel.
8. Concert de musique française contemporaine (Mlle Hefti).
14. Audition Mme Marty (chant).
15. Concert de musique française contemporaine.
18. Concert de l'Union des Femmes professeurs et compositeurs.
18. Audition des élèves de Mme Fabre.

BRUXELLES

LE THÉATRE ROYAL DE LA MONNAIE

nous a présenté cette semaine un ballet inédit,
La Zingara, de M. Ambrosiny pour le scénario, de
M. Valverde pour la musique.

M. Ambrosiny, maitre de ballet expert, ayant
une conception affinée de son art, montre ici,
comme dans *Hopjes et Hopjes*, un sens très sûr du
pittoresque, combinant habilement l'action mise
à la scène pour en tirer une succession de tableaux
vivants et colorés. C'est le jour de la Fête-Dieu
dans un village espagnol. On fait fête à deux
fiancés, Juanito et Mendoza. Survient une troupe
de bohémiens, sous la conduite de Jodios. L'étoile
de la troupe, la Zingara, se met en tête de se faire
aimer de Juanito. Pour détacher de lui sa fiancée,
elle fait boire à celle-ci un philtre qui la jette dans
les bras de Jodios. La foule, furieuse, se venge en
mettant le feu à la roulotte dans laquelle s'est
réfugiée la Zingara...

M. Valverde, fils de l'auteur de la *Gran Via*, une
des zarzuelas les plus célèbres dans la péninsule
ibérique, a écrit sur ce scénario une partition très
mouvementée, où les danses aux rythmes espagnols
se succèdent presque sans interruption, le compositeur ne paraissant guère se préoccuper de souligner musicalement la partie mimée de l'action.
Il semble n'avoir eu d'autre ambition que de
fournir aux danseuses des « pas » originaux, des
ensembles pittoresques, et ce but, il l'a atteint
avec le concours, fort efficace, du maitre de ballet-
librettiste. Il ne faut chercher dans sa musique, aux
tons très empâtés, ni raffinements harmoniques,
ni combinaisons instrumentales attachantes...

Le plaisir est avant tout pour les yeux. Et grâce
à une mise en scène très soignée, à une exécution
brillante, ce plaisir est réel. Mlle Josette Cerny se
montre souple et provocante à souhait dans le
rôle de la Zingara, dont elle a donné une réalisation très impressionnante. Mlles Olga Ghione,
Legrand, Paulette Verdoot, Hanssens et Jamet
fournissent, avec M. Ambrosiny lui-même dans le
rôle de Jodios, une interprétation dansante et
mimée vivante autant qu'expressive...

Le spectacle avait commencé par une reprise du
Voyage en Chine. Le livret de Labiche a produit son
effet de gaîté habituel, et la musique de Bazin a
paru plaire à de nombreux spectateurs... Bonne
exécution, confiée à Mmes Bérelly, Callemien et
Paulin, à MM. Girod, La Taste, Dua, Caisso,
Dognies et Demarcy. **J. Br.**

— Les nombreux amis de M. Guillaume Guidé
que la nécessité d'une opération chirurgicale avait
retenu, pendant quelques semaines, éloigné de la
direction de la Monnaie, ont appris avec infiniment
de plaisir, que l'éminent artiste avait aujourd'hui
recouvré la santé. Nous sommes heureux de lui
adresser nos plus vives félicitations, tant pour son
rétablissement définitif, que pour la haute distinction que le Roi lui a accordée, en le nommant
Commandeur de l'Ordre de Léopold II.

— Joli concert de musique ancienne donné à la
salle de la rue Mercelis par le quatuor vocal
Henry Carpay, avec le concours de Mmes Béon,
claveciniste, Alfred Mahy, cantatrice, et de M.
Van Neste, gambiste. Nous avons eu à diverses
reprises l'occasion de parler des remarquables
spécimens de l'ancienne polyphonie néerlandaise,
de Waelrant, Lassus, Le Maistre, de Melle, interprétées avec tant de talent et de goût par M. Carpay. Comme nouveauté, celui-ci nous a fait entendre une belle scène de *Persée* et une chanson en
chœur de l'*Amadis* de Lully, inconnus ici, ainsi
que trois chansons anciennes (une napolitaine et
deux françaises), récemment publiées dans une
harmonisation bien sonnante de A. Béon. De ce
dernier également, l'harmonisation d'une chanson
flamande, *Le Coucou*, que Mme Mahy fit particulièrement goûter. Mme Béon fit applaudir une fois de
plus son jeu élégant et délicat sur l'orgue et le
clavecin, dans des pièces de Pachelbel, Daquin et
Hændel, dont nous retenons surtout les majes-
tueuses variations de Pachelbel sur le *Magnificat*.
M. Van Neste a fait applaudir sa technique probe
et son style délicat dans des pièces trop peu
jouées de Schenk et de Marais. Une superbe
sonate de Hændel pour gambe et clavecin, remarquablement exécutée par Mme Béon et M. Van
Neste, valut à ces derniers un vif succès. **E. C.**

— MM. De Greef et Deru ont terminé leurs
auditions des sonates pour piano et violon de
Beethoven mercredi dernier. Même succès qu'aux
séances précédentes, dont nous avons signalé tout
le mérite artistique il y a huit jours. On dirait
même que pour leur dernière soirée consacrée aux
sonates en *sol* n° 10, *fa* n° 5 et *la* majeur (n° 9, à
Kreutzer), les interprètes aient encore voulu se
surpasser. Le jeu de M. De Greef est resté la perfection même, avec en plus d'émotion ce que des
œuvres comme la sonate à l'archiduc Rodolphe
(1812) et celle plus connue, à Kreutzer, réclament
d'un artiste. M. Deru fut un partenaire intelligent,
dont le jeu, en cette troisième soirée notamment,

parut singulièrement s'être affiné et élevé, ce dont nous le félicitons sincèrement.

Entre ces deux grandes sonates, nos 9 et 10, l'op. 24 en *fa* majeur (n° 5) fut un délicieux sourire que les artistes rendirent avec une grâce et un esprit parfaits.

Le succès de ces soirées fut aussi cordial que spontané. M. DE R.

— La première sénace de sonates de Beethoven pour piano et violon donnée par Mme Berthe Marx-Goldschmidt et M. Mathieu Crickboom avait attiré à la Grande Harmonie un public attentif qui ne se fit pas faute d'applaudir ces deux artistes d'élite.

Vrai, c'est bien là l'interprétation qu'il faut, discrète et fine, pour rendre la grâce et l'enjouement des sonates de l'op. 12 et de l'op. 23, sans troubler les inspirations de Beethoven jeune — un peu fragiles parfois — par des éclats qui ne conviennent qu'aux œuvres de maturité.

L'archet si souple de M. Crickboom, son sentiment juste, son jeu d'une rare clarté firent merveille.

Mme B. Marx-Goldschmidt fut la collaboratrice parfaite, toute au service de l'œuvre, ne cherchant jamais à élever le son au détriment de l'ensemble.

FRANZ HACKS.

— Une vraie séance d'art que nous donnèrent mercredi à la Salle allemande MM. Chaumont, Morisseaux, Rogister et Dambois. Au programme : le quatuor en *ré* mineur de J. Haydn, exécuté avec toute la grâce et la finesse qu'exige l'œuvre. L'exécution du menuetto fut malheureusement interrompue par le vacarme que fit une société de fanfare et le finale devint un quintette par l'intrusion d'un roulement d'un tambour d'un effet désastreux. Cela arrive trop souvent à la Salle allemande.

Le trio op. 9 n° 3 de Beethoven fit une excellente impression, si même la combinaison de ces trois instruments (violon, alto, violoncelle) n'est pas très heureuse.

Pour finir, l'admirable quatuor op. 5, en *la* mineur, modèle d'architecture musicale. Le succès fut très grand et mérité. M. BRUSSELMANS.

— Du *Moniteur*, les promotions et nominations suivantes :

ORDRE DE LÉOPOLD. — *Commandeur*. — M. J. Vanden Eeden, directeur du Consevatoire de Mons.

Officiers. — MM. A. De Greef, professeur au Conservatoire de Bruxelles; H. de Looze inspecteur de l'enseignement de la musique, à Tournai; O. Musin, violoniste.

Chevaliers. — G. Baivy de Lexhy, directeur de société

musicale; E. Closson, conservateur-adjoint du Musée instrumental du Conservatoire royal de Bruxelles; N. Daneau, directeur de l'Académie de musique de Tournai; Ch. Daneels, J. Debefve, professeurs au Conservatoire de Liége; J. Debroux, violoniste; D. Demest, professeur au Conservatoire de Bruxelles; Ed. Deru, violoniste; A. Dupuis, directeur de l'École de musique de Verviers; F. Durant, chef d'orchestre; J. Goetinck, directeur de l'Ecole de musique d'Ypres; J. Hekkers, secrétaire du Conseil d'administration du Conservatoire flamand, à Anvers; Math. Lejeune, professeur au Conservatoire de Liège; Alfred Marchot, professeur au Conservatoire de Bruxelles; D. Prys, compositeur de musique; F. Rasse, directeur de l'Ecole de musique de Saint-Josse-ten-Noode-Schaerbeek; E. Samuel, professeur au Conservatoire de Bruxelles; H. Schmidt, directeur de l'Ecole de musique de Charleroi; H. Seghin, professeur au Conservatoire de Liège; H. Thiébaut, directeur de l'Ecole de musique d'Ixelles; Van Dooren, pianiste; A.Van Oost, directeur de l'Ecole de musique de Diest; Ch. Van Vlemmeren, directeur de l'Ecole de musique de Saint-Nicolas; A. Zimmer, professeur au Conservatoire de Gand.

ORDRE DE LÉOPOLD II. — *Commandeur*. — M. G. Guidé, ancien professeur au Conservatoire de Bruxelles.

ORDRE DE LA COURONNE. — *Officiers*. — MM. G. Beyer, professeur honoraire au Conservatoire de Gand; C. Mestdagh, directeur de l'Ecole de musique de Bruges.

— Concerts Ysaye. — Le deuxième concert d'abonnement, qui aura lieu le dimanche 10 décembre, au théâtre de l'Alhambra, sous la direction de M. José Lassalle, chef d'orchestre du « Tonkünstler orchester » de Munich et avec le concours de Mlle Maude Fay, de l'Opéra royal de Munich, promet une séance de grande attraction.

Au programme : 1. Suite de *Céphale et Procris* (Grétry); 2. Grand air de Donna Anna, de *Don Juan* (Mozart); 3. *Symphonie fantastique* (Berlioz); 4. Trois poèmes (Wagner); 5. a) Prélude de *Lohengrin*; b) Charme du Vendredi-saint, de *Parsifal*; c) Ouverture de *Tannhäuser* (Wagner).

Répétition générale, la veille, mêmes salle et heure.

— Le premier concert de la Société J.-S. Bach aura lieu le dimanche 17 décembre, à 3 heures, à la salle Patria, rue du Marais, 23. Programme : Cantate n° 190, *Singet dem Herrn ein neues Lied*, pour soli, chœur et orchestre; sonate en *sol* majeur pour violoncelle et clavecin; récit et air de la cantate n° 82, *Ich habe genug*; suite n° 6, *Bleib bei uns, denn es will Abend werden*, avec le concours de Mme M. Caponsacchi, violoncelliste (Paris); Mlle MM. Stapelfeld, alto (Berlin); M. G.-A. Walter, ténor (Berlin); Th. Hess van der Wyck, basse (Kiel); les chœurs et l'orchestre, sous la direction de M. Albert Zimmer.

— On nous annonce, pour le vendredi 22 décembre, à 8 1/2 heures du soir, à la salle Erard, une
causerie-audition qui sera donnée par le pianiste
et conférencier Ch. Delgouffre sur l'Ecole française moderne depuis César Franck.

Cette causerie-audition est donnée sous les
auspices de la Société internationale de musique
(section belge, groupe de Bruxelles).

THÉATRE ROYAL DE LA MONNAIE. —
Aujourd'hui dimanche, en matinée, représentation
donnée au profit de la Ligue nationale belge contre la
tuberculose : Le Voyage en Chine et La Zingara; le
soir, Obéron; lundi, Festival Beethoven, sous la direc-
de M. Otto Lohse. Troisième concert (première audition); mardi, représentation donnée au profit des
œuvres patronnées par le Cercle « Le Progrès » de
Saint-Gilles : Hérodiade; mercredi, première représentation de : Déjanire; jeudi, en matinée, Festival Beethoven, sous la direction de M. Otto Lohse, troisième
concert (deuxième audition); le soir, Manon; vendredi,
représentation organisée au profit de la « Fédération
des œuvres du Vêtement » : Déjanire; samedi, Obéron;
dimanche, en matinée, Carmen; le soir, Mignon.

Mardi 5 décembre. — A 8 ½ heures du soir, à la salle
de la Grande Harmonie, troisième séance Beethoven
donnée par Mme Berthe Marcx-Goldschmidt et M. Mathieu Crickboom.

Jeudi 7 décembre. — A 8 ½ heures du soir, à la
Nouvelle Salle, 11 rue Ernest Allard, première séance
du Quatuor Zoellner. Au programme : quatuor en ut
majeur (Mozart); quatuor op. 91 (H. Zoellner); quatuor
op. 10 (C. Debussy).

Vendredi 8 décembre. — A 8 ½ heures du soir, à la
salle Allemande, troisième séance de sonates donnée par
Mlle Gabrielle Tambuyser, pianiste et M Marcel Jorez,
violoniste.

Samedi 9 décembre. — A 8 1/4 du soir, à la
Grande Harmonie, soixante-cinquième concert organisé
par le Deutscher Gesang-Verein, de Bruxelles, avec
le concours de Mme Thérèse Serata.

Samedi 9 décembre. — A 8 ½ heures du soir, la
Scola Musicæ donnera rue Gallait, 90, une séance de
musique ancienne. Au programme des œuvres de
J.-S. Bach, D. Scarlatti, N. Porpora, G. Tartini,
J. Haydn. Interprètes : Mme Paule d'Ytte, MM. Fer-
nand Mawet, Léopold Charlier et Fernand Charlier

Mercredi 13 décembre. — A 8 ½ heures du soir, à la
Grande Harmonie, récital annuel de chant donné par
Mme G. Wybauw-Detilleux. Billets aux maisons Schott
et Breitkopf.

CORRESPONDANCES

GAND. — La Direction du Grand Théâtre
vient de monter, avec infiniment de goût,
Thérèse de Massenet. L'œuvre a été replacée
dans un ensemble de décors nouveaux que le
peintre Gondry a très heureusement conçus, principalement celui du premier acte, d'une poésie
automnale très remarquée.

L'interprétation scénique, confiée à Mme Galli-
Sylva (Thérèse) et MM. Borelli (Armand) et Roosen
(Thorel), a été parfaite. L'orchestre, conduit par
M. Becker, fut d'une souplesse vraiment remar-
quable et l'excellent chef a donné de l'œuvre de
Massenet une exécution pleine de vie et de poésie.

Le soixante quinzième anniversaire de la fondation du Conservatoire Royal a été célébré de
façon tout académique, le 18 novembre dernier,
en présence de M. le Ministre des Sciences et des
Arts. Cette cérémonie a été plutôt la glorification
de l'œuvre considérable réalisée par Ad. Samuel
sous la direction duquel le Conservatoire connut,
de 1872 à 1898, une ère de gloire inégalée jusqu'alors. Devant un auditoire trop restreint, des
discours furent prononcés par M. Ligy, président
de la commission administrative; par M. Tinel, au
nom de l'Académie royale de Belgique et par
M. Lebrun, au nom des anciens élèves du cours de
composition de feu Samuel. Puis eut lieu, sous la
direction du Directeur du Conservatoire, l'exécution de la 6e symphonie de Samuel, œuvre trop
peu connue et dont la beauté fut pleinement mise en
lumière grâce à une exécution très soignée. Le soir,
un programme trop chargé nous a donné l'occasion
d'entendre des œuvres des membres du corps professoral, lauréats des cours de composition (de
1876 à 1896) de feu Samuel.

— Le quatuor Zimmer, Ghigo, Baroen et Doehaerd annonce cinq séances de musique de chambre, consacrées à l'audition intégrale des quatuors
de Beethoven. Ces séances auront lieu les 11 décembre, 29 janvier, 5 et 19 février et 4 mars. Pour
l'abonnement et la location, s'adresser à la maison
Beyer, 14, Digue de Brabant.

— Les Concerts d'hiver annoncent le premier
concert dirigée par M. Edouard Brahy, pour le
16 décembre, avec le concours du pianiste Friedberg. Au programme : symphonie de Franck,
concerto de piano de Schumann, nocturne de
Lulli, nocturne de Debussy, *Tod und Verklärung*
de R. Strauss, sonate de piano de Beethoven,
ouverture d'*Obéron* de Weber.

— Parmi les promotions et nominations dans les
ordres nationaux on nous signale M. Beyer, professeur honoraire au Conservatoire, nommé officier de l'Ordre de la Couronne, Alb. Zimmer,
professeur de violon, chevalier de l'Ordre de
Léopold et Edouard Brahy, chef d'orchestre des
Concerts d'hiver, nommé chevalier de l'Ordre de
la Couronne. Nous joignons nos félicitations à

celles des très nombreux amis des nouveaux décorés.	MARCUS.

LIÉGE. — Après les petites séances, voici la première grande audition, le concert déjà annoncé dans lequel M. Sylvain Dupuis dirigea la *Sinfonia domestica* de R. Strauss, un important fragment d'*Orphée* et *Rédemption* de César Franck, ces deux œuvres chantées par Mme Croiza.

Ce fut une fête, salle comble — ce qui ne s'était plus vu depuis longtemps. — Public enthousiaste. La symphonie, dont c'était la première exécution à Liège, a été rendue avec un soin méticuleux et, malgré sa difficulté de compréhension, elle a obtenu un vrai succès. C'était la preuve d'un rendu presque impeccable par les musiciens et d'une belle ligne inspirée par le chef.

Mme Croiza obtint aussi le large succès auquel elle est habituée. Les chœurs étaient soignés. En somme, splendide soirée, prometteuse d'avenir.

Il y aura, cette année, quatre concerts du conservatoire au lieu de deux, les hivers précédents. Remercions M. Dupuis pour cette innovation.
Dr DWELSHAUVERS.

LILLE. — La seconde audition de la Société des Concerts Populaires a été excellente : elle a fait brillamment ressortir l'heureuse influence qu'exerce sur son orchestre M. Pierre Sechiari.

C'est ainsi que nous avons eu une très belle interprétation des *Idéals* de Liszt : cette musique, débordante de lyrisme, fertile en oppositions vibrantes, a été rendue avec beaucoup de fougue et de couleur. Malgré une bonne exécution, j'ai moins goûté la *Sérénade* de Léo Weiner, bien que le menuet en soit spirituellement écrit, et que l'air varié en soit particulièrement ingénieux. Le programme débutait par l'élégante ouverture d'*Iphigénie en Aulide*, et concluait par le tumultueux *Carnaval Norvégien* de Svendsen, aux accords pittoresques et joyeux.

A ce concert nous entendions M. Lucien Capet dont l'archet souple et délicat détaillait merveilleusement les pures phrases du Concerto en *mi* majeur de Bach, et la Romance en *fa* de Beethoven.

Le quatuor Surmont a repris récemment la série de ses auditions de musique de chambre. La première soirée a été fort intéressante : elle s'ouvrait par un quatuor de Glazounow, pour se terminer sur une des belles pages de Beethoven, le quatuor n° 10, auquel les accords en *pizzicati* du thème, ont valu le surnom de quatuor des harpes. Entre-temps, Mlle Marie Ratez donnait la vingt-neuvième sonate de Beethoven, et M. Surmont interprétait dans le

meilleur style la sonate de Louis Dumas pour violon et piano.	A. D.

TOULOUSE. — La Société des Concerts du Conservatoire a ouvert la dixième année de son existence avec un beau programme dont la seconde partie était consacrée à Liszt à cause du centenaire du musicien des *Vieilles Légendes*.

Le concert débutait par l'admirable symphonie en *sol* mineur de Mozart, jouée par l'orchestre avec une finesse et un esprit rares ; puis, ce fut le *Concerto en ut mineur*, pour piano, de Beethoven que M. Armand Ferté exécuta de merveilleuse façon, avec une belle tenue classique et une mâle sonorité. Puis après vint l'*Orphée* de Liszt avec toute sa poésie et toute sa fluidité orchestrale, et M. Armand Ferté fut couvert d'applaudissements après une transcendante exécution de la légende de *Saint Paul marchant sur les flots*, dans laquelle son mécanisme d'acier se donnait libre carrière en symbolisant les vagues de la mer. Par pure coquetterie de virtuose, M. Armand Ferté avait inscrit sur son programme la suave mélopée *Un Sospiro* afin de nous faire entendre sa qualité de son toute charmeuse ; et enfin ce fut la deuxième *Rapsodie Hongroise* qui mit la salle en délire tellement l'exécution en fut prestigieuse.

Comme couronnement : la *Bataille des Huns*, pièce descriptive dont la première partie est absolument remarquable, tandis que la péroraison fut une désillusion pour tout le public artistique.

Mais ce qu'il faut surtout signaler, c'est la parfaite exécution, par l'orchestre, que dirige toujours avec un talent et une autorité de plus en plus accentués M. Crocé-Spinelli, le distingué directeur de notre Conservatoire.	OMER GUIRAUD.

TOURNAI. — Lorsque, en avril dernier, la Société de musique de notre ville, sous la direction de M. Henri De Loose et l'inspiration de son président, le baron Stiénon du Pré, exécuta la *Passion selon Saint-Mathieu* de Bach, notre collaboratrice et amie Mlle May de Rudder nota, dans ces colonnes, tout le bien qu'elle pensait de la sonorité et de l'intelligence des masses chorales tournaisiennes et de deux des solistes du chant que nous avons eu le plaisir de réentendre dimanche : l'évangélique ténor Plamondon et l'onctueux baryton Reder. Elle regretta que le second directeur eût fait appel à une mauvaise basse gantoise, M. Parmentier. Celui-ci fut remplacé à la seconde audition avec talent et modestie par M. Jean Suys de notre ville.

D'autres solistes de l'orchestre et du chant de la

première audition manquaient également à la seconde audition : le soprano Mme Mellot-Joubert et le violoniste M. Moens pour motifs de santé et l'alto, Mlle Maria Philippi, pour cause d'éloignement. Le soprano de l'audition de dimanche était Mme Mary Mayrand, de Paris, dont la voix étendue et puissante et le talent accompli de musicienne firent que le public ne regretta pas la première interprète. Ce fût une élève d'Ysaÿe, Mlle Marie Delstanche, de Bruxelles, qui joua avec beaucoup de style le célèbre solo de violon que Bach a associé à l'émouvant lamento du reniement de saint Pierre, à cette page sublime qu'a interprétée, en grande artiste, une jeune cantatrice bruxelloise, Mlle Julia Demont. Débuter devant un public, plutôt difficile, dans une œuvre comme la *Passion selon Saint-Mathieu* de Bach et y remplacer, à quelques mois seulement de distance, une interprète aussi autorisée que Mlle Maria Philippi, semblait une entreprise, si pas téméraire, tout au moins audacieuse. Mlle Julia Demont s'en est tirée tout à son honneur grâce à sa réelle intelligence musicale et à la beauté de sa voix d'une égalité parfaite dans toute son étendue.

J. DUPRÉ DE COURTRAY.

NOUVELLES

— A propos de la reprise d'*Obéron* à Bruxelles et des traductions de cet ouvrage rappelées par M. J. Br., notre collaborateur, M. Georges Servières, qui est très documenté sur Weber et qui pourrait au, besoin, écrire l'histoire de toutes les adaptations qui ont été faites des ouvrages de ce maître, ainsi qu'il a retracé, ici même, en 1906, celle des *Contrefaçons et parodies du Freischütz*, nous communique les renseignements complémentaires suivants :

Avant Weber, le sujet d'*Obéron*, d'après le poème de Wieland, avait été traité sous la forme opéra, par Kunzen, en 1789, sous le titre *Holger Danske*, pour le théâtre de Copenhague, et en 1790, par Wranitzky. Joué d'abord à Francfort, cet *Obéron* de Wranitzky fut monté à Breslau à l'époque où Weber y remplissait les fonctions de Kapellmeister. Ce même poème ou l'adaptation de la légende versifiée du moyen âge, publiée par M. de Tressan en 1780, a inspiré également une pantomime-féerie en cinq actes en prose, à grand spectacle, mêlée de chants, danses, combats, évolutions, intitulée *Huon de Bordeaux* ou *l'Épreuve des Amants fidèles*, paroles du citoyen P.-J. Noël, architecte, musique du citoyen Leblanc, et représentée pour la pre-

mière fois à la Gaieté, le 9 pluviôse an IX de la République Française. Dans cette pièce, publiée à Paris, chez Fage, 26, rue Saint-Martin, Rezia s'appelle Amanda.

Par une équitable compensation, J. Ramoux, l'auteur de la traduction du livret de Planché, imprimé et joué à Liége en 1832, changea le nom d'Huon en celui d'Armand (!) pour obvier, dit-il, « au mauvais » effet de la première syllabe du mot *Huan* dans les appels du grand air de Rezia (1) ».

Enfin, la version de Nuitter, Beaumont et de Clazot, a servi lors de la reprise d'*Obéron*, le 8 juin 1876, au Théâtre Lyrique de Vizentini ; tandis que, celle d'août 1899 à la Renaissance, sous la direction des frères Milland, si l'adaptation des scènes chantées était due à M. Durdilly, le fond de la pièce et le parlé étaient de M. Michel Carré fils, qui avait respecté, mieux que ses prédécesseurs, l'ordre des morceaux et l'action imaginée par J.-R. Planché.

— Mme Isadora Duncan, qui s'est fait, comme on sait, une spécialité des remaniements ou transpositions de chefs-d'œuvre de la musique au profit de ses danses et poses plastiques, d'une grâce d'ailleurs incontestable, donne en ce moment de belles séances à Paris, où elle comptait, entre autres adaptations, nous révéler la bacchanale de *Tannhäuser* selon la note publiée. « Les Parisiens auraient vu pour la première fois la célèbre bacchanale interprétée comme une danse classique. » Hélas ! les directeurs de l'Opéra lui ont fait interdire par huissier ce numéro de son programme. Et elle en a été très étonnée : Une longue lettre nous l'apprend. « Ce devait être une interprétation toute personnelle. Je n'aurais pas été entourée de danseurs, il n'y aurait eu ni les costumes ni les décors de l'œuvre. » — Alors qu'est-ce qu'il en restait, de la bacchanale ?

— Le théâtre de Berne, a représenté, avec grand succès, cette semaine, *le Cavalier à la Rose* de Richard Strauss. Les œuvres nouvelles qui seront données au cours de la saison sont : *Le Roi des Alpes et l'Ennemi des Hommes* de Léo Blech, *Le Secret de Suzanne* de Wolf-Ferrari, *Louise* de Charpentier et *Sainte-Élisabeth* de Liszt.

— Pour sa réouverture qui a eu lieu, aujourd'hui 3 décembre, le théâtre San Carlo de Naples repré-

---

(1) Dans l'allemand, en effet, l'accent tonique est sur la première syllabe, tandis que c'est le contraire en français. Mais le choix du vocable, Armand ne remédie à rien, puisque sa prosodie est également l'inverse de celle de Weber.

sentera *la Fanciulla del West* de Puccini. La direction annonce qu'elle donnera, au cours de la saison, *Tristan et Isolde*, *Don Pasquale*, *La Norma*, *Traviata*, *Le Secret de Suzanne*, *Isabeau*, *Salomé*, *Lōveley*, *l'Arlésienne*, de Colea, *Nabucco* et *Hoffmann*. Le bâton de chef d'orchestre sera tenu par M. Leopoldo Mugnone.

— Giacomo Puccini a assisté, cette semaine, à la première représentation de son nouvel opéra *la Fanciulla del West* au théâtre de Budapest.

— *Le Cavalier à la Rose* de Richard Strauss a été représenté, également cette semaine, avec un grand succès au théâtre de Dantzig.

— Le 23 de ce mois, le théâtre Olympia, de Londres, représentera *Le Miracle*, mystère d'Engelbert Humperdinck pour la musique, et de MM. Max Reinhardt et Karl Vollmœller pour le livret.

— *Le Pays*, le nouveau drame en musique de MM. Ch. Le Goffic et J. Guy Ropartz sera, dès cette saison, représenté au théâtre de Nancy.

— A l'occasion du centenaire de Liszt, l'archiviste de la ville de Presbourg (Hongrie) a offert à ses concitoyens un monument à la gloire de l'artiste qu'il a fait élever à ses propres frais. C'est le buste en bronze de Liszt tel que l'avait modelé, en 1884, le sculpteur Victor Tilgner. Sur le socle sont gravées les dernières mesures du *Benedictus* de la messe hongroise du couronnement. Sur la grille extérieure, on lit la phrase célèbre de Sénèque : *Ingratissimus omnium qui oblitus est.* (L'homme le plus ingrat est celui qui oublie.)

— Dans sa dernière séance, le conseil communal de Lyon a voté la création d'un cours d'histoire de la musique du Conservatoire de la ville.

— A la demande de M. André Gresse, commissaire général du grand Concours international de musique que la Ville de Paris organise pour 1912, le maître Saint-Saëns a bien voulu écrire un chœur sur des paroles de M. Jean Bonnerot, portant le titre de *Aux Aviateurs*.

Cette œuvre magistrale servira aux épreuves du grand tournoi musical, qui doit avoir lieu aux prochaines fêtes de la Pentecôte.

La Ville de Paris, en organisant pour la première fois un Concours International de Musique, a tenu à affirmer, de la plus éclatante façon tout l'intérêt qu'elle porte à l'enseignement et à la propagation de la Musique en dotant ce Concours de primes importantes et de récompenses diverses,

dont le montant pourra s'élever, suivant le nombre des adhésions, qui s'annonce considérable, à plus de *trois cent mille francs*.

A cette œuvre éminemment populaire, le Conseil général de la Seine et le Gouvernement ont bien voulu associer leur haut témoignage d'intérêt à celui de la Ville de Paris, en instituant plusieurs gros prix et en lui accordant leur patronage.

Cette grande manifestation artistique, placée sous une telle égide, revêtira ainsi un caractère officiel tout à l'honneur des Sociétés, qui est sans précédent.

La Commission d'organisation s'est appliquée à ne pas diminuer les chances de succès des Sociétés, par suite d'un trop grand nombre de concurrents. A cet effet, elle a, au prix de très grands sacrifices, décidé que dans les divisions et sections trop chargées pour que les Sociétés puissent être entendues par un seul Jury, il serait formé un ou plusieurs groupes, et que, *pour chacun de ces groupes, les primes affectées à ces Divisions et Sections seraient autant de fois renouvelées.*

Le Règlement général de ce Concours, faisant connaître toutes les conditions d'admission et les avantages accordés aux Sociétés, est actuellement à l'impression, et sera envoyé à celles-ci très prochainement.

— Un de nos abonnés nous écrit de Cambrai; où il était de passage, la surprise charmée qu'il a éprouvée en assistant à un concert donné par l'Union orphéonique de la ville, à l'occasion de son cinquantenaire, sous la direction de son chef, M. Duysburgh, et la présidence de M. Xavier Leroux. Le Choral Nadaud avait joint ses forces à celles de l'Union, et les exécutions de *La Nuit du Sabbat* d'Ambroise Thomas, et surtout du *Chant du fer* de Xavier Leroux, ont été grandioses, autant par la beauté des voix que par leur discipline.

— Notre confrère M. René Brancour, conservateur du musée du Conservatoire, a donné le 27 courant, à Bruges, une conférence qui a été fort goûtée, sur ce sujet : « La mer, dans la littérature et dans la musique ». Mme English, cantatrice distinguée, prêtait son concours à cette intéressante séance.

NÉCROLOGIE

L'éminent compositeur valençais, dont la renommée s'était répandue dans toute l'Espagne, Salvador Giner, est mort à Valence à l'âge de quatre-vingts ans. Véritable gloire nationale, Salvador Giner s'est essayé dans tous les genres avec un égal succès. Il laisse quatre opéras : *Sagunto*, *Morel*, *El Sonador* et *Fantasma*, qui sont joués sur tous les théâtres espagnols. Sous l'influence des œuvres de Saint-Saëns, il a composé des poèmes symphoniques où la variété de ses dons s'est révélée avec le plus vif éclat : *Las Fases del Campo*, *Nit d'Albaes*, *Hasta la Moma es Chopa*, *Les Enraindes*, *Las Custro est actiones*.

Au programme de toutes ces auditions vocales figurent toujours, en Espagne, une œuvre sortie de sa plume, telle que *La Trilla*, *Matinadag de maig*, *Els Escursionistes*, *Himne à Valencia* et *La Tempestat*. Enfin, il a écrit une grande messe de *Requiem* et des *Responsos*, de toute beauté, qui sont fréquemment exécutés.

Salvator Giner a été pendant longtemps directeur du Conservatoire de Valence, où il donnait le cours de composition. Depuis qu'il avait donné sa démission, il vivait dans la retraite, obligé de prendre grand soin de sa faible santé.

— Gustave Michiels, l'auteur de la plupart des czardas que jouent les tsiganes, est mort cette semaine à Bruxelles.

Gustave Michiels était une personnalité. Premier prix de violon, d'harmonie et de fugue au Conser-vatoire de Bruxelles, il fut d'abord chef d'orchestre aux Galeries Saint-Hubert, puis il fut appelé à Saint-Pétersbourg, où il dirigea l'orchestre du théâtre impérial de l'Opéra pendant quinze ans. Après un séjour en Amérique, il alla à Paris, qu'il ne quitta plus.

On lui doit un nombre considérable d'œuvres intéressantes : douze opéras-comiques et opérettes, trois grandes pantomimes, une cinquantaine de chansons, parmi lesquelles le *Bon Gîte*, la chanson favorite de Thérésa ; au *Clair de la lune*, la *Musique de la garde*, *Taraboum*, dont on sait le succès.

Il a mis en musique la plupart des chants de Richepin, *P'tiots*, la *Glu*, etc., les *Lèvres pâmées* de Rollinat, et cent autres.

5₇ᵐᵉ ANNÉE. — Numéro 5o.   10 Décembre 1911.

LE GUIDE MUSICAL

Camille Saint=Saëns

et son œuvre

SI la musique de Camille Saint-Saëns ne nous empoigne pas avec toute la fougue passionnée d'un Beethoven, si elle ne nous attendrit pas ainsi qu'un *Lied* de Schumann ; si elle ne nous emporte point dans les superbes chevauchées d'amour et de rêve d'un Wagner ; si elle ne nous enveloppe point l'âme tout entière de la géniale et religieuse puissance d'un Bach, elle est d'une si profonde intellectualité, qu'elle s'empare de notre esprit et le subjugue complètement. Car elle l'entretient avec cette finesse, cette clarté, cette fantaisie, cette grâce essentiellement françaises et qui sont, avec la noblesse du style et la grandeur de la ligne, les qualités les plus précieuses du maître. A part, dans *Henri VIII*, le monologue de la reine Catherine, prisonnière au fond de son château et le discours de don Gomez apportant, au roi, le jour de sa fête, les vœux de l'épouse abandonnée et toujours fidèle ; à part les accents angoissés de Samson, alors qu'il fait tourner la meule des Philistins ; à part encore la mélodie impressionnante du violon dans la *Danse macabre*, la musique de Camille Saint-Saëns, qui est d'une douceur exquise

dans les chants d'amour, ne fait pas pleurer l'âme, mais elle réjouit l'esprit.

De plus, ses œuvres sont bâties avec une incomparable architecture ; chaque détail en est travaillé avec une finesse remarquable et la richesse de son orchestration n'a d'égale que celle de la nature même du maître.

Camille Saint-Saëns possède, en effet, une mémoire immense, un jugement rapide, un esprit pénétrant, en plus d'une extraordinaire organisation musicale. Il possède, en outre, des aptitudes spéciales pour les langues, les sciences exactes, l'histoire naturelle, la mécanique, de telle sorte que, comme le dit le chroniqueur musical de *L'Illustration*, après le premier concert du maître donné à Paris, dans la salle Pleyel, à l'âge de dix ans et demi, « il eût pu tout aussi bien suivre la trace des Cuvier et des Laplace que celle des Mozart et des Beethoven ». Saint-Saëns est écrivain, critique, poète, car non seulement il a voulu être le librettiste, tout autant que le compositeur de *Déjanire*, mais on lui doit un livre de poèmes : *Rimes familières ; Portraits et Souvenirs*, où, à côté de quelques pages de critique, il en consacre maintes autres à y dessiner, à larges traits, de grandes figures musicales contemporaines. Enfin, ce volume très curieux : *Harmonies et Mélodies*, dont le chapitre le meilleur est celui où il traite de la série des sons engendrés par chaque coup d'une cloche. Nul mieux que lui, d'ailleurs, n'était préparé à réussir dans cette étude, car tous les sons intéressent Camille Saint-Saëns.

Il n'était qu'un bambin qu'on s'amusait déjà à lui faire désigner la note produite par le heurt de quelque objet sonore, un flambeau, un verre. une bobèche et si on lui demandait la note que donnait une cloche en mouvement, il répondait : « Elle ne donne pas une note, mais plusieurs ».

Sa mère s'amusait à régler toutes les pendules de la maison, de façon qu'elles donnassent successivement les douze coups de midi. Et l'enfant prenait plaisir à comparer, entre elles, les diverses sonneries, à noter les différences de timbres, de vibrations et à les frapper, ensuite, sur le piano.

Entendant passer, dans la pièce voisine. un monsieur boiteux, l'enfant remarqua qu'il faisait, en marchant, une noire et une croche.

Le chant des oiseaux, la plainte du vent, le susurement des feuilles, la résonance des cloches, la percussion du marteau sur l'enclume et ces mille bruits auxquels nous ne prenons point garde, impressionnant Saint-Saëns qui les classe, soigneusement, en sa mémoire pour les exprimer musicalement ensuite.

Et c'est pourquoi l'on se sent frissonner en entendant les os des squelettes s'entrechoquer entre eux, en dansant, au son du violon-fantôme, dans la *Danse macabre*.

On est mystérieusement entraîné par le tournoiement enchanteur du *Rouet d'Omphale*.

Le chant triomphal des cloches nous réjouit dans la *Marche nuptiale*.

Nous sommes impressionnés par la grande voix de Dieu dans le *Déluge*, soit qu'il maudisse les coupables ou promette le salut aux justes et nous éprouvons une sensation d'épouvante lorsque l'orchestre nous peint la pluie torentielle qui, durant quarante jours, tombe en cataracte formidable sur le monde.

Pourtant l'âme se rassérène quand, après avoir perçu le vol lourd du corbeau, elle distingue le vol léger de la colombe et, lorsque les soupirs réguliers des flûtes et des hautbois, se posant sur des accords syncopés et flottants, nous apprennent que, comme dit Camille Bellaigue, « la face du monde s'éclaire d'un sourire humide et parfumé, et que l'on croit entendre les dernières gouttes d'eau tomber des fleurs plus odorantes et du feuillage lustré ».

Dans ce même volume *Harmonies et Mélodies* que nous citions plus haut, C. Saint-Saëns nous dit qu'il y a la mélodie des théoriciens, celle des mélodistes et celle des *musiciens*. Pour les *théoriciens*, toute succession de notes est une mélodie.

Les *mélodistes* rejettent tout ce qui n'a pas un caractère vocal. Ils n'admettent point que l'orchestre joue un rôle dans un opéra. Ils apprécient la musique d'après le plaisir qu'elle procure à l'oreille et jamais, dans leurs jugements, ne font intervenir ni l'âme, ni l'intelligence, ni la raison.

Enfin, les musiciens considèrent l'art à un point de vue plus élevé. Ils recherchent, toujours, dans un morceau, le sens poétique et savent distinguer, au milieu des trames instrumentales les plus compliquées, le dessin mélodique le plus *insaisissable*. Ils savent, *ceux-là*, que dans une sonate de Beethoven il y a plus de mélodie, que dans un acte d'opéra italien et que les symphonies du maître allemand vivront longtemps après que la musique italienne de Bellini et de Donizetti aura disparu. Ils savent que la musique n'est pas un plaisir physique, mais que l'homme possède, dans les profondeurs de son intelligence, un sens intime spécial : *le sens esthétique*, par lequel il perçoit l'art.

Camille Saint-Saëns est né à Paris, rue du Jardinet, 3, le 30 octobre 1835. Il perdit son père de bonne heure. Sa mère, qui avait le goût de la musique et une grand'-tante, musicienne éprouvée que l'enfant appelait sa « bonne-maman », furent ses premiers maîtres.

Il n'avait que trente mois lorsque cette dernière le mit au piano, à un de ces pianos primitifs dont le nombre des touches était fort restreint et que le maître conservait religieusement, et fut désolé lorsque, à la suite d'un déménagement, il s'aperçut de la disparition de ce précieux souvenir « dont on aura sans doute fait du bois à brûler », me disait-il, lorsque j'objectais qu'il le retrouverait peut-être, un jour, dans quelque musée.

A trois ans, Saint-Saëns écrit la musique qu'il compose déjà; à cinq, non seulement, il déchiffre sans faute une partition de Grétry, mais il compose des valses que n'eût pas désavouées un compositeur exercé.

A sept ans, il est confié à Stamati pour le piano, à Maleden pour l'harmonie.

A dix ans et demi, il donne son premier concert à Paris, dans la salle Pleyel et le public est conquis par le merveilleux talent de cet enfant qui exécute de mémoire, avec le concours de l'orchestre des Italiens, un concerto de Mozart, un autre de Beethoven, du Hændel, un *Prélude* et une *Fugue* de Bach, et une *Toccata* de Kalkbrenner; programme assez effarouchant pour l'époque!

En 1852, l'artiste concourt pour le premier prix de Rome, qui est remporté par un émule obscur, Victor Sieg.

Il paraît que Berlioz, vieillissant et oublieux des anciennes luttes, s'écria au sortir de l'Académie : « Je n'ai pas voté pour Saint-Saëns; il sait *tout* mais il manque de mélodie ». Et le musicien français le plus savant de notre temps obtint toutes les distinctions, sauf celle-là.

Quatorze ans plus tard, Berlioz proclamait Saint-Saëns le plus grand musicien de l'époque.

Celui-ci ne garda point rancune à Berlioz de son premier jugement contraire. Dans son livre *Portraits et Souvenirs*, Camille Saint-Saëns fait bonne justice de cette réputation d'être orgueilleux, méchant et hargneux qu'on fit au grand critique français, dans un certain monde, grâce à un article éreintant *Hérold* qu'on lui avait attribué.

Ce n'est qu'au lendemain de la mort de Berlioz que Jules Janin avoua, un peu tard, l'avoir écrit.

Saint-Saëns nous dit même de Berlioz qu'il était bon jusqu'à la faiblesse, très reconnaissant des marques d'intérêt qu'on

lui portait et d'une simplicité admirable, qui donnait plus de prix à ses saillies, à son esprit mordant, parce qu'on n'y sentait *jamais* la recherche de l'effet ni le désir d'éblouir. Il ajoute que Berlioz n'avait point de méchanceté, mais plutôt de la gaminerie, une verve comique intarissable qu'il portait dans la conversation et ne pouvait maîtriser. Et il se plaint de cette hostilité, de cette indifférence témoignées à Berlioz et qui ont privé l'école française de cinq ou six chefs-d'œuvre.

Après son échec pour le prix de Rome, Camille Saint-Saëns ne voulut plus rentrer en lice.

Il eût, d'ailleurs, bientôt d'autres luttes à soutenir.

Il fallait vivre et le jeune artiste devint professeur de piano à l'école Niedermeyer, organiste à Saint-Merri, puis à l'église de la Madeleine. Il ne quitta même ce dernier poste qu'en 1877, pour le céder à Théodore Dubois.

Le maître aime à parler de cette époque où tant d'artistes fameux allèrent l'entendre.

« Mᵐᵉ Schumann me fit l'honneur de venir m'écouter, me dit-il, et j'improvisai, pour elle, un offertoire.

» D'ailleurs, à la Madeleine, j'improvisais toujours; je ne me servais de musique écrite que quand j'avais mal à la tête. Liszt vint aussi, ajouta-t-il, et parce que – chose qu'il trouvait impossible à l'orgue – j'interprétais la « Prédication des petits oiseaux » de son *Saint-François d'Assise*, il me proclama le meilleur organiste du monde! « Ce n'est que pour cela », dit-il en riant, plaisantant l'artiste hongrois et lui-même. »

Soit dit en passant, Saint-Saëns avait une grande vénération pour Liszt et, toujours dans ce même volume de *Portraits et Souvenirs*, il proclame que « ce qui faisait ce dernier exécutant génial, ce n'étaient pas seulement ses doigts, mais le musicien, le poète, qui étaient en lui, son grand cœur, sa belle âme. C'était surtout l'âme de sa race : âme magyare faite d'un amoureux mélange de fierté, d'élégance native d'énergie sauvage ». Et il n'hésite pas à dire que « les premiers poèmes symphoniques de Liszt lui ont indiqué le chemin où il devait rencontrer, plus tard, *La Danse Macabre, Le Rouet d'Omphale* et les autres œuvres de ce genre.

Le maître nous conta que Rubinstein s'était essayé aussi sur les orgues de la Madeleine, une fois que Saint-Saëns y avait joué sa symphonie *Océan*. Un autre jour, un groupe de musicien, dont Schulhoff, se trouvant en cette même église, on pria ce dernier d'improviser quelque chose. Et il commençait à préluder à la basse, quand Camille Saint-Saëns s'approcha et, debout, l'accompagna à la première partie, puis, s'asseyant à son tour, se mit à improviser de façon remarquable sur les improvisations de Schulhoff. Un peu plus tard, à une soirée intime chez Pleyel, Schulhoff et Saint-Saëns se mirent au piano et improvisèrent un quatre mains.

Faut-il, après cela, s'étonner que l'Espagne reconnut l'illustre maître français pour son fils adoptif, parce qu'il aurait, dit-on, joué la *Marseillaise* d'une main tandis que l'autre exécutait la *Marche royale*.

Dès 1852, Camille Saint-Saëns est recherché partout comme pianiste, non seulement en France, mais en Allemagne, en Belgique, en Russie, en Angleterre, en Espagne, en Portugal, en Autriche, et malgré ses nombreuses occupations, il trouve le moyen de produire dans tous les genres et d'y être parfait. Pour l'église, il compose six préludes et fugues pour orgue « dont le style sévère, m'écrivait Saint-Saëns, fait un contre-poids, peut-être nécessaire, à des œuvres plus légères ». Puis, ce sont des motets, l'*Oratorio de Noël*, le psaume *Cœli enerrant* et une messe de *Requiem* de grand intérêt.

Au concert et à la musique de chambre il donne des symphonies dont celle en *ut* mineur est un chef-d'œuvre de musique instrumentale et l'on en peut dire autant de la symphonie en *la* mineur.

Il donne aussi des concertos et des trios pour piano, pour violon et pour violoncelle.

Son deuxième trio est en cinq parties et la seconde, au lieu d'affecter le rythme du menuet ou de la valse, emprunte celui du zarzico espagnol 5/8 ; ce qui n'a pas été fait souvent dans la musique de chambre.

Il compose encore un quintette, un quatuor pour piano et cordes, des sonates et le fameux septuor de la trompette, dont il me conta lui-même la genèse.

Un de ses amis, directeur du Cercle « La Trompette », à Paris, lui ayant demandé de composer un morceau pour musique de chambre où la trompette aurait sa place, le maître cria d'abord à l'impossible, prétendant qu'on en rirait, puis il essaya et donna la première partie du septuor. On la joua, elle plut, et Saint-Saëns composa le reste.

Saint-Saëns écrit ses poèmes symphoniques tant goûtées : *La Danse macabre* et *Le Rouet d'Omphale*, dont je parlais tantôt, *La Jeunesse d'Hercule; Phaëton*, et des suites, des fantaisies, deux cantates : *Les Noces de Prométhée*, puis *La Lyre et la Harpe*, œuvre attrayante où la science et le pittoresque s'allient d'originale façon.

Enfin, il donne au théâtre, un chef-d'œuvre, *Samson et Dalila*, qui, s'il n'est pas son premier ouvrage dramatique représenté, est le premier qu'il conçut. Il en écrivit, d'abord, des fragments, mais ne le termina et ne le fit jouer qu'après *Le Timbre d'argent*, fleur cueillie dans le parterre des légendes.

Il est inutile d'insister sur les qualités de *Samson et Dalila*, œuvre si universellement connue. Remarquons seulement que le style biblique y est exprimé en une mâle poésie, n'excluant pourtant pas la grâce exquise du chant d'amour de Dalila, non plus que l'expression d'une douleur intense, lorsque Samson pleure ses souffrances et ses remords, tandis que montent jusqu'à lui, les plaintes angoissées de ses frères.

Après *Samson et Dalila*, qui est peut-être le seul opéra de Saint-Saëns qui nous cause une émotion aussi profonde, la pensée du maître s'en fuit en Orient pour nous en ramener *La Princesse jaune*, puis elle évoqua, dans l'histoire de France, la grande figure d'*Etienne Marcel*, le prévôt des marchands, et nous révéla toute sa puissance dramatique dans cette œuvre, comme dans *Henri VIII*.

Le cadre de cette étude ne nous permet pas d'y analyser les œuvres de Camille Saint-Saëns, la plupart d'ailleurs bien connues des lecteurs du *Guide musical*. Citons seulement ses autres opéras : *Proserpine*, *Phryné*, *Antigone*, *Ascanio*, roman d'amour écrit dans une jolie villa des environs d'Alger ; *Les Barbares*, enfin *Déjanire*, dont le grand style, la belle tenue, la pensée tragique et toutes les qualités musicales et esthétiques sont mises en lumière, en ce moment, avec toute la perfection et le goût auxquels nous ont accoutumé la direction si hautement artiste et intelligente du Théâtre de la Monnaie, merveilleusement secondée par le grand chef d'orchestre Lohse et le réel talent des interprètes de notre grande scène lyrique.

Il y a eu quinze ans, le 2 juin 1911, qu'un brillant auditoire se réunissait dans la salle Pleyel, à Paris, pour y célébrer le cinquantième anniversaire du premier concert y donné par Camille Saint-Saëns, en 1846. Le programme était formé des œuvres de ce dernier que l'orchestre des concerts du Conservatoire, avec Taffanel qui dirigeait, Sarasate et Saint-Saëns, lui-même, exécutèrent avec une grande perfection. Le maître y ajouta le concerto de Mozart qu'il avait interprété à son premier concert et il le redit avec une grâce si juvénile, si aimable, si candide presque, qu'il semblait réentendre le jeune garçon d'il y a cinquante ans.

Il y eut plus : Au moment où Taffanel levait le bâton pour diriger l'orchestre, « Saint-Saëns, nous dit Fourcaud, s'arrêta à mi-chemin au piano pour lire des vers émus, malicieux et touchants, qui sont bien l'homme lui-même. Il y rappelle ses débuts, parle un peu de son œuvre, nomme ses anciens professeurs, plaisante la neige de ses ans, et, surtout, s'y souvient de sa mère, de « l'incomparable femme », comme il l'appelle, qui fut son guide « au chemin du

travail, du devoir » et à qui il rend grâce de *tous ses succès*.

Enfin, il termine en plaisantant son âge :

Que vous dirai-je encore? Je n'étais qu'un enfant
A mes débuts, trop jeune alors, et maintenant
Trop... Non! n'insistons pas. La neige des années
Est venue et les fleurs sont à jamais fanées.
Naguère si légers, mes pauvres doigts sont lourds.
Mais, qui sait! Au foyer, le feu couve toujours,
Si vous m'encouragez, peut-être une étincelle,
En remuant un peu la cendre luira-t-elle? »

Et l'on acclamait encore le poète que déjà le musicien était au piano.

La mère de Saint-Saëns mourut en 1888 et le maître en fut si affligé, si désorienté que, durant plusieurs mois, il se sentit incapable, nous dit-il lui-même, de s'occuper de musique.

C'est alors qu'il écrivit son petit volume *Rimes familières* et c'est pendant l'hiver 1888-89 que, sous l'empire de la dépression morale causée par la mort de sa mère, Camille Saint-Saëns disparaît soudain. De longs mois s'écoulèrent avant qu'un de ses amis le rencontrât aux Iles Canaries. Depuis, presque chaque année, le maître y retourne passer l'hiver, quand il n'est pas à Alger, en Egypte, ou dans quelque autre pays du soleil; car il aime à voyager et à recueillir des impressions de musique, sous chaque ciel qui l'abrite, pour les exprimer de façon très originale, très vraie dans quelqu'une de ses œuvres, telle *Africa*, cette fantaisie pour piano et orchestre, qu'il joua lui-même à Bruxelles, il y a quelques années, et où nous avons retrouvé toute la riche coloration que le soleil de là-bas répand avec une prodigalité si généreuse sur cette nature enchantée.

On a reproché à Saint-Saëns de critiquer Wagner mais, s'il est plusieurs points au sujet desquels le maître français n'est pas d'accord avec le maître allemand, Saint-Saëns avoue, lui-même, que ce n'est que d'une façon relative « parce que, dit-il, pour juger sainement l'œuvre de Wagner, on doit le rapprocher des drames de Gœthe, de Schiller, du théâtre allemand, lequel ne convient pas au tempérament français, de sorte qu'à ce point de vue, il échappe à ma compréhension ».

Il serait bien remarquable, en effet, que le plus français des compositeurs s'entendît, en tous points, avec le plus germain des musiciens.

D'ailleurs Saint-Saëns avoue avoir toujours eu une admiration profonde pour les trois quarts de *Tristan* et pour la *Walkyrïe*. Quant à Georges Bizet, Saint-Saëns avait pour lui une réelle affection à cause, dit-il, de « son amour pour la franchise, fut-elle rude, qui s'étalait au grand jour. Bizet, loyal et sincère, ne dissimulait ni ses amitiés ni ses antipathies.

« C'était, entre lui et moi ce trait de caractère qui nous avait rapprochés; pour le reste, nous différions du tout au tout et poursuivions un idéal différent.

» Lui, cherchant avant tout la passion et la vie; moi, courant après la chimère de la pureté du style et de la perfection de la forme. »

Et l'on peut dire que si Saint-Saëns a réussi à atteindre son idéal et s'il s'est acquis une renommée universelle comme virtuose, organiste, compositeur, c'est par son inébranlable force en l'art, par un labeur incessant, par une intense activité secondant les dons naturels les plus rares, et surtout parce que, comme le dit si justement Fourcaud : « Camille Saint-Saëns a cette haute particularité d'avoir *constamment fait de son art, en toute liberté, en toute vigueur, ce qu'il en voulait faire à l'instant même où il le faisait.* MARIA BIERMÉ.

Une carrière lyrique : Jean Delmas

L E 22 septembre 1886, M. Delmas débutait à l'Opéra, après quelques années d'études à Lyon, puis au Conservatoire de Paris d'où il sortait avec deux premiers prix; — il n'en est pas sorti depuis, et voici donc 25 ans passés que ce bel artiste est resté attaché à la même scène, sans jamais la quitter, sauf pour des congés annuels. Le fait est si rare, et l'artiste d'ailleurs si sympathique à tous, que ses amis ont résolu de le fêter publiquement et de lui offrir en grande pompe un bronze d'art. M Delmas, qui n'aime pas plus le bruit à Paris que les applaudissements en Amérique, n'a accepté que le bronze, et sans solennité ! On trouvera du moins intéressant de jeter un coup d'œil rapide sur l'ensemble de cette probe et simple carrière, et sans « croquer » à nouveau l'artiste (car je l'ai fait jadis ici, en 1899), sans redire ses qualités essentielles, une imposante fermeté, une grande force d'accent, un style large et plein d'*autorité*, je crois piquer la curiosité de quelques lecteurs en dressant la liste de ses 50 rôles, dont 17 créations absolues, 10 créations pour l'Opéra, et 23 reprises. Ceux d'entre ces rôles qui sont restés son répertoire proprement dit surgiront d'eux-mêmes aux regards (St-Bris, Méphistophélès, Wotan, Athanaël, Hans Sachs....) D'autres, qui furent momentanés, mériteraient sans doute quelque commentaire (Gaspard du *Freischütz*, Leporello de *Don Juan*, en attendant Don Juan même, Narr'Havas, Iago, Jacob de *Joseph*, l'Etranger, Tonio de *Paillasse*, Rysoor, le duc de Guise. Henry VIII, Kurwenal, Hydraot, Hagen....) Il y aurait trop à dire pour n'en dire qu'un peu.

H. DE C.

1886. *Les Huguenots*, Saint-Bris, début	1900. *Le Cid*, Don Diègue
— *Le Freischütz*,Gaspard	— *Alceste*, Le Grand prêtre
1887. *Aïda*, Le Roi	1901. *Astarté*, Phur; créat.
— *Faust*, Méphistophélès	— *Le Roi de Paris*, Le duc de Guise; créat.
— *Don Juan*, Leporello	— *Les Barbares*, Scaurus; création
1888. *La Dame de Montsoreau* Montsoreau; création	1902. *Siegfried*, Le Voyageur; création
— *Roméo et Juliette*, Capulet	— *Orsola*, l'Evêque; cr.
1890. *Zaïre*, Orosmane; création	— *Don Juan*, Don Juan *Paillasse*, Tonio; cr.
1891. *Sigurd*, Hagen	1903. *La Statue*, Amgiad; création
— *Le Mage*, Amrou; création	— *Henry VIII*, Henry VIII
— *Lohengrin*, Le Roi; création	— *L'Etranger*, L'Etranger; création
1892. *Salammbô*, Narr'Havas; création	1904. *Le Fils de l'Etoile*, Akiba; création
— *Guillaume Tell*, Gessler	— *Tristan et Isolde*, Kurwenal; création
1893. *La Valkyrie*, Wotan; création	1905 *Doria*, Yvan; créat.
1894. *Thaïs*, Athanaël; création	1906. *La Gloire de Corneille*, Auguste; création
— *Othello*, Iago	— *Ariane*, Pirithoüs
1895. *Tannhäuser*, Le Landgrave; créat.	1907. *La Catalane*, Miguel;

1896. *Hellé*, Gautier de Brienne ; création
— *Don Juan*, Leporello
1897. *Messidor*, Mathias ; création
— *Les Maîtres Chanteurs*, Hans Sachs ; créat.
1898. *La Burgonde*, Attila ; création
1899. *Joseph*, Jacob
1900. *Patrie*, Rysoor
— *Roméo et Juliette*, Frère Laurent

création
1908, *Samson et Dalila* ; Le Grand prêtre
— *Hippolyte et Aricie*, Thésée
— *Le Crépuscule des dieux*, Hagen ; création
1909. *Monna Vanna*, Marco Colonna ; cr.
— *L'Or du Rhin*, Wotan ; création
1910 *La Forêt*, Pierre ; création

DÉJANIRE

Tragédie lyrique en quatre actes, paroles de Louis Gallet et Camille Saint-Saëns, musique de Camille Saint-Saëns. Première représentation au Théâtre royal de la Monnaie le 6 décembre 1911.

M. Henri de Curzon a signalé ici à deux reprises les mérites de l'œuvre de M. Camille Saint-Saëns : lorsqu'elle fut donnée, pour la première fois, au Casino de Monte-Carlo au mois de mars de cette année, et il y a quinze jours, lors de son apparition à l'Opéra de Paris (1). Précédemment, M. Gustave Samazeuilh avait entretenu les lecteurs du *Guide musical* de l'effet produit par les pages de musique écrites pour la tragédie de Louis Gallet dont le maître français a tiré son œuvre lyrique et qui fut exécutée aux Arènes de Béziers en septembre 1898 (2).

Il n'y a donc guère lieu d'analyser à nouveau la tragédie lyrique que le théâtre royal de la Monnaie vient de nous présenter, peu de jours après son exécution sur la scène parisienne, et nous nous en tiendrons à quelques impressions d'ensemble.

L'œuvre nouvelle du compositeur français paraît devoir occuper une place importante dans sa production théâtrale. Sans doute, elle ne constitue pas un pendant à *Samson et Dalila*, cette partition écrite primitivement pour le concert et qui, exécutée à l'origine en oratorio, s'est affirmée depuis si victorieusement à la scène ; mais *Déjanire* a de nombreux points de contact avec *Samson*, et de même que cet opéra biblique forme un des types de la production de la seconde moitié du

siècle dernier, la tragédie lyrique que nous venons d'applaudir mérite de marquer parmi les œuvres contemporaines. Elle se distingue surtout par une tenue d'une noblesse rare, que n'altèrent que très passagèrement des inspirations destinées, semble-t-il, à flatter l'oreille des spectateurs lasserait une austérité trop persistante : tel l'air du troisième acte où Déjanire cherche à s'attirer la confiance d'Hercule, et dont l'accompagnement en 12/8 donne, à l'audition, l'impression, assez déconcertante, d'un rythme de valse. Mais ces taches sont, de loin, l'exception. Et, dans son ensemble, l'œuvre témoigne, chez le compositeur, d'une volonté très ferme de ne pas se départir de la voie qu'il s'est tracée. Cette force de volonté n'a pas lieu de surprendre chez un musicien qui, ainsi que M. Saint-Saëns, a toujours montré une grande maîtrise de lui-même, laquelle s'est parfois affirmée d'ailleurs au détriment de l'émotion. C'est plus avec le cerveau qu'avec le cœur que ses œuvres sont généralement écrites, c'est par le cerveau aussi que l'auditeur en apprécie surtout les qualités. Et c'est ce qui explique qu'elles n'ont souvent d'action que sur certaines catégories de spectateurs.

Mais pour celui qui écoute la musique du maître français en… musicien, il y a vraiment un plaisir extrême à en apprécier les qualités de style et de facture, à goûter la correction de la forme, à sentir avec quelle sobriété de moyens, avec quelle sûreté de coup d'œil le compositeur use de son orchestre pour en tirer les effets voulus.

Ici comme dans ses partitions antérieures, le maître français affirme cette personnalité que certains seraient tentés d'appeler… impersonnelle, attendu qu'elle ne se manifeste pas par ces dessins caractéristiques, ou plutôt par ces formules, ces procédés qui font que l'on dit, par exemple, d'une musique, c'est du Massenet, c'est du Gounod. On dira rarement : c'est du Saint-Saëns, d'une composition qui ne serait pas l'œuvre du maître lui-même ; mais rarement aussi l'audition de ses productions laisse l'impression d'inspirations appartenant à d'autres. Il y aurait beaucoup à dire sur cette question de la *personnalité* en musique, et le cas de M. Saint-Saëns sera toujours l'un de ceux qu'il faudra invoquer lorsqu'on abordera ce sujet.

La partition de *Déjanire* s'apparente, en certains de ses parties, avec l'art de Gluck, tel qu'il a été modernisé par Berlioz et par Reyer. Mais, chose assez nouvelle chez le maître français, Wagner — le Wagner de la *Walkyrie* surtout — y fait sentir visiblement son influence : on la trouve fréquemment dans les dessins et dans le coloris de

---

(1) Voir les numéros du *Guide musical* du 19 mais 1911, pp. 228 et 229, et du 26 novembre 1911, pp. 728 et 729.

(2) Voir le numéro du *Guide musical* du 11 septembre 1898, pp. 650-652.

l'orchestre, on la devine aussi dans l'allure musicale des personnages. Certaines scènes entre Hercule et Déjanire ne font-elles pas penser aux démêlés conjugaux de Wotan et de Fricka, la figure poétique d'Iole n'a-t-elle pas des traits de ressemblance avec celle de Sieglinde ? Et la vieille Phénice n'emprunte-t-elle pas, pour formuler ses prophéties, quelque peu le langage musical d'Erda ?

Mais, hâtons-nous de le dire, ces points de contact ne valent d'être relevés que parce qu'ils constituent une exception dans la production du compositeur français, qui a su toujours, beaucoup plus que ses contemporains, se dégager d'une influence visible du maître de Bayreuth.

Comme celui-ci, et plus que dans ses œuvres antérieures, il s'est attaché à donner à chacun de ses personnages une physionomie musicale propre. Il y a parfaitement réussi pour certains d'entre eux, et c'est là une des qualités caractéristiques de la partition nouvelle.

Il a notamment enveloppé la figure d'Iole d'une poésie extrême, usant parfois des modes grecs dans les pages qui lui sont consacrées; la grâce de la musique, distinguée et douce sans afféterie, fait admirablement corps avec la délicate silhouette de cette séduisante héroïne. Le personnage de Phénice aussi est remarquablement campé par le musicien, qui en a souligné le caractère tragique à la fois par sa déclamation, par les dessins qui l'accompagnent à l'orchestre, par les sonorités mystérieuses de l'instrumentation.

Ces deux rôles d'Iole et de Phénice — ceux qui ont valu au compositeur ses meilleures inspirations — ont trouvé au théâtre de la Monnaie des interprètes excellemment adaptés à leur caractère. Mᵐᵉ Degeorgis a composé celui de la prophétesse avec un sens dramatique profond; sa mimique puissamment expressive, les colorations, très ombrées, de sa voix, la physionomie qu'elle donne au personnage, tout concourt à une création qui fait à l'artiste le plus grand honneur. A cette silhouette terrifiante, Mˡˡᵉ Heldy oppose, dans Iole, sa jeunesse délicieuse et sa grâce instinctive, mettant autant de charme à dessiner le rôle vocalement qu'à en donner la réalisation plastique.

Bien que les rôles d'Hercule et de Déjanire soient de premier plan, leur conception musicale n'est pas aussi caractéristique. La voix de M. Darmel sonne avec éclat dans le premier, et Mᵐᵉ Friché met son très beau talent au service du second. M. Ghasne chante avec goût le rôle de Philoctète.

Les chœurs ont, dans l'œuvre nouvelle, une tâche importante. Ils s'en acquittent avec cette

sûreté d'exécution, avec ce souci des nuances qui soulevaient récemment l'admiration du compositeur lui-même à une représentation de *Samson et Dalila*. Rendons hommage à leur chef, M. Steveniers; et félicitons aussi le régisseur général, M. Merle-Forest, pour les groupements harmonieux qu'il leur a fait réaliser.

Quant à l'orchestre, il fut, sous la direction de M. Otto Lohse, parfait de rythme, parfait de nuances et de cohésion.　　　　　J. Br.

LA SEMAINE
PARIS

A L'OPÉRA, on a donné cette semaine le nouveau ballet de M. Lucien Lambert, destiné à faire spectacle avec *Déjanire : La Roussalka*. Nous en reparlerons. Enregistrons, en attendant, le début très apprécié de Mˡˡᵉ Calvet, premier prix d'opéra des derniers concours du Conservatoire, dans *Amnéris* d'*Aïda*. Nous avons déjà signalé l'élan dramatique et la voix chaude de mezzo-soprano de cette jeune fille : elle a fait la meilleure impression sur la scène. La veille, un grand encouragement avait encore assuré ses débuts : elle avait conquis le prix de 5,000 francs, fondé par M. Osiris pour l'un des premiers prix de l'année des classes dramatiques et lyriques.

A L'OPÉRA-COMIQUE, les matinées rétrospectives du jeudi nous ont rendu *Fra Diavolo* et *Les Noces de Jeannette* avec d'excellentes distributions, auxquelles des salles bondées ont fait grande fête. M. Francell a joué et chanté Fra Diavolo avec beaucoup d'élégance et de brio, Mᵐᵉ Mathieu-Lutz a été exquise dans la petite Zerline, Mˡˡᵉ Tiphaine très originale et personnelle dans Milady, MM. Gourdon et Mesmaecker impayables dans Milord et Beppo. De son côté M. Vaurs s'est montré bon comédien et sonore chanteur dans Jean des *Noces de Jeannette*, avec Mˡˡᵉ Tissier, gentille et adroite.—Une nouvelle *Carmen* a paru ces jours-ci, Mˡˡᵉ Chenal, dont la beauté et la voix sonore, le jeu constamment en éveil, ont obtenu un succès considérable. M. Francell, dont l'énergie vaut l'adresse, n'a pas craint de lui donner la réplique dans Don José et en a été récompensé par le meilleur accueil.　　　　　H. de C.

AU THÉÂTRE LYRIQUE de la Gaîté, entre *Robert le Diable* et *La Juive*, *Don Quichotte* et *Hérodiade*, on a repris *Le Barbier de Séville* pour profiter de l'exceptionnel Bartolo qu'est Lucien Fugère, et aussi *Paillasse*, pour des représentations du vibrant ténor Salignac, qui répète d'autre part *Les Girondins* de Fernand Le Borne, dont la première représentation à Paris est imminente sur cette scène. Signalons aussi les débuts dans *Hérodiade* de Mme A. Doria, la belle et dramatique artiste que nous ne connaissions encore que par ses succès à l'étranger : elle a été chaleureusement applaudie. C'est une excellente recrue pour ce théâtre.

Conservatoire. — Un des plus beaux programmes que la Société ait depuis longtemps offerts à ses abonnés, et exécuté d'une façon superbe. La symphonie en *ut* majeur de M. Dukas ouvrait la séance, et l'on sait la haute tenue, la distinction et la vie de cette belle œuvre, l'une de celles, à coup sûr, qui font le plus d'honneur à l'école symphonique française. Puis ce fut le fameux chœur de Janequin : *La Bataille de Marignan*, chanté à ravir, avec des nuances amusantes et légères. Ensuite, l'un des concertos de Bach pour deux violons, avec son largo exquis, encadré de deux allegros pleins de couleur : MM. Alfred Brun et André Tourret (qui partage cette année avec M. Brun le premier pupitre des violons) s'y surpassèrent de sûreté et de style. Après quoi, on sauta de nouveau jusqu'à la *Psyché* de Franck, qui est un peu longuette, parce que d'une même couleur d'un bout à l'autre, mais dont la grâce est si pénétrante. Enfin l'étincelante ouverture des *Maîtres Chanteurs* fut la magnifique conclusion du concert. M. Messager avait rendu la symphonie de la façon la plus remarquable et modelé en quelque sorte le poème de César Franck ; il a enlevé avec enthousiasme, et sans défaut, la vibrante page de Richard Wagner.

Le prochain programme sera consacré à Liszt et comportera la *Faust-symphonie*, la *Danse Macabre* et *Loreley*. H. DE C.

Concerts Colonne (3 décembre). Le succès, le grand succès que le concert d'aujourd'hui a remporté et les ovations qui furent faites à M. Pierné après chaque exécution montrent bien que le public n'est pas plus indifférent aux œuvres nouvelles qu'à celles du répertoire et qu'il prend un plaisir aussi vif à entendre la *Symphonie* en *ut* mineur de Beethoven que le *Concerto* pour deux pianos de Mozart, fut-il augmenté de cadences écrites par M. Saint-Saëns et joué par MM. Diémer et Batalla, qu'à connaître la *Symphonie* en *mi* majeur, de M? Guy Ropartz dont il a beaucoup entendu parler depuis quelque temps, et le dernier ouvrage de M. Max d'Ollone : un poème symphonique intitulé *Libération*.

La troisième symphonie avec chœurs de M. Guy Ropartz a été exécutée pour là première fois le 11 novembre 1906, au Conservatoire, sous la direction du regretté Georges Marty. Elle fut accueillie par les louanges heureuses de tous les musiciens et l'on est surpris qu'après un début aussi retentissant, elle ait mis cinq ans pour faire le chemin du faubourg Poissonnière à la place du Châtelet. N'importe, elle y arrive enfin et ne paraît pas avoir trop vieilli durant son long voyage. Certes, les procédés d'écriture que M. Guy Ropartz employait à l'époque où il la composa diffèrent sensiblement de ceux que l'on rencontre dans ses plus récents ouvrages, mais les qualités premières et essentielles de son œuvre apparaissent toujours avec le même éclat, la même netteté. La belle ordonnance des idées, leur ample développement solidement soutenu, la généreuse véhémence et vivante ardeur des sentiments inspirés par l'amour profond et sincère de la Nature et des hommes livrent à l'auditeur toute la pensée religieuse et humanitaire de l'auteur. Le grand thème fondamental de lumière, de bonheur et de bonté s'épanouit largement dans l'éloquente conclusion de ce vaste poème où les voix et l'orchestre s'unissent pour chanter les paroles de paix qui guérissent les cœurs misérables : « Aimez-vous les uns les autres. »

Le poème symphonique de M. Max d'Ollone est un fragment d'un ouvrage plus important qu'il prépare. Peut-être serait-il sage d'attendre, pour en parler, que cette page fort belle y prenne sa place.

Les solistes : Mmes Anne Vila et Georges Marty, MM. Sayetta et Jan Reder ont bien chanté et les chœurs ont été, comment dirais-je, tonitruants et tumultueux. ANDRÉ-LAMETTE.

— Le Quatuor Saint-Pétersbourgeois, fondé par S. A. le duc de Mecklembourg, a donné dans la salle de la rue d'Athènes, le 30 novembre, un concert réservé aux œuvres russes. Il faut savoir gré aux artistes étrangers de nous apporter leurs traductions nationales, et surtout aux artistes russes de nous faire connaître des œuvres injustement ignorées ou trop rarement produites chez nous. La musique de chambre fait en Russie l'objet d'efforts constants et d'un intérêt croissant ; les compositeurs s'y emploient avec succès et y développent des qualités où dominent la couleur, l'inspiration et la recherche d'écriture. Si le style n'est pas toujours à la hauteur du pittoresque, on trouve dans les nombreuses compositions intimes de l'école russe une franchise, un mouvement, une sonorité qui n'excluent pas toujours l'unité et la profondeur.

Le Quatuor Saint-Pétersbourgeois est certes l'un des meilleurs ensembles modernes : la justesse, la précision, le sentiment et l'homogénéité sont parfaits; d'une exquise légéreté, sa palette excelle à traduire les rythmes de terroir et à glisser sur les passages parfois trop accusés et trop lourds du dessin.

Le fameux quatuor (n° 2) de Borodine, où quelques motifs m'ont paru parfois trop rapides, fut supérieurement chanté, d'une mélodie délicieusement timbrée.

Le quatuor (n° 1) en *ut* mineur de Taneïew est, comme tous ceux de cet auteur, fort chargé d'harmonies épaisses, versant un peu dans l'écriture et l'effet d'orchestre; ses cinq mouvements furent admirablement interprétés, avec brio, nuances délicates, variétés infiniment travaillées.

Le quatuor (n° 2) en *sol* mineur de Glière, plutôt en forme de suite ou fantaisie, offre des motifs d'une spontanéité intéressante, une verve amusante; son andante dramatique avec sa large phrase en *mi* bémol est pathétique et bien dégagé de la formule nationale qui, malheureusement, s'éternise dans la banalité trépidante de l'orientale finale — sorte de galop bruyant pour casino.

Les artistes qui composent cette remarquable compagnie sont MM. Grigorowitsch, Naum Kranz, Wladimir Bakaleinikoff, Sigismond Butkewitsch, plus harmonieux à entendre qu'à épeler. Leur grand succès fut des plus légitime.   CH. C.

— Il faut noter, dans les séances de la Nouvelle Société Philharmonique de Paris, à la salle Gaveau, la quatrième soirée, donnée le mardi 28 novembre, qui ne portait, au programme, que deux artistes : l'excellent violoncelliste Hekking, très applaudi et très rappelé dans une suite de Brival (1765-1825) et une sonate de Boccherini, deux morceaux très enlevés par l'artiste, auxquels on aurait pu substituer, toutefois, des compositions d'un intérêt plus attachant; enfin, la cantatrice, Elena Gerhardt, a fait le plus grand plaisir, non seulement par sa jolie voix admirablement travaillée et conduite, mais aussi par l'art charmant d'une diction fine et spirituelle, qui permettait de suivre les intentions d'un texte incompris des trois quarts de la salle. Mme Gerhardt n'a, en effet, chanté qu'en allemand. Les mélodies étaient signées Schumann (*Les Amours du Poète*), Brahms (six chansons tziganes, très jolies et très variées), F. Weingaertner et Wolff. On a fait bisser le lied *Ich grolle nicht* (J'ai pardonné), que le public français connaît bien et où l'artiste a fait preuve d'une profonde expression.

         J. GUILLEMOT.

— Le jeudi 3o novembre, dans l'après-midi, nous étions convoqués, salle d'Athènes, à une matinée d'art (Concerts Barreau subventionnés par l'Etat), où je mentionnerai d'agréables éléments. Un claveciniste, M. Brunold, a fait grand plaisir dans des pages anciennes et notamment dans le *Rondo alla Turca* de Mozart, que nous désignons souvent *Marche turque*. Notons le violoniste Saury et le pianiste Coye, deux artistes de valeur, tous les deux premiers prix du Conservatoire et dont le premier a fait entendre une fort agréable romance sans paroles de sa composition. Je mentionnerai encore de très heureuses mélodies de M. Georges Brun, sur de beaux vers de M. Forlolis, très bien rendus par Mlle Charbonnel, qui s'est fait encore aussi vivement applaudir dans la Habanera de *Carmen*. Et quand j'aurai noté Mme Delly Friedland, qui interprétait des mélodies de Schubert, je n'aurai rien omis de ce concert varié.

         J. GUILLEMOT.

— Les qualités d'artiste et de musicien qui ont déjà permis d'apprécier le talent de M. Charles-W. Clark dans toutes ses performances — et notamment aux concerts du Conservatoire — sont celles qu'une nombreuse assistance fut heureuse de retrouver, que donnait l'excellent chanteur à la salle Gaveau.

De sa voix souple de baryton, au joli timbre, conduite avec goût et modulant en une infinité d'expressions, M. Clark, polyglotte distingué, nous a fait entendre une série de mélodies anglaises, allemandes et françaises, dans le texte original. Et c'est avec regret que je constate que les œuvres de MM. Labori et Debussy ne firent pas triompher l'école française. Du côté anglais, j'aurai encore bien des réserves à l'adresse de Fairchild, Beale et Busch; le meilleur peut-être l'avez-vous deviné, est allé à l'école allemande avec Brahms et le terrible *Rois des Aulnes* de Schubert. Cette mélodie, traitée par Lœwe, à qui M. Clark consacrait sa dernière partie, mérite aussi bien qu'on s'y arrête, car la forme en est originale et témoigne d'un maître qui sut donner à la ballade un caractère vraiment épique.   A. G.

— Mme Jane Arger a donné, le 3o novembre, à la salle de la Société de Photographie, une séance des plus intéressantes de musique ancienne lyrique et instrumentale. On sait avec quelle adresse et quel goût cette charmante artiste a réalisé toutes sortes de pages, inédites sous cette forme, de Clérambault, Rameau, Gervais, Montéclair, Boismortier... C'est elles qu'elle nous a fait entendre de sa petite voix fine et souple, si joliment conduite, accompagnée du clavecin de Mlle M. Delcourt, du violon de M. Duttenhofer, de la viole de gambe de M. de Bruyn, de la flûte de M. Lafleurance. Elle a chanté aussi une page de Campra (*Daphné*), dont la réalisation est de M. J. Tiersot. Mlle Delcourt a exécuté pour sa part, avec beaucoup de finesse, des pièces de Rameau, de Couperin, de Marais. et M. De Bruyn, cette suite de Marais qu'il a recueillie lui-même et dont il donnait ainsi la première audition.   H. DE C.

— Le concert donné le 28 novembre, à la salle des Agriculteurs, par la Société des violes et clavecin offrait un réel intérêt artistique. Les noms de Stamitz, Couperin, Dandrieu, Milandre, Rameau, Campra, Marais, Monteclair, Rebel figuraient au programme. La structure contrapuntique des œuvres de ces vieux maîtres leur donne à toutes un air de famille. La modulation ne s'aventure guère au-delà du ton voisin. Si l'impression reçue est uniforme, la sincérité d'accent qui se dégage de ces œuvres, le charme de l'art ligne mélodique les rendent, dans leur tournure archaïque, aimables à nos oreilles modernes. Nos éloges vont. les excellents interprètes : Mlle Chassaing (clavecin), M. Nauwinck (pardessus de viole), M. Macon (viole d'amour), M. Olivier (basse de viole), M. Darrieux (contrebasse de viole) et à Mlle Vallin, qui a été chaudement applaudie dans des mélodies du xviiie siècle, *Les Fêtes d'Hébé* de Rameau et *Ariette* de Caccini. Cette dernière page, d'une tendresse exquise, fut bissée.   H. D.

— C'était une vraie solennité artistique, on le comprendra sans peine, que l'audition donnée à la Schola Cantorum, dans la soirée du vendredi 1er décembre, du *Judas Machabée* de Hændel et du *Magnificat* de Bach, On n'a pas souvent l'occasion d'entendre ces grandes pages à Paris, et surtout de les entendre exécutées aussi magistralement et avec la foi et la conscience déployées, l'autre soir, à la Schola. Tout au plus, la « Société des Concerts du Conservatoire » insère-t-elle parfois dans ses programmes le chœur célèbre de la *Victoire* dans *Judas Machabée*. Mais l'exécution intégrale de la belle œuvre de Hændel est chose rare, et a été d'autant plus appréciée du public choisi de musiciens qui se pressait à la salle de la rue St-Jacques. Il faut, dans les solistes, mentionner Mmes Marthe Philip, Suzanne Gravollet, Anna Reichel. MM. Gébelin et Georges Mary (deux belles basses), M. Plamondon (le ténor célèbre). Cette audition fait, en somme, grand honneur à M. Vincent d'Indy, sous les ordres duquel l'orchestre a fait les chœurs ont rendu admirablement des pages d'une exécution aussi difficile souvent qu'elle est intéressante.   J. GUILLEMOT.

— On sait les mésaventures de certain monument à Beethoven, de M. de Charmoy, lourd, disgracieux, énorme, qui devait être élevé sur les pelouses du Ranelagh, à Passy, et que le conseil municipal avait refusé, — ce qui avait fait crier très fort un tas de gens qui d'ailleurs ignoraient parfaitement ces sculptures. — Il paraît qu'on vient de solutionner la question, au conseil. On a trouvé un emplacement au bois de Vincennes, en face de l'entrée du camp de Saint-Maur... le plus loin possible, enfin, de tout milieu artistique. N'est-ce pas admirable ?

— Le jeune Charles Sommer — treize ou quatorze ans, tout le charme et toute l'assurance de la jeunesse — sera très probablement un artiste. Pour le moment, c'est un virtuose possédant la technique du violon presque aussi bien que de vieux exécutants. Son concert de lundi dernier, rue d'Athènes, est d'excellent augure. Il a joué un concerto de Mozart et un de M. Théodore Dubois de façon intéressante, mais dans un mouvement trop rapide et non sans confusion dans les allegros, ce qui n'a rien de surprenant, ni de décourageant. Mlle Elsa Portalès, qui tenait la partie vocale du programme, a une belle voix de soprano dramatique, égale et étoffée. On l'a justement applaudie.   F. G.

— On a fait de la musique, le 4 décembre, chez Mlle Minnie Tracey, la remarquable artiste lyrique : on a exécuté un choix de pièces de compositeurs scandinaves, de Sibelius et de Sjögven.

OPÉRA. — Déjanire, Salomé, Coppélia, Rigoletto, La Roussalka (L. Lambert). Samson et Dalila.

OPÉRA-COMIQUE. — Manon, Mignon, Les Contes d'Hoffmann, Carmen, La Vie de Bohème, Le Maître de Chapelle.

Société des Concerts (Conservatoire) — Dimanche 10 décembre, à 2 heures. — Symphonie, de Bach; La Bataille de Marignan. de Janequin; Concerto pour deux violons, de Bach; Psyché, de C. Franck; Ouverture des Maîtres Chanteurs, de Wagner. — Direction de M. A. Messager.

Concerts Colonne (Châtelet). — Dimanche 10 décembre, à 2 ½ heures. - Symphonie, de C. Franck; Prélude de Rédemption, de C Franck; Prélude, scène des Filles Fleurs et grande scène suivante, de Parsifal, de R. Wagner, avec Mme Litvinne et M. E. Van Dyck. — Direction de M. G. Pierné.

Concerts Lamoureux (salle Gaveau). — Dimanche 10 décembre, à 3 heures. — Zarathustra, de R. Strauss; Huitième Symphonie, de Beethoven ; Fragments d'Eros vainqueur, de P. de Bréville, et d'Orfeo. (le Monteverdi, avec Mme Croiza: Concerto de piano, de Rimsky-Korsakoff, avec M. Ribo. — Direction de M. C. Chevillard.

Concerts Sechiari (Théâtre Marigny). — Dimanche 10 décembre, à 3 heures. — Symphonie 4, de Schumann; Airs de Hændel et de Gluck, chantés par Mlle Verlet: La Farce du Cuvier, de G Dupont; Concerto de violon, de Lalo, exécuté par M. Enesco. Rapsodie roumaine, d'Enesco; Ouverture de Gwendoline, de Chabrier. — Direction de M. Sechiari.

SALLES PLEYEL

22, rue Rochechouart

Concerts de Décembre 1911

10 Mme Abran Cassan, élèves (2 heures).
14 Mlle R. Lénars et M. J. Bizet (9 heures).
15 Le Trio Baillet (9 heures).
17 Mme Le Grix, élèves (1 heure).
18 Mme Roger Miclos-Bataille (9 heures).
20 Le Trio Baillet (9 heures).
21 Mlle C. Boutet de Monvel, élèves (9 heures).

SALLES GAVEAU

45 et 47, rue La Boëtie

Concerts du mois de Décembre

Grande Salle

10. Concert Lamoureux (orchestre).
11. Premier concert d'orchestre de l'Union des Femmes professeurs et compositeurs.
12. Concert donné par le Cercle militaire.
13. Concert donné par le journal *La Vie heureuse*.
17. Concert Lamoureux (orchestre).
18. Concert des Employés du commerce de musique.
19 Société Philharmonique.
20. Concert de l'Œuvre du Bon lait.
21. Répétition publique (Société Bach).
21. Premier concert de la Société musicale indépendante (œuvres de Liszt).
22. Société Bach (chœurs et orchestre).
24. Concert Lamoureux (orchestre).
24. Soirée des Trente années de théâtre.
25. Concert Hasselmans (orchestre).
28. Œuvres d'Humberto Lami (orchestre).
31. Concert Lamoureux (orchestre).

Salle des Quatuors

14. Audition Mme Marty (chant).
15. Concert de musique française contemporaine.
18. Concert de l'Union des Femmes professeurs et compositeurs.
18. Audition des élèves de Mme Fabre.

BRUXELLES

Concerts Populaires. — Au programme du troisième concert populaire, les cinquième et sixième symphonies de Beethoven et le concerto pour piano en *sol* majeur. L'interprétation des symphonies a été absolument admirable de clarté, de rythme, d'accent, de précision. Dans la cinquième notamment, à commencer par le thème initial si caractéristique que M. Lohse prend dans le mouvement allegro indiqué par Beethoven, mais simplement et à peine un peu plus lent et

appuyé que la suite du morceau, et sans exagérer la longueur du point d'orgue qui termine ce court et essentiel motif. Tout le reste est maintenu dans un tempo ferme et régulier jusqu'au bout. Quant au scherzo, avec son remarquable trio, où les basses jouent un rôle si important, M. Lohse en a fait une merveille de ciselure; tout ce délicat jeu de sonorités entre les bois et les cordes (pizzicato) notamment, fut rendu dans une note d'un charme mystérieux infini. Après quoi, la grandeur du finale a sonné comme un triomphe.

La cinquième symphonie, que Wagner considérait comme « une des plus extraordinaires conceptions de Beethoven », fut exécutée pour la première fois à Vienne, en 1808, en même temps que la *Pastorale*, le quatrième concerto de piano et la fantaisie avec chœurs. Exceptant ce dernier morceau, le programme du Concert populaire correspondait donc à celui de ces premières auditions.

On n'imagine pas contraste plus grand qu'entre la cinquième et la sixième symphonie, la *Pastorale*. Avec quelle simplicité de moyens et de cœur, M. Lohse l'a fait jouer! Comme l'air et la clarté y circulaient! Quelles émotions intimes, bienfaisantes et saines se dégageaient de l'interprétation de ces pages exquises. La poésie de la scène au ruisseau, la joie un peu lourde des paysans, l'alerte avant l'orage, puis le déchaînement de la tempête, enfin le chant de reconnaissance qui suit et qui est celui de la nature entière, tout cela fut rendu avec un sentiment parfait. Aussi pardonne-t-on volontiers aux seconds violons leur certaine hésitation dans leurs traits, difficiles du reste, indiquant l'inquiétude avant l'orage; c'était presque en situation ici!

Le quatrième concerto pour piano fut joué par M. Em. Bosquet en musicien parfait, en artiste de goût, avec la seule préoccupation de mettre en valeur cette belle œuvre dont l'andante notamment est une des pages les plus émouvantes de la musique. Je ne sais plus qui les comparait un jour à la scène des enfers de l'*Orphée* de Gluck — le chœur des esprits infernaux étant représenté par l'orchestre, les prières d'Orphée par les merveilleuses phrases expressives du piano. Il est permis d'y penser; ce n'est pas moins émouvant. M. Bosquet a joué sa partie avec un sentiment profond et sincère qui mérite les plus grands éloges. Les cadences choisies par lui pour les deux autres mouvements sont d'Eugène d'Albert; elles ont le mérite d'être intéressantes, bien écrites et pas trop longues; Beethoven avait du reste expressément recommandé pour la seconde : « elle sera courte », M. Bosquet les a exécutées en virtuose accompli.

Ce troisième concert comme les autres se termina dans l'enthousiasme général. LL. MM. le Roi et la Reine ont tenu à assister à cette audition. M. DE R.

— L'inauguration de la nouvelle Salle de fêtes *Patria* a donné lieu à un fort beau concert dont M. Alb. Zimmer avait pris la direction. Le programme était assez copieux, mais fort bien composé ; l'exécution pleine d'intérêt et au total très réussie, est particulièrement un beau succès pour le chef d'orchestre qui a fait preuve d'un tempérament vibrant, d'un enthousiasme communicatif, d'une interprétation pleine de goût. M. Zimmer sait animer et entrainer son monde, et son autorité s'affermit de plus en plus. La façon très poétique et vibrante à la fois dont il a su rendre l'ouverture d'*Obéron* fut vraiment une révélation pour tous les auditeurs qui lui firent du reste une chaleureuse ovation. — Les « Champs Elysées » de l'*Orphée* de Gluck dont M. Demont a merveilleusement joué la partie de flûte, et aussi *Siegfried-Idyll* — pour petit orchestre comme Wagner le désirait — ont produit la belle et sereine impression que leur musique inspire.

Dans la cantate *Wachet auf* et deux chorals de J.-S. Bach, les chœurs, de la Société Bach de Bruxelles ont fait valoir leur belle sonorité, leur justesse et leur style parfaits. Des deux solistes, Mlle Tilia Hill fut surtout fêtée après une délicate interprétation de l'air d'Agathe du *Freyschütz*. Dans la cantate *Wachet auf*, elle fut peut-être meilleure encore ; par contre, son partenaire, M. Vaterhaus (basse) ne nous a pas fait beaucoup d'impression dans Bach ; un air plus en dehors du *Messie*, de Händel, lui convenait infiniment mieux ; les vocalises en furent aisément et clairement exécutées par une voix sonore et souple.

Quant à la nouvelle salle même, elle est claire, spacieuse, jolie, et ce qui est pour nous l'essentiel, l'acoustique en est fort bonne ; les coins ont été évités autant que possible ; une haute coupole en verre domine la partie centrale ; la salle comprend un parquet assez vaste, un balcon circulaire avec fauteuils et loges, puis encore un amphithéâtre. L'estrade est toujours la « scène de théâtre » qui n'est pas le rêve pour une installation de concerts, évidemment. Mais, en attendant.... M. DE R.

— Le premier concert de Mme Berthe Marx-Goldschmidt et de M. Mathieu Crickboom avait inauguré par une admirable séance d'art le cycle des sonates de Beethoven pour piano et violon Celui-ci se continua et se termina le 1er et le 5 par deux soirées où les interprètes purent donner, dans des œuvres plus significatives (sonates V à X), la mesure de leur rare talent. Le grand succès du premier concert s'affirma de plus en plus et se traduisit à la fin du troisième par les plus chaleureuses ovations.

Aussi bien les deux artistes dépensèrent-ils des trésors de finesse, de bon goût, de verve, d'émotion contenue, qualités de discrétion sans lesquelles la plupart des sonates pour piano et violon deviennent un non-sens.

Ce fut un enchantement de leur entendre détailler la charmante sonate en *fa* avec son adagio si expressif, son scherzo si vif, la huitième sonate en *sol* majeur, plus substantielle en ses rythmes allègres, la dixième, qui se termine si joyeusement par des variations à la Haydn.

Deux fois seulement, dans la septième sonate, en *ut* mineur, et dans la *Sonate à Kreutzer*, Beethoven aborde le grand style. Et ici il faut admirer l'art avec lequel les interprètes surent donner l'impression de grandeur et de puissance sans recourir à des moyens violents. « Trop effacée », disaient certains de Mme Marx-Goldschmidt. Mais non, mais non ; un premier venu peut écraser le violon sous les formidables sonorités du piano moderne. Autre chose est de laisser au violon toute sa liberté d'action jusque dans les pages les plus emportées.

Et c'est ce que Mme B. Marx-Goldschmidt fait à merveille. Avec de pareils interprètes, la *Sonate à Kreutzer* fut de toute beauté. (Quelle sûreté d'archet M. Crickboom n'eut-il pas dans les *Variations* de la deuxième partie !)

Une remarque : M. Crickboom possède un staccato exquis, dont on goûta la clarté et la sonorité dans maint passage. Pourquoi n'en fit il pas usage partout où le demandait l'auteur ?

On n'oubliera pas de si tôt à Bruxelles ces trois belles séances. FRANZ HACKS.

— La deuxième séance de sonates pour piano et violon organisée par Mlle Tambuyser et M. Jorez a obtenu le même légitime succès que la précédente. Elle était consacrée à l'école allemande représentée par trois périodes avec les noms de Händel, Schumann, et Heinrich Noren. De la sonate en *ré* majeur de Händel, M. Jorez tout particulièrement nous donne une belle interprétation pleine de style et de goût. La partie de piano était parfois un peu trop forte. Dans la sonate en *la* mineur de Schumann, ce fut par contre fort bien.

La partie la plus intéressante du programme fut peut-être la première audition de la sonate en *la* mineur de M. Heinrich Noren, compositeur instruit et fixé à Munich, mais dont le nom et l'œuvre accusent cependant une origine scandinave. Le thème principal du premier mouvement de sa sonate ne laisse guère de doute à cet égard, moins encore les rythmes caractéristiques de ses deux allegros où l'influence de Grieg est manifeste. Cela n'empêche du reste que la composition ait une valeur propre et personnelle très réelle ; elle est bien construite, variée d'expression, et ses thèmes mélodiques sont développés de façon très intéressante. Elle est difficile d'exécution, pour le violon surtout, dans la deuxième partie notamment. Les deux interprètes ont d'autant plus de mérite d'avoir présenté cette œuvre nouvelle à notre public. Jouée avec une belle et vibrante conviction, elle a été très bien accueillie et serait certainement réentendue avec plaisir. M. DE R.

— Le concours en vue de l'attribution, pour la première fois, du prix fondé par l'Ecole de musique de Saint Josse-ten-Noode-Schaerbeek, en mémoire de feu M. Gustave Huberti, ancien directeur de cet établissement, aura lieu le lundi 11 courant, à 8 1/4 heures du soir, à l'École moyenne de la rue Verwée, à Schaerbeek.

Deux concurrents, appartenant respectivement aux classes de Mme Cornélis et de M. Demest, se présentent pour obtenir le prix consistant en ouvrages de musique ou de littérature.

Les épreuves comportent : 1° un air imposé ; 2° au choix du concurrent, un grand air ou une grande scène classique ou moderne n'ayant jamais été chanté par lui aux concours de l'École ; 3° l'interprétation, après une heure de communication, d'une mélodie inédite.

— C'est l'éminent virtuose du violon, Jacques Thibaud, qui prêtera son concours au « Deuxième Concert classique », qui se donnera vendredi, 15 décembre, à 8 1/2 heures du soir, à la salle de la Grande Harmonie. Thibaud, en ce moment en tournée, en Russie vient de triompher quatre fois consécutivement à Saint-Pétersbourg devant un public enthousiaste. La soirée du 15 décembre promet donc d'être des plus intéressantes. Au programme des œuvres de Hændel, Bach, Tartini, Schumann et Saint-Saëns. Les places au prix de fr 8, 6, 4 et 2 sont en vente à la maison Schott, 28, Coudenberg. Téléphone 1172.

— Salle Erard. — Voici le programme de la Causerie Audition que donnera le vendredi 22 décembre, le pianiste et conférencier Ch. Delgouffre : 1. Avant-dire ; 2. Prélude, aria et final (C. Franck) ; 3. Thème et variations (C. Chevillard) ; 4. En Bretagne, suite (Rhené Baton) ; 5. Estampes : A/ Pagodes, B/ Là soirée dans Grenade, c/ Jardins sous la pluie (Cl. Debussy) ; 6. Prélude, choral et fugue (C. Franck).

— ERRATUM. — Dans les nominations de l'Ordre de Léopold, n° du 2 décembre, lire : M. J. Goetinck, *professeur* au lieu de *directeur* de l'École de musique d'Ypres.

THÉÂTRE ROYAL DE LA MONNAIE. — Aujourd'hui dimanche, en matinée, Carmen ; le soir, Mignon ; lundi, Faust ; rardi, Déjanire ; mercredi, Obéron ; jeudi, Carmen ; vendredi, Mignon ; samedi, en matinée, Festival Beethoven, sous la direction de M. Otto Lohse. Quatrième concert (répétition générale) ; le soir, Déjanire ; dimanche, en matinée, Obéron ; le soir, Manon ; lundi, à 8 1/2 heures du soir, Festival Beethoven, sous la direction de M. Otto Lohse. Quatrième concert (première audition).

Dimanche 10 décembre. — A 2 1/2 heures au théâtre de l'Alhambra, deuxième concert Ysaye, sous la direction de M. José Lassalle, chef d'orchestre du Tonkünstler Orchester de Munich et avec le concours de Mlle Maude Fay, de l'Opéra royal de Munich, cantatrice de la Cour royale de Bavière. Programme : 1. Suite extraite de l'opéra Céphale et Procris (Grétry) ; 2. Grand air de Donna Anna, de Don Juan (Mozart). Mlle Maude Fay ; 3. Symphonie fantastique, op 14 (Berlioz) ; 4. A' Stehe still. B) Schmerzen. c) Träume (Wagner), Mlle Maude Fay ; 5. A) Prélude de Lohengrin. B) Charme du Vendredi-Saint, de Parsifal ; c' Ouverture de Tannhäuser (Wagner).

Mardi 12 décembre. — A 8 1/2 heures du soir, à la salle Studio, 2, rue des Petits Carmes, audition donnée par Mlle Marguerite Laenen.

Mercredi 13 décembre. — A 8 1/2 heures du soir, à la Grande Harmonie, récital annuel de chant donné par Mme G. Wybauw-Detilleux. Elle exécutera dans leur langue originale des œuvres de diverses écoles : italienne (XVIIe et XVIIIe siècles), allemande, belge, russe, scandinave et française. Billets aux maisons Schott frères et Breitkopf.

Mercredi 13 décembre. — A 8 1/2 heures du soir, à la salle Nouvelle, rue Ernest Allard, 13, deuxième séance du Quatuor Zimmer.

Dimanche 17 décembre. — A 3 heures, à la salle Patria, rue du Marais, 23, premier concert donné par la Société J.-S. Bach.

CORRESPONDANCES

ANVERS. — Les « Nouveaux Concerts » ont donné, à quelques jours d'intervalle, deux séances du plus vif intérêt.

Pour la première soirée de musique de chambre, on avait fait appel au concours de Mme E. Saatweber-Schlieper, pianiste et M. H. Marteau, violoniste, deux interprètes profondément pénétrés du respect de leur art. Les sonates op. 30, n° 2 de Beethoven et op. 78 de Brahms, deux œuvres de noble et parfaite structure, furent exécutées avec les plus précieuses qualités de rythme, d'accentuation et d'expression. Comme fin de séance, la *Fantaisie* op. 159 de Schubert.

Au premier concert d'abonnement, le pupitre était occupé par M. Peter Raabe, le réputé kapellmeister de Weimar. Ce fut une révélation. Sa direction très « en dehors », profondément rythmique et compréhensive sut imprimer à des œuvres, pourtant très connues, une exécution très personnelle, qui lui valut d'emblée d'unanimes applaudissements. Ajoutons que la direction est d'une belle plastique, ce qui n'a jamais rien gâté !

Le programme se composait de la première symphonie de Brahms, des Préludes de *Tristan et Iseult* et du *Freischütz*. Une cantatrice allemande, Mme E. Walker, chanta de façon assez quelconque l'air du deuxième acte de *Tannhäuser* et fut plus appréciée dans les deux pages pour chant et orchestre de R. Strauss, *Verführung* et *Gesang der Apollopriesterin*.

On sait que la Société de musique sacrée fête, cette saison, son dixième anniversaire. En consacrant son vingtième concert à l'oratorio *Franciscus* d'Edgar Tinel, elle a sans doute tenu à rendre hommage au maître belge qu'elle compte parmi ses membres d'honneur. L'idée est heureuse, car il y a assez longtemps que *Franciscus* ne fut plus entendu à Anvers. La présente exécution a produit l'impression la plus complète. Il paraîtra superflu de louer à nouveau, le style classique, la science, la plénitude d'expression qui caractérisent cette œuvre de grande envergure. Tout cela fut du reste fort bien compris et rendu par la masse des exécutants, conduits par M. Louis Ontrop. Celui-ci fut vivement ovationné. Ajoutons que les solistes, Mme Filia Hill, MM. De Vos, Bol, Steurbaut et Collignon, ont été tous à la hauteur de leur tâche.

A l'Opéra flamand, nous avons encore à signaler la première d'une opérette du fécond Franz Lehár : *Amours de tzigane.* Luxueusement montée et talentueusement interprétée par la troupe de M. Fontaine, cette première avait réuni chambrée complète !

Disons, par compensation, que l'on prépare, sur cette même scène, la première de *Edénie,* qui n'est autre chose qu'une adaptation de *L'Ile vierge* de Camille Lemonnier, mise en musique par Léon Dubois.

Notons aussi la reprise — elle est de tradition — de la *Princesse d'auberge* de J. Blockx, toujours bien accueillie. Reprise assez inégale, tant de la part des artistes, que des chœurs. Mlle Abs, chargée du rôle de Reinhilde, n'a pas donné entière satisfaction. L'orchestre a fort bien détaillé la partition.

Il y eut vraiment abondance de concerts. Aussi n'avons-nous pas eu le loisir d'assister au concert de la semaine dernière, à la Zoologie, donné avec le concours de M. L. Wurmser. La presse locale a fait le meilleur éloge du virtuose français, qui avait inscrit au programme les Variations symphoniques de C. Franck, une fantaisie de M. L. Aubert et des pièces de Debussy et Saint-Saëns. C. M.

DRESDE. — L'Opéra a ressuscité *Si j'étais Roi,* d'Adolphe Adam, que le chef d'orchestre d'Erfurt, Paul Wolff, a arrangé pour la scène allemande.

Malgré son âge, l'œuvre n'en a pas moins fait diversion agréable dans le répertoire. On n'avait rien négligé pour intéresser le public, amateur de ce genre de spectacle. L'action se passant dans l'Inde, les décors avaient tout lieu d'être brillants ainsi que le ballet. Détail intéressant pour d'autres scènes : artistes, choristes, danseuses, tout le monde était pieds-nus. Elisa de Catopol, le baryton Zador et le ténor Soot ont rivalisé de zèle et d'entrain.

Dans le *Vaisseau Fantôme,* on a acclamé le baryton Soomer qui, pour la première fois, chantait le Hollandais à Dresde.

Le Jour de Pénitence protestant donne lieu, chaque année, à des solennités musicales religieuses. La Dreissigsche Singakademie, société chorale mixte, existant depuis plus de cent ans et se composant de choristes triés sur le volet, s'était attaquée cette fois au *Requiem* de Berlioz qui a produit une profonde impression. Le *Dies irae,* ce « terrible cataclysme musical » ainsi que l'appelle son auteur, n'a pas manqué son effet, bien que l'emplacement sans doute forcé des orchestres de cuivre, à l'autre bout de la salle, sous la direction d'un second chef d'orchestre, ait nui à l'ensemble.

Le mérite de cette audition du *Requiem* serait tout entier au chef d'orchestre, M. Hösel, artiste de grand talent qui vient de terminer sur un thème cher à Wagner, *Wieland le Forgeron,* un opéra dont il a écrit le texte et la musique.

A la même occasion, on donnait à l'église des Trois-Rois *Le Christ* de Liszt, encore un hommage au maître et qui a été aussi un succès. La Robert Schumannschesingakademie a marché vaillamment sous la conduite du chef d'orchestre Pembaur qui avait pénétré au plus profond de l'esprit de l'œuvre.

Je renonce à signaler les virtuoses de renom et de tout genre qui passent par ici. Mentionnons toutefois la première apparition ici de Mlle Germaine Schnitzer, premier prix du Conservatoire de Paris (classe Pugno) et de Vienne (classe Sauer), qu'avant ses deux concerts à Dresde, la réclame annonçait comme une interprète exceptionnelle. Elle n'a point trompé l'attente du public qui lui a fait un vrai triomphe. Sa technique qui la fait se jouer des plus énormes difficultés, son énergie masculine, son tempérament d'artiste la classent au premier rang de la jeune génération des virtuoses du clavier.

Je n'en dirai guère moins du jeune pianiste russe, Jascha Spiwakowsky, élève de Mayer-Mahr. Cet enfant de treize ans s'attaque aux œuvres de Bach, Beethoven, Schumann et y pénètre religieusement. C'est déjà un artiste mûr. Mlle Kelga Petri, fille du premier concertmeister de l'Opéra, cantatrice encore à ses débuts, a enchanté le public par sa voix fraiche et bien stylée, aussi bien avec ses chansons en crinoline, qu'elle accompagne elle-même au luth, qu'avec le répertoire classique.

Le professeur Bertrand Roth, l'un des pianistes et pédagogues les plus en vue ici, sinon le meilleur élève de Liszt, invite depuis de longues années le public artiste et amateur de Dresde à ses matinées musicales du dimanche, données chez lui dans sa propre salle de concerts et où une large hospitalité est offerte aux artistes et aux œuvres ayant besoin d'être connus. Dernièrement, nous avons assisté à une matinée consacrée aux compositeurs scandinaves tels que Tor Aulin, Toiwo Kupla et Oscar Merikanto. Puis à une autre, consacrée à Thuille (sonate pour piano et violon), à Reuss (sonate pour piano) et à Bleyle (concerto pour violon), pièces d'une structure intéressante.

Profitant du Jubilé Liszt à Weimar, où il se fit entendre, le professeur Roth a rendu un hommage à son grand maître, en créant une fondation au capital de 4,000 marks, dont les intérêts devront servir chaque fois aux études d'un élève de talent, mais pauvre.

Le Dimanche des Morts (26 novembre) a été exécuté dans l'église Martin Luther, dont les chœurs sont renommés, le *Requiem* allemand de Brahms, sous la direction de l'organiste Römhild, l'une des notabilités musicales de Dresde.

CAMILLA WAHRER-L'HUILLIER.

GENÈVE. — La première de *Tiefland* — Il y a huit mois à peine que l'œuvre de MM. Rudolphe Lothar et Eugène d'Albert était représentée pour la première fois en langue fran-

çaise, sur le théâtre de Nice, selon l'adaptation de Jean Bénédict. Nous ne pouvons donc que nous féliciter de l'activité de notre directeur qui nous permet d'arriver en si bonne place. Ce fut une belle soirée et, cette fois-ci, notre troupe agissait avec ses seules forces; on n'avait pas engagé, comme pour *Orphée*, de soliste de grand renom; néanmoins, ce fut très bien, et, je crois que M. Bruni a résolu de donner un démenti à la fâcheuse renommée du théâtre de province.

Ce drame catalan est poignant, moral et malgré quelque brutalité, il est bien au-dessus de la conception des véristes italiens, précisément parce qu'il a un idéal. Il est dommage que le librettiste allemand, qui l'a extrait de la pièce d'A. Guiméra, n'en ait pas davantage résumé la trame. On sait que la musique ralentit toujours l'action; elle se fait insistante au sujet de la moindre situation, au point de vue psychologique, pour peu qu'elle exige quelque prolixité verbale. C'est ainsi que dans *Tiefland* il apparait que les scènes principales n'ont pas l'importance qu'il faudrait par rapport aux autres; il en résulte une sorte d'unité fâcheuse.

M. Eugène d'Albert a écrit une partition qui a obtenu ici, comme ailleurs, un plein succès. Cela se conçoit aisément, car elle flatte les goûts de la bonne moyenne du public. Construite selon la conception moderne du drame lyrique, elle est facile, se préservant, par une technique habile, des petites entorses possibles à la distinction; rapprochements avec le style des véristes italiens auxquels elle emprunte pas mal. Elle est instrumentée avec beaucoup de goût; orchestration colorée, bien équilibrée; en somme, point de défaut criard, mais, d'autre part, absence de personnalité; d'émotion vraie, de cœur. Les passages puissants tiennent toute leur valeur du drame proprement dit. M. d'Albert, en collectionnant les petits motifs, a su, sans les développer ni les amplifier d'aucune façon, bâtir une trame symphonique bien sonnante; son rôle s'est borné là.

Un tableau musical comme celui du *Prologue*; la montagne, les champs, tout l'agrément alpestre, n'a pas été inspiré, semble-t-il, au compositeur, par une émotion vraie, mais par celle qu'ont créée en lui les œuvres d'autrui. Il y a certainement de réelles beautés, des choses profondes, par exemple, au 2ᵉ acte la plainte des violoncelles, tandis que Marta narre à Tommaso ce que fut sa vie, le rêve de Pedro, etc., etc. Je ne puis procéder ici à une analyse; en résumé, l'œuvre a fait plaisir et elle fera plaisir à tous ceux qui l'entendront.

J'ai déjà dit qu'elle fut fort bien interprétée, sous la direction du chef Barras, par Mme Daffetye, Richard, Bauliné, etc., par les ténors Sullivan,

Maury, le baryton Simar et les basses Jacquin et Flavien.

Ces artistes ont réalisé, chose rare, un ensemble parfaitement harmonieux.　　　　A. PAYCHÈRE.

LONDRES. — La Société des Concerts Français de Londres, grâce au zèle infatigable de M. Guéritte qui en est l'âme et le chef, a déjà fait apprécier des amateurs anglais les meilleures œuvres de musique de chambre moderne. Après Emile Bernard, de Bréville, Chabrier, Chausson, Debussy, Dukas, Fauré, d'Indy, Ravel, voici quelles nous présente des compositeurs encore peu connus ici. Le concert du 28 novembre au Bechstein-Hall était consacré à des mélodies de Charles Bordes, au quatuor pour piano et cordes, et à la sonate pour piano et violoncelle d'Amédée Reuchsel, au trio à cordes et au concertstück pour violon de Maurice Reuchsel. Le public a vivement apprécié la solide facture du quatuor et du trio, la sonate piano et violoncelle a produit une réelle impression, et le concertstück a terminé brillamment la séance. Les deux compositeurs qui participaient à l'exécution en compagnie de MM. Alexis Ticier, violoncelle, et Yonge, alto, ont été chaleureusement applaudis.

Quant aux mélodies de Charles Bordes, Mlle Vera Bianca en a habilement détaillé toute la saveur, la grâce et la délicate originalité.　　　W. H.

NANCY. — Dimanche 10 décembre, à 3 heures, à la salle Poirel, quatrième concert du Conservatoire. Programme : 1. Ouverture d'Idoménée (1781), première audition (W.-A. Mozart); 2. Concerto en ut mineur nº 4, pour piano et orchestre (M. C, Saint-Saëns), exéc. par M. Robert Lortat; 3. Ouverture pour un Drame, première audition (M. P. Bretagne); 4. Danse Macabre, pour piano et orchestre, première audition (F. Liszt), exéc. par M. Robert Lortat; 5. Symphonie en ré mineur (C. Franck). — Le concert sera dirigé par M. Guy Ropartz.

NOUVELLES

— Dans son rapport à la Chambre française sur les théâtres subventionnés, le rapporteur du budget des Beaux-Arts, M. Simyan insiste sur les subsides que la ville de Paris devrait accorder à « son » théâtre d'abord, puis aux grands théâtres nationaux dont elle tire bénéfice, au double point de vue artistique et matériel. La municipalité de la capitale ne saurait décemment faire moins que celles de Lyon, Marseille ou Nice. C'est au minimum, 300,000 francs qu'il conviendrait d'inscrire au budget municipal, au chapitre des subventions théâtrales. La répartition en serait aisée : 100,000 francs avec la gratuité de loyer (actuellement accordée), et les frais d'éclairage à la charge de la ville, seraient consacrés aux clauses d'un cahier des charges mûrement étudié, au Lyrique munici-

pal, transféré au Théâtre du Châtelet, dès que la chose serait possible. On pourrait, dans ces conditions, réaliser un véritable théâtre lyrique populaire, dans d'impeccables conditions de réalisation artistique. 100,000 francs seraient versés en outre à l'Opéra de Paris, 75,000 francs à l'Opéra-Comique et 25,000 francs au Théâtre de l'Odéon, qui n'a à supporter, en tant que théâtre dramatique, ni les mêmes charges d'engagements fort coûteux, ni les mêmes frais d'orchestre, chœurs, figuration, etc.

Dans ce même rapport, M. Simyan s'occupe ensuite de l'Opéra et de l'Opéra-Comique. Après avoir souligné les difficultés de tous ordres que rencontrent MM. Messager et Broussan, il déclare : « Les directeurs actuels de l'Opéra font les efforts les plus méritoires pour maintenir leur théâtre au niveau des plus grandes scènes lyriques. M. Simyan rappelle les ouvrages que MM. Messager et Broussan doivent monter et ajoute : « On voit que c'est là un beau programme où les directeurs ont fait appel aux compositeurs les plus éminents, sans distinction d'école. »

M. Simyan louange la direction Albert Carré à l'Opéra-Comique. Voici une phrase qui synthétise tous les éloges : « Si on voulait écrire aujourd'hui une histoire de la musique dramatique moderne en France, il suffirait de récapituler la liste des œuvres jouées à l'Opéra-Comique et de considérer la courbe musicale qui commencerait à Mignon, passerait par Carmen, Manon, irait à Louise et Pelléas et aboutirait aux tentatives de musique pittoresque et vériste de M. Laparra, dans la Habanera et la Jota. »

— On sait que notre collaborateur Charles Malherbe, bibliothécaire de l'Opéra de Paris, avait depuis longtemps déclaré que sa magnifique collection de manuscrits et de lettres de musiciens, œuvre de toute sa vie, était destinée à la bibliothèque du Conservatoire. Le fait est désormais officiel. Cette inestimable provision d'œuvres souvent inédites, parfois capitales, est maintenant le patrimoine de la France. Il est d'autant plus heureux qu'elle soit placée là, que M. Julien Tiersot, le distingué bibliothécaire du Conservatoire, est en train justement de rédiger, pour la série officielle des Catalogues des manuscrits des Bibliothèques de France, déjà si considérable, l'inventaire complet des richesses dont il a la garde. Ce relevé sera une véritable révélation.

— Une affluence d'auteurs et de compositeurs s'est groupée, l'autre semaine, en un banquet cordial, autour de M. Joubert, pour fêter la promotion du distingué président de la Société des auteurs compositeurs et éditeurs de musique dans l'ordre de la Légion d'honneur. M. Charles Lecocq présidait le banquet.

Après un fort spirituel discours de M. Charles Lecocq plusieurs toasts ont été portés au nouveau chevalier, par M. Augustin Banés, au nom de la Société des auteurs, par M. Couyba, ministre du commerce, par M. Arthur Bernède, qui parla avec distinction au nom de la Société des auteurs; MM. Daniel Jourda, Laurent de Rillé, Dufour, conseiller général de Seine-et-Oise; Mansion, au nom de la maison Joubert et M. Henry Moreau, au nom des amis personnels de l'éditeur.

Parmi les discours, deux artistes ont mis une note particulièrement originale. M. Pacra en une agréable pièce de vers, M. Guyon fils, dans des couplets fort bien tournés, ont chanté les louanges de M. Joubert.

Le président de la Société des auteurs, compositeurs et éditeurs, a remercié avec l'éloquence du cœur. Et parmi des bans, des doubles bans, on l'a acclamé.

— La première représentation du *Cavalier à la Rose* de Richard Strauss, au Théâtre Costanzi, de Rome, a été troublée par des huées, des coups de sifflets, et un vacarme qui est allé toujours grandissant. Le public a profité de la représentation de cette œuvre allemande pour protester contre la campagne hostile à l'Italie, que mènent les journaux allemands et autrichiens depuis l'invasion de la Tripolitaine.

— Pour sa réouverture, le Théâtre royal de Madrid a donné, sous la direction du maestro Rable, une excellente représentation du *Crépuscule des Dieux* de Richard Wagner, avec Mme Kriesten-Rable dans le rôle de Brunnehilde. La direction a mis ensuite à l'affiche *Madame Butterfly*, puis *Faust*.

— Le prince Joachim-Albert de Prusse a terminé un poème symphonique que lui a inspiré *L'Ile de Morts*, le tableau célèbre d'Arnold Böklin. L'œuvre sera exécutée à Carlsbad, à un des concerts de la prochaine saison d'été.

— La grande saison d'hiver a été inaugurée au Théâtre de Boston, le 27 novembre dernier, par une représentation, la première aux Etats-Unis, de *Samson et Dalila*. Mme Maria Gay et le ténor Zenatello ont été acclamés ainsi que le chef d'orchestre M. Caplet.

— La maison d'édition Ahn et Simrock, de Berlin, a mis au concours, entre écrivains de tous les pays, la composition d'un livret d'opéra pour lequel elle offre un prix de cinq mille marks. Le dernier délai fixé pour l'envoi des manuscrits est le 31 mars 1912. MM. les librettistes, à l'ouvrage !

— Notre confrère *L'Express musical* de Lyon a ouvert un grand concours international pour la composition d'un morceau de piano. Ce concours sera clos le 15 janvier 1912. Pour tous renseignements, s'adresser à M. le directeur de *L'Express musical*, 42, place de la République, à Lyon (joindre 15 centimes en timbres).

57me ANNÉE. — Numéro 51.   17 Décembre 1911.

LE GUIDE MUSICAL

Henri Schütz et son Oratorio de Noël

L A littérature musicale allemande antérieure à Jean-Sébastien Bach comprend peu d'ouvrages comparables à cette *Histoire de la naissance de Jésus-Christ*, au double point de vue de la valeur artistique intrinsèque et de l'intérêt historique. Par sa nationalité et par son éducation musicale, Schütz se trouve placé à l'intersection des principaux courants artistiques de son temps. Allemand de naissance, il séjourne longuement à Venise et y travaille sous la direction de Jean Gabrieli, le dernier grand maître de l'ancienne école vénitienne, celle qui vit l'évolution dernière du contrepoint néerlandais, le style à double chœur de Willaert remplacer les artifices contrapontiques de Josquin, le chromatisme des musiciens humanistes vaincre définitivement le diatonisme grégorien, le madrigal s'épanouir, et naître la musique instrumentale moderne. Florence a déjà livré au monde la formule du drame musical, Venise va suivre le mouvement en faisant appel à Monteverde. C'est au moment où celui-ci viendra occuper le poste illustré par Willaert que Schütz s'en retourne dans sa patrie pour y faire fleurir l'art nouveau. Une *Dafne*, composée sur le texte traduit de Rinuccini, précédemment mis en musique par Peri et Gagliano, témoigne de ses accointances avec les Florentins. Mais son tempérament germanique l'incline de préférence vers les riches polyphonies, dont il eut, à Venise, d'admirables modèles sous les yeux, et c'est aux compositions chorales religieuses, psaumes, motets, etc., qu'il voue désormais le meilleur de son activité. Les spécimens les plus intéressants de l'art de Schütz consistent dans ses *Passions* et *Historiae* (oratorios), qui permettent d'apprécier à la fois sa polyphonie vocale et instrumentale et sa manière de traiter le récitatif, perfectionnement et adaptation germanique des innovations de Peri et de Caccini. Il s'y montre le véritable et génial précurseur de Bach et de Händel dans leurs ouvrages semi-dramatiques; les récits et les airs poignants de la *Passion selon saint Mathieu*, les vastes ensembles du *Messie*, se trouvent en germe ici.

C'est, bien entendu, un art encore archaïque, d'une monotonie et d'une indigence relatives, non exempt de ces modulations gauches et incertaines qui trahissent la tonalité encore hésitante, de ces tournures embarrassées qui impressionnent désagréablement ou font sourire le profane obstiné à tout entendre d'une même oreille, un drame wagnérien ou un opéra du XVIIe siècle. Il ne faut pas chercher ici la souplesse har-

monique inégalée, la somptuosité polyphonique et les amples mélodies de Jean-
Sébastien. Nous avons affaire à un primitif.
Mais l'essence même de cet art n'est pas
différent. On peut même dire que, jusqu'à
un certain point, l'élève de Gabrieli se
montre plus religieux que le cantor de
Leipzig. Non pas dans le sens où nous
reconnaissons, chez Fra Angelico, une
religiosité plus profonde et plus pure que
chez un Raphaël, Si la technique, là comme
ici, a progressé, l'intensité du sentiment
religieux, de Schütz à Bach, n'a pas diminué. Mais on ne peut méconnaître l'importance que l'accroissement de la technique
a donné, chez Bach, à la forme, à la
préoccupation du développement, par rapport à l'effusion sentimentale ; si l'art, chez
Bach, n'a point diminué la foi, reconnaissons que, chez lui, le musicien absorbe
parfois le croyant. Avec Schütz, au contraire, nous nous trouvons en présence d'un
artiste naïf, profondément convaincu, s'efforçant d'exprimer avec toute l'intensité
possible, au moyen d'un vocabulaire musical encore rudimentaire et d'une esthétique encore incertaine, le sentiment qui
l'anime. Et c'est par quoi Schütz est à la
fois si intéressant et si touchant.

* * *

L'Oratorio de Noël a vu le jour en 1664.
L'ouvrage a été retrouvé, il y a quelques
années seulement, à la bibliothèque d'Upsala (1). Il était au complet, sauf une partie
de second trombone du cinquième intermède et, malheureusement, toutes les parties vocales et instrumentales de l'Introduction, dont on n'a que le texte et la partie
chiffrée de l'orgue, mais que l'éditeur,
M. A. Schering, restitua avec beaucoup de
goût et de discrétion. La partie de l'Evangéliste seule, avec sa basse continue, était
imprimée, toutes les autres étaient demeurées manuscrites. Depuis sa publication

(1) On sait que Henri Schütz séjourna à diverses
reprises dans le Nord, à Copenhague, antérieurement
toutefois à la composition de l'Oratorio de Noël : de
1633 à 1635, en 1637 et de 1642 à 1645.

tardive (chez Breitkopf et Hartel), l'ouvrage a donné lieu à de nombreuses exécutions, qui en confirmèrent l'intérêt.

La partition comprend dix morceaux,
séparés par des récitatifs de l'Evangéliste,
soit en tout dix-neuf numéros, tous très brefs.
A part le chœur d'introduction et le chœur
final, tous les autres morceaux sont intitulés
intermedium. Il est clair que, pour Schütz,
le fond de l'ouvrage consiste encore dans
le récit évangélique, dont les airs et chœurs
ne constituent qu'une illustration. Chez
Bach, au contraire, le « morceau » prend le
dessus, la musique l'emporte sur la liturgie.
A part le chœur d'introduction : « Célébrons
la naissance du Christ... redisons le récit de
la Sainte Ecriture » et le chœur d'actions de
grâce final, le texte est emprunté directement
à l'Evangile. Jusqu'au milieu du quatrième
récitatif, il suit le texte de saint Luc (II,
1 à 21), se raccorde ensuite, fort adroitement, à celui de Saint-Mathieu (II) et
retourne à Saint-Luc avec la phrase finale :
« Et l'enfant grandissait en âge et en
sagesse, et l'esprit de Dieu était en lui »
(II, 40).

Le récitatif, confié au ténor, suivant la
tradition, s'inspire, nous l'avons dit, des
modèles impérissables de l'école florentine,
intelligemment appropriés à la langue allemande. A peine entrecoupés de brèves
ritournelles, il n'offre pas, mélodiquement
parlant, plus d'intérêt que le récit florentin ;
l'art, ici comme là, réside plutôt dans le
souci scrupuleux de la prosodie, dans un
choix heureux de modulations vocales et
de cadences harmoniques expressives, dans
les formules mélodiques isolées accompagnant certains mots. On remarque, dans
le premier récit, la cadence attendrie sur
les mots : « ..Marie, son épouse, *qui était
dans l'attente* », sentiment que l'on retrouve,
dans le quatrième récit, avec le verset
ému de Luc : « Or, Marie conservait toutes
ces choses, les repassant dans son cœur ».
Dans un passage du troisième récit :
« Quand les anges, remontant au ciel »,
la voix gravit diatoniquement un intervalle
de septième, tandis que lorsque les mages
offrent « l'or, l'encens et la myrrhe » (sep-

tième récit), la phrase descend, par un accord brisé de quarte et sixte, comme agenouillée. Suivant un procédé propre aux premiers monodistes italiens et que l'on retrouve jusque chez Jean-Sébastien Bach, les images gracieuses, *der Stern* (l'étoile, sixième récit), amènent un mélisme ornemental; de même le mouvement des mages « s'en allant » (*sie zogen*, septième récit). L'auteur s'applique également à trouver l'expression harmonique. Lorsque Hérode « se trouble » (cinquième), l'harmonie passe brusquement de l'accord de *si* bémol à celui de *sol* (en sixte), conçu comme dominante d'*ut* (modulation à deux quintes de distance) ; la même harmonie mouvementée se retrouve à la fin du récit : « Il fit rassembler les princes des prêtres et s'enquit auprès d'eux *en quel endroit le Christ devait naître* », ou lorsqu'Hérode, avec duplicité, interroge les mages (sixième). Particulièrement intéressant à ce point de vue est le huitième récit, où Schütz rend, à l'aide d'une descente chromatique, « les plaintes, les larmes » suscitées par le massacre des innocents ; dans ce verset et dans le suivant : « Rachel pleurant ses enfants », il fait un emploi approprié du mineur, acquisition encore récente de l'expression musicale dans la peinture de la douleur. Le dernier récit se termine par une progression assez puissante, couronnée d'une brillante vocalise.

L'accompagnement des récits n'est pas sans intérêt. L'action de s'en aller, de partir en voyage (le départ des mages, la fuite de Joseph en Égypte, son retour : septième, huitième, neuvième récits) est rendue par des figurations canoniques imitatives, la fureur d'Hérode trompé, par des traits véhéments, ascendants et descendants, de la basse (huitième). Dans sa réalisation de la basse continue, M. Schering s'est fort opportunément inspiré des modèles du temps. L'évocation de l'étoile qui « précède les mages jusqu'à ce qu'elle s'arrête au-dessus du lieu où était l'enfant » (septième récit), amène dans l'aigu des tenues ascendantes, comme d'un astre qui monte au zénith. L'apparition de l'ange aux bergers (pre-

mier) est également commentée par de ces accords tenus qui, dans les ouvrages dramatiques de l'école vénitienne, annoncent les apparitions et qui, dans la *Passion selon saint Mathieu*, nimbent les paroles du Christ.

Arrivons aux « intermèdes », les morceaux proprement dits, qui sont les suivants : A) *L'Ange aux Bergers*, soprano solo avec altos (archets), orgue; B) *Chœur des Anges*, soprani divisés, alti, ténors divisés, basses, avec violons, bassons et basses, orgue; C) *Les Bergers*, premiers, deuxièmes et troisièmes alti, avec deux flûtes, bassons, orgue; D) *Les Mages*, premiers, deuxièmes et troisièmes ténors, avec violons, bassons, flûte, orgue; E) *Les Prêtres et les Docteurs*, quatre parties de basses, avec trombones, basses, orgue; F) *Hérode aux Mages*, basse solo, avec deux trompettes, orgue; G) et H) *L'Ange à Joseph*, soprano solo avec altos, orgue. On remarque l'appropriation des instruments aux différents rôles : le chœur des bergers est précédé d'un vif dialogue des flûtes, celui des prêtres et des docteurs est accompagné par les trombones, l'air d'Hérode par les trompettes, tandis que les discours de l'ange ramènent chaque fois le timbre chaste et voilé de l'alto. Tous ces morceaux, nous l'avons dit, sont courts, et dépourvus de développement proprement musical.

La partie la plus caractéristique du premier morceau est le début, qui repose entièrement sur un dessin caressant, descendant de la quinte à la tonique, et qui passe durant quelques mesures au relatif mineur de la sous-dominante (deuxième degré de tonique), pour retomber ensuite, en une chute pleine de grâce, sur cette dernière ; l'air se termine par une tenue vocale de sept mesures, sur la tonique, accompagnée d'un postlude instrumental. Le chœur angélique qui suit, à dix voix, comme on l'a vu, est caractéristique de ceux qui suivent. On retrouve ici le disciple des madrigalistes vénitiens, héritiers directs des grandes traditions de l'école néerlandaise. Dans un alerte rythme ternaire, sur une base harmonique très simple, oscillant

entre les tonalités les plus voisines et
orientée de préférence vers la sous-dominante, les voix s'enroulent et s'enlacent en
une polyphonie souple, pleine d'aisance et
de charme, se poursuivent dans les entre-
lacs d'une imitation sans fin, reprennent
contact dans un ferme unisson rythmique
et repartent, lançant de plus belle, aux
quatre coins du ciel, le joyeux appel :
« Paix sur la terre aux hommes de bonne
volonté ».

Le chœur des bergers *Courons à Bethléem* (sans autre recherche de couleur
locale que l'intervention des flûtes) est du
même style, mais d'une allure plus carrée,
celui des mages, où l'on retrouve le mélisme
ornemental du récitatif sur le mot *Stern*
(étoile), affecte un caractère de marche.
L'air d'Hérode, d'une allure énergique et
entraînante, est fort intéressant. Suivant un
procédé dont Scarlatti, dans *Il Prigionero
fortunato*, donnera quelques années plus
tard un exemple typique, la voix dialogue
avec les trompettes en imitations mélisma-
tiques attachées aux termes de mouvement
« venir », « partir ». On remarque, au mot
ziehet (allez), la singulière insouciance prosodique dont les vieux maîtres allemands,
Bach y compris, font montre dans les
parties ornées de leurs airs, — non dans
leurs récits : la syllabe accentuée *zie-*
tombe sur la partie faible du temps, la
syllabe faible *-het*, avec le mélisme, sur la
partie accentuée du temps suivant. Une
longue vocalise termine le morceau. Enfin,
non moins intéressants sont les deux
morceaux angéliques de la fin et dans lesquels la forme fixe de l'air alterne, suivant
le texte, avec des fragments de récitatifs.
Le début du premier aura réjoui M. Vincent d'Indy : le prélude instrumental reproduit le motif de l'air de l'ange au berger, —
d'où il suit que Schütz pratiqua, lui aussi,
le style « cyclique » et qu'il prend place
parmi les précurseurs de César Franck.
A noter, dans le même morceau, l'ascension logique de la phrase, avec la répétition
insistante de l'exhortation « lève-toi », sa
terminaison, avec l'appel « Joseph », sur
cette tierce que les modes intenses des

Hellènes assignaient déjà comme finale
aux apostrophes et aux phrases interroga-
tives. Le mot *fleuch* (fuyez) amène naturellement une interminable vocalise.

Signalons encore, à la fin du second
morceau de l'ange, la gravité subite de
l'harmonie aux mots : « Ils sont morts, tous
ceux qui de l'enfant voulaient prendre la vie ».
Comme le chant de l'ange aux bergers, ces
deux-ci se terminent par une longue tenue
vocale, donnant à l'ensemble un caractère
de sereine autorité. Le chœur final, plus
développé que les autres morceaux, n'a pas
la polyphonie mouvementée de ceux qui
précèdent; sauf quelques passages, il est
entièrement « accordique » et vise, par ces
effets de masse, à la majesté et à la grandeur
dont Bach et Händel devaient livrer les
spécimens les plus accomplis.

Nous n'avons voulu, ici, que mettre en
lumière les points les plus saillants de
l'œuvre vénérable de Schütz, qui fournit à
l'historien comme à l'esthéticien un sujet
d'étude du plus vif intérêt.

Ernest Closson.

BÉRÉNICE, d'Albéric Magnard

à l'Opéra-Comique de Paris

C'est une grande et belle œuvre, et
qui n'a pas déçu les espérances
que les œuvres précédentes de
M. Albéric Magnard avaient déjà
portées si haut. Elle est austère et harmonieuse, d'un accent sincère, d'un style distingué, souvent séduisante sans chercher l'effet et
attachante par l'unité de sa conception. Le titre
que lui a donné le compositeur : « tragédie en
musique », est d'ailleurs rigoureusement exact,
et il importe essentiellement d'en tenir compte.
N'attendez pas une « tragédie lyrique », en
effet. Cette *Bérénice* est l'œuvre d'un symphoniste qui a employé les voix. Ces voix sont
d'ailleurs traitées d'une façon expressive, en
une déclamation agissante, ferme, souple,

mais la symphonie qui les enveloppe, et qu'elles ne dominent pas, est à elle seule l'élément le plus expressif de la tragédie, le plus constamment intéressant, et celui qui fait le plus d'honneur au poète-musicien.

Plusieurs défauts graves résultent de ce parti, en ce qui concerne l'œuvre dramatique, puisqu'aussi bien l'auteur en a fait une œuvre de théâtre. Le principal réside dans l'ampleur de ses développements. La tragédie de Racine a beau n'être pas le modèle exclusif proposé; la Bérénice que voici a beau n'avoir que le seul Titus pour amant et sacrifier à Vénus, une fois abandonnée, cette chevelure de reine d'Egypte dont le souvenir s'est perpétué dans les constellations du ciel; la situation essentielle est la même : le fils de Vespasien, devenu empereur, ne peut, comme il le désirait, comme Bérénice y comptait, épouser une étrangère; le peuple, Rome, sa propre gloire s'y opposent, et Bérénice doit partir. Or, cette situation n'est pas pour dégager l'expression de passions violentes, l'évocation de caractères héroïques, et pour apporter de fortes émotions au spectateur. Le style seul est d'une tragédie : il n'y a là qu'un conflit tout intime entre l'amour et le devoir, et c'est un petit poème d'une grâce mélancolique et tendre, exquis par sa discrétion même.

Cette grâce et cette discrétion, que Racine avait dosées dans un équilibre parfait, M. Albéric Magnard ne pouvait songer à les conserver, et ne l'a pas cherché. Il a, au contraire, accentué la lutte morale et le sacrifice qu'elle amène, avivé les passions, donné plus de détresse au déchirement final... J'ai peur qu'il n'en ait en même temps diminué les héros. Bérénice et Titus sont trop uniquement des amoureux, incapables de comprendre la fière beauté de leur renoncement; et comme d'ailleurs le poète-musicien n'a guère conservé qu'eux seuls au cours de cette action sans hors-d'œuvre ni péripéties; les scènes où ils sont aux prises sont d'une longueur, d'une lenteur, d'un « indéfini », qui sans doute marquent bien leur indécision, mais un peu trop aussi leur manque de caractère. Nous ne nous intéressons pas assez à eux pour ne pas être fatigués du développement que prend l'expression de leur amour et de leurs hésitations.

Nous serions plutôt du sentiment du vieux Mucien, le préfet du Prétoire, dont Titus prend conseil un instant, et qui trouve qu'il ne faut pas tant de phrases pour faire son devoir.

M. Albéric Magnard a pensé que la musique emporterait toutes ces considérations dans son épanouissement magnifique. Et de fait, c'est avant tout de la musique, cette partition. Au surplus, il nous l'a dit et déjà j'ai cité ses déclarations : « Ma partition est écrite dans le style wagnérien; j'ai choisi dans les styles existants celui qui convenait le mieux à mes goûts tout classiques et à ma culture musicale toute traditionnelle. J'ai seulement cherché à me rapprocher le plus possible de la musique pure. » Et ceci est parfaitement exact; seulement ce n'est pas suffisant au point de vue théâtre, et quand Wagner, par exemple, écrivait Tristan et Yseult, il avait d'abord un Tristan et une Yseult comme héros de son conflit d'âmes.

N'importe, il faut le dire et le redire encore, l'œuvre est extrêmement remarquable et digne de l'attention de tous les musiciens. On a l'impression, dès l'ouverture, qu'une âme d'artiste prend la parole, et on l'écoute, sinon toujours sans fatigue, du moins avec une sympathie et un respect constants. Ajoutons d'ailleurs que le poème, qu'il a écrit lui-même, et dans une belle prose rythmée qui (bien différente du poème ridicule du Cid) a le bon goût de n'emprunter aucun des vers de Racine.

Cette ouverture est déjà un vrai morceau de symphonie, bien entendu, où les deux motifs essentiels de l'œuvre, celui de la puissance impériale et celui de l'amour, évoluent suivant le mode classique. A un début rapide, vigoureux, en raffale, succède un apaisement passionné mais d'un beau style grave et pénétrant; puis la vivacité première reprend, pour se perdre encore dans l'ampleur mélancolique du dénouement. Et c'est le premier acte, enchaîné sans arrêt. Bérénice, à Rome, attend Titus, dont elle est depuis cinq ans la maîtresse, et dont, en dépit des présages de sa suivante Lia, elle espère bien être la femme. Mais voici que le prince. Vespasien, son père, est au plus mal. Lui mort, Titus est empereur : l'avenir est aux deux amants. Aussi bien l'amour de Béré

nice est bienfaisant; il a ouvert l'âme du guer-
rier romain à la nature, à la beauté, à la mélancolie : Titus le proclame en termes larges
et émus; et, comme un symbole de cette émotion nouvelle, des chœurs lointains emplissent
le crépuscule, des harmonies séduisantes par-
fument la nuit, un simple baiser devient une
symphonie, les sonorités amples et enveloppantes de l'orchestre font tressaillir la nature
endormie... Soudain, le préfet du prétoire surgit : l'empereur se meurt, Titus est attendu.
Il faut se quitter, mais demain... c'est en
impératrice que Bérénice entrera au palais
impérial.

Hélas! au second acte, la résolution de
Titus est déjà prise : il renverra Bérénice.
sans faiblesse sinon sans larmes. Sa large et
énergique déclamation du moins nous le laisse
croire, et Mucien, consulté, appuie ce parti :
« La reine Bérénice ici n'est pas aimée (dit-il).
Elle peut devenir une cause de trouble.
Ordonne-lui de repasser les mers... Belle, mais
sans prestige, charmante, mais stérile, le
peuple romain ne verra jamais en elle que
l'étrangère... » En effet, lorsque Bérénice,
introduite, surprise d'abord de l'accueil embarrassé de Titus, le reprend ensuite en un bel
élan de passion, des chœurs, soudain, éclatent
sous les fenêtres, une chanson railleuse insulte
la reine... et elle s'indigne contre l'empereur
qui refuse de noyer l'injure dans le sang.
Elle le voit enfin, la séparation est fatale; la
mort du moins la vengera! Mourir? Titus
s'émeut, il pleure; et Bérénice est plus touchée de cette douleur : elle s'apaise, elle part
résignée, à condition toutefois qu'il passera
une dernière nuit près d'elle... Et l'empereur
promet. Tiendra-t-il? Mucien l'en détourne :
que Titus parte plutôt pour le camp, un rien
peut déchaîner la colère du peuple!...

Au troisième acte, après un prélude qui est
un nouveau mouvement de symphonie, traversé de passion et de mélancolie, nous aper-
cevons Bérénice prostrée sur le pont de sa
trirème, au port d'Ostie. C'est le soir, il faut
lever l'ancre, et Titus n'est pas venu! Qu'il
vienne une fois encore, ô Vénus, et cette chevelure magnifique te sera consacrée! — Et
voici l'empereur, en effet, en tenue de camp,

qui semble avoir perdu tout courage. Lâche!
lâche de n'être pas venu cette nuit! lui crie
Bérénice, mais cette fois c'est elle qui parlera
de devoir et de sacrifice. En vain Titus offre
de tout abandonner, de partir avec elle : « Le
doute est entré dans nos âmes » répond la
reine, qui d'ailleurs déplore (en des accents de
la plus harmonieuse mélancolie) sa triste stéri-
lité. Et l'orchestre se fait majestueux en évoquant la gloire future de Titus, il s'attendrit et
pleure en soulignant le baiser qui se prolonge
et la scène muette de la séparation; il s'apaise,
s'élargit, s'endort, en magnifiant le geste de
Bérénice coupant sa longue chevelure et la
jetant dans les flots aux vents du départ.

Cette belle et séduisante symphonie avec
voix a malheureusement encore un défaut...,
de symphoniste, c'est qu'elle est mal écrite
pour les voix. Elle les traite avec une désinvolture parfois étrange, des déplacements continuels de tessiture, qui rendent l'interprétation
d'autant plus délicate. C'est ainsi que le rôle
de Titus, écrit en clef de *fa,* trop haut pour un
baryton, trop bas pour un ténor, a trouvé en
somme son interprète en M. Swolfs, qui est
un ténor bas. Il est excellent d'ailleurs, autant
par son physique, son attitude, son geste, très
romains, très évocateurs, que par la fermeté et
la belle tenue de sa voix et de sa diction.
Mlle Mérentié prête à Bérénice, avec sa beauté
passionnée et enveloppante, un organe très
riche, presque trop vibrant parfois, et donne
beaucoup de caractère au dernier acte qui lui
appartient tout entier. M. Vieuille est parfait
de sobriété dans Mucien et Mlle Charbonnel
donne du style à la suivante Lia. L'orchestre,
sous la direction très artistique et colorée de
M. Rühlmann, a bien mis en valeur les belles
sonorités qu'il est chargé d'évoquer. Les
décors, d'une grande pureté archéologique,
sont encadrés avec beaucoup de goût dans une
large arcature en plein cintre, sur colonnes,
qui est du meilleur effet.

HENRI DE CURZON.

LA SEMAINE

PARIS

A L'OPÉRA, un ballet nouveau a vu le jour la semaine dernière : *La Roussalka*, écrite par M. Lucien Lambert sur un livret de MM. Hugues Leroux et de Dubor. C'est une chose bien singulière. Il est singulier d'avoir osé donner un ballet russe, ou soi-disant tel, si près des modèles qui nous ont été apportés de Russie et dont on est encore si loin ici. Il est singulier, à cette intention, d'avoir repris, presque scène pour scène, le livret de *Giselle ou les Willis*, le ballet d'Adam, — que justement les danseurs russes nous ont fait revoir, il y a peu de temps, à l'Opéra, — en se bornant à lui donner des noms et des costumes russes. Il est singulier enfin que ce livret ainsi repris et réadapté dans le but d'une sorte de manifeste, ait été confié à un musicien aussi peu fait pour écrire de la musique de danse et peut-être même de la musique caractéristique. La partition de l'auteur du *Spahi* et de *La Flamenca* est comme une suite d'orchestre, finement écrite, élégante et harmonieuse parfois, mais sans élan ni verve, sans les vives couleurs, sans les rythmes irrésistibles et spontanés qui sont indispensables à la danse, sans ces piquants babillages instrumentaux qui doivent souligner la pantomime. D'autre part, s'il n'est pas impossible de trouver quelques motifs russes dans le premier acte, la page saillante du second est une valse viennoise bien caractérisée, avec solo d'alto et harpes, puis reprise de violon avec timbres. Il est vrai que le second acte est en dehors du temps et du lieu. On sait la légende, plus d'une fois utilisée, sur le mode lyrique comme sur le mode chorégraphique. Lorsque le jeune seigneur, qui a séduit la jeune paysanne en lui cachant son nom et son rang, est retrouvé par sa femme, dévoilé, et contraint de partir, la malheureuse jeune fille se jette à l'eau : c'est le premier acte. Elle devient alors Willi ou Roussalka, comme vous voudrez, et reparaît la nuit pour ensorceler et perdre à son tour le traître qui l'a perdue. Dans le nouveau ballet, les ébats nocturnes de toutes ces jeunes beautés en gaze blanche sont surpris par le jeune seigneur, qui errait mélancolique ; il reconnaît sa bien-aimée, la suit, se noie sans y prendre garde... Mais la jeune Roussalka obtient de sa reine qu'il renaisse en génie aquatique : nous le voyons en effet reparaître, glauque et couvert d'herbes, heureux de ce dénouement qui ravit son amour. On attendait beaucoup de ce qu'allait faire M. Ivan Clustine, le nouveau maître de ballet, pour les débuts de qui l'œuvre semblait expressément montée... On n'a rien trouvé de nouveau ni de particulier. La danse de M. Aveline consiste toujours surtout à porter Mlle Zambelli le plus possible à bras tendu, et, sauf le pas de deux du premier acte, qui est élégant sur fond de harpes, Mlle Zambelli n'a pour sa part, presque rien qui mette en valeur la grâce si piquante et si sûre que nous avons tant de plaisir à applaudir ailleurs

H. DE C.

LE THÉÂTRE DES ARTS a repris *Le Chagrin dans le palais de Han* de M. Louis Laloy, d'après le drame chinois de Ma-Tchen-Yen, dont les représentations avaient été interrompues en plein succès...

Pour corser le spectacle et remplir la soirée, M. Louis Laloy a imaginé un ballet, un ballet qui... Je serais bien embarrassé de vous dire ce que M. Laloy a voulu faire, car j'avoue, à ma honte, n'avoir rien compris à ce qu'il a fait. La scène se passe dans la cour d'un palais au xviiie siècle. Arlequin, Colombine, Polichinelle, Arlequine et Amarante, des jeunes hommes et des jeunes femmes, des douairières et des coucous, un chevalier, un majordome, deux petits ours et un joueur de vielle vont, viennent, dansent, marchent, sautent durant qu'à l'orchestre M. Gabriel Grovlez fait exécuter des petits morceaux de... Couperin, réunis en un seul par M. Inghelbrecht, et c'est charmant...

A. L.

Concerts Colonne. — C'est une question toujours discutée de savoir si l'œuvre de Richard Wagner est acceptable au concert, ou si plutôt ce n'est pas la trahir que de la présenter dépouillée de toute son ambiance scénique. Si évocatrice que soit cette admirable musique, et justement parce qu'évocatrice et intimement liée à des personnages agissants et vivants, le spectacle plastique lui est indispensable, et l'exécution immobile, au concert, ne sera jamais qu'un pis-aller. N'importe, tant que ce pis-aller fut le seul moyen de prendre contact avec l'œuvre du maître, on fut trop heureux d'en profiter. Aussi quels souvenirs que ceux de l'époque héroïque où se livraient dans nos salles de concerts dominicaux ces batailles enfiévrées pour le triomphe des quelques pages encore lancées dans la mêlée ! Quels souvenirs encore, mais simplement de triomphes enthousiastes, que ces séances dirigées par Lamoureux au Château d'Eau ou au Cirque d'été, avec l'aide de son élève favori, de son vibrant et vaillant champion Ernest Van Dyck ! Ces temps sont lointains déjà, inoubliables pourtant pour qui les a vécus... Au Châtelet, dimanche dernier, on a cru un instant les revivre. C'est qu'il y avait un peu de nouveau encore à entendre : tout le second tableau du second acte de *Parsifal*, y compris la scène des Filles-fleurs! Mon Dieu, cette scène est évidemment aussi peu faite que possible pour la froide exécution d'un concert : cet épanouissement de vie légère et lumineuse, ces coursés folles, ces jeux sveltes et chatoyants, comment ne pas les regretter? Pourtant si séduisante par elle-même est la musique, si harmonieuse, si pénétrante, que l'effet a dépassé ce qu'on en pouvait attendre. Il faut d'ailleurs rendre justice aux artistes qui tenaient ces difficiles parties, Mme Lamber-, Willaume en tête. Quant à Ernest Van Dyck, il a été extraordinaire de relief et d'évocation, comme jadis et plus que jadis peut-être : car autrefois il s'efforçait de donner l'expression de la vie à des scènes qu'il n'avait pas vécues encore, tandis que ce personnage de Parsifal, je l'ai déjà dit ici, nul ne l'a incarné plus souvent et plus complètement que lui. A l'entendre, pour cette fois, rendre en français cette scène si passionnée et si poignante de sa résistance aux séductions de Kundry, on ne pouvait que s'écrier : Quel dommage qu'il soit encore impossible de monter *Parsifal* à l'Opéra! Où trouverait-on ici, parmi les jeunes, *Parsifal* plus jeune que celui-ci? Où trouverait-on d'ailleurs aussi Kundry plus souveraine d'autorité et de beauté vocale que Mme Félia Litvinne, qui a détaillé avec la plus harmonieuse finesse des nuances toute cette lutte de la séductrice encore invaincue contre le pur ingénu? Ici la scène eût mis en valeur avec une ampleur nouvelle le prestigieux talent de l'artiste. M. G. Pierné a été justement associé au triomphe d'une salle archicomble, et son exécution a fait preuve des soins les plus artistiques. H. DE C.

Concerts Lamoureux. — Une première audition : *Le Prélude au Sphynx* de M. Maugué. Cette pièce est extraite d'un ouvrage lyrique en un acte (poème de M. Mysor) dont l'action se déroulé à Memphis, sous le règne de Ramsès. « La constitution générale de l'œuvre, écrit l'auteur au *Guide du concert*, est placée dans une ambiance archaïque qui en détermine la physionomie à l'aide d'un impressionisme rationnel ». Cette phrase, dont le sens est irrationnel, ne m'empêche pas de trouver le *Prélude* de M.Maugüe empreint d'un certain pathétique. La musique y revêt un caractère interrogatif qui est à noter pour la psychologie musicale. Une question se pose, on la devine, on l'entend, de plus en plus pressante, et le crescendo en est habilement

amené. Qu'importe si de flottantes réminiscences de Debussy, voire de M. Guy Ropartz, font oublier un instant la personnalité de l'auteur. C'est là, sans fausses recherches, une bonne page de littérature musicale. Elles sont assez rares pour que nous nous plaisions à reconnaître tout leur mérite.

M. Chevillard conduisit superbement *Also sprach Zarathoustra* de Richard Strauss. C'est à lui, plus qu'à l'œuvre, d'essence trop germanique pour un public français, que vont les enthousiastes bravos. Mme Hulda Nordine est une grande belle personne, d'origine norvégienne, me dit-on. Elle possède une jolie voix, brillante et bien sonnante dans l'aigu, et, pour soutenir cette voix, une respiration bien conduite, qualité appréciable chez un chanteur. Mme Nordine chanta en allemand, l'air triomphal d'Elisabeth (*Tannhäuser*) et le difficile *Erlkönig* de Schubert, ce drame poignant que toutes les cantatrices inscrivent à leur répertoire dans l'espérance, quelquefois irréalisée, d'en exprimer toute l'intense émotion.

Félicitons M. Ribo, pianiste espagnol, au jeu chatoyant, dont la sonorité pleine, veloutée, souple et chantante est remplie de séduction. Au point de vue technique, ce jeu, presque uniquement du poignet, atteint à une étonnante virtuosité. Complimentons également M. Ribo du judicieux emploi de la pédale (si rare même chez les grands virtuoses) et de la solidité d'un rythme qui lui fait honneur. Ai-je dit qu'il s'agissait du concerto en *ut* dièse mineur de Rimsky-Korsakow, fantaisie éblouissante qui, baptisée concerto, arriverait à faire aimer ce genre quelquefois ennuyeux. En fin de séance, hommage à Berlioz, avec la symphonie descriptive (chasse et orage) des *Troyens*, page admirable d'une puissance de « visualité » qui est un miracle de l'art. Cette trame harmonique, c'est un sous-bois vert émeraude, avec ses lumières, ses ombres et ses clairs-obscurs; c'est la limpidité du cours d'eau, la fraîcheur des sources, le frissonnement des feuilles qu'agite la tiédeur de la brise; c'est la rumeur bourdonnante de l'immense forêt que va troubler bientôt le galop de la chasse dont on perçoit les lointaines fanfares et les roulements de l'orage qui épouvante nymphes, satyres et sylvains; c'est, dégagé de toute littérature, le ravissement d'un paysage musical suggéré par un musicien de génie.

M. DAUBRESSE.

Union des Femmes professeurs et compositeurs de musique. — Le féminisme nous envahit de plus en plus; les carrières masculines sont briguées par les femmes; dans la littérature, elles sont légion, dans l'art, elles égaleront bientôt, au moins par le nombre, les peintres et les sculpteurs, on les admet déjà au Prix de Rome. L'accès de la composition musicale leur est plus difficile ; la pratique des combinaisons abstraites du contrepoint et de la fugue exige un effort cérébral auquel leur nature est peu propre. Cependant, nous avons aussi quelques femmes-compositeurs. Dans le professorat de musique, elles sont innombrables.

Or, les unes et les autres se sont unies pour former un orchestre qui, à la vérité, n'est point exclusivement féminin, puisque les instruments à vent, les timbales, les contrebasses et la direction même de cet orchestre exige un concours masculin. Mais au pupitre des violons, des altos et des violoncelles, elles sont fort nombreuses et ce nombre même, ainsi que l'ardeur dont elles ont fait preuve, a donné un relief tout particulier à la sonorité du quatuor dans l'exécution des œuvres qu'elles nous ont offertes : d'abord la première symphonie de Schubert, celle en *ré*, œuvre de jeunesse qu'on n'a jamais l'occasion d'entendre à Paris, mais dont l'intérêt réside surtout dans l'emploi des bois ; le concerto grosso n° 8 de Corelli, dont le continuo fut réalisé par Mme Bérillon, les parties de violon et violoncelle soli tenues par Mmes Billard-Bouis, Amavet et Soyer. l'*Hymne à la Justice* d'Albéric Magnard, composition tumultueuse et passionnée, aux contrastes puissamment accusés, qu'a, intelligemment, fait ressortir M. R. Baton.

Le programme, fort, éclectique, comprenait encore un prélude d'*Andromaque* de M. Saint-Saëns, la *Pavane pour une infante défunte*, orchestrée par M. Ravel et la pittoresque marche polovtsienne du *Prince Igor*, de Borodine.

Les virtuoses qui se sont fait entendre appartenaient également au sexe faible, ce qui n'est point indiqué lorsqu'il s'agit de s'attaquer au redoutable concerto en *mi* bémol de Liszt. Mme Marguerite Long n'a pas été trop au-dessous de cette tâche et elle a donné un coloris élégant aux passages en demi-teinte, Mme Nicot-Vauchelet a fait applaudir la pureté de son style et sa vocalisation dans un air du *Roi Pasteur* de Mozart (que n'a-t-elle pas chanté en italien ?) et deux mélodies de M. G. de Saint-Quentin.

Cette première séance a rencontré un accueil excellent.   G. S.

Concerts Sechiari. — Au quatrième concert, M. Enesco a exécuté avec un succès dont il serait puéril de s'étonner le concerto en *fa* de Lalo. Nous admirons chez cet artiste si bien doué

sous tous les rapports, la technique étincelante ; mais ce qui donne à son talent un caractère très marqué d'originalité, c'est la nature de sa sonorité. M. Enesco a un tempérament qui le sert merveilleusement dans l'expression de la passion. Il est fougueux, ardent et tendre ; sur ces qualités se greffe une certaine *morbidezza* qui fait son jeu quelque peu troublant dans la traduction de l'émotion artistique. De M. Enesco, l'orchestre à interprété une des deux rapsodies roumaines où l'éclat de l'orchestration se mêle à la franchise des motifs populaires. — Mlle Kacerowska chanta le *Roi des Aulnes* de Schubert-Berlioz d'une façon très impressionnante par l'accent dramatique ; elle fut très goûtée dans deux chansons tchèques de Oscar Nedbal.

Le programme comportait en outre une première audition d'une œuvre de M. Louis Vierne : *Suite bourguignonne*, recueil de sept pièces pour piano dont quatre, *Aubade*, *Légende bourguignonne*, *Angelus*, *Danse rustique*, ont seules été orchestrées. Ces quatre pièces constituent quatre tableaux champêtres remarquables tant par l'agrément pittoresque du coloris que par la qualité de l'inspiration. *Aubade* est d'une poésie délicieuse ; l'*Angelus* d'une mélancolie pénétrante en même temps que d'un style très élevé. Fort bien exécutée, l'œuvre de M. Vierne a été ponctuée et saluée d'applaudissements nourris. Au début du concert, la quatrième symphonie de Schumann, dont M. Sechiari a donné une vibrante et vivante traduction. Pour clore la séance, l'ouverture de *Gwendoline* de Chabrier où les cuivres triomphèrent.   H. D.

Nouvelle Société Philharmonique. — Bien belle soirée, le 5 décembre, avec le quatuor Capet qui, dans l'interprétation des quatuors en *ré*, en *mi* bémol, en *ut* majeur de Beethoven, a obtenu le succès auquel, d'ailleurs, il est depuis longtemps accoutumé.

L'exécution de M. Capet et de ses collaborateurs, MM. Hewitt, H. Casadesus, et M. Casadesus est impeccable. Ils savent, par leur entente, donner à l'auditeur, le sentiment de la perfection réalisée. Mus par un respect religieux pour la parole du maître, ils semblent remplir une mission quasi sacerdotale. Il se dégage souvent de l'œuvre de Beethoven une impression de mystère traduite par des *pianissimi* que ne passionne aucun *vibrato*. Un parti pris évident de sonorités blanches donne aux interprétations du quatuor Capet un caractère noblement intellectuel. Puis, tout à coup, la passion parle et les instruments s'échauffent ou se laissent aller aux élans d'une chaude tendresse sans jamais échapper au contrôle du goût le plus sûr et le plus pur. M. Capet est aujourdhui en Russie. Nous ne doutons pas qu'il n'y soit aussi fêté qu'à la salle Gaveau. H. D.

— La salle de la Scala, devenue théâtre d'opérette sous la direction de M. Fursy, vient de monter l'une de ces partitions viennoises dont nous avons déjà signalé l'apparition à Paris lorsque la troupe du théâtre An-der-Wien est venue cet été au Vaudeville : *Princesse Dollar* de Léo Fall. Déjà, en mars de cette année, la partition avait vu la rampe avec une version française de Willy, au Casino de Nice. C'est cette même version (celle de la réduction pour piano et chant publiée par M. Eschig) qui a été employée à la Scala, mais encore revue et modifiée, on ne sait pas bien pourquoi, par MM. A. Mars et M. Desvallières. Le sujet, qui conte les ébats de deux jeunes filles, milliardaires américaines, jusqu'au mariage inclus, à travers les oppositions de leurs père et oncle et les flirts ou les dédains de leurs futurs époux, n'est pas de ceux que l'on analyse de près. La musique non plus, à vrai dire, et il faut une vraie interprétation lyrique pour donner le change sur sa valeur. C'est ce que l'on comprend si bien à Vienne, et c'est ce que l'on a compris ici aussi, en confiant à des artistes de l'Opéra-Comique, à d'excellentes voix souples et bien conduites, les rôles essentiels de cette bouffonnerie. Mlle O'Brien, M. Dutilloy, M. Tirmont, Mlle Favart, furent de charmants chanteurs en même temps que d'alertes comédiens, Mlle Dhervilly et M. Hurteaux donnèrent en maîtres la note bouffe de la pièce. L'orchestre était conduit par M. Monteux-Brissac.
H. DE C.

— M. Emile Engel et Mme Jane Bathori continuent avec un zèle des plus artistiques, auquel le public apporte des suffrages plus chaleureux que jamais, la suite de leur cycle *La Musique à travers les poètes et les âges*, dans la salle de l'Athénée Saint-Germain. La seconde séance fut consacrée aux chants de foi, de guerre et d'amour du moyen âge; la troisième à la Renaissance. On sait la donnée de ces programmes, et que le texte seul des morceaux est du moyen âge ou de la Renaissance; Ce n'est pas de l'archéologie musicale, mais un mode ingénieux de groupement. La musique est, au contraire, toute moderne : R. Hahn, Debussy, Ravel, Enesco, Pierné, Gédalge, Groz... Des fins artistes et leurs élèves s'en sont montrés les interprètes remarquables. C.

— A la salle Beethoven, nous avons eu, le 7 décembre, le cinquième jeudi de musique de chambre; où alternaient, dans l'exécution, le

quatuor vocal Mauguière et le quatuor à cordes Willaume. Les excellents chanteurs. MM. Mauguière et Sigwalt, Mmes Maud Herlenn et Hélène Mirey, ont commencé par exécuter ces ravissantes *Chansons* du XVIe siècle de Roland de Lassus, Jannequin, Costeley, où je noterai spécialement celle du dernier maître : *Las, je n'irai plus*, d'un si joli effet; puis, les œuvres plus modernes de Schumann *(Le Boléro)*, de Beethoven (le beau *Chant élégiaque)* et de Brahms (un aimable *Badinage)*, pour arriver à *Sept petits poèmes du bord de l'eau*, pages modernes et très modernes, où, sur des vers pittoresques et originaux de M. L. Fersolis, le musicien Alexandre Georges a composé de jolies fantaisies traversées et éclairées par d'amusants détails d'onomatopée. Plus grave, le quatuor Wuillaume (MM. Wuillaume, Morel, Macon, Feuillard) a rendu avec délicatesse et expression un quatuor de Beethoven de la première manière (op. 18, no 3) et a eu aussi son morceau ultramoderne, un quatuor de M. Debussy.
J. GUILLEMOT.

— M. Daniel Herrmann et Mlle Zipelius se sont fait entendre la semaine dernière au Lyceum dans d'intéressantes œuvres pour deux violons : une sonate de Hændel, une suite agréable de Teleman et une sérénade gracieuse et bien écrite de Sinding. Nous avons retrouvé chez les deux artistes l'excellent style avec lequel ils avaient joué à la Société Bach un concerto pour deux violons.

Mlle Bouguet a chanté avec beaucoup de charme de justesse et d'expression des *Lieder* de MM. Duparc et René Lenormand. Elle y eut un grand et légitime succès. F. G.

— La Société des Chanteurs de la Renaissance donnera son concert annuel le mercredi 20 décembre, à 9 heures du soir, salle des Agriculteurs, 8, rue d'Athènes, sous la direction de son fondateur, M. Henry Expert.

OPÉRA. — La Walkyrie, Déjanire, La Roussalka, Faust.

OPÉRA-COMIQUE. — Les Contes d'Hoffmann, Werther, Manon, Le Vaisseau fantôme, La Vie de Bohème, Carmen, Bérénice (A. Magnard), Madame Butterfly.

THÉÂTRE LYRIQUE (Gaîté). — Robert le Diable, Hérodiade, Le Chalet. Paillasse, Le Cœur de Floria, Ivan le Terrible, Don Quichotte.

TRIANON LYRIQUE. — Les Mousquetaires de la reine, Proserpine, Les Cent Vierges, Rip, Les Saltimbanques, Joséphine vendue par ses sœurs, Le Domino noir.

APOLLO. — La Veuve joyeuse, Madame Favart.

SCALA. — Princesse Dollar !

Société des Concerts (Conservatoire). — Dimanche 17 décembre, à 2 heures. — Faust-Symphonie, Danse macabre, Loreley, de Liszt, avec Mme Poria Frisch, MM. Szanto et Poulet. — Direction de M. A. Messager.

Concerts Colonne (Châtelet). — Dimanche 17 décembre, à 2 ½ heures. — Symphonie de C. Franck; Concerto de Grieg (M, W. Backhauss); Parsifal de R. Wagner; Scène des Filles Fleurs et scène de Parsifal et Kundry (M. E. Van Dyck et Mme Litvinne); Ouverture des Maîtres Chanteurs. — Direction de M. G. Pierné.

Concerts Lamoureux (salle Gaveau). — Dimanche 17 décembre, à 3 heures. — Symphonie Jupiter de Mozart; Mazeppa de Liszt; La Mer de Debussy; Symphonie montagnarde de V d'Indy; L'Apprenti Sorcier de P. Dukas. — Direction de M. C. Chevillard.

SALLES PLEYEL
22, rue Rochechouart
Concerts de Décembre 1911

17 Mme Le Grix, élèves (1 heure).
18 Mme Roger Miclos-Bataille (9 heures).
20 Le Trio Baillet (9 heures).
21 Mlle C. Boutet de Monvel, élèves (9 heures).

SALLES GAVEAU
45 et 47, rue La Boëtie
Concerts du mois de Décembre

Grande Salle

17. Concert Lamoureux (orchestre).
18. Concert des Employés du commerce de musique.
19 Société Philharmonique.
20. Concert de l'Œuvre du Bon lait.
21. Répétition publique (Société Bach).
21. Premier concert de la Société musicale indépendante (œuvres de Liszt).
22. Société Bach (chœurs et orchestre).
24. Concert Lamoureux (orchestre).
24. Soirée des Trente années de théâtre.
25. Concert Hasselmans (orchestre).
28. Œuvres d'Humberto Lami (orchestre).
31. Concert Lamoureux (orchestre).

BRUXELLES

THÉÂTRE ROYAL DE LA MONNAIE. — Jeudi prochain se fera la reprise très attendue de *Robert le Diable*, avec dans les rôles principaux Mmes Mary Béral (Alice), Bérelly (Isabelle), MM. Darmel (Robert), Dua (Raimbaud) et Grommen (Bertram). L'œuvre de Meyerbeer n'a plus été jouée à Bruxelles depuis plus de vingt ans. La dernière reprise est de la deuxième année de la direction Dupont et Lapissida (1887). La première à l'Opéra de Paris est du 21 novembre 1831. Depuis quelques semaines *Robert le Diable* est donc octogénaire ! MM. Kufferath et Guidé ont entouré cette reprise de tous les soins désirables. Lse décors ont été en partie renouvelés, notamment celui du cloître, qui a été composé et peint par M. Delescluze.

Obéron, dans sa prestigieuse mise en scène et sous la direction de M. Otto Lohse, continue de faire des salles combles.

Les études de *Fidelio* se poursuivent activement.

L'incomparable chef-d'œuvre de Beethoven passera dans la seconde quinzaine de janvier.

Concerts Ysaye. — M. José Lassalle, que nous avons applaudi l'an dernier à la tête du Tonkünstler Orkester de Munich, est venu diriger le deuxième Concert Ysaye, apportant un programme fort peu différent de ce qu'il nous donna l'an dernier. Seulement, il avait alors à sa disposition un orchestre qu'il connaissait à fond, qu'il avait assoupli et discipliné à volonté, surtout dans certains morceaux joués à peu près partout et presque de jour en jour, au cours d'une longue tournée en Europe. Et combien nous admirions notamment alors l'interprétation de la *Symphonie fantastique* de Berlioz, si vivement colorée et rythmée, merveilleusement mise au point et si bien équilibrée entre les divers groupes instrumentaux. M. Lassalle n'a pu obtenir la même perfection de notre orchestre — non que celui-ci soit moins bon que celui de Munich — mais le chef ne le connaît pas suffisamment. La première partie, la troisième aussi (la fameuse *Scène aux Champs*) n'avaient pas toujours le relief, l'accent, la netteté des plans que nous avions constaté dans l'interprétation de l'année dernière; dans les détails, aussi des choses à reprendre; ainsi, bien que le chef ait amené de Munich ses instruments pour la « cloche », l'un d'eux n'en donnait pas moins à l'*ut* des hauteurs un peu trop variées, si la sonorité en fut avantageuse. Par contre, il faut dire que le délicieux intermède pastoral des deux pâtres qui se répondent dans la solitude champêtre fut joué d'une façon idéale, que les Munichois ne dépassèrent certes pas. (Bravo M. Piérard.)

Dans l'ensemble, M. Lassalle, dont la direction est d'une élégance, d'une finesse, d'une distinction très grandes, obtint une exécution du reste remarquable, souple, vivante, particulièrement dans *La Marche au supplice* et le finale — *Scène du Sabbat* — dont le rondo et la phrase du *Dies irae* furent superbement accentués.

Une chose délicieusement présentée fut la charmante suite extraite de *Céphale et Procris* de Grétry. Quelle délicatesse et quelle grâce dans *Le Tambourin* et *Le Menuet*; *La Gigue* paraissait un peu lourdement appuyée. Beaucoup d'excellentes choses aussi dans les pages bien connues de Wagner, toujours belles à réentendre, mais qui exigent d'autant plus de perfection dans l'exécution. Tout en admirant l'ensemble, on eût peut-être désiré des sonorités plus enveloppantes dans *Parsifal* (Charme du Vendredi-Saint), et dans le prélude de *Lohengrin* aussi qui réclame bien la note mystérieuse dans sa merveilleuse phrase du début et de la fin, mais sans perdre sa lumineuse clarté dont elle est d'ailleurs symbolique. Ces *la* et *mi* des hautes régions (violons) avaient l'air assez dans le brouillard! La grande ouverture de *Tannhäuser* fit bonne impression, si encore il faut critiquer ici la note si peu mystique et recueillie, presque vulgaire même, du motif des pèlerins à la reprise par les cors et qui doit faire avec la bacchanale qu'il suit immédiatement, un si profond contraste!

A ce programme symphonique suffisant s'ajoutaient encore divers morceaux pour la soliste du jour, Mˡˡᵉ Maud Fay, de Munich. Elle est une de ces artistes qui ne donnent toute leur mesure qu'au théâtre, et nul de ceux qui l'ont vue à nos belles représentations wagnériennes du printemps dernier n'aura oublié la délicieuse harmonie de ses interprétations. Nous n'avons pu l'admirer aussi entièrement au concert, ni dans l'air de Donna Anna (*Don Juan*, deuxième acte) de Mozart, chanté en italien et dont les difficiles vocalises ne semblaient pas tout à fait son fait, ni dans trois *Lieder* de Wagner où l'émotion ne semblait guère profonde! L'air d'Elisabeth (*Tannhäuser*, deuxième acte) lui convenait infiniment mieux. Mˡˡᵉ Fay l'a dit avec enthousiasme et d'une voix vibrante, ce qui lui valut un grand succès. M. Lassalle, comme chef d'orchestre, l'a partagé. A la fin du concert il fut du reste personnellement acclamé comme il le méritait.   M. DE R.

— La troisième séance de sonates de Mˡˡᵉ Tambuyser et de M. Marcel Jorez était consacrée à l'école française : Sonates pour piano et violon de Guy Ropartz (1908), Henry Février (1900) et Sylvio Lazzari (1894). Œuvres difficiles et compliquées qui exigent de la part des interprètes un travail assidu, et de la part des auditeurs une sérieuse tension d'esprit.

On ne peut qu'approuver Mˡˡᵉ Tambuyser et M. Jorez d'avoir mis au début du concert la sonate de Guy Ropartz. De forme cyclique comme tout ce qu'ont produit dans ce genre les disciples de César Franck, cette sonate dure près d'une demi-heure, toujours noble, toujours élevée, avec un parti pris de sérieux et de rigueur puritaine qui exclut le moindre sourire. Supérieurement bâtie d'ailleurs, mais parfois lassante.

Contraste parfait avec la sonate de Henry Février. Celle-ci dénote un savoir peu ordinaire que l'auteur présente sous les dehors les plus séduisants. Harmonies caressantes, mélodies enveloppantes, fougue, vivacité, élégance, rien n'est négligé de ce qui peut charmer l'auditoire.

Mˡˡᵉ Tambuyser et M. Jorez n'avaient pas ménagé leurs peines. Ils donnèrent de ces deux œuvres une interprétation bien vivante.

La sonate de Guy Ropartz leur valut un franc succès. Après chaque partie de la sonate de Février, les applaudissements devinrent de plus en plus chaleureux. Avec la sonate de S. Lazzari ce fut un réel enthousiasme. Mais ici nous touchons aux frontières de l'art artistique. S. Lazzari est un fort habile homme. Mais on préférerait un peu plus de sincérité.   FRANZ HACKS.

— Selon une excellente habitude, qui à Bruxelles constitue une originalité, Mˡˡᵉ Laenen avait mis en bonne place à son concert de mardi quelques pages inédites : en l'occurrence la deuxième suite et divers morceaux de M. Paul Gilson. A écouter ces œuvrettes alertes et de rythme si caractéristique, on regrette que M. Gilson n'ait pas écrit davantage pour le piano, un instrument fort calomnié depuis que la musique d'orchestre a pris le merveilleux essor que l'on sait.

La *suite* comprend quatre morceaux : Andante, — Tempo di minuetto — Grave — Allegretto. Le menuet n'a rien d'un menuet de marquise. Il est *peuple*, vigoureusement rythmé, plein de verve en ses mouvements capricieux que Mˡˡᵉ Laenen rendit à merveille Après une belle méditation *(Grave)* l'allegretto final, joyeusement enlevé, souleva les applaudissements de l'auditoire.

Mais la meilleure des pièces de M. Gilson qu'on entendit à cette séance est la *Marche militaire*, très *allante* et dont le trio est un petit bijou.

L'auteur était présent. On lui fit fête.

Le *Prélude, Choral et Fugue* de C. Franck fit apprécier une fois de plus les solides qualités de Mˡˡᵉ Laenen, son jeu sobre et précis. Pourtant on eût aimé la péroraison plus sonore et le choral mieux senti.

Quant aux variations op. 9 de Brahms, sur un thème de Schumann, œuvre déjà ancienne, n'était-ce pas aussi une première audition que nous donnait Mˡˡᵉ Laenen ?

Très schumanniennes, ces variations : toutes différentes de celles de l'op. 24 sur un thème de Haendel, plus colorées, plus variées d'aspect et d'écriture.

Elles furent excellemment rendues par Mˡˡᵉ Laenen et copieusement applaudies.

En bis *Warum ?* de Schumann. Pouvait-on reconnaître dans la réalisation assez froide de Mˡˡᵉ Laenen le délicat chef-d'œuvre, ciselé avec amour, le mystérieux *pourquoi?* qui semble adressé à une destinée inclémente? Franz Hacks.

— Le récital de chant de Mme Wybauw-Detilleux comportait un programme des plus intéressants, varié et nouveau où les styles et les genres les plus divers étaient représentés. Malgré cela une certaine unité était donnée à l'ensemble par un judicieux groupement en écoles, depuis l'italienne du xviie siècle jusqu'aux modernes de tous pays. Il nous serait impossible ici de parler en détail de chaque page dont aucune n'était banale, et que la cantatrice nous présentait avec autant de sentiment que de voix généreuse et inlassable, avec une diction nette et claire tour à tour au service de l'italien, du français, du flamand, de l'allemand.

Mme Wybauw-Detilleux a surtout fait une grande place aux modernes et notamment aux auteurs belges représentés par un choix excellent où nous avons surtout remarqué : *'t Wordt nacht in mij* de L. Mortelmans, *In het Woud* d'Aug. de Boeck, *Obsession* (du Roman d'Amour) de M. Lauweryns. Parmi les chansons slaves, l'âpre et sombre *Dniépr* de Moussorgski, une *Berceuse Cosaque* très suggestive de L. Wallner. Enfin, de l'école française, nous avons surtout admiré la *Caravane* de Chausson, d'une harmonie si parfaite dans le chant et l'accompagnement et n'effaçant rien des beaux vers de Gautier. Elle était à bien déclamer, et Mme Wybauw-Detilleux y a parfaitement réussi. Ce fut une soirée très instructive et pleine d'attrait qui valut à la cantatrice et à son excellent accompagnateur, M. Hénusse, le plus vif succès. M. de R.

— Au programme de la deuxième séance consacrée à l'audition des quatuors de Beethoven, donnée par le Quatuor Zimmer, figuraient les opus 18 n° 3, en *ré* majeur, op. 130 en *si* bémol majeur et op. 53 n° 3 en *ut* majeur; trois œuvres d'époque et de style différents.

Les soins que MM. Zimmer, Ghigo, Baroen et E. Doehard apportent à l'exécution des œuvres musicales, donnent à leurs séances une haute valeur pédagogique. L'*Adagio molto espressivo (Cavatina)*, une des plus belles pages de Beethoven, fut rendue avec une telle vérité d'expression qu'elle provoqua parmi l'auditoire un moment de recueillement et d'émotion réel et intense. C'est, je crois, le plus bel éloge que l'on puisse adresser à des artistes, et il fut mérité.

M. Brusselmans.

— La société chorale Deutscher Gesangverein, dirigée avec tant d'autorité par M. Félix Welcker,

nous conviait, samedi soir, à son soixante-cinquième concert.

Au programme, des chansons populaires allemandes, des chœurs d'hommes, des chœurs mixtes de J. Raff, G, Lazarus, A. Hallen, C.-F. Zöllner, C. Reinecke. Les musiciens allemands, on le sait, ont une véritable prédilection pour la musique chorale; les plus grands s'y sont adonnés et le genre compte bon nombre d'œuvres de valeur qui sont autre chose que des cantates de concours pour orphéon : telle la ballade de Humperdinck *Die Wallfahrt nach Kevlar*, une fort belle œuvre, digne en tous points de l'auteur de *Hänsel et Gretel*.

Tout cela fut interprété d'une manière très vivante par les chœurs de la Société. Les soli étaient agréablement chantés par Mmes C. Dicker, T. Bruckwilder-Rockstroh, M. Soetens et M. P. De Blaer.

M. Goeyens accompagnait avec talent.

Mlle Thérèse Sarata fit applaudir un joli talent de violoniste dans diverses pièces de Sarasate, Schubert, Paganini, etc.

— La première séance du quatuor Zoellner avait réuni pas mal d'auditeurs qui applaudirent surtout l'exécution des quatuors de H. Zoellner et de Cl. Debussy.

— A la Scola Musicæ, charmante séance de musique ancienne. MM. Léopold Charlier, violoniste, et Fern. Mawet, pianiste, ont joué en artistes consciencieux la sonate en *la* majeur de Bach et de ravissantes pièces de Porpora et Tartini, dont celles du dernier surtout ont une grâce et un esprit charmants. Avec M. Fern. Charlier, violoncelliste, les deux artistes nous donnèrent encore un trio de Haydn dans la forme chère au maître de la *Variation* (pour les deux allegros); le violon et le piano ont un rôle prépondérant. Ensemble parfait et jolie sonorité. M. Mawet joua encore seul deux petites pièces connues de Scarlatti, *Pastorale* et *Caprice*.

Quelques récitations intéressantes par Mme Paule d'Ytte me paraissaient peu en place et inutiles dans ce charmant programme. M. de R.

— Le concours de chant récemment institué par la fondation Gustave Huberti, à l'école de musique de Saint-Josse-ten-Noode-Schaerbeek, a eu lieu dans la salle de l'école de la rue Verwee, devant un public très nombreux.

C'est la première fois que le prix se disputait. On sait que les concours consiste en des épreuves spéciales à subir par les lauréats des classes de chant ayant obtenu la médaille du gouvernement. Deux candidats seulement se sont présentés,

Mlle Carreau, élève de Mme Cornelis, et M. Ernest Servais, élève de M. Demest. Le programme à exécuté se composait d'un air imposé, d'un air au choix et de l'interprétation à vue d'une mélodie inédite de M. François Rasse.

C'est M. Servais qui a remporté le prix à l'unanimité.

Jury : M. Reyers, président ; M. Rasse, directeur ; Mme Miry-Merck, MM. Heuschling et Solvay.

— Le premier concert du Conservatoire royal de Bruxelles est fixé au dimanche 24 décembre, à 2 heures. On y exécutera pour la première fois en langue française (version de M. E. Closson) l'Oratorio de Noël (1664) de Heinrich Schütz et la Neuvième Symphonie (avec chœurs) de Beethoven. Les soli des deux œuvres seront chantés par Mme Tilly Cahnbley-Hinken, Mlle S. Kalker, MM. R. Plamondon et Louis Frœlich.

La répétition générale pour les abonnés aura lieu le vendredi 22 décembre, à 2 heures.

Répétition générale publique le jeudi 21 décembre, à deux heures. Pour cette dernière répétition, toutes les places sont à la disposition du public aux prix, par place, de 4 francs aux baignoires et 1res loges ; 3 francs aux stalles ; 2 francs aux 2{mes} loges ; fr. 0 50 à la 3me galerie. Vente des billets les 19 et 20 décembre, de 9 à 12 et de 2 à 4 heures au Conservatoire, 30, rue de la Régence, et le jour de la répétition, de 1 1/2 à 2 heures, à l'entrée de la Salle.

— Mme Edyth Walker, qui chanta d'une façon si impressionnante le rôle de Brunnhilde lors des représentations des Nibelungen au théâtre de la Monnaie, viendra donner un seul « Liederabend » à Bruxelles, le 18 janvier, à la salle de la Grande Harmonie. Séance unique et des plus intéressantes, car nous aurons rarement l'occasion d'entendre à Bruxelles des Lieder de Strauss, Mahler, Schubert, Brahms, etc., surtout présentés par une Edyth Walker que Richard Strauss lui-même reconnaît être la plus parfaite interprète des grands rôles de ses opéras.

— La distribution des prix aux lauréats des concours de l'année courante de l'école de musique d'Anderlecht, aura lieu le dimanche 17 décembre courant, à 7 1/2 heures du soir, dans le préau de l'école communale, rue Eloy.

Une audition sera donnée par les élèves de l'école, avec le concours d'un orchestre formé d'artistes du Théâtre de la Monnaie et du Conservatoire sous la direction de M. Soudant, directeur de l'école.

THÉATRE ROYAL DE LA MONNAIE. — Aujourd'hui dimanche, en matinée, Obéron; le soir, Manon ; lundi, à 8 1/2 heures du soir, Festival Beethoven, sous la direction de M. Otto Lohse. Quatrième concert (première audition); mardi, avec le concours de Mme Croiza, Thérèse, Cavalleria rusticana ; mercredi, La Bohème, La Zingara; jeudi, première représentation (reprise) de : Robert le Diable ; vendredi, Carmen ; samedi, Obéron; dimanche, en matinée, Faust; le soir, Thérèse, Cavalleria rusticana; lundi, en matinée, Robert le Diable; le soir, Carmen; mardi, en matinée, Le Voyage en Chine, La Zingara; le soir, Obéron.

Dimanche 17 décembre. — A 3 heures, à la salle Patria, rue du Marais, 23, premier concert donné par la Société J.-S. Bach, avec le concours de Mlle Martha Stapelfeldt, Mme M. Caponsacchi, MM. George-A. Walter, Théodore Hess van der Wyck, Gabriel Minet. Chœurs et orchestre de la Société, sous la direction de M. Albert Zimmer. Au programme : La Cantate « Singet dem Herrn ein neues Lied » ; Sonate en sol majeur pour violoncelle et clavecin; Récitati et air de basse de la Cantate « Ich habe genug » ; Suite en ré majeur pour violoncelle seul; Cantate « Bleib' bei uns, denn es will Abend werden ».

Lundi 18 décembre. — A 8 1/2 heures du soir, à la salle Ravenstein, troisième concert historique de musique inédite italienne donné par M. Antonio Tirabassi, organiste de l'église de Majón (Naples).

Mercredi 20 décembre. — A 8 1/2 heures du soir, à la salle de l'Ecole Allemande, 21, rue des Minimes, deuxième séance du Quatuor Chaumont.

Vendredi 22 décembre. — A 8 1/2 heures du soir, à la salle Erard (sous les auspices de la Société internationale de musique), conférence-audition donnée par M. Ch. Delgouffre sur la « Musique française depuis César Franck ». Au programme figurent les noms de C. Franck, C. Chevillard, Rhené-Bâton et Cl. Debussy.

Vendredi 12 janvier. — A 8 1/2 heures du soir, à la salle Erard, séance Franz Liszt, organisé par le groupe bruxellois de la S. I. M., avec le concours de Mme Berthe Marx, pianiste, Mlle de Madre, cantatrice, M. E. Closson, conférencier. Une série de « trente » places numérotées, au prix de 5 francs la place, sont tenues à la disposition du public, chez MM. Breitkopf et Härtel, rue Coudenberg.

CORRESPONDANCES

A NVERS. — Nous avons eu un concert de musique tchèque, à la Société de Zoologie, qui a remporté un très vif succès. Cette école, si caractéristique, était représentée par les œuvres de Dvorak (Le Rouet d'or), Fibioh (Une nuit à Karlstein), Smetana (Danse bohémienne) et Suk (Scherzo fantastique), qui, toutes à des titres divers, possèdent des qualités très personnelles de fougue et de lyrisme. Ajoutons que Mlle Béatrice Kacerovká, cantatrice de l'Opéra national de Prague, chanta, dans la langue originale, des Lieder de Smetana, Nebdal et Tregler (orchestrés par M. Ed. Keurvels) et l'air de La Roussalka de Dvorak. Tout cela fut dit à souhait d'une voix admirablement timbrée et avec un art infini des nuances. Aussi l'excellente artiste fut-elle ova-

tionnée et bissée. Ce fut, en somme, le plus intéressant concert de la présente saison.

A l'Opéra flamand, deux reprises sont encore à
signaler. *Rozemaryntje*, l'œuvre aimable de R. Verhulst et A. Van Oost, dont j'ai déjà eu l'occasion
de dire la fraîcheur et le charme mélodique. Elle
fut talentueusement interprétée par Mmes Cuypers,
Abs et Fabre, MM. Steurbant, Bol et Van Kuyck.

Enfin *Cleopatra*, opéra en trois actes et un prologue de Aug. Enna. qui figure depuis longtemps
au répertoire de cette scène. L'œuvre du maître
danois intéresse plus particulièrement au point de
vue purement musical, le scénario appartenant au
genre consacré du grand opéra. L'interprétation
en fut des plus louables avec Mlle Seroen en
Charnion, toujours intéressante comme voix et
plastique, MM. De Vos (Harmaki) et Tayemans
(Sepa). Le rôle de Cleopatra attribué bien à tort à
Mlle Math. Van Dyck, fut le côté faible de cette
distribution. C'est un rôle de « falcon » qui n'est
nullement dans les moyens vocaux de la jeune
artiste. Chant et orchestre d'une bonne mise au
point.

On prépare pour le 13 janvier une soirée de
gala de bienfaisance, qui aura lieu au Théâtre
royal avec le concours de Mme Frieda Hempel, la
célèbre cantatrice, dans le rôle de Rosine du
Barbier de Séville.   C. M.

BARCELONE. — « Festival Bach ». — La
saison musicale est, cette année, des plus
brillantes. C'est satisfaction de le constater,
pour nos Espagnols que les journaux étrangers
représentent trop volontiers comme dépourvus de
toute curiosité ou de tout amour artistique.

L' « Orféo Catala » a organisé dans son Palais de
la Musique un grand festival Bach, qui a eu lieu
les 19, 21, 26 et 28 novembre. Aux premiers
concerts on a donné des œuvres de Bach pour
orgue, orchestre et chant, etc. La seconde partie
de ces concerts était consacrée à l'exécution des
fragments de la grande messe en *si* mineur du
maître. Le dernier jour, cette messe a été interprétée du commencement à la fin.

M. Schweitzer. de Strasbourg, a exécuté ces
œuvres d'orgue, et nous a fait une conférence sur
Bach. La pianiste Mlle Blanche Selva a joué les
morceaux de clavecin, et le jeune violoniste de
Barcelone M. Joan Massià, est venu de Paris
exécuter les parties de violon.

C'est à l'illustre directeur de l'Orféo Catala que
revient l'honneur de l'organisation et de la réussite
de ces concerts.

« L'Orféo Catala » a exécuté d'une façon absolument merveilleuse le choral et la messe qui

apparurent animés du même esprit religieux et
grave qui les ont inspirés.

Je me plais à signaler parmi les interprètes
M. Pujol, ainsi que les solistes Mmes Dachs (contralto), Lluró (soprano), Bosch (ténor) et Navarro
(baryton) de l' « Orféo Catala »; M. Millet, et
l'admirable orchestre symphonique de Barcelone
qui a interprété avec une pureté très remarquable
de style les œuvres de J.-S. Bach.

Au premier concert Bach, Mme Blanche Selva
a joué très artistement des œuvres qui ont fait la
plus grande impression, telles que la *Partita* en
si bémol, et la *Toccata et Fugue* en *ré* majeur. •

Le second concert était consacré aux œuvres
d'orgue : M. Schweitzer a joué d'une façon idéale
des préludes et un adagio (en *la* mineur), *Fantaisie*,
en *mi* bémol et *Fugue* en *mi* mineur. Mme Selva, au
piano, *Toccata et Fugue* en *ut* mineur et enfin un
Concert en *fa* mineur, avec l'orchestre. On avait eu
l'idée d'alterner ces pièces instrumentales avec des
chorals ; le chœur était placé dans la coupole, à
l'endroit aménagé pour l'exécution de la « Consécration » de *Parsifal*. Là haut il y a aussi des
registres de l'orgue : et l'effet de ces chœurs de
Bach ainsi interprétés a été vraiment magnifique.

Les parties de la messe ont été exécutées dans
la perfection notamment, le *Gloria*, au second concert et le *Sanctus* et *Hosanna* au quatrième, le
dernier...

Le dernier accord de l'œuvre a été couvert par les
acclamations du public. C'était vraiment superbe
que cet ensemble; sous la direction de M. Millet,
soli, chœurs et orchestre se sont surpassés.

Le 27, M. Schweitzer a donné une conférence avec
concours de M. Massià.

Il a charmé et convaincu ses auditeurs en parlant de la simplicité, de la clarté et de l'émotion de
Bach. M. Schweitzer nous a fait voir comment le
sentiment chez Bach était plus profond et plus
« vrai » quand l'interprétation en est moins affectée,
moins extériorisée. La parole du conférencier a été
suivie de l'exécution à l'orgue des plus beaux morceaux de Bach. Sans la moindre recherche de
l'effet, M. Schweitzer s'est surpassé.

Le jeune violoniste M. Massià a joué avec
âme différentes œuvres accompagnées à l'orgue.

Enfin, au dernier concert de la série Bach, on
a donné l'audition intégrale de la *Messe* en *si* mineur. On ne saurait trop louer l'exécution de ce
chef-d'œuvre par l' « Orfeo Catala », sous l'entraînante direction de son chef M. Louis Millet.
L'effet produit par cette création géniale a été
magnifique. Les chanteurs se sont surpassés, les
difficiles vocalises ont été rendues dans la perfection.

Le triomphe a été éclatant. MM. Millet, Schweitzer, les solistes, les chanteurs et l'orchestre, tous ont été acclamés par un public enthousiaste.

Après les festivals Bach, les artistes, les musiciens, les littérateurs, ont songé de rendre hommage au talent de M. Louis Millet et à la vaillance de son « Orfeo Catala ». Il est question d'offrir une médaille en or à M. Millet, une médaille en argent aux sous-directeurs et une médaille de bronze aux chanteurs. Mlle Blanche Selva, MM. Schweitzer et Massia seront aussi gratifiés d'un cadeau.

Le théâtre du Licéo vient de commencer la saison d'hiver avec éclat. Sous la direction du chef d'orchestre dont la renommée n'est plus à faire, M. Mascheroni, on a donné de très belles représentations de la *Damnation de Faust*, puis de la *Walkyrie*. Succès mérités au chef d'orchestre et aux artistes. Ed. L. Ch.

B RUGES. — La Société des concerts du Conservatoire, qui vient d'entrer dans sa dix-septième année d'existence, a donné son premier concert le jeudi 7 de ce mois, avec le concours du pianiste français M. Edouard Risler.

M. Karel Mestdagh, directeur du Conservatoire, avait, comme de coutume, composé un programme avec le meilleur goût, faisant parts égales à la musique classique et à la musique moderne.

La première était représentée par la grande symphonie en *mi* bémol de Mozart, une merveille de grâce et d'eurythmie, et par le concerto en *sol* majeur de Beethoven. C'est une des œuvres de prédilection de M. Edouard Risler ; le fait est qu'elle convient admirablement à son tempérament fait d'élégance et de pondération, avec un souci constant de maintenir l'équilibre entre le style et la technique, celle-ci restant subordonnée à celui-là. Quel dommage que, dans cette œuvre de demi-caractère, où son interprétation met si bien toute chose à son plan, le maître pianiste ait intercalé cette énorme cadence de Hans de Bülow, laquelle fait un peu disparate.

La deuxième partie du concert débutait par *Le Printemps*, de Glazounow, un tableau symphonique plein de vie et de couleur ; cela est fluide et chaud, lumineux et parfumé ; tout y vibre, tout y chante, on croit entendre le frémissement du jeune feuillage au souffle des premières brises et la voix éperdue des oiseaux au réveil de la nature. Cette page charmante autant que suggestive est d'une écriture orchestrale superbe, avec sa belle mélodie planant sur tout comme une coulée de soleil.

Puis venait, contraste frappant, la grande sonate en *si* mineur, en une partie, de Liszt. Ici l'on entre

dans un autre domaine, et les silences qui entrecoupent l'exposé des premiers éléments thématiques, ces silences gros de mystère annoncent tout de suite une musique sévère. Elle l'est en effet, par la nature des thèmes principaux et par l'effort de l'auteur à en tirer tous les effets possibles : par décomposition, juxtaposition, variations d'une liberté et d'une richesse déconcertantes : il émerge bien là un motif mélodique d'un charme exquis, que l'auteur enveloppe d'arabesques délicieuses ; il y a bien, aussi, parfois, une poussée soudaine (et involontaire, je crois) de traits de virtuosité pure qui rappellent le Liszt des rapsodies ; mais ce ne sont là que des épisodes qui font mieux ressortir le caractère général austère de l'œuvre.

Cette sonate est d'une difficulté extrême, et ce n'est pas trop de toute la technique transcendante d'un Risler pour en faire ressortir toutes les beautés.

L'éminent pianiste l'a jouée en musicien réfléchi, soucieux d'en rendre la grande ligne ; il a eu, par moments, des envolées lyriques et des effets de sonorité d'une puissance extraordinaire. Quel contraste entre le Risler de la sonate de Liszt et celui qui venait de jouer avec tant de mesure dans l'expression, le quatrième concerto de Beethoven.

Le concert s'est brillamment terminé par une excellente exécution de l'ouverture dramatique *Patrie* de Georges Bizet.

Au prochain concert, en janvier, l'on entendra entre autres la symphonie en *ré* mineur de César Franck, laquelle ne fut jamais donnée à Bruges. L. L.

G AND. — Au Théâtre Royal, la Direction a repris *Princesse d'Auberge*, *Le Barbier de Séville* et *Manon* avec d'excellentes distributions auxquelles des salles bondées ont fait grande fête, Mme Judels-Kamphuizen dans le rôle de Rita, de *Princesse d'Auberge*, a su réaliser de beaux effets de scène ; la voix est toujours belle et le jeu d'une vérité très prenante ; la reprise de *Manon* s'est faite avec le concours du ténor Campagnola dont les débuts au théâtre eurent lieu sur notre scène. La voix est devenue fort souple, et le jeu a gagné en simplicité, mais que l'artiste tâche d'éviter la tendance qu'il accuse de trop élargir tous les mouvements. Du côté de l'orchestre, quelques défaillances se sont produites et il suffira d'une répétition de plus pour remettre le tout au point.

La distribution des diplômes au Conservatoire a eu lieu avec la cérémonial traditionnel, dans la Salle des Concerts. L'audition des élèves lauréats nous a permis d'apprécier l'excellent enseignement de cet établissement. Une mention toute spéciale est due à M. Jules Toussaint-De Sutter, dont on a

exécuté une « Idylle Matinale » ; l'œuvre est d'une
jolie ligne mélodique et l'orchestration en est très
fouillée ; la sonorité est toujours belle et le poème
revêt, dans son ensemble, une facture d'une grande
élégance.

Le premier concert du Conservatoire aura lieu
le 23 décembre. Au programme la Symphonie en
ut mineur de Beethoven et un Concerto pour orgue
de Händel.   MARCUS.

NOUVELLES

—Dimanche dernier, dans la pluie et le vent, un
groupe d'admirateurs de Berlioz est monté sur la
Butte de Montmartre, en pèlerinage à la maison où
vécut le grand musicien. Il y avait MM. Kapman,
qui représentait le ministre de l'Instruction publique; M. Faure, Bruneau, Boschot, Prod'homme,
Chevillard, Pierné, Casadessus, Albert Doyen,
d'autres encore. On commença par aller au cimetière, sur la tombe de Berlioz avant d'aller à sa
maison. M. Boschot prononça un discours. Il
expliqua que la Fondation Berlioz avait mis à
cette maison une plaque commémorative, parce
que c'est là que le maître vécut de 1834 à 1837 et
qu'il y composa *Hérold en Italie* et l'opéra *Benvenuto
Cellini*. M. Barzan prit ensuite la parole.

Et cette évocation de vieux souvenirs semblait
singulièrement poignante près de ces vieilles maisons menacées par la pioche des démolisseurs,
dans cette pittoresque rue où déjà la vue se heurte
à une haute bâtisse toute neuve, qui marque,
implacable, l'agonie de Montmartre.

— La première représentation de *Les Enfants
de Roi*, d'Engelbert Humperdinck, au théâtre de
Covent-Garden de Londres, a eu lieu, cette
semaine, sous la direction du capellmeister Schalk.
Le public a fort applaudi l'œuvre et ses interprètes.

— *Elektra* de Richard Strauss, a été représenté
le 10 de ce mois, au théâtre de Dessau, en présence du compositeur, avec un très grand succès.

—La dernière œuvre de Richard Strauss, *Elektra*,
qui a été jusqu'ici traduite en français, en italien,
en hongrois et en tchèque, sera prochainement
traduite en anglais. Sous cette forme, elle sera
jouée en février prochain à Edimbourg, à Glascow, à Manchester et à Leeds.

— Giacomo Puccini travaille en ce moment à
un opéra nouveau. Il met en musique une comédie
espagnole, qui depuis deux ans, sous le titre de
Genio allegro, a le plus grand succès sur les scènes
italiennes, et qui est due à la collaboration de
MM. Serafino et Joaquino Alvarez Guintero.
L'héroïne de l'œuvre est une jeune femme de
l'aristocratie qui trouble par sa charmante liberté
d'allures le monde rigoriste et froid au milieu
duquel elle vit.

— On a remonté à Munich *La Part du diable*
d'Auber (1843) avec un vif succès. C'est une singulière idée.

— A Munich, des musiciens et des artistes se
sont groupés en société dans le but d'élever au
centre de l'Allemagne, une salle de concerts très
spacieuse que l'on appelerait la *Sinfoniehaus*, et
dans laquelle on interpréterait les œuvres symphoniques de Beethoven et les grandes œuvres
chorales. La société va s'efforcer de réunir les
fonds qui lui permettront de réaliser ce projet
d'après les plans, aujourd'hui terminés, de M.
Ernest Haiger, architecte munichois.

— La crise des grands théâtres lyriques italiens continue. C'est ainsi qu'on annonce que
plusieurs théâtres importants resteront fermés
pendant la prochaine grande saison d'hiver. On
cite particulièrement, comme étant dans ce cas,
la Fenice de Venise, la Pergola de Florence, le
Théâtre royal de Parme, le Municipal de Reggio
d'Emilie, le Municipal de Plaisance, sans compter
les autres.

— Dans sa dernière séance le conseil communal
de Berlin a voté, à l'unanimité, un subside annuel
de soixante mille marks à l'orchestre Philharmonique à charge d'organiser une série de concerts
symphoniques à prix réduits, et un certain
nombre de concerts pour les élèves des écoles.

— On ouvrira prochainement à Budapest un
nouveau théâtre où l'on organisera des représentations populaires à prix réduits. Le nombre de
places s'élève à trois mille deux cents. Le nouveau théâtre sera dirigé par M. Marcus, ancien
chef d'orchestre de l'Opéra berlinois.

— La belle collection d'instruments de musique
formée au Conservatoire royal de Berlin, et dont
la garde est confiée au savant professeur Fleischer,
s'enrichit constamment de pièces intéressantes.
Dernièrement M. Emile Sahrow de Wilmersdorf
a légué à ce musée une collection complète de
toutes les pièces qui entrent dans la fabrication
d'un violon. A son exemple, le luthier M. Albert
Nürnberger vient de donner à la collection
toutes les pièces dont se compose un archet.

— Du 22 décembre prochain au 26 janvier 1912,
l'institut musical de Florence célébrera par une
série de fêtes artistiques le centenaire de sa fondation.

— Aux dernières séances du Museum, à Francfort, se sont fait entendre avec leur succès habituel
le trio Thibaud-Casals-Cortot, puis ce dernier seul
dans le concerto de Schumann.
D'autre part, on signale un événement exceptionnel dont tout le Francfort musical parle. Le
jeune Walter Rehberg, âgé de quatorze ans, fils de
l'éminent professeur de piano Willy Rehberg, a
joué dans la grande salle de concert du Palmen-
garten, devant environ quinze cents auditeurs, le
concerto si difficile de Mozart dit *Le Couronnement*,
et cela avec un style et un sentiment qui ont ravi
et étonné le public enthousiasmé. Mais c'est aussi
comme chef d'orchestre et compositeur que le
petit Walter s'est produit dans une marche pour
grand orchestre de sa façon. Des avations et
applaudissements frénétiques ont été prodigués à

cet enfant qui promet de fournir une carrière extraordinaire.

— On nous écrit de Berlin :

« Nous avons eu l'occasion d'applaudir, cette semaine, une très jeune violoniste, M\lle\ Alma Moodie, élève de M. O. Bach, du Conservatoire royal de Bruxelles, qui, âgée seulement de douze ans, a joué, avec une grande facilité, du Mendelssohn, du Bach, du Sarasate et du Paganini. Les dons de l'aimable enfant sont étonnants; elle a été acclamée ».

— On nous écrit de Genève et de Bâle le vif succès que vient d'obtenir dans ces deux villes une artiste souvent applaudie en Belgique, M\lle\ Elsa Homburger. Elle chanta à Genève — d'une façon idéale, suivant l'avis du chef même. B. Stavenhagen, un des meilleurs disciples de Liszt, — la *Sainte Elisabeth* du maître. A Bâle, elle ne fut pas moins appréciée dans les *Béatitudes* de César Franck, donné en français, sous la direction de M. Hermann Suter.

— Notre collaborateur, le compositeur E. R. de Béhault, est à Alger où il dirige les dernières répétitions de son opéra-comique en trois actes : *Rayon de Soleil*, dont voici la distribution : Marcel, M. Ruppert; Gisèle, M\lle\ Rézia; Le Vicomte, M. Aubert; Cabone, M. Bédué, etc. La première aura lieu le 17 janvier 1912.

NÉCROLOGIE

De Leipzig on annonce la mort d'un artiste estimable, Arthur Smolian, qui fut chef d'orchestre compositeur et critique musical. Né le 3 Décembre 1856 à Riga, il fit ses études au Conservatoire de Munich; fut d'abord professeur de piano et de chant, devint répétiteur et chef d'orchestre en diverses villes, et plus tard professeur au Conservatoire de Carlsruhe et critique musical de la *Carlsruher Zeitung*, en même temps qu'il donnait des articles au *Musikalisches Wochenblatt*. Comme compositeur, on lui doit de jolis *Lieder* à une ou plusieurs voix.

57me ANNÉE. — Numéro 52,   .24 Décembre 1911.

LE GUIDE
MUSICAL

UN

Livre de Mme Cosima Wagner

Atant de pages laudatives et re-
connaissantes écrites à la mémoire de « Liszt » en cette année
de son centenaire, Mme Cosima
Wagner, sa fille, a voulu joindre l'hommage
de sa piété filiale. Une pensée pieuse et
généreuse lui a dicté son premier livre,
publié au déclin de sa vie, et simplement
intitulé : *Franz Liszt, Ein Gedenkblatt von
seiner Tochter* (1). A la vérité, Mme Wagner
nous y donne plus qu'une page ; c'est, en
quelques chapitres complétés par des suppléments, lettres inédites et autres de Liszt,
Wagner, Bülow, Testament et articles de
Liszt, un merveilleux portrait psychologique de l'artiste, une subtile et profonde
explication de l'évolution de sa pensée et de
son âme, de ses rapports avec la princesse
de Sayn-Wittzenstein et R. Wagner qui
furent les deux grandes influences dans sa
vie: Mme Wagner tient surtout pour prépondérante celle de la princesse, et c'est pourquoi elle s'attache à peu près autant à
caractériser cette noble femme que Liszt

---

(1) Une page à sa mémoire, de sa fille. Ed. Bruckmann,
Munich 1911. Le bénéfice de cette publication est intégralement destiné aux *Festspiele* de Bayreuth.

même, ne séparant guère ces deux figures
« que Dieu semblait avoir créées l'une
pour l'autre ». On sait du reste qu'avec un
tact, une compréhension et un dévouement
supérieurs, Carolyne de Sayn-Wittgenstein
fut pour l'homme et l'artiste une compagne
idéale, lui créant véritablement, à côté du
foyer intime si reposant et nécessaire, la
belle sphère d'action d'où Liszt put faire
rayonner son admirable et multiple génie.
A l'Altenburg renaissait ainsi la Weimar
de Gœthe et de Schiller. Les quinze années
que Liszt y passa furent, grâce à lui et à la
princesse, une des plus glorieuses périodes
de l'histoire artistique de cette petite ville
où l'on put enregistrer les premières victoires gagnées pour Wagner, Berlioz et
d'autres.

C'est à Weimar que la carrière de Liszt
est vraiment à son apogée ; c'est là aussi
que tout ce qu'il y avait encore d'un peu
mobile ou flottant dans son âme où sa
pensée semble s'être fixé pour ne plus
suivre dans la suite qu'une évolution logique vers un idéal de plus en plus élevé.
Pour cette évolution de la personnalité de
Liszt, le document le plus précieux est
certes sa correspondance avec la princesse.
Mme Cosima Wagner insiste sur l'importance essentielle de ces lettres qu'elle ne
peut que « compléter » par quelques considérations et souvenirs personnels. — Tout
cela semble, en général, écrit très objectivement, l'auteur nous donnant surtout, —

comme Liszt lui-même le recommandait à ses enfants — « des faits et des dates ».

Dès le début de son livre, elle rend hommage à la noble abnégation et au dévouement de Carolyne Sayn-Wittgenstein pour Franz Liszt : » La princesse, dit-elle, avait tout sacrifié pour lui : sa patrie, son activité sur ses domaines, sa situation très en vue, et même, pour les esprits à courte vue auxquels manquait la faculté d'apprécier sa haute et sévère moralité, sa réputation; elle a accepté et soutenu d'une admirable façon, la lutte avec les forces tyranniques et les moindres difficultés.

Au milieu de ces luttes, elle a pu accomplir la tâche qu'elle s'était proposée. Elle lui a créé un foyer, y a veillé sur son activité spirituelle et soigné sa santé; elle réglait pour son plus grand bien les moindres habitudes, le mettait en garde contre tout excès, s'occupait de toutes ses affaires avec un inlassable soin, attira sa mère et ses enfants de la façon la plus touchante et infatigablement, et avait enfin pour tous ceux qui approchaient son ami, de loin ou de près, grands ou petits, une hospitalité qu'on ne peut s'imaginer assez large, cordiale et parfaite. (Tous les témoignages s'accordent sur ce point). »

En échange, Liszt lui offrait « toute sa personnalité et ce qu'elle renfermait ». C'était un monde ! son amour pour la princesse était d'une nature extraordinairement élevée et pure; Mme Wagner l'appelle « un enthousiasme de l'amour », une sorte « d'adoration reconnaissante et pleine de vénération » qui essayait de faire oublier à l'aimable femme toutes ses peines et ses soucis.

C'était en somme une « entière fusion » de leurs deux natures éprises d'idéalisme. Mme Wagner semble indiquer que c'est peut-être leur idéalisme même qui fut l'intime et plus profonde raison pour laquelle leur mariage ne se fit pas quand enfin tous les obstacles semblaient vaincus. Elle résume en quelques mots caractéristiques les trois étapes de ces longs efforts vers un but auquel ils renoncèrent d'eux-mêmes après tant de luttes :

« C'est impossible, c'est impossible » (1), avait dit Liszt, lorsque la princesse lui annonça sa décision de divorcer pour pouvoir l'épouser.

« Cela ne sera pas » (2), avait déclaré le Pape au dernier moment, quand après des années d'efforts et de luttes, la princesse avait cru obtenir la séparation.

« Cela ne peut pas être » (3), décida la princesse, quand, par la mort de son mari, elle pouvait librement disposer de sa main.

Ce renoncement final, cette étrange décision surprirent autant les amis de Carolyne Sayn-Wittgenstein que de Liszt, et furent très différemment jugés et interprétés. A beaucoup d'entre eux, cela parut inexplicable. Mme Wagner à très délicatement tenté de nous montrer le fond de la chose; elle y voit une sorte de sublime sacrifice à une vérité intime et supérieure plus haute que leur amour même. Aucun des deux n'ignorait ce qui séparait leurs deux natures unies par tant de points. Si pénible qu'en dut être la constatation, ils eurent le courage de le reconnaître et la soumission à cette vérité-là était la rançon nécessaire au bonheur de leur union plus idéale qui avait d'autres buts qu'eux-mêmes. — Ce qu'ils avaient de commun, c'était « leur profond sentiment religieux, leur haute conception de l'art, le besoin de le servir, le courage d'accepter cette mission malgré les obstacles de la vie et l'hostilité du monde. Tous deux avaient un singulier penchant pour tout ce qui est bien sur la terre, pour les belles formes de l'art et la valeur idéale des choses, mais tout autant de fier mépris pour les biens purement matériels. Ce qui leur était encore commun, c'était une large vue de la vie, la générosité, la joie en donnant et en faisant le bien; de l'irritation contre toutes choses étroites et mesquines. »

Mais voici ce qui les séparait : avant tout leur religion même. Liszt était simplement mystique; « il avait une naïve, simple

---

(1) *Das kann nicht sein.*
(2) *Das soll nicht sein.*
(3) *Das darf nicht sein.*

foi d'enfant, une tolérance infinie pour d'autres croyances » et se souciait peu de toutes les formes ou signes extérieurs du culte. Mᵐᵉ Wagner cite de lui ces paroles dites par Liszt en réponse à une jeune amie qui lui confia son désir de conversion au catholicisme : « Vous avez la religion du beau et du bien; gardez-là, c'est la meilleure. »

La princesse, au contraire, aimait le dogme, « accordait beaucoup d'importance aux petites choses, aux exercices de méditation, services religieux, reliques, symboles. » A la fin de sa vie, plongée toute la journée dans les spéculations théologiques, le pur et large idéalisme de Liszt lui était devenu vraiment incompréhensible et leurs discussions en perdirent plus d'une fois, d'une part du moins, toute cordialité : « Si la princesse allait jusqu'à s'emporter dans ces entretiens, ce n'est pas, nous dit Mᵐᵉ Wagner, pour un motif simplement égoïste », mais parce qu'elle avait « un réel souci pour le bien spirituel, animique et corporel de son ami ». Liszt alors quittait de préférence son interlocutrice passionnée et en revenait toujours très silencieux. Après un de ces orages, il rentra un jour chez lui très attristé, et murmura pour lui-même tout en arpentant la chambre : « Pourtant, c'est un grand cœur. »

En fait d'art, de musique particulièrement, il en fut comme de la religion; si Liszt connaissait et aimait profondément son art qui était « la respiration de son âme », la princesse avait un singulier penchant pour l'effet extérieur et brillant qu'il arrivait à produire et son « côté mystique » l'attirait moins. « Vous aimez assez le fracas », lui écrivait-il un jour en annonçant un allegro pomposo de sa composition, sûr de lui plaire; et en riant, il l'appelait « mon cher Tintamarro! »

Wagner resta toujours pour elle « une indéchiffrable énigme »; si, au début, elle suivit Liszt dans son enthousiasme pour le maître de Bayreuth, si le poète des Nibelungen lui plut, elle n'appréciait, en revanche, nullement Lohengrin; qu'elle trouvait simplement lyrique, anti-dramatique et

inférieur à Tannhäuser —, tandis qu'elle appelait les théories de Wagner « de grosses bêtises ». (1). Elle finit même par défendre qu'on en parlât devant elle. Wagner lui-même ne parut pas lui être très sympathique; et de plus, elle semblait redouter pour Liszt-compositeur, ce puissant génie qui effaçait tous les autres. Mᵐᵉ Wagner assure que la princesse Wittgenstein serait restée fermée au véritable esprit allemand, dont Gœthe —qu'elle n'aimait pas non plus — et Wagner sont précisément deux forces représentatives. Elle préférait de beaucoup Berlioz, qu'elle soutint généreusement et visita à Paris, tandis que, malgré la prière de Liszt, elle n'alla point chez Wagner qui, très malheureux, s'y trouvait en même temps.

En art et en religion Liszt et la princesse pensaient donc autrement, bien qu'ayant souvent un point de départ commun; ces divergences ne firent que s'accentuer. Aussi, après avoir tout fait pour unir leurs destinées, il semble, dit Mᵐᵉ Wagner, « qu'une silencieuse compréhension de leurs deux âmes en ait décidé autrement en dernier lieu. Ce n'est presque plus d'un renoncement qu'il faut parler ici, mais bien plus de l'affirmation de leurs personnalités. » Chez Liszt ce consentement paraît avoir été précédé d'une grande et longue crise morale restée pour tous, même pour sa fille, enveloppée de silence et de mystère. Déjà avant son départ pour Rome — alors qu'il prit congé de Cosima de Bülow à Berlin lui annonçant encore son prochain mariage — il lui dit, plein de trouble et d'inquiétude ces paroles étranges : « Tu m'enterreras. » (Du wirst mich beerdigen.) A cette même époque, il écrivit aussi son testament. (Weimar, 14 septembre 1860). Mᵐᵉ Wagner nous en donne en partie le texte en supplément dans son livre; c'est d'une simplicité émouvante, plein d'un noble sentiment chrétien, dicté par une âme que la souffrance a grandie de plus en plus. Liszt l'écrit au jour où l'église célèbre

(1) Voir une lettre de Hans de Bülow à sa mère, publiée en supplément au livre de Mᵐᵉ Wagner.

l'Elévation de la Croix, et non au hasard. « La désignation de cette fête est aussi, dit-il, celle qui convient à toute ma vie traversée par la douleur dont mes sentiments les plus ardents et les plus secrets l'ont attristée. Oui, Jésus-Christ à la Croix, le désir immense de la Croix et de l'élévation par elle ! » Et cela veut dire pour Liszt la vocation du dévouement infini, de l'oubli de soi, de la souffrance volontairement acceptée, du renoncement. Il rappelle combien la carrière religieuse l'attirait dès sa dix-septième année et comment il espérait alors « vivre la vie des saints et même mourir de la mort des martyrs ». Tout cela ne se réalisa pas, mais la lumière divine ne le quitta jamais ; il en remercie Dieu auquel il est resté fidèle. Plus loin, le testament exprime d'autres sentiments de gratitude envers sa bonne mère tout d'abord ; aussi pour son cousin Edouard Liszt, magistrat à Vienne ; vient ensuite un hommage à Richard Wagner « dont le nom est déjà célèbre et le deviendra de plus en plus. Son génie me fut une lumière ; je l'ai suivie et mon amitié pour Wagner a toujours gardé le caractère d'une noble passion ». La suite du testament n'a trait qu'à une série de dons et souvenirs à donner aux parents, amis, élèves ou collaborateurs du maître qui lui furent bons pendant sa vie. Enfin, les dernières lignes ont rapport à ses funérailles : « Je désire être enterré simplement sans pompe, si possible la nuit. »

Depuis longtemps déjà une grande mélancolie régnait dans son âme et imprégnait tout particulièrement son amour. Mme Wagner nous dit que la « joie » ne s'y mêlait guère et nous donne à l'appui deux fragments de lettres à une confidente « innommée ». (An eine Ungenannte.) « Le seul bonheur durable est dans le renoncement, dans le renoncement total, absolu, tel que les saints l'ont pratiqué et comme l'amour le comprend dans ses moments de suprême exaltation. » — Un peu plus tard, il parle à la même de sa « mortelle tristesse. » — « Je ne puis rien dire, ni entendre ; la prière seule me soulage en de rares moments,

mais hélas ! je ne puis plus prier d'une façon continue, malgré l'impérieux besoin que j'en ai. Que Dieu m'accorde la grâce de supporter cette crise morale et puisse la lumière de sa miséricorde luire dans ma nuit. »

Ce moment capital de la vie de Liszt nous est présenté par sa fille sous un jour tout nouveau ; c'est un chapitre des plus attachans. Depuis, nous dit Mme Wagner, il ne fit que grandir, de plus en plus identifié avec son idéal de bonté et de beauté. Il ne se souciait pas de savoir « sur quel sol la semence tombait, ou si sa propre bonté provoquait la moindre étincelle d'amour ». Cela dépassait vraiment l'ordinaire compréhension humaine ; et cependant, Liszt connaissait le monde et en le regardant avait de ces étranges et souvent amères réflexions qui étonnaient presque sur ses lèvres :

« Je n'ai pas d'illusions sur la charité. »
« J'ai une triste conception de l'amour. »
« Je ne crois plus qu'au veau d'or. »
Mais tout cela ne l'empêchait pas d'être bon au delà de tout.

(A suivre.)   MAY DE RUDDER.

Au Conservatoire de Bruxelles

Le Prix Guillaume Guidé

A l'occasion de la retraite de M. G. Guidé comme professeur de la classe de hautbois au Conservatoire royal de Bruxelles, un groupe d'admirateurs et d'amis avait eu l'idée d'organiser en son honneur une manifestation et de lui offrir un souvenir. M. Guidé, mis au courant de ce projet, s'empressa de faire connaître aux organisateurs son intention de décliner toute offrande personnelle et les pria de faire servir les sommes souscrites à la fondation d'un prix, à décerner aux lauréats de la classe de hautbois. Ainsi fut fait.

Dimanche dernier a eu lieu au Conservatoire la cérémonie de cette fondation. En présence du donateur, M. Guidé, qui relève de maladie, M. Tinel, directeur du Conservatoire, a pris acte de la donation d'un capital de près de neuf mille francs dont les revenus constitueront le prix annuel de hautbois, et dans un discours charmant a rappelé les mérites du professeur et du virtuose éminent dont ce geste généreux a marqué la retraite.

Mon éminent Collaborateur,

Permettez-moi de vous nommer ainsi une dernière fois! Jusqu'à ce moment, il me semblait encore que le Conservatoire ne vous avait pas perdu. Mais voici que l'heure des adieux sonne et qu'il faut se résigner à une séparation que des raisons fondées et de la plus haute valeur artistique justifient, mais devant lesquelles nous nous inclinons sans joie. Car, au Conservatoire, chacun vous aimait, et je vous laisse à penser quelles ont été nos angoisses, tout récemment, en vous sachant menacé dans votre santé. Doublement privilégié, vous aviez pu conquérir nos cœurs par la bonté qui émane de votre personne et par le prestige d'un art où vous n'eûtes point de rival. Votre bonté, dont ceux qui vivent dans votre intimité reçoivent sans cesse les plus touchantes preuves, qu'est-ce qui l'exprime plus efficacement que le mouvement généreux par lequel vous avez voulu écarter de vous un présent qu'il eût été juste de vous offrir, exigeant que le capital réuni par vos amis servît à fonder au Conservatoire un prix de hautbois?

En même temps que vous donniez par là à l'établissement que vous quittez un témoignage de haute considération pour lequel la direction vous exprime sa profonde gratitude, vous facilitiez ainsi, pour chaque année scolaire, les débuts toujours pénibles d'un jeune artiste, en lui donnant le temps de regarder autour de soi et en lui assurant les ressources pécuniaires indispensables pour attendre des propositions d'engagement sérieuses et en rapport avec ses capacités. De tout temps, d'ailleurs, vous fûtes un père pour vos élèves; et ceux-ci se sentant cordialement aimés de leur maître, comment n'auraient-ils point mis en œuvre pour le satisfaire toute leur ardeur au travail et toute leur ingéniosité? De la sorte, les succès annuels de votre classe étaient dus à votre affectueuse sollicitude autant qu'à votre éminent talent.

Votre talent! Ce ne sont point vos élèves uniquement qui ont pu en apprécier la valeur; c'est la Belgique musicale tout entière qui, chaque dimanche d'hiver, quittait ses foyers pour se rendre aux concerts de nos sociétés symphoniques bruxelloises. Quelque œuvre que l'on jouât, on vous y distinguait aussitôt, soit que le rôle du hautbois y fut prépondérant soit au contraire qu'il y fût effacé. Discret, vous brilliez encore. Mais quelle fête, lorsqu'à votre instrument était confiée quelque phrase ou quelque période caractéristique qui l'on faisait planer sur l'orchestre de toute sa sonorité pénétrante, si merveilleusement apte à traduire les sentiments les plus divers! Dans la *Pastorale* de Beethoven, vous nous faisiez entendre le gentil pâtre assis sous le feuillage, improvisant un air champêtre sur ses légers pipeaux et apprenant aux bocages à répéter le nom de sa bien-aimée. Vous étiez l'heureux Tityre, si gracieusement mis en scène par Virgile dans sa pre-

mière *Bucolique*. Avec Gluck, vous élevant jusqu'aux sommets de la tragédie grecque, votre hautbois était la voix du sang qui parle au cœur d'Agamemnon, l'interprète du désespoir de Clytemnestre, et l'incarnation de l'innocente Iphigénie vouée au sacrifice. Quelques pouces de plus donnés à sa longueur se transformant en hautbois d'amour, l'instrument disait la prière chrétienne dans la *Grande Messe* et la *Passion selon saint Matthieu* de Bach, et les auditeurs, pieusement, s'agenouillaient avec vous. Allongé un peu plus encore et devenant cor anglais, il nous plongeait dans un abîme de mélancolie et nous rappelait, dans *Manfred* de Schumann, les tendres souvenirs d'un passé heureux, hélas! à jamais évanoui.

Mais je m'arrête, car il faudrait citer toutes les œuvres à l'exécution desquelles vous preniez part depuis vingt-cinq ans et qui vous devaient, souvent, une bonne partie du succès que le public leur fit.

Quand un artiste entre aussi profondément dans la pensée des Maîtres, n'est-il pas bien près de les valoir, et la grande parole que Raphaël aimait à répéter, ne doit-elle pas vous être appliquée : « Comprendre, c'est égaler »?...

L'éclat particulier avec lequel vous avez rempli durant un quart de siècle votre double mission d'éducateur et d'interprète, devait attirer sur vous, d'une manière exceptionnelle, la faveur des pouvoirs publics. L'attente de vos nombreux amis et admirateurs n'a point été déçue et c'est avec enthousiasme qu'ils ont, ces jours-ci, applaudi M. Poullet, ministre des Sciences et des Arts, qui, rompant d'un beau geste avec un protocole d'une extrême rigueur, vous décernait, au nom du Roi, la distinction de l'Ordre de Léopold II.

De mon côté, je vous prie, en ma qualité de directeur de la Société des Concerts du Conservatoire royal de Bruxelles, de bien vouloir accepter le titre de Membre honoraire de la Société et de daigner réserver au diplôme par lequel cette modeste dignité vous est conférée, une place parmi les souvenirs qui ornent votre demeure. Quand votre regard viendra s'attarder un moment sur l'humble pièce, vous vous souviendrez avec émotion du grand Gevaert dont vous fûtes, vingt-trois années durant, l'ami et le collaborateur bien-aimé; et peut-être donnerez-vous aussi alors une pensée affectueuse à son successeur qui serait inconsolable de vous avoir perdu, s'il ne voyait à votre ancienne place, dans l'orchestre, un artiste formé par vous avec une sollicitude toute paternelle et vous ressemblant assez par le cœur et par le talent pour que, parfois, l'illusion surgisse que c'est toujours vous qui êtes là, et que notre cher Fernand Piérard, c'est encore Guillaume Guidé...

* *
*

S'adressant ensuite à Mme Guidé, en lui offrant des fleurs, M. Tinel rappela qu'en vaillante compagne, elle allait résolument associer son tout-puissant et tendre dévouement d'épouse à la science éprouvée d'un prince de l'art. M. Tinel a conclu ainsi :

En nous quittant, mon cher Guidé, laissez-moi penser que vous ne nous quittez pas tout à fait et que votre sympathie pour le Conservatoire lui demeurera acquise par la suite. Gevaert avait coutume de dire que le Théâtre de la Monnaie et le Conservatoire ne doivent faire qu'*un*. Ratifiez cette parole de mon illustre prédécesseur que j'ai faite mienne dès le début, et permettez-moi d'espérer qu'entre les deux maisons régnera toujours une entente assez solide pour que rien ne puisse venir en saper la stabilité, ni en altérer l'harmonieux accord !

Le nombreux public qui assistait à la manifestation, a ratifié par de longs applaudissements le noble discours du directeur. La parole a été donnée ensuite à M. Mahon, qui, au nom des anciens élèves, a rappelé ce que Guidé avait été pour eux tous : un maître hors ligne doublé d'un homme de cœur.

Il faut, en effet, avoir fréquenté un cours comme le vôtre pour ressentir quels sont les liens profonds qui unissent un maître tel que vous à ceux qui ont eu le bonheur de suivre son enseignement, car, si vous, nous avez appris la technique de l'instrument avec une grande patience, un zèle et une conscience absolus, vos leçons ne se bornaient cependant point à ce cadre étroit et avaient un intérêt beaucoup plus élevé.

Et ce n'est pas sans émotion que nous nous souvenons combien, avec le généreux enthousiasme qui vous caractérise, vous saviez nous inculquer l'amour des belles œuvres, épurer notre style, guider notre goût et faire de nous non seulement des exécutants habiles, mais encore des musiciens épris de leur art.

Très ému, M. Guidé a répondu en quelques mots très simples et partis du cœur à ces manifestations si touchantes et si flatteuses. Après de chaleureuses et cordiales félicitations au héros de cette cérémonie, l'on s'est séparé ému et ravi de l'hommage rendu à un artiste d'exceptionnel talent, qui est aussi un homme de grand cœur et qui est entouré de la sympathie de tous.

LA SEMAINE

PARIS

A L'OPÉRA, le « Gala des Aviateurs » c'est-à-dire une représentation organisée par l'Aéro-Club pour élever un monument aux glorieuses victimes de l'aviation, mardi dernier 19 décembre, a fait entendre une œuvre nouvelle, de circonstance, un drame antique en 4 tableaux : *Icare*,

musique de M. Henry Deutsch (de la Meurthe) instrumentée par M. C. Erlanger, qui conduisit aussi l'orchestre. C'est la légende fameuse d'Icare, fils de Dédale, s'arrachant aux jardins du Labyrinthe et aux jeux des Nymphes, ses compagnes, pour tenter de conquérir les airs sur des ailes ajustées, et mourant sur la grève où il est tombé après un vol splendide. La fable a été traitée par M. Henri Cain ; la musique a fait particulièrement applaudir les danses des naïades, l'enthousiasme d'Icare au second acte, l'ensemble choral de l'apothéose... M. Muratore fut le vibrant Icare, entre M. Delmas et Mlles Grandjean et Chenal.

Entre-temps, l'excellent baryton italien Titta Rufo, dont nous avons eu plus d'une fois déjà l'occasion de parler, soit à Paris soit à Monte-Carlo, révolutionne littéralement le public par quelques représentations de *Rigoletto* et d'*Hamlet*. Vocalement, on ne voit pas qui pourrait lui être comparé à l'heure actuelle. Comme jeu de composition, il ne fait pas oublier Renaud, tant s'en faut, mais il est très remarquable aussi. Tout de même c'est un parti un peu aventuré que ces représentations où l'artiste principal chante dans une autre langue que tous les autres. On peut aller loin dans ce sens !

La Société des Concerts, au Conservatoire, n'a pas voulu finir l'année sans fêter Liszt à son tour. Elle le pouvait d'une façon difficilement comparable ; par conséquent, elle le devait. M. Messager a choisi pour programme la *Faust-Symphonie*, *Danse macabre*, le *Treizième Psaume* et deux petits poèmes avec orchestre : *Lorelei* et *Mignon*. La *Faust-Symphonie* est toujours du plus vif intérêt, mais jouée comme cela, le pittoresque, si varié dans sa belle unité, en étincelle magnifiquement. Pensez un peu à l' « andante suave » (Gretchen) où se répondent en soli, puis à deux, la flûte, l'alto, le hautbois, le second violon, le premier violon..., avec des artistes comme MM. Hennebains, Vieux, Bleuzet, Tracol, Brun... Et l'exécution prodigieuse des cordes dans ces traits diaboliques jetés au travers des pupitres par « l'allegro vivace, ironique » de *Méphistophélès !* Et l'ensemble superbe de la péroraison, avec chœur, solo et orgue ! La paraphrase, moins de fantaisie, sur le *Dies iræ*, qu'est la *Danse macabre*, n'a pas été jouée avec moins de perfection générale, et, de la part de M. Teodor Szanto, avec une virtuosité transcendante, mais aussi un goût parfait et des sons d'une délicatesse et d'une pureté exquises. Le *Psaume XIII* est plus aride par endroits : ce petit oratorio est un peu lent parfois, avec des élans pleins de verve, des idées amples et variées, et un finale à la Hændel, du plus beau caractère. La *L'orcles* et la chanson de *Mignon* ont eu Mᵐᵉ Povla Frisch pour interprète, avec une façon de dire un peu étrange parfois mais très expressive, très colorée et de très intéressantes finesses vocales. Grand succès pour tout le programme.

H. DE C.

Concerts Colonne. — A part le concerto en *la* mineur de Grieg qui remplaçait le morceau symphonique de *Rédemption*, le programme était le même que dimanche dernier : symphonie de César Franck, fragments de *Parsifal*, avec Mᵐᵉ Félia Litvinne et M. Ernest Van Dyck. Salle archi-comble. Très bonne exécution. Succès triomphal. Grosse recette.

M. Backhaus, qui obtint le Prix Rubinstein, en 1905, joua le concerto de Grieg. L'œuvre n'est pas bi.n bonne, mais le pianiste est un fameux virtuose. A. L.

Concerts Lamoureux. — Séance purement instrumentale. Au début, exécution très fouillée de l'admirable symphonie en *ut* majeur *(Jupiter)*, le chef-d'œuvre mozartien. Et, tout aussitôt, le fougueux, romantique, le fulgurant *Mazeppa* de Liszt. Je sais bien que la première audition remonte au 8 février 1903. (Le programme prend soin de nous l'apprendre.) Qu'importe, je l'admire encore. Quelle vigueur de dessin, quel franc parti pris dans le jeu distribué des lumières et des ombres. Que me font les années si je trouve saisissante cette course échevelée dont les traits obstinés des violons rendent l'emportement ponctué par les voix graves des majestueux trombones. Et la fin triomphale, pompeuse, une superbe succession d'éblouissants décors, ou mieux, de la « cinématophonie » musicale par un maître de génie : Franz Liszt.

Les compositeurs « pleinairistes » sont assez nombreux dans la nouvelle école musicale française. Je ne surprendrai point en disant que peu d'entre eux ont le talent délicieux ou, si l'on veut, la manière de M. Debussy. Ses esquisses symphoniques intitulées *La Mer*, jouées aujourd'hui, sont de la plus subtile facture comme symphonie, et du plus libre jet comme esquisses. On les pouvait mieux nommer.

Après la mer, la montagne. Il s'agit de la magnifique *Symphonie sur un air montagnard français* du maître Vincent d'Indy. Œuvre durable qui n'a rien d'une esquisse car les « fonds » en sont établis avec une solidité qui défie l'injure du temps ; œuvre qui satisfait l'intelligence par sa disposition harmonieuse, l'agencement qu'on se plaît à y découvrir, d'un mot : son architecture ; et qui comble la sensibilité par tout ce qu'elle renferme de pensée humaine ajoutée à la Nature. Une âme d'artiste toute éprise d'amour pour son pays, pour sa montagne, pour le chant qui s'élève, pur, dans l'air lumineux accorde ses sentiments dans une œuvre qu'elle rend émouvante par tout ce qu'elle lui infuse de sa propre émotion. Et, merveilleux effet de l'art, tout un auditoire frémit, transporté comme s'il écoutait chanter son âme collective. Hier, les bravos furent unanimes, enthousiastes. M. Chevillard dirigeait magistralement. Mᵐᵉ Long remporta un succès personnel mérité. Elle sut trouver, pour la partie de piano, des sonorités délicates, veloutées, souples et fluides d'une qualité exceptionnelle. En fin de séance, le drôlatique *Apprenti sorcier* du très talentueux P. Dukas. M. DAUBRESSE.

— Très intéressante séance au Lyceum Club pour l'audition des œuvres de Mᵐᵉ Fleury. Au programme : le quatuor en *mi* mineur, œuvre remarquable d'une distinction de formes et d'une solidité de fond qui témoignent en faveur d'un auteur féminin. Quelques pièces chantées : *Cœur Virginal*, *Temps de neige*, *Matutina* avaient pour aimable interprète une jeune artiste : Mˡˡᵉ Pelliot. La fantaisie de concert pour alto, confiée à M. Jungersen, retrouva son succès habituel. Entre-temps l'excellent pianiste A. Chevillion a fait apprécier un talent plein de charmes. M. D.

— La Société des Amis de Brahms a organisé deux concerts réservés aux œuvres du compositeur allemand ; le premier a eu lieu le 15 décembre, rue d'Athènes.

Les deux sonates pour violon en *ré* mineur et en *la* majeur furent exécutées en bon style par la jeune violoniste Mˡˡᵉ Hegner et Mᵐᵉ Elly Ney. Le contralto peu sonore de Mᵐᵉ Olga Peyer n'a pas sauvé de quelque monotonie certains *Lieder* plus obscurs que tourmentés ; par contre, M. Jan Reder a fait dans l'œuvre de chant un choix mieux approprié ; grâce à une entente parfaite de l'expression et de la technique, il a su tirer les meilleurs effets d'une série de mélodies portant le titre d'*Ernste Gesänge*. M. Casella est un accompagnateur solide et fin.

Mᵐᵉ Elly Ney est une pianiste d'un tempérament expressif, à la fois énergique et délicat ; son sentiment des nuances est excellent, son goût des oppositions m'a paru fort adroit. Elle interpréta avec grand succès des pièces d'ailleurs délicieuses. Ballade en *ré*, le capriccio d'une forme si agréable, l'intermezzo en *si* bémol et la brillante rapsodie en *mi* bémol.

L'impression qui se dégage d'une audition prolongée des œuvres de Bhrams semble confirmer cette appréciation, à savoir que le génie du maître de Hambourg est fait de fantaisie plutôt que de profondeur, que ses idées toujours élevées, s'obscurcissent souvent lorsqu'elles s'évertuent à monter trop haut.   Ch. C.

— A la salle Beethoven, jeudi 14 décembre, très intéressante soirée pour le sixième concert de musique de chambre, le dernier de cette première série; mais on en annonce une seconde série, de six concerts également. La soirée commençait par l'incomparable sonate en *fa* majeur de Beethoven (op. 24), pour piano et violon, qui a été exécutée avec un art parfait et une grande pénétration musicale. La violoniste, Mlle Christiane Roussel, a rendu avec une sonorité, sinon très puissante, du moins pleine d'âme et de délicatesse, les nuances merveilleuses de l'œuvre du maître des maîtres et le pianiste M. Edouard Garès, qui a désormais une autorité incontestable, a montré une sûreté de doigté remarquable et très expressive. Ces artistes se sont retrouvés, avec leurs qualités respectives. M. Garès, dans la sonate en *fa*, pour piano, du maître; et Mlle Roussel dans divers morceaux de Rameau, Leclair, et un bien joli andantino de Martini, transcrit par Kreisler; enfin, tous les deux, dans la sonate, bien intéressante, de Saint-Saëns, en *ré* mineur. Ce même soir, nous avons eu, au chant, M. Fernand Lecomte, qui, gêné par un peu d'enrouement, n'a exécuté qu'un air, tiré du *Timbre d'argent*, rendu par lui, d'ailleurs, avec beaucoup de grâce et d'expression; et Mlle Madeleine Bonnard, dont la voix, exercée et bien conduite, nous a fait entendre un air de *La Création* de Haydn, *Rodelinda* de Hændel, et, dans le moderne, deux morceaux de Saint-Saëns, l'un tiré d'*Etienne Marcel*, l'autre du *Timbre d'argent* : « Le bonheur est chose légère ».   J. Guillemot.

— Les séances de quatuor organisées par M. G. Lefèvre à la Schola Cantorum attirent toujours un nombreux public que séduisent les manifestations de l'art le plus moderne. Après une première séance consacrée à MM. Guy-Ropartz, Paul Le Flem et Vincent d'Indy, nous avons eu un quatuor à cordes d'Ernest Chausson, des œuvres pour chant et pour piano de M. de Castera, un des meilleurs élèves de M. d'Indy et le quatuor de M. Debussy, qui, de près ou de loin, n'eut jamais la moindre affinité avec la Schola, mais dont l'œuvre figure aujourd'hui aux programmes de tous nos concerts. C'est une émanation de cet art si personnel à M. Debussy, qui surprend surtout et

uniquement par la nouveauté de la forme, sinon de l'idée. Le deuxième mouvement, avec ses pizzicati de l'alto est original, et l'andantino est joli, en dépit des énormités de certaines successions. Musique très difficile et admirablement mise au point par le quatuor Lefevre. J'en dirai autant de l'œuvre de Ernest Chausson, d'une construction plus robuste, dont le second mouvement : *Très calme*, plane en de radieuses sérénités, en même temps que le violon souple et tendre de M. Lefèvre leur prête les plus douces sonorités.

Des œuvres pianistiques de M. Castèra se dégage une *Serenata*, joliment écrite et fort bien jouée par Mlle Marie Marion, et, parmi les mélodies : *Dans le vieux Parc*, d'un charme enveloppant et discret, délicatement chantée par Mme G. de Fourcauld.   A. G.

— Mlle Blanche Selva a donné trois séances de musique de piano à la Schola Cantorum, les 6, 13 et 20 décembre, dont deux consacrées à Beethoven (quatre sonates, les variations sur une valse de Diabelli et six bagatelles) et une remplie par des pièces récentes de MM. Déodat de Séverac (*Chant de la Terre*, *Baigneuses au Soleil*, *Cerdana*, *En Languedoc*) et Albert Roussel (*Rustiques*, suite en *fa* dièse). C'était montrer de la façon la plus nette la souplesse si remarquable de son talent : la fantaisie et le piquant avec lesquels l'éminente pianiste mit en valeur les dernières pages, *Poèmes de la Terre*, *Etudes pittoresques*, sont aussi savoureux que le grand et beau style dont elle rendit les chefs-d'œuvre de Beethoven.

— Mlle Marthe Prévost a chanté du Hændel, du Schubert, du Richard Strauss, du Léo Sachs et les *Poèmes d'automne* de Gabriel Dupont, à la salle des Agriculteurs, le 8 décembre, et fit apprécier chaudement son style plein de goût, sa jolie voix. La flûte de M. Hennebains l'accompagna parfois, délicieusement, et le beau talent de Mlle A. Gellée lui permit de se reposer, en exécutant au piano du Barh et trois pages de Jean Huré, Ravel et Enesco.

— La première séance de la Société Beethoven, salle de Géographie, a eu lieu le 13 décembre, toujours avec le talent de M. A. Tracol et de son quatuor comme base essentielle au programme. Ces excellents artistes ont exécuté avec finesse et style le quatrième quatuor de Beethoven et le premier trio de Schumann pour piano, violon et violoncelle. Le piano était tenu par Mlle Marthe Drou, dont le jeu fin et coloré a encore mis en valeur la sonate appassionata, de Beethoven, avec une rare souplesse. Mme J. Isnardon a chanté, comme intermède, de sa belle voix chaude et si pure, un air d'*Héraclès*, de Hændel, et celui de Lia dans *L'Enfant prodigue* de M. Debussy.

H. DE C.

— Mlle Marie Daubresse, dans les conférences que nous avons annoncées et qui, viennent de s'achever avec un si vif succès d'attention et de sympathie, a parlé de l'éducation musicale de la femme, des professeurs et des élèves dans leur rôle et leurs rapports respectifs, des artistes exécutantes et donnant des concerts, des artistes compositeurs, des œuvres de mutualité féminine... Entre maints renseignements, documents et conseils techniques, pratiques, d'une utilité journalière, Mlle Daubresse a insisté avec raison sur le tact nécessaire pour, accueillir ou repousser les jeunes filles qui veulent entrer décidément dans la carrière artistique. La clarté de l'exposition, en même temps que l'abondance de l'information et le bon sens des déductions, ont frappé tous les auditeurs de ses intéressantes séances.

— Nous eûmes lundi, dernier la très agréable surprise, à la salle de la rue d'Athènes, d'entendre une voix remarquable, encore inédite, croyons-nous, à Paris. Mlle Renée Feutray a un beau et généreux mezzo, expressif, égal, bien timbré. C'est presque parfait. Mlle Feutray a certes sa place toute marquée parmi nos cantatrices de concert et d'oratorio dont certaines... datent un peu et doivent faire place aux jeunes. Mais nous regrettons qu'elle ne veuille pas aborder le théâtre, car c'est tout à fait une voix dramatique. Elle a bien chanté *L'Amour et la Vie d'une Femme* de Schumann, mieux *A la bien-aimée absente* de Beethoven, parfaitement *Divinités du Styx* de Gluck. F. G.

— M. Santiago Riera, l'éminent pianiste, a donné une matinée d'élèves, chez lui, le 17 décembre, qui a fait apprécier une fois, de plus le style ferme et vraiment artistique de son enseignement.

— Le 24 décembre est échu le second centenaire de la naissance de Jean-Joseph Cassanea de Mondonville, né à Narbonne le 24 décembre 1711, mort à Paris le 8 octobre 1772, violoniste, compositeur, surintendant de la chapelle du Roi, directeur des Concerts Spirituels, chef d'orchestre... Il eut beaucoup de notoriété en son temps, et fut particulièrement apprécié de Mme de Pompadour, pour le théâtre de, laquelle il écrivit plus d'une partition. Un très beau portrait de lui par Latour a sans doute plus fait, pour empêcher son nom de périr, que ses œuvres de théâtre ou de concert; et aussi un dessin de Cochin, gravé par Saint-Aubin. On peut retenir, parmi ses opéras, les noms de

Le Carnaval du Parnasse (l'un des plus heureux, joué de 1749 jusqu'à 1774, avec près de cent cinquante représentations), *Titon et l'Aurore* (1753), *Daphnis et Alcimadure* (1754), pastorale languedocienne, *en patois*, jouée par Jélyotte, La Tour et Mlle Fel, qui parlaient la langue), enfin *Les Fêtes de Paphos* (1758); parmi ses oratorios : *Les Israélites au Mont Oreb, Les fureurs de Saül, Les Titans*. On connaît encore de lui un peu de musique de chambre. C.

— Mme Jumel, l'éminent professeur de chant grégorien à la Schola Cantorum, a repris ses cours privés du lundi matin à l'Institut Rudy (avenue d'Antin, 53).

OPÉRA. — Rigoletto (M. Titta Rufo), La Roussalka, La Walkyrie, Hamlet (M. Titta Rufo), Déjanire.

OPÉRA-COMIQUE. — Fra Diavolo, Richard Cœur de Lion, Cavalleria rusticana, Les Contes d'Hoffmann, Bérénice, Le Roi d'Ys, Galatée, Madame Butterfly.

THÉÂTRE LYRIQUE (Gaîté). — Robert le Diable, Le Barbier de Séville, Le Cœur de Floria, Don Quichotte, Le Chalet, Paillasse, Hérodiade, Ivan le Terrible.

TRIANON LYRIQUE. — Proserpine, Joséphine vendue par ses sœurs, Les Cent Vierges, Rip, L'Auberge rouge (première à Paris), Le Roi l'a dit, Les Saltimbanques.

APOLLO. — Madama Favart, La Veuve joyeuse, Les Petits Étoiles (première).

SCALA. — Princesses Dollar!

Société des Concerts (Conservatoire). — Dimanche 24 décembre, à 2 heures. — Faust-Symphonie, Lorelei, Mignon, Danse macabre, Psaume XIII (Liszt). — Direction de M. A. Messager.

Concerts Colonne (Châtelet). — Dimanche 24 décembre, à 2 ½ heures. — Symphonie antique (Widor); Concerto en *mi* bémol (Beethoven), exéc. par R. Pugno; La Fuite en Egypte, seconde partie (Berlioz); Ouverture d'Euryanthe (Weber); Danses du Prince Igor (Borodine). — Direction de M. G. Pierné.

Concerts Lamoureux (salle Gaveau). — Dimanche 24 décembre, à 3 heures. — Symphonie Pastorale (Beethoven); Poème pour violon (Chausson), exéc. par

J. Thibaud; Don Juan aux enfers (Lef vre-Derodé);
Concerto en *mi* majeur (Bach), exéc. par J. Tibaud;
Ouverture des Maîtres Chanteurs (Wagner). — Direction de M. C. Chevillard.

Concerts Sechiari (Théâtre Marigny). — Dimanche 24 décembre, à 3 heures. — Festival Liszt : Faust-Symphonie; Concerto n° 2 (Ed Risler); Orphée; Rapsodie Hongroise n° 1. — Direction de M. P. Sechiari.

Concerts Hasselmans (Salle Gaveau). — Lundi 25 décembre, à 3 heures. — Ouverture des Maîtres Chanteurs (Wagner); Symphonie en *mi* bémol (Enesco); Concerto de piano, n° 5. (Saint-Saëns), exéc. par M. Yecsi); Don Juan (Strauss); Ah! perfido! (Beethoven), exéc. par Mlle Sp. Calo). Pavane (Ravel), Italia (Casella). — Direction de M. Hasselmans.

BRUXELLES

LE THÉATRE ROYAL DE LA MONNAIE a repris cette semaine *Robert le Diable*, qui n'avait plus été représenté sur cette scène depuis vingt ans. A Paris, l'œuvre de Meyerbeer était reprise au Théâtre-Lyrique, le mois dernier, après avoir disparu du répertoire de l'Opéra depuis 1893. Donc, à peu près la même éclipse, dans les deux capitales, pour le célèbre opéra, dont l'apparition, en 1831, fut une date mémorable dans l'histoire de la scène lyrique française. *Robert le Diable* est, à ce titre, plus intéressant peut-être que *L'Africaine*, d'écriture plus moderne sans doute, mais qui ne vit le jour que plus de trente ans après son aîné.

Combien, parmi les spectateurs de cette semaine, ne connaissaient *Robert* que de réputation, par ce qu'on en avait dit autour d'eux ! Et beaucoup exprimèrent la surprise de retrouver dans l'œuvre de Meyerbeer quantité d' « airs connus », dont ils ignoraient l'origine. Ils s'en amusèrent quelque peu. Ainsi, tous eurent leur satisfaction, les jeunes comme les anciens, — ceux-ci heureux de réentendre une œuvre qui leur avait procuré naguère un réel plaisir et qu'ils revoyaient avec cette joie, mêlée de quelque amertume, qui naît du souvenir d'heures agréables dont l'éloignement vient souligner le cours rapide des années...

Robert le Diable, qui renferme d'ailleurs nombre de pages réussies, va de la sorte rencontrer la vogue qui accueillit il y a deux ans la reprise de *la Juive*, l'œuvre la plus marquante d'Halévy, de quatre ans moins ancienne que l'opéra de Meyerbeer et qui précéda d'une année l'apparition des *Huguenots*, le chef-d'œuvre de celui-ci.

L'exécution actuelle de *Robert le Diable* présente des qualités de nature également à assurer à cette reprise un succès de quelque durée. Tous les

interprètes ont de belles voix, dont ils se servent avec talent. Mmes Béral (Alice) et Bérelly (Isabelle), MM. Darmel (Robert), Grommen (Bertram) et Dua (Raimbaud) ont reccueilli, au cours de la soirée, des marques fréquentes de la satisfaction du public. Mlle Cerny a été très applaudie aussi dans le rôle dansé d'Héléna. Les chœurs, fort soignés comme d'habitude, l'orchestre, coloré et expressif sous la direction très sûre de M. Corneil de Thoran, ont contribué pour leur part à une brillante exécution d'ensemble.   J. BR.

Concerts Populaires. — Au début de la septième de Beethoven, ce merveilleux dithyrambe, « l'apothéose de la danse » comme disait Wagner, ce rythme multiple et vivant! Malgré l'ampleur, la beauté souveraine de la neuvième, je lui préfère encore cette étonnante symphonie en *la* qui contient au reste l'autre en puissance, a son grand souffle héroïque, son élan passionné, son lyrisme enthousiaste et visionnaire, enfin sa joie lumineuse, véritable évocation d'une fête dyonisiaque! Quel triomphe pour le chef Otto Lohse et son orchestre d'avoir pu nous donner de cette œuvre unique une interprétation où tout vibrait d'une vie intense, d'une flamme rayonnante et communicative extraordinaire! Ces rythmes, ces accents, pulsations sensibles de toute cette vie exaltée, tous les grands contrastes beethovéniens, dynamiques ou rythmiques, les passages de tonalités si caractéristiques, ces accords si suggestifs ressortaient admirablement. — Quelle signification dans ce prélude *poco sostenuto* et combien était vraiment vivace ce mouvement en 6/8, et cette coda encore avec son thème obstiné, mystérieux à la basse et aux violoncelles préparant magnifiquement la fin du premier mouvement où trompettes et cors sonnent triomphalement! La page immortelle de l'allegretto, dont l'idée correspond à une marche funèbre, fut émouvante au delà de tout. Comme M. Lohse sut ménager le grand effet de cette poignante gradation vers le point culminant fortissimo du mouvement; comme les violoncelles ont chanté sous le rythme obstiné des autres parties du quatuor et comme la même mélodie s'élevait davantage encore à la reprise aux violons. Enfin que de clarté dans le fugato amenant le decrescendo final où le thème rythmique seul règne encore. — Avec le scherzo, le mouvement impétueux reprend, suspendu un moment dans le trio, pour s'exalter de plus en plus dans le finale d'une envolée prodigieuse, et dont M. Lohse a rendu la puissance, la grandeur, la vie d'admirable façon. Peut-on assez l'en féliciter?

La même année 1812 dont le printemps dans sa fièvre de vie, au lendemain des fameuses batailles de Leipzig et de Hanau, vit s'achever cette merveilleuse septième, fut aussi celle de l'éclosion de la huitième. Beethoven la termina en automne, à Linz. Cette œuvre aussi est pleine de joie, mais de quelle autre essence que celle des deux sœurs entre lesquelles elle se place. Elle a parfois ici la grâce souriante d'une églogue, quelque chose comme d'une nouvelle pastorale dont le premier mouvement serait imprégné d'une joie entière, mais simple et gracieuse, d'où la force cependant n'est pas exclue. Le deuxième mouvement est une idylle exquise de fraîcheur et de délicatesse ; le menuet, c'est la fête dans le paysage précédant ; le duo entre le cor et la clarinette sur un accompagnement suggestif des violoncelles (trio) en est un ravissant épisode : le finale concentre une dernière fois toute la joie sereine et lumineuse de cette œuvre qui n'est pas exempte de grandeur, non plus, et précisément dans cette dernière partie où le souffle héroïque et puissant de Beethoven se manifeste pleinement.

Entre ces deux symphonies nous entendîmes le concerto pour piano en *ut* mineur, d'un style bien différent M. Marcel Laoureux l'a interprété avec beaucoup de clarté, de goût, de distinction, en parfait musicien ce dont nous le félicitons sincèrement. **M. DE R.**

Société J.-S. Bach. — Elle a brillamment inauguré sa cinquième année d'existence, apportant, comme d'habitude, un programme plein de choses belles et nouvelles. Ce furent cette fois deux cantates-chorals de caractères différents, et dont l'une surtout, *Bleib' bei uns*, est absolument remarquable. Elle ne comporte pas de grands effets, mais des accents profonds, émouvants qui font pressentir le maître des *Passions*. Le chœur d'introduction notamment est une pure merveille, tant au point de vue de son inspiration mystique et recueillie en présence du soir qui tombe, que de sa facture où la polyphonie vocale et instrumentale, particulièrement serrée, dans l'épisode à quatre temps, joue un rôle prépondérant. Quelle richesse de sonorités, quelle variété d'expression ! C'est évidemment la plus belle page de l'œuvre que ne dépasseront ni l'air d'alto (avec cor anglais) ni même celui du ténor enveloppé par les chaudes sonorités du quatuor et si beau sans doute. Le second chœur (choral de deux strophes) est introduit par un prélude instrumental des plus intéressants, dont les violoncelles rythment fortement un thème caractéristique. Un second choral

— maestoso —, termine dignement cette remarquable cantate que M. Zimmer fit exécuter suivant l'expressif arrangement de Félix Mottl.

La cantate *Singet dem Herrn ein neues Lied*, présente avec la précédente le plus vif contraste. L'alleluia plein d'espérance qui salue l'année nouvelle la remplit de sa joie triomphante que proclament, sur tout l'orchestre *fortissimo*, les trompettes et les chœurs. Cette joie se change soudain en un sentiment de reconnaissance pour le Seigneur exprimé d'une façon plus recueillie par une phrase de choral à l'unisson des voix. Puis l'alleluia reprend sous forme de courte fugue pour laisser réapparaître une fois encore le motif du choral, toujours à l'unisson, et se terminer triomphalement par le *Laudamus* final. Le même choral en valeurs diminuées, coupé par de courtes phrases récitatives de la basse, du ténor, enfin de l'alto solo, forme la matière du second morceau. Vient ensuite un bel air d'alto, puis un récitatif de basse souligné vers la fin par le premier motif du « choral final » (l'orgue aurait dû le jouer plutôt que le clavecin), enfin un duo pour ténor et basse, très expressif, suivi d'un court récitatif du ténor et du choral final accompagné par tout l'orchestre et dominé par une éclatante fanfare de trompettes.

Il faut louer sans restriction la parfaite exécution de ces pages chantées avec accent, expression, justesse et homogénéité par les chœurs de la Société Bach et un trio de solistes de premier ordre, pénétrés de cette superbe musique : le ténor, M. G.-A. Walter et Mlle Stapelfeldt, l'admirable alto, sont bien connus déjà. La basse, M. Th. Hess van der Wyck, chantait pour la première fois ici et a fait excellente impression : la voix égale, naturelle, moelleuse, convient parfaitement à l'oratorio et le chanteur a fait preuve d'un sentiment très profond, particulièrement dans le célèbre air « Schlumm're » de la célèbre cantate *Ich habe genug*.

Au même concert, on applaudit pour la première fois à Bruxelles, la célèbre violoncelliste, Mme Caponsacchi. Si la virtuose est impeccable, l'artiste ne l'est pas moins. Quelle sonorité pleine et vibrante, quel accent et quelle gamme de nuances, depuis la vigueur vraiment virile jusqu'aux plus enveloppantes douceurs; par-dessus tout, une profonde intelligence de cette musique. Au succès de la virtuose, on associa volontiers — dans la sonate en *sol* majeur pour violoncelle et clavecin — M. Minet, ce parfait et délicat musicien qui n'avait malheureusement pas à sa disposition un instrument de choix. Du reste, les deux sonorités du clavecin et du violoncelle ne semblent pas volontiers s'unir ou se confondre. L'essai était intéressant à tenter et l'effet en est instructif.

Que d'éloges ne devons-nous pas adresser enfin au vaillant chef, M. A. Zimmer, à qui revient au bout du compte tout le mérite de ce splendide concert; l'ardeur de son geste expressif trahit sa foi, son culte pour le maître des maîtres; entre les mains d'un tel artiste, la Société J.-S. Bach est assurée de son avenir, de sa prospérité.

M. DE R.

— Tout de charme et de séduction le jeu de ce virtuose parfait qui semble encore s'être affiné par certains côtés, virilisé par d'autres. Que de pureté, de clarté, de justesse dans le son de cette voix d'or que Jacques Thibaud, sous son archet d'une idéale souplesse, tire d'un admirable violon! Et dans son programme, en grande partie composé d'œuvres toutes en demi-teintes (répertoire Kreisler), que de nuances exquises et de délicatesse pour faire valoir ces pages. Le grand style et la technique supérieure de l'artiste se sont affirmés d'autre part dans la fameuse chaconne de Bach. La fin du programme comportait deux morceaux de l'école contemporaine, *Introduction et Rondo capriccioso* de Saint-Saëns et un *Andante scherzetto* de Fr. Rasse, d'une charmante inspiration et fort bien écrit pour l'instrument. Inutile de dire que Jacques Thibaud l'a admirablement mis en valeur. Applaudissements sans fin qu'on aimerait cependant volontiers ne point voir tourner en vacarme assourdissant et vociférations affreuses succédant à tant d'harmonie! M. DE R.

Concert Antonio Tirabassi. — Le concert de musique italienne des XVIᵉ et XVIIᵉ siècles, donné lundi, à la salle Ravenstein, par M. Tirabassi, organiste, avait attiré un public de choix que l'interprétation d'œuvres d'une très grande valeur a tenu sous le charme. Le programme ne comportait que des morceaux inédits, découverts dans les bibliothèques italiennes par M. Tirabassi, dont on ne peut assez louer le goût raffiné et l'intelligence musicale. Parmi ces œuvres, il en est quelques-unes d'une beauté si pénétrante, d'une invention mélodique si rare, d'une facture si claire, que l'on regrette vraiment de ne pouvoir les réentendre à l'instant même, tant la noble émotion qui les a inspirées, l'admirable simplicité de leur développement et le charme musical qu'elles dégagent surprennent et captivent l'attention de l'auditeur.

La *Cantata Spirituale* de Scarlatti, l'*Arioso* de Lotti, le *Minuetto* de Stradella, la *Monodia* de Caccinni, sont des merveilles, que M. Tirabassi devrait bien remettre au programme de son prochain concert historique. Mˡˡᵉ Vanden Bergh, cantatrice, a interprété d'une voix souple, très expressive, une *cantata* de Stradella, un aria de Bononcini et la *Cantata Spirituale* de Stradella avec accompagnement de quatuor et d'harmonium. Un jeune ténor, à la voix généreuse, M. Mazoratti, a fait applaudir une *cantata* d'Astorga et la *Monodia* de Caccinni. Et M. Tirabassi lui-même, qui a tenu l'harmonium d'accompagnement, a joué seul, en artiste et avec beaucoup de verve, une magnifique fugue de Gerolamo Frescobaldi. Il est toutefois regrettable que les jeunes musiciens qui composaient le quatuor d'archets n'aient pas eu le souci de rendre avec plus de délicatesse la musique émue qu'ils devaient interpréter. E. B.

— En raison du nombre toujours croissant des élèves de ses cours particuliers, Mˡˡᵉ Camu, professeur au Conservatoire royal de Bruxelles, ouvrira le 6 janvier un second institut musical, 277, chaussée de Charleroi. Renseignements, 14, rue du Nord.

THÉATRE ROYAL DE LA MONNAIE. — Aujourd'hui dimanche, en matinée, Faust; le soir, Thérèse et Cavalleria rusticana; lundi, en matinée, Robert le Diable; le soir, Carmen; mardi, en matinée, Le Voyage en Chine et La Zingara; le soir, Obéron; mercredi, Dejanire; jeudi, Festival Beethoven, sous la direction de M. Otto Lohse. Quatrième concert deuxième audition); le soir, avec le concours de Mᵐᵉ Croiza et de M. E. Thomas-Salignac, Thérèse et première représentation (reprise) de Paillasse; vendredi, Oberón; samedi, avec le concours de Mᵐᵉ Croiza et de M. E. Salignac, Werther; dimanche, en matinée, Mignon; le soir, Robert le Diable.

Dimanche 24 décembre. — A 2 heures, premier concert du Conservatoire royal de Bruxelles. On y exécutera pour la première fois, en langue française (version de M. E. Closson), l'Oratorio de Noël (1664) de Heinrich Schütz et la Neuvième Symphonie (avec chœurs) de Beethoven. Les soli des deux œuvres seront chantés par Mᵐᵉ Tilly Cahnbley-Hinken, Mˡˡᵉ S. Kalker, MM. R. Plamondon et Louis Frœlich.

Vendredi 12 janvier. — A 8 ½ heures du soir, à la salle Erard, séance Franz Liszt, organisé par le groupe bruxellois de la S. I. M., avec le concours de Mᵐᵉ Berthé Marx, pianiste, Mˡˡᵉ de Madre, cantatrice, M. E. Closson, conférencier. Une série de « trente » places numérotées, au prix de 5 francs la place, sont tenues à la disposition du public, chez MM. Breitkopf et Härtel, rue Coudenberg.

CORRESPONDANCES

A NVERS. — Très bonne soirée au concert de Mlle J. Féront, pianiste, qui avait fait appel au concours de M. Jacques Thibaud. Le célèbre virtuose exécuta, avec une ampleur admirable de son et de style, des pièces de Bach, Martini, Tartini et Pugnani. Dans les sonates de Brahms et C. Franck, il fut bien secondé par Mlle Féront qui, elle-même, interpréta, avec une bonne sonorité, *Consolation*, une page expressive d'un compositeur brésilien X. Rengifo, le prélude de Rechmaninoff et l'amusante *Bourrée fantasque* de Chabrier. Au piano d'accompagnement, M. S. Wambach.

Joseph Hollman a joué la semaine dernière à la Société de Zoologie. Ce qu'il faut surtout admirer chez le réputé violoncelliste, c'est la beauté et la pureté du son. A part cela, c'est un virtuose de l'ancienne école et le programme qu'il nous présentait n'était pas fait pour détruire cette impression. Son concerto en *la* mineur est, au point de vue purement musical, d'une indigence rare et l'andante de Molique est bien vieux jeu. Il y a certes mieux, de nos jours, dans le répertoire du violoncelle. On fit néanmoins un chaleureux succès à M. Hollman. Au même concert, l'orchestre, dirigé par M. Keurvels, a finement détaillé la *Siegfried-Idyll* de Wagner et a donné la première exécution d'un poème très descriptif, *Pour un drame*, de Gernsheim.

A l'Opéra flamand on a repris *Tannhäuser* avec la même distribution que les années précédentes. Fort bonne représentation et ensemble très louable.

Dimanche, *Zeevolk*, opéra en un acte de MM. Garnir et P. Gilson reparaissait à l'affiche. Cette œuvre fut créée jadis à l'ancien théâtre ; elle avait donc tout à gagner à être reprise ici, tant du côté de la scène que de l'orchestre. Comme dans chaque œuvre de Gilson, la partie symphonique est traitée de main de maître. Ici encore la couleur et la variété de l'instrumentation accentuent à merveille la richesse et l'expression des thèmes L'interlude (l'Orage) est une page à tirer hors pair. L'orchestre, dirigé par M. Schrey, a donné une exécution très satisfaisante de cette partition difficile. Sur scène, l'œuvre fut bien défendue par Mme Cuypers, MM. Steurbaut, artiste très consciencieux, Tokkie, Génard et Dils. On fit à *Zeevolk* un succès très chaleureux.

Aux Concerts populaires, Mlle Hélène Dinsart a donné une exécution très brillante du concerto pour piano de G. Pierné, qui est une très belle œuvre. Dans les *Variations symphoniques* de Franck,

l'impression ne fut pas aussi bonne. C'était très bien comme technique, mais l'expression manquait. La jeune pianiste fut vivement applaudie et bissée.

L'orchestre interpréta, sous la direction de M. H. Willems, l'ouverture de *Don Juan* (Mozart), la *Symphonie inachevée* de Schubert, ainsi que deux œuvres inédites : *Jeu Forestier* et *Renouveau* de M. For. Alpaerts, un jeune compositeur très doué. L'auteur, qui conduisait lui-même ses œuvres, fut sincèrement ovationné.

M. Ernest Van Dyck a donné, aux Nouveaux Concerts, une soirée de *Lieder*, qui fut un vrai régal. Le célèbre interprète wagnérien s'est généreusement dépensé dans une série de *Lieder*, qui lui ont valu un gros succès. Au piano, M. G. Lauweryns, qui, au cours de la séance, a fait applaudir une belle exécution de la *Rapsodie* en *sol* de Brahms et de la *Ballade* en *la* bémol de Chopin.

C. M.

B ORDEAUX. — C'est avec le plus franc succès que la Société de Sainte-Cécile a ouvert le dimanche 26 novembre, la série de ses grands concerts, sous la direction de M. Rhené-Baton. Belle exécution de la première symphonie de Beethoven. Le violoniste Barozzi, dans le concerto de Saint-Saëns en *si* mineur a été très applaudi.

M. Rhené-Baton, après la très brillante exécution de *Méphisto-Valse* de Liszt, a été ovationné.

D.

L IÉGE. — Le deuxième concert du Conservatoire a renforcé encore l'excellente impression laissée par le premier. L'orchestre a gagné déjà une solide cohésion ; les énergies individuelles sont maîtrisées et orientées par la ferme direction de M. Sylvain Dupuis. L'exécution de la symphonie en *ut* mineur de Saint-Saëns a plongé dans le charme d'un rendu fin, énergique, tout à fait remarquable. *Sauge fleurie* et l'ouverture des *Maîtres Chanteurs* complétaient le programme orchestral, très applaudi. Quant au soliste du concert, M. Raoul Pugno, il a causé des impressions diverses dans le concerto en *mi* bémol de Beethoven, mais il remporta ensuite un succès sincère dans celui en *la* de Mozart, qu'il joue à ravir. Le finale surtout impressionne.

Au Théâtre royal, *Monna Vanna*, bien exécutée, n'a été encore jouée que deux fois en quinze jours, et pourtant le succès ne manque pas à cette œuvre. Pourquoi en interrompre la carrière par des reprises des *Huguenots*, de *La Traviata*, qui surmènent la troupe et n'ont pas de lendemain? Citons aussi un ballet de M. Léonard, chef de musique à Liège, *Les Muses*. On en dit du bien.

Dans les petites séances, on a applaudi Mlle Camille Beaulieu et M. Léon Guller, jouant des sonates de Schumann, Mozart et Franck; Mme Darier, qui interpréta au Schillerverein nombre de Lieder de Jensen sur paroles de Chamisso; aux Heures de musique du Journal de Liège, Mme Goeb fut applaudie dans Chansons de Miarka d'Alex. Georges et Mlle Jeanne Maison dans un programme varié.

La Société Bach consacra son premier concert d'abonnement à un récital d'orgue avec soli de violon et de chant. M. Waitz, organiste de tout premier ordre, s'est fait entendre dans six pièces interprétées magistralement; Mlle Demont, dont on a lu ici même le grand succès à Tournay, s'imposa dans deux psaumes de Marcello, chantés en italien et dans l'air de Bach, Schlummert ein, ihr matten Augen. M. Ernest Fassin s'est surpassé dans la Ciatona de Vitali. Au deuxième concert, la Société Bach interprètera des cantates profanes; au troisième, des cantates religieuses, avec orchestre et soli.　　　　　　　D. DWELSHAUVERS.

— Les trois grands concerts de l'Association des Concerts Debefve auront lieu le 6 janvier et les 2 et 30 mars, avec le concours de virtuoses éminents : MM. Franz von Vecsey et Mischa Elman, violonistes et Arthur De Greef, pianiste. Le programme orchestral du premier concert se composera de la symphonie en fa de Hermann Goëtz, que M. Debefve nous fit connaître, il y a quelques années, et du Festhlänge de Liszt. Comme nouveautés : Aux Etoiles, de Henri Duparc et le divertissement sur les chansons russes de Henri Rabaud. M. Franz von Vecsey, qui fut si brillamment accueilli à Liège à sa première apparition et qui vient de triompher à Rome, nous révélera le concerto en ré du chef de l'école finlandaise, Jean Sibélius, dont M. Debefve nous fit déjà apprécier plusieurs productions originales. L'œuvre est dédiée au remarquable violoniste et ce sera, croyons-nous, la première audition en Belgique. M. von Vecsey jouera également la Folia de Corelli et la Campanella de Paganini. Programme très artistique et qui intéressera assurément tous nos dilettantes.

Pour la location et l'abonnement s'adresser maison Gévaert, 9, rue des Dominicains.

L ILLE. — La Société des Concerts Populaires continue à donner des programmes intéressants et des auditions préparées avec soin. L'orchestre très assoupli par un travail assidu, devient docile aux moindres indications de son excellent chef, M. Sechiari et l'interprétation gagne infiniment en netteté et en couleur.

C'est ainsi que dimanche nous avions une excellente exécution de la Symphonie pastorale. Les phrases élégantes de l'ouverture de la Grotte de Fingal ont été fort bien traduites. En première audition, nous avions une exquise page de Tchaïkowsky, A l'Eglise, d'un rythme grave et mélancolique, deux intéressants fragments d'un maître de la médecine, caché sous le modeste pseudonyme de Simia, une superbe Rapsodie de Brahms, pour contralto solo et chœur d'hommes à quatre voix.

Mme Masurel Vion, notre concitoyenne, en dégageait la ligne avec beaucoup d'art et de simplicité. Elle faisait valoir son organe généreux dans l'émouvante plainte de Marguerite de la Damnation de Faust. Les Orphéonistes Lillois l'accompagnaient dans la Rapsodie avec beaucoup de discrétion et de souplesse. Ils donnaient aussi, a Capella, une vieille mélodie de Costeley, les Glissantes eaux, d'une saveur charmante, une Chanson soldatesque du temps de Charles VIII, délicatement harmonisée par Gevaert, et le Sanctus de la « Messe du pape Marcel », de Palestrina.

M. Surmont consacrait sa seconde audition de musique de chambre à un festival Beethoven : ce fut une excellente soirée d'art. Au programme : le Trio sérénade pour flûte, violon, alto, rarement entendu et spirituellement écrit, la belle Sonate à Kreutzer, le cycle de Lieder à La Bien-Aimée absente, et pour terminer le quatorzième quatuor, l'un des derniers du maître, d'une conception puissante et d'une rare originalité de forme:　　　　A. D.

L YON. — La Société des Grands Concerts a repris ses intéressantes auditions le 14 novembre. Elle a fait entendre la première symphonie de Borodine, très inégale dans ses différentes parties, mais assez captivante néanmoins par la variété de ses nombreux thèmes habilement instrumentés. Le maître Risler a joué le concerto en ut mineur du divin Mozart et les variations symphoniques de Franck avec un énorme succès.

Le 2e concert (3 décembre) nous révélait une étude symphonique d'après La Nef, de Samazeuilh, musique étrange et fort captivante pour les amateurs des pages « d'avant-garde », et un jeune violoncelliste de talent, M. F. Pollain, qui joua le concerto de Schumann, La Légende de Hillemacher et le Lied d'Indy. Le virtuose fut bien accueilli, et l'orchestre se fit remarquer sous la baguette expressive et vraiment artistique de M. Witkowski.

Parmi les nombreuses séances de musique de

chambre données ces jours derniers, il nous faut signaler le Concert Ysaye-Pugno, où les deux maîtres se couvrirent de gloire une fois de plus, et aussi l'audition d'œuvres modernes de MM. Reuchsel, qui comprenait (en dehors de la sonate pour piano et violon de Widor, des mélodies vocales de Léo Sachs, Chausson et Debussy, fort bien chantées par Mlle Henriette Porte, et du *Lied* de d'Indy, où le jeune violoncelliste Alexis Ticier se fit applaudir), le quatuor pour piano et cordes d'Amédée Reuchsel, et le trio à cordes de Maurice Reuchsel.

Le quatuor d'Amédée Reuchsel est déjà connu à sa juste valeur. On en apprécie l'architecture classique, la belle tenue de l'écriture et la vigueur de l'inspiration.

Le trio à cordes de Maurice Reuchsel est aussi une œuvre solide, conçue dans la forme beethovenienne, mais avec des harmonies franchement modernes. Il est difficile de tirer heureusement parti des moyens restreints offerts par trois instruments à cordes comme le violon, l'alto et le violoncelle; l'auteur y est parvenu néanmoins et a même atteint grâce à des doubles cordes habilement disposées au point de vue technique dans maints passage des quatre morceaux, une impression sonore, large et nourrie.

Le baryton Gaston Beyle vient d'être nommé directeur du Grand-Théâtre.   P. B.

MUNICH. — Festivals 1912. — Le programme des festivals Mozart et Richard Wagner au cours de la saison d'été 1912 est déjà élaboré. En voici les détails :

Festival Mozart au Residenz-Theater : *Les Noces de Figaro*, le 2 et le 8 août; *Cosi fan tutte*, le 3 et le 10 août; *Don Juan*, le 5 et le 9 août; *Bastien et Bastienne* et *l'Enlèvement au Sérail*, le 6 août.

Festival Richard Wagner au Théâtre du Prince Régent. — Première série : *Les Maîtres Chanteurs de Nuremberg*, 111 août; *Tristan et Iseult*, 31 août. Deuxième série : *Tristan et Iseult*, le 22 août; *Les Maîtres Chanteurs*, le 24 août; *L'anneau de Nibelung*, les 26, 27, 29 et 31 août. Troisième série : *Tristan et Iseult*, le 2 septembre; *L'anneau de Nibelung*, les 6, 7, 9 et 11 septembre; *Les Maîtres Chanteurs*, le 4 septembre. Quatrième et dernière série : *L'anneau de Nibelung*, les 6, 7, 9 et 11 septembre; *Tristan et Iseult*, le 13 septembre; *Les Maîtres Chanteurs*, le 15 septembre.

Il est à remarquer que l'on a nettement séparé cette année le festival Mozart du festival Wagner. C'était un vœu émis depuis longtemps par les artistes et le public. Il reste à désigner le chef d'orchestre, directeur du festival.

TOURNAI. — La première audition de la seizième saison des Concerts de l'Académie de musique, sous la direction de M. Nic. Daneau, a eu la chance de plaire à tout le public qui y a assisté, tant au point de vue du programme symphonique et de son exécution qu'au point de vue du soliste et de l'interprétation des œuvres par lui choisies.

L'orchestre a rendu, de façon très correcte et très fondue, d'abord l'*Akademische Fest-Ouverture* de Brahms, ensuite la *Quatrième Symphonie* de Schumann et enfin, 1812, *Ouverture solennelle* de Tchaïkowsky.

Le soliste était M. Léandre Vilain, professeur au Conservatoire de Gand et organiste attitré du Kursaal d'Ostende, soliste à la réputation bien établie dont l'éloge n'est plus à faire. Avec orchestre, il nous a joué le concerto en *fa* majeur, op. 4 de Hændel et pour orgue seul, le *Cantabile* de César Franck, l'allegretto de la *Cinquième Symphonie* de Widor, l'*Invocation* de Mailly et la *Toccata et fugue* en *ré* mineur de Bach. Ce programme déjà copieux, prenant presque les allures d'un récital, n'a pas suffi au public tournaisien, charmé par le talent de M. Léandre Vilain. Avec la bonne grâce qui le caractérise, l'excellent organiste y ajouta la Marche-Cortège de l'opéra *Myrtis* de M. Nic. Daneau, des *Impressions* de M. Ludovic Stiénon du Pré et après cet hommage à deux jeunes compositeurs tournaisiens, il nous donna, en une sorte d'apothéose de son audition, les *Variations en mi* de Hændel.   J. DUPRÉ DE COURTRAY.

NOUVELLES

La petite ville de Montmorency était dimanche en fête à l'occasion de l'inauguration d'un buste à la mémoire de Grétry, le célèbre compositeur belge, qui se fixa à Montmorency, où il mourut en 1813.

Le maire de Montmorency, entouré de son conseil, a reçu à la gaie le préfet, le sous-préfet, les députés et sénateurs de Seine-et-Oise, et ensuite, à l'hôtel de ville, le ministre de l'instruction publique et une délégation du collège échevinal de Liège, ville natale de Grétry.

Un cortège s'est alors formé pour se rendre au carrefour de l'Ermitage, où se dresse le buste du grand musicien, dû au statuaire Colin.

Plusieurs discours ont été prononcés, notamment par le maire, qui a souhaité la bienvenue aux autorités françaises et aux édiles liégeois; par M. Falloise, échevin de l'instruction publique et des beaux-arts de Liège; par M. Aimond, sénateur, et enfin, par M. Steeg, ministre. de l'instruction publique, qui a fait un parallèle entre Jean-Jacques Rousseau et Grétry.

— Richard Strauss a assisté, cette semaine, à la première représentation d'*Elektra* au théâtre de la Cour, à Dessau. Le public a ovationné l'auteur et les interprètes de son œuvre, qui a été fort bien dirigée par le capellmeister Mikorey.

— Le nouvel opéra de Budapest a été inauguré, cette semaine, par une très brillante représentation de *Quo Vadis?* de Nouguès.

— *Le Secret de Suzanne* de Wolf-Ferrari sera donné cet hiver à Boston et Chicago. En y comprenant les scènes américaines et anglaises, ce délicieux intermède aura, en moins de deux ans, été joué sur plus de cent scènes, grandes et moyennes.

— On a inauguré, à Berlin, le 7 de ce mois, le nouvel Kurfürstenopera, par une représentation des *Joyeuses Commères de Windsor*, de Nicolaï, avec des récitatifs d'Otto Neitzel. L'œuvre a été jouée devant un public d'invités. A l'intérieur, l'édifice a la disposition d'un amphithéâtre, auquel donnent accès de nombreux escaliers. La comédie lyrique de Nicolaï, mise en scène avec beaucoup de goût par le directeur Moris, a été excellemment interprétée.

— Pour commémorer le deux-centième anniversaire de la naissance de Frédéric II, le Tonkünstlerverein de Berlin organisera, le 24 janvier prochain, un concert au programme duquel seront inscrites des œuvres du grand roi de Prusse.

— Pour commémorer le deux-centième anniversaire de la naissance de Frédéric II, les théâtres de Hambourg, Dortmund, Crefeld, Dessau et Elberfeld représenteront, le 24 janvier prochain, la comédie musicale en trois actes de M. Otto Neitzel, *La Barbarina*, où apparaît la célèbre danseuse de ce nom qui fit fortune à la Cour de Frédéric le Grand. Le roi a un rôle muet dans la pièce.

— Cette semaine, le théâtre de la Cour de Brunswick a donné, le jour anniversaire de la naissance du duc-Régent, avec un extraordinaire succès, la première d'*Elektra* de Richard Strauss. Mme Aline Sanden, du théâtre de Leipzig, chantait le rôle de l'héroïne.

— A sa dernière réunion, l'Association des directeurs de théâtre de la province Rhénane et de la Westphalie a décidé de créer une école de chœurs où ils pourraient recruter des chanteurs.

Une commission, composée de MM. Zimmerman, de Dusseldorf, Pester, de Crefeld et Hoffmann, de Dortmund. s'est chargée de mener ce projet à exécution. L'école sera établie à Dusseldorf, et s'ouvrira vraisemblablement au printemps prochain.

— L'œuvre nouvelle. du maestro Zandonai, *Conchita*, qui a obtenu du succès à. sa première apparition au théâtre dal Verme, à Milan, sera représentée, au cours. de la saison prochaine, au théâtre de. Covent-Garden, à. Londres, au théâtre Costanzi, de Rome et probablement aussi au théâtre de Nice.

— La direction de Liceo de Barcelone annonce qu'elle donnera, au cours de la saison, une œuvre nouvelle, *Titania*, musique de M. Morera, paroles de M. Guimera, et que les œuvres suivantes paraîtront à l'affiche : *Ernani, La Damnation de Faust, La Walkyrie, Manon, Don Pasquale, La Tosca, Faust, Mignon, Madame Butterfly, Mefistofele, Le Barbier de Séville, Tannhäuser, Gioconda* et *Rigoletto*.

— Notre collaborateur, M. Frank Choisy, directeur de l'Ecole Populaire de Musique de Genève, vient de donner une série de conférences-auditions sur Fr. Liszt, qui, on le sait, professa un hiver dans la cité calviniste, après sa fuite de Paris en compagnie de la comtesse d'Agoult. Le succès du conférencier a été des plus marqués, à Genève, Lausanne, Vevey et Yverdon. Mlle J. Perrottet, pianiste, interprétait avec talent quelques œuvres importantes du génial pianiste.

— A l'occasion de sa fête séculaire, la maison R. et A. Diederichs Frères (pianos) organise durant le 8 au 12 janvier 1912 (26-30 décembre 1911 d'après le calendrier russe), dans la salle du Conservatoire de Saint-Pétersbourg, un concours pour, pianistes, sujets russes de toute la Russie. Trois prix sont fixés pour le concours : 1500, 1000 et 500 roubles. L'attribution des prix sera faite par un jury des pianistes et compositeurs les plus renommés sous la présidence de M. A. Glazounoff, directeur du Conservatoire de Saint-Pétersbourg.

Les prix seront adjugés suivant un règlement qu'on peut se procurer gratuitement au dépôt de la maison R. et A. Diederichs, à Saint-Pétersbourg, perspective Wladimirsky, 8.

On désire vivement que les pianistes russes se trouvant actuellement à l'étranger puissent être informés de l'organisation de ce concours, et c'est pour cette raison que nous l'annonçons ici.

BIBLIOGRAPHIE

Chants anciens recueillis en Normandie (deux recueils), par Ed. Moullé, chez Rouart, Lerolle.

M. Édouard Moullé ne borne pas son activité à la facture instrumentale; il possède aussi la technique de la composition et il emploie ses loisirs à recueillir et à harmoniser les chants populaires de la Basse-Normandie. En 1890, il avait édité lui-même un gros recueil, fort intéressant, de cinquante *Chansons normandes* dont les textes ont été revus par son ami Maurice Donnay et qu'il a dédié à Em. Chabrier, qui fut son condisciple chez Aristide Hignard. En 1910 et en 1911, il a publié deux fascicules de trente *Chants anciens* de la même origine : brunettes, madrigaux, airs à danser, etc.

L'auteur ne se pose point en érudit et ne se fait pas fort de préciser l'âge des mélodies qui se sont transmises par tradition orale chez les paysans normands de la bouche desquels il les a recueillies. Il s'est borné à choisir celles qui ont le plus de saveur (certaines sont très caractéristiques et rappellent par leur mode les chants scandinaves, telle *Le Pauvre hère*; on peut se ressembler de plus loin!) ou celles qui lui offraient, par leur nudité même, un sujet intéressant à traiter avec les ressources de son art. Dans ce cas, il relève chaque couplet de variantes harmoniques, rythme différemment l'accompagnement, emprunte à la ligne mélodique des éléments qui s'agenceront en figures de contrepoint. Cependant, M. Ed. Moullé ne tombe pas dans le vagabondage «omnitonique», aurait dit Fétis, où se complaisent, de nos jours, quelques adaptateurs de mélodies populaires, MM. Ravel et Ladmirault, par exemple. Si parfois il détruit momentanément la sensation tonale par des équivoques ou par des « emprunts » à des tons éloignés, si même il se permet des duretés qui ne sont peut-être pas indispensables, ses harmonisations sont habituellement logiques et satisfaisantes pour l'oreille. Quelques-unes ont une élégance qui rappelle le faire d'Edouard Lalo.

Son goût personnel entraîne M. Moullé à transformer les diverses strophes en un petit drame, d'après le sens des paroles. C'est un procédé séduisant, mais dangereux, parce qu'il nous laisse emporte bien loin de la simplicité du *Lied* anonyme dont la symétrie primitive fait le caractère. C'est que le compositeur aime le coloris et l'éclat. Il en a donné la preuve dans ses arrangements de *Chants populaires de l'Espagne*; la mise en œuvre y surpasse souvent la valeur propre de la mélodie, à tout le moins elle la met puissamment en relief.

Moins hautes en couleur sont les pièces comprises dans les deux recueils récemment publiés. La note sentimentale. — souvent pleurarde dans les chants populaires de nos provinces, — n'est pas celle qui inspire le mieux le transcripteur et c'est en ce cas surtout que la modernité du support harmonique s'éloigne un peu trop de la simplicité de la mélodie originelle, par exemple dans la *Mort de l'enfant*. Cependant, deux de ces chansons : *Vous êtes jolie blonde* et *Croyez-moi, ne faites pas la fière!* sont des petits chefs-d'œuvre par l'adaptation contrapuntique, qui s'accorde au mieux avec le caractère du chant. Les thèmes rythmiques, les airs joyeux, plaisent probablement davantage à M. Ed. Moullé, car il en exprime brillamment la verve, la malice narquoise, l'élan vers le plaisir. Dans ce genre, la *Chanson des Rois*, l'*Appel à la Danse* et la *Chanson de la Saint-Jean* respirent bien la gaieté saine et rustique.

Cette gaieté normande n'est pas toujours exempte de gauloiserie. Comme la verdeur du texte, respectée avec raison par le transcripteur, choquerait peut-être les chanteuses-amateurs, conseillons à l'éditeur de publier séparément les pièces les plus décentes. Dans le recueil antérieur : *Cinquante Chansons normandes*, on pourrait en citer plusieurs qui, orchestrées d'après l'ingénieuse harmonisation de M. Ed. Moullé, feraient, grâce à leur allure rythmique, d'admirables chansons de marche pour nos soldats.

G. SERVIÈRES.

EDMOND STOULLIG. — *Les Annales du Théâtre et de la Musique*, 36e année : Paris, Ollendorff, 1 vol. in 12.

C'est M. Adolphe Jullien qui présente cette année le précieux volume à ses lecteurs. Il le fait en félicitant, à juste titre, M. Edouard Stoullig de la persévérance avec laquelle il a tenu bon; depuis trente-six ans, dans cette revue annuelle, de plus en plus malaisée, de plus en plus complexe et développée, des représentations scéniques de Paris. En évoquant à nouveau l'époque maintenant lointaine où il recevait le premier volume de cette longue série, dûment présenté par « l'oncle » de la critique, Francisque Sarcey, il nous redit les triomphes et les nouveautés de l'année, au théâtre et dans les concerts ; il nous rappelle les grands critiques d'alors, dont si peu sont encore à l'œuvre ; il se félicite d'avoir pu, presque seul, rester fidèle au *feuilleton*, qui était alors le seul terrain des comptes rendus dramatiques et que tous les journaux ont aujourd'hui supprimé à l'envi, comme insuffisamment expéditif. Il ajoute, en passant, quelques souvenirs personnels et bien topiques sur la soirée d'inauguration de l'Opéra, en cette année 1875, à laquelle assistèrent tant de célébrités. —

Quant au livre même de M. Stoullig, qu'en dire encore qui n'ait déjà été redit'? Chaque année lui apporte plus de travail, et il s'en tire avec plus de vivacité et d'entrain que jamais. H. DE C.

Emmanuel Chabrier (1841-1894), par GEORGES SERVIÈRES, 1 vol. in-16, 2 fr. 50 (Librairie Félix Alcan).

Dans cette notice biographique consacrée au compositeur de *Espana*, M. Georges Servières a utilisé les travaux de ses devanciers, en les rectifiant sur quelques points ; mais il a, en outre, précisé des faits mal connus, apporté des renseignements nouveaux sur une personnalité artistique originale et bien française, dont il a tracé une vivante physionomie.

La biographie se complète d'une analyse approfondie des œuvres, qu'illustrent d'importantes citations musicales, d'un catalogue des productions de Chabrier, d'une table bibliographique et iconographique.

— En mémoire du maître Guilmant.

La Schola Cantorum, dont le si regretté maître était l'un des trois fondateurs (avec d'Indy et Bordes) et resta président en même temps que le professeur d'orgue, vient de faire paraître à sa mémoire un fascicule exceptionnel, avec un beau portrait de Guilmant, articles et compositions musicales, analogue à celui qu'elle a publié en mémoire de Bordes. Il est signé de : De La Tombelle, J. de La Laurencie, A. Sérieyx, A. Gastoué, L. Vierne, etc. Une intéressante revue de la Presse en l'honneur de Guilmant complète ce fascicule, que tous les admirateurs du maître défunt seront heureux de posséder. (Prix : 1 fr.)

57me ANNÉE. — Numéro 53.

31 Décembre 1911.

LE GUIDE MUSICAL

UN

Livre de Mme Cosima Wagner

(Suite et fin. — Voir le dernier numéro)

Mme Wagner consacre plusieurs pages de son livre aux rapports de Liszt et de l'auteur de *Parsifal*. L'amitié qui les unissait est presque devenue prover- biale. Elle était surtout grande de la part de Liszt et l'on sait tout ce qu'il fit pour son ami, le soutenant avec une inlassable générosité aux heures de la plus grande détresse, imposant ses œuvres à l'admiration d'un public encore méfiant, lui gagnant des partisans dans l'Europe entière. Wag- ner en fut reconnaissant — à sa façon tou- jours -- et aima Liszt passionnément. Un fragment de lettre de Liszt à la princesse — en supplément au livre — nous en donne une idée. Liszt allant visiter son ami à Zürich, trouve Wagner au débarcadère : « Nous nous sommes quasi étouffés d'em- brassements. Il a parfois comme des cris d'aiglon dans la voix. En me revoyant, il a pleuré et ri et tempêté de joie — durant au moins un quart d'heure. Nous avons été de suite chez lui et nous ne nous sommes pas quittés de la journée… En un mot, une grande et grandissime nature -- quelque chose comme un Vésuve en train de feux d'artifices, lançant des gerbes de flamme et des bouquets de roses et de lilas ». Puis vers 1860, un certain froid se produit (à

cause de la princesse probablement). Une lettre de Wagner à Hans de Bülow (en supplément) est des plus caractéristiques sur leurs rapports à ce moment. Elle prouve cependant au fond que Wagner aimait et admirait, malgré tout, la belle nature de Liszt et ces quelques notes de la longue lettre sont significatifs au moment de ces froissements : « Maintenant, je ne trouve plus de simples paroles pour lui parler. Je n'aime pas de lui écrire des « phrases » ; il m'est trop cher pour cela. »

Liszt de son côté, exactement à la même époque, engageait la princesse Sayn- Wettgenstein, de passage à Paris, à visiter Wagner, qui s'y trouvait fort malheureux : « Traitez le doucement, car il est malade et incurable. Voilà pourquoi il faut simple- ment l'aimer et tâcher de le servir autant que cela se peut ». Pendant des années, ils ne se virent presque plus. Wagner lui- même dit un jour tristement : « Nous ne nous connaissons pas », regrettant d'avoir en vérité si peu fréquenté Liszt personnelle- ment. Celui-ci, de son côté, gardait au fond de lui-même un culte inébranlable pour son ami, et de loin se réjouissait du bien qui lui arrivait par la faveur de Louis II sur- tout. Mais quand les intrigues de la cour de Bavière éloignèrent Wagner de Munich, Liszt s'empressa d'aller le voir dans son asile de Triebschen (Lucerne). « Je fus chez Wagner, écrit-il ; c'est ce que j'ai fait de mieux. C'est comme si j'avais vu Napoléon à Sainte-Hélène ». Puis un long silence suivit de nouveau ; les relations parurent rompues. Liszt ne fut pas à la pose de la première pierre de Bayreuth ; mais cette fois Wagner alla vers lui, à Weimar. La joie de Liszt fut immense, débordante comme elle pouvait être chez lui. Et dès ce jour « ils se connurent ». Ce fut notamment au profit de Bayreuth, une collaboration constante : concerts, articles pour les *Bayreuther Blätter*, etc. Mᵐᵉ Wagner nous rappelle quel hommage Liszt rendit publiquement à son ami en 1876, à l'ouverture du théâtre. Répondant à une allocution de Wagner, il lui dit : « Je remercie mon ami pour l'hommage dont il m'honore, et lui reste, avec le plus profond respect, dévoué et soumis ; comme nous nous inclinons devant le génie de Dante, Michel-Ange, Shakespeare, Beethoven, ainsi je m'incline devant le génie du maître. »

Il dit encore ailleurs : « Il faut avoir été à Bayreuth pour reconnaître sur quelles célestes hauteurs Wagner s'est élevé, »

En dehors de Bayreuth, les deux amis se virent souvent depuis, notamment à Venise, à Sienne. Laissons encore la parole à Mᵐᵉ Wagner : « Le caractère de leurs entrevues avait quelque chose de si étrange qu'il est difficile de l'exprimer. Il était avant tout empreint de gaîté... Tous deux semblaient libérés du monde et ne se laissaient plus entraîner par leurs illusions. Wagner regrettait autrefois que Liszt n'ait jamais compris son humour, et qu'il n'avait du reste pas d'humour du tout. Wagner oubliait sans doute de se souvenir que son ami, dès sa jeunesse, avait fait de tristes expériences, porté de grandes responsabilités et que la joie qui avait certainement éclairé ses années de jeunesse — ce dont nous avons maints témoignages — avait fini par s'évanouir. Mais dès à présent, dans ces entretiens particuliers qui disposaient si bien sa nature d'artiste, Liszt prenait un vif intérêt à l'esprit de son ami ». Il revenait de là tout rajeuni et rayonnant, ce dont témoignent unanimement les amis et disciples de Liszt : « il parle et raconte beaucoup, dit l'un d'eux, et sa susceptibi-

lité qui nous inquiétait souvent à Rome, a tout à fait disparu. »

Ceux qui étaient peut-être les plus habiles à réjouir le vieillard, c'étaient ses petits-enfants qu'il adorait, avec lesquels il s'entretenait si volontiers, se laissant souvent conduire par eux suivant leur propre fantaisie, et revenant toujours chargé de surprises à leur intention. Il eut le bonheur de pouvoir encore assister au mariage de l'aînée de ses petites-filles, Daniela, avec le professeur Henry Thode, qui venait justement de terminer une très intéressante monographie sur *François d'Assise et son influence sur l'art italien*. Liszt, malgré sa santé précaire, voulait aller au mariage. Mᵐᵉ Wagner se rendit à Weimar et essaya, mais en vain, de l'en dissuader. Le maître se déclara suffisamment bien, et au jour fixé (3 juillet), se trouva à Bayreuth. Sa fille rappelle de quelle façon cordiale il assista à la réception des invités, s'entretenant avec tous avec l'exquise et inlassable amabilité qui lui était propre. Au lendemain des jours de fête intime, il voulait, malgré la fatigue, aller encore rendre visite à quelques amis de Bayreuth. Enfin il prit congé, promettant son retour pour les prochains Festspiele, vers la fin du même mois. Quand il revint, il était vraiment bien malade, mais on ne put l'empêcher d'assister à la représentation de *Parsifal* et de *Tristan*. Félix Mottl dirigeait pour la première fois à Bayreuth la seconde de ces œuvres. Liszt fut émerveillé et dit à sa fille : « C'est aussi bien que possible ». Ce fut la dernière musique qu'il entendit (1) ; elle le hantait souvent pendant les fièvres qui, dès ce jour, l'accablèrent de plus e plus. L'état empira rapidement. Aux sien qui s'informaient de son état, il répondai nous dit sa fille, « sur ce ton mystérieu qu'il prenait lorsqu'il voulait indiquer autr chose que ce qu'il disait : « Bien jusqu' mieux ». Sa mort fut pieuse, douce, trè sereine.

Mᵐᵉ Wagner ajoute ces lignes : « L

(1) Comme aussi Mottl lui-même.

musique aimée jusqu'à l'adoration de son ami et maître, résonne aux lieux où il repose et tout vrai pèlerin de l'art qui se rend aux *Festspiele*, porte en même temps à cette noble âme l'hommage de sa profonde vénération. » Je pense bien aussi qu'aucun visiteur de Bayreuth n'omet de faire le pieux détour qui le conduit au cimetière de la ville, commun aux deux confessions chrétiennes, jusqu'à la petite chapelle romane qui abrite ces restes vénérés. .

Wagner et Liszt, au point de vue purement musical, s'appréciaient très haut l'un l'autre.

Le maître de Bayreuth n'eut pas d'admirateur plus ardent que Liszt pour qui *Lohengrin* déjà fut une splendide révélation. Il appelait *Rheingold* « la Flûte Enchantée de l'Avenir ». (*Die Zauberflöte der Zukunft*). *Parsifal* le remplissait d'une « admiration extatique » et quant au *Ring* tout entier, « cette gigantesque et géniale création, » — « l'honneur de l'art allemand exige, disait-il, qu'elle soit connue: que le Roi de Bavière s'accorde la gloire d'avoir soigné pour cela. » Un passage de lettre à l'« Innommée » (reproduit dans le livre de Mme Wagner) sonne comme une magnifique profession de foi wagnérienne. Elle est digne de l'apôtre inlassable et ardent qui fit tout pour le triomphe de l'art nouveau.

Wagner, de son côté, admirait énormément Liszt et ses lignes ultra laudatives pour certaines œuvres de son ami nous étonnent presque aujourd'hui. Elles étaient évidemment pour Liszt plus que les applaudissements de tout un monde. — Le jeu du virtuose remplissait également Wagner d'admiration. Il dit un jour : « Celui qui a souvent l'occasion d'entendre Liszt, notamment dans un cercle intime, par exemple quand il joue Beethoven, celui-là doit être convaincu qu'il ne s'agit plus ici de reproduction, mais bien de réelle production... Pour pouvoir reproduire Beethoven, il faut pouvoir produire avec lui. » M. de Wolzogen raconte dans ses *Souvenirs* qu'après une de ces merveilleuses interprétations, Wagner après être resté un moment silencieux, « grimpa » soudainement jusqu'à Liszt en

lui disant : « *Franz, zu dir darf man nur auf allen vieren kommen !* » (1)

Ce que Liszt mettait dans son jeu, c'est ce qu'il réclamait pour toutes les exécutions, c'est-à-dire la foi et l'esprit. « Il faut que l'esprit souffle sur ces vagues sonores comme sur les grandes eaux de la création.» Liszt avait cette foi, ardente et active, cet enthousiasme qui entraîne, et l'esprit qui l'animait était d'une élévation rare; c'est ce qui fit sa force et sa grandeur.

L'image que nous donne de l'artiste Mme Wagner est véritablement celle d'un apôtre; mais elle n'a pas oublié de nous dire et de nous prouver en plus quel excellent père ce fut aussi, soucieux de l'avenir de ses enfants, d'une tendresse exquise, sans faiblesse pourtant, comme le prouve une lettre à son fils Daniel, jointe au livre. Il leur recommandait sans cesse d'être bons et unis : « Soyez trois avec un même cœur et une seule espérance » ; puis aussi d'aimer le travail, « source de toutes les vertus. Or, qui dit vertu, dit force, supériorité, élévation, grandeur ». Il avait foi en eux : « Une ferme confiance, un clair espoir en votre avenir ne m'abandonne pas. Vous serez bons ; vous agirez et avancerez avec intelligence ». Ses lettres à ses enfants sont toutes du reste touchantes et vraiment belles. Mme Wagner eut raison d'en joindre quelques-unes à son volume.

Celui-ci se termine par un portrait de la princesse Sayn-Wittgenstein d'après les *Mémoires d'une Idéaliste* de Malvida von Meysenbug ; puis elle cite un fragment d'essai de Liszt sur la *Musique populaire de l'avenir* (1834), belle page généreuse et ardente, enfin une soixantaine de pensées et aphorismes de Liszt sur les sujets les plus divers. Son propre motto : « Je suis aussi résolu que résigné » en termine la série.

Le premier livre de Mme Cosima Wagner, peut-être l'unique qu'elle écrira jamais, est ainsi un modeste mais pieux hommage à la

_____

(1) Franz, vers toi, l'on ne peut venir que sur tous les quatre.

mémoire d'une grande âme qu'elle aima et comprit. Elle n'a pas voulu oublier dans le récit de ses *Souvenirs et Commentaires* ceux qui furent pour Liszt, les deux belles lumières de sa vie, la princesse Sayn-Wittgenstein et R. Wagner. L'évocation de ces trois grandes figures par une femme supérieure les ayant connues dans l'intimité, donne à ce livre une valeur et un intérêt de premier ordre. C'est au resté concis, vivant, sincère et plein d'aperçus nouveaux d'une rare subtilité et d'une profonde psychologie.   MAY DE RUDDER.

Myrtil Schleisinger

PAR une claire matinée de décembre, nous l'avons conduit mercredi au champ de l'éternel repos choisi par lui, ce petit cimetière de Boitsfort, auquel les derniers versants boisés de la forêt de Soignes faisaient un cadre doux et mélancoliquement voilé de brumes légères. Combien brusquement il a été enlevé à l'affection des siens et à l'amitié de ceux qui l'avaient approché. Il n'y a pas un mois, plein d'enthousiasme et d'ardeur juvénile encore, il causait avec nous après le Concert populaire de ses projets pour la prochaine saison musicale du Cercle Artistique et des Concerts Ysaye. Une broncho-pneumonie, en quelques semaines, a eu raison de sa forte constitution.

C'est une perte sensible pour l'art musical à Bruxelles. Depuis plus d'un quart de siècle, il en fut l'une des forces actives.

Esprit cultivé, amateur éclairé de peinture, passionné de musique, il était de toutes les fêtes d'art et ses initiatives ou l'appui donné par lui avec une exquise délicatesse aux initiatives des autres, avaient fait de lui la cheville ouvrière de toutes les entreprises qui ne dépendaient pas du monde officiel. Eprouvait-on quelque difficulté, rencontrait-on un obstacle, on allait chercher Myrtil Schleisinger, et tout s'arrangeait. Il avait l'esprit ingénieux, un grand bon sens et cette souplesse d'argumentation qui fait plier toutes les résistances. Qui n'a pas « mis la main à la pâte » ne se doute pas des mesquineries que rencontre toute idée nouvelle et tout essai d'activité ardente. Il avait l'art de les tourner et de les rendre inoffensives. Il était de bon conseil et il était aussi bon juge.

Il avait du goût et du tact, deux vertus combien rares ! Il avait de plus, grâce à une belle aisance, le geste large, et je sais de lui des traits charmants de générosité dont les bénéficiaires furent longtemps sans soupçonner l'auteur. Il avait surtout le don d'organisation. Les plus belles soirées d'art que le Cercle Artistique de Bruxelles ait connues depuis trois ou quatre lustres, c'est à l'activité, au zèle éclairé et à la persévérance de Myrtil Schleisinger qu'on les doit. Il savait communiquer son enthousiasme pour une œuvre ou pour un artiste. L'impulsion première n'émanait peut-être pas toujours de lui, mais une fois qu'il s'était emparé de l'idée communiquée et qu'il en avait mûri la justesse ou l'heureuse opportunité, il n'avait de cesse qu'elle n'eût abouti, et elle aboutissait. Ses relations mondaines, il les utilisait moins pour lui que pour ceux à qui il s'intéressait. Son hospitalière maison était ouverte aux artistes de préférence et il y établissait le contact nécessaire avec le monde de la politique ou de la finance, si terriblement borné en Belgique. De pareils hommes sont inappréciables ; leur disparition une véritable perte pour la communauté. Pour ceux qui l'ont connu de près, c'est un ami loyal et sûr qui s'en va. Que de fois ils diront : « Quel dommage que Myrtil ne soit plus là ». On ne peut lui rendre un plus bel hommage.

Depuis longtemps juge, puis président du Tribunal de commerce de Bruxelles, chef d'une importante maison de commerce, il avait été, aux dernières élections, nommé conseiller communal de la capitale. Il en était très heureux et très fier. Le sort cruel ne lui aura pas donné la joie de se rendre utile à beaucoup dans cette assemblée. On le regrettera. Nous ne nous consolerons pas d'avoir perdu cet ami de trente ans.

     M. KUFFERATH.

LA SEMAINE

PARIS

A L'OPÉRA, quelques représentations de ballets russes font en ce moment, pour les derniers jours de l'année, couler leur habituel Pactole dans la caisse. On s'est littéralement rué pour revoir Mme Karsavina et le bondissant Nijinsky dans *Le Carnaval*, *Les Sylphides*, *Le Spectre de la Rose*, *Le Prince Igor*, *Shéhérazade*, etc., dans cette merveilleuse symphonie de couleurs que constituent les décors et les costumes, au milieu de cette vie extraordinaire qu'évoque l'ensemble de ces danseurs, de ces danseuses, de ces mimes...

— MM. Messager et Broussan ont arrêté les représentations de gala que donnera l'Opéra en mai prochain, pendant le mois le plus brillant de la saison parisienne.

D'abord deux représentations de *Tristan et Isolde*, avec M. Franz dans le rôle de Tristan et dirigées par M. Arthur Nikisch.

Deux représentations des *Maîtres Chanteurs*, dirigées probablement par M. Hans Richter.

Un cycle de la Tétralogie, dirigé par M. Weingartner.

M. Caruso donnera une série de représentations au cours desquelles il interprétera des ouvrages qu'il n'a jamais chantés en Europe. Enfin M. Chaliapine viendra chanter le *Méfistofele* de Boïto, un de ses plus beaux rôles, comme l'on sait.

Voilà un programme superbe dont il convient de féliciter les directeurs de l'Opéra.

AU THÉATRE APOLLO, c'est une opérette nouvelle et inédite qui a succédé à *Madame Favart*. Comédie de Pierre Veber et de Xanrof, partition d'Henri Hirchmann, *Les petites Étoiles* font-elles faire un pas en avant à la question du renouveau de l'opérette française? Chacun se l'est demandé. En vérité, je crois bien que non. Car si adroite qu'elle soit, et bien écrite, et amusante de rythmes, avec des idées parfois poétiques, elle est trop décousue et sans caractère tranché. Il y a trop d'impressions d'opérette anglaise, et la valse qui en est le motif principal est trop viennoise, dans cette petite histoire d'une fugue de collégiennes en partance pour un examen de brevet supérieur et qui s'amusent à remplacer un lot de « sœurs anglaises », danseuses attendues dans un music-hall. Le détail est souvent personnel, et il y a des pages d'un tour original dans le duetto d'entrée des deux jeunes filles qui mènent la bande, le quatuor rythmique qu'elles chantent, cachées, avec les officiers de rigueur qu'elles épouseront à la fin, et cet autre quatuor sentimental, où les uns et les autres font connaissance. Il y a aussi de la grâce et de la caresse dans la pantomime de Pierrot et de Colombine, qui grise en valse lente le premier des deux couples, et cette valse est joliment tournée dans l'interlude qui précède le troisième acte ou le duetto qui reprend plus loin. Mais l'impression générale reste la même. On a trop entendu tout cela. L'interprétation est d'ailleurs aimable avec Mlles Gril et Devriès et M. Defreyn, et fort comique avec MM. Paul Ardot et Victor Henry.　　　　　　　　　　　　H. DE C.

LE TRIANON LYRIQUE de M. Félix Lagrange a eu l'idée, heureuse sans doute puisque le public l'a chaudement soulignée, de nous faire connaître *L'Auberge rouge*, les deux petits actes dont M. Jean Nouguès a écrit la musique et qui n'avaient pas encore été joués à Paris. C'est à l'Opéra de Nice, voici deux ans, qu'ils ont d'abord vu la rampe. M. Serge Basset avait commencé par faire de la nouvelle de Balzac qui porte ce nom un petit drame bref, lequel fut joué à Paris, au Théâtre Antoine, en 1908. Après quoi, il se prêta à la fantaisie de l'auteur de *Quo Vadis?* et de *Chiquito*, et le drame devint lyrique... Lyrique, c'est peut-être beaucoup dire : le premier acte, qui est d'exposition d'abord, d'impression intérieure ensuite, passe encore, et M. Nouguès l'a d'ailleurs réussi. On connaît la donnée ? C'est en Allemagne, sur le Rhin, pendant les guerres de l'Empire. Deux officiers, l'un français, l'autre allemand au service de la France, viennent passer la nuit dans une auberge. Or, il n'y a qu'une chambre, qui appartient à un vieux commis de marchand lequel rapporte à son patron une somme considérable qu'il vient de recouvrer. On s'arrange à trois. Mais quelle tentation ! Le Français en a comme une hallucination : il se voit portant, si aisément ! le coup fatal au dormeur, prenant la sacoche, et l'allant cacher au dehors... Pour se secourir, il va en effet au dehors par la fenêtre, et revient calmé; puis s'endort. Quant à l'Allemand... pendant l'entr'acte, il a fait le coup, puis avertit l'aubergiste. On accourt, on trouve l'officier français sanglant, effaré, stupide; on l'accuse; on prouve qu'il est sorti, qu'on l'a vu; en vain crie-t-il son innocence, tout s'accorde à le confondre; aussi bien n'est-il orienté que d'Allemands, pour qui l'autre officier ne saurait même être suspect. En vain encore la fille de l'aubergiste, qui l'aime (l'idée est de M. S. Basset, elle est heureuse) proteste, cherche les preuves, supplie... Quand elle en trouve enfin (un bouton de l'uniforme de l'Allemand) il est trop tard, le jeune Français est fusillé ! — De cet exposé on conçoit sans peine que le musicien ne pouvait guère adapter à la musique que l'accessoire, l'ambiance, l'idylle entre les deux amoureux, le soir qui tombe, le chant du veilleur de nuit dans le village endormi, le réveil des oiseaux au matin... Le reste, qui est tout, conversations d'auberge, interrogatoire, arrestation... c'est du drame, et la musique n'y ajoute rien : elle se borne à souligner comme elle peut, et parfois avec bonheur et énergie, il faut l'avouer, des paroles et des faits qui n'en ont aucun besoin pour produire leur effet. — Il y faut, d'ailleurs, des interprètes plus dramatiques encore dans leur jeu que par leur voix, ou du moins par le charme de leur voix. M. Salignac, créateur, à Nice, du rôle de Jean Mayan, l'officier français, y fut des plus impressionnants comme composition et par l'émotion de sa voix. M. Bellet a été aussi très bien servi par ce personnage; qu'il a rendu avec une force d'expression que peut-être on n'eût pas attendu de lui. M¹¹ᵉ Jane Morlet s'est surpassée de pathétique dans la jeune fille de l'aubergiste. M. Sainprey a été excellent de vérité sobre dans l'officier allemand.

Le même soir, une fort bonne et avenante reprise de *Le Roi l'a dit* a fait également grand honneur à ce théâtre. Peu d'opéras-comiques sont plus délicats à mettre au point, et vraiment celui-ci l'était ici, rendu avec goût et verve de toutes façons. Il était juste de se donner cette peine pour la partition de Leo Delibes, l'une des plus réussies qui aient jamais été écrites dans ce genre, l'une des plus fraiches toujours et d'une verve plus spontanée. M¹¹ᵉ Jane Morlet s'y montra facilement brillante et gaie dans Javotte. M. Joseph Théry fut un Moncontour ample et bien disant, M. Vincent un Benoît sonore, pas assez niais peut-être; M. Jouvin un très fin Miton, Mᵐᵉ Syhem une fort noble marquise, et la plupart des autres interprètes seraient encore à citer avec éloge.

H. DE CURZON.

Concerts Colonne (24 décembre). — La *Symphonie antique* de M. Ch.-M. Widor aurait pu être une œuvre noble et magnifique. Ce n'est qu'une composition lourde et obscure. Le thème principal est celui du *Te Deum* que la légende attribue à l'improvisation de Sophocle au soir de Salamine. « Les paroles primitives (Hymne qui rendaitgrâce aux dieux de la Victoire) — écrit M. Widor au-dessous du titre de son ouvrage, — ne nous sont pas parvenues; le texte latin (*Te Deum laudamus*) a été substitué au texte grec par saint Ambroise et saint Augustin ». Ce point d'histoire une fois fixé et pris pour départ, il était facile de donner un plan net aux quatre parties traditionnelles de l'ouvrage pour conclure par le triomphe de l'esprit chrétien sur l'esprit païen, tout en ménageant, sous forme de digression, aux images musicales les effets descriptifs par quoi l'attention de l'auditeur aurait été retenue. Mais l'éloquence du musicien le lance à tout instant hors du sujet; les idées lui viennent et toutes le retiennent; l'abondance et la confusion donnent alors une impression de sécheresse et d'impuissance; car s'il faut mettre à part les thèmes empruntés à la liturgie, l'invention mélodique est rare, et si l'on ne considère que l'écriture musicale, il faut reconnaitre qu'elle manque d'im-

prévu, de couleur de richesse et de sonorité Néanmoins l'idée reste belle et M. Charles-Marie Widor garde dans l'école française contemporaine la place honorable que son œuvre grave et respectable lui a donnée.

M. Raoul Pugno a joué le concerto en *mi* bémol de Beethoven. M. Gosselin a chanté le Repos de la Sainte famille de *L'Enfance du Christ*. Leur part de succès fut inégale mais proportionnelle. L'orchestre triompha dans l'ouverture d'*Euryanthe* et les *Danses Polovtsiennes*.
ANDRÉ-LAMETTE.

Concerts Lamoureux. — Première audition du *Don Juan aux Enfers* de M. Lefèvre Derodé, poème symphonique inspiré par les strophes de Baudelaire. L'orchestre, que secouent des motifs non dénués de vulgarité, s'efforce à la grandiloquence. Il se hausse, se gonfle, s'agite et, au lieu de la statue, dress e par le verbe puissant du poète, évoque l'image d'un bonhomme en baudruche, Don Juan comique du plus détestable effet.

La « Sinfonia » de l'*Oratorio de Noël* (Bach) jette une note reposante dans ce concert où triomphent, fanfarent, scintillent, excellent : « l'Introduction du troisième acte » de *Lohengrin* et « l'Ouverture » des *Maîtres-Chanteurs* qui vaut un succès à l'orchestre et à son guide éminent : M. Camille Chevillard.

Le *Poème* pour violon et orchestre, de Chausson amenait en soliste M. Jacques Thibaud qui se fit un jeu des difficultés techniques de ces page ardues. Avec style, ce fut parfait : l'artiste exprimâ toute l'émotion, tout le lyrisme du poème Semblable à une voix surhumaine le violon clan une vocalise passionnée, exultante, qu'enfle e soulève une sorte de défi aux forces coalisées d l'orchestre. Tantôt elle cède et s'al ie même au voix multiples des instruments, et tantôt elle s'e détache. orgueilleuse et vibrante. Ces nuances, ce oppositions, ces reprises, M. Thibaud en fut l remarquable interprète. Son succès grandit encor avec le *Concerto* en *mi* de Bach, il le joua d'un manière souple, aisée, exacte et claire vraimen admirable, depuis le premier temps jusqu'au robuste et brillant finale, sans oublier le deuxièm mouvement aux lignes pleines, fortes, d'une beaut puissante do t l'ascendant est irrésistible.

La s ance avait commencé par la *sixième sympho nie* de Be thoven, autrement dit *Pastorale*.
M. DAUBRESSE.

Concerts Sechiari. — Le programme d cinquième concert consacré à la glorification d Liszt ne comportait que des œuvres de ce maître Pour notre part, nous goûtons fort les audition que remplit un nom unique. Elles ont une haut

valeur didactique ; par elles est résolu le problème
de la variété dans l'unité. Il y aurait certes quelque
danger pour bon nombre de compositeurs à faire,
à eux seuls, les frais de tout un programme ; mais
les grands sortent vainqueurs de l'épreuve et Liszt
est de ceux-là. Qu'il y ait chez ce maître quelque
grandiloquence, de la proxilité, que son œuvre soit
entachée de truculence romantique, cela nous
paraît indubitable ; mais ces défauts sont rachetés
par les dons d'une prodigieuse imagination, par
les trésors d'une sensibilité généreuse, par les
splendeurs d'une somptueuse orchestration. Ces
qualités sont très apparentes dans *Orphée*, poème
symphonique interprété par M. Sechiari, dans
Faust-Symphonie dont la première partie *(Faust)* est
fougueuse et passionnée ; la seconde (Marguerite)
est pleine de tendresse, la troisième étincelle de
verve sardonique (Méphistophélès). Dans cette
dernière partie, les motifs de *Faust* reparaissent,
déformés, caricaturés mais l'œuvre s'achève dans
l'apothéose de l'amour symbolisé par les purs
accents du deuxième mouvement. Au programme
encore, la *Rapsodie hongroise* nº 1 en *fa* et le concerto
nº 2 en *la* interprété par M. Risler dont le talent
de pianiste tour à tour puissant et élégant, toujours magistral, a enthousiasmé l'auditoire. Toutes
ces œuvres étaient bien faites pour mettre en
valeur les qualités de vigueur et d'éclatant coloris
de l'orchestre de M. Sechiari. L'exécution en fut
excellente. Tous nos compliments aux solistes
intermittents, M. Bittar, violoniste au son cristallin
et M. Bazelaire dont le violoncelle a une voix d'or.

H. D.

Société J.-S. Bach. — Le concert de Noël
fut un peu austère et le public fut un peu froid.
Programme trop choral, exécution correcte, mais
rien de plus. Le motet *Jesu, meine Freude*, est
certes une grande et belle œuvre, mais onze
chœurs ou chorals de suite, sans soli, sans interludes instrumentaux, c'est beaucoup. Il faudrait
scinder ce bloc imposant.

A la cantate de l'Avent, très courte, mais dont
le chœur initial, basé sur l'hymne *Veni, Redemptor
gentium*, est de grande allure, M. Bret avait ajouté
un air d'alto, un récit en duo très curieux, et un
choral, inspirés du même sentiment que la cantate.

Le chœur de la cantate pour le deuxième dimanche après l'Epiphanie a un bel accompagnement d'orchestre. Mais c'est surtout dans le
chœur du dimanche après Noël que nous avons
retrouvé toute l'ampleur du maître. Voilà une
musique éternellement belle et jeune.

La symphonie de l'oratorio de Noël est une
charmante pastorale, une des pages les plus
connues de Bach. Elle fut jouée un peu molle-
ment. Bien connue aussi la berceuse du même
oratorio, mais toujours exquise. Elle valut de
longs applaudissements à la belle voix de contralto de Mlle Leydhecker. F. GUÉRILLOT.

Chanteurs de la Renaissance. — La vaillante phalange que dirige M. Expert, soutenue
depuis cette année par le groupe des « Amis de la
Renaissance », donnera cet hiver quatre concerts
dont les programmes, déjà publiés, attireront ceux
qui aiment et comprennent les œuvres vocales
françaises du xvie siècle.

Le 20 décembre ce furent des pièces de Costeley,
gracieuses et expressives, de *Le Jeune*, plus
graves, deux Noëls exquis, de du Caurroy et de
Costeley. Nous sommes presque au xviie siècle et,
de fait, *Revecy venir le printemps*, de Costeley est
presque de la musique d'hier.

L'exécution fut bonne, car ces choristes ont une
vertu rare, la foi. Ils s'intéressent à ce qu'ils
chantent. Peut-on en dire autant des choristes de
nos théâtres ?

M. Arnold Dolmetsch a eu un succès très mérité
en jouant du clavecin et du clavicorde, cet ancêtre
direct du piano. Nous l'avions entendu à la Société
internationale de musique dans des conditions
meilleures, car si le son en est agréable, et plus
dépendant du toucher de l'exécutant que celui du
clavecin, il est si frêle qu'on ne l'entendait guère
dans la salle de la rue d'Athènes.

F. GUÉRILLOT.

— L'exécution des *Envois de Rome* au Conservatoire comportait, cette année, une importante
sélection d'œuvres de M. Louis Dumas, lauréat
de 1906. D'abord une ouverture pour un drame
Stellus, dont nous ignorons le sujet, mais qui
semble assez bien construite et se déroule avec
chaleur et expression un peu dans la façon Mendelssohn. C'est la meilleure pièce de l'envoi : Il
comprenait des mélodies avec accompagnement
d'orchestre, chantées par M. Jean Réder et
Mlles Kirsch et Vorska, cette dernière douée d'une
fort jolie voix, remplaçant à la dernière minute
M. Muratore empêché ; un chœur pour voix de
femmes et une fantaisie pour piano et orchestre,
jouée de mémoire par M. Borchard, avec une
conviction et une énergie dignes d'un meilleur sort.
On ne peut nier qu'il n'y ait dans toutes ces
œuvres un sérieux labeur, ni qu'elles témoignent
d'un louable effort, mais tout cela manque d'idées
et d'inspiration, ressassant la même formule, à la

tierce supérieure, puis à la quinte, selon des procédés connus, mais sans apparence d'aucune
flamme vivifiante.

L'an dernier, M. Gallois nous avait présenté,
dans la manière gaie, ses *Impressions d'Italie*,
M. Louis Dumas nous les offre aujourd'hui sous
forme de *Symphonie Romaine*, dans la manière
poétique, mais sans plus de succès. J'ai regretté
que l'auteur, qui est excellent violoncelliste, n'ait
rien écrit pour cet instrument qu'il eût traité avec
plus de bonheur et qui eût fait diversion à cette
longue et uniforme séance.   . A. GOULLET.

— Mlle Adeline Bailet, avec Mlles Line Talluel
et Adèle Clément, ont donné deux séances de
trios, à la salle Pleyel, les 15 et 20 décembre.
Nous avons plus d'une fois loué le talent et la
musicalité expressive et pleine de style de ces
artistes. Leur jeu, très fondu, a rendu avec une
sûreté toute classique trois œuvres de Mozart,
Beethoven et Schubert, avec une couleur plus
moderne trois œuvres de Mendelssohn, Schumann
et Sylvio Lazzari. Ce furent de belles évocations
d'art.

— Mlle Cécile Boutet de Monvel a donné une
audition de quelques élèves, le 21 décembre, en
cette même salle Pleyel : très belles natures et
enseignement plein de force et de vie.

— Avec le violoniste Jean ten Have, brillant
élève d'Ysaye, la charmante et toute jeune pianiste
Mlle Lewinsohn, l'excellente cantatrice Mme Elisabeth Delhez, on passa une heure de bonne musique au Lyceum, le 22 décembre. Mme Delhez
chanta des mélodies de M. Louis Delune qui
avaient eu, quelques jours auparavant, un si vif
succès au concert Sechiari et à un concert du
Cercle militaire, salle Gaveau (Mlle Gabrielle
Jackson, de la Gaîté Lyrique, en fut l'interprète
très applaudie). Nous avons dit déjà tout l'intérêt
de ces œuvres d'une expression fine et précise, où
rien d'inutile n'affaiblit l'action sur l'incision,
œuvres achevées dans leurs proportions réduites.

Mlle Lewinsohn est très personnelle dans les
passages de douceur et de mélancolie. Elle y
excelle vraiment.

⁎ — A la Schola Cantorum, le 18, une toute jeune
pianiste, Mlle Antoinette Veluard, a donné un
premier récital qui fait autant d'honneur à son
jugement et à son goût qu'à sa virtuosité musicale.
Un choix de sonates et de pièces diverses de
Haydn et de Mozart en faisait seul les frais; mais
quel choix heureux et significatif et interprété avec
quelle jolie souplesse !

— Restons à la Schola en annonçant deux séries
d'auditions qui feront la joie des dilettantes, les
sept samedis du 13 janvier au 24 février. Mlle
Marthe Dron jouera, on sait avec quel style ferme
et nuancé, les trente-deux sonates pour piano de
Beethoven, et les six mardis, du 16 janvier au
20 février, le quatuor Parent exécutera les dix-sept
quatuors du même Beethoven. Et des abonnements populaires mettent ces séances à la portée
de toutes les bourses : de 7 à 15 francs.

— *Le Guide musical* a signalé en son temps (numéro du 22 octobre dernier) « l'Analyse thématique,
rythmique et métrique des symphonies de Beethoven » que M. Dorsan van Reysschoot, professeur
au Conservatoire de Gand, a publiée chez
Breitkopf, travail sérieux, abstrait même, mais
très personnel, auquel on prend goût dès qu'on s'est
initié à une terminologie un peu complexe.

L'auteur a exposé avec beaucoup de clarté et de
conviction ses idées à la dernière séance de la
section de Paris de la Société internationale de
musique et son auditoire y prit un vif intérêt. En
raison de ce succès, M. Gustave Lyon a déterminé
M. van Reysschoot à donner prochainement une
conférence à la salle Pleyel. Nul doute que le
grand public musical ne l'accueille avec autant de
succès. Rien n'est irréfléchi dans le génie de
Beethoven. Pour lui plus que pour quiconque le
génie fut une longue patience. Il faut donc que
nous raisonnions, que nous analysions notre admiration. Elle en sera accrue d'autant. Quant à l'exécution elle ne peut que gagner à cette analyse.
                                    F. G.

OPÉRA. — Ballets russes ; Faust, Hamlet, Déjanire,
La Roussalka, Le Cid.
OPÉRA-COMIQUE. — Carmen, Les Contes d'Hoff-
mann, Madame Butterfly, Cavalleria rusticana, Manon,
Bérénice, Richard Cœur de Lion, Galathée.

Concerts Lamoureux (salle Gaveau). — Dimanche
31 décembre, à 3 heures. — Symphonie en *ut* mineur
(Beethoven); Fragments de Miarka (Al. Georges),
chantés par Mlle Charny; Prélude et fugue pour orgue
(Liszt); Ouverture de Manfred (Schumann); Deuxième
Symphonie (Al. Guilmant). — Direction de M. C. Chevillard.

Conservatoire et Concerts Colonne : Relâche.

BRUXELLES

THÉÂTRE ROYAL DE LA MONNAIE. —
Le remarquable ténor-comédien Thomas-Salignac
est en ce moment en représentations à la Monnaie.
Son succès dans *Paillasse* a été énorme, dont la
reprise s'est faite à cette occasion. Mlle Angèle
Pornot chanta aimablement la perfide Nedda,
M. Bouilliez, le lugubre Tonio.

Paillasse était précédé de *Thérèse*, dont le succès ne se déme·t pas, grâce à l'émouvante interprétation de Mme Croiza, de MM. Girod et de Cléry.

Samedi, on a donné *Werther* avec Mme Croiza et M. Thomas-Salignac, qui y reparaîtront encore cette semaire.

Obéron et *Robert le Diable* continuent de faire des salles combles.

Les répétitions de *Fidelio* a l'orchestre ont commencé. Le chef-d'œuvre de Beethoven passera dans la seconde quinzaine de janvier.

Au Conservatoire. — Comme nous demandions un jour à Gevaert (avec toutes les circonlocutions nécessaires) pourquoi lui, versé comme pas un dans les anciennes partitions, ne tentait pas d'initier le public de ses concerts à tant d'ouvrages fameux, faisant date dans l'histoire de la musique, aujourd'hui oubliées, le vieux maître nous fit cette réponse : « Je ne joue jamais que les choses dont le succès pour moi est certain ». Ce principe prudent, il l'appliquait avec rigueur dans les programmes de ses concerts, toujours couronnés d'un succès triomphant et mérité, mais où, somme toute, le public apprenait peu; — c'est ainsi, notamment, que, pour faire la connaissance de l'*Orfeo* de Monteverde, il dut attendre l'iniative de M. Sylvain Dupuis. Certes, en offrant périodiquement aux auditeurs des exécutions modèles des chefs-d'œuvres les plus qualifiés de l'art classique, les conservatoires se conforment à leur mission de « conservateurs officiels » des bonnes traditions d'exécution; mais ce n'est là qu'une partie de leur mission éducative. Tel semble être l'avis de M. Tinel qui, avec moins de sagesse mais plus de générosité et d'audace peut-être que son prédécesseur, ne craint pas d'exhumer des ouvrages oubliés ou peu connus, tel l'*Oratorio de Noël* de Henri Schütz, pour en enrichir les connaissances musicales de son auditoire.

L'exécution de l'*Oratorio de Noël* de Schütz, au concert de dimanche dernier, répondait à cette préoccupation éducatrice. Nous n'ajouterons rien, au sujet de l'ouvrage, aux quelques remarques que nous avons publiées ici même (1), bornons-nous à envisager l'exécution. Nous avons dit l'importance prépondérante donnée par l'auteur au récit évangélique, Celui-ci, où la monotonie était imminente, a été dit avec un art exquis par M. Plamondon, en une délicate demi-teinte, dans un sentiment de mysticisme calme et plein de réserve, animé parfois d'une émotion discrète : il ne nous souvient pas d'avoir entendu

(1) Voir le dernier numéro.

un récitatif de Bach ou de quelqu'autre maître dit avec autant d'art. L'organe généreux de M. Frœlich a superbement sonné dans l'air d'Hérode et Mlle Viceroy (remplaçant Mme Cahnbley-Hinken, indisposée) a interprété avec talent les airs de l'ange. Les chœurs ont été parfaits, ainsi que l'orchestre, et notamment les trompettes. L'orgue, auquel était dévolue la tâche difficile de l'accompagnement du récit, n'eut pas toujours la précision nécessaire, mais il faut tenir compte de la distance séparant l'organiste du chef et du chanteur : circonstance qui, dans toutes les salles garnies d'un orgue placé au bout de l'estrade, amène infailliblement les mêmes inconvénients (1). Pour ce qui est de l'interprétation, nous nous permettrons seulement de formuler une petite réserve au sujet des mouvements, que nous concevons, pour les chœurs des bergers et des anges, ainsi que pour le chœur final, dans une allure beaucoup plus rapide et plus animée, susceptible, croyons-nous, de remédier quelque peu à la monotonie de ces vieux ouvrages; — mais ce n'est là qu'une opinion. Quoi qu'il en soit, on doit savoir le plus grand gré à M. Tinel d'avoir, le premier, fait connaître au public de langue française l'œuvre vénérable, à la fois si pleine de charme et d'intérêt, du vieux maître saxon.

Le pathétique intense, les élancements passionnés, les gradations formidables de la *Neuvième* formaient avec celle-ci le plus saisissant contraste. N'est-ce donc qu'un siècle et demi, ne sont-ce pas mille ans qui les séparent l'un de l'autre !? Avec les chœurs merveilleux, l'excellent orchestre du Conservatoire, un quatuor de choix (Mlles Viceroy, Kalker, MM. R. Plamondon, Frœlich), réunis sous la baguette d'un chef enthousiaste et convaincu, cet ouvrage unique ne pouvait manquer de produire son effet ordinaire, et c'est dans un sentiment de vif enthousiasme que s'est terminé le concert.

E. C.

La Société Internationale de Musique a ouvert sa campagne de 1911-1912 par une causerie-audition de M. Charles Delgouffre sur

(1) Lire à ce sujet les très justes considérations de M. Philippe Wolfrum, l'éminent organiste de Heidelberg, dans le chapitre consacré par lui à l'orgue dans la brochure de Richard Strauss sur le *Traité d'orchestration* de Berlioz. Envisageant les difficultés que nous venons de constater, M. Wolfrum remarque que seul l'orgue électrique, muni d'un clavier mobile relié à l'instrument par un câble et permettant de placer l'organiste aux côtés même du chef et des solistes, est susceptible de réaliser un ensemble parfait entre ceux-ci et celui-là.

« La musique française moderne depuis César Franck ».

Sujet de constante actualité. Demandez au premier amateur venu quel est le plus grand musicien français vivant, il vous répondra : Saint-Saëns. Ce n'est pourtant pas le nom de Saint-Saëns qui, aux yeux des générations futures, représentera la musique française à l'aurore du vingtième siècle.

Saint-Saëns et Massenet, c'est le passé. Le présent, c'est toute la génération de musiciens qui se réclament – à divers degrés — de César Franck.

M. Delgouffre eût raison d'insister sur ce point. De tous temps, on vit les jeunes se grouper autour de personnalités marquantes, marcher sur leurs traces et... se perdre en une stérile imitation. Mais jamais ailleurs un musicien-pédagogue ne sut inculquer à ses disciples des principes aussi élevés de sincérité et d'amour de l'art, laissant le talent de chacun se développer en toute liberté.

Dans la vie musicale parisienne d'il y a quarante ans, si misérable à tous égards, le père Franck avec son inaltérable douceur, son vaste savoir, sa droiture, sa probité d'artiste, apparut comme un messie, comme un rédempteur. Aussi est-ce un véritable culte que lui vouèrent tous ceux qui l'ont approché. Le livre que Vincent d'Indy lui a consacré, respire à chaque page une admiration respectueuse, un amour filial presque religieux. Cela ne va pas, il faut le reconnaître, sans un certain aveuglement. Je n'en veux pour preuve que la façon assez cavalière dont il expédie les rayonnantes beautés de l'œuvre pianistique de Schumann, l'une des plus belles et des plus importantes qui soient.

Outre le *Prélude, Choral et Fugue* et le *Prélude, Aria et finale* de Franck, M. Delgouffre nous fit entendre le *Thème et Variations* de C. Chevillard, la suite *En Bretagne* de Rhené-Baton et les *Estampes* de Cl. Debussy, ajoutant chaque fois quelques mots sur les auteurs et leurs tendances.

C'étaient toutes œuvres connues ; et l'on peut se demander s'il n'eût pas été avantageux de remplacer certaines d'entre elles par quelques autres de Séverac, Ravel, et surtout de Gabriel Dupont. A propos de ce dernier, M. Delgouffre émit l'espoir que les pianistes, sortant de leur routine, missent son nom au programme de leurs concerts.

Que ne prêchait-il d'exemple et ne nous jouait-il l'une ou l'autre pièce des *Heures dolentes* ou de la *Maison dans les dunes* ?

M. Delgouffre fut vivement applaudi. F. H.

— Dimanche dernier, Mlle Louise Desmaisons,

pianiste, a donné une audition de ses élèves, à la Nouvelle Salle, devant un public nombreux, qui n'a pas hésité à applaudir chaleureusement les jeunes musiciens qui lui étaient présentés, et particulièrement M. Raux, dans le concerto en sol de Mendelssohn.

— Jeudi dernier, Mme Eggermont-Roba, pianiste, a présenté à la salle Patria une vingtaine de ses élèves, qui ont exécuté des œuvres de Haydn, de Mozart et de Beethoven d'une façon parfaite. L'audition a été précédée d'une conférence de Mlle Maria Biermé, sur les maîtres dont on allait exécuter des œuvres. L'aimable conférencière, les élèves et Mme Eggermont-Roba ont été fort applaudies.

— Le concert organisé à l'occasion de la remise des diplômes à l'école de musique d'Anderlecht-Cureghem a eu lieu dimanche avec le concours d'un orchestre formé des meilleurs éléments du Théâtre de la Monnaie et du Conservatoire.

Concert excellent où se firent entendre quelques lauréats des derniers concours : Mlle Bielen, fort bien dans un air d'*Aïda*; Mlle Mutel, non sans grâce dans un air de *Roméo et Juliette*; M. Hebbelinck, chaleureux dans le Prologue de *Paillasse*. Une élève de la classe de piano, Mlle Mœller, a exécuté fort correctement le *Caprice brillant* de Mendelssohn accompagnée avec discrétion par l'orchestre. On entendit aussi de jolis chœurs pour voix d'enfants de M. R. Moulaert et le finale magistral de l'opéra de M. E. Wambach : *Quentin Massys*, pour chœur mixte, chœur d'enfants et orchestre (cinq cents exécutants).

Cette dernière œuvre produisit une grande impression sur le public extraordinairement nombreux et valut une enthousiaste ovation au directeur de l'école, M. G. Soudant. En chef accompli, M. G. Soudant dirigea cet excellent concert qui avait débuté par une exécution pleine de vie de l'ouverture du *Freischütz*, de Weber.

— La distribution des prix et le concert annuel de l'Ecole de Musique de Saint-Josse-ten-Noode-Schaerbeek auront lieu le mardi 16 janvier, à 8 heures du soir, dans la salle des fêtes de l'Ecole communale, rue Gallait, 131.

Au programme : la *Nuit persane* de Saint-Saëns pour contralto, ténor solo et chœurs; la Berceuse, de Mozart, et la *Danse à la corde*, de Jaques-Dalcroze, chantées par les chœurs d'enfants ; et deux ouvrages d'auteurs belges pour chœurs mixtes et soli : *Hymnes*, paroles et musique de François Rasse, directeur de l'institution, et *Cortège lyrique*, d'Albert Dupuis, directeur de l'Ecole de musique de Verviers.

Orchestre des Concerts Ysaye sous la direction de M. Rasse.

— Le Qu ituor Capet, dont les dernières auditions à Bruxelles firent sensation, donnera au Théâtre royal des Galeries Saint-Hubert, les jeudis 11 et 18 janvier ; 22 et 29 février ; 7, 14, 21 et 28 mars, huit séances de musique de chambre avec le concours de M. Gabriel Fauré, directeur du Conservatoire de Paris et de Mme Buisson, cantatrice.

— La grande cantatrice, •Mme Edyth Walker, viendra donner un seul « Liederabend » samedi 18 janvier, à 8 1/2 heures du soir, à la sal'e de la Grande Harmonie. Soirée unique et du plus haut intérêt car nous entendrons des Lieder de Strauss, Mahler, Schubert, Brahms, etc., et par quelle interprète idéale! Les places au prix de 7. 5. 3 et 2 francs sont en vente à la maison Schott, Coudenberg, 28. Tél. 1172.

— Le 23 janvier le célèbre Quatuor Sevcik de Prague viendra prêter son concours au « Troisième Concert Classique » qui se donnera à la salle de la Grande Harmonie. Ce sera la première fois que nous aurons l'occasion d'applaudir à Bruxelles cet ensemble si réputé de quatre grands artistes qui exécuteront ici un programme des plus intéressants. Les places au prix de 6, 4, 3 et 2 francs sont en vente à la maison Schott, Coudenberg, 28. Tél. 1172.

THÉATRE ROYAL DE LA MONNAIE. — Aujourd'hui dimanche, en matinée, Mignon; le soir, Robert le Diable; lundi, Faust; mardi, Obéron; mercredi, avec le concours de Mme Croiza et de M. E. Thomas-Salignac, Thérèse et Paillasse; jeudi, Robert le Diable; vendredi, abonnement général suspendu et première représentation de l'abonnement mondain, avec le concours de Mme Croiza et de M. E. Thomas-Salignac, Werther; samedi, à 2 heures, Festival Beethoven, sous la direction de M. Otto Lohse. Cinquième concert (répétition générale); le soir, Faust; dimanche, en matinée, Robert le Diable; le soir, avec le concours de Mme Croiza et de M. E. Thomas-Salignac, Thérèse et Paillasse, lundi, Festival Beethoven, sous la direction de M. Otto Lohse. Cinquième concert (première audition).

Vendredi 12 janvier. — A 8 ½ heures du soir, à la salle Erard, séance Franz Liszt, organisé par le groupe bruxellois de la S. I M., avec le concours de Mme Berthe Marx, pianiste, Mlle de Madre, cantatrice, M. E. Closson, conférencier. Une série de « trente » places numérotées, au prix de 5 francs la place, sont tenues à la disposition du public, chez MM. Breitkopf et Härtel, rue Coudenberg.

Mardi 16 janvier. — A 8 heures du soir, à la salle des fêtes de l'École de musique de Saint-Josse-ten-Noode-Schaerbeek, concert donné par les élèves des cours de chant d'ensemble, du chant individuel et de solfège, sous la direction de M. François Rasse (350 exécutants).

Mercredi 17 janvier. -- A 3 heures, à la salle Astoria Hôtel Astoria, rue Royale, 103, deuxième séance du Quatuor Zœllner.

CORRESPONDANCES

DRESDE — L'excellent ténor Hérold, de l'Opéra de Copenhague, est venu chanter *Tiefland* et la *Tosca*, les deux fois avec Mme Eva Plaschke von der Osten comme partenaire. Gros succès.

Depuis la sensationnelle première du *Chevalier à la hose*, le 26 janvier 1911, laquelle fit répandre des flots d'encre, et où toute l'Europe artiste et journaliste se coudoya à l'Opéra de Dresde, onze mois (dont trois de vacances) ne se sont pas écoulés et l'œuvre de Strauss a déjà célébré sa cinquantième. C'est assez dire le succès dans lequel les principaux interprètes, Eva von der Osten (Octavien) et Margarete S ems (Maréchale) ainsi que Minnie Nast (Sophie), Perron (Baron Ochs) et Trede (Faninal) sont pour une grande part.

On est en train de monter *Louise*, de Charpentier, et *Stella maris*, d'Adolphe Kaiser, qui vient d'avoir du succès à Dusseldorf.

Grand émoi dernièrement : M. Schuch, après avoir marché de triomphe en triomphe à Munich, trouvait très alléchante, l'offre d'y devenir le successeur de Mottl. Sa démission a été refusée par le Roi de Saxe, au grand enthousiasme des Dresdois, qui, à sa réapparition à une représentation de *Tristan*, lui ont fait des ovations sans fin, lesquelles lui ont bien prouvé combien il aurait eu tort de nous être infidèle. Sa perte eût été funeste et irréparable.

Le pianiste et pédagogue anglais, Percy Sherwood, très en vue ici et surtout dans la colonie étrangère, a donné dans son concert annuel un programme où figuraient seuls les trois grands B de la musique. Remarquable dans Bach et Beethoven, il a surtout montré combien il a pénétré profondément l'œuvre de Brahms.

Le Danois Lelend Cossart et Theodor Blumer, de Dresde, ont eu l'heureuse initiative de faire entendre plusieurs pièces à deux pianos, concert qui a été fort goûté. Au programme, les *Variations* de Saint-Saëns ainsi que son *Scherzo du Diable*, la *Romance avec variations* de Grieg; la suite de Rachmaninow et le *Thème avec variations* de Lónga.

Mlle Juliette Wihl, pianiste de Bruxelles, dans un récital auquel assistait S. A. R. la Princesse Mathilde, a montré infiniment de grâce et de poésie dans son jeu, principalement dans le *Carnaval* de Schumann.

M. Franz Egénieff, le baryton russe, élève de Lilli Lehmann, anciennement à l'Opéra-Comique, actuellement à l'Opéra de Berlin où il a le titre de Kammersänger, s'est présenté au public dresdois qu'il a tenu sous le charme. Infiniment d'art dans les *Lieder* classiques allemands et un esprit tout français dans ce qu'il a donné dans cette langue qu'il possède comme la sienne. Le pianiste italien, Alfredo Cairati, professeur chez Stern, à Berlin, l'a secondé avec talent et tempérament.

M. Egon Petri, fils du concertmeister de l'Opéra et frère de la cantatrice, fait cet hiver, en digne émule de Busoni, lequel sait faire du piano un orchestre, le tour de force de donner trois récitals Liszt. Le premier comportait, dans sa première partie, les *Années de pèlerinage en Suisse,* pièces auxquelles le jeune pianiste a su donner une couleur si locale, que nous crûmes, quelques instants, respirer l'air du pays. Les récitals suivants présenteront, entre autres, les *Années de pèlerinage en Italie.*

Deux concerts, également dignes de mention, sont ceux du Dr Wolfgang Bülau, violoniste récemment établi ici, lequel a fait connaître plusieurs œuvres de Botho Sigwart, Th. Werner et Roland Bocquet encore en manuscrits, puis celui du jeune violoncelliste Hans Rottermund, de Leipzig, élève de M. Klengel et artiste de grand avenir. Le clou de la soirée a été le concerto de Saint-Saëns.

Pour le concert du Mozart-Verein, auquel assistait la Cour, on avait fait venir Mme Elsée Playfair, de Paris. Dans la grande salle du Vereinshaus, le son de la jeune violoniste a paru un peu grêle, mais son concerto de Mozart fut empreint de délicatesse et de poésie et la *Rêverie-Caprice* de Berlioz de nature à la faire briller. Au programme encore, la gracieuse symphonie de Mozart (ouverture de Paris), pour la première fois, depuis qu'on a retrouvé les parties d'orchestre à Paris, et la musique du ballet de *Prométhée* de Beethoven. Cette musique, dont Rossini dans son *Moïse* et Bellini dans sa *Somnambule,* jugèrent à propos de s'inspirer au delà des limites permises, est si belle qu'elle se suffit à elle-même et que le texte déclamé paraît superflu.

Le troisième concert philharmonique avait fait accourir la foule, on s'y écrasait, car il ne s'agissait de rien moins que d'entendre et applaudir Mmes Sigrid Arnoldson et Teresa Carreno, l'une avec les airs de la *Traviata* et des *Bijoux* de Faust, l'autre dans le concerto de Tschaïkowsky et la *Fantaisie hongroise* de Liszt. La voix de Sigrid Arnoldson, malgré « des ans l'irréparable outrage » a cependant encore quelquefois des éclats, dont le bel canto a vraiment seul le secret.

La verve de Teresa Carreno ne tarit pas ; à défaut de poésie, l'incomparable artiste sait toujours empoigner le public.

CAMILLA WAEHRER-L'HUILLIER.

GAND. — La revanche que la direction du Théâtre Royal avait à prendre après la représentation de *Rêve de Valse* ne s'est pas fait attendre et elle fut brillante à tous les points de vue. *Carmen* fut donnée dans d'exceptionnelles conditions et le concours de Mme Cécile Thévenet, de l'Opéra-Comique de Paris, a donné à cette reprise un éclat inaccoutumé. L'excellente artiste, que nous avons applaudie sur notre scène il y a peu d'années, nous a donné une incarnation très fouillée et très personnelle de l'héroïne de Mérimée. Son succès fut grand et a décidé la direction à s'assurer son concours pour une nouvelle représentation de *Carmen:* Le rôle d'Escamillo a valu au baryton Roosen un succès très franc, Les chœurs se sont surpassés et l'orchestre sous la direction de M. Becker, se montra très soucieux des indications de la partition de Bizet.

— Au point de vue musical, la dernière huitaine fut des plus remplies et en y entendit de la musique la meilleure. Le Cercle des Concerts d'Hiver, qui a le rare privilège de conserver la présence d'Ed. Braby au pupitre de chef d'orchestre, a repris la série de ses concerts symphoniques et son premier concert fut une suite de succès pour l'éminent chef qu'est Ed. Brahy. Quelle intensité de vie et de lumière il sut donner dans l'interprétation de *Mort et Transfiguration* de R. Strauss, et avec quelle clarté il détailla la belle symphonie de C. Franck. Deux œuvres nouvelles figuraient au programme : un nocturne de Debussy, œuvre qu'il convient de réentendre pour pouvoir l'apprécier et un nocturne de Lully, orchestré — avec quelle rare distinction — par le regretté Mottl. — Le pianiste Carl Friedberg, qui prêtait son concours à ce premier concert, a joué avec le plus grand succès le concerto de Schumann. L'interprétation, peut-être un peu féminine, est empreinte du plus grand charme, et la sonorité est toujours distinguée. Nous aimons moins M. Friedberg dans la sonate *Quasi una fantasia* de Beethoven, où nous eussions souhaité plus de grandeur dans la première partie.

Sous les auspices des Concerts d'Hiver, le quatuor Zimmer, Ghigo, Baroen et Doehaerdt a donné au Cercle Artistique la première des cinq séances au cours desquelles nous aurons l'occasion, unique peut-être, d'entendre la série complète des quatuors de Beethoven. Ce fut une séance merveilleuse, et l'interprétation impeccable, inspirée de la grande tradition allemande, produisit une profonde impression sur l'auditoire qui n'avait pas craint d'affronter la tempête du dehors pour assister à cette belle audition.

Avant de quitter le Cercle Artistique, citons la causerie-audition donnée la veille par M. Ch. Delgouffre sur l'Ecole française moderne depuis César Franck. Nous espérions des révélations ou des points de vue nouveaux; M. Delgouffre s'en est tenu aux choses connues et a émaillé sa causerie de l'exécution de poèmes symphoniques déjà entendus de Rhené Baton, de Debussy, de Chevillard et de deux des œuvres capitales de Franck, Prélude, Choral et Fugue et Prélude Aria et finale.   MARCUS.

LIÉGE. — Association des Concerts Debefve. — Samedi 6 janvier, à 8 heures du soir, à la sâlle des fêtes du Conservatoire, premier concert, avec le concours de M. F. von Vecsey, violoniste. Programme : 1. Symphonie en *fa* (H. Goëtz); 2. Concerto en *ré*, première audition (J. Sibélius); 3. Aux Etoiles, première audition (H. Duparc); 4. Divertissement sur les chansons russes, première audition (H. Rabaud); 5. A) La Folia (Corelli); B) La Campanella (Paganini); 6. Festklänge (Liszt).

LOUVAIN. — Le premier concert de l'Ecole de musique, sous la direction ferme et intelligente de M. Du Bois, fut un beau début de saison. Programme harmonieux, presqu'exclusivement classique, sauf une œuvre française contemporaine: *La sainte Rose de Lima* de P. de Bréville.

Exquise cette symphonie de Haydn, en *ré*, l'une des dernières du maître, qu'il écrivit lors de son second séjour en Angleterre (1794). Le si joli menuet surtout et le finale, si plein d'entrain, nous ont charmé. Que cela est riant, propret, spirituel et fin! De Mozart ensuite, qui a une grâce plus captivante, l'on joua cinq morceaux de la musique de ballet qu'il fit à Paris pour le ballet de Noverre: *Les petits Riens*, représenté à l'Opéra en 1778, et la *Marche turque;* de Bach, le célèbre aria et de Beethoven, l'émouvante ouverture de *Léonore*.

La sainte Rose de M. de Bréville pour soprano, solo et chœur de voix de femmes est une œuvre attachante, d'un sentiment délicat, d'une écriture distinguée, sur un poème assez fadement mystique de M. Naquet. L'influence de Franck – du Franck de *Rédemption*, antérieurs à la grande décade 1880-1890 – est très sensible surtout dans les chœurs angéliques.

Le solo fut chanté, en toute perfection, par Mlle Marguerite Rollet, qui interpréta encore l'air difficile de *La Fauvette* de Grétry et *La Berceuse* de Mozart, avec cette virtuosité, cette entente des nuances, et cette voix exquise et chaude qui font d'elle l'une de nos plus délicieuses artistes du chant.   CH. M.

NOUVELLES

— Le Comité pour l'érection d'un monument Meyerbeer, à Berlin, invite le public à lui envoyer des dons en argent ou à déposer ceux-ci, dans les banques, à son adresse. « Berlin, dit-il dans sa circulaire, a différentes raisons d'honorer la mémoire de Meyerbeer. D'abord, Meyerbeer est le seul compositeur de réputation universelle qui soit né dans cette ville. Ensuite, abstraction faite du hasard de la naissance, c'est dans le milieu berlinois que ce maître s'est formé. Enfin, Meyerbeer a rendu de grands services à notre capitale comme directeur général de la musique, et son souvenir demeure attaché à une période glorieuse de notre opéra ».

— Le Théâtre de Hambourg représentera prochainement *Obéron* de Weber, dans la nouvelle version de M. Weingartner. L'éminent cappelmeister ira lui-même à Hambourg diriger l'œuvre et les répétitions.

— Don Lorenzo Perosi, dont on connait les trois suites symphoniques composées à la gloire des grandes villes de son pays et intitulées : *Rome*, *Venise*, *Florence*, s'est avisé d'en composer une quatrième à laquelle il a donné le titre de *Tripoli*. On n'est pas plus patriote!

— Le gouvernement italien a autorisé le Conservatoire Giuseppe Verdi de Milan à accepter la donation, que lui a faite le comte Antonio Durini, d'une somme de 24,000 francs, destinée à créer un prix annuel de 750 francs pour le meilleur élève sortant de la classe de piano.

— Un comité s'est constitué à Munich, dans le but de recueillir les fonds nécessaires à la création d'une bourse Gustave Mahler, en faveur des jeunes compositeurs allemands dépourvus de ressources. Gustave Mahler a toujours préconisé l'idée, que le comité voudrait réaliser, de former un capital important dont les intérêts seraient servis à des compositeurs pauvres, afin qu'ils puissent continuer leurs études ou leurs travaux. Richard Strauss, Bruno Walther et la veuve de Gustave Mahler se préoccupent, aujourd'hui, de réaliser les vues du grand musicien disparu, et font appel à la générosité de ses admirateurs et du public pour créer cette bourse d'étude. Les dons sont reçus à l'agence Gutmann, à Munich et à Berlin.

— Un journal d'art américain, The Etude, a mis au concours, entre musiciens de tous les pays, la composition de mélodies pour lesquelles il offre trois mille francs de prix, soit six premiers prix de trois cents francs et six seconds prix de deux cents francs. Ces prix seront décernés par un jury qui sera constitué prochainement et répartis entre les meilleures mélodies des genres suivants : chants de concert, chants sacrés, chants caractéristiques, chants philosophiques, chants de foyer, chants de la nature et de l'amour. Les concurrents sont priés de demander les conditions précises du concours aux bureaux de la revue (1712, Chestnut Street, Philadelphie).

— Mme Ida Isori poursuit sa marche triomphale à la gloire de l'ancienne musique italienne de mélodies. On ne se lasse pas de l'entendre évoquer ces élans naïfs ou passionnés, qui ont tant d'âme, rendus par elle. De Vienne, on nous écrit la surprise charmée qui l'accueillit à son Lieder-Abend du 11 décembre, où elle ne chanta pas moins de vingt-six airs, ariette, mélodi s et chansons, depuis Caccini et Monteverde jusqu'à Pergolèse et Paisiello.

BIBLIOGRAPHIE

— Parmi les publications que suscitent les fêtes de fin d'année, nous signalons un amusant abécédaire musical paru sous le titre de *Apprenie-nous la musique s. v. p.*

L'auteur « est une personnalité » bien connue de l'enseignement qui se dissimule sous le pseudonyme de Z'Lica. Très ingénieusement, au moyen d'images enfantines très drôlement dessinées par Noval, les premiers éléments du solfège y sont exposés avec clarté et méthode. Ce joli recueil fera plaisir à toutes les mamans qui rêvent de faire de leurs petits un nouveau Mozart ou simplement un amateur distingué.